World Book 142

Marcel Proust

# À LA RECHERCHE DU TEMPS PERDU

# 잃어버린 시간을 찾아서 III

마르셀 프루스트/민희식 옮김

동서문화사

디자인 : 동서랑 미술팀

# 잃어버린 시간을 찾아서
차례

## 잃어버린 시간을 찾아서 Ⅲ

제5편
# 갇힌 여인
La Prisonnière
(소돔과 고모라 III)

# 제1부

　이른 아침, 얼굴을 벽 쪽으로 돌린 채 창문의 두툼한 커튼 위쪽으로 새어
드는 햇살이 어떤 빛깔인지 보지 않아도 나는 이미 그날의 날씨를 알 수 있
었다. 길에서 처음 들리는 소리가 습기 때문에 부드럽게 굴절되어 들려오는
지, 아니면 차갑게 개인 아침이 드넓게 펼쳐져 텅 빈 울림 좋은 공간을 화살
처럼 떨면서 들려오는지에 따라 날씨를 알 수 있는 것이다. 첫 전차 소리가
들리자마자 나는 전차가 빗속에서 얼어 있는지 푸른 하늘을 향해 출발하는
지 가려낸다. 또는 그런 소리보다 먼저 더 빠르고 날카로운 것들이 흩어져
나의 잠 속으로 숨어들어 와 눈이 올 것을 예고하는 어떤 슬픔을 펼쳐놓을지
도 모른다. 그리고 그것이 가끔 얼굴을 내미는 난쟁이에게 수많은 태양의 찬
가를 노래하게 해 아직 잠든 채 미소 짓는 나, 감은 눈꺼풀이 눈부실 채비를
하는 나로 하여금 그 노랫소리가, 음악과 더불어 더없이 행복하게 눈을 뜨게
할지도 모른다. 나는 이 무렵 바깥 생활을 주로 내 방 안에서 느껴 알고 있
었다. 밤에 블로크가 나를 찾아올 때마다 내 방에서 이야기 소리가 흘러나온
다고 소문을 낸 사실을 나는 안다. 어머니는 콩브레에 있었고 내 방에서 누
굴 본 적이 없는 그는 내가 혼잣말하는 걸로 결론지었다. 한참 뒤에야 그즈
음 알베르틴이 나와 함께 살고 있다는 사실을 안 블로크는 남들 눈에 띄지
않게 내가 그녀를 숨겼다고 굳게 믿고, 그즈음 내가 외출을 꺼려한 까닭을
알아냈노라 말한다. 물론 그것은 그의 착각이지만, 그가 그렇게 생각한 것도
무리는 아니었다. 현실이란 필연적이라 할지라도 언제나 모두 다 추측할 수
있는 건 아니기 때문이다. 사람들은 남의 생활에 대해 어떤 정확한 내용을
알게 되면 흔히 거기서 곧바로 부정확한 결론을 끌어내어, 새로 발견한 사실
이 전혀 관계 없는 것들까지 설명한다고 믿는다.
　발베크에서 돌아와, 파리에서 연인과 함께 같은 지붕 아래에서 살게 된
것, 두루 돌아다니면서 여행에 나서려던 계획을 단념한 것, 내 방에서 겨우

스무 걸음 남짓한 복도 끝에 장식 융단을 드리운 아버지의 서재가 그녀 방이 된 것, 매일 밤늦게 내 곁을 떠나기에 앞서 그녀가 내 입속에 혀를 살며시 들이밀면, 그것이 마치 날마다 먹는 빵처럼 영양가 많은 음식과도 같았던 것, 그러면서 그것은 우리에게 안겨준 고통으로 인해 어떤 정신적인 감미로 움을 띠게 된 모든 육체의, 거의 신성하다고 할 수 있는 성격을 지녔다고 여 긴 것, 지금 그런 생각을 하면서 비교하다가 퍼뜩 떠오른 것은, 보로디노 대 위가 특별 조처로 병사(兵舍)에 묵게 해준 밤이 아니라—그 친절도 결국 한 때의 불쾌함을 덜어준 것에 불과했다—아버지가 내 침대 옆 작은 침대에서 자도록 어머니에게 일러준 그날 밤이었다.* 이처럼 인생은 피할 길 없어 보 이던 고통에서 뜻하지 않게 우리를 구해주지만 그 양상은 매번 다르게, 때로 는 정반대의 형태로 이루어지기에, 주어진 혜택을 똑같은 것으로 인정하는 일이 분명한 모독이라는 생각마저 든다.

커튼을 친 침실의 어둠 속에서 내가 이미 깨어 있음을 프랑수아즈에게 전 해 들은 알베르틴은 자기 욕실 욕조에 들어가 목욕하면서 스스럼없이 노래 를 흥얼댔다. 그러면 나는 끝까지 기다리지 않고 그녀의 욕실 옆에 있는 쾌 적한 내 욕실로 들어갔다. 예전에 어느 극장 지배인이 수십만 프랑을 들여 진짜 에메랄드를 박아 장식한 옥좌(玉座)에서 왕비 역을 맡은 프리마돈나가 연기를 한 적도 있지만, 러시아 발레단 덕분에 조명을 잘 비추기만 하면 진 짜처럼 호화로우며 더욱 변화무쌍한 보석을 뿌릴 수 있음을 알게 되었다. 이 미 이 장식은 진짜에 견주면 실체가 없는 허상이었지만, 그에 못지않게 우아 한 것은 아침 8시에 햇살이 욕실 안에 창조해내는 장면으로, 정오 무렵에 가 까스로 침대를 떠날 때 늘 거기에서 보아온 것과는 다른 무엇으로 변해 있었 다. 두 욕실의 창문은 바깥에서 보이지 않도록 투명 유리가 아닌 한 세대 이 전에 유행했던 서리가 낀 듯한 우툴두툴한 구식 유리로 덮여 있었다. 태양은 느닷없이 이 유리의 모슬린을 노랗게 금빛으로 물들이고, 습관에 따라 오랫 동안 숨겨져 있던 옛 젊은이의 모습을 내 안에 살그머니 드러내어, 마치 대 자연 한가운데 금빛 잎이 우거진 나뭇가지 앞에 있듯이 나를 수많은 추억으

---

로 도취케 만들었다—게다가 잎이 무성한 나뭇가지에는 새도 한 마리 있었다. 알베르틴의 지저귀는 노랫소리가 끊임없이 들려왔기 때문이다.

상심은 어리석은 것,
근심에 귀 기울이는 이는 더욱 어리석은 이

나는 알베르틴을 몹시 사랑했으므로, 음악에 대한 그녀의 악취미에도 나도 모르게 미소를 짓고 말았다. 하기야 이 노래는 지난여름 봉탕 부인을 황홀하게 했는데, 얼마 안 되어 어리석은 노래라는 말을 듣고 난 뒤로, 부인은 손님들이 있을 때면 대신 다음의 노래를 알베르틴에게 부르도록 했다.

이별의 노래는 심란한 샘에서 솟는다

이번에는 '저 아이가 귀에 못이 박이도록 들려주는 마스네(Massenet)*의 구식 유행가'라는 핀잔을 듣게 되었다.

구름이 지나가면서 해를 가리자 잎이 우거진 수줍은 유리 커튼이 빛을 잃고 다시 희끄무레해지는 듯했다.

두 화장실의 칸막이벽은 매우 얇았다(알베르틴의 화장실에는 내 것과 똑같이 욕실이 붙어 있는데 집 반대쪽에도 또 하나의 욕실이 있어서, 어머니는 내가 시끄러워할까 봐 한 번도 이곳을 사용하지 않았다). 그래서 우리 둘은 저마다 욕실에서 몸을 씻으면서 벽 너머로 이야기하며, 물소리 말고는 아무것도 가로막지 않는 수다를 쉴 새 없이 이어갔다. 좁은 호텔에서는 옆방과 붙어 있어서 이런 친밀감을 나눌 수 있는 일이 흔하지만 파리에서는 아주 드물었다.

그 밖의 시간에 나는 누운 채 마음껏 몽상에 잠겼다. 내가 벨을 울리기 전에는 절대로 내 방에 들어와서는 안 되었는데 머리맡의 누름단추가 불편한 장소에 있어서 벨을 울리기도 번거롭고 찾기도 귀찮아서, 혼자라는 사실에 만족하고 잠깐 꾸벅꾸벅 졸기도 했기 때문이다. 하지만 알베르틴이 우리집

_____

* 프랑스의 작곡가(1842~1912). 작품으로 〈마농〉이 유명.

에 머무는 것에 전혀 무관심하지는 않았다. 확실히 그녀를 여자친구들에게서 떼어놓은 뒤 내 마음은 새로운 고뇌에서 한결 가벼워졌다. 평온한, 거의 움직이지 않는 상태로 마음의 상처도 아물어가는 듯했다. 그러나 알베르틴이 가져온 이 평온도, 결국은 기쁨이라기보다 고통의 가라앉음이었다. 이 평온이 나로 하여금 모진 고뇌 때문에 이제껏 느끼지 못한 수많은 기쁨을 맛보지 못하게 했다는 뜻이 아니다. 알베르틴 덕분에 그런 기쁨을 느꼈다기보단 —첫째로 이제 나는 거의 그녀를 아름답다고도 여기지 않게 되었으며, 함께 있으면 따분해서 내가 그녀를 사랑하지 않음을 분명히 느꼈다—오히려 알베르틴이 곁에 있지 않을 때 그 기쁨을 맛보았다. 그래서 나는 잠에서 깨어나자마자 그녀를 불러들이지는 않았다. 특히 날씨가 좋은 날은 더욱 그러했다. 앞서 말한 태양의 찬가를 노래하는 내 안의 난쟁이가 그녀보다 더 많은 행복을 가져옴을 알고 있었기에, 먼저 잠깐 이 인물과의 만남을 즐기는 게 보통이었다. 한 인간은 많은 인물로 이루어져 있는데, 그중에서 맨 먼저 겉쪽에 나타나는 자가 반드시 본질적인 건 아니다. 내 안에는 그들이 병으로 차례차례 쓰러지고 난 뒤에도 두셋은 더 끈기 있게 살아남을 터이고, 특히 두 개의 작품이나 두 개의 감각 사이에 공통된 부분을 발견했을 때 비로소 행복을 느끼는 한 철학자가 남으리라. 그러나 마지막에 남는 자는 콩브레의 안경원이 진열창 안에 놓아두던 날씨를 알리는 인형, 해가 비치면 두건을 벗고 비가 내릴 것 같으면 두건을 다시 쓰는 그 인형과 똑 닮은 꼬마가 아닐까—나는 이따금 그렇게 생각했다. 이 꼬마가 얼마나 제멋대로인지 나는 잘 안다. 이를테면 내가 갑자기 호흡 곤란에 빠져서 한 차례 비가 시원스레 내리면 발작이 가라앉을 듯한데, 요놈은 아랑곳하지 않고 기다렸던 첫 빗방울이 떨어지면 금방 침울해져서 뾰로통한 표정으로 두건을 푹 눌러쓴다. 반대로 내가 죽음을 맞이하는 순간 다른 모든 '자아'가 죽어 없어지고 숨을 거칠게 몰아쉬는 사이에도 햇살이 한 줄기라도 비치면 이 청우계(晴雨計)와도 같은 난쟁이는 생기발랄하게 두건을 벗고 '야아! 드디어 날이 개는구나!' 노래를 부르기 시작할 게 틀림없다.

벨을 눌러 프랑수아즈를 부른다. 〈피가로〉지를 펼친다. 이 신문사에 보냈던 원고, 아니, 원고라고 할 만한—실은 며칠 전에 페르스피에 의사의 마차 안에서 마르탱빌 종탑을 바라보고 쓴 문장을 최근에 다시 찾아내어 조금 손보았을 뿐인—것이 실렸는지 살펴보았으나 결국 실리지 않았음을 확인한다. 그러고 나서 어머니의 편지를 읽는다. 어머니는 젊은 아가씨가 나와 단둘이 사는 건 이상하며, 남 보기에도 거북한 일이라고 여겼다. 처음에 발베크를 떠날 즈음, 어머니는 내가 몹시 풀이 죽어 있는 걸 보고 나를 혼자 보내는 것에 불안해 했지만, 알베르틴이 우리와 함께 떠나는 사실을 알고, 또 알베르틴의 여행 가방이 우리 짐 가방(발베크 호텔에서 나는 이 짐 가방 곁에서 울며 밤을 지새웠다)과 나란히 열차에 실리는 것을 보고 기뻐했을 게 틀림 없다. 알베르틴의 여행 가방은 길쭉하고 검은 관 같아서, 그것이 우리집에 삶을 가져올지 죽음을 가져올지 나는 전혀 알지 못했다. 그러나 나는 그 점을 생각해보려고도 하지 않았다. 저 빛나는 아침, 발베크에 머물던 두려움도 지나가고, 오로지 알베르틴을 데리고 간다는 기쁨에 사로잡혔기 때문이었다. 어머니도 처음에는 이 계획에 반대하지 않았지만(마치 중상 입은 아들을 헌신적으로 간호해주는 애인에게 감사하듯이, 어머니는 알베르틴에게 상냥하게 말을 건넸다), 이 계획이 몹시 완벽하게 이루어지고, 더구나 부모님이 없는 집에서 젊은 아가씨의 체류가 길어지자 결국 반대하게 되었다.

그렇지만 어머니가 나에게 한 번이라도 그런 반대 의사를 분명히 비쳤다고 말할 수는 없다. 이전에도 나의 신경질이나 게으름을 비난하지 않게 되었을 때처럼, 현재 어머니의 걱정은—나는 그런 줄 전혀 짐작도 못 했거나, 아니면 알려고 하지 않았다—내가 약혼하겠다고 말했던 아가씨에게 그 약혼을 미루는 조건을 달면 내 삶이 어두워지지 않을까, 뒷날 아내에 대한 나의 애정이 덜하진 않을까, 만에 하나라도 어머니가 세상을 떠난 뒤 알베르틴과 결혼하여 어머니를 슬프게 했다는 후회의 씨를 뿌리는 것은 아닐까 하는 점이었다. 어머니는 혼자 힘으로는 도저히 내 결심을 돌이킬 수 없다고 생각해, 차라리 그 결심을 받아들인 것처럼 보이고 싶었던 것이다. 그런데 그 무렵 어머니를 만난 사람들은 한결같이, 어머니가 자기 어머니를 잃은 슬픔과 더불어 끊임없이 무엇인가를 근심하는 모습이었다고 나에게 전했다. 이 정신적 긴장과 내적 갈등 탓에 어머니는 관자놀이에 피가 몰려서 뜨거워진 머리를 식히려고 언제나 창문을 열어두곤 했다. 그러나 나에게 '나쁜 영향을 주진' 않을까, 내 행복으로 보이는 것을 해치진 않을까 두려워 결심하지 못했다. 어머니는 봉탕 부인보다 까다롭게 보이고 싶지 않았으므로 알베르틴을 잠깐 집에 두는 걸 금하는 결심조차 할 수 없었다. 누구보다도 이 일과 관계 깊은 봉탕 부인이 이를 예의에 어긋난 일로 보지 않는 사실에 어머니는 적잖이 놀랐다. 아무튼 어머니는 바로 이 무렵 콩브레로 떠나게 되었고, 게다가 나의 왕고모가 밤낮을 가리지 않고 어머니의 간호를 필요로 했기 때문에 몇 달 동안 콩브레에 머무르게 될지 몰라서(결국 그렇게 되었지만), 할 수 없이 우리 둘만 남겨두는 결과가 되었으므로 골치를 앓았다. 콩브레에서는 르그랑댕의 선의와 헌신 덕분에 어머니는 모든 일이 수월했다. 르그랑댕은 나의 왕고모와 절친한 사이가 아님에도 그 어떤 수고도 마다하지 않았다. 파리에 돌아가기를 다음 주 또 다음 주로 미룬 것은 오로지 왕고모가 그의 어머니의 벗이기 때문이며, 또 불치의 환자가 그에게 간호받기를 좋아해 그 없이는 배길 수 없음을 느꼈기 때문이다. 속물주의는 영혼을 망치는 중병이기는 하나, 어느 한 부분에만 관계 있어서 영혼 전체를 망치지는 않는다.

한편 나는 어머니와는 달리, 어머니의 콩브레 행을 크게 기뻐했다. 그녀가 콩브레에 가지 않았다면, 뱅퇴유 아가씨에 대한 알베르틴의 우정(알베르틴에게 이것을 숨기라고 말할 수도 없으므로)이 드러나지 않을까 두려워했을 것이다. 이것이 드러나는 날엔 어머니는 결혼은 어림없다고 생각했을 테고 ─하기야 결혼에 대해서는 아직 알베르틴에게 어떤 결정적인 말도 하지 말라고 어머니가 나에게 일러왔으며, 나 자신도 이 결혼을 생각하기가 더욱 견딜 수 없게 되었다─뿐만 아니라 알베르틴이 얼마 동안 집에서 지내는 것조차 절대 허락하지 않았으리라. 이처럼 중대한 이유가 있음을 어머니는 미처 몰랐지만, 아무튼 한편으로는 나의 할머니, 조르주 상드의 숭배자이자 마음의 고귀함을 미덕으로 생각하는 할머니의 개방적인 교육을 본떴고, 다른 한편으로는 나의 좋지 않은 영향을 받았기 때문에, 이 두 결과로 인하여 어머니는 이전 같으면, 또는 지금이라도 상대방이 파리 또는 콩브레의 중산층 벗들이라면 그 행실을 엄히 비난했을 여인들에 대해서도 내가 마음이 훌륭한 사람들이라고 칭찬하면, 나를 더할 나위 없이 사랑해주는 여인들이기에 대체로 관대한 태도를 보였다.

어쨌든 체면 문제 말고도, 어머니는 알베르틴을 견디지 못했을 것이다─어머니는 콩브레나 레오니 고모, 친척들한테서 하나하나 하는 일마다 꼼꼼한 습관을 물려받았는데, 나의 연인은 그런 관념이라곤 조금도 없었기 때문이다. 알베르틴은 문 하나 닫으려 하지 않았고, 아무 문이라도 열려 있으면 개나 고양이처럼 서슴없이 드나들었으리라. 그녀의 좀처럼 다루기 힘든 매력이란, 젊은 아가씨라는 점보다 이런 애완동물 같은 점이었다. 방에 들어왔는가 하면 나가고 어디든 뜻하지 않은 곳에서 모습을 드러내고, 또―이는 나에게 크나큰 마음의 안식이었는데―침대에 있는 내 곁으로 뛰어들어와 거기에 자리를 잡고 꼼짝하지 않았으며, 더욱이 다른 인간처럼 방해하지도 않았다. 그렇지만 그녀도 마침내 나의 수면 시간을 존중하게 되어, 내가 벨을 울리기 전에는 내 방에 들어오지 않을 뿐만 아니라 기척도 내지 않게 되었다. 이런 규칙을 그녀에게 강요한 건 프랑수아즈다. 콩브레의 하녀들은 주인의 가치를 존중하고, 적어도 주인에게 속해야 한다는 판단을 남들도 따르게 했는데, 프랑수아즈도 그런 하녀였다. 낯선 방문객이 부엌일 하는 하녀와 나누어 가지라며 프랑수아즈에게 얼마쯤의 돈을 주면, 돈을 미처 건네기도 전에 프랑수아즈가 기민성과 신중함과 기력을 평등하게 발휘하여 부엌일 하는 하녀에게 한바탕 훈시를 늘어놓기 때문에, 부엌일 하는 하녀들은 프랑수아즈한테 배운 대로, 망설이지 않고 똑똑하게 큰 목소리로 사례의 말을 해야 했다. 콩브레의 주임사제도 천재적 인물은 아니었지만 마땅히 해야 할 바는 알고 있었다. 사즈라 부인의 사촌 가운데 신교도가 있었는데, 그 딸은 이 주임 사제의 지도로 가톨릭으로 개종했으며 그 가족도 나무랄 데 없는 태도로 사제를 대하고 있었다. 그 무렵에 메제글리즈의 한 귀족과 혼담이 나왔다. 신랑 측 부모가 가정 조사차 사제에게 써 보낸 편지는 꽤 건방졌고, 그 내용에 아가씨가 신교도 출신임을 경멸하는 문구가 있었다. 콩브레의 주임사제가 이에 대해 어찌나 준엄한 답장을 보냈던지, 메제글리즈의 귀족은 굽실거리며 백팔십도로 달라진 두 번째 편지를 보내, 그 아가씨와 백년가약을 맺게되면 더할 나위 없는 행운일 거라고 간원해왔던 것이다.

알베르틴이 내 잠을 방해하지 못하도록 한 것이 특별히 프랑수아즈의 공로라고만은 할 수 없다. 그녀는 관례에 젖어 있었던 것이다. 알베르틴이 아무 생각 없이 내 방에 들어가고 싶다거나 나에게 뭘 부탁해달라는 말을 하면 프랑수아즈는 묵묵부답이거나 무뚝뚝하게 대꾸했으므로, 알베르틴은 풍습이 딴판인 이 낯선 세상, 위반은 엄두도 못 낼 법칙이 지배하는 세상에 왔구나, 깨닫고 망연자실했다. 알베르틴은 이미 발베크에서 이 점을 예감했었는데,

파리에 와서는 반항도 하지 않고 아침마다 참을성 있게 내가 벨을 울리고 나서야 기척을 냈다.

프랑수아즈가 알베르틴을 바뀌게 한 것은 이 늙은 하녀 자신에게도 유익했다. 그 덕분에 프랑수아즈가 발베크에서 돌아온 뒤로 줄곧 땅이 꺼지게 내쉰 한숨이 차츰 가라앉았다. 탄식의 원인인즉, 열차에 올라탈 즈음에야 그랑 호텔의 '여주임'에게 작별인사를 하는 걸 까맣게 잊었음을 깨달았기 때문이었다. 그 '여주임'은 층마다 돌아다니며 사정을 살피던 수염 난 여인으로, 프랑수아즈와는 잘 모르는 사이면서도 비교적 그녀에게 친절했다. 프랑수아즈는 기어코 열차에서 내려 호텔로 되돌아가 여주임에게 작별인사를 하고, 내일 떠나겠다고 우겨댔다. 나는 그녀에게 무엇이 옳고 그른지 말해줄 요량으로, 게다가 발베크에 있는 것이 갑자기 참을 수 없어 그렇게 못 하게 했는데, 그 때문에 프랑수아즈는 열에 들뜬 듯한 병적인 심술이 났는지 풍토의 변화만으로는 물리치지 못하고 결국 파리까지 끌고 온 것이었다. 프랑수아즈의 '법규'에 따르면, 생탕드레 데 샹 성당의 돋을새김에 나타나 있듯이, 원수의 죽음을 원하는 것이나 적을 죽이는 것도 법도에 어긋나지 않지만, 마땅히 해야 할 일이나 답례를 하지 않거나 버릇없는 여인처럼 떠나기 전에 여주임에게 인사하지 않는 건 흉악무도한 짓이기 때문이다. 집으로 돌아가는 내내 여주임에게 작별인사를 하지 않았다는 기억이 시시각각 되살아나는지 프랑수아즈의 뺨은 소름 끼칠 만큼 진홍으로 물들었다. 파리에 닿을 때까지 물 한 방울, 음식 한 조각 입에 대지 않았는데, 이것은 아마 우리에게 벌을 주려고 하기보다 오히려 이 기억이 '위장'에 실제 '무게'를 내려놓았기 때문일 것이다(어느 사회 계급이든 저마다의 병리학이 있게 마련이다).

어머니는 날마다 나에게 반드시 세비녜 부인을 인용한 편지를 써 보냈는데, 그 이유 가운데 하나는 할머니에 대한 추억 때문이었다. 어머니는 다음과 같이 썼다. "사즈라 부인께서 비밀히 전해 내려오는 아침 식사에 우리를 초대하셨단다. 돌아가신 네 할머니 같으면 세비녜 부인을 인용하여, 사교의 번거로움을 강요하지도 않으면서 우리를 고독에서 구해내는 식사라고 하셨겠지." 나는 처음에 바보스럽게도 어머니에게 이런 내용의 답장을 써 보냈다. "이 인용을 보셨다면, 당신 어머님은 금세 당신인 줄 알아보셨겠지요." 그러자 3일 뒤 다음과 같은 답장을 받았다. "철없는 애야, '당신 어머님' 따위의 고약한 말버릇을 쓰면서 세비네 부인의 이름을 빌린 건 적절하지 않아. 세비네 부인은 그 따님 그리냥 부인에게 했듯이 너에게 대답했을 거다. '그럼 할머니가 너한테 남이니? 나는 한가족으로 생각해왔는데.'"

그러는 동안 알베르틴이 제 방에서 나왔다 들어갔다 하는 발소리가 들려온다. 나는 벨을 울린다. 이제 곧 앙드레가 운전사(모렐의 친구로, 베르뒤랭네가 빌려준 운전사)와 함께 알베르틴을 찾아올 시각이기 때문이다. 나는 알베르틴에게 머지않아 결혼을 할 수 있을지도 모른다고 얘기해왔지만, 명확하게 말한 적은 한 번도 없었다. 내가 "어떨지 모르지만 아마 가능할 거야" 말하면, 그녀 자신도 겸허한 태도로 어두운 미소와 더불어 머리를 설레설레 흔들면서 "천만에, 가능하지 않을 거예요" 말했는데, 그것은 '내가 너무 가난하다'는 뜻이었다. 장래 계획에 대한 한 '하나도 확실치 않다'고 말하면서도, 당장은 될 수 있는 데까지 그녀가 기쁘고 쾌적한 생활을 누리도록 노력했는데, 아마 이 또한 그녀로 하여금 나와 결혼하고 싶어하도록 무의식적으로 애쓴 것인지도 몰랐다. 그녀도 이런 온갖 사치를 즐거워하며 웃어댔다. "앙드레 어머니는 내가 그분처럼 부유해진 걸 보면 약이 바짝 오를걸요. 그분이 '말도 마차도 그림도' 지닌 부인이라고 불리는 신분이 됐으니 말이야. 어머나, 그분이 그렇게 말하더라는 얘기를 당신에게 하지 않았었나? 정말, 그분은 재미나요! 그림 따위를 말이나 마차와 동격으로 높이다니, 깜짝 놀랄 일이죠."

나중에 알게 되겠지만, 바보스런 말버릇이 아직 남아 있음에도, 알베르틴의 정신은 놀랄 만큼 자랐다. 이는 나에게 아무래도 좋았다. 여인의 정신적 탁월성 따위는 나의 관심 밖이므로, 누군가에게 상대방의 뛰어난 점을 지적한다 하더라도 괜한 참견일 뿐이었다. 다만 셀레스트의 신기한 재능만이 아마 나를 기쁘게 했을 것이다. 이를테면 알베르틴이 없다는 말을 듣고 이 틈을 타서 셀레스트가 "침상에 하강(下降)하신 천상의 신이여" 말하면서 다가오면 나도 모르게 배시시 웃고 말았다. "그런데 셀레스트, 어째서 '천상의 신'이지?"—"뭐라고요? 이 더러운 지상에 우글우글하는 인간들과 티끌만치도 닮은 데가 있다고 생각하신다면, 그건 아주 틀린 생각입니다!"—"그런데 어째서 침상에 '하강하신' 거지? 보는 바와 같이 누워 있는데."—"누워 있는 게 결코 아니지요. 이 모습을 누가 누워 있는 걸로 보겠습니까? 하늘에서 잠깐 쉬러 내려오신 거죠. 지금 입으신 새하얀 잠옷, 목의 움직임, 비둘기와 꼭 닮았답니다."

알베르틴은 하찮은 것을 말하는 데도, 몇 년 전 발베크에서 보았던 어린 아가씨라고는 생각할 수 없을 정도로 아주 다른 표현을 썼다. 어떤 정치적 사건을 비난하는 데 "격이 다르다고 생각해"라는 말까지 쓸 정도였으며, 또 이무렵인지 확실치 않으나 어떤 책의 글이 나쁘다고 생각하면 다음과 같이 말하는 버릇을 배웠다. "재미있네. 그러나 뭐랄까, '마치 돼지가 쓴 것' 같아."

내가 벨을 울리기 전에는 내 방에 들어오지 말라는 금지령을 그녀는 재미있어 했다. 그녀도 우리집의 인용 버릇이 몸에 배어, 수도원 기숙여학교 시절에 연기한 극 중에서 내가 그녀한테 좋다고 말했던 작품을 인용해, 늘 나를 아하수에로스*¹ 왕에 비교했다.

부르심 없이 어전에 나타나는 괘씸한 자
전부 죽음의 대가를 받으리

아무도 이 엄명을 면치 못하니,
귀, 천, 남, 녀, 가리지 않고 죄는 모두 한가지

이 몸 또한……
남들과 똑같이 이 법 아래 있으니,
미리 알리지 않고 왕의 귀를 더럽히고자 하면,
왕께서는 이 몸을 찾아오시든지, 아니면 나를 부르셔야 하지요*²

그녀는 육체적으로도 변했다. 속눈썹이 긴 푸른 눈은—더 길어져—본디 모습이 남아 있지 않았다. 빛깔은 같았지만 물에 녹은 듯이 되어버렸다. 그래서 그녀가 눈을 감으면, 마치 커튼을 쳐서 바다가 보이지 않게 된 느낌이었다. 밤마다 그녀와 헤어지고 나서 내가 유달리 떠올리는 건 아마 그녀 몸의 이 부분일 것이다. 아침이면 정반대로 머리칼의 곱슬곱슬한 모양이 마치

───────────────

*1 구약성서 〈에스더〉에 나오는 페르시아의 왕.
*2 라신 작 〈에스더〉 제1막 3장.

처음 보는 새로운 것인 양 오래도록 한결같은 놀라움을 안겨주었다. 젊은 아가씨의 웃음 짓는 눈 위에 피는 검은 제비꽃의 곱슬곱슬한 관만큼 아름다운 게 또 있을까? 하기야 미소는 더욱 깊은 우정을 보여준다. 하지만 꽃피는 머리칼의 윤기가 자르르 흐르는 작은 곱슬은 더욱더 육신과 관계가 깊어, 육체를 잔물결로 달라지게 한 듯해 한층 더 욕망을 자극한다.

내 방에 들어오면 그녀는 침대로 뛰어올라, 때로는 나의 지성이 어떤 건지 밝혀내려고 하다가 격정에 사로잡혀 나와 헤어지느니 차라리 죽는 게 낫다고 진심으로 맹세했는데, 이는 어김없이 그녀를 부르기에 앞서 내가 면도한 날이었다. 어째서 자기가 이러이러한 것을 느끼는지 분별 못하는 여인들처럼, 알베르틴도 그러했다. 이런 여인들은 사내의 말쑥한 살갗 때문에 기쁨을 느껴도, 그것이 앞으로 자기에게 행복을 바칠 듯한 그의 정신적인 장점 때문이라고 풀이한다. 그러나 수염이 자라는 대로 내버려둠에 따라 이 행복도 줄어들며 필연적이지 않을 수도 있다.

나는 그녀에게 어디 갈 셈이냐고 묻는다. "앙드레가 뷔트 쇼몽*에 데려가고 싶은가 봐요. 나 아직 가본 적이 없으니까." 그녀의 수많은 말 속에, 특히 이 말 뒤에 거짓말이 숨어 있는지를 도저히 알아낼 수가 없었다. 게다가 나는 앙드레가 알베르틴과 함께 간 곳을 숨기지 않고 모두 말해준다고 믿고 있었다. 발베크에서 알베르틴에게 싫증났을 때, 나는 앙드레한테 다음과 같은 거짓말을 할 작정이었다. "귀여운 앙드레, 좀더 일찍 당신과 다시 만났더라면 분명 당신을 사랑했을 텐데! 그런데 지금 내 마음은 다른 사람한테 매여 있단 말이야. 그래도 우린 자주 만날 수 있어. 왜냐하면 다른 여인에 대한 사랑이 내게 큰 고통을 주고 있거든, 당신이 나를 위로해주면 좋겠어." 그런데 3주일이 지나자 이 거짓말은 사실이 되어 버렸다. 앙드레는 발베크에서도 그렇게 여겼을지 모르지만, 파리에 와서도 이 말이 실은 거짓말이고 내가 사랑하고 있는 사람은 자기라고 여긴 것 같다. 진실이란 참으로 끝없이 바뀌고 변하는 것이어서 남들은 알아보기 힘드니까. 아무튼 앙드레가 알베르틴과 둘이서 한 일을 숨김없이 나에게 얘기하리라는 걸 알고 있었으므로, 거의 날마다 알베르틴을 찾아와 달라고 부탁했고 앙드레도 이를 승낙했던

---

* 파리 북동부에 있는 자연 공원.

것이다. 그리하여 나는 근심 없이 집에 남을 수 있었다. 게다가 앙드레는 작은 모임의 아가씨들 가운데 하나이므로, 내가 알베르틴한테서 원하는 걸 전부 얻어줄 거라는 신뢰감도 주었다. 실제로 지금은 앙드레야말로 내 마음을 가라앉힐 수 있는 존재라고 해도 지나친 말이 아닐 것이다.

한편, 내가 알베르틴의 안내역으로(발베크로 돌아가는 계획을 단념하고 파리에 있던) 앙드레를 택하게 된 것은 발베크에 있을 적에 그녀가 나에게 애정을 품고 있었다고 알베르틴이 얘기해주었기 때문인데, 그때는 반대로 내가 그녀를 진저리나게 하지나 않았을까 겁내던 무렵인지라 그즈음에 그녀의 애정을 알았더라면 나는 아마 앙드레를 사랑했을 것이다. "어머나, 몰랐군요?" 알베르틴이 나에게 말했다. "그렇지만 우린 그것을 알고 놀려대었는데요. 게다가 앙드레가 당신의 따지는 말투를 흉내내기 시작했는데 정말 몰랐나요? 특히 당신과 막 헤어지고 와서는 당신과 만났는지를 일일이 물어볼 필요도 없을 만큼 더 눈에 띄었죠. 앙드레가 당신과 헤어지고 오는 길인지 한눈에 알 수 있었거든요. 우리는 슬쩍 서로 얼굴을 쳐다보며 웃곤 했죠. 마치 새까만 연탄 장수가 자기는 연탄 장수가 아니라고 주장하는 것 같았어요. 제분업자라면 제분업자라고 말하지 않아도 온몸이 밀가루투성이에다, 부대 멘 자국이 선명하게 나 있죠. 앙드레도 그랬어요, 당신처럼 눈썹을 움직이는 거랑, 그 긴 목이랑. 뭐라고 해야 옳을지 모르겠네요. 당신 방에 있던 책을 내가 들고 나와 밖에서 읽는다고 해봐요. 그래도 남들은 당신 책인 줄 금세 알아요. 그도 그럴 것이 당신의 더러운 흡입기 자국이 나 있으니까. 사소한 일이지만 뭐라고 할까, 별것 아니지만 그래도 결국 만만치 않은 일이라고나 할까요. 누군가가 당신을 칭찬하거나 당신을 존경하는 듯한 태도를 보일 때마다 앙드레는 황홀해하곤 했어요."

아무튼 내 뒤에서 뭔가 꾸미는 게 있어서는 안 되므로, 나는 오늘은 뷔트 쇼몽 말고 생클루*나 다른 데로 가보라고 권했다.

물론 나는 알베르틴을 티끌만치도 사랑하지 않았으며, 이 점은 나도 잘 알고 있었다. 사랑이란 아마도 어떤 격렬한 감동 뒤에 영혼을 움직이는 소용돌이의 파급에 지나지 않나 보다. 발베크에서 알베르틴의 입을 통해 뱅퇴유 아

---

* 파리 교외 산책지로 유명함.

가씨의 이야기를 들었을 때, 몇몇 파도가 내 마음을 온통 뒤흔들었지만 지금은 그것도 멈추고 말았다. 나는 이제 알베르틴을 사랑하지 않았다. 그도 그럴 것이, 발베크의 열차 안에서 알베르틴의 소녀 시절 얘기를 듣고, 아마 몽주뱅을 이따금 방문했을지도 모르겠다고 느꼈을 때 받았던 고통도 이미 아물어 흔적도 남아 있지 않았기 때문이다. 그 점을 여러모로 궁리해본 끝에, 지금은 그 고통도 나아 사라져버렸다. 그러나 이따금—웬 까닭인지 모르겠으나—알베르틴의 어떤 말투가 나로 하여금 상상케 했다. 그녀는 아직 짧은 생애 동안에 많은 찬사와 사랑의 고백을 들었을 테고, 게다가 기쁘게, 말하자면 육감과 더불어 그것을 받았을 게 틀림없다고. 그래서 그녀는 무슨 말에도 '정말? 정말 그래?' 말하나 보다. 만약 그녀가 오데트처럼 '그런 허튼 소리, 정말 그래?' 했다면 나는 근심하지 않았을 것이다. 이런 우스꽝스러운 말투는 여인의 정신이 지닌 어리석음으로 풀이되기 때문이다. 하지만 알베르틴이 '정말?' 하고 물을 때의 태도는 한편으로, 세상사를 스스로 이해 못하는 인간, 마치 남과 같은 능력을 갖고 있지 않은 듯 남의 증언에 의지하려는 인간이라는 기묘한 인상을 주었다(아무개가 '우리가 떠난 지 한 시간이 지났어' 또는 '비가 오는군' 말하면, 그녀는 이렇게 묻는다. '정말?'). 그러나 다른 한편, 불행히도 바깥세상의 현상을 쉽게 이해하지 못한다는 사실이 '정말? 정말 그래?' 하는 입버릇의 진짜 원인일 리는 없었다. 오히려 이런 말버릇은 조숙한 사춘기 이래로, '당신처럼 아름다운 분을 한 번도 본 적이 없습니다', '당신을 매우 사랑합니다. 나는 엄청나게 흥분해 있답니다'라는 말에 대한 그녀의 대답인 듯싶었다. 이런 단언에 대하여 아양 있게 승낙하는 듯한 겸허를 담아 '정말? 정말 그래?'라는 대답이 나오곤 했는데, 지금 알베르틴에게 이 말버릇은 다음과 같은 나의 단언에 대한 의문형 대답으로밖에 쓰이지 않았다. "이봐, 한 시간 이상이나 잤어."—"정말?"

나는 알베르틴에게 전혀 사랑을 느끼지 않았고, 둘이서 지내는 순간을 기쁨으로 헤아리지도 않았지만, 그래도 그녀가 시간을 보내는 방법은 여전히 걱정되었다. 하긴 내가 발베크에서 도망친 것은 그녀를 두 번 다시 어떤 사람들과 만나지 못하게 하려는 심산이었다. 그녀가 그들과 시시덕거리며 나를 웃음거리 삼아 고약한 짓을 할까 봐서, 발베크를 떠나 그런 모든 나쁜 교제를 단번에 끊어버릴 속셈이었다. 게다가 알베르틴은 지나치게 수동적인 여자인 데다 잊어버리고 순종하는 능력이 풍부하여, 그 관계는 정말로 끊어져 나를 괴롭히던 공포증도 낫게 했다. 그러나 공포의 대상인 확실치 않은 악(惡)이 여러 꼴로 변하는 것처럼, 공포도 갖가지 꼴을 갖출 수 있다. 고뇌가 지나가고, 질투가 아직 다른 사람들 속에 재현되기 전에는 나도 잠깐 평온을 맛보았다. 그런데 만성적인 병은 사소한 계기로, 마치 이 질투의 본질인 인간의 악덕이 사소한 기회를 틈타(잠깐의 금욕 뒤에) 다시 다른 사람들을 상대로 발휘되듯이 재발하게 마련이다. 나는 알베르틴을 공범자한테서 떼어놓아 나의 환각을 내쫓을 수도 있었다. 하지만 알베르틴에게 상대 여인들을 잊게 하고 그 집착을 잘라 버릴 수는 있어도, 그녀의 쾌락 취미 또한 만성적이어서 새로운 기회만 있으면 다시 시작될 것이다. 더욱이 파리는 발베크와 마찬가지로 많은 기회를 준다.

어떤 도시에 있더라도 그녀는 스스로 상대를 찾을 필요조차 없었다. 악은 알베르틴의 몸 안에만 있는 게 아니라, 쾌락의 기회라면 다 좋다는 남들의 몸 안에도 있으니까. 한 여인의 눈길이 다른 한 여인에게 금세 이해되어, 굶주린 두 여인을 서로 가까이 다가가게 한다. 솜씨 좋은 여인이라면 못 본 체하면서 눈치를 채고, 옆골목에서 기다리는 여자에게 5분쯤 지나 다가가서 두세 마디로 밀회를 약속하기는 누워서 떡 먹기다. 무슨 일이 일어날지 누가 알랴. 그리고 알베르틴에게는, 이런 짓을 계속하고자, 그녀 마음에 들었던 파리의 어떤 곳에 다시 가보고 싶다고 나에게 말하는 것 정도야 매우 간단했다. 그러므로 그녀가 늦게 돌아오거나 산책이 수상쩍을 만큼 오래 걸리거나 하는 것만으로(어쩌면 육체적인 이유 따위는 전혀 개입시키지 않고도 쉽게 설명할 수 있을지도 모르지만) 내 고통은 당장에 되살아나 이번에는 발베크와는 다른 본보기에 연관되어, 나는 전과 마찬가지로 그것을 깨부수려고—마치 한때의 원인을 깨뜨리면 타고난 악도 깨뜨릴 수 있다는 듯이—애쓰곤했다. 나는 알베르틴의 변심 능력, 얼마 전까지도 애정의 대상이었던 사람을 잊고 사뭇 미워하기까지 하는 그녀의 힘을 공범 삼아 이런 파괴 행위에만 마음을 쓰면서, 그녀가 차례차례 쾌락을 나누던 전혀 알지 못하는 상대 여자에게 가끔 심각한 고뇌를 주었음을 깨닫지 못했다. 하지만 그런 고뇌는 아무리 주어봤자 도움이 될 만한 게 없었다. 왜냐하면 상대 여자가 버림받아도 다른 여자가 번갈아 들기 때문에, 그녀가 간단히 버린 여자들이 띄엄띄엄 계속되는 한 줄기의 길(나에게는 또 하나의 비정한 길)과 나란히, 그저 짧은 순간의 휴식으로 군데군데 조금씩 끊긴 길이 끝없이 뻗어나가니까 말이다. 따라서 잘 생각해보면, 내 고통은 알베르틴이나 내가 죽지 않는 한 끝날 리 없었다. 처음 파리에 도착했던 무렵에는, 앙드레와 운전사가 내 애인을 데리고 드라이브한 것에 대하여 보고했지만, 나는 그래도 안심하지 못하고 파리 근교가 발베크 근교 못지않게 잔혹한 곳이란 생각이 들어, 알베르틴을 데리고 며칠 동안 여행을 떠나기도 했다. 그러나 어디를 가나 그녀의 아리송한 행동은 여전해서, 그것이 고약스러운 일일 거라는 가능성은 조금도 줄어들지 않고 감시만 더욱더 어려워져 결국 그녀와 함께 파리로 돌아오고 말았다. 사실 발베크를 떠나면서 나는, 고모라를 떠남으로써 알베르틴을 고모라에서 떼어내는 줄 여겼는데, 아뿔싸! 고모라는 온 세상 구석구석에 흩어져 있었던 것이다. 나는 반은 질투에서, 반은 이런 쾌락에 대한 무지와 어리석음에서(사실 이것은 매우 드문 일인데), 나도 모르는 사이에 알베르틴이 번번이 내 손아귀에서 빠져나가는 숨바꼭질을 반복하게 되었다.

나는 불쑥 그녀에게 물었다. "그런데 말이야, 알베르틴, 언젠가 질베르트 스완과 아는 사이라고 말한 적이 있는 것 같은데, 내가 잘못 생각한 건가?" ―"맞아요, 수업 시간에 말을 건네왔어요. 프랑스 역사 공책을 갖고 있다고요. 게다가 아주 친절해서, 나에게 그 공책을 빌려주었어요. 다음 수업 시간에 바로 돌려주었지만."―"내가 싫어하는 부류의 여인이던가?"―"천만에! 정반대예요."

그러나 나는 이런 살피는 듯한 잡담에 골몰하기보다 오히려 산책하지 않고 쌓아온 기운으로 자주 알베르틴의 산책을 상상했고, 또 계획이 실행되지 않아 고스란히 보존되어 있는 열의를 담아 알베르틴에게 말을 건넸다. 내가 생트샤펠 성당의 그림 유리창을 다시 보러 가고 싶다고, 그녀와 단둘이 그걸 구경할 수 없어 매우 섭섭하다고 했더니, 그녀는 부드럽게 나에게 말했다. "그렇게 그림 유리창이 마음에 든다면 좀더 기운을 내봐요, 함께 가보게. 채비가 다 될 때까지 기다릴게요. 그리고 나와 단둘이 가는 게 좋다면 앙드레는 돌려보내면 그만인 걸요. 다음에 다시 오라고 하죠." 하지만 함께 외출하자는 그녀의 말에 내 마음은 금세 가라앉아, 집에 남아 있어도 한결 안심되었다.

이와 같이 앙드레와 운전사한테 알베르틴을 감시시키면서 내 마음의 동요를 가라앉히는 책임을 떠맡겼으므로, 내가 미처 상상조차 못한 결과로 감각이 마비되어, 남이 앞으로 하려는 걸 알아채고 방해하는 데 필요한 지성의 온갖 상상력과 의지의 육감이 내 몸 안에서 딱딱하게 굳고 힘이 빠지고 말았다. 게다가 본디 나에겐 가능성의 세계가 현실에 존재하는 우연성의 세계보다 언제나 더 크게 열려 있던 만큼, 그것은 더욱더 위험스러운 조짐이었다. 가능성의 세계는 남의 마음을 알아보는 데 도움이 되지만, 이것만으로는 개개인에게 속아넘어간다. 나의 시샘은 어떤 고뇌 때문에 여러 영상으로 생겨난 것이지, 있을 법한 확률에 의한 게 아니었다. 그런데 인간이건 민족이건 그 생애에는(따라서 나의 삶에도) 자기 안에 한 사람의 경시총감, 총명한 외교관, 경찰청 장관이 필요한 날이 있기 마련인지라, 그런 인물은 동서남북으로 펼쳐진 공간에 숨겨진 가능성을 몽상하는 대신 정확하게 추리하여 다음과 같이 생각한다. "독일이 이렇게 선언한 것은 사실 별개의 일을 실행하고자 하기 때문이다. 막연히 다른 짓을 하려는 게 아니라 바로 이것 아니면 저것을 노리고 있기 때문이며, 어쩌면 이미 시작했는지도 모른다."—"이 인물이 도망친 것은 A, B, D의 목적을 향해서가 아니라 C의 목적을 향해서니까, 따라서 수사해야 할 지점은……" 유감스럽게도 이와 같은 능력은 나에겐 그다지 발달되어 있지 않았으며, 더구나 남이 대신 감시를 맡아준 뒤로는 마음의 평온에 길들여져서 이 능력이 차츰 마비되어 힘을 잃고 없어졌던 것이다.

내가 집에만 있고 싶어한 이유를 알베르틴에게 말하기란 불쾌하기 그지없었다. 나는 그녀에게, 의사가 누워 있으라고 해서 그렇다고 해두었지만, 사실이 아니었다. 만약 사실이라 해도, 의사의 명령 때문에 내가 애인과 함께 가지 않을 리 없었다. 의사에게는 알베르틴이나 앙드레와 함께 있는 시각에는 오지 않도록 부탁해놓았다. 여러 이유 가운데 하나, 슬기로움의 이유만을 말해두겠다. 알베르틴과 함께 외출한 순간부터 잠시라도 그녀가 내 곁에 없으면 나는 불안해지고 만다. 나는 그녀가 누구에게 말을 건네지는 않았나, 또는 누구한테 추파를 던지지는 않았나 상상한다. 그녀가 그다지 기분이 좋지 않으면 나 때문에 어떤 계획을 망치거나 미룬 것으로 생각한다. 현실이란 알지 못하는 것에 이르는 실마리에 지나지 않으며, 우리는 알지 못하는 것에 깊이 들어갈 수 없다. 그렇다면 차라리 아무것도 모르고, 될 수 있으면 생각하지 말고, 아무리 사소할망정 구체적인 사실을 질투에 제공치 않는 편이 낫다. 그러나 불행하게도 바깥 생활이 없어도, 사건은 또한 내적 생활에 의하여 생겨나게 마련이다. 알베르틴과 함께 산책을 하지 않는 대신 나 혼자 사색에 잠겨 있을 때 부딪치는 생각들이 이따금 나에게 현실의 작은 조각을 던져주곤 했는데, 그 조각이 마치 자석처럼 끌어당기는 소량의 알지 못하는 것들은 곧바로 내게 고통을 준다. 인간이 진공기(眞空器) 같은 공간 속에 살아도 연상이나 추억은 계속 작용한다.

이러한 내면의 충격은 곧바로 일어나지는 않았다. 그래서 알베르틴이 산책을 나가자마자, 나는 잠시나마 혼자가 된 기쁨에 가슴이 뛰고 생기를 되찾곤 했다. 나는 막 시작된 하루의 즐거움을 누리려고 한다. 그러나 그것을 맛보려고 하는 제멋대로인 변덕스러운 욕망—순전히 나 혼자만의 기분—만으로는 쾌락을 내 힘이 미치는 곳에 두지 못했을 것이다. 그러기에는 그때의 특별한 날씨가 이런 즐거움에 대한 과거의 영상을 나에게 불러일으킬 뿐만 아니라, 실제로 지금 쾌락이 있다는 사실—우연의 사정, 따라서 무시할 수 있는 사정 때문에 집에 죽치고 있는 사람들은 물론 그렇지 않은 모든 사람에게도 그것이 바로 옆에 있다는 사실—또한 입증해줘야만 했다. 이를테면 맑게 갠 날에는, 어찌나 춥고 거리의 소음이 잘 들려오는지 마치 집 벽을 떼어놓은 듯한 느낌이 들고, 전차가 지나갈 때마다 그 소리는 은장도로 유리집을 두드리는 것처럼 울린다. 하지만 나는 특히 내 안에서 마음의 바이올린이 켜는 새로운 소리에 도취되었다. 그 바이올린의 현은 바깥 기온이나 빛의 간섭과 굴절에 따라 죄어들기도 하고 늘어나기도 한다. 우리 존재는 단조로운 일상의 습관 때문에 침묵해버린 악기와도 같은데, 온갖 음악의 원천인 이러한 차이와 이러한 변화에서 마음의 노래가 생겨난다. 어느 날 어느 때의 날씨가 한 가락에서 또 다른 가락으로 우리를 이동시킨다. 우리는 잊고 있던 곡을 떠올린다. 그 곡의 수학적 필연성을 알아챌 수도 있으련만, 우리는 처음 잠깐은 그것이 무슨 곡인지도 모르고 노래한다. 비록 외부의 변화라고 해도, 이런 내적인 변화만이 나에게 바깥세상을 새롭게 해준다. 오래전부터 굳게 닫혔던 통로가 내 머릿속에서 다시 열린다. 어느 때의 생활, 어떤 산책의 즐거움이 내 마음에 다시 자리잡는다. 파르르 떠는 바이올린의 현 주위에서 온

몸을 부르르 떨며, 나는 이런 특별한 상태를 위해서라면 습관이라는 지우개로 지운 과거와 미래의 생활을 희생해도 후회치 않았을 것이다.

먼 길을 떠나는 알베르틴을 따라가지 않으면 내 마음은 오히려 더 멀리 방황한다. 나 자신의 감각으로 이 아침을 맛보기를 거부했으므로, 나는 공상 속에서 그와 비슷한 모든 아침, 지나갔거나 또는 앞으로 다가올 아침을 즐겼다. 좀더 정확히 말하면 그것은 아침의 한 전형으로, 이와 같은 아침은 한결같이 간헐적으로 나타나기 때문에 나는 그 전형을 금세 알아보았다. 그도 그럴 것이 강한 바람이 필요한 페이지를 손수 넘겨서 내 눈앞에 그날의 복음을 퍼뜨리므로, 나는 침대에서 그것을 따라 읽을 수 있기 때문이다. 이 이상적인 아침은 이와 비슷한 세상의 모든 아침과 똑같은 영속성의 실재로 내 정신을 가득 채우고 나에게 어떤 환희를 전달하는데, 나의 병약한 상태도 이 경이로운 환희를 줄이지 못했다. 더없는 행복이란 우리가 건강할 때보다 사용치 않은 기운이 남아돌 때 얻는 수가 많으므로, 우리는 기운을 북돋우거나 활동을 제한함으로써 그 더없는 행복에 이를 수 있다. 나는 침대 속에서 내 안에 넘치는 기운을 바깥으로 내보내지 않고 한껏 보존했는데, 그 기운은 마치 움직임을 방해받은 기계가 제자리에서 빙빙 돌듯이, 나를 펄쩍 뛰게 하고 설레게 했다.

프랑수아즈가 불을 지피러 와서 불쏘시개로 섶나무 가지를 몇 개 던지자, 여름 동안 잊고 있던 그 냄새가 벽난로 주위에 그려낸 마법의 원에 둘러싸여, 콩브레나 동시에르에서 독서에 빠져 있는 느낌이 들기 시작했다. 이렇듯 파리의 내 방에 있으면서도, 메제글리즈로 산책 나가려는 참이거나 또는 야외 연습을 하고 있는 생루와 그 친구들을 만나러 가는 참이거나 한 듯이 마음이 들떠온다. 기억이 수집한 갖가지 추억과 재회하면 누구나 다 기쁨을 품지만, 환자에게는 그 기쁨이 더욱 충만해지기도 한다. 육체적인 고통에 시달리며 나날이 쾌유에 대한 기대를 거는 사람은, 이 추억과 비슷한 경치를 자연 속에 찾으러 갈 수조차 없지만 한편으로는 머지않아 그렇게 할 수 있다는 확신을 품고 있으므로, 욕망과 공복 상태에서 추억과 마주 보는 셈이라 그것을 한갓 추억이나 풍경화로 여기지 않기 때문이다. 하지만 나에게 그것은 추억에 지나지 않으며 다만 기억으로밖에 재회할 수 없을망정, 추억은 똑같은 감각이 지닌 효력으로 나와 나의 모든 것을 느닷없이 다시 전에 그것들을 보았던 어린이나 소년으로 만들어버린다. 변한 것은 바깥 날씨나 방 안의 냄새 뿐만 아니라, 나이가 들면서 내 몸 가운데 일부가 달라지고, 나는 딴 사람이 된다. 차가운 공기 속에 떠도는 불쏘시개 냄새가 과거의 토막처럼, 어느 옛 겨울을 떠난 눈에 보이지 않는 성엣장처럼 내 방 안에 들어오면, 마치 여러 가지 세월의 줄무늬 같은 이러한 향기와 희미한 불빛이 저마다 방에 줄무늬를 만든다. 나는 그 세월 속에 다시 잠겨 들어 그것이 어느 해인지 알아차리기도 전에, 버린 지 오래된 희망의 희열에 빠져 있는 나 자신을 깨닫는다. 태양이 내 침대까지 와서 말라빠진 내 몸의 투명한 벽을 통과하여 나를 데우고, 수정처럼 화끈 달아오르게 한다. 그러면 나는 허기진 회복기의 환자가 아직 금지된 음식을 머릿속으로 이것저것 실컷 먹듯이, 알베르틴과의 결혼은 남에게 헌신한다는 지나치게 무거운 임무를 떠맡는 셈이 되고, 또한 끊임없이 눈앞에 그녀가 있기 때문에 어쩔 수 없이 나 자신을 떠나 멍하니 살아야 하며, 영영 고독의 기쁨을 빼앗기며 한평생을 망치지 않을까 하는 걱정이 들었다.

고독의 기쁨만이 아니다. 설령 하루 동안 욕망만을 원한다 하더라도, 어떤 욕망—사물이 아니라 인간이 일으키는 욕망—의 성격은 개인적인 것이다. 그러므로 내가 침대에서 나와 창문 커튼을 잠깐 젖혀보는 건 음악가가 잠시 피아노 뚜껑을 열듯이, 발코니와 거리의 햇빛이 내 추억과 정확하게 같은 장단인지 확인하고자 할 뿐만 아니라, 동시에 바구니를 든 세탁소 여인, 푸른 덧옷을 입은 빵집 여인, 흰 소매 달린 옷에 앞치마를 두르고 우유병을 늘어뜨린 채 갈퀴를 쥔 우유 장수 여인, 가정교사의 뒤를 따라가는 금발의 새침한 아가씨 등 요컨대, 두 음의 차이로 음악의 한 악절이 변해버리듯, 양적으로 하잘것없는 실루엣의 차이로도 남들과 딴판으로 달라지는 하나의 영상을 보고자 함이었다. 이것을 보지 않고는, 행복을 원하는 내 욕망에 그날 하루가 내놓는 여러 가지 목표가 줄어들었을 것이다. 그러나 머릿속으로 상상할 수 없는 여인들의 모습을 실제로 보고 기쁨이 고조되면, 거리나 동네나 세계가 더욱 바람직스럽고 탐구할 만한 곳이 되면서 더불어 나는 낫고 싶다, 외출하고 싶다, 알베르틴 없이 자유로워지고 싶다는 갈망을 느꼈다. 내가 꿈에 그리던 미지의 여성이 어떤 때는 걸어서, 어떤 때는 자동차를 타고 전속력으로 집 앞을 지나갈 때, 내 몸이 그녀를 따라잡는 눈길을 따라가지 못하고 창문의 총구멍에서 화승총*으로 발사된 총알처럼 그녀에게 달려들어, 도망치는 그녀의 얼굴—이렇게 틀어박혀 있어선 절대로 맛보지 못할 행복이 나를 기다리고 있는 얼굴—을 붙들어두지 못함을 탄식한 게 도대체 몇 번인가!

이와는 반대로 나는 이제 알베르틴한테서 알아낼 게 하나도 없었다. 나날이 그녀의 아름다움이 덜해지는 것 같았다. 다만 그녀가 남들의 정욕을 자극했다는 것을 알면 나는 다시 괴로워하기 시작하며, 그녀를 두고 남들과 다투고 싶어지고 그때만 그녀가 드높은 영광으로 빛나듯 돋보였다. 그녀는 내 고통의 원인은 될 수 있어도, 기쁨은 조금도 주지 않았다. 나의 서글픈 애착은 오로지 고통에 의해서만 계속되었다. 고통이 가시고 더 이상 고통을 진정시킬 필요가 없어지면, 곧바로 나는 잔혹한 심심풀이처럼 나의 온 주의력을 모아서, 그녀는 나에게, 나는 그녀에게 있으나마나 한 존재임이 틀림없다고 느꼈다. 이런 상태를 계속 견딜 수 없어서, 이따금 내가 완전히 나을 때까지 우리 둘 사이를 갈라놓을 만한 어떤 무시무시한 일을 그녀가 저질렀다는 사실을 알게 된다면 얼마나 좋을까 하는 생각까지 들었다. 그렇게 되면 우리는 다시 화해하여, 서로 맺은 유대를 지금과는 다르게, 좀더 나긋나긋하게 다시 강화할 수 있을 테니까.

당장은, 나는 내 곁에 있는 그녀에게 내 힘으로는 줄 수 없을 듯한 행복의 환영을 헤아릴 수 없는 상황이나 쾌락을 빌려 마련해주려고 애썼다. 나는 병이 낫는 대로 베네치아로 떠나고 싶었지만, 만약 알베르틴과 결혼한다면 어떻게 이를 실행하겠는가? 파리에 몸을 두고도 움직일 결심이 서는 건 오직 그녀와 함께 외출하기 위해서일 만큼 그녀를 질투하는데. 오후 내내 집에 있을 때도 내 마음은 산책하는 그녀의 뒤를 쫓아 푸르스름한 먼 지평선을 그리며, 나라는 중심의 둘레에 불안하고 어렴풋한 이동 지대를 만들어냈다. 나는 생각한다. '만약 알베르틴이 산책하는 도중에 이제는 내가 결혼 얘기를 꺼내지 않는다는 사실을 깨닫고, 내가 이별의 말을 할 새도 없이 두 번 다시 돌아오지 않을 결심으로 그 길로 숙모 집으로 가버린다면, 나를 이별의 고통에서 크게 구해줄 텐데!'

마음의 상처가 아물자 내 심정은 애인의 심사에 맞지 않기 시작했다. 공상

---

* 화약심지의 불로 터지게 만든 구식 총.

으로 그녀가 있는 곳을 옮기고, 내게서 그녀를 멀리 떼어놓아도 더 이상 고통은 없었다. 아마 내가 없다면 다른 누군가가 그녀의 남편이 될 것이다. 그리고 자유의 몸이 된 그녀는 나를 소름 끼치게 하던 모험(aventure)*을 하겠지. 그러나 날씨는 쾌청하고, 그녀가 저녁에 돌아올 것도 확실하므로, 혹여 그녀가 잘못을 저질렀을지도 모른다는 생각이 떠올라도, 나는 쉬이 머릿속 한구석에 그런 생각을 가두어둘 수 있었다. 두뇌의 한구석에서는, 가공인물의 악덕이 내 현실 생활에 아무 중요성도 없듯 아무래도 좋은 게 되어버린다. 나는 헐거워진 사고(思考)의 경첩을 움직이면서 마치 근육 운동과 정신의 새로운 의견을 합친 것처럼, 머릿속으로 느끼는 육체적이고도 정신적인 에너지를 사용하여 여태껏 내가 갇혀 있던 근심을 뛰어넘어 자유로운 공기 쪽으로 움직이기 시작한다. 거기서 바라보면, 알베르틴과 다른 남성의 결혼을 방해하고 그녀의 동성애적 기호를 막고자 나의 모든 것을 바치는 일은, 그녀를 알지 못하는 이도 그렇게 생각하겠지만, 나 자신의 눈에도 어처구니없는 짓으로 보였다.

더구나 질투란 간헐적인 병 가운데 하나로, 그 원인이 변덕스럽고 조건이 없으며, 똑같은 병자인 경우에는 언제나 같지만, 다른 병자는 전혀 다를 수도 있다. 천식 환자 중에도 창문을 열고 센 바람이나 산의 맑은 공기를 들이마셔야 발작이 가라앉는 이가 있는가 하면, 도시 한복판에서 그것도 약의 증기가 꽉 찬 방 안으로 도망쳐야 발작이 가라앉는 이도 있다. 아무리 질투가 강한 사람이라도 상대에게 어떤 예외를 허용하지 않는 이는 거의 없다. 어떤 이는 상대방이 솔직히 말해준다면 배신을 해도 상관없다고 하고, 다른 이는 모르게 해주기를 바란다. 이 점에서는 양쪽이 모두 똑같이 어리석다. 후자는 상대가 진실을 숨긴다는 점에서 완전히 속아넘어가는 셈이며, 전자는 이 진실 속에서 고뇌의 양식을, 그 증대와 갱신을 요구하기 때문이다.

뿐만 아니라, 질투의 이 상반된 두 괴벽은 그것이 상대의 고백을 애원하건 거부하건 흔히 말이 되지 않는 법이다. 질투하는 사내들 중에는 애인이 멀리 떨어진 곳에서 관계하는 남자들에게는 질투하지만, 자기 허락을 얻고 자기 가까이에서, 눈앞은 아니지만 적어도 같은 지붕 밑에서 딴 남자에게 몸을 내주는 걸 용서하는 이도 있다. 이런 경우는 젊은 여인에게 반한 노인들에게 많

---

* 여기서 '모험'이란 동성애를 말함.

다. 그들은 여인의 마음에 들기가 어렵고 때로는 여인을 만족시키는 데 무력함을 느껴서, 배신을 당하느니 차라리 자기 집 옆방에서, 여인에게 못된 일을 부추길 능력은 없지만 기쁘게 해줄 수는 있을 성싶은 남자를 드나들게 하는 쪽을 택하는 것이다. 이와는 정반대되는 이들도 있다. 그들은 자기가 알고 있는 거리에는 단 1분이라도 애인 혼자 나가지 못하게 하며 글자 그대로 애인을 노예 상태로 묶어두면서, 애인이 무슨 짓을 할지조차 상상할 수 없는 낯선 곳이라면 한 달이라도 여행을 허락한다. 나는 알베르틴에 대한 질투를 가라앉히는 이런 두 가지 괴벽을 갖고 있었다. 만약 그녀가 내 곁에서 내가 부추긴 쾌락을 누렸다면 나는 질투하지 않았을 것이다. 그 쾌락을 완전히 내 감시 아래에 두면 거짓말에 대한 염려를 하지 않아도 될 테니까. 또 만약 그녀가 내가 모르는 먼 곳에 가버려서, 그녀의 생활을 상상할 수도 없고 알게 될 가능성이나 유혹조차 사라진다면 분명 질투를 느끼지 않을 것이다. 어느 경우라도 완전한 지식 또는 완전한 무지에 의해서 의혹이 한꺼번에 사라지리라.

땅거미가 지기 시작하자 나는 또다시 추억을 통하여 시원한 옛 분위기에 잠겨, 오르페우스가 이 세상에 알려지지 않은 그윽한 공기를 들이마시듯, 이 분위기를 감미롭게 호흡했다. 그러나 이미 하루해가 저물어가며 내 안에 저녁의 애수가 스며들어온다. 알베르틴이 돌아오기까지 시간이 얼마나 남았는지 무심코 괘종시계를 쳐다본 나는, 옷을 갈아입고 집주인인 게르망트 공작부인한테 내려가서 알베르틴에게 선물할 예쁜 장신구에 대해 이것저것 물어볼 여유가 있는지 따져보았다. 때로는 험한 날씨에도 거리낌 없이 안마당을 가로질러, 넓적한 모자에 모피 외투 차림으로 일 보러 나가는 공작부인과 마주친 적도 있었다. 공작 영지도 공국(公國)도 없어진 지금, 게르망트 공작부인이라는 이름은 아무런 의미도 없으므로, 수많은 지식인에게는 그녀가 평범한 부인에 지나지 않는다는 사실을 나도 잘 알고 있었다. 하지만 나는 인간과 고장의 장점을 즐기는 조금 다른 독특한 관점을 지니고 있었다. 그녀가 공작부인, 대공부인, 자작부인으로서* 소유하던 여러 토지의 모든 성관을, 궂은 날씨에도 개의치 않는 이 모피 외투 차림의 부인이 몸에 지니고 있는 것 같았다. 마치 현관 응접실에 조각된 인물들이, 자기가 세운 대성당 또

---

* 프랑스에서는 한 사람이 여러 가지 칭호를 갖기도 함.

는 자기가 수호한 도시를 손에 쥐고 있는 듯했다. 그러나 국왕의 사촌누이뻘 되며 모피 외투를 입은 공작부인의 장갑 낀 손에서 이런 성관과 숲들을 볼 수 있는 것은 내 마음눈뿐이었다. 내 맨눈은 비가 올 듯한 날에 공작부인이 아무런 거리낌 없이 손에 든 우산밖에 식별하지 못했다. "비가 안 온다고 누 가 장담한다지요. 가지고 가는 게 좋아요. 멀리 가면 마차삯이 너무 '비싸 게' 들지도 모르니까요." 공작부인의 말씨에는 '너무 비싸다', '분수에 넘친 다' 또는 '너무 가난하다'는 말이 줄기차게 나왔는데, 그만큼 부유하면서 입 으로는 가난하다고 떠드는 게 재미있어선지, 또는 그처럼 명문 귀족이면서 시골뜨기인 체하고, 가난한 자들을 깔보는 한낱 부자들처럼 재산을 중요시 하지 않는 게 우아하다고 여겨서 그러는 건지 통 알 수가 없었다. 어쩌면 이 것은 오히려 공작부인 생애의 한때에 입에 밴 말버릇으로, 이미 부유했지만 많은 소유지의 유지비에 비추면 아직 부족하여 어느 정도 돈의 궁색을 느끼 면서도 그 사실을 감추는 기색을 보이기 싫어서 그랬는지도 몰랐다. 농담으 로 자주 말하는 것은 흔히 그 농담과는 반대로 당사자가 난처하거나 난처해 하는 꼴을 보이기 싫은 것이므로, 아마 그 농담을 듣는 이가 그것을 곧이들 어주지 않으면 다행이라고 마음속으로 기대할 것이다.

어쨌든 나는 보통 이 시각에 공작부인이 집에 있다는 사실을 알고 있어서 정말 다행스러웠다. 알베르틴이 알고 싶어했던 것을 부인에게 차근차근 묻 기에는 그 편이 나았기 때문이다. 그래서 나는 한갓 실제적인 편의 때문에 부인을 이용한다는 목적으로 간다는 게 얼마나 이상한지는 거의 생각해보지 도 않고, 내 소년 시절에 신비로운 존재였던 게르망트 공작부인에게 내려갔 다. 마치 전에는 그 초자연적인 기계의 신비성 앞에 경탄해 마지않던 바를 지금은 생각조차 하지 않고, 재봉사를 부르거나 얼음을 주문하는 데 전화를 사용하듯.

자질구레한 장신구가 알베르틴에게는 커다란 기쁨을 주었으므로, 나는 날 마다 그녀에게 새로운 선물을 할 수밖에 없었다. 그녀가 창문에서 또는 안뜰 을 지나다가, 우아함에 관계되는 것이라면 무엇이든 재빨리 찾아내는 그 눈 으로, 게르망트 부인의 목이나 어깨나 손에서 숄이나 에톨(étole)\*이나 파라

---

\* 여성의 어깨에 걸치는 긴 숄. 영어로는 스톨(stole).

솔을 보고 황홀해하며 나에게 그 이야기를 하면, 이 아가씨의 타고난 까다로운 취미(게다가 엘스티르의 회화라는 우아한 수업으로 더욱 세련되어진 취미)가 한낱 유사품에 지나지 않는 것—보통 사람의 눈에는 진품의 대용이 되는 예쁜 물건이지만, 실제로는 전혀 다른 한낱 유사품—으로는 전혀 만족하지 않음을 알고 있었다. 그래서 나는 공작부인을 찾아가서 알베르틴의 마음에 든 물건이 어디서, 어떻게, 어떤 모양으로 만들어졌는지, 똑같은 것을 손에 넣으려면 어떻게 해야 하는지, 그것을 만든 이의 비결과 그 방법의 매력(알베르틴이 '멋'이니 '기품'이니 하고 말하는 것)은 어디에 있는지, 또 내가 주문해야 할 장신구의 정확한 이름—재료의 아름다움은 매우 중요하기에—과 재질은 무엇인지 남몰래 설명을 듣곤 했다.

발베크에서 돌아왔을 때, 내가 게르망트 공작부인이 같은 저택의 맞은편에 살고 있다고 알베르틴에게 말하자, 그녀는 이 위대한 칭호와 이름을 듣고 무관심하다기보다 오히려 적의를 띠고 멸시하는 태도를 보였는데, 이것은 자존심이 강한 발끈하는 성미의 소유자가 보이는 무력한 욕망의 표시였다. 알베르틴의 성품이 아무리 훌륭했더라도, 그 성품이 지니고 있는 여러 장점은 취미라는 어떤 제약 속에서 아니, 제약이라기보다는 우리가 단념할 수밖에 없었던 취미—알베르틴의 경우에는 속물근성이며, 바로 증오라 불리는 것—에 대한 애도 속에서 발전할 수밖에 없다. 하기야 사교계 인사들에 대한 알베르틴의 증오는 그녀 마음속에 그다지 큰 자리를 차지하지 않았는데, 그래도 혁명 정신, 다시 말해서 귀족에 대한 짝사랑이라는 그 일면, 게르망트 공작부인의 귀족풍 프랑스적 성격과는 정반대쪽에 새겨진 이 일면 때문에 내 마음에 들었다. 알베르틴은 쳐다보지도 못할 이 귀족풍 따위는 마음에도 두지 않았을 터인데, 엘스티르가 공작부인을 두고 파리에서 가장 옷을 잘 입는 여인이라고 말했던 기억을 떠올려, 한 공작부인에 대한 공화파적인 멸시 대신 세련된 여성에 대한 강렬한 흥미를 품게 된 것이다. 알베르틴은 자주 나에게 게르망트 공작부인에 대해 물어보고, 자신의 몸치장에 대한 의논을 하러 내가 공작부인한테 가는 것을 좋아했다. 물론 나는 스완 부인과 의논할 수도 있었고, 한번은 그 때문에 편지를 쓰기까지 했다. 그러나 게르망트 공작부인 쪽이 옷차림에서는 한결 뛰어나다고 생각했다. 공작부인이 외출하지 않았음을 확인하고, 알베르틴이 돌아오면 즉시 알리라고 일러놓은 뒤, 부인한테 잠깐 내려가서 공작부인이 안개 같은 회색 크레프드신 드레스에 폭 잠기듯이 싸인 것을 보자, 나는 복잡한 여러 가지 원인에 의하여 이보다 더할 수 없을 것같이 느껴지는 그 모습을 그대로 받아들였으며, 그 광경이 퍼트리는 분위기, 진주 빛깔 안개로 어렴풋한 오후 끝 무렵 같은 분위기에 잠겼다. 반대로, 노랑과 붉은 불꽃무늬의 중국풍 실내복이라면 타오르는 석양을 보듯 지그시 바라 았다. 이 옷들은 마음 내키는 대로 바꿀 수 있는 낡은 겉치레가 아니라, 그날 의 날씨나 어느 시각의 특유한 빛처럼 하나의 시적 현실로 다가왔다.

게르망트 공작부인이 몸에 걸치는 드레스나 실내복 중에서 일정한 의도에 가장 잘 어울리는 특수한 뜻을 지닌 듯이 보이는 것은, 포르투니(Fortuny)* 가 베네치아의 고대 무늬를 본떠서 만든 드레스였다. 그것을 입고서 손님을 기다리며 손님과 담소하는 공작부인의 자태는 이상한 중후함을 띤다. 마치 의상이 오랜 숙고의 결실인 듯, 담소가 소설의 한 장면처럼 일상생활과 동떨 어진 듯이 보이는 특수한 품위를 옷에 부여한 것은, 그 옷의 역사적인 성격 인가, 아니면 옷의 개성인가? 발자크의 소설에서는, 여성들이 어떤 특정한 손님을 맞아야 하는 날에는 일부러 어느 특정한 옷을 입는다. 오늘날의 옷에 는 이만한 품격이 없는데, 포르투니의 드레스는 예외이다. 소설가의 묘사에 는 어떤 모호한 점도 남아서는 안 된다. 이 드레스는 엄연히 현실에 존재하 고, 그 사소한 무늬까지도 예술작품에 못지않게 자연스레 자리잡고 있으니 까. 이 드레스 또는 저 드레스를 입기 전에 여인은 거의 비슷한 두 드레스 중에서 단순히 하나를 택하는 게 아니라, 하나하나가 매우 개성적이고 특별 한 이름을 붙일 만한 두 드레스 가운데 하나를 택해야 한다.

그러나 나는 드레스에 정신이 팔려 그것을 입은 여성을 마음에 두지 않는 것은 아니다. 게르망트 공작부인도 이 무렵에는 내가 아직 부인을 사모하던 때보다 훨씬 보기 좋았다. 전보다 공작부인한테 기대하는 바가 적어(나는 더 이상 부인을 만나러 가는 게 아니었다), 혼자서 벽난로의 장작받침대에 발을 올려놓고 있을 때에 느끼는 근심 없는 평온과도 비슷한 기분으로, 마치 옛말로 쓰인 책을 읽기라도 하듯 나는 부인의 말에 귀를 기울였다. 부인이 꺼낸 이야기 속에서 현대의 말투나 문장에서는 찾아볼 수 없게 된 순수한 프

---

* 에스파냐의 일류 디자이너(1871~1949).

랑스풍 우아함을 맛볼 수 있어서, 내 마음이 자유로워졌다. 나는 부인의 이야기를 프랑스 민요처럼 즐겁게 듣고 있었다. 지난날 부인이 메테를링크를 비웃는 말을 들은 적이 있는데, 나는 그 이유도 이해할 수 있었다(문학적 유행은 뒤늦게 영향을 미치는데, 유행에 예민한 여성의 연약성 때문에 지금은 부인도 메테를링크를 찬미하고 있지만). 마치 메리메가 보들레르를, 스탕달이 발자크를, 쿠리에(Courier)*¹가 빅토르 위고를, 메이야크가 말라르메를 비웃은 걸 이해하듯이. 비웃는 이가 비웃음을 받는 이에 비해 견해는 좁지만, 더욱 순수한 어휘를 가지고 있다는 사실도 나는 잘 알고 있었다. 게르망트 공작부인의 어휘는 생루 어머니의 어휘 못지않게 듣는 이를 매혹할 만큼 순수했다. 옛 표현과 낱말의 참된 발음은, '실제로는(en réalité)' 대신 '사실은(au fait)', '특히(en particulier)' 대신 '유난히(singulièrement)', '망연자실(frappé de stupeur)' 대신 '소스라치다(étonné)'라는 말을 쓰는 현대 작가의 공허한 모방 속에서가 아니라, 게르망트 공작부인이나 프랑수아즈 같은 사람들과 이야기할 때 접할 수 있다. 나는 다섯 살 때 프랑수아즈한테서 Tarn(지명)을 '타른'으로 발음하지 않고 '타르(Tar)'로, Béarn(지명)을 '베아른'으로 발음하지 않고 '베아르(Béar)'로 발음한다고 배웠다. 그래서 스무 살에 사교계로 나갔을 때, 봉탕 부인이 발음하듯이 베아른 부인이라고 말하지 말아야 한다는 사실을 새삼 배울 필요가 없었던 것이다.

공작부인의 마음 가운데 아직 남아 있는 지주적인, 거의 농민적이라 할 수 있는 일면을 부인이 의식치 않았다거나 그 점을 조금도 자랑하지 않았다고 말하면 거짓말이다. 그러나 부인의 경우에 그것은 시골뜨기인 체하는 귀부인의 거짓 소박성도 아니고, 알지도 못하는 시골 사람들을 업신여기는 부유한 여인들에게 비웃음을 퍼붓는 공작부인다운 오만도 아니며, 도리어 자기가 소유하는 것의 매력을 알고 그것을 근대풍으로 칠해 망치려고 하지 않는 여인의, 거의 예술에 가까운 취미였다. 이와 마찬가지로, 디브(Dives)*²에서는 누구나 다 노르망디 태생인 '정복왕 기욤'이라는 식당의 주인을 잘 알고 있었다. 이 사내는 자기가 경영하는 여관에—아주 드물게도—호텔처럼 근대적인 호화로움을 부리지 않았으며, 백만장자인데도 노르망디 시골뜨기 말

---

*1 프랑스의 평론가·번역가(1772~1825). 풍자적인 논객(論客).
*2 프랑스 북부 지방의 시가.

투와 작업복을 버리려고 하지 않았다. 그는 시골에서 곧잘 하듯이 손님을 일부러 부엌으로 데리고 가서 손수 저녁 식사를 만들어주었는데, 어떤 으리으리한 호텔 식당의 음식보다 맛있고 값도 비쌌다.

귀족의 옛 가문에 아무리 향토적인 정기가 있다 한들 그것만으로는 충분치 않다. 이 정기를 경멸하지 않는 총명함과 그것을 사교적인 잿물로 지워버리지 않을 만한 현명함을 갖춘 인물이 그 가문에 태어나야 한다. 공교롭게도 게르망트 공작부인은 재기가 넘치는 파리지엔으로, 내가 부인을 알고 지냈을 때부터 시골티라고는 그 억양 정도밖에 남아 있지 않았다. 그러나 적어도 부인이 처녀 시절을 이야기할 때는, 그 말투로(지나치게 노골적인 사투리도 아니고, 반대로 학식 있는 체 선멋 부리는 말투도 아닌) 조르주 상드의 《사랑의 요정》이나 샤토브리앙의 《무덤 저편의 회상》에서 인용한 몇 가지 전설의 매력적인 절충어(折衷語)를 만들어냈다. 특히 공작부인에게서, 부인과 함께 시골 사람들이 등장하는 이야기를 듣는 게 나의 즐거움이었다. 성관과 마을 사이를 가깝게 하는 이런 이야기는 옛 이름이나 옛 풍습 때문에 어쩐지 깊은 풍취를 돋우었다. 예전 영주로 어느 지방과 교섭을 유지하고 있는 한 귀족은 지금도 그 지방의 특색을 지니고 있어서, 매우 간단한 말을 해도 우리 눈앞에 프랑스의 역사 지도가 그대로 펼쳐졌다.

자기 나름의 낱말을 지어내려는 겉멋이나 속셈은 전혀 없었지만, 공작부인의 발음은 그야말로 대화로 된 프랑스 역사 박물관이었다. '종조할아버지인 피트 잠(Fitt-Jam)'이라고 말하는 부인의 말투가 하나도 놀랄 게 없었던 것이다. 알다시피, 피츠 제임스(Fitz-James) 가문 사람들은 프랑스의 대귀족이라고 자칭하며, 그들의 이름이 영국식으로 발음되는 것을 싫어하기 때문이다. 또한 어떤 이름을 문법 규칙대로 발음해야 한다고 믿어온 사람들이, 게르망트 공작부인이 달리 발음하는 것을 듣고는 갑자기 자기들은 상상도 못 했던 그 발음을 흉내내려고 애쓰는 그 숫저운 태도도 참으로 놀라웠다. 공작부인의 증조할아버지는 샹보르 백작을 섬겼는데, 부인은 남편이 오를레앙파[1]가 된 사실을 야유하기 위해 곧잘 '우리 프로슈도르프(Frochedorf)[2]의 옛 신하'

---

[1] 오를레앙 왕가의 후예인 파리 백작을 왕위에 앉히려 했던 왕당파로서 부르봉 왕가와는 적대 관계.

[2] 샹보르 백작이 소년 시절부터 추방되어 살던 고장의 이름.

라고 일컬었다. 그러자 그때까지 프로슈도르프를 프로스도르프(Frohsdorf)*1 로 발음해야 옳다고 생각하던 손님들은 당장 절개를 굽히고 프로슈도르프라 고 발음했다.

한번은 내가 게르망트 공작부인에게, 언젠가 부인의 조카라고 소개받았는 데 이름을 잘 알아듣지 못했던 인상 좋은 젊은이가 누군지 물어보니까, 공작 부인은 목구멍 깊숙한 곳에서 매우 크게 발음했지만 한 마디 한 마디를 끊지 않아서, 나는 여전히 그 이름을 알아들을 수 없었다. "세 르…… 이 에옹, 프레르 아 로베르(C'est l'…… i Èon, frère à Robert). 그 앤, 자기 머리 모양 이 옛날 웨일스 사람 같다고 무척 자랑한답니다." 나는 겨우 부인이 'C'est le petit Léon(그 애는 레옹이에요)'이라고 말한 줄로 짐작했다(다시 말해서 레 옹 공작이니, 사실 로베르 드 생루의 외사촌뻘이었다). 부인은 말을 이었다. "하지만 저는 그게 정말 웨일스의 머리 모양인지 모르겠어요. 그 애의 옷차 림은 정말이지 맵시 있기는 하지만, 그다지 웨일스풍은 아니랍니다. 우리가 조스랭*2의 로앙*3 댁에 묵었을 때 성당 순례에 간 적이 있어요. 브르타뉴 지방 곳곳에서 꽤 많은 시골 사람들이 모였더군요. 레옹*4 지방에서 온 키다 리 농사꾼이 로베르의 이종사촌 동생이 입은 베이지색 반바지를 바라보고 입을 딱 벌렸어요. '자넨 어째서 나를 뚫어지게 보지? 아마 내가 누군지 모 르나 보군.' 레옹이 말했죠. 그 농사꾼이 모른다고 말하자, 이렇게 말했어요. '나는 자네의 영주일세.' 그러자 그 농부가 모자를 벗고 사과하면서, '아아, 그러세요! 난 또 영국분인 줄 알았죠' 하지 뭐예요." 내가 이 말을 계기로 이야기를 로앙 가문 쪽으로 밀고 나가자(로앙 가문과 게르망트 가문은 여러 차례 혼인으로 맺어진 사이였다), 부인의 이야기는 파르동제(祭)가*5 지니 는 애수 어린 매력을 발산했고, 또 참다운 시인인 팡피유*6라면 '울렉스 불 로 구운 메밀 크레페의 떫은 맛'이라고 할 풍취를 돋우었다.

로 후작(알다시피 그의 만년은 비참하여, 귀머거리가 된 그는 맹인인 H부

---

*1 프로슈도르프의 프랑스식 발음.
*2 브르타뉴 지방의 이름.
*3 역사상 유명한 이 지방의 명문.
*4 브르타뉴 북서부의 고장 이름. 레옹 공작은 이곳 지방의 자손.
*5 브르타뉴 지방에 예부터 내려온 성당 순례행사.
*6 레옹 도데의 부인.

인네 집으로 옮겨졌다)에 대하여, 부인은 그분의 덜 비참한 시절 이야기를 해주었다. 그 무렵 게르망트 영지에서 벌어진 사냥 뒤에 그는 실내화로 갈아 신고 영국 왕과 함께 홍차를 마셨는데, 이처럼 그는 자신을 영국 왕보다 아래로 생각지 않고 아무 거리낌 없이 행동했다고 한다. 부인은 이 이야기를 눈앞에 선히 그려 보이며, 페리고르 지방의 얼마간 교만한 귀족들이 지니는 근위 기병(近衛騎兵)의 호방한 기품까지 이 인물에게 덧붙였다.

또한 부인은 언제나 지주답게 한갓 사람의 신분을 확인할 때도 어느 고장 태생인지 주시했는데, 토박이 파리지엔으로서는 도저히 못할 노릇이었다. 그래서 앙주, 푸아투, 페리고르 같은 간단한 고장 이름이 부인의 대화 속에 갖가지 풍경을 되살아나게 했다.

게르망트 공작부인의 발음과 어휘로 되돌아가서 말하자면, 귀족이란 이 부분에 참으로 보수적인 태도를 보인다. 이 보수적이라는 낱말이 지닌 조금 유치한, 조금 위험스런, 진화에 반항하는 것, 그러나 예술가로서는 재미스러운 것 따위를 동시에 품은 보수적인 태도이다. 나는 장(Jean)이라는 낱말을 옛적에는 어떻게 썼는지 알고 싶었다. 빌파리지 부인의 조카한테서 편지를 받고서 그것을 우연히 알게 되었는데, 이 인물은—세례 때에 받은 이름, 고타 연감*에 실린 그대로—장 드 빌파리지 부인(Jehan de Villeparisis)이라고, 아름답지만 발음을 하지 않는, 마치 문장(紋章) 같은 h를 곁들여 서명했다. 기도서나 그림 유리창 안에 주홍빛 또는 남빛으로 채색되어 사람들의 감탄을 받는 h와 똑같았다.

유감스럽게도 나는 이 방문을 오래 끌 만한 여유가 없었다. 가능하면 알베르틴보다 먼저 집에 돌아가 있고 싶었기 때문이다. 게르망트 공작부인한테 서는 옷에 대한 지식을 조금밖에 얻어내지 못했지만, 이 지식은 내가 알베르틴을 위해, 젊은 아가씨가 입을 수 있는 범위 내에서 비슷한 의상을 주문하는 데 유익했다.

"예를 들면 부인께서 게르망트 대공부인 댁에 가시기에 앞서 생퇴베르트 부인 댁에서 저녁 식사를 하기로 되어 있던 날 새빨간 드레스에 빨간 구두 차림을 하셨는데, 들은 적도 본 적도 없어 전혀 아는 바가 없지만 정말 아름

---

* 귀족 가계와 외교 관계를 기록한 연감.

다 웠어요. 마치 핏빛으로 물든 커다란 꽃과 불타오르는 루비 같았지요. 그건 이름이 뭐죠? 젊은 아가씨도 입을 수 있을까요?"

공작부인은 롬 대공부인 시절에 스완한테 찬사를 받았을 때처럼 피곤한 얼굴에 찬란한 표정을 확 드러내며 눈물이 나올 만큼 까르르 웃으면서, 은근히 빈정거리듯이 또는 어쩌냐는 듯이 기쁜 기색으로 브레오테 씨를 바라보았다. 브레오테 씨는 그 시각이면 늘 와 있었다. 그는 인텔리 냄새가 나는 이 횡설수설에 젊은이의 육체적인 흥분이 숨어 있다고 생각해선지, 외알안경 너머로 너그럽고 다정한 미소를 띠고 있었다. 그 꼴을 본 공작부인은 '왜 저런다지? 머리가 돌았나봐' 말하고 싶은 눈치였다. 그러고서 응석 부리는 모습으로 내 쪽으로 몸을 돌리며, "내 모습이 불타오르는 루비였는지 핏빛 꽃 같았는지는 모르지만, 분명 붉은 드레스를 입었던 기억은 나는군요. 그건 그 무렵에 만든 붉은 견수자랍니다. 옳지, 젊은 아가씨가 입어도 나쁘지 않겠네요. 그러나 당신 친구분은 저녁에는 외출하지 않는다고 말씀하셨죠? 그건 정식 야회복이라 외출복으로 입기는 힘들어요."

기묘하게도 그다지 옛일도 아닌 이 야회에 대하여, 게르망트 공작부인은 자기 옷밖에 기억하지 못했다. 이제부터 말하겠지만 그녀는 마땅히 자기 마음에 걸렸을 한 가지 사실을 잊고 있었다. 무릇 행동가는(사교계 인사들은 현미경으로 보아야 겨우 보일까 말까 한 행동가지만, 분명 행동가임은 틀림없다) 한 시간 뒤에 어떤 일이 일어날지에 주의를 집중하고 있으므로 정신적 과로에 빠져 더할 수 없이 사소한 것만 기억하나 보다. 이를테면 노르푸아 씨는 자기가 예측한 독일과의 동맹이 결국 맺어지지 않은 사실을 지적받으면 흔히 다음과 같이 말했는데, 상대를 속이거나 자기가 잘못 생각하지 않았음을 보이려고 그런 것도 아니었다. "그거 이상하군, 난 통 기억이 안 나는걸. 무엇보다 나답지 않은 말이잖소. 그런 문제를 얘기할 때 난 늘 말수가 적은 편이니까. 또 위업(偉業)의 성공을 내가 예측하다니, 절대로 그럴 리가 없지. 위업이란 흔히 한때의 기분에 좌우되기 쉬워 대체로 우격다짐으로 끝나기 마련이니까. 그야 먼 훗날에는 독일과 프랑스의 접근이 이루어질지도 모르고, 그것이 두 나라에 매우 이로울 테지. 프랑스도 손해 보는 장사는 하지 않을 거라고 나도 생각하지만, 결코 입 밖에 낸 적은 없어. 아직 때가 이르니까. 내 의견을 말하자면, 우리가 옛 원수에게 정식 관계를 요구한다면 대실패에 직면하고 큰 타격을 받을 거라, 이 말씀야." 노르푸아 씨는 거짓말을 한 게 아니라 다만 잊어버린 것이다. 하기야 사람은 깊이 생각하지 않은 것, 남을 모방하거나 주위의 여론에 자극되어 뇌리에 박힌 것은 금세 잊고 만다. 여론이 변하면 그와 함께 우리 기억도 변한다. 외교관 이상으로 정치가들은 한때 자기가 주장하던 상황을 기억하지 못한다. 그들이 앞서 한 말을 취소하는 것도 지나친 야심이라기보다는 기억의 결핍 탓이다. 하물며 사교계 사람들은 거의 아무것도 기억하지 않는다.

게르망트 공작부인은 자기가 붉은 드레스 차림이던 야회에 쇼스피에르 부인이 와 있던 기억이 나지 않으니, 분명 나의 착각이라고 우겼다. 그런데 실은 그 야회 이래, 공작뿐만 아니라 공작부인까지도 쇼스피에르 집안의 일로 머리가 복잡했던 것이다! 그 까닭은 다음과 같다. 게르망트 공작은 자키 클럽의 회장이 죽었을 때 그 클럽의 최고참 부회장이었지만, 회원 중에서 교제 범위가 좁고 자기를 초대해주지 않는 사람들에게 반대표를 던지는 것을 유일한 기쁨으로 삼는 이들이, 회장 투표에서 공작에게 반대하는 운동을 펼쳤다. 한편 공작은 자기가 뽑힐 것을 확신했으며, 또 사교계에서의 지위에 비하면 회장 자리는 대단치 않은 것이어서 선거 운동조차 하지 않았다. 그러나 그들은 공작부인이 드레퓌스파라고(드레퓌스 사건은 이미 오래전에 끝장이 났으나 20년이 지나도 여전히 입에 오르내릴 정도였는데, 그때는 사건이 끝난 지 2년밖에 되지 않았다) 소문을 퍼뜨렸고, 로스차일드네 사람들을 집에 들이며, 요즘에는 독일인 피가 절반 섞인 게르망트 공작 같은 국제적인 인사를 지나치게 우대한다고 떠벌렸다. 반대 운동은 유리하게 펼쳐졌다. 클럽에 속한 사람들이란 늘 저명인사에게 심한 질투를 하며, 거부(巨富)를 미워하게 마련이다. 한편 쇼스피에르의 재산도 적지 않았지만, 아무도 그것을 불쾌하게 생각지 않았다. 그는 한 푼도 낭비하지 않았고, 부부의 거처도 수수했으며, 부인이 언제나 검정 모직 옷을 입고 외출했기 때문이다. 음악을 매우 좋아하는 부인은 게르망트 공작부인보다 더 많은 가수를 초대하여 간소한 마티네를 곧잘 열곤 했는데, 아무도 이것을 문제 삼지 않았다. 이러한 모임은 다과(茶菓)도 남편도 없이, 라 셰즈 거리의 눈에 띄지 않는 집에서 이뤄졌기 때문이다. 오페라 극장에서도 쇼스피에르 부인은 이목을 끌지 않았다. 부인과 늘 붙어다니던 이들의 이름은, 샤를 10세 측근의 가장 과격한 '울트라(ultra, 과격파)'를 떠올리게 했지만, 그저 겉에 드러나지 않는 비사교적인 이들일 뿐이었다. 회장 선거 날이 되자 모두의 예상을 깨고 눈에 띄지 않는 어둠이 눈부신 빛을 이겨내, 두 번째 부회장이던 쇼스피에르가 자키 클럽 회장으로 뽑혔고, 게르망트 공작은 참패하여 그대로 첫 번째 부회장에 머무르게 되었다. 그야 물론 자키 클럽 회장이 된다는 게 게르망트 집안 같은 일류 왕후 귀족으로서는 대수롭지 않은 일이다. 그러나 자기 차례인데 그렇게 되지 않았다는 것, 쇼스피에르 따위에게 더욱 많은 표가 모였다는 것—더욱이 이태 전 오리안은 쇼스피에르 부인의 인사에 답례하지 않았을 뿐만 아니라, 생판 모르는 박쥐*1한테 인사받았다며 분개까지 했다는데—이 공작에게는 심한 타격이었다. 그는 이런 실패에 초연하다고 우기며 스완과의 옛 친교가 실패의 원인이라고 딱 잘라 말했다. 하지만 사실 그는 좀처럼 화가 풀리지 않았다. 꽤 특수한 현상이지만, 그때까지 게르망트 공작은 '분명히(bel et bien)'라는 낡은 표현을 한 번도 쓴 적이 없었다. 그러나 자키 클럽의 선거가 끝난 뒤부터 사람들이 드레퓌스 사건을 화제로 삼자마자 이 '분명히'가 그의 입에서 튀어나오게 되었다. "드레퓌스 사건, 드레퓌스 사건 하고 간단히 말들 하지만 이 말은 적절치 않아. 이건 종교적 사건이 아니라 '분명히' 정치적 사건이거든." 드레퓌스 사건이 화제에 오르지 않는 한 5년 동안이라도 '분명히'를 듣지 않고 지낼 수 있었겠지만, 5년이 지나 드레퓌스의 이름이 다시 입에 오르기라도 하면, 그 즉시 자동적으로 '분명히'가 되돌아오곤 했다. 하긴 공작도 이 사건을 가지고 왈가왈부하는 데 몸서리가 나서, 이 사건이 '많은 불행을 일으켰다' 말하곤 했는데, 실제로 그가 느끼는 불행은 단하나, 자키 클럽 회장 선거에서의 낙선뿐이었다.

그러므로 내가 지금 말하는 그 오후, 게르망트 공작부인이 사촌누이*2 야회에 붉은 드레스를 입고 간 사실을 내가 지적한 오후에 대해서, 브레오테 씨는 무슨 말을 하려다가 그도 잘 모르는 아리송한 어떤 연상작용으로 오므린 입 끝에 혀를 움직이며 이렇게 말을 꺼내 적잖은 아픔을 겪었다(어째서 드레퓌스 사건을 꺼낸다지? 한갓 붉은 드레스를 떠올렸을 뿐인데. 물론 불쌍한 브레오테 씨는 남을 기쁘게 해주는 일밖에 생각하지 않으니 털끝만 한 악의도 없지

---

*1 쇼스피에르 부인이 항상 검정 옷을 입어서 부르는 말.
*2 게르망트 대공부인.

만). "드레퓌스 사건에 대한 말인데……." 그러나 드레퓌스라는 이름만 듣고도 게르망트 공작의 유피테르풍 눈썹이 찡그려졌다. 브레오테 씨는 말했다. "우리 친구 카르티에(독자에게 미리 말해두지만, 이 카르티에는 빌프랑슈 부인의 동생으로, 같은 이름의 보석상*1과는 아무 관계가 없다)가 어지간히 재치 있고 세련된 이야기를 하는 걸 들었는데요. 하기야 별로 놀랄 일도 아니죠. 그 사람이야 기지를 싸게 팔 만큼 풍부하니까요."—"어머." 오리안이 말을 가로막았다. "나라면 사지 않겠어요. 그 카르티에라는 분에게 늘 진저리가 나니까요. 샤를 드 라 트레모유 부부 댁에 갈 때마다 그 진저리나는 분과 마주치는데, 그 부부께서는 그의 어디가 그렇게 마음에 드는지 모르겠어요."— "마 예르 뒤예스(ma ière duiesse)."*2 C의 발음이 잘 안 되는 브레오테가 대답했다. "카르티에에게 아주 엄하시군요. 하긴 그가 트레모유 댁에 좀 지나치게 뿌리를 내렸는지도 모르지만, 야를*3에게는, 뭐랄까요? 어떤 충실한 아카테스(Achates)*4 격인데, 요즘에는 이런 인물도 보기 드물죠. 어쨌든 내가 들은 명언(名言)이란 이렇습니다. 졸라 씨가 소송 사건으로 형 선고를 받으려고 했던 것은, 그가 아직 경험하지 못한 투옥된다는 감각을 몸소 겪어보려 했기 때문이라고 카르티에가 말했답니다."—"그래서 체포되기 전에 도망쳤나요?" 오리안이 말을 가로챘다. "말의 앞뒤가 맞지 않아요. 그리고 사실일망정, 나는 그런 얘기는 어리석기 그지없다고 생각해요. 당신은 그게 재치 있다고 생각하시나요!" 브레오테 씨는 반박당하자 달아나려 들면서 대답했다. "아 아닙니다, 나의 진애(iere)하는*5 오리안. 제가 한 말이 아닙니다. 전 들은 대로 되풀이할 따름이죠. 부디 옳게 판단해주시기를. 어쨌든 이 말 때문에 카르티에가 그 훌륭한 라 트레모유한테 심한 꾸지람을 받게 되었죠. 더할 나위 없이 당연한 게 라 트레모유는 자기 살롱에서, 뭐랄까, 현재 진행되고 있는 사건을 화제로 삼기를 매우 싫어하는 성미인 데다, 더구나 알퐁스 로스차일드 부인이 그 자리에 있어서 더욱 난처했거든요. 그래서 카르티에가 라 트레모유한테 혹

---

*1 루이 프랑수아 카르티에가 연 보석상.
*2 정확한 발음은 '마 셰르 뒤셰스(ma chère duchess)', 친애하는 공작부인.
*3 '샤를(Charles)'의 틀린 발음.
*4 그리스 신화에 나오는 인물, 아이네이아스의 용감한 벗.
*5 '친애하는(chère)'의 틀린 발음.

독한 꾸지람을 듣게 되었다는군요." 공작이 아주 기분 나빠하며 말했다. "알퐁스 로스차일드 집안사람들은 그 가증스런 사건에 대한 언급을 솜씨 좋게 피하긴 하나, 유대인들이 모두 그렇듯이 마음속으로는 드레퓌스파요. 그러니 아드 호미넴(ad hominem) 논법*1을 더욱 적극적으로 사용해서 유대인들의 기만을 들추어내야 한단 말이오(공작은 아드 호미넴이라는 표현을 엉터리로 쓰는 경향이 있었다). 이를테면 어느 프랑스인이 도둑질을 하고 살인을 저지른 경우 그 범죄자가 나와 같은 프랑스인이라고 해서 내가 그를 무죄라 믿어야 한다고 생각지 않소. 그런데 유대인들은 사정을 잘 알면서도 동족 가운데 한 사람이 매국노인 것을 결코 인정하려 들지 않거든. 게다가 동족의 범죄가 얼마나 무시무시한 결과를 가져왔는지(물론 공작은 쇼스피에르의 저주받을 당선을 생각하고 있었다) 전혀 신경도 쓰지 않소. 이봐요, 오리안, 유대인 전부가 배신자를 지지한다는 이 사실은 유대인으로서도 견디기 버거운 노릇일 거야. 범죄자를 지지하는 게 그들이 유대인이라서가 아니라고는 말 못하겠지."
—"아니오, 말하겠어요." 오리안이 대꾸했다(벼락치는 유피테르에게 맞서면서 드레퓌스 사건보다 '지성'을 중히 여기고 싶은 욕망을 가벼운 짜증과 함께 느꼈던 것이다). "바로 그 사람들은 유대인이자, 그들 자신이 누구인지 알기 때문에 분명히 이해하고 있는지도 몰라요. 유대인이라 해서 반드시 드뤼몽*2 씨가 말하듯이 배신자이자 반프랑스적이 아니라는 걸요. 그야 물론 드레퓌스가 그리스도교 신자였다면 유대인들은 그토록 관심을 갖지 않았을 테죠. 하지만 반대로 드레퓌스가 유대인이 아니었다면 사람들이 그토록 쉽사리, 조카인 로베르의 말마따나 선험적으로 그를 배신자로 몰지는 않았을 거예요. 유대인은 그것을 느꼈기 때문에 관심을 보인 거예요."—"여자들은 정치를 통 몰라." 공작은 부인을 노려보면서 꽥 소리 질렀다. "그 가공할 범죄는 한낱 유대인 문제가 아니라, '분명히' 프랑스에 무시무시한 결과를 가져올 수도 있는 국가적인 대사건이야. 프랑스에서 유대인이란 유대인은 모두 추방해야 마땅해. 물론 여태껏 갖가지 제재 수단을 취해온 건 나도 인정하지만, 그 제재가(터무니없는 것이라 이 점을 재검토해야 마땅하지만) 유대인에게 가해지기는커녕 그들의 가장 뛰어난 적수에게 가해졌단 말이야. 덕분에 우리 조국으로서는 불행

---

*1 라틴어. 인신공격 방법.
*2 그 무렵 대표적인 반(反)유대주의자.

하게도, 이 일류 인사들이 고립되고 말았어!"

나는 분위기가 심상치 않은 것을 알아차리고 서둘러 드레스 이야기를 끄집어냈다. "생각나십니까, 공작부인. 부인께서 처음으로 나에게 호의를 보여주셨을 때……."—"처음으로 내가 호의를 보였을 때요?" 공작부인은 내가 한 말을 되풀이하고 웃으면서 브레오테 씨를 바라보았다. 브레오테 씨는 코끝을 세우며 게르망트 공작부인에게 예의 치레로 열없이 미소를 띠고, 녹슨 칼을 가는 듯한 목소리로 어렴풋한 쇳소리를 냈다. "노란 빛깔 드레스에 커다란 검정 꽃을 달고 계셨습니다."—"그것도 마찬가지예요. 야회복이니까."—"그리고 제가 아주 좋아하는 수레국화 모자! 하지만 그건 다 지난 일이죠. 나는 그 젊은 아가씨에게, 부인께서 어제 입으신 것 같은 모피 외투를 만들어주고 싶은데요. 그걸 보여주실 수 없겠습니까?"—"보여 드리고 말고요. 안니발(Hannibal)* 님은 곧 볼일이 있어 돌아가실 테니까 내 방으로 오세요. 하녀가 다 보여드릴 테니까. 당신 마음에 드는 건 다 빌려드리겠는데, 다만 칼로, 두세, 파캥 같은 일류 의상점의 물건을 여느 옷가게에 주문하면 결코 같은 물건이 나오지 않는다는 점은 유념하세요."—"아무 의상점에 시킬 생각은 아예 없습니다. 다른 물건이 되고 마는 것을 잘 아니까요. 그런데 어째서 다른 물건이 되어버리는지, 그 까닭을 여쭈어보고 싶군요."—"당신도 알다시피 나도 설명할 줄 몰라요. 바보에다 시골뜨기 말씨나 쓰는 나니까. 짐작건대 그건 말이에요, 손재주와 요령 탓이죠. 모피라면 내 단골 모피상을 소개해드리겠어요. 그렇게 해두면 턱없이 비싸게 받지는 못 할 거예요. 그래도 8천에서 9천 프랑은 들 겁니다."—"그리고 요전번 저녁에 입으셨던 묘한 냄새 나는 실내복 말이에요. 빛이 바랬고 솜털이 많고 반점과 금빛 줄무늬가 있어 마치 나비의 날개 같은?"—"아아, 그건 포르투니 의상점의 가운이에요. 그거라면 그 아가씨도 집에서 입을 수 있겠지요. 나한테 많이 있어요. 보여드릴게요. 마음에 드시면 드릴 수도 있어요. 사촌언니 탈레랑의 실내복도 꼭 보여드리고 싶군요. 그녀한테 빌려달라고 편지를 보내야지."—"그리고 예쁜 구두도 신으셨던데, 그것도 포르투니의 것인가요?"—"아뇨, 어떤 구두를 말씀하시는지 알겠네요. 그건 런던에서 맨체스터 공작부인인

---

* 브레오테 후작의 이름.

콩쉬엘로와 함께 물건 사러 다니면서 발견한 금빛 송아지 가죽이에요. 훌륭한 물건이죠. 어떻게 금빛으로 물들였는지 끝내 알 수 없었으나, 마치 금 가죽 같아요. 그 한가운데 조그마한 다이아몬드가 달려 있지요. 유감스럽게도 맨체스터 공작부인은 돌아가셨지만, 괜찮으시다면 워위크 부인이나 말보루 부인에게 편지로 비슷한 것을 구해달라고 부탁해볼게요. 어쩌면 나한테 가죽이 남아 있을지도 모르겠네. 있다면 파리에서 구두를 짓게 할 수 있을 텐데. 오늘 저녁 안으로 찾아봐서 알려드리죠."

나는 될 수 있으면 알베르틴이 돌아오기 전에 공작부인 곁에서 물러나려고 애썼으므로, 게르망트 공작부인 댁에서 나오면 때마침 안마당에서 샤를뤼스 씨와 모렐과 부딪칠 때가 있었다. 그들은 쥐피앙네 집으로 차를 마시러 가는 중이었는데, 그게 남작에게는 무엇보다 큰 행복이었다! 나는 날마다 두 사람과 엇갈리지는 않았지만, 그들은 날마다 그곳으로 갔다. 하기야 변함없는 습관이라는 게 보통 그 습관의 어리석음과 관련된다는 점은 주목해야 한다. 혁혁한 행동이란 보통 이따금밖에 하지 못한다. 그런데 괴벽자가 스스로 모든 즐거움을 끊고, 자기 몸에 크나큰 고통을 주는 몰상식한 생활은 가도 가도 조금도 변하지 않는다. 만약 호기심이 생긴다면 10년마다 이 불행한 인물을 만나보라. 그가 변함없이 일어나야 할 시각에 잠자고, 거리에서 암살당할 일밖에 없는 시각에 나돌아다니며, 덥다고 찬 것을 마셔 늘 감기든 몸을 보양하는 꼴을 보리라. 이런 생활과 단호히 연을 끊으려면, 단 하루만 조금의 기력을 내면 될 것이다. 그런데 이런 생활이 흔히 기력 없는 인간의 속성이니 어쩌랴. 의지만 있다면 이토록 참혹하게 되지는 않았을 단조로운 생활에는 악덕이라는 또 하나의 측면이 있다. 샤를뤼스 씨가 모렐과 같이 쥐피앙네 집에 차를 마시러 갔을 때 이 두 가지 측면이 함께 엿보이곤 했다. 단 한 번, 이 나날의 습관에 폭풍우가 엄습한 적이 있었다. 하루는 쥐피앙의 조카딸이 모렐에게 "그럼 내일 또 와요. 차를 한턱낼 테니" 말하자, 남작은 거의 양녀로 삼을 셈이었던 여자아이의 그 말투가 너무나 상스럽다고 사리 있게 판단했던 것이다. 그러나 남의 비위를 거스르고 저 자신의 노기에 도취하기를 좋아하는 샤를뤼스 남작인지라, 그냥 이 점에 대하여 아가씨에게 예절을 가르치라는 충고로 끝내도 좋으련만, 돌아가는 길에 모렐에게 한바탕 맹렬한 욕지거리를 퍼붓고야 말았다. 그는 안하무인인 오만한 말투로 말했다. "'투셰(toucher, 촉감)'와 '타크트(tact, 감각)'가 반드시 밀접한 관계는 아닌가 보군. 자네는 촉각 덕분에 후각이 정상적으로 발달하지 못했네그려. 차를 한턱낸다—아마 15상팀짜리 차겠지—는 이런 악취 풍기는 표현의 오물 냄새가 내 고귀한 코를 찌르는데도, 자네는 먼산 바라보듯 모르는 체했으니 말이야. 우리집에서 자네가 바이올린 솔로를 마쳤을 때 방귀 한 방으로 보상받은 적이 한 번이라도 있었나? 언제나 열광적인 박수갈채 아니면 박수갈채보다 더 말재주 좋은 침묵이었지. 입가에서 터져나오는 흐느낌을 억누르지 못할까 하는 두려움에서 오는 침묵이 아니었나? 물론 자네 약혼녀가 뿌려대는 것과는 차원이 다르지."

관리가 상관에게 이런 원색적인 비난을 받으면 다음 날 틀림없이 꼭 내쫓긴다. 그런데 샤를뤼스 씨에게는 모렐을 해고하는 것만큼 뼈아픈 일이 없었고, 또 말이 좀 지나치지 않았나 걱정된 그는 아가씨에 대하여 세심하고도 달짝지근한, 동시에 무의식중에 무례함을 드러내는 찬사를 늘어놓기 시작했다. "참 귀여운 아가씨야. 자네가 음악가라서 그 아가씨가 목소리로 자네를 호렸나 보군. 사실 그녀의 목소리는 높은 가락이 매우 훌륭해. 마치 자네가 올림음으로 반주하기를 기다리고 있는 것 같다니까. 낮은 가락은 그다지 마음에 들지 않지만 말이야. 그건 아마 그 애의 묘하게 길고도 가느다란 목, 다 끝났거니 하고 보면 더 뻗어 있는 세 겹의 목과 관계가 있을 테지. 그 애는 몸의 세부야 평범하지만, 전체의 윤곽이 내 마음에 쏙 든단 말씀이야. 재봉하는 애라서 가위질도 잘할 테니, 자신의 아름다운 모습을 종이로 오려내어 나에게 주면 좋겠는데."

샤를리[1]는 이런 말로 찬양된 약혼녀의 매력을 여태껏 의식한 적이 없었으므로, 이 찬사도 귀담아듣지 않았다. 그래도 그는 샤를뤼스 씨에게 대답했다. "알았어요, 몽 프티. 다시는 그런 말버릇을 못 하도록 따끔하게 혼을 내겠어요." 이와 같이 모렐이 샤를뤼스 씨를 '몽 프티(mon petit)'[2]라고 불렀다고 해서, 이 잘생긴 바이올리니스트가 겨우 남작의 3분의 1밖에 안 되는 제 나이를 몰랐던 건 아니다. 또 쥐피앙과 같은 생각을 품고서 그렇게 말한 것도 아니며, 오로지 어떤 관계에서는 애정(모렐의 경우는 꾸며진 애정, 다

---

[1] 모렐의 애칭.
[2] 영어로 번역하면 'my baby' 곧 '우리 아기'.

른 사람에게는 진정한 애정)이 생기기 전에 나이 차 같은 건 마땅히 암묵리에 없어졌을 거라는 단순한 생각에서 그런 것이었다.

이 무렵 샤를뤼스 씨는 다음과 같은 내용의 편지를 받은 일이 있다. "친애하는 팔라메드, 언제 자네를 만나게 될까? 자네가 없어서 나는 견딜 수 없이 쓸쓸하네. 자주 자네 생각을 한다네. 자네를 그리워하며, 피에르가." 샤를뤼스 씨는 친척 중에서 이처럼 허물없이 편지를 써 보낸 이가 누굴까 궁금했다. 자기를 잘 아는 사람임에는 틀림없는데, 글씨가 낯설었다. 고타 연감의 몇 줄에 걸쳐 실린 왕후들의 이름이 며칠 동안 샤를뤼스 씨의 머릿속에 떠올랐으나 마침내 봉투 뒷면에 쓰인 주소로 별안간 모든 것이 밝혀졌다. 편지를 쓴 사람은 바로, 샤를뤼스 씨가 때때로 가는 도박장의 안내인이었다. 이 안내인은 샤를뤼스 씨에게 이런 투로 편지를 보내도 실례되지 않는 줄로 착각했고, 그러면서도 그의 눈에 샤를뤼스 씨는 크나큰 위신을 중시했으나 자기를 여러 번 안아준 인물이므로, 그의 순진한 상상에서는 자기에게 애정을 보여준 인물에게 무람없이 말하지 않는다면 매정스러운 짓이라고 생각했던 것이다. 샤를뤼스 씨는 마음속으로 이 무람없음을 크게 기뻐했다.

그는 보구베르 씨에게 편지를 보여주려고 어느 마티네에서 돌아가는 길에 그를 배웅까지 했다. 그렇다 하더라도 샤를뤼스 씨는 보구베르 씨와 함께 걷는 건 질색이었다. 그가 외알안경을 눈에 대고 두리번거리며 지나가는 젊은 이들을 바라보기 때문이다. 게다가 샤를뤼스 씨와 함께 있으면 방종으로 기울어, 남작이 몹시 싫어하는 말투를 썼다. 그는 닥치는 대로 남성 이름을 여성형*으로 바꾸었고, 또 매우 우둔한 사람인지라 이를 재치 있는 농담으로 생각하며 끊임없이 큰 소리로 웃곤 했다. 그러면서도 그는 외교관 지위에 대한 집착이 대단해서, 거리 한가운데서 상스럽게 웃다가도 때마침 지나가는 사교계 인사, 특히 지나가는 공무원을 보면 번번이 질겁해 웃음을 멈추곤 했다. "저 귀여운 전보배달원 말이오." 얼굴을 찡그린 남작을 팔꿈치로 툭툭 치면서 말했다. "나하고 좀 절친한 사이였는데 발을 끊어버렸단 말씀이야, 더러운 놈 같으니! 저기 갈르리 라파예트 백화점 배달원은 또 얼마나 멋있습니까! 맙소사, 무역국장이 지나가는군. 지금 내 모습을 눈치채지 않았으

---

* 예를 들면 François를 Françoise로, Jean을 Jeanne로.

면 좋겠는걸! 만에 하나 장관한테 일러바치면 난 정직당할지도 몰라요. 더더구나 장관도 그것 같아서 더 위험하다니까요." 샤를뤼스 씨는 초조해했다. 드디어 그는 더 이상 참을 수 없는 이 산책을 그만두기 위해 그 편지를 꺼내 대사에게 읽어주기로 결심하고, 부디 비밀을 지켜달라고 부탁했다. 그는 샤를리를 애정 깊은 사내로 여기게 하려고, 샤를리가 알면 질투할 거라는 핑계를 내세웠다. 그는 우스우리만큼 선량함을 보이면서 덧붙였다. "뭐니뭐니해도 되도록 남에게 고통을 주지 않게 늘 애써야 하니까요."

쥐피앙의 가게로 화제를 돌리기에 앞서, 작자로서는 이런 기묘한 묘사가 독자에게 불쾌감을 주었다면 진심으로 유감스럽다는 뜻을 말해두고 싶다. 일부에서(사소한 문제이긴 하나), 이 책에는 다른 계급에 비하여 귀족계급의 타락이 더 심하게 강조되어 있다고 생각하는 이가 있다. 그러나 만약 그렇다 치더라도 별로 놀랄 게 없다. 매우 오랜 가문의 사람들은 언젠가 붉은 주먹코와 비뚤어진 턱 같은 이채로운 특징을 보이는데, 그들은 그걸 '혈통'이라 여기고 감탄한다. 하지만 뿌리 깊이 남을 뿐 아니라 갈수록 더해지는 이런 특징 중에도 눈에 보이지 않는 게 있으니, 즉 성향과 기호다.

그런 것 따위는 우리와 관계없으며 오히려 우리 가까이 있는 진실에서 시를 추려내야 한다고 말하는 이도 있을 테고, 만일 그 말에 근거가 있다면 더욱 중대한 반대 의견이 될 것이다. 실생활에 가까운 현실에서 뽑아낸 예술이 실제로 존재하고, 또 그것은 예술의 최대 영역을 차지하고 있음이 확실하다. 그러나 우리가 늘 느끼고 생각하는 모든 것과 동떨어진 정신에서 흘러나오는 행동, 너무나 동떨어져 있기 때문에 이해될 수 없어서, 마치 이유 없는 광경처럼 우리 앞에 벌어지는 행동이, 크나큰 흥미와 때로는 아름다움마저 자아낼 수 있다는 것도 사실이다. 다리우스의 아들 크세르크세스*가 자기편 함대를 집어삼킨 바다를 채찍으로 매질하게 했다는 옛일만큼 시적인 게 또 있겠는가?

모렐은 자기 매력이 아가씨에게 엄청난 힘을 발휘한다는 점을 이용하여, 남작의 꾸지람을 마치 자기 의견인 듯 아가씨에게 전한 게 확실하다(마치 날마다 초대하던 절친한 사람과 어떤 이유로 사이가 틀어지거나 또는 남의 눈

---

* 페르시아의 국왕. 백만 대군을 이끌고 그리스를 침공했는데 살라미스 해전(Salamis 海戰)에서 크게 패함(A.D. 480).

에 띄지 않게 남몰래 밖에서만 만나게 된 결과, 그의 모습이 살롱에서 영영 가뭇없어진 듯이). '차를 한턱낸다'는 표현이 양복점에서 자취를 감추고 말았기 때문이다. 샤를뤼스 씨는 만족스러웠다. 모렐에게 미치는 자기 영향력이 증명되었고, 아가씨의 완전한 아름다움을 깨뜨리는 옥에 티도 사라졌기 때문이다. 게다가 그런 부류의 사람이 다 그렇듯이, 샤를뤼스 씨는 모렐과 약혼한 사이나 다름없는 아가씨의 진정한 벗으로서 그들의 결합을 열렬히 원하면서도 두 사람 사이에 그다지 해가 되지 않을 불화를 마음대로 만들어낼 수 있는 힘을 갖고 있는 것도 적잖게 자랑스러워하며, 그의 친형인 게르망트 공작 못지않게 올림포스의 신들처럼 이 불화의 바깥과 그 위에 군림하고 있었다.

모렐은 전에 샤를뤼스 씨에게, 쥐피앙의 조카딸을 사랑하고 있으며 그녀와 결혼하고 싶다고 말했었다. 남작으로서는 젊은 벗이 약혼녀를 방문하는데 함께하여, 관대하고 조심성 있는 미래의 시아버지 노릇을 하는 게 싫지 않았다. 그로서는 그만큼 즐거운 일도 없었던 것이다.

내 개인적인 의견인데, '차를 한턱낸다'는 말투의 장본인은 바로 모렐이다. 재봉사 아가씨는 사랑에 눈이 멀어 뜨겁게 사랑하는 이의 말씨를 흉내냈던 것이고, 그래서 아가씨의 고운 말씨 가운데 그 추함이 어울리지 않았던 것이다. 독특한 말씨, 그와 어울리는 귀여운 동작, 샤를뤼스 씨의 두둔 때문에 그녀에게 일을 맡긴 단골손님 대부분은 그녀를 친구처럼 집에 맞이하고 만찬에 초대하여 그들의 교제 사이에 끼게 했다. 그러나 아가씨는 남작의 허락을 받지 않고서는, 또 그에게 형편 좋은 저녁이 아니고서는 초대에 응하지 않았다. '재봉사 아가씨가 사교계에 드나든다고? 말도 안 되는 소리!' 이렇게 생각하는 이도 있을 것이다. 그러나 돌이켜보면, 지난날 알베르틴이 한밤중에 나를 찾아온 것, 지금 나와 함께 살고 있는 것 또한 이와 어슷비슷한 일이다. 설령 재봉사 아가씨에게는 있음직한 이야기가 아닐지 몰라도 알베르틴 쪽은 전혀 그렇지 않았다. 그녀는 아버지도 어머니도 없어서, 내가 처음에 발베크에서 그녀를 난봉꾼의 정부로 생각했을 만큼 자유스러운 생활을 누리고 있었다. 그녀의 가장 가까운 친척인 봉탕 부인은 스완 부인네 집에 가서도 이미 조카딸의 뻔뻔한 태도만을 지켜보댔으니, 이제는 조카딸을 부유한 사람과 결혼시킬 수만 있다면, 또 자기에게 얼마간의 돈이 굴러들어오기만 한다면, 조카딸이 무슨 짓을 한들 눈을 딱 감고 있었기 때문이다(아무리 상류 사회라도 지체는 매우 높으나 더없이 가난한 어머니들은 아들을 운 좋게 부유한 집안의 딸과 결혼시키면, 자기는 젊은 부부의 부양을 받으며 좋아하지도 않는 며느리한테서 모피 외투며 자동차며 돈을 받았고, 대신 며느리를 기꺼이 모두에게 소개했다).

언젠가 재봉사 아가씨들도 사교계에 드나드는 날이 틀림없이 올 것이며, 나는 그것을 조금도 괘씸하게 여기지 않을 것이다. 그러나 쥐피앙의 조카딸은 하나의 예외에 지나지 않고, "제비 한 마리가 찾아왔다고 해서 봄이 온 것은 아니다"라는 속담처럼 아직 그날의 도래를 예상할 수 있는 현상은 아니다. 아무튼 쥐피앙 조카딸의 변변치 못한 지위에 어떤 이들은 미간을 찌푸렸지만 모렐은 그렇지 않았다. 그도 그럴 것이, 어느 점에선 지독하게 우둔한 그가 자기보다 천 배나 슬기로운 이 아가씨를 '오히려 우둔'하다고 생각했을 뿐만 아니라(우둔하게 보인 건 아마 그녀가 모렐을 사랑하고 있었기 때문이다), 그녀가 자기를 초대한 상류 부인들을 내세우지 않아서, 그들은 그녀가 사기꾼이거나 재봉사의 조수가 귀부인인 체 꾸몄거니 추측하고 있었기 때문이다. 물론 초대한 이들은 게르망트가 사람들도 그 벗들도 아니었다. 그들은 부유하고 고상한 중산층 여인들로, 재봉사 아가씨를 초대하는 일이 체면에 먹칠한다고 생각지 않을 만큼 자유스런 정신의 소유자들이지만, 한편으로는 샤를뤼스 남작이 정정당당하게 날마다 찾아가는 아가씨를 두둔해 주는 것에 어떤 만족감을 품는 비굴한 마음도 있었다.

남작은 이 두 사람의 결혼을 생각만 해도 기뻤다. 결혼하기만 하면 모렐을 빼앗길 염려가 없다고 생각했기 때문이다. 그런데 쥐피앙의 조카딸은 아주 어린 시절에 한 번 '잘못'을 범한 일이 있는 듯하다. 샤를뤼스 씨는 그녀를 모렐에게 입에 침이 마르도록 칭찬하면서도, 속으로는 이 이야기를 털어놓아 모렐의 분통이 터지게 하여 불화의 씨를 뿌리는 것도 나쁘지 않다고 생각했으리라. 샤를뤼스 씨는 몹시도 심통이 고약했지만 선량한 사람들 대부분—자기 선량함을 증명하기 위하여 이 남자 또는 저 여자를 칭찬하지만, 정말로 평화를 가져올 덕담은 좀처럼 입 밖에 내지 않고 겉으로는 가까운 체하면서도 실제로는 멀리하고 꺼림칙하게 여기는 사람들—과 비슷했기 때문이다. 그런데도 남작은 그 '잘못'에 대해 아무런 암시도 하지 않았는데, 이는 두 가지 이유에서였다. '만약 모렐한테 약혼녀가 순결을 잃은 몸이라고 말하면, 녀석은 자존심이 상해 나를 원망할 거야. 게다가 녀석이 그 애한테 홀딱 반하지 않았다고 누가 장담한다지? 한마디도 꺼내지 않으면, 이 한때의 불도 빨리 꺼져서 내 마음대로 그들 사이를 조종할 수 있게 되겠지. 녀석은 이제 내가 바라는 범위 안에서만 그 애를 사랑하게 될 거야. 그러나 만약 약혼녀의 과거 실수를 말한다면 샤를리 녀석, 사실은 아직 홀딱 반해서 질투하게 될지 몰라. 그렇게 되면, 이쪽에서 마음대로 할 수 있는 한때의 풋사랑을 내 잘못으로 걷잡을 수 없는 진짜 연애로 바꾸게 될 거야.' 샤를뤼스 씨는 이 두 가지 이유로 침묵을 지켰는데, 보기에는 한갓 신중한 행위로 보여도 실상은 칭찬받을 만한 일이었다. 샤를뤼스 씨와 같은 사람들에게는 침묵이 거의 불가능하기 때문이다.

그리고 이 아가씨에게는 감미로운 매력이 있어, 샤를뤼스 씨가 그녀의 사진을 몇백 장이든 갖고 싶을 만큼, 여성에 대한 그의 심미적인 기호를 만족시켜주었다. 그는 모렐처럼 우둔하지 않아서 나무랄 데 없는 부인들이 아가씨를 초대한다는 사실을 알고 매우 기뻤다. 그 부인들의 훌륭한 신분을 잘 식별하고 있었던 것이다. 그러나 그는 (자기 지배력을 유지하려고) 이 사실을 샤를리에게 말하지 않았다. 이런 점에 아주 무딘 샤를리는 여전히 '바이올린 수업'과 베르뒤랭네를 빼면 게르망트가와 남작이 열거한 거의 왕족이라고 할 만한 몇몇 가문이 있을 뿐, 나머지는 '찌꺼기'고, '어중이떠중이'에 지나지 않는다고 믿고 있었다. 이렇게 말한 샤를뤼스 씨의 표현을 샤를리는 글자 그대로 곧이들었던 것이다.

수많은 대사부인과 공작부인들이 1년을 하루같이 학수고대해도 나타나지 않는 샤를뤼스 씨, 크루아 대공에게 한 발 물러나 길을 내주어야 하므로 그와는 식사 자리를 같이하지 않는 샤를뤼스 씨가, 이들 지체 높은 부인들과 귀족들을 피하여 얻은 그 여가에 어째서 한낱 재봉사 조카딸 집에서 시간을 보내는가! 첫째, 가장 큰 이유는 모렐이 거기에 있기 때문이다. 그러나 만약 모렐이 거기에 없어도, 나는 그것이 있을 법한 일이라고 생각한다. 그렇지 않다면 에메의 웨이터나 생각할 법한 그런 판단을 하는 셈이다. 부호는 늘 화려한 새 옷을 입고, 일류 신사는 예순 명이나 되는 손님을 초대하여 저녁 식사를 즐기고, 자동차를 타지 않고서는 외출하지 않는다고 생각하는 건 식당 종업원 정도다. 이러한 생각은 오해다. 흔히 부호는 늘 같은 낡은 옷을 입으며, 일류 신사는 식당에서 종업원들하고밖에 사귀지 않고, 집에 돌아가면 하인들과 트럼프 놀이나 하는 게 보통이다. 그래도 분명 뭐라 대공에게 머리 숙이는 걸 거부하는 데는 변함이 없다.

샤를뤼스 씨가 젊은 두 사람의 결혼을 기뻐하는 까닭 가운데는 쥐피앙의 조카딸이 말하자면 모렐 인격의 연장이라, 남작이 모렐에 대하여 갖고 있는 권력과 지식이 한꺼번에 확충된다는 이유가 있었다. 바이올리니스트의 장래 아내를 부부간에 사용하는 뜻으로 '속이는' 것쯤은 샤를뤼스 씨가 꿈에도 양심의 거리낌을 느끼는 바가 아니었으리라. 그러나 '젊은 부부생활'을 조종하고, 자신이 모렐 아내의 가공스럽고도 전능한 보호자라고 느끼는 것—그녀는 남작을 신처럼 모실 텐데, 이는 소중한 모렐이 아내 마음속에 이 생각을 불어넣었음을 증명하는 셈이고, 따라서 그녀 안에 모렐이 가진 어떤 것이 포함되리라—이 샤를뤼스 씨의 지배 형태를 변화시켜, 그의 '것'인 모렐 안에 또 하나, 남편이라는 존재를 낳게 했다. 다시 말해서 샤를뤼스 씨한테, 모렐 가운데 있는 새로운 뭔가, 곧 야릇한 사랑의 대상이 되는 걸 알려주었다. 일찍이 이런 지배가 없었던 만큼 바야흐로 강대하게 되는지도 모른다. 모렐이 홀몸, 이를테면 맨몸이었을 때는 다시 정복할 수 있다는 확신을 가져서 자주 남작에게 반항하곤 했으나, 먼저 결혼하고 나면 제 가정·집·장래를 생각하여 금세 겁을 낼 것이며, 샤를뤼스 씨는 더욱 광범하고 강력하게 그 의사를 밀고 나갈 수 있을 테니까. 이와 같은 생각, 또 필요하면 심심한 밤에 부부싸움도 시킬 수 있다는 생각(남작은 여태껏 전쟁 그림을 싫어한 적이 없었다)에 샤를뤼스 씨는 기쁘기 그지없었다. 하지만 그보다도 젊은 부부가 자기를 의지하며 살아간다고 생각하니 즐거웠다. 모렐에 대한 샤를뤼스 씨의 애정은 다음과 같이 생각할 때 새로운 감미로움을 되찾았다. '녀석은 완전히 내 것이니만큼 놈의 여편네도 내 것이 되겠지. 그들은 내 비위를 거스르지 않는 방식으로만 행동하게 될 것이며, 내 변덕에 순종할 테지. 따라서 그 아가씨는 내가 거의 잊고 있던 사실, 그러나 내 마음에 애절하게 울리는 사실의 표시(여태껏 내가 보지도 못했던 표시)가 될 테지. 다시 말해서 온 세상에, 내가 그들을 보호하여 의식주를 돌봐주는 것을 지켜보는 사람들에게, 그리고 나 자신에게, 모렐이 내 것이라는 점을 드러내는 표시가 되는 거야.' 남들에게도 자기에게도 이 사실을 명백히 하는 것이 무엇보다 샤를뤼스 씨를 기쁘게 했다. 좋아하는 것을 소유한다는 건 애정 자체보다 커다란 기쁨이기 때문이다. 남들의 눈에 제 소유를 감추는 이들은 대부분 소중한 것을 빼앗기지나 않을까 염려하는 것이다. 그런데 이와 같이 조심스럽게 입을 다물고 있으면, 소유에서 오는 행복은 줄어들고 만다.

　이전에 모렐이 남작한테 자기 소망은 젊은 여인, 특히 이 아가씨를 유혹하는 것이며, 목적을 이루기 위해서라면 결혼 약속도 마다하지 않겠지만, 몸을 망쳐놓고서는 '쏜살같이 도망치겠다'고 말한 적이 있음을 기억할 줄 믿는다. 그런데 샤를뤼스 씨는 모렐에게서 쥐피앙의 조카딸에 대한 사랑 고백을 듣고는 이 일을 까맣게 잊어버리고 말았다. 더구나 모렐 자신도 그랬나 보다. 모렐이 파렴치하게 털어놓았으며, 어쩌면 교묘하게 과장했을지도 모르는 자신의 본성과, 그 본성이 다시 날뛰던 때 사이에는 엄청난 간격이 있었던 모양이다. 모렐은 아가씨와 강하게 맺어짐에 따라서 그녀가 점점 마음에 들고 사랑하게 되어, 본디 저 자신조차 제대로 모르는 우둔한 성품인지라, 어쩌면 아가씨를 영원토록 사랑하게 될지도 모를 일이라고까지 상상하고 있었다. 확실히 그의 첫 소망, 그 나쁜 계획은 아직 그대로였으나, 그 위에 많고 많은 감정을 겹겹으로 덮어, 이제는 바이올리니스트가 제 행위의 참된 동기는 그런 사악한 소망이 아니었다고 주장해도 결코 본마음이 아니라고는 부인하지 못할 정도였다. 더구나 스스로 확실히 의식하지는 못했지만, 이 결혼이 일단은 그에게 필요하다고 생각했던 한때도 있었다. 그즈음 모렐은 꽤 심하게 손이 떨려서, 할 수 없이 바이올린을 그만둘 경우까지 생각해보아야 했다. 그는 자기 손재주 말고는 믿을 수 없을 만큼 게으름쟁이여서, 어떻게든 남에게 신세를 질 필요가 있었고, 신세 질 바에야 샤를뤼스 씨보다 쥐피앙의 조카딸에게 신세 지는 편이 나았다. 그녀와의 결합은 그에게 더욱 큰 자유를 줄 터이고, 쥐피앙의 조카딸에게 부탁하여 아무 때나 늘 바뀌는 수습 여공들과 놀아나며 여자를 마음대로 골라잡을 수도 있고, 또 그녀에게 몸을 팔게 하여 부유한 아름다운 부인들도 손에 넣을 수 있을 테니까. 장래의 아내가 고분고분 거기에 응하지 않을는지도 모른다거나, 응할 만큼 타락했는지도 모른다는 것은 모렐의 계산에 조금도 들어가지 않았다. 하기야 경련이 그치자 이런 계산은 뒤로 물러나 순수한 사랑에 자리를 내주었다. 샤를뤼스 씨가 주는 월급이 있으면 바이올린만으로 충분했고, 게다가 자기가 아가씨와 결혼해버리면 샤를뤼스 씨의 까다로운 요구도 틀림없이 누그러질 것이다.

이제 모렐은 자신의 애정과 자유를 위해서도 이 결혼이 애바빠졌다. 그는 쥐피앙을 통해 그 조카딸에게 청혼했고, 쥐피앙은 조카딸의 의사를 물었다. 하기는 물어볼 필요조차 없었다. 바이올리니스트에 대한 아가씨의 열정은 마치 풀어 흐트러뜨린 머리카락처럼, 두리번거리는 눈길에 깃든 기쁨처럼 온몸을 감싸고 있었다. 한편 모렐은 자기에게 쾌적하거나 이득이 되는 것에는 거의 무엇에나 도덕적인 감동을 느끼고, 사리에 맞는 말을 내뱉으며, 때로는 눈물마저 글썽거리는 됨됨이를 지녔다. 따라서 그는 일찍이 샤를뤼스 씨에게 유혹이니 처녀를 더럽히니 하며 노골적으로 비열한 이론을 늘어놓은 주제에, 이번에는 쥐피앙의 조카딸한테—만약 이런 말을 그에게 적용할 수 있다면—진심으로 감상적인 말들을 해댔던 것이다(하는 일 없이 놀고먹으면서 살고 싶어하는 숱한 청년 귀족들이 부유한 중산계급의 매력적인 아가씨에게 지분거리는 말씨도 감상적인 법이다). 다만 모렐은 자기에게 기쁨을 주는 자에 대한 남다른 열광과 그 상대와 맺는 엄숙한 맹세가 양면성을 지니고 있었다. 그 상대가 자기에게 기쁨을 주지 않게 되자마자, 또는 맺은 약속을 지켜야 한다는 의무가 귀찮아지기라도 하면, 상대는 금세 모렐에게 반감을 사게 되고, 그는 이 반감을 자기 자신에게 정당화한다. 그리고 얼마 동안 신경증에 시달린 뒤 또다시 안정을 되찾으면, 설령 순전히 도덕적인 관점에서 문제를 고찰하더라도, 자신이 모든 의무에서 자유로워진 몸이라는 사실을 이 반감으로 스스로에게 증명하는 것이었다.

예를 하나 들어보면, 발베크 체류가 끝날 무렵 그는 어떤 일로 가진 돈을 몽땅 털렸는데, 샤를뤼스 씨에게 감히 말도 꺼내지 못하고 그 돈을 빌려줄 사람을 찾았던 적이 있었다. 일찍이 그는 아버지한테서(이 아버지는 그에게 결코 '돈 꾸는 자'가 되지 말라고 일렀지만) 돈을 빌리는 경우에는, 청하는 상대에게 '볼일에 대하여 말씀드리고자'라든가 '볼일이 있어 뵙고자'라고 써 보내는 게 예의라고 배운 바 있었다. 이 마법의 서식이 모렐을 어찌나 호렸는지, '볼일이 있어' 뵙기를 청하는 즐거움 때문만이라도 그는 돈 털리기를 바라 마지않았을지도 모를 일이다. 나중에 가서야 이 서식이 그의 생각만큼 효과가 없음을 알았다. 이런 일도 아니면 모렐이 아예 편지를 보낼 리가 없는 사람들이, 편지를 받은 지 5분 안에 '볼일에 대하여 말씀을 들으려고' 답장을 보내지 않는다는 사실을 알게 된 것이다. 답장이 오지 않은 채 오후가 지나가자, 청을 받은 자가 여행 중이거나 병중일 수도 있고, 설사 그렇지 않을망정 아직 집에 돌아오지 않았거나 따로 써야 할 편지가 있을지도 모를 일인데, 모렐의 머리에는 이런 생각이 떠오르지 않았다.

요행히 다음 날 아침에 만나자는 약속을 받으면 그는 상대에게 다가가 이렇게 말한다. "답장이 없어서 이상하다고 생각하던 터였습니다. 무슨 일이 있지나 않았는지 걱정이 돼서요. 그럼 여전히 몸은 건강하시죠?" 등등. 그래서 그는 발베크에 있을 때 '볼일'이 있다는 말도 없이 블로크를 소개해달라고 나에게 부탁해왔는데, 블로크는 그가 일주일 전에 열차 안에서 매우 언짢은 태도를 보인 바로 그 상대였다. 블로크는 주저하지 않고 그에게—라고 하기보다는, 니생 베르나르에게 빌려주게 했다—5천 프랑을 빌려주었다. 이날부터 모렐은 블로크를 숭배하게 되었다. 그는 눈물을 글썽거리며 어떻게 하면 생명의 은인에게 보답할 수 있을까 곰곰이 생각했다. 결국 내가 모렐을 위해 다달이 1천 프랑을 샤를뤼스 씨에게 요구하는 소임을 짊어지고, 이 돈을 곧바로 모렐이 블로크에게 주며, 이런 식으로 블로크는 빠른 시일 내에 빌려준 돈을 도로 거두어들일 예정이었다.

첫 달, 모렐은 아직 블로크의 고마움에 젖어 있어서 돈을 받는 즉시 1천 프랑을 그에게 보냈다. 그런데 그 뒤 나머지 4천 프랑은 다른 데 쓰는 편이 더 흥미롭다고 생각해선지 그는 말끝마다 블로크를 욕하기 시작했다. 블로크의 그림자만 봐도 금세 침울해지곤 하던 차에, 블로크가 모렐에게 빌려준 정확한 액수를 잊어버리고 4천 프랑 대신 3천 500프랑을 달라고 했다. 바이올리니스트로서는 500프랑을 이득 보는 셈인데도, 그는 이와 같은 사기에 대해서는 동전 한 푼도 지불할 수 없으며, 오히려 채권자는 고소당하지 않는 것만도 다행으로 여겨야 한다고 대답하려 했다. 이런 말을 하는 그의 눈은 이글이글 타오르고 있었다. 그뿐인가, 그는 블로크와 니생 베르나르 씨한테 자기를 원망할 이유가 없다고 말하는 걸로 만족하지 않고, 이윽고 자기가 그들에게 원망을 품지 않는 걸 고맙게 여겨야 한다고 떠벌렸다. 그러다 니생 베르나르 씨가 티보(Thibaud)*도 모렐 못지않은 명수라고 말하자, 모렐은

---

* 프랑스의 바이올리니스트(1880~1953).

이와 같은 말은 직업상 자기에게 손해 끼치는 사건이므로 법정에 나가 싸워야겠다고 생각하기 시작했다. 그리고 프랑스에는 따로 유대인을 벌하는 기관이 없어진 지 이미 오래라는 이유로(모렐의 반유대주의는 한 유대인한테 5천 프랑을 빌려 썼다는 데서 오는 자연스러운 결과였다) 장전된 권총을 몸에 지니지 않고는 외출하지 않게 되었다.

강한 애정 뒤에 오는 이 같은 모렐의 조바심은 머지않아 재봉사의 조카딸에 대해서도 일어나게 된다. 하기야 이 변심에는 샤를뤼스 씨가 자기도 모르는 사이에 한몫 끼었을 것이다. 왜냐하면 그는 깊게 생각해보지도 않고 곧잘 그들에게 지분거리며, 둘이 일단 결혼하면 자기는 다시 그들을 찾아보지 않을 테다, 그들을 자신에게서 독립시키겠다는 둥 본의 아닌 말을 했기 때문이다. 이 발상 자체만으로는 모렐을 아가씨한테서 떼어내기에 절대로 충분치 못했으나, 그것이 모렐의 정신 속에 남아 있다가 이와 비슷한 생각, 더구나 일단 결혼한 뒤에는 이별의 강력한 원인이 되는 다른 생각과 기회만 있으면 결합하려고 했던 것이다. 그렇다고 내가 샤를뤼스 씨와 모렐을 그다지 자주 만났던 것은 아니다. 내가 공작부인 댁에서 나왔을 때는 두 사람이 벌써 쥐피앙네 가게로 들어간 적이 많았다. 부인 곁에 있는 게 어찌나 즐거운지, 알베르틴이 집에 돌아오기를 기다리는 동안의 불안을 잊을 뿐만 아니라 그녀의 귀가 시간마저 잊어버렸기 때문이다. 나는 게르망트 공작부인 댁에서 밤늦도록 있던 나날 중, 한 작은 사건이 일어난 날의 일을 따로 말해두고자 한다. 그때는 이 사건의 잔혹한 뜻을 전혀 깨닫지 못했고, 오랜 시간이 지나서야 겨우 이해했다. 그날 오후가 끝날 무렵 게르망트 공작부인은 내가 좋아하는 걸 알고 있었으므로, 남프랑스 지방에서 보내온 고광나무 꽃을 주었다. 내가 공작부인과 헤어져 집에 왔을 때 알베르틴은 이미 돌아와 있었다. 나는 계단에서 앙드레와 마주쳤는데, 내가 들고 온 강한 꽃향기가 그녀에겐 불쾌한 듯했다.

"저런, 벌써 돌아왔어?"—"조금 전에요. 그런데 알베르틴이 편지를 써야 하니 나는 이만 돌아가라고 해서요."—"뭔가 나쁜 일을 꾸미고 있는 거 아닌가?"—"천만에, 숙모에게 보낼 편지를 쓰나 봐요. 그나저나 알베르틴은 강한 향을 싫어하니 이 고광나무 꽃은 좋아하지 않을걸요."—"그래? 공연히 가져왔군! 프랑수아즈한테 일러서 계단 층계참에 두라고 해야겠어."—"당신 몸에 밴 고광나무 꽃 냄새를 알베르틴이 모를 줄 아시나 봐요. 월하향(月下香) 향기와 이 냄새가 아마 가장 끈덕질 거예요. 그리고 프랑수아즈는 시장에 간 모양이에요."―"하필 오늘 열쇠가 없으니 어떻게 집에 들어간다지?"―"벨을 누르면 그만이죠 뭐. 알베르틴이 열어줄 거예요. 머지않아 프랑수아즈도 돌아올 테고."

나는 앙드레에게 작별인사를 했다. 벨을 울리자마자 금세 알베르틴이 문을 열러 왔는데, 그것은 어지간히 번거로운 일이었다. 프랑수아즈가 집에 없어서, 어디서 불을 켜야 하는지 알베르틴이 몰랐기 때문이다. 겨우 그녀는 나를 안으로 들일 수 있었는데, 고광나무 꽃 냄새에 쏜살같이 달아나버렸다. 내가 꽃을 부엌에 두러 간 사이에, 그녀는 편지 쓰기를 그만두고(왜 그만두었는지 나는 까닭을 몰랐다) 내 방에 들어와서 나를 부르고는 내 침대에 누웠다. 그때까지도 아직 나에게는 이런 모든 일이 더할 나위 없이 자연스럽고, 기껏해야 조금 석연치 않은, 아무래도 좋은 일이라는 생각밖에 들지 않았다. 실은 그녀가 하마터면 앙드레와 같이 있는 현장을 들킬 뻔했으므로, 어수선한 자기 침대를 보이지 않으려고 전깃불을 다 끄고 시간을 끌다가 내 방에 들어와서 편지 쓰는 체했던 것이다. 이런 일은 나중에 가서 독자의 눈에 띌 테지만, 나는 그것이 정말로 사실인지 아닌지 끝끝내 알지 못했다.

이 사건만 빼놓고는, 알베르틴이 집에 돌아온 뒤 내가 공작부인 댁에서 늦을 때도 늘 평상시 그대로였다. 알베르틴은 내가 저녁 식사 전에 그녀와 함께 외출하고 싶어하는지도 몰라, 언제나 응접실에 아무렇게나 모자·외투·양산을 어질러놓았다. 나는 집 안으로 들어서서 이런 물건들을 보니, 곧장 집의 공기가 숨쉬기에 편하게 바뀌어 희박한 공기 대신 행복이 집을 가득 채우고 있음을 느낀다. 나는 슬픔에서 구원된다. 이런 하찮은 것들을 보는 것만으로도 알베르틴을 소유한다는 실감이 끓어올라, 나는 그녀 곁으로 달려가곤 했다.

게르망트 공작부인 댁으로 내려가지 않는 날이면 알베르틴이 돌아올 때까지 심심풀이로 엘스티르의 화집(畵集)이나 베르고트의 책을 뒤적였다. 그러자―오로지 눈과 귀에 호소하는 성실은 작품이라도 그것을 맛보려면 각성된 지성이 밀접하게 이 두 감각과 협력해야 하므로―나도 모르는 사이에, 지난날 내가 아직 알베르틴을 몰랐던 무렵에 그녀가 내 마음속에 일게 했던 갖가지 꿈, 일상생활에 묻히고 만 꿈을 마음속에서 끄집어냈다. 나는 그 꿈을 도가니 속에 던지듯 음악가가 작곡한 악절이나 화가가 그린 형상(形象) 속에 던져, 지금 읽고 있는 작품의 양분으로 삼았다. 그 때문에 확실히 작품이 더욱 생기 있게 보인다. 그러나 알베르틴 또한, 우리가 드나들 수 있는 두 세계, 같은 하나의 대상을 번갈아 배치할 수 있는 현실 세계에서 꿈속 세계로 옮겨져, 그로써 물질의 짓누르는 듯한 압력에서 벗어나 유동적인 사념의 공간에서 노닐 수 있으므로 적잖은 득을 보았다. 나는 잠시나마, 돌연히 이 보잘것없는 아가씨에게 뜨거운 애정을 느낄 수 있었다. 이 순간 그녀는 엘스티르나 베르고트의 작품처럼 보이며, 나는 공상과 예술을 통하여 한 걸음 물러나 그녀를 바라보면서 짧은 흥분을 느낀다.

이윽고 그녀가 돌아왔다는 기별을 받았지만 내가 혼자 있지 않을 때는 그녀의 이름을 대지 말라고 일러두었다. 이를테면 블로크가 와 있을 때, 나는 그를 잠깐 더 머무르게 하여 그가 내 애인과 만나지 못하도록 신경을 썼다. 그녀가 내 집에 묵고 있고, 내가 집에서 그녀를 만나고 있다는 사실마저 숨겨왔기 때문이다. 그토록 나는 내 친구 가운데 어느 놈이 그녀에게 반하지 않을까, 그녀를 밖에서 기다리지 않을까, 아니면 복도나 응접실에서 잠깐 만나는 틈에 그녀에게 눈짓으로 밀회를 약속하지 않을까 전전긍긍했던 것이다. 머지않아 치맛자락이 바스락거리는 소리가 나고, 알베르틴이 자기 방으로 가는 기척이 들린다. 나 혼자가 아닌 것을 알면, 그녀는 조심스럽게, 그리고 아마 전에 라 라스플리에르 성관의 만찬에서 내 질투심을 자극하지 않으려고 마음을 썼듯이 내 방에 들어오려고 하지 않았다. 그러나 딱히 그 때문만도 아니었음을 나는 퍼뜩 이해했다. 기억을 더듬어보았다. 지난날 내가 처음 만났던 알베르틴을 돌이켜 생각해보면, 그녀는 갑작스럽게 다른 여인, 지금의 알베르틴으로 변해버리고 말았다. 그 변화의 책임은 나 자신에게 지울 수밖에 없었다. 우리 둘이 한갓 사이좋은 친구였을 때라면 아무렇지 않게, 기꺼이 털어놓았을 것들도, 내 사랑을 받고 있다고 여기자마자 또는 '사랑'이라는 이름으로는 의식하지 못했더라도 아무튼 내가 꼬치꼬치 알고자 하고, 알게 된 것에 괴로워하면서도 더욱더 캐내려는 마음을 품고 있음을 짐작하자마자 그녀는 절대로 입 밖에 내지 않았다. 그날부터 그녀는 나에게 모든 걸 숨기게 되었다. 내가 여느 남자친구는 물론이려니와 여자친구와 함께 있다고 생각해도 그녀는 내 방을 피하곤 했다.

전에 내가 젊은 아가씨 이야기를 하자 그녀는 생생한 흥미로 눈을 반짝이며 이렇게 말했다. "그분을 모시도록 해요. 아는 사이가 되면 재미있을 거예요."—"하지만 당신이 말하는 좋지 못한 부류의 여인이야."—"그렇담 더 재미있을 거예요." 그 무렵이었다면 나는 모든 걸 알 수 있었을 것이다. 그 작은 카지노에서 그녀가 앙드레의 가슴에서 제 가슴을 떼어냈을 때도, 내가 있었기 때문이 아니라 코타르가 있었기 때문이었다. 틀림없이 그녀는 코타르가 좋지 않은 소문을 퍼뜨릴 거라고 생각했던 것이다. 그렇지만 그즈음부터 그녀는 이미 고집스러워지기 시작하여 신뢰의 말도 다시는 그 입술 밖으로 나오지 않았고, 행동도 매우 조심스러웠다. 그녀는 내 마음을 움직였을지도 모르는 온갖 것을 자기 몸에서 떨쳐버렸다. 그녀의 생활 가운데 내가 알지 못하는 부분에 하나의 성격을 붙여주고, 나의 무지를 이용해 그것이 무해함을 강조했다. 그래서 지금 이 변모가 완성되어, 내가 혼자가 아니면 그녀는 제 방으로 곧장 가곤 했는데, 이것은 방해하지 않겠다는 뜻일 뿐 아니라, 남들에게 무관심하다는 걸 나에게 보이기 위해서였다. 그녀가 나한테 영영 다시는 하지 않을 한 가지가 있었다. 내가 아무래도 상관없었던 때에만 그녀가 하던 것, 내가 아무래도 상관없었으므로 그녀가 쉽사리 했던 것은 바로 고백이었다. 이래서 나는 늘 재판관처럼 피고의 신중치 못한 말, 피고의 유죄성에 연관짓지 않고도 설명될 성실은 말에서 확실치 못한 결론을 끄집어낼 수밖에 없는 것이다. 그리고 그녀는 언제나 나를 질투심 많은 사내, 그녀를 재판하는 사내라고 느낄 것이다.

우리의 약혼 생활은 마치 재판과 같아서, 알베르틴은 죄수처럼 겁내고 있었다. 지금은 다른 사람 이야기가 나오면, 노인들을 빼놓고는 남성이건 여성이건, 그녀는 곧장 말끝을 딴 데로 돌려버린다. 아직 내가 그녀를 질투한다고 깨닫지 못했을 무렵에 알고 싶은 것을 물어보았어야 옳았다. 그런 때를 이용해야 한다. 그때라면 애인도 자신이 어떤 쾌락을 경험했는지, 어떤 수단을 부려 남들의 눈에서 제 쾌락을 감추는지도 죄다 말해준다. 그러나 이제 더 이상 그녀는 발베크에서 했듯이 나한테 속내를 내비치진 않을 테지. 그 무렵에 절반은 그것이 진실이었기 때문에, 또 절반은 나에게 그 이상의 애정을 보이지 않는 변명으로 그녀가 고백했는데, 그도 그럴 것이 그즈음부터 이미 나는 그녀를 귀찮게 했고, 또 내가 그녀에게 기울인 호의 덕분에 그녀는 남들만큼 애정을 나타내지 않아도 내게서 남들 이상의 애정을 얻을 수 있음을 알아챘기 때문이다. 이제는 그 무렵처럼 다음과 같은 속내는 듣지 못할 테지. "누구를 사랑하는지 남에게 보이다니 어리석어요. 나는 그 반대죠. 아무개가 마음에 들면 그 사람에게 특별한 관심이 없는 체하죠. 그러면 아무도 눈치채지 못하거든요." 이런 말을 한 사람이 지금의 알베르틴, 자기는 솔직하며 누구에게도 무관심하다고 우겨대는 알베르틴과 같은 인물이라니! 이제 와선 그녀도 나에게 이런 원칙을 주장하지 않을 테지! 지금은 나와 이야기할 때 나에게 불안감을 줄지도 모르는 아무개에 대해, "글쎄요! 난 몰라요. 그 여자를 바라보지도 않았는걸. 하찮은 여자겠죠 뭐" 말하면서 그 원칙을 적용하는 게 고작이었다. 때때로 그녀는 나에게 들킬 것 같은 일들을 앞질러 털어놓을 때도 있었지만, 그 고백이 어떤 사실을 왜곡하여 무죄를 선언하려고 하는지 알기도 전에 이미 그 말투로 거짓말임이 훤히 들여다보이곤 한다.

알베르틴의 발소리에 귀를 기울이고, 오늘 저녁은 그녀도 더는 외출하지 않을 거라는 생각에 기뻤다. 지난날 도저히 벗이 될 성싶지도 않던 이 아가씨가, 지금은 날마다 제 집에 돌아온다는 것이 바로 내 집에 돌아오는 것이로구나 하고 새삼 놀라웠다. 발베크에서 그녀가 호텔에 묵으러 오던 날 밤에 느꼈던 신비와 육감이 섞인 기쁨, 짧고 단편적인 그 기쁨이 완전해지고 안정되어, 여태껏 텅 비었던 내 거처를 가정적인 따사로움, 거의 가정적이라고 해도 괜찮을, 끊임없이 복도까지 넘치는 평화로 가득 채우고 있어, 내 모든 감각은 때로는 실제로, 또 혼자 있을 때는 그녀의 귀가를 기다리며 상상 속에서 그 느긋한 평화를 조용하게 양식으로 삼았다. 친구와 있을 때 알베르틴의 방문이 다시 닫히는 소리가 나면, 나는 부랴사랴 친구를 밖으로 끌고 나가 그가 계단까지 내려간 것을 확인하고 난 뒤에야, 필요하다면 나 자신도 계단을 몇 층계 내려가고서야 친구를 놓아주었다.

복도에서 알베르틴이 내 쪽으로 걸어온다. "이봐요, 내가 옷을 갈아입는 동안 앙드레를 당신한테 보내겠어요. 당신에게 저녁 인사 한다고 잠깐 들렀으니까." 그녀는 친칠라(chinchilla)* 모피 모자에서 늘어진 긴 잿빛 베일,

---

* 다람쥐와 비슷한 남미산 동물.

내가 발베크에서 그녀에게 선물한 그 베일을 여전히 얼굴 둘레에 나풀거리면서 제 방으로 돌아가는 모습이, 마치 그녀의 감시를 부탁했던 앙드레가 이제부터 나에게 낱낱이 보고하여 둘이서 벗과 만났던 얘기 따위를 하면서, 내가 상상조차 할 수 없는 그날 하루 동안의 산책이 펼쳐진 막연한 장소를 조금이라도 확인하려는 것을 꿰뚫어보고 있기라도 한 듯했다.

앙드레의 결점이 뚜렷하게 드러나, 내가 그녀와 처음 만났을 무렵만큼 좋아 보이지 않게 되었다. 지금의 그녀에게는 까다로운 조바심 같은 게 피부로 드러나, 내가 알베르틴과 나에게 즐거웠던 일을 어쩌다 입 밖에 내기라도 하면, 그녀의 얼굴에는 바다 위에 '스콜'이 일듯이 금세 불안한 먹구름이 끼었다. 그러나 앙드레는 나에게 가장 친절한 사람들보다 더 친절했으며, 또 나를 더욱 좋아하고 있음은—나는 몇 번이나 그 증거를 보았다—변함없었다. 그런데 남이 조금이라도 행복해 보이지만 그것이 자기가 가져다준 게 아니면, 누가 문을 힘껏 쾅 닫을 때처럼 언짢고 불쾌한 인상을 썼다. 그녀가 관계하지 않는 고통은 받아들이나, 기쁨은 그렇지 않다. 내가 병을 앓는 것을 본다면, 그녀는 마음 아파하고 나를 가엾게 여겨 간호해주었으리라. 하지만 내가 하찮은 만족을 맛보아도, 예컨대 책을 덮고 "독서로 두 시간이나 즐겁게 지냈는걸. 참 재미나는 책이야!" 말하면서 기분 좋게 기지개를 켜도, 어머니나 알베르틴이나 생루를 기쁘게 했을 게 틀림없는 이 말이 앙드레에게는 아마도 단순히 비위에 거슬렸을 뿐인지도 모르나 어떤 격렬한 비난의 감정을 일으켰다. 나의 만족이 그녀에게는 숨길 수 없는 조바심을 일으켰다. 이 결점보다 더 심한 결점도 있었다. 어느 날 내가 경마·도박·골프에는 박식하지만 그 밖의 것에 대해서는 전혀 교양이 없던, 발베크의 작은 모임에서 함께 만나던 한 젊은이에 대해서 이야기하자, 앙드레는 비웃기 시작했다. "그 사람 아버지는 도둑이었어요. 하마터면 심문받을 뻔했다죠. 그래서 부자(父子)가 더욱더 허풍떨지만, 난 이 소문을 퍼뜨리는 게 재미있으니 어쩌겠어요. 무고죄로 고소할 테면 하라지. 멋들어지게 진술할 테니까!" 그녀의 눈이 반짝반짝 빛났다. 그런데 그 아버지는 아무런 부정도 저지르지 않았으며, 앙드레도 다른 이들과 마찬가지로 그 점을 잘 알고 있었다. 다만 그녀는 그 아들한테 멸시받고 있는 줄 여기고, 그를 난처하게 하고 수치가 되는 것이 없을까 찾던 나머지, 공상 속에서 자기가 진술하러 출두 명령을 받는 허구를 지어내어 자초지종을 되풀이하는 사이에, 그녀 자신도 그것이 거짓이라는 점을 잊어버리고 말았는지도 모른다.

앙드레가 이 같은 사람이 되고 나니(설령 그 한때의 지랄 같은 증오를 보이지 않았더라도), 금방 뒤틀리기 쉬운 성미—열정적이고 선량한 그녀의 본성을 차가운 조바심의 띠로 두르는 이 성미—만으로도 그녀를 만나고 싶지 않다는 생각이 들었다. 하지만 내 애인에 대하여 그녀만이 줄 수 있는 정보가 나의 흥미를 강하게 끌어, 매우 드문 그 기회를 소홀히 할 수는 없었다. 앙드레가 들어와서 등 뒤로 문을 닫는다. 그녀들이 한 여자친구를 만났다는데, 알베르틴은 이 여자친구에 대해 나에게 한 번도 말한 적이 없었다. "둘이서 무슨 얘기를 했지?"—"모르겠어요. 난 알베르틴이 그녀와 함께 있는 틈을 타서 털실을 사러 갔거든요."—"털실을 사러?"—"그래요, 알베르틴이 부탁하기에."—"그럼 더욱이 가지 말았어야지. 당신을 멀리 떼어놓으려고 그랬는지 모르는데."—"그러나 그 여자친구를 만나기 전에 부탁받았는걸요."—"아아, 그래!" 나는 한숨을 내쉬며 대답한다. 하지만 금세 의혹에 사로잡힌다. '어쩌면 알베르틴이 미리 그 여자친구와 만나기로 해놓고, 적당한 때에 앙드레를 떼어놓으려고 핑계를 꾸민 것은 아닐까?' 게다가 이전의 가정(앙드레가 반드시 진실만을 말하고 있는 게 아니라는 가정)이 옳지 않다는 확신이 나에게 있나? 앙드레는 알베르틴과 한통속인지도 모를 일이었다.

나는 이전에 발베크에서 이렇게 생각한 적이 있다. 애정이란 한 인간에게 품는 것이지만, 질투는 오히려 그 인간의 행위를 대상으로 삼는 듯하고, 상대가 모든 행위를 털어놓는다면 사랑의 고뇌는 쉽사리 나을 것 같다. 질투란 그것을 느끼는 이가 아무리 교묘하게 감추려고 해도 소용없는 일로, 질투를 불어넣은 여인의 눈에 재빨리 간파되어 이번에는 여인이 교묘한 술수를 부리게 된다. 여인은 나를 불행하게 만들지도 모르는 일을 속이려 들고, 또 쉽사리 속여 넘긴다. 그도 그럴 것이 아무것도 모르는 한 사내가, 무의미한 한마디에 어떠한 거짓이 숨어 있는지 어떻게 밝혀내겠는가? 우리는 이 한마디조차도 다른 말 중에서 가려내지 못한다. 여인이 겁내며 한 말도 무심코 흘려버리고 만다. 나중에 혼자가 되어 이 말을 돌이켜보면, 사실에 전혀 들어맞지도 않아 보인다. 그러나 우리는 이 말을 정확히 기억하는가? 이 말에 대하여, 또 자기 기억의 정확성에 대하여, 우리 마음속에서 저절로 생겨난 의혹이 어떤 신경질적인 상태에 빠져 있을 때, 정말로 손수 빗장을 질렀는지, 쉰 번이나 다시 끼워도 처음과 마찬가지로 흐릿한 그런 의혹과 매우 비슷해 보인다. 끝없이 한 가지 행동을 되풀이해도 우리를 의혹에서 벗어나게 하는 명확한 기억은 영원히 생겨날 수 없다. 이게 문이라면 쉰한 번째에 다시 닫을 수도 있겠다. 하지만 불안감을 주는 한마디는 과거에 불확실한 형태로 들은 거라 우리 힘으론 다시 듣지 못한다. 그래서 우리는 아무것도 숨기지 않은 다른 말에 주의를 기울이게 된다. 단 하나의 요법, 그런데도 우리는 받아들일 수 없는 요법은 더욱더 알고 싶어하는 욕망을 품지 않기 위하여 아무것도 모른 채 있는 것이다.

질투는 간파되자마자 상대 여인한테 믿지 못하는 표시로 여겨져, 그것이 이쪽을 속이는 떳떳한 핑계가 된다. 더구나 어떤 사실을 알고자 먼저 거짓말하고 속인 것은 우리 쪽이다. 앙드레나 에메는 아무 말 하지 않겠다고 약속했으나 과연 약속을 지킬까? 블로크는 모르기 때문에 아무런 약속도 할 수 없었지만, 만약 알베르틴이 이 세 사람 가운데 누구하고 몇 마디만 한다면, 생루라면 '정보의 대조'라고 할 방법으로 금세 꿰뚫어볼 것이다. 내가 그녀에게는 무관심하고, 애당초 그녀를 감시하다니 도덕상 있을 수 없다고 우길 때, 그것이 거짓말이라는 사실을. 그러므로 알베르틴의 행동과 관련하여 늘 내가 품는 끝없는 의혹은 너무나 확실하지 않아 고통조차 일으키지 못했다. 의혹과 질투의 관계는 마치 슬픔에 대하여 막연한 상태에서 마음의 안정이 생기는 저 망각의 시초가 품는 관계와 비슷하지만, 그 의혹에 이어 지금 막 앙드레가 가져온 대답의 한 조각이 금세 새로운 의문을 나에게 던졌다. 나는 내 둘레에 펼쳐진 광대한 지대의 작은 한 부분을 탐색하면서, 그저 내가 알 수 없는 것, 우리가 실제로 상상해보려 해도 영영 알 수 없는 타인의 실생활을 멀리멀리 밀어낼 뿐이었다. 내가 앙드레한테 계속해서 묻는 동안, 알베르틴은 나에게 천천히 질문할 틈을 내주려고(이것을 그녀는 알아채고 있었을까?), 제 방에서 느릿느릿 옷을 갈아입고 있었다.

"알베르틴의 숙부와 숙모께서 나를 퍽 좋아하시나 봐." 내가 앙드레의 성미를 깜빡 잊고 경솔하게 말했다. 곧장 그녀의 끈적거리는 얼굴이 변해버린 즙처럼 탁해지기 시작했다. 영원히 흐려 있을 것만 같았다. 불쾌한 듯이 입을 비죽거렸다. 내가 처음으로 발베크에 머무른 해, 앙드레는 잔걱정이 많은 성미에도, 작은 동아리 아가씨들이 다 그렇듯 젊디젊은 쾌활함을 발휘했었다. 그러나 그 모습은 이제 흔적도 없고, 지금은(그 뒤로 앙드레가 나이를 더 먹은 것은 사실이지만) 그 쾌활함도 사라져버렸다. 그러나 나는 무심코 앙드레가 나와 작별하고 집으로 저녁 식사를 하러 가버리기 전에, 그 쾌활함을 돌이켜보려고 했다. "오늘 어떤 사람이 당신을 한없이 칭찬하던데." 나는 그녀에게 말했다. 그러자 곧 그녀의 눈은 기쁨으로 반짝거리며, 진정으로 나를 좋아하고 있는 듯이 보였다. 그녀는 내 시선을 피하고, 갑자기 아주 동그랗게 된 두 눈으로 어렴풋이 웃고 있었다. "그게 누구죠?" 그녀는 솔직하고도 탐욕적인 흥미와 더불어 물었다. 내가 이름을 대자, 그 사람이 누구든 간에 그녀는 기뻐해 마지않았다.

이윽고 돌아갈 시각이 되어 그녀는 물러갔다. 알베르틴이 내 곁으로 다시 돌아왔다. 입고 있던 옷을 벗고, 예쁜 크레프드신으로 된 실내복 또는 일본 기모노 중에서 한 가지를 골라 몸에 걸치고 있었다. 이런 옷들은 내가 전에 게르망트 공작부인한테 자세한 설명을 들었던 것으로, 그 가운데 몇 가지는 스완 부인이 편지로 자세한 보충 설명을 해주었다. 스완 부인의 편지는 다음과 같이 시작되었다. "오랫동안 뵙지 못하다가 나의 티 가운(tea-gown)*에 대한 당신의 편지를 읽으니 유령에게서 소식을 받은 느낌이었어요." 알베르틴이 신고 있는 다이아몬드를 박은 검은 구두는 프랑수아즈가 성이 나서 나막신이라고 부르던 것인데, 그녀가 손님방 창 너머로 언뜻 보았던 게르망트 공작부인이 저녁에 집에서 신고 있던 것과 비슷하다. 그 뒤에 알베르틴이 신은 뒷굽 높은 슬리퍼는 금빛 송아지 가죽인가 친칠라 모피였는데, 그녀가 내 집에 살고 있다는 증거 같아서(다른 신은 그렇지가 않았다) 보기에 즐거웠다. 그녀는 내가 선물하지 않은 아름다운 금반지 같은 물건들도 갖고 있었다. 거기에 달려 있는 날개 펼친 수리 한 마리가 훌륭했다. "숙모가 주셨어요." 그녀는 말했다. "때로는 숙모도 그런대로 친절하세요. 스무 살이 된 기념으로 주셨거든요. 하지만 이걸 끼고 있으면 나이 든 것 같아요."

이런 온갖 예쁜 장신구에 알베르틴은 공작부인보다 훨씬 강한 애착을 갖고 있었다. 까닭인즉, 소유를 방해하는 모든 게 다 그렇듯이(이를테면 내 경

---

* 가정에서 오후의 다회(茶會)에 입는 우아한 여성복.

우, 병은 여행을 곤란하게 만드는 동시에 몹시 동경하게 만들었다) 가난은 부유보다도 더 인심이 후해서, 도저히 살 수 없는 옷보다도 더 많은 것, 옷에 대한 욕망을 여자들에게 안겨준다. 이 욕망이야말로 옷에 대한 상세하고도 깊은 지식이다. 그녀로서는 이런 물건을 제 돈으로 마련할 수 없었으므로, 나는 그런 것들을 마련해 그녀를 기쁘게 하려고 애썼기 때문에, 우리 둘은 드레스덴이나 빈에 보러 가고 싶어서 참을 수 없는 그림을 미리 훤히 꿰고 있는 학생들과 같았다.

한편 수많은 모자와 옷가지에 둘러싸인 부유한 여인들은 애초부터 아무런 욕망도 품지 않고 미술관에 들어가므로 오로지 현기증과 피곤과 싫증밖에 느끼지 못하는 관람객들과 같다. 알베르틴은 이런저런 차양이 없는 모자, 검은담비 외투, 소매에 장미 빛깔 안감을 댄 두세(Doucet) 의상실의 실내복 같은 것을 눈여겨보고, 갖고 싶어했다. 욕망의 특성인 배타성과 면밀성으로 그것을 다른 것에서 분리해, 그 안감이나 스카프를 허공에 뚜렷이 떠올리면서, 그 온갖 부분을 샅샅이 알고 있었다. 알베르틴에게—또한 그 물건의 특징·장점·멋은 어디에 있으며, 그것을 만든, 절대 남이 따라할 수 없는 명장(名匠)의 솜씨란 어떤 것이냐에 대한 설명을 듣기 위해 게르망트 공작부인을 찾아갔던 나에게도—이러한 것들은 대단히 매력이 넘치는 것으로 보였으나, 탐내기도 전에 물리고 마는 공작부인으로서는—나 또한 몇 년 전에 우아한 아무개 부인과 함께 지루한 의상실 순방을 했을 때 보았다면—느끼지 못했을 매력들이었다.

아닌 게 아니라 우아한 여성 알베르틴도 점점 그렇게 되어갔다. 이와 같이 내가 장만해 준 장신구들은 가장 예쁜 종류들로, 게르망트 부인이나 스완 부인의 온갖 세련된 취미가 깃들어 있었는데, 이제는 알베르틴도 그런 것들을 수없이 갖게 되었기 때문이다. 그러나 아무리 많이 갖고 있든, 처음에 그녀가 이런 것들 하나하나를 따로 좋아한 이상 아무래도 좋았다. 어떤 화가에 열중하고, 다음에 다른 화가에 정신을 쏟다가, 나중엔 미술관 전체에 감탄하고 마는 경우도 있다. 그렇다고 해서 감탄의 감정이 차가운 건 아니다. 이 감탄은 잇달아 생기는 애정으로, 하나하나의 애정은 그때그때 오직 하나뿐인 애정이며, 마침내 꼬리를 물어 하나로 합쳐진 것이니까.

게다가 그녀는 경박한 여성이 아니어서 혼자 있을 때는 곧잘 책을 읽었고,

나와 둘이 있을 때는 소리 내어 읽어주었다. 그녀는 더없이 총명한 여성이 되었으며, 이렇게 말한 적도 있었다(하기야 그녀의 착각이었지만). "당신이 없었다면 나는 그전처럼 바보였을 테니, 생각만 해도 소름이 끼쳐요. 아니라고 하지 마세요. 당신은 내가 꿈에도 생각지 못한 사상의 세계를 열어주었어요. 내가 이만큼 된 것도 다 당신 덕분이에요."

알다시피, 그녀는 내가 앙드레에게 끼친 영향에 대해 이야기할 때도 비슷한 말을 했다. 하지만 두 아가씨 중 누가 나에게 어떠한 감정을 품고 있었을까? 또 알베르틴이나 앙드레나, 그 실체는 무엇이었나? 이를 알려면, 아가씨들이여, 그대들을 움직이지 못하도록 붙들어둬야 할 것이다. 줄곧 딴 사람으로 변하는 그대들에 대한 끝없는 기대 속에서 그만 빠져나와야 할 것이다. 그대들을 붙들어놓으려면, 사랑을 멈추고 늘 뜻밖의 모습으로 끝없이 나타나는 그대들에 대해 더 이상 알려고 하지 말아야 할 것이다. 아아, 아가씨들이여, 아아, 회오리바람 속에 연달아 비치는 빛줄기여, 그 회오리바람 속에 언제 다시 그대들이 나타날까 가슴 두근거리지만, 어지러울 지경으로 빠른 빛 때문에 그대들의 모습을 제대로 알아볼 수도 없구나. 이 빛의 속도, 우리는 이것을 모르는 채 지나올 수도 있었겠지. 모든 것이 멈춰 있다고 보였을 수도 있었겠지. 하지만 우리는 성적 매력에 사로잡혀 달려간 것이다. 그대들에게로, 늘 다른 모습으로 늘 우리의 기대를 앞지르는 황금 물방울인 그대들에게로. 만날 때마다 아가씨의 모습은(우리가 그 모습을 알아보자마자 지금껏 품어온 추억과 기대하던 욕망을 산산조각 내면서) 전번과는 전혀 다르게 변하여, 우리가 만들어낸 그녀의 안정된 성격은 한낱 허구로, 용어상의 편의로밖에 생각되지 않는다.

예컨대 한 아름다운 아가씨가 온화하며 애정 깊고 섬세하며 감정이 풍부하다는 소문을 들었다고 하자. 우리 상상력은 그 말을 곧이곧대로 믿는다. 그러다가 장밋빛을 띤 그녀의 둥근 얼굴이 잘게 물결치는 금발에 싸여 처음으로 나타났을 때, 이 수녀처럼 정숙한 여성은 그 미덕으로 우리의 열정을 식혀, 결코 우리가 원하는 애인이 되지 못하는 것은 아닌지 걱정스러울 정도다. 하지만 첫선을 보이자마자 우리는 그 고귀한 마음을 믿은 나머지 얼마나 많은 속내를 보이고, 둘이서 얼마나 많은 계획을 짰던지! 그러나 며칠이 지나서, 우리는 그토록 속내를 털어놓았던 것을 후회하기 시작한다. 장밋빛 아가씨가 두 번째로 만날 때는 복수의 여신처럼 음탕스럽고 맹렬한 말을 입에 담기 때문이다. 며칠 동안 가로막혀 은밀히 맥박 쳤던 장미 빛깔이 이번에는 차례차례 다른 면을 드러내기 시작하는데, 어쩌면 이 아가씨들의 모습은 바깥의 어떤 사태를 일으키거나 변화시키는 데 작용하는 직접적인 원인에 의하여 변한 것인지도 모른다. 그리고 이것이 바로 내가 발베크에서 만난 아가씨들의 몸에 일어난 일이었다. 우리에게 어느 숫처녀의 얌전함과 깨끗함을 칭찬하는 이가 있는데, 나중에 가서 그 사람은 좀더 짜릿한 쪽이 우리 마음에 드는 줄 알고, 이 숫처녀에게 더 대담하게 굴라고 권한다. 그녀 자신은 본디 그 어느 쪽이었을까? 아마도 그렇지 않고, 오히려 인생의 어지러운 흐름 속에 무한한 가능성을 지닌 아가씨였을 것이다. 이를테면 발베크에서, 노인들의 정수리에 가랑이가 닿을락 말락 하게 뛰어넘어 그들을 대경실색케 한 뜀뛰기 아가씨*처럼 어떤 의연한 점(그것을 우리는 우리 식으로 굴복시키려고 했다) 속에 모든 매력이 있었는데, 이 아니 실망스러운 일이냐. 남들에게 그토록 비정했던 그녀의 추억에 자극받아 우리가 다정스러운 말을 속삭일 때, 그녀는 표정을 달리하여 지금부터 시작이라는 듯이 대답한다. "저는 소심하기 짝이 없어요. 처음 뵙는 분한테는 조리 있게 말도 못할 만큼 겁이 많아서, 사귄 지 2주쯤은 지나야 제대로 얘기할 수 있답니다." 강철이 어느새 솜으로 변하고, 그녀 스스로 견고함을 죄다 잃어서 이젠 때려부수려야 부술 게 하나도 없다. 그녀 스스로 한 일이긴 하지만, 우리 탓은 아닐까. 우리가 그 '비정'에 보낸 다정한 말이—설령 상대가 이해타산을 살피지 않았더라도—그녀에게 다정한 여자가 되라고 끊임없이 암시했는지 모르니까(이런 사실이 우리를 적잖이 섭섭하게 하지만, 그래도 그다지 난감한 일은 아니다. 이만한 친절에 고마워하는 마음이 일어, 냉혹한 이를 꺾은 기쁨보다 더 많은 정이 우리를 부추길지도 모르니까).

빛나는 이 아가씨들에게도 매우 뚜렷한 성격을 정해주는 날이 언젠가 올지도 모르겠지만, 그때는 그녀들이 더 이상 우리 관심을 끌지 못할 테고, 또 우리가 마음속으로 기다리는 아가씨들과는 다른 사람이 나타나 그때마다 새로 구현된 여인의 모습이 우리 마음을 뒤집어엎는 일도 없게 되리라. 그때

* 앙드레를 가리킴, 제2편 《꽃피는 아가씨들 그늘에》 참조.

우리 무관심이 그녀들의 움직이지 않는 모습을 지어내어, 그것을 정신의 판단에 맡길 것이다. 그러나 정신도 특별히 단정적인 결론을 내리진 않는다. 한 여인에게서 눈에 띄는 결점이 다행히도 또 다른 여인에게 없다고 판단한 뒤에도, 정신은 이 결점을 귀중한 장점의 뒷면으로 여길 테니까. 그러므로 사람이 관심을 잃었을 때 비로소 활동을 시작하는 지성의 그릇된 판단이 아가씨들의 성격을 안정된 것으로 규정하지만, 그 성격도 우리에게 별다른 것을 가르쳐주지는 못한다. 마치 우리의 기대가 만들어내는 어지러운 속도 때문에 매일 매주 그녀들이 전혀 딴 사람의 모습으로 나타나는데, 이러한 줄달음질을 계속하느라고 그녀들을 분류하거나 위치 결정도 못 할 때 날마다 나타나는 엉뚱한 얼굴이 우리에게 아무것도 가르쳐주지 못하는 것과 같다. 여러 차례 말한 터라 새삼 되풀이할 필요도 없지만, 보통 사랑이란 아가씨의 인상과 가슴 설렘의 결합이며(이마저 없다면 아가씨는 당장 꼴불견으로 비칠 것이다), 그 두근거림은 덧없고, 끝없는 기대나 그 아가씨에게 '바람 맞은' 경험과 떼어놓을 수 없는 것이다. 이 사실은 변화무쌍한 아가씨들을 눈앞에 둔 공상적인 젊은이들에게만 들어맞는 게 아니다. 나중에 알게 되었는데, 이 이야기가 일어난 때에 쥐피앙의 조카딸은 이미 모렐과 샤를뤼스 씨에 대한 견해를 바꿨나 보다. 우리집 운전사는 모렐에 대한 그녀의 연정을 부추기려고 그녀에게 바이올리니스트의 마음이 얼마나 섬세한지 떠들어댔었는데, 그녀도 그 말을 곧이들을 만한 마음 상태였다.

한편 모렐은 샤를뤼스 씨가 자기에게 사형 집행인의 역할을 하고 있다고 귀가 아프도록 그녀에게 말했으므로, 샤를뤼스 씨의 애정을 알아채지 못한 그녀는 그것이 남작의 고약한 마음씨 때문이라고 생각했다. 게다가 그녀는 모렐과 만날 때마다 샤를뤼스 씨가 폭군 같은 자세로 끼어드는 것을 깨달을 수밖에 없었다. 또 그 증거로, 사교계 부인들이 지독하게 고약스런 남작의 성미에 대해 왈가왈부하는 것을 듣곤 했는데, 얼마 전부터 그녀의 판단이 완전히 뒤집어졌다. 그녀는 모렐이 자기에게 자주 다정하게 굴며 실제로 감수성이 풍부한 마음씨를 보여주기는 하지만, 천성이 아주 고약하고 불성실한 인간임을 발견했고(그렇다고 그에 대한 사랑이 식은 건 아니지만) 반면에 샤를뤼스 씨에게서는 비정함이 섞여 있기는 하지만, 자기가 몰랐던 상상 못할 만큼 광대한 선량함을 발견했던 것이다. 이렇듯 그녀는 바이올리니스트와 그 후원자가 각각 어떤 인간인지 전에는 명확한 판단을 내릴 줄 몰랐다. 그와 마찬가지로 나도 날마다 앙드레를 만나고 알베르틴과 함께 살고 있음에도, 그녀들을 명확히 판단할 줄 몰랐다.

책을 읽어주지 않는 밤, 알베르틴은 음악을 들려주거나 나와 장기를 두거나 잡담을 했는데, 그 어떤 것이든 나의 입맞춤으로 중단되곤 했다. 우리 관계는 더할 나위 없이 단순해서 참으로 아늑했다. 삶이 공허했던 알베르틴은 내가 요구하는 것에 부랴부랴 복종했다. 이 아가씨 뒤에는, 마치 발베크에서 악단의 연주 소리가 울려올 즈음 방 커튼 밑으로 비치는 자줏빛 햇살 저편처럼, 물결치는 푸르스름한 바다가 진주처럼 빛나고 있었다. 정말 그녀는(마음속으로 나를 친근하게 생각하는 습관이 들어, 이제는 숙모 다음으로 나를 그녀 자신과 구별하기 어려운 인간으로 여기고 있었는지 모르나) 내가 처음으로 발베크에서 만난 그 젊은 아가씨, 평평한 폴로 모자를 쓰고 웃음을 머금은 눈으로 나를 계속 바라보던 신비로운 아가씨, 물결 위에 윤곽을 드러낸 실루엣처럼 날씬하던 그 아가씨가 아닌가. 기억 속에 그대로 간직된 이런 초상을 다시 찾아낼 때, 지금 알고 있는 그 존재와는 전혀 다른 모습에 놀라고, 그럴 때 우리는 습관이 날마다 어떠한 모습을 만들어내는지 알게 된다.

파리의 화롯가에 있는 알베르틴의 매력 속에는, 일찍이 바닷가를 따라 펼쳐지던 꽃피는 건방진 아가씨들의 행렬이 내 마음속에 불어넣었던 욕망이 아직 살아 있다. 라셀을 무대에서 물러나게 한 뒤에도 생루가 무대 생활의 매혹을 그녀에게서 느꼈듯이, 내가 발베크에서 멀리 부랴사랴 데리고 와 우리집에 가둬버린 알베르틴의 마음속에도, 해수욕장 생활이 지닌 흥분, 사회적인 혼란, 불안스런 허영심, 방황하는 욕망 따위가 헤아릴 수 없을 만큼 많이 남아 있었다. 지금의 그녀는 새장 속에 갇힌 몸이어서, 그녀를 내 방으로 부르지 않은 밤까지 있을 정도였다. 지난날 다들 그 뒤를 따랐으며, 내가 호된 고생을 마다하고 붙잡으려 해도 자전거를 타고 쏜살같이 달려가던 그녀, 엘리베이터 보이에게 부탁해도 데려올 수 없었고, 그쪽에서 찾아올 가망이 거의 없는데도 하룻밤을 꼬박 새워 기다리던 그녀였는데. 지난날 알베르틴은, 호텔 앞에서 불처럼 타오르는 바닷가의 위대한 여배우처럼 이 자연의 극장에 나갈 때 뭇사람들의 시샘을 일으키며, 아무에게도 말을 건네지 않고, 졸졸 따라다니는 무리를 팔꿈치로 떠밀며 여자친구들을 흘겨보지 않았던가?

그처럼 갈망의 대상이던 이 여배우는 바로 나 때문에 무대에서 물러나 여기 우리집에 갇혀, 누구의 욕망도 미치지 못하며 이제는 아무도 찾아낼 수 없는, 어떤 때는 내 방에 있고, 어떤 때는 제 방에서 소묘나 조각에 열중하게 된 것이 아니었나?

아닌 게 아니라 발베크에 머물기 시작했을 무렵, 그녀와 나의 생활은 평행선을 걷고 있는 것 같았는데, 내가 엘스티르를 찾아갔을 때 서로 가까워져 둘의 관계가 깊어짐에 따라 발베크에서, 파리에서, 그리고 다시 발베크에서 마침내 엇갈리고 말았다. 첫 번째와 두 번째 발베크 체류는 같은 별장에서 이뤄지고, 거기에서 같은 아가씨들이 같은 바다 앞에 나타나지만, 이 두 장면의 차이는 그야말로 하늘과 땅 차이! 두 번째 체류 때 나는 이미 알베르틴의 친구들을 잘 알고 있었고, 저마다의 얼굴에는 장점도 단점도 또렷이 새겨져 있었지만, 그 무리 속에서 옛 모래의 별장 문을 삐걱거리며 나타날 때마다, 또 지나가는 길에 몸이 위성류 가지에 스쳐 가지가 살랑댈 때마다, 으레 내 가슴을 설레게 하던 그 싱싱하고 신비로운 미지의 여인들을 다시 알아볼 수 있을까? 그녀들의 맑고 커다란 눈은 그 사이 어딘가로 사라지고 말았다. 아마도 그녀들이 이미 어린애가 아니기 때문이리라. 또한 로마네스크한 첫해의 여배우들, 내가 끊임없이 이것저것 캐어보고 싶어한 넋을 빼앗는 여성들이 더 이상 신비의 존재로 보이지 않은 탓도 있으리라. 그녀들은 내 변덕에 순종하는 한낱 꽃피는 젊은 아가씨에 지나지 않아, 나는 꽃 중에서 가장 예쁜 장미 한 송이를 꺾었음에, 수많은 손에서 이 장미꽃을 빼앗음에 적잖은 자랑을 느꼈다.

서로 이토록 다른 발베크의 두 정경 사이에는, 파리에서 지낸 몇 년의 간격이 있고, 그 긴 시간이 흐르는 동안에 알베르틴의 방문이 여러 차례 있었다. 나는 삶의 갖가지 시간 동안 나에 대하여 다른 위치를 차지하는 그녀를 보곤 했는데, 그 위치는 차례차례 찾아오는 공간의 아름다움과 그녀를 만나지 않고 지낸 두 번 다시 오지 않는 기나긴 때를 실감케 했다. 그리고 이 시간의 투명한 깊이 속에서 내 눈앞의 장밋빛 아가씨가 신비한 그림자를 드리우며 힘찬 돋을새김으로 형성되어 갔다. 이 돋을새김은 나의 알베르틴, 곧 잇따라 생기는 온갖 영상이 쌓여서 만들어졌을 뿐 아니라, 내가 짐작조차 못한 지성, 감정의 커다란 장점, 성격의 결함 등이 가득 채워져서 이루어졌다.

알베르틴은 그 장점이나 결함을 그녀 자신의 발아기, 증식기, 어두운 빛깔을 한 그 육신의 개화기마다 그녀의 본성에 덧붙여, 전엔 있으나마나 한 이 본성을 지금은 규명하기 어렵게 만들어버렸다. 그도 그럴 것이 인간이란—우리가 자주 그들을 꿈에 본 결과, 베노초 고촐리가 그린 초록빛 도는 배경에 뚜렷이 드러나는 인물처럼 보이게 된 사람들, 그 변화를 오직 그들을 바라보는 위치, 그들과의 거리, 또는 조명 탓으로만 여기게 된 사람들마저—우리와의 관계로 변하는 동시에 그들 자신 내부도 변하기 때문이다. 이와 같이 전에는 다만 바다를 배경 삼아 그려졌을 뿐인 모습에도, 어느 결에 윤색과 응결과 양감(量感)의 변화가 일어났던 것이다.

게다가 내게 있어 알베르틴 속에 살아 있는 것은 해질 무렵의 바다뿐만 아니라, 이따금 달 밝은 밤에 모래톱에 조는 바다이기도 했다. 사실 때때로 내가 아버지 서재로 어떤 책을 찾으러 가려고 몸을 일으키면, 알베르틴은 그동안 누워 있어도 되느냐고 묻고, 돌아와 보면 아침부터 오후에 걸친 긴 바깥 산책에 지쳐 내가 방을 잠깐 비운 사이에 벌써 잠들어버린 적도 있었는데, 그럴 때면 나는 그녀를 깨우지 않았다. 일부러 꾸밀 수 없을 성싶은 자연스런 자태로 길게 내 침대에 누워 있는 그녀의 모습이란, 꽃이 핀 기다란 줄기가 거기에 놓여 있는 듯했다. 실제로도 그랬다. 이럴 때면 나는, 마치 잠든 채 식물이 되어버린 듯한 그녀가 없을 때밖에 갖지 못하는 몽상 능력을 그녀 곁에서 되찾곤 했다. 이처럼 그녀가 잠이 들면 사랑의 가능성을 어느 정도 회복했다. 나는 혼자 있을 때 그녀를 생각할 수 있지만, 그녀가 그곳에 없으므로 가질 수는 없었다. 그녀가 눈앞에 있으면 그녀에게 말을 건네지만, 마음이 나자신에게서 멀어져 그녀를 생각할 수 없었다. 그녀가 잠자고 있으면 그녀에게 말을 건네지 않아도 괜찮고, 그녀가 나를 물끄러미 바라보지 않고 있음도 알고 있다. 더 이상 나 자신의 겉모습으로 살 필요가 없어지는 것이다.

알베르틴이 눈을 감고 의식을 잃어갈수록, 내가 그녀를 알게 된 날부터 나에게 환멸을 안겨주었던 그 갖가지 인간적 성격을 하나하나 벗어던졌다. 이제 그녀는 초목의 의식 없는 생명, 내 생명과는 더욱 다르고 이상한 것임에도 더더욱 나의 것이 된 생명으로 살아 있을 따름이었다. 그녀의 자아는 둘이서 이야기할 때처럼 마음속에 숨긴 사념이나 시선을 통해 끊임없이 새어나오지도 않았다. 그녀는 바깥에 있는 온갖 자기를 불러들여, 그 몸 안에 도피시키고 가두어서 엉기게 했다. 나는 그녀의 몸을 시선과 두 손으로 안으면서, 그녀가 깨어 있을 때는 느끼지 못하는 인상, 그녀를 오롯이 소유한다는 인상을 받았다. 그녀의 목숨이 내 손안에 들어와, 가벼운 숨결을 내뿜고 있었다. 바다의 미풍처럼 부드럽고, 달빛인 양 몽환적으로 살랑살랑 내쉬는 신비로운 숨결, 그녀의 잠결에 나는 귀를 기울인다. 그녀가 잠들어 있는 한, 나는 그녀를 몽상하면서 물끄러미 볼 수도 있고, 또 이 잠이 더욱 깊어지면 그녀의 몸에 닿고 껴안을 수도 있었다. 그때 내가 느끼는 것은 무생물처럼 자연의 아름다운 것을 눈앞에 두었을 때와 마찬가지로, 순수하고 비물질적이며 신비스런 애정이었다. 사실 조금이라도 깊이 잠들면 그녀는 금세 그때까지의 한낱 식물이 아니었다. 나는 그녀의 잠 가장자리에서 몽상하면서, 결코 물리지 않으며 한없이 맛볼 수 있을 것 같은 신선한 관능의 즐거움을 느꼈는데, 그때 그녀의 잠은 드넓게 펼쳐진 하나의 풍경인 듯싶었다. 그녀의 잠은 내 곁에 고요하고 감미로운 관능을 일어나게 하는 그 무엇을 내려놓았는데, 그것은 마치 호수처럼 고요해져 나뭇가지들도 거의 흔들리지 않고, 사람들은 모래사장에 드러누워 끝없이 썰물이 부서지는 소리를 듣는 발베크만의 보름달 밤 같았다.

나는 방 안에 들어서려다 기척을 낼까 봐 문지방에 멈춰 서 있었다. 귀에 들리는 것은 오로지 그녀의 입술에서 사라져가는 숨결, 간헐적이고 고른 썰물 같은, 그러나 더욱 잔잔하고 부드러운 그 숨결뿐이었다. 이 숭고한 소리에 귀를 기울일 즈음, 눈앞에 누운 아리따운 갇힌 여인의 온 인격과 온 생명이 그 소리 속에 압축되어, 소리 자체가 되어버린 듯싶었다. 차들이 시끄럽게 거리를 지나간다. 그녀의 이마는 까딱하지도 않고, 여전히 맑다. 숨결도 가볍게 그저 필요한 공기를 들이쉬고 있을 따름이다. 나는 그녀의 잠에 방해되지 않을까 살펴보고는 조심스레 앞으로 나가, 침대 옆에 있는 의자에 앉았다가 다시 침대 위에 앉는다.

나는 알베르틴과 함께 담소하거나 놀면서 즐거운 밤들을 보냈지만, 잠든 그녀를 물끄러미 볼 때만큼 감미로운 밤도 없었다. 그녀가 수다를 떨거나 트럼프 놀이를 하면서 배우도 흉내내지 못할 자연스러움을 보였다고 해도, 그녀의 잠이 선사하는 것은 한결 더 깊은 자연스러움, 한결 드높은 자연스러움이었다. 장밋빛 얼굴을 따라 늘어진 탐스러운 머리채는 침대 위 그녀 옆에 놓여, 이따금 흐트러진 머리칼 한 타래가 엘스티르의 라파엘풍 유화의 원경(遠景)에 곧게 서 있는 희미하고 가냘픈 달빛 속의 나무들처럼 원근 효과를 내고 있었다. 알베르틴의 입술은 닫혀 있으나, 눈꺼풀은 내 위치에서 봤을 때 전혀 감겨 있지 않은 듯이 보여서, 그녀가 정말 잠들어 있는지 의심스럽기도 했다. 그래도 아무튼 감긴 눈꺼풀은 그 얼굴에, 눈에 의해 완전한 연속성을 주고 있었다. 시선을 잃는 동시에, 금세 그 얼굴에 여느 때 없던 아름다움과 위엄을 띠는 사람들이 있게 마련이다.

나는 발아래 누운 알베르틴을 물끄러미 바라본다. 이따금 우거진 나뭇잎이 갑작스레 이는 산들바람에 잠깐 파르르 떨듯 이해할 수 없는 가벼운 흔들림이 그녀 몸을 지나간다. 그녀는 머리카락에 손을 대고 나서 뜻대로 되지 않자 다시 손을 가져갔는데, 그 손짓이 어찌나 정연하고 고혹적으로 보이는지 나는 그녀가 깨어났거니 여긴다. 천만에. 그녀는 여전히 잠 속에 조용히 빠져 있다. 그리고 이제는 꼼짝도 하지 않는다. 힘을 빼고 가슴에 손을 올려놓은 품이 어찌나 천진한지, 나는 그녀의 어린애 같은 진지함, 그 순진함과 귀여움을 보고 터져나오는 웃음을 참아야 했다. 단 하나의 알베르틴 가운데 숨은 여러 알베르틴을 알고 있는 나는, 아직도 더 많은 알베르틴이 내 곁에 누워 있는 걸 보는 느낌이었다. 여태껏 보지 못했던 것 같은 초승달 모양의 눈썹이 물총새의 보드라운 보금자리처럼 방울 모양의 눈꺼풀을 에워싸고 있다. 혈통, 유전, 악습이 그 얼굴에 떠올라 있다. 머리 위치를 바꿀 때마다 그녀는 새로운 여인을 만들어내는데, 내가 꿈에도 생각지 못한 여인이었다. 나는 한 아가씨가 아니라 헤아릴 수 없는 아가씨를 소유한 듯싶었다. 그녀의 숨결은 조금씩 조금씩 깊어져 가슴을 규칙적으로 들어올리고, 그 가슴 위에서는 물결치는 대로 흔들리는 쪽배나 닻줄처럼 깍지 낀 손과 진주 목걸이가 같은 리듬으로 고르게, 그러나 저마다 다른 모양으로 움직인다. 그러면 그 잠이 찬물때가 되고, 의식의 암초가 깊은 잠의 바다로 뒤덮여 이제는 그 암초에 부딪힐 위험도 없다고 느낀 나는, 단호하게 소리 없이 침대 위에 올라가 그녀 곁에 몸을 눕히고 한쪽 팔로 그녀의 허리를 안으며 뺨과 가슴에 입술을 댄다. 그리고 자유스런 다른 손을 그 몸의 온 부분에 올려놓으면, 그 손 또한 진주 목걸이와 마찬가지로 알베르틴의 숨결에 들어올려지고, 나 자신도 그 고른 움직임에 가볍게 흔들렸다. 이렇게 나는 알베르틴의 잠이라는 배에 몸을 실었다.

그녀의 잠은 어쩌다가 적잖이 불순한 기쁨을 맛보게 할 때도 있었다. 이를 맛보기 위해 나는 아무 동작도 필요 없이, 마치 흐르는 물에 노를 내맡기듯 한쪽 다리를 그녀의 다리 위에 늘어뜨리고, 날면서 조는 새가 끊어졌다 이어졌다 하며 날갯짓하듯 이따금 노에 가벼운 진동을 가하면 그만이었다. 평상시에는 결코 볼 수 없는 그녀 얼굴의 한 면, 매우 아름다운 한쪽을 골라 물끄러미 바라본다. 아무개가 써 보내는 편지가 모두 비슷비슷하면서도 실제로 알고 있는 본인과는 딴판인 모습을 그려내어 두 번째 인격을 꾸며내기도 한다는 사실을 꼭 이해하지 못하는 것은 아니다. 그러나 그에 비하면, 한 여인이 다른 아름다움을 갖추어 딴 성격을 상상케 하는 또 하나의 여인에, 마치 로디카(Rodica)와 도디카(Doodica)*처럼 연결되어, 한쪽은 옆에서 다른 한쪽은 앞에서 봐야 한다면 이 얼마나 야릇한 일인가. 그녀의 숨소리는 점점 더 거칠어지면서 쾌감에 헐떡이는 듯한 착각을 자아내어, 나의 쾌감이 극에 이르렀을 때 그녀에게 입을 맞추어도 그 잠은 그치지 않았다. 이런 순간에 나는 그녀를 의식도 저항력도 말도 없는 자연의 사물처럼 더욱 완전히 소유한 느낌이 들었다. 잠든 그녀가 이따금씩 중얼중얼하는 말도 개의치 않았다. 그 말뜻이 낯선 것은 물론이려니와 또 그 말이 가리키는 것이 한 번도 만난 적 없는 누구이든 간에, 이따금씩 가벼운 전율에 그녀의 손이 잠깐잠깐 경련을 일으키는 게, 내 손, 내 뺨 위에서였으니까.

나는 몇 시간 동안 꼼짝하지 않고 물결이 부서지는 소리에 귀 기울이듯, 이해타산을 떠난 고요한 애정을 품고 그녀의 잠을 음미했다. 우리를 심히 괴롭힐 수 있는 사람들이 아니고서는, 긴장이 풀렸을 때 이처럼 깊게 가라앉은 고요를 주지 못할 것이다. 나는 우리 둘이서 얘기할 때처럼 그녀에게 대답할 필요가 없었다. 그녀가 얘기할 때에는 내가 자주 그렇게 했듯이 잠자코 있을 수 있더라도, 그녀의 목소리가 들리면 또한 이처럼 깊이 그녀 안으로 들어갈 수 없었던 것이다. 그녀의 청아한 숨결과 이는 듯 마는 듯한 산들바람처럼 마음 가라앉히는 중얼거림을 듣고 시시각각으로 마음에 거두어들이고 있으려니, 하나의 생리적인 온 존재가 내 앞에서, 내 것이 되었다. 지난날 달빛

─────────────

* 이들 둘은 쌍둥이.

을 받으며 바닷가에 가만히 누워 있을 때처럼 나는 할 수만 있다면 언제까지나 그녀의 모습을 물끄러미 바라보며, 그녀의 숨소리에 귀 기울이고 싶었다. 때때로 바다가 험악해지고 폭풍우가 해구 안까지 느껴지는 듯하면, 나는 그녀의 코고는 소리를 지나가는 바람 소리 삼아 그녀를 음미했다.

너무 더우면 그녀는 거의 잠들어 있으면서도, 가끔 기모노를 벗어 안락의자에 내던지곤 했다. 그녀가 잠든 사이, 나는 그녀가 받은 편지들이 전부 이 기모노 안주머니에 있다고 생각해본다. 편지를 받으면 늘 거기에 넣곤 했기 때문이다. 누군가의 서명이나 밀회 약속 같은 몇 글자만으로도 거짓말을 증명하고 의혹을 풀 단서가 될 것이다. 알베르틴이 곤히 잠든 기색을 살핀 뒤, 나는 여태껏 오랫동안 뒤척임 하나 없이 그녀를 물끄러미 바라보던 침대 발치를 떠나, 이 여성의 비밀이 무방비 상태로 안락의자에 사뿐히 놓인 것을 느끼며 뜨거운 호기심에 사로잡혀 한 걸음 내딛는다. 아마도 이 걸음을 내딛는 것은 잠자는 그녀를 꼼짝하지 않고 바라보다가 드디어 피곤해진 탓인지도 모르겠다. 이렇게 알베르틴이 깨어나지 않을까 흘끔흘끔 뒤돌아보면서 살금살금 안락의자까지 간다. 거기서 멈춰 서서, 지금까지 오랫동안 알베르틴을 물끄러미 바라보던 것처럼 이번에는 기모노를 바라본다. 그러나 (그리고 내가 한 짓이 잘못인지도 모르지만) 나는 결코 기모노에 손을 대거나, 호주머니에 손을 넣어서 편지를 살펴본 적이 없다. 끝내 결심이 서지 않자, 나는 살금살금 거기서 떠나 알베르틴의 침대 곁으로 돌아와 다시 그녀의 잠자는 모습을 물끄러미 바라보기 시작한다. 어쩌면 나에게 정말 많은 일을 말해줄지도 모르는 기모노가 의자 팔걸이에 걸쳐 있는데도, 한마디도 해주지 않는 그녀의 모습을. 신선한 바다 공기를 마시려고 발베크의 호텔 방 하나를 하루에 100프랑을 내고 빌리는 사람들이 있듯이, 나는 그녀를 위해서라면 더 많은 돈을 써도 당연하다고 여겼다. 왜냐하면 내 뺨 가까이 그녀의 숨결이 느껴지고, 내 입으로 그녀의 입을 반쯤 열면 내 혀에 그녀의 생명이 전해지니까.

하지만 잠자는 그녀의 모습을 보는 기쁨, 활발하게 움직이는 그녀를 만져 느끼는 기쁨 못지않게 감미로운 이 기쁨에 또 하나의 기쁨, 곧 깨어날 그녀를 보는 기쁨이 마침표를 찍었다. 그것은 더욱 깊고 신비스러운 것으로, 그녀가 나와 함께 산다는 기쁨 자체였다. 오후에 그녀가 차에서 내려 돌아오는 곳이 내 집이라고 생각하는 건 내게 즐거운 일임이 틀림없었다. 그러나 그보다 더욱 즐거운 것은 그녀가 깊은 잠에서 꿈의 계단 마지막 몇 층계를 다 올라와 의식과 생명의 세계에 다시 살아나는 곳이 다름 아닌 내 방 안이라는 사실. 그녀가 잠시 '여기가 어디지?' 하고 의아하다는 듯 주위에 있는 물건들과 조금 눈부신 전등빛을 보고 내 집에서 깨어난 것을 확인하면, '아아 그렇구나, 우리집이었구나' 하고 스스로 대답할 수 있다는 사실이었다. 이 모호하고 감미로운 첫 순간에, 나는 새삼 그녀를 더욱 완전하게 소유한 듯한 느낌이 든다. 외출에서 돌아왔을 때 알베르틴이 곧장 자기 방으로 들어가는 것과 달리, 그녀가 주위를 둘러보자마자 금세 내 방이 그녀를 에워싸는데도 알베르틴의 눈에는 아무런 혼란의 빛이 보이지 않았으며, 잠들지 않았던 것처럼 잔잔했기 때문이다. 잠에서 막 깨어난 망설임이 그녀의 침묵으로 나타났으나, 눈길에는 아무런 망설임도 보이지 않았다.

말을 할 수 있게 되면, 그녀는 '나의' 또는 '나의 소중한'이라고 말하고 그 뒤에 내 세례명을 붙이곤 했는데, 만약에 이 책의 작가와 같은 이름을 나에게 붙인다면 '나의 마르셀' 또는 '나의 소중한 마르셀'이 되었으리라. 그때부터 나는 집에서 부모님이 나를 똑같이 '나의 소중한'이라고 부르며, 알베르틴이 나에게 건네는 감미로운 말에서 세상에 단 하나뿐인 가치를 빼앗는 것을 허락하지 않았다. 그녀는 이 말을 하면서 약간 입을 삐죽 내밀었는데, 그것을 내가 입맞춤으로 바꾸곤 했다. 이와 같이 그녀는 조금 전 순식간에 잠들어버린 듯이, 순식간에 깨어나고 말았다.

발베크에 머물기 시작할 무렵과 지금과는 그녀를 보는 나의 눈도 달라졌다. 그러나 그 중요한 원인은 내가 시간 속을 이동했기 때문도 아니고, 또 지난날 바닷가를 거니는 그녀를 비추던 햇빛과는 달리 전등빛을 받으면서 내 곁에 앉아 있는 아가씨를 바라본다는 사실도 아니며, 또한 알베르틴의 정신이 사실상 풍요로워지고 그녀 자신의 힘으로 진보했다는 사실도 아니었다. 더욱 긴 세월이 두 영상을 떼어놓았더라도 이처럼 빈틈없는 변화는 일어나지 않았을 것이다. 알베르틴이 뱅퇴유 아가씨의 친구들 손에 길러졌다고 해도 지나친 말이 아님을 내가 알았을 때, 그러한 본질적인 변화가 돌연 일어났다. 전에는 알베르틴의 눈 속에서 이상야릇한 뭔가를 본 듯하면 마음이 끓어올랐는데, 지금은 그 눈에서, 또는 눈만큼이나 마음속을 비추어 어떤 때는 매우 온화하게 굴다가 금세 뾰로통해지는 그 뺨에서, 비밀을 모두 내쫓아 버린 순간이 아니고서는 행복을 맛볼 수 없었다. 내가 간절히 바랐던 모습, 죽음과 맞바꾸어도 좋다고 생각했던 모습은 이제 알지 못하는 생활을 지닌 알베르틴이 아니라, 가능한 한 나에게 알려진 알베르틴이었다(바로 이 때문에 이 사랑은 불행하지 않고서는 지속될 수가 없었다. 본디부터 비밀에 대한 욕구를 만족시킬 수 없는 사랑이었기 때문이다). 아득한 세계를 반영하는 알베르틴이 아니라, 오로지 나와 함께하고, 나와 닮기만을 바라는 그녀—사실 그렇다고 생각되는 순간도 있었다—미지의 허상이 아니라, 바로 내 소유물의 영상으로서의 알베르틴이었다.

한 인간에 대한 고뇌의 한때, 그 사람을 붙들 수 있을까 놓치지나 않을까 하는 불안 속에서 어떤 애정이 생기는 경우, 이 애정은 그것을 만들어낸 심리적 동요의 흔적을 남겨, 우리가 같은 사람에 대하여 생각할 때마다 보아온 것을 거의 떠올리지 못한다. 물결치는 바닷가에서 알베르틴을 보았던 내 첫인상이 그녀에 대한 내 애정 속에 얼마간 남아 있을는지 모르나, 실제로 이와 같은 사랑 속에, 그 힘 속에, 그 고뇌 속에, 그 평온함에 대한 욕망과 마음 가라앉는 평화로운 회상으로의 도피에, 그 회상에 잠겨 사랑하는 여인한테 혹여 내가 모르는 밉살스러운 점이 있다 해도 전혀 알고 싶지 않은 그 기분 속에, 과거의 인상 따위는 작은 자리밖에 차지하지 못하는 법이다. 설사 과거의 인상을 간직하더라도 이런 사랑은 아주 다른 것으로 이루어진다!

때때로 나는 그녀가 집에 돌아오기 전에 불을 꺼버리기도 한다. 캄캄한 어둠 속, 겨우 벽난로의 잉걸불에 의지하여 그녀는 내 곁에 눕는다. 내 손과 내 뺨만이 그녀를 알아볼 뿐, 달라진 그녀를 알아볼까 봐 언제나 겁내는 내 눈에는 그녀의 모습이 들어오지 않는다. 이런 눈 먼 사랑 덕분에, 아마도 그녀는 자기가 여느 때보다 더 다정스러운 애정에 잠겨 있음을 느꼈는지도 모른다.

나는 옷을 벗고 드러누워서, 침대 한구석에 앉은 알베르틴과 놀이나 입맞춤으로 중단된 대화를 계속한다. 만약 다른 사람을 차례로 좋아하다가 잇달아 버린다고 하더라도, 한 인간의 존재와 성격에 흥미를 품게 하는 단 하나가 곧 욕망이다. 욕망 안에서 우리는 자기 본성에 끝까지 충실한다. 어느 날, 알베르틴을 '귀여운 아이'라고 부르면서 입맞추는 순간에 언뜻 거울에 비친 내 모습을 보고 나서, 자신의 얼굴에 떠오른 구슬프고도 정열적인 표정, 이제는 생각나지 않는 질베르트 곁에서도 전에 이런 표정을 지었을 것이며, 또 앞으로 알베르틴을 잊어버린다면 아마 다른 여인 곁에서 이런 표정을 지을지도 모르는 이 표정을 보고 나는 생각했다. 한 개인에 대한 마음을 초월하여(본능은 현재의 상대를 유일한 참된 사랑으로 생각하려 하겠지만), 지금 나는 뜨겁고도 고뇌로 가득 찬 헌신의 의무를 여성의 젊음과 아름다움에 봉헌물(奉獻物)처럼 바치고 있다. 그래도 이와 같이 알베르틴을 밤마다 곁에 두고 싶어하는 욕망 속에는 '봉헌물'로 젊음을 기리는 이 욕망이나 발베크의 갖가지 추억과 더불어 이제껏 내 생애에 없던 것, 아니 내 삶에 전혀 새로운 것은 아닐지라도 적어도 이제까지의 연애에는 없었던 그 무엇이 섞여 있었다. 그것은 아득한 콩브레의 밤, 어머니가 내 침대에 몸을 구부려 입맞춤과 함께 안정을 가져다준 이래 내가 한 번도 느끼지 못했던 마음을 가라앉히는 힘이었다. 만약에 이때 누가 나한테 너는 아주 선량한 인간이 못 된다, 더욱이 언젠가는 타인의 기쁨을 빼앗으려 할 거라고 말했다면, 나는 틀림없이 놀라 쓰러졌을 것이다. 나는 그 무렵 나 자신을 전혀 모르고 있었던 게 분명하다. 알베르틴을 영원히 내 집에 머무르게 하려는 기쁨은 적극적인 기쁨이라기보다, 꽃피는 아가씨들 모두가 다 번갈아 맛볼 수 있는 세상으로부터 그녀를 갈라놓았다는 기쁨이어서, 그녀는 내게 크나큰 기쁨을 주진 못할망정 남들한테서 기쁨을 빼앗은 셈이었기 때문이다. 이것이 야심이든 영광이든 아무래도 좋았으리라. 더더구나 나는 증오의 정을 느낄 수 있는 성미가 아니었다. 그래도 육체적으로 사랑한다는 것은 분명 나에게, 수많은 경쟁자에게 맞서 승리를 누리는 것이었다. 몇 번이고 되풀이해도 부족하지만, 그것은 무엇보다도 마음의 진정이었다.

알베르틴이 집에 돌아오기 전에 아무리 그녀를 의심하거나 몽주뱅의 방에 있는 그녀를 상상해보아도, 그녀가 실내복 차림으로 내 안락의자 앞에 앉거나, 또는 자주 그렇게 하듯이 내가 누워 있는 침대 발치에 앉자마자, 나는 의심을 그녀의 마음속에 맡기곤 했다. 마치 신자가 자신을 버리고 기도하듯이, 그녀에게 의심을 내주어 덜어냈다. 저녁 내내 그녀는 내 침대에서 장난스럽게 몸을 동그랗게 웅크린 커다란 암고양이처럼 나와 희롱댈 때도 있었다. 좀 통통한 여성에게 특유한 가냘픔을 더하는 요염한 눈매를 지으면서 장밋빛 예쁘장한 코끝을 더욱 좁히면 장난기가 넘쳐 달아오른 얼굴이 되었다.

장밋빛 도는 밀랍과도 같은 볼에 검은 머리칼 한 타래를 길게 늘어뜨리고, '어서 이 몸을 당신 뜻대로 해줘요' 말하듯 두 눈을 스르르 감으며 두 팔을 벌린 적도 있었다. 나와 헤어질 즈음에 밤인사를 하러 그녀가 다가오면, 나는 그 튼튼한 목의 양쪽에, 거의 가족처럼 친근해진 그 다정스러운 목에 입맞추었다. 그때 나는 그 목이 좀더 햇볕에 거무스름하게 타고 좀더 살결이 거칠어도 좋다고 생각했다. 마치 이런 두드러진 특징이 알베르틴의 성실함을 증명하기라도 하듯이.

"심술쟁이 씨, 내일 우리와 함께 안 가실래요?" 그녀가 헤어지기에 앞서 묻는다. "어디 가는데?"—"그거야 날씨에 따라, 당신에 따라. 오늘 낮에 뭘 좀 쓰셨어요? 못 썼다구요? 그럼 산책에 나가지 않은 게 헛일이네요. 아참, 아까 내가 돌아왔을 때 내 발소리인지 알아들었어요? 나인 줄 짐작했어요?"—"물론이지, 내가 모를 성싶어? 아무리 많은 발소리 사이인들, 우리 귀여운 바보아가씨의 걸음걸이를 내가 모르겠소? 아, 그렇지. 내 부탁이니, 잠자리에 들기 전에 그 바보아가씨의 신을 내가 벗기게 해주오. 참말 귀엽구려, 새하얀 드레스 속에 장밋빛으로 물든 당신의 자태가."

이런 게 나의 대답이었다. 이 육감적인 표현 가운데, 어머니나 할머니 특유의 또 다른 표현도 찾아볼 수 있다. 왜냐하면 내가 점점 아버지를 비롯한 피붙이들과 조금씩 닮아갔기 때문인데, 날씨에 비상한 흥미가 있는 아버지와도—물론 나와는 전혀 다른 투로, 그도 그럴 것이 만약 같은 일이 되풀이된다고 해도 그것은 번번이 큰 변화를 동반하기 때문이다—닮아갔다. 아니, 아버지뿐이랴. 나는 레오니 고모와도 점점 닮아갔다. 그렇지 않다면 나는 알베르틴을 감시 없이 혼자 내버려두고 싶지 않다는 핑계로, 당장 그녀와 함께 외출했을 것이다. 신앙이 두터운 레오니 고모는 나와 공통점이 하나도 없다고 확신하고 있었다. 쾌락에 급급한 나와, 쾌락과는 담을 쌓고 온종일 묵주를 헤아리는 이 광신자 고모와는 언뜻 보아도 정반대였다. 또 문학으로 생계를 꾸리지 못하여 괴로워하던 나와는 달리, 고모는 가족 중에서, 독서가 허송세월이나 '놀이'가 아니라는 사실을 좀처럼 이해 못하던 유일한 분이었다. 그래서 온갖 진지한 일을 금하고 오로지 기도로 성스러운 날을 지켜야 할 부활절 주일에도 독서만은 괜찮았던 것이다. 여하튼 나는 날마다 좀처럼 침대에서 일어날 수 없는 것이 기분이 언짢은 탓이라고 생각했는데, 그 원인은 바로 한 사람에게 있었다. 알베르틴도 아니고, 내가 사랑하는 누군가도 아니며, 사랑하는 이보다 더 강한 힘을 나에게 휘두르는 한 존재, 내 몸 안으로 옮겨와 질투에 불타는 나의 의혹이 옳은지 그른지 따지지 않고 침묵시키거나, 적어도 그 의혹이 근거 있는 것인지 살피러 나가는 일조차 덮어놓고 할 만큼 폭군적인 인물, 다름 아닌 레오니 고모였다. 나는 아버지보다 한 술 더 떠서, 아버지같이 청우계를 살펴보는 것만으로는 만족하지 않고 드디어 나 자신이 살아 있는 청우계가 되어버렸으며, 또 레오니 고모의 지배 아래 놓여 있었던지라 방 안에서 꼼짝 않고, 경우에 따라서는 침대에 누운 채 날씨를 관찰하게 된 게 아닐까? 마찬가지로 나는 지금 알베르틴에게 어떤 때는 어린 시절 콩브레에서 어머니에게 말했던 투로, 어떤 때는 할머니가 나에게 말했던 투로 얘기하곤 했다. 인간이 어느 나이를 넘어서면, 자기 어린 시절 영혼과 지금 우리를 있게 한 선조의 영혼이 우리에게 그 부귀와 저주를 듬뿍 퍼부어, 우리가 현재 느끼는 새로운 감정에 협력하려고 든다. 우리는 그들의 묵은 모습을 지우고 새 감정에 그것을 녹여 완전히 새로운 창조물을 완성한다. 이와 같이 나의 가장 옛 시절에서 시작되는 온 과거와 또 그 저편에 있는 내 피붙이의 과거가, 알베르틴에게 품은 나의 불순한 사랑에 어머니가 자식을 대하고 자식이 어머니를 대하는 다사로운 애정을 합하고 있었다. 우리는 어느 때에 이르면, 아득히 멀리서 찾아와 우리 주위에 모여든 온 피붙이를 맞이해야만 한다.

알베르틴이 내 말대로 신을 벗기 전에, 나는 그녀의 네글리제를 살짝 걷어본다. 탄력 있게 솟은 예쁘장한 두 가슴이 어찌나 둥그스름한지 육체의 한 부분이라기보다, 두 알의 과일처럼 거기서 익어 있는 느낌이었다. 그녀의 아랫배는(남자였다면 잡아 뜯어낸 조각상에 여전히 박혀 있는 쐐기처럼 보기 흉한 곳을 가리듯이) 허벅지 윗부분에서 두 개의 꽃잎으로 닫혀 있는데, 그 꽃잎이 그리는 곡선은 태양이 저문 뒤의 지평선처럼 조는 듯이, 마음이 아늑해지는 수도원을 떠올리게 했다. 그녀는 신을 벗고 내 곁에 누웠다.

오, '남성'과 '여성'의 위대한 자태여. 거기에 '만물 창조'에 의하여 나뉜 것이 맨 처음의 청정함과 찰흙의 겸손으로써 합치려 하고, 하와*는 '남성'

---

\* 이브.

곁에서 눈을 뜨자 놀라서 복종한다. 마치 '남성'이 아직 외톨이였을 때 자기를 만드신 신 앞에 복종하는 것처럼. 알베르틴은 검은 머리 뒤로 두 손을 깍지 끼고 허리를 들어올렸으며, 늘어뜨린 다리는 고니가 목을 길게 뻗었다가 다시 제자리로 구부리듯 구부려져 있었다. 그녀가 고개를 완전히 돌리면 (앞에서 보면 그처럼 착하고 아름다운 얼굴이) 다빈치의 회화(戲畵)처럼 뒤틀리고 보기 흉한 일면이 나타나, 여간첩 같은 심술·탐욕·음흉을 엿보는 느낌이 들었다. 집에 이런 간첩이 숨어 있다가 이렇게 옆모습으로 정체를 드러낸다면 얼마나 소름이 끼쳤으랴. 나는 얼른 알베르틴의 얼굴을 양손으로 감싸 앞으로 돌려놓았다.

"나에게 약속해요, 내일 함께 외출하지 않거든 일하겠다고요." 그녀는 네글리제를 올리면서 말했다. "그러지, 하지만 아직 실내복은 입지 마." 때로는 그녀 옆에서 내가 잠든 적도 있었다. 방이 어느새 싸늘해져 장작이 필요했다. 등 뒤의 초인종을 찾아보아도 손에 닿지 않아, 구리로 된 창살을 두루 더듬어보았지만 초인종은 매달려 있지 않았다. 그러자 둘이서 나란히 누워 있는 모습을 프랑수아즈에게 보이기 싫어 침대에서 뛰어내리는 알베르틴에게 나는 말했다. "그러지 마. 잠깐 침대에 다시 올라와, 초인종을 찾지 못했으니까."

보기에 감미롭고도 유쾌하며 순진스러운 순간, 그러나 거기에는 꿈에도 생각지 못한 파탄의 가능성이 쌓여 있다. 그 때문에 온갖 생활 중에서 사랑의 생활이 가장 심한 대조를 이루어, 가장 즐거운 순간 뒤에 뜻하지 않은 유황과 송진의 비가 내리기 시작하지만, 우리는 그 불행에서 교훈을 꺼낼 용기도 없이 곧바로 재난밖에 튀어나오지 않는 분화구 옆에 다시 집을 짓기 시작한다. 나는 행복이 영원히 계속되리라고 믿는 사람들처럼 근심 걱정이 없었다. 하기야 고뇌가 생겨나려면 바로 이 평온함이 필요했다—또 이 평온함이 이따금 고뇌를 진정시키러 돌아올 것이다—그러므로 남성이 자기에 대한 여성의 호의를 자랑삼아 떠들어댈 때, 남들에게나 자기 자신에게 진실을 말하는 줄 안다. 하지만 잘 따져보면 그 관계 한가운데에는 남들에게 밝히지 않은 비밀의 형태로, 또는 질문이나 조사에 의해 저절로 드러나는 식으로, 끊임없이 고통스런 불안이 흐르고 있다. 그러나 이 불안도 그전의 평온 없이는 생기지 않았을 것이다. 불안이 생겨난 뒤에도 고뇌를 견디고 결렬을 피하려면 때때로 평온이 필요하므로, 여인과의 동거가 알고 보면 남모르는 지옥이라는 사실을 숨기고, 둘만의 오붓한 평화인 양 과시하는 것도 하나의 올바른 견해를 보여주는 일이며, 원인과 결과의 일반적인 유대를 표현하고, 고뇌의 생산을 가능케 하는 양식 한 가지를 나타낸다.

나는 알베르틴이 우리집에 살고 있으며, 내일도 나나 앙드레와 함께가 아니면 외출하지 못하게 되어 있는 사실에 이제는 놀라지 않았다. 이런 동거의 습관, 내 생활을 한정하고 그 속에 알베르틴 말고는 아무도 들어오지 못하게 하는 이런 기본 방향, 또한(건축가가 공사를 시작하기 훨씬 전에 건축 도면을 설계하듯이, 아직 내가 모르는 차후 생활의 미래 도면에 그어진) 그 기본 선과 평행하며 그것보다 더욱 넓고도 머나먼 선으로 인해 내 안에는 외딴 암자처럼 미래의 수많은 사랑의 얼마쯤 엄숙하고도 단조로운 양식이 그려져 있었다. 이것이 그려진 것은 사실 발베크의 밤, 작은 열차 안에서 알베르틴이 누구에게 양육되었는지 나에게 털어놓은 뒤에, 내가 어떤 대가를 치르고라도 그녀가 어떤 영향력에서 벗어나 며칠 동안 내 곁을 떠나지 못하게 하고 싶었던 그날 밤의 일이었다. 그 뒤로 나날이 뒤이어 지나가면서 이런 습관은 기계적인 것이 되어버렸다. 그러나 '역사'가 전통적 의식의 뜻을 발견하고자 하듯, 극장에도 가지 않을 만큼 몸을 가두고 있는 이 은둔 생활의 뜻을 묻는 사람이 있었다면 나는 이렇게 대답했을 것이다(실은 그렇게 대답하고 싶지 않았다). 이 은둔 생활의 시작은 어느 밤의 불안이고, 한 여성의 유감스러운 소녀 시절을 알아버린 나는 설사 그녀가 스스로 원하더라도 앞으로는 같은 유혹에 몸을 맡길 가능성이 없음을 나 자신에게 증명하고 싶었던 거라고. 나는 이제 그런 가능성을 좀처럼 생각하지 않지만, 그래도 가능성은 어렴풋하게 내 의식에 남아 있음이 틀림없다. 그 가능성을 나날이 파괴한다—또는 파괴하려고 애쓴다—는 사실이야말로 이제는 그다지 아름답지도 않은 볼에 하는 입맞춤이 여전히 감미롭게 느껴지는 이유였다. 얼마쯤 깊은 육감적 즐거움 뒤에는 언제나 오래 지속되는 위험이 따르게 마련이다.

*

나는 알베르틴에게, 함께 외출하지 않을 때는 꼭 일을 하겠다고 약속했다.

그러나 이튿날이 되자 마치 우리 둘이 자는 사이에 집이 기적처럼 여행이라도 다녀온 듯, 나는 풍토도 다르고, 날씨도 다른 곳에서 눈을 떴다. 새 나라에 상륙했을 때는 새로운 환경에 익숙해져야 하므로 일이 손에 잡힐 리가 없다. 나에게는 하루하루가 딴 나라였다. 나의 게으름부터가 새로운 형태를 띠기 때문에 도저히 같은 게으름 같지도 않았다. 형편없이 궂은 날씨라 해도, 부슬부슬 하염없이 내리는 비가 집으로 들이치는 것만으로도 마치 뱃놀이를 나온 듯이 감흥이 솟고, 미끄러지는 듯한 상쾌함과 마음 가라앉는 고요가 느껴진다. 또 화창한 날에 침대에 조용히 누워 지내는 일은 나무줄기처럼 자기 주위에 그림자를 빙그르르 한 바퀴 돌게 하는 일이었다. 또 새벽 미사를 드리러 가는 여인들처럼 가까운 수도원에서 울리는 첫 번째 종소리가 은은한 가랑비로 어두운 하늘을 희뿌옇게 물들이면서 따스한 바람에 금세 풀어헤쳐 흐트러질 때면, 나는 어수선하면서도 즐거운 폭풍우의 하루를 느꼈다. 그런 날 이따금 오락가락하면서 지붕을 적시는 비가 바람 한 줄기나 햇살 한 가닥에 금세 그쳐버리면, 지붕은 비둘기 같은 소리로 속삭이면서 빗방울을 굴려, 바람이 다시 방향을 바꿀 때까지 잠깐 비치는 햇빛에 무지갯빛으로 반사하는 초록빛을 띤 자주색 슬레이트가 반짝인다. 날씨가 아무 때나 변하고, 하늘이 갑자기 바뀌며, 뇌우(雷雨)가 잇따르는 이런 날에는, 게으름뱅이라도 말하자면 자기를 대신하여 대기(大氣)가 펼치는 활동에 흥미를 느껴, 하루를 헛되이 보냈다고 생각지 않는 법이다. 마치 폭동이나 전쟁이 일어나 학교 수업을 쉰 학생에게 그 시간들이 공허하게 생각되지 않는 것이나 마찬가지로. 왜냐하면 법원 주변을 서성거리거나 신문을 읽거나 하는 사이에, 공친 수업 대신 눈앞에 일어난 사건 속에서 지성을 연마하는 데 유익한 일이나 게으름 피울 핑계를 찾아낸 기분이 들기 때문이다. 또한 이런 날은 우리 생애에 어떤 예외적인 위험이 일어나는 날, 여태껏 아무것도 하는 일 없이 세월을 보냈던 자도 닥친 위험을 운 좋게 해결한다면 이 기회에 근면한 습관이 들 거라고 여기는 나날에 견주어볼 수 있겠다. 이를테면 유달리 위험천만한 상태에서 벌어지는 결투에 나가야 하는 아침이라고 하자. 그때 머릿속에, 어쩌면 목숨을 잃을지 모르는 순간에 느닷없이 삶의 가치가 떠오른다. 이 삶을 바탕 삼아 작품을 쓰기 시작할 수도 있거니와, 하다못해 쾌락 정도는 맛볼 수 있었건만, 그는 정말 인생을 하나도 누릴 줄 몰랐다. '만약에 죽지 않고

이 결투를 치르면, 당장 열심히 일할 테다, 그리고 한껏 즐길 테다!' 마음먹는다. 실제로 갑자기 그 눈에 삶의 가치가 더 크게 보였다. 이 현상은 그가 평소에 구하던 사소한 무엇이 아니라 삶이 줄 수 있으리라 생각하는 전부가 삶에 있다고 여기기 때문이다. 그는 삶을 자기 욕망에 따라 보아서, 경험상으로 자기가 앞으로 지낼 법한 삶, 곧 평범한 삶으로 보지 않는 것이다. 삽시간에 삶은 일·여행·등산 같은 온갖 굉장한 일로 가득 차고, 그는 이 결투가 불행한 결과로 끝나 자신에겐 그런 일도 모두 불가능하리라고 생각한다. 그런데 사실은 결투가 문제가 되기 전부터 나쁜 습관 때문에 그것이 이미 불가능한 일이 되어버렸고, 결투라는 사고 없이도 그 나쁜 습관은 계속되었을 것이다. 그런데 그는 상처 하나 없이 집으로 돌아온다. 하지만 즐거움·소풍·여행 등 죽음으로 영영 잃어버리지 않을까 한순간 전전긍긍하던 온갖 것에서 한결같은 장애를 발견한다. 일에 대한 계획은 결국—특수한 상황은 전부터 그 인간 속에 담겨 있던 것, 곧 근면한 자의 경우는 부지런함, 나태한 자의 경우는 게으름이 자극되므로—깨끗이 포기하고 만다.

　나도 이러한 인간이 그러하듯이 이전에 뭔가 써보겠다고 결심한 뒤부터 줄곧 이래 왔다. 그 결심을 한 지도 오래되었는데 나에겐 어제 일같이 느껴졌으니, 나날을 일어나지 않은 셈으로 보았기 때문이다. 나는 오늘도 변함없이 소나기가 잠깐 갠 하늘 아래 하는 일 없이 지내면서, 내일은 꼭 일을 시작하자고 스스로에게 약속한다. 그러나 하늘이 구름 한 점 없이 개면, 나는 달라진다. 금빛 종소리는 꿀처럼 빛을 품고 있을 뿐만 아니라, 빛의 감각도 품고 있다(게다가 김 빠진 잼 맛도 품고 있었는데, 콩브레에서는 식사를 물리고 난 식탁에 꿀벌처럼 언제나 종소리가 갈팡질팡했다). 이처럼 해가 눈부신 날 온종일 눈감고 지내는 것은, 더위를 피해 덧문을 꼭 닫아두는 것과 매한가지로 허용되는 일, 흔히 있고 건강에도 좋으며 즐겁고 계절다운 일이었다. 두 번째 발베크 체류의 첫 무렵, 내가 밀물의 푸르스름한 흐름 사이에 울리는 오케스트라의 바이올린 소리를 들은 것도 이런 날씨였다. 그 무렵에 비하면, 오늘날 나는 알베르틴을 얼마나 손안에 꼭 쥐고 있는가! 어떤 날은 시각을 알리는 종소리가 그 음향권 내에 습기나 빛을 신선하고 강력하게 펼쳐놓아서, 마치 비나 해의 매력이 눈먼 이를 위해서 또는 음악적으로 번역된 듯싶었다. 따라서 이럴 때 눈 감고 침대에 누운 채, 나는 세상 온갖 것을 소리로 바꿀 수 있으며, 오로지 귀에만 들리는 세계도 눈에 보이는 세계 못지 않게 다양할 거라고 생각했다. 쪽배에 몸을 실은 듯 느긋하게 하루하루 과거로 거슬러 올라가, 나 자신이 선택하지 않은 추억, 조금 전까지는 눈에 보이지도 않다가 기억이 골라잡을 사이도 주지 않고서 이어 보여주는 황홀한 새 추억을 음미하면서, 나는 햇볕이 내리쬐는 판판한 곳을 계속해 한가로이 거닐었다.

발베크의 아침 연주란 옛일이 아니다. 비교적 최근인 그때에 나는 알베르틴에게 거의 관심이 없었다. 있기는커녕 도착한 첫 며칠 동안 나는 그녀가 발베크에 와 있는지조차 몰랐다. 그럼 누구한테 들어서 알았나? 그렇지, 에메였다. 그날은 오늘처럼 화창한 날이었다. 에메 녀석! 나를 다시 만나 퍽 기뻐했으나 그는 알베르틴을 좋아하지 않았다. 누구나 다 좋아할 수 있는 여자는 아니니까. 그렇지, 그녀가 발베크에 있다고 알려준 이는 에메였다. 그런데 그는 어떻게 그것을 알고 있었나? 아무렴! 우연히 만난 그녀가 좋지 않은 부류의 여인이라고 생각했던 거다. 여기까지 와서 에메가 얘기해준 때와는 다른 각도로 그의 얘기에 다가가자마자, 이제껏 행복하게 미소 지으면서 물 위를 항해하던 내 생각은 기억의 이 장소에 남몰래 놓아둔, 눈에 보이지 않는 위험스런 수뢰에 부딪힌 것처럼 갑자기 폭발했다. 에메는 우연히 만난 그녀를 좋지 않은 부류의 여인으로 생각했다고 말했다. 좋지 않은 부류의 여인이라니, 무슨 뜻일까? 그때 나는 저속한 부류라고 해석했는데, 미리 그의 입을 막아버리려고, 그녀에게 기품이 있다고 딱 잘라 말했기 때문이다. 하지만 그런 뜻이 아니었다. 아마 고모라의 부류라는 뜻이었을까? 그녀는 여자친구와 함께 있으면서, 서로 허리를 껴안고 다른 여인들을 물끄러미 바라보며, 내 앞에서 한 번도 보인 적 없는 '부류'임을 실제로 보이고 있었는지도 모른다. 상대 여인은 누굴까? 에메는 어디서 이 꺼림칙한 모습의 알베르틴을 만났을까? 나는 에메가 했던 말을 정확하게 생각해내어, 그것이 내가 상상하는 바와 관련이 있는지, 아니면 그저 저속한 태도에 대하여 말하려 했던 것인지 분간하려고 애썼다. 그러나 아무리 생각해봐도 소용없었다. 물어보는 인간과 기억을 제공하는 인간은 슬프게도 같은 인간, 즉 나이기 때문에, 잠시 둘로 나누어지기도 하나 아무것도 덧붙일 수가 없었다. 아무리 물어봐도 대답하는 사람은 나이므로, 더는 아무것도 알 수 없었다.

나는 이젠 뱅퇴유 아가씨를 생각하지 않았다. 새 의혹이 생긴 만큼, 나를 괴롭히는 시새움의 발작 또한 새로운 것이었다. 아니, 그렇다기보다 오히려 이 의혹의 계속이자 연장에 지나지 않았다. 무대도 마찬가지로 이젠 몽주뱅이 아니라, 에메가 알베르틴을 만났던 길이다. 대상은 몇몇 여자친구, 그중 아무개가 그날 알베르틴과 함께 있었는지 모른다. 어쩌면 엘리자베트라는 여인, 아니면 카지노에서 알베르틴이 보지 않는 체하면서 거울에 비치는 모습을 은밀히 바라보던 두 아가씨일지도 모른다. 알베르틴은 그 두 아가씨와 어떤 관계가 있었는지 모르려니와, 블로크의 사촌누이인 에스테르와도 관계가 있었던 게 틀림없다. 만약 이런 관계가 제삼자에 의해 폭로되었다면 나는 그것만으로 반죽음이 되었을 터이지만, 그럴 거라 상상하는 게 나라서, 나는 고통을 덜기 위해 적당한 애매성을 더하고 있었다. 속았다는 관념을 의혹이라는 형태로 날마다 엄청나게 마시는 셈이지만, 이 관념은 어떤 잔인한 한 마디를 주사함으로써 아주 적은 양으로도 사람을 죽일 수 있다. 아마도 그래선지, 또 자기 보존 본능에서 나온 유도체 때문인지, 질투하는 남성은 무고한 사실에 대하여 제멋대로 무서운 의혹을 품는 법인데, 그 같은 인간은 명백한 증거를 보아도 처음에는 절대로 인정하려 들지 않는다. 게다가 연정이란 불치병으로, 류머티즘이 잠깐 가라앉았다 싶으면 대신 간질성 편두통이 일어나는 체질과 같다. 질투의 의혹이 가라앉자, 나는 알베르틴이 다정스럽게 굴지 않았다는 생각에, 분명 앙드레와 함께 나를 우롱했다고 여기며 그녀를 원망했다. 혹시나 앙드레가 나와 나눈 얘기를 모두 알베르틴한테 털어놓는다면, 그녀는 어떻게 생각할까? 그러자 나는 소름이 오싹 끼쳐 앞날이 무시무시하게 보였다. 이러한 비애는, 새로운 질투의 의혹이 나를 다른 탐색으로 몰아넣든지, 아니면 반대로 알베르틴의 애정이 나타나는 것을 보고 내 행복 따위야 하잘것없다고 생각하기 전에는 물러가지 않았다. 그 젊은 아가씨는 어떤 여자였을까? 에메한테 편지를 써 보내, 어떻게 해서든 만나봐야 한다. 그러고 나서 그가 한 말을 확인하기 위해 알베르틴과 얘기하고 따져서 그녀가 사실대로 말하도록 해야 한다. 하지만 당장 그게 블로크의 사촌누이일 거라고 생각한 나는, 이유를 짐작도 못하는 블로크에게 사촌누이의 사진만이라도 보여달라고, 아니, 될 수 있으면 그녀와 만나게 해달라고 부탁했다.

질투 때문에 얼마나 많은 인간과 시가와 길이 마구 알고 싶어지는지! 질투란 알고 싶은 갈망이며, 이 갈망 탓에 우리는 서로 아무 관계없는 점에 대하여 차례차례 생각할 수 있는 온갖 지식을 얻게 되지만, 다만 참으로 알고자 하는 지식만은 얻지 못한다. 의혹은 어떤 순간에 생겨날지 전혀 알 수 없다. 그도 그럴 것이 갑자기 뚜렷하지 않았던 한마디, 뭔가 있을 듯한 알리바이를 떠올릴 수 있기 때문이다. 하지만 그 상대를 다시 만나고 싶은 것은 아니다. 나중에 생기는 질투, 상대와 헤어진 뒤라야 생기는 둔감한 질투라는 게 있다. 아마도 나에게는 마음속에 어떤 욕망을 간직해두는 습관이 있었나보다—이를테면 여자 가정교사를 따라가는 모습을 창 너머로 보곤 했던 상류층 아가씨에 대한 욕망, 생루가 나한테 말했던 매음굴에 드나든다는 아가씨에 대한 욕망, 아름다운 하녀들, 특히 퓌트뷔스 부인의 몸종에 대한 욕망, 이른 봄에 시골로 가서 산사꽃이나 꽃이 활짝 핀 사과나무나 폭풍우를 보고 싶은 욕망, 베네치아에 대한 욕망, 일을 시작하고픈 욕망, 누구나 누리는 삶을 꾸려 나가고 싶다는 욕망—이런 온 욕망을 채우지 못하고서 마음속에 간직한 채, 언젠가 반드시 이를 만족시키겠다고 스스로 약속하는 것으로 그치고 마는 습관이다. 샤를뤼스 씨한테 '하루 미루기'라고 혹평받았듯이 끊임없이 하루하루 연기하는 이 오랜 습관, 아마 이 습관이 내 몸 안에 퍼져나가, 질투의 의혹마저 억눌러버린 것이다. 알베르틴과 함께 있는 현장에서 에메가 보았다는 그 아가씨(어쩌면 아가씨들일지도 모른다. 내 기억 속에서 얘기의 이 부분은 어렴풋하고 아리송하여, 말하자면 판단이 불가능했다)에 대하여 언젠가는 반드시 알베르틴의 변명을 듣고 말겠다고 마음속으로 벼르면서도, 나는 습관 탓에 그 일을 미루곤 했다. 어쨌든 질투가 얼굴에 드러나 알베르틴의 마음을 상하게 할까 봐서, 오늘 저녁에는 얘기를 꺼내지 않기로 했다.

그러나 다음 날 블로크가 사촌누이인 에스테르의 사진을 보내오자, 나는 이것을 부랴사랴 에메에게 보냈다. 그리고 나는 그날 아침에 알베르틴이 쾌락을 거부했던 일, 그것은 틀림없이 그녀를 피곤케 했을 쾌락이었음을 떠올렸다. 그럼 그녀는 그 쾌락을 다른 누구를 위하여 남겨두려 했었나? 어쩌면 그날 오후를 위해서일지도 모르지. 그럼 대체 누구를 위하여? 이와 같이 질투는 끝이 없는 법이다. 왜냐하면 사랑하는 이가 죽어서 다시는 그 행위로 인해 질투를 일으킬 수 없어도, 모든 사건이 지나간 뒤에 기억 속에서 회상 자체가 돌연 현실의 사건처럼 행세하기 시작하여, 그때까지 우리가 밝히지 못하던 회상, 하찮은 것으로 생각하던 회상마저, 외적인 사실 하나 없이 우리가 오직 그것을 회상했다는 사실만으로 새롭고 무시무시한 뜻을 지닐 수 있기 때문이다. 둘이서 있을 필요도 없이 방 안에서 홀로 이것저것 생각하는 것만으로, 혹여 사랑하는 이가 죽은 뒤라 해도 그녀의 새로운 배신은 생긴다. 그러므로 사랑에서도 일상생활에서도 미래뿐만 아니라 흔히 미래보다 뒤에 이뤄지는 과거까지 두려워해야 하며, 그것도 뒤늦게 아는 과거뿐만 아니라, 오랫동안 자기 안에 고이 간직해온 과거, 갑자기 해독이 가능해진 과거가 문제로 떠오른다.

어쨌거나 오후가 끝날 즈음, 마침내 알베르틴이 내 곁에 와서 내게 마음의 진정을 주는 시각이 다가왔다고 생각한 나는 정말 행복했다. 공교롭게도 그 저녁은 진정을 가져다주지 못하던 저녁이자, 마치 이전에 어머니의 기분을 상하게 했던 날, 어머니를 다시 부를 용기도 없으면서 잠을 이루지 못하리라는 느낌이 드는 그런 날, 어머니가 해주던 입맞춤처럼 알베르틴이 나와 헤어지는 순간에 내게 한 입맞춤이 여느 때와 아주 달라 나의 마음을 가라앉혀주지 못할 것 같은 저녁이었다. 그런 저녁이란, 지금처럼 알베르틴이 뭔가 나에게 알리고 싶지 않은 다음 날의 계획을 품고 있는 저녁이었다. 만약 그녀가 계획을 털어놓았다면, 나는 알베르틴이 아니면 아무도 마음속에 일으키지 못하는 열정으로 그 계획을 확실히 이뤄내고자 했을 것이다. 한데 그녀는 한마디도 하지 않았으며, 애당초 아무 말도 할 필요가 없었다. 집에 돌아온 지 얼마 안 되어, 아직 그녀가 내 방 앞에서 커다란 모자나 챙 없는 토크를 쓴 채로 있을 때, 나는 벌써 완강하고 악착스러우며 억압할 수 없는 미지의 욕망을 엿보았다. 그런데 그런 저녁이야말로 내가 더할 나위 없이 다정한 마음으로 그녀가 돌아오길 기다리고, 깊은 애정과 더불어 그녀에게 달려들 작정이었던 저녁이었다. 아아, 옛날 내가 애정에 넘쳐 부모에게 달려가면 그날따라 두 분은 냉정하고 화를 내던 때가 있었는데, 이런 것은 애인 사이에 일어나는 불화에 비하면 아무것도 아니다. 애인 사이에서 고뇌는 훨씬 깊고 훨씬 더 견디기 힘들며, 마음의 훨씬 더 깊숙한 곳까지 뿌리를 내리고 있다.

그렇지만 그날 저녁, 알베르틴은 계획에 대해 내게 한마디 흘릴 수밖에 없었다. 나는 그녀가 내일 베르뒤랭 부인을 방문할 예정임을 금세 알았는데, 이 방문 자체로써는 내 마음을 언짢게 할 게 하나도 없었다. 그러나 거기서 누구와 만나서, 어떤 쾌락을 준비할 것이 틀림없었는데, 그렇지 않고서야 그녀가 이토록 그 방문에 집착할 리가 없었다. 다시 말해서 그녀가 몇 번이고 '꼭 하고 싶은 건 아니에요' 되풀이할 리가 없었다. 어떤 민족은 문자를 하나로 이어지는 상징으로 여기고 나서 비로소 표음문자를 사용하게 되었는데, 나는 일상생활에서 이런 민족의 발전과는 반대 방향을 밟아왔다. 오랫동안 그들의 현실적 삶과 사상을 그들이 스스로 제공하는 직접적인 표현 속에서만 찾아온 나는, 그들이 사실을 말하지 않는 탓에 오히려 진실의 합리적이자 분석적인 표현과는 다른 증언만 중요시하게 되었다. 당황한 상대의 얼굴에 핏기가 오르거나, 갑자기 침묵하거나 하는 것과 똑같은 식으로 해석하지 않으면, 말 자체도 나에게 무엇 하나 가르쳐주지 않았다. 어떤 부사(副詞)— 이를테면 캉브르메르 씨가 나를 '작가'로 여기고, 어느 날 베르뒤랭네 집을 방문했던 일을 이야기하면서 전에는 나에게 한마디도 말을 건네지 않다가, 느닷없이 이쪽을 돌아보고 '마침 보렐리가 거기에 있었는데' 말했을 때의 '마침'과 같은 부사—그것은 말로 표현할 수 없는 두 가지 관념이 무의식적으로, 때로는 위험한 결합으로 불붙어 솟구쳐 나오는 것인데, 화자가 그 두 가지 관념을 설명하지 않더라도 나는 적당한 분석법과 전기분해술(電氣分解術)로 두 가지 관념을 추려낼 수 있으며, 또 그런 부사야말로 장광설보다 많은 것을 일깨워주었다. 알베르틴은 곧잘 말 속에 이런 귀중한 혼합물을 이것 저것 섞기 때문에, 나는 서둘러 그것을 '처리'하여 명확한 관념으로 바꾸려고 했다.

　만약 낱낱의 구체적 사실을 발견하기 어렵더라도—사실을 알고자 한다면 많고 많은 실행 방법 중에서도 경험을 바탕으로 간첩 행위를 하는 수밖에 없다—반대로 진실은 나타나기 쉽고, 적어도 예감할 수 있다는 건, 연정을 품고 있는 자들에게는 매우 가공할 일이다. 나는 발베크에서 그녀가 지나가는 젊은 아가씨들을 마치 손으로 만지듯이 갑자기 뚫어지게 바라보는 모습을 자주 봤다. 또 그런 뒤에 우연히 그 아가씨들이 내가 아는 이들이면, 그녀는 다음같이 말했다. "저 사람들을 이리 오게 하면 어때요? 마주 보고 마구 욕설을 퍼부어주고 싶으니 말이에요." 그런데 최근, 아마도 그녀가 내 마음속을 깊이 파고든 뒤로는 아무도 초대해달라고 청하지 않고, 한마디도 입 밖에 내지 않으며, 눈길을 돌리지도 않는다. 그 눈매가 방심한 얼빠진 표정을 짓고 있던 모습은, 전에 자력(磁力)을 갖춘 눈매와 마찬가지로 마음의 비밀을 드러내고 있었지만 이런 일로 그녀를 나무라거나 그녀에게 물어볼 수는 없었다. 이렇게 하찮고 사소한 일을 가지고 내가 '헐뜯는' 재미로 꼬치꼬치 따진다고 톡 쏘아붙일 게 뻔하니까. 지나가는 저 아가씨를 '왜 뚫어지게 보았지?' 묻기조차 어려운데, '왜 저 아가씨를 보지 않았느냐?' 물어보기란 더 어렵다. 그렇지만 나는 그 눈길 속에 담긴, 시선으로 증명되는 섬세한 모든 것을 잘 알고 있었다. 또는 적어도, 만일 알베르틴의 말을 믿으려 하지 않았다면, 그녀 얘기의 모순을 알아차렸듯이 마땅히 알았으리라. 그런데 나는 헤어진 지 오래되고 나서야 처음으로 그런 모순을 알아차린 적이 많았으므로, 온밤을 고통으로 지새우며 다시는 그 일을 입 밖에 내지 않겠다고 다짐하면서도, 여전히 주기적으로 일부러 기억을 더듬곤 했다. 발베크의 바닷가나 파리의 거리에서 이런 한낱 슬쩍 엿보는 눈길이나 곁눈질에 대해서도, 나는 이런 눈길을 일으킨 상대 여인이 그저 지나가는 욕망의 대상이 아니라 오래전부터 아는 사이는 아닐까, 아니면 그녀가 소문으로만 듣던 아가씨가 아닐까 생각했던 적이 있는데, 바로 소문으로 듣던 그 아가씨라는 걸 알면 이번에는 그런 소문을 퍼뜨린 이가 있다는 사실에 몹시 놀라 얼굴빛이 하얗게 질릴 노릇이었다. 그만큼 그 아가씨는 알베르틴과 도저히 벗이 될 수 없는 인간 같았다. 그러나 현대의 고모라는 전혀 생각지도 않은 곳에서 나타나는 여러 조각으로 이루어진 퍼즐이다. 언젠가 리브벨에서 성대한 만찬회를 본 일이 있는데, 거기에 초대된 부인들 가운데 10명가량은 적어도 내가 이름을 아는 이들이었다. 그들은 닮은 데라고는 전혀 없는 부인들이면서도 서로 빈틈없이 잘 어울려, 이처럼 혼잡스러우면서도 초록이 동색인 만찬회를 본 일이 없을 정도였다.

거리를 지나가는 아가씨들에 대해 다시 이야기하자면, 상대가 나이 든 부인이나 노신사였다면, 알베르틴도 결코 그처럼 뚫어지게 바라보거나, 또는 반대로 보지 않는 척하면서 조심스럽게 흘깃거리지 않았을 것이다. 아내에게 배신당한 사내들은 아무런 낌새도 채지 못했을 것 같지만 사실 다 아는 법이다. 하지만 질투로 한바탕 소동을 일으키기에는 더 구체적인 자료가 필요하다. 또한 질투는 사랑하는 여인에게서 거짓말하는 성향을 발견하는 데 도움이 되지만, 여인이 질투받고 있음을 알게 되면 오히려 그 성향을 백 곱절 끌어올린다. 여인은 우리를 불쌍하게 여기든 두렵게 여기든, 또는 우리의 질문을 본능적으로 피하든 못 본 체하든 간에(전에 거짓말을 한 적이 없는 경우는 그 정도에 따라) 거짓말을 한다. 그야 물론 경박한 여성을 사랑하는 남성의 눈에는 그녀가 처음부터 정숙한 여성으로 보이는 경우도 있다. 그러나 얼마나 많은 사랑이 철저히 상반된 두 시기를 포함하고 있는가! 처음 무렵에 여인은 쾌락에 대한 자기 기호나 그 때문에 보낸 난잡한 생활에 대하여 스스럼없이 얼마쯤 사실을 헤아려 말하지만, 어느덧 그 사내가 질투하여 자기 행실을 염탐하고 있음을 느끼면 완강히 그 모든 것을 부인한다. 그러면 사내는 처음에 무엇이든 다 털어놓았던 때를 그리워하지만, 동시에 그때의 추억이 지금 그를 괴롭힌다. 만약 여인이 여전히 모든 것을 고백했더라면, 매일같이 뒤쫓아도 알 수 없었던 죄의 비밀을 그녀 스스로 밝히는 셈이 되었을 텐데. 더욱이 그것이야말로 얼마나 큰 헌신, 얼마나 크나큰 신뢰와 우정을 증명하는 일이냐! 만일 그녀가 바람을 안 피우고는 살 수 없어서 그 쾌락을 상대에게 털어놓고 상대도 그것에 참여시킨다면, 적어도 참된 친구로서 바람 피우는 셈이 되리라. 이와 같이 사내는 둘이서 사랑하기 시작할 무렵에 꿈꾸던 것이라고 생각한 생활을 그리워하지만, 그 생활은 어느새 불가능해지고 사랑 또한 무시무시한 고통으로 변해버리고 말아, 그것이 경우에 따라 이별을 피할 수 없게도 또 불가능하게도 만든다.

내가 알베르틴의 거짓말을 해독하는 글자가 표의문자는 아닐망정, 때로는 그것을 거꾸로 읽어볼 필요가 있었다. 이를테면 그날 저녁, 그녀는 거의 깨닫지 못했을 이런 말을 대수롭지 않게 던졌다. "내일, 어쩌면 베르뒤랭 댁에 갈지도 몰라요. 아직 갈지 어떨지 모르지만, 그다지 가고 싶지 않거든요." 이는 다음과 같은 유치한 철자 바꾸기(anagramme) 고백이다. '내일 베르뒤랭 댁에 가요. 그건 아주 확실해요, 나에게 아주 중대한 일이니까요.' 겉으로 봤을 때의 주저는 속셈이 결정되어 있다는 뜻이며, 방문을 예고하면서 이 방문의 중요성을 맞비켜 떨어지게 하는 것이 목적이었다. 알베르틴은 무를 수 없는 결심을 말할 때면 늘 회의적인 말투를 썼다. 나의 결의도 굳건했다. 베르뒤랭 부인을 방문하지 못하게 조처하자! 질투란 보통 사랑에 대한 갖가지 것들을 억누르고 싶은 불안한 욕구에 지나지 않는다. 나는 내가 가장 사랑하는 사람들이 안심하고서 헛된 희망을 품고 있는 것을 보면, 그 안심이 가짜라는 걸 보여주고 위협하고 싶은 제멋대로의 욕망이 부글부글 끓어오르는데, 이것은 틀림없이 아버지한테 물려받은 욕망일 것이다. 알베르틴이 나 몰래 외출 계획을 짜놓은 사실을 눈치챘을 때, 만일 터놓고 말해주었다면 더욱쉽고 즐겁게 외출하도록 무엇이든 해주었으련만, 오히려 나는 그녀에게 겁주려고, 그날은 나도 외출할 작정이라고 대수롭지 않게 말했다.

나는 베르뒤랭네 방문이 불가능해지는 다른 쪽의 산책을 알베르틴에게 넌지시 비추기 시작했는데, 일부러 무관심한 말투로 나의 조바심을 숨기려고애썼다. 그러나 그녀는 낌새를 알아차리고 말았다. 내 조바심은 그녀의 마음속에서 전류처럼 강력한 반대 의사에 부딪쳐 심하게 격퇴되었다. 알베르틴의 눈 속에 불꽃이 솟구치는 게 보였다. 하지만 이제 와서 눈동자가 하는 말에 얽매인들 무슨 소용인가? 왜 진작 주목하지 못했을까. 어떤 종류의 눈은(평범한 인간의 경우에도) 그날 가고 싶은 여러 장소—그러나 가고 싶은 걸숨기고 싶은 장소—가 있기 때문에 수많은 조각으로 이루어 있는 듯이 보이는데, 알베르틴의 눈도 그런 눈이었다. 늘 시치미를 떼고 꿈틀하지도 않는수동적인 눈, 하지만 실은 동적이며, 완강히 가려고 하는 약속 장소까지의거리가 몇 미터 또는 몇 킬로미터인지 잴 수 있는 눈, 마음이 끌리는 쾌락에미소 짓기보다 오히려 약속 장소에 가기 어려울까 봐 비탄과 낙심에 후광처럼 빛나는 눈. 이러한 눈을 가진 여성은 당신 품 안에 안겨 있어도 도망치는존재다. 그녀들이 주는 감동, 더욱 아름다운 여인도 주지 못하는 감동을 이해하려면, 그녀들이 움직이지 않는 존재가 아니라 움직이는 존재라는 걸 계산에 넣고, 물리학에서 속도를 표시하는 기호에 해당하는 어떤 기호를 그녀들의 인격에 덧붙여야 한다.

그러한 여인은 당신이 그날의 계획을 방해하면, 이제껏 숨겨왔던 기쁨을털어놓는다. "나는 정말 좋아하는 아무개와 5시에 차를 마시러 가고 싶었던거예요!" 그런데 만약에 반년 뒤 당신이 문제의 인물과 아는 사이가 되면, 당신 때문에 계획을 망친 아가씨, 당신의 올가미에 사로잡혀 자유스런 몸이되고픈 마음에, 당신이 보이지 않는 시각에는 날마다 좋아하는 사람과 그렇게 차를 마셔왔다고 털어놓은 그 아가씨를 상대는 한 번도 자기 집에 초대한적이 없고, 함께 차를 마신 적도 없거니와, 초대하고자 했더라도 바로 당신때문에 늘 바쁘다고 그 아가씨가 거절했었다는 사실을 알게 되리라.

그렇다면 그녀가 함께 차를 마시러 가곤 한다고 말하며, 제발 가게 해달라고 간청하던 그 사람, 어쩔 수 없이 핑계로 내세운 그 사람은 이 사람이 아니라 딴 사람이었다! 또한 딴 일이었던 것이다! 다른 일이란 뭐냐? 다른 사람이란 누구냐?

유감스럽게도 아득히 먼 곳을 바라보는 이 서글픈 눈매, 지향 없는 눈매는 거리 정도야 가늠하게 해주겠지만 방향을 가리키지는 않는다. 가능성의 끝없는 벌판이 펼쳐진다. 우연히 현실이 눈앞에 나타나도 아주 가능성 밖에 있으므로, 우리는 갑작스레 솟아난 이 벽에 부딪혀 얼떨결에 벌렁 나자빠진다. 움직임과 도망을 확인할 필요조차 없다. 우리가 멋대로 그렇게 생각하면 그만이다. 그녀가 편지를 써 보내겠다고 약속하면, 우리 마음은 곧 평온해져서 더 이상 그녀를 사랑하지 않게 된다. 그런데 그 편지가 오지 않는다. 아무런 기별도 없다. '무슨 일이라도 생겼나?' 불안이 되살아나고, 애정도 되살아난다. 슬프게도, 우리의 연정을 자아내는 이는 이런 여인들이다. 왜냐하면 우리가 그녀들 때문에 느끼는 새로운 불안 하나하나가 그녀들의 인격의 일부를 빼앗는 걸로 보이기 때문이다. 우리는 자신 말고 다른 인물을 사랑하는 줄 믿고서 고통을 감수해왔다. 그런데 깨닫고 보니, 사랑은 우리의 비애에 따라서 변하는 작용이고, 사랑은 아마도 비애 그 자체이며, 검은 머리 아가씨는 거의 사랑의 대상조차 아니었다. 그러나 뭐니뭐니해도 이런 여인들이야말로 유달리 연정을 돋우는 이들이다.

보통 사랑이 한 육체를 대상으로 삼는 것은 마음의 동요나 그 육체를 잃을 염려, 되찾을 수 있을지에 대한 불안이 그 육체에 녹아들어 있을 경우뿐이다. 그런데 이런 불안은 육체와 밀접한 관계를 갖고 있으며, 육체에 아름다움마저 넘어서는 장점을 덧붙이므로, 빼어난 미녀들에게도 마음을 움직이지 않는 한 남성이 남에게는 밉상으로밖에 보이지 않는 한 여인을 뜨겁게 사랑하는 이유의 한 가지가 되는 것이다. 이런 여인들, 이 도망치는 여인들은 그 본성과 우리의 불안으로부터 날개를 얻는다. 우리의 바로 곁에 있을 때마저, 그녀들의 눈길은 머지않아 날아가겠다고 말하는 성싶다. 아름다움마저 넘어서는 이 아름다움은 날개를 달아준 것인데, 그 증거로 자주 그 여성이 연달아 날개를 갖기도 하고 갖지 않기도 하는 것처럼 보이는 일이 일어난다. 우리가 그녀를 잃지나 않을까 두려워하면 다른 모든 여성을 잊고 만다. 그녀를 확실히 붙잡아두면 곧 다른 여인이 좋아진다. 이러한 동요와 확신이 한 주 간격으로 갈마드는 수도 있으므로, 어느 여인은 한 주 동안 사내가 자기 때문에 온갖 즐거움을 희생하는 것을 목격하다가도, 다음 주에는 자신이 희생되는 현상이 언제까지나 되풀이되는 것이다. 이런 사실은(평생에 적어도 한 번은 사랑이 식어서 그 여성을 잊어버린다는 모든 남성의 경험에 비추어) 한 사람이 우리 마음의 동요에 의해서 이미 안으로 스며들지 않게 되었거나 또는 아직 스며들지 않았을 때, 그 사람 자체가 얼마나 시시해지는지 모르고 서는 이해할 수 없다. 물론 우리가 말하는 '도망하는 존재'란 도저히 내 것이 될 가망이 없는 사로잡힌 여인, 갇힌 여인을 두고 하는 말이기도 하다. 그래서 남자는 여자의 도망을 도와주거나 유혹을 슬쩍슬쩍 내비치는 뚜쟁이를 미워하지만, 오히려 깊숙한 방에 들어앉은 여자를 사랑할 경우에는 여자를 옥에서 빼내어 자기에게 데려오기 위해 제 발로 뚜쟁이를 찾아간다. 빼앗은 여자와의 관계가 남에 비하여 오래 가지 않을 경우, 그 원인은 여자를 손에 넣을 수 없는 게 아닌가 하는 걱정과 도망가지나 않을까 하는 불안이 우리가 갖는 사랑의 전부이기 때문이며, 일단 남편의 손에서 빼앗고, 무대에서 끌어내며, 우리를 버리려는 유혹에서 치유되어 우리 마음의 동요에서 분리되고 나면, 여자는 오직 그녀 자신에게 거의 무가치한 사람이 되고 말아, 이리하여 오랫동안 열애의 대상이었던 여자가, 그녀에게 버림받을까 봐 겁내던 남자에게 이윽고 버림받게 되기 때문이다.

　나는 위에서 '어째서 눈치채지 못했을까?' 생각했다. 하지만 사실은 발베크에 머물던 첫날부터 나는 그것을 알아채고 있었던 게 아닐까? 살결 아래 숱하게 숨어 있는 존재—상자에 들어 있는 트럼프 한 벌이나, 아직 가보지 못한 문 닫힌 성당이나 극장보다, 아니 쉴 새 없이 갈마드는 대군중 이상의 존재—가 꿈틀거리는 듯한 아가씨, 나는 알베르틴이 그런 아가씨라는 것을 꿰뚫어보았던 게 아닐까? 그저 숱한 존재뿐 아니라 숱한 존재에 대한 욕망, 관능적인 추억, 숱한 존재를 요구하는 불안한 마음을 숨긴 아가씨라는 걸. 그러나 나는 발베크에서는 흔들리지 않았다. 그녀의 뒤를 쫓아 잘못된 길을 서성이는 신세가 될 줄은 꿈에도 몰랐기 때문이다. 아무튼 이리하여 알베르틴은 내게, 잔뜩 쌓아 올려진 숱한 존재와 그 존재에 대한 숱한 욕망, 숱한 관능적인 추억으로 가득 찬 충실한 인간이 되었다. 그리고 어느 날 그녀 입에서 '뱅퇴유 아가씨'라는 이름을 들은 지금은 그녀의 옷을 벗기고 그 육체를 보고 싶은 게 아니라, 그 육체를 통하여 그녀의 추억과 다음번의 열렬한 밀회가 적힌 비망록을 모두 읽으려 했던 것이다.

　가장 하찮아 보이는 것일지라도, 사랑하는 사람(또는 거짓말로 순식간에 우리 마음을 사로잡는 사람)이 우리에게 그것을 숨기면 그것은 곧바로 얼마나 비상한 가치를 띠는가! 고통 자체가 고통의 원인이 된 인간에게 반드시 사랑이나 미움의 정을 품게 하는 건 아니다. 아픔을 주었다고 해서 외과 의사를 원망하지는 않는다. 그러나 얼마 동안 당신은 나의 전부라고 말해온 여인, 게다가 그녀 자신은 우리의 전부가 아니던 여인, 우리가 만나서 입맞추며 무릎에 앉혀놓고 즐기던 여인, 그런 여인이 돌연 저항을 보여 우리가 마음대로 다루지 못하는 여인임을 알게 되면, 그것만으로도 우리는 아연실색한다. 그때 우리는 곧잘 실망하여 잊었던 옛 고뇌를 떠올린다. 한낱 이 여인에 의해서가 아니라, 자신의 과거에 점점이 이어져 있는 다른 여인들의 배신에 의해서 일어났던 고뇌를 다시 살아나게 한다. 게다가 사랑이 다만 거짓으로 자극되어왔으며, 우리를 괴롭힌 여인의 손으로 우리 고뇌를 달래주길 바라는 욕구에 지나지 않는 세상에서 어찌 살고 싶은 용기가 나겠는가, 어찌 죽음에서 몸을 지키려는 행동을 할 수 있겠는가. 이 거짓과 저항을 발견했을 때 느끼는 실망에서 헤어나려면, 우리보다 그녀의 생활과 더 관련이 있을 듯한 이들의 도움으로, 저항하고 거짓말하는 그녀에게 덮어놓고 손을 써서, 우리도 속임수를 쓰다가 결국 미움을 받게 되는 한심한 방법이 있긴 하다. 그러나 이와 같은 사랑의 괴로움은, 병자가 몸의 위치를 바꿔 허망한 안락을 구하지 않고는 못 배기는 괴로움과 똑같다. 슬프게도, 이 정도의 수단이라면 수두룩하다! 오로지 마음의 불안에서 생겨난 이런 사랑의 공포는, 우리가 우리 안에서 하찮은 말을 쉴 새 없이 늘어놓는 데서 비롯된다. 더군다나 이런 연정을 느끼게 하는 여인이 우리에게 육체적으로 온전한 기쁨을 주기란 매우 드문 일인데, 그 여인을 택한 것이 우리의 신중한 기호가 아니라 가끔씩 찾아드는 한순간의 고뇌이기 때문이다(이 한순간은 우리 성격의 약함 때문에 끝없이 늘어나고, 우리는 밤마다 마음속에서 과거의 경험을 되풀이하다가 마침내 진정제에 의존할 만큼 추락한다).

　사실 알베르틴에 대한 내 애정에는 여린 의지 때문에 그만 빠지고 마는 진정 행위(鎭靜行爲)가 있었다. 결코 정신적 사랑이 아니었기 때문이다. 그녀는 나에게 육신의 만족을 주었고, 게다가 영리한 여성이었다. 하지만 이런 따위는 다 군더더기였다. 내 마음을 차지하던 것은 그녀의 총명한 말이 아니라, 그녀 행실에 의혹을 품게 하는 한마디였다. 나는 그녀가 정녕 이렇게 말했나 아니면 저렇게 말했나, 어떤 태도로, 언제, 무슨 말에 대한 대답으로 그렇게 말했는지 생각해내려고 기를 쓰며, 나와의 대화 처음부터 끝까지, 언제 그녀가 베르뒤랭 댁에 가고 싶다고 말했고, 나의 어떤 말에 그녀 얼굴에 성난 표정이 나타났는지 재구성하려 했다. 아무리 중대한 사건이 일어난들, 나는 그 진실을 파악하고 사건이 일어났을 때의 분위기나 정확한 어감을 되살리고자 그토록 수고하지는 않았을 것이다. 그야 물론 이와 같은 불안이 견딜 수 없을 정도에 다다른 뒤, 하룻밤 사이에 완전히 진정되는 적도 간혹 있기는 하다. 이를테면 사랑하는 여인이 가기로 되어 있는 야회, 그 정체에 대하여 며칠을 두고 골머리를 앓아온 그 야회에 나 또한 초대되어 가게 되자, 여인은 나에게만 마음을 쓰고 나에게만 말을 건넨다. 여인을 데리고 돌아왔을 때는 이제 불안도 씻은 듯 사라져, 먼 길을 걷고 난 뒤에 깊은 잠에 빠질 때 곧잘 맛보는 것과 똑같은 오롯한 안정과 기운의 회복과 휴식을 경험한다 (하지만 대부분의 경우는 불안을 다른 불안으로 바꿀 뿐이다. 우리 마음을 진정시켜야 할 문장 속에 있는 한 마디가 다른 방향으로 의심의 눈을 돌리게 하는 것이다). 틀림없이 이와 같은 안정은 비싼 대가를 치를 만한 값어치가 있을 것이다. 하지만 자발적으로 불안 따위를, 더더구나 비싼 값을 치르지 않는 편이 더 간단하지 않겠는가! 게다가 한때의 안정이 아무리 그윽해도, 언젠가는 불안에 먹혀 들어가리라는 것을 잘 안다. 그뿐이랴, 이 불안은 흔히 우리를 안심시키려는 목적에서 나온 한마디로 되살아나기도 한다. 질투의 요구나 우리의 맹신은 사랑하는 여인이 상상하는 것보다 크다. 그녀가 아무개는 그저 친구에 지나지 않는다고 맹세하면 우리는―꿈에도 생각지 못했건만―그가 그녀의 친구였다는 사실을 알고 정신이 아찔해진다. 반대로 여인이 성실을 보이고자 오늘 오후 어떻게 해서 둘이 함께 차를 마시게 되었는지 얘기하면, 그녀의 한마디마다 눈에 보이지 않던 것, 꿈에도 생각지 못한 것이 형태를 갖추어 나타난다. 그녀는 상대가 자기한테 정부가 되어달라고 청하더라고 고백한다. 그러면 우리는 그런 제의를 그녀가 잠자코 듣고 있었나 싶어 부아가 치민다. 물론 거절했다고 그녀는 말한다. 그러나 잠시 뒤에 그녀의 얘기를 떠올리면, 정말 거절했는지 의심스러워진다. 왜냐하면 그녀가 말한 갖가지 일 사이에는 논리적이자 필연적인 유대가 빠져 있으며, 그 유대야말로 얘기한 사실보다도 더욱 이야기의 진실성을 증명하는 것이기 때문이다. 그리고 그녀의 말투에는 건방진 어조가 있지 않았던가. '싫다고 분명히 말했지요'라는 어조는 계급에 관계없이 여인이 거짓말을 할 때 반드시 보이는 말투이다. 그렇지만 나는 거절한 그녀에게 감사하며, 잔인한 고백이지만 앞으로도 이런 이야기를 그때마다 꼭 들려달라고, 관대한 도량을 보여 그녀를 격려해야 한다. 기껏해야 이런 지적을 하는 게 고작이다. "그런데 그 사내가 예전부터 그런 제의를 했다면, 왜 그 사람과 차 마시는 걸 승낙했지?"—"그가 나를 원망 못하도록, 내가 상냥하지 않다고 말 못하게 하려고요." 그러면 나는, 차를 거절했다면 나에게 더욱 상냥하게 군 셈이 되었을 터인데 하고 대꾸할 기운조차 나지 않는다.

또한 나는 그녀에게 누를 끼치지 않고자 내가 그녀의 애인이 아니라고 말했는데, 알베르틴은 옳다고 말하여 나를 몸서리나게 했다. "왜냐하면 당신은 정말 내 애인이 아닌걸요." 그녀는 이렇게 덧붙인다. 사실 나는 정말 그녀의 연인이라고 말할 수 없었는지도 모른다. 그렇다면 우리 둘이 함께하는 그 모든 것을, 그녀는 맹세코 정부가 아니었다고 말한 뭇사내들과도 했다고 생각해야 옳단 말인가? 알베르틴이 뭘 생각하고 누굴 만나며 누굴 사랑하고 있는지 기어코 알고자 하는 소망—이 욕구 때문에 모든 걸 희생하다니 이 얼마나 야릇한가. 그도 그럴 것이, 나는 이전에 질베르트에 대하여 사람들의 이름과 갖가지 사실을 알고자 하는 똑같은 욕구를 느꼈지만, 이제 와서는 그런 게 아무래도 좋았기 때문이다! 이와 비교하여, 알베르틴의 행동이 그 자체로서보다 흥미가 없다는 사실도 나는 잘 이해하고 있었다. 첫사랑이 우리 마음에 남기는 취약성이 뒷날 계속되는 몇몇 사랑에 길을 터주기는 하지만, 사랑의 징후나 고뇌가 같은데도 사랑을 고치는 방법을 가르쳐주지 않으니 이상한 노릇이다. 하기야 과연 사실을 알 필요가 있을까? 무엇인가 숨기는 것이 있는 여인들의 거짓말과 신중함은 처음부터 일반적으로 알 만한 게 아닌가. 그것이 오해일 가능성이 있는가? 우리는 그들에게 이야기시키고 싶어 안타까울 지경인데, 여인들은 입 다물고 있는 것이 미덕인 줄 안다. 그리고 자기 공범자에게 '난 절대로 아무 말도 하지 않아. 누가 뭘 알더라도 내가 입 밖에 낸 게 아니야. 난 절대로 아무 말도 하지 않으니까' 하고 단언한 게 틀림없다.

우리는 한 여성을 위해 재산도 목숨도 내던지려 한다. 그렇지만 늦든 이르든 10년만 지나면 그 여성에게 재산을 주지 않으려니와, 그 여성보다 제 목숨을 더 아끼게 되리라는 건 뻔한 사실이다. 왜냐하면 그때 이 여성은 우리에게서 떨어져 홀로, 무가치하게 남아 있기 때문이다. 우리를 남에게 연관시키는 것은 지난밤 야회의 추억이라든가 내일 마티네에 거는 기대처럼 헤아릴 수 없이 얽힌 뿌리, 수없이 둘러친 실, 벗어날 수 없는 습관의 씨실, 끝없이 계속되는 씨실이다. 후한 인심 덕에 재산을 모은 구두쇠가 있듯이, 우리는 결국 인색함 때문에 재산을 소비하는 낭비자로서, 우리가 삶을 바치는 건 그 사람 탓이 아니라, 그가 자기 주위에 비끄러맨 우리의 모든 시간과 온 나날―이에 비하면 아직 누리지 않은 생활, 비교적 먼 미래의 생활 같은 건 아주 멀리 외떨어지고 낯설어 우리 생활이 아닌 것으로 여겨진다―때문이다. 그러므로 그 사람보다 더 중대한 이 유대에서 몸을 빼내야 하는데, 유대는 잠시 상대에 대한 의무감을 만들어내서, 그 의무감 때문에 우리는 그의 비판이 두려워 떠나지 못한다. 그런데도 세월이 흐르면 감히 이를 버리게 되고―왜냐하면 우리에게서 나누어진 상대는 이미 우리와 다른 존재니까―또 우리 스스로 지어낸 그 의무감도(모순같이 보이기도 하나 의무감이 우리를 결국 자살에 이르게 하는 경우에도) 실은 자기 자신에 대한 의무감에 지나지 않는다.

만약 내가 알베르틴을 사랑하지 않는다 할지라도(어떤지 확실치 않으나), 그녀가 내 곁에서 차지하고 있는 자리는 결코 기이하지 않다. 우리는 우리가 좋아하지 않는 것하고만 살기 때문이며, 그걸 우리와 함께 살게 하는 것은 오로지 견디기 힘든 애정―그 대상이 여인이건, 고장이건, 고장을 포함한 여인이건―을 죽이기 위해서니까. 만일 새삼 상대가 떠나버리면 우리는 또다시 상대를 사랑하지는 않을까 걱정이 될 것이다. 알베르틴에 대해서는 아직 이 정도까지 이르지 않았다. 그녀의 거짓말과 고백으로는 알 수 없는 진실을 밝히는 일이 여전히 남아 있었기 때문이다. 그녀는 숱한 거짓말을 늘어놓았는데, 그 이유는 자기가 사랑받고 있는 줄로 믿는 여자가 다 그렇듯이 거짓말하는 것으로 만족하지 않고, 그 이상으로 본디 천성이 거짓말쟁이였기 때문이다. 게다가 몹시 변덕스러워서, 이를테면 남들에 대한 생각을 말할 때마다 본심을 말한다 하더라도 번번이 하는 말이 달랐을 것이다. 그녀의 고백은 더할 수 없이 드물고 입 밖에 내다가도 뚝 그치므로, 과거에 대한 고백이면 사실과 사실 사이에 긴 공백 기간이 여러 개 남겨져, 그 모든 공백 기간에 걸쳐 나는 그녀의 생활을 다시 머릿속으로 그려야 했는데, 그러려면 먼저 그녀의 생활에 대해 알아야 했다.

한편 현재에 대해서는 프랑수아즈의 점쟁이 같은 말을 내가 해석할 수 있는 한, 알베르틴은 부분적인 사항뿐만 아니라 전체에 대하여 거짓말을 하고 있으며, '언젠가는 모두' 나에게 들키고 말겠지만 프랑수아즈는 그것을 알면서도 나한테 말하고 싶어하지 않아 나도 감히 물어볼 용기가 나지 않았다. 더구나 프랑수아즈는 전에 욀라리에게 품었던 것과 똑같은 질투 같은 감정을 느껴선지, 대체로 사실 같지 않은 말을 몹시 애매하게 말했다. 그 말의 은근한 암시를 가까스로 추측해보면, 가련한 간힌 여인(여성을 좋아하는 여인)이 누구와 결혼하고 싶어하는데, 상대는 내가 아닌 듯하다는 도저히 사실 같지 않은 말이었다. 그것이 사실이라면, 아무리 정신감응술(精神感應術)에 능한들 어떻게 프랑수아즈가 그걸 알아냈겠는가. 물론 알베르틴의 얘기를 들어도 이 점은 조금도 밝혀지지 않았다. 그녀의 얘기는 멈추기 시작한 팽이 색깔 하나하나처럼 날마다 정반대로 변하기 때문이다. 게다가 프랑수아즈는 증오 때문에 이렇게 지껄이는 듯싶었다. 어머니가 집에 없는 동안 프랑수아즈가 나에게 다음과 같은 말을 하지 않는 날, 내가 그걸 들으며 꾹 참지 않은 날은 하루도 없었다. "물론 도련님은 친절하세요. 이 할멈이 입은 은혜는 무덤에 가서도 잊지 않을 거랍니다(그 뜻은 아마 감사에 알맞은 자격을 갖추라는 것이리라). 그러나 도련님의 친절이 흉계를 집에 끌어들이신 거예요. 영특한 분이 보기 드문 바보를 중히 여기시다니요. 품행이 단정하고 재기가 남다르며 모든 일에 당당하고, 겉도 속도 왕자 같은 분이, 질 나쁘고 속된 너절한 여인의 말만 곧이듣고, 속고, 또 40년이나 댁에 살아온 이 할멈을 모욕해도 내버려두시니 집 안에 역한 냄새가 진동을 합니다요."

프랑수아즈가 알베르틴에게 원한을 품은 것은 특히 가족이 아닌 사람에게 명령받고, 살림이 늘어나 피로하기 때문인데, 늙은 하인의 건강을 해치는 이 피로만으로도(그래도 프랑수아즈는 자기가 '능력이 없지' 않다며, 남이 자기 일을 돕는 걸 싫어했다) 그 달뜬 신경과 앙심 깊은 노기를 설명하기에 충분하리라. 프랑수아즈는 분명 알베르틴이 쫓겨나면 쾌재를 불렀을 것이다. 그것이 프랑수아즈의 소원이었다. 이 소원만으로도 늙은 하녀에겐 위로가 되고, 그녀의 마음을 안정시켰으리라. 그러나 내 생각에 원인은 오직 그것만이 아니었다. 이와 같은 증오는 과로에 빠진 몸에서만 일어날 리가 없었다. 프랑수아즈에게는 위로니 마음의 안정이니 하는 것보다도 잠이 필요했다.

알베르틴이 옷을 갈아입으러 간 동안 되도록 재빨리 손을 쓰려고 나는 전화 수화기를 집어들어 비정한 여신의 구원을 청했으나 다만 여신의 격노를 일으켰을 뿐, 그 노기는 '말씀 중'이라는 말로 표현되었다. 사실 앙드레는 어떤 사람과 이야기하는 중이었다. 나는 그녀의 통화가 끝나기를 기다리면서 생각했다. 18세기의 여성 초상화에서는 기다리는 얼굴, 뾰로통한 표정, 흥겨워하는 모습, 몽상에 빠진 자태를 표현코자 교묘하게 배치를 해놓고 있는데, 이런 초상화를 아주 새롭게 하려는 많은 화가들, 현대의 부세와 프라고나르 등은 어째서 아무도 '편지'나 '클라브생' 따위 대신 '전화 앞에서'라고 제목 붙일 만한 장면을 그리지 않는 걸까. 이 장면에서는 아무도 보는 이 없는 줄 알고, 그만큼 더 전화하는 여인의 입가에 있는 그대로의 미소가 스스럼없이 떠오를 텐데. 마침내 앙드레가 내 목소리를 들었다. "내일 알베르틴을 데리러 오시죠?" 알베르틴이라는 이름을 발음하면서, 나는 게르망트 대공부인 댁의 야회에서 스완이 나에게 "오데트를 만나러 오시죠?" 말했을 때 느꼈던 부러움을 돌이켜보고, 또 성을 붙이지 않은 이름에는 뭐니뭐니해도 강한 느낌이 있어서, 그것은 모든 이의 눈에도 오데트 자신에게도, 스완의 입이 아니고서는 지니지 못하는 절대적인 소유의 뜻을 띠고 있구나 하는 생각을 떠올렸다. 이렇듯 한 인간의 온 생활을 지배하는 것은, 내가 연정을 느낄 때마다 얼마나 감미로워 보이던가! 그러나 실은 성을 붙이지 않고 이름만 부르게 되는 것은 이미 무관심해졌거나, 아니면 습관이 애정을 무디게 하지 않았더라도 애정의 감미로움이 고통으로 변했다는 것이다. 거짓말은 매우 하찮은 것이다. 우리는 거짓말에 둘러싸여 생활하면서 그것을 아주 대수롭지 않게 여기고, 누구를 괴롭히는 것도 아니라는 생각에 예사롭게 거짓말을 하지만, 질투는 그 거짓말에 괴로워하고, 거짓말이 감추고 있는 것보다 더 많은 것을 거기에서 본다(가령 연인이 우리와 함께 밤을 보내길 거부하고 연극을 보러 가는 것도 실은 얼굴빛이 어두운 것을 보이고 싶지 않아서이다). 그런데도 진실이 감추고 있는 내용은 보지 못한다. 그러나 질투는 아무것도 얻지 못한다. 왜냐하면 거짓말을 하지 않는다고 맹세한 여자들은 아무리 위협해도 자신의 성격을 고백하길 거부할 테니까. 나는 앙드레에게 이런 투로 '알베르틴'이라고 말할 수 있는 게 나쁨을 알고 있었다. 그렇지만 알베르틴에게도, 앙드레에게도, 또 자신에게도, 내가 무가치하다는 느낌이 들었다. 또 애정이 부딪치는 불가능도 알고 있었다. 우리는 사랑의 대상인 인간이 육체에 갇혀 우리 눈앞에 누워 있거니 상상한다. 천만에! 사랑은 누군가 과거에 차지했던, 또 앞으로 차지할 시간과 공간의 온 장소에 널려 있다. 한 인물이 거쳐 간 어떤 장소, 어떤 시간과의 접촉을 가지고 있지 않는 한 우리는 이 인물을 소유한 게 아니다. 그런데 이런 지점을 모두 손에 넣기란 불가능하다. 만약 그런 지점이 분명히 지시되어 있다면 거기까지 손을 뻗을 수 있을지도 모른다. 하지만 우리는 아무리 더듬어도 그것을 찾을 길이 없다. 그러므로 시기, 질투, 번뇌가 일어난다. 우리는 당치도 않은 발자취를 좇는 데 귀중한 시간을 낭비하고, 진실이 옆에 있는 줄 깨닫지 못한 채 지나쳐버린다.

그러나 눈이 빙빙 돌 지경으로 날쌘 시녀들을 거느린 성마른 여신 하나가, 내가 지껄이기 때문이 아니라 아무 말도 하지 않는다고 벌써부터 화내고 있었다. "여보세요, 말씀하세요! 아까부터 연결되어 있어요. 끊겠어요." 하지만 끊지는 않았다. 그리고 대시인답게—교환원 아가씨는 언제나 대시인이다—앙드레의 존재를 환기시키면서, 이 알베르틴의 벗을 그녀의 주소·거리·생활 자체의 독특한 분위기로 감쌌다.

"당신이군요?" 앙드레의 목소리는, 소리를 빛보다 더 빠르게 하는 힘을 가진 여신에 의하여 눈 깜짝할 사이에 나에게 닿았다. 나는 대답했다. "어디라도 괜찮으니, 가고 싶은 데 가. 베르뒤랭 부인 댁만 빼놓고, 내일은 기어코 알베르틴을 베르뒤랭 댁에서 멀리 떨어뜨려놔야 하거든."—"그렇지만 마침 내일은 거기 가기로 되어 있는 걸요."—"아아, 그래!"

나는 잠깐 이야기를 멈추고 나무라는 시늉을 해야만 했다. 까닭인즉, 프랑수아즈가 종두(種痘)만큼 겁나고 비행기만큼 위험한 것이기나 한 듯이 고집스럽게 전화 거는 법을 배우려 하지 않는 주제에—배우면 아무 지장 없이 통화는 그녀에게 맡기고, 나는 전화 거는 수고를 덜었을 텐데—내가 특히 프랑수아즈에게 숨기고 싶은 비밀 통화를 하고 있으면 당장 방 안에 들어오기 때문이다. 프랑수아즈가 어제부터 방에 있던 물건들을, 한 시간 더 그대로 놓아두어도 전혀 지장 없을 갖가지 물건을 느릿느릿 옮기거나, 또 벽난로에—나는 불청객의 존재와 교환원 아가씨가 끊기나 않을까 하는 근심으로 활활 달아올라 하나도 소용없었건만—장작을 새로 넣느라고 늑장 부리다가 겨우 방 밖으로 나가자마자, 나는 앙드레에게 말했다. "미안해, 방해하는 이가 있어서 말이야. 그런데 알베르틴이 내일 베르뒤랭 댁에 가기로 되어 있는 건 확실한가?"—"분명 확실하죠. 당신이 싫어하더라고 알베르틴에게 말할까요?"—"아니, 그러지 마. 어쩌면 나도 당신들과 같이 갈지도 모르니."—"어머!" 앙드레는 난처하다는 듯이 나의 대담성에 질린 듯한 목소리를 냈는데, 이에 나는 더욱더 고집스러워질 뿐이었다. "그럼, 안녕. 하찮은 일로 방해해서 미안." 앙드레는 "천만에요" 말하고(지금은 전화가 보급되어 있어서, 이전에 '다과회'를 둘러싸고 그랬던 모양으로, 전화를 둘러싸고 특수한 미사여구가 널리 퍼지고 있었다), 이렇게 덧붙였다. "당신 목소리를 들어 아주 기뻤어요."

나도 비슷한 미사여구를 앙드레보다 더 진심으로 말해도 좋았으리라. 그도 그럴 것이 나는 여태껏 앙드레의 목소리가 이처럼 남들과 다른 줄 깨닫지 못했는데, 새삼스럽게 이 목소리에 한없이 감동했기 때문이다. 그래서 나는 다른 이들의 목소리, 특히 여인의 목소리를 떠올렸다. 정확하게 한 가지 질문을 하려고 정신을 가다듬어 느리게 내는 목소리, 또는 자신이 하는 얘기에 담긴 열광의 물결에 휩쓸려 숨 가빠하다가 때로는 뚝 끊어지기까지 하는 목소리. 나는 발베크에서 사귄 젊은 아가씨들의 목소리, 질베르트의 목소리, 할머니의 목소리, 게르망트 공작부인의 목소리를 하나하나 떠올렸다. 그 목소리가 모두 다르고, 저마다 독특한 말투의 틀로 만들어져, 제각기 다른 악기를 연주하는 느낌이 들었다. 몇십, 몇백, 몇천이나 되는 '목소리'가 한꺼번에 갖가지 음향을 내며 조화로운 경배사(敬拜詞)가 되어 천주님 쪽으로 올라가는 것에 비한다면, 옛 화가가 그린 '낙원'의 음악 천사(天使) 서넛의 연주는 얼마나 보잘것없는가. 나는 수화기를 놓기에 앞서 속죄의 뜻으로, 음속을 지배하는 여신에게 나의 하찮은 말을 전하기 위해 벼락보다 백배나 빠른 힘을 써주신 데 대하여 짧게 사례했다. 그러나 나의 사례에 대한 대답으로, 전화가 찰칵 끊어졌을 뿐이었다.

내 방에 돌아온 알베르틴은 검정 새틴 드레스를 입고 있어서 여느 때보다 더 창백하게 보였고, 파랗게 질린 다정한 파리지엔, 탁한 공기와 사람의 훈기, 아마도 방탕한 습관으로 시든 파리지엔으로 보였다. 볼의 붉은 기가 눈을 화려하게 꾸미고 있지 않아서 더욱 불안스럽게 보였다. 나는 그녀에게 말했다. "알아맞혀 봐, 내가 막 누구한테 전화 걸었는지. 앙드레였어."—"앙드레에게?" 알베르틴은 외쳤는데, 그 목소리는 이런 단순한 소식에 이해 가지 않을 만큼 수선스럽고 놀라며 동요하는 투였다. "요전 날 우리가 베르뒤랭 부인과 만난 일을 앙드레가 잊지 않고 말했나요?"—"베르뒤랭 부인하고? 글쎄, 생각나지 않는걸." 나는 그 이야기에 무관심한 체하며, 알베르틴이 내일 어디 가는지 알려준 앙드레를 배신하지 않으려고 다른 일을 생각하는 척하며 대답했다. 그러나 누가 알랴, 앙드레가 정말로 나를 배신하지 않을는지를. 베르뒤랭 댁에 결코 가지 못하게 해달라고 내가 부탁하더라고 내일 알베르틴에게 얘기하지 않을까? 이와 비슷한 부탁을 내가 여러 번 했다는 걸 이미 누설하지 않았을까? 앙드레는 절대로 고자질하지 않았다고 단언했으나 요즘 알베르틴 얼굴에서 줄곧 내게 품어 온 신뢰의 기색이 싹 가시고만 인상을 받았으므로, 이 단언의 가치도 흔들리기 시작했다.

사랑의 괴로움은 잠깐 멎었다가 금세 다른 형태로 다시 시작된다. 사랑하는 여인이 이제는 첫 무렵의 강한 공감도 적극적인 정열도 보여주지 않는 것을 보고 우리는 한탄해 마지않고, 그 이상으로 그녀가 잃어버린 공감이나 애정을 다른 남자에게 품는다는 사실에 괴로워한다. 그러다가 이 괴로움에서 더욱 잔혹한 새로운 아픔, 즉 어젯밤 야회에 대해 그녀가 한 거짓말과 그 야회에서 나를 배신했을 게 틀림없다는 의혹 쪽으로 마음이 쏠린다. 사랑하는 여인이 보이는 상냥함에 이 의혹도 풀리고, 우리 마음이 진정되는 것도 잠깐, 그때 잊었던 한마디가 퍼뜩 되살아난다. 쾌락에 억척스러운 여인이라는 말을 들은 적이 있건만, 내가 경험한 바로는 그녀는 번번이 목석 같았다. 다른 이에게는 어떤 광란을 보였을지 상상해본다. 그녀에게는 내가 대단치 않은 존재임을 느끼고, 함께 이야기하는 동안에도 권태로운, 뭔가 그리워하는 쓸쓸한 그녀의 모습이 눈에 선하다. 그녀가 첫 무렵 나를 기쁘게 해주던 옷은 다른 남자를 위해 아껴두는지, 둘만 있을 때 걸치는 옷은 변변치 못하기가 시커먼 하늘과 같다. 반대로 그녀가 다정스러우면 이 아니 즐거운 순간이냐! 그러나 나를 꾀려는 듯 자그마한 혀를 내미는 걸 보자, 이렇게 수없이 여자들을 꾀었겠지, 그래서 내 옆에서 그 여인들을 마음에 두지 않고서도 오랜 습관으로 몸에 익은 행동이 기계적으로 나타나는 것이겠지 하는 생각이 든다. 그러다가 다시 그녀를 지루하게 하는 게 아닌가 싶은 느낌이 되살아난다. 하지만 이 괴로움도, 그녀의 생활을 해치는 알지 못하는 것이나 알지 못하는 장소를 생각하면 갑자기 시시해 보이기 시작한다—전에 그녀가 있던 곳, 또 결정적으로 거기서 생활할 작정은 아닐지라도 내가 곁에 없을 때면 지금도 거기에 가 있을지 모를 곳, 그녀가 내게서 멀리 떨어져 더 이상 내 것이 아니고, 나와 같이 있는 것보다도 행복한 곳—이리하여 질투는 등댓불처럼 돌고 돈다. 게다가 질투란 떨쳐버릴 수 없으며 늘 새 모습으로 다시 나타나는 악마 같기도 하다. 그런 변화무쌍한 꼴을 뿌리째 없애서 사랑하는 이의 모습을 한평생 간직할 수 있더라도, '악령'은 더욱더 비극적인 다른 꼴을 만들 것이다. 곧 우격다짐으로 여인의 충실함을 얻었다는 절망, 내가 사랑받고 있지 않다는 절망이다.

알베르틴과 나 사이에는 종종 침묵의 방해물이 가로놓여 있었는데, 그것은 아마도, 불만을 말해도 아무 소용없다고 생각한 그녀가 입을 다물어버리기 때문일 것이다. 알베르틴이 매우 다정스럽게 구는 저녁이 있기는 했어도, 발베크에서 그녀가 나한테 "당신은 참으로 친절하세요" 말할 때 내가 알게 된 자연스러운 마음의 움직임을, 이제 그녀는 갖고 있지 않았다. 그때는 그녀의 마음속에 있는 것이 하나도 숨김없이 나에게 전해지는 느낌이었는데, 지금은 불평이 있어도 말하려 들지 않았다. 아마도 말해보았자 어쩔 수 없으며, 말하지 않아도 잊을 리 없다고 생각해선지 모르지만, 그래도 이 불만 때문에 그녀의 말이 의미심장하고 신중해지거나 또는 둘 사이에 넘을 수 없는 침묵의 거리가 놓이게 되었다.

"앙드레에게 뭐하러 전화를 걸었죠?"—"좀 물어볼 게 있어서. 내가 내일 그대들과 함께해도 괜찮은지, 괜찮다면 라 라스플리에르 이래 베르뒤랭 씨에게 한번 찾아뵙겠다고 한 약속을 이 기회에 지키려고 하는데 어떻겠느냐 물어보려고."—"마음대로 하세요. 그런데 오늘 밤에는 안개가 너무 짙네요. 내

일도 확실히 안개가 심하겠지요. 당신 몸에 해롭지 않을까 해서 하는 말이에요. 물론 저는 당신이 우리와 같이 가주시면 좋아요. 하지만." 그녀는 건성으로 덧붙였다. "베르뒤랭 댁에 갈지 말지 난 아직 모르겠어요. 아주 친절히 대해주셨으니까 가긴 가야겠지만요. 당신을 빼놓곤, 나한테는 가장 소중한 분들이지만, 마음에 들지 않는 사소한 구석이 있어요. 그나저나 봉 마르셰(Bon Marché) *¹나 트루아 카르티에(Trois Quartiers) *²에 가서 흰 갱프(guimpe) *³를 사야겠어요. 이 드레스는 너무 검으니까."

백화점이란 곳은 많은 사람들로 몸이 스치는 데다가 나가는 곳이 많아서, 아무리 찾아봐도 차가 다른 곳에서 기다려 찾지 못했다는 핑계가 생김직해, 나는 절대로 알베르틴 혼자 백화점에 가는 걸 허락하지 말아야겠다고 결심했다. 무엇보다도 나는 안절부절못하는 처지였다. 실은 깨닫지 못하고 있었지만, 진작 알베르틴과 헤어졌어야 할 때에 이른 것이었다. 왜냐하면 그녀는 내게 이미 한 여성이 아니라, 시간과 공간 속에 산산이 흩뿌려져 밝힐 수조차 없는 일련의 사건, 해결 불가능한 일련의 문제가 되었기 때문이다. 또는 우리가 크세르크세스처럼, 우스꽝스럽게도 배를 삼켜 벌벌 두드려대는 바다가 되어버렸기 때문이다. 이 시기가 시작되면 남성은 반드시 손을 들고 만다. 일찌감치 이것을 깨닫고, 기진맥진케 하는 무익한 싸움, 사방팔방에서 상상력의 한계에 부닥쳐 옴짝달싹 못하게 된 싸움을 질질 끌지 않아도 되는 인간이야말로 행운아다. 이 싸움에서 질투로 수치도 잊고 괴로움에 몸부림치며, 예전에는 늘 자기 곁에 있던 여인이 잠시라도 다른 사내에게 눈길을 보내기만 해도 어떤 음모가 있는 게 아닌가 상상하며 심한 고통을 느끼던 이도, 마침내 단념하고 그녀 혼자, 때로는 그녀의 애인인 줄 뻔히 아는 사내와 함께 외출하게 내버려두는데, 이처럼 아무것도 알 수 없는 것보다는 적어도 정체를 아는 고문의 괴로움을 택하기 때문이다! 어떤 리듬을 찾느냐가 문제이며, 찾아 나서는 습관적인 그 리듬에 맞춰 따라가기만 하면 된다. 신경질적으로 단 한 번의 만찬회도 거르지 않던 사람이 다음에는 지긋지긋하도록 오랜 휴양을 한다. 얼마 전까지 추잡스럽던 여인이 속죄의 눈물을 흘리기 시

---

*1 백화점.
*2 고급 의상실.
*3 목이 깊게 파인 드레스 밑에 입는 소매 없는 블라우스.

작한다. 잠도 휴식도 줄여가면서 사랑하는 여인의 행실을 염탐하던 질투심 강한 자도 그녀 자신의 욕망이라는 그 광대한 신비의 세계와 시간에는 당할 수 없음을 깨닫고, 여인을 혼자 외출하게 내버려두며, 다음에는 홀로 여행을 떠나도 대수롭지 않게 넘겨버리고, 그러다가 결국 헤어진다. 이리하여 질투는 양식이 떨어져서 끝장난다. 지금까지 오래 끌어온 것은, 끊임없이 양식을 구해왔기 때문이다. 하기야 나는 이런 상태에 이르려면 아직 멀었지만.

분량으로 따지자면, 분명 나는 알베르틴의 시간을 발베크에서보다 더욱 많이 가지고 있었다. 지금은 언제든 마음 내키는 대로 자유롭게 알베르틴과 함께 산책할 수 있다. 이 무렵, 파리 주변에는 선박이라면 항구에 해당하는 비행기 격납고가 차례차례 세워지고 있었으며, 또 라 라스플리에르 근처에서 어떤 비행사가 조종하던 비행기 때문에 내가 탄 말이 뒷발로 일어섰던 거의 신화적인 만남이 나에게 자유의 한 상징처럼 여겨졌던 날부터, 나는 해질 무렵 산책의 목적지로 이런 비행장 한 곳을—운동이라면 다 좋아하는 알베르틴도 기뻐하여—즐겨 택했다. 끊임없는 출발과 도착의 활기찬 광경, 바다를 좋아하는 이라면 이것이 선창가 산책 또는 바닷가 산책의 큰 매력이며, 하늘을 좋아하는 이들에게는 공항 부근을 이리저리 돌아다니는 매력이 된다. 그 광경에 이끌려 그녀와 나는 비행장으로 향하곤 했다. 언제나 닻을 내린 듯 가만히 쉬고 있는 몇 대의 기체 사이를 누비며 여러 정비사가 비행기한 대를 가까스로 끌어내고 있었는데, 그 모양이 바다를 돌아다니려는 관광객의 부탁으로 쪽배 한 척이 모래 위로 끌려나가는 듯했다. 다음에 엔진이돌기 시작하고, 기체가 앞으로 달려나가 날아오르자, 돌연 비행에 도취되고경직되어 오금이 붙어버린 듯이 수평의 스피드가 육중한 수직 상승으로 변하여 직각으로 천천히 올라간다. 알베르틴은 기쁨을 참지 못하고, 비행기가 하늘로 떠올랐으므로 막 돌아오고 있는 정비사들에게 이것저것 설명을 구한다. 그동안 비행사는 이미 몇 킬로미터를 날아가 있었다. 우리가 물끄러미 바라보고 있던 커다란 배는 푸른 하늘에 거의 보일까 말까 한 하나의 점에 지나지 않다가, 공중 산책이 점차 막바지에 접어들자 조금씩 그 구체성·크기·부피를 되찾고, 그리하여 귀항의 때가 다가온다. 알베르틴과 나는 비행기가 땅 위에 내려왔을 때, 저녁의 고요와 청명함을 저 멀리 고독의 지평선까지 가서 만끽하고 온 하늘의 산책자를 부러운 눈으로 바라보았다. 그리고

서 우리 둘은 비행장을, 또는 우리가 구경 간 어느 미술관이나 성당을 나와, 함께 저녁 식사 시간 전에 돌아온다. 그렇건만 나는 발베크에서처럼 산책으로 기분을 가라앉히고 돌아오는 게 아니었다. 발베크에서는 산책하는 날이 드물었지만, 산책은 오후 동안 죽 계속되어서 스스로도 흐뭇했으며, 또 산책하고 나서는 하늘을 아무 생각 없이 멍하니 꿈꾸듯 바라보고 있으면 텅 빈 하늘에 두둥실 떠오르듯, 나는 그 산책이 알베르틴 삶의 다른 부분에서 벗어나 무리진 꽃으로 아름답게 피어나는 것을 멀리서 바라보았다. 그 무렵 알베르틴의 시간은 오늘만큼 많이 나에게 속해 있지 않았다. 그렇지만 더욱 강하게 내 것이 된 듯싶었다. 왜냐하면 나는 오로지 그녀가 나와 함께 보내는 시간만을—내 연정은 마치 특별한 호의를 받은 것처럼 오직 둘만의 시간을 즐겼다—생각했기 때문이다. 지금은—내 질투심이 배신의 가능성을 불안스럽게 찾아서—다만 그녀가 나 없이 보내는 시간만이 문제였다.

그런데 내일, 그녀는 명백히 그런 틈을 내려고 마음먹었나 보다. 그러니 괴로워하기를 그만두든지, 사랑하기를 그만두든지 선택하는 수밖에 없다. 그도 그럴 것이, 사랑이란 처음에 욕망으로 만들어지고, 다음에는 괴로운 불안으로 유지되기 때문이다. 나는 알베르틴의 삶 일부가 내게서 도망치는 것을 느끼고 있었다. 사랑은 괴로운 불안에서나 행복한 욕망에서나, 전부를 요구한다. 그것은 정복해야 할 한 부분이 남아 있지 않는 한 생기지도 않으며 계속 존재하지도 않는다. 사람은 자기가 아직 완전히 소유하지 않은 것 말고는 사랑하지 않는다. 알베르틴이 베르뒤랭 집에 안 갈지도 모르겠다고 말한 것도 거짓말이었지만, 내가 베르뒤랭네에 가고 싶다고 말한 것 또한 거짓말이었다. 그녀는 다만 나와 같이 외출하지 않으려는 것뿐이었고, 나는 당장 실행에 옮길 의사가 조금도 없는 이 계획을 뚱딴지같이 꺼내, 그녀의 가장 예민해 보이는 점에 다가가서 그녀가 숨기고 있는 욕망을 몰아내, 내일 내가 곁에 있으면 그 욕망을 채우는 데 방해가 된다는 걸 억지로 고백시키려고 한 것에 지나지 않았다. 결국 그녀는 갑작스럽게 베르뒤랭네에 가기가 싫어졌다고 말함으로써 실토하고 만 셈이었다.

"베르뒤랭 댁에 가고 싶지 않거든, 트로카데로(Trocadéro)*에서 굉장한

---

* 1878년 만국 박람회용으로 지은 건물.

자선 공연이 있는데." 그녀는 거기나 가자는 내 이야기를 수심에 잠긴 얼굴로 들었다. 나는 발베크에서 처음으로 질투를 느꼈을 때처럼 또다시 그녀에게 매정하게 굴기 시작했다. 그녀 얼굴에 실망의 빛이 어렸다. 한편 나는 어렸을 때 부모님에게서 곧잘 들었던 이유, 이해를 얻지 못하는 어린 마음에 어리석고 야박하게 생각했던 그 이유를 꺼내 애인을 나무랐다. "어림도 없어. 아무리 침울한 얼굴빛을 지어도 동정 못해." 알베르틴에게 말했다. "몸이 아프다거나, 어떤 불행이 닥치거나, 가족 중 아무개를 여의거나 했다면야 동정하겠지. 하지만 당신은 하찮은 일에는 마구 훌쩍이는 시늉을 하면서도 그런 일에는 눈물 한 방울 떨어뜨리지 않겠지. 그리고 난 말이야, 사랑한답시고 말로만 떠들어대면서 변변치 않은 도움도 못 되는 사람, 내 장래와 관계되는 중대한 편지를 맡겨도 그것을 챙기는 걸 멍하니 잊어버리는 그런 사람의 감수성 따위야 하나도 고맙지 않거든."

이 비슷한 말을—우리가 입에 담는 말의 대부분은 누군가 한 말의 암송에 지나지 않는 법이다—어머니가 가끔 입에 담았다. 어머니는 (아버지가 독일을 몹시 싫어함에도 독일말을 몹시 예찬하던 어머니는 독일 사람이 엠핀둥(Empfindung, 감수성)과 엠핀델라이(Empfindelei, 감상)를 구별하듯이, 내게 진정한 감수성과 감상을 혼동해선 안 된다고 설명했다) 한번은 내가 울었을 때, 네로는 아마 신경질적이었는지 모르지만 그렇다고 해서 네로가 위대한 인간이었던 건 아니라고까지 말했다. 사실, 자라면서 둘로 나뉘는 식물처럼 본디 나는 오로지 다정다감한 어린이였다. 그러나 지금은 남의 병적인 감수성에 분별과 엄격으로 대응하는 정반대의 인간, 지난날 나를 대할 때 부모가 취하던 태도를 보이는 한 인간이 그 어린아이와 마주 보고 있다. 누구나 조상의 생명을 제 몸 안에 물려받기 마련이니까, 처음에 내 몸속에 존재하지 않았던 냉정하고 짓궂은 인간이 아마도 다정다감한 인간과 하나가 되었는지도 모른다. 또 부모님의 성격이 그랬으니 내가 이렇게 된 것도 자연스런 일이었다. 게다가 새로운 '자아'가 만들어졌을 때 이 '자아'의 말투는 이전에 내가 당한 그 비아냥대는 꾸지람의 기억 속에 모두 준비되어 있다가, 지금 남에게 말할 때 아주 자연스럽게 내 입에서 튀어나왔다. 흉내와 연상으로 내가 그것을 불러일으켰는지, 아니면 생식력이 섬세하고도 신비하여 선조와 똑같은 억양·몸짓·태도를 내 몸속에 박아서 마치 식물의 잎에 무늬를 그리듯이 모르는 사이에 그것을 새기기라도 했는지 모르겠다. 왜냐하면 알베르틴에게 제법 그럴싸하게 말하다가도, 이따금 할머니의 목소리가 들려오는 듯한 생각이 들었으니 말이다. 게다가(헤아릴 수 없는 무의식의 흐름이 내 안에서 더할 수 없이 사소한 손놀림까지도 부모님과 똑같은 윤회 속으로 끌어들인 결과) 내가 노크하는 방법까지 아버지와 똑같았으므로, 어머니는 아버지가 들어오는 줄 알았던 적도 있었다지 않는가.

그러나 이분자(異分子)의 결합은 생명의 법칙이며 잉태(孕胎)의 원리이자, 이윽고 알게 되듯이 수많은 불행의 원인이기도 하다. 보통, 인간은 자기와 닮은 것을 아무 이유 없이 미워하며, 또 바깥에서 보는 저 자신의 결점에 몹시 화를 낸다. 이와 같은 결점을 천진난만하게 드러내는 나이가 지나, 이를테면 더할 나위 없이 흥분해야 할 순간에도 차가운 표정을 짓는 이는, 자기보다 젊거나 순진하고, 또는 더욱 어리석은 남이 똑같은 결점을 드러내면, 이런 결점을 얼마나 미워하는지 모른다! 예민한 사람들 중에는, 자신이 참고 있는 눈물을 남의 눈에서 보고는 버럭 화를 내는 이도 있다. 애정이 있음에도, 아니 애정이 깊으면 깊을수록 불화가 가정을 쉬이 지배함은 가족이 서로 몹시 닮아 있기 때문이다.

나나 사람들 대부분이 그렇듯이, 어쩌면 두 번째 나라는 사람은 자기에 대해서는 열광적이고 예민하지만, 경험 없는 사람에게 오랜 기간에 걸쳐 조언과 도움을 베풀어주는 유경험자·선배처럼 남에게는 현명한 멘토(Mentor)인 첫 번째 나의 한 면에 불과할지도 모른다. 내 가족들도 나와의 관계에서 보거나 그들 자신의 모습을 똑바로 보거나에 따라 마찬가지였으리라. 할머니와 어머니의 경우, 나에 대한 두 분의 엄격성은 고의로 지어낸 것으로 두 분 자신도 가슴 아팠을 게 뻔했으며, 어쩌면 아버지의 매정함도 감수성의 겉모습에 지나지 않았을 것이다. 전에 사람들이 아버지를 가리켜 "얼음장 같은 매정함 아래 풍부한 감수성을 감추고 있는 분이야. 특히 수줍은 감수성을 갖고 있는 사람이지" 말했을 때, 나는 그 말이 내용으로 보아 틀리고 표현으로 보아 아주 낡았다고 생각했는데, 어쩌면 이 말은 인간이 내면 생활과 사회적 관계라는 이중성을 갖고 있다는 진실을 표현한 게 아니겠는가. 서투른 감수성 표현이 필요할 때 점잔 부리는 의견이나 비꼬는 말을 내뱉는 아버지의 냉정함은, 그 밑바닥에 비밀스런 감수성의 그치지 않는 뇌우를 숨기고 있던 건 아닐까. 이 냉정함이야말로 아버지 특유의 성격이었는데, 지금의 나 또한 모든 이에게 같은 냉정함을 꾸미며, 때에 따라서는 알베르틴에게도 이를 포기하지 않았다.

내 생각에, 그날 나는 정말 알베르틴과 헤어지고 베네치아로 떠나려는 결심을 했나 보다. 그러나 나를 그녀와의 관계에 다시 얽어맨 건 노르망디 탓이었다. 전에 내가 이 지방 때문에 그녀를 시샘했던 건, 그녀가 노르망디에 가고 싶다고 말해서가 아니었다(다행히도 그녀의 계획은 내 마음의 옛 상처에 한 번도 닿지 않았다). 내가 "마치 앙프르빌에 사는 당신 숙모님의 벗에 대한 얘기를 하고 있는 것 같군" 말하자 그녀는 성이 나서, 입씨름에서 자기에게 유리한 증거를 되도록 많이 주워 모으려는 이가 다 그렇듯, 내가 틀리고 그녀가 옳다는 것을 의기양양하게 증명하며, "하지만 앙프르빌에는 숙모의 벗이라곤 아무도 없어요. 나도 간 적이 없는걸요" 대꾸했기 때문이다. 그녀는, 어느 날 저녁 나에게 거짓말로 그 부인은 감정을 품기 쉬운 분이니 아무래도 차 마시러 가봐야겠다, 그분을 만난다고 해서 당신의 우정을 잃고, 그 때문에 자기가 자살하게 될망정이라고 했던 사실을 까맣게 잊었던 것이다. 나는 이 거짓말을 그녀에게 상기시키지 않았다. 그러나 이 거짓말에 나는 맥을 추지 못했으며, 이별을 다음 기회로 미루었다. 사랑을 받고자 하면 성실함도 능숙한 거짓말도 필요없다. 여기서 사랑이란 서로 간에 주는 고통을 두고 하는 말이다.

이날 저녁 할머니가 나에게 했던 흠잡을 데 없는 투로 내가 알베르틴을 나무란 것도, 또 아버지의 막무가내 투를 흉내내 베르뒤랭 댁에 따라가겠다고 말한 것도 전혀 비난받을 일이 아니라고 생각했다. 아버지는 뭔가 결정한 일을 알릴 때 반드시 그 대단치 않은 결정 자체와는 어울리지 않을 만큼 더할 수 없는 정도의 동요를 일으키는 말투였으므로 우리가 그런 대수롭지 않은 일에 매우 슬퍼하는 걸 어리석게 여겼는데, 이 슬픔도 실은 아버지가 준 충격의 영향인 셈이었다. 아버지의 이런 독단은—할머니의 너무나 강직한 분별심과 마찬가지로—오랫동안 나의 예민한 본성의 바깥쪽에 있어서 소년 시절 동안 나를 마구 괴롭혔는데, 그것이 내 본성에 채워지는 동시에 이 예민한 본성은 제멋대로의 기분이 어떤 곳을 겨누면 효과적인지 아주 명확히 가르쳐주었던 것이다.

본디 도둑이었던 사람이나 적국(敵國) 사람만큼 뛰어난 밀고자는 없다. 거짓말 잘하는 집안에서 이렇다 할 이유 없이 동생이 형을 찾아왔다가 돌아가는 참에 문가에서 다른 얘기를 나누다가 그 끝에 가서 뭔가를 묻고 대답을 듣는 둥 마는 둥 하는 모습을 보이면, 오히려 형의 눈에는 이 질문이야말로 찾아온 까닭이었다고 눈치채게 된다. 왜냐하면 형 자신도 가끔 쓰는 수로, 이 어물거리는 태도나 돌아가는 참에 여담처럼 이야기 사이로 슬쩍 끼워넣는 낱말을 잘 알기 때문이다. 또한 병적(病的)인 가족, 혈연의 감수성, 우애 있는 기질 같은 것도 있다. 이러한 가족은 공통된 침묵의 언어에 환히 통해, 그 때문에 집 안에서 말하지 않고서도 서로 이해한다. 그렇다면 신경질적인 인간보다 더 남의 신경을 달뜨게 하는 자가 있을까? 더구나 이런 경우의 내 행동에는 아마도 더 일반적이며 깊은 원인이 있었나 보다. 곧 사랑하는 이를 미워하는, 짧고 피할 길 없는 순간—사랑하지 않는 사람과는 한평생 계속되기도 하는 순간—에는 상대방의 동정을 사기 싫어서 선량하게 보이려 하지 않고, 오히려 더 심술궂게 굴거나 더 행복한 척하며, 이 행복을 정말로 밉살스러운 것, 한때이거나 또는 오래 계속될 적이 된 상대의 마음을 아프게 하고 싶어하는 원인 말이다. 나는 오직 자신의 '성공'을 부도덕한 것으로 보이고 남들을 격노시키고 싶어서, 얼마나 많은 사람 앞에서 일부러 스스로를 나쁘게 말했던가! 오히려 그 반대의 길을 좇아, 자기 선의를 끝까지 숨기는 대신 담담하게 나타내야 옳았으리라. 사람이 결코 남을 미워하지 않고 늘 사랑할 줄 안다면, 그러기는 분명 쉬울 것이다. 그러면 남을 행복하게 하고, 감동시키며, 남에게 사랑을 받을 수 있는 일밖에 말하지 않는 내가 참으로 행복해 보였을 테니!

물론 나는 알베르틴을 약올린 걸 얼마간 후회하여 다음과 같이 생각했다. '만일 내가 그녀를 사랑하고 있지 않다면 그녀는 더 고마워할 거야. 그녀한테 이토록 심술궂진 않을 테니까. 아니지, 아냐. 손해 보는 점도 있지, 지금보다 덜 친절하게 굴 테니까.' 나는 자신을 정당화하기 위해, 그녀를 사랑하고 있다고 말할 수도 있었으리라. 그러나 이런 사랑 고백은 알베르틴에게 새삼스레 알리는 바가 아무것도 없을 뿐만 아니라, 애정이 유일한 핑계인 나의 엄중함이나 기만 이상으로, 나에 대한 그녀의 심정을 차갑게 만들었을 것이다. 사랑하는 이에게 엄하게 굴고 속임수를 쓰는 건 얼마나 자연스러운가!

우리가 만일 아무개에게 관심을 보이면서도 여전히 그에게 온순히 굴고 그의 희망에 호의를 보인다면, 이 관심은 거짓이다. 생판 남이야 관심 밖이고, 관심이 없으면 악의 따위도 품지 않는다.

밤이 깊어갔다. 알베르틴이 자러 가기 전에 화해하여 다시 입맞춤을 나누려면 어물어물할 틈이 없다. 그런데도 둘 중 누구도 먼저 굽히려 들지 않았다.

아무튼 그녀가 머리끝까지 악이 올라 있다는 것을 눈치챈 나는, 이 기회를 틈타 에스테르 레뷔의 이야기를 꺼냈다. "블로크의 말로는(이건 거짓말이었다) 당신이 그 사촌누이 에스테르와 절친한 사이였다고 하던데."—"당장 만나도 누군지 못 알아볼 거예요." 알베르틴은 애매하게 말했다. "나는 에스테르의 사진을 봤단 말이야." 내가 성을 내며 덧붙였다. 이 말을 하면서 나는 알베르틴 얼굴을 바라보지 않아, 그 표정을 알 수 없었다. 그녀가 한마디도 하지 않았으니 그 표정만이 유일한 대답이었는데.

이와 같은 밤, 알베르틴 곁에서 내가 느끼는 것은 콩브레에서 어머니의 입맞춤이 주던 마음의 진정이 아니라, 그와 반대로 어머니가 나에게 역정이 났거나 또는 손님 때문에 잘 자라는 인사도 제대로 해주지 않고 방에 올라와주지도 않던 밤의 고뇌였다. 그 고뇌가 연정 속에 옮겨진 게 아니라, 고뇌 자체였다. 모든 정념(情念)의 분열이 일어났을 때, 그 고뇌도 한순간은 연정의 특수한 고뇌로 변하여 그 연정에만 채워졌지만, 지금은 어린 시절과 마찬가지로 다시금 나눌 수 없게 되어 온갖 정념에 두루 퍼져 있는 성싶었다. 마치 알베르틴을 애인인 동시에 누이로서, 딸로서, 그뿐만 아니라 매일 밤 잘 자라고 인사해주는 어머니—내가 어린애처럼 다시 그 필요를 느끼기 시작한 어머니—로서 내 침대 가까이 부를 수 없게 되지나 않을까 두려워하는 내 모든 감정이, 마치 겨울날처럼 일찍 저물 것 같은 내 생애의 이른 저녁에 한데 모여 서로 합쳐지기 시작한 기분이었다. 그러나 어린 시절의 고뇌를 느낀다고 해도 그 고뇌를 느끼게 하는 사람은 변하고, 그에 대한 마음도 달라지며, 내 성격조차 바뀌어, 지난날 어머니에게 구하듯 알베르틴에게 고뇌를 가라앉혀달라기는 불가능했다. 나는 이제 쓸쓸하다는 말을 입 밖에 낼 나이가 아니었다. 그저 비탄에 잠겨, 나를 행복한 해결 쪽으로 이끌어주지도 못하는 시시한 일을 말하는 것으로 그쳤다. 나는 고통스러운 진부한 말 속에서 발을 동동 구르고 있었다. 하찮은 사실이 우리의 사랑과 조금이라도 들어맞으면,

그 우연을 발견한 사람에게—트럼프로 점치는 여인이 예언한 더할 나위 없이 평범한 사실이 뒤에 가서 어쩌다가 이루어지는 따위의 우연이겠지만—우리는 진정으로 찬사를 바치게 마련이다. 나도 이런 제멋대로의 해석으로, 프랑수아즈를 베르고트나 엘스티르보다 한결 탁월한 인물이라고 믿을 정도였다. 까닭인즉, 이전 발베크에서 프랑수아즈가 다음과 같이 말했기 때문이다. "그 아가씨는 앞으로 도련님의 화근이 될 뿐일걸요."

점점 알베르틴이 밤인사를 할 시각이 다가왔고, 드디어 그녀가 입을 열었다. 그러나 그날 밤 그녀와의 입맞춤은 입술이 닿았는지도 모를 만큼 건성이어서 어쩌나 불안한지, 나는 그녀가 문 쪽으로 가는 걸 바라보며 가슴을 두근대면서 생각했다. '뭔가 핑계를 대서 알베르틴을 다시 부르자. 붙잡아서 화해하자. 그러려면 서둘러야지. 몇 걸음만 걸으면 방 밖으로 나가버릴 테니. 이제 두 걸음, 한 걸음, 막 손잡이를 돌린다. 연다. 이미 늦었다. 문이 닫혔다!' 그래도 어쩌면 늦지 않았을지 모른다. 나는 이전 콩브레에서 어머니가 입맞춤으로 내 마음을 진정시켜주지도 않고 가버렸을 때처럼, 알베르틴의 뒤를 냅다 쫓아가려고 했다. 그녀를 다시 보지 않고선 마음의 평화를 얻지 못할 것이다. 다시 본다는 건 여태껏 없던 어떤 중요한 일이 되겠지. 혼자서 이 쓸쓸함을 떨쳐버리지 못한다면 알베르틴 곁으로 빌러 가는 수치스런 버릇이 들지도 모른다. 이런 생각을 하면서 내가 침대에서 뛰어내렸을 때, 그녀는 이미 제 방에 들어가버렸다. 나는 그녀가 방에서 나와 나를 불러주지 않을까 하는 희망에 복도를 오락가락했다. 그녀의 방문 앞에 조용히 서서 나를 부르는 희미한 소리라도 놓칠세라 귀를 기울였다. 잠깐 내 방으로 되돌아가, 손수건이나 핸드백처럼, 그녀에게 없으면 곤란하겠다는 표정을 지으며 그녀 방에 들어갈 핑계가 될 만한 물건들을 혹시 잊고 가지 않았나 주위를 살펴보았다. 전혀 없다. 다시 그녀의 방문 앞에 가서 섰다. 하지만 이미 문틈으로 빛도 보이지 않았다. 알베르틴은 불을 끄고 누워 있었고, 나는 어떤 기회가 오지 않을까 하는 희망에 문 앞에 서 있었다. 그러다가 오랜 시간이 흐른 뒤 방으로 돌아간 나는 꽁꽁 언 몸을 이불 속에 묻고 밤새 눈물지었다.

그러나 이런 밤이라도 때로는 꾀를 부려 알베르틴의 입맞춤을 얻은 적이 있었다. 그녀가 눕자마자 이내 잠들어버리는 사실을 알고(그녀도 알고 있었다. 그 증거로 몸을 눕히자마자 그녀는 본능적으로 내가 선물한 슬리퍼를 벗고, 제 방에서 하듯이 반지를 빼어 옆에 놓았다), 또 그녀의 잠이 얼마나 깊고 깨어남이 얼마나 부드러운지 잘 아는지라, 나는 뭔가 찾으러 나간다는 핑계를 꾸미서 그녀를 내 침대에 눕게 했다. 돌아오면 그녀는 이미 잠들어 있었으며, 눈앞에는 다른 여인, 그녀가 똑바로 누워 있을 때 되는 다른 여인이 보였다. 하지만 금세 그녀는 다른 사람으로 변했다. 내가 그 곁에 드러누워 다시금 옆에서 보게 되었기 때문이다. 그녀의 손을 잡아도, 어깨나 뺨에 손을 대도 깨지 않았다. 그녀의 머리를 안아 고개를 돌려 내 입술에 대고, 그 팔을 내 목에 둘러도 여전히 잠들어 있었다. 멈추지 않는 시계처럼, 동물이 어떤 자세를 취해도 살아갈 수 있듯이, 또 덩굴나무나 메꽃이 어떤 받침을 괴어주어도 계속해 그 가지를 뻗어나가듯이 내 손길이 닿을 때마다 그녀의 숨결만이 변했다. 마치 내가 그녀라는 악기를 타면서, 그 현의 한 줄 또 한 줄에서 다른 가락을 넣으며 가락 바꿈이라도 하는 것 같았다. 내 질투심은 사그라지기 시작한다. 알베르틴의 그 고른 숨결이 뜻하듯이, 그녀가 다만 숨 쉬는 존재에 지나지 않음을 느꼈기 때문이다. 순 생리적 기능을 표현하는 숨결, 말의 부피도 침묵의 부피도 없는 유동체(流動體)와도 같은 숨결, 온갖 악을 잊고서 인간보다 속 빈 갈대가 내는 소리라고도 할 만한 이 숨결은 글자 그대로 천상의 것으로 여겨졌다. 이 순간 내게는 알베르틴이 육체적으로 뿐만 아니라 정신적으로도 세상의 모든 것에서 벗어난 듯한 느낌이었고, 그 숨결은 천사들의 노랫소리로 들렸다. 그렇지만 이 숨결 속에, 어쩌면 기억이 가져다준 수많은 사람의 이름이 연주되고 있을 게 틀림없다는 생각이 퍼뜩 들었다.

때로는 이 음악에 인간의 목소리가 끼어든 적도 있었다. 알베르틴이 뭐라고 말을 흘리면 얼마나 그 뜻을 알고 싶었는지! 우리 둘이서 이러니저러니 말하던 인물, 내게 질투심을 일으키던 이의 이름이 그녀의 입에 오른 적도 있었으나, 나를 별로 마음 아프게 하지는 않았다. 왜냐하면 그 이름을 입에 올린 것도, 그녀가 나와 함께 그 인물에 대해 이야기하던 것을 기억해냈을 뿐인 듯했기 때문이다. 그러던 어느 날 저녁 그녀는 눈감은 채 비몽사몽 중에 나한테 다정스럽게 "앙드레" 하고 말했다. 나는 조금의 동요도 내색하지 않았다. 그리고 웃으면서 말했다. "꿈을 꾸는군. 나는 앙드레가 아니야." 그녀도 방그레 웃으며 말했다. "그런 게 아니라, 아까 앙드레가 당신한테 뭐라고 말했는지 물어보려고 한 거예요."—"난 또 당신이 이런 모습으로 앙드레 옆에서 잠든 적이 있는 줄 알았지."—"어머나, 당치도 않은 생각을 다 하셔." 그녀는 이 대답을 하기에 앞서 순간 손으로 얼굴을 가렸다. 그러고 보니 그녀의 침묵은 바로 장막이고, 바깥쪽의 다정스러움은 오로지 그 밑바닥에 내 마음을 쥐어뜯는 여러 가지 추억을 간직한 것일 뿐이었다. 그녀의 삶은, 우리가 아무래도 좋은 이들에 대해 늘 수다를 떨 때는 재미나는 얘기나 험담에 지나지 않으나, 어떤 이가 길을 잘못 들어 우리 마음속에 깊숙이 들어와 있을 때는 그 사람의 삶을 해명하는 귀중한 열쇠인 듯싶어, 그 밑의 세계를 알기 위해서라면 목숨조차 아깝지 않을 사건들로 가득 차 있었던 것이다. 그러자 알베르틴의 잠이 나에게는 거의 보일까 말까 한 그 세계의 밑바닥에서 이해할 길 없는 비밀의 고백이 이따금 솟아오르는 마법의 나라처럼 생각되었다. 그러나 보통 알베르틴이 잠들어 있을 때는 그 순진함을 되찾은 듯이 보였다. 내가 그녀의 자세를 바로잡아주었지만 자는 동안 금세 자신의 것으로 취해버린 자세 그대로, 그녀는 나에게 몸과 마음을 모두 맡길 모양이었다. 얼굴에서 꾀바르고도 상스러운 표정이 말끔히 가시고, 내 쪽으로 팔을 뻗어 내 몸에 그 손을 올려놓을 때 우리 둘은 상대에게 완전히 몸을 맡기고 풀리지 않도록 단단히 얽어매진 듯싶었다. 그녀의 잠도 그녀를 내게서 떼어놓는 게 아니라 여전히 그녀에게 우리 애정을 의식시켰다. 아니, 오히려 결과적으로는 애정이 아닌 모든 것을 없애버리고 있었다.

내가 그녀에게 입맞추고 잠깐 밖에 나갔다 오겠다고 말하면, 그녀는 눈을 반쯤 뜨고 놀라는 투로 말한다—사실, 이미 밤중이었다—"아니 그 모습으로 어딜 가시는 거예요? 네?" 그녀는 내 이름을 부르며 다시 잠들어버렸다. 그녀의 잠은 이를테면 그 밖의 생활의 소멸, 친근한 애정의 말이 이따금 날아오르는 단조로운 침묵에 지나지 않았다. 그 말을 서로 연결하면 불순물이 사라진 애정의 순수한 대화, 남모르는 친밀한 분위기를 자아냈을 것이다. 이와 같이 잔잔한 잠은 아이가 잘 자는 걸 기뻐하는 어머니처럼 나를 황홀케 했다. 사실 그녀의 잠은 어린애의 잠 같았다. 눈 뜰 때도 어린애 같아, 어디에 있는지 의식하기도 전부터 어쩌나 자연스럽고 사랑스러운 표정을 짓는지, 내 집에 와서 살기 전부터 그녀는 혼자 자지 않는 습관, 눈을 뜨면 옆에 누가 있다는 습관이 들어 있던 게 아닌가 하는 생각에, 나는 격렬한 불안에 휩싸였다. 하지만 그녀의 천진난만함에는 그런 불안보다 더 강한 매력이 있었다. 나 또한 어머니처럼, 그녀가 늘 상쾌한 기분으로 잠에서 깨어나는 것에 경탄해 마지않았다. 곧 그녀는 의식을 되찾고, 두서없이, 그저 새의 지저귐 같은 귀여운 말을 자아낸다. 평소에 그다지 눈에 띄지 않던 목이 지금은 이루 말할 수 없이 아름답게 돌변하여, 잠에 감긴 눈이 잃어버린 중요한 역할을 맡고 있었다. 그녀의 눈은 늘 나의 말상대였는데, 눈꺼풀을 내린 뒤로는 말을 건넬 수 없었던 것이다. 크게 뜬 눈이 지나치게 표현하는 것을 감은 눈이 모두 없애며, 얼굴에 순진하고도 장중한 아름다움을 더하듯이 알베르틴이 깨어나는 결에 중얼대는 말, 뜻이 없지는 않으나 침묵으로 토막토막 잘라지는 이 말에는, 평소의 대화처럼 입버릇이나 상투적 말씨, 천한 말투로 더럽혀지지 않은 깨끗한 아름다움이 있었다. 게다가 알베르틴을 깨울 마음만 있으면 아무런 두려움도 없이 깨울 수 있었다. 그녀의 깨어남은 우리가 보냈던 지난 저녁과는 아무 관련이 없으며, 아침이 밤에서 태어나듯이 깨어남도 그녀의 잠에서 나오리라는 사실을 알고 있었기 때문이다. 그녀는 눈을 반쯤 뜨고 미소 짓더니 내게 입술을 내밀었고, 나는 그녀가 무슨 말도 하기 전에, 해 뜨기에 앞서 아직 적막한 정원처럼 싱싱하고 마음을 가라앉히는 그 입술을 맛보았다.

알베르틴이 베르뒤랭 댁에 갈지도 모르고 안 갈지도 모른다고 말하던 그 저녁의 다음 날, 나는 아침 일찍 깨어나 아직 몽롱한 가운데 강한 기쁨을 느꼈으며, 봄의 하루가 겨울 한가운데 놓여 있음을 깨달았다. 밖에는 도자기 땜장이의 뿔피리나 의자 수리공의 나팔을 비롯하여, 갠 날에는 시칠리아의 목동으로 착각하기 쉬운 염소젖 장수의 피리에 이르기까지 가지각색의 악기를 위하여 세분해서 쓰인 민요의 주제가 경쾌하게 아침 공기를 편곡하여 '축제일을 위한 서곡'을 자아내고 있었다. 청각이라는 영묘한 감각이 바깥 거리를 데리고 와서 모든 선을 다시 그리고, 거기를 지나가는 온갖 꼴을 묘사하며 우리에게 그 색채를 보인다. 빵집이나 우유 가게의 덧문은 어젯밤 여성들의 행복에 대한 온갖 가능성 위에 내려졌다가도, 지금은 젊은 여점원들의 꿈을 향해 투명한 바다를 건너고자 출항 준비 중인 배의 도르래처럼 가볍게 말려 올라갔다. 내가 다른 거리에 살았다면, 이 덧문 올리는 소리가 나의 유일한 즐거움이었을 것이다. 하지만 내가 사는 거리에는 다른 여러 가지가 나의 기쁨을 자아냈고, 나는 그중 하나라도 늦잠 때문에 놓치고 싶지 않았다.

귀족적이면서도 서민적인 게 옛 귀족가의 정취이다. 흔히 대성당의 정문에서 그다지 멀지 않은 곳에 여러 작은 가게들이 늘어서 있는 것처럼(그 가게의 상호가 남아 있는 일마저 있다. 예컨대 루앙 대성당 정문 근처에서 책장수들이 책을 늘어놓고 팔았기 때문에 이를 '책방 문'이라고 일컫듯이), 고귀한 게르망트 저택 앞에는 온갖 장사꾼들이—하긴 행상이지만—지나가곤 하여 때로는 가톨릭 전성기 때의 옛 프랑스를 떠올리게 했다. 그도 그럴 것이, 근처의 작은 집집을 향해 소리치는 행상인의 재미난 외침에는 아주 드문 예외를 빼놓고 노래다운 가락이 하나도 없었기 때문이다. 〈보리스 고두노프(Boris Godounov)〉*1나 〈펠레아스와 멜리장드(Pelléas et Mélisande)〉의 낭송—거의 느끼지 못할 조바꿈으로 엷게 칠해진 낭송—에 못지않게 노래답지 않았다. 한편 그것은 미사 중에 신부가 읊는 시편을 연상시켰다. 거리의 정경은 이를테면 이 미사의 소박한 장사치풍의, 그렇지만 절반은 엄숙한 의전풍(儀典風)의 모사(模寫)일 따름이다. 내가 거기에 이토록 기쁨을 느끼게 된 것은 알베르틴과 같이 살게 되고 나서부터였다. 그 외침들은 그녀가 눈뜰 때의 명랑한 신호인 듯했고, 바깥 생활에 나의 관심을 쏠리게 하면서 더불어, 소중한 존재가 내가 원하는 그대로 끊임없이 곁에 있어준다는 사실이 지닌 마음을 가라앉히는 힘을 더 잘 느끼게 해주었다. 거리에서 호객하여 파는 음식들 중에는, 나는 싫어해도 알베르틴의 입맛에 썩 맞는 것도 있어서 프랑수아즈가 어린 하인을 시켜 사러 보내곤 했는데, 아마 그 아이는 서민 무리에 섞이는 게 좀 부끄러웠는지도 모르겠다. 이렇게 조용한 구역에서는(사물의 기척들도 이젠 프랑수아즈 심술의 원인이 아니었고, 또 나로서는 즐거움의 씨가 되고 말았다) 〈보리스〉의 더할 수 없이 서민적인 음악, 하나의 가락이 변화하여 다른 가락으로 옮겨가도 첫머리 음조는 거의 변함이 없는 대중의 음악—음악이라기보다 차라리 대중의 말—과 마찬가지로, 서민이 부르는 레치타티보(recitativo)*2가 저마다 다른 조바꿈을 나타내면서 똑똑히 들려왔다. 이를테면 "경단고둥 사려, 경단고둥 한 봉지에 단돈 두 푼!" 하

*1 러시아의 작곡가 무소르크스키(1839~81)의 오페라 작품.
*2 오페라나 종교극 따위에서 대사를 말하듯이 노래하는 형식.

는 소리를 들으면 사람들은 이 보기 흉한 작은 고둥을 담아서 파는 봉지 쪽으로 몰려든다. 알베르틴이 없었다면, 같은 시각에 팔러 오는 식용달팽이와 마찬가지로, 나는 경단고둥 따위는 거들떠보지도 않았을 것이다. 달팽이 장수도 분명 무소르크스키[1]의 서정미 없는 낭송을 떠올리게 했지만, 그뿐만이 아니었다. 이유인즉, 마치 '지껄이는' 투로 "달팽이 사려. 물이 좋습니다, 아주 고와요" 한 뒤에 달팽이 장수는 드뷔시가 음악으로 옮긴 마테를링크풍의 애수와 어렴풋한 느낌을 담아, 〈펠레아스〉 작곡가가 라모(Rameau)[2]풍을 띠는 비통한 피날레 가운데 하나('이 몸 패할 운명일망정, 이 몸을 이기는 이 그대일까?')에서처럼 노래하는 우수를 담고서, "열두 개에 여섯 푼으로 사아려……" 덧붙였기 때문이다.

나는 달팽이 장수가 내는 매우 분명한 이 말이, 어째서 멜리장드도 기쁨을 가져다줄 수 없었던 옛 성에서 모든 얼굴을 어둡게 만든 비밀처럼 신비로운 가락, 더할 나위 없이 간략한 말로 온 슬기로움과 숙명을 표현코자 하는 늙은 아르켈[3]의 사념처럼 심원에서 한숨짓듯 얼토당토않은 가락으로 나왔는지 번번이 이해하기 어려웠다. 알몽드의 늙은 왕이나 골로[4]가 '이건 또 무슨 일이냐. 남들이 괴상하다고 여길 테지. 쓸데없는 사건이란 없을지도 몰라'라든가, '겁낼 것 없다…… 불쌍하게도 그 사람도 모두 다 그렇듯이 한갓 신비스런 여인이었지'라고 할 때의 점점 더 부드러워지는 그 목소리의 가락이야말로, 달팽이 장수가 하염없이 애절한 곡조로 "열두 개에 여섯 푼으로 사아려……" 되풀이할 때의 가락이었다. 그러나 이 형이상학적인 비탄은 무한의 기슭에서 사라질 새도 없이 날카로운 나팔 소리로 중단된다. 이번엔 음식 장수가 아니다. 가극의 각본은 이러했다. "개털 깎아요, 괭이털 잘라요, 꼬리털도 귀털도 잘라요."

남자건 여자건 장사치마다 기발한 생각과 재치로, 내 침대에서 듣고 있는 이런 모든 음악 대사 속에 곧잘 갖가지 다른 말을 집어넣는다. 그래도 한 낱말 가운데, 특히 그 낱말을 두 번 되풀이할 때 넣는 의식(儀式) 같은 쉼은

---

* 1  러시아의 작곡가(1839~81).
* 2  프랑스의 작곡가(1683~1764).
* 3  〈펠레아스와 멜리장드〉에 나오는 알몽드의 노왕(老王).
* 4  〈펠레아스와 멜리장드〉에 나오는 알몽드 왕의 손자.

끊임없이 옛 성당의 추억을 불러일으켰다. 당나귀가 끄는 작은 수레에 몸을 실은 채, 그 수레를 문 앞마다 세우고는 안마당으로 들어간 헌옷 장수가 채찍을 손에 쥐고 성가를 부른다(psalmodier).*1 "헌옷, 헌옷 장수요, 허언……… 옷(Habits, marchand d'habits, ha……bits)." 헌옷(Habits)이란 낱말의 마지막 두 음절 사이의 쉼은 성가에서 'Per omnia saecula saeculo……rum(세세에 이르도록)' 또는 'Requiescat in pa……ce(그는 평안히 쉴지어다)'라고 노래할 때와 똑같은 쉼이었다. 물론 헌옷 장수가 그 헌옷이 세세에 이르리라고 믿을 리 없었고, 평안한 마지막 휴식을 위하여 헌옷을 수의로 제공할 리도 없었지만. 더구나 아침 이 시각에 이르면 수많은 동기가 서로 달라붙기 시작하여, 청과 장수 아낙네도 작은 수레를 밀면서, 호칭 기도로 그레고리오 성가풍처럼 나누어서 쉬고 있었다.

A la tendresse, à la verduresse
Artichauts tendres et beaux
Ar-tichauts


연해요, 파랗고 싱싱해요
연하고 깨끗한 아티초크
아……티초크


하기야 아낙네가 대송성가집(代誦聖歌集)도 모르려니와, 4는 사학(四學)*2을, 3은 삼학(三學)*3을 상징한다는 칠음(七音)*4도 모를 테지만.
화창한 나날에 어울리게 빛나는 남부 지방의 곡을 갈대 피리나 백파이프로 연주하면서, 소의 힘줄로 만든 채찍을 손에 쥐고, 베레모를 쓴 작업복 차림의 사내가 집 앞마다 멈춘다. 개 두 마리를 데리고 염소 떼를 모는 염소치

---

*1 '성시(聖詩)를 읊조리다. 넋두리하다'는 뜻도 됨.
*2 중세의 7자유술(七自由術) 중 상위(上位)에 속하는 사학예(四學藝)로, ' 산술(算術), 음악, 기하(幾何), 천문학'을 말함.
*3 그 하위(下位)에 속하는 삼학예(三學藝)로 '문법, 수사(修辭), 논리학(論理學)'을 말함.
*4 아르티쇼 삼음(artichauts, 三音), 탕드르 보 사음(tendres et beaux, 四音).

기였다. 멀리서 오므로 꽤 늦게서야 이 구역을 지나간다. 아낙네들이 사발을 들고 아이들을 기운 차리게 할 젖을 받으러 달려나온다. 그러나 이 기특한 목자의 피레네풍 가락에 벌써 칼갈이의 종소리가 섞인다. 그가 외친다. "칼이나 가위, 면도날 가시오." 톱날 세우는 장인도 이에 맞서 겨루지 못한다. 그도 그럴 것이 반주 없이, "톱날 세우려, 톱 고치려" 외칠 따름이었으니까. 한편 땜장이는 훨씬 기세 좋게 냄비며 프라이팬 할 것 없이 땜질할 가지가지를 모두 늘어놓으면서 후렴을 붙인다.

Tam, tam, tam
C'est moi qui rétame
Même le macadame,
C'est moi qui mets des fonds partont,
Qui bonche tous les trous,
Trou, trou, trou

땜, 땜, 땜,
머캐덤(macadam)*도 때우는
땜장이요,
밑을 갈아요,
구멍을 막아요,
구멍, 구멍, 구머엉

그리고 키 작은 이탈리아 사람들이 붉게 칠한 커다란 깡통을 들고, 거기에 번호—'당첨'과 '꽝'—를 표시하고, 따르라기를 따르락대면서 "자아, 재미들 보시오, 마님네들, 한판 하시라구요" 하며 꾀고 있다.

프랑수아즈가 〈피가로〉지를 가져왔다. 슬쩍 훑어만 보아도 내 원고가 여전히 실리지 않았음을 알아차렸다. 프랑수아즈는 내게, 알베르틴이 내 방에 들어와도 좋은지 물었다고 했다. 알베르틴은 아무튼 베르뒤랭 댁을 방문하

---

* 잘게 깨뜨린 돌을 깔아 만든 도로.

는 걸 단념하고, 앙드레와 둘이서 말 타고 잠깐 산책한 뒤에 내가 권한 대로 트로카데로의 '특별 마티네(la matinée extraordinaire)'—그다지 대단한 건 아니며 오늘날에는 마티네 드 갈라(matinée de gala)라고 불린다—에 갈 예정이라고 전해달라 했다고 한다. 그녀가 베르뒤랭 부인을 만나러 간다는 소망—아마도 좋지 못한 소망이리라—을 단념한 것을 알게 된 나는 싱글벙글하면서 "오라고 해!" 말하고, 가고 싶은 데 가라지, 나는 아무 상관없으니까 하고 생각했다. 오후의 끝 무렵 땅거미가 지기 시작할 즈음에 이르면, 내가 틀림없이 침울한 생판 다른 인간이 되어, 알베르틴의 사소한 드나듦에도 신경을 곤두세우게 되리라는 사실을 알고 있기는 하나, 아침 일찍 더더구나 이처럼 화창한 날엔 그런 건 개의치도 않았다. 나는 이 무사태평의 원인을 금세 뚜렷하게 의식했는데, 그래도 평온한 마음에는 변함이 없었다.

"당신이 깨어났으니 가도 된다고 프랑수아즈가 다짐해주어서." 이렇게 말하면서 알베르틴이 들어왔다. 그녀는 무턱대고 창문을 열어 나를 감기 들게 하지 않을까 걱정하곤 했는데, 그보다도 내가 잠들어 있을 때 들어오는 것을 더 겁내었다. 알베르틴은 다음과 같이 덧붙였다. "들어가도 괜찮죠? 당신한테

'Quel mortel insolent vient chercher le trépas?'
(죽음을 자청하는 무엄한 자, 어디 사는 누군고?)

하고 꾸중 듣고 싶진 않으니까." 그리고 그녀는 내 마음을 크게 혼란케 하는 그 웃음을 지었다. 나도 똑같은 농담조로 대답했다.

"Est-ce pour vous qu'est fait cet ordre si sévère?"
(그와 같은 엄명을 내린 것은 그대 때문인가?)

그래도 혹시 그녀가 이 명령을 어길까 봐서 덧붙였다. "하긴 당신이 나를 깨웠다면 불같이 화냈겠지만."—"알고 있어요. 걱정 말아요." 나는 분위기를 누그러뜨리려고 여전히 그녀와 〈에스더〉의 한 장면을 연기하는 척하면서 덧붙였다—그동안에도 거리에서는 장사치들의 외침이 계속되고 있었는데, 우리 말소리에 묻혀 무슨 말인지 전혀 알아들을 수 없었다.

Je ne trouve qu'en vous je ne sais quelle grâce.
Que me charme toujours et jamais ne me lasse.

이 마음을 사로잡아 결코 싫증나지 않는, 알 수 없는 이 매력은
그대를 두고 따로 구할 길 없는 매력이어라.

(하지만 마음속으로는 '아니, 사실은 줄곧 싫증나게 하지' 생각하고 있었다.) 그리고 어젯밤 그녀가 한 말을 떠올리고, 다음에 다른 일에도 내 말을 순순히 따르도록, 베르뒤랭네 방문을 단념해준 것을 야단스레 감사하면서 말했다. "알베르틴, 당신은 당신을 사랑하는 나는 믿지 않고, 당신을 사랑하지 않는 사람들을 더 믿나 봐(사랑하는 사람을 믿지 않는다는 말은 매우 부자연스러워 보이는 표현이지만, 실은 사랑하는 사람만이 상대를 알고자, 계획을 방해하고자 거짓말한다)." 그리고 이런 거짓말을 덧붙였다. "이상하게도 당신은 내가 당신을 사랑하는 걸 믿지 않아. 그야 내가 당신을 '열렬히 사랑'하지는 않지만 말이야." 그러자 이번에는 그녀가 믿는 사람이라곤 나밖에 없다고 거짓말하고, 내가 자기를 사랑하고 있는 줄 잘 알고 있다고 분명하게 말했는데, 이는 그녀의 본심이었다. 하지만 보아하니 이 말에는, 나를 거짓말쟁이이자 염탐꾼으로 여기지 않겠노라는 뜻은 포함되어 있지 않았다. 그녀는 마치 그렇게 하는 게 깊은 애정에서 비롯된 어쩔 수 없는 결과이며, 또 그녀 자신은 나보다 더욱 지독한 인간이라고 생각하는 듯, 나를 용서해주는 성싶었다.

"부탁이니 요전처럼 말 위에서 재주 부리는 짓만은 제발 하지 말아줘. 생각해봐, 알베르틴. 만에 하나 사고라도 나면 어떡해!" 나는 물론 알베르틴에게 아무런 재앙도 일어나지 않기를 바랐다. 그러나 그녀가 말에 올라탄 채 어디로든 그녀 마음에 드는 곳으로 훨훨 떠나버려 두 번 다시 집에 돌아오지 않는다면 얼마나 좋으랴! 그녀가 다른 곳에서 행복하게 살아준다면, 그곳이 어디든 간에 내 알 바 아니며, 모든 일이 얼마나 간단하랴! "어머, 잘 알고말고요. 내가 죽으면 당신은 이틀도 살아 있지 못하고, 스스로 목숨을 끊겠죠." 이렇게 우리 둘은 거짓말을 주고받았다. 하지만 본심으로 말하는 진실보다 더 깊은 진실이, 간혹 성실성과는 다른 방법으로 표현되거나 예고되는

경우도 있다.

"바깥에서 나는 소리, 시끄럽지 않아요?" 그녀가 물었다. "난 듣기 좋지만, 당신은 그렇지 않아도 잠이 얕잖아요." 그러나 나는 도리어 아주 깊이 잠드는 적도 있었다(이것은 이미 말한 바지만, 다음에 일어날 사건 때문에 다시 적어둔다). 특히 아침이 되고서야 겨우 잠들었을 때 더 깊었다. 이와 같은 깊은 잠은—평균적으로—평소보다 네 배나 더 몸과 마음을 쉬게 하므로, 잠에서 막 깨어나자마자 네 배나 더 오래 곤하게 잠잔 느낌이 들지만 실은 4분의 1밖에 되지 않는다. 그러니 열여섯 배나 되는 굉장한 착각은 깨어날 때 많은 아름다움을 주며, 삶을 말 그대로 새롭게 하는 것으로, 음악에 비한다면 안단테(andante)의 팔분음표가 프레스티시모(prestissimo)의 이분음표와 같은 길이가 되는 그런 급격한 리듬의 변화에 해당하며, 각성 상태에서는 경험할 수 없는 것이다. 깨어났을 때의 삶은 거의 늘 똑같아서, 여행길의 환멸도 이 탓이다. 꿈이란 정말 인생의 가장 조잡한 재료로 만들어진 듯싶으나, 이 소재는 '가공'되고 반죽되어—깨어 있을 때와 같은 시간 제한 따위 없이, 듣도 보도 못한 높이까지 아무런 방해 없이 뾰족하게 뻗어올라—결국 그 본디 꼴을 알아보지 못하게 된다. 이런 행복이 찾아들어 칠판에 그려진 듯한 나날의 흔적이 잠이라는 칠판지우개로 머리에서 깨끗이 지워진 아침에는 내 기억을 되살리는 일이 필요했다. 사람은 잠이나 발작으로 인한 건망증 탓에 잊어버린 기억도 의지력으로 되찾을 수 있는데, 눈이 떠짐에 따라 또는 마비 상태가 사라짐에 따라 그것이 점차 되살아난다. 나는 겨우 몇 분 사이에 여러 시간을 보냈으므로, 프랑수아즈를 불러서 현실에 꼭 알맞은 말, 그 시간에 어울리는 말을 하려고 생각하면서, 무심코 "이봐, 프랑수아즈, 벌써 저녁 5시가 됐는데 어제 오후부터 모습을 보이지 않더군그래" 하고 입 밖에 내지 않으려고, 동시에 꿈을 쫓아버리려고 내부의 자제력을 총동원해야 했다. 일부러 내 꿈을 짓밟고 나 자신을 속이면서, 한편은 힘을 다하여 나를 침묵시키면서 뻔뻔스럽게 정반대의 말을 꺼내는 것이었다. "프랑수아즈, 벌써 10시지!" 나는 아침 10시라고 말하지 않고, 그저 '10시'라고만 했는데, 그것은 이 믿을 수 없는 '10시'라는 말을 되도록 자연스러운 말투로 발음한 척하기 위해서였다. 그렇지만 여전히 비몽사몽인 내가 이제껏 생각하고 있는 바를 말하지 않고 이런 말을 하려면, 달리는 열차에서 뛰어내린 사람이 선로를 따라 얼마간 달리면서 용케 쓰러지지 않고는 못 배기는 것과 같은 균형을 잡는 노력이 들었다. 그 사람이 얼마간 달리는 것은, 지금 막 떠난 장소가 엄청난 속도로 움직이는 장소로, 움직이지 않는 땅바닥과는 아주 달라서 땅바닥에 발 붙이기가 좀처럼 익숙하지 않기 때문이다.

꿈의 세계가 각성 세계와 다르다고 해서 각성의 세계가 그릇되다는 뜻은 아니다. 도리어 그 반대다. 잠의 세계에서는 우리 지각이 몹시 혼잡하여, 하나하나의 지각에 다른 지각이 겹쳐 부피가 늘어나는데 눈도 닫혀 있으므로, 깨어났을 때는 얼떨떨하여 뭐가 뭔지 판별조차 할 수 없다. 프랑수아즈가 왔던 걸까, 아니면 내가 부르다 지쳐서 프랑수아즈한테 갔던 걸까? 이런 때, 허점을 드러내지 않는 유일한 수단은 침묵이다. 마치 자기가 관련된 사건을 조사한 판사에게 잡혀서도, 그 사건이 뭔지 아직 털어놓고 말하지 않을 때처럼. 프랑수아즈가 왔던 걸까, 또는 내가 갔던 걸까? 잠들어 있는 게 프랑수아즈고, 내가 그녀를 깨운 건 아닐까? 오히려 프랑수아즈는 내 가슴속에 갇혀 있던 게 아니었나? 이 갈색 어둠 속에서는 인간도 그 상호 행위도 거의 구별할 수 없고, 현실은 호저(豪猪)의 몸속처럼 불투명하며, 거의 없는 것과 다름없는 지각은 어떤 종류의 동물의 지각처럼 느껴진다 해도 지나친 말이 아니기 때문이다. 물론 이와 같은 깊은 수면에 앞서는 맑은 광기 속에도 예지의 조각들이 반짝반짝 떠다니고 텐(Taine)이나 조지 엘리엇의 이름이 머리에 떠오르는 일이 있다고 해도, 각성 세계가 아침마다 이것을 계속할 수 있다는(꿈이 밤마다 계속되지 않는 반면에) 점에서 우월하다. 그러나 각성 세계보다 더 현실적인 다른 세계도 있을지 모른다. 각성 세계만 하더라도 예술 혁명이 일어날 적마다 변화하고, 또한 예술가와 무지한 바보를 구분하는 재능과 교양의 차이에 의해서도 그 모양이 바뀌는 것을 우리는 목격하지 않았는가.

한 시간 더 잤을 때는 흔히 몸이 마비되어 손발의 사용법을 다시 생각해내야 하고, 말하는 법을 다시 배워야 한다. 의지력만으로는 잘 되지 않는다. 지나치게 자서 자기 자신이 이미 존재하지 않는 것이다. 깨어남의 감각은 기계적으로나 무의식적으로나 거의 되돌아오지 않으며, 마치 수도관 속에서 수도꼭지의 닫힘을 느끼는 것과 같다. 해파리보다 더 축 늘어진 삶이 이어지고, 만약 뭔가를 생각할 수 있더라도 기껏해야 바닷속에서 끌려나왔거나 또는 도형장에서 돌아왔구나 한 느낌 정도다. 하지만 그때 하늘 위에서 '기억술(mnémotechnie)'의 여신이 몸을 굽혀 '밀크 커피를 가져오게 하는 습관'이라는 형태로 부활케 하는 희망을 내밀어준다. 하기야 기억이 늘 그렇게 갑자기 간단하게 주어지는 것은 아니다. 잠이 천천히 깨어남 쪽으로 옮겨가는 처음 몇 분 동안에는 흔히 자기 곁에 갖가지 다른 현실이 있어, 트럼프 놀이에서 카드를 골라잡듯이 그중 하나를 자유로이 택할 수 있다고 생각한다. 지금은 금요일 아침이고 산책에서 막 돌아온 길이라거나 또는 바닷가에서 홍차를 마시는 시간이라는 식으로. 내가 잠들어 있었다든가 잠옷 차림으로 누워 있다든가 하는 생각은 대부분 맨 나중에 온다.

이 부활은 곧바로 오지 않는다. 초인종을 울린 줄 알았지만 실은 울리지 않고 정신 나간 말을 중얼거린다. 동작만이 사념을 되찾아주며, 실제로 누름단추를 눌렀을 때라야 처음으로 느릿느릿, 그러나 똑똑히 말하게 된다. "벌써 10시군. 프랑수아즈, 밀크 커피를 가져다줘요."

오오 기적! 프랑수아즈는 아직 내가 비현실의 바다에 완전히 잠긴 것도, 그 바다 밑에서 기를 쓰고 괴상한 질문을 해댄 것도 전혀 눈치채지 못했다. 프랑수아즈는 사실 이렇게 대답했다. "10시 10분입니다." 이 말로 나는 정신을 차린 것처럼 보이고, 끝없이 내 마음을 흔들어대던 기괴한 대화를 듣기지 않을 수 있었다(산과 같은 거대한 허무에 꼼짝 못하게 되어 생명을 빼앗기지 않았던 나날에 한해서). 나는 의지의 힘으로 현실계로 되돌아온 것이다. 나는 아직 남은 잠의 부스러기를, 곧 이야기를 위해 현존하는 유일한 독창(獨創), 유일한 혁신을 맛보고 있었다. 각성 상태의 이야기는 그 어떤 문학적 기교로 미화된들, 아름다움의 원천인 어느 신비로운 이질감(mysterieuses différence)을 품지 못하기 때문이다. 물론 아편이 지어내는 아름다움을 이야기하기란 쉽다. 그러나 수면제 없이는 잠들지 못하는 자는 뜻밖에 자연스럽게 한 시간 잠든 것만으로도, 그에 못지않게 신비하고도 더욱 신성하며 광대한 아침 풍경을 발견하리라. 잠자는 시간이나 장소를 바꾸고, 약으로 잠을 불러들이거나, 또는 반대로 하루만 자연스런 잠으로 되돌아오거나 하면—수면제로 잠드는 버릇이 든 자로서는 이야말로 가장 별난 잠이다—그것만으로도 사람은 정원사가 만들어내는 카네이션이나 장미의 변종보다 천 배나 많은 잠의 변종을 얻기에 이른다. 정원사는 감미로운 꿈과 같은 꽃들을 손질하는가 하면 악몽과 같은 꽃들을 만들어내기도 한다. 그런데 나는 어떤 잠버릇이 들면, 홍역에 걸린 듯하거나, 또는 그보다 더 괴로운 일이지만, 발베크에 있을 때 할머니(이제는 내 머리에 전혀 떠오르지도 않는)가 죽는 줄 알고 내가 당신의 사진을 받길 바랐을 적에, 내가 그만두시라고 놀렸기 때문에 할머니가 슬퍼하셨던 생각이 떠올라 몸을 덜덜 떨면서 깨어났다. 눈을 뜨면, 나는 부랴사랴 할머니한테 달려가서 '그건 오해십니다'라고 설명하고 싶어진다. 그러나 내 몸은 벌써 따뜻해지기 시작한다. 홍역 진단은 빗나갔고, 할머니는 저 멀리 사라져 더 이상 내 마음을 괴롭히지 않았다.

때로는 이 온갖 잠 위에 갑자기 어둠이 달려들기도 한다. 나는 캄캄한 거리를 겁먹은 채 걷고 있다. 배회하는 자들의 발소리가 들린다. 갑자기 손님을 마차에 태워 보내는 일을 업으로 삼는 여인, 멀리서 보면 젊은 남자 마부처럼 보이는 그 여인들 가운데 하나가 순경과 입씨름을 벌인다. 어둠에 싸인 마부석 위에 여인의 모습이 보이진 않지만, 재잘거리는 목소리에서 나는 그녀의 단아한 얼굴과 젊디젊은 육체를 느꼈다. 그 마차가 떠나기 전에 타려고 나는 어둠 속을 걸어 그녀 쪽으로 갔다. 하지만 마차는 멀리 있다. 다행히도 순경과의 말다툼은 계속되었다. 나는 멈춰 있는 마차를 가까스로 따라잡았다. 거리 근처는 가로등으로 환하여, 그 여인의 모습이 보였다. 여인임에는 틀림없지만 나이 들고, 몸집이 장대하며, 모자에서 흰머리가 비쭉 삐져나오고, 얼굴의 한 부분은 붉게 문드러져 있다. 나는 거기를 떠나면서 생각했다. '여성의 젊음이란 이런 건가? 과거에 만났던 여인을 갑작스럽게 다시 만나고 싶어도 이미 할머니가 되어 있는 건가? 욕망을 부추기는 젊은 여인이란 연극의 배역처럼 초연 여배우가 시들면 그 역을 신인에게 넘겨야만 하는 것인가? 그러나 그렇다면 이미 같은 여인이 아니다.'

그리고 슬픔이 내 마음에 스며들어왔다. 이와 같이 잠 속에는 마치 르네상스의 '피에타(Pietá)'*처럼 수많은 피티에(pitié, 연민)가 있다. 하지만 피에타와 달리 대리석에 조각되어 있지 않고, 반대로 형태가 정해져 있지 않다. 그래도 나름의 쓸모가 있다. 그것은 깨어나 있을 때의 차디찬, 때로는 악의에 찬 분별심 중에 너무나 잊으려고만 하는 일면, 사물에 대한 좀더 인간적

---

* 성모 마리아가 예수의 시체를 안고 슬퍼하는 모습을 그린 회화나 조각.

인 견해를 떠올리게 해준다는 점이다. 이렇게 나는 프랑수아즈에게 늘 연민을 간직하자고, 발베크에서 스스로 다짐했던 기억을 떠올렸다. 적어도 오늘 아침나절에는 프랑수아즈가 우두머리 사환과 다퉈도 화내지 않도록 애써보자, 남들이 심술궂게 굴어대는 프랑수아즈를 될 수 있으면 다정스럽게 대하자. 오늘 아침나절만이다. 그리고 머잖아 좀더 안정된 기준을 내 손으로 정하려고 노력해야 한다. 민중이 오로지 감정뿐인 정책에 언제까지나 다스려지지 않듯이, 인간은 그 꿈의 추억에 언제까지나 지배되지 않으니까. 이미 꿈의 기억은 날아가기 시작했다. 꿈을 묘사하기 위해 생각해내고자 하면 할수록 더 빨리 꿈을 쫓아 보내게 된다. 이제 눈꺼풀은 눈 위에 굳게 닫혀 있지 않았다. 꿈을 다시 구성하려고 하면 눈꺼풀은 완전히 열릴 것이다. 한쪽은 건강과 예지, 또 한쪽은 정신적인 기쁨, 늘 이 두 가지 가운데 하나를 택해야 한다. 나는 비겁하게도 언제나 전자를 택해왔다. 게다가 내가 포기했던 위험한 힘은 상상보다 더 위험스러운 것이었다. 연민이나 꿈은 홀로 날아가지 않는다. 잠잘 때의 상태를 이렇게 저렇게 바꾸어보면 사라져가는 것은 오직 꿈만이 아니다. 며칠 동안, 때로는 몇 년 동안 꿈꾸는 능력뿐만 아니라 잠드는 능력마저 잃고 만다. 잠은 하늘이 주신 은혜지만 불안정하여 희미한 자극에도 곧바로 증발하고 만다. 잠보다 고정된 습관은 밤마다 친구인 잠을 일정한 장소에 붙잡아놓고 온갖 충격에서 잠을 보호하지만, 습관이 장소를 옮기고 속박을 풀면 잠은 수증기처럼 사라진다. 잠은 젊음이나 사랑을 닮아서 잃으면 두 번 다시 찾지 못한다.

이런 온갖 잠 속에서는, 음악의 음정(音程)처럼 간격이 늘어나거나 줄어듦에 따라서 아름다움을 지어낸다. 나는 그 아름다움을 즐기곤 했지만, 짧은 순간이라도 잠 속에 빠지면, 파리의 온갖 행상이나 식료품 장수의 삶이 아주 또렷하게 느껴지는 외침의 절반 이상을 못 듣고 말았다. 그러므로 나는(슬프게도 이와 같은 늦잠 버릇과, 라신이 묘사한 아하수에로 왕의 가혹한 페르시아식 엄명이 이윽고 내게 어떤 비극을 가져오게 되는지 예측하지 못했다) 이런 외침을 하나도 빼놓지 않고 듣고자 일찍 일어나려고 애썼다. 알베르틴도 이 외침을 좋아한다는 것을 알게 된 기쁨, 누워 있으나 나 자신도 외출한 기분이 드는 기쁨에 곁들여, 내가 외침 속에서 상징적으로 들었던 것은 바깥 분위기와 부산한 위험스러운 생활이었다. 그리고 그 생활 한가운데를 알베르틴이 돌아다닐 때는 반드시 내 감시 아래 두어, 말하자면 감금을 밖으로 길게 늘려서 내가 바라는 시각에 그녀를 거기서 떼어내어 내 곁으로 돌아오게 하는 것이었다.

그래서 나는 알베르틴에게 진심으로 대답할 수 있었다. "천만에. 난 저 외치는 소리가 듣기 좋거든. 당신도 좋아하는 걸 아니까."—"굴 배가 왔어요, 굴이 왔어요."—"어머! 굴이래요, 무척 먹고 싶었는데!" 다행스럽게도 알베르틴은 절반은 변덕스러움, 절반은 온순함에서 막 탐낸 것을 금세 잊어버리고, 내가 굴은 프뤼니에 음식점에 가서 먹는 게 더 맛있다고 말하기도 전에, 귀에 들려오는 생선 장수 아낙네의 외침에 따라 연달아 다른 것을 탐내었다. "작은 새우 사세요, 물 좋은 작은 새우요. 펄펄 뛰는 가오리도 있습니다. 아주 싱싱해요."—"튀김감으론 대구요, 튀김으로 안성맞춤입니다."—"고등어 있습니다, 싱싱하기가 바다에서 막 잡아올린 것 같은 고등어, 갓 잡은 고등어예요. 자아 마님들 보세요, 참 좋은 고등어가 있습니다."—"신선한 홍합 사려, 맛 좋은 홍합 사세요!" 나도 모르게 '고등어(maquereau)*가 왔습니다' 하는 기별에 섬뜩했다. 그러나 이 기별이 설마하니 우리 운전사를 가리키는 것은 아닌 성싶어, 나는 내가 매우 싫어하는 고등어라는 생선밖에 생각하지 않았기에 불안이 오래 계속되지 않았다. "어머, 홍합이에요! 나 홍합 먹고 싶어요." 알베르틴의 말에 내가 대꾸했다. "이봐, 발베크에서라면 맛있겠지만 여기선 별 맛이 없어. 그리고 말이야, 생각해봐, 코타르가 홍합을 두고 뭐라고 말했나." 그런데 마침 가까이 다가온 청과 장수 아주머니가, 코타르가 더욱더 엄하게 금하던 것의 이름을 외쳐, 내 충고는 그만큼 더 공교롭게 되었다.

양상추 사려, 양상추요!
안 사도 좋아요, 보기만 하시구려.

그래도 알베르틴은 "아르장퇴유산(産) 아스파라거스가 있습니다. 훌륭한 아스파라거스가 있어요"라고 외치는 청과 장수의 물건을 반드시 사게 하겠

---

*'포주, 뚜쟁이, 기둥서방'이라는 뜻도 있음.

다는 약속을 받아내고서야, 양상추를 단념했다. 뭔가 숨은 뜻이 있는 듯한 목소리, 좀더 야릇한 것을 팔러 온 듯한 목소리가 넌지시 말했다. "통이요, 통!" '어럽쇼 고작 통이군.' 실망했지만 하는 수 없다. 이 낱말이 거의 온통 다음의 외침으로 뒤덮였기 때문이다. "유리, 유리……장이요, 부서진 창유리 갈아요, 유리, 유리……장이." 이 또한 그레고리오 성가풍의 쉼이지만, 고물 장수의 외침만큼 생생히 교회 전례(敎會典禮)를 떠올리게 하지는 못했다. 고물 장수는 자신도 모르게 교회 의전에서 꽤 자주 나오듯이, 기도를 하다가 갑자기 목소리를 멈추는 그 방식을 재현하고 있었다. 신부는 'Praeceptis salutaribus moniti et divina institutione formati audemus dicere(하느님의 자녀되어 구세주의 본분대로 삼가 아뢰오니)'라고 낭송하면서 마지막 'dicere'를 강하게 발음한다. 중세의 신앙심 깊은 민중이 성당 앞뜰에서 소극과 풍자극을 상연했듯이, 고물 장수가 정중하게 느릿느릿 뇌까린 다음에, 7세기의 위대한 교황 그레고리 1세가 정한 발음법에 어울리도록 마지막 음절을 거칠게 발음하자, 그 'dicere'가 떠오른다. "누더기랑, 고철들 파시오(이 두 마디는 성가처럼 느릿느릿 발음하고, 그 다음 두 음절도 마찬가지지만, 마지막이 'dicere'보다 더 센 가락으로 끝난다). 토끼 가죽, 라 발랑스(la Valence),*1 맛 좋은 발랑스, 싱싱한 오렌지." 별다를 것도 없는 부추마저 "자아 보기 드문 부추", 양파는 "우리 양파 단돈 여덟 푼"이라는 기세로, 마치 알베르틴이 자유의 몸이 되면 거기에 휩쓸려 허우적거렸을지도 모르는 사나운 파도의 메아리인 양 울려와, 'Suave, mari magno(유쾌하여라, 넓고 큰 바다에)'의 기분 좋은 느낌을 띠었다.*2

자아 당근 사아려,
한 다발에 단돈 두 푼.

"어머!" 알베르틴이 환성을 질렀다. "양배추, 당근, 오렌지래요. 다 내가 먹고 싶은 거예요. 프랑수아즈에게 당장 사오라고 하세요. 당근 크림조림을 만들라고요. 그걸 함께 먹으면 얼마나 즐거울까. 지금 들리는 소리가 모두 맛

---

*1 에스파냐 발렌시아 지방의 오렌지.
*2 루크레티우스의《만물의 본성에 대하여》중 한 구절. 그 다음 구절은 '바람 일어 파도가 출렁일 즈음, 뭍에서 남의 위험을 바라봄은 즐겁도다'임.

난 음식으로 둔갑하다니. 그렇게 해요! 프랑수아즈한테 가오리 버터구이를 만들라고 해요. 정말 맛있다고요!"—"알아모시겠습니다. 아무튼 그만 가봐. 그렇지 않으면 청과 장수가 외치는 것을 다 사오라고 해야 할 테니."—"좋아요. 이제 그만 나가죠. 하지만 다음부터 저녁 식사는 우리가 외침을 듣는 것만으로 해요. 아이, 재미있어라. 그 '푸른 강낭콩, 귀여운 강낭콩, 자아 푸른 강낭콩 사려'라는 소리가 들려오려면 아직 두 달이나 기다려야겠군요. 귀여운 강낭콩이라니, 그럴듯해요! 난 말이에요, 비네그레트(vinaigrette)*¹를 듬뿍 얹은 홀쭉한 강낭콩이 좋아요. 마치 먹는 것 같지 않잖아요. 이슬처럼 산뜻하니까. 아이, 속상해! 아직 멀었으니. 그 하트 모양 크림치즈처럼 말이에요. '크림, 크림, 맛 좋은 치즈!' 그리고 퐁텐블로의 샤슬라(chasselas)*² 포도주. '맛좋은 샤슬라'도 아직 멀었고."

나는 샤슬라의 계절까지 이대로 그녀와 함께 지낼 생각을 하니 소름이 끼쳤다. "이봐요, 내가 호객 소리를 들은 것만 좋다고 했지만 물론 예외도 있어요. 그러니까 르바테 과자점에 들러 우리 두 사람분의 아이스크림을 주문해도 괜찮겠지요. 당신은 아직 아이스크림의 계절이 아니라고 말씀하실지 모르지만, 나 무척 먹고 싶어요!" 나는 르바테 과자점에 들르자는 계획에 놀라 당황했다. '괜찮겠지요'라는 말 때문에 이 계획이 더욱 확실하고도 수상쩍었기 때문이다. 그날은 베르뒤랭 댁의 손님맞이 날이었는데, 스완이 르바테가 가장 좋은 과자점이라고 일러준 뒤로, 베르뒤랭네 사람들은 거기서 아이스크림과 조각 케이크를 주문해왔다. "이봐 알베르틴, 난 아이스크림에 대해 왈가왈부하지 않겠어. 그렇지만 주문은 내게 맡겨. 그 과자점이 푸아레 블랑슈, 르바테, 리츠가 될는지 모르지만 말이야. 하여간 생각해보자구."— "그럼 외출하시는 거예요?" 그녀가 경계하는 투로 말했다. 그녀는 늘 입버릇처럼 내가 더 자주 외출하면 기쁘겠다고 말하면서도 막상 내가 집을 비울 듯이 말하면 금세 불안한 표정을 지으니, 가끔씩 외출해주면 참 기쁘겠다는 말도 아마 본심이 아닌 듯싶었다. "외출할지도 모르고 안 할지도 몰라. 알다시피 난 미리 계획을 세우는 법이 없으니까. 아무튼 아이스크림은 거리에서 외치며 팔러 다니는 것도 아닌데 갑자기 왜 그게 먹고 싶지?" 이에 대한 그

---

*1 식초, 올리브유, 소금, 후추 등을 섞어서 만든 소스.
*2 황금빛을 띤 후식용 포도주.

녀의 대답은 그녀 속에 숨어 있던 풍부한 지성이나 취미가 발베크 이후 얼마나 빠르게 성장해왔는지 절실하게 보여주는 것이었다. 그녀에 따르면 오직 내 영향을 받고 언제나 같이 생활했기 때문에 몸에 밴 말이라지만, 나 자신은 대화 속에 절대로 문학적 표현을 쓰면 안 된다고 어떤 알지 못하는 사람에게 금지라도 당한 듯이 절대로 입 밖에 낸 적이 없었던 듯싶은 말이었다. 아마도 우리 미래는 서로 같지 않을 것이다. 나는 이런 예감마저 들었다. 알베르틴이 기다렸다는 듯이 대화에 끼워넣는 비유가 완전히 문어체 같아서, 나로서는 아직 잘 모르는 쓰임새, 더욱 신성한 쓰임새를 위하여 아껴두어야 할 말로 여겨졌기 때문이다.

그녀는 이렇게 말했다(어떻든 간에 나는 그녀의 이 말에 깊이 감동했는데, 다음과 같이 생각했기 때문이다. '물론 나는 그녀처럼 말하지 않을 것이다. 그러나 내가 없었다면 그녀 또한 이런 말을 하지 않았으리라. 그녀는 내 영향을 강하게 받고 있으니까 나를 사랑하지 않을 리 없다. 그녀는 내 창작물이다'). "외치고 다니는 장사치의 음식을 좋아하는 건, 광시곡(狂詩曲)처럼 들리던 것이 식탁에 오르면 성질이 변해서 내 미각을 자극하며 호소하기 때문이에요. 아이스크림은 어떤가 하면(당신은 틀림없이 유행에 뒤떨어진 모양, 여러 가지 건물 모양으로 생긴 틀에 넣어 얼린 그 아이스크림을 주문할 게 분명하기 때문에 하는 말이지만), 신전, 성당, 오벨리스크, 바위 등을 입속에 넣을 적마다, 그림 있는 지도를 먼저 찬찬히 바라보고 나서 목구멍 속에서 그 지도의 산딸기나 바닐라의 건물을 시원함으로 바꾸는 듯한 기분이 들거든요." 나는 좀 지나친 미사여구라고 생각했다. 그러나 그녀는 내가 미사여구라고 생각한 것을 짐작하고는 계속해서 말하다가 비유가 썩 잘됐을 때는 잠깐 그치고 까르르 웃었는데, 그 웃음이 매우 육감적이어서 나에겐 지독히 잔혹했다. "저런, 호텔 리츠에 가면 초콜릿이나 산딸기가 든 방돔 탑* 아이스크림이 있을지도 모르는데, 그러려면 여러 개를 사서 '차가움'을 칭송하며 길에 탑이나 기둥을 받치듯 줄지어 세워야 하잖아요? 호텔 리츠에선 산딸기 오벨리스크도 만드는데, 그걸 불타는 사막 같은 내 갈증 난 목구멍 속에 여기저기 세우는 거예요. 그리고 그 장미 빛깔의 화강암을 목구멍 깊은

---

* 나폴레옹의 명령에 따라 파리의 방돔(Vendôme) 광장에 세워진 탑.

곳에서 녹이면 오아시스보다 더 훌륭하게 갈증을 달래주겠죠(여기서 억누를 수 없는 웃음이 터져나왔다. 미사여구를 훌륭하게 사용한 만족에선지, 또는 그처럼 잇따라 한결같은 심상을 늘어놓으며 표현하는 자기 자신을 비웃어선지, 아니면 아뿔싸, 자기 몸속에서 실제로 누리는 쾌락과 똑같은 뭔가 맛나고도 시원한 것을 느끼는 육체적인 관능에선지). 리츠의 아이스크림이 간혹 몽로즈(Mont Rose)*처럼 높다란 봉우리로 보이기도 해요. 레몬 아이스크림이라도 건물 모양이 아니라, 엘스티르가 그린 산처럼 비쭉비쭉 거칠다면 나쁘지 않아요. 다만 그때엔 너무 새하얗지 않고 좀 누르스름하여, 엘스티르가 그린 산의 눈처럼 빛깔이 충충하고 희끄무레해야 볼품이 있답니다. 아이스크림은 그리 크지 않아도, 작은 셔벗이라도 괜찮아요. 그 레몬 아이스크림이 아주 작게 축척(縮尺)되어도 분명 산임에는 틀림없으니, 마치 일본의 분재를 보면 작지만 그래도 삼나무, 떡갈나무, 만치닐인 걸 단번에 알아보듯이, 상상 속에서 그걸 본디 크기로 확대하거든요. 그래서 내 방에 작은 도랑을 만들고, 그 가를 따라서 분재를 몇 개 늘어놓고 보면, 어린애들이 길을 잃을 만한 큰 숲이 강 쪽으로 비탈져 있는 듯한 느낌이 들겠죠. 마찬가지로 누르스름한 레몬 아이스크림 밑 언저리에는 마부, 나그네들, 역마차 따위가 뚜렷이 보이는데, 내 혀의 소임이란 그 위에 차가운 눈사태를 일으켜 그걸 모두 뒤덮는 거예요(그녀는 잔인한 쾌감과 더불어 그렇게 말해 내 질투를 불러일으켰다)."

그녀는 계속했다. "사실은 산딸기지만, 반암(斑岩)으로 된 베네치아 성당의 기둥을 하나씩 내 혀로 무너뜨리다가, 남겨둔 부분을 신자들 머리 위로 폭삭 떨어뜨리는 것과도 같아요. 아무렴, 이런 건물들은 전부 그 튼튼한 주춧돌에서 슬슬 녹는 시원함이 벌써 꿈틀거리는 내 가슴속으로 옮겨가고말고요. 하지만 아이스크림 말고도, 온천 광고처럼 자극적인 것도 따로 없지요. 몽주뱅의 뱅퇴유 댁에 있을 때는 근처에 좋은 아이스크림 가게가 없었지만, 우린 곧잘 정원에서 프랑스 일주하는 셈치고 날마다 다른 약수를 마셨어요. 따르자마자 잔 바닥에서 금세 흰 구름이 뭉게뭉게 솟아올라 재빨리 마시지 않으면 가라앉아 가뭇없어지는 비시(vichy) 약수 같은 물말이에요." 그러나

---

* 스위스와 이탈리아의 국경에 있는 몬테로사(Monte Rosa) 산.

몽주뱅의 이야기를 듣는 게 너무 고통스러워 나는 그녀의 말을 가로막았다. "시끄럽게 떠들어서 미안해요. 그럼 가볼게요." 발베크 이래 이 어이한 변화냐. 그때는 엘스티르라 한들 알베르틴에게 이처럼 풍부한 시정(詩情)이 있는 줄 짐작도 못했으리라. 그야 물론 셀레스트 알바레에 비하면 개성도 기발함도 부족한 시정이다. 셀레스트는 전날 밤에도 나를 만나러 와서, 누워 있는 나를 보고 이렇게 말했다. "어머나, 하늘에서 침대로 두둥실 내려오신 폐하시여!"—"그런데 셀레스트, 어째서 하늘이지?"—"아무와도 닮지 않았으니까요. 이 더러운 땅 위를 이리저리 떠도는 인간 같은 면을 조금이라도 가지고 있다고 생각하신다면 큰 착각이에요."—"하지만 어째서 '두둥실' 내려오지?"—"자고 있는 사람처럼 보이지 않으니까요. 침대에 있는 것도 아니고, 움직이지도 않으니, 마치 천사들이 내려와서 사뿐히 두고 간 것 같아요." 셀레스트가 하는 식의 말을, 알베르틴은 상상도 못할 것이다. 그래도 연정이란 식어가는 중에도 한쪽으로 치우치기 마련이라서, 나는 셔벗의 그림 지도가 더 마음에 들었고, 이 비유의 값싼 아름다움이 내겐 알베르틴을 좋아하는 하나의 이유인 것처럼, 또 내가 그녀에 대한 영향력을 갖는 동시에 그녀가 나를 사랑한다는 하나의 증거로 보였다.

　알베르틴이 나가자, 나는 그녀가 줄곧 곁에 있다는 것이 얼마나 피곤한 일인지 느꼈다. 알베르틴은 부산스레 움직이지 않고서는 못 배기고, 그 부산함으로 내 잠을 깨우며, 문을 연 채 내버려두어 나를 언제나 추위에 떨게 한다. 이리하여 나로 하여금—그다지 대단한 병으로 보이지 않는데도 그녀와 함께 외출하지 않을 그럴듯한 핑계를 꾸미려고, 또한 누군가를 그녀와 같이 가게 하려고—날마다 셰에라자드 못지않은 솜씨를 부리도록 강요하는 알베르틴. 흥미로운 이야기를 잘하는 페르시아 여인은 교묘하게 자신의 죽음을 늦추었건만, 불행하게도 나는 똑같은 궁리를 하면서도 내 죽음을 재촉할 뿐이었다. 이와 같이 인생에는, 나처럼 사랑의 질투나 몸이 약한 탓에 건강한 젊은 상대와 생활을 함께할 수 없는 데에서 생긴 상황만은 아니지만, 그래도 동거 생활을 계속하든가 이전처럼 서로 다른 생활로 되돌아가든가 하는 선택이 거의 의학상의 문제로 제기되는 여러 상황이 있다. 두뇌의 휴식이나 마음의 휴식(나날의 과로를 계속하느냐, 아니면 고독의 고통으로 되돌아가느냐)—이 두 가지 휴식 가운데 어느 쪽에 자기를 희생시켜야 하는가?

아무튼 나는 앙드레가 알베르틴과 함께 트로카데로에 가준다는 게 고마웠다. 물론 운전사의 정직함을 의심하는 것은 아니나, 아주 작은 일이긴 해도 요즘 일어난 몇 가지 사건으로 인해, 그의 감시나 적어도 그 감시의 엄격함이 아무래도 이전같지 않다는 느낌이 들었기 때문이다. 이를테면 바로 얼마 전에 알베르틴을 운전사하고만 베르사유에 보냈을 때, 알베르틴은 돌아와서 나에게 레제르부아르 식당에서 점심을 먹었다고 말했다. 그런데 운전사는 바텔 식당에서 먹었다고 했으므로, 그 어긋남이 드러난 순간 나는 핑계를 대고 알베르틴이 옷을 갈아입는 틈을 타서 운전사한테 따지러 내려갔다(우리가 발베크에서 만난 그 운전사이다). "자넨 바텔에서 점심을 먹었다고 했는데, 알베르틴 아가씨는 레제르부아르라고 말하는군. 도대체 어떻게 된 거지?" 운전사가 대답했다. "저는 바텔에서 먹었다고 말씀드렸지만, 아가씨께서 어디서 드셨는지는 모르겠는데요. 베르사유에 도착하자마자 합승마차를 타시겠다며 가버리셨거든요. 먼 길을 가실 때는 그렇지 않은데, 합승마차가 더 좋으시다나요." 나는 당장, 그녀가 혼자 있었구나 하는 생각에 화가 머리 끝까지 치밀었다. 하지만 고작 점심때뿐 아닌가. 나는 사근사근한 투로 말했다(적극적으로 알베르틴을 감시시키고 있는 걸로 보이면, 그녀가 내게 제 행동을 숨기고 있다는 뜻도 되어 이중으로 치욕적이었으므로 그렇게 보이기는 싫었기 때문이다). "알베르틴과 함께는 아니더라도, 적어도 같은 식당에서 식사해도 좋았을 텐데"—"그렇지만 아가씨께서는 저녁 6시에 아름 광장으로 오라고 하셨거든요. 점심 식사 뒤에 곧바로 모시러 가기로 한 게 아니었어요."—"허어, 그래!" 나는 풀이 죽은 것을 내색하지 않으려고 애쓰면서 말했다. 그리고 방으로 올라갔다. 알베르틴은 일곱 시간이 넘도록 혼자서 하고 싶은 대로 했던 것이다. 합승마차 건이 그저 운전사의 감시를 따돌리기 위한 궁여지책이 아닌 것은 나도 잘 알고 있었다. 거리에 나가면 알베르틴은 합승마차를 타고 느긋하게 산책하기를 좋아했다. 그러는 편이 주위 광경이 더 잘 보이며 공기도 더 상쾌하다는 게 그녀의 주장이었다. 그러나 그녀가 일곱 시간 동안 뭘 하고 보냈는지, 나는 절대로 알지 못할 것이다. 나에겐 그녀가 그 시간을 이럭저럭 보낸 것이 틀림없다고 상상할 용기도 없었다.

　운전사가 큰 실수를 저질렀다고 생각했지만, 그 뒤론 그를 완전히 신뢰하게 되었다. 만약 티끌만큼이라도 알베르틴과 한패가 되어 있었다면, 아침

11시부터 저녁 6시까지 그녀를 방임했던 것을 절대 털어놓을 리가 없었기 때문이다. 운전사가 왜 고백했는지에 대한 다른 이유가 있다면, 터무니없기는 하지만 단 하나밖에 없을 것이다. 즉 운전사와 알베르틴 사이에 어떤 시비가 생겨, 그래서 나에게 사소한 진실을 누설하여 자기가 잠자코만 있는 인간이 아님을 보이고, 또 이처럼 대수롭지 아니한 첫 번째 경고 뒤에도 그녀가 순순히 따르지 않으면 솔직하게 모두 털어놓고 말겠다는 뜻을 그녀에게 보이고 싶어서이다. 그러나 이 설명은 허망하고 터무니없다. 첫째로 알베르틴과 그 사이에 있지도 않은 말다툼을 가정해야 하고, 또 언제나 상냥하고 선량한 이 쾌활한 운전사에게 협박 근성을 부여해야 하기 때문이다. 게다가 그 다음다음 날에, 내가 정신 나간 의혹에 사로잡혀 잠깐 그렇게 여겼던 것은 당치 않은 생각이며, 그가 신중하고도 날카로운 눈으로 알베르틴을 감시한다는 사실을 알았다. 나는 그를 따로 붙잡고, 베르사유의 일에 대해 그한테 들었던 내용을 다시 꺼내면서, 친절하고도 거침없는 태도로 이렇게 말했다. "이틀 전 자네가 이야기한 그 베르사유 산책 말인데, 정말 잘해주었네. 자네가 하는 일은 늘 빈틈없거든. 다만 참고로 대수롭지 않은 말 몇 마디만 들어주게, 정말 대단치 않은 일이지만 말이야. 봉탕 부인께서 나한테 그 조카딸의 보호를 맡긴 뒤로, 나는 무거운 책임감을 느낀다네. 무슨 사고나 나지 않을까 걱정이 태산 같고, 아가씨를 내가 몸소 모시고 다니지 못하는 게 여간 미안스럽지 않아. 그러니 자네가 알베르틴 아가씨를 어디든 모시고 다녀주면 고맙겠네. 자네라면 매우 믿음직하고, 운전 솜씨도 아주 훌륭하니 사고 날 일도 없고 말이야. 그렇게 해주면 하나도 걱정이 없겠어." 사도(使徒)를 연상케 하는 매력적인 운전사는 십자가 모양과 닮은 성스러운 핸들 위에 손을 놓고서 히죽거렸다. 그러고 나서 다음과 같이 말했는데, 그 말(내 마음의 불안을 내쫓고, 곧바로 환희로 채워주는 말)에 나는 그의 목을 끌어안고 싶은 마음이었다. "걱정 마세요. 아가씨에게 사고 날 리가 없죠. 핸들을 잡고 아가씨를 모시지 않는 때는, 내 눈이 아가씨의 뒤를 두루 따라다니니까요. 베르사유에선 말입니다, 전혀 낌새도 채지 못하게, 이를테면 아가씨와 같이 시가를 돌아다닌 셈이죠. 레제르부아르에서 아가씨는 궁전으로 가셨다가 트리아농으로 가셨는데, 저는 보지 않는 척하면서 그 뒤를 줄곧 따라다녔습니다. 전혀 들키지 않았죠. 아니 뭐, 아가씨한테 들켰던들 별일 없었을 테지만. 저 또한 온종일 하는 일 없으니 궁전을 구경하는 게 매우 당연하니까요. 더구나 아가씨께서도 틀림없이 알고 계실 테니까요. 제가 책을 즐겨 읽고, 온갖 진귀한 옛것에 관심이 많은 줄 말입니다(이 말은 사실이었다. 만일 그가 모렐의 친구인 줄 알았다면 나는 깜짝 놀랐을 것이다. 그는 바이올리니스트를 훨씬 능가하는 섬세함과 취미를 갖고 있었다). 뭐 어쨌든 아가씨한테 들키지 않았죠."—"그래도 알베르틴 아가씨는 틀림없이 친구들과 만났을 텐데, 베르사유엔 친구가 많거든."—"아뇨, 내내 혼자시던데요."—"길 가는 이들이 흘끗흘끗 보았겠지, 매력적인 젊은 아가씨가 혼자니까!"—"그야 그렇죠. 그래도 아가씨께선 거의 그런 줄 모르시나 봐요. 계속 안내서만 정신없이 보시다가, 고개를 들어 그림을 보곤 하시던데요." 확실히 베르사유에 산책 갔던 날 알베르틴이 내게 주었던 건 궁전의 '그림엽서' 한 장, 또 한 장은 트리아농의 그림엽서였으므로 운전사의 얘기에 더욱더 믿음이 갔다. 이 친절한 운전사가 한 걸음 두 걸음 그녀의 뒤를 따라가 준 마음씨에 나는 깊이 감동했다. 그러나 어찌 이 정정(訂正)—이틀 전의 얘기를 충분히 보충하는 형식의 정정—이, 운전사가 내게 고자질한 것을 알고 기겁한 알베르틴이 이틀 사이에 상대에게 굽히고 들어가 그와 화해한 데서 생긴 줄 어찌 꿈엔들 생각했으랴! 그런 의혹은 털끝만큼도 일어나지 않았다.

운전사의 얘기가 알베르틴이 나를 속이지 않았을까 하는 근심을 모두 없애주어, 자연히 애인에 대한 내 열도 식고, 베르사유에서 그녀가 지낸 하루도 그다지 내 관심을 끌지 않게 된 것만은 확실하다. 그렇지만 운전사의 설명이 알베르틴의 결백을 증명하여 그녀를 더욱더 진저리나는 여성으로 보이게 했더라도, 그것만으로 내 기분을 이토록 빨리 가라앉히지는 못했을 것이다. 그보다, 며칠 사이에 애인의 뺨에 생긴 여드름 두 개가 아마도 내 마음을 더 심하게 바꿔놓았는지도 모른다. 하여간 내 심정은 우연히 만난 질베르트의 몸종이 털어놓은 뜻밖의 속내에 의해, 눈앞에 없으면 그 존재조차 떠올리지 않을 정도로 그녀한테서 더욱 멀어졌다. 내가 질베르트 집에 날마다 가던 때, 질베르트는 한 젊은이를 사랑하고 있었는데 나보다 그와 더 자주 만나던 사실을 이제야 몸종에게 들어서 알게 된 것이다. 그 무렵에도 나는 문득 그런 의심을 품고, 그 몸종에게 캐묻기까지 했었다. 그러나 몸종은 내가 질베르트에게 반해 있음을 알고 있었으므로 그 사실을 부인했으며, 질베르트 아가씨가 한 번도 그 젊은이를 만난 적이 없다고 딱 잘라 말했다. 그런데 지금은 내 연정이 죽은 지 오래고, 몇 년 전부터 질베르트의 편지에 답장 한 장 보내지 않음을 알고 있기 때문에—또한 아마도 이젠 질베르트를 섬기고 있지 않기 때문에—내가 몰랐던 사랑의 일화를 자기가 먼저 자세하게 얘기해주었다. 몸종은 그걸 아주 당연한 일로 생각했던 것이다. 나는 그 무렵에 몸종이 맹세한 말을 떠올리며, 그때에는 그녀도 사정을 잘 알지 못했던 거라고 생각했다. 천만에. 스완 부인의 분부로, 내가 사랑하던 아가씨가 혼자되자 곧바로 그 젊은이에게 알리러 갔던 사람이 바로 몸종 자신이었다. 그 무렵에 내가 사랑한 아가씨…… 하지만 나는 생각해보았다. 나의 옛 사랑은 스스로 그렇게 생각하는 것처럼 싸늘하게 식어버렸는가. 실제로 이 이야기가 나를 괴롭히고 있지 않은가. 질투가 죽은 연정을 깨울 수 있다고는 생각되지 않아, 내가 받은 슬픈 인상의 일부는 적어도 자존심이 상한 탓이라고 상상했다. 내가 싫어하던 몇몇 이들, 그때 또는 그러고 나서 좀 지난 뒤에도—그 뒤에 사정은 아주 달라졌지만—내게 모욕적인 태도를 보이던 수많은 사람들은 내가 질베르트에게 열중해 있는 동안, 실은 내가 그녀에게 속고 있음을 훤히 알고 있었기 때문이다. 또한 과거를 돌아보면, 질베르트에 대한 내 연정에도 얼마간 자존심이 섞여 있지 않았나 하는 의문마저 들었다. 왜냐하면 내가 애정에 들떠 행복하던 그 무렵, 내가 싫어한 이들이 이미 내가 애인한테 완전히 속고 있음을 알고 있었다고 깨닫자 새삼 이토록 괴로웠기 때문이다. 아무튼 그것이 사랑이건 자존심이건, 질베르트는 내 마음속에서 거의 죽은 여인이었지만, 그래도 완전히 죽지 않아, 이 애수가 알베르틴에 대하여 내가 지나치게 걱정하는 것을 가로막았다. 그만큼 그녀는 내 마음속에 비좁은 자리밖에 차지하지 못했다. 그런데도(이 긴 여담 뒤에) 다시 알베르틴과 그 베르사유 산책으로 화제를 돌리면, 베르사유의 그림엽서는(그러고 보니 각각 다른 인간을 향해 엇갈리는 두 질투가 동시에 마음을 사로잡는 일이 있는 걸까?) 서류를 정리할 때 시선이 그 위를 향할 적마다 내게 얼마쯤 불쾌한 인상을 주곤 했다. 만일 운전사가 이토록 훌륭한 남성이 아니었다면, 그의 두 번째 얘기가 알베르틴의 그림엽서에 들어맞은들 별로 대수로운 뜻을 갖지 못했을 거라고 생각했다. 베르사유에 간 사람이 보내는 것이라곤 첫째로 궁전 아니면 트리아농의 그림엽서밖에 더 있겠는가. 다만, 세련된 취미를 가져 어떤 석상에 열중한 자가 그림엽서를 고르거나, 또는 속물이 역마차의 정류장이나 베르사유 샹티에르 역의 풍경을 고르는 때도 있지만.

하긴 속물이라고 단정하는 건 잘못인지 모른다. 어쩌다 베르사유에 온 기념으로 이런 그림엽서를 사는 게 반드시 속물만은 아니기 때문이다. 두 해 동안 지성인과 예술가들은 시에나나 베네치아, 그라나다를 시시한 곳으로 여기고, 보잘것없는 합승마차나 각종 객차를 보고서 '이것이야말로 진짜 아름다움이다' 말하곤 했다. 그러다가 이 경향도 예외 없이 사라졌다. 사람들이 다시 '귀중한 과거 유물을 파괴하는 모독'을 고려하게 됐는지 아닌지는 모른다. 아무튼 일등 객차가 베네치아 성 마르코 성당보다 무조건 더 아름답다고 여기는 경향은 그쳤다. 그래도 사람들은 여전히 '바로 거기에 삶이 있다, 회고는 날조다'라고 말한다. 하지만 거기에서 명확한 결론을 이끌어내지는 못했다.

나는 운전사를 무조건 신뢰했지만 알베르틴이 그를 따돌리려고 할 때 자기가 간첩으로 보일까 두려워서 감히 거절 못하는 경우가 만에 하나라도 생길까 봐, 그때까지 운전사만으로 충분했으나, 앞으로는 앙드레가 거들지 않으면 알베르틴을 외출시키지 않기로 했다. 전에는 그녀를 운전사와 단둘이서(그 뒤로 다시는 그만한 용기가 나지 않았지만) 사흘 동안이나 집을 비우게 하여, 발베크 부근까지 마음대로 가게 한 적도 있었다. 그녀는 그토록 오픈카로 쏜살같이 길을 달리고 싶어했다. 내 마음의 잔잔함이 호수와 같았던 그 사흘 동안. 하기야 그녀가 연이어 보낸 그림엽서가 브르타뉴 우체국의 졸렬한 사무(여름엔 양호하나 겨울엔 아마도 엉망이 되는) 탓으로, 알베르틴과 운전사가 돌아온 지 일주일 만에 도착하긴 했지만. 두 사람은 더할 나위 없이 씩씩하여, 파리로 돌아온 그날 아침부터 아무 일 없었다는 듯 일과인 산책을 다시 시작했다. 그러나 베르사유 일이 있고 난 뒤부터 나는 변했다. 어쨌든 나는 오늘 알베르틴이 트로카데로의 그 '특별' 마티네에 가겠다고 해서 기뻤는데, 앙드레라는 동반자가 있어서 더욱 마음 든든했다.

알베르틴이 외출하고 난 뒤 나는 이런 생각을 버리고 잠깐 창가로 갔다. 처음에 주위는 고요했으나, 양 내장 음식 장수의 호각과 시가전차의 경적이 정적을 깨뜨렸고, 마치 엉터리 조율사처럼 다른 옥타브로 공기를 진동시켰다. 그러다가 교차하는 모티브가 점점 뚜렷해지며 거기에 새로운 몇몇 주조가 가담했다. 다른 호각 소리도 들려왔다. 뭘 파는지 모르지만 장수의 호각 소리는 전차의 경적과 아주 비슷하고 또 삽시간에 지나가버리지도 않았기 때문에, 엔진이 없거나 또는 고장으로 오도 가도 못하는 전차 한 대가 죽어 가는 짐승처럼 이따금 비명을 지르고 있는가 싶었다.

만일 앞으로 이 귀족 주택가를 떠나게 된다면—아주 서민적인 구역으로 이사 가지 않는 한—작은 거리나 도심지의 큰 거리는(과일 장수나 생선 장수 등이 큰 식료품점을 차려놓고 있어서 행상의 외침이 무용지물이 되어 큰 소리로 외친들 들리지 않을 테니까) 변변치 못한 장사꾼들과 음식 장수들이 외치는 그 호칭 기도를 모조리 박살내고 싹 쓸어내어, 아침 일찍부터 나를 황홀케 하는 오케스트라도 들리지 않아 침울해서 도저히 못 살 곳으로 생각하게 될 것이 틀림없었다. 보도에 어느 볼품없는 여인(또는 보기 흉한 유행을 좇는 여인)이 지나치게 밝은 염소털 팔트토 사크(paletot sac)*를 걸치고 지나간다. 아니다, 여인이 아니었다. 염소가죽 외투를 입은 운전사가 걸어서 차고로 가는 길이었다. 일류 호텔에서 뛰어나온 심부름꾼들이 알록달록한 제복 차림으로 자전거에 몸을 딱 붙이고 올라타, 아침 기차로 도착하는 여객들을 마중하러 역 쪽으로 쏜살같이 달리고 있었다. 어디선가 바이올린 같은 울림이 들려왔는데, 자동차가 지나가기 때문이거나 내가 전기주전자에 물을 가득 넣지 않았기 때문이었다. 교향악이 한창일 때 유행에 뒤진 '아리아'가 어울리지 않게 울려왔다. 늘 자기 곡조에 딸랑이로 반주를 곁들이는 봉봉 장수 대신, 장난감 장수가 갈대 피리에 잡아맨 꼭두각시를 사방으로 움직이고 그 밖에도 여러 꼭두각시를 데리고 오면서, 대(大)그레고리우스의 전례 낭송법, 팔레스트리나가 개혁한 낭송법, 근대 작곡가의 서정적 낭송법 같은 것에는 아랑곳없이, 시대에 뒤진 순수 멜로디파인 그가 목청을 다 뽑아 노래하기 시작했다.

자아, 아버님들, 어머님들,
귀여운 자녀분을 기쁘게들 하소.
만든 이도 나, 파는 이도 나,
그 돈으로 그렁저렁 살아가는 내 신세.

---

* 자루같이 생긴 짧은 외투.

트라 라라라, 트라 라라라 레르,
트라 라라라라라
자아, 어린이 여러분, 장난감 사세요!

　베레모를 쓴 키 작은 이탈리아 상인들은 이 '아리아 비바체(aria vivace)'[*1]
와 겨루어볼 생각도 못 하고 조용히 작은 인형을 내밀기만 하며 지나갔다.
그러다 날카로운 피리 소리가 끼어들어 장난감 장수는 멀리 쫓겨나고, 그가
노래하던 '자아, 아버님들, 어머님들'은 프레스토(presto)[*2]지만 막연하게 되
어버린다. 이 피리는 동시에르에서 내가 아침마다 듣던 그 용기병 가운데 한
사람이 부는 것일까? 아니다. 그 뒤에 이런 말이 이어지기 때문이다. "오지
그릇이나, 사……기 그릇 고쳐. 유리, 대리석, 수정, 뼈, 상아, 골동품도 고
칩니다. 자아, 수선쟁이가 왔습니다."
　왼쪽에 햇살이 후광처럼 비추고, 오른쪽에 소 한 마리가 통째로 매달려 있
는 한 푸줏간 안에는 키다리에다 비쩍 마른 금발의 사환이 하늘색 깃 밖으로
목을 쭉 빼고서, 어지러울 지경으로 잽싸게 세심한 주의를 기울이며, 한쪽에
서 상등 쇠고기 등심을, 또 한쪽에서 최하등의 볼깃살을 가려 반들반들 윤나
는 저울에 달곤 했는데, 그 저울 위에 있는 십자가에는 아름다운 쇠사슬이
늘어져 있었다. 보아하니 남은 일이라곤 진열창에 콩팥, 등심살, 갈비를 늘
어놓는 일뿐이지만, 그는 푸줏간 주인이라기보다 '최후의 심판'날에 천주를
위해 '선인'과 '악인'을 분류하여, 그 영혼의 무게를 다는 잘생긴 천사와 같
은 인상을 주었다.
　한편 또다시 가늘고 미묘한 피리 소리가 공기 속에 울려퍼졌다. 그것은 기
병대가 행진할 때마다 프랑수아즈가 뭔가 부서지지 않나 걱정하던 파괴의
징조가 아니라, '골동품 장수'가 '수선'을 약속하는 신호였다. 그는 우직한
건지 엉큼한 건지 어쨌든 매우 절충적인 인물로서, 무엇을 전문으로 하는 것
이 아니라 잡다한 일에 솜씨를 부리곤 했다. 빵 배달하는 여자아이들이 '점
심'용 플뤼트(flûte)[*3]를 서둘러 바구니에 담고 있었으며, 우유 가게 여자아

---

[*1] 매우 빠른 아리아.
[*2] 매우 빠르게.
[*3] 가늘고 긴 빵.

이들은 기세 좋게 우유병을 작은 갈퀴에 걸고 있었다. 나는 이 여자아이들의 모습을 향수에 젖어 바라보았지만, 정말 이것이 그들의 본모습이라고 여겨도 좋을까? 창에서 내려다보면 가게 안에 있거나 달음질치는 모습밖에 보이지 않는 그 여자아이들 중 하나를 잠깐이나마 내 곁에 붙잡아둔다면, 그 아이는 생판 다른 사람이 되지 않을까? 바깥출입을 안 하는 데서 얼마나 큰 손해를 입고 있는지, 다시 말해서 그 하루가 얼마나 풍부한 보물을 주고 있는지 평가하려면, 생기 있는 프리즈(frize)*¹처럼 기다랗게 펼쳐지는 생활 속에서 빨랫감이나 우유병을 든 한 여자아이를 붙들어, 포르탕(portant)*² 사이에서 움직이는 무대장치의 실루엣처럼 내 방 문틀 가까이 잠깐 그녀를 데리고 와서 주의 깊게 그 모습을 바라보고, 뒷날 같은 여인인 줄 알아볼 수 있도록 그 신상에 대해 뭔가를 알아두어야만 하리라. 마치 조류학자나 어류학자가 이주를 확인코자 놓아주기 전 철새 다리나 물고기 배에 표시를 해두는 것처럼.

그러므로 나는 프랑수아즈에게, 늘 빨랫감을 받으러 오거나 빵과 우유를 배달하러 오는 여자아이들 중 아무나 오면, 심부름시킬 게 있으니—프랑수아즈도 곧잘 이 여자아이들에게 심부름을 시켰다—나에게 보내라고 일렀다. 이 점에서 나는 엘스티르에게 견줄 만했다. 엘스티르도 아틀리에 안에 죽치고 있어야 할 몸인지라, 봄이 와서 숲에 제비꽃이 활짝 폈다는 소식을 들으면 애타게 보고 싶어하며, 문지기 아낙네를 시켜 그 꽃다발을 사오게 했다. 그때 엘스티르가 보았다고 여긴 것은 보잘것없는 식물이 놓여 있는 탁자가 아니라, 그가 전에 보았던 몇천인지 모를 푸른 꽃 아래 구불구불 휘어진 풀줄기들과 그 숲에 깔린 풀의 양탄자, 그리고 꿈을 불러일으키는 꽃향기가 아틀리에 안을 투명하게 둘러싼 공상의 한 지대였다.

세탁소 여자애가 일요일에 올 리 없는데, 빵 배달하는 여자애도 공교롭게 프랑수아즈가 집을 비운 사이에 초인종을 눌러, 바구니에 담은 플뤼트를 층계참에 놓고 가버렸다. 과일 가게 여자애야 더 늦게 올 터였다. 한번은 내가 치즈를 주문하러 우유 가게에 들른 적이 있는데, 점원들 가운데 유달리 눈에 띈 여자애, 정말 별난 금발에다가 어린 티가 나지만 키도 크고 배달하는 다

---

*1 건축물의 벽면과 코니스 사이에 두르는 띠 모양의 장식.
*2 무대장치의 지주(支柱).

른 여자애들 한가운데서 꿈꾸는 듯이 새침한 태도를 짓고 있는 여자애가 있었다. 멀리서 보았고 잠깐 들렀을 뿐이어서 그녀가 어떻다고 자세히 말할 수는 없지만, 다만 너무 빨리 자란 듯싶었고, 또 그 탐스러운 머리칼은 특징 있는 머리라기보다는 구불구불 선을 이루는 만년설을 양식적으로 조각한 듯한 느낌을 주었다. 그 밖에 눈에 띈 것은 윤곽이 뚜렷한 코로, 여윈 얼굴에 (아이에게는 매우 드물게) 새끼 독수리의 부리를 떠올리게 했다. 하지만 그녀 주위에 있는 무리 때문에 그녀를 자세히 눈여겨보지 못한 건 아니었다. 처음 본 뒤로 내가 그녀에게 어떠한 감정을 품게 했는지, 새침한 반발심인지, 비아냥대는 마음인지, 나중에 그 동료들에게 말하게 될 멸시의 정인지, 그게 알쏭달쏭했기 때문이기도 하다. 내가 한순간에 그녀에 대하여 짐작하던 이런저런 추측이 그녀 둘레에 두꺼운 탁한 공기를 감돌게 했다. 그녀는 자태를 감추는 여신처럼 벼락이 크게 치는 구름 사이로 사라졌다. 왜냐하면 심정의 동요는 구체적인 눈의 결함 이상으로 정확한 지각을 방해하는 커다란 원인이기 때문이다. 이 여자애는 지나치게 여윈 주제에 엄청나게 이목을 끄는 데가 있고, 사람에 따라선 그녀의 매력이라고 부를지도 모를 게 너무 많아서 오히려 나에게 불쾌한 인상을 주었지만, 그래도 그 때문에 우유 배달하는 다른 여자애들을 알아보지 못하는, 나아가 하나도 생각나지 않게 하였다. 이 여자애의 활처럼 굽은 코, 생각에 잠긴 듯한 개성적인, 남을 판단하는 듯이 보이는 매우 불쾌한 그 눈길은 마치 금빛 번갯불이 주위 경치를 어둡게 하듯이 동료들을 어둠 속에 담그고 말았던 것이다. 이래서 내가 치즈를 주문하러 찾아간 우유 가게에서 기억하는 것은(텅 빈 얼굴에 모양이 다른 코를 열 번이나 다시 붙여 볼 만큼이나 눈여겨보지 않은 얼굴을 '기억한다'고 말할 수 있다면) 내 마음에 들지 않던 이 여자애뿐이었다. 하지만 연정이 시작되기에는 이것으로 충분했다. 그래도 만일 프랑수아즈가, 그 여자애는 아직 어리지만 여간 조숙하지 않은지라 지나치게 몸치장을 하는 바람에 근처에 빚을 져서 조만간 해고될 거라고 나에게 말하지 않았다면, 나는 그 별난 금발 여자애를 잊어버리고 그녀를 다시 만나고 싶다고 생각하지도 않았으리라. '아름다움이 행복을 약속한다'고 말한 이가 있다. 그러나 반대로 쾌락의 가능성이 아름다움의 맨 처음일 수도 있다.

나는 어머니의 편지를 읽기 시작했다. "콩브레에 와서 내 사념이 새까맣게 되진 않았을망정, 적어도 거무스름한 잿빛이 되었구나. 나는 늘 너를 생각하고, 너를 보고 싶은 마음뿐이다. 네 건강, 네 일, 네가 멀리 떨어져 있는 상황, 날이 저물어갈 무렵에 이런 생각에 잠기면 어떠한 심정인지 알겠니?" 세비네 부인의 여러 인용문 너머로 나는 알베르틴이 우리집에 오랫동안 머무르는 것과 내가 이 약혼녀에게 결혼 의사를 명확히 드러내지 않았음에도 어머니의 근심이 점점 더 뿌리박혀 가는 걸 보고, 어머니가 난처해하고 있음을 느꼈다. 어머니가 이 이상 단도직입적으로 말하지 않은 것은, 내가 편지를 내팽개치지 않을까 염려되어서다. 그래도 어머니는 넌지시 내가 편지를 받았음을 곧바로 알리지 않는다고 나무라곤 했다. "너도 알다시피 세비네 부인은 이렇게 말씀하셨다. '멀리 떨어져 있을 때는, 보내신 서신을 잘 받았습니다, 라는 첫머리로 시작되는 편지도 웃음거리가 안 되지요.'" 어머니는 가장 근심하는 일에 대해서는 말하지 않고, 나의 돈 씀씀이가 헤픈 것을 지적하며 화를 냈다. "그 많은 돈이 다 어디로 사라진다지? 네가 샤를드 세비네처럼 자신이 뭘 하고 싶은지도 모르고서, '단번에 두세 사람'이 된 기분으로 사는 것만으로도 내 마음은 어지간히 아프단다. 적어도 돈 씀씀이에는 샤를 드 세비네의 흉내를 내지 않도록, 이런 말을 하지 않도록 힘써 다오. 곧 '그 애는 자신도 모르게 돈을 쓰고, 도박하지 않고도 돈을 잃으며, 아무리 갚아도 빚이 줄지 않는 수를 발견했답니다.'" 내가 어머니의 편지를 막 다 읽었을 때 프랑수아즈가 돌아와, 언젠가 내가 얘기했던 좀 지나치게 대담한 우유 가게의 여자애가 마침 와 있다고 말했다. "도련님의 편지를 부치거나, 먼 거리가 아니면 심부름도 잘할 겁니다. 마치 '빨간 모자(Chaperon Rouge)'* 같은 아이랍니다." 프랑수아즈는 여자애를 데리러 갔다. 프랑수아즈가 여자애를 안내하면서 떠드는 소리가 들려왔다. "자아 어서, 왜 그런다지. 복도가 있어 무서운 게냐? 바보 같구나, 네가 이렇게 어색해할 줄은 몰랐다. 손이라도 잡아주련?" 프랑수아즈는 자신이 주인을 존경하듯 남에게도 존경을 표하게끔 시키는 수를 터득한 하녀답게, 옛 거장의 화폭에 그려져 있는 사랑의 중매 여인들—그 곁에서는 사랑하는 남녀들조차 거의 셈속에 들어가지 않을 정도로 존재감이 흐릿하다—을 기품 있게 만드는 그런 위엄을

---

* 프랑스의 동화에 나오는 가련한 소녀.

지니고 있었다.

엘스티르가 제비꽃을 바라볼 때는, 제비꽃이 뭘 하는지 마음 쓸 필요도 없었을 것이다. 그런데 우유 가게의 여자애가 들어오자마자 나는 정관자(靜觀者)로서의 침착성을 잃고, 오로지 편지를 부쳐달란다는 지어낸 말을 사실임 직하게 보이려는 것밖에 마음에 없었다. 나는 그녀를 눈여겨보려고 불러들인 기색을 감추려고, 그녀를 보는 둥 마는 둥 허겁지겁 편지를 쓰기 시작했다. 그녀는 손님을 기다리는 집에서 우연히 만나는 예쁜 아가씨에게서도 도저히 찾아보지 못할 듯한 알 수 없는 매력을 풍기고 있었다. 벌거벗지도, 분장도 하지 않은 틀림없는 우유 가게 아가씨는 다가갈 틈이 없을 때는 더할 나위 없이 예쁘다고 느끼게 하는 그런 아가씨로, 인생의 영원한 욕망과 영원한 애착을 얼마쯤 자아냈다. 결국에는 길을 바꾸어 내게로 흘러올 욕망과 회한의 이중의 흐름. 이중이라고 여긴 까닭은, 우리는 알지 못하는 것─키나 몸의 균형, 차가운 눈매, 새침한 태도─에서 틀림없이 굉장한 아가씨일 거라고 추측하지만 다른 한편으로는 그 아가씨가 뚜렷한 전문 직업을 갖고 있고, 그 특별한 복장에 의하여 우리 세계와는 다른 꿈같은 것으로 여겨지는 그녀의 세계로 우리를 도피시켜주기를 바라기 때문이다. 또한 연애의 호기심에 대한 법칙을 간단한 형태로 요약하자면, 눈결에 언뜻 본 여인에게 다가가서 어루만진 여인 사이의 거리가 최대라는 것이다. 옛날 유곽이라고 불리던 곳의 여인들, 아니 고급 창부들마저(그녀들이 고급 창부라는 사실을 알고 나면) 그다지 이쪽의 마음을 끌지 않는 것은, 그녀들이 다른 여인만큼 아름답지 않아서가 아니라, 모든 준비를 끝내고 있는 탓이다. 얻어내고자 원하는 바로 그것을 그녀들이 벌써부터 내밀고 있는 탓이다. 곧 정복한 여인이 아니기 때문이다. 이때 간격은 최소다. 매춘부는 거리에서 벌써 미소를 짓고 있는데, 나중에 단둘이 되었을 때에도 그런 미소를 지으리라.

그런데 우리는 조각가다. 여인이 이쪽에 드러낸 모습과 전혀 딴판인 조각상을 그녀에게서 얻고자 한다. 바닷가에서 쌀쌀하고 오만한 아가씨를 만났다고 치자. 또는 카운터에서 진지하게 일하면서, 동료의 놀림감이 되지 않으려고 해선지 모르지만 묻는 말에 퉁명스럽게 대답하는 점원 아가씨나, 묻는 말에 변변히 대꾸도 못하는 과일 가게 아가씨를 보았다고 치자. 그러면 태깔스런 그 바닷가의 아가씨나, 남의 입방아를 꺼리는 점원 아가씨나, 과일 가게의 덤덤한 아가씨는 이쪽에서 그럴듯한 말로 구워삶으면 정말로 고집 센 태도를 누그러뜨리고는 일하던 팔을 우리 목에 감아줄까. 동의하는 미소를 띠면서, 그 쌀쌀하고 무표정하던 눈길을 우리 입으로 가져오지 않을까. 나는 이것을 시험하지 않고서는 못 배길 것이다—일하는 동안의 매서운 눈매가 지닌 그 아름다움이여! 그때 점원 아가씨는 동료에게 욕먹을까 봐서 겁이 나 이쪽의 끈질긴 눈길을 피했지만 이제 단둘이 마주 보고 사랑놀음을 이야 기할 때가 되면, 환하게 빛나는 웃음의 무게로 그 눈을 사르르 내리깔지 않을까! 점원 아가씨, 열심히 다리미질을 하는 세탁소 아가씨, 과일 가게 아 가씨, 우유 가게 아가씨—바로 그 아가씨가 마침내 내 애인이 되려 할 때, 전자와 후자의 간격은 최대로 벌어져 아슬아슬한 맨 끄트머리까지 확대되 고, 직업상 몸에 밴 몸짓에 의하여 변화한다. 일을 하는 팔은 밤마다 입맞추 려고 입을 내밀 때 재빨리 이쪽 목에 아라베스크처럼 부드럽게 감기는 팔과 는 전혀 딴판인 다른 것이 된다. 그러므로 우리는 그 직업 때문에 멀리 떨어 져 있는 것처럼 느껴지는 착실한 아가씨들에게 끊임없이 불안한 접근을 되 풀이하면서 평생을 보내고 만다. 먼저 우리 품에 안기고 나면 그녀들은 전과 는 생판 다른 인간이 되어, 우리가 뛰어넘으려고 꿈꾸던 거리가 사라진다. 그러나 우리는 다른 여인들과 다시 같은 짓을 되풀이하며, 그 계획에 모든 시간과 돈과 힘을 쏟고, 첫 밀회를 놓칠까 봐 느릿느릿 모는 마부에게 화를 버럭 내고 열을 낸다. 물론 이 첫 밀회로 환상이 가뭇없이 없어지리라는 것 도 잘 안다. 개의치 않으리라. 환상이 계속되는 한, 그것을 현실화할 수 있 는지 시험해보고 싶다. 그때, 전에 그 쌀쌀함에 마음 끌린 세탁소 아가씨가 머릿속에 떠오른다. 연정의 호기심이란 고장 이름이 우리 마음속에 일으키 는 호기심과 같아서, 늘 환멸을 느끼면서도 또다시 생겨나 결코 물릴 줄 모 른다.

  오호라! 가는 줄이 팬 금발 머리채의 우유 가게 여자애는 내 곁에 서자, 내 마음에 눈뜬 수많은 공상과 욕망의 허물을 벗겨, 본디 그녀 모습으로 되 돌아갔다. 흔들리는 구름 같은 나의 상상도 더 이상 그녀의 눈을 어리게 하 고 마음을 어지럽게 하지 않았다. 그녀는(내가 기억을 붙들어두지 못하고 잇달아 떠올린 열 개의 코, 스무 개의 코 대신) 단 하나의 코밖에 없음을 겸 연쩍어하는 듯했고, 그 코도 예상 밖에 주먹코여서 바보스런 인상을 주었으며, 어쨌든 끝없는 변화의 힘을 잃고 있었다. 잡혀서 옴짝달싹 못하고, 폭로된 그 가련한 꼴에 무엇 하나 덧붙일 수 없게 된 이 하늘의 작은 새는 이미 내 상상력을 협력자로 모시고 있지 않았다. 꼼짝 않는 현실 속에 빠진 나는 다시 튀어오르려고 애썼다. 그러자 가게 안에서 알아채지 못한 그녀의 뺨이 매우 예쁘게 보여, 나는 주눅이 들었지만 버젓한 태도를 보이려고 우유 가게 여자애에게 말했다. "미안하지만 거기에 있는 〈피가로〉지를 이리 줘요. 아가씨에게 가달라고 할 장소의 이름을 봐야 하니까." 그러자 그녀는 곧바로 신문을 잡으려고, 웃옷의 붉은 소매를 팔꿈치까지 드러내며 능숙하고 귀여운 손짓으로 신문을 내밀어 주었다. 그 손의 무람없는 재빠름, 보드라운 모양, 진홍색이 내 마음에 들었다. 나는 〈피가로〉지를 펴면서 뭔가를 말하려고, 눈을 쳐들지 않은 채 여자애에게 물었다. "아가씨가 입은 붉은 뜨개옷은 뭐라고 하지? 아주 예쁜데."—"이거 골프(golf)*예요." 어떤 유행이든 간에 반드시 격이 낮아지는 법이라서, 몇 년 전까지 알베르틴의 친구들처럼 비교적 고상한 사람들의 독점물 같아 보이던 의상이나 말들이 지금은 일하는 여인들의 몫이 되어 있었다. "정말 괜찮을까? 좀 멀리까지 가게 될 텐데." 나는 〈피가로〉지에서 기사를 찾는 체하면서 말했다. 이와 같이 내가 그녀에게 시키려는 심부름이 힘들다는 기색을 보이자, 당장 그녀에게도 난처한 빛이 또렷했다. "실은 오후에 자전거 타고 소풍을 가기로 했어요. 우리는 일요일 밖에 노는 날이 없거든요."—"그나저나 그처럼 아무것도 쓰지 않고 나가면 춥지 않아?"—"왜 아무것도 안 쓰고 가요, 폴로를 써요. 머리숱이 많으니까 폴로도 소용없긴 하지만." 나는 고개를 들어 누르스름한 곱슬머리를 바라보았다. 그 소용돌이치는 머리칼이 내 가슴을 때리면서, 느닷없이 눈부신 아름다움의 회오리바람 속으로 나를 데려가는 느낌이 들었다. 나는 다시 신문을 계속 읽었다. 그저 버젓한 태도를 꾸미고 시간을 벌려고 읽는 체하면서도, 눈에 들어오는 글자의 뜻은 분명 이해했다. 그리고 다음 글자가 나를 깜짝 놀라게 했다.

"오늘 오후 트로카데로의 대강당에서 치러질 예정인 마티네 프로그램에 레아 아가씨의 이름을 추가한다. 레아 아가씨는 〈네린의 흉계〉에 출연하기

---

* 소매가 긴 여성용 외투.

로 승낙했다. 물론 레아 아가씨가 맡은 네린은, 그 활기로 보나 그 뇌쇄적인 쾌활성으로 보나 실로 비할 데 없이 아주 훌륭한 인물이다." 발베크에서 돌아온 뒤로 겨우 아물기 시작한 마음의 상처에 감아둔 붕대를 갑자기 뜯어낸 느낌이었다. 고뇌의 밀물이 북받쳐 올랐다. 레아는, 알베르틴이 어느 날 오후 카지노에서 남몰래 거울을 통해 눈여겨보던 그 두 아가씨와 친한 여배우였다.

발베크에 있을 때 알베르틴은 레아의 이름을 듣고서, 그만큼 훌륭한 인물을 의심쩍게 생각하다니 불손하기 짝이 없다는 듯 유달리 엄숙한 말투로 말했었다. "거짓말! 그분은 그런 여자가 아니야. 아주 훌륭한 분이야." 불행하게도 나는 알베르틴이 이런 투로 단호하게 말하면, 계속 바뀌는 단정의 첫 단계로밖에 보이지 않았다. 첫 단정 뒤에, "난 그런 분 몰라요"라는 두 번째 단정이 따라온다. 처음에 "의심할 수 없는" 인물이라고 말한 다음에(두 번째 단계로) "난 그런 분 몰라요"라고 부인했지만, 세 번째 단계에 이르면 모른다고 말했던 것을 조금씩 잊기 시작하여 자신도 모르게 '앞뒤가 어긋난' 말로 그 사람을 알고 있다고 얘기한다. 첫 번째 망각이 끝나 새 단정을 내리면, 두 번째 망각, 곧 그 사람은 의심할 수 없는 인물이라고 말했던 것을 잊기 시작했다. 내가 "그 여인은 그런 짓에 물든 사람이 아냐?" 물으면, 그녀는 대답한다. "물론이죠. 다 아는 사실인걸요!" 그러나 그 즉시 엄숙한 말투로 되돌아와서, 첫 번째 단정이 매우 축소된 어렴풋한 메아리라고도 할 수 있는 단정이 내려진다. "그래도 나한테는 늘 빈틈없이 예의 바르던데요. 물론 이상하게 굴면 호되게 당하리라는 걸 알고 있었던 거죠. 그나저나 대수롭지 않은 일이니, 그분이 늘 내게 예의 바르게 대해준 걸 감사해야죠. 상대가 어떤 인간인지 알아볼 줄 아는 분인가 봐."

진실은 뚜렷한 하나의 이름과 옛 뿌리를 간직하므로 기억에 남는데, 위기를 피하려고 꾸며낸 거짓말은 금방 잊기 마련이다. 알베르틴도 이 마지막 거짓말, 즉 네 번째 거짓말을 잊어버리고, 어느 날 속내를 털어놓아 나의 신뢰를 얻을 셈으로, 처음에 더할 나위 없는 분이라고 했다가 다음에 그런 사람 모른다고 말한 그 여인에 대하여 이렇게 실토하고 말았다. "그분 나에게 반했어요. 서너 번이나 나한테 자기 집까지 같이 가지 않겠느냐 물었어요. 다들 보는 한낮에 그분과 같이 밖에 나가는 거라면 조금도 거북하지 않았지만,

그래도 그분 집 앞에 이르면 난 늘 핑계를 대고 한 번도 올라가지 않았어요." 그리고 얼마 뒤 알베르틴은 그 부인 집에서 보았던 물건들의 아름다움을 암시했다. 이렇게 조금씩 좁혀 나가면 그녀로 하여금 진실을 거짓 없이 사실대로 밝힐 수 있겠지만, 그 진실은 생각했던 것보다 심각한 게 아닐는지도 모른다. 그녀는 동성의 애정을 탐닉하기 쉬울지 모르나 남성 애인을 더 좋아할 거고, 지금 내가 그녀의 애인으로 있는 이상 레아 따위는 꿈에도 생각지 않을 테니까.

아무튼 여러 여인에 대한 그녀의 앞뒤 어긋난 모든 단정을 하나로 종합해 보이기만 해도 그녀가 저지른 잘못을 받아들이게 하기엔 충분하리라(이런 잘못은 천문학 법칙과 마찬가지로, 현실 속에서 관찰하고 파악하느니보다 추리로 찾아내는 편이 훨씬 수월하다). 그런데 그녀는 어떤 단정을 내리든 간에, 자기가 얘기한 것이 처음부터 지어낸 이야기에 지나지 않음을 인정하지 않고, 오히려 맨 나중에 한 말이 거짓이라며 먼저 한 단정을 취소할 테니까, 그렇게 되면 나의 온 생각들은 무너지고 말 것이다. 《아라비안나이트》에도 이런 이야기들이 있고, 그것은 우리에게 매력적으로 보이지만 사랑하는 여인이 지어낸 거짓 이야기는 우리를 괴롭힌다. 그러나 그 괴로움 때문에 우리는 인간성의 바깥쪽에서 머무는 데 만족하지 않으며, 인간성의 인식에 더 깊이 파고들어갈 수 있게 된다. 고뇌는 우리 마음속을 꿰뚫고, 또한 고통스러운 호기심을 통해 우리는 어쩔 수 없이 그 속으로 깊이 빠져든다. 그러므로 우리는 자신에게 진실을 숨길 권리가 없음을 느끼게 되며, 그로 인해 허무를 확신하고 영예에 무관심한 죽어가는 무신론자조차도, 남은 마지막 몇 시간을 바쳐 발견한 진실을 사람들에게 알리고자 애쓴다.

물론 레아에 대해서는 아직 첫 번째 단정을 들었을 뿐, 알베르틴과 아는 사이인지조차 알 수 없는 단계였다. 그러나 결국 마찬가지였다. 알베르틴이 트로카데로에서 이 벗과 만나거나 또는 이 알지 못하는 여인과 벗이 되는 것을 기어코 막아야 한다. 나는 그녀가 레아와 아는 사이인지 아닌지를 모른다고 서술했다. 그렇지만 사실 나는 발베크에서 그 점을 다름 아닌 알베르틴 본인의 입을 통해서 들어 알고 있었던 게 틀림없었다. 왜냐하면 망각이 알베르틴에게서처럼 내게서도, 그녀가 단정한 사실의 대부분을 없애버렸기 때문이다. 기억이란 우리 생활의 갖가지 사실을 복제하여 늘 눈앞에 보존하는 게 아니라, 오히려 하나의 허무이므로 거기에서 우리는 실제와의 유사에 의해 이따금 죽은 추억을 다시 살려서 끄집어낼 수 있다. 또한 이 잠재적인 기억 속에 빠지지 않은 수많은 사소한 사실이 있고, 그것들은 우리에게 영원히 마음대로 다룰 수 없는 것으로 남는다. 우리는 사랑하는 이의 현실과 관련되지 않는다고 믿으면 아무 주의도 기울이지 않으며, 우리가 모르는 어떤 사실이나 사람들에 대하여 그녀가 뭐라고 말했는지, 그 말을 하면서 어떤 표정을 지었는지 금세 잊어버린다. 따라서 뒷날 그 사람 때문에 질투심이 일어날 때에도 질투한 게 오해는 아닌지, 애인이 그토록 서둘러 외출한 것이나 우리가 너무 일찍 돌아왔으므로 외출하지 못하게 되었다며 그토록 불만스러워한 것도 실은 그 사람과 관계있는 게 아닌지를 알 수가 없다. 그것을 알고자 질투심은 과거를 뒤져 결론을 내리려고 하지만 단서 하나 잡지 못한다.

  늘 과거를 돌아다보는 점으로 보아, 질투심은 자료라곤 하나도 없이 역사를 꾸며낼 수밖에 없는 역사가라고나 할까. 질투는 언제나 뒤늦게야 성난 황소처럼 내닫지만, 창끝으로 자기를 쿡쿡 찔러 약 올리는 씩씩한 인물, 그 현란한 솜씨와 속임수로 잔인한 관객의 갈채를 받는 인물은 이미 몸을 피한 뒤다. 질투는 헛되이 몸부림친다. 질투는 종잡을 수 없다. 마치 우리가 꿈속에서 깨어 있을 때에 잘 아는 사람을 찾아갔다가 집이 비어 있어서 못 만나고는 섭섭해하면서, 그 사람은 꿈에서는 다른 사람이며, 다른 인물의 얼굴로 꾸미고 있을지도 모른다는 생각이 들 때 느끼는 불안감, 또는 깨어나서 꿈에 본 이것저것을 확인하려 할 때 느끼는 더욱 큰 불안감과 같다. 그런 말을 하면서 알베르틴은 어떤 표정을 지었더라? 즐거워하지 않았던가, 휘파람까지 불지 않았던가? 휘파람은 누군가를 그리워하거나, 내가 곁에 있는 게 귀찮거나 안달이 날 때밖에 불지 않는데? 아무개와 아는 사이라든가 모르는 사이라든가, 말하자면 지금 단호하게 하는 말과 모순된 사실을 말하지 않았나? 우리는 이를 모르거니와 앞으로도 영영 모를 것이다. 우리는 미덥지 않은 꿈의 부스러기를 한사코 찾아대는데, 그동안에도 애인과의 생활은 계속된다—어리석게도 우리에게 중대한 사실은 전혀 깨닫지 못한 채 별 볼일 없는 것에만 주의를 기울이는 생활, 우리와 실제로 관계없는 사람들의 악몽에 시달리며 망각과 공백과 허망한 불안으로 가득 찬 생활, 하룻밤 꿈 같은 생활을.

나는 우유 가게 여자애가 여전히 거기에 서 있는 것을 깨닫고, 아무래도 심부름 가야 하는 데가 너무 머니 수고해주지 않아도 괜찮다고 그녀에게 말했다. 그러자 여자애도 너무 멀면 난처하다고 했다. "오후에 멋진 시합이 있거든요. 꼭 구경 가고 싶어서요." 나는 여자애가 머지않아 '운동을 좋아한다'고 말할 테고, 또 몇 년 안 가서 '내 삶을 산다'느니 하는 말을 하게 되리라는 것을 짐작했다. 나는 여자애에게 수고하지 않아도 좋다고 딱 잘라 말하며 5프랑을 내주었다. 그러자 전혀 뜻밖의 일이었는지 또는 아무 일도 하지 않고 5프랑이나 받았으니 심부름을 하면 더 많이 받을 줄로 생각해서인지, 여자애는 시합 같은 건 아무래도 좋다고 말하기 시작했다. "심부름 할 데가 멀어도 괜찮아요. 잘해볼게요." 그러나 나는 여자애를 문 쪽으로 밀어냈다. 혼자 있고 싶었다.

알베르틴이 트로카데로에서 레아의 벗들과 만나는 걸 기어코 막아야 했다. 꼭 그렇게 해야 하고, 반드시 성공해야 했다. 그런데 실은 아직 어떻게 해야 좋을지조차 몰라, 나는 처음 잠깐 동안 손을 펴고 멍하니 바라보다가 손가락 마디로 똑똑 소리내었다. 정신이 구하는 것을 찾지 못하고 지쳐서 잠깐 걸음을 멈추면, 마침 들판 한가운데에서 기차가 멎었을 때 비탈에서 바람에 살랑거리는 잡초들의 뾰족한 잎끝이 차창 밖으로 보이듯이, 무관심하게 보아온 사물들이 정신에 똑똑하게 나타나기도 하기 때문이다(하기야 정신의 멈춤이 반드시 좋은 결과를 낳는 것만도 아니어서, 사로잡힌 짐승이 겁에 질려 몸을 움츠리거나 어안이 벙벙해서 눈알만 두리번거리는 거나 매한가지일 적도 있다). 또는 내 몸을 모든 준비를 다 끝낸 상태에 놓고—몸 안에는 지성을, 또 지성 안에는 그 누군가에 대한 행동 수단을 품은 채—이 몸을 무기 삼아 레아와 그 두 벗한테서 알베르틴을 떼어놓을 일격을 가하고 싶기 때문이기도 했다.

물론 이날 아침 프랑수아즈가 나한테 와서 알베르틴이 트로카데로에 갈 거라고 말했을 때, 나는 '알베르틴이야 마음대로 하라지' 생각했고, 찬란한 날씨라서 저녁 무렵까지 그녀 행동에 그다지 마음을 쓰지 않을 작정이었다. 그러나 나를 이토록 근심 걱정 없게 만든 것은 내가 생각한 바와 같이 아침나절의 태양만이 아니었다. 알베르틴이 베르뒤랭 댁에서 시작하거나 또는 행동에 옮길지도 모르는 계획을 그녀로 하여금 포기하게 만들고, 나 자신이

택한 마티네, 그녀가 그 목적으로 어떠한 준비도 했을 리 없는 마티네에 가게 했으므로, 그녀의 행동은 당연히 결백할 수밖에 없다고 생각한 탓이었다. 이와 마찬가지로, 좀 있다가 알베르틴이 "나 자살해도 상관없어요" 말한 것도, 그녀가 스스로 죽지 않을 것을 확신하고 있었기 때문이다. 이날 아침은 내 앞에, 그리고 알베르틴 앞에(눈부신 해보다도 더) 한 영역이 펼쳐져 있어, 투명하고 변하기 쉬운 이 영역을 통해 나는 그녀의 행동을, 그녀는 자기 목숨의 소중함을 서로 알아보았던 것이다. 즉 눈에 보이지 않으나, 우리를 둘러싼 공기와 같이 진공(眞空)과 동일시할 수 없는 확신, 우리 주위에 변하기 쉬운 대기, 어떤 때는 쾌적하나 흔히 숨 쉬기 힘든 대기를 만들어서, 그 변화의 형태를 기온·기압·계절의 변화와 마찬가지로 빈틈없이 조사하여 기록해둘 값어치가 있는(왜냐하면 우리의 나날은 육체적이자 정신적인 독자성을 지니고 있으므로) 확신 말이다.

나는 이날 아침 스스로는 깨닫지 못했지만, 〈피가로〉지를 다시 펴보기 전까지만 해도 명랑하게 휩싸여 있던 확신, 알베르틴의 행동은 해롭지 않다는 그 확신이 이제 온데간데없이 사라지고 말았다. 나는 더 이상 살기 좋은 하루를 살고 있지 않았다. 알베르틴이 레아와 그리고 그 이상으로 손쉽게 그 두 아가씨와 옛정을 나누지 않을까, 만약 예상한 대로 이 두 아가씨가 레아에게 박수갈채를 보내고자 트로카데로에 갔다면, 막간에 알베르틴과 다시 만나기란 누워서 떡 먹기가 아니냐 하는 불안이 살기 좋은 하루 한가운데 또 다른 하루를 만들어내고, 그 안에 내가 살고 있었다.

뱅퇴유 아가씨는 이미 머리에 떠오르지도 않았다. 레아라는 이름에 질투를 불태우며, 카지노에서 두 아가씨 옆에 있던 알베르틴의 모습을 떠올렸다. 그도 그럴 것이, 내가 기억 속에 간직하고 있는 건 따로따로 흩어져 완전하지 못한 수많은 알베르틴의 온갖 옆얼굴과 순간 사진에 지나지 않았으므로, 내 질투심 또한 붙잡을 수 없는 동시에 고정된 수많은 표정과 그것을 알베르틴의 얼굴에 일으킨 사람들에 한정되어 있었던 것이다.

발베크에서 알베르틴이 그 젊은 두 아가씨 또는 같은 부류의 여인한테서 지나치게 흘끔거리는 눈길을 받았을 때 그녀의 표정을 나는 기억하고 있다. 마치 스케치하려는 화가처럼 활기차게 두루두루 훑어보는 그 눈길에 빈틈없이 뒤덮인 얼굴, 쏟아지는 눈길을 고스란히 받으면서 아마도 은근히 쾌감을 맛보고 있었을 터이나 내가 있어서인지 깨닫지 못하는 체하던 얼굴을 보았을 때, 내가 느낀 고통을 떠올렸다. 알베르틴은 금방 정신 차리고 나한테 말을 건넸는데, 앞서 잠깐 움직이지 않은 채로 있다가 허공을 보고 미소를 지으며 마치 사진을 찍을 때처럼 태연한 체하면서 쾌감을 애써 감추었다. 또는 사진기 앞에서 한결 자극적인 자세—동시에르에서 우리가 생루와 산책했을 때 그녀가 취하던 자세—를 취하고 있기라도 한 듯이 생글생글하며 혀로 입술을 적시고, 개를 희롱하는 듯한 시늉을 했다.

확실히 이때의 알베르틴은 지나가는 여자애들에게 관심을 받았을 때와는 전혀 달랐다. 그때 그녀의 눈길은 도리어 지나가는 여자애들 몸 위에 부드럽게 찰싹 달라붙어서 파고들어가, 눈길을 떼면 상대의 살갗이 벗겨질 것만 같았다. 그러나 이런 때의 눈길은 적어도 괴로운 듯이 보일 정도로 뭔가 심각한 것을 그녀에게 안겨주어, 두 아가씨 곁에서 그녀가 짓던 맥없이 행복스러운 눈길에 비하면 오히려 생기 있어 보였다. 나로선 그녀가 남의 가슴속에 불어넣은 욕정 때문에 생글생글하는 표정보다, 이따금 그녀 자신이 느끼는 게 틀림없는 욕망의 어두운 표정이 더 좋았다. 그녀가 남의 욕정을 활활 일으켰다는 의식을 아무리 감추려고 한들, 그 의식은 몽롱하게 관능적으로 그녀를 적시고 휘감으며, 그녀 얼굴을 온통 장밋빛으로 물들였다. 이럴 때 그녀가 몸속에 어중간하게 간직해둔 모든 것이 그녀 둘레에 퍼져 나를 몹시 괴롭히곤 했다. 내가 보지 않는 곳에서도 그녀가 이것을 가슴속에 간직해둘지 누가 알랴? 내가 그 자리에 없다면, 그녀는 두 아가씨의 제안에 대담하게 응하지 않을까? 확실히 이런 추억은 내게 큰 고통을 주었다. 그것은 마치 알베르틴이 취향을 모두 털어놓고 전반적으로 그녀의 불성실함을 고백하는 것처럼 보였으므로, 그녀가 그 시각 그때에 다짐하여 내가 곧이곧대로 믿고 싶던 맹세도, 내가 했던 불완전한 조사의 부정적인 결과도, 어쩌면 알베르틴과 짜고서 했을지도 모를 앙드레의 보증 따위도 도저히 그것을 이길 수 없었다. 알베르틴이 모든 배신 행위를 아무리 부인한들, 부정하는 당당한 진술보다 더 강력한 헛나온 한마디나 그 눈길만으로도, 그녀가 하나하나의 사실 이상으로 한사코 감추고 싶던 진실, 인정하느니 차라리 죽기를 택했을 그녀의 성벽은 어김없이 무너지고 말았다.

누구라도 자기 마음을 털어놓고 싶지 않는 법이다. 이런 추억으로 고민하면서도 트로카데로의 마티네 프로그램이 나로 하여금 알베르틴을 아쉬워하는 정에 또다시 눈뜨게 했음을 부인할 수 있을까? 어떤 여인들에게는 잘못이 때로는 매력이 되고, 또 잘못에 뒤이은 갑작스런 선량함도 우리에게 마음의 평온을 가져와 매력이 되는데, 알베르틴도 그런 여인 가운데 하나였다. 그런 여인과 함께 사는 이는 건강이 이틀도 지속되지 않는 병자같이, 끊임없이 마음의 평온을 되찾아야 한다. 게다가 그런 여인들을 사랑하는 동안에 그녀들이 저지른 잘못 이상으로, 사귀기 이전에 저지른 잘못이 있고, 또 무엇보다 첫 잘못, 곧 그녀들의 본성이 있다.

사실 어떤 사랑을 고통거리로 만드는 것은 사랑 이전에 여성에게 남성의 사랑을 부추기는 원죄 같은 게 있기 때문이다. 따라서 남성이 그 죄를 잊어버리면 그다지 여성을 원하지 않게 되며, 다시 사랑하려면 또다시 괴로워해야 한다. 하나하나의 사실에 관심을 갖는 것은, 그것이 보편적인 의미를 지니고 있기 때문이며, 또 영영 알 길 없는 잔혹한 현실의 눈에 보이지 않는 급류 속에서 우연히 우리 정신 속에 결정(結晶)된 사실에 단편적인 호기심을 기울이는 것은, 여행하고 싶거나 여인과 사귀고 싶은 욕망 못지않게 유치한 것에 지나지 않는다. 하지만 지금은 알베르틴을 두 아가씨와 못 만나게 할 것, 또 정말로 그녀가 레아와 아는 사이인지 알아볼 것, 이것이 가장 큰 관심거리였다. 하기야 그 결정물(結晶物)을 깨뜨릴 수 있을지라도 금세 다른 결정물이 대신 들어설 것이다. 어제 나는 알베르틴이 베르뒤랭 부인 댁에 갈까 봐 걱정이었다. 그런데 지금은 마음에 이미 레아밖에 없다. 눈가리개를 두른 질투는 주위를 둘러싼 어둠 속에서 무엇 하나 찾아내지 못할 뿐만 아니라, 다나이테스의 임무*1나 익시온(Ixion)의 형벌처럼*2 쉴 새 없이 같은 동작을 되풀이하는 모진 형벌의 하나이다. 설사 두 젊은 아가씨가 거기에 없다 하더라도, 곱게 분장하여 갈채의 영광에 빛나는 레아가 알베르틴에게 어떤 인상을 남기고, 어떤 꿈을 줄 것인가? 또 내 집에서는 억제될지라도, 그걸 채워줄 수 없는 이 생활에 싫증나게 할 어떤 욕망을 불어넣을 것인가!

---

*1 그리스 신화에 나오는 다나오스의 50명의 딸 중에서 49명은 혼례 첫날밤에 남편을 죽였기에 구멍 난 두레박으로 물 푸는 형벌을 받음.

*2 익시온은 제우스의 아내 헤라를 범하려고 한 죄로, 수레바퀴에 손발이 묶여 엄청난 속도로 영원히 도는 형벌을 받음.

그뿐인가, 알베르틴이 레아와 아는 사이라, 그 무대 뒷방으로 찾아가지 않을지 누가 안단 말인가? 레아가 그녀와 모르는 사이라 할지라도, 발베크에서 그 모습을 언뜻 본지라 알아보고서 무대 위에서 신호를 보내, 그 때문에 알베르틴이 무대 뒷문을 열고 들어가지 않는다고 누가 장담할 수 있겠는가? 위험이란 멀리 물리칠 때 비로소 피할 수 있는 것으로 보이게 마련이다. 현재의 위험은 아직 물리치지 못해, 물리치지 못할까 봐 그만큼 더 겁났다. 그렇지만 알베르틴에 대한 애정, 의식하고자 하면 거의 사라지는 느낌이 드는 이 애정이, 지금의 격심한 고뇌로 인해, 말하자면 그 증거를 내게 들이대는 것 같았다. 이제 나는 다른 걱정 없이, 오로지 그녀를 트로카데로에 그대로 있지 않게 하는 방법만을 강구했다. 레아를 그곳에 못 가게 할 수만 있다면 아무리 많은 금액이라도 마다하지 않고 바쳤을 것이다. 따라서 머릿속으로 지어내는 관념보다 실제로 행하는 행동으로 애정이 증명되는 거라면, 나는 알베르틴을 정말 사랑하고 있는 셈이었다. 그런데 이 고뇌가 다시 닥쳐와도, 내 마음속에 있는 알베르틴의 영상은 조금도 견고해지지 않았다. 그녀는 보이지 않는 여신처럼 나를 괴롭혔다. 나는 천 가지 억측을 하면서 고통을 피하고자 했으나, 그래도 여전히 애정을 실감할 수는 없었다.

먼저 레아가 정말 트로카데로에 가는지를 확인해야 했다. 우유 가게 여자애에게 2프랑*1을 쥐어서 내보낸 뒤, 나는 레아와 가까운 사이인 블로크에게 전화를 걸어 물어보았다. 그는 아무것도 몰랐으며, 내가 이런 일에 관심 갖는 자체가 놀라운 모양이었다. 빨리 가봐야 한다며, 프랑수아즈는 나들이 채비를 다 마쳤는데, 나는 아직인가 하고 생각했다. 나는 어머니에게 오늘 하루 종일 프랑수아즈를 빌려 달라고 부탁하고, *2 내가 침대에서 일어나 준비하는 동안에, 프랑수아즈에게 자동차를 잡으라고 일렀다. 프랑수아즈는 트로카데로에 가서 표를 사고, 회장을 구석구석 뒤지며 알베르틴을 찾아 내 쪽지를 전할 예정이었다. 나는 쪽지에, 알베르틴도 알다시피, 발베크에 있을 때 내가 그 사람 때문에 하룻밤을 상심으로 지새웠던 그 부인한테서 방금 편지 한 통을 받아 마음이 뒤숭숭하다고 썼다. 다음 날 아침에 그녀가 왜 자기를 곁으로 부르지 않았느냐고 나무랐던 일을 언급했다. 그러니—하고 나는

---

*1 5프랑이었음.

*2 어머니는 콩브레에 있으므로 이 부분은 모순임.

썼다—미안하지만 마티네를 희생하고 집에 돌아와, 내 마음을 진정시키고자 함께 바깥공기를 쐬러 가주지 않겠는가. 그런데 내가 옷 갈아입고 나갈 채비를 하기까지 오래 걸릴 듯하니, 프랑수아즈가 있는 김에 트루아 카르티에 (이 상점은 봉 마르셰보다 작아서 덜 걱정되었다)에 가서 그녀가 갖고 싶어 하던 흰 명주 망사의 갱프를 사면 고맙겠는데, 등등.

쪽지는 아마 물거품으로 돌아가지 않을 것이다. 사실 나는 알베르틴과 아는 사이가 되고 나서도, 되기 전에도, 그녀가 평소에 무엇을 했는지 전혀 몰랐다. 그러나 그녀의 이야기 중에는(그 점을 내가 말하면, 잘못 들은 거라고 말할 테지만) 뭔가 모순되거나 대조적이라 고쳐야 할 게 있어, 눈앞에서 벌어진 범행처럼 결정적으로 보였지만, 그 점을 알베르틴에게 들이밀어보아도 별로 도움이 되지 않았다. 그녀는 속임수를 들킨 아이처럼 금세 몸가짐을 갖추고, 번번이 나의 잔혹한 공격을 물거품으로 돌아가게 해서 형세를 회복했다. 나에게만 잔혹한 공격이었다. 그녀는 세련된 말투를 쓰려는 의도가 아니라, 불쑥 튀어나온 경솔한 말을 얼렁뚱땅 얼버무리기 위해서, 문법학자가 파격구문(破格構文)*인가 뭔가로 부르는 것과 얼마쯤 비슷한 방식으로 갑작스레 문장을 뛰어넘겨버렸다. 여인들의 얘기를 하다가 "생각나요, 요즘 나" 말하고 '16분 쉼표'를 찍은 다음 느닷없이 '나'가 '그녀'로 변한다. 자기는 순진한 산책자로서 언뜻 보기만 했지 절대로 몸소 한 짓이 아니며, 행동의 주체는 늘 자기가 아니었다는 뜻이다.

그녀가 스리슬쩍 도망쳤으므로, 나는 그 끝머리가 어떻게 되었는지 스스로 매듭지어보려고 첫머리를 정확하게 떠올리려 했다. 그러나 끝머리를 조마조마 기다린 탓에 첫머리가 잘 생각나지 않아서(어쩌면 내가 만만치 않게 관심 두는 표정을 보고 그녀가 얘기를 빗나가게 했는지도 모르지만), 나는 그녀의 진짜 생각이 뭔지, 진짜 추억이 뭔지 여전히 근심스러웠다. 공교롭게도 애인이 하는 거짓말의 맨 처음은, 우리 자신의 사랑이나 천직의 처음과 매한가지다. 그것이 형성되고 하나의 덩어리가 되어 지나가도, 우리는 깨닫지 못한다. 한 여인을 어떻게 사랑하기 시작했나 돌이켜보고 싶을 때는 이미 그 여인을 사랑한 지 오래다. 사랑하기 이전의 몽상에서는 야, 이거 사랑의

---

* 선행사 없이 관계대명사만 사용하는 생략법의 하나.

전조인데, 조심해야지 하고 생각지 않는다. 그런데 몽상은 거의 우리가 깨닫지 못하는 사이에 불현듯 앞으로 나아간다. 이와 마찬가지로 비교적 드문 예외 말고는, 내가 여기에 알베르틴의 거짓말과(같은 문제에 대하여) 그녀가 처음에 단언한 것들을 여러 차례 대조한 것은 다만 얘기의 편의 때문이다. 이런 첫 단언은 내가 장래를 알아보지 못했거니와 또 어떤 모순된 단언이 이에 대응할는지 짐작도 못하여 대부분 깨닫지 못한 채 지나고 말아, 확실히 내 귀에는 들렸어도 알베르틴의 쭉 이어지는 말에서 그걸 외따로 떼어놓을 수 없었던 것이다. 나중에 뻔한 거짓말을 듣고, 또는 불안스런 의심에 사로잡혀 이를 생각해내려고 하나, 헛일이다. 내 기억은 적당한 때 예고를 받지 못했으며, 사본을 떠둘 필요조차 없다고 생각했던 것이다.

나는 프랑수아즈에게 알베르틴을 밖으로 데리고 나오면 전화로 알리고, 또 그녀가 좋아하건 싫어하건 집으로 데려오라고 일렀다. "당치도 않아요, 도련님을 보러 돌아오기 싫을 리가 있겠어요?" 프랑수아즈가 대답했다. "하지만 나를 보러 돌아오는 게 그렇게 기쁠지는 잘 모르겠는데."—"좋아하지 않는다면 배은망덕한 인간이죠." 프랑수아즈는 다시 대꾸했다. 몇 년 전 고모 집에서 윌라리가 그녀에게 일으키던 선망의 쓰라림을 지금 알베르틴이 새삼 일으키고 있었던 것이다. 알베르틴이 내 곁에 있는 이유는 그녀가 원해서가 아니라 내가 바랐기 때문인 줄 모르는(자존심 때문에, 또 프랑수아즈가 언짢아하지 않도록 나는 될 수 있으면 이 점을 숨기고 싶었다) 프랑수아즈는 알베르틴의 능력에 감탄하면서도 미워하고, 다른 하인들에게 말할 때는 알베르틴을 '배우'라느니 나를 농락하는 '아첨꾼'이라느니 하는 별명으로 불렀다. 프랑수아즈는 아직 감히 그녀와 전쟁 상태에 돌입하지 못하여, 그녀를 친절한 표정으로 대하고 알베르틴과 나의 관계에서 그녀에게 온갖 시중을 들고 있다고 나에게 자랑하곤 했지만, 마음속으로는 지금 나한테 그녀의 욕을 아무리 해도 소용없고 덕 볼 게 없다고 생각하며 기회만 엿보고 있었다. 하지만 알베르틴에게서 빈틈을 하나라도 발견하면, 그것을 크게 넓혀 우리 둘 사이를 딱 갈라놓겠다고 벼르고 있었다. "배은망덕하다고? 아냐. 프랑수아즈, 배은망덕한 건 나야. 알베르틴이 나에게 얼마나 잘해주는지 프랑수아즈는 몰라(사랑받는 체하는 게 어쩌나 감미롭던지! ). 자, 빨리 가봐요."—"한걸음에 달려갈게요, 프레스토(presto)로."

프랑수아즈의 어휘는 그녀의 딸 영향으로 조금씩 변하기 시작했다. 모든 언어는 이와 같이 새말이 더해짐으로써 순수성을 잃는다. 나는 프랑수아즈의 말씨가 아름다웠던 시절(Belle Époque)을 알고 있었는데, 그것이 이처럼 타락(décadence)한 데는 나에게도 간접적인 책임이 있었다. 만약에 프랑수아즈의 딸이 자기 어머니와 사투리로만 말했다면, 어머니의 고전적인 말씨를 이처럼 더할 나위 없이 너절한 말투로 타락시키지는 않았으리라. 물론 모녀가 사투리를 더 이상 쓰지 않는 것은 아니다. 모녀가 내 곁에서 뭔가 비밀 이야기를 할 때는 부엌으로 가서 문을 걸어잠그는 대신 내 방 한가운데서 꼭 닫은 문보다도 더 넘기 힘든 방벽을 쌓아 올렸다. 곧 사투리를 쓰곤 하던 모녀가 오로지 늘 사이좋게만 지내지 않는 성싶은 낌새는, 내가 알아들을 수 있는 단 한 마디 '메자스페라트(m'esasperate)'*가 빈번하게 입 밖으로 튀어 나오는 것을 보아 짐작했다(물론 분노(exaspération)의 대상이 나일 때는 다른 문제지만).

공교롭게도 듣도 보도 못한 언어라도 늘 듣다보면 배우게 마련이다. 그게 사투리인 점이 나로선 유감이었다. 까닭인즉, 나는 머지않아 그 사투리를 거의 익혔는데, 만일 프랑수아즈가 늘 페르시아말을 지껄였다면 내가 페르시아말도 못지않게 잘 배워 썩 훌륭했을 테니까. 프랑수아즈는 나의 진보를 알아채자 말투를 더 빨리 했고, 뒤질세라 딸도 그렇게 했지만 아무 소용없었다. 프랑수아즈는 내가 사투리를 알아듣게 되자 몹시 슬퍼했다가, 내가 지껄이는 사투리를 듣고 기뻐했다. 사실 이 기쁨은 비웃음이었다. 왜 그런고 하니, 고생 끝에 내가 그녀와 거의 엇비슷하게 발음하게 되었다고 해도, 그녀가 보기에 내 발음은 하늘과 땅 차이여서 이 점이 기쁘기 그지없었기 때문인데, 이윽고 몇 년 전부터 이미 떠올리지도 않게 된 고향 사람들을 못 만나는 현실을 섭섭해하기 시작했다. 내가 엉망으로 지껄이는 사투리를 그들이 들으면 배꼽이 빠지도록 웃을 테니, 그 웃음소리가 귀에 쟁쟁하다는 것이었다. 이런 생각을 하는 것만으로도 그녀는 싱숭생숭 섭섭해하면서, 눈물이 줄줄 흐르도록 웃을 거라는 시골 사람 누구누구의 이름을 주워섬겼다. 하지만 발음이야 어쨌든, 내가 사투리를 썩 잘 알아듣게 됐다는 슬픔에는 어떠한 기쁨

---

* 메그자스페레(m'exaspéré, 아이 속상해)의 사투리.

도 섞이지 못했다. 남이 들어오는 걸 막고자 해도 상대가 만능열쇠나 쇠지레를 쓸 수 있다면 열쇠는 쓸모없는 게 된다. 내 사투리가 쓸모없는 방어벽이 되자, 그녀는 딸과 표준말을 쓰기 시작했는데, 그것이 어느새 가장 너절한 시절의 프랑스어가 되어버렸다.

채비가 다 됐는데, 프랑수아즈에게서는 아직 전화가 오지 않았다. 전화를 기다릴 것도 없이 떠나야 할까? 정말 프랑수아즈가 알베르틴을 찾아낼까? 알베르틴은 무대 뒤로 가버렸는지도 모른다. 프랑수아즈와 맞닥뜨려도 고분고분 따라오지 않을지도 모른다. 30분쯤 지나 전화벨이 울리자, 내 가슴속에 기대와 두려움이 소란스럽게 출렁였다. 전화국 직원의 명령 아래 하늘을 날아대는 한 무리의 음향이 눈 깜짝할 새 나에게 가져온 것은, 남자 교환원의 목소리지 프랑수아즈의 목소리가 아니었다. 프랑수아즈는 조상 대대로 그러했듯, 선조께서 모르던 것에는 겁을 덜컥 내고 시무룩해지므로, 전염병 환자를 방문할망정 수화기에는 한사코 다가가지 않았다. 홀로 입석에 서 있는 알베르틴을 찾아냈는데, 알베르틴은 먼저 돌아간다고 앙드레에게 알리러 갔을 뿐, 곧 프랑수아즈한테 돌아왔다는 전언이었다. "화내지 않던가? 아, 실례! 아가씨가 화내지 않더냐고 거기 있는 부인에게 물어봐주시오."—"화내기는커녕 정반대라고 여쭈어달랍니다. 또 혹여 아가씨께서 불만이 있더라도 겉으로는 알 수 없다고요. 두 분께서는 이제부터 트루아 카르티에에 들렀다가 2시쯤 돌아가시겠다는 말씀입니다."

나는 2시란 곧 3시를 뜻함을 이해했다. 이미 2시는 지났으니까. 절대로 시간을 정확히 보지도 말하지도 못한다는 게, 프랑수아즈의 특수하고도 고칠 수 없는 습관적 결함, 말하자면 병적인 결함이었다. 그녀의 머릿속에서 도대체 어떤 일이 일어나는지 알 길이 없었다. 프랑수아즈는 이와 같이 자기 시계를 보고, 2시일 때는 지금 1시입니다, 또는 3시입니다 말하곤 했는데, 이때 일어나는 현상이 그녀의 시각 탓인지 사고(思考) 탓인지, 아니면 언어 탓인지 나에겐 영 이해가 가지 않았다. 확실한 건 이런 현상이 늘 일어난다는 점이다. 인류는 매우 늙었다. 유전과 교배가 좋지 못한 버릇과 올바르지 않은 반사작용에 극복할 수 없는 힘을 더하고 말았다. 어떤 사람은 장미나무 옆을 지나치면 재채기를 하거나 숨을 헐떡이곤 한다. 또 어떤 이는 막 칠한 페인트의 냄새에 발진(發疹)이 생긴다. 여행 중에 복통을 일으키는 이가 헤아릴 수 없을 만큼 많고, 도둑의 자손은 돈 많고 도량이 넓으면서도 단돈 50 프랑을 훔치고 싶은 유혹을 참지 못한다. 그런데 프랑수아즈가 시간을 정확히 말할 수 없는 까닭이 무언지 알고자 해도, 아직 그녀에게서 이 점에 대하여 아무런 설명도 들은 적이 없다. 그녀의 확실치 않은 대답은 늘 나를 화나게 했는데도, 프랑수아즈는 자기 잘못을 변명하려고도 그 이유를 설명하려고도 하지 않았다. 입을 꼭 다물고, 내 말이 들리지 않는 체하는 그녀를 보고 있노라면, 나는 분통이 터지곤 했다. 하다못해 단 한 마디의 변명이라도 듣고 싶었다. 그 변명을 가루가 되도록 때려부숴도 모자랄 판이었으나, 그녀는 한마디도 없이 시치미를 뗀다.

아무튼 오늘 일은 의심할 여지도 없었다. 알베르틴은 프랑수아즈와 함께 3시에 돌아올 테고, 레아나 그 친구와는 만나지 않을 거다. 이렇게 알베르틴이 그녀들과 옛정을 다시 맺을 위험성이 사라져버리자, 그게 내 눈에 금세 대단치 않게 보이는 동시에 내가 얼마나 간단히 그런 자질구레한 일에 쫓겨다녔는지 깨닫고는, 어째서 쫓아버리지 못할 거라고 생각했는지 의아했다. 나는 알베르틴에게 고마운 마음을 강하게 느꼈다. 결국 알베르틴은 레아의 친구를 만나러 트로카데로에 갔던 게 아니었으며, 나의 신호 하나로 마티네에서 돌아온다는 건 상상 이상으로 앞으로도 알베르틴이 내 것임을 증명하는 셈이었다. 이 감사한 마음은 자전거에 탄 자가, 조금만 더 기다려달라는 그녀의 쪽지를 가져왔을 때 더 커졌다. 쪽지에는 그녀가 곧잘 쓰는 귀여운 표현이 드러나 있었다. "사랑하는 나의 소중한 마르셀, 자전거를 탄 이분처럼 빨리는 못 돌아가요. 더 빨리 당신 곁에 가고파, 이 자전거를 빌리고 싶을 정도랍니다. 어째서 당신은 내가 화낼 거라고 생각하죠? 당신과 함께 있는 때만큼이나 즐거운 일이 나에게 따로 있을지도 모른다는 생각을 어떻게 할 수 있나요? 단둘이 외출하면 정말 좋죠. 앞으로도 늘 단둘이서만 외출한다면 더욱 멋질 텐데. 정말 도대체 무슨 생각을 하신 거죠? 심술궂은 마르셀! 고약한 마르셀! 마음을 담아서, 당신의 알베르틴 올림."

내가 사준 드레스, 전에 말했던 요트, 포르튀니의 실내복, 이 모든 것이 이와 같은 알베르틴의 순종으로 되돌아오고, 아니 보태져서 그 하나하나가 마치 내가 행사하는 특권처럼 생각되었다. 지배자의 의무와 임무는 그 권리와 마찬가지로 지배권의 일부이며, 지배란 무엇인지 정의하고 증명하기 때문이다. 그리고 그녀가 인정하는 나의 권리야말로 바로 내 임무에 진정한 성격을 내보이고 있었다. 나에겐 내 소유의 한 여성이 있다. 별안간 내가 일러 보낸 한마디에, 곧 돌아가겠습니다, 데리러 온 대로 돌아가겠습니다 하고 공손하게 나에게 전화로 알리는 여인이 있다. 난 스스로 생각한 이상으로 상대를 마음대로 다루는 지배자인 것이다. 생각한 이상으로 지배자이며, 즉 생각한 이상으로 노예인 것이다. 이제 나는 알베르틴을 만나고 싶다는 조바심을 조금도 느끼지 않았다. 지금쯤 그녀는 프랑수아즈와 함께 물건을 사러 다니는 중이며, 머지 않아 둘이 함께 돌아올 거라는 확신—가능하면 좀더 늦게 와주면 좋겠는데— 이 잔잔하게 반짝이는 별처럼 밝히는 이 한때를 지금은 나 혼자 보내는 편이 더 즐거울 것 같았다. 나는 알베르틴에 대한 애정에 들떠 침대에서 일어나 외출할 채비를 했지만, 그 애정 때문에 외출의 재미를 빼앗길지도 모른다. 나는 오늘 같은 일요일에는 귀여운 여공들이나 미디네트(midinette),*1 코코트 (cocotte)*2들이 불로뉴 숲을 산책하고 있을 게 틀림없다고 생각했다. 나는 이 미디네트라든가 프티트 우브리에르(petites ouvrière)*3라는 낱말과(마치 무도회 기사에서 어떤 고유 명사, 어느 젊은 아가씨의 이름을 보았을 때 흔히 일어났듯이), 또 흰 코르사주나 짧은 치마의 심상에서 그 등 뒤에 나를 사랑해 줄지도 모르는 미지의 여성을 내어놓은 결과, 내 멋대로 욕망을 자아내는 여인들을 만들어내어 '썩 괜찮은 여인들일 테지!' 생각한 것이다. 그러나 나 혼자 외출하지 않을 바에야 그녀들이 좋건 나쁘건 무슨 소용이 있겠는가?

나는 아직 혼자 있는 기회를 타서, 햇빛이 악보를 읽는 데 방해가 되지 않도록 커튼을 반쯤 치고, 피아노 앞에 앉아 거기에 놓여 있는 뱅퇴유의 소나타를 손에 잡히는 대로 펴고 치기 시작했다. 아직 좀 있어야 하지만 알베르틴이 돌아올 것만은 확실했으므로 나는 시간적 여유와 마음의 평온을 한꺼번에 얻고 있었던 것이다. 그녀가 프랑수아즈와 함께 돌아온다는 안심에 가득 찬 기대와 그녀의 순종에 대한 신뢰, 그리고 바깥 햇빛 못지않게 마음을 따뜻하게 해주는 마음속 빛의 행복감에 잠겨, 나는 내 사고를 자유롭게 다루어, 그 방향을 잠깐 알베르틴한테서 떼어내 소나타 쪽으로 돌릴 수 있었다.

---

*1 의상점에서 일하는 여점원.
*2 고급 창부.
*3 여공 아가씨.

지금은 소나타 속에서도, 관능적인 모티프와 불안의 모티프의 배합이 알베르틴에 대한 내 애정에 꼭 들어맞고 있었지만—전에는 이 애정에 오래도록 질투가 없었으므로, 나는 그런 감정을 전혀 모르겠다고 스완에게 털어놓았을 정도였다—나는 주목하려고 하지 않았다. 오히려 나는 소나타를 다른 관점에서 잡아 소나타 자체를 어느 대음악가의 작품으로 보면서, 소릿결을 타고 콩브레의 나날—몽주뱅이나 메제글리즈가 아니라 게르망트를 산책한 나날—로, 나 자신도 예술가가 되고자 바라 마지않던 나날로 돌아가 있었다. 끝내 이 야심은 버렸지만 그로 말미암아 나는 뭔가 현실적인 것을 단념했던가? 삶은 예술을 버린 나를 위로해줄 것인가? 예술에는 우리의 참된 인격이 생활 속 행동에서는 얻지 못하는 어떤 표현을 찾아내는 따위의, 더욱 깊은 현실이 있는 것인가? 사실 위대한 예술가들은 저마다 다른 예술가와 매우 달라 보이며, 우리가 일상생활에서 헛되이 구하는 강렬한 개성을 깊이 실감케 한다!

내 생각이 여기까지 미쳤을 때, 소나타의 한 소절에 강한 감동을 받았다. 잘 알고 있는 마디이지만, 주의력을 집중하면 예전부터 알던 것이라도 달리 보이며, 이제껏 보지 못했던 것을 알아보는 법이다. 뱅퇴유가 바그너와 딴판인 어떤 꿈을 거기에 표현해놓고 있음에도, 이 소절을 연주하면서 나는 무심코 〈트리스탄〉이라고 중얼대며 방긋 웃을 수밖에 없었다. 어느 집안과 친한 이가 그 집안의 손자 말투나 행동거지에서 당사자도 깨닫지 못하는 할아버지의 특징을 발견하고 미소 짓는 것처럼. 그때 사람들은 정확히 어디가 닮았는지 사진을 바라보게 마련인데, 나 또한 악보대에 있는 뱅퇴유의 소나타 위에 〈트리스탄〉—바로 이날 오후 라무뢰 관현악단이 그 발췌곡을 연주했다—의 악보를 포개놓았다. 나는 바이로이트의 거장에게 감탄할 때, 니체처럼 예술에서나 인생에서나 자기 마음을 꾀는 아름다움에서 도피하는 것을 의무로 여기는 사람들, 〈트리스탄〉에서 몸을 떼어내 〈파르지팔〉을 부정하고 정신적인 금욕을 지키면서 고행을 되풀이해 피투성이 십자가의 길을 밟아가다가, 드디어 순수 인식과 〈롱쥐모의 우편배달부〉*에 심취하여 자신을 높이는 사람들 따위가 품는 의심은 하나도 없었다. 간절하고도 덧없는 주제를 거듭

---

* 프랑스의 작곡가 아돌프 아당(1803~56)의 희가극(喜歌劇). 1836년에 상연됨.

들으면서, 나는 바그너의 작품이 지닌 온갖 현실적인 것을 이해했다. 그 주제는 어느 하나의 막(幕)에 찾아왔다가 멀어지는가 하면 다시 나타나고, 때로는 멀리서 졸고 있는 듯 거의 초연하다가 또 때론 어렴풋하면서도 절박하게 다가오며, 내적으로 서로 밀접하게 마치 오장육부에서 울려나오듯이 들려, 하나의 모티프라기보다 신경통의 재발인 듯싶었다.

이 점에서 음악은 알베르틴과의 관계하고는 아주 달라서, 나 자신의 내면으로 내려가 거기에서 새로운 것을 발견하는 데 도움이 된다. 내가 생활이나 여행에서 헛되이 구해오던 다양성에 대한 향수는 햇빛에 빛나는 소리의 물결이 내 곁에 휘몰아쳤다가 사라지는 이 소릿결을 통해 나에게 왔다. 이중의 다양성은 첫째로, 스펙트럼이 빛의 구성을 밖으로 나타내 보이듯, 바그너의 화성(和聲)이나 엘스티르의 색채가 남에 대한 애정으로는 밝혀내지 못하는 타인의 감각이 지닌 질적인 정수(精髓)를 우리에게 이해시킨다. 다음으로, 실제로 다양할 수 있는 유일한 방법, 곧 여러 개성을 하나로 합함으로써 작품 자체의 안에 나타나는 다양성이 있다. 서푼 짜리 음악가는 기사나 시종을 그린답시고 사실 그들에게 똑같은 음악을 노래하게 하는데, 바그너는 그와 반대로 각 명칭 아래 다른 현실을 두어, 그의 시종은 나타날 때마다 복잡하고도 단순한 또 다른 모습을 보이며, 쾌활하고도 봉건 시대다운 갖가지 윤곽과 맞부딪치면서 장대한 음향의 세계를 새긴다. 여기에서 한 음악의 완전무결성이 생겨난다. 사실 이는 하나의 음악이지만 여러 음악으로 가득 채워져, 그 하나하나가 하나의 존재로 이루어져 있다. 하나의 존재는 자연계의 순간적 모습이 주는 인상이다. 그 자연이 선사하는 감정과 전혀 관계없는 것마저 외형적이자 완전히 한정된 현실성을 간직한다. 새의 지저귐, 사냥꾼의 뿔피리 소리, 목동이 부는 갈대 피리의 가락이 지평선에 음향의 실루엣을 뚜렷이 그려낸다. 물론 바그너는 이 실루엣에 다가가서, 그것을 잡아채, 오케스트라 속에 넣어서 가장 드높은 음악적 이념에 복종시키고자 했지만, 한편으론 마치 소목장이가 연장으로 파내는 나무의 섬유나 유다른 질을 존중하듯이 그 실루엣의 근본 특성을 언제나 존중했다.

줄거리와 나란히, 또 한갓 이름뿐인 등장인물이 아닌 개개의 구체적 인물들과 나란히, 자연계의 정관(靜觀)에게도 제자리가 주어져서 이런 풍요로운 작품을 이루고 있음에도, 나는 이것들이 19세기의 온갖 위대한 작품에 특유한 불완전한 성격—경탄할 만한 것이지만—을 나눠 갖고 있다고 생각했다. 19세기의 위대한 작가들은 그 작품을 완성하지 못했으나, 반면에 그들은 마치 작가인 동시에 비평가인 듯이 글을 쓰는 자신을 응시하고, 작품의 바깥에 서서 작품을 뛰어넘은 한 새로운 아름다움을 자기 관찰에서 끄집어내, 그때까지 없던 단일성(單一性)과 위대함을 뒤늦게 작품에 부과했다. 자기가 쓴 여러 소설에서 뒤늦게 《인간희극》*¹을 본 사람*²이나, 어울리지 않는 시문 또는 평론에 《여러 세기의 전설》이나 《인류의 성서》*³라고 이름 붙인 이들은 새삼 말할 필요도 없겠지만, 이 미슐레에 대해 몇 마디 해보면, 그는 19세기를 썩 잘 나타낸 인물로, 그 최대의 아름다움은 작품 자체보다 오히려 작품에 대한 그의 태도에서, 곧 《프랑스사》나 《프랑스 혁명사》가 아니라 이 두 저서에 붙인 머리말에서 찾아야 하지 않을까? 머리말은 곧 책을 마친 다음에 쓴 문장이다. 그는 거기서 제 작품을 돌이켜 고찰하면서, 여기저기에 대부분 '말하자면'으로 시작하는 문장을 덧붙여야 했다. 그런데 이 '말하자면'이라는 말투는 학자의 세밀한 배려라기보다 음악가 특유의 카덴차(cadenza)*⁴이다. 또 하나의 음악가, 지금 나를 매혹한 바그너는 서랍에서 감미로운 한 곡조를 꺼내, 작곡할 때에는 미처 생각지 못했던 작품 속에 뒤늦게 꼭 필요한 주제로서 그 곡조를 도입한다.

뒤이어 신화에서 줄거리를 딴 최초의 오페라, 두 번째 오페라, 그리고 또 하나의 오페라, 이런 식으로 작곡해 나가다 갑작스레 자기가 4부작*⁵을 만들어낸 것을 깨닫고, 분명 황홀감을 맛보았으리라. 바그너는 발자크가 자기 작품에 대해 타인과 같은, 또 부모 같은 눈길을 던져, 어느 작품에는 라파엘의 정순함이, 다른 작품에는 복음서의 소박함이 있다고 평가하여 돌이켜 그것에 조명을 비추는 사이에, 별안간 자기 작품을 연결해 똑같은 작중 인물이 여기저기 등장하는 연작으로 만들면 더 훌륭할 거라고 깨닫고, 그 이음매를 잇는 마지막 한 필, 최고의 한 필을 덧붙였을 때와 똑같은 도취감에 얼

---

*1 발자크의 작품.

*2 발자크를 가리킴.

*3 쥘 미슐레(Jules Michelet, 1798~1874)의 작품.

*4 악곡을 끝내게 하는 화음들의 결합.

*5 바그너가 20여 년간 작곡한 〈니벨룽의 반지〉를 가리킴.

마쯤 휩싸였을 것이다. 뒤에 오는 진정한 단일성이다. 그렇지 않으면 이 단일성도, 표제나 부제를 써서 유일한 초월적 의도를 추구해온 것같이 보일 뿐인 범용한 작가들의 수많은 체계처럼 산산조각이 나고 말았을 것이다. 진정한 단일성은 뒤에 온 것인 만큼, 또한 이젠 서로 합할 수밖에 없는 많은 작품 사이에 단일성이 발견되는 그 열광의 한순간에서 생겨난 만큼 더욱 현실적인 단일성인지도 모른다. 미처 의식하지 못한 단일성, 따라서 이론만 내세우지 않고 생명이 약동하며, 다양성을 밀쳐내지 않고 집필 의욕을 잃게 하지 않던 그 단일성은 한 주제의 인공적인 전개 때문에 요구된 게 아니라, 한순간의 영감에서 생겨 외따로 만들어진 곡이, 이윽고 다른 곡과 하나로 모일 때의 단일성이다(다만 이번에는 한 곡이 아니라 작품 전체가 문제이지만).

이졸데*1가 돌아오기까지의 오케스트라 대합주에 앞서, 반쯤 잊고 있던 목동이 갈대 피리를 연주하여 작품 전체를 자기 쪽으로 끌어당긴다. 이졸데의 배가 가까워짐에 따라, 오케스트라는 피리 가락을 붙들어 그것의 모양을 바꿔 자기도취에 합치고, 그 리듬을 부수며, 그 음조를 빛내고, 속도를 올리며, 기악 편성을 다양화하여 천천히 고조되는데, 아마 바그너 자신도 기억 속에서 목동의 가락을 발견하고 작품에 가져와, 그것에 온 뜻을 담았을 때 똑같은 기쁨을 느꼈을 게 틀림없다. 게다가 이 기쁨은 절대로 그를 버리지 않는다. 바그너에게 시인으로서의 비애가 아무리 크다고 할지라도, 그 비애는 창조자의 환희로 위안받아 초월되고―즉 불행하게도 얼마쯤 파괴되고―만다.

그런데 나는 조금 전에 뱅퇴유의 작은악절과 바그너의 작은악절 사이의 동일성을 주목했을 때와 마찬가지로, 그 불카누스(Vulcanus)*2풍 솜씨에도 마음이 흔들렸다. 위대한 예술가들이 철저하고도 확고한 독창성을 갖추고 있는 듯한 착각을 주는 것은 이 솜씨 탓이 아닐까? 이 독창성은 겉으로는 초인간적인 어떤 현실의 반영으로 보이나, 실은 솜씨 좋은 고수의 산물이 아닐까? 만일 예술이 그것에 지나지 않는다면, 삶보다 더한 현실이 아니며, 나도 그다지 후회할 필요가 없다. 나는 계속 〈트리스탄〉을 연주하고 있었

*1 바그너 작 〈트리스탄과 이졸데〉.
*2 로마 신화에 나오는 불과 대장장이 신. 유피테르와 유노의 아들.

다. 음향의 벽으로 바그너와 분리되어 있으면서도, 나는 바그너가 뛰어오르며 자신의 기쁨을 나눠 가지라고 부르는 노래를 듣고 있었다. 지크프리트의 젊디젊은 불멸의 웃음과 두들기는 망치 소리가 더욱더 높아지는 것을 듣고 있었다. 그러나 이 악절들이 교묘하게 달구어져 단련되어 있으면 있을수록, 작자의 능숙한 기술은 악절을 더 자유로이 땅에서 하늘로 날려보내는 데 이바지할 뿐이었다. 새와 같은 악절은 로엔그린*¹의 백조라기보다 내가 발베크에서 보았던 비행기, 힘을 상승력으로 바꿔 물 위를 날아 허공으로 사라져버린 그 비행기와도 같았다. 하늘 높이 솟아올라 바람을 가르며 나는 새가 힘찬 날개를 갖고 있듯, 아마도 글자 그대로 물질적인 그 장치, 신비호(神秘號)라 부르는 120마력 엔진이 있고서야 비로소 무한의 저편을 탐색하러 나설 수 있겠지만, 그럴 경우 아무리 높게 난들 엔진의 힘찬 굉음이 공간의 고요를 만끽하기에는 얼마간 방해될 것이다!

여태까지 음악의 추억을 더듬어 몽상에 잠겨 있던 나는 웬일인지 방향을 바꿔 현대의 일류 연주자들을 떠올리다가, 좀 과대평가지만 모렐도 그 속에 끼워넣었다. 그러자 사념이 갑자기 방향을 획 돌려, 모렐의 성격 중 몇몇 특이점을 생각해내기 시작했다. 하기야—모렐을 좀먹는 신경쇠약과 연관시킬 수는 있을지라도 그것과 혼동해서는 안 되지만—모렐은 자기 생활에 대해 곧잘 이야기를 하곤 했지만, 매우 흐리멍덩한 영상으로 이야기해서 뭐가 뭔지 분간하기가 지독하게 힘들었다. 이를테면 그는 자유로운 밤을 보장받는다는 조건 아래 철저히 샤를뤼스 씨가 시키는 대로 했는데, 이 조건을 붙인 이유는 저녁 식사 뒤 대수학 강의를 들으러 갈 수 있기를 바라기 때문이었다. 샤를뤼스 씨는 그것을 허락했으나, 강의 뒤에 만나자고 말했다. "어림없어요. 이건 이탈리아 옛 그림인걸요(이렇게 옮겨 썼지만 이 농담에는 아무 뜻도 없다. 그전에 샤를뤼스 씨가 모렐에게 《감정교육》*²을 읽게 한 적이 있는데, 프레데리크 모로*³가 끝에서 두 번째 장에서 이 말을 해서, 모렐은 '어림없어요' 말할 적에 반드시 농담으로 '이건 이탈리아 옛 그림인걸요(c'est one vieille peinture italienne)'*⁴ 말을 덧붙였다). 강의는 흔히 늦게까지 계속

---

*1 바그너의 오페라 〈로엔그린〉의 주인공.
*2 플로베르의 소설.
*3 《감정교육》의 주인공.

된다구요. 늦게까지 수고해주시는 선생님께 안 그래도 폐가 많은데, 당연히 언짢아하실 거예요. 혹시 제가……."—"그러나 여보게, 대수에 강의는 필요치 않아. 수영이나 영어와는 달리 책으로 충분히 배울 수 있단 말이야." 샤를뤼스 씨가 응수했는데, 그는 대수 강의 속에 예의 뜬구름을 잡는 듯한 정경이 있음을 생각해내고 반박한 것이다. 아마 여인과 동침하려는 거겠지, 아니면 모렐이 수상한 방법으로 돈벌이하려고 비밀경찰과 서로 짰다면 형사들과 함께 원정을 나가는지도 몰라. 또 누가 알겠어, 더 고약하게 어떤 매춘굴에서 필요한 지골로(gigolo)의 차례를 기다리는지? "그야 책이 더 쉽지요." 모렐이 샤를뤼스 씨한테 대답했다. "대수 강의는 하나도 못 알아듣겠거든요."—'그럼 왜 내 집에서 공부하지 않지? 집이 더 편할 텐데.' 샤를뤼스 씨는 이렇게 대답할 수도 있었건만, 그 말을 입 밖에 내진 않았다. 그래 보았자, 꾸며낸 대수 강의가 춤이나 그림처럼 휴식 없는 수업으로 둔갑하여, 오직 밤시간을 남겨두는 데 요긴한 조건만 남을 게 뻔하니까. 이에 대해 샤를뤼스 씨는 적어도 부분적으로 자기가 잘못 생각했음을 깨달았다. 모렐이 자주 남작 집에서 방정식을 푸는 데 몰두했기 때문이다. 샤를뤼스 씨는 대수가 바이올리니스트에게 무슨 도움이 되겠느냐고 반대했다. 모렐은 그것이 심심풀이이자 신경쇠약을 이겨내기 위한 기분전환이라고 반박했다. 아마 샤를뤼스 씨는 밤에만 한다는 이 빠질 수 없는 불가사의한 대수 강의의 정체가 뭔지 알아볼 수도 있었으리라. 그러나 모렐의 행동에 엉킨 실타래를 풀기에는, 샤를뤼스 씨가 너무나 사교계 일에 사로잡혀 있었다. 찾아온 손님과 방문, 클럽에서 지내는 시간, 만찬회 초대, 밤의 연극 구경 따위에 다른 생각을 할 여유가 없었고, 모렐의 포악스러우면서도 엉큼하고 심술궂은 말과 행동을 생각해볼 짬도 없었다. 소문에 따르면 모렐은 이제껏 거쳐 온 다른 환경과 여러 거리에서 천연덕스런 얼굴로 악랄함을 마음껏 발휘했으므로, 사람들은 그에 대한 얘기를 할라치면 몸서리를 치며 목소리를 낮추고, 감히 아무 얘기도 하지 못한다는 것이었다.

그날 좀처럼 돌아오지 않는 알베르틴을 마중하려고 피아노에서 물러나 안

---

＊4 플로베르의 《감정교육》 끝 부분에 주인공 프레데리크와 아른 부인의 대화에 있는 구절. 원수 부인이라는 별명을 가진 로자네트의 초상화를 바라보며, 이 여인이 낯익다고 말하는 부인에게 프레데리크는 "어림없어요. 이건 이탈리아의 옛 그림인걸요"라고 말하고 속임.

마당으로 내려갔을 때, 공교롭게 언뜻 내 귀에 이런 심술궂고 요란스런 울림이 들려왔다. 쥐피앙의 상점 앞을 지나칠 때, 가게 안에는 모렐이 머잖아 그의 아내가 될 거라고 내가 생각한 아가씨와 단둘이 있었는데, 모렐은 내가 듣지 못했던 시골 사투리, 평소에 억눌러온 매우 야릇한 사투리를 쏟아내며 고래고래 소리를 지르고 있었다. 말의 내용도 그에 못지않게 묘했으며, 제대로 된 프랑스어가 아니었는데, 본디 모렐의 지식이란 수박 겉핧기였다. "밖으로 나가란 말이야. 두루미 다리, 두루미 다리, 두루미 다리."* 그는 가련한 아가씨에게 아까부터 자꾸 같은 말만 되풀이하고 있었다. 분명 아가씨는 처음에 그 의미가 무엇인지 몰랐지만, 이윽고 부들부들 떨면서 거만하게 그의 앞에 딱 버티고 서 있었다. "나가라고 했잖아. 이 두루미 다리, 두루미 다리야. 네가 어떤 년인지 말해줄 테니까 네 아저씨를 당장 찾아오란 말이야, 이 매춘부야."

　바로 이때 한 친구와 담소하면서 돌아오는 쥐피앙의 목소리가 안마당에서 들렸다. 나는 모렐이 몹시 겁이 많은 것을 알고 있었으므로, 곧 있으면 상점에 들어올 쥐피앙과 그 친구에게 굳이 내 힘을 빌려주지 않아도 괜찮다고 여겨, 모렐과 부딪히지 않으려고 내 방으로 돌아갔다. 모렐은 그토록 쥐피앙을 불러오라고 대들던 주제에(틀림없이 아무런 근거 없는 협박으로 아가씨를 벌벌 떨게 하여 휘어잡으려고), 안마당에서 쥐피앙의 목소리가 들리기가 무섭게 허둥지둥 달아났다. 차마 내 입에 담을 수도 없는 망발을 글자로 옮겨보았자 하찮은 것이 되며, 내가 얼마나 두근거리는 가슴을 안고 방으로 돌아갔는지 설명하지 못할 것이다. 그러나 우리가 인생에서 목격하는 이런 정경은 군인이 적진 공격에서 기습 효과라고 일컫는 것처럼 엄청난 힘을 가져와, 내가 아무리 알베르틴이 트로카데로에 있지 않고 머지않아 내 곁으로 돌아옴을 알고서 잔잔하며 침착한 기분이 되려고 해도, 귓속에서는 이미 열 번이나 되풀이 외친 그 '두루미 다리, 두루미 다리'라는 소리, 내 마음을 산란케 한 그 말투가 여전히 쟁쟁하게 울리고 있었다.

　내 흥분은 조금씩 가라앉았다. 알베르틴이 곧 돌아오겠지. 곧 벨 소리가

---

\* 원어는 grand pied-de-grue로, '두루미'라는 grue는 '매춘부'라는 뜻도 있다. 직역하면 '두루미의 긴 다리'. 'faire le pied de grue'라는 숙어는 '한곳에 서서 오래 기다린다'는 뜻. 여기서는 'grande grue(큰 매춘부)'라고 해야 옳은 말임.

들려올 테지. 나는 느끼고 있었다. 내 삶이 이전의 예상과는 달라졌으며, 이와 같이 한 여인이 있고 그녀가 돌아오면 약속대로 함께 외출하게 되리라는 것을. 나라는 존재의 활동력은 샛길로 빠져서 그 여인을 아름답게 꾸미는 쪽으로 차츰 돌려진다. 그래서 나는 마치 하나의 나무줄기가, 키는 자랐지만 풍성한 열매 때문에 무거워지고, 미리 모아두었던 모든 양분을 그 열매에 빨려버리고 마는 꼴이라고 생각했다. 한 시간 전에 남아 있던 불안과는 달리 알베르틴이 돌아온다는 사실로 내 마음에 일어난 침착은 아침에 그녀가 떠나기에 앞서 내가 느꼈던 침착보다 큰 것이었다. 이는 미래를 예상하는—온순한 애인 덕에 나는 거의 미래를 지배하는 주인이었다—더욱 튼튼한 침착, 곧 곁으로 다가올 연인의 피할 수 없지만 이를테면 성가신 존재에 의해 채워지고 안정을 얻는 침착으로, 가족과 같은 감정과 단란한 행복에서 생겨나는 것(행복을 우리 안에서 찾지 않아도 괜찮게 하는 것)이었다. 알베르틴을 기다리는 동안 내 마음속에 커다란 평화를 가져다준 감정에 못지않게, 그 뒤 그녀와 함께 산책하면서 실감한 바도 이와 같은 것이었다. 그녀는 잠깐 장갑을 벗었다. 내 손을 잡으려는 속셈이거나, 또는 그녀의 새끼손가락에 봉탕 부인이 준 반지와 나란히 끼고 있는 반지, 겉면이 물처럼 펼쳐진 밝은 빛깔의 넓적한 루비 반지를 보여 나를 어리둥절케 하려는 속셈이다. "또 새 반지인가. 알베르틴, 당신 아주머니는 마음도 후하시군!"—"아니에요, 아주머니가 준 게 아니라구요." 그녀가 웃으면서 말했다. "내가 산 거예요. 당신 덕분에 저축을 많이 할 수 있으니까. 어떤 이의 반지였는지도 몰라요. 르 망에서 내가 묵었던 호텔 주인에게 돈 없는 나그네가 두고 간 거래요. 호텔 주인은 이걸 어떻게 해야 할지 몰라 아주 헐값에 팔려고 했어요. 그래도 내가 사기엔 너무 비쌌어요. 당신 덕분에 나 지금은 세련된 부인들과 어울리게 되었으니까, 호텔 주인이 아직도 이걸 갖고 있는지 사람을 시켜 물어봤죠. 그래서 내 손에 들어오게 된 거예요."—"그러고 보니 반지투성이군, 알베르틴. 내가 준 건 어디에 낀다지? 하여간 아주 예쁜 반지야. 루비 둘레에 새겨진 것이 뭔지 알 수 없지만, 마치 얼굴을 찡그린 남자 같군. 내 시력이 좋지 못해서."—"시력이 좋더라도 별반 다르지 않을 거예요. 나도 잘 모르겠는걸요."

지난날 회상록이나 소설을 읽다가 남성이 늘 여성과 함께 외출하고 함께 차를 마시는 대목에 부딪치면, 나도 그렇게 해보았으면 하는 생각을 곧잘 했었다. 때로는 그 실행에 성공했다고 여긴 적도 있었다. 이를테면 생루의 애인과 함께 저녁 식사를 하러 간 것처럼 말이다. 그러나 이전에 소설에서 선망하던 대상의 역할을 바로 지금 내가 맡고 있는 중이라고 아무리 생각해봐도, 그 관념은 내가 라셀 곁에 있다면 즐거울 거라고 이해시킬 뿐, 그 즐거움을 안겨주진 않았다. 실제로 현실에 존재했던 뭔가를 흉내내려고 할 때마다, 우리는 그 뭔가가 흉내내고자 하는 생각에서 생겨나는 게 아니라 어떤 무의식의 힘, 현실에 존재했던 힘에 의하여 생겨난다는 걸 잊어버리기 때문이다. 그런데 라셀과 함께 산책하며 미묘한 기쁨을 느끼고 싶다 아무리 소망해도 도저히 얻을 수 없었던 그 특별한 감명을, 지금은 전혀 구하지도 않았는데, 그것과 아주 다른 진지하고 심각한 몇몇 이유 때문에 느끼고 있었다. 예를 하나 들면, 질투 때문에 알베르틴과 멀리 떨어져 있지 못하고, 또 내가 외출할 수 있는 이상 나 없이 그녀가 산책하러 가도록 내버려두지 못한다는 이유이다. 나는 이제야 처음으로 이 감명을 실감했는데, 그 이유는 인식이 관찰하려는 바깥의 사물에서 오는 게 아니라 무의식적 감각에서 오는 것이기 때문이다. 이전에는 한 여인이 나와 같은 마차에 타더라도, 현재 내가 알베르틴에게 품고 있는 바와 같은 욕망이 끊임없이 그 여인을 재창조하지 않는 한, 또 내 눈길의 부단한 애무가 한평생 원하기를 바라 마지않는 기색을 그녀에게 쉴 새 없이 주지 않는 한, 혹여 관능이 진정되어도 여전히 그 기억은 남아 이 피부 빛깔 아래에 육체의 풍미와 감촉을 숨겨두지 못하는 한, 관능과 관능을 끓어오르게 하는 상상력과 하나가 된 질투심이 중력 법칙 못지않은 강력한 힘으로 끌어당기는 이 여인을 내 곁에 균형 잡힌 상태에 두지 않는 한, 그녀는 현실에서 내 곁에 있는 게 아니었기 때문이다.

우리가 탄 마차는 가로수길과 큰길을 빠르게 달려 내려가, 늘어선 저택들이 태양과 추위를 장밋빛으로 엉기게 한 듯이 보여, 이전에 전등이 켜지는 시각까지 국화꽃 빛깔에 부드럽게 싸여 있던 스완 부인네 집을 방문한 나날을 떠올리게 했다.

문 앞에 서서 햇빛을 받아 반짝반짝 빛나는 과일 가게 여자애와 우유 가게 여자애, 내가 욕망을 품기만 하면 감미로운 모험 속으로, 소설의 출입구—물론 그 소설을 경험하는 일은 없을 것이다—로 데려갈 수 있을 성싶은 여주인공들은 내가 방의 창문을 등지고 있을 때처럼 자동차 유리창 탓에 서로 떨어져 있었으므로 똑똑히 볼 틈도 없었다. 당장 알베르틴한테 차를 멈추라고 부탁할 수도 없는 노릇이고, 벌써 젊은 여인들의 모습은 사라져서 보이지 않았기 때문이다. 나는 그녀들을 감싼 금빛 안개 속에서 겨우 그 모습을 알아보고, 그 싱싱함을 눈으로 어루만질 뿐이었다. 술집의 계산대 아가씨, 거리에서 수다떠는 세탁소 아가씨를 언뜻 보고 사로잡힌 감동은, 여신의 모습을 알아보았을 때의 감동이었다. 올림포스 산이 존재하지 않게 된 뒤로 그 주민들은 땅 위에 살고 있다. 그리고 신화의 그림을 그릴 때 베누스나 케레스(Ceres) *¹의 모델로 가장 비천한 생업에 종사하는 서민 아가씨를 선택하는 화가들은 모독 행위를 범하기는커녕, 오히려 여신들이 잃어버린 장점과 특질을 그녀들에게 덧붙이고, 그것을 돌려주었을 따름이다.

"이봐, 바보 같은 알베르틴 양, 트로카데로는 어땠지?"—"난 정말 기뻐요. 거기서 머뭇거리지 말고 빨리 나와요, 당신과 함께 산책하게 됐으니. 그 건물 다비우(Davioud) *²가 지은 거죠, 아마."—"나의 귀여운 알베르틴은 학식도 깊으신걸! 당신 말대로 다비우 맞아. 난 잊고 있었지만."—"당신이 잠만 자는 사이에 당신 책을 꺼내 읽거든요, 게으름뱅이 양반아. 건축물로서는 어지간히 시시하지 않아요?"—"허어 이거, 순식간에 참으로 머리가 좋아졌는데(정말이었다. 그러나 나는 다른 것은 어쨌든 간에 적어도 그녀가 내 집에서 지낸 시간을 아주 헛되지 않다고 여기고 만족하는 것이 나쁘지 않았다). 그럼 널리 바르지 못한 것으로 여겨지고 있지만, 실은 내가 구하는 진리에 꼭 들어맞는 게 몇 가지 있는데, 말해볼까. 알베르틴, 인상주의가 뭔지 알지?"—"물론이죠."—"그럼 좀 생각해봐. 그, 마르쿠빌 로르괴외즈 성당이 생각나? 엘스티르가 새것이라서 싫다고 말한 그 성당 말이야. 그런데 엘스티르는 자기가 신봉하는 인상주의와 좀 모순되지 않아? 건축을, 거기에 포함된 전체의 인상에서 외따로 떼어놓고, 그것이 녹아 있는 빛의 밖으로 옮겨놓고, 고고학자처럼 건축 자체의 고유 가치만을 문제로 삼다니 말이야. 엘스티르가 그림을 그릴 때는, 병원이나 학교나 벽에 붙은 광고지고 뭐고 할 것 없이, 그 옆에 있는 훌륭한 대성당과 떼려야 뗄 수 없는 인상을 자아내

---

*1 곡물의 여신.
*2 19세기 프랑스의 건축가, 트로카데로 궁전 설계자(1824~81).

모두 같은 가치를 갖고 있잖아? 생각해봐, 알베르틴. 그 성당의 정면이 햇볕에 얼마나 그을려 있었는지. 마르쿠빌의 돋을새김된 성자들도 얼마나 또렷하게 햇살 속에 떠올라 있었지? 건축물이 새로운들 상관없지, 예스럽게 보이기만 한다면. 아니 예스럽게 보이지 않아도 괜찮아. 옛 거리가 지니는 시적 정서가 마지막 한 방울까지 짜내어진들, 새 거리에 얼마 전 새로 지은 부유한 프티부르주아의 집들, 갓 켜낸 돌이 새하얗게 보이는 집들 사이로 난 골목을 누비며 7월 한낮에 장사치들이 점심 먹으러 교외로 돌아가기 시작할 즈음의 찌는 듯한 공기를 찢는 듯한 목소리로 부르짖지 않을까? 어두컴컴한 식당, 칼 놓은 유리그릇의 프리즘이 샤르트르 대성당의 유리그림처럼 온갖 아름다운 빛깔을 던지는 식당 안에서 점심 식사가 다 차려지기를 멍하니 기다리는 동안에 풍겨오는 버찌 냄새처럼 시큼한 소리로 말이야."—"당신 정말 좋은 분이야! 혹시 내가 총명한 여자가 된다면 그건 다 당신 덕분이에요."—"좋은 날씨에 왜 트로카데로에서 눈을 뗀다지, 기린 목처럼 생긴 탑이 파비아(Pavia)*¹의 수도원과 같다고 느껴지는데 말이야?"—"그리고 나, 땅 위에 그처럼 우뚝 솟아 있어선지, 당신이 갖고 있는 만테냐의 복제화가 생각나던데요. 그 그림 아마 세바스티아누스 성자였죠. 멀리 콜로세움처럼 생긴 시가가 있고, 마치 트로카데로를 쏙 뺐어요."—"그것 봐! 그런데 어떻게 만테냐의 복제화를 보았지? 놀라운데."

우리는 서민적인 거리에 와 있었다. 가게마다 카운터 뒤에 서 있는 미천한 베누스의 모습이 마치 카운터에 변두리 제단(祭壇) 같은 풍치를 자아내, 나는 그 밑에서 한평생을 지내고 싶었다.

젊은 나이에 죽음을 앞둔 사람처럼, 나는 알베르틴이 내 자유에 마침표를 찍음으로써 빼앗긴 쾌락을 하나하나 손꼽아 세어보았다. 파시(Passy)*²에서는 혼잡에 밀린 아가씨들이 서로 허리를 껴안고 찻길에까지 나와 있고, 그미소가 나를 호렸다. 분명히 알아볼 여유가 없기는 했으나, 그래도 이 미소는 아무리 칭찬해도 부족하지 않을 것이, 사실 어떤 사람들 무리 속에서도, 특히 젊은이들 속에서는 조각상처럼 기품 있는 얼굴을 만나는 일이 드물지 않다. 그러므로 주색에 빠진 사내한테 축일의 서민 무리는, 마치 고고학자에

---

*1 이탈리아 북부에 있는 도시.
*2 파리 제16구에 있는 고급 주택가. 여기서 불로뉴 숲이 멀지 않음.

게 고대 화폐가 나오는 파헤친 땅이 고귀하듯 귀중하다. 우리는 불로뉴 숲에 이르렀다. 만약 알베르틴이 나와 함께 외출하지 않았다면, 지금쯤 샹젤리제의 원형극장에서 바그너의 폭풍우 같은 음악을 듣고 있을 테지. 그 폭풍우는 오케스트라의 마룻줄을 모두 뒤흔들고, 내가 아까 피아노로 연주하던 갈대 피리의 가락을 가벼운 거품처럼 자기 쪽으로 이끌어 공중에 흩뿌리며, 반죽하고, 모양을 바꾸며, 나누어, 천천히 기세 좋게 치는 회오리바람 속으로 끌어들일 텐데. 나는 하다못해 이 산책이나마 빨리 끝내고 일찌감치 집으로 돌아가고 싶었다. 알베르틴에게 말하지 않았지만, 나는 그날 밤 베르뒤랭 댁에 가볼 결심이었기 때문이다. 베르뒤랭네에서 최근 초대장을 받았지만, 나는 그것을 다른 초대장과 함께 휴지통에 버리고 말았다. 하지만 이날 밤만은 생각을 고쳤는데, 알베르틴이 오후에 베르뒤랭 댁에서 어떤 사람들을 만나려고 했는지 살펴보고 싶어서였다. 사실 알베르틴과 나의 관계는(모든 것이 한결같이 계속되고 모든 일이 정상적으로 이어지더라도) 한 여인이 다른 여인으로 옮아가는 데에만 도움이 되는 때에 이르러 있었다. 아직 조금은 그녀가 마음에 걸리지만. 우리는 매일 밤 미지의 여인을 찾으러, 특히 그녀와 아는 사이지만 나는 모르는 여인들을 찾으러, 그녀 삶을 얘기해줄지도 모르는 여인들을 찾으러 급히 나간다. 사실 그녀 자신이 스스로 내준 모든 것은 이미 내 소유로 만들어 없애버렸다. 물론 그녀의 삶 또한 그녀 자신의 것임에 틀림없으나, 바로 그게 내가 모르는 부분, 물어봐도 소용없던 것으로, 어쩌면 다른 사람에게서 알아낼 수 있을지도 몰랐다.

알베르틴과의 생활 때문에 베네치아 여행은 못할망정, 적어도 아까처럼 내가 혼자였다면 맑게 갠 일요일의 햇볕 속에 흩어져 있는 젊은 미디네트들과 사귈 수도 있었을 것이다. 내가 본 그 여점원들의 아름다움은 그녀들을 생기 있게 하는 미지의 삶이 대부분을 이루고 있었다. 우리가 보는 그녀들의 눈동자에는 뭘 보고, 뭘 떠올리며, 뭘 기대하고, 뭘 경멸하는지 모르는 어떤 눈길이 스며들어 있고, 그녀들은 그것을 떼어낼 수조차 없다. 이 생활, 눈앞에 지나가는 사람의 생활이 어떠한 것인지에 따라, 그녀들의 찌푸린 눈썹, 벌름거리는 콧구멍이 또 다른 가치를 띠는 게 아닐까? 곁에 알베르틴이 있으므로 나는 그녀들에게 다가가지 못하고, 또 그 때문에 아마 그녀들을 끊임없이 원했는지도 모른다. 계속해 살아가고자 하는 욕망, 일상적인 것보다 감미로운 뭔가에 대한 믿음을 잃지 않으려는 자는 모름지기 시가를 산책하시구려. 골목이나 큰길에 여신들이 득실득실하니까. 그런데 여신은 인간을 다가가게 하지 않는다. 여기저기 나무 사이나 카페 출입구에서 마치 성스러운 숲 기슭의 님프처럼 한 여종업원이 주위를 살피고 있고, 한편 그 안쪽에는 젊은 세 아가씨가 곁에 커다란 홍예문처럼 자전거를 세워놓고 앉아 있었는데, 마치 죽지 않는 여신 셋이 구름이나 전설의 하늘말[天馬]에 팔꿈치를 기대고 신화 속의 여행을 하는 듯했다. 나는 알베르틴이 이 아가씨들을 주의 깊게 볼 적마다, 금세 내 쪽으로 눈길을 돌리곤 하는 걸 주목했다. 그러나 그녀의 강렬한 눈길이나 그 강렬함과는 달리 금세 눈길을 돌리는 것에도, 나는 그다지 가슴 쓰리지 않았다. 사실 눈길의 강렬함으로 말하면, 알베르틴은 피로 탓인지 주의 깊은 인간 특유한 눈길 탓인지, 상대가 내 아버지건 프랑수아즈건 몽상에 잠긴 듯이 이런 눈으로 바라보는 일이 잦았다. 또 내 쪽으로 눈길을 돌리는 빠릿빠릿한 행동으로 말하면, 알베르틴은 내가 의심하는 사실을 알고 있어, 부당한 의심일지라도 그 미끼를 던지고 싶지 않기 때문인지도 몰랐다.

하기야 나는 젊은 아가씨들에게 알베르틴이 쏟는 관심(대상이 젊은 사내라 할지라도 마찬가지이다)을 보고 괘씸한 노릇이라고 여기는 주제에, 자신은 티끌만 한 죄악감 없이—죄악감은커녕 알베르틴이 옆에 있어서 차를 멈추고 내려가지 못하는 것을 오히려 그녀의 죄라고 여기면서—모든 미디네트에게 주의를 쏟고 있었다. 인간은 자기 자신이 욕망을 품는 건 아무 잘못이 없다고 여기면서, 남이 욕망을 가지면 용서할 수 없다고 생각한다. 자기 자신에 대한 것, 사랑하는 여인에 대한 것, 그 사이의 엄청난 차이는 오로지 욕망뿐 아니라 거짓말과도 관계가 있다. 이를테면 늘 몸이 약한데 그걸 숨기고 튼튼하게 보이려고 할 때, 악습을 감출 때, 남의 감정을 해치지 않고서 자기 편리한 대로 행동할 때, 거짓말보다 더 일상적인 게 있는가? 거짓말은 가장 필요하면서 가장 널리 쓰이는 자기 보호 수단이다. 또한 거짓말은 우리가 사랑하는 여인의 생활에서 쫓아내고 싶은 것, 몰래 살펴보다 눈치채고, 곳곳에서 죽도록 미워하는 바로 그것이다. 거짓말은 우리 심정을 뒤집어놓고, 그것 하나로 관계를 충분히 파탄내며, 더욱 큰 잘못을 감추고 있는 듯한 인상을 준다. 그 잘못이 어찌나 완벽하게 숨겨져 있는지 잘못 자체를 꿈에도 의심해보지 않는 경우는 별개지만. 이토록 어떤 병의 원인이 되는 균에 예민하다니 이 얼마나 이상한 상태인가! 그 병원균이 널리 퍼져 다른 사람들한테는 해롭지 않아도, 이미 면역성을 잃어버린 불행한 인간에게는 목숨이 걸린 중요한 일이다.

이 예쁜 아가씨들의 삶은—오랫동안 바깥출입을 안 해서 지나는 길에 이런 아가씨들을 만나는 일이 드물어선지—내게, 실현하기 쉽다 해서 상상력이 무뎌지지 않는 이들과 마찬가지로, 여행이 약속하는 으리으리한 여러 시가에 못지않게 이미 알고 있는 바와 동떨어진 바람직스러운 뭔가로 보였다.

벗이 된 여인들 곁에서나 방문한 시가에서 환멸을 느껴도, 나는 또한 새 여인과 새 시가의 매력에 사로잡혀, 그것이 현실에 존재한다고 믿어 의심치 않았다. 그러므로 오늘 같은 봄날씨에는 과연 향수를 불러일으키는 베네치아, 알베르틴과 결혼하면 못 갈지도 모르는 베네치아를 파노라마로 본들, 스키였다면 실제 시가보다 더 색조가 아름답다고 할지 모르지만, 내게는 결코 베네치아 여행을 대신할 수 없을 테고, 나와는 상관없이 정해진 베네치아까지의 긴 거리는 반드시 넘어야 할 거리로 생각되었다. 마찬가지로 뚜쟁이 할멈이 수를 써서 주선해준 미디네트가 아무리 고운들, 지금 벗과 웃으면서 나무 밑을 지나가는 저 볼품없는 미디네트를 대신할 수 없으리라. 비록 홍루(紅樓)에서 만나는 여인이 더 예쁘더라도 이만하지는 않을 것이다. 우리는 미지의 여인의 눈을 한낱 평평하고 작은 오팔이나 마노를 보듯이 바라보지 않기 때문이다. 그녀들의 눈을 무지갯빛으로 물들이는 작은 빛, 반짝이게 하는 금강석 가루, 이것이 그녀들의 사념·의사·기억에 대해 우리가 눈으로 알아볼 수 있는 전부이며, 그 뒤에는 우리가 모르는 그녀의 가족이 살아 있고, 우리가 부러워하는 그 벗들이 살고 있음을 알고 있다. 붙잡기 어렵고 다루기 힘든 그 전부를 붙들고 나서야, 한낱 육체적인 아름다움 이상의 본디 가치에 눈길을 주게 된다(같은 한 젊은이인데도, 저분이 웨일스의 왕자라고 들으면 여인의 공상 속에 굉장한 로망이 일어나고, 잘못 보았다고 깨달으면 그를 거들떠보지 않는다는 사실로 설명될 수 있겠다).

홍루에서 미디네트를 만난다면, 그건 그녀 몸에 젖은 미지의 생활, 우리가 육신과 함께 소유하고자 열망하는 그 미지의 생활이 사라진 여인과 만나는 것이다. 실상 한낱 보석이 되고 만 눈, 꽃의 주름처럼 아무런 뜻도 없는 찌푸린 코에 다가가는 것과 같다. 당치도 않다. 만일 미디네트의 실체를 계속 믿고자 한다면, 마침 실제로 보고 있는 피사 시가, 만국 박람회의 구경거리가 아닌 피사 시가의 실체를 믿고자 할 때 긴 기차 여행을 해야 하듯이, 그녀의 저항과 만나면서 내가 가는 방향을 그 저항에 맡기고 수치를 무릅쓰며 앞으로 나아가 공격을 거듭하여 밀회 약속을 받아내 일터의 나가는 곳에서 상대를 기다리며, 이 아가씨의 생활을 이루고 있는 삽화를 조금씩 알아가고, 내가 구해 마지않던 쾌락을 감싸고 있는 것을 헤쳐나가야 하리라. 그녀의 유다른 습관과 특수한 생활 때문에 내가 다다르고 싶고 움켜잡고 싶은 그녀의 마음이나 호의는 나와의 사이에 놓여 있는 거리를 반드시 건너야 하리라. 그러나 이와 같은 욕망과 여행의 유사성 자체 때문에 나는 결심했다. 눈에 보이지 않지만 믿음처럼 또는 물리적 세계에서의 기압처럼 강한 그 힘, 미지의 시가나 여인을 높이 치켜세우지만 그것에 가까이 가면 그 밑에서부터 빠져나가, 순식간에 그것을 비속하기 그지없는 현실로 굴러떨어지게 하는 그 힘의 성질을 언젠가는 조금이나마 밝혀보리라. 저 앞에서는 또 한 여자애가 꿇어앉아 자전거를 고치고 있었다. 수리가 끝나자 젊은 처녀는 자전거에 올라탔는데, 사내가 하듯이 걸터앉지는 않았다. 잠깐 자전거가 흔들려, 소녀의 몸에 마치 돛이나 커다란 날개가 돋아난 듯했다. 그러다가 반인반조(半人半鳥) 같고, 천사나 동방의 요정 같은 이 여자애는 앞으로 달려나가 눈 깜짝할 사이에 멀어졌다.

알베르틴이라는 존재와 알베르틴과의 동거로 빼앗긴 것이 바로 이상과 같다. 그녀에게 빼앗겼다고? 오히려 그녀 덕에 주어졌다고 생각해야 옳지 않을까? 만약에 알베르틴이 나와 같이 살지 않고 자유의 몸이었다면, 나는 이 여인들이 오로지 알베르틴의 욕망이나 쾌락의 대상이 될 수 있으며, 아마도 정말로 그럴 거라고 상상했을 테고, 또 사실 그러했을 것이다. 그녀들은 악마의 춤 속에서, 어떤 이에게는 '유혹'의 자태를 뽐내는 것처럼 또 다른 이의 가슴에는 화살을 쏘아대는 무녀(舞女)들처럼 보였으리라. 나는 미디네트들, 여자애들, 여배우들을 지독하게 미워했을 거다! 증오의 과녁이 된 그녀들은 이승의 아름다움에서 제외되고 말았겠지. 그런데 나는 알베르틴을 마음대로 하게 되어 그녀들 때문에 속을 썩이지 않아도 되었고, 그녀들은 이승의 아름다움으로 되돌아갔다. 마음에 질투를 심는 침을 잃어서 더 이상 해롭지 않은 그녀들을 나는 한껏 찬미하고, 눈길로 어루만질 수 있었다. 언젠가는 좀더 친밀하게 애무할 수 있겠지. 알베르틴을 가둠과 동시에, 나는 산책이나 무도회나 극장 안에서 바스락거리는 그 오색영롱한 날개를 죄다 이승에 돌려주었지만, 알베르틴은 이미 그 유혹에 질 수 없었으므로 그 날개는 또다시 내 마음을 흔들어놓고 말았다. 날개는 이제 세상의 아름다움을 이루고 있었다. 그런데 예전부터 알베르틴의 아름다움을 이룬 것도 이 날개였다. 나는 알베르틴을 신비스러운 새로 보았기 때문에, 다음에는 숱한 사람들의 욕망의 대상이자, 어쩌면 이미 남의 것이 되어 있을지도 모를 바닷가의 위대한 여배우로 여겼기 때문에 그녀가 굉장하다고 생각했던 것이다. 어디서 왔는지 모를 갈매기 같은 아가씨들에게 둘러싸여, 어느 날 저녁 느긋하게 둑위를 걷고 있던 새 한 마리, 그 알베르틴도 사로잡혀 내 집에 갇힌 몸이 되자, 나 말고 다른 사람들의 것이 될 모든 기회와 더불어 그 색채 또한 모두 잃고 말았다. 그녀의 아름다움은 조금씩 사라져갔다. 질투는 상상의 기쁨이 줄어드는 것과는 틀림없이 다른 차원에 속해 있었지만, 그래도 다시 바닷가의 화려한 빛에 싸인 그녀를 발견하기 위해서는 예전처럼 나 없이 산책하는 그녀 곁에 이 여자 저 남자가 다가가는 광경을 상상해야만 했다. 이와 같이 타인의 정욕의 대상이 됨으로써 그녀가 금세 그전처럼 아름답게 보일 때도 있었으나, 그래도 나는 그녀가 집에 머문 나날을 분명히 둘로 나눌 수 있었다. 첫 번째 시기가 나날이 빛을 잃어 갔을망정 그녀가 아직 바닷가의 무지갯빛으로 빛나는 위대한 여배우였던 때라면, 두 번째 시기는 희묽은 갇힌 여인이 되어 빛바랜 그녀 자신으로 바뀐 결과, 그녀에게 색채를 돌려주려면 내가 과거를 번쩍이는 섬광처럼 돌이킬 필요가 있던 때였다.

이따금 그녀에게 아무런 관심도 느끼지 않을 적에 어쩌다 먼 추억이 되살아나는 일이 있었다. 아직 그녀를 모르던 무렵, 나와 사이가 아주 나쁘던 아무개 부인은 이제 와서 보면 알베르틴과 어떤 관계가 있던 게 거의 확실한데, 바닷가에서 그 부인 곁에 있던 그녀가 나를 건방지게 바라보며 까르르 웃어댄 일이 있었다. 푸르게 빛나는 바다가 온 주위에 찰랑거리고 있었다. 바닷가의 햇볕을 받으며 벗들 가운데 섞여 있던 알베르틴이 가장 아름다웠다. 늘 넓고 큰 바다에 둘러싸여 나를 모욕했던 눈부신 아가씨, 그녀를 찬미하는 부인에게 무엇보다 귀중한 알베르틴이었다. 모욕은 결정적인 작용을 가져왔다. 부인은 아마도 발베크로 돌아가서, 햇볕에 빛나며 찰랑대는 바닷가에 알베르틴의 모습이 더 이상 보이지 않음을 깨달았을 테니까. 그러나 부인은 모르리라, 그 소녀가 지금은 내 집에서 살며 나에게만 속해 있다는 사실을. 넓고 큰 푸른 바다와 이 아가씨를 사랑한 것도 잊고서 다른 이들에게로 향하는 부인의 애정은 알베르틴이 나에게 가한 모욕 위에 다시 떨어져, 눈부시고 깨지지 않는 보석함 속에 가두고 말았다. 그때 이 부인에 대한 증오가 내 가슴을 물어뜯기 시작했다. 이는 알베르틴에 대한 증오이기도 했다. 뭇사람의 귀여움을 받던 탐스러운 머리채의 아가씨, 바닷가에서 폭소로 나를 모욕하던 아가씨에 대한 감탄 섞인 증오였다. 부끄러움, 질투, 첫 욕망과 눈부신 배경의 추억이 알베르틴에게 다시금 옛 아름다움, 옛 가치를 부여했다. 이와 같이 그녀가 내 방에서 내 곁에 있거나, 또는 내가 기억 속에서 그녀에게 바닷가의 화려한 옷을 입히고 악기의 가락에 맞춰 둑 위에서 자유로이 움직이게 하면, 그녀 곁에서 내가 느끼는 좀 답답한 싫증과 아름다운 영상과 애석한 마음으로 가득 찬 부르르 떠는 욕정이 엇갈려 뒤섞였다. 어떤 때는 이 환경에서 빠져나가 내 것이 되어 별 값어치가 없는 여인이 되고, 어떤 때는 이 환경에 다시 숨어들어 내가 알 길 없는 과거 속으로 도망쳐, 절친한 그 부인 곁에서 파도의 물보라나 현기증 나는 태양처럼 내 마음을 아프게 하는 알베르틴, 바닷가에 다시 있거나 내 방에 다시 돌아오거나 하는, 어떤 물속이나 땅 위의 양쪽에서 다 가능한 삶의 애정 속에 있는 알베르틴.

다른 곳에서는 수많은 소녀가 모여 공놀이를 하고 있었다. 소녀들 모두 해가 있는 동안을 놓치고 싶지 않았던 것이다. 2월의 나날은 날씨가 화창할 때도 금세 저물어, 그 찬란한 빛도 땅거미 지는 것을 늦추지 못하기 때문이다. 햇살이 다 사그라지기까지 아직은 여유가 있어 희미한 빛이 우리를 감싸고 있었다. 우리는 센 강까지 차를 몰고 가서, 차에서 내려 오랫동안 걸었다. 알베르틴은 겨울철 푸른 물 위에 비친 붉은 돛, 멀리 생클루가 줄이 진 푸석한 돌처럼 토막토막 보이는 환한 지평선에 홀로 핀 개양귀비같이 웅크린 기와집을 감탄 어린 눈으로 바라보았으나, 나는 그녀 덕분에 제대로 음미할 수도 없었다. 나는 얼마간 그녀에게 팔을 내주기까지 했다. 그러자 내 팔 밑에 휘감은 그녀의 팔이 우리 두 사람을 한 존재로 엮어, 우리 둘의 운명이 서로 연관된 느낌이 들었다.

발아래에는 나란히 비친 두 그림자가 바짝 붙어 황홀한 그림을 그려내고 있었다. 그야 물론 집에서도, 알베르틴이 나와 함께 살고 내 침대에 눕는다는 것만으로도 굉장하다고 생각했다. 그러나 내가 매우 좋아하는 불로뉴 숲의 이 호숫가 나무 아래, 태양이 내 그림자 옆 가로수길의 모래 위에 엷은 먹빛으로 그려내는 게 그녀의 그림자, 그녀의 다리와 상반신의 순수하고도 단순화된 그림자라는 사실이야말로, 집 안의 것을 바깥에 자연 한가운데로 내놓는 거나 마찬가지였다. 그리고 나는 두 그림자가 녹아 붙는 걸 보고, 실제로 두 육체가 서로 다가가 하나가 되는 것에 비하면 확실히 물질적이지는 않지만, 친밀감은 그것 못지않다고 느꼈다. 우리는 차에 다시 올라탔다. 집으로 돌아가는 차가 구불구불한 좁은 길로 들어섰다. 겨울의 나무들은 폐허처럼 담쟁이덩굴과 가시나무를 걸치고 있어 마법사가 머무는 곳에라도 향하는 듯했다. 어두컴컴한 나무 그늘에서 나오자마자 숲의 어귀는 아직 한낮처럼 환해, 저녁 식사 전에 내가 하고 싶은 것들을 다 할 여유가 있을 것만 같았다. 그러나 잠시 뒤 차가 개선문 가까이 갔을 때쯤, 마치 멈춘 큰 시계의 글자판을 보고 자기가 늦은 줄 여기듯 파리의 높은 하늘에 벌써 보름달이 나타난 것을 알아보고, 나도 모르게 깜짝 놀랐다. 운전사한테는 집에 돌아간다고 일러두었다. 그녀에게도, 그것은 내 집에 돌아간다는 뜻이었다. 아무리 사랑하는 여인이 곁에 있을지라도 그녀가 나와 작별하고 자기 집으로 돌아가야 한다면, 지금 차 안 내 곁에 앉아 있는 알베르틴의 존재를 통해 만끽하고 있는 마음의 평온은 얻지 못할 것이다. 알베르틴의 존재는 나를 외톨이가 되는 텅 빈 시간 쪽으로 데려가는 게 아니라, 나의 내 집, 또한 그녀의 내 집이자, 내가 그녀를 소유하고 있다는 구체적 상징인 내 집에서 더욱 안정되고 바깥과 차단된 결합으로 이끌었다.

　소유하려면 반드시 원하는 게 필요하다. 한 줄, 한 면, 한 부피라도, 우리의 애정이 그걸 차지하지 못하는 한 소유란 없다. 그런데 둘이서 산책할 때의 알베르틴은 나에게 지난날의 라셀처럼 육체와 옷으로만 이루어진 헛된 잔해가 아니었다. 나의 눈·입술·손에 의한 상상력이 발베크에서 그녀 몸을 굳건히 쌓아 올리고 부드럽게 윤을 냈으므로, 지금 이 차 안에서 그 몸을 만지고 받쳐주기 위하여 일부러 알베르틴을 끌어안거나 바라볼 필요도 없었다. 오직 그 목소리를 듣는 것으로, 또 그녀가 아무 말 없어도 내 곁에 있음을 느끼는 것으로 충분했다. 한데 엮인 내 다섯 가지 감각이 그녀를 온통 감싸고 있었다. 그리고 집 앞에 이르러 그녀가 더할 수 없이 당연한 듯 차에서 내렸을 때, 나는 잠깐 그대로 서서 운전사한테 나중에 다시 오라고 이르면서, 나보다 앞서 안으로 들어가는 알베르틴을 향한 눈길을 여전히 거두지 못하고 있었다. 게다가 이토록 점잖게, 다홍빛을 호사스럽게 두르고 나를 사로잡은 알베르틴이, 내가 소유한 여인답게 더할 나위 없이 자연스레 나와 더불어 집으로 돌아와, 벽에 의지하면서 집 안으로 사라지는 모습을 볼 때 내가 맛보는 것은 분명 활기 없는 가정적인 평온함이었다.

다만 불행하게도 그날 저녁 그녀의 방에서 마주 앉아 저녁 식사 하는 동안 그녀가 지은 구슬프고 지친 표정으로 미루어보아 판단한다면, 그녀는 이곳을 감옥으로 여기는 것 같았다. 그 라 로슈푸코 부인*과 같은 생각인 듯했다. 리앙쿠르처럼 아름다운 저택에 있으니 만족하지 않느냐고 물었을 때, 부인은 '아름다운 감옥이란 없다'고 대답했었다. 나는 처음에 알베르틴의 표정을 알아채지 못했다. 오히려 그녀만 없다면(그녀와 함께라면, 그녀는 호텔에서 온종일 수많은 사람들과 만날 테고, 나는 심한 질투로 고통받을 테니까) 지금쯤 베네치아의 뱃바닥처럼 낮은 작은 식당에서 저녁 식사를 하고 있으련만, 거기서 이슬람식으로 쇠시리를 둘러친 작은 홍예문 너머로 대운하가 보이련만, 하는 생각에 대단히 유감스러웠다.

알베르틴이 내 집에 있는 바르브디엔의 커다란 청동상에 크게 감탄한 사실을 덧붙여 말해둬야겠다. 블로크가 너무나 떳떳하게 추하기 짝이 없다고 말한 청동상을 어째서 버리지 않고 그대로 두냐고 놀라워한 것은 틀림없이 옳은 경악이 아니었다. 나는 그와는 달리, 예술적 가구를 마련하거나 방을 장식하려고 한 적이 한 번도 없었다. 그러기에는 너무나 게으르고, 늘 눈앞에 뭐가 있든 전혀 무관심했다. 내 취미가 그런 걸 개의치 않으니, 실내를 오밀조밀 꾸미지 않는 것도 당연하지 않는가. 그래도 청동상은 치울 수 있었을 것이다. 그러나 추악하고 어수선한 물건도 매우 유익한 구실을 하는 때가 있다. 우리는 우리를 이해 못하는 여인, 우리와 취미가 동떨어진 여인을 사랑할 때도 있는데, 그녀는 이런 추악한 물건에는 정신을 빼앗기나, 아

---

*《잠언집》 저자의 부인. 리앙쿠르는 남편의 영지(領地).

름다운 것이라도 그 아름다움이 한눈에 드러나지 않는 것에는 혹하지 않는다. 그런데 현혹을 유효하게 쓸 수 있는 건 바로 우리를 이해 못하는 이들한 테만이며, 사리를 분별할 줄 아는 이들에게는 우리의 지성만으로 충분하다. 물론 알베르틴은 좋은 취미를 갖기 시작했지만, 그래도 아직 이 청동상에 어떤 존경을 품고 있었으며, 그 존경이 내게로 튀어와서 나에 대한 경의가 되었다. 그것이 알베르틴이 바치는 경의인 이상, 내게는 (얼마쯤 불명예스런 청동상을 그대로 두는 것보다 훨씬) 중요했다. 나는 알베르틴을 사랑하고 있으니까.

그런데 어느 순간 갑자기 내가 노예라는 의식이 나를 짓누르지 않고, 이 상태를 더 지속하고 싶다고 생각했다. 알베르틴도 자신이 노예라고 느끼고 있는 것만 같았기 때문이다. 그야 물론 내 집에 있는 게 싫지 않느냐고 물어볼 적마다, 그녀는 으레 이보다 더 행복한 곳은 없다고 대답했다. 그러나 이 말은 자주 뭔가 그리워하며 안절부절못하는 태도와 모순되었다. 확실히 그녀가 내 예상대로의 성벽을 가졌다면, 도저히 그 성벽을 만족시키지 못하여 안절부절못하는 게 틀림없었다. 하지만 나는 그 때문에 매우 마음이 진정되어, 그녀를 의심한 것이 부당했다는 가정이 가장 사실에 가깝다고 느낄 정도였다. 그러나 이 가정으로는 아무래도 석연치 않은 게, 알베르틴이 이상하리만큼 열심히 절대 혼자가 되지 않도록, 절대 자유로운 몸이 되지 않도록, 집에 돌아올 때는 문 앞에서 잠시도 걸음을 멈추지 않도록 애쓰는 점, 전화 걸러 갈 적마다 그녀가 한 말을 나에게 고자질할 만한 누군가를, 예컨대 프랑수아즈나 앙드레를 여봐란 듯이 데리고 가는 점, 앙드레와 함께 외출하고 나서는 언제나 넌지시 앙드레와 나를 단둘이 두어 외출의 온 과정을 보고할 수 있도록 하는 점을 보였기 때문이다. 이와 같은 비할 바 없는 온순함과 대조적으로, 금세 가시긴 하지만 이따금 짓는 그 초조한 표정은 알베르틴이 묶인 쇠사슬을 떨쳐낼 계획을 세우고 있는 게 아닌가 하는 의심을 품게 했다.

게다가 몇 가지 부수적인 사실이 내 추측에 힘을 실었다. 이를테면 나 혼자 외출한 날, 파시 근처에서 지젤을 우연히 만나 이것저것 잡담한 적이 있었다. 그러다 나는 지젤에게 이런 일을 알려줄 수 있다는 사실이 은근히 자랑스러워서, 알베르틴과는 줄곧 만나고 있노라고 말했다. 지젤은 어디서 알베르틴을 만날 수 있는지 물었다. '마침' 그녀에게 할 말이 있다는 것이었다. "뭔데요?"—"알베르틴과 친한 아가씨 친구들에 대한 일이에요."—"친구라니 어떤 친구인데요? 어쩌면 내가 정보를 줄 수 있을지도 모르죠. 그렇다고 알베르틴을 만나지 못하게 하려는 건 아니지만."—"옛 친구예요, 이젠 이름조차 생각나지 않는걸요." 지젤은 뒷걸음질치면서 아리송하게 대답했다. 그리고 내게 티끌만 한 의혹도 남기지 않을 만큼 신중하고도 조심스럽게 이야기했다고 굳게 믿으면서 사라졌다.

그러나 거짓말이 그 모습을 드러내는 데는 많은 것을 요구하지 않는다! 이름조차 모르는 옛 친구에 대한 일이라면, 어찌하여 '마침' 알베르틴에게 얘기할 필요가 있겠는가? 코타르 부인의 입버릇인 '때마침 잘됐어요'와 사촌뻘인 이 '마침'이라는 부사는 일정한 인물에 대한, 특별한, 때맞은, 어쩌면 긴급할 때만 쓰이는 부사가 아닌가. 게다가 '아니 뭐, 이름조차 생각나지 않아요' 말하면서(이야기가 여기까지 온 순간에 갑자기 물러갈 준비를 하듯, 몸도 덩달아 뒤로 물리면서) 하품하듯 입을 멍하게 벌린 꼴이, 그녀 얼굴을, 또 그 얼굴에 어울리는 목소리를 거짓 표정으로 만들었다. 그와 달리 '마침'이라고 말했을 때 긴장되고 생기가 넘치며 적극적이던 표정은 진실된 얼굴이었다.

나는 지젤에게 캐묻지 않았다. 한들 무슨 소용이 있겠는가? 확실히 그녀의 거짓말은 알베르틴과 달랐다. 또 확실히 알베르틴의 거짓말이 내게 더욱 사무쳤다. 그러나 먼저 두 아가씨의 거짓말에는 하나의 공통점이 있다. 곧 두 사람 다 거짓말을 하고 있다는 점으로, 이 사실은 어떤 경우라도 분명하다. 하지만 거짓말 속에 숨은 진실은 뚜렷하지 않다. 다 아는 바와 같이, 살인범은 저마다 자신은 모든 일을 잘 궁리했으니 잡힐 리 없다고 믿지만 결국 거의 예외 없이 잡히고 만다. 반대로 거짓말쟁이는 꼬리 잡히는 일이 드문데, 특히 거짓말쟁이 중에서도 사내의 사랑을 받고 있는 여인은 더욱 그러하다. 여인이 어딜 갔는지, 거기서 뭘 했는지 도무지 알 길이 없다. 그러나 여인이 입을 열어 마음속에도 없는 말을 지껄이면서 그 말속에 진실을 감추고 말하지 않을 때는 곧바로 거짓말인 게 드러나며, 질투심은 더해진다. 거짓말인 줄 짐작하면서도, 진실을 알 수 없기 때문이다.

지금까지 보아온 바와 같이 알베르틴에게는 거짓말이라는 인상을 주는 수많은 특징이 있었는데, 특히 거짓말할 때의 그 얘기에는 어딘지 불충분한,

생략된, 있음직하지 않은 점이 있다거나, 또는 되레 그럴듯하게 보이려고 하찮은 사실을 마구 덧붙이는 경향이 있었다. 그런데 이 말들은 거짓말하는 이의 의도와는 달리 전혀 사실이 아니다. 어떤 사실에 귀를 기울이는 사람이 그저 그럴듯한 것과 어쩌면 사실보다 더욱 그럴듯한 것, 지나치게 그럴듯한 것을 들을 때, 조금이라도 음악적인 귀를 가진 사람이라면, 누구나 틀린 시구나 큰 소리로 잘못 읽은 낱말처럼 금세 사실이 아니라고 느낀다. 사랑에 빠진 남자라면 귀로 느끼면서도 마음에 경보가 울린다. 여인이 베리 거리를 지났는지 워싱턴 거리를 지났는지 몰라 일생이 좌우된다면, 어째서 이렇게 생각해보지 않겠는가. 만약에 그 여인과 몇 년 동안 만나지 않고 참을 수 있는 슬기로움만 있다면, 이 몇 미터 차이나 그 여인 자체도, 결국은 100만분의 1로(즉 알아볼 수 없을 정도의 크기로) 축소되리라. 걸리버를 더욱 크게 만든 것 같은 상대도 소인국 여인이 되어버려서, 어떤 현미경이든 그것이 마음의 현미경이라면—냉정한 기억의 현미경은 가장 강력하고 튼튼하므로—다시는 알아챌 수 없으리라!

아무튼 알베르틴과 지젤 사이에 거짓말이라는 공통점이 있긴 했으나, 지젤의 거짓말은 알베르틴의 거짓말과 다를 뿐만 아니라 앙드레와도 달랐다. 그런데도 그녀들의 거짓말은 저마다 커다란 변화를 보이면서도 서로 어찌나 잘 들어맞는지, 이 작은 동아리에는 이를테면 물샐 틈 없이 꽉 짜인 어떤 상사·출판사·신문사같이 뚫고 들어갈 수 없는 견고성이 있었다. 이러한 회사는 구성원이 가지각색이지만, 불쌍한 작가는 자기가 속고 있는지 아닌지를 절대로 알 수 없다. 신문이나 잡지의 사장은 '성실'이라는 깃발을 선명하게, 다른 신문사 사장이나 극장 지배인, 출판업자에게 보란 듯이 높이 올리고 나면, 그도 결국 자기 입으로 비난한 바와 똑같은 짓을 하고, 수단과 방법을 가리지 않고 이익을 볼 기회를 얻으려고 노려 실행에 골몰하는 것을 어떻게든 숨길 필요가 있는 만큼 더욱더 과장된 성실성을 짐짓 꾸미며 거짓말한다. 거짓말은 추악한 짓이라고(정당의 우두머리로서, 기타 등등으로서) 선언해버리면 남보다 더 자주 거짓말을 할 수밖에 없는데, 그 주제에 점잔 빼는 가면을 벗지도, 성실성의 엄숙한 삼중관(三重冠)*을 내려놓지도 않는다. 이

---

* 현세·영계·연옥을 다스리는 상징으로 로마 교황이 쓰는 관.

'성실가'와 한 짝인 자는 그와 다른 식으로, 더욱 교묘한 투로 거짓말한다. 그는 자기 아내를 속이듯 통속희극(vaudeville)풍 꾀를 써서 작가를 속인다. 정직하고 버릇없는 부편집장은 마치 언제까지 집을 완성하겠다고 약속하고는 그날이 와도 아직 공사를 시작조차 않는 건축가처럼 아주 태연하게 거짓말한다. 편집장은 천사와도 같은 마음씨를 가진 자로, 다른 세 사람 사이를 뛰어다니면서, 무슨 일인지도 모른 채 동지적인 배려와 마음씨 착한 연대감에서, 생각지 못한 말로 그들에게 귀중한 도움을 준다. 이 네 사람은 끊임없는 의견 갈등 속에 지내지만, 작가가 모습을 나타내면 그 갈등은 당장 사라진다. 개개의 싸움을 뛰어넘어서, 저마다 위협에 처한 '부대'를 구원코자 달려온다는 위대한 군사적 의무를 떠올리는 것이다. 그런 줄 알아차리지 못한 채, 나는 이 '작은 동아리'에 대하여 줄곧 그 불쌍한 작가의 역할을 맡았다. 알베르틴이 어떤 핑계로 나와 헤어지는 그때 곧바로 함께 여행을 떠날 생각인 벗, 나의 연인에게 작별할 때가 왔다는 둥 머지않아 그때가 올 거라는 둥 기별할 생각인 벗을 마음속에 두고서 지젤이 '마침'이라고 했다면, 그녀는 팔다리가 갈기갈기 찢겨도 실토하지 않을 것이다. 따라서 그녀에게 물어봤댔자 소용없었다.

그러나 나의 의혹을 북돋운 것은 지젤 같은 인물과 맞닥뜨렸기 때문이 아니었다. 이를테면 나는 알베르틴의 유화에 감탄하고 있는데, 알베르틴의 유화는 갇힌 여인의 애처로운 오락이라고 할 만큼 측은한 마음이 들어, 그 솜씨를 칭찬했다. "천만에, 아주 고약해요. 난 한 번도 소묘 수업을 받은 적이 없는걸요."—"아니 왜 어느 저녁인가 발베크에서 소묘 수업 때문에 돌아오지 못한다고 나한테 일러온 적이 있잖아." 나는 그녀에게 그 날짜까지 곁들여 설명하고, 그런 시각에 소묘 수업을 하지 않은 줄 당장 알았다고 말했다. 알베르틴은 얼굴을 붉혔다. "맞아요, 소묘 수업을 받지 않았어요. 나 처음에는 정말 당신에게 많이 거짓말했어요. 인정해요. 그러나 지금은 절대로 거짓말 안 해요." 첫 무렵의 수많은 거짓말이 뭔지 얼마나 알고 싶었던지! 하지만 그 고백도 새로운 거짓말일 줄은 지레 알고 있었다. 그래서 그녀에게 입맞추는 걸로 참았고, 그 거짓말 중 하나만 말해보라고 졸랐다. "글쎄, 뭐! 예를 들자면, 바닷바람을 쏘이면 기분이 나빠진다는 그런 거예요." 이렇게 성의 없는 그녀의 대답에 나는 더 이상 묻지 않았다.

사랑받아 온 모든 사람, 아니 거의 모든 사람은 우리한테 야누스(Janus)*
와 같아서, 떠나갈 때는 우리 마음에 드는 얼굴을, 영원토록 우리 생각대로
될 줄 알 때에는 침울한 얼굴을 내민다. 알베르틴과 함께하는 영속적 생활은
이 이야기에서 말할 수 없는 별난 고통을 안고 있다. 남의 삶을 자기 삶에
비끄러매는 것은 폭탄을 끌어안고 있는 것처럼 위태로운 일로, 이것을 놓아
버리면 죄를 물을 수밖에 없다. 미치광이와 친한 이가 느끼는 감정—흥분,
침울, 위험, 불안, 믿었던 것이 나중에는 엉터리로도 진실로도 여겨져 변명
조차 할 수 없게 되지 않을까 하는 두려움 같은 감정—을 이와 비교해보라.
이를테면 샤를뤼스 씨가 모렐과 가깝게 지내는 것을 나는 개탄해 마지않았
다(금세 그날 오후의 광경이 머리에 떠올라, 나는 가슴 왼쪽이 오른쪽보다
두근두근 부풀어오르는 느낌이었다). 두 사람이 관계를 맺고 있는지는 문제
삼지 않고, 샤를뤼스 씨는 처음에 모렐이 미친 사람인 줄 몰랐던 게 틀림없
다. 모렐의 미모와 저속함과 거만한 태도 탓에 남작도 미처 거기까지 생각이
이르지 못했을 것이다. 이윽고 모렐은 우울증이 발작하는 날마다 까닭 없이
자기가 침울한 기분이 드는 건 샤를뤼스 씨 탓이라고 책망하기 시작하고, 교
묘하기 짝이 없고 당치 않은 억설을 늘어놓으며 상대가 불신감을 품고 있다
고 욕설을 퍼붓고, 죽을힘을 다해 결심을 했노라 위협하곤 했는데, 음험하게
도 그 결심 가운데는 자기의 직접적인 이익이 고려되어 있었다. 물론 이런
사실은 다 비유에 지나지 않는다. 알베르틴은 미친 여인이 아니었다.
　그녀를 속박하는 쇠사슬을 가벼운 것으로 여기게끔 만드는 가장 교묘한
방법은 나 자신이 그 쇠사슬을 끊으려 한다고 믿게끔 만드는 일이라고 생각
했다. 그런데도 이 거짓 계획을 지금 그녀에게 털어놓을 수는 없었다. 그녀
가 조금 전 트로카데로에서 그처럼 상냥하게 돌아왔기 때문이다. 헤어지자
는 거짓말로 그녀를 상심케 하기는커녕 기껏 내가 할 수 있는 일이라곤, 그
녀에게 고마워하는 마음에서 영원히 둘이서 함께 살자는 꿈을 절대로 입 밖
에 내지 않는 게 고작이었다. 그녀를 바라보고 있으면 그 꿈을 그녀에게 죄
다 말하지 않고 견뎌내기 힘들어, 어쩌면 그녀도 그것을 눈치챘을지도 모른
다. 공교롭게도 꿈의 표현은 전염되지 않는다. 점잔을 부리는 노부인처럼 샤

---

* 로마 신화에 나오는 문의 수호신. 앞뒤에 얼굴이 있어, 과거와 미래를 본다고 함.

를뤼스 씨도 상상 속에서 의젓한 젊은이의 모습만 그린 나머지 그 자신도 의젓한 젊은이가 된 줄 알고, 더욱더 점잔을 빼 우스꽝스러워지면 질수록 그런 줄 여겼는데, 이는 흔히 있는 일이다. 사랑에 빠진 사내의 불행은, 자기가 아름다운 애인의 얼굴을 보고 있을 때 애인도 그의 얼굴을 보는데, 아름다운 것을 보고 느끼는 기쁨으로 그 얼굴이 일그러져서 도리어 추해 보인다는 사실을 깨닫지 못한다는 점이다. 그러나 연애에만 이런 사례가 있는 것은 아니다. 인간은 자신의 육체를 볼 수 없지만, 남에게는 보인다. 인간은 자기 사념을 '뒤따르는데', 그것은 남에게는 보이지 않는 대상이다. 때로는 예술가가 이 대상을 작품 속에서 보여주므로 작품에 감탄한 이들이 작가에게는 환멸을 느끼는 일이 생긴다. 작가 얼굴에 이 내적인 아름다움이 충분히 반영되어 있지 않기 때문이다.

베네치아에 대해 내가 품고 있는 꿈은, 알베르틴에 대한 것이나 내 집에서 지내는 그녀의 심심풀이가 될 법한 꿈뿐이었으므로, 나는 머지않아 주문하러 가야 할 포르튀니의 드레스를 화제로 올렸다. 어떤 새로운 즐거움을 이바지해서 그녀의 기분을 풀어줄까 하고 나는 줄곧 찾고 있었던 것이다. 만약 오래된 프랑스식 은제 식기라도 발견한다면 그것을 선물하여 그녀를 깜짝 놀라게 해 주고 싶었다. 사실 요트를 사는 계획을 세웠을 때, 알베르틴은 그 계획은 도저히 이뤄질 수 없을 거라고 생각했다. 나 또한 마찬가지로, 그녀를 행실이 바른 아가씨라고 생각할 때마다, 이내 그녀와의 생활은 돈이 너무 많이 들어서 결혼은 불가능하다고 여겨지는 것이었다. 그녀는 요트를 사지 못할 거라고 생각하고 있었지만, 그래도 우리는 엘스티르에게 조언을 청했다.

나는 그날 어느 분의 부고(訃告)를 접하고 깊은 슬픔을 맛보았다. 베르고트가 죽은 것이다. 독자도 알다시피 그는 앓은 지 오래였다. 물론 그가 처음에 걸렸던 자연적인 병 때문만은 아니었다. 자연은 짧은 기간의 병밖에 주지 않나 보다. 그런데 의학은 병을 질질 끄는 기술이 있다. 약이 불러오는 소강 상태, 투약을 중지함으로써 재발하는 불쾌감, 그것이 병의 환영을 지어내고 환자의 습관은 이것을 고질적으로 만들며 양식화한다. 마치 어린애가 백일해를 앓고 난 뒤에도 오랫동안 기침을 하듯이. 그러다가 점점 약효가 줄어들고 투여량이 늘어난다. 이제는 약을 써도 효험이 없고 오히려 불쾌감이 계속되어 고통을 주기 시작한다. 자연의 병이라면 그토록 길게 이어질 리 없다.

의학이 자연과 맞서 억지로 환자를 병상에 눕히고, 약을 먹지 않으면 죽는다고 협박하여 약을 계속 먹게 한다. 이 지경에 이르면 인공으로 접종된 병이 뿌리내려 2차적인 병, 그러나 진짜 병이 되고 만다. 다만 자연의 병은 나아도 의학이 자초한 병은 절대 낫지 않는다는 차이점이 있을 뿐이다. 의학은 치유의 비밀을 모르기 때문이다.

베르고트가 바깥출입을 안 한 지 여러 해가 지났다. 게다가 그는 이제껏 사교계를 좋아한 적이 없었다. 아니, 단 하루만 좋아한 다음 다른 모든 것과 마찬가지로 사교계도 멸시해버렸다. 그것도 언제나 그렇듯 독특한 투로, 얻을 수 없으므로 경멸하는 게 아니라 얻자마자 경멸했다. 그는 매우 간소한 생활을 하여 그가 얼마나 부유한지 아무도 추측하지 못했고, 또 아는 사람이라도 오해하여 그를 인색하다고 생각했을 텐데 실은 아무도 따를 수 없을 만큼 후한 사람이었다. 특히 여인들에게, 좀더 분명히 말하면 여자애들에게 너그러웠는데, 사소한 일에 많은 돈을 받은 여자애들이 오히려 미안해할 정도였다. 그는 사랑을 느낄 때만큼 저술이 잘 되는 때가 없음을 알았으므로, 자신의 그런 행동을 스스로 묵인하고 있었다. '사랑'이라고 하면 좀 지나친 말이나, 육체 속에 살짝 파고든 쾌락은 창작을 돕는다. 왜냐하면 다른 쾌락을, 예를 들어 사교의 쾌락같이 아무에게나 엇비슷한 것을 없애버리기 때문이다. 그뿐만 아니라 비록 그 연정이 환멸을 일으키더라도 환멸은 환멸 나름대로, 사랑 없이는 멈춰버릴 게 뻔한 영혼의 바깥쪽을 흔들어놓는다. 그래서 욕망은 작가가 남들한테서 멀어지고 순응하는 것을 방해하고, 어느 나이가 지나면 멈추기 쉬운 정신의 기계에 얼마간 움직임을 준다는 점에서 쓸모없는 게 아니다. 행복해지진 못할망정 행복을 가로막는 갖가지 까닭, 환멸이 갑작스럽게 들이닥치지 않았으면 눈에 보이지 않고 말았을 그 까닭에 대해 인간은 고찰하게 된다. 꿈이 이루어지지 않는 건 다 아는 바지만, 욕망이 없었다면 아마 그 누구도 꿈을 꾸지 않았으리라. 또 부푼 꿈이 좌절하는 걸 보고, 좌절에 의해 가르침을 받는 것도 무익하지 않다. 그러므로 베르고트는 스스로 타일렀던 것이다. "나는 계집애들 때문에 억만장자보다 더 돈을 낭비하지만, 그녀들이 주는 쾌락이나 환멸 덕분에 글을 쓰니 돈벌이도 되지." 이 이론은 경제적으로는 부조리하나, 아마도 그는 돈을 애무로 바꾸고 애무를 돈으로 바꾸는 데서 즐거움을 발견했을 것이다. 게다가 나의 할머니가 돌아가셨을 때, 우리는 피로한 노인은 휴식을 좋아한다는 사실을 알았다. 그런데 사교계에는 오직 수다밖에 없다. 수다는 어리석기 그지없지만, 여자들을 말살하여 그들을 오직 질문과 응답으로 바꾸어버리는 힘이 있다. 그러나 사교계 밖으로 나오면, 여자들은 피로한 노인의 마음을 안온케 하는 대상으로 되돌아간다.

아무튼 이제는 이 모든 게 문제가 아니었다. 베르고트가 집 안에만 틀어박혀 있은 지가 오래되었다고 썼는데, 그는 방 안에서 한 시간 남짓 일어나 있을 때도 숄이나 여행용 담요같이 몹시 추울 때나 기차에 탈 때 어깨에 걸치는 것을 온몸에 두르고 있었다. 가끔 들르는 친구들을 침대 옆에까지 들이고는 변명 삼아 타탄 무늬 숄이나 담요를 가리키며 쾌활하게 말하는 것이었다. "여보게, 어쩔 수 없네그려. 아낙사고라스(Anaxagoras)*도 인생이란 나그넷길이라고 하지 않았나." 그는 이렇게 천천히 식어갔다. 열이 조금씩 식어서 이윽고 생명이 없어지고 마는 지구의 미래를 보여주는 작은 지구처럼. 생명이 사라지면 다시 살아날 수도 없다. 먼 미래 세대에까지 인간의 작품이 빛을 보려면 분명 인간이 있어야 하기 때문이다. 이를테면 어떤 종류의 동물이 서서히 닥쳐오는 추위에 오래 버틴다 할지라도 인간이 존재하지 않으면, 설사 베르고트의 명성이 그때까지 계속된다고 해도 눈 깜짝할 사이에 영영 사라지고 말리라. 마지막에 살아남은 동물이 베르고트의 작품을 읽을 리 없는 것이, 성령 강림날의 사도들처럼 그 동물이 배우지도 않고 여러 민족의 언어를 이해할 리 없을 테니까.

죽기 전 몇 달 동안 베르고트는 잠을 못 자 고생했는데, 더 고약하게도 잠들자마자 가위에 눌려 그 때문에 깨어나면 잠드는 걸 피하게 되었다. 오랜 세월 동안 그는 꿈을, 악몽마저 좋아했다. 꿈 덕분에, 또 깨어 있을 때 눈앞에 보이는 현실과 그 꿈이 상반되므로 아무리 나중에라도 깨어나는 찰나에는 잠이 들었다는 깊은 감각이 들기 때문이다. 그러나 베르고트의 악몽은 더는 그렇지 않았다. 그가 말하는 악몽은 예전 같으면 그 머릿속에서 일어난 불쾌한 일을 뜻했다. 하지만 지금은 자기 몸 밖에서 들어오는 것처럼 젖은 걸레를 쥔 손이 보인다. 심술궂은 여인이 그 손으로 그의 얼굴을 문질러 깨

---

* 그리스의 철학자(B.C. 500?∼428?).

우려고 한다. 허리 쪽이 간지러워 참기 힘들다. 한 마부가 버럭 화를 내며 —베르고트가 잠결에 마차 모는 솜씨가 서투르다고 중얼대자—미친 듯이 그에게 덤벼들어 그 손가락을 물고 으드득으드득 끊으려 한다. 그리고 자는 동안에 주위가 충분히 어두워지면, 자연은 분장(扮裝)도 하지 않고, 머잖아 그 목숨을 빼앗을 뇌졸중이 엄습한다. 베르고트는 스완이 새로 든 호텔 현관에 차를 대고 내릴 참이었다. 그러자 쓰러질 듯한 현기증이 일어나 그 자리에 못박히고 만다. 문지기가 거들어 그를 내려주려고 하나 그는 앉은 채 몸을 일으킬 수도 다리를 들 수도 없었다. 눈앞에 있는 돌기둥이라도 매달려보고자 했으나, 몸을 지탱할 만큼 버틸 수 있을 것 같지 않았다. 그의 왕진 의뢰를 받아 자랑스러워하던 몇몇 의사들의 진찰 결과, 그는 그 병의 원인이 지나치게 일한(그가 저술하지 않은 지가 20년이 지났건만) 탓이라는 진단을 받았다. 의사들은 그에게 스릴러소설을 읽지 말기를(그는 독서와는 담을 쌓고 있었다), '생명에 꼭 필요한' 햇볕을 더 쪼이기를(자택에 파묻힌 덕분에 그나마 요 몇 년 동안 비교적 건강했는데), 더 영양분을 섭취하기를(그럴수록 몸은 더 마르고, 악몽만 더 기승을 부렸건만) 권했다.

　의사 가운데 하나는 남의 의견이라면 죽기로 기를 쓰며 부정하고 짓궂게 놀리는 재능이 있었는데, 베르고트가 다른 의사들이 없는 기회에 그를 만나 그의 기분이 상하지 않도록 다른 의사들의 권고를 자기 의견인 양 꺼내자, 부정하기 좋아하는 그 의사는 베르고트가 자기 마음에 드는 치료를 지시해주기를 원하는 줄 여기고 당장에 그건 안 된다고 금했다. 금하는 이유도 보통 그 자리에서 둘러맞추어 지어낸 말이라, 베르고트가 구체적으로 분명한 이의를 제기하자 부정하기 좋아하는 그 의사는 같은 말 속에서 자신의 주장과도 모순되는 말을 지껄이는 처지가 되었지만, 그래도 새로운 이론을 갖다대며 강경하게 금지를 되풀이했다. 베르고트는 처음에 치료받았던 의사들 중 한 사람에게 다시 진찰을 받았다. 그는 재치가 있노라고 자부하는 자로, 특히 문호 앞에서 더욱 그러했다. 베르고트가 "그렇지만 X박사가 말씀하시던데—물론 오래전 일이지만—이 약을 쓰면 신장과 뇌가 충혈될지도 모른다고……" 넌지시 말하자, 의사는 히죽 웃으며 손가락을 올리고 잘라 말했다. "나는 사용(use)하시라고 했지, 남용(abuse)하시라고 말하진 않았습니다. 물론 어떤 약이든 너무 많이 쓰면 양날의 칼이 되고 마니까요."

인체에는, 마음에 도덕적 의무를 분별하는 본능이 있듯 몸에 유익한 것을 분간하는 본능이 있어, 의학 박사나 신학 박사 면허도 그 본능을 대신할 수 없다. 냉수욕이 몸에 해로운 줄 알지만 그래도 냉수욕을 좋아한다고 하자. 그럼 수많은 의사 가운데 반드시 냉수욕을 권장하는 자가 나타날 테지만, 그렇다고 그 의사가 냉수욕을 해롭지 않도록 해주는 건 아니다. 베르고트는 의사들에게 몇 년 전부터 스스로 현명하게 금해왔던 것을 한 가지씩 해도 괜찮다는 허락을 받았는데, 몇 주일이 지나 옛 발작이 재발했고 최근 증상이 악화됐다. 쉴 새 없는 고통에 얼빠지고, 엎친 데 덮친 격으로 악몽과 불면증에 시달렸던 베르고트는 의사를 부르지 않고 갖가지 수면제를 써서 안정을 찾았지만 약을 지나치게 많이 먹었다. 약 하나하나에 덧붙여진 효능서, 그가 믿고 읽어본 효능서에는 잠의 필요성을 강조하면서, 모든 수면제는 독성이 있으며(오직 이 효능서로 감싼 병의 내용물만은 예외로, 절대로 중독을 일으키지 않는다) 약이란 병 이상으로 해를 끼친다고 완곡하게 설명하고 있었다. 베르고트는 그런 약을 모두 써보았다. 어떤 것은 일반적으로 쓰는 약과는 달리, 이를테면 아밀(amyle)과 에틸(étyle)로 만든 약이었다. 성분이 아주 다른 신약을 먹을 때는 반드시 미지의 것에 대한 감미로운 기대가 따르기 마련이다. 애인과의 첫 밀회처럼 가슴이 두근거린다. 새로운 손님은 아직 모르는 어떤 종류의 잠이나 꿈으로 데려가줄까? 이제 약은 몸 안에서 우리 사고력을 지배하기 시작한다. 어떤 모습으로 잠들까? 잠들면 어떤 기괴한 길을 통해 어떤 봉우리로, 아직 사람의 발길이 닿지 않은 어떤 심연으로 이 전능한 스승이 우리를 데리고 갈까? 이 나그넷길을 가는 사이 어떠한 새로운 감각들을 알게 될까? 불쾌감일까? 더없는 즐거움일까? 죽음일까? 베르고트의 죽음이 닥쳐온 것은 그가 이와 같이 너무나 강한 친구들 중 하나(친구일까? 적일까?)에 의지했던 그다음 날이었다.

그는 다음과 같은 상황에서 죽었다. 가벼운 요독증 발작 때문에 그는 안정하라는 지시를 받았다. 그런데 아무개 비평가가, 네덜란드 미술 전람회를 위해 헤이그 미술관에서 빌린 베르메르의 〈델프트의 풍경〉에 대해, 베르고트가 매우 좋아하고 구석구석까지 잘 안다고 여기고 있는 이 〈델프트의 풍경〉 속에 작은 황색 벽(그는 이것이 생각나지 않았다)이 참으로 잘 그려져, 그것만 보아도 진귀한 중국 미술품처럼 알찬 아름다움을 갖추고 있다고 썼으므로,

베르고트는 감자를 조금 먹고 나서 외출해 그 전람회장으로 갔다. 계단을 몇 층 올라가자마자 어지럼증이 일어났다. 그는 수많은 그림 앞을 지나치면서 이것저것 다 부자연스럽고 무미건조하며 쓸데없는 예술이라는 인상을 받아, 베네치아의 궁전, 아니 바닷가의 수수한 인가에 드나드는 바람과 햇볕보다 못하다고 생각했다.

마침내 베르메르의 그림 앞에 섰다. 그의 기억으로는 더 눈부시고, 그가 알고 있는 온갖 그림과 동떨어진 작품이었는데 그래도 비평가의 기사 덕분에 그는 처음으로 작고 푸른 인물이 몇몇 보이는 것과 모래가 장미색인 것을 주의 깊게 살피고, 마지막으로 슬쩍 얼굴을 내밀고 있는 황색 벽면의 값진 질감을 발견했다. 그의 어지럼증은 천천히 심해졌다. 그는 어린이가 노랑나비를 붙잡으려 할 때처럼 이 값진 작은 황색 벽면을 뚫어져라 바라보았다. "나도 이처럼 글을 썼어야 옳았지." 그는 중얼거렸다. '내 최근 작품은 모두 무미건조하단 말이야. 이 작은 황색 벽면처럼 물감을 거듭 덧칠해서 문장 자체를 값지게 만들었어야 옳았어.' 그러는 동안에도 지독한 어지럼증은 그를 놓아주지 않았다. 그의 머릿속에 하늘의 저울이 나타나 그 한쪽 쟁반에 자기 목숨이, 다른 한쪽 쟁반에 황색으로 훌륭히 그려진 작은 벽면이 담겨 있는 게 보였다. 그는 자기가 경솔하게도 이 작은 황색 벽면 때문에 목숨을 희생했구나 느꼈다. '그건 그렇고 석간 3면에 전람회에서 일어난 사건 따위의 기삿거리는 되고 싶지 않은데.'

그는 마음속으로 되풀이했다. '차양 달린 작은 황색 벽, 작은 황색 벽.' 그렇게 중얼거리면서 반원 모양 의자 위로 쓰러졌다. 이 찰나 자기 목숨이 바람 앞의 등불 같다는 생각은 사라지고 다시 낙관적인 기분이 들었다. '그 감자가 설익어 체한 걸 거야. 별일 아니겠지.' 새 발작이 그를 넘어뜨렸다. 그는 의자에서 마룻바닥으로 굴러떨어졌다. 구경꾼들과 수위가 우르르 몰려들었다. 그는 숨져 있었다. 영영 죽어버린 것인가? 누가 그렇다고 분명하게 말할 수 있으랴. 물론 심령술 실험도 종교 교리와 마찬가지로 영혼 불멸의 증거를 보이지 못한다. 오로지 이승에서는 마치 전생에서 무거운 의무를 짊어지고 태어났거나 한 듯 온갖 일이 일어난다고 말할 뿐이다. 땅 위에서 삶을 누리는 조건 속에는 선을 행하고 세심해야 한다는 의무, 남에게 예의 바르게 대해야 한다는 의무마저 그것을 느끼게 하는 아무런 이유도 없다. 또

신을 믿지 않는 예술가에게는 영원히 알려지지 않을 한 화가, 고작 베르메르라는 이름으로 알려져 있을 뿐인 한 화가가 정교하고 세련된 솜씨를 다해 작은 황색 벽면을 그려냈듯이, 몇 번이고 되풀이해서 한 가지를 그려야 한다는 의무를 짊어지고 있다고 느낄 아무런 이유도 없다. 설령 그 그림이 칭찬받은들 구더기에게 먹혀가는 그 몸엔 대수롭지 않을 것이다.

이러한 의무는 현세에서 보답을 받는 게 아니며 이 세계와는 동떨어진 세계, 선의나 세심, 자기희생에 기초를 둔 다른 세계에 속해 있는 성싶다. 인간은 그 세계에서 나와 이 지상에 태어나고, 아마도 머잖아 그 세계로 되돌아가 미지의 법도를 따르고 지배를 받으며 다시 살아가는 게 아닐까. 그러나 그에 앞서 인간은 이 세상에서도 그 법도를 따른다. 왜냐하면 누가 적은 것인지도 모르는 채, 마음속에 법도의 가르침을 지니고 있기 때문이다. 모든 깊은 지성의 수고를 통해 타인과 가까워지게 하는 이 법도, 오직 어리석은 자의 눈에만 보이지 않는 법도—아니 때로는 어리석은 자의 눈에도 비친다. 그러므로 베르고트가 영원히 죽지 않았다는 생각에도 일부분 진리는 있다.

베르고트의 육신은 묻혔다. 하지만 장례식날 밤이 깊도록 책방의 환한 진열창에 그의 저서가 세 권씩 놓여 날개 펼친 천사처럼 밤샘하는 것이, 이제 이승에 없는 이를 위한 부활의 상징인 듯싶었다.

이미 말한 바와 같이 나는 그날 베르고트의 죽음을 알았다. 그리고 신문에서—약속이라도 한 듯이 똑같은 기사를 실었다—그가 그 전날에 죽었다고 쓴 부고를 보고 그 부정확성에 경악해 마지않았다. 그 전날이란 알베르틴이 오늘 베르고트 씨를 우연히 만났다고 저녁에 나에게 얘기한 날, 게다가 꽤 오랫동안 베르고트와 담소했기 때문에 그녀가 좀 늦게 집에 돌아온 날이었다. 틀림없이 그가 마지막으로 담소를 나눈 사람은 알베르틴이었을 것이다. 그녀는 나를 통해 베르고트와 알게 되었다. 그 무렵 그와 꽤 오랫동안 만나지 않았으나 그녀가 하도 그를 소개받고 싶어해서, 1년 전엔가 그녀를 데리고 가도 괜찮냐고 이 연로한 대가에게 편지를 써 보낸 적이 있다. 그는 내 청을 들어주기는 했으나, 내 방문이 다른 사람을 기쁘게 하기 위한 것이며, 말하자면 그에 대한 내 무관심을 확증하는 셈이어서 내 생각에 그는 적잖이 슬프게 생각한 것 같았다. 이런 일은 흔하다. 어떤 사람에게, 당신과 오랜만에 담소하는 기쁨 때문이 아니라 제삼자의 일로 만나고 싶다 하면 상대가 완강하게 거절해버려서, 우리가 보살피는 여인은 우리가 능력도 없는 주제에 뽐내기만 한다고 생각할 때가 있다. 그런데 더 흔한 일은, 천재적인 남자나 미모가 수려한 여성이 만나는 데에 동의는 해도, 자기 명성이 창피당하고 애정이 상했다고 느껴, 우리에 대한 감정이 약해져 이제는 고통과 얼마쯤 경멸 섞인 정밖에 남지 않게 되는 경우다.

나는 오랜 뒤에 신문이 부정확하다고 비난한 게 잘못이었음을 깨달았다. 그날 알베르틴은 베르고트를 전혀 만나지 않았기 때문이다. 그러나 그녀가 어찌나 천연덕스럽게 그와 만났다고 이야기했던지, 나는 조금도 그 말을 의심하지 않았던 것이다. 그녀가 거침없이 거짓말하는 교묘한 꾀를 내는 줄은 시간이 꽤 지나서야 알았다. 그녀가 하는 말과 고백은 분명한 사실—곧 우리가 눈으로 보거나, 부인할 수 없는 형태로 아는 것—과 똑같은 성질을 가져서 그녀는 자기 생활 사이사이에 다른 삶의 일화를 이렇게 흩뿌렸는데, 그때 나는 그 허위 사실을 꿈에도 의심치 않고 훨씬 나중에 가서야 겨우 깨닫곤 했다. 나는 지금 '그녀의 고백'이라고 덧붙였는데, 그 까닭은 이렇다. 이따금 나는 이런저런 기묘한 생각이 머리에 떠올라 그녀에게 질투 섞인 의심을 품는 일이 있었는데 그때 과거 속에, 한탄스럽지만 미래 속에서도 그녀 곁에 나 아닌 다른 사람의 모습이 보였다. 내가 확신에 찬 얼굴로 그의 이름을 대면 알베르틴은 대답했다. "그래요, 그분과는 일주일 전에 집 근처에서 우연히 만났어요. 인사하기에 예의상 답례했지요. 그리고 같이 두세 걸음 걸었을까. 그러나 그분과 나 사이엔 아무 일 없었어요. 앞으로도 아무 일 없을 거고요." 그런데 알베르틴은 이 부인과 만난 적도 없었다. 그 증거로 이 여인은 10개월 전부터 파리에 온 적이 없었다. 하지만 내 애인은 아예 처음부터 부정하면 사실처럼 보이지 않을 거라고 생각했던 것이다. 그래서 잠깐 만났노라 이야기를 꾸며내어 거침없이 말했을 때, 내 눈에는 부인이 걸음을 멈추고 알베르틴에게 인사를 건네며 그녀와 함께 몇 걸음 걷는 모습이 떠올랐다. 그때 만일 내가 밖에 나가 있었다면 부인이 알베르틴과 함께 걷지 않았음을 감각의 증언으로 알았을지도 모른다.

그러나 내가 그것이 거짓인 줄 안 것은, 감각의 증언에 의해서가 아니라 쇠사슬같이 연달아 일어나는 추리에 의해서였다(신뢰하는 이들의 말이 더 강력한 추리의 고리를 끼우는 법이다). 감각의 증언을 내세우려면 내가 때마침 밖에 나가 있어야 했는데 그렇지 않았다. 하지만 다음과 같은 가정이 아주 터무니없진 않다고 상상할 수 있다. 곧 알베르틴은(내 모습을 보지 못해) 이 부인과 몇 걸음 걸었노라고 그날 저녁 말했겠지만, 그 시각에 나도 외출해 같은 거리를 지나갔다면 알베르틴의 거짓말을 알았을 거라는 가정이다. 그러나 이것이 정말 확실할까? 내 정신은 손댈 수 없는 어둠에 휩싸여, 알베르틴이 혼자 있는 걸 본 사실마저 의심할지도 모른다. 어떤 착각으로 그부인의 모습이 보이지 않았을 거라고 이해하고자 한 순간, 내가 잘못 본 것에 별로 놀라지 않을지도 모른다. 왜냐하면 별의 세계보다 더욱 알아보기 힘든 것이 인간의 실제 행동, 특히 우리가 사랑하는 이들, 우리의 의혹에 맞서 자신을 보호할 거짓말로 몸을 견고히 한 이들의 행동이기 때문이다. 이들은 우리 애정을 둔하게 만들어, 있지도 않은 누이나 오빠, 친척, 시누이 등이 외국에 있다고 몇 년 동안 곧이곧대로 믿게 만든다!

감각의 증언 또한 정신작용이므로, 여기에서 확실히 분명한 사실을 만들어낸다. 몇 번이나 알아챘지만, 프랑수아즈의 청각은 실제 발음된 말이 아니라 그녀가 바르다고 여기는 말을 그녀 자신에게 전하므로, 남이 바른 발음으로 넌지시 고쳐주어도 절대로 그녀의 귀엔 들리지 않는다. 우리집 집사의 귀도 같은 구조로 되어 있었다. 그 무렵 샤를뤼스 씨는 전과는 딴판으로 많은 사람 중에서도 금세 눈에 띄는 매우 밝은 빛깔의 바지를 입고 다녔다. 그런데 집사는 피소티에르(pissotière)*라는 말(게르망트 공작이 랑뷔토 화장실이라고 부르는 것을 듣고 랑뷔토 씨가 크게 화낸 그 공중 화장실을 가리키는 말)을 피스티에르(pistière)인 줄로 잘못 알고, 남들이 변함없이 그의 앞에서 피소티에르로 발음하는데도 평생 단 한 사람도 '피소티에르'로 발음하는 것을 들은 적이 없다고 믿고 있었다. 착각은 신앙보다 완고하여 믿는 바를 검토해보지 않게 마련이다. 집사는 줄곧 말하곤 했다. "샤를뤼스 남작님은 확실히 탈이 났나 봐. 그렇게 오래도록 피스티에르에 들어가 있는 걸 보니. 여자 꽁무니만 쫓아다니는 늙은이의 끝장이란 그런 거지. 남작님은 정말 오입쟁이나 걸칠 법한 바지를 입고 다니시잖아. 오늘 아침에도 마님의 심부름으

---

* 공중 화장실. 9세기에 파리의 공동 시설을 랑뷔토 백작이 개선하여 만든 것. 여기서 말하는 랑뷔토 씨는 그 후손임.

로 뇌이까지 갔었네만, 가는 길에 부르고뉴 거리의 피스티에르에 샤를뤼스 남작님이 들어가는 걸 보았지. 한 시간이 넘었을까. 뇌이에서 돌아오는 길에 보니 그 피스티에르 한가운데에 아직도 남작님의 노랑 바지가 보이더란 말이야. 남이 못 보게 언제나 한가운데서 일을 보시거든.”

나는 게르망트 부인의 조카딸만큼 아름답고 품위 있으며 젊어 보이는 부인을 본 적이 없다. 그런데 내가 가끔 가는 식당의 문지기가 그녀가 지나가자 이렇게 하는 말을 들었다. “저기 저 할멈 좀 보게, 꼬락서니하고는! 아무리 줄잡아도 팔십 고개는 넘었을걸.” 그도 그녀의 나이가 정말 그렇다고 생각하지는 않았을 것이다. 그러나 그의 주위에 모인 안내인들은 그녀가 그 근처에 사는 친절한 두 왕고모 프장사크 부인과 발루아 부인을 찾아뵈려고 이 호텔 앞을 지날 적마다 비웃었고, 문지기가 농담인지 진담인지 어쨌든 ‘할멈’을 여든 살로 줄잡았듯이 여전히 젊어 보이는 이 아름다운 부인이 여든 살 된 얼굴을 하고 있다고 여겼다. 만약 이 호텔의 두 여자 경리 가운데 습진투성이인 데다 웃음거리가 될 만큼 뚱뚱하나 안내인들의 눈에는 미인으로 보이는 여인보다 그 부인이 훨씬 뛰어나다고 말하면 그들은 배를 그러안고 웃어댔으리라. 아마도 성적 욕망만이—이른바 할멈이 지나가는 걸 보고 성적 욕망이 일어나 안내인들이 돌연 이 젊어 보이는 여인을 갈망했다고 치고—그들의 착오를 말릴 수 있었을 것이다. 보통 사회적인 것으로 생각되지만 알 수 없는 이유 때문에 이 욕망은 일어나지 않았다. 이 점에 대해서는 논의할 게 많으리라. 우리는 누구나 이 우주가 진실이라고 생각하지만, 그것은 개개인마다 다른 우주다. 나는 이야기의 순서상 하는 수 없이 하찮은 이유만을 들었는데, 그렇지 않았다면 더욱 진지한 수많은 이유를 들어, 그때그때의 날씨에 따라 세계가 깨어나는 것을 침대에서 듣는다는 본편(本篇) 첫머리의 묘사가 실은 얄팍한 거짓임을 증명할 수도 있으리라! 그렇다, 나는 어쩔 수 없이 그 얄팍한 줄거리로 거짓말하게 됐다. 하지만 실은 단 하나의 세계가 아니라 몇 백만의 세계, 인간의 눈동자나 지성과 거의 같은 수의 세계가 있으며, 그것이 아침마다 깨어난다.

다시 알베르틴 이야기로 돌아가면, 나는 그녀만큼 생기 있는 거짓말, 생명의 빛깔 자체로 칠해진 거짓말을 하는 기막힌 재능을 타고난 여인을 안 적이 없다. 다만 알베르틴의 친구는 예외로, 그녀 또한 꽃다운 아가씨들 중 하나이며, 알베르틴처럼 장밋빛 피부를 가졌지만 그 옆얼굴이 단정하다고는 할 수 없고, 쑥 들어갔다가 다시 튀어나와서 구불구불 기다랗게 송아리를 이룬 잘크라진 장밋빛 꽃, 이름도 잊어버린 그 꽃과 비슷한 아가씨였다. 그녀는 터무니없는 얘기를 꾸며대는 데 알베르틴보다 한 수 위라, 알베르틴이 자주 하듯이 거짓말 속에 언뜻 고통스러운 표정을 섞거나 화난 암시를 풍기는 일이 전혀 없었다. 그래도 나는 의심할 여지도 없이 이야기를 능숙하게 꾸며대는 알베르틴이 정말 매력적이라고 앞서 말했는데, 그때 나는 그녀의 말을 참고삼아, 그녀가 말한 내용—실은 그녀가 상상으로 지어낸 말—을 눈앞에서 선명하게 보았기 때문이다. 알베르틴은 사실처럼 보이려는 한 가지 생각에 거짓말을 할 뿐, 내가 질투하게 만들려는 따위의 욕망은 하나도 없었다. 알베르틴은 그럴 의도는 없었겠지만, 남의 호의를 받기 좋아했기 때문이다. 나는 이 소설에서 질투가 얼마나 연정을 늘어나게 하는지 지적할 기회가 수없이 있었고 앞으로도 있겠지만, 그건 내가 연정을 품은 사내 처지에 있기 때문이다. 그러나 이 사내에게 조금이나마 기골이 있다면, 이별 때문에 죽는 한이 있더라도 배신으로 여겨지는 행실을 싹싹한 태도로 대할 리 없거니와, 내가 먼저 멀리하거나 또는 멀리하지 않을망정 차갑게 굴자고 스스로를 설득할 것이다. 그러므로 상대 여인은 사내를 그토록 괴롭혀보았자 헛수고가 되는 셈이다. 반대로, 여인이 재치 있는 말과 다정스런 애무로, 사내가 아무리 관심 없는 체한들 그를 괴롭혀오던 갖가지 의혹을 풀어준다면, 사내는 질투심에 떠밀려 절망적인 격렬한 애정은 느끼지 않을지언정 더는 괴로워하지 않을 것이다. 마치 소나기가 한바탕 내린 뒤 큰 마로니에 나무들 잎사귀에 남은 빗방울이 벌써 얼굴을 내민 햇볕에 물들면서 사이를 두고 한 방울 두 방울 떨어지는 것을 볼 때처럼, 행복하고 부드러우며 한시름 놓이는 기분을 느끼고 자기 고통을 낫게 한 여인에게 뭐라고 감사해야 할지 모르겠다고 생각하리라. 알베르틴은 내가 그녀의 다정한 말과 행동에 보답하기를 좋아한다는 사실을 알고 있었다. 그녀가 자기를 결백하게 보이려고 내가 의심조차 하지 않는 이야기를 아무렇지도 않게 꾸며내는 까닭도 이로써 설명되려니와, 그중 하나가 이미 숨진 베르고트를 만났다는 얘기였던 것이다. 그 무렵까지 내가 알고 있던 알베르틴의 거짓말로 말하자면, 이를테면 발베크에서 프랑수아즈가 일러준 거짓말 정도였다. 그 거짓말은 나를 무척 괴롭혀온 것인데 어쩌다가 빠뜨리고 이제껏 쓰지 않았다. "아가씨는 오고 싶지 않은 모양이죠. 그래서 저에게 '외출한 뒤라 만나지 못했다고 전해줄 수 없을까?' 말하던데요." 프랑수아즈가 이렇게 일러주었다. 그녀와 같은 식으로 주인을 아끼는 '아랫사람들'은 주인의 자존심을 상하게 해놓고 좋아라 하기도 한다.

　저녁 식사 뒤 나는 일어난 김에, 빌파리지 부인인지 게르망트 부인인지 캉브르메르네 사람들이 될진 아직 모르겠지만 때마침 와 있는 친한 사람들을 만나러 가고 싶다고 알베르틴에게 말했다. 다만 내가 정말로 찾아갈 생각을 하고 있는 집, 베르뒤랭댁 이름만은 입 밖에 내지 않았다. 그녀에게 같이 가지 않겠느냐고 물었다. 그러자 그녀는 입고 갈 드레스가 없다고 핑계댔다. "게다가 머리 상태가 말이 아니에요. 언제까지 이런 머리 모양으로 둘 작정이죠?" 그러고는 내게 갔다 오라는 말 대신 팔을 뻗어 어깨를 으쓱하며 손을 불쑥 내밀었다. 이전에 발베크의 바닷가에서 하던 동작, 그 뒤로는 전혀 하지 않던 동작이었다. 이 잊어버린 동작에 생기가 돈 그녀의 몸은 아직 나를 잘 모를 즈음으로 되돌아갔다. 알베르틴이 퉁명스러우면서도 거드름을 피우듯이 이 동작을 하자 그녀를 처음 만났을 때의 새로움, 알지 못하는 매력, 그녀를 둘러싼 풍경까지 되살아났다. 나는 바닷가를 떠난 뒤로 한 번도 이런 인사를 한 적이 없는 이 젊은 아가씨의 뒤쪽에서 바다를 보았다. "아주머니는 이런 머리꼴을 하고 있으면 늙어 보인다고 하셨어요." 그녀는 침울한 표정으로 덧붙였다. '숙모의 말이 정말이면 좋으련만!' 나는 생각했다. 알베르틴이 소녀처럼 보여서 자기도 덩달아 젊어 보이는 게 봉탕 부인의 유일한 소원, 또한 알베르틴이 나와 결혼해서 자기에게 재산을 안겨줄 그날까지 그녀에게 한 푼도 들지 않았으면 하는 게 부인의 소원이었다. 이와는 반대로, 알베르틴이 나이 들고 추하게 보여서 길에서 뒤돌아보는 사람이 없었으면 하는 것이 나의 바람이었다. 질투하는 사내를 안심시키는 건 애인을 보살피는 여자의 늙은 얼굴이 아니라, 사랑하는 여자의 늙은 얼굴이기 때문이다. 그러나 나는 알베르틴에게 강요한 머리 모양 때문에 그녀가 더욱 갇혀 있다는 느낌을 받지나 않을까 걱정스러웠다. 알베르틴과 떨어져 있어도 이와 같은 새로운 가정적인 감정이 들끓어, 나를 그녀에게 끊임없이 연결시켰던 것이다.

　나와 함께 게르망트 댁이나 캉브르메르 댁에 가기가 내키지 않는다고 말하는 알베르틴에게 어디로 갈지 아직 모르겠다고 말해놓고, 나는 베르뒤랭 댁으로 향했다. 베르뒤랭 댁으로 가려고 집을 나와 거기서 들을 연주회를 생각하고, 오늘 오후에 있었던 '두루미 다리, 두루미 다리' 하던 소란—배신당한 사랑, 아마도 질투에 미친 사랑의 소동, 이를테면 인간 여성에게 반한 말 못하는 오랑우탄이나 할 법한 야수적인 소동—을 떠올리면서 거리로 나와 마차를 불러 세우려던 순간에, 한 사내가 길가에 주저앉아 터져나오는 오열을 참느라 애쓰는 소리가 들려왔다. 그쪽으로 가보니 젊은이처럼 보이는 한 사내가 두 손으로 머리를 감싸고 있었다. 외투 밖으로 흰 옷자락이 비어져 나온 것으로 보아 연미복에 흰 넥타이 차림인 듯싶었다. 발소리를 듣고 눈물에 젖은 얼굴을 쳐든 사내는 나를 알아보고 당장 얼굴을 돌렸다. 모렐이었다. 그는 나한테 들킨 줄 알아채고 눈물을 멈추려고 애쓰면서, 너무나 고통스러워서 잠시 쉬고 있는 중이라고 말했다. "오늘, 제가 크나큰 애정을 바쳐온 이를 호되게 욕했답니다. 비겁한 놈이나 할 짓이죠, 상대는 나를 사랑하고 있는데 말입니다." 그가 말했다. "시간이 지나면 그녀도 잊어버릴 거요." 나는 오후의 소동을 들은 기색을 내보이는 셈이 되는 줄 미처 생각지 못하고 이렇게 말했다. 그러나 그는 비탄에 잠겨 있어, 내가 뭔가 알고 있을지도 모른다는 생각을 하지 못했다. "그녀는 잊어버릴지도 모르죠. 하지만 난 잊을 수 없어요. 내가 부끄럽고, 싫어요! 하지만 결국 엎지른 물이니 다시 주워 담을 수도 없어요. 난 화가 나면 내가 무슨 짓을 하는지도 모르게 되거든요. 엎친 데 덮친 격으로 화를 내면 내 몸에도 해로워서 신경이 뒤죽박죽되고 만답니다." 우울증 환자들이 다 그렇듯이 그도 건강을 몹시 걱정하고 있었다.

그날 오후 나는 미쳐 날뛰는 한 마리 짐승이 뿜어내는 사랑의 분노를 목격했는데, 그날 밤 겨우 몇 시간 사이에 여러 세기가 지나가고, 새로운 감정, 수치와 회한, 비탄의 감정에 휩싸인 모렐은 짐승에서 인간으로 변신하는 과정에서 이미 커다란 비약을 보여주었던 것이다. 그러나 내 귀에는 여전히 '두루미 다리' 소리가 들려서, 나는 그가 다시 야생 상태로 돌아갈까 봐 두려웠다. 게다가 나는 무슨 일이 있었는지 전혀 모르고 있었다. 그도 당연한 것이 샤를뤼스 씨조차 요 며칠, 특히 그날 바이올리니스트의 병과 직접 관계없는 수치스러운 사건이 일어나기 직전까지 모렐의 우울증이 재발한 사실을 전혀 몰랐을 정도니까. 사실 그는 지난달에 약혼자로서 마음껏 함께 외출할 수 있는 쥐피앙의 조카딸에 대해 되도록 빨리, 하지만 아직 조바심을 느끼며 유혹의 손길을 뻗었다. 그러나 그가 정조를 빼앗을 계획을 조금 진행하자마자, 더구나 약혼녀가 소개해줄 다른 아가씨들과 관계를 갖겠다는 망발을 상대에게 했다가 당장에 저항을 받고 격노했던 것이다. 동시에(그녀가 결코 받아들이지 않아서인지, 반대로 몸을 허락해서인지) 그의 욕망은 금세 식고 말았다. 그는 그녀와 헤어질 결심을 했지만, 남작에게 나쁜 버릇이 있긴 해도 자기보다 훨씬 올곧은 사람인 줄 아는지라, 그녀와 손을 끊으면 당장에 샤를뤼스 씨한테 버림받지 않을까 두려웠다. 그래서 그는 2주일 전부터 다시는 아가씨를 만나지 않기로 마음먹고, 샤를뤼스 씨와 쥐피앙이 뒤치다꺼리를 하도록 내버려두고(그는 이보다 더 상스러운 말씨를 사용했지만) 결별을 선포하기에 앞서 어디로든 냅다 줄행랑칠 결심이었던 것이다.

이와 같은 연애의 결말에 그는 좀 암담해졌다. 그래서 쥐피앙의 조카딸에게 저지른 뻔뻔스러운 행태는 그가 전에 남작과 생마르스 르 베튀에서 저녁 식사를 하면서 늘어놓은 이론과 상세한 점까지 빈틈없이 들어맞긴 했으나 아마 실제로는 더할 수 없이 달랐을 테고, 이론상에서는 예상도 못 했던 부드러운 감정이 생겨 실제 행동은 아름답고 감상적인 것으로 바뀌었는지도 모른다. 반대로 현실이 계획보다 더 고약한 단 한 가지는, 계획에서는 이와 같이 그녀를 배신한 뒤에 더는 파리에 머물 수 없다고 생각한 점이었다. 그런데 지금은 이런 간단한 일 때문에 '줄행랑치는' 게 어처구니없는 노릇으로 보였다. 줄행랑치면 남작과 헤어지게 되고, 틀림없이 남작이 몹시 화낼 것이며, 현재 자기 지위를 깨뜨려버리게 된다. 남작에게 받던 돈도 모두 끊길 것이다. 피할 수 없는 일이라는 생각에 신경질이 난 그는 몇 시간이나 훌쩍거리다가, 더 이상 생각하지 않으려고 조심스럽게 모르핀을 먹었다. 그러다가 갑자기 머릿속에, 조금 전부터 천천히 움터 나와 꼴이 잡혀오던 한 가지 생각이 떠올랐다. 아가씨와 헤어지든가 아니면 샤를뤼스 씨와 완전히 틀어지든가 둘 중 하나를 택하지 않아도 된다는 생각이었다. 남작이 주는 돈을 전부 잃는 일은 아주 큰 사건이었다. 이럴까 저럴까 망설이던 모렐은 마치 블로크의 모습을 목격했던 때처럼 며칠 동안 암담한 생각에 잠겨 있었다. 그는 드디어 쥐피앙과 그 조카딸이 자기를 함정에 빠뜨리려고 했던 것이니 이 정도로 끝난 것을 그들이 감지덕지해야 옳다고 판단했다. 육체의 매력으로도 자기를 붙잡아둘 수 없을 만큼 서툴렀으니 결국 잘못은 아가씨 쪽에 있다고 생각했다. 그는 샤를뤼스 씨 집에서의 자기 지위를 희생하는 것이 가당치 않았을 뿐만 아니라, 그 아가씨와 약혼한 뒤 샤를뤼스 씨가 여러 번 그녀에게 사준 값비싼 저녁 식사에까지 미련이 남아 있었다. 모렐은 달마다 나의 숙부한테 'livre(책)'를 가지고 오던 시중꾼의 아들이니 그 저녁 식사가 모두 얼마였는지 알 수 있었을 것이다. 일반인에게는 인쇄된 저작을 뜻하는 livre란 이름씨가 홀수로 쓰일 때, 귀족들이나 시중꾼들에게는 그 단어가 본디 뜻에서 벗어난다. 시중꾼들에게는 가계부라는 뜻이고, 귀족들에게는 방명록을 의미한다(어느 날 발베크에서 뢱상부르 대공비께서 내게 livre를 가져오지 않았다고 말했을 때, 나는 하마터면 《아이슬란드의 어부》[1]와 《쾌활한 타르타랭》[2]을 빌려드릴 뻔했는데, 그 순간 대공비께서 말하려는 뜻을 깨달았다. 책이 없어서 심심하다는 게 아니라, 내 이름을 대공비 저택의 방명록에 적어넣기 어렵다는 의미였다).

자기 행위의 결과에 대한 모렐의 관점은 눈에 띄게 달라져 있었다. 아직 쥐피앙의 조카딸에게 빠져 있던 두 달 전이었다면 이런 태도에 울화가 치밀었을 텐데, 2주 전쯤부터는 당연히 칭찬받아야 할 행위라고 끊임없이 자신을 타일렀던 것이다. 하지만 이런 태도 탓에 그의 신경증이 심해졌고, 오늘 오후에는 안절부절못하며 그녀와의 관계를 끊겠노라고 아무 생각 없이 지껄였다. 그는 언제라도 '분노를 터뜨릴' 마음의 준비가 돼 있었다. 연정의 마지막 흔적이 아직 남아 있어 그녀의 마음을 상하게 할까 두려웠으므로, 잠깐의 발작은 빼놓고 그녀가 아니라 적어도 남작에게만은 언제나 광기 부릴 각오가 돼 있었다. 그렇지만 만찬이 시작되기 전에는 남작에게 아무 말도 하지 않도록 조심했다. 그는 뭐니뭐니해도 연주가로서의 자기 솜씨를 소중히 여기고 있어서(바로 이날 밤 베르뒤랭 댁에서처럼) 연주할 곡이 까다로울 때는, 자기 연주를 서투르게 할지도 모를 재앙의 씨앗을 모두(되도록 그러고 싶었지만, 오후의 소동만으로 이미 정도가 지나쳤다) 피했기 때문이다. 자동차 운전을 좋아하는 외과 의사도 수술이 있는 날에는 운전을 하지 않는 것과 마찬가지다. 그래서 내게 재잘대면서도 그는 손가락을 하나씩 천천히 움

---

*1 프랑스의 소설가·해군 장교 피에르 로티(1850~1923)의 작품.
*2 프랑스의 소설가 알퐁스 도데(1840~97)의 작품.

직이면서, 손가락이 유연성을 되찾고 있는지 살폈다. 조금 찌푸린 미간은 신경의 뻣뻣함이 아직 덜 풀렸다는 뜻인 성싶다. 그러나 뻣뻣함을 더 심하게 하지 않으려고 그는 얼굴의 주름을 폈다. 마치 잠이 오지 않거나 여인이 손쉽게 품 안에 들어오지 않을 때 조바심치면 칠수록 도리어 잠이나 쾌락의 순간이 더 늦어질까 봐 안절부절못하는 심정을 억누르듯이, 그는 베르뒤랭 댁에서 연주할 때 평소처럼 연주하는 곡에 몰두할 수 있도록 어서 침착을 되찾고 싶어서, 또한 내가 보고 있는 동안에는 자기 고통을 인정받고 싶은 마음도 있어서, 결국 가장 간단한 길은 내게 당장 가달라고 부탁하는 것밖에 없다고 생각했다. 하지만 부탁할 필요조차 없는 것이, 떠나가는 게 나도 한시름 놓였다. 몇 분 사이를 두고 같은 집에 가니까 그럴 바에야 같이 가자고 부탁하지 않을까 벌벌 떨고 있던 데다가, 오후의 소동이 너무나 생생하게 기억에 남아서 모렐과 함께 간다는 생각만으로도 나는 몸서리가 났다.

쥐피앙의 조카딸에 대한 모렐의 첫 애정, 그 다음의 무관심 또는 미움의 정이 진실이었을지도 모른다. 그러나 고약하게도 모렐이 그와 같이 행동하며, 죽는 날까지 사랑한다고 맹세한 아가씨를 느닷없이 버리는 게 이번이 처음은 아니었다(또 마지막도 아닐 것이다). 당신을 버리는 비겁한 짓 따위를 하느니 차라리 이걸로 내 머리를 쏘아버리겠다고 다짐하면서 아가씨에게 탄알이 장전된 권총을 보이기까지 한 주제에, 여인을 버리고 후회하긴커녕 오히려 상대에게 앙심을 품고 있었다. 그가 이와 같이 처신한 게 이번이 처음도 아니었고, 또 마지막도 아닐 것이다. 그래서 많은 아가씨들의 머리, 모렐이 그녀들을 잊어버리듯이 간단히 그를 잊지 못하는 아가씨들의 머리는—쥐피앙의 조카딸이 모렐을 경멸하면서도 그를 계속 사모하여 오랫동안 괴로워했듯이—내부의 심한 고통에 터질 듯이 아팠다. 왜냐하면 그녀들의 머릿속에는 대리석처럼 단단하고 고대인처럼 아름다운 모렐의 한쪽 얼굴, 꽃이 피어난 듯한 머리칼과 섬세한 눈매, 콧날이 곧은 모렐의 얼굴이 그리스 조각의 파편처럼 갇혀 있다가 툭 하고 머리뼈에 부딪쳤기 때문이다—본디 이런 충격을 받게끔 되어 있는 머리뼈도 아니고, 수술 또한 불가능했다. 그러나 세월이 흘러감에 따라 이 단단한 파편도 그다지 심한 아픔을 일으키지 않는 자리까지 물러나 다시는 움직이지 않게 되고 만다. 그것이 있음조차 느끼지 못하게 된다. 이게 망각, 또는 담담한 추억이라는 것이다.

나에겐 그날의 수확이 두 가지 있었다. 한 가지는, 알베르틴의 순종이 가져온 평온 덕분에 그녀와 헤어질 가능성, 곧 그 결심이 생긴 것. 또 하나는 그녀가 돌아오기를 기다리면서 피아노 앞에 앉아 있는 동안에 깊이 생각한 결실로, 되찾은 나의 자유를 바치려고 하는 '예술'이란 굳이 희생을 치를 만한 값어치가 있는 것도 아니며 삶의 바깥에 있으면서 덧없고 부질없는 삶과 관계없는 그 무엇도 아니다, 작품 속에서 얻은 참다운 개성으로 보이는 것도 교묘한 기술에 의한 속임수에 지나지 않는다는 생각이었다. 이날 오후는 내 몸 가운데 또 다른, 더욱 깊은 것을 남겼다 할지라도 그것을 의식하려면 더 있어야 했다. 한편 내가 손에 들어 무게를 정확히 헤아려본 두 가지는 오래 못 갈 운명이었다. 나의 예술관이 오후에 겪은 가치 내림에서 그날 밤 안으로 되올라올 기세에 있었으며, 그 대신 마음의 평온, 곧 나로 하여금 예술에만 마음을 쓰게 하는 자유를 다시 빼앗길 참이었기 때문이다.

내가 탄 마차가 센 강 거리를 따라 베르뒤랭 댁에 가까이 이르자, 나는 마차를 세웠다. 때마침 보나파르트 거리 모퉁이에서 브리쇼가 전차에서 내려, 헌 신문지로 구두를 닦고 엷은 회색 장갑을 끼는 모습을 언뜻 보았기 때문이다. 나는 그쪽으로 다가갔다. 최근에 눈이 더 나빠진 그는 마치 설비를 갖춘 관측소같이 당당하게 새 안경을 쓰고 있었다. 천체망원경처럼 강력하고도 복잡한 안경은 그의 눈에 나사못으로 조여 있는 듯이 보였다. 그는 안경의 강렬한 불꽃을 이쪽으로 돌려 나를 알아보았다. 안경 상태는 매우 훌륭했다. 그러나 안경 너머로, 작고 초췌하고 실룩거리며 죽어가는 멍한 시선이 그 강력한 기계 아래 놓여 있는 게 보였다. 하는 일에 비해 엄청난 국가 보조금을 받는 실험실에서, 완전히 갖추어진 수많은 기구 밑에 숨넘어가기 직전인 벌레 한 마리를 놓은 격이라고 할까. 나는 이미 반쯤은 장님이나 마찬가지인 그에게 팔을 내주어 걷기 쉽도록 도와주었다. "이번에 우리는 대셰르부르(大Cherbourg)[1] 근처가 아니라 소됭케르크(小Dunkerque)[2] 근방에서 만나는군." 그가 말했는데, 나는 그 뜻을 몰라서 매우 난처했다. 그러나 그 뜻을 브리쇼에게 물어볼 용기가 나지 않았다. 무시당할까 걱정하기보다 그의 설

---

[1] 프랑스 북부 노르망디 지방의 항구 도시. 그 근처란 '발베크'를 가리킴.
[2] 프랑스 북부의 항구 도시. 그 무렵 콩티 강기슭 3번지에 소(小)됭케르크라는 의상점이 있으므로, 소됭케르크 근방이라는 뜻은 이 거리에 있는 베르뒤랭 댁을 가리키는 곁말.

명을 듣는 데 지레 겁이 났기 때문이다. 나는 그에게 전에 스완이 매일 저녁 오데트와 만나던 손님방을 보고 싶다고 대꾸했다. "허어, 그처럼 옛일을 아시는가?" 그는 말했다. "하지만 그로부터 시인이 그럴듯하게 말한 grande mortalis aevi spatium*가 지났는데."

스완의 죽음은 그때 내 마음을 마구 뒤흔들었다. 스완의 죽음! 이 구절에서 스완이란, 오직 '스완의'라는 매김자리 구실을 하는 것만이 아니다. 나는 이 구절을 특수한 죽음, 피할 수 없는 운명에 의해 정해진 스완의 죽음이란 뜻으로 해석한다. 우리는 간단히 '죽음'이라고 말하지만, 실은 인간의 수효와 같은 수의 죽음이 있다. 활동적인 죽음은 속력을 다해 사방팔방으로 쏘다니다가 운명에 따라 아무개에게 향하는데, 우리에게는 그러한 죽음을 알아볼 수 있을 만한 감각이 없다. 2, 3년 뒤라야 비로소 맡은 일에서 완전히 해방되는 죽음도 헤아릴 수 없을 만큼 많다. 그런 죽음들은 분주하게 돌아다녀서, 이를테면 스완의 옆구리에 암의 뿌리를 내리자마자 곧바로 다른 일을 보러 갔다가 되돌아오는 일은, 외과 수술을 마쳐 또다시 새로운 암을 심을 필요가 있을 때뿐이다. 그러다 〈골루아〉지에서, 스완의 용태가 우려스러웠지만 지금은 병이 깨끗이 나았다는 기사를 읽을 때가 온다. 그런데 그때, 환자가 마지막 숨을 거두기 몇 분 전에, 죽음은 생명을 파괴하는 것이 아니라 지금껏 간병해온 수녀처럼 임종에 참여해 영원히 식어 심장 고동이 멈춘 그 인간의 머리에 마지막 후광을 씌우고 간다. 이렇듯 죽음의 다양성, 그 윤회(輪廻)의 불가사의, 몸에 걸친 상장(喪章)의 색깔이 다음과 같은 신문 기사에 뭔가 인상적인 장면을 연출한다. '샤를 스완 씨가 어제 파리 저택에서 병환이 악화되어 마침내 서거했음을 심심한 애도의 뜻과 더불어 알리는 바다. 순수 파리지앵으로 뛰어난 기지를 발휘했고, 친우 관계에서 또한 택하고 택해 평생토록 우의에 변함이 없었음은 모두가 인정하는 바, 그는 정녕코 우리의 추모를 받으리라. 예술계와 문학계에서도, 그 갈고 닦아 세련된 취미를 갖고서 스스로 즐기는 동시에 모든 사람의 흠모를 받았거니와, 또한 자키 클럽에서는 권위 있는 고참 회원 가운데 한 사람이었으며, 위니옹 클럽 및 농업 클럽 회원이기도 했다. 루아얄 거리의 클럽에서는 얼마 전 탈퇴한 바 있으나,

---

\* 덧없는 세월에서의 긴 공간 ; 로마 역사가 타키투스(Tacitus)가 도미티아누스(Domitianus) 황제의 재위 기간인 서기 81년부터 96년까지를 가리킨 말, 곧 '15년간'이라는 뜻.

그는 재치 넘치는 풍모와 명성으로 음악과 회화에 대한 온갖 큰 행사 특히 베르니사주(vernissage)*¹에서 참석자들의 호기심을 일으켜 행사를 잘 이끌었다. 언제나 이런 모임에 참여해오던 그도 요 몇 년 사이에는 외출하는 일조차 드물었다. 장례식은…… 등등.'

이런 관점에서 '어엿한 인물'이 아닌 경우, 남에게 알려진 칭호가 없다는 것이 주검의 분해를 더 서두른다. 물론 위제스 공작이라고 칭한들 무명에 가깝고 뚜렷한 개성이 없기는 하다. 그러나 공작이라는 감투가 얼마 동안 그를 이루던 수많은 요소를 하나로 굳혀준다—마치 알베르틴이 좋아하는 그 뚜렷하게 윤곽을 낸 아이스크림을 이루는 요소처럼. 그런데 부르주아의 경우, 사교계에 뻔질나게 드나드는 사람들도 죽으면 곧바로 이름이 분해되어, '틀이 벗겨져' 녹아버린다. 이미 본 바와 같이 게르망트 공작부인은 카르티에를 라 트레모유 공작의 첫째가는 친우, 귀족 사회의 총아라고 말했었다. 하지만 다음 세대 사람들이 보면 카르티에도 모호하기 그지없는 인물이 되어버려, 보석상인 카르티에의 친척이라고 생각하면 그의 가치가 더 올라갈지 모른다. 살아 있는 동안 아는 게 없었던 자들이 그를 보석상으로 착각했다면 어처구니없는 웃음을 금치 못했을 카르티에지만!

이와는 달리, 스완은 지적으로나 예술적으로 뛰어난 인물이었다. 그로 인해 아무것도 '만들어낸 것'은 없었지만 요행히 좀더 오래 이름을 남기게 되었다. 그러나 당신이 이미 무덤에 가까웠을 즈음, 내가 아직 어려 그다지 절친한 사이가 아니었던 샤를 스완이여, 당신이 어리석은 꼬마로 생각했을 게 틀림없는 한 사내가 당신을 자기 소설의 주인공으로 삼았기에, 당신의 이름은 다시 사람들의 입에 오르내리고 아마도 계속 살아남으리라. 티소(Tissot)가 그린 루아얄 거리 클럽의 발코니 그림*²속에서 갈리페, 에드몽 드 폴리냐크와 생모리스*³들 중에 당신이 섞여 있는 그 그림을 보고 사람들이 그토록 당신 이름을 입에 담는 것도, 스완이라는 작중 인물의 내면에서 당신의 특징을 알아보기 때문이다.

좀더 일반적인 사실로 돌아가서 이야기하면, 스완의 죽음은 예고되었으면

---

*1 미술 전람회 전날 행하는 특별 전시회.
*2 이 그림은 실재(實在)하고 스완의 모델인 샤를 아스가 회원 중에 섞여 있음.
*3 실재 인물들로 프루스트의 친구.

서도 뜻밖의 일로, 나는 이전 게르망트 공작부인의 사촌자매 댁에서 야회가 있던 날 밤, 공작부인 댁에서 스완 자신이 자기 죽음에 대해 말하는 것을 들은 적이 있었다. 또는 신문을 훑어보다가 이상야릇한 몇 줄로 넣어진 생게망게한 부고가 언뜻 눈에 띄던 어느 날 저녁, 내가 그 독특하고 가슴 치는 듯한 묘한 느낌을 받은 것도 바로 그 죽음이었다. 그 단 몇 줄만으로 살아 있는 자가 남이 건네는 말에 더 이상 대답할 수 없는 존재로, 곧 단 하나의 '이름', 인쇄된 '이름', 느닷없이 현실 세계에서 침묵의 왕국으로 건너간 이름으로 변하고 만 것이다. 이 몇 줄로, 나는 지금도 이전 베르뒤랭네 사람들이 살던 집, 그 무렵에는 신문에 실린 몇 글자에 불과한 존재가 아니었던 스완이 가끔 오데트와 만찬을 같이하던 그 집에 대해 좀더 알고 싶었다. 또한 덧붙일 필요가 있었다(이런 동기는 그의 죽음이 갖는 특성적인 야릇함과 관계없었지만, 이 때문에 나는 스완의 죽음을 다른 누구의 죽음보다도 가슴 아프게 생각했다). 바로, 게르망트 대공부인 댁에서 스완과 약속을 하고서도 나는 질베르트를 만나러 가지 않았다. 게다가 스완이 그날 저녁 암시한 '다른 이유' 때문에 그가 일부러 나를 택하여 대공과의 대화를 털어놓는 그 이유를 끝내 듣지 못했고, 밑도 끝도 없는 잡다한 것과 베르메르, 뮈세 씨, 스완 자신, 부셰의 태피스트리, 콩브레에 대해 그에게 묻고 싶은 헤아릴 수 없는 질문이 물 바닥에서 올라오는 거품처럼 차례차례 머리에 떠올랐다. 그야 물론 이제껏 하루 이틀 미루어왔으므로 급한 질문도 아니었지만, 그의 입술이 봉해져 다시는 대답을 얻지 못하게 되자 더없이 중요한 문제처럼 생각되었다.

"천만에." 브리쇼는 말을 이었다. "스완이 아내가 될 여인을 만난 곳은 여기가 아니었지. 적어도 이곳에서의 만남은 아주 끝 무렵, 불이 나서 베르뒤랭 부인의 첫 주택 일부가 타버린 뒤일 걸세."

브리쇼는 마차가 없었으므로, 나는 대학 교수 눈앞에서 분수에 맞지 않는 사치를 드러내 보이지 않으려고 서둘러 마차에서 내려, 브리쇼가 나를 알아보기 전에 마부 곁을 떠나려고 재빨리 말을 건넸으나 공교롭게도 마부가 알아듣지 못했다. 그 결과, 마부는 우리 두 사람 뒤를 따라와서 마중하러 올까요 하고 물었다. 나는 서둘러 그러라고 말하고, 합승마차로 온 교수에게 더욱더 경의를 품었다.

"허어, 마차 타고 오셨군." 그가 엄숙하게 말했다. "네, 아주 우연히 타게 됐죠, 처음이지만. 저는 늘 합승마차를 이용하거나 걷거나 합니다. 그러나 마차를 타고 온 덕분에 오늘 밤 댁까지 모셔다드릴 수 있으면 큰 영광일 겁니다. 너절한 마차이고 둘이 타기엔 좀 좁지만 타주시면 감사하겠습니다. 저한테는 언제나 너그러우시니까요." '이런 제의를 해도 나에겐 별로 손해가 없지. 알베르틴이 있는 이상 어차피 집에 돌아가야 할 몸이니까.' 나는 생각했다. 아무도 그녀를 찾아올 리 없는 시각에 그녀는 내 집에 있으니까, 오늘 오후 그녀가 곧 트로카데로에서 돌아올 줄 알면서도 딱히 그녀를 서둘러 만나려고 하지 않을 때처럼 나는 내 시간을 자유로이 보낼 수 있었다. 하지만 결국, 오늘 오후와 마찬가지로 내게 한 여인이 있으니 집에 돌아간들 기운을 돋우는 고독의 흥분을 맛보지 못할 거라고 나는 느끼고 있었다. "기꺼이 승낙하오." 브리쇼가 대답했다.

"자네가 이야기한 시절에 그분들은 몽탈리베 거리에 있는 아주 으리으리한 단층집에 사셨네. 그러니까 보통의 이층보다는 낮고 단층보다는 좀 높게 지은 이층인, 중이층(中二層)이 정원을 끼고 있는 집이었지. 물론 지금 사는 집보다 덜 화려했네만, 그래도 나는 베네치아의 앙바사되르 호텔보다 그 집이 더 좋았어." 브리쇼는 오늘 밤 '콩티 강독'(베르뒤랭의 살롱이 이곳으로 옮겨진 뒤 신도들은 살롱을 이렇게 불렀다)에서 샤를뤼스 씨가 기획한 음악의 '야단법석'이 있다고 일러주었다. 그는 또, 내가 지금 말한 옛 시절에는 작은 핵심도 판판이었고 가락도 달랐는데, 그것은 다만 손님들이 젊었기 때문만은 아니라고 덧붙였다. 그는 자기가 '순수한 소극'이라고 일컫는 엘스티르의 익살스러운 짓을 언급했다. 어느 날 엘스티르는 모임에 참석하지 않을 것처럼 해놓고는 곧바로 임시 지배인으로 둔갑해 나타나 접시를 나르며, 늘 정숙한 척하는 퓌트뷔스 남작부인의 귓전에 외설스러운 농담을 속삭여 남작부인 얼굴이 약이 올라 홍당무가 되게 했다. 그리고 만찬이 끝나기 전에 자취를 감추었다가 물이 가득 찬 목욕통을 살롱으로 옮기게 하여 손님들이 식탁에서 물러났을 때 거기서 욕설을 냅다 지르면서 알몸으로 불쑥 나타났다는 것이다. 또 브리쇼는 심야 회식 이야기도 해주었다. 엘스티르가 디자인하고, 오리고, 물감을 칠한 종이 의상—대단한 작품이었다고 한다—을 모든 사람이 걸치고 모였는데, 브리쇼도 한번은 샤를 7세 궁정의 대귀족 차림에

코가 뾰족한 신을 신었으며, 또 한번은 나폴레옹 1세 차림이었는데 엘스티르가 거기에 봉랍으로 레지옹도뇌르 대훈장을 붙여주었다고 한다.

이를테면 브리쇼는 커다란 창문이 있는 살롱, 얇은 소파가 한낮의 태양에 뜨거워져 바꾸지 않고는 앉을 수 없었던 그 무렵의 살롱을 떠올리면서, 그래도 지금의 살롱보다 좋았다고 딱 잘라 말했다. 물론 브리쇼가 말하는 '살롱'이—성당이라는 낱말이 성당 건물뿐만 아니라 신자의 공동체를 뜻하듯이—오직 단층집뿐만 아니라 그곳에 드나드는 이들, 그들이 거기서 구하던 특수한 기쁨을 뜻하는 줄은 나도 잘 이해하고 있었다. 그의 기억 속에는 그 소파가 특별한 기쁨에 형태를 부여하고 있으며, 베르뒤랭 부인을 찾아온 이가 그 소파에 앉아 부인의 몸치장이 끝나기를 기다리는 동안 집 밖에서는 마로니에의 장밋빛 꽃이, 벽난로 위에서는 꽃병에 꽂은 카네이션이, 그 장미 빛깔로 넘치는 환영의 미소를 지어 방문객에게 우아한 공감의 정을 드러내면서, 여주인의 늦은 출현을 이제나저제나 살피는 듯했다. 그러나 그가 이 살롱이 현재의 살롱보다 낫다고 생각한 이유는, 아마도 우리 마음이 늙은 프로테우스*처럼 어떠한 형태에도 속박되지 않고, 사교계 영역에서마저 오랜 고생 끝에 겨우 완성의 영역에 다다른 살롱에서 갑자기 몸을 빼내어, 빛나지 않는 살롱을 좋아하게 되는 일이 있기 때문인지도 몰랐다. 마치 오데트가 오토 사진관에서 찍은 '수정(修正)한' 사진, 랑테리크에서 물결 모양 머리를 하고 궁전 드레스를 입은 사진보다 니스에서 찍은 작은 '명함판' 사진이 스완의 마음에 들었던 것처럼. 이 명함판 사진에서 오데트는 모직물로 된 망토를 걸치고, 검은 벨벳 리본을 단 삼색제비꽃을 두른 밀짚모자 밑으로 헝클어진 머리칼을 비죽 내밀고 있어, 스무 살도 안 된 멋쟁이 여인인데도(보통 여인은 오래된 사진일수록 나이 들어 보이므로) 스무 살이 넘은 하녀같이 보였다. 아마도 브리쇼는 내가 알지 못하는 일을 나에게 칭찬하여, 내가 갖지 못할 기쁨을 맛보았음을 자랑삼아 보이며 즐거워했는지도 모른다. 게다가 그는 고인이 된 두세 명의 이름을 인용하여, 독특한 말투로 그들의 매력에 신비스런 뭔가를 부여하는 것만으로 내 호기심을 불러일으켰다. 나는 이제껏 들어왔던 베르뒤랭 집안의 얘기가 너무 상스럽다고 느꼈다. 나와 아는 사이였던

---

*그리스 신화에 나오는 바다의 신. 자유자재로 변신하는 힘이 있다고 함.

스완에게마저 나는 충분한 주의를, 특히 이해를 떠난 주의를 기울이지 않았음을 후회했다. 그가 점심 식사에 돌아올 아내를 기다리는 동안 나를 접대하느라 아름다운 물건을 보여주었을 적에 했던 이야기를 귀담아듣지 않은 것도, 그가 말재주로는 옛 명수에 비견할 만한 사람인 줄 아는 지금, 거듭 아쉽게 생각했다.

베르뒤랭 부인 집에 이를 즈음, 샤를뤼스 씨가 그 큰 덩치를 거대한 배처럼 뒤뚱거리며 이쪽으로 다가오는 것이 눈에 띄었다. 그 뒤에는 초대하지도 않은 깡패인지 거지인지 모를 녀석이 뒤따르고 있었는데, 요즘은 남작이 지나가노라면 사람의 발길이 닿지 않는 모퉁이에서도 반드시 이런 놈이 나타나 상어에 동갈방어*가 따르듯, 좀 떨어진 간격이긴 해도 언제나 이 강력한 괴물에 멋대로 붙어다녔다. 샤를뤼스 씨는 발베크 체류 첫해에 내가 보았던 그 거만한 낯선 사람의 짐짓 사나이다움을 꾸민 엄한 겉모습과는 너무나 달라, 나는 위성을 거느린 별이 아주 다른 주기(週期)에 들어가 그 정체를 남김없이 드러내고 있는 듯한, 또는 몇 년 전까지는 가벼운 종기에 지나지 않아 쉽게 감출 수 있어 대수롭게 생각지 않았건만 이제는 그 병에 온몸이 좀먹고만 환자를 보는 듯한 느낌이 들었다. 브리쇼가 수술을 받은 뒤 영영 잃은 줄 알았던 시력을 좀 회복하긴 했지만 정말로 남작의 꽁무니를 따르는 부랑자를 알아차렸을까. 그러나 아무래도 상관없었다. 교수는 샤를뤼스 씨에게 우정을 품고 있음에도 라 라스플리에르 이래 그가 곁에 있으면 어떤 거북스러움을 느꼈기 때문이다.

누구에게든지 남의 생활이란, 꿈에도 생각 못한 수많은 오솔길을 어둠 속에 길게 늘이는 것인가 보다. 모든 대화는 거짓말투성이어서 사람들은 그것에 흔히 속지만, 그 거짓말도 적의나 이해관계, 알리고 싶지 않은 방문, 과감하게도 아내 몰래 애인과 보낸 하루의 도피를 완전히 감추지 못하는 법이어서 사람들 사이의 좋은 평판이 나쁜 습관을—알아채지 못하도록—모두 뒤덮지 못한다. 악습이 한평생 알려지지 않을 수도 있다. 간혹 저녁 무렵 선창에서 만난 우연이 나쁜 습관을 폭로하기도 하지만 그런 우연만으로는 대부분 잘 알아채지 못해서, 앞뒤 사정을 아는 제삼자한테서 아무도 모르는 뜻

---

\* 농어목 전갱잇과의 바닷물고기로 상어를 먹이가 있는 쪽으로 안내한다고 함.

밖의 말을 들어야 한다. 그러나 일단 알려지면 악습은 사람을 겁나게 한다. 도덕성 때문이라기보다 세차게 몰려드는 광기를 느끼기 때문이다.

쉬르주 뒤크 후작부인은 결코 도덕의식이 투철한 이가 아니라서 아들들이 아무리 타락한 짓을 하려고 해도, 누구나 수긍할 수 있는 득실로 설명되는 것이라면 눈감을 위인이었다. 그런데 부인은 샤를뤼스 씨가 찾아올 적마다, 마치 시각을 알리는 시계처럼 정확히 뭔가에 이끌리듯이 아들들의 턱을 꼬집으며, 또 아들들끼리 서로 턱을 꼬집게 한다는 이야기를 듣고, 아들들에게 샤를뤼스 씨와 만나지 못하게 했다. 이제껏 다정하게 지내온 이웃이 식인증 (食人症)에 걸린 것은 아닌가 의심스러운, 육체에서 풍기는 섬뜩함에 불안해진 부인은, 남작이 "이제 곧 아드님들을 만날 수 있을까요?" 묻자, 자기 머리 위에 벼락을 부르고 있다는 걸 알면서도 공부하느라 바쁘다느니, 여행 준비로 분주하다느니 대답했다. 무책임은 누가 뭐라던 잘못이나 죄마저도 무겁게 한다. 만약 랑드뤼(Landru) *¹가(그가 정말로 여자들을 살해했다는 가정 아래) 이해관계로 살해했다면, 인간은 그 감정에 저항할 수 있으므로 특사를 받을 수도 있지만, 저항할 수 없는 사디즘 때문에 그랬다면 용서받을 수 없을 것이다.

남작과 친해지기 시작했을 즈음에 브리쇼가 늘어놓은 상스러운 농담은, 이미 상투적인 말을 주고받을 사이가 아니라 상대를 속속들이 알게 된 단계에 이르자 어쩐지 거북스러운 것이 되고 말아서, 그것이 그의 실없는 장난기를 덮어 가리게 되었다. 그는 플라톤의 문장이나 베르길리우스의 시구를 암송하여 마음을 달랬다. *² 그러나 그 시대에는 한 청년을 사랑하는 일이(플라톤의 이론보다도 소크라테스의 해학이 그 사실을 한층 명확히 보여주고 있다), 요즈음 무희를 돌봐주다가 이윽고 약혼하는 일이나 다름없었다는 사실을 마음의 눈까지 멀어버린 그는 이해하지 못했던 것이다. 아니, 샤를뤼스 씨조차도 이해 못했을지 모른다. 그는 자신의 병적인 괴벽을 일반적인 우정과 혼동하고, 프락시텔레스(Praxiteles) *³가 조각한 운동 경기의 우승자들을

---

*1 희대의 살인귀로, 10명의 아내와 소년 1명을 죽였음.

*2 그리스 시대에는 동성애가 지극히 일반적이어서, 브리쇼는 이들의 이야기나 시를 읽고 옛 날에도 이랬으니까 하고 스스로를 이해시켰음.

*3 아테네의 조각가(B.C. 370~330?).

오늘날의 온순한 권투 선수로 착각하고 있었다.

1900년부터("경건한 군주를 섬기는 경건한 궁정인은, 신앙심 없는 군주 밑에서는 신앙심이 없었을 것이다"라고 라 브뤼예르는 말했다) 관습적인 동성애는—플라톤의 청년들이나 베르길리우스가 노래한 목자(牧者)들의 동성애도—모두 없어지고, 이제는 오로지 자기 의지로는 어쩔 수 없는 신경증적인 동성애, 남의 눈을 속이고 자신도 속이는 동성애만이 살아남아서 번식을 계속한다는 사실을 샤를뤼스 씨는 외면했다. 그가 이교(異敎) 시대부터의 계보를 단호히 부정하지 않았다면 그건 그의 잘못일 것이다. 현대는 이교 시대의 인체미를 얼마쯤 잃은 대신, 얼마나 많은 정신적 우월을 얻었던가!

이와는 반대로 테오크리토스가 묘사한 소년을 좋아하는 양치기가, 훗날에는 아마릴리스(Amaryllis)*1를 위해서 피리를 부는 다른 양치기에 비해 한층 다정하며 섬세하다고 생각할 이유가 조금도 없다. *2 왜냐하면 첫 번째 양치기는 병에 걸린 게 아니라, 시대의 풍습을 따랐을 뿐이기 때문이다. 온갖 장애를 넘어 살아남은 동성애, 수치스럽고 굴욕적인 동성애만이 진실하며 이것만이 그 인간의 세련된 정신적 특질에 어울릴 수 있다. 순전히 육체적인 기호의 사소한 어그러짐, 어떤 감각의 가벼운 결함에 의해, 게르망트 공작에겐 빈틈없이 닫힌 시인과 음악가의 세계가 샤를뤼스 씨에게는 방긋이 열려 있다는 사실이 설명되면, 우리는 육체적인 것과 정신적 특질 사이에 어떤 관계가 있지 않을까 싶어 오싹해진다. 샤를뤼스 씨가 자질구레한 장식품을 좋아하는 주부처럼 실내 장식에 취미를 갖고 있다는 사실은 하나도 놀랄 게 없다. 그러나 베토벤이나 베로네제에게로 통하는 길도 이 얼마 안 되는 틈새인 것이다. 하지만 탁월한 시 한 편을 지은 미치광이가, 자기는 마누라의 악의 때문에 이 정신병원에 잘못 갇혀 있노라고 그럴듯하게 설명한 뒤, 부디 원장에게 이 사유를 전해달라, 이런 여러 사람이 섞여 사는 잡거(雜居)에 갇힌 것을 견딜 수 없노라 하소연하면서 이렇게 결론지으면 정상인들은 또한 겁을 덜컥 낸다. "보세요, 저기 안뜰에서 나한테 말 건네는 남자를, 난 하는 수 없이 맞장구쳐주지만 저 사람은 자기가 예수 그리스도인 줄 알죠. 이것만으로도 내가 어떤 미치광이들과 갇혀 있는지 충분히 증명되죠. 저자가 예수

*1 베르길리우스의 목가에 나오는 양치기 소녀.
*2 그리스 시대에는 동성애나 이성애나 결과적으로 별다른 점은 없었다는 뜻.

그리스도일 리가 없어요. 예수 그리스도는 바로 나니까!" 조금 전만 해도 하마터면 정신과 의사에게 착오를 신고하러 갈 뻔했다. 그런데 이 끝말을 듣자마자 또 혹여 그 인물이 날마다 짓는 훌륭한 시편을 생각하더라도, 정상인은 그를 멀리한다. 마치 쉬르주 부인의 아들들이 샤를뤼스 씨를 멀리한 것과 마찬가지로 딱히 어떠한 해악을 끼쳐서가 아니라, 그저 시도 때도 없이 아들들을 초대한 끝에 그들의 턱을 꼬집기 때문이었다.

시인은 가여운 존재로다. 특히 베르길리우스처럼 길잡이도 없이, 유황과 역청이 지글지글 끓는 지옥을 가로질러, 하늘에서 쏟아지는 불 속에 몸을 던져 소돔의 몇몇 주민을 데리고 나와야 하는 시인이야말로 가여운 존재로다. 그 작품에는 아무런 매력도 없다. 그 삶에는, 이전의 삶으로 다시 돌려보내진 자가 법의를 벗어던진 게 신앙의 상실 말고는 다른 까닭으로 보이지 않도록 순결무구한 독신의 계율을 지키는 바와 같은 엄격함이 있다. 그래도 이 작가들이 다 같지는 않다. 미치광이들을 가까이 대하므로 언젠가는 광기의 발작을 일으키지 않을 의사가 있을까? 그래도 자기가 광인을 상대하는 일을 하게 된 것이, 전부터 자기 안에 있는 잠복성 광기 때문이 아니라고 딱 잘라 말할 수 있는 자야말로 행복한 사람이다. 정신과 의사의 연구 대상은 자주 의사 자신에게 저항하게 마련이다. 그러나 그전에 어떤 숨은 성향이, 어떤 현혹적인 공포가 그로 하여금 이 대상을 택하게 했는가?

남작은 뒤에서부터 따라오는 수상쩍은 사내(남작이 큰길을 걷거나 생라자르 역의 기다림 방을 건너가거나 하면, 이런 자가 은화 5프랑을 벌려는 희망에 줄줄 따라다니며 그를 놓치지 않았다)를 못 본 체하면서, 혹시 상대가 대담하게 말을 건네지 않을까 신경이 쓰여 검게 물든 속눈썹을 얌전하게 내리깔고 있었다. 그 검은 속눈썹은 하얗게 분을 바른 뺨과 대조를 이루어, 그를 엘 그레코(El Greco)*가 그린 이단 재판의 대법관처럼 보이게 했다. 하지만 이 무시무시한 사제에게는 파문당한 사제 같은 풍모가 있었다. 제 기호를 실현하며 그 비밀을 지켜야 할 필요에서 어쩔 수 없이 갖가지 위태로운 말과 행동을 행한 결과로 남작이 감추고자 애써온 것, 정신적 타락이 말하는 음탕한 생활이 그 얼굴 위에 바로 나타나 있었다. 정신적 타락이란 그 원인이 무

---

* 그리스 태생의 에스파냐 화가(1541?~1614).

엇이건 사실 쉽사리 엿볼 수 있다. 곧바로 형태를 갖추고 얼굴에 드러나, 특히 뺨과 눈언저리에 마치 간장병으로 피부가 황토색이 되거나, 피부병으로 메스꺼운 붉은 기가 돋아나듯이 육체적으로 번지기 때문이다. 게다가 샤를뤼스 씨가 전에 자신의 가장 비밀스런 장소에 깊숙이 처박아두었던 나쁜 습관이 이제 기름처럼 퍼져 있었는데, 그것은 오로지 분을 하얗게 칠한 두 뺨이라고 하기도 겸연쩍은 늘어진 볼, 되는 대로 몸을 내버려둬서 비대해진 육신의 부풀어오른 가슴이나 불룩한 엉덩판만이 아니었다. 이제는 그의 말씨에도 악습이 넘치고 있었다.

"허어 이거, 브리쇼 교수, 캄캄한 데서 아름다운 젊은이와 산책하시나?" 그는 우리에게 다가오면서 말했다. 한편, 그동안에 기대가 어그러진 부랑자는 그냥 가버렸다. "재미 좋구려! 소르본 대학의 귀여운 학생들에게 널리 알려야겠는걸. 브리쇼 교수가 그다지 착실한 사람은 아니라는 걸 말이야. 하긴 젊은이와 함께 있으니 어지간히 효과가 있나 보군. 브리쇼 교수, 당신도 어린 장미처럼 싱싱한 걸 보니. 자네, 어떤가. 별일 없지?" 그는 진지한 말투로 돌아와 내게 물었다. "웬만하면 콩티 강둑에서는 만나지 말게나. 그나저나 사촌누이는 잘 지내나? 함께 오지 않았나? 여하튼 매력적인 분인데, 안타깝군. 오늘 밤 자네 사촌누이를 만날 수 있을까? 정말이지 예쁜 아가씨야. 그 아가씨가 타고난 재주, 곧잘 옷맵시 낼 줄 아는 재주를 좀더 갈고닦으면 더욱더 예쁠 텐데."

여기서 나는 말해두거니와, 샤를뤼스 씨는 나와는 서로 정반대인 것을 '소유'하고 있었다. 곧 세밀하게 관찰하여, 여인의 화장(toilette)이건 그림(toile)이건 세부까지 분간할 줄 아는 재능을 갖추고 있었다. 드레스나 모자에 대해 어떤 독설가나 독단적인 이론가는 이렇게 단언할 것이다. 남자에게 사나이다운 매력에 이끌리는 경향이 있다면, 또한 여자의 화장에 대한 타고난 취미나 지식이나 연구가 따르기 마련이라고. 사실 그런 일이 자주 일어나는데, 이를테면 샤를뤼스 씨 같은 인물이 남자에게 육체적 욕망이나 깊은 애정을 모두 독점당한 결과, 여자에 대해서는 그 대신 자기가 가지고 있는 모든 플라토닉한 취미(이 플라토닉이라는 그림씨는 매우 부적절하지만), 또는 간단하게 온갖 취미라고 말해도 괜찮으리라, 그것도 해박한 지식으로 정확히 갈고닦은 취미를 베풀어주는 것이나 다름없다. 이런 점에서 샤를뤼스 씨는 나중에 가서 얻은 '여자 디자이너'라는 별명에 딱 들어맞는다고 할 수 있겠다.

그러나 그의 취미나 관찰력은 다른 사물에도 널리 뻗쳐 있었다. 이미 본 바와 같이 내가 게르망트 공작부인 댁에서 저녁 식사를 한 뒤 그를 찾아갔던 날 밤, 나는 그의 가르침 하나하나에 따라서 겨우 그의 저택에 있는 걸작을 알아보는 형편이었다. 그는 아무도 눈여겨보지 않는 것을 금세 알아보곤 했는데, 예술작품이든 저녁 식사에 나온 요리든 마찬가지였다(그리고 그림과 요리 사이에 있는 모든 것이 여기에 포함된다). 샤를뤼스 씨가 그 예술적 재능을, 형수에게 선물할 부채에 그림을 그리는 정도로 그치는 것을 나는 늘 아깝게 생각했다(게르망트 공작부인이 그 부채를 손에 펴들고 부친다(s'en éventer)기보다, 팔라메드의 우정을 남에게 보이면서 자랑스러워하던(s'en vanter) 광경은 이미 본 바와 같다). 또한 피아노도, 모렐의 현란한 바이올린 연주에 맞추어 정확하게 반주할 수 있는 정도로만 그치고, 더 이상 솜씨를 연마하지 않는다는 사실이 유감스러웠다. 특히 나는 샤를뤼스 씨가 아무 작품도 쓰지 않았다는 사실이 애석했고, 지금도 그렇게 생각한다. 그의 말재주가 뛰어나다고 해서, 또 편지 쓰는 솜씨로 미루어보아서 그가 유능한 작가가 될 수 있었다는 결론을 내릴 수는 없다. 이러한 가치들은 차원이 다르다. 시시한 이야기만 하는 따분한 작자들이 걸작을 써내고, 담화의 왕자들이 뭔가 쓰려고 들면 가장 평범한 작가만도 못할 때가 있다는 사실을 우리는 익히 보아왔다. 그렇지만 나는 샤를뤼스 씨가 산문에 손을 댔다면, 그리고 그에게 익숙한 예술적 주제를 다루는 데서 글을 시작했다면, 불길이 솟구치고 빛은 눈부셔 한낱 사교인에서 대번에 대작가가 되고도 남았을 것으로 믿는다. 나는 그에게 글을 써보라고 거듭 권했지만 그는 결코 손을 대려 하지 않았다. 아마도 단순한 게으름 탓이거나 화려한 연회나 지저분한 장난에 골몰하느라, 또는 남들과 끝없이 허튼 이야기나 하고 싶어하는 게르망트가의 특유한 욕구 탓이리라. 나는 그것이 아깝다. 그의 화려한 화술에서 기지와 독특한 성격을 떼어놓을 수 없으며, 번뜩이는 기지가 찾아낸 것과 안하무인인 성격이 하나가 되어 있는 만큼 나는 더욱 안타깝게 생각한다. 만약 그가 책을 썼다면 살롱—살롱에서 샤를뤼스 씨는 몹시도 야릇한 투로 지성을 발휘하는 순간이 있는데, 그럴 때면 약한 자를 깔아뭉개고, 자기를 모욕하지도 않은 자에게 앙갚음을 하며, 비열하게 친구들 사이를 헐뜯어 서로 멀어지게 하려 들었다—사람들도 그를 존경했을 테고, 이유 없이 미워하지는 않았을 것이다. 만약 그가 책을 썼다면 그의 정신적 가치가 그만큼 따로 떨어져서 악에서 나누어질 것이고, 그다지 남들의 존경을 방해하는 일도 없을 뿐만 아니라 빛나는 숱한 표현이 우정의 꽃을 피웠으리라.

아무튼 뭔가를 조금이라도 쓰게 했다면 거뜬히 해냈을 거라는 내 생각이 비록 과대평가였다 할지라도 그가 글을 썼다면 더없이 유익했을 게 틀림없다. 그는 모든 것을 가려낼 수 있는 분별력이 뛰어난 동시에, 분간한 것들의 이름을 죄다 알고 있었기 때문이다. 나는 그와 이야기를 해도 사물을 보는 법을 배울 수는 없었지만(나의 정신이나 감정이 다른 데로 쏠려 있었으므로), 그래도 분명히 그가 일러주지 않았다면 놓쳐버렸을 것을 보기는 했다. 하지만 그 물건의 이름, 나중에 그 윤곽이나 색채를 찾을 때에 도움이 되었을 그 이름을 나는 번번이 금세 잊어버렸다. 만약 그가 책을 써주었다면 비록 잘된 책이 아닐지라도—그럴 리는 없다고 나는 생각하지만—그것은 참으로 감미로운 사전, 끝이 없고 다함이 없는 일람표가 되었으리라! 하지만 결국 그 누가 알 수 있으랴. 그는 자기 지식이나 취미를 작품으로 만드는 대신, 어쩌면 우리 운명을 거스르는 악마의 사주를 받아서 시시한 수필, 소설, 아무 쓸모없는 여행기, 모험담 등을 썼을지도 모를 일이다.

"아무렴, 자네 사촌누이는 옷맵시를 낼 줄 알아, 아니 모양낼 줄 안다고 하는 편이 정확할 테지만." 샤를뤼스 씨는 알베르틴에 대해서 다시 말을 이었다. "하지만 단 한 가지 의문은 말이야, 그 아가씨만의 아름다움에 걸맞게 입느냐 하는 점이야. 어쩌면 내게도 얼마간 책임이 있을지 모르지. 잘 생각지도 않고 이것저것 권했으니까. 라 라스플리에르 성관에 갔을 적에도 내가 아가씨에게 여러 번 말한 것은—지금은 좀 후회하고 있네만—자네 사촌누이의 개성적인 생김새라기보다는 차라리 그 일대의 풍경이나, 바다가 가깝다는 사실에 영향을 받았을 거야. 그것이 그 아가씨로 하여금 너무 가벼운 느낌이 드는 것 쪽으로 쏠리게 했던 거야. 지금도 눈앞에 선하네만, 참으로 예쁜 얇은 모슬린이나 얇은 비단으로 지은 멋들어진 스카프, 작은 장밋빛 토크 모자—거기에 꽂혀 있던 앙증맞은 장밋빛 깃털도 나쁘지 않았지만—따위를 걸치고 있었어. 그런데 내 생각으론, 그 아가씨의 아름다움은 묵직한 진짜 아름다움이어서 앙증맞은 장식을 꽂는 정도로는 부족하단 말씀이야. 그처럼 숱 많은 머리에 토크 모자가 과연 어울릴까? 오히려 대롱 모양 머리 장식을 꽂으면 더 돋보일걸. 무대 의상 같은 옛날 드레스가 어울리는 부인은 요즘 거의 없지. 하지만 그 아가씨, 아니 이미 어엿한 여인이지만, 그녀의 아름다움은 특별해서 제노바의 벨벳으로 지은 고대 드레스가 어울릴 거야 (나는 곧장 엘스티르와 포르튀니 의상실의 드레스를 떠올렸다). 그뿐만 아니라 요즘은 그다지 유행하지 않네만, 찬란한 보석—유행하지 않는다는 말은 최고의 찬사지만 말이야—이를테면 감람석(橄欖石)이나 백철석(白鐵石)이나 비할 데 없는 래브라도라이트* 같은 보석을 꿰매 달거나 귀에 늘어뜨리거나 하여 드레스를 더 무게 있게 해도 괜찮다고 생각해. 게다가 그녀 자신도 본능적으로 조금 무거운 아름다움이 요구하는 균형 감각을 지니고 있는 성싶거든. 생각나시나, 라 라스플리에르에 저녁 식사를 하러 갔을 때 그 아가씨는 예쁜 상자랑 묵직한 핸드백을 들고 있지 않았나. 결혼하고 나면 그 속에 분이나 립스틱뿐 아니라 여러 가지를 더 넣을 수 있을 거야. 너무 야하지 않은 조그만 청금석(靑金石) 상자에 넣은 진주며 루비도 그대로 있을 테지. 그녀는 부자와 결혼할 수 있을 테니까."

"허어, 남작!" 브리쇼가 가로막았다. 그는 샤를뤼스 씨의 이 마지막 말이 내 가슴을 아프게 하지나 않을까 걱정했다. 나와 알베르틴의 관계가 깨끗한지 어떤지, 정말로 사촌남매간인지 조금 의심쩍어하고 있었으니까. "당신은 왜 그렇게 아가씨들에게 관심이 많으십니까!"

"이 못된 사람 같으니, 아이들 앞에서 닥치지 못할까!" 샤를뤼스 남작은 비웃고는, 브리쇼를 침묵시키는 시늉으로 한 손을 내리면서 재빨리 내 어깨에 그 손을 얹어놓았다. "이런, 방해해서 미안하네. 두 사람은 마치 낙엽이 굴러가도 웃음을 터뜨리는 소녀 같으니 나처럼 흥을 깨는 노인네에게는 볼 일이 없으실 테지. 하지만 그렇다고 해서 나는 엉덩이에 붙어 고해하러 가는 일 따위는 하지 않을 걸세. 여러분은 이미 목적지에 다다른 것이나 마찬가지니까." 남작은 오후의 소란을 아직 전혀 모르고 있던 터라—쥐피앙은 샤를뤼스 남작한테 이를 알리러 가기보다 다음 습격에 대비해 먼저 조카딸을 보

---

* 캐나다 동부의 래브라도에서 발견된 사장석(斜長石)의 하나. 조회장석(曹灰長석).

호해야 한다고 판단했던 것이다—더욱 기분이 명랑했다. 따라서 남작은 여전히 두 사람이 결혼하는 줄 굳게 믿어 싱글벙글했던 것이다. 남작처럼 통이 큰 고독한 사람에게는 공상 속의 아버지가 되어 자신의 비극적인 독신 상태를 누그러뜨리는 게 마음의 위안이 되는 듯했다.

"그런데 말씀이야, 브리쇼 교수." 그는 웃으면서 우리 쪽으로 고개를 돌리고 덧붙였다. "그처럼 사이가 좋아 아기자기한 두 사람을 보니 좀 노파심이 나는군. 두 사람이 마치 애인 사이 같거든. 서로 팔짱을 끼고. 안 그렇소, 브리쇼 교수. 좀 무람없지 않나 이 말씀이야!" 그가 이와 같은 말을 내뱉은 건 나이 들어 사고가 이전처럼 반사작용을 누르지 못하여, 40년 동안이나 조심스럽게 숨겨온 비밀을 이따금 무의식적으로 누설하고 마는 탓이었을까? 또는 게르망트네 사람들이 다 마음속에 갖고 있는 평민의 의견에 대한 멸시였을까(샤를뤼스 씨의 형인 게르망트 공작이 나의 어머니에게 보이는데도 개의치 않고 태연하게, 창가에서 잠옷의 앞섶을 풀어 헤친 채 수염을 깎는 것도 그 업신여김의 또 다른 형태였다)? 아니면 샤를뤼스 씨는 동시에르에서 도빌까지 가는 찌는 듯이 더운 차 안에서 자세를 흐트러뜨리는 위험한 습관이 몸에 배고 말았나? 넓은 이마에 바람을 넣으려고 밀짚모자를 뒤로 제치듯이 너무나 오래전부터 본디 얼굴에 빈틈없이 썼던 가면을—처음에는 아주 잠깐이지만—느슨하게 하는 습관을 익힌 걸까?

샤를뤼스 씨가 모렐에게 부부 사이처럼 행동하는 모습을 보고, 모렐에 대한 그의 열이 이미 식은 걸 아는 이라면 놀라는 것도 당연하다. 그러나 샤를뤼스 씨는 자신의 나쁜 습관이 가져다주는 쾌락의 단조로움에 신물이 날 때도 있었다. 그는 본능적으로 새로운 보람을 구해 우연히 만난 낯선 사내들을 상대로 녹초가 되고 나면, 그 반대로 자기가 결코 좋아할 리 없다고 굳게 믿어왔던 것으로, '살림' 흉내나 '아버지' 흉내로 옮아갔다. 때로는 그것으로도 흡족하지 않아, 더 별난 것이 필요하여 여인과 함께 하룻밤을 지내러 가기도 했는데, 정상적인 남성이 이와 비슷한 정반대의 호기심에서—어느 경우도 건강치 못한 호기심임에는 변함없지만—일생에 한 번쯤은 사내와 자고 싶어 하는 것과 같은 투였다.

샤를리가 있으므로 이제는 베르뒤랭네 작은 동아리에서 주로 지내는 남작의 '신도'다운 생활이 교묘한 위장(僞裝)을 지키려고 오랫동안 그가 치러온 노력을 깨뜨리는 데 미친 힘은, 마치 탐험 여행이나 식민지 체류가 어떤 부류의 유럽인들—그들은 본국(프랑스)에서 자기가 지키던 지도 원리를 외지에서 잃고 만다—에게 끼치는 영향과 같았다. 처음에는 자기가 지닌 변태성을 모르다가 그것을 깨닫고 나면 아연실색하지만, 드디어 그 변태성에 친숙해져서 부끄러움 없이 스스로 인정하게 되어, 남에게 털어놓으면 반드시 위험을 불러온다는 사실조차 깨닫지 못하게 만드는 정신의 변혁이야말로, 샤를뤼스 씨를 아슬아슬한 사회적 속박에서 해방시키는 데 베르뒤랭 댁에서 지낸 시간보다 더 큰 도움을 주었다.

사실 남극이나 몽블랑 정상으로 추방된다 할지라도 내적인 나쁜 습관, 곧 남들과 다른 사고 속에 오래도록 머무르는 것만큼 인간을 남들에게서 떼어 놓지는 못한다. 이제 남작은 악습(샤를뤼스 씨는 전에 이렇게 불렀는데)에 대하여 게으름, 부주의, 탐식같이 흔해 빠져서 도리어 애교가 있으며 거의 재미스러운, 한낱 결점의 해도 없고 독도 없는 현상으로 보았다. 자신의 독특한 됨됨이가 남들의 호기심을 일으킨다는 사실을 깨달은 샤를뤼스 씨는 그 호기심을 만족시키고 자극하며 영속시키는 데에 어떤 쾌감을 맛보고 있었다. 이를테면 어느 유대계 신문 기자가 진지하게 읽힐 희망이야 없을지 모르나 호의를 담아 웃는 독자의 기대를 실망시키지 않고자 날마다 가톨릭교의 투사로서 행동하듯이, 샤를뤼스 씨도 작은 동아리에서 세상의 나쁜 풍습을 익살스럽게 비난했다. 마치 남들이 바라지 않는데도 앞에 나가 비전문가의 재주를 보여 기꺼이 제 몫을 다하고자 영어를 흉내내거나 여배우 무네 쉴리(Mounet-Sully)의 흉내를 내듯이.

그래서 브리쇼한테 지금 젊은이와 함께 산책하고 있는 걸 소르본 대학에 일러바치겠다는 샤를뤼스 씨의 공갈은, 할례를 받은 시평 기자(時評記者)가 툭하면 '로마 교회의 맏딸'*이니 '예수의 성심'이니 하며 위선의 그림자 없이 그저 좀 졸렬한 연기를 섞어 말하는 것과 같은 식이었다. 말 자체가 전에 샤를뤼스 씨가 사용하던 말과 아주 달랐는데, 이 같은 변화의 원인을 찾아보는 것뿐 아니라 억양이나 몸짓에 나타난 변화—지금은 둘 다 샤를뤼스 씨가 전에 신랄하게 비난한 것과 이상하리만큼 닮아 있었다—를 밝혀보는 일도 흥

---

* 프랑스를 가리킴.

미로울 것이다. 자신의 성에 만족하지 못하고 정신적으로 자신을 이성의 한 사람으로 여기는 성도착자들은 서로 일부러 '마 셰르(ma chère)'*¹라고 나지막이 부르는데, 현재의 샤를뤼스 씨는 이와 비슷하게 무의식적으로—무의식적인 만큼 더욱더 깊은 곳에서 나온 부름이었다—부르는 것이었다. 샤를뤼스 씨는 이 부자연스러운 '시시(chichi)'*²에 오랫동안 반대해왔지만, 사실 이와 같은 '시시'는 전신 마비 환자나 운동실조증 환자가 언젠가는 반드시 어떤 징후를 드러내고 말듯이 샤를뤼스 씨와 같은 인물이 그 병의 어느 단계에 이르렀을 때 취할 수밖에 없는 거동을 충실하고도 천재적으로 본뜬 것에 지나지 않았다.

사실—이것이야말로 아주 내면적인 이 시시가 보여주는 바이지만—내가 알던 온통 검은 옷차림에 머리칼을 짧게 깎은 엄격한 샤를뤼스 씨와 화장을 하고 패물을 주렁주렁 몸에 단 젊은이들 사이에는, 재빠르게 지껄이며 늘 부스럭거리는 흥분한 사람과 느릿느릿 말하며 결코 동요하는 일 없는 신경병 환자 사이와 같은, 순전히 겉으로 드러나는 차이밖에 없다. 이 사람이 똑같은 불안에 시달리며 똑같은 결함에 사로잡힌 줄 아는 의사의 눈으로 보면, 그도 똑같은 신경쇠약에 걸린 환자일 뿐이다. 더구나 샤를뤼스 씨가 늙었다는 사실은 아주 다른 징조로 알 수 있었다. 이를테면 그의 말속에 어떤 유형의 표현이 엄청나게 늘어나고 차례차례 번식하여 지금은 끊임없이 입 밖으로 튀어나와(예를 든다면 '여러 상황의 연결'이라는 표현), 남작의 말은 마치 하나같이 버팀나무를 필요로 하듯 모두 그것에 의지하는 것이었다.

"샤를리가 벌써 와 있을까요?" 저택 문의 벨을 울리려고 할 즈음에 브리쇼가 샤를뤼스 씨에게 물었다. "글쎄, 모르겠는데." 남작은 말하면서 두 손을 들고 눈을 반쯤 감으며, 입이 가볍다는 비난을 받지 않도록 조심하는 투였는데, 아마도 전에 그의 말실수 때문에 모렐의 책망을 받은 적이 있어 더 신중해졌는지도 모른다(허영심이 강하면서도 겁 많은 모렐은 샤를뤼스 씨와의 관계를 뻐기는가 하면 금세 부인하기도 했는데, 전에 샤를뤼스 씨가 지껄인 하찮은 이야기를 중요하게 여긴 적이 있었다). "그 녀석이 뭘 하는지 난 하나도 모르니까." 육체관계를 갖는 두 사람의 대화는 거짓말투성이인데, 남

---

*1 영어의 'my dear'에 해당하는 표현으로 상대가 여성인 경우에만 씀.
*2 교교적인 언동, 뽐내는 태도, 점잔 빼기, 격식 차리기 따위.

성이건 여성이건 자기가 좋아하는 이에 대해 제삼자와 이야기를 나눌 때에도 거짓말은 더할 나위 없이 자연스럽게 생긴다.

"만난 지 오래되었습니까?" 나는 샤를뤼스 씨에게 모렐 이야기를 아무렇지도 않게 꺼낼 수 있는 것처럼 꾸며 보이고, 또 그가 모렐과 완전히 동거하고 있다고 여기지 않는 체하려고 이렇게 물었다. "그 녀석, 오늘 아침 내가 아직 얕은잠에 빠져 있을 때 5분쯤 훌쩍 들렀다 갔는데, 내 침대 끄트머리에 앉아 마치 나를 강간할 듯한 모양새를 하더군." 나는 곧 샤를뤼스 씨가 한 시간 전에 모렐을 만났구나 하고 생각했다. 왜냐하면 한 여인에게 그녀의 애인인 줄 아는 사내―그녀도 이쪽이 그렇게 생각하는 줄 짐작하는 사내―를 언제 만났느냐고 물으면, 만약 그녀가 그와 함께 3시에 차를 마셨다면 "점심시간 전에 잠깐 만났어요" 대답하기 때문이다. 이 두 개의 사실 사이에 있는 유일한 차이는, 하나는 거짓이고 다른 하나는 사실이라는 점이다. 그러나 둘 다 죄가 없다고 해도 좋고, 둘 다 죄가 있다고 해도 좋다. 따라서 왜 여인이(지금의 경우는 샤를뤼스 씨가) 반드시 거짓말을 택하는지 이해하려면, 이런 대답이 본인도 모르는 사이에 여러 요인에 의하여 결정된다는 것을 알 필요가 있다(이 원인으로 말하면 문제되고 있는 사소한 사실과는 너무나 동떨어져 있으므로, 우리는 그것을 하나하나 문제 삼으려 들지도 않는다). 그러나 물리학자에게는, 아무리 작은 덧나무 열매 껍질이라도 그것이 차지하는 위치는 훨씬 커다란 우주를 지배하는 인력과 반발력의 법칙이 작용하여 서로 충돌하거나 균형을 유지하는 사실로 설명된다. 그러한 원인을 참고 삼아 여기에 기술하자면, 먼저 자연스러우면서도 대담한 인간으로 보이려는 욕망, 몰래 만난 사실을 숨기려는 본능적인 몸짓, 스스러움과 과시의 혼합, 자기에게 즐거운 일을 남에게 털어놓아서 사랑받고 있음을 뽐내고 싶은 욕구, 이야기 상대가 알고 있든가 짐작하고 있는―그러면서도 입 밖에 내지 않는―일에 대한 통찰(이 통찰은 상대의 생각을 앞서거나 그에 미치지 못하거나 해서, 문제를 과대평가 또는 과소평가하게 한다), 불장난하고픈 무의식적인 욕망과 더불어 불이 번지는 것을 막으려는 의지 따위가 있다. 이와 같은 여러 법칙이 서로 반대로 작용하여, 저녁에 만났으면서도 아침에 만났다고 말하는 그 연인과의 관계가 결백하고 '플라토닉'하냐, 아니면 현실적인 육체관계에 있느냐에 따라 더욱 일반적인 대답을 하게 만든다.

그렇지만 지금 샤를뤼스 씨는 병세가 악화된 결과, 자기를 위태롭게 하는 일의 처음부터 끝까지의 과정을 폭로하거나 넌지시 비추며 때로는 머릿속에서 만들어내기도 했는데, 그럼에도 대체로 샤를리는 자기와 같은 부류의 인간이 아니며, 두 사람 사이에는 우정밖에 없다고 애써 강조하고 있었다. 그래도(어쩌면 정말인지도 모르나) 그는 어쩌다가 스스로 모순된 말을 할 때가 있었는데(이를테면 마지막으로 모렐과 만난 시간처럼), 그럴 때 그는 자신도 모르게 사실을 말해버렸거나, 어쩌면 자랑하려고, 아니면 감상적으로, 또는 이야기 상대를 당황케 하는 게 재치 있다고 생각해 거짓말을 늘어놓은 것이다. "자네도 알다시피 모렐은 나에게 좋은 친구야." 남작은 계속 말했다. "녀석한테는 진심으로 애정을 품고 있다네. 녀석도 나에게 그럴 게 확실해. (확실하다는 말을 해야 직성이 풀리는 걸 보건대, 그 점을 의심하는 걸까?) 그러나 우리 사이에 다른 관계란 없지. 아무것도 없어. 알아들으시나, 그런 건 없단 말일세." 남작은 마치 여인의 이야기를 하듯이 천연덕스럽게 말했다. "그렇지, 오늘 아침 녀석이 내 발을 잡아당기려고 왔더군. 자는 꼴을 보이기 싫어하는 나를 잘 아는 녀석이 말일세. 자네는 안 그런가? 그것만큼은 정말 소름끼치지. 낭패가 이만저만이 아니거든. 자는 모습은 남한테 보일 만한 게 아니니까. 난 이미 스물댓 살 먹은 청년도 아니고 숫처녀 행세를 하는 것도 아니지만, 그래도 체면은 서도록 하고 싶은 게 인간이 아니겠나."

남작이 모렐과는 좋은 친구 사이라고 이러쿵저러쿵 말한 게 본심인지도 모르거니와, 또 거짓말로 "그 녀석이 뭘 하는지 난 하나도 모르지. 녀석의 생활은 알지 못하니까" 말한 것이 어쩌면 사실이었는지도 모른다(지금 샤를뤼스 씨와 브리쇼와 나, 이렇게 셋이 베르뒤랭 부인 댁으로 향하는 틈을 노려, 여담으로 몇 주일 전의 일을 이야기하고 나서 다시 본 이야기로 돌아오기로 하자). 실은 이 야회가 있고 얼마 뒤에 남작은 모렐에게 온 편지를 무심코 뜯어보았다가 고통과 경악 속에 빠지고 말았다. 이 편지는 나에게도 불똥이 튀어 엄청난 고뇌의 원인이 되었는데, 오직 여인에게만 관심을 보이기로 유명한 여배우 레아가 써 보낸 것이었다. 그런데 모렐에게 보낸 레아의 편지는(샤를뤼스 씨는 모렐이 그녀와 아는 사이일 줄 꿈에도 생각지 않았다) 열렬한 가락으로 씌어 있었다. 여기에 적기엔 너무나 외설스러워 그만두겠지만, 레아가 모렐한테 "추잡한 그대여, 심하시구려", "나의 소중한 아름다운 여인이여, 그대도 틀림없이 그 동아리구려" 따위의, 주로 여성을 상대하는 말씨로 말한 사실은 언급해도 괜찮을 것이다. 이 편지는 다른 수많은 여인들에 대해서 말하고 있었는데, 그녀들은 레아의 친구이면서 모렐의 친구인 듯했다. 또한 모렐이 샤를뤼스 씨를 조롱하는 점과, 레아가 제 생활비를 대주는 장교를 비웃는 내용도 있었는데, 그 장교에 대해서는 이렇게 씌어 있었다. "그이는 편지로 나한테 얌전히 굴어달라고 애원하더라니까! 나의 귀여운 흰 고양이님, 정말 어이없지 뭐예요!"

이는 모렐과 레아의 특별한 관계와 마찬가지로, 꿈에도 생각지 못한 사실을 접한 남작은 특히 '그 동아리'라는 말에 아찔했다. 그는 처음엔 깨닫지 못했지만, 꽤 오래전부터 자신이 '그 동아리'라는 걸 알고 있었다. 그런데 모처럼 얻은 이 개념이 이제 의문스럽게 여겨지기 시작했다. 자기가 '그 동아리'라는 사실을 깨달았을 때, 그는 생시몽이 말했듯이 자신이 여자를 좋아하지 않는다는 것을 알게 된 줄로 생각했던 것이다. 그런데 이제 '그 동아리'라는 표현이 모렐에게는 샤를뤼스 씨가 모르던 넓은 뜻을 지니고 있었고, 따라서 이 편지에 의하면, 모렐이 여자가 여자를 좋아하는 것과 같은 기호를 갖는 '그 동아리'인 사실을 입증하고 있었다. 그러자 샤를뤼스 씨의 질투심은 모렐이 아는 남자들에게만 한정되지 않고, 여자들에게도 널리 퍼져갔다. 즉 '그 동아리'는 그가 점찍었던 사람들뿐 아니라 이 세상에서 삶을 누리는 인간의 방대한 부분이었다. 남성이든 여성이든, 남성을 좋아하는 남성뿐만 아니라 여성을 좋아하는 남성으로도 이루어지게 되었다. 남작은 귀에 익은 낱말이 새 뜻을 갖게 되자, 질투의 증가와 낱말의 정의가 돌연 불충분하게 된 이 이중의 신비 앞에서 지성과 심정의 불안에 시달리는 느낌이었다.

샤를뤼스 씨는 이제껏 실생활에서 한낱 비전문가에 지나지 않았다. 곧 이런 유형의 사건도 그에게 아무런 도움이 되지 않았다. 이런 일로 배반당하고 상처를 입어도, 그는 능숙한 웅변으로 맹렬히 지껄이거나, 음험한 간책을 부려 한껏 드러내버렸다. 그런데 만약 베르고트 정도로 가치 있는 인물이라면, 이와 같은 일이 귀중한 것을 가져다주었을지도 모른다. 이 자체가(마구 행동한다고 하나, 그래도 우리는 동물처럼 자기에게 꼭 알맞은 식물을 택하고 있으므로) 베르고트와 같은 인물이 일반적으로 변변치 못하고 위선적이며 심술궂은 이들과 어울려 사는 까닭을 얼마쯤 설명해주는 건지도 모른다. 이런 이들의 육체적인 아름다움만으로도 작가의 상상력을 충분히 자극하고 호의를 베풀지만, 그렇다고 그 여인의 성격이 변하는 건 아니므로 몇천 미터 아래에 있는 그녀의 생활, 사실 같지 않은 교우 관계, 상상을 뛰어넘은 거짓말, 특히 생각지 못한 방향으로 나아간 거짓말 따위가 이따금 얼굴을 내밀곤 한다. 거짓말, 완벽한 거짓말, 우리와 아는 사이의 사람들이나 우리와 그들과의 관계에 대한 거짓말, 우리가 드러낸 어떤 행위의 동기를 아주 딴판으로 만들어내는 거짓말, 우리의 본성과 좋아하는 것에 대한 거짓말, 자기를 사랑하는 이, 온종일 입맞추면서 자기와 비슷한 성격으로 만들어냈다고 여기는 이에 대하여 우리가 어떻게 느끼는지에 대한 거짓말, 이런 거짓말이야말로 새로운 것과 미지의 것으로 통하는 전망을 열어주고, 잠든 감각을 깨우며, 영원히 모르고 지냈을지도 모르는 세계를 꿰뚫어 볼 수 있는 이승에 드문 것 가운데 한 가지다. 그런데 샤를뤼스 씨는 모렐이 지금껏 주의 깊게 숨겨온 몇몇 사실을 알고 아연실색한 나머지 서민계급과 사귀는 게 잘못이라는 결론을 내렸는데, 이는 그의 실수였다고 말해야겠다. 그리고 또 괴로운 사실도 드러났다(샤를뤼스 씨에게 가장 괴로운 점은, 음악 공부를 하러 독일에 간다고 딱 잘라 말했던 모렐이 그 시기에 레아와 함께 여행했던 사실이 드러난 것이었다. 모렐은 이 거짓말을 꾸며내기 위해 몇몇 사람의 호의를 이용했다. 먼저 독일에 있는 그들에게 편지를 써서 거기에서 샤를뤼스 씨에게 전송해 달라고 부탁했는데, 모렐이 독일에 있다고 믿어 의심치 않았던 샤를뤼스 씨는 우체국 소인을 볼 생각조차 하지 않았다). 실제로 이 작품의 마지막 편에서는, 레아에 의해 폭로된 생활이 샤를뤼스 씨를 놀라게 한 것 이상으로, 그가 가족이나 친구들이 경악할 정도로 엄청난 짓을 저지르는 모습을 보게 되리라.

그러나 지금 나는 브리쇼와 함께 베르뒤랭네 문 쪽으로 걸어가는 남작의 뒤를 따라가야 한다. 그는 내 쪽을 돌아다보면서 물었다. "그런데 도빌에서 자주 본 젊은 히브리인 친구는 어떻게 됐지? 자네만 좋다면 언제 한번 그 친구를 저녁 식사에 초대할까 하는데." 사실 샤를뤼스 씨는 마치 남편이나 정부처럼 파렴치하게 사립 탐정을 시켜 모렐의 행동을 조사하게 하고 그걸로 만족하며 여전히 다른 젊은이들에게 주의를 기울이는 짓을 그만두지 않았다. 그가 늙은 하인을 통해 사립 탐정에게 모렐을 감시하도록 시키는 투가 어쩌나 노골적이었던지 하인들은 너나없이 자기도 미행당하는 것만 같았고, 한 하녀는 줄곧 탐정이 자기 뒤를 밟고 있거니 생각해 살아 있는 느낌이 들지 않아 이제는 감히 거리에 나가려고도 하지 않았다. 그런데 늙은 하인은 "너 같은 여자야 하고 싶은 대로 하렴! 너 같은 년의 뒤꽁무니를 밟다니 시간과 돈만 축나게! 네 행실이 뭐 남의 관심거리나 되는 줄 아는가 보지!" 비꼬아 소리 질렀다. 그는 주인을 신주 모시듯 하는 하인이라서, 남작의 기호를 조금도 나눠 갖지 않았지만 참으로 정성껏 그 기호에 봉사해 마치 그것이 자기 기호이거나 한 것처럼 말하게 되었기 때문이다. "정말로 하인 중의 백미란 말이야." 샤를뤼스 씨는 그 늙은 하인을 이렇게 평가했다. 사람은 훌륭한 미덕뿐 아니라, 그것을 이쪽의 악덕을 위해 아낌없이 바치는 인간을 더할 나위 없이 존중하게 마련이다.

하기야 모렐의 일로 샤를뤼스 씨가 느끼는 질투는 오직 상대가 사내일 경우뿐으로, 여인들은 추호도 그의 질투심을 일게 하지 않았다. 그리고 이 점은 샤를뤼스 씨 같은 인간에게 거의 일반적인 법칙이다. 자기가 좋아하는 사내가 한 여인에게 애정을 품어도, 그건 다른 동물 세계에서도 일어나는 일이고(사자는 호랑이를 그냥 내버려둔다), 방해가 되기는커녕 오히려 안심시켜 준다. 그야 물론 때로는, 정상이 아닌 성욕, 성도착을 성스러운 의무로 여기는 이들이 이와 같은 애정에 진저리를 내기도 한다. 하지만 그때 애인이 이성과의 애정에 골몰한 것을 그들이 원망하는 까닭은 자기를 배신해서가 아니라 상대가 타락했기 때문이다. 샤를뤼스 남작이 아니라도 그와 같은 부류의 사내라면, 바흐와 헨델의 바로크 음악 연주자인 모렐이 푸치니를 연주한다는 광고를 읽기나 한 듯이, 모렐이 여인과 관계를 갖는 것을 보고 분개했으리라. 그러므로 따라서 이해관계에서 샤를뤼스 씨와 같은 사람과의 사랑을 받아들이는 젊은이들도 마치 의사한테 '알코올은 전혀 마시지 않습니다. 탄산수만 좋아합니다' 말하듯이, '젊은 여인' 따위는 신물이 난다고 잘라 말하는 것이다.

그러나 이 점에서 샤를뤼스 씨는 보통 법칙에서 좀 벗어나 있었다. 그는 모렐의 모든 것에 감탄해 마지않았으므로 모렐의 인기를 시샘하기는커녕 연주회나 카드놀이에서의 성공과 같은 기쁨마저 느꼈다. "그런데 말일세, 너석은 여자와도 하거든." 그는 비밀을 털어놓듯이 미간을 찡그리며, 특히 선망이 섞인 감탄하는 투로 말했다. "녀석 비상하단 말이야." 그는 이어 설명했다. "어디를 가나 유명한 접대부들이 녀석만 쏘아보거든. 지하철이건 극장이건, 어디에서나 녀석은 금방 돋보이지. 귀찮기 그지없다니까! 녀석하고 식당에 가면 언제나 사환이 적어도 세 여인의 연애편지를 가져오거든. 그것도 언제나 미인뿐이야. 하긴 조금도 이상할 게 없지. 어제 녀석을 주의 깊게 뜯어보니 여인들의 심정을 알 만하더군. 녀석 미남이 되었거든. 어딘가 좀 브론치노(Bronzino)*풍인 데가 있단 말이야, 감탄할 만해." 하지만 샤를뤼스 씨는 자기가 모렐을 좋아함을 남에게 자꾸만 보이고 싶어하면서도, 또 모렐이 자기를 좋아함을 남에게 이해시키고, 어쩌면 자기 자신에게도 이해시키고 싶었던 것이다. 이 귀여운 젊은이가 남작의 사교적 지위에 흠을 낼지도 모르는데 그는 상대를 늘 곁에 잡아두는 것에서 어떤 자존심을 세우고 있었다(지위가 높을수록 속물인 남자들이 허영심 때문에 온갖 관계를 끊고서라도 곳곳에서 애인과 함께 있는 모습을 보이고 싶어하며, 그 애인이 고급 창부나 타락한 여인이라 아무도 집에 초대하지 않음에도 그녀와 맺어지는 걸 자랑으로 여기는 일은 흔하다). 애정에 눈이 멀어 사랑하는 상대와의 여봐란 듯한 관계에서 자기만이 느낄 수 있는 명예를 찾아내서인지, 아니면 목적을 이룬 사교적인 야심이 시들어 천한 여자들에 대한 호기심—플라토닉한 만큼 더 강력한 호기심—이 높아진 결과 다른 호기심이 계속 존재하기 어려운 수준에 다다랐을 뿐만 아니라 그것을 뛰어넘었기 때문인지, 아무튼 샤를뤼스 씨는 먼저 달성한 목적을 자존심이 줄기차게 깨뜨리려고 하는 단계에 이르러 있었기 때문이다.

샤를뤼스 씨는 모렐의 존재가 자기 기호에 맞는 다른 젊은이들에게도 방해가 되기는커녕 도리어 바이올리니스트로서 모렐의 화려한 명성이나 자신이 작곡가와 기자로서 두각을 나타내기 시작한 것조차, 어떤 경우에는 젊은이들을 낚는 미끼가 될지도 모른다고 생각했다. 용모 단정한 젊은 작곡가를 소개받으면 남작은 모렐의 재능을 첫머리 삼아 새로 나타난 상대에게 발림말을 쏟아냈다. "나한테 당신의 작품을 가져와 보시구려. 모렐이 연주회나

---

* 이탈리아의 마니에리스모(manierismo) 화가(1503~72).

지방 공연에서 연주할 테니. 바이올린을 위한 곡에 딱 맞는 작품도 정말 드물지! 신작을 발견하면 최고란 말씀이야. 외국인들은 새 작품을 높이 평가하더군. 지방에도 작은 음악 애호 모임이 있어서, 감탄스러운 열정과 훌륭한 이해력을 가지고 음악을 좋아하지." 이에 못지않게 건성으로(왜냐하면 이런 말은 다만 젊은이를 낚는 미끼에 지나지 않으며, 모렐이 그 실현에 동의하는 일은 드물었기 때문이다) 샤를뤼스 씨는, 전에 블로크가 자기도 좀 시심(詩心)이 있다고 말한 적이 있어서—블로크는 '기분이 내킬 때만'이라는 낡은 표현을 덧붙이며 독창적인 말이 머리에 떠오르지 않을 때의 버릇인 자기를 비웃는 듯한 웃음을 띠었다—내게 이렇게 말했다. "그 젊은 이스라엘 사람이 시를 쓴다고 하니 모렐을 위해 나한테 그 시를 가져와보라고 하시구려. 음악이 됨직한 뭔가 아름다운 걸 찾아내는 일은 작곡가에겐 언제나 어려운 고비거든. 오페라 각본도 생각해봄직하네. 그것도 흥미로울 테고, 시인의 재능과 내 후원, 보조적인 여러 상황이 연결된다면 뭔가 가치 있는 게 나올 테니까. 그중에서 첫째로 중요한 게 모렐의 재능이지. 녀석 요즘 많이 작곡하고 글도 쓰는데, 그게 아주 훌륭하거든. 이 이야기는 나중에 계속 하기로 하고, 연주자로서의 재능이 어떤가는(이 점에서 녀석이 이미 어엿한 거장으로 통하는 바를 아시려니와), 오늘 밤 녀석이 뱅퇴유의 곡을 얼마나 잘 켜는지를 보면 알게 되겠지! 정말 놀랍단 말씀이야. 그 나이에, 아직 장난꾸러기 학생 같은데 그만한 이해력을 가졌다니! 하긴 오늘 밤은 학예회 정도지만 며칠 안으로 거창한 연주회가 있을 터. 그러나 오늘 연주가 더욱 운치 있을 걸세. 따라서 자네가 와주어 우리는 아주 기쁘이."

그는 '우리'라는 표현을 썼는데, 아마 나라님이 '우리는 바라노니' 말하기 때문일 것이다. "어마어마한 곡목이라서 베르뒤랭 부인에게 두 번이나 연주회를 권했지. 며칠 안으로 부인이 자기 벗을 전부 초대하는 연주회가 있을 테고, 오늘 밤 연주회에서는 '주인마님'도 법률 용어에서 말하듯이 권한이 박탈되어 있다네. 초대장을 낸 이가 바로 나거든. 샤를리에게 도움이 되면서 또 베르뒤랭네 사람들도 사귀어서 나쁘지 않을 다른 지역 사회의 몇몇 사람들도 초대해놓았지. 안 그런가, 아름다운 작품을 대예술가에게 연주시키는 것도 매우 좋지만, 청중이 맞은편 방물 가게 아낙네나 모퉁이의 식료품 장수라면 모처럼의 연주도 빛이 안 나니까. 내가 사교계 인사들의 지적 수준을 어떻게 생각하는지 알 테지만, 그래도 그들은 꽤 중요한 소임을 맡을 수 있단 말씀이야. 개중에도 공적인 사건에 대하여 신문이 하는 역할, 곧 보도 기관으로서의 역할이라는 게 있단 말씀이지. 내가 말하려는 뜻을 알아들으시나. 이를테면 내 형수인 오리안을 초대했다오. 올는지 확실치는 않지만, 설령 온다 한들 형수가 전혀 이해 못할 건 확실하지. 하지만 죄다 이해하라는 게 아니야, 그건 형수의 힘에 겨우니까. 다만 남들에게 지껄여달라는 거지. 이거라면 형수에게 안성맞춤이거니와, 그녀도 틀림없이 그렇게 해주거든. 방법은 여러 가지야. 하룻밤이 지나도 방물 가게 여인이나 식료품 장수가 침묵을 지키는 것과는 달리, 모르트마르 댁에서는 다음 날 아침부터 오리안이, 멋진 음악을 들었어요, 모렐인가 하는 이가 연주하는…… 하고 이야기꽃을 피운단 말씀이야. 초대받지 못한 이들은 길길이 날뛰며 말할 테지. '팔라메드는 우리가 자격이 없다고 생각했나 봐요. 그건 그렇고 어떤 사람들이 있는 곳에서 연주했을까.' 오리안의 찬사와는 방향이 다르지만 그게 또한 못지않게 유리한 역선전이 되지. '모렐'의 이름이 줄곧 튀어나와 열 번이나 계속해서 복습한 듯이 뇌리에 새겨지고 마니까. 이러한 여러 상황의 연결이야말로 연주자에게나 베르뒤랭 댁 마님에게나 더할 나위 없이 고마운 일로, 말하자면 손확성기 같은 소임을 한 덕분에 먼 청중에게까지 연주회 소문이 들리게 될 걸세. 정말이지 그럴 만한 가치가 있단 말이야. 녀석이 얼마나 수준이 높아졌는지 곧 눈으로 확인할 테지만. 게다가 녀석에게 새로운 재주가 있다는 걸 발견했지. 여보게, 녀석이 글쎄 문필이 뛰어나, 정말 훌륭하다니까.

전에 생각해본 적이 있었지. 자네는 베르고트의 벗이니까, 자네의 수고로 그 젊은이의 문장을 베르고트에게 잘 말해준다면 결국 나에게 협력해줄 수 있지 않을까, 음악가와 문필가라는 두 가지 재능, 언젠가는 베를리오즈와 같은 권위를 얻을지도 모르는 그 재능에 힘을 실어줄 수 있지 않을까 말일세. 자네라면 베르고트에게 뭐라고 말해야 좋을지 잘 알 테지. 알다시피 유명인이란 흔히 생각할 다른 일이 많고, 남들의 아첨을 받으며, 저 자신 말고는 거의 관심이 없게 마련이니까. 그러나 베르고트는 참으로 소박하고 친절한 분이라서 〈골루아〉지였는지 어디였는지는 모르나 샤를리의 반은 해학적이며 반은 음악적이라는 그 짤막한 시평을 실어주겠다고 하더군. 정말 잘된 문장이라, 나는 샤를리가 바이올린 재주에 이 앵그르(Ingres)의 붓*1을 조금만 보태면 아주 만족한다네. 녀석에 대한 일이라면 금세 야단을 떨고 마는 건 나도 잘 알지. 마치 예부터 음악 학교에서 곧잘 보는 자식에게 물렁한 엄마들처럼. 아니, 자넨 그런 줄 몰랐나? 그건 내 미련스러운 부분을 자네가 모르니 그렇지. 나는 말일세, 시험관이 있는 방문 앞에 몇 시간이라도 서서 버턴다네(faire le pied de grue).*2 그냥 가슴이 설레거든. 그런데 베르고트 그분은 녀석의 문장이 썩 잘됐다고 보증해주더군."

　샤를뤼스 씨는 스완을 통해 오래전부터 베르고트와 아는 사이로, 실제 그를 만나러 가서 모렐이 음악에 대한 반쯤 익살스러운 시평 같은 것을 신문에 쓸 수 있게 힘써달라고 부탁한 일이 있었다. 베르고트를 찾아갈 때 샤를뤼스 씨는 어떤 양심의 가책을 느꼈다. 베르고트의 대숭배자인 주제에 한 번도 자신을 위해 찾아가지 않았고, 베르고트가 자기에게 기울여주는 지적, 사회적 존중을 이용해 모렐이나 몰레 부인이나 그 밖의 아무개를 추어올리고자 그를 방문한다는 사실을 스스로도 알아차렸기 때문이다. 샤를뤼스 씨도 사교계를 그런 일로 이용하는 거라면 하나도 꺼릴 게 없었지만, 상대가 베르고트이고 보니 옳지 못한 일이라는 생각이 들었다. 베르고트는 사교계 인사들처럼 공리적이지 않고 더욱 가치 있는 인물로 보였기 때문이다. 다만 샤를뤼스 씨는 생활이 몹시 바빠, 이를테면 모렐과 관계되는 일처럼 꼭 해야겠다고 벼르지 않고서는 그럴 여유도 없었다. 더구나 매우 머리가 좋은 샤를뤼스 씨는 머리 좋은 인간과의 대화에 별로 흥미가 없었으며, 특히 베르고트는 그의 취미로 보아 지나치게 문사(文士)답고 다른 동아리에 속하며 자기와 같은 편을 들어주지 않아 그와의 대화엔 관심이 없었다.

　한편 베르고트는 샤를뤼스 씨의 공리적인 목적을 잘 알아차렸지만 그래도 그를 나쁘게 여기지는 않았다. 호의를 계속 베풀 순 없었으나 언제나 남을 기쁘게 해주고 싶었고, 이해심이 많고 너그러워서 남에게 설교하는 데에는 기쁨을 갖지 못한 인간이었기 때문이다. 샤를뤼스 씨의 악습이야 그에게

---

*1 프랑스의 화가 앵그르(1780~1867)는 바이올린을 썩 잘 켰는데, 능숙한 여기(餘技)를 가리켜 '앵그르의 바이올린'이라고 함. 여기서는 모렐이 바이올린 연주자이므로 '앵그르의 붓'이라고 익살을 섞었음.

*2 두루미 다리를 말함.

는 티끌만치도 없었지만, 그래도 이 악습을 오히려 샤를뤼스 씨라는 위인을 장식하는 색채의 요소로 보았었다. 예술가로서의 '행동 기준(fas et nefas)'은 도덕적인 범례(範例)를 따르지 않고, 플라톤이나 소도마(Sodoma)[*1]의 회상 속에 있기 때문이다.

샤를뤼스 씨는 입 밖에 내지 않았지만, 풍자문에 서명하는 것도 손수 쓰는 것도 수치스럽게 여기던 17세기 대귀족처럼, 얼마 전부터 몰레 백작부인을 겨눈 비열한 중상 기사를 모렐에게 쓰게 하고 있었다. 이것은 아무 생각 없이 읽은 일반 독자에게까지 거만하고 공손하지 못하게 보였으니, 하물며 당사자인 젊은 부인에게는 얼마나 잔혹한 기사였으랴. 그녀는 자기가 쓴 편지의 몇몇 구절이, 자기밖에 알아볼 수 없을 만큼 교묘하게 넣어져 있고, 원문대로 인용되면서 더할 나위 없이 잔인한 복수로 그녀를 미친 듯 날뛰게 하려는 뜻이 매우 짙게 담겨 있는 것을 발견했다. 젊은 부인은 이것이 화근이 되어 죽고 말았다. 그러나 발자크풍으로 말할 것 같으면, 파리에서는 눈으로 읽는 신문보다 더 무서운 어떤 입 신문이 날마다 발행되고 있다. 나중에 가서는 이 입소문이 시대에 뒤떨어지면 샤를뤼스 씨 같은 자의 권력도 무(無)로 만들어버리고, 모렐처럼 옛 비호자의 100만분의 1의 가치도 없는 자를 그 위에 세우게 된다. 하지만 적어도 이런 지적 유행은 우둔하기 그지없어, 샤를뤼스 씨 같은 천재는 아무것도 아니고 모렐 같은 어리석은 자도 두말할 나위 없는 권위를 갖고 있음을 곧이듣는다. 그런데 샤를뤼스 남작은 그 냉혹하고 무참한 복수를 했을 때는 그렇게 만만치 않았다. 그 때문에 그는 입속에 쓰디쓴 독액(毒液)을 품고 있어, 화를 내면 그 독액이 스며들어서 볼에 황달을 일으키는가 싶었다.

"베르고트 씨가 오늘 밤 와주면 좋겠구먼, 샤를리가 가장 잘 연주하는 곡을 들을 테니. 그런데 그분은 요즘 통 외출하지 않는다더군. 남한테 시달리는 게 싫어 그렇겠지. 옳은 생각이야.[*2] 그런데 자네는 아름다운 청춘인데도

***

[*1] 이탈리아의 르네상스 시대의 화가(1477~1549?).

[*2] 이상 베르고트에 대한 샤를뤼스 씨의 말은 베르고트가 죽었다는 사실을 안다면 모순되는 말임을 플레이아드판의 편자도 지적한다. 베르고트의 죽음에 대한 삽화가 나중에 고쳐진 탓이라고. 그러나 역자는 그렇지만은 않다고 본다. 샤를뤼스 씨를 건망증에 걸린 자, 성도착자로서의 자기 생활에 골몰하여 남의 죽음 따위는 염두에 두지 않는 자로 묘사하기 위해 일부러 이런 직설법 과거형과 조건법 과거형을 쓴 것이며, 맨 나중에 '그'라는 대명사를 쓴

요즘 콩티 강둑에서 통 보지 못하겠더군. 이제 젊음을 함부로 쓰지 않으시나 보군!” 나는 늘 사촌누이와 같이 외출한다고 말했다. “허어, 들었는가! 사촌누이와 외출하신다는군. 얼마나 순수하냔 말이야!” 샤를뤼스 씨는 브리쇼에게 말하고 나서 다시 내게 이야기했다. “뭐 자네가 하는 일을 이러쿵저러쿵 따지려는 건 아닐세. 젊은이는 마음에 드는 일을 다 하시구려. 다만 나는 한몫 끼지 못하는 게 섭섭할 뿐일세. 게다가 자넨 취미가 썩 좋아. 사촌누이께선 매력 있는 분이니까. 브리쇼에게 물어보시게. 그는 도빌에 있을 적에 그분에게 홀딱 반했었으니까. 오늘 밤 그분이 오시지 않아 모두들 섭섭해하겠는걸. 하지만 모시고 오지 않은 게 잘한 노릇인지도 모르지. 그야 확실히 뱅퇴유의 음악은 감탄할 만하지만 오늘 아침 샤를리에게 들었는데, 어떤 작자의 딸과 그 여자친구가 오기로 되어 있다는군. 두 사람 다 좋지 못한 소문이 자자한 이들이지. 그러니 젊은 아가씨한테는 어찌됐든 곤란하단 말씀이야. 아니, 나 또한 초대한 손님들 때문에 좀 난처해. 대부분 나이 지긋한 분들이니 별일 없겠지만. 그 두 여인도 참석하기로 되어 있긴 한데 어쩌면 오지 않을지도 몰라. 베르뒤랭 부인이 오늘 오후 연주회를 열어 진저리나는 이들, 오늘 밤 와서는 안 되는 이들만을 초대했는데, 이 연주회에 두 여인도 틀림없이 참석하기로 되어 있었다는군. 그런데 아까 저녁 식사 전에 샤를리가 나에게 하는 말이, 우리가 두 뱅퇴유 아가씨라고 부르는 그 여인들이 꼭 참석하기로 되어 있었는데도 오지 않았다지 뭔가.”

아까 그토록 알베르틴이 여기 오고 싶어하던 일과(처음엔 결과밖에 몰랐는데 드디어 그 원인을 발견한 듯), 지금 막 들은 뱅퇴유 아가씨와 그 여자친구가 온다는 일(지금껏 몰랐었다)을 언뜻 연관시켜본 나는 무서운 고뇌에 빠졌다. 그런데도 몇 분 전에, 아침부터 샤를리를 보지 못했노라 말한 샤를뤼스 씨가 실은 저녁 식사 전에 만났다고 얼떨결에 털어놓은 사실을 알아차릴 만한 정신적 여유는 있었다. 그러나 나의 고통은 곧 겉으로 드러날 지경

---

것이 바로 이를 증명하는 게 아닐까. 다시 말해서 듣는 이로 하여금 누구를 두고 하는 말인지 몰라 되묻지 않고 그저 흘려듣게 하는 수법이 아닐까 생각한다. 이런 말의 묘미는 ‘두루미 다리’에서도 엿볼 수 있다. 곧 샤를뤼스 씨가 아침나절에 모렐을 만났다고 하면서도 실은 오후 무렵 그가 벌인 소동을 이미 알고 있음을 넌지시 암시하는 ‘두루미 다리’라는 말을 써서, ‘서서 버틴다’는 뜻을 나타내는 따위.

이었다. "아니, 왜 그러시나?" 남작이 나에게 말했다. "새파래졌구먼. 어서 들어갑시다. 추위를 타서 그런지 얼굴색이 안 좋아." 샤를뤼스 씨의 말이 내 마음에 불러일으킨 게 알베르틴의 품행에 대한 첫 번째 의혹은 아니었다. 그 밖에도 수많은 의혹이 이미 내 마음속에 자리잡고 있었다. 새로운 의혹이 솟아날 때마다 인간은 생각한다. 한계가 왔다, 이젠 더 참을 수 없다고. 그런데도 의혹은 어떻게든 빈 장소를 찾아내고, 우리의 생명권 안에 새 의혹이 비집고 들어오면, 그 즉시 믿고 싶어하는 수많은 욕망이나 잊고자 하는 수많은 이유와 경쟁하는데, 사람은 금세 의혹에 순응하여 더는 그것을 걱정하지 않게 되고 만다. 의혹은 오직 절반만 치유된 마음의 아픔처럼, 한낱 고통의 위협으로 남는다. 이건 욕망의 뒷면이자 욕망과 같은 질서에 속하며, 욕망과 마찬가지로 우리 사념의 중심이 되어, 욕망이 어디서 비롯하는지 모르는 기쁨을 사방으로 내뿜듯이, 사랑하는 이의 모습과 연관되는 뭔가가 있는 곳이라면 어디든 두루, 끝없는 거리까지도 사고의 내부에 미묘한 애수를 뿜어낸다. 그러나 새 의혹이 본디대로 우리 안에 들어오면, 고통은 다시 깨어난다. '어떻게든 되겠지. 고통을 피할 방법이 있을 테지. 그게 정말일 리는 없으니까.' 당장 스스로 타일러봐도 소용없으니, 첫 순간에는 그걸 정말이라고 믿고 괴로워한다는 사실은 변함이 없다.

이를테면 우리가 팔다리 같은 육체밖에 없다면 삶도 견딜 만했으리라. 불행하게도 우리는 마음이라 일컫는 조그만 기관을 갖고 있어 어떤 병이든 걸리기 쉽고, 또 병에 걸리면 어느 특정한 이의 삶에 대한 모든 것에 더할 수 없는 정도로 예민해진다. 그때 하나의 거짓말—본디 해도 없고 독도 없는 거짓말을 밥 먹듯 하는 이가 자기 자신이건 남이건 우리는 그 가운데서 편안하게 살고 있는데—을 찾아낸다. 그것이 그 특정한 이의 입에서 나온 거짓말이라면, 이 조그만 마음에 견딜 수 없는 발작을 일으켜, 차라리 외과 수술로 이 마음을 떼어내버리면 좋겠다고 생각한다. 뇌에 대해서는 말하지 말자. 우리가 아무리 아픈 치아에 마음을 써도 아픔에는 변함이 없듯이, 발작 중에 사념이 한없이 옳고 그름을 따져본들 발작을 가라앉히진 못하니까. 물론 상대가 언제나 진실을 말하겠다고 맹세한 이상, 속인 상대가 나쁘다.

그러나 우리는 우리 자신이나 타인에 비추어보아도 이런 맹세가 아무 가치도 없음을 잘 알고 있다. 그런데도 우리는, 그녀가 우리를 속여 득을 보았고, 또 우리가 그 미덕을 보고 상대를 택하지도 않았건만 그것을 믿으려 했던 것이다. 그 여성은 언젠가는 분명 우리에게 거짓말할 필요조차 거의 느끼지 않게 될 것이다. 왜냐하면 바로 우리 마음이 거짓말에 무관심하게 되었을 즈음 우리는 그녀의 삶에 무관심해질 테니까. 하지만 우리는 이 점을 알면서도 스스로 목숨을 희생한다. 그 여성 때문에 자살을 결심한다든가, 그녀를 죽여서 사형을 당한다든가, 또는 오로지 그 여성 때문에 몇 년 사이에 전재산을 다 써버린 끝에 무일푼 신세가 되어 스스로 목숨을 끊을 수밖에 없다든가. 더욱이 사람이 남을 사랑할 때 아무리 자기가 안온하다고 생각한들, 반드시 애정은 마음속에서 끊임없이 흔들리며 불안정한 균형 상태에 놓여 있다. 사소한 일로 애정은 행복의 위치에 자리잡는다. 얼굴색은 빛나고, 사랑하는 이뿐만 아니라 사랑하는 이의 눈에 자기를 돋보이게 한 사람들, 좋지 못한 유혹에서 그녀를 지켜준 사람들을 다정다감한 정으로 감싼다. 그러고서이젠 안심이거니 여긴다. 그런데 '질베르트는 오지 않아요'라든가 '뱅퇴유 아가씨가 초대되었다'라는 한마디로 순식간에, 따로 마련되어 숨어 있던 행복과 내가 그쪽을 향해 뛰어간 온갖 행복이 와르르 무너지며, 해가 가려지고, 나침반이 방향을 바꾸며, 마음속에 폭풍우가 미쳐 날뛰어 결국 언젠가는 견디지 못하고 만다. 그때는─마음이 나약하게도 깨어지고 만 그때는─평소우리를 존경해 마지않은 친구들도, 이런 하찮은 일이나 이런 인간 때문에 우리가 괴로워하며 죽음에까지 이르고 마는가 하고 탄식한다. 하지만 그들이라고 해서 뾰족한 수가 있겠는가? 한 시인이 유행성 폐렴으로 죽어갈 때, 친구들이 폐렴쌍구균(肺炎雙球菌)을 보고, '여보게나, 이 시인은 재능 있는 인간이니 병이 낫도록 내버려두지 않겠나' 부탁하는 광경을 상상할 수 있겠는가? 뱅퇴유 아가씨에 대한 일인 이상, 의혹은 전혀 새삼스러운 게 아니었다.

그런데 레아와 그 여자친구들 때문에 생긴 오후의 질투가 이 의혹을 물리쳐버렸다. 먼저 트로카데로의 위험이 가시자, 나는 또 한 번 완전한 마음의 평화를 영원히 얻을 줄 느꼈으며 그렇게 믿어 마지않았다. 그러던 차에 앙드레가 나에게 '우리가 여기저기 돌아다녔지만 아무도 만나지 못했어요' 말했던 어느 날의 산책이 유독 새삼스럽게 보였는데, 그녀들이 아무도 만나지 않았긴커녕 그때 뱅퇴유 아가씨가 알베르틴에게 베르뒤랭 부인 댁에서 만나자고 약속한 게 분명했다. 나는 지금 뱅퇴유 아가씨와 그 여자친구를 어딘가에 가둬놓고 알베르틴이 절대로 두 여인을 보지 못하게 할 수만 있다면 기꺼이 알베르틴을 혼자 외출시키고, 가고 싶은 곳에 마음대로 가게 해도 괜찮다고 생각했다. 이는 질투라는 것이, 애인이 사랑할지도 모르는 사람—어떤 때는 이 사람, 어떤 때는 저 사람—이 자아내는 불안의 고통스러운 연장이기 때문인지, 또는 우리의 사고 범위가 좁은 탓에 마음이 그려내는 것밖에 실체화하지 못하고 나머지는 모호한 채로 남겨둠으로써 괴로워할 필요가 없기 때문인지, 아무튼 일반적으로 질투는 부분적인 문제라서 여기저기에만 한정되기 때문이다.

우리는 저택 안마당에 들어가려는 즈음, 우리를 한눈에 알아보지 못했던 사니에트에게 붙잡히고 말았다. "그렇지 않아도 조금 전부터 당신들 얼굴을 주의 깊게 보고 있었습니다. 내가 주저하는 게 안 이상하시오?" 그는 숨찬 목소리로 말했다. 그가 '이상하지 않으시오' 말했다면 잘못된 어법으로 생각했을 것이, 그는 진절머리 날 만큼 옛 어법에 친숙해 있었기 때문이다. "게다가 당신들은 어디에 내놓아도 부끄럽지 않은 내 벗인데." 그의 잿빛 얼굴색은 납빛 번갯불이 비치는 듯했다. 지난여름까지만 해도 베르뒤랭 씨에게 욕지거리를 들었을 때밖에 헐떡이지 않았는데, 이제는 쉴 새 없이 숨을 가쁘게 몰아쉬고 있었다. "훌륭한 연주가의 손으로 뱅퇴유의 아직 발표되지 않은 작품이 연주된다죠. 그것도 기이하게 모렐이 탄다죠."—"뭐가 기이하단 말입니까?" 남작이 이 기이하다는 부사를 비난으로 생각해 물었다. 브리쇼가 재빨리 통역을 자청해 설명했다. "우리 친구 사니에트는 박식한 학자로서 옛 시대의 말을 즐겨 쓰는 거요. '기이하게도(singulièrement)'가 오늘날 우리가 말하는 '아주 특히(tout particulièrement)'와 똑같은 뜻이었던 시절의 말을 말이오."

베르뒤랭 부인의 응접실에 들어가자 샤를뤼스 씨가 나에게 일을 하고 있는지 묻기에 그렇지 않다고 말하고, 요즘 은이나 자기로 된 옛 그릇에 많은 흥미를 기울이고 있다고 대답하자, 그는 말했다. "베르뒤랭가의 그릇만큼 아름다운 것을 딴 데서는 좀처럼 못 볼 걸세. 게다가 라 라스플리에르에서 그 그릇을 보았을지도 모르지. 베르뒤랭 집안사람들은 물건도 친구와 같다며, 어이없게도 전부 라 라스플리에르 성관에 가져갔으니까. 야회가 있는 날에 그걸 다 꺼내기란 보통 일이 아니지만, 그래도 보고 싶은 걸 꺼내 보여달라고 부탁해보겠네." 나는 그러지 말아달라고 부탁했다. 샤를뤼스 씨는 외투 단추를 끄르고 모자를 벗었다. 이제는 머리 꼭대기가 듬성듬성 희었다. 그러나 가을에 단풍이 들 뿐만 아니라, 솜으로 싸거나 석고를 발라서 몇몇 잎사귀를 보호해주는 귀중한 나무처럼 샤를뤼스 씨의 머리에 듬성듬성 놓인 흰 머리털은, 그의 얼굴빛에 또 하나의 대조적인 빛깔을 더한 것에 지나지 않았다. 그렇지만 샤를뤼스 씨의 갖가지 표정과 화장과 위선의 덧칠 밑에서는 감출 수 없는 맨 얼굴이 어른거리며, 그의 얼굴은, 거의 모든 사람에게 계속해 감추고 있는 비밀을 나에겐 소리 높여 폭로하고 있는 듯했다. 그의 눈 속에서 내가 당장 비밀을 읽어버린 걸 들킬까 봐 그의 눈을 보기가 거북했다. 싫증도 안 나는지 온갖 가락으로 노골적으로 비밀을 되풀이하여 지껄이는 듯한 그 목소리도 듣기 거북했다. 그러나 비밀은 굳게 지켜지기 마련이다. 왜냐하면 비밀에 다가가는 모든 이가 귀머거리이자 소경이기 때문이다. 아무개를 통해, 이를테면 베르뒤랭네 사람들을 통해 진실을 들어 안 이는 그 진실을 곧이듣긴 하지만, 그것도 오직 샤를뤼스 씨와 직접 친교를 나누지 않는 경우뿐이다. 그의 용모는 나쁜 소문을 퍼뜨리기는커녕 그걸 없애버렸다. 왜냐하면 우리는 어떤 실체에 대해 터무니없는 관념을 품어서, 벗의 낯익은 풍모와 그 실체를 같게 볼 수 없기 때문이다. 또 우리는 남의 악습을 여간해서는 믿기 힘들다. 마치 그 전날 오페라에 같이 간 이가 천재라는 걸 절대로 믿지 않듯이.

샤를뤼스 씨는 자주 드나드는 지위 높은 손님답게 이것저것 명령하며 외투를 내주는 참이었다. 그 외투를 받던 하인은 새로 들어온 아주 젊은 사내였다. 그런데 샤를뤼스 씨는 요즘 자주 이른바 방향감각을 상실하여, 해도 되는 일과 해서는 안 될 일을 분간하지 못하곤 했다. 그가 발베크에서 품었던 그 야무진 욕망, 어떤 화제도 겁내지 않음을 보이고 싶고, 아무개를 거리낌 없이 '그 녀석 예쁘군' 드러내고 싶은, 한마디로 자기와 같지 않은 사람들이 입에 담을 말을 불쑥 내뱉고 싶은 강한 욕망을, 이제는 반대로 자기와 같지 않은 사람들은 결코 입에 담지 않을 말을 함으로써 나타내게 되었다. 그의 생각이 끊임없이 그런 일에 쏠려 있었으므로, 그는 그것이 일반 사람들이 늘 하는 생각이 아니라는 사실을 잊고 말았던 것이다. 그래서 남작은 새로 들어온 하인을 뚫어지게 보면서 으르듯이 집게손가락을 쳐들어 멋들어진 농담을 한답시고 "여보게, 그처럼 나에게 추파를 던지면 용서 못해" 말하고는 브리쇼 쪽으로 돌아보았다. "이 녀석 몹시 우스운 상판이란 말이야. 재미나는 코로군." 그리고 이번에는 더 익살을 부릴 작정이었는지 또는 욕망에 꺾여선지, 집게손가락을 수평으로 내려 잠깐 주저하다가 더는 참지 못하고 자신도 모르게 집게손가락을 곧장 하인 쪽으로 내밀어 그 코끝을 만지며 "아유, 요 거대한 코!" 말한 다음, 브리쇼와 나와 사니에트—그는 세르바토프 대공부인이 6시에 죽었다고 알려주었다—를 데리고 손님방에 들어섰다. 하인은 '별난 놈 같으니!' 생각하며 동료들에게 물었다. "저 남작이란 놈은 나를 놀리는 거야 아니면 머리가 돌았어?" 그러자 "저분은 늘 저러셔." 우두머리 하인이 대꾸했다(실은 그도 남작을 좀 '머리가 돈', 좀 '모자란 놈'이라고 여기고 있었지만). "그러나 마님 친구들 가운데 내가 가장 존경하는 분이라네. 마음은 착한 분이야."

그때 베르뒤랭 씨가 우리를 맞이하러 나왔다. 사니에트는 바깥문이 계속해서 열리곤 하여 감기 들지 않을까 걱정을 하면서도, 하인이 제 옷가지를 맡아줄 때까지 얌전히 기다렸다. "거기서 뭘 하고 있는 거요? 엎드린 개처럼 굽실굽실하면서?" 베르뒤랭 씨가 그에게 물었다. "옷에 감시하는 사람이 내 외투를 받고 번호표를 주기를 기다리고 있습니다."—"뭐라고요?" 베르뒤랭 씨가 엄한 투로 물었다. "'옷에 감시하는 사람'이라니, 하인이 망령이 드셨나? '옷을 감시한다'고 말해야죠. 중풍 걸린 사람들처럼 말을 다시 배우셔야겠군!"—"무엇에 감시한다는 게 바른 형인데." 사니에트는 띄엄띄엄 중얼거렸다. "르 바퇴(Le Batteux)*에 따르면……."—"정말 귀찮게 구시는군." 베르뒤랭 씨가 매섭게 소리쳤다. "당신은 어쩌자고 그리 헉헉대신다죠! 7층까지 올라갔다 오셨나?" 베르뒤랭 씨의 무례한 말과 행동으로 말미암아 보관소 일꾼들이 다른 손님을 사니에트보다 먼저 지나가게 했고, 사니에트가 제 옷가지를 내밀자 이렇게 대답했다. "순서가 있습니다. 서두르지 마십쇼."—"허어, 질서정연한 사람들이군. 참으로 유능해. 여러분, 참으로 좋았어." 베르뒤랭 씨는 사니에트를 맨 나중에 통과시키려는 그들을 격려하고자 흐뭇한 미소를 띠며 말했다. 그러고 나서 우리를 보고, "자아, 어서 이리 오시

---

* 18세기 프랑스의 문법학자.

오, 저놈은 바깥바람을 들여보내서 우리까지 죽이려는가 봐요. 손님방에 들어가 몸을 좀 녹입시다. 옷에 감시한다니!" 그는 우리가 방에 들어서자 되풀이했다. "바보 천치 같으니!"—"그 사람 아니꼽게 굴지만, 나쁜 놈은 아니에요." 브리쇼의 말에, 곧바로 베르뒤랭 씨의 까다로운 반박이 뒤따랐다. "나쁜 놈이라고는 말하지 않았습니다. 바보라고 했지."

"올해도 앵카르빌에 가시려나?" 브리쇼가 내게 물었다. "보아하니 우리 마님께선 라 라스플리에르 성관을 또 빌리셨나 봐. 주인과 꽤 다투긴 한 모양이지만 뭐 그런 일쯤 대수롭지 않지. 구름 지나가듯 곧 사라지니까." 이렇게 덧붙인 그의 목소리에는 신문이 '확실히 잘못을 저지르긴 했다, 하지만 잘못을 범하지 않는 자가 어디 있으랴' 쓰는 것과 똑같은 낙관적인 울림이 있었다. 그런데 나는 내가 어떠한 고통에 시달리며 발베크를 떠났는지 생각나, 거기에 다시 가고픈 마음은 티끌만큼도 없었다. 그리고 알베르틴과의 계획도 하루하루 미루어왔다. "물론 이분은 또 갈 거요. 우리 모두는 그러기를 바라지. 빠져서는 안 될 분이니까." 샤를뤼스 씨가 발림말을 할 작정으로, 남의 기분 따위에는 아랑곳하지 않는 제멋대로의 말투로 잘라 말했다.

우리가 세르바토프 대공부인에 대해 조의를 표하자, 베르뒤랭 씨가 말했다. "그래요. 그분이 매우 중태인 줄 나도 압니다."—"천만에, 그분은 6시에 돌아가셨습니다." 사니에트가 외쳤다. "당신은 늘 과장하죠." 베르뒤랭 씨가 사니에트에게 퉁명스럽게 대꾸했다. 베르뒤랭 씨는 야회를 취소하지 않았으므로 그녀가 아프다고 해두는 편이 좋았던 것이다.

이러는 사이 베르뒤랭 부인은 코타르와 스키를 상대로 중대 회의를 열고 있었다. 지금 막 모렐이 베르뒤랭 부인과 아는 사이인 사람의 초대를(샤를뤼스 씨가 거기에 갈 수 없다는 이유로) 거절했던 것이다. 그런데 부인은 그의 협연을 미리 약속해놓았기 때문에 난처했다. 모렐이 베르뒤랭네 벗의 야회에서 연주를 거절한 이유—머지않아 우리는 더욱더 중대한 이유가 보태지는 것을 볼 테지만—가 힘을 발휘할 수 있었던 것은 보통 유한계급의 고유한, 특히 베르뒤랭네 작은 동아리에 특유한 관습 덕분이었다. 물론 신참자와 지위가 높은 손님이 전부터 아는 사이거나 또는 서로 교제하고 싶어하는 듯한 말을 소곤거리는 기척이 베르뒤랭 부인의 귀에 들어가면('그럼 금요일에 아무개 댁에서'라든가 '어느 날이라도 좋으니 아틀리에로 오세요. 5시까지는 반드시 거기에 있으니, 와주시면 참으로 기쁘겠습니다'라든가), 마님은 안절부절못하며 신참자를 자기 작은 동아리의 빛나는 새 회원이 될 만한 '지위'의 인물인 줄로 짐작하고 한마디도 못 들은 체하면서, 코카인을 일상적으로 쓰는 것 이상으로 드뷔시 음악만을 들은 탓에 눈 밑이 거뭇해진 아름다운 눈길에 음악의 도취만이 줄 수 있는 피로의 빛을 담은 채, 그래도 숱한 4중주곡을 들은 탓에 편두통으로 튀어나온 이마 속으로 반드시 다성부(多聲部) 음악만이 다가 아닌 여러 가지 궁리를 하고 있었다. 마침내 더는 견디지 못하고, 따끔하게 한번 찌르고 싶은 욕망을 1초도 더 참을 수가 없어서, 그녀는 이야기하는 두 사람 쪽으로 달려가 그들을 한쪽 구석으로 데려가서 신참자에게 고참자를 가리키며 말했다. "이분과 함께 저녁 식사에 오시지 않겠어요? 토요일은 어떠세요? 아니면 형편 좋으신 날, 편한 분들과 함께 오셔도 좋구요. 너무 큰 소리는 내지 마세요. 이 오합지졸을 모두 부르는 게 아니니까요(오합지졸이라는 말은 5분 남짓 작은 동아리를 가리키는 낱말이 되었다. 신참자에게 많은 기대를 기울인 나머지, 작은 동아리가 잠깐 멸시를 받은 것이다)."

그러나 이와 같이 심취하거나 사람들을 서로 가까워지게 하려는 욕구에는 상반된 얼굴도 있었다. 수요일 모임에 너무 꼬박꼬박 참석할 경우, 베르뒤랭 네 사람들에게 정반대의 성향을 띠게 했다. 곧 사이를 틀어 멀어지게 하고 싶은 욕망이었다. 이 욕망은 라 라스플리에르에서 아침부터 저녁까지 얼굴을 맞대고 지낸 몇 달 동안 굳어져 거의 치열한 욕망이 되고 말았다. 베르뒤랭 씨는 어떻게든 남의 실수를 잡아내려고 궁리하여, 사방에 거미줄을 쳐서 아무 잘못 없는 어떤 파리를 반려자인 암컷 거미에게 내주려고 했다. 불만거리가 없을 때는 비웃음거리를 꾸며댔는데, 한 신도가 30분쯤 밖에 나가 있기라도 하면 다른 사람들 앞에서 그를 웃음거리로 만들어, 그의 치아가 늘 몹시 더럽다거나 반대로 묘하게 결벽증이 있어 하루에 스무 번이나 이를 닦는 것을 다른 사람들이 주목하지 못했음에 짐짓 놀라는 시늉을 하기도 했다. 만약에 누군가가 허락 없이 창문을 열기라도 하면, 이 무례함에 '주인'과 '마님'은 격분한 눈길을 주고받았다. 잠시 뒤 베르뒤랭 부인이 솔을 갖다달라고 부탁하면, 이를 핑계 삼아 베르뒤랭 씨가 화난 말투로 투덜거렸다. "아니, 내가 창문을 닫겠소. 누가 함부로 창문을 열었담." 눈앞에서 이 말을 들은 범인은 귀까지 빨개지고 말았다. 포도주를 너무 많이 마신 사람에겐 넌지시 나무라기도 했다. "탈 없으시오? 하기야 노동자의 몸엔 좋지만." 두 신자가 미리 '마님'에게 허락을 구하지 않고 함께 산책이라도 하면, 그것이 아무리 순수한 산책이라도 끝없는 논평을 일으켰다. 모렐과 샤를뤼스 씨의 산책은 결코 순수한 산책이 아니었다. 다만 남작이 라 라스플리에르에 묵지 않았다는(모렐의 병영 생활 때문에) 사실이 포만과 혐오와 구토의 때를 늦추었을 뿐이다. 그러나 그 시간이 이제 막 다가오고 있었다.

베르뒤랭 부인은 몹시 노하여, 샤를뤼스 씨가 모렐에게 얼마나 우스꽝스럽고 불쾌한 역할을 시키고 있는가에 대해 모렐을 '계몽'하고자 결심했다. "그뿐만이 아니랍니다." 부인은 계속했다(그녀는 아무개한테 신세진 게 짐스럽게 느껴지면, 그 수고에 보답하고자 차마 상대를 죽일 순 없으니 중대한 결점을 찾아내 그것으로 감사의 표시에서 당당히 벗어나는 식이었다). "그이가 우리집에서 취하는 태도가 도무지 마음에 들지 않는답니다." 사실 베르뒤랭 부인에게는 모렐이 그녀의 벗들이 초대한 야회를 거절한 것 이상으로, 샤를뤼스 씨를 원망할 만한 더 커다란 이유가 있었다. 샤를뤼스 씨는 자신이 베르뒤랭 부인의 힘만으로는 아무래도 부를 수 없는 인사들을 콩티 강둑에 데려와서 마님에게 명예를 가져다주는 줄 여기고 있어서, 베르뒤랭 부인이 초대할 작정인 사람들의 이름을 입 밖에 내자마자 단호한 말투로 무조건 안된다고 선언했다. 그 고압적인 말투 속에는 변덕스러운 대귀족의 심술 사나운 거만과 연회에 정통한 예술가로서, 타협하고 양보하면 전체의 효과까지 망치고 마니 차라리 자기 작품을 거둬들여 협력을 거절하는 편이 낫다고 생각하는 예술가의 독단주의가 섞여 있었다.

샤를뤼스 씨가 여러 제한을 붙여서 겨우 허가를 내렸던 이는 생탄뿐이었다. 이 남자의 성가신 아내를 피하려고, 게르망트 부인은 날마다 친하게 지내던 그와의 교제를 모두 끊고 말았는데, 샤를뤼스 씨가 머리 좋은 이라고 여겨 여전히 가까이 지내왔던 것이다. 확실히 생탄은 재산과 근거지를 얻을 줄 알고서 소귀족의 피가 섞인 부르주아 사회(누구나 다 큰 부자이며, 귀족의 친척이라고는 하나 대귀족은 생판 모르는 사회)에 들어갔지만, 그래도 전에는 게르망트 집안 사교계의 꽃이라고 불리던 인물이었다. 그러나 베르뒤랭 부인은 생탄 부인의 친정이 귀족이라고 자칭하는 사실을 알면서도 그 남편인 생틴의 지위를 이해하지 못해(우리에게 높다는 인상을 주는 건 대부분 우리 바로 위에 있는 것으로, 구름 위에 있어 눈에 보이지 않는 것은 그렇지 않다), 생틴의 초대를 정당화하려고, 그가 '아무개네 따님과 결혼했기 때문에' 발이 넓다는 점을 들어야 했다. 현실과 정반대인 이와 같은 단정이야말로 베르뒤랭 부인의 무지를 나타내는 것인바, 그로 인해 남작의 연지 바른 입술에 너그러운 경멸과 폭넓은 이해의 웃음을 활짝 피게 했다.

그는 대놓고 깔보아 대꾸하진 않았으나 사교계에 대한 어떤 이론, 그 풍부한 지성과 높은 자존심에 게르망트가의 전통인 경박한 관심이 뒤섞인 이론을 쌓아올리고 있었으므로, 이렇게 운을 떼며 말했다. "생틴은 결혼하기에 앞서 나에게 의논했어야 옳았습니다. 사회생리학이 있듯이 사회우생학(優生學)이 있는데, 어쩌면 내가 그 우생학의 유일한 의사일지도 모르니까요. 생틴의 경우는 논의할 필요조차 없어요. 그 결혼 탓에 그가 거추장스런 큰 짐을 스스로 짊어지고 자기 진가를 감추고 만 게 분명하니까요. 그의 사교 생활은 끝장났어요. 그가 의논하러 왔다면 바로 설명해주었을 테고, 그는 머리 좋은 사람이니 잘 알아들었을 텐데. 그와는 반대로 남을 발아래 두는 높은 지위나 보편적인 지위를 차지하는 데 필요한 모든 걸 갖추었는데, 다만 가공할 동아줄로 땅 위에 매여 꼼짝도 못하는 분이 있었습니다. 나는 그분이 이 동아줄을 끊도록 반은 압력을 가하고 반은 온 힘을 다하여 도와드렸더니 지금 그분은 내 덕분에 자유와 전능한 힘을 얻어 승리의 기쁨을 누리고 있습니다. 그야 물론 본인의 의지도 좀 필요했지만, 대신 얻은 게 얼마나 큽니까! 운명의 산파인 내 충고를 들으면 이렇듯 저 자신의 진가를 발휘하는 법이죠."

하지만 샤를뤼스 씨가 저 자신의 운명엔 효력을 나타내지 못했던 게 분명하다. 효력을 나타낸다는 것은 말재주 좋게 말하고 영리하게 생각한들, 이를테면 유창한 웅변이나 온갖 궁리를 짜내더라도 그것과 다른 것이다. "그런데 나 자신으로 말하면, 나는 철학자이므로 내가 예언한 사회적 반응을 재미있게 참관하나, 거들지는 않습니다. 그래서 나는 나에게 늘 뜨거운 경의를 나타내는 생틴과 교제를 계속해왔답니다. 그의 새로운 거처에서 저녁 식사까지 함께 했지요. 이전에 그가 몹시 가난했을 때, 협소한 고미다락에 가장 훌륭한 벗들을 모았을 적에는 참 재미있었는데, 지금 사는 곳은 주위가 더할 나위 없이 사치스러워서 도리어 지루하기 짝이 없더군요. 따라서 그를 초대해도 좋아요, 괜찮습니다. 그러나 부인께서 말씀하신 다른 성함에 대해선 모두 거부권을 행사하겠습니다. 부인께서는 나중에 내게 감사하게 될 겁니다. 저는 혼사 전문가인 동시에, 그에 못지않게 야회에 대해서도 전문가니까요. 나는 한 모임을 훌륭하게 만들 권세 있는 인물들도 알거니와, 모임을 망치거나 엉망으로 만들어놓는 이의 이름도 압니다."

샤를뤼스 씨가 이와 같이 남을 받아들이지 않는 근거는 머리가 좀 돌아서 남에게 원한을 품고 있거나, 원한 또는 예술가의 까다로운 취미뿐만 아니라 배우의 솜씨까지 갖고 있기 때문이었다. 어떤 인물이나 사물에 대해 멋들어진 대사를 쏟아내면 그는 되도록 많은 사람들에게 그걸 들려주고 싶어했으나, 같은 대사인 줄 알아차릴 테니 첫 번째 모임에 초대한 이들은 두 번째 무리에서 제외하곤 했다. 광고지를 새로 바꾸지 못해서 관객 쪽을 갈아들이는 격이었다. 대화 중에 갈채라도 받으면 필요에 따라 지방 순회공연도 마다하지 않았을 것이다. 이런 여러 가지 동기가 무엇이든 간에, 샤를뤼스 씨의 거부는 마님의 권리를 훼손하는 인상을 남겨 베르뒤랭 부인의 기분을 상하게 했을 뿐만 아니라 사교상으로도 커다란 손해를 입혔는데, 그건 두 가지 이유에서였다.

첫째는, 쥐피앙보다도 쉽게 노하는 샤를뤼스 씨가 친구로서 가장 많이 어울리는 사람들과 까닭도 없이 사이가 틀어지고 말았다. 그들에게 가하는 첫 번째 징벌은 물론, 베르뒤랭네에서 샤를뤼스 씨가 여는 야회에 그들을 초대하지 않는 것이었다. 그런데 이렇게 초대받지 못한 이들은 흔히 이른바 일류 인사들이었는데, 샤를뤼스 씨의 눈에는 그들과 사이가 틀어진 날부터 높은 지위에서 물러난 사람들로 보였던 것이다. 그의 공상력은 그들과 사이를 두고자 멋대로 상대의 결함을 꾸며냈듯이, 친구가 아니게 되면 당장 그들한테서 모든 중요성을 떼어내는 데도 재간이 있었기 때문이다. 이를테면 죄지은 상대가 매우 유서 깊은 집안의 한 사람이지만, 다만 공작 작위가 19세기 이후에 시작된 것이라고 하자—실례를 든다면 몽테스키외 가문처럼—그러면 그다음 날부터 샤를뤼스 씨에게 중요한 것은 공작 작위가 얼마나 오래되었느냐이지, 가문 따위는 아무런 가치도 없었다. 그는 다음과 같이 외쳤다. "놈들은 공작도 아니요. 몽테스키외 수도원장의 작위가 부당히 어느 친척에게 옮겨갔을 뿐, 아직 80년도 되지 않았습니다. 지금의 공작은, 진짜 공작이라고 친다면 말입니다, 겨우 3대째죠. 위제스 가문, 트레모유 가문, 뤼인 가문 등을 보십시오. 10대째 공작, 14대째 공작입니다. 내 형만 해도 12대째 게르망트 공작이자 17대째 콩동 대공이거든요. 몽테스키외 집안은 옛 가문의 후손이라고 하는 모양인데, 혹여 그 점이 증명된들 그게 뭐가 대수랍니까? 지금은 몰락을 거듭한 끝에 맨 밑바닥으로 곤두박질쳤는데."

이와 반대로 그와 틀어진 상대가 예스런 공작성을 소유한 귀족, 어마어마한 인척 관계를 자랑하며 왕족과도 인척이긴 하나 이 위대한 영예가 순식간에 이뤄져 가문이 그다지 오래되지 않은 경우, 예를 들어 뤼인 가문 같은 경우에는 반대로 오직 가문만이 중요했다. "좀 물어보겠소만, 알베르티 씨 집안은 루이 13세 치하에 비로소 때를 벗었다는군! 궁정의 후원으로 아무 권리도 없는 공작 작위를 쌓아올릴 수 있었다고 해서, 그게 뭐 큰일이라도 된답니까?"

게다가 샤를뤼스 씨에게는 대화나 우정에서 그것이 줄 수 없는 것을 찾는 게르망트 집안 특유한 성미가 있고, 또 그 밖에 점잖지 못한 험구의 대상이 되지 않나 처음부터 끝까지 겁내는 증상이 있어서, 아무개에게 호의를 베풀고는 곧바로 상대를 내버려두었다. 그리고 그 호의가 크면 클수록 방치 정도도 심각했다. 그런데 남작이 몰레 백작부인에게 여봐란듯이 보인 친절한 마음씨에 견줄 만한 호의를 받은 이는 아무도 없었다. 혹시 백작부인이 어느 날 어쩌다가 남작에게 차가운 태도를 보임으로써 그의 호의를 받을 가치가 없음을 드러낸 걸까? 백작부인 자신은 한사코 그런 생각을 품은 적이 없었다고 딱 잘라 말했다. 하지만 아무튼 남작은 그녀 이름만 들어도 격노에 사로잡혀 무시무시한 탄핵 연설을 하기에 이르렀다. 베르뒤랭 부인은 몰레 부인에게 매우 상냥스런 접대를 받아왔으며, 또 나중에 확인할 수 있지만 그녀에게 큰 기대를 걸고 있는지라, 마님의 말마따나 백작부인이 자기 집에 와서 '프랑스와 나바라(Navarra)'*1의 가장 고귀한 이들을 만나리라는 생각에 지레 기쁘기 그지없어, 당장 '드 몰레 부인'*2을 초대하자는 말을 꺼냈다.

"허어, 별말씀을 다 꺼내십니다그려. 취미란 제각각이라더니." 샤를뤼스

---

*1 피레네 산맥 지방의 옛 왕국.

*2 드(de)는 귀족의 존호인데, 나폴레옹 치하에 생겨난 귀족인 몰레 부인에게는 그것이 없음.

씨가 대꾸했다. "만약 부인께 피플레 부인,*¹ 지부 부인, 조제프·프뤼돔 부인*²들과 담소하는 취미가 있다고 한들 누가 뭐라고 하겠습니까마는, 부디 내가 없는 밤에 그렇게 하시기 바랍니다. 나는 몇 마디만 나누고도 우리가 같은 언어를 쓰지 않는 걸 알아봤답니다. 나는 진짜 귀족의 성함을 말씀드렸는데, 부인께선 아무도 모르는 법관, 교활하고 험담 잘하는 고약스런 평민, 어쭙잖게 공작새를 흉내낸답시고 까마귀처럼 내 형수인 게르망트 공작부인의 거동을 한 옥타브나 낮게 흉내내고서 스스로 예술의 어엿한 보호자인 체하는 너절한 부인들의 이름만 꺼내십니다그려. 더욱이 내가 일부러 떼어버린 그 인물들을, 베르뒤랭 부인 댁에서 내가 개최하는 연회에 끌어들이고자 하시니 어떤 무례가 아닐는지요. 그 여자는 태생이 천한 바보에다 성실하지도 않고 재치도 없는 주제에, 어처구니없게도 게르망트 공작부인과 게르망트 대공부인 같은 분의 흉내를 낼 수 있다고 믿고 있습니다. 함께하겠다는 것 자체가 어리석은 생각이에요. 그 여자는 게르망트가의 부인들과는 정반대되는 사람이니까. 한꺼번에 라이헨베르크와 사라 베르나르가 되고자 하는 거나 마찬가지죠. 만약 모순되지 않더라도 아무튼 지독히 가소로운 생각이에요. 가끔씩 내가 공작부인의 과장된 말투에 미소 짓거나 대공부인의 편협함에 슬픈 생각이 들어도, 그건 내 권리입니다. 그러나 이 두 분은 뭐니뭐니 해도 혈통에 어울리는 비할 바 없는 품격을 몸에 늘 지니고 계시죠. 부르주아 출신인 그 조그만 개구리가 이 두 귀부인과 동등해지기 위해 몸에 잔뜩 바람을 넣으려고 하다니, 이야말로 배꼽을 쥘 일입니다. 몰레 부인이라니! 두 번 다시 입 밖에 내지 말아야 할 이름입니다. 그렇지 않으면 내가 물러날 수밖에 없구요." 남작은 엷은 미소를 지으며 덧붙였는데, 설사 병자가 뭐라고 한들 병자를 위해 동종요법(同種療法) 의사*³의 참여를 단연코 금지하는 의사의 말투였다.

한편 샤를뤼스 씨가 무시해도 괜찮다고 판단한 이들 중에는, 사실 그는 무시할 수 있어도 베르뒤랭 부인은 그럴 수 없는 사람들이 있었다. 명문 출신

---

*1 프랑스의 대중소설가인 외젠 쉬(1804~57)의 작품 《파리의 비밀》에 나오는 문지기의 마누라.
*2 두 부인 모두 통속극작가 앙리 모니에(1799~1877)의 희곡에 나오는 속물들의 마누라.
*3 환자에게 같은 증상을 일으키는 약물을 사용하여 병을 고치는 방법을 쓰는 의사.

인 샤를뤼스 씨는 상류 인사가 그다지 필요치 않았지만, 그 인사들이 한자리에 모이고 보면 베르뒤랭 부인의 살롱도 파리의 일류 살롱이 됨직했다. 그런데 베르뒤랭 부인은, 드레퓌스 사건에 대해 저지른 몇 가지 사교적인 실수로 크게 뒤처졌다는 사실을 계산에 넣지 않아도, 이미 몇 번이나 좋은 기회를 놓치고 말았다는 것을 사무치게 느끼기 시작했다. 그렇다고 드레퓌스 사건의 실수가 부인에게 도움이 되지 않은 것도 아니다. "게르망트 공작부인은 사교계에서 모든 걸 드레퓌스 사건에 종속시키는 이들, 재심파(再審派)나 재심 반대파라는 이유로 우아한 부인을 따돌리고 우아하지 못한 부인네를 받아들이는 이들을 매우 언짢게 생각했지만, 반대로 그런 사람들한테서 미온적이다, 사상이 위험하다, '조국'의 이해를 사교계의 예의범절에 종속시킨다고 비난받았음을 독자에게 이미 말했던가?" 이렇게 독자에게 물어봐도 좋겠는가? 마치 어떤 한 친구와 여러 차례 담소한 끝에 상대에게 알려줄 셈이었던 어떤 생각을 정말로 말해주었는지 스스로는 기억나지 않아 그 친구에게 물어보듯이. 그러나 내가 말했건 안 했건 그 무렵 게르망트 공작부인의 태도는 쉽게 상상할 수 있으며, 다음 시대의 사회적인 관점으로는 아주 올바르게 보일 것이다.

캉브르메르 씨는 드레퓌스 사건이 정보국을 파괴하며, 군기를 문란케 하고, 국군을 약하게 하며, 프랑스 국민을 분열시키려는, 침략 준비를 목적으로 꾸며진 외국의 음모라고 여겼다. 라 퐁텐의 몇몇 우화 말곤 문학과 담을 쌓은 캉브르메르 후작인지라, 그를 대신해서 그 아내가 무자비하게 관찰하는 문학*은, 불손한 기풍을 조성하여 드레퓌스 사건과 나란히 사회를 뒤집어엎으려 한다고 주장했다. "레나크 씨와 에르비외 씨는 한패예요." 설마 드레퓌스 사건이 사교계를 상대로 여러 가지 음험한 음모를 계획했다고 비난하지는 못하리라. 그러나 확실히 드레퓌스 사건은 사교계의 틀을 부쉈다. 정치의 사교계 침입을 원치 않는 사교계 인사들은, 정치가 군대 속으로 뚫고 들어오지 못하게 하려는 군인과 마찬가지로 앞을 내다볼 줄 아는 지혜가 있다. 사교계란 성적인 기호와 같아서, 아름다우면 그만이라는 이유로 선택을 하고 나면 어떠한 도착 상태에 이를지 모른다. 생제르맹에서는 민족주의라

---

* 졸라, 에르비외, 레나크 같은 드레퓌스파 작가를 가리킴.

는 이유로 신분이 다른 사회의 부인들을 받아들이는 관습이 생겼다. 이러한 이유는 민족주의와 함께 사라졌지만 관습만은 남았다.

그런데 베르뒤랭 부인은 드레퓌스파임을 이용하여 그녀의 집에 뛰어난 작가들, 드레퓌스파였기 때문에 얼마간 사교적으로 아무런 이용 가치가 없던 작가들을 끌어들일 수 있었다. 하지만 정치적인 정열이란 다른 정열과 마찬가지로 절대 오래 가지 못한다. 새로 등장하는 세대의 사람들에겐 아득하게 먼 옛 세대의 그런 정열이 이해되지 않는다. 이전에 그런 정열을 몸소 느낀 세대마저도 변화하여 정치적인 정열을 느끼긴 하나 그전과 꼭 들어맞지는 않아서 제명된 이들 몇몇의 명예를 회복시킨다. 제명의 이유가 변했기 때문이다. 왕정파(王政派)는 드레퓌스 사건 동안 아무개가 유대인 배척주의자나 민족주의자이기만 하면, 그가 공화파건 급진파건 교권 반대론자건 조금도 개의치 않았다. 만일 어느 날 전쟁이 일어난다면 애국심은 다른 형태를 취할 테고, 한 작가가 국수주의자라면 그가 드레퓌스파였건 아니었건 문제되지 않을 것이다. 이와 같은 정치적 위기나 예술적 혁신마다 베르뒤랭 부인은 새가 보금자리 짓듯, 당장에는 이용 가치가 없지만 앞으로 그녀의 살롱을 형성할지 모르는 요소들을 조금씩 조금씩 뜯어 모아왔다. 드레퓌스 사건은 이미 지나간 일이지만 아나톨 프랑스는 그녀 곁에 남았다. 베르뒤랭 부인의 강점은 예술에 대한 그녀의 진지한 애정, 신도를 위해 아끼지 않는 수고, 사교계의 다른 인사들을 초대하지 않고 오로지 신도만을 위해 베푸는 으리으리한 만찬회였다. 신도들은 저마다, 베르고트가 스완 부인 댁에서 받은 것과 똑같은 대우를 베르뒤랭 부인 댁에서 받았다. 이런 가까운 사람이 어느 날 사교계 인사들마저 만나러 오고 싶어할 정도로 명사가 된 뒤에도 베르뒤랭 부인 댁에 얼굴을 보이는 것은, 부인의 음식이 포텔 에 샤보(Potel et Chabot) [1]에서 마련한 공식 연회나 샤를마뉴 성자의 축연[2]의 요리와 같은 야단스러운 가식이나 군더더기는 조금도 없고, 손님 없는 날에도 똑같이 나오는 더할 나위 없는 가정 요리의 맛을 그대로 지니고 있었기 때문이다.

베르뒤랭 부인 댁에는 극 단원도 잘 훈련되어 완벽한 데다 상연 목록도 일

---

*1 파리의 일류 식당.
*2 학교의 수호성인(守護聖人)인 샤를마뉴 성자의 축일(1월 28일)에 학교 측이 우등생들을 위해 축하연을 베푸는 관습이 있음.

류였는데, 오직 관객이 없었다. 그런데 관객의 취미가 베르고트 같은 이성적이자 프랑스적인 예술에서 떠나, 특히 이국적 음악에 열중하게 된 때부터, 온 외국 예술가의 파리 주재 정식 연락원 격인 베르뒤랭 부인은 요염한 유르벨레티에프 대공부인과 나란히, 마침내 발레뤼스의 무용가들을 위해 늙은 요정 카라보스(Carabosse)*¹의—하지만 전지전능한 요정—소임을 맡게 되었다. 발레뤼스의 매력적인 침입—이 유혹에 감식력 없는 비평가들만이 항의했다—은 알다시피 파리에, 드레퓌스 사건만큼 날카롭진 않으나 더욱 순수하고 심미적인, 그러나 비슷하게 강하고 격한 호기심을 불러일으켰다. 여기서도 베르뒤랭 부인은, 사교적인 의미의 결과는 전혀 다르지만, 역시 첫 줄을 차지하게 되었다. 전에 중죄 재판소 법정에서 판사석 바로 밑에 졸라 부인과 나란히 앉은 그녀의 모습을 보았던 것처럼, 발레뤼스에 갈채를 보내는 새 시대의 사람들이 앞다퉈 오페라 극장에 몰려들었을 때, 늘 2층 칸막이 일등석에 처음 보는 깃털 장식을 달고 유르벨레티에프 대공부인과 나란히 앉아 있는 베르뒤랭 부인의 모습이 눈에 띄었다. 이전에 재판소에서 흥분한 뒤, 저녁에 피카르와 라보리를 가까이 보고, 특히 최신 소식을 듣고 쥐를랭당(Zurlinden)*²이나 루베(Loubet)나 주오(Jouaust)*³에게 뭘 기대할 수 있는지 알려고 베르뒤랭 부인 댁에 모이던 때처럼, 이제는 〈셰에라자드〉나 〈이고르 공(公)(Prince Igor)〉*⁴의 무용에 크게 감동한 나머지 잠자러 갈 생각이 통 나지 않는 이들은 베르뒤랭 부인 댁으로 갔다. 그곳에는 유르벨레티에프 대공부인과 마님이 주관하는 최고의 밤참이 준비되어 있었고, 날렵하게 춤추기 위해 아직 저녁 식사를 하지 않은 무용가들, 연출가들과 무대장치가들, 이고르 스트라빈스키나 리하르트 슈트라우스 같은 대작곡가들이 매일같이 모여 있었으며, 또한 엘베시우스*⁵ 부부의 밤참 때처럼 파리 최고의 귀부인들과 외국의 비전하(妃殿下)들도 이 변함없는 작은 동아리 주위에 섞이는 걸 기뻐했다. 사교계 인사들 가운데 감식력을 공공연히 내세우는 무리와 같은 발레

---

*1 지팡이에서 저주받은 운명을 뿜어낸다는 추악한 늙은 꼽추 요정.

*2 드레퓌스 사건 때 육군 장관.

*3 드레퓌스파 판사.

*4 러시아의 작곡가 알렉산드로 보로딘(1833~87)의 오페라 발레곡.

*5 프랑스 계몽기의 철학자(1715~71), 백과전서파의 한 사람, 그 부인의 살롱이 이름남.

뤼스 사이에 쓸데없는 차별을 붙인 〈레실피드(Les Sylphides)〉*¹의 연출은 〈셰에라자드〉보다 어딘가 '세련된' 맛이 있는데 아마 흑인 예술에서 따왔나 봐 하고 입 밖에 낼 법한 무리도, 회화에 비해 좀 꾸민 듯 보일지 모르는 이 발레라는 양식에서 회화의 인상주의와 똑같은 근본적 변혁을 이룩한 이들, 인간의 취미와 연극을 송두리째 바꾼 위대한 개혁자들을 가까이 보고서 황홀해했다.

한편, 만약 샤를뤼스 씨가 봉탕 부인만 따돌렸다면 베르뒤랭 부인도 그리 괴롭지는 않았을 것이다(그녀는 예술 애호가인 봉탕 부인을 오데트네 집에서 알게 되어, 드레퓌스 사건 중 봉탕 부인이 남편과 함께 몇 번 만찬에 온 적이 있었다. 그 남편이 드레퓌스의 재심을 요구하지 않아 베르뒤랭 부인은 그를 물에 물 탄 듯한 인간이라고 폄하했지만, 실은 매우 총명하여 모든 당파와 내통하기 좋아하는 사내였다. 라보리와 만찬을 함께함으로써 자기 자주성을 여봐란듯이 드러내며 흐뭇해하고, 또 라보리의 말을 귀담아들으면서도 위험한 말은 한 마디도 입 밖에 내지 않았으며, 오로지 온당파에서 인정하는 조레스(Jean Jaurés)*²의 성실함에 대한 찬사를 그럴듯한 대목에 끼워넣는 인물이었다). 그런데 남작은 봉탕 부인과 더불어, 베르뒤랭 부인이 최근 엄숙한 음악회나 전람회나 자선사업회 같은 기회에 사귄 귀족계급의 부인들, 샤를뤼스 씨가 어떻게 생각하든 베르뒤랭 부인 댁의 새로운 중추, 귀족의 핵심을 이루는 데 샤를뤼스 씨보다 훨씬 더 본질적인 요소가 될 성싶은 부인 몇 사람마저 배척해버렸다. 베르뒤랭 부인은 이번 야회야말로 자신의 새 벗들을 샤를뤼스 씨가 데려오는 같은 사회의 부인들에게 합류시킬 절호의 기회라고 보고, 새 벗들이 콩티 강둑에서 남작에게 초대된 자기 벗이나 친척을 만나 깜짝 놀라는 모습을 상상하며 지레 기뻐했었다. 그러나 남작의 금지령에 부인은 실망도 했으려니와 화도 머리끝까지 치밀었다. 그리고 이런 조건에서 열리는 야회가 자기에게 이득이 될지 손실이 될지가 문제였다. 적어도 샤를뤼스 씨가 초대한 부인들이 자기에게 진심으로 호의를 갖고 참가해주어 앞으로 친구 사이가 된다면 손실은 대단치 않을 것이다. 그렇게 되면 손해가 반으로 줄어, 언젠가는 남작이 외따로 떼어놓고 싶어한 귀족 사교

---

*1 쇼팽 작곡의 발레곡.
*2 프랑스 사회당의 창립자(1859~1914). 공명정대하기로 유명한 인물로 드레퓌스파로 활약, 제1차 세계대전 직전에 국수주의자의 손에 암살됨.

계의 두 무리를 한곳에 모을 수 있으리라. 그날 밤에는 물론 남작을 따돌려야겠지만. 이러한 이유로 베르뒤랭 부인은 남작이 초대한 부인들을 가슴 두근대며 기다렸다. 부인들의 심사며, 앞으로 자기가 기대하는 그 부인들과의 관계를 머지않아 알게 될 것이다. 베르뒤랭 부인은 그때를 기다리며 신도들과 이것저것 의논하고 있었는데, 샤를뤼스 씨가 브리쇼와 나를 데리고 들어오는 걸 보고 말을 뚝 그쳤다.

브리쇼가, 부인의 벗인 셰르바토프 대공부인께서 위독하다고 들어 슬픔을 금치 못한다고 말하자 놀랍게도 베르뒤랭 부인은 이렇게 대꾸했다. "그래도 나는 솔직히 말해서 털끝만큼도 슬프지 않아요. 마음에도 없는 감정을 뭐 하려고 있는 체하겠어요." 아마 부인이 이렇게 말한 이유는 점점 기력이 빠져, 손님들을 응접하는 동안 슬픈 얼굴을 해야 한다는 생각만으로도 진저리가 났기 때문일 것이다. 또는 자존심에서, 오늘 밤 모임을 취소하지 않은 구구한 변명을 늘어놓는 듯한 모습을 보이고 싶지 않았을 수도 있다. 한편으로는 체면을 차리기 위한 교묘한 솜씨인지도 모른다. 부인이 나타낸 슬픔의 결여가 대공부인에 대한 특수한 반감이 갑자기 드러난 탓이라고 여기는 게 누구에게나 무감각한 것보다 훨씬 낫고, 또 이처럼 의심할 여지없는 솔직함엔 아무도 꼼짝할 수 없기 때문이다. '베르뒤랭 부인은 대공부인의 죽음에 정말 관심 없나 봐. 그렇지 않고서야 고작 손님을 맞이하는 변명으로 그것보다 훨씬 더 중대한 결점을 스스로 덮어쓸 리가 없지.' 온 손님들은 이렇게 생각한다.

그러나 이때 베르뒤랭 부인이 슬프다고 말한다면, 그건 동시에 즐거움을 단념할 용기가 없다는 고백임을 손님들은 잊고 있다. 그런데 인정 없는 친구로 보이면, 말과 행동이 신중하지 못하고 가벼운 안주인으로 여겨지는 것보다 더 불쾌하고 부도덕한 일이기는 하나, 덜 수치스러우며, 따라서 더 쉽게 고백할 수 있는 것이다. 범죄의 경우, 범인의 위험은 스스로 고백하면 유리할 줄 알고 죄를 스스로 고백하는 데에 있다. 그런데 형벌 없는 과실의 위험은 자존심에 있다. 베르뒤랭 부인은 슬픔 때문에 즐거운 생활을 멈추고 싶지 않아 흔히들 꾸며대는 핑계, 마음속에 있는 애도의 뜻을 겉으로 드러낸들 부질없다고 입버릇처럼 말하는 그 핑계가 아주 낡은 거라고 생각하여, 영리한 범인들(무죄를 주장하는 상투적인 문구도 싫어, 혹여 비난받을 짓을 했대도 나는 조금도 나쁜 짓으로 생각하지 않았을 테지만, 하기야 우연히 그런 짓을 할 기회가 없었다는 말로 무의식중에 반쯤 털어놓는 변명을 늘어놓는다)을 흉내내는 편이 낫다고 생각했던 걸까. 또는 자기 행동에 대한 설명으로 대공부인한테 무관심하다는 주장을 채택하고 말았으므로, 그 고약한 감정의 비탈을 미끄러져 내리기 시작하자, 그러한 감정을 품는 데 어떤 색다른 견해가 있고 그러한 감정을 꿰뚫어보는 데 희한한 슬기가 있으며, 또 그러한 감정을 공언하는 데 어떤 '뱃심'이 있다고 생각했던 것일까.

아무튼 베르뒤랭 부인은 자기에게는 고통이 부족하다고 끝까지 우겼는데, 거기엔 역설적인 심리 분석가나 대담한 극작가와도 같은 어떤 자랑스러운 만족감마저 느껴졌다. "그래요. 참 이상하지만, 그 소식을 듣고도 나 거의 아무렇지 않았거든요. 그야 그분이 살아 계시면 좋죠. 나쁜 분은 아니었으니까요."—"나쁘지." 베르뒤랭 씨가 가로막았다. "바깥주인은 그분을 싫어하세요. 내가 그분을 접대하는 게 나에게 해롭다고 생각하거든요. 하지만 그런 선입견에 이이는 눈이 먼 거예요."—"나는 말이요, 그분과의 교제에 한 번도 찬성한 적이 없었으니, 이 옳음은 인정해야지. 당신에게 늘 말해왔잖아, 나쁜 소문이 자자한 사람이라고."—"그렇지만 난 그런 소문을 전혀 듣지 못했는데요." 사니에트가 대답했다. "뭐라구요?" 베르뒤랭 부인이 외쳤다. "다 아는 얘기인걸요. 나쁜 소문이라기보단, 수치스럽고 명예롭지 못한 소문이죠. 아무렴요. 그러나 그 탓이 아니랍니다. 나도 내 마음을 뭐라고 설명해야 좋을지 모르겠지만, 그분을 싫어하지는 않았어요. 뭐라고 할까, 관심이 거의 없어서 그분이 매우 위독하다고 들었을 때 바깥주인마저 깜짝 놀라, 나한테 '당신은 마치 아무렇지 않은 것 같구려' 말씀하셨답니다. 오늘 저녁 모임도 이이는 연습을 취소하는 게 어떻겠느냐고 했지만, 나는 무슨 일이 있어도 꼭 하겠다고 우겼답니다. 느끼지도 않는 슬픔을 나타내다니, 그건 희극이니까요."

부인은 이렇게 말하는 것을 '자유 극장'*풍으로 신기하게 여겼거니와 무엇보다 아주 편리했다. 무신경하다고, 부도덕하다고 털어놓고 나면, 엉성한 도덕을 공언하는 것과 마찬가지로 삶이 단순해지기 때문이다. 비난받을 행동을 해도 성실함에 대한 의무로서 핑계를 찾을 필요조차 없다. 신도들은 잔혹

---

* 앙투안(A. Antoine. 1858~1943)의 노력으로 1885년에서 1896년까지 활동한 극단. 철저한 현실주의를 추구함.

하고 현실적인 희곡, 노골적으로 관찰하는 희곡이 일으킨 존경심과 불쾌감이 섞인 기분으로 베르뒤랭 부인의 말에 귀를 기울이고 있었다. 신도들 대부분은 그들이 사랑해 마지않는 부인이 새로운 형태의 공정성과 자주성을 보여준 데 경탄하면서, 또 아무튼 자기의 경우는 그렇지 않겠거니 생각하면서도 자기 죽음이 머리에 떠올라, 언젠가 그런 날이 오면 콩티 강둑에서 목놓아 슬피 울어줄지 아니면 야회를 그대로 열지 마음속으로 물어보는 것이었다. "야회가 취소되지 않아 나는 정말 만족합니다. 내가 초대한 분들이 계시니까요." 샤를뤼스 씨가 말했다. 그는 이 말로 베르뒤랭 부인의 마음을 언짢게 한 걸 깨닫지 못했다.

그러는 동안에 나는 이날 밤 베르뒤랭 부인 곁으로 가까이 간 사람이라면 누구나 느꼈을 고약한 고메놀(goménol)* 냄새를 어지간히 맡았다. 그 까닭은 다음과 같다. 알다시피 베르뒤랭 부인은 예술적인 감동을 절대 정신적으로 표현하지 않고, 그 감동을 더욱 피할 수 없는 깊은 것으로 보이고자 육체적으로 나타내곤 했다. 그런데 부인이 가장 좋아하는 뱅퇴유의 음악 얘기를 건네도, 그녀는 마치 그 음악에 아무 감동도 기대하지 않는 듯 태연했다. 그러나 몇 분 동안 거의 얼빠진 눈길로 꼼짝도 않고 있다가, 명확하고 실제적이며 거의 예의를 벗어난 말투로 마치 '담배를 피우셔도 상관없지만 양탄자가 있어서요. 매우 아름다운 것이긴 하지만 그래도 괜찮아요. 다만 이 양탄자는 아주 잘 타는 재질이라 불이 겁난답니다. 당신이 제대로 끄지 않은 담배꽁초를 바닥에 떨어뜨리는 바람에 여러분을 모두 까맣게 태우기라도 하면 큰일이니까요' 말하는 듯이 대답했다. 뱅퇴유에 대해서도 이와 마찬가지였다. 누가 그녀에게 뱅퇴유에 대해 말을 건네도, 그녀는 아무런 찬탄의 말조차 입 밖에 내지 않았지만 좀 지나서 차가운 말투로, 오늘 밤 뱅퇴유의 작품을 연주하게 되어 유감스럽다는 의향을 비쳤다.

"나는 뱅퇴유에게 아무 원한도 없어요. 내 생각에 그분은 현대의 가장 위대한 작곡가죠. 그분의 음악을 들으면 하염없이 울음이 나와버려요(그녀의 '울음이 나온다'는 말에는 비장한 가락이 전혀 없어서, 마치 '잠들어버린다'고 말할 때처럼 자연스러웠다. '잠들어버린다'는 동사 쪽이 한결 진실에 가

---

* 비염 치료를 위해 콧속에 바르는 약.

까울 거라고 어떤 말버릇 고약한 이들이 주장했지만, 아무도 확신할 수는 없었다. 그녀가 손안에 얼굴을 파묻고 음악을 들어서, 드르렁 코고는 듯한 소리가 어쩌면 흐느껴 우는 소리인지도 몰랐기 때문이다). 울음이 나오는 것이 싫은 게 아니에요. 울라면 얼마든지 울 수 있어요. 다만 나중에 지독한 코감기에 걸려 점막이 충혈되고 말아 48시간 뒤에는 술 취한 할멈 꼴이 되고, 목청이 제 기능을 되찾으려면 며칠 동안 수증기를 들이마셔야 한답니다. 그래서 결국 코타르의 제자분이……"—"참, 그 말씀인데, 애도의 뜻을 표하는 걸 까맣게 잊었군요. 불쌍하게도 그 선생이 그렇게 갑자기 세상을 떠날 줄이야!"*—"그렇죠. 그러나 어쩔 수 없는 일이에요. 누구나 다 그렇듯 그분도 돌아가셨을 뿐인걸요. 많은 사람을 죽였으니까 이젠 자기 자신에게 죽음의 창끝을 돌릴 차례였나 보죠. 그래서 지금 말한 바와 같이 코타르의 제자 가운데 한 분—훌륭한 분이셨어요—이 나를 진찰해주셨답니다. 그분은 '치료보다 예방이 낫다'는 어지간히 별난 원칙을 주장하는 분이랍니다. 그래서 음악이 시작되기 전에 코에 약을 발라주셨는데 정말 효과 만점이에요. 자식을 잃은 어머니의 몇 명 몫을 울어도 코감기 하나 걸리지 않게 됐답니다. 때때로 가벼운 결막염이 생기기도 하지만 치료 효과가 바로 나타나요. 그렇지 않으면 뱅퇴유의 음악을 계속 듣지 못했을 거예요. 전에는 기관지염이 나을 만하면 또 도지곤 했거든요."

나는 뱅퇴유 아가씨의 얘기를 꺼내지 않고는 더 이상 견딜 수가 없었다. "작곡가의 따님은 안 오셨나요?" 나는 베르뒤랭 부인에게 물었다. "그분의 친구는요?"—"안 오셨어요. 마침 전보를 막 받은 터예요." 베르뒤랭 부인이 내게 어물어물 말했다. "두 분 다 시골에 그대로 있어야 할 일이 생겼다네요." 나는 순간, 뱅퇴유 아가씨 일행이 어쩌면 처음부터 올 리가 없었으며, 베르뒤랭 부인이 연주자와 청중에게 자극을 주기 위해 작곡가의 유족이 온다고 말했던 게 아닐까 생각했다. "아니 그럼, 그 두 분은 오후 연습 때에도 오지 않았습니까?" 남작이 샤를리를 만나지 않은 체하려고 일부러 이상하다는 듯이 물었다. 그 샤를리가 내게 와서 인사했다. 나는 그의 귀에다 대고, 뱅퇴유 아가씨가 오지 않은 이유를 물어보았다. 그는 아무것도 모르는 듯했

---

* 코타르는 나중에도 등장함—플레이아드판 주.

다. 나는 큰 소리로 말하지 말라는 시늉을 하고, 나중에 다시 얘기하자고 알렸다. 그는 기꺼이 도움이 되겠다고 약속하며 고개를 숙였다. 나는 그가 전보다 예의 바르고 정중해졌음을 알아챘다. 내가 어쩌면 내 의혹을 밝히는 데 도움이 될지도 모르는 샤를리를 칭찬하자, 샤를뤼스 씨는 이렇게 말했다. "녀석은 마땅히 취해야 할 행동을 하고 있을 뿐이지. 버릇없는 태도를 몸에 익힐 바에야 훌륭한 분들과 함께 살 필요가 없으니까."

샤를뤼스 씨의 의견에 따르면, 좋은 예의범절이란 영국풍의 뻣뻣함이 한 점도 없는 옛 프랑스식 예의범절이었다. 그러므로 샤를리가 지방이나 외국 연주 여행에서 돌아와 짐도 풀지 않고 남작 집에 도착할 경우, 별로 보는 눈이 많지 않으면 남작은 느닷없이 그의 두 뺨에 입맞추었다. 아마도 이와 같이 노골적으로 애정을 보임으로써, 이런 행동이 죄일지도 모른다는 생각을 남김없이 떨치려는 뜻도 좀 있을지 모르고, 자기 즐거움을 마다하지 않기 위함인지도 모른다. 그러나 그보다도 오히려 문예 취미 때문에, 또 프랑스의 예스러운 관례를 지키고 이름이나 지위 따위를 세상에 높이 드러내려는 마음 때문일 것이다. 이를테면 증조할머니의 낡은 안락의자를 소중히 간직해 뮌헨 양식이나 모던 양식에 항의하듯이, 아들을 맞이하는 기쁨을 구태여 숨기려 않는 18세기의 다감한 아버지의 애정을 내세워 영국풍의 태연스러움에 대항한 게 틀림없으리라. 이와 같은 부성애 속에 결국 근친상간이 얼마쯤 포함되어 있지 않았을까? 샤를뤼스 씨가 평소에 그 악습을 만족시키는 방법—그 방법에 대해서는 나중에 얼마간 밝혀지겠지만—만으론 아내의 죽음 이래 텅 비어 있던 애정의 욕구를 채우기에 부족했다. 아무튼 그는 여러 번 재혼을 생각한 끝에 지금은 양자를 두고 싶다는 괴벽스런 욕망에 시달렸으며, 주위 사람들 중에는 그 상대가 샤를리는 아닐까 걱정하는 이도 있었다. 그것은 조금도 이상할 바가 없는 일이다. 여성을 사랑하는 정상적인 남성을 위해서 쓰인 문학을 통해서만 정열을 키울 수 있었던 성도착자, 뮈세의 〈밤(les Nuits)〉*을 읽고서 남성을 생각하는 성도착자는 마찬가지로, 정상적인 남성의 온갖 사회적인 기능 속에 들어가고 싶어하여 오페라 극장의 오랜 고객이 무희를 거느리듯이 남성 애인을 거느리고 살다 정착하여 결혼하거나, 남성

---

* 조르주 상드와의 슬픈 사랑을 노래한 시편.

과 동거하며 아버지가 되고 싶은 욕구를 느끼기 마련이다.

샤를뤼스 씨는 이제부터 연주할 곡을 설명해달라는 핑계로 모렐과 함께 한쪽으로 갔는데, 특히 모렐이 그에게 악보를 보이는 동안 이렇게 공공연하게 그들의 비밀스런 친밀을 자랑삼아 보이는 것에 크나큰 평온을 느끼고 있는 듯했다. 그러는 동안 나도 황홀해하고 있었다. 작은 동아리에는 젊은 아가씨가 별로 없었으나, 그 대신 큰 야회날에는 수많은 아가씨가 초대되었기 때문이다. 내가 아는 아가씨들, 뛰어나게 아름다운 아가씨도 몇몇 있었다. 그녀들은 멀리서 나한테 환영의 미소를 보내왔다. 주위의 공기는 시시각각 아가씨들의 아름다운 미소로 장식되었다. 낮과 밤을 듬성듬성 색칠하는 헤아릴 수 없는 장식이었다. 인간이 어떤 분위기를 기억하는 것은 젊은 아가씨들이 거기서 미소 지었기 때문이다.

그런데 샤를뤼스 씨가 이 야회에 참석한 몇몇 명사들과 나눈 은밀한 얘기를 우연히 들은 이가 있다면 아마 놀라 자빠졌을 것이다. 그 명사들이란 두 공작, 유명한 장군, 아무개 대작가, 고명한 의사, 이름난 변호사였다. 그 얘기는 다음과 같다. "그런데 알고 계신지. 그 하인, 아니 내가 말하는 사람은 마차에 타는 녀석 쪽인데⋯⋯. 댁의 사촌 게르망트네에서, 혹시 아무것도 모르시나?"—"아무것도 모르는데요."—"그럴 리가. 그 어귀, 마차가 드나드는 문 앞에 짧은 바지를 입은 금발 녀석이 있었는데, 그 녀석 내 마음에 쏙 들었단 말씀입니다. 아주 얌전하게 내 마차를 불러주더군요. 더 길게 이야기를 나누고 싶을 정도였죠."—"아아 그 녀석 말이군요. 그러나 매몰차게 거절당할 겁니다. 게다가 도도한 녀석이죠. 당신은 한 번에 성공하길 원하는 성미니까, 아마 진력날 거요. 게다가 그 녀석한테는 별수 없다는 것도 알죠. 내 친구 하나가 시도해봤거든요."—"그거 유감이군요. 옆모습이 수려하고 머리칼이 눈부시던데."—"정말 그렇게 좋게 보셨나요? 좀더 자세히 보았더라면 환멸을 느꼈을 거라고 생각합니다만. 아니, 두 달 전만 해도 이 식당에 진짜 아주 뛰어난 물건이 있었는데. 키가 2미터나 되는 대장부로, 살갗이 이상적이고 게다가 그것도 좋아했거든요. 그런데 폴란드로 떠나버렸죠."—"허어! 거긴 좀 먼데."—"누가 압니까? 녀석이 돌아올지. 이 세상에는 반드시 재회라는 게 있으니까요." 사교계의 대야회란 그 깊은 곳의 단면을 잘라낼 수 있는 사람에게는, 의사가 미친 환자들을 초대한 야회와 다를 게 하나도 없다. 환자들은 더할 나위 없이 정상적인 얘기를 주고받으며 몸가짐이 훌륭하여, 앞에 지나가는 노인을 가리키면서 '저이가 잔 다르크입니다'라고 귀에다 속삭일 때만 미친 사람으로 보이는 법이다.

"그 사람을 계몽하는 게 우리 의무라고 생각해요." 베르뒤랭 부인이 브리쇼에게 말했다. "나는 샤를뤼스에게 맞서려고 이러는 게 아니에요. 그 반대죠. 그이는 인상이 좋은 분이고, 그분에 대한 소문도 나의 명예를 해치는 종류가 아닌걸요! 나는 말입니다. 우리의 작은 동아리나 우리끼리만 담소하는 만찬을 생각하면, 부인들에게 들러붙거나, 흥미진진한 얘기도 하지 않고 구석에서 여인에게 하찮은 얘기만 늘어놓는 남자분들이 진저리나요. 그래도 샤를뤼스 씨라면, 스완이나 엘스티르, 그 밖의 분들에게 일어난 일을 조금도 걱정할 필요가 없었답니다. 그분이라면 안심이었어요. 그분이 내 집의 저녁 식사에 오실 때는 사교계의 쟁쟁한 부인들이 다 와 있어도, 환심을 사려는 말이나 행동으로 여러분의 담소를 방해할 리가 절대로 없다는 사실을 알고 있었으니까요. 샤를뤼스 씨는 신부를 대할 때처럼 특별해서 안심이죠. 다만 이곳에 오는 젊은이들에게 좋지 않은 것을 가르치거나, 우리의 작은 핵심을 혼란시키진 말라는 거예요. 그렇지 않으면 여성의 꽁무니나 따라다니는 남자보다 더 고약할지 모르니까요." 베르뒤랭 부인은 진심으로 샤를뤼스 씨에 대한 자신의 관대함을 이와 같이 선언했다. 모든 교회 권력이 다 그렇듯, 부인은 인간적인 약점에 대해서는 크게 신경 쓰지 않았지만, 제 작은 성당에서 권위의 원칙을 약화시키고 전통을 해치며 지금까지의 신조를 바꿔버릴지도 모르는 말과 행동은 예삿일이 아니라고 판단하고 있었다. "그렇지 않으면 나도 맞서야죠. 자기가 초대받지 못했다고 해서 샤를리가 연습에 오는 걸 방해하다니, 뭐 그런 분이 다 있담. 따끔하게 충고를 해야죠. 한마디로 충분한 효과가 나면 좋을 테지만, 안 그러면 그분께 정중히 물러가달라고 할 수밖에요. 그분은 정말 그렇게 오랫동안 샤를리를 방 안에 가둬두기도 하네요." 화자가 제아무리 자기 생각을 자유로이 표현한다고 생각해도 어떤 특수한 화제나 상황에 처하면 거의 필연적으로 평소 쓰지 않는 표현이 기억에 흘러넘쳐, 누구나 배운 내용을 무의식중에 그대로 외는 데 지나지 않는 때가 있기 마련이므로, 베르뒤랭 부인도 거의 누구나 다 입에 담는 것과 똑같은 표현을 써서 이렇게 덧붙였다. "이제는 그 험상궂은 사내가 호위병처럼 샤를리에게 딱 붙어 다니지 뭐예요." 베르뒤랭 씨는 샤를리에게 물어볼 게 있다는 핑계로 그를 잠깐 데리고 나가 말해보겠다고 제안했다. 베르뒤랭 부인은 샤를리가 마음이 혼란스러워져 연주를 망칠까 봐 두려웠다. "그 일은 연주가 끝날 때까지 미루는 게 좋겠어요. 아니, 아주 다른 기회에 하는 게 낫겠죠." 부인은 남편이 옆방에서 샤를리를 계몽하는 중이라는 걸 알 때 느낄 감미로운 설렘을 바라면서도, 혹시 그게 실패로 돌아가 샤를리가 화를 내고 16일 모임을 내팽개치지나 않을까 걱정되었던 것이다.

그날 밤 샤를뤼스 씨를 파멸로 몰아간 것은, 그에게 초대받아 하나 둘 도착하기 시작한 이들의 무례함—이 사교계에서 자주 볼 수 있는 무례함—이었다. 샤를뤼스 씨에 대한 우정과, 이런 장소에 와보고 싶은 호기심에 끌려온 공작부인들은 저마다 야회의 주인이 남작이기나 한 듯 곧장 그에게로 다가갔고, 베르뒤랭 부부의 귀에 모두 들릴 겨우 한 걸음 남짓한 거리에서 나에게 말했다. "베르뒤랭 할멈이라는 분이 어디 있는지 가르쳐줘요. 내가 꼭 소개받아야 한다고 생각하세요? 내일 신문에 내 이름을 내지 않았으면 좋겠는데. 그 때문에 친척들과 사이가 나빠질 수도 있으니까요. 뭐라고요, 저 머리칼이 흰 여인이? 그래도 그리 흉한 생김새는 아니군요." 그런가 하면 그녀가 와 있지 않은데도 뱅퇴유 아가씨에 대한 얘기를 듣고서 공작부인들 가운데 몇몇이 내게 물었다. "아아, 그 소나타의 따님 말인가요? 가르쳐줘요. 어느 분이세요?" 그리고 아는 낯을 여럿 발견한 그녀들은 따로 무리를 짓고 야릇한 호기심에 오도깝스럽게 신도들의 입장을 살펴보고 있다가, 어느 여인의 좀 별난 모자—몇 년 뒤 이 모자는 사교계에서 유행하게 되었다—를 서로 손가락질해 보이는 게 고작이었는데, 결국 기대한 만큼 이 살롱도 그녀들이 알고 있는 여느 살롱과 다르지 않음을 유감으로 생각했다. 마치 브뤼앙(Aristide Bruant)*에게 욕지거리 듣기를 기대하면서 그가 노래 부르는 주점으로 찾아간 사교계 인사가 주점에 들어서자, 기대한 후렴인 '보게나 저 낯짝, 저 상통, 보게나 저 손님의 얼굴' 대신에 더할 나위 없이 예절 바른 인사로 접대받는 때와 같은 실망을 느꼈던 것이다.

샤를뤼스 씨는 발베크에 있을 적에 내 앞에서, 매우 영리하여 남편에게 뜻

---

* 프랑스의 샹송가수·작곡가(1851~1925). 파리 하층민의 삶을 노래하여 몽마르트에서 인기를 끎.

하지 않은 행운을 가져다주었음에도, 나중에 남편이 총애를 잃는 돌이킬 수 없는 원인이 되고 만 보구베르 부인을 신랄하게 비평한 일이 있었다. 보구베르 씨를 두텁게 신뢰했던 테오도시우스 왕과 외독시 왕비가 다시금 파리를 방문해, 이번에는 얼마쯤 머무를 예정이어서 그 때문에 여러 날 계속해 연회가 열렸다. 왕비로 말하자면 보구베르 부인과는 10년 동안 본국의 수도에서 사귀어온 사이며, 대통령 부인이나 장관 부인들과는 안면이 없는지라, 연회 동안 이런 부인들과 어울리지 않고 대사부인*과 둘이서만 지내곤 했다. 보구베르 부인은 남편이 테오도시우스 왕과 프랑스의 동맹을 체결한 공로자이므로 자기 지위도 튼튼한 줄 여겨, 왕비의 호의에 완전히 우쭐해서 자기를 위협하는 위험에 대해서는 아무런 불안도 갖지 않았다. 그 위험은 지나치게 자신만만한 대사 부부에게는 있을 수 없는 부당한 처사라고 생각했지만, 몇 달 뒤에 돌연 보구베르 씨가 자리에서 물러나는 사건으로 이루어졌다. 샤를뤼스 씨는 '시골 기차' 안에서 죽마고우의 실각을 설명하며, 그토록 영리한 부인이건만 왕 부부에 대한 영향력을 최대한으로 이용하여 자기가 아무 영향력도 갖고 있지 않은 것처럼 꾸미고 왕 부부의 호의가 대통령 부인과 장관 부인들에게 가도록 할 뿐 아니라, 그 호의가 보구베르 부부가 일러주어서 그런 게 아니라 자발적인 것으로 믿게 했다면, 그만큼 더 부인들이 만족하여 보구베르 부부에게도 감사해 마지않았을 것을, 왜 그렇게 하지 않았을까 머리를 갸우뚱했었다.

그런데 남의 잘못을 알아보는 이도 상황에 따라 좀 분별이 없어지면, 흔히 같은 잘못을 저지르게 마련이다. 샤를뤼스 씨도 마치 자기가 집주인인 양 그가 초대한 이들이 줄지어 와서는 그에게 인사하며 감사의 말을 하는 동안, 그들에게 베르뒤랭 부인한테도 몇 마디 건네라는 부탁을 미처 하지 못한 것이다. 단 한 사람, 자매지간인 엘리자베트 황후나 알랑송 공작부인과 똑같이 고귀한 피가 흐르는 나폴리 왕비만이 자기가 이곳에 온 건 베르뒤랭 부인을 만나는 기쁨 때문이지, 음악 때문도 샤를뤼스 씨 때문도 아니라는 듯 베르뒤랭 부인과 담소하기 시작해, 안주인에게 여러 번 인사를 건네고, 오래전부터 아는 사이가 되고 싶었다고 되풀이하며, 저택을 치하하고, 일부러 찾아온 듯

---

* 보구베르 부인을 말함.

이 수많은 수다를 늘어놓았다. 나폴리 왕비는 조카딸인 엘리자베트(얼마 지나지 않아 벨기에의 알베르 왕자와 결혼한 분)를 꼭 데려오고 싶었는데, 나중에 그 애가 얼마나 섭섭해할까! 하고 말했다.

음악가들이 무대 위에 앉는 것을 보자 그녀는 이야기를 그치고 누가 모렐이냐고 물었다. 이 젊은 음악의 대가를 이토록 큰 영광으로 싸고 싶어하는 샤를뤼스 씨의 본디 목적에 대해 그녀가 착각할 리가 없었다. 그러나 역사상 가장 고귀한 혈통, 가장 풍부한 경험, 회의주의와 자랑을 지닌 피가 몸 안에 흐르는 왕비의 노련한 슬기는, 사촌동생인(그녀와 마찬가지로 바이에른의 한 공작부인의 소생인) 샤를뤼스 씨같이 그녀가 가장 좋아하는 이들이 갖는 피할 수 없는 결점을 한낱 불운한 숙명으로 생각했던 것이다. 이런 불운 때문에 그들에게는 왕비의 지지가 더욱 귀중했고, 따라서 왕비로서도 그들을 지지하는 일에 더욱 큰 기쁨을 느꼈다. 그녀는 이와 같은 곳에 몸소 나와준 데 샤를뤼스 씨가 두 배로 감동하리라는 걸 알고 있었다. 과거에 군인 왕비로서 가에타(Gaeta)*의 성벽 위에서 손수 총을 잡은 영웅적인 여성이긴 했으나, 이전에 보인 그 용감함에 지지 않을 정도로 마음씨가 착해 언제나 기사도에 따라 약자 편을 들던 나폴리 왕비는, 베르뒤랭 부인이 홀로 따돌림을 당하는 것을 보고—하기야 부인은 왕비의 곁을 떠나지 말아야 하는 기본조차 모르고 있었다—이 야회의 중심이자 자기를 움직인 매력의 초점이 베르뒤랭 부인인 것처럼 행동하려고 했던 것이다. 왕비는 거의 외출하지 않으면서도, 오늘 밤에는 또 다른 야회에 가야 해서 끝까지 머무르지 못하는 점을 수없이 사과하고, 또한 자리를 떠날 때 자기 때문에 일부러 일어서지 말라고 당부함으로써, 왕비에게 그와 같은 예의를 지켜야 하는지도 모르는 베르뒤랭 부인의 부담을 덜어주려고 했다.

그렇지만 샤를뤼스 씨가 잘한 일은 인정해야겠다. 그는 베르뒤랭 부인의 존재를 아주 잊어버린 동시에, 그가 초대한 '자기 사교계'의 이들에게도 부인을 잊게 하여 비난을 받았음에도, 이 '음악 행사' 자체에 대해서는 그들이 안주인에게 취하는 무례를 눈감아주지 않았다. 이미 모렐이 단상에 올라 있고 다른 연주자들도 모였는데, 아직 이야기 소리나 웃음소리마저 들리고

---

* 이탈리아의 도시.

"가르쳐주지 않으면 알아채지 못하나 봐요"라는 속삭임 따위가 들려오자, 샤를뤼스 씨는 곧장, 조금 전에 베르뒤랭 부인 댁에 느릿느릿 도착한 몸과는 아주 딴판으로 몸을 뒤로 젖히고 예언자 같은 표정을 지으며 지금은 웃고 떠들 때가 아니라고 말하듯이 엄한 눈초리로 사람들을 노려보았다. 그 매서운 눈초리에 많은 부인들이 수업 중에 선생한테 잘못을 들킨 학생처럼 얼굴을 확 붉혔다. 샤를뤼스 씨의 태도는 매우 당당했지만, 내 눈에는 어딘지 모르게 익살스럽게 보였다. 왜냐하면 불꽃이 튀는 눈초리로 손님들을 위압하는가 싶더니, 지금은 경건한 침묵을 지켜 온갖 사교적 배려를 버려야 한다는 것을 '안내서'처럼 그들에게 보이려고 흰 장갑 낀 손을 고운 이마에 올려, 진지하게 벌써 황홀 상태에 들어간 본보기(모두가 다 그 모습을 따라해야 한다)를 몸소 보이느라, 늦게 온 손님들이나 지금이 위대한 예술의 시간인 것조차 알아채지 못하는 조심성 없는 이들이 보내는 인사에 전혀 응하지 않았기 때문이다. 모두가 최면술에 걸려, 감히 어떤 소리도 내지 못했으며 의자도 움직이지 못했다. 음악에 대한 존경이—팔라메드의 위엄에 의해—우아하나 버릇없는 청중에게 갑자기 심어진 것이다.

작은 단상 위에 모렐과 피아니스트뿐만 아니라 다른 악기의 연주자들도 가지런히 앉는 것을 보고, 나는 뱅퇴유 말고 다른 작곡가의 작품부터 시작한다고 생각했다. 뱅퇴유가 남긴 곡은 피아노와 바이올린을 위한 소나타밖에 없는 줄 알았기 때문이다.

베르뒤랭 부인은 혼자 따로 떨어져 앉았다. 그녀의 흰 이마는 발그레하게 물들어 멋진 반원형을 그렸고, 머리는 18세기의 초상화를 본떠서 좌우로 나뉘어 있었는데 한편으로는 조심하느라 말하지는 않았지만 언제나 이마에 열이 올라서 차가운 공기를 마셔야만 했다. 외따로 앉아 있는 그녀는 장엄한 음악 제전을 주관하는 여신, 바그너 숭배와 편두통의 여신, 거의 비극적인 어떤 노른(Norn), * 진저리나는 무리(이 무리 앞에서 그녀는 그들보다 더 잘 아는 음악을 들으며 여느 때보다 더 자기 인상을 얼굴에 드러내지 않으려고 노력했다) 한가운데 악령에 의해 나타난 존재 같았다. 합주가 시작되자, 연주되는 곡을 모르는 나는 미지의 나라에 온 기분이었다. 어느 나라일까? 어

---

* 북유럽 신화에 나오는 운명의 여신.

느 작곡가의 작품을 듣고 있지? 이 점을 알고 싶었으나, 곁에 그걸 물어볼 사람이 아무도 없었다. 끊임없이 되읽었던 《아라비안나이트》의 한 인물이 되고 싶었다. 어떻게 해야 좋을지 모르는 순간에 느닷없이, 악령이나 넋을 잃을 만큼 아름다운 아가씨가 남들 눈에는 보이지 않지만 어쩔 줄 몰라하는 주인공에게는 모습을 나타내어, 궁금증을 정확히 풀어주기 때문이다.

그런데 이 순간, 나는 바로 그와 같은 마술적인 혜택을 입었다. 마치 이제껏 와본 적이 없는 줄로 알았던 고장, 실은 처음 와보는 방향으로 들어선 고장에서 길 하나를 돌아 언뜻 다른 길로 빠져나가자, 구석구석까지 낯익은 길, 그저 그쪽에서 들어선 적이 없었던 길임을 깨닫고 곧 혼잣말을 하는 것과 같다. "아니 이건 아무개네 집 정원의 쪽문으로 이어지는 길이로군. 그들의 집에서 2분도 안 걸리는 곳이야." 실제로 그들의 딸이 거기에 서 있다. 지나가는 나를 보고 인사하러 온 것이다. 이와 마찬가지로, 나는 한 번도 들은 적이 없는 이 음악 속에서 느닷없이 내가 뱅퇴유의 소나타 한가운데 있음을 알아차렸다. 어떤 예쁜 아가씨보다 더 화려한 그 작은악절이 은빛 장식으로 싸여, 가볍고 보드랍기가 명주 목도리 같은 반짝반짝하는 음향을 쏟아내며, 이런 새로운 차림이지만 뭔지 알 수 있는 모습으로 내게 다가왔다. 그 작은악절을 다시 발견한 기쁨은, 그것이 내게 말 건넬 때의 낯익은 우정 어린 가락, 설득적이지만 단순하고, 영롱하게 빛나는 특유한 아름다움을 퍼뜨리는 가락에 의해 더욱 높아졌다. 하지만 이 경우 그 악절은 내게 길을 가르쳐주었을 뿐, 그 길도 소나타로 통하는 길은 아니었다. 왜냐하면 뱅퇴유의 미발표 작품인 이 곡을 듣는 동시에 눈앞에 놓아두어야 했던 프로그램에 있는 이 부분에 대한 간단한 설명에 의하면, 뱅퇴유는 다만 이 부분에서 어떤 암시를 하고자 재미 삼아 잠깐 작은악절을 환기시켰음에 지나지 않았기 때문이다. 그래서 떠올리자마자 곧 그 악절은 사라지고, 나는 또다시 미지의 세계로 들어섰다. 하지만 이제 나는 이것이 뱅퇴유가 창조했다고는 생각조차 못했던 하나의 세계라는 사실을 알았고, 또 모든 게 끊임없이 이 점을 내게 단언하고 있었다.

내가 소나타의 우주를 다 알고 나서 소나타에 물려, 그에 못지않게 아름다운 세계, 그러나 다른 세계를 상상해보려고 했을 때, 나는 오로지 이른바 천국을 지상의 목장이나 꽃이나 시내로 얼렁뚱땅 채우는 시인들처럼 상상한 것에 지나지 않았다. 그런데 지금 눈앞에 있는 곡은, 설사 소나타를 몰랐어도 소나타와 똑같은 기쁨을 주는 것이었다. 곧 똑같이 아름다우면서도 전혀 달랐다. 소나타가 백합같이 새하얀 전원의 여명을 향하여 펼쳐지고, 그 경쾌한 순백의 천진성을 다치면서도 흰 제라늄 위에서 소박한 인동덩굴 시렁에 가벼우나 집요하게 휘감기고 뒤얽히는 반면에, 이 새로운 작품은 바다처럼 평탄하고도 평평한 표면 위, 뇌우가 그친 어느 아침의 사무치는 고요와 끝없는 허공 속에서 시작되며, 이렇게 이 미지의 세계는 고요와 밤에서 끌어내어져 장밋빛 먼동 속에서 조금씩 조금씩 내 눈앞에 만들어졌다. 부드러운 전원풍의 천진스러운 순백 소나타에는 전혀 없는 아주 새로운 이 붉은빛이 여명처럼 신비로운 희망으로 온 하늘을 물들이고 있었다. 그리고 벌써 한 노래의 절정이 대기를 세차게 찔렀다. 일곱 음조의 노래, 그러나 아주 낯선 노래, 일찍이 내가 상상했던 어떠한 것과도 전혀 다른 노래, 말로 표현할 수 없으며 날카롭게 지르는 듯한 노래, 이미 소나타에서 들었던 비둘기 울음소리가 아니라, 대기를 찢고 곡의 처음을 적시던 그 진홍색과 똑같이 생생한 노래, 시간을 알리는 수탉의 현묘한 울음처럼 무궁한 아침의 형용키 어려우나 날카로운 부름이었다. 비에 씻겨 전기가 통하는 듯한 차가운 대기—초목이 우거진 소나타의 순결한 세계와는 아주 먼 세계에 있어 질량도 다르고 기압도 다른 이 대기—는 여명의 다홍색으로 물든 약속을 지우면서 시시각각으로 변해갔다. 그렇지만 정오에 이르자 활활 타는 듯한 햇볕 속에서, 그 약속은 무겁고도 촌스러워서 거의 상스러운 행복으로 이루어지는 성싶어, 그 행복 속에서는 둑을 터뜨리고 쏟아져나오듯이 우렁차게 울리는 종소리가 공기를 진동시켜(콩브레의 성당 앞 광장을 뜨겁게 달군 그 종소리와 똑같았다. 그 종소리를 자주 들었을 것이 틀림없는 뱅퇴유는 어쩌면 이 곡을 작곡하는 순간에도 팔레트 위 금세 손에 닿는 물감처럼 기억 속에서 그 종소리를 발견했을지도 모른다) 더없이 중후한 기쁨을 실현하는 듯했다. 솔직히 말해서 이 기쁨의 주제는 심미적으로는 내 마음에 들지 않았다. 거의 추하다고까지 생각했다. 그 리듬은 비틀비틀 땅 위에 질질 끌려가고 있었는데, 막대기로 탁자 위를 잘만 두들기면 그 소리만으로 이 기쁨의 거의 전부를 흉내낼 수 있을 성싶었다. 이 곡에서 뱅퇴유는 영감이 없는 것처럼 보여, 나도 얼마간 주의력을 잃었다.

나는 파트론을 바라보았다. 조금도 움직이지 않는 그녀의 반듯한 자세는, 귀족 동네에 사는 무지한 귀부인들이 머리로 박자를 맞추는 꼴에 항의하는 듯했다. 베르뒤랭 부인은 "나는 이 음악을 알아요! 그럼요, 조금은 알지요! 내가 느끼는 바를 모두 표현하자면 아마 한이 없을 거예요!" 입으로는 말하지 않았으나 그녀의 곧게 펴서 꼼짝도 않는 상체와 표정 없는 눈, 뒤로 단정하게 빗어 넘긴 머리가 그녀 대신 느끼는 바를 말해주고 있었다. 그것은 또한 연주자들이여, 힘껏 하려무나. 내 신경에 마음쓰느라 사정을 봐주지 마라. 내가 안단테(andante)에 비틀거릴까 보냐, 알레그로(allegro)에 소리 지를까 보냐 하고 그녀의 용기를 고하고 있었다. 나는 연주자들을 둘러보았다. 첼로 연주자는 무릎 사이에 끼운 악기를 마음대로 다루었고, 그 기울인 머리의 어딘지 모르게 상스러운 얼굴에는 젠체하는 순간에 본의 아니게 찡그린 표정이 나타났다. 콘트라베이스 쪽으로 몸을 기울인 그는 마치 양배추 껍질을 벗기는 살림꾼의 인내심으로 악기를 더듬고 있었다.

한편 그 곁에 앉은 아직 어린 하프 타는 아가씨는 짧은 치마 차림이었다. 금색의 사각형 하프가 그 몸의 사방팔방에 수평의 빛줄기를 후광처럼 두른 모습이 마치 무당의 굿방에 일정한 모양에 따라 제멋대로 신령을 상징해 그려놓은 선과 비슷하고, 손이 알맞은 때에 딱 맞춰서 여기저기 감미로운 음을 찾으러 가는 폼은 우화에 나오는 어린 여신이 천상의 금빛 격자 앞에 서서 하늘의 별을 하나하나 따고 있는 듯했다. 모렐은 어떤가 하면, 이제껏 다른 머리칼에 섞여 눈에 띄지 않던 귀밑머리가 스르르 풀려 내려 이마에 둥근 고리를 짓고 있었다.

나는 눈에 띄지 않게 고개를 청중 쪽으로 돌려, 샤를뤼스 씨가 이 귀밑머리를 어떻게 생각하는지 확인하려고 했다. 그러나 내 눈은 베르뒤랭 부인의 얼굴, 아니 그 손에 부딪쳤을 뿐이었다. 그녀의 얼굴이 손안에 푹 파묻혀 있었기 때문이다. 파트론은 이 명상하는 자세로써, 자기가 이곳을 성당처럼 여기고 있다는 점, 또 이 음악을 가장 숭고한 기도와 똑같이 생각하고 있다는 점을 보이려고 한 걸까? 어떤 이들이 성당에서 하듯, 남들의 눈길이 부끄러워서 너무 열중해 있는 모습을 숨기려고 하거나, 체면상 좋지 않은 방심이나 물리칠 수 없는 졸음을 감추려고 한 걸까? 음악 소리가 아닌 또 하나의 고른 소리가 나서, 나는 잠깐 마지막 가설이 옳다고 생각했다가, 마침내 알아챘다. 그건 베르뒤랭 부인이 아니라, 부인의 암캐가 드르렁거리는 소리였다.

그러나 승리의 우렁찬 종소리의 주제가 다른 주제로 흐트러지자, 내 마음은 다시금 순식간에 음악에 사로잡혔다. 그리고 이제야 알아차렸다. 이 7중주곡의 내부에서 서로 다른 여러 요소가 번갈아 나타나다가 그 모든 것이 끝에 가서 하나가 되듯이, 뱅퇴유의 소나타도, 또 나중에 알다시피 그의 다른 작품도 이 7중주곡과 비교한다면 전부 소심한 시작(試作)에 지나지 않으며, 지금 내게 계시되는 중인 이 오롯한 승리의 걸작에 비하면 감미롭긴 하나 매우 연약한 음악이라는 사실을. 또 나는 내 일과 비교하여 다음과 같이 생각할 수밖에 없었다. 지금껏 나는 뱅퇴유가 창조한 여러 다른 세계를 생각하면서, 내 사랑의 하나하나가 그러했듯이 그가 만든 우주 또한 그 하나하나가 닫힌 것으로 생각했었다. 하지만 실제는 내 현재의 사랑—알베르틴에 대한 사랑—속에 그녀를 사랑하려 했던 최초의 의도가 있듯이(맨 처음은 발베크, 그 다음은 고리찾기 놀이 뒤, 그리고 그녀가 호텔에 묵으러 왔던 밤, 다음은 파리의 안개 낀 일요일, 이어 게르망트네 연회가 있던 날 저녁, 그리고 다시금 발베크, 끝으로 나와 그녀의 생활이 빈틈없이 합쳐진 파리), 그와 마찬가지로 나는 분명하게 인정해야만 한다. 오직 알베르틴에 대한 사랑뿐 아니라 나의 온 생애를 생각해보면, 다른 몇몇 사랑은 알베르틴에 대한 사랑이라는 가장 광대한 사랑을 준비하는 사소하고도 소심한 시도이자, 그걸 추구하는 호소에 지나지 않았다고.

나는 음악을 뒤따라가기를 멈추고 방심하다 잠시 잊어버린 마음속의 고뇌에 다시 물어보듯, 알베르틴이 최근에 뱅퇴유 아가씨를 만났는지 또다시 생각하기 시작했다. 알베르틴이 시도할지도 모르는 행위가 벌어지는 곳은 사실 내 마음속이기 때문이다. 우리는 벗의 복제를 가지고 있다. 그러나 평소에 그 복제는 우리 상상력이나 기억의 지평선에 위치해, 굳이 말하자면 우리 바깥에 머무른다. 상대가 한 일, 했을지 모르는 일은 마치 어떤 거리를 두고 놓여 있는 물체처럼 무감각밖에 주지 못하듯이, 우리를 괴롭히는 요소를 포함하지 않는다. 이 같은 이들을 슬프게 하는 것들을 우리는 철저히 객관적으로 바라보고, 그것을 동정하여 적절한 말로 한탄할 수 있다. 그 한탄은 우리가 착한 마음씨를 갖고 있다는 인상을 남에게 주나, 우리는 그 슬픔을 실감하지 못한다.

그런데 발베크에서 상처 입은 뒤로 알베르틴의 복제는 내 마음 아주 깊숙이, 뽑아내기 힘든 곳으로 들어가버렸다. 감각이 심하게 뒤틀려 어떤 색깔을 보고 생살을 에는 고통을 받는 환자처럼, 그녀에 대해 목격한 사실은 그대로 내 마음을 해쳤다. 다행히 나는, 그녀와 헤어지고픈 유혹에 아직 굴하지 않았다. 조금 있으면 집으로 돌아가 극진히 사랑하는 아내를 만나듯 그녀와 또 만나야 한다는 권태감도, 그녀에게 의혹을 품고 있는 이 순간도, 즉 그녀에 대하여 내가 무관심해지기 이전에 이별이 찾아오고 마는 불안에 비하면 아무것도 아니었다. 이같이 그녀가 집에서 기다리고, 기다리다 지쳐 어쩌면 제 방에 앉아서 꾸벅꾸벅 졸고 있을지도 모른다는 생각에 잠겨 있을 즈음, 7중주곡의 허물없고 가정적이며 부드러운 한 악절이 나를 살며시 어루만지고 지나갔다. 어쩌면—우리의 내면 생활에서는 모든 게 서로 엉키고 겹치기 마련이므로—이 악절은 뱅퇴유가 오늘날 내 모든 고뇌의 원인인 그의 딸의 잠에서 영감을 얻었는지 모른다. 딸의 잠이 조용한 밤중에 음악가의 노고를 그 평온함으로 감싸주었을 때 그의 머리에 떠올랐던 것인지 모른다. 이 악절은 〈시인이 이야기한다〉는 때에도 〈어린이가 잠잔다〉*는 느낌이 드는 슈만의 몽상을 평화롭게 해준 아늑한 고요의 배경으로 내 마음을 가라앉혀주었다. 알베르틴은 잠들어 있을까, 깨어 있을까? 오늘 밤 마음 내킬 때 집으로 돌아가면, 알베르틴, 나의 귀여운 아이를 만날 수 있다.

그렇지만 알베르틴에 대한 사랑보다도 더 신비로운 무엇이 이 작품의 첫머리, 그 새벽의 첫 외침 속에 약속되어 있는 듯했다. 나는 애인에 대한 생각을 머리에서 내쫓고, 오로지 작곡가만을 마음속에 두려고 했다. 사실 그가 거기에 있는 듯했다. 마치 작곡가가 다시 살아나서 그 음악 속에 영원토록 살아 있는 것 같았다. 그가 한 음색을 골라 다른 음색과 조화시킬 때의 그의 기쁨을 느낄 수 있었다. 헤아리기 어려울 만큼 깊은 재능을 겸비한 뱅퇴유는 음악가는 물론 화가조차 흔히 갖지 못하는 타고난 재능, 아주 안정된 색깔뿐만 아니라 매우 개성적인 색깔을 쓰는 재능을 발휘하여, 시간도 그 색깔의 신선함을 변질시키지 못할 뿐만 아니라, 그 색깔의 발견자를 흉내내는 제자들과 그를 넘어서는 대가들마저도, 이 색깔이 지닌 독창성을 가리지 못하기

---

* 두 곡 다 슈만의 〈어린이의 정경〉 중의 곡명.

때문이다. 이 색깔의 출현이 이룩한 혁명의 결과는 결코 명분 없이 다음 시대에 동화되지 않을 것이다. 혁명은 미친듯이 날뛰어 다시 폭발하나, 오직 영원한 개혁자의 작품을 다시 연주할 때뿐이다. 하나하나의 음색은 가장 박식한 음악가들이 배운 세계의 온갖 규칙을 갖고도 따라하지 못할 어떤 색깔로 강조되어 있다. 그러므로 뱅퇴유는 한 시기에 나타나 음악의 역사 중 어느 자리에 고정되어 있음에도, 그의 작품 하나가 연주되자마자 언제나 그 자리를 떠나 맨 앞에 나설 테고, 그 작품은 겉으로 보기에 모순된 성격, 또 실상 사람을 속이는 성격, 지속적인 새로움 때문에 시대적으로 가장 최근 음악가의 작품 뒤에 꽂힌 것으로 보이리라.

이미 피아노 연주로 널리 알려진 뱅퇴유의 교향곡 한 작품을 지금 관현악으로 듣고 보니, 여름 한나절의 햇빛이 어두컴컴한 식당으로 들어서기에 앞서 유리창의 프리즘에 나누어지듯 생각지도 못한 다채로운 보석과도 같은 장막을 걷어내며 《아라비안나이트》의 모든 보석을 들추었다. 하지만 이와 같이 움직이지 않는 빛에 어떻게 삶을, 그리고 영원하며 행복한 움직임을 비할 수 있으랴. 내가 전에 알던 수줍고 쓸쓸하던 뱅퇴유는 한 음색을 골라 다른 음색에 연결시킬 때는 느닷없이 대담해져, 그의 작품을 들으면 한 점의 의심도 남지 않는 하나의 행복감, 말의 모든 뜻에서 가장 강한 행복감을 느꼈던 것이다. 어떤 음색이 일으키는 기쁨, 또 다른 음색을 찾을 때 그 기쁨이 그에게 안겨준 더욱 큰 힘, 그것이 듣는 자를 하나의 발견에서 또 다른 발견으로 이끈다. 아니, 오히려 작곡가가 청중을 몸소 이끌고 간다. 그는 이제 막 찾아낸 색깔 속에서 미칠 듯한 기쁨을 퍼내고, 그 기쁨에서 힘을 얻어, 이 색깔이 불러모으고 있는 성싶은 새 색깔을 찾아내 그것에 덤벼드는 것이다. 금관악기와의 만남에서 스스로 숭고한 음이 생겨나자, 작곡가는 황홀경에 빠져 불꽃에 닿은 듯 소스라치며, 마치 미켈란젤로가 사다리에 몸을 잡아매고 거꾸로 매달려 시스티나 성당의 천장에 우렁차게 붓을 휘두르듯, 위대한 음악의 벽화를 그리면서 숨을 헐떡이고, 도취되며, 얼빠지고, 눈앞이 빙빙 돌았다.

뱅퇴유가 죽은 지 벌써 여러 해가 지났다. 그러나 그가 좋아하던 이런 악기들에 둘러싸여, 적어도 그의 생명의 한 부분은 영원히 살아남게 되었다. 그건 다만 그의 인간으로서의 삶뿐인가? 만약 예술이 진정 삶의 연장에 지나지 않는다면, 예술을 위해 희생할 가치가 있겠는가? 예술도 삶과 마찬가지로 비현실적이지 않겠는가? 이 7중주곡을 더욱 귀담아들을수록, 나는 그렇게 생각하지 않았다. 붉은빛을 띤 이 7중주곡은 그 흰 소나타와는 이상하리만큼 달랐다. 그 작은악절이 응답하는 소심한 물음은 이상한 약속을 이행하라고 숨가쁘게 애원하는 소리와는 다르다. 그 약속은 초자연적인 날카로운 소리로 짧게 울리면서, 바다 위에 퍼지는 아직 무기력한 아침 하늘의 붉은 기운을 진동시켰다. 그렇지만 이토록 다른 악절이 사실은 같은 요소로 되어 있었다. 왜냐하면 우리가 느낄 수 있는 우주의 단편은 저택이나 미술관에 여기저기 흩어져 있고, 그것이 이를테면 엘스티르의 우주, 그가 보고 그 안에서 산 우주를 이루는 것처럼, 뱅퇴유의 음악은 상상조차 하지 못하는 한 우주의 매우 귀중하고 낯선 빛깔을 음률에서 음률로, 가락에서 가락으로 펼치고 있으며, 다만 시간을 사이에 두고 그의 작품을 듣기 위해 그 우주가 나뉘어 있을 따름이기 때문이다. 소나타와 7중주의 각기 다른 움직임을 지배하는 아주 다른 두 물음. 하나는 쭉 이어지는 순수한 선을 짧고 많은 물음으로 나누고, 다른 하나는 흩어진 단편을 나눌 수 없는 하나의 뼈대 속에 결합한다. 하나는 매우 조용하고 소심하여 거의 탈속적, 말하자면 철학적이며, 다른 하나는 조급하고 불안하게 호소한다. 하지만 이것들은 내면의 갖가지 해돋이를 향하여 터져나온 똑같은 기도이며, 다만 각각 다른 사상—그가 여러 해 동안 뭔가 새로운 것을 만들고자 발전시킨 다양한 예술적 탐구—이라는 다른 환경을 거치면서 굴절되었을 뿐이다.

기도도 희망도 근본적으로는 같으며, 뱅퇴유의 갖가지 작품에 나타난 변장을 통하여 분간할 수 있는 한편 오직 뱅퇴유의 작품 속에서만 찾아볼 수 있다. 이런 악절에 대해, 음악 평론가라면 다른 대작곡가들의 작품 속에서 유사 관계나 계보를 쉽게 발견할 테지만, 그건 그저 이차적인 이유, 외면적인 유사로서 발견되는 것에 지나지 않으며, 직접적인 인상이라기보다 오히려 이론으로 재간 있게 찾아낸 유사에 지나지 않는다. 뱅퇴유의 이런 악절이 주는 인상은, 과학이 어떠한 결론을 풀어낸 듯이 보이든 간에 개성적인 성질이 엄연하게 존재하듯, 다른 어떤 인상과도 달랐다. 게다가 표면상의 차이에도 오히려 한 작품 속에 깊은 유사, 그가 바란 유사가 인지되는 것은 그가 새롭게 되고자 집요하게 애쓰는 바로 그때이다. 반대로 뱅퇴유가 같은 한 악절을 여러 번 채택하여 가지각색으로 변화시켜, 놀이 삼아 그 리듬을 바꾸거나 첫 형태 그대로 다시 끄집어낼 때의 유사는 고의적인 인상으로, 지성이 만들어낸 것이라 당연히 피상적이어서 별개의 두 걸작 사이에 다른 색깔을 띠고 요란스럽게 울려나오는 숨은 결코 무의식적인 유사만큼 강한 인상을 주지 못한다. 무의식일 때의 뱅퇴유는 언제나 새롭고자 무척 애쓰면서 자기 자신에게 묻고, 온 힘을 다해 창조에 매달리며 저 자신의 깊은 본질에 다다르며, 거기서 어떤 질문을 하든 간에 그의 본질이 같은 어조, 곧 자기 자신의 어조로 이에 답하기 때문이다.

하나의 어조, 뱅퇴유의 이 어조는 두 인간의 목소리 차이, 아니 두 종류의 동물 울음소리 사이에서 느낄 수 있는 다름보다 훨씬 더 큰 차이를 보임으로써 다른 작곡가들의 어조와 구별된다. 어떤 음악가의 사념과 뱅퇴유의 끊임없는 탐구, 수많은 형태로 자기 자신에게 던진 물음이나 그의 평소 고찰 사이에 있는 차이야말로 진정한 다름이다. 뱅퇴유의 고찰은 천사들의 나라에서 이루어지는 것처럼 분석적인 논리 형태를 벗어난 것이어서, 우리는 그 심오함을 대충 헤아리지만, 마치 육신을 떠난 영혼이 영매에게 불려나와 죽음의 신비에 대한 질문을 받고 아무 대답도 할 수 없듯, 이 고찰을 인간의 언어로 옮기지 못한다. 나는 하나의 어조라고 했다. 왜냐하면 오후부터 내게 강한 인상을 주던 후천적인 독창성이나, 음악 평론가들이 여러 작곡가들 사이에서 발견하는 혈연관계를 고려하더라도, 위대한 가수들—독창적인 음악가들—이 그곳을 향하여 올라가고, 어느새 그리로 되돌아오는 것, 그것이 오직 하나뿐인 어조이며, 바로 이것이야말로 영혼이라는, 그 무엇으로도 다시 돌아갈 수 없는 개별적 존재의 증거이기 때문이다.

뱅퇴유가 더욱 장엄하고도 위대한 음악, 쾌활하고도 명랑한 음악을 만들어내, 그가 깨달은 바를 청중의 마음속에 아름답게 반영하고자 할지라도, 뱅퇴유는 자기도 모르는 사이에 그 전부를 큰 물결, 그의 노래를 영원하게 하며 곧바로 그의 노래인 줄 알아보게 하는 큰 물결 밑으로 침몰시킨다. 남들의 노래와 다르고, 그의 모든 노래와 비슷한 이 노래를 뱅퇴유는 어디서 배웠으며, 어디서 들었을까? 예술이란 누구나 다 이와 같이 미지의 조국, 자신조차 잊어버린 조국의 시민인가 보다. 그것은 다른 위대한 예술가가 거기에서 뭍을 향해 돛을 달고 떠나는 조국과는 다른 하나의 조국이다. 뱅퇴유는 만년의 작품에서 겨우 이 조국에 가까워진 것 같다. 그 분위기는 소나타와 똑같지 않고, 묻는 악절은 더욱 어수선하고도 불안했으며 답은 한결 신비스러웠다. 마치 아침과 저녁의 축축한 공기가 악기의 현(絃)에까지 영향을 미치고 있는 듯했다. 모렐이 아무리 훌륭하게 연주해도, 그의 바이올린 소리는 날카롭고 괴상하게 거의 끽끽 비명을 지르는 것 같았다. 이 예리함은 듣기에 쾌적했다. 마치 어떤 목소리에서 어떠한 정신적인 장점이나 뛰어난 지성을 느끼듯. 하지만 그건 사람에 따라 달라 누군가는 불쾌할지도 몰랐다. 세계를 보는 눈이 변하고 순화되어 마음속 조국에 대한 추억과 더욱 비슷해지면, 그것이 음악가의 경우엔 음 전체, 화가의 경우엔 색깔 전체의 변화로 나타나는 게 당연하다. 하기야 총명한 청중은 이를 잘못 보지 않았다. 훗날 사람들은 뱅퇴유의 후기 작품이 가장 심오하다고 말했으니까. 그런데 어느 제목이건 어느 주제건 판단의 지적 재료를 제공하지 않았다. 따라서 사람들은 심오한 진리가 음의 세계로 옮겨져서 그렇거니 짐작할 따름이었다.

　음악가들은 이 잃어버린 조국을 기억 못하나, 저마다 언제나 변함없이 무의식중에 이 조국과 어떤 조화를 이루고 있다. 조국에 따라 노래할 때, 음악가는 기쁨에 겨워 열광한다. 때로는 영광에 대한 애착에 이끌려 조국을 배신하기도 하는데, 그때 그는 한때의 영광을 구함으로써 진정한 영광을 피하고, 도리어 영광을 경멸하여 어떤 유일한 노래를 부르기 시작할 때 비로소 영광을 찾게 된다. 그 노래의 단조로움이야말로—다루는 주제가 무엇이건 그 자신과 일치하므로 단조로워지는 것이다—음악가의 영혼을 이루는 요소의 확고한 부동성을 증명한다. 그렇다면 이러한 요소, 우리가 우리 자신을 위해 간직해두어야 하는 실제적인 모든 잔류물(殘留物), 친구끼리도, 스승과 제자끼리도, 애인끼리도 말로 전하지 못하는 것, 각자가 느낀 바를 질적으로 구별하고, 각자가 말의 문턱에서 포기해야만 하는 이 무어라 형용할 수 없는 (모든 사람에게 공통되고 아무런 흥미도 없는 외면적인 문제에 그치지 않는 한, 말로 하는 의사소통은 있을 수 없으므로) 이런 요소를 예술이, 이를테면 뱅퇴유나 엘스티르의 예술이 개성이라 일컫는 세계—예술 없이는 어떤 경우에도 절대로 알 수 없는 세계—의 내적 구조를 스펙트럼의 빛으로 바깥에 보여줌으로써 나타나게 하는 게 아닐까? 만약 우리가 날개를 가지고 다른 호흡기관을 지녀서 광대한 우주 공간을 가로지르게 된다 해도, 우리에게 아무런 도움이 되지 않을 것이다. 왜냐하면 우리가 화성이나 금성에 간들, 같은 감각을 지니고 있다면 그 감각은 우리가 거기서 보는 삼라만상에 이 세상의 사물과 똑같은 겉모양을 씌울 테니까. 단 하나의 참된 여행, 회춘의 샘에서 목욕하는 유일한 방법은 새로운 풍경을 찾는 게 아니라 다른 눈을 갖는 것, 다른 한 사람의 눈이 아닌 백 명이나 되는 남의 눈으로 우주를 보는 것, 그들 저마다가 보는 백 가지 세계, 그들 자신인 백 가지 세계를 보는 것이리라. 그리고 우리는 엘스티르 한 사람, 뱅퇴유 한 사람 덕분에, 그러한 예술가들 덕분에 그게 가능해져 말 그대로 이 별에서 저 별로 마음껏 날아다닌다.

내가 온몸을 맡긴, 정다움이 넘치는 악절을 마지막으로 안단테가 끝났다. 다음 악장으로 넘어가기 전에 잠깐 휴식이 있어서 예술가들은 악기를 내려놓았고, 청중은 서로 느낀 바를 주고받았다. 한 공작이 아는 체하려고 말했다. "썩 잘 연주하기란 너무나 어렵구려." 나는 좀더 뜻에 맞는 몇 사람과 담소했다. 그러나 이제 막 내가 이야기를 나누던 천상의 악절에 비하면, 그들의 말 따위는 인간의 표면적인 말이 다 그렇듯, 듣기에 아주 하찮은 것이었다. 나는 천국의 도취를 잃고 무가치하기 짝이 없는 현실 세계로 추락한 천사와도 같았다. 자연에게 버림받은 어떤 생물이 생존 형태의 마지막 증인인 것처럼, 음악이란—이를테면 언어의 발명, 낱말의 형성, 관념의 분석이 없었다고 치면—영혼과 교류하는 오직 하나뿐인 실례가 아니었을까. 그러나 영혼의 교류는 실현되지 않았던 하나의 가능성이다. 인류는 다른 길, 말하고 쓰는 언어의 길로 접어들고 말았다. 이 분석할 수 없는 세계로 되돌아가는 게 어찌나 매혹적이던지, 천국을 떠나서 인간과 접촉하는 것은 상대가 영리하건 어리석건 나로선 이상하리만큼 하찮게 생각되었다.

나는 음악을 들으면서 인간들을 떠올리고, 그들을 음악에 섞을 수 있었다. 아니 오히려 거의 한 사람에 대한 추억, 알베르틴의 추억 말고는 음악에 섞지 않았다. 안단테를 끝맺는 악절을 더할 나위 없이 숭고하다고 여기며 이토록 위대한 것에 섞인다는 사실—우리를 다시 맺어주고, 알베르틴이 거기서 비장한 목소리를 빌려온 듯한—이 얼마나 큰 명예인지 알베르틴은 모르며, 또 안다고 해도 이해하지 못하는 게 얼마나 불행한 노릇인가 생각했다. 그런데 음악이 멈추자, 거기에 있는 인간들이 너무나 싱겁게 보였다. 차가운 음료가 손에서 손으로 건네졌다. 샤를뤼스 씨는 이따금 한 하인을 붙잡고 말을 건넸다. "안녕한가? 내 속달은 받았나? 와주겠지?" 확실히 이런 말투에는 상대의 비위를 맞출 줄 아는 대귀족, 부르주아보다 더 서민적인 대귀족의 무람없음이 있긴 했지만, 동시에 툭 터놓고 말하는 편이 오히려 무죄로 판단되리라고 믿는 범인의 술책도 섞여 있었다. 그리고 샤를뤼스 씨는 빌파리지 부인이 잘 쓰는 게르망트가의 말투로 덧붙였다. "좋은 녀석이에요. 마음씨가 좋아서 가끔 우리집에서 부리죠." 그러나 남작의 교묘한 솜씨는 역효과를 냈다. 사람들은 남작이 한낱 하인에게 그처럼 친밀한 싹싹함을 보이거나 속달을 보내다니 괴상망측하다고 생각했기 때문이다. 그리고 하인들도 동료 앞인지라 좋아하기는커녕 당황했다.

그러는 사이 7중주곡이 다시 시작돼, 막바지로 나아가고 있었다. 소나타의 두세 악절이 여러 번 반복해서 나타났지만, 매번 다른 리듬을 타고 나오거나 다른 반주를 함께 데리고 오는 식으로 바뀌어서, 삶 가운데 온갖 사물이 되돌아오듯 같으면서도 다른 음악이었다. 어떤 유사성으로 말미암아 악절의 단 하나뿐이자 피할 수 없는 거처로써 한 음악가의 과거를 지정하는지는 이해할 수 없었으나, 이는 그 음악가의 작품 속에서만 발견되고, 끊임없이 그 작품 속에 나타나 그 작품의 여신, 숲의 정령, 수호신이 되는 악절 가운데 하나였다. 나는 7중주곡 속에서 먼저 소나타를 떠올리게 하는 두세 악절을 구별했다. 그러다가 이윽고 소나타의 또 다른 악절―뱅퇴유 작품의 특히 마지막 단계에서 이는 보랏빛 안개, 그 때문에 어느 부분에 춤을 끼워넣을 때에도 춤이 젖빛 속에 갇혀 있는 듯 보이는 보랏빛 안개 속에 잠긴 악절―을 알아차렸다. 그것은 아직 멀리 있어 분명히 알아들을 수 없다. 주저주저 가까이 오면서, 겁내는 듯이 모습을 감추었다가는 다시 돌아온다. 다른 악절―나중에 알았지만 이것도 다른 작품에서 온 악절이었다―에 달라붙어, 또 다른 악절을 불러낸다. 그러면 불려온 악절은 거기에 녹아들자마자, 이번엔 다른 악절을 이끄는 설득력을 갖고서 원무(圓舞)로 들어선다. 숭고한 원무, 하지만 청중 대부분의 눈에는 보이지 않는 원무. 그들의 눈앞에는 어스레한 장막이 드리워져 그 너머로 아무것도 보이지 않았지만, 그들은 권태로움에 몸서리치면서도 제멋대로 감탄을 금치 못했다. 그러다가 이 악절들은 사라지고, 단 하나, 대여섯 번 오간 악절만이 남았다. 얼굴을 알아볼 수 없으면서도 아주 다정하게 쓰다듬는 듯한, 이제까지 어떤 여성이 불러일으킨 욕망과도 아주 다른 악절이라—스완에게 소나타의 작은악절이 그러했듯이—'정말로 손에 넣고자 수고할 만한 가치가 있는 행복이야' 하고 무척 부드러운 목소리로 내게 행복을 내미는 이 악절이야말로—말씨는 알아듣지 못하지만 내가 분명히 이해할 수 있는, 이 눈에 보이지 않는 존재야말로—이제껏 만난 유일한 '미지의 여인'이었는지도 모른다. 마침내 이 악절도 해체되어 소나타의 작은악절처럼 모습이 바뀌어, 첫머리의 신비스런 부름이 되었다. 비통한 기색을 띤 한 악절이 그것에 맞섰으나, 매우 깊고도 막연한 내적인 것, 마치 내장과 같이 유기적인 것이라 독특한 음색이 다시 나타날 적마다 곡의 주제가 되풀이되는 것인지 신경통이 재발하는 것인지 모를 정도였다.

이윽고 두 모티프가 맞붙어 싸우기 시작했는데, 한쪽이 깨끗하게 사라졌는가 싶으면 다음에는 다른 한쪽이 한 부분밖에 보이지 않았다. 사실, 이는 기력의 격돌에 지나지 않는다. 왜냐하면 두 존재가 과감하게 맞서 싸우고 있어도, 그것들은 육체나 겉모습의 이름 같은 거추장스러운 것을 없애버렸고, 나는 한낱 내적인 관객—마찬가지로 이름이나 개별의 존재를 개의치 않는 관객—으로, 오직 그들의 비물질적인 힘찬 싸움이 흥겨워서 우렁찬 그 파란을 열심히 듣고 있었으니까. 마지막으로 승리한 환희의 모티프가 남았다. 그것은 이제 허공 저편으로 던진 불안스러운 부름이 아니라, 낙원에서 온 듯한 헤아릴 수 없이 미묘한 환희였다. 만테냐가 그린 비단옷을 입고 긴 나팔을 부는 대천사가, 벨리니가 그린 작은 하프를 타는 온화하고 장중한 천사와 다르듯, 소나타의 환희와는 다른 환희였다. 나는 알 수 있었다. 환희의 이 새로운 명암, 이승의 것이 아닌 환희 쪽으로 꾀는 이 부름을 내가 영원히 잊지 못하리라는 걸. 하지만 이와 같은 환희가 정말로 언젠가 내게 실현될 것인가? 이 질문은 내게 매우 중요했다. 참된 삶을 세우기 위한 계기나 표적으로써 내가 긴 세월 동안 이따금 체험한 인상, 마르탱빌의 종탑이나 발베크 근교에 늘어선 나무들 앞에서 받았던 인상을, 이 악절이—내 삶의 다른 나머지나 눈에 보이는 세계와는 단절된 것으로서—가장 잘 표현하고 있는 것처럼 보였기 때문이었다.

아무튼 여느 악절과는 아주 다른 이 악절의 어조를 다시 말하면, 이승의 따분한 삶이 주는 것과는 전혀 다른 예감, 내세의 희열을 향한 대담한 접근이 바로 콩브레에서 성모성월(聖母聖月)[*1]에 만난 그 정중하고 보잘것없는 소시민의 내부에 구현되었다니, 이 아니 야릇한 일인가! 특히 미지의 형태를 지닌 환희를 전하는, 내가 이제껏 받은 것 중에서 가장 야릇한 이 계시를 어떻게 그에게서 받게 되었는가? 그가 죽었을 때 남긴 작품이라곤 소나타뿐, 나머지는 해독 못하는 기호로 쓰여 있어 있으나마나 했다는데, 해독 불가능한 기호는 끈기와 지성과 작곡자에 대한 경의에 의하여—뱅퇴유 곁에서 오랫동안 살았으므로 그의 작업 방식을 잘 알고, 오케스트라를 위한 그의 지시도 헤아릴 수 있게 된 유일한 인물, 뱅퇴유 아가씨의 여자친구 손에 의하여—해독된 것이다. 이 대작곡가가 살아 있는 동안 딸이 아버지에게 바치는 숭배의 정을, 그녀는 딸에게 배웠다. 인간에겐 자기 진정과는 반대되는 쪽으로 나아가는 순간이 있게 마련인데, 이 숭배의 정으로 말미암아, 두 아가씨는 이미 얘기한 바와 같이 모독 행위[*2]에 광적인 쾌락을 느꼈던 것이다(아버지를 그리워하는 마음이 바로 딸의 모독 행위에 필요한 조건이었다. 물론 두 아가씨는 이 고귀한 것을 범하는 관능의 쾌락을 거부했어야 옳았을 테지만, 그렇다고 그 모독의 즐거움이 그녀들의 전체 모습을 드러내는 건 아니었다). 더구나 두 아가씨의 육체적이고 병적인 관계, 탁하고 끄느름한 불씨가 숭고하고도 순수한 우정의 불길로 변해감에 따라 그 모독 행위도 천천히 뜸해지다가 결국 완전히 꺼지고 말았다. 뱅퇴유 아가씨의 여자친구는 어쩌면 자기가 뱅퇴유의 죽음을 재촉했을지도 모른다는 생각에 괴로워했으리라. 그러나 뱅퇴유가 남긴 이해하기 어려운 필적을 헤아리며 읽는 데 몇 년을 보내면서 아무도 모를 이 상형 문자의 정확한 해독법을 작성함으로써, 그녀는 그 만년을 어둡게 했던 음악가에게 보상으로 불멸의 영광을 확보해주었다는 위안을 얻었다.

 법이 인정하지 않는 관계에서는 정식 결혼으로 생겨나는 유대와 똑같이 다양하고 복잡한, 그저 더욱 견고한 육친의 유대가 생기기 마련이다. 이와 같이 특수한 관계가 아니더라도, 간통이 진정한 사랑에 기인하는 경우, 가족의 감정이나 육친의 의무를 흔들어놓기는커녕 오히려 강화하는 사실을 우리

---

*1 성모 마리아를 특별히 공경하는 달. 5월을 말함.
*2 아버지의 사진 앞에서 동성애 행위를 한 사실, 제1편 《스완네 집 쪽으로》 참조.

는 날마다 목격하지 않는가? 정식 결혼이 흔히 효력을 잃어버리고 말 무렵 간통은 넋을 불어넣는다. 착한 딸은 어머니의 두 번째 남편의 죽음에 즈음하면 단지 체면상 상복을 입지만, 어머니가 정부로 택한 사내의 죽음을 애도할 때는 눈물이 마르도록 울부짖을 것이다. 게다가 뱅퇴유 아가씨는 다만 사디즘에 빠졌을 뿐이다. 그렇다고 그녀의 행위가 용서되는 것은 아니지만 나중에 그렇게 생각하니 어쩐지 마음이 놓였다. 뱅퇴유 아가씨가 여자친구와 함께 아버지를 모독하는 순간에 이런 짓이 모두 병적인 것, 미치광이 같은 태도에 지나지 않으며, 자기가 하고 싶었던 진짜 악의, 즐거운 악의가 아니라는 점을 알아차렸을 게 틀림없다. 그것은 단지 악의의 흉내에 지나지 않는다는 생각이 그녀의 쾌락을 망쳤을 것이다. 그러나 나중에 이 생각이 그녀에게 되돌아온 적이 있었다면, 그건 그녀의 쾌락을 망쳐놓았듯이 고통도 덜어주었으리라. '그건 진짜 내가 아니었어, 내가 미쳤던 거야. 나는 지금도 아버지를 위해 기도할 수 있고, 아버지가 나를 용서해주실 거라고 기대할 수 있단 말이야.' 그녀는 이렇게 생각했을 것이다. 다만 이 생각은 쾌락을 누리는 동안 그녀의 머릿속에 떠오른 적은 있어도, 고뇌에 시달릴 때는 떠오르지 않았을지도 모른다. 나는 이 생각을 그녀의 정신 속에 심어주었더라면 오죽 좋으랴 생각했다. 그러면 그녀에게 위안을 주고, 그녀와 그녀의 아버지의 추억 사이에 안온한 교류를 터놓아주는 셈이 되니까.

죽음이 가까이 온 것을 모르는 천재 화학자가 판독할 수 없는 문자로 수첩에 적어놓은 여러 발견은 언제까지나 알려지지 않은 채 영원히 파묻히고 만다. 이 수첩 속에서 찾아냈듯이, 뱅퇴유 아가씨의 여자친구는 쐐기 문자를 점점이 찍은 파피루스보다 더 판독이 불가능한 서류에서 이 알려지지 않은 환희의 영원토록 참되고 풍요한 형식을, 다홍빛으로 빛나는 '아침의 천사'가 지닌 신비스런 희망을 찾아냈었다. 아마 뱅퇴유만큼은 아닐지 모르나, 그녀도 내게는 이제껏 수많은 고뇌의 원인이었으며, 특히 앞으로도 그렇게 될 테지만 그날 저녁도 알베르틴에 대한 질투를 다시 불러일으켜서 괴로움의 원인이 되었다. 그 대신 그녀 덕분에 야릇한 부름, 죽을 때까지 내 귀를 떠나지 않을 부름이, 내가 모든 쾌락이나 사랑 속에서 발견한 그 허무와는 다른 것―아마도 예술을 통해서 실현 가능한 것이 존재한다는 약속으로, 또 나의 삶이 아무리 덧없어 보여도 적어도 아직 다 끝나지는 않았다는 약속―으로 내게까지 올 수 있었다.

그녀의 수고 덕분에 우리가 뱅퇴유에 대해 알게 된 것은, 사실 뱅퇴유의 모든 작품이었다. 사람들은 소나타의 몇몇 악절만 알고 있었는데, 그것도 이 7중주곡에 비하면 어찌하여 그토록 듣는 이의 감탄을 자아냈는지 이해가 안 갈 만큼 평범하게 보였다. 마찬가지로 오늘날에는 놀라운 일이지만, 〈저녁별의 노래〉, 〈엘리자베트의 기도〉*¹ 같은 하찮은 곡들이 지난 몇 년 동안 연주회에서 열광적인 애호가들의 마음을 자극하여, 〈트리스탄〉, 〈라인의 황금〉, 〈뉘른베르크의 명가수〉*²를 알고 있는 우리 귀에는 싱겁고 빈약하기 짝이 없는 그런 곡이 끝나면 그들은 기진맥진하도록 갈채를 보내며 재청을 외쳐댔다. 그러나 특징 없는 이런 가락도 아주 적은 분량이지만—아마 적은 양이기에 훨씬 쉽게 동화되었겠지만—후기의 걸작이 지니는 독창성을 어느 정도 포함하고 있었다고 생각해봐야 한다. 돌이켜보면 우리에게는 후기 걸작만이 중요한데, 그러한 걸작이었다면 완벽한 만큼 어쩌면 오히려 이해하기 어려웠을 것이다. 특징 없는 가락은 후기 걸작을 위해서 사람들의 마음속에 이해의 길을 준비했는지 모른다. 하지만 특징 없는 가락이 후기의 아름다운 작품에 대한 어렴풋한 예감을 주기는 했으나, 또한 후기 작품의 아름다움을 완전히 미지 상태에 내버려두었다. 뱅퇴유의 경우도 같았다. 만일 그가—소나타 몇 편은 빼놓고—완성한 작품만 남기고 죽었다면 사람들이 그에 대해 알 수 있는 건, 그의 진정한 위대함에 비해 너무나 사소한 것이었으리라. 그 사소함은 이를테면 빅토르 위고가 〈장 임금의 검술 시합〉이나 〈고수(鼓手)의 약혼녀〉,*³ 〈미역 감는 사라〉*⁴를 썼을 뿐, 《여러 세기의 전설》과 《정관시집》을 하나도 못 쓰고 죽는 경우와 같다. 우리가 이제 그의 참된 작품으로 여기는 것은 마치 인간의 지각이 닿지 않는 우주, 우리가 어떠한 관념도 갖지 못하는 우주처럼 순전히 잠재적이자 알지 못하는 것으로 남으리라.

게다가 천재의 재능도, 미덕마저도, 뱅퇴유가 그렇듯이 흔히 겉껍질로 천재를 싸서 보존하는 악덕 사이의, 언뜻 보기에는 대조적인 이 깊은 결합은,

---

*1 두 곡 모두 바그너 작 〈탄호이저〉 중의 통속곡.
*2 마찬가지로 바그너의 가극.
*3 초기 시집 《오드와 발라드》 중.
*4 《동방시집》 중.

음악이 끝나 주위를 둘러보았을 때 거기에 모인 초대객들 속에서 마치 속된 풍자화를 보듯 알아차리기 쉬웠다. 이 모임은 이번 경우 베르뒤랭 부인의 살롱에 국한되었지만 다른 수많은 모임과 비슷했고, 일반 사람들은 거기에 들어 있는 성분을 모른다. 철학적 기자들은 사정을 조금이라도 알면 이런 모임을 파리지엔 또는 파나미스트(panamistes)*나 드레퓌스파라고 부르지만, 거의 같은 것이 페테르부르크, 베를린, 마드리드, 또 어느 시대에도 있을 수 있다는 사실은 꿈에도 생각 못한다. 사실, 참으로 미술가답고 교양 있고 속물적인 미술성(美術省)의 차관과 몇몇 공작부인, 부인과 함께한 세 명의 대사가 그날 밤 베르뒤랭 부인 댁에 와 있었는데, 그들이 거기에 온 직접적인 이유는 샤를뤼스 씨와 모렐의 관계 때문이었다. 그 관계 때문에 남작은 제 젊은 우상의 예술적인 성공을 가장 우렁찬 나팔로 불어대며 젊은 우상에게 레지옹도뇌르훈장을 얻어주고 싶었던 것이다. 그러나 이 모임을 가능케 한 간접적인 이유는, 샤를리와 남작의 관계와 평행한 관계를 뱅퇴유 아가씨와 맺고 있던 한 아가씨가 일련의 천재적 작품을 발표하여 그것이 사람들의 이목을 끈 결과, 뱅퇴유의 동상을 세울 목적으로 오래지 않아 문교부 장관의 후원 아래 기금 모집을 시작하려는 데 있었다. 하기야 이 작품에는 뱅퇴유 아가씨와 그 여자친구의 관계와 마찬가지로, 남작과 샤를리의 관계도 이바지한 바가 있었다. 말하자면 어떤 지름길로써, 이 덕분에 사람들은—물론 예술에 대한 몰이해야 오랫동안 남을 테지만—적어도 전혀 모르고서 몇 년을 더 지냈을지도 모르는 에움길을 거치지 않고 이 작품에 곧장 다다르게 되었다. 철학적 기자들은 그들의 비속한 두뇌로도 이해할 수 있는 사건, 곧 일반적으로 정치적 사건이 일어날 때마다 프랑스에 엄청난 변화가 생겨 그런 야회는 다시 구경하지 못할 줄 안다. 입센, 르낭, 도스토예프스키, 단눈치오, 톨스토이, 바그너, 슈트라우스는 앞으로 감탄의 대상이 되지 못한다고 여기는 것이다. 철학적 기자들은 이런 공식 모임의 등 뒤에 숨겨진 수상쩍은 트집을 잡아내, 그 모임이 찬양하는 예술, 보통 가장 준엄한 예술에 뭔가 퇴폐적인 것이 있다고 주장하기 때문이다. 왜냐하면 이 철학적 기자들이 가장 존경해 마지않는 자들 가운데 더할 나위 없이 자연스럽게, 이와 같은 기묘한

---

* 1881년 파나마 운하 공사 의옥(疑獄) 사건에 관련된 자들을 말함.

모임—그 기묘성은 그다지 두드러지지 않고 교묘하게 숨겨져 있기는 하지만 —의 동기가 되지 않았던 이는 한 사람도 없기 때문이다.

지금 이 야회에 엉겨 있는 불순한 성분은 다른 뜻에서 나에게 강한 인상을 주었다. 물론 나는 그 성분을 따로따로 알게 되었으므로 남 못지않게 그것들을 분리할 수도 있었다. 그러나 특히 몇 가지 성분, 뱅퇴유 아가씨와 그 여자친구로 이어지는 성분은 나한테 콩브레의 이야기를 하면서 동시에 알베르틴의 이야기, 즉 발베크에 대해 이야기하고 있었다. 왜냐하면 내가 지난날 몽주뱅에서 뱅퇴유 아가씨를 알아보고 그녀의 여자친구와 알베르틴이 절친한 사이라는 걸 들었기 때문에, 곧 집으로 돌아가면 고독 대신 나를 기다리는 알베르틴을 볼 수 있을 테니까. 또 모렐과 샤를뤼스 씨와 관계있는 성분은 나한테 발베크의 이야기를 하면서—나는 동시에르 정류장에서 그들의 관계가 가까워지는 걸 목격했다—콩브레와 그 두 방면을 이야기하기도 했다. 샤를뤼스 씨는 콩브레 백작인 게르망트 가문의 한 사람으로, 콩브레에 집을 갖지 않을망정 그림 유리창 속의 질베르 르 모베처럼 콩브레의 하늘과 땅 사이에 살고 있고, 모렐은 나를 장밋빛 옷을 입은 부인에게 소개해준 늙은 하인, 몇 년 뒤에 그 부인이 스완 부인이라는 걸 알아보게 해준 그 늙은 하인의 아들이었기 때문이다.

"멋진 연주죠, 안 그렇소!" 베르뒤랭 씨가 묻자, 사니에트는 더듬거리면서 대답했다. "그렇군요. 다만 나는 모렐이 너무 잘 타서 도리어 이 곡의 전체적인 감정을 조금 흐려놓지 않았을까 염려되지만요."—"흐려놓다니! 도대체 무슨 뜻으로 그런 말을 하는 거죠?" 베르뒤랭 씨가 고함을 질렀다. 그러자 여러 손님들이 쓰러진 사람을 잡아먹으려는 사자처럼 앞다투어 몰려들었다. "아니, 난 모렐이 그렇다는 게 아니라……."—"이 친구, 무슨 뚱딴지 같은 소릴 하는지 자신도 잘 모르나 보군. 뭐가 그렇다고?"—"저어, 다시 한 번…… 들어보아야…… 극한적으로(à la rigueur) 판단을 내리자면……." —"극한적이라니! 돌았군!" 베르뒤랭 씨는 손으로 자신의 머리를 감싸안았다. "이 친구 끌어내야겠어."—"'정확히'라는 뜻으로 한 말입니다. * 흐, 흐, 흔히들 말하잖아요……. 극한적인 정확성이라고요. 그러니까 나는 정확한

---

* à la rigueur라는 말에는 '정확히'라는 뜻도 있음.

판단을 내릴 수 없다는 뜻으로 한 말입니다."—"그런데 나는 당신한테 꺼지라고 하는 말이오." 베르뒤랭 씨는 잔뜩 성이 나서 이글거리는 눈을 부릅뜨고 손가락으로 문을 가리키며 외쳤다. "내 집에서 그런 말씨는 용서치 않소!" 사니에트는 술 취한 사람처럼 빙그르르 원을 그리듯 휘청거리며 나가 버렸다. 그런 꼴로 내쫓긴 것은 초대받지 않았는데 들이닥쳤기 때문이거니 생각한 사람도 있었다. 또 그때까지 그와 매우 친했고, 전날 그에게서 귀중한 책을 빌렸던 한 부인은 이튿날 편지도 곁들이지 않은 채 그 책을 종이 한 장으로 간단히 포장하여 그의 주소만을 쓰게 한 뒤, 집사를 시켜 돌려보내고 말았다. 분명히 작은 핵심의 미움을 사는 듯싶은 사람에게 '아무 신세'도 지기 싫었던 것이다. 하기야 사니에트는 이런 무례를 영영 알 수 없었다. 베르뒤랭 씨가 호통을 친 지 5분도 안 되어 한 사내종이 주인 나리에게 오더니, 사니에트가 저택 안마당에서 발작을 일으키며 쓰러졌다고 알렸기 때문이다. 그러나 아직 야회가 끝난 것은 아니다. "집으로 데려다주도록 하게. 별일 없을 걸세." 주인 나리가 말했다. 발베크 호텔의 지배인식으로 말하자면, 그의 개인 저택(hôtel particulier) *¹은 이리하여 큰 호텔—급사한 손님이 살아 있을 때에 아무리 훌륭하고 씀씀이가 큰 인물이었다 해도, 다른 손님들이 무서워할세라 잠시 식료품 창고에 주검을 숨겨두었다가, 접시닦이나 양념 장수들이 드나드는 쪽문으로 몰래 내보내는—과 동급이 되었다. 하기야 사니에트가 죽은 건 아니었다. 그는 몇 주일 더 살아 있었지만, 이따금 의식을 되찾았을 뿐 그대로 혼수상태가 계속됐던 것이다. *²

샤를뤼스 씨는 연주가 끝나고 손님들이 그에게 작별인사를 하자, 그들이 도착할 때 저지른 잘못을 되풀이했다. 그는 손님들에게, 안주인한테 가서, 그에게 표했던 감사 말을 그녀와 그 남편에게도 해달라고 부탁하지 않았다. 손님들이 남작 앞에만 길게 한 줄로 늘어서 있었지만 정작 본인은 그걸 알아차리지 못했다. 몇 분 뒤 내게 이렇게 말했기 때문이다. "예술적인 모임 자체가 점점 '성구실(Sacristie)' *³ 같은 양상을 띠어 퍽 재미나는데." 엎친 데

---

*1 '독립된 넓은 개인 저택'이라는 뜻.
*2 그러나 사니에트는 뒷부분에 다시 등장함. ―플레이아드판 주
*3 성당 건물에 이웃해 있는 방. 미사가 끝나면 이곳에서 신부와 신자들이 인사를 나누는 게 상례.

덮친 격으로, 남작 곁에 좀더 남아 있으려고 온갖 말로 인사말을 길게 늘이기까지 하는 이가 있어, 그러는 동안 남작에게 '그의' 연회 성공을 아직 축하 못한 이들이 한데 모여 발만 구르고 있었다(조금이라도 빨리 돌아가고 싶어한 남편들은 많았지만, 공작부인이면서도 속물인 그 아내들은 그렇지 않았다. "안 돼요, 한 시간이 걸린다 해도 이만큼 애쓰신 팔라메드에게 고맙다는 뜻을 표하지 않고서는 떠날 수 없어요. 요즘 이런 연회를 베풀 수 있는 분은 그분뿐이니까." 아무도 베르뒤랭 부인을 소개해달라고 말할 생각은 없었다. 마치 한 귀부인이 하룻밤 온 귀족 사회 인사를 극장에 초대해도, 아무도 극장 안내양에게 소개해달라고는 생각하지 않듯이). "어제 내 사촌인 엘리안 드 몽모랑시 댁에 가셨나요?" 모르트마르 부인이 이야기를 질질 끌 속셈으로 물었다. "그게 말이죠, 못 갔어요. 나는 엘리안을 무척 좋아하지만, 초대장의 뜻을 모르겠더라고요. 내 머리가 좀 둔해봐서." 샤를뤼스 씨가 이렇게 덧붙이며 미소를 활짝 띠자, 모르트마르 부인은 오리안에게서도 자주 들었듯이 이제부터 새로운 '팔라메드의 독설'을 제일 먼저 듣겠구나 생각했다. "두 주일 전 상냥한 엘리안에게서 서신을 받기는 받았습니다. 몽모랑시라는 이름은 좀 문제였으나 아무튼 그 서명 위쪽에 다음과 같은 사랑스런 초대 문구가 보이더군요. '오라버니, 부디 오는 금요일 9시 30분에 저를 생각해주시옵소서'라고. 그 밑에는 그다지 상냥하지 않게 '체코 4중주단'이라는 두 마디가 씌어 있었어요. 이 두 마디가 뭔지 통 모르겠거든요. 아무튼 앞글과 관계없는 것 같았죠. 마치 내가 받은 편지 뒷면에 편지 보낸 이가 '친애하는 벗이여'라는 첫머리로 다른 글을 쓰기 시작한 채 그나마도 다음 글을 빠뜨리고, 깜빡해선지 아니면 종이를 아껴선지 다른 편지지를 쓰지 않고 그대로 편지를 보내왔을 때와 같더군요. 나는 엘리안을 매우 좋아하는 터라 그분을 원망하진 않아요. 다만 '체코 4중주단'이라는 기묘하고도 당치 않은 낱말만은 머릿속에 넣지 않기로 했습니다. 또 나는 꼼꼼한 성미라, 금요일 9시 30분에 몽모랑시 부인을 생각하라는 초대장을 벽난로 위에 놓았지요. 내가 남에게 고분고분하고, 시간을 엄수하며, 얌전하기가 뷔퐁(Buffon)＊이 낙타에 대해 말한 것 같은 성격의 인간이라는 점은 다 아시는 바지만." 그러자

---

＊프랑스의 철학자·박물학자(1707~1788). 저서로는 《박물지(博物誌)》가 있음.

샤를뤼스 씨의 입가에 웃음꽃이 더욱더 넓게 피었다. 그는 자기가 그와 반대로 아주 까다로운 인간으로 통하는 줄 스스로도 알고 있었던 것이다. "그래도 낮에 입었던 옷을 벗는 사이 2~3분 늦고 말았지요. 9시 30분이란 곧 10시를 두고 하는 말이거니 생각해 그다지 양심의 가책을 느끼진 않았지만요. 10시 정각이 되자, 포근한 실내복을 입고 푹신한 실내화를 신고서 난로 한구석에 앉아, 엘리안의 요구대로 그분을 생각하기 시작했습니다. 어쩌나 열심히 생각했던지 10시 30분이 되어서야 겨우 집중이 흐트러지기 시작하더군요. 그러니 부디 그분에게 전해주십쇼. 그분의 느닷없는 요청에 이 몸은 엄격히 순종했다고요. 그분도 만족하실 테죠."

모르트마르 부인은 정신이 나가도록 웃었고, 샤를뤼스 씨도 함께 웃어댔다. 부인은 자기에게 허락된 시간을 훨씬 넘긴 줄도 모르고, "그럼 내일은 우리 사촌인 로슈푸코 댁에 가십니까?" 덧붙였다. "허어! 그게 불가능해요. 당신도 초대받으셨겠지만, 초대장대로라면 도저히 상상 못할, 이뤄질 리 없는 '춤추는 다과회(Thé dansant)'라는 것에 나를 초대하신 모양이거든요. 내가 젊었을 때 춤을 썩 잘 추기로 이름났던 몸이지만, 그래도 춤추면서 차를 마시는 재주를 얌전히 해낼 자신은 없다 이 말씀입니다. 나는 먹는 것이든 마시는 것이든 지저분한 건 딱 질색이거든요. 나이가 나이인지라 춤추지 않아도 좋다고 말씀하시겠죠. 그러나 편히 앉아서 차를 마시더라도—게다가 그 차는 춤추는 차니까 맛도 의심스럽지만—나보다 젊은 손님들이 그 나이 무렵의 나보다 춤이 서툴러서 내 연미복에 찻잔이나 엎지는 않을까 전전긍긍하다 보면, 천천히 찻잔을 비우는 즐거움도 없어지고 말 테니까요."

샤를뤼스 씨는 담소 중에 베르뒤랭 부인에 대해 한마디도 하지 않았고, 여러 화제를 닥치는 대로 떠들어대는 것만으로도 만족하지 않았다(진저리 치면서도 얌전히 차례를 기다리는 벗들의 '줄'을 한없이 늘여두는 잔혹한 기쁨, 그가 늘 느껴온 기쁨을 맛보려는 듯했다). 게다가 그는 오늘 야회에서 베르뒤랭 부인에게 책임 있던 부분을 모두 비난하기 시작했다. "찻잔 얘기가 나왔으니 하는 말이지만, 그 묘한 잔은 도대체 뭐죠? 내가 젊은 시절에 푸아레 블랑슈 상점에서 사온 셔벗 그릇이 그랬지만. 아까 누가 내게 말하기를 그 그릇이 '아이스커피' 그릇이라고 하더군요. 그런데 아이스커피라면서 커피도 얼음도 보이지 않으니, 어디에 쓰는지도 알 수 없는 게 참으로 신기한 그릇이다, 이 말씀입니다!" 이렇게 말하면서 샤를뤼스 씨는 흰 장갑을 낀 손을 세워서 입에 대고, 집주인들에게 들리거나 보이는 걸 꺼리는 듯이 눈을 동그랗게 뜨고 신중하게 그쪽으로 눈짓했다. 그러나 이 행동은 속임수에 지나지 않았다. 잠시 뒤에 그는 파트론에게 대놓고 같은 비난을 했으며, 또 조금 있다가 아무 거리낌 없이 함부로 명령했기 때문이다. "아무튼 아이스커피 찻잔만은 삼가십쇼! 친구들 중 아무개 집을 보기 흉하게 만들고 싶다면 그 사람에게 줘버리세요. 하지만 그도 그걸 손님방 안으로 들여서는 안 되죠. 찾아온 손님이 무심코 방을 잘못 찾아온 줄 알 테니까. 요강과 똑같이 생겼거든요."

모르트마르 부인은 목소리를 낮추고, 살피는 눈길로 샤를뤼스 씨를 바라보면서 말했는데, 베르뒤랭 부인을 화나게 할까 봐 걱정되기보다 남작의 기분을 상하게 할까 봐서였다. "그래도 저분은 아직 여러모로 잘 모르고 계실지도 모르니까……."—"내가 가르쳐주죠."—"어머." 모르트마르 부인이 웃으며 말했다. "이보다 훌륭한 스승님이 또 있을까! 베르뒤랭 부인은 운도 좋으셔라! 오라버니께서 돌봐주신다면야 가락이 틀릴 리 없죠."—"하여간 오늘 연주에서는 틀린 가락이 없었지요."—"정말 훌륭했어요. 잊을 수 없는 기쁨이 바로 그거죠. 천재 바이올리니스트의 이야기가 나왔으니 말인데요." 부인은 순진하게도 샤를뤼스 씨가 바이올린 '자체'에 관심을 두고 있는 줄 여기고, 이렇게 말했다. "요전에 포레(Fauret)의 소나타를 아주 멋지게 연주하는 걸 들었는데요. 아시는지요, 프랑크라는 바이올리니스트를……."—"알죠, 아주 흥악해요." 샤를뤼스 씨는 사촌누이에게 음악적 감각이 없다고 단정하는 듯한 무례한 말씨에도 개의치 않고 대답했다. "바이올리니스트라면 내가 데리고 있는 바이올리니스트로 정하는 게 좋습니다."

샤를뤼스 씨와 사촌누이 사이에 또다시 눈을 내리깔면서 몰래 살펴보는 눈길이 오가기 시작했다. 왜냐하면 모르트마르 부인이 얼굴을 붉히면서 어떻게든 열의를 보여 제 실수를 바로잡고자, 샤를뤼스 씨에게 모렐의 연주를 들려주기 위한 야회를 제안하려 했기 때문이다. 그런데 그녀에게 있어 야회의 목적은 재능 있는 연주자를 밝은 곳에 내놓는 데 있지 않았다. 그게 목적인 것처럼 보이려고 했지만, 그건—사실은—샤를뤼스 씨의 목적이었다. 부인은 이를 가장 운치 있는 야회를 여는 기회로만 보았으며, 벌써 마음속으로 아무개는 초대하고 아무개는 초대하지 않기로 계산하고 있었다. 이 선별은 연회를 베푸는 이들(사교계 신문이 뻔뻔스럽게 또는 어리석게 '엘리트'라고 부르는 사람들)의 최대 관심사인데, 최면술사의 암시 이상으로 당장 눈길— 또한 필적—을 뿌리부터 달라지게 만든다. 모렐에게 어느 곡을 연주시킬지 (그런 걱정은 안 해도 괜찮다고 여겼으며, 또 사실 그러했는데, 모든 이가 연주 중에는 샤를뤼스 씨 때문에 예절 바르게 침묵을 지킬 테지만, 음악을 들으려고 하는 사람은 하나도 없을 테니까) 생각하기에 앞서 모르트마르 부인은 머릿속으로 '선택받은 부인' 속에 발쿠르 부인을 넣지 않기로 정했다. 이 때문에 그녀는 남몰래 음모를 꾸미는 듯한 표정, 이러니저러니 하는 남의 뒷말을 아무렇지 않게 무시해버릴 수 있는 사교계 부인들마저 아주 비굴해지게 만드는 표정을 짓게 되었다. "친구분의 연주를 들려주기 위해 내가 연회를 베풀 수 없을까요?" 모르트마르 부인은 낮은 목소리로 물었는데, 샤를뤼스 씨한테만 말하면서도 발쿠르 부인이 듣지 못할 만큼 충분한 거리에 있는지 살펴보고자, 홀린 듯이 그쪽으로 곁눈질을 해야만 했다. '아무렴, 저이는 내 말을 못 들었을 거야.' 모르트마르 부인은 자신의 시선에 안심하고 마음속으로 결론지었는데, 거꾸로 그 눈길은 목적한 바와는 다른 결과를 불러일으켰다. '저것 봐.' 발쿠르 부인은 그 눈길을 보고서 달리 생각했다. '마리 테레즈[1]가 팔라메드와 뭔가 나를 따돌릴 궁리를 하고 있어.' "내 친구라니, 내가 돌봐주는 사람을 두고 하는 말이겠죠." 사촌누이의 음악적인 재능에 대하여 그랬듯이, 문법적 지식에도 가차 없는 샤를뤼스 씨가 정정했다. 그리고 미소 지으면서 변명하는 상대의 말 없는 간청도 아랑곳없이, 온 살롱에 들릴 만큼 큰 목소리로 말했다. "되고말고요. 물론 그와 같은 매혹적인 인물을 밖에 내놓으면 언제나 위험이 따르게 마련이지만요. 다른 환경에 들어가면 그 초월적인 능력도 반드시 줄어들고 말 테니까 말이죠. 어쨌든 환경을 알맞게 만들어주셔야 합니다." 모르트마르 부인은 자기가 일부러 메조 보체(mezzo -voce)[2]로, 피아니시모(pianissimo)[3]로 묻는데도 이런 그릇 깨지는 소리로 대답을 들었으니 헛수고였구나 생각했다. 그러나 그녀의 착각이었다. 발쿠

---

[1] 모르트마르 부인의 이름.

[2] 작은 목소리.

[3] 악보에서, 매우 여리게 연주하라는 말.

르 부인에겐 아무것도 들리지 않았다. 한마디도 알아들을 수 없었으니까. 발쿠르 부인에 대한 불안은 줄어들었다. 만약에 모르트마르 부인이 의표를 찔리지 않았을까, 발쿠르 부인도 초대해야 하지 않을까 초조하고 겁이 나서—친밀한 사이인지라, 상대가 '미리' 알고 있다면 따돌릴 수는 없었다—자기를 위태롭게 하는 위험에서 눈을 떼지 않으려는 듯이 다시 에디트* 쪽을 향했다가 너무 자주 보지 않으려고 재빨리 내리뜨지 않았다면 그 불안은 곧장 꺼졌을 것이다.

모르트마르 부인은 야회 다음 날이 되면 에디트에게 편지를 써 보낼 작정이었다. 이런 종류의 편지란 무심코 사실을 드러내버린 눈길의 마무리로, 본인은 꾀바르게 썼다고 착각할지 모르나 서명을 한 노골적인 고백과도 같은 법이다. 이를테면 '친애하는 에디트, 뵈온 지 오래라서 아쉽답니다. 어젯밤에는 당신이 오시리라고 그리 기대하지 않았습니다('나를 초대하지도 않고서 기대했다고?' 이렇게 에디트가 생각할 법하다). 그런 모임을 그다지 좋아하지 않으시고, 오히려 지루해하시는 줄 아니까요. 그래도 어제 와주셨다면 크나큰 영광이었을 겁니다(모르트마르 부인이 쓰는 '영광'이라는 말은 거짓말을 참말처럼 보이려는 편지에서뿐이었다). 언제라도 마음 내키시면 와주세요. 하기야 어젯밤 오지 않으신 게 오히려 잘한 일인지도 모릅니다. 모임이 아주 엉망이었거든요. 두 시간 앞두고 생각난 모든 일이 다 그렇듯이요 등등.'

그러나 벌써 에디트는 그녀를 슬쩍 엿보는 눈길에서, 샤를뤼스 씨의 복잡한 말 속에 숨어 있는 모든 걸 이해하고 말았다. 게다가 그 눈길이 어찌나 날카로웠던지, 그것이 품고 있는 뚜렷한 비밀과 숨기려는 의도가 발쿠르 부인을 놀라게 한 뒤에, 반대로 초대할 작정이던 젊은 페루인(人)에게까지 옮겨갔다. 의심 많은 이 사람은 무슨 비밀이 있음을 똑똑히 눈치챘지만 그것이 자기에 대한 게 아니라는 사실도 모르고, 금세 모르트마르 부인에게 심한 증오를 느껴 악랄한 장난을 실컷 해주기로 속으로 다짐했다. 그녀가 손님을 대접하지 않는 날에 쉰 명 분의 아이스커피를 보낸다든가, 반대로 그녀가 손님을 초대하는 날엔 신문에 연회가 연기되었다는 기사를 싣게 하든가, 다음 번 야회에 대한 거짓투성이 알림을 발표하여, 여러 이유로 아무도 초대하려 들

---

* 발쿠르 부인의 이름.

지 않고 소개받기조차 싫어하는 인사의 이름을 싣거나 하는 따위의 악랄한 장난을 쳐주마 하고 다짐했다.

모르트마르 부인이 발쿠르 부인만을 마음속에 둔 것은 실수였다. 발쿠르 부인의 참가 따위야 한 번 생각해볼 가치도 없을 만큼, 샤를뤼스 씨야말로 계획된 본 야회의 성격을 철저하게 변질시키고자 했다. 모르트마르 부인은 잠시 감각이 매우 날카로워진 상태였으므로 남작이 말한 '환경' 운운하는 말귀의 뜻을 짐작하고 대꾸했다. "하지만 오라버니, 폐를 끼치지는 않겠어요. 질베르(게르망트 대공)한테 모든 일을 맡아달라고 부탁할 테니까요."—"아뇨, 그것만은 말아요. 그분은 초대하지 않을 테니 더욱 그래요. 모든 걸 내가 정하는 대로 합시다. 먼저 무엇보다도 귀가 있어도 듣지 못하는 이들은 초대하지 말 것." 샤를뤼스 씨의 사촌누이는 모렐의 매력에 기대어 야회를 베풀고 자기는 '팔라메드가 와 있으니까' 다른 친척 부인과 다르다고 뻐겨볼 셈이었다. 돌연 그녀는 그런 사념을 샤를뤼스 씨의 위세에서 떼어내, 만약 그가 초대할 사람을 골라잡는 데 간섭을 했다가는 사이가 틀어질지도 모르는 다른 여러 사람에게 옮겼다. 게르망트 대공(그녀가 발쿠르 부인을 제외하고 싶은 것도, 일부는 그녀를 자기 집에 받아들이지 않는 게르망트 대공 때문이었다)이 초대되지 않을 거라는 생각에 그녀는 질겁했다. 그녀의 눈이 불안한 빛을 띠었다. "전등빛이 좀 눈부신가요?" 샤를뤼스 씨가 진지하게 물었지만, 그 속에 숨은 야유는 통하지 않았다. "전혀 아니에요. 나는, 만에 하나 야회를 열면서 질베르를 초대하지 않은 게 그이의 귀에 들어가면 난처해지지는 않을까 생각하고 있었어요. 물론 나 때문이 아니라, 여러 친척들을 생각했을 때 말이에요. 질베르는 고양이 네 마리를 부르는 것보다……."—"바로 그 점이요. 먼저 야옹거리는 재주밖에 없는 고양이* 네 마리를 없애는 일부터 시작합시다. 주위의 수다가 시끄러워 알아듣지 못하셨나 본데, 요컨대 야회를 이용해 이 사람 저 사람에게 예의를 차리느니보다, 참으로 장엄한 모임에는 언제나 있게 마련인 의식을 행하는 게 중요합니다."

말을 마친 샤를뤼스 씨는 다른 손님을 너무 기다리게 했다고 생각해서가 아니라 모렐보다 자기 자신의 초대 명단만 생각하는 여인을 너무 추어올리

---

* 대수롭지 않은 것을 뜻함.

는 것이 알맞지 않다고 판단하여, 의사가 이걸로 됐다고 판단하고 진찰을 그만두듯이 사촌누이에게 물러가라는 시늉을 했다. 그녀에게 작별인사를 하는 게 아니라, 바로 다음에 온 여인 쪽으로 머리를 돌려버린 것이다. "반갑습니다, 몽테스키외 부인. 훌륭했죠, 안 그래요? 엘렌이 보이지 않던데, 부디 엘렌에게 전해주십쇼. 모든 초대를 거절하는 것이 아무리 고상한 태도라도, 이를테면 엘렌에게도 반드시 예외라는 게 있지요. 그 예외가 오늘 밤처럼 굉장한 것이라면 말입니다. 가끔씩만 모습을 나타내는 것도 좋지만, 가끔이라는 뜻은 부정적인 면에 지나지 않으니, 귀중함을 앞세우는 편이 더 좋을 터. 누이께서 가볼 가치가 없는 곳에는 반드시 결석하시니 나 또한 남 못지않게 탄복합니다만, 거꾸로 오늘 밤같이 기념할 만한 모임에는 참석하시는 게 무엇보다 당연했을 테고, 이미 명성 높은 누이를 더욱 빛나게 해주었을 거라고 전해주시죠." 그리고 그는 세 번째 인물로 넘어갔다.

놀랍게도, 샤를뤼스 씨에게 더할 나위 없이 상냥하게 굴며 아첨 떨고 있는 이 인물은 전에 그에게 몹시 무뚝뚝하게 굴던 아르장쿠르 씨로, 지금은 샤를리에게 소개시켜달라며 한번 자기 집에 와주기를 바라 마지않는다고 말하고 있지만, 본디 샤를뤼스 씨 같은 사내에 대하여 참으로 엄하기 그지없던 이였다. 그런데 현재 그는 그러한 사람들에 둘러싸여 살고 있었다. 물론 샤를뤼스 씨와 같은 부류가 된 것은 아니었지만, 얼마 전부터 그는 사교계의 어느 젊은 여인을 뜨겁게 사랑하여 아내를 거의 버리다시피 했다. 이 젊고 슬기로운 여인은 총명한 이들을 좋아해 아르장쿠르 씨도 그 기호를 같이 나누었는데, 그녀가 샤를뤼스 씨를 집으로 무척 초대하고 싶어했다. 그러나 무엇보다 질투가 강한 반면에 좀 능력이 없는 아르장쿠르 씨는 손안에 넣은 여인을 충분히 만족시키지 못함을 깨달아, 그녀를 지키는 동시에 심심풀이도 주고자 했는데, 별 탈 없이 이를 실행하려면 그녀를 무해한 남자들로 에워싸고, 그들에게 후궁의 파수꾼 소임을 맡기는 수밖에 없었던 것이다. 이 파수꾼들은 그가 매우 싹싹한 인물이 된 줄로 여기고, 생각했던 것보다 더 총명한 인물이라고 소문내, 아르장쿠르 씨도 그 정부도 이를 기뻐해 마지않았다.

샤를뤼스 씨가 초대한 부인들은 총총히 돌아갔다. 그 대부분은 이렇게 말했다. "굳이 성구실(남작이 샤를리를 곁에 데리고서 돌아가는 손들의 축하인사를 받고 있는 작은 손님방을 가리킨다)까지 가고 싶진 않지만, 내가 끝까지 남아 있었단 걸 알도록 팔라메드를 보고 가야 하니까." 아무도 베르뒤랭 부인을 마음속에 두지 않았다. 누가 베르뒤랭 부인인지 몰라서 실수로 코타르 의사의 부인한테 작별인사를 하는 체하고, 나에게 "저분이 베르뒤랭 부인 맞죠, 안 그래요?" 묻는 이도 여럿 있었다. 아르파종 부인은 안주인의 귀에 들리는 거리에서, "베르뒤랭 씨라는 분에게는 정말로 부인이 계시나요?" 묻기까지 했다. 늦게까지 남아 있던 공작부인들은 그녀들이 알고 있는 살롱과 아주 다르거니 생각했는데, 기대한 만큼 별난 게 하나도 없어 하는 수 없이 엘스티르의 그림 앞에서 터지는 웃음을 억지로 참으며 시간을 때웠다. 그 밖의 것들은 그녀들이 이미 알고 있는 바와 의외로 비슷하여 샤를뤼스 씨를 격찬했다. "팔라메드는 어쩌면 모든 걸 이렇게 잘도 처리하시는지! 차고나 화장실에서 몽환극을 상연해도 틀림없이 황홀할 거야." 가장 고귀한 부인네들은 샤를뤼스 씨에게 제일 열렬한 말로 야회의 성공을 치하했는데, 그중 몇몇은 이 야회의 숨은 동기를 알면서도 당황해하는 기색조차 없었다. 이 사회에서는—아마도 역사의 어느 시기에 그들의 조상이 완전히 자각적으로 같은 영역에 이미 다다랐던 것을 떠올려선지—예의범절을 크게 존중하는 만큼 아주 사소한 염려는 대수롭지 않게 여기고 돌아보지도 않는다. 그녀들 중에는 그 자리에서 샤를리한테 아무 날 밤에 뱅퇴유의 7중주곡을 연주하러 와달라고 권하는 부인도 여럿 있었지만, 그 모임에 베르뒤랭 부인을 초대하고자 생각한 이는 한 사람도 없었다. 베르뒤랭 부인은 화가 머리끝까지 치밀었으나, 구름 위에 올라 둥둥 떠 있는 샤를뤼스 씨의 눈에 그런 기색이 비칠 리 없었다. 그는 예의상 제 기쁨을 파트론에게 나눠주고 싶었다. 예술적인 모임에 대해서 완고한 이론을 고수하는 그가 베르뒤랭 부인한테 다음과 같이 말한 것은, 오만의 범람이라기보다 오히려 자신의 문학 취미에 빠져서였을 것이다.

"어떻습니까, 만족하시죠? 아무렴 만족하시겠죠. 보시다시피 내가 연회에 참견하면 어중간한 성공으로 끝나는 법이 없단 말씀입니다. 댁의 문장학(紋章學)의 개념으로 이 야회의 가치, 내가 댁을 위해 들어올린 무게, 댁을 위해 옮겨놓은 공기의 대단한 분량을 정확히 헤아릴 수 있는지 모르겠지만. 나폴리 왕비와 바이에른 황제 폐하, 그리고 아주아주 오랜 가문의 대귀족이 세 분이나 오셨단 말씀이죠. 만약에 뱅퇴유가 마호메트라면, 우리가 그를 위해 꼼짝하지도 않는 산까지 옮겨놓았다 해도 지나친 말이 아니죠. 생각해보세요. 댁의 야회에 참석코자 나폴리 왕비께서 뇌이(Neuilly)에서 일부러 나오셨단 말입니다. 이는 두 시칠리아(Deux-Siciles) 왕국*을 떠나는 것보다 더 어려운 행차시죠." 그는 왕비를 존경하는 마음을 품으면서도 신랄하게 비꼬며 말했다. "이건 역사적 사건이에요. 아마 왕비께서는 가에타 함락 뒤로 나들이한 적이 한 번도 없었을 테니까. 틀림없이 장래의 역사와 전기에는 왕비 최고의 날로서 가에타 함락과 베르뒤랭가의 야회일이 기록되겠죠. 왕비께서 뱅퇴유에게 더욱 많은 갈채를 보내시고자 곁에 놓으신 부채로 말하자면, 남들이 휘파람 불어 바그너를 야유했다고 해서 메테르니히 부인이 찢은 부채보다도 더 유명한 부채로 역사에 남을 겁니다."—"더구나 그 부채를 놓고 가셨답니다." 베르뒤랭 부인은 왕비가 보이던 호의를 떠올리며 잠깐 노기를 누그러뜨리고 말하면서, 샤를뤼스 씨에게 안락의자 위에 있는 부채를 가리켰다. "허어! 가슴이 찡하군요." 샤를뤼스 씨가 외치며 공손히 그 귀중품 쪽으로 다가섰다. "추악한 부채인 만큼 더욱더 심금을 울리는데요. 이 가련한 제비꽃은 듣도 보도 못한 것이군요!" 감동과 야유가 번갈아 온몸을 부르르 떨게 했다. "이럴 수가 있다니. 당신도 이걸 보시고 나처럼 느끼는 바가 있는지 모르겠으나, 스완이 이걸 보았다면 경련을 일으켜 급사했을 거요. 왕비가 가지고 있는 물건들을 경매할 때, 값이 아무리 뛰어도 나는 반드시 이 부채를 사겠소. 한 푼 없는 신세시라 조만간 경매에 붙일 테니까요." 남작은 덧붙였다. 그의 마음속에서는 신랄한 욕지거리와 진지한 경의가 상반된 성격에서 나와 서로 끊임없이 섞이며 충돌하고 있었던 것이다.

욕설과 경의가 똑같은 사실에 차례로 집중되기도 했다. 유복한 인간의 안락함에 푹 젖어 왕비의 빈곤을 비웃다가도, 또한 자주 이 빈곤을 칭찬해온 샤를뤼스 씨는 남들 입에서 두 시칠리아 왕국의 왕비인 뮈라 대공부인에 대한 얘기가 나오자 대꾸했다. "어느 분을 두고 하는 말인지 통 모르겠지만, 나폴리 왕비라면 단 한 분, 그 거룩한 분, 마차도 갖고 계시지 않는 그 왕비밖에 없단 말입니다. 합승마차를 타신 왕비에 비하면 장엄한 마차 행렬도 빛을 잃고, 그분의 행차를 보면 사람들은 모두 땅바닥에 무릎을 꿇을 테죠."

---

\* 수도는 나폴리. 1815년에 건국, 1860년에 이탈리아 왕국에 편입됨. 나폴리 여왕은 쫓겨나 현재는 파리에 망명 중. 자가용도 없을 만큼 가난해서 외출이 어려움을 비꼬아 하는 말.

"이 부채는 미술관에 기부합시다. 하지만 당장은 이걸 찾으러 오느라 합승마차 삯을 낭비하지 않도록 그분에게 돌려드려야겠습니다. 이와 같은 물건의 역사적인 가치로 보자면 이 부채를 슬쩍하는 게 가장 현명한 방법이지만. 그러면 왕비께서 난처해하실 테죠. 모르긴 몰라도 부채라곤 이것밖에 없을 테니!" 그는 웃음을 터뜨리며 이렇게 말했다. "하여간 보시다시피 왕비께서 나를 위해 와주셨다 이 말씀입니다. 또 내가 일으킨 기적은 이뿐만이 아니죠. 내가 오게 한 그 많은 사람을 자유자재로 움직일 수 있는 힘을 가진 인간은 이 시점에서 한 사람도 없답니다. 하기야 저마다의 공적도 마땅히 인정해야죠. 샤를리와 그 밖의 연주자들은 신기와 같은 솜씨를 보여주었고." 그는 너그러운 말투로 덧붙였다. "또 친애하는 파트론 당신도 이 야회에서 맡은 바 소임을 다하셨습니다. 댁의 이름은 이 야회와 함께 영원히 기록될 거예요. 역사에는 잔 다르크가 출전했을 때,[1] 그녀를 무장시킨 어린 몸종의 이름도 기록되어 있으니까. 당신은 고리의 구실을 맡으셔서, 뱅퇴유의 음악과 그 천재적 연주자의 융합을 가능케 했습니다. 연주자가 한 유력한 인물, 그것이 나 자신을 가리키는 말이 아니라면 하늘의 소명을 받은 인물이라고나 할까, 그 인물이 지닌 모든 무게를 이용할 수 있는 전반적 상황의 맥락이 지닌 중요성을 당신은 현명하게도 이해하셨지요. 그리고 매우 적절하게 그 인물로 하여금 오늘의 모임을 권위 있는 것으로 만들고, 모렐의 바이올린 앞에 모든 이의 귀를 집중시킬 수 있는 말재주와 직결된 귀를 가진 이들을 모으도록 요구받으셨던 겁니다. 이를 어찌 수고가 적다하겠습니까. 오늘 같은 완벽한 성공에서는 가볍게 볼 게 하나도 없습니다. 모두가 힘을 합쳐야지요. 라 뒤라스(La Duras)[2]도 훌륭했고. 요컨대 모든 일이 순조로웠습니다."

훈계하기 좋아하는 그가 결론을 내렸다. "그래서 이간 붙이기 좋아하는 사람들(personnes-diviseur)[3]을 초대하는 걸 내가 반대했던 거죠. 그들은 내가 데리고 온 탁월한 인물들 앞에 나오면 숫자의 소수점과 같은 소임이나 맡

---

[1] 프루스트는 '잔 다르크가 출전할 때', 하고 다음에 여백을 남기고 있다. 아마 어떤 삽화를 넣으려다가 그만둔 듯함.

[2] 올바르게 말하려면 뒤라스 부인이라고 해야 하는데, 여성 관사 La를 붙여 친밀함이나 경시하는 뜻을 나타냄. 저명한 화가나 여배우의 이름에 흔히 La를 붙임.

[3] 프루스트의 조어(造語), diviseur라는 낱말은 제수(際數), 그런데 그 원형동사인 diviser는 '나누다, 이간하다'라는 뜻.

앞을 거요. 다시 말해서 다른 이들이 소수점 이하로 떨어졌을 거라는 말입니다. 이런 것에 대한 내 감각은 썩 정확하답니다. 아셨습니까? 뱅퇴유와 그 천재적인 연주자, 당신, 또 감히 말하지만 내게 어울리는 야회를 베푸는 바에야 실수가 있어서야 쓰겠느냐 이 말씀이에요. 라 몰레*¹ 따위를 불렀다면 다 엉망이 되고 말았을 겁니다. 물약의 효능을 없애는 그따위 중화액(中和液) 한 방울에 당장 전등이 꺼지고, 조각 케이크도 때를 맞추지 못하며, 오렌지 주스로 모두가 배탈이 났을 거요. 초대해서는 안 되는 인물이란 말입니다. 그 이름만 들어도, 몽환극에서처럼 금속 악기는 아무 소리도 안 나고, 플루트나 오보에도 갑자기 소리가 끊어지고 말았을 거요. 모렐도 가까스로 소리를 내기야 했겠지만 박자가 틀려, 뱅퇴유의 7중주곡은커녕 베크메서*²가 장난삼아 지은 것을 우리에게 들려주고, 야유하는 욕설이 난무하는 가운데 끝났을 겁니다. 인간의 영향력을 굳게 믿는 나는, 연주의 밑바닥에 꽃처럼 흐드러지게 핀 어느 라르고(largo)*³나―단순한 알레그로(allegro)가 아니라 비할 바 없는 경쾌함(allegro)을 지닌―피날레(finale)의 만족감이 드높아지고 북돋워지는 속에서, 라 몰레가 없었기 때문에 연주자는 영감을 받았으며, 악기마저도 기쁨에 겨워 참으로 시원시원하게 뻗어나가는구나 하고 썩 잘 알아챘습니다. 그리고 왕후를 모두 접대하는 날, 문지기 마누라 따위는 초대하지 않는 법이니 말입니다."

몰레 부인을 라 몰레라고 부름으로써(큰 호감을 보이긴 했지만, 라 뒤라스라고 불렀듯이), 샤를뤼스 씨는 상대의 가치를 마지못해 인정한 셈이었다. 왜냐하면 이런 부인들은 모두 사교계의 여배우였기 때문이고, 또 이 관점에서 봐도 실제로 몰레 백작부인은 세상에서 특별히 평가할 만큼의 지성을 갖추지 못한 게 사실이었다. 마치 시시한 예술가나 작가들이, 그 동료가 평범하고 변변치 못해서 참다운 재능을 보일 줄 아는 뛰어난 예술가가 하나도 없기 때문에, 또는 뛰어난 개성이 있더라도 독자와 관객이 평범하고 변변치 못해서 이해하지 못하기 때문에, 얼마 동안 천재의 지위를 차지하는 경우를 떠올리게 했다. 몰레 부인은 꼭 들어맞지 않더라도 첫 번째 설명을 택하는 편

---

*1 마찬가지로 몰레 부인을 얕보아 부르는 명칭.
*2 바그너 작 〈뉘른베르크의 명가수〉에 나오는 인물.
*3 음악에서 빠르기를 지시하는 말. 아주 느리게 연주하라는 말.

이 나을 성싶다. 허무의 왕국인 사교계의 각양각색 여인들 사이에는 가치의 차이라는 게 거의 없으며, 오로지 샤를뤼스 씨의 불만이나 상상력이 정도의 차이를 어처구니없이 과대평가하는 일만 있을 뿐이다. 물론 그가 이제 막 말했듯이 예술과 사교계에 대한 것을 뒤죽박죽으로 섞어 아니꼬운 말로 수다를 떨었던 이유는, 할망구 같은 노여움과 사교인으로서의 교양이 그 뛰어난 웅변에 하찮은 주제밖에 제공하지 않았기 때문이다. 차이 있는 세계(monde)란 지구상에 존재치 않고, 인간의 지각은 온 나라를 한결같이 고르게 한다. 하물며 그 세계가 '사교계(monde)'에 존재하랴. 그렇다면 그 세계가 어딘가에 존재하는가? 뱅퇴유의 7중주곡은 꼭 존재한다고 내게 일러주는 듯싶었다. 그러나 어디에?

샤를뤼스 씨는 또한 뒤에서 험담하고 이간하여 나누어 다스리기를 좋아하는 인간인지라 이렇게 덧붙였다. "댁께서 몰레 부인을 초대하지 않은 덕분에 그 여인한테서 '베르뒤랭 부인이 나를 초대한 까닭을 모르겠네요. 나는 그들이 어떤 사람들인지 도무지 알 수가 없어요. 전혀 아는 사이가 아니니까요' 말할 기회를 앗아버린 셈입니다. 지난해에도 몰레 부인은 댁의 사귀자는 끈질긴 교섭에 진저리난다고 말하더군요. 참 바보 같은 여자예요. 다시는 초대하지 마세요. 요컨대 그녀는 그리 특별한 여인이 아니에요. 나도 이렇게 드나드니까, 그녀 따위가 댁에 오는 걸로 이러쿵저러쿵 군소리하고 싶지 않다 이 말씀입니다." 그는 결론을 내렸다. "말하자면 나는 댁의 감사를 받을 만하지요. 야회를 이같이 잘 진행하여 완벽하기 그지없었으니까. 게르망트 공작부인이 불참했지만, 누가 알겠습니까, 어쩌면 더 잘된 일인지. 아무튼 원망 말고 다음 기회에 또 한 번 초대하기로 합시다. 하여간 그분은 잊을 수 없단 말씀이에요. 그 눈이 '잊지 말아주세요' 소곤대고 있으니. 그 눈은 두 포기 물망초와 똑같거든요(나는 나대로 생각했다. 공작부인이 지닌 게르망트 집안의 기질—여기에는 가고 저기에는 안 가겠다는 결심—이 팔라메드에 대한 공포심마저 이겨낸 것으로 보아 이만저만 센 게 아닐 거라고). 이처럼 완벽한 성공을 거두고 보니, 베르나르댕 드 생피에르(Bernardin de Saint-Pierre)*처럼 곳곳에 신의 섭리의 손길이 놓여 있다고 생각하고 싶어지는군

---

* 《폴과 비르지니》와 《자연의 연구》의 작자(1757~1814). 그의 이름이 여실히 말해주듯 종교적 자연관이 짙음.

요, 뒤라스 공작부인도 매우 기뻐했답니다. 당신께 그 뜻을 전해달라고 나한테 당부할 정도였으니까요." 샤를뤼스 씨는 마치 베르뒤랭 부인이 이를 과분한 영광으로 여겨야 한다는 듯이 마지막 말을 강조했다. 분에 넘칠 뿐만 아니라 거의 믿을 수 없는 영광으로 생각해야 한다는 말투였다. 이를 믿게 하려고, 유피테르*1에 의해 파멸한 사람들같이 발광한 그는 "바로 그렇소" 하고 잇따라 말할 필요를 느꼈다. "뒤라스 부인이 모렐에게 부탁하여 자기 집에서 같은 곡목을 다시 한 번 연주하기로 했습니다. 나는 베르뒤랭 씨를 초대하라고 부탁해볼까 해요." 샤를뤼스 씨는 생각조차 못했지만, 그가 유독 남편한테만 보이는 이 예의는 아내에 대한 극심한 모욕이었다. 그녀는 작은 동아리 안에서 효력을 발휘하는 어떤 모스크바 칙령*2으로, 연주자 모렐에게 자기의 명확한 허가 없이는 외부 출연을 금지할 권리가 있다고 여겼으므로 뒤라스 부인의 야회 참가를 금지시켜야겠다고 굳게 다짐했다.

샤를뤼스 씨는 이처럼 도도하게 지껄이는 것만으로도, 작은 동아리 안에서 따로 무리 짓는 것을 좋아하지 않는 베르뒤랭 부인의 속을 긁곤 했다. 라 라스플리에르에 있을 적부터 남작이 작은 동아리 전체의 합주에서 제 파트를 지키는 데 만족하지 못한 채 끊임없이 샤를리에게 뭔가 지껄이는 것을 듣고, 베르뒤랭 부인은 남작을 가리키면서 몇 번이나 소리 질렀었다. "혀도 잘 놀리지! 무슨 혀가 저토록 잘 돌아갈까! 정말 이만저만하지 않은 수다야!" 그러나 이번 수다는 더 고약스러웠다. 제 수다에 취한 샤를뤼스 씨는 베르뒤랭 부인의 소임을 인정하면서도 그것에 좁은 한계를 정해버린 탓에, 부인의 증오심—그녀의 경우 질투의 특수한 사회적인 형태—을 터뜨리고 만 것을 깨닫지 못했다. 베르뒤랭 부인은 작은 동아리의 손님들, 신도들을 진정으로 아껴서 그들을 완전히 파트론의 것, 곧 자기 것으로 해두고 싶었다. 질투 많은 이들이 한지붕 밑에서, 아니 눈앞에서라면 애인이 자기를 속이는—다시 말해 속는 게 아니다—것을 눈감아주듯, 베르뒤랭 부인은 대를 위해 소를 버리려고 사내들이 여성 애인을, 남성 애인을 갖는 걸 눈감아주었지만, 단

---

*1 로마 신화의 최고신으로 영어 발음은 주피터.

*2 1812년 나폴레옹이 모스크바 원정 중에 서명한 칙령(勅令). 코메디 프랑세즈에 대한 규칙을 만든 것인데, 그 규칙 가운데 이 극장의 전속 배우가 허가 없이 다른 극장에 출연함을 금하는 조항이 있음.

그녀의 집 밖에서는 아무런 사회적인 영향을 끼치지 않을 것, 다시 말해 수요일 모임에서만 맺어지고 거기서만 유지된다는 조건하에서였다.

지난날 오데트가 스완에게 몸을 바싹 붙이고 은밀하게 터뜨린 웃음이 그녀의 분통을 터뜨려놓았었는데, 얼마 전부터 모렐과 남작이 속삭이듯 지껄이는 말이 그러했다. 이와 같은 고통에 대한 그녀의 유일한 위안은 남의 행복을 깨뜨리는 데 있었다. 그녀가 남작의 행복을 오래도록 참아줄 리가 없었다. 어리석게도 남작은 이제 작은 동아리에서 파트론의 자리를 제한하는 태도를 보임으로써 오히려 자기 파멸을 재촉했다. 베르뒤랭 부인의 머릿속에는 모렐이 그녀 없이 남작의 비호 아래 사교계에 드나드는 모습이 선했다. 해결 수단은 오로지 하나, 모렐에게 남작과 그녀 가운데 하나를 택하게 하는 길이다. 그녀는 모렐이 이미 눈치채고 있는 사실이나 앞으로 똑똑히 알게 될 사실을 증거로 보여, 직접 들었거나 꾸며낸 소문을 모두 모렐에게 들려주고, 순진한 자가 빠질 법한 함정을 파놓아 그녀의 비상한 통찰력을 모렐에게 보여줌으로써 그를 휘어잡을 힘을 지니고 있었다. 이 영향력을 이용하여 모렐이 남작보다 자기를 택하게 해야 한다. 오늘 야회에 참석하고서도 자신에게 소개 인사조차 하지 않았던 사교계 부인들이 왜 망설이거나 버릇없이 굴었는지 깨닫자, 베르뒤랭 부인은 다짐했다. "흥! 어떤 족속인지 잘 알지. 우리에게 어울리지 않는 늙어빠진 창부들 같으니라고. 다시는 이 살롱에 발을 들여놓게 하나 봐라." 사실 그녀는 기대했던 것보다 덜 친절하더라고 말하느니 차라리 죽음을 택했으리라.

"여어! 장군!" 갑자기 샤를뤼스 씨는 베르뒤랭 부인을 제치면서 소리쳤다. 대통령 관저 소속인 델투르 장군을 언뜻 보았기 때문인데, 샤를리가 훈장을 받는 일에 큰 영향력을 마칠 수 있는 이 인물은 코타르와 건강 상담을 몇 마디 한 다음 허둥지둥 돌아가려던 참이었다. "안녕하십니까, 장군. 아니 그래 나한테 작별인사도 없이 몰래 도망치시깁니까?" 남작은 호인다우면서도 자만에 가득 찬 미소를 띠며 말했다. 그도 그럴 것이 자기와 조금이라도 더 대화를 나누는 것을 누구나 다 만족해하는 줄 잘 알고 있었기 때문이다. 게다가 그는 지금 같은 흥분 상태에 있으면, 꽥꽥거리는 목소리로 자기 혼자서 묻고 혼자서 대꾸하는 게 흔한 일이라, 곧장 이렇게 말하기 시작했다. "어떻습니까, 만족하십니까? 아주 훌륭했죠? 그 안단테는 어땠습니까? 인간이 이제껏 만든 음악 중 가장 감동적인 작품이죠. 눈물 없이는 끝까지 듣지 못할 겁니다. 참으로 잘 오셨습니다. 그런데 오늘 아침 프로베르빌에서 고마운 전보를 받았는데, 상훈국(賞勳局) 쪽에서는 처리하기 어려운 여러 일들이 이른바 정리되었다더군요." 샤를뤼스 씨의 목소리는 점점 커져, 마치 법정에서 과장된 말투로 변론하는 변호사처럼 평소의 목청이나 보통 어조와 다르게 날카롭게 올라갔다. 지나친 흥분과 신경의 쾌감으로 목소리가 커지는 모양은, 게르망트 부인이 만찬회를 베풀 때 그녀의 눈길뿐만 아니라 목소리 장단까지 높이 올라가는 것과 비슷했다. 장군이 말했다. "내일 아침에 위병 편으로 편지를 보내, 내가 얼마나 감격했는지 알려드릴 셈이었죠. 직접 말씀드리고 싶었지만 당신이 많은 분들에게 둘러싸여 있어서! 프로베르빌의 후원도 물론 무시 못하나, 저는 장관의 약속을 받아놓았습니다."—"허어! 고맙군요. 그만한 재능에 훈장받을 만하다는 걸 아셨을 테지만. 호요스 대사도 매우 기뻐했지요. 대사부인을 뵙지 못했는데, 만족하시던가요? 하기야 만족하지 않을 사람이 어디 있겠습니까? 듣지 못하는 귀를 가진 자만 빼놓고 말입니다. 그런 자들도 소문 낼 혀를 가지고 있으면 별로 지장 없긴 하지만요."

남작이 장군과 이야기하려고 떨어져나간 틈을 타서, 베르뒤랭 부인은 브리쇼에게 손짓했다. 베르뒤랭 부인이 무슨 말을 꺼낼지 알 리 없는 브리쇼는 부인을 웃게 하려고, 그 이야기가 얼마나 나를 괴롭히는지 짐작도 못하고서 파트론에게 말했다. "뱅퇴유 아가씨와 그 여자친구가 오지 않아 남작이 여간 기쁘지 않나 봐요. 그 둘에겐 남작도 대단히 얼굴을 찡그리니까. 두 사람의 소행을 소름끼치는 짓이라고 잘라 말한 적도 있죠. 상상도 못하시겠지만, 남작은 풍기(風紀)에 대해서는 참으로 결백하고 엄격한 분이세요." 그러나 브리쇼의 기대와는 달리, 베르뒤랭 부인은 조금도 재미있어하지 않았다. "더러운 사람이에요." 그녀가 대꾸했다. "같이 담배 한 대 피우러 가자고 권해보세요. 샤를뤼스가 눈치 못 채는 사이에 바깥분이 저 늙은이의 둘시네아*를 데려와서, 어떤 심연 속으로 굴러떨어지려고 하는지 가르쳐줄 테니까요." 브리쇼는 좀 망설이는 듯했다. 베르뒤랭 부인은 브리쇼의 마지막 거리

---

* 돈키호테 마음속의 애인, 여기서는 모렐.

낌을 없애기 위해 말을 이었다. "집에 저런 이가 있으면 잠깐도 마음이 놓이지 않는답니다. 저이가 지금까지 더러운 사건을 일으켜 경찰의 감시를 받고 있음도 잘 알거든요." 악의가 마음속에 치솟아오르면 그 자리에서 있는 소리 없는 소리 꾸며대는 재능이 뛰어난 베르뒤랭 부인은 이런 험담만으로 그치지 않았다. "감옥에 구금된 일도 있나 봐요. 아무렴 그렇고말고요, 매우 정통한 소식통에게서 들었답니다. 게다가 저이와 같은 거리에 사는 어느 분 말로는, 상상도 못할 불한당들을 집으로 끌어들인다지 뭐예요." 남작 집에 자주 드나드는 브리쇼가 그렇지 않다고 말하자, 베르뒤랭 부인은 흥분하여 소리쳤다. "보증하겠어요. 내가 하는 말이니까." 이 표현은 그녀가 좀 어림짐작으로 내뱉은 말을 우길 때 흔히 쓰는 대사였다. "언젠가는 저이도 남의 손에 죽고 말겠죠. 저런 족속이 다 그렇듯. 아냐, 어쩌면 그 정도까지도 못 갈지 모르죠. 그 쥐피앙이라는 녀석이 손톱으로 꽉 쥐고 있으니까요. 저이는 뻔뻔스럽게도 쥐피앙을 내 집에 보낸 일이 있었는데, 그 녀석으로 말하면 옛날에 콩밥 먹던 인간이죠. 난 다 알아요. 그 녀석이 샤를뤼스의 편지를 단단히 움켜쥐고 있다는데, 무시무시한 내용이라는군요. 그걸 본 사람한테 들었어요. 그 사람이 '만약 그걸 보신다면 기절하고 말 겁니다' 하지 뭐예요. 이렇게 그 쥐피앙이란 녀석은 샤를뤼스를 몽둥이로 조종해 원하는 만큼 돈을 토해내게 하나 봐요. 샤를뤼스 같은 신세가 되어 벌벌 떨며 사느니, 나라면 차라리 죽어버리는 편이 천 배나 나을 거예요. 아무튼 만에 하나라도 모렐의 가족이 샤를뤼스에게 소송을 건다면, 나는 공범자로 문책받고 싶지 않아요. 그래도 모렐이 이런 짓을 계속한다면 더 이상 내 알 바 아니죠. 내 책임은 다한 셈이니까. 안 그래요? 이 일은 어쨌든 웃을 일이 아니에요."

　그러고 나서 베르뒤랭 부인은 앞으로 남편이 바이올리니스트와 나눌 대화에 대한 기대로 벌써 기분 좋은 흥분을 느끼면서 내게 말했다. "브리쇼에게 물어보세요. 내가 용기 있는 벗인지 아닌지. 벗을 구원키 위해서라면 내가 얼마나 헌신적인지도요(그녀는 자기가 브리쇼를 처음에는 세탁소 아가씨와, 다음에는 캉브르메르 부인과 아주 알맞은 때에 멀어지게 했던 그 무렵의 상황을 암시했는데, 그와 같이 사이가 틀어진 끝에 브리쇼는 거의 완전히 시력을 잃었고, 소문에 따르면 모르핀 중독자가 되었다고 한다)."—"비할 바 없는 벗, 통찰력이 뛰어나고 씩씩한 벗이죠." 교수는 순진한 감동을 담아 대답했다. "베르뒤랭 부인 덕분에 나는 크나큰 바보짓을 저지르지 않게 되었다네." 브리쇼는 베르뒤랭 부인이 멀어졌을 때 내게 말했다. "베르뒤랭 부인은 서슴 없이 생살에 칼을 댈 분이지. 코타르의 말을 빌리면, 수술도 마다하지 않는 간섭주의자거든. 사실대로 말하네만, 불쌍하게도 남작이 자기 몸에 닥쳐오는 타격을 아직 모르는 게 생각만 해도 가슴 아프구만. 남작은 그 어린 녀석에게 아주 미쳐 있거든. 만약 베르뒤랭 부인이 성공한다면 나락으로 떨어지는 불행한 인간이 또 하나 생기는 거지. 하기야 부인이 실패할지도 모르지. 나는 아무래도 두 사람 사이에 갈등의 씨앗만 뿌리고, 결국 그들을 떼어놓지 못한 채 두 사람과 부인 사이를 틀어놓는 것으로 끝나지 않을까 걱정이군."

이런 일은 지금껏 베르뒤랭 부인과 신도 사이에 자주 일어났다. 하지만 부인의 경우, 자기를 향한 신도들의 우정을 잃기 싫은 욕구가 어느새 이 우정을 신도들 사이의 우정에 의해 어떤 경우에도 절대로 방해받고 싶지 않다는 욕구에 사로잡혀 있음이 뚜렷했다. 동성애도 베르뒤랭 집안의 전통을 상하게 하지 않는 한 그녀의 마음을 해치지 않았으나 그녀는 가톨릭교와 마찬가지로, 전통에 대해 양보하느니 어떠한 희생도 마다하지 않았다. 나는 걱정되기 시작했다. 그녀가 나한테 성이 난 것은 내가 낮에 그녀 집에 가려는 알베르틴을 막았던 사실을 알고 있기 때문이 아닐까. 지금 베르뒤랭 씨가 샤를뤼스 씨의 일로 바이올리니스트한테 일을 꾸미러 갔듯이, 그녀는 알베르틴을 내게서 떼어놓는 계획을—아직 손대지 않았지만—곧 시작하지 않을까. "어서 샤를뤼스한테 가보세요. 뭐든 핑계를 만들어서. 때가 되었어요. 제가 당신을 오라고 하기 전에는 샤를뤼스가 이쪽으로 오지 못하도록 특히 힘써주세요. 정말이지, 어처구니없는 야회였어요!" 이렇게 덧붙인 베르뒤랭 부인은 분노한 진짜 이유를 드러냈다. "그만한 걸작을 그런 바보들 앞에서 연주시키다니! 하지만 나폴리 왕비를 두고 하는 말은 아니에요. 그이는 영리하시고 호감이 가는 분입니다(다시 말해서 '내게 아주 상냥하셨다'라는 뜻). 그러나 다른 사람들은! 정말이지 화가 치밀어 올라서! 어쩔 수 없어요. 이제 나도 스무 살이 아니거든요. 젊었을 때는 싫증을 참을 줄 알아야 한다는 타이름을 들었고, 저도 억지로 참긴 했지만. 지금은 천만에! 더는 참지 않아요. 내 힘으로 어떻게든 할 수 있으니까요. 내가 하고 싶은 대로 할 수 있는 나이잖아요. 인생은 너무 짧아요. 싫증을 참는다, 바보들과 교제한다, 진심을 숨긴다, 바보들을 영리한 자로 여기는 체한다, 흥, 안 되지! 난 못해요. 자아 브리쇼, 잠시라도 허투루 보내선 안 돼요."—"가겠습니다. 부인, 가겠습니다." 델투르 장군이 떠났기 때문에 브리쇼도 드디어 말문을 열었다.

그러나 교수는 먼저 나를 잠시 따로 끌고 갔다. "'도덕적 의무'란 말이오." 그가 말했다. "우리의 '윤리학'이 가르치는 만큼 명료한 명령이 아니라네. 카페에 모이는 접신론자(接神論者)*1나 술집에 모이는 칸트학파(學派)나 이를 각오해야 하지. 우리는 한심하게도 '선'이 뭔지도 모른다네. 자랑하려는 마음은 없네만, 나 자신도 학생들 앞에서 이마누엘 칸트의 철학을 고지식하게 강의했으나, 지금 내가 직면한 사교상의 미묘한 문제에 대해서는 《실천이성 비판》 속에도 명확한 지시가 전혀 없단 말이야. 이 저서에서 다시 세속으로 돌아온 위대한 신교도 칸트는, 선사시대부터 감상적이자 긍정적인 독일에 대하여 포메라니아(Pomerania)*2 신비주의를 유효히 선고하기 위해 게르마니아식 플라톤 철학을 신봉했네. 이 또한 《향연》*3임에 틀림없지만 쾨니히스베르크*4에서 그곳의 관습에 따라 열린 향연, 소화가 잘 안 되고 순결하여 양배추 절임은 있지만 미소년은 없는 향연이지. 한편 우리의 훌륭한 파트론이 전통적인 '도덕'과 어디까지나 바르게 합쳐진 사소한 봉사를 부탁하는데, 내가 이를 어찌 거절할 수 있겠나. 뭐니뭐니해도 말의 올가미에 걸리지 않도록 조심해야 한다네. 세상에 그처럼 어리석은 말을 지껄이게 하는 게 그리 많지는 않으니까. 그러나 만약에 한 가정의 어머니들이 투표에 참가한다면, 마음을 바르게 이끄는 선생으로서는 남작이 비참하게도 낙선할 거라는 점은 주저없이 인정하자구. 불행하게도 그는 난봉꾼 기질을 갖고서 교육자의 천직에 종사한단 말이야. 나는 남작을 욕하는 게 아닐세. 그는 정말 상냥하신 분이지. 구운 고기를 써는 데 세상에 맞서 겨룰 자가 없고, 남을 저주하는 데 뛰어난 재능이 있으며, 인자함이라는 보물창고를 지니셨네. 남작은 뛰어난 어릿광대만큼이나 재미있는 분이지. 그런데 내 동료 가운데 누군가

---

*1 스웨덴의 신비주의자 스베덴보리(1688~1772) 등이 창도한 신비적인 종교관을 신봉함 (theosophist).
*2 옛 독일의 주(州). 지금은 폴란드 영토.
*3 플라톤의 대화편 중의 하나.
*4 칸트의 출생지. 이곳의 대학에 들어가고 또 교수가 되었음.

—아카데미 회원이라고 해둡시다—와 같이 있으면 크세노폰의 말마따나, 시간당 100드라크마(drachma)*¹를 준대도 진저리가 난단 말이야. 내가 좀 꺼리는 바는 남작이 모렐에 대하여 건전한 도덕 이상으로 인자함의 보물을 낭비하고 있지 않은가 하는 점이네. 전도사가 고행으로써 가한 특수한 수업에 그 젊은 회개자가 어느 정도 복종하거나 반항하는지 알 길 없네만, 만약에 우리가 눈을 감고 남작의 악마적 행위에 정식 면허를 내준다면, 페트로니우스(Petronius)*²에서 비롯되어 생시몽을 거쳐 우리에게 이른 듯싶은 이 장미십자회원(Rose-croix)*³에 대하여, 사람들 말마따나 관용의 죄를 범하는 셈이라는 것쯤이야 성직자가 아니라도 충분히 알 만하지. 그렇지만 말일세, 지금 베르뒤랭 부인께서는 죄인의 행복을 위해 바로 이 성직의 직무를 행사하고 싶어서, 그 경망한 젊은이에게 단도직입적으로 말하여 남작이 좋아하는 걸 모두 빼앗고, 어쩌면 그에게 치명적인 일격을 가하려는 꿍꿍이야. 그동안 내가 그를 붙잡아두는 건 말하자면 그를 함정에 끌어들이는 셈이니, 비열한 짓을 하기 전처럼 망설여지네그려."

이렇게 말하고 난 그는 그 비열한 짓을 주저 없이 저질렀다. 그는 내 손을 잡은 채 말했다. "자아, 남작, 담배 한 대 피우러 갑시다. 이 댁의 훌륭한 물건들을 이 젊은이가 전부 구경 못했다는군요." 나는 집에 돌아가야 한다고 말하면서 거절했다. "그러지 말고 기다려주게." 브리쇼가 말했다. "나를 데려다준다 하지 않았나. 난 자네의 약속을 잊지 않았네."—"자네를 위해 내가 은그릇을 꺼내게 할 텐데 정말 바라지 않나? 수월한 일이니까." 샤를뤼스 씨가 내게 말했다. "아까 자네가 약속해준 대로, 모렐의 훈장에 대해선 한마디도 꺼내지 말아주게. 나중에 손님이 적어지면 그때 녀석을 깜짝 놀라게 해주고 싶으니까. 그야 녀석은 그런 훈장이 예술가에게 무에 대수냐고 하지만, 그 아비가 바라는가 보더군(나는 얼굴이 벌게졌다. 베르뒤랭네 사람들은 나의 할아버지를 통해 모렐의 아버지가 뭐 하는 자인지 알고 있었으므로). 그럼 이 댁의 훌륭한 그릇을 자네를 위해 꺼내지 않아도 되겠는가? 그렇지, 자네는 라 라스플리에르에서 여러 번 보아 잘 알고 있구먼."

---

*1 고대 그리스의 은화(30분의 1달러).
*2 고대 로마 풍자 작가(20~66). 네로 궁정에 나감. 당시 로마 사회의 부패상을 묘사함.
*3 17세기 이래 유럽에서 활동한 비밀 단체 회원, 여기서는 샤를뤼스를 가리킴.

나는 아무리 값나가는 것일망정 부르주아의 평범한 그릇 따위에는 흥미가 없다. 한낱 아름다운 판화에 그려진 것이라도 좋으니 뒤 바리(Du Barry) 부인*이 소장한 그릇의 표본 같은 게 보고 싶다고 말할 기분이 나지 않았다. 나에겐 걱정거리가 너무나 많았던 것이다. 뱅퇴유 아가씨가 오기로 되어 있다는 사실이 분명히 드러났는데 어찌 걱정이 안 되랴. 게다가 나는 사교계에 나오면 번번이 마음이 뒤숭숭해지고 설레어서, 얼마쯤 아름다운 게 있어도 주의를 집중하지 못했다. 나의 주의를 끌 수 있는 것은, 내 상상력에 말을 건네는 어떤 현실의 부름뿐이었다. 이를테면 오늘 밤 같으면 낮 동안 그처럼 머릿속에 그려보았던 베네치아의 풍경화, 또는 좀더 일반적인 것에서, 수많은 것과 겉모습은 같지만 그 겉모습보다 진실한—평소에 잠들어 있는 나의 정신을 저절로 깨어나게 하고, 그것이 다시 의식의 표면에 올라오면 내게 큰 기쁨을 주는—것이라면 주의를 끌었으리라. 그런데 극장이라 일컫는 살롱을 나와서 브리쇼와 샤를뤼스 씨와 함께 다른 손님방을 지나며, 라 라스플리에르에서 보았을 적에 아무런 주의도 기울이지 않았던 살림살이가 다른 살림살이 사이에 놓여 있음을 발견하자 이 저택과 라 라스플리에르 성관의 장식 사이에 어떠한 유사, 변하지 않는 동일성을 느끼고, 브리쇼가 미소 지으면서 다음과 같이 하는 말을 이해했다.

"여보게, 이 살롱의 안쪽을 보게나. 저 모양을 보니 'grande mortalis aevi spatium(덧없는 세월에서의 긴 공간)' 25년 전 몽탈리베 거리의 모습을 그나마 상상할 수 있네그려." 그가 다시 보고 있지만 지금은 없어진 살롱에 바치는 미소를 보면서 나는 깨달았다. 아마도 브리쇼가 스스로 깨닫지 못한 채 가장 마음에 들어한 것은 커다란 창이나 주인 부부와 그 신도들의 명랑한 젊음보다도 옛 살롱의 비현실적인 부분이었다. 살롱 안에 있건 밖에 있건, 누구나 확인할 수 있는 겉으로 드러난 현실 부분은 그 비현실의 연장에 지나지 않는다(나 자신도 라 라스플리에르와 콩티 강둑 사이의 몇 가지 유사한 점에서 이 비현실적인 부분을 끌어냈다). 이는 순수한 정신적 부분으로, 그 색깔은 나와 대화하고 있는 노인의 눈에만 존재하며 그도 그 색깔을 내게 보여줄 수는 없다. 또한 이 부분은 바깥세계를 벗어나 우리 영혼 속으로 도피하여,

---

\* 루이 15세의 후궁.

영혼에게 나머지 가치를 부여하고, 영혼의 여느 실체와 동화하고 말아, 그 영혼 속에서—기억에 떠오르는 허물어진 가옥들, 옛 사람들, 밤참 자리에 나온 과일 그릇 따위—추억의 투명한 설화석고(雪花石膏)*로 변하여 꿈틀거리지만, 우리는 우리 눈에만 보이는 이 색깔을 남에게 가르쳐줄 수 없다. 그 때문에 우리는 남들에게 사실대로 말할 수 있다. '이 과거의 일에 대하여 여러분은 상상도 못 하시려니와, 여러분이 지금까지 보고 들으신 바와는 전혀 비슷하지도 않습니다. 그래서 우리도 꺼진 등잔불이나 두 번 다시 꽃피지 않을 산울타리의 향기를 마음속으로 그려볼 때, 이런 사물이 잠시나마 살아남음이 우리 사념에 따른 것임을 생각하면 감개무량합니다'라고. 이런 이유로 브리쇼에게는 몽탈리베 거리의 살롱이 현재의 베르뒤랭네 저택을 존재감 없게 만들었는지도 모른다. 그러나 옛 살롱의 추억이 있었으므로, 새 저택은 교수의 눈에 다른 이에게는 느껴지지 않는 아름다움을 되살리고 있었다. 옛 살림살이 가운데 간혹 배치마저 그대로 이곳에 옮겨진 것들이—나 또한 라 라스플리에르에서 본 그대로를 다시 목격했다—현재의 살롱 안에 옛 살롱의 여러 부분을 합해 하나로 모으고, 그것이 이따금 옛 살롱을 환각처럼 떠오르게 하는가 하면, 뒤이어 별세계로만 여겨오던 파괴된 세계의 단편을 주위의 현실 한가운데로 불러내어 거의 비현실적인 것처럼 보여주었다.

현실 그대로의 새 안락의자 사이에 꿈속에서 나온 듯한 소파, 장밋빛 비단을 씌운 작은 의자, 트럼프 놀이 탁자의 수놓은 보. 인간처럼 과거의 기억을 갖춘 이래로 인격적인 존엄에까지 높아지고, 콩티 강둑 살롱의 써늘한 그늘 속에 놓여, 몽탈리베 거리의 창 너머로 들어오는 햇볕(그것이 몇 시쯤의 햇볕인지 베르뒤랭 부인 못지않게 잘 알고 있었다)이나 도빌 유리문 너머로 들어온 햇볕에 바랜 자국을 간직한 보. 그 보는 도빌까지 옮겨져 거기서 코타르나 바이올리니스트가 함께 어울려서 트럼프 놀이를 하는 시각까지, 꽃핀 정원 너머로 펼쳐진 깊은 골짜기를 온종일 바라보았다. 파스텔로 그린 제비꽃과 삼색제비꽃 다발은 이미 고인이 된 벗인 위대한 화가의 선물로, 아무 흔적도 없이 사라진 삶에서 유일하게 살아남은 조각이자, 뛰어난 재능과 오랜 우정의 집약이며, 그림을 그리던 때의 주의 깊고 온화한 죽은 자의 눈길

---

* 흰 알맹이의 치밀한 덩어리 석고.

과 기름 묻고 쓸쓸하게 보이는 고운 손을 떠올리게 했다. 신도들이 보내온 것이 여기저기 예쁘고 무질서하게 놓여 곳곳에서 안주인의 뒤를 따라, 마침내 성격의 한 특징과 운명의 한 선을 선명하게 새기고 말았다. 수많은 꽃다발, 초콜릿 상자, 그런 것들이 이곳에서도 몽탈리베에서도 같은 모양으로 꽃피어 하나의 체계를 이루고 있었다. 보내온 상자에서 갓 튀어나온 듯한 모습으로, 언제까지나 처음 그대로의 이상하고도 쓸데없는 새해 선물들이 신기하게도 그곳에 비집고 들어와 있었으나, 다른 것에서 떼어놓을 수 없는 이 모든 물건이 베르뒤랭네 연회의 오랜 고객인 브리쇼에게는, 마음속에서 만들어진 복제 영상이 거기에 덧붙으면서, 깊이 있는 물건들의 특별한 정취와 부드러움을 띠고 있었다. 그 모든 것이 마치 그리운 이들과 비슷한 모습을 마음속에 불러일으키는 소리의 진동처럼, 그의 눈앞에 어렴풋한 과거를 회상케 했다. 회상은 지금 이 순간의 살롱 여기저기를 얼룩무늬로 메우며, 화창한 날 대기를 가르며 비치는 햇살처럼, 이 살롱 한가운데서 가구나 융단을 뚜렷하게 오려내, 방석에서 꽃병으로, 걸상에서 케케묵은 향수 냄새로, 실내 조명의 조화에서 빛깔의 지배적인 분위기로 옮겨가면서, 베르뒤랭네 살롱의 어떤 이상적인 형태, 집은 연달아 변하나 항상 변하지 않는 내재적인 형태를 추구해, 그것을 새겨내고 불러일으키며 생명을 주고 있었다.

"힘써봅시다." 브리쇼가 내 귀에 속삭였다. "남작이 좋아하는 화제를 꺼내도록 말일세. 이 얘기가 나오면 남작은 굉장하지." 그러나 나는 한편으로, 샤를뤼스 씨한테서 뱅퇴유 아가씨와 그 여자친구가 온다는 것에 대한 정보, 그 때문에 내가 알베르틴 곁을 떠날 결심을 했던 정보를 얻을 수 있으면 얼마나 좋으랴 생각하고 있었다. 하지만 그녀를 너무 오래도록 혼자 내버려두고 싶지도 않았다. 내가 없는 틈을 그녀가 악용할는지 몰라서가 아니라(내가 돌아가는 시각이 일정치 않은 데다가, 이런 시간에 누가 찾아온다거나 그녀가 외출하거나 하면 너무나 남의 이목을 끌 테니까), 내가 너무 오랫동안 집을 비운다고 그녀가 생각할까 봐서였다. 그래서 나는 브리쇼와 샤를뤼스 씨에게 오래 있지 못한다고 말했다. "그래도 가봅시다." 남작이 말했다. 남작의 흥분은 가시기 시작했지만, 그래도 그는 계속 수다를 떨고 싶어했다. 이런 욕구는 남작뿐만 아니라 게르망트 공작부인한테서도 내가 이미 목격한 바로, 이 가문의 독특한 성질임에 틀림없다. 그러나 좀더 일반적으로는 대화가 지성에 불완전한 실현밖에 주지 못하므로 남과 여러 시간을 보내고서도 충족되지 않아, 기진맥진한 대화 상대에게 더욱더 탐욕스럽게 매달려 사교의 기쁨이 줄 수 없는 만족을 요구하는 잘못을 저지르는 모든 이에게 나타나는 욕구였다.

"가봅시다." 남작이 되풀이했다. "손님이 다 돌아간 지금이야말로 야회의 즐거운 순간, 도냐 솔*¹의 한순간이지. 아무쪼록 이 순간이 비참하게 끝나지 않기를. 유감스럽게도 자네는 서두르는 모양인데, 틀림없이 하지 않는 편이 나을 짓을 하러 가려고 서두르는 거겠지. 모두 언제나 서두른단 말씀이야. 오자마자 가버려. 우리는 쿠튀르(Couture)*²가 그린 철학자들처럼 이곳에 있어. 지금이야말로 오늘 야회를 돌아보고, 군대식으로 말하면 작전 검토라는 것을 할 때란 말씀이야. 베르뒤랭 부인에게 부탁해서 밤참을 갖다달래야겠군. 단, 부인이 직접 이곳에 오지 못하게 조심해야 하지만. 그리고 샤를리에게 청해서—어쩐지 또 〈에르나니〉*³지만—우리만을 위해 그 숭고한 아다지오(adagio)를 다시 한 번 연주해달라고 합시다. 어지간히 아름답지, 그 아다지오는! 그런데 젊은 바이올리니스트는 어디 갔나? 녀석에게 치하하고 싶은데, 지금은 감격과 포옹의 순간이니까. 어떻소, 브리쇼, 다들 음악의 신처럼 연주하지 않았나요? 특히 모렐 말이오. 녀석의 머리칼 한 타래가 흘러내린 순간을 주목하셨는지? 허어! 그럼 당신은 아무것도 보지 못한 셈이군요. 에네스코, 카페, 티보 같은 바이올린 명수들도 부러워할 만한 울림이었는데, 나는 말이오, 그와 같은 울림에 아무리 가슴을 진정시키려 해도 어찌나 심장이 죄어들던지 오열을 꾹 참는 게 고작이었죠. 모두 숨죽이고 있더군요. 친애하는 브리쇼!" 남작은 교수를 붙잡고 사납게 흔들면서 외쳤다. "참으로 훌륭했단 말이오. 오직 젊은 샤를리만이 홀로 석상처럼 까딱하지 않더군요. 숨을 쉬고 있는지 아닌지조차 판단키 어려웠죠. 테오도르 루소*⁴ 화백이 말한, 우리를 생각하게 하나 그 자체는 생각하는 일이 없는 무생물 세계의 사

---

*1 위고의 시극(詩劇)〈에르나니(Hernani)〉의 여주인공. 파란만장한 삶 끝에 애인 에르나니와 단둘이 만나게 되지만, 머지않아 두 사람이 죽고 마는 슬픈 사랑.
*2 프랑스의 화가(1815~1879). 여기서 암시하는 그림은 〈퇴폐기의 로마인들〉.
*3 〈에르나니〉 극 중에 뿔피리가 울리는 장면이 있음.
*4 프랑스의 풍경화가(1821~1867).

물이 된 듯했단 말입니다. 그때에 돌연." 샤를뤼스 씨는 과장되게 소리 높여, 뜻하지 않은 사건으로 사태가 변했다는 듯이 말을 이었다. "그 머리카락! 또 그러는 동안에 알레그로 비바체의 우아한 콩트르당스*¹가 계속되죠. 그 머리 타래는 아무리 둔하다 한들 누구나 알아챌 수 있는 계시의 표징이었소. 그때까지 귀머거리 같았던 타오르미나 대공부인—귀는 있어도 들리지 않는 귀머거리만큼 딱한 귀머거리는 아니지만—도 이 기적의 머리 타래라는 분명한 사실을 눈앞에서 보고는, 지금 음악이 연주되고 있는 거지 포커를 하고 있는 게 아니로구나 깨달았단 말씀이야. 참으로 엄숙한 순간이었지."

"말씀 도중 죄송하지만." 나는 샤를뤼스 씨에게 말했다. "아까 작곡가의 따님이 오기로 되어 있었다고 말씀하셨죠. 왔더라면 꽤 흥미로웠을 텐데, 정말 오기로 되어 있었나요?"—"글쎄, 나는 잘 모르겠는데." 이렇게 말한 샤를뤼스 씨는, 아마 고의는 아니겠지만 질투하는 자에겐 아무것도 알리지 말아야 한다는 보편적 금기를 따른 셈이었다. 흔히 이 금기를 지키는 것은, 질투를 불러일으킨 여인을 미워할망정 자기 명예에 대한 일이므로 아무튼 자기가 '좋은 친구'임을 그녀에게 나타내려 해서거나, 아니면 보통 질투가 연정을 부풀린다는 걸 깨닫고 그녀에게 나쁜 짓을 하려는 것이거나, 또는 남에게 불쾌감을 주고 싶어서일 것이다. 평범한 사람들에겐 사실을 말해주면 불쾌감이 생기는데, 질투하는 사람의 경우에는 말하지 않는 데서 생긴다. 적어도 모르는 것이 질투하는 자의 고통을 더해주겠거니 생각하여 사실을 감추기 마련이다. 남에게 고통을 주고자 하는 사람은 그들이 가장 큰 고통으로 여기는 것—어쩌면 틀린 생각인지 모르나—에 따라 행동하게 된다.

샤를뤼스 씨가 다시 말했다. "아시다시피 이곳은 말이요, 모든 걸 좀 과장하는 집이라오. 좋은 사람들이지만, 어중이떠중이 갖은 명사를 다 끌어들이기 좋아한단 말이죠. 그런데 보아하니 얼굴색이 좋지 않소이다. 이런 축축한 방에 있으면 감기 들겠는걸." 그는 의자를 내 쪽으로 밀면서 말했다. "몸이 불편한 모양이니 조심해야 하네. 내가 자네 껍데기(pelure)*²를 가져오리다. 아냐, 자네가 직접 안 가도 돼. 어디가 어딘지 몰라 길을 잃고 헤매다 감기 들게 뻔하니. 조심성이 이만저만 없지 않군. 네 살 난 어린애도 아닌데. 자

---

*1 18~19세기 프랑스에서 유행한 경쾌한 사교춤. 본디 영국의 민속 무용임.
*2 속어로서 옷을 말함.

네에겐 나처럼 돌봐주는 할멈이 필요하겠는걸."—"그대로 계시죠, 남작. 내가 갈 테니." 브리쇼가 말하고 나서 급히 뛰어갔다. 브리쇼는 샤를뤼스 씨가 내게 품고 있는 참된 우정도, 또 기고만장해 남을 학대하는 광기의 발작 사이에 일어나는 소박하고도 헌신적이며 쾌적한 간헐적 변화도 정확히 알아차리지 못하고, 베르뒤랭 부인이 마치 죄수처럼 감시를 맡긴 샤를뤼스 씨가 내 외투를 찾으러 간다는 핑계로 모렐한테 가서, 파트롱의 계획을 망치지나 않을까 걱정했던 것이다.

한편 스키는 아무도 부탁하지 않았건만 피아노 앞에 앉아서 자기 딴에는 예술가인 듯 빼기는 표정—미소 짓듯이 눈살을 찌푸리면서 먼 데를 바라보는 눈매와 조금 일그러뜨린 입가로—으로, 비제의 곡을 뭐든 연주해달라고 모렐에게 졸라대고 있었다. "뭐, 싫어한다구? 비제의 그 장난스러운 면이? 하지만 여보게." 그는 혀를 마는 듯한 독특한 발음으로 말했다. "그건 정말 기막히다네." 모렐이 비제를 싫어한다고 야단스레 선언하자(도저히 믿기 어려운 사실이지만, 모렐은 이 작은 동아리에서 재치 있는 사람으로 알려져 있었으므로), 스키는 바이올리니스트의 혹평을 역설로 받아넘기는 체하고 웃기 시작했다. 그의 웃음은 베르뒤랭 씨처럼, 담배 피우는 사람이 담배 연기에 사레들렸을 때의 웃음이 아니었다. 스키는 먼저 능글맞은 표정을 짓고, 이어서 첫 번째 종소리처럼, 마지못한 듯이 한 번만 웃음소리를 냈다. 그러고는 말없이 능청스러운 눈길로 상대의 익살을 신중하게 음미하는 듯한 모습을 보이며, 이윽고 웃음의 두 번째 종이 울리고, 곧 너털웃음 같은 계시의 종소리가 우렁차게 퍼지는 것이었다.

나는 브리쇼에게 폐를 끼쳐 죄송하다는 뜻을 샤를뤼스 씨한테 말했다. "천만에, 그 사람 얼씨구나 하고 갔는걸. 자네를 무척 좋아하니까. 다들 자네를 좋아하지. 요전에도 자네 얘기를 했다네. '그런데 통 보이지 않는군, 집에만 있나 봐!' 이렇게 말일세. 게다가 브리쇼는 참으로 좋은 사람이야." 샤를뤼스 씨는 이어서 말했다. 이 윤리학 교수가 그에게 말을 건네는 다정스럽고 솔직한 태도로 보아, 그가 없는 자리에선 서슴지 않고 헐뜯는 줄은 꿈에도 짐작 못했을 것이다. "그는 유능한 데다 매우 박식하지만, 그렇다고 해서 다른 인간들처럼 완고해지거나 잉크 냄새 나는 책벌레가 되지도 않았단 말이야. 그런 이들 가운데 드물게, 그는 넓은 시야와 너그러움을 지니고 있네. 인생을 어쩌나 바르게 이해하고, 공손히 예의를 지킬 줄 아는지, 한낱 소르본의 교수이자 전에 중학교 교장이던 사람이 어디서 그런 걸 배웠을까 싶어 다들 머리를 갸우뚱할 정도라네. 나 자신도 놀라고 있고." 게르망트 부인이 초대하는 인사들 가운데 가장 세련되지 못한 사람조차 어리석고 둔하다고 생각할 브리쇼의 말씨를, 까다롭기 그지없는 샤를뤼스 씨가 마음에 들어함을 보고 나는 더욱 놀랐다. 그러나 이런 결과가 나타나기엔 온갖 영향, 그중에도 다른 것과 뚜렷이 구별되는 몇 가지 영향이 있었다. 이를테면 스완도 이 영향력에 의하여, 오데트를 사랑했을 적에는 작은 동아리 안에서 내내 즐거움을 누렸으며, 오데트와 결혼하고 나서는 그들 스완 부부에게 탄복해 마지않는 얼굴로 뻔질나게 아내를 찾아와서는 자기 이야기에 넋을 잃고 귀를 기울이던 봉탕 부인을, 뒤에서는 그들 두 사람에 대해 깔보는 투로 말하던 봉탕 부인을 뜻이 맞는 여인으로 착각했었다.

　문필가가 가장 현명하다고 치켜세우는 인간은, 사실 가장 총명한 인간이 아니라 여성에 대한 남성의 욕정에 대해 대담하고도 너그러운 자기 생각을 늘어놓는 난봉꾼이기 일쑤인데, 그런 의견을 듣고서 문예에 대해 아는 체하는 작가의 정부는 작가와 의견을 같이하고, 집에 찾아오는 사람들 중 가장 똑똑한 이는 뭐니뭐니해도 색도(色道)의 경험이 풍부한 잘생긴 늙은이라고 생각한다. 그와 마찬가지로, 샤를뤼스 씨가 브리쇼를 다른 친구들보다 훨씬 현명하다고 여겼던 것은 그가 모렐에게 싹싹하게 굴어서만이 아니라, 그리스 철학자, 라틴 시인, 동방의 설화 작가들의 작품 속에서 남작의 취미를 별다르고도 황홀한 명문 선집으로 장식해주는 문장을 아주 알맞은 때에 말해주었기 때문이다. 남작은 빅토르 위고 같은 대시인이 바크리(Vacquerie)와 뫼리스(Meurice)* 같은 이들에게 둘러싸이고 싶어하던 나이에 이르러 있었다. 다시 말해 자기 인생관을 인정해주는 사람들을 누구보다도 좋아했다. "브리쇼와는 가끔 만나지." 그는 새가 삐악거리는 음률로 덧붙였는데, 성직자처럼 일부러 눈을 내리떴고, 분을 바른 그 엄숙한 얼굴은 입술을 빼놓고는 까딱도 하지 않았다. "나는 그의 강의에 나간다네. 그 대학가의 분위기가 내 기분을 바꿔주거든. 거기엔 근면하고도 사색적인 젊은이들이 있다네. 사회

---

* 바크리는 위고의 주선으로 문단에 등장한 작가로, 그의 형이 위고의 사위임. 뫼리스는 바크리를 통해 위고와 친해진 작가이자 위고의 유언 집행인. 두 사람 다 범용한 작가.

계급은 다르지만, 내 벗들에 비해 훨씬 총명하고 교양 있는 부르주아 젊은이들이지. 자네가 더 잘 알 테지만 그 사람들은 다른 인종, 젊은 '부르주아'야." 그는 '부'를 여러 번 되풀이하면서 부르주아라는 낱말을 따로 떼어내어 버릇이 된 발음으로 힘주어 말했는데, 그 버릇 자체가 그의 독특한 사고 중 어떤 기호의 인상에 어울려서거나, 어쩌면 내게 거만을 부리는 쾌락에 견디지 못해서인지도 몰랐다.

이 오만함은 내가 샤를뤼스 씨에게 품었던 호의적인 강한 연민(베르뒤랭 부인이 그 계획을 내 앞에서 털어놓은 뒤부터)을 조금도 줄게 하지 않았으며, 그저 나를 재미있게 했다. 그에게 이와 같은 동정을 느끼지 않았더라도 내 마음이 언짢진 않았을 것이다. 나는 돌아가신 할머니를 닮아, 쉽사리 위엄을 잃을 정도로 자존심이 부족했다. 물론 스스로는 그 점을 거의 알아차리지 못했지만, 중학 시절부터 가장 우러러보던 학우들이 남의 무례를 참지 못하고 건방진 태도를 용서치 않는 것을 보고 듣는 사이에, 어느덧 나도 말이나 행동에서 높은 긍지를 보이는 제2의 본성을 나타내게 된 모양이었다. 나는 겁이 없어 툭하면 결투로 판가름을 냈으므로 몹시 용맹스럽다고까지 통했다. 하기야 나 자신은 결투를 비웃고 그 정신적 권위를 줄여버린 탓에 결투란 우스꽝스러운 것임을 남에게 쉽게 이해시키곤 했지만. 그러나 아무리 억눌러도 본성은 우리 가운데 여전히 남는 법이라, 우리는 이따금 어느 천재 작가의 새 걸작을 읽다가 경멸해온 저 자신의 의견, 억제해온 기쁨이나 슬픔, 스스로 업신여기고 개의치 않던 온갖 감정을 발견하고 기뻐하기도 하며, 책을 통해 갑작스레 그 점을 인식하고 그 가치를 배우기도 한다. 나는 어느 새 삶의 경험을 통해, 아무개가 나를 업신여기고 있을 때 그에게 다정스레 미소 짓거나 원망하지 않는 게 나쁜 일임을 배웠다. 하지만 이러한 자존심과 원망의 결핍—내가 겉으로 나타내지 않으려 하여 그런 성향이 내 안에 있다는 것조차 거의 다 잊을 지경이었지만—이 내가 몸담고 있는 근원적인 삶의 환경임에는 변함없었다. 분노와 악의는 아주 다른 형태로, 맹렬한 발작으로 밖에 닥쳐오지 않았다. 게다가 나는 정의감을 전혀 몰랐기 때문에 도덕관이라고는 조금도 없었다. 그래도 나는 마음속에서 약자나 불행한 인간을 전적으로 편들었다. 따라서 모렐과 샤를뤼스 씨의 관계 속에 선악이 어느 정도 포함되어 있는지 알지 못했지만, 지금 샤를뤼스 씨에게 닥칠 고통이 착착 준비되고 있다는 생각에 나는 견딜 수 없었다. 나는 그에게 그 사실을 알려주고 싶었지만, 뭐라고 말해야 좋을지 몰랐다.

"부지런하게 공부하는 귀여운 젊은이들을 보는 게 나 같은 늙은이로서는 참으로 유쾌하다 이 말씀이야. 그들과 아는 사이는 아니지만." 그는 이렇게 덧붙이면서 자랑삼는 모습을 보이지 않고, 자신의 순결을 증명하며, 학생들의 순결에 한 점 의혹도 남기지 않도록 손을 신중하게 쳐들었다. "그들은 어찌나 예의 바른지, 곧잘 내 자리를 잡아주기까지 한다네. 내가 늙은이니까. 정말일세, 자네, 아니라고 말하지 말게. 난 이미 마흔도 넘었거든." 사실 남작은 육십 고개를 넘고 있었다. "브리쇼가 강의하는 계단 교실은 좀 덥지만 늘 재미있다네." 남작은 젊은 학생들 사이에 섞일 뿐만 아니라 그 무리에 부대끼는 편이 좋았을 테지만, 이따금 그가 너무 기다리지 않도록 브리쇼가 그를 데리고 들어올 때도 있었다. 브리쇼는 소르본이 자기 집이나 되는 듯이 거침없이 행세했지만, 교문을 쇠사슬로 묶는 수위를 앞세우고 젊은이들의 존경받는 스승으로서 앞으로 나아가는 순간에는 아무래도 겁을 억누르지 못해, 자기가 자못 위대한 인물이라고 느껴지는 이 순간을 이용하여 샤를뤼스 씨에게 상냥함을 나타내려고 생각하면서도, 분명 좀 어색해했다. 학교 수위가 샤를뤼스 씨를 들여보내도록 브리쇼는 꾸민 목소리로 바쁜 듯이 남작에게 말했다. "나를 따라오시오, 남작. 자리잡아 줄 테니까요." 그러고 나서 그에게 마음 쓰지 않고 교실로 들어가기 위해 혼자서 복도를 성큼성큼 걸어갔다. 양쪽으로 늘어선 젊은 교수들이 그에게 인사했다. 브리쇼는 자기를 가장 권위 있는 이로 알아모시는 이 젊은 교수들에게 계속 눈을 깜박거렸고, 서로 속이 통하는 것처럼 머리를 끄덕였다. 끝까지 용감무쌍한 프랑스 국민답게 굴면서, 말하자면 '여보게들, 하느님의 이름으로 씩씩하게 싸우세' 외치는 노병의 '격려(sursum corda)'* 같은 구석이 있었다. 그 다음에 학생들의 박수가 터져나왔다.

브리쇼는 샤를뤼스 씨가 그의 강의에 출석한다는 사실을, 남의 비위를 맞추려거나 인사치레를 할 적에 곧잘 이용했다. 그는 학생의 부모님이나 부르주아 계급의 친구들에게 이렇게 말하는 것이었다. "혹시 부인이나 따님이

---

* 미사의 봉헌 기도문 가운데 하나. '마음을 드높이'라는 뜻의 라틴어.

관심 있으시다면 말인데, 내 강의에는 샤를뤼스 남작, 즉 콩데 가문의 후손 아그리장트 대공이 오십니다. 프랑스 귀족의 진정한 후예이니, 자제분들이 보시면 기념할 만한 추억으로 남을 거예요. 만약에 부인이나 따님께서 오신다면 그분은 내 교단 옆에 있으니 당장 알아보시겠죠. 게다가 내 옆에 떡 버티고 있는 사람이라곤, 흰 머리털에 검은 수염, 군사 훈장이 가슴에 즐비한 건장한 그분뿐이니까요."—"허어, 그렇습니까! 정말 감사합니다." 학생의 아버지가 말했다. 그리고 아내에게 할 일이 있건 없건, 브리쇼의 마음을 언짢게 하지 않으려 억지로 강의에 나가게 한다. 한편 딸은 더위와 혼잡에 시달리며, 남작이 프레즈(fraise)*를 닮지 않고 현대인과 닮은 것에 적잖이 놀라면서도 콩데 가문의 후예를 뚫어져라 바라본다. 하지만 남작은 그녀 따위를 거들떠보지 않는다. 남학생들에게 애정 어린 눈길을 쏟지만 남작이 어떤 인물인지 모르는 그들은 어쩐지 꺼림칙하여 거만하고 매정한 태도를 짓는다. 그러면 남작은 생각에 잠겨 우울한 기분으로 교정을 나오곤 했다.

"다시 말하기 쑥스럽지만." 나는 브리쇼의 발소리를 듣고 부랴부랴 말했다. "뱅퇴유 아가씨나 그 여자친구가 파리에 온다는 소문을 들으시면 속달로 알려주시지 않겠습니까? 얼마 동안 파리에 묵는지 정확히 적어서요. 또 내가 이런 부탁을 했다고 아무에게도 말씀하지 말아주십시오." 이제 나는 그녀가 오기로 되어 있었다고 거의 믿지 않으면서도, 앞으로를 위해 세심하게 대비하고 싶었다. "그럼세, 자네를 위해 그렇게 하겠네. 첫째로 자네에게 큰 은혜를 갚아야 하니. 전에 자네가 내 제의를 받아주지 않은 덕분에, 자넨 손해를 보면서도 내게 큰 도움을 주었지. 내 자유를 그대로 남겨주었거든. 하기야 나는 다른 방법으로 그 자유를 버리고 말았지만." 그는 속내를 털어놓고 싶은 마음이 엿보이는 우울한 말투로 덧붙였다. "여기에는 내가 늘 중요한 사실로 여기는 것, 곧 온갖 상황의 결합이 있네. 자네는 그걸 이용하려고 하지 않았네만, 어쩌면 바로 그 순간에 운명이 자네한테 내 길을 막지 말라고 경고했기 때문인지도 모르지. 왜냐하면 '인간이 수선 피우나 이도 저도 다 신의 안배'니까. 하지만 누가 알겠나? 혹시 우리 둘이 빌파리지 부인 댁에서 함께 나오던 날 자네가 내 제의를 승낙했다면, 그 뒤에 생긴 온갖 일들

---

* 목에 두르는 둥근 주름 옷깃.

은 결코 일어나지 않았을지도 몰라."

당황한 나는 빌파리지 부인의 이름이 나온 김에 화제를 바꿔, 부인의 사망에 애도의 뜻을 표했다.[1] "허어, 그래." 샤를뤼스 씨는 몹시 거만한 말투로 무뚝뚝하게 중얼댔는데, 나의 조사(弔詞)를 인정하지만 진정에서 우러나오는 말로는 조금도 믿지 않는 모양이었다. 아무튼 빌파리지 부인을 화제로 삼는 게 그에게 고통이 아님을 눈치채고, 나는 모든 점으로 보아 대답해줄 자격이 있는 그의 입에서, 무슨 이유로 빌파리지 부인이 그처럼 귀족 사회에서 따돌림을 받았는지 듣고 싶었다. 그런데 그는 이 사소한 사교계의 문제를 해결하기는커녕 그런 일조차 모르고 있는 성싶었다. 빌파리지 후작부인의 지위는 후세에 높이 보이게 되었을 뿐만 아니라 살아 있을 때에도 아무것도 모르는 서민의 눈에는 그렇게 보였는데, 사회의 또 다른 한 극(極), 빌파리지 부인과 관계 있는 극, 곧 게르망트 가문에게도 이에 못지않게 높아 보였다는 사실을 나는 그때 깨달았다.

부인은 게르망트 가문의 큰어머니였다. 게르망트가 사람들은 부인의 출생, 인척 관계, 한 가문의 아무개 형수나 아무개 제수에 대한 영향력으로 유지되는 위엄을 알고 있었던 것이다. 그들은 그것을 '사회적인 면'이라기보다 '가족적인 면'으로 보았다. 그런데 빌파리지 부인의 경우, 이 가족적인 면이 내가 생각했던 이상으로 으리으리했다. 나는 예전에 빌파리지라는 성(姓)이 가짜라는 말을 듣고 깜짝 놀란 적이 있었다. 그러나 귀부인이 신분에 어울리지 않는 결혼을 하고도 높은 지위를 간직한 예는 얼마든지 있다. 빌파리지 부인은 7월 왕정 시대 대귀족 중에서도 가장 유명한, 하지만 시민왕(Roi Citoyen)[2]과 그 집안과는 교제하기 싫어했던 ✱✱✱ 공작부인[3]의 조카딸이라고 샤를뤼스 씨가 설명하기 시작했다. 이 공작부인에 대한 애기를 얼마나 듣고 싶었던가! 그런데 그 두 볼이 부르주아 여인을 떠올리게 하는 친절한 빌파리지 부인, 내게 많은 선물을 보내주었고 내가 언제라도 쉽사리 만날 수 있던 빌파리지 부인은 그 공작부인의 조카딸로, 공작부인의 손에 의해 ✱✱✱ 저택에서 양육되었던 것이다. "공작부인이 두도빌 공작에게 물어보았다

---

✱1 빌파리지 부인은 살아 있으며 제6편 《사라진 알베르틴》에도 나옴.

✱2 루이 필립을 가리킴. 1830년 7월 혁명으로 왕위에 오름.

✱3 원고의 이곳에 '이름을 찾아볼 것'이라고 씌어 있음─플레이아드판 주.

네." 샤를뤼스 씨가 내게 말했다. "세 자매의 얘기를 하고 나서, '셋 중 누가 마음에 드시죠?' 하고 말이야. 그래서 두도빌이 '빌파리지 부인'이라고 말하자 ＊＊＊ 공작부인은 그에게 '오입쟁이'라고 쏘아붙였다네. 공작부인께선 매우 '재치' 있는 분이었거든." 샤를뤼스 씨는 이 낱말을 게르망트네 사람들의 버릇대로 힘주어 발음했다. 그가 이 말을 그처럼 '재치' 있다고 여긴 데에, 나는 그다지 놀라지 않았다. 인간에게는 사물로부터 멀어져서 객관화하는 경향이 있으므로, 남의 재치를 음미할 때는 자기 자신의 재치에 대한 엄격성을 버리고, 자기 자신이 지어냈다면 수치스럽게 여길 것도 잘 관찰해 소중히 기억해둠을 나는 수많은 경우에서 알아차렸기 때문이다.

"저런, 웬일이지? 가져온 게 내 외투 아닙니까." 그는 브리쇼가 한참 동안 찾은 끝에 가져온 것을 보고서 말했다. "내가 직접 갈걸. 하여간 이걸 어깨에 걸치고 있게. 여보게 젊은이, 이게 더할 수 없이 위험하다는 걸 아시나? 같은 컵으로 마시는 격으로, 자네 속마음까지 환히 알게 된다네. 아니야, 그렇게 걸치는 게 아냐. 이렇게, 내가 걸쳐줌세." 그러고는 자기 외투를 내게 입히는데, 내 어깨에 지그시 붙여 목을 따라 올려 깃을 세우고, 손으로 내 턱을 스치면서 '실례' 하고 말했다. "자네 나이에 외투 하나 입을 줄 모르다니, 치장하는 데도 남의 손이 있어야겠는걸. 아, 난 직업을 잘못 택했어요, 브리쇼. 천성이 유모거든."

나는 돌아가겠다고 했는데, 샤를뤼스 씨가 모렐을 찾으러 가겠다고 말하는 바람에 브리쇼가 우리 둘 모두를 붙잡았다. 게다가 나는 집에 돌아가면 반드시 알베르틴이 있을 거라는 안도감, 그날 오후 알베르틴이 틀림없이 트로카데로에서 돌아올 거라고 믿었던 바와 똑같은 확신이 있었으므로, 지금 나는, 그날 오후 프랑수아즈가 전화 걸어온 뒤 피아노 앞에 앉아 있던 때처럼 알베르틴을 빨리 보고픈 초조함도 거의 없었다. 이렇듯 침착했으므로, 얘기 도중에 자리를 떠나려고 할 때마다, 내가 떠나버리면 베르뒤랭 부인이 부르러 올 때까지 샤를뤼스 씨를 잡아두지 못할까 봐 겁내는 브리쇼의 명령에 순순히 따를 수 있었다. "자아, 우리와 좀더 있읍시다. 그와 포옹은 나중에 하고." 브리쇼는 남작에게 말하면서 거의 보이지 않는 한쪽 눈으로 이쪽을 물끄러미 바라보았다. 그 눈은 여러 번 수술을 받아 얼마간 생기를 되찾았지만, 장난스럽게 곁눈질하는 표정에 필요한 민첩함은 이미 없었다. "포옹이라고? 별소리 다하는군요!" 남작은 날카롭고도 들뜬 말투로 외쳤다. "여보게, 이 선생은 늘 상품 수여식에 있는 줄 여긴다네. 제 귀여운 학생들을 몽상하는 게야. 어쩌면 함께 자는지도 모르지."—"뱅퇴유 아가씨를 만나고 싶다는 거지?" 브리쇼는 남작과 내가 주고받은 말을 들었는지 내게 말했다. "그 아가씨가 오면 자네에게 가르쳐줌세. 베르뒤랭 부인이 내게 알려줄 테니까." 남작이 당장에라도 작은 동아리에서 쫓겨날 위험을 눈치챘다면 이렇게 말했을 것이다. "허어 그럼, 나보다 선생이 베르뒤랭 부인과 더 친해, 그 좋지 못한 평판이 자자한 아가씨들이 오는 것을 나보다 먼저 알게 된다 이 말씀이오?" 샤를뤼스 씨가 말했다. "그 사람들의 평판으로 말하면 온 세상이 다 아는 바, 애초부터 베르뒤랭 부인이 그런 아가씨들을 드나들게 하는 게 큰 잘못이지. 수상한 장소에 어울리는 이들이거든. 발칙한 무리와 절친하신가 본데, 아마 꿈에도 생각 못할 장소에서나 모일 거요."

이 한마디 한마디에 내 고통은 새 고통을 견디며 모양을 바꿔갔다. 그러다가 갑자기 알베르틴이 몇 번이나 안타까워하며 몸부림치던 것이 떠올라—하기야 그녀는 곧 몸부림을 억눌렀으나—나와 헤어지려는 계획을 품고 있는 건 아닌가 싶어 질겁했다. 이 의혹이 있는 이상, 내가 마음의 고요를 되찾을 때까지 우리의 동거 생활을 계속해야 한다고 생각했다. 그리고 혹시 알베르틴이 내 계획을 한 발짝 앞질러 나와 헤어지려는 속셈이라면 그 속셈을 알아채고, 내가 헤어지려는 계획을 이룰 수 있을 때까지 그녀의 몸에 얽어맨 쇠사슬을 좀더 가볍게 보일 필요가 있지 않을까, 가장 교묘한 방법은(어쩌면 나는 샤를뤼스 씨가 옆에 있다는 사실에 물들어, 그가 즐겨 연기하는 연극을 무의식중에 떠올리며 영향을 받고 있었는지도 모르지만) 알베르틴으로 하여금 나 자신이 그녀와 결별하고 싶은 마음을 품고 있다고 여기게끔 하는 게 아닐까 하고 생각했다. 나는 집으로 돌아가자마자 영원히 헤어지는 척할 작정이었다.

"천만에, 내가 남작보다 베르뒤랭 부인과 더 친하다니 말도 안 되는 말씀을 하십니다그려." 브리쇼가 남작의 의심을 불러일으킬까 봐 겁이 난 나머지, 한 마디 한 마디 또박또박 잘라 말했다. 그리고 내가 물러나고 싶어하는 줄 알아차리고, 자못 재미날 듯한 이야기를 미끼로 던져 나를 붙잡아두려 했다. "그 두 여인의 평판에 대해 말씀하셨는데, 내가 보기에 남작이 미처 깨닫지 못한 게 한 가지 있습니다. 평판이란 무서운 것인 동시에 사실과 다를 수도 있다는 점이죠. 이를테면 가장 유명한, 평행적이라고 할까, 그렇게 하나로 이어지는 사건 중에는 잘못된 판결이 수두룩하여 아무런 잘못도 없는 명사들에게 소도미(sodomie)*¹의 죄를 선고하고 낙인을 찍은 예가 역사상 적지 않아요. 미켈란젤로가 한 여인에게 깊은 연정을 품었다는 최근의 발견만해도, 레오 10세의 벗인 미켈란젤로에 대해 사후의 재심을 요구할 만한 가치가 있는 새로운 사실이라 하겠습니다. 미켈란젤로 사건은 또 하나의 사건,*² 말다툼이 일어날까 봐 그 사건을 입 밖에 내진 않겠으나, 무정부주의가 날뛰어 선량한 호사가들 사이에 유행하는 죄악이 된 이 사건이 끝나면, 반드시 속물들을 열광시키며 라 빌레트(La Villette)*³를 들끓게 할 겁니다."

브리쇼가 남색가로 소문난 이들에 대해 말을 꺼내자마자, 샤를뤼스 씨는 당장 얼굴에 여느 것과 다른 안달, 아무것도 모르는 사교계 인사들이 임상 실험이나 군사 작전에 대한 어리석은 말을 시작할 때 의사나 군사 전문가의 얼굴에 드러나는 그 조바심을 보였다. "선생은 스스로 하는 이야기를 전혀 모르고 있습니다." 드디어 그가 브리쇼에게 말했다. "아니 땐 굴뚝에 연기 난 예를 하나만이라도 인용해보시구려. 이름을 말해보시오. 암, 나도 다 안단 말입니다." 샤를뤼스 씨는 조심조심 말을 꺼내려는 브리쇼에게 사나운 기세로 반박했다. "한때 호기심에서 그런 이들이 있다는 거겠죠. 또는 죽은 벗에 대한 유일한 애정에서 그런 이들이 있다는 거잖습니까. 너무 깊이 탐닉하지 않았나 걱정스러워서 남이 사내의 아름다움에 대해 이야기하기라도 하면, '난 통 모르겠는데요. 기계 지식이 없어서 자동차 모터의 우열을 분간 못하듯, 사내의 아름다움과 추함도 구별 못하겠는데요' 대답하는 자가 있다는 거 아닙니까. 하지만 이런 것 따위는 다 속임수죠. 그야 나도 고약한 평판(혹은 고약하다고 부르는 평판)이 옳지 않게 자자한 경우가 절대로 있을 수 없다는 건 아니에요. 다만 그런 경우는 아주 예외이고 드물어서 사실상 없다시피 하단 말씀이죠. 나는 호기심 많고 꼬치꼬치 캐길 좋아해서 그런 예를 몇 가지 알고 있죠. 꾸며낸 말이 아닌 예를 말입니다. 암 그렇고말고, 내가 지금껏 사는 동

---

*1 남색·계간·수간.
*2 드레퓌스 사건.
*3 파리 북동부의 노동자 거리.

안 근거 없는 풍문 두 가지를 확인했소이다(과학적으로 확인했다는 뜻이지 어정쩡하게 확인했다는 뜻이 아니오). 풍문이란 흔히 이름이 비슷하다든가, 어떤 겉모습의 특징, 예컨대 반지를 수두룩하게 끼고 있다든가 하는 특징 때문에 생겨나게 마련인데, 보는 눈이 없는 사람들은 그런 특징을 선생이 지금 말하는 것의 틀림없는 특징이라고 여기죠. 마치 촌놈이 두 마디째에는 '자르니기에(jarniguié)'*라고 외치고, 영국인은 '갓댐(goddam)'이라고 내뱉어야 옳다고 여기듯이. 하지만 이 따위는 통속극의 대사에 지나지 않는 거요."

놀랍게도 샤를뤼스 씨는 내가 발베크에서 만난 '여배우의 친구'까지도 성도착자로 꼽았다. 그는 4인조의 우두머리 격이다. "그렇다면 그 여배우는?" ─"그녀는 겉보기에만 애인이야. 게다가 그는 실제로 그 여배우와 관계도 있지. 아마 사내들 이상으로 있을걸. 사내들과는 그다지 많지 않았으니까." ─"다른 세 사람과도 관계가 있나요?"─"천만에! 그것 때문에 맺어진 친구가 아니야. 그중 둘은 전적으로 여자 상대야. 하나는 그쪽이지만, 우두머리 격은 잘 모르는 모양이야. 어쨌든 서로 본색을 감추거든. 깜짝 놀랄 테지만, 이런 마땅찮은 풍문이 일반인의 눈에는 가장 확실한 것으로 보이거든. 당신도 마찬가지요, 브리쇼 선생. 이 살롱에 드나드는 아무개의 미덕에 대해 당신이 천지신명께 증언한들, 그 길에 정통한 이들 눈에는 그의 본성이 손바닥처럼 훤히 드러나 보이죠. 또한 선생은 일반 사람들 눈에 그쪽 취미가 있다고 비치는 어느 유명인에 대한 항간의 풍문을 그들처럼 곧이들을 거요. 그런데 이 아무개는 2수(sou) 정도의 푼돈으로는 그 축에 들어오지 않는다 이 말씀이오. 난 두 푼이라 말했소. 왜냐하면 만약 그 일에 500프랑 내기라도 한다면 고상하신 성자의 수가 줄어들어 영(0)까지 내려갈 테니까. 그렇지 않아도 성자의 비율은, 이런 이들을 성자라고 친다면 말이지만, 일반적으로 열 명 중에 고작 서넛 정도란 말씀입니다." 브리쇼가 아까 고약한 풍문의 문제를 남성의 경우로 옮겼다면, 이번에는 내가 거꾸로 샤를뤼스 씨의 얘기를, 알베르틴을 떠올리면서 여성의 경우에 맞춰보았다. 나는 이 숫자에 소름이 오싹 끼쳤다. 분명 샤를뤼스 씨는 자기 멋대로 숫자를 부풀렸을 테고, 또 그 숫자는 험담하기 좋아하는 자들이 대부분 거짓말로 한 보고에서 나온 것임

---

* '염병할' '빌어먹을' 등을 뜻하는 욕.

에 틀림없다. 어쨌든 험담가들 자신의 욕망에 속은 데다 샤를뤼스 씨의 욕망으로 틀린 숫자가 더해져서 그 계산을 왜곡한 게 분명하다고 침착하게 생각해보았지만, 그래도 소름이 끼쳤다.

"열 명 중에 셋!" 브리쇼가 외쳤다. "그 비율을 거꾸로 해도, 내가 상상했던 성도착자의 수를 백 배나 늘려야겠는걸. 남작, 정말 말씀하신 숫자 그대로라면, 당신이 잘못 계산한 게 아니라면 털어놓고 말씀드리겠습니다. 남작은 우리 주위에서 아무도 짐작 못하는 사실을 꿰뚫어보는 드문 안목을 가지신 분이군요. 바레스가 의회의 부패를 발견한 것도 이와 같았습니다. 이 발견은 르베리에(Leverrier)[*1]의 유성처럼 나중에 확인되었거든요. 베르뒤랭 부인이라면 차라리 참모본부나 정보국 내부의 음모,[*2] 분명 애국에 불타는 열정 때문이었지만 아무래도 나는 상상도 못한 음모를 간파한 이들을—그 이름을 대고 싶지 않소—증인으로 내세웠을걸요. 프리메이슨 단원, 독일 간첩, 모르핀 중독자에 대해 레옹 도데가 매일같이 놀랍고 터무니없는 이야기를 쓰는 줄 알았더니 그게 다 사실 그대로였군요. 열 명 중에 셋이라!" 브리쇼는 아연실색하며 되풀이했다.

한편 샤를뤼스 씨는 현대인의 대부분을 성도착자라고 비난했으나, 자기와 관계 있던 자들은 이야기하지 않았다. 그 관계에 조금이라도 소설적인 부분이 들어 있으면, 사건이 한층 복잡할 거라 여겨졌던 것이다. 여인의 정조 따위를 믿지 않는 탓에도 전에 정부였던 여인에게만은 얼마간 경의를 나타내고, 진지한 얼굴로 자못 수상쩍은 듯 반박하는 것도 같은 이유다. '천만에, 자네 오해지. 그런 여인이 아냐.' 이런 뜻밖의 존경심이 입에서 나오는 건, 일부는 자기만이 그런 호의를 받았거니 생각하는 게 자존심을 만족시켜주기 때문이고, 일부는 정부가 사실로 믿게 하려던 것을 순진하게도 곧이곧대로 믿었기 때문이며, 또한 실제 인간이나 생활에 가까이 다가가 보면 미리 만들어진 꼬리표나 분류도 너무 단순해 보이기만 하는 그 생활 감정 때문이다.

"열 명 중에 셋이라! 그런데 조심하시는 게 좋겠습니다, 남작. 말씀하신 바의 통계표를 후세에 제출한다면, 앞으로 그 정당성을 인정받을 역사가와는 달리 이 통계표를 엉터리로 여길지 모르니까요. 후세는 구체적인 증거로

---

[*1] 프랑스 천문학자(1811~77). 1846년 정밀한 계산으로 해왕성의 존재를 예상함.
[*2] 드레퓌스에게 죄를 씌우려는 음모.

판단하게 마련이니, 남작의 자료를 보고 싶어하겠죠. 그런데 이런 집단적 현상은 어떤 자료로도 입증할 수 없으며, 그 길에 능통한 이들은 은폐하는 것이 가장 좋은 방법이라고 생각할 겁니다. 그러니 고귀한 영혼의 진영은 하늘을 찌를 듯이 분개하여, 의심할 여지없이 남작을 헐뜯는 자 아니면 미치광이로 볼 터. 풍류와 문아(文雅), 즉 시(詩)를 겨루는 마당에서는 지상 최대의 왕좌에 올랐다고 하나, 죽은 뒤에 배척받는 비운을 당해서야, 실례되는 말이지만 보쉬에의 말마따나 '그래선 아무 뜻도 없노라'이지 뭡니까." ─"난 역사를 위해 별로 힘쓰지 않소이다." 샤를뤼스 씨가 응수했다. "이 삶만으로 만족하죠. 삶이 어지간히 재미나거든요. 죽은 스완의 말마따나." ─"아니 남작? 스완과 아는 사이였습니까? 난 까맣게 몰랐는걸요. 스완도 그런 취미가 있었나요?" 브리쇼가 불안스러운 듯 물었다. "망측한 사람이로군! 아니 그럼 선생은 내 벗이 다 이런 축의 사람이라고 생각하십니까? 천만에, 스완은 아닐 거요." 샤를뤼스 씨는 눈을 내리깔고 득실을 계산하면서 말했다. 그리고 스완은 정반대의 성향이 있는 걸로 오래전부터 알려져 있어서, 반쯤 털어놓고 말해도 스완에게는 해로울 것이 없고, 또 그걸 슬쩍 암시해보는 것도 나쁘지 않다고 생각해선지, 이렇게 말했다. "하지만 옛적 학창 시절에 우연히 한 번." 남작은 자기도 모르는 사이에 흘러나온 혼잣말처럼 중얼거리다가, 금세 생각을 고쳐먹었다. "하지만 옛날 옛적 일이니, 어떻게 다 기억하겠소? 귀찮게 구시는군요, 선생." 그는 껄껄대며 이야기를 매듭지었다.

"아무튼 스완은 인물이 그리 잘나진 않았으니!" 브리쇼가 말했다. 그는 심한 밉상인 주제에 스스로 잘생긴 줄 알고 남들을 쉽게 못생겼다고 여겼다. "입 닥치시오." 남작이 말했다. "선생은 자기가 무슨 말을 하고 있는지 모르시나 보구려. 그 시절에 스완은 혈색 좋은 잘생긴 젊은이였소. 게다가." 그는 한 음절을 다른 가락으로 발음하면서 덧붙였다. "사랑의 천사처럼 아름다웠죠. 더구나 언제나 변함없이 매력 있어서 여인들에게 미친 듯한 사랑을 받았지요." ─"그런데 스완의 아내와도 아는 사이였나요?" ─"알다뿐이겠소, 내가 스완에게 소개해주었는걸요. 나는 그녀가 사크리팡 아가씨로 분장한 날 밤, 그 모습에서 매력을 발견했죠. 나도 클럽 친구들과 함께 있었는데, 그날 밤 모두가 여인 하나씩 데리고 돌아갔단 말씀이오. 그때 나는 오로지 잠만 자고 싶었는데도, 입이 험한 치들은 내가 오데트와 잠자리를 같이했다고 우겨댔죠. 참으로 사교계 인간들은 심술이 고약하다니까. 그 뒤로 오데트만이 얼씨구나 하고 자꾸 찾아오더군요. 그래서 스완에게 오데트를 소개하면 귀찮은 짐이 덜어질까 생각했던 거요. 그런데 그날부터 내게 매달려 떨어지지 않지 뭡니까. 철자법 하나 몰라 내가 편지를 대신 써주기도 했소. 그다음에는 그녀를 데리고 산책하는 소임을 맡게 되었죠. 여보시게, 이게 바로 좋은 풍문이 도는 이유랍니다. 아셨나. 하기야 나는 그 풍문의 절반밖에 받을 자격이 없지만. 오데트는 내가 억지로 대여섯 명에게 함부로 행동하게끔 했으니 말이오.” 오데트는 연달아 애인을 가졌다(처음에는 이 사내 다음에는 저 사내 하는 식으로—불쌍한 스완은 질투와 사랑에 눈이 멀어 있었으므로 이러한 사내들에 대해서는 아무것도 모른 채 차례로 그들의 가능성을 찾고 상대의 맹세를 믿었다. 그러나 그 맹세는 지조 없는 여인의 입에서 나오는 앞뒤 안 맞는 고백 이상으로 사실을 알리고 있었다. 조리에 맞지 않는 그 고백도, 쉽게 포착할 수는 없어도 의미심장하여, 질투하는 사내라면 애인의 불안을 자아내기 위하여 자기가 얻은 가짜 정보보다 이것을 더욱 적절하게 이용할 수 있었을 것이다). 샤를뤼스 씨는 오데트가 연달아 삼았던 애인의 이름을, 마치 역대 프랑스 왕명을 암송하듯 확신을 갖고 늘어놓기 시작했다.

사실 질투로 번민하는 인간은 같은 시대의 사람처럼 상대에게 너무 가까우므로 아무것도 모르게 마련이고, 잇달아 되풀이되는 간통의 소문은 오히려 제삼자의 눈에 역사와 같은 명확성을 갖고 일람표를 만들며 뻗어나간다. 하기야 아무래도 좋은 이런 일람표는 같은 질투에 번민하는 인간—들은 얘기를 아무래도 자기의 경우와 비교해보지 않고는 못 배기며, 자기가 의심하고 있는 여인에게도 똑같이 소문난 일람표가 있지 않나 전전긍긍하는 나 같은 인간—에게만 비통 거리가 된다. 그러나 그도 진실에 대해 아무것도 알수 없다. 마치 애인이 이 사내에서 저 사내로 옮겨가는 동안 눈가리개로 그의 눈을 가리는 데 목적이 있는 것처럼 그에 대한 음모와 박해에 모두 잔혹하게 한몫 끼고 있는 것과 같다. 그가 눈가리개를 떼어내려고 아무리 애써본들 헛수고이다. 불쌍하게도 모두가 그를 눈먼 상태로 두려고 하기 때문인데, 착한 이는 선의에서, 악한 이는 악의에서, 상스러운 이는 야비한 우롱에서, 고상한 이는 예의와 교양 탓에, 다시 말해서 모두 저마다 원칙이라고 일컫는 관습에 의하여 그를 눈먼 상태로 둔다.

"하지만 스완은 남작이 오데트의 호의를 받았던 걸 알고 있었나요?"— "천만에, 그걸 말이라고 하시나! 샤를에게 이야기하다니! 생각만 해도 머리털이 곤두섭니다. 이봐요, 선생, 그가 알았다면 아주 간단히 나를 죽였을 거요. 그는 지독하게 질투가 심했으니까. 나는 오데트에게도 그런 이야기는 안 했고, 했다 해도 오데트야 별로 개의치 않았을 테지만……. 자아, 이제 이런 쑥스러운 이야길랑 시키지 마시오. 아니, 가장 심했던 건 오데트가 스완에게 권총을 쏘아대 하마터면 내가 탄알에 맞을 뻔한 일이었어요. 정말이지, 그 부부와는 많은 재미를 보았죠. 스완이 오스몽과 결투할 때 당연히 내가 스완의 참관인을 맡았는데, 그 뒤로 오스몽이 나를 잡아먹지 못해 안달이더군요. 오스몽이 오데트를 슬쩍 채가버려, 스완은 홧김에 오데트의 누이를 진짜 정부인지 가짜 정부인지로 삼았던 거죠. 더 이상 나에게 스완 이야기를 시키지 말라니까요. 다하려면 10년은 걸릴 테니. 아시겠나, 누구보다도 내가 더 잘 안단 말이오. 오데트가 샤를을 만나기 싫어할 때는 내가 데리고 돌아다녔으니까. 참 귀찮았어요. 더구나 내 가까운 친척으로 크레시라는 이름을 가진 놈이 있어서 더 그랬죠. 물론 이 이름을 가질 자격이라곤 티끌만치도 없는 놈이었지만, 아무튼 그로서는 유쾌하지 않았단 말씀이오. 왜 그런고하니, 그녀는 자기를 오데트 크레시라고 부르게 했고, 또 그만한 권리가 충분히 있었죠. 크레시라는 분의 아내였다가 헤어진 지 얼마 되지 않았으니까. 이분이야말로 진정한 크레시, 매우 훌륭한 신사였는데, 오데트한테 마지막 한 푼까지 탈탈 털리고 말았답니다. 그렇군, 일일이 말하지 않아도 되겠군요. 당신이 그분과 시골 열차 안에 있는 걸 보았고, 발베크에서는 당신이 저녁 식사를 내지 않았소. 그 사람, 한턱 받을 처지에 있었다니 불쌍도 하지. 스완이 보내주는 아주 적은 보조금으로 겨우 살았으니까. 그것도 스완이 죽은 뒤로는 완전히 끊겼는지도 몰라요. 그건 그렇고, 내가 이해 못하는 것은 말일세." 돌연 샤를뤼스 씨가 내게 물었다. "자네는 샤를 집에 자주 드나들었으면서, 조금 전 나한테 나폴리 왕비를 소개해달라고 하지 않았단 말이야. 이를테면 자네는 신기하게도 인물에 흥미가 없나 본데, 스완의 벗이 그렇다니 정말 놀라워. 스완으로 말하자면 이런 종류의 흥미가 매우 발달해 있어서, 내가 그의 선생인지 아니면 그가 내 선생인지 알쏭달쏭할 정도였네. 휘슬러 화백의 벗이 취미란 게 무엇인지도 모르는 거나 진배없이 놀라워. 아차, 모렐이야말로 나폴리 왕비에게 소개해줘야 했는데 잘못했군. 녀석도 그렇게 해주기를 몹시 바랐지. 아주 현명한 놈이거든. 왕비께서 가버렸으니 난처한걸. 가까운 시일 안에 두 사람을 대면시키기로 하지. 반드시 녀석을 왕비에게 소개해야겠다 이 말씀이야. 단 하나 장애가 있다면 어쩌다 왕비가 내일 급사라도 하는 것이겠지만, 설마하니 그런 일이 일어날라구."

샤를뤼스 씨로부터 '열 명 중 셋'이라는 비율을 들은 충격에서 벗어나지 못하고 계속 그 생각만 곰곰이 하던 브리쇼가 피고를 자백시키려는 예심판사와도 같이 느닷없이—하지만 실상은 통찰력 있어 보이려는 교수의 소망과, 이처럼 중요한 비난을 퍼붓는 데서 느끼는 긴장의 결과였는데—암담한 표정으로 샤를뤼스 씨에게 물었다. "스키도 그 축이 아니오?" 그는 이른바 천재적 직관이라는 것을 보여 남을 놀라게 하려고 스키를 지목했던 것이다. 무고한 자가 열 명 중에 셋밖에 없는 이상, 좀 괴이쩍어 보이며 불면증이라고 엄살하고, 향수 냄새를 풍기며, 한마디로 규칙에서 벗어난 스키를 지목해도 빗나갈 위험이 적을 거라고 생각했기 때문이다. "어림도 없는 소리!" 남작은 쓰디쓴 야유, 짜증 섞인 독단적인 목소리로 외쳤다. "당신의 추측은 잘못도 이만저만이 아닌, 당치도 않은 말이오! 아무것도 모르는 이들에게는 스키야말로 바로 그렇게 보이겠지. 그러나 만약 그것이 사실이라도, 영락없이 그렇게 보이거나 하진 않을 거요. 그를 비난할 생각이라곤 조금도 없소. 매력적인 분이고, 뭔가 대단히 내 마음을 끌기도 하니까."—"그럼 몇몇 이름을 대주시겠습니까?" 브리쇼가 간곡히 청했다. 샤를뤼스 씨는 교만한 태도로 몸을 젖히고, "여보시게 선생, 나로 말할 것 같으면, 알다시피 추상 세계에 사는 인간이외다. 지금 왈가왈부한 것은 선구자적인 관점에서만 내 흥미를 끌죠." 그는 그 같은 축의 특유한 의심과 감수성, 호언장담하기 좋아하는 그들만의 독특한 말투를 드러내며 대꾸했다. "내 흥미를 끄는 것은 일반적인 것뿐이라, 인력의 법칙을 논하듯이 당신에게 말했던 겁니다."

그러나 남작이 자기 상황을 숨기려고 조바심하는 이 순간은, 그가 자기 생활의 진실을 짐작케 하며 자랑스럽게 늘어놓은 지난 몇 시간—남에게 털어놓고 싶은 욕구가, 폭로되는 근심보다 더 강했다—에 비하면 찰나에 지나지 않았다. 그가 다시 입을 열었다. "내가 말하고자 한 바는, 근거 없는 고약한 소문이 하나 있다면, 그에 못지않게 좋은 평판으로 근거 없는 소문이 몇백 개나 있다는 점이오. 물론 좋은 평판을 받을 만한 가치가 없는 자의 숫자는, 그와 같은 이들의 말을 믿거나 관계없는 이들의 말을 따르거나에 따라 달라지죠. 하기야 관계없는 이들의 악의는 가공할 악덕—다정다감한 줄 알았던 이가 범한 도둑질이나 살인처럼 무시무시한 악덕—을 믿기 힘들기 때문에 한계가 있소. 그런데 그와 같은 이들의 악의는, 자기 마음에 드는 사람들이 있기라도 하면—뭐라고 할까—다가가기 쉬운 인간으로 믿고 싶은 마음이나 비슷한 욕망에 농락당한 이들한테서 얻은 정보, 보통 그자들이 일반에게서 격리당하고 있다는 사실로 인해 지나치게 자극받게 마련이지. 나는 그 기호 때문에 어지간히 좋지 못한 평판을 받는 녀석이, 사교계의 아무개도 같은 기호를 가졌나 보라고 말하는 걸 들은 적이 있소. 그런데 그 녀석이 그렇게 여긴 유일한 까닭이 뭔고 하니, 이 사교계의 아무개가 그 녀석한테 싹싹하게 굴었다는 점뿐이지 뭐요! 수를 계산할 때도 참으로 갖가지 이유로 낙관적이 되거든." 남작은 순진하게도 그만 '낙관적'이라고 말했다. "그러나 문외한이 계산한 수와, 정통한 자가 계산한 수가 엄청나게 차이나는 진짜 이유는, 정통한 자가 자기 행실이 남의 입에 오르내리지 않도록 그것을 신비로 감싸기 때문이오. 이 사실을 알 길 없는 문외한이 진실의 4분의 1이라도 안다면 말 그대로 놀라자빠질 거요."—"그럼 현대도 그리스 시대와 같군요." 브리쇼가 말했다. "뭐라고, 그리스 시대와 같다고요? 그것이 그리스 시대부터 쭉 이어져온 것을 모르시나? 들어보시게. 루이 14세 치하에는 소(小)베르망두아 (Petit Vermandois), *¹ 몰리에르, 루이 드 바덴(Louis de Baden), *² 브륑스비크(Brunswick), *³ 샤롤레(Charolais) 백작, *⁴ 부플레르(Boufflers), *⁵ 콩데 대공, 브리사크 공작*⁶……."—"잠깐만, 남작, 나도 브리사크에 대해서는 생시몽의 회상록을 통해 알고 있습니다. 물론 방돔 공작 루이 조제프*⁷도 그랬

---

*1 루이 14세의 적자(1667~83).

*2 장군(1677~1707).

*3 장군(1624~1705).

*4 콩데 대공의 아들(1700~60).

*5 원수(元帥, 1644~1710).

*6 생시몽의 처남(1645~99). 생시몽 《회상록》에 의하면 아리송하고 수치스러운 생활을 했다 함.

*7 앙리 4세의 증손자(1654~1710).

고, 그 밖에 여러 사람이 그런 줄 알아요. 그런데 망할 생시몽 영감 같으니라구, 콩데 대공이나 루이 드 바덴 공작에 대해 자주 말하면서도 그건 단 한 마디 대꾸도 없습니다그려."—"소르본 교수라는 분에게 제가 역사를 가르쳐야 하다니 유감인걸요. 그런데 선생, 당신은 정말 아무것도 모르는 분이군요 그래."—"너무 심한 말씀인데요, 남작. 하지만 옳은 말씀입니다. 그렇지, 재미난 걸 가르쳐드리죠. 지금 막 생각났는데, 그 무렵 라틴어로 된 익살스러운 노래가 있었어요. 내용인즉, 콩데 대공이 친구인 라 무세(La Moussaye) 후작과 함께 론 강을 내려가다가 불현듯 뇌우에 휩쓸립니다. 콩데 공 왈이 말하죠.

Carus Amicus Mussexus,
Ah! Deus bonus quod tempus.
Landerirette,
Imbre sumus perituri.

절친한 벗, 무사에우스*
아아! 끔찍한 날씨로고.
우르르 쿵 쾅
뇌우로 숨이 끊어질 것 같네.

그러자, 라 무세가 다음과 같이 받아넘겨 그를 안심시킵니다.

Securae sunt nostrae vitae,
Sumus enim Sodomitae,
Igne tantum perituri,
    Landeriri.

우리 두 목숨은 튼튼하외다.

---

* 라 무세를 라틴어식으로 부른 것.

무시무시한 하늘의 겁화(劫火) *¹만이
　소돔의 겨레를 멸망시킬 수 있기에.
　　우르르 라라."

　"앞서 한 말을 취소하겠소." 샤를뤼스 씨가 날카롭고 점잔 빼는 목소리로
말했다. "당신이야말로 지식의 샘이올시다. 그 노래를 좀 적어주시지 않겠
소. 우리 가문의 기록에 보존해두고 싶소이다. 증조할머니께서 콩데 공의 누
이시니까요."—"적어드리죠. 그런데 남작, 루이 드 바덴 공에 대해서는 아
무것도 생각나는 게 없는데요. 더구나 그 무렵 전쟁은 보통……."—"한심한
말을 다 하시는군요! 그때라면 방돔, 빌라르, 외젠 공, 콩티 공이 있고, 또
현대의 통킹(Tonkin)이나 모로코의 영웅들, 그것도 참으로 숭고하고 경건한
'새 세대'의 영웅들이 있는데, 내가 만약 그들에 대해 얘기한다면 선생은 놀
라자빠질 거요. 부르제 씨도 말했거니와, 앞 세대의 쓸데없는 복잡함을 거부
한 새 세대 영웅들을 조사하고 있는 이들에게 *² 가르쳐주고 싶은 게 산더미
같이 많단 말씀입니다! 나는 그 방면에 매우 유능한 친구가 하나 있는데,
소문도 자자하고 훌륭한 일도 많이 했죠……. 아니, 남의 험담을 하고 싶진
않으니 17세기로 돌아갑시다. 아시다시피 생시몽은 위그셀(Huxelles) *³ 원수
에 대해 특히 이렇게 말하고 있어요. '그리스적 방탕에 탐닉한 나머지, 그걸
숨기려고조차 하지 않았고, 잘생긴 젊은 하인뿐만 아니라 젊은 장교까지 차
례로 손아귀에 넣어 말을 듣도록 했으며, 더더구나 군대 내에서건 스트라스
부르에서건 공공연히 그걸 했다.' 당신도 아마 왕제비(王弟妃) *⁴의 서한을
읽어보셨겠지만, 부하 병사들은 그분을 주로 '퓌타나(putana)' *⁵라고만 불렀
다는군요. 왕제비께서는 그걸 어지간히 뚜렷하게 말하고 있단 말입니다."—
"남편이라는 최고의 정보원이 있었으니까요."—"그 왕제비는 매우 흥미진진
한 인물이죠." 샤를뤼스 씨가 말했다. "이분을 바탕 삼아, '남색가의 아내'라

---

*1 세상이 파멸할 때 일어난다고 하는 큰불.
*2 제1차 세계대전 전에 젊은이의 성향을 조사한 사회학자들.
*3 루이 14세의 신임이 두텁던 장군.
*4 여기서는 필립 오를레앙 공작부인. 일명 팔라틴 공주(1652~1722).
*5 매음부라는 속어, 팔라틴과 비슷한 음에서 나온 욕.

는 서정적인 결정판을 만들어낼 수 있을 거요. 먼저 남자 같은 여자. 보통 남색가의 아내는 사내같이 튼튼해 식은 죽 먹듯이 애를 낳을 수 있죠. 다음으로 왕제비는 남편의 악습에 대해 한마디도 하지 않았지만, 정통한 이의 자격으로 남들의 그러한 악습을 끊임없이 말하고 있죠. 이는 자기 가정을 괴롭히는 결함을 다른 가정에서도 찾아내서, 그 결함이 그다지 예외적인 것도 불명예스러운 것도 아니라는 점을 스스로에게 이해시키려는 버릇 때문이오. 나는 아까 온갖 시대에도 다 그랬다고 말했소. 그렇지만 우리 시대는 이 관점에서 볼 때 유다른 특성을 나타내고 있단 말입니다. 나는 17세기에서 몇 가지 예를 들었지만, 만약에 내 위대한 조상이신 프랑수아 드 라 로슈푸코가 현대에 살아 계셨다면 그때보다 더욱 정당한 이유로 이렇게 말했을 거요. 이 봐요, 브리쇼, 틀린 인용이 나오거든 도와주시오. '악습은 온 시대에 존재한다. 한데 세상이 다 아는 인물들이 고대에 태어나 있었다면, 인간은 과연 현재 엘라가발루스(Elagabalus)*의 매음을 운운하겠는가?' 이 중 '세상이 다 아는'이라는 구절이 내 마음에 쏙 든단 말씀이오. 총명하고 민첩하신 저의 조상께서는 그 무렵에 가장 이름난 이들의 '후림대수작'에 정통하셨나 봅니다. 내가 현대인의 '후림대수작'에 정통해 있듯이. 그러나 현대는 이런 축이 더 많아졌을 뿐만 아니라, 그들은 뭔가 색다른 것도 갖고 있죠."

나는 샤를뤼스 씨가 이와 같은 풍습이 어떤 형태로 변화했는지 말하려 한다는 것을 깨달았다. 하지만 그가 지껄이고, 브리쇼가 떠드는 동안, 알베르틴이 나를 기다리고 있는 내 집의 영상은 어떤 때는 뚜렷하게, 어떤 때는 무의식으로 나타났는데, 언제나 뱅퇴유의 부드럽고 친밀한 주제와 연결되어 한순간도 내 머릿속에서 떠나지 않았다. 내 사념은 끊임없이 알베르틴에게 되돌아가곤 했는데, 실제로도 그처럼 알베르틴 곁으로 돌아가야 했다. 죄수의 몸에 어떤 모양으로 매달려 있는 쇠구슬 같은 것 때문에 나는 파리를 떠나지 못하고, 또 지금 베르뒤랭네 살롱에서 머리에 떠올리는 내 집도 텅 빈 공간—내 마음을 자극하지만 좀 쓸쓸한 공간—처럼 생각하지 않으며, 거꾸로—이 점에서는 어느 날 밤의 발베크 호텔과 비슷하여—그곳에서 움직이지 않는 존재, 나를 위해 언제까지나 거기에 있고 마음 내키면 반드시 만날

---

* 고대 로마 황제(204~222). 얼굴에 분 바르고 여장을 하여 광태를 부렸다 함.

수 있는 존재로 가득 찬 공간처럼 느껴졌다.

샤를뤼스 씨가 늘 그 화제로 돌아오는 집요함에는 어지간히 복잡하고 불쾌한 무엇이 있었다. 게다가 그의 지성은 그 화제에 대해 늘 같은 방향으로만 단련되어 있어 어떤 통찰력이 뛰어났다. 그는 자기 전문 분야가 아니면 눈길조차 주지 않는 학자처럼 진저리나고, 비밀을 쥐고 있는 게 자랑스러워 입밖에 내고 싶어 몸이 단 소식통처럼 성가시고, 자기 결점에 대한 말이 나오면 남들이 기분 나빠하는 줄도 모르고 즐거워하는 이들처럼 야비하며, 성미가 까다로운 자처럼 한 가지에만 골몰하고, 범죄자처럼 억제할 수 없는 경솔함을 지닌 인간이었다. 이런 특징은 어떤 때는 미치광이나 범죄자의 특성과 마찬가지로 소름끼치는 것이었지만, 다른 어떤 때는 내게 안도감을 가져다주기도 했다. 왜냐하면 그러한 특징에 필요한 변경을 보태서 알베르틴과 관계된 판단을 끌어내고 생루와 나에 대한 그녀의 태도를 떠올리면서, 분명 내게 이 첫 추억은 괴롭고 우울한 것이긴 했지만, 샤를뤼스 씨의 사람됨이나 대화에서 강렬하게 퍼져 나가는 것 같은 뚜렷한 일그러짐, 어쩔 수 없이 빠져들게 되는 특수화의 흔적은 이 추억에 티끌만치도 없는 것 같았기 때문이다.

그런데 공교롭게도 샤를뤼스 씨는 이런 밝은 희망의 원인을 내게 가져온 것과 같은 방식으로, 곧 무의식으로 깨부수고 말았다. "암, 그렇지." 그가 말했다. "나는 이제 20대의 젊은이가 아니지. 주위에서 여러 가지가 변해가는 걸 보아왔는데, 나는 이제 도무지 분간 못하게 됐단 말씀이오. 사교계만 해도 울타리가 허물어져 품위도 없으려니와 예의도 지킬 줄 모르는 무리가 내 집 안까지 들어와서 탱고 따위를 추고 있으니. 유행도 정치도 예술도 종교도 무엇 하나 분간이 되지 않소. 하지만 터놓고 말해 가장 심하게 변한 것은 뭐니뭐니해도 독일인이 일컫는 동성애라는 것이오. 참말이지 내가 젊었을 때만 해도 여인을 죽도록 싫어하는 사내나, 여인만 좋아할 뿐 다른 것은 이해관계로밖에 생각지 않는 사내를 빼고서, 동성애자는 한 가정의 선량한 아버지였으며, 첩을 두는 것은 그저 세상의 이목을 피하기 위해서였소. 만에 하나 혼기가 찬 내 딸의 행복을 너럭바위 위에 놓고 싶으면, 서슴지 않고 그런 축에서 사위를 골랐을 거요. 그런데 한탄스럽게도 세상 온갖 일이 다 변했습니다그려. 요새는 여인에게 넋을 빼앗기는 축에서도 그런 자가 나온다는군요. 나는 조금 눈치가 빠르다고 자부해, '확실히 아닌걸' 짐작하면 빗나가는 법이 없었죠. 하지만 이젠 두 손 번쩍 들 수밖에 없게 됐습니다. 한번은 내 친구 중 그걸로 소문난 이가 내 형수인 오리안의 주선으로 마부를 고용했었죠. 놈은 콩브레 출신답게 온갖 일에 두루 손을 대왔는데 특히 치마를 걷어올리는 일에 익숙한지라, 난 그걸 아주 싫어하는 녀석으로 확신했거든요. 녀석이 여배우와 비어홀 아가씨—그 밖에도 많았지만—하고 어울려, 애인을 속이고 몹시 울리곤 했으니까. 내 사촌인 게르망트 대공은 모든 걸 너무 쉽사리 믿어 상대를 짜증나게 하는 사람인데, 하루는 내게 '한데 X녀석, 왜 그 마부와 같이 안 잔다지? 테오도르(이게 마부의 이름이오)가 좋아할지도 모르고, 어쩌면 주인이 집적거려주지 않아서 화내고 있는지 누가 알아?' 이렇게 말하는 게 아니겠소. 나는 견디다 못해 질베르에게 입 닥치라고 무안을 주었죠. 아무리 날카로운 통찰력을 자부한들 분별없이 써먹는다면 통찰력은 있으나마나 아니겠습니까. 더구나 질베르가 친구인 X로 하여금 먼저 위험한 다리를 건너가게 한 뒤에, 안전해 보이면 자기도 뻔뻔스레 건너가려는 그 교활한 속셈이 들여다보여 내 비위에 거슬렸단 말씀이오."—"그럼 게르망트 대공도 그걸 좋아하나요?" 브리쇼가 경악과 불쾌감이 섞인 투로 물었다. 샤를뤼스 씨는 유쾌한 듯이 대답했다. "허어, 다 아는 바이니 내가 그렇다고 한들 비밀 누설은 아닐 테죠. 그런데 다음해 발베크에 갔을 때 나를 가끔씩 낚시질에 데리고 가는 뱃사람에게서 들은 소문인데, 그 테오도르—참고로 그 누이동생이 베르뒤랭 부인의 벗인 퓌트뷔스 남작부인의 몸종이오—가 날마다 항구에 나가서는 뻔뻔스레 이 선원 저 선원을 닥치는 대로 낚아 배를 타고 그 주변을 한 바퀴 돌거나, '다른 짓'도 했다는군요."

이번에는 내가, 그 테오도르의 주인 되는 이가 온종일 애인과 트럼프 놀이하던 신사인 줄 알아차리고, 역시 게르망트 대공과 같은 인물이냐고 물어보았다. "허어, 세상이 다 아는 사실인걸. 그는 그걸 숨기지도 않아."—"하지만 애인과 같이 있지 않았습니까?"—"그게 어쨌다는 거야? 당신들은 순진도 하이, 어린애들인가?" 샤를뤼스 씨는 내가 그의 말을 듣고 알베르틴을 생각하면서 고통스러워하는 줄은 꿈에도 생각지 못한 채 아버지 같은 말투로 대답했다. "귀여운 여인이지, 그의 애인은."—"그럼, 그의 친구 세 사람도 같은가요?"—"천만에." 그는 내가 악기를 연주하다가 음정을 틀리기라도 한 듯이 귀를 막으면서 외쳤다. "이번엔 정반대로 치닫는구만. 그렇다면 이런 치들은 사내인 친구를 가질 권리도 없다는 말인가? 허어! 젊은이란 모든 걸 혼동한단 말이야. 교육을 다시 받아야겠어. 그런데 이 사람은 말일세." 그는 말을 이었다. "나는 이런 경우를 여럿 알고 있지만, 이 사람의 경우는 내가 온갖 뻔뻔함에 대해 아무리 허심탄회하게 생각하려고 애써도, 좀처럼 당황하지 않을 수 없네그려. 내가 시대에 뒤졌는지, 아무튼 이해를 못 하겠어." 그는 나이 든 갈리아주의자*¹가 교황지상주의의 어떤 형태를 논하듯, 자유주의적 왕당파가 악시옹 프랑세즈(l'Action Française)*²를, 클로드 모네의 제자가 입체파를 평하듯 말했다. "나는 이런 혁신가들을 비난하는 게 아니네. 오히려 그들이 부러워서 이해하려고 애쓰지만 그게 잘 안 돼. 그토록 여성을 좋아한다면, 동성애자를 고약하게 생각하는 노동자 계급이나 제도 때문에 비밀로 숨기려는 사회에서, 왜 이른바 '어린애(môme)'를 구한단 말인가? 까닭인즉, 그게 그들에게 다른 의미를 가지기 때문인데, 그게 무엇이겠는가?" 나는 '여성이 알베르틴에게 어떤 다른 의미를 가지는 걸까?' 생각에 잠겨 있었다. 그리고 바로 이것이 내 고통의 원인이었다.

브리쇼가 말했다. "온 세상에 밝히노니, 남작, 혹시 전학부평의회(全學部評議會)에서 동성애 연구 강좌를 신설하는 문제가 거론된다면 나는 서슴지 않고 남작을 첫 번째로 추천하겠습니다. 아니, 그보다 특수정신생리학연구소 쪽이 안성맞춤일까. 아니지, 뭐니뭐니해도 콜레주 드 프랑스(Collège de France)의 강좌가 적격이라는 생각이 드는군요. 그렇게 된다면 타밀(Tamil) 어*³나 산스크리트어 교수처럼 개인적인 연구에 몰두하여, 관심을 보이는 몇몇 사람에게 그 성과를 발표할 수도 있습니다. 청강생이라야 두 명 정도, 거기에 대학 수위가 한 명 따르겠지만. 그렇다고 대학 수위를 티끌만치도 의심해서 하는 말이 아닙니다. 의심쩍어할 사람들이 아니거든요."—"모르는 소리." 남작은 엄하게 딱 잘라 대꾸했다. "첫째로 이것에 흥미를 보이는 인간이 그렇게 적다고 생각하면 큰 오산입니다. 오히려 정반대란 말씀이오." 그리고 그의 얘기가 변함없이 잡아드는 방향과 남에게 퍼부어대려는 비난이 모순됨을 알아차리지 못한 채, 분하여 마음이 북받치는 표정으로 브리쇼에

---

*1 프랑스 교회의 자주·자유권 옹호자.

*2 극우적(極右的) 왕당파.

*3 인도 동남부 드라비다 어족에 속한 언어.

게 말했다. "정반대로 무시무시한 수효지. 이제는 모두가 온통 이 얘기밖에 하지 않는단 말입니다. 수치스럽지만 내가 말한 그대로니, 한탄할 일이 아니고 뭐요. 그저께도 에양 공작부인 댁에서 두 시간이나 이 주제로 이야기꽃을 피웠다죠. 요새는 어엿하신 여인들마저 이 얘기로 와자지껄하니, 이것이 추문이 아니고 무어란 말이오! 가장 상스러운 것은, 여인들이 그 길에 훤하다는 점이오." 그는 비상한 열의와 힘을 실어 소리를 높였다. "그것도 샤텔로의 아들놈처럼 버르장머리없이 함부로 까부는 녀석들이 남들에 대해 이러니저러니 떠들어댄다는군요. 나를 두고도 고약하게 왈가왈부한다지만 나는 낯도 간지럽지 않소. 트럼프 놀이에서 속임수를 써 자키 클럽에서 제명될 뻔한 놈이 어떤 난잡한 험담을 하든지 어차피 누워 침 뱉기니까. 만약에 내가 에양 부인이라면 좀더 자기 살롱을 존중해서 그런 화제를 꺼내지 못하게 할 테고, 또 자기 집안이 지저분한 얘깃거리가 되는 걸 용서치 않겠지. 그러나 사교계도 이제 끝장이오. 대화든 몸단장이든, 예의도 법도도 없어졌으니. 허어, 정말이지 말세야. 다들 악의에 차 있소. 누가 남의 험담을 더 잘 하느냐가 관건이니까. 이 얼마나 무서운지!"

어린 시절 나는 콩브레에서 할머니가 할아버지한테 코냑을 마시지 말라고 헛되이 애원하는 광경을 차마 볼 수 없어 도망친 일이 있었는데, 그때부터 비겁했던 나는 지금도 단 한 가지 생각밖에 하지 않았다. 바로 샤를뤼스 씨의 처형이 시작되기 전에 베르뒤랭네를 떠나는 일이었다. "아무래도 그만 가봐야겠습니다." 내가 브리쇼에게 말했다. "나도 같이 가겠네만, 잠자코 가서야 쓰겠나. 베르뒤랭 부인에게 작별인사하러 갑시다." 교수는 이렇게 말하고, 어떤 놀이에서 '돌아가도 좋은지'를 보고하러 가는 사람처럼 살롱 쪽으로 발길을 돌렸다.

우리가 담소하는 동안 베르뒤랭 씨는 부인의 신호에 따라 모렐을 끌고 갔다. 하기야 베르뒤랭 부인이 여러모로 숙고한 끝에 모렐에게 폭로하는 걸 연기하는 편이 가장 좋은 방법이라 생각했더라도, 이제 그렇게는 되지 않을 것이다. 어떤 욕망은 설사 나가는 곳에서 여러 번 억누른들 그것을 키우기 시작하면, 결과가 어찌 되든 간에 기어이 충족되기를 바라기 마련이다. 너무나 오랫동안 드러낸 어깨를 바라보다간 거기에 입맞출 수밖에 없어 새가 뱀 위에 내려앉듯이 입술이 저절로 어깨 위로 떨어지고, 심한 배고픔에 저도 모르게 과자를 아귀아귀 먹지 않고는 못 배기며, 뜻밖의 말을 내뱉어 아무개의 마음에 경악·당황·고통·기쁨을 일으키고 싶어 참지 못한다. 이와 마찬가지로, 멜로드라마에 취한 베르뒤랭 부인은 모렐을 데려가서 기어코 그에게 말하기를 남편에게 엄명했던 것이다. 모렐은 첫마디에, 나폴리 왕비가 떠나버려 자기가 소개받지 못하게 된 걸 한탄하기 시작했다. 샤를뤼스 씨가 모렐에게 왕비야말로 엘리자베트 황후와 알랑송 공작부인과 자매지간이라고 귀가 아프도록 되풀이했었으므로, 그의 눈에는 왕비가 엄청나게 위대한 분으로 보였던 것이다. 그러나 베르뒤랭 씨는 나폴리 왕비의 얘기를 하려고 부른 게 아님을 설명한 뒤 문제의 핵심으로 들어갔다. 그는 얼마 동안 변죽만 울리다가 이렇게 결론지었다. "이봐, 모렐. 자네가 좋다면 내 안사람의 의견을 들어보세. 명예를 걸고 맹세하지만, 난 그녀에게 이 일에 대해 한마디도 하지 않았네. 안사람이 어떤 판단을 내리는지 들어보자구. 내 의견이 옳지 않을지도 모르겠지만, 안사람의 판단이 얼마나 정확한지는 자네도 잘 아는 바이고, 또 그녀는 자네에게 그지없는 우정을 품고 있으니 말이네. 어디 그 사람의 의견을 물어보기로 하세."

한편 그동안 베르뒤랭 부인은 이제부터 바이올린 명수와 얘기할 때나, 그가 돌아간 다음 남편에게서 그와 나눈 대화 내용을 모두 들을 때 맛보게 될 흥분을 초조히 기다리면서, "그런데 두 사람은 뭐하고 있을까? 이렇게 시간이 걸렸으니 귀스타브가 용케 설득시켰으면 좋겠는데"라고 끊임없이 되풀이했다.

마침 베르뒤랭 씨가 모렐을 데리고 내려왔다. 보아하니 모렐은 몹시 동요하는 듯했다. "모렐이 당신에게 물어보고 싶은 게 있다는군." 베르뒤랭 씨는 이 청을 들어줄지 자신 없다는 투로 아내에게 말했다. 베르뒤랭 부인은 무척 들뜬 나머지 남편이 바이올리니스트에게 말한 내용은 전혀 못 들은 체하기로 미리 약속해둔 걸 언제 그랬냐는 듯이 까맣게 잊고, 남편에게 대답하는 대신 모렐한테 "나는 이이와 완전히 같은 의견이에요. 더 이상 그걸 용서할 수 없어요!" 앙칼지게 외쳤다. "뭘? 뭘 용서한다고?" 베르뒤랭 씨가 매우 놀라는 체하며 제 거짓말을 부인하려고 했지만, 당황한 탓인지 서투르게 더듬더듬 말했다. "당신이 모렐에게 말한 내용쯤이야 뻔하죠." 베르뒤랭 부인은 설명이 그럴싸하게 보이건 말건 아랑곳없이 모렐이 나중에 이 장면을 돌이켜보고서 파트롱의 진실성을 의심하건 말건 전혀 개의치 않고 대꾸했다. "못써요. 그런 불명예스런 낙인이 찍힌 인물과의 수치스런 생활을 더 이상 참아서는 못쓴다고 생각해요. 그이는 어디에도 초대받지 못하는 인물이거든요." 그녀는 아무런 근거도 없는 말에 신경 쓰지 않고, 자신이 거의 날마다 그를 불러들이고 있는 사실마저 잊고서 덧붙였다. "모렐은 콩세르바투아르의 웃음거리예요." 그녀는 이것이 가장 효과 있는 핑계라고 생각하며 강조했다. "이런 생활을 한 달만 더 계속해보세요. 예술가로서의 장래야 볼장 다 본 거죠. 샤를뤼스만 없다면 한 해에 10만 프랑은 충분히 벌 텐데."—"저는 그런 소문은 처음 듣습니다. 어리벙벙해서요. 정말이지 말씀만이라도 고마워요." 모렐은 눈물을 글썽거리며 중얼거렸다. 그러나 경악을 가장하면서도 부끄러움을 감출 수 없어서, 베토벤 소나타 전곡을 연이어 연주할 때보다 더 심하게 얼굴이 붉어졌고 땀을 흘렸다. 그 눈에는 본(Bonn)의 거장*1도 짜내지 못했을 만큼의 눈물이 글썽거렸다.

이 눈물에 흥미를 느낀 조각가 스키는 히죽 웃으며 나한테 곁눈질로 샤를리를 가리켰다. "모렐 혼자만 금시초문이죠. 그이는 평판이 몹시 고약한 데다, 흉악한 소문이 자자한 인물이에요. 경찰이 그를 노리고 있는 것도 나는 알아요. 하긴 그에게는 그 편이 다행인지도 모르죠. 그런 치들이 다 그렇듯이 불량배의 손에 살해되진 않을 테니까요." 그녀가 이렇게 덧붙인 까닭인즉, 샤를뤼스 씨를 생각하다가 다시 좀 전의 뒤라스 부인의 일이 머리에 떠오르자 약이 머리끝까지 올라 머리가 멍해지면서, 불쌍한 샤를리에게 내리치는 상처를 더 중하게 여기고, 또 그녀 자신이 오늘 밤 받은 상처에 대한 복수를 노리고 있었기 때문이다. "게다가 물질적으로도 그이는 당신에게 아무런 도움이 되지 못해요. 협박하는 놈들의 먹이가 된 뒤로는 완전히 파산해, 협박꾼들에게도 대가를 치르지 못하는 형편이니, 하물며 당신 연주의 대가로 돈 한 푼 나올 리가 없죠. 저택도 별장도 모두 저당 잡혀버렸으니까." 샤를뤼스 씨가 모렐을 상대로 불량배와의 관계를 곧잘 이야기해온 만큼 모렐은 이 거짓말을 더 쉬이 곧이들었다. 하인의 아들이란 자기 자신은 아무리 게으를망정 보나파르티스트적인 사고*2에 집착하는 것 만큼이나 불량배들에

---

*1 베토벤을 가리키는 말.

*2 세습적인 귀족을 멸시하고, 제 힘으로 영달하는 게 제일이라는 생각.

게 강한 혐오감을 드러내기 마련이다.

벌써 그의 교활한 마음속에는, 18세기에 동맹역전(同盟逆戰)*이라고 일컫던 것과 비슷한 계획이 싹트고 있었다. 앞으로 절대 샤를뤼스 씨에게 말 붙이지 않기로 결심한 그는, 다음 날 저녁 쥐피앙의 조카딸에게 가서 모든 걸 자기 손으로 해결해야겠다고 생각했다. 그러나 공교롭게도 이 계획은 실패하게 된다. 같은 날 저녁 샤를뤼스 씨가 쥐피앙과 만나기로 약속되어 있었고, 옛 재봉사인 쥐피앙은 무슨 일이 있어도 이 약속을 어기지 못했기 때문이다. 모렐에게 앞으로 다른 사건이 차례차례 밀어닥친 뒤에, 쥐피앙이 울고불고하면서 자기 불행을 남작에게 얘기하자, 쥐피앙 못지않게 불행한 남작은 버림받은 여자애를 양녀로 삼아 자기가 붙일 수 있는 칭호 가운데 하나—아마도 올로롱 아가씨라는 이름—를 그녀에게 이어주고, 이제부터 오롯한 교육을 받게 하여 부자와 결혼시키마 하고 딱 잘라 말했다. 이 약속은 쥐피앙을 기뻐 날뛰게 했지만, 그의 조카딸은 여전히 모렐을 사랑하고 있는지라 이에 무관심했다. 그런데 모렐은 바보인지 파렴치해선지, 쥐피앙이 없는 틈을 타서 농담을 던지며 가게로 들어갔다. "무슨 일이 있었나, 눈언저리에 시커먼 그늘이 생겼네그려?" 모렐이 싱글대면서 말했다. "실연이라고? 제기랄, 내일은 내일의 태양이 뜬다잖아. 아무튼 신발이 발에 맞나 안 맞나 신어보는 것도 자유인데, 하물며 계집애랑 궁합이 맞는지 어떤지 알아본다고 해서 뭐가 나쁘지. 또 발에 맞지 않는다면……." 그가 화낸 적은 단 한 번, 그녀가 울었을 때인데, 그는 우는 게 비겁하고 괘씸한 태도라고 생각했다. 인간은 언제나 자기가 흘리게 한 눈물을 견디지 못하는 법이다.

그러나 우리는 너무나 앞섰다. 이 모든 게 베르뒤랭네 야회 뒤에 일어난 일이므로, 중단된 야회로 되돌아가야 한다. "저는 전혀 짐작도 못했어요." 모렐이 탄식하며 베르뒤랭 부인에게 말했다. "물론 대놓고 말하는 사람이 어디 있겠어요. 하지만 당신이 콩세르바투아르의 웃음거리임에는 변함없어요." 베르뒤랭 부인은 오로지 샤를뤼스 씨하고만 관련된 일이 아니라, 모렐 자신과도 연관된 문제임을 꼬집어 말하고 싶어 심술궂게 말을 이었다. "당신이 몰랐다는 것을 나는 곧이듣고 싶지만, 남들은 헤아려주지 않아요. 스키

---

* 1747년에는 프랑스가 프러시아와 한편이 되어서 영국과 오스트리아에 대항하고, 1756년에는 거꾸로 오스트리아와 한편이 되어서 프러시아와 영국에 대항한 것을 말함.

에게 물어보세요. 요전날 당신이 극장에서 내 칸막이 좌석에 들어왔을 때, 바로 옆인 슈비야르(Chevillard)*의 칸막이 좌석에서 뭐라고들 했는지. 뒤에서 당신을 흉봤대요. 나 자신은 그런 걸 별로 대수롭지 않게 여기나 그런 손가락질은 한 사내대장부를 굉장히 우스꽝스럽게 만든다고 생각해요. 한평생 모든 사람의 웃음거리가 되는 거라고요."—"뭐라고 감사의 말씀을 올려야 할지 모르겠습니다." 모렐이 대답했다. 이제 막 무섭도록 아프게 한 치과 의사한테 아픈 표정을 보이지 않으려는 말투였다. 또는 참관인이 하찮은 말꼬리를 잡아, "자네는 저 모욕을 못 본 체 넘길 수 있는가?" 묻자 마지못해 결투를 하게 된 사나이가 그 혈기왕성한 참관인에게 말하는 투였다. "당신은 기개 있고 남자다운 분이라고 생각해요." 베르뒤랭 부인이 말했다. "샤를뤼스가 사람들에게 당신의 목덜미를 잡고 있으니 감히 어쩌지 못한다고 아무리 말한들, 당신은 뚜렷하고 떳떳하게 말할 줄 아는 분이잖아요."

산산조각 난 자기 위신을 대신 덮을 위엄을 찾고 있던 샤를리는 어디서 읽었는지 아니면 어디서 들었는지, 다음과 같은 구절을 떠올리고는 당장 분명한 목소리로 말했다. "아무리 굶주려도 훔친 빵을 먹을 내가 아닙니다. 오늘밤에 바로 샤를뤼스 씨와 절교하겠습니다……. 나폴리 왕비께서는 떠나셨나요? 안 가셨다면, 절교하기 전에 그에게 부탁해서……."—"굳이 그이하고 완전히 절교할 것까지야 없어요." 작은 핵심의 붕괴를 막으려고 베르뒤랭 부인이 말했다. "이곳에서 그이를 만나는 건 상관없어요. 이 작은 동아리 안에서 당신은 높이 평가되고 있고, 아무도 당신의 험담을 하지 않을 테니까. 하지만 당신의 자유를 요구하세요. 그리고 겉으로만 상냥하게 구는 그 멍청한 여인들의 집에 끌려가지 않도록 하세요. 뒷구멍에서 그녀들이 뭐라고 하는지 들려주고 싶을 정도라니까요. 그들에게 미련을 갖지 말고, 당신의 일생을 쫓아다닐지 모를 오점을 씻어버리세요. 예술에 있어서도 그래요. 설령 샤를뤼스의 명예롭지 못한 소개가 없었더라도 지금과 같은 가짜 사교계 한가운데서 체면을 더럽히면, 견실치 못한 사람으로 보여 비전문가니 살롱의 엉터리 음악가니 하는 소문이 퍼질 거예요. 당신 나이에 그런 소릴 들으면 큰일나요. 그 어엿하신 귀부인들은 당신을 공짜로 불러서 친구 부인들에게 답례

---

* 라무뢰 오케스트라 지휘자.

하는 게 얼마나 편리한지 이해하지만, 피해를 입는 건 예술가로서의 당신 장래입니다. 물론 한두 분은 예외죠. 지금 당신은 나폴리 왕비에 대해서 말했는데—참석해야 하는 야회가 있어서 가셨지만—그분은 훌륭한 분이시죠. 보아하니 그분은 샤를뤼스를 그다지 존중하지 않더군요. 뭐니뭐니해도 나를 위해 오셨나 봐요. 아무렴, 그렇지. 왕비가 우리 바깥양반이나 나와 벗이 되고 싶어하는 걸 난 알아요. 그분 댁이라면 연주해도 좋고말고요. 그리고 내가 당신을 데려가는 경우는 사정이 달라요. 또 내가 어떤 사람인지 다른 예술가들도 잘 아는 바이며, 그들은 늘 내게 친절하고, 얼마쯤 나를 그들의 일원처럼 그들의 파트론으로 여기니까. 하지만 뒤라스 부인 댁에는 절대로 가지 않도록! 그런 실수를 하지 않기를! 우리집에 드나드는 예술가들 중, 뒤라스 부인에 대한 속내를 내게 털어놓으러 온 분이 한두 분이 아니랍니다. 알다시피 그분들은 나라면 믿을 수 있다는 걸 잘 아니까."

그녀는 얼굴에 자못 겸허한 기색을, 눈에는 그에 어울리는 매력을 풍기면서 온화하고도 솔직한 말투—그녀는 금세 그런 말투를 취할 줄 알았다—로 말했다. "그분들은 그처럼 나한테 와서 겪어온 일을 이야기하곤 해요. 가장 입이 무겁다는 이도 이따금 나하고는 몇 시간 동안 수다를 떨곤 하는데, 그 얘기의 재미는 이루 말할 수 없어요. 고인이 된 샤브리에(Chabrier)*도 늘 말했답니다. '그들을 고백시킬 줄 아는 이는 베르뒤랭 부인밖에 없다'고요. 그런데 그들 전부, 한 사람도 예외 없이 뒤라스 부인 댁에서 연주한 일을 눈물이 나도록 후회하더란 말이에요. 그녀가 재미로 하인들을 시켜 그들에게 모욕을 주었을 뿐만 아니라, 그 뒤부터는 어디서도 일자리를 얻지 못하게 되었다는군요. 지배인들이 '흥, 뒤라스 부인 댁에서 연주한 사람이군' 하더라는 거예요. 그러고는 모든 일이 끝장. 이처럼 당신의 장래를 망치는 게 또 있을까요. 사교계 사람들과 잘못 어울리면 견실치 못한 인간으로 보여요. 이런 말 하긴 딱하나, 아무리 재능이 있다 해도 뒤라스 부인이라는 한마디면 당신에게 비전문가라는 딱지가 붙기에 충분하죠. 나는 40년이라는 긴 세월 동안 예술가들과 사귀어왔고, 그들을 세상에 내보이며, 그들에게 관심을 가지고, 그들을 잘 안다고 자부해요. 그들한테 한번 '비전문가'라는 이름을 듣

---

* 프랑스의 작곡가(1841~94).

고 나면 볼장 다 본 거죠. 그리고 실제로 당신을 그렇게 말하기 시작하고 있으니. 내가 마구 성내면서 샤를리가 그런 우스꽝스러운 살롱에서 연주할 리 없다고 딱 잘라 항의한 게 몇 번인지 모른다니까! 그러자 사람들이 나한테 뭐라고 대꾸했는지 아세요? '천만에, 그는 그렇게 할 수밖에 없을 거요. 샤를뤼스가 그와 의논도 하지 않고, 의견도 묻지 않고서 다 정해버리니까' 하지 뭐예요. 아무개가 샤를뤼스를 기쁘게 하려는 생각으로, '당신 친구인 모렐에게 참으로 감탄해 마지않습니다' 했는데 말이에요. 당신도 잘 아는 그 거만한 태도로 그가 뭐라고 대답했는지 아세요? '녀석이 내 친구라는 말씀인가? 허어 참! 녀석과는 신분이 달라. 내가 기르는 녀석, 돌봐주는 놈이라고 불러주게' 했다던가."

이때 음악의 여신이 튀어나온 듯한 이마 아래에는 단 한 가지, 사람에 따라서는 자기 가슴속에 간직 못하는 어떤 것을 누설하는 게 치사할 뿐만 아니라 경솔하기까지 한 한마디가 꿈틀거리고 있었다. 그러나 그걸 입 밖에 내고픈 욕구는 명예나 조심성보다 끈질기다. 심통이 난 듯한 둥그스름한 얼굴을 여러 번 경련하듯 찡그린 뒤, 파트론은 이 욕구에 지고 말았다. "샤를뤼스가 당신을 '내 하인'이라 부르더라고 우리 바깥양반에게 일러바치는 사람마저 있답니다. 근거 있는 말인지 단언할 순 없지만." 그녀는 이렇게 덧붙였다. 샤를뤼스 씨가 모렐한테 '절대 자네의 출신을 아무에게도 누설하지 않겠네' 하고 맹세한 직후, 참지 못하고 베르뒤랭 부인에게 '녀석은 하인의 아들이죠' 얘기한 것도 이와 같은 욕구에 굴복해서이다. 그리고 이 말이 입 밖에 나오면, 이번에도 또한 똑같은 욕구가 입에서 입으로 두루 돌아 비밀을 지키라는 조건으로 남에게 털어놓지만, 비밀을 지키겠다고 약속한 이들도 앞서의 사람들처럼 약속을 지키지 않을 것이다. 나중에는 이런 말이 다람쥐 쳇바퀴 돌리듯이 돌고 돌아 베르뒤랭 부인에게 되돌아오고 말아서, 이를 알게 된 당사자와 베르뒤랭 부인 사이를 틀어버린다. 그녀는 이 점을 잘 알고 있었지만 혀끝을 간질이는 이 한마디를 참을 수 없었다. 하기야 '하인'이라는 낱말은 모렐의 마음을 상하게 하는 효과밖에 없었다. 그래도 그녀는 '하인'이라고 말했고, 또 확실한지 어떤지 단언은 못 하겠다고 덧붙인 말은 그런 인상을 풍김으로써 다른 말은 확실하다는 점을 보였는데, 동시에 공평성을 나타내고자 함에서였다.

그녀는 자기가 보인 이 공평성에 스스로 어쩌나 감동했는지, 샤를리에게 다정하게 말하기 시작했다. "나는 샤를뤼스를 비난해서 하는 말이 아녜요. 샤를뤼스가 자기의 깊은 구렁에 당신을 끌어들였지만, 당신 잘못이 아니죠. 그 자신이 그 구렁에 굴러떨어지고 있으니까, 바로 그 구렁 속에 굴러떨어졌으니 말이에요." 부인은 어쩌다가 입 밖으로 튀어나온 비유의 정확함에 스스로 감탄한 나머지 가슴을 두근대며 겨우 따라잡아, 그걸 강조하려고 힘주어 되풀이했다. "내가 비난하는 건." 그녀의 말투는 성공에 도취된 여인처럼 차분했다. "그이가 당신을 배려하지 않는다는 점이에요. 상대가 누구든 해도 되는 말이 있고 삼가야 할 말이 있는 법. 이를테면 조금 전까지도 그이는 당신에게 레지옹도뇌르 훈장을 받게 되었다고 알려주면 당신이 기뻐 날뛸 거라고 잘라 말하지 뭐예요(물론 허풍이죠. 그이가 추천하면 받을 훈장도 못 받게 될 게 뻔하니까). 이 정도는 아무것도 아니에요. 친한 친구들을 속이다니, 난 썩 마음에 들지 않아요." 그녀는 섬세한 마음씨를 가진 듯한 얼굴로 말을 이었다. "하지만 사람은 대수롭지 않은 일에 마음이 상하기 마련이죠. 예를 들어 그가 쓰러질 정도로 웃어대면서 당신이 훈장을 받고 싶어하는 이유는 당신 아저씨 때문이고, 그 아저씨가 하인 신분이었다고 우리에게 지껄이는 경우 말이에요."—"그런 말을 하던가요!" 샤를리는 이 능숙한 고자질에, 베르뒤랭 부인이 지금껏 한 말을 모두 곧이들으면서 외쳤다. 베르뒤랭 부인은 나이 먹은 정부가 젊은 애인에게 당장에라도 버림받으려는 찰나에 보기 좋게 그의 결혼담을 망쳐놓았기라도 한 것처럼 기쁨으로 온몸이 짜릿했다.

아마도 그녀는 거짓말의 효과를 계산에 넣지도 않았거니와 의식적으로는 거짓말하지 않았을지도 모른다. 어떤 감정적인 논리, 어쩌면 더욱 근본적인 어떤 신경반사가, 삶을 즐기며 행복을 누리고자 그녀로 하여금 작은 동아리 속에 '평지풍파를 일으키게' 했을 터이며, 사실인지를 가려볼 틈도 없이, 엄밀히 정확하지 않더라도 아주 효과적이고 알맞은 이런 단언을 충동적으로 그녀의 입에 올리게 했는지도 모른다. "우리에게만 그런 말을 했다면 또 몰라요. 우리야 그의 말에서 취할 것과 버릴 것을 알고 있고, 또 직업에는 귀천이 없으니까요. 당신은 당신대로 가치가 있어요. 그런데 샤를뤼스가 이 얘기를 포르트팽 부인(베르뒤랭 부인이 일부러 포르트팽 부인을 들먹거린 것은, 샤를리가 그녀를 좋아하고 있는 줄 알기 때문이었다)에게 지껄여 자지러지게 웃겼다니, 우리로서야 마음이 언짢죠. 우리 바깥양반이 이 소문을 듣고서는, '뺨을 얻어맞는 편이 낫겠는걸' 하셨답니다. 이이는 나처럼 당신을 아끼시니까. 알다시피 귀스타브(이래서 베르뒤랭 씨의 세례명이 귀스타브인 것을 알게 되었다)는 다정다감한 분이에요."—"난 당신한테 샤를리를 아낀다고는 한마디도 한 적 없는걸." 베르뒤랭 씨는 퉁명스럽지만 근본은 착한 사람처럼 꾸미며 중얼댔다. "샤를리를 아끼는 사람은 샤를뤼스야."—"아닙니다. 이제야 나는 완전히 차이를 깨달았습니다. 난 고약한 놈에게 배신당한 겁니다. 댁이야말로 좋은 분이십니다." 샤를리가 진정으로 외쳤다. "그런 말 말아요." 베르뒤랭 부인은 승리를 확신하면서도(이걸로 수요일 모임은 문제없다고 느꼈으므로) 함부로 하지 않고자 속삭였다. "고약한 놈이라니 너무 심한 말이에요. 그야 그이가 고약한 짓을 셀 수도 없이 많이 하긴 했지만 무의식중에 그런 거예요. 레지옹도뇌르 훈장 얘기만 해도 그리 자주 하지 않았거든요. 하긴 샤를뤼스가 당신 가족에 대해 한 말을 이 자리에서 전부 되풀이한다면 나까지 기분이 나빠지겠지만." 베르뒤랭 부인은 이렇게 말해도 막상 고자질하게 되면 할 거리가 없어 몹시 당황했으리라. "흥! 슬쩍 흘렸을 뿐이라고 해도, 그건 그가 배신자라는 증거죠." 모렐이 외쳤다.

바로 이때 우리가 살롱에 들어섰다. 모렐을 본 샤를뤼스 씨는 "여어!" 소리치면서 자못 기쁜 듯이 음악가 쪽으로 걸어갔다. 그 모양은 어쩐지, 여인과 밀회할 목적으로 처음부터 끝까지 교묘하게 야회를 준비한 사내가 우쭐한 나머지 자기 손으로 친 올가미에 자신이 잡히고 말아, 여인의 남편이 매복시킨 장정들에게 공공연하게 두들겨맞게 되는 줄 꿈에도 모르는 꼴과 같았다. "허어, 겨우 찾았군. 명성 드높은 젊은이, 마침내 나이는 어리지만 귀하신 몸으로 레지옹도뇌르 5등 훈장을 받을 몸이지. 만족하는가? 머잖아 훈장을 달고 사람들 앞에 선 자네 모습을 보겠군그래." 샤를뤼스 씨는 모렐한테 부드럽고도 의기양양한 투로 물었지만, 이 훈장이란 말 자체가 베르뒤랭 부인의 거짓말을 뒷받침하게 되어, 그 거짓말이 모렐에게는 의심할 여지없는 진실로 보였다. "상관 마시오. 내게 가까이 오지 마시지." 모렐이 남작에게 소리 질렀다. "시험 삼아 해보는 일은 아니겠지. 당신이 타락시키려고 한게 내가 처음은 아니겠지!"

내 유일한 위안은, 모렐과 베르뒤랭네 사람들이 샤를뤼스 씨의 손에 가루가 되는 꼴을 생각하는 것이었다. 1천분의 1쯤의 확률로 나는 그의 격노를 산 적이 있었고, 누구 하나 그의 격노를 피하지 못했다. 국왕도 그를 겁나게 하지 못했을 것이다. 그런데 괴상한 일이 일어났다. 샤를뤼스 씨가 잠자코 어리벙벙하여 까닭도 모르는 자기 불행의 크기를 재면서 대꾸할 한마디도 찾지 못한 채, 묻는 듯한, 화난 듯한, 애원하는 듯한 모양으로 거기 있는 모든 사람에게 차례차례 눈을 맞춰, 무슨 일이 일어났는지 묻기보다 뭐라고 대꾸해야 좋을지 묻는 듯 보였다. 그를 다름 아닌 벙어리로 만든 것은(베르뒤랭 부부가 눈을 피하고, 아무도 그를 도와주려는 기색이 없는 걸 알아보고서) 눈앞의 고통 때문이긴 하나, 특히 닥쳐올 고통에 몸서리났기 때문이리라. 아니면, 상상력으로 일이 일어나기 전에 격분하여 노여움에 단련되어 있지 않아 손안에 준비해둔 격노가 없기 때문에(예민하고 신경질적이며 히스테릭한 그는 글자 그대로 충동적인 사람이었지만, 가짜 호걸일 뿐 아니라 내가 늘 생각해 왔듯이—그래서 나는 그에게 호감을 가져왔지만—가짜 악당으로, 체면을 깎인 인간이 일상적으로 나타내는 반응이 없었기 때문이다), 무방비 상태인 순간에 느닷없이 붙잡혀 두들겨맞은 탓인지도 모른다. 또는 지금까지의 환경과는 다른 곳에 있게 되자, 귀족 사회에 있을 때만큼 편치 않고 용기가 나지 않는 느낌이 들어서인지도 모른다.

아무튼 늘 멸시했던 이 살롱에서, 이 대귀족은(혁명 재판소에 끌려나와 불안에 벌벌 떤 그의 조상 아무개와 마찬가지로, 평민에 대한 우월감이 뿌리 깊지 않았으므로) 팔다리와 혀가 마비되어, 오직 겁에 질려 자기에게 행한 폭행에 분개하는 눈초리로, 의문을 품고 애원하는 듯한 시선을 겨우 주위에 던질 뿐이었다. 그래도 샤를뤼스 씨는, 오래전부터 속을 부글부글 끓인 격노에 사로잡혀 잔인한 말을 냅다 퍼붓고서 상대를 어리둥절 꼼짝 못하게 하던 경우에, 설마하니 그렇게까지 잔인하기 짝이 없을 줄 몰랐던 사교계 인사들이 낯을 찡그릴 정도로 기세 사나운 웅변뿐만 아니라 대담무쌍한 온갖 슬기로운 꾀를 갖고 있었다. 그때 샤를뤼스 씨는 노기에 불타, 마치 신경 발작을 일으킨 것처럼 날뛰어 누구나 다 벌벌 떨었다. 그러나 그것은, 그가 선수를 쳐서 공격해 들어가, 입에서 나오는 대로 지껄였기 때문이다(마치 블로크가 유대인을 우롱할 줄 알면서도, 남이 그의 눈앞에서 유대인의 이름을 말하면 얼굴을 붉히듯이). 그는 자기를 업신여기고 있다고 생각한 몇몇 사람들을 미워했다. 만약 그들이 그에게 상냥하게 군다면 하늘을 찌를 듯이 화에 치받치기는커녕 그들을 품에 안았을 것이다. 그런데 이처럼 예기치 못한 상황에 무자비하게 걸려들자, 이 위대한 수다쟁이도 "무슨 일이지? 왜 그런다지?" 우물쭈물할 수밖에 없었다. 하지만 그 목소리는 남의 귀에 들리지도 않았다. 심한 공포를 드러내는 무언극(pantomime)은 예나 지금이나 변치 않으므로, 현재 파리의 한 살롱에서 유쾌하지 않은 사건에 말려든 노신사는, 어느새 고대 그리스의 목신(牧神) 판(Pan)에게 쫓기던 요정들의 경악을 양식화한 그 몇 가지 꼴 그대로의 자세를 재현하고 있었다.

다른 사람에게 자리를 내줘야 했던 대사, 자리에서 물러나게 된 국장, 냉대받은 사교인, 애인에게 쫓겨난 사내는 자기 희망을 산산조각 내버린 사건을 때로는 몇 달 동안 깊이 고민해본다. 누가 어디서 쏘았는지 모르는 탄알처럼, 거의 운석(隕石)처럼, 사건을 이리저리 면밀히 조사해본다. 자기 머리 위로 달려든 이 야릇한 무기의 구성 요소를 캐내고 싶고, 누구의 악의를 거기에서 볼 수 있는지 알고 싶어한다. 화학자라면 적어도 분석이라는 방법이 있을 것이다. 원인 모를 아픔에 시달리는 환자라면 의사를 불러올 수 있다. 또 범죄 사건이라면 예심 판사의 손으로 어느 정도 실마리가 풀린다. 그러나 자기와 비슷한 인간이 어처구니없는 행동을 한 경우에는 그 동기를 파악하기 힘들다. 따라서 샤를뤼스 씨는—야회에 대해서는 나중에 말하기로 하고, 야회가 있은 뒤의 며칠에 대해 먼저 이야기한다면—샤를리의 태도에서 뚜렷한 점을 단 한 가지밖에 보지 못했다. 남작이 자기에게 얼마나 뜨거운 정열을 불태우고 있는지 폭로해버리겠다고 여러 번 협박해온 샤를리가, 이제는 제 날개로 충분히 날 수 있을 만큼 '출세'했다고 스스로 믿는 이 기회에 그걸 실행으로 옮긴 게 틀림없다, 지금까지 입은 은혜를 말끔히 잊어버리고, 베르뒤랭 부인에게 모두 털어놓은 게 틀림없다는 점이다. 하지만 베르뒤랭 부인은 어쩌자고 그런 말에 속아넘어갔다지? (전부 부인할 작정인 남작은, 남들이 이러니저러니 비난하는 자기 감정은 그들이 멋대로 공상해낸 거라고 이미 스스로 믿고 있었던 것이다) 베르뒤랭 부인의 벗들이, 어쩌면 그들 자신도 샤를리를 사랑해서 자리를 마련했는지도 모른다. 이렇게 생각한 샤를뤼스 씨는, 야회가 있은 지 며칠 동안 여러 '신도'에게 무시무시한 편지를 써 보냈는데, 아무런 죄도 없는 그들은 남작의 머리가 돈 줄로만 생각했다.

그러고서 남작은 측은한 마음을 금치 못할 긴 하소연을 하러 베르뒤랭 부인에게 갔지만, 바라 마지않던 효과라곤 하나도 없었다. 왜냐하면 베르뒤랭 부인이 일방적으로 남작에게 "모렐 따위에게 신경 쓰지 않으면 그만 아닙니까. 개의치 마시라니까. 어린애잖아요" 되풀이했기 때문이다. 그러나 남작은 오로지 모렐과 화해하는 것밖에 원하지 않았다. 한편 남작은 샤를리가 손에 넣었다고 확신해 마지않는 것을 모두 없애면 제 발로 화해하러 오리라 생각하고서, 베르뒤랭 부인에게 다시는 샤를리를 받아들이지 말라고 청했다. 부인은 이 청을 거절하여, 샤를뤼스 씨한테서 조바심과 증오가 빼곡히 담긴 편지를 몇 통이나 받기에 이르렀다. 샤를뤼스 남작은 이리저리 궁리해보았지만, 결코 이 공격이 모렐한테서 직접 튀어나온 게 아니라는 사실을 알아채지 못했다. 만약 모렐에게 몇 분 동안이라도 이야기해보자고 청했다면 알아냈으리라. 하지만 그는 그런 부탁을 하는 것이 자기 위신에 위반되며, 더불어 자신의 애정에도 이롭지 않다고 판단했다. 모욕을 받았으니, 그 해명을 기다리고 있었던 것이다. 게다가 담판을 지어 오해를 푼다는 사념에는 거의 언제나 또 하나의 사념이 연관되어 있어서, 이유야 무엇이건 그것이 담판을 짓지 못하게 가로막았다. 이제껏 스무 번이면 스무 번 다 허리를 낮추고 자기 약점만 보이던 사람이, 스물한 번째에 갑자기 거만한 태도로 나오는 일이 있다. 그런데 이 스물한 번째야말로, 거만한 태도를 고집 피우지 말고 오해를 푸는 데 유효하게 쓸 기회이건만, 가타부타 부인을 안한 탓에 오해는 상대방의 마음속에 더욱더 뿌리내리게 된다.

이 사건이 사교계에 미친 영향을 보면, 샤를뤼스 씨가 베르뒤랭 댁에서 젊은 음악가를 겁탈하려는 찰나에 내쫓겼다는 소문이 나돌았다. 이 소문 때문에 샤를뤼스 씨가 베르뒤랭 집에 다시는 모습을 나타내지 않는 걸 보면서 어느 신도도 의아해하지 않았다. 또 그가 혐의를 두고 편지로 욕설을 퍼부은 신도 중 아무개와 어느 장소에서 우연히 만나더라도, 신도는 신도대로 앙심을 품고, 남작은 남작대로 그자에게 인사조차 하지 않아서, 그 모습을 본 사람들은 작은 동아리에서 아무도 남작에게 인사하고 싶어하지 않는다고 생각하여 놀라지 않았다.

모렐이 이제 막 내뱉은 말과 파트론의 태도에 단번에 녹초가 된 샤를뤼스 씨가 공포에 벌벌 떠는 요정의 자세를 취하고 있는 동안, 베르뒤랭 부부는 마치 외교 단절의 표시이기나 한 듯 첫 번째 살롱에서 물러나, 샤를뤼스 씨를 혼자 있게 했다. 한편 단상에서는 모렐이 바이올린을 싸고 있었다. "일이 어떻게 되었는지 말씀해보세요." 베르뒤랭 부인이 안달이 나서 남편에게 물었다. "뭐라고 말씀하셨는지 모르지만, 그가 퍽 감동한 모양이더군요. 눈에 눈물이 글썽거렸어요." 스키가 말했다. 베르뒤랭 부인은 알아듣지 못한 체하면서 "내가 그에게 한 말 따위는 전혀 대수롭지 않았나 봐요" 말했는데, 이는(아무도 속아 넘어가진 않지만) 어떤 술책이었다. 즉 조각가로 하여금 샤를리가 울고 있던 것을 다시 한 번 말하게 할 속셈이었다. 또한 샤를리를 울린 게 미칠 듯이 자랑스러워, 신도들에게 이 말이 잘 들리지 않아 이를 모르면 어쩌나 하는 걱정에서였다. "천만에. 오히려 그의 눈에 구슬 같은 눈물방울이 글썽이던데요." 조각가는 여전히 단상에 있는 모렐에게 이 이야기가 들리지 않는다는 것을 곁눈으로 확인하면서, 짓궂은 속내를 털어놓을 때와 같은 낮고도 웃음을 머금은 어조로 말했다.

그러나 한 인물이 그 이야기를 듣고 있었다. 그의 존재를 알았다면, 당장에라도 모렐이 잃어버렸던 희망 한 가지가 되돌아올 인물, 나폴리 왕비였다. 부채를 놓고 간 왕비는, 다른 야회에서 돌아오는 길에 몸소 찾으러 오는 게 좀더 예의 바른 행동이라고 생각했던 것이다. 왕비는 황송한 마음을 금치 못하는 듯이 살그머니 들어가 미안하다고 말하고, 이제 아무도 없는 살롱에 잠깐 들렀다 갈 셈이었다. 그런데 한창 사건이 벌어지고 있어 아무도 왕비가 들어오는 기척을 알지 못했고, 왕비는 곧바로 사건의 형편을 알아채고 노여움에 얼굴을 붉혔다. "스키 씨가 모렐의 눈에 눈물이 고였다고 말씀하시는데, 당신은 봤나요? 내 눈엔 보이지 않았지만. 어머! 그렇지, 생각나네요." 베르뒤랭 부인은 사실을 부인하면 그대로 곧이들을까 봐 고쳐 말했다. "샤를뤼스의 그 꼬락서니라니. 풀이 죽어 다리가 후들후들, 의자를 잡지 않으면 쓰러질 것 같더군요." 부인은 매정한 찬웃음을 띠며 말했다. 이때 모렐이 허둥지둥 부인 쪽으로 달려오더니, 샤를뤼스 씨 쪽으로 걸어가는 왕비를 가리키면서(그런 줄 알면서도) 물었다. "저 귀부인이 나폴리 왕비십니까? 이런 일이 있고 나서라니, 아뿔싸! 이제 남작에게 소개를 부탁할 수도 없네요." —"잠깐, 내가 소개해드리죠." 베르뒤랭 부인은 몇몇 신도를 거느리고—말긴 옷가지를 찾아 들고 서둘러 돌아가려는 나와 브리쇼는 빼놓고—샤를뤼스 씨와 얘기하고 있는 왕비 쪽으로 나아갔다.

샤를뤼스 씨는 조금 전까지만 해도 모렐을 나폴리 왕비에게 소개한다는 자신의 큰 소망의 실현을 방해할 수 있는 건, 가까운 시일 안에 일어나지도 않을 법한 왕비의 급사밖에 없다고 생각했다. 인간은 보통 미래를 텅 빈 곳에 던져진 현재의 반영으로 생각하기 쉬운데, 사실 미래란 대부분 손에 잡히지 않는 급작스런 원인의 결과이다. 그런 생각을 한 지 한 시간도 못 되어, 샤를뤼스 씨는 모렐이 왕비에게 소개되지 않도록 하기 위해서라면 모든 걸 버려도 좋을 심정이었으리라.

베르뒤랭 부인은 왕비가 자기를 알아보지 못하는 듯한 모습을 보이자 왕비에게 공손히 절했다. "베르뒤랭의 안사람입니다. 폐하께서 저를 몰라보시는 듯하여⋯⋯."—"아뇨, 잘 알고 있어요." 왕비는 매우 자연스럽게 샤를뤼스 씨와 계속 얘기를 나누면서 말했다. 그 투가 어찌나 건성이었는지, 베르뒤랭 부인은 이 '잘 알고 있어요'가 정말로 자기에게 한 말인지 의심스러웠다. 한편, 사랑하는 자의 비탄에 잠겨 있는 중에도 샤를뤼스 씨는 그 건성으로 하는 대꾸를 듣고서 무례한 말과 행동을 가장 능한 재주로 삼는 동시에 탐하는 미식가다운 감사의 미소를 금치 못했다. 모렐은 멀찌감치서 소개될 준비가 되었다고 판단하고 이미 가까이 와 있었다. 그러나 왕비는 샤를뤼스 씨에게 팔을 내밀었다. 왕비는 그에게도 단단히 화가 났지만, 그것은 오로지 그가 자기를 모욕한 하찮은 자들에게 좀더 단호하게 맞서지 않았기 때문이다. 왕비는 베르뒤랭 부부가 그를 감히 그렇게 다룬 것 때문에 얼굴이 달아오를 정도로 부끄러워졌다. 몇 시간 전 왕비가 베르뒤랭 부부에게 보인 아주 솔직한 호의와 지금 그들의 눈앞에 떡 버티고 서 있는 방약무인한 거만은, 왕비의 마음속 똑같은 한 점에서 나온 것이었다. 왕비는 선량함으로 가득 찬 여성이긴 하나, 그 선량함은 먼저 자기가 아끼는 이들, 집안사람들, 한 가문의 왕후(王侯)들—이 중에 샤를뤼스 씨도 들어 있었다—에 대한 공고한 애정의 형태를 띠며, 다음으로 자기가 아끼는 이들을 존경하고 호의를 품을 줄 아는 부르주아나 신분 낮은 서민들에 대한 애정이라는 형태를 띠고 있었다. 베르뒤랭 부인에게 보였던 왕비의 호감은, 그러한 뛰어난 본능을 타고난 여인을 대우하는 뜻에서였다. 이는 선량함의 비좁은 개념, 좀 보수적이자 더욱

더 시대에 뒤진 개념인지도 모른다.

그러나 그렇다고 해서 왕비의 선량함이 덜 성실하고 열의가 없다는 말은 아니다. 고대인이 헌신한 인간 집단은 도시 국가의 한계를 넘지 않았으며, 현대인의 경우 조국을 넘지 않지만, 그렇다고 해서 세계 연방을 사랑할 미래 사람들보다 애정이 약한 건 아니다. 내 주변에서는 우리 어머니가 그러하다. 캉브르메르 부인과 게르망트 부인이 아무리 권해도, 어머니는 어떠한 자선 '사업'이나 애국적인 일자리 지원 시설에도 참가하지 않았고, 결코 자선장에서 물건을 팔거나 후원하려 하지 않았다. 자기 마음이 움직였을 때 말고는 행동하지 않았으며, 풍요한 애정과 너그러움을 자기 가족, 하인들, 우연히 만난 불행한 이들을 위하여 아껴두었다. 어머니의 태도가 옳았다고 말할 생각은 조금도 없지만, 어머니의 풍요한 애정과 너그러움이 우리 할머니의 마음과 마찬가지로 이루 다 헤아릴 수 없으며, 캉브르메르 부인이나 게르망트 부인 같은 사람들이 실행한 모든 것을 훨씬 뛰어넘음을 나는 잘 안다.

나폴리 왕비의 경우는 이와 아주 달랐지만, 그래도 인정해야 할 점은 그녀가 생각하는 동정할 만한 인물이, 알베르틴이 내 책장에서 빼내어 자기 것으로 삼은 도스토예프스키 소설의 경우와는 다르다는 것이었다. 다시 말해 아첨하는 식객·도둑·주정뱅이처럼 허리를 굽실거리다가도 금세 우쭐거리는 방탕자, 필요하면 살인도 서슴지 않는 따위의 사람들이 아니라는 점이다. 하기야 양극은 일치하게 마련이다. 왕비가 옹호하고자 한 귀족, 가까운 일가붙이, 모욕당한 친척이란, 곧 샤를뤼스 씨처럼 문벌이나 왕비와의 온갖 친척 관계에도, 그 미덕이 수많은 악덕으로 둘러싸인 인물이었기 때문이다. "얼굴빛이 좋지 않군요, 사촌." 왕비가 샤를뤼스 씨에게 말했다. "내 팔에 의지하세요. 이 팔은 언제나 반드시 당신을 받쳐줄 거예요. 그만한 힘은 있으니까요." 그리고 왕비는 거만하게 앞쪽을 노려보면서(스키가 얘기한 바로는, 그때 왕비 앞에 있던 사람은 베르뒤랭 부인과 모렐이었다고 한다) 말을 이었다. "아시다시피, 지난날 가에타에서 이 팔이 비열한 놈들을 위압한 적이 있답니다. 앞으로 당신을 위해 이 팔이 성벽 구실을 할 거예요." 이와 같이 남작을 자기 팔에 의지하게 하면서 모렐을 거들떠보지도 않고, 엘리자베트 황후의 영광스런 여동생은 조용히 물러났다.

샤를뤼스 씨의 사나운 성격이나, 제 친척까지 무서움에 떨게 하는 처사로 보아, 이 야회 뒤에 그가 격노를 터뜨려 베르뒤랭 부부에게 복수를 시도했으리라 생각할지 모른다. 그러나 아무 일도 일어나지 않았다. 그 주된 이유는, 야회가 있은 지 며칠 지나 남작은 오한이 들어, 그즈음 널리 퍼진 유행성 폐렴에 걸렸고, 의사한테 목숨이 며칠 안 남았다는 진단을 받았는데, 자기 자신도 그렇게 판단하여 몇 달 동안 삶과 죽음의 경계를 넘나들었기 때문이 틀림없다. 이 병은 그때까지는 홧김에 미친 듯이 날뛰어 제정신을 잃게 했던 신경증이 단순히 몸으로 전이되어 다른 병으로 탈바꿈한 것에 지나지 않았을까? (왜냐하면 그가 사회적인 관점에서 베르뒤랭 부부를 제대로 상대한 적이 없었다고 해서, 같은 신분인 귀족을 원망하듯이 그들을 원망할 수 없었다는 생각은 너무나 단순하기 때문이다. 또한 걸핏하면 해롭지 않은 가공(架空)의 적에게 화를 내는 신경질적인 사람이 누구한테 공격을 당했다고 해서 곧바로 무력해진다거나, 그런 자들의 마음을 진정시키는 데는 그들의 불만이 부질없음을 조목조목 설명하기보다는 얼굴에 찬물을 끼얹은 편이 낫다는 생각도 너무 단순하기 때문이다.) 샤를뤼스 씨가 그들을 원망하지 않은 이유는, 아마 병의 전이에서가 아니라 오히려 병 자체에서 찾아야 한다. 병이 남작을 녹초로 만들었으므로 베르뒤랭 부부를 생각할 여유조차 거의 없었던 것이다. 그는 반죽음 상태에 있었다. 나는 앞서 공격이라는 말을 했는데, 설사 죽은 뒤 효과를 발휘하는 공격일망정, 그 효과를 적절히 '꾸미고자' 하면 체력의 일부를 희생해야 한다. 한데 샤를뤼스 씨에게는 체력이 거의 남아 있지 않아 그걸 준비할 만한 힘도 없었다. 같은 하늘 아래 살 수 없는 원수들이 죽음에 임하면, 서로 눈을 떠 상대를 본 다음 만족한 듯 다시 눈감는다고 흔히들 말한다. 그러나 이런 경우는 삶의 한창때에 죽음이 닥치는 때를 빼놓고는 드문 일이다.

반대로 더 이상 아무것도 잃을 게 없는 순간에는, 생명감에 넘치는 시절이었다면 선뜻 무릅썼을 위험에도 뛰어들려고 하지 않는다. 복수의 정신은 삶의 일부로, 죽음의 문턱에 이르면—같은 한 성격 속에 인간적인 모순이 나타난다는, 나중에 말할 여러 예외가 있기는 하나—보통은 우리 몸에서 떠나고 만다. 샤를뤼스 씨는 베르뒤랭 부부를 잠깐 생각해보다가 곧 피로를 느끼고, 벽 쪽으로 돌아누워서는 아무런 생각도 하려고 들지 않았다. 그가 말재주를 잃어버린 게 아니라, 그저 말솜씨가 그에게 지난날만큼 노력을 요구하지 않게 된 것이다. 유창한 말재주는 여전히 샘물처럼 콸콸 솟아나왔지만, 그 질이 변해버렸다. 그토록 그 웅변을 장식했던 사나운 행동에서 벗어나, 이제는 부드러운 말과 복음서의 비유, 죽음에 대한 체념으로 보이는 것으로 채색된, 거의 신비적인 말재주에 지나지 않았다. 그는 살았구나 싶은 날에 특히 잘 지껄였다. 그러다가 다시 건강이 악화되면 침묵했다. 그의 엄청난 사나움이 탈바꿈하여 나타난 이 기독교적인 부드러움(마치 〈앙드로마크〉*¹의 특성이 매우 다른 〈에스테르〉*² 속에 우러나듯)은 그의 주위 사람들을 감탄케 했다. 베르뒤랭 부부마저 감탄했을 것이다. 결점 때문에 샤를뤼스 씨를 미워했던 만큼 이제는 존경할 수밖에 없었으리라. 물론, 그것은 겉모습만 그리스도교적으로 보이는 사념이었다. 그는 대천사 가브리엘에게 애원하기를, 예언자 다니엘에게 알렸듯이 자기에게도 언제 구세주가 오시는지 알려주십사 했다. 그리고 온화하고도 비통한 미소로 입을 다물었다가 덧붙였다. '하지만 대천사가 다니엘에게 고했듯이 〈일곱 이레와 예순두 이레〉*³ 동안 참으라고 한다면 곤란합니다. 그 전에 난 죽고 말 테니.' 이와 같이 그가 강림을 기다리는 인물은 모렐이었다. 따라서 그는 대천사 라파엘에게, 아들 토비야를 데려다주었듯이 모렐을 데려다달라고 간구했다. *⁴ 또 더욱 인간적인 수를 섞어서(병든 교황이 미사를 올리게 하는 동시에 잊지 않고서 의사도 불러오라 하듯이), 만약에 브리쇼가 그 아들 토비야를 빨리 데려다준다면, 대천사 라파엘이 토비야의 눈먼 아비의 눈을 고쳤듯이, 또는 병자가 베데스다의 성지(聖池)*⁵에 내려가 나았듯이 브리쇼의 시력을 회복시켜줄지도 모른다고, 문병객들에게 넌지시 말했다. 그러나 이러한 속세로의 돌아감에도, 샤를뤼스 씨의 담화에 넘치는 정신적인 순수함은 분명 아름다운 것이었다. 허영심, 험담, 미친 듯한 악의와 거만 같은 모든 게 가뭇없이 사라져버렸다. 샤를뤼스 씨는 이전의 정신적 수준을 훨씬 넘어 있었던 것이다. 하지만 이 정신의 완성— 하기야 그의 말재주가 듣는 이를 감동시켜 좀 속였는지도 모르지만—은, 이

---

*1 프랑스의 극작가 라신의 운문 비극. 1668년 초연.
*2 라신의 종교비극. 1689년 초연.
*3 구약 〈다니엘서〉 제9장 25절.
*4 구약 외경 〈토비트서〉 제2장.
*5 신에게 바치는 제물을 정하게 씻던 예루살렘의 연못, 〈요한복음〉 제5장.

를 위하여 작용했던 병이 나으면서 사라져버렸다. 샤를뤼스 씨는 나중에 보듯이 점점 더 속도를 내어 비탈을 다시 내려갔다. 그러나 그에 대한 베르뒤랭 부부의 태도는 이미 좀 묵은 추억에 지나지 않았으며, 그들에 대한 분노는 더욱더 절박한 노여움이 그 재현을 방해하여 두 번 다시 일지 않았다.

 이야기를 베르뒤랭네의 야회로 되돌리면, 그날 밤 집주인 부부만 있을 때 베르뒤랭 씨가 아내에게 말했다. "코타르가 왜 안 왔는지 아오? 사니에트의 곁에 있었기 때문이야. 사니에트는 재산을 되찾고자 주식에 손댔다가 망했어. 이젠 한 푼 없는 빈털터리인 데다, 엎친 데 덮친 격으로 100만에 가까운 부채를 지게 된 걸 알고는 졸도했다는군."—"어쩌자고 주식 같은 것에 손을 댔다죠? 바보 같으니라구, 그이만큼 투기에 걸맞지 않은 이도 드물건만. 아주 야무진 사람도 빈털터리가 된다는데 그이는 아무에게나 속아 넘어가기 딱 알맞거든요."—"누가 아니래. 그 작자가 바보인 줄이야 진작부터 알고말고." 베르뒤랭 씨가 말했다. "그런데 아무튼 일이 이렇게 됐으니. 내일 당장 집주인에게 쫓겨나, 비참한 구렁 속에 빠질 신세야. 친척들도 그를 좋아하지 않으니, 포르슈빌도 그를 돌봐주지 않겠지. 그래서 생각해봤는데, 당신 마음에 거슬리는 짓을 하고 싶진 않지만, 얼마간의 연금(年金)을 그에게 주어 파산을 의식하지 않고 자기 거처에서 몸조리할 수 있게 해주면 어떨까?"—"대찬성이에요. 참 좋은 생각을 하셨네요. 하지만 '자기 거처'라 하셨는데, 그 바보께서는 아직도 엄청나게 값비싼 아파트에서 살거든요. 계속 유지하기란 불가능해요. 방 두 개짜리를 세내어주기로 합시다. 지금 아마 6~7천 프랑짜리 아파트에서 살고 있을걸요."—"6,500프랑이야. 한데 그 작자 자기 거처에 무척 애착을 가지고 있거든. 아무튼 첫 졸도를 했으니, 오래 간대야 고작 2~3년이겠지. 그를 위해 3년 동안 1만 프랑씩 쓰기로 합시다. 우리 살림으로 그 정도는 꾸려나갈 수 있을 것 같은데. 예를 들어서 올해, 라 라스플리에르를 빌리는 대신 좀더 아담한 별장을 세낸다든가. 우리 수입이라면 3년 동안 1만 프랑씩 절약하는 게 불가능하진 않을 듯싶군."—"옳은 말씀이지만 사람들에게 이 일이 알려져서 남들에게도 그렇게 해야만 할까 봐 걱정이군요."—"그런 생각쯤이야 나도 했소. 이 일을 하려면 아무도 모르게 한다는 분명한 조건에서뿐. 인류의 은인이 될 생각은 추호도 없어. 박애인지 뭔지 내가 알 바 아냐! 그 방법 말인데, 세르바토프 대공부인이 그에게 남겼다고 꾸며대는 거야."—"하지만 그 바보가 곧이들을까요? 세르바토프 대공부인은 유언을 남길 때 코타르와 의논했다는데."—"정 안 되면 코타르에게는 터놓고 말해도 되겠지. 의사라서 직업상 비밀엔 익숙하니까. 그런 일로 엄청난 돈을 벌고 있으니 설마 그 수고비를 요구하지는 않겠지. 어쩌면 대공부인이 자기를 중개인으로 삼았다고 스스로 책임지고 말해줄지도 몰라. 그렇게 되면 우리는 겉으로 드러나지 않아도 된단 말이야. 그럼 감사인사를 듣든가, 이러쿵저러쿵 길게 늘어놓는 불만을 들어야 하는 번거로움은 피하게 되겠지."

베르뒤랭 씨는 이어 한마디 덧붙였는데, 물론 그들이 피하고 싶은 눈물겨운 장면, 장황한 타령을 뜻하는 말이기는 했으나, 내게는 그것이 정확하게 전달되지 않았다. 왜냐하면 그건 프랑스어가 아니라 가족들 사이에서만 특히 어떤 불쾌한 것을 가리킬 때, 관계가 있을 성싶은 사람들 앞에서 그 말을 해도 상대가 알아듣지 못하도록 하기 위해서 특별히 쓰는 언어였기 때문이다. 이런 표현은 보통, 한 가족의 옛 상태를 현재까지 전하는 유물이다. 이를테면 유대인 가정에서 그것은 본디 뜻에서 벗어난 의식 용어, 지금은 완전히 프랑스화한 그 가족이 알고 있는 단 하나의 히브리어인지도 모른다. 토박이 시골 가정이라면, 그 고장에 남아 있는 사투리 중 하나일 것이다—만약 그 가정에서 더 이상 사투리를 쓰지 않고 알아듣지도 못할지라도. 남미에서 이주해와서 이제 프랑스어밖에 쓰지 않는 가정이라면, 에스파냐어의 한 낱말일 것이다. 그리고 다음 세대로 가면 그 낱말은 어린 시절의 추억으로밖에 존재하지 않는다. 부모가 식탁에서 아이에게 이해도 가지 않는 말을 쓰면서 하인들에 대해 이야기했던 것은 훗날 떠올려보아도 그 낱말이 정확히 무슨 뜻이었는지, 에스파냐어, 히브리어, 독일어, 사투리였는지, 그뿐더러 어느 나라 말에 속한 낱말이었는지, 고유 명사였는지, 아니면 완전히 꾸며낸 낱말이었는지조차 모른다. 이 의심은 틀림없이 같은 낱말을 사용했을 종조할아버지나 나이 든 사촌이 아직 살아 있지 않으면 풀리지 않는다. 그런데 나는 베르뒤랭네 친척 중에 아는 이라곤 하나도 없어서 그 낱말을 정확히 복원할 수 없었다. 하여간 이 낱말이 베르뒤랭 부인을 미소 짓게 했음이 틀림없다. 일상어처럼 일반적인 게 아니라 더욱 개인적이자 비밀스런 이 말은, 그걸 자기들끼리만 쓰는 이들에게 반드시 어떤 만족감이 따르는 독선적인 감정을 주기 때문이다.

이 유쾌한 순간이 지나가자, 베르뒤랭 부인이 반론했다. "하지만 코타르가 지껄이면 어쩌죠?" "그는 지껄이지 않아." 베르뒤랭 씨가 바로 대꾸했다. 한데 그는 적어도 내게는 지껄였다. 몇 년 뒤 사니에트의 장례식날, 나는 이 사실을 그의 입을 통해 알았으니까. 나는 좀더 빨리 알지 못했음이 유감스러웠다. 이를 알았다면 첫째, 어떤 경우에도 남을 원망하지 말라, 어떤 심술궂은 말과 행동의 기억을 가지고 절대로 남을 판단치 말라는 사고에 좀더 빨리 다다랐을 테니까. 이유인즉, 그들의 마음이 다른 때에는 얼마나 훌륭한 일을 바라고, 얼마나 성실하게 수행하는지 모두 알 수는 없기 때문이다. 이와 같이 간단한 예측의 관점에서도 사람은 틀리기 일쑤다. 물론 뚜렷하게 확인된 좋지 못한 행위를 상대는 되풀이하겠지만 영혼이란 훨씬 풍요로워서 다른 꼴을 갖추고 있고, 그 또한 그 사람에게 되돌아올 테니까. 다만 우리는 상대가 앞서 행한 좋지 못한 꼴을 마음속에 두느라, 다른 꼴이 주는 기쁨을 거부하고 만다. 좀더 개인적인 입장에서도 이 일이 밝혀졌다면 내게 영향을 주었을 것이다. 나는 점점 베르뒤랭 씨가 누구보다도 심술궂은 사람이라고 생각하게 되었는데, 코타르가 내게 좀더 일찍 털어놓았더라면, 알베르틴과 나 사이에서 베르뒤랭 부부가 어떤 역할을 맡은 게 아닌가 하는 의혹을 모두 지워버렸을지도 모르기 때문이다. 하기야 모두 지워졌다는 생각이 틀린 것인지도 모른다. 왜냐하면 베르뒤랭 씨가 미덕을 갖추었다고 하더라도, 그는 분명 가장 잔인한 박해도 서슴지 않는 짓궂은 인물이다. 작은 동아리를 손안에 쥐고자, 작은 단체의 강화만을 목적으로 삼지 않는 유대가 신도들 사이에 생기면, 그걸 끊기 위해서 아무리 고약한 거짓말과 전혀 근거 없는 증오의 망언도 서슴지 않는 인물이었기 때문이다. 그는 이해관계를 떠나, 자랑삼아 드러내지 않고 남에게 자선을 베풀 줄 아는 인물이긴 하나, 그렇다고 해서 감수성이 풍부하고 공감을 자아내며 섬세한 구석이 있고 정직하며 늘 선량한 인물이라는 뜻은 아니다. 부분적인 선량함—아마도 거기에 나의 왕고모와 친하던 집안의 여운이 다소 남아 있었는데—은 내가 위와 같은 계기로 그 선량함을 알게 되기 전부터, 마치 콜럼버스와 피어리(Peary)* 이전에도 아메

* 원고엔 '피어리'를 빠뜨리고 빈 곳으로 남겨놓았음. 작자는 북극 발견자의 이름을 잊은 듯싶음—플레이아드판 주.

리카와 북극이 존재했듯이 그 마음속에 존재했을 것이다. 그렇지만 내가 이 발견을 한 찰나, 베르뒤랭 씨의 성격은 뜻밖의 새로운 면을 내게 보여주었다. 그래서 나는 사회나 정념과 마찬가지로 인간의 성격도 고정된 형상을 나타내기 어렵다는 결론을 얻었다. 인간의 성격은 사회나 정념 못지않게 끊임없이 변한다. 혹시 성격 중 비교적 변함없는 것을 필름에 담으려고 한다면, 당황한 렌즈 앞에서 잇따라 다른 모습(성격이 가만히 있을 수 없어 끊임없이 움직인다는 것을 뜻하는 모습)을 나타낸다.

나는 시계를 보고 알베르틴이 심심해하지 않을까 걱정이 되어, 베르뒤랭네 야회를 나오면서 브리쇼에게 물어보았다. 내가 먼저 내 집 앞에서 내려도 괜찮겠는가, 그 다음 내 마차가 댁까지 모셔다드리겠다고. 집에서 젊은 아가씨가 나를 기다리고 있는 줄 알 리 없는 브리쇼는, 이처럼 곧장 집에 돌아가다니 기특하다, 야회를 이처럼 얌전히 빨리 끝내다니 갸륵하다고 말했지만, 사실 나는 진정한 밤의 시작을 이제껏 늦춰왔을 뿐이다. 브리쇼는 나한테 샤를뤼스 씨 얘기를 꺼냈다. 샤를뤼스 씨는 만약 자기에게 그처럼 싹싹하게 구는 브리쇼 교수, 늘 입버릇처럼 '나는 절대로 고자질하지 않는다'라고 맹세하는 교수가 자신과 자신의 생활에 대한 얘기를 거침없이 지껄이는 것을 들었다면 벌어진 입을 다물지 못했으리라. 또 샤를뤼스 씨가 브리쇼에게 '자네가 내 욕을 했다면서' 따졌다면, 브리쇼도 샤를뤼스 씨 못지않게 진정으로 놀라 분개했을 것이다. 실제로 브리쇼는 샤를뤼스 씨에게 호감을 품고 있었으며, 샤를뤼스 씨에 대한 대화를 돌이켜볼 필요가 생기더라도, 남들과 같은 것을 말하면서 그 내용 자체보다도 남작에 대하여 느꼈던 공감의 정을 훨씬 더 잘 기억해냈으리라. 샤를뤼스 씨에 대한 얘기를 지껄이는 동안에도 브리쇼는 어떤 우정을 느꼈으므로, '깊은 우정을 담아 당신 얘기를 하는 나'라고 말한들 스스로 거짓말을 하고 있다고는 생각지 않았을 것이다. 샤를뤼스 씨는 브리쇼가 무엇보다 먼저 사교 생활에서 요구하는 매력, 곧 교수가 오랫동안 시인들이 지어낸 말로만 여겨왔던 것의 산 본보기를 제공해주는 매력이 있다고 여겼다. 브리쇼는 베르길리우스의 제2목가*를 강의하면서도 이 허구

---

* 동성애를 노래한 시구.

에 어떤 현실의 근거가 있는지 잘 몰랐다. 그런데 만년에 와서 샤를뤼스 씨와 담소하던 중에, 자기 스승인 메리메 씨나 르낭 씨, 동료인 마스페로*¹ 씨 등이 에스파냐, 팔레스타인, 이집트를 여행하면서 느낀 기쁨, 그들이 서적으로만 연구해온 고대 정경의 무대와 변치 않은 등장인물을 현대의 에스파냐, 팔레스타인, 이집트의 풍경이나 주민들 속에서 찾아냈을 때 느낀 기쁨을 얼마쯤 맛보았던 것이다. 집으로 돌아가는 마차 안에서 브리쇼가 내게 말했다. "그 명문의 용사를 모욕하는 뜻으로 하는 말은 아니지만, 그분이 좀 미치광이 같은 활기를 띠고 부르봉 왕당파와 망명 귀족에게 흔히 있는 고집—무심코 순진함이라고 말할 뻔했지만—을 갖고서 악마의 교리 문답을 강론할 때는 한마디로 굉장해. 만약 감히 월스트(Hulst) 예하*²를 본떠 표현할 것 같으면, 이 무신앙의 시대에 맞서 아도니스를 옹호코자 제 종족의 본능에 따라 소도미스트로서의 순진성으로써 십자군에 몸을 던진 이 봉건 영주의 방문을 받는 날이면, 나는 조금도 심심치 않다네."

나는 브리쇼의 말에 귀를 기울이고 있기는 했으나, 그와 단둘이 아니었다. 집을 떠났을 때부터 줄곧 그랬듯이, 나는 지금도 내 방에 있는 아가씨와 어렴풋하긴 하나 맺어져 있는 느낌이 들었다. 베르뒤랭 댁에서 이 사람 저 사람과 담소하고 있을 때마저, 나는 내 곁에서 막연히 그녀의 존재를 피부로 느끼며 마치 자기 팔다리처럼 그녀를 아련히 의식했고, 어쩌다가 그녀가 뚜렷하게 머릿속에 떠오르면 자기 육신을 생각할 때같이 그 육신에 꼼짝없이 노예 상태로 매여 있는 갑갑증을 느끼곤 했다. 브리쇼는 이어 말했다. "게다가 그 사도 이야기는 《월요한담》*³의 부록*⁴을 모두 채울 만한 굉장한 험담의 샘이란 말이야! 생각해보게. 존경해 마지않는 동료 X씨의 《윤리학 개론》은 당대의 가장 호화로운 도덕의 구축으로서 내가 늘 경의를 표해왔던 것인데, 이게 사실 젊은 전보 배달원에게서 영감을 얻어 쓰인 것이라는 점까지 그를 통해 알았으니 말이야. 탁월한 우리 동료가 그 논증 과정에서, 젊은 집배원의 이름을 밝히지 않았던 점을 주저없이 지적해야겠소. 이리하여 이 동

---

*1 프랑스의 고고학자(1846~1916). 고대 이집트의 연구로 유명함.
*2 파리의 가톨릭 학원의 창설자, 주교(1841~96).
*3 비평가 생트뵈브의 평론집.
*4 보통 평론집 각 편에 부록이 있어 자세한 일화 따위가 실려 있음.

료는, 제가 아끼는 경기자의 이름을 올림포스의 유피테르 조각상 반지에 새긴 피디아스(Phidias)*¹보다는 체면을 차렸다고 할까, 아니면 배은망덕했다고도 할 수 있지. 남작은 이 피디아스의 얘기를 몰랐다네. 두말할 것도 없이, 이 얘기는 남작의 정통파적인 사고방식을 매우 기쁘게 했지. 자네는 쉬이 짐작하겠네만, 박사 논문의 심사 자리에서 이 동료와 토론할 적마다, 나는 그의 비할 바 없이 정묘한 변증법에서, 마치 자극적인 사실이 드러났다해서 샤토브리앙의 충분치 못한 고백서(샤토브리앙의 《무덤 저편의 추억》)가 생트뵈브에게는 별미였듯 그런 맛을 보았네. 우리 동료야 황금의 지혜를 가졌으나 가진 돈이 변변치 못하니, 그 배달원 녀석은 그의 손에서 남작의 손으로 '아주 뻐젓하게'(그의 이런 말투는 귀로 들어야 실감이 난다) 건너갔네그려. 이 사탄(Satan)은 참으로 친절한 사내라, 제가 돌보는 놈을 위해 식민지에 직장을 얻어주었다는군. 녀석은 은혜를 아는 놈이라 거기서 철 따라맛난 과일을 보내온다네. 남작은 이 과일을 상류 사회의 벗들에게 돌리지. 요전번 젊은이가 보내온 파인애플이 콩티 강둑의 식탁에 올라오자, 베르뒤랭 부인이 악의 없이 이렇게 말했지. '샤를뤼스 씨, 이런 파인애플을 받으시는 걸 보니 미국에 아저씨나 조카분이 계신가 봐요?' 이제야 털어놓고 말하네만, 나는 디드로가 애송하던 호라티우스의 서정시 첫 구절을 '남몰래' 읊조리면서 어떤 유쾌한 기분으로 이 파인애플을 맛보았다네. 요컨대 우리 동료인 가스통 부아시에가 팔라티노(Palatino)*² 언덕에서 티부르(Tibur)*³ 근처까지 거닐었듯, 나는 남작과 담화를 나누고 있으면 아우구스투스 시대의작가들(베르길리우스와 호라티우스를 말함)에 대한 유달리 생생하고 아취있는 사념에 사로잡히고 마네그려. 퇴폐기의 로마 작가들은 말할 것도 없거니와, 그리스 작가들까지 거슬러 올라갈 것도 없네. 한번은 이 탁월한 샤를뤼스 씨를 보고, 당신 곁에 있으면 어쩐지 아스파시아(Aspasia)*⁴네 집을 찾아간 플라톤과도 같은 기분이 든다고 말한 적이 있네만. 난 사실 이 두 인물을 극단적으로 확대해, 라 퐁텐의 말처럼 내가 든 예는 '가장 작은 동물'에

---

*1 고대 그리스의 조각가.
*2 로마의 일곱 언덕 중의 하나.
*3 옛 로마 시대 별장지.
*4 기원전 5세기 그리스의 이름난 창부. 지성과 재기와 미모를 갖추었다 함.

서 인용한 거야. 하여튼 자네는 설마하니 남작이 이 말에 언짢아했다고 생각하지야 않겠지. 나는 남작이 그같이 철부지처럼 기뻐하는 꼴을 본 적이 없어. 아이처럼 황홀해하는 꼴이라니 모든 일에 태연한 귀족답지 않더구먼. 남작은 기뻐서 '소르본의 선생들은 모두 말솜씨가 뛰어나단 말이야! 이 나이에 이르고서야 아스파시아와 비교되다니! 나같이 짙은 화장을 한 늙은이가! 오오, 내 젊은 시절이여!' 외치더군. 늘 그렇듯 심하게 분 바른 낯바닥에, 그 나이에 멋쟁이처럼 향수까지 뿌린 남작이 그렇게 외치는 꼴을 어찌나 자네에게 보이고 싶었던지. 결국 그분은 족보라는 고정 관념에 사로잡혀 있긴 하지만 세상에 둘도 없는 훌륭한 인물이지. 이런 여러 이유로, 오늘 밤의 불화가 돌이킬 수 없게 되어버리면 난 정말 섭섭할 거야. 내가 깜짝 놀란 일은 모렐 녀석이 반항하던 그 태도야. 녀석 얼마 전만 해도 남작의 눈앞에 있으면 마치 광신자나 신하 같은 태도라서, 그런 반란의 기색은 티끌만큼도 예측할 수 없었거든. 아무튼 남작이 다시는 콩티 강둑에 돌아오지 않는 사태가 벌어질망정(Dii omen avertant, 원컨대 신들이여, 이 예언을 물리치소서) 이 불화가 내게까지 미치지 않으면 좋으련만. 내 빈약한 지식과 남작의 체험을 교환하여 우리 두 사람이 서로 적잖은 득을 보고 있으니까(하지만 나중에 알게 되듯이 샤를뤼스 씨는 브리쇼에게 심한 원망을 나타내진 않았을망정 적어도 교수에 대한 호감은 땅에 떨어져, 교수를 가차없이 판단하기에 이르렀다). 가슴에 손을 얹고 말하겠는데, 이 교환은 쌍방이 똑같은 가치를 주고받는 게 아니라네. 남작이 삶에서 몸소 겪은 바를 내게 전해줄 때, 삶의 꿈을 가장 실답게 꾸리려면 역시 서재 안에서만이라는 실베스트르 보나르*의 의견을 인정할 수 없어."

마차가 우리집 문 앞에 이르렀다. 나는 마차에서 내려 마부에게 브리쇼의 주소를 일러주었다. 보도에서 올려다보니 알베르틴의 방 창문이 눈에 들어왔다. 그녀가 내 집에 살기 전에는 밤마다 캄캄했던 창이, 지금은 덧문의 문살에 잘게 나뉜 실내의 전등빛을 받으며 위에서 아래까지 금빛 가로줄 무늬를 긋고 있었다. 읽어내기 힘든 이 마법 문자도 내게는 분명하여, 평화로운 내 마음의 바로 옆에 있는 온갖 영상, 지금부터 내 것으로 하고자 하는 영상

---

\* 아나톨 프랑스의 소설 《실베스트르 보나르의 죄》의 주인공, 세상 물정에 어두운 학자.

의 윤곽을 뚜렷이 그리고 있었다. 그러나 마차 안에 있던 거의 장님이나 다름없는 브리쇼의 눈에는 보이지 않았고, 또 보았다 해도, 저녁 식사 전에 알베르틴이 산책에서 돌아와 있을 즈음 나를 찾아오는 벗들과 마찬가지로, 모든 것을 내게 맡긴 한 아가씨가 옆방에서 나를 기다리고 있는 줄 알 리 없는 교수는 이해 못했으리라.

마차가 떠났다. 나는 잠시 보도에 홀로 멈춰 섰다. 내가 쳐다보는 저 빛나는 줄무늬가 남의 눈엔 그저 그런 것으로 보이겠지만, 나는 그 뒤에 남들이 예상치 못하는 보물을 숨겨놓았고—저 수평의 빛은 그 보물이 퍼뜨리는 것이다—그 보물에 온갖 뜻을 담아놓았으므로, 빛나는 줄무늬도 지극한 실체·충만·견고성을 띠게 되었다. 만일 알베르틴이 저 위에 있지 않다면, 또 내가 소망하는 게 쾌락뿐이라면, 나는 이를 미지의 여인들에게서 구하고, 그녀들의 삶에 들어가려고 했을 것이다. 아마 베네치아에서, 아니면 최소한 밤의 파리 어느 구석에서. 그러나 지금, 애무의 시각을 맞닥뜨리고 보니, 내가 해야 할 일은 여행도 아니요, 외출도 아니다. 집에 돌아가는 것이다. 게다가 집에 돌아가 혼자 있기 위해서가 아니요, 밖에서 사고의 양식을 마련해준 남들과 작별한 탓에 그런 양식을 마지못해 자기 속에서 찾기 위해서도 아니요, 거꾸로 베르뒤랭네에 있을 때 이상으로 고독하지 않고, 곧 나를 맞이할 인간 속에 나라는 인간을 완전히 포기하고 맡겨버려 자아를 생각해볼 쯤이 잠시도 없을 뿐만 아니라, 상대가 내 곁에 있으니 상대를 생각하는 수고조차 없애고자 함에서였다. 그래서 곧 내가 들어갈 방의 창 쪽으로, 바깥에서 마지막으로 또 한 번 눈을 쳐들었을 때, 나는 빛나는 쇠창살이 덮쳐 내려와 나를 가두어버리는 듯한 느낌이 들었다. 그 튼튼한 황금 창살은, 영원히 노예가 되고자 내가 손수 만들어낸 것이었다.

알베르틴은, 내가 시새워한 나머지 자기 행실을 일일이 걱정한다는 뜻의 말을 한마디도 비친 적이 없었다. 우리가 시샘에 대해 주고받던 몇 마디 말만으로도—꽤 오래된 말이긴 하나—그녀가 그런 의심을 품고 있지 않음을 보여주는 듯싶었다. 나는 우리 둘의 관계가 시작된 첫 무렵, 아직 그녀를 여러 번 배웅하지 않았던 무렵의 달이 휘영청 밝은 어느 날 밤, 내가 그녀를 배웅하는 걸 그만두고 작별한 다음 다른 여인의 뒤를 쫓아가보는 것도 나쁘지 않다고 생각해 이렇게 말한 적이 있음을 떠올렸다. "배웅하겠다고 한 건 시새움해서가 아닙니다. 혹시 아직 볼일이 남았다면, 나는 이만 물러가겠습니다." 그러자 그녀가 대답했다. "어머, 당신이 시샘하지 않는다는 것도, 배웅해주시건 안 해주시건 당신에게 아무렇지 않다는 것도 난 잘 알아요. 하지만 난 당신과 함께 있는 것 말고는 할 일이 없답니다." 또 한번은, 라 라스플리에르에서, 샤를뤼스 씨가 남몰래 모렐 쪽을 흘깃흘깃 바라보며, 여봐란듯이 알베르틴한테 환심을 사려는 싹싹함을 보일 때였다. 내가 그녀한테 "어때, 그이가 당신한테 마구 치근덕거리는 것 같은데" 말하고 나서, 반쯤 비꼬는 투로, "난 온갖 시새움의 고통을 겪었어" 덧붙이자, 알베르틴은 그녀가 자란 비속한 사회의 특유한 말씨, 혹은 아직도 사귀고 있는 한층 더 비속한 이들의 말씨로 말했다. "잘도 비웃으시네! 당신이 시새워하지 않는 것쯤은 잘 알아요. 언젠가 당신 입으로 그렇다고 말한 데다가, 척 보면 알거든요!" 그 뒤로 그녀는 단 한 번도 그 생각을 바꿨다고 말하지 않았다. 그렇지만 이 문제에 대해, 그녀의 마음속에는 수많은 새 의견이 이루어져 있음에 틀림없으며, 그녀는 그걸 내게 숨겨오다가 우연한 일로 본의 아니게 드러내기도 했다. 이를테면 그날 밤, 집에 돌아와 그녀의 방에 찾아가 그녀를 내 방으로 데리고 와서 말했다(나는 스스로도 이해할 수 없는 어떤 거북함을 느꼈다. 왜냐하면 알베르틴에게 사교 자리에 가노라 알리면서, 어디에 갈지 모르겠다, 어쩌면 빌파리지 부인이나 게르망트 부인, 또는 캉브르메르 부인 댁이겠지 말해놓고 나왔지만, 베르뒤랭네 이름만은 대지 않았기 때문이다).

"어디 갔다 왔는지 알아맞혀 봐. 베르뒤랭 댁이야." 말끝을 맺기가 무섭게, 알베르틴은 얼굴빛을 바꾸고 참지 못하는 사나운 기세로 말이 멋대로 작열하는 듯이 "그런 줄 알았죠" 대꾸했다. "내가 베르뒤랭 댁에 가는 게 당신을 난처하게 하는 줄 몰랐어."(그녀가 난처하다는 말을 입에 담진 않았으나, 그렇게 생각하고 있음이 눈에 환히 보였다. 또한 나는 그녀가 난처하리라고 지레 짐작한 건 아니나, 그녀가 느닷없이 노기를 폭발시키자, 과거를 되돌아보는 어떤 천리안으로 갖가지 사건이 이미 전부터 알던 사건으로 생각되는 것처럼, 그 밖의 일은 내가 전혀 예기할 수 없었던 듯한 느낌이 들었다.) "내가 난처하다구요? 그런 게 나와 무슨 상관있담? 아랑곳하지 않아요. 뱅퇴유 아가씨가 와 있지 않았나요?" 나는 그녀의 이 말에 얼빠져, 그녀가 상상하는 이상으로 내가 여러 가지를 알고 있음을 과시하고자 말했다.

"요전 날 베르뒤랭 부인과 만났던 일을 내게 말하지 않았잖아."—"내가, 그분과 만났던가요?" 그녀는 꿈꾸듯이 물었는데, 기억을 그러모으려고 자기 자신에게 묻는 동시에, 그걸 가르쳐줄 수 있는 게 나인 양 내게 묻는 투였다. 사실 내가 알고 있는 바를 말하게 하여 듣고자 함이고, 어쩌면 까다로운 대답을 하기에 앞서 시간을 벌려고 그랬는지도 몰랐다. 그런데 나는 이제 뱅퇴유 아가씨에 대해서보다, 아까 언뜻 머리를 스친 걱정, 지금은 더 강하게 나를 사로잡고 있는 걱정 쪽에 훨씬 더 마음을 빼앗기고 있었다. 아니, 뱅퇴유 아가씨와 그 여자친구가 오기로 되어 있다는 얘기는 순전히 베르뒤랭 부인이 허세에서 지어낸 거라고 여겼으므로, 나는 집에 돌아와서도 마음이 편했다. 다만 알베르틴만이 '뱅퇴유 아가씨가 와 있지 않았나요?'라고 물어, 내 첫 의혹이 틀리지 않았음을 보여주었던 것이다. 그래도 나는 이 점에 대해, 알베르틴이 베르뒤랭 댁에 가는 걸 단념하고, 나를 위해 뱅퇴유 아가씨를 희생했으므로, 장래에 대하여도 안심하고 있었다.

"그리고 말이야." 나는 화가 나서 말했다. "당신, 내게 숨기는 일이 한두 가지가 아니지. 하찮은 일까지 숨기거든. 이를테면 3일 동안 발베크로 여행 간 일. 말이 나왔으니 하는 말이지만." 나는 '하찮은 일까지 숨기거든'에 보태는 말로 '말이 나왔으니 하는 말이지만'이라고 덧붙였다. 이렇게 해두면, 혹시 알베르틴이 '발베크 여행에서 뭐가 나빴단 거죠?'라며 반박해올 경우 '이젠 잊어버렸어, 남이 일러준 얘기가 머릿속에서 뒤범벅이 돼서 말이야. 대수롭지 않게 생각했었으니까!' 대답할 수 있기 때문이다. 사실 나는 그녀가 운전사와 함께 발베크까지 간 사흘 동안의 유람—거기서 그녀가 보낸 그림엽서는 몹시 늦게 도착했었다—을 아주 무턱대고 끄집어낸 탓에, 예를 서투르게 택했구나 후회했다. 왜냐하면 겨우 오가는 시간밖에 없어, 이 여행 중에 상대가 누구건 얼마쯤 긴 밀회를 해볼 틈이 없는 게 사실이었기 때문이다. 그런데 알베르틴은 내가 지금 막 말한 것으로 보아, 내가 진실을 전부 알고 있으며 그저 아는 바를 숨겨왔을 따름이라고 여겼다. 게다가 그녀는 얼마 전부터, 내가 어떤 수단으로 그녀의 뒤를 미행시킨다든가, 아니면 그녀가 지난주에 앙드레에게 말했듯이, 어떠한 형태로든 그녀 자신의 생활을 '그녀 이상으로 알고 있다'고 확신하고 있었다. 그래서 그녀는 내 말을 가로막고 쓸데없는 고백을 했다. 쓸데없다는 이유인즉, 그녀가 말한 것을 나는 꿈에도 생각지 못했을 뿐만 아니라, 오히려 그 고백에 낙심했기 때문인데, 태연히 거짓말하는 여인이 왜곡해버린 진실과 그 여인을 사랑하는 사내가 그 거짓말에 따라 진실이라고 믿어버린 것 사이에는 이처럼 큰 간격이 있는 법이다.

　내가 '3일 동안 발베크로 여행 간 일. 말이 나왔으니 하는 말이지만'이라는 말을 입 밖에 내자마자, 알베르틴은 내 말을 가로막고 아주 당연한 일처럼 털어놓았다. "당신은 내가 발베크에 갔던 게 아니라고 말하려는 거죠? 옳은 말씀! 당신이 그 여행을 왜 곧이곧대로 믿는 척하나 늘 이상하다 생각했어요. 하지만 조금도 죄가 되는 건 아니었어요. 운전사가 3일 동안 볼일이 생겨서 말이에요. 그걸 감히 당신에게 말하지 못한 것뿐이죠. 그래서 운전사를 도와주려고(나도 딱하지! 이런 일은 늘 내 탓이라니까) 이른바 발베크 여행이라는 것을 지어낸 거예요. 나는 오퇴유(Auteuil)*의 아송프시옹 거리에 있는 한 여자친구 집에 내려달라고 했을 뿐이에요. 거기서 3일 동안 심심해 죽을 지경이었어요. 대수롭지 않죠, 안 그래요? 별일 없었으니. 그림엽서가 이레나 늦게 왔다며 당신이 웃음을 터뜨렸을 때, 난 당신이 다 알고 있구나 생각했어요. 우스꽝스러웠던 것은 나도 인정해요. 그림엽서 따위야 없느니만 못했죠. 하지만 그건 내 탓이 아니에요. 난 미리 그림엽서를 샀고, 몇 자 적어 오퇴유에 내리기 전에 운전사에게 주었거든요. 그런데 그 바보 같은 운전사가 주머니 속에 넣은 채 까맣게 잊어버린 거예요. 실은 그걸 봉투에 넣어 발베크 근처에 사는 친구에게 보내면, 그 친구가 당신한테 다시 보내기로 되어 있던 것인데. 나는 이제나저제나 기다렸어요. 그런데 바보 같은 운전사가 그걸 닷새째에야 겨우 생각해내고서, 나한테 그렇게 됐다는 말도 하지 않고, 바보 같으니라구, 당장 발베크에 보냈다지 뭐예요. 운전사가 그 얘기를 했을 때 녀석의 얼굴에다 마구 욕을 퍼부어줬지. 아니 글쎄, 제 사소한 집안일을 처리하러 갈 수 있게 내가 3일 동안이나 갇혔던 보답으로, 바보 같은 녀석이 당신에게 쓸데없는 걱정을 시키다니! 오퇴유에선 남의 눈에 띌까 봐 감히 외출도 못 했는데. 딱 한 번, 재미 삼아 남장하고 외출했었어요. 그런데 어딜 가든 나를 따라다니는 운수라고 할까, 첫발에 턱 마주친 게 당신의 유대인 친구 블로크였지 뭐예요. 하지만 발베크 여행이 내 공상에

---

* 파리의 서부 지역.

지나지 않는 걸 당신이 블로크에게 들어서 알았다고는 생각지 않아요, 블로크는 나를 몰라본 모양이었으니까."

나는 놀란 내색과 기막힌 거짓말에 기가 질린 기색을 보이기 싫어, 뭐라말할 바를 몰랐다. 소름이 오싹 드는 느낌에, 알베르틴을 내쫓고 싶어지기는커녕 오히려 마구 울고 싶었다. 이 정념은 거짓말 자체 때문도 아니었고, 이제껏 진실이라 굳게 믿어왔던 것이 단번에 모두 와르르 무너져, 내가 마치죄다 멸망한 거리—집 한 채 남지 않고, 그저 헐벗은 땅에 집의 잔해만이 울퉁불퉁하게 튀어나와 있는 거리—에 홀로 서 있는 것같이 느꼈기 때문도아니었다. 오퇴유 친구 집에서 권태롭게 지냈다는 3일 동안, 알베르틴이 하루쯤 살짝 나를 만나러 온다든가, 아니면 오퇴유로 만나러 와달라고 속달을보내고자 하는 소망을 품은 적이 한 번도 없었을 뿐만 아니라, 어쩌면 그럴뜻조차 없었거니 생각하자 서글픔이 밀려왔기 때문이었다. 그러나 이런 감회에 빠져 있을 겨를이 없었다. 특히 놀란 낯빛을 보이기 싫었다. 나는 입밖에 낸 것보다 더 많은 여러 가지를 알고 있다는 듯 미소를 지었다. "그러나 그건 빙산의 일각이야. 오늘 밤만 해도 베르뒤랭 댁에서 알았지만, 당신이 나보고 뱅퇴유 아가씨에 대해 말했던 것은……."

알베르틴은 괴로운 듯한 표정으로 나를 뚫어지게 바라보면서, 내가 알고있는 바를 눈 속에서 읽어내려고 애썼다. 그런데 내가 알고 있는 바와 그녀에게 말하고자 한 바는, 뱅퇴유 아가씨의 정체였다. 물론 내가 이를 알았던건 베르뒤랭 댁이 아니라 지난날 몽주뱅에서였다. 다만 지금껏 일부러 알베르틴에게 얘기하지 않았기 때문에, 이날 밤 처음으로 알았다는 듯이 꾸밀 수있었다. 그리고 나는 작은 열차 안에서 그토록 심한 고통을 겪었음에도 이몽주뱅의 기억을 잊지 않은 데 거의 기쁨을 느꼈으니, 내가 실제보다 날짜를늦추더라도 분명한 증거임에는 틀림없으며, 알베르틴에게는 뜻하지 않은 타격일 테니까. 적어도 이번만은 나도 '알고 있는 체'하거나, 알베르틴에게 '사실대로 말하게 할' 필요가 없었다. 나는 정말로 '알고' 있고, 몽주뱅의 환한창 너머로 '보았던' 것이다. 알베르틴이 아무리 뱅퇴유 아가씨나 그 여자친구와 깨끗한 관계였다고 우긴들, 내가 그 두 여인의 소행을 알고 있다고 딱잘라 말한다면(그렇게 말해도 거짓말이 아니니), 그녀들과 날마다 친하게지내고 그녀들을 '언니'라고 부르던 알베르틴이, 두 사람에게 어떤 제의도 받은 적이 없었다고 어찌 주장할 수 있겠는가? 그 제의를 승낙하지 않았다면 그녀들과의 사이는 깨졌을 것이다.

그러나 나는 이런 진실을 밝힐 겨를도 없었다. 알베르틴은, 혹시 뱅퇴유 아가씨가 베르뒤랭 댁에 참석했다면 그녀 자신의 입을 통해서거나, 아니면 뱅퇴유 아가씨에게 제 얘기를 했을지 모르는 베르뒤랭 부인의 입을 통해서거나, 아무튼 내가 발베크의 거짓 여행에 대해서처럼 진실을 알고 있구나 여겼고, 내 이야기를 가로막으며 한 가지 고백을 했다. 그것은 내가 믿어온 바와는 정반대인 내용으로, 끊임없이 내게 거짓말해온 것을 증명함으로써 마찬가지로 나를 괴롭혔다(특히 이제 막 말했듯이, 나는 이미 뱅퇴유 아가씨를 시새워하지 않았으므로). 하여간 알베르틴은 선수를 쳐서 이렇게 말했다. "당신이 하려는 말은, 언젠가 내가 뱅퇴유 아가씨의 여자친구 손에 키워졌다시피 했다고 말한 게 거짓말이었다는 사실을 오늘 밤 알았다는 거겠죠. 내가 좀 거짓말한 건 사실이에요. 하지만 나는 당신에게 멸시당하는 듯한 느낌이 들던 참에, 당신이 그 뱅퇴유의 음악에 열중하는 것을 알고, 내 친구 하나가―이건 정말이에요, 맹세해요―뱅퇴유 아가씨의 여자친구의 친구였으므로, 그 두 아가씨를 잘 안다고 말하면 당신의 관심을 끌 수 있으리라고 생각했던 거예요. 나는 당신을 싫증나게 하는구나, 당신의 눈에 누른도요(bécasse)*로 보이는구나 느꼈다고요. 난 그 두 아가씨와 친한 사이여서 뱅퇴유 작품에 대해 세밀한 것을 얘기할 수 있다고 말하면, 당신의 눈에 내가 좀 돋보여 우리 둘 사이가 더 가까워지지 않을까 생각했던 거죠. 내가 당신에게 거짓말하는 건 언제나 당신에 대한 애정 때문이에요. 그런데 드디어 오늘 밤 베르뒤랭 댁 야회에서 진실을 알게 되었군요, 하기야 매우 과장된 진실이겠지만. 내기해도 좋아, 뱅퇴유 아가씨의 여자친구는 나를 모른다고 말할걸. 아까 그 내 친구 집에서 적어도 두 번쯤 만났었지만. 하기야 그처럼 유명하게 된 이들에게는 나 따위야 촌뜨기에 지나지 않겠죠. 그래서 나를 한 번도 만난 적이 없다고 말하고 싶겠죠."

불쌍한 알베르틴, 뱅퇴유 아가씨의 여자친구와 무척 친숙했다고 말하면 '버려짐'을 늦추어 나와 더 가까워질 수 있으려니 여겼을 때, 그녀는―흔히

---

* '바보'라는 뜻도 됨.

있는 일이지만—생각지도 않은 다른 길을 통해 진실에 이르러 있었다. 생각했던 것 이상으로 음악에 밝다는 사실을 보여주었다 해도 그날 밤 작은 열차 안에서 내가 그녀와 절교를 생각했다면 그것을 막지는 못했을 것이다. 그럼에도 그것을 막기 위해 그녀가 한 그 말이 당장에 절교의 불가능성보다도 더한 것을 가져왔다. 다만 그녀는 판단을 그르쳤던 것이다. 이 말이 가져올 결과에 대해서가 아니라, 그 결과를 일어나게 한 원인의 해석을 잘못하고 있었다. 그 원인은 그녀의 음악적 교양이 아니라, 그녀의 고약한 교우 관계를 알게 된 것이었다. 돌연 나를 그녀에게 접근시켰을 뿐만 아니라 그녀 가운데로 녹아들어가게 했던 것, 그것은 쾌락—아니, 쾌락이라고 하면 지나친 말이고 오히려 가벼운 즐거움—에 대한 기대가 아니라 가슴이 죄어드는 고통이었다.

나는 이번에도, 경악의 인상을 줄지 몰라 오랜 침묵을 지킬 겨를이 없었다. 그래서 나는 이렇듯 겸허한 마음씨를 갖고, 베르뒤랭네 무리에서 자기가 무시당한다고 여기는 그녀가 측은하여 다정스럽게 말을 건넸다. "이봐, 나도 그 점을 생각해왔지. 기꺼이 몇백 프랑을 내줄 테니 맵시 있는 차림으로 어디든 가고 싶은 데를 가구려. 베르뒤랭 부부를 멋진 만찬에 초대해도 좋고." 아뿔싸! 알베르틴은 여러 인격을 갖고 있었다. 그중에 가장 야릇한, 가장 단순하고 포악한 알베르틴이 모습을 드러내 혐오하는 말투로 대답했는데, 사실 나는 그 말을 잘 알아듣지 못했다(그녀가 중간에 입을 다물어버리는 바람에 끝은커녕 말머리조차 알아듣지 못했다). 나는 좀 뒤에 그녀의 속셈을 짐작하고, 처음으로 그 말을 다시 생각할 수 있었다. 우리는 나중에 이해했을 때 과거를 돌아다보고 알아듣는다. "고맙구려! 그런 늙다리를 위해 한 푼이라도 쓰니 차라리 날 한 번쯤 당신의 간섭 없이 깨뜨리게(me faire casser)……." 순간, 그녀는 얼굴이 확 붉어져 어쩔 줄 몰라하면서 손을 입으로 가져갔다. 방금 한 말, 무슨 말인지 나는 전혀 알아듣지 못한 그 말을 다시 입속으로 밀어넣으려는 듯이.

"뭐랬지, 알베르틴?"—"아무것도 아녜요. 잠이 덜 깼나 봐요."—"무슨 소릴. 당신은 멀쩡하게 눈을 뜨고 있었어."—"베르뒤랭 부부와의 만찬을 생각하고 있었어요. 당신이 한 말이 무척 고마워서."—"아니, 당신이 지금 뭐라고 했는지 물어보는 거야." 그녀는 이러니저러니 주워섬겼지만 하나도 그럴싸하지 않았다. 말을 하다가 멈춰 그 뜻이 아리송한 채로 남아 있는 그녀의 말이 그렇다는 게 아니라, 말을 꺼내다가 갑자기 입을 다물고 얼굴을 붉혔다는 사실과 맞아떨어지지 않았다. "이봐, 당신이 하려던 말은 그게 아니야. 그렇지 않다면 꺼내다가 말 리가 없잖아?"—"내 부탁이 너무 염치없다고 생각했기 때문이에요."—"부탁이라니?"—"저녁 식사에 초대하는 일 말이에요."—"설마! 그런 게 아니었어. 우리 사이에 염치고 뭐고가 어딨어."—"아뇨, 있어요. 좋아하는 이에게 너무 버릇없이 굴면 못쓰니까요. 아무튼 난 맹세코 그 말을 하려던 거예요." 나는 그녀의 맹세를 의심할 수도 없었지만, 반면 그녀의 설명은 나의 이성을 만족시키지 못했다. 그래서 나는 끈덕지게 캐물었다. "아무튼 용기를 내서 끝까지 말해봐. 당신은 깨뜨린다는 말을 하다가 말았지⋯⋯."—"그만 해요, 제발!"—"왜 그러지?"—"아주 상스러운 말이니까요. 그런 말을 당신 앞에서 하다니 너무도 부끄러워요. 내가 무슨 생각을 한 거지? 그 말뜻도 잘 몰라요. 다만 언젠가 한길에서 몹시 상스러운 사람들이 그런 말을 하는 걸 들은 적 있는데, 그 말이 무심결에 입에서 튀어나온 거예요. 잠꼬대를 했을 뿐이에요."

더는 알베르틴에게서 그 어떤 것도 끌어낼 가망이 없어 보였다. 아까는 너무도 버릇없이 구는 건 아닌가, 염치가 없어서 그랬노라 맹세했지만, 사실 그것은 거짓말이며, 지금은 내 앞에서 너무 상스러운 말을 입에 담기가 부끄러워서 그랬노라는 이유로 바뀌고 말았다. 그러나 이것 또한 그녀의 두 번째 거짓말일 게 뻔하다, 왜냐하면 알베르틴과 단둘이 있을 때는 서로 애무하면서 어떤 상스러운 짓이나 지저분한 말도 거리낌없이 지껄였으니까. 아무튼 지금은 다그쳐도 소용없었다. 하지만 내 뇌리에는 이 '깨뜨리다(casser)'라는 말이 박혀 있었다. 알베르틴은 '실컷 욕해주었다!'라는 뜻으로 '장작을 팼다(casser du bois)', '설탕을 으스러뜨리듯 아무개를 깨뜨렸다(casser du sucre sur quelqu' un)', * 간단히 '호되게 깨뜨려줬지!(ah! ce que je lui on ai cassé)'라고 곧잘 말했다. 그녀는 내 앞에서도 그런 말을 거리낌없이 지껄였었다. 그런데 만약 그런 말을 할 작정이었다면, 왜 갑자기 입을 다물어버렸을까? 왜 그처럼 새빨개져서 손으로 입을 막고 말을 완전히 바꾸어버렸다가, 내게 '깨뜨리다'라는 말이 분명히 들렸다는 눈치를 채자 엉터리 설명을 하려 들었

---

* 당사자가 없는 자리에서 그의 욕을 한다는 뜻의 속어.

을까? 하지만 어차피 대답을 듣지 못할 심문은 계속해보았자 헛수고인 이상, 이미 그런 일은 잊어버린 체하는 편이 가장 좋은 방법이다. 나는 파트론에게 갔던 일에 대한 알베르틴의 비난을 떠올리면서, 참으로 졸렬한 말을 그녀에게 했다. 말하자면 얼빠진 변명이었다. "마침 오늘 저녁, 베르뒤랭 댁 야회에 가지 않겠느냐고 당신에게 물어볼 참이었어." 이것은 이중으로 졸렬한 말이었다. 만약 그런 생각을 정말 했다면, 늘 그녀와 얼굴을 맞대고 지내는 만큼, 그러자고 말할 수 있었을 게 아닌가? 알베르틴은 내 거짓말에 발끈 성이 나서, 또 내가 주뼛주뼛하자 도리어 기세가 등등해져서 말했다. "당신이 천 년을 두고 부탁했던들 난 가지 않았을걸요. 오래전부터 나를 눈엣가시처럼 대하는 사람들이니까. 갖은 수로 나를 괴롭혀온 사람들이거든요. 발베크에선, 베르뒤랭 부인에게 있는 정성을 다해 군박하게 대했는데, 참 알량한 보답을 받았죠. 그이가 숨을 거두면서 부른대도 나는 절대로 안 가겠어요. 세상엔 용서할 일과 못할 일이 있어요. 당신도 말이죠, 전에 없던 무례한 짓을 했어요. 프랑수아즈가 내게 당신이 외출하셨다고 말했을 때(프랑수아즈는 나한테 그렇게 말하는 게 여간 만족스럽지 않았나 봐), 나는 차라리 정수리가 쪼개지는 편이 나았을 거라구요. 눈치 못 채게 애썼지만 내 평생에 이런 모욕은 처음 당했어요."

그러나 내 속에는 매우 생생하고도 창조적인 잠재의식의 잠(그 잠 속에는 살짝 스치고 가는 것도 깊게 새겨지고, 이제껏 헛되이 찾던 여벌 열쇠를 잠든 손이 꽉 쥐고 있다)이 있어, 그녀가 지껄이는 동안에도 조금 전 별안간 멈춰버린 그 말씨로 뭘 말하려고 했는지, 그 말의 끝머리는 무엇인지 알고자 하는 마음을 멈출 수 없었다. 그러다가 돌연, 상상도 못했던 추악한 한마디가 내 머릿속에 떨어졌다—'항아리(le pot).'* 어떤 불완전한 기억에 오랫동안 지배되다 보면, 천천히 신중하게 그 기억을 확장해 나가려고 애써도 거꾸로 이쪽이 그 기억에 달라붙어 꼼짝 못하고 마는데, '항아리'라는 낱말이 그런 경우처럼 단번에 머리에 떠올랐다고는 말할 수 없다. 나의 여느 회상과는 달리, 평행한 두 탐구의 길이 있었나 보다. 하나는, 다만 알베르틴의 말씨뿐만 아니라, 내가 돈을 낼 테니 멋들어진 만찬회를 베풀어보라고 제의했을 적

---

* le pot는 속어로 항문을 뜻하므로, casser le pot는 동성애를 말함.

에 그녀가 몹시 귀찮아하던 눈길, '싫어요, 그런 귀찮은 일에 돈을 낭비하다니, 돈 없이도 난 썩 재미나는 짓을 할 수 있는 걸요' 말하는 듯한 눈길마저 헤아리고 있었다. 그녀의 이 눈길을 기억하고 있었으므로, 나는 다른 방법으로 그녀가 말하고자 한 끝머리를 발견할 수 있었을 것이다. 지금껏, 나는 '깨뜨린다'는 마지막 낱말에 정신이 팔려 있었다. 뭘 깨뜨린다는 말인가? 장작을 팬다? 아니지, 사탕 덩이를? 아니야. 깨뜨리다(casser), 패다(casser), 부스러뜨리다(casser). 문득 만찬회를 베풀어보라고 제의한 순간에 그녀가 어깨를 으쓱하면서 지은 눈길이 머리에 떠올라, 이것이 나로 하여금 그녀가 한 말을 거꾸로 더듬게 했다. 그러자 나는 그녀가 '깨뜨리다(casser)' 말한 게 아니라 '깨뜨리게 하다(me faire casser)' 말했던 점을 깨달았다.

소름끼치는 일! 그게 그녀의 소원이었다. 거듭 소름끼친다. 까닭인즉, 하급 창부조차도 그에 동의하거나 바라는 경우라도, 사내 앞에서 이런 추잡한 표현은 쓰지 않으니까. 쓴다면 자기 자신이 너무나 타락한 느낌이 들 것이다. 다만 여인을 상대할 경우, 동성을 좋아하는 창녀라면, 곧 사내에게 몸을 맡기는 게 미안쩍어 이렇게 표현한다. 알베르틴이 비몽사몽 중에 있었다고 말한 것은 거짓말이 아니었다. 방심해 순간 충동에 이끌려 나와 같이 있음을 까맣게 잊고, 어깨를 으쓱 추켜세우면서 그런 여인의 아무개, 어쩌면 꽃다운 아가씨들 중의 아무개와 하듯이 말하기 시작했던 것이다. 그러다가 갑자기 정신이 들면서 부끄러움에 얼굴 붉히고 튀어나오려던 말을 허둥지둥 도로 삼키고 나서, 다시는 끽소리도 내지 않으려고 했던 것이다. 내가 절망한 사실을 그녀가 알아채지 못하게 하려면, 잠깐이라도 머뭇거릴 겨를이 없었다. 그러나 화가 벌컥 나면서 벌써 내 눈에는 눈물이 글썽거렸다. 발베크에서, 뱅퇴유가 사람들과 친했다고 털어놓은 날 밤처럼, 내 비탄을 설명할 가장 그럴 법한 이유, 동시에 알베르틴에게 큰 충격을 주어 내 결심이 서기까지 며칠간의 여유를 얻을 수 있는 이유를 당장 꾸며내야만 했다. 그래서 알베르틴이, 내가 혼자 외출함으로써 그녀에게 입힌 모욕만큼 심한 모욕을 받은 적이 없다, 프랑수아즈에게 그런 말을 듣느니 차라리 죽는 편이 낫다고 했을 때, 나는 그녀의 가소로운 악감정에 진저리가 나서, 내가 한 짓은 특별히 탓할 게 못 된다, 혼자 외출했다고 해서 당신이 마음 상할 이유는 아무것도 없지 않은가 말하려고 했다. 그러나 그 사이에 이와 평행하게, 그녀가 '깨뜨리다'

라는 낱말 뒤에 하고자 했던 말의 무의식적인 탐구가 성공해서, 그 발견으로 내가 빠진 절망을 빈틈없이 감출 수가 없었다. 나는 변명하는 대신 나 자신을 책망하기로 했다.

"나의 귀여운 알베르틴." 나는 눈물에 젖은 부드러운 말투로, "나는 말이야, '당신이 잘못이다, 내가 한 짓은 아무것도 아니다' 말할 수도 있지만, 그렇게 말하면 거짓말하는 게 되지. 당신이 옳아, 당신은 사실을 잘 이해하고 있단 말이야. 반년 전, 석 달 전, 아직 당신에게 애정을 품고 있던 무렵이라면 나도 그런 짓은 결코 하지 않았을 거야. 일 자체야 하찮은 일이지만, 내 마음이 한없이 변했다는 증거로서 이건 아주 중대하지. 내 마음의 변화는 되도록 숨기고 싶었지만 당신이 알아채고 말았으니, 나는 이제 이렇게 말할 수밖에 없게 되었어. 나의 귀여운 알베르틴." 나는 깊은 다정스러움과 슬픔을 담아 다음과 같이 말했다. "당신은 이곳에서 보내는 생활에 진저리가 날 테니, 우리 헤어지는 게 좋겠어. 헤어질 때는 빨리 행동으로 옮기는 게 가장 좋은 방법이니, 내가 이제부터 가질 크나큰 비통이 당장 사라지도록, 오늘 밤 작별인사를 하고, 내일 아침 내가 아직 잠들어 있는 사이에 말없이 떠나줘, 부탁이야." 그녀는 어리둥절하여, 아직 반신반의하면서도 벌써 얼굴에 슬픈 빛을 드러냈다. "뭐라구요, 내일? 정말 그러기를 바라나요?" 우리의 작별을 이미 정해진 일처럼 말하기는 고통스러웠지만—어쩌면 얼마쯤은 그것이 고통이었으므로 그랬는지도 모른다—그래도 나는 알베르틴에게 내 집에서 나간 뒤에 이렇게 해라 저렇게 해라 하고, 아주 명확하게 주의를 주기 시작했다. 온갖 것을 권고하는 사이에, 나는 이윽고 아주 사소한 일까지 들먹이기 시작했다. 나는 끝없는 슬픔과 더불어, 진지하게 덧붙였다. "미안하지만, 당신 아주머니 댁에 있는 베르고트의 책을 내게 돌려보내줘. 별로 급하지 않으니 3일 뒤든, 일주일 뒤든, 당신이 마음 내킬 때 말이야. 다만 잊지 말아줘. 내가 재촉하기 난처하니까. 우리는 행복했어. 그러나 우린 앞으로 불행하게 될 거라는 느낌이 드는군."

"우리가 불행하게 될 거라는 느낌이 든다니, 그런 말 집어치워요." 알베르틴은 내 말을 가로막았다. "'우리'라고 말하지 말아요, 그렇게 느끼는 건 당신 혼자니까."—"그렇군, 당신이니 나니, 마음대로 말하구려, 이유도 아무래도 좋아. 그런데 밤이 깊었는걸, 당신 자야지⋯⋯. 아무튼 우리는 오늘 밤 헤어지기로 정했어."—"틀려요. '당신'이 정했고, 나는 그냥 따를 뿐이죠. 당신을 괴롭히기 싫어서."—"정한 게 나라고 한들 상관없어. 하지만 그렇다고 내가 고통스럽지 않은 건 아냐. 하기야 고통이 오래 간다고 말하진 않겠지만. 당신도 알다시피 내게는 한 가지를 오래도록 떠올리는 능력이 없으니까. 그래도 첫 며칠 동안 난 당신이 그리워 애타겠지! 그러니 편지로 옛일을 새롭게 할 필요도 없다고 생각해. 단번에 끝장내야 하니까."—"하긴 그래, 당신이 옳아요." 수긍하는 그녀는 밤늦게까지 잠자지 못해 피로로 우그러진 얼굴 때문에 더욱 구슬퍼 보였다. "손가락을 하나하나 잘리느니, 차라리 머리가 댕강 떨어지는 게 낫죠."—"이런, 이토록 늦게까지 당신을 못자게 하다니 나도 심했군, 정신 나갔나 봐. 하지만 우리의 마지막 밤이니! 당신이야 앞으로 한평생 마음껏 잘 테고." 이와 같이 나는 밤인사를 나눠야 할 시간이라고 말하면서, 그녀가 나한테 잘 자라고 말하는 순간을 되도록 늦추려고 했다. "첫 며칠 동안 당신의 심심풀이로, 블로크에게 부탁해서 그 사촌누이 에스테르를 당신 있는 곳에 보내도록 할까? 블로크는 그쯤이야 내 체면을 봐서 해줄 텐데."—"어쩌자고 그런 말을 하는지 통 까닭을 모르겠네요(내가 그런 말을 한 건 알베르틴의 고백을 이끌기 위해서였다). 내가 만나고 싶은 이는 단 한 사람, 당신뿐이에요." 알베르틴의 이 말은 내 마음을 다사로움으로 가득 채워주었다. 그러나 곧 얼마나 심한 아픔을 내게 주었는지 떠올렸다. "이제 막 생각나네. 전에 에스테르에게 내 사진을 준 일이 있었어요. 에스테르가 어찌나 달라고 졸라대는지 주면 기뻐할 줄 알았기 때문에 주었지만, 에스테르에게 애정을 느꼈다든가 보고 싶다든가 하는 마음은 티끌만치도 없었어요!" 그러면서도 알베르틴은 조심성 없는 성격이라서, 곧바로 이렇게 덧붙였다. "만일 에스테르가 나를 만나고 싶어하면, 나 아무래도 상관없어요. 아주 싹싹한 사람이니까. 하지만 내 쪽에선 전혀 만나고 싶지 않아요." 말인즉슨, 블로크가 보내준 에스테르의 사진 얘기를 내가 그녀에게 꺼냈을 때(이 얘기를 했을 때, 나는 아직 사진을 받지도 않았는데), 알베르틴은 에스테르에게 준 제 사진을 블로크가 내게 보인 줄 지레짐작했던 것이다. 최악의 사태를 생각해도, 나는 설마하니 알베르틴과 에스테르의 사이가 이토록 친밀하리라곤 꿈에도 생각지 못했었다. 전에 내가 사진 얘기를 꺼냈을 적에, 알베르틴은 대답할 말을 한마디도 찾지 못했다. 그런데 이제

와서 그녀는 내가 사정을 알고 있는 줄 착각하고, 고백하는 편이 현명하다고 생각했던 것이다. 나는 맥이 탁 풀리고 말았다.

"그리고 알베르틴, 부디 내 부탁을 한 가지 들어줘. 절대로 나를 만나려고 하지 말아달라는 부탁을. 만에 하나라도, 1년, 2년, 3년 뒤에 우리가 같은 거리에서 우연히 만나더라도 나를 피해줘." 그녀가 내 부탁에 긍정하는 대꾸를 하지 않자, 나는 말을 이었다. "알베르틴, 이승에서 두 번 다시 나를 만나려고 하지 말아달라는 거야. 우리가 만난다면 나에게는 너무나 심한 고통이겠지. 나는 진심으로 당신에게 애정을 품고 있으니까. 알고 있어. 내가 요전 날, 발베크에서 우리가 얘기한 적이 있던* 여자의 친구를 다시 만나고 싶다고 당신에게 말했을 때, 당신은 아마 준비가 다 되어 있구나 여겼겠지. 천만에, 다짐하지만 그런 따위야 내게는 아무래도 좋았어. 틀림없이 당신은 내가 오래전부터 당신과 헤어질 결심을 하고 있었고, 내 애정은 연극에 지나지 않는다고 확신했겠지."—"어머, 그 무슨 뚱딴지같은 소리람, 나는 그렇게 생각한 적이 없어요." 그녀는 구슬프게 말했다. "그럼 다행이고. 그렇게 여겨서는 안 되거든. 나는 진심으로 당신을 사랑했어. 연정이 아닐는지는 몰라도 크나큰, 아주 깊은 애정을 품어왔단 말이야, 당신이 믿을 수 없을 만큼."—"믿고말고요. 분명히 그런 줄 믿는다니까. 그럼 내가 당신을 사랑하지 않는다고 생각하시나요?"—"당신과 헤어지다니 크나큰 슬픔이구려."—"나는 그보다 천 배는 더 슬퍼요." 알베르틴의 대답에 나는 조금 전부터 눈에 글썽거리는 눈물을 참을 수 없을 것 같은 느낌이 들었다. 이 눈물은, 지난날 질베르트에게 '다시는 만나지 않는 편이 좋겠습니다. 인생이 우리 두 사람을 가르니' 말했을 때 느꼈던 것과는 아주 다른 슬픔에서 오고 있었다. 질베르트에게 그런 내용의 편지를 썼을 때, 나는 앞으로 질베르트 아닌 다른 여인을 사랑하게 되더라도, 지나친 내 애정이 상대의 마음속에 일어나는 애정을 줄어들게 하리라고 생각했다. 마치 두 인간이 가질 수 있는 애정의 정량은 운명의 안배로 정해져 있어, 한쪽이 지나치게 차지하면 다른 한쪽은 그 분량만큼 줄어들고 마는 듯이. 그리고 나는 질베르트와 갈라지듯, 그 여인과도 갈라질 운명이라고 느꼈다.

---

* 제4편 끝에서 '내'가 '약혼녀와 헤어졌다'고 꾸민 이야기를 말함.

그러나 지금의 상황은 여러 이유로 먼젓번과 아주 달랐다. 그 첫째 이유
—이것이 다른 이유를 만들어냈다—는, 할머니와 어머니가 콩브레에서 나
때문에 근심하던 그 의지의 결여였다. 환자란 자기의 약함을 억지로 들이미
는 데 강한지라, 할머니와 어머니는 연이어 항복하고 말았는데, 이 의지의
결여는 더욱더 빠른 속도로 심해졌던 것이다. 내 존재가 질베르트를 귀찮게
한다고 느꼈을 때, 나는 아직 그녀를 단념할 만한 기력을 갖고 있었다. 그런
데 알베르틴에 대하여 같은 확인을 했을 때는 그럴 만한 기력이 없어, 그녀
를 억지로 붙잡는 것밖에 생각지 않았다. 그래서 질베르트에게는 정말로 다
시는 만나지 않을 생각으로 앞으로는 만나지 않겠다고 썼었지만, 알베르틴
에게 그렇게 말한 건 오로지 화해를 하기 위한 새빨간 거짓말에 지나지 않았
다. 이렇게 우리는 서로 사실과는 매우 다른 겉모양을 보이고 있었다. 두 인
간이 마주 대할 때는 늘 이런 법이다. 서로 상대 속에 모르는 부분이 있거니
와, 아는 것도 부분밖에 이해 못하고, 또 두 사람 다 자기 개성과 가장 동떨
어진 것만 상대에게 나타내기 때문이다. 뭐가 가장 참된 개성인지 자기 자신
도 분간 못해 그걸 대수롭지 않게 판단하거나, 자기와 관련 없는 하찮은 이
익 쪽이 더욱 대단하며 자랑스러운 것으로 여기고, 더더구나 한편으론 자기
가 애착하는 것을 갖지 못하기 때문에, 남의 업신여김을 받지 않도록 그것에
관심이 없는 체, 다시 말해서 그게 바로 자기가 멸시하고 증오하는 것이라는
얼굴을 한다.
　그런데 사랑에서는 이 오해가 최고조에 이른다. 어린 시절 말고는, 우리는
제 사고를 정확히 반영하는 모습을 취하기보다, 오히려 바라 마지않은 것을
손에 넣는 데 가장 알맞다고 사고가 판단한 겉모습을 취하려고 애쓰기 때문
이다. 집에 돌아온 뒤로 내가 바라 마지않은 바는, 알베르틴을 이전같이 온
순케 만들어, 약이 오른 그녀가 더욱 큰 자유를 요구하지 못하게 하는 데 있
었다. 언젠가는 그녀에게 자유를 줄 셈이었지만, 그녀가 자립할 생각을 품지
않았나 전전긍긍하는 지금 그런 자유를 준다면, 나는 심한 질투에 미쳐버렸
을 것이다. 사람은 어느 나이에 이르면 자존심과 꾀가 생겨서 가장 원하는
것을 그다지 애착하지 않는 체한다. 그러나 사랑에서 참다운 슬기와는 다른
한낱 꾀는 우리로 하여금 금세 이중 성격을 갖게 한다. 어린 시절, 내가 사
랑 중에서 가장 감미롭다고 꿈꾸던 것, 바로 사랑의 정수로 생각했던 것은,

사랑하는 여인 앞에서 이쪽의 애정이나 그녀의 호의에 대한 감사, 언제까지나 둘이서 같이 살고 싶은 소망을 마음 그대로 토로하는 것이었다.

하지만 나는 나 자신의 경험과 친구들의 경험을 통해, 이러한 정념의 표현이 결코 상대에게 전염되지 않는다는 사실을 몹시 잘 알고 말았다. 샤를뤼스 씨처럼 겉멋부리는 할멈 같은 경우, 상상 속에서 늘 잘생긴 젊은이만을 그리는 탓에 어느새 그 자신도 잘생긴 젊은이가 된 줄 여겨, 우스꽝스럽게 사내다움을 뻐기면서 더욱더 할망구가 되어가는 게 남의 눈에 환히 보인다. 이런 경우는 오직 샤를뤼스 씨와 같은 인물에 한하지 않고, 널리 적용되는 법칙이자 더할 수 없을 만큼 일반적인 법칙이라서, 사랑마저 그 법칙을 완전히 규명하지 못한다. 우리는 남들이 보듯이 자기 몸을 보지 못하고, 또 자기 사고를 '좇는'다. 사고, 곧 자기 눈앞에 있고 남의 눈에 보이지 않는 대상(때로는 예술가가 작품 속에서 이를 보게 해주는데, 그러므로 독자들은, 작가 본인을 만나 그 얼굴에 내적인 아름다움이 거의 반영되어 있지 않음을 보고는 환멸을 맛보는 일이 잦다)을 말이다. 먼저 이 점을 주목하면 우리는 다시는 '본심을 얼굴에 드러내지' 않는다. 이날 오후, 나는 알베르틴이 트로카데로에서 금세 돌아와준 걸 얼마나 고맙게 생각하는지, 그녀에게 일부러 말하지 않았다. 그리고 그날 밤, 그녀가 내게서 떠날까 봐 겁이 나서 그녀와 헤어지고 싶은 체했다. 이윽고 알게 되려니와, 이와 같은 위장은 이전의 연애에서 얻은 교훈—내 깐에는 교훈을 얻었다는 생각에서—을 현재의 연애에 써먹으려 했기 때문만은 아니다.

알베르틴이 '나 혼자 밖에 좀 나가고 싶어. 스물네 시간쯤 나갔다 오겠어' 하는 따위의 요구—그것이 어떤 일이라고 분명히 생각해본 적은 없지만, 나는 그것이 두려웠다—를 하지 않을까 하는, 그런 염려가 베르뒤랭네의 야회가 한창 무르익었을 때 문득 내 마음을 스쳤다. 그러나 알베르틴이 이 집에서 행복하다고 입버릇처럼 말한 게 떠올라 이 근심도 가셔버렸다. 혹여 알베르틴이 나와 헤어지려 했더라도, 그것은 어렴풋한 투, 어떤 슬픔에 가득 찬 눈길, 왠지 모르게 초조한 태도, 언뜻 듣기에 그런 뜻이 조금도 비추지 않는 말 따위로밖에 나타나지 않았다. 이런 말씨는 겉으로는 그런 뜻을 전혀 지니지 않았지만 잘 살펴본다면(아니 살펴볼 필요조차 없는 게, 이런 정념의 언어란 당장 이해가기 때문인데, 서민들도 이와 같은 허영, 한(恨), 질투로밖에 설명할 수 없는 말을 충분히 이해한다. 이런 정념은 말씨로 표현되지 않지만, 어떤 직관력, 데카르트가 말하는 양식(良識)*처럼 '이 세상에서 가장 고르게 분배된' 직관력이 금세 말하는 이 속에서 그걸 맡아낸다), 상대 여인이 어떤 정념을 숨기고 있고, 그 때문에 그 여인이 나 없는 딴 생활을 계획할지도 모른다는 것으로밖에 설명할 수 없는 말씨인 것이다. 그날 저녁부터 나는 그녀의 의도를 계속 예감하고 있었음에도 논리적인 말로 표현할 수 없었던 것과 마찬가지로, 내가 속으로 품어온 예감 또한 어렴풋하여 잡아낼 수 없었다. 나는 지금까지 알베르틴의 말이라면 모두 참말이라는 가정하에 계속 생활해왔다. 그러나 그동안, 내가 생각하고 싶지 않았던 정반대의 가정도 줄곧 내 마음에서 떠나지 않았나보다. 그렇지 않았으면, 아무 거리낌 없이 베르뒤랭 댁에 갔다 왔다고 알베르틴에게 말했을 테고, 그녀가 느닷없이 화내는 데 내가 별로 놀라지 않았던 것도 이해하지 못했을 테니까, 더욱 이 가정에 신빙성이 생긴다. 그러므로 내 안에 살아 있던 것은, 나의 이성이 지어내거나 그녀의 말이 그려내거나 하는 알베르틴과 정반대인 알베르틴, 그렇긴 하나 완전히 꾸며냈다고는 말 못할 알베르틴의 관념이었나 보다. 왜냐하면 그 관념은 내면의 거울처럼 그녀 마음속에 일어나는 어떤 움직임, 이를테면 내가 베르뒤랭 댁에 간 데 대한 불쾌한 기분 같은 움직임을 반영하고 있었기 때문이다. 게다가 내가 오래전부터 느껴온 불안, 사랑한다고 알베르틴에게 말하기를 꺼리는 마음, 이런 모든 것은 두 번째 가정과 일치했다. 이 가정은 첫 번째 가정보다 더 많은 사실을 설명해줄 뿐만 아니라, 첫 번째 가정을 채택하더라도 두 번째 가정 쪽이 더 그럴듯하게 생각된다는 장점을 갖추고 있었다. 왜냐하면 알베르틴에게 내가 무심코 애정을 털어놔도 그녀에게서 받은 것은 짜증뿐이었으니까(하기야 그녀는 그 짜증에 다른 이유를 붙이긴 했지만).

사실 내게 가장 중대해 보이고, 가장 충격을 준 것은, 그녀가 비난을 받기 전에 방어선을 긋듯이 다음같이 말한 점이었다. "오늘 밤 뱅퇴유 아가씨가 와 있었겠군요." 그 말에 나는 되도록 냉혹하게 대답했다. "아니, 베르뒤랭 부인을 만났었나? 당신은 내게 그런 말은 안 했었는데." 나는 알베르틴이 샐

---

* "양식은 이 세상에서 가장 고르게 분배되어 있다."《방법론 서설》서두의 한 구절.

쭉해졌다는 것을 알아채면, 그것을 섭섭하게 생각한다는 말은 하지 않고, 금세 짓궂어지곤 했다. 이상의 사례를 들어, 나는 곧 내가 느끼고 있는 바와는 정반대로 대꾸한다는 불변 법칙에 따라 분석해보건대, 이날 밤 내가 그녀와 헤어지겠다고 말한 까닭은—내가 그걸 의식하지 못했더라도—그녀가 자유를 요구할까 봐 겁이 났기 때문이 분명했다(나를 전율케 하는 이 자유가 뭐냐고 물은들 나는 명확히 대답할 수 없겠지만, 요컨대 그녀가 나를 속일 수 있는 자유, 아니면 적어도 속이지 않는다고 보장할 수 없는 자유라고 하겠다). 동시에 내가 자존심을 걸고, 빈틈없어 보이려고 그런 따위를 조금도 겁내지 않는 체하고 싶은 마음도 있었다. 마치 전에 발베크에서 그녀에게 뽐내보려고 하거나, 좀더 뒤에는, 그녀가 나와 함께 있는 동안, 싫증날 틈을 주지 않으려고 했을 때처럼.

위에서 말한 두 번째의 가정, 뚜렷하게 꼴이 잡히지 않은 가정은 얼마든지 반박할 수 있으리라. 이를테면 알베르틴이 가장 좋아하는 생활은 내 집에서의 생활·휴식·독서·고독이며, 내게 늘 해온 말은 모두 사포(Sappho)적인 동성애에 대한 증오라고 하지만 이런 반박에 얽매일 필요는 없으리라. 왜냐하면 알베르틴 쪽에서도, 내가 그녀한테 말한 바를 통해 내가 느끼는 바를 판단하려고 했다면, 그녀는 사실과 정반대인 것을 알게 되었을 테니까. 나는 그녀 없이는 못 배길 때 말고는 그녀와 헤어지고 싶다고 절대로 입 밖에 내지 않았으며, 발베크에서 두 번이나 그녀한테 딴 여인을 사랑한다고 고백했을 때에도, 한 번은 앙드레, 또 한 번은 불가사의한 여성이었지만, 그건 두 번 다 질투로 인해 알베르틴에 대한 연정이 다시 살아났기 때문이었다. 따라서 내 말은 정념을 털끝만큼도 반영하지 않은 셈이었다. 만약 독자가 이런 인상을 그다지 받지 않았다면, 이는 내가 이야기하는 사람으로서 내 말을 전하면서 더불어 내 정념도 서술하고 있기 때문이다. 그러나 만약 내가 정념을 숨기고, 독자가 내 말만을 이해한다면, 내 행동이 말과 너무나 달라, 기이하리만큼 돌변하는 인상을 곧잘 받고, 나를 거의 미친 사람으로 생각할 것이다. 하기야 그런 서술법은 내가 채택한 방법에 비하여 더할 수 없을 만큼 바르지 못한 것은 아니다. 왜 그런고 하니, 나를 행동케 하는 심상, 내 말 속에 포함된 생각과 상반되는 이 심상은, 그 무렵 매우 어렴풋했기 때문이다. 나는 내 행동을 지배하는 본성에 대하여 불완전한 지식밖에 없었다. 이제 나는 그 본성의 주관적 진실을 분명히 알고 있다. 하지만 본성의 객관적 진실, 곧 이 본성의 직관은 나의 이성적 판단 이상으로 알베르틴의 진정한 의도를 정확하게 파악했는지 못 했는지, 그 본성을 믿은 게 옳았는지 아닌지, 반대로 그 본성이 알베르틴의 의도를 밝히기는커녕 도리어 일그러뜨리지 않았는지 하는 점은, 나로서는 말하기 곤란하다.

알베르틴이 내 곁을 떠나지 않을까 하는, 베르뒤랭네에서 느낀 어렴풋한 두려움은 이제 사라졌다. 집에 돌아왔을 때, 나는 갇힌 여인을 다시 만난다는 생각은 조금도 없었고, 나 자신이 갇힌 사내로 여겨졌던 것이다. 그러나 내가 베르뒤랭 댁에 갔다 왔노라고 알베르틴에게 말한 순간, 그녀 얼굴에 야릇한 노기 같은 것이 서렸을 뿐만 아니라, 그것이 나타난 게 이번이 처음이 아님을 깨닫자, 사라졌던 두려움이 한층 강력하게 내 마음을 사로잡았다. 나는 잘 알고 있었다. 이것은 타당성 있는 불만이나 명확한 관념—그런 불만이나 관념을 품으면서도 그것을 입 밖에 내지 않는 사람에게만 타당성 있고 명확한 것이지만—이 육체 속에 결정(結晶)된 것이며, 눈에는 보이게 되었을망정 이미 합리성을 잃은 하나의 종합일 따름이라는 사실을. 또 사랑하는 사람의 얼굴에 그 종합이 남긴 귀중한 부스러기를 주워 모으는 자는, 상대 마음에 무슨 일이 일어나고 있는지 이해하기 위해 그 종합을 분석하여 지적인 요소로 환원하려고 애쓰는 법이라는 것도 잘 알고 있었다.

알베르틴이 무엇을 생각하고 있는지 나로서는 미지수였지만, 근사(近似) 방정식을 통해 어림잡아 다음과 같은 답을 내렸다. '그가 나를 의심한다는 건 알고 있었어. 틀림없이 그 의심을 확인하려 들 거라고 생각은 했지만, 그는 내가 방해할까 봐 몰래 일을 꾸몄던 거야.' 만약 알베르틴이 이런 의뭉한 속셈을 품었으면서 내게 한 번도 그런 말을 하지 않은 채 지내왔다면 제 생활에 진저리나서 더 이상 그런 생활을 계속할 힘을 잃고, 언젠가는 그것을 그만 둘 결심을 하지 않겠는가? 그런 생활에서 만일 그녀에게 죄가 있는 소망이 있다면, 늘 그 소망을 들키고 추궁받아, 절대로 제 기호에 탐닉하지 못한다고 생각할 터이며, 내 질투는 좀처럼 누그러지지 않을 것이다. 또 만일 그녀가 속으로도 실제로 결백하다면, 그처럼 참을성 있게 앙드레와는 절대로 단둘이 있으려 하지 않기 시작한 발베크의 체류부터, 베르뒤랭네를 방문하는 일도 트로카데로에 머무는 일도 단념해버린 오늘에 이르기까지, 도저히 내 신뢰를 얻을 수 없다는 생각에 낙담하는 것도 당연하다. 하물며 그녀의 태도가 빈틈없던 만큼 더욱더 그런 생각이 들었다. 발베크에서, 좋지 못한 부류의 아가씨들의 소문이 나돌자 알베르틴은 곧잘 그런 아가씨들의 천한 웃음과 가슴 펴기 등을 흉내냈다. 나는 그게 그녀의 아가씨 친구들에게 뭐를 뜻하는지 추측하고 가슴 아파했는데, 그녀는 그것에 대한 내 의견이 어떤지 알고 난 뒤부터, 이런 얘기가 나오자마자 대화에서 빠져나왔을 뿐만 아니라 표정까지 무관심을 꾸미게 되었다. 도마 위에 오른 여자의 험담에 끼어들고 싶지 않아선지, 아니면 다른 이유에선지, 아무튼 그런 경우에 나를 깜짝 놀라게 한 것은 단 한 가지, 수다가 이 문제에 미치자마자, 여느 때는 잘도 움직이던 그녀의 얼굴이 한순간 전의 표정을 그대로 지니면서 멍청한 꼴을 보이는 점이었다. 아무리 가벼운 표정이라도 이와 같이 움직임을 그치면 침묵처럼 짐스러웠다. 그녀가 이런 짓을 비난하는 건지 찬동하는 건지, 알고 있는지 모르는지 말하기란 불가능했을 것이다. 그녀의 얼굴 하나하나의 특징은 이제 그녀 얼굴의 다른 부분과 관련을 맺고 있을 뿐이었다. 그 눈·코·입은 다른 것에서 외따로 떨어져 완전한 조화를 이루고, 그녀는 마치 파스텔 그림처럼 존재하며, 사람들이 라 투르(La Tour)\*가 그린 초상화 앞에서 이야기하기나 한 듯이 방금 한 말도 들리지 않는 성싶었다.

브리쇼의 주소를 마부에게 일러주면서 창의 빛을 쳐다보았을 때에 나는 아직 내가 속박되어 있음을 의식했지만, 그 직후, 알베르틴도 지긋지긋하리만큼 자신이 노예 상태임을 의식하는 모습을 보고는 그 속박도 더 이상 짐스럽지 않게 되었다. 이 상태가 그녀에게 조금이라도 가볍게 보이고, 또 그녀가 제 손으로 속박을 끊어버리겠다는 생각이 들지 않도록 하는 가장 교묘한 수는, 이것이 결정적인 게 아니며 나 자신도 이를 끝장내고 싶어한다는 인상을 그녀에게 주는 거라고 생각했다. 내 거짓 꾸밈이 성공한 이상, 나는 마땅히 기쁨을 느껴야 했으리라. 첫째로 내가 그처럼 겁내던 것, 알베르틴이 떠나고 싶어하는 게 아닐까 하는 추측을 이로써 물리친 셈이었고, 둘째로 실제 노린 효과 말고도, 나의 거짓 꾸밈의 성공 자체만으로 내가 알베르틴한테 멸시당하는 애인이나 온갖 술책을 부려본댔자 일을 시작하기도 전에 들켜서

---

\* 프랑스의 파스텔 초상화가(1704~88).

비웃음거리가 되는 질투쟁이가 아님을 증명하여, 그 결과 둘의 사랑은 어떤 순결성을 되찾고, 지난날 내가 다른 여인을 사랑한다고 말해 알베르틴이 아직 쉽사리 믿었던 발베크 시절을 다시 살아나게 해줄 테니까. 물론 그녀도 더 이상 다른 여인을 사랑한다는 내 말을 곧이곧대로 믿지 않았겠지만, 오늘 밤으로 영원히 헤어지자고 꾸민 내 생각은 곧이곧대로 믿고 있었다.

그녀는 그 원인이 베르뒤랭 댁에 있다고는 믿기 힘든 모양이었다. 나는 어느 극작가, 곧 블로크를 만났는데, 그는 레아와 매우 친한지라 여러 괴상한 얘기를 그녀한테 들은 모양이라고 알베르틴에게 설명했다(이렇게 말하면, 블로크의 사촌누이들에 대해 내가 입 밖에 내지 않았을망정 많은 것을 알고 있는 줄 보이리라고 생각했던 것이다). 그러나 헤어지자는 거짓 꾸밈을 한 바탕 하느라 울렁거리는 내 마음을 가라앉혀야만 해서 다음같이 물었다. "알베르틴은 내게 거짓말한 적이 절대로 없다고 맹세할 수 있어?" 그녀는 허공을 물끄러미 바라보더니 대답했다. "그럼⋯⋯. 아뇨. 앙드레가 블로크에게 빠져 있다고 했던 건 헛나온 말이었죠. 나나 앙드레나 블로크를 만난 적이 없으니까."─"그럼 어째서 그런 거짓말을?"─"당신이 앙드레에 대한 다른 여러 가지를 사실로 믿을까 봐 걱정돼서요."─"그뿐이야?" 그녀는 또다시 허공을 물끄러미 바라보더니 말했다. "레아와 3주 동안 함께한 여행을 숨긴 건 내 잘못이에요. 하지만 그 무렵 당신과 그다지 잘 아는 사이가 아니었는걸요."─"발베크에 가기 전의 일인가?"─"네, 두 번째로 가기 전이에요." 그런데 그날 아침, 그녀는 레아와 아는 사이가 아니라고 잡아떼었던 것이다! 나는 몇천 몇만 시간을 들여서 써낸 소설이 단숨에 활활 타버리는 모습을 멍하니 바라보는 심정이었다. 그게 무슨 소용인가? 무슨 소용인가? 물론, 알베르틴이 이 두 가지 사실을 밝힌 것은, 내가 레아한테 간접적으로 들어 알고 있다고 생각했기 때문이며, 이와 비슷한 사실이 수없이 있을 수 있다는 점을 나는 잘 이해하고 있었다. 또한 내가 따져 물었을 때 알베르틴의 대답에는 한 가닥의 진실도 포함되어 있지 않다는 점, 그녀가 지금껏 숨겨두기로 한 사실, 그 사실이 남에게 알려졌구나 하는 짐작이 돌연 그녀 마음속에서 뒤섞이는 경우에만, 그녀가 무심코 진실을 누설하고 마는 점도 나는 알아채고 있었다. "그러나 두 가지 정도는 아무것도 아니지." 나는 알베르틴에게 말했다. "네 가지 정도 말해 봐, 당신의 추억으로 내 마음에 남게. 그 밖에 어떤 일이 있었지?" 그녀는 또다시 허공을 물끄러미 바라보았다. 대체 미래에 어떤 생활이 있으리라고 믿고, 그것에 거짓말을 맞추고 있는 걸까? 예상외로 다루기 힘든 어떤 신들과 타협을 시도하고 있는 건가? 하지만 쉽지 않은 듯, 그녀의 침묵과 응시는 어지간히 오래 계속됐다. "없어요, 다른 건 아무것도." 드디어 그녀가 말했다. 그러고는 내가 아무리 추궁해도, 태연히 '다른 건 아무것도' 없다고 되풀이했다. 엄청난 거짓말! 그녀에게 그런 기호가 있는 이상 내 집에 갇히기 전까지 그녀는 여기저기 머문 곳이나 산책에서 수없이 그 기호를 만족시켰을 것이다.

고모라 여인은, 아무리 혼잡한 사람들 속에 있을지라도 반드시 다른 고모라 여인의 눈에 띌 만큼 그 수가 적기도 하고 많기도 한 법이다. 그래서 그녀들은 쉽게 어울릴 수 있다. 나는 어느 저녁의 일, 그 무렵에는 그저 우습게만 보이던 일이 생각나 몸서리쳤다. 한 친구가 자기 정부와 그의 다른 친구—이 친구도 자기 정부와 함께였다—와 함께, 나를 식당으로 초대했을 때의 일이다. 두 여인은 금세 서로 알아채고, 한시바삐 상대를 제 것으로 하고 싶어서 수프가 나올 즈음부터 벌써 발끝으로 서로를 찾느라, 그녀들의 발이 내 발에 여러 번 스칠 정도였다. 오래지 않아 다리가 서로 얽혔다. 두 친구는 아무것도 눈치채지 못했다. 나는 진땀이 나도록 괴로웠다. 두 여인 가운데 하나가 더는 참지 못하고 무엇을 떨어뜨렸다는 핑계로 식탁 밑에 머리를 들이밀었다. 그러다가 그녀는 머리가 아프다며 화장실에 다녀오겠다고 말했다. 또 하나는 극장에 있는 어느 여자친구를 만나러 갈 시간이 되었음을 알아차렸다. 결국 나는 두 친구와 함께 남게 되었는데, 두 친구는 여전히 아무것도 눈치채지 못했다. 머리가 아프다는 여인이 다시 왔지만, 안티피린을 먹으러 혼자 돌아가서 당신 집에서 기다리겠노라고 애인에게 말했다. 두 여인은 매우 친밀해져 같이 산책하곤 했는데, 한 여자는 남장을 하고 여자애를 꾀어다가 또 다른 여자의 집으로 데려가서 가르치곤 했다. 또 한 여자에게는 사내애가 있었는데, 그 아이 때문에 애를 먹는 체하며 상대 여인에게 매질을 시켰고, 상대는 어린애를 사정없이 때렸다. 어떠한 공적인 자리라 할지라도 이 두 여인이 가장 비밀스러운 짓을 삼가는 장소란 없었다.

"하지만 레아는 그 여행 동안 내게 아주 깍듯했어요." 알베르틴이 말했다. "사교계 부인들보다 더 조심스러울 정도였어요."—"사교계 여인들 중 당신에게 함부로 구는 이가 있다는 말이오?"—"설마."—"그럼 무슨 뜻인지?"—"그러니까, 레아는 말씨가 신중했거든요."—"예를 들면?"—"사교계에 드나드는 다른 여인들처럼, 앙베탕(embêtant)*¹이니, 스 피셰 뒤 몽드(se ficher du monde)*²니 하는 상스런 말은 쓰라고 해도 쓰지 않을걸." 타다 남은 소설의 한 부분도 결국 재로 변한 느낌이었다. 내 낙심은 더 오래 갔을지도 모른다. 알베르틴의 말을 곰곰이 되새겨보자, 낙심에 뒤이어 격노가 일어났다. 그런데 그 노기도 뭔가 측은한 마음을 금치 못하고 곧 가라앉았다. 나 또한 집에 돌아와 그녀한테 헤어지자고 말한 뒤부터 내리 거짓말만 하고 있지 않는가. 게다가 이 거짓 꾸밈을 하다 보니, 정말로 갈라질 생각이 있었다면 느꼈을 슬픔이 조금씩 솟아나기 시작했다.

나와 아는 사이가 되기 이전부터 알베르틴이 영위한 난잡스런 삶을, 발작적으로 육체적인 고통에서 말하는 욱신거리는 아픔처럼 되새김질하다가도, 나는 갇힌 여인의 온순한 태도가 갸륵하여 원망하는 마음도 사라져버렸다. 이제까지 같이 사는 동안, 알베르틴이 이 생활에 싫증을 낼까 봐, 둘이서 같이 지내는 것은 잠깐의 방편에 지나지 않는다고 나는 늘 말해왔다. 하지만 그날 밤 나는 더욱 적극적인 태도를 취했다. 그저 막연히 헤어지겠다고 위협한들, 알베르틴은 마음속으로 내가 자기에게 반해서 질투한다고 여기는지라—베르뒤랭에게 알아보러 간 것도 그 때문이라는 듯한 태도였다—내 위협은 가뭇없이 사라지고 말 테니까, 그것만으로는 불충분하다고 생각했다. 나 자신도 조금씩 알게 된 일에 불과하지만, 그날 밤 나는 느닷없이 이별 연극을 꾸밀 결심을 하게 만든 갖가지 원인 가운데 특히 다음과 같은 것이 있다고 생각했다. 곧 아버지가 자주 그러했듯이 격노에 사로잡혀 남의 안전을 위협할 때, 나는 아버지와 달리 협박을 실행에 옮길 용기가 없는지라, 내 협박이 상대에게 헛말로 들리지 않도록, 어지간한 정도까지는 협박을 실행에 옮기는 체하여, 내가 진심인 줄 상대가 착각하고 정말로 부들부들 떨 때까지 물러서지 않는다는 점이었다.

게다가 우리는 이런 거짓 속에도 얼마간 진실이 있음을 실감한다. 삶이 사랑에 변화를 가져다주지 않으면, 우리 자신이 그 변화를 가져오거나 변화를

---

*1 '귀찮다' '성가시다'는 뜻의 구어.
*2 '세상이 뭐라든 내 알 바 아니다', '세상 같은 건 우습다'는 뜻의 속어.

가장하여 헤어짐을 입에 올리고 싶어 안달한다. 그런 만큼 우리는 온갖 사랑이, 온갖 사물이 급속히 이별 쪽으로 줄달음치고 있음을 실감한다. 이별의 순간이 오기도 전에 사람은 이별이 불러일으키는 눈물을 흘리고 싶어한다. 물론, 이번에 내가 한바탕 연극한 장면에는 실제적인 이유가 있었다. 내가 갑자기 그녀를 붙잡아두고 싶었던 까닭은, 그녀가 남들 속에 흩어져버려, 그들과 하나가 되는 것을 막을 수 없다고 느꼈기 때문이다. 그러나 만일 그녀가 나를 위해 다른 모든 이를 단념해주었다면, 아마도 나는 단연코 그녀와 헤어지지 않겠다는 결의를 더욱더 굳혔을 것이다. 헤어짐은 질투로 인해 고통스러우나, 감사의 정은 이별을 불가능하게 만들기 때문이다. 어쨌든 나는 승패를 가리는 굉장한 전투에 임해 있음을 느꼈다. 모든 일이 이 전투에 달렸다고 혼잣말하면서, 한 시간 안에 내가 가지고 있는 모든 걸 알베르틴에게 바쳐도 괜찮았다. 하지만 이런 싸움은 몇 시간 안에 끝장나버리는 옛 전투보다는, 다음 날도, 그다음 날도, 다음 주에도 쉽사리 결판나지 않는 오늘날 전투와 비슷하다. 우리는 번번이 이번에야말로 마지막 힘을 다해야 한다고 여기며 온 힘을 기울인다. 그러나 한 해가 지나도 '승패의 결말'은 나지 않는다.

알베르틴이 떠나가버리지 않을까 하는 걱정에 사로잡혔을 때, 내가 마침 샤를뤼스 씨의 곁에 있던 탓인지, 샤를뤼스 씨가 잘 부리는 거짓 연극의 무의식적인 기억이 어쩌면 이 전투에 단단히 한몫을 했나 보다. 하지만 나중에 가서 어머니의 이야기를 듣고 보니, 그때는 몰랐던 일이지만, 나는 아무래도 이와 같은 연극을 꾸미는 온갖 요소를 나 자신 속에 아리송한 유전의 축적으로 갖고 있었던 모양이다. 알코올이나 커피 같은 약물로 몸속에 저장된 남아 있는 힘을 자유로이 쓸 수 있듯이, 이런 유전의 축적도 어떤 감동에 의하여 자유로이 사용할 수 있는 것 같았다. 레오니 고모는 욀라리의 고자질로, 프랑수아즈가 주인 마님이 다시는 나들이하지 않을 거라고 생각하여 고모 모르게 비밀리에 나들이 계획을 꾸미고 있음을 알고는, 그 전날 아무렇지 않게 내일 산책해보기로 결심한 체했다. 반신반의한 프랑수아즈에게 고모는 가져갈 물건을 준비시키고, 오랫동안 넣어만 두었던 것들을 바람 쐬게 할 뿐만 아니라, 마차까지 불러 15분도 어긋나지 않을 만큼 자세한 하룻길을 짜게 했다. 프랑수아즈가 정말 외출하려나 보다 확신했거나 아니면 적어도 당황해 어쩔 수 없이 자신의 계획을 고모에게 털어놓으면, 그제야 고모는 프랑수아즈의 계획을 방해하지 않기 위해서라면서 공공연히 자기 계획은 그만두겠노라 말했던 것이다.

이와 마찬가지로, 알베르틴이 내 말과 행동을 과장으로 여기지 않도록, 또 우리가 헤어진다는 의식을 될 수 있으면 알베르틴의 마음속 깊이 불어넣고자, 나는 내가 한 말을 멋대로 밀고 나가, 내일부터 영원히 헤어진다고 전제하고, 이제부터 화해가 가능하리라는 생각을 못 하도록 알베르틴에게 이것저것 일러주기 시작했다. 장군들이 양동작전(陽動作戰)*으로 적을 속이는데 성공하려면 그 작전을 철저히 밀고 나가야 한다고 판단하듯, 나는 이 연극이 실제인 경우라도 더 쏟지 못할 정도로 온 감수성을 거기에 쏟아부었다. 그러다가 이 이별 연극은 실제 이별과 다름없을 만큼 나를 슬프게 하고 말았는데, 까닭인즉 어쩌면 두 배우 가운데 하나인 알베르틴이 이를 실제로 여겨서 상대역인 내 착각을 증가시켰기 때문일 것이다. 인간이 살아가는 하루하루는 고통스럽기는 하지만 그럭저럭 견딜 만하여 습관의 무게와, 설사 내일이 아무리 괴로울지라도 반드시 소중한 사람이 곁에 있어주리라는 확신에 의지하며 비속한 일상생활에 머물러 있게 마련이다.

그런데 나는 어리석게도 그 짐스러운 생활을 와르르 무너뜨리려고 했던 것이다. 물론 나는 이를 머릿속에서 파괴했을 뿐이지만, 그것만으로도 충분히 괴로웠다. 설사 거짓이라도 입 밖에 낸 슬픈 말은 고유한 구슬픔을 지녀, 우리 마음속 깊이 슬픔을 부어넣기 때문인지 모른다. 영원한 이별을 가장하면서, 앞으로 숙명적으로 닥칠 이별의 시간을 지레 떠올렸음을 알았기 때문인지도 모른다. 게다가 이별의 시각을 알리게끔 지금 막 시계 장치를 켜지 않았다고 딱 잘라 이야기 못 하지 않는가. 아무리 거짓말을 해도, 속아넘어간 상대가 어떻게 나올지에 대해서는 아주 적으나 확실치 않은 부분이 남게 마련이다. 이 거짓 이별극이 실제 이별에 이르고 만다면 어떻게 될까! 있음직하지 않더라도 그 가능성을 생각하면 가슴이 미어진다. 우리는 이중으로 불안해진다. 그런 경우의 이별은 견딜 수 없을 뿐더러, 여자 때문에 받은 고통이 낫기도 전에 여자가 떠나버릴지도 모르니까. 요컨대 우리는 고통 속에서도 몸을 쉴 수 있는 습관이라는 의지할 곳마저 잃고 마는 것이다. 우리는 스

---

* 적의 경계를 분산시키기 위해, 마치 공격할 것처럼 꾸며 적을 속이는 작전.

스로 의지할 곳을 없애 오늘이라는 이 하루에 예외의 중요성을 안겨주고, 앞
뒤로 이어지는 나날에서 이 하루만을 떼어놓고 말았다. 어디로 떠나는 날처
럼 이 하루는 뿌리 없이 떠다니기 시작한다. 습관 때문에 마비되어 있던 우
리의 상상력이 깨어난 것이다. 우리는 나날이 되풀이되는 애정에 느닷없이
감상적인 몽상을 덧붙이고, 그것이 애정을 커다랗게 확대시켜, 이제는 그리
기대를 걸 수 없게 되고 마는 존재를 없어서는 안 될 존재로 만든다. 물론 우
리가 이 존재 없이도 가능한 연극을 한 것은, 앞으로 이 존재를 확보하고자
하기 때문이다. 그러나 우리는 새롭고 익숙하지 않은 짓을 한 탓에 스스로
자신의 연극에 속아 넘어가 다시 괴로워하기 시작한다. 이는 아픈 병을 머잖
아 낫게 하겠지만 처음 한동안은 병세를 악화시키는 치료법과 비슷하다.

　방에서 홀로 이것저것 몽상하다가 사랑하는 이의 죽음을 상상한 이들이,
슬픔을 면밀하게 머릿속으로 그려본 끝에 드디어 진짜 슬픔을 실감하고 말
듯이, 나는 눈에 눈물을 글썽거렸다. 헤어진 뒤 내게 어떠한 태도를 취해야
좋은지 알베르틴에게 미주알고주알 권하는 중, 나는 우리 둘이 앞으로 화해
할 일은 없을 거라는 슬픔을 실감하게 되었다. 그리고 나는 의문을 품었다.
알베르틴과 계속 함께 사는 쪽으로 다시 끌어올 수 있을까? 오늘 밤은 그
일에 성공한대도, 이번 사건으로 사라진 그녀의 마음이 다시 살아나지 않으
리라는 확신을 가질 수 있겠는가? 나는 자신을 미래의 지배자로 느꼈지만,
정말 그렇게 확신한 것은 아니었다. 그렇게 느끼는 건 아직 미래가 존재하지
않기 때문임에 지나지 않고, 내가 아직 미래의 필연성에 압도되어 있지 않다
는 사실을 알고 있었기 때문이다. 요컨대 나는 거짓말하면서, 내 말 속에 뜻
밖의 진실을 포함시키고 있었다. 아까 알베르틴한테 금세 당신을 잊어버릴
거라고 말한 게 그 한 예이다. 사실 그건 질베르트의 경우에 일어났던 일로,
현재 그녀를 만나러 가지 않음은 고통을 피하기 위해서가 아니라 고역을 피
하기 위해서였다. 질베르트에게 다시는 만나지 않겠다고 편지를 썼을 때, 나
는 물론 괴로워했다. 그런데 나는 그때까지 질베르트한테 이따금 갔을 뿐이
었다. 한편 알베르틴의 시간은 내 것이었다. 또 연정에서는, 정념을 단념하
는 편이 습관을 저버리기보다 수월하다. 그러나 내게 이별에 대해 가슴 아픈
여러 말을 지껄일 만한 기운이 있었던 건, 그게 터무니없는 말임을 잘 알고
있었기 때문이다.

한편 알베르틴이 다음과 같이 외쳤을 때, 그녀의 입에서 튀어나온 말은 진정이었다. "좋아요, 약속해요, 다시는 당신을 만나지 않겠어요. 당신이 이토록 우는 걸 보느니 무슨 일이든 감수하겠어요. 당신을 괴롭히기 싫으니까, 그래야 하니까, 다시는 만나지 않기로 해요." 내 말은 그렇지 않았지만, 그녀의 말은 진심이었다. 첫째 알베르틴은 내게 우정밖에 품고 있지 않아서, 어쩔 수 없이 단념한다고 약속해도 내 경우만큼 쓰리진 않았고, 둘째 애정이 강하면 눈물 따위는 더할 수 없을 만큼 대수롭지 않은 것에 불과하지만, 우정의 영역에 머물러 있는 그녀는 내 눈물을 우정 속으로 옮겨놓았으므로 그것이 사뭇 이상하게 보여, 그녀의 마음을 혼란시켰기 때문이다. 방금 그녀의 말에 따르면, 그녀의 우정은 내 우정보다 강하다. 그녀가 그렇게 말한 까닭은, 헤어지는 마당에 애정이 직접 말로 표현되지 않지만, 상대에게 연애라고 할 수 없는 호의를 가지는 자는 다정스러운 말을 하기 때문이다. 하지만 그녀의 말이 반드시 부정확하다고는 잘라 말할 수 없다. 왜냐하면 애정에서 비롯된 수많은 호의가, 본인은 사랑을 느끼지 않으면서 상대에게 애정을 쏟게 하는 사람의 마음에도 어떤 애착과 감사한 마음을 자아내는 수가 있는데, 이런 정은 이를 불러일으킨 감정보다 덜 이기적이라 갈라진 지 몇 년이 흘러, 옛 애인의 마음속에 흘러간 정이 가뭇없어질 때도, 사랑받던 여인 쪽에는 여전히 애착이나 감사의 정이 남을 수 있기 때문이다.

나는 그녀에게 한순간 미움 같은 것을 느꼈지만, 그것은 그녀를 놓치고 싶지 않다는 마음을 더욱 북돋울 뿐이었다. 그날 밤 나는 오로지 뱅퇴유 아가씨만 질투하고 있어서, 트로카데로에서 있었던 일을 생각해도 전혀 아무렇지 않았다. 오로지 베르뒤랭네 사람들을 만나지 못하게 하기 위해 알베르틴을 트로카데로에 보낸 것뿐 아니라, 레아 때문에 알베르틴이 돌아오고, 알베르틴과 사귀지 못하게 한 그 레아가 트로카데로에 있다고 상상해도 아무렇지 않았다. 그래서 나는 무심코 레아의 이름을 입 밖에 내고 말았다. 그러자 알베르틴은 경계하는 표정을 짓더니, 아마도 내가 여러 사실을 듣고 온 줄로 알았던지, 이마를 조금 가리면서 앞질러 지껄여대기 시작했다. "나, 레아라면 잘 알아. 지난해였던가, 친구들과 같이 레아의 무대를 보러 갔었거든. 연극이 끝난 뒤에 분장실로 올라갔지. 레아는 우리 앞에서 옷을 갈아입었어. 참 재미있었어."

그때 나의 상념은 어쩔 수 없이 뱅퇴유 아가씨를 버리고, 절망적인 노력 속에서 도저히 재현 불가능한 것을 다시 나타내보려고 심연을 뛰어다니면서, 여배우 레아에게, 또 알베르틴이 그 분장실로 올라갔던 저녁에 집착하기 시작했다. 한편 그녀는 내게 자못 진지한 말로 거듭 맹세하기도 하고, 또 그녀의 자유를 완전히 희생하면서 한 일이었으므로 거기에 나쁜 일이 있었다고는 생각할 수 없다. 하지만 내가 품는 의혹은 진리를 향하여 둘러친 안테나가 아닐까. 왜냐하면 설사 알베르틴이 나를 위해 베르뒤랭 댁에 가는 일을 단념하고 트로카데로에 갔다 해도, 분명 베르뒤랭네에는 뱅퇴유 아가씨가 오기로 되어 있었고, 또 트로카데로도 결국은 나와 산책을 하기 위해 도중에 단념하고 말았지만, 거기에는 그녀를 돌아오게 할 이유로서 레아가 있었기 때문이다. 나는 그 레아에게 불안을 느낀 것이 실수였다고도 생각되지만, 알베르틴은 내가 요구하지도 않았건만 내가 걱정하던 이상으로 레아를 알고 있다고 선언했다. 뿐더러 누가 분장실로 데려갔을까를 생각하면 매우 의심쩍은 상황이 아닐 수 없다. 이날 온종일 나를 시달리게 한 두 사람, 뱅퇴유 아가씨와 레아, 그 뱅퇴유 아가씨로 인한 고통은 레아 때문에 괴로워하기 시작하면서 끝나버렸지만, 그것은 나의 나약한 정신이 한꺼번에 많은 정경을 그리지 못하기 때문일지도 모르고, 내 신경의 동요(나의 질투는 그것의 메아리에 지나지 않는다)가 서로 충돌하기 때문일지도 모른다.

　　여기서 이끌어낼 수 있는 결론은, 알베르틴이 뱅퇴유 아가씨는 물론 레아의 것도 아니라는 점과, 레아의 것이라고 생각하는 점은 지금도 내가 그로 인해 괴로워하고 있기 때문에 그럴 뿐이라는 사실이다. 하지만 나의 질투가 가셨다고 해서—하기야 그것은 또 꼬리를 물고 되살아나는 경우도 많지만—질투 하나하나가 어떤 진실의 예감에 들어맞지 않는다는 뜻은 아니며, 이 두 여인 중 어느 쪽도 관계가 없다고 할 것이 아니라, 둘 다 의심해야 옳다는 뜻이다. 나는 예감이라는 말을 했는데, 그것은 내게 필요한 시간과 공간의 모든 점을 차지하기가 불가능하기 때문이다. 뿐더러, 어떤 본능의 힘으로 그 점들을 연결할 수 있단 말인가? 그것을 연결해야 비로소 알베르틴의 허를 찔러, 여기서, 어느 시간에 그녀가 레아와 같이 있는 현장을 발견할 수 있고, 발베크의 아가씨들, 알베르틴과 우연히 몸이 닿은 봉탕 부인의 여자친구, 그녀를 팔꿈치로 찌른 테니스장의 아가씨, 또는 뱅퇴유 아가씨와 같이 있는 현장을 발견할 수 있건만.

"알베르틴, 약속해줘서 정말 고마워. 적어도 처음 몇 년 동안은 나도 당신이 가는 곳을 피하겠어. 올여름 발베크에 갈 거야? 만약 당신이 간다면, 난 가지 않는 쪽으로 하겠어." 내가 이처럼 계속해서 지어낸 말을 앞질러서 지껄인 것은 알베르틴을 겁주기 위해서라기보다 오히려 나 자신을 괴롭히기 위해서였다. 처음부터 그다지 화낼 이유가 없던 한 사내가, 제 큰 목소리에 도취돼, 불만에서가 아니라 더해가는 노기 때문에 격분에 사로잡히듯, 나는 더욱더 절망 쪽으로, 마치 추위를 느끼면서도 그것과 싸우려 들지 않고 그저 부들부들 떠는 것에 어떤 기쁨마저 느끼는 사람처럼 무기력하게, 슬픔의 비탈을 점점 더 빨리 굴러떨어졌다. 만약 내게 생각한대로 몸을 가누어 무기력에 저항하고, 뒤로 되돌아갈 기력이 있었다면, 오늘 밤 잘 자라는 알베르틴의 입맞춤은 내 귀가를 그처럼 쌀쌀하게 맞아준 슬픔이 아니라, 머릿속으로 이별을 상상하면서 그 절차를 밟고 결과까지도 예상하는 가운데 생긴 슬픔을 달래주었으리라.

아무튼, 이 마지막 인사를 그녀가 먼저 하게 해서는 안 된다. 그렇게 되면, 방향을 바꿔 헤어지지 말자는 말을 그녀에게 꺼내기가 더욱 힘들어지니까. 그래서 나는 밤인사를 해야 할 시각이 지난 지 이미 오래되었다고 여러 번 그녀에게 말했다. 그러면 내게 주도권이 남아, 그 시각을 좀더 늦출 수 있으니까. 내가 알베르틴에게 물어보는 사이사이에, 이미 밤이 깊었다. 우리는 피곤하다는 암시를 끊임없이 비추었다. "어디로 갈지 몰라." 그녀는 마지막 질문에 불안한 기색으로 대답했다. "어쩌면 투렌 지방의 큰어머니 댁에 갈지도." 그녀가 세운 이 첫 계획은, 실제로 우리 둘의 결정적인 결별이 실현되기 시작한 것처럼 나를 소름 끼치게 했다. 그녀는 방을, 피아노를, 푸른 양단을 씌운 안락의자를 바라보았다. "이 모든 것을 내일도 모레도, 영원히 못 보게 되는군요. 아직 실감이 나진 않지만. 그리운 방! 있을 수 없을 것 같아, 도무지 그런 생각이 들지 않아요."—"하는 수 없어. 당신은 이곳에서 불행했으니."—"천만에, 난 전혀 불행하지 않았어요. 이제부터 불행하겠죠."—"그렇지 않아, 이러는 편이 당신한테 좋아."—"아마 당신한테 좋겠죠!" 나는 퍼뜩 떠오른 한 생각과 싸우면서, 크나큰 망설임에 시달리는 듯이 허공을 물끄러미 바라보기 시작했다. 그리고 갑자기 "이봐, 알베르틴. 이곳에 있는 편이 행복하고 이제부터 불행할 거라는 말이야?"—"물론이죠."—"그 말은 내 마음을 뒤흔들어놓는걸. 그럼 몇 주 미뤄보면 어떨까? 한 주 두 주 지나는 중에 아주 멀리까지 갈지 누가 알아. 한때의 일이 언제까지나 계속되는 경우도 있으니 말이야."—"어머나, 참말로 싹싹한 말을 하시네!"—"다만 이렇게 되고 보니 하찮은 일로 몇 시간 동안 서로 가슴 아프게 한 게 제정신이 아니었지. 여행 준비를 다 해놓고서 그만두는 것 같아. 유감천만이야." 나는 그녀를 무릎에 앉히고, 그녀가 줄곧 갖고 싶어하던 베르고트의 자필 원고를 집어들어 표지에 '나의 귀여운 알베르틴에게, 계약 갱신을 기념하며'라고 썼다. "자아, 내일 저녁까지 푹 자구려, 기진맥진해 있을 테니."—"무엇보다, 나 매우 기뻐서."—"조금은 나를 사랑해?"—"전보다 백배는 더 사랑해요."

이 시시한 연극의 결말을 좋아 기뻐하는 것은 잘못이리라. 나처럼 본격적인 연출을 하지는 않더라도, 결별의 말을 입 밖에 낸 것만으로 이미 사태는 심각하다. 당사자는 이런 대화를 진심에서 한 것이 아닐 뿐더러—사실 그렇다—멋대로 화제로 삼았을 뿐으로 여긴다. 그런데 보통 이것은 우리가 꿈에도 생각지 못한 폭풍우의 첫 살랑거림으로, 우리가 모르는 사이에 예기치 않게 속삭이기 시작하는 것이다. 이런 경우에 우리가 입 밖에 내는 것은 사실상 우리의 욕망(그것은 사랑하는 사람과 오래오래 같이 사는 일이다)과는 반대되는 말이지만, 그것은 또한 우리가 함께 살아갈 수 없음을 뜻한다. 그 불가능성이 나날의 고뇌를 만든다. 헤어지는 고통보다는 낫지만 뜻과는 달리 마침내 두 사람을 갈라놓고 만다. 그렇지만 단번에 헤어지는 것이 아니다. 보통의 경우—나중에 알게 되듯이 알베르틴과 내 경우는 달랐으나—곧이듣지 않은 말은 내뱉은 지 얼마 뒤, 희망하던 이별의 고통 없는, 일시적인 어설픈 시도를 실행에 옮긴다. 나중에 자기와 같이 누리는 생활이 좀더 재미나도록, 한편으로는 그치지 않는 슬픔이나 피로를 잠시나마 피하고자, 여인한테 혼자서 며칠 동안 여행을 떠나라고 권하거나 또는 자기 혼자 다녀오게 해달라고 부탁한다. 그러고서—참으로 오래간만에—전에는 생각지도 못한 일이었지만, 여인 없이 처음 며칠을 지낸다. 여인은 재빨리 가정으로 돌아와 제자리를 차지한다. 다만 잠깐이지만 실제로 이루어진 이 이별은, 우리가 생각하는 만큼 제멋대로 정해진 것도 아니려니와, 한 번만 이루어지는 것도 아니다. 같은 슬품이 다시 시작되고, 같이 사는 어려움은 날로 심해지며, 오직 이별만이 전보다 어렵지 않은 일이 되고 만다. 우리는 먼저 헤어지자는 말을 꺼내고, 이어서 이를 다정한 형태로 실행에 옮긴다. 그러나 이는 당사자가 의식치 못한 잠복 전염병이나 뇌출혈, 간질 따위가 일어나기 직전에 나타나는 증상에 지나지 않는다. 오래지 않아 일시적이고도 화기애애한 갈라섬에 뒤이어, 우리가 모르는 사이에 준비해온 잔인하고도 결정적인 이별은 찾아온다.

"5분쯤 뒤에 내 방에 와줘요. 잠깐이라도 좋으니 만나고 싶어요. 정답게 굴어주시겠지요. 하긴 나 졸려 죽을 지경이니 금세 곯아떨어지겠지만." 나중에 그녀의 방에 들어가보니 그녀의 모습은 정말 죽은 여인과 같았다. 눕자마자 잠들어버렸던 것이다. 수의(壽衣)처럼 몸에 감은 이불은, 아름답게 주름잡혀 돌같이 굳어 있었다. 마치 중세기에 그려진 〈최후의 심판〉처럼, 머리만 무덤 밖으로 내밀고, 졸면서 우두머리 천사의 나팔 소리를 기다리고 있는 듯했다. 그녀의 머리는 어느 순간 잠에 붙들려 흐트러진 머리칼과 함께 뒤로 벌렁 자빠져 있었다. 거기에 누운 보잘것없이 작은 육신을 보면서 나는 생각했다. 팔꿈치로 미는 짓부터 스치는 옷자락에 이르기까지, 이 육신이 겪었을 온갖 행동은, 공간과 시간 속에 육신이 차지하던 모든 지점에서 끝없이 확대되어 이따금 내 기억 속에 갑자기 되살아났는데, 그 행동이 그토록 괴로운 불안, 그렇지만 그녀의 동작이나 욕망에 의하여 결정되었음을 내가 알고 있는 불안을 주다니, 대체 이 육신은 어떠한 로그표(log表)를 이루고 있는 걸까. 만약 다른 여인이거나 또한 그녀의 경우라도 5년 전이거나 뒤였다면 그 동작이나 욕망은 아무 관심도 끌지 않았을 것이다. 이 육신은 거짓말 덩어리였다. 그러나 그 거짓말에 대하여 나는 내 죽음 말고 달리 해결을 구할 용기가 없었다. 그래서 나는 베르뒤랭 댁에서 돌아와 아직 벗지 않은 외투에 몸을 감싼 채 이 비비 꼬인 육신, 이 비유적인 모습 앞에 서 있었다. 무슨 비유인가? 내 죽음? 내 사랑? 이윽고 그녀의 고른 숨소리가 들려오기 시작했다. 나는 산들바람과 응시에 의한 진정 요법(鎭靜療法)을 해보려고 침대 가장자리에 앉았다가, 그녀가 깨어나지 않도록 살그머니 물러나왔다.

시간이 너무나 늦어서, 나는 아침이 되자마자 프랑수아즈한테 알베르틴의 방 앞을 지날 때는 조용히 걸으라고 일렀다. 그래서 프랑수아즈는 그녀가 이른바 술을 잔뜩 마시고 추는 어지러운 춤이라 일컫는 하룻밤을 우리 둘이 보낸 줄로 여기고, 다른 하인들에게 '공주님을 깨우지' 않도록 조심하라고 비꼬는 투로 분부했다. 내가 겁내고 있던 것 가운데 하나는, 프랑수아즈가 언젠가는 더 견디지 못하고 알베르틴에게 무례하게 굴어, 그 때문에 우리 생활에 말썽이 생기지나 않을까 하는 점이었다. 이 무렵의 프랑수아즈는, 고모에게 귀염받는 욀라리를 보고 눈꼴 틀려하던 시절처럼, 씩씩하게 시새움을 감내해낼 나이가 이미 아니었다. 시새움이 프랑수아즈의 얼굴을 어찌나 일그러뜨리고 마비시키는지, 나는 아무도 알아차리지 못한 사이에 프랑수아즈가 열에 받쳐 가벼운 졸도를 일으키지나 않을지 이따금 걱정할 정도였다. 이렇듯 알베르틴의 잠을 보호하라고 당부했지만, 나 자신은 한잠도 이루지 못했다. 나는 알베르틴의 본마음이 어떠한지 이해하려고 애썼다. 딱한 연극을 꾸민 끝에, 나는 현실의 위험을 피했는가, 그녀는 이 집에서 참으로 행복하다고 우겼지만, 실은 이따금 정말로 자유를 바라진 않았나, 아니면 거꾸로 그녀의 말을 곧이들어야 하는가? 두 가지 가정 중 과연 어느 쪽이 진실인가? 나는 어떤 정치적 사건을 이해하고자 할 때, 특히 내 과거에 일어났던 어떤 사실을 역사적인 규모까지 확대하는 경우가 자주 있었다. 앞으로도 그럴 테지만, 그날 아침은 생각했던 바와는 반대로, 전날 밤 사건의 영향을 이해하려고—매우 다른 일인데도—어제의 한바탕과 최근에 일어난 외교상의 사건을 같은 눈으로 보기 시작했다.

내가 그와 같이 따져본 것은 당연했을지도 모른다. 왜냐하면 나는 샤를뤼스 씨가 참으로 당당하게 연극하는 걸 자주 보아와서, 이번 거짓 연극에서 나도 모르는 사이에 샤를뤼스 씨의 본보기를 따랐을 것이기 때문이다. 한편으로 샤를뤼스 씨의 연극은, 독일인의 피를 이어받은 그 종족의 뿌리 깊은 성향, 곧 술책으로 남을 선동하고 필요하면 당당하게 전투도 마다하지 않는 성향이 무의식중에 사생활의 영역에 끼어든 게 아니고 뭐겠는가?

모나코 대공을 비롯한 여러 인사들은 만일 델카세(Delcassé)* 씨를 멀리하지 않으면 협박을 해대는 독일이 실제로 전쟁을 벌일지 모른다고 프랑스 정부에 시사했으므로, 델카세 외상(外相)이 의원 사직을 요청받은 일이 있었다. 다시 말해 프랑스 정부는 이쪽에서 양보하지 않으면, 독일이 개전할 의

---

* 프랑스의 정치가(1852~1923). 1898년~1905년 7년간 외무장관 역임, 반독 정책으로 일관했음.

사가 있다는 가정을 인정한 셈이다. 그러나 이는 한낱 '공갈'에 지나지 않으며, 프랑스가 강경한 태도로 나간다면 독일도 칼을 뽑지 않을 거라고 생각하는 이도 있었다. 물론 내 경우는 각본이 다를 뿐만 아니라, 사뭇 정반대였다. 왜냐하면 나와 절교하겠다는 말이 알베르틴의 입에서 나온 적은 한 번도 없었으니까. 하지만 마치 프랑스 정부가 독일에 대하여 그렇게 믿었듯이, 나는 전체적인 인상을 통해 알베르틴이 절교를 생각하는 줄로 믿었던 것이다. 한편으로 만약에 독일이 평화를 바라 마지않는다면, 프랑스 정부한테 전쟁을 바라고 있다고 믿게 하는 짓은 쉽게 수긍할 수 없는 위험스런 술책이다. 이와 대조적으로, 나로서는 알베르틴과 헤어지려는 결심이 절대 서지 않을 거라는 생각이 갑자기 그녀의 마음속에 자주 독립의 소망을 일으켰다면, 내가 취한 행동은 어지간히 능수능란했다고 하겠다. 내가 베르뒤랭네에 다녀온 줄 알게 된 그녀가 버럭 화내며, '그런 줄 알았죠' 외치든가 '뱅퇴유 아가씨가 와 있지 않았나요?' 말함으로써 모두 폭로하고 마는 것으로 보아, 그녀에게 독립을 바라는 마음이 없다고 생각되거나, 그녀의 비밀스런 삶이 전부 그녀의 악습 쪽으로 쏠려 있다는 사실을 외면하기는 어렵지 않겠는가? 게다가 알베르틴과 베르뒤랭 부인이 만났다는 앙드레의 누설로 이는 모두 입증되었다. 그렇지만(하고 나는 본능에 맞서려고 할 때면 언제나 생각했다) 독립을 얻으려는 갑작스런 소망—그것이 실제로 존재한다고 가정하고—은 어쩌면 정반대의 사고방식에서 비롯된 게 아닐까, 또는 언젠가 생기게 되는 것이 아닐까? 곧 내게는 결혼할 의사가 애당초 없었고, 내가 무의식적으로 그렇게 말하기라도 한 듯이 가까운 시일 안에 우리가 헤어질 것을 비쳤을 때야말로 내가 본심을 말했으며, 어쨌든 내가 언젠가는 그녀를 버릴 거라는 사고방식에 차이가 있었다. 그렇다면 그날 밤의 내 연극은 이 확신을 견고히 하는 데 이바지했을 뿐, 결국 그녀의 마음속에 '어차피 언젠가 일어날 바에야 당장 결판내는 편이 낫지'라는 결심을 낳게 했는지도 모른다.

"평화 의지를 관철하려면 전쟁 준비를 해야 하느니라." 이 엉터리 격언에 의하면, 사실은 거꾸로, 전쟁 준비는 먼저 양쪽의 마음속에 적수가 결렬을 바라는구나 하는 확신을 만들어내어, 그 확신이 결렬을 이끌어내고, 막상 결렬이 일어난 경우 이러기를 바란 건 상대라는 또 하나의 확신을 양쪽에 가져온다. 설령 공갈이 진심이 아니었더라도, 그게 성공하면 또다시 공갈을 되풀이하게 마련이지만, 공갈이 어디까지 성공할지 정확한 한계를 정하기란 어렵다. 만약 이쪽이 지나치게 멀리 가면, 이번에는 이제까지 양보해오던 상대쪽이 전진하기 시작한다. 이쪽에서는 결렬을 겁내지 않는 체하는 것이 결렬을 피하는 최고의 방법이라는 관념에 젖어, 방책을 바꾸지도 못한다(오늘 밤 알베르틴에게 내가 취한 태도가 바로 그것이다). 게다가 진작부터 양보하느니 차라리 싸움터에서 쓰러지는 게 낫다고 생각하고 있으므로 어디까지나 협박을 계속하다가 마침내 양쪽이 모두 더 이상 물러나지 못할 지경에 이른다. 공갈이 본심과 섞여 서로 번갈아 나타나는 경우도 있고, 어제의 연극이 내일의 현실이 되는 경우도 있다. 결국에는 한쪽이 실제로 싸울 결의를 굳히는 수도 있다. 이를테면 알베르틴이 머잖아 이 생활을 그만두자고 결심할 수도 있다. 반대로, 그런 생각이 그녀의 머릿속에 떠오른 적은 한 번도 없으며, 하나에서 열까지 내 상상력이 꾸며낸 것일지도 모른다.

그날 아침, 그녀가 잠들어 있는 동안 이와 같은 갖가지 가정을 살펴보았지만 마지막 가정으로 말하면, 그 뒤에 내가 헤어지자는 말로 알베르틴을 위협한 것은, 자유를 바라는 그녀의 고약한 사고방식에 대응하고자 하는 목적밖에 없었다. 그녀는 그런 사고방식을 내게 분명하게 드러내진 않았지만, 정체를 알 수 없는 어떤 불만, 어떤 말투나 몸짓에는 그것이 포함되어 있는 듯했고, 그녀가 모든 설명을 거부하는 태도야말로 오로지 자유를 바라는 그녀의 사고방식으로써만 해명될 수 있었다. 그래도 나는 보통의 경우, 이런 불만과 말투와 태도를 눈으로 직접 보면서도, 고작 하루면 끝날 나쁜 기분 탓이려니 여겼으며, 이별의 암시를 터럭만큼도 입 밖에 내지 않았다. 그런데 이 고약한 기분은 때때로, 끊임없이 몇 주 동안 쭉 계속되기도 했다. 그런 때의 알베르틴은 그 순간 어딘가 외떨어진 장소에 쾌락이 있는 것을 알고 있지만 내집에 갇혀 있는 몸인지라, 그 쾌락을 빼앗겨 쾌락이 끝날 때까지 영향을 받기도 하는 상태여서, 마치 발레아레스(Valeares) 제도*같이 먼 곳에서 기상의 변화가 일어나도 자기 집 난롯가에 있는 우리 신경이 영향을 받듯, 일부러 갈등을 도발하려는 듯싶었다.

그날 아침, 아직 알베르틴이 잠들어 있을 때, 나는 그녀의 마음속에 뭐가

---

* 지중해 서부에 있는 제도.

숨겨져 있는지 점치고 있다가, 어머니에게서 편지 한 통을 받았다. 편지에서, 어머니는 내 결심을 통 모르겠다는 불안을 다음과 같은 세비네 부인의 말을 통해서 나타내고 있었다. "나로서는, 그분이 결혼하지 않을 거라고 확신하고 있지만, 그렇다면 어쩌자고 결혼 상대로 삼지 않을 아가씨의 마음을 산란케 하는지요? 어쩌자고 아가씨로 하여금 다른 혼담을 거들떠보지도 않고 거절하는 위험을 무릅쓰게 하는지요? 피하려고 하면 쉽사리 피할 수 있건만 어쩌자고 남의 마음을 괴롭히는지요?" 어머니의 이 편지는 나를 땅 위로 돌아오게 했다. 어쩌자고 나는 잘 알지도 못하는 영혼을 찾아 헤매고, 얼굴색을 살피며, 감히 깊이 파고들어갈 용기도 없는 주제에 온갖 예감에 둘러싸여 있다고 생각하는가? 나는 꿈꾸고 있던 거다. 사물은 이렇게 단순한데. 나는 우유부단한 젊은이일 뿐이다. 이런 일은 결혼을 하느냐 마느냐를 아는 데에 얼마간 시간이 걸리는 흔한 혼담의 하나일 뿐이다. 알베르틴이라고 해서 남다를 게 하나도 없지. 이런 생각에 나는 깊은 안정을 맛보았지만 그도 잠시뿐, 금세 이렇게 생각했다. '무엇이건 사회의 관점에서는, 사실 모두 평범한 3면 기사에 결론지을 수 있지. 밖에서 보았다면 나 또한 그렇게 보았으리라. 그러나 내가 생각한 모든 것, 내가 알베르틴의 눈 속에서 읽어낸 것, 나를 괴롭히는 이 공포, 알베르틴에 대해 끊임없이 스스로에게 내놓는 문제가 진실이고, 적어도 진실의 일부라는 점을 나는 잘 안다.' 약혼한 남자의 망설임 때문에 혼담이 깨지는 이야기와 이 경우의 관계는, 마치 영리한 신문 기자가 쓴 기사에 의하여 입센의 연극 주제는 알 수 있지만, 그 연극에는 기사에 쓰여진 내용 이상의 것이 있는 바와 같다. 그런 사람이 얘기하는 사실과는 다른 것이 극에 있다. 똑똑히 볼 줄 아는 자라면, 망설이는 온갖 약혼자들, 질질 끄는 온갖 혼담 중에서 그 다른 것을 볼지도 모른다. 왜냐하면 일상생활 속에도 신비한 것이 있을 테니까. 다만 남들의 생활에 대해서는 이 신비한 것을 무시할 수 있었지만, 알베르틴과 나의 생활이고 보니, 나는 이를 내부에서 꾸려 나가고 있었던 것이다.

알베르틴은 그날 밤 뒤로도 이전과 마찬가지로, "당신이 나를 믿지 않는다는 건 알고 있어요. 난 당신의 의혹을 가시게 할 거예요" 말하지는 않았다. 그러나 이런 사고야말로, 그녀가 결코 입 밖에 내지 않았을망정, 그녀의 사소한 행실까지도 충분히 설명하고 남았다. 그녀는 자기 진술을 내가 믿거나 말거나, 자기 행동을 내가 남김없이 알 수 있도록 잠시도 절대 혼자 있지 않으려고 마음을 썼을 뿐만 아니라, 전화를 걸 때도 상대가 앙드레건, 차고건, 승마 연습소건, 혹은 그 밖의 어느 곳이건, 교환원이 이어주는 그 잠깐이 오래 걸려 기다리기 심심하다는 말로, 그녀 곁에 나 아니면 프랑수아즈를 반드시 있게 했다. 마치 내가 그 전화를 밀회 약속에 사용되는 비난받을 만한 전화로 상상하고 전전긍긍하지나 않을까 겁을 내듯이.

슬프도다! 그래도 나는 안심할 수 없었다. 에메가 에스테르의 사진을 돌려보내면서, 그 여인이 아니라고 말해왔던 것이다. 그럼 또 다른 여인이 있었나? 누구지? 나는 사진을 블로크에게 돌려보냈다. 내가 보고 싶은 것은 알베르틴이 에스테르에게 주었던 사진이다. 그녀는 어떠한 모습으로 찍혀 있을까? 가슴과 어깨를 드러내고 있을지도 모르지. 어쩌면 그녀들 둘이 함께 찍혀 있는지 누가 알겠어? 그러나 감히 알베르틴은 물론(말을 하면 사진을 못 본 것으로 알 테니까) 블로크에게도—알베르틴에게 내가 관심을 가진 듯 보이기 싫어—말을 꺼낼 용기가 없었다.

이와 같은 나의 의혹과 그녀의 속박 상태를 아는 사람이라면, 나에게나 그녀에게나 견딜 수 없는 생활로 여겼을 테지만, 밖에서 보는 사람, 프랑수아즈에게는 '간사스러운 여자'—여성을 더 질투하기 때문에 남성 명사보다 여성 명사를 더 많이 쓰는 프랑수아즈의 말에 의하면, 알베르틴은 '샤를라탕트 (charlatante)'*¹이기도 했다—가 교묘한 수단으로 분에 넘치는 호강을 누리는 것으로 보였다. 게다가 프랑수아즈는 나와 지내는 동안 자기 어휘에 새말을 보탰을 뿐만 아니라 그것을 자기 투로 바꿔버렸으므로, 알베르틴만큼 페르피디테(perfidité)*²하고 교묘하게 연극(이 말을 프랑수아즈는 '무언극 (pantomime)'이라고 했다. 특수와 보편을 곧잘 혼동하는 그녀는 연극의 갈래에 대해서도 아주 막연한 개념밖에 없었던 것이다)을 꾸며 '내 돈을 우려내는' 여자는 처음 보았다고 했다. 알베르틴과 내 생활의 진실에 대해서 그녀가 이런 그릇된 생각을 하게 된 데에는 나 자신에게도 얼마쯤 책임이 있었을 것이다. 나는 프랑수아즈와 이야기할 때, 그녀를 지분거리고 싶거나, 또는 알베르틴한테 사랑받는 체하진 못하더라도 적어도 행복한 체하고 싶어

---

*1 '협잡꾼'이라는 말인데, 프랑수아즈는 '여자 협잡꾼(charlatane)'이라는 뜻으로 쓴 말.
*2 페르피디(perfidie, 불성실)를 틀리게 한 말.

서, 이 그릇된 생각을 막연히 긍정하는 따위의 말로 그럴듯하게 둘러대며 입 밖에 냈기 때문이다. 그래도 나의 질투, 알베르틴에 대한 나의 감시를(들키지 않기를 그토록 바랐건만), 프랑수아즈는 오래지 않아 눈치채고 말았다. 눈가리개를 해도 물건을 찾아내는 심령술사처럼, 프랑수아즈는 직관으로 내게 고통을 줄 만한 것들을 알아내어, 그녀를 속이려고 내가 아무리 거짓말을 해도 좀처럼 과녁에서 눈을 떼지 않았다. 게다가 알베르틴에 대한 미움은 프랑수아즈로 하여금—적을 실제 이상으로 행복한, 실제 이상으로 교활한 배우로 여기게 할 뿐 아니라—적을 쓰러뜨려 몰락을 재촉하는 방법까지 찾아내게 했다. 그야 물론, 프랑수아즈는 단 한 번도 알베르틴에게 시비를 건 적은 없었다.

나는 가끔씩 헤어지자는 이야기를 꺼내 알베르틴에게 겁을 주고 있었지만, 내가 감시하는 걸 알아채고 그녀 쪽에서 떠나가지 않을까 하는 생각이 들기 시작했다. 왜냐하면 삶이란 변해가면서 우리가 지어낸 이야기를 현실로 만들게 마련이니까. 나는 문이 열리는 소리가 날 적마다 할머니가 임종의 고통 속에서 내가 울리는 벨 소리를 들었을 때처럼 소스라쳤다. 머리로는 알베르틴이 예고 없이 외출하리라고는 생각지 않았지만, 무의식적으로는 그렇게 생각하고 있었던 것이다. 마치 할머니가 의식을 잃었을 때, 그녀의 잠재의식이 벨 소리에 떨고 있었듯이. 어느 날 아침, 나는 문득 알베르틴이 잠시 외출한 것이 아니라 멀리 떠나서 돌아오지 않는 게 아닌가 하는 갑작스런 불안에 사로잡혔다. 그녀의 방에서 나는 듯한 어떤 소리를 들었기 때문이다. 나는 발소리를 죽이고 그녀의 방까지 가서, 방 안으로 들어가 문어귀에 섰다. 어슴푸레한 빛 속에 덮개가 반원형으로 부풀어 있었다. 몸을 구부린 알베르틴이 발과 머리를 벽 쪽으로 두고 잠들어 있음에 틀림없다. 풍성한 검은 머리칼만이 침대에서 비어져 나와 그녀임을 알 수 있었고, 또 그녀가 문을 열지 않았으며, 거기서 움직이지도 않았음을 알 수 있었다. 나는 그 반원형이 꼼짝도 않지만 분명 살아 있으며, 거기에 한 인간의 모든 생명이 깃들어 있음을, 그것이야말로 내가 아끼는 유일한 것임을 깨달았다. 나는 그것을 내가 지배하고 소유하고 있음을 알았다.

그러나 나는 교묘하게 비꼬거나, 의미심장한 장면을 꾸며내어 이를 이용하는 프랑수아즈의 재주를 잘 아는지라, 알베르틴이 이 집에서 맡은 굴욕적인 역할을 날마다 본인에게 깨닫게 하거나, 나의 애인이 놓인 감금 상태의 처음부터 끝까지의 과정을 잘 아는 체 과장해 그려내어 본인을 격분하게 만드는 유혹을 프랑수아즈가 견디어냈으리라고는 믿기 어렵다. 한번은 프랑수아즈가 커다란 안경을 쓰고 내 서류를 뒤적이다가 그 사이에 종이 한 장을 돌려놓는 모습을 본 적이 있다. 그것은 내가, 스완에 대한 이야기와 스완이 오데트 없이는 못 산다는 내용을 적은 종이였다. 프랑수아즈는 그것을 깜박 잊고 알베르틴의 방에 두고 왔던 걸까? 하기야 그녀의 온갖 암시는 뒤에서 음험하게 속삭이는 악담에 지나지 않았다. 한층 높고 두드러지게 들이닥친 것은 아무래도 베르뒤랭 집안의 비난과 중상의 목소리였다. 그들은 알베르틴이 무의식적으로 나를 작은 동아리에서 떼어놓고, 나는 나대로 의식적으로 알베르틴을 거기서 떼어놓으려 하자 머리끝까지 성이 났던 것이다.

내가 알베르틴 때문에 얼마만큼의 돈을 쓰는지 프랑수아즈에게는 숨길 수 없었다. 그 액수를 숨기기란 거의 불가능했다. 프랑수아즈에게는 결점이 별로 없었지만, 그 몇 안 되는 결점이 그녀 안에서, 결점을 유지하는 뛰어난 재능, 결점을 행사할 때 말고는 흔히 그녀에게 없는 재능을 만들어냈다. 그 중에서도 주된 재능은, 우리가 그녀 아닌 남들 때문에 쓰는 돈에 대한 강한 호기심이었다. 지불할 계산서를 들고 있거나 혹은 하인에게 얼마쯤 더 챙겨 줘야 하는 경우, 내가 아무리 그녀와 떨어져 있으려고 해도 소용없었다. 프랑수아즈는 접시를 챙긴다, 냅킨을 가져간다 하면서 내게 다가올 수 있는 핑계를 찾아냈다. 내가 화를 내며 그녀를 내쫓아버려, 한번 흘끗 보는 틈밖에 주지 않더라도, 셈도 제대로 할 줄 모르고 눈도 거의 어두운 여인 프랑수아즈는 마치 재봉사가 사람을 보고 본능적으로 옷감의 값을 정할 뿐만 아니라 손으로 만져보지 않고는 못 배기는 것처럼, 또는 화가가 어느 색깔의 효과에 예민하듯이, 그와 똑같은 취미에 이끌려 내가 얼마를 주었는지 흘끗 보고는 즉석에서 계산해버린다. 프랑수아즈가 알베르틴에게 도련님이 운전사를 매수해놓았다고 고자질하지 못하도록, 선수를 쳐서 그 따로 쥐어준 돈에 대해 변명했다. "운전사와 친해지려고, 그에게 10프랑 주었지." 그러면 가차없는 프랑수아즈는 거의 눈먼 늙은 솔개의 눈빛 하나로 모든 걸 알아채고는 이렇게 대꾸했다. "천만에, 도련님은 43프랑을 주셨는걸요. 운전사가 45프랑 들었다고 하니까 도련님은 100프랑 주셨지만, 운전사 녀석은 12프랑밖에 거슬러드리지 않았거든요." 프랑수아즈는 나 자신도 모르는 돈의 액수를 눈여겨보고 계산할 만한 틈이 있던 것이다.

알베르틴의 목적이 내 마음을 다시 진정시키는 데 있었다면, 그녀는 어느 정도 성공한 셈이었다. 게다가 나의 이성이 알베르틴의 본능을 사악한 것으로 생각했던 게 틀렸듯이, 그녀가 고약한 계획을 짜고 있다고 생각했던 것 또한 틀렸다고, 내게 한결같이 증명하려고 들었다. 물론 이성이 제공하는 이러한 논법 속에, 그녀의 계획이나 본능을 옳다고 여기고픈 욕구가 작용하고 있음은 인정한다. 그러나 예감과 정신감응으로밖에 진실을 알지 못하노라고 생각한다면 몰라도, 공평한 처지에 서서 진실을 파악하려면 다음과 같이 생각해야 옳지 않았던가? 곧, 이성이 내 병을 고치려고 나의 욕망에 맥없이 이끌려갔지만, 반대로 뱅퇴유 아가씨나 알베르틴의 나쁜 습관, 그 악습의 필연적인 끝맺음인 다른 생활을 꿈꾸는 그녀의 의사나, 이별 계획에 대한 한, 본능은 나를 병들게 하려고 내 질투심에 현혹되어버렸을지도 모른다고 말이다. 하기야 알베르틴이 스스로 재간 있게 꾸며낸 완벽한 은둔 상태는 나의 고통을 덜어주면서 조금씩 나의 의혹도 없애, 나는 저녁 무렵 불안이 되돌아올 때에도, 알베르틴이 옆에 있는 것만으로 처음 무렵처럼 마음의 안정을 되찾을 수 있었다. 그녀는 내 침대 가에 앉아서 내가 선물로 준 옷가지나 물건들 얘기를 했다. 그녀의 생활을 더욱 즐겁게 하고, 감옥을 더욱 아름답게 만들고자 끊임없이 그런 것들을 선물하면서도, 때론 그녀가 라 로슈푸코 부인—그녀는 리앙쿠르 같은 아름다운 저택에서 지내니 얼마나 즐거우냐고 묻는 이에게, 아름다운 감옥이란 없다고 했다—과 같은 의견이 아닐까 두려웠다.

그래서 나는 샤를뤼스 씨에게 프랑스제 옛 은그릇에 대해서 물어보았던 것이다. 전에 우리 둘이 요트를 살 계획을 세웠을 때—그 계획은 알베르틴에게나 내게나 도저히 이룰 수 없는 일이었는데, 나는 알베르틴의 행동을 믿기 시작하자 질투심이 약해져서, 그녀와 상관없는 다른 것을 하고 싶다는 욕망(이것을 만족시키는 데에도 돈이 많이 들지만)을 누를 수가 없었다—그녀는 요트를 살 수 있으리라고는 생각하지 않았지만, 아무튼 우리는 엘스티르의 의견을 물었다. 그런데 옷을 고르는 여자만큼이나, 요트 안을 꾸미는 데에 대한 화백의 취미는 세련되고 까다로웠다. 화백은 영국제 가구와 옛 은그릇 말고는 전혀 들여놓지 말아야 한다고 우겼다. 처음엔 입는 옷이나 실내 장식밖에 관심이 없던 알베르틴도 이리하여 지금은 은그릇에 관심을 보였다. 우리 둘이 발베크에서 돌아온 뒤에는, 은기 공예나 옛 조금사(彫金師)의 각인(刻印)에 대한 서적을 읽을 정도였다. 그런데 옛 은그릇은—위트레흐트(Utrecht) 조약*¹을 맺을 때 국왕 스스로 은기류를 내어놓고 대귀족들도 이를 좇던 때와 대혁명이 있던 1789년, 이렇게 두 번에 걸쳐 녹여버렸기 때문에—그 수효가 매우 적다. 한편 최근의 금은 세공사가, 퐁 토 슈(Pont-aux-Choux)*²의 도안을 본떠서 은기류를 만들어냈지만, 엘스티르는 이런 새 고물을 고상한 부인의 거처—물 위에 떠다니는 거처라도—에 늘어놓을 만한 가치가 있다고는 생각지 않았다. 뢰티에(Roettiers)*³가 뒤바리 부인을 위해 만든 여러 물품에 대한 묘사를 알베르틴이 읽었음을 나는 알고 있었다. 만일 그 물건 중 몇 가지가 아직 남아 있다면, 그녀는 그게 보고 싶어 죽을 지경이었고, 나는 나대로 그녀에게 그걸 사주고 싶어 죽을 지경이었다. 그녀는 예쁜 물건의 수집까지 시작해, 수집품들을 유리 상자에 아름답게 늘어놓았는데, 나는 그걸 볼 적마다 측은한 마음이 드는 동시에 걱정스럽기도 했다. 그런 것들을 늘어놓는 그녀의 솜씨는, 갇힌 자들 특유의 인내, 정교함, 향수, 잊어버리고픈 욕구에서 나왔기 때문이다.

의상으로 말하면, 그 무렵 그녀는 특히 포르튀니 의상실의 것이라면 거의 다 마음에 들어했다. 전에 게르망트 부인이 입은 걸 본 일이 있는 포르튀니의 드레스로, 그건 엘스티르가 카르파초와 티치아노 시절 여인들의 으리으리한 의상 얘기를 들려주면서, 가까운 시일 내에 잿더미 속에서 호화롭게 되살아나서 다시 나타날 거라고 예견한 바 있는 그 드레스였다. 베네치아의 성마르코 성당의 천장에 씌어 있듯, 또 비잔틴풍 기둥머리의 대리석이나 벽옥(碧玉) 항아리에서 물 마시는 새들, 죽음과 부활을 동시에 뜻하는 새들이 소리 높이 알리듯, 삼라만상은 되돌아오게 마련이기 때문이다. 여인들이 이 드레스를 입기 시작하자, 알베르틴은 당장 엘스티르의 예언을 떠올리고는 자기도 갖고 싶다고 졸랐으므로, 우리는 앞으로 그것을 한 벌 고르러 가기로 되어 있었다. 그런데 이런 드레스는 진짜 고대 의상, 오늘날의 여인들이 입

---

*1 에스파냐 왕위 계승 전쟁(1713~1715)을 종결시킨 조약.

*2 18세기의 도기 공장.

*3 18세기의 금은 세공사.

으면 얼마쯤 가장무도회 의상처럼 보여서 차라리 수집품으로 간직하는 편이 나을 성싶은 그런 고대 의상이 아니었으며(하기야 나는 알베르틴을 위해 그런 고대 의상도 찾고 있었다), 그렇다고 해서 모조품이나 가짜 의상의 차가움도 없었다. 오히려 그 드레스는 이 무렵 러시아 발레 무대에서, 예술적으로 가장 사랑받던 시대와 그 시대 정신에 젖으면서도 독창적인 예술작품으로 표현한, 세르, 박스트, 부누아*1의 무대장치와 같았다. 이와 마찬가지로 포르튀니의 드레스는, 고대를 충실히 재현하면서도 강력한 독창성이 돋보였고, 마치 한 장치처럼, 아니 장치는 상상력에 달려 있으므로, 장치보다 더 강력한 환기력을 갖고서, 동방의 것들로 넘치는 베네치아를 재현했다. 여인들이 입었을 베네치아의 그 의상은 성 마르코 성당의 성유물함에 간직된 유물 이상으로 베네치아의 태양과 주위의 터번(turban)*2 무리를 선명하게 불러일으켰으며, 단편적이고 신비스런 색채로 그 베네치아를 보완했다. 그 시대의 것들은 모두 사라지고 말았지만 찬란한 풍경과 북적대는 생활로 인해, 베네치아의 역대 총독부인들이 입었던 의상이 목숨을 부지하다가 산발적으로 나타남으로써, 멸망한 모든 것이 되살아나고, 여기저기 흩어져 있는 이런 의상을 서로 연결한 것이다.

나는 이 드레스의 일로 한두 번 게르망트 부인과 의논해보려고 했다. 그러나 공작부인은 분장 차림으로 보이는 의상을 그리 좋아하지 않았다. 그녀 자신은 다이아몬드를 장식한 검은 벨벳이 가장 잘 어울렸으므로 포르튀니의 드레스와 같은 의상에 대해서는 그다지 유익한 조언을 해주지 않았다. 게다가 나는 오래전부터 매주 몇 번씩 부인의 초대를 거절해왔으므로, 이런 일을 물어보러 간다면 어쩌다 부인의 도움이 필요할 때만 만나러 오는 걸로 생각할까 봐 꺼림칙했다. 하기야 부인한테서만 이처럼 자주 초대받은 것은 아니었다. 공작부인이나 그 밖의 여러 여인들도 늘 내게 친절했다. 하지만 이런 호의는 나의 칩거 생활에 의해 더욱 두드러진 게 틀림없었다. 애정 속에서 일어나는 일들은 극히 조금밖에 비추지 않는 사교 생활 속에서 인기를 끌 수 있는 최상의 방법은 초대를 거절하는 일이다. 남자는 여인의 마음에 들고자,

---

*1 세 사람 모두 당시 러시아 발레의 무대장치가로 활약했음. 특히 세르(Sert)는 프루스트의 친구.

*2 인도인이나 이슬람교도들이 머리에 둘러 감는 수건.

자랑할 수 있는 온갖 특징을 계산한다. 끊임없이 옷을 갈아입고 용모에 신경 쓴다. 그러나 여인은 거들떠보지도 않는다. 이와 반대로 세심한 주의를 기울 여주는 다른 여인의 경우는 그녀를 배신했으므로, 마음에 들려는 노력도 없 이 불결한 차림으로 앞에 나타나도 영원히 그녀의 마음을 사로잡고 마는 것 이다. 이와 마찬가지로, 만약 한 사내가 사교계에서 그다지 인기를 끌지 못 함을 한탄한다면, 나는 그에게 좀더 자주 방문하라든가, 더욱 화려한 마차를 준비하라고는 말하지 않을 것이다. 어떠한 초대에도 응하지 말라, 당신 방에 틀어박혀 아무도 들이지 말라, 그러면 문전성시를 이룰 거라고 충고하겠다. 아니, 오히려 그런 말도 하지 않겠다. 왜냐하면 이는 인기 끄는 확실한 방법 이긴 하나, 여인에게 사랑받는 방법과 마찬가지로, 이에 성공하는 건 조금도 사랑받고자 하는 의도 없이 이렇게 행동할 때뿐이기 때문이다. 예컨대 중병 이라든가, 스스로 중병이라고 여기고 있다든가, 또는 한 여인을 방에만 있게 하고 사교계보다 그 여인 쪽을 더 소중히 여긴다든가(이 세 가지가 한데 겹 쳐도 좋다) 하는 이유로 실제로 늘 방 안에 죽치고 있는 경우 말이다. 사교 계 인사들은, 여인이 있는 줄도 모르고 오직 자기들이 거절당하고 있다는 사 실만으로, 스스로 찾아오는 그 어떤 사람들보다도 당신을 더 좋아하여, 당신 에게 집착하는 하나의 이유로 삼는다.

"방이란 말이 나왔으니 말인데, 당신이 입을 포르튀니의 실내복 일로 머 잖아 시간을 내야겠는데." 나는 알베르틴에게 말했다. 오래전부터 포르튀니 의상실의 실내복을 갖고 싶어하던 그녀는, 그걸 살 때는 나와 함께 오래오래 고를 테고, 옷장 속뿐만 아니라 공상 속에서도 미리부터 그걸 넣어둘 장소를 마련해놓고 있었다. 그런 그녀에게, 세세한 것까지 오래 숙고하여 수많은 중 에서 마음에 드는 것을 고른 드레스는, 탐나지 않는 드레스를 많이 가지고 있으면서 그것들을 거들떠보지도 않는 돈 많은 여인의 경우와는 달리 그 이 상의 뜻이 있을 것이다. 그렇지만 알베르틴이 "참 친절도 하셔라" 말하며 내게 고마워하면서 방긋 웃었음에도, 나는 그녀의 몹시 지치고 쓸쓸한 듯하 기까지 한 모습에 주목했다.

여느 때는 그녀가 탐내던 드레스가 완성되는 동안, 나는 몇 벌의 드레스 를, 때로는 옷감만을 빌려와서 알베르틴에게 입히거나 몸에 두르게 했다. 그 럼 그녀는 총독부인이나 패션모델 같은 위엄을 보이며 내 방을 오락가락했다. 다만, 베네치아의 정취를 불러일으키는 이런 드레스를 보면, 파리에 묶여 있는 내 생활이 더욱 막막하게 느껴졌다. 물론 알베르틴은 나보다 더 심하게 갇힌 몸이었다. 게다가 신기하게도 사람들을 바꿔버리는 운명이, 그녀가 갇혀 있는 감옥의 벽을 꿰뚫고 들어와서 그녀의 본질 자체를 바꿨고, 발베크의 아가씨를 따분하고 온순한 갇힌 여인으로 만들어버렸다. 감옥 벽도 운명의 영향력이 스며드는 것을 막지 못했다. 아니, 어쩌면 이 영향력을 만들어낸 것이 감옥의 벽 자체였는지도 모른다. 그녀는 이미 옛날의 알베르틴이 아니었다. 발베크에서처럼 자전거를 타고 번번이 도망가던 아가씨, 수많은 작은 해수욕장에 흩어져 있는 아가씨 친구들의 집으로 묵으러 갔기 때문에 만날 수 없었던 그녀, 게다가 거짓말을 잘하기 때문에 더욱 붙잡기 어려웠던 알베르틴이 아니었다. 내 집에 갇혀 온순하게 홀로 있는 그녀는 발베크의 바닷가에 있던 그녀가 아니었기 때문이다. 내가 가까스로 찾아내도 금세 달아나버리는 여인은 신중하고도 교활하며, 눈앞에 있어도 교묘하게 숨긴 수많은 밀회의 그림자를 길게 늘어뜨리고 있다. 그 밀회가 가슴 아파서 사랑하게 된 알베르틴은 남들에게 보인 쌀쌀한 태도와 싱거운 응답 밑에, 어제와 내일의 밀회, 나에 대한 경멸과 속임수의 의사가 느껴지던 알베르틴이 이미 아니었다. 이제는 바닷바람이 그녀의 옷을 부풀게 하지 않았기 때문이려니와, 특히 내가 그 날개를 잘라버림으로써 그녀는 이미 승리의 여신이 아니었기 때문이다. 그녀는 이제 떨쳐버리고 싶은 짐스러운 노예였다.

나는 이런 사고의 흐름 방향을 바꿔보려고, 알베르틴에게 트럼프나 장기 놀이를 시작하는 대신에 음악을 좀 들려달라고 부탁했다. 나는 침대에 있었고, 그녀는 방의 한구석, 책장 사이에 놓여 있는 자동 피아노(pianola) 앞에 가서 앉았다. 그녀는 한 번도 틀지 않은 새것, 또는 한두 번밖에 틀지 않은 곡을 택했다. 나에 대해서 천천히 알기 시작한 그녀는, 내가 아직 완전히 파악하지 못한 것에 대해서만 관심을 두려했는데, 몇 번이고 연주를 듣는 동안에 점차로 높아가는 지성의 빛, 그러나 유감스럽게도 사물의 본질을 변형시켜버리는 미지의 빛을 통해, 처음에는 안개 속에 묻혀 있던 작품 구조의 토막토막 끊어진 단편적인 윤곽을 서로 연결하기를 좋아한다는 사실을 알고 있었던 것이다. 형태도 갖추지 못한 애매모호한 것에 살을 붙이는 작업이 초반에 내게 주는 기쁨을 그녀는 알고 있었으며, 이해하고 있었다. 그녀가 곡을 틀고 있는 동안, 그 숱 많은 머리털 중에서, 내게는 오직 하트 모양으로 묶은 검은 고수머리, 마치 벨라스케스가 그린 왕녀의 리본처럼 귀 옆에 착 붙은 그 고수머리밖에 보이지 않았다. 이 음악을 연주하는 천사는 내 마음속에서 그녀의 추억이 차지하는 과거의 갖가지 지점과 그 추억을 붙잡는 온갖 감각중추—그것은 시각에서 비롯되어 내 존재의 가장 은밀한 감각에까지 이르며, 그로 인해 그녀의 존재 내면 깊은 곳까지 내려갈 수 있다—사이를 오가는 헤아릴 수 없는 과정에 의하여 묵직한 양감을 구성하고 있었다. 그와 마찬가지로, 그녀가 연주하는 음악에도 무게감이 있었는데, 그것은 내가 갖가지 악절에 대해 어디까지 조명할 수 있느냐, 작품을 구성하는 윤곽—처음에는 거의 안개 속에 묻혀 있는 것처럼 보이던 윤곽—을 파악하고 서로 연결할 수 있느냐 없느냐, 그것에 의해서 여러 가지 악절이 눈앞에 떠오르느냐 마느냐 하는 따위의 차이에 따라 다른 무게감이었다. 나는 자신의 사고가 아직 파악하지 못한 것만을 제공받고도, 그 애매모호한 것에 형태를 부여하는 작업이 즐거웠거니와, 알베르틴도 그것을 잘 알고 있었다. 서너 번째의 연주에 이르면 나의 지성이 곡의 온 부분을 파악한 결과 모든 부분을 같은 거리에 놓기 때문에, 그것들에 대하여 이제는 활동을 전개할 필요도 없으므로 그것들을 한결같은 면 위에 고르게 펼쳐 붙들어두고 마는 것도 알베르틴은 알아채고 있었다. 그래도 그녀는 아직 다른 곡으로 넘어가지 않았다. 왜냐하면 내 마음속에 어떠한 작업이 이루어지고 있는지 뚜렷이 이해하진 못했을망정, 그녀는 지성이 한 작품의 신비성을 없애버리고 말 때, 이 마음에 꺼림칙한 일을 하면서도 지성이 보상으로 뭔가 유익한 고찰을 손에 넣지 못하는 적이 매우 드물다는 사실을 알고 있었기 때문이다. "이 곡의 두루마리를 프랑수아즈에게 내주고 다른 것으로 바꿔 오라고 합시다." 알베르틴이 이렇게 말할 때는, 흔히 내게는 이 세상에서 음악이 하나 적어지는 날이었지만, 진리가 하나 많아지는 날이기도 했다.

알베르틴은 뱅퇴유 아가씨와 그 여자친구를 전혀 만나려 들지 않았고, 우리 둘이 세운 여러 피서 계획 중에서 몽주뱅 바로 근처인 콩브레에 가는 계획은 그녀 쪽에서 멀리한 정도였으니, 나는 뱅퇴유 아가씨와 그 여자친구를 질투하는 게 바보 같은 짓이라고 분명히 이해하고 있었다. 그래서 나는 알베르틴에게 뱅퇴유의 음악을 틀어달라고 자주 부탁했으며, 그 일로 괴롭지도 않았다. 단 한 번, 뱅퇴유의 음악이 내게 질투의 간접 원인이 된 적이 있었다. 베르뒤랭 부인 댁에서 모렐이 연주한 뱅퇴유의 음악을 내가 들은 것을 알게 된 알베르틴은 어느 날 밤 모렐의 얘기를 꺼내면서, 모렐의 연주를 듣고 그와 아는 사이가 되고 싶다며 자꾸 보챘다. 모렐에게 보낸 레아의 편지, 샤를뤼스 씨가 본의 아니게 가로챈 편지의 일을 내가 들어서 안 지 바로 이튿째 되는 날 밤이었다. 나는 레아가 알베르틴에게 모렐에 대한 얘기를 하지 않았는지 의심해보았다. '더러운 여인', '악습에 젖은 여인'이라는 표현이 머리에 떠올라 오싹 소름이 끼쳤다. 그러나 이와 같이 뱅퇴유의 음악이—뱅퇴유 아가씨와 그 여자친구가 아니라—레아와 연관되어 나를 괴롭혔으므로, 레아로 말미암은 고통이 가라앉음에 따라 나는 고통 없이 이 음악을 들을 수 있게 되었다. 하나의 아픔이 다른 아픔의 가능성에서 나를 낫게 해주었던 것이다. 이 음악을 베르뒤랭 댁에서 들었을 때는, 분간할 수 없을 만큼 어렴풋한 애벌레처럼 눈에 띄지 않고 지나가버린 악절이, 이제는 눈부실 만큼 크고 화려한 건축물로 바뀌어 있었다.

처음에는 몹시 꼴 보기 싫던 이들도 한번 사귀고 보면 그 사람됨을 알게 되듯이, 어떤 악절은 처음에는 거의 눈에 띄지 않고 고작 추한 여자로밖에 보이지 않았지만 오래지 않아 나의 벗이 되었다. 이 두 상태 사이에는 말 그대로의 변질 현상이 있다. 그 반면, 처음부터 분명히 분간했지만 그때는 본디 모습을 알아보지 못했던 악절 중에는 다른 작품의 악절과 같다는 사실이 판명된 것도 있다. 이를테면 파이프오르간을 위한 종교적 변주곡의 어느 악절은, 베르뒤랭 댁에서 7중주곡을 들을 때는 몰랐지만, 신전(神殿)의 계단을 내려온 성녀처럼 이제는 7중주곡 속에서도 뱅퇴유에 특유한 요정들 사이에 끼여 있었다. 한편 처음에는 멜로디가 적어서, 지나치게 기계적인 리듬처럼 들렸던 정오 종소리의 비틀거리는 환희를 표현하는 악절은, 내가 그 추함에 익숙해진 탓인지 아니면 그 아름다움을 찾아낸 탓인지, 이제는 가장 좋아하는 악절이 되었다.

걸작이 처음에 주는 환멸에 대한 이 반동은 사실 첫인상이 점차 사라지기 때문일 수도 있고, 혹은 진실을 꺼내는 데 필요한 노력의 결과일 수도 있다. 이 두 가설은 온갖 중요 문제, 예술의 실재성 문제, 영혼의 실재성과 불멸성 문제에 나타난다. 두 가설 중 하나를 골라야만 한다. 뱅퇴유의 음악에서는 이 양자택일이 모든 순간에 여러 형태로 나타났다. 예를 들어 이 음악은 내가 아는 어떤 책보다 더 참다웠다. 이따금 나는 그 이유를 이렇게 생각했다. 곧 우리는 삶에서 관념의 형상으로 사물을 느끼지 않으므로, 감각한 바를 문학적으로, 다시 말해서 지적으로 옮겨놓는 경우, 그것을 전하고 설명하며 분석할 수 있긴 하나, 음악처럼 재구성하지 못하는 데 반해, 음악에서는 소리가 존재의 억양을 파악해서, 감각의 가장 내밀한 끝을 재현하기 때문이 아닐까. 이 감각의 끝이야말로 우리가 이따금 느끼는 특수한 도취감, 우리가 '날씨 참 좋구나! 얼마나 아름다운 태양인가!' 감탄해도, 같은 날씨와 같은 태양을 보지만 아주 다른 마음의 진동을 일으키는 남들에게는 조금도 전달할 수 없는 그 특수한 도취감을 우리에게 준다. 뱅퇴유의 음악 속에는 이와 같이 표현할 수도 없고, 바라보는 것조차 거의 금지된 환영(vision)이 있다. 잠드는 순간에, 이승의 것으로 생각되지 않는 그 환영의 매혹적인 애무를 받을 때, 이미 이성은 우리를 버리고 떠나서 눈이 저절로 감기고, 표현이 불가능한 것을 알기는커녕, 눈에 보이지 않는 것을 접할 겨를도 없이 잠들어버리기 때문이다. 예술은 실재할 거라는 가설에 골똘했을 때, 음악이 전해줄 수 있는 것은 좋은 날씨 또는 아편 맞은 하룻밤이 주는 단순한 신경의 기쁨 이상의 것, 적어도 나의 예감에 의하면 보다 현실적이고 더욱 풍요한 도취인 듯싶었다. 그러나 더욱 고상하고, 더욱 순수하며, 더욱 참답게 느껴지는 감동을 자아내는 조각상이나 음악이 어떤 정신의 현실성과 서로 통하지 않을 리 없다. 그렇지 않다면 삶이란 아무 뜻도 없을 것이다. 그러므로 뱅퇴유의 아름다운 한 악절 이상으로, 내가 이제껏 살면서 이따금 실감했던 그 특수한 기쁨, 이를테면 마르탱빌의 종루나, 발베크의 길에서 몇 그루 나무 앞에 섰을 때, 혹은 더 단순하게 이 작품의 첫머리에 한 잔의 홍차를 마시면서 느낀 기쁨과 비슷한 것은 따로 없었다. 이 한 잔의 홍차와 마찬가지로, 뱅퇴유가 미지의 작곡 세계에서 보내오는 수많은 빛의 감각, 맑은 웅성거림과 시끄러운 색깔은 내 상상력 앞에서 집요하게, 하지만 잡을 수 없을 정도로 재빠르게, 향기로운 쥐손이풀 꽃의 비단 같은 감촉에 비유하고 싶어지는 그 무엇을 얼씬거리게 했다.

기억에서는 다만, 어째서 어느 맛 하나가 빛의 감각을 떠올리게 했는지 설명하는 여러 상황을 알아냄으로써, 이 막연한 것을 깊이 파고들어가진 못하

더라도 적어도 밝힐 수는 있다. 뱅퇴유가 선사한 어렴풋한 감각은 기억에서
가 아니라, 인상(마르탱빌 종루의 인상처럼)에서 온 것이어서, 뱅퇴유 음악
의 쥐손이풀 꽃의 향기에 대해서는 구체적인 설명이 아니라 심오하게 대등
한 것, 다채로운 미지의 축제들(뱅퇴유의 작품은 그 축제의 조각난 단편들,
새빨간 홈이 난 단편처럼 보였다), 그가 그것에 따라 우주를 '듣고', 우주를
자기 밖으로 내던진 방식을 찾아내야만 할 것이다. 둘도 없는 세계, 다른 음
악가들은 누구 하나 우리에게 보여주지 못한 세계의 알지 못하는 특질이야
말로, 어쩌면 작품 자체의 내용보다 훨씬 큰, 천재의 가장 진정한 증거일는
지도 모른다고 나는 알베르틴에게 말했다. "문학에서도 그럴까?" 알베르틴
이 물었다. "아무렴 문학에서도 마찬가지지." 그리고 나는 뱅퇴유의 온갖 작
품의 동일성을 다시금 생각하면서, 위대한 문학가들은 단 하나의 작품밖에
쓰지 않았다는 것, 아니 이 세계에 유일한 아름다움을 갖가지 환경을 통해
반사한 것에 불과하다고 알베르틴에게 설명했다. "이렇게 밤이 깊지 않으면
내가 잠자는 사이 당신이 읽는 모든 작가에 대해서 이 점을 증명해 보이겠는
데." 나는 그녀에게 말했다. "뱅퇴유의 경우와 똑같은 동일성을 증명해 보일
텐데. 이봐, 알베르틴. 뱅퇴유의 전형적인 악절도 깨닫기 시작했겠지. 소나
타에서나 7중주곡에서나 그 밖의 작품에서도 똑같은 그 악절은, 예를 들어
바르베 도르빌리의 경우라면, 뭔가 구체적인 흔적으로 드러난 숨은 현실에
해당할 거야. 구체적인 흔적이란 《홀린 여인》*1이나, 에메 드 스팡*2이나,
클로트*3의 얼굴에 타고난 붉은 기, 《진홍빛 커튼》*4에 나오는 손, 뒤에 '과
거'를 숨긴 옛 관습, 옛 풍습, 옛 말씨, 예부터 내려오는 기이한 직업, 시골
양치기들의 말로 전해 내려온 이야기, 잉글랜드 냄새를 풍기지만, 스코틀랜
드의 마을같이 아담한 노르망디 지방의 고상한 시가들, 어쩔 수 없는 저주를
흩뿌리는 사람들, 벨리니,*5 양치기*6 따위지. 《나이 든 정부》에서 남편을
찾는 아내나, 또는 《홀린 여인》에서 황야를 헤매는 남편이나, 또 미사를 마

---

*1 도르빌리 작품의 동명 소설의 주인공으로, 수사에게 홀린 시골 여인.
*2 도르빌리 소설 《데드슈 기사》의 여주인공으로 위급한 기사를 구함.
*3 《홀린 여인》에 나오는 인물.
*4 도르빌리의 단편, 만찬회에서 아가씨가 갑자기 동석한 사내의 손을 잡는 장면이 있음.
*5 도르빌리의 소설 《나이 든 정부》의 여주인공.
*6 《홀린 여인》에 나오는 인물.

치고 나오는 홀린 여인 자신이나, 언제나 같은 불안의 감각에 휩싸여 있지. 그리고 토머스 하디*의 소설에 나오는 석공의 기하학 또한 뱅퇴유의 전형적인 악절에 해당해.”

뱅퇴유의 악절을 얘기하는 중에 그 소악절이 떠올라, 나는 알베르틴에게, 그 소악절이 이를테면 스완과 오데트의 연정의 국가(國歌)와 같은 것이었다고 말했다. “알 거야, 질베르트의 부모 말이야. 당신은 질베르트가 고약한 족속의 여인이라고 말했었지. 그런데 당신과 관계를 맺으려고 했던 게 아닐까? 질베르트가 내게 당신 얘기를 꺼냈거든.”—“네, 날씨가 너무 고약하면 수업이 끝나고 질베르트를 데리러 그 집에서 마차를 보내더군요. 아마 한 번쯤인가, 질베르트가 나를 태워다주면서 내게 입맞춘 일이 있었던 것 같아요.” 그녀는 잠깐 말을 쉬고 웃으면서 재미난 속내 이야기를 하듯 말했다. “질베르트가 느닷없이 나보고 여자를 좋아하느냐고 물었어요(그러나 질베르트가 태워다준 일이 있었다는 정도밖에 생각나지 않는다면, 질베르트가 이 괴상한 질문을 했다는 사실을 어떻게 그토록 정확하게 기억할 수 있겠는가?). 그때는 왜 그렇게 야릇한 생각이 들었는지 모르겠어요. 질베르트를 속여넘기려고, ‘좋다뿐이야’ 대답했거든요(마치 알베르틴은 이 사실을 질베르트가 나한테 누설한 게 아닌가 겁내는 동시에, 거짓말이 들키지 않기를 바라는 것 같았다). 하지만 우린 아무 짓도 하지 않았어요(둘이서 이런 속내까지 털어놓았다면서 아무 짓도 하지 않았다니 알다가도 모를 일이다. 더구나 속내 이야기에 앞서 알베르틴의 말대로라면 둘은 마차 안에서 입까지 맞췄다는데). 이렇게 네 번인가 다섯 번, 아니 더 많았는지 모르지만, 질베르트가 나를 데려다주었을 뿐이죠.” 나는 가까스로 질문을 삼키며, 그런 따위야 하나도 대수롭지 않은 체하면서 토머스 하디의 석공 얘기로 돌아갔다.

“토머스 하디의 작품 《미천한 사람 주드》는 잘 알고 있지? 혹시 《사랑스런 여인》에서 아버지가 섬에서 캐낸 돌덩이가 배로 운반되어 아들의 아틀리에에 쌓이고, 조각상이 되어가는 구절을 읽어봤어? 《푸른 눈동자》에서는 묘비가 나란히 늘어서 있고, 배들도 평행선을 달리고 있지. 그리고 한쪽 객차에는 두 남자, 다른 한 칸에는 그들이 사랑하던 여인의 유해가 실린 채 잇달

---

* 영국의 소설가(1840~1928).

린 객차. 한 사내가 세 여인을 좋아하는 《사랑스런 여인》과는 반대로 한 여인이 세 사내를 좋아하는 《푸른 눈동자》 사이에도 평행 관계가 있어……. 요컨대 그의 소설은 모두 서로 겹쳐놓을 수 있지. 마치 돌투성이 섬에 가옥을 수직으로 헤아릴 수 없이 쌓아올린 듯이. 모든 위대한 작가는 이런 투로 짤막하게 얘기할 순 없지만, 그래도 스탕달의 경우, 어떤 높은 감각이 정신생활과 이어져 있다는 점을 알아볼 거야. 쥘리앵 소렐*1이 투옥된 높다란 곳, 파브리스*2가 유폐된 탑 꼭대기, 거기서 블라네 신부가 점성술에 몰두하기도 하고, 파브리스가 절경을 흘긋 바라보는 그 높은 종루. 당신이 베르메르의 그림을 몇 점 보고 싶다고 말한 적이 있었지? 당신도 잘 알 거야, 그 그림이 같은 세계의 단편이라는 사실을. 천재적인 재능으로 재창조되었을망정, 그것은 변함없이 같은 탁자, 같은 양탄자, 같은 여인, 같지만 새롭고도 유일한 아름다움이야. 만약 주제에 의하여 전체를 연결하려 하지 않고 색채가 낳는 특수한 인상을 전체에서 끌어내려 한다면, 그와 비슷한 것이라곤 하나도 없었고 그것을 설명해줄 것도 전혀 없었던 그 시대에는 수수께끼의 아름다움이었지. 그런데 이 새로운 아름다움이 도스토예프스키의 모든 작품에서는 언제나 한결같거든. 도스토예프스키가 묘사하는 여성은 렘브란트가 그린 여성만큼이나 독특하고 늘 신비스런 얼굴에 상냥한 아름다움을 지니고 있지만, 마치 지금까지는 의뭉을 떨고 있었던 것처럼 그 선량함이 갑자기 무서운 교만으로 변해버려(속마음은 착한 듯하지만). 아글라야에게 사랑한다고 편지를 쓰면서, 아글라야를 미워한다고 털어놓는 나스타샤 필리포프나*3도, 이와 똑같은 방문 장면에서—나스타샤 필리포프나가 가냐의 부모를 욕하는 장면*4과도 비슷하지만—자기를 고약한 여자로 생각하는 카테리나 이바노프나에게 무척이나 다정하게 굴다가 갑자기 상대방에게 욕설을 퍼붓는 그루셴카(속은 착한 그루셴카이지만)도 같은 유형일 거야*5 그루셴카도, 나스타샤도, 카르파초가 그린 창부, 아니 렘브란트가 그린 밧세바*6 못지않게

---

*1 스탕달의 소설 《적과 흑》의 주인공.
*2 《파르마 수도원》의 주인공.
*3 《백치(白痴)》에 나오는 인물.
*4 《백치》의 한 장면.
*5 《카라마조프의 형제》에 나오는 인물들.
*6 구약성서 〈사무엘서〉 하편 제11장 3절 참조.

독창적이자 신비한 여성이지. 도스토예프스키가 화사하지만 이중적인 성격이어서 갑자기 자존심이 풀리면 여인을 딴 사람으로 보이게 하는 표정밖에 몰랐던 건 아닐 거야(무이슈킨*¹이 가냐의 부모를 찾아가서 나스타샤에게 '당신은 이런 인간이 아니다' 말하잖아? 알료샤*² 또한 카테리나 이바노프나를 방문했을 때 그루셴카에게 같은 말을 할 수 있었을 거야. 그런데 도스토예프스키가 '회화론(繪畫論)'에 대해 말하고자 하면 언제나 우스꽝스럽기 그지없는데, 언급되는 그림이라야 기껏 무이슈킨이 그린 사형수의 이러저러한 순간, 성모 마리아의 이러저러한 순간 따위뿐이지. 그러나 도스토예프스키가 세상에 이바지한 새로운 아름다움으로 말하면, 베르메르의 경우 피륙이나 장소에 어린 어떠한 얼, 어떠한 색조가 있듯이, 도스토예프스키가 창조해 낸 건 인물만이 아니야. 가옥도 새로이 만들어냈거든. 《죄와 벌》에 나오는 살인의 집, 문지기(dvornik)*³가 있는 그 집은, 로고진*⁴이 나스타샤 필리포프나를 죽이는 집, 도스토예프스키가 묘사한 살인의 집의 걸작이라고 할 만하지. 우중충하고 기다라며 천장이 높고 휑뎅그렁한 로고진의 집과 똑같이 훌륭하지 않아? 한 가옥이 지닌 이 새로운 엄청난 아름다움, 여인의 얼굴이 지닌 이 새로운 혼합의 아름다움, 이거야말로 도스토예프스키가 세상에 내놓은 진귀한 보배야. 문예 비평가들은 도스토예프스키와 고골리를 비교하거나, 아니면 그와 폴 드 코크(Paul de Kock)*⁵를 비교하지만, 이 숨은 아름다움에 대해서는 한마디도 없으니, 아무 재미가 없어. 나는 지금 여러 소설에 같은 장면이 되풀이해서 나온다고 말했는데, 소설이 너무 길어지면 똑같은 작품에 같은 장면, 같은 인물이 다시 등장하곤 하지. 《전쟁과 평화》에서 이 점을 쉽사리 지적할 수 있어. 예를 들어 마차 안의 장면……."

"잠깐, 얘기를 가로막고 싶지 않지만, 얘기가 도스토예프스키에서 떠나는 것 같으니 잊기 전에 한 가지 물어보고 싶은 게 있어요. 요전에 '이는 세비네 부인의 도스토예프스키적인 일면이다' 말했는데, 무슨 뜻이죠? 털어놓자

---

*1 《백치》의 주인공.
*2 《카라마조프의 형제》 중 막내.
*3 러시아 경찰의 끄나풀이기도 함.
*4 《백치》에 나오는 인물.
*5 프랑스의 통속 소설가. 살아 있을 때 인기가 있었음(1794~1871).

면 나는 통 모르겠어요. 도스토예프스키와 세비녜 부인은 영 다른 것 같은데 말이죠."—"이리 와요, 귀여운 아가씨, 내가 한 말을 그토록 잘 기억해주었으니 답례로 안아줄게. 그러고 나서 자동 피아노 곁으로 돌아가라구. 솔직히 말해 내가 그런 말을 한 건 좀 터무니없지. 하지만 두 가지 이유에서 그런 말을 했어. 첫째 이유는 특수하지. 세비녜 부인은 엘스티르나 도스토예프스키와 마찬가지로 사물을 논리적인 순서로, 다시 말해 원인부터 묘사하지 않고 먼저 결과부터, 독자를 움찔하게 하는 환상부터 시작하는 일이 있단 말이야. 도스토예프스키가 작중인물을 등장시키는 투도 이와 같은 식이지. 도스토예프스키의 작중인물 행동으로 말하면, 바다가 공중에 떠 있듯 보이는 엘스티르의 효과와 마찬가지로 독자를 속이는 것처럼 보여. 우리는 음험한 사내의 본바탕은 선량한 인간이거나, 또는 그 반대임을 나중에 알고 어안이 벙벙해지거든."—"그러네요, 하지만 세비녜 부인의 경우는 어떤 예가 있죠?"—"솔직히 말하자면 좀 억지지만, 몇 가지 예를 들 수 있지." 나는 웃으면서 대답했다. *1

"그런데 도스토예프스키는 누구를 죽여본 경험이 있는 걸까? 내가 읽은 도스토예프스키의 소설치고 '범죄 이야기'라는 딱지가 안 붙은 게 하나도 없거든요. 그의 집념이랄지, 아무튼 항상 범죄 이야기만 쓰다니 자연스럽지 않아요."—"나도 도스토예프스키의 일생은 잘 모르지만, 그가 사람을 죽였으리라고는 생각지 않아, 알베르틴. 그야 도스토예프스키 또한 모든 인간처럼 어떤 형태로든 간에, 법이 금하는 죄를 지었던 게 확실해. 이런 뜻에서 도스토예프스키도 그의 작중인물들, 완전한 범죄자가 아니라 정상 참작의 여지가 있는 작중인물들처럼, 얼마쯤 범죄자임에 틀림없지. 아니, 도스토예프스키는 범죄를 저지를 필요조차 없었어. 나는 그런 위대한 소설가가 아니지만, 작가가 몸소 겪지 않은 어떤 생활 상태에 끌리는 경우도 있을 테니까. 언젠가 전에 약속한 대로 당신과 함께 베르사유에 가면, 비할 바 없이 충직한 사내이자 이성적인 남편인데도 엄청나게 도덕에서 벗어난 책을 쓴 인물, 쇼데를로 드 라클로(Choderlos de Laclos)*2의 초상화를 가르쳐주지. 그리고 바로

---

*1 자필 원고에는 '예컨대 이런 묘사가 있지' 하고 끝내고, 비어 있음. 프루스트는 이 공백을 채울 시간적인 여유 없이 타계(他界)한 것임.

*2 프랑스의 군인이자 소설가, 《위험한 관계》가 유명함(1741~1803).

맞은편에는 장리스 부인(Mme de Genlis)*¹의 초상화가 있는데, 그녀로 말하면, 도덕적인 콩트를 쓰는 주제에 오를레앙 공작부인을 속였을 뿐만 아니라, 그 자녀들마저 가로채 공작부인을 괴롭히던 여인이야. 그래도 도스토예프스키가 늘 살인에만 구애하는 건 어딘가 이상하지. 그래서 그가 나와는 아주 다른 세계의 사람처럼 느껴져. 나야 보들레르의 다음과 같은 시를 듣기만 해도 아주 깜짝 놀라거든.

> Si le viol, le poison le poignard, l'incendie,
> N'ont pas encore brodé de leurs plaisants dessins,
> Le canevas banal de nos piteux destins,
> C'est que notre âme, hélas! n'est pas assez hardie*²

> 강간, 독약, 비수, 방화가
> 가련한 우리 운명의 초라한 화포(畵布)를
> 그 즐거운 무늬로 지금까지 수놓지 못한 까닭은
> 우리 영혼이, 오호라! 그 정도로 대담하지 못하기 때문이로다.

보들레르의 경우는 그가 본심에서 그렇게 말한 것은 아니지. 그런데 도스토예프스키로 말하면…… 그의 경우는 모든 게 나와는 영 먼 것 같아. 인간이란 점차로 자기 자신을 실현해 나가니까, 내 속에 나도 모르는 부분이 있다면 얘기가 다르지만 말이야. 도스토예프스키에게는 매우 깊은 우물, 인간 영혼의 외딴 지점에 파낸 우물이 여러 개 있다고 생각해. 그래도 그는 참으로 위대한 작가야. 첫째, 도스토예프스키가 그린 세계는 정말로 그를 위해 만들어진 것처럼 보이거든. 레베데프, 카라마조프, 이볼긴, 세그레프 같은 어릿광대들이 잇따라서 기상천외한 행렬을 만들며 등장하잖아? 그들은 렘브란트의 〈야경〉에 나온 무리보다 더 괴상한 사람들이야. 그렇지만 어쩌면 도스토예프스키의 작중인물도 렘브란트의 그림 속 인물들처럼 조명과 의상의 효과로 괴상하게 보일 뿐, 결국 흔히 있는 인물들인지도 몰라. 어쨌든 이 어

----

*1 오를레앙 공 자제들의 가정교사이자 작가(1746~1830).
*2 《악의 꽃》 서시 중 한 구절로, 저자가 1행과 4행만 인용한 것을 역자가 4행 다 인용했음.

릿광대들은 진실로 가득 찬 심오하고 독특한 인물들이자, 도스토예프스키만의 독특한 인물들이지. 이 어릿광대들은 고대 희극의 등장인물처럼 더 이상 역할이 없는 존재로 보이나, 인간 마음의 참된 모습을 얼마나 잘 드러내고 있는지 몰라! 지긋지긋한 건 도스토예프스키에 대해 함부로덤부로 지껄이거나 쓰거나 하는 이들의 과장된 투야. 도스토예프스키의 작중인물들 속에서 자존심과 거만이 맡은 소임을 눈치챘나? 그에게는, 애정과 미친 듯한 증오, 선량과 배신, 겁과 방약무인, 이런 게 한 성격의 양면에 지나지 않는 것 같아. 그 자존심과 거만 때문에 아글라야, 나스타샤, 미탸에게 수염 뽑힌 대위, 알료샤의 적이자 친구인 크라소트킨 같은 인물의 '제 모습'이 가려지는 거야. 그러나 그의 위대성은 또 있어. 난 그의 책을 아주 조금밖에 모르긴 하지만 말이야, 카라마조프 영감이 불쌍한 미친 여자를 잉태시킨 죄라든가, 그 여인이 자신도 모르는 사이에 운명의 복수 도구가 되면서도 막연한 모성 본능에 따라, 아니 어쩌면 자기 몸을 더럽힌 사내에 대한 앙심과 육체적인 감사의 정이 뒤섞인 마음에 따라, 카라마조프 영감 집으로 숨어 들어가 분만하는, 그 신비하고 동물적인 형용키 어려운 심정의 움직임은 마치 조각의 주제 같지 않아? 고대의 예술다운 단순한 주제 말이야. '복수와 속죄'가 차례차례 펼쳐지고, 끊어졌다가 다시 이어지는 기둥머리의 조각과 똑같아. 이게 첫 번째 삽화(揷話), 오르비에토(Orvieto) 대성당*의 조각 중에 '여성'의 창조처럼 신비롭고 위대하며 장엄한 삽화야. 이에 대응하는 두 번째 삽화는 스무 해 남짓 지나서 일어나. 실성한 여인이 낳은 아들 스메르댜코프가 카라마조프 영감을 죽이고, 카라마조프 집안에 치욕을 가하며, 좀 뒤에 카라마조프 영감 집의 마당에서 했던 분만과 똑같은, 설명하기 어려운 신비스런 조각과 같은 행위, 또한 수수께끼 같지만 자연스러운 아름다움을 갖춘 행위가 이어지지. 다시 말해서 범죄를 모두 마친 스메르댜코프가 목을 매는 거야. 그런데 아까 톨스토이 얘기가 나왔을 때, 나는 당신이 생각한 만큼 도스토예프스키의 얘기에서 벗어난 게 아냐. 톨스토이는 도스토예프스키의 흉내를 많이 냈으니까. 도스토예프스키의 작품 속에는, 나중에 톨스토이의 작품 속에서 활짝 꽃필 것들이 한곳에 집중되어, 아직 찡그린 우울한 형태로 잔뜩 숨어

---

\* 14세기 이탈리아의 대표적 건물 중의 하나, 성당 정면 조각이 유명함.

있어. 도스토예프스키에게는 중세 예술가들과 같은, 시대에 앞선 침울성이 보이는데, 머지않아 제자들이 그 본질을 밝혀내겠지."—"이봐요, 당신이 게으름쟁이라니 아까워요. 보세요, 문학을 보는 당신의 관점이 학교에서 배운 것보다 얼마나 더 재미난지. 〈에스더〉에 대해 썼던 숙제, 그 편지 첫머리에 쓴 말을 기억해요?" 그녀는 웃으면서 말했다. 그녀의 선생들이나 자기 자신을 비웃기보다, 그녀의 기억, 아니 우리의 공통된 기억 속에서 이미 얼마쯤 예스러워진 추억을 찾아내는 게 즐거운 모양이었다.

그러나 그녀가 나한테 수다 떠는 한편, 내가 뱅퇴유에 대해 생각하는 중에, 이번엔 두 번째 가설, 유물주의적인 가설, 허무의 가설이 머릿속에 떠올랐다. 나는 다시 의심하기 시작했다. 뭐니뭐니해도 뱅퇴유의 악절은 달콤하고 부드러운 마들렌 과자를 홍차에 담가 맛보았던 때의 느낌과 비슷한 어떤 정신상태의 표현인 듯하지만, 이와 같은 상태가 모호하다고 해서 그것이 심오하다는 증거는 어디에도 없을지 모른다, 오히려 그 모호성은 우리가 아직 그것을 분석하지 못하고 있다는 증거에 지나지 않으며, 이런 상태 속에는 다른 상태 이상으로 실존하는 것이 아무것도 없을지도 모른다고 생각했다. 그렇지만 홍차를 한 잔 마셨을 때, 또 샹젤리제에서 오래된 목재 냄새를 맡았을 때 그 행복감과 행복에 대한 확신은 환상이 아니었다. 아무튼(하고, 의혹의 얼이 내게 속삭였다) 이것이 삶에서 다른 상태보다 더 심오한 것이라 할지라도, 또 이로 인해 우리가 아직 생각지도 못했던 너무나 많은 힘을 요구하여 분석이 불가능할지라도, 뱅퇴유의 몇몇 악절이 지닌 매력이 이런 상태를 떠올리게 함은, 그 매력 또한 분석이 불가능하기 때문이며, 그렇다고 해서 그 매력의 깊이가 같다는 증명은 되지 않는다. 순수한 음악의 한 악절이 지닌 아름다움은, 우리가 이전에 체험한 비지성적인 인상의 형상(形象)이나, 적어도 그와 비슷한 것으로 생각하기 쉬운데 이는 다만 이 아름다움이 비지성적인 것이기 때문일 뿐이다. 그렇다면 우리는 어째서 어떤 4중주곡이나, 뱅퇴유의 이 '연주회'에 자주 나오는 신비스런 악절을 유달리 심오하다고 여기는가?

하기야 알베르틴이 틀어주는 곡은 뱅퇴유의 음악만이 아니었다. 우리에게 자동 피아노는 이따금 과학적인(역사와 지리의) 환등기(幻燈機) 같아서, 콩브레의 방보다 더 근대적인 발명품을 갖춘 이 파리의 방 벽에는, 알베르틴이

라모를 트느냐 보로딘(Borodin)*1을 트느냐에 따라서, 어떤 때는 우거진 장미 위로 '사랑의 정령'이 점점이 보이는 18세기의 장식 융단이 걸렸고, 또 어떤 때는 끝없는 거리와 겹겹이 쌓인 눈 속에 소리마저 사라지는 동방의 대초원이 펼쳐졌다. 게다가 이렇듯 순식간에 일어난 장식이 내 방을 꾸미는 유일한 것이었다. 레오니 고모의 유산을 상속받았을 때는 스완처럼 물건을 모으거나, 그림과 조각을 사자고 결심했지만, 그 돈은 알베르틴을 위해 말·자동차·의상을 사는 데 몽땅 써버리고 말았다. 그러나 내 방엔 그런 수집품보다 훨씬 진귀한 예술작품이 있는 게 아닐까?

바로 알베르틴 자체이다. 나는 그녀를 주의 깊게 바라보았다. 오랫동안 아는 사이가 되기조차 불가능하다고 여겼던 여인이 지금은 길든 야수처럼, 내 손으로 삶의 버팀목과 틀과 시렁을 만들어준 장미나무처럼, 날마다 그녀의 집, 곧 내 곁에서, 내 책장에 등을 기대고 자동 피아노 앞에 앉아 있다고 생각하니, 야릇한 감회를 느꼈다. 내가 골프채를 들고 돌아왔을 때 음험하게 보이던 그녀의 구부정한 어깨가 지금은 내 책장에 엇비스듬히 기대어 있었다. 그녀의 아름다운 다리—처음 본 날, 소녀 시절 언제나 자전거 페달을 밟던 다리이거니 했던 내 상상은 정확했다—는 지금 자동 피아노의 발걸이 위에서 올라갔다 내려갔다 하고 있다. 맵시 있는 아가씨가 된 알베르틴, 그 맵시를 내가 마련해준 것이라서 더욱 친근감이 드는 알베르틴이 그 발걸이를 금빛 헝겊 신발로 밟고 있었다. 전에는 자전거 핸들에 익숙하던 그녀의 손가락이, 지금은 세실리아 성녀*2의 손가락처럼 건반 위에 놓여 있다. 침대에서 보면 다부진 그녀의 목 언저리가, 이 거리에서 전등빛을 받고 있으니 한결 더 장밋빛으로 보였다. 하지만 그보다 더 짙은 장밋빛은 앞으로 숙인 옆얼굴이었다. 내 밑바닥에서 복받쳐 오르는 뜨거운 눈길, 많은 추억을 지니며 욕망에 불타는 눈길이 예사롭지 않은 광택과 강한 생명을 덧붙이자, 마치 발베크의 호텔에서 그 얼굴에 입맞추고 싶은 강한 욕망에 사로잡힌 나머지 내 눈이 멍하게 흐려지던 날처럼, 그녀의 옆얼굴 기복이 거의 마술적인 기세로 날아올라 빙빙 도는 것 같았다. 나는 하나하나의 면을 눈이 닿는 한계 너머로까지 더욱 늘려보았다. 몇 겹으로 겹쳐진 면이 지어낸 기복을 숨기고 있

---

*1 러시아의 작곡가(1833~1887).
*2 로마의 성녀. 파이프오르간을 연주하는 성녀의 모습을 그린 그림이 많음.

는 반쯤 눈을 감은 눈꺼풀, 볼 위쪽을 가린 머리칼 따위가 오히려 그걸 더 잘 느끼게 해줄 뿐이었다. 눈은(아직 단백석이 박힌 채로 있는 광석에서 두 곳만이 광택이 나듯) 빛보다 더 반짝반짝하고 금속보다 더 단단해, 그 위를 덮은 윤기 없는 물질 한가운데 마치 유리 표본 상자에 넣은 나비들의 연보라색 비단 날개 같은 것을 보이고 있었다. 그녀의 곱슬곱슬한 검은 머리칼은 그녀가 어느 곡을 틀지 내게 묻고자 이쪽을 돌아보는 각도에 따라 다른 인상을 주었다. 때로는 멋들어진 날개처럼 끝은 뾰족하고 밑은 퍼져서 검은 깃털이 꽂힌 삼각형을 이루고, 때로는 그 물결치는 기복을 헤아릴 수 없는 산꼭대기와 분수령과 절벽이 있는 힘차고 다양한 산맥으로 완성했다. 그 풍부하고 다채로운 격심한 변화는 자연이 낳는 일반적인 변화를 뛰어넘어서, 차라리 조각가가 자기 작업의 유연성·강렬성·온화성·생동감을 강조하기 위하여 온갖 곤란한 것을 쌓아올리는 그 욕망에 부응하는 듯이 보였다. 머리칼은, 나무에 칠감을 칠하고 무광택 옻을 바른 듯한 매끄럽고 장밋빛을 띤 얼굴의 움직이는 곡선, 그 회전 같은 것을 멈추고 덮어버림으로써 그 곡선을 한층 강조했다. 파이프오르간처럼 알베르틴의 몸을 반쯤 가리고 있는 자동 피아노나 책장, 이런 것들은 그녀 머리칼의 섬세한 곡선과는 대조적으로 그녀와 완전한 하나가 되었고, 그녀도 그 물건들의 형태나 용도에 적합한 자세를 취하고 있었다.

　방의 그 한구석은 불빛 휘황한 지성소(至聖所)*이며, 이제는 음악을 연주하는 천사가 머무는 곳으로 보였다. 예술작품 같은 이 천사는 감미로운 마술의 힘에 의하여 머지않아 그 오목하게 파인 공간을 떠나, 나의 입맞춤에 귀중한 장밋빛 육체를 내맡기겠지. 아니, 알베르틴은 내게 결코 예술작품이 아니었다. 물론 한 여자에 대한 예술적인 사랑이 무엇인지는 나도 알고 있으니, 이는 스완과 아는 사이였기 때문이다. 하지만 내게는 사물을 바깥에서 보는 능력이 전혀 없어서 자신이 보고 있는 것이 무엇인지도 모를 지경이었으니까, 상대 여자가 누구이건 내 쪽에서 그렇게 하기는 불가능했다. 스완이 옛날을 회상하면서, 내게는 시시해 보이기만 하던 한 여자에 대하여 예술적으로 미화해서 얘기하는 바람에 나는 매우 경탄했었다―이를테면 스완은 그

---

* 구약 시대에 성전 또는 막 안의, 하느님이 있는 가장 거룩한 곳.

전에 상대에게 즐겨 그랬듯이, 일부러 나를 위해 그 사람을 루이니가 그린 초상화에 비유했으며, 그 사람의 옷에서 조르조네의 그림에 있는 드레스나 장신구를 발견하기도 했다. 나에겐 그런 능력이 조금도 없었다. 있기는커녕 사실을 말하면, 나는 알베르틴을 놀랍도록 고색창연한 음악을 연주하는 천사상(像)으로 보았고, 이를 가지고 있다는 기쁨에 그지없이 젖어들기 시작하자마자 금세 그녀에게 관심을 잃어버렸다. 오래지 않아 그녀 곁에 있는 게 지겨워졌지만, 이런 권태로운 순간도 오래가지 않았다. 인간이 뭔가를 좋아함은 그 속에서 가까이 할 수 없는 어떤 것을 추구하는 경우만이다. 소유하지 못하는 것밖에 사랑할 수 없는 것이다.

금세 나는 내가 알베르틴을 소유하지 못하고 있음을 다시 알아챘다. 그녀의 눈 속에서, 나로서는 헤아릴 수 없는 기쁨에 대한 기대, 때로는 기쁨의 추억, 미련 같은 것이 스치고 지나가는 것을 보았는데, 이런 순간에 그녀는 그 기쁨이 뭔지 내게 털어놓느니 차라리 기쁨을 단념하는 편이 낫다고 생각하는 듯했다. 또한 나는 이 기쁨의 엷은 빛을 그녀의 눈동자 속에서 파악했을 뿐이라서, 마치 극장 안에 못 들어간 관객이 출입구 유리창에 얼굴을 붙여봐도 무대에서 벌어지는 것을 조금도 볼 수 없듯이, 그 기쁨의 정체를 도저히 알아차리지 못했다(그녀가 그랬는지 안 그랬는지는 모르지만, 무신론자가 선의 신념을 표명하듯, 우리를 속이는 모든 이가 자기 거짓말을 끝까지 고집함은 괴상한 일이다. 그들의 거짓말이 진실 고백 이상으로 우리를 괴롭힌다고 말해보았자, 설사 그들이 그 점을 이해한댔자 헛일이다. 그들은 처음에 자기는 이러저러한 인간이요, 우리를 이러저러하게 생각한다고 말한 말씨와 틀리지 않도록, 입술에 침이 마르기 전에 또다시 거짓말할 거다. 삶에 애착하는 무신론자가, 용감하다는 사람들 사이의 평판에 모순되지 않고자 목숨까지 버리는 것도 이 때문이다). 이런 때 이따금 나는 그녀 위에, 그 눈길 속에 부루퉁한 얼굴과 미소 속에 떠도는 그녀의 내면극(內面劇)의 반영을 보았는데, 그런 저녁이면 내게는 거부되어 있는 이 내면극을 물끄러미 바라보는 동안, 알베르틴은 그녀답지 않게 되어서, 나와는 거리가 먼 존재가 되었다.

"무슨 생각해, 알베르틴?"—"아무것도." 가끔 그녀는 아무 말도 하지 않기냐는 내 비난의 대꾸로, 때로는 나나 남들이나 다 알고 있음을 그녀가 모

를 리 없는 일을 말하기도 했고(새 소식은 아무리 사소한 것이라도 입 밖에
내지 않는 대신 전날 신문에서 다들 읽었던 뉴스를 지껄이는 정치가처럼),
어떤 때는 나와 아는 사이가 되기 전해에 발베크에서의 자전거 여행 얘기를
했지만, 그것은 처음부터 끝까지 하나도 명확하지 않아서 마치 거짓 속내를
털어놓는 것 같았다. 지난날 내가 그녀를 바로 알아보았으며, 며칠이고 여럿
이 어울려 마음껏 놀러 다니던 말괄량이 아가씨임에 틀림없다고 추리한 게
옳았다는 듯, 자전거 여행 얘기를 하는 알베르틴의 입가에는 발베크의 둑 위
에서 처음 만났을 무렵 나를 호리던 것과 똑같은 신비스런 미소가 살그머니
떠올라 있었다. 또한 그녀는 아가씨 친구들과 함께 몇 번인가 네덜란드의 시
골로 떠난 자전거 여행 얘기, 저녁 늦게 암스테르담에 돌아오면, 거의 다 얼
굴을 아는 이들로 거리나 운하 근처가 꽉 메워져서 흥겹게 북적거리더라는
얘기를 했는데, 그런 얘기를 꺼내는 알베르틴의 반짝이는 눈 속에서, 전속력
으로 달리는 차의 뿌연 유리창에 비치듯 거리나 운하의 수많은 등불의 반영
이 스쳐 지나가 사라지는 것을 보는 듯싶었다. 알베르틴이 살던 곳, 그녀가
어느 날 밤 했을지도 모르는 일, 그녀가 띠던 미소, 그녀가 던진 눈길, 그녀
가 했던 인사, 그녀가 받았던 입맞춤 따위에 내가 품는 지칠 줄 모르는 고통
스런 호기심에 비하면, 이른바 미적인 호기심은 차라리 무관심이라 불러도
괜찮으리라! 내가 언젠가 생루에게 품었던 질투 따위는 설령 지금까지 계속
남아 있더라도 절대로 이만큼 큰 불안을 주진 않았을 것이다. 이 여성끼리의
사랑은 내가 전혀 모르는 것이라서, 그 쾌락이나 본질을 확실히 옳게 상상할
만한 게 하나도 없었다. 알베르틴은—마치 자기가 데리고 온 많은 이들을
자기보다 먼저 극장 안으로 들여보내는 사람처럼—얼마나 많은 인간을, 얼
마나 많은 곳(그녀에게 직접 관계없는 곳, 그녀가 쾌락을 맛보았을지도 모
르는 곳, 수많은 사람이 들끓어 서로 살이 닿는 곳)을, 이제껏 그런 것을 걱
정하지 않던 내 상상력과 기억의 문을 통해 내 마음속으로 들여보냈는가!
지금은 그런 인간들이나 장소에 대해 내적이고 직접적인 앎, 고통스런 나머
지 경련을 일으키는 앎을 깨닫기에 이르렀다. 사랑, 그것은 마음에 느끼게
된 공간과 시간을 말한다.
　하지만 내가 연인에게 어디까지나 성실한 인간이었다면, 불성실이라는 걸
생각해낼 수도 없으니 그로 말미암아 괴로워하지도 않았을 것이다. 그러나

알베르틴에 대해서 내가 상상하고 괴로워한 것은, 끊임없이 새로운 여인들의 마음을 끌고, 새 소설의 초안을 쓰고자 하는 나 자신의 욕망이었다. 요전날 알베르틴의 곁에 있는데도 나는 불로뉴 숲의 음식점 식탁에 앉아 있던 자전거 타는 아가씨들을 바라볼 수밖에 없었는데, 그 눈길을 알베르틴의 것이라고 생각해본 것이다. 앎이란 자기 자신의 앎일 뿐이듯이, 질투도 자기 자신의 질투밖에 없다고 해도 거의 틀림이 없다. 관찰은 아무 가치가 없다. 자기 스스로 느낀 기쁨에서만, 사람은 지혜와 고뇌를 끌어낼 수 있다.

이따금 알베르틴의 눈 속과 갑자기 화끈 달아오른 그녀의 얼굴빛 속에, 나로서는 하늘보다도 더 다가가기 어려운 곳을 작열하는 한 줄기 번갯불이 소리도 없이 홱 지나가는 느낌이 들었다. 그곳은 내가 모르는 알베르틴의 추억이 소용돌이치는 곳이었다. 발베크의 바닷가와 파리에서 알베르틴을 알아온 최근 몇 년 동안의 일들을 떠올려보면, 요즈음 내가 발견한 아름다움, 그녀의 존재가 여러 면에서 성장하고, 지나간 숱한 나날들을 품고 있다는 사실로 존재하는 그 아름다움에서, 가슴을 에는 듯한 그 무엇이 느껴졌다. 그러자 장밋빛으로 물든 그 얼굴 밑에, 내가 아직 알베르틴을 모르던 때의 수많은 저녁의 끝없는 공간이 심연처럼 숨어 있는 것 같았다. 나는 알베르틴을 무릎 위에 앉히고, 그 얼굴을 두 손으로 감쌀 수도 있다. 그녀를 애무하고, 오래오래 손으로 그녀의 몸을 어루만질 수도 있다. 그러나 태곳적 바다의 소금기나 별빛을 머금은 돌을 만지듯, 나는 그저 내부에서 무한으로 잇닿는 한 존재의 닫힌 껍데기만 만지는 느낌이 들었다. 육신을 분리하면서 영혼과 영혼의 교류를 미처 생각지 못한 자연계의 경솔 탓에 인간이 빠진 가련한 처지에 나는 얼마나 괴로웠던가? 그리고 나는 이제야 알아차렸으니, 알베르틴은 나한테도(설사 그 육신이 내 육신의 지배하에 있을지라도 그녀의 사념은 내 사념의 손아귀에서 스르륵 빠져나가버리니까) 신기한 갇힌 여인이 아니었다. 그런데도 나는 아무도 모르게 중국의 공주님을 병 속에 가두고 있는 인물처럼, 나를 찾아오는 이들에게 그녀의 존재를 감쪽같이 숨기고, 복도 끝의 옆방에 그녀가 있으리라고는 꿈에도 모르게 조심하면서, 이 신기한 갇힌 여인으로 내 거처를 장식해온 줄로 여겼던 것이다. 절박하게, 잔혹하고 출구 없는 형태로 나를 과거의 탐구로 유인하는 그녀야말로 오히려 위대한 '시간'의 여신이었다. 그녀 때문에 몇 년을 헛되이 보내고, 재산을 잃어버릴지라도 그녀에겐 아무 손실이 없었다고 스스로 다짐할 수만 있다면(아아, 그렇게 다짐할 수 있을지 어떨지도 모르겠다) 나는 아무런 후회도 없다. 그야 물론 고독한 생활을 하는 편이 훨씬 가치 있고 풍요로우며 훨씬 고통이 적었겠지. 그러나 스완이 내게 권유한 수집가의 생활, 샤를뤼스 씨가 기지와 오만과 세련된 취미를 섞어서 '자네 방은 정말 지저분하군!' 말하면서, 그런 생활을 알지 못하는 나를 타박하던 그 수집가의 생활, 또 오랫동안 찾아다닌 끝에 겨우 구한 조각이나 그림, 모든 일이 잘 풀려서 우리가 아무런 욕심 없이 들여다보는 조각이나 그림이 정말로 내게 자신의 밖으로 나가는 곳으로—금세 아물 상처이지만, 알베르틴이나 무신경한 제삼자나, 내 사념의 부주의 때문에 머잖아 다시 벌어지는 작은 상처 같은 출구처럼—이끌어주었을까? 자기 자신을 벗어나는 이 한 줄기 사사로운 길은 우리가 몸소 그 고통을 겪어보고서야 비로소 알게 되는, 곧 남들의 생활이 지나가는 큰길로 통하는 출구인 것이다.

때로는 달이 어찌나 아름다운지, 알베르틴이 누운 지 겨우 한 시간 남짓밖에 지나지 않았는데도, 나는 창을 바라보라고 말하고 싶어 일부러 그녀의 침대까지 가기도 했다. 지금도 나는 확신하건대, 내가 그녀의 방에 간 것은 이 말을 하기 위해서지, 그녀가 거기에 있는지 확인하고자 함이 아니었다. 그녀가 도망갈지 모른다거나, 도망하고 싶어한다는 기색이 어디에 있을까? 그러려면 프랑수아즈와 서로 짜야 하는데, 그건 있음직하지 않은 일이다. 어두컴컴한 방 안에는 흰 베개 위로 검은 머리칼의 작은 왕관밖에 눈에 띄지 않았다. 그러나 알베르틴의 숨소리가 들렸다. 무척 곤히 잠들어 침대까지 가기를 망설이다가 나는 침대 가장자리에 앉았다. 그녀의 깨어남이 얼마나 쾌활했는지 이루 형용할 수 없다. 나는 그녀에게 입맞추고 흔들어 깨웠다. 그러자 그녀는 곧 잠에서 깨어나, 눈 깜짝할 사이도 없이 까르르 웃어대며, 내 목에 두 팔을 둘러 깍지 끼고, "마침 당신 와주지 않을까 생각하던 차였어" 말하면서 더욱더 다정스럽게 웃었다. 마치 그녀의 귀여운 머리가 잠든 동안 쾌활·애정·웃음으로 가득 차 있었던 것 같다. 그녀를 깨움으로써, 나는 오직 과일을 쪼개어 갈증을 달래고 목을 축여주는 과일즙을 콸콸 솟아나오게 한 데 지나지 않았다.

그러는 동안에 겨울이 끝나고 또다시 아름다운 계절이 돌아왔다. 그리고 알베르틴이 이제 막 내게 잘 자라는 인사를 하고, 내 방도 커튼도, 커튼 위쪽 벽도 아직 어두컴컴한 때에, 이웃 수녀원 뜰에서 무슨 새인지 모르는 새소리가, 정적 속에 성당의 작은 풍금처럼 화려하고 경건하게 가락을 바꾸면서 곧잘 들려왔는데, 그 새는 리디아(Lydia) 선법*으로 이른 아침 기도를 올리며, 나를 둘러싼 어둠 가운데 새의 눈에만 보이는 아침 해의 화려하고도 빛나는 가락을 넣고 있었다.

이윽고 밤은 더 짧아졌고, 이전 같으면 먼동도 트지 않았을 시각에 벌써, 나날이 커가는 흰 햇살이 창 커튼을 통해 비죽 나온 게 보였다. 알베르틴이 아무리 그렇지 않다고 한들, 그녀는 옥에 갇힌 기분일 거라고 의식하면서도 내가 그녀에게 이런 생활을 여전히 계속하게 한 까닭은, 오직 내일이면 일도 할 수 있으려니와 침대에서 일어나 외출하고, 어딘가 별장을 사서 거기로 떠나는 준비도 할 수 있으리라. 거기에서는 알베르틴도 훨씬 자유롭게, 내 걱정 없이 전원생활이나 바다 생활, 기선 여행 또는 사냥 같은 무엇이건 좋아하는 생활을 할 수 있으리라고 날마다 확신하고 있었기 때문이다.

다만, 그다음 날이 되면, 내가 알베르틴에게서 돌려가며 갈마드는 차례로 사랑하기도 하고 미워하기도 한 그 과거의 어느 때(그것이 현재라면 모두가 각자의 이해관계와 예의와 연민의 정에서, 우리 사이에 거짓말의 커튼을 짜내고, 우리는 그 거짓말을 현실로 착각하겠지만), 이 과거를 이루는 시간의 하나, 아니, 내가 잘 아는 줄 여겼던 시간의 하나까지 돌연 과거로 돌아가, 감추려고도 하지 않고, 지금까지의 그녀와는 아주 다른 모습을 나타내는 수가 있었다. 전에는 호의를 담고 있다고 여겼던 어느 눈길이 이제껏 짐작도 못했던 욕망을 드러내고 있으며, 내 마음과 같게 되었다고 믿었던 알베르틴의 마음의 일부를 또다시 거두어가 버린다. 이를테면 앙드레가 7월에 발베크를 떠났을 때, 알베르틴은 가까운 날에 앙드레와 다시 만나기로 되어 있음을 나한테 한마디도 꺼내지 않았었다. 게다가 내가 9월 14일 밤, 발베크에서 큰 슬픔을 당한 탓으로 그녀도 발베크에 남지 않고 나를 위해 즉시 파리로 돌아가는 희생을 치렀으니, 나는 그녀가 예상외로 빨리 앙드레를 만나게 되었다고 생각했었다. 알베르틴이 15일 파리에 도착했을 때 나는 그녀한테

---

* 고대 리디아 지방에서 발생한 선법.

앙드레를 만나고 오라고 권했으며, "앙드레는 당신을 만나 좋아했겠지?" 묻기도 했다.

그런데 어느 날 봉탕 부인이 알베르틴에게 뭔가를 가져다주려고 왔다. 나는 잠깐 봉탕 부인을 만나, 알베르틴은 앙드레와 같이 외출했다고 알려주었다. "시골로 산책하러 갔답니다."—"그래요." 봉탕 부인은 대답했다. "알베르틴은 시골이라면 어디라도 덤벼드는 애죠. 3년 전만 해도 매일같이 뷔트 쇼몽에 가지 않고선 직성이 풀리지 않았답니다."

알베르틴이 한 번도 간 적이 없었노라 말하던 이 뷔트 쇼몽이라는 공원 이름을 듣고 나는 잠시 숨이 막혔다. 현실이란 가장 교묘한 적이다. 현실은 우리가 예기치 못한 곳, 방어도 준비해두지 않은 지점에 공격을 선언한다. 알베르틴은 제 숙모에게 날마다 뷔트 쇼몽에 간다고 거짓말했던 걸까, 아니면 그 뒤에 뷔트 쇼몽을 모른다고 내게 거짓말한 걸까? 봉탕 부인은 덧붙였다. "다행히 불쌍한 앙드레는 머지않아 건강에 더 좋은 시골로, 진짜 시골에 갈 거예요, 꼭 그래야죠, 얼굴빛이 그렇게 나쁘니. 이번 여름에는 충분히 신선한 공기를 쐴 틈도 없었지요. 7월 말에 발베크를 떠났으니까. 9월에 다시 돌아갈 셈이었는데, 그 애의 동생이 무릎을 삐어서 못 가게 되었다는군요." 그렇다면 알베르틴은 발베크에서 앙드레가 돌아오길 기다렸고, 이를 내게 숨겼단 말인가! 그러니 파리에 돌아가겠노라 말해준 게 나로서는 더욱 고마웠다. 하지만 어쩌면⋯⋯. "그렇군요, 생각납니다, 알베르틴이 그런 말을 했었지요(이는 거짓말이었다). 그런데 언제 삐었더라? 모든 게 머릿속에 뒤죽박죽이 돼버려서."—"어떻게 보면 아주 알맞은 때 삐었지요. 하루만 늦었어도 별장의 월세 기한이 다시 시작되어, 앙드레의 할머니가 공연히 한 달치를 치를 뻔했거든요. 다리를 삔 게 9월 14일이었죠. 그래서 앙드레가 15일 아침, 알베르틴한테 못 간다고 전보를 쳐서, 알베르틴이 대리점에 이를 알리러 갔답니다. 하루만 늦었어도 10월 15일까지의 집세를 물어야 했을 거예요."

그러므로 알베르틴이 마음을 바꾸어 내게 "오늘 저녁 떠납시다" 말했을 때, 그녀가 생각하고 있던 것은 내가 모르는 앙드레 할머니의 아파트였음에 틀림없다. 파리로 돌아가자마자 그녀는 거기서, 나는 짐작도 못 한 바지만, 오래지 않아 발베크에서 재회할 셈이던 앙드레와 만날 수 있었을 것이다. 조금 전까지 '완강히' 돌아가기를 마다한 것과는 대조적으로, 그녀는 나와 함게 파리로 돌아가겠노라고 싹싹하게 말했는데, 여태껏 나는 그 이유를, 그녀가 갑자기 착한 마음씨로 돌아온 탓으로 여겨왔다. 그런데 그건 오로지 이쪽이 모르는 상황 속에 일어난 어떤 변화의 반영에 지나지 않았고, 그것이야말로 이쪽을 사랑하지 않는 여인이 태도를 바꾼 비밀의 정체이다. 그 여인이 다음 날의 밀회를 고집 세게 거절하며, '피곤해서, 할아버지가 꼭 저녁 식사를 하러 오라고 해서' 따위의 핑계를 붙인다. "그럼 그 뒤에 오구려." 이쪽은 간청한다. "할아버지께서 늦게까지 붙잡으시는걸. 나를 바래다줄지도 모르고." 사실 여인은 자기 마음에 드는 아무개와 만나기로 되어 있을 뿐이다. 그런데 갑자기 그 아무개가 도무지 틈이 나지 않자, 여인은 당신을 괴롭혀 미안했노라고 말하러 와서, 다른 일은 아무래도 상관없으니 할아버지를 용케 따돌리고 당신 곁에 있겠다고 말한다. 발베크를 떠나던 날 나는 알베르틴이 한 말 중에서, 마땅히 이런 말씨를 꿰뚫어봤어야 옳았다. 그러나 꿰뚫어볼 뿐만 아니라 이 말을 옳게 해석하려면, 알베르틴 성격의 두 가지 특성을 떠올릴 필요가 있었다.

그 순간에 알베르틴 성격의 두 가지 특징이 내 머리에 퍼뜩 떠올랐는데, 한 가지는 나를 위로했으며, 또 한 가지는 나를 실망시켰다. 왜냐하면 우리는 기억 속에서 무엇이건 다 찾아내게 마련이니까. 기억은 어떤 약국이나 화학 실험실 같아서, 아무렇게나 내민 손에 어떤 때는 진정제가, 어떤 때는 위험한 독약이 잡힌다. 마음을 위로하는 첫 번째 특징은, 단 하나의 행동으로 여러 사람을 기쁘게 하려는 습관, 제 행동을 다양하게 이용하려는 태도로, 이는 알베르틴이 곧잘 하는 것이었다. 그녀가 파리에 돌아와서(앙드레 없이는 지낼 수 없다는 뜻은 아니더라도, 앙드레가 발베크에 돌아오지 않으니, 더 이상 발베크에 있기가 불편했을지도 모른다), 이 한 번의 여행을 이용해 자기가 진정으로 좋아하는 두 인간을 감동시키려던 시도는 참으로 그녀다웠다. 먼저 내게는, 알베르틴이 파리에 돌아온 건 나를 혼자 내버려두지 않기 위해서, 나를 가슴 아프게 하지 않기 위해서이며, 나에 대한 헌신에서 나온 행동이라고 여기게 하는 것이다. 다음으로 앙드레에게는, 앙드레가 발베크에 오지 않는 이상 한시도 더 거기에 머물고 싶지 않아, 지금껏 그녀를 만날 기대로 돌아갈 날을 하루하루 미루어왔으니, 못 오게 된 걸 알자마자 곧바로 달려왔다고 믿게 한다. 그런데 정말로 알베르틴이 나와 같이 발베크를 출발한 것은, 내가 비탄에 잠겨 파리로 돌아가고 싶어한 직후이며, 한편으로 앙드레의 전보가 온 바로 다음이어서, 앙드레는 나의 비탄을 모르고 나는 그녀의 전보를 몰랐으므로, 당연한 일이지만 서로 알베르틴의 출발은 자기가 아는 유일한 원인 때문이라 믿어버렸고, 알베르틴은 그 원인이 있는 바로 뒤에 느닷없이 발베크를 떠났던 것이다. 그래도 이 경우, 나와 함께 가는 게 알베르틴의 진짜 목적이며, 다만 그녀는 마땅히 앙드레의 감사를 받을 기회를 하나라도 놓치고 싶지 않았다고 생각할 수도 있었으리라.

그러나 불행하게도 나는 거의 동시에 알베르틴 성격의 또 다른 특징을 떠올렸다. 억누를 수 없는 쾌락의 유혹이 그녀를 사로잡는 격렬함이었다. 그런데 내 기억에 의하면, 발베크를 떠날 결심을 하자마자 그녀는 한시바삐 열차를 타려고 안달복달했는데, 호텔 지배인이 우리를 붙잡으려고 해서 하마터면 승합마차를 놓칠 뻔하자, 지배인을 기세 사납게 떠다밀었으며, 시골 열차 안에서 캉브르메르 씨가 우리한테 일주일쯤 더 머물 수 없겠느냐고 물었을 때는 나와 공모라도 한 듯이 어깨를 으쓱(또 그것이 나를 어찌나 감동시켰는지)해 보였다. 그렇다, 그 순간 그녀의 눈앞에 선하던 것, 그녀를 출발하고 싶어서 참을 수 없게 만든 것, 그녀가 어서 재회하고 싶어한 그것은 내가 딱 한 번 보았던 인기척 없는 아파트, 앙드레 할머니의 아파트였다. 늙은 시중꾼이 지키는 사치스런 아파트로, 한낮인데도 텅 비어 어찌나 조용한지 햇빛까지 긴의자나 안락의자 위에 덮개를 씌우고 있는 듯 보였다. 이 방에서 알베르틴과 앙드레는, 사람됨이 소박해선지 경박해선지 모르나 공손한 시중꾼에게 둘이서 쉬게 해달라고 부탁했을 테지.

이제는 그 아파트가 언제나 눈앞에 어른거렸다. 텅 비어 침대인지 소파인지가 하나 놓여 있고, 속아넘어갔는지 한패인지 모를 하녀가 있는 아파트. 알베르틴이 애바쁘거나 진지한 표정을 지을 때는 반드시 거기로 앙드레를 만나러 갈 터이며, 그녀보다 자유로운 몸인 앙드레는 먼저 가서 기다리고 있었을 것이다. 나는 지금껏 이 아파트를 생각한 적이 없었는데, 이제는 그게 가공할 아름다움을 지니고 있는 듯 여겨졌다. 남들의 생활에 있는 미지의 것은, 과학적인 발견이 있을 적마다 물러서기만 할 뿐 없어지지는 않는 자연계의 미지의 것과 비슷하다. 질투하는 사내는 대수롭지 않은 갖가지 기쁨을 사랑하는 여인한테서 빼앗아 그녀를 격노시킨다. 그러나 삶의 기만을 이루는 기쁨인 만큼, 여인은 그것을 사내의 지능이 가장 날카롭고 제삼자의 정보가 가장 정확한 경우라도 찾아낼 엄두도 못 내는 장소에 숨겨둔다.

하지만 어쨌든 앙드레는 이제 파리를 떠나려고 한다. 단지 나는, 알베르틴과 앙드레에게 감쪽같이 속아넘어간 남자라는, 알베르틴의 비웃음을 받고 싶지 않았다. 그러니 언젠가 이 점을 알베르틴에게 말할 테다. 그녀가 기를 쓰고 숨기던 것을 내가 알고 있다고 밝히면, 그녀도 하는 수 없이 더 솔직히 말하겠지. 그래도 지금 당장은 말하고 싶지 않았다. 첫째, 그 숙모가 방문한 직후라 정보가 어디서 나왔는지 눈치채고는, 그 정보가 흘러나온 근원인 정보원(情報源)을 없애고, 내가 모르는 정보원은 두려워하지 않을 테니까. 둘째, 내가 바라는 만큼 오래오래 알베르틴을 내 집에 둘 자신이 전혀 없는 이상, 그녀를 지나치게 성나게 만들어 내게서 떠나게 하고 싶지는 않았다. 만약 그녀의 말에 따라 추론하고 진실을 찾으며 미래를 예측한다면 그녀는 늘 나의 모든 계획에 찬성했고, 이 생활을 매우 좋아했으며, 갇혀 있어도 전혀 불편을 느끼지 않는다고 말했으므로 그녀가 언제까지나 내 곁에 있을 것으로 의심치 않았다. 의심은커녕 나는 지긋지긋하기까지 했으니, 내가 아직 한 번도 맛보지 못한 삶이나 세계가, 이미 새로움이라곤 찾을 수 없는 여인을 대신해 나를 버리고 도망가는 느낌이 들었다. 내가 누워 있는 동안 곤돌라 뱃사공, 호텔 사람들, 베네치아 여인들이 알베르틴에게 다가오지 않을까 하는 근심으로 괴로울 테니, 나는 베네치아에 갈 수도 없다. 그러나 거꾸로, 알베르틴의 말이 아니라 그녀의 침묵, 눈길, 붉어진 얼굴빛, 부루퉁한 표정, 성난 얼굴—성낼 이유가 없다고 그녀에게 훈계하기는 수월했지만, 나는 차라리 알아채지 못한 체하고 싶었다—에 기초를 둔 다른 가정에 따라 추론한다면, 그녀는 이 생활에 견딜 수 없고, 줄곧 좋아하는 것을 빼앗긴 느낌이 들어 언젠가는 반드시 나를 떠날 것 같았다. 내가 한껏 바라는 바는, 그녀가 떠나간다면 적어도 내가 그 시기를 택하며, 이별이 그리 고통스럽지 않고 또 암스테르담이건 앙드레 집이건 뱅퇴유 아가씨 집이건 그녀가 방탕한 생활을 할 성싶은 그 어느 장소에도 가지 못할 계절을 택하는 것이다. 물론 몇 달 뒤에 알베르틴은 그런 생활로 되돌아갈 테지만 그때까지는 내 마음도 가라앉아 그런 일에 무관심하게 되겠지. 아무튼 이별을 생각하려면, 알베르틴이 처음에는 그렇게 떠나고 싶어하지 않던 발베크를 몇 시간 만에 갑자기 떠나고 싶어졌는지에 대한 이유를 발견한 탓에 재발한 가벼운 고통이 낫기까지 기다려야 했다. 만약 아무것도 새로운 정보가 없다면 이 증세는 차츰 약해질 테지만, 지금은 너무나 강렬해서, 이별을 위한 수술을 한층 고통스럽고 어렵게 한다. 그 수술을 피할 수 없다는 사실은 알고 있지만, 별로 급한 수술도 아니니까 그것은 '염증이 가라앉은 상태'에서 하는 편이 낫다. 어느 때를 택하느냐는 내 뜻에 달려 있다. 만약 내가 결정하기 전에 그녀가 떠나고 싶어한다면, 그녀가 이제 이런 생활은 지겹다는 말을 꺼내는 바로 그때, 그녀가 내세우는 이유를 반박하고, 그녀에게 좀더 자유를 주기로 하며, 며칠 안에 무슨 큰 재미를 보게 해주마고 약속하면 그녀도 그때까지 기다릴 것이다. 혹시 그녀의 심정에 호소할 수밖에 없다면, 그때 나의 비탄을 고백해도 늦지 않으리라. 따라서 이런 관점에서 나는 마음을 놓고 있었지만, 이 점에 대한 내 생각은 그다지 논리적인 것이 아니었다. 왜냐하면 그녀가 말하고 보는 것을 믿지 않는다는 가설을 세운 주제에, 그녀가 떠나버리는 경우에는 그녀가 미리 내게 이유를 말하고 나로 하여금 그 이유를 반박하고 부서뜨릴 여유를 주겠거니 상상했기 때문이다.

알베르틴과의 생활은, 내가 질투하지 않는 때에는 권태롭기 짝이 없으며, 질투할 때에는 고통스럽기 짝이 없는 느낌이 들었다. 설령 행복했다고 가정해도 오래 계속될 리 없었다. 발베크에 있을 때, 캉브르메르 부인의 방문 뒤 둘이서 행복감에 젖은 일이 있었는데, 그 저녁과 똑같은 슬기로운 정신이 작용하여, 이 이상 계속한들 얻을 게 하나도 없으니 차라리 그녀와 헤어지고 싶었던 것이다. 다만 나는 앞으로 두고두고 간직할 그녀에 대한 기억은, 말하자면 피아노 페달로 길게 늘인 이별 순간의 진동음 같은 것이리라는 생각을 여전히 하고 있었다. 그래서 나는 감미로운 한순간을 골라, 그 순간의 진동음을 내 마음속에 유지시키고 싶었다. 너무 까다롭게 생각하거나 지나치게 기다려서는 안 된다. 슬기로워야 한다. 그렇지만 이왕에 지금껏 기다려온 바에야, 지난날 어머니가 잘 자라는 인사도 없이 내 침대를 떠나버렸을 때나, 역에서 잘 다녀오라는 마지막 인사를 했을 때 느꼈던 반발심과 똑같은 감정을 품고서 알베르틴이 떠나는 꼴을 보니, 차라리 받아들일 만한 순간이 오기까지 며칠 더 기다리지 못함은 어리석기 그지없을 것이다. 그래서 나는 만일을 대비하여 힘닿는 데까지 친절을 다했다. 포르튀니 의상실의 드레스나 실내복으로 말하면, 우리는 결국 장밋빛 안감을 댄 푸른색과 금색이 섞인 천으로 정했고, 이제 막 완성된 참이었다. 그래도 나는 알베르틴이 이 드레스를 택하느라, 아쉬움을 뒤로하고 단념한 다른 다섯 벌의 드레스도 주문해놓았다.

그런데 봄이 오고, 그녀의 숙모 얘기를 들은 지 두 달쯤 지났을 무렵, 어느 날 저녁 나는 화가 벌컥 났다. 알베르틴이 처음으로 포르튀니의 푸른색과 금색 실내복을 입은 날이었는데, 이 실내복으로 베네치아를 떠올린 나는, 알베르틴 때문에 큰 희생을 치렀건만, 그녀에게서 고맙다는 말 한마디 듣지 못했음을 더욱더 뼈아프게 느꼈다. 베네치아에 가본 적은 한 번도 없었지만, 아직 어렸을 무렵에 부활절 방학을 베네치아에서 지낼 예정이었던 때부터, 아니 더 거슬러 올라가면, 지난날 스완이 콩브레에서 내게 준 티치아노의 판화와 조토 그림의 사진을 통해 나는 늘 베네치아를 꿈꿔왔다. 그날 저녁 알베르틴이 입은 포르튀니의 실내복은 눈에 보이지 않는 베네치아의, 마음을 유혹하는 그림자인 듯싶었다. 그 실내복은 마치 너울을 쓴 회교국의 왕비와 같이 뚫새김을 한 돌의 너울 뒤에 몸을 숨긴 베네치아의 궁전들처럼, 밀라노에 있는 암브로시우스 도서관의 장정본(裝幀本)처럼, 삶과 죽음을 번갈아 나타내는 동방의 새들을 조각한 둥근 기둥처럼, 베네치아다운 아라비아풍 장식으로 가득했다. 짙푸른 천은 눈을 가까이 가져감에 따라서 부드러운 황금으로 변했는데, 그것은 마치 앞으로 나아가는 곤돌라 앞쪽에서 대운하의 푸른빛이 화려하게 타오르는 금속으로 변질되는 것과도 같았다. 소매에는 티에폴로(Tiepolo)의 장밋빛이라 불리는, 베네치아에 독특한 앵두 같은 장밋빛 안감을 받쳐 색이 살아났다.

그날 낮에 프랑수아즈가 내게 누설한 바에 의하면, 알베르틴은 무엇을 해줘도 전혀 만족스럽지 않은 모양이었다. 내가 알베르틴과 함께 외출할 거라느니, 안 할 거라느니, 자동차가 데리러 올 거라느니, 안 올 거라느니 하는 소식을 프랑수아즈가 전해도, 그녀는 아무래도 좋다는 듯 어깨만 추켜세우고, 대꾸다운 대꾸도 하지 않더라는 것이다. 그날 저녁, 나는 그녀의 고약한 기분을 피부로 느꼈으며, 또 첫더위에 신경이 달떠 있어서 화를 참지 못하고, 은혜도 모르는 그녀를 나무랐다. "아무렴, 누구한테나 물어보라구!" 나는 흥분하여 고래고래 소리를 질렀다. "프랑수아즈에게 물어봐, 다들 하나

같이 그렇게 말할 테니." 하지만 곧 나는 언젠가 한번 알베르틴이, 화낼 때의 내가 아주 무섭다고 말하면서, 라신의 〈에스더〉의 시구*를 읊조렸던 일을 떠올렸다.

Jugez combien ce front irrité contre moi
Dans mon âme troublée a dû jeter d'émoi
Hélas! sans frissonner quel cœur audacieux
Soutiendrait les éclairs qui partent de vos yeux?

굽어살피소서 소첩에게 역정 내옵시는 그 용안이
얼마나 소첩의 흩어진 마음을 두려움에 떨게 하옵시는지……
오, 제아무리 겁 없는 이라 한들, 마마의 눈의 번갯불을
그 누가 떨지 않고 견딜 수 있으오리까?

나는 내 난폭한 말투가 부끄러웠다. 그래서 그 말을 취소하려고, 하지만 패배가 아니라, 나의 평화가 가공할 무장 평화임을 보이고, 더불어 그녀가 헤어질 마음을 품지 못하게 하기 위해서는 내가 작별을 전혀 두려워하지 않는다는 것을 보이는 편이 유리하다는 생각이었다. "용서해, 귀여운 알베르틴, 심한 말을 해서 스스로도 부끄러워. 정신 나갔나 봐. 우리가 더 이상 서로 이해 못하고 헤어져야만 할망정, 이렇게 헤어져서야 되겠어? 우리답지 않잖아. 별수 없다면 헤어져도 좋지만, 먼저 나는 진심으로 고개 숙여 당신에게 사과하고 싶어." 심한 말을 내뱉은 대갚음으로, 또 앞으로 적어도 앙드레가 출발할 때까지(3주일 안에), 알베르틴이 그대로 있을 생각인지 확인해보고자, 당장 내일부터 그녀가 아직 경험하지 못한 크나큰 기쁨, 그것도 상당히 나중에 찾아올 기쁨을 고르는 게 좋겠다고 생각했다. 또한 내가 일으킨 불쾌감을 없애주고 말 테니까, 이 순간을 이용하여 내가 그녀의 생활을 뜻밖에 잘 알고 있음을 보이는 것도 나쁘지 않다고 생각했다. 그녀가 기분 나빠할지 모르나, 친절하게 대하면 내일은 원래대로 돌아올 테고, 한편 경고는

---

* 제2막 7장.

그녀의 정신에 남을 것이다.

"아무렴, 알베르틴, 내 말이 심했다면 용서해줘. 그래도 말이야, 당신이 생각하는 만큼 내가 전적으로 나쁜 건 아냐. 심술 사나운 이들이 우리 둘 사이를 틀려고 하거든. 당신 마음을 언짢게 하기 싫어 지금껏 이런 얘기를 꾹 묻어두었지만, 이따금 이런저런 밀고를 듣고 얼빠진 적이 한두 번이 아냐." 나는 발베크를 떠난 사정을 알고 있음을 보이고 그것을 이용하고자 했다. "예를 들어 당신이 트로카데로에 갔던 날 오후, 뱅퇴유 아가씨가 베르뒤랭네에 오기로 되어 있던 것을 당신은 알고 있었잖아." 그녀가 얼굴을 붉혔다. "네, 알고 있었어요."—"그 아가씨와의 관계를 되돌리기 위해서가 아니었다고 맹세할 수 있어?"—"물론 맹세할 수 있죠. 그런데 무슨 '관계를 다시 가진다'는 건지? 아무 관계도 없었는데. 정말이에요." 알베르틴이 이렇게 거짓말하고, 붉어진 얼굴로 분명히 고백했던 뚜렷한 사실을 이제와서 부인하자, 나는 한심스러웠다. 그녀의 불성실함이 내 마음을 상하게 했다. 그렇건만 이 불성실함에는 몸의 결백을 주장하는 항의가 포함되어 있고, 나도 모르는 사이에 그 결백을 믿으려 하고 있어서, 오히려 다음과 같이 물었을 때 그녀의 성실성 쪽이 더욱 가슴 아팠다. "베르뒤랭네의 낮 연주회에 가고 싶어한 이유 중에 뱅퇴유 아가씨를 만나는 기쁨이 들어 있지 않았다고, 적어도 그것만은 맹세해 주겠어?" 그녀는 대답했다. "아니, 나 그런 맹세는 못 해요. 뱅퇴유 아가씨를 다시 만난다는 생각에 아주아주 기뻤는걸요." 몇 초 전까지는 그녀가 뱅퇴유 아가씨와의 관계를 숨기는 걸 원망했는데, 이번엔 뱅퇴유 아가씨를 만나는 게 기쁘다는 고백에 다리가 풀썩 꺾이는 느낌이었다.

물론 전에 내가 베르뒤랭 댁에서 돌아오자 알베르틴이 나한테 '뱅퇴유 아가씨가 와 있지 않았나요?' 물었을 때, 이 말로 그녀가 뱅퇴유 아가씨가 온다는 걸 알고 있음이 증명되어 몹시 괴로웠다. 그러나 그 뒤로 나는 틀림없이 다음과 같은 추리를 했나 보다. '알베르틴은 뱅퇴유 아가씨가 오는 것을 알고 있긴 했으나 조금도 기쁘지 않았다. 뱅퇴유 아가씨처럼 나쁜 소문이 도는 인간과 아는 사이라는 걸 들키는 바람에, 내가 발베크에서 절망한 나머지 자살까지 생각한 것을 나중에 가서야 안 거야. 그래서 그 말을 내게 하지 않았던 거다.' 그런데 지금 그녀는, 뱅퇴유 아가씨가 온 걸 기뻐했노라 고백할 수밖에 없게 되었다. 하기야 베르뒤랭네에 가고 싶어 안달한 그녀의 이상한 태도만으로도 이를 충분히 증명하고도 남았을 것이다. 그런데 나는 그 뒤 이 일을 곰곰이 생각해보지 않았다. 그래서 지금 나는 '왜 알베르틴은 절반밖에 고백하지 않을까? 마음씨가 나쁘다든가 음침하다든가 하기보다도 차라리 이 것이 더 어리석은 짓인데' 생각을 하면서도, 어찌나 기가 죽었는지 더 이상 따져볼 용기도 없거니와, 진실을 폭로할 증거 자료도 없으니 상대를 몰아세 울 수도 없어서, 우세를 되찾고자 서둘러 앙드레 얘기를 꺼냈다. 앙드레의 전보라는 압도적인 사실로 알베르틴을 꼼짝 못하게 할 수 있을 테니까. "요 즘 난 말이야, 당신의 여러 관계를 이러쿵저러쿵 말하는 이가 있어 여간 괴 롭지가 않아, 그것도 앙드레와의 관계를."—"앙드레와의?" 그녀는 빽 소리 질렀다. 그 얼굴은 노여움에 벌겋게 달아올랐다. 놀라움에, 아니면 놀란 것 처럼 보이고 싶은 소망에 눈을 크게 뜨고 있었다. "좋은 소문이군요. 누가 그런 훌륭한 말씀을 하던가요? 그 사람들과 직접 만나, 그런 험담을 함부로 종알대는 근거를 알고 싶군요."—"알베르틴, 나도 누군지 모르는걸, 이름을 쓰지 않은 편지니까. 그래도 당신이라면 의외로 쉽게 짐작할 수 있을지 몰라 (그녀가 찾아내도 아무렇지 않다는 바를 보이기 위하여). 당신을 잘 아는 사 람일 테니 말이야. 속 시원히 말하면, 마지막에 온 익명의 편지—이걸 인용 하는 건 내용이 대수롭지 않고, 말 꺼내기 거북스러운 편지가 전혀 아니기 때문이야—엔 사실 분개했어. 내용인즉, 우리가 발베크를 떠난 날, 당신은 처음에 떠나기 싫다고 했다가 나중에 떠나겠다고 했는데 그 이유가, 당신이 그 사이에 앙드레한테 발베크에 못 간다는 편지를 받았기 때문이라는 거야." —"똑똑히 기억해요, 앙드레가 못 간다고 통지해온 것. 그것도 전보로. 전 보문을 남겨두지 않아 당신에게 보일 수는 없지만, 전보가 온 건 그날이 아 니었어요. 또 그날이었던들, 앙드레가 발베크에 오건 말건 나와 무슨 상관이 있다는 거죠?"

'나와 무슨 상관이 있느냐' 따지는 말은, 약이 오를 대로 오른 증거이자, 그녀와 어떤 상관이 있다는 증거였다. 하지만 반드시 알베르틴이 앙드레를 만나고 싶은 소망으로만 파리에 돌아왔다는 증거는 되지 못했다. 알베르틴 은 자기 행위의 동기는 이러이러하다고 남에게 말하다가, 상대에게 실제 동 기가 들키거나 다른 동기가 있다는 말을 들으면, 실제로 그 사람을 위해 그 행위를 했더라도, 언제나 발끈 화를 내곤 했다. 알베르틴은 자기 행동에 대한 이와 같은 정보들이, 내가 원하지 않는데도 익명의 사람이 보내는 게 아니라, 내 쪽에서 열심히 캐내고 있는 줄로 믿는 것일까? 이는 나중에 그녀가 그와 비슷한 말을 했기 때문이 결코 아니며—오히려 그녀의 말은, 익명의 편지라는 내 거짓말을 믿고 있는 듯싶었다—차라리 나에 대한 그녀의 분노가, 쌓이고 쌓인 불만의 폭발로밖에는 보이지 않았기 때문에 이러한 상상을 하게 된 것이다. 그 추측에 의하면, 내가 염탐하고 있다고 그녀가 믿는 것도 당연하며, 그것은 그녀가 상당히 오래전부터 내가 자기의 온갖 행동을 일일이 감시하는 줄로 믿은 결과이다. 그녀는 앙드레에게도 화풀이하며, 이제는 자기가 앙드레와 함께 외출할 때도 내가 안심치 않을 거라고 생각해선지, 괜히 앙드레를 걸고넘어졌다. "게다가 앙드레에게도 화가 나요. 진저리 난다니까요. 내일 또 와도, 나는 앙드레하곤 같이 외출하지 않을래요. 앙드레 때문에 내가 파리에 돌아왔다고 당신한테 고자질하는 이들에게 이 점을 딱 잘라 말하라구요. 앙드레와는 몇 년 전부터 아는 사이지만, 그 애의 얼굴이 어떻게 생겼는지도 모를 정도로, 주의 깊게 바라본 일조차 없는걸요!" 하지만 그녀는 발베크에서 첫해에 분명히 나한테 말했었다. '앙드레야말로 넋을 호릴 만큼 예뻐요.' 확실히 이 말은 앙드레와 애정 관계가 있다는 뜻도 아니고, 그 무렵 알베르틴은 그런 종류의 관계를 말할 때면 으레 역겨운 듯한 표정을 지었었다. 그녀는 스스로 달라진 줄 모르면서 변했는지도 모른다. 한 여자친구를 희롱하면서, 그것이 다른 여자들일 경우에 자기가 비난하는—분명한 의식도 없이—부도덕한 관계와는 다르다고 생각할 수도 있지 않을까. 이와 똑같은 변화와 변화에 대한 무의식이 나와의 관계에서도 일어나서, 발베크에서 그토록 화를 내며 나의 입맞춤을 물리친 그녀가 이윽고 스스로 매일같이 내게 입맞추게 되고, 내가 기대하는 바로는 앞으로도 오래오래 내게 입맞출 것이며, 오늘 밤도 곧 입맞출 것이었다.

"그렇지만 어떻게 말한다지, 누군지도 모르는걸?" 내가 이렇게 단호하게 대답했으니, 알베르틴의 눈동자에 맺힌 항의와 의혹은 마땅히 없어졌어야 했다. 그러나 그건 꿈쩍도 하지 않았다. 나는 입을 다물었지만, 그녀는 아직 얘기가 끝나지 않은 이에게 주목하듯이 계속 나를 물끄러미 바라보고 있었다. 나는 그녀에게 새삼 용서를 구했다. 그녀는 용서하고 어쩌고 할 게 아무것도 없노라 대꾸했다. 그녀는 전처럼 아주 온순한 알베르틴으로 돌아와 있었다. 하지만 그녀의 쓸쓸하고도 해쓱한 얼굴 밑에 어떤 비밀이 있는 듯이 보였다. 나는 잘 알고 있었다. 그녀가 내게 예고 없이 떠날 수 없음을. 그뿐 더러 나와 헤어짐을 바랄 리 없으며(이레 뒤에 포르튀니의 새 드레스를 시침바느질하기로 되어 있으니), 주말에 나의 어머니가 돌아오고 그녀의 숙모도 돌아오니 절대 그런 무례한 짓을 할 리 없음을. 그런데 그녀가 우리집을 떠날 수 없는데, 어찌하여 나는 여러 번이나, 사주고 싶으니 내일 함께 외출해서 베네치아의 유리 제품을 구경하러 가자고 거듭 청하고, 그녀의 '그럽시다'라는 대답을 듣고서야 안도의 한숨을 내쉬는가?

마침내 그녀가 잘 자라는 인사를 하고 내가 그녀에게 입맞추었을 때, 그녀는 여느 때와는 달리 얼굴을 돌리고서—내가 발베크에서 거절당한 입맞춤을 매일 밤 그녀가 해준다는 이 감미로움을 조금 아까 생각한 터였는데—내게 입맞춤을 돌려주지 않았다. 마치 나와 싸웠으니, 나중에 이 불화와 모순된 거짓 행위처럼 보일지 모르는 애정의 표시 따위를 하나도 주고 싶지 않은 것 같았다. 또 자기 행동을 이 불화와 일치시키고 있는 듯도 했는데, 그래도 불화를 똑똑히 말로 나타내고 싶지 않아선지, 아니면 나와 육체관계를 끊더라도 그대로 내 친구로 있고 싶기 때문인지 그다지 노골적인 투는 아니었다. 나는 다시 한 번 그녀에게 입맞추고, 베네치아 대운하의 번쩍거리는 금빛 섞인 푸름과 죽음과 소생을 상징하는 짝지은 새들을 가슴에 꼭 껴안았다. 하지만 그녀는 내게 입맞춤을 돌려주는 대신, 죽음을 예감한 동물과 같은 본능적이고 불길한 고집으로 또다시 몸을 빼냈다. 그녀가 표현하고 있는 듯한 죽음의 예감은 내게도 미쳐 나를 공포감으로 가득 채웠으므로, 알베르틴이 문가에 이르렀을 때 나는 불안한 나머지 그녀를 그대로 가게 내버려둘 용기가 없어 다시 불렀다. "알베르틴, 나 하나도 졸리지 않은데. 당신도 자고 싶지 않다면 좀더 있구려. 꼭 그래 달라는 건 아냐, 당신을 피곤하게 만들고 싶지 않으니까." 만일 그녀의 옷을 벗기고 흰 속옷 차림으로 있게 할 수 있다면, 그녀의 몸이 더욱 장밋빛으로 더욱 뜨겁게 살갗에 닿아 내 관능을 더욱더 흥분시켜, 더 완전한 화해가 이루어졌을지도 모른다. 그러나 나는 잠깐 망설였다. 드레스의 푸른 옷단이 그녀 얼굴에 어떤 아름다움, 환한 빛, 푸른 하늘을 덧붙여, 그것이 없으면 그녀가 더욱 냉혹하게 보일 듯싶었기 때문이다. 그녀는 천천히 되돌아와서 매우 상냥하게, 하지만 여전히 해쓱하고 쓸쓸한 얼굴로 말했다. "당신이 바라는 만큼 여기 있겠어요. 졸리지 않으니까." 그녀의 대답에 내 마음은 진정되었다. 그녀가 여기에 있는 한, 나는 미래를 궁리해볼 수 있을 것 같았고, 그녀 안의 우정과 복종을 느꼈기 때문이다. 그러나 그것은 특수한 것으로, 그녀의 슬픈 듯한 눈길, 이전과는 다른 태도—절반은 무의식적인, 절반은 자기 태도를 내가 모르는 어떤 것과 미리 조화시키기 위해서 취했을 법한 태도—의 등 뒤에서 느껴지는 비밀이 우정과 복종에 한계를 정하고 있는 것 같았다.

그렇지만 그녀를 복종시킬 만큼 내가 대담해지려면, 발베크에서 침대에 누워 있는 모습을 보았을 때처럼 먼저 내 앞에 있는 알베르틴을 흰 속옷 바람으로 목덜미까지 드러내게 하는 수밖에 없을 성싶었다. "고마워. 좀더 남아서 나를 위로해줄 바에야, 드레스를 좀 벗으면 어떨까? 너무 덥고, 거북할 테니. 나도 이 고운 옷을 구길까 봐 감히 가까이 가지도 못하겠고, 게다가 우리 사이에 운명을 상징하는 새들이 끼여 있다니 말이 돼? 벗어, 응?"—"싫어, 여기서 드레스를 벗기는 거북해요. 나중에 내 방에 가서 벗을래요."—"그럼, 내 침대에 앉는 것도 싫어?"—"아아니, 전혀." 그러나 그녀는 조금 떨어져서 내 발 근처에서 꼼짝도 하지 않았다. 우리는 담소를 나누었다. 갑자기 호소하듯이 부르는 규칙적인 가락이 들려왔다. 비둘기가 구구구 울기 시작한 것이다. "벌써 날이 밝았네." 알베르틴은 마치 내 집에서 살다 보니 아름다운 계절의 기쁨도 놓치고 만다는 듯 눈살을 찌푸리며 말했다. "비둘기가 돌아온 걸 보니 봄이로군요." 이 비둘기 울음소리는 닭 울음소리와 비슷했는데, 그 유사성은 매우 깊고도 희미해서, 뱅퇴유의 7중주곡에서 아다지오의 주제가, 처음과 마지막 부분의 열쇠가 되는 주제와 같은 것을 바탕으로 삼고 있으면서도, 음조나 박자 등이 달라 그 모습이 완전히 변해 있는 것과 마찬가지였다. 뱅퇴유에 대한 책을 펼쳐본 문외한은 이 세 부분이 다 같은 네 가락을 기반으로 하고 있다는 사실을 알고 놀라지만, 그렇다고 해서 그 네 가락을 한 손가락으로 아무리 쳐본들 이 세 부분의 어느 하나도 찾아내지 못한다. 그와 마찬가지로, 비둘기가 연주하는 이 애처로운 곡은 이를테면 단조(短調)로 된 아침을 알리는 닭 울음소리로, 하늘을 향하여 솟아오르지 않고, 당나귀 울음소리처럼 한결같으며, 부드러움으로 감싸여 한 마리 비둘기에서 또 다른 비둘기로 옮겨가고, 어떤 경우에도 절대로 몸을 바로 세우려 들지 않으며, 옆으로 옆으로 전하는 하소연을 첫 울음의 알레그로와 맨 끝 울음이 여러 번 질렀던 환희의 외침으로 바꾸려 들지도 않았다. 지금도 생생하게 기억하는데, 이때 나는 마치 알베르틴이 죽어가고 있기나 한 것처럼 '죽음'이란 낱말을 입 밖에 냈다. 사건이란 일어나는 순간보다도 넓고 커서, 그 순간 안에 전부 담을 수 없나 보다. 그래서 우리가 지니는 기억을 통해 사건이 미래 쪽으로 넘쳐흐름은 물론이려니와, 그 사건이 일어나기 전에도 자리를 요구하나 보다.* 일어나기 전에야 앞으로 일어날 사건을 있는 그대로 보지 못한다고 말하겠지만, 기억 속에서도 분명 사건을 바꾸고 있지 않은가?

그녀 쪽에서 내게 입맞추지 않으려는 것을 보고, 나는 이런 게 다 시간 낭비이며, 마음을 안정시키는 참된 순간은 입맞춤하고 나서부터 비롯됨을 깨닫고서 말했다. "어서 자구려, 너무 늦었으니." 이렇게 말하면 그녀는 내게 입맞출 것이며, 그 뒤는 둘이서 계속하면 그뿐이 아니겠는가. 그런데 그녀는 처음 두 번과 똑같이 "편히 쉬고, 푹 주무세요" 말하고 내 볼에 입맞출뿐이었다. 이번에는 나도 그녀를 다시 부를 용기가 나지 않았다. 하지만 심장이 어찌나 뚝딱거리는지 다시 누울 수도 없었다. 새가 새장 끝머리에서 또 한쪽 끝머리로 줄곧 오락가락하듯, 나는 알베르틴이 훌쩍 떠나버리지 않을까 하는 불안에서 비교적 평온한 상태로 쉴 새 없이 왔다 갔다 하고 있었다. 이 평정은 1분 사이에 몇 번이나 머리에 떠오르는 다음과 같은 이치에서 나온 것이었다. '아무튼 알베르틴이 예고 없이 떠날 리 없지. 하물며 아직 떠나겠다는 낌새조차 보인 적이 없거든.' 이렇게 생각하면 어지간히 안심되었으나, 곧바로 고쳐 생각하곤 했다. '하지만, 혹시나 내일 그녀가 떠나고 없다면 어쩐다지! 내 불안에는 분명 까닭이 있고말고. 어찌하여 내게 입맞추지 않았을까?' 그러자 내 가슴은 갈기갈기 찢어졌다. 그러다가 다시 조금 전의 이치를 따져봄으로써 좀 가라앉곤 했지만, 끝내는 사고가 줄곧 같은 움직임을 단조롭게 되풀이하면서 두통에 시달리고 말았다. 이와 같이 어떤 정신 상태, 특히 불안은 선택할 수 있는 길이 둘밖에 없으므로, 단순한 육체적 고통과 마찬가지로 어딘가 한정된 곳이 있어서 그 부분이 격심하게 아프기 마련이

---

* 이 구절은 알베르틴의 미처 생각지 못한 죽음에 대한 암시임.

다. 환자가 마음속으로 아픈 환부를 늘 짚어보면서 잠깐 그 자리에서 떨어졌다가 곧 되돌아오는 것처럼, 나는 내 불안을 옳다고 보는 이치와 불안을 그르다고 여기며 나를 안심시키는 이치를 언제까지나 되풀이하며 좁은 터를 어슬렁거렸다.

나는 밤의 고요 속에서 느닷없는 한 기척에 소스라쳤다. 듣기에 별다르지 않은 소리였으나 내 마음을 공포로 가득 채웠다. 알베르틴의 방 창문이 사납게 열리는 소리였다. 아무 기척도 들리지 않게 되자, 나는 이 소리가 어찌하여 나를 그토록 두렵게 했는지 생각해보았다. 그 자체로는 전혀 별다른 것이 아니었는데, 내가 그 기척에 틀림없이 두 가지 의미를 부여해 스스로를 겁나게 했는지도 모른다. 첫째, 나는 바깥공기가 들어오는 걸 몹시 싫어해서, 밤에는 절대로 창문을 열지 말자는 것이 우리 동거 생활의 약속이었다. 이는 알베르틴이 우리집에 살러 왔을 때 이미 다 설명한 사항으로, 그녀는 이것을 나의 버릇, 건강에 나쁜 버릇이라고 여기면서도 이 금지를 절대 어기지 않겠다고 내게 약속했던 것이다. 또 그녀는 내가 바라는 것을 알고 있는 경우, 마음속으로 비난할지언정 반드시 매우 조심하며 따랐으므로, 어떤 중요한 사건이 일어난다 하더라도 아침에 나를 깨우지 않던 것과 마찬가지로, 제아무리 벽난로 불 냄새가 지독한 가운데 자더라도 창문만은 열지 않으리라는 점을 나는 알고 있었다. 이는 우리 생활의 사소한 약속 가운데 하나에 지나지 않았지만, 내게 한마디 말도 없이 이를 어긴 이상, 앞으로는 아무런 거리낌 없이 모든 약속을 지키지 않으리라는 뜻을 나타내는 게 아니겠는가? 둘째, 그건 버르장머리없는 사나운 기척으로, 마치 그녀가 약이 발갛게 올라 '이런 생활은 숨이 탁탁 막힌단 말이야. 무슨 상관이람, 내게는 바깥공기가 필요하니까!' 종알대면서 창문을 벌컥 열어젖뜨린 듯했다. 나는 이런 모든 걸 정확히 그대로 생각한 건 아니지만, 올빼미 울음소리보다 더욱 정체를 알 수 없는 불길한 징조처럼, 알베르틴이 열어젖힌 창문 소리를 계속 생각했다. 콩브레에서 스완이 우리집에 저녁 식사하러 온 뒤부터 끊인 적이 없던 동요를 느꼈고, 나는 밤새도록 복도를 서성거리며 내 기척이 알베르틴의 주의를 끌기를, 그녀가 나를 가엾게 여겨 불러주기를 바랐다. 그러나 그녀의 방에선 아무런 기척도 들려오지 않았다. 콩브레에서는 어머니한테 와달라고 떼를 썼었다. 그러나 어머니의 경우엔 꾸중 듣는 게 겁났을 뿐, 내가 애정을 표시했다 해서 어머니의 애정이 줄어들지 않음을 알고 있었다. 이런 생각에 나는 알베르틴을 부르는 걸 머뭇거렸고, 그러는 사이 점점 그녀를 부르기엔 너무 늦었다는 느낌이 들었다. 그녀는 이미 잠든 지 오래인지도 모른다. 나는 방으로 돌아가 누웠다.

다음 날 나는 깨어나자마자—무슨 일이 있어도 내가 부르기 전에는 절대로 내 방에 들어오지 않기로 되어 있어서—초인종을 눌러 프랑수아즈를 불렀다. 그와 함께 '알베르틴에게 만들어주려고 마음먹은 요트 얘기를 꺼내자' 생각했다. 내 앞으로 온 편지를 받으면서 프랑수아즈를 쳐다보지도 않고 말했다. "조금 있다가 알베르틴 아가씨에게 얘기할 게 있는데, 일어나셨나?" —"그럼요, 일찍 일어나셨습니다." 한바탕 바람에 휩쓸린 양, 내 마음속에 오만 가지 불안이 단번에 이는 느낌이 들어, 그것을 가슴속에 그대로 묻어둘 수가 없었다. 쿵쾅거림이 어찌나 큰지 폭풍 한가운데 있는 듯 숨이 끊어질 것 같았다. "그래? 그럼 지금 어디 계시지?"—"아가씨 방에 계시겠죠."— "알았어! 좋아, 그럼 조금 있다가 만나지." 안도의 한숨을 내쉬니, 마음의 소란도 가라앉았다. 알베르틴이 우리집에 있는 바에야, 그녀가 있건 말건 내 알 바가 아니었다. 본디 그녀가 없을 수도 있다는 상상 자체가 어리석지 않았던가? 나는 다시 잠들었는데, 그녀가 떠나지 않을 거라고 확신했음에도 얕은 잠, 그것도 오로지 그녀에 대해서만 얕은 잠이었다. 안마당에서 공사하는 기척이라면 자면서 어렴풋이 들어도 아무렇지 않았건만 그녀의 방에서 나는 들릴까 말까 한 울림, 그녀가 문 위에 달린 종을 살짝 누르면서 발소리를 죽이고 드나드는 기척이 나를 소스라치게 하여, 아무리 깊은 잠에 빠져 있어도 그 소리가 온몸에 퍼져 가슴을 두근거리게 했다. 할머니가 돌아가시기에 앞서 며칠 동안, 의사가 혼수상태라고 일컬었던 그 무엇에도 흔들리지 않는 상태에 빠져 있었을 때, 내가 프랑수아즈를 부를 때마다 늘 하는 버릇대로 벨을 세 번 울리는 소리를 들으면, 할머니가 잠깐 나뭇잎처럼 바르르 떨었다고 했는데 나도 그와 마찬가지였다—나도 할머니가 죽기 전 이레 동안, 죽음을 앞둔 분 방의 고요를 깨뜨릴세라 될 수 있으면 조용히 벨을 울렸었는데, 나 자신도 몰랐지만 내가 누르는 벨소리는 특별해서 다른 사람 벨소리와 혼동할 수 없었다고 프랑수아즈는 잘라 말했었다. 그렇다면 나 또한 단말마의 고통에 들어섰나? 죽음이 가까이 와 있다는 증거일까?

그날과 그 이튿날, 우리 둘은 함께 외출했다. 알베르틴이 이제 앙드레와 외출하기를 싫어했기 때문이다. 나는 요트 얘기를 꺼내지도 않았다. 이 산책으로 내 기분은 아주 가라앉아버렸다. 하지만 밤이 되면 그녀는 번번이 새로운 모양으로 내게 입맞추었으므로 나는 불같이 화가 났다. 그것은 그녀가 내게 뾰로통해 있다는 표시로밖에 볼 수 없었는데, 내가 온갖 친절을 다한 뒤라 지나치게 이상한 태도로 보였다. 그러므로 내가 바라 마지않는 육체적인 만족도 얻지 못했고, 또 뾰로통한 그녀의 모습이 매우 추하게 보여서 나는 활짝 갠 이른 봄날이 계속되는 며칠 동안 여인과 여행에 대한 욕망에 눈을 떴고, 그 모든 걸 누리지 못함을 더욱 생생하게 느끼기 시작했다. 아직 고교생이었을 무렵 이미 짙어진 녹음 아래에서 여인들과 밀회하던 일, 잊었던 이 경험을 두서없이 회상한 탓인지, 우리의 거처는 여행을 계속 하면서 여러 계절을 방황한 끝에 화창한 날씨를 마주하고 사흘 전부터 여행을 그만둔 이 봄의 나라, 모든 길이 야유회, 보트 놀이, 갖가지 놀이 쪽으로 뻗은 이 봄의 고장이야말로 나무의 나라이며 여인의 나라이기도 하여, 그곳 여기저기에서 주는 쾌락이 회복기로 접어든 내 체력으로도 감당해낼 수 있을 것만 같았다. 게으름을 받아들이는 것, 몸을 사리거나 좋아하지도 않는 여인과의 쾌락만으로 참고 견디는 것, 집에 틀어박히고 여행을 단념하는 것, 이 모든 게 어제까지의 옛 세계, 공허한 겨울의 세계에서는 아직 가능했지만, 푸른 잎이 돋아나는 이 새로운 세계에서는 어림도 없는 짓이었다. 이 세계에서 나는 처음으로 존재와 행복의 문제를 마주한 아담처럼, 쌓이고 쌓인 이전의 부정적 해답에 더 이상 짓눌리지 않는 아담처럼 깨어난 것이다. 알베르틴의 존재가 나를 무겁게 짓누른다. 나는 그녀의 온순하지만 뾰로통한 꼴을 가만히 바라본다. 그리고 우리가 헤어지지 않았던 게 불행이었음을 느끼기 시작했다. 나는 베네치아에 가고 싶었고, 그 전에 루브르 박물관에 가서 베네치아의 그림을 보고 싶었으며, 뤽상부르 미술관에 가서 엘스티르의 그림 두 폭—요즘 들리는 말에 의하면 게르망트 대공부인이, 내가 그 댁에서 감탄해 마지않았던 〈춤의 기쁨〉과 〈X가문의 초상〉을 얼마 전 이 미술관에 팔았다고 한다—을 보고 싶었다. 하지만 〈춤의 기쁨〉에 그려져 있던 어떤 음탕한 자세가 행여 알베르틴에게 서민적인 오락에 대한 욕망이나 향수를 느끼게 하여, 그녀가 누리지 못한 생활, 불꽃이나 싸구려 술집 생활도 나쁘지 않다고 생각할

까 봐 꺼림칙했다. 나는 벌써부터, 알베르틴이 7월 14일 파리제 길거리 춤
판에 가게 해달라고 떼쓰지 않을까 겁이 나, 있을 성싶지 않은 사건이 터져
파리제가 열리지 않기를 꿈꾸는 처지였다. 게다가 엘스티르의 그림에는, 프
랑스 남부 지방 울창한 풍경 속에 여인의 알몸이 그려져 있어, 엘스티르 자
신은 거기에서 조작적인 아름다움, 더 적절하게 말하면 초원에 앉은 여성의
몸에서 느껴지는 흰 기념비와도 같은 아름다움밖에 보지 못했을지 모르나,
그것이 알베르틴으로 하여금—그녀가 작품의 가치를 깎아내리지 않았다고
말할 수 있을까? —어떤 쾌락을 떠올리게 했을지도 몰랐다.

  그래서 나는 할 수 없이 이쪽을 단념하고 베르사유로 가보려고 했다. 알베
르틴은 앙드레와 같이 외출하기를 싫어해 방에 틀어박혀 포르튀니 실내복
차림으로 책을 읽고 있었다. 그녀에게 베르사유에 가지 않겠느냐고 물었다.
그녀는 전에 1년의 절반을 남의 집에서 살아온 습관이 있어선지, 겨우 2분
만에 우리와 함께 파리에 돌아가기로 결정했던 때처럼, 늘 무엇에건 척척 동
의하는 장점을 지니고 있었다. 그녀가 말했다. "이 차림으로 가도 되죠? 차
에서 내리지만 않는다면." 잠깐 실내복을 감출 만한 포르튀니의 외투 두 벌
중에서 어느 것을—두 남자 친구 중 누구를 데리고 갈까 망설이듯—입을지
망설이다가, 이내 곱고 짙은 감색 외투를 골라 입고 모자에 핀을 하나 꽂았
다. 내가 외투를 입으러 나갔다 오기도 전에 그녀는 준비를 다 마쳤다. 우리
둘은 베르사유로 갔다. 이와 같은 그녀의 재빠른 행동, 절대적인 순종이 나
를 한층 안심시켰다. 불안해할 뚜렷한 동기라곤 도무지 없는 내가 새삼스레
안심하고 싶어하다니, 야릇한 노릇이다. '아무튼 걱정할 건 하나도 없다. 요
전 날 밤 창문 소리가 나긴 했지만, 그녀는 내가 부탁한 대로 바로 움직이니
까. 내가 외출하자고 말하자마자 그녀는 실내복 위에 푸른 외투를 걸쳤다.
반항하는 여인, 나와 뜻이 맞지 않는 여인이라면 그렇게 안 하겠지.' 나는 베
르사유에 가는 길에 생각했다. 우리 둘은 베르사유에서 오래 거닐었다. 산책
을 하다가 들판에 누우면 흔히 머리 위에 보이듯이, 하늘은 온통 눈이 부시
리만큼 아련한 푸른빛을 띠고 있었다. 그 푸름은 어디까지나 한결같고 그윽
하여, 결코 다른 물감은 섞이지 않았음을 느낄 수 있을 뿐만 아니라, 한없이
풍요로웠으므로, 그 실체를 아무리 깊이 밝혀낸대도 그 푸름 말고는 아무것
도 찾아낼 수 없을 성싶었다.

나는 할머니를 생각했다. 예술이나 자연의 위대성을 사랑하고, 이와 똑같은 푸름 속에 솟아 있는 생틸레르의 종루를 즐겨 바라보던 할머니가 그리웠다. 그러자 갑자기 나는, 처음엔 뭔지 알아듣지 못했으나 할머니 또한 틀림없이 좋아했을 어떤 소리를 듣고, 잃어버린 자유에 대한 향수를 새삼 느꼈다. 마치 말벌의 윙윙대는 소리와도 같았다. "저것 봐요." 알베르틴이 말했다. "비행기예요. 높기도 해라, 높기도 해라." 나는 주위를 둘러보았으나, 들판에 누운 산책자의 눈에 비치듯 검은 점 하나 없는 순수한 푸른 하늘의, 아련한 빛깔밖에 보이지 않았다. 그렇건만 여전히 윙윙거리는 날개 소리가 들려왔고, 갑자기 그 날개가 시야에 들어왔다. 높다랗게, 갈색으로 반짝거리는 작디작은 날개가 변함없는 하늘의 고른 푸른빛에 실오라기 같은 주름을 잡고 있었다. 드디어 나는 윙윙대는 소리를 그 원인에, 2천 미터는 됨직한 높이에서 날개를 떨고 있는 작은 곤충에 잇댈 수 있었다. 오늘날은 오래전부터 속도에 의하여 땅 위의 거리가 줄어들어 왔지만, 아직 그렇지 않았을 무렵에는 2킬로미터 밖을 달리는 기차의 기적 소리가 오늘날 고도 2천 미터의 윙윙거리는 비행기 소리에 나타나는 아름다움, 현재 우리를 감동시키고 앞으로도 얼마 동안 감동시킬 이 아름다움을 갖추었던 게 아닐까 하는 생각이 들었다. 왜냐하면 비행기가 수직으로 통과한 거리는 지상 2킬로미터와 같건만, 방향이 다르므로 도저히 거기까지 다다를 수 있을 성싶지 않고 거리 측정도 달라지는 듯해서, 고도 2천 미터의 비행기는 2킬로미터 떨어진 기차보다 멀지 않게, 아니, 오히려 가깝게 느껴지기조차 하기 때문이다. 윙윙거리는 그 하늘의 여행자는 언제까지나 출발 지점과 서로 사이가 떨어져 연락이 끊어지는 일 없이 한층 순수한 공간에서, 마치 잔잔한 날씨의 바다 위에 이미 멀어진 배가 지나간 자취나 산들바람의 숨결이 밀밭에 그은 긴 줄처럼, 변함없는 여로를 이어간다.

나는 과자가 먹고 싶었다. 우리는 거의 교외에 자리잡은, 그 무렵 상당히 인기 있던 큰 과자점에 들렀다. 한 부인이 가게를 나오는 참이라서 과자점 여주인에게 자기 짐을 달라고 했다. 이 부인이 떠나자, 알베르틴은 여주인의 시선을 끌려는 듯 흘끔흘끔 그쪽을 쳐다보았는데, 여주인은 이미 문 닫을 시간이 가까운지라, 찻잔과 접시, 프티 푸르(petit four) 등을 치우고 있었다. 그러다가 내가 무엇을 주문할 때에만 우리 쪽으로 가까이 왔다. 여주인은 가뜩이나 키가 큰 데다, 우리의 시중을 들기 위해 서 있었고, 알베르틴은 내 곁에 앉아 있었으므로, 그녀가 다가올 때마다 주의를 끌기 위해 금빛으로 반짝이는 눈을 안주인을 향해서 수직으로 드는 꼴이 되었다. 뿐만 아니라 상대가 바로 눈앞에 있기 때문에 눈길을 비스듬히 하여 기울기를 낮출 방법도 없어서 눈을 더욱 치떠야만 했다. 알베르틴은 그다지 머리를 들지 않고, 터무니없이 위쪽에 있는 여주인의 눈에 미치도록 눈길을 쳐들 수밖에 없었던 것이다. 나를 꺼려선지 알베르틴은 재빨리 눈길을 내리깔았지만, 여주인이 그녀에게 아무 주의도 기울이지 않자 또다시 같은 짓을 시작했다. 마치 가까이 갈 수 없는 여신한테 헛된 애원의 눈길을 연달아 올리는 것 같았다. 그러는 사이 과자점 여주인은 모든 일을 마쳐, 옆에 있는 커다란 탁자만 정돈하면 되었다. 알베르틴도 눈길을 옆으로 돌리기만 하면 되는데 여주인의 시선은 한 번도 알베르틴 쪽으로 쏠리지 않았다. 사실 이는 조금도 놀라운 일이 아니었다. 나는 이 여인과 조금 아는 사이인데, 그녀는 결혼한 몸이면서도 샛서방이 여럿 있으며, 그런 뒷구멍 관계를 빈틈없이 감추고 있음은, 그 우둔한 사람됨으로 보아 참으로 놀라 자빠질 지경이었기 때문이다. 나는 과자를 다 먹을 때까지 세심하게 여주인을 바라보았다. 정돈에 여념이 없는 그녀는, 예의에 어그러진 점이 하나도 없는 성실은 알베르틴의 눈길을 거들떠보지도 않아 그 행동이야말로 거의 예의에 벗어날 정도였다. 과자점 여주인은 언제까지나, 곁눈질도 않고서 치우고 정돈하고 있었다. 작은 숟가락과 과일칼 따위를 치우는 데에 품을 덜기 위해서 이 키 큰 미녀가 아니라 단순한 기계에게 맡겼다 해도, 흘끔흘끔 바라보는 알베르틴의 눈에서 그처럼 완전히 고립된 모습은 볼 수 없었을 것이다. 그런데도 그녀는 눈을 내리깔지도, 생각에 잠기지도 않은 채 오로지 자기 일에만 골몰하면서 그 눈을, 그 매력을 빛내고 있었다.

확실히, 만약에 이 과자점 여주인이 남달리 바보스런 여인이 아니었다면 (바보라는 소문도 있었고, 나도 경험으로 이 점을 알고 있었다), 이 초연한 태도야말로 기교의 극치로 보였으리라. 아무리 바보 같은 인간이 어리석기 짝이 없는 공허한 생활을 하고 있더라도, 제 욕망이나 이해관계가 얽히는 경우엔 당장 복잡하기 그지없는 톱니바퀴 장치에 자기를 적응시킬 수 있다는 사실을 나는 잘 안다. 그렇더라도 이 과자점 여주인과 같은 바보스런 여인에 대해서는 이런 상상이 지나치게 예민한 것인지도 모른다. 그녀의 어리석음은 상상할 수 없는 무례한 표현법으로 나타나 있었다! 과자점 여주인은 단한 번도 알베르틴을 바라보지 않았지만, 그녀 눈에 알베르틴의 모습이 안보일 리가 없었다. 이런 무례한 표현법은 알베르틴에게는 좀 냉혹한 태도였는지 몰라도, 나는 마음속으로, 알베르틴이 이와 같은 교훈을 통해 여인들이그녀에게 주의를 기울이지 않는 경우가 흔히 있음을 알아차리게 된 것을 좋아라 했다. 우리는 과자점을 떠나 다시 차에 올라 이미 집에 돌아가는 길로접어들었는데, 그때 갑자기 나는, 과자점 여주인을 따로 불러서 만일에 대비하여, 우리 둘이 과자점에 들렀을 때 나가던 부인에게 내 이름과 주소를 일러주지 말라고 부탁하지 않은 사실을 유감으로 생각했다. 나는 이 과자점에자주 주문했으므로 여주인은 내 주소를 잘 알고 있을 게 뻔했고, 사실 이런식으로 그 부인이 간접적으로 알베르틴의 주소를 알게 되는 것은 불필요한일이기 때문이다. 그러나 이런 사소한 일로 되돌아가기엔 너무 번거롭고, 그어리석은 거짓말쟁이 여주인 눈에 내가 지나치게 수선 떠는 꼴로 보일 거라고 생각했다. 다만 나는 앞으로 이레 안에 거기로 과자를 먹으러 다시 가서이 부탁을 해야겠다고, 또 말해야 할 볼일의 절반을 번번이 잊어버려서 아주간단한 일도 여러 번 나눠 해야 하는 게 귀찮다는 생각이 들었을 뿐이다.

우리는 밤늦게야 집으로 돌아갔는데, 길가 여기저기에서 병사의 붉은 바지곁에 치마가 보여, 몇 쌍의 연인들이 있음을 드러내고 있었다. 우리 차는 돌아가는 길에 마요(Maillot) 문을 지났다. 파리의 역사적 건물들은 마치 파괴된 도시의 겨냥도를 고쳐 그리려고나 한 듯이 선(線)만 있고 두께는 느껴지지 않는 건물의 순수한 소묘로 바뀌어 있었다. 그러나 그림 가장자리 쪽에는파르스름한 윤곽이 아련히 솟아 있었는데, 찔끔찔끔 감질나게 보여주는 감미로운 빛깔의 조화가 아쉬워서 여기저기 두리번거리는 허기진 눈에 도시의 모습이 희미하게 떠올랐다. 달빛이었던 것이다. 알베르틴은 달빛에 감탄했다.나는 감히 알베르틴에게 말을 꺼내진 못했으나, 나 혼자였다면, 혹은 미지의여인을 찾고 있었다면 이 달빛을 얼마나 더 잘 음미했을까 생각해보았다. 나는 월광을 노래한 시구와 산문을 알베르틴에게 암송해주고, 옛날엔 은빛이던달이 샤토브리앙에 의해, 또 〈에비라드뉘스(Eviradnus)〉와 〈테레즈네 집의잔치(Fête chez Thérèse)〉의 빅토르 위고에 의해 푸른빛이 되어버렸고, 보들레르와 르콩트 드 릴에 의해 다시 노란 금속성으로 돌아갔음을 설명해주었다. 그리고 〈잠자는 보즈(Booz endormi)〉*1의 끝부분에 있는 초승달을 그린 비유*2를 그녀에게 떠올리게 하면서, 이 시를 모두 암송해 들려주었다.

알베르틴의 생활을 돌이켜보면, 이루 말할 수 없는 숱한 욕망으로 뒤덮여 있을 뿐만 아니라, 한 욕망은 금세 사라지고 다른 욕망으로 바뀌었는데, 그것은 서로 모순되기가 일쑤였다. 아마도 거짓말이 그걸 더욱 복잡하게 만들었을 것이다. 이를테면 그녀가 전에 "저기 저 아가씨 예쁘죠? 골프를 썩 잘 치는 아이에요" 말해서 내가 그 아가씨의 이름을 물으니, 그녀는 성의 없고 무관심하며 초연한 태도—이 태도는 늘 자유자재로 사용할 수 있는지, 그녀와 같은 족속의 거짓말쟁이는 누구나 다 어느 물음에 대꾸하고 싶지 않으면 반드시 이 태도를 취하고, 게다가 결코 실수하지 않는다—를 보이면서 대답한다. "글쎄! 뭐더라(내게 가르쳐주지 못하는 게 매우 유감스럽다는 듯), 한 번도 들은 적이 없는걸요. 골프장에서 만났지만 이름은 몰라요." 그런데 그때의 대화가 한 달쯤 뒤에는 어렴풋해져서, 내가 다시 "알베르틴, 요전에 당신이 얘기했던 예쁜 아가씨 말이야, 골프를 썩 잘 친다" 하고 물으면, 그녀는 "네, 생각나요. 에밀리 달티에 말이군요. 그 애는 뭐하고 있는지 모르겠어요"라며 무심코 대답할 정도였다. 게다가 거짓말은 전투 준비로 구축해놓은 지역인 야전진지(野戰陣地)처럼 방위하던 곳이 함락되자, 재회의 가능성으로 이동한다. "글쎄! 어디더라, 주소를 들은 적이 없어서요. 당신에게 일러줄 만한 이가 있을지 모르겠네요. 천만에! 앙드레는 그 애를 알지도 못해요. 그 애는 이제 깨져버린 우리의 작은 동아리도 아니었는걸요." 또 한 번은 거짓말이 앙큼스런 고백처럼 들리기도 한다. "아이 속상해! 만약 1년에 30만 프랑씩만 가질 수 있다면……." 그녀는 입술을 깨문다. "있다면, 알베르틴, 어쩔건데?"—"당신한테 부탁할 거예요." 내게 입맞추면서 말한다. "맡아달라고 말이에요. 여기보다 더 행복한 곳이 또 어디 있겠어요?" 거짓말인 줄 빤히 알고 있어도, 그녀의 생활이 얼마나 자주 변하고, 그녀의 가장 큰 욕망이 얼마나 순식간에 달라지는지 도저히 믿지 못할 정도였다. 그녀는 한 인물에게 흠뻑 빠져 있다가도 사흘만 지나면 집에 오는 것조차 싫다

---

*1 구약성서 〈룻기〉를 소재로 한 위고의 시. 여기서 '보즈'는 성서의 '보아스'를 말함.

*2 '별의 들판에서의 이 황금의 낮(Cette faucille d' or dans le champ des étoiles)'이라는 시구를 가리킴.

고 한다. 그림을 다시 시작하겠다고 마음먹은 그녀에게 내가 캔버스와 물감을 사주기까지의 한 시간도 참지 못한다. 이틀 동안 그녀는 안달복달하여 젖떨어진 갓난애처럼 눈물을 글썽거리다가 금세 말라버린다. 인간, 사물, 그때그때 하는 일, 예술, 고장에 대한 그녀의 감정은 이와 같이 변덕스럽고, 사실 모든 일에 그러해서, 그녀가 설령 돈을 좋아했더라도—나는 이를 곧이듣지 않지만—다른 경우와 마찬가지로 오래도록 집착하지 못했을 것이다.

"아이 속상해! 만약 1년에 30만 프랑씩만 가질 수 있다면." 그녀가 이렇게 말했을 때, 혹여 좋지 못한 의사를 드러냈더라도 그것은 금세 사그라들어, 마치 할머니가 갖고 있던 세비녜 부인의 책에서 레 로셰(Les Rochers)*의 그림을 보고서 거기에 가고 싶다든가, 골프 친구와 만나고 싶다든가, 비행기를 탄다든가, 숙모와 함께 성탄절을 보낸다든가, 그림을 다시 시작한다든가 하는 것과 마찬가지로 그 계획에 오래도록 집착하지 못했을 것이다.

"결국, 우리 둘 다 배고프지 않았으니, 베르뒤랭 댁에 들러도 좋았을 텐데요. 마침 손님 대접하는 날이고 시간도 맞았으니까." 그녀가 말했다. "당신은 그들에게 화내고 있지 않아?"—"하긴 그들에 대한 안 좋은 얘기들이 많긴 하죠. 그래도 사실 그렇게 고약한 사람들은 아니에요. 베르뒤랭 부인은 늘 나한테 친절했거든요. 또 남들과 늘 틀어져 있을 수도 없는 노릇이고. 그들에게 결점이 없는 건 아니지만 세상에 결점 없는 사람이 있겠어요?"—"당신 옷이 그 댁에 갈 만한 차림이 못 되니 집에 돌아가 갈아입어야 하고, 그러자면 너무 늦어."—"그렇군요, 옳은 말씀, 이대로 돌아갑시다." 알베르틴이 대답했는데, 나는 그 고분고분한 태도에 늘 어리둥절해지고 말았다.

온도계가 더위로 갑자기 올라가듯이, 그날 밤 날씨는 대번에 좋아졌다. 봄날 아침이면 나는 일찍 일어나므로 곧잘 침대에서 향기로운 공기 속을 달리는 전차 소리를 듣곤 했는데, 그 공기는 조금씩 달아오르며 정오의 응결과 밀도에 이르렀다. 내 방 안은 오히려 서늘해, 끈적끈적한 공기가 세면대 냄새, 옷장 냄새, 긴 의자 냄새에 니스를 칠한 듯 그것을 고립시켜버리자, 커튼과 푸른 양단의 안락의자 광택에 더한층 부드러운 윤을 내는 아련한 유백

* 세비녜 부인의 별장.

색 빛 속에서, 이런 냄새가 벌떡 일어나 각각의 얇은 조각을 나란히 세워놓은 듯하다. 그것만으로도 나는—내 상상력의 한갓 변덕에서가 아니라 실제로 가능한 일이었기 때문에—발베크에서 블로크가 살던 곳과 같던 어느 교외의 신개지(新開地)에서, 햇빛에 눈부신 거리를 걷는 내 모습이 선했다. 내가 그런 거리에서 바라보는 것은 싱겁기 짝이 없는 도살장이나 흰 석재(石材)가 아니라, 내가 가고 싶으면 금세 갈 수 있는 시골의 식당인데, 거기에 닿자마자 버찌나 살구의 설탕절임 냄새, 능금주와 그뤼예르 치즈 냄새가 풍겼다. 그 냄새는 희미하게 빛나는 응고된 그늘 속에 매달려서 마노(瑪瑙)의 속 같은 미묘한 줄무늬를 그리고, 한편 프리즘 같은 유리의 나이프 받침은 거기서 무지개를 만들거나 밀초를 먹인 식탁보 위 여기저기에 공작 꽁지 같은 눈알 무늬를 그리고 있다.

바람이 고르게 천천히 세게 일듯이 자동차 한 대가 창 밑을 지나가는 기척을 듣고 나는 즐거웠다. 가솔린 냄새가 났다. 예민한 이들은 이 냄새를 유감스런 것으로 생각할지 모르고(그들은 한결같이 물질주의자로 가솔린 냄새가 전원의 아취를 망친다고 여긴다), 또 사실의 중요성을 믿는 나머지, 만일 인간의 눈이 더 많은 빛깔을 보고 코가 더 많은 향기를 맡을 수 있다면 인간은 더 행복해지고, 더 숭고한 시를 지어낼 수 있다고 공상하는 이들, 그들 나름대로 물질주의자인 어떤 사상가들도 그렇게 생각할지 모른다. 그러나 이런 공상은, 검은 옷 대신 사치스러운 옷을 입을 때 더 아름다운 인생이 된다고 여기는 사람들의 순진한 생각을 철학적으로 가장한 것에 지나지 않는다. 하지만 내게(나프탈렌이나 쇠풀 같은 방충제 냄새가 그 자체로는 불쾌하지만, 발베크에 도착하던 날에 본 바다의 순수한 푸름을 상기시켜 나를 흥분케 하듯이) 이 가솔린 냄새는, 생장 드 라 에즈에서 구르빌*까지 다니던 그 찌는 듯한 나날에 자동차 기관이 내뿜는 연기와 함께 끊임없이 희끄무레한 푸른 하늘 속으로 사라져간 냄새이자, 알베르틴이 그림을 그리던 그 여름 오후 동안 내 산책에 따르던 냄새였으므로, 지금 어두컴컴한 방 안에 있는데도, 내 좌우에 수레국화와 개양귀비와 분홍색 자운영의 꽃을 피워 전원 냄새처럼 나를 황홀케 했다. 그것은 아가위꽃 앞에 들러붙은 듯한 한정되고 고정된 냄

---

* 《소돔과 고모라》에서 프루스트가 공백으로 남겨놓았던 부분임—플레이아드판 주.

새, 끈끈하고도 조밀한 요소에 사로잡혀 생울타리 앞에 걸쭉하게 감도는 그런 냄새가 아니다. 그 냄새 앞에서 길은 쏜살같이 달아나고, 지형은 모습을 바꾸며, 별장이 달려오고, 하늘빛은 옅어지며, 갖가지 힘이 불끈 솟은 듯한 냄새, 비약과 힘의 상징 같은 냄새, 발베크에서 유리와 쇠로 된 궤짝*1을 타고 싶어하던 그 욕망을 새삼 불러일으키는 냄새이다.

그러나 이번에는 너무도 친숙한 여자와 둘이서 친한 집을 방문하려는 게 아니라, 새로운 고장에서 낯선 여자와 사랑을 나누기 위해 차를 타려는 것이다. 이 냄새에는 스쳐가는 자동차의 경적이 늘 따르게 마련이어서, 나는 군대 나팔처럼 그 경적에 말을 붙이곤 했다. '일어나라, 일어나, 파리지엔들아, 들판에서 점심 먹자, 강에서 보트 타자, 예쁜 아가씨와 나무 그늘로 가자. 일어나라, 일어나.' 이러한 몽상이 어찌나 즐거웠던지, 내가 부르지 않는 한 프랑수아즈건 알베르틴이건, 그 어떠한 '소심한 자'도 '이 궁궐의 내전으로' 나를 방해하러 오지 못하는,

Une majesté terrible
Affecte à mes sujets de me rendre invisible.

무시무시한 위엄이
나의 신하들에게 내가 보이지 않게 만들도다.*2

이 '엄격한 계율'이 나는 기쁘기 그지없었다.

그런데 갑자기 무대장치가 바뀌었다. 이제는 옛 인상의 추억이 아니라, 요즘 포르튀니의 푸른빛과 금빛 실내복에 의해 생각난 옛 욕망이 내 눈앞에 다른 봄을 펼쳤다. 잎이 우거진 봄이 아니라, 내가 이제 막 중얼거린 베네치아라는 이름 때문에 오히려 나무와 꽃들을 갑자기 헐벗긴 봄이었다. 불순물이 걸러져서 그 본질로 되돌아간 봄, 더러운 흙이 아니라 맑고 푸른 물을 점차 발효시키면서 나날이 조금씩 길어지고, 더워지며, 꽃피는 봄. 봄의 그 물은 봄다우면서도 꽃관을 쓰지 않고, 오직 그 물의 반사에 의해서만 5월에 응답

---

*1 자동차를 가리킴.
*2 〈에스더〉 제1막 3장에서 인용.

할 수 있을 뿐, 5월에 의해 만들어지고, 우중충한 사파이어 같은 알몸을 드러낸 채 꼼짝 않고 반짝거리면서, 5월에 딱 들어맞는 물이다. 그리고 계절이 바뀌어도 꽃피지 않는 이 베네치아의 뭍과 가까운 바다에 아무런 변화도 가져다주지 않듯이, 근대라는 세월도 이 고딕 도시에 아무런 변화도 주지 않았다. 나는 그런 사실을 머릿속으로는 알면서도 상상할 수는 없었다. 아니, 어렸을 적에 애타게 떠나고 싶어했기 때문에 도리어 마음속에서 출발할 기력이 꺾이고만 그 소년의 욕망으로 베네치아를 그리면서, 나는 내가 공상하는 베네치아를 마주 보고, 그 도막도막 끊긴 바다가 대양(大洋)이라는 강의 물결이 굽이치는 흐름으로써 세련된 도시 문명을 둘러싸고 있는 모습을 바라보길 갈망했다. 더욱이 그 문명은 푸른 띠에 의해 고립되어 외따로 떨어져서 발전하고, 회화나 건축의 독자적인 유파(流派)를 이룩했던 것이다. 그것은 색깔 있는 돌로 만든 과일이나 새가 있는 우화(寓話)의 정원, 바다 한가운데에 꽃피는 정원이다. 바다는 이 정원을 윤택하게 하고, 기둥머리의 힘찬 돋을새김 위로 어둠속에서 눈을 뜨고 있는 암청색의 눈처럼 빛의 반점(斑點)을 던져 그 빛을 끊임없이 뒤흔들고 있다.

그렇다, 출발이다. 이제는 출발할 때다. 알베르틴이 더 이상 나한테 화내지 않는 듯이 보인 뒤로, 그녀를 소유하는 일도 다른 온갖 행복을 버릴 만큼의 행복이란 생각은 들지 않았다(행복의 희생은 고뇌와 근심을 피하고 싶어서인데, 그 고뇌와 근심이 이제는 가라앉았기 때문이리라). 한때는 도저히 뚫을 수 없을 것 같던 헝겊 씌운 둥근 테를 거뜬히 뚫고 말았다. 소나비를 그치게 하고, 싱싱하고 푸른 미소를 되찾기도 했다. 이유를 모르는 증오, 어쩌면 끝없을 증오의 고통스런 신비도 가뭇없이 사라졌다. 이렇게 된 이상 우리는, 불가능한 것으로 알았던 행복, 잠시 멀리했던 행복의 문제를 다시 마주 대한다. 알베르틴과의 동거 생활이 다시 가능하게 된 지금, 그녀가 나를 사랑하지 않으므로, 이 생활에서는 불행밖에 남지 않을 거라고 느꼈다. 그러니 차라리 그녀의 동의를 얻어 화기애애한 가운데 그녀와 헤어지고, 이 화기애애함을 추억으로 길이길이 되씹는 편이 낫다. 그렇다. 지금이야말로 이별할 때이다. 먼저 앙드레가 파리를 떠나는 날짜를 정확히 알아내서, 그날에 알베르틴이 절대 네덜란드로도 몽주뱅으로도 가지 못하도록, 봉탕 부인에게 강력히 손을 써야 한다. 우리가 연애 분석에 좀더 익숙하다면, 설사 여자를 둘러싼 싸움 때문에 죽도록 고통을 겪을망정 경쟁자라는 평형추(平衡錘)가 있으므로 여자를 좋아하는 경우가 많다는 사실을 이해할 수 있을지도 모른다. 이 평형을 이루게 하는 평형추가 없어지면 여자의 매력도 사라져버린다. 이것을 예방하기 위한 뼈아픈 보기로서, 사귀기 전에 잘못을 저지른 여자, 언제나 위험한 상황에 빠져 있는 여자, 연애가 계속되는 동안 끊임없이 다시 정복해야 하는 여자를 사내들은 특히 좋아한다. 이와 반대로 나중에 오는 전혀 극적이지 않은 보기로는, 여자에 대한 애정이 식어가는 것을 느낀 사내가 알지 못하는 동안 자신이 끄집어낸 법칙을 적용하여, 확실하게 상대방을 계속 사랑할 수 있도록, 날마다 여자를 위험한 곳으로 보내어 자기 보호가 필요하게끔 만드는 것이다(이 보기는, 여자에게 무대에 나가지 말라고 요구하는 사내—하기야 그 사내도 여인이 무대에 섰기 때문에 그녀를 사랑했지만—들과는 정반대이다).

이와 같이 출발에 아무런 지장이 없게 되었을 때 오늘처럼 화창한 날을 택하자—앞으로 많을 터이니—알베르틴에게 내가 무관심하게 되는 날, 수많은 욕망에 마음이 쏠리는 날을 택하자. 먼저 그녀를 보지 않은 채 외출해야겠지. 그러고 나서 일어나 부랴사랴 준비하고 그녀 앞으로 몇 자 적어놓는 것이다. 이때에는 내 마음을 동요시킬 만한 장소에 그녀가 갈 리 없으니까, 그녀가 못된 짓을 하지 않을까 여행 중에 걱정하지 않아도 괜찮으니—더욱이 지금은 그녀가 못된 짓을 하건 말건 내 알 바 아닌 성싶었으므로—이 기회를 이용하여 그녀를 보지 않은 채 베네치아로 떠나자.

나는 안내서와 시간표를 사오라 부탁하려고 초인종을 눌러 프랑수아즈를 불렀다. 나는 어릴 적에도 베네치아 여행을 준비코자 이런 심부름을 시킨 적이 있었는데, 그때도 지금과 똑같이 이 여행으로 강렬한 소망을 이루고자 했던 것이다. 나는 까맣게 잊고 있었으니, 그 뒤, 아무런 기쁨도 느끼지 못한 채 이룬 소망은 발베크에 대한 소망이었다. 베네치아 또한 눈에 보이는 현상인 바에야, 말로 표현 못할 하나의 꿈, 봄 바다로 현재에 다시 태어난 고딕 시대의 꿈, 다정하게 어루만지는 듯한, 손에 잡히지 않는 신비스럽고도 어렴풋한 마술의 모습으로 이따금 뇌리를 스치는 하나의 꿈을 실현하는 일은 발베크의 경우와 마찬가지로 아마도 어려울 것이다. 초인종 소리를 알아듣고 프랑수아즈가 들어왔다. 그녀는 자신의 말과 행동을 내가 어떻게 받아들이는지 끊임없이 탐색하면서 "아이고 맙소사"를 연발하며 말하기 시작했다. "오늘따라 이렇게 늦게서야 초인종을 누르시다니 어찌할 바를 통 모르겠네요. 오늘 아침 8시쯤, 알베르틴 아가씨가 나한테 자기 짐을 내달라고 하지 뭡니까. 쇤네야 감히 안 된다고도 못하고, 도련님을 깨웠다간 욕을 한 바가지 들을까 봐 그러지도 못하고. 좀 있으면 초인종을 누르시겠지 누르시겠지 하는 생각에, 아가씨를 여러 말로 구슬려보았습니다만 허탕이었어요. 아가씨는 마다하시고, 이 쪽지를 도련님께 드리라 하고는 9시에 떠나버리셨어요." 그러자—인간이란 제 마음속을 이다지도 모른단 말인가, 지금까지 알베르틴에 대해 아랑곳없다는 듯 스스로 믿어왔건만—나는 숨구멍이 탁 막혀 두 손으로 심장을 움켜쥐었다. 그 손은 알베르틴이 경편열차 안에서 뱅퇴유 아가씨의 여자친구에 대해 폭로한 뒤로는 한 번도 경험하지 못한 식은땀으로 갑자기 축축했다. 나는 가까스로 입을 열었다. "아아, 그래! 괜찮아, 프랑수아즈, 고마워. 물론이지, 나를 깨우지 않아도 되었고말고. 잠시 혼자 있게 나가줘, 조금 이따 부를 테니."

제6편
# 사라진 알베르틴
## Albertine Disparue
〈소돔과 고모라 Ⅲ〉

# 제1부

"알베르틴 아가씨가 떠나셨습니다!" 고뇌는 심리학보다 훨씬 깊게 마음속을 파고든다! 조금 전까지 나는 자기 분석을 하면서, 이렇게 얼굴도 마주하지 않고 헤어지는 것이야말로 내가 진정 바라던 바라고 믿었다. 그리고 알베르틴이 내게 주는 보잘것없는 쾌락과 그녀 때문에 이루지 못한 수많은 욕망을 비교하면서(이러한 욕망은 그녀가 확실하게 내 집에 있으면서 나를 정신적으로 압박했기 때문에 내 마음 전부를 차지할 수 있었던 것이며, 알베르틴이 떠났다는 소식을 듣는 순간 그녀와 겨룰 마음도, 힘도 사라져버렸지만) 나는 자신이 꽤 영악한 인간이라고 생각하며, 더 이상 그녀를 보고 싶지도 사랑하지도 않는다고 결론지었다. 그러나 '알베르틴 아가씨가 떠나셨습니다'라는 한마디는 내 마음속에 오래 배겨낼 수 없는 고통을 불러일으켰다. 나는 당장 그 고통을 가라앉혀야만 했다. 죽어가는 할머니에게 나의 어머니가 그랬듯이, 사랑하는 사람의 고통을 그냥 두고 볼 수 없는 심정으로 나 자신에게 이렇게 타일렀다. "조금만 참아, 이제 곧 약을 찾아줄 테니. 안심해라, 네가 그토록 괴로워하게 내버려두진 않을게." 아까 초인종을 울리기 전에 알베르틴이 떠나든 말든 아무래도 상관없으며 차라리 떠나줬으면 좋겠다던 생각은, 그런 일이 일어날 리 없다고 내가 굳게 믿었기 때문이라는 사실을 어렴풋이 깨달으며, 나의 자기보존 본능은 다음과 같은 생각 속에서 쩍 벌어진 상처에 바를 최초의 진통제를 찾기 시작했다. '이건 아무 일도 아니야. 곧 그녀를 다시 돌아오게 할 테니까. 방법을 생각해보자. 어쨌든 알베르틴은 오늘 밤 안으로 분명히 돌아올 테니 안달할 것 없어.'

'이런 일은 아무 일도 아니야' 하며 내가 스스로를 타이르는 것만으로 만족한 것은 아니다. 나는 프랑수아즈한테도 그런 인상을 주기 위해 그녀 앞에서 괴로워하는 꼴을 보이지 않으려고 애썼다. 왜냐하면 그토록 격렬하게 번뇌를 느끼는 순간에도 내 사랑은 잊지 않았기 때문이다. 이것이 행복한 사랑, 서로 그리워하여 잊지 못하는 사랑인 듯이 보이는 게 중요하며, 특히 알베르틴을 싫어하여 늘 그녀의 성실성을 의심해온 프랑수아즈의 눈에 그렇게 보이는 것이 얼마나 중요한가 잊지 않았다. 그렇다, 방금 프랑수아즈가 내 방에 오기 전까지 나는 이제 알베르틴을 사랑하지 않는다고 생각했으며, 정확한 분석가로서 어느 것 하나도 놓치지 않고 내 마음속 밑바닥까지 잘 파악한 줄 알고 있었다. 그런데 우리 지성이 아무리 명석하다 해도 마음을 이루는 요소를 남김없이 인지하지는 못하며, 그러한 요소는 대부분의 경우 금세 기화 상태가 되므로, 어떤 까닭으로 그것이 따로 떨어져서 고정되기 전까지는 그것을 알아채지 못하고 지나친다. 내 마음속을 똑똑히 헤아려보았다고 여겼던 것은 착각이었다. 그러나 정신의 가장 섬세하고 예민한 지각으로도 주어지지 않았던 이 인식이 방금 돌연히 찾아온 고통을 통해, 마치 소금 결정처럼 단단하고 반짝거리는 기묘한 형태로 내게 주어졌다. 알베르틴이 늘 곁에 있는 데 푹 젖어 있었던 내게 느닷없이 '습관'의 새로운 얼굴이 보이기 시작했다. 지금까지 나는 습관이라는 것이 무엇보다도 지각의 독창성을 말살하고, 지각의 의식까지 없애버리는 파괴력이라고 여겨왔다. 그런데 이제는 습관이 무시무시한 신처럼 보이기 시작한 것이다. 더구나 그 무미건조한 얼굴은 우리에게 확실히 연관되어 우리 마음속 깊이 파고 들어와 있어서, 만일 습관이 우리를 떠나 등을 돌린다면, 이제껏 그 존재를 거의 알아채지 못했던 이 신은 어떤 고통보다도 무서운 고통을 맛보게 하며 죽음만큼이나 잔혹한 것이 된다.

알베르틴을 돌아오게 할 방법을 찾아내기 위해 가장 먼저 해야 할 일은 그녀가 써놓고 간 편지를 읽는 것이었다. 그 방법은 이미 내 손안에 있는 듯한 느낌이 들었다. 왜냐하면 미래는 아직 우리의 사고 속에만 존재하고 있었으며, '마지막 순간에' 의지를 끼어들게 하면 바꿀 수 있을 것 같아서였다. 하지만 동시에 나는 지금까지 미래에는 나 말고 다른 힘도 작용하는 것을 볼 수 있었고, 설사 시간이 좀더 있다 해도 도저히 그 힘에 저항할 수는 없었으리라는 점을 돌이켜보았다. 만일 앞으로 일어날 일에 대해 우리가 무력하다면 아직 시간이 남아 있다 한들 무슨 소용이 있겠는가? 알베르틴이 내 집에 있었을 때 나는 내가 먼저 헤어지자는 말을 꺼내기로 결심했지만, 그러기도 전에 그녀는 떠나버렸다. 나는 알베르틴의 편지를 펼쳤다. 거기에는 이렇게 쓰여 있었다.

"이제부터 쓰는 몇 마디를 직접 말하지 못하고 떠나는 것을 용서하세요. 너무 겁쟁이라 당신 앞에 서면 언제나 긴장하는 탓에, 나는 얘기하려고 무던히 애써봤지만 도저히 용기가 나지 않았어요. 내가 말하고 싶었던 건 다름이 아니라, 우리가 더 이상 같이 살아서는 안 된다는 사실이에요. 당신도 요전 날 밤의 싸움으로 우리 사이에 뭔가 달라졌다는 것을 느끼셨겠지요. 그날 밤에는 그럭저럭 화해할 수 있었지만, 며칠 못 가서 다시는 돌이킬 수 없는 일이 될 거예요. 우리는 다행히 화해했으니까, 이대로 좋은 벗으로 헤어지는 편이 나아요. 그래서 사랑하는 당신에게 이 편지를 쓰기로 했어요. 당신을 조금 슬프게 하는 일이 될지도 모르지만, 나 또한 정말 슬프다는 것을 생각해서 부디 용서하세요. 사랑하는 오라버니, 나는 당신의 적이 되고 싶지 않아요. 하지만 조금씩, 그것도 어쩔 줄 몰라 하는 사이에 당신한테 아무 의미도 없는 여자가 될 거라고 생각하니 너무나 가슴이 아파요. 내 마음은 이제 바뀌지 않을 터이니, 이 편지를 프랑수아즈를 통해 당신에게 전하기 전에 프랑수아즈한테 내 짐을 가져다달라고 부탁하겠어요. 그럼 안녕히. 나의 가장 좋은 마음을 당신에게 두고 갑니다. 알베르틴."

이런 건 다 아무 의미도 없다고 나는 자신에게 말했다. 이건 내가 생각한 것만큼 그리 나쁜 일이 아니다. 왜냐하면 그녀는 진심으로 그렇게 생각하고 있지 않으며, 그저 내게 강한 충격을 가하여, 내가 겁을 먹고 다시는 자기를 들볶지 않도록 하기 위해 이 편지를 썼을 게 뻔하니까. 아무튼 알베르틴이 오늘 밤 안으로 돌아오도록 서둘러 손을 써야 한다. 봉탕 부부를 내게서 돈을 갈취하기 위해 조카딸을 이용하는 수상쩍은 사람들로 생각하는 건 좀 씁쓸하지만, 뭐 그렇다 한들 어떠랴. 알베르틴이 오늘 밤 이곳으로 돌아오게 하기 위해 내 재산의 절반을 봉탕 부인에게 줘야 한다 해도, 알베르틴과 내가 둘이서 즐겁게 살아가는 데 충분한 재산이야 남겠지. 그렇게 생각하면서 나는 그녀가 탐내던 요트와 롤스로이스 자동차를 오늘 아침에 주문하러 갈 틈이 있을지 계산해보았다. 이제 주저하는 마음은 씻은 듯이 사라졌으며, 어제만 해도 그녀에게 그런 걸 사주는 건 말도 안 되는 일이라고 생각했던 사실은 까맣게 잊어버렸을 정도였다.

혹시 봉탕 부인의 동의만으로는 충분하지 않아서, 알베르틴이 숙모의 명령에 고분고분 따르지 않고, 내 곁에 돌아오는 조건으로서 앞으로는 무슨 일이든 자기 마음대로 하게 해달라고 요구한다 해도 좋지, 좋고말고. 어떠한 고통이 닥쳐온다 해도 그녀 맘대로 행동하게 내버려둬야지. 하고 싶다면 혼자 외출하라지. 내게 가장 소중한 것을 위해서라면 아무리 괴롭더라도 희생을 치를 각오가 있어야 한다. 오늘 아침 내가 엄밀하고도 어리석은 억지 이론으로 믿어버린 바와는 달리, 알베르틴이 이 집에서 사는 게 중요하다. 게다가 그녀에게 그런 자유를 허락하는 것이 내게 그토록 고통스러운 일이라고 할 수 있을까? 그렇다고 말하면 거짓말이리라. 나는 이미 자주 느끼고 있었다. 내게서 멀리 떨어진 곳에서 그녀가 나쁜 짓을 하게 내버려두는 고통이, 내 집에서 나와 함께 있으면서 그녀가 지루해하는 걸 느꼈을 때 겪는 슬픔에 비하면 그나마 보잘것없다는 사실을. 물론 어디로 외출하고 싶다는 얘기를 들었을 때, 난잡한 모임에 나갈 계획임을 알면서도 그녀를 보내주는 것은 내게는 잔혹한 일이다. 그러나 그녀에게 '우리 배를 타고 다녀와. 아니면 기차도 괜찮겠지. 한 달쯤 어디 내가 모르는 곳에 다녀오구려. 거기서 당신이 뭘 하고 있는지 내가 하나도 모를 곳으로' 말하는 것은, 그녀가 먼 곳에서 나를 다른 사람과 비교해보면 역시 내가 낫다는 생각이 들 테고 따라서 기꺼이 돌아와줄 거라고 믿을 수 있어서, 대부분의 경우 내 마음에 들었던 대사였다. 게다가 그녀 자신도 돌아오고 싶어할 게 틀림없었다. 그녀는 그런 자유를 전혀 요구하지 않았으니 날마다 새로운 즐거움을 주기만 하면 그 자유를 천천히 제한하는 건 어려운 일이 아니었다. 그래, 알베르틴이 바라는 것은 함께 있을 때 내가 그녀의 비위를 지나치게 건드리지 않는 것이고, 특히—지난날 오데트가 스완에게 바랐듯이—내가 그녀와 결혼하기로 결심하는 것이다. 일단 결혼하고 나면 그녀도 독립이라는 것에 그리 집착하지 않을 터였다. 우리 둘은 계속 이 집에서 행복하게 사는 것이다! 물론 그렇게 되면 베네치아로 가는 건 분명 단념하게 될 테지. 그러나 베네치아처럼 무슨 수를 써서든 가고 싶었던 도시라도—더구나 더할 나위 없이 마음씨 좋은 살롱의 여주인들이나 갖가지 기분전환, 게르망트 공작부인이나 연극 구경 같은 것들은 말할 것도 없이 베네치아에 가는 것보다 더 좋지만—우리가 누군가의 마음과 괴로운 인연으로 맺어져 있어서 좀처럼 끊을 수 없다면, 얼마나 시시하고 빛바랜 죽어버린 도시가 되고 마는지! 게다가 이 결혼 문제에서는 알베르틴의 말이 절대적으로 옳다. 어머니도 이렇게 어영부영 미루는 것은 보기에 좋지 않다고 하셨으니까. 나는 벌써 오래전에 그녀와의 결혼을 행동으로 옮겼어야 했다. 그것이야말로 이제부터 내가 해야 할 일이며, 그녀가 편지를 쓴 이유이리라. 그 편지 속의 단 한 마디도 그녀의 본심이 아니다. 내가 원하는 것만큼이나 그녀도 이곳으로 돌아오고 싶은 게 틀림없다. 곧 그녀가 얼마 동안 이곳으로 돌아오기를 단념한 것도 오로지 이 결혼을 실현하기 위해서이다. 그렇다, 그녀의 바람은 돌아오는 것이고, 그것이 그녀의 행동이 의도하는 목적이라고 나의 광대한 이성이 내게 말했다. 그러나 그렇게 말하면서도, 내 이성이 최초에 세운 가설에서 한 발짝도 움직이려 하지 않는 것을 나는 느끼고 있었다. 게다가 끊임없이 정당성이 증명되고 있었던 것은 또 하나의 가설이라는 점도 똑똑히 느낄 수 있었다.

사실 이 제2의 가설은, 알베르틴이 뱅퇴유 아가씨나 다른 여자친구들과 깊은 관계가 있었을지도 모른다는 대담한 단언은 결코 아니었다. 하지만 우리가 앵카르빌 역에 들어선 순간, 그 무서운 소식이 마구 달려들어 나를 사로잡고 말았을 때, 제2의 가정은 옳았음이 판명된 것이다. 그렇다 해도 그 뒤에 알베르틴이 이런 식으로 예고도 없이 말릴 틈도 안 주고 내게서 떠나고 말리라는 것을, 이 가설은 한 번도 예상한 적이 없었다. 어쨌든 이런 뜻하지 않은 삶의 큰 비약을 당하고 보니, 눈앞에 보이는 현실, 물리학자의 발견, 범죄와 혁명의 등 뒤를 캐는 예심 판사의 조사, 역사가의 발견이 우리에게 드러내 보이는 현실과 마찬가지로 내게 매우 새로웠더라도, 그 현실은 제2의 가설 위에 세워진 빈약한 예상을 넘어선 것이면서 또한 그 예상을 실현한 것이기도 하다. 이 제2의 가설은 지성에서 온 것은 아니다. 또 알베르틴이 내게 키스하지 않았던 저녁이나 거칠게 창문 여는 소리가 들렸던 밤에 내가 품었던 까닭 모를 공포, 그 두려움은 이유 없는 것이었다. 그러나—수많은 삽화가 이미 밝혀주고 있듯이, 그 뒤의 이야기는 그것을 더욱더 잘 보여주겠지만—진실을 파악하는 데 지성이 가장 치밀하고, 가장 강력하며, 가장 적합한 도구가 아니라 해도, 그래서 오히려 더욱 지성으로 시작해야지, 무의식의 직관이나 좋지 않은 예감 같은 것을 손쉽게 믿으면 안 된다. 물론 우리의 마음과 정신에 가장 소중한 무엇을 가르쳐주는 것은 논리적 사고가 아니라 다른 힘이며, 우리가 그 사실을 하나하나의 사례를 통해 천천히 깨닫도록 해주는 것이 바로 인생이다. 그리고 그런 때에는 지성 스스로 다른 힘이 뛰어나다는 점을 이해하고, 사고에 의해 그 앞에서 경의를 표하며, 그 다양한 힘의 협력자나 하인이 되는 것을 받아들인다. 이것은 경험에서 나온 믿음이다. 내가 지금 직면하고 있는 뜻밖의 불행 또한(알베르틴과 레즈비언 두 명의 우정 같은 것) 수많은 표징(表徵)을 통해 그것을 읽고 있었으므로 벌써 내게는 익히 아는 사실처럼 여겨진 데다, 그러한 표징에서(알베르틴 자신의 말을 믿은 나의 이성은 끊임없이 그것을 부인했지만) 그녀가 이렇게 노예같이 사는 것을 혐오하며 지긋지긋해하고 있음을 나는 알아챘다. 그 표징은 마치 눈에 보이지 않는 잉크로 그려진 것처럼, 알베르틴의 쓸쓸하게 내리깐 눈동자 속에, 원인을 알 수 없는 홍조가 순식간에 번져 갑자기 달아오르기 시작한 뺨 위에, 거칠게 열리는 창문 소리 속에 드러나 있었다!

물론 나는 그런 표징을 끝까지 해석하여 그녀가 갑자기 떠나리라는 것을 뚜렷하게 머릿속으로 상상하지는 못했다. 알베르틴이 눈앞에 있었으므로 그만 완전히 안심해서, 그녀가 떠나는 때는 내가 결정하며, 즉 실제로는 존재하지 않는 시간 속에 자리잡은 아직 확정되지 않은 어느 날이라고만 생각했다. 따라서 나는 오직 출발을 생각하고 있는 줄로 착각하고 있었을 뿐이다. 마치 건강한 사람이 죽음을 생각해도 두렵지 않다고 느끼는 것과 마찬가지로, 사실 이런 사람들은 순수하게 부정적인 관념 하나를 건강 한가운데에 끌어들이고 있을 뿐인데, 막상 죽음이 다가오면 그 건강 자체가 완전히 변질되고 만다. 알베르틴이 그녀 자신의 의사로 떠날지도 모른다는 생각이 아무리 명백하고 똑똑하게 내 머릿속에 몇 번 떠오른다 해도, 그 출발이 내게 결국 현실적으로 어떤 일이 될지, 얼마나 독자적이고 가혹한 미지의 것인지, 얼마나 낯선 불행인지 하는 따위를 내가 더 잘 상상할 수 있을 리는 없었으리라. 설사 내가 그녀의 출발을 예상하고 여러 해 동안 끊임없이 상상해왔다 한들, 그런 생각을 전부 이어 붙인다 해도, 프랑수아즈가 '알베르틴 아가씨가 떠나셨습니다'라는 말로 그 베일을 걷어올린 상상조차 할 수 없는 지옥과는, 그 강렬함이 비교도 안 되거니와 아예 비슷하지도 않았을 것이다. 알지 못하는 상황을 머릿속에 그려보아도 상상력은 이미 아는 요소를 빌려오므로 미지의 상황을 좀처럼 그려내지 못한다. 그러나 감수성은, 아무리 육체적인 것이라 하더라도 새로운 사건에서 마치 번개의 자국처럼 독특한 서명, 오래 지워지지 않는 표정을 받아들인다. 나는 그런 것을 생각할 여유조차 거의 없었지만, 설사 내가 그 출발을 예상했다 해도 그 비참함을 상상하는 건 불가능했을 테고, 만약 알베르틴이 내게 출발을 알려 내가 그녀를 어르고 달랬다 해도 막지는 못했으리라. 그나저나 지금은 베네치아를 향한 욕망이 어쩌면 이토록 멀리 달아나버렸는지! 지난날 콩브레에서, 어머니가 내 방에 와주기만을 바라는 오로지 그 한 가지 생각만이 머리를 차지하는 시간이 되면, 게르망트 부인과 가까워지고 싶은 욕망이 아득하게 멀어졌던 것과 마찬가지이다. 사실 어릴 때부터 내가 경험한 온갖 불안은 새로운 고뇌가 부르는 소리에 응하여 욕망을 더욱 강화하려고 달려와서, 그것과 결합하여 동질의 덩어리가 되어 나를 질식시켰다.

이러한 이별이 마음에 주는 물리적 타격은, 육체가 지닌 무시무시한 기록 능력에 의해 현재의 고통을 지금까지 인생에서 맛본 모든 고통과 같은 시간에 함께하는 동시적(同時的)인 것으로 만든다. 물론 상대에게 더없이 강렬한 미련을 불러일으키고자 하는 여인은 아마도 얼마쯤, 그의 마음에 가해지는 타격을 노렸으리라—그 정도로 사람은 타인의 고통에는 무신경한 법이다. 어쩌면 그녀는 더 좋은 조건을 바라는 마음에서 떠나는 척할 뿐인 건지도 모른다. 어쩌면 복수하고 싶어서, 아니면 앞으로도 계속 사랑받고 싶어서, 더 나아가 자기 주변을 에워싸고 있다고 느끼는 권태와 무관심의 밧줄을 싹둑 잘라 좋은 추억을 남기고 싶어서, 영원히—영원히! —떠나버리는 것으로 상대의 마음에 충격을 주고 싶은 건지도 모른다. 두 사람은 이러한 마음의 타격을 피하자고 약속했으며, 헤어진다면 사이좋게 헤어지자고 서로 얘기해왔다. 그러나 결국 사이좋게 헤어지는 사람은 매우 드물다. 사이가 좋다면 헤어지지 않을 테니까. 게다가 남자가 아무리 차갑게 대해도 여자는 분명 막연하게 느낀다. 상대는 자신에게 싫증이 났다고 말하지만 같은 습관 덕분에 더욱더 자신에게 집착하고 있는 거라고, 그녀는 사이좋게 헤어지는 데 가장 중요한 것 중 하나가 상대에게 분명히 예고하고 나서 떠나는 거라고 생각한다. 그런데 미리 알리면 그 예고가 출발을 방해할까 봐 걱정한다. 여자는 누구나 한 남자에 대한 자기의 힘이 크면 클수록 떠나는 유일한 방법은 달아나는 거라고 생각한다. 여왕이므로 달아나는 여인이 된다는 것은 그래서이다. 물론 조금 전까지 그녀 때문에 느끼고 있었던 그 권태와 그녀가 떠났기 때문에 다시 한 번 만나고픈 이 갈망 사이에는 엄청난 차이가 있다.

하지만 거기에는 이 작품 속에서 이미 드러난 이유나 나중에 가서 밝혀질 다른 이유 말고도 여러 가지 이유가 더 있다. 첫째, 떠나버리는 것은 보통 상대의 냉담함—진짜 냉담함이든 냉담한 것처럼 보이는 것이든—이 가장 심해져서 진자의 흔들림이 극에 달했을 때 일어난다. 그때 여인은 자신에게 말한다. "도저히 안 되겠어, 이렇게는 계속 못해." 이것은 그야말로 남자가 떠나는 이야기밖에 하지 않기 때문이며, 이별을 생각하고 있기 때문이다. 그런데 정작 떠나는 건 여인이다. 그때 진자는 반대쪽 극점에 다다라서 그 간격이 최대가 된다. 순식간에 진자는 그곳으로 되돌아온다. 다시 말하면 아무리 갖가지 이유를 붙여보아도 그것은 더할 나위 없이 자연스런 현상이다! 심장 박동이 갑자기 빨라진다. 떠나버린 여인은 더 이상 전에 우리와 함께 있었던 그 여인과 똑같지 않다. 우리 곁에 있었던 그녀의 생활을 지나칠 만큼 많이 알고 있었는데, 여기에 갑자기 그녀가 어쩔 수 없이 끌려들게 될 온갖 생활상이 덧붙여진다. 어쩌면 그녀는 그런 생활에 끼어들고 싶어서 내 곁을 떠났을지도 모른다. 그래서 도망친 여인이 누리게 될 새롭고 풍요로운 생활이, 거꾸로 거슬러 올라가 아직 우리 곁에 있으면서 달아날 궁리만 하고 있었던 이 여인에게 작용한다. 우리와 그녀가 함께한 생활, 더 이상 견딜 수 없었던 여인에 대한 우리의 권태와 질투의 일부가, 우리가 끌어낼 수 있는 일련의 심리적 사실이다(그래서 여러 여자에게 버림받은 남자는 그 성격이나, 쉽게 예측할 수 있는 늘 똑같은 반응 때문에 번번이 거의 같은 식으로 버림을 받는다. 말하자면 사람마다 감기도 다 다르게 걸리듯이, 배신도 저마다 독특한 방식으로 당한다). 그다지 이상하지도 않은 그런 사실에 우리가 미처 몰랐던 일련의 사실들이 호응하고 있었는지도 모른다. 그녀는 오래전부터 편지나 말로, 또는 심부름꾼을 시켜 어떤 남자나 여자와 연락을 취하고 있었는지도 모른다. 이를테면 그녀가 X씨를 만나기로 약속한 전날에 나를 방문하도록 X씨와 미리 짰다면, 나는 'X씨가 어제 날 보러 왔어' 말함으로써 그런 속사정도 모르고 그녀에게 신호를 보내주는 셈이 되고, 그녀는 그 신호를 기다리고 있었을지도 모른다. 얼마나 많은 가정이 가능한가! 오직 가능성만 가지고 말한다면 말이다.

나는 그저 가능성만으로도 아주 그럴듯한 진실을 꾸며낼 수 있었으므로,

어느 날 내 애인의 한 사람에게 온 편지를 잘못 알고 뜯어보았을 때, 거기에 암호 같은 말로 "생루 후작 댁에 갈 신호를 기다리고 있습니다. 내일 전화로 미리 알려주십시오" 적힌 것을 보고, 나는 어떤 도망 계획이 아닐까 상상해 보았다. 생루 후작이라는 이름이 여기서 다른 뜻으로 쓰인 게 아닐까. 왜냐 하면 내 애인은 생루를 만난 적도 없고, 내가 그에 대해 이야기하는 것을 듣 기만 했으며, 더구나 아무리 보아도 그 서명은 이름이 아닌 어떤 별명처럼 보였다. 그런데 그 편지는 내 애인에게 온 게 아니라, 저택 안의 다른 이름 을 가진 누군가에게 보낸 것을 내가 잘못 읽었던 것이다. 또한 나중에 생루 에게 물어본 바로는, 이 편지는 암호가 아니며 그의 친구인 한 미국 여성이 쓴 서투른 프랑스어였다. 그녀가 어떤 글자를 별나게 썼기 때문에, 그 괴상 한 글씨체가 진짜 실명인 외국인의 이름을 별명처럼 보이게 했던 것이다. 따 라서 그날 나의 의혹은 완전히 빗나간 것이었다. 그러나 내 머릿속에서 이러 한 모든 허위 사실을 연관시킨 지적인 뼈대 자체는 참으로 정당하고 틀림없 는 진실의 형태였으므로 석 달 뒤에 내 애인(그때는 나와 평생을 함께하기 로 꿈꾸었는데)이 내게서 떠나버렸을 때, 그녀는 처음에 내가 상상했던 것 과 똑같은 방식으로 떠났다. 그때도 편지 한 통이 왔는데, 그것은 내가 지난 번에 오해했던 것과 같은 성질을 띤 편지였다. 다만 이번에는 그것이 정말로 암호의 의미를 지니고 있었던 것이다.

그것은 내 인생에서 가장 큰 불행이었다. 그럼에도 그것이 불러일으킨 고 통보다도, 불행의 원인을 알고 싶은 호기심이 더 강했다. 대체 알베르틴은 누구에게 욕망을 느끼고, 누구와 재회한 걸까. 그러나 이런 큰 사건의 원천 은 큰 강의 근원 같아서, 우리는 그저 대지의 표면을 헤매기만 할 뿐 그것을 찾아낼 수는 없다. 알베르틴은 오래전부터 달아날 궁리를 하고 있었을까? 아직 얘기하지 않았지만(그때는 단순한 새침 떨기나 심통 부리기, 즉 프랑 수아즈가 말하는 '뾰로통한 얼굴'로밖에 보이지 않았으므로) 그녀는 내게 입 을 맞추지 않았던 날부터 어둡고 슬픈 표정으로 몸을 꼿꼿하게 세운 채 긴장 으로 굳어져서는, 사소한 일에도 목소리가 우울해지고 동작은 느려져서 도 무지 웃는 낯을 보이지 않았다. 그녀가 외부와 공모한 사실이 있었다는 확증 이 있는 것은 아니다. 한참 뒤에 프랑수아즈는, 떠나기 이틀 전 알베르틴의 방에 들어갔을 때, 방 안에 아무도 없었고 커튼도 드리워져 있었지만, 방 안

공기 냄새나 소리로 보아 창문이 열려 있었던 것 같다고 내게 말했다. 사실 프랑수아즈는 발코니에 있는 알베르틴의 모습을 보았을지도 모르지만, 그녀가 거기서 누구와 연락을 하고 있었는지는 모른다. 게다가 창문을 연 채 커튼을 치고 있었던 것은 내가 바깥바람을 꺼린다는 점을 그녀가 알고 있다는 사실로 설명할 수 있다. 커튼을 치는 것만으로는 바깥바람을 완전히 막지는 못할지라도, 그렇게 이른 아침부터 열려 있던 덧문이 복도를 지나가는 프랑수아즈의 눈에 띄지 않게는 할 수 있었으리라. 나는 아무것도 짚이는 데가 없었다. 다만 그 전날 밤부터 그녀가 이곳을 떠날 궁리를 했다는 것을 증명할 만한 사소한 사실 한 가지를 알고 있을 뿐이었다. 확실히 그 전날 밤 그녀는 내 방에서 몰래 거기 두었던 포장지며 헝겊을 잔뜩 가져다가, 이튿날 아침에 바로 떠나기 위해 그것으로 밤새껏 숱한 실내복과 가운을 꾸렸다. 이 것이 유일한 사실이자 내가 아는 전부다. 전에 그녀가 나한테서 빌려 간 천 프랑을 그날 밤 반강제로 돌려준 사실을 나는 그리 중요하게 생각하지 않았다. 이것은 조금도 특별한 일이 아니었다. 그녀는 돈 문제에 대한 한 극단적으로 고지식했으니 말이다.

그렇다, 그녀가 포장지를 꺼내간 것은 그 전날이었으나, 떠날 결심을 한 것은 그때가 처음이 아니었다! 왜냐하면 그녀가 도망친 것은 슬픔 때문이 아니라, 내 곁을 떠나서 이제까지 꿈꾸어온 생활을 단념하려고 결심했기 때문이며, 그것이 그녀를 슬퍼 보이게 했던 것이다. 그녀는 슬프다기보다, 내게 사뭇 엄숙하리만큼 차가운 태도를 보였는데, 마지막 날 밤은 예외로, 이렇게 늦게까지 있으려던 것은 아니라고 말하면서 내 방에서 나갈 때 문가에서—언제나 조금이라도 오래 있고 싶어하던 그녀가 그런 말을 하는 바람에 나는 이상한 생각이 들었지만—'안녕, 내 사랑, 안녕, 내 사랑(Adieu, petit, adieu, petit)' 내게 말했다. 그러나 그때 나는 그 말에 별로 신경 쓰지 않았다. 프랑수아즈의 말로는 다음 날 아침 알베르틴이 그녀에게 떠나겠다고 말했을 때(하기야 이제부터 얘기하는 것은 그녀가 지쳐 있었기 때문이라고 설명할 수도 있는데, 실제로 그녀는 옷도 벗지 않은 채, 자기 방이나 화장실에 없어서 나중에 프랑수아즈에게 가져다달라고 부탁해야 하는 물건만 빼놓고 모든 짐을 꾸리는 데 밤을 꼬박 샜다), 알베르틴이 어찌나 슬픈 얼굴을 하고 있던지, 또 전날보다 움직임이 어색하여 어찌나 뻣뻣하게 나무처럼 굳어 있던지, 그녀가 '안녕, 프랑수아즈' 말했을 때 자기는 알베르틴이 쓰러지는 줄 알았다고 했다. 그런 말을 들으면, 짧은 산책 중에 쉽사리 만날 수 있는 여자들보다 최근에는 훨씬 더 마음에 들지 않게 되어버린 여자, 그녀 때문에 그런 여인들을 희생시켜야 하는 것이 원망스럽게 느껴지는 여자, 그녀가 이제는 오히려 천배나 더 호감이 가는 여인이 된 것도 당연하다는 생각이 든다. 그도 그럴 것이, 문제는 이제 어떤 종류의 쾌락—습관 때문에, 또 상대가 평범한 여자이기 때문에 거의 없는 것이나 다름없는 쾌락—과, 그 밖의 쾌락, 마음을 자극하는 매혹적인 쾌락을 비교하는 게 문제가 아니라, 그러한 여러 가지 쾌락과 그런 것들보다 훨씬 강렬한 그 무엇, 즉 상대의 고뇌에 대해 연민을 느끼는 마음 가운데 어느 것을 선택하느냐에 있기 때문이다.

응급처치로서 나는 알베르틴이 오늘 밤 안에 돌아올 거라고 자신을 달래며, 이제껏 나를 지지해준 신념으로 찢겨나간 상처에 새로운 신념의 붕대를 감았다. 하지만 나의 생존 본능이 아무리 재빨리 움직였어도, 프랑수아즈의 말을 들었을 때 나는 한순간 의지할 데 없는 허허벌판에 멍하게 서 있는 것만 같았다. 이제는 설령 알베르틴이 그날 밤 안에 돌아오리라는 사실을 안다 해도 어쩔 도리가 없다. 아직 그녀가 돌아올 거라고 나 자신에게 말해주기 전에(다시 말해 '알베르틴 아가씨께서 짐 가방을 가져다달라는 분부를 하셨습니다. 알베르틴 아가씨가 떠나셨습니다'라는 말을 들은 직후에) 내가 느낀 고뇌는 언제까지나 그대로, 즉 알베르틴이 결국 돌아오리라는 사실을 내가 전혀 모르는 것처럼 저절로 마음에 되살아났다. 그런데 그녀가 돌아온다 해도 반드시 제 발로 돌아와야만 한다. 어떤 가설을 세운다 해도, 이쪽에서 몸이 달아서 돌아와달라고 애걸하는 태도를 보인다면 역효과를 가져오게 된다. 확실히 예전에 질베르트에게 그랬던 것과는 달리, 내게는 더 이상 알베르틴을 단념할 만한 힘이 없었다. 내가 원하는 것은 알베르틴과의 재회보다, 육체적인 고통에 마침표를 찍는 데 있었다. 전보다 악화된 내 심장은 이제 그 고통을 견디기가 어려웠다. 게다가 일이든 이별이든 적극적으로 무언가를 할 의욕이 없는 데 익숙해져서, 나는 전보다 더욱 비겁해져 있었다. 그러나 특히 이번 고뇌는 다른 것과 비교할 수 없을 정도로 강렬했다. 여러 이유가 있지만, 물론 상대가 게르망트 부인이나 질베르트일 때는 내가 한 번도 관능적인 쾌락을 맛보지는 못했어도, 그것이 가장 중요한 이유는 아마 아닐 것이다. 오히려 그녀들과는 매일 만나지도 않았고 그럴 수도 없었으며, 따라서 그런 욕구도 없었으므로 그녀들에 대한 내 사랑 속에는 '습관'이라는 커다란 힘이 빠져 있었다.

내 마음이 적극적인 의욕도 잃고 나아가 고통을 견디는 것도 불가능해져, 유일한 해결책은 무슨 일이 있더라도 알베르틴이 돌아오는 것뿐인 지금, 정반대의 해결(의지의 힘으로 그녀를 포기하거나 조금씩 현재의 상황을 감수하는 것)은 만약 예전에 질베르트 문제로 나 자신이 그런 해결을 선택하지 않았더라면, 아마 현실의 삶에는 있을 수 없는 소설적인 해결로밖에 생각되지 않았으리라. 다시 말해 나는 이 또 하나의 해결책도 받아들일 수 있으며, 그것도 같은 인간에 의해 수용될 수 있다는 것을 알고 있었다. 왜냐하면 나는 거의 전과 다름없는 인간이었기 때문이다. 다만 전과는 달리 시간이 이미 그 소임을 다했을 뿐이다. 그것은 나를 늙게 한 시간이며, 또 우리가 동거하고 있었을 때 알베르틴을 늘 내 곁에 있게 한 시간이기도 하다. 따라서 알베르틴을 단념한 것은 아니지만, 적어도 예전에 질베르트에게 느꼈던 감정 가운데 아직도 내게 남아 있는 것이 있다면, 다른 사람을 통해 돌아와달라고 애원함으로써 상대에게 소름 끼치는 남자로 취급받고 싶지 않다는 자존심이었다. 나는 내가 안달하는 기색을 보이는 일 없이 그녀가 스스로 돌아와주기를 바랐다. 그런데 우물거리고 있을 수만은 없어서 일어선 나를 고뇌가 붙잡았다. 알베르틴이 떠난 뒤로 일어난 것은 처음이었다. 아무튼 서둘러 옷을 갈아입고 알베르틴의 집 문지기에게 동정을 알아보러 가야 했다.

고뇌, 즉 앞으로도 오래도록 계속될 정신이 받은 타격은 형태를 바꾸는 법이다. 우리는 여러 가지 방책을 세우거나 수소문을 하면서 그 고뇌를 퍼뜨리려고 한다. 고뇌가 헤아릴 수 없이 모양을 바꿔주기를 바라는 편이 고뇌를 고스란히 가지고 있는 것보다 편하기 때문이다. 고뇌와 함께 눕는 침대는 너무 좁고 딱딱하며 차갑다. 그래서 나는 다시 일어섰다. 조심에 조심을 거듭해서 방 안을 걷는다. 나는 알베르틴의 의자, 그녀가 금빛 슬리퍼로 페달을 밟던 자동 피아노 등, 그녀가 쓰던 물건은 단 하나도 눈에 들어오지 않는 위치에 섰다. 그런 물건들은 모두 내 기억이 가르친 특수한 언어로 그녀가 떠났다는 것을 내게 번역해주고, 그 과정을 새롭게 만들어서 그 사실을 다시 한 번 내게 알리려는 듯이 보였기 때문이다. 하지만 내 눈으로 보지 않아도 그 물건들은 내게 똑똑히 보였다. 나는 온몸에서 힘이 다 빠져나가 파란 새 틴 의자에 쓰러지듯 주저앉았는데, 한 시간 전만 해도 아침 햇살 때문에 멍하니 마취된 듯한 이 방의 미명 속에서, 그 의자 겉면의 광택은 내게 여러 가지 꿈을 꾸게 했다. 그때 내가 정열적으로 애무한 꿈, 그러나 지금은 아스라이 멀어져간 꿈을. 아! 지금까지 나는 알베르틴이 이곳에 살고 있었을 때 밖에 이 의자에 앉은 적이 없었다. 그렇게 생각하자 나는 더 이상 앉아 있을 수가 없어서 벌떡 일어났다.

이런 식으로 순간순간마다 우리를 구성하는 작은 내가 헤아릴 수 없을 만큼 그곳에 많이 서 있는데, 그는 알베르틴이 떠나버린 사실을 아직 모르고 있으므로 그에게 알려주어야만 한다. 아직 불행을 모르는 이 모든 존재, 이 모든 '나'에게 방금 그 몸에 일어난 불행을 알려야 한다—만약 그들이 생판 남이라서, 나의 감수성을 빌려서 괴로워하지 않는 사람들이라면, 그 일이 이토록 잔인한 일이 되지는 않았을 텐데. 그 하나하나의 내가 차례차례 '알베르틴이 짐 가방을 가져다달라고 부탁했다(내가 발베크에서 어머니의 여행 가방 옆에 그 관처럼 생긴 짐 가방이 실리는 것을 본 적이 있다)', '알베르틴이 떠났다'는 말을 처음으로 들어야만 했다. 그들 하나하나에게 나는 내 슬픔을 말해주어야만 했다. 그 슬픔은 결코 불길한 상황 전체에서 임의로 끌어낸 비관적 결론이 아니라, 바깥에서 온 어떤 인상, 우리가 선택한 것이 아닌 특수한 인상이 간헐적이고도 무의식적으로 이따금 되살아나는 것이다. 그런 헤아릴 수 없이 많은 '나' 가운데 몇몇은 오랫동안 만나지 못했던 사람들이었다. 이를테면(오늘이 마침 이발하는 날이라는 것을 나는 잊고 있었다) 이발했을 때의 '나'가 그랬다. 나는 이 '나'를 완전히 잊고 있다가 그 출현에 눈시울을 적셨다. 마치 장례식에서 죽은 여자를 잘 알던 늙은 하인, 지금은 일을 그만둔 하인이 찾아왔을 때 눈물이 나듯이.

그러다가 나는 또 일주일 전부터 이따금 스스로 인정하려 하지 않았던 까닭 모를 두려움에 사로잡혔던 일이 퍼뜩 떠올랐다. 그런 때 나는 이렇게 자신을 타이르며 반론했다. "그녀가 느닷없이 떠나버릴지 모른다는 상상에 골머리를 앓다니 소용없는 짓이야. 터무니없는 상상이야. 만일 내가 분별 있는 현명한 사람에게 이런 속내를 털어놓는다면(실제로 질투심이 그런 속내를 이야기하는 것을 방해하지 않았더라면, 나는 마음의 안정을 찾으려고 이야기했을 테지만), 그 사람은 틀림없이 반박하면서 '자네 머리가 어떻게 된 것 아닌가. 있을 수 없는 일이야' 말하겠지. 사실 우리 둘은 요즘 한 번도 싸운 적이 없었다. '사람이 떠나갈 때는 뭔가 동기가 있게 마련이다. 그 동기를 말하여 상대에게 대답할 권리를 준다. 사람은 그렇게 훌쩍 떠나지는 않는다. 그건 어른이 하는 방식이 아니지. 그런 가정은 터무니없이 유치하다고 할밖에.'" 그런데도 매일 아침 초인종을 울려서 그녀가 있는 것을 확인하면 나는 땅이 꺼져라 안도의 한숨을 내쉬곤 했다. 프랑수아즈가 알베르틴의 편지를 내게 주었을 때, 안심할 수 있는 많은 논리적인 이유가 있었는데도 나는 바로 확신했다. 결국 있을 수 없는 일이 일어났다. 며칠 전부터 짐작했던 일이지만, 이것은 알베르틴이 떠난 것에 대한 편지다. 절망 속에서도 자신의 통찰력에 만족을 느끼면서 나는 자신을 타일렀다. 마치 들킬 리가 없다는 사실을 알면서도 불안한 살인범이, 그를 소환한 예심 판사가 가진 서류 첫머리에 희생자의 이름이 쓰여 있는 것을 문득 보았을 때처럼……

그렇게 되자, 나의 모든 희망은 오직 알베르틴이 투렌 지방의 숙모 집으로 가 있는 것이었다. 거기라면 감시가 심해서, 내가 데리고 돌아올 때까지 그녀도 별수 없이 얌전히 있을 테니까. 무엇보다 두려운 것은 그녀가 파리에 그대로 머물지나 않을까, 암스테르담이나 몽주뱅으로 떠나지 않았을까, 다시 말해 그녀가 나 몰래 준비한 어떤 정사(情事)에 탐닉하려고 도망가지 않았을까 하는 염려였다. 그러나 사실 내가 파리, 암스테르담, 몽주뱅, 이런 여러 곳을 떠올리며 되뇐 것은 그저 가능한 장소를 생각한 것에 지나지 않는다. 그래서 알베르틴네 문지기가 그녀는 투렌으로 떠났다고 대답했을 때, 가장 바람직하게 여겼던 그곳이 그 어디보다 무서운 장소처럼 느껴졌다. 왜냐하면 그것은 엄연한 현실이었고, 나는 처음으로 확실한 현재와 불확실한 미래에 들볶이면서, 하나의 새 생활을 시작한 알베르틴을 상상했기 때문이다. 그녀는 어쩌면 오랫동안, 어쩌면 영원히 나와 헤어져 지내려는 생활에서 그 미지의 것을 실현시킬지도 모른다. 그것은 전에 여러 번 나를 걱정시켰던 일인데, 그때는 다행히도 나는 그 미지의 것의 바깥쪽을 붙잡고는 있어도 안에는 들어갈 수 없는 그 부드러운 얼굴을 소유하고 어루만질 수 있었다. 그 미지의 것이야말로 내 사랑의 기반이었다.

알베르틴네 문 앞에서 남루한 한 소녀가 커다란 눈으로 나를 바라보고 있었다. 무척 착해 보여서 충직한 눈을 한 개에게 말하듯이 우리집에 같이 안 가겠느냐고 물었다. 소녀는 좋아했다. 나는 집에 도착해서 소녀를 무릎에 앉혀놓고 잠시 흔들어 재웠는데, 결국 소녀의 존재가 오히려 알베르틴의 부재를 뼈아프게 느끼게 하여 견딜 수가 없었다. 그래서 소녀에게 500프랑짜리 지폐를 쥐어주고 나서 돌아가라고 말했다. 그러나 다시 얼마 안 가서 나는 누군가 다른 소녀라도 곁에 두어야지, 순결해 보이는 소녀의 존재로나마 마음을 달래야지, 절대 나 혼자 있지 말아야지 하고 생각하기 시작했고, 그것이 어쩌면 알베르틴이 얼마 동안 돌아오지 않을지도 모른다는 생각을 견디게 한 유일한 몽상이 되었다.

내 마음속에서 알베르틴은 거의 이름의 형태로만 존재하게 되었다. 그 이름은 가끔 꿈에서 깬 것처럼 중단된 적도 있었지만, 그럴 때 말고는 언제나 나의 뇌리에 자신을 새겨넣었고, 이제는 멈추지도 않는다. 만약 내가 마음속에 있는 것을 소리내어 말한다면, 줄곧 그 이름만 되뇌었으리라. 그리고 내 이야기는 마치 작은 새로 변신하기라도 한 것처럼 똑같은 말만 단조롭게 지저귀었을 것이다. 인간이었을 때 사랑했던 여자의 이름을 끝없이 부르면서 지저귀었다는 우화 속의 새처럼. 우리는 그 이름을 마음속으로 되뇔 뿐 입 밖에 내지 않기 때문에, 마음속 깊이 새겨진 이름이 머릿속에 흔적을 남기는 것인지, 오래지 않아 곧 머릿속은 누군가가 낙서로 채운 벽처럼 몇 번이고 거듭 쓴 사랑하는 여인의 이름으로 온통 뒤덮이고 만다. 사람은 행복할 때면 자나 깨나 머릿속에 그 이름을 되쓰는데, 불행할 때는 더 말할 것도 없다. 그러나 되풀이해서 같은 이름을 말해도 이미 알고 있는 것 말고는 아무것도 불러오지 못한다. 그래도 쉴 새 없이 중얼대고 싶은 욕구가 되살아나지만 마침내 피로가 몰려온다. 육체적인 쾌락은 이 순간에 생각도 하지 않았다. 내 존재를 이토록 뒤흔든 원흉이 알베르틴인데도, 나는 그녀의 영상을 떠올리는 것조차 하지 않았다. 그녀의 육체도 눈에 들어오지 않았다. 만약 내 괴로움과 결합된 관념을 꺼내려 한다면—괴로움은 언제나 어떤 관념과 이어져 있는 법이므로—한편으로는 떠나갔을 때 그녀 마음이 어땠는지에 대한 의문, 즉 돌아올 생각이 있는지 없는지에 대한 관념, 다른 한편으로는 그녀를 데려올 방법에 대한 관념, 이 두 가지가 번갈아 떠올랐을 것이다.

우리의 불안에서 그 원인인 한 여인이 차지하는 장소는 매우 좁더라도 분명 거기에는 상징과 진실이 있다. 사실 다양한 감동이나 고뇌의 모든 과정 가운데 그녀라는 인간이 해야 하는 일은 대수롭지 않다. 갖가지 우연이 겹쳐져서 우리는 예전부터 그녀에 대해 그런 감정을 느낀 것이며, 습관이 그것을 그녀에게 연관시킨 것이다. 그 증거로(행복할 때도 권태를 느끼는 것 이상으로) 그 여자를 만날 것인가 말 것인가, 그 여자에게 좋은 평가를 받고 있는가 아닌가, 그 여자를 내 뜻대로 할 수 있는가 없는가 하는 문제는(곧 생각조차 하지 않게 될 하찮은 문제지만), 그녀라는 인물 자체만 고려한다면 완전히 아무래도 상관없는 것처럼 보이기 시작한다는 사실에 있다. 이때 감동과 고뇌의 과정은 적어도 그 여자 자체에 대한 한 완전히 잊혀 있기 때문이고, 또 지금은 그 과정이 다른 새로운 여자에게 옮아가서 펼쳐지고 있을지도 모르기 때문이다. 그렇게 되기 전, 감동과 고민의 과정이 아직도 그녀와 연결되어 있었을 때는, 우리의 행복이 그녀에게 달려 있다고 생각했다. 그러나 행복은, 사실 불안의 사라짐에서 초래된 것에 지나지 않는다. 따라서 사랑하는 여인의 모습을 자기도 모르는 사이에 아주 작은 모습으로 만든 우리의 무의식은 우리 자신보다 앞을 내다볼 줄 아는 지혜가 있다. 우리는 기다리는 고통을 견디다 못해 어떻게든 그녀를 찾아내고 싶다거나 그 일에 목숨을 걸어도 좋다고 생각하면서도, 이 무서운 비극 속에서조차 어쩌면 그 여인의 모습을 잊고 있었을지도 모르고, 그 여자를 잘 알지 못했거나 하찮은 여자라고 생각했을지도 모른다. 여자의 모습이 차지하는 아주 조그만 그것은, 사랑이 커가는 모습의 논리적이고 필연적인 결과이며, 그 사랑이 주관적인 성질의 것임을 선명하게 비춰내는 우의(寓意)이다.

그녀가 떠났을 때의 내 심경은, 아마 군대의 시위 행위로 외교 성과를 올리려는 국민의 심경과 비슷했으리라. 그녀는 내게서 더 나은 조건, 더 많은 자유와 사치를 얻어내려고 떠난 게 뻔하다. 이 경우, 만약 내가 가만히 기다릴 수 있다면, 아무것도 얻을 게 없다고 판단한 그녀가 제 발로 돌아올 때까지 기다릴 힘만 있다면, 우리 둘 중의 승자는 나였을 것이다. 그러나 오직 승리에만 목적을 둔 카드놀이나 전쟁이라면 상대방의 위협에 저항할 수도 있지만, 고뇌는 처음부터 연애나 질투가 유발하는 행위와는 그 조건이 다르다. 만약 참을성 있게 '버티기' 위해 알베르틴을 며칠 동안, 어쩌면 몇 주일동안 내게서 떨어져 있도록 내버려둔다면, 1년 넘게 내 목표였던, 단 한 시간도 그녀

혼자 있게 하지 않겠다는 결심을 망쳐버리게 된다. 그녀에게 마음대로 나를 속일 기회와 틈을 준다면, 이제까지의 나의 온갖 조심은 물거품이 되고 마는 것이며, 설령 그녀가 결국 패배를 인정한다 해도, 그녀가 혼자서 지낸 시간을 나는 절대 잊지 못하리라. 그리고 비록 마지막에는 내가 이긴다 해도, 과거에 있어서, 즉 이제는 돌이킬 수 없는 형태로 패자는 내가 될 것이다.

알베르틴을 다시 데려올 수단에 대해서는, 그녀가 떠난 이유가 더 나은 조건으로 다시 돌아오는 것에 대한 기대에 지나지 않는다는 가정이 맞다면, 그만큼 성공할 가능성이 있을 성싶었다. 게다가 알베르틴의 성실성을 믿지 않는 사람들, 이를테면 프랑수아즈 같은 사람에게 이 가정은 참으로 딱 들어맞는 것이었다. 그러나 나의 이성으로서는, 알베르틴이 때때로 드러낸 불만이나 어떤 태도가 이쪽에서 아무것도 모르는 사이에 두 번 다시 돌아오지 않을 출발 계획을 세우고 있었다고밖에 설명이 되지 않으므로, 그 출발이 현실에서 일어난 지금은 그것이 오로지 위장일 뿐이었다고는 도저히 믿기 어려웠다. 나는 '이성으로서는'이라고 말했는데, 나 자신으로서는 그렇지 않다. 위장의 가출이라는 가정은 그럴 법하지 않은 만큼 내게는 더욱 필요한 것이 되었으며, 사실 같지 않은 만큼 내게는 한층 더 절실한 것이 되었다. 사람은 벼랑 끝에 몰려서 신에게도 버림받았다는 생각이 들 때, 아무런 망설임 없이 신의 기적을 바라고 기대하는 법이다.

무슨 짓을 해서라도 알베르틴을 오늘 저녁 안으로 집에 돌아오게 하겠다고 자신에게 말하면서, '알베르틴 아가씨가 떠나셨습니다'라는 프랑수아즈의 말이 내게 불러일으켰던 고통(그녀의 말을 듣고 허를 찔린 내 마음은 한순간 그 출발을 결정적인 것으로 믿었으므로)을 끊어버렸다. 그러나 최초의 고뇌는 잠깐 끊어진 뒤에도, 홀로 피어난 생명이 샘솟는 힘으로 저절로 내 마음에 되살아나서 변함없이 격렬하게 계속 괴롭혔다. 왜냐하면 그것은 알베르틴을 오늘 저녁 안으로 돌아오게 할 거라고 위로 삼아 한 약속보다 전부터 존재하고 있었기 때문이다. 고뇌를 진정시켜줄 그런 문구를 고뇌는 알지 못한다. 그녀를 데려올 방법을 실행에 옮기려면 다시 한 번, 그녀를 사랑하지 않는 척, 그녀가 떠났어도 괴로워하지 않는 척하면서, 그녀에게 계속 거짓말을 해야만 한다. 그런 태도가 지금껏 썩 잘 통했기 때문이 아니라, 알베르틴을 사랑하게 된 뒤로 쭉 그런 태도를 취해왔기 때문이다. 내가 그녀를 무 자르듯이 단념한 태도를 보이면 그만큼 그녀를 돌아오게 할 방법도 힘을 얻을 듯싶었다. 그래서 알베르틴에게 이별의 편지를 쓰기로 결심했다. 그 편지는 그녀의 떠남을 결정적인 일로 받아들이고 있는 것처럼 보이리라. 한편으로 생루를 보내, 나는 모르는 일로 하고 알베르틴이 될 수 있는 대로 빨리 돌아오도록 봉탕 부인에게 아주 거칠게 압박을 가할까도 생각했다. 물론 나는 질베르트에게서 무관심을 가장한 편지의 위험성을 이미 경험했다. 처음에는 위장이었던 것이 결국에는 진심이 되어버렸기 때문이다. 그런 경험이 있는 이상, 질베르트한테 써 보냈던 것과 같은 편지를 알베르틴에게 쓸 수는 없는 일이다. 그러나 경험이라는 것은 성격의 한 특징이 우리 자신의 눈에 드러나는 것에 지나지 않는다. 그 특징은 매우 자연스럽게 다시 고개를 내민다. 게다가 우리 자신에게 뚜렷하게 자각되면 될수록 한층 더 강력하게 나타난다. 그러므로 처음 우리를 이끌었던 자발적인 움직임은 기억이 암시하는 모든 것에 의해 채워져 나타나는 것이다. 개인으로서(그것은 개인뿐만 아니라, 언제까지나 제 잘못을 고칠 생각은 하지 않고 그것을 더욱 악화시키는 국민의 경우도 마찬가지지만) 쉽게 벗어날 수 없는 모방은 바로 자기 자신을 본뜨는 것이다.

나는 생루가 파리에 있다는 소식을 듣고서 당장 내게 와달라고 했더니, 전에 동시에르에서 그랬듯이 믿음직한 그가 재빨리 달려와 당장 투렌으로 떠나는 데 동의했다. 나는 그에게 다음과 같은 계획을 맡겼다. 샤텔로에서 내려 미리 봉탕 부인의 집을 알아낸 뒤, 알베르틴이 그를 알아볼지도 모르니까 그녀가 외출할 때까지 기다려야 한다고 당부했다. "그럼 그 아가씨가 나를 안다는 말인가?" 그가 내게 물었다. 나는 그렇지는 않을 거라고 대답했다. 이 계획을 진행시키는 동안 나는 한없는 기쁨으로 가득했다. 그렇지만 이 방식은, 내가 처음에 마음먹었던, 이쪽에서 알베르틴을 찾는 기색을 보이지 않겠다는 다짐과 매우 모순된 계획이었다. 이런 행동을 하면 아무래도 알베르틴을 찾는 것처럼 보이게 될 테니까. 하지만 이 방식은 '해야 했던 일'에 대해 헤아릴 수 없는 이점을 갖고 있다. 내가 보낸 사람이 알베르틴을 만나, 아마 그녀를 데리고 돌아와줄 거라고 상상할 수 있기 때문이다. 또 만일 처음부터 내 마음속을 훤히 들여다볼 수 있었다면, 틀림없이 나는 예측했으리라, 어둠 속에 숨어 있어서 서투른 방법으로 여겨졌던 이 해결책이, 의지의 결여 때문에 내가 그렇게 하기로 결정한, 참고 기다리는 방법보다 낫다는 사실을. 생루는 내가 그런 말을 한마디도 하지 않았는데도 젊은 아가씨가 내 집에서 겨울 내내 지냈다는 것에 좀 놀라는 눈치였고, 한편 그가 가끔 발베크의 젊은 아가씨에 대한 이야기를 했는데도 내가 '사실 그 아가씨는 이곳에서 살고 있다네' 하고 한 번도 대답하지 않았으므로, 나에 대한 신뢰를 잃고 기분이 상했을지도 모른다. 또 어쩌면 봉탕 부인이 그에게 발베크에 대해 얘기할지도 모른다. 그러나 나는, 그가 빨리 출발해서 빨리 도착했으면 하는 마음에만 급급하여, 이 여행이 가져올 결과는 생각하고 싶지도 않았고 생각할 힘도 없었다.

그가 알베르틴의 얼굴을 기억할지 못할지에 대해서는 확신할 수 없지만 (하기야 동시에르에서 그녀를 만났을 때 그는 완강하게 그녀를 피했지만), 다들 그녀가 많이 변해 뚱뚱해졌다고 하니까 아마 기억하지 못할 것이다. "사진은 없나? 있다면 무척 도움이 될 텐데." 나는 처음에 없다고 대답했다. 그는 열차 안에서 흘끗 그녀를 보았을 뿐이지만, 발베크 시절에 찍은 사진을 통해 그 사람이 알베르틴이라는 걸 익힐 여유를 주고 싶지 않았다. 하지만 생각해보니, 가장 최근에 찍은 사진은 발베크 시절과도 현재의 실제 모습과도 이미 다를 테니까, 사진이든 실물이든 그녀를 알아보지 못할 것이다. 내가 사진을 찾는 동안, 그는 위로하듯이 내 이마에 다정하게 손을 갖다 댔다. 그가 내 고통을 헤아리고 마음 아파하는 몸짓에 나는 감동했다. 첫째, 그는 라셀과 관계를 끊기는 했지만 그때 겪은 감정이 아직도 생생하여 이러한 고통에 대해 동병상련의 처지로 동정하며 특별한 연민을 느꼈을 것이다. 둘째, 그는 내게 깊은 애정을 갖고 있어서 내가 괴로워한다는 생각만으로도 견딜 수 없었을 것이다. 그래서 그는 나를 괴롭히는 여인에게 원망과 감탄이 섞인 감정을 품고 있었다. 그는 나를 매우 뛰어난 인간이라고 생각하고 있었기에, 내가 한 여자 때문에 꼼짝 못하는 걸 보고 그녀가 비범한 여인이 틀림없다고 여겼다. 나는 그가 알베르틴의 사진을 보고서 분명히 예쁘다고 할 거라고는 생각했지만, 그래도 설마 트로이 노인들이 헬레네(Helene)*한테서 받은 인상을 받으리라고는 생각지 못하여 사진을 찾으면서 겸손하게 말했다. "하지

---

* 그리스 신화에서 제우스와 레다의 딸이며 그리스 제일의 미녀. 그녀를 둘러싸고 트로이 전쟁이 일어남.

만 너무 공상에 빠지지는 말게. 사진도 잘 안 나온 데다 그리 놀랄 만한 미인도 아니고, 그저 마음씨가 고운 여자일 뿐이니까."—"아닐 걸! 틀림없이 굉장한 미인이겠지." 그는 나를 이런 절망과 동요 속에 던져버릴 수 있는 사람을 머릿속에 그려보려고 애쓰면서 천진하고 성실한 열정을 담아 말했다. "자네를 괴롭히는 그 여인은 미워할 만하지만, 그래도 충분히 상상이 된다네. 자네처럼 뼛속까지 예술가인 사람은 그만큼 모든 것에 애정을 느끼고 아름다움을 사랑하지만, 한 여인에게서 그 아름다움을 발견하면 누구보다 먼저 고통스러운 운명을 느끼는 법이지." 나는 드디어 사진을 찾아냈다. "틀림없이 멋진 여인일 거야." 로베르는 내가 사진을 내민 것도 알아채지 못하고 계속 말했다. 그러다가 문득 사진을 본 그는 잠깐 그것을 손에 들고 있었다. 그는 어리둥절한 표정으로 입을 짝 벌렸다. "이게, 자네가 사랑하는 아가씨?" 그는 내가 마음 상할까 봐 가까스로 놀라움을 억누른 목소리로 말했다. 그는 아무 말도 하지 않고 짐짓 점잔을 빼듯 조심스럽게, 그리고 당연한 일이지만 사람들이 병자를 대할 때처럼 조금 나를 내려다보는 듯한 태도를 보였다. 그때까지 걸출한 인간이자 자신의 친구였던 상대 병자는 지금은 그 모습이 하나도 남아 있지 않았다. 광기에 사로잡혀 천사가 나타났다고, 건강한 사람의 눈에는 새털 이불밖에 보이지 않는 곳에 계속 천사의 모습이 보인다고 우기는 꼴이니 말이다. 나는 이내 로베르의 놀라움을 이해했다. 그것은 바로 그의 애인을 보았을 때 내가 느꼈던 놀라움이었다. 유일한 차이는 내가 이미 로베르의 애인이 누구인지 알았던 반면, 로베르는 알베르틴을 한 번도 본 적이 없다는 점이었다. 그러나 아마도, 우리 각자가 같은 사람을 완전히 다른 사람처럼 보고 있었다는 점에서는 비슷할 것이다.

발베크에서 알베르틴을 바라보며 내 눈의 감각에 맛과 냄새와 감촉을 아주 조금씩 더하기 시작한 것은 상당히 오래전의 일이었다. 그 뒤 거기에 더욱 깊고 더욱 감미로우며 더욱 미묘한 감각이 더해졌다. 이어서 고통스러운 감각도. 요컨대 알베르틴은 돌 주변에 눈이 내려 쌓이는 것처럼, 내 마음의 설계도를 통해 거대한 건축물을 창조하는 중심점에 지나지 않았다. 이러한 여러 가지 감각의 층을 보지 못하는 로베르는 그저 찌꺼기밖에 보지 못한 반면, 나는 그 감각의 층에 정신이 팔려 찌꺼기가 눈에 들어오지 않았다. 알베르틴의 사진을 보았을 때 로베르가 당황한 것은 지나가는 헬레네를 보고 감

탄한 트로이 노인들이,

Notre mal ne vaut pas un seul de ses regards
우리 고통은 그녀의 단 한 번의 눈길만도 못하도다*

중얼거린 것과 정반대로 "뭐, 그토록 속을 태우며 괴로워하고 미친 짓을 하는 것이 다 이 따위 여인 때문이란 말인가!" 하는 놀라움이었다. 솔직히 말해, 우리가 좋아하는 어떤 남자를 마구 괴롭혀 그 인생을 뒤죽박죽으로 만들고, 때로는 죽음에까지 이르게 하는 여인을 보았을 때 우리가 느끼는 이런 반응은 트로이 노인들의 반응보다 훨씬 더 빈번하니, 한마디로 흔해 빠진 일이다. 그것은 단순히 사랑이 개인의 일이기 때문도 아니고, 또 사랑을 느끼지 않을 때는 그것을 피할 수 있다고 생각하거나, 타인의 광기에 대해 이러쿵저러쿵 이치를 따지게 마련이기 때문도 아니다. 아니, 그 놀라움은 사랑이 그만한 고통을 불러일으키는 단계에 다다르면, 온갖 감각이 만들어낸 것이 여인의 얼굴과 사랑하는 남자의 눈 사이에 들어와서 고통으로 가득 찬 커다란 알처럼 부풀어올라, 쌓인 눈이 샘을 가리듯이 여인의 얼굴을 감싸 숨겨버리기 때문에, 그리고 사랑하는 남자의 눈길이 머무는 지점, 그가 쾌락과 고통을 만나는 지점은, 이 감각이 만들어낸 것이 밖으로 나와 있기 때문에, 다른 사람이 여인의 얼굴을 보고 있는 곳보다 훨씬 먼 곳에 있다. 마치 진짜 태양은 우리가 하늘에서 빛 덩어리를 보고 저것이 태양이라고 생각하는 장소와 매우 동떨어진 곳에 있는 것과 같다. 게다가 그 사이에 고뇌와 애정이 만든 고치에 싸여 남자의 눈에는 사랑하는 사람이 가장 나쁜 모습으로 변하는 것조차 눈에 들어오지 않은 채 여인의 얼굴은 천천히 늙고 변해간다. 따라서 사랑하는 남자가 처음에 마주한 여인의 얼굴이, 그가 사랑하고 괴로워하기 시작한 뒤에 보는 얼굴과 멀리 떨어져 있다 해도, 그것은 또한 반대의 의미에서 무관심한 방관자가 현재 볼 수 있는 얼굴과도 동떨어진 것이다(만일 로베르가 젊은 아가씨의 사진 대신 늙은 정부의 사진을 보았다면 과연 어땠을까?).

---

* 롱사르(1524~85)의 《엘렌의 소네트》에서 인용한 구절.

우리는 그토록 남자의 속을 썩이는 여인을 처음 만나는 것이 아니라도 그런 놀라움을 느낄 때가 있다. 나의 작은할아버지 아돌프가 오데트를 알고 있었던 것처럼, 우리가 그런 여인을 예전부터 알고 지낸 경우도 흔하다. 그런 때 관점의 차이가 사람의 겉모습뿐만 아니라 성격이나 상대의 분명한 개성에까지 확대된다. 자기를 사랑하는 남자를 괴롭히는 여인이 그녀를 거들떠보지도 않는 남자에게는 언제나 친절한 아가씨가 되는 것도, 마치 스완한테 그토록 잔인했던 오데트가 나의 작은할아버지 아돌프에게는 친절한 '장밋빛 드레스의 여인'이었듯이 자주 있는 일이다. 또는 사랑하는 남자가 마치 신의 뜻이라도 되는 양 여인의 마음을 하나하나 조심스럽게 살피고 있는데도, 그녀를 사랑하지 않는 남자의 눈에는 이쪽이 원하는 대로 뭐든지 기꺼이 하는 하찮은 여자로 보이는 경우도 흔하다. 생루의 애인은 내게 뚜쟁이 할멈이 놀아보라고 여러 번 권했던 '라셀 캉 뒤 세뇌르'라는 별명으로 통하는 창녀로밖에 보이지 않았던 것처럼. 내가 생루와 함께 처음 그녀를 만났을 때, 지지리도 못났지, 어쩌면 이런 여자의 과거를 몰라서 괴로워하고, 그녀가 다른 사내에게 속삭인 내용이나 헤어지고 싶어한 까닭을 알려고 안달했을까 하는 생각에 어이가 없었던 일이 떠올랐다. 그래서 나는 내 마음과 생명을 이루는 섬유 한 가닥 한 가닥이 고통에 오들오들 떨면서 서투르게 향해 가는 그 과거—당연히 그것은 알베르틴의 과거이지만—가, 아마도 언젠가는 나 자신도 그렇게 되겠지만 생루에게는 전혀 흥미가 없어질 테고, 알베르틴의 과거가 무의미한가 중요한가 하는 점에 대해, 지금의 내 정신 상태에서 생루의 정신으로 옮겨갈지도 모른다는 생각이 들었다. 왜냐하면 나는 생루가 무슨 생각을 하는지, 사랑하고 있지 않은 사람들이 모두 무슨 생각을 하는지에 대해 환상을 품고 있지 않기 때문이다. 그리고 그것에 대해 별로 괴로워하지 않았다. 어여쁜 여인들은 상상력이 부족한 남자들에게 넘겨주자.

나는 많은 인생을 비극적으로 설명하면서, 엘스티르가 그린 오데트의 초상화처럼 천재적이지만 닮지 않은 초상화를 떠올렸다. 그것은 사랑하는 여인의 초상화라기보다 대상의 모습을 바꿔버리는 사랑의 초상화다. 대부분의 초상화는 갖췄으나 이 그림에 빠져 있는 것은 위대한 화가인 동시에 연인이라는 점뿐이었다(하기야 소문에 의하면 엘스티르는 오데트의 연인이었다고 한다). 이렇듯 대상과 닮지 않은 것은, 사랑에 빠져 아무도 이해할 수 없는 광적인 행동을 반복하는 한 남자의 일생, 예를 들어 스완 같은 남자의 삶이 잘 증명한다. 그러나 사랑하는 남자가 엘스티르 같은 화가라면, 그때 수수께끼처럼 나타나서, 세상 사람들이 그 여자의 얼굴에서 한 번도 알아챈 적이 없었던 입술, 아무도 몰랐던 코, 의식하지 못했던 행동이 눈앞에 드러난다. 초상화는 말한다. "내가 사랑하던 것, 나를 괴롭히던 것, 내가 늘 보던 것, 그것은 이것이다."

　예전에 나는 생루가 라셀에게 덧붙였던 모든 것을 머릿속으로 그녀에게 덧붙이려고 애썼는데, 이제는 그것과 반대로 조작하여, 알베르틴을 이루는 것 속에서 내 심장과 정신의 산물을 모두 없애, 마치 내게 라셀이 그렇듯이 생루에게 알베르틴이 어떻게 보일지 상상해보려고 애썼다. 그러나 그것이 무슨 의미가 있을까? 설사 우리 자신이 그 차이를 깨달았다 한들, 우리가 그것을 믿기나 할까? 지난날 발베크에서, 알베르틴이 앵카르빌의 아케이드 밑에서 나를 기다렸다가 마차에 뛰어올랐을 때, 그녀는 '뚱뚱하기'는커녕 오히려 심한 운동으로 지나치게 살이 빠져서 말랐고, 보기 흉한 모자 밑으로 살짝 내민 괴상하게 생긴 코끝 양쪽에 땅속에 사는 애벌레처럼 창백한 뺨을 보여주고 있어서 전혀 그녀 같지 않았지만, 그래도 마차에 폴짝 뛰어오르는 것을 보니 틀림없는 그녀였으며, 그녀가 다른 데 가지 않고 시간 맞춰 약속 장소에 나와 있었음을 나는 알았다. 그것으로 충분했다. 남자가 사랑하는 것은 너무 많이 과거 속에 묻혀 있고, 너무 많이 잃어버린 시간 속에 남아 있어서, 남자는 더 이상 여자의 모든 것을 필요로 하지 않게 되었다. 다만 그것이 확실하게 그 여자이고, 틀림없이 본인이기를 바랄 뿐이다. 이 본인이라는 것은 사랑하는 자에게는 미모보다 훨씬 중요하다. 타인이 보기에 처음에는 미녀를 정복한 것을 무엇보다 자랑으로 여기던 남자들의 여자도 뺨이 움푹 꺼지고 몸이 여위는 일도 생길 것이다. 그러나 그 작은 코끝, 한 여인의 변함없는 개성이 한데 모여 있는 그 작은 표징, 그 대수학(代數學)처럼 정밀한 에센스, 그 정수(定數), 이러한 것들이 있는 것만으로, 최상류 사교계에서 모든 사람이 목을 빼고 기다리는 남자, 또 그런 사교계를 좋아하는 남자는 단 하룻밤도 마음 놓고 외출하지 못한다. 왜냐하면 그는 자신이 사랑하는 여인이 잠들 때까지 그녀의 머리를 빗겨주면서 시간을 보낼 테고, 오로지 그녀와 함께 있기 위해, 또는 그녀를 자기 옆에 붙들어두려고, 오직 그녀를 다른 남자 곁에 가지 못하게 하려고 그녀 곁에 남아서 시간을 보내기 때문이다.

　"자네, 정말 그 여자 남편의 선거 비용으로 그녀에게 3만 프랑을 줘도 괜찮단 말인가? 그녀가 그렇게 염치없는 사람인가? 자네가 잘못한 게 아니라면, 3천 프랑으로 충분할 텐데 말이야." 생루의 말에 나는 대답했다. "잘못 생각한 게 아냐, 부탁이니, 제발 돈을 아끼지 말게. 무척 마음에 걸렸던 일이라네. 그리고 이렇게 말해주게, 그 일부는 사실이기도 하니까. '내 친구는 약혼녀 숙부님의 선거위원회를 위해 한 친척에게 이 3만 프랑을 기부하겠다고 했습니다. 그가 이 돈을 내는 건 이 약혼 때문입니다. 그는 이 돈을 알베르틴이 절대 모르게 전해드리라고 내게 부탁했습니다. 그런데 그 뒤에 알베르틴이 그를 떠나고 말았습니다. 그래서 그는 어찌할 바를 몰라 하고 있습니다. 만약 알베르틴과 결혼하지 않는다면 이 3만 프랑은 돌려줘야 합니다. 만일 결혼할 생각이라면 적어도 체면상 그녀가 당장 돌아와줘야 합니다. 너무 오래 모습을 보여주지 않으면 난처한 일이 될 테니까요' 하고 말이야. 자네 이게 일부러 지어낸 말이라고 생각하나?"―"천만에." 생루는 호의와 조심성 때문에, 그리고 사실이란 흔히 생각하는 것보다 더 괴상하다는 걸 알기 때문에 그렇게 대답했다. 어쨌든 내가 생루에게 말했듯이, 이 3만 프랑의 이야기 속에 상당한 진실이 들어 있을 가능성이 아예 없는 것은 아니었다. 그것은 있을 법한 일이지만 진실은 아니었으며, 이 진실 운운하는 부분이야말로 거짓말이었다. 우리, 즉 로베르와 나는 서로 거짓말을 하고 있었다. 절망적인 사랑으로 괴로워하는 친구를 진정으로 돕고자 애쓸 때, 친구들의 대화가 반드시 그렇듯이. 친구에게 도움말을 해주고 의지가 되어주며, 친구를 위로하려는 자는, 상대의 비극에 대해 동정은 하지만 그것을 실감할 수는 없다. 그러므로 좋은 친구일수록 더욱 거짓말을 하게 된다. 상대는 도움을 받기 위해 그에게 필요한 사실을 고백하지만, 또한 도움을 받기 위해 많은 것을 숨기기도 한다. 이때 행복한 사람은 수고를 마다하지 않고 여행을 하며 심부름을 하지만 마음고생은 하지 않는다. 지금의 나는 동시에르에서 라셀에게 버림받은 줄로 여겼을 때의 생루와 똑같다.

　"어쨌든 자네 원대로 하게나. 내가 모욕을 당하는 일이 있더라도 자네를 위해 감수하겠네. 이런 노골적인 거래가 좀 묘하게 보이긴 하지만 하는 수 없지. 세상에는 공작부인이 수두룩하지만, 가장 신앙심 깊은 공작부인들도

3만 프랑을 위해서라면, 조카딸한테 투렌에 오래 남아 있지 말라고 타이르는 것보다 더 어려운 일도 기꺼이 할지 모르니까. 아무튼 내가 자네에게 도움이 될 수 있어 두 배로 기뻐. 그 때문에 자네를 만날 수 있으니까." 또 그는 덧붙였다. "내가 결혼한다면 더 자주 만날 수 있겠지? 내 집을 자네 집처럼 생각하고 말일세……." 그는 갑자기 입을 다물었다. 그때 그는 이렇게 생각했을 거라고 나는 추측했다. 만약 내가 결혼하더라도 알베르틴은 그의 아내와 절친한 사이가 될 수 없을 거라고. 나는 생루가 게르망트 대공의 딸과 결혼하게 될 것 같다고 캉브르메르네 사람들이 말한 것을 떠올렸다.

기차 시간표를 알아본 생루는 밤이 되어야 출발할 수 있음을 알았다. 프랑수아즈가 와서 내게 물었다. "서재에 있는 알베르틴 아가씨의 침대를 정리할까요?"—"무슨 소리야, 그냥 둬야 해." 나는 알베르틴이 머잖아 돌아오기를 바랐고, 프랑수아즈에게도 거기에 의심을 품게 하고 싶지 않았다. 알베르틴이 떠난 것은 우리 둘이서 결정한 일이며, 조금이라도 그녀의 사랑이 식었다는 분위기를 풍겨서는 안 되었다. 그러나 프랑수아즈는 전혀 못 믿겠다는 태도는 아니지만 미심쩍어하는 기색으로 나를 물끄러미 쳐다보았다. 그녀 또한 나름대로 두 가지 가설을 세우고 있었다. 코를 킁킁거리며 불화의 냄새를 맡은 그녀는 오래전부터 알베르틴이 떠나리라 짐작하고 있었을 게 틀림없다. 그리고 그녀가 그것을 완전히 믿지 않은 것은 아마도 나와 같겠지만, 그것은 몹시 기쁜 일을 마음놓고 믿는 것을 경계했기 때문이다.

생루가 겨우 기차를 탔으려니 생각했을 즈음, 나는 응접실에서 블로크와 마주쳤다. 그가 울린 초인종 소리를 못 들었던 것이다. 그래서 잠깐 그를 상대해야만 했다. 그는 얼마 전 알베르틴(그는 발베크에서 그녀와 안면이 있었다)과 같이 있던 나를 만난 적이 있었는데, 그것은 그녀가 몹시 기분이 언짢았던 날이었다. "봉탕 씨와 저녁 식사를 함께했는데." 그가 내게 말했다. "난 그 사람과 어느 정도 통하는 사이여서, 그의 조카딸이 자네에게 좀더 잘하지 않는 게 섭섭하다고 잘 타일러달라고 말했네." 나는 화가 나 숨이 막힐 지경이었다. 그런 부탁이나 하소연은 생루의 교섭을 물거품으로 만들 뿐 아니라, 마치 내가 알베르틴에게 울며 매달리는 꼴이 되지 않는가 말이다. 엎친 데 덮친 격으로 응접실에 그대로 남아 있던 프랑수아즈도 이 이야기를 전부 듣고 말았다. 나는 블로크에게 가능한 한 온갖 비난을 퍼붓고, 누가 그 따위 부탁을 했으며, 애당초 사실과도 다르다고 해명했다. 그때부터 블로크의 입가에 줄곧 엷은 웃음이 번졌는데, 그것은 나를 화나게 한 것이 유쾌해서가 아니라 겸연쩍어서였으리라. 그는 웃으면서 내가 이렇게 화를 낼 줄은 몰랐다고 말했다. 그가 그렇게 말한 이유는 아마도 자신의 경솔한 행위가 그리 중요한 문제가 아님을 보여주기 위해서였을 것이다. 또 그가 본디 허황한 위인이어서 물 위에 뜬 해파리처럼 거짓말 속에서 어정버정 실실거리며 살아가는 사내였기 때문일 것이다. 비록 그가 별쭝난 인간이라 쳐도 타인은 절대로 우리 자신과 같은 관점에 설 수 없는 만큼, 우연히 입에서 튀어나온 말이 상대방에게 얼마나 큰 마음의 상처를 주는지 이해하지 못했기 때문일지도 모른다. 블로크가 저지른 실수를 돌이킬 방법이 없었으므로 그를 막 내쫓았을 때 다시 초인종이 울리더니, 프랑수아즈가 내게 경찰서장 앞으로 출두하라는 소환장을 내밀었다. 내가 한 시간 정도 집에 데리고 있던 소녀의 부모가 나를 상대로 미성년자 유괴 소송을 제기했다는 것이다. 인생에는 여러 가지 귀찮은 일들이 바그너풍의 유도동기(誘導動機)*처럼 뒤섞여서 달려드는데, 거기서 어떤 아름다움이 태어나는 순간이 있다. 그런 때 나타나는 또 하나의 관점은 지성이 앞쪽에 갖춰져 있는 미래라고 불리는, 작고 빈약한 거울 어디에도 비치지 않는 사건들이 연달아 일어난다는 관념으로, 거기서도 어떤 아름다움이 탄생한다. 사건은 거울 밖에 있어서 마치 현행범을 발견한 사람처럼 갑자기 나타난다. 하나의 사건은 그것만을 다른 것에서 분리하면, 실패한 것은 부풀어오르고, 만족한 것은 줄어드므로 이미 변화하고 있다. 그러나 사건이 하나만 존재하는 일은 거의 드물다. 하나하나의 사건이 불러일으키는 감정은 서로 모순되어, 내가 겁을 먹은 채 경찰서로 향하면서 느낀 것처럼 공포감은 어느 정도 감상적인 슬픔을 불러일으키는 촉발제로서, 적어도 한동안은 상당히 효과가 있었다.

경찰서에서 만난 소녀의 부모는 나를 실컷 모욕하고 나서 "이런 더러운 돈은 필요 없소" 하며 내게 500프랑을 되돌려주었지만 나 또한 그것을 다시 집어넣을 마음은 없었다. 경찰서장은 임기응변으로 척척 대답하는 중죄 재판장들의 능력을 흉내낼 수도 없는 최고의 모범으로 꼽는 사람이어서, 내가

---

\* 라이트모티프(Leitmotiv). 악극·표제 음악 등에서, 중요 인물·사물·감정 따위를 상징하는 동기. 반복 사용으로 극의 진행을 암시하고 통일감을 줌.

입 밖에 내는 말꼬리 하나하나를 붙잡아 재치 있고 솜씨 좋게 익숙한 태도로 찍소리도 못하게 대꾸하는 것이었다. 실제로 내가 죄가 없다는 사실은 문제조차 되지 않았으니, 그런 가정만은 어느 누구도 인정하려 들지 않았기 때문이다. 그런데도 고소하기가 여의치 않자, 나는 소녀의 부모 앞에서 심한 질책을 듣는 걸로 대신하여 풀려났다. 그런데 그들이 가버리자 본디 어린 여자애들을 좋아하는 경찰서장은 말투를 바꿔 초록은 동색인 양 내게 주의를 주었다. "다음엔 좀더 솜씨 있게 하시게. 암, 그렇게 거리에서 불쑥 줍는 짓을 하면 실패할 게 뻔하지. 게다가 여보게, 그 따위보다 더 나은 계집애들이 수두룩해, 더 싸게 먹히고 말이야. 금액이 터무니없이 높았어." 나는 서장에게 진실을 말해봤자 이해해줄 것 같지 않아서, 가도 좋다는 허락이 떨어지자 아무 말도 하지 않고 물러나왔다. 집에 돌아오기까지 지나가는 모든 사람이 내 행동을 감시하라는 임무를 맡은 사복형사처럼 보였다. 그러나 이 유도동기도 블로크에 대한 노여움의 유도동기와 마찬가지로 금세 사라져버리고 알베르틴의 실종이라는 유도동기만이 남았다. 그런데 이 마지막 유도동기는 생루가 떠난 뒤부터 거의 매우 즐거운 가락으로 다시 시작되었다. 그가 봉탕부인을 만나러 가는 임무를 맡아준 다음부터 이 사건의 무게는 지친 내 정신이 아닌 생루의 두 어깨에 걸머지게 되어, 그가 출발할 때는 무척 기뻐서 마음이 들뜰 지경이었다. 나는 이미 결단을 내리고 있었다. "이제 반격할 준비는 끝났어." 지금 내 고통은 옅어졌다. 그것은 행동했기 때문이라고 나는 생각했고, 진심으로 그렇게 믿었다. 왜냐하면 사람은 자기 마음속에 감추어진 것이 무엇인지 절대로 알 수 없기 때문이다. 사실은 나를 행복하게 만든 것은 내가 생각했듯이 지지부진한 나의 상황을 생루에게 떠넘겼기 때문이 아니다. 물론 내가 전적으로 잘못 생각한 것은 아니다. 불행한 사건(본디 사건이라는 것은 넷 중 셋은 불행한 법이다)을 해결할 특효약은 결단이다. 결단을 내리면 그 결과로서 갑자기 사고가 거꾸로 진행되어, 지난 사건에서 시작되어 끝없이 진동을 계속하는 사고의 흐름을 끊고, 외부와 미래에서 오는 반대 사고의 역류로 그것을 부수기 때문이다. 그러나 이런 새로운 사고가 특별히 효과가 있는 것은 미래의 깊은 내부에서 희망을 가져다줄 때다(지금 내게 밀려오는 사고가 바로 그러하다).

요컨대 나를 이처럼 행복하게 만든 것은 생루의 사명이 실패할 리가 없으니 알베르틴이 꼭 돌아올 거라는 은밀한 확신이었다. 나는 그 점을 깨달았다. 첫날에 생루의 답장이 오지 않자 이내 다시 괴로워졌기 때문이다. 따라서 내가 결단을 내린 것과 생루에게 전권을 위임한 것이 기쁨의 원인은 아니었다. 그렇지 않았으면 기쁨은 계속되었으리라. 오히려 입으로는 '무슨 일이 일어나더라도' 말하면서도 사실은 '성공이 확실하다'고 생각한 게 원인이었다. 답장이 늦어져서 어쩌면 잘 안 될지도 모른다는 생각이 들기 시작했을 때, 그 생각이 어찌나 무시무시하던지 내 기쁨도 어느새 사라지고 말았다. 실제로 우리는 기쁨을 다른 원인으로 돌리지만, 우리가 기쁨으로 가득 차게 되는 것은 행복한 사건을 예상하고 기대할 때이다. 우리가 바라는 것이 이뤄지리라는 확신이 사라지면 기쁨은 끝나고 다시 비탄 속에 빠지고 만다. 우리의 감각 세계에 있는 건물을 늘 받치고 있는 것은 눈에 보이지 않는 확신이며, 그것이 사라지면 건물도 흔들린다. 이러한 확신이 있느냐 없느냐야말로 인간의 가치와 무가치를 정하고 그들과의 만남에서 끝없는 기쁨을 느끼는가 하면, 견딜 수 없는 고통을 받기도 한다는 것을 우리는 이미 보았다. 마찬가지로 그 확신은 슬픔을 견디는 것도 가능하게 한다. 이윽고 이 슬픔도 끝나리라 믿는 것만으로도 하찮은 슬픔으로 보이기 때문이다. 또는 슬픔이 갑자기 커져서, 결국 누군가의 존재가 우리의 목숨만큼, 때로는 그 이상의 가치마저 지니는 일이 있어도 견뎌낸다. 그런데 처음 느끼는 가슴의 통증(그 최초의 통증은 이미 존재하지 않는다는 사실을 고백해야겠지만)만큼 격렬한 아픔이 있었다. 알베르틴의 편지에서 어떤 글을 다시 읽는 것이었다. 보통 우리는 아무리 사랑하는 사람들의 경우라도, 그들을 잃는다는 괴로움 때문에 고독 속에서 상대하며, 그것에 어느 정도까지 정신이 원하는 형태를 부여하면, 그 괴로움도 능히 견딜 수 있는 법이다. 그러나 확실히 그것과는 달리, 인간적이라고도 우리 자신의 괴로움이라고도 할 수 없는, 정신 세계나 마음 영역에서 일어난 사고처럼 뜻하지 않게 덮쳐오는 기묘한 괴로움도 있다—그것은 우리가 잃어버린 사람들이 직접적인 원인이 아니라, 그들과 더이상 만날 수 없다는 사실을 알았을 때, 그 아는 방법이 원인이 되는 괴로움이다. 알베르틴뿐이라면, 나는 남몰래 눈물 흘리며 어제처럼 오늘 밤에도 만날 수 없음을 받아들이면서 그녀를 생각할 수 있었다. 하지만 '내 결심은 바꿀 수가 없어요'라는 글을 다시 읽는 건 그렇지 않아서, 치명적인 심장 발작을 일으켜 목숨을 앗아갈지도 모르는 위험한 약을 먹는 것과 다름없었다. 이별과 관련된 사물이나 사건, 편지 속에는 상대방이 갖는 고통 자체를 확대시키고 그 성질마저 변하게 하는 특수한 위험이 도사리고 있다. 그러나 그 괴로움은 오래 가지 않았다. 뭐니뭐니해도 나는 생루의 계략이 성공할 것을 확신했고, 알베르틴이 돌아오리라는 것을 믿어 의심치 않았는데, 그것을 바라는 건 과연 옳은 일일까 하고 의심하기 시작했다. 그런데도 나는 그런 생각을 흥겨워하고 있었다.

나는 자동차와 함께, 그 무렵 가장 아름다운 요트도 사려고 했다. 팔려고 내놓은 요트가 있긴 했지만 너무 비싸서 임자가 나서지 않았다. 단, 요트를 사고 나면 겨우 넉 달 동안 타고 다니는 유지비만 해도 1년에 20만 프랑이 더 들 것이다. 내가 쓰는 생활비는 한 해 동안 50만 프랑 남짓이다. 대체 이것으로 7, 8년, 또는 그 이상 버틸 수 있을까? 하지만 상관없다. 50만 프랑의 연금 말고 아무것도 없게 된다면, 그것을 알베르틴에게 유산으로 남기고 자살해버리면 그만이다. 그것이 내 결심이었다. 그 결심은 내게 '나 자신'에 대해 생각하게 했다. 그런데 자아는 끊임없이 많은 것을 생각하며 살아가고 있고, 자아란 바로 그런 것들을 생각하는 것이므로, 가끔씩 이렇게 눈앞에 있는 대상이 아닌 자기 자신을 문득 돌아보기 시작하면, 거기서 발견하는 것은 텅 비어 있는 장치에 지나지 않고, 뭔가 자기가 알 수 없는 것이므로, 거기에 현실성을 부여하기 위해 자아는 거울로 본 자기 얼굴에 대한 기억을 덧붙여야 한다. 저 우스꽝스러운 미소, 이 너저분한 콧수염, 땅 위에서 사라져 가는 것은 그것이다. 5년 뒤에 내가 자살한다면 머릿속에 끊임없이 잇달아 나타나는 저 모든 것에 대한 생각도 멈출 수 있다. 나는 더 이상 이 세상에 존재하지 않으며 두 번 다시 돌아오지 않을 것이다. 내 사고(思考)는 영원히 정지할 것이다. 그리고 내 자아는, 그것을 더 이상 존재하지 않는 것으로서 바라보자 한층 더 가치 없는 것처럼 보였다. 우리 사고가 언제나 향하고 있는 여성(우리가 사랑하는 여성)을 위한다면, 그것을 기꺼이 희생하는 것, 그녀를 위해 우리가 한 번도 생각한 적이 없는 이 또 하나의 존재인 우리 자신을 희생하는 것, 그것이 뭐 그리 어렵겠는가? 그러므로 나의 죽음이라는 이 생각은 내 자아라는 관념과 마찬가지로 기묘하게 생각되었지만, 그것은 조금도 불쾌하지 않았다. 그러나 나는 갑자기 두렵고 슬퍼졌다. 더 이상 돈에 자유롭지 못한 것은 부모가 살아 있기 때문이라고 생각한 순간, 문득 어머니가 떠올랐기 때문이다. 그리고 내가 죽은 뒤에 어머니가 슬퍼할 것을 생각하니 도저히 견딜 수가 없었다.

경찰서에서의 그 일은 다 끝난 걸로만 알았는데, 공교롭게도 프랑수아즈의 보고에 의하면, 형사가 와서 내가 집에 어린 소녀를 끌어들이는 버릇이 있는지 묻자, 알베르틴을 두고 하는 말로 여긴 문지기가 그렇다고 대답해서 그때부터 집 주위를 감시하는 눈치라고 한다. 앞으로 슬픔을 달래기 위해 아무 소녀나 집으로 데리고 왔다간 그 소녀 앞에서 형사한테 짓밟히고, 치한이라는 소리를 들으면서 망신당할 각오를 해야 할 것이다. 그리고 나는 사람이 상상 이상으로 뭔가 마음속에 품은 꿈 때문에 산다는 사실을 이해했다. 왜냐하면 다시는 어린 소녀를 조용히 얼러줄 수 없다면, 내게서 인생의 모든 가치가 영원히 사라질 것처럼 느껴졌기 때문이다. 또한 나는, 이해관계와 죽음에 대한 공포가 세상을 움직인다고 생각하고 있었음에도, 쉽사리 재산을 포기하거나 죽음의 위험을 무릅쓰는 사람이 있는 것도 충분히 이해할 수 있다고 생각했다. 생판 모르는 소녀라 하더라도, 경찰관에게 모욕을 당하고 그녀에게 굴욕적인 인상을 주게 된다면, 나는 차라리 자살하는 편이 훨씬 낫다고 생각했을 테니까! 이 두 가지 고통 가운데 어느 쪽이 더한지 비교하는 건 애당초 불가능하다. 그러나 실제의 인생에서 사람들은, 자신이 돈을 주거나 죽인다고 협박하는 상대에게도 애인이나 친구가 있어서, 상대는 자기 자신보다도 그 애인이나 친구의 존경만은 잃고 싶지 않을 거라는 사실은 생각해보려고도 하지 않는다. 그때 나는 그만 혼란에 빠져 착각하고(알베르틴은 이미 성인이므로 내 집에서 살거나 애인이 될 수도 있다는 것을 깜박 잊고), 알베르틴에게도 미성년자 유괴죄가 적용되는 게 아닐까 생각하기 시작했다. 그러자 내 인생이 사면초가가 된 듯했다. 나는 알베르틴과 순결한 생활을 한 것이 아니라는 생각을 하면서, 처음 만난 소녀를 귀여워해주었다고 해서 내가 받은 처벌 속에, 인간이 내리는 징벌 속에 늘 존재하는 하나의 관계를 발견했다. 그 관계 때문에 공정한 유죄 판결도 완전한 오심도 거의 없어지고, 그 대신 무고한 행위에 대해 품는 재판관의 그릇된 판단과 그가 미처 몰랐던 숨은 죄 사이에 어떤 조화가 생기는 것이다. 그때, 알베르틴이 돌아오면 그 일이 내게 명예롭지 못한 유죄 판결을 가져올지 모른다는 생각이 뇌리를 스쳤다. 그 판결로 인해 그녀의 눈에 내 가치는 떨어질 테고, 그녀 자신에게도 피해를 주어, 더 이상 나를 용서하지 않을지도 모른다. 그렇게 생각하자 그녀가 돌아오기를 바라는 마음도 사라졌고 오히려 그것이 두려워졌다. 돌아오지 말라고 그녀에게 전보라도 치고 싶었다. 그러나 곧 그녀가 돌아오기를 바라는 뜨거운 욕망이 다른 모든 것을 사라지게 하면서 마음속으로 밀려왔다. 돌아오지 않아도 된다고 그녀에게 말해버리고 그녀 없이 살 수 있는 가능성을 똑바로 본 순간, 단번에 거꾸로 알베르틴을 돌아오게 하기 위해서라면 모든 여행, 모든 쾌락, 모든 일을 희생해도 좋다고 생각하고 있는 나 자신을 느낀 것이다!

아아! 알베르틴에 대한 내 사랑은, 질베르트에 대한 사랑의 경험으로 그 여정을 충분히 예측할 수 있다고 믿었는데, 그것과는 얼마나 대조적인 방향으로 펼쳐졌던가! 그녀를 보지 않고 견디는 건 불가능한 일이었다! 또 아무리 대수롭지 않은 것이라도 예전에는 알베르틴이 곁에 있다는 행복한 분위기에 젖어 있었는데, 지금은 매번 새삼스럽게 똑같은 아픔을 겪으면서 이별의 경험을 되풀이해야만 했다. 그러다가 여러 가지 다른 생활 형태가 머릿속에 떠올라, 그것들과 다퉈서 이 새로운 고통도 어둠 속에 내팽개쳐버리고 말았다. 봄을 맞이하던 요 며칠 동안 나는 생루가 봉탕 부인을 만나기를 학수고대하면서, 베네치아와 미지의 미녀들을 상상하며 잠깐 기분 좋은 평온을 되찾았다. 문득 그것을 깨달은 나는 극심한 공포에 휩싸였다. 지금 맛본 이 기분 좋은 평온은 단편적으로 다가오는 거대한 힘의 첫 출현으로, 내 마음속에서 고통이나 사랑과 맞서 싸워 언젠가는 그것을 이길 것이다. 방금 내가 예감하고, 그 전조를 포착한 그것은 한순간의 일에 지나지 않지만 머지않아 나의 변하지 않는 상태가 될 터였다. 즉 다시는 알베르틴 때문에 괴로워하지 않고 그녀를 더 이상 사랑하지 않는 생활이다. 내 사랑은 자신을 때려눕힐지도 모르는 유일한 적인 망각의 모습을 보고 오들오들 떨기 시작했다. 마치 우리에 갇힌 사자가 문득 자기를 삼켜버릴 수 있는 비단뱀을 보았을 때처럼.

나는 줄곧 알베르틴을 생각했다. 더구나 프랑수아즈는 내 방에 들어와도 곧바로 '편지는 없었어요' 말해주지 않으므로, 내 고뇌는 쉽게 사그라지지 않았다. 그래도 이따금 나는 슬픔 속에 이런저런 관념을 불러들이고 마음속의 탁한 공기를 내보냄으로써 조금은 환기시킬 수 있었다. 하지만 밤이 되어 가까스로 눈을 붙여도, 알베르틴의 추억은 마치 수면제처럼 일단 잠들게는 해주지만 약효가 다하면 나를 깨우고 만다. 나는 자면서도 늘 알베르틴을 생각했다. 그것은 그녀의 선물, 그녀에게만 속한 특수한 잠으로, 잠들어 있을 때는 깨어 있을 때와 마찬가지로 다른 생각을 하려 해도 더 이상 불가능할 것이다. 잠과 그녀의 추억은 뒤섞여 있어서 잠들 때는 두 가지를 함께 삼켰다. 게다가 깨어나도 괴로움이 줄어들기는커녕 날이 갈수록 더 심해졌다. 망각이 자신의 일을 수행하지 않기 때문이 아니라 오히려 망각 자체가 그리운 사람의 이상화를 돕기 때문인데, 그래서 최초의 괴로움이 비슷한 다른 괴로움에 동화되어 더욱 강화된다. 그래도 아직 그런 영상이라면 견딜 만했다. 그러나 만약 갑자기 그녀의 방이 머릿속에 떠올라, 텅 빈 침대가 있는 그녀의 방, 그녀의 피아노, 그녀의 자동차를 차례차례 생각한다면, 나는 곧장 기운이 빠져 눈을 감고 당장에라도 실신할 사람처럼 머리를 왼쪽 어깨 위로 툭 떨어뜨릴 것이다. 문소리조차 내게는 거의 같은 고통을 준다. 문을 여는 사람이 그녀가 아니기 때문이다. 생루에게서 전보가 올 때가 되었어도 나는 '전보 왔지?' 물어볼 용기가 나지 않았다. 마침내 전보가 왔다. 하지만 그것은 모든 걸 원점으로 되돌렸을 뿐이다. 거기에는 이렇게 씌어 있었다. "그녀들은 사흘 동안 출타 중."

물론 그녀가 집을 나간 지도 벌써 나흘이나 지났는데, 그동안 내가 견딜 수 있었던 것은 마음속으로 이렇게 자신에게 들려주었기 때문이다. "이건 시간 문제에 지나지 않는다, 주말까지는 꼭 돌아올 거야." 그러나 내 마음과 몸이 직접 치러야 할 행위에는 변함이 없었다. 즉 그녀 없이 사는 것, 집에 돌아와도 그녀를 만날 수 없을 뿐 아니라 그녀가 없는 줄 알면서도 그 방문 앞을 지나가고─아직 그것을 열 용기가 없었다─그녀에게 잘 자라는 말을 하지 못한 채 잠자리에 드는 것, 내 마음은 그러한 두려운 일들을 하나도 남김없이 해치워야 했으며, 그것도 두 번 다시 알베르틴을 만날 수 없는 듯이 해내야만 했다. 그런데 벌써 내 마음은 네 번이나 그렇게 했고, 그것은 앞으로도 계속 그렇게 할 수 있음을 증명하고 있었다. 어쩌면 오래지 않아 계속 그렇게 살 수 있게 해준 이유─알베르틴이 곧 돌아온다는 것─도 필요치 않게 되리라('그녀는 영원히 돌아오지 않는다'고 자신을 타이르면서, 나흘 동안 해왔듯이 그렇게 살아갈 수 있을 것이다). 마치 부상자가 다시 걸을 수 있게 되어 목발이 필요하지 않게 되는 것처럼. 물론 밤에 집으로 돌아와서 내가 다시금 숨을 죽이고, 고독의 공허함에 숨 막혀 하면서 발견하는 것은, 알베르틴이 나를 기다려준 모든 밤의 끝없이 이어지는 추억이었다. 그러나 이미 나는 어제의, 그저께의, 그리고 그전의 이틀 밤 추억도 떠올렸다. 다시 말해 알베르틴이 떠나고 나서 보낸 나흘 밤의 추억으로, 그동안 나는 그녀가 없는 외톨이의 생활이었지만 그래도 살아가고 있었던 것이다. 이미 지나간 그 나흘 밤은 그전의 밤에 비해 더할 나위 없이 빈약한 추억일 뿐이지만, 아마 이제부터 흘러갈 하루하루에 따라 점차 풍성해질 것이다. 바로 그즈음, 파리에서 가장 아름다운 아가씨로 소문난 게르망트 부인의 조카한테서 사랑을 고백하는 편지를 받았으며, 그 부모도 딸의 행복을 위해 이렇게 신분이 차이나는 결혼도 어쩔 수 없다고 포기하고 게르망트 공작을 통해 교섭을 추진해왔지만, 그 일에 대해서는 말하지 않겠다. 자존심을 만족시켜주는 이런 사건도 누군가를 사랑하고 있을 때는 괴롭기만 할 뿐이다. 예전만큼 이쪽에 호의적이지 않은 여인에게 그 사실을 알려주고 싶은 마음도 있지만 그렇게 무신경한 짓을 할 수는 없고, 게다가 내가 다른 사람에게서 구애를 받는 일이 있다는 걸 안다 한들 알베르틴의 판단이 달라질 리도 없을 것이다. 공작의 조카딸이 내게 보낸 편지는 고작 알베르틴을 약오르게 했을 뿐인지도 모른다.

읽다 만 책을 잠깐 덮어도 저녁까지 머리에서 떠나지 않는 것처럼, 나는 눈을 뜨는 순간 잠들기 전과 같은 상태로 되돌아가 다시 괴로움을 느끼기 시작했는데, 그 감각이 바깥에서 왔든지 안에서 왔든지 내게 이어지는 생각은 모두 알베르틴에 대한 것뿐이었다. 초인종이 울렸다. 그녀의 편지다. 아니 어쩌면 그녀일지도 모른다! 만일 그때 내 기분이 좋고, 그다지 불행하지 않으며, 더 이상 질투하지 않고, 그녀에 대한 불만도 없었다면 당장 그녀를 맞이하러 달려나가, 그녀를 반갑게 끌어안고, 그녀와 함께 한평생 즐겁게 지내고 싶었을 것이다. 그녀한테 '빨리 돌아오라'고 전보를 치는 것도 더할 나위 없이 간단한 일인 것처럼 보였다. 마치 새 기분이 내 의향뿐만 아니라 바깥 사정까지 바꿔버려 모든 걸 더욱 수월하게 만들기라도 한 듯싶었다. 그러다가 내 기분이 침울해지면 그녀에 대한 노여움이 모두 되살아나겠지. 이제는 그녀를 껴안고 싶지도 않고 그녀를 위해 행복해지는 건 불가능할 것 같아서, 그저 그녀를 괴롭히고 싶고 남의 것이 되지 않게 방해하고 싶을 뿐이다. 그러나 두 가지 기분이 정반대일지라도 그 결과는 똑같다. 즉 그녀가 되도록 빨리 돌아와야만 한다. 그렇기는 하지만 그녀가 돌아왔을 때 내게 어떤 큰 기쁨을 준다 한들 결국 예전처럼 성가신 일이 생길 테고, 정신적인 욕망의 만족에서 행복을 추구하는 것은 앞으로 앞으로 걸어가서 지평선에 이르려는 것과 마찬가지로 어리석게 느껴졌다. 욕망이 앞으로 나아가면 갈수록 참된 소유는 멀어진다. 그러므로 행복이, 또는 적어도 고통이 없는 상태를 발견할 수 있다면, 추구해야 할 것은 만족이 아니라 욕망을 차츰 줄이는 것, 마지막에는 그것을 소멸시키는 것이다. 사람들은 사랑하는 사람을 만나려고 애쓰는데, 오히려 만나지 않으려고 애써야 한다. 망각만이 마지막에 욕망의 소멸을 가져다주기 때문이다. 그러한 진실을 얘기한 작가가 있으며, 그 진실을 쓴 책을 한 여인에게 바치고 '이 책은 당신 것입니다'라면서 서둘러 접근하는 모습을 상상한다. 책에서는 진실을 말하면서 헌사에서는 거짓말을 한 셈이 되니, 그는 책이 여인의 것이라고 고집했으나, 그것은 여인에게서 받은 보석이 그의 소유가 되는 것과 같은 일로, 그 보석이 소중한 것은 그가 여인을 사랑하고 있을 때뿐이기 때문이다.

한 인간과 우리의 유대는 우리 생각 속에서만 존재한다. 기억은 천천히 흐려져서 그 유대를 느슨하게 만든다. 그래서 우리는 환상에 속고 싶어하면서도, 또 사랑이나 우정, 예의나 체면, 의무감에서 남을 환상으로 속이고 있으면서도, 결국 홀로 존재하게 된다. 인간은 자신을 벗어날 수 없는 존재이며, 자신 안에서만 남들을 인식할 수 있는 존재다. 이 명제의 역은 거짓이 되고 만다. 그럴 리는 없다고 생각하면서도 나는 그녀를 필요로 하는 이 마음, 그녀에 대한 이 사랑을 빼앗길까 봐 두려워하고 있었다. 그 정도로 이것은 살아가는 데 있어서 중요한 문제라고 나는 믿었다. 투렌에 가는 기차가 지나가는 역 이름을 듣고도 어떤 매력도 고통도 느끼지 않을 수 있다면, 그야말로 나 자신이 작아진 듯한 기분이 들겠지(결국 그것은 알베르틴이 아무 상관없는 타인이 되었다는 증거일 테니까). 그녀는 무엇을 하고 있을까, 무슨 생각을 하고 무엇을 원하고 있는 걸까, 끊임없이 스스로에게 물어보면서, 그때마다 나는 그녀가 돌아오려 할까, 정말 돌아올까 생각하는데, 이렇게 사랑이 내 마음속에 터놓은 통로의 문을 열어두고, 다른 사람의 생명이 열린 수문을 통해 저수지에 흘러들어오는 걸 느끼는 것은 좋은 일이라고 자신을 타일렀다. 저수지도 고인 물로 돌아가고 싶지는 않겠지.

어영부영하는 사이에도 생루의 침묵이 길어져, 이윽고 생루의 전보나 전화를 기다리는 이차적인 불안이, 첫 번째 불안, 즉 결과에 대한 우려나 알베르틴이 돌아올지 어떨지를 알게 되는 불안을 덮어버리고 말았다. 전보를 기다리느라 기척마다 귀를 기울이는 노릇이 어쩌나 지긋지긋하던지, 그 내용이 무엇이건 지금 내 머릿속에 있는 유일한 것, 즉 전보만 온다면 모든 고민이 끝날 것 같았다. 드디어 로베르에게서 전보가 왔다. 그러나 봉탕 부인을 만나긴 했지만 세심하게 조심했음에도 알베르틴한테 들켜버려 모든 일이 물거품으로 돌아갔다고 적힌 것을 본 나는 노여움과 절망으로 폭발하고 말았다. 이것이야말로 내가 가장 피하고 싶었던 일이었기 때문이다. 알베르틴이 알게 되면, 생루의 여행은 내가 그녀에게 집착하는 꼴을 보여 그녀가 돌아오게 하는 데 방해만 될 뿐이다. 그렇게 보이는 것을 꺼리는 이유는 질베르트에게 빠져있을 때 내 사랑이 가지고 있었던, 지금은 잃어버린 자존심의 흔적이었다. 나는 로베르를 저주했다. 그러다가 만일 이 방법이 실패하면 다른 방법을 취하자고 다짐했다. 사람은 바깥세상에 영향을 끼칠 수 있으니까, 책략이나 지혜, 이해관계나 애정을 활용하여 알베르틴의 부재라는 이 끔찍한 사실을 말살하는 것쯤 어찌 못하겠는가? 사람은 제 욕망대로 주위의 사물을 변화시킬 수 있다고 생각한다. 그 이상 더 편리한 해결책은 찾을 수 없기 때문이다. 하지만 생각지도 못하게 가장 빈번히 일어나는 편리한 해결책이 있다. 즉 욕망대로 사물을 바꾸지는 못하지만, 조금씩 우리 욕망을 바꾸는 방법을 쓰면 된다. 그러면 견디기 힘들어 바뀌기를 바랐던 환경이 어느새 아무래도 상관없게 된다. 무슨 수를 써서라도 뛰어넘으려 했던 장애물을 극복하지 못해도, 삶은 그 장애물을 멀리 돌아 지나간다. 그제야 우리는 과거를 멀리 돌아보고, 아득한 저편으로 사라진 장애물을 대수롭지 않게 여긴다.

위층 여인이 노래하는 '마농'의 아리아가 들려왔다. 잘 아는 그 노랫말에 알베르틴과 내 신세를 대신 넣으니 어쩌나 감정이 복받치던지 결국 눈물을 흘리고 말았다. 그것은 다음과 같은 노랫말이었다.

Hélas, l'oiseau qui fuit ce qu'il croit l'esclavage,
Le plus souvent, la nuit
D'un vol désespéré revient battre au vitrage.

아아, 스스로 노예라고 생각한 작은 새,
다시 한 번 또 한 번 벗어나려고
죽음을 무릅쓰고 밤의 창문에 몸을 부딪치누나.

그리고 마농의 죽음이다.

Manon, réponds-moi donc, seul amour de mon âme,
Je n'ai su qu'aujourd'hui la bonté de ton cœur.

마농, 어서 대답해다오, 내 영혼의 유일한 사랑이여,
그대 마음의 감미로움에, 나는 오늘에야 눈을 떴다네.

　마농은 데 그뤼에게 돌아왔으므로, 알베르틴도 내게 생애에 오직 하나뿐
인 연인처럼 느껴졌다. 그러나 안타깝게도, 지금 이 순간 같은 아리아가 그
녀의 귀에 들렸다 해도, 데 그뤼의 이름 아래서 그녀가 그리워한 이는 아마
나는 아닐 것 같다. 설사 그녀가 조금이나마 그런 마음을 품는다 해도 나의
추억은, 그녀가 이 음악을 들으면서 감동에 젖는 것을 방해하리라. 하기야
훌륭한 이 곡은 다른 곡에 비해 잘 만들어져 아주 섬세하기도 했지만, 특히
알베르틴이 좋아하는 종류의 음악이었으니까. 나로서는 알베르틴이 나를 '내
영혼의 유일한 사랑'이라고 불러주거나, '스스로 노예라고 생각한' 것은 오해
였다고 인정하는 모습을 상상하면서 달콤한 기분에 잠길 만한 용기가 없었
다. 소설을 읽을 때는 여주인공에게 자기가 사랑하는 여인의 모습을 비추기
마련이라는 사실을 나는 알고 있었다. 하지만 책의 결말이 아무리 행복한들
우리 사랑이 한 걸음 더 나아가는 것은 아니다. 책을 덮고 나면, 소설에서는
마침내 우리에게 와준 사랑하는 여인이 실제의 인생에서도 우리를 사랑하게
되는 것은 아니다. 나는 분노에 휩싸여 생루에게 되도록 빨리 파리로 돌아오
라고 전보를 쳤다. 몰래 진행하려고 했던 교섭을 들킨 뒤에도 끈질기게 시도
한다는 인상을 보여 일을 더 악화시키고 싶지는 않았다. 그러나 내 지시에
따라 생루가 돌아오기 전에 나는 알베르틴한테서 다음과 같은 전보를 받았
다.

"벗이여, 당신은 숙모님께 친구를 보냈더군요. 말도 안 되는 얘기예요. 사랑하는 이여, 내가 필요하다면 왜 직접 내게 편지하지 않으시나요? 기꺼이 돌아갔을 것을! 다시는 이런 바보 같은 짓은 하지 마세요."

'기꺼이 돌아갔을 것을!' 알베르틴이 이런 말을 했다는 건 떠난 것을 후회하며 돌아올 핑계를 찾고 있었다는 얘기다. 그러니 그녀의 말대로 그녀가 필요하다고 편지를 써 보내기만 하면 된다. 그러면 그녀는 돌아올 것이다. 즉 나는 그녀를 다시 만나게 된다, 그녀를. 발베크의 알베르틴을(왜냐하면 알베르틴이 떠난 뒤 그녀는 내게 다시금 발베크의 알베르틴이 되었으니까. 마치 조가비가 늘 옷장 위에 있을 때는 거들떠보지도 않다가 그것을 남에게 줬든가 어디로 사라졌든가 해서 잃어버리면 그것만 생각나듯이, 그녀는 바다의 푸른 너울이 반짝반짝 물결치는 아름다움을 떠올리게 했다). 알베르틴만이 상상 속의 존재, 곧 이상적인 존재가 된 것은 아니다. 그녀와 함께하는 생활도 상상 속의 생활이었지만, 곧 온갖 어려움에서 해방될 것이다. 그래서 나는 생각했다. '그러면 우리는 얼마나 행복할까!' 그러나 그녀가 돌아온다는 확신이 선 이상 서두르는 눈치를 보여서는 안 된다. 반대로 생루가 끼어들어서 생긴 나쁜 결과를 없애야만 한다. 나중에 언제라도, 생루는 줄곧 우리를 결혼시키고 싶어했으므로 자기 멋대로 행동한 거라고 해명하면서 그 교섭을 부인할 수 있을 테니까. 나는 그녀의 편지를 다시 읽어보았다. 그러자 편지 속에 글쓴이의 인격이 조금도 나타나 있지 않은 것을 깨닫고 실망하고 말았다. 물론 종이에 쓴 글자에는 우리의 생각이 표현되는데, 그것은 표정도 마찬가지여서 우리는 언제나 생각과 마주하고 있다. 그렇지만 인간의 경우, 그 생각은 얼굴이라는 꽃잎 속에 퍼져 수련처럼 활짝 핀 뒤에 나타난다. 게다가 그것은 사고의 모양을 크게 바꿔버린다. 아마도 우리가 사랑에서 끊임없이 환멸을 되풀이하는 원인 가운데 하나는 이 끊임없는 일탈에 있으며, 따라서 사랑하는 이상적인 존재를 기다리고 있을 때, 그때마다 찾아오는 것은 살아 있는 몸뚱이의 인간으로, 그것은 더 이상 우리의 꿈을 품지 않는다. 그리고 우리가 그 사람에게 뭔가를 바랄 때, 상대에게서 받는 편지에는 그 인격조차 거의 남아 있지 않는 것이다. 마치 대수학(代數學)의 문자 속에는 확정된 계산 수치가 남아 있지 않고, 그 수치조차 더해진 과일과 꽃의 품질을 더 이상 포함하고 있지 않은 것처럼. 그러나 '사랑'이든, '사랑받는

다'이든 상대가 쓴 편지의 문자는(한쪽에서 다른 한쪽으로의 이동이 아무리 불완전하더라도) 아마도 같은 현실의 번역일 것이다. 편지를 읽고 나서는 아쉬운 느낌이 들었지만, 편지를 받기 전에는 죽도록 애가 타는 심정이어서, 비록 그 까만 기호가 우리 욕망을 충분히 채워주지도 못하고, 편지에 있는 단어와 미소와 입맞춤이 그 자체도 아니며, 겨우 그 값어치가 같은 물건에 지나지 않음이 느껴지기는 하지만, 그래도 편지가 오면 우리의 고뇌는 충분히 가라앉기 때문이다. 나는 알베르틴에게 편지를 썼다.

"벗이여, 마침 그대에게 편지를 쓰려던 참이었소. 만약 내게 그대가 필요하다고 기별만 했더라면 달려왔을 거라고 말해줘서 고맙소. 옛 친구에 대한 진심을 이토록 고상하게 이해해주는 게 참으로 그대다워 그대에 대한 존경이 더할 뿐이라오. 하지만 난 그대에게 그런 것을 바란 적이 없고 앞으로도 그럴 생각이오. 적어도 앞으로 한동안은 우리가 다시 만나지 못한다 해도, 아마 냉정한 아가씨인 그대에겐 그게 가슴 아픈 일이 아닐 테지요. 하지만 이따금 그대가 무심하다고 생각하는 내게는 분명 무척 가슴 아픈 일이 될 것이오. 인생은 우리를 갈라놓았소. 그대는 매우 슬기로운 결심을 했고, 훌륭한 예감으로 가장 적절한 때 결단을 내리고 행동에 옮겼소. 내가 어머니한테서 그대에게 청혼해도 좋다는 승낙을 받은 바로 다음 날 그대가 훌쩍 떠나버렸으니까. 아침에 깨어나 어머니의 편지를(그대의 편지와 함께!) 보았을 때 나는 그대가 깨어나면 이 말을 할 작정이었소. 아마 그대는 그런 말을 듣고 나서 떠나면 나를 가슴 아프게 할까 봐 걱정했나 보오. 짐작건대 우리가 맺어졌다면 우리 둘 다 불행해졌을지도 모르오. 만약 그리될 운명이었다면 그대의 슬기 덕분에 불행을 피할 수 있었으니 그대의 슬기에 축복이 있기를! 만약 우리가 다시 만난다면 그 좋은 성과도 모두 사라지고 말겠지요. 그렇다고 내가 재회에 관심이 없다는 건 아니라오. 다만 내가 그것에 저항해도 그리 칭찬받을 일은 아니지요. 잘 알다시피 나는 마음이 쉽게 변하는 인간이라 무엇이든 금방 잊어버리고 마니까. 그러므로 그리 동정받을 일도 못된다오. 그대가 가끔 내게 한 말이지만, 특히 나는 습관에 젖어 사는 인간이잖소. 이제 막 시작한 그대 없는 생활의 습관은 아직 그렇게 강하지는 않소. 물론 지금은 그대와 함께한 습관, 그대가 떠나는 바람에 완전히 흐트러지고만 습관이 가장 강하다오. 하지만 이 습관도 그리 오래가지는 못할 것이오. 그래서 나는 이런 생각까지 했소. 우리가 만나는 것은 2주일만 지나면, 아니 아마 더 빨리 성가시거나 한 일이 될 테니(지나치게 솔직함을 용서하시오), 아직 그리되지 않은 마지막 며칠을 이용하거나, 완전히 잊어버리기 전에 이 며칠을 이용해서 사소하고 구체적인 문제를 그대와 해결하자고 말이오. 그대는 상냥하고 매력적인 사람이니 5분 동안 그대의 약혼자라고 믿었던 내게 협조해주겠지요. 나는 어머니의 찬성을 의심치 않았지만, 한편으로는 우리 각자가 완전한 자유인이기를 바랐소. 지금까지 그대는 고운 마음으로 나를 위해 그 자유를 대부분 희생해왔지만, 그저 몇 주일의 동거라면 모를까 앞으로 평생을 같이 지내게 된다면 그런 희생은 그대에게도 내게도 무서운 결과를 낳고 말 것이오(이 글을 쓰면서도 하마터면 그리될 뻔했고, 다행히도 그 위험을 아슬아슬하게 피했다는 생각에 진땀이 날 정도요). 나는 서로의 생활을 가능한 한 독립된 형태로 만들고 싶다고 생각해왔소. 그 시작으로 그대에게 그때 그 요트를 선물하고, 그것으로 그대가 여행하면 몸이 좋지 않은 나는 항구에서 그대를 기다리고 싶었소. 그대는 엘스티르의 취향을 좋아하므로 그에게 편지를 써서 도움말도 구했다오. 또 바다가 아닌 땅 위에서는 그대가 마음대로 외출하며 여행할 수 있도록 전용 자동차를 마련해주고 싶었소. 요트는 벌써 거의 다 되어, 발베크에서 그대가 말했던 대로 '백조호'라고 이름을 붙였고, 또 그대가 다른 어느 차보다도 롤스로이스를 좋아하던 것이 기억나 그것도 한 대 주문했다오. 그런데 우리는 앞으로 영원히 만나지 않을 테고, 배도 자동차도 그대가 받아들이지 않을 성싶어, 이제 내게는 하나도 소용없는 물건들이 되어버렸다오. 따라서 그대 쪽에서 그 주문을 취소해 쓸모없는 물건이 된 요트와 자동차가 내게 오지 않도록 할 수 있지 않을까—그대의 이름으로 중개인에게 주문했으니까—하는 생각도 들었소. 그 때문에, 또 그 밖의 여러 가지 일 때문에 상의할 필요도 있을 테죠. 하지만 내가 그대를 다시 사랑할 가능성이 있는 한—그런 일은 그다지 오래 계속되지는 않겠지만—겨우 돛단배나 롤스로이스 때문에 우리가 다시 만나, 그대 삶의 행복을 위협하는 것은 무모하기 짝이 없는 일이겠지요. 그대는 내게서 멀리 떨어져 사는 것이 행복하다고 생각하고 있으니 말이오. 그래서 차라리 롤스로이스와 요트도 내가 간직하는 편이 낫겠소. 다만 그것을 사용하는 일 없이 둘 다 한 번도 쓰지 않은 새것인 채, 요트는 의장(艤裝)*을 풀어 항구에 닻을 내리고 있고 롤스로이스도 차고에서 잠들어 있을 가능성이 높으므로, 요트의 ……에(이런! 무심코 정확하지 않은 낱말을 써서 무식하다고 그대가 기분 나빠하지 않도록, 명칭은 생략하겠소) 그대가 좋아하는 말라르메의 시를 새기게 하겠소—기억하고 있겠지요, 이것은 '순결하고 싱그럽고 아름다운 오늘(Le vierge, le vivace et le bel aujourd'hui)'로 시작되는 시라오. 하지만 슬프게도 오늘만큼은 순결하지도 아름답지도 않구려. 다만 나처럼, 그런 오늘이 순식간에 어떻게든 견딜 수 있는 '내일'이 된다는 걸 알고 있는 사람은, 아무것도 견딜 수 없는 인간이라오. 롤스로이스 쪽은 오히려 같은 시인의 다른 시가 어울릴지도 모르겠소. 그대가 도저히 이해할 수 없다고 한 시지만.

> Dis si je ne suis pas joyeux
> Tonnerre et rubis aux moyeux
> De voir en l'air que ce feu troue
>
> Avec des royaumes épars
> Comme mourir pourpre la roue
> Du seul vespéral de mes chars.

> 천둥소리여, 바퀴통처럼 생긴 루비여,
> 말하라, 이 불로 구멍 난 공중에
> 산산이 불타 흩어진 수많은 왕국을 보고
>
> 나는 희희낙락하고 있지 않은가
> 나의 전차 속 단 하나뿐인 석양의 바퀴가
> 자줏빛으로 죽어갈 즈음.

영원히 안녕, 나의 귀여운 알베르틴, 이별하기 전날 함께했던 즐거운 산책

---

* 배를 처음으로 물에 띄운 다음, 항해할 수 있도록 모든 장비를 갖추는 일. 또는 그 장비.

에 대해 다시 한 번 감사의 말을 전하오. 정말 잊지 못할 추억이었소.

추신—그대의 숙모님께 생루가(그가 투렌에 있다니 정말 뜻밖이오) 제안했다는 이야기에 대해서 나는 아무 대답도 하지 않겠소. 마치 셜록 홈스를 흉내낸 것 같군요. 도대체 그대는 나를 어떤 인간으로 생각하고 있소?"

물론, 전에 알베르틴이 나를 좋아하게 만들려고 '나는 당신을 사랑하지 않는다'고 말했고, 그녀가 자주 나를 보러 오게 하려고 '만나지 않는 사람은 잊어버린다'고 말했으며, 미리 이별을 막기 위해 '그대와 헤어질 결심을 했다'고 말한 것과 마찬가지로, 지금 내가 그녀에게 '영원히 안녕'이라고 말한 것은 무슨 일이 있어도 일주일 안에 그녀가 돌아오기를 바랐기 때문이다. 그녀를 다시 보고 싶어서 '당신을 만나는 건 위험하다고 생각한다'고 말했고, 그녀와 헤어져 사느니 차라리 죽는 게 낫다고 생각했기 때문에 '당신 생각이 옳았어, 우리가 함께 살면 불행해질 거야'라고 쓴 것이다. 아아, 이 거짓 편지는 그녀에게 집착하는 모습을 보여주지 않기 위해서였고(이 자존심은 옛날 질베르트에 대한 사랑 가운데 알베르틴에 대한 사랑 속에 유일하게 남은 것이다), 또한 어떤 것을 얘기하는 감미로움을 위해서였지만, 나를 감동시켰을 뿐 그녀의 마음은 울리지 못하는 말이었다. 나는 이 편지가 역효과를 가져와, 곧 그녀가 내 말을 곧이곧대로 믿고 부정적인 답장을 보낼지도 모른다는 것을 예상했어야 했다. 그럴 가능성도 있음을 말이다. 왜냐하면 알베르틴이 실제보다 머리가 나쁘다 하더라도 내 말이 거짓말이라는 것 정도는 처음부터 알아챘을 것이기 때문이다. 이 편지에서 내가 분명하게 드러낸 모든 의도는커녕, 내가 편지를 썼다는 사실만으로, 설사 생루의 활약 뒤에 일어난 것은 아니라 해도, 내가 그녀에게 돌아와주기를 바라고 있음을 증명하고도 남거니와, 점점 더 나를 내 꾀에 넘어가게 내버려두라고 그녀에게 권하는 꼴이 되었다. 더욱이 알베르틴의 부정적인 답장의 가능성을 예상했다면, 그 답장 때문에 그녀에 대한 내 사랑이 더없이 활활 타오르리라는 것도 예상했어야 했다. 또 알베르틴이 여전히 똑같은 대답을 하며 돌아오려 하지 않을 경우, 고통을 꾹 참고 침묵을 지키며, '돌아오라'고 전보를 치거나 다른 밀사를 보내지 않고 배길지 어떨지에 대해서도 편지를 보내기 전에 충분히 생각해봤어야 했다. 다시는 만나지 말자는 편지를 그녀에게 보내고 나서 전보를 치거나 밀사를 보내면, 내가 그녀 없이는 못 산다는 속마음을 뚜렷하게 드러내는 셈이니 그녀로 하여금 더욱더 단호히 거절하게 만드는 결과가 되는 것은 물론, 괴롭게 번민하다 못한 내가 끝내 그녀를 찾아가도 어쩌면 얼굴도 못 보고 쫓겨날지도 모른다. 틀림없이 이런 세 가지 큰 실책을 범한 다음에야, 이제 그녀의 집 앞에서 자살하는 도리밖에 없는 최악의 사태에 이를 게 뻔하다. 그런데 정신병리학적 세계는 참으로 참담한 구조로 되어 있어서, 무엇보다 피해야 할 서투른 행위가 가장 마음을 가라앉혀주는 것이다. 결과를 알게 될 때까지, 그 고약한 행위가 새로운 희망의 전망을 열어주고, 상대의 거절로 생긴 마음속 참을 수 없는 고통을 잠시나마 잊게 해준다. 그러므로 고통이 너무 심하면 우리는 애가 탄 나머지 서투른 행위에 뛰어들어 편지를 써 보내거나, 남을 통해 부탁하거나, 직접 만나러 가거나 하여, 사랑하는 여인 없이는 살 수 없다는 사실을 증명해버린다.

하지만 나는 이런 모든 일을 전혀 예상하지 못했다. 오히려 편지의 효과로 알베르틴이 금방 돌아와줄 것 같은 느낌이 들었다. 그런 결과를 예상하면서 편지를 쓰고 나니 참으로 마음이 편안해졌다. 그러나 그와 동시에 편지를 쓰면서 하염없이 눈물을 흘렸다. 그것은 먼저, 내가 거짓 이별을 연기했던 날과 얼마쯤 같은 투로, 자존심의 방해로 사랑을 고백하지 못하고 거짓말을 밥 먹듯 하면서 실은 반대의 목적을 노리고 있었으면서도, 낱말은 그것이 표현하는 관념을 또렷하게 비춰내어 그 자체에 슬픔을 띠고 있었기 때문이다. 하지만 그와 함께 그 관념이 진실이라는 걸 느꼈기 때문이기도 하다. 시간이 지나면 거짓말은 조금씩 진실이 되어가는 법이다. 나는 그것을 질베르트와의 관계에서 질리도록 경험했다. 나는 하염없이 흐느껴 울면서 무관심을 가장하고 있었지만, 뒤돌아보면 거짓은 어느새 진실로 변해 있었고, 질베르트에게 말한 대로 인생은 천천히 우리 두 사람을 갈라놓았다. 그것을 떠올리며 나는 생각했다. '만약 알베르틴이 이대로 거기에서 몇 달을 보낸다면 내 거짓은 진실이 되겠지. 지금은 가장 괴로운 일이 지나갔으니까 그녀가 한 달 정도 그렇게 지내도록 내버려두는 편이 바람직하지 않을까? 만약 그녀가 돌아온다면 나는 또 참된 생활을 포기하게 되겠지. 물론 지금도 아직 그 생활을 누리고 있다고 할 수는 없지만, 그것은 조금씩 매력을 띠게 될 테고, 그 반면 알베르틴에 대한 추억은 점점 희미해지겠지.'

그 편지의 효과가 확실해 보이자, 나는 편지를 보낸 것을 후회했다. 결국 알베르틴이 참으로 쉽게 돌아올 것이 틀림없다고 착각한 순간, 막상 결혼을 하게 되면 그것이 내게는 바람직한 일이 될 수 없는 모든 이유가 단번에 무시무시한 힘으로 되살아났기 때문이다. 나는 그녀가 돌아오는 것을 거절해 주면 좋겠다고 생각했다. 내 자유, 내 인생의 모든 미래가 그녀의 거절에 달려 있구나. 편지를 써 보내다니 정신 나간 짓을 했어, 편지를 되찾아야 하는데 벌써 부쳐버렸으니 이젠 늦었어. 그렇게 요리조리 따지고 있을 때, 프랑수아즈가 계단 아래서 신문과 함께 조금 전의 그 편지도 가져왔다. 얼마짜리 우표를 붙여야 할지 몰라서였다. 그러나 내 생각은 또 금세 바뀌고 말았다. 분명히 나는 알베르틴이 돌아오지 않기를 바랐으나, 내 불안에 마침표를 찍기 위한 결정은 그녀 쪽에서 내려주기를 원했다. 그래서 나는 그 편지를 프랑수아즈에게 돌려주었다.

신문을 펼쳤다. 베르마의 사망 기사가 있었다. 그때 나는 〈페드르〉를 두 가지의 다른 방식으로 관람했던 일이 기억났으며, 또 지금은 세 번째 형태로 고백 장면을 생각했다. 나 자신이 마음속으로 몇 번이나 암송하고 또 극장에서 들었던 대사는, 내가 인생에서 겪도록 되어 있는 필연적인 법칙을 표현하는 듯했다. 우리 영혼 속에는 우리가 자신도 모르게 몹시 집착하는 것들이 있다. 만약 우리가 그런 것들 없이 지낸다고 하면, 실패와 고통이 두려워서 그것을 손에 넣는 것을 하루하루 미루기 때문이다. 나는 질베르트를 단념했다고 생각했을 때 그것을 경험했다. 우리가 집착하는 것에서 완전히 풀려난 순간—우리가 풀려났다고 생각하는 순간보다 훨씬 뒤의 일이지만—그 시간이 올 때까지, 이를테면 좋아하는 아가씨가 딴 남자와 약혼한다면 정신이 이상해져서, 삶이 참으로 슬프고 더디게 흘러가는 것처럼 느껴져 일상을 참을 수 없게 된다. 또는 아무리 집착하는 대상을 손에 넣는다 해도, 그것이 도리어 짐스러워 기꺼이 떨쳐버리고 싶어진다. 이것이 알베르틴의 경우에 일어났던 일이다. 그러나 아무래도 좋은 존재가 떠나버려 우리 손에서 벗어난다면 우리는 더 이상 살 수 없게 될 것이다. 그런데 〈페드르〉의 '줄거리'는 이 두 가지 경우를 모두 말하고 있는 것은 아닐까? 이폴리트는 지금 출발하려 하고 있었다. 페드르는 그때까지 반감을 사려고 애를 썼다. 그것은 그녀의 말(이라기보다 시인이 그녀에게 시킨 말)에 의하면 양심의 가책을 느껴서라

고는 하지만 오히려 자신이 어떻게 될지 예측할 수도 없고, 또 자신이 사랑
받고 있다는 느낌이 들지 않아서였으리라. 페드르는 더 이상 견딜 수가 없어
서 이폴리트에게 사랑을 고백한다. 그것이 내가 수없이 암송한 장면이다.

> On dit qu'un prompt départ vous éloigne de nous.
> 그토록 급히 아득한 나라로, 우리를 두고 떠나신다니.

아마도 이폴리트가 떠나는 이유가 테세(Theseus)의 죽음이라는 이유에 비
하면 부수적인 거라고 생각할 수도 있을 것이다. 마찬가지로 몇 행 더 나아
가서 페드르가,

> Aurais-je perdu tout le soin de ma gloire
> 이 몸이 명예고 뭐고 죄다 버리기라도 했다는 말씀이신가요……

하면서 잠시 오해받은 척했을 때, 그것은 이폴리트가 다음과 같이 그 사랑의
고백을 물리쳤기 때문이라고 할 수 있다.

> Madame, oubliez-vous que
> Thésée est mon père, et qu'il est votre époux?
> 왕비님, 잊으셨나요
> 테세가 제 아버지이자 당신의 남편임을?

이폴리트가 이렇게 분개하지 않았더라도, 먼저 행복이 이루어졌다면 페드
르는 그것 또한 대수롭지 않다는 감정을 품었을지도 모른다. 그런데 행복이
이루어질 수 없음을 깨닫자마자, 또 이폴리트가 오해했다고 여겨 사과하자
마자, 내가 이제 막 프랑수아즈에게 편지를 돌려준 것처럼, 페드르는 상대
쪽에서 거절해주기를 바라면서 끝까지 자신의 운명을 걸려고 한다.

> Ah! cruel, tu m'as trop entendue.
> 아아, 매정한 분, 내 마음을 이처럼 다 아시면서도.

그리고 이야기로 전해 들은, 오데트에 대한 스완의 완고한 태도와, 알베르틴에 대한 나의 태도—이전의 사랑에 조금 변화를 주어, 연민과 감상과 솔직한 심정을 털어놓고 싶은 마음으로 이루어진 새로운 사랑으로 바꾸기만 한 완고한 태도—까지 모두 이 장면에서 볼 수 있다.

Tu me haïssais plus, je ne t'aimais pas moins.
Tes malheurs te prêtaient encor de nouveaux charmes.
그대가 미워할수록 깊어져만 가는 그대를 향한 마음.
불행은 그대에게 새로운 매력을 더해 주었네.

페드르가 가장 염려한 것은 '명예'가 아니었다. 그 증거로, 만약 그때 이폴리트가 아리시를 사랑하고 있다는 말을 듣지 않았더라면 페드르는 이폴리트를 용서했을 테고, 유모 외논*의 충고에 귀를 기울이지도 않았을 것이기 때문이다. 그토록 질투는 사랑에 있어서 모든 행복을 잃어버리는 일과 맞먹으며, 평판이 떨어지는 것 이상으로 마음을 울리는 법이다. 그래서 페드르는 이폴리트를 '두둔하던 배려'를 내던지고 외논이 그를 헐뜯도록 내버려두어 자신을 마다한 남자를 불행한 운명으로 몰아넣었지만, 그래도 그녀의 마음은 조금도 위로받지 못했다. 이폴리트가 죽자마자 그녀도 곧 자살했기 때문이다. 이렇듯 이 장면은 적어도 죄를 가볍게 보이기 위해 라신이 페드르에게 부여한 양심의 머뭇거림, 베르고트라면 '장세니스트적'이라고 표현했을 양심의 머뭇거림을 말살시킨 형태로 나타났는데, 그것은 나 자신에게 일어나는 사랑의 다양한 삽화에 대한 예언 같은 것이었다. 하기야 그런 걸 끙끙거리며 생각했다 해서 내 결심이 조금이라도 바뀐 것은 아니어서, 나는 프랑수아즈에게 편지를 돌려주고 결국 편지를 우체통에 넣게 함으로써, 아직 실행되지 않았음을 알고 무슨 일이 있어도 해야 한다고 생각한 알베르틴에 대한 계획을 실천한 것이다. 우리가 욕망의 실현을 하찮은 일로 여기는 것은 확실히 잘못이다. 실현이 불가능하다고 생각되는 순간 우리는 다시 그것에 집착하기 시작하고, 실패하지 않으리라는 확신이 들면 그것을 추구할 가치가 없는

---

* 페드르의 가장 사악한 부분을 대변하는 여자.

것으로 여기게 마련이다. 그러나 욕망의 달성을 하찮은 것으로 여기는 사고 방식에도 일리는 있다. 왜냐하면 그 실현이나 행복이 확실할 때만 하찮게 여긴다면, 그런 것은 요컨대 불안정한 상태라서 거기서 샘솟는 것은 슬픔밖에 없을 것이기 때문이다. 그리고 욕망이 완전히 이루어지면 질수록 슬픔은 더 커질 것이고, 또 자연의 법칙에 반하여 행복이 얼마간 계속되어 습관을 통해 확립되면 될수록 슬픔은 훨씬 더 견디기 힘들어질 것이다.

그러나 다른 의미에서 이 두 가지 경향—편지를 꼭 부쳐야 한다는 마음과 막상 보내고 나면 그것을 후회하는 마음—은 둘 다 진실을 품고 있다. 전자에 대해서는 쉽게 이해할 수 있는데, 우리는 행복의—또는 불행의—뒤를 쫓으면서, 동시에 여러 가지 결과를 펼치기 시작하는 이 새로운 행동을 통해, 앞날에 대한 기대를 확인하고 어떻게든 완전한 절망에서 벗어나고 싶어 하는 것으로, 한마디로 말하면 현재의 괴로움을 그나마 괴로움이 적을 것 같은 다른 형태로 바꾸려고 애쓰는 것이다. 그렇지만 후자의 경향도 이에 못지않게 중요하다. 왜냐하면 이것은 계략이 꼭 성공할 거라는 확신에서 비롯되어, 이윽고 욕망의 만족에 직면했을 때 느끼게 될 환멸의 전조이고, 그것이 미리 시작된 것에 지나지 않으며, 행복의 형태를 이런 식으로 결정하고 다른 형태를 모두 거부해버린 것에 대한 미련이기 때문이다. 편지를 보내고 나자 나는 또다시 알베르틴이 당장에라도 돌아올 것처럼 느껴졌다. 그녀가 금방이라도 돌아온다고 생각하니 내 머릿속에 우아한 영상이 떠올라, 그 즐거움으로 이 귀가에 예상되는 위험이 아주 조금 누그러졌다. 그녀를 내 곁에 둔다는, 오랫동안 맛보지 못했던 즐거움에 도취된 것이다. 그때 아직 망각이 작용하지 않았다고 하지는 않겠다. 하지만 망각이 가져온 효과의 하나는 알베르틴의 갖가지 불쾌한 표정과 그녀와 함께 보낸 권태로운 시간이 더 이상 내 기억에 떠오르지 않는다는 점인데, 그녀의 인상이 단순해지고 다른 여성들에 대해 느낀 모든 사랑으로 미화되기 때문에, 그녀가 아직 여기 있었을 때 내가 원했던 바와 같이 훌쩍 떠나기를 바라던 이유가 없어진 것이었다. 이런 특수한 형태 아래에서 확실히 망각은 일방적으로 나를 이별에 길들이기 시작했지만, 한편으로 알베르틴이 더욱 우아하고 아름다워 보여서 나는 그녀가 돌아오기만을 간절히 바라기도 했다.

알베르틴이 떠난 뒤로, 나는 가끔 내가 울었다는 사실을 아무도 모를 거라는 생각이 들면, 초인종을 울려 프랑수아즈를 불렀다. "알베르틴 아가씨가 잊고 간 게 없는지 잘 살펴봐요. 그녀가 언제 돌아와도 좋게 방을 말끔히 정돈하도록." 또는 이렇게 말하곤 했다. "참, 저번에 알베르틴한테서 들었는데, 그녀가 떠나기 바로 전날 말이야……." 프랑수아즈는 알베르틴이 떠난 것을 기뻐했지만, 나는 그것이 오래가지 않을 거라는 암시를 주면서 그녀의 밉살스러운 기쁨에 물이라도 끼얹고 싶은 마음이었다. 또한 알베르틴의 그 출발을 아무렇지도 않게 화제에 올리는 모습을 프랑수아즈에게 보여줌으로써, 그것은 예정된 일이었으며—마치 장군들이 어쩔 수 없이 퇴각하면서 기정방침에 따른 전략적 이동이라고 부르는 바와 같다—지금은 잠깐 그 참뜻을 숨긴 삽화를 이루고 있고, 이것으로 알베르틴과의 사이가 끝나지 않았다는 사실을 보여주고 싶었다. 또 끊임없이 그녀의 이름을 입에 올림으로써, 나는 약간의 공기를 불어넣듯이 그 방에 그녀의 흔적을 다시 불러들이고 싶었다. 그녀가 떠나 텅 빈 방 안에서는 숨이 막힐 것만 같았으니까. 본디 사람이란 옷 주문이나 저녁 식사에 대한 지시 같은 일상 대화 속에 괴로운 일을 뒤섞어서 그 고통을 덜어내려 하는 법이다.

알베르틴의 방을 치우며 프랑수아즈는 호기심에서 자단나무로 만든 작은 탁자의 서랍을 열어보았다. 그것은 나의 연인이 잠자리에 들 때 장신구를 끌러서 넣어두던 곳이었다. "어머나! 도련님, 알베르틴 아가씨가 반지를 끼는 걸 잊으셨네요. 전부 서랍에 남아 있어요." 나는 무심코 대답했다. "그럼 그녀에게 보내줘야지." 그러나 그렇게 말하면 그녀가 언제 돌아올지, 혹시 돌아오지 않을지 확실치 않은 것처럼 보이고 만다. "아니야, 그냥 둬." 나는 잠깐 침묵한 다음 대답했다. "보낼 것까지는 없지, 어차피 잠깐 가 있는 것뿐이니까. 이리 줘, 내가 좀 보게." 프랑수아즈는 조금 의심스럽다는 표정으로 내게 반지를 건넸다. 그녀는 알베르틴을 싫어했으나 자기 자신을 기준으로 나를 판단하여, 알베르틴이 누군가에게 쓴 편지를 내게 건네주기라도 하면 내가 그것을 망설이지 않고 뜯어볼 거라고 생각한 것이다. 나는 반지를 받아들었다. "도련님, 잃어버리지 않도록 주의하세요." 프랑수아즈가 말했다. "곱기도 해라! 누가 준 것인지, 도련님이 아니면 다른 사람이 준 것인지 모르겠지만, 아무튼 부자에다 고상한 취미를 가지신 분이네요!"—"난 아니야." 나는 프랑수아즈에게 대답했다. "게다가 이 두 개를 한 사람한테서 받은 것도 아닐걸, 하나는 그녀의 숙모가 준 거고, 또 하나는 그녀가 산 거야."—"한 분한테서 받은 게 아니라구요!" 프랑수아즈는 외쳤다. "농담이시죠? 두 반지가 똑같잖아요. 이건 뒤에 루비가 붙어 있는 게 다르지만, 둘 다 같은 독수리가 새겨져 있고, 안쪽에는 같은 머리글자……." 프랑수아즈가 자신이 나를 괴롭히고 있음을 느꼈는지는 알 수 없었으나, 그 입술에 떠오른 희미한 웃음은 한참을 떠나지 않았다. "뭐, 같은 독수리? 무슨 소릴 하는 거야. 루비가 없는 건 확실히 독수리가 있지만, 다른 하나에는 사람 얼굴 같은 게 새겨져 있잖아."—"사람 얼굴요? 어디에 그런 게 있어요? 전 안경을 끼고 있어서 금방 알아본걸요, 독수리의 한쪽 날개라는 걸. 돋보기로 보시면 도련님도 다른 한쪽에 날개가 있고, 한가운데 머리와 부리가 있는 게 보일 거예요. 깃털도 하나하나 새기고, 참 솜씨도 훌륭하지." 나는 알베르틴이 나를 속였는지 알고 싶은 불안한 욕구가 강하여, 프랑수아즈 앞에서 위엄을 잃지 말아야 한다는 것과, 프랑수아즈가 나를 괴롭히려는 마음은 아니겠지만 적어도 내 연인을 흉봄으로써 짓궂은 기쁨을 느끼게 하는 일은 없어야 한다는 것을 깜박 잊고 말았다. 프랑수아즈가 내 돋보기를 찾으러 간 동안 나는 시근거리다가, 그녀가 건넨 돋보기를 받아들고 루비가 붙은 반지에 독수리가 어디 있는지 가르쳐달라고 그녀한테 말했다. 그녀는 서슴없이 다른 반지와 똑같이 새겨진 날개, 하나하나 돋을새김을 한 것과 머리를 보여주었다. 또한 비슷하게 새겨진 글자를 가리켰는데, 정말 루비가 붙은 반지에는 추가로 다른 글자가 새겨져 있었다. 또 두 반지의 안쪽에 알베르틴의 시프르(chiffre)*가 있었다. "아무리 그래도 놀라워요, 이렇게 하지 않으면 도련님은 같은 반지라는 걸 모르신다니." 프랑수아즈가 말했다. "가까이 보지 않더라도 세공도 같고, 금을 주름잡은 양식도 같고, 모양도 같다는 걸 당장 알겠는데. 이것만 봐도 같은 곳에서 나온 게 틀림없다니까요. 솜씨 좋은 숙수의 음식처럼 금세 알 수 있어요."

　프랑수아즈는 평소에 무서울 정도의 정확성을 발휘하여 사소한 부분에도 주의를 기울이고 있었지만, 사실 하녀로서의 호기심은 본디 미워하는 마음에 의해 자극받은 것으로, 이 반지 감정(鑑定)에는 그녀의 타고난 취향도

---

* 이름의 머리글자를 연결한 도안 글자, 곧 모노그램(monogram).

한몫했다. 실제로 그것은 프랑수아즈의 요리 취향과도 같았는데, 마침 발베크에 갈 때 그녀의 차림새를 보고 내가 느꼈듯이, 예전에는 예뻤던 여자, 다른 이의 보석이나 의상을 물끄러미 쳐다보던 여자만이 갖는 독특한 교태가 아마도 그 감각을 더욱 예민하게 단련시켰을 것이다. 내가 홍차를 너무 마셨다고 느낀 날, 약갑을 혼동하여 베로날 몇 알 대신 같은 양의 카페인 정제를 삼켰다 해도, 이토록 심장이 세차게 고동치지는 않았으리라. 나는 프랑수아즈에게 방에서 나가달라고 했다. 당장 알베르틴을 만나고 싶었다. 그녀의 거짓말에 대한 증오와 누군지 모르는 남자에 대한 질투에, 그녀가 선물을 주는 대로 다 받았다는 고통이 덧붙여졌다. 나도 그 이상으로 그녀한테 선물을 했지만, 그래도 사람은 자신이 돌보는 여자가 다른 남자에게도 신세를 지고 있는 줄 모르는 한, 그녀를 첩이라고 생각하지 않는 법이다. 그러나 나는 그녀를 위해 끊임없이 막대한 돈을 쏟아부었기 때문에, 도덕적으로 비열한 여자임에도 그녀를 내 것으로 차지하면서 그녀 안에서 그 비열함을 유지시켜왔고, 아마도 그것을 증대시켰을 것이다. 아니, 어쩌면 그 비열함은 내가 만들어낸 것인지도 모른다. 게다가 우리에게는 고통을 달래기 위해 온갖 이야기를 지어내는 재주가 있어서, 죽을 만큼 굶주리고 있을 때는 누군가 모르는 사람이 1억의 재산을 남겨줄지도 모른다고 상상하는 일도 있으니까, 나는 알베르틴이 내 품에 안겨 이렇게 한마디 변명하는 것을 상상했다. 반지를 하나 더 산 것은 모양이 비슷해서였고, 자기가 거기에 머리글자를 새겨넣게 했노라고. 하지만 이 변명은 너무나 옹색했고, 도저히 내 마음에 진통제가 뿌리를 내릴 만한 시간도 없어서 고통은 쉬 가라앉지 않았다. 그래서 나는, 자기 애인은 퍽 얌전하다고 남들에게 말하는 수많은 남자들도 이 같은 남모르는 고통에 시달리겠거니 생각했다. 이런 식으로 그들은 남들에게나 자기 자신에게나 거짓말을 한다. 그들의 말이 전부 거짓이라는 건 아니다. 그들도 그 여인과 정말로 행복한 몇 시간을 보내기도 할 것이다. 그 여인은 한 남자를 위해 남자의 친구들 앞에서 다정하게 굴고, 그것은 남자를 자랑스럽게 한다. 또한 단둘이 있을 때 여인이 남자가 보여주는 다정한 태도는 남자에게 여인을 찬미하게 한다. 그러나 그 다정함 뒤에 얼마나 많은 미지의 시간이 숨어 있으며, 거기서는 남자가 얼마나 괴로워하고 의심하며, 진실을 알기 위해 곳곳에서 부질없는 탐색을 하고 있는지 생각해보라! 사랑을 나누는 감미로움, 여인의 아무리 하찮은 말에도 넋을 잃고 경청하는 감미로움에는 이와 같은 번민이 연관되어 있고, 남자는 여자의 말이 무의미한 줄 알면서도 그녀의 향기로 그것을 가득 채운다. 하지만 지금의 나는 추억을 통해 들이마시는 알베르틴의 향기를 마냥 즐기고 있을 수가 없었다. 풀이 죽은 나는 반지 두 개를 손에 든 채, 그 무정한 독수리를 바라보았다. 그 부리가 내 심장을 마구 쪼아 못살게 굴고, 돋을새김으로 새겨진 그 날개가 연인을 향한 나의 믿음을 멀리 가져가버렸다. 독수리의 발톱에 상처 입은 내 마음은, 그 독수리가 틀림없이 그 이름을 상징하지만 읽어낼 길이 없는 미지의 사내에 대해 거듭 제기한 의문에서 잠시도 벗어날 수가 없었다. 틀림없이 전에 한 남자를 사랑했던 알베르틴은 얼마 전에도 그를 만났겠지. 내가 두 번째 반지, 독수리가 루비의 선혈에 부리를 담그고 있는 이 반지를 처음 보았던 게 그녀와 함께 불로뉴 숲을 산책했던 그 즐겁고 화목한 날이었으니까.

하기야 알베르틴이 가버린 것 때문에 내가 아침부터 저녁까지 계속 괴로워했다고 해서, 그녀 생각만 했다는 뜻은 아니다. 한편 오래전부터 그녀의 매력은 차례차례 여러 대상에게 조금씩 번져서, 그것은 결국 아득한 저편으로 멀어져갔지만, 그녀가 내게 안겨준 것과 똑같은 감동으로 채워져 있었으므로, 만일 어쩌다가 앵카르빌이나 베르뒤랭 부부, 또는 레아의 새로운 역할을 떠올리면 괴로움이 밀물처럼 밀려와서 나를 덮치곤 했다. 다른 한편 내가 알베르틴에 대해 생각한다고 말하는 것은, 그녀를 돌아오게 할 수단, 다시 내 곁에 두어 그녀가 뭘 하고 있는지를 아는 수단을 생각한다는 뜻이다. 그러므로 만일, 이 끊임없는 고난의 시간에 나의 괴로움에 따르는 인상을 그림으로 나타낼 수 있다면, 오르세 역,* 봉탕 부인에게 건넨 지폐, 내게 전보를 치려고 우체국의 기울어진 책상 위에 몸을 구부린 생루의 모습이 먼저 떠오르지, 알베르틴은 결코 아니었을 것이다.

우리의 이기심은 평생, 자아에게 소중한 목표를 눈여겨보지만, 그 목표를 끊임없이 바라보는 '나' 자신은 결코 돌아보지 않는다. 그와 마찬가지로, 우리의 행동을 이끄는 욕망은 행동 쪽으로 내려가도 자기 쪽으로 거슬러 올라

---

* 1900년 파리 오르세 강기슭에 생긴 역. 남서쪽으로 열차가 다녔는데, 알베르틴이 몸을 맡기고 있는 숙모의 집이 있는 투렌 지방은 파리에서 보면 남서 지방에 해당한다. 이 역은 뒤에 폐쇄되었고, 1986년 이 자리에 오르세 미술관이 세워짐.

가지는 않는다. 그것은 욕망이 너무나 타산적이어서, 행동에는 곧바로 뛰어들지만 인식을 깔보며, 현재의 실망을 누그러지게 하기 위해 오로지 미래만을 추구하고 있기 때문이거나, 아니면 정신의 게으름이 욕망을, 자기 성찰의 험한 비탈길을 오르기보다는 차라리 쉬운 상상의 비탈길을 미끄러져 내려가게 하기 때문일 것이다. 사실을 말하면, 온 생명이 걸려 있는 것과 같은 이 위기의 순간에는, 우리 목숨을 좌우하는 사람이 이 세상의 사물을 하나도 남김없이 뒤엎어서, 우리 안에 그가 차지하는 장소를 더 많이 보여줄수록 그의 모습은 더 작아져 마침내 눈에 보이지 않을 정도가 되고 만다. 우리는 감동을 통해 만물 속에서 대상의 존재를 인식하는데, 그 감동의 원인인 존재 자체의 모습은 어디서도 찾지 못한다. 이런 나날을 보내는 동안, 나는 도무지 알베르틴의 모습을 머릿속에 그려낼 수가 없어서 내가 그녀를 사랑하지 않나 보다고 여길 정도였다. 마치 나의 어머니가 몇 달 동안 할머니의 모습을 통 머릿속에 그려내지 못해 절망했을 때처럼(단 한 번 꿈속에서 다행히 할머니를 만난 어머니는 그 꿈을 어찌나 소중하게 느꼈던지 자면서도 남은 힘을 다해 그 꿈을 지속시키려고 애썼을 정도였다) 할머니의 죽음에 큰 충격을 받았지만, 그 얼굴의 생김새가 어머니의 기억에서 사라져버렸으므로, 어머니는 할머니의 죽음을 진심으로 애도하지 않은 거라고 자책했을지도 모른다. 아니, 실제로 자책했음이 틀림없다.

어째서 나는 알베르틴이 여자들을 사랑하지 않는다고 생각했던가? 그녀가 특히 마지막 무렵에 여자 같은 건 사랑하지 않노라고 딱 잘라 말했기 때문이다. 그러나 우리의 삶이란 끊임없는 거짓 위에 서 있지 않은가? 그녀는 내게 단 한 번도 이렇게 말한 적이 없었다. '왜 나는 자유롭게 외출할 수 없죠? 내가 한 일을 왜 당신은 남들에게 꼬치꼬치 물어보죠?' 실제로 우리 생활은 참으로 유별나서, 이유를 알 수 없으면 그녀는 분명히 나한테 물어봤을 것이다. 그런데 나는 그녀를 가둬두는 까닭을 말하지 않았고, 그녀도 자신의 끊임없는 욕구, 수많은 추억, 헤아릴 수 없는 욕망과 희망에 대해 언제나 마찬가지로 굳게 입을 다물었으니, 그것도 이해할 만하지 않은가? 프랑수아즈는 내가 알베르틴이 머잖아 돌아온다고 넌지시 말했을 때 그것이 거짓말이라는 걸 알아차린 모양이었다. 그녀의 확신은, 보통 집안의 하인을 이끄는 진리, 즉 주인이란 하인들 앞에서 망신당하는 것을 좋아하지 않으며, 혹여 사실이라 해도 하인에게 알리는 것은, 자신을 존경하도록 지어낸 얘기와 큰 차이가 없다는 진리보다 더 확실한 근거를 지니고 있는 것 같았다. 프랑수아즈가 이번에 내린 확신은 그런 진리와는 다른 것에 근거를 둔 것인 듯, 마치 그녀 자신이 알베르틴의 마음에 의심과 시기심을 일깨우고, 그것을 자극하여 분노를 부채질한 것이라는, 다시 말해 그녀 자신이 알베르틴이 떠나는 건 피할 수 없는 일이라고 예언할 수 있을 정도로 나의 연인을 내몬 것이라는 생각까지 들었다. 만일 그렇다면 알베르틴이 떠난 게 내 허락 아래 잠깐 숙모 댁에 다녀오는 것이라는 내 주장은 프랑수아즈에게 불신감만 키워준 셈이다. 그러나 그녀는 알베르틴을 타산적인 사람으로 생각하고 있었으며, 알베르틴이 내게서 뜯어간 것으로 여긴 '이득'을 증오에 사로잡혀 극단적으로 과장하여 생각했으므로, 그녀의 확신도 어느 정도는 흔들렸는지도 모른다. 그래서 내가 더할 나위 없이 당연한 일처럼 프랑수아즈 앞에서 알베르틴이 돌아올 날도 멀지 않았다고 암시했을 때, 프랑수아즈는(마치 그녀를 골탕먹이려고 집사가 신문 기사를 멋대로 바꿔, 성당이 폐쇄되고 사제들이 추방되었다며 그녀로서는 쉽게 믿을 수 없는 새로운 정책에 대한 기사를 일부러 읽어주었을 때, 프랑수아즈가 부엌 구석에서 읽을 수도 없는 신문을 꼼짝 않고 본능적으로 열심히 들여다보았던 것처럼) 정말 그렇게 결정된 것인지, 내가 지어낸 말은 아닌지 미심쩍어하는 표정으로 내 얼굴을 뚫어지게 쳐다보았다. 하지만 내가 긴 편지를 쓰고 나서 봉탕 부인의 정확한 주소를 찾는 것을 보자, 프랑수아즈의 마음에는 알베르틴이 돌아올지도 모른다는, 지금까지 어렴풋이 느껴왔던 두려움이 밀려들었다. 이튿날 아침, 내 앞으로 온 우편물과 함께 알베르틴의 필체로 보이는 편지 한 통을 내게 건넸을 때, 그 두려움은 절정에 달했다. 프랑수아즈는 알베르틴이 떠난 것은 한낱 연극이 아니었을까 의심하기 시작했는데, 그렇다면 알베르틴이 앞으로 이 집에서 오래 머무를 게 확실함은 물론, 프랑수아즈의 주인인 내게나, 결국은 그녀 자신에게도, 알베르틴에게 보기 좋게 한 대 얻어맞은 굴욕감을 느끼는 일이어서, 이 가정은 그녀를 두 번 슬프게 하는 셈이 되었다. 나는 알베르틴의 편지를 빨리 읽고 싶어서 애가 탔으나, 그래도 한순간 프랑수아즈의 눈을 흘끗 볼 수밖에 없었는데, 그 눈에서 모든 희망이 사라져버린 것을 보고, 이건 알베르틴의 귀가가 멀지 않다는 길조라고 결론을 내렸다. 마치 겨울 운동 애호가들이 제비가 떠나는 것을 보고 기쁜 마음으로 겨울이 가까워졌다고 짐작하듯이. 이윽고 프랑수아즈가 방에서 나가고 문이 닫힌 것을 확인한 나는 불안에 사로잡힌 것처럼 보이지 않으려고 소리 없이 편지를 뜯었다. 다음은 편지의 내용이다.

"벗이여, 여러 가지로 친절한 말씀을 해주셔서 고마워요. 롤스로이스의 주문 취소 건은 내가 할 수 있는 일이 있다면—나는 할 생각이에요—무엇이든 말씀하세요. 중개인의 이름만 적어보내셔도 돼요. 그런 사람들의 목적은 오직 하나, 팔아치우는 것뿐이니까 당신은 그들에게 골탕만 먹을 거예요. 게다가 좀처럼 외출도 하지 않는 당신에게 자동차가 있다한들 어디에 쓰나요? 우리의 마지막 산책을 좋은 추억으로 간직하고 계시다니 가슴이 뭉클해요. 나 또한 그 두 가지 의미를 지닌 황혼 속의 산책(해가 지고 있었고 우리는 작별하려고 했으니까요)을 잊지 못할 거예요. 그 추억이 내 마음속에서 사라지는 것은 내 인생에 어둠이 찾아올 때라는 것을 부디 믿어주세요."

나는 이 마지막 문장은 예의상 한 말에 지나지 않으며, 알베르틴은 죽을 때까지 이 산책의 추억을 그렇게 감미로운 것으로 간직할 리가 없다고 느꼈다. 그때 그녀는 나와 헤어지고 싶어 좀이 쑤셨기 때문에 산책하는 동안 아무 기쁨도 느끼지 못했을 것이다. 그보다도 내가 감탄한 것은, 자전거와 골프를 좋아하던 발베크의 아가씨, 나와 사귀기 전에는 〈에스더〉 말고는 변변히 읽은 책도 없었던 그녀가 재능이 얼마나 뛰어났던가 하는 점인데, 내 집에 있는 동안 그런 그녀가 새로운 자질을 향상시켜 몰라볼 정도로 완전한 여성이 되었다고 해도 전혀 무리가 없었다. 나는 발베크에서 그녀에게 이렇게 말했다. "나의 우정은 당신에게 귀중한 것이 될 거야. 난 정말이지 당신에게 없는 것을 줄 수 있는 사람이라고 생각하거든(그녀에게 보낸 사진 한 장에는 '구원의 신이라는 확신을 품고서'라고 쓰기도 했다)." 스스로 믿지도 않는 이런 말을 입에 담은 이유는 오직 나를 만나면 득이 된다는 생각을 갖게 하려고, 그녀가 그때 느낄지도 모를 싫증을 얼버무리려는 것이었는데, 그 말도 또 이렇게 진실이 된 것이다. 요컨대 사랑에 빠질까 두려워서 만나고 싶지 않다고 그녀에게 말했을 때와 같은데, 내가 그렇게 말한 것은 반대로 너무 자주 만나면 사랑이 식고, 떨어져 있으면 사랑이 더욱 불타오른다는 사실을 알고 있었기 때문이다. 그러나 현실은 늘 자주 만나서, 처음 발베크에서의 사랑과는 비교할 수도 없을 만큼 강렬하게 그녀를 원하는 마음이 샘솟았으니, 이 말 또한 진실이 되었다.

하지만 결국 알베르틴의 편지는 모든 것을 하나도 나아가게 하지 못했다. 그녀는 중개인에게 편지를 쓰겠다는 말밖에 하지 않았기 때문이다. 이런 상황에서 빠져나가 일을 급히 처리해야 할 필요가 있었다. 그래서 나는 다음과 같이 생각했다. 나는 곧장 앙드레에게 편지를 보내 알베르틴이 숙모네 집에 있다고, 나 혼자 지내기가 쓸쓸하니 며칠 내 집에 묵으러 와주면 더할 수 없이 기쁘겠으며, 아무것도 숨기고 싶지 않으니 알베르틴에게도 이 사실을 전해주면 고맙겠다는 내용을 써 보냈다. 더불어 나는 아직 알베르틴의 편지를 못 받은 것처럼 꾸며 그녀에게도 편지를 썼다.

"벗이여, 충분히 이해해주리라 생각하지만 한 가지 용서를 구하려 하오. 나는 숨기는 것을 무척 싫어해서 앙드레와 나, 양쪽에서 당신에게 알리기로 했소. 당신이 내 집에 있는 동안 어찌나 즐거웠던지 나는 혼자 있지 못하는 나쁜 버릇이 들고 만 것 같소. 당신은 이제 돌아오지 않기로 우리 둘이 함께 결정한 이상, 당신을 대신할 가장 좋은 사람은 내 생활에 거의 변화를 주지 않으면서, 당신을 많이 떠올리게 하는 앙드레인 듯하여 그녀에게 와달라고 부탁했다오. 너무 갑작스러운 일로 보이지 않도록 그녀에게는 며칠 동안이라고 말했지만 이번에는 꽤 오래 있게 될 거라오. 이 일이 옳다고 여기지 않는지요? 알다시피 발베크의 젊은 아가씨들 가운데 당신의 작은 그룹은 우리 사회에서 언제나 최고의 매력을 갖춘 핵심 모임이어서, 언젠가 모임에 함께하는 것이 내게는 최고의 행복이었소. 아마도 그 매력은 지금도 사라지지 않고 있겠지요. 우리 성격의 숙명과 인생의 불행한 전개로 사랑스런 알베르틴이 내 아내가 되지 못했으니, 나는 아무래도 앙드레—당신만큼 매력적이지는 않지만, 성격이 잘 맞아 나와 같이 지내도 행복해할 사람—를 아내로 맞이하게 되리라 생각하오."

그런데 이 편지를 부친 다음, 갑자기 의혹이 짙어졌다. '만일 당신이 내게 직접 그런 말을 써 보냈더라면 기꺼이 돌아갔을 것을!' 알베르틴이 내게 이렇게 써 보냈을 때, 내가 그런 말을 직접 써 보내지 않았으므로 그녀가 그렇게 썼을 뿐, 내가 만일 그렇게 써 보냈더라도 그녀는 돌아오지 않았을 것이고, 자신이 자유롭기만 하다면, 내 집에 앙드레가 와 있든, 나아가 그녀가 내 아내가 되든 눈썹 하나 까딱하지 않으리라. 그도 그럴 것이, 그녀는 이미 일주일 전부터 악덕에 빠져 있을지도 모르며, 내가 파리에서 반년이 넘게 거듭 조심해오던 것을 짓밟고 내 노력을 헛수고로 만들었을지도 모르기 때문이다. 무엇보다 지난 일주일 동안 그녀는 내가 그토록 막아왔던 행동을 감행했음이 틀림없었다. 아마 저쪽에서 그녀는 그런 자유를 악용하고 있을 거라는 생각에 나는 처량해졌으나, 그것은 아직 막연한 일로 어느 것 하나 특정 사실로 드러나지도 않았고, 게다가 여자 애인으로 보이는 이가 많고 많을 테니 내가 그중 누구 하나를 주목할 수도 없어서, 내 마음은 마치 영원히 자동으로 움직이는 기계운동 속에 끌려 들어간 듯싶었다. 또 거기에는 고통이 있긴 했지만 구체적인 영상이 없었으므로 견딜 수 있는 고통이었다. 그러나 생루가 돌아오자 그것은 무서운 고통으로 변했다. 생루가 내게 한 말이 왜 내게 그런 불행을 가져다주었는지 설명하기 전에, 그가 찾아오기 직전에 일어난 어떤 사건에 대해 얘기해야겠다. 그 기억이 그 뒤에 어찌나 나를 혼란스럽게 했는지, 생루와의 대화가 내게 안겨준 괴로운 인상이 희미해졌다고는 할 수 없어도, 적어도 그 대화의 실제적인 영향력은 약해졌다.

그 사건은 대충 이렇다. 빨리 생루를 보고 싶어 애가 탄 나머지 내가 계단에서 그를 기다리고 있으려니(만약 어머니가 계셨다면 하지 못했을 일로, '창 너머로 수다 떠는' 것 다음으로 어머니가 싫어하는 일이다) 다음과 같은 말이 들려왔다. "뭐라고? 자네 마음에 들지 않는 놈을 내쫓는 방법을 모른단 말인가? 그리 어렵지 않아. 예를 들어 녀석이 가져가야 할 것을 숨기면 돼. 그러면 주인이 급히 그를 불러도 필요한 물건을 찾느라고 쩔쩔매게 되지. 나의 외숙모는 역정이 나서 말씀하실 거야, '뭘 꾸물대는 거지?' 이렇게 말이야. 녀석이 뒤늦게 달려갔을 땐 이미 모두들 펄펄 뛰며 화를 내고, 녀석은 그때까지도 여전히 물건을 못 찾는 거야. 이런 일을 네댓 번만 해보게, 녀석이 쫓겨나는 건 시간문제야. 특히 놈이 깨끗이 가져가야 할 물건을 몰래 더럽혀보게나. 그런 방법은 얼마든지 있다네." 나는 기가 막혀서 말이 나오지 않았다. 그런 잔인하고 교활한 말을 지껄이고 있는 사람이 바로 생루였기 때문이다. 그를 언제나 선량한 사람, 불행한 이들을 동정하는 사람으로 여기고 있던 나는 그 목소리가 마치 악마를 연기하고 있는 것처럼 들렸다. 그러나 그가 '악마'의 이름으로 얘기하는 건 있을 수 없는 일이었다. "그래도 누구나 먹고는 살아야죠." 상대가 말했다. 언뜻 보니 게르망트 공작부인의 하인이었다. "자네가 잘되면 그런 건 아무 상관없지 않은가?" 생루는 심술궂게 대답했다. "게다가 자네에게는 상대를 곯려주는 재미도 있을 테고. 놈이 큰 잔치의 시중을 들 때 제복에 잉크병을 엎질러버릴 수도 있지 않은가. 요컨대 놈이 제 발로 나갈 때까지 한시도 가만히 두어선 안 되네. 나도 자네를 도와주지. 외숙모님께 전해주겠네, 자네가 그자처럼 지저분한 얼간이와 함께 일하느라 얼마나 참고 고생하고 있는지 말이야." 내가 모습을 나타내자, 생루는 내게 다가왔다. 하지만 내가 아는 생루와 전혀 다른 말투를 듣고 나자 그에 대한 내 믿음도 흔들리고 말았다. 불쌍한 사람한테 이토록 잔혹하게 굴 수 있는 인물이니, 봉탕 부인에게 가서 나를 배신하는 경솔한 짓을 한 건 아닌지 의심스러웠다. 그렇게 생각했으므로 그가 돌아간 뒤에는, 설사 그의 시도가 실패로 끝났다 해도 내 목적이 이뤄지지 못한 증거가 될 수 없다는 생각이 들었다. 그러나 그가 내 곁에 있는 동안은 분명 예전의 생루, 특히 봉탕 부인과 막 헤어져 돌아온 친구였다. 그는 이렇게 말을 꺼냈다. "자네는 내가 서운하겠지. 전보를 보고 알았네. 하지만 그건 당치 않아. 할 수 있는 일은 다 했으니까. 왜 더 자주 전화하지 않았냐고 생각하겠지만, 내가 전화를 걸 때마다 자네는 늘 다른 볼일 중이라더군."

그러나 더 이상 참을 수 없게 된 것은 다음과 같은 말을 듣고서였다. "아무튼 마지막 전보를 친 뒤의 일을 이야기함세. 어떤 헛간 같은 곳을 지나 집안으로 들어갔지. 긴 복도 끝에 있는 손님방에 들여보내주더군." 이 헛간, 복도, 손님방이라는 낱말을 듣자, 그의 말이 채 끝나기도 전에 내 심장은 감전이라도 당한 것처럼 빠르게 요동치기 시작했다. 왜냐하면 1초 동안 지구를 가장 많이 도는 것은 전기가 아니라 고통이니까. 생루가 떠난 뒤에도, 이 헛간, 복도, 손님방이라는 낱말을, 까닭도 없이 충격을 새롭게 음미하기 위해 얼마나 되뇌었는지! 헛간 안이라면 여자친구와 함께 몸을 숨길 수 있다.

또 숙모가 없을 때 손님방 안에서 알베르틴이 무슨 짓을 할지 누가 알겠는가? 뭐라고? 그럼 나는 알베르틴이 머무는 집에 헛간도 손님방도 없을 거라고 생각했단 말인가? 그렇지 않다, 나는 그 집을 막연한 장소로만 상상하고 머릿속에 전혀 그려보지 않았던 것이다. 내가 맨 처음 괴로움을 느낀 것은, 그녀가 지금 있는 곳이 지리적으로 한정되었을 때 가능성이 높은 편인 두세 곳이 아니라 투렌임을 알았을 때였다. 그녀가 사는 아파트 문지기의 이 말은 지도 위에 도장을 찍듯 드디어 괴로워해야 하는 장소를 내 마음속에 새겨넣었다. 그러나 그녀가 투렌의 집에 있다는 생각에 익숙해지자, 나는 더 이상 그 집을 떠올리지 않게 되었다. 헛간, 복도, 손님방이라는 불길한 관념은 한 번도 내 상상 위로 떠오른 적이 없었으나, 지금은 눈앞에서, 그런 공간을 확인하고 돌아온 생루의 망막 위로, 알베르틴이 드나드는 방, 그녀가 생활하고 있는 방이 있는 것만 같았다. 헤아릴 수 없는 가능성이 있는 방은 서로 부딪혀 사라지고 이 특정한 방만 남았다. 헛간, 복도, 손님방이라는 단어에 의해 그 저주받은 장소의 존재가(단순한 가능성이 아니라) 밝혀진 지금, 그곳에 일주일이나 알베르틴을 내버려둔 건 나의 경솔한 행동이었음이 분명했다. 아아! 생루가 또, 그 손님방에 있었을 때 옆방에서 목청껏 노래하는 소리를 들었는데, 그것이 알베르틴이었다고 내게 말했을 때, 나는 절망을 느끼면서 알베르틴이 드디어 내게서 해방되어 행복하다는 걸 깨달았다. 그녀는 자유를 되찾았다. 그런데 나는 그녀가 앙드레의 자리를 빼앗으러 당연히 돌아올 줄로 착각하고 있었다니! 내 집에서는 며칠이고 그녀를 내 방에도 부르지 않고 새장에 가둬두고 있었는데, 이제 그 새장을 떠나 다시 자유의 몸이 된 그녀는 내 눈에 모든 가치를 되찾은 것처럼 보였다. 그녀는 모든 사람이 뒤를 쫓는 여자, 처음 만났을 무렵의 멋진 새로 다시 돌아간 것이다. 내 고통은 생루에 대한 분노로 변했다.

"자네가 간 걸 그녀가 모르게 주의하라고 그토록 신신당부했건만."—"그러기가 어디 쉬운 줄 아나! 그녀가 집에 없다고 누가 장담하더군. 어쨌든 요약해 보고하지. 돈 문제에 대해 뭐라고 말해야 할지 모르겠네만, 내가 상대한 부인이 여간 예민한 분 같지 않아서 기분을 상하게 할까 봐 겁이 나더군. 그런데 상대는 내가 돈 이야기를 꺼내도 싫은 표정은 아니었는데, 좀 뒤에는 서로 썩 잘 이해할 수 있게 되어 기쁘다는 말까지 했어. 그렇지만 그

다음에 한 말이 어찌나 미묘하고도 고상한지, 그녀가 '썩 잘 이해했다'는 말은 내가 준 돈에 대한 것이 아니었다는 느낌이 들기 시작했어. 왜냐하면 사실 내가 한 행동은 정말 비열했으니까."―"아냐, 어쩌면 그녀가 잘 이해하지 못한 건지도 몰라, 틀림없이 제대로 알아듣지 못했을 거야. 자네는 몇 번이고 설명했어야 옳았어, 그러면 다 잘되었을 텐데."―"어째서 그녀가 잘 알아듣지 못했을 거라고 생각하는 거지! 나는 여기서 지금 자네한테 말하는 것처럼 그녀에게 말했고, 상대는 귀머거리도 바보도 아니거든."―"그런데도 상대는 어떤 반응도 보이지 않던가?"―"하나도."―"그래도 다시 한 번 말해주었어야지."―"다시 한 번 말한다고? 어떻게 그럴 수 있다고 생각하나? 내가 방 안으로 들어가 그 부인을 보자마자, 자네가 잘못 생각해서 내게 엄청난 실수를 저지르게 하는 거라고 직감했지. 이런 돈을 그렇게 내놓는 건 여간 어려운 일이 아니야. 하지만 자네가 하라는 대로 했네, 내쫓길 걸 각오하고서."―"하지만 내쫓진 않았잖아. 부인이 알아듣지 못했으니 다시 한 번 설명하든가, 아니면 그 얘기를 계속해야 했어."―"자넨 그 자리에 없었으니까 '부인이 알아듣지 못했다'고 생각하는 거라네. 되풀이하네만, 만일 자네가 우리의 대화를 옆에서 들었다면 그런 말은 못하지. 기척 하나 없이 주위가 고요했고, 나는 노골적으로 말했는데 부인이 알아듣지 못할 리가 없지 않은가."―"그래도 그분은 내가 그분 조카딸과 결혼하기를 여전히 원하고 있다는 걸 결국 이해하셨겠지?"―"아냐, 내 생각으론, 자네한테 결혼할 의사가 있다는 걸 믿지 않는 것 같더군. 자네 입으로 헤어지고 싶다고 조카딸한테 말했다고 하던데? 지금 그분이 자네에게 결혼할 의사가 있다고 생각하는지 어떤지, 난 전혀 모르겠네만." 이 말은, 내가 그렇게 굴욕을 당한 것도 아니고, 따라서 아직 사랑을 되찾을 가능성도 있으며, 결정적인 수단으로 나갈 수 있는 여지도 남아 있음을 보여주는 것이어서, 어느 정도 나를 안심시켰다. 그래도 나는 안절부절못했다. "아무래도 자네가 만족하지 못하는 것 같아 유감이야."―"아냐, 자네의 친절에 감사하고 있어. 다만 조금만 더 자네가……."―"난 최선을 다했다네. 다른 사람이라면 이 정도도 못했을걸. 다른 사람을 시켜보지 그러나."―"아냐, 이럴 줄 알았다면 자네를 보내지 않는 건데. 자네의 교섭이 실패로 끝나는 바람에 난 다른 방법도 쓸 수 없게 되었어."

나는 그에게 구시렁구시렁 불평을 늘어놓았다. 그는 나를 돕고자 애쓰긴 했지만 헛수고가 되고 말았다. 생루는 그 집에서 나오다가 마침 들어오던 젊은 아가씨들과 엇갈렸다고 한다. 나는 알베르틴이 지방에서 젊은 아가씨들과 사귀고 있다는 추측을 이미 여러 번 했었는데, 그 일로 내가 고통을 느끼기는 이번이 처음이었다. 자연은 우리의 정신에, 우리가 끊임없이, 또 위험 없이 마음에 그리는 추측을 없애버릴 수 있는 천연 해독제를 분비하는 기능을 주었다는 걸 확신할 필요가 있다. 하지만 생루가 우연히 마주쳤다는 그 아가씨들에 대해 나를 면역시켜줄 만한 치료제는 전혀 없었다. 그런데 이처럼 자질구레한 일들이야말로, 내가 알베르틴에 대해 한 사람 한 사람에게서 얻어듣고 싶었던 것이 아니었나? 그런 세세한 일들을 더욱 정확하게 알기 위해, 연대장의 소환을 받은 생루에게 무슨 일이 있어도 내 집에 꼭 들러달라고 부탁한 사람은 바로 나 자신이 아니었던가? 그렇다면, 그것을 원했던 것은 바로 나, 아니면 오히려 그것을 자양분으로 삼아 성장하려고 호시탐탐 노리던 나의 허기진 고통이 아니었던가? 마지막으로, 생루는 또한 그 집 근처에서 그로 하여금 과거를 떠올리게 만드는 아는 얼굴, 그 근처 별장에서 지내고 있던 라셀의 옛 친구인 예쁜 여배우를 우연히 만나 크게 놀랐다고 말했다. 그 여배우의 이름을 듣자마자 나는 생각했다. '상대는 바로 그 여자로구나.' 오직 그것만으로도, 내가 모르는 한 여자의 팔에 안겨서 쾌락에 얼굴이 달아올라 생글거리고 있는 알베르틴을 그려보기에 충분했다. 요컨대 그런 일은 절대 있을 수 없다고 어떻게 말할 수 있을까? 나부터도 알베르틴과 사귄 뒤로 늘 여자 생각을 하지 않았던가? 처음으로 게르망트 대공부인 댁을 방문했던 날 밤, 거기서 돌아왔을 때 내가 생각했던 것은 대공부인보다도 생루가 말한 아가씨, 사창가에 드나든다는 퓌트뷔스 부인의 몸종이 아니었던가? 또 내가 발베크에 다시 갔던 것도 그녀 때문이 아닌가? 바로 얼마 전에는 베네치아에 가고 싶어했는데, 알베르틴이라고 해서 왜 투렌에 가고 싶지 않았겠는가? 다만, 이제와서 깨달은 사실이지만, 그렇다고 해도 난 분명 그녀 곁을 떠나지 못하고, 베네치아에 가는 일도 없었을 것이다. '이제 그녀와 헤어져야지.' 나는 스스로에게 말하면서도, 마음속으로는 헤어지지 못하리라는 사실을 잘 알고 있었다. 마치 일을 해야지, 건강한 생활을 보내야지, 날마다 '내일부터는' 하고 벼르기만 하는 모든 일을 결코 시작하지 않으리라는 걸 잘 알고 있는 것처럼. 다만 마음속으로는 어떻게 생각하든, 나는 그녀에게 끊임없이 이별의 위협을 느끼는 생활을 하게 하는 것이 교묘한 수법이라는 생각이 들었다. 아마도 그따위 치사한 술수 덕분에 난 그녀를 너무나 잘 설득하고 만 것이리라.

아무튼, 이런 상태를 더 이상 계속할 수는 없었다. 나는 그녀를 젊은 아가씨들이나 그 여배우와 함께 언제까지나 투렌에 내버려둘 수는 없었다. 내 눈길이 닿지 않는 그런 생활을 계속하게 하는 건 생각하기도 싫었다. 먼저 내 편지에 대한 그녀의 답장을 기다려보자. 그녀가 거기서 이미 망측한 짓을 하고 다닌다 해도, 하루쯤 늦어지고 빨라지고는 문제가 되지 않는다(전에는 단 1분이라도 그녀를 혼자 놔두면 미칠 것 같았는데, 지금은 그녀의 생활에서 1분 1초를 따지던 습관을 잃어버려 질투의 시간 구분도 전과는 달랐기 때문일 것이다). 그러나 내 답장을 받고 그녀가 돌아오지 않으려는 뜻이라면 곧바로 데리러 가리라. 옳고 그름을 따지지 않고 여자친구에게서 그녀를 떼어놓는 것이다. 게다가 이제까지 상상도 하지 못했던 생루의 심술을 발견한 이상, 내가 직접 가는 편이 낫지 않을까? 어쩌면 그는 알베르틴과 나를 갈라놓기 위해, 이 모든 일을 꾸몄는지도 모른다. 내가 변한 탓인지, 아니면 자연스러운 과정에서 언젠가 이런 예외적인 상황으로 흘러가게 되리라고는 상상도 할 수 없었기 때문인지, 어쨌든 파리에서 몇 번이나 말했듯이 그녀에게 어떠한 사고도 일어나지 않기를 기도한다고 지금 그녀에게 써 보낸다면 나는 그녀에게 거짓말을 하는 것이다! 아아! 만에 하나라도 그런 사고가 그녀에게 일어난다면, 내 삶은 이 끊임없는 질투에 영원히 시달리는 일 없이, 행복하지는 않더라도 적어도 고뇌가 사라지게 되어 이내 평정을 되찾을 것이다.

고뇌의 소멸? 지금까지 나는 한 번이라도 그것을 진심으로 믿은 적이 있었을까? 죽음이란 다만 존재하는 것을 없애고 나머지를 그대로 두는 것, 남의 존재를 고통거리로밖에 생각하지 않던 인간의 마음에서 그 고통을 없앨 뿐, 그 대신 그 자리에 아무것도 넣지 않는 것임을 나는 정말 믿었던 걸까? 고통의 사라짐? 신문의 촌평란을 훑어보면서 나는 스완과 똑같은 희망을 가질 용기가 없는 게 유감스러웠다. 만일 알베르틴이 뜻하지 않은 사고로 희생되는 일이 일어난다면, 만약 그녀가 죽지 않고 살아난다면 그녀 곁으로 달려갈 핑계가 될 테고, 또 죽는다면 스완의 말마따나 살아갈 자유를 되찾게 된다. 그러나 나는 그것을 정말로 믿고 있었던가? 스완은 믿었다, 그토록 섬세하고 자신을 잘 안다고 믿었던 사내는. 우리는 우리 마음속에 품은 것에 대해 얼마나 모르는 게 많은지! 만일 아직 스완이 살아 있다면, 그가 희망한 것은 죄가 될 뿐만 아니라 어리석은 생각이며, 사랑하는 여인이 죽는다 해도 그는 아무것에서도 결코 해방되지 못하리라는 사실을 똑똑히 가르쳐주었으련만!

나는 알베르틴에게 모든 자존심을 버리고 죽을힘을 다해 전보를 쳐서, 어떠한 조건이라도 좋으니 돌아오라, 그녀가 원하는 것은 뭐든지 다 해도 좋다, 다만 매주 세 번 그녀가 잠들기 전에 잠깐 입을 맞추게 해주기만 하면 된다고 애원했다. 만약 그녀가 '매주 한 번뿐이에요' 말한다면 나는 그 한 번으로도 감지덕지했을 것이다. 하지만 그녀는 영영 돌아오지 않았다. 내가 전보를 친 지 얼마 안 되어 전보 한 통을 받았다. 봉탕 부인이었다. 이 세계는 어느 누구에게 있어서도 한 번에 완전하게 창조되는 것은 아니다. 살아가는 동안 짐작도 못한 일들이 거기에 덧붙는다. 아아! 그 전보의 첫 두 줄이 내 마음속에 불러일으킨 건 결코 고뇌의 사라짐이 아니었다.

"참으로 유감스러우나, 우리의 사랑스런 알베르틴은 이미 이 세상에 없는 사람입니다. 이 무서운 소식을 그토록 그 아이를 아껴주신 당신에게 전하게 된 것을 용서하소서. 그 애는 말을 타고 산책하다가 말에서 떨어져 나무에 부딪쳤습니다. 우리의 온갖 노력에도 그 아이는 다시 살아나지 못했습니다. 그 애 대신 내가 죽었어야 했는데!"

고뇌가 사라지기는커녕 그때까지 몰랐던 고뇌, 그녀가 영원히 돌아오지 않으리라는 걸 깨닫게 되는 고뇌였다! 어쩌면 그녀는 돌아오지 않을지 모른다고, 수없이 나 자신에게 들려주지 않았던가! 분명히 나 자신에게 그렇게 말했다. 그러나 이제야 난 그것을 한순간도 믿지 않았다는 걸 깨달았다. 의혹이 만들어내는 괴로움을 견디기 위해 나는 끊임없이 그녀가 내 눈앞에 있기를 바랐고 그 입맞춤을 필요로 했기에, 발베크 이래 늘 그녀와 함께 있는 습관이 들어 있었다. 그녀가 외출해 나 혼자 남았을 때도, 나는 여전히 그녀를 머릿속으로 껴안곤 했다. 그녀가 투렌으로 떠나버린 뒤에도 여전히 그것을 계속했다. 나는 그녀가 정숙길 바랐던 이상으로 그녀가 돌아오길 원했었다. 그래서 내 이성은 간혹 그녀가 정말로 돌아와 줄지 의심했어도, 내 상상력은 그녀가 돌아오는 장면을 머릿속으로 그려내기를 잠시도 멈추지 않았다. 나는 본능적으로 목과 입술에 손을 가져간다. 그 목과 입술은 그녀가 떠나고 나서도 여전히 그녀가 내게 키스하는 모습을 떠올리고 있었건만, 이제 다시는 그녀의 키스를 받지 못할 것이다. 나는 손을 목과 입술 위로 가져간다. 마치 어머니가 할머니의 임종 때, '불쌍해라, 그토록 너를 애지중지하신 할머니께서 다시는 입맞춰주지 못하시는구나' 나한테 말하면서 어루만져주었던 것처럼. 앞으로 찾아올 나의 온 생애는 내 마음에서 뿌리째 뽑히고 말았다. 앞으로 올 나의 온 생애? 그렇다면 알베르틴 없이 살아갈 삶을 이따금 생각해보지도 않았단 말인가? 천만에! 그럼 오래전부터 내 인생의 모든 순간을 죽을 때까지 그녀에게 바쳐왔단 말인가? 물론이다! 그녀와의 끊으려야 끊을 수 없는 이 미래, 게다가 나는 지금까지 깨닫지 못했지만, 그 미래의 봉인이 열린 지금, 나는 쩍 하고 입을 벌린 자신의 마음속에 그것이 차지했던 넓고 큰 자리를 똑똑히 느꼈다. 아직 아무것도 모르는 프랑수아즈가 내 방에 들어왔다. 나는 격분하여 큰 소리로 물었다. "무슨 일이야?" 그러자 (이따금 우리 곁에 있는 현실과 같은 장소에 다른 현실을 두는 낱말이 있을 법한데, 그런 낱말은 현기증과 마찬가지로 우리를 비틀거리게 만든다), "도련님은 화난 얼굴을 하실 필요가 전혀 없어요. 오히려 틀림없이 기뻐하실 테니까요. 알베르틴 아가씨의 편지가 두 통이나 왔어요." 나중에, 그때의 내 눈은 정신의 균형을 잃은 인간의 눈이었을 게 틀림없다고 생각했다. 나는 기쁨을 느끼지도 않았지만 그렇다고 믿지 않았던 것도 아니었다. 마치 침실의 한곳을 긴 의자와 동굴이 함께 차지하고 있는데, 나는 그 장소를 뚫어지게 바라보는 사람 같았다. 그런 사람에게 현실은 더 이상 아무것도 없는 듯해서, 그는 그 자리에 털썩 쓰러지고 만다. 알베르틴이 보낸 편지 두 통은 산책하러 나갔다가 죽기 직전에 쓴 것이 틀림없었다. 첫 번째 편지에는 이렇게 씌어 있었다.

"벗이여, 앙드레를 당신 집에 불러들일 계획을 얘기해주심으로써 나에 대한 신뢰의 증거를 보여주신 것에 감사의 말씀드려요. 앙드레가 기쁘게 승낙하리라고 확신하는 건 물론이고, 그 애를 위해 매우 행복한 일이 될 거라고 믿어요. 재능이 풍부한 애니까 당신 같은 분과 함께 지내면 당신이 남에게 주는 훌륭한 감화력을 보람 있게 활용할 거예요. 당신의 이 훌륭한 생각은 그 애를 위해서나 당신을 위해서나 좋은 결과로 이어지리라 믿어요. 그러니 만일 그 애가 조금이라고 꺼려한다면(그럴 리는 없겠지만) 내게 전보를 치세요, 그 애를 설득하는 일을 기꺼이 맡을 테니까요."

두 번째 편지는 하루 뒤의 날짜였다. 사실 그녀는 이 편지 두 통을 거의 사이를 두지 않고, 어쩌면 동시에 쓰고 나서 첫 번째 편지를 하루 전 날짜로 한 것이 분명하다. 왜냐하면 어리석게도 나는 줄곧 그녀가 내 곁으로 돌아오고 싶어하는 줄로만 알았기 때문이다. 오히려 이 일과 관계없는 사람이나 상상력이 부족한 사람, 평화 조약의 협상자나 거래를 검토하는 상인이라면 나보다 훨씬 더 정확한 판단을 내렸으리라. 두 번째 편지에 씌어 있는 것은, 다음과 같은 말뿐이었다.

"내가 당신에게 돌아가기에는 이미 너무 늦은 걸까요? 혹시 아직 앙드레에게 편지를 보내지 않았다면, 내가 다시 그리로 돌아가면 안 될까요? 당신의 결정대로 따르겠으니 한시바삐 여부를 알려주시기 바랍니다. 기다리는 초조한 마음이 어떠할지 알아주시기를. 혹시 내가 돌아가도 좋다면 곧 기차를 타고 달려가겠어요. 진실로 언제나 당신의 것인 알베르틴 올림."

알베르틴의 죽음에 의해 내 고뇌가 사라지기 위해서는, 사고의 충격이 그녀를 투렌에서만 죽일 것이 아니라 내 마음속에서도 죽여야만 한다. 그런데 내 마음속에서 그녀가 이토록 생생하게 살아 있었던 적은 한 번도 없었다. 한 인간이 우리 마음속에 들어오려면, 어쩔 수 없이 먼저 형태를 취하고 시간의 틀에 맞춰야 한다. 잇따라 나타나서 사라지는 짧은 시간을 통해서만 우리 앞에 모습을 보여주므로, 그 사람은 한 번에 자신의 한 부분밖에 보여주지 않으며, 조금씩 조금씩, 자신의 단 한 장의 사진밖에 줄 수 없다. 단순한 순간의 집합 속에만 존재할 수 있다는 것은 인간에게는 큰 약점임에 틀림없으나, 또한 커다란 힘이기도 하다. 인간은 기억에 의존하는데, 한 순간의 기억은 그 뒤에 일어난 모든 것을 모르기 때문이다. 기억이 담아둔 이 순간은 여전히 계속되고 살아 있어서, 그 순간과 함께 거기에 선명하게 떠오른 인간도 계속 살아 있다. 이 세분화는 다만 죽은 여자를 살아나게 할 뿐 아니라, 그녀의 수를 늘린다. 내가 마음을 달래기 위해 잊어야 하는 것은 한 사람의 알베르틴이 아니라 헤아릴 수 없는 알베르틴이다. 한 사람의 알베르틴을 잃은 슬픔을 견딜 수 있게 되면, 나는 다른 알베르틴과 또 백 명이나 되는 알베르틴과 같은 일을 되풀이해야만 했다.

그렇게 되자 내 생활은 완전히 변하고 말았다. 지금까지 알베르틴의 존재와 함께, 나 혼자의 생활에서 즐거움을 만들어내고 있었던 것은, 다름 아닌 과거의 순간이 비슷한 순간에 의해 떠올라서 끊임없이 되살아나는 일이었다. 이를테면 빗소리가 콩브레의 라일락꽃 향기를 되찾아주고, 발코니 위 햇살의 움직임을 통해서는 샹젤리제의 비둘기가 돌아온다. 아침부터 찌는 듯이 무더운 날에는 귀를 때리는 소음에 버찌의 상큼한 맛이 떠오르고, 브르타뉴와 베네치아에 대한 욕망은 바람이 부는 소리와 돌아오는 부활절에 의해서 되살아난다. 여름이 되어 낮은 길고 무더웠다. 이럴 때는 학교 선생들과 학생들도 아침 일찍 공원으로 가서 나무 그늘 아래 앉아 마지막 시험을 준비하고, 아직 한낮의 타오르는 듯한 하늘은 아니지만, 이미 마찬가지로 불모의 투명함을 띤 하늘에서 떨어지는 한 방울의 찬 기운을 받아들이기도 한다. 어두컴컴한 침실에서, 나는 옛날과 다름없는 환기력, 다만 이제는 내게 고통밖에 주지 않는 그 힘을 느꼈다. 집 밖의 무더운 대기 속에서 저물어가는 태양이 집들과 성당의 지평선 위에 엷은 황갈색 물감을 칠하고 있었다.

프랑수아즈가 돌아와 무심코 두꺼운 커튼의 주름을 흐트러뜨리기라도 하면, 옛날 브리크빌 로르괴이외즈 성당의 새로 꾸며진 정면을 아름답게 채색하고 있었던 지난날의 햇살이 되살아나—알베르틴이 "이건 복구한 지 얼마 안 된 거예요" 말했을 때다—그 빛에 가슴이 찢어지는 듯한 아픔을 느낀 나는 하마터면 나오려던 비명을 꿀꺽 안으로 삼켰다. 나는 한숨을 내쉬고, 그 상황을 프랑수아즈에게 어떻게 설명해야 할지 몰라 이렇게 말했다. "아아! 목이 타는데." 그녀는 나갔다가 다시 들어왔으나, 어둠 속에서 쉴 새 없이 내 주위에 작렬하는, 눈에 보이지 않는 수천 가지 기억 중 하나의 고통스러운 일제사격에 나는 그만 얼굴을 홱 돌리고 말았다. 그녀가 가져온 능금주와 버찌가 눈에 들어온 것이다. 그 능금주와 버찌는 발베크에서 농원 식당의 젊은이가 마차 안에 있던 우리에게 가져다준 것과 똑같은 것으로, 예전 같으면 그런 것을 보았을 때, 나는 타는 듯이 뜨거운 날 어두컴컴한 식당 속에 비쳐 드는 무지개 같은 빛과 완전히 일체를 이루었으리라. 그러자 이때 처음으로 레제코르 농가의 일이 머리에 떠올랐다. 그리고 속으로 생각했다. 알베르틴이 가끔 발베크에서, 오늘은 볼일이 있어요, 숙모님과 같이 외출해야 해요, 하고 내게 말한 날, 어쩌면 그녀는 어느 한 여자친구와 내가 평소에 안 가는 줄 알고 있는 농원 식당에 갔을지도 모른다. 그리고 내가 우연히 마리 앙투아네트라는 농원 식당에서 어정거리다가 "오늘은 알베르틴 아가씨를 뵙지 못했는데요" 하는 말을 듣고 있었을 때, 그녀는 우리 둘이서 외출할 때 내게 한 말을 그 여자친구한테도 써먹으면서 이렇게 속삭였을 게 틀림없다. "그 사람은 이곳에 우리를 찾으러 올 생각은 못 할 거야. 그러니 방해받을 걱정은 없어." 나는 프랑수아즈에게 이 햇살이 더 보이지 않게 커튼을 치라고 일렀다. 하지만 햇살은 계속 내 마음을 괴롭히면서 기억 속으로 스며들었다. "이건 마음에 안 들어요, 복원한 거니까. 내일은 생마르탱 르 베튀에 가요, 모레는……." 내일, 모레, 거기서 시작되는 것은 두 사람이 함께하는 미래, 어쩌면 영원히 이어질 우리 둘의 미래였다. 내 마음은 그 미래를 향해 뛰어든다. 그러나 그것은 이미 존재하지 않는 미래였다. 알베르틴은 죽었으니까.

프랑수아즈에게 시간을 물었다. 6시. 이제 고맙게도 전에 내가 알베르틴과 불평하면서도 그토록 좋아하던 무더위가 가실 것이다. 하루가 끝나가고 있다. 하지만 그게 무슨 소용이란 말인가? 해가 지면서 시원함이 다가온다. 해가 가라앉는다. 생각해보니, 둘이서 함께 돌아가기 위해 먼 길을 걸은 뒤에, 마지막 마을보다 더 멀리, 도저히 다다를 성싶지 않은 아득한 저편에 정거장처럼 보이는 일몰을 본 적이 있는데, 그날 밤 우리는 내내 함께 발베크에서 머물 예정이었다. 그때는 함께였다. 그러나 지금은 같은 심연 앞에서 급히 걸음을 멈추어야 한다. 그녀를 영원히 만나지 못하기에. 이제는 커튼을 닫는 것만으론 부족하다. 저녁놀의 그 오렌지색 띠가 보이지 않게, 지금은 죽어 없는 그 사람의 팔에 그때 다정하게 안겨 있었던 나의 양 옆구리에서, 나무에서 나무로 서로 부르며 응답하던 눈에 보이지 않는 새들의 지저귐을 듣지 않으려고, 나는 기억의 눈과 귀를 틀어막으려 애썼다. 저녁 나뭇잎의 습기, 당나귀 등에 앉아 길을 오르내릴 때 느껴지는 감각을 피하려고 애썼다. 하지만 그 감각은 벌써 나를 사로잡아 현재의 순간에서 멀리 떨어진 곳으로 다시 끌고 가버렸고, 그로 인해 알베르틴이 죽었다는 관념은 필요한 간격을 충분히 확보하자, 탄력을 받아서 다시금 세차게 달려들었다. 아아! 이제 다시는 숲에 들어가지 않으리라, 숲 사이를 산책하지도 않으리라. 그러나 넓은 벌판은 덜 가혹하다고 할 수 있을까? 알베르틴을 데리러 가기 위해 크리크빌의 넓은 벌판을 몇 번이나 가로질렀던가. 그녀와 함께 돌아올 때, 다시 그 들판을 몇 번이나 지나갔던가. 때로는 자욱한 안개 때문에 커다란 호수에 둘러싸여 있는 듯한 착각에 빠졌고, 때로는 투명하도록 맑은 밤, 달빛이 대지를 가공의 것인 듯 바꿔버려, 낮이라면 먼 곳만이 그렇게 되련만 바로 발아래 땅바닥까지 마치 천상의 것인 양 보여주었고, 들판과 숲을 하늘에 녹아들게 만들어 나뭇가지 무늬가 새겨진 코발트블루 색으로만 이루어진 마노 속에 그것들을 모두 가두고 있었다!

프랑수아즈는 물론 알베르틴의 죽음을 기뻐했겠지만, 그런대로 형식적인 예의와 요령을 발휘하여 슬픔을 가장하는 짓을 하지 않은 것은 인정해야 한다. 그러나 그녀가 가지고 있는 고대 법전의 불문율과 무훈시(武勳詩)에 나오는 것처럼 우는 중세 시골 여인의 전통은, 알베르틴에 대한 미움은커녕 욀라리에 대한 미움보다도 더 케케묵은 것이었다. 그래서 그런 어느 날 저녁, 내가 괴로움을 빨리 감추지 못하는 바람에 그녀에게 눈물을 들킨 적이 있었는데, 그때의 그녀에게는 고대 농민의 딸다운 본능이 작용하고 있었다. 그 본능의 작용으로 예전부터 그녀는 동물을 붙잡아 괴롭히거나, 병아리의 목을 조르고 바다가재를 산 채로 삶는 것을 재미있어했으며, 또 내가 병을 앓을 때는 마치 자기 손으로 올빼미에게 입힌 상처를 살피듯이, 유쾌한 기색으로 내 나쁜 얼굴빛을 관찰한 뒤, 짐짓 침울한 말투로 마치 불행의 전조인 것처럼 그 사실을 알리기도 했다. 하지만 콩브레 이래 그녀의 경험은 눈물이나 슬픔을 그냥 넘겨서는 안 된다고 경고했고, 그녀는 그런 것이 플란넬 속옷을 벗거나 내키지 않을 때 먹는 것과 마찬가지로 중대한 결과를 가져올 수 있다고 판단했다. "오오! 못써요, 도련님, 그렇게 울면 못써요, 병나겠어요!" 그녀는 내 눈물이 멈추기를 바라면서, 피바다를 보기라도 한 듯 불안한 표정을 지었다. 그때 마침 나는 그녀가 원한, 하기야 아마 본심이었을 탄식을 딱 그치고 차가운 표정을 지었는데, 어쩌면 솔직하게 감정을 털어놓는 편이 성실했을지도 모른다. 아마 그녀에게 알베르틴은 욀라리와 마찬가지로, 이제 내게서 아무런 이익도 끌어낼 수 없게 된 지금은, 알베르틴을 미워하는 그녀의 마음도 사라졌을 것이다. 그래도 프랑수아즈는 끊임없이, 내가 울고 있었던 것, 단순히 집안의 시시한 가풍에 따라 '남에게 눈물을 보이고' 싶어하지 않는다는 것을 잘 이해하고 있는 듯이 보이려고 했다. "울면 못써요, 도련님" 이번에는 더 조용한 목소리로, 동정을 표하기보다는 자신의 통찰력을 드러내려고 했다. 그리고 덧붙였다. "어쩔 수 없죠, 이렇게 되게 마련이었으니까. 가엾게도 그 아가씬 지나치게 행복했어요. 자신의 행복을 깨닫지 못한 거라구요."

여름날의, 이 이상하도록 긴 저녁에는 도무지 해가 저물 줄을 몰랐다. 건넛집의 희끄무레한 그림자가 하늘 위에 그 끈질긴 흰 빛으로 언제까지나 수채화처럼 곱게 채색하고 있었다. 마침내 방 안이 어두워지면서 나는 옆방의 가구에 부딪치고 말았다. 계단으로 통하는 문은 완전히 어두워진 줄로 여겼던 그 어둠의 한복판에서, 유리창이 반투명으로 푸르스름하게 비치고 있었다. 그것은 꽃 같은 푸른색, 곤충의 날개 같은 푸른색으로, 만약 내가 그것을 강철처럼 날카로운 마지막 반사, 하루가 그 지칠 줄 모르는 잔인성으로 내게 가하는 치명적인 마지막 일격으로 느끼지 않았다면 아마도 아름답게 보였을 푸른빛을 띠고 있었다.

마침내 완전한 어둠이 찾아왔다. 그러나 안뜰 나무 근처에 있는 별 하나가 보인 것만으로도, 저녁 식사 뒤, 달빛이 깔린 샹트피 숲으로 마차를 타고 간 우리 둘의 산책을 돌이켜보기에 충분했다. 밤의 거리에서 파리의 인공적인 조명에 에워싸여 있어도, 벤치 등받이 위에 쏟아지던 자연스러운 달빛의 맑고 깨끗한 느낌만 따로 떼어서 그것만 두드러지게 하는 일이 있었는데, 달빛은 한순간 이 도시가 자연으로 돌아간 것처럼 느끼게 하여, 들판에 퍼지는 무한한 침묵을 떠올리게 하면서, 알베르틴과 함께 그곳을 산책한 고통스러운 추억으로 파리를 감쌌다. 아! 밤은 언제 끝나려나? 하지만 새벽의 첫 차가운 기운에 나는 몸을 부르르 떨었다. 왜냐하면 그 차가운 기운이 발베크에서 앵카르빌로, 앵카르빌에서 발베크로 우리 둘이 동틀 무렵까지 서로 몇 번이고 바래다주었던 그해 여름의 즐거움을 내 몸 안에 일깨웠기 때문이다. 이제 나는 미래에 대해 한 가지 희망밖에 없었다. 걱정보다 더욱 가슴 찢어지는 희망은 알베르틴을 잊는 것이었다. 언젠가 그녀를 잊으리라는 건 알고 있었다. 질베르트와 게르망트 부인도 완전히 잊어버렸고, 할머니마저 잊었으니까. 모든 것에 대한 망각, 마치 무덤 속에 묻힌 사람들을 잊듯이 우리가 이제는 사랑하지 않는 사람들로부터 자신을 떼어놓은 온화한 망각, 그 망각의 가장 정당하고 잔인한 형벌은 아직 사랑하고 있는 사람들에 대해서마저 이 같은 망각을 피할 수 없음을 예견하는 것이다. 사실 우리는 그것이 고통 없는 무관심 상태라는 것은 알고 있다. 하지만 현재의 나와 미래의 나를 한 번에 생각하는 건 불가능하므로, 나는 절망적인 기분에 빠져, 바깥쪽을 가리는 이 애무, 입맞춤, 친밀한 잠 같은, 이윽고 내게서 영원히 박탈될 그 모든 것을 떠올렸다. 이토록 그리운 추억의 거센 물살이 알베르틴은 죽었다는 관념에 부딪쳐, 이 정반대 조류의 힘에 밀려, 나는 그곳에 가만히 있을 수가 없었다. 나는 일어섰다. 그러나 갑자기 움직임을 멈췄다. 알베르틴의 입맞춤으로 얼굴이 발갛게 달아올라 그녀 곁을 떠났을 때 내가 본 새벽빛, 그것과 똑같은 빛이 지금은 커튼 위에서 불길한 광채를 띤 칼을 뽑아들고, 그 차갑고 단호하며 치밀한 흰색이, 마치 단도로 일격을 가하듯이 내 가슴을 찔렀다.

머지않아 거리의 소음이 들려오기 시작하리라. 그 울림은 쑥쑥 올라가는 기온이 어느 정도까지 이르렀는지 짐작할 수 있게 할 것이다. 몇 시간 뒤에는 이 더위에 버찌 냄새가 배어들 테고, 그 속에서 내가 발견한 것은(마치 어떤 약 성분의 일부를 다른 것으로 바꾸기만 해도, 본디 사람을 기분 좋게 만들거나 흥분시키는 약이 기력을 감퇴시키는 약이 되는 것과 같이) 이제 여자들에 대한 욕망이 아니라 알베르틴이 떠난 데서 오는 고뇌였다. 처음부터 내 모든 욕망의 추억에는 쾌락의 추억과 마찬가지로 그녀와 고뇌가 함께 배어 있었다. 그녀가 있으면 성가실 거라고 여겼던 베네치아(아마 그곳에 가면 또 그녀가 그리워질 거라고 어렴풋이 느꼈기 때문이겠지만), 알베르틴이 이 세상에 없는 지금은 더 이상 그곳에 가고 싶지 않았다. 전에 알베르틴을 나와 모든 사물 사이에 놓인 장애물처럼 본 것은, 그녀가 내게 있어서 모든 사물을 담고 있는 그릇이고, 마치 항아리 속에서 꺼내듯이 그녀한테서가 아니면 그것들을 받을 수 없었기 때문이다. 그런데 그 항아리가 깨지고 만 지금, 나 자신에게 그러한 사물을 잡을 만한 기운이 있을 성싶지 않았다. 나는 이제 아무것도 음미할 기분도 나지 않아 기진맥진하여 모든 것에서 얼굴을 돌리고 말았다. 그래서 그녀와의 이별은, 그녀가 있음으로써 내 앞에 닫혀 있는 줄로만 알았던 가능한 쾌락의 영역을 조금도 열어주지 않았다. 게다가 그녀의 존재는 물론 내게 여행을 하고 삶을 누리는 데 장애가 되었을지도 모르지만, 그것은 다만 다른 장애를 가리고 있었을 뿐이며, 그것이 사라진 지금은 다른 장애들이 고스란히 다시 나타나기 시작했다. 이런 식으로 전에도 누군가 절친한 사람의 방문으로 일에 방해를 받은 적이 있었지만, 이튿날 내내 혼자 있을 때도 일하지 않는 것은 마찬가지였다. 질병, 결투, 날뛰는 말 때문에 죽음이 바로 눈앞에 다가왔음을 느낄 때도, 우리는 빼앗길 것처럼 보였던 생활과 관능, 미지의 나라를 마음껏 즐길 수 있었는데 말이다. 그런데 위험이 사라진 뒤 우리 눈앞에 다시 나타나는 것은 전과 똑같은 음울한 생활로, 거기에는 그런 즐거운 것들은 그림자조차 찾을 수 없다.

물론 이렇게 밤이 짧은 계절은 그리 오래 계속되지 않는다. 곧 겨울이 다시 올 것이다. 그러면 너무 일찍 먼동이 트는 새벽까지 그녀와 함께 밤새도록 산책했던 추억을 다시는 두려워하지 않아도 되겠지. 그러나 첫서리는 그 얼음 속에 간직된 내 첫 욕망의 싹을 두 번 다시 가져오지 않을까? 그 무렵 나는 오밤중에 그녀를 부르러 사람을 보냈는데, 초인종 소리가 들릴 때까지 시간이 너무나 더디 가는 것처럼 느껴졌다. 이제는 그 초인종 소리를 아무리 기다려도 소용없으리라. 또 첫서리는 그녀가 다시는 오지 않는 게 아닐까 하고 생각했을 때, 내가 맨 처음 느꼈던 불안의 싹을 더 이상 가져오지 않을까? 그 무렵에는 나는 어쩌다가 그녀를 만나곤 했다. 그녀의 방문과 방문 사이에는 내가 내 것으로 할 생각도 하지 않았던 미지의 생활이 있었고, 그 속에서 몇 주일이 지나면 느닷없이 그녀가 나타나곤 했는데, 그 방문 사이의 간격이 질투를 끊임없이 멈추게 하여, 자칫하면 질투가 응어리져서 마음속에 뿌리를 내리려 하는 것을 방해하며 내 마음을 가라앉혀주었다. 하지만 그 간격마저 그 즈음에는 내 마음을 진정시켜주는 것이었던 만큼, 돌이켜보면 그 사이에 그녀가 했을지도 모르는 미지의 행위에 태연할 수 없게 되면서부터, 그리고 특히 이제 다시는 그녀가 찾아올 수 없게 된 지금은, 더욱더 고통의 상처가 남는 시간이 되었다. 따라서 그녀가 몇 번인가 찾아와주었기에 그처럼 달콤했던 그 정월의 밤들이, 그때는 몰랐던 불안을 이제는 살을 에는 듯한 찬바람에 실어올 테고, 다만 서리 속에 보존되어 독을 품게 된 내 사랑의 첫 싹을 내게 다시 가져다줄 것이다. 질베르트와 헤어진 뒤로, 그리고 샹젤리제에서 놀았을 때부터, 언제나 몹시 쓸쓸하게 느껴졌던 그 추운 계절이 다시 시작되는 것을 나는 볼 수 있을까. 그렇게 생각하면서, 하염없이 알베르틴을 헛되이 기다렸던 그 눈 내리는 밤과 매우 비슷한 밤이 다시 돌아올 거라고 생각했을 때, 환자가 육체적인 관점에서 자신의 폐를 걱정하듯이, 내가 그때 정신적으로 내 슬픔이나 마음을 위해 가장 두려워한 일은 혹독한 추위가 닥쳐오는 것이었다. 나는 가장 지내기 힘든 시간은 아마 겨울일 거라고 생각했다. 알베르틴의 추억은 모든 계절과 연관되어 있었으므로, 그 추억을 지우려면 먼저 모든 계절을 잊어야 할 것이다. 마치 반마비가 된 노인이 다시 읽고 쓰기를 배우듯이, 나중에 또다시 그 모든 계절을 알게 된다 하더라도, 나는 온 우주를 단념해야 했다. 단 하나, 나 자신의 진짜 죽음만이 그녀의 죽음으로부터 나를 위로해줄 거라고(하기야 그런 건 불가능한 일이다) 생각했다. 그즈음 나는 나 자신도 죽을 수 있으며 그러한 죽음은 별다른 일도 아니라고 여겼다. 그런데 죽음은 우리가 모르는 사이에, 필요하다면 우리 의지에 반해서라도 날마다 일어나고 있다. 나는 다양한 하루가 되풀이되며 다가오는 것에 괴로워하게 될 것이다—단순히 자연의 반복뿐만 아니라, 인간이 만든 상황과 틀에 박힌 행사가 계절 속에 끌어들이는 모든 반복이다.

이윽고 작년여름에 발베크에 갔던 날이 돌아온다. 그때 내 사랑은 아직 질투와 무관한 것이었기에 알베르틴이 온종일 무엇을 하고 다니는지 전혀 신경도 쓰지 않았는데, 그것이 여러 우여곡절을 거쳐 이전과는 완전히 다른 최근의 그 유별난 사랑이 되었기 때문에, 그녀의 운명이 변하기 시작하여 마침내 파국을 맞은 지난 1년은, 마치 1세기에 맞설 만큼 알차고, 다채로우며, 광대한 것으로 보였다. 뒤이어 더욱 늦은 시간의 추억, 단 그것에 앞서는 몇 년 동안 지나온 나날의 추억이 되살아날 것이다. 날씨가 궂은 데도 모두 외출해버린 일요일, 비바람 소리가 예전 같으면 '다락방의 철학자'라도 되는 듯 그대로 있으라고 권고했을 쓸쓸하고 호젓한 오후, 거의 기대도 하지 않았는데 알베르틴이 나를 만나러 와서, 처음으로 나를 어루만지다가 램프를 들고 온 프랑수아즈 때문에 방해를 받은 적이 있었건만, 그 시간이 다가오는 것을 어떠한 불안으로 기다리게 될 것인가. 그 무렵 알베르틴은 내게 호기심을 품고 있었고, 그녀에 대한 내 사랑은 당연히 희망에 가득 차 있었으므로, 이것은 두 가지의 의미에서 죽어버린 시간이었다. 계절이 더 앞으로 나아가서, 예배당처럼 금빛으로 물든 먼지를 뒤집어쓰고 있는 주방이나 기숙사의 문이 반쯤 열리고, 거기서 쏟아져나온 반쯤 여신 같은 여자들이 거리를 환하게 장식하던 그 찬란한 밤—그리 멀지 않은 곳에서 친구들과 담소를 나누던 그녀들은 우리에게 그 신화적인 생활 속으로 들어가고 싶다는 뜨거운 소망을 불러일으켰지만—이제 그런 밤도 알베르틴의 사랑을 떠올리게 할 뿐이었다. 그때 그녀는 내 옆에 있으면서 그 반(半)여신들에게 내가 가까이 가지 못하게 하려고 애썼다.

더구나 순수한 자연 현상인 시간의 추억이라 해도, 거기에는 반드시 그것을 독자적인 것으로 하는 심리적인 풍경이 곁들여질 것이다. 나중에 거의 이탈리아를 떠올리게 하듯 처음으로 활짝 갠 날, 산양지기가 부는 뿔피리 소리를 들었을 때와 같은 그날이 따사로운 빛 속에 차례차례 섞어넣은 것은, 먼저 트로카데로에 간 알베르틴이 레아와 다른 두 소녀와 함께 있을지도 모른다는 불안이었다. 이어서 그 무렵 성가시다는 생각이 들게 한 거의 아내 같은 알베르틴, 프랑수아즈가 데리러 갔던 그 알베르틴이 가져다주는 가정적이고 안온한 평화였다. 그때 프랑수아즈가 전화로, 함께 돌아가겠노라는 알베르틴의 고분고분한 대답을 전해와서 내 자존심은 매우 만족스러웠다. 그러나 나는 착각하고 있었다. 전화가 나를 우쭐하게 만든 것은, 사랑하는 여자가 뭐니뭐니해도 내 것이고, 오직 나를 위해서만 살아가며, 게다가 멀리 떨어져 있다가도 내가 걱정할 것도 없이 그쪽에서 나를 남편 또는 자기 주인으로 여겨, 나의 신호 한 번에 돌아온다고 느끼게 했기 때문이다. 그러므로 그 전화가 전하는 바는, 먼 트로카델로 부근에서 온 따사로움의 한 조각이며, 그곳에 내 행복의 원천이 있어서, 그것이 내 쪽으로 마음을 가라앉히는 알갱이가 고운 진정제를 보내와서, 마침내 마음이 편안한 정신의 자유를 돌려주기 때문에, 나는—아무런 걱정 없이 바그너의 음악에 몸을 맡기면서—마음이 들뜨지도 않고, 이제나저제나 애만 끓일 뿐 행복을 느낄 수 없었던 초조한 마음도 완전히 사라져서, 그저 알베르틴이 확실하게 도착하기만을 기다리면 그만이었다. 그녀가 돌아와서 내 말에 순종하며, 내 여자가 되어준다는 이 행복감, 그것을 가져온 원인은 자존심이 아닌 사랑에 있었다. 그렇게 된 지금은 내 신호 한 번에 트로카델로가 아니라 인도에서 날아온 여자들이 오십 명이나 내 명령 아래 있게 된다 해도 아무런 흥미도 느끼지 못할 것이다.

다만 그날은, 혼자 방 안에서 음악을 즐기는 동안, 알베르틴이 고분고분 이쪽으로 오고 있음을 느끼면서, 나는 햇빛을 받아 반짝이는 공중의 먼지처럼 주위에 온통 떠다니고 있는 물질을 흠씬 들이마셨는데, 다른 물질이 몸에 좋은 반면 그것은 마음에 좋았다. 그리고 30분 뒤에 알베르틴이 도착했다. 우리는 함께 산책하러 나갔다. 그녀의 도착과 산책은 절대적으로 확실한 것이었으므로 틀림없이 따분할 거라고 생각했지만, 프랑수아즈가 알베르틴을 데리고 돌아온다고 전화로 알려온 뒤부터는, 그 확실함이 있기에, 그것이 뒤에 이어지는 시간 속에 황금 같은 고요함을 부여하여, 그것을 그때까지의 앞부분과 전혀 다른 제2의 날로 만든 것이었다. 왜냐하면 그 제2의 날은 그때까지와는 전혀 다른 정신적인 뒷받침, 그것을 독자적인 하루로 만드는 정신적인 뒷받침이 있었기 때문인데, 전부터 알던 다양한 나날 위에 보태진 이하루는, 그전에는 도저히 상상도 하지 못한 것이었으리라—마치 어느 여름날의 휴식도 만약 우리가 살아온 나날 속에 그런 날이 없었다면 상상도 할수 없는 것처럼. 이 제2의 날에 대해서는 그것을 떠올릴 수 있다고 장담할수 없다. 왜냐하면 지금은 그 평온함에, 그 무렵에는 느끼지 못했던 고통이 덧붙여져 있기 때문이다. 그러나 먼 훗날 알베르틴을 이토록 사랑하게 되기 전에 내가 보낸 시간을 조금씩 거슬러 올라갔을 때, 상처가 아문 내 마음은 죽은 알베르틴과 고통 없이 헤어질 수 있었고, 알베르틴이 계속해서 트로카데로에 남아 있지 않고 프랑수아즈와 함께 쇼핑을 하러 간 날의 일도, 가까스로 고통을 느끼지 않고 떠올릴 수 있게 되었는데, 그때 나는 그때까지 몰랐던 정신의 계절에 속하는 그날을 즐거운 마음으로 떠올렸다. 더는 거기에 고통을 곁들이지 않고, 아니 오히려 그 반대로 실제로 경험했을 때는 너무 덥다고 느꼈던 여름의 나날들, 나중에야 비로소 거기서 아무런 불순물도 없는 부동(不動)의 황금*과 불멸의 하늘만 뽑아낼 수 있는 하루하루, 그런 여름의 나날들을 떠올리듯이, 마침내 나는 그날을 똑똑히 떠올렸던 것이다.

그리하여 알베르틴에 대한 추억 때문에 고뇌로 가득했던 지난 몇 년 동안, 그 추억에 6월의 저녁부터 겨울밤까지, 바다 위의 달빛에서 새벽의 귀가까지, 파리의 눈(雪)에서 생클루의 낙엽에 이르기까지, 다양한 계절과 시간에

---

* 부동의 황금은 태양을 가리킴.

따라 변하는 색채, 그 여러 가지 모습, 그 타다 남은 재를 강요한 것만은 아니었다. 그 밖에도 알베르틴에 대해 내가 잇따라 품었던 특별한 관념과, 그때그때 그려낸 그녀의 용모, 한 계절에 그녀를 만난 횟수, 그것이 잦아지거나 뜸해지기도 한 것, 그녀를 기다리면서 느낀 불안, 어느 때 그녀에 대해 느낀 매력, 마음속에 생겼다가 곧 사라진 희망, 그런 것의 색채와 모양, 타고 남은 찌꺼기까지 알베르틴의 추억에 붙여준 것이다. 그러한 것들은 과거를 돌이켜보면 떠오르는 내 슬픔의 성질과, 그것과 연관된 빛과 냄새의 인상을 바꾸고, 내가 살아온 365일 태양년(太陽年), 그 봄, 가을, 겨울만으로도 그녀와 뗄 수 없는 추억 때문에 이미 끝없이 슬펐던 태양력의 1년 1년을 어떤 감정년(感情年)이라고 할 수 있는 것으로 보강함으로써, 그 슬픔을 완성시켰다. 그 감정년에 있어서 시간을 결정하는 것은 태양의 위치가 아니라 만남에 대한 기대이고, 계절을 특징짓는 것은 낮의 길이나 기온의 변화가 아니라 비약하는 나의 희망, 두 사람의 친밀한 정도, 조금씩 변해가는 그녀의 얼굴, 그녀가 한 여행, 그녀가 없는 동안 그녀한테서 온 편지의 개수와 문체, 돌아오자마자 그녀가 나를 만나러 달려오는지 여부, 그런 것들이다. 즉 이러한 날씨 변화와 저마다 다른 나날들이, 각각 다른 한 사람의 알베르틴을 내게 돌려주더라도, 그것은 단순히 비슷한 순간을 돌이켜 생각하기 때문만은 아니었다. 물론 기억하고 있겠지만, 사랑을 하기 전에도 나는 그때그때 다른 지각을 지니고 있었으므로 다른 욕망을 품은 다른 남자로 완성되어, 설사 전날에는 폭풍과 절벽밖에 꿈꾸지 않았다 해도, 무람없는 봄날이, 잠을 에워싸는 엉성한 울타리의 아주 좁은 틈새로 장미 향기를 살짝 불어넣으면, 당장 이탈리아로 떠날 마음으로 깨어나곤 했다. 사랑을 하고 있을 때도, 내 정신의 대기 상태는 불안정하고 확신의 기압이 변해버리기 때문에, 어떤 날에는 내 사랑의 시야가 좁아지고, 다른 날에는 그것이 끝없이 넓어지며, 어떤 날에는 그것이 미소를 자아낼 만큼 아름다운가 하면, 다른 날에는 금세 폭풍을 불러일으킬 것처럼 찌푸리지 않았던가? 사람은 오로지 자신이 가진 것에 의해서만 존재한다. 그리고 사람이 소유하는 것은 현실에서 눈앞에 있는 것뿐이다. 얼마나 많은 추억과 마음과 관념이 우리로부터 멀리 떨어진 곳으로 길을 떠나 우리 시야에서 사라져버리는지! 그렇게 되면, 우리는 이미 그것들을 우리 존재를 구성하는 이 전체 속에서 생각할 수 없게 된다. 그러나 그것들은 비밀의 길을 더듬어 다시 우리 안으로 돌아온다. 그리하여 이제는 밤에 이따금 죽은 알베르틴을 그리워하는 마음도 거의 없이 잠자리에 든 나는—사람은 기억하고 있는 것밖에 그리워할 수 없기 때문이다—잠에서 깨어났을 때, 더할 수 없을 만큼 명석한 의식 속에 추억의 대선단(船團)이 찾아와서 돌아다니는 것을 발견하고, 그것을 선명하게 식별한다. 그때 나는 이렇게 확실하게 보이는 것, 더욱이 전날에는 무(無)에 지나지 않았던 것을 그리워하며 눈물을 흘렸다. 이어서 알베르틴이라는 이름과 그녀의 죽음은 별안간 의미가 달라졌다. 그녀의 배신이 갑자기 그 모든 중요성을 되돌리고 있었던 것이다.

지금 그녀를 생각하면서, 나는 살아 있는 동안에 계속해서 보았던 여러 가지 모습과 똑같은 것 말고는 마음대로 생각할 수 없는데, 그런 때 어찌하여 그녀가 죽었다고 생각할 수 있으랴. 신화에 나올 만한 자전거 바퀴 위에 몸을 숙이고 쓱 지나가는 그녀가 있는가 하면, 다음에는 비오는 날 몸에 꼭 맞는 전사풍의 고무 외투를 입고, 머리에 감은 터번이 마치 뱀을 쓴 것처럼 보이는 그녀도 있다. 또는 저녁 무렵, 우리가 샴페인을 들고 샹트피 숲에 갔을 때는(통통하고 까칠한 피부에 갈색 머리의 그녀는) 평소와 달리 목소리가 도발적으로 변해 있고, 얼굴은 흥분으로 창백하며, 오직 광대뼈 근처만 발그스름하다. 그때 마차 안의 어둠 속에서 그녀의 모습이 잘 보이지 않자 나는 더 잘 보려고 달빛이 비치는 쪽으로 얼굴을 가져갔지만, 지금은 영원히 끝날 성싶지 않은 암흑 속에서 그 얼굴을 떠올리려고, 다시 한 번 내 눈으로 확인하려고 헛되이 애쓰고 있었다. 그렇게 내 마음속에서 없애버려야 했던 것은 단 한 사람의 알베르틴이 아니라 헤아릴 수 없는 그녀였다. 한 사람 한 사람의 알베르틴이 이렇게 어느 순간과 연관되어 있고, 그것을 다시 목격한 나는 정신이 들고 보면 또다시 그 날짜로 돌아와 있다. 게다가 이러한 과거의 순간은 움직이지 않는 게 아니었다. 그것은 기억 속에서 계속 움직이고 있으며, 그 운동이 과거의 순간을 미래로—그것 자체가 과거가 된 미래로—우리 모두를 이끈다. 나는 지금까지 단 한 번도 비오는 날 고무 비옷을 입은 알베르틴을 어루만진 적이 없었기 때문에, 그녀에게 그 갑옷을 벗어달라고 말하고 싶었다. 그러면 그녀와 야영지에서의 사랑, 행군지에서의 우애를 경험할 수 있게 될 것이므로. 그런데 이젠 그것도 불가능하다, 그녀는 죽어버렸으니까. 그리고 또 나는, 그녀를 타락시키는 것이 두려워, 그녀가 내게 쾌락을 내주려는 것처럼 보였던 밤도 언제나 모르는 척했다. 그렇게 하지 않았으면 아마 그녀도 다른 사람에게서 쾌락을 찾지 않았을 것이다. 그녀가 찾고 있던 쾌락은 지금 내 안에 미친 듯한 욕망을 불러일으키고 있다. 다른 여자 옆에서는 도저히 그와 비슷한 쾌락을 느끼지 못할 것이다. 그런 쾌락을 줄 여자는 온 세계를 뒤져도 만날 수 없으리라. 왜냐하면 나의 알베르틴은 죽어 버렸으니까.

아무래도 나는 두 가지 사실 가운데 하나를 골라서 무엇이 진실인지 결정해야 할 것 같다. 그만큼 알베르틴이 죽었다는 사실은—투렌에서의 생활이라는, 내가 몰랐던 현실에서 일어난 사실은—그녀에 대한 나의 모든 생각, 욕망, 후회, 감동, 분노, 질투와 모순되고 있었다. 그녀의 생활 목록에서 빌려온 이토록 풍요로운 추억, 그녀의 생활을 일깨우고 속에 품고 있는 이토록 풍부한 감정은 알베르틴이 죽었다는 사실을 믿을 수 없게 만들었다. 나는 '이토록 풍부한 감정'이라고 말했다. 왜냐하면 기억은 내 사랑을 간직하면서 그 사랑에 모든 다양성을 남기고 있기 때문이다. 연달아 일어나는 순간에 지나지 않는 것은 알베르틴뿐만이 아니다. 나 자신도 마찬가지였다. 그녀에 대한 나의 사랑은 단순하고 한결같은 게 아니라, 미지의 것에 대한 호기심에 관능의 욕망을 덧붙이고, 거의 가정적이라고 할 수 있는 편안한 감정에는 때로는 무관심과 때로는 미칠 듯한 질투를 덧붙인 것이었다. 나는 단 한 사람의 남자가 아니라 시시각각 달라지는 혼성부대의 대열로, 거기에는 정열적인 자도 있는가 하면 무관심한 자와 질투하는 자들도 있었다—질투하는 자의 어느 누구도 같은 여자를 질투하는 것은 아니다. 아마도 언젠가 그러한 점에서 치유되는 날이 찾아오겠지만, 그것은 내가 원하는 바가 아닐 것이다. 복잡하게 뒤섞여서 다양한 요소가 하나씩 하나씩 아무도 눈치채지 못하는 사이에 다른 요소로 바뀌는데, 그것을 더욱 다른 요소가 배제하거나 보강한다. 그리하여 마지막에 그 변화는, 만약 사람이 단일한 존재라면 생각할 수 없는 걸로 완성될 것이다.

내 사랑과 나의 복잡한 인격은 고통의 수를 늘리고 다양화한다. 그러나 그 고통은 언제나 두 그룹으로 나눌 수 있으며, 번갈아 나타나는 두 그룹이 알베르틴에 대한 나의 사랑, 신뢰와 질투심에 사로잡힌 의혹에 차례차례 바치는 내 사랑의 온 생명을 이루고 있었다. 알베르틴이 내 안에서(현재와 과거라는 두 겹의 옷을 입은 내 안에서) 그렇게 생생하게 살아 있는데도, 그런 그녀가 죽었다고 생각하는 건 어려운 일이었지만, 아마 그것과 마찬가지로 현재의 알베르틴은 나쁜 쾌락을 탐닉하던 육체와 그것을 원하던 영혼을 잃어, 이제 그런 일은 할 수도 없고 그 책임이 없어졌는데도, 그녀가 그러한 존재하지 않는 잘못을 저지른 게 아닌가 하는 의심이 이토록 고통을 불러일으키는 것 또한 모순일 것이다. 그 고통을 찬미할 수 있다면, 그것은 예전에 그녀한테서 받은 인상의 반영이며 그 자체도 사라져갈 운명에 있는 것으로서가 아니라, 육체적으로는 존재하지 않는 인간이 정신적으로는 실재함을 거기서 확인할 수 있는 경우에 한정되어 있었으리라. 이제 다른 사람들과 쾌락을 즐길 수 없게 된 여자는, 이쪽의 사랑만 확실하다면 나의 질투를 자아낼 리가 없기 때문이다. 그런데 그것은 불가능했다. 왜냐하면 사랑은 그 대상인 나의 알베르틴을, 그녀가 살아 있었을 때의 추억 속에서만 찾아낼 수 있었기 때문이다. 그저 그녀를 생각하기만 해도 그녀가 되살아나는 이상, 그 배신도 절대로 죽은 사람의 배신일 리가 없었다. 알베르틴이 믿음을 저버린 순간은, 그녀에게만이 아니라, 느닷없이 불려나와 그녀를 바라보고 있는 그 때그때의 내 자아에게도 현재의 순간이 된다. 그리하여 새롭게 잘못을 저지른 한 여자가 나타날 때마다, 반드시 같은 시간에 살고 있는 질투심에 사로잡힌 가련한 한 남자가 이내 그녀와 짝을 이루는데, 그것이 아무리 시대착오일지라도 이 나눌 수 없는 한 쌍은 절대 떼어놓지 못한다. 지난 몇 달 동안 나는 그녀를 집 안에 가둬두고 있었다. 그러나 지금 상상 속에서 그녀는 자유롭다. 그녀는 과거에 그 자유를 악용하여 닥치는 대로 여자들에게 몸을 던졌다. 예전에 나는 두 사람 앞에 펼쳐질 불확실한 미래를 끊임없이 상상하며 그것을 읽으려 했다. 그리고 지금, 내 앞쪽에, 이상적인 미래의 모습으로서 가로누워 있는 것—미래와 마찬가지로 불확실하기 때문에 걱정되고 해독하기 곤란하며 신비하고, 미래와 달리 그것에 작용하는 가능성이나 환상을 가질 수 없기 때문에, 또 그로 인해 일어나는 고통을 가라앉혀 줄 짝도 없이 내 인생이 계속될 수 있는 한 오래오래 펼쳐지므로 미래보다 더욱 가혹한 것이지만—그것은 이미 알베르틴의 '미래'가 아니라 그 '과거'였다. 그녀의 '과거'? 잘못된 표현이다. 질투에는 과거도 미래도 없고, 질투가 상상하는 것은 언제나 '현재'이기 때문이다.

대기의 변화는 인간 내면에 다른 변화를 불러일으키고, 잊고 있었던 수많은 자아를 눈뜨게 하며, 습관적인 게으른 잠을 방해하고, 이런저런 추억과 고뇌에 다시 힘을 준다. 그 이상으로 현재의 날씨가, 이를테면 지난날 발베크에서 금방이라도 한바탕 비가 쏟아질 듯한 날, 속옷처럼 딱 달라붙는 고무 비옷을 입은 알베르틴이 어떤 알 수 없는 이유로 먼 곳까지 산책하러 나갔을 때의 그 날씨를 떠올리게 할 때는, 추억과 고뇌에 얼마나 많은 힘이 주어지게 될까! 만약 그녀가 살아 있다면, 아마 오늘처럼 이런 날씨에는 투렌에 있을 때와 마찬가지로 소풍을 나갔을 테지. 이제 그녀는 그렇게 할 수 없게 되었으니, 나는 그런 생각에 괴로워하지 않아도 될 것이다. 그런데 손발이 잘린 사람처럼 아주 작은 날씨의 변화에도, 존재하지 않는 나의 손발이 다시 아프기 시작했다.

느닷없이 하나의 추억이 결정(結晶)하는 일이 있다. 오래전부터 그 추억과 재회하지 않았던 이유는 그것이 내 기억 속의, 눈에 보이지 않는 광대한 흐름 속에 녹아 있었기 때문이다. 이를테면 몇 년 전 목욕 가운에 대해 얘기를 나누면서 알베르틴이 얼굴을 붉힌 적이 있었다. 그즈음 나는 아직 그녀에게 질투를 느끼지 않았었다. 하지만 그 뒤 나는 그녀에게 그때의 대화를 기억하고 있는지, 왜 얼굴을 붉혔는지 물어보고 싶은 마음이 들곤 했다. 레아의 친구인 두 아가씨가 호텔에 있는 목욕탕에 간 것, 그것도 그냥 샤워를 하기 위한 것이 아니었다는 소문을 들었으므로 더욱 마음에 걸렸다. 그러나 알베르틴을 화나게 할까 봐 두려웠고, 더욱 적절한 때를 기다리고 싶은 마음도 있어서, 계속 그 이야기를 꺼내는 것을 미루다가 어느새 나는 그 일에 대해 까맣게 잊고 말았다. 그런데 알베르틴이 죽은 지 얼마 뒤에 불현듯 그 일이 생각났는데, 유일하게 그것을 해명할 수 있는 사람이 죽는 바람에 영원히 풀 수 없게 된 수수께끼처럼, 안타까운 동시에 어떤 엄숙함을 띠고 있었다. 알베르틴은 그 샤워실에서 나쁜 짓은 한 번도, 아무것도 하지 않았는지, 다만 의심스럽게 보였을 뿐인지, 하다못해 그것만이라도 조사할 수는 없을까? 누군가를 발베크에 보내면 알 수 있을지도 모른다. 그녀가 만약 살아 있다면, 나는 아무것도 알아내지 못하리라. 그러나 죄를 저지른 여자의 원한을 살 두려움이 없어지면, 사람들의 입은 신기하게도 저절로 열려서, 실수가 있었음을 쉽게 얘기한다. 상상력이라는 것은 초보적이고 최대한 단순하게 이루어져 있다(인간의 발명은 청우계든, 기구든, 전화든, 그 밖의 무엇이든, 처음 형태를 개량해서 나중에는 원형을 알아볼 수 없을 정도로 완성되는데, 상상력은 그러한 수많은 변모를 거치지 않기 때문이다). 그래서 상상력은 한 번에 더할 수 없을 만큼 적은 것밖에 보여주지 않아서, 그 샤워실의 추억은 내 마음속 전망의 온 영역을 차지하게 되었다.

가끔 나는 잠 속 어두컴컴한 길모퉁이에서 우연히 악몽과 만날 때가 있었다. 그다지 대수롭지 않은 악몽인데, 첫 번째 이유는 그 때문에 생긴 슬픔이 인위적으로 잠든 뒤의 불쾌감처럼, 고작해야 잠에서 깬 뒤 한 시간 정도밖에 계속되지 않기 때문이다. 두 번째 이유는 그런 악몽을 꾸는 경우는 아주 드물어서 기껏해야 2, 3년에 한 번 정도에 지나지 않기 때문이다. 게다가 전에 그런 악몽을 만난 적이 있는지 어떤지도 확실하지 않다—오히려, 이번이 처음이 아닌 듯한 느낌이 드는 것은 착각이나 꿈의 세분화 때문인지도 모른다(2분화라고 해서는 충분하지 않으므로). 물론 알베르틴의 생활 모습이나 죽음에 대해 의혹을 느끼고 있으므로, 나는 벌써 조사를 시작했어야 한다. 그러나 알베르틴이 있었을 때 나를 그녀의 말대로 움직이게 했던 바와 같은 피로감과 무력감 때문에, 그녀가 영원히 사라진 뒤에도 나는 아무것도 시도할 수가 없었다. 그래도 몇 년 동안 질질 끌어온 이 나약함에서 가끔 에너지가 번쩍 하고 나타날 때가 있다. 나는 매우 부분적이긴 하지만, 최소한 이 조사만이라도 해야겠다고 결심했다.

마치 알베르틴의 생활 전체 속에 그것 말고는 아무것도 존재하지 않았던 것 같았다. 나는 현장에서 조사를 하기 위해 도대체 누구를 발베크에 보내면 좋을지 생각해보았는데, 거기에는 누구보다 에메가 적임자인 듯했다. 그는 그 일대의 지리를 잘 알고 있을 뿐 아니라, 이해타산이 철저하고, 거래 상대에게 충실하며, 어떠한 도덕에도 관심이 없는 서민층에 속한 사람—그들은 사례만 듬뿍 해주면 이쪽이 시키는 대로 하며, 어떤 형태로든 그것을 방해하는 모든 것을 없애주고, 쓸데없는 일에는 신경을 쓰지 않으며, 입이 무겁고, 우유부단하거나 불성실하게 행동하지 않는 사람들이다—이기 때문이다. 우리는 그런 사람들을 '선량한 사람'이라고 부른다. 그런 사람들이라면 절대적으로 신뢰할 수 있다. 에메가 출발했을 때, 이제부터 그가 저쪽에서 조사하려는 것을 지금 알베르틴에게 직접 물어볼 수 있다면 얼마나 좋을까 하는 생각이

들었다. 이런저런 것을 물어보고 싶다, 틀림없이 이런저런 질문을 하게 되겠지, 생각하자, 당장 알베르틴이 내 곁에 불려왔는데, 그것은 거의 죽어가다가 다시 살아난 노력에 의해 그렇게 된 게 아니라 우연히 만난 것처럼 보였고, 그런 만남은 바로 '자세'를 취하지 않는 순간 사진처럼 언제나 사람들에게 훨씬 더 생동감을 주었다. 나는 곧장 두 사람의 대화를 상상했으며 그 대화가 불가능하다는 것도 느꼈다. 그리하여 나는 새로운 국면에서, 알베르틴이 죽었다는 그 관념에 다가가고 있었던 셈이다. 부재하는 여자의 미화된 영상은 현실적인 시각(視覺)으로 수정되지 않지만, 알베르틴은 그 부재하는 여자에 대한 사랑을 내게 불어넣는 동시에, 그 부재가 영원히 계속될 것이고, 가엾게도 그녀는 살아가는 즐거움을 영원히 빼앗겼다는 슬픔을 주었다. 그러자 즉각 급격한 변화가 일어나, 나는 자신을 괴롭히는 질투심에서 이별의 절망으로 옮겨갔다. 이제 내 마음을 채우는 것은 증오가 담긴 의혹이 아니라, 죽음이 현실적으로 내게서 빼앗아간 그 누이와 함께 보낸 시간, 전적으로 신뢰했던 애정으로 가득했던 그런 시간의, 가슴을 파고드는 추억이었다. 왜냐하면 나의 슬픔은, 나 자신에게 현실 속의 알베르틴이 어떤 여자였는가 하는 것과는 무관하며, 더할 수 없이 평범한 가슴 뛰는 연애를 경험하고 싶었던 마음이 나를 조금씩 설득하여 만들어낸 알베르틴의 모습에 대한 것이었기 때문이다. 그때 나는 자신을 그토록 지루하게 했던 생활—적어도 나 자신은 지루하다고 여겼다—이 반대로 유쾌한 것이었음을 이해했다. 그녀를 상대로 대부분 하찮은 얘기를 나누면서 보낸 짧은 시간에도, 지금은 관능의 즐거움이 곁들여져 뒤섞여 있음이 느껴졌다. 분명히 그때 내게는 그 관능이 느껴지지 않았는데, 바로 그것이 내가 다른 데는 눈길조차 주지 않고, 끊임없이 그런 순간을 집요하게 추구한 원인이었다. 뇌리에 떠오르는 그때의 몹시 사소한 사항, 그녀가 마차에서 내 옆에 앉아 있었을 때나 자기 방에서 나와 테이블을 사이에 두고 앉으려 했을 때 그녀가 한 사소한 동작, 그런 것이 내 마음에 그리움과 슬픔의 소용돌이를 크게 만들어, 그것이 조금씩 마음 전체에 미쳤다. 둘이서 식사를 한 이 방은 조금도 아름답게 보이지 않았지만, 그래도 내가 알베르틴에게 아름다운 방이지? 하고 물은 것은 그녀가 그곳에 기꺼이 머물게 하고 싶어서였다. 그런데 지금은 커튼도, 의자도, 책도, 더 이상 나와 아무 상관없는 게 아니었다. 무릇 하찮은 것에 매력과 신비를 더해주는 것은 예술뿐만이 아니

다. 고뇌에도 같은 힘이 있어서, 그런 물건들을 우리에게 매우 친근한 것이
되게 한다. 그 무렵의 나는 불로뉴 숲에서 돌아와 베르뒤랭 댁에 가기 전에
둘이서 함께한 저녁 식사에 대해서는 전혀 주의를 기울이지 않았건만, 지금
은 그 저녁 식사의 아름다움과 엄숙한 즐거움을 눈물이 가득한 눈으로 바라
보고 있었다. 사랑의 인상은, 생활 속에 있는 다른 다양한 인상과는 조금도
조화를 이루지 못하지만, 다른 인상들 사이에서 혼동되지 않으면 그것을 이
해할 수는 있다. 대성당의 높이는 단순히 밑에서 올려다보거나, 거리의 소음
과 근처에 밀집된 집들 사이에서 바라볼 게 아니라, 멀리 떨어져서 도시 전체
가 보이지 않게 되거나 땅바닥에 거의 닿아 보이는 잡다한 덩어리가 될 정도
의 거리를 두고, 옆 언덕의 비탈에서 홀로 저녁의 사색에 잠겨 바라볼 때야말
로, 비로소 독특하고 지속적이며 순수한 것으로 평가할 수 있게 된다. 나는
그날 밤, 그녀가 했던 진지하고 정당한 온갖 말들을 떠올리면서, 내 눈물을
통해 알베르틴의 영상을 껴안으려고 애썼다.

어느 날 아침, 나는 안개 속에 길쭉한 언덕의 모습을 본 듯한 느낌과 함께,
코코아 한 잔의 뜨거움을 느꼈다고 생각했는데, 그와 동시에, 찾아온 알베르
틴에게 처음으로 키스를 한 그날 오후가 생각나서 마음이 찢어지는 것처럼
아팠다. 사실은 방금 온수난방장치가 점화되어 그 딸꾹질하는 듯한 소리가
들렸을 뿐이었다. 나는 화난 김에 프랑수아즈가 가져온 베르뒤랭 부인의 초
대장을 내던지고 말았다. 처음으로 라 라스플리에르에서의 만찬 모임에 가던
도중에, 죽음은 모든 사람을 똑같은 나이에 덮치는 게 아니라는 강한 인상을
받은 적이 있는데, 알베르틴이 이렇게 젊은 나이에 죽어버렸는데도 브리쇼는
여전히 베르뒤랭 부인의 저택에서 열리는 만찬에 나가고, 그 베르뒤랭 부인
은 변함없이 사람을 초대하고 있을 뿐 아니라, 어쩌면 앞으로도 오랜 세월 동
안 계속 초대할 거라고 생각하자, 그 인상이 훨씬 큰 힘으로 다가왔다. 브리
쇼라는 이름은 당장 내게, 모임이 끝난 뒤 그를 데려다주려고 마차에서 내렸
을 때, 내가 아래쪽 거리에서 알베르틴 방의 불빛을 올려다본 것을 떠올리게
했다. 그날 밤의 일은 이미 헤아릴 수 없을 만큼 다시 생각했지만, 지금과 같
은 방향에서 그 추억에 다가간 것은 이제껏 없었던 일이다. 왜냐하면 추억은
분명히 우리의 것이지만, 작은 문이 수없이 숨어 있는 대저택처럼 때때로 우
리 자신도 그 문을 모르고 있다가, 이웃 사람이 문을 열어준 덕분에 그때까지

전혀 경험하지 못한 방향에서 귀가한 것을 깨닫는 일이기 때문이다. 지금은 집에 돌아와도 아무도 없었고, 알베르틴의 방은 영원히 불빛이 꺼졌으며, 아래의 거리에서 그 방을 쳐다보는 일도 없을 것이다. 그렇게 생각하자, 그날 밤 내가 심한 착각에 빠졌던 게 이해가 되었다. 그날 밤은 브리쇼와 헤어진 뒤, 다른 데서 사랑을 찾아 헤매고 다닐 수도 없음을 한심하고 유감스럽게 여긴 듯한 기분이 들었는데, 그것은 어처구니없는 착각으로, 나는 다만 보물의 빛이 위에서 내가 있는 곳까지 반사되는 것을 보고, 그것을 완전히 내 것으로 했다고 믿었기 때문에, 그 진정한 가치의 평가를 게을리했을 뿐이다. 그래서 그 소중한 보물도 필연적으로, 내가 상상력을 발휘하여 평가하고 있었던 더할 나위 없이 하찮은 쾌락에 비해서도 뒤떨어지는 것처럼 보였다. 나는 이해했다, 마치 감옥에서 새어나오는 듯한 그 빛이 내 마음에 어떠한 충실감, 생명력, 행복감을 불어넣어주었는가를. 나는 이해했다, 파리의 내 집은 또한 그녀의 집이기도 했는데, 그곳에서 보낸 생활은 예전에 발베크의 그랑 호텔에서, 그녀와 한 지붕 아래 잤던 날 밤에 꿈꾼 평화, 그리고 불가능하다고 생각한 그 깊은 평화를 그야말로 실현하는 것이었음을.

이 마지막 베르뒤랭 댁의 야회에 앞서, 불로뉴 숲에서 돌아오다가 알베르틴과 나눈 대화는, 그녀를 어느 정도 내 지적 생활에 끌어들여 우리 두 사람을 부분적으로 닮게 만들었는데, 그 일마저 없었다면 나는 아무런 위로도 받지 못했을 것이다. 왜냐하면 그녀의 지성과 나에 대한 다정한 마음에 대해 감동 없이는 떠올릴 수 없다 해도, 내가 알고 있는 다른 사람들의 지성이나 다정함보다 뛰어나서가 아니기 때문이다. 캉브르메르 부인은 발베크에서 내게 이렇게 말하지 않았던가? "어쩌면! 당신은 날마다 엘스티르 같은 천재와 함께 있을 수 있는데도 사촌누이하고만 지내다니!" 알베르틴의 지성이 내 마음에 들었던 것은, 마치 우리의 입속에만 있는 어떤 감각을 과일의 달콤함이라고 부르듯이, 연상을 통해 그 지성이 그녀의 감미로움을 내 마음속에 일깨우기 때문이었다. 실제로 알베르틴의 지성을 생각하면, 입술은 본능적으로 앞으로 나와 하나의 추억을 음미하고, 그 추억을 만드는 현실이 바깥쪽에 있으면서, 객관적으로 뛰어난 한 인간 속에 존재하면 된다고 생각했다. 물론 나는 분명히 훨씬 지성이 뛰어난 사람을 여럿 알고 있었다. 그러나 사랑은 무한한가 하면 이기적이기도 하여, 그것 때문에 우리가 사랑하는 상대의 지적이고 정신적인 얼굴들은 객관적으로 파악하기 무척 어렵고, 우리는 욕망이나 불안을 그대로 품은 채 끊임없이 그것을 고쳐나간다. 그러한 얼굴은 우리한테서 분리된 게 아니라, 이쪽의 사랑이 바깥에 표현되는 광대하고도 애매한 장소에 지나지 않는다. 자기 자신의 육체에는 수많은 쾌감과 불쾌감이 끊임없이 흘러들어오는데, 우리는 그 육체에 대해, 나무와 집과 지나가는 사람처럼 선명한 실루엣을 갖고 있는 것은 아니다. 아마 알베르틴 자신을 더욱 잘 알려고 노력하지 않은 것은 나의 실수였으리라. 매력이라는 점에 있어서, 오랫동안 나는 그녀가 몇 년 동안 추억 속에서 차지해온 다양한 위치만을 생각하면서, 이쪽의 견해 차이뿐만 아니라, 그녀 자신이 실제로 자연에 풍부한 변화를 이룩해온 것을 보고 놀랐는데, 그것과 마찬가지로 그녀의 성격도, 누군가 한 인간의 성격으로서 이해하려고 노력해야 했다. 그러면 아마도 그녀가 왜 그렇게 완강하게 비밀을 지키려고 했는지 알 수 있고, 이 이상하기까지 한 집착과, 늘 변함없이 비밀을 캐내려고 하는 나 사이의 갈등이 오래 꼬리를 끌어, 마침내 알베르틴의 죽음을 가져온 것도 피할 수 있었을지 모른다. 그렇게 생각하자, 나는 그녀가 몹시 불쌍하게 느껴졌으며 살아남은 나 자신이 부끄러웠다. 사실 고통이 사라졌을 때의 나는, 그녀의 죽음에서 은혜를 입고 있는 것처럼 느꼈다. 왜냐하면 여자는 행복의 요소가 아니라, 고뇌를 낳는 수단이 되고 있을 때가 더욱 우리 생활에 도움이 되기 때문인데, 어떤 여자라도, 그녀를 내 것으로 하는 것보다는 그녀에게 괴롭힘을 당함으로써 알게 되는 진실을 내 것으로 하는 것이 훨씬 소중하다. 할머니의 죽음과 알베르틴의 죽음을 연관시키면, 그 무렵의 내 생활은 이 두 가지 살인에 의해 더럽혀진 듯이 보였다. 그것을 용서할 수 있는 것은 오직 이 세상의 비열함뿐이리라. 이해받고 무시당하지 않는 것을 큰 행복으로 믿었던 나는, 그런 일을 더욱 교묘하게 할 수 있는 여자들이 많았음에도, 오직 알베르틴에게서 이해받고 그녀한테 무시당하지 않는 것만을 꿈꾸고 있었다. 이해받고 싶은 것은 사랑받고 싶어서이고, 사랑받고 싶은 것은 사랑하고 있기 때문이다. 그녀 말고 다른 사람들에게 이해받는 것에는 아무 관심도 없었으며, 그들에게 사랑받는 것은 오히려 성가신 일이었다.

알베르틴의 지성과 그녀의 마음을 어느 정도 내 것으로 만든다는 기쁨은, 그런 지성이나 마음의 고유한 가치에서 오는 게 아니라, 그것이 알베르틴을 전부 내 것으로 만드는 행위에 한 걸음 다가가게 한다는 사실에서 생겨난다. 이 모든 소유야말로 그녀를 맨 처음 만난 날부터의 내 목표이고 공상이었다. 어떤 여자의 '다정한 마음'에 대해 얘기하는 사람은, 아마도 그녀를 만날 때 느끼는 기쁨을 자기 밖에 비추어 보이고 있는 데 지나지 않을 것이다. 마치 어린아이가 "내 귀여운 침대, 내 귀여운 베개, 내 귀여운 산사나무" 말하듯이. 또한 왜 남자는 자신을 속이지 않는 여자에 대해서는 '그녀는 상냥한 여자'라고 말하지 않고, 반대로 자신을 속인 여자에 대해서는 왜 가끔 그렇게 말하는지를 설명해준다. 캉브르메르 부인이, 엘스티르의 정신적 매력이 더 크다고 생각한 것은 정당하다. 그러나 우리는 다른 모든 사람과 마찬가지로 자신의 바깥에 있으며, 사고의 먼 지평선 위에 그려진 듯한 사람이 지닌 매력과 어떤 우연이 가져오는 잘못된 위치 결정, 단 바꿀 수 없는 위치 결정의 결과, 우리 자신의 몸속에 깊숙이 자리잡아, 지나간 어느 날 해변의 작은 경편철도 열차 안 통로에서 그 사람이 한 여자를 지긋이 보고 있었던 게 아닐까 생각하면, 마치 외과 의사가 심장에 박힌 총알을 찾고 있는 듯한 아픔을 느끼게 되는 사람의 매력, 그런 두 부류의 사람의 매력을 똑같이 판단할 수는 없다. 단순한 크루아상 한 개도 우리가 먹는 것이라면, 루이 15세에게 제공된 모든 멧새와 어린 토끼, 붉은 자고새 같은 별미 이상의 쾌락을 우리에게 주고, 산 위에 누워 있을 때 우리 눈앞의 겨우 몇 센티미터 떨어진 곳에서 떨고 있는 한 포기의 풀잎이, 몇 리나 떨어진 곳에 눈이 어지러울 정도로 험준하게 솟아 있는 산꼭대기를 가릴 수도 있다. 게다가 우리가 사랑하는 여자의 보잘것없는 지성과 상냥한 마음을 높이 평가하는 것은 잘못이 아니다. 우리의 잘못은 다른 여자들의 지성과 상냥한 마음에 대한 무관심이다. 거짓은 언제나 분노를 불러일으키는 것이 당연하고 친절은 감사를 불러일으킴이 마땅하지만, 우리가 분노와 감사를 느끼는 경우는 상대가 사랑하는 여자일 때뿐이다. 육체적인 욕망은 지성을 올바르게 평가하고, 정신생활에 튼튼한 기반을 주는 놀라운 힘을 갖추고 있다. 내가 무슨 말이든 할 수 있는 상대, 뭐든지 털어놓을 수 있는 사람, 그런 더할 나위 없는 여인을 나는 이제 두 번 다시 찾아볼 수 없을 것이다. 뭐든지 털어놓는다? 그러나 다른 사람들은 알베르틴 이상의 신뢰를 내게 보여주지 않았던가? 나는 다른 사람들과 더 다양한 것에 대해 얘기를 나누지 않았던가? 결국 신뢰니 대화니 해도 몹시 평범한 것이며, 그것이 불완전하든 그렇지 않든 중요치 않다. 요컨대 거기에 사랑이 들어 있는가 아닌가가 중요하며, 그 사랑만이 신성한 것이다.

자동 피아노 앞에 앉으려던, 검은 머리와 장밋빛 뺨을 한 알베르틴의 모습이 눈앞에 떠오른다. 내 입을 억지로 열려고 하는 그녀의 혀가 입술 위에 느껴진다. 어머니의 혀 같은, 먹을 수는 없지만 자양분이 가득하고 신성한 그 혀의 비밀스러운 불꽃과 이슬 덕분에, 알베르틴이 그저 내 목덜미와 배 위에 혀를 미끄러뜨릴 뿐일 때도, 그 살갗에 닿는 애무는 안감이 비치는 천처럼, 말하자면 속살을 드러낸 그녀의 육체에 의해 이루어져, 바깥쪽을 살짝 만지기만 해도 마치 깊이 빨려들어가는 듯한 신비로운 쾌감을 주었다. 두 번 다시 돌아오지 않을 그토록 감미로운 순간, 그것의 사라짐이 내게 준 것을 절망이라 부르는 일조차 나로서는 불가능하다. 절망에 빠지려면 앞으로 불행할 수밖에 없는 이 인생에 여전히 집착하고 있어야 한다. 발베크에서 태양이 떠오르는 것을 보며, 앞으로 내게 행복한 날은 하루도 없으리라는 사실을 깨달았을 때 나는 절망했다. 그때부터 나는 언제나 변함없이 이기주의자였지만, 지금 내가 매여 있는 자아, 살아 있는 저장물질을 이루고 있고 자기보존 본능을 기능하게 하는 이 자아는 이미 살아 있지 않았다. 나의 힘과 생명력과 내가 가지고 있는 최고의 것을 생각할 때, 나는 내가 지니던 어떤 보물을 떠올린다(그것이 불어넣는 감정은 내 마음속에 숨어 있어서 타인은 정확하게 알 수 없으므로, 그것은 나 혼자만 가지고 있었던 보물이다). 그리고 지금은 그 누구도 내게서 그것을 빼앗아갈 수 없다. 왜냐하면 나는 이제 그 보물을 가지고 있지 않기 때문이다. 사실을 말하면 내가 그것을 지녔다는 것도 다만 가지고 있다고 생각하고 싶었던 것에 지나지 않는다. 내가 저지른 경솔함은, 단순히 입술로 알베르틴을 응시하거나 그녀를 마음으로 받아들여 자아 속에 살게 한 것만도, 가정적인 애정을 관능의 쾌락에 뒤섞은 것만도 아니다. 그와 함께 나는, 그녀가 얌전하게 내게 입을 맞추고 나도 그녀에게 입을 맞추므로 우리의 관계는 연인 사이이며, 우리는 서로 연애라고 하는 관계를 실천하고 있는 거라고 자신에게 집어넣으려 했다. 또 그렇게 생각하는 습관이 이미 붙어버려서, 나는 사랑하는 여자를 잃었을 뿐 아니라, 나를 사랑해주는 여자를, 누이를, 딸을, 그리고 다정한 애인을 한꺼번에 잃는 결과를 불러오고 말았다. 결국 나는 스완이 경험하지 않았던 행복과 불행을 같이 경험한 것이다. 왜냐하면 스완은, 오데트를 사랑하면서도 오데트를 몹시 질투하고 있었던 바로 그때, 어떤 날은 막판에 가서 거절당하는 바람에 그녀의 집에 쉽게 가지 못했고, 거의 만날 기회가 없었기 때문이다. 그러나 그 뒤 스완은 그녀를 아내로 맞아 자신의 것으로 만들었다. 그것도 죽을 때까지 그랬다. 나는 반대로, 알베르틴을 심하게 질투하고 있었을 때는 스완보다 행복해서 그녀를 내 집에서 살도록 했다. 분명히 나는, 스완이 그토록 열망하면서도 결국 아무 소용이 없게 되어서야 비로소 구체적으로 실현했던 바를 일찌감치 이루었던 것이다. 하지만 나중에는, 스완이 오데트를 놓치지 않았던 것과 달리 나는 알베르틴을 붙잡아두지 못했다. 그녀는 달아났고 죽었다. 왜냐하면 무슨 일이든 결코 그대로 똑같이 되풀이되는 일은 없으며, 성격도 공통점이 많고 상황도 비슷해서, 대칭적인 것으로서 선택하는 더할 나위 없이 닮은 생활이라도 많은 점에서 상반되어 있기 때문이다. 게다가 중요한 차이 (예술 문제)는 아직 밝혀지지도 않았다.

설령 목숨을 잃었다 한들 나는 그리 대단한 것을 잃은 건 아니리라. 잃은 것은 고작 내용이 공허한 하나의 형태이고, 예술작품이 들어 있지 않은 빈 액자일 것이다. 그 속에 이제부터 어떤 것이 들어가게 될지는 내 알 바 아니지만, 전부터 거기에 들어 있었던 것을 생각하면 나는 행복하고 자랑스러워서, 그리운 지난날의 추억에 잠기곤 한다. 그 정신적인 지주는 내게 죽음이 다가온다 해도 깨지지 않을 행복감을 안겨주었다. 아, 발베크에서 내가 알베르틴을 부르러 사람을 보내면, 그녀는 나를 기쁘게 하려고 머리에 향수를 뿌리느라 조금 꾸물거렸을 뿐, 얼마나 빨리 달려왔던가! 이렇게 내가 즐겁게 떠올리는 발베크와 파리의 모습, 그것은 짧았던 그녀의 일생에서 겨우 얼마 전의 페이지였고, 이내 넘겨버린 페이지였다. 내게는 돌이켜보는 데 지나지 않는 그 모든 것이 그녀에게는 행동이었다. 비극의 줄거리처럼 곧 닥쳐올 죽음을 향한 다급한 행동이었다. 왜냐하면 인간은 우리 마음속에서 성장하지만 또 우리 바깥에서도 자라기 때문이며(내가 그것을 확실하게 느낄 수 있었던 것은 기억 때문만이 아니라, 알베르틴의 자질이 정말 풍부하게 변화했음을 깨달은 그 몇몇 밤의 일이었다), 그 마음속에서의 성장과 바깥쪽에서의 성장은 서로 반드시 반응하게 마련이다. 상상력은 모든 사람과 사물을 다르게 보이도록 신비로운 것으로 만들어내는데, 나는 알베르틴을 알게 된 뒤부터 그녀를 완전히 내 여자로 만들려는 생각에 사로잡힌 나머지, 오로지 경험에 의지하여 그 신비를 우리 자아의 보잘것없는 요소들과 비슷한 것으로 되돌리고, 우리 두 사람의 깊은 기쁨을 하나하나 자기 파괴로 몰아넣으려고 했다. 그러나 그런 욕구에 따랐기 때문에, 그것이 알베르틴의 생활 자체에 영향을 미칠 수밖에 없었던 것 같다. 아마 처음에 그녀의 마음을 끌어당긴 것은 내 재산과 화려한 결혼에 대한 기대였으리라. 그리고 나의 질투가 나 자신과 그녀를 붙잡았다. 그녀의 호의, 또는 지성, 또는 죄의식, 또는 교묘한 책략이 포로의 몸이 되는 것을 감수하게 했고, 나로 하여금 그녀를 더욱 엄격하게 속박토록 했다. 이러한 상태는 단순히 내 머릿속에서 전개된 과정에 의해 만들어졌지만, 그 영향은 알베르틴의 생활에까지 미쳤고, 나아가서 그것이 반발하여 내 마음속에 더욱 고통스러운 새로운 문제를 들이밀게 된 것이다. 왜냐하면 내 감옥에서 탈출한 그녀는 말에서 떨어져 죽었지만, 내가 아니었으면 그 말을 가지지도 않았을 것이고, 또 죽은 뒤에도 여러 의혹을 남겨, 설사 그것이 언젠가 해명된다 해도 발베크에서 드러난, 아마 알베르틴이 뱅퇴유 양을 알고 있었을 거라는 사실보다 더욱 가혹한 것이 될 테니까. 그것은 내 마음을 달래줄 알베르틴이 이제 이 세상에 없기 때문이기도 하다. 그런 이유에서, 이처럼 자기 안에만 갇혀서 살고 있다고 생각한 영혼의 긴 탄식이 독백처럼 보이는 것은 다만 겉으로 드러난 문제에 지나지 않는다. 왜냐하면 현실의 반향에 의해 그 독자적인 방향이 바뀌어버리기 때문이다. 또 이러한 생활은 스스로 행하는 주관적인 심리학 검사 같은 것으로, 그것은 사이를 두고 있는 다른 사람의 생활 속 순수하게 사실적인 소설에 '줄거리'를 제공하고, 게다가 다음에는 그 소설의 파란만장한 줄거리가 반발하여, 심리학 검사의 곡선을 일그러뜨리거나 방향에 변화를 준다.

우리 사랑의 톱니바퀴는 얼마나 튼튼하게 맞물려 있었으며, 그 전개는 얼마나 빨랐던가! 처음에는 발자크의 몇몇 중편소설과 슈만의 발라드처럼 느릿느릿하고 끊어지거나 주춤거리기도 하지만, 결말은 전광석화처럼 찾아온다. 내게는 1세기나 계속된 것 같은 느낌이 드는 마지막 1년 동안, 발베크에서 시작되어 파리에서 달아날 때까지, 알베르틴은 내 생각에 대해 크게 태도를 바꿨을 뿐만 아니라, 나와는 상관없이 가끔 내가 모르는 사이에 혼자서 변화한 일도 있었지만, 바로 그 1년 동안에 즐거웠던 모든 애정 생활의 위치를 부여해야만 한다. 참으로 짧은 기간이었지만 그래도 내게는 충실하고 거의 무한해 보이는 생활, 영원히 실현 불가능하게 보이나 그러기에 더욱더 없어서는 안 되는 생활이었다. 없어서는 안 된다고 해도, 아마 처음에는 그 자체가 필연적인 것은 아니었으리라. 만약 고고학의 어느 논문에서 발베크의 성당에 대한 기록을 읽지 않았더라면, 만약 스완이 이 성당은 거의 페르시아풍이라고 말하여 내 욕망을 비잔틴식 노르망디 양식으로 돌리지 않았더라면, 만약 고급 호텔을 경영하는 회사가 발베크에 위생적이고 쾌적한 호텔을 세워서, 내 부모에게 내가 원하는 대로 발베크에 가게 해주려는 마음이 들게 하지 않았더라면 나는 알베르틴을 만나지 못했을 테니까. 물론 그토록 오랫동안 가고 싶어했던 이 발베크에서는, 꿈꾸는 듯한 페르시아풍 성당도 영원히 걷히지 않는 안개도 찾지 못했다. 1시 35분에 출발하는 멋진 기차도 내가 머리에 그리던 모습과는 달랐다. 그러나 상상력이 기대하게 만드는 것, 우리가 아무리 수고해도 발견할 수 없는 것 대신, 인생은 상상도 하지 못한 것을 준다. 콩브레에서 깊은 슬픔에 잠겨 잠들기 전 어머니의 키스를 기다리고 있었을 때, 이 불안이 지금은 가시더라도 언젠가는 어머니 때문이 아니라 한 젊은 아가씨 때문에 되살아날 줄 누가 알았으랴? 그녀는 처음에, 내 눈이 날마다 결국 보러 가지 않고는 못 배기는 수평선 위의 한 송이 꽃에 지나지 않았지만, 그것은 생각하는 꽃이었고, 나는 마치 어린아이처럼 그 꽃의 마음속에 커다란 장소를 차지하고 싶었으므로, 내가 빌파리지 부인과 아는 사이임을 그녀가 몰라주는 것이 못내 안타까웠을 정도였다. 그렇다, 어린 시절, 어머니가 와주지 않았을 때 괴로워한 것과 마찬가지로, 그로부터 몇 년 뒤 내가 괴로워하게 된 것은 이 낯선 여자의 잘 자라는 인사와 입맞춤 때문이었다.

그런데 이렇게 없어서는 안 되는 알베르틴, 지금은 내 영혼이 거의 그녀에 대한 사랑으로 이루어져 있는 듯한 알베르틴도, 만약 스완한테서 발베크의 이야기를 듣지 않았더라면, 나는 절대로 알지 못했으리라. 그녀는 더 오래 살 수 있었을 테고, 내 인생도 지금의 큰 고뇌에서 벗어날 수 있었을 게 분명하다. 이렇게 오로지 자기에 대해서만 생각하고 있었던 내 사랑 때문에 할머니를 죽이고 만 것과 마찬가지로 알베르틴도 죽여버린 것 같았다. 발베크에서 그녀를 알게 된 다음에도, 내가 그 뒤에 한 것과 같은 방법으로 그녀를 사랑하지 않을 수도 있었으리라. 왜냐하면 질베르트를 포기했을 때, 그리고 언젠가 다른 여자를 사랑할 수도 있다고 생각했을 때는, 그래도 과거에 대해서는 질베르트밖에 사랑할 수 없었음을 거의 의심하지 않았지만, 알베르틴에 대해서는 더 이상 의심도 일어나지 않아서, 사랑하는 상대가 그녀가 아니고 다른 사람이라도 상관없었다고 확신했기 때문이다. 그러기 위해서는 불로뉴 숲의 섬에서 스테르마리아 부인과 저녁 식사를 함께할 예정이었던 밤에, 부인이 약속을 취소하지 않았으면 그것으로 충분했다. 그때라면 아직 늦지 않았으리라. 한 여자를 무엇과도 바꿀 수 없는 존재로 보이게 하고, 처음부터 우리를 위해 운명이 정해진, 없어서는 안 되는 사람이라고 생각하게 하는 그 상상력은, 바로 그 스테르마리아 부인을 위해서 작용되었을 것이다. 적어도 거의 생리적인 관점에 서서 말할 수 있는 사실은, 마찬가지로 배타적인 애정을 다른 여자에 대해서도 품을 수 있었으리라는 것 정도다. 그러나 어떤 여자에게나 그랬을 거라는 얘기는 아니다. 왜냐하면 분명히 살집이 통통하고 갈색 머리인 알베르틴은 늘씬한 빨강머리의 질베르트와 닮지 않았지만, 그녀들은 둘 다 건강해 보였고, 둘 다 육감적인 뺨을 가지고 있었으며, 속마음을 쉽게 알 수 없는 눈빛이었기 때문이다. 남자들로부터는 그다지 시선을 받지 못하는 부류의 여자였지만, 그런 남자들이 정신없이 쫓아다니는 여자들은 내 마음을 '전혀 끌지 않는다'. 내게는 질베르트의 육감적이고 의지가 강한 개성이 거의 알베르틴의 육체에 옮겨간 듯한 느낌이 들었고, 그 육체는 얼마쯤 다르기는 했지만 나중에 생각하니 깊은 유사성을 보여준 것 같았다. 사람은 늘 거의 같은 종류의 감기, 같은 질병에 걸린다. 즉 거기에는 어떠한 상황의 일치가 필요하다. 그가 사랑하는 상대는 당연히 일정한 여자들이지만, 단 그것은 매우 광범위하게 걸쳐 있다. 알베르틴이 보낸 최초의 눈길에 나는 꿈을 꾸는 듯한 기분이었는데, 그것은 질베르트의 최초 눈길과 완전히 다르지는 않았다. 나는 거의, 질베르트의 이해할 수 없는 인품, 관능, 강한 의지와 빈틈없는 성격이 다시 나를 유혹하러 돌아온 게 아닐까 생각했을 정도였는데, 단 이번에는 그러한 것이 알베르틴이라는 완전히 다른 사람이지만 닮은 곳도 있는 육체로 변해 있었다. 그런 알베르틴과 함께한 생활은 짐작했던 것과 전혀 다른 것이어서, 머릿속은 언제나 괴로운 불안으로 가득했으며, 기분전환과 망각의 작은 틈도 끼어들 여지가 없는 생활이었으므로 알베르틴의 살아 있는 육체는 질베르트의 육체와 달리 한 번도 쉬는 일이 없었고, 나중에도 내게 있어서(다른 남자들의 경우는 모르겠지만) 여자의 매력으로 인정할 수 있는 것을 계속 지니고 있었다.

그러나 그녀는 죽어버렸다. 나도 언젠가 그녀를 잊을 것이다. 그때가 되면, 마찬가지로 다혈질이고, 마찬가지로 불안한 몽상이 돌아와서, 어느 날 내 마음에 동요를 불러일으키지 않을 거라고 장담할 수는 없으리라. 하지만 이번에는 그것이 어떤 여성 속에 나타날지, 나는 짐작조차 할 수 없다. 설사 질베르트에게서 단서를 찾았다 해도 알베르틴을 떠올릴 수는 없었을 테고, 그녀를 사랑하게 될 거라고는 상상도 하지 못했을 것이다. 마치 뱅퇴유의 소나타에 대한 추억만으로는 그의 7중주곡 연주회를 상상할 수 없듯이. 뿐만 아니라 처음으로 알베르틴을 만난 무렵에는 내가 좋아하게 될 사람은 그녀와는 다른 여자일 거라고 생각했을 정도다. 애초에, 만약 1년 빨리 그녀를 알았더라면, 아직 동이 트지 않은 잿빛 하늘처럼 신통찮은 여자로 보였을지도 모른다. 내가 그녀에 대해 변했다면, 그녀 또한 변했다. 내가 스테르마리아 부인에게 편지를 쓴 날 침대 옆으로 찾아온 소녀는, 단순히 사춘기에 급격하게 여자다워졌기 때문인지, 아니면 결코 내가 알 수 없는 어떤 사정 때문인지, 더 이상 발베크에서 알았던 소녀와 같은 사람이 아니었다. 어쨌든, 언젠가 내가 사랑하게 될 여자가 어느 정도 그녀를 닮았다 해도, 즉 여자를 선택하는 내 방법이 완전히 자유롭지는 않다 해도 그 선택은, 거기에 아마 필연적인 것이 작용하면서도 분명 한 개인보다 광범한 어떤 유형의 여자에 다다름으로써, 알베르틴을 사랑해야만 하는 필연성은 전혀 없지만, 그녀에게 욕망을 품는 것은 충분히 가능해진다.

우리가 빛 이상으로 끊임없이 그 얼굴을 눈앞에서 보고 있는 여자—왜냐하면 우리는 눈을 감아도 그녀의 아름다운 눈과 코를 마음에 그리고, 또다시 만나기 위해 한시도 쉬지 않고 모든 수단을 강구하기 때문이지만—이 둘도 없는 여자도, 만일 우리가 그녀를 만난 도시가 아닌 다른 도시에 가서, 다른 거리를 거닐고, 다른 살롱에 드나들었다면, 물론 그녀가 아닌 다른 사람이 이 무엇과도 바꿀 수 없는 여자가 되었으리라. 하늘 아래 둘도 없는 여자? 그런 것을 우리가 믿고 있는 것인가? 사실 그녀는 헤아릴 수 없을 만큼 존재하고 있다. 그러나 사랑하는 사람의 눈에 비치는 그녀는 응축된 불멸의 존재, 오랫동안 다른 여자로 바꿀 수 없는 존재이다. 왜냐하면 이 여자는 어떤 마법의 힘으로 우리 마음속에 흩어져 있는 사랑의 조각들을 일깨우고, 한데 모아 그 사이의 간격을 모두 없애버리며, 그런 그녀의 얼굴을 만들고, 사랑하는 사람을 형성하는 견고한 모든 소재를 제공한 것은 우리 자신이기 때문이다. 그러므로 혹여 그녀에게 있어서 우리가 천 명 가운데 한 사람, 더욱이 마지막 한 사람에 지나지 않는다 해도, 우리에게 그녀는 우리의 모든 생활이 그쪽으로 향해가는 유일한 여자가 된다. 물론 나는 이 사랑이 필연적인 게 아니라는 사실을 똑똑히 느끼고 있었다. 다만 스테르마리아 부인과 서로 사랑하고 있었을지도 모를 뿐 아니라, 그런 것은 그만두더라도, 그 사랑 자체를 알고 보면 다른 여자들에 대한 사랑과 너무나 닮아 있었고, 또한 사랑은 알베르틴보다 훨씬 광대하여 마치 작은 바위를 에워싸는 물결처럼 그녀를 감싸면서도, 정작 그녀에 대해서는 조금도 알지 못하고 있음을 깨달았기 때문이다. 그러나 알베르틴과 함께 살고 있는 동안, 나는 조금씩 스스로 쇠사슬을 만들어 거기서 벗어날 수 없게 되었다. 그녀가 불어넣은 감정은 아니지만, 거기에 그녀라는 사람을 연관시키는 것이 습관이 되어, 마침내 그것이 그녀에 대한 특별한 감정이라고 믿어버렸다. 어떤 철학파가 주장하는 바에 의하면, 단순한 두 현상 사이의 연상도 습관이 되면 인과율 같은 힘과 필연성의 환상을 부여한다. 나는 지금의 내가 누리고 있는 교제 관계와 재산이 있으면 고통을 덜 수 있을 거라고, 어쩌면 지나칠 정도로 효과가 있을 거라고 믿었다. 그 덕분에 느끼고, 사랑하고, 상상하지 않아도 될 거라는 생각이 들었기 때문이다. 나는 가련한 시골 처녀가 부러웠다. 물론 그녀에게는 교제도 없고 전보조차 오지 않아서, 그녀는 슬픔을 인위적으로 달래지 못하고 몇 달이나 긴 몽상에 잠길 것이다.

그런데 이제야 나는 이해했다. 분명히 게르망트 부인은 빛나는 모든 것에 에워싸여 있고, 그녀와 나 사이에는 무한한 거리가 있지만, 사회적인 특권 같은 것은 언제든지 변할 수 있는 단순한 사물에 지나지 않는다는 의견과 사상을 가지면 그런 거리 따위는 간단하게 날려보낼 수 있다. 방향은 반대지만, 그와 마찬가지로 나의 교제와 재산 같은, 지위와 현대 문명이 내게 허용하는 모든 물질적인 수단도, 어떤 압력으로 굴복시킬 수 없는 알베르틴의 완강한 의지 사이에서 치열한 싸움을 벌이는 때를 잠시 뒤로 미뤘을 뿐이다. 마치 현대의 전쟁에서는, 대포를 준비하는 시간과 포탄이 미치는 사정거리 때문에,

사람과 사람이 서로 뒤엉키는 백병전에서 정신력이 강인한 쪽이 승리를 거두는 이 순간이 언제까지나 미뤄지는 것처럼. 물론 나는 생루와 전보를 주고받고, 전화를 걸며, 투르의 전화국과 끊임없이 연락을 취했지만, 아무리 전보와 전화를 기다려도 소용없었고, 아무런 결실도 얻지 못하지 않았는가? 그런데 사회적인 특권도 없고 사람들과 교제도 하지 않는 시골 아가씨와, 문명이 완성되기 이전의 인간은 그다지 괴롭지 않은 게 아닐까? 왜냐하면 사람들은 절대로 다가갈 수 없다고 생각한 만큼 언제나 비현실적으로 보였던 것에 대해서는 원하지도 아깝다고도 생각지 않기 때문이다. 몸을 맡기려는 사람에 대해서는 욕망도 커진다. 기대가 소유를 앞지른다. 아깝다고 생각하는 마음은 욕망을 증폭시킨다. 사실 스테르마리아 부인이 불로뉴 숲 섬의 만찬 초대를 거절했으므로 그녀를 사랑하게 되는 일은 일어나지 않았다. 그러나 만약 그 뒤로 적당한 때에 그녀를 만났더라면, 그것만으로도 틀림없이 나는 그녀를 사랑하게 되었으리라. 그녀가 오지 않는다는 것을 안 순간, 나는 어쩌면 누군가가 질투한 나머지 그녀를 다른 남자들로부터 떼어놓고, 그 때문에 두 번 다시 그녀를 만날 수 없을지도 모른다는 거짓말 같은 가정을—사실 그대로 되었지만—세웠다. 나는 몹시 마음이 아팠고, 그녀를 만나기 위해서라면 뭐든지 내던졌을 거라고 생각했다. 그것은 내가 경험한 가장 격렬한 고뇌의 하나였으며, 생루의 도착으로 겨우 진정되었다. 그런데 일정한 나이에 이르면, 그 뒤의 우리 사랑과 그 애인은 고뇌가 낳은 산물이 된다. 우리의 과거와 그 과거가 기록되어 있는 육체의 상처가 우리 미래를 결정한다.

특히 알베르틴의 경우, 그녀에 대한 사랑이 결코 필연적인 것은 아니었다는 사실은, 설사 비슷한 몇 번의 연애가 없었다 해도, 그녀에 대한 내 사랑의 역사, 요컨대 그녀와 그녀의 친구들에 대한 사랑의 역사 속에 새겨져 있었다. 왜냐하면 그것은 질베르트에 대한 사랑 같은 것도 아니었고, 몇몇 소녀들 사이에 나누어져 나타난 것이었기 때문이다. 내가 알베르틴의 친구들과 즐거운 시간을 보낸 것은 알베르틴 때문이며, 그 친구들이 어딘가 그녀와 비슷해 보였기 때문인지도 모른다. 그래도 나는 상당히 오랜 기간에 걸쳐 모든 아가씨 사이에서 이쪽을 선택할까 저쪽을 선택할까 갈팡질팡하면서 돌아다니다가, 한 아가씨가 좋아졌다가도 다른 아가씨가 나를 기다리게 하거나 만남을 거절하면 당장 그녀에게 마음이 기울어버리곤 했다.

앙드레가 나를 만나러 발베크에 오게 되었을 때, 그녀를 초조하게 기다리는 것처럼 보이고 싶지 않아서 나는 거짓 대사를 준비했다. "어쩐다지? 며칠만 더 빨리 왔으면 좋았을걸! 사실 벌써 좋아하는 사람이 생겼어. 하지만 그런 건 아무래도 상관없어. 당신이 위로해준다면." 이렇게 말할 생각이었지만, 앙드레가 오기 직전에 알베르틴이 약속을 어기기라도 하면, 내 심장은 벌써 벌렁벌렁 뛰었고, 다시는 알베르틴을 만나지 못할 듯한 기분이 들어 정말로 그녀가 좋아지고 마는 일이 한두 번이 아니었다. 그리고 마침내 앙드레가 오면 나는 진심으로 말했다. "어쩐다지, 좀더 일찍 와주었으면 좋았을걸. 사실 이미 좋아하는 사람이 있어(우연히 알베르틴이 뱅퇴유 아가씨와 아는 사이라는 말을 들은 뒤에, 파리에서 앙드레에게 그렇게 말한 것처럼)." 앙드레는 내가 일부러 거짓말한 거라고 생각할지도 모르지만, 실제로 전날 알베르틴과 사이좋게 보냈다 해도 나는 또한 같은 말을 했으리라. 하지만 알베르틴이 뱅퇴유 아가씨와 아는 사이라는 말을 들었을 때 알베르틴은 앙드레로 대체되었기 때문에 이 경우에 사랑은 양자택일이었고, 따라서 한 번에 하나의 사랑밖에 없었던 셈이다. 그러나 그 전에는 내가 동시에 두 아가씨와 사이가 반쯤 틀어진 일도 있었다. 그때 먼저 내게 다가온 아가씨는 마음에 평정을 되찾겠지만, 내가 사랑하게 되는 사람은 사이가 틀어진 채로 있는 다른 한 여인일 것이다. 그렇다고 첫 번째 아가씨와 맨 마지막에 맺어지는 일이 불가능한 것은 아니다. 왜냐하면 그녀는 충분하지는 않지만 두 번째 아가씨의 야멸친 태도에 대한 위로가 되어주기 때문이며, 두 번째 아가씨가 돌아오지 않으면 나는 결국 그녀를 잊게 되기 때문이다.

그런데 적어도 어느 한쪽은 돌아올 거라고 믿었지만 한동안 어느 쪽도 돌아오지 않는 난감한 경우도 있다. 그럴 때 나는 이중의 고뇌, 이중의 사랑 속에서, 언젠가 돌아올 아가씨는 사랑하지 않게 될 가능성을 미루면서, 그때까지 양쪽 모두 때문에 괴로워했다. 이것은 어떤 숙명이 일찌감치 찾아온 것이며, 그때 사람은 상대인 인간을 사랑하는 게 아니라 버림받았으므로 사랑하게 되는 것이다. 그렇게 되면 상대의 얼굴도 흐려지고 상대의 마음 따위는 없는 것과 다름없으며, 바로 얼마 전에 어떻게 이쪽을 좋아하게 되었는지 설명하지도 못한 채 결국 그 사람에 대해 오직 한 가지밖에 모른다. 더는 괴로워하지 않아도 되도록, 그 사람한테서 "만나주시겠어요?"라는 말을 들어야만 한다는 사실이다. "알베르틴 아가씨는 떠나셨습니다." 프랑수아즈가 이 말을 전한 날의 그녀와의 이별은, 약해지기는 했지만 수많은 이별의 우의(寓意) 같은 것이었다. 왜냐하면 우리는 자신이 사랑하고 있음을 발견하기 위해, 어쩌면 누군가를 사랑하기 위해서도, 가끔은 이별의 날이 찾아올 필요가 있기 때문이다.

바람맞거나 거절당했으므로 선택이 결정되는 경우, 고통에 매질당한 상상력은 재빨리 활동을 시작하여, 이제 막 싹이 텄을 뿐 아직 모양도 갖춰지지 않은 사랑, 몇 달 전부터 전조가 보이는 상태에 머무는 운명에 있었던 사랑을 놀라운 속도로 발전시키기 때문에, 때로는 지성이 감성을 따라가지 못하고 놀람의 비명을 지르는 일도 있다. "자네 미쳤나, 무슨 생각으로 그토록 괴로워하는 건가? 그런 건 다 현실이 아니야." 실제로 그때, 만약 불성실한 여자가 성가시게 달라붙지 않는 한, 적당한 육체적 기분전환으로 마음이 가라앉으면 그것만으로도 이미 사랑은 좌절될 것이다. 어쨌든 알베르틴과의 생활이 비록 본질적으로 필연적이지는 않았다 해도, 내게는 없어서는 안 되는 것이 되고 말았다. 게르망트 부인을 사랑하고 있었을 때 내가 두려워서 전전긍긍했던 것은, 그녀가 너무나 강력한 여러 유혹의 수단을 지녔다고 생각했기 때문이고, 그 아름다움뿐만 아니라 지위와 부도 갖추고 있어서, 어떤 남자에게 몸을 맡기든 자유로운 처지였던 그녀가 도저히 내 손이 미치지 않는 존재로 보였기 때문이다. 알베르틴은 가난하고 보잘것없는 출신이라, 틀림없이 나와의 결혼을 원하고 있었을 것이다. 그런데도 나는 그녀를 독점할 수가 없었다. 사회적인 조건과 앞날을 내다보는 눈이 어떻든, 사람은 사실 타인의 생활을 지배할 수 없는 법이다.

"나, 그런 취향을 가지고 있어요." 어째서 그녀는 이렇게 털어놓지 않았을까? 그랬으면 나는 양보하고, 그것을 만족시키도록 허락했을 텐데. 내가 읽은 어떤 소설에 나오는 여자는, 사랑하는 남자가 무슨 말을 해도 진실을 얘기할 용기가 나지 않았는데, 나는 그것이 어리석은 설정이라고 생각했다. 나 같으면 무슨 일이 있어도 여자가 고백하게 만든 다음 서로 대화를 나눴을 것이다. 도대체 이런 쓸데없는 갈등을 일으켜 뭘 어쩌겠다는 건가? 그러나 이제야 나는 깨달았다. 그런 갈등을 만들지 않겠다고 결심해도 좀처럼 생각대로 잘 되지 않으며, 자신의 의지가 잘 알고 있다 한들 남들이 거기에 기꺼이 따라와주지 않는 법이다. 그런데도 우리는, 우리를 지배하는 이 피할 수 없는 괴로운 진실, 우리 눈에 보이지 않는 진실, 즉 우리 감정의 진실과 운명의 진실을 자신도 모르는 사이에 무심코 말해버리는 일이 얼마나 많은가! 처음에는 거짓말을 한 것이지만, 나중에 일어난 사건이 그 말에 예언적인 의미를 부여하는 것이다. 많은 말들이 머릿속에 떠오른다. 그때는 두 사람 다 거기에 진실이 들어 있는 줄 모르고 입에 올리거나, 연극을 하는 기분으로 말하기도 했지만, 모르는 사이에 그 속에 이미 내포되어 있었던 것에 비하면, 그 말들의 기만성은 더할 나위 없이 작아서 거의 흥미를 끌지 못했으며, 그야말로 우리의 졸렬한 불성실함에 한정되어 있었다. 거짓말과 실수는 우리가 깨닫지 못한 깊은 현실 바로 앞에 있고 진실은 그 건너편에 있다. 이를테면 우리의 성격에 대한 진실이 그러한데, 우리는 그 본질적인 법칙을 파악하지 못했으며, 그것이 밝혀지려면 시간이 필요하다. 또 우리 운명에 대한 진실도 마찬가지다.

전에 나는 발베크에서 그녀에게 이렇게 거짓말을 한 적이 있다. "당신을 만나면 만날수록 당신이 더욱더 좋아지는 것 같아(그런데 이런 식으로 늘 친근하게 지내고 있었으므로, 질투를 통해 나는 정말로 그녀에게 끌리게 되었다). 난 당신의 정신 형성에 도움을 줄 수 있을 듯한 느낌이 들어." 파리에서는 이랬다. "명심해요. 당신에게 무슨 사고라도 일어난다면 난 슬픔에서 헤어나지 못할 테니까(이에 그녀는 대꾸했다. "하지만 사고는 언제라도 일어날 수 있는 걸요")." 그리고 파리에서 그녀와 헤어지고 싶은 척했던 날 밤에도 그랬다. "당신의 얼굴을 좀더 바라보게 해줘. 이제 곧 당신을 만날 수 없게 될 테니까. 그것도 영원히." 그러자 그녀는 주위를 둘러보면서 이렇게 말했다. "이 방과 책, 피아노, 이 집 전체를 이젠 볼 수 없게 되는군요. 믿을 수 없지만 사실이에요." 마지막으로 보내온 편지 몇 통 속에서 그녀는 아마 이건 말도 안 된다고 혼잣말하면서 이렇게 썼으리라. "나의 가장 좋은 부분을 당신 곁에 두고 가겠어요(실제로 내 기억의 충실함과 힘은 유감스럽게도 허약하기는 하지만, 지금도 기억 속에 남아 있는 것은 그녀의 지성이고 선의이며 아름다움이 아닐까)." 또 이렇게도 썼다. "해는 저물어가고 우리는 작별하려 하고 있었으니 두 가지 의미에서 모두 황혼 녘이었는데, 그 순간이 내 마음에서 사라지는 건 마음이 완전한 어둠에 갇힐 때일 거예요." 이 문구는 그녀의 정신이 그야말로 완전한 어둠에 갇히기 바로 전에 쓴 것이다. 그날은 한 순간에 지나가는 마지막 희미한 빛, 그 순간의 불안에 의해 무한하게 나누어 쪼개지는 빛에 감싸인 그녀는 아마도 우리의 마지막 산책을 생생하게 떠올렸으리라. 우리가 모든 것에 버림받는 그 순간, 마치 무신론자가 싸움터에서 그리스도교에 귀의하듯이 누구나 신앙을 잉태하는 그 순간, 그녀는 아마 연인에게 구원을 청했던 것이리라. 그녀가 그토록 자주 저주했던 연인, 그러나 또한 그토록 존경했던 연인에게. 그런데 그 연인은 잔인하게도—무엇보다 모든 종교는 비슷하므로—그녀가 자신이 누구인지 깊이 바라보고, 마지막으로 그를 생각하며 가까스로 그에게 죄를 고백한 뒤 그의 마음속에서 죽어가기를 원했던 것이다. 하지만 그런다고 뭐가 달라지겠는가? 설사 그녀에게 그때 자신이 누구인지를 바라볼 시간적 여유가 있었다 해도, 행복이 있는 곳과 해야 할 일을 우리가 이해할 수 있는 것은 그 행복이 더 이상 가능하지 않을 때이고, 또 가능하지 않게 되기 때문이며, 우리가 이제는 행복을 이룰 수 없기 때문이다. 그렇게 된 까닭은 우리가 가능한 한 그것을 뒤로 미루기 때문일까, 아니면 뭔가가 매력을 가지고 쉽게 실현할 수 있을 것처럼 보이는 까닭은, 그것이 관념적이고 공허한 상상력 속에 내던져져, 무겁고 추한 생활환경에 파묻히지 않기 때문일까. 자신이 언젠가 죽는다는 생각은 죽음 자체보다 잔인하지만, 그보다 더 잔인한 일은 누군가 타인이 죽었다고 생각하는 것이며, 한 사람을 삼켜버린 현실이 그 자리에 잔물결 하나 남기지 않고 다시 고요하게 펼쳐져 있다고 생각하는 것이다. 그 사람이 없어, 더 이상 그의 의지도 의식도 남지 않은 이 현실에서, 그가 살아 있었다는 생각만으로 거슬러 올라가기는 어려운 일이다. 마치 바로 얼마 전까지 살아 있었던 그의 추억을, 다 읽은 소설 속의 인물이 남기는 실체가 없는 인상이나 추억과 동일시할 수 있다고 생각하는 것이 더할 나위 없을 만큼 어려운 일인 것처럼.

적어도 내가 기뻐했던 것은, 죽기 전에 그녀가 그 편지를 썼다는 사실, 특히 살아 있었으면 돌아왔을 것임을 증명하는 마지막 전보를 쳤다는 사실이었다. 덕분에 모든 것은 마음의 위로를 받게 되었을 뿐 아니라 더욱 아름다웠던 것 같았고, 그 전보가 없었으면 불완전한 사건이 되어 예술로나 운명으로나 부족했을 성싶었다. 그러나 사실을 말하면 사건이 다르게 펼쳐졌다 해도 그 나름대로 예술과 운명의 모습이었으리라. 왜냐하면 모든 사건은 특별한 형태의 거푸집 같은 것이어서, 어떤 사건이든 그것에 의해 중단되고 결론이 내려진 것처럼 보이는 일련의 사실에 하나의 구도(構圖)를 강요하기 때문이다. 우리는 그것을 대신할 수 있었을지도 모르는 구도를 모르므로 이것만이 유일하게 가능한 것이라고 믿는다.

　"나, 그런 취향을 가지고 있어요." 어째서 그녀는 이렇게 털어놓지 않았을까? 그랬으면 나는 그녀에게 양보하고, 그것을 만족시키도록 허락하여, 지금 이 순간에도 여전히 그녀를 품에 안고 있었을 텐데. 하지만 그녀는 나를 떠나기 사흘 전에도 뱅퇴유 양의 여자친구와 그런 관계였던 적은 한 번도 없었다고 거짓 맹세를 했는데, 그 일을 이제 와서 돌이켜봐야 한다는 건 얼마나 슬픈 노릇인가! 게다가 그렇게 맹세하는 순간에도 붉어진 그녀의 얼굴이 그 관계를 고백하고 있었다! 가엾게도, 적어도 그녀는 그날 베르뒤랭 댁에 가고 싶어한 마음속에, 뱅퇴유 양과 그 여자친구를 다시 만나는 기쁨은 전혀 들어 있지 않았다고 거짓으로 맹세하지는 못하는 정직함은 지니고 있었던 것이다. 어째서 그녀는 깨끗하게 고백해버리지 않았던 걸까? 하기야 그녀가, 내가 아무리 부탁해도 거부하며 절대로 "나, 그런 취향이 있어요" 말할 수 없었던 것은, 어쩌면 조금은 내 탓이었는지도 모른다. 아마 어느 정도는 내게도 잘못이 있었으리라. 왜냐하면 발베크에서, 캉브르메르 부인이 찾아온 날, 그 방문 뒤에 처음으로 알베르틴과 이 일로 말다툼을 벌였을 때, 설마 그녀가 앙드레에게 깊은 우정 이상의 감정을 가지고 있을 줄은 꿈에도 몰랐던 나는 그런 소행에 대한 혐오감을 심한 말로 비난했기 때문이다. 내가 그런 것은 너무도 싫어한다고 솔직하게 말했을 때 알베르틴이 얼굴을 붉혔는지 어쨌는지는 기억나지 않는다. 나는 그것을 기억하지 못했다. 어떤 순간에 누가 어떤 태도를 취했는지, 우리는 훨씬 뒤에 가서야 궁금해하는 일이 많은데, 그때는 전혀 주의를 기울이지 않다가도 나중에 그 대화를 돌이켜보면, 상대의 태도에 따라 특별히 어려운 문제도 밝혀질 듯한 생각이 든다. 그러나 우리 기억에는 빈 곳이 있게 마련이어서 그 일에 대해서는 어떤 흔적도 찾을 길이 없다. 게다가 우리는 흔히 중요한 순간에도, 이미 중요하다고 생각한 사항에 충분한 주의를 기울이지 않을 때가 있는데, 어떤 말을 귀담아듣지 않거나 어떤 동작에 유의하지 않고, 또는 그것을 잊어버리기도 한다. 나중에 가서야 진실을 밝히려고 분발하면서, 증언집처럼 기억을 들여다보며 차례차례 추론을 거듭하지만, 막상 그 문구와 동작에 다다르면 도무지 생각이 나지 않는 것이다. 같은 길을 스무 번이나 다시 더듬어도 소용없고, 길은 거기서 조금도 더 나아가지 않는다. 그녀가 얼굴을 붉혔을까? 그녀가 얼굴을 붉혔는지 어땠는지는 알 수 없지만, 그때 내가 한 말이 그녀의 귀에 들리지 않았을 리는 없다. 아마도 나중에 그녀가 내게 고백해야겠다고 생각했을 때, 내 말에 대한 기억이 그녀를 말렸으리라. 그리고 이제 그녀는 어디에도 존재하지 않는다. 지구 끝에서 끝까지 아무리 내달려도 알베르틴을 만나는 것은 불가능하다. 그녀 위에 닫혀버린 현실은 다시 평탄해졌고, 바닥에 가라앉은 사람의 존재는 흔적도 없이 지워졌다. 그녀는 이제 하나의 이름에 지나지 않는다. 마치 옛날의 지인들이 별다른 관심도 없이 "멋진 분이었지" 말하는 그 샤를뤼스 부인처럼.

나는 한순간, 알베르틴의 의식에는 없는 이러한 현실의 존재를 언뜻 떠올렸지만 그 이상 계속하는 것은 불가능했다. 내 마음속에서는 연인의 존재가 너무나 강렬하여, 모든 감정과 사고가 그녀의 삶과 이어져 있었기 때문이다. 만약 그 사실을 그녀가 알았다면, 자신의 생명이 끝장나버린 지금도 연인이 잊지 못하는 것을 보고 감동했을지도 모르고, 전 같으면 관심을 받지 못했던 것에도 마음이 아팠을지도 모른다. 그러나 상대를 배신하는 일은, 아무리 대놓고 그러지 않아도 삼가고 싶은 법이라, 그만큼 우리는 사랑하는 여자로부터 배신당할까 봐 두려워하는데, 그래서 나는 만약 죽은 자들이 어딘가에 살고 있다면, 내가 알베르틴을 기억하고 있다는 사실을 그녀가 알고 있는 것처럼, 할머니도 내가 할머니를 잊어버렸다는 사실을 알고 있을 거라고 생각하자 오싹 소름이 끼쳤다. 잘 생각해보면, 똑같은 한 죽은 여성에 대해 그녀가 몇 가지 사실을 알아준다는 걸 아는 기쁨이, 반드시 그녀가 '모든 것'을 알고 있을 거라고 생각하는 공포를 메워주지는 않는다. 아무리 큰 대가를 치르더라도, 우리는 사랑했던 친구들에게 심판받는 것이 두려워 가끔 그들이 죽은 뒤에 친구로서 그들의 추억을 계속 간직하는 일도 포기하는 게 아닐까? 알베르틴이 한 일을 알고 싶어하는 나의 강한 질투 섞인 호기심은 끝이 없었다. 몇몇 여자들에게 돈까지 쥐여주고 알아내려 했지만 아무 소득도 없었다. 이렇게까지 왕성한 호기심은, 우리에게 있어서 죽은 사람이 이내 죽어버리는 것이 아니라 어떤 생명의 신령스러운 기운에 싸여 있기 때문이며, 그것은 결코 진정한 불사(不死)는 아니지만, 그로 인해 망자는 살아 있을 때와 마찬가지로 우리의 생각을 계속 차지하고 있다. 죽은 자는 말하자면 여행을 떠난 것과 같다. 죽은 뒤의 삶은 더할 나위 없이 이교적(異敎的)이다. 반대로 이쪽에서 사랑을 끝낸 경우는, 상대가 죽기 전에 그를 부추겼던 호기심이 죽어버린다. 그래서 나는 어느 날 저녁, 질베르트가 함께 샹젤리제를 산책했던 상대가 누군지 알려고 조금도 애쓰지 않았던 것이리라. 그런데 내가 분명히 느꼈지만, 그런 호기심은 어느 것이나 모두 비슷하여, 그 자체에는 가치가 없고 지속되는 것도 아니다. 알베르틴과의 어쩔 수 없었던 이별도 그녀가 죽었으므로, 내 쪽에서 헤어진 질베르트의 경우와 마찬가지로 무관심에 이르리라는 사실은 알고 있었지만, 그래도 나는 한때의 호기심을 잔인한 형태로 만족시키기 위해 모든 것을 계속 희생해왔다. 특히 그 때문에 나는 에메를 발베크에 보냈는데, 그러면 그곳에서 여러 가지 사실을 알아낼 듯했기 때문이다.

만약 알베르틴이 미리 무슨 일이 일어날지 알았더라면 아마 내 곁을 떠나지 않았으리라. 하지만 그렇게 말하는 것은, 그녀가 자신이 죽은 모습을 본 순간, 차라리 내 곁에 남아 있을 걸 그랬다고 생각할 거라고 말하는 것과 같다. 이런 가정은 그것이 품고 있는 모순 자체 때문에 어리석은 것이다. 그러나 그것은 완전히 무해하지는 않았다. 그도 그럴 것이, 만약 알베르틴이 알고 있었다면, 과거를 뒤돌아보고 이해할 수 있었다면, 그녀도 내 곁으로 돌아오는 것을 행복하게 느꼈을 거라고 상상한 덕분에, 내 곁에 있는 그녀의 모습이 내 눈앞에 선명하게 떠올라, 그녀에게 입맞춤하고 싶은 욕망이 솟아났다. 하지만, 슬프도다, 그것은 불가능한 일이었으니! 그녀는 두 번 다시 돌아오지 않는다. 죽어버렸으니까. 내 상상력은 저녁이 되면 하늘에서 그녀의 모습을 찾았다. 예전에는 그런 시간에 그녀와 둘이서 하늘을 바라보곤 했다. 그녀가 사랑했던 이 달빛 너머 그녀가 있는 곳까지, 나는 내 사랑을 높이려고 애쓴다. 그 사랑이 그녀에게 더 이상 살아 있지 않은 것에 대한 위안이 되어주길 바라기 때문이다. 이토록 먼 존재가 된 사람에 대한 이 사랑은 종교 같았고, 그녀를 생각하는 내 마음은 마치 기도처럼 그녀를 향해 높이 올라갔다. 욕망이 강렬하면 믿음을 낳는다. 나는 알베르틴이 떠나는 일은 없을 거라고 믿었는데, 그것은 내가 그렇게 원했기 때문이다. 또 내가 그렇게 원하므로 그녀는 죽지 않았다고 나는 믿었다. 나는 기도나 주문으로 신을 내리게 하는 강신술(降神術)에 대한 책을 읽고 영혼은 불멸일지 모른다고 생각하기 시작했다. 하지만 그것만으로는 충분치 않았다. 내가 죽은 뒤에, 본디 육신을 가진 그녀를 찾아내야 했다. 마치 영원함이 생명과 닮기라도 한 것처럼. 생명이라고? 말도 안 돼! 난 좀더 욕심이 많다. 나는 죽음에 의해서도 결코 쾌락을 빼앗기고 싶지 않았다. 그러나 쾌락을 빼앗는 것은 죽음만이 아니다. 죽지 않아도 쾌락은 결국 약해질 테니까. 이미 오래된 습관과 새롭게 일어나는 호기심의 작용으로 쾌락은 약해지기 시작했다. 게다가 살아있다 해도 알베르틴은 육체적으로 조금씩 변했을 테고, 나는 날마다 그런 변화에 순응했을 것이다. 그런데 회상은 토막난 순간순간의 그녀밖에 떠올릴수 없으므로, 회상이 원하는 것은 이를테면 살아 있어도 더 이상 그런 모습이 아닌 알베르틴과의 재회였다. 회상이 원하는 바는 하나의 기적이며, 그것은 과거에서 벗어날 수 없는 기억이 멋대로 만들어내는 자연스러운 한계와 대응한다. 그러나 나는 그 살아 있는 인간을 고대 신학자 같은 순진무구함으로 상상했고, 그때 스스로에게 들려주는 설명은 살아 있을 때 그녀가 했을지도 모르는 설명이 아니며, 더없는 모순이지만 그녀가 언제나 거부했던 것이다. 그리하여 그녀의 죽음이 어떤 꿈이 된 이상, 내 사랑은 그녀에게 예상치못한 행복으로 여겨지리라. 내가 죽음에서 얻은 것은 모든 것을 단순화하여 처리해버리는 결말의 편리함과 낙천주의뿐이었다.

이따금 나는 우리 두 사람이, 그리 멀지도 않고 딴 세상도 아닌 곳에서 맺어지는 것을 상상했다. 옛날 질베르트가 아직 샹젤리제에서의 놀이친구에 지나지 않았던 무렵, 집에서 저녁마다 나는 생각했다, 머지않아 그녀한테서 편지가 올 것이다, 그 편지에서 그녀는 사랑을 고백하겠지, 이윽고 그녀는 이방에 들어올 거라고. 그때와 같은 강한 욕망이 처음 얼마 동안처럼, 나를 방해하려는 물리적 법칙 따위는 아랑곳하지 않고(질베르트와의 경우에는 결국 욕망은 잘못되지 않았으며, 마지막에는 승리를 거두었지만), 나로 하여금 이렇게 생각하게 했다. 언젠가 알베르틴한테서 편지가 올 것이다, 편지에 의하면 그녀가 말에서 떨어지는 사고를 당한 건 사실이지만, 소설 같은 이유에서 (말하자면 오래전부터 죽은 것으로 알았던 작중인물에게 흔히 일어나듯이) 씻은 듯이 나은 것을 내게 알리고 싶지 않았고, 지금은 후회하며 앞으로 오래도록 나와 함께 살기를 원하고 있음을 알게 될 거라고. 그리고 나는, 이성적으로 보이는 사람도 한편으로는 어떤 가벼운 광기라고 할 수 있는 정열에 앞뒤를 헤아리지 않고 움직이는 일이 있다고 나 자신에게 들려주면서, 그녀가 죽었다는 확신과, 그녀가 방에 들어오는 모습을 보고 싶다는 끊임없는 희망이 내 안에 함께 존재하고 있음을 느꼈다.

에메한테서는 아직 기별이 없었지만, 그래도 그는 이미 발베크에 도착해 있을 터였다. 물론 나의 조사 대상은 제멋대로 선택한, 아무래도 상관없는 사항이다. 만약 알베르틴의 생활이 정말로 죄를 짓는 것이었다면 이보다 훨씬 더 중대한 사실을 많이 포함하고 있었을 테지만, 마치 목욕 가운 얘기가 나오자 알베르틴이 얼굴을 붉힌 것이 완전한 우연이었듯이, 그러한 중대한 사실에 다다를 기회가 주어지지 않았던 것도 우연이었다. 그런 것은 본 적이 없는 이상, 내게는 전혀 존재하지 않았던 것이다. 그러나 내가 그날을 특별하게 다루어서, 몇 년이나 지난 뒤에 그 하루를 재구성하는 것은 순전히 내 멋대로 하는 일에 지나지 않았다. 만약 알베르틴이 여자를 사랑한 여자였다면, 그녀의 생애에는 나로서는 무엇을 한 건지 알 수 없는 수많은 다른 날들이 있었을 테고, 알았다면 그런 날들도 나의 흥미를 끌었을지 모른다. 나는 발베크의 수많은 다른 장소에, 발베크 말고 수많은 도시에, 에메를 보낼 수도 있었을 것이다. 하지만 나는 그런 날들이 어떻게 사용되었는지 몰랐으므로 내 상상력에는 떠오르지 않았으며, 따라서 상상력 속에 존재하지 않았던 셈이다. 사물과 사람이 내게 존재하는 것은 나의 상상력 속에서 개성적인 존재가 되었을 때부터다. 만약 비슷한 것이 그 밖에도 헤아릴 수 없을 만큼 많다면, 그러한 사물과 사람은 내게 그 밖의 수많은 것을 대표하는 것에 지나지 않는다. 알베르틴에 대한 의혹 때문에, 나는 오래전부터 샤워실에서 무슨 일이 있었는지 알고 싶었는데, 그것은 바로, 여자에 대한 욕망을 느낄 때 그 밖에도 많은 젊은 아가씨와 하녀가 있다는 사실을 알면서도, 오직 매음굴에 드나드는 그런 아가씨와 퓌트뷔스 부인의 하녀만 사귀고 싶은 것과 같다. 다른 아가씨와 하녀도 이 두 사람에 못지않을지도 모르고, 우연히 그녀들에 대한 소문을 들을 기회도 충분히 있었지만, 그래도 생루한테서 들은 것은 이 두 사람에 대한 얘기였고, 그래서 두 사람은 내게 개성적인 존재가 되었기 때문이다. 내 건강 상태, 우유부단함, 그리고 생루의 말마따나 나의 '다음 날로 미루는' 버릇 때문에 아무것도 이루지 못하고, 어떤 의혹의 해명도 욕망의 성취와 마찬가지로, 지금까지 하루하루, 한 달 한 달, 1년 1년, 나는 미루기만 했다. 그러나 나는 그 의혹을 결코 잊지 못하고 언젠가는 반드시 진실을 밝히리라 마음먹고 있었다. 왜냐하면 그 의혹이 줄곧 머리에서 떠나지 않았으므로(다른 의혹은 형태를 이루고 있지 않아서 내게는 없는 것이나 같았다), 또 현실 속에서 가끔씩 하필 그런 의혹이 선택되었다는 사실 자체가, 그것을 통해 얼마쯤 현실에 대해 알고자 했던 진정한 진실을 접할 수 있는 보증으로 생각되었기 때문이다. 게다가 단 하나의 작은 사실이라도 선택 방법만 적절하다면, 실험자가 수없이 많은 비슷한 사실에 대한 진리를 알리는 일반적인 법칙을 결정하는 데 충분하지 않을까. 실제 생활의 과정에서 다른 알베르틴이 차례차례 내 앞에 나타났듯이 기억 속에서도 그녀는 세분화된 시간으로서 존재하고 있었는데, 나는 그녀를 하나(unité)로 회복시켜 하나의 인간으로 만들어내고, 그런 그녀에 대해 한데 모아 판단하고 싶었다. 그녀가 내게 정말 거짓말을 했는지, 정말로 여자들을 사랑하고 있었는지, 내 곁에서 떠난 이유가 여자들과 자유롭게 어울리기 위해서였는지 알고 싶었다. 샤워실을 담당한 여자가 하는 말은 어쩌면 알베르틴의 품행에 대한 의문에 영원히 마침표를 찍어줄지도 몰랐다.

나의 의혹! 아뿔싸, 알베르틴이 떠난 뒤, 내가 말도 안 되는 착각을 하고 있었던 것이 밝혀질 때까지, 나는 이제 그녀를 만나지 못해도 상관없다, 차라리 그편이 나을 거라고 믿었다. 마찬가지로, 이따금 내가 그녀의 죽음을 원하고 있다고 생각하거나, 그렇게 되면 해방될 거라고 상상한 것이 얼마나 잘못된 일이었는지, 그녀의 죽음을 통해 비로소 뼈저리게 느꼈다. 마찬가지로 에메가 보낸 편지를 받았을 때, 그때까지 알베르틴의 품행에 의혹을 품으면서도 그다지 심하게 괴로워하지 않았던 것은, 솔직히 말해 그것을 조금도 의심하지 않았기 때문임을 나는 이해했다. 나의 행복과 생활을 위해서는 알베르틴이 정숙한 여자여야만 했다. 그래서 그녀는 그런 여자라고 내 멋대로 믿어 의심치 않은 것이다. 그러한 신념으로 미리 몸을 보호하고 있었기에, 나는 아무런 위험도 느끼지 않았고, 정신이 여러 슬픈 상상을 하도록 내버려두었다. 정신은 그런 상상에 형태를 부여하긴 했으나 그것을 믿지는 않은 것이다. '그녀는 아마도 여자를 좋아할 것이다.' 내가 이렇게 생각했던 것은 마치 '나는 오늘 밤 죽을지도 모른다'고 생각하는 것과 같았다. 사람은 그렇게 생각해도 실제로 믿지 않으며, 그래서 다음 날의 계획을 세우기도 한다. 그러므로 알베르틴이 정말 여자를 좋아하는지 어떤지 확신할 수 없다고 잘못 생각해버린 나는, 그 결과 설사 그녀가 죄를 저질렀다 해도, 내가 늘 생각해온 것 말고는 아무 일도 일어날 리 없을 거라고 믿는 바람에 에메의 편지가 불러일으킨 인상, 다른 사람들에게는 하잘것없는 그 인상과 마주했을 때, 생각지도 않았던 고뇌, 그때까지 느낀 것 중 가장 혹독한 고뇌를 느끼게 된 것이다. 그 고뇌는 그러한 인상에서—그것은 아! 알베르틴 자신의 인상이지만—화학에서 말하는 어떤 침전물을 만들어냈는데, 거기서는 모든 것이 떼어놓을 수 없는 관계에 있어서, 에메의 편지에 적혀 있었던 문구만을 상투적인 수법으로 떼어놓고 보아도, 도무지 이해가 되지 않았다. 왜냐하면 편지 속에 있는 하나하나의 낱말은, 그것이 불러일으킨 고뇌 때문에 당장 모양이 바뀌어 영원히 어떤 색깔을 입고 말았기 때문이다.

　"삼가 아룁니다.
　좀더 일찍 소식 전하지 못한 점, 용서하십시오. 저에게 만나라고 분부하신 분이 이틀 동안 집에 없었습니다. 저에게 베푸신 신뢰에 보답코자 빈손으로 돌아가고 싶지 않았습니다. 마침내 그분과 얘기할 수 있었는데, 그분은 (A양)에 대해 잘 기억하고 계시더군요(어느 정도 교양을 익히기 시작했던 에메는 'A양'을 이탤릭체로 쓰거나 인용부호('')로 묶을 작정이었나 보다. 하지만 그는 인용부호를 쓴다는 게 소괄호를 쓰고, 괄호로 묶으려고 할 때는 인용 부호에 넣어버린다. 프랑수아즈도 이와 마찬가지로, 누구누구가 나와 같은 동네에 살고 있다(demeurer)고 말하고 싶을 때, 그곳에 남아 있다(rester)고 말하고, 남아 있어도 된다고 말하고 싶을 때 잠깐 살아도 된다고 말한다. 서민들이 저지르는 어법상 오류는 대부분—하기야, 프랑스어 자체가 흔히 그렇지만—그저 낱말을 뒤바꿔서 말하는 것뿐이다. 그것이 몇 세기를 거치는 동안 이러한 낱말은 완전히 뒤바뀌고 만다).
　이분 얘기에 따르면 도련님의 추측이 분명 확실합니다. 첫째 알베르틴 아가씨가 오실 때마다 시중 든 사람은 그녀였습니다. A양은 나이가 위이고 늘 회색 옷을 입는 키 큰 여성과 같이 자주 샤워를 하러 왔고, 샤워실을 담당하는 여자는 그 여성의 이름은 모르지만 젊은 아가씨들을 뒤쫓는 걸 자주 봤기 때문에 잘 안다는군요. 그러나 그 여성은 (A양)과 알게 된 뒤부터는 다른 아가씨는 거들떠보지도 않았다고 합니다. 그녀와 A양은 번번이 탈의실에 들어가서 오래도록 나오지 않기 일쑤였으며, 또 회색 옷차림의 여성은 저와 얘기한 사람에게 적어도 10프랑의 봉사료를 주었다는군요. 그녀가 저한테 말했듯이, 그 사이에 그저 구슬을 실에 꿰는 짓이나 했다면 물론 그녀에게 10프랑이나 되는 돈을 주지는 않았겠지요. 또한 A양은 가끔, 피부가 매우 검고 손잡이가 달린 안경을 든 여성과도 같이 왔답니다. 그러나 (A양)이 가장 자주 함께 온 것은 나이가 어린 아가씨들로, 그중에서도 특히 다갈색 머리칼의 아가씨하고 왔답니다. 회색 옷차림의 여성은 빼고, A양이 늘 데려오는 이는 발베크 사람이 아니라 꽤 먼 데서 온 사람인 듯했다는군요. 그녀들은 절대 함께 들어오는 일이 없었고, A양이 들어올 때, 친구를 기다리고 있으니 탈의실 문을 열어두라고 부탁했답니다. 저와 얘기한 사람은 그게 무슨 의미인지 잘 알고 있더군요. 이 사람은 다른 일은 기억이 가물가물하다면서 상세한 것은 얘기해주지 않았습니다, '워낙 오래된 일이니까요'. 게다가 그는 매우 조심성 있는 사람인 데다 또 A양이 두둑하게 벌 수 있게 해주었기 때문에 함부로 꼬치꼬치 알려고 하지 않았던 거지요. 돌아가셨다는 말을 듣고 진심으로 안타까워하더군요. 정말 그처럼 젊은데 돌아가셨으니, 본인에게나 가족에게나 큰 불행이 아닐 수 없습니다. 발베크에서는 이제 더 알아낼 게 없을 것으로 생각되는데, 제가 이곳을 떠나도 좋을지 도련님의 분부를 기다리겠습니다. 다시 한 번 이 작은 여행을 시켜주신 데 대해 감사의 말씀을 드립니다. 날씨가 더할 나위 없이 좋아서 정말 쾌적한 여행이었습니다. 올해도 좋은 계절이 될 듯합니다. 도련님께서 이번 여름에 찾아와주시기를 다들 손꼽아 기다리고 있습니다.

　　　관심이 있으실 것 같은 점은 다 말씀드렸기에, 이만."

이러한 말들이 내 마음에 얼마나 깊이 파고들었는지 이해하려면, 알베르틴에 대해 자문했던 것이 부차적이며 아무래도 상관없는 사소한 문제가 아니라는 점을 돌이켜봐야 한다. 실제로, 우리가 자기 이외의 모든 사람에 대해 마음에 묻는 것은 그러한 사소한 문제뿐이다. 그렇기에 우리는 타인의 침

투를 허용하지 않는 생각의 비옷을 입고서 고뇌, 거짓말, 악덕, 죽음 등의
한복판을 걸어갈 수 있다. 그런데 알베르틴에 대한 한, 그 의문은 본질적인
것이었다. 즉 그녀의 정체는 무엇이었나? 그녀는 무엇을 생각하고 무엇을
사랑하고 있었는가? 왜 내게 거짓말을 했을까? 그녀와의 생활은 스완이 오
데트와 함께했던 생활처럼 비참했었나? 따라서 에메의 편지는 일반적인 것
이 아니라 특수한 사항에 대한 대답이었지만―바로 그것 때문에―알베르틴
과 나의 깊숙한 곳까지 다다라 있었다. 마침내 나는 좁은 길을 걸어 회색 옷
을 입은 여성과 함께 샤워실에 이르는 알베르틴에게서 지난날의 한 단편을
생생하게 보았다. 그 과거는, 지난날 알베르틴이 간직한 추억 속에 갇혀, 그
녀의 시선 속에 한정되어 있는 것으로 상상했을 때, 나를 무척이나 두려움에
떨게 했는데, 지금도 그때 못지않게 무서운 수수께끼로 여겨졌다. 아마 나
아닌 다른 사람이면 누구라도, 그런 사소한 일은 하잘것없다고 생각했을지
도 모른다. 그러나 알베르틴이 죽은 지금, 그녀가 그것을 반박하는 것은 불
가능하므로 거기에 어떤 개연성이 주어졌다. 그뿐 아니라 알베르틴의 경우,
혹여 그런 일이 사실이었다 해도, 만약 그것을 자기 입으로 고백했더라면,
아마 그녀 자신의 잘못도―그녀의 양심이 그것을 죄가 아니라고 생각했든,
비난받아야 마땅한 것으로 보았든, 또 그녀의 관능이 그것을 감미롭게 느꼈
든, 완전히 따분한 것으로 여겼든―내가 그것과 연관시킨 그 말할 수 없는
불쾌함도 느끼지 않았을지 모른다.

　　나도 여자들에 대한 나의 사랑으로 미루어, 비록 알베르틴에게 있어서 여
자들이 똑같지는 않다 해도, 그녀가 무엇을 느꼈을지는 어느 정도 상상할 수
있었다. 내가 그토록 자주 욕망을 느꼈듯이 그녀도 욕망에 불타 있었으리라.
내가 그녀에게 가끔 거짓말을 한 것처럼 그녀도 내게 거짓말하고, 내가 스테
르마리아 양과 그 밖에 많은 여성들에게, 또는 시골에서 만난 농가 아가씨들
에게 그랬던 것처럼, 그녀도 이 아가씨 저 아가씨에게 빠져서 그로 말미암아
많은 돈을 썼을 것이다. 그런 그녀를 떠올리자, 벌써 그것만으로도 내 마음
이 아프기 시작했다. 그렇다, 내가 느낀 모든 욕망은, 어느 정도 그녀의 욕
망을 이해하는 데 도움이 되었다. 그러나 그것은 이미 심한 고통이기도 하
여, 옛날에 경험한 모든 욕망이 격렬하면 격렬할수록, 훨씬 더 잔인한 고통
으로 바뀌는 것이었다. 마치 이 감수성의 대수학(代數學)에서 욕망은 같은

계수(係數)로 다시 나타나지만, 그 플러스 기호가 마이너스로 변한 것과 같다. 나 자신의 경우에서 판단하건대, 알베르틴이 아무리 자신의 잘못을 숨기려 했어도—숨기려고 한 이상, 스스로 죄의식을 느꼈거나, 내가 고통스러워할까 봐 두려워했을 거라는 상상이 성립되었지만—그녀에게 그 잘못은 욕망이 작용하는 상상력의 밝은 빛 속에서 마음껏 준비한 것이므로, 분명 인생의 다른 부분과 같은 성질로 보였으리라. 그것은 그녀에게는 거부할 용기가 없었던 쾌락이고, 내게는 그녀가 오로지 숨김으로써 내게 주지 않으려 했던 고통이지만, 그 쾌락도 고통도 그녀에게는 인생의 여느 쾌락이나 고통과 다름없는 것이었다. 그런데 내 경우, 샤워실에 도착하여 봉사료를 준비하고 있는 알베르틴의 다양한 영상은 아무런 예고도 없이, 또 스스로 그 영상을 차분히 만들어낼 여유도 없이, 에메의 편지에 의해 바깥쪽에서 찾아왔다. 그래도 나는 지금 전보다 더욱 그녀를 사랑하고 있었다. 그녀는 멀리 있었다. 하지만 사람이 눈앞에 있다는 것은, 요컨대 머리로 생각하는 유일한 현실을 우리로부터 떼어놓아 고통을 덜어주는 데 비해, 눈앞에 없다는 것은 사랑과 더불어 고통을 다시 불러일으킨다.

알베르틴이 회색 옷을 입은 여성과 함께 말 한마디 하지 않고 굳게 결심한 듯한 표정으로 거기에 찾아왔다는 사실에서 내가 읽은 것은 두 사람이 미리 약속하고 만났다는 사실이고, 샤워실 안에서 애욕에 탐닉한다는 합의이며, 그것은 부패한 생활의 경험을 포함하는 동시에, 완전한 이중생활의 구조가 교묘하게 은폐되어 있음을 보여주고 있었다. 또 머리에 떠오르는 이러한 것은 무서운 형태로 알베르틴의 죄악을 내게 알려주었다. 틀림없이 그것 때문일 것이다, 그러한 인상이 곧바로 육체적인 고통을 가져와 그 고통과 떼어놓을 수 없게 된 까닭은. 그러나 고통도 이내 반사되어 그 인상에 영향을 주었다. 하나의 객관적인 사실, 하나의 인상은 그것에 다가갈 때의 마음 상태에 따라 다르다. 또한 고통은 도취와 마찬가지로 현실을 강력하게 바꿔버린다. 회색 옷의 여인, 봉사료, 샤워, 알베르틴이 회색 옷의 여인과 함께 굳게 결심한 듯한 표정으로 걸어온 길, 이러한 영상과 연관된 고뇌는 그것을 바로, 어느 누군가의 머리에 떠오르는 것과 전혀 다른 것으로 만들어버렸다. 거기서는 지금까지 한 번도 생각한 적 없는 거짓과 잘못으로 가득 찬 생활이 언뜻 떠오른다. 나의 고뇌는 당장 그 영상의 소재 자체를 바꿔버렸고, 나는 땅

위의 광경을 비추기 시작하는 빛 속에서 더는 그것을 바라보지 않았다. 그것은 딴 세상의 알 수 없는 단편이었다. 저주받은 행성의 한 조각이었으며, '지옥'의 광경이었다. 발베크 전체, 그 고장의 모든 토지가 '지옥'이었다. 에메의 편지에 의하면, 알베르틴은 그곳에서 자주 자신보다 어린 아가씨들을 불러 샤워실에 데려갔기 때문이다. 예전에 내가 발베크에서 상상했던 그 신비는 실제로 거기서 생활할 때는 흔적도 없이 사라지고 말았는데, 알베르틴을 알게 되면서 다시 그 신비를 파헤치고 싶다는 생각이 들었다. 왜냐하면 바닷가를 산책하는 그녀의 모습을 보고 그녀가 너무 진지하거나 딱딱한 여자가 아니기를 원할 정도로 그녀에게 빠져버렸을 때, 나는 그녀야말로 그 신비의 화신이 틀림없다고 생각했기 때문이다. 그런데 지금은 그 신비가 발베크에 대한 모든 것에 얼마나 무서운 형태로 스며들어 있단 말인가. 이를테면 그 아폴롱빌(Apollonville)* 같은 역 이름도, 저녁에 베르뒤랭 댁에서 돌아오면서 들었을 때는 친밀감을 느끼게 하여 마음을 가라앉히는 이름이 되었건만, 알베르틴이 그 하나의 도시에 머물며, 또 하나의 도시로 산책을 나가고, 제3의 도시까지 자주 자전거를 타고 갔을지 모른다고 생각하게 된 지금은, 맨 처음 미지의 발베크에 도착하기 전에 할머니와 함께 작은 지방열차의 창문에 매달려 불안 가득한 마음으로 그 역 이름을 되뇌었을 때보다 훨씬 더 잔인한 불안을 내 마음에 불러일으켰다.

　겉으로 나타난 사실의 진정한 모습과 마음에 떠오르는 온갖 감정을, 타인이 얼마나 이해할 수 없고, 또 얼마나 모든 추측이 가능한가를 깨닫게 하는 것이 질투가 가진 힘의 하나이다. 우리는 다양한 상황과 사람들의 생각을 정확하게 알고 있다고 생각하지만, 그것은 다만 그런 것을 마음에 두지 않기 때문일 뿐이다. 그러나 질투에 사로잡힌 사람처럼, 알고 싶다는 욕망이 일어나자마자 당장 눈이 어지러운 만화경처럼 아무것도 식별할 수 없게 되어버린다. 알베르틴은 나를 속인 걸까? 상대는 누구일까? 누구의 집에서? 언제의 일일까? 그녀가 내게 이러이러한 얘기를 했던 날인가? 아니면 낮에 내가 이런저런 얘기를 한 기억이 있는 날인가? 나는 아무것도 알 수 없다. 그녀가 나에 대해 품은 감정이 어떤 건지, 그 감정을 불어넣은 것은 타산인지 애

---

*이 명사 다음에 프루스트가 손수 적은 '역이름(驛名)을 써넣을 것'이라는 말이 적혀 있음—플레이아드판 주.

정인지 그것도 알 수 없다. 불현듯 나는 어떤 하찮은 사건을 떠올린다. 이를테면 알베르틴이 생마르탱 르 베튀라는 이름에 흥미가 있다며, 그곳에 가고 싶어했던 일이다. 아마 그것은 단순히 그녀가, 그곳의 어느 농가 아가씨를 알게 되었기 때문일 것이다. 하지만 에메가 샤워실 담당 여자한테서 듣고 그 사실을 알려줬어도 아무 소용이 없었다. 왜냐하면 그가 내게 그것을 가르쳐준 사실을 알베르틴은 영원히 알 리가 없기 때문이다. 그녀에 대한 내 사랑에서는, 알고 싶은 욕구보다 알고 있다는 사실을 보여주고 싶은 욕구가 늘 강했다. 그것은 서로 다른 환상을 품고 크게 벌어져 있었던 두 사람 사이의 거리가 그로 인해 사라지기 때문인데, 그렇다고 해서 그녀가 나를 전보다 더 사랑한 적은 한 번도 없었다. 오히려 그 반대였다. 그런데 그녀가 죽은 뒤로 내가 알고 있다는 것을 보여주고 싶은 제2의 욕구가, 알고 싶은 제1의 욕구가 가져오는 것과 합쳐졌다. 이런 사실도 알고 있어! 그녀에게 가르쳐주고 싶어지는 대화가, 모르는 것을 묻고 싶어지는 대화만큼이나 생생하게 눈앞에 떠오른다. 즉 옆에 있는 그녀가 내게 다정하게 대답하는 목소리를 듣고 싶고, 얼굴이 뽀로통해지거나 눈에서 악의가 사라지고 슬픈 기분을 자아내는 것을 보고 싶은 것이다. 다시 말하면 아직도 그녀를 사랑하고 있었으며, 고독한 절망 속에서 느껴지는 미칠 듯한 질투를 잊고 싶었다. 그러나 내가 무엇을 알았든 그것을 그녀에게 가르쳐주는 것은 영원히 불가능해졌다. 바로 조금 전에 알아낸 사실만 해도(그것을 알아낼 수 있었던 것도 아마 그녀가 죽었기 때문일 테지만) 그 진실을 바탕으로 두 사람의 관계를 내세울 수도 없게 된 지금, 그러한 불가능성 속에 숨어 있는 괴로운 사실은, 그녀의 행동이 품고 있는 더욱더 괴로운 비밀로 바뀌어 슬픔을 가져왔다. 뭐라고? 샤워실에 대해 들은 이야기를 그토록 알베르틴에게 알리고 싶었다는 말인가? 이미 아무것도 아닌 알베르틴에게? 이것도 또한, 죽음에 대해 생각할 필요가 생겼을 때 삶 말고는 아무것도 마음에 그릴 수 없다는, 우리가 놓인 그 불가능성이 낳은 결과의 하나였다. 알베르틴은 이제 아무것도 아니다. 하지만 내게는, 발베크에서 여자들을 몇 번이나 만난 것을 숨겼던 사람이고, 감쪽같이 내가 속아넘어갔다고 생각했던 인물이다.

자신이 죽은 뒤 무슨 일이 일어날지 생각할 때, 우리가 실수로 그런 순간에 비춰보는 것은 여전히 살아 있는 자신들의 모습이 아닐까? 그렇다 해도,

이제 아무것도 아니게 된 여자가, 자신의 6년 전 행동이 들통난 것을 몰랐다고 우리가 애석해하는 것은, 결국 1세기 뒤의 독자가 죽은 우리에 대해 여전히 호의적으로 화제에 올려주기를 바라는 것에 비해 훨씬 우스꽝스러운 일일까? 이를테면 후자가 전자보다 현실적인 근거를 더 많이 갖고 있다 해도, 지나간 일을 질투하면서 내가 이러니저러니 슬퍼하는 것은, 분명 다른 사람들이 죽은 뒤에 영광을 원하는 것과 같은 착각에 뿌리내리고 있었다. 그래도 알베르틴과의 이별은 어쩔 수 없는 결정적인 일이라는 인상이, 한순간 그녀의 잘못된 행동의 관념을 대신하더라도, 결국은 그것도 이 잘못을 더욱 돌이킬 수 없는 중대한 사실로 만들 뿐이다. 나는 마치 끝이 보이지 않는 모래사장에 홀로 남겨져서, 어느 쪽으로 가도 절대로 그녀를 만날 수 없는 것처럼, 자신이 인생의 미아가 된 듯한 느낌이 들었다. 그러나 나는 정말 운 좋게 기억 속에서 찾아냈다—복잡하게 쌓여 있는 그 회상의 산 속에서, 추억은 하나씩 흩어져서 비춰질 뿐이지만, 그래도 거기에는 위험한 것이 있는가 하면 유익한 것도 있고, 언제나 모든 종류의 것이 갖춰져 있는 법이어서—나는 거기서 장인(匠人)이 마치 자신이 만들고자 하는 것에 유용한 물건을 발견하듯이, 할머니가 한 어떤 말을 찾아낸 것이다. 할머니는 샤워실 담당 여자가 빌파리지 부인에게 들려준, 도저히 사실이라고 믿을 수 없는 어떤 이야기에 대해 내게 이렇게 말했다. "그 여자는 틀림없이 거짓말하는 병에 걸린 걸 거야." 이 기억은 참으로 고마운 구원이었다. 샤워실 담당 여자가 에메에게 한 말에 얼마만한 의미가 있을까? 게다가 그녀는 결국 아무것도 본 것이 없으니 더 말해 무엇하랴. 여자친구와 함께 샤워하러 온다고 해서 반드시 뭔가 나쁜 짓을 생각한다고는 할 수 없다. 아마 샤워실 담당 여자는 자랑삼아 봉사료 액수를 부풀렸으리라.

언젠가 한번 프랑수아즈가 이렇게 말하는 것을 들은 적이 있는데, 레오니 고모가 그녀 앞에서 "한 달에 100만 프랑 정도는 쓴다"고 딱 잘라 말했다는 것이다. 그것은 말도 안 되는 금액이었다. 어느 때는 레오니 고모가 욀라리에게 천 프랑짜리 지폐 네 장을 건네주는 것을 보았다고 했는데, 나로서는 50프랑 지폐 한 장을 넷으로 접어서 줬다는 말을 들었어도 설마하니 생각했으리라. 그런 식으로, 나는 알고 싶은 마음과 괴로워하는 것에 대한 공포 사이를 끊임없이 오가면서, 그토록 고심하여 손에 넣은 괴로운 확신을 버리려고 애썼으며, 조금씩 성공하고 있었다. 그러자 사랑하는 감정이 되살아났는데, 또한 그 사랑과 함께 알베르틴을 잃은 슬픔도 다시 살아나, 나는 아직 질투에 시달리고 있었을 때보다 더욱 비참한 기분에 빠졌다. 그러나 발베크의 일을 생각하는 동안 느닷없이 찾아온 그 영상 때문에 이번에는 질투가 되살아났다. 그것은(지금까지 단 한 번도 나를 괴롭힌 적이 없었고, 기억 가운데 가장 무해한 영상의 하나라고 생각했지만) 밤에 발베크에서 본 어느 식당의 광경으로 우연히 눈앞에 떠올랐다. 유리창 반대쪽에는 마치 밝은 조명 아래 있는 수족관 유리 앞에 사람들이 모여들듯이, 어둠 속에서 빼곡하게 몰려들어 빛 아래를 어정거리는 기묘한 사람들을 바라보고 있었는데, 그 인파 속에서(그때까지 한 번도 생각이 미치지 않았던 일이지만) 어부와 서민의 딸들이 프티부르주아 아가씨들과 서로 몸을 비비대고 있었다. 프티부르주아 아가씨들은 아직 발베크에서는 드물었던 그런 호화로운 호텔을 몹시 동경했는데, 그녀들 부모의 경우, 아무리 재산이 많아도 낭비하지 않는 습관과 전통적인 생활양식 때문에 그러한 사치를 금지했기 때문이다. 그러한 프티부르주아 아가씨들 속에 거의 매일 밤, 아직 나와 사귀기 전의 알베르틴도 섞여 있었던 것이리라. 그녀는 아마 거기서 아무 여자애나 구슬려 몇 분 뒤에 밤의 어둠 속 모래사장 위나 벼랑 아래에 버려진 빈 오두막에서 만나기로 약속한 게 틀림없다.

이어서 되살아난 것은 슬픔이었다. 나는 지금까지 엘리베이터 소리가 마치 추방 명령처럼 들렸는데, 그것은 내가 사는 층에 서지도 않고 더 위로 올라가버렸다. 그러나 찾아와줬으면 하고 바라는 유일한 인물은 이제 절대로 오지 않을 것이다. 그녀는 죽어버렸으니까. 그런데도 엘리베이터가 내가 사는 층에 서면 가슴이 두근거리기 시작했고, 나는 한순간 나 자신에게 이렇게 말한다. "혹시 이런 일들이 모두 꿈이라면 어떡하지? 어쩌면 그녀일지도 몰라. 그녀가 초인종을 울리려 하고 있어. 그녀가 돌아오고 있어. 프랑수아즈는 화를 내기보다 겁에 질려서 방에 들어오겠지. 아무튼 툭하면 원망하는 것 이상으로 미신을 믿는 편이고, 살아 있는 여자보다 유령일지도 모른다는 생각을 더 무서워할 테니까. 프랑수아즈는 이렇게 말할 것이다. '누가 왔는지 도련님은 짐작도 못할 걸요.'"

나는 아무것도 생각하지 않고 신문을 집어 들려고 했다. 하지만 진정한 고통을 겪은 적이 없는 사람들이 쓴 그런 기사들은 읽을 가치도 없었다. 어느 필자는 아무것도 아닌 샹송에 대해 '눈물이 나올 정도'라고 했는데, 만일 알베르틴이 살아 있었다면 나는 그 샹송도 무척 기뻐하면서 귀를 기울였으리라. 그래도 대작가였던 다른 필자는 기차에서 내리자마자 갈채를 받았다고 해서 '잊을 수 없는' 환영의 표시를 받았노라고 말했다. 그런데 나는, 지금 그런 환영을 받는다 해도 그것에 대해 눈곱만큼도 생각하지 않을 것이다. 세 번째 필자는 지겨운 정치만 없으면 파리의 생활은 '정말 즐거울' 거라고 장담했다. 그러나 나는 정치가 없어도 이 생활은 지긋지긋할 뿐이라는 사실을 알고 있었으며, 또 비록 정치가 있다 해도 알베르틴과 다시 만날 수만 있다면 그것을 즐겁게 생각할 작정임을 알고 있었다. 사냥 담당기자는 이렇게 말했다(때는 5월이었다). "이 계절은 진짜 사냥꾼에게는 정말이지 실망스럽고, 더 심하게 말하면 고약하다. 왜냐하면 사냥거리가 아무것도 없으니까. 정말로 아무것도 없다." 그리고 '미술전시회' 평론가는 이렇게 말했다. "이런 '전람회'를 보는 사람은 엄청난 실망과 무한한 슬픔을 금하지 못할 것이다." 내가 느낀 강렬한 감정은 진정한 행복도 불행도 모르는 사람들의 표현을 거짓되고 진정성이 없는 것으로 보이게 하는 동시에, 그것과는 반대로 아무리 하찮은 말이라도, 조금이나마 노르망디나 니스와 관련이 있는 것, 또는 수욕(水浴) 요양 시설, 라 베르마, 게르망트 대공부인, 연애, 부재 또는 불성실과 연관되는 것은, 시선을 돌릴 사이도 없이 불쑥 내 앞에 알베르틴의 모습을 들이밀어서 또다시 나를 눈물짓게 한다. 게다가 나는 평소에 그런 신문은 읽을 수도 없었다. 왜냐하면 그것을 펼치는 단순한 동작만으로도 알베르틴이 살아 있지 않음을 떠올려버리기 때문이다. 나는 신문을 다 펼칠 힘도 없어서 떨어뜨리고 만다. 하나하나의 인상이 비슷한 인상을 일깨우는데, 알베르틴의 존재가 거기서 떨어져나갔으므로 그것은 상처받은 인상이었다. 그래서 나는 도저히 그런 식으로 내 마음속에서 허덕이고 있는, 상처 입은 시간을 끝까지 살아갈 용기가 나지 않았다.

그녀가 조금씩 내 머리에서 사라져서, 마음을 지배하는 전능한 존재가 아니게 된 뒤에도, 예전에 그녀가 있었을 때처럼 그 방에 들어가서 등불을 찾거나 자동 피아노 옆에 앉아야 할 때마다 나는 곧장 아픔을 느끼기 시작했다. 여러 개의 작은 수호신으로 나뉜 그녀는, 촛불이나 문고리, 의자 등받이나 다른 비물질적인 영역, 잠 못 드는 밤이나 마음에 드는 여자가 처음으로 찾아오기로 한 날의 흥분 같은 것 속에 오랫동안 머물러 있었다. 그런데도 내 눈이 그날 몇 줄의 문장을 읽거나, 옛날에 읽은 문장이 뇌리에 떠오르기만 해도, 가끔 마음속에 잔인한 질투가 끓어오른다. 거기에는 그러한 문장이 특별히 여자들의 배덕을 증명하는 논거를 제출할 필요도 없이, 알베르틴의 존재와 연관된 예전의 인상을 돌려주는 것만으로 충분했다. 그러면 그녀가 저지른 잘못은, 잊고 있었던 과거의 어느 순간 속에 다시 놓이는데, 그것이 줄곧 그때의 일을 생각하고 있어도 여전히 무뎌지지 않은 힘을 발휘하는 순간, 아직 알베르틴이 살아 있었던 순간으로, 그렇게 되면 그녀의 잘못은 더욱 가깝게 느껴지고 더욱 괴롭고 더욱 잔혹한 빛을 띠게 된다. 그때 나는 새삼스럽게 샤워실 담당 여자가 폭로한 것은 정말 거짓말이었을지 자신에게 물었다. 진실을 알 수 있는 좋은 방법은, 에메를 니스로 보내 봉탕 부인의 별장 근처에서 며칠 지내게 하는 것이다. 만약 알베르틴이 여자가 여자한테서 얻는 쾌락을 즐기고 있었다면, 그리고 그녀가 나를 떠난 것은 그 쾌락 없이는 더 이상 살고 싶지 않아서였다면, 자유의 몸이 되자마자 그녀는 자신이 알고 있는 지방에서 그 쾌락에 탐닉하려 했을 테고, 또 어렵지 않게 그 일에 성공했을 게 틀림없다. 게다가 내 곁에 있는 것보다 편리할 거라고 생각하지 않았다면, 일부러 그런 지방에 틀어박히는 길을 선택하지는 않았으리라. 알베르틴이 죽었어도 나의 관심사는 거의 변하지 않았는데, 그것은 하나도 이상한 일이 아니었다. 연인이 살아 있을 때라도, 우리가 사랑이라 부르는 것을 이루는 사고의 대부분은, 연인이 곁에 없는 시간에 떠오르는 법이기 때문이다. 이런 식으로, 부재하는 사람을 몽상의 대상으로 만드는 습관이 몸에 배여, 비록 단 몇 시간의 부재이기는 하지만, 그동안은 그 사람에게 하나의 추억이 된다. 그래서 죽음도 그리 대단한 변화를 가져다주는 것은 아니다. 에메가 돌아오자 나는 그에게 니스로 가달라고 부탁했다. 그리하여 내 생각과 슬픔, 아무리 먼 곳에서라도 그 사람과 연관된 이름이 주는 흥분 같은 것뿐만 아니라, 나의 모든 행동, 내가 시도한 조사, 모두 알베르틴의 행동을 알기 위해 써버린 돈에 의해서도, 그 1년 동안의 내 생활은 하나의 연애로 채워졌고, 문자 그대로 연인과의 관계로 가득했다고 할 수 있다. 그 관계의 상대는 어느 한 죽은 여자였다. 예술가가 죽은 뒤에도, 그 작품 속에 어느 정도 자기 자신을 바친 경우에는 그 사람의 뭔가가 남는다고들 말한다. 아마 그것과 마찬가지로, 한 사람한테서 다른 사람의 마음에 접붙인 어떤 꺾꽂이순은 비록 그것을 가져온 본디 사람이 죽어도 그 생명을 계속 이어가는 것이리라.

에메는 봉탕 부인의 별장 바로 근처에 숙소를 정했다. 그는 한 하녀와 알베르틴이 하루 동안 자주 차를 빌렸던 자동차 대여업자를 알게 되었다. 그들은 아무것도 몰랐다고 했다. 두 번째 편지에서 에메는, 그 도시의 어느 세탁소 여자애한테서, 빨랫감을 배달하러 갔을 때 알베르틴이 특별한 방법으로 자기 팔을 잡더라는 얘기를 들었다고 써 보냈다. "그러나 그분은 그 이상은 아무 짓도 하지 않았어요, 하고 계집애는 말했습니다." 나는 에메에게 돈을 보냈는데, 그것은 그의 노자이기도 하고 그의 편지를 통해 내가 받은 고통의 대가이기도 했다. 나는 그렇게 친근한 태도를 취했다고 해서 그것이 타락한 욕망의 증거는 아니라고 스스로에게 들려주며 고통을 달래려고 노력했다. 그때 에메한테서 전보 한 통이 날아왔다. "흥미로운 사실을 알아냈음. 정보가 많음. 자세한 건 편지로." 이튿날 편지가 한 통 도착했는데, 그 겉봉만 보고도 나는 몸이 떨렸다. 에메가 보낸 것임을 직감했기 때문이다. 왜냐하면 아무리 비천한 사람이라도, 살아 있으면서 겨울잠을 자는 것처럼 종이 위에 누워 있는 작고 친숙한 존재를 반드시 스스로 움직일 수 있는 법인데, 그것이야말로 그 사람만이 가진 필적이다.

"처음에 세탁소 여자애는 아무것도 얘기하려 들지 않고, 알베르틴 아가씨가 팔을 꼬집었을 뿐 다른 짓은 하지 않았다고만 말했습니다. 저는 입을 열게 하기 위해, 그 여자애를 저녁 식사에 데려가서 술을 좀 먹였지요. 그제야 그녀는 해수욕을 하러 갔을 때 알베르틴 아가씨를 바닷가에서 자주 만났다고 하더군요. 해수욕을 위해 아침 일찍 일어나는 습관이 있었던 알베르틴 아가씨는 바닷가의 어떤 장소에서 늘 그녀를 만났는데, 그곳은 커다란 나무가 우거져 있어서 누구에게도 보이지 않는 곳이었고, 게다가 아침 그 시간에는 아무도 보는 사람이 없었다 합니다. 이 세탁소 여자애는 친구들을 데려와서 같이 해수욕을 했습니다. 그리고 나면 날씨가 너무 더워지는데 나무 그늘에서도 타는 듯이 더운지라, 풀숲에서 몸을 말리고 서로 어루만지거나 간질이면서 놀았다고 합니다. 세탁소 여자애는 저에게 친구들과 희롱하는 것을 무척 좋아했다고 털어놓았습니다. 그리고 알베르틴 아가씨가 언제나 목욕 가운을 입은 채 그녀에게 몸을 비비대서, 옷을 벗게 한 뒤 목과 팔을 따라 혀로 핥아주고, 알베르틴 아가씨가 내미는 발바닥까지 애무했다고 하더군요. 세탁소 여자애도 입고 있던 옷을 벗고 물속에서 서로 밀어내기를 하면서 놀았다 합니다. 그녀는 그날 밤에는 그 이상 아무 말도 하지 않았습니다. 그러나 무슨 일이 있어도 도련님의 명령에 따라 원하시는 건 뭐든지 할 생각으로, 저는 그 세탁소 여자애를 데리고 자러 갔습니다. 여자애는 알베르틴 아가씨가 수영복을 벗었을 때 그녀한테 해준 것을 저한테도 해줄까 하고 묻더군요. 그리고 이렇게 말했습니다. '그 아가씨가 얼마나 몸을 떨면서 좋아하는지, 정말 볼 만하더군요. 그 사람, 나한테 이렇게 말했어요, (아! 너무 좋아!) 그러고는 완전히 흥분해서 저를 깨물기까지 했다니까요.' 세탁소 여자애의 팔에는 아직도 그 깨문 흔적을 볼 수 있었습니다. 저는 알베르틴 아가씨가 느낀 쾌감을 알 수 있었습니다. 그 여자아이가 얼마나 능숙하고 솜씨가 좋은지 여간내기가 아니었거든요."

발베크에서 알베르틴이 뱅퇴유 양과 사이가 좋다고 말했을 때 나는 몹시 괴로웠다. 하지만 그때만 해도 나를 위로해주는 알베르틴이 곁에 있었다. 그 뒤 알베르틴의 행실에 대해 너무 깊이 파고들어 알려고 했기 때문에 그녀는 떠나버렸고, 프랑수아즈가 그 사실을 알려줘서 혼자 남았을 때, 나는 더욱 괴로웠다. 그러나 그때는 적어도, 내가 사랑했던 알베르틴이 내 마음속에 남아 있었다. 지금 그녀 대신—내 예상과는 달리 죽음에 의해서도 사라지지 않은 호기심을 내가 너무 깊이 따라간 벌로—내가 찾아낸 것은 거짓말과 속임수를 거듭하는 다른 아가씨였다. 본디의 그녀는 그런 쾌락 따위 한 번도 즐긴 적이 없다고 내게 맹세하면서 내 마음을 부드럽게 달래주었건만, 그 아가씨는 자유를 다시 얻은 도취에 빠져, 그 쾌락을 찾아 새벽녘에 루아르 강가에서 재회한 그 세탁소 여자애에게 황홀하게 달려들어 깨물기까지 하고, 또 '아아, 너무 좋아(Ah! tu me mets aux anges)'* 중얼거릴 정도로 쾌락에

---

* 직역하면 '너는 나를 천사로 만드는구나'.

미친 다른 알베르틴이었다. 이 다르다는 말은, 타인에 대해 사용되는 경우의 의미에서 다르다는 것만은 아니다. 남들이 우리가 생각한 바와 다르더라도, 그 다름은 우리에게 심각한 영향을 미치지는 않는다. 직감의 진자는 안쪽으로 흔들린 진폭만큼 바깥으로도 흔들리므로, 우리는 이러한 다름을 타인의 표면적인 부분에만 둘 뿐이다. 이전에 어떤 여자가 여자를 좋아한다는 말을 들었을 때, 그렇다고 해서 그녀가 특별한 본질을 가진 다른 여자처럼 보이지는 않았다. 그러나 자기가 사랑하는 여자의 경우에는 불길한 예상을 하면서 느끼는 두려움과 고통을 피하려고, 그저 그녀가 무엇을 했는지 알려고 할 뿐만 아니라, 그것을 하면서 그녀가 무엇을 느꼈는지 자신의 행동에 대해 어떻게 생각했는지를 알려고 한다. 그때 점점 밑바닥으로 내려가면서 그 고통의 깊이를 통해 사람은 신비와 본질에 다다른다. 나의 지성과 무의식이 온 힘을 동원하여 협력하고 있는 그 호기심 때문에 나는 생명을 잃게 될 공포보다 훨씬 강렬한 고통을, 나 자신의 깊은 밑바닥, 몸과 마음의 가장 깊은 곳에 이르기까지 느끼고 있었다. 그리하여 이제 나는 알베르틴에 대해 알고 있는 모든 것을 그녀의 마음속 깊은 곳까지 비추었다. 알베르틴이 저지른 악덕의 현실이 이토록 내 마음속 깊은 곳까지 배어들게 한 고통은, 훨씬 뒤부터 내게 도움이 되었다. 내가 할머니에게 안겨준 고통처럼 알베르틴이 내게 준 고통은, 그녀와 나 사이를 잇는 마지막 끈으로, 추억보다 오래 살아남았다. 왜냐하면 모든 육체적인 것이 가지고 있는 에너지를 보존함으로써, 고통은 기억이 주는 교훈조차 필요로 하지 않기 때문이다. 그리하여, 달빛을 받으며 숲에서 보낸 수많은 아름다운 밤을 잊어버린 남자도 그때 걸린 류머티즘 때문에 여전히 괴로워한다.

그녀가 입으로는 부정하면서도 사실은 분명히 가지고 있었던 이 취향을 발견한 것은, 냉정한 추론에 의한 게 아니라 "아아, 너무 좋아!"라는 말을 들었을 때 느낀 타는 듯한 고통, 이 취향에 특별한 성질을 부여하는 고통 속에서였다. 이 취향은 소라게가 새로운 껍질을 이고 그것을 끌고 가는 것처럼, 오로지 알베르틴의 모습에 덧붙여진 것이 아니라, 소금이 다른 소금과 닿아 그 색깔뿐만 아니라 어떤 침전물로 인해 성질까지 변해버리는 것과 같다. 세탁소 처녀는 친구들에게 틀림없이 이렇게 말했으리라. "내 말 좀 들어봐. 도저히 믿을 수 없는 얘기야. 글쎄, 그 아가씨도 그거라지 뭐니?" 나는 이 처녀들이 한 것처럼 처음에는 짐작도 못했던 하나의 악덕을 알베르틴의 인품에 덧붙였을 뿐만 아니라, 그녀가 다른 인간이라는 것도 발견했다. 알베르틴은 이 소녀들과 같은 부류의 인간, 같은 언어를 사용하는 인간으로, 그로 말미암아 그녀들의 동포가 되는 동시에 내게는 더욱더 낯선 이방인으로 남았다. 이 발견은 그때까지 그녀에 대해 내가 품고 있었던 것, 마음속에 계속 지니고 있었던 것이 그녀의 아주 작은 일부분에 지나지 않는다는 사실을 증명하고 있었으며, 나머지 부분은 끝없이 확대되어 단순한 개인적인 욕망으로는 만족하지 못하고—개인적 욕망도 이미 매우 신비한 중요성을 가지고 있는 건 틀림없지만—그녀와 다른 여자들에게 공통되는 것으로 확대되었음을 보여주고 있었다. 그 나머지 부분을 그녀는 끊임없이 내 눈을 피해 숨기면서, 나를 거기서 자꾸만 떼어놓았다. 마치 적국의 간첩이 자신의 정체를 숨기듯이, 아니 간첩보다 더 음험하게 행동했을지도 모른다. 왜냐하면 간첩은 국적을 위장할 뿐이지만, 알베르틴은 가장 깊은 인간성을 위장하고, 자신이 공통 인류에 속하지 않는 기묘한 인종의 한 사람이며, 그 인종은 인류 속에 섞여서 몸을 숨기지만 절대로 인류와 함께 융화할 수 없음도 숨기고 있었기 때문이다.

문득, 나는 숲이 울창한 풍경 속에 있는 알몸의 여인들을 그린 엘스티르의 그림 두 장을 본 일이 생각났다. 그 한 장에서 젊은 아가씨 하나가 발을 쳐들고 있는 모습은, 알베르틴이 세탁소 처녀에게 발을 내밀 때도 그랬을 거라고 상상하게 했다. 또 그녀는 한쪽 발로 상대를 물속에 밀어넣으려 하고, 상대는 넓적다리를 높이 쳐들며 명랑하게 저항하고 있지만, 그 발끝은 푸른 물에 스칠 듯이 닿아 있었다. 그때 나는 생각했다. 넓적다리를 올리는 동작은 무릎이 만드는 각도에 따라 백조의 목처럼 곡선을 그리고 있었고, 그것은 내 침대 옆에서 자고 있던 알베르틴이 넓적다리를 내밀고 있을 때와 똑같다. 나는 그녀에게, 당신은 그 엘스티르의 그림을 떠올리게 한다고 몇 번이나 말하고 싶었는지 모른다. 그래도 내가 그 말을 하지 않은 이유는 그녀의 마음에 여자의 알몸 모습을 불러일으키지 않기 위해서였다. 이제 내 눈앞에는 세탁소 처녀와 그 친구들과 함께 있는 알베르틴의 모습이 떠오른다. 그런 그녀는 발베크에서 내가 그녀의 친구들에게 에워싸여 앉아 있었을 때 그토록 사랑했던 동아리를 다시 구성하고 있었다. 만약 내가 오직 형태의 아름다움에만 예민한 미술 애호가였다면, 알베르틴이 지금의 동아리를 이루는 데 사용하는 요소가, 베르사유 궁전에서 대조각가들이 숲 속 곳곳에 설치하거나, 분수에서 샘솟는 물결이 애무하는 대로 몸을 맡기고 있는 조각상 같은 알몸의 여신들인 만큼, 전보다 훨씬 더 아름다운 동아리라고 생각했으리라. 이제 내 눈에는, 세탁소 처녀 옆에 있던 알베르틴은 발베크 시절보다 훨씬 더 바닷가 젊은 아가씨다웠고, 대리석으로 빚은 나상(裸像) 같은 두 사람은 후끈한 열기와 초목 속에서, 물 위를 떠다니는 돋을새김처럼 발을 물에 담그고 있었다. 침대에서의 알베르틴 자태를 떠올리면서, 나는 곡선을 그리고 있는 그녀의 넓적다리가 눈앞에 보이는 듯했다. 실제로 나는 그 넓적다리를 떠올릴 수 있었는데, 그것은 백조의 목이 되어 상대 처녀의 입을 원하고 있었다. 그러자 이제 보이는 것은 넓적다리가 아니라 백조의 대담한 목뿐이었으며, 그것은 선이 가늘게 떨고 있는 듯한 어떤 습작 속에서 레다(Leda)*의 입을 찾고 있는 백조의 목 같았다. 그 레다가 여성의 쾌락만이 지닌 독특한 경련으로 온몸을 떨고 있음을 알 수 있었다. 왜냐하면 거기에는 한 마리의 백조밖에 없어서 그녀가 더욱 외로워 보였기 때문이다. 그것은 바로, 전화로 들으면 목소리의 억양이 확실하게 들리는 것과 같은데, 반대로 상대 얼굴이 눈앞에 있어서 그 표정을 객관적으로 파악할 수 있을 때에는, 목소리가 얼굴과 연관되어 억양을 좀처럼 식별할 수가 없는 것과 같다. 이 습작에서는, 쾌락을 주는 상대 여자가 그 자리에 없고 움직이지 않는 백조가 그것을 대신하고 있으므로, 쾌락은 그녀를 향하는 대신, 그 쾌락을 느끼는 여자 속에 깃들어 있다. 그러나 이따금 내 마음과 기억 사이의 의사소통은 끊어진다. 알베르틴이 세탁소 처녀와 저지른 짓은, 내게는 이제 아무것도 나타내지 않는 거의 대수 같은 기호로만 보인다. 그러나 한 번 끊어진 전류는 한 시간에 백 번이나 부활하여, 내 마음을 지옥불로 무참하게 태워버린다. 그때 나는, 질투가 되살린 알베르틴, 정말로 살아 있는 알베르틴이 세탁소 처녀의 애무에 몸을 뻣뻣이 하면서 "아아, 정말 좋아!" 상대에게 속삭이는 모습을 생생히 떠올린다.

그녀가 잘못을 저질렀을 때, 그때는 곧 내가 나 자신을 찾고 있었을 때이기도 한데, 그녀는 아직 살아 있었으므로 나로서는 그 잘못을 아는 것만으로

─────────────
*그리스 신화에 나오는 스파르타의 왕비로, 백조로 변신한 제우스와 정교(情交)했다고 함.

는 충분하지 않았다. 가능하면 내가 알고 있다는 사실을 그녀가 알기 바랐다. 따라서 그즈음의 내가 두 번 다시 그녀를 만날 수 없다는 생각에 미련이 남았다 해도, 그 원통함에는 질투의 각인이 선명히 찍혀 있어서, 사랑하고 있었을 무렵의 마음을 찢어놓는 원통함과는 거리가 멀었으며, 다만 그녀에게 다음과 같이 말해줄 수 없는 게 아쉬울 뿐이었다. "나와 헤어진 뒤 당신이 무슨 짓을 했는지 내가 절대 모를 거라고 생각했겠지? 그런데 난 모든 걸 알고 있어. 루아르 강변에서 당신은 세탁소 처녀에게 '정말 좋아!' 그렇게 말했지. 그리고 깨문 자국도 보았어." 물론 나는 자신에게 이렇게 들려주기도 했다. "왜 그런 것에 가슴 아파하는 거지? 세탁소 처녀와 쾌락에 빠졌던 여자는 이미 이 세상에 없고, 따라서 그녀가 한 짓이 어떤 가치를 지니는 것도 아닌데 말이야. 물론 그녀는 내가 알고 있을 줄은 꿈에도 몰라. 하지만 모른다는 생각조차 하지 못하지. 그녀는 아무것도 생각할 수 없으니까." 그러나 이런 논리도 나를 이해시키지 못하고, 눈에 떠오르는 쾌락의 모습은 그녀가 그것을 느끼고 있었던 순간으로 나를 데리고 돌아간다. 우리에게는 자신이 느끼고 있는 것만이 존재하고, 우리는 죽음이라는 허구의 울타리에 막히는 일 없이 느끼고 있는 것을 과거와 미래에 비추는 것이다. 물론 알베르틴의 죽음을 슬퍼하는 마음은, 이때 질투의 영향을 받아 이토록 특수한 형태를 취했는데, 그 영향은 물론 신비주의와 영혼불멸의 꿈이라 이르는 나의 욕망을 실현하려는 노력, 바로 거기까지 넓게 퍼졌다. 그래서 이때, 베르고트가 가능하다고 믿었듯이, 회전 탁자에서 그녀를 불러내거나, 또 X신부가 생각한 것처럼 저세상에서 그녀를 반쯤 만날 수 있을지도 모르지만, 내가 원하는 것은 오직 그녀에게 이렇게 말해주고 싶어서일 뿐이다. "세탁소 처녀에 대해서는 나도 다 알고 있어. 당신은 거듭 말했지, 아아, 정말정말 좋아, 이렇게 말이야. 깨문 자국도 봤어."

이 세탁소 처녀의 영상에서 나를 구원하러 온 것은 그 모습 자체였다. 물론 그것이 한동안 계속된 뒤 얘기지만. 그것은 우리가 정말로 아는 것은 새로운 것뿐이기 때문이고, 갑자기 감수성의 모습을 바꿔 우리를 놀라게 하는 것, 아직 습관에 의해 색깔이 희미해진 복사로 바뀌지 않은 것뿐이기 때문이다. 그러나 특히 나를 구원한 것은 알베르틴이 수많은 부분, 수많은 알베르틴으로 나뉜 것으로, 그것이 내 마음속 그녀의 유일한 모습이 되었다. 그녀가 오로지 다정하고, 총명하며, 진지하던 순간, 또는 무엇보다 운동을 가장 사랑했던 순간까지 다시 돌아왔다. 생각해보면, 이런 분열이 내 마음을 진정시킨 것은 마땅한 일이 아닐까? 왜냐하면 비록 그렇게 나쁜 그녀가 현실에 그대로 존재하는 건 아니라 해도, 만약 그것이, 잇따라 그녀가 내 앞에 나타난 다른 장면에서 오는 것이고, 마치 환등기가 비춰주는 영상의 곡선이 색유리의 곡선에서 오는 것처럼, 그러한 모양이 기억의 형태 자체라고 한다면, 이 분열은 나름대로 하나의 진리를, 그것도 매우 객관적인 진리를 나타내고 있기 때문이다. 즉 우리는 저마다 한 사람의 인간이 아니라 수많은 사람을 속에 품고 있으며, 그 사람들이 모두 똑같은 정신적 가치를 지니고 있지는 않다는 진리, 혹여 악덕에 물든 알베르틴이 존재했다 해도, 그 사실이, 다른 그녀도 있었음을 방해하지는 않는다는 진리. 다른 알베르틴이란, 자기 방에서 나와 함께 생시몽에 대해 얘기하는 것을 좋아한 그녀다. 헤어지는 게 좋겠다고 내가 말한 밤에, 몹시 슬픈 얼굴로 "이 자동 피아노와 이 방도 이제 다시는 볼 수 없겠군요" 말한 그녀. 그리고 내 거짓말에 내가 그만 눈시울이 뜨거워진 것을 보고, 진심으로 동정하면서 이렇게 소리친 그녀. "오! 이러시면 안 돼요. 당신을 이렇게 괴롭힐 바에는, 차라리 제가 무슨 짓이라도 하겠어요. 알았어요, 두 번 다시 당신을 만나려 하지 않을게요." 그렇게 되자 나는 더 이상 외톨이가 아니었다. 우리 사이를 갈라놓고 있던 벽이 사라진 것 같았다. 이 마음씨 고운 알베르틴이 돌아왔으니 나는 그녀가 가져온 고통의 해독제를 구할 수 있는 유일한 인물을 다시 발견한 것이다.

물론 나는 여전히, 그녀에게 세탁소 처녀 이야기를 하고 싶었다. 그러나 이제 그것은 잔인한 승리의 쾌감 때문도 아니고, 그 사실을 알고 있다는 것을 짓궂게 보여주고 싶어서도 아니다. 나는 알베르틴이 살아 있었을 때 그랬던 것처럼, 세탁소 처녀 이야기는 사실이냐고 그녀에게 부드럽게 물어보았다. 그녀는 그런 일은 절대로 없다고 내게 맹세했다. 에메의 말은 정확하지 않아요, 그 사람은 당신한테서 많은 돈을 받았기 때문에 아무 성과 없이 빈손으로 돌아갈 수가 없어서, 세탁소 처녀에게 멋대로 얘기하도록 시킨 거예요! 물론 알베르틴은 거짓말하는 것을 결코 그만두지는 않았으리라. 하지만 이리저리 동요하는 그녀의 모순된 말 뒤에, 나는 얼마쯤 진보가 있었음을 느낄 수 있었다. 처음 무렵의 그녀가 속내까지 이야기했는지 하지 않았는지

(했다고 해도 아마 작정하고 한 게 아니라 말하다가 무심코 흘러나온 정도일 것이다) 나는 분명하게 말할 자신이 없다. 이제는 기억이 나지 않기 때문이다. 게다가 그녀는 어떤 사물을 매우 괴상한 방법으로 부르는 버릇이 있어서, 그 말이 그것을 가리키는지 아닌지 아리송했다. 그러나 내 질투를 느끼고 난 뒤부터, 그녀는 처음에 기꺼이 털어놓던 얘기도 소심한 얼굴로 취소하기 시작했다. 본디 알베르틴은 아무것도 말할 필요가 없었다. 그녀의 결백을 믿게 하는 데는 키스만으로도 충분했으니까. 우리 사이를 갈라놓고 있었던 그 벽—사이가 틀어진 뒤의 연인들 사이를 가로막고 서 있는, 손에 잡히지 않는 튼튼한 벽처럼 두 사람의 입맞춤을 방해하는 벽—이 무너진 지금, 나는 그녀에게 얼마든지 키스할 수 있으니까. 그렇다, 그녀는 이제 내게 아무것도 말할 필요가 없었다. 그녀가 아무리 하고 싶은 대로 해도, 오 가엾은 아가씨여, 우리 두 사람을 갈라놓는 것을 넘어서 우리를 하나로 이어줄 수 있는 어떤 감정이 있었지. 이를테면 그 이야기가 사실이고, 알베르틴이 자신의 기호를 내게 숨기고 있었다 해도, 그것은 내게 고통을 주지 않기 위해서였으리라. 나는 그 알베르틴의 입을 통해 그 얘기를 듣는 기쁨을 맛보았다. 첫째로, 나는 그것 말고 다른 알베르틴을 지금까지 알고 있었던가? 타인과의 관계 속에서 사람이 상대를 오해하는 커다란 두 가지 원인 가운데 하나는 이쪽이 지나치게 선량한 것이고, 또 하나는 그 상대를 사랑하게 되는 것으로, 사람은 하나의 미소, 하나의 눈길, 하나의 어깨에 끌려 사랑을 하게 된다. 그것만으로 충분하다. 그때 희망과 슬픔의 긴 시간 속에서, 사람은 상대의 인격과 상대의 성격을 만들어낸다. 그리고 나중에 사랑하는 사람과 사귀게 되었을 때, 아무리 가혹한 현실과 마주해도, 그 눈길과 그 어깨를 가지고 있었던 상대한테서 그 다정한 성격과 여성스럽게 우리를 사랑해주는 인품을 없앨 수는 없다. 마치 어릴 때부터 알고 있던 사람이 아무리 나이를 먹어도 그 사람한테서 젊은 시절 모습을 지울 수 없는 것처럼. 나는 알베르틴의 아름답고, 다정하며, 애처로운 눈길을 떠올렸다. 그녀의 통통한 뺨과 커다란 사마귀가 있는 목덜미를 돌이켜보았다. 그것은 죽은 여자의 영상이다. 그러나 이 죽은 여인은 살아 있었으므로, 살아 있는 동안에 그녀가 곁에 있었다면 틀림없이 내가 했을 일(만약 저세상에서 언젠가 그녀를 다시 만난다면 틀림없이 내가 할 일)을 지금 당장 해치우는 것은 문제도 아니었다. 즉 나는

그녀를 용서한 것이다.

알베르틴 곁에서 보낸 시간은 무척 귀중한 것이었으므로, 나는 그 어느 순간도 놓치고 싶지 않았다. 그런데 흩어진 재산도 때로는 그 일부를 되찾는 일이 있듯이, 나는 잃어버린 줄 알았던 몇몇 순간들을 다시 찾아냈다. 스카프를 목 앞이 아니라 뒤에서 묶었을 때, 나는 그때까지 한 번도 생각한 적이 없었던 그날의 산책이 머리에 떠올랐다. 그 산책 때 알베르틴은 차가운 공기가 내 목에 닿지 않도록, 먼저 키스를 한 뒤 이런 식으로 스카프를 매주었다. 이렇게 사소한 동작에 의해 기억 속에 되살아난 이 평범하기 짝이 없는 산책이 내게 큰 기쁨을 주었다. 이미 세상을 떠난 사랑했던 여자의 물건들을 그녀의 늙은 하녀가 가져오면, 그것이 우리에게는 더없이 귀중한 것이 되어 커다란 기쁨을 주듯이. 나의 슬픔은 그로 인해 훨씬 풍요로워졌다. 하물며 스카프에 대해서는 그 뒤로 한 번도 생각한 적이 없었던 만큼 더 말할 나위도 없었다. 본디 사랑의 추억도 기억 자체의 일반 법칙에서 예외가 아니며, '습관'의 법칙에 지배받고 있다. '습관'은 모든 것을 약하게 만드므로, 우리에게 어떤 사람을 가장 잘 떠올리게 하는 것은, 그야말로 하잘것없어서 그동안 잊고 있었던 것, 그래서 우리가 그 모든 힘을 남겨둔 것이다. 이렇게 우리 기억 속에서 가장 좋은 부분은 우리 바깥쪽에 있다. 그것은 비를 품은 듯한 바람이나, 어떤 방의 곰팡이 냄새, 활활 타오를 때의 불꽃 냄새 속에 있고, 우리 자신 가운데 지성이 무시했던 부분, 과거 속에서 마지막까지 남겨둔 가장 좋은 것, 눈물샘이 완전히 말라버렸다고 생각할 때도 다시 우리에게 눈물을 흘리게 하는 것들 속에 있다.

우리의 외부에 있다고? 아니, 오히려 결국은 같은 일이므로, 내부에 있다고 해도 괜찮다. 그러나 우리 자신의 시선에서 자취를 감추어 망각 속에 숨어 있다. 다만 오직 이 망각 덕분에 우리는 이따금 지난날의 자기 존재를 찾아내서, 그 존재가 직면한 것 앞에 자신의 위치를 두고, 예전에 사랑했던 것, 지금은 아무래도 상관없게 된 것 때문에 괴로워할 수도 있다. 그도 그럴 것이 우리는 이미 지금의 자신이 아니라 과거의 존재가 되기 때문이다. 습관이 된 기억의 햇살에 언제까지나 밝게 비춰지면, 과거의 영상은 조금씩 빛을 잃고 사라져간다. 이제 그것은 흔적도 남지 않고, 우리는 두 번 다시 과거를 찾아낼 수 없다. 현재의 나는 더 이상 알베르틴을 사랑하지 않는다. 그녀를 사랑했던 나는 죽어버렸다. 하지만 내 마음에는 에크모빌*이라는 지명이 남아 있어서, 나의 그 부분은 평소 같으면 더 이상 나를 괴롭히지 못하게 된 것에도 눈물을 흘리기 시작했다. 마치 국립도서관에 소장된 책을 통해 이미 사라져버린 작품을 알 수 있는 것처럼, 또 마치 오페라 부(部) 지하실에 묻혀 있던 위대한 가수의 노래를 녹음한 레코드가, 그 가수가 죽자 영원히 침묵한 것으로 여겼던 그의 목소리로 노래를 시작하는 것처럼. 미래와 똑같이 과거도 모든 것을 한꺼번에 맛보는 게 아니라 한 알씩 한 알씩 맛보는 법이다.

게다가 나의 슬픔은 참으로 다양한 형태를 취하니, 때로는 그것이 슬픔인 줄도 모르게 된다. 나는 격렬한 사랑을 하고 싶었다. 내 곁에 있어줄 사람을 찾고 싶었다. 이는 더 이상 알베르틴을 사랑하지 않는 증거 같지만, 사실 여전히 그녀를 사랑하고 있다는 증거였다. 격렬한 애정을 느끼고 싶은 욕구는 알베르틴의 포동포동한 뺨에 키스를 하고 싶은 욕망과 마찬가지로, 그녀를 그리는 마음의 일부, 바로 그것이었으니까. 그리고 나는 속으로 다른 여자와 새로운 사랑에 빠지지 않아서 다행이라고 생각했다. 나는 깨달았다, 영원히 계속될 알베르틴을 향한 이 격렬한 사랑은 지난날 그녀에게 품었던 감정의 그림자 같은 것이고, 그 감정의 여러 부분을 재현하면서, 죽음 저편에까지 반영된 그 감정의 현실과 똑같은 법칙에 따르고 있다는 것을. 왜냐하면 나는 만약 알베르틴을 생각하는 마음과 마음 사이에 틈을 만들 수 있다면, 또 만약 거기에 너무 큰 간격을 만들어버렸다면, 더 이상 그녀를 사랑하지 않는다는 사실을 확실히 느꼈을 테니까. 이 끊어짐으로 그녀는 아무래도 상관없는 여자가 되어버릴 것이다, 마치 지금 할머니가 내게 있어서 그렇게 되어버린 것처럼. 그녀를 생각하지 않고 너무 긴 시간이 지나가버리면, 생명의 원리 자체인 연속성이 내 추억 속에서 끊어져 버릴 것이다. 하기야 어느 정도 시간이 지난 뒤에 그 연속성이 돌아오는 경우도 있기는 하다. 알베르틴이 살아 있을 때 내가 품은 사랑도 그런 게 아니었을까? 그 사랑은 오랫동안 그녀를 떠올리지도 않다가 나중에 다시 시작되었으니까. 그런데 나의 추억도 같은 법칙에 따라 더 이상의 간격은 견딜 수 없을 터였다. 추억은 북극의 오로라처럼, 알베르틴에 대해 내가 품고 있던 감정을 그녀가 죽은 뒤에 반영시키고

_____

* 발베크 근처의 지명.

있을 뿐이기 때문이다. 그것은 내 사랑의 그림자 같은 것이다. 사랑 없이 살아가는 편이 현명하며 행복하다고 생각하는 건 그녀를 완전히 잊어버린 뒤에야 가능하리라. 그리하여 알베르틴을 그리는 마음은 내게 누이동생 같은 여자에 대한 욕망을 일으키는 것인 만큼, 그 욕망은 채워질 수 없는 게 되었다. 알베르틴을 그리는 마음이 조금씩 약해짐에 따라 누이동생 같은 여자에 대한 욕망도 약해질 것이다. 이것은 알베르틴을 그리는 마음의 무의식적인 한 형태에 지나지 않았기 때문이다.

그럼에도 내 사랑이 가져다준 이 두 가지 후유증은 같은 속도로 사라지진 않았다. 때로는 그녀와 결혼하려고 마음먹은 적도 있었다. 그만큼, 알베르틴을 그리워하는 마음은 완전히 시들해졌지만, 누이동생을 원하는 마음은 여전히 큰 힘을 가지고 있었다. 반대로 나중에 질투심이 섞인 추억이 사라져버리자, 불현듯 알베르틴에 대한 사랑이 마음에 솟아나기도 했다. 그럴 때 나는 내가 다른 여자들을 사랑했던 일을 떠올리면서, 알베르틴이었다면 그 사랑을 이해했을 테고, 그녀들에 대한 사랑을 공감해주었을 거라고 생각했다. 그러면 여자를 좋아하는 알베르틴의 악습도 마치 사랑의 원인처럼 되는 것이었다. 때로는 내 질투심이 되살아나기도 했는데, 알베르틴을 질투하면서도 그녀에 대해서는 생각하지 않았다. 나는 앙드레를 질투하고 있다고 생각했다. 그녀가 그 무렵 어떤 연애 사건에 빠져 있다는 얘기를 들었기 때문이다. 그런데 앙드레는 내게 있어서 단순히 겉으로 봤을 때의 주체인 명의인(名義人)이고, 우회로이며, 콘센트에 지나지 않아서, 그것을 통해 간접적으로 알베르틴과 연결되어 있었다. 이런 식으로 꿈속에서도 어떤 사람에게 다른 얼굴과 다른 이름을 부여하는 일이 있지만, 그럼에도 그것이 진정 누구인지는 틀리는 일이 없다. 요컨대 이런 특수한 경우에는 일반 법칙에 어긋나는 다양한 현상이 일어나는데, 알베르틴이 남긴 감정은 그 최초의 원인을 만든 본인의 추억보다 쉽게 없어지지 않는다. 감정뿐만이 아니다. 감각도 마찬가지다. 스완은 오데트한테서 마음이 떠나기 시작했을 때 사랑의 감각조차 떠올릴 수 없게 되어버렸지만, 그 점에서 나는 스완과 달라서, 이제 다른 남자에 대한 이야기에 지나지 않게 된 하나의 과거를 다시 한 번 경험하고 있는 것 같다는 생각이 들었다. 내 자아는 이를테면 둘로 나뉘어져, 가장 윗부분은 이미 차갑게 굳어졌지만, 오래전부터 마음이 알베르틴을 생각하지 않게 되었을 때도 바닥 쪽에는 여전히 불꽃이 널름거리고 있어서, 옛날의 전류가 흐를 때마다 나의 밑바닥 부분은 불타올랐다. 그런데 가슴이 아무리 세차게 뛸 때도, 그곳에 그녀의 영상이 나타나는 일은 없었고, 또 발베크에서처럼 이미 장밋빛으로 물든 사과나무를 스쳐가는 차가운 바람이 내 눈에서 눈물을 자아낼 때도 마찬가지여서, 마침내 나는 이렇게 생각하기 시작했다. 도대체 이 고뇌가 다시 찾아온 것은 완전히 병적인 원인에 의한 게 아닐까, 내가 추억의 재생, 사랑의 최종 단계라고 여기고 있었던 것은 다름 아닌 심장병의 시작이 아닐까.

어떤 종류의 질병에는 이차적인 증상이 있는데, 환자는 그것을 질병 자체와 혼동하기 쉽다. 그런데 그 증상이 끝나면 환자는 자신이 뜻밖에 회복에 가까워지고 있음을 알고 놀라는 것이다. 샤워실과 세탁소 처녀에 대한 에메의 편지가 가져온 고통—그것으로 일어난 '합병증'—도 그런 것이었다. 그러나 만약 마음의 의사가 진찰하러 온다면, 그 밖의 관점에서 나의 슬픔 자체는 쾌유를 향하고 있다고 판단했으리라. 물론 나는 인간이고, 과거와 현재의 현실에 동시에 몸담고 있는 이중적인 존재의 한 사람이므로, 내 안에는 언제나 알베르틴이 살아 있었던 추억과 그녀가 죽었다는 인식 사이의 모순이 존재하고 있었다. 하지만 그 모순은 이를테면 이전과는 반대되는 것이었다. 알베르틴이 죽었다는 관념, 그것은 처음에 내 마음속에 그녀가 살아 있다는 관념을 격렬하게 공격해왔기 때문에, 나는 밀려드는 파도 앞에서 어린아이처럼 당황하여 달아나야만 했는데, 이 죽음의 관념은 끊임없는 습격을 되풀이해 마침내 내 마음속에서, 얼마 전까지 삶의 관념이 차지하고 있었던 장소를 정복해버렸다. 나 자신도 미처 깨닫지 못했지만, 지금은 알베르틴의 죽음이라는 이 관념이—살아 있는 그녀에 대한 현재의 추억이 아니라—무의식적으로 펼치는 내 몽상의 대부분을 차지하고 있었다. 그래서 문득 몽상을 멈추고 나 자신을 돌아볼 때 나를 놀라게 한 것은, 처음 무렵처럼 내 마음속에서 이토록 생생하게 살아 있는 알베르틴이 더 이상 이 세상에 존재하지 않고 죽어버린 것이 있을 수 있는 일인가 하는 마음이 아니라, 이제 이 세상에 없는 죽어버린 알베르틴이 내 마음속에서 이렇게 생생하게 살아 있다는 사실이다. 끊이지 않고 떠오르는 추억은 어두운 터널을 만들고, 그 속에서 나는 너무나 오랫동안 몽상에 빠져 있었으므로, 자신이 있는 장소에도 주의를 기울이지 않게 되었는데, 그 어두운 터널이 갑자기 끊기고 잠깐 햇살이 비쳐들더니, 먼 곳에 밝고 푸른 세계가 어른어른 떠올랐다. 그곳에서 알베르틴은 매력적이기는 하지만 아무래도 상관없는 하나의 추억에 지나지 않게 되었다. 도대체 이것이 정말 그녀란 말인가? 나는 생각했다. 아니면 내가 그토록 오랫동안 헤매고 있었던 그 어둠 속에서 그야말로 유일한 현실로 보이던 사람이 그것인가? 바로 조금 전까지의 나는 오로지 알베르틴이 밤인사를 하러 와서 키스하는 순간만 기다리면서 사는 인간이었지만, 나 자신이 어떤 증식을 이룬 결과, 그 인물은 이제 반쯤 탈피하려던 나의 작은 부분에 지나지 않는 것처럼 보이기 시작했다. 그리고 나는 피어나는 꽃처럼, 스스로 껍데기를 벗어던짐으로써 젊어지는 신선함을 느꼈다. 더욱이 이런 순간의 계시는 아마도 알베르틴에 대한 나의 사랑을 더욱 잘 이해하게 한 것 같다. 마치 도무지 변하지 않는 모든 관념에 대해서는, 자신을 명확하게 하기 위해 반대 의견이 필요한 것처럼. 이를테면 1870년의 전쟁을 체험한 사람들은 자신들에게 전쟁의 관념이 자연스럽게 보이는 것은, 전쟁을 충분히 생각하지 않았기 때문이 아니라 늘 생각하고 있었기 때문이라고 한다. 그러나 전쟁이 얼마나 기이하고 중대한 일인지 이해하기 위해서는, 어떤 계기에서 그들이 끊임없는 고정관념에서 벗어나, 전쟁이 지배하고 있다는 사실을 잠깐 잊고 평화로운 시대의 그들로 돌아가야만 한다. 그러다 보면 느닷없이 이 잠깐의 공백 위에 전쟁의 추악한 현실이 선명하게 떠오를 것이다. 그들은 오랫동안 전쟁밖에 보지 못했으므로 그것을 볼 수 없었다. 적어도 내 안에서 알베르틴의 수많은 추억이 조금씩 단계적으로 사라지는 게 아니라, 내 기억의 모든 전선(戰線)에서 한꺼번에, 한결같이, 동시에 철수를 끝내고, 그녀의 배신에 대한 기억이, 다정했던 그녀에 대한 추억과 함께 멀어져간다면, 망각은 내 마음에 평온을 가져다주었으리라. 그러나 그렇게는 되지 않았다. 마치 조수가 불규칙적으로 빠지는 바닷가에 있는 것처럼, 뭔가의 의혹이 나를 향해 달려들어도, 그때 곁에 있는 다정한 그녀의 영상은 이미 나한테서 멀리 물러나버려서, 더는 그 물어뜯긴 상처를 치료할 방법을 찾을 수 없게 되었다.

나는 배신이라면 신물이 날 정도로 시달렸다. 왜냐하면 아무리 먼 옛날의 일이라고 해도 내게는 조금도 옛일이 아니었기 때문이다. 하지만 그것이 옛일이 되었을 때, 즉 그다지 생생하게 떠오르지 않게 되었을 때, 나의 고통도 줄어들었다. 무언가가 멀어지는 것은 현실적인 시간이 얼마나 흘렀는가 하는 것보다 그것을 바라보는 기억의 시력에 비례하기 때문이다. 마치 전날 밤에 꾼 꿈에 대한 기억이 가물가물하여 몇 년 전에 일어난 사건보다 멀어 보일 때가 있듯이. 그러나 알베르틴이 죽었다는 관념은 내 마음속에서 계속 진행되고 있으면서도 그녀가 살아 있다는 감각도 그것에 거꾸로 나아가고 있어서, 죽었다는 관념을 멈추게 하지 않아도 그것을 거슬러 올라가 그 규칙적인 진행을 방해했다. 이제야 깨닫지만, 그 시간 동안(옛날에 내 집에 갇혀 있었을 때는, 그녀가 잘못을 저지를 리 없다는 것을 믿고 있었으므로 잘못 같은 건 거의 상관없다고 생각했고, 그로 인한 고통도 마음에서 사라져 있었으므로, 그것이 결백의 증거인 것처럼 여겼는데, 아마 그 시간을 잊었기 때문이리라) 나는 알베르틴이 죽었다는 생각과 똑같이 새롭고, 똑같이 견디기 힘든 어떤 관념에 끊임없이 시달리면서 살아가고 있었다(그때까지 나는 언제나, 그녀가 살아 있다는 관념에서 출발하고 있었다). 그 새로운 관념은 스스로 깨닫기 전부터 조금씩 내 의식의 밑바탕을 이뤄, 알베르틴이 결백하다는 생각을 대신하게 된 것은 그녀가 죄를 짓고 있다는 관념이었다. 그녀가 수상하다는 생각이 들었을 때, 나는 반대로 그녀를 믿었다. 그것과 마찬가지로, 아직 반신반의하면서도 나는 그녀에게 죄가 있다는 확신을 다른 여러 사고방식의 출발점으로 삼았다. 반대의 사고방식과 마찬가지로, 이것 또한 수없이 부정된 확신이다. 그 시간 동안 나는 몹시 괴로워했는데, 이제는 그것도 어쩔 수 없는 일이었음을 이해한다. 하나의 고통에서 치유되는 것은 오직 그것을 철저하게 경험했을 때이기 때문이다.

알베르틴을 모든 접촉에서 가로막아 그녀가 결백하다는 환상을 만들어내거나, 나중에는 그녀가 살아 있다는 생각을 바탕으로 온갖 추리를 하면서, 나는 오로지 회복의 시기를 늦추고 있었다. 그것은 회복에 앞서 필요한 긴 고통의 시간을 늦추고 있었기 때문이었다. 그런데 알베르틴이 죄를 지었다는 관념에 습관이 작용하면, 지금까지의 인생에서 내가 경험한 바와 같은 법칙에 따라 일이 진행될 것이다. 이를테면 게르망트라는 이름은, 수련이 가장자리를 장식하고 있는 길이나 질베르 르 모베의 그림 유리창 등이 갖는 의미와 매력을 이미 잃어버렸고, 알베르틴의 존재는 바다 위에서 일렁이는 푸른 파도가 갖는 의미와 매력을 잃었으며, 스완과 엘리베이터 보이와 게르망트 대공부인의 이름, 또 그 밖의 수많은 이름들도 그것이 내게 의미했던 모든 것을 잃어버리고 있었다. 이러한 매력과 의미는 내 마음에 단 한 마디를 남긴 채, 이 말도 다 자랐으니 혼자 설 수 있을 것으로 생각하고 사라져갔다. ─마치 하인을 훈련시키기 위해 일을 가르치던 사람이 몇 주일 뒤에는 가버리듯이─그것과 마찬가지로 알베르틴이 죄를 지었다는 관념의 강렬한 고통도 습관의 작용으로 내게서 쫓겨나게 될 것이다. 게다가 지금부터 그렇게 되기까지, 마치 협공하듯이 이 습관의 작용에 두 원군이 협력의 손길을 내밀 것이다. 한편으로 이렇게 알베르틴이 죄를 지었다고 생각하는 것은, 내게 있어서 가능성이 높은 습관적인 관념이 되어 이전처럼 심하게 괴롭지는 않는다는 점이다. 그러나 다른 한편으로 그것이 이전처럼 괴롭지는 않기 때문에, 그녀가 죄를 지었다는 이 확신에 대한 반론─괴로워하고 싶지 않은 마음에서 내 이성에 부추긴 반론─도 하나씩 사라져갈 것이다. 그리하여 각각의 작용이 다른 작용을 가속시켜, 나는 금세 알베르틴이 결백하다는 확신에서 그녀가 유죄라는 확신으로 옮아가리라. 알베르틴이 죽었다는 관념과 그녀가 잘못을 저질렀다는 관념이 내게 습관적인 것이 되기 위해서는 즉 그러한 관념을 잊고 마지막으로 알베르틴 자신을 잊기 위해서는, 먼저 그러한 관념과 함께 살아가야만 했다.

나는 아직 거기까지 다다르지는 않았다. 때로는 책을 읽다가 지적 흥분에 기억이 더욱 선명하게 떠올라 새롭게 슬픔을 느끼는 일도 있었고, 때로는 반대로, 이를테면 폭풍을 품은 불길한 날씨가 슬픔을 부추겨서, 우리 사랑의 어떤 추억을 밝은 빛을 향해 높이높이 날아오르게 하여 다가가는 일도 있었다. 하기야 죽은 알베르틴에 대한 이러한 사랑의 재연은, 한동안 그녀에게 무관심해지고 다른 여성들에게 한눈을 팔았던 시기 뒤에도 일어난 적이 있다. 바로 발베크에서 입맞춤을 거부당한 뒤 시작된 오랜 기간 동안, 나는 게르망트 부인과 앙드레와 스테르마리아 양에게 훨씬 관심을 두었음에도, 그 뒤에 다시 알베르틴을 자주 만나게 되자 사랑이 부활한 것처럼. 그런데 지금도 다른 여자들에 대한 관심 때문에 그녀에게 아무래도 무관심해져서, 이별이 현실이 되는 일도 있었다. 이번에는 죽은 여자와의 이별이었지만, 모두 같은 이유에 기인한 것이었다. 즉 그녀는 내게 살아 있는 여자였다. 더 뒷날 그녀를 더 이상 사랑하지 않게 되었을 때도, 그것은 분명 내게 하나의 욕망으로 계속 남아 있었다. 곧 싫증이 나지만, 한동안 내던져두면 되살아나는 욕망이다. 나는 살아 있는 한 여자의 뒤를 쫓는다. 이어서 다른 살아 있는 여자의 뒤를 쫓다가 나의 죽은 여자에게 돌아오는 것이다. 가끔씩 나는, 더 이상 알베르틴을 생생하게 떠올릴 수 없게 되었을 때, 나 자신의 가장 어두운 부분에서 우연히 나타난 하나의 이름이, 이제는 있을 리 없다고 생각했던 괴로운 반응을 불러일으키는 일도 있었다. 마치 빈사 상태에 빠진 사람들의 뇌가 이미 아무것도 생각할 수 없게 되었어도 바늘로 찌르면 손발이 꿈틀거리듯이, 그러한 자극이 오랫동안 좀처럼 찾아오지 않으면 나는 자신한테서 슬픔과 질투의 발작이 일어나기를 바라면서, 자신을 다시 과거와 연결하여 그녀를 더욱 생생하게 떠올리려고 한다. 왜냐하면 한 여자를 그리워하는 마음은 부활하는 애정이고, 그것도 사랑과 똑같은 법칙에 지배받기 때문이며, 알베르틴을 그리는 마음은 살아 있을 때 그녀에 대한 사랑을 증대시킨 바와 같은 원인에 의해 강화되었는데, 가장 먼저 나타나는 것은 언제나 질투와 고뇌였다. 그러나—질병과 전쟁은 선견지명이 있는 사람의 예측을 넘어서서 계속되는 경우가 있으므로—그런 기회도 이따금 내가 모르는 사이에 찾아와서 내게 강한 충격을 주었기 때문에, 나는 추억을 찾는 것보다 고통에서 몸을 사리는 데 더욱 급급했다.

게다가 쇼몽(Chaumont)*이라는 말은(기억에서는 두 개의 다른 이름에 공통 음절이 하나라도 있으면, 조금의 양도체로 만족하는 전기기사처럼, 알베르틴과 내 마음 사이의 접촉을 회복하는 데 충분하다) 어떤 특정한 의혹과 연관될 필요도 없이 의혹을 일깨웠다(그 암호는 과거의 문을 여는 마법의 주문 '열려라 참깨'이며, 그 과거를 사람이 더 이상 고려하지 않게 된 것은 싫증날 정도로 바라본 끝에 글자 그대로 내던져버렸기 때문인데, 그리하여 사람은 과거를 빼앗기고, 그 상실을 통해 마치 하나의 각과 함께 한 변을 잃은 도형처럼 자기 자신의 인격이 변형되었다고 생각했다). 이를테면 어떤 문장 속에 옛날 알베르틴이 갔을지도 모르는 거리나 길의 이름이 들어 있다는 것만으로, 이미 그 문장은 하나의 육체, 하나의 집을 찾는 질투, 어떤 물질을 거기에 자리잡게 하고 어떤 특수한 것의 실현을 추구하는, 아직 존재하

---

* '쇼브 몽(chauve mont)', 곧 '민둥산'.

지 않는 잠재적인 질투를 구체화한다.

　가끔 잠자고 있는 것만으로 한꺼번에 기억의 몇 페이지와 달력의 몇 장을 무심히 넘겨버리는 그 '재연', 그 꿈의 '다카포(da capo)'*가 과거로 거슬러 올라가서 나를 지난날의 괴로운 인상으로 데리고 돌아갈 때가 있다. 이제까지 오랫동안 다른 인상에 자리를 양보하고 있었던 것이 다시 현재의 인상으로 돌아온 것이다. 보통 그러한 인상에는 서툴지만 감동적인 연출이 있고, 그것이 착각을 일으켜, 그때 내가 눈으로 보고 귀로 들었던 것이 그 뒤로는 이 밤의 사건이 된다. 그리고 사랑 이야기, 망각에 대한 사랑의 투쟁 이야기에서 꿈은 깨어 있을 때보다 큰 자리를 차지하는 게 아닐까? 꿈은 미세한 시간의 눈금 따위는 고려하지 않고 시간의 추이도 생략한 채, 커다란 대조를 이루는 것만 대치시켜, 낮에 천천히 짜 올린 위안의 일감을 한순간에 풀어버리고, 밤에 그녀와의 만남을 주선해준다. 만약 두 번 다시 만나지 않으면 우리는 그녀를 잊을 수 있을 텐데. 그것은 누가 뭐래도, 꿈속에서 일어난 사건이 완전히 진짜처럼 보이기 때문이다. 다만 깨어 있을 때의 경험에서 이끌어 낸 이유만이 그것을 진짜로 생각할 수 없게 만드는데, 그 경험은 꿈을 꾸고 있는 동안은 숨겨져 있다. 그래서 이 진짜 같지 않은 생활이 우리에게는 진짜로 보이는 것이다. 때로는 내적 조명의 결함으로 연극을 망치는 경우도 있다. 교묘한 연출로 추억이 마치 현실 생활 같은 착각을 일으켜, 나는 정말로 알베르틴과 만날 약속을 하고 이제부터 그녀를 만날 수 있을 거라고 믿었는데, 나는 그때 아무리 해도 그녀 쪽으로 다가갈 수가 없고, 하고 싶은 말을 하거나 그녀의 얼굴을 보기 위해 꺼진 등불에 다시 불을 붙일 수도 없음을 느낀다. 이 속박은 단순히 잠을 자고 있는 사람의 움직이지도 못하고 말하지도 못하며 보이지도 않는 상태가 꿈에 나타난 것에 지나지 않는다. 마치 어딘가에 숨어 있던 커다란 그림자가 갑자기 나타나, 환등기로 비추고 있던 인물들을 삼켜버리는 것과 같은데, 그것은 사실 환등기 자체이거나 그것을 다루고 있는 사람의 그림자이다. 또 어떤 때는, 꿈속에 알베르틴이 나타나 또다시 내게서 떠나려고 하지만, 그녀의 그 결심도 내 가슴은 조금도 울리지 못한다. 왜냐하면 내 기억에서 나오는 한 줄기 경고의 빛이 잠의 어둠 속을

---

＊'처음부터 다시 되풀이'라는 뜻으로 쓰는 음악 용어.

비추고 있었기 때문이다. 알베르틴 속에 깃들어 있으면서, 그녀의 미래 행동과 그녀가 예고하는 떠남에서 모든 중요성을 빼앗아가는 것은 그녀가 죽었다는 관념이었다. 그러나 알베르틴이 죽었다는 기억은, 아무리 그것이 선명해도, 알베르틴은 살아 있다는 감각을 파괴하지 않고 이따금 그것과 한데 뭉친다. 나는 그녀와 얘기를 나누고 있다. 내가 얘기하는 동안 할머니가 방 안에서 내내 왔다갔다한다. 할머니의 턱은 삭은 대리석처럼 일부가 떨어져나갔지만, 나는 그것을 전혀 이상하다고 생각하지 않는다. 나는 알베르틴에게 발베크의 샤워실과 투렌의 어느 세탁소 처녀에 대해 물어보고 싶은 게 있다고 말하지만, 시간은 충분하며 이제 아무것도 서두를 필요가 없으므로 질문을 뒤로 미루고 만다. 그녀는 나쁜 짓은 아무것도 하지 않았다고, 어제 뱅퇴유 양의 입술에 키스했을 뿐이라고 말한다. "뭐라고? 그 사람이 여기 있다고?"—"맞아요, 그리고 나 이제 그만 가봐야 해요. 그 사람을 만나기로 했거든요."

알베르틴이 죽은 뒤로, 나는 그녀를 살아 있었던 마지막 무렵처럼 내 집에 갇힌 여자로 생각하고 있는 건 아니어서, 그녀가 뱅퇴유 양을 방문하는 일은 나를 불안으로 내몬다. 나는 그것을 알고 싶지 않다. 알베르틴은 키스를 했을 뿐이라고 말하지만, 모든 것을 부정했을 때와 마찬가지로 또 거짓말하기 시작한 것이 틀림없다. 아마 오늘부터도 뱅퇴유 양에게 키스하는 것만으로는 만족하지 않을 것이다. 물론 어떻게 생각하면 내가 이런 걱정을 하는 것은 잘못이라고 할 수 있다. 왜냐하면 사람들의 이야기에 의하면, 죽은 사람은 아무것도 느끼지 않고 아무것도 할 수 없다니까. 분명히 그렇게 말들은 한다. 그런데도 죽은 할머니는 몇 년 전부터 계속 살아 있고, 지금 이 순간에도 방 안을 왔다갔다하고 있다. 물론 일단 눈을 뜨면, 죽은 사람이 계속 살아 있다는 이런 생각은 이해도 설명도 할 수 없을 게 뻔하다. 그러나 꿈이라는 이 잠깐의 광기 상태에 놓인 동안, 나는 수없이 그런 관념을 품어왔으므로, 마침내 그 생각에 익숙해지고 말았다. 꿈의 기억도, 자주 되풀이되면 오래 계속되는 수가 있다. 나는 상상한다, 혹여 오늘은 병이 나아 이성을 되찾는다 해도, 그 남자라면, 자기 정신생활의 지나간 어느 시기에 말하려던 바를 다른 사람들보다 조금은 잘 이해하고 있을 거라고. 그는 어떤 정신병원을 방문한 사람들에게, 의사가 뭐라고 하든 자신은 이성을 잃지 않았고 결코 미치지도 않았다는 것을 설명하기 위해, 자신의 건강한 정신과 환자들의 광기에 사로잡힌 망상을 비교하고 이렇게 결론을 내렸다. "보십시오, 저 남자는 완전히 다른 사람과 똑같아 보이지 않습니까? 아무도 그가 미친 사람이라고 생각하지 않아요. 그런데 말이오! 진짜 미치광이입니다. 저자는 자신을 예수 그리스도라고 생각하고 있으니까요. 하지만 그런 바보 같은 얘기가 어디 있습니까? 예수 그리스도는 바로 난데 말이오!" 꿈에서 깨어난 지 한참 지난 뒤에도 나는 여전히 알베르틴이 한 입맞춤 때문에 계속 고민했다. 그 이야기를 하던 그녀의 목소리가 아직도 귓전을 맴도는 듯한 기분이다. 사실 그 말은 내 귀 바로 옆을 지나간 게 틀림없다. 왜냐하면 그것을 입에 올린 사람은 바로 나 자신이니까. 나는 온종일 알베르틴과 얘기를 나눈다. 트집을 잡아 그녀에게 따져 묻고, 그녀를 용서하고, 그녀가 살아 있었을 때 그녀에게 늘 말하고 싶었지만 잊어버리고 말하지 못한 것을 보태어 말한다. 그리고 갑자기 나는 이렇게 생각하고 깜짝 놀랐다. 기억에 의해 되살아난 이 인물, 이 모든 말을 건넨 대상인 그녀에게는, 이제 어떠한 현실도 맞대고 있지 않다. 그 얼굴의 각 부분도 벌써 무너져버렸다. 게다가 하나의 통일된 인격을 부여하고 있었던 것은 살아갈 의욕이라는 끊임없는 압력뿐이었지만, 그것도 지금은 사라져버린 것이다.

다른 때는 꿈도 꾸지 않았는데, 눈을 뜨자 내 안에서 바람의 방향이 바뀐 것이 느껴졌다. 다른 방향에서 끊임없이 불어오는 차가운 바람은, 과거의 안쪽에서 찾아와, 평소에는 들리지 않는 시간을 알리는 먼 종소리와 출발의 기적을 옮겨온다. 나는 책 한 권을 집어 들려고 한다. 특히 좋아했던 베르고트의 소설을 다시 펼친다. 그 속의 느낌이 좋은 등장인물들은 썩 마음에 들었다. 이내 책의 매력에 사로잡힌 나는 마치 나 자신의 기쁨인 것처럼 나쁜 여자가 벌을 받았으면 좋겠다고 생각하기 시작했고, 두 약혼자의 행복이 약속되자 눈시울이 붉어졌다. "그렇지만!" 나는 절망하여 소리친다. "알베르틴이 했을지도 모르는 일이 내게 아무리 중요하다 해도, 그녀의 인격은 엄연히 현실에 존재하며 사라지지 않는다거나, 언젠가 천국에서 조금도 변하지 않는 모습의 그녀를 만날 수 있을 거라고 결론 내릴 수는 없다. 베르고트의 상상 속에서만 존재했던 인물, 나는 한 번도 만난 적 없고, 얼굴도 마음대로 상상할 수 있는 인물의 성공을 진심으로 빌면서 이렇게 간절히 기다리거나,

눈물을 흘리면서 맞이하고 있으니까." 게다가 이 소설에 나오는 매력적인 소녀들, 사랑의 편지, 밀회 장소인 호젓한 오솔길은 사람들이 남몰래 서로 사랑할 수 있다는 걸 생각하게 하여, 마치 알베르틴이 이 호젓한 오솔길을 산책이라도 한 것처럼 내 질투심을 자극했다. 또 여기에 나오는 어떤 남자는 젊었을 때 사랑한 여자와 50년 뒤에 다시 만나지만, 상대가 누군지 알아보지 못하고 그 옆에서 이내 지루함을 느끼고 만다. 그것은 사랑이 반드시 영원히 계속되지 않음을 떠오르게 하는 동시에, 내가 마치 알베르틴과 헤어진 뒤, 나이를 먹고 나서 별 관심 없이 그녀와 재회할 운명에 처한 듯한 혼란스러운 기분에 사로잡히게 한다. 또 프랑스 지도가 눈에 띄면, 내 눈은 겁에 질려 질투심이 일어나지 않도록 투렌은 보지 않으려 했고, 비참한 생각에 젖지 않도록 노르망디와도 마주치지 않으려고 했다. 노르망디에는 적어도 발베크와 동시에르의 이름이 적혀 있으며, 그 두 곳 사이에는 그녀와 함께 수없이 걸었던 많은 길이 있기 때문이다. 그 밖에 프랑스의 도시와 시골의 지명은 그저 눈에 보이거나 귀에 들리는 이름일 뿐, 그중에서 이를테면 투르라는 지명은 다른 것과 달리 실체가 없는 영상이 아니라 독을 품은 물질로 되어 있어서, 심장에 직접 작용하여 고동이 빨라지고 가슴이 아파오는 걸 느꼈다. 만약 이러한 힘이 몇몇 지명에 미치고, 따라서 그런 것을 다른 지명과 완전히 다르게 만들어도, 갈수록 자기 안에 갇혀서 오로지 알베르틴에게만 마음을 향하고 있는 내가, 이 억누를 수 없는 힘이 아마 다른 누구와도 다를 바 없는 평범한 한 아가씨한테서 왔다는 사실에 어떻게 놀랄 수 있겠는가. 이것은 그녀 말고 어떤 여자라도 만들어낼 수 있는 것으로, 복잡한 꿈과 욕망, 습관과 애정이 번갈아 나타나는 고통과 쾌락의 없어서는 안 될 개입과 접촉한 결과이다.

기억은 현실의 생활, 즉 심적인 생활을 충분히 유지할 수 있어서, 그것이 더욱더 그녀의 죽음을 오래도록 미루게 되었다. 나는 객차에서 내려오는 알베르틴, 생마르탱 르 베튀에 가고 싶다고 말하는 알베르틴을 떠올린다. 또 그보다 더 전에, 뺨을 가릴 만큼 폴로 모자를 깊게 눌러 쓰고 있던 그녀가 눈앞에 떠오른다. 나는 또다시 행복의 가능성을 발견하고 그 방향을 향해 달려 나가면서, 이렇게 자신에게 말한다. "우리는 캥페를레까지, 퐁타방까지도 함께 갈 수 있었을지 모른다." 발베크 근처에 그녀가 생각나지 않는 역은 하나도 없다. 따라서 이곳은 신화의 나라처럼, 내 사랑의 가장 오래되고 매력적인 전설, 그 뒤에 일어난 일로 완전히 사라져 버린 전설을 간직하고 있었고, 그것을 생생하고 잔인하게 되살리고 있었다. 아! 만약 언젠가 다시 그 발베크의 침대에서 자야 한다면 얼마나 고통스러울까! 그 침대의 구리 틀은 움직이지 않는 축이나 고정된 철봉 같아서, 내 생활은 그 주위를 빙글빙글 돌며 거기에 할머니와의 즐거운 잡담과 그 죽음의 공포, 알베르틴의 다정한 애무와 그 악덕의 발견을 차례차례 맡겨왔다. 지금 그곳에 펼쳐지려는 새로운 생활 속에서, 나는 그 유리문에 바다가 비치는 책장을 바라보면서 이 방에 알베르틴이 들어오는 일은 두 번 다시 없음을 알고 있었다. 발베크의 이 호텔은 시골 극장에 있는 단 하나의 무대장치 같은 게 아닐까? 몇 년 전부터 그곳에서는 참으로 다양한 연극들이 상연되었다. 무대장치는 어떤 희극에도 사용되었고, 또 첫 번째 비극, 두 번째 비극, 그리고 어떤 순수시극을 위해서도 쓰였는데, 마찬가지로 이 호텔도 언제나 그 벽 사이에 내 생애의 새로운 시대를 간직하면서, 이미 내 과거의 상당히 먼 곳까지 거슬러 올라가 있었다. 벽, 책장, 거울 등, 이 부분만이 언제까지나 변하지 않는다는 사실은, 전체적으로 변한 것이 그 밖의 부분이고 나 자신임을 확실히 느끼게 하는 동시에, 내게 비극적 낙관주의 같은 것을 믿고 있는 어린아이들은 가질 수 없는 인상을 안겨준다. 그러한 아이들은 인생, 사랑, 죽음 등의 신비는 남의 일이며 자신들과는 아무 관계도 없다고 생각하지만, 사람들은 세월이 흐를수록 그러한 신비가 자기 자신의 생활과 일체를 이루고 있었음을 괴로운 자긍심과 함께 깨닫게 된다. 나는 신문을 집으려고 했다. *

그런 이유로 신문을 읽는 것은 역겨웠다. 게다가 위험하기도 했다. 우리 마음속에서는 마치 숲 속 네거리처럼 하나하나의 관념에서 수많은 다른 길이 뻗어나와, 전혀 예기치 않았을 때 새로운 추억과 맞닥뜨릴 때가 있다. 포레(Fauré)의 가곡인 '비밀'은 브로이 공작의 〈왕의 비밀〉로 나를 이끌고, 브

---

* 프루스트는 이 뒤에 "그러나 나는 초조해졌다……"고 쓰기 시작하다가 그대로 멈추고 페이지를 비워놓은 채 다음으로 넘어갔다. 프라마리옹 판주(版註) 및 리브르 드포슈 판주는 조금 전의 기술(본권 2732페이지 이하)과 비슷한 내용이 될 성싶어 멈췄을 것으로 추정하고 있음.

로이라는 이름은 쇼몽이라는 이름으로 이끌었다. 또는 '성금요일'이라는 말이 골고다(Golgotha)를 떠올리게 했고, 골고다는 다시 그 말의 어원을 연상시켰는데, 이는 Calvus mons*¹에 해당하는 쇼몽(Chaumont)같이 보였다. *²그러나 어떤 길을 지나 쇼몽에 이르렀든, 이때 나는 너무나 심한 충격을 받았으므로, 추억을 찾는 것보다 당장 고통에서 몸을 보호해야겠다는 생각밖에 들지 않았다. 충격의 순간이 지나가자, 천둥소리와 마찬가지로 뒤늦게 찾아온 지성이 그 이유를 내게 전해주었다. 쇼몽은 뷔트 쇼몽 공원을 떠올리게 했고, 봉탕 부인의 말에 의하면 앙드레가 알베르틴과 함께 자주 그곳에 갔다고 했는데, 알베르틴의 얘기로는 뷔트 쇼몽 공원에 간 적이 한 번도 없다고 했다. 어떤 나이가 지나면, 우리 추억은 서로 뒤엉켜서 생각하고 있는 것과 읽고 있는 책은 거의 중요하지 않게 된다. 우리는 가는 곳마다 어느 정도 자기 자신을 남겨두고 오기 때문에, 모든 것이 결실이 풍부하고 모든 것이 위험해진다. 그리고 비누 광고에서도 파스칼의 《팡세》만큼이나 귀중한 발견을 할 수 있다.

물론 뷔트 쇼몽 공원 같은 사건은 사실, 그것이 일어난 무렵에는 사소한 일 같았고, 샤워실 담당자와 세탁소 처녀 이야기에 비하면, 알베르틴을 비난할 재료로서 그 자체는 그다지 중요하지도 결정적이지도 않았다. 그러나 무엇보다, 우연히 저쪽에서 찾아오는 추억은 우리 안에 흠결 없는 상상력, 즉이 경우에는 우리를 괴롭히는 힘을 발견하지만, 그것과 반대로 우리가 어떤 추억을 재현하려고 정신을 의지적으로 작용시킨 경우에는 그 힘을 부분적으로 다 써버린다. 다음에, 후자(샤워실 담당자와 세탁소 처녀)와 같은 추억은 희미하기는 하지만 늘 기억 속에 남아 있어서, 마치 어두운 복도에 놓여있는 가구가 확실하게 식별되지는 않아도, 사람들은 그것과 부딪치지 않고 잘 피해 지나가듯이 나는 이 추억에 익숙해져 있었다. 그에 비해 뷔트 쇼몽 공원이나, 이를테면 발베크의 카지노 거울에 비친 알베르틴의 눈빛, 또는 게르망트네 집 야회가 끝난 뒤에 아무리 기다려도 알베르틴이 좀처럼 오지 않았던 밤의 그 이해할 수 없는 지연은 내가 오랫동안 생각도 하지 않았던 일로, 그녀의 생활 가운데 이러한 부분은 모두 내 마음 밖에 있었다. 가능하면

---

*1 '민둥산'이라는 라틴어에 해당함.
*2 '그루터기를 뽑다(chaumer)'라는 동사가 있는데, 복수 2인칭 동사형이 이에 해당함.

나는 그것을 알고 마음속에 받아들여 동화하고, 진정한 내 것이 되어 있는 내면적인 알베르틴이 만드는 더욱 감미로운 추억에 그것을 더하고 싶었다. 생각지도 않았던 그러한 과거가, 습관의 무거운 베일 한 귀퉁이를 살짝 들추고 찾아왔다(사람을 어리석게 만드는 습관은 한평생 우리로부터 우주의 거의 모든 것을 가려버리며, 그 어둠을 틈타 인생의 가장 위험하고 강력한 마약인 독물을, 상표는 그대로 둔 채, 아무런 도취도 가져다주지 않는 무해한 것으로 살짝 바꿔치기한다). 이 과거는 첫날과 마찬가지로, 다시 돌아오는 계절과 단조로운 일상을 깨는 변화에, 생생하고 날카로운 신선함을 함께 데리고 돌아온 것이다. 그것은 쾌락을 가져다주는 것에 대해서도 마찬가지로, 처음으로 화창하게 갠 봄날, 차를 타거나 새벽에 집을 나서면 자신의 몹시 하찮은 행동에도 밝은 흥분을 느끼며, 그 흥분이 이 충실한 한순간에 그것에 앞선 모든 나날보다 훨씬 더 큰 가치를 부여한다.

나는 게르망트 대공부인 댁의 야회에서 돌아와 알베르틴이 찾아오기를 기다리고 있었을 때로 돌아가 있었다. 지나간 나날은 그것에 앞서는 나날들을 조금씩 덮고, 그 지나간 나날 또한 뒤에 이어지는 나날 속에 파묻힌다. 그러나 지나간 하루하루는 우리 안에 간직되어 있다. 마치 커다란 도서관에는 아무리 낡은 책이라도 반드시 한 권은 소장되어 있는 것처럼. 아마 그 책을 빌리러 오는 사람은 아무도 없을 것이다. 그럼에도 그 지나간 나날은 그 뒤에 오는 여러 시기의 반투명한 층을 통해 겉쪽에 떠올라 우리 안으로 넓게 퍼져 완전히 덮어버린다. 그러면 한순간, 이름은 옛날의 의미를, 사람들은 옛날의 얼굴을, 우리는 그때의 마음을 되찾는다. 그리고 우리는 그 무렵에 그토록 우리 자신을 괴롭혔던 문제, 오래전부터 해결하지 못한 채 두었던 문제를 인식하고 막연한 고통을 느끼지만, 그 고통도 지금은 어느 정도 견딜 만한 것이 되어 그리 오래 계속되지 않는다. 우리의 자아는 차례차례 찾아오는 우리 상태의 축적으로 이루어져 있다. 하지만 이 축적은 산의 지층처럼 조금도 움직이지 않는 것은 아니다. 끊임없이 높게 일어나 들떠 오래된 지층을 거의 겉쪽까지 밀어 올린다. 나는 지금 게르망트 대공부인 집에서 열린 야회 뒤에 알베르틴이 찾아오기를 기다리고 있는 중이었다. 도대체 그녀는 그날 밤 무엇을 한 걸까? 나를 배신했을까? 상대는 누구일까? 설사 에메가 알아낸 사실을 받아들인다 해도, 이 생각지도 못한 의문에 대한 불안하고 슬픈 관심은 조금도 줄어들지 않았다. 마치 각각 다른 알베르틴과 하나하나의 새로운 추억들이 모두 특수한 질투의 문제를 제기하는데, 다른 문제에 대한 해답은 그것에 적용되지 않는 것처럼.

그러나 나는 그녀가 그날 밤 어떤 여자와 함께 보냈는지 알고 싶을 뿐만 아니라, 그것이 그녀에게 어떤 특별한 쾌락이었는지, 그때 그녀의 마음에 무슨 일이 일어났는지도 궁금했다. 발베크에서 가끔 그녀를 부르러 갔던 프랑수아즈는, 알베르틴이 누군가를 기다리는 것처럼 안절부절못하는 얼굴로 창문에서 몸을 내밀고 있더라고 말했다. 이를테면 그 상대가 앙드레라는 걸 알았다고 하자. 그때 앙드레를 기다리던 알베르틴의 정신 상태, 그 안절부절못하고 누군가를 기다리는 듯한 눈빛의 등 뒤에 숨어 있는 정신 상태는 어떤 것이었을까? 여자에 대한 그러한 취향은 알베르틴에게 얼마나 중요한 일이었을까? 그녀의 관심사 중에서 어떤 위치를 차지하고 있었을까? 아! 돌이켜보면 나도 마음에 드는 젊은 아가씨를 볼 때마다, 때로는 만난 적도 없는 여자에 대한 소문을 듣기만 해도 마음이 설레어, 내가 돋보이도록, 또 좋은 신분으로 보이도록 애쓰면서 식은땀을 흘리곤 하지 않았는가! 나는 고통에 시달린다. 지난날 레오니 고모를 왕진한 의사가 정말로 고통을 느끼는 건지 미심쩍었을 때, 고모는 의사가 더 잘 이해할 수 있도록 환자의 모든 고통을 의사에게 느끼게 하는 기계가 발명되었으면 좋겠다고 말했는데, 마치 그런 기계를 사용이라도 한 것처럼, 분명 내가 느낀 바와 같은 관능의 설렘이 알베르틴 속에도 있었다고 상상하는 것만으로도, 나는 당장 고통에 사로잡혀 이렇게 자신을 타이른다. 이 관능의 설렘에 비하면 스탕달이나 빅토르 위고에 대해 나와 나눈 진지한 대화 따위는 그녀에게 하찮은 일이었을 게 틀림없다고. 그리고 나는 그녀의 마음이 다른 사람들에게 끌려, 내 마음을 떠나서 다른 곳에 가 있음을 느꼈다. 그러나 이 욕망은 그녀에게 중요한 것임이 분명하며, 타인이 다가갈 수 없도록 주위가 격리되어 있었기 때문에, 그것이 질적으로 어떠한 욕망이었는지는 알 수 없었고, 하물며 그녀가 어떤 식으로 그것을 자신에게 설명하고 있었는지도 짐작이 가지 않았다. 육체적인 고통은 적어도 우리가 스스로 선택할 수 있는 게 아니다. 질병이 고통을 결정하고 우리에게 강요한다. 그런데 질투의 경우, 이를테면 모든 종류, 모든 정도의 고통을 시험한 뒤에 자신에게 알맞은 듯한 고통을 선택해야만 한다. 더군다나 사랑하는 여자가 우리와 다른 사람들과 함께 쾌락을 추구하고 있다고 느낄 때, 그 고통의 크기를 헤아리기란 얼마나 어려운 일인가! 상대는 우리가 줄 수 없는 감각을 그녀에게 주고 있으며, 적어도 그 신체의 겉모양이나 인상, 방식에 따라 우리와는 전혀 다른 것을 그녀에게 보여주고 있다. 아! 어째서 알베르틴은 생루를 사랑하지 않았던가! 그편이 훨씬 덜 괴로웠을 텐데!

물론 우리는 사람이 저마다 갖추고 있는 특수한 감수성을 잘 알지 못하며, 보통은 그것을 모른다는 사실조차 잘 모르고 있다. 왜냐하면 다른 사람의 감수성 따위는 내 알 바 아니라고 생각하기 때문이다. 그러나 특히 알베르틴에 대한 한, 나의 행복과 불행은 이 감수성에 달려 있었던 것이리라. 나는 그것이 내가 모르는 것임을 알고 있었고, 그것을 모른다는 사실이 이미 내게는 극심한 고통이었다. 알베르틴이 느끼고 있었으나 내가 모르는 욕망과 쾌락, 그것을 내가 한번은 보고, 한번은 들은 듯한 착각을 일으켰다. 보았다고 생각한 것은, 알베르틴이 죽은 뒤 조금 지나서 앙드레가 집에 찾아왔을 때였다. 그때 처음으로 앙드레가 아름답게 보여서 나는 이렇게 생각했다. 이 조금 곱슬거리는 머리카락, 어둡게 그늘진 눈이야말로 아마 알베르틴이 열렬히 사랑한 것일 테고, 지금 내 앞에 구체적인 형태로 드러난 이러한 것들이야말로, 느닷없이 서둘러 발베크를 떠나려 한 날, 알베르틴이 꿈을 꾸는 듯한 기분으로 애타게 그리워했던 것, 미리 욕망을 앞지르는 눈길로 바라보고 있었던 것이리라. 살아 있었을 때는 발견하지 못했던 미지의 어두운 꽃이 무덤 저편에서 어떤 사람의 손으로 옮겨진 듯이, 나는 눈앞에 뜻하지 않게 발굴한 귀중한 유품으로서, 앙드레라는 알베르틴의 '욕망'의 화신을 본 듯싶었다. 마치 베누스가 유피테르의 욕망의 화신인 것처럼. 앙드레는 알베르틴이 죽어서 슬프다고 말했지만, 나는 곧 그녀가 사실은 여자친구가 없어도 외로워하지 않고 있음을 느꼈다. 죽음에 의해 억지로 여자친구와 떨어진 앙드레는 뜻밖에 쉽사리 결정적인 이별을 받아들일 각오를 한 듯하다. 알베르틴이 살아 있었다면, 나로서는 도저히 앙드레에게 그녀와 헤어질 마음의 준비를 해달라고 말할 용기가 나지 않았으리라. 그 정도로 나는 앙드레의 동의를 얻지 못할까 봐 두려워하고 있었다. 그런데 그녀가 알베르틴을 포기해도 내게 아무런 이점도 없게 된 지금에 와서야, 그녀는 어렵지 않게 알베르틴을 포기하는 데 동의한 것처럼 보인다. 앙드레는 알베르틴을 내게 맡겼다. 다만 그것은 죽은 알베르틴이고, 내게는 단순히 생명을 잃은 여자일 뿐 아니라, 이제는 그녀가 앙드레에게 무엇과도 바꿀 수 없는 유일한 사람이 아니며, 몇 사람이라도 대신할 여자가 있다는 걸 알았으니, 과거로 거슬러 올라가도 얼마쯤 현실성이 모자란 알베르틴이었다.

알베르틴이 살아 있었다면, 앙드레에게 그녀들의 관계와 뱅퇴유 양과 여자친구와의 우정에 대해 사실대로 얘기해달라고 부탁할 용기는 없었으리라. 앙드레에게 말한 것이 결국 알베르틴에게 모두 전해지지 않는다고 장담할 수 없었기 때문이다. 지금이라면 그런 식으로 캐물어도, 비록 보람은 없을지 몰라도 적어도 위험하지는 않을 것이다. 그래서 나는 앙드레에게 심문하는 투가 아니라, 오래전부터 알베르틴이나 누군가에게 들어서 알고 있는 척하며, 앙드레가 여자를 좋아하는 성향이나, 그녀와 뱅퇴유 양과의 관계를 화제에 올렸다. 그녀는 미소를 지으면서 아무런 거리낌도 없이 모든 걸 털어놓았다. 이 고백에서 나는 잔인한 결론을 이끌어낼 수 있었다. 무엇보다 앙드레는 발베크에서 젊은 남성들의 마음을 끌기 위해, 무척 열정적인 여자인 것처럼 행동했기 때문에, 그녀가 조금도 부정하지 않는 이런 습관이 있는 줄은 아무도 상상하지 못했으리라. 따라서 이러한 새로운 앙드레의 발견에서 미루어보건대, 알베르틴도 마찬가지로 누구에게나 쉽게 고백했을 테지만, 다만 질투하고 있다고 그녀가 느꼈던 나만은 예외였을 거라고 생각한 것이다. 한편으로 앙드레는 알베르틴의 둘도 없는 친구였으며, 아마 알베르틴이 일부러 발베크에서 돌아온 것도 앙드레 때문이었을 테니, 앙드레가 그 취향을 고백한 지금, 나의 정신이 어쩔 수 없이 내리는 결론은, 두 사람이 늘 관계가 있었을 거라는 점이었다. 물론 다른 사람이 있는 자리에서는 그 사람한테서 받은 선물을 풀어보지 못하고, 선물한 사람이 돌아간 뒤에야 비로소 풀어보게 마련인데, 그것과 마찬가지로 앙드레가 있는 동안, 나는 자신의 마음을 돌아보면서 그녀가 가져온 괴로움을 따져보지도 못했다. 그래도 나의 육체적 하인인 신경과 심장이 이 괴로움 때문에 큰 혼란에 빠진 것은 느끼고 있었으나, 다만 예의상 그것을 모르는 척하고, 손님으로 맞이한 젊은 아가씨와 더없이 사이좋게 대화를 계속하면서, 마음속에서 일어나는 사건에 눈을 돌리지는 않았다. 특히 괴로웠던 것은 앙드레가 알베르틴 이야기를 하면서 이런 식으로 말하는 걸 들었을 때다. "맞아요! 그 앤 슈브뢰즈 골짜기에 산책하러 가는 것을 무척 좋아했어요." 알베르틴과 앙드레의 산책은 어디에도 존재하지 않는 어렴풋한 세계였지만, 앙드레는 나중에 악마적인 창조 행위를 통해 신이 만드신 작품에 저주받은 골짜기를 보탠 것처럼 보였다. 앙드레가 알베르틴과 함께한 일을 모두 얘기할 거라고 느낀 나는, 예의 바르고 교묘하게, 자존심을 담아, 그리고 어쩌면 상대에 대한 감사의 마음도 곁들여서 더욱 친근한 태도를 보여주려고 애썼으나, 그러는 동안에도 알베르틴의 결백을 주장할 수 있는 입지는 자꾸만 좁아졌고, 나는 아무리 노력해도 자신이 마치 공포에 움츠러든 동물 같은 모습을 하고 있음을 알 듯한 기분이 들었다. 그 동물을 위협하는 맹수는 주위를 천천히 돌면서 조금씩 원을 좁히지만, 이제 달아날 길이 없는 먹잇감에 언제라도 달려들 수 있으므로 절대 일을 서두르지 않는다.

　그래도 나는 가만히 앙드레를 바라보았다. 그리고 자신의 눈을 뚫어지게 바라보며 최면술을 걸어오는 것도 두렵지 않은 척하는 사람 특유의 쾌활함, 자연스러움, 자신감을 보여주면서 이런 생각을 말했다. "화낼까 봐 지금까지 한 번도 입 밖에 내지 않았지만, 지금은 우리 두 사람 다 즐겁게 알베르틴에 대한 얘기를 나누는 중이니까 분명히 말할 수 있어. 실은 오래전부터 당신과 그녀 사이에 이런 관계가 있다는 걸 알고 있었어. 게다가 당신은 이미 다 알고 있는 일이라고 하니 내 말에 기분 나빠하지는 않겠지만, 알베르틴은 당신을 굉장히 좋아했지." 나는 앙드레에게 만약 내 앞에서 그때의 일을 실제로 해 보여준다면 무척 흥미로울 거라고 덧붙였다. 그다지 거북하지 않을 정도의 조금의 애무로 충분하니까, 그런 취향이 있는 알베르틴의 여자친구와 해보지 않겠느냐고. 그리고 좀더 확실히 하기 위해 로즈몽드, 베르트 등, 알베르틴의 친구들 이름을 모두 주워섬겼다. "무슨 일이 있어도 절대로 안 돼요. 당신 앞에서 그런 짓을 하다니." 앙드레가 대답했다. "게다가 당신이 말한 사람들 가운데, 그런 취향이 있는 사람은 한 사람도 없다고 생각해요." 나는 자신도 모르게 나를 끌어당기고 있는 괴물 쪽으로 몸을 기울이면서 이렇게 대답했다. "뭐라고? 설마 당신들 동아리 중에 당신이 그 짓을 한 상대가 알베르틴뿐이었다는 얘기는 아니겠지?"—"그만해요. 나, 알베르틴과 그런 짓을 한 적은 한 번도 없었으니까."—"허어, 앙드레, 적어도 3년 전부터 내가 알고 있는 사실을 왜 부정하는 거지? 난 그것이 잘못이라고는 전혀 생각하지 않아. 그래, 알베르틴이 당신과 함께 다음 날 꼭 베르뒤랭 부인의 집에 가고 싶다고 말했던 밤의 일이지만, 아마 당신도 기억하고 있을걸……." 좀더 말을 계속하려고 했을 때, 나는 앙드레의 눈에 걱정의 빛이 지나가는 것을 보았다. 그 때문에 그녀는, 보석상도 쉽게 다룰 수 없을 듯한 뾰족한 돌처럼 날카로운 눈빛이 되었는데, 그것은 마치 특별히 허락받은 자가 연극이 시작되기 전에 막의 한 귀퉁이를 살짝 들쳐본 뒤, 들키지 않도록 이내 몸을 숨길 때의 표정과 똑같았다. 이 불안한 시선이 사라지자 모든 건 원래대로 돌아갔지만, 내게는 이제부터 보게 될 모든 것이 나 때문에 겉모양을 꾸민 것에 지나지 않음을 느낄 수 있었다. 그때 문득 거울에 비친 내 모습이 눈에 들어왔는데, 놀랍게도 나와 앙드레 사이에는 어딘가 닮은 데가 있었다. 나는 오랫동안 콧수염을 깎지 않고 있었는데, 만약 그렇지 않았다면, 즉 어렴풋한 수염 자국밖에 없었다면 우리 두 사람은 거의 똑같았을 것이다. 아마 알베르틴이 발베크에서 느닷없이 파리로 돌아가고 싶어서 안절부절못하던 그 미친 듯한 욕망을 품은 것은, 내 콧수염이 아직 거의 자라지 않은 것을 보았기 때문이리라.

"하지만 당신이 그것을 나쁜 짓으로 생각하지 않는다 해도, 그렇다고 사실이 아닌 걸 사실이라고 말할 수는 없어요. 맹세하지만, 알베르틴과는 아무 일도 없었어요. 게다가, 그 애도 그런 건 아주 싫어했어요. 당연하잖아요? 당신에게 그런 말을 한 사람은 틀림없이 뭔가 목적이 있어서 거짓말을 했을 거예요." 그녀는 탐색하듯이 경계하는 표정으로 말했다. "그런가? 좋아, 굳이 말하고 싶지 않다면." 나는 증거를 보여주고 싶지 않은 척하려고 그렇게 대답한 것이지만, 그런 증거 따위는 어디에도 없었다. 그런데도 혹시나 해서 나는 막연하게 뷔트 쇼몽이라는 지명을 말했다. "뷔트 쇼몽에는 알베르틴과 함께 갔을지도 모르죠. 그런데 뭔가 특별히 나쁜 장소인가요?" 나는 이 이야기를 지젤에게 해보지 않겠는가, 한때 지젤은 알베르틴과 상당히 가까이 지냈던 것 같으니, 하고 부탁했다. 그러나 앙드레는 얼마 전에 지젤이 자기한테 심한 짓을 했기 때문에, 그녀에게 뭔가 부탁하는 것만은 아무리 당신을 위한 일이라도 거절하겠다고 잘라 말했다. 그리고 이렇게 덧붙였다. "지젤을 만나더라도 내가 얘기했다는 건 비밀로 해주세요. 적을 만드는 건 어리석은 짓이니까요. 네, 지젤은 내가 자기를 어떻게 생각하는지 잘 알고 있어요.

하지만 난 언제나 큰 싸움만은 피해왔죠. 또 화해로 끝날 게 뻔하니까요. 게다가 그녀는 위험한 사람이에요. 그래요, 일주일 전에 받은 편지에선, 사람을 배신하는 뻔뻔스러운 거짓말을 하고 있지 않겠어요? 그것을 읽고 나면 아무리 좋은 행동을 한다 한들 어떻게 잊을 수가 있겠어요?" 요컨대 앙드레는 조금도 숨기려 들지 않을 만큼 확실하게 그런 취향을 갖고 있었고, 또 알베르틴은 그런 그녀에게 강한 애정을 느꼈으며, 앙드레 쪽에서도 분명히 애정을 갖고 있었음에도 알베르틴과의 사이에서 육체관계는 한 번도 없었고, 알베르틴에게 그런 취향이 있다는 사실을 줄곧 모르고 있었다면, 그것은 알베르틴에게 그런 취향이 없고, 누구와도 그런 관계가 되지 않았다는 얘기다. 그런 관계를 가진다면 누구보다도 앙드레가 그 상대였을 테니까. 그리하여 앙드레가 돌아간 뒤, 나는 그녀가 그토록 단호하게 선언한 덕분에 마음이 진정되었음을 깨달았다. 그러나 어쩌면 앙드레는 아직도 마음속에 죽은 알베르틴에 대한 추억이 남아 있어서, 그녀에 대한 의무감으로 아마 살아 있을 때 부정해달라고 부탁받은 것을 다른 사람이 알게 해서는 안 된다고 여기고 그렇게 딱 잘라 말한 건지도 몰랐다.

지금까지 가끔씩 알베르틴의 그 쾌락을 상상해보려고 애썼는데, 앙드레를 바라보는 동안, 한순간 그것을 본 것 같은 느낌이었다. 그런데 어느 땐가 눈앞에 있는 그 쾌락을 눈이 아니라 다른 형태로 포착했다는 생각이 들었다. 즉 귀로 들은 듯한 느낌이 든 것이다. 나는 알베르틴이 자주 다녔던 세탁소의 두 처녀를 어느 매음굴로 부른 적이 있었다. 한 아가씨가 어루만지면 상대는 금방 소리를 지르기 시작했는데, 처음에 나는 그것이 뭔지 몰랐다. 왜냐하면 사람은 자신이 경험한 적이 없는 감각에서 나오는 기묘한 소리의 의미를 결코 완전히 이해할 수는 없기 때문이다. 마취도 하지 않고 수술을 받는 환자가 지르는 고통의 신음도, 옆방에서 아무것도 보지 못한 채 소리만 들으면 낄낄거리는 웃음소리로 들릴지도 모른다. 또 방금 아이가 죽었다는 소식을 들은 어머니의 입에서 나오는 비명은, 사정을 모르는 자의 귀에는 무슨 동물이 지르는 소리나 하프에서 나는 소리로 들려서, 그것을 인간에게 적용하여 해석하는 것은 좀처럼 쉬운 일이 아니다. 설사 우리 자신이 느끼는 바와는 거리가 있어도, 유추를 통해 그러한 소리들이 우리가 고통이라고 부르는 것을 표현하고 있다는 사실을 이해하기까지는 얼마간의 시간이 필요하다. 마찬가지로, 내가 느낀 것은 매우 다르다 해도 유추를 통해, 세탁소 처녀가 지른 그 신음은 내가 쾌락이라고 부르는 바를 표현한 것임을 알기까지는 또한 시간이 걸렸다. 게다가 그 쾌락이 그것을 느끼고 있는 사람을 그토록 광란에 빠뜨려 한 번도 들은 적이 없는 소리를 토하게 하는 정도라면 아마 무척 강렬한 쾌락이었음이 분명하다. 그 소리는 이 어린 여자가 체험한 기분 좋은 드라마의 모든 단계를 가리키며 그것을 해설하고 있는 듯하지만, 내 눈에는 장막에 가려서 그 드라마는 보이지 않는다. 장막은 저마다의 신비로운 내면에서 일어나는 모든 것을 본인 말고 다른 눈에는 영원히 숨기고 있다. 더욱이 이 두 처녀는 내게 아무것도 말할 수 없었다. 그녀들은 알베르틴이 누구인지 몰랐기 때문이다.

소설가는 흔히 머리말에서, 어느 지방을 여행하다가 어떤 사람을 만났는데, 그 사람한테서 한 인물의 생애에 대한 이야기를 들었다고 말한다. 소설가가 상대에게 들은 그 이야기가 바로 소설가의 작품이 되는 것이다. 파브리스 델 동고의 생애도 그런 식으로 스탕달이 파도바의 성당 참사회원으로부터 들었다고 한다. 사람은 사랑을 하고 있을 때, 즉 자기 말고 어떤 사람이 신비롭게 보일 때, 이와 같이 상대에 대해 잘 알고 있는 이야기꾼을 얼마나 찾고 싶은지 모른다! 그리고 반드시 그런 이야기꾼은 존재하는 법이다. 우리 자신도 자주 아무런 열정 없이, 어떤 여자의 생애를 자기 친구나 모르는 사람에게 얘기하는 일도 있지 않은가. 그녀의 수많은 연애를 하나도 모르고 있던 상대는, 재미있어하면서 그 얘기에 귀를 기울인다. 나는 블로크에게 게르망트 대공부인과 스완 부인에 대한 이야기를 해주었는데, 그때의 나 같은 사람이 존재한다면 내게 알베르틴에 대한 이야기를 해주었을 텐데! 그런 인간은 언제라도 존재하고 있다……. 그런데 우리는 절대로 그 인물을 만날 일이 없다. 만약 알베르틴을 알고 있던 여성들을 찾아내면, 내가 몰랐던 것을 여러 가지로 가르쳐줬을 거라는 생각이 든다. 그런데 남들이 보기에는 나만큼 그녀의 생활을 잘 알고 있는 자도 없을 것이다. 나는 그녀와 가장 절친한 앙드레도 알고 있지 않은가? 마찬가지로, 사람들은 장관의 친구라면 어떤 사건의 진실을 잘 알고 있어서, 소송에 휘말리는 일도 없을 거라고 생각하기 쉽다. 그런데 그 친구만은 '평소의 교제를 통해' 알고 있을 뿐이다. 장관과 정치 이야기를 할 때마다 상대는 일반론의 영역을 벗어나지 않고, 기껏해야 신문에 발표되는 정도밖에 말하지 않거나, 뭔가 난처한 일이 있어서 가끔 장관에게 부탁을 해도 어김없이 "그건 내 권한 밖이라서……" 하는 바람에 아무리 친구라도 어쩔 수가 없음을. 나는 '만약 증언해줄 사람을 몇 명만 알고 있다면' 하고 생각한다. 그런데 혹여 그 사람들을 안다 해도 앙드레한 테서보다 더 많은 것을 이끌어낼 수는 없으리라. 앙드레는 비밀을 쥐고 철통같이 지켰다.

스완은 질투가 지나가고 나면 오데트가 포르슈빌과 무슨 짓을 했는지에 대한 호기심을 잃어버렸지만, 나는 그와 달리 질투가 지나간 뒤에도 알베르틴이 드나든 세탁소 처녀와 알베르틴이 살았던 동네의 사람들과 아는 사이가 되어, 그녀의 생활과 사정을 재구성하는 것에만 관심을 두고 있었다. 질베르트와 게르망트 공작부인의 경우처럼, 욕망은 반드시 미리 마음이 끌리는 매혹적인 힘이 있어야 일어난다. 그래서 전에 알베르틴이 살았던 이 동네에서 내가 찾았던 것은 알베르틴과 같은 환경에 있는 여자들이었다. 만나고 싶은 사람은 그녀들뿐이다. 설사 아무것도 가르쳐주지 않아도, 내가 매혹된 것은 알베르틴이 알고 지냈던 여자들이나 알 수 있었을지도 모르는 여자들, 알베르틴과 같은 환경에 있거나 그녀의 마음에 드는 환경에 있었던 여자들뿐이었다. 한마디로 말해, 알베르틴을 닮았거나 그녀가 마음에 들어했을지도 모르는 여자라는 매력을 갖춘 여자들이다. 그중에서도 특히 소시민층 아가씨들에게 끌린 이유는 내가 알고 있는 것과 크게 다른 삶의 모습 때문으로, 그것이 바로 그녀들의 생활이었다. 물론 사람이 사물을 소유하는 것은 생각을 통해서이다. 아무리 식당에 유화가 걸려 있어도 그것을 이해하지 못하면 진짜로 가지고 있다고 할 수 없으며, 또 어떤 지방에 살고 있다 해도 그곳의 경치를 쳐다보지도 않는다면 그 지방에 대해 잘 안다고 할 수 없다. 그러나 전에 파리에서 찾아온 알베르틴을 품에 안았을 때, 나는 발베크를 다시 손에 넣은 듯한 착각을 느꼈다. 마찬가지로 어느 여공(女工)을 안았을 때는 알베르틴의 생활, 직장의 분위기, 카운터의 대화, 초라한 집들에 깃드는 영혼에, 짧은 순간이기는 했지만 틀림없이 맞닿은 듯한 느낌이 들었다. 앙드레와 그러한 다른 여자들은 알베르틴과 비교하면—마치 알베르틴 자신이 발베크에 대해 그랬던 것처럼—쾌락의 대용품 같은 존재로, 차례차례 질을 떨어뜨리면서 다른 쾌락을 대신하게 되고, 그리하여 우리는 발베크 여행이나 알베르틴의 사랑 같은, 두 번 다시 다다를 수 없게 된 쾌락 없이도 살수 있는 것이다. 이러한 쾌락은(옛날에는 베네치아에 있었던 티치아노의 그림을 루브르 미술관에 보러 가는 쾌락이, 베네치아에 가지 못하는 서운함을 달래듯이) 분간할 수 없을 정도의 미묘한 차이에 의해 서로 거리를 두고 떨어져 있으면서, 우리 생활을 최초의 욕망 주위에 퍼지는 일련의 동심원(同心圓)이 되게 한다. 중심을 같이하는 이 원들은 서로 이웃하여 조화를 이루고 있으며, 퍼져갈수록 색이 옅어지지만, 최초의 욕망이 그 전체의 색조를 결정하여 서로 녹아서 다른 물질로 변화하지 않는 색은 빼고 주를 이루는 색만 주위로 넓게 퍼뜨린 것이다(이를테면 게르망트 공작부인과 질베르트에 대해 내게도 같은 일이 일어난 것처럼). 이러한 여자들과 앙드레나 알베르틴을 곁에 두고 싶다는, 이제는 이루어질 수 없음을 알고 있는 욕망의 관계는, 아직 알베르틴의 얼굴만 알고 지내던 어느 날 저녁, 그녀를 곁에 두고 싶은 소망 따위는 도저히 이루어질 수 없다고 생각한 바로 그때 보았던, 구불구불한 가지에 매달려 햇살을 받고 있던 신선한 포도송이에도 비유할 수 있다. 이렇듯 그런 여자들은 알베르틴 자신이나 그녀가 좋아했을 듯싶은 유형을 떠올리게 해서, 질투와 회한이 섞인 잔인한 감정을 불러일으켰다. 나중에 슬픔이 차츰 가라앉자 그 감정은 호기심으로 변했는데, 그것도 전혀 매력이 없지는 않았다.

나는 알베르틴의 정신적·육체적·사회적 특징 때문에 그녀를 사랑한 것은 아니었지만, 그래도 이러한 특징이 지금은 내 사랑의 추억과 연관되어, 오히려 전 같으면 절대 선택하지 않았을 방향으로 내 욕망을 돌리곤 했다. 즉 갈색 머리의 프티부르주아 여자들 방향으로. 물론 내 안의 어떤 부분에서 다시 싹트기 시작한 것은 알베르틴에 대한 사랑도 만족시킬 수 없었던 커다란 욕망이었다. 그것은 옛날 발베크로 가는 도중이나 파리 시내에서 느꼈던, 인생을 알고 싶다는 커다란 욕망이었는데, 알베르틴의 마음속에도 그런 욕망이 있음을 느끼기 시작했을 때, 나는 결코 그녀에게 내가 아닌 다른 사람과 함께 그 욕망을 충족시키는 짓을 하게 그냥 놔두지는 않겠다고 생각하며 몹시 괴로웠다. 그러나 그녀의 욕망을 생각하는 것 자체가 내 욕망에서 직접 초래된 것이고, 이 두 가지 욕구는 함께 진행되고 있기 때문에, 지금은 그녀의 욕망을 생각해도 아무렇지 않을 뿐만 아니라, 가능하면 함께 그 욕망에 몸을 맡기고 싶어서 이렇게 혼자 중얼거렸다. "이 아가씨라면 그녀도 마음에 들어했을지 몰라." 이렇게 갑자기 샛길로 들어서면, 나는 알베르틴과 그녀의 죽음이 다시 생각나 몹시 슬퍼져서, 더 이상 욕망을 추구할 수가 없게 되고 만다. 마치 전에 메제글리즈 쪽과 게르망트 쪽이 전원에 대한 내 취향의 바탕을 세운 뒤부터, 오래된 교회나 수레국화와 미나리아재비가 없는 지방에는 깊은 매력을 느낄 수 없게 된 것처럼, 알베르틴에 대한 사랑은 내 마음속에서 어떤 유형의 여자들을 매력 넘치는 과거와 연관시켰으므로, 나는 이제 그런 여자들이 아닌 다른 여자들은 찾지 않게 되고 만 것이다. 내게는 그녀를 사랑하기 전처럼, 그녀와 조화를 이루며 서로 영향을 줄 필요가 있었다. 그렇게 되면, 조금씩 그녀만의 배타적인 추억이 아니게 되어, 그 추억과 맞바꿀 수 있을 것이다. 지금은 금발의 기품 있는 공작부인 곁에 있어도 나는 도무지 즐겁지 않을 성싶다. 상대가 알베르틴과 그녀에 대한 욕망, 그녀의 정사에 대한 질투와 그녀의 죽음에 대한 고통이 주는 정서를 아무것도 일깨워주지 않기 때문이다. 왜냐하면 감각이 강렬해지기 위해서는 우리 안에 그것과 다른 뭔가를, 이를테면 어떤 감정을 불러일으켜야만 하기 때문이다. 그 감정은 쾌락으로는 만족하지 않겠지만, 그것이 욕망과 하나가 되면 욕망은 팽창하여 죽을힘을 다해 쾌락에 매달린다. 알베르틴이 어떤 여자들에게 느낀 사랑이 더는 나를 괴롭히지 않게 됨에 따라, 그 사랑은 그러한 여자들을 다시 나의 과거와 연관시켜, 그녀들을 훨씬 더 현실적인 존재로 만들었다. 마치 콩브레의 추억이 미나리아재비나 산사나무꽃에, 새로운 꽃들보다 훨씬 많은 현실성을 부여하듯이. 앙드레에 대해서도 나는 이제 '알베르틴은 앙드레를 사랑했다'고 분노를 담아 생각하기보다 반대로 자신의 욕망을 자신에게 설명하기 위해 차분하게 들려준다. '알베르틴도 그녀를 퍽 좋아했지' 이제야 나는 이해할 수 있다, 아내를 잃은 남자가 처제와 재혼하면 슬픔을 잊을 수 있을 거라고 생각하기 쉽지만, 실은 오히려 슬픔을 잊을 수 없다는 사실을 증명하고 있음을.

그리하여 끝나가던 나의 사랑은 새로운 사랑을 가능하게 하는 것처럼 생각되었다. 오랫동안 사랑받고 있던 여자가 나중에 연인의 사랑이 식어가는 걸 느끼면, 중개자 구실에 만족하며 자신의 영향력을 유지하려 하듯이, 알베르틴은 퐁파두르 부인이 루이 15세에게 그랬듯이, 나를 위해 새로운 어린 아가씨들을 준비하고 있었다. 전에, 내 시간은 욕망의 대상이 되는 여성이 누구인가에 따라 몇 번의 시기로 나뉘어 있었다. 어떤 여자가 주는 강렬한 쾌락이 가라앉으면 나는 순결한 애정을 쏟아주는 여자를 얻고 싶었는데, 그 것은 더욱 능란한 애무를 원하는 기분이 다시 최초의 여자에 대한 욕망을 불러일으킬 때까지 계속되었다. 지금은 그러한 몇몇 시기의 교체도 끝나버렸다. 아니, 적어도 그러한 때의 하나가 언제까지나 계속되고 있다. 내가 원하는 것은 새로운 여자가 내 집에 함께 살면서, 밤에 내 곁을 떠나기 전에 누이동생처럼 가족적인 키스를 해주는 것이었다. 그래서 만약 견딜 수 없는 다른 여자의 존재를 경험하지 않았더라면 나는 이렇게 생각했을지도 모른다, 미련이 남는 것은 어떤 사람의 입술보다 키스에 대해서이고, 사랑보다 쾌락에 대해서이며, 사람보다 습관에 대해서라고. 또한 나는 새로운 여자가 알베르틴처럼 뱅퇴유의 곡을 연주하고, 그녀처럼 나를 상대로 엘스티르 이야기를 해주기 원했다. 그러나 그건 도저히 불가능한 일이다. 그래서 새로운 여자와의 사랑은 알베르틴과의 사랑에 미칠 수 없다고 나는 생각했다. 그것은 곳곳의 미술관을 찾아다니고, 연주회에서 밤을 보내며, 편지와 대화, 육체관계에 앞선 희롱과 끝난 뒤의 진지한 우정을 포함한 모든 복잡한 생활, 그러한 다양한 삽화로 채색된 사랑이 오로지 몸을 맡기는 것밖에 할 수 없는 여자에 대한 사랑보다, 마치 오케스트라가 피아노를 능가하는 것처럼 훨씬 많은 가능성을 지녔기 때문일까. 아니면 알베르틴이 내게 쏟은 것과 같은 애정, 상당히 교양이 있으면서 누이동생 같은 아가씨의 애정을 내가 원하는 것은—알베르틴과 같은 환경의 여자를 구하는 것과 마찬가지로—더욱 깊은 곳에서 알베르틴의 추억, 그녀에 대한 사랑의 추억이 되살아났기 때문일까.

나는 또다시 느꼈다. 첫째로, 추억은 아무것도 만들어내지 않고, 이미 우리가 가지고 있는 것 말고는 아무것도 원할 수 없을 뿐만 아니라, 더 나은 것을 원할 수도 없다는 사실을. 둘째로, 추억은 정신적인 것이므로 현실은 추억이 추구하는 상태를 줄 수 없다는 사실을. 마지막으로, 추억이 가져다주는 소생(蘇生)은 죽은 사람한테서 오는 것이므로, 그것은 추억이 그렇게 믿게 만드는 것처럼 사랑하고 싶은 마음이 되살아나는 게 아니라, 부재하는 여자를 찾는 마음의 부활이라는 사실을. 따라서 내가 선택한 여자가 아무리 알베르틴과 닮았어도, 또 내가 그녀의 사랑을 얻었다 해도, 또 아무리 그것이 알베르틴의 사랑과 닮았어도, 그러한 유사는 내가 자신도 모르게 추구하고 있었던 것이 부재하며, 내 행복이 다시 태어나는 데 없어서는 안 되는 것이 부재한다는 사실을 더욱 절실히 느끼게 할 뿐이었다. 내가 바라던 것은 곧 알베르틴 자신이고, 우리가 함께 보낸 시간이며, 내가 모르는 사이에 추구했던 과거이다. 물론 화창하게 갠 날 파리에서는 헤아릴 수 없이 많은 아가씨가 꽃밭의 꽃처럼 한꺼번에 활짝 피어난 듯이 보였다. 그녀들은 내 욕망의 대상이 될 수는 없지만, 알베르틴 욕망의 어둠 속에 그녀가 보냈던 내가 모르는 저녁의 어둠 속에 깊게 뿌리내리고 있었다. 아직 내게 경계심을 품기 전이었던 처음 무렵에, 알베르틴은 그 가운데 한 사람에 대해 이렇게 말했다. "그 아인 참 사랑스러워요. 머릿결이 어쩜 그리 아름다운지!" 전에 알베르틴을 아직 겉모습밖에 몰랐던 무렵, 나는 그녀의 생활에 대해 온갖 호기심을 품는 한편, 자신의 생활 속에도 많은 욕망을 갖고 있었는데, 그것이 여기서는 한데 뒤섞여서 알베르틴이 다른 여자들과 함께 있을 때 어떤 식으로 쾌락을 즐기는지 보고 싶다는 단 하나의 호기심을 자극했다. 왜냐하면 다른 여자들이 돌아가고 나면, 나는 맨 마지막에 남은 자로서 그녀를 마음대로 할 수 있을 터이기 때문이다. 그때 알베르틴이, 그날 밤을 어느 아이와 보내는 것이 좋을지 망설이는 모습이나, 상대가 돌아갔을 때의 만족감 또는 실망감 등 그런 것을 바라보면서 나는 알베르틴에 의해 자극받은 질투를 드러내며, 그것을 적당한 규모의 것으로 되돌릴 수 있었을지도 모른다. 왜냐하면 그녀가 이렇게 쾌락을 느끼는 모습을 바라보면서, 나는 그 쾌락이 어떤 것인지 가늠하고 그 한계를 찾아냈을 테니까.

자신의 취향을 완강하게 부정하는 그녀 때문에, 나는 얼마나 많은 쾌락과 감미로운 생활을 빼앗겼던가. 그리고 새삼스럽게 왜 그녀가 그토록 완강했는지 생각하다가 불현듯 머리에 떠오른 것은, 발베크에서 그녀가 연필을 건네준 날, 내가 그녀에게 한 말이었다. 그녀가 키스하게 해주지 않는 걸 비난하면서 나는 이렇게 말했던 것이다, 여자와 여자가 관계를 갖는 것을 보면 속이 메슥거리지만 이것은 자연스러운 일이 아니냐고. 아! 아마 알베르틴은 이 말을 기억하고 있었던 것이리라.

전 같으면 전혀 마음에 들지 않았을 소녀들을 집에 데려온 나는, 처녀답게 양쪽으로 가른 소녀의 머리를 어루만지고, 어린 여자아이의 작고 예쁜 코와 에스파냐 사람처럼 하얀 피부를 넋을 잃고 바라보았다. 물론 전에는 발베크로 가는 길이나 파리 시내에서 얼핏 보았을 뿐인 여자에 대해서도 개별적인 욕망을 느끼면서, 나는 그 욕망을 다른 대상으로 만족시키는 것은 욕망을 왜곡하는 일이라고 생각했다. 그러나 생활의 경험을 쌓음에 따라 조금씩 자신 속에 변하지 않는 욕망이 있음을 발견한 나는, 상대가 없으면 다른 사람으로 만족해야 함을 느꼈고 알베르틴에게서 구한 것을 다른 여자도, 이를테면 스테르마리아 양도 내게 가져다줄 수 있을 거라고 생각했다. 하지만 실제로 그것을 가져다준 사람은 알베르틴이었다. 애정을 구하는 내 마음의 만족과 그녀의 육체적 특징은 추억을 통해 풀 수 없을 정도로 뒤엉켜 있어서, 나는 이미 애정의 욕망과 알베르틴 육체의 추억이 수놓는 모든 자수를 나눌 수 없게 되었다. 그녀만이 내게 그 행복을 줄 수 있었다. 그녀밖에 없다는 생각은, 전에 지나가던 여자들을 대할 때처럼, 알베르틴의 개성에서 꺼낸 형이상학적이고 선험적인 게 아니라, 나의 다양한 추억이 우연히 풀리지 않도록 서로 뒤엉켜서 형성된 경험적인 것이었다. 나는 이제 그녀를 찾지 않고서는, 또 그녀의 부재에 괴로워하지 않고서는 애정을 갈망할 수 없었다. 그래서 새롭게 선택한 여자와 갈망했던 애정이 전에 겪었던 행복과 닮았다는 것 자체가, 그 행복이 다시 살아나는 데 꼭 필요한 것이 빠져 있다는 사실을 더욱 절실히 느끼게 했다. 알베르틴이 떠나버린 뒤 나는 내 방 안에서 느낀 공허, 다른 여자들을 품으면 메워질 거라고 생각했던 이 같은 공허를 그 여자들 속에서 발견했다. 그녀들은 결코 내게 뱅퇴유의 음악이나 생시몽의 《회상록》 얘기를 하지 않았다. 나를 만나러 오기 전에 지나치게 강한 향수를 뿌리지도 않았고, 속눈썹을 내 속눈썹에 비비면서 장난치지도 않았다. 그런 일들이 중요한 것은, 성행위 자체를 몽상하게 하거나 사랑의 환상을 가지게 하기 때문인 것 같지만, 사실은 그것이 알베르틴에 대한 추억의 일부를 이루고 있기 때문이고, 내가 찾고 싶은 것은 그녀이기 때문이다. 이 여자들이 가지고 있는 알베르틴적인 점은, 알베르틴의 무엇이 그녀들에게 부족한지를 마음에 사무치게 했다. 그것은 모든 것이고, 다시는 존재하지 않는 것이었다. 왜냐하면 알베르틴은 죽어버렸으니까.

그리하여 그 여자들 쪽으로 나를 이끈 알베르틴에 대한 사랑은 오히려 그녀들에게 무관심해지게 만들었다. 알베르틴을 그리워하는 마음과 뿌리 깊은 나의 질투심은, 어떤 비극적인 예상도 뛰어넘고 이미 오래도록 이어지고 있었지만, 그런 마음의 존재가 만약 내 생활 밖의 부분에서 나뉘어, 오로지 추억의 작용이나 멈춘 상태에 적용되는 심리의 움직임과 반응에만 좌우된다면, 또 육체가 공간을 이동하듯 마음이 시간 속을 이동하는 더욱 광대한 체계를 향해 끌려가지 않았다면, 그런 기분은 아마 절대로 크게 변하는 일이 없었으리라. 입체기하학이 있듯이 시간 속의 심리학이 있다. 거기서는 평면 심리학의 계산은 더 이상 정확하지 않을 것이다. 왜냐하면 '시간'도 고려할 수 없고, 또 시간이 지닌 형태의 하나인 망각도 무시되기 때문이다. 나는 그 망각의 힘을 느끼기 시작했는데, 그것은 현실에 적응하기 위한 참으로 강력한 도구였다. 망각은 우리 안에 살아남아서, 끊임없이 현실과 모순되는 과거를 천천히 파괴하니까. 실제로 언젠가는 알베르틴을 사랑하지 않게 될 날이 찾아오리라는 것을 나는 더욱 빨리 알 수 있었을 터였다. 그녀의 인품과 행위의 중요성은, 나와 다른 사람들 사이에서는 완전히 다른 것으로 보이지만, 그것을 통해 내 사랑이 그녀에 대한 사랑이라기보다 내 안의 사랑이라는 사실을 이해하고 있다면, 내 사랑이 가지는 이 주관적인 성격에서 다양한 결론을 이끌어낼 수 있을 것이다. 먼저, 특히 사랑은 마음의 상태이므로 상대가 죽어도 오래 살아남는다는 점이다. 또 그 사람과 진정한 유대가 전혀 없고, 자신 말고 아무런 지지도 얻지 못하는 사랑은, 모든 마음의 상태가―더할 수 없을 정도로 오래 계속되는 것조차―그렇듯이, 언젠가는 쓸모없어져서 다른 것으로 '바뀌어'버린다는 점이다. 또한 그날이 오면, 나를 그토록 다정하게, 그리고 밀접하게 알베르틴의 추억과 연관시키던 것처럼 보였던 모든 것이, 이미 내게 존재하지 않게 된다는 점이다. 우리에게 있어서, 인간은 유감스럽게도 생각 속에서 금방 닳아 없어지는 수집품 진열대에 지나지 않는다. 바로 그래서 우리가 그 사람들에 대해 세울 수 있는 다양한 계획은 생각의 열정을 띠고 있다. 그러나 생각은 피로하고 추억은 파괴된다. 마침내 어느 날이 찾아오면, 그날 나는 누구든 상관없이 맨 처음 찾아온 여자에게 알베르틴의 방을 기꺼이 내줄 것이다, 마치 전에 아무런 슬픔도 느끼지 않고, 질베르트가 준 마노 구슬과 그 밖의 선물을 알베르틴에게 주고 말았듯이.

또 알베르틴에 대한 사랑이 완전히 사라진 건 아니었지만, 마지막 무렵과 같은 방식의 사랑은 사라지고 없었다. 더 이전에는 그녀와 연관된 모든 것,

장소와 사람이 모두 내 호기심을 자극했고, 거기에는 고통보다 매력이 더 많았는데, 바로 그 무렵과 같은 방식의 사랑이었다. 실제로 이제는 확실하게 느낄 수 있는 일이지만, 그녀를 완전히 잊어버리기까지, 마치 여행자가 떠날 때와 같은 길을 지나 출발점으로 돌아오듯이, 나의 대(大)연애에 다다르기 전에 지나간 모든 감정을 처음의 무관심에 이르기까지 역방향으로 다시 더듬어가야만 할 것이다. 하지만 그 과거의 다양한 단계와 시기는, 가만히 움직이지 않는 것이 아니다. 그것들은 무서운 힘을, 기대라고 하는 행복한 무지(無知)를 계속 지니고 있으며, 그 기대가 그때에 향하고 있었던 미래의 시간은 오늘은 과거가 되어 있지만, 한순간 환각이 옛날로 거슬러 올라가서 그것을 미래라고 생각하게 한다. 나는 그녀한테서 온 편지를 읽는다. 그 속에서 그녀는 그날 밤에 찾아올 거라고 예고했다. 그러자 나는 불현듯 기다리는 기쁨을 느꼈다. 두 번 다시 돌아가지 않을 나라에서 떠날 때와 같은 철도로 돌아올 때, 이미 지나간 모든 정거장의 이름과 모습을 다시 한 번 되새기면서 그런 역의 하나에 머무르면, 한순간 첫 번째 때 한 것처럼 방금 돌아온 방향으로 다시 출발하는 듯한 착각에 사로잡힐 때가 있다. 그 착각은 이내 사라지지만, 순간적으로 다시 본디 장소로 실려가는 듯한 느낌이 든다. 이것이 추억의 잔인함이다.

　그러나 분명히 최초의 출발점이었던 무관심으로 돌아가기에 앞서, 사랑에 다다르기 위해 넘은 거리를 거슬러 달려가야만 한다 해도, 그때 더듬는 길과 노선이 반드시 똑같지는 않다. 다만 공통점은, 그것이 직선이 아니라는 점이다. 왜냐하면 망각도 사랑과 마찬가지로 규칙적으로 진행되는 것이 아니기 때문이다. 또 망각과 사랑이 반드시 같은 길을 선택하는 것도 아니다. 돌아올 때 내가 걸어온 길에는, 이미 도착점이 가까워진 무렵에 네 개의 단계가 있었는데, 그것을 특별히 잘 기억하고 있는 까닭은 아마 그곳에서 알베르틴에 대한 사랑과 무관한 것을 보았기 때문이리라. 아니, 적어도 그것이 알베르틴에 대한 사랑과 관계가 있는 것은, 미리 영혼 속에 있던 것이 때로는 대연애를 키우고, 때로는 그것에 저항하며, 또 지성으로 분석해보면 때로는 그것과 대조적인 인상을 만들면서, 그러한 형태로 대연애와 연관되는 것에 지나지 않았다.

　첫 단계의 시작은 어느 해 초겨울, '모든 성인의 날 대축일'이었던 화창한 일요일이었는데, 그날은 내가 외출한 날이었다. 불로뉴 숲에 가까워졌을 즈음, 나는 알베르틴이 나를 만나기 위해 트로카데로에서 돌아왔을 때를 떠올리며 쓸쓸한 기분에 젖었다. 왜냐하면 같은 날인데도 지금은 알베르틴이 내곁에 없기 때문이다. 서글프기는 했지만 그래도 즐거움이 없지는 않았다. 왜냐하면 옛날의 그날을 채우고 있었던 모티프와 똑같은 것이 구슬픈 단조의가락으로 다시 시작되는 한편, 프랑수아즈가 거는 전화도 없었고 알베르틴이찾아오는 일도 없었는데, 그런 것들이 빠진 건 단순한 마이너스가 아니라,내가 떠올린 것이 현실에서는 없어진 것이었으므로 그 하루를 안타까운 심정으로 돌이켜보는 동시에, 특별한 게 아무것도 없는 평범한 하루에 비해 어딘지 모르게 그것을 더욱 아름답게 해주었기 때문이다. 또 이제는 그곳에 없고, 거기서 없어진 것이 오목하게 파여 있었기 때문이기도 하다. 나는 뱅퇴유의 소나타 몇 마디를 흥얼거렸다. 알베르틴이 정말 자주 이것을 연주해주었다고 생각해도, 나는 이제 그리 괴롭지 않았다. 왜냐하면 그녀에 대한 거의 모든 추억은 화학 반응의 두 번째 단계로 들어가, 마음에 불안한 압박감을 가져다주기보다는 오히려 편안함을 주고 있었기 때문이다. 가끔 그녀가가장 자주 연주하던 악절에 이른다. 거기에 접어들 때마다 그녀는, 그 무렵내가 참으로 귀엽게 느끼던 감상을 얘기하거나 문득 머리에 떠오른 것을 암시했는데, 바로 그런 악절에 이르면 나는 이렇게 중얼거렸다. "가엾은 사람." 하기야 거기에 슬픔은 없었고, 다만 그 악절에 또 하나의 다른 가치, 이른바 역사적인 진귀한 가치를 더했을 뿐이었다. 그 자체로 정말 아름다운 그림인 반 다이크(Van Dyck)의 작품 찰스 1세의 초상화가, 왕의 환심을 사기위한 뒤바리 부인의 뜻에 따라 국유 컬렉션에 들어갔으므로, 그 사실을 통해새로운 가치를 얻은 것과 마찬가지다. 작은악절이 완전히 사라지기 전에 다양한 요소로 해체되어 한순간 흩어진 채 떠다니고 있을 때, 내게서 사라져가는 것은 스완의 경우와 달리 알베르틴의 사자(使者)가 아니었다. 작은악절이나와 스완의 마음에 불러일으킨 것은 똑같은 연상이 아니었다. 나는 특히 내생애에 알베르틴과의 사랑이 태어난 것처럼, 소나타를 통해 형태를 이룬 하나의 악절이 퇴고를 거듭하고 다양한 형태로 시도된 뒤, 다시 도입되면서 그렇게 '생성'되어가는 모습에 감동했다. 그리고 지금은 자기 사랑의 여러 요소가 오늘은 질투 면에서, 내일은 이러이러한 면에서, 이런 식으로 날마다 하나씩 사라져가서, 그렇게 조금씩, 어렴풋한 추억 속에서 처음의 미약했던 발단으로 돌아가는 것을 알고 있었으므로, 하나씩 흩어져버린 작은악절을 통해 나는 마치 내 사랑이 흩어져가는 모습을 보는 듯한 느낌이었다.

내가 거니는 숲의 산책길은 다른 길과의 사이에 잡초가 자라나서 날마다 얇아지는 비단을 깐 것 같았다. 이제는 내 주위에 어느 날 산책의 추억이 떠다니고 있는 듯했다. 그때 알베르틴은 차 속에서 내게 기대어 나와 함께 집으로 돌아왔고, 내 생활은 그녀에게 폭 감싸여 있는 것 같다는 생각이 들었다. 지금은 아련한 안개가 낀 어두컴컴한 나뭇가지에 저녁 해가 비쳐들어, 마치 허공에 떠있는 것처럼 반짝반짝 수평으로 남아 있는 우거진 나뭇잎을 금빛으로 물들이고 있다(물론 고정관념에 사로잡힌 사람은 길모퉁이에 서 있는 모든 여자가 자신이 생각하는 사람과 닮은 듯한 느낌이 들어서, 어쩌면 그 여자가 아닐까 생각하는데, 나도 그들처럼 이따금 몸을 떨었다. "그녀일지도 몰라." 나는 뒤돌아보지만 차는 그대로 달려나갈 뿐 되돌아오지 않는다). 나는 금빛으로 빛나는 나뭇잎을 기억의 눈으로 바라보는 것만으로는 만족할 수 없었다. 그것들은 내 흥미를 끌었고 내 마음을 사로잡았다. 마치 어느 작가가 순수한 묘사문을 더욱 완벽하게 하기 위해 거기에 허구와 그럴듯한 소설 한 편을 끌어들이듯이. 그리하여 자연은 내 마음에까지 다다르는 그 우수에 찬 유일한 매력을 지니고 있었다. 나로서는 그러한 매력을 느끼는 이유가 언제나 변함없이 알베르틴을 사랑하고 있기 때문이라고 생각했다. 그런데 진짜 이유는 그 반대로 내 안에서 망각이 이뤄지고 있었기 때문이며, 알베르틴의 추억이 더 이상 잔인한 게 아니라, 즉 변화했기 때문이었다. 내가 그때 우수에 찬 매력을 느끼는 이유를 꿰뚫어보았다고 생각한 게 잘못이었던 것처럼, 사람은 자신이 어떤 인상을 아무리 간파했다고 생각해도 멀고도 깊은 곳에 깃들어 있는 그 인상의 의미까지는 쉽사리 거슬러 올라갈 수 없다. 마치 불쾌감을 호소하는 환자의 말에 귀를 기울이는 의사가, 그 증상만을 근거로 환자가 모르는 깊은 원인까지 거슬러 올라가듯이, 우리의 인상과 관념은 단순한 징후로서의 가치밖에 지니지 않는다. 내가 느낀 매력적인 인상과 온화한 슬픔의 인상에 의해 질투가 물러나자 내 관능이 새롭게 눈을 떴다. 질베르트를 그만 만나게 되었을 때처럼 또다시 여자에 대한 그리움이 용솟음쳐서, 이미 사랑하고 있었던 특정한 여자와의 배타적인 관계를 끊고, 이전에 있었던 것이 붕괴되어 거기서 해방된 정수(精髓)가 일대에 떠다니듯이, 오로지 새로운 여성과의 결합을 찾아서 봄의 공기 속에 맴돌고 있다. 설사 그것이 '물망초'라 불리는 풀이라 해도, 이 여자에 대한 사랑이 이토록 많은 꽃을 피우는 곳은 묘지밖에 없다. 나는 이 화창한 날에 꽃처럼 피어난 수많은 아가씨를 바라보았다. 마치 지난날 빌파리지 부인의 마차에서 바라본 것처럼. 또는 같은 일요일에 알베르틴과 함께 타고 있던 자동차 안에서 바라본 것처럼. 그러자 이내 그 아가씨들 가운데 누군가에게 쏠린 나의 시선에 알베르틴의 시선이 겹쳐졌다. 호기심 어린 은밀한 시선, 헤아릴 수 없는 생각을 비추고 있는 대담한 시선, 알베르틴이 몰래 그녀들에게 던질 것 같은 시선이다. 그것이 내 시선에 푸른빛을 띤 신비롭고 날렵한 날개를 달아주어, 그때까지 무척이나 자연스러운 장소였던 이 산책길에 어떤 미지의 전율이 흐르게 했다. 나 자신의 욕망은 스스로 잘 알고 있었으므로, 만약 그 욕망뿐이었다면 이렇게 알지 못하는 것으로 산책길을 새롭게 살려낼 수는 없었으리라.

어쩌다가 조금 슬픈 소설을 읽다보면, 불현듯 과거로 끌려가는 일이 있었다. 왜냐하면 어떤 소설은 일시적으로 사람을 덮치는 중대한 상(喪)과 같아서, 습관을 깨고 우리를 인생의 현실과 다시 맞닿게 하기 때문이다. 물론 그것은 악몽처럼 겨우 몇 시간의 일에 지나지 않는다. 무기력한 두뇌는 습관에 저항하여 진실을 재창조할 수 없으므로, 습관의 힘과 그것이 낳는 망각, 그것이 다시 가져다주는 명랑함은 아름다운 책이 지닌 거의 최면술적이라고 할 수 있는 암시의 힘을 훨씬 넘어서기 때문이다. 모든 암시와 마찬가지로 이러한 책에 의한 암시의 효과도 아주 짧은 시간밖에 지속되지 못한다.

애초에 발베크에서 알베르틴과 사귀고 싶었던 것은, 그녀가 시내나 거리에 나타나서 가끔 내 발길을 멈추게 한 그 젊은 아가씨들을 대표한다고 생각했기 때문이고, 그녀들의 생활을 상징하는 것처럼 보였기 때문이 아닐까? 그 아가씨들을 하나로 응축한 그 사랑의 별이 다 타버린 지금, 다시 그것이 먼지처럼 퍼지는 성운(星雲)이 되어 여기저기로 흩어지는 것은 더할 나위 없이 자연스러운 일이 아니겠는가? 모든 성운과 소녀가, 내게는 알베르틴으로 보였다. 내가 마음에 품은 인상은 곳곳에서 그녀를 발견하게 했다. 때로는 길모퉁이에서 자동차에 올라타고 있는 한 여자가 생생하게 알베르틴을 떠올리게 했고, 몸매도 똑같아서 나는 한순간 방금 본 사람이 알베르틴이 아닐까, 그녀는 죽었다고 하지만 사실은 내가 속고 있었던 게 아닐까 하고 의심했을 정도였다. 이런 식으로 길모퉁이에서, 분명히 발베크에서 있었던 일이지만, 똑같은 몸짓으로 차에 올라타던 그녀의 모습이 눈앞에 떠오른다. 그때의 그녀는 인생을 깊이 신뢰하고 있었다. 나는 자동차에 올라타는 이 젊은 아가씨의 동작을, 산책 도중에 자주 나타났다가 사라지는 눈에 띄는 겉모습으로만 본 것이 아니었다. 그것은 어떤 지속적인 행위가 되어, 방금 그것에 덧붙여진 것, 그토록 관능적이면서 슬프게 내 마음에 기대오는 것에 의해 과거로까지 퍼져가는 성싶었다.

그러나 젊은 아가씨의 모습은 이미 사라지고 없었다. 그 조금 앞쪽에서 나는 세 명의 아가씨들을 발견했다. 나이가 좀 들어서 어쩌면 젊은 부인들이라고 불러야 할지도 모르겠지만, 그 우아하고도 자신감 있는 거동은 알베르틴과 그 친구들을 처음 알게 된 날 내 마음을 사로잡은 것과 똑같았으므로, 나는 그 새로운 아가씨 셋을 바짝 따라가다가 그녀들이 차를 잡았을 때는 나도 사방팔방으로 뛰어다니며 다른 차를 찾았지만, 겨우 찾아냈을 때는 이미 늦은 뒤였다. 그녀들의 모습은 어디에도 없었다. 그런데 며칠 뒤 집에 돌아가자, 불로뉴 숲에서 뒤를 따라갔던 세 아가씨가 우리 집 건물의 아치문에서 나오는 것이 아닌가. 그녀들, 특히 갈색 머리의 두 사람은 아주 조금 나이가 많기는 했지만, 평소에 내가 가끔 창문에서 보고 거리에서 스쳤던 사교계 아가씨들, 내게 온갖 계획을 세우게 하고 사는 보람을 느끼게 했지만, 아직 아는 사이는 아니었던 그 아가씨들과 똑 닮았다. 금발 아가씨는 좀더 가냘픈 몸매에 거의 아픈 사람처럼 보여서 그다지 내 취향은 아니었으나, 내가 잠깐 그녀들을 바라보는 것만으로는 만족할 수 없었던 것은 이 금발 아가씨 때문이었다. 나는 그 자리에 못 박힌 듯이 서서 무슨 문제에 열중하는 것처럼 피할 수 없게 된 시선으로, 마치 의식적으로 눈에 보이는 것의 더욱 저편까지 다다르려는 듯한 시선으로 가만히 눈여겨보고 있었다. 하기야 다른 많은 아가씨들과 마찬가지로, 아마 나는 이 세 사람 또한 그대로 보내버렸을지도 모른다. 그런데 바로 내 앞을 지나가려고 한 순간에—내가 너무 빤히 쳐다본 탓일까—금발 아가씨가 살짝 나를 쳐다봤고, 이어서 지나간 다음 나를 다시 돌아보았는데, 그 두 번째 눈길이 내 마음에 불을 지르고 말았다. 그러나 그녀는 나를 아랑곳하지 않고 두 친구들과 다시 얘기를 시작했으므로, 나의 불같은 정열도 만약 다음과 같은 사실에 의해 백배로 부풀어오르지 않았다면 아마 그대로 사그라졌으리라.

나는 문지기에게 그 세 사람이 누구냐고 물었다. 그러자 그가 대답했다. "공작부인을 만나뵈러 오신 분들입니다. 아무래도 부인을 아시는 건 한 사람 뿐이고, 다른 두 사람은 문까지 따라오신 듯합니다. 여기 이름이 있군요. 제 철자가 정확한지는 모르겠지만." 나는 데포르슈빌(Déporcheville) 양이라고 읽었다. 그것을 d'Éporcheville이라고 고치는 건 일도 아니었다. 즉 게르망트 집안의 먼 친척뻘 되는 훌륭한 가문의 아가씨로, 전에 로베르가 매음굴에서 만나 관계를 가졌다고 얘기했던 여자의 이름이다. 적어도 내 기억에는 거의 그런 이름이었다. 그제야 나는 그녀가 왜 나를 돌아보았고, 같이 가던 두 사람이 눈치채지 못하도록 몰래 내게 시선을 보냈는지 그 의미를 이해할 수 있었다. 로베르한테서 그 이름을 들었을 때, 나는 몇 번이나 그녀를 상상하고 또 생각했던가! 그런데 방금 만난 그녀는 동행한 친구와 아무것도 다를 게 없고, 다만 그 은밀한 시선만이 그녀의 생활 속 어떤 부분으로 통하는 비밀의 문을 이루고 있었다. 그것은 물론 친구들에게도 숨겨진 부분이지만, 그로 인해 내게는 그녀가 보통의 귀족 아가씨들보다 다가가기 쉽고―거의 반쯤 내 것이라고 할 수 있을 정도로―또 상냥한 아가씨로 보였다. 그녀의 마음속에도 나와의 사이에 미리 통하는 것이 있고 만약 나와 밀회를 할 자유가 있다면, 함께 시간을 보낼 수 있을 텐데 생각하고 있을 것이다. 그거야말로 그녀의 시선이 내게만은 노골적인 웅변으로 드러내려던 게 아닐까? 내 심장은 두방망이질듯 뛰기 시작했다. 데포르슈빌 양 얼굴이 어떻게 생겼느냐고 묻는다면 나는 정확하게 대답할 수 없었을 것이다. 나는 그저 어렴풋하게 금발의 옆얼굴을 떠올릴 뿐이다. 그래도 나는 그녀에게 미친 듯한 연정을 느끼고 있었다. 그때 불현듯 깨달았다. 나는 셋 중에서, 뒤돌아보며 두 번 내게 시선을 던진 금발 아가씨가 바로 데포르슈빌 양일 거라고 믿고 있었다. 그런데 문지기는 내게 그런 말은 한 마디도 하지 않았다. 나는 문지기의 방으로 돌아가서 다시 물었고, 그는 그 점에 대해서는 대답할 수가 없다고 말했다. 그 이유는 그녀들이 오늘 처음, 그것도 자신이 없을 때 왔기 때문이라고 했다. 그러나 그는 전에 한 번 이 아가씨들을 만난 적이 있는 자기 아내에게 물으러 가주었다. 그녀는 마침 부엌문 계단을 청소하던 중이었다.

일생에 조금이나마 지금의 나처럼 기분 좋은 불안을 느껴보지 않은 사람이 정말로 있을까? 이를테면 배려심이 있는 친구에게 무도회에서 어떤 아가씨를 보았다고 말하면, 그건 바로 자기 여자친구 가운데 한 사람이 틀림없다면서, 그녀와 함께 당신을 초대해준다. 그러나 많은 사람들이 있는 가운데 단순히 말로 용모를 설명하는 것만으로는 오류가 생기지 않을까? 이제부터 만날 예정인 아가씨는 내가 만나고 싶어하는 사람과 다르지 않을까? 아니면 그 반대로, 바로 그녀이기를 바라는 아가씨가 웃는 얼굴로 손을 내미는 모습을 보게 될까? 그런 행운도 드물지 않아서, 반드시 데포르슈빌 양의 경우처럼 설득력 있는 논리로 증명할 수는 없어도, 어떤 직관과 이따금 행운을 가져다주는 우연의 입김에 의해 생기기도 한다. 그런 때, 상대를 보면서 우리는 자신에게 이렇게 들려준다. "과연 그 여자였군." 나는 바닷가를 산책하고 있던 젊은 아가씨들의 작은 무리 속에 알베르틴 시모네라는 소녀가 누구인지 정확하게 알아맞힌 일을 떠올렸다. 이 추억은 내게 날카로운 고통을 불러일으켰으나 그것도 잠깐일 뿐이었다. 문지기가 자기 아내를 찾으러 간 사이 나는 데포르슈빌 양을 생각하면서, 처음에 어떤 얼굴과 연결해버린 이름과 사실 순간적으로 그 얼굴을 떠나 수많은 얼굴들 사이를 떠다니다 만약 새로운 얼굴과 연결되면, 처음에 생각했던 얼굴이 나중에는 모르는 사람의 순진하고 정체를 알 수 없는 얼굴로 되돌아가는 일도 있을 테니, 그런 순간을 기다렸다는 듯이 어쩌면 문지기가 예상과 달리 데포르슈빌 양은 갈색 머리 아가씨 둘 중 하나라고 말하는 건 아닐까 하는 생각이 계속 들었다. 그렇게 되자, 내가 그 존재를 믿고 있었던 아가씨, 벌써부터 내가 사랑하기 시작했고, 이제 내 것으로 하는 것밖에 생각하지 않았던 그 금발의 교활해 보이는 데포르슈빌 양은 사라져버리게 된다. 운명적인 대답은 그때 그녀를 두 개의 흩어진 요소로 나누고 말 것이다. 소설가가 현실에서 빌린 다양한 요소를 융합해서 상상 속 인물을 창조하듯이 나는 이 두 가지 요소를 멋대로 하나로 합치고 있었는데, 하나하나를 따로따로 보면—이름은 이제 시선이 의도하는 바를 뒷받침해주지 않으므로—모든 의미가 사라진다. 그렇게 되면, 내가 그리던 줄거리는 와장창 무너지고 말 것이다. 그런데 반대로 문지기가 돌아와서, 데포르슈빌 양은 과연 그 금발의 아가씨였다고 말했을 때, 그것은 오히려 얼마나 강해졌던가! 그때부터 나는 그녀가 동명이인이라는 건 생각할 수도 없었다.

그 세 아가씨 가운데 한 사람이 데포르슈빌 양이라는 이름이라면, 그것이 바로 거의 미소 짓는 모습으로 나를 그렇게 뚫어지게 바라보던 아가씨라면(이것이 내 상상을 뒷받침하는 핵심적인 첫 번째 증거다), 게다가 매음굴이나 다니는 아가씨가 아니라고 한다면, 이런 기막힌 우연이 어디 있겠는가!

그때부터 미칠 듯이 마음 설레는 하루가 시작되었다. 이틀 뒤에는 게르망트 부인을 만나러 가서, 그 집에서 손쉬운 아가씨를 찾아 밀회를 약속하게 될 것이므로(잠깐 살롱 한구석에서 그녀를 대화에 끌어들일 좋은 방법은 얼마든지 있다), 그때 상대에게 좋은 인상을 줄 수 있는 몸차림을 하는 데 필요한 소품을 이것저것 사러 외출하려고 생각한 나는, 그보다 먼저 확실을 기하기 위해 로베르에게 전보를 쳐서, 문제의 아가씨의 정확한 이름과 용모를 물어보기로 했다. 문지기의 말에 의하면, 그녀는 이틀 뒤에 다시 게르망트 부인을 만나러 올 예정이었으므로, 그 전에 대답을 듣고 싶었다. 그리고 나는(그동안 다른 생각은 조금도 하지 않았으며, 알베르틴조차 마음속에 없었지만) 그때까지 무슨 일이 있어도, 설사 병에 걸려 들것에 실려 아래층으로 옮겨지는 한이 있더라도, 반드시 같은 시간에 공작부인을 방문하리라 결심했다. 그래도 내가 생루에게 전보를 친 것은, 그 여자가 같은 사람인지 어떤지에 대해 의심이 남아 있었기 때문도 아니고, 내가 본 아가씨와 얘기로 들은 아가씨가 아직 내게는 다른 사람이었기 때문도 아니다. 두 사람이 같은 인물이라는 사실을 나는 의심하지 않았다. 그러나 이틀 뒤가 너무나 멀게 느껴진 나로서는, 그녀에 대한 세세한 내용을 담은 전보를 받는 것이 그것 자체로 즐거운 일이고, 또 그녀에 대한 은밀한 힘을 얻는 일이기도 했다. 전보국에서 희망에 불타는 남자의 흥분으로 전문을 쓰면서, 나는 어릴 때에 비해 지금이, 또 질베르트 때보다 데포르슈빌 양을 상대하는 쪽이 훨씬 많은 수단을 갖추고 있음을 깨달았다. 내가 그저 전문을 쓰는 수고만 하면, 나머지는 전보국 직원이 그것을 접수하고 고속전신망이 그것을 송신하면 되는 것이다. 프랑스라는 나라와 지중해같이 넓은 공간도, 내가 만난 인물을 알아내려고 이리저리 뛰어다니는 로베르가 보낸 방탕에 절었던 과거도, 내가 대체적인 줄거리를 세운 소설에 도움이 되어주리라. 나는 이제 그 소설을 걱정할 필요조차 없다. 왜냐하면 방금 든 예들이 그것을 떠맡아서 24시간이 채 지나기 전에 어떤 방향으로든 결론을 내려줄 터이기 때문이다. 전에는 프랑수아즈에게 이끌려 샹젤리제에서 돌아오면, 집에서 혼자 무기력한 욕망을 키우면서, 문명의 이기도 사용하지 못한 채 야만인 같은 사랑을 했었다. 아니 차라리, 마음대로 움직이고 다니지도 못했으니 꽃처럼 사랑했다고 할 수 있으리라. 전보를 친 순간부터, 나의 시간은 열에 들뜬 것 같은 상태에서 흘러갔다.

바로 그러한 때 아버지가 내게 이틀 동안 집을 비우고 함께 갈 것을 요구했고, 그러면 공작부인을 방문할 수 없게 되는 나는 버럭 화를 내면서 절망에 빠져버렸는데, 그것을 보다 못한 어머니가 중재에 나서서, 아버지한테 부탁해 나를 파리에 두도록 허락을 받아주었다. 그래도 몇 시간 동안 나의 분노는 가라앉지 않았다. 한편으로 데포르슈빌 양에 대한 내 욕망은 우리 두 사람 사이에 방해가 끼어드는 바람에, 그리고 한순간 내가 품은 우려 때문에 오히려 백배나 커졌다. 게르망트 부인을 방문하는 일은 누구도 빼앗아갈 수 없는 확실한 행복이었고, 이제부터 나는 쉬지 않고 그 즐거운 시간에 미소를 보내려 했는데, 그 방문이 이뤄지지 않을지도 모른다는 우려였다. 몇몇 철학자들이 말한 바에 의하면, 바깥 세계는 존재하지 않으며 우리가 자신의 삶을 펼치는 것은 우리 마음속에서뿐이다. 아무튼 연애는 몹시 소박한 그 시작에 있어서도, 우리에게 현실은 더할 수 없이 작은 것에 지나지 않음을 보여주는 뚜렷한 예다. 만약 기억을 더듬어 데포르슈빌 양의 초상을 그리고 그 모습과 특징을 들어야 한다면, 나는 도저히 할 수 없을 것이다. 그러기는커녕 길에서 만나더라도 그녀를 알아보지 못할 게 틀림없었다. 나는 그저 움직이는 그녀를 옆에서 바라보면서, 아름답고 상큼하며, 체격이 큰 금발의 아가씨라고 생각했을 뿐, 그 이상은 말할 수 없다. 그러나 욕망과 불안, 아버지가 나를 여행에 데리고 가면 그녀를 만날 수 없게 된다는 두려움에서 오는 치명적인 타격, 그러한 모든 반응이 하나의 인상과 연결되어 있었다. 그것은 결국 내가 잘 모르는 인상이며, 다만 느낌이 좋다는 것만 알고 있었지만, 그것만으로도 이미 사랑이 이루어지기에 충분했다. 마침내 다음다음 날 아침, 행복한 불면의 하룻밤이 지난 뒤, 나는 생루의 전보를 받았다. "드 로르주빌(de l' Orgeville), 드(de)는 귀족 칭호. 오르주(orge)는 호밀과 같은 화본과(禾本科) 식물인 보리, 빌(ville)은 도시(都市)와 같음. 체격이 작고, 땅딸막한 갈색 머리. 현재 스위스에 있음." 요컨대 다른 사람이었던 것이다!

어머니가 우편물을 가지고 내 방에 들어오더니, 뭔가 다른 일이라도 생각하는 듯한 얼굴로 그것을 아무렇게나 침대 위에 내려놓았다. 그리고 나를 혼자 두기 위해 이내 바쁜듯이 나갔다. 나는 무척이나 사랑하는 어머니의 수법을 다 알고 있었고, 상대를 기쁘게 해주려는 마음으로 해석하면, 언제나 어김없이 어머니 얼굴에 나타나 있는 것을 읽을 수 있기 때문에, 빙그레 웃으면서 생각했다. '이 우편물 속에는 틀림없이 뭔가 나의 흥미를 끄는 것이 있나 보다. 어머니는 무관심한 척, 모르는 체 시치미 떼는 얼굴을 하고 있지만, 그건 정말로 나를 놀라게 하기 위해서이고, 미리 알려줘서 즐거움을 반으로 줄이는 일은 하고 싶지 않으신 거야. 게다가 금방 나가신 것은, 내가 체면 때문에 자신이 느낀 기쁨을 숨기고 맘껏 표현하지 못할까 봐 그런 게지.' 그런데 방을 나가려고 문 쪽으로 향하던 어머니는, 마침 들어오던 프랑수아즈와 부딪치고 말았다. 그러자 어머니는 프랑수아즈를 떠밀어서 방 밖으로 끌고 나갔으며, 자기 역할에는 언제 어느 때라도 내 방에 들어갈 수 있는 특권이 포함되어 있다고 생각하던 프랑수아즈는 심하게 놀라서 기분이 상하고 말았다. 그러나 곧 그녀의 얼굴에서 놀람과 분노가 사라졌으며, 사람을 깔보는 듯한 연민과 철학적인 야유가 담긴 어둡고 집요한 미소가 떠올랐는데, 그것은 상처받은 자존심이 상처를 치유하기 위해 분비하는 끈적끈적한 용액 같았다. 그녀는 자신이 경멸당했다고 느끼지 않기 위해 우리를 경멸하는 것이다. 그래서 우리가 주인인 것은 알고 있지만, 이 주인들은 변덕이 심하고 지성도 그리 대단하지 않으며, 다만 자신이 주인임을 과시하기 위해 유능한 하인들에게 으름장을 놓아 말도 안 되는 일을 강요하고는 좋아하는 사람들로, 이를테면 전염병이 유행하면 끓인 물에 적신 뜨거운 걸레로 방을 닦게 하고, 마침 방에 들어가려고 할 때 나가게 하는 것이라고 생각했다. 어머니는 얼른 촛대를 들고 가버렸다. 나는 어머니가 우편물을 눈에 띄게 내 바로 옆에 두고 간 것을 알아챘다. 하지만 아무래도 신문뿐인 듯했다. 아마 누군가 내가 좋아하는 작가로, 좀처럼 글을 쓰지 않는 사람의 기사가 실려 있어서 나를 깜짝 놀라게 하려는 것이겠지. 나는 창 쪽으로 다가갔다. 파르스름한 안개가 낀 새벽빛 위 장밋빛으로 물든 하늘은, 이맘때 불을 지피는 부엌 화덕을 떠올리게 했으며, 그것이 나를 희망으로 채웠다. 밤 여행을 하고 싶고, 전에 장밋빛 뺨을 가진 우유 파는 아가씨를 발견했듯이 작은 산골 정거장에 도착해서 눈을 뜨고 싶다는 욕망을 불러일으켰다.

나는 〈피가로〉지를 펼쳤다. 그런데 이게 웬일이람! 머리기사는, 내가 기고했지만 실리지 않았던 원고와 제목이 똑같지 않은가! 제목뿐만이 아니다. 몇몇 낱말도 완전히 똑같다. 이건 너무하다. 항의문을 보내야지. 그때 내 방출입은 자유라고 생각하고 있던 프랑수아즈가 방에서 쫓겨나자, 완전히 화가 나서 늘어놓는 불평이 들려왔다. "나한테 어떻게 이럴 수가 있담! 태어나는 것을 내 눈으로 지켜본 아이인데 말이야. 그야 어머니가 만드는 것까지 본 건 아니지만. 그래도 분명히 말해서 응애! 하고 태어난 지 5년도 지나지 않았을 때부터 쭉 알고 있으니까." 그건 그렇고 낱말 몇 개뿐만이 아니었다. 모든 게 똑같았다. 놀랍게도 서명까지 내 것이었다……. 그것은 마침내 채택된 내 원고였다! 그러나 요즘 내 머리가 벌써 노화하기 시작했는지 얼마간 지쳐 있었던 탓일까, 한순간 그것이 내가 쓴 글이라는 사실을 깨닫지 못한 것처럼 그 생각을 계속하고 있었다. 마치 노인들이 한번 어떤 움직임을 시작하면, 그것이 필요 없게 되어도, 또 예상치 못한 장애가 나타나 곧장 몸을 피하지 않으면 위험한 경우에도, 끝까지 그 동작을 계속할 수밖에 없는 것처럼. 나는 정신의 양식인 신문을 자세히 바라봤다. 방금 인쇄되자마자 아침 안개 속을 뚫고 꼭두새벽에 하녀들에게 배달되었으므로, 아직도 따뜻하고 촉촉한 이 빵을 하녀들은 카페오레와 함께 자기 주인에게 가져다준다. 그것은 한 개인 동시에 1만 개로도 늘어나는 기적의 빵으로, 각자에게 똑같은 것이면서 헤아릴 수 없는 것이 되어 모든 집에 들어간다.

지금 내가 손에 들고 있는 것은 단순히 어떤 신문이 아니라 1만 부 가운데 어느 하나다. 그것은 내가 쓴 글을 포함할 뿐만 아니라, 내가 쓰고 모두가 읽는 신문이다. 지금 이 순간에 다른 집에서 일어나고 있는 현상을 정확하게 알기 위해서는, 이 글을 필자로서가 아니라 독자로서 읽어야만 한다. 그것은 단순히 내가 쓴 글일 뿐만 아니라, 수많은 사람의 정신을 통해 형태가 생긴 것의 상징이었다. 그래서 이 글을 읽기 위해, 나는 잠깐 그 필자 역할을 그만두고 신문의 수많은 독자 가운데 한 사람이 되어야 한다. 그러나 그때 최초의 불안이 솟아났다. 미리 알지 못한 독자는 과연 이 글을 알아차릴까? 나는 그런 독자가 하듯이 무심하게 신문을 펼쳐본다. 피부와 얼굴에는 늘 아침의 신문 내용 따위는 전혀 모르고, 서둘러 사교기사나 정치란을 보려는 듯한 기색을 띠면서. 그리하여 내게 유리해지지 않도록, 어디까지나 진짜 일반 독자가 되기 위해, 마치 뭔가를 기다리는 사람이 일부러 천천히 수를 세듯이 눈은 그 글을 피하고 있지만, 내 글은 상당히 길어서 그만 도중에 그 일부가 눈에 들어오고 만다. 하지만 1면 기사를 슬쩍 보거나 그것을 읽은 사람도 대부분 서명 따위는 쳐다보지도 않는다. 나 또한 전날 신문 제1면의 기사를 누가 썼는지 도저히 말할 수 없다. 그래서 나는 이제 스스로에게 말해준다, 이제부터는 반드시 제1면의 글을 읽고 필자의 이름을 확인하겠다고. 그러나 질투심이 강한 남자가 애인의 정절을 믿고 싶어서 자기도 애인을 배신하는 짓을 삼가는 것처럼, 슬프게도 내가 이제부터 그런 주의를 기울인다고 해서 다른 사람들도 똑같이 주의를 기울이는 것도 아니고, 하물며 과거로 거슬러 올라가 남의 주의를 강요할 수도 없지 않은가. 더구나 사냥을 떠나버린 사람도 있을 테고, 꼭두새벽부터 집을 나간 사람도 있을지 모른다. 그래도 하다못해 몇 사람쯤은 이 글을 읽어주겠지. 그 사람들처럼 해보자. 그리하여 나는 읽기 시작한다. 분명히 이것을 읽는 많은 사람들은 형편없는 기사라고 생각할 것이다. 그건 알고 있지만, 막상 읽어보니 하나하나의 낱말을 통해 내가 본 것이 그대로 종이 위에 표현되어 있는 듯한 느낌이 들어서, 나로서는 아무리 각자가 눈을 크게 떠도, 내가 보고 있는 인상을 그대로 보는 것은 아니라는 사실을 믿을 수가 없다. 다른 사람 입에서 나온 말이 그대로 전화선을 통해 전해진다고 믿는 사람이 있는데, 그것과 같은 순진무구함으로, 나는 필자가 생각하고 있는 바가 독자에게 직접 전달될 수 있다고 믿어버린다. 그런데 독자의 마음속에 생기는 것은 다른 생각이다. 그저 한 사람의 독자가 되려고 한 순간, 내 정신은 자신이 쓴 글을 읽으면서 그것의 모습을 바꾸고 있다.

만약 게르망트 씨라면, 블로크가 좋아할 만한 문구는 이해할 수 없다 쳐도, 그 대신 블로크가 우습게 여기는 고찰은 재미있어할지도 모른다. 이런 식으로 이전의 독자들이 거들떠보지도 않았을 성싶은 하나하나의 부분에, 그것을 애호하는 새로운 독자가 나타나서, 글 전체가 대중의 호평을 받게 되고, 나 자신에 대한 나의 불신을 압도하여, 나는 더 이상 자신의 문장을 보호할 필요도 없어지고 만다. 왜냐하면 실제로 아무리 훌륭하다 해도 문장의 가치는 국회 보고와 같아서, 장관의 입에서 나온 "언젠가 밝혀지겠지요"라는 말은 전체의 일부, 그것도 완전히 아무 상관도 없는 부분으로, 다음과 같이 전체를 읽어야 하기 때문이다. "국무총리 겸 내무장관의 말, '언젠가 밝혀지겠지요.' 극좌 의석에서 외치는 격렬한 고함 소리. '좋아, 잘하고 있어!' 좌익 및 중앙의 몇몇 자리에서 이렇게 들려오는 소리(이 결말은 중간 부분보다 뛰어나며, 오히려 첫머리에 어울린다)." 이러한 기사의 아름다움은—그것이 이런 글에 따라다니는 결함이며, 유명한 《월요한담》도 예외가 아니다—독자에게 주는 인상 속에 그 한 부분이 들어 있다. 이것은 집단이 만드는 비너스상(像)으로, 필자의 사상만 파고드는 사람은 비너스의 있지도 않은 한쪽 팔에만 매달린다. 왜냐하면 이 상은 독자들의 머릿속에서 비로소 완전해지기 때문이다. 이 상은 독자들의 안에서 완성된다. 그리고 대중은 설사 엘리트라 해도 예술가는 아니므로, 대중이 주는 마지막 각인에는 늘 어느 정도 진부한 것이 포함된다. 그리하여 생트뵈브가 월요일마다 뇌리에 떠올리는 것은, 부아뉴 부인이 높은 기둥이 있는 침대에서 〈입헌신문〉에 실린 자신의 글을 읽으며 거기에 씌어 있는 훌륭한 고찰을 음미하고 있는 모습이다. 그것은 그가 혼자서 오랫동안 득의양양해하던 고찰로, 만약 더욱 폭넓은 효과를 노려 그것을 문예시평에 싣는 데 어울릴 거라고 판단하지 않았다면, 아마 이 고찰은 그의 머릿속에 저장된 채 그대로 있었으리라. 틀림없이 대법관 쪽에서도 그것을 읽고, 나중에 친한 여자친구를 찾아갔을 때 그 이야기를 하겠지. 그리고 그날 밤, 회색 바지를 입은 노아유 공작은 마차를 타고 생트뵈브를 데리고 나가서 사교계의 평판을 전할 것이다. 하기야 그가 아르부빌 부인한테서 이미 이야기를 들었다면 별문제지만.

나는 이렇게 같은 시간에 많은 사람들에게 나의 사상이—또는 그것을 이해할 수 없는 사람에게는, 나의 사상이 아니라도 되풀이하여 입에 오르내리는 내 이름과 이른바 미화되고 상기되는 나의 인격과 비슷한 것이—그 머리 위에서 빛나며, 그들의 생각에 여명을 비춰주는 것을 보는 느낌이었다. 그것은 모든 사람의 집 창문으로 동시에 장밋빛 모습을 보여주는 헤아릴 수 없는 여명보다, 훨씬 우쭐한 힘과 기쁨으로 나를 채워주는 여명이다. 나는 블로크가, 게르망트 부부가, 르그랑댕이, 앙드레가, 마리아가, 하나하나의 글에서 저마다 거기에 담긴 인상을 끌어내는 것을 보았다. 그때 나는 그저 한 사람의 독자이고자 하면서 실은 필자로서 읽는 것이다. 하기야 오직 필자로서 읽기만 하는 건 아니다. 나는 될 수 없는 존재가 되려고 애쓰면서, 그 불가능한 존재가, 서로 모순된 견해라도 내게 매우 호의적인 것은 모두 그러모으기 위해, 나는 필자로서 읽으면서 독자로서 자신을 비평하고, 그리하여 자신이 지향하는 이상의 표현에 비추어 자신이 쓴 것에 조건을 붙이는 태도는 완전히 버린다. 이를테면 이 문장을 썼을 때, 그것은 나의 사상에 비해 전적으로 빈약하고, 나의 조화를 이룬 투명한 견해에 비해 어수선하고 불투명하며 결함투성이여서 도저히 그것을 만족시킬 수 없으므로, 나는 그것을 읽는 것이 고통스러워 자신의 무능함과 치유할 수 없는 재능의 부족함을 가슴에 사무치게 느낄 수밖에 없었다. 그런데 지금은 독자가 되려고 애씀으로써, 나는 나를 비평한다는 괴로운 역할을 타인에게 맡기고, 내가 만들어낸 글을 읽으면서, 적어도 자신이 만들고자 한 것은 깨끗하게 잊는 데 성공했다. 나는 내가 쓴 이 글을 다른 사람의 작품으로 믿으려고 노력하면서 읽었다. 그러나 모든 인상과 고찰, 모든 형용사가 그 자체로서 수용되었고, 내가 지향한 것에 이르지 못한 좌절의 추억도 사라져, 그 광채, 그 의표를 찌르는 표현, 그 깊이로 내 마음을 완전히 사로잡았다. 나는 기분이 지나치게 가라앉으면, 매우 감탄한 한 사람의 독자 마음으로 달아나서 이렇게 자신에게 들려준다. "괜찮아! 독자들이 그런 걸 알 것 같아? 물론 여기에는 뭔가 부족한 점이 있을지도 몰라. 아무리 그래도 독자들의 마음에 안 들면 어쩐다지? 하지만 이 부분은 보통 이상으로 썩 잘되지 않았느냐 말이야!" 그리고 나를 지탱해주는 이러한 1만 명의 독자들이 칭찬하는 목소리에 자기 자신에 대한 불신감을 맡기면서, 자신만을 향해 쓰고 있었을 때는 거기서 불신감만 이끌어냈는데, 지금은 자기 글을 읽고 넘치는 힘과 재능에 대한 희망을 느끼는 것이었다. 그러므로 지금까지는 내 초고를 두 번 다시 읽을 용기가 없었던 나지만, 이렇게 하여 기운을 얻으면, '한 번 읽은 것도 다시 읽을 수 있다'고 말할 수 있는 옛날의 글에는 그 발밑에도 미치지 않는다 해도, 읽고 나서 이내 다시 읽고 싶어졌다. 나는 프랑수아즈를 시켜 신문을 몇 부 더 사오기로 결심했다. 그녀에게는 친구들에게 보낼 거라고 설명하겠지만, 사실은 나의 사상이 늘어나는 기적을 내 손으로 만져보기 위해서이고, 마치 내가 다른 사람이 되어 다른 〈피가로〉를 펼친 심정으로, 같은 글을 읽기 위해서였다. 그러고 보니 게르망트 부부도 상당히 오랫동안 만나지 않았으니, 그들을 방문하여 이 글에 대한 모든 사람의 의견을 들어보기로 했다.

나는 한 여성 독자를 떠올린다. 그녀의 방에 들어갈 수 있다면 얼마나 좋을까 하고 가끔 생각하는 여성이지만, 나의 사상을 이해하지 못하는 사람이므로, 신문은 그녀에게 내 사상을 전할 수 없다. 다만 적어도 내 이름과, 사람들이 내게 보내는 찬사 정도는 알려줄 것이다. 그러나 사랑하지도 않는 것에 주어지는 찬사는 마음을 이어줄 리가 없다. 그것은 마치 자신이 비집고 들어갈 수 없는 정신이 생각하는 사상이 자기 마음을 끌어당기지 않는 것과 같다. 하지만 다른 친구들에 대해서는 이렇게 생각했다. 만약 내 건강이 더욱 악화되어 그들을 더 이상 만날 수 없다고 해도, 글을 계속 쓸 수 있고, 그것을 통해 그들에게 다가가 행간으로 말을 걸며, 내가 생각하는 대로 그들을 생각하게 하고, 그들의 마음에 받아들여질 수 있다면 얼마나 기쁠까. 나는 그렇게 생각했다. 왜냐하면 지금껏 내 생활에서는 사교상의 교제가 큰 자리를 차지하고 있었고, 그것이 없는 미래는 생각만 해도 오싹하지만, 글을 쓴다는 이 임시방편의 편법은 건강이 회복되어 다시 친구들을 만날 수 있게 될 때까지, 그들의 주의를 끌고 어쩌면 그들을 감탄시킬 수도 있으므로 마음에 위로가 되기 때문이다. 나는 그렇게 생각했지만, 그것은 진실이 아님을 똑똑히 느끼고 있었다. 친구들의 주목이야말로 즐거움의 대상이라고 아무리 생각하려 해도, 그 즐거움은 내적이고 정신적이며 고독해서 친구가 대신 줄 수 없는 것이고, 친구와 나누는 얘기를 통해서가 아니라 그들로부터 멀리 떨어져서 내 글을 씀으로써만 발견할 수 있는 즐거움이었기 때문이다. 또한 내가 글쓰기를 시작한 것은 간접적으로 친구를 만나고, 그들에게 좋은 인상을 주며, 사교계에서 더 좋은 지위를 얻기 위한 일이었다 해도, 이윽고 글쓰기가 내게서 그들을 만나고 싶은 마음을 빼앗아버릴 테고, 문학 덕분에 얻을 수 있을지도 모르는 사교계에서의 지위도 더 이상 누리고 싶지 않게 될 것이다. 왜냐하면 그때의 내 즐거움은 사교계가 아니라 문학 속에 있을 테니까.

그런 이유로 점심 식사 뒤에 내가 게르망트 공작부인의 집에 간 것은, 생루한테 받은 전보로 말미암아 데포르슈빌 양의 가장 매력적인 개성이 사라졌기 때문에, 이제는 그녀를 만나기 위해서가 아니라 내가 쓴 글의 독자인 공작부인을 만나기 위해서였다. 그러면 〈피가로〉의 정기구독자이든 어쩌다 한 부산 독자이든, 읽은 사람이 어떻게 생각했는지 상상할 수 있을 것이다. 게다가 게르망트 부인의 집을 방문하는 것은 즐거운 일이었다. 그녀의 살롱이 다른 살롱과 다른 것은, 오랫동안 내 상상력 속에서 숙성되었기 때문일 뿐이라고

나 자신에게 들려주지만, 아무리 원인을 안다 해도 차이가 있는 건 변함이 없다. 게다가 내게는 게르망트라는 이름이 몇 개나 존재하고 있었다. 마치 주소록에라도 적어넣듯이 기억이 기록해두었을 뿐인 이름에는 시적(詩的)인 것은 아무것도 없지만, 게르망트 부인과 교제하기 이전 시대까지 거슬러 올라가는 오래된 이름은, 마음속에서 얼마든지 다시 만들 수 있다. 특히 오랫동안 부인을 만나지 않았으므로, 얼굴을 가진 구체적인 인간의 매우 강렬한 빛이, 이름이 지닌 신비로운 빛줄기를 지워버리는 일이 없을 때는 더욱 그러했다. 그런데 나는 다시 게르망트 부인이 살고 있는 집을 뭔가 현실 저편에 있는 것처럼 생각하기 시작한다. 그것은, 첫 몽상에 나타난 안개 긴 발베크를 그 뒤에도 갈 기회를 놓쳐버린 곳처럼 생각하고, 1시 50분에 떠나는 기차를 한 번도 탄 적이 없다고 생각하는 것과 같다. 그런 것은 전혀 존재하지 않는다는 걸 알고 있으면서도, 나는 한순간 그것을 잊어버린다. 마치 사랑하는 사람을 생각하다 보면, 이따금 상대가 죽었다는 사실도 순간적으로 잊어버리는 것처럼. 그러나 그 뒤에 공작부인 집의 응접실에 들어갔을 때 내게는 다시 현실 관념이 돌아와 있었다. 그래도 나는 자신에게 있어서 분명 공작부인은 문자 그대로 현실과 꿈의 교차점이라고 생각하면서 스스로 위로했다.

살롱에 들어가니 그 젊은 금발 아가씨가 눈에 들어왔다. 만 하루 동안, 생루가 말했던 여자인 줄 알았던 아가씨. 그런데 그녀 쪽에서 나를 '정식으로 소개'해달라고 공작부인에게 부탁하는 것이었다. 사실은, 이곳에 들어올 때부터 나는 그녀를 잘 알고 있는 듯한 느낌이 들었는데, 공작부인이 이렇게 말하는 바람에 그 인상은 사라지고 말았다. "어머나! 포르슈빌 씨의 따님을 언제 만난 적이 있나요?" 나는 그녀를 만나기는커녕, 그런 이름의 아가씨를 소개받은 적도 없다. 오데트의 정사와 스완의 질투에 대한 이야기를 나중에 들은 뒤로, 그 이름은 기억에 익숙하게 남아 있었으므로, 소개를 받았다면 반드시 깜짝 놀랐을 것이다. 나는 '드 로르주빌(de l'Orgeville)'이라는 이름을 '데포르슈빌(d'Éporcheville)'로 착각했고, 사실은 '포르슈빌(Forcheville)'을 '에포르슈빌(Éporcheville)'로 바꿔버렸는데, 이러한 이중착오 자체는 그리 드문 일이 아니다. 오히려 우리의 오류는, 사물이 평소에도 진정한 모습 그대로 드러나 있다고 생각하는 것, 이름은 적혀 있는 그대로, 사람들은 사진과 심리학이 주는 움직이지 않는 관념 그대로 나타나 있다고 믿는 것에 있다.

그런데 사실 평소에 우리가 느끼는 것은 결코 그런 게 아니다. 우리가 보고 듣고 생각하는 세계는 완전히 왜곡되어 있다. 하나의 이름만 해도, 경험이 오류를 바로잡아주기 전까지 우리는 귀에 들리는 대로 되풀이하여 입에 올리는데, 그러한 정정이 늘 이루어진다고는 할 수 없다. 콩브레에서는 25년 동안 모든 사람이 프랑수아즈에게 사즈라 부인 이야기를 했는데, 프랑수아즈는 그녀를 사즈랭 부인이라고 계속 말해왔다. 프랑수아즈는 언제나 실수를 하고도 고집스레 우겨대는 버릇이 있는 데다 우리가 반박하면 더욱 완강해져서, 그것이 생탕드레 데 샹의 전통적인 프랑스에 그녀가 덧붙인 1789년 프랑스 대혁명의 모든 평등 원칙이었지만(그녀가 요구하는 유일한 시민권은, 우리와 다르게 발음하고 호텔, 여름, 공기는 모두 여성명사라고 주장할 권리였다), 그녀가 사즈랭 부인이라고 말하는 것은 그것 때문이 아니라 사실은 그녀의 귀에 언제나 사즈랭이라고 들렸기 때문이다. 이런 식으로 끊임없이 저지르는 오류가 바로 '인생'인데, 그것은 단순히 눈에 보이는 세계와 귀에 들리는 세계만을 가리키는 것은 아니며, 사회, 애정, 역사 등과 관련된 세계에도 수많은 형태로 나타난다. 뤽상부르 대공비(大公妃)는 재판소장 부인에게는 고급 창녀 정도의 지위밖에 가지지 않은 것처럼 보이지만, 그렇다고 그것이 중대한 결과를 불러오는 건 아니다. 더 중요한 사실은 오데트가 스완에게는 쉽지 않은 여자로 보인 일로, 그래서 스완은 한 편의 소설 같은 사랑을 만들어냈지만, 나중에 그가 자신의 실수를 깨달았음에도 더욱 참담해졌을 뿐이다. 그보다 더욱 중대한 일은, 독일인의 눈에는 프랑스인이 '복수'만 꿈꾸는 것처럼 보인다는 점이다. 세계에 대한 우리의 구상은 형태가 들쑥날쑥한 단편적인 것일 뿐이라, 위험한 것을 차례차례 만들어내는 제멋대로인 연상(聯想)으로 그것을 보완한다. 그래서 포르슈빌이라는 이름을 들었어도, 오직 그것뿐이라면 그렇게 놀랄 일도 아니었을 것이다(나는 이미 그녀가 그토록 자주 들었던 포르슈빌 씨의 친척이 아닌가하고 생각하고 있었다).

그런데 이 젊은 금발의 아가씨는 불쾌한 질문을 미리 요령 있게 앞질러야겠다고 생각했는지 얼른 이렇게 말했다. "기억을 못 하시나 봐요. 전에 절 자주 보셨을 텐데. 저희 집에도 오셨고, 당신 친구 질베르트의 집에서도 말이에요. 아까는 절 모르시는 것 같더군요. 하지만 전 금방 당신을 알아보았죠(마치 살롱에서 금방 나를 알아본 것처럼 그녀는 말했는데, 사실은 거리에서 이미 나를 보고 인사했고, 나중에 게르망트 부인한테서 들은 얘기로는, 그녀를 깜박 매춘부로 잘못 생각한 내가 뒤를 쫓아가서 슬쩍 몸에 닿기까지 한 것을 두고, 정말 해괴한 짓을 하는 사람이라고 말했다 한다).” 그녀가 포르슈빌 양이라 불리는 사정을 내가 알게 된 것은 그녀가 돌아가고 난 뒤였다. 스완이 죽은 뒤, 오데트는 모두가 깜짝 놀랄 만큼 깊고 진지한 슬픔을 오래도록 보여주었는데, 어찌됐든 그녀는 돈 많은 과부가 되었다. 포르슈빌은 오랜 시간을 들여 곳곳에 있는 친척들의 저택을 돌면서 모두들 결국 그녀를 받아들이는 것을 확인한 뒤 오데트와 결혼했다(친척들은 조금 꺼려하는 듯했지만, 돈 없는 친척이 빈곤 상태에서 벗어나 부자가 되면, 더는 그를 도와줄 필요가 없다고 생각하여, 그러한 이익 앞에 양보한 것이다). 그 뒤에 많은 친척들이 잇따라 죽으면서 막대한 유산이 굴러들어온 스완의 한 숙부가 전 재산을 질베르트에게 남기고 죽었으며, 질베르트는 프랑스에서 가장 부유한 상속녀 중 한 사람이 되었다. 그러나 그때는 바로 드레퓌스 사건의 영향으로 점차 늘어난 이스라엘 사람들의 사교계 진출 움직임과 함께 반유대주의 운동이 탄생한 시기였다. 잘못 판단한 게 드러난 일이 반유대주의에 커다란 타격을 줄 거라고 생각한 정치가들의 예상은 틀리지 않았다. 하지만 적어도 한동안 사교계의 반유대주의는 오히려 확대되고 과격해졌다. 포르슈빌은 참으로 보잘것없는 귀족답게, 친척들의 대화에서 주워듣고 자기 이름이 라로슈푸코의 이름보다 더 오래되었다고 믿었으므로, 유대인의 아내였던 미망인과의 결혼을, 거리에서 주운 매춘부를 빈곤과 오욕의 늪에서 건져주는 백만장자 같은 자선 행위로 여기고 있었다. 그는 그 선의를 질베르트에게도 베풀려고 했다. 수백만이나 되는 그녀의 재산은 결혼에 유리하겠지만 스완이라는 우스꽝스러운 이름은 그 방해가 될 터였다. 그래서 그는 질베르트를 수양딸로 삼겠다고 선언한 것이다.

알다시피 게르망트 공작부인은 그녀를 따르던 사교계 사람들이 놀랐을 정도로—하기야 부인은 사람들을 놀라게 하는 게 취미였고, 자주 그렇게 하는 버릇이 있었다—스완이 결혼했을 때 그 아내뿐만 아니라 딸까지 집에 초대하기를 거부했다. 스완은 오랫동안 언젠가 오데트와 결혼하면 게르망트 부인에게 딸을 소개할 수 있을 거라고 기대했던 만큼, 그녀의 이 거부는 왠지 더욱더 잔인해 보였다. 사실 이미 다양한 경험을 쌓아온 스완인 만큼, 그런 정경을 머릿속에 그려봐도 여러 가지 이유로 결코 이뤄지지 않을 거라는 사실쯤은 알고 있었으리라. 그런 이유 가운데 딱 한 가지, 소개되지 않은 일이 그리 안타깝지 않은 점이 있었다. 그것은 바로 어떤 인상을 떠올리든, 이를테면 석양을 보면서 옥새송어가 먹고 싶어서 외출을 싫어하는 남자가 기차를 타기로 마음먹게 된 것도 좋고, 새침 떠는 카운터 아가씨를 놀래주려고 으리으리한 마차를 마련하여 어느 날 밤 그녀 눈앞에 짠 하고 나타나고 싶다고 생각하는 것도 좋고, 또는 무모한 남자가(용기가 있나 없나, 게으름뱅인가 아닌가에 따라, 또 자기 생각을 끝까지 관철하는 사람인가, 아니면 언제까지나 최초의 착상에서 헤어나지 못하는 사람인가에 따라) 살인을 결심하거나 아니면 단순히 친척의 죽음으로 그 유산이 굴러들어오기를 바라는 것도 좋고, 어쨌든 그런 인상에 다다르게 하는 행위가 여행이든, 결혼이든, 범죄든, 그 밖에 어떤 것이든 우리를 깊숙한 안쪽에서 변화시키기 때문에, 우리는 그런 행위에 이르게 된 맨 처음 인상을 까맣게 잊어버리고, 아직 여행자도, 남편도, 범죄자도, 고립된 인간(즉 명성을 얻고 싶어 일에 파고들었으나, 그 몰입 때문에 명예욕에서 해방된 사람)도 되기 전에, 마음속에 그리던 모습을 다시는 머릿속에 떠올리지 않게 될 수도 있는 것이다. 우리가 끊임없이 헛된 행동을 하지 않겠다고 다짐해도, 태양의 효과가 사라진 그 시간에는 추워서 집 밖의 옥새송어보다 난로 옆에서 먹는 포타주가 더 간절해질지도 모르고, 화려하게 꾸민 마차에도 카운터 아가씨는 도통 관심이 없으며, 어쩌면 전혀 다른 이유로 우리를 존경하고 있던 그녀에게 이 갑작스러운 과시 행위는 오히려 불신감만 안겨줄지도 모른다. 간단하게 말해 이미 본 대로 결혼한 뒤의 스완은 아내와 딸이 봉탕 부인 같은 사람들과 교제하는 게 훨씬 더 중요하다고 생각한 것이다. 게르망트식 사교 생활의 사고방식에 있어서, 공작부인은 거기서 스완의 아내와 딸을 절대로 소개받지 않겠다고 결심한 온갖 이유를 끌어댔지만, 그런 이유와 아울러 연애를 하고 있지 않은 사람들 특유의 홀가분함도 들 수 있다. 그들은 연인들의 비난해야 할 점, 오직 사랑만이 설명할 수 있는 것으로부터 참으로 가볍게 몸을 빼낸다. "글쎄! 난 그런 일에는 관여하고 싶지 않아요. 안타깝지만 스완 씨가 그런 어리석은 짓을 해서 자기 인생을 엉망으로 만들고 싶다면, 그것도 그분 자유지요. 하지만, 난 그런 일에는 휘말리고 싶지 않은걸요. 끔찍한 결과를 불러올 수도 있으니까요. 어쨌든 두루두루 좋게 해결됐으면 좋겠군요." 스완 자신이 베르뒤랭 집안사람들에 대해 내게 권한 수아베, 마리 마그노(Suave, mari magno)가 바로 이것이다. 그때 스완은 이미 오래전부터 오데트에 대한 사랑도 식었고, 작은 당파에 대한 집착도 없었다. 제삼자가 자신들이 느끼고 있지 않은 정열과 그것이 불러일으키는 복잡한 행동에 대해 매우 현명한 판단을 내릴 수 있는 것은 그런 사정 때문이다.

게르망트 공작부인이 무슨 일이 있어도 스완의 아내와 딸을 거부하려고 애쓰던 그 집요함은 사람들을 놀라게 했다. 몰레 부인이 스완 부인과 교제하게 되어 그 집에 사교계 부인들을 많이 데리고 다녔을 때도, 게르망트 공작부인은 완강하게 물러서지 않았을 뿐 아니라, 온갖 방법으로 손을 써서 관계를 끊었고, 사촌동서인 게르망트 대공부인에게도 자신과 똑같이 하게 하려 했다. 루비에(Rouvier)*¹ 재임 시절, 프랑스와 독일 사이에서 머지않아 전쟁이 일어날 것 같았던 중대한 위기 속의 어느 날, 나와 브레오테 씨만 게르망트 공작부인의 집에서 만찬을 하게 되었을 때, 나는 재빨리 공작부인의 심란해 하는 듯한 기색을 눈치챘다. 정치에 참견하길 좋아하는 그녀였으니, 그렇게 해서 전쟁에 대한 우려를 표시하려는 거라고 나는 생각했다. 마치 어느 날 몹시 우울한 얼굴로 테이블에 앉은 그녀가 상대의 이야기에도 짧은 말로 마지못해 대꾸하는 것을 보고, 한 사람이 조심스럽게 무슨 걱정거리라도 있느냐고 묻자, 무거운 목소리로 "중국이 마음에 걸려서요" 대답한 것처럼. 그런데 한참 뒤 게르망트 공작부인은, 선전포고를 걱정하고 있는 거라고 내가 생각한 그 우울한 표정을 스스로 설명하면서, 브레오테 씨에게 이렇게 말했다. "듣자 하니, 마리 에나르*²가 스완네 가족을 햇살 속으로 끌어내고 싶어한다는군요. 무슨 일이 있어도 내일 아침 마리 질베르*³를 만나서, 그 일을 멈추기 위해 도움을 청해야겠어요. 그렇지 않으면 이제 사교계도 볼장 다 본 거죠. 드레퓌스 사건도 좋지만, 그렇게 되면 길모퉁이 식료품 가게 여자마저도 자기가 민족주의자라고 말만 하면, 그 대가로 우리는 그 사람들을 초대하게 될 걸요?" 예상과 반대로 너무나도 천박한 이 말에 나는 놀랐는데, 그것은 바로 〈피가로〉지에서 러일전쟁의 최신 정보를 구하는 독자가 대신 모르트마

---

*1 프랑스의 정치가(1847~1911).
*2 마리상트 백작부인.
*3 게르망트 대공부인.

르 양에게 결혼 선물을 보낸 사람들의 명단을 발견하고 느끼는 놀라움과 비슷했다. 귀족의 결혼이 훨씬 중요해서, 육지와 바다의 전투는 신문 한구석으로 내몰린 것이다. 게르망트 공작부인은 자신의 유별나게 완고한 태도에서 자존심의 만족까지 느꼈으며, 기회가 있을 때마다 그것을 분명하게 드러냈다. "바발*이 말이에요, 우리 두 사람이 파리에서 가장 우아하다고 말하더군요. 스완의 부인과 그 딸한테서 인사를 받지 않는 건 나와 그 사람뿐이기 때문이라나요. 그가 분명히 말하기를, 우아함이란 스완 부인과 아는 사이가 아니라는 걸 뜻한대요." 공작부인은 퍽이나 재미있다는 듯이 웃었다.

그러나 게르망트 공작부인은 스완의 딸을 자기 집에 초대하지 않겠다고 결심함으로써, 그때까지 거기서 이끌어낼 수 있는 자존심과 독립심의 만족, 자치(自治)와 박해의 욕망의 만족을 모두 얻어왔는데, 스완이 죽자 그 기분도 마침표를 찍고 말았다. 상대에게 저항하고 있다는 쾌감, 상대는 부인의 명령을 절대로 거둬들일 수 없다는 쾌감, 바로 이러한 것들을 주던 사람이 사라져버렸기 때문이다. 그래서 공작부인은 다른 명령의 공포를 단행했는데, 그것은 살아 있는 사람들에게 적용되어 모든 것을 그녀 마음대로 할 수 있음을 실감케 했다. 스완의 딸에 대해서는 관심도 없었던 공작부인은 그 소문을 듣자, 어딘가의 새로운 토지에 대해 느끼는 호기심을 느꼈다. 이제는 스완의 뜻에 저항하려는 욕망 때문에 그 호기심을 숨겨버리는 일이 없어졌기 때문이다. 게다가 수많은 다른 감정이 하나의 감정을 이루는 일도 있어서, 그러한 관심 속에 뭔가 스완에 대한 애정 같은 게 없었다고는 하지 못할 것이다. 물론—그것은 모든 사회 계층에서의 천박한 사교 생활이 감수성을 마비시키고 죽은 사람을 되살리는 힘을 잃게 하기 때문이지만—공작부인은 진심으로 누군가를 사랑하기 위해서는 상대가 눈앞에 있어야 하는 여성이었다. 분명한 게르망트 집안사람으로서, 그녀는 그렇게 상대를 언제까지나 눈앞에 붙잡아두는 기술이 뛰어났다. 한편으로 이것은 좀더 드문 일이지만, 상대에게 어느 정도 미움을 느끼는 것도 상대가 눈앞에 있을 때뿐이었다. 그래서 사람들에 대한 그녀의 호의는, 살아 있을 때 그들의 행위가 불러일으키는 불쾌감 때문에 중단되었다가도, 흔히 그들이 죽은 뒤에 부활하기도 했다. 그런 때 그녀

---

* 브레오테 씨의 별명.

는 거의 속죄하고픈 기분마저 들었다. 왜냐하면 그들을 생각할 때—그것도 몹시 애매한 형태지만—머리에 떠오르는 것은 그들의 장점뿐이었고, 살아 있을 때 불쾌감을 주었던 그들의 인색한 자기만족과 자만심은 사라지고 없기 때문이었다. 덕분에 천박한 생활 속에서도 게르망트 공작부인의 행동에는 상당히 고귀한 데가—많은 천박함과 함께—있었다. 왜냐하면 사람들은 넷 가운데 셋은 살아 있는 사람에게 아부하고 죽은 사람에 대해서는 더 이상 돌아보지 않는 데 비해, 그녀는 가끔 자신이 박대했던 상대가 죽고 나면, 그들이 살아 있었을 때 그렇게 해주었더라면 싶은 행동을 했기 때문이다.

질베르트를 사랑하고, 그녀를 얼마쯤 자랑스럽게 여겼던 사람들은 공작부인이 25년 동안 실컷 창피를 준 뒤에 굽히고 들어왔으니, 질베르트가 그것을 단칼에 거절하여 복수할 수 있다고 생각하지 않는 한, 그녀에 대한 공작부인의 심경 변화를 달가워할 수 없었으리라. 그러나 얄궂게도 정신의 반응은 상식이 생각하는 것과 반드시 언제나 일치하지는 않는다. 근거 없는 중상 때문에, 소중하게 생각하는 사람의 환심을 사려는 야심을 영원히 잃어버렸다고 믿던 사람이, 반대로 그것으로 말미암아 야심을 이루는 경우도 있다. 질베르트는 자신에게 잘해주는 사람을 상당히 차갑게 대하면서도, 무례한 게르망트 공작부인에 대해서는 늘 찬양하는 마음으로 떠올리며 그 무례함의 이유가 궁금했다. 한번은, 그녀에게 조금이라도 우정을 느끼는 사람이라면 누구나 죽을 만큼 부끄럽다고 생각했겠지만, 공작부인에게 편지를 써서 아무것도 잘못한 기억이 없는 한 젊은 처녀에게 왜 그토록 반감을 품고 계시느냐고 물어볼 생각까지 했다. 그녀의 눈에 게르망트 집안은 그 귀족 신분도 줄 수 없는 위대함을 띠고 있었다. 그녀는 게르망트 집안을 모든 귀족 위에 두었을 뿐만 아니라, 모든 왕족보다 뛰어나다고 본 것이다.

스완과 옛날에 알고 지내던 몇몇 여자친구들이 질베르트를 잘 보살펴주었다. 질베르트가 최근에 유산을 상속한 사실이 알려지자, 귀족들은 그녀가 정말 교양 있는 아가씨이며 틀림없이 무척 매력적인 여성이 될 거라고 속삭이기 시작했다. 게르망트 공작부인의 사촌인 니에브르 대공부인이 질베르트를 며느릿감으로 생각하고 있다는 얘기도 들려왔다. 게르망트 부인은 니에브르 부인에게 증오심을 불태웠다. 그녀는 이런 결혼은 수치라고 떠들고 다녔다. 니에브르 부인은 깜짝 놀라 그런 일은 한 번도 생각한 적이 없다고 잡아뗐다. 어느 날 점심 식사 뒤, 날씨가 좋아 게르망트 씨는 아내와 함께 외출하기로 했고, 그래서 게르망트 부인은 거울 앞에서 모자를 고쳐 쓰고 있었다. 그녀의 푸른 눈이 거울 속의 푸른 눈을 지그시 바라보면서 여전히 금발인 머리를 보고 있었다. 하녀는 부인이 고를 수 있도록 여러 가지 양산을 손에 들고 있었다. 창문을 통해 햇살이 눈부시게 비쳐들었고, 부부는 이 화창한 날씨가 아까워서 생클루로 가기로 했던 것이다. 얇은 회색 장갑을 끼고 실크해트를 머리에 쓰고 완벽하게 채비를 마친 게르망트 씨는 마음속으로 중얼거렸다. '오리안은 대단한 여자야, 아직도 제법 매력적이란 말이지.' 그는 아내의 기분이 좋은 것을 보고 운을 뗐다. "참, 그렇지! 비를레프 부인이 당신한테 전해달라고 하던데, 월요일 오페라 극장에 오라고 말이야. 다만 스완의 딸이 함께 갈 예정이어서 말을 꺼내기가 좀 그러니 내게 알아봐달라며 부탁해왔소. 난 아무 의견도 말하지 않았어. 그대로 당신한테 전할 뿐이지. 아무래도 우리도……." 그는 말하다가 얼버무리고 말았다. 어떤 사람에 대해 그들이 느끼는 마음은 똑같아서, 각자의 마음에 같은 감정이 생기므로, 그는 자기 자신에 비추어 스완의 딸에 대한 아내의 적의가 사라졌으며 이제는 교제하고 싶어한다는 사실을 알고 있었던 것이다. 게르망트 부인은 베일을 매만지고 나서 양산을 하나 골라들었다. "당신이 알아서 하세요. 내 생각이야 아무려면 어때요? 우리가 그 아가씨와 교제한다고 해서 곤란해질 일은 아무것도 없다고 생각해요. 잘 아시잖아요, 난 한 번도 그 아가씨에게 '반감'을 가진 적이 없어요. 다만, 떳떳한 결혼을 하지 않은 친구를 아무렇지도 않게 초대하는 것처럼 보이고 싶지 않았던 거죠. 그뿐이에요."—"오, 정말 당신 말이 옳소." 공작이 대답했다. "당신은 그야말로 현명함 그 자체라니까. 게다가 그 모자가 정말이지 잘 어울리는구려."—"너무 치켜세우시는 것 아니에요?" 게르망트 부인은 남편에게 미소 지으면서 문 쪽으로 걸어갔다. 하지만 그녀는 마차를 타기 전에 몇 마디 설명을 덧붙이지 않고는 직성이 풀리지 않았다. "지금은 그 아가씨 어머니와 교제하는 사람들도 꽤 있고, 게다가 어머니는 분별심이 있는 데다 1년에 4분의 3은 앓아눕는다고 하더군요. 그녀는 무척 심지가 고운 아가씬가 봅디다. 또 우리가 스완을 꽤 좋아한 것은 모두 다 알고 있는 사실이고. 그러니 이것도 아주 자연스러운 일로 생각할 거예요." 부부는 함께 생클루로 갔다.

그로부터 한 달 뒤, 아직 포르슈빌이라는 이름을 얻기 전이었던 스완의 딸은 게르망트 씨 집에서 점심을 들고 있었다. 다양한 얘기가 화제에 올랐는데, 식사가 끝나갈 즈음 질베르트가 조심스럽게 입을 열었다. "제 아버지에 대해 잘 아신다고 들었는데요."—"잘 아다마다요." 게르망트 부인의 우울한 목소리는 아버지를 여윈 딸의 슬픔을 이해하고 있음을 증명하는 동시에, 일부러 과장스럽게 힘을 준 말투여서 마치 딸의 아버지를 확실하게 떠올릴 자신이 없음을 숨기고 있는 듯한 느낌을 주었다. "우리는 아버님을 아주 잘 알아요. 난 '똑똑히' 기억하고 있어요." 사실 그녀는 정말로 스완을 기억하고 있었다. 그는 25년 동안 거의 매일같이 부인을 만나러 왔으니까. "어떤 분인지, 잘 알고 있지요. 얘기해볼까요?" 그녀는 그렇게 덧붙였는데, 그것은 마치 딸에게 아버지가 누구인지 설명하는 듯한, 또 이 젊은 아가씨에게 그에 대한 정보를 주려는 듯한 기색이었다. "아버님은 우리 시어머니의 친구였어요. 그리고 시동생인 팔라메드와도 무척 친하게 지내셨죠."—"이곳에도 오신 적이 있소. 여기서 점심 식사까지 하셨지." 게르망트 씨는 짐짓 겸손한 척하면서 덧붙였다. "오리안, 당신도 기억하고 있지? 그가 얼마나 훌륭한 분이었는지! 좋은 집안에서 태어난 분 같은 인상을 받았다오. 아마 모두들 그렇게 느꼈을 거요! 게다가 나는 전에 그분의 부모님도 뵌 적이 있어. 얼마나 좋은 분들이었는지!" 만약 부모와 아들이 아직 살아 있다면, 게르망트 공작은 망설이지 않고 그들에게 정원사 자리라도 주선할 듯한 말투였다. 포부르 생제르맹 사람은 누구나 부르주아들에 대해 다른 부르주아들을 이런 식으로 얘기하는데, 그것은 이야기 상대가 남자이건 여자이건, 당신은 예외라고 치켜세우면서—얘기하는 동안만 그렇지만—상대의 비위를 맞추기 위해서이거나, 아니면 그 상대도 함께 모욕하기 위해서다. 이와 마찬가지로 반유대주의자는 눈앞에 있는 유대인을 친절한 말로 감싸주면서, 예의에 벗어나지 않으면서 상대한테 상처를 줄 수 있도록, 일반론으로 유대인의 험담을 하는 것이다.

그때그때의 '순간'을 지배하는 여왕이라고 할 수 있는 게르망트 공작부인은, 사람을 만나면 상대를 완전히 기분 좋게 만드는 기술을 가지고 있었는데, 그와 함께 쉽사리 상대를 놓아주려고 하지 않아서 그 '순간'의 노예이기도 했다. 스완은 이따금 대화에서 공작부인을 도취시켜 그에게 우정을 느끼고 있다고 착각하게 했으나, 이제는 그것도 불가능해졌다. "매력적인 분이었어요." 슬픈 미소를 지으면서 중얼거린 공작부인은 질베르트에게 매우 다정한 시선을 보냈지만, 만약 이 젊은 아가씨가 예민한 감성의 소유자였다면, 공작부인의 눈길은 그녀에게 이렇게 말하는 것이 되었으리라. 당신의 마음은 잘 알겠어요, 만약 당신과 단둘이 있고 상황만 허락한다면 기꺼이 속마음을 다 보여드릴 텐데. 그러나 게르망트 공작은 그러한 진정을 토로하는 데는 아무래도 상황이 적합하지 않다고 생각했는지, 아니면 과장된 감정은 모두여자들의 것이고, 남자는 그런 일에서 여자의 다른 영역과 마찬가지로 무관하다고 생각했는지—하기야 요리와 포도주만은 예외여서 그런 것에 부인보다 조예가 깊은 공작은, 요리와 포도주에 대한 권한은 자신을 위해 남겨두었다—어쨌든 그는 이야기에 끼어들어 대화에 영양분을 공급하지 않는 편이낫다고 여기고, 누가 봐도 지루해하는 표정으로 그저 귀를 기울이고 있었다. 게르망트 공작부인도 발작적으로 감상에 젖었던 마음이 가라앉자, 사교계만이 지닌 독특한 경박함을 보이며 질베르트에게 이렇게 말했다. "그래요, 또우리 시동생 샤를뤼스와는 무척이나 절친한 친구였고, 부아즈농(게르망트대공의 저택)과도 상당히 인연이 깊은 분이었어요." 그것은 마치 샤를뤼스씨와 대공을 알고 지냈다는 것이 스완에게는 그저 우연한 일이었고, 또 그녀의 시동생과 사촌오빠는 스완이 어떤 기회에 우연히 친해진 사람들일 뿐이었다는 것 같은 말투였지만, 사실 스완은 이러한 사교계의 모든 사람과 가까이 지내고 있었다. 그뿐 아니라 게르망트 부인의 말투는 마치 질베르트에게 아버지가 어떤 사람이었는지 이해시키려고 하는 듯한, 또 어떤 특징적인 사실에 의해 질베르트의 아버지에게 '위치를 부여'하려는 듯한 것이었다. 본디아는 사이가 될 리 없는 사람과 교제하는 이유를 설명할 때, 사람들은 그런사실들을 이것저것 끌어대거나, 이야기에 재미를 주기 위해 어떤 인물의 특별한 후원이 있었던 것처럼 말하는 법이다.

질베르트 쪽에서는 이제 그만 화제를 바꿨으면 하던 참이라, 그만큼 대화가 시들해진 것을 보고 오히려 마음을 놓았다. 그녀가 아버지한테서 지적인매력과 함께 이러한 세련된 재치를 물려받은 걸 알고 호감을 느낀 공작 부부는, 질베르트에게 가까운 시일 안에 다시 방문해달라고 청했다. 본디 공작부부는 목표 없이 생활하고 있는 사람들에게 흔한 면밀함으로, 자신들이 교제하는 사람들의 더할 나위 없이 사소한 장점을 알아채고는, 도시 사람이 시골에서 하찮은 풀을 발견하고 야단스럽게 탄성을 터뜨리는 것처럼, 그런 장점 앞에서 감탄의 소리를 지르는가 하면, 반대로 별것 아닌 결점도 현미경으로 들여다보듯이 확대하여, 끝없는 주석을 달면서 그 결점을 증오하는데, 그것도 가끔 똑같은 인물 속에서 장점과 단점을 차례차례 찾아내는 것이었다. 질베르트의 경우, 팔자 좋은 사람 특유의 날카로운 관찰력으로 게르망트 부부가 가장 먼저 발견한 것은 호감 가는 그녀의 태도였다. "당신, 눈치챘어요? 그 아가씨의 말씨를?" 질베르트가 돌아간 뒤 공작부인은 남편에게 말했다. "스완을 쏙 빼닮았더군요. 스완이 얘기하고 있는 걸로 착각했을 정도라니까요."—"아, 오리안, 나도 그 말을 하려던 참이었소."—"상당히 똑똑한 아가씨예요. 말투도 영락없이 아버지를 닮았고."—"아버지보다 훨씬 나아 보이더군. 생각해봐요, 해수욕 이야기를 얼마나 잘했는지. 스완에게는 없는 생기발랄함도 있고."—"어머! 스완도 무척 재치가 있었어요."—"아니, 스완이 재치가 없었다는 얘기가 아니오. 생기발랄한 데가 없었다는 거지." 게르망트 공작은 신음하는 듯한 목소리로 말했다. 그것은 통풍으로 신경질적이 되었기 때문인데, 짜증을 부릴 상대가 없으면 그는 부인에게 화풀이를 하곤 했다. 그러나 원인을 잘 알 수가 없어서, 오히려 상대가 말귀를 못 알아듣는다는 식으로 행동하는 것이다. 공작 부부의 이러한 호의 덕분에, 그때부터는 이따금 필요에 따라 질베르트에게 '돌아가신 아버님'에 대한 이야기를 해도 괜찮았지만, 다만 그 표현은 사용할 수 없었다. 바로 그 무렵, 포르슈빌이 이 아가씨를 양딸로 삼았기 때문이다. 그녀는 포르슈빌을 '아버지'라 부르며, 그 예의 바른 태도와 기품으로 나이 든 상류층 부인들을 매료시켰다. 물론 포르슈빌도 질베르트에게 훌륭하게 행동했지만, 딸 쪽도 세심한 배려로 아버지의 은혜에 보답하는 기술을 터득하고 있었음은 모두가 인정했다. 물론 그녀도 때로는 스스럼 없이 그렇게 하고 싶은 마음이 들어서, 내게 자신의 뿌리를 밝히고 내 앞에서 친아버지에 대해 말할 때도 있었다. 하지만 그것은 예외였고, 사람들은 이제 그녀 앞에서 감히 스완이라는 이름을 입에 올리려 하지 않았다.

　마침 그때 나는 살롱에서 엘스티르가 그린 두 장의 소묘를 보고 있었는데, 그것은 전에 2층 진열실로 쫓겨났던 것을 우연히 본 적이 있는 바로 그 그림이었다. 엘스티르는 이제 유행화가였다. 게르망트 공작부인은 그의 많은 유화를 사촌언니에게 줘버린 것을 못내 아쉬워했다. 그 그림이 유행해서가 아니라 지금은 그녀 자신이 그런 작품들을 좋아했기 때문이다. 실제로 유행은 게르망트 부부로 대표되는 사람들 모두의 열광에 의해서 만들어진다. 그러나 공작부인은 엘스티르의 다른 그림을 살 마음은 없었다. 얼마 전부터 말도 안 되는 가격으로 뛰어올랐기 때문이다. 하다못해 엘스티르의 무슨 작품이든 살롱에 장식하고 싶었던 그녀는 이 두 장의 소묘를 2층에서 가지고 내려와, "그의 유화보다 이 그림을 좋아한다"고 말했다. 질베르트는 그 작품을 본 기억이 있었다. "꼭 엘스티르의 작품 같군요." 그녀가 말했다. "맞아요." 공작부인은 무심결에 대답했다. "우리에게 이걸 사라고 권한 사람은, 다름 아닌 아가씨의…… 아니, 우리의 친구였어요. 훌륭하죠? 난 이쪽이 유화보다 낫다고 생각해요." 이 대화를 제대로 듣지 않은 나는 그림을 보려고 다가갔다. "오호, 이건 엘스티르군요, 그러니까 그……." 그때 게르망트 부인이 죽을힘을 다해 신호를 보내는 모습이 눈에 들어왔다. "그래요! 2층에서 내가 무척 마음에 들어했던 엘스티르군요. 거기 복도에 있는 것보다 여기가 훨씬 좋군요. 엘스티르라면, 어제 〈피가로〉에 실린 제 글에서도 그에 대한 얘기를 썼지요. 혹시 읽어보셨습니까?"—"〈피가로〉에 글을 썼다고?" 게르망트 공작이 크게 소리를 질렀는데, 그것은 "저 앤 내 사촌누이요" 말할 때처럼 무뚝뚝한 말투였다. "네, 어제요."—"〈피가로〉에? 정말이오? 거참 신기하군그래. 아니, 우리 부부는 따로따로 〈피가로〉를 사서 읽고 있어서, 한 사람이 놓쳤다 해도 다른 한 사람은 보았을 텐데 말이오. 그렇잖소, 오리안? 아무것도 보지 못했지?"

공작은 마치 내가 신문에 쓴 글이 잘못되기라도 했다는 듯이 〈피가로〉를 가져오게 하더니, 자기 눈으로 확인할 때까지 한 발짝도 물러서려 하지 않았다. "왜 그러는지 도통 모르겠네요. 그럼 〈피가로〉에 글을 쓰셨더랬어요?" 공작부인은 관심 없는 일이지만 억지로 한마디 하려고 애를 쓰면서 내게 말했다. "아이, 바쟁, 나중에 천천히 읽으시지 그래요."—"아니에요, 공작님이 저렇게 멋진 턱수염을 신문에 바짝 붙이고 읽으시는 모습은 진짜 멋지세요." 질베르트가 말했다. "나도 돌아가자마자 읽어야겠어요."—"맞아요, 다들 수염을 깎는 세상에 저렇게 턱수염을 기르다니." 공작부인이 맞장구쳤다.

"절대로 남들과 똑같이는 하지 않거든요. 우리가 결혼할 즈음에는 턱수염뿐만 아니라 콧수염까지도 밀고 있었죠. 공작님을 모르는 시골 사람들은 저이가 프랑스인이 아닌 줄 알았을 정도예요. 그 시절엔 이름이 롬 대공이었죠." 질베르트가 물었다. "지금도 롬 대공이란 분이 계신가요?" 그녀는 오랫동안 자기에게 인사 한마디 건네려 하지 않던 사람들에 대한 일이라면 뭐든지 흥미를 보였다. "없어요." 공작부인은 시름에 겹지만 다정한 눈길로 대답했다. "정말 멋진 칭호인데! 프랑스에선 가장 아름다운 칭호 가운데 하나거든요!" 질베르트가 말했다. 시계가 시각을 알리듯이 아무리 총명한 사람이라도 좋든 싫든 어떤 평범한 말을 하기 마련이다.

"맞아요. 말씀하신 대로죠. 저도 아까워 죽겠어요. 바쟁은 누나의 아들이 이 칭호를 되살렸으면 하고 바라지만, 이건 그거와는 다르죠. 하지만 생각해 보면 그래도 괜찮을 것 같아요. 왜냐하면 반드시 장남이 해야 한다고 정해져 있는 것도 아니고, 장남에서 차남에게 승계되는 경우도 있으니까요. 어쨌든 아까도 말씀드렸지만 요즘 바쟁은 수염을 싹 밀어버렸어요. 어느 날, 성지순례 길에서 있었던 일인데요. 여보, 당신 기억해요?" 공작부인이 남편에게 말했다. "파레 르 모니알*을 순례할 때였잖아요. 시동생 샤를뤼스는 농부들하고 이야기하길 즐겼던 터라 아무한테나, '어디서 왔나, 자넨?' 이렇게 말을 시키질 않나, 어찌나 희떱던지 뭐든지 내어주고, 또 술을 마시자며 데려가는 거예요. 어쨌든 메메처럼 자신감 넘치면서도 소탈한 사람은 없을 거예요. 이제 곧 아시게 되겠지만 상대가 공작부인이라도 공작부인답지 않으면 인사도 않지만, 지저분한 하인은 끔찍이 여긴다니까요. 그래서 난 바쟁에게 말했죠. '이봐요, 바쟁, 당신도 저 사람들하고 얘기 좀 해봐요.' 하지만 공작님은 그리 눈치가 빠르질 못해서요……."—"고마운 말이로군, 오리안." 그렇게 한마디 거들면서도 공작의 눈은 여전히 문장 읽기에 몰두하고 있었다. "……그래서 이이도 시동생처럼 농부 하나를 붙잡고는 물어보았어요. '그래 자넨 어디서 왔지?'—'전 롬에서 사는뎁죠.'—'뭐? 롬이라고? 흠, 그럼 난 자네의 영주로군.' 그러자 농부는 수염이 없는 바쟁의 반들반들한 얼굴을 빤히 쳐다보더니

---

* 손에루아르(Saône-et-Loire)의 도시. 성모방문회라는 수도회 소속으로, 1920년에 성녀의 반열에 오른 마르그리트 마리 알라코크(1647~90)의 그리스도 환시의 장소로 유명하며, 19세기부터 순례의 중심지가 되었음.

이렇게 대답하는 거예요. '무슨 말씀이슈. 나리는 영국양반입니다요.'" 공작 부인의 말을 듣고 있자니 롬 대공이라는 위대하고 걸출한 칭호에 주어진 본디 위치, 오랜 옛날 모습이 향토색에 감싸여 고스란히 되살아났다. 마치 어떤 기도서에는 군중 한가운데 부르주아의 첨탑이 우뚝 서 있는 것처럼.

그때 하인이 명함을 하나 들고 왔다. "아유, 무슨 바람이 불었을까? 난 이런 사람 모르는데. 이건 당신 때문이에요, 바쟁. 아무튼 이런 교제는 별로 이롭지 않을 것 같군요." 공작부인은 이어 질베르트를 쳐다보면서 말했다. "어떤 사람인지 설명할 수도 없어요. 모르실 게 뻔해요. 뤼퓌스 이스라엘 양을요." 질베르트가 얼굴을 살짝 붉혔다. "전 모르는 사람이에요." 그녀가 말했다(그러나 이스라엘 양은 스완이 죽기 2년 전에 그와 화해했고, 질베르트를 성(姓) 없이 이름만 부를 정도로 그녀와 친했으므로 이 말은 거짓이었다). "하지만 방금 말씀하신 분이 누군지는 다른 사람들한테 들어서 알고 있어요."

내가 들은 바로는 어떤 아가씨가 악의였는지, 아니면 무심코 그랬는지 질베르트가 양아버지가 아니라 친아버지의 이름을 물었을 때, 그녀는 당황하면서 실제 이름을 조금 비틀어 스완이 아닌 슈반이라 발음했다고 한다. 그러나 조금 뒤 질베르트는 이러한 바뀐 발음에 경멸의 의미가 담겼음을 알았다. 왜냐하면 영국식 이름을 독일계로 바꿔버렸기 때문이다. 뿐만 아니라 자기를 높일 생각에 한층 비굴해진 그녀는 이런 말까지 덧붙였다. "내 출생에 대해선 말들이 많은 모양이지만 전 전혀 모르는 일이에요." 질베르트는 부모님을 생각하면(스완 부인도 그녀에겐 훌륭한 어머니의 본보기였고, 실제로도 괜찮은 어머니였으므로) 이런 처세술이 이따금 창피하기는 했지만, 공교롭게도 이런 요소는 부모에게서 물려받은 것임을 헤아려봐야 한다. 왜냐하면 인간은 자기 자신을 하나에서 열까지 혼자의 힘으로 만들어내지는 않기 때문이다. 반대로 어머니에게 있었던 어느 정도의 이기주의에, 아버지 쪽 고유의 다른 이기주의가 더해지면 그것은 단순한 덧셈으로 끝나지 않고, 또 단순히 곱절이 되지도 않으며, 훨씬 강력하고 가공할 새로운 이기주의를 만들어낸다. 하늘과 땅이 처음 열린 뒤 다른 형태로 똑같은 결점을 지닌 두 집안이 맺어져 매우 혐오스런 변종의 아이를 낳는 경우가 있고, 그 뒤로 차츰 이기주의는 쌓여서(지금은 오직 이기주의만 문제 삼기로 하고) 강대한 힘을 지닌 결과, 모든 인류가 그것 때문에 파멸할지도 모른다. 다만 악을 적당한 비율로 돌이킬 수 있는 자연의 제약이 악덕 자체에서 생겨난다면 얘기는 달라진다. 마치 그것은 섬모충의 무한증식에 의한 이 지구의 멸망, 또는 식물의 무성생식에 의한 식물계의 파멸을 자연이 가로막는 것과 같다. 때로 미덕이 등장하여 이기주의와 하나가 되고, 욕심을 떠난 새로운 힘을 만들어내기도 한다. 몇 세대를 거치는 동안 도덕의 화학은 다양한 결합을 낳고, 무시무시한 요소를 고정하여 이것을 무해한 것으로 만드는데, 이런 결합은 끝이 없으며, 그것이 다양한 집안을 만드는 역사에 흥미진진한 변종을 낳게 되는 것이다. 분명 질베르트에게는 그런 이기주의가 겹쳐 있으나, 동시에 부모의 매력적인 미덕도 공존하므로 때로는 그것이 막간에 최고의 성실성을 보여 잠깐 감동적인 역할을 해내기도 한다. 그럴 때는 이 미덕이 고스란히 영혼이 되는 것이다. 질베르트는 자기가 어떤 위대한 인물의 사생아일지도 모른다는 암시를 끊임없이 풍기고 있지는 않았지만, 그녀는 대부분 자기 출생을 감추었다. 어쩌면 오직 스스로 밝히기엔 너무나 고통스러워서였을 테고, 남들이 소문으로 아는 편이 낫다고 생각해서였거나, 한편으론 정말로 출신을 감출 수 있다고 믿었는지도 모른다. 믿는다 해도 그건 아주 애매모호한 것이고, 의심이라고 할 정도는 아니며, 소망이 이루어질 가능성을 남겨둔 것이어서, 이를테면 뮈세가 '신에 대한 희망'을 말할 때와 같다.

"제가 직접 아는 사람은 아니에요." 질베르트가 다시 말했다. 그러나 자기를 포르슈빌 양이라 부르게 한 그녀는 스완의 딸이라는 사실이 남들에게 알려지지 않을 줄 알았을까? 아마도 몇몇 사람들에게 그런 기대를 걸고, 시간이 흐름에 따라 거의 모두에게 넓게 퍼지길 바랐을 것이다. 그런 사람들의 현재 숫자에 대해선 그녀도 그리 큰 환상을 품고 있지는 않았다. "저게 스완의 딸이야." 이렇게 다들 수군대리란 사실도 그녀는 알고 있었다. 하지만 안다 해도 그것은 우리가 무도회에 가려 할 때, 가난을 견디다 못해 자살하는 사람이 있음을 아는 것과 같은 방식에 불과하다. 즉 멀고 어슴푸레한 지식에 지나지 않으며, 그것을 인상에서 직접 받을 수 있는 보다 명확한 지식으로 바꾸려 하지는 않는 법이다. 질베르트가 속한 것은, 어쩌면 지난 몇 년 동안 속해 있던 것은 곳곳에 퍼진 인간타조라는 변종이다. 인간타조는 머리만 숨기는데, 남들에게 보이지 않기 위해서가 아니라(그것은 도저히 바랄 수 없음을 본인들도 알고 있다) 남이 보는 곳을 보지 않기 위해서다(그것만 해도 대단한 일이고, 그밖엔 하늘에 맡기는 것이다). 멀리 떨어져 있으면 사물은 작고, 불확실하며 위험도 적어 보이듯이, 질베르트는 자신이 스완 집안 출신임을 남들에게 들켰을 때, 그들 곁에 있기가 싫었다. 또 사람은 누군가를 떠올릴 때 그 사람이 곁에 있는 듯한 착각이 들기 마련이고, 신문을 읽는 사람들의 모습은 쉽게 떠올릴 수 있으므로 질베르트는 신문에 자기가 포르슈빌 양이라고 나오기를 바랐다. 확실히 그녀의 책임 아래 쓴 글―예를 들면 편지―에는 이행기를 고려하여 한동안 G.S. 포르슈빌이라고 서명한 적도 있었다. 이 서명이 얼마나 위선적인지는 스완(Swann)의 S를 뺀 다른 글자를 생략한 것보다 질베르트(Gilberte)의 G를 뺀 다른 글자를 생략한 것에 한층 뚜렷하게 나타나 있었다. 실제로 그다지 해가 될 것 없는 자기 이름을 G 한 글자로 나타냄으로써 포르슈빌 양은 친구들에게 스완의 이름에 가해진 삭제 또한 간략화라는 동기에 바탕한 것이라는 냄새를 풍기려는 듯이 보였다. 뿐만 아니라 그녀는 S를 특히 중시하여 어떤 꼬리처럼 나타냈고, 그것을 길게 끌어서 G자를 슬며시 가리고 있었는데, 마치 원숭이의 길었던 꼬리가 인간에겐 없어진 것처럼 S자의 꼬리도 잠깐 보였다가 이윽고 사라질 운명에 있음을 느끼게 했다. 그럼에도 그녀의 속물근성에는 스완과 같은 지적 호기심이 있었다. 이날 오후, 그녀가 게르망트 공작부인에게 로 씨와 알고 지낼 수 없겠느냐고 물었던 기억이 난다. 공작부인이 그분은 아파서 외출하지 않는다고 대답하자, 질베르트는 그가 어떤 분이냐고 물었고, 얼굴을 살며시 붉히면서 사실은 이야기를 많이 들어서 그렇다고 덧붙였다(로 후작은 실제로 스완이 결혼하기 전에 가장 친했던 친구의 하나로 어쩌면 질베르트도 만난 적이 있을지 모르는데, 그즈음 그녀는 사교계에 관심이 없었다).

"혹시 브리오테 씨나 아그리장트 대공 같은 분인가요?" 질베르트는 물었다. "무슨 말씀! 전혀 딴판이에요." 게르망트 공작부인이 목청을 돋우어 말했다. 그녀는 출신지가 다르다는 것에 매우 예민해서 우아하게 피어난 제비꽃 같은 눈에, 금빛 쉰 목소리로, 조심스러우면서도 색채가 풍부한 초상화를 떠올리게 했다. "전혀 달라요. 로 씨는 페리고르 지방의 귀족이었어요. 그 지방의 독특하고 우아한 예법과 소탈함을 두루 지닌 매력적인 분이었죠. 한 번은 게르망트 땅에 영국 국왕이 오신 적이 있었어요. 로 씨는 국왕과 아주 친했는데, 그 무렵에는 사냥이 끝나고 다과회가 열렸죠. 그 시각이면 로 씨는 반장화를 벗고 커다란 울 슬리퍼로 갈아 신는 버릇이 있었어요. 그런데 어땠을 것 같아요? 그는 에드워드 왕과 자리를 같이한 대공님들까지도 전혀 아랑곳 않고 울 슬리퍼를 신은 채로 게르망트 저택의 큰 살롱으로 내려오셨더라니까요. 본관은 로 달르망(Lau d'Alleman) 후작으로서 하등 영국 국왕의 눈치를 볼 필요가 없다는 거였죠. 그분과 그 매력적인 카지모도 드 부르퇴유, 이 두 분을 난 무척 좋아했어요. 두 분하고도 몹시 친했던 분이 당신······ (그녀는 '당신 아버님과'라고 하려다가 입을 다물었다). 아유, 그리그리*나 브레오테와는 아무 상관도 없어요. 그분은 페리고르 출신의 진짜 대귀족이죠. 맞아요, 메메는 생시몽이 조상인 달르망 후작에 대해서 쓴 구절을 자주 인용합니다만, 그게 사실이라니까요."

나는 그 초상의 첫머리 부분을 소개했다. "달르망 후작은 페리고르 지방 귀족 중에서도 가문 좋고, 인덕 있으며, 걸출한 인물로서 그 지방에 사는 모든 사람이 온갖 일의 재판자로 여겼고, 그의 성실성과 역량, 온건한 말씨와 행동 때문에 다들 의지했으며, 이 지방의 중요 인물로 존경받았답니다."—"맞아요. 그런 면이 있었죠." 게르망트 부인이 거들었다. "로는 늘 수탉처럼 새빨개지곤 했죠."—"아, 생각났어요. 나도 그 묘사의 인용을 들어본 적이 있어요." 질베르트가 말했지만 아버지에게서 들었다는 소린 하지 않았다. 실제로 스완은 생시몽의 대단한 애독자였던 것이다. 그녀는 또한 아그리장트 대공과 브레오테 씨에 대해서도 이야기하고 싶어했는데, 거기엔 다 이유가 있었다. 아그리장트 대공은 아라공 집안을 계승했기 때문에 대공이 되었는데, 본디 그의 영지는 푸아투였다. 또 그가 사는 저택은 집안 대대로 내려오는 유산이 아니라 어머니의 전남편 것으로서 마르탱빌과 게르망트의 중간쯤에 있었다. 그래서 질베르트는 그와 브레오테 씨에 대해 정겨운 고향을 떠올리게 하는 시골의 이웃인 양 화제로 삼았던 것이다. 사실 이 말에는 조금 허풍이 섞여 있었다. 왜냐하면 브레오테 씨는 아버지인 스완의 친한 친구였으나, 그녀가 그를 알게 된 것은 파리에서 모레 백작부인을 통해서이기 때문이다. 다만 탕송빌 주변 이야기를 하는 즐거움은 사실이었는지도 모른다. 어떤

---

*아그리장트의 별명.

사람들에게 속물근성은 좋아하는 음료와도 같아서, 그들은 거기에다 몸에 좋은 것을 섞을 수 있다. 이를테면 질베르트는 굉장한 장서와 나티에(Nattier)*의 작품을 소장했다는 이유로 어떤 우아한 부인에게 관심을 가졌었다. 하지만 나의 오랜 여자친구들은 그것을 보려고 일부러 국립도서관이나 루브르 미술관에 가지는 않을 것이다. 그리고 내 생각에 거리로 따지면 탕송빌에선 사즈라 부인이나 구필 부인 집이 훨씬 가까운데도 질베르트를 탕송빌로 잡아끈 것은 아그리장트 대공에 대한 관심이 더 강하게 작용한 탓이리라.

"정말이지 바발도, 그리그리도 너무나 가엾어요!" 게르망트 공작부인이 말했다. "그 두 사람은 로 씨보다 심한 중병을 앓고 있거든요. 둘 다 오래 못 갈 것 같아요."

공작부인이 남편을 향해 "이스라엘 가문과 같은 교제에서 지독한 일을 당한 걸 알고 있으면서"라고 말했을 때, 그녀는 바로 얼마 전에 일어난 어떤 사건, 부부를 몹시 애태웠던 사건을 암시했다. 자키 클럽의 회장이 죽었을 때, 가장 고참이자 부회장이었던 게르망트 공작은 자기가 회장에 뽑히리라고 믿어 의심치 않았었다. 하지만 프랑스에서 매우 오래전부터 이어져 내려온 공작이었고, 모든 점에서 누구보다 무게감 있는 공작이었던 그에게 이 자리는 아무려나 상관이 없었다. 그런데 그 무렵, 귀족들의 클럽에서 막대한 재산에 대한 적대감이 생겼는지, 아니면 군대를 두둔하는 클럽 사람들이 공작 대신 사촌인 게르망트 대공의 드레퓌스 지지에 제재를 가하려 했는지, 또는 자키 클럽 회원의 대부분은 게르망트 집안이 뽑은 사교계에 아내를 초대하는 것도, 자기가 그곳에 들어가는 것도 싫어서 공작부인을 사람으로도 여기지 않은 몇몇 말과 행동에 극심한 질투와 원망이 생겼는지, 마지막 순간에 음모가 있어서 결국 회장에 추대된 이는, 변변한 재산도 없고 지적이지도 않으며 그리 알려지지도 않은 귀족들을 대표하는 쇼스피에르 씨였다. 나는 언젠가 게르망트 대공부인의 저택에서 공작부인이 그의 아내에게 처음엔 질렸다는 얼굴로, 다음엔 싹싹하게 행동하여 두 번에 걸쳐 몹시 불손한 인사를 하는 모습을 봤는데, 쇼스피에르 씨는 그런 사람이었다. 이런 경우에 흔히 일어나는 일이지만, 드레퓌스파와는 아무 연고도 없는 공작에 반해 새 회장은 사실

---

* 프랑스의 화가(1685~1766).

상 드레퓌스파에 많이 기울어져 있었다. 그런데도 아무도 쇼스피에르 씨의 속마음을 물으려 하지 않았다. 그리고 속으론 어떤지 모르지만 새 회장은 군국주의에 열성적인 클럽을 대표하고 있었고, 행동은 바쿠 거리와 라셰즈 거리 사이에 한정되어 그다지 돈을 쓰는 일도 없었으며, 로트쉴드 집안의 아무하고도 명함을 교환하는 일이 없었다. 그것만으로도 충분했던 것이다.

내 글을 다 읽고 난 게르망트 공작의 칭찬은 미적지근했다. 그는 문체가 조금 진부한 게 아쉽다며, "시대에 뒤떨어진 샤토브리앙의 산문 같은 과장과 은유가 있다"고 지적했다. 그런데도 그는 내가 '일을 한다'는 사실엔 드러내놓고 축복해주었다. "나는 열 손가락으로 뭔가를 하는 사람이 좋아. 늘 잘난 체하거나 진득하지 못해 도움이 되지 않는 사람은 질색이야. 어리석은 자들이지!" 사교계에서 처신하는 법을 재빨리 익힌 질베르트는 작가의 친구가 되어 앞으로 얼마나 자랑스러울지 모르겠다고 말했다. "정말이지 당신을 뵙게 되어 얼마나 기쁜지 몰라요. 명예롭다는 생각이 들 정도예요."

"내일 우리와 오페라 코미크 극장에 가지 않겠어요?" 공작부인이 내게 물었다. 아마도 늘 가는 1층 박스석을 말하는 모양이었다. 거기서 처음 부인과 마주쳤을 때는 마치 바닷속 네레이스의 왕국만큼이나 다가가기 어려운 자리로 보였었다. 나는 아쉽다는 목소리로 대답했다. "아닙니다, 극장엔 가지 않겠어요. 몹시 사랑하던 친구를 잃은 참이어서요." 그렇게 말하면서 나는 금세 눈시울이 뜨거워졌지만, 그 이야기를 꺼내는 것에 처음으로 어떤 기쁨을 느꼈다. 이때부터 나는 누구에게든지 내가 엄청난 슬픔을 겪었다고 말할 수 있게 되었고, 또 그 슬픔이 그리 크지 않게 느껴지기 시작했다.

질베르트가 돌아가고 나자 게르망트 부인이 내게 말했다. "전혀 알아채지 못하더군요. 스완 이야기는 꺼내지 말라고 그토록 눈짓을 했건만." 나는 사과했다. 그러자 공작부인이 말했다. "물론 당신의 심정은 잘 알아요. 나도 그 이름이 자꾸만 튀어나오려 해서 참느라 애를 썼답니다. 잘 참기는 했지만 위험했어요. 그러니 서로가 얼마나 거북한 얘기예요. 안 그래요, 바쟁?" 그녀는 남편에게 말했는데, 그것은 누구나 빠지기 쉽고 저항하기 어려운 경향에 나도 걸려들었다는 듯한 몸짓이었고, 나의 실수를 얼마간 덮어주기 위해서였다. "괜찮아, 할 수 없지." 공작이 대답했다. "이 그림을 보면 당신은 스완이 생각날 테니까 이걸 2층에 갖다놓으라고 해야겠어요. 스완 생각이

나지 않으면 그의 이야기도 하지 않게 될 테니까요."

이튿날 나는 전혀 예상치 못했던 축하편지 두 통을 받았다. 하나는 구필 부인이 보낸 것으로, 콩브레에 사는 그녀와는 오랫동안 만난 적도 없고, 콩브레에서도 손으로 꼽을 정도의 말밖엔 나눈 적이 없었다. 그녀는 도서열람실에서 〈피가로〉를 읽었던 것이다. 이렇게 인생에서 조금이라도 평판이 좋아질 일이 일어나면 평소엔 말도 나누지 않던 사람에게서 편지가 오기도 하는데, 그 사람의 기억은 너무나도 옛날 것이어서 상대는 한참 멀리 떨어져 있는 듯싶고, 게다가 매우 깊이 묻혀 있는 것 같은 생각이 든다. 여러 번 추억할 기회가 있었을 텐데도 깡그리 잊고 있던 학창 시절의 친구가 오랜만에 편지를 보내는 일도 있지만, 상쇄되기도 한다. 이를테면 나는 내 글에 대한 블로크의 감상을 꼭 듣고 싶었는데, 그는 편지를 보내지 않았다. 하기야 나중에 그는 이 글을 읽고 내게 느낀 점을 밝히기는 했다. 하지만 그건 다른 일로 그렇게 되었던 것이다. 실제로 몇 년쯤 뒤에 그는 자기가 〈피가로〉에 글을 썼을 때, 곧장 내게 그 사건을 알리고 싶은 마음이 생겼다. 특권으로만 여겨졌던 일이 그에게도 닥쳤으므로 나의 글 따위를 외면하게 했던 부러움도, 압착기에 가해지던 힘이 사라지듯 누그러져 그는 내 글을 화제로 삼았는데, 그건 자기 글에 대해 내가 무슨 말을 해주기를 바라는 그런 투가 아니었다. "자네도 기고문을 썼던 건 알고 있었어." 그는 말했다. "하지만 불쾌감을 주어선 안 될 것 같아서 그 얘긴 하지 말아야겠다고 생각했지. 왜냐하면 굴욕적인 일을 당한 친구에게 그걸 화제로 삼아선 안 되거든. 사브르〔軍刀〕와 성수기(聖水器)*의 기관지에 사교계에 대한 글을 쓴다든지 하는 건 확실히 굴욕적인 일이니까." 그의 성격은 전혀 달라지지 않았지만, 문체는 전보다 잰체하는 게 적어졌다. 마치 상징주의 시를 그만 쓰고 산문소설을 쓰기 시작한 작가들이 멋 부리는 표현을 그리 쓰지 않게 되듯이 말이다. 그에게서 소식이 없었으므로 나는 기분전환을 하려고 구필 부인의 편지를 다시 읽었다. 그러나 그것은 전혀 진정성이 담기지 않은 편지였다. 왜냐하면 귀족계급의 경우, 몇 가지 틀에 박힌 문구가 있어 그것이 서로 넘어서서는 안 될 울타리를 이루게 된다. 첫머리의 "안녕하세요"와 끝머리의 "그럼 이만 총총" 사이엔 환

---

* 군인과 성직자를 뜻하는 말.

희의 외침이나 감탄의 목소리가 활짝 핀 꽃처럼 피어나고, 꽃다발이 울타리 너머로 향기를 진동케 하는 데 반해, 인습적인 부르주아는 편지의 내용마저도 "물론 당연하신 성공"이나, 기껏해야 "훌륭한 성공" 같은 문구의 틀 속에 가두기 때문이다. 자기가 받은 교육에 어찌나 충실한지 흠잡을 데가 없을 정도로 매우 신중한 장식에 갇혀 있는 부르주아 여자들은 시아주버니나 시동생에게 기쁨이나 슬픔의 편지를 쓸 때도, "진심으로"라고 쓰기만 하면 벌써 진정을 쏟아낸 줄 안다. "어머니께도 안부 전해주시고"라는 말은 여간해선 듣지 못할 최상급 인사이다. 나는 구필 부인의 편지 말고 다른 한 통도 받았는데 소통(Sautton)이라는 발신인의 이름은 기억에 없었다. 글씨체는 서민풍이었지만 글은 재미있었다. 누가 썼는지 짐작이 가지 않는다는 게 안타까웠다.

다음다음 날 아침, 나는 몹시 기뻤다. 베르고트가 내 기고문에 크게 감탄하여 부러움 없이는 읽지 못하겠더라는 것이었다. 하지만 그 기쁨은 이내 사라졌다. 사실 베르고트가 나한테 그런 말을 할 리가 없었다. 다만 나는 그가 살아 있다면 내 글을 마음에 들어했을지 아닐지가 궁금했을 따름이다. 나 스스로에게 던졌던 이 의문에 대해 포르슈빌 양이 대답해주었다. 베르고트는 크게 감동하여 대작가의 문장이라 말하더라고 했다. 그러나 그녀는 그 말을 내가 잠든 사이에 했다. 즉 그것은 꿈이었다. 우리가 스스로에게 한 질문에 대해 거의 모든 꿈이 수많은 사람을 무대에 동원하여 복잡한 형태로 긍정의 대답을 보내오는데, 그것은 그 자리에 한해서만 있는 일이다. 포르슈빌 양의 이야기가 나왔으니 말이지만, 나는 슬픔을 금할 수가 없었다. 그녀는 스완의 딸이건만 이건 또 무슨 일이랴! 스완은 게르망트 집안이 그녀를 받아주기를 그토록 바랐건만 게르망트네 사람들은 완강하게 친구의 딸을 초대하려 하지 않았다. 그래놓고 나중에서야 자기들 편에서 그녀를 찾았던 것이다. 흘러간 시간은 우리에게 새로운 것을 가져다주지만, 우리가 오랫동안 만나지 않던 사람들 또한 생뚱맞은 인격을 받아들이는 성싶다. 그 사이 우리도 전혀 다른 인물이 되고, 다른 취미를 갖게 된다.

지난날 스완은 이따금 자기 딸을 꼭 끌어안고 키스하면서 그녀에게 말했었다. "너 같은 딸을 두었다니 난 얼마나 운이 좋은지! 언젠가 내가 이 세상을 떠났을 때, 그때에도 죽은 네 아버지의 이야기를 하는 사람이 있다면 그건 오직 네가 있기에, 또 너 때문에 그러는 걸 테니 말이다." 스완은 죽은 뒤에 자기가 딸에게 살아남아 있었으면 하고 두려움과 불안이 섞인 희망을 걸었는데, 그건 착각이었다. 마치 매우 행실이 바르고 귀여운 댄서를 들어앉힌 늙은 은행가가 그녀에게 유언하기를, 자신은 그녀에게 그저 나이 든 친구에 불과하겠지만, 그녀가 언제까지나 자신을 추억해주리라고 기대하는 것과 같다. 그녀는 분명 품행이 단정했지만, 한편으론 늙은 은행가의 친구 가운데 마음에 드는 사람이 있으면 테이블 밑에서 몰래 다리를 엮으면서 겉으론 전혀 그렇지 않은 척했던 것이다. 친절한 노인의 초상을 치르기는 하겠지만, 마침내 성가신 존재를 떼어버렸다고 여길 것이다. 그러고는 남은 현금뿐만 아니라 집과 몇 대의 자동차마저 마음껏 누린다. 곳곳에 남아 있는 옛 소유자의 이니셜은 깡그리 지워버리고, 남은 것을 실컷 누리면서도 유산을 남겨준 사람은 손톱만큼도 그리워하지 않는다. 부성애를 품는 환상도 이런 사랑과 큰 차이가 없다. 딸은 보통 아버지를, 재산을 남겨주는 노인으로밖엔 여기지 않는 것이다. 사교계에서 질베르트의 존재는 이따금 그녀의 아버지를 추억하기 위한 기회를 만들기는커녕 오히려 방해가 되었고, 지금까지는 그나마 있었던 아버지의 이야기를 할 기회마저 차츰 줄어들게 했다. 그가 했던 말과 그가 선물한 물건이 화제에 오를 때에도 그의 이름을 말하지 않는 게 습관이 되었다. 그리하여 그의 기억을 불멸로 만들기는 어렵더라도 적어도 되새기게 할 수 있는 그런 딸이 도리어 죽음과 망각을 재촉하고, 그것을 완성시키기에 이르렀던 것이다.

더구나 질베르트가 망각 작업을 천천히 완성시킨 것은 오로지 스완에 대해서만이 아니었다. 그녀는 내 마음속의 알베르틴에 대한 망각 작업도 앞당겼던 것이다. 질베르트를 전혀 딴 사람으로만 여겼던 몇 시간 동안, 그녀는 내 마음에 어떤 욕망을, 결국은 행복을 바라는 마음을 부추겼는데, 덕분에 조금 전까지만 해도 내 머릿속에 들러붙어 있던 걱정 근심은 깨끗이 사라졌고, 더불어 꽤 오래전부터 산산조각으로 무너지려 했던 알베르틴에 대한 갖가지 추억도 깡그리 사라지고 말았다. 왜냐하면 그녀와 연관된 많은 추억은 처음엔 내가 그녀의 죽음을 슬퍼하는 마음을 갖게 하는 데 도움이 되었지만, 지금은 거꾸로 애도하는 마음 자체가 추억을 붙들고 있었기 때문이다. 따라서 내 마음은 망각에 의한 끊임없는 해체작용에 의해 하루하루 남몰래 변화의 준비를 진행하다가 언젠가 갑자기 전체가 바뀌어버렸는데, 이 변화를 제공한 공허한 인상은 잊히지도 않는다. 그날 처음 느꼈던 것이다. 그것은 낡아빠진 뇌동맥이 끊어져 기억의 일부가 몽땅 날아갔거나 마비된 사람이 느낄 수 있는, 연상작용의 한 부분이 내 안에서 모두 말살되어버린 듯한 느낌이었다.

나는 더 이상 알베르틴을 사랑하지 않았다. 기껏해야 그날의 날씨에 따라 감수성이 눈뜨거나, 변화했다가 다시 현실로 돌아와서 그녀를 생각하고는 끝없이 슬퍼질 때가 있을 정도였다. 나는 더 이상 존재하지도 않는 사랑 때문에 괴로웠다. 마치 한쪽 다리가 잘린 사람이 날씨 변화에 따라 잃어버린 다리에 통증을 느끼는 것처럼. 삶에서 커다란 부분을 차지하던 병이 나았을 때 흔히 일어나는 일이지만, 고통과 그에 따르는 다양한 것들이 없어진 결과, 나는 시든 식물처럼 남겨졌다. 사랑이 영원하지 않다는 것은 추억이 늘 진실이란 보장이 없기 때문이리라. 또 생명이 세포의 끊임없는 갱신에 의해 이루어지기 때문이리라. 그래도 추억에 대해선 주의력에 의해 이러한 새로 고침이 늦춰지기도 한다. 주의력은 변화를 잠시 멈추게 하고, 붙들기 때문이다. 고통도, 여자에 대한 욕망도 그것을 생각함으로써 커지므로 할 일이 잔뜩 있으면 그만큼 금욕하거나 잊기도 쉬워지리라.

하지만 다른 반응도 있다(내가 문득 망각을 현실로 느낀 것은 분명 방심한 탓에 데포르슈빌 양에게서 욕망을 느낀 순간이었지만). 이를테면 조금씩 망각을 가져오는 것이 시간의 작용이라 해도, 망각 또한 시간 관념을 한참 바꾸어놓는 것이다. 공간과 마찬가지로 시간에도 착시가 있다. 나는 전부터 일을 하고 싶고, 잃어버린 시간을 되찾고 싶고, 생활을 바꾸고 싶다기보단 차라리 진정한 생활을 시작하기를 바랐었는데, 그런 마음이 계속된 탓에 내가 전과 마찬가지로 젊다는 환상을 갖고 있었다. 하지만 알베르틴이 살아 있을 적 마지막 몇 달 동안 내 생활에는 속속 다양한 사건이 일어났으며, —또한 사람은 마음속에서 많은 사건을 겪은 탓에, 커다란 변화가 일어났을 때 보다 오래 살았다고 착각하기 마련이므로—그런 추억 때문에 내겐 지난 몇 달이 1년이 훨씬 넘는 긴 세월 같았다. 지금은 많은 것들을 잊었다. 그 망각은 아무것도 없는 공간에 나를 바로 얼마 전의 사건으로부터도 떼어놓아 그 사건들이 옛날 일처럼 느껴졌다. 왜냐하면 나는 그 사건을 잊을 만큼의 '시간'이라 불리는 것을 가졌었기 때문이다. 그런 망각은 단편적이고 불규칙적으로 내 기억 한가운데 끼워넣어져서—마치 바다 위의 짙은 안개가 목표물을 가리듯이—시간 속의 거리감을 혼란스럽게 하여 엉망으로 만들고, 여기선 거리가 줄어든 듯싶은데 저쪽에선 거리가 늘어나 보이며, 이리하여 나는 실제보다 내가 사물에 훨씬 가까이 있는 것 같기도 하고, 또 한참 동떨어져 있는 듯이 느껴지기도 하는 것이었다. 내가 지금 막 지나온 잃어버린 시간 속에는 할머니에 대한 사랑은 흔적도 없지만, 그와 마찬가지로 아직 발을 들여놓지 않은 눈앞의 새로운 공간에는 이미 알베르틴에 대한 사랑 따위 흔적도 없을 터였다. 이런 식으로 내 인생에는 짧은 간격을 두고 다양한 시기가 속속 드러나는데, 거기엔 앞의 시기를 지탱하고 있던 것이 다음 시기까지 남는 경우가 하나도 없다. 그러므로 내 삶은 나라는 동일하고도 영속적인 개인에 의해 지탱되던 것은 없는 듯이 보였고, 또 긴 과거가 있기는 했지만 미래에는 전혀 쓸모없는 하찮은 것으로, 죽음이 어떤 결론도 내리지 않은 채 어디서든지 제멋대로 그것을 끝낼 것처럼 보였다. 마치 중·고등학교의 최고학년에서 가르치는 프랑스 역사 과목에서 시간표나 교사의 기분에 따라 1830년 7월 혁명이나 1848년 2월 혁명, 또는 제2제정 말기처럼 아무 데서나 끝낼 수 있듯이 말이다.

그 무렵에 내가 느낀 피로감과 슬픔은 한동안 거의 잊고 있던 것을 헛되이 사랑한 데서 오는 게 아니라 새로운 사람들, 순수한 사교계 사람들, 게르망트 부부의 친구들로서 나로선 전혀 재미도 없는 사람들과의 교제를 즐기기 시작하면서 찾아왔다. 사랑했던 여인도 시간이 흐르면 빛바랜 추억에 지나지 않는다. 그건 그나마 체념하기 쉬웠지만, 내 안에서 헛된 사교적 활동을 발견하게 되자 그건 불가능했다. 사교인으로서의 활동은 활기 넘치기는 하지만 기생적인 식물로 자기 생활을 장식하고, 그럼으로써 시간을 낭비하며, 그런 식물도 죽으면 또한 무(無)로 돌아갈 것이다. 우리가 얻은 어떠한 지식과도 무관한 사람들이, 그나마도 수다스럽고 외로움을 타며 사치를 좋아하는 노인 같은 우리가 그런 사람들의 비위를 맞추려고 애를 쓰고 있는 것이다. 내 안에는 알베르틴 없이도 삶을 즐겁게 견뎌낼 수 있을 듯한 새로운 존재가 이미 나타나 있었다. 슬픈 이야기였지만 게르망트 공작부인 집에서 깊은 고통 없이 그녀에 대해 말할 수 있었기 때문이다. 지금까지와는 다른 이름을 갖게 될 이 새로운 자아, 지난날 내가 사랑했던 사람에게 냉담해짐으로써 그 자아가 찾아올지도 모른다는 생각은 늘 나를 두렵게 했다. 이를테면 전에 질베르트 문제로 그녀의 아버지에게서 만약 오세아니아로 가서 살게 된다면 다시 돌아오고 싶어질 거라는 말을 들은 일이 있다. 또 바로 얼마 전에도 어떤 평범한 작가의 회상록에서, 젊은 시절에 뜨겁게 사랑했던 여인과 헤어진 그가 나이가 들어서 그녀를 만났지만 전혀 기쁘지도, 다시 만나고 싶은 마음도 들지 않더라는 글을 읽었을 때, 그런 심정이었다. 그런데 두려웠던 이 존재는 매우 친절하기도 해서 거꾸로 망각과 함께 고통을 완전히 없애 주었고, 또 행복의 가능성까지도 가져다주었는데, 이것이야말로 운명이 우리를 위해 따로 떼어놓은 그 예비적 자아의 하나가 분명하다. 진단을 잘하는 의사일수록 고압적이 되듯이, 운명은 우리의 바람 따위엔 귀도 기울이지 않다가 적당한 때에 슬며시 끼어들어서 상처투성이인 자아를 덮어놓고 새로운 자아로 갈아치운다. 게다가 운명은 해진 천을 깁듯이 이따금 이런 교체를 시도하지만, 우리는 옛 자아가 엄청난 고뇌를 안고 있거나, 상처를 줄 만한 이물을 갖고 있을 때가 아니면 그 사실을 깨닫지 못한다. 우리는 그 고뇌나 이물이 보이지 않게 된 것에 놀라고, 자기가 다른 사람이 된 것에 경탄한다. 그런 다른 사람에게 앞서간 사람의 고뇌는 타인의 고뇌에 지나지 않으므로 연민을 담아 그것을 이야기할 수 있는 것이다. 왜냐하면 그는 이미 그런 고통을 느끼지 않기 때문이다. 우리로선 이토록 많은 고뇌를 거쳐온 것마저도 아무래도 상관이 없다. 그 고뇌도 이젠 어슴푸레하게만 떠오르니까. 마찬가지로 밤이 되면 악몽에 시달릴 때도 있지만, 잠에서 깨면 다른 사람인 우리는 조금 전 꿈속 살인자의 손아귀에서 가까스로 도망쳐 나왔다는 사실은 깡그리 잊고 만다.

이 새로운 자아는 옛 자아와 아직은 조금의 접촉을 유지한다. 마치 아내를 잃은 남자의 친구가 상처한 불행에는 냉담하면서도 분위기에 걸맞게 슬픈 표정으로 주위 사람들과 이야기를 나눈다든지, 조문객을 맞아야 하는 남자가 아직도 엎드려서 울고 있는 방으로 이따금 돌아가는 것처럼 말이다. 나도 한동안 예전 알베르틴의 연인으로 돌아갔을 때는 울부짖는 목소리도 내지 못했다. 그러나 이제 나는 남몰래 새로운 인물로 바뀌어 있었다. 다른 사람에 대한 우리의 애정이 식는 것은 그가 죽어서가 아니다. 우리 자신이 죽어가기 때문이다. 알베르틴은 하등 연인에게 따분해할 필요가 없었다. 연인의 이름을 가로채간 사람은 그저 그의 뒤를 이은 다른 인간에 지나지 않으니까. 인간은 기억하는 것에만 충실해진다. 그리고 남이 기억하고 있는 것은 실제로 체험한 일일 뿐이다. 나의 새로운 자아는 옛 자아 덕분에 성장하는 동안 이따금 옛 자아가 알베르틴에 대해 이야기하는 것을 들었다. 이 옛 자아를 통해 그에게서 들은 이야기를 통해 새로운 자아는 알베르틴을 아는 것 같았고, 그녀에게 호감을 가졌으며, 그녀를 좋아하게 되었다. 하지만 이것은 간접적인 애정에 불과하다.

그즈음 또 다른 내게서 알베르틴과 관련된 망각이 매우 빠른 속도로 진행된 덕분에, 얼마 뒤 나는 내 안에서도 망각 작업이 새로운 발전을 이루었음을 알아채게 된다(이것은 결정적인 망각에 이르기 전의 제2단계 기억이다). 그 인물은 바로 앙드레였다. 실제로 그녀와 나는 전에 이야기한 때로부터 6개월 뒤에도 대화할 기회가 있었다. 그 무렵 앙드레는 첫 번째와는 전혀 딴판이었지만, 그 유일한 원인까진 아니더라도, 또 주요한 원인은 아니라 해도 적어도 필요조건으로서 나는 알베르틴을 잊었다는 사실을 얘기할 수밖에 없었다. 지금도 기억하는데 그건 내 방에서의 일이었다. 왜냐하면 그즈음 나는 그녀와 육체관계를 갖는 것이 거의 즐거움이었는데, 그것은 작은 동아리의 소녀들에 대한 내 사랑이 다시 맨 처음에 지녔던 집단적 측면을 띠기 시작한 탓이었다. 오랫동안 그녀들의 공유물로서 나뉘는 일이 없었던 그 사랑이 알베르틴의 죽음을 앞뒤로 몇 달 동안에만 그녀라는 한 인물과 연관된 것에 불과하다. 내 방에 단 둘이 있었던 것은 다른 이유가 있기도 했고, 그것 때문에 이 대화의 날짜를 정확히 기억할 수 있다. 즉 그날은 어머니가 손님을 초대하는 날로, 나는 아파트의 다른 방엔 갈 수가 없었던 것이다. 어머니는 손님이 올 시간에, 그다지 미련 없이 집에 돌아와 있었다(그날 어머니는 사즈라 부인 집으로 점심을 먹으러 갔었다. 어머니는 손님을 초대하는 날이라 처음부터 가지 않으려 했고, 또 콩브레에서도 사즈라 부인의 초대는 언제나 따분한 사람들 천지였으므로 틀림없이 재미도 없을 테니까 일찍 나와도 별 미련이 없을 줄 알았다). 사즈라 부인 집에 있던 사람들은 모두 진저리나는 사람들뿐이었고, 게다가 부인은 손님을 초대하는 날이면 어머니가 수요일의 목소리라고 부르는 독특한 목소리를 내어 초대한 사람들을 짜증나게 했다. 다만 어머니는 사즈라 부인을 매우 좋아했으므로, 부인 아버지의 방탕함으로 X공작부인 때문에 전 재산을 잃은 데서 온 불행을 동정하고 있었다. 덕분에 사즈라 부인은 울며 겨자 먹기로 거의 1년 내내 콩브레에서 지내야 했으며, 파리의 사촌 집에서 고작 몇 주일을 보내는 것 말고는 10년에 한 번꼴로 대대적인 '관광여행'만이 가능했다.

지금도 기억하는데 몇 달 전부터 내가 부탁을 했고, 그쪽에서도 줄곧 와달라고 했으므로 어머니는 그 전날 파름 대공비를 만나러 갔었다. 대공부인은 남을 찾아가는 일이 없거니와, 방문하는 사람도 보통은 명부에 이름만 올리고 끝났는데, 공식의례의 격식상 자기가 우리집을 찾아올 수는 없으므로 부디 어머니가 만나러 와주었으면 한다고 집요하게 요청했었다. 어머니는 잔뜩 화가 나서 돌아왔다. "너 때문에 봉변만 당했구나." 어머니가 내게 말했다. "파름 대공부인은 내게 변변한 인사도 하지 않더구나. 귀부인들하고만 이야기를 나누고 나 같은 건 거들떠보지도 않는 거야. 10분이 지나도록 말도 걸지 않기에 그냥 나왔다만 손도 내밀어주지 않더구나. 정말이지 짜증이 나서 원. 그에 반해 나올 때 문간에서 마주친 게르망트 공작부인은 어찌나 친절하시던지. 줄곧 네 이야기를 하시더구나. 그분한테 알베르틴 이야기를 하다니 너도 좀 그렇다. 알베르틴의 죽음으로 몹시 상심하고 있다는 이야길 너한테서 들었다고 하셨어(내가 공작부인에게 그 이야기를 했다는데, 나는 사실 기억이 잘 나지 않으며, 또 그렇게 강조하지도 않았다. 그러나 아무리 아둔한 사람이라도 우리가 무심코 흘리는 말에 비정상적인 주의를 기울일 때가 있고, 또 더할 나위 없이 자연스럽게 여겨지는 말이라도 그들의 호기심을 깊이 자극하는 경우가 더러 있기는 하다). 어쨌든 파름 대공부인의 집엔 앞으로 다시는 안 갈 테다. 너 때문에 톡톡히 망신만 당했어."

그런데 이튿날, 다시 말해 어머니가 손님을 초대하는 날, 앙드레가 왔던 것이다. 그녀는 지젤을 맞아 저녁을 함께 먹어야 하므로 별로 시간이 없다고 했다. "그 아이의 단점은 잘 알아요. 하지만 가장 친한 친구이고, 또 내가 제일 좋아하는 사람이거든요." 그녀가 말했다. 뿐만 아니라 그녀는 내가 셋이서 저녁을 함께하면 어떻겠느냐고 말할까 봐 몹시 애를 태우는 듯싶었다. 그녀는 친구에 목말라했다. 그리고 나처럼 그녀에 대해 너무 잘 아는 제삼자가 곁에 있으면 상대에게 가슴속 모든 것을 털어놓지도 못하기 때문에 같이 있어도 완전한 즐거움을 누리지는 못했다. 사실은 그녀가 찾아왔을 때, 나는 그 자리에 없었다. 그녀가 기다려주었으므로 나는 작은 손님방을 지나 그녀를 만나러 갈까 했는데, 그때 누군가의 목소리가 들려와 나를 찾아온 다른 사람이 있음을 알았다. 내 방에 있는 앙드레를 빨리 만나고 싶어서 조바심이 났지만, 다른 사람이 누군지 몰랐다(앙드레는 다른 방으로 안내했으니까 물론 그녀를 모르는 사람일 것이다). 그래서 나는 작은 손님방의 문 옆에서 잠깐 엿들었다. 왜냐하면 나를 찾아온 사람이 무슨 이야기를 하고 있었기 때문이다. 그는 혼자가 아니다. 여자에게 말하고 있다. "오! 나의 사랑하는 여인이여, 내 마음속에 있으리!" 그는 아르망 실베스트르의 시를 읊조리고 있었다. "아무렴, 그대는 언제까지나 나의 사랑하는 여인이리니, 그대가 아무리 못할 짓을 했어도.

> Les morts dorment en paix dans le sein de la terre.
> Ainsi doivent dormir nos sentiments éteints.
> Ces reliques du cœur ont aussi leur poussière,
> Sur leurs restes sacrés ne portons pas les mains.

> 죽은 사람은 대지의 품속에서 고이 잠드나니.
> 그렇듯 우리의 식어버린 감정도 잠들어야 하리.
> 이러한 심정의 유물 또한 유해는 남기나니.
> 그 거룩한 유골에 손대지 말지어다.

조금 구식이기는 하지만 매우 아름답지 않은가! 그리고 나는 첫날부터 그대에게 하고 싶었던 말이 있었어.

그대는 그들을 울게 하리니, 아름답고 사랑스런 아이여……

아니, 이 시를 모른다고?

> ……Tous ces banbiens, hommes furturs
> Qui suspendent déjà leur jeune rêverie

Auxcils câlines de tes yeux purs.

……그곳에 있는 모든 아이, 미래의 사내들은
그대의 맑은 눈동자의 고운 속눈썹에
그 젊은 꿈을 모두 내맡기고 있나니.

그렇지! 나는 잠깐 이렇게 생각했었거든.

Le premier soir qu'il vint ici,
De fierté je n'eus plus souci.
Je lui disais ; Tu m'aimeras,
'Aussi longtemps que tu porras'
Je ne dormais bien qu'en ses bras.

그대 이곳으로 오던 첫날 밤,
나는 자존심 따윈 멀리 내다버렸다오.
나는 그에게 말했다네,
'그대는 나를 언제까지나 가능한 한 언제까지나 사랑하리라'
그대의 팔에 안기지 않으면 나는 잠들 수 없다네."

이런 시의 홍수를 대체 어떤 여자에게 퍼붓고 있는 걸까? 나는 앙드레에게 가는 발길을 잠시 늦춰가면서도 그게 궁금해서 문을 열었다. 샤를뤼스 씨가 어떤 군인에게 시를 암송하고 있었던 것이다. 나는 그 군인이 모렐임을 단박에 알아보았다. 그는 13일 동안의 근무차 떠나려던 참이었다. 샤를뤼스 씨와는 이미 서먹한 사이였지만, 그런데도 그는 무슨 부탁을 하기 위해 이따금 샤를뤼스 씨를 만나곤 했었다. 샤를뤼스 씨는 평소 같으면 그 사랑에 더욱 남성적인 형식을 부여했을 텐데 이런 식으로 고뇌하는 모습을 보이는 일도 있다니. 본디 어렸던 그는 시인들이 쓴 시구를 이해하고 피부로 느끼기 위해 아름답지만 부정한 여자에게가 아니라 젊은 사내에게 시구를 주워섬긴다는 상상이 필요했던 것이다. 나는 서둘러 그 자리를 떠났지만, 모렐과 함께 누군가를 방문하는 것은 샤를뤼스 씨로선 매우 흡족한 일이고, 순간 그가 재혼한 듯한 착각에 빠진 것처럼 보였다. 게다가 그에겐 왕비들의 속물주의에 하인들의 속물주의가 뒤섞여 있었던 것이다.

내게 알베르틴에 대한 추억은 아주 단편적인 게 되었으므로 더는 슬픔을 불러일으키는 일도 없었고, 마치 하모니의 변화를 준비하는 화음처럼 새로운 욕망으로 옮아가는 부분에 지나지 않게 되었다. 뿐만 아니라 내가 아직은 알베르틴에 대한 추억을 소중히 여기는 이상, 관능에 탐닉하여 한때의 바람기로 내달리는 경우는 상상도 할 수 없었으므로 나는 앙드레가 곁에 있어주는 편이 알베르틴이 기적적으로 돌아온 경우보다 훨씬 행복할 정도였다. 왜냐하면 앙드레는 알베르틴에 대해, 알베르틴보다도 많은 것을 내게 말했기 때문이다. 한편 알베르틴에 대한 애정은 육체적인 것도, 정신적인 것도 이미 식어버렸건만 그녀에 대한 문제는 아직도 내 마음에 남아 있었다. 지금은 그녀의 실제 생활에 대한 궁금증이 그녀가 곁에 있기를 바라는 욕망보다 컸다. 한편, 한 여인이 알베르틴과 관계를 가졌을지도 모른다는 생각이 들자 그녀와 관계를 맺고 싶다는 욕구만이 용솟음쳤다. 나는 앙드레를 어루만지면서 그녀에게 그렇게 말했다. 그랬더니 앙드레는 몇 달 전에 했던 말과 앞뒤를 맞출 생각은 꿈에도 않고 살짝 미소를 지으면서 대답했다. "어머, 그래요? 하지만 당신은 남자잖아요. 그러니까 당신하고는 내가 알베르틴과 했던 것처럼 할 수는 없어요." 그러고는 이렇게 말하면 내 욕구를 더 커지게 하리란 생각이 들었는지(속을 털어놓지 않을까 기대하는 마음에 나는 전에 앙드레에게 알베르틴과 관계를 가졌던 여자와 관계하고 싶다고 말한 적이 있었다), 아니면 나의 슬픔을 더욱 크게 하리란 생각이 들었는지, 또는 나만 알베르틴과 관계를 가졌다고 생각하여 내가 우월감을 가질지도 모른다는 추측 아래 그것을 무너뜨리려는 생각에선지 이런 말을 했다.

"맞아요! 우린 둘이서 무척 즐거운 시간을 보냈어요. 알베르틴은 어찌나 다정하고 정열적이었던지. 하지만 그 애는 나하고만 즐긴 건 아니에요. 그 아인 베르뒤랭 부인 집에서 모렐이라는 잘생긴 남자를 만났거든요. 그러자 둘은 순식간에 배가 맞았지요. 그 모렐이란 남자는 숫처녀를 나쁜 길로 끌어들이고는 미련 없이 버리는 게 취미라서 자기에게도 즐거움을 준다는 조건 아래, 멀리 바닷가 어부의 딸이나 세탁소에서 일하는 여자애들을 꾀는 역할을 맡았었죠. 그런 아이들은 남자에겐 솔깃하지만 젊은 여자가 말을 붙여봤자 대꾸도 않거든요. 풋내기 여자아이가 완전히 손아귀에 들어오면 모렐은 그 아일 매우 안전한 곳으로 데려와서, 거기서 알베르틴에게 넘겼어요. 여자애는 모렐을 잃을까 하는 두려움에 언제나 말을 잘 들었답니다. 하지만 결국 모렐에게 버림을 받죠. 하긴 모렐도 그 일에 끼어들긴 했어요. 그런데 후환이 두려웠던 모렐은 또 한두 번 만에 어느새 싫증이 났으므로 가짜 주소를 남기곤 도망쳤어요. 언젠가 그는 대담하게도 한 아이를 알베르틴과 함께 쿨리뷔르의 사창가로 데려갔답니다. 거기서 네댓 명이 한꺼번에 달려들어서 강간을 했죠. 차례를 정해서 했는지도 몰라요. 그 사람은 그런 일에 열중했고, 알베르틴도 그랬어요. 하지만 그 뒤, 알베르틴은 몹시 후회했어요. 아마도 당신한테는 그런 욕정을 꾹 참고 그것에 빠지는 걸 하루라도 늦추려 했을 거예요. 그리고 당신을 무척 좋아했기 때문에 분명 양심에 찔렸을 거고요. 그렇지만 당신과 헤어지면 다시 시작할 게 틀림없었어요. 다만 당신과 헤어진 다음 그런 끔찍한 욕망에 몸을 맡겼다면, 일이 끝난 뒤의 후회는 훨씬 컸으리라 생각해요. 그녀는 당신이 구해주기를, 결혼해주기를 기대했어요. 그녀도 이런 일이 죄가 많은 행위임을 결국 알았겠죠. 우리 집안에 그런 일로 자살한 사람이 있어서, 나는 그녀가 자살하지 않을까 걱정도 했어요. 사실 알베르틴이 당신 집에서 살게 된 처음 얼마간은 나와의 장난을 완전히 포기한 건 아니었어요. 때로는 그게 너무나 하고 싶었나 봐요. 언젠가는 어찌나 흥분했던지 밖에서라면 쉬울 텐데 당신 집에 작별을 고하기도 전에 기어코 나를 곁에 붙잡아놓겠다며 말을 듣지 않더군요. 하지만 우린 재수가 없었어요. 하마터면 들킬 뻔했죠. 그녀는 프랑수아즈가 밖으로 물건을 사러 나가고, 당신은 아직 돌아오지 않은 틈을 이용했죠. 그땐 불을 몽땅 꺼버리고 당신이 열쇠로 문을 여는데도 스위치를 찾는 잠깐의 시간은 있을 줄 알고 그녀의 방문을 잠그지 않았는데, 당신이 올라오는 발소리가 들려온 순간, 나는 허둥지둥 옷을 입고 내려갈 시간밖엔 없었죠. 하지만 그리 당황할 필요는 없었어요. 그날 이상하게도 당신은 열쇠를 잊고 나가서 초인종을 눌러야만 했거든요. 하지만 우리 몰골이 아주 엉망이었기 때문에 의논할 여유도 없었지만, 둘 다 민망함을 감추려고 똑같은 생각을 해냈죠. 그건 고광나무 냄새를 싫어하는 척하는 거였어요. 사실은 그 냄새를 무척이나 좋아했지만요. 당신은 기다란 고광나무 가지를 들고 왔고, 덕분에 나는 고갤 돌려 낭패를 피할 수 있었어요. 주제에 나는 실수를 저질렀지 뭐예요. 프랑수아즈가 돌아와서 문을 열어줄 줄 알았다고 했거든요. 그 바로 전엔 우리가 방금 산책에서 돌아왔다고 둘러대고, 둘이 집에 도착했을 때는 프랑수아즈가 아직 나가지 않았었다고 했으면서요(이것은 사실이긴 했다). 하지만 운 나쁘게도 당신이 열쇠를 갖고 있을 줄로만 알고 불을 껐던 거죠. 덕분에 당신이 계단을 올라올 때, 방 안의 등이 다시 켜지는 걸 들키지 않을까 조마조마했었죠. 우린 지나치게 꾸물거렸거든요. 그로부터 사흘 동안 알베르틴은 밤잠을 제대로 못 잤어요. 당신이 믿지 못하고 프랑수아즈에게 왜 나가기 전에 불을 켜두지 않았느냐고 묻지 않을까 하여, 계속 애태우며 마음을 졸였으니까요. 알베르틴은 당신을 몹시 두려워했거든요. 때로는 당신이 교활하고 심술 사나워서 사실은 자기를 싫어한다고 하더군요. 그러나 사흘 뒤, 당신이 아무렇지 않은 걸 보고선 프랑수아즈에게 아무것도 묻지 않았음을 그녀도 알았어요. 그래서 가까스로 잠을 이루게 되었죠. 하지만 그 뒤론 나와 관계를 가지려 하지 않았어요. 두려웠거나 후회했는지도 모르죠. 어쨌든 당신을 많이 사랑한다고 했어요. 아니면 달리 누군가 좋아하는 사람이라도 있었을까요? 아무튼 그날 이후로 알베르틴 앞에서 고광나무 이야길 하면 그녀는 얼굴이 새빨개져서는 손으로 얼굴을 가리곤 했지요."

너무 뒤늦게 찾아오는 행복이 있듯이 너무 늦게 오는 불행도 있으며, 그것은 조금 전이라면 중요한 것일지도 모르지만 이젠 아무래도 상관없게 된다. 앙드레가 털어놓은 이 터무니없는 진실도 내겐 그런 불행이었다. 아닌 게 아니라, 우릴 슬프게 하는 나쁜 소식도 유쾌한 이야기에 정신이 팔려 있을 때는 대수롭지 않게 지나가버리곤 한다. 반대로 우리는 그 소식을 받아들일 여유마저 없을 때도 있다. 그럴 때 우리는 이런저런 응대로 분주하거나, 그 자리에 있는 사람들의 환심을 사려고 다른 사람으로 변신하거나, 잠깐 새로운 환경에 들어가기 위해 지난날의 사랑이나 고통으로부터 벗어나 있는 것이다(이러한 새로운 환경이라는 짧은 마법이 풀리면 다시 옛 사랑이나 고통이 찾아오겠지만). 그런 지난날의 사랑이나 고통이 너무 강한 경우에는, 우리가 잠시 신세계의 영역으로 들어가도 마음은 따로 놀고, 고통스런 일만 생각하기에 완전히 다른 사람이 될 수는 없다. 그럴 때, 무슨 말을 들으면 요동치던 마음은 곧장 언어로써 반응한다. 다만 얼마 전부터 알베르틴과 관계된 말은 마치 효과가 사라진 독약처럼 이미 독성이 없었다. 이젠 너무나 멀리 떨어져 있었던 것이다. 산책하던 사람이 오후의 하늘에 구름처럼 떠 있는 초승달을 발견하고 저게 정말로 커다란 달일까 생각하듯이 나는 생각했다. '이게 뭐람! 내가 그토록 알려고 골몰하던, 그토록 두려워하던 진실이 지금 나눈 이야기 속에 나온 그 몇 마디에 불과한 것인가? 더구나 나는 지금 혼자가 아니라서 그걸 곰곰이 생각해볼 수도 없건만.' 게다가 나는 이 진실에 완전히 허를 찔리고 말았다. 지금까지 앙드레와 이야기를 좀 해보려고 꽤나 애를 썼기 때문이다. 하지만 진실은 여전히 내 바깥쪽에 머무른 채였다. 그것은 내가 이 진실을 위해 마음속에 둘 자리를 아직 찾지 못했기 때문이다. 할 수만 있다면 우리가 이미 몇 번이나 가슴으로 주고받은 말을 통해서가 아니라 새로운 기호로 뚜렷하게 진실이 드러나면 좋겠다. 생각하는 습관은 때로는 현실감을 방해하고, 현실에 대해 면역이 생기게 하며, 현실도 생각의 한 부분인 것처럼 믿게 만든다.

어떠한 관념에도 반론의 가능성은 있기 마련이고, 어떤 말에도 반대말이 감춰져 있는 법이다. 어쨌거나 만약 이것이 사실이라면 이미 이 세상에 없는 애인의 생활에 대한 쓸데없는 진실이, 도저히 어쩌지 못할 지금에 와서 깊은 곳에서부터 떠올라 모습을 드러낸 게 된다. 그렇게 되면 우리는(잊혀진 여자는 아무래도 상관없지만, 현재 사랑하는 다른 여자에 대해서도 똑같은 일이 일어나리라는 생각에) 참을 수 없는 심정이 된다. 우리는 생각한다. '만약 그녀가 살아 있었더라면!' 또 생각한다. '만약 지금 살아 있는 애인이 이런 행동을 이해하고, 그녀가 죽고 나면 지금까지 감춰두었던 모든 것이 내게 들통 나리란 사실을 알아준다면!' 이것은 악순환이다. 설사 내가 알베르틴을 살릴 수 있다 해도 그렇게 되면 앙드레는 아무것도 털어놓지 않았을 테니까. 그건 흔히 말하듯이 "내가 그대를 사랑하지 않게 될 때가 오면 그때 알게 될 거예요"라는 대사와 다를 게 없다. 이것은 대단한 진실이지만, 또한 매우 허황되다. 이미 사랑하지 않는다면 실제로 많은 것을 얻기도 하겠지만, 또한 궁금해하지도 않을 테니 말이다. 아니, 이것은 완전히 같은 말이라 해도 괜찮다. 왜냐하면 이미 사랑하지 않게 된 여자를 다시 만났을 때, 그녀가 당신에게 모든 걸 털어놓는다면 그건 이미 예전의 그녀도 아니고, 예전의 당신도 아니기 때문이다. 지난날 사랑했던 사람은 이미 존재하지 않는다. 죽음이 이곳을 지나간 것이고, 죽음이 모든 것을 쉽게, 동시에 무효로 만들어버리는 것이다. 내가 이렇게 생각한 것은 앙드레가 진실을 말했다는 가정 아래서이며(그녀의 말은 분명 사실일지도 모른다), 또 지금은 나와 성립된 관계 때문에 처음에 알베르틴이 나와 그랬듯이 생탕드레 데 샹 성당의 측면에서 앙드레도 나에 대해 성실해졌다고 가정했을 때의 일이다. 이 경우, 앙드레는 알베르틴을 더는 두려워할 필요가 없다는 사실에 힘이 생기기도 했을 것이다. 우리가 죽은 뒤 우리 현실이 그리 오랫동안 살아 있는 일은 없으며, 몇 년만 지나면 사람들은 버림받은 종교의 신들처럼 아무렇지도 않게 죽은 이를 모욕하게 되니까. 그건 사람들이 벌써 그 존재를 믿지 않았기 때문이다. 하지만 앙드레가 이미 알베르틴의 실재를 믿지 않는다는 것은, 결과적으로 누설하지 않겠다던 약속을 깨는 일도 두렵지 않게 하며, 과거로 거슬러 올라가 공범을 중상하는 거짓말도 태연히 하게 만들지도 모른다. 두려워할 필요가 없어졌으므로 그녀는 내게 그런 이야기를 했거나, 아니면 어떤 이유에서 내가 행복감에 우쭐해져 있다는 생각에 나를 괴롭히려고 거짓말을 했을지도 모른다.

아마도 그녀는 초조했으리라(그 초조함은, 불행과 슬픔으로 가슴이 막혀 있는 나를 볼 때에는 가라앉았겠지만). 왜냐하면 나는 알베르틴과 깊은 관계였고, 앙드레는 아마도—내가 그것 때문에 그녀보다 내 쪽에서 더 좋아한다는 착각 아래—그녀가 얻지 못할 뿐만 아니라 꿈도 꾸지 않았던 나의 특별한 온정을 부러워했기 때문이다. 나는 그녀가 얼굴빛이 좋은 사람, 특히 그것을 의식하는 사람에게 짜증을 내거나, "기분이 나쁘신가 봐요" 한다든지, 상대방을 화나게 하려고 "나는 요즘 아주 기분이 좋아요" 말하는 것을 자주 목격했는데, 그녀는 상대의 기분을 상하게 하려는 의도에서 자기는 건강하다고 약 올리듯이 말했다. 자기가 병에 걸렸을 때도 그런 짓을 그만둘 줄 모르고, 행복한 타인의 건강도 자기 죽음도 개의치 않게 된 마지막 초탈의 순간까지 계속했던 것이다. 하긴 그날이 오려면 아직 멀기는 했지만. 그녀가 어떤 이유에서인지 초조해진 것은, 지난날 우리가 발베크에서 만났던 청년, 운동이라면 뭐든지 잘했지만 다른 것엔 무지했던 한 남자에 대해 그녀가 격렬하게 화냈던 것과 같다. 그는 뒷날 라셀과 동거를 했는데 앙드레는 그의 명예를 훼손하는 소문을 퍼뜨렸고, 무고죄로 고소를 당하자 도리어 반증이 불가능한 그의 아버지의 파렴치한 행동을 까발리겠다고 으름장을 놓았다. 그러나 나에 대한 노여움은 잠깐 그녀를 사로잡았을 뿐, 아마도 내가 몹시 울적해하는 모습을 보고 금세 가라앉았을 것이다. 실제로 그녀는 노여움에 불타는 눈빛으로 망신을 주겠다, 죽여버리겠다, 거짓으로 증명해서라도 감옥에 보내주겠다고 펄펄 뛰다가도, 상대의 슬픈 눈을 본다든지, 수치스러워하는 모습을 보면 어느새 반감은 눈 녹듯이 사라져, 도리어 따뜻이 위로하려 들었다. 왜냐하면 그녀는 결코 근본부터 나쁜 여자는 아니며, 비록 조금 깊은 곳에 겉으로 드러나지 않는 성격이 그녀의 세심한 배려를 만나 처음 생각한 것 같은 상냥함이 아니라 질투와 오만이었다 해도 더욱 깊은 곳에 있는 그녀의 제3의 성격, 본성이지만 완전히 실현된 적이 없는 성격이 주위 사람에 대한 호의와 사랑에 눈뜨게 했기 때문이다. 다만 현재보다 나은 상태를 바라는 사람은 욕망을 통해 더 나은 상태를 알 뿐, 첫째 조건이 현상태와의 결별임을 모른다. 마치 신경쇠약 환자나 마약중독자가 분명히 치료를 받고 싶어하면서도 자기들의 편집증이나 마약은 빼앗기길 원치 않는 것처럼. 종교심이나 예술가의 마음을 갖추고도 현세에 집착하는 사람들이 고독을 바라지만 지금까지의 생활을 전부 포기하지는 않는 그런 고독을 바라듯이. 앙드레도 그들처럼 모든 사람을 사랑할 마음의 준비는 되어 있지만, 그러려면 먼저 그 사람들이 너무 잘난 체를 해선 안 된다는 조건이 필요하고, 그러려면 그들을 겸손하게 만들어놓아야 했다. 그녀는 오만한 사람이라도 사랑해야 한다는 사실을 몰랐으며, 또 그런 사람들의 오만함을 한층 강력한 오만으로서가 아니라 사랑으로 극복해야 한다는 걸 몰랐다. 그것은 그녀가 어떤 부류의 환자와 비슷하기 때문인데, 그런 환자는 병이 낫기를 바라면서도 사실은 병을 질질 끌게 하는 치료 수단을 통해 그 병을 사랑하고 있으며, 나을 생각을 그만두는 순간, 비로소 병을 사랑하기를 포기하는 것이다. 무릇 사람은 수영을 배우고 싶어하면서도 한쪽 다리가 바닥에 닿기를 바라는 법이다.

운동을 즐기는 그 청년은 베르뒤랭네의 조카로, 내가 발베크에 머물 때 두 번인가 만난 적이 있는데, 그에 대해선 미리 말해둘 것이 있다. 곧이어 다시 만나게 되는 앙드레의 방문 뒤 얼마 안 되어 몇 가지 사건이 일어났고, 그것이 사람들을 꽤나 놀라게 했었다. 먼저 이 청년에 대해서 나는 몰랐는데 그는 발베크에 머물 때 알베르틴을 사랑했었고, 그 추억 때문인지 앙드레와 약혼했으며, 내친 김에 라셀의 절망도 개의치 않고 앙드레와 결혼했던 것이다. 그 무렵 앙드레는(즉 지금 이야기하는 방문이 있은 지 몇 달 뒤의 일이다) 이미 이 청년을 건달이라고 부르지 않았다. 나는 나중에서야 알게 되었는데, 그녀가 청년을 건달이라고 했던 건 사실 그에게 홀딱 반했던 데다 자기를 거들떠보지도 않으리란 생각 때문이었다. 그러나 더욱 놀라운 사실이 있었다. 청년은 직접 제작한 무대장치와 의상으로 작은 촌극을 상연했는데 그게 현대 예술에 있어서 러시아 발레에 맞먹는 혁명을 가져다주었던 것이다. 요컨대 최고 권위의 평론가들도 그의 작품에 대해 매우 중요하며, 거의 천재적이라 할 만하다고 평가함으로써 기존의 라셀 의견을 인정하게 된 셈이었다. 사람들이 알고 있던 발베크에서의 그는 자기가 교제하는 사람들의 차림새에 맵시가 있는지에만 주의를 기울였고, 언제나 바카라·경마·골프·폴로에 빠져 지냈다. 학창 시절의 그는 늘 학급의 열등생이었고, 중·고등학교에서 퇴학을 당한 적도 있었다(더구나 그는 두 달 넘게 사창가에 들러붙어 있는 바람에 부모의 속을 깨나 썩였는데, 그곳은 샤를뤼스 씨가 모렐을 찾아갔던 바로 그 장소였다). 그의 그런 면만을 아는 사람들은 이렇게 생각했다. 이 작품은 분명 앙드레가 만든 것이고, 그녀는 사랑 때문에 그에게 영광을 양보했거나, 아니면 그가 허튼 데다 아무리 돈을 써도 끄덕도 않을 만큼 막대한 재산이 있으므로 그 돈으로 어떤 재능 있는 전문가에게 시켰을 거라고 말이다(이런 부류의 부자들은 귀족과의 교제에 있어서도 전혀 세련되지 못하고, 예술가가 뭔지 아무것도 모르는 사람들로서, 그들이 생각하는 예술가란 딸의 약혼 피로연에 불러다놓고 연극 독백을 낭독시키거나, 나중에 몰래 별실에서 사례를 지불하는 배우이며, 또는 딸이 결혼하면 아이가 생기기 전, 아직 아름다울 때 그녀를 아틀리에로 보내 초상화의 모델로 서게 하는 화가 정도인 것이다. 이런 사람들은, 글을 쓰거나 작곡을 하거나, 또는 그림을 그리는 사교계 사람들은 모두, 마치 국회의원 자리를 차지하려는 사람들이 그러하듯이 작가로서의 평판을 얻기 위해 돈을 내고 대신 작품을 만들게 한다고 상상한다).

그러나 그런 것들은 모두 엉터리였고, 청년은 진짜로 멋진 작품의 작가였다. 그것을 알고 나는 여러 가지 상상 속에서 헤맬 수밖에 없었다. 그는 어쩌면 정말로 긴 세월 동안 막무가내의 건달이었는데 어떤 생리적인 대변혁이 일어나 '잠자는 숲 속의 미녀'처럼 그의 안에 숨어 있던 천재성이 눈을 뜬 걸까? 아니면 막 나가던 고등학교 시절, 대학입학 자격시험의 거듭된 낙방, 발베크에선 도박으로 엄청난 돈을 잃고, 숙모인 베르뒤랭 부인을 찾아오는 신자들의 볼품없는 차림새에 질색하여 함께 전차도 타지 않으려던 무렵, 그 시절의 그는 이미 천재였지만 아직은 그걸 깨닫지 못하고, 천재의 문을 여는 열쇠도 지니지 않은 채, 젊은 혈기 속에서 갈팡질팡하느라 재능을 내버려두고 있었을까? 아니, 어쩌면 이미 자각한 천재였는지도 모른다. 아니면 학급에서 열등생이었던 까닭은 교사가 키케로에 대해 뻔한 말을 하는 동안 그는 랭보나 괴테를 읽었기 때문이 아닐까? 아닌 게 아니라 발베크에서 내가 그를 만났을 때 그에겐 이런 상상을 하게 만드는 건 하나도 없었으며, 그의 관심은 오로지 마차의 장비나 칵테일 만들기에 쏠려 있는 듯했다. 하지만 이런 이야기는 결코 반박의 여지가 없는 건 아니다. 먼저 그는 매우 허영심이 강했을지도 모른다(이런 성격이 천재와 동거한다는 건 있을 수 있는 일이다). 그래서 자기 생활을 둘러싼 사람들을 현혹시키기에 알맞다고 판단한 방법으로 주목을 받으려 했을지도 모른다. 그것은 '친화력'에 대한 깊은 지식을 과시하지 않으면서 사두마차를 모는 일과도 같았다.

이처럼 아주 독창적이고 아름다운 작품의 작가가 된 뒤에도 그가 얼굴이 잘 알려진 극장과는 별개의 곳에서 초창기 신자들처럼 턱시도를 입지 않은 사람에게 흔쾌히 인사를 했을지는 의심스럽다. 그에게 있어서 그런 행동은 어리석은 행동이라기보단 차라리 허영심의 표출이며, 자기 허영심을 우매한 사람들의 정신 구조에 적합하게 만들려는 어떤 실제감각, 어떤 명민함을 드러내는 것으로 보였으리라. 그는 그런 어리석은 사람들의 존경을 중요하게 여겼는데, 그들에겐 사색가의 시선보다 턱시도가 훨씬 화려한 광채를 발하고 있었던 것이다. 그렇지만 바깥에서 보았을 때, 이런 재능을 지닌 사람도, 또는 나처럼 재능은 없지만 정신의 소산물을 사랑하는 사람도 리베랄이나 발베크의 호텔, 발베크의 둑에서 마주친 사람에겐 그림에 나와 있는 것 같은 멍청이로 비쳤을지 모른다. 더구나 옥타브에게 예술과 관련된 것은 매우 친근하며, 그의 깊은 내면에서 숨 쉬는 것이었으므로 마치 생루가 하듯이 그것에 대해 이야기할 마음이 없었을 것이다. 생루에게 예술은, 말하자면 옥타브에게 마차 정도의 매력밖엔 없었다. 게다가 옥타브는 도박에 빠져 있었고, 꾸준히 그걸 했다고 한다. 그런데도 뱅퇴유의 알려지지 않은 작품을 되살아나게 한 경건한 마음이 몽주뱅의 그 음란한 환경에서 탄생했다는 생각과, 어쩌면 현대 최고의 걸작은 우등생이 모이는 전국 규모의 콩쿠르나 브로이* 류의 모범적이고 학구적인 교육에서 나오지 않고 경마장이나 술집에 드나들다 보면 탄생한다는 생각에 나는 깊은 감명을 받았다. 어쨌거나 나는 그 무렵 발베크에서 옥타브와 알고 지내길 바랐고, 알베르틴과 그녀의 친구들은 내가 그와 알게 되는 게 별로 탐탁지 않은 눈치였는데, 그 이유는 모두 그의 가치와는 무관하게, 오직 한 사람의 사교인(골프를 하는 젊은 청년)에 대한 '지식인(이 경우는 내가 그 대표)'과 사교계 사람들(작은 동아리가 대표)과의 영원한 오해를 단적으로 드러냈을 뿐이다. 그즈음 나는 그의 재능을 전혀 알아채지 못했었다. 내 눈에 들어온 그의 매력은—전에 블라탱 부인에게서 느꼈던 매력과 비슷한데—소녀들이 뭐라고 하건 그는 그녀들의 친구였고, 나보다 훨씬 소녀들과 가까운 존재라는 점이었다. 반면에 알베르틴과 앙드레는 정신의 소산물을 제대로 판단할 능력이 없으며, 이런 사람의 겉모양만 보고 빠져드는 경향에 있어서 사교계 사람들을 상징하고 있었다. 그녀들은 내가 어리석은 사내에게 관심을 갖는다며 나를 거의 멍청이 취급했는데, 뿐만 아니라 하필 내가 골프를 치는 사람 중에서도 가장 시시한 사람을 골랐다며 놀라는 모습을 보였다. 그나마 내가 나이가 어린 질베르 드 벨뢰부르와 사귀려 했다면 또 모른다. 그러면 골프뿐만 아니라 말도 재미나게 하고, 전국 우등생 대회에서 2등을 하거나, 정감 어린 시도 지으련만(말이야 바른 말이지 그만한 멍청이는 없을 정도였는데도). 아니면 나의 목표가 '책을 쓰'거나 '연구하는' 것이었다면 기 소무아(Guy Saumoy)가 있지 않은가. 그는 도저히 이해할 수 없는 인간으로 젊은 아가씨를 둘이나 후려냈는데, 적어도 유별난 유형이어서 나의 '관심을 끌었을'지도 모른다. 이 두 사람이라면 '허락해'주었겠지만, 다른 한 사람은 확실히 '구제 불능의 건달'에 '아무 짝에도 쓸모없는' 사람이라는 것이었다.

여기서 이야기를 앙드레의 방문으로 되돌리면, 그녀는 알베르틴과의 관계를 털어놓은 뒤에 알베르틴이 나를 떠난 이유가, 결혼한 사이도 아닌 젊은

---

* 프랑스의 과학자 루이 드 브로이(1892~1987).

남자 집에 이런 식으로 살고 있으면 친구들이나 다른 사람들이 어떻게 생각할지 모른다는 게 원인이었다고 덧붙였다. "그야 당신 어머니 집이었다는 건 저도 알아요. 그래도 마찬가지죠. 당신은 몰라요. 젊은 여자들의 세계가 어떤지, 서로에게 뭔가를 감추고, 다른 사람이 어떻게 생각하는지가 얼마나 두려운지를요. 어떤 여자들은 사귀는 젊은 남자에게 꽤나 쌀쌀맞게 대하는데, 그건 그저 상대가 자기 친구들과 아는 사이여서 혹시 무슨 들통이 나지는 않을까 하는 걱정에서에요. 그런데도 감추려던 사실이 들통 나고는 하지만요." 뭉쳐 다니는 아가씨들의 태도를 좌우하는 동기에 대해 앙드레는 뭔가 아는 듯했는데, 몇 달 전에 이 말을 들었더라면 얼마나 귀중한 정보였으랴! 알베르틴이 나중에 파리에선 몸을 허락했으면서 발베크에선 왜 그토록 거부했는지도 앙드레의 말로 충분한 설명이 될 성싶었다. 그것은 발베크에서 내가 끊임없이 알베르틴의 친구들과 얼굴을 마주쳤기 때문이며, 어리석게도 나는 그것이 그녀와 친해지기 위한 유리한 방법인 줄로만 알았다. 알베르틴은 앙드레를 신뢰하는 듯 보이는 나의 행동과 내가 앙드레에게 알베르틴이 그랑 호텔로 묵으러 간다고 무심코 말한 것 때문에 아마도 한 시간 전에는 아무 일도 아니라는 듯이 내게 쾌락을 느끼게 해주려 했으면서 돌연 태도를 바꾸어 벨을 울리겠다고 위협했던 것이리라. 하지만 만약 그렇다면 그녀는 다른 많은 남자들에게 쉽게 몸을 허락한 게 틀림없다. 그렇게 생각하자 질투심이 일어난 나는 앙드레에게 한 가지 물어볼 게 있다고 말했다.

"당신들은 아무도 살지 않는 당신 할머니 아파트에서 그 짓을 했나?"—"설마하니! 거긴 사람이 온다고요."—"그래? 난 비어 있는 줄 알았는데……."—"그리고 알베르틴은 시골에서 그걸 하는 걸 제일 좋아했어요."—"어디라고?"—"전엔 그렇게 멀리까지 갈 시간이 없었기 때문에 우린 뷔트 쇼몽으로 갔었죠. 그곳에 알베르틴이 아는 집이 있었거든요. 아니면 나무 그늘에서 했어요. 아무도 없으니까요. 그리고 프티 트리아농의 동굴 속에서도요."—"나 참, 내가 당신 말을 믿을 수 있겠어? 알베르틴이 뷔트 쇼몽에선 아무일도 없었다고 맹세한 지 1년도 채 지나지 않았는데."—"당신을 울적하게 만들고 싶지 않았어요." 이미 말했듯이 나는 훨씬 나중에야 이 두 번째의 만남, 즉 앙드레가 고백하던 날, 그녀는 도리어 나를 슬프게 하려고 그렇게 말했음을 비로소 깨달았다. 그러나 만약 이때 알베르틴을 전처럼 사랑하고 있었더라면 앙드레가 말하는 도중에 이내 그것을 알아챘을 것이다. 왜냐하면 나로선 그렇게 생각할 필요가 있었으니까. 하지만 앙드레의 말은 내게 그다지 상처를 주지 않았으므로 당장 그것을 거짓말로 여길 필요도 없었다. 요컨대 나는 처음엔 앙드레의 말이 진실임을 의심하지 않았는데, 만약 그것이 진실이라면 진정한 알베르틴, 다채롭게 바뀌는 그녀를 안 뒤에 발견해낸 알베르틴은 처음 만나던 날 발베크의 둑 위에서 헤픈 여자라는 인상을 준 여자와 별반 다르지 않다. 그런 아가씨가 꼬리에 꼬리를 물고 내 앞에 나타났던 것은, 마치 멀리서는 주요한 건물 하나만 보이는 도시도 가까이 다가가면 다양한 건물의 배치 때문에 속속 모습을 바꾸어 최초의 건물을 압도하고 사라지게 하는 것과 같다. 그러나 그 도시에 대해 잘 알고, 정확히 판단하면 결국 진정한 모습은 맨 처음 멀리서 보았을 때의 것임을 알 수 있다. 그밖에 지나가는 곳은 모두 우리의 시각에 차례로 세워진 하나의 방위선이며, 수많은 고뇌를 겪으면서 그것을 하나씩 넘어가지 않으면 중심에 다다르지 못한다. 무엇보다 알베르틴의 결백을 믿을 필요를 느끼지 않은 까닭은 내 고통이 가벼워져서가 아니다. 오히려 이렇게 말할 수 있을 것이다. 이 고백을 듣고도 내가 그리 괴로워하지 않은 것은, 얼마 전부터 내가 만든 알베르틴의 결백을 믿는 마음이, 나 스스로도 알아채지 못하는 사이에 그녀에게 잘못이 있다는 생각으로 바뀌었고, 그것이 내 마음에 자리잡았기 때문이라고. 하지만 내가 더 이상 알베르틴의 결백을 믿지 않게 된 것은 그것을 믿을 필요성, 믿고 싶다는 정열적인 욕망을 이미 잃었기 때문이다. 믿는 마음을 낳는 것은 욕망이다. 우리가 평소 그것을 알아채지 못하는 까닭은 믿는 마음을 만들어내는 대부분의 욕망이—알베르틴이 결백하다는 사실을 나로 하여금 믿게 했던 욕망과는 달리—우리 자신의 생명과 함께 끝나기 때문이다. 나의 맨 처음 견해를 뒷받침하는 수많은 증거가 있었지만 나는 어리석게도 알베르틴의 말을 믿었었다. 왜 그녀를 믿었을까? 거짓말은 인류에게 본질적인 것이다. 그것은 어쩌면 인류에게 쾌락의 추구와 마찬가지로 큰 역할을 하며, 또 쾌락의 추구에 좌우된다. 인간은 쾌락을 지키기 위해 거짓말한다. 만약 쾌락을 겉으로 드러내는 것이 명예에 어긋난다면 명예를 지키기 위해 뭐라고 둘러댄다. 사람은 평생 거짓말한다. 자기를 사랑해주는 사람한테도 거짓말하며, 그런 사람에게는 특히 더하다. 어쩌면 그런 사람에게만 거짓말을 하는지도 모른다. 실제로 우리는 쾌락을 위해 그런 사람만을 두려워하고, 그런 사람의 존경만을 얻으려 하는 것이다. 나는 처음엔 알베르틴이 무슨 꿍꿍이가 있는 여자라고 생각했는데, 다만 내 욕망이 의심을 품는 것에 지성의 힘을 활용하여 일을 그르쳤던 것이다.

우리는 지진이나 벼락의 징후에 둘러싸여 살아가고 있다. 그리고 인간의 진실한 성격을 알기 위해선 이런 징후들을 성실하게 해석해야만 한다. 이 말은 꼭 해두어야겠는데, 나는 앙드레의 말을 듣고 분명 서글픈 생각이 들기는 했지만, 그래도 내가 나중에 맥없이 굴복한 비참한 낙천주의보다는 나의 처음 직관이 예감한 바와 현실이 일치했다는 사실을 기쁘게 여겼다. 인생이 나의 직관과 들어맞았다는 사실이 기뻤다. 첫날 바닷가에서 그녀들이 굉장한 쾌락과 악덕을 몸으로 구현하고 있다고 느꼈을 때도, 또 저녁 때 알베르틴의 여자 가정교사가 마치 맹수를 우리에 가두듯이 천방지축 아가씨를 작은 별장으로 보내는 것을 보았을 때에도 나는 그런 직관을 가졌다. 나중에는 겉으로는 얌전해도 도저히 감당하지 못할 짐승이 되긴 하지만. 이런 직관은 전에 블로크가 내게 했던 말과 일치한다. 블로크는 내가 산책을 하다 여자와 마주칠 때마다 욕망이 보편적인 것임을 드러내고, 나를 떨게 만들어 그렇게 세상을 매우 아름답게 해주었던 것이다. 어쨌든 이런 최초의 직관은 드디어 증명된 셈인데, 그 편이 차라리 나았으리라. 만약 알베르틴에 대한 나의 사랑이 지속되던 때였다면 그런 직관은 나를 몹시 고통스럽게 했을 테니까. 또 이러한 직관 가운데 단 하나 남은 흔적도 괜찮은 일이었다. 그것은 내겐 보이지 않았지만, 내 곁에서 끊임없이 일어나는 일에 대한 끊임없는 의혹이었다. 어쩌면 또 하나의 흔적, 앞의 것보다 훨씬 광대한 흔적이 남아 있었는지도 모른다. 그것은 나의 사랑 그 자체이다. 실제로 알베르틴을 선택하고, 그녀를 사랑한다는 것은 이성이 아무리 부인하려 해도 그녀의 모든 추한 면까지 다 알겠다는 뜻이 아닐까? 어쩌면 믿지 못하는 마음이 잔뜩 쌓인 순간에도 사랑이란 그 불신감의 연속이며, 그것의 변형이 아닐까? 사랑이란 선견지명의 증명이 아니겠는가(사랑에 빠진 남자 자신도 알지 못하는 증명이다). 왜냐하면 욕망은 언제나 우리와 정반대를 향하며, 고통의 근원이 되는 사람을 사랑하도록 우리를 밀어붙이기 때문이다. 어떤 사람의 매력, 그의 눈과 입, 그 팔과 다리에는 우리를 불행의 구렁텅이로 빠뜨릴 수 있는 미지의 요소가 반드시 들어 있다. 그래서 누군가에게 끌리는 것을 느끼고, 그 사람을 사랑하기 시작하면 아무리 상대가 결백하다고 믿으려 해도 연인이 저지르는 온갖 배신과 실수를 이미 잘못된 형태로 읽는다.

나를 잡아끄는 이런 매력들은 한 인간의 독을 품은, 위험하고 치명적인 부분을 구체화하는데, 그 매력과 비밀스런 독은 어떤 종류의 독을 품은 꽃의 매혹적인 우거짐과 독액의 관계보다 원인과 결과에 있어서 훨씬 직접적인 관계가 있지 않을까? 나는 생각했다. 어쩌면 훗날 내 고통의 원인이 된 알베르틴의 악덕이 자못 선량하고도 솔직한 그녀의 태도를 만들었으며, 남자와의 교제 때와 똑같은 성실함으로 툭 터놓는 우정의 착각을 제공했다고. 마치 이것과 나란히 가는 같은 종류의 악덕이, 샤를뤼스 씨에게 여자처럼 섬세한 마음과 풍부한 감수성을 만들어낸 것처럼 말이다. 매우 완전한 맹목 상태에선 통찰력이 편애나 애정 같은 형태로 존속하므로 연애에 있어서 나쁜 선택이라고 이러쿵저러쿵하는 것은 잘못이다. 왜냐하면 선택이 있는 한, 그것은 나쁜 선택이 될 수밖에 없기 때문이다.

"뷔트 쇼몽으로 산책을 나간 것은 당신이 그녀를 마중하러 집에 왔을 때의 일인가?" 나는 앙드레에게 물었다. "무슨 말씀을요! 알베르틴이 당신과 함께 발베크에서 돌아온 뒤로는, 아까 말한 거 빼고는 그녀는 나와 더 이상 아무것도 하지 않았어요. 알베르틴은 그 이야기를 하는 것조차도 허락하지 않은걸요."—"하지만, 앙드레, 왜 계속 거짓말하지? 나는 전혀 알려 하지 않았는데 진짜 우연이었어. 알베르틴이 어떤 행동을 했는지, 나는 매우 자세한 점까지 정확히 알게 되었거든. 구체적으로 말하면 그녀가 죽기 며칠 전까지도 강가에서 어느 세탁소의 하녀와 무슨 짓을 했는지."—"아유! 그야 당신과 헤어진 뒤의 일이잖아요. 난 그런 건 몰라요. 그 애는 당신의 신뢰를 돌이킬 수 없으며, 절대로 불가능하리라고 생각한 거라고요." 앙드레의 이 마지막 말이 내 마음을 상하게 했다.

나는 고광나무 가지를 들고 집으로 돌아오던 날을 다시 떠올렸다. 곰곰이 생각해보니 나의 질투는 속속 대상을 바꾸었으므로 그로부터 2주쯤 지났을 때 나는 알베르틴에게 앙드레와 관계를 가진 적이 없느냐고 물었고, 그녀는 이렇게 대답했다. "절대로 없어요! 단 한 번도요! 난 앙드레를 좋아해요. 정이 가요. 하지만 자매간의 애정이랄까 그런 거예요. 혹시 당신이 생각하는 그런 취향이 내게 있다 해도 그녀를 상대로는 생각할 수조차 없어요. 뭐든 당신이 원하는 것에 대고 맹세해도 좋아요. 숙모나 어머니의 무덤을 걸고서라도.” 나는 그녀의 말을 믿었다. 그러나 그녀는 전에도 고백 같은 말을 했다가 내가 동요의 빛을 보이자 이내 취소한 적이 있었고, 비록 그런 앞뒤가 맞지 않는 말을 수상쩍게 생각하지는 않았다 해도 나는 스완을 떠올려도 좋았을 것이었다. 스완은 샤를뤼스 씨의 우정이 정신적인 거라고 단단히 믿었으며, 내가 뜰에서 재봉사와 남작의 거동을 보던 날 밤에도 그렇게 잘라 말했었다. 또 나는 앞뒤로 두 개의 세계가 있음을 생각해도 좋으리라. 하나는 다시없이 훌륭하고 성실한 사람들이 하는 말로 이루어진 세계이고, 다른 하나는 똑같은 사람들이 하는 행동으로 이루어진 세계이다. 그러므로 결혼한 여자가 한 청년에게, “그렇고 말고요! 내가 그분께 호의를 가진 건 맞아요. 하지만 이건 아무 죄도 없는, 매우 깨끗한 마음이라고요. 이것은 부모님의 추억을 걸고 맹세할 수 있어요” 말했다면, 그 말을 들은 사람은 전혀 망설이지 않고 스스로에게 이렇게 말해야 한다. “이 부인은 아마 방금 화장실에서 나왔을 거야. 그녀는 그 청년과의 관계를 마친 뒤엔 임신을 막으려고 화장실로 달려갔겠지.” 고광나무 가지 사건은 나를 몹시 울적하게 했다. 또 알베르틴이 나를 교활한 인간이라고 생각한 데다 그녀를 싫어하는 줄 알았다는 것, 또한 그렇게 말했다는 것도 나를 슬프게 했다. 그러나 쉽게 이해할 수 없는 그녀의 터무니없는 거짓말이 무엇보다 나를 슬프게 했다. 어느 날, 알베르틴은 군용비행장에 갔던 이야기를 하면서 아는 비행사가 있다고 했었다(아마도 이건 여자들에 대한 나의 의심을 부추기기 위해서였고, 남자에게라면 그리 질투하지 않을 줄 알았던 것이리라). 또 그 비행사가 자기에게 온갖 찬사를 퍼붓는 바람에 앙드레는 완전히 감격해서 그와 함께 비행기를 타고 주위를 날고 싶다는 말까지 한 것은 이상했다고 말했다. 하지만 이것은 하나에서 열까지 모두 엉터리였다. 앙드레는 단 한 번도 이 비행장에 간 적이 없었던 것이다.

앙드레가 돌아갔을 때는 이미 저녁 식사 시간이었다. “누가 다녀갔는지 아니? 적어도 세 시간은 꼬박 있었을 거야.” 어머니가 내게 말했다. “내가 재어봤더니 세 시간이더구나. 어쩌면 더 될지도 몰라. 먼저 온 코타르 부인과 거의 똑같이 도착해서, 그 뒤로 많은 사람이 속속 드나드는 걸 꼼짝도 않고 보고 계셨단다. 오늘은 서른 명 넘게 왔거든. 겨우 15분쯤 전에 다들 돌아갔단다. 앙드레 양이 너를 찾아오지 않았더라면 불러냈을 텐데.”—“대체 누구 얘기예요?”—“결코 남의 집을 방문하지 않는 분이지.”—“파름 대공부인요?”—“맞아, 우리 아들, 생각보다 영리한걸. 맞혀보라고 하고 싶었는데 재미없구나. 이렇게 쉽게 알아맞히다니.”—“대공부인은 어제의 쌀쌀한 태도를 사과하던가요?”—“아니, 그렇게 하는 건 멋쩍은 일이잖아. 그래도 찾아와준 것 자체가 사과한 거야. 돌아가신 너의 할머니가 아니셨으면 그만하면 됐다고 했을 거다. 2시쯤에 사람을 보내서 내가 정기적으로 손님을 초대하는 날이 있는지 물어보셨나 봐. 마침 오늘이라고 하기에 곧장 찾아왔다고 하시더구나.” 어머니에겐 말하지 않았지만 순간 내 머리를 스친 것은, 파름 대공부인은 어제 매우 친하고 으리으리한 사람들에게 둘러싸여 있었고, 그들과 이야기하고 싶었는데 그곳으로 들어온 어머니를 보자 기분이 상했으며, 그걸 감추려고 하지도 않았으리란 사실이었다. 이런 식으로 사람을 무시하고도 세심한 친절을 베풀면 만회할 수 있다는 생각은 그야말로 독일 일류 귀부인의 태도였고, 게르망트 집안 사람들도 이런 예법을 따르고 있었다. 그러나 어머니의 해석은 달랐다. 나중엔 나도 어머니처럼 생각하게 되었는데, 그에 따르면 파름 대공부인은 그저 어머니가 누군지 알아보지 못했을 뿐, 상대하지 말아야겠다는 생각은 하지 않았고, 어머니가 돌아간 뒤에 1층에서 어머니가 만났던 게르망트 공작부인에게 묻거나, 아니면 방문한 부인들이 살롱으로 들어오기 전에 집사가 이름을 물어 적어두는 방명록을 보고서 어머니가 누군지 알았으리라. 어머니에게 “누군지 몰라뵀기 때문에”라고 한다든지, 또는 하인이 그렇게 말하는 것은 실례라고 판단한 대공부인은, 나의 맨 처음 해석과 마찬가지로 독일 궁정의 예법과 게르망트 집안의 예법을 저버릴 사람은 아니지만, 대공부인 전하를 이례적으로 방문하면, 특히 그것이 몇 시간에 걸친 방문이라면 간접적인 형태로는 충분히 설득력 있게 설명한 거라고 생각했다. 그리고 실제로도 그렇게 되었던 것이다.

그러나 나는 언제까지고 어머니의 대공부인 방문 이야기를 듣고 있을 수는 없었다. 앙드레에게 물어봐야겠다고 생각했던 알베르틴에 대한 몇 가지 사실 가운데 놓친 것이 떠올랐기 때문이다. 알베르틴에 대해 내가 아는 것이라곤 얼마나 보잘것없던지! 앞으로도 많은 것을 아는 일은 절대 없으리라. 이것만이 특별히 나의 관심을 끄는 이야기이고, 지금도 이따금 새삼스레 관심을 불러일으키는 이야기이건만. 왜냐하면 인간은 나이가 일정치 않은 존재이며, 몇 초 사이에 몇 년이나 다시 젊어질 능력을 지닌 존재로, 내가 살아온 시간의 벽 주위를 둘러싸고 저수조가 들어 있는 것처럼 그 안에 떠올라 있는데, 수위가 끊임없이 변하므로 언젠가는 한 시대에, 다른 세대에는 다른 시대에 다다르게 되기 때문이다. 나는 앙드레에게 다시 와달라고 편지를 썼다.

그녀는 일주일 뒤에나 올 수 있었다. 그녀가 오자마자 나는 다짜고짜 이렇게 말했다. "결국 당신이 한 이야기인데, 알베르틴은 여기 있는 동안은 더 이상 그런 짓은 하지 않았다는 거로군. 그럼 당신 생각으론 그녀가 떠난 이유는 보다 자유롭게 그 짓을 하기 위해서라는 건데. 하지만 누가 상대했을까?"—"당치도 않아요. 그것 때문에 떠난 게 아니에요. 알베르틴은 숙모의 말을 듣고 하는 수 없이 당신과 헤어진 거라고요. 숙모님은 그 사람 때문에, 그 진절머리나는 사내를 점찍었던 거죠. 맞아요, 당신이 '엉망진창 씨'라 부르던 그 젊은 남자 말이에요. 그가 알베르틴에게 빠져서는 청혼을 했었어요. 당신이 정식으로 결혼하지 않는 걸 보고 숙모님은 걱정하셨죠. 그녀가 교활한 당신의 집에 언제까지고 있게 되면 그 남자와의 결혼에 방해가 될까 봐 불안했던 거예요. 상대가 하도 귀찮게 이야기하니까 봉탕 부인이 알베르틴을 다시 불러들였어요. 알베르틴도 속으로는 숙부님과 숙모님을 필요로 했기 때문에 결국 어느 한쪽으로 결정해야 한다는 걸 알고, 당신과 헤어진 거죠." 내가 질투의 화신이 되어 있었을 때, 내 생각은 단 한 번도 이런 사정에 이르지 못했었다. 다만 여자에 대한 알베르틴의 욕망과, 그것을 감시하는 일만 생각했었다. 맨 처음부터 어머니의 기분을 상하게 했던 알베르틴의 체류를 봉탕 부인도 조금 지난 뒤에는 이상하다고 생각했지만, 나는 그런 일을 까마득히 잊고 있었다. 적어도 봉탕 부인이 걱정한 것은 내가 알베르틴과 결혼하지 않을 경우에 부인이 다음 카드로 정해놓은 약혼자 후보가 이 문제로 기분 나빠지지 않을까 하는 점이었다. 어쨌거나 알베르틴은 과거 앙드레의 어머니가 걱정했던 것과는 반대로 결국은 훌륭한 부르주아 결혼 상대를 찾아냈다. 그리고 앞에서 그녀가 베르뒤랭 부인을 만나고 싶어서 몰래 부인과 대화를 나눈 적이 있고, 또 내가 그녀에겐 말하지 않고 베르뒤랭네의 만찬 모임에 가는 바람에 몹시 화난 적이 있었는데, 그 즈음 그녀와 베르뒤랭 부인의 계획은 그녀를 뱅퇴유 양이 아니라 알베르틴에게 홀딱 빠져 있던 조카와 만나게 하는 것이 목적이었다.

완전하게 이해하기는 힘든 정신 상태를 지닌 어떤 부류의 사람들은 남의 의표를 찌르는 결혼을 하는 경우가 있는데, 베르뒤랭 부인은 조카를 위해 그런 결혼에 흡족해했고, 부잣집 딸과의 결혼을 고집하지는 않았다. 나는 단 한 번도 그 조카를 떠올리지 않았는데, 생초보인 알베르틴을 가르친 사람은 아마도 그였고, 덕분에 나는 그녀와 키스하게 된 것이리라. 그렇다면 알베르틴에 대해 내가 만들어낸, 미심쩍은 장소의 모든 지도를 다른 지도로 바꿔야 한다. 아니, 그걸 겹칠 필요가 있다. 왜냐하면 동성애 취향이 있더라도 결혼에 방해가 되지 않는다면 한쪽 지도가 다른 지도를 물리칠 리는 없기 때문이다. 알베르틴이 떠난 진짜 이유는 이 결혼이었을까? 그녀는 숙모에게 빌붙어서 사는 것처럼 보인다든지, 내게 결혼을 강요하는 것처럼 보이는 게 싫어서 자존심 때문에 이 말을 하지 않으려 했던 걸까? 단 하나의 행동에도 수많은 원인이 있다는 사고방식이 있는데, 알베르틴은 여자친구와의 관계에선 이 사고방식을 따라 각 친구에게 자기는 너 하나 때문에 왔다는 생각이 들게 했다. 그런데 이 사고방식은 하나의 행동이 보는 시각에 따라 다양한 양상을 띤다는 사실을 부자연스럽게, 또 의도적으로 상징하는 것에 지나지 않는다. 나는 차츰 그것을 깨닫기 시작했다. 알베르틴이 우리집에서 숙모의 신경에 거슬릴 만한 뚜렷하지 않은 처지에 처해 있었음을 단 한 번도 생각지 못했던 나는, 놀람과 동시에 어떤 수치심을 느꼈다. 그러나 그렇게 놀란 것은 이번이 처음도 아니고, 또 마지막도 아니었다. 두 사람의 관계와 그것이 가져오는 위험을 이해하려 기를 쓰고 있는데 갑자기 제3의 인물이 등장했다. 그는 독자적인 관점에서 자기는 둘 중 한 사람과 보다 깊은 관계에 있다고 내게 수도 없이 말했었다. 이 독자적인 관점이야말로 어쩌면 둘 사이가 위기에 처한 원인일지도 모른다. 이와 같이 행위가 불확실하다면, 인간이 어떻게 확실할 수 있으랴! 사람들 말로는 알베르틴은 매우 영악한 여자였으며, 결혼하려고 남자에게 이런저런 작업을 걸었다던데, 그러자 그녀가 우리집에서 생활한 것을 두고 그들이 어떻게 해석했을지 쉽게 짐작이 갔다. 그럼에도 내 생각에 그녀는 희생자였다. 매우 순수한 희생자라곤 할 수 없겠지만, 이 경우 그녀에게 잘못이 있다면 그건 다른 이유 탓이다. 즉 남들이 절대로 받아들이지 않는 그녀의 영악함 때문이었던 것이다.

하지만 이런 생각도 해야만 한다. 거짓말은 한편으론 성격의 한 특징인 경우가 많지만, 다른 한편으론 성격적인 거짓말쟁이가 아닌 여자는 생활 전체를 파괴할 수도 있는 갑작스런 위험, 즉 사랑에 대해 자연스레 생겨나는 방어책으로, 처음엔 소극적이지만 차츰 교묘한 작전을 쓴다. 그와는 별개로 지적이고 감수성이 풍부한 남자들은 늘 둔감하고 뒤떨어진 여자에게 빠져들며, 정신을 못 차리고 자기가 사랑받고 있지 않다는 증거가 있어도 전혀 알아채지 못하며, 모든 것을 희생해가면서도 여자를 놓치지 않으려 한다. 그러나 이것은 우연한 결과가 아니다. 이런 남자에게는 물론 고통이 필요하지만, 그냥 그런 말만으론 전제가 되는 진실이 생략되어 있고, 어떤 의미에선 무의지적인 이 고통의 욕구는 그러한 진실로부터 생겨난, 완전하게 이해할 수 있는 결과인 것이다. 완벽한 성격은 드물기 때문에 매우 지적이고 감수성이 풍부한 사람도 보통 의지가 약하고, 습관에 흐르며, 당장에라도 끝없는 고뇌가 닥칠까 봐 벌벌 떠는 상태에선 자기를 사랑하지 않는 여자라도 버릴 마음은 썩 내키지 않는 법인데 그것에 대해선 지금은 말하지 않겠다. 그런 남자가 제대로 사랑을 받아보지도 못한 채 잘 참고 있으면 놀라는 사람도 있겠지만, 여기선 그가 느끼는 애정이 어떤 고통을 불러일으키는지를 상상해야 할 것이다. 다만 그 고통을 지나치게 동정할 필요는 없다. 왜냐하면 불행한 사랑, 애인의 난봉과 죽음 등이 주는 엄청난 충격도 마비를 일으키는 발작 같은 것으로서 처음엔 직격탄을 맞은 듯하지만, 이윽고 근육은 조금씩 탄력과 생명력을 회복해 나가기 때문이다. 게다가 이 고통에는 대가가 따른다. 본디 이렇게 지적이고 감수성 풍부한 사람들은 대부분 거짓말과는 무관하다. 아무리 머리가 좋아도 그들은 가능성이 있는 세계에서만 살고, 현실을 박차지 않으며, 여자 때문에 생겨난 고통 속에서 지내면서 그녀가 무엇을 바라고, 무엇을 하며, 누구를 사랑하는지도 명확히 파악하지 않는다—그런 지각을 지닌 사람은 유독 의지가 강한 사람이고, 그들은 지나간 일 때문에 눈물을 흘리기보단 미래를 준비하기 위해 그런 지각을 필요로 하는 것이다. 그런 만큼, 지적이고 감수성이 풍부한 사람들은 거짓말에 허를 찔린다. 그러므로 그들은 속았다는 건 알아도 왜 속았는지는 모른다. 그래서 왜 저런 여자를 사랑하는지 도통 모르겠는, 그런 하찮은 여자가 총명한 여자보다 그들의 세계를 훨씬 풍부하게 하는 것이다. 그녀가 내뱉는 한마디 한마디의 뒷면에서 그들은 거짓말을 감지한다. 그녀가 갔었다고 말하는 모든 집의 뒤쪽에서 다른 집을, 하나하나의 행동이나 사람들의 등 뒤에서 별개의 행동과 별개의 인간을 감지한다. 분명 진실이 뭔지는 모르며, 그들에겐 그것을 알 길도 없고, 그럴 에너지도 없으며, 보통은 그럴 가능성도 없다. 거짓말을 일삼는 여자는 더할 나위 없이 단순한 방법으로, 그것을 일일이 바꾸지도 않고 많은 사람을 속일 수 있다. 덕분에 그런 수법을 꿰뚫어볼 수 있는 사람마저 여러 번 속이기도 한다. 이런 일이 지적이고 감수성 풍부한 사람 앞에 깊은 세계를 만들어내며, 그의 질투가 가늠하려는 그 세계의 깊이는 그의 지성에 흥미를 불러일으키기도 하는 것이다.

내가 그런 사람들과 완전한 동급이란 얘기는 아니지만, 알베르틴이 죽은 지금 어쩌면 나는 그녀의 생활에 대한 비밀을 알게 될 것이다. 그러나 이 세상에서의 목숨이 끝난 뒤에야 비로소 한 인간의 비밀을 파헤칠 수 있다는 것은, 누구나 속으로는 내세를 믿지 않는다는 증거가 아닐까? 만약 이런 식으로 드러난 사실이 정말이라면, 그녀가 살아 있었을 때 가졌던 비밀을 지켜주어야 한다고 믿었던 때와 마찬가지로 천국에서 다시 만나는 날 그녀에게서 과거를 폭로했다는 원망을 살까 봐 두려워해도 괜찮으리라. 또한 이것이 거짓이고, 이 세상에 없는 그녀가 부정하지 못한다는 이유로 멋대로 지어낸 이야기라면 천국을 믿는 한, 죽은 그녀의 분노를 한층 두려워해도 좋으리라. 하지만 아무도 천국 따윈 믿지 않는다. 이런 까닭에 알베르틴은 속으로 그냥 머무를까, 내 곁을 떠날까 망설이는 지루한 드라마를 썼을지도 모른다. 나를 떠난 것은 숙모나 그 젊은 남자 때문이지, 여자들 탓은 아니었을지도 모른다. 어쩌면 그녀는 그런 여자들 따윈 한 번도 고려하지 않았으리라. 내게 가장 중요했던 사실은, 더는 알베르틴의 소행에 대해 감출 필요가 없음에도 앙드레가 알베르틴과 뱅퇴유 양 및 그 여자친구들 사이에서 그런 일은 전혀 없었다고 맹세한 것이다(두 사람과 알게 되었을 무렵 알베르틴은 자기 성적 취향을 아직 알아채지 못했었고, 두 사람은 그녀의 욕망이 향한 쪽을 오해한 게 아닐까 하는 의심에서—그 의심이 오해를 낳았지만—알베르틴은 그런 짓에 심한 적의를 갖고 있다고 여겼었다. 어쩌면 두 사람은 한참 뒤에 알베르틴의 취향도 자기들과 같았음을 알았겠지만, 그때 그녀들은 알베르틴을,

알베르틴은 그녀들을 너무나 잘 알고 있었기에 더 이상 그런 짓을 함께할 생각은 들지 않았을 것이다).

　요컨대 알베르틴이 나를 떠나간 이유에 대해 나는 아직도 이해할 수 없었다. 여자의 표정은 파악하기 어렵고, 눈은 그 움직이는 바깥쪽 전체를 아우를 수 없으며, 입술도 또 기억도 쉽사리 이유를 파악하지 못한다. 여자의 사회적 지위나 처한 신분에 따라서도 그늘이 지고 표정이 바뀌는데, 그것 이상으로 눈에 들어오는 그녀의 행동과 동기 사이에는 얼마나 두꺼운 막이 쳐져 있으랴! 동기는 훨씬 깊은 곳에 있어서 눈에 띄지 않으며, 게다가 이미 알고 있는 행동과는 다른 행동을, 그것과 완전히 모순된 행동을 자주 한다. 친구들은 성자처럼 여겨도, 문서 위조나 공금 횡령, 국가 배신을 저질렀음이 발각된 정부요인 등은 어느 시대에나 있기 마련이다. 어릴 적부터 키워 착한 줄로 믿었고, 실제로 그렇기도 했던 집사가 대귀족의 재산을 슬쩍 가로챈 예는 얼마든지 있다. 그러나 타인의 행동 동기를 가린 이 막은 그 사람에게 애정을 갖는 순간 전보다 훨씬 두꺼워진다. 왜냐하면 사랑은 판단력을 흐리게 함과 동시에 상대 여자의 행동도 보이지 않게 하기 때문에 사랑을 받고 있다고 느끼면, 그렇지 않은 경우에는 가치가 있다고 믿었던 것들, 즉 재산에 대해서도 갑자기 가치를 인정하지 않게 된다. 어쩌면 그녀는 재산 따위 몹시 경멸하는 척하면서 사실은 상대를 괴롭혀 더욱 많은 재산을 얻어내려 하는지도 모른다. 거기엔 또한 거래가 섞여 있는 경우도 있다. 뿐만 아니라 그녀의 생활 속 몇몇 명확한 사실과, 어떤 책략이 얽혀 있을 수도 있다. 그녀는 들통이 날까 두려워서 아무에게도 말하지 못하는데, 그럼에도 그것을 알려고만 들면 대부분은 정신도 자유롭고 객관적이므로 그 책략을 더 쉽게 알 수 있다. 어쩌면 몇몇 사람들은 이런 사정에 능통하겠지만, 공교롭게도 그들은 우리가 모르는 사람들이며, 어디서 만날 수 있을지조차 모른다. 또한 이유를 알 수 없는 태도를 취하는 온갖 이유 속에 유별난 성격이란 것도 덧붙여야 한다. 그런 성격 탓에 어떤 사람은 자기 이익을 무시하거나, 자유를 중대하거나 사랑한 나머지, 또는 갑작스런 분노의 충동에 휩싸이거나, 타인의 의향을 두려워하기 때문에 우리가 생각했던 바와는 반대 행동으로 치닫는 경우도 있다. 게다가 환경과 교육이 다르고, 둘이서 대화할 때는 말로 풀 수 있으므로 그런 차이가 있음을 믿으려고도 않다가, 혼자가 되면 다시 이 문제가 떠올라 정반대의 관점에서 각자의 행동을 유도하기 때문에 진정한 만남 따위 도저히 불가능하게 된다.

"이봐, 앙드레, 당신은 아직도 거짓말을 하고 있군. 생각해봐. —이건 당신이 내게 고백한 거야. 아, 전에 내가 당신한테 전화를 걸었었지? —알베르틴은 알려지면 난처한지 내겐 비밀로 하고 베르뒤랭네 차 시간에 몹시 가고 싶어했는데, 그곳엔 뱅퇴유 양이 오기로 되어 있었어."—"맞아요. 하지만 알베르틴은 뱅퇴유 양이 온다는 건 전혀 모르고 있었어요."—"무슨 소리지? 당신 입으로 며칠 전에 알베르틴이 뱅퇴유 양을 만났다고 내게 말하지 않았던가? 그리고 앙드레, 우린 이제 서로 속일 필요가 없어. 왜냐하면 나는 언젠가 아침에 알베르틴의 방에서 종이쪽지 하나를 발견했는데, 그건 베르뒤랭 부인이 보낸 것으로 모임에 꼭 와달라는 초대였지." 나는 그 편지를 앙드레에게 보여주었다.

사실 그것은 알베르틴이 떠나기 며칠 전에 프랑수아즈가 내 눈에 띄도록 일부러 알베르틴의 소지품 맨 위에 올려놓은 것이었다. 편지를 그런 곳에 놓은 것은 내가 알베르틴의 소지품을 뒤적였다는 인상을 주려는 게 아닐까 하여 신경이 쓰였지만, 어쨌든 프랑수아즈는 내가 이 편지를 본 사실을 알베르틴에게 알리려 했던 것이다. 프랑수아즈의 이런 조작이 알베르틴이 떠나는 데 커다란 영향을 끼쳤으며, 그녀는 이제 아무것도 감출 수 없음을 알고 실망하여 패배를 느꼈던 게 아닐까? 나는 그 편지를 앙드레에게 건넸다. "나는 손톱만큼도 후회하지 않아요. 진짜 가족 같은 이러한 감정 때문에 모든 것을 용서할 수 있으니까……."—"이걸 봐, 앙드레. 알베르틴이 늘 말했었잖아? 뱅퇴유 양의 여자친구란 사람은 실제로 그녀에게 어머니나 언니 같은 존재라고."—"하지만 당신은 이 편지를 오해하고 있어요. 베르뒤랭 부인 집에서 알베르틴을 만나려 했던 사람은 뱅퇴유 양의 친구가 아니라 결혼 상대인 그 청년이었어요. 가족 같은 감정은 베르뒤랭 부인이 그 덜떨어진 자식에게 가진 감정이고요. 왜냐하면 진짜 조카거든요. 알베르틴은 나중에 뱅퇴유 양이 오기로 되어 있음을 알았던 것 같아요. 베르뒤랭 부인이 다른 얘기를 하다가 알려주었는지도 모르죠. 물론 친구들을 만나는 것은 기뻤을 테고, 그리운 추억을 떠올렸겠지요. 그렇지만 이제부터 갈 곳에 엘스티르가 있음을 알고 당신이 기뻐하는 것과 마찬가지지, 그 이상은 아니에요. 그 정도도 아닐 거예요. 아니, 알베르틴이 베르뒤랭 부인 댁에 간다는 말을 하기 싫었던 것은 예행연습이 있어서 베르뒤랭 부인이 몇몇 사람만 불렀기 때문이에요. 그중에 당신이 발베크에서 만났던 그 조카가 있었고, 봉탕 부인은 알베르틴을 그 조카와 결혼시키고 싶어했거든요. 알베르틴은 그 사람과 얘기해보고 싶었던 거죠. 그는 버젓한 불량배였는데도. 그리고 애초에 미주알고주알 설명할 필요도 없었고요." 앙드레가 덧붙였다. "난 알베르틴을 무척 좋아했어요. 그녀는 정말 괜찮은 사람이었지만, 장티푸스를 앓고 난 뒤론(당신이 우리와 알고 지내기 1년 전의 일이죠) 완전히 딴 사람이 된 거예요. 하던 일이 갑자기 싫어지기도 하는데, 그렇게 되면 잠깐도 참지 못하더군요. 더구나 자기가 왜 그러는지도 모르고요. 당신이 처음 발베크에 왔던 때를 기억하세요? 우리가 서로 알게 된 그해 말이에요. 어느 날, 그녀는 자기 앞으로 파리로 돌아오라는 전보를 쳤답니다. 짐을 꾸릴 새도 없이 서두르더군요. 하지만 발베크를 떠날 이유는 하나도 없었어요. 그녀가 말한 핑계는 모두 엉터리였죠. 그 무렵 파리는 그 애에겐 몹시 따분한 곳이었거든요. 우리 모두는 아직 발베크에 있었고, 골프장도 닫지 않았었죠. 그녀가 그토록 탐내던 대상 쟁탈전도 끝나지 않았고요. 대상은 확실히 그녀의 몫이었고, 일주일밖에 남지 않았는데 그녀는 부랴부랴 떠나버리더군요. 그 뒤로 나는 그녀에게 그 이야길 자주 했죠. 그랬더니 자기도 왜 떠났는지 모르겠다, 향수병 때문에 고향이 그리웠나 보다고 하더군요(고향이란 파리를 말하는데, 그런 게 있을 것 같아요?). 발베크가 싫어졌다면, 자기를 얕보는 사람들 천지라고 하더군요."

앙드레의 말에도 일리는 있었다. 즉 생각이 다르면 같은 작품이라도 사람에 따라 다른 인상을 받으며, 감정이 다르면 사랑해주지 않는 사람을 설득하기란 불가능해지는데, 그와 마찬가지로 성격의 차이, 하나의 성격이 갖는 특수성이란 것이 행동의 원인이 되는 법이다. 이런 설명은 깊게 들어가지 않기로 하고, 인생에 있어서 진실을 알기가 얼마나 힘든지를 생각했다. 나는 알베르틴이 베르뒤랭 부인 댁에 가고 싶어하면서 그걸 감춘다는 사실을 분명히 알아채고 있었다. 내 생각은 틀리지 않았다. 그러나 이 경우에 이렇게 하나의 사실은 포착했지만 바깥쪽밖엔 모르고 다른 사실은 훌쩍 지나가버린다—그건 마치 태피스트리의 뒷면, 행위나 책략의 진정한 뒷면, 이해한 줄로만 알았던 마음의 숨겨진 부분 같은 것이다. 우리는 오로지 흐릿한 그림자 그림이 지나가는 걸 보면서 이거다, 저거다, 그녀 탓이다, 아니 저 여자 때문이라고 생각하는 것에 지나지 않는다. 확실히 뱅퇴유 양이 오기로 되어 있었음을 알고 알베르틴이 선수를 쳐서 그 이야기를 한 만큼, 이것은 그럴듯한 설명으로 들렸다. 더구나 그녀는 뒷날 뱅퇴유 양이 있어도 전혀 기쁘지 않다고 맹세하기를 거절하지 않았던가! 그 무렵에 나는 그 젊은 사내에 대해 잊고 있었던 일이 생각났다. 얼마 전, 아직 알베르틴이 우리집에 머무르던 때인데, 나는 그와 덜컥 마주쳤던 것이다. 그는 발베크에서와는 딴판으로 매우 붙임성 있는 태도로, 내게 호의를 보이기까지 하면서 부디 방문해달라고 간곡히 부탁했다. 그러나 나는 여러 가지 이유로 거절했다. 그런데 이제 와서 알았지만, 알베르틴이 우리집에서 지내고 있음을 안 그는 나와 친해져서 그녀를 쉽게 만날 수 있게 되면, 내게서 그녀를 빼앗을 속셈이었으리라. 나는 그가 정말 못된 놈이라는 결론을 내렸다.

하지만 그로부터 얼마 지나지 않아 이 젊은 사내의 최초 작품이 상연되었을 때, 나는 문득—그가 집에 오고 싶어했던 것은 분명 알베르틴 때문이라고 생각했으며, 아직도 그렇게 생각하고 괘씸하게 여겼는데—어떤 생각이 떠올랐다. 즉 내가 전에 생루를 만나러 동시에르로 간 것은 사실 게르망트 부인을 사랑했기 때문이었다. 사정은 전혀 똑같지 않으며, 생루가 게르망트 부인을 사랑했던 게 아니므로 내 애정에는 얼마간 이중성이 있었는지도 모르지만, 배신 따윈 전혀 없었다. 그러나 그 뒤에 나는 생각했다. 이 애정은 내가 바라는 보석을 지닌 사람에 대한 것인데, 비록 그가 그 보석을 사랑한다 해도 분명 그에게 똑같은 애정을 가질 수도 있으리라고. 그 경우에는 확실히 우정이 사람을 곧장 배신으로 이끌기 때문에 우정을 억눌러야만 한다. 나로선 언제나 그렇게 해왔다고 자부한다. 하지만 그럴 능력이 없는 사람의 경우, 보석을 지닌 사람에 대한 그들의 우정이 완전한 책략이라고 잘라 말할 수는 없다. 그들은 진심으로 우정을 느끼고 있으며, 그래서 그 우정을 열심히 드러내는데, 일단 배신이 일어나면 그 열정 때문에 배신당한 남편이나 애인은 망연자실 분노하리라. "저 몹쓸 계집이 얼마나 다정하게 굴었는지 보여주고 싶을 지경이야. 남의 보물을 훔치려 한다면 그건 이해가 돼. 그렇지만 우정이 남아 있다고 주장하다니 악마만큼이나 고약하군. 도저히 상상도 안 가는 비열함으로 뱃속이 시커멓다니까."

그러나 이것은 뱃속 시커먼 쾌락도, 완전히 의식적인 거짓말도 아니다. 그날, 알베르틴의 가짜 약혼자가 내게 보였던 애정은 오직 알베르틴에 대한 사랑에서 나왔다기보단 복잡한 다른 이유가 있었던 것이다. 그가 자기를 지적인 사람이라 믿고, 그걸 인정하며, 남들에게서도 그런 소릴 듣고 싶어했던 것은 바로 얼마 전의 일이다. 그에게 태어나서 처음으로 운동이나 오락과는 다른 가치가 나타난 것이다. 내가 알베르틴이나 베르고트에게서 높은 평가를 받고 있다는 사실, 알베르틴이 아마도 그에게 얘기했겠지만 다양한 작가에 대한 나의 견해, 나라면 이렇게 썼을 거라고 그녀가 생각한 그런 것들 때문에 나는 갑자기 그에게(마침내 새로운 인간이 되었음을 깨달은 그에게) 흥미로운 인물이 되었으며, 그는 이런 사람과 친해지면 재미있겠다며 자기 계획도 털어놓고, 어쩌면 베르고트에게 소개를 부탁해야겠다는 생각을 했을지도 모른다. 따라서 그가 내 집에 오고 싶다면서 나에 대한 공감을 표현한 것은 본심이며, 거기에 알베르틴의 그림자가 끼어 있다 해도 그와 함께 지적인 이유가 이 공감을 성실하게 만들고 있었다. 그가 내 집에 그토록 절실하게 오고 싶어했던 것은 과연 그것 때문만은 아니었고, 만약 그것 때문이라면 다른 모든 것을 팽개쳤으리라. 그러나 이 마지막 이유는 다른 두 가지 이유를 어떤 정열적인 정점으로까지 높이는 데 불과하며, 그 자신은 아마도 그것을 알아채지 못했으리라. 그리고 다른 두 가지 이유는 현실에 있었을 것이다. 마치 알베르틴이 예행연습이 있던 날 오후에 베르뒤랭 부인 댁에 가고 싶었을 때, 실제로 그녀의 마음속에 있었던 것은 아무 거리낌 없는 즐거움이었던 것처럼. 그것은 서로에게 교활함과는 다른, 어릴 적 친구를 다시 만나 수다를 떠는 즐거움이고, 자기가 베르뒤랭네에 있다는 사실만으로도 지난날 그녀들이 알고 있던 가련한 소녀가 지금은 어엿한 살롱에 초대받는 처지가 되었음을 과시하는 즐거움이다. 그리고 뱅퇴유의 음악을 듣는다는 즐거움도 있었으리라. 그렇다면 내가 뱅퇴유 양의 이야기를 했을 때, 알베르틴이 얼굴을 붉혔던 까닭은 내게 알려서는 안 될 결혼 계획을 위해 감추고 싶었던 오후의 모임이 화제가 되었기 때문일 것이다. 그즈음 알베르틴은 모임에서 뱅퇴유 양을 다시 만나도 전혀 기쁘지 않다고 잘라 말하기를 완강하게 거부했다. 그래서 내 고통은 커졌고, 의혹은 차츰 강해졌는데, 나중에 돌아보니 그것은 그녀가 거짓말을 하지 않으려 했던 것, 비록 잘못은 없더라도 아니 어쩌면 정말로 잘못이 없기 때문에 거짓말을 하지 않았음을 증명하고 있었다. 그렇더라도 앙드레가 고백한 알베르틴과의 관계는 여전히 남아 있다. 하지만 나는 설마 앙드레가 나를 불행하게 하고 우월감을 갖기 위해 이런 이야기를 하나부터 열까지 죄다 말했다는 생각은 들지 않지만, 그녀가 알베르틴과 한 짓을 얼마간 과장한 건 아닐까 생각했다.

한편 알베르틴은 앙드레와 한 짓을, 조심하느라고 사실보다 좀 줄여서 말했으리란 생각이 들었다. 그녀는 내가 어리석게도 이 문제에 대해 내린 몇 가지 정의를 교묘하게 활용하여 앙드레와의 관계는 내게 고백한 것 속에 들어 있지 않으며, 그것을 부정해도 거짓말이 아니라고 생각했으리라. 그러나 앙드레보다 알베르틴이 더 거짓말을 일삼았다고 어떻게 믿을 것인가? 진실도, 인생도 쉽게 다가갈 수 없다. 결국 어느 쪽도 이해하지 못한 채로 내겐 한 가지 인상이 남았는데, 비애보다는 피로감이 강하게 지배하고 있는 듯싶었다.

*

알베르틴에 대해 완전한 무관심에 가까워졌음을 의식한 세 번째의 기억은 (이것이 마지막 기억이고, 이때는 정말로 무관심해졌음을 느끼기에 이르렀는데), 앙드레가 마지막으로 찾아온 때로부터 꽤 시간이 흐른 어느 날, 베네치아에서의 일이었다. 어머니는 나를 이곳으로 데려왔다. 아름다움이란 아무리 하찮은 것에도, 또 매우 고귀한 것에도 존재할 수 있으므로, 내가 베네치아에서 느꼈던 것은 전에 콩브레에서 가끔 느꼈던 바와 꽤나 비슷한 인상이었는데, 다만 다른 점은 아름다움이 아주 사치스런 양식으로 옮겨갔다는 사실이다. 오전 10시에 누군가가 내 방문을 열었을 때, 눈에 들어온 것은 빛나는 검정 대리석으로 변한 생틸레르 교회의 슬레이트 지붕이 아니라 산마르코 성당의 종탑에 붙어 있는 금빛 '천사'의 타오르는 모습이었다. 햇빛을 받아 거의 똑바로 쳐다볼 수 없을 정도로 눈부신 이 천사는 나를 향해 두 팔을 크게 벌리고 있었는데, 그것은 30분 뒤에 작은 광장으로 나왔을 때의 기쁨을 내게 약속하고 있었다. 옛날의 선남선녀에게도 기쁨을 알리는 역할을 했겠지만, 그보다 확실한 기쁨의 약속이다. 침대에 누워 있는 한, 내 눈에 들어오는 것은 이 천사뿐이었다. 그러나 세상은 햇빛이 닿는 작은 부분만으로도 시각을 알 수 있는 드넓은 해시계이므로 첫날 아침에 내가 떠올린 것은 콩브레의 교회 광장에 잇닿은 가게였다. 그 가게들은 일요일에 내가 미사에 갈 즈음이면 이미 닫혀 있었고, 그 사이 시장에선 어느새 쨍쨍 비추는 햇빛 때문에 밀짚모자가 강한 냄새를 풍겼다. 하지만 둘째 날부터는 잠에서 깨어나자마자 눈에 들어오는 것, 내가 침대에서 일어나는 주된 원인이 되는 것은 (이것이 내 기억과 욕망 속에서 콩브레의 추억으로 바뀌어 있었기 때문인데) 처음 외출하던 때의 베네치아의 인상이었다. 그런 베네치아에서의 하루하루도 콩브레 못지않게 현실이 되었다. 일요일 아침이면 사람들은 콩브레와 마찬가지로 들뜬 거리로 나가는데, 그 거리는 초록빛을 띤 물로 뒤덮여 있었고, 따스한 바람에 씻긴 수면은 언제나 선명한 색깔을 띠고 있었으므로, 나는 그것이 퇴색하는 것을 걱정할 필요도 없이, 피곤한 눈을 쉬게 하기 위해 시선을 마음껏 그곳에 맡길 수 있었다.

콩브레 루아조 거리의 선량한 사람들이 그랬듯이 이 새로운 도시에서도 큰길에 줄지어 있는 집들에서 주민들이 쏟아져 나온다. 그러나 발밑에 얼마쯤 그림자를 드리운 집들 대신, 베네치아에선 돌로 만들고 푸른 옥으로 장식한 호화로운 집들로, 아치형 문 위에는 수염 난 신의 머리가 달려 있는데(콩브레 집들의 문을 두드리기 위해 달린 쇠고리처럼 이것도 집들의 선에서 튀어나와 있다), 그 그림자는 갈색 땅바닥이 아니라 반짝이는 푸른 물결 위로 떨어져 그림자를 한층 짙게 만들었다. 광장에서 양복점의 차양과 이발소 간판의 그림자 대신, 햇빛이 쬐는 포석 위에 작고 파란 꽃을 흩뿌리고 있는 것은 르네상스 양식 건물의 정면에 달려 있는 돋을새김이었다. 하지만 베네치아에서도 햇빛이 강하게 내리쬘 때는 콩브레와 마찬가지로 비록 운하 옆이라도 차양을 쳐야만 했다. 그러나 그것은 고딕식 창문의 4쪽 창틀이나 덩굴무늬 사이에 쳐진 차양이었다. 우리가 묵었던 호텔의 창문도 마찬가지였다. 이 창문의 난간 앞에선 어머니가 운하를 바라보면서 분명 지난날 콩브레에선 보이지 않았던 참을성으로 내가 돌아오기만을 기다린다. 그즈음 어머니는 아직 내게 기대를 걸고 있었으므로 나를 얼마나 사랑하는지를 보이지 않으려 했지만, 그 기대도 얼마 뒤 끝내 이루어지지 않고 끝나버렸다. 이젠 어머니도, 쌀쌀맞은 표정을 지어도 전혀 달라지지 않는다는 사실을 분명히 알고는 애정을 실컷 퍼부었는데, 이는 이미 낫지 않을 게 확실해진 환자에게 지금까지 금지되었던 음식을 주는 것과 마찬가지였다.

확실히 루아조 거리에 있는 레오니 고모의 방 창문은 매우 사소한 특징으로 말미암아 개성적인 면을 갖추고 있었다. 이를테면 양 옆의 창문과의 거리가 불규칙하기 때문에 일정치 않았다. 매우 높은 곳에 달려 있는 나무 난간, 덧문을 열기 위한 L자로 구부러진 가로막대, 커튼줄에 의해 좌우로 나뉜 빛나는 푸른 공간 커튼 등, 그와 비슷한 개성적인 특징은 이곳 베네치아의 호텔에도 있었다. 아주 독특한 이곳의 말이 여기서도 들렸다. 그것은 점심을 먹고 돌아갈 곳을 멀리서도 알게 함과 동시에, 이곳이 한동안 우리집이었음을 나타내는 증거로써 기억에 남아 있는 말이기도 하다. 하지만 그런 말을 하는 것은 콩브레처럼, 또한 어디서나 그런 것처럼 매우 쉬우며, 추악한 역할이 아니라 베네치아에선 중세의 주택건축의 걸작으로서 복제건축을 전시하는 모든 미술관이나 삽화가 들어간 미술서적으로 재현되어 있는, 아직은 아라비아 양식이 남은 정면의 오지브*였다. 나는 아주 멀리에서도, 산 조르조 마조레 섬을 지난 곳에서도 이 오지브를 알아보았다. 그러면 하늘로 날아오를 듯한 그 뾰족 아치는 환영의 미소에다, 한층 높은 곳에서 인간이 거의 이해하지 못할 고귀한 시선을 퍼붓는 것이었다.

갖가지 색깔의 대리석 난간 뒤에는 내가 돌아오기를 기다리면서 어머니가 책을 읽고 있었는데, 얼굴을 감싼 하얀 베일은 하얀 머리칼만큼이나 애처로운 느낌을 주었다. 어머니가 눈물을 감추고 밀짚모자에 이 베일을 단 것은 호텔 사람들에게 '정장'을 입고 있는 척하려는 게 아니라, 할머니를 잃은 슬픔을 극복한 것처럼 보이기 위해서임을 알 수 있었다. 어머니가 나를 곧장 알아보지 못하기에 곤돌라에서 소리쳤더니 어머니는 어느새 내 쪽으로 진심 어린 애정을 쏟아부었고, 그것은 애정을 지탱하는 물질이 더 이상 존재하지 않는 곳, 즉 어머니가 내게 조금이라도 더 가까이 오려는 정열로 넘치는 그 시선의 바깥쪽까지 오지 않으면 멈추지 않았다. 어머니는 그 사랑을 튀어나온 입술로 미소에까지 높이려 했지만, 그것은 정오의 햇빛을 받은 오지브의 매우 조심스런 미소로 둘러싸여, 그 지붕 밑에서 내게 키스하는 것처럼 보였

---

* 돔(dome) 건축에서 끝이 뾰족한 아치에 십자로 교차하는 형태로 걸려 있는 보강 아치.

다. 그래서 내 기억 속에 있는 이 창은 우리 곁에서 우리와 함께 그 순간을 공유했던 사물이 지니는 정다움을 띠었고, 시각을 알리는 종은 우리와 사물에게 함께 울려퍼졌다. 그 창이 제아무리 많은 훌륭한 형태를 지녔다 해도 이 눈부신 창은 내게 어느 휴양지에서 한 달 동안 함께 지내며 친해진 천재적인 인물 같은 그리운 모습을 띠고 있었다. 그 뒤로 미술관에서 이 창의 복제품을 볼 때마다 나는 문득 쏟아지려는 눈물을 참아야만 했다. 그러나 그것은 다른 게 아니다. 이 창이 내게 하는 말이 더없이 내 가슴을 울리기 때문이다. "나는 당신의 어머니를 또렷이 기억하고 있어요."

창가를 떠난 어머니 쪽으로 가기 위해 집 밖의 더위를 뒤로한 나는 전에 콩브레의 내 방으로 올라가던 때와 똑같이 서늘함을 느꼈는데, 콩브레의 낮은 나무 계단과는 달리 베네치아의 찬 기운은 값비싼 대리석 계단 위로 바다에서 불어오는 바람에 의해 유지되고 있었고, 그 계단은 바다의 청록색을 반사해 비추는 햇빛으로 끊임없이 반짝였으며, 전에 샤르댕에서 배웠던 유익한 가르침에 베로네세의 교훈을 더한 것이었다. 그리고 베네치아에서 우리에게 생활의 친근감을 주는 소임을 맡은 것은 호화로운 예술작품들이어서, 어떤 화가들이 묘사한 베네치아가(막심 드토마의 훌륭한 습작은 별개로 하고) 이 도시의 매우 유명한 부분들을 피가 통하지 않는 아름다움이게 한다는 핑계 아래 그것과 반대인 화려함이 사라진 볼품없는 곳만을 표현하거나, 보다 친숙한 진정한 베네치아를 그리기 위해 오베르빌리에와 비슷하게 만드는 것은 분명 이 도시의 성격을 회피하는 것이 되리라. 서툰 화가들이 그린 인공적인 베네치아에 대한 아주 자연스런 반동으로서, 보다 사실주의적인 베네치아로 여겼던 수수한 광장과 외면당한 작은 운하에만 집착한 것은 위대한 화가들이 저지른 실수였다. 그러나 내가 오후에 어머니와 함께가 아니라 홀로 외출할 때, 자주 탐험하러 갔던 곳은 그런 장소였다. 실제로 나는 거기서 성냥팔이 소녀, 진주를 실에 꿰는 여인, 유리나 레이스 공장에서 일하는 여인, 술이 달린 커다란 검정 숄을 걸친 사랑스런 여공 등 서민계급 여인들을 쉽게 볼 수 있었다. 알베르틴 생각은 까마득히 잊었으므로 이젠 그녀들을 사랑하는 일의 걸림돌은 아무것도 없었지만, 그래도 아직은 알베르틴을 조금 기억하고 있었기에 그녀들은 다른 여자들보다 한층 욕망을 불러일으켰다. 다만 나의 이 정열적인 베네치아 여성 탐색 속에 그녀들 자신, 알베르틴, 나아가 베네치아 여행을 꿈꾸던 나의 오랜 욕망 등의 무엇이 들어 있었는지는 아무도 정확히 말할 수 없으리라. 아무리 사소한 욕망도 그 안에는 하나의 화음처럼 독특하면서도 우리가 평생 쌓아올리는 것의 기초가 되는 소리가 들어 있다. 그중 어느 한 음을 없애보면 그것은 전에 들어본 적도 없는 소리이고, 우리는 그것을 의식도 못한 채, 또 우리가 추구하는 대상과 연관되는 점이 아무것도 없는데도, 이 대상에 대한 모든 욕망이 사라짐을 알게 될 것이다.

베네치아 여인들을 이토록 탐색하며 돌아다니던 때의 두근거리는 내 가슴속엔 감히 드러낼 수조차 없었던 수많은 것이 들어 있었다. 내가 탄 곤돌라는 작은 운하를 따라 나아갔다. 마치 동방 도시의 구불구불한 길을 앞장서서 이끄는 마신(魔神)의 신기한 손처럼, 앞으로 나아감에 따라 작은 운하는 한 지역의 한가운데를 꿰뚫어 내게 길을 열어주는 것 같았다. 운하 옆으로 무어식 창문이 달린 높다란 집들은 아무렇게나 생겨난 좁은 도랑 정도의 폭으로 가까스로 나뉘어 있을 따름이었다. 마치 마법을 쓰는 안내인이 손에 촛불을 들고 내가 지나갈 길을 비추어주듯이 운하의 앞쪽으로 햇빛이 빛나게 하고, 그 빛을 따라 길이 열린다. 집들은 작은 운하를 따라 좌우로 나뉘었는데, 긴밀한 한 덩이를 이루고 있어서 곤돌라가 지나간 뒤에는 집들 사이로 공간이 조금도 남아 있지 않은 것처럼 보인다. 이처럼 교회의 종루나 마당의 포도넝쿨을 받치는 시렁은 마치 홍수가 휩쓸고 지나간 마을처럼 운하 위에 수직으로 튀어나와 있었다. '대운하'와 마찬가지로 교회나 마당에겐 바다가 훌륭한 교통망과 크고 작은 도로 구실을 해주는 덕분에, 작은 운하 양옆의 교회는 사람들이 오밀조밀 넘치는 오래되고 가난한 거리로 변한 물 위에 수수하지만 신자가 많은 작은 교구의 교회처럼 서 있었고, 없어선 안 될 교회이면서 대부분의 서민이 빈번하게 찾아오는 교회라는 특성을 지니고 있었다. 또한 운하가 가로지르고 있는 마당은 마구 자란 나뭇잎과 열매를 물속에 띄우고 있었으며, 또 집의 물가에는 거칠게 튀어나온 사암이 톱으로 마구 자른 것처럼 울퉁불퉁했다. 곤돌라가 지나가자 물가에 앉은 개구쟁이들이 놀라 균형을 잡으면서 다리를 똑바로 펴고 휘청거리고 있는 모습은, 가동교의 양옆이 좌우로 나뉘어 순식간에 바닷물을 끌어들일 때의 다리 위에 서 있는 어부들을 떠오르게 했다.

상자를 열면 때로는 깜짝 놀라게 하는 물건이 튀어나오듯이 뜻밖의 아름다운 건조물이 나타나기도 했다. 이를테면 코린트 양식의 박공벽에는 우의적인 상이 달린 작은 상아색 성당이 엉뚱한 곳에 삐죽이 서 있었는데, 얼마간 뻘쭘한 듯이 일상적인 사물들 사이에 덩그러니 남겨져 있었다. 그도 그럴 것이 아무리 주위에 공간을 두어봤자 운하 사이에 서 있는 주랑은 채소 장수가 물건을 내리는 강가처럼 보이기 때문이다. 나는 내가 바깥에 있다는 걸 느끼지 못한 채, 차츰 안쪽 깊숙이 비밀스런 장소로 들어가는 것 같았고, 그것이 한층 욕망을 부추기는 듯싶었는데, 그것은 매번 나의 양옆으로 어떤 새로운 것들, 작은 건조물이나 예상 밖의 광장이 나타나기 때문이며, 그것들은 처음 보는 아름다운 것, 목적도 용도도 모르는 물건 특유의 놀란 듯한 모습을 하고 있었다.

나는 비좁은 골목을 지나 걸어서 돌아온다. 아마도 알베르틴이 그러했듯 서민 아가씨들을 불러본다. 지금 이 순간에 알베르틴이 곁에 있다면 얼마나 좋을까 하는 생각이 든다. 그러나 내가 부른 아가씨들이 똑같은 아가씨일 리는 없었다. 알베르틴이 베네치아에 왔을 때, 그녀들은 아직 어렸을 테니까. 하지만 지난날의 나는 똑같은 대상을 발견하리란 생각은 아예 접고, 그저 비슷한 것만 찾고 있었으므로 어떤 의미에선 가장 소중하다고 여겨지는 욕망을 비겁하게도 외면해왔다. 하지만 지금의 나는 예전에 내가 원했던 여성들을 더 이상 좇지 않는 것과 마찬가지로 알베르틴이 끝내 알 기회도 없었을, 판에 박힌 여성들을 찾아다니고 있었다. 나는 지금도 전에 없던 세찬 욕망과 함께 메제글리즈 또는 파리에서 본 아가씨나 처음 발베크 여행을 할 때 아침에 언덕에서 마주쳤던 우유 파는 아가씨를 떠올리기도 한다. 그러나 안타깝게도 나는 그때 모습 그대로의 그녀들을 떠올리기 때문에, 즉 그것은 지금의 그녀들과는 분명 다른 사람인 것이다. 따라서 지난날 내가 놓쳤던 수녀 대신 그녀와 닮은 수녀를 찾아 헤맴으로써 욕망이 심각한 것임을 왜곡한다면, 지금의 나는 꽃다운 청춘이던 나와 알베르틴을 고뇌하게 만들었던 아가씨들을 다시 만나기 위해, 욕망은 개개인을 향해 있다는 원칙의 위반에 또다시 동의해야만 했다. 왜냐하면 내가 찾아야 했던 이들은 그 무렵 16살이던 소녀들이 아니라 현재 16살인 아가씨들이기 때문이다. 한 인간의 가장 개성적인 측면이 사라져버린 지금, 내가 대신 사랑하는 것은 젊음이었으니까. 나는 예

전에 내가 알았던 소녀들의 젊음은 이제 나의 열띤 추억 속에서만 존재한다
는 사실을 알고 있다. 또한 기억이 다시 그려내는 그녀들에게 아무리 다가가
려 해봤자 내가 정말로 젊음과 그 나이의 꽃을 꺾고자 한다면 그때 내가 꺾
어야 할 것은 이미 그녀들이 아니란 사실도.

어머니를 만나기 위해 작은 광장으로 갔을 때, 해는 아직 하늘 한가운데에
떠 있었다. 우리는 곤돌라를 불렀다. "네 할머님이 이렇게 솔직하고 당당한
모습을 보셨더라면 얼마나 기뻐하셨을지 모르겠구나." 어머니는 총독 궁전을
가리키면서 내게 말했다. 궁전은 그것을 지은 건축가에게서 위임받은 사상
을 충실히 지켜 세상을 떠난 총독들을 말없이 기리면서 바다를 눈여겨보고
있었다. "할머니는 이런 아늑한 장밋빛을 특히 좋아하셨지. 그래도 전혀 뻐
기거나 하지 않았단다. 베네치아를 얼마나 사랑하셨는지 몰라. 이 도시의 다
양한 아름다움 속에서 자연에 맞설 정도의 강한 친근감을 느끼셨던 모양이
야. 그런 아름다운 것들은 모두가 무척 충실하기 때문에 있는 그대로의 모습
으로 아무런 변화도 필요로 하지 않아. 이를테면 정육면체 형태의 총독 궁전
이라든지, 네가 헤롯왕의 궁전이라고 했던 작은 광장 한가운데에 있는 원기
둥이라든지. 그보다 손을 댈 필요가 없는 것은, 마치 달리 둘 데가 없어서
이곳에 놓인 듯한 아코*의 성 요한 기둥이야. 그리고 저기 산마르코 성당의
발코니에 있는 말들 말이다. 할머니는 저녁 해가 산으로 기우는 걸 볼 때처
럼 총독 광장에 해가 지는 모습을 보고도 분명 좋아하셨을 거야." 어머니의
말에는 진실의 한 부분이 담겨 있었다. 왜냐하면 우리를 태우고 돌아온 곤돌
라가 '대운하'를 거슬러 올라가는 사이에, 우리는 양쪽 기슭에 서 있는 웅장
한 집들이 장밋빛으로 물든 옆면으로 빛과 시각(時刻)을 비추면서 조금씩
변화해가는 모습을 보았기 때문이다. 그것들은 개인의 집이나 유명한 건조
물이라기보단 대리석 벼랑이 이어진 것처럼 보였고, 저녁나절이 되자 사람
들은 해가 지는 걸 보기 위해 수로에 작은 배를 띄우고 절벽 밑에까지 산책

---

\* 아코는 현재 이스라엘령의 옛 도시로 구약성서의 〈사사기〉 제1장에 이름이 나온다. 프톨레마
이오스(B.C. 305~B.C. 30) 시대에는 톨레마이(프톨레마이오스)라 불렸고, 신약성서 〈사도
행전〉 제21장에 나온다. 십자군 때 1191년부터 100년에 걸쳐 요한 기사단이 이곳을 관리했
으므로 아코의 성 요한이라 불리게 되었는데, 산마르코 성당의 작은 광장 옆에는 베네치아
군이 1256년에 아코에서 전리품으로 들여온 두 개의 대리석 기둥이 놓여 있음.

하러 오는 것이었다. 그래서 수로 양쪽에 늘어선 저택들은 자연의 풍경을 떠올리게 했다. 다만 인간의 상상력을 이용하여 작품을 만들어낸 듯한 자연이다. 그러나 그와 동시에 (바다 한가운데에 있어도 베네치아가 주는 인상은 항상 도회적 성격이기 때문에 하루에 두 차례 조수간만의 차가 심한 물결 위에 떠 있어도, 만조에 의해 가려지는가 하면 어느새 간조에 의해 나타나는 것은 호화로운 집들의 외부에 있는 당당한 계단이므로) 반짝이는 석양 속에서 스쳐 지나는 것은 파리의 큰길이나 샹젤리제, 불로뉴 숲 또는 유행하는 폭넓은 가로수길에서 마주칠 듯한 매우 우아한 부인들로, 그들 대부분이 외국인이었다. 그녀들은 물에 떠 있는 배의 쿠션에 나른한 듯이 기대어 있다가, 배가 목적지인 친구의 집 앞에 멈추면 친구가 집에 있는지를 묻게 한 다음, 그 대답을 기다리면서 만일을 위해 게르망트 저택 출입구에 놓고 오듯이 명함을 준비하거나, 그 집이 어느 시대의 어떤 양식인지를 알려고 가이드북을 뒤적이기도 했다. 그러는 사이에도 여인의 몸은 푸른 물결의 하늘가에 있는 것처럼, 물살이 이는 반짝이는 물에 떠밀려서 끊임없이 흔들거렸다. 왜냐하면 물은 춤추듯 흔들리는 곤돌라와 물결 소리가 나게 하는 대리석 사이에 끼어서 잔뜩 떨고 있었기 때문이다. 이렇게 오로지 남의 집을 찾아가거나, 명함의 귀퉁이를 접기만 하는 산책이라도 베네치아에선 그것이 달리 보이지 않는 삼중의 의미를 지녔다. 오직 사교적인 오감이 미술관 구경과 더불어 바다 위를 유람하는 매력을 지니는 것이었다.

대운하를 따라 늘어선 몇몇 집들은 호텔로 개조되어 있었다. 우리는 어느 밤, 기분전환을 위해 묵던 호텔이 아니라 요리가 좀더 맛있다는 다른 호텔에서 저녁을 먹기로 했다. 어머니가 곤돌라의 뱃머리에서 요금을 내는 동안 나는 대리석 기둥이 늘어선 홀로 들어갔다. 전엔 홀 전체를 장식하고 있던 벽화도 지금은 거의 남아 있지 않았다. 한 직원이, '빌파리지' 부부가 저녁 식사를 하러 내려오느냐고 묻는 말이 들렸다. 다른 직원이, 그 사람들은 절대로 미리 말해주는 법이 없어서 짜증이 난다고 중얼거렸다. 그때 직원은 부인을 보았다. 그건 분명 허리가 완전히 굽은 빌파리지 부인이었는데, 심한 피로와 세월의 더께 때문에 애처롭도록 흐트러진 모습이었다. 마침 우리가 앉은 테이블 바로 앞으로 아름다운 대리석 벽을 따라 그녀가 앉은 테이블이 보였고, 게다가 다행히도—어머니는 피로하다면서 번거로운 인사는 피하고 싶어했으므로—후작부인에게 등을 돌린 위치여서 부인에겐 보이지 않는 자리였다. 금빛 기둥머리에 붙은 높다란 돋을새김의 그늘에 있었던 것이다. 빌파리지 씨라는 사람은 부인의 친척이겠거니 생각하고 있는데, 몇 분 뒤에 부인보다 훨씬 등이 굽은 오래된 애인 노르푸아 씨가 방에서 내려와 그녀의 테이블에 자리를 잡는 것이 보였다. 그들은 줄곧 서로 사랑했고, 노르푸아 씨가 외무성의 관직을 그만둔 지금은 신분이 그리 알려질 걱정이 없는 외국에 오면 공공연히 함께 있곤 했다. 그는 오랜 연인의 체면을 존중하여 호텔에 자기 이름을 밝히려 하지 않았으며, 직원들도 그들이 파리에선 유명할지 모르지만 이곳이 파리와 멀리 떨어진 탓에 둘의 관계를 모르는 데다 노신사가 혼자서 외출했다가도 노부인과 마주하는 저녁 식사엔 반드시 돌아오는 것을 보았으므로 그들을 빌파리지 부부라고 단단히 믿고 있었다. 그들은 여행지에서의 편안함을 위해 정식 부부처럼 행세했는데, 그걸 대번에 알 수 있었던 것은 테이블에 도착한 노르푸아 씨가 아내 말고 다른 여성에게 하는 인사를 모두 생략했고, 빌파리지 부인도 그에게 이렇다 할 배려를 하지 않았기 때문이다. 빌파리지 부인보다 건강해 보였던 노르푸아 씨는 깜짝 놀랄 만큼 익숙한 어조로 그날 자기가 만난 외국의 어느 대사에게서 들은 이야기를 하고 있었다. 그녀는 피곤한지, 관심이 없는지, 귀가 어두운 걸 감추려 해선지 대답도 별로 않고 대부분 흘려듣고 있었다. 그리곤 이따금 들릴까 말까 한 목소리로 두세 마디 하기는 했는데, 거기엔 그녀가 거의 그를 위해서만 살아가고 있고, 아주 오래전부터 이곳 현실세계와는 동떨어져 있음이 드러났다(그런 현실세계를 이해시키기 위해 노르푸아 씨는 꽤나 수다스럽게, 또 얼마간 위압적인 투로 새로운 소식을 전하는 것이었다). 왜냐하면 그녀는 비록 오랫동안 멀리 떨어져 있기는 했어도 전엔 가장 상류의 사교계에 속해 있었건만 그런 사람이 하는 것치고는 기묘한 질문을, 진절머리가 난다는 듯한 낮은 목소리로 그에게 하고 있었기 때문이다.

긴 침묵 끝에 그녀가 질문을 던졌다. "그래서 당신이 오늘 오후에 만난 그 비자치아는 소스텐의 외동아들이었나요?"—"그렇다니까. 아르노가 두도빌의 이름을 물려받았을 때, 비자치아 공작이 된 사람이야. 아주 매력적인 인물이더군. 카르노의 막내아들하고 얼마간 닮긴 했지만 그보다 나은 것 같았어." 다시 긴 침묵이 이어졌다. 이 노부인은 오랫동안 파리를 떠나 있어서 주위엔 두터운 안개가 끼어 있었으므로, 그 누구도 당장 무너져내릴 듯한 이 얼굴 속에서는 지난날의 매력적인 눈을 찾아볼 수 없었지만, 그녀의 최대 관심사는 아마도 모로코를 둘러싼 전쟁의 가능성인 모양이었다. 외국 대사가 노르푸아 씨에게 낙관적인 전망을 내놓았음에도 그녀는 마음을 놓지 못했다. "그것 봐! 그런데도 당신은 늘 나쁜 쪽으로만 본단 말이야." 노르푸아 씨가 말했는데 거기엔 조금 매몰찬 데가 있었다. "빌헬름 황제가 자주 불길한 행동에 앞장서고, 불길한 말을 한다는 건 나도 알아. 하지만 가볍게 다뤄선 안 될 일이 있다 해도 그게 비극적으로 받아들일 이유가 되진 않소. 그러려면 파멸시키려는 사람들의 머리를 주피터가 미치게 할 필요가 있거든. 또 전쟁을 하고 싶어 안달이 난 사람은 아무도 없고, 독일도 다른 나라 이상으로 그렇다오. 빌헬름 스트라세에선 모로코 따윈 포메라니아 척후병의 유골만큼도 가치가 없음을 잘 알고 있지. 당신은 별것도 아닌 일에 벌벌 떨고 있군." 다시 침묵이 흘렀고, 빌파리지 부인은 내내 말을 하려 하지 않았다. 예전의 그녀는 몹시 아름다웠을 텐데, 지금은 그 아름다움도 빨갛고 커다란 기둥이 늘어선 이 훌륭한 홀의 천장을 장식하던 그림처럼 사라지고 없었다. 그녀가 누구인지도, 파리 사람들이라면 알아보았겠지만, 후작부인이 마치 사육제 가면을 쓴 것처럼 적어도 베네치아의 호텔 종업원의 눈에는 완벽하게 감춰져 있었다. 노르푸아 씨는 주문한 음식을 가져오지 않는 직원을 이따금 쳐다보았다. 내가 본 바로는, 그는 전에 우리집 저녁 식사에 왔을 때처럼 여전한 식도락가였으며, 빌파리지 부인도 발베크 시절과 다름없이 취향이 까다로웠다.

"안 돼요, 안 돼. 이 사람들한테 스플레오믈렛 같은 건 주문하는 게 아니오." 노르푸아 씨가 말했다. "그들은 그게 어떤 건지 전혀 모르거든. 스플레오믈렛과는 아무 상관도 없는 걸 가져오지. 어쩔 수 없지 않소. 당신이 좀 참구려. 이탈리아 요리엔 눈길도 주지 않으려 하니 말이오." 빌파리지 부인은 대답하지 않았지만, 조금 지나서 무슨 바람이 불었는지 허약하고 애처로운 중얼거림으로 신음하듯 불만을 토로했다. "이젠 아무것도 만들 수가 없게 되고 말았어요. 당신 기억해요? 전에 어머니 집에선 크렘 랑베르세를 무척 맛있게 만들었는데. 그걸 한번 부탁해볼까요"—"아마 크렘 랑베르세라는 이름은 없어졌을 거야. 아마도." 노르푸아 씨는 인용부호로 묶듯이 강조했다. "우 오 레라고 했었지. 여기 사람들이 가져오는 건 제대로 된 게 없어. 우 오 레는 걸쭉하고 색깔이 독특했지. 당신도 기억할 거요." 그러나 빌파리지 부인은 기억이 잘 나지 않는지, 또는 들리지 않았거나 너무 많은 말을 해선지 아무 대답도 하지 않았다. 그녀는 한동안 말이 없었는데 노르푸아 씨는 전혀 개의치 않았다. 그녀가 말하지 않고 가만히 있는 건 그리 드문 일도 아닌 모양이었고, 그것은 그녀와의 생활에서 하나의 특징이거나 어쩌면 그게 매력일지도 모른다. 그는 빌파리지 부인이 어렵사리 꼬투리 강낭콩을 자르는 동안, 앙트르메 주문을 받을 수 있는 지배인이 지나가기를 기다리면서 외국 대사가 얼마나 흥미로운 인물이며, 요컨대 얼마나 낙관적이었는지를 말하기 시작했다.

어머니와 나는 그 앙트르메가 나오기 전에 일어섰다. 나는 그들이 알아채지 못하도록 고개를 돌리면서도, 나이 든 연인이 서로에게 관심이 없는 듯한 태도이면서도 실제로는 가지가 휘어지듯 세월로 인해 허리가 휘어 이젠 그 어떤 것도 그들의 몸을 곧추세울 수 없지만, 그들을 떼어놓는 일도 불가능하다는 걸 알았다.

만약 알베르틴이 살아 있었더라면 마침내 우리도 이렇게 되었으리라. 야심가인 남녀가 그것 때문에 사교계와 야심을 희생할 정도였으니 이것은 남는 장사임이 분명하거니와, 그런 일이 일어날 수 있었음에도 나는 내가 그리되지 못한 걸 안타깝게 여기지도 않았다. 그만큼 나는 이제 알베르틴 생각에 무감각해져 있었던 것이다. 그러나 저녁나절 우리가 호텔로 돌아올 때면(왜냐하면 빌파리지와 노르푸아, 이 나이 든 한 쌍을 본 뒤로 어머니는 호텔 말고 다른 장소에서 식사를 하는 위험을 감수하려 하지 않았기 때문이다) 석양의 흥분 속에서 나는 눈에 보이지 않는 알베르틴이, 마음 깊은 곳의 베네치아 감옥이랄까, 그런 곳에 갇혀 있음을 느끼곤 했다. 때로는 마음속 사소한 계기가 감옥의 튼튼한 문 사이로 미끄러져 들어와 과거로 나가는 곳을 만들어주는 일도 있었다. 어느 날 밤엔 중개인에게서 날아온 편지 한 통이 단박에 감옥 문을 다시 열어주었다. 알베르틴은 그 감옥에서 내 마음속에 여전히 살아 있었는데, 너무나 멀고 깊은 곳에 있어서 나로선 다가갈 수 없었던 것이다. 예전에 나는 그녀를 위해 돈을 더 벌 생각에 투기를 하다가 재산을 날린 적이 있는데, 그녀가 세상을 떠난 뒤로는 그런 일에 손을 대지 않았다.

그러나 세월이 흘러 전엔 매우 현명한 판단처럼 보이던 것을 지금은 부정하게 되었다. 마치 전에 철도사업 따윈 성공할 리가 없다고 호언장담하던 티에르 씨의 말이 틀렸던 것처럼. "아마도 배당금은 그리 많지 않겠지만, 적어도 원금을 까먹는 일은 절대로 없을 거요." 노르푸아 씨가 말한 것은 마침 가장 값이 떨어진 주식이었다. '영국 공채'와 '세 제당(製糖)' 주식만 해도 이자에 지체보상금을 합쳐 막대한 차액을 중개인에게 내야 했으므로 나는 경솔하게도 몽땅 팔아치웠고, 그 결과 내 재산은 순식간에, 알베르틴이 살아 있을 때는 그나마 가지고 있던 할머니의 유산이 5분의 1로 줄어들고 말았다. 게다가 그 소식은 콩브레에 아직 남아 있던 친척과 지인에게도 알려졌다. 그리고 내가 생루 후작이나 게르망트 부부와 교제한다는 걸 알고 있는 사람들은 이렇게 생각했다. "그것 봐. 무리하게 용을 쓰다가 그렇게 된다니까." 내가 이런 투기에 손을 댄 것이 사실은 할머니의 피아노 교사였던 뱅퇴유의 보살핌을 받았다 해도 지나친 말이 아닌, 알베르틴 같은 하찮은 신분의 여자 때문임을 알면 콩브레 사람들은 뒤로 넘어갔을 것이다. 본디 콩브레에선 마치 인도의 카스트 제도처럼 수입을 기준으로 신분이 영원히 정해지므로 게르망트 가문의 세계를 지배하는 그 터무니없는 자유 따윈 도저히 생각지도 못할 일이리라. 그 게르망트 가문의 세계에선 재산 같은 것을 전혀 중요시하지 않으며, 가난은 위장병 정도의 불쾌한 것이기는 해도, 체면을 전혀 떨어뜨리지도 않거니와 사회적인 지위에 영향을 끼치는 것도 아니었다. 콩브레 사람들은 거꾸로 생루나 게르망트 공작은 파산 귀족이며, 그들의 성채는 저당잡혀 있으니, 나한테 돈을 빌리고 있는 게 틀림없다고 생각했을 것이다. 그러나 내가 만약 파산하면 그들은 곧장, 혹여 소용이 없더라도 도움의 손길을 내밀어 줄 사람들이다.

앞에서 말했던 나의 상대적인 파산에 대해서 이야기하자면, 얼마 전부터 내 관심이 그 유리 공장의 젊은 판매원 아가씨에게 집중되어 있었던 만큼 이것은 한층 곤란한 일이었다. 그녀의 꽃 같은 피부는 다양한 오렌지 빛깔로 눈이 혹할 만큼 아름다워서 날마다 그녀를 보고 싶은 마음이 일어났고, 어머니와 내가 베네치아를 떠날 날이 다가올수록 나는 그녀와 헤어지기 싫어서 그녀에게 파리에 직장을 잡아주기로 결심했다. 17살인 그녀의 아름다움은 매우 기품 있고 빛이 났기 때문에, 마치 이곳을 떠나기에 즈음하여 진짜 티치아노의 그림 한 장을 손에 넣은 듯한 심정이었다. 하지만 내게 남은 얼마 안 되는 재산으로 과연 그녀의 마음을 살 수 있을까? 그녀가 고향을 떠나나 한 사람 때문에 파리로 와서 살 마음이 내키게 하려면 그 정도로 충분할까? 그러나 중개인의 편지를 끝까지 읽었을 때, "지체보상금에 대해선 제가 돌보겠습니다"라는 문구가 내게 어떤 표현을 떠올리게 했다. 위선으로 가득찬, 직업적인 이 표현과 비슷한 말을, 발베크의 샤워 담당이 엔에게 알베르틴 이야기를 할 때 썼었다. "그 사람을 돌본 건 바로 저예요!" 그녀는 말했었다. 그 뒤로 단 한 번도 떠올린 적이 없었던 이 말은 "열려라, 참깨!"처럼 감옥 문의 빗장을 열었는데, 잠시 뒤에 그것은 다시 닫힘으로써 여자를 가두어버렸다. 나는 그녀가 있는 곳으로 갈 생각도 없고, 그것을 떳떳하지 못하다고 생각지도 않는다. 왜냐하면 나는 이미 그녀를 볼 수도, 떠올릴 수도 없게 되었기 때문이며, 또 인간이 우리에게 존재하는 것은 그 사람에 대해 우리가 만든 관념에 의해서만 가능하기 때문이다. 그러나 이런 식으로 내버려둔 탓에—다만 그녀는 방치되어 있음을 몰랐지만—순간 나는 알베르틴이 가여워졌다. 그것은 이미 오랜 옛날이긴 하지만, 순간 밤이나 낮이나 그녀 생각에 매달려 괴로워하던 때가 생각났기 때문이다. 지금은 산 조르조 데이스키아보니(San Giorgio dei Schiavoni) 성당에서 어떤 사제 곁에 있는 독수리가 전에 본 것과 똑같은 양식으로 그려져 있고, 프랑수아즈가 내게 잘 어울린다고 알려준 그 두 개의 반지, 누가 알베르틴에게 주었는지 끝내 모르는 그 반지를 떠올리게 함과 동시에 그로 말미암은 고뇌마저도 나를 일깨웠던 것이다.

하지만 어느 밤 생각지도 않던 사태가 벌어져 알베르틴에 대한 사랑이 되살아난 듯싶다. 우리가 타고 있던 곤돌라가 호텔로 오르는 계단 아래 멈췄을 때, 안내인이 전보 한 통을 건넸던 것이다. 그것은 우체국 직원이 이미 세 번이나 내게 배달한 것으로, 받는 사람이 정확하게 씌어 있지 않았는데(이탈리아 우체국 직원의 흘려 쓴 글자로도 나야 내 이름임을 알아보았지만), 전보의 수신인이 분명히 나임을 증명하는 수령증을 달라 했다고 한다. 나는 방으로 들어와서 곧 전보를 뜯었다. 오자투성이의 전문을 읽었다. 그것은 이런 내용이었다. "친애하는 벗이여, 내가 죽은 줄 알고 계시죠? 용서하세요. 저는 매우 건강하게 지내고 있답니다. 만나 뵙고 결혼 얘기를 하고 싶군요.

언제 오시나요? 마음을 담아서. 알베르틴."

언젠가 할머니에 대해서 일어났던 것과 똑같은 일이 완전히 반대로 일어났다. 할머니가 돌아가셨다는 사실을 알았을 때, 나는 처음엔 전혀 슬프지 않았다. 정말로 할머니의 죽음이 고통스러웠던 것은 무의지적인 추억 덕분에 그녀가 내게 살아 있는 사람이 되었을 때로 한정되었다. 한편 알베르틴이 이미 내 마음속에서 살고 있지 않은 지금, 그녀가 살아 있다는 소식은 뜻밖에도 그다지 기쁘지가 않았다. 내게 알베르틴은 그녀를 향했던 추억의 다발에 지나지 않았으므로, 그 추억이 내 가슴속에 살아 있는 한, 그녀는 물리적인 죽음을 뛰어넘어 여전히 살아 있었다. 반대로 그것이 죽어버린 지금 알베르틴은, 육신은 있지만 전혀 되살아나지 않는다. 그녀가 살아 있다 해도 전혀 기쁘지가 않았고, 나는 이미 그녀를 사랑하지 않는 것이다. 그것을 깨달은 나는 몇 달 동안의 여행이나 병치레 뒤에 거울을 들여다보고, 백발에 생김새가 달라진 중년 남자나 노인이 되어버린 자신을 보았을 때 이상으로 놀라 기겁을 해도 괜찮았으리라. 그런 일이 사람을 경악케 하는 것은 이런 의미를 갖기 때문이다. "예전의 나, 그 금발의 젊은이는 이제 없어. 나는 딴사람이야." 나의 변화도, 예전과 달리 하얀 가발을 쓰고 주름투성이가 되어버린 얼굴을 보았을 때와 마찬가지로 심각한 게 아닐까? 그처럼 지난날의 나는 죽고, 옛 자아가 완전히 새로운 자아로 바뀐 건 아닐까? 그러나 세월의 흐름과 함께 다른 사람이 된 이는 그것을 그리 슬퍼하지도 않는다. 마치 같은 시기에 계속해서 모순된 존재, 즉 심술궂은 사내, 자상한 남자, 섬세한 인간, 말단 관리, 욕심 없는 사람, 야심가 등으로 바뀌는 사람이 그것을 슬퍼하지도 않는 것처럼. 더구나 슬퍼하지 않는 이유는 똑같다. 즉 소멸한 자아—나중의 것은 한때의 소멸이고, 앞서 정열에 대한 경우는 영원히 소멸한 자아—가 그곳에 남아 있지 않기에 그걸 대신하여 현재 또는 앞으로 계속해서 그 사람이 될 다른 자아를 안타까워하는 일도 없기 때문이다. 말단 관리가 자기 열등함에 그저 싱글벙글 웃어넘기는 것은 그가 말단 관리이기 때문이며, 건망증인 사내가 자기 기억의 부족함을 애석해하지 않는 것은 곧 그가 잘 잊기 때문이다.

나로선 나 자신, 즉 그 무렵의 나로 되살릴 수가 없으므로 알베르틴을 다시 살려내는 일 따윈 엄두도 못 내었을 것이다. 생활 습관은 더할 나위 없이 작은 일의 끊임없는 작용으로 세계의 겉면을 바꾸기 마련이며, 그래서 알베르틴이 죽은 바로 다음 날, 내게 "딴 사람이 되어라" 명령하지는 않았다. 대신 알아채지 못할 정도의 희미한 변화를 쌓아올려 어느 사이엔가 내 안의 거의 모든 것을 아주 새롭게 한 결과, 내 생각은 복종해야 할 주인이 바뀐 것을 알아채고, 그 새로운 주인—나의 새로운 자아—에게 완전히 익숙해져 있었다. 내 생각은 이 새로운 주인에게서 온다. 알베르틴에 대한 나의 사랑과 질투는 이미 보았듯 연상을 통해, 달콤한 기억과 괴로운 인상을 뒤따르게 하여 빛나는 몇 개의 핵에, 몽주뱅의 뱅퇴유 양에 대한 추억이나 밤에 알베르틴이 내 목덜미에 해주었던 달콤한 키스에 생겨나고 있었다.

하지만 이 인상이 아스라해짐에 따라 괴로움과 달콤함으로 물들어 있던 광대한 인상의 영역도 애매한 색조를 띠게 되었다. 고민과 쾌락이 솟아 있는 몇몇 봉우리, 그것에 망각이 일어난 순간, 내 사랑의 끈질긴 저항은 산산이 부서졌다. 나는 더 이상 알베르틴을 사랑하지 않았다. 나는 그녀를 생각해내려 했다. 다만 알베르틴이 떠난 지 이틀 뒤에도 내가 그녀 없이 48시간이나 살아 있었음에 전율했을 때, 나는 이것을 예감했던 것이다. 전에 질베르트에게 편지를 쓰면서, 만약 이것이 2년만 지속되면 나는 더 이상 질베르트를 사랑하지 않게 되리라고 자조적으로 말했을 때에도 마찬가지였다. 그리고 스완이 다시 질베르트를 만나러 와달라고 했을 때, 나는 그것이 마치 죽은 여자를 마중 나가는 것만큼이나 내키지 않았는데, 이에 반해 알베르틴의 경우는 죽은 사람 또는 죽은 줄 알았던 사람이, 질베르트의 경우처럼 오랫동안 서먹서먹한 상태와 똑같이 작용했다. 죽음은 오직 부재로만 영향을 미친다. 내 사랑은 괴물의 출현에 전율했지만, 그 괴물, 즉 망각은 생각했던 대로 사랑을 좀먹어버렸다. 그녀가 살아 있다는 소식이 내 사랑을 일깨우지 않았던 것은 아니다. 또 내가 얼마나 예전의 무관심으로 돌아갔는지를 확인케 했던 것도 아니다. 그 소식은 순식간에 급격한 속도를 내어 한층 더 무관심하게 되었으므로 나는 지난날을 돌아보고 생각했다. 전엔 이것과 반대로 알베르틴이 죽었다는 소식이 그녀가 저질렀던 난봉의 효과를 완성시켜 내 사랑을 반대 방향으로 자극하고, 사랑이 식게 했던 것은 아닐까.

그렇다, 지금은 그녀가 살아 있고, 결혼할 수도 있음을 알지만, 그래서 갑자기 그녀는 매우 하찮은 존재가 되고 말았다. 이렇게 되면 전에 프랑수아즈가 말했던 혐오감도, 서먹서먹함도, 나아가서는 죽음(상상 속의 산물이기는 하지만 정말이라고 굳게 믿었던 죽음)까지도 오히려 그녀에 대한 사랑을 길게 늘인 것은 아닐까 하는 생각이 들었다. 그 정도로 나를 한 여자에게서 떼어놓으려던 제삼자의 노력과 운명의 힘마저도 나를 그녀에게 묶어놓기만 했던 것이다. 지금 일어난 일은 그 반대였다. 그녀를 생각해내려 애써도, 살짝만 신호를 보내면 금세 내 것이 되리라는 생각에서였는지 돌아오는 거라고 해봤자, 어느새 엄청나게 살이 쪄서 남자 같아진 겉모습에 색과 향이 바랜 얼굴에선 어느새 봉탕 부인의 옆얼굴이 자라고 있는 여자, 그런 여자만 떠올랐다. 앙드레나 다른 여자들과 무슨 짓을 했는가 하는 것도 더는 내 흥미를 끌지 못했다. 결코 낫지 않으리라 오랫동안 고민하던 아픔도 이제 내 것이 아니었다. 생각해보니 이것은 예측이 불가능했다. 애인에 대한 미련이나 살아남은 질투는 결핵이나 백혈병과 마찬가지로 확실히 육체적인 질병이다. 그러나 육체의 질병 중에서도 순수하게 육체적인 요인으로 일어나는 것과 지성의 매개로만 신체에 작용하는 것을 구별해야만 한다. 특히 질병의 전염 경로 구실을 하는 지성 부분이 기억력일 때—다시 말하면 병의 원인이 이미 없어졌거나, 또는 매우 멀리 있을 때—는 고통이 아무리 잔인한 것이라 해도, 인체에 불러오는 충격이 아무리 심각해 보여도 사고가 사태를 아주 새롭게 하는 능력을 지녔기 때문에, 또는 조직체와 달리 사고는 보존력을 지니지 않기 때문에 미래가 비관적이 되는 경우는 몹시 드물다. 암에 걸렸던 환자라면 벌써 죽어야 했을 시간이 흘렀을 때, 아내나 자식을 잃어 위로받을 길 없는 사람이 슬픔에서 치유되지 않는 경우는 매우 드물다. 나도 그랬다. 지금 이 순간에 내가 떠올리고 있는 두루뭉술하게 살이 찐 여자, 그녀가 사랑했던 처녀들과 마찬가지로 나이가 들었을 게 분명한 여자들, 그래서 어제의 추억이기도 하지만 내일의 희망이기도 한 그 휘황한 소녀를 포기해야 할 것인가(만약 알베르틴과 결혼한다면 그 소녀에게도, 다른 사람에게도 이젠 아무것도 줄 수 없게 된다), 아니면 '새로운 알베르틴'을, '지옥에 나타난 듯한 그녀'가 아니라 '충실하고 자신감 넘치며 얼마간 야성적이기도 한' 소녀를 포기해야 할 것인가?

　현재의 이 소녀야말로 예전의 알베르틴인 것이다. 알베르틴에 대한 내 사랑은 청춘에 헌신한 하나의 형태에 지나지 않았다. 우리는 한 젊은 아가씨를 사랑했다고 굳게 믿지만, 안타깝게도 그녀 가운데 오직 새벽 부분만 사랑한 것이다, 그녀 얼굴이 잠시 홍조를 띠고 있는 그 새벽만.

날이 샜다. 이튿날 아침, 나는 호텔 안내인에게 전보를 주면서 이것은 잘 못 배달되었고, 내 앞으로 온 것이 아니라고 했다. 그는 이미 열어버려서 일이 복잡해질 터이니 그냥 갖고 계신 편이 낫겠다고 했다. 나는 그걸 다시 호주머니에 넣었는데, 그런 전보를 받은 적이 없던 걸로 하기로 마음먹었다. 나는 이제 알베르틴 따윈 조금도 사랑하지 않았다. 그러므로 이 사랑도, 질베르트에 대한 사랑을 통해 예상했던 때로부터 멀리 떨어져, 내게도 길고 고통스럽게 에두른 길을 가게 하고, 그리하여 예외를 만든 뒤, 결국 질베르트에 대한 사랑과 완전히 똑같이 망각의 일반적 법칙 속으로 돌아왔던 것이다. 그러나 나는 그때 생각했다. 나는 나 자신에게 집착하는 것보다 더 알베르틴에게 집착하고 있었다. 지금 그녀에게 집착하지 않는 것은 한동안 그녀를 만나지 않았기 때문이다. 하지만 죽음으로 말미암아 내게서 떠나고 싶지 않은, 죽은 뒤에도 다시 태어나고 싶다는 욕망, 이 욕망은 결코 알베르틴에게서 떠나고 싶지 않은 욕망과 달리 여전히 계속되고 있었다. 그것은 내가 그녀보다 나 자신을 소중히 여기기 때문일까? 그녀를 사랑하던 때에도 나를 더욱 사랑했기 때문일까? 아니, 그건 그녀를 만나지 않게 되면서 사랑하기를 그만두었기 때문이다. 나를 사랑하기를 그치지 않는 것은 나 자신과의 세월의 끈이 알베르틴과의 끈처럼 끊어지지 않았기 때문이다. 그렇지만 만약 육체와의 끈, 나 자신과의 끈도 끊어졌다면……? 분명 결과는 같으리라. 삶에 대한 애정은 오랜 연관에 지나지 않으며, 그것을 우리가 내동댕이치지 않을 때의 이야기다. 그것이 힘을 지니는 것은 늘 계속되기 때문이지만, 죽음은 그 힘을 단절하고, 우리를 불사의 바람으로부터 치유할 것이다.

점심 식사 뒤, 혼자서 베네치아 시내를 돌아다니지 않을 때는 어머니와 외출 준비를 했다. 그리고 러스킨에 대해 추진하고 있는 일과 관련된 메모를 하기 위한 노트를 가지러 내 방으로 올라갔다. 복도 모퉁이 벽에 갑자기 부딪치자 바다 때문에 땅이 좁아지고 절약을 강요당한 것이 피부에 와 닿는다. 나를 기다리고 있는 어머니에게 가기 위해 계단을 내려가는데 콩브레였다면 이 시각에 덧문을 닫고 어두운 실내에서 바로 코앞에까지 와 있는 바깥의 태양을 느끼는 것이 무척 유쾌했으리라. 그런데 여기서는 차양 덕분에 마치 르네상스 시대의 그림처럼 궁전 안에 있는지, 갈레선(船) 위에 있는지도 분명치 않은 대리석 계단 위에서 아래까지 똑같이 시원하고, 똑같이 바깥쪽의 화사한 느낌이 만들어지고 있다. 언제나 열려 있는 창문 앞에서 차양은 펄럭펄럭 움직였고, 그 창에선 끊임없이 불어오는 바람에 실려 출렁이는 수면을 흘러가는 듯한 따스한 그림자와 초록으로 물들인 햇빛이 들어왔으며, 움직이는 물결은 바로 가까이서 밝게 빛나다가 반짝반짝 움직이는 것을 떠오르게 했다.

내가 가장 자주 갔던 곳은 산마르코 성당이었다. 그곳에 가려면 먼저 곤돌라를 타야 했는데, 성당은 그저 역사적 건축물이라기보다 봄바다를 건너는 여행길의 종착점처럼 나타났다. 그 바다와 산마르코 성당은 내게서 떼어놓을 수 없는, 살아 있는 전체를 만드는 것처럼 보였으므로 이리로 오는 것은 한층 즐거운 일이었다. 어머니와 내가 각자 대리석과 유리 조각무늬 그림을 밟으며 세례당으로 들어가자, 앞에 있는 넓은 아케이드는 장밋빛 나팔 모양을 하고 있었고, 시간이 그 겉면을 가볍게 휘어져 지나가고 있다. 그래서 시간이 아직 선명한 색조를 잃지 않은 곳에선 성당이 마치 커다란 벌집 속의 꿀처럼 말랑말랑하고 마음먹은 대로 만들 수 있는 소재로 지어진 듯 보이는 것이었다. 반대로 시간이 소재를 딱딱하게 만들어 장인들이 그것에 투명한 세공을 하거나 금박을 입힌 부분은, 코르도바 가죽이나 다른 뭔가로 만들어진 베네치아의 커다란 복음서의 으리으리한 장정을 떠올리게 했다. 내가 한동안 그리스도의 세례를 그린 조각무늬 그림 앞에 있는 것을 본 어머니는 세례당에 얼음 같은 찬 기운이 내려오는 걸 느끼고 내 어깨에 숄을 걸쳐주었다. 발베크에서 함께했던 시절의 알베르틴은, "당신과 함께 이러이러한 그림을 보았더라면 틀림없이 즐거웠을 텐데" 말했었는데—내 생각에 이는 아무 근거도 없는 말이다—그 무렵에 나는 그녀도 아직은 뚜렷하게 사고하지 않는 많은 사람의 정신을 채우고 있는, 그런 애매모호한 환상의 하나를 드러내고 있다고 생각했다. 이젠 그 사람들과 함께 아름다운 것을 보는 즐거움은 아니더라도, 적어도 예전에 그것을 함께 보았다는 즐거움이 존재하는 것은 확실한 듯싶다.

곤돌라를 작은 광장 앞에서 기다리게 하고, 우리는 성 요한이 그리스도에게 세례를 주고 있는 요단강의 물을 바라보고 있었다. 내가 그 세례당과 조각무늬 그림을 떠올리자, 서늘한 어둠에 휩싸인 한 부인이 내 곁에 있음을 무시할 수도 없어서, 그것을 소중히 여기는 순간이 바야흐로 내게 찾아왔던 것이다. 베네치아에 있는 카르파초의 그림 〈성녀 우르술라 이야기〉 속의 나이 든 부인처럼 다소곳하고 열광적인 마음으로 상복을 입은 그녀는 볼을 붉히며 슬픈 눈길로 검정 베일을 드리우고 있었다. 어떤 것도 그녀를, 부드러운 빛을 받고 있는 산마르코 성당에서 밖으로 데리고 나올 수 있을 성싶지 않았고, 마치 조각무늬 그림으로 변한 듯한, 그곳에 그녀의 전용석이 마련되어 있어서 앞으로도 산마르코 성당에 가기만 하면 반드시 그녀를 만날 수 있으리라. 이 부인은 바로 나의 어머니이다. 방금 이름을 말했던 카르파초는 내가 산마르코 성당에서 일하지 않을 때, 어머니와 둘이서 즐겨 만나러 갔던 화가로, 그가 어느 날 하마터면 알베르틴에 대한 사랑을 되살릴 뻔했다. 나는 〈악마에 씌인 남자를 치유하는 글라도 총주교〉를 처음 보았다. 나는 살구색과 보라색의 멋진 하늘을 바라보고 있었는데, 하늘을 배경으로 그곳에 박혀 있는 높다란 굴뚝이 몇 개나 떠 있었고, 나팔처럼 열린 그 모습은 빨강 튤립이 활짝 핀 것 같아 휘슬러가 그린 많은 베네치아 풍경을 떠올리게 했다.

이어 내 눈은 오래된 목조 리알토 다리, 지난 15세기의 '베키오 다리'에서 금색 기둥머리 조각으로 장식된 대리석 건물로 옮겨갔고, 다시 운하로 돌아갔다. 그 운하에선 장밋빛 윗옷을 입고 챙 달린 모자를 쓴 젊은이들이 작은 배를 젓고 있었으며, 그들은 세르, 스트라우스, 케슬러가 지은 혁혁한 〈요셉 이야기〉 속에서 글자 그대로 카르파초를 떠올리게 했던 그 인물로 착각할 만큼 닮아 있었다. 마지막으로 마침내 이 그림 앞을 떠나기에 앞서 내 눈은 다시 운하 기슭으로 돌아갔는데, 그곳엔 그때의 베네치아 생활의 다양한 광경이 북적대고 있었다. 나는 이발사가 면도하는 모습을 보았다. 흑인은 술통을 짊어지고 있었고, 이슬람교도들은 이야기를 나누고 있었다. 헐렁한 브로케이드나 다마스쿠스 조직의 옷을 입고, 버찌 색깔의 벨벳으로 만든 챙 없는 모자를 쓴 베네치아의 유력 귀족들이 있었다.

그때 나는 문득 심장에 찌르르 하는 통증을 느꼈다. '문화 신도회 회원'들은 소매나 옷자락에 금과 진주 자수로 자기들이 속한 명랑한 신도회의 문장을 달고 있었으므로 금세 알아볼 수 있었는데, 그중 한 명의 등에서, 알베르틴과 함께 오픈카로 베르사유에 갈 때 그녀가 입었던 외투를 보았던 것이다.

그날 밤, 나는 겨우 열다섯 시간 뒤에 그녀가 내 집에서 나가리라고는 꿈에도 생각지 않았다. 그 비참한 날, 그녀는 마지막으로 남긴 편지에서, "밤이 되려 하고 있고, 우리는 헤어지므로 두 가지 의미 모두에서 석양이었습니다"라고 그것을 표현했는데, 늘 모든 일에 준비가 철저한 그녀는 내가 나가자고 하자 포르투니 외투를 어깨에 걸쳤던 것이다. 그 외투는 이튿날 그녀가 가져갔고, 그 뒤로 나는 단 한 번도 그걸 떠올린 적이 없었다. 그런데 베네치아가 낳은 천재 포르투니는 카르파초의 이 그림 속에서 그 외투를 꺼내왔으며, 아까의 문화 신도회 회원의 어깨에서 그것을 떼어내 수많은 파리 여인이 어깨에 걸쳤다는 것인데, 그녀들은 내가 지금까지 몰랐듯이 그 모델이 베네치아의 아카데미아 미술관의 어느 방에 있는 〈글라도 총주교〉의 전경에 그려진 귀족들 속에 있으리라고는 꿈에도 생각지 않았던 것이다. 나는 거기서 모든 것을 알았다. 그리고 잊고 있었던 외투는 그것을 보기 위해 어느 밤 알베르틴과 함께 베르사유로 가려던 한 남자의 눈과 마음을 내게 돌려주었으므로 나는 한동안 욕망과 우수가 뒤섞인 복잡한 감정에 빠졌는데, 그것도 이내 사라졌다.

그러던 어느 날, 어머니나 나나 이제 베네치아 미술관과 교회만으론 성에 차지 않았고, 그래서 언젠가 유난히 날씨가 좋던 날, 그 '악덕'과 '미덕'을 보기 위해 파도바까지 발걸음을 한 적이 있었다. 이것은 스완이 내게 준 복제품으로 아마 지금도 콩브레 집의 공부방에 걸려 있을 것이다. 햇볕이 쨍쨍 내리쬐는 아레나 공원을 가로질러 나는 예배당으로 들어갔다. 성당 안의 둥근 천장도, 벽화의 배경도 어찌나 푸른지 강한 햇살이 방문자와 함께 문간을 넘어서 그늘과 냉기로 밝은 하늘과 빛의 금박을 몰아내 잠깐 짙은 하늘을 던지러 온 것 같았다. 푸른빛이 도는 돌 위로 옮겨간 이 하늘 속을 천사들이 날아다니고 있었다. 그것은 난생처음 보는 광경이었다. 왜냐하면 스완 씨가 준 것은 '미덕'과 '악덕'의 복제였지, 성모와 그리스도에게 일어난 일을 그린 벽화의 복제품은 주지 않았기 때문이다. 그런데 나는 천사들이 날아가는 모습을 보고 과거 '자애'나 '질투'의 행위가 준 것과 완전히 똑같은 실제 행동, 글자 그대로 현실의 행동이라는 인상을 받았다. 아레나의 천사들은 맑은 열의를 가득 담아서, 또는 적어도 어린애 같은 슬기로움과 열정을 담아서 작은 손을 모은 모습으로 그려져 있었으며, 그것은 우화라기보다 무슨 특별한 새가 실제로 존재하여 성경과 복음서 시대의 박물지에 등장한 것 같았다. 이것은 성인들이 돌아다닐 때, 꼭 그 앞에서 팔랑팔랑 날아다니는 어린아이들이다. 반드시 성인들의 머리 위를 날아다니는 몇몇은 실제로 날 수 있는 현실의 존재이므로 높이 날아오르거나, 방향을 틀거나, 유쾌하게 자반뒤집기를 하거나, 중력 법칙을 거스른 자세도 가능하게 하는 그 날개를 충분히 활용하여 완전히 거꾸로 땅 위에 내려오기도 한다. 그걸 보면서 떠오른 것은 르네상스나 그 이후 시대의 예술에 나타난 천사들이 아니다. 그 천사들의 날개는 이미 상징에 불과하며, 보통은 날개 없는 하늘 위의 사람들과 몸가짐이 다르지 않은 데 반해, 이는 지금은 사라진 새의 변종이거나, 활공 훈련을 하는 가로(Garros)*의 제자들을 떠오르게 했다.

호텔로 돌아와서 몇몇 젊은 부인을 만났다. 주로 오스트리아에서 온 사람들로서 아직 꽃이 피지 않은 초봄의 쾌청한 날들을 베네치아에서 보내고 있었다. 그중 하나는 생김새가 알베르틴과 비슷한 건 아니었지만, 상쾌한 피부색과 바람기 있어 뵈는 웃음을 머금은 눈매 때문에 내 마음에 쏙 들었다. 이윽고 나는 처음 사귈 때 알베르틴에게 했던 말과 똑같은 말을 그녀에게 하고 있는 나를 발견했다. "내일은 못 만나요. 베로나에 가기 때문이에요." 나는 이 말을 듣자 그 시절과 똑같은 고통을 느꼈으며, 나도 곧장 베로나로 가고 싶었지만 그것을 상대가 알아채지 못하게 감추고 있었다.

이런 상태는 지속되지 않았다. 그녀는 오스트리아에 돌아가기로 되어 있었고, 다시는 만날 일이 없으리라. 하지만 누군가를 좋아하게 되면 이내 그렇게 되는 것처럼 어느새 어렴풋한 질투를 느끼기 시작한 나는 우수를 머금으면서도 수수께끼 같은 그녀의 얼굴을 보면서 생각했다. 이 사람도 여자를 좋아하는 걸까? 그녀와 알베르틴의 공통점, 밝은 피부톤과 눈길, 모두를 매혹하는 매우 사랑스럽고도 개방적인 모습, 전혀 관심 없는 다른 사람의 행동 따윈 알려고도 않는 대신 자기가 한 행동은 활발하게 고백하는 그런 인상을 주었는데, 사실은 반대로 더할 나위 없이 어린애 같은 거짓말로 언제나 자기 행동을 감추려는 태도, 그런 것은 여자를 사랑하는 여자만이 지닌 독특한 성격적인 형태를 구성하는 게 아닐까 하는 생각이 들었다. 여자가 지닌 그런

---

\* 프랑스의 비행사(1888~1918).

점이야말로 이치로 따져 설명할 수는 없지만, 나를 매혹하고 불안하게 하는 게 아닐까(인간은 자기를 괴롭히는 것에게 마음이 끌리므로, 어쩌면 이런 불안이야말로 한층 깊은 매력의 원인일지도 모른다). 그것은 바로 눈에는 보이지 않지만, 다른 지방의 허공에 떠 있어 심한 불쾌감을 주거나, 자성을 띤 요소처럼 내가 그녀를 만날 때면 커다란 쾌락과 안타까움을 주었던 것이 아닐까? 아, 나는 슬프게도 그것을 결코 알지 못하리라. 얼굴 표정으로 속마음을 읽으려 할 때, 나는 이런 말을 하고 싶었다. "그 부분을 말해주어야 하오. 무척 재미있을 것 같군. 인간박물지 법칙의 하나를 알게 될 테니까." 하지만 그녀는 절대로 중요한 이야긴 하지 않으리라. 그녀는 그 악습 비슷한 것을 소름 끼치는 일이라며 딱 자르고, 여자친구들에게는 몹시 쌀쌀맞은 태도를 보였다. 어쩌면 오히려 그것이야말로 그녀가 뭔가 감추고 있다는 증거일지도 모른다. 그녀가 당하는 조롱과 모욕은 그것 때문인지도 모르며, 또 남이 눈치채지 않게 하려는 태도는 자기를 때린 인간에게 동물들이 보이는 경계심처럼 도리어 비밀을 드러내는 일일 수도 있다. 그녀의 생활에 대해 안다는 것은 도저히 불가능했다.

알베르틴만 해도 뭔가를 알아내려면 얼마나 많은 공을 들여야 했던가! 사람들의 말문을 열기 위해 그녀의 죽음이 필요했던 것이다. 그 정도로 알베르틴은 이 젊은 부인과 마찬가지로 매우 신중하게 행동했다. 그런 알베르틴조차 나는 무엇을 확실하게 안다고 말할 수 있으랴! 게다가 우리가 감당할 수 없다고 여겼던 생활 조건이 어떤 사람을 사랑하지 않게 된 순간 아무래도 상관없는 것이 되는 경우가 있고, 그것은 문제의 생활 조건이 실현되면 그 사람 가까이에서 살아갈 수 있게 되며, 어쩌면 그의 마음에 들게 될지도 모르기 때문에 자신도 모르는 사이에 그런 생활 조건에 대한 욕망을 키우고 있었으므로 어떤 지적 호기심도 이와 마찬가지다. 여린 장밋빛 뺨의 얇은 꽃잎 속에, 동틀 무렵의 해 없이도 환한 아침의 밝음 속에, 아무에게도 밝힌 적이 없는 숱한 인생의 날들 속에 어떠한 욕망이 잠재되어 있을까? 그것을 아는 건 과학적으로 중요한 일이라고 생각했지만, 알베르틴에 대한 사랑이 완전히 끝나자, 또는 이 젊은 부인에 대한 사랑이 완전히 끝나자 그 중요성도 어딘가로 사라져버린 것이리라.

해질 무렵이면 나는 마법에 걸린 것처럼 홀로 시내로 나갔다. 낯선 지역에 발을 들여놓으면 내가 마치 《아라비안나이트》의 등장인물이 된 듯한 기분이 들었다. 발길 닿는 대로 돌아다니다가 어떤 안내책자에서도 본 적 없고 어떤 여행자도 가본 적이 없는 미지의 드넓은 광장을 발견하는 일은 그리 드물지 않았다. 나는 그물코 같은 골목으로, 좁다란 길로 들어섰다. 해질 무렵, 태양이 선명한 장밋빛과 또렷한 빨강으로 물든 나팔처럼 끝이 열린 높은 굴뚝을 비추면 그것은 집들 위에 정원 가득 꽃이 피어 있는 듯했고, 그 색채가 어쩌나 다채로운지 마치 델프트(Delft)나 하를렘(Haarlem)의 튤립 애호가의 정원을 도시로 옮겨놓은 성싶었다. 집들이 다닥다닥 붙어 있었기 때문에 창문들은 줄지어 걸어놓은 그림 액자가 되었는데, 그 속엔 밖을 내다보면서 멍하니 생각에 잠겨 있는 요리사가 있는가 하면, 앉아 있는 젊은 아가씨의 머리칼을 빗기는 할멈이 있었다. 내부의 음침한 곳에서 가까스로 찾아낸 노파의 얼굴은 마녀 같았고, 골목이 매우 좁기 때문에 초라한 집들이 빼곡하게 처마를 마주대고 있는 모습은 네덜란드파의 그림을 100장쯤 늘어놓은 전람회 같았다. 집들이 옹기종기 늘어선 골목은 운하와 간석지를 구분하는 베네치아의 한 부분을 물길로 가로세로 나누고 있으며, 그 한 조각이 다시 얇고 작은 수많은 결정체로 나뉜 것 같았다. 이런 조붓한 길의 막다른 곳에서 결정화된 물질이 팽창을 일으킨 모양인지, 골목길이 만드는 그물코 속에 이런 훌륭한 것은커녕, 그런 곳엔 절대로 있을 성싶지 않은 드넓고 당당한 광장이 훌륭한 집들에 둘러싸여, 달빛에 창백하게 빛나면서 내 앞에 나타났다. 여러 건물을 한군데에 모아놓은 듯한 이곳은 다른 도시였다면 몇 가닥의 길이 사방으로 뻗어 있어 사람들을 그곳으로 인도할 것이다. 그러나 여기선 일부러 깊숙한 골목에 감춰놓은 것 같다. 마치 동방의 동화에 나오는 궁전 같아서 밤에 그곳으로 안내받았다가 동이 트기 전에 돌아온 사람은 마법의 궁전을 다시는 발견할 수 없으므로, 결국엔 꿈속에서 갔다 온 줄 알게 되리라.

이튿날 나는 어젯밤의 그 멋진 광장을 다시 찾아 나섰지만, 가는 골목마다 어쩌나 비슷하게 생겼던지 결국 찾지도 못하고 길만 잃고 말았다. 더할 수 없이 막연하지만 어떤 단서가 나타나 고독과 침묵 속에 갇힌, 추방된 신세의 그 아름다운 광장을 단숨에 알려줄 것 같은 느낌이 들었다. 그러나 그때마다 심술궂은 악마가 새로운 골목길로 변신하여 색다른 모습으로 나타나는 바람에 내키지 않지만 되돌아 나와야 했고, 그러다 보면 나는 어느새 대운하로 돌아와 있었다. 꿈과 현실 사이엔 그리 커다란 차이가 없으므로, 어두운 베네치아 한구석의 결정체 속에서 낭만적인 궁전으로 둘러싸인 드넓은 광장이 언제까지나 달빛 명상에 잠겨 있던지 간에, 그 뭉게뭉게 떠다니는 듯한 기묘한 상태는 꿈속에서 일어난 일이 아닐까, 결국 나는 그렇게 생각하게 되었다. 하지만 몇 개의 광장 이상으로 내가 절대로 잃고 싶지 않았던 것은 몇몇 여성들로서, 이 욕망은 베네치아에 머무는 동안 내 가슴을 끊임없이 설레게 했었다. 그러나 어머니가 우리의 출발을 결정한 날, 해질 무렵 우리 짐 가방이 이미 곤돌라에 실려 역으로 향한 뒤에, 호텔의 외국인 예약 손님 명단에서 '퓌트뷔스 남작부인과 그 일행'이라는 글자를 읽었을 때, 나는 열에 들뜬 상태가 되었다. 지금 출발하면 육체의 쾌락이 맛볼 수 있는 모든 시간은 헛일이 되고 만다는 기분이, 만성적인 상태로 존재하던 그 욕망을 하나의 감정으로 고조시켰고, 이윽고 멍한 우울에 빠지게 했다.

나는 어머니에게 출발을 며칠만 미루자고 했다. 어머니는 내 부탁을 귓등으로도 듣지 않았다. 베네치아의 봄에 흥분된 나의 신경이 옛 욕망을 다시 일깨웠다. 그것은 내가 순순히 말을 들으리라고 단단히 믿고 있는 부모님이 나에 대해 어떤 음모를 꾸미는 게 틀림없다는 얼토당토않은 상상을 하거나, 그것에 저항하려는 욕망이며, 내가 가장 사랑하는 사람들에 대해 비록 그들을 항복시킨 뒤에는 그들의 의지에 따르지만, 어쨌든 강제로 내 의지를 꺾으려는 데 대한 반항심이다. 나는 어머니에게 떠나지 않겠다고 말했는데, 어머니는 진심이 아닐 테니 모른 체하는 게 상책이라고 여겨 대꾸도 하지 않았다. 나는 진심인지 아닌지는 곧 알게 될 거라고 덧붙였다.

이때 안내인이 편지 세 통을 가져왔다. 두 통은 어머니 앞으로, 한 통은 내 앞으로 왔는데 나는 그 편지를 겉봉도 읽지 않은 채 서류함의 다른 편지 사이에 끼워버렸다. 이윽고 어머니가 내 모든 짐을 역으로 보냈을 시간이 되었을 때, 나는 운하를 앞에 둔 테라스에 앉아 음료를 마시면서 해넘이를 보고 있었다. 그 사이 호텔 맞은편에 서 있던 작은 배 위에선 가수가 〈오솔레미오〉를 불렀다. 해가 지고 있었다. 어머니는 지금쯤 역 가까이 갔을 것이다. 곧 출발하겠지. 그러면 나는 혼자가 된다. 어머니의 마음을 아프게 했다는 슬픔을 안고, 위로해줄 어머니가 계시지 않은 이곳 베네치아에서 나는 혼자다. 기차 시각이 다가오고 있다. 돌이킬 수 없는 고독은 어느새 코앞에까지 와 있었고, 곧 그것은 모든 면에 걸쳐 시작될 것이었다. 나는 이제 외톨이다. 주위의 모든 것이 서먹서먹해졌다. 평정심을 완전히 잃은 나는 두근거리는 가슴을 가라앉힐 수도, 주위 사물을 안정시킬 수도 없다. 내 앞에 있는 도시는 더 이상 베네치아이기를 그만두었다. 베네치아의 인격, 그 이름은 거짓으로 보였으며, 이 도시를 이루는 많은 돌에게 그것을 갖다 맞출 용기는 이미 내게 없었다. 호화롭고 웅장한 건물도 그저 다른 모든 대리석과 비슷비슷한 몇몇 부분과 수량으로 되돌아간 듯했고, 영원하고 맹목적인 물도 베네치아이기 전부터 베네치아의 바깥에 존재했으며, 총독도 터너도 모르는 단순한 수소와 질소의 화합물처럼 보였다. 그럼에도 어떠한 변화도 없는 이 장소는 지금 그곳에 갓 도착하여 아직 이곳 물정을 모르거나, 그곳을 떠난 우리를 이미 잊어버린 장소처럼 낯선 곳이었다. 나는 이 도시에게 아무것도 말할 수 없었고, 나의 어떤 것도 맡길 수가 없었다. 이 도시 때문에 위축된 나는 이제 두근거리는 하나의 심장, 〈오솔레미오〉의 전개를 불안하게 좇고 있는 깊은 주의력 말고 다른 아무것도 아니었다. 나는 죽을힘을 다해 내 생각을 리알토 다리의 아름답고 독특한 곡선으로 가져가려 했지만 헛수고였다. 다리는 그저 평범하기만 했고, 내가 그것에 대해 가졌던 관념보다 못할 뿐만 아니라 그것과는 전혀 무관하게 보였다. 마치 금발 가발과 검정 옷을 걸치고 있지만, 그 배우가 본질적으론 햄릿이 아님을 아는 것처럼.

마찬가지로 건물도, 운하도, 리알토 다리도 저마다의 개성을 이루던 관념을 벗어던지고 비속하기 짝이 없는 물질적인 요소로 분해되어버렸다. 동시에 이 하찮은 장소가 내겐 그리 멀지 않은 것처럼 여겨졌다. 조선소의 독(dock)은 위도가 다르다는 과학적인 요인 때문에 묘한 것들이 많았고, 언뜻 프랑스의 그것과 비슷했지만, 이국으로 추방된 무관한 것임이 분명했다. 가까이 보이는 수평선까지 배를 타고 나가 한 시간이면 충분히 닿을 텐데도 그것은 프랑스의 바다에서 보는 수평선과는 전혀 다른 땅이 만드는 만곡이며, 여행의 눈속임으로 내 가까이 매어놓을 수도 있지만, 저 멀리 있는 만곡이어서 내가 멀리 와 있음을 절실히 느끼게 할 뿐이었다. 그래서 하찮은 것이면서 멀리 있기도 한 이 조선소의 독은 어릴 적 어머니를 따라 들리니(Deligny)의 풀장에 갔을 때 처음 느꼈던, 혐오와 공포가 섞인 그런 감정으로 나를 채웠다. 실제로 하늘도 해도 없이 물을 가두어놓아 캄캄하기만 했고, 탈의실로 둘러싸인 풀장이 만드는 환상적인 광경은, 많은 인간으로 뒤덮여 있어 눈에 보이지 않는 깊은 곳과 틀림없이 통할 것 같았다. 그래서 나는 그 무렵에 분명 도로에선 집들로 가려져 이런 곳이 있는 줄 모르는 데다, 이곳의 깊은 물은 인간들의 눈엔 가려져 있지만 이것은 거기서 시작되는 얼음바다의 들목이 아닐까, 북극이나 남극도 여기에 포함되는 게 아닐까, 이 좁은 곳이야말로 극지방의 바다얼음이 녹은 부분이 아닐까 생각했었다. 나는 지금 내게 어떤 동정도 보이지 않는 이 쓸쓸하고 비현실적인 얼음처럼 냉랭한 풍경 속에 혼자 남으려 한다. 오로지 〈오솔레미오〉의 노랫소리만이 전에 내가 알던 베네치아의 비탄에 젖은 목소리처럼 높아져 내 불행의 산증인 같기만 했다.

만약 이제부터라도 어머니에게로 달려가서 함께 기차를 탈 생각이라면 이 노랫소리에는 그만 귀를 기울여야 할 것이다. 단 1초도 헛되이 하지 말고 출발할 결심을 해야 한다. 그렇지만 나는 그렇게 할 수 없었다. 나는 꼼짝 않고 있었다. 일어서지도 못했고, 일어날 마음조차 먹을 수가 없었다. 진심으로 결심할 마음이 없었던 것이리라. 사고는, 속속 펼쳐지는 〈오솔레미오〉의 계절을 좇는 일에 몰두했고, 가수와 함께 속으로 노래하며 다음 계절이 높이 날아오를 거라 예상했으며, 그 비약에 악절과 함께 나도 몸을 맡겼다가 이내 다시 내려오는 것이었다. 어쩌면 백 번도 더 들었을 이 따분한 노래에 나는 전혀 흥미가 없었다. 마치 의무를 수행하듯이 이 곡을 끝까지 감사한 것처럼 들었지만, 아무도 기쁘게 하지 못했고, 나 또한 기쁘지 않았다. 요컨대 이 노래의 어떤 악절도 내게 필요한 결심이 서게 하지 못했다. 그렇기는커녕 차례로 나오는 악절 하나하나가 내 결심을 방해했으며, 도리어 출발하지 말라는 반대의 결심을 강요하고 있었다. 왜냐하면 그것은 시간이 흘러가게 했기 때문이다. 그래서 〈오솔레미오〉를 듣는다는 애당초 아무 재미도 없는 일이 거의 절망적이라 할 정도의 깊은 비애를 띠는 것이었다. 실제로는 그곳에 가만히 있음으로써 출발하지 않겠다는 결심이 차츰 굳어짐을 느꼈다. 하지만 "나는 떠나지 않겠다"고 스스로에게 되뇌는 직접적인 형태로는 불가능했던 일이 "이제 〈오솔레미오〉의 딱 한 구절만 듣자"는 다른 형태로는 가능해진다. 가능하긴 하지만 매우 쓰라린 결심이다. 왜냐하면 이 비유적인 표현이 실제로 무엇을 의미하는지 모를 리 없고, "결국 앞으로 한 구절만 듣겠어"

다짐하면서도 그것이 "나는 혼자서 베네치아에 남는다"라는 의미인지 나로선 확실하게 알지 못했기 때문이다. 어쩌면 이 노래의 절망적이면서도 마음을 끌어당기는 매력은 서늘하게 시드는 듯한 어떤 비애였다. 가수의 노래가 근육의 힘을 과시하듯 높이 내던지는 소리 하나하나가 심장을 깊숙이 찌른다. 악절을 낮은 음으로 마쳐 곡이 끝난 것 같은데도 가수는 만족하지 않으며, 마치 내 현재의 고독과 절망을 선언할 필요가 있다는 듯이 다시 소리 높여 노래하기 시작한다. 그래서 나는 음악에 세심하게 귀를 기울이며 생각했다. '내게 아직 결심이 서지 않았기 때문에 이 노래를 저 높은 소리로 다시 부르는 걸 거야.' 그러자 내 고독감이 한층 더해졌다. 노랫소리는 시시각각 고독을 완전하게 만들면서 이윽고 돌이킬 수 없는 고독 속으로 떨어뜨리는 것이었다.

어머니는 이미 역에 도착했을 테고, 곧 출발할 것이다. 내 눈앞에 펼쳐진 것은 홀로 남게 된 베네치아였다. 그것은 이제 어머니만 포함하고 있지 않은 게 아니다. 내 마음은 어느새 평정을 잃어 앞에 있는 것을 주의 깊게 살필 수 없었고, 내 앞의 것은 이미 나를 포함하고 있지 않았다. 뿐만 아니라 그것은 이제 베네치아도 아니었다. 마치 웅장한 집들의 수많은 돌과 운하의 물에 내 혼을 불어넣고 있었던 것처럼. 이렇게 의지는 무너졌으며, 확고한 결심도 서지 않은 채로 나는 그곳에 꼼짝 않고 있었다. 사실은 이때 이미 결심이 서 있었던 것이다. 친구조차도 흔히 그 결심을 예상하곤 하지만, 정작 당사자인 나는 예상치 못했다. 그렇지 않으면 많은 고뇌로부터 벗어날 수 있었으련만.

마침내 예측 가능한 혜성이 튀어나오는 그 동굴, 더욱 어두워진 동굴로부터 뿌리 깊은 습관의 생각지도 않던 강인한 방위력 덕분에, 또 그 습관이 아슬아슬한 순간에 돌연 충동적인 혼재 속으로 들어가 숨어 있던 예비군 덕분에 행동이 겉으로 나타났다. 나는 전속력으로 뛰기 시작했다. 도착했을 때는 이미 기차의 출입문은 닫혀 있었지만, 가까스로 어머니를 찾을 수 있었다. 어머니는 기쁜 나머지 얼굴을 붉히면서 터져나오려는 울음을 참고 있었다. 내가 이젠 돌아오지 않는 줄로만 알았기 때문이다. "있잖니, 돌아가신 네 할머니가 말씀하셨단다." 어머니가 말했다. "참 이상도 하지? 그 아이만큼 참을성 없는 아이도 없지만, 그토록 붙임성 있는 아이도 없다고 하시더구나."

나는 도중에 파도바가, 다음엔 베로나가 배웅을 나와서 우리에게 작별을 고하는 모습을 보았다. 그 도시들은 우리와 멀어지는 사이, 다시 제자리로 돌아가 먼저의 생활로 돌아갔다. 하나는 들판으로, 다른 하나는 언덕으로. 시간은 흘러간다. 어머니는 아까 받은 편지 두 통을 뜯기만 했지 서둘러 읽을 생각은 않고 있었고, 나는 호텔 안내인에게서 받은 편지를 꺼낼 생각도 하지 않았다. 어머니는 진작부터 여행이 너무 길어서 내가 피곤해하지 않을까 걱정했으므로, 삶은 달걀을 꺼내거나 신문을 건네거나 나 모르게 사두었던 책을 펼치는 순간을 되도록 뒤로 미루면서, 내 마지막 몇 시간의 그 기분에서 돌아오도록 배려했다.

내가 어머니를 처음 보았을 때, 어머니는 깜짝 놀란 표정으로 편지를 읽고 있었다. 이윽고 고개를 든 어머니는 함께일 수 없는 각기 다른 추억 위로 쏟아지는 눈길을 주체하지 못했다. 그 사이 나는 내가 들고 있던 봉투에서 질베르트의 글씨체를 보았다. 편지를 뜯었다. 질베르트는 로베르 드 생루와의 결혼 소식을 전해왔다. 그녀는 소식을 전하려고 베네치아로 전보를 쳤지만, 내 답장이 없었다고 했다. 나는 듣던 대로 베네치아의 전보 서비스가 엉망임을 떠올렸다. 그녀의 전보를 받은 적이 없기 때문이다. 그렇게 말해도 그녀는 믿지 않으리라. 그때 나는 어떤 추억의 형태로 내 머릿속에 자리잡고 있던 어떠한 사실이 그곳을 떠나 갑자기 다른 사실로 장소를 옮기는 것을 느꼈다. 그동안 받은 전보는 알베르틴에게서 온 줄로만 알았는데 사실은 질베르트가 보낸 것이었다. 그녀의 독특한 필체는 $t$자의 가로줄이 위로 튀어나오게 하여 밑줄처럼 긋거나, 또는 $i$의 점이 윗줄의 문장을 끊어버리는 구두점처럼 보였고, 또 윗줄 글자의 끝이나 아라베스크풍 장식 부분이 아랫줄까지 내려왔다. 그래서 전보국 직원이 뒷줄의 $s$와 $y$의 구부러진 부분을 아랫줄의 질베르트(Gilberte)라는 글자 뒤에 'ine'라는 글자가 붙어 있는 줄 안 것도 무리는 아니었다. Gilberte에서 $i$의 점은 윗줄의 생략부호가 되었다. 또 G는 A의 고딕체처럼 보였던 것이다. 그 밖에도 두세 개의 글자를 제대로 읽지 못해 다른 낱말로 혼동하는 바람에(몇 개의 낱말은 읽는 게 불가능해 보였다), 그것만으로도 내 착각을 설명하는 데 충분하리라. 아니, 그럴 필요조차 없었다. 아둔한 사람 같으니! 특히 미리 판단하기를 좋아하고, 누가 보낸 편지인지 알면 하나의 낱말에서도 많은 뜻을 읽어내며, 하나의 문장에선 더욱 많은 뜻을 읽어낼 테니까. 읽으면서 짐작하고, 제멋대로 창작한다. 모든 것은 최초의 착각에서 출발하는 법이다. 그에 이어지는 착각은(그리고 이것은 오로지 편지나 전보의 판독에만 그치지 않고, 모든 읽기 행위에만 한정되는 것도 아니다), 출발점이 다른 사람에겐 아무리 비정상적으로 보여도 더할 나위 없이 자연스런 현상이다. 우리가 완고함과 그에 못지않은 성실성으로 믿고 있는 것의 대부분은 마지막 결론에 이를 때까지 그러하지만, 전제에 대한 최초의 착각에서 시작된다.

"아유, 어쩜 좋으냐!" 어머니가 말했다. "내 나이쯤 되면 어지간한 일엔 놀라지 않는다만, 이거야 원, 이 편지의 소식보다 뜻밖의 일이 또 있겠니?" "제 말 좀 들어보세요." 나는 대답했다. "그게 어떤 일인지 모르지만 아무리 놀라운 일이라 해도 제가 받은 이 편지의 내용만은 못할 걸요. 결혼한대요, 로베르 드 생루가 질베르트 스완하고요."—"뭐어? 그럼 아직 뜯지 않은 이 편지가 그것인가 보구나. 이게 네 친구의 글씨체 아니냐?" 어머니는 희미하지만 감동의 기색을 보이며 내게 미소 지었다. 어머니는 외할머니가 돌아가신 뒤로 아무리 사소한 사건이라도 고뇌와 추억이 있는 사람과, 당신도 아는 누군가를 잃은 사람에 대한 것이면 그런 감동의 표정을 짓곤 했다. 이렇게 어머니는 내게 미소를 보냈고, 다정한 목소리로 말했는데, 그건 마치 가볍게 화제로 삼으려 했다간 일의 중대함이 손상될까 봐서 그러는 듯싶었다. 이 결혼은 스완의 딸과 미망인을, 또 지금 아들과 헤어지려 하는 로베르의 어머니를 슬프게 할 게 뻔했다. 마음이 여린 어머니는 그들이 내게 친절하니까 호감을 가졌고, 당신이 딸로서, 아내로서, 또 어머니로서 느꼈던 가슴 벅참으로 그녀들을 대하는 것이었다. "제 말이 맞지요? 더 이상 뒤로 넘어갈 일은 없을 거라고요." 어머니에게 말했다. "그런데 그런 일이 있으니 어떡하니." 어머니는 상냥한 목소리로 대답했다. "가장 뜻밖의 뉴스를 쥐고 있는 건 나야. 아니, 가장 위대하다거나 하찮다는 표현은 쓰지 않겠다. 다들 기억하는 세비녜 부인의 말을 인용하자면, '벤 풀을 말리는 일은 아름다운 작업' 같은 말을 네 할머닌 몹시도 싫어하셨단다. 난 그렇게 누구나 인용하는 세비녜의 말을 주워섬기고 싶진 않아. 이 편지는 말이다, 캉브르메르 씨의 아들이 결혼한다는 소식이란다."—"아, 예." 나는 건성으로 대답했다. "누구하고요? 어쨌든 신랑이 그러면 그 결혼은 그다지 흥미로운 일도 아닌 것 같은데요."

—"하지만 신붓감에 따라 생각이 바뀔 수도 있지."—"그게 누군데요? 신부가 누구죠?"—"그걸 곧장 가르쳐주면 값어치가 떨어지지. 어디 한번 맞혀봐라." 어머니가 말했다. 기차가 아직 토리노에 닿지 않은 걸 보고 좀더 즐기시려는 것 같았다. "그걸 어떻게 맞혀요. 굉장한 사람인가요? 르그랑댕 씨와 그의 누님이 만족해한다면 분명 대단한 결혼이겠군요."—"르그랑댕은 어떤지 모르겠다만 이 결혼 소식을 알려준 사람은 캉브르메르 부인이 무척 신이 났다고 하는구나. 네가 이걸 굉장한 결혼이라고 할지 어떨지는 모르겠다만, 난 말이다, 마치 왕이 양치기 아가씨를 왕비로 맞이하는 시대의 결혼 같다는 생각이 드는구나. 게다가 그녀는 양치기 아가씨만도 못한 것 같다만. 매력적인 사람이긴 하지. 이 소식을 들으면 네 외할머닌 아마 기절하셨을 거다. 하지만 못마땅해하시진 않았을 거야."—"대체 누군데 그러세요. 신붓감이 누굽니까?"—"올로롱 양이란다."—"이름에 뭔가 있는 것 같고 양치기 아가씨일 성싶지는 않은데, 그래도 누군지 전혀 짐작이 안 가네요. 그건 게르망트 가문의 칭호 중 하나였잖아요?"—"맞아. 샤를뤼스 씨가 쥐피앙의 조카딸을 양녀로 삼고 이 칭호를 주었지. 캉브르메르의 아들과 결혼하는 건 그녀란다."—"쥐피앙의 조카딸이요? 설마하니!"—"이게 다 행실이 얌전한 데 대한 보상이야. 마치 상드 부인이 쓴 소설의 결말 같은 결혼이로구나." 어머니가 말했다. '이건 나쁜 행실에 대한 대가야. 발자크 소설의 결말에나 있음직한 결혼이지.' 나는 속으로 그렇게 중얼거렸다.

"잘 생각해보면 이건 매우 자연스러운 일이야." 어머니는 다시 내게 말했다. "이로써 캉브르메르 집안은 그 게르망트 가문에 닻을 내리는 셈이지. 도저히 그런 곳에 발을 들여놓을 수 있을 성싶지 않았다만. 게다가 샤를뤼스 씨가 양녀로 삼은 그 아가씨는 분명 엄청난 부자가 될 테고, 캉브르메르 집안은 재산을 잃은 탓에 그 돈이 반드시 필요했을 테니까. 결국 그녀는 양녀지만, 캉브르메르 가문 사람들에겐 자기들이 진짜 왕자로 여기는 사람의 친딸—사생아—일지도 모른다는 거잖아. 왕족이나 다름없는 사람의 사생아란 프랑스나 외국에서도 귀족들에겐 늘 자랑스러운 결혼 상대였거든. 특별히 뤼상주 가문처럼 먼 옛날로 거슬러 올라가지 않아도 돼. 기억하지? 반년쯤 전에도 로베르의 친구가 그 젊은 아가씨와 결혼하지 않았다냐? 거짓인지 아닌지는 모르겠다만 그녀가 유일하게 내세울 거라곤 왕족의 서출이라는 것뿐이었거든." 콩브레 특유의 계급적 관점에서 보면 이 결혼은 할머니의 눈살을 찌푸리게 했겠지만, 어머닌 그런 측면을 지녔으면서도 할머니가 내린 판단을 수긍하려고 이렇게 덧붙였다. "게다가 그 아가씬 흠잡을 데가 없는 사람이야. 네 할머니는 매우 상냥하고 관대한 분이셨다만, 그렇지 않다 해도 캉브르메르 가문의 아들이 그 아가씨를 선택한 것을 나쁘게 말씀하시진 않았을 거야. 기억하니? 오래전에 할머니가 치마를 고치러 그 가게에 들렀을 때, 그 아가씨에 대해 얼마나 탐탁하게 생각하셨는지 말이야. 그 시절엔 어린애였지 뭐냐. 지금은 노처녀이기는 해도 이젠 완전히 딴 사람이 되어선 그 시절과는 비교도 안 될 정도로 나무랄 데 없는 여인이야. 하지만 네 할머닌 그런 걸 단박에 알아보셨지. 그래서 재봉사의 어린 조카딸이 게르망트 공작보다 '품위가 있다'고 생각하셨던 거고."

그러나 어머니가 필요로 했던 것은 할머니에 대한 찬사보다 할머니가 계시지 않아 차라리 '낫다'는 사실이었다. 그것은 딸로서의 애정의 극치였으며, 마치 할머니의 심기를 더 이상 언짢게 하지 않아도 된다는 효심이기도 했다. "그나저나 이게 믿어지기는 하니?" 어머니는 내게 말했다. "넌 모른다만 스완 영감님이 언젠가 당신의 증손자에게서 '아뇽하십니까? 요러분'이라고 발음하던 모델 아주머니의 피와 기스 공작의 피가 섞일 줄 생각이나 했겠니?"—"하지만 어머니, 이건 어머니의 말씀보다 더 놀랄 일이에요. 왜냐하면 스완 씨의 부모님은 아주 훌륭한 분이고, 아들인 스완 씨의 지위로 보아 떳떳한 결혼을 했더라면 따님도 매우 훌륭한 결혼을 했을 거예요. 스완 씨가 고급 창부 따위와 결혼했으니까 모든 게 애초부터 글렀던 거죠."—"망측하게도! 고급 창부라니. 그건 음해일지도 몰라. 난 절대 곧이듣지 않는다."—"사실이에요. 고급 창부였는데, 언젠가 진실을 말씀드리죠. 앞뒤 사정을요."

어머니는 멍하니 생각에 잠겨 말했다. "네 아버지였으면 내가 인사하는 걸 절대로 허락하지 않으셨을 그런 부인의 딸이 빌파리지 부인의 조카와 결혼을 하다니. 그 빌파리지 부인은, 아버지가 처음엔 우리와는 지체가 너무 다른 사교계 귀부인이라면서 만나러 가지도 못하게 했었단다. 르그랑댕은 우리를 캉브르메르 부인에게 소개해야만 하는 걸 두려워했다만, 그런 캉브르메르 부인의 아들 결혼 상대가 언제나 부엌 계단을 통해서만 우리집에 드나들던 사람의 조카딸이라니, 세상에……. 어쨌든 돌아가신 외할머니 말씀이 맞아. 너도 기억하지? 상류 귀족은 프티부르주아의 빈축을 살 만한 행동을 한다고 말이야. 그리고 마리 아멜리 왕비는 콩데 대공의 애인이 되어 오마르 공작에게 유리한 유언을 대공에게 쓰게 했다 해서 평가가 떨어졌다는 말도 있나 봐. 너도 기억하는지 모르겠다만, 그라몽 가문의 딸들은 몇 세기도 더 전부터 진짜 성녀였고, 조상인 그 여성이 앙리 4세와 관계가 있었음을 기념하여 코리상드라는 이름을 썼었는데, 그게 할머니의 눈살을 찌푸리게 했던 걸 말이야. 이런 일은 분명 부르주아들 사이에서도 이루어지긴 하겠지만, 그렇게 드러내놓는 것 같진 않아. 그런 일이 할머닐 즐겁게 했을 성싶니!" 어머니는 슬픈 듯이 말했다. 왜냐하면 괴로운 일이지만 할머니로선 더 이상 맛볼 수 없게 된 기쁨이란 인생의 가장 단순한 기쁨이고, 그녀가 재미있어할 짧은 이야기 한 편이나 연극, 뿐만 아니라 사소한 '흉내' 같은 것이었기 때문이다. "할머니가 아셨으면 깜짝 놀라셨을까? 하지만 이 결혼으로 분명 마음 상하셨을 것 같아. 그러니까 차라리 모르시는 게 낫지." 어머니는 계속했다. 어머니는 다양한 사건에 맞닥뜨릴 때마다 으레 할머니라면 타고난 감수성 때문에 여기서 특별한 인상을 받았을 거라고 생각했으므로 그것을 몹시 중요시했다. 전엔 상상도 못했을 듯한 비통한 사건, 이를테면 우리 가문의 옛 친구의 실각 또는 파산, 세상의 재해, 전염병, 전쟁, 혁명 등이 일어날 때마다 어머니는 할머니가 이런 걸 보시지 않아 다행이라고, 보셨으면 얼마나 괴로워하셨겠느냐고 생각했다.

이렇게 놀라운 일이 벌어지면, 심성이 사나운 사람이라면 자기가 싫어하는 사람들이 예상한 것보다 더 괴로워할 거라고 상상하여 좋아했겠지만, 할머니를 사랑하는 어머니는 그와는 반대로, 슬픈 일이나 언짢은 일도 할머니에게 일어나지 않기를 바랐다. 어머니는 언제나 할머니가 모든 불행으로부터 벗어나 있다고 상상했으며, 할머니에게 어떠한 불행도 일어나선 안 된다고 생각했으므로, 할머니의 죽음도 결국은 현대의 추악한 광경을 보지 않아도 되니 차라리 잘됐다고 여겼고, 그처럼 고상한 할머니의 성격은 이런 광경을 견디지 못하리라고 생각했다. 왜냐하면 낙천주의는 지나간 일에 대한 철학이니까. 실제로 일어난 사건은 모든 가능한 일 가운데서 우리가 아는 유일한 사건이므로 그것으로 일으켜진 불행은 피할 수 없는 일로 보이고, 또한 그것으로 불러올 수밖에 없는 조금의 좋은 일도 그 사건 덕분이며, 그것이 없으면 일어나지 않았을 거라고 우리는 상상한다.

어머니는 또한 할머니가 이런 결혼 소식을 들었을 때, 어떻게 생각하실지 속내를 알아차리려 애쓰면서, 동시에 할머니만큼 기품을 갖추지 못한 우리로선 도저히 불가능하다고도 생각했다. "그렇고말고!" 어머니는 운을 떼었다. "할머니가 아셨더라면 얼마나 놀라셨을까!" 어머니는 이 소식을 할머니에게 전할 수 없어서 안타까웠고, 할머니가 이 일을 모르시는 게 유감스러웠다. 인생이 이렇게 할머니로선 도저히 믿기지 않는 사실을 노골적으로 드러냈다 가는, 할머니가 인간과 사회에 대해 이 세상에서 가졌던 지식을 뒷날 불완전한 것으로 만드는 걸 부당하게 여겼던 것이다. 왜냐하면 쥐피앙의 조카딸과 르그랑댕의 조카의 결혼은, 할머니로선 도저히 일어날 리 없으리라 생각한 공중비행이나 무선전신에 성공을 거두었다는 소식을 어머니가 할머니에게 전하는 일만큼이나, 할머니가 가졌던 일반적 개념을 뒤집는 성질의 것이었기 때문이다. 그러나 뒷날 보다시피 할머니도 인류 과학의 은혜를 입었으면 하는 그 마음은 어머니에겐 지나친 욕망 같았다. 나중에 들은 바에 따르면—왜냐하면 베네치아에 있을 때는 그걸 몰랐으니까—포르슈빌 양은 처음 샤텔로 공작과 실리스트리 대공에게 청혼을 받았으며, 한편 생루는 뤽상부르 공작의 딸 앙투라그 양과 결혼할 속셈이었다는 사실이다.

자세한 이야기는 다음과 같다. 포르슈빌 양에겐 1억의 재산이 있었다. 애초 마르상트 부인은 포르슈빌 양이 자기 아들에게 꼭 알맞은 신붓감이라고 생각했으나, 이 아가씨가 매우 매력적이라는 사실과 그녀가 부자인지 가난한지는 모르며 알고 싶지도 않지만, 지참금이 없더라도 몹시 까다로운 청년이 이런 신부를 맞이한다면 행복하겠다는 말을 사람들에게 무심코 하고 말았다. 1억이라는 재산에만 관심이 있고, 다른 것은 거들떠보지도 않는 부인으로선 무척 대담한 말이었다. 그러자 사람들은 단박에 부인의 속셈을 알아챘다. 실리스트리 대공부인은 가는 곳마다 생루의 훌륭한 가문에 대해 떠벌리고 다녔으며, 만약 생루가 오데트와 유대인 사이에서 태어난 아가씨와 결혼한다면 포부르 생제르맹도 끝장이라고 큰소리쳤다. 마르상트 부인도 대단히 자신만만한 사람이었지만 더 이상 일을 진전시키지 못한 채 실리스트리 대공부인의 비난 앞에서 주춤거렸다. 그러자 대공부인은 곧장 자기 아들을 위해 질베르트에게 구혼하게 했다. 그녀는 질베르트를 잡아두려고 발악했던 것이다. 그러나 마르상트 부인도 가만히 있지 않았다. 곧바로 뢱상부르 공작의 딸 앙투라그 양에게로 방향을 바꿨다. 그녀는 지참금이 2천만밖에 되지 않아 생루에겐 어울리지 않았는데, 그런데도 그녀는 아무나 붙잡고는 생루씩이나 되는 집안의 일원이 스완 양과 결혼할 순 없는 노릇이라며 외치고 다녔다(포르슈빌이라는 이름은 더 이상 문제 삼지 않았다). 하지만 이런 일이 없었더라면 앙투라그 양과의 결혼에 경계심을 일깨우는 일도 없었으리라. 그로부터 며칠 지나서 무심코 샤텔로 공작이 앙투라그 양과의 결혼을 고려하고 있다고 하자, 유독 청혼에 대해선 누구보다도 말이 많은 마르상트 부인은 작전을 바꾸어 질베르트에게로 돌아가 생루를 위해 구혼을 했다. 그리하여 그 자리에서 바로 약혼이 이루어졌던 것이다.

이 두 약혼은 여러 곳에서 숱한 물의를 빚었다. 집에서 생루를 만난 적이 있는 어머니의 몇몇 친구들은 '방문일'에 찾아와서는 약혼자가 아드님의 친구인 생루가 확실하냐고 물었다. 어떤 이는 한쪽의 결혼을 캉브르메르 르그랑댕 집안의 이야기가 아니라는 말까지 했다. 이것은 확실한 정보다. 왜냐하면 약혼 발표가 있기 전날, 르그랑댕 가문 출신인 후작부인이 소문을 부인했기 때문이라는 것이었다. 나도 그렇고 샤를뤼스 씨도 그렇고, 생루도 나한테왜 한마디도 없었는지 의아했다. 더구나 그들은 얼마 전 편지를 보내 진한 우정이 담긴 여행 계획 등을 말했고, 만약 그것이 이뤄진다면 결혼식 따위도 도저히 불가능했다. 결국 이런 사안에 대해선 마지막까지 비밀을 지키는 게상책이라고 여긴 나는, 그들은 생각했던 것보다 친한 친구가 아니었다는 결론을 내렸다. 특히 생루에 대해선 몹시 괴로웠다. 귀족이 보여주는 너그러운마음, 격의 없음, '대등한 교제'가 연극에 지나지 않음을 깨달은 이상, 나에게 한마디도 없었던 것은 놀랍지도 않았다. 전에 샤를뤼스 씨가 생각지도 않게 모렐을 데리고 갔던 창녀집에선—이 집은 차츰 남자들도 두게 되었다—〈골루아〉지의 애독자인 여주인이 사교계 소식이라면 훤했는데, 그 집에 자주 오는 젊은 손님 가운데 터무니없이 샴페인을 마셔대는 뚱뚱한 신사 하나가 있었다. 그는 이미 엄청나게 비만이었지만 만일에 전쟁이 벌어지더라도 절대로 끌려가는 일이 없을 정도로 살이 쪄야겠다는 것이었다. 그 신사에게 여주인이 말했다. "생루 도령은 '그거'인가 봐요. 캉브르메르 도령도 그런 것 같고요. 부인 될 사람이 안됐지 뭐예요. 어쨌든 그 도령들을 아신다면 이리로 보내주세요. 원하는 건 뭐든지 있으니까요. 덕분에 저도 돈벌이가 쏠쏠하답니다." 이 말을 듣고 뚱뚱한 신사는 자기도 '그거'이면서 버럭 소리쳤다. 또 얼마간 속물이기도 했으므로 사촌인 아르동빌네 집에서 캉브르메르와 생루를 자주 만났는데, 그들은 여자를 매우 좋아하며 '그것'과는 정반대라고 반박했다. 창녀집의 여주인은 콧방귀를 뀌었다. "흥! 그래요?" 그녀는 뚜렷한 증거도 없거니와 현대는 풍속의 퇴폐가 남을 헐뜯는 터무니없는 험담도 성행하는 세상이라며 이해했다.

내가 만난 몇몇 사람들은 편지를 보내서는, 마치 극장 안에서 여성의 모자 높이와 심리소설에 대한 설문 조사를 하듯이 이 두 결혼에 대해 내가 "어떻게 생각하는지" 물었다. 이런 편지엔 대꾸할 마음도 없었다. 두 결혼에 대해 나는 아무런 느낌도 없었으며, 오직 심한 비애감을 느낄 따름이었다. 마치 지나간 인생의 두 부분이 바로 내 옆에 머무르고 있고, 말은 안 해도 하루하루 크나큰 희망을 걸고 있건만 그것이 두 척의 배처럼 깃발을 펄럭이면서 낯선 곳을 향해 영원히 멀어져가는 것 같았다. 당사자들은 이 결혼이 남의 일이 아니라 자기 일인 이상, 더할 나위 없이 당연한 의견을 갖고 있었다. 다만 그들은 지금까지 이런 비밀스런 오점 위에 세워진 '화려한 결혼'에 대해 마구 비웃었던 것이다. 오랜 가문에다 그리 큰 야망도 없는 캉브르메르 집안 사람들마저도 어떤 예외 하나만 생기지 않았더라면 누구보다도 먼저 쥐피앙 따윌 잊고, 올로롱이라는 당당한 가문만 생각했을지도 모르지만, 그 예외란 이 결혼을 가장 자랑스레 여겨도 되는 사람, 즉 캉브르메르 르그랑댕 후작부인이었다. 천성적으로 심술궂은 그녀는 자기 자존심보다도 집안사람들에게 모욕을 주는 기쁨이 더 컸다. 그 결과, 아들을 사랑하지 않으며, 미래의 며느리에게 일찌감치 반감을 품은 그녀는 캉브르메르 가문의 한 사람으로서 결국은 근본도 모르고 치열도 고르지 못한 여자를 아내로 맞는 것은 불행한 일이라고 떠벌렸다. 이에 대해 아들인 캉브르메르가 베르고트 같은 작가나 블로크 같은 작가와도 교제하기 시작한 것을 두고 대체적인 의견은, 그런 화려한 결혼을 약속한 그가 지금까지보다 더 속물이 될 리는 없으며, 오히려 올로롱 공작 가문은 신문에 따르면 '왕족'이라 불릴 정도이므로, 그는 자기가 누구하고든 충분히 교제할 자격이 있을 만큼 높은 지위에 다다랐다고 믿었으리라.

이로써 그는 왕족으로 올라서려는 야심을 버렸고, 군소 귀족은 거들떠보지도 않고 오로지 지적인 부르주아와 어울렸다. 특히 생루에 대한 신문기사는 왕족 조상을 죽 늘어놓음으로써 내 친구들에게 새로운 고귀함을 부여했지만, 그것은 그저 나를 슬프게 할 따름이었다. 얼마 전까지만 해도 마차에 함께 타면 좋은 자리를 내어주고, 자기는 보조의자에 앉는 친구였는데 그런 그가 마치 딴 사람 같았으며, 로베르 르 포르의 후예가 된 것만 같았기 때문이다. 나는 그가 질베르트와 결혼하리란 생각은 꿈에도 하지 않았으므로, 어제까지만 해도 내가 알던 두 사람과는 전혀 다르게, 화학변화처럼 다른 누군가로 변해버린 것이 너무나 괴로웠다. 그러나 생루는 틀림없이 무척 바빴을 테고, 또 사교계 사람들의 결혼은 본디 이렇게 갑자기 이루어지는 경우가 많으며, 그것도 제대로 성사되지 않은 혼담 대신 이루어지는 경우가 많음을 고려했어야 하리라. 이 두 결혼이라는 뜻밖의 충격으로 말미암은 내 슬픔, 이 사하는 일만큼이나 울적하고, 질투만큼이나 큰 슬픔은 매우 깊은 것이었다. 그래서 나중에 내 슬픔을 화제로 삼는 사람은 어리석게도 그때의 슬픔과는 정반대의 것, 말하자면 이중 삼중으로 예감했다며 몹시 칭찬했었다.

질베르트에게 전혀 주의를 기울이지 않던 사교계 사람들도 무척 중대한 일이라는 듯 관심을 보이며 말했다. "아, 저분입니까? 생루 후작과 결혼하는 분 말입니다." 그러면서 물끄러미 그녀를 바라보았는데, 그것은 파리에서 일어나는 모든 일에 흥미를 보일 뿐만 아니라, 더 많은 일을 궁금해하는 듯이 자기가 보는 눈의 깊이를 믿는 사람의 조심스러운 눈길이었다. 반대로 질베르트만 아는 사람은 생루를 눈여겨보고는 내게(대부분 거의 친분도 없는데도) 소개해달라 청했고, 약혼자를 소개받으면 한껏 들떠서 얼굴을 빛내며 돌아와 이렇게 말했다. "풍채가 매우 훌륭한 분이로군요." 질베르트는 생루 후작의 이름이 오를레앙 공작보다 천 배나 높다는 건 인정했지만, 무엇보다 재치 있는 신세대에 속했으므로, 남보다 못하다는 인상을 주고 싶지 않아선지 기꺼이 '마테르 세미타(mater semita ; 어머니의 길)'라고 말했으며, 또 재치 있는 태도를 꾸며 보였다. "이게 저의 '주기도문(pater)'이랍니다."

"캉브르메르 씨 아들의 결혼은 아무래도 파름 대공부인이 중매를 선 것 같구나." 어머니가 말했다. 그건 사실이었다. 대공부인은 오래전부터 자선사업을 통해 르그랑댕과 알고 지냈고, 그를 훌륭한 인물이라고 여기는 한편,

캉브르메르 부인과도 아는 사이였는데, 파름 대공부인이 그녀에게 르그랑댕 씨의 누나냐고 묻자 이내 화제를 돌려버렸다. 대공부인은 캉브르메르 부인이 아무도 받아주지 않아 상류 귀족사회에 들어오지 못하고 어귀에서 서성이며 분통을 터뜨린다는 걸 알고 있었다. 그런 파름 대공부인이 올로롱 양의 신랑감을 찾는 역을 맡고, 샤를뤼스 씨에게 르그랑댕 드 메제글리즈(르그랑댕은 현재 자신을 이런 식으로 부르고 있었다)라는 그 붙임성 있고 교양 있는 사람이 누군지 아느냐고 물었다. 남작은 처음엔 모른다고 했다가 불현듯 어느 밤 기차 안에서 알게 되어 명함을 건넨 여행자가 생각났다. 그는 애매한 미소를 지으며 속으로 중얼거렸다. '그 남자일지도 몰라.' 사실은 그 르그랑댕의 누나 아들 이야기임을 알고 그는 이렇게 말했다. "허, 거참 뜻밖이로군요. 그가 외삼촌 피를 물려받았다면 그거야말로 제가 바라던 바입니다. 저는 늘 그 사람들을 최고의 남편감이라고 말했거든요."—"그 사람들이라니 누군데요?" 대공부인이 물었다. "오, 부인! 앞으로 자주 뵙게 되면 천천히 말씀드리지요. 부인하고라면 무슨 얘기든지 다 할 수 있습니다. 참으로 총명한 분이시니까요." 샤를뤼스 씨는 솔직히 말하고 싶어서 그렇게 대답했지만 더는 말하지 않았다.

캉브르메르라는 이름이 그의 마음에 들었다. 부모는 탐탁지 않았지만, 그 이름이 브르타뉴의 남작령 네 곳 가운데 하나임은 알고 있었던 것이다. 지방에 확고한 인척관계를 갖고 있으면서 두루 존경을 받는 오랜 이름이었다. 왕족이란 도무지 무리였고, 바람직한 상대도 아니다. 그러므로 이 이름이야말로 딱 알맞았다. 그래서 대공부인은 르그랑댕을 가까이 불렀다. 그는 얼마 전부터 아주 날씬해졌다. 르그랑댕은 얼굴빛은 나빠졌지만 날씬해지려는 마음에 마리엔바트*를 떠나지 못하는 여자들처럼, 기병대 장교처럼 몸놀림이 가벼웠다. 샤를뤼스 씨의 몸이 굼뜨고 무거워진 반면에 르그랑댕은 점점 홀쭉하고 민첩해졌는데, 이는 똑같은 원인에서 생겨난 반대의 결과였다. 다만 이 신속한 몸놀림에는 심리적인 이유가 있었다. 그에겐 남의 눈에 띄지 않게 몰래, 그리고 잽싸게 나쁜 장소를 드나드는 버릇이 있었다. 그는 파름 대공비에게서 게르망트 부부와 생루의 이야기를 듣고, 그분들이라면 전부터 아

---

* Marienbad, 체코슬로바키아에 있는 온천 요양지.

는 사이라고 말했다. 그때 그는 예로부터 게르망트 성주 부부 이름을 알고 있었으며, 앞으로 생루 부인이 될 여성의 아버지인 스완을 자신의 작은어머니 집에서 만났다는 사실을 말했다. 그러면서 정작 르그랑댕은 콩브레에서 스완의 아내나 딸과 교제하려 하지는 않았다.

"저는 얼마 전 여행에서 게르망트 공작의 동생분과 일행이 된 적도 있었답니다. 샤를뤼스 씨죠. 그쪽에서 먼저 자연스럽게 말을 걸어오더군요. 이런 점으로 보아도 그분이 거드름이나 피우는 아니꼬운 사람이 아님을 알 수 있어요. 물론 그분에 대해 여러 소문이 나돈다는 건 압니다. 하지만 저는 그런 말을 절대로 믿지 않아요. 게다가 저는 남의 사생활을 개의치 않습니다. 그분이 심성이 곱고 매우 교양 있는 분이라는 인상을 받았거든요." 이에 대공부인은 올로롱 양의 이야기를 꺼냈다. 게르망트 가문 주위에선 인정 많은 샤를뤼스 씨가 가난하고 매력적인 아가씨를 보살펴주는 일에 깊이 감동하고 있었다. 동생의 평판을 걱정하던 게르망트 공작은 어떤 미담을 들어도 그건 더할 나위 없이 자연스러운 일임을 느끼게 했다. "내가 하려는 말을 이해할지 모르지만 그건 아주 자연스러운 일이오." 그는 교묘함이 지나쳐 어색한 표현을 썼다. 사실은 그 아가씨가 자기 동생이 낳은 딸이며, 동생도 그걸 인정한다는 걸 드러내는 데 목적이 있었다. 그렇게 되면 쥐피앙 문제도 함께 설명이 된다. 파름 대공부인은 이런 생각을 넌지시 비쳤고, 그것은 결국 캉브르메르 집안 아들과 결혼할 상대는 루이 14세의 서녀(庶女)로서 오를레앙 공작도, 콩티 대공도 함부로 하지 못했던 낭트 양 같은 사람임을 르그랑댕에게 이해시키기 위해서였다.

파리로 돌아오는 기차 안에서 어머니와 함께 이야기를 나누었던 이 두 결혼은 지금까지 이야기에 등장했던 몇몇 인물에게 상당히 중요한 영향을 끼쳤다. 먼저 르그랑댕이다. 말할 것도 없이 그는 마치 남의 눈에 띄면 곤란한 집이라도 들어가듯 맹렬한 기세로 샤를뤼스 씨 저택으로 뛰어들었는데, 그것은 자기 용맹성을 과시하기 위해서이기도 하지만, 나이를 감추기 위해서이기도 했다. 왜냐하면 우리 습관은 이미 쓸모가 없어진 곳에까지 끈질기게 따라다니기 때문이다. 샤를뤼스 씨는 르그랑댕에게 인사하면서 알쏭달쏭한 미소를 지었는데, 거의 아무도 눈치채지 못했다. 이 미소는 평소 화려한 사교계에서 가끔 얼굴을 보는 두 남자가 공교롭게도 나쁜 장소에서 덜컥 마주쳤을 때 나누는 미소와—사실은 정반대인데도—매우 비슷했다(이를테면 지난날 엘리제궁에서 프로베르빌 장군이 스완을 만났을 때, 장군은 스완을 알아보자마자 롬 대공부인 댁을 늘 드나들던 두 사람이 그레비 대통령을 만나기 위해 이런 자리에서 마주쳤다는 사실에 냉소적이고 알쏭달쏭한 공범의 시선을 나누었던 것처럼).

특히 눈에 띄는 것은 그의 성격이 완전히 나아졌다는 점이었다. 르그랑댕은 훨씬 전부터—내가 아주 어렸을 때 콩브레로 휴가를 보내러 가던 시절부터—귀족 사회와의 교제를 은근히 바랐는데, 그 결과로 시골 별장의 그다지 변변치 않은 모임 따위에 어쩌다 한 번 초대되는 게 고작이었다. 그러나 조카의 결혼 덕분에 소원하던 관계를 하나로 이음으로써 르그랑댕은 사교계에서 확고한 지위를 얻게 되었고, 게다가 전부터의 교제에서 개인적인 관계에 지나지 않았지만 친하게 오가던 사람들이 과거로 거슬러 올라가 이 지위를 굳건히 해주었다. 누가 그를 소개하면 부인들은, 이분은 20년도 전부터 우리 시골로 2주일 동안이나 보내러 오셨다느니, 살롱에 있는 그 낡은 청우계도 이분이 주신 거라 말하는 것이었다. 그는 자기가 우연히 들어간 동아리에 이제는 그와 인척이 된 공작들이 있다고 말한 적도 있었지만, 이런 사교계 지위를 손에 넣음과 함께 그는 그것을 이용하지 않게 되었다. 지금은 누구나 그를 환영한다는 사실이 사람들에게 알려졌으므로 이젠 초대를 받아도 기뻐하지 않게 된 건 아니지만, 오랫동안 경쟁하던 두 가지 악습 사이에 자연스럽지 않은 것, 즉 속물근성이 다른 한쪽의 보다 자연스러운 악습에게 자리를 내어주었기 때문이다. 후자는 비록 빗나가 있기는 하지만 자연으로의 어떤 회귀를 나타냈으니까. 이 두 가지 악습은 도저히 양립하지 못하는 것은 아니며, 어느 공작부인이 연 잔치에서 돌아오는 길에 도시 변두리를 탐색할 수도 있다. 그렇지만 르그랑댕은 나이가 들자 정열이 식어 쾌락을 추구할 마음도 없었고, 뚜렷한 목적 없이는 외출도 하지 않게 되었다. 또한 본능적인 쾌락도 이젠 정신적인 게 되어서는 조용한 친구와의 교제나 느린 대화가 중심이 되었으며, 그래서 시간 대부분을 서민들과 보낸 결과, 사교에 쓸 시간이 거의 없었다.

캉브르메르 부인도 게르망트 공작부인의 호의 따위 개의치 않게 되었다. 그러나 사람은 타인과 함께 있을수록 결국엔 반드시 상대의 장점을 발견하고, 결점에는 익숙해지므로 게르망트 공작부인은 캉브르메르 후작부인과 교류할 수밖에 없게 되었을 때, 그녀가 지성이 넘치고 교양을 갖춘 부인임을 알게 되었다. 내겐 하찮게 보이는 지성이나 교양이 공작부인에겐 대단하게 비쳤던 것이다. 그래서 그녀는 해질녘이면 자주 캉브르메르 부인을 만나러 가서는 여간해선 돌아가려 하지 않았다. 캉브르메르 부인은 게르망트 공작부인을 아주 매력 있는 사람으로 여겼는데, 공작부인이 자신에게 다정하게 대하는 순간, 그 매력은 사라져버렸다. 그녀는 공작부인을 의례적으로 대했을 뿐, 좋아서가 아니었다. 이보다 더 두드러진 변화는 질베르트에게 찾아왔다. 그것은 스완이 결혼했을 때 일어난 변화와 대칭적이기도 하고, 다르기도 했다. 처음 며칠 동안 질베르트는 특별히 뽑은 사람들을 집에 초대하는 일이 즐거웠다. 그녀는 어머니와 친한 친구들도 초대했는데, 그것은 유산 때문이었으며, 그런 사람들만 오는 날이 정해져 있었다. 그들은 우아한 사람들과 동떨어져 자기들끼리만 있었는데, 그것은 마치 봉탕 부인이나 코타르 부인이 게르망트 대공부인이나 파름 대공부인과 만나면 불안정한 두 화약이 만나듯이 돌이킬 수 없는 파국을 불러올 것만 같았다. 그런데도 봉탕 부인과 코타르 부인, 그 밖의 사람들은 자기들만 있는 만찬에 실망하면서도 이런 말을 할 수 있다는 사실이 자랑스러웠다. "우리는 생루 후작부인 댁의 만찬에 초대를 받았답니다."

때로는 염치없게도 마르상트 부인이 그들과 함께 초대되는 일도 있었는데, 그녀는 두꺼운 깃털이 달린 부채를 들고 귀부인인 척했지만, 이 또한 유산을 노리고 하는 행동이었다. 그녀는 때때로 수수한 손님들에 대한 찬사를 잊지 않았다. 그들은 신호를 보내지 않으면 움츠리고 있어 모습도 드러내지 않는데, 마르상트 부인은 코타르 부인이나 봉탕 부인 등의 눈치 빠른 사람들에게 말을 걸어 몹시 우아하고도 거만한 인사를 보내곤 했다. 나도 전 같으면 '발베크의 사랑스런 여자친구들'을 위해 이런 장소에 있는 모습을 보이고 싶어서 그들의 무리에 끼려고 했을 것이다. 하지만 질베르트에게 나는 이제 남편과 게르망트 부부의 친구였다(어쩌면 내 부모가 그녀 어머니와의 교제를 피했던 그 콩브레 시절부터 질베르트는 이미 온갖 사물에 다양한 이용 가치를 부여하려 하지 않았을 뿐만 아니라, 사물을 오직 종류에 따라 나누는 나이였기 때문에 내게 습관적인 권위를 주었는지도 모른다). 그녀는 이런 모임이 내게 어울리지 않는다고 보고, 내가 돌아가려 할 때면 이렇게 말했었다. "와주셔서 정말 고마워요. 하지만 모레도 꼭 오세요. 게르망트 외숙모와 푸아 부인이 오시거든요. 오늘은 어머닐 기쁘게 해드리려고 어머니의 친구 분들만 초대했어요."

그나저나 이런 일도 몇 달밖엔 계속되지 않았고 모든 것이 순식간에 달라졌다. 질베르트의 사교 생활이 스완의 그것과 비슷한 대조를 보일 운명이었기 때문일까? 여하튼 질베르트는 생루 후작부인이 된 지 며칠 지나지도 않았건만(나중에 밝혀지다시피 곧 게르망트 공작부인이 되지만), 가장 화려하고 손에 넣기 힘든 것에 다다랐으며, 이젠 게르망트라는 이름이 금빛 칠보처럼 자기와 하나가 되었으므로 어떤 사람과 교제하건 자기는 생루 후작부인임에 틀림없다고 생각했던 것이다. 그러나 이것은 착각이었다. 왜냐하면 귀족 칭호의 가치는 주가와 같아서 수요에 따라 올라가고, 공급이 많으면 떨어지기 때문이다. 결코 사라질 성싶지 않던 것도 천천히 파멸로 향하며, 사교계의 지위도 일단 생겨나면 영원한 것이 아니다. 그것은 강대한 제국과 마찬가지로 끊임없이 계속되는 어떤 창조에 의해 시시각각 재선되어야 한다. 이것은 지난 반세기 동안 사교계와 정치 역사에 생겨난 비정상적 사태들을 설명해준다. 세계는 최초의 창조로만 끝나지 않고 날마다 창조되고 있는 것이다.

생루 후작부인은 스스로에게 되뇌었다. "나는 생루 후작부인이야." 그녀는 어제 여러 공작부인에게서 받은 3건의 만찬 초대를 거절했음을 떠올렸다. 후작부인의 이름이 그녀가 초대한 대체로 귀족적이지 않은 사람들의 신분을 어느 정도 올리긴 했지만, 반작용이 일어나 후작부인이 맞이하는 사람들은 그녀의 이름값을 떨어뜨렸다. 이런 작용에 저항할 수 있는 건 아무것도 없다. 가장 위대한 이름도 결국엔 사라지는 법이다. 스완은 프랑스 왕가의 어느 공주를 알고 있었는데 그녀의 살롱은 아무나 들여놓은 탓에 가장 낮은 지위로 추락하지 않았던가! 어느 날 롬 대공부인은 예의상 이 공주의 집에 잠깐 들렀다가 시시한 손님들만 있는 걸 보고, 뒷날 르루아 부인의 살롱에 가서 스완과 모델 후작에게 이렇게 말했다. "아유, 이제야 마음이 편안해지네요. ……대공부인 댁에서 오는 길인데 그곳엔 아는 얼굴이라곤 셋밖에 없더라니까요." 한마디로 "내 이름만 있으면 더는 긴말할 필요가 없다"고 호언장담했던 오페라의 등장인물과 의견이 같았던 질베르트는 그녀가 지금까지 그토록 열망했던 것을 대대적으로 경멸했으며, 포부르 생제르맹에 사는 사람들은 하나같이 바보라서 상종 못할 부류라고 공공연히 말하더니 결국은 행동으로 옮겨 그들과의 교제를 끊었다. 그 뒤로 질베르트와 알게 된 사람들은, 그녀의 허락이 떨어진 다음 드나들기 시작하던 무렵에 이 게르망트 공작부인이 사교계 사람들을 너무나 쉽게 업신여기는 걸 보았다. 그녀는 사교계 사람들을 하나도 들이지 않았고, 어쩌다가 그것도 말쑥한 인물이 감히 그녀의 집에 발을 들여놓으면 눈앞에서 대놓고 하품을 하는 것이었다. 그걸 본 사람들은 사교계가 엄청 멋진 곳인 줄 알고 동경했던 사실을 부끄러워했으며, 날 때부터 고귀한 심성을 지녀 그런 약점 따위 절대 이해하지 못할 이 여성에게 자기들의 비밀이기도 한 지난날의 이 창피한 약점은 절대로 털어놓을 수 없다고 생각했다.

　그녀가 심한 말로 공작들을 험담하는 소리가 들려왔고, 사람들은 한층 의미 깊은 일로서 그녀가 이런 비웃음과 완전히 들어맞는 행동을 하는 것을 보았다. 그들은 스완 양을 포르슈빌 양으로, 포르슈빌 양을 생루 후작부인으로, 나아가서는 게르망트 공작부인으로 만든 우연의 원인이 무엇인지 캐낼 생각은 꿈에도 하지 않으리라. 또한 질베르트가 뒷날 보인 태도를 설명하는 데 있어서 이 우연의 원인과 마찬가지로 결과도 도움이 되리라곤 전혀 생각지 않았을 것이다. 서민과의 교제를 어떻게 생각하는지는 그녀가 아직 스완 양이었을 때와, 남들이 '공작부인'이라 부르고, 따분한 다른 공작부인들을 '나의 사촌'이라고 부르는 귀부인이 되었을 때는 전혀 같지 않기 때문이다. 인간은 이루지 못한 목표를 경멸하기 일쑤인데, 또한 결정적으로 이룩해낸 목표도 깔보기 마련이다. 이러한 경멸은 우리가 모르던 시절부터 그 사람의 일부를 이루고 있었던 것 같다. 그러나 세월의 흐름을 거슬러 올라갈 수 있다면, 그 사람들이 우리와 똑같은 결점에 의해 다른 누구보다 훨씬 갈기갈기 찢겨 있는 모습을 발견하게 되리라. 하지만 그들은 그런 결점을 완전하게 덮어 감추거나 아니면 결점의 극복에 성공했으므로, 그들에게 지금까지 단 한 번이라도 그런 결점이 있었을 리 없다고 생각할 뿐만 아니라, 그런 걸 상상조차 하지 못할 사람이므로 타인의 결점도 절대로 용서할 리 없다고 믿는 것이다. 이윽고 새로운 생루 후작부인의 살롱은, 적어도 사교계 관점에선 결정적인 형태를 보이기에 이른다. 다른 측면에서도 그곳에 어떤 불화의 폭풍이 몰아치는지는 머잖아 알게 되리라.

한편 이러한 결정적인 형태가 사람들을 놀라게 한 것은 다음과 같은 이유였다. 그즈음 파리에서 열린 초대연 가운데 가장 화려하고 세련되며, 게르망트 대공부인의 초대연과 어깨를 나란히 할 정도로 휘황했던 연회는 생루의 어머니인 마르상트 부인이 연 모임이었다. 또한 오데트의 살롱은, 격이 훨씬 떨어지기는 해도 눈부실 정도의 화려함과 우아함에선 결코 뒤지지 않았다. 그러나 생루는 아내의 막대한 재산 덕분에 최고의 쾌적함을 얻은 데 만족했고, 음악가들을 불러 멋진 연주를 시키면서 훌륭한 만찬을 즐겼지만, 그런 다음엔 얌전히 지냈다. 한때는 그토록 자존심 강한 야심가였던 이 사내가, 그의 어머니라면 집에 부르는 일이 결코 없을 그런 친구들을 불러다 사치스런 생활을 나누는 것이었다. 질베르트는 스완이 늘 하던 말을 실천하고 있었다. "질은 아무래도 상관없지만 양이 문제다." 생루는 아내를 사랑하기 때문에, 또 그런 호화로운 생활은 그녀 덕이기 때문에 아내가 하자는 대로 했으며, 자신의 본디 생각과도 들어맞는 그런 취미에 반대할 생각은 전혀 없었다. 그래서 생루 부부의 초대연은 최근 몇 년 동안 마르상트 부인이나 포르슈빌 부인이 주로 자식들의 화려한 결혼을 위하여 베풀던 거창한 연회가 아니었다. 생루 부부는 함께 승마를 할 수 있는 훌륭한 말도 여럿 있었고, 가까운 바다 여행을 위한 멋진 요트도 갖고 있었는데, 거기에 함께 갈 손님은 단 두 명밖에 없었다. 파리에선 날마다 서너 명의 친구를 만찬에 초대했는데, 그 이상인 경우는 단 한 번도 없었다. 따라서 예상 밖이긴 했지만, 자연적 퇴화현상에 의해 양쪽 어머니가 쌓아올린 커다란 새장은 한적하고 볼품없는 둥지로 변하고 말았다.

이 두 혼사에서 가장 불운한 제비를 뽑은 건 올로롱 양이었다. 성당에서 결혼식이 있던 날 이미 티푸스에 걸렸던 그녀는 가까스로 결혼식장에 도착했지만, 몇 주 뒤에 세상을 떠났다. 그녀가 죽은 뒤 여러 곳으로 보낸 부고장에는 쥐피앙의 이름과 함께 몽모랑시 자작 부부, 부르봉 수아송 백작부인, 모데나 에스테 대공, 에뒤메아 자작부인, 에섹스 양 등 유럽의 거의 모든 대귀족의 이름이 들어 있었다. 죽은 사람이 쥐피앙의 딸에 지나지 않는다는 걸 알았던 사람도 그녀에게 이렇게 수많은 쟁쟁한 친척이 있음을 보고 그리 놀라지 않았으리라. 정말로 중요한 일은 명가와 친척이 된다는 것이었다. 그렇게 되면 조약 해당 사유(casus foederis)가 발동하여 유럽 전체의 모든 왕족이 한낱 서민의 딸의 죽음에 애도를 표하게 된다. 그러나 실제 사정을 모르는 대부분의 신세대 젊은이들은 이 부고장을 보고 캉브르메르 후작부인 마리 앙투아네트 올로롱을 명문 귀족 출신으로 여길 뿐만 아니라, 그 밖에도 많은 착각을 일으킬 수 있다. 그들이 프랑스 각지를 여행하여 조금이라도 콩브레 지방을 안다면, 이를테면 L. 드 메제글리즈 백작의 이름이 버젓이 게르망트 공작의 이름과 나란히 적혀 있는 걸 보아도 전혀 이상하게 여기지 않을 것이다. 메제글리즈와 게르망트는 서로 이웃해 있거니와 '같은 지방의 오랜 귀족이므로 어쩌면 몇 세대 전부터 인척관계일 것'으로 생각할지도 모른다. "혹시 게르망트 가문에서 분가한 지파가 메제글리즈 백작이라는 이름을 쓰고 있는지도 몰라." 하지만 메제글리즈 백작은 게르망트 가문과 아무 관련이 없으며, 다만 캉브르메르 집안의 인척관계로 부고장에 이름을 올렸을 뿐이다. 왜냐하면 메제글리즈 백작은 2년 동안 르그랑댕 드 메제글리즈로 행세하다가 갑자기 승진한 우리의 옛 친구, 르그랑댕이기 때문이다. 똑같은 가짜 작위 칭호라 해도 게르망트 가문으로선 이보다 거슬리는 일은 없을 것이다. 왜냐하면 그들은 예전에 진짜 메제글리즈 백작과 인척관계에 있었기 때문이다. 그런 메제글리즈 가문의 후예로선 단 한 명의 여성이 남아 있을 따름이었다. 그녀는 부모의 이름도 성도 모르는 데다, 내 고모의 소작인과 결혼했는데, 메나제라는 이름의 이 남자는 벼락부자가 되어 미루그랭의 땅을 사들여서 지금은 메나제 드 미루그랭이라는 이름을 쓰고 있었다. 그래서 그의 아내가 메제글리즈 출신이라고 하면 사람들은 이렇게 생각했다. "그 사람은 메제글리즈 땅에서 태어났나 보군. 그녀를 메제글리즈 출신이라고 하는 건 남편을 미루그랭 출신이라고 하는 것과 마찬가지일 거야."

어떠한 가짜 칭호도 게르망트네 사람들을 이토록 불쾌하게 하지는 않았으리라. 그러나 귀족계급에 속하는 사람들은 어떤 관점에서든 도움이 된다고 여기는 결혼이 문제로 떠오르면, 그런 기분 나쁜 일이나 그 밖의 많은 일도 대번에 받아들일 수 있었다. 그래서 게르망트 공작의 비호를 받던 르그랑댕은 같은 시대의 일부 사람들에게 진정한 메제글리즈 백작이었으며, 다음 세대의 모든 사람에게도 그러할 것이었다. 사정에 어두운 젊은 독자가 저지르기 쉬운 하나의 착각은, 포르슈빌 남작 부부가 생루 후작의 친척이자 장인 장모로서, 즉 게르망트 가문 쪽에 이름을 낸 줄로 생각하기 쉬운 것이다. 그러나 게르망트 가문의 친척은 로베르이지 질베르트는 아니므로 포르슈빌 남작 부부는 이쪽으로 얼굴을 내밀어선 안 된다. 더구나 그들은 언뜻 그렇게 보임에도 캉브르메르 쪽이 아니라 사실은 신부 옆에 이름을 냈고, 그것은 게르망트 가문 때문이 아니라 쥐피앙 때문이었다. 사정에 밝은 독자는 오데트가 쥐피앙의 외사촌누이임을 알 것이다.

샤를뤼스 씨는 수양딸이 결혼한 뒤로는 오직 젊은 캉브르메르 후작에게 정을 쏟았다. 이 젊은 후작은 샤를뤼스 남작과 취향이 같았는데, 그래도 올로롱 양의 남편으로 뽑힌 이상, 그가 홀아비가 된 지금에는 남작이 그를 더욱 아낀 것도 무리는 아니었다. 이 밖에도 젊은 후작이 샤를뤼스 씨의 매력적인 친구로서 장점이 없었던 것은 아니다. 하지만 그가 비록 재능이 뛰어난 사람이라 해도 그와 친밀한 관계를 맺으려는 사람에게 이것은 무시할 수 없는 장점이며, 게다가 그가 휘스트를 할 줄 안다면 더는 바랄 게 없었다. 젊은 후작은 대단히 총명했다. 그는 어릴 적부터 페테른에선 소문이 자자했고, '할머니를 빼닮아서' 정열적인 데다 음악 애호가였다. 그 밖에도 몇 가지 특징이 있었는데 이것은 가족 모두가 그렇듯이 격세유전(隔世遺傳)이라기보단 모방에서 온 것이었다. 그의 아내가 죽고 얼마 뒤, 레오노르라고 서명된 편지를 받았을 때, 나는 처음엔 그의 이름임을 떠올리지 못하다가, 맨 끝의 "나의 진정한 공감을 믿어주기 바라네"라는 문구를 읽었을 때, 누가 쓴 편지인지를 알았다. 꼭 알맞은 자리에 놓인 '진정한'이라는 형용사가 레오노르라는 이름에 캉브르메르라는 성을 덧씌워주었던 것이다.

기차가 파리역에 닿을 때까지 나와 어머니는 이 두 가지 소식에 대해 여전히 이야기하고 있었다. 어머니는 내 여행길이 지루하지 않도록 그 소식을 여행의 뒷부분에 알려주려 했는지 밀라노를 지나기 전엔 말하지 않았다. 어머니는 어느새 당신의 유일한 관점인 외할머니의 관점으로 돌아가 있었다. 어머니는 처음엔 할머니가 들었으면 틀림없이 놀랐을 거라고 생각했고, 다음엔 분명 슬퍼하셨을 거라고 했는데, 그것은 요컨대 이런 놀라운 소식을 듣고 할머니가 분명 즐거워하셨으리란 사실을 다르게 표현한 것에 지나지 않았다. 할머니가 즐거움을 빼앗긴 것을 인정할 수 없었던 어머니는 오히려 이런 소식을 들으면 할머니는 슬퍼하시기만 했을 테니 모든 것은 이대로가 좋다고 생각했다. 그러나 집으로 돌아오자마자 어머니는 인생이 가져오는 모든 뜻밖의 사실에 할머니와 함께하지 못한다는 걸 아쉬워하는 일은 지나친 이기심이라고 생각했다. 그보다 이런 일은 할머니에게 뜻밖의 일이 전혀 아니며, 어머니에겐 오로지 할머니의 예상을 뒤집을 뿐이라고 상상하는 편이 훨씬 더 나았다. 어머니는 이런 사건이 할머니의 예지력을 증명하며, 할머니의 정신이 우리가 생각했던 것 이상으로 깊고, 또 할머니의 선견지명이 올바른 단 사실을 증명한다고 생각하려 했다. 그래서 어머니는 오로지 할머니에 대한 존경심 때문에 서둘러 이렇게 덧붙였다. "하지만 돌아가신 네 할머니가 이것에 동의하지 않으리란 걸 어떻게 알지? 그토록 너그러운 분이셨는데. 할머니에게 사회적 신분 따윈 아무것도 아니었단다. 문제는 타고난 기품이었어. 너도 생각날 거야. 신기하게도 그 아가씨들 둘 다 할머니의 마음에 들었던가 봐. 기억하니? 처음 빌파리지 부인을 방문하고 돌아오는 길에 할머니가 게르망트 씨에 대해 몹시도 품위 없는 사람이라고 하셨던 걸 말이야. 반대로 쥐피앙 집안에 대해선 온갖 말로 칭찬하셨지. 돌아가신 네 할머닌 쥐피앙에 대해 말씀하시기를, 내게 딸이 하나 더 있다면 그에게 시집보내겠다고, 또 쥐피앙의 딸에 대해선 아버지 이상으로 칭찬하셨더랬지. 또 스완 씨의 딸에 대해선 어떻고. '그 애는 매우 매력적인 아이더구나. 틀림없이 번듯한 집안으로 시집갈 거야' 하셨지. 불쌍한 어머니, 이걸 보셨더라면 좋았을 것을. 정말 무척 정확하게 간파하고 계시지 않니? 마지막까지, 돌아가신 뒤에도 우리에게 선견지명과 상냥함, 사물의 올바른 평가에 대해 가르쳐주시는구나."

어머니는 할머니가 빼앗긴 기쁨, 우리가 안타깝게 여기는 것이라곤 생활 속의 더할 수 없이 사소한 기쁨들이고, 할머니를 즐겁게 해드릴 만한 다른 사람의 흉내, 즐기시던 요리, 마음에 드는 작가의 새로운 소설 등이므로 이렇게 말했다. "얼마나 깜짝 놀라셨을까! 얼마나 재미있어하셨을지. 또 얼마나 근사한 편지로 답장을 써보내셨을지." 어머니는 계속했다. "맞아, 돌아가신 스완 씨는 게르망트 댁에서 질베르트를 초대해주길 그토록 바라셨잖니? 당신의 딸이 게르망트 집안사람이 된 걸 보면 얼마나 기뻐하셨을지!"—"하지만 이름이 달라요. 포르슈빌 양으로 결혼하는데도 스완 씨가 좋아했을까요?"—"아! 참, 그랬었지. 그걸 깜박했구나."—"그래서 저는 그 '심술쟁이 아가씨' 일이 그다지 기쁘지가 않아요. 그녀를 그토록 끔찍이 아껴준 아버지의 이름을 어떻게 버릴 생각을 하죠?"—"그건 네 말이 맞구나. 스완 씨는 이걸 모르는 게 차라리 나을지도 몰라." 이렇게 같은 일이라도 죽은 사람에게나 살아 있는 사람에게 그 일이 기쁨일지 고통일지는 쉽게 알 수 없다. "생루 부부는 아마도 탕송빌에서 지낼 모양이더구나. 스완 씨의 아버지는 돌아가신 네 할아버지에게 그곳의 연못을 그토록 보여주고 싶어했었는데, 언젠가 게르망트 공작이 그 연못을 자주 바라보게 되리란 걸 상상이나 했겠니? 특히 자기 아들의 불명예스런 결혼을 알았더라면 도저히 그런 일은 상상할 수 없었을 거야. 어쨌든 넌 생루 씨에게 탕송빌의 장밋빛 산사나무 열매며, 백합이며, 아이리스에 대해 자주 이야기를 했으니까 생루가 너를 더 잘 알겠구나. 앞으로 그 꽃들의 소유자가 되는 건 그 사람일 테니까."

이렇게 우리집 식당에선 언제나처럼 등불 아래서 한가로운 이야기들이 펼쳐졌는데, 그곳에선 국민의 예지라 불리는 격언이 아니라 가족의 예지가 죽음, 결혼, 유산상속, 파산 같은 어떤 사건을 포착하고, 그것을 기억 확대 렌즈 밑으로 미끄러뜨리며, 돋을새김해서 사건을 실제로 겪지 않은 사람에겐 똑같은 평면 위에 뒤섞여 있는 것처럼 보인다. 이를테면 죽은 사람들의 이름이나 속속 바뀌는 주소, 재산의 기원과 그 변화, 소유지의 이전 같은 것들을 서로 분리하거나 후퇴시켜 공간과 시간의 다양한 지점에 원근을 맞추어 자리매기는 것이다. 이런 가족의 예지는 뮤즈라는 여신이 불어넣어준 게 아닐까? 신선한 인상과 어떤 창조력을 유지하고 싶다면 되도록 오랫동안 이것을 모르는 편이 낫다. 그러나 그런 존재를 전혀 몰랐던 사람들도 인생의 황혼녘에 시골의 오래된 성당에 섰을 때, 문득 이 뮤즈와 마주칠 때가 있다. 그럴 때, 그들은 제단의 조각이 나타내는 영원한 아름다움보다, 유명한 개인 컬렉션으로, 어느 예배당으로 옮겨가 마침내 미술관으로 들어갔다가 결국 성당으로 다시 돌아온 그 조각이 지나온 기구한 운명에 감동하게 된다. 또는 아르노나 파스칼의 유해로 생겨난 포석 위를 걷고 있다고 느끼거나, 목제 기도대에 달린 놋쇠판에서 시골 귀족이나 지방 명사의 딸 이름을 헤아려 읽고서는, 건강한 시골 아가씨의 얼굴을 상상하면서 감동한다. 철학이나 예술의 고상한 뮤즈, 아홉 여신들이 팽개치고 돌보지 않는 것, 진실로 세워지지 않은 것, 우연적이기는 하지만 다른 법칙을 밝혀주는 것, 그런 모든 것을 주워

모으는 뮤즈야말로 역사이다!

　어머니의 옛 친구들이 질베르트의 결혼 이야기를 하려고 찾아왔다. 대부분은 콩브레 사람들인데, 그녀들은 이 결혼에 전혀 현혹되지 않았다. "포르슈빌 양이 누군지 아시죠? 별일 아니에요. 그냥 스완의 딸이잖아요. 그리고 결혼의 증인은 자기를 샤를뤼스 남작이라고 부르게 한 사람인데, 그 사람은 옛날 그 애 어머니와 공공연하게 그렇고 그랬던 늙은이에요. 스완은 모든 걸 알면서도 그게 득이 된다고 눈을 감고 있었던 거죠."―"아유, 무슨 말씀을 하시는 거예요?" 어머니가 항변했다. "첫째, 스완 씨는 대단한 부자였어요. 하긴 남의 돈이 필요했던 걸 보면 그리 큰 부자는 아니었던 모양이에요. 그래도 그 부인은 어떻게 그런 식으로 옛날 애인을 다시 끌어안을 수 있을까요. 첫 번째 애인과 용케 결혼한 다음엔 세 번째 애인과도 결혼했고, 두 번째 애인은 무덤에서 반쯤 끌어내선 딸의 증인을 서게 하다니요. 그 딸은 첫 번째 애인의 딸인지 다른 사람 아이인지 알 수도 없어요. 왜냐하면 그렇게 숫자가 많으니 누구 자식인지 알 게 뭐예요. 본인도 분명 뭐가 뭔지 모를 거라고요. 내가 세 번째라고 했지만 사실은 백 명 중 세 번째라고 하는 게 나아요. 참, 그 딸도 우리와 마찬가지로 포르슈빌 가문 사람이 아니니까 물론 귀족이 아닌 사람이 남편감으로 어울려요. 그런 아가씨와의 결혼에는 사기꾼이 딱이죠. 그 흔한 뒤퐁인지 뒤랑인지 하는 이름이라나 봐요. 콩브레의 시장이, 신부님한테도 인사를 안 하는 급진파가 아니라면 내가 진실을 밝혀낼 텐데. 그런데 결혼을 알릴 때는 본명을 밝혀야만 하거든요. 신문이나 청첩장을 보낼 업자한테는 생루 후작이라고 해도 괜찮죠. 아무한테도 폐가 되지 않거니와 그게 그 사람들 마음에 든다면 특별히 불평할 것도 없어요. 제가 곤란할 것도 없고요. 소문이 무성했던 부인의 따님과 교제가 있는 건 아니니까 하인들한텐 어엿한 후작부인으로 행세해도 되겠죠. 하지만 신분증명서는 달라요. 아유, 내 사촌 사즈라가 아직도 관청에 있었다면 편지를 보내 어떤 이름으로 알렸는지 가르쳐달라고 하련만."

　나는 이즈음에 다시 교제를 시작한 질베르트와 꽤 자주 만나고 있었다. 왜냐하면 우리의 인생은 우정의 생명의 지속으로 길이를 잴 수는 없기 때문이다. 얼마간 시간이 흐르면(마치 정치 세계에서 옛 각료들이 부활하거나, 연극계에서 잊혔던 옛 희곡이 재연되는 것처럼) 전과 똑같은 사람들과 오랫동안 멈춰 있던 우정이 다시, 그것도 기쁘게 맺어지는 수가 있다. 10년의 세월이면 한쪽이 지나치게 사랑할 이유도 없어지고, 다른 한쪽의 지나친 요구에 못 견디는 경우도 없다. 그런 이유는 이미 존재하지 않는 것이다. 나머지는 다만 서로에게 좋은 점만 남는다. 질베르트는 예전 같으면 거부했을 일을 뭐든지 내게 해주었다. 아마도 내가 그것을 그리 열망하지 않았기 때문이리라. 우리가 이런 변화의 이유를 서로 이야기한 것은 아니지만, 지난날의 그녀라면 견디지 못했을 일로 보였을 텐데, 지금의 그녀는 언제나 내 곁에 다가와서는 결코 서둘러 떠나려고 하지 않는다. 그것은 장애가 사라졌기 때문이다. 나의 사랑이라는 장애가.

그로부터 얼마 뒤, 나는 며칠 동안 탕송빌에서 지내게 되었다(그곳에 가는 건 괴로웠다. 왜냐하면 그 무렵 내겐 파리에 빌려놓은 집에서 머무르는 아가씨가 있었기 때문이다. 숲에서 나는 향기와 호수가 내는 속삭임이 필요한 사람이 있듯이 내겐 내 곁에서 잠든 아가씨가 필요했고, 낮엔 그 아가씨를 차 안이나 줄곧 내 곁에 두어야만 했다. 비록 하나의 사랑이 흘러갔다 해도 그것은 다음에 오는 사랑의 형태를 결정하는 수가 있으니까. 지난날 사랑을 하던 때에도 매일의 습관이 있었지만, 그것의 시작이 무엇이었는지 그때는 떠오르지 않았었다. 그러나 원인은 첫날의 고뇌였다. 사랑하는 여인의 집까지 차로 데려다준다든지, 내 집에서 그녀를 살게 한다든지, 그녀가 외출할 때마다 나나 내가 신뢰하는 사람이 따라다니도록 강하게 요구하고, 나중엔 의미마저 잊어버린 풍습처럼 그것을 당연히 받아들이도록 했던 것이다. 이런 갖가지 습관은 우리 사랑이 매일처럼 지나다니는 일정한 넓은 길 같은 것이었는데, 전엔 세찬 감정의 화산에서 뿜어져 나온 불꽃 속에 습관이 녹아 있었다. 하지만 이런 습관은 여자보다 훨씬 나중까지 계속된다. 뿐만 아니라 여자의 추억보다도 나중까지 이어지는 것이다. 그것은 우리의 모든 사랑의 형태까진 아니더라도 적어도 연달아 찾아오는 몇 가지 사랑의 형태가 된다. 이렇게 내 집은, 이제는 잊은 알베르틴의 추억으로서 현재 애인의 존재를 원하며, 방문자에겐 숨기고 있던 그 애인이 지난날의 알베르틴처럼 내 생활을 채우고 있었다. 그래서 탕송빌에 가려면 그녀의 허락을 받고, 며칠 동안 여자를 좋아하지 않는 친구를 시켜 그녀를 감시하게 해야 했다). 탕송빌에 간 것은 로베르가 바람을 피워 질베르트가 불행해졌다는 소식을 들었기 때문이다. 모두가 그렇게 생각하고, 그녀도 그렇게 생각한다고 직접 말한 것은 아니다. 하지만 인간에겐 자존심이 있으며, 남을 속이고 싶다거나, 아니 자신마저도 속이고 싶은 본능이 있다. 게다가 속은 사람은 누구나 배신에 대해 불완전하게만 알기 마련인 데다, 로베르는 샤를뤼스 씨의 틀림없는 조카이고, 놀아난 여자들과 함께 공공연한 장소에 나타났으므로 모두가, 결국은 질베르트도 그 여자들이 그의 애인이라고 믿게 되었다.

사교계에서도 그는 서슴없이 행동했고, 연회에서 바짝 따라다녔던 어느 부인을 데려다주느라 정작 자기 부인을 혼자서 돌아가게 하는 상황이었다. 그가 이런 식으로 연루된 다른 한 부인을 사실은 애인이 아니라고 주장했더라면 뚜렷한 사실도 제대로 보지 못하는 순진한 사람으로 보였으리라. 그러나 나는 불행히도 쥐피앙의 입에서 나온 몇 마디 말에 의해 진실 쪽으로 향하게 됐으며, 그 진실로 말미암아 극심한 고통을 맛보아야 했다. 탕송빌로 출발하기 며칠 전, 샤를뤼스 씨의 심장에 이상이 생겨 걱정이 되었으므로 나는 그를 문병하러 쥐피앙을 찾아갔었다. 거기서 혼자 있는 쥐피앙에게 보베트라고 서명되어 로베르 앞으로 보낸 연애편지를 생루 부인이 보았다는 이야기를 했는데, 나는 남작의 전(前) 집사에게서 보베트라고 서명한 인물은 이 이야기에서 이미 사라진 바이올리니스트 겸 시사평론가로 샤를뤼스 씨의 생애에서 상당히 큰 역할을 한 사람이란 말을 듣고 소스라치게 놀랐다. 쥐피앙은 분노의 빛을 억누르지 못했다. "그자가 무슨 짓을 하든 그거야 그 사람 마음이지만, 눈독을 들여선 안 되는 게 있는 법이에요. 하필 남작의 조카일 게 뭡니까? 하물며 남작님은 그 조카를 마치 아들처럼 사랑하시는데 말이에요. 그런데 그자는 부부 사이를 갈라놓으려고 하는군요. 염치도 없이. 더구나 악마 같은 책략을 쓴 게 틀림없어요. 왜냐하면 생루 후작만큼 그쪽 방면을 근본부터 반대하는 사람은 없으니까요. 여자 애인들하고 별짓을 다 했거든요! 아, 그 불쌍한 바이올리니스트처럼 지저분한 방법으로 남작을 버리고 싶었다면 그냥 버리면 되잖아요. 그건 그의 문젭니다. 그런데 조카한테 그 짓을 하다니! 하지 말아야 할 일이란 게 있지 않습니까?" 쥐피앙은 펄펄 뛰며 화를 냈다. 부도덕한 사람이라도 도덕적인 분노는 다른 보통 사람들과 똑같이 강렬하다. 다만 대상이 다를 뿐. 게다가 직접 관련이 없는 사람이 사랑의 대상을 언제나 자유롭게 선택할 수 있듯이, 피해야 할 관계나 나쁜 결혼을 비난하기 마련이고, 사랑을 비추는 쾌적한 신기루를 고려하려 들지 않는다. 그 신기루는 모든 면에 걸쳐 오직 사랑하는 사람만을 품고 있기 때문에 요리사나 친구의 애인 등을 아내로 삼는 남자의 '어리석은 행동'은 보통의 경우, 그가 평생 해낼 수 있는 유일한 시적 행위가 된다.

나는 로베르와 그의 아내가 여차하면 헤어질 수 있음을 알았다(질베르트는 사태의 성격을 잘 이해하지 못했지만). 그것을 조정하고 화해시킨 사람은 다정한 어머니이며 사리 판단이 분명한 야심가이기도 한 마르상트 부인이었다. 그녀가 속한 계층에선 끊임없는 교배를 반복하여 피가 섞이고 세습 재산이 줄어든 탓에, 정열의 영역이나 이해(利害)의 분야에서도 유전적인 악덕과 타협이 연신 되살아나고 있었다. 그녀는 전에 스완 부인을 감싸주던 그런 열정으로 쥐피앙 딸의 결혼을 돕고, 또 자기 아들과 질베르트의 결혼을 성사시키기도 했다. 쓰라린 체험으로 가득 찬 깨달음을 통해 포부르로 하여금 유전적 예지를 이용하게 하면서 더불어 자신을 위해서도 활용했던 것이다. 틀림없이 그녀는 몹시 서둘러 로베르와 질베르트의 결혼이 이루어지게 했으리라. 이는 라셀과 인연을 끊게 하는 것보다 분명 고통도 눈물도 적은 일이지만, 그렇게 한 것은 오로지, 로베르가 다른 창녀와—또는 라셀을 쉽게 잊지 못했으므로 라셀과—다시 동거를 시작할까 봐 두려워한 것에 지나지 않았다. 어쩌면 그것이 로베르를 살려냈을지도 모르건만. 이제야 나는 로베르가 게르망트 대공부인 저택에서 내게 했던 말의 참뜻을 이해했다. "유감이지만 발베크에 사는 자네 여자친구는 내 어머니가 바라는 만큼의 재산을 지니지 않았더군. 그녀와 나는 얘기가 잘 통했던 것 같은데." 이 말은 자기가 소돔의 남자이듯 그녀는 고모라의 여자라는 뜻이다. 또는 그가 아직 소돔의 남자가 아니었다 해도 그는 이미 다른 여자들을 사랑할 수 있는 여자에게만 흥미가 있었던 건 아닐까? 그래서 아주 어쩌다 과거로 돌아갈 때만 빼고, 만약 내가 여자친구들에게 계속 어떤 호기심을 가졌더라면 알베르틴에 대해, 질베르트뿐만 아니라 그녀의 남편에게도 물어볼 수 있었으리라. 결국 로베르와 내게 알베르틴과의 결혼에 대한 욕망을 품게 만든 것은 같은 사실(즉 그녀가 여자를 사랑한다는 것) 때문이었다. 그러나 우리 욕망의 원인은 그 목적과 마찬가지로 정반대였다. 나는 그것을 알고 절망했기 때문이고, 로베르는 반대로 만족했기 때문이다. 또 나는 끊임없이 그녀를 감시하여 그런 취미에 빠지는 것을 방해하기 위해서였고, 로베르는 그 취미를 길러 내 그녀 마음대로 여자친구들을 데려오게 하기 위해서였다.

쥐피앙에 따르면 로베르가 초기와는 전혀 다른 새로운 방향으로 향했던 것은 이와 같이 바로 얼마 전의 일이었지만, 내가 에메와 나눈 몹시 슬픈 이 야기에 의하면, 발베크 호텔의 예전 매니저는 이 일탈과 도착(倒錯)이 훨씬 전으로 거슬러 올라간다고 보고 있었다. 에메와의 대화는 내가 발베크에서 며칠 머물 때 이루어졌고, 생루도 장기휴가를 받아 아내와 함께 발베크에 와 있었다. 신혼이던 생루는 아내 곁을 잠시도 떠나려 하지 않았다. 나는 라셀 이 로베르에게 끼친 영향이 아직도 확연히 남아 있음을 보고 깜짝 놀랐다. 오랫동안 애인이 있었던 젊은 남편만이 식당에 들어서기 전에 아내의 외투 를 능숙하게 벗기고, 예의를 갖출 줄 아는 법이다. 관계가 지속되는 동안 그 는 좋은 남편으로서의 교육을 받았던 것이다. 그에게서 그리 멀지 않은 곳, 내 옆 테이블에선 잘난 체하는 젊은 대학강사들에 둘러싸인 블로크가 잔뜩 거드름을 피우면서 친구 하나를 큰 소리로 불러서는 여봐란 듯이 메뉴판을 건네려다가 실수로 물병 두 개를 쓰러뜨리고 말았다. "괜찮아. 자네가 뭘 좀 시켜주게나! 난 도무지 메뉴를 정할 수가 없구만. 주문은 너무 어려워!" 그 는 잔뜩 교만한 태도로 되풀이하면서 문학과 식도락을 적당히 버무려서, 매 우 상징적이지만 샴페인이 대화를 장식하는 걸 반드시 보고 싶다면서 샴페 인 주문에 즉각 찬성했다. 생루는 주문엔 도가 텄다. 그는 마치 호텔의 더 블침대에 함께 누운 것처럼, 임신하여 배가 불룩한 질베르트 곁에 앉아 있었 다(그 뒤에도 그는 연달아서 질베르트를 임신시킨다). 그는 호텔의 다른 부 분은 그에게 전혀 존재하지 않는다는 듯 아내에게만 말을 걸었다. 그러나 종 업원이 주문을 받으려고 바로 옆으로 다가오자 그는 그 밝은 눈을 재빨리 올 려서 종업원을 쓱 훑어보았다. 그 순간은 겨우 2초밖에 되지 않았는데, 다른 손님이 종업원을 빤히 쳐다보고 옆의 친구에게 익살스러운 관찰 소감 따윌 전하는 경우와는 전혀 다른 호기심과 탐구심이, 모든 것을 알아낸 듯한 차분 한 눈길이었다. 별일 아니란 듯 자연스럽게 한번 훑어본 시선은 종업원에게 관심이 있음을 보여주었고, 그것을 본 사람은 지난날 라셀의 정열적인 애인 이었던 이 모범적인 남편의 생활에 또 다른 측면이 있으며, 그것이 그에겐 의무감으로 작용한다기보다 훨씬 흥미 깊은 일임을 알 수 있었다. 하지만 그것은 이 시선 속에만 들어 있었다. 어느새 그의 눈길은 아무것도 눈치채지 못한 질베르트에게로 돌아와 있었고, 마침 다가온 친구에게 아내를 소개하고는 그녀를 데리고 산책에 나섰다. 그러나 그 무렵 에메는 훨씬 전의 일에 대해 내게 이야기했다. 그것은 발베크에서 빌파리지 부인을 통해 내가 생루와 알게 된 즈음의 일이었다.

"그렇고말고요, 도련님." 에메가 말했다. "그건 유명한 얘기예요. 훨씬 전부터 저는 알고 있었지요. 도련님이 발베크에 처음 오시던 해에, 할머님의 사진을 현상한다는 핑계로 후작님은 이 호텔의 엘리베이터 보이와 함께 방에 틀어박혔답니다. 보이 녀석이 나중에 고소하겠다고 난리를 치는 바람에 우리는 그걸 수습하느라 진땀을 뺐답니다. 거 왜 기억하시죠? 도련님이 식당에서 점심을 드시던 날 말이에요. 애인과 함께 오셨던 생루 후작님은 이 부인에게 마구 화를 냈었죠. 아마 기억하시리라 생각합니다만, 후작님은 그때 펄펄 뛰며 성을 내고는 나가버렸어요. 물론 부인의 말씀이 옳다는 건 아니에요. 부인도 잘못을 했더라고요. 다만 저는 그날 후작님의 역정은 꾸민 것이고, 당신과 부인을 따돌릴 필요가 있었다는 생각이 들어요." 이날 일에 대해선 나도 잘 안다. 에메가 일부러 거짓말을 한 건 아니지만 그것은 완전한 착각이었다. 나는 어느 날 로베르가 신문기자의 따귀를 때리던 일을 똑똑히 기억한다. 발베크에서 있었던 일도 엘리베이터 보이가 거짓말을 한 게 아니라면 에메가 거짓말을 한 것이다. 적어도 나는 그렇게 믿었다. 다만 확신은 없었다. 사람은 사물의 어느 한 면만 보기 때문이다. 그래서 엘리베이터 보이를 생루에게 심부름 보낸 일이, 내겐 그에게 편지를 보내고 답장을 받기 위한 편리한 수단이었던 데 반해, 생루에겐 마음에 드는 사람과 관계를 틀절호의 기회였다니 얄궂다는 생각이 들었다. 이 사건에서 고통을 느끼지 않았다면 나는 그 엇갈림에서 어떤 매력마저 발견했으리라.

실제로 모든 일은 이중적이다. 우리의 더할 나위 없이 사소한 행위에, 다른 사람은 몹시 다르게 쭉 이어지는 행위를 연관시킨다. 생루와 엘리베이터 보이 사건이 실제로 일어났다 해도, 나는 그것이 편지를 전달하는 평범한 행위 속에 포함되어 있으리란 생각은 도무지 들지 않았다. 그건 마치 바그너라면 〈로엔그린〉의 이중창밖에 모르는 사람이 〈트리스탄〉의 전주곡을 예상치 못하는 것처럼. 과연 인간 감각의 빈곤함 때문에 사물은 그 헤아릴 수 없는 속성 가운데 매우 한정된 것만을 제공한다. 사물에 색깔이 있다는 건 우리에게 눈이 있기 때문인데, 만약 우리에게 수백 가지 감각이 있다면 사물에 대해 색깔 말고도 얼마나 많은 형용사가 생겨나겠는가! 그러나 이렇게 다른 양상을 띠는 사물을 쉽게 이해할 수 있다. 왜냐하면 우리는 대부분 인생에서 아무리 사소한 사건이라도 그 일부밖엔 모른 채 그것을 전체라고 믿는 데 반해, 어떤 사람은 그 사건을 집의 반대편에 있는 조망 좋은 창문에서 보는 것처럼 바라보기 때문이다. 만약 에메가 옳다면 블로크에게서 리프트(lift)의 엘리베이터 보이에 대한 이야기를 듣고 생루가 얼굴을 붉힌 것은, 어쩌면 오직 블로크가 '라이프트(laïft)'라고 발음해서만은 아닐지도 모른다. 나는 그때 아직 생루의 생리적인 변화가 시작되지 않았고, 그 무렵 그가 오로지 여자만을 사랑한다고 믿고 있었다. 내가 그걸 돌이켜볼 수 있는 것은 다른 어떠한 징후보다 생루가 발베크에서 내게 보였던 우정 때문이다. 여자를 사랑하던 때가 아니라면 그는 진정한 우정을 맺을 수 없었다. 그 뒤에 그는 적어도 한동안은 직접적인 관심이 없었던 남자들에게 데면데면 행동한 적이 있다. 그것은 반은 진심이었으리라. 왜냐하면 그는 몹시 냉담했기 때문이다. 하지만 그는 또한 자기가 여자에게만 관심이 있다는 인상을 주기 위해 그런 데면데면함을 과장했던 것이다. 어느 날 동시에르에서 내가 베르뒤랭네 만찬에 가려 했을 때, 그가 잠깐이지만 물끄러미 샤를리를 쳐다본 적이 있었다. 그는 내게 말했었다. "이상한 일이야. 저 친구는 어딘가 라셀과 닮은 데가 있어. 자넨 혹시 그런 인상을 받지 않았나? 아무래도 둘이 비슷한 구석이 있는 것 같단 말이야. 하긴 뭐 특별히 관심이 있는 건 아니지만." 그렇게 말하는 동안에도 그의 눈은 마치 트럼프 놀이를 다시 시작하거나, 만찬에 가기 전이면 나라로의 여행을 꿈꾸듯 오랫동안 수평선을 헤매고 있었다. 그 여행은 절대로 이뤄지지 않으리란 걸 알면서도 사람은 잠깐 그것에 향수를 느끼는 법이다. 그러나 로베르가 샤를리에게서 어딘가 라셀과 비슷한 점을 발견한 데 반해, 질베르트는 남편의 마음에 들까 하여 라셀과 비슷해지려고 빨강이나 장밋빛, 또는 노랑 실크 리본을 새로 머리에 매거나, 머리 모양을 똑같게 하기도 했다. 왜냐하면 그녀는 남편이 아직도 라셀을 사랑하는 줄 알고 질투했기 때문이다.

로베르의 사랑이 때로는 여자에 대한 남자의 사랑과, 남자에 대한 남자의 사랑의 접점에 있었음은 있을 수 있는 일이다. 어쨌든 이런 점에서 라셀의 추억은 미적인 역할밖엔 하지 않았다. 그것이 다른 역할을 했다고 보기는 어렵다. 어느 날 로베르는 라셀에게 남장을 하고 앞머리를 길게 늘어뜨리라고 요구했는데, 그러고선 결국 만족하지 못하고 그냥 쳐다보기만 했었다. 그럼에도 그녀와의 관계는 여전히 계속되었고, 그는 성실하게, 그러나 내키지 않는다는 듯 약속한 거액의 생활비를 보내주었다. 그런데도 뒷날 그녀는 그에게 심한 복수를 했다. 라셀에게 이렇게 후하게 대한 로베르는, 내키지는 않지만 그저 약속 때문에 어쩔 수 없이 한 행동이었는데, 거기엔 손톱만큼의 애정도 남아 있지 않음을 만약 질베르트가 알았더라면 그녀는 그렇게 괴로워하지 않았을 것이다. 하지만 생루는 반대로 라셀에게 애정이 있는 것처럼 행동했다. 동성애자는 여자를 사랑하는 척 연극만 하지 않으면 일등 신랑이다. 다만 질베르트는 불평 따위는 하지 않았다. 그녀는 라셀이 로베르를 오랫동안 사랑했다고 믿었으므로 그녀는 로베르에게 욕망을 품고, 더 나은 혼담도 거들떠보지 않았었다. 그녀는 자신과 결혼함으로써 로베르가 어떤 양보를 한 줄 알았다. 실제로 그는 처음엔 두 여자를 이리저리 비교했는데(매력도 미모도 전혀 달랐으므로) 그것은 사랑스런 질베르트에게는 그리 유리하지 않았다. 그러나 뒷날 질베르트에 대한 남편의 평가가 차츰 높아진 데 반해 라셀에 대한 평가는 두드러지게 낮아졌다.

또 한 사람, 먼저의 의견을 번복한 사람은 스완 부인이었다. 질베르트가 볼 때 로베르는 결혼 전부터 두 겹의 후광으로 둘러싸여 있었고, 그것은 한편으론 마르상트 부인을 끊임없이 탄식하게 했던 라셀과의 생활에서 비롯되었으며, 다른 한편으론 아버지에게서 물려받은, 질베르트도 게르망트 집안에는 늘 있다고 믿었던 위광에 의해 만들어진 것이었다. 반대로 포르슈빌 부인은 보다 화려한 결혼, 가능하면 왕족과의 결혼을 바랐으리라(가난한 왕족도 있기 마련이고, 그 돈은 약속한 8천만을 훨씬 밑돌지만 포르슈빌이라는 이름으로 세탁이 되었으므로). 또한 사위로서도 사교계와 동떨어진 생활을 하여 평판이 떨어지지 않은 사람을 바랐다. 그녀는 질베르트의 의지를 꺾을 수가 없었기 때문에 아무에게나 푸념을 늘어놓고, 사위를 형편없이 깎아내렸다. 그러나 어느 날 갑자기 확 바뀌어서 사위가 천사로 둔갑하는 바람에 사위의 험담도 뒤에서 몰래 하게 되었다. 스완 부인(현재의 포르슈빌 부인)

은 나이가 들어서도 언제나 주위에 누군가가 있어야 직성이 풀렸는데, 예찬자가 모두 떠나버려 이젠 그 수단을 빼앗겼기 때문이다. 그녀는 날마다 새로운 목걸이, 다이아몬드가 박힌 새 드레스, 한층 화려한 자동차 등을 원했지만, 포르슈빌이 다 써버리는 바람에 그녀의 재산은 얼마 없었다. 더구나 그녀의 딸 질베르트는—어떤 유대인 조상이 그녀에게 유전인자를 물려주었는지 모르지만—사랑스럽기는 했으나 말할 수 없이 인색해서 남편에게 내어주는 돈도 아까워할 정도였으므로 어머니에겐 더 말할 나위도 없었다. 그러다 스완 부인은 문득 자기를 보호해줄 사람의 냄새를 맡았는데, 그가 바로 로베르였다. 여자를 좋아하지 않는 사위에겐 그녀가 더 이상 젊음으로 빛나지 않는다는 건 크게 문제되지 않았다. 그가 장모에게 바라는 것은, 그와 질베르트 사이의 옥신각신하는 걸림돌을 없애서 모렐과의 여행 허락을 받아주는 일이었다. 오데트는 그 소임을 능란하게 해냈고, 그러자 대번에 값비싼 루비라는 답례가 돌아왔다. 질베르트가 예전에 비해 남편에게 후해졌기 때문에 가능했다. 그러한 너그러움의 은혜를 입은 오데트는 딸에게 돈 좀 쓰라고 더욱 열심히 권했다. 이리하여 나이 쉰이 가까웠건만(예순이라는 사람도 있었다), 로베르 덕분에 그녀는 어느 만찬 자리에서나, 또 밤의 어느 연회에서도 전에 없던 사치로 사람들을 놀라게 했는데, 그렇게 하기 위해 예전처럼 '정부'를 두지 않아도 되었다. 이젠 그런 사내가 그녀에게 걸림들어 돈을 내줄 리도 없었으며, 화제로 삼지도 않았으리라. 그래서 그녀는 어쩌면 영원히 마지막이 될 정결한 시기에 접어들었는데, 이때만큼 그녀가 우아하고 세련되었던 적은 없었다.

전엔 가난했던 사람이 남편을 잘 둔 덕에 부자가 되었을 뿐만 아니라, (샤를뤼스 씨의 성격과 그의 말씨에 잘 나타나 있다시피) 신분의 차이를 아주 분명하게 느끼게 되면 남편에게서 악의와 원한을 느낄 수 있는데, 샤를뤼스 남작을 괴롭히기 위해 샤를리를 생루에게 다가가게 한 것은 오직 그 때문만은 아니었다. 거기엔 다분히 이해관계도 얽혀 있었다. 내가 보기에 로베르는 그에게 많은 돈을 준 게 틀림없다. 나는 콩브레로 떠나기 전의 어느 연회에서 로베르를 만난 적이 있는데, 그때 그는 여봐란듯이 애인과 어느 세련된 부인 사이에 끼어서, 마치 그녀와 한 몸이 된 것처럼 공공연히 치마폭에 싸여 있었다. 그 모습은 지난날 내가 보았던 샤를뤼스 씨가 모렐 부인(또는 다른 어떤 사람)의 치마폭에 싸여서 조상에게 물려받은 행동을 무의식적으로 반복하는 듯한 모습을 떠올리게 했는데, 다만 이번 일은 신경질적인 데가 있었다(본디 여자를 좋아하는 처지는 샤를뤼스 씨의 것이 아닌데도, 그는 그럴 권리도 없으면서 이것이 자기를 지켜준다고 믿었는지, 아니면 이렇게 하는 것이 미적이라고 여겼는지 이런 식의 기치를 내걸기를 즐겼던 것이다). 그날 밤 연회에서 돌아오는 길에 나는 생루가 지금보다 훨씬 돈이 없었던 예전엔 그토록 후했건만, 이제는 완전히 지독한 노랑이가 된 것에 깜짝 놀랐다. 사람은 자기 것에만 집착하는 법이고, 또한 아주 어쩌다 만져보는 돈을 헤프게 뿌려대던 사람은 흔히 부자가 되고 나면 도리어 몹시 아끼기 마련이다. 그러나 나는 이 경우가 보다 특수한 형태를 띤다고 생각한다. 나는 생루가 합승마차를 부르려고도 않고, 승합열차의 환승권마저 챙기는 것을 보았다. 어쩌면 생루는 라셀과의 관계가 오래 계속되는 동안에 얻은 재능을 다른 목적을 위해 발휘한 것이리라. 오랫동안 여자와 동거해온 청년은, 여자라곤 아내밖에 모르는 숫총각처럼 철부지가 아니다. 로베르는 이따금 아내를 데리고 식당에 가면, 그녀가 입고 있는 옷을 세련된 몸짓으로 벗겨주었고, 종업원에게 능숙하게 식사 주문을 하면서 침착하게 행동했다. 질베르트가 다시 윗옷을 입을 때면 팔이 소매에 수월하게 들어가도록 세심하게 보살피곤 했는데, 그 거동만 보아도 그가 질베르트의 남편이 되기 전에 오랫동안 다른 여자를 애인으로 두었음을 충분히 짐작할 수 있었다.

한편 라셀은 집안일에 몹시 서툴렀고, 질투 때문에 하인들을 자기 명령대로 움직이려고 하는 바람에 로베르가 자질구레한 집안일까지 챙겨야만 했으므로, 이젠 아내의 재산관리와 가정생활의 유지에 있어서도 그는 매우 정통하고 능숙한 역할을 해낼 수가 있었다. 이것은 평소 질베르트로선 불가능한 일이었으므로 그녀는 기꺼이 재산관리를 남편에게 맡겼다. 그러나 그가 이임무를 맡은 것은, 몽당양초를 아껴가며 모은 돈을 샤를리에게 주기 위해서였고, 이로써 결국은 질베르트 모르게, 그녀를 괴롭히지도 않으면서 샤를리에게 사치를 허용하기 위해서였으리라. 어쩌면 그는 바이올리니스트를 '모든 예술가와 마찬가지로' 낭비벽이 심하다고 여겼는지도 모른다(샤를리 자신은 자존심도 없이 자칭 예술가라고 했는데, 그것은 편지에 답장을 쓰지 않는 것과 마찬가지로 다양한 결점에 대한 핑계였고, 그는 그러한 수많은 결점이 분명 예술가 심리의 일부를 이룬다고 믿었던 것이다). 도덕적 관점에서 보면 나는 인간이 남자를 상대로 쾌락을 느끼건, 여자를 상대로 느끼건 전혀 개의 치 않으며, 쾌락을 주는 곳에서 그걸 추구하는 것이 더할 나위 없이 자연스 럽고 또 인간적이라고 생각한다. 따라서 만약 로베르가 결혼하지 않았더라 면 그와 샤를리의 관계는 내게 어떠한 고통도 주지 않았을 것이다. 그럼에도 나는 확실하게 느꼈다. 비록 로베르가 독신이라 해도 내 고통은 여전히 극심 할 거라고. 다른 사람이었다면 상대가 무슨 짓을 하건 나와는 아무 상관도 없었으리라. 하지만 나는 예전에 지금과는 전혀 다른 사람이었던 생루를 몹 시도 좋아했건만, 현재의 그가 나를 피하는 듯한 냉담한 태도를 보이기 시작 한 걸 보면 내 애정이 그의 보답을 받지 못하리라는 건 뻔한 일이며, 그렇게 생각하면 눈물이 앞을 가렸다.

로베르가 남자에게 욕정을 품게 된 이상, 남자는 그에게 더 이상 우정의 대상이 아니었다. 아무리 그렇더라도 그토록 여자를 좋아했고, 라셀이 떠났 을 때는 절망한 나머지 자살할까 봐 그토록 애를 태우게 했던 남자에게 어떻 게 이런 일이 일어날 수 있단 말인가! 샤를리와 라셀이 닮았다는 점—내겐 그렇게 보이지 않지만—그것이 로베르를 아버지의 이성애에서 외삼촌의 동 성애로 옮겨가게 한 걸까? 외삼촌의 경우 상당히 뒤늦게 일어난 생리적인 변화였건만. 그런데도 이따금 에메의 말이 되살아나 나를 불안에 빠뜨렸다. 나는 그해 발베크에서의 로베르를 떠올렸다. 그는 엘리베이터 보이에게 말 을 걸면서 그에게 관심이 없는 척했지만, 그 태도는 어떤 부류의 남자들에게 말을 걸 때의 샤를뤼스 씨의 말투를 빼다박은 것이었다. 그러나 로베르에게 나타난 이러한 샤를뤼스 씨의 특징이 사실은 게르망트 집안 특유의 어떤 거 만한 태도와 행동거지에서 왔으므로, 남작의 특수한 기호와는 전혀 무관할 수도 있었다. 그러므로 이런 취향을 전혀 지니지 않은 게르망트 공작이 샤를 뤼스 씨와 마찬가지로 마치 소매의 레이스 장식을 털 듯이 신경질적으로 손 목을 빙빙 돌린다든지, 짐짓 꾸며낸 목소리에 억양을 넣어서 말을 하곤 했 다. 샤를뤼스 씨의 경우, 우리는 이런 행동에 다른 의미를 부여하고 싶어지 는데, 샤를뤼스 씨 자신은 그것과는 다른 의미를 부여하고 있으며, 즉 사람 은 저마다 자기 특수성을 비개성적이고 유전적인 특징을 빌려서 표현하지 만, 그런 특징 자체를 몸짓이나 목소리에 자리잡은 조상들의 오랜 특성일 뿐이라고 여기는 것이다.

박물학에 가까운 이러한 가설에 입각하면, 결함이 있는 게르망트 집안의 한 사람으로서 그 결함을 게르망트 일족의 특징을 통해 부분적으로 표현하는 인물은 샤를뤼스 씨가 아니라 게르망트 공작이다. 그는 도착성향을 지닌 일족 가운데 예외적 존재로, 조상으로부터 물려받은 질환에서도 완전히 벗어나 있었으므로 병이 몸에 남긴 외적 증상도 모두 의미를 잃고 있었던 것이다. 나는 발베크에서 생루를 처음 보던 날을 떠올렸다. 화사한 금발에 우아하고 섬세한 생김새에다 가슴께에 외알안경을 늘어뜨린 모습은 어딘가 여성적으로 보였지만, 그것은 물론 현재 그에 대해 알고 있는 정보가 불러온 결과가 아니라, 게르망트 집안 특유의 우아함이 드러난 것이고, 도자기로 만든 작센 인형의 섬세함이며, 공작부인도 그런 도자기로 되어 있었던 것이다. 그가 내게 쏟았던 애정, 그 애정을 표현하는 부드럽고도 감상적인 그의 태도를 떠올렸다. 나는 다른 사람이라면 속았을지 모르지만, 그 무렵엔 현재 내가 알고 있는 바와 전혀 다른 것을 의미했고, 정반대의 뜻마저 있었다고 생각했다. 그렇다면 그것은 대체 언제부터 시작되었을까? 만약 내가 두 번째로 발베크에 갔던 해의 일이라면, 그는 어째서 한 번밖에 엘리베이터 보이를 만나지 않았던 걸까? 그는 왜 그 남자 이야기를 내게 하지 않았을까? 또 첫해엔 그토록 라셀에게 빠져 헤어나지 못하던 그가 어떻게 엘리베이터 보이 따위에게 정신이 팔렸을까? 이 첫해에 나는 생루를 특별한 사람으로 생각했다. 진짜 게르망트 집안사람들이 모두 그러하듯. 하지만 그는 내가 생각했던 것 이상으로 특별한 사람이었던 것이다. 우리가 직관으로는 파악할 수 없고, 다만 다른 사람에게서 들어서 안 것은, 그것을 알릴 수단도 없거니와 그럴 시간도 지나가버렸다. 영혼과 현실의 교류는 닫히고 말았다. 그러므로 우리는 그것의 발견을 기뻐할 수 없다. 그러기엔 너무 늦은 것이다. 어쨌든 이러한 발견은 내게 결코 기뻐할 수 없는 고통을 안겨주었다. 분명 파리의 베르뒤랭 부인 집에서 샤를뤼스 씨에게 이야기를 들은 뒤로, 로베르의 경우가 수많은 훌륭한 사람들, 그것도 더없이 총명하고 뛰어난 사람들로 꼽히는 그런 사람들의 경우와 마찬가지임을 나는 이제 의심하지 않았다. 그러나 그런 이야길 들어도 다른 사람의 일이라면 아무래도 상관없었지만, 로베르에 대해선 예외이다. 에메의 말이 남긴 의혹은 발베크와 동시에르에서 쌓은 우리의 모든 우정을 손상시켰다. 그리고 나는 우정 따윈 믿지 않았고, 로베르에 대해서도 진정한 의미에서의 우정은 단 한 번도 느낀 적이 없었기에, 엘리베이터 보이 문제라든지, 생루나 라셀과 함께 식사하러 갔던 식당 이야기 따윌 떠올리면 솟구치는 눈물을 억누르려 애를 써야만 했다.

이렇게 내가 콩브레 근처에서 머물렀던 때는 아마도 내 일생에서 콩브레를 그리워하는 마음이 가장 적은 시기였는데, 그래도 내가 이 시간을 장황하게 적는 이유는, 바로 그것으로 말미암아 먼저 게르망트 쪽에서 품었던 어떤 관념을 적어도 잠깐 확인했으며, 또한 지난날 메제글리즈 쪽에서 품었던 다른 몇몇 관념도 증명되었기 때문이다. 전에 콩브레에서 오후에 메제글리즈를 찾아갔을 때의 산책을 나는 지금 저녁마다 반대 방향에서 되풀이하고 있다. 콩브레에서였다면 벌써 예전에 잠들었을 시각에 탕송빌에선 만찬을 한다. 더운 계절이었다. 질베르트는 오후에 성의 예배실에서 그림을 그렸으므로 산책에 나서는 것은 잘해야 만찬이 있기 두 시간쯤 전에나 가능했다. 돌아오는 길이면 저녁노을이 카르바리오 산을 붉게 물들였고, 비본 시내에서 목욕을 하는 모습도 가끔 볼 수 있었는데, 그런 즐거움 대신 지금은 어두워질 무렵에 집을 나서는 즐거움이 있으며, 사실 그 시절에 마을에서 마주치는 것은 돌아오는 양들이 만드는, 불규칙하게 움직이는 푸른 삼각형의 무리뿐이었다. 석양이 들판을 반쯤 지워 없애려 하고 있다. 나머지 반의 하늘엔 어느새 달이 빛나고 있는데, 이윽고 달빛이 들판 전체를 감싸리라.

때로는 질베르트가 나 혼자서만 산책을 나가게 할 때도 있다. 그러면 나는 마법의 나라를 항해하는 쪽배처럼 뒤로 내 그림자를 끌면서 앞으로 나아간다. 그러나 보통은 질베르트와 함께했다. 우리의 이러한 산책길은 가끔 어릴 적 내가 걸었던 길과 똑같았다. 그러면 나는 도저히 글쓰기가 불가능하리라는, 지난날 게르망트에서 품었던 감정을 전보다 더 강하게 느낄 수밖에 없었다. 더구나 이제는 내가 콩브레에 전혀 관심도 없고, 상상력도 감수성도 사라졌다는 감정이 더해져 있었다. 나는 지나간 나날을 돌이켜 생각하는 일이 매우 적다는 걸 알고 슬펐다. 예인선의 길을 따라 흐르는 비본 시내는 바짝 말라 볼썽사납게 보였다. 그렇다고 내 추억 속에 깃든 많은 구체적인 것들이 상당히 왜곡되어 있음을 지적하려는 것은 아니다. 지금 다시 가로지르게 된 이 장소에서 전혀 다른 생활로 말미암아 오랫동안 동떨어져 있었으므로 장소와 나 사이엔 비밀이 사라지고 없었다. 그 친밀함에서 나오는 모든 추억은 내가 알아채기도 전에 직접적으로, 유쾌하게, 터지듯이 되살아났다. 어쩌면 그런 추억의 성질을 제대로 이해하지 못하기 때문이리라. 산책이 전혀 즐겁지 않은 것은 느끼거나 상상하는 내 능력이 쇠퇴해서임이 틀림없다고 생각하니 더욱 슬펐다.

질베르트는 나보다 더 내 기분을 이해하기 어려워했으며, 여전히 알 수 없다는 표정을 지어 한층 더 나를 슬프게 했다. "왜 그래요?" 그녀가 묻는다. "예전에 당신이 오르던 이 언덕길을 걸어도 아무 감흥이 없어요?" 질베르트도 완전히 변해버렸으므로 나는 이제 그녀를 아름답다고 여기지 않았고, 또 실제로 그녀는 이제 전혀 예쁘지 않았다. 우리는 이렇게 걸었지만, 그 사이에 눈에 들어오는 대지는 조금씩 변하고 있었다. 산길을 올라야만 하는가 싶다가도 어느새 길은 내리막이 된다. 우리는 대화를 계속한다. 질베르트와 단둘이 이야기를 나누는 것은 매우 즐거웠지만, 그래도 어려움이 있었다. 사람은 보통 아버지의 성격, 어머니의 성격이라는 식으로 서로 다른 면을 갖고 있으며, 그것들은 비슷하기도 하고, 또 전혀 다르기도 하다. 하나의 측면을 지나면 다른 측면이 나타나는데, 이튿날이 되면 그 겹침의 방식이 반대가 된다. 그러다 결국은 누가 어느 쪽에 승리의 판정을 내리는지, 누구의 판단에 따라야 하는지도 모르게 된다. 정부가 빈번하게 바뀌는 나라와는 섣불리 동맹을 맺어선 안 되는데, 질베르트는 그런 나라 같았다. 하지만 그것은 실제로는 착각이다. 자주 변하는 사람이라도 본인의 기억에 어떤 자기동일성이 확립되어 있으면 기억하고 있는 약속은, 비록 직접 서명하지 않았더라도 지키려고 노력하기 마련이다. 지성에 대해선 질베르트의 경우, 어머니에게서 물려받은 둔감한 구석이 조금 있기는 했지만, 매우 활발한 성격이었다. 그러나 이것은 그녀의 가치와는 무관한데, 산책 중에 나눈 대화에서 그녀는 나를 깜짝 놀라게 하는 말을 얼마나 자주 했는지 모른다. 처음엔 이런 말이었다. "당신이 그리 배고프지 않다면, 또 이렇게 시간이 늦지 않았더라면 여기서 왼쪽으로 가다가 다시 오른쪽으로 꺾어 15분쯤 걸으면 게르망트에 도착할 텐데." 그건 마치 내게 이렇게 말하는 듯했다. "왼쪽으로 꺾어 다시 오른쪽 길로 가면 다가갈 수 없는 곳으로 가게 되고, 이르지 못할 먼 곳에 다다르게 돼요. 그건 이 땅 위에서 방향만 알 수 있는 곳, 오직 '방향'밖엔 모르는 곳이죠." 이 방향이야말로 지난날 내가 게르망트에 도착하여 오직 이것밖엔 알 수 없으리라고 믿었던 것이고, 어쩌면 어떤 의미에서 나는 잘못 짚지 않았던 것이다.

내가 놀랐던 또 한 가지는 '비본 시내의 발원지'를 본 일이다. 나는 이것을 '지옥의 문'과 마찬가지로 지구 바깥에 있는 것처럼 상상했었는데 실제로 보니 별것 아니었다. 그것은 퐁퐁 솟아오르는 어떤 네모진 빨래터에 지나지 않았다. 세 번째는 질베르트가 이렇게 말했을 때였다. "괜찮다면 한번쯤은 오후에 일찍 둘이서 나가보면 어떨까요? 그러면 메제글리즈를 지나 게르망트로 갈 수 있어요. 이게 가장 좋은 길인데." 이 말은 어린 시절에 내가 품었던 모든 관념을 뒤집어서, 두 방향이 내가 생각했던 것처럼 서로 만나지 못하는 게 결코 아님을 가르쳐주었다. 그러나 내게 가장 충격적이었던 것은, 콩브레에 머무는 동안에 내가 거의 지나간 나날을 진심으로 되살리는 일이 없었고, 콩브레를 다시 보고 싶다는 생각도 들지 않았으며, 비본 시내를 바짝 마르고 볼품없는 곳이라고 생각했다는 점이다. 하지만 전에 내가 메제글리즈에서 했던 상상을 질베르트가 입증해준 것은 저녁 식사 전이라고는 하지만 완전히 어두워진 이런 산책길에서였다.

달빛에 뒤덮인 깊고 아름다운 신비한 골짜기로 내려가려 할 때, 우리는 순간 발길을 멈추었다. 마치 갓 봉오리를 틔우기 시작한 꽃받침 속으로 들어가려는 두 마리의 곤충처럼. 그때 질베르트는 손님이 곧 떠나는 게 아쉽고, 또 손님이 마음에 들어할지 모르는 이 지방을 더 잘 안내하려는 여주인의 호의에서 나온 듯한 말을 했다. 그러나 그것은 마치 사교계 부인처럼 침묵과 솔직함, 간결함을 교묘히 이용하여 마음을 표현한 말로서, 상대에게 그녀의 생활 속에서 아무도 차지할 수 없는 지위를 누리고 있다는 생각이 들게 하는 말이었다. 나는 상쾌한 공기를 들이마시고 잔잔한 바람을 맞으면서 그녀에 대한 애정으로 가득 차서는 그 기분을 이렇게 토로했다. "요전에 언덕길 이야기를 했었지? 그때 난 당신이 얼마나 좋았는지 몰라!" 그녀는 대답했다. "그걸 왜 말하지 않았어요? 나는 전혀 몰랐어요. 나도 당신을 사랑하고 있었어요. 내가 당신의 마음을 끌려고 했을 정도로요."—"그게 언제 적 이야기지?"—"처음엔 탕송빌에서지요. 당신은 가족분들과 산책을 하고 있었고, 저는 마침 집으로 돌아온 참이었죠. 지금껏 그토록 사랑스런 소년을 본 적이 없었어요. 나는 말이죠." 그녀는 수줍은 듯한, 애매한 태도로 덧붙였다. "친구들과 루생빌 성탑 폐허에 자주 놀러갔었어요. 아마 행실이 나쁜 여자애라고 하시겠죠? 하지만 그곳엔 많은 여자아이와 남자아이가 있었고, 어둠을 틈타 소곤소곤 이야기를 나누었죠. 콩브레 성당의 성가대원이었던 테오도르, 그 사람은 매우 친절히 대해주었지만(얼마나 잘생겼는지 몰라요!), 지금은 너무나 볼품이 없어졌어요(메제글리즈에서 약사 노릇을 하고 있죠). 그는 근처 아무나 농사꾼의 딸과 그곳에서 실컷 놀았죠. 나는 혼자서 놀러가도 좋다는 허락을 받아서는, 집을 나오자마자 곧장 그리로 달려갔어요. 당신이 오길 얼마나 목을 빼고 기다렸는지 도저히 말로는 다 할 수 없을 정도예요. 지금도 똑똑히 기억해요. 양쪽 가족들의 눈에 띌 만한 곳에서 작은 빌미라도 있으면 그걸 당신이 알아채길 어찌나 바랐던지, 지금 생각하면 부끄러울 정도로 노골적인 행동이었어요. 하지만 당신이 몹시 아니꼽다는 눈으로 쳐다보는 걸 보고 당신이 눈치채지 못했음을 깨달았죠."

이때 나는 갑자기 이런 생각이 들었다. 진정한 질베르트, 진정한 알베르틴이란 어쩌면 처음 보던 순간에 한 사람은 장밋빛 산사나무 산울타리 앞에서, 다른 한 사람은 모래사장을 배경으로 그 눈길에 마음속을 훤히 드러내고 있던 소녀들이라고. 나는 그것을 알아채지 못하다가 나중에서야 마침내 깨달은 것에 지나지 않으며, 그녀들도 그 사이, 나와 많은 이야기를 하는 사이에 감정이 어중간해져서는 처음만큼 솔직해질 수 없었던 것이다. 이렇게 나의 둔감하고 서툰 행동이 모든 것을 망쳐버렸다. 나는 생루가 라셀을 '놓친' 것보다 훨씬 완벽하게, 똑같은 이유로 그녀들을 '놓쳤'는데, 그나마 그녀들과의 관계가 좌절되었다고 표현할 수 있는 것은, 사실상 그리 아둔한 행동도 아니었기 때문이다.

"두 번째는 말이에요." 질베르트는 다시 말을 이었다. "그로부터 몇 년이나 지난 뒤에 당신 집 문 앞에서 만났을 때예요. 그건 오리안 숙모 댁에서 다시 만나기 전날이었어요. 당신인 줄 금세 알아보지 못했죠. 아니, 당신인 줄 알았다는 말이 맞을 거예요. 왜냐하면 탕송빌에서 만났을 때와 똑같은 기분이었거든요."—"하지만 그 사이 샹젤리제에서 놀았던 시절이 있긴 한데." —"맞아요, 그렇지만 그 무렵 당신은 나를 무척이나 사랑했었죠. 내 모든 행동을 눈여겨보고 있다는 느낌이 들었거든요." 나는 그녀를 만나러 가던 날, 샹젤리제 거리를 함께 내려가던 그 젊은 남자가 누구냐고 물어볼 마음은 내키지 않았다. 아직은 그녀와 화해할 수 있을 성싶기도 했고, 만일 그날 노을 속으로 함께 붙어서 걸어가던 두 그림자와 마주치지 않았더라면 나의 모든 인생은 확 달라졌을지도 모르기 때문이다. 만약 내가 물었다면 그녀는 아마도 진실을 말해주었으리라. 마치 알베르틴이 다시 살아나면 그렇게 해주었을 것처럼. 실제로 더는 사랑하지 않는 여자와 몇 년 뒤에 다시 만났을 때, 이젠 그녀가 더 이상 이 세상 사람이 아닌 것처럼 죽음이 가로놓여 있는 건 아닐까? 왜냐하면 사랑은 이미 존재하지 않으므로 그때의 그녀와 나는 죽은 사람이 되어 있기 때문이다. 그러나 만약 내가 다시 물어도 그녀는 기억을 못할지도 모르며, 또 거짓말을 할지도 모른다. 어쨌든 그건 이제 나와는 상관없는 일이다. 내 마음은 질베르트의 얼굴보다도 훨씬 더 많이 변했으니까. 질베르트의 외모는 이젠 내 취향에 맞지 않았고, 특히 지금은 내가 불행하다고 여기지도 않았다. 비록 그 무렵의 일을 떠올린다 해도 젊은 남자 곁에서 종종걸음으로 걸어가던 질베르트를 보았을 때, "이젠 끝이다. 다시는 그녀를 만나지 않으리라" 다짐하며 그토록 괴로워하던 일이 정말 거짓말 같기만 했다. 내게 그 먼 옛날의 마음은 오랜 고문임엔 분명했지만, 지금은 그런 상태는 하나도 남아 있지 않았다. 왜냐하면 모든 것이 쇠퇴하고 멸망해 가는 이 세상에서 산산이 무너지는 것, '아름다움'보다도 더욱 완전하게 어떤 흔적도 남기지 않고 파괴되는 것은, 바로 '슬픔'이기 때문이다.

정말로 그녀는 누구와 함께 샹젤리제를 걸어 내려갔을까? 이때 그걸 묻지 않은 건 신기할 것도, 이상할 것도 없다. '시간'이 이토록 순식간에 호기심을 사라지게 하는 경우를 나는 지겹도록 보아왔기 때문이다. 반면에 그날 질베르트를 발견하기 전에 그녀에게 줄 꽃을 사기 위해서 오래된 중국 도자기 꽃병을 팔았다는 이야기를 끝내 하지 않은 것은 내가 생각해도 이상했다(나는 그녀에게 물었다. 그건 남장한 레아였다. 그녀는 레아가 알베르틴과 아는 사이임을 알고 있었지만 더 이상은 말하지 못했다. 우리 인생에는 이런 식으로 반드시 되풀이해서 나타나는 우리의 쾌락과 고뇌를 준비하는 사람들이 있기 마련이다).

언젠가 아무런 위험도 없이, 내가 이런 다정한 마음으로 그녀에게 실제로 말할 수 있음을 상상하는 건 그날 이후의 비참한 시간 동안 내 유일한 위안이었다. 1년이 더 지난 뒤에도 다른 자동차와 내 자동차가 당장 부딪힐 듯한 상황이 닥쳤을 때, 죽고 싶지 않다는 생각을 한 것은 오직 그때 일을 질베르트에게 말하고 싶어서였다. 나는 이런 말로 스스로를 위로했다. "서두를 것 없어. 그럴 시간은 앞으로 얼마든지 있을 테니까." 그래서 나는 목숨을 잃고 싶지 않았던 것이다. 그러나 이젠 그런 말을 해봤자 썩 후련할 것도 없고, 그냥 우스울 뿐이며, '억지로 하는 것처럼' 보이리라. "게다가 말이에요." 질베르트가 말을 이었다. "당신 집 앞에서 만났을 때에도 당신은 콩브레에 있을 때와 똑같았어요. 전혀 달라진 데가 없더군요." 나는 기억 속의 질베르트를 떠올렸다. 햇빛이 산사나무 아래 만들어놓은 사각형, 소녀가 손에 쥔 삽, 언제까지나 내게로 쏟아지던 그 눈길, 그런 것들은 그림으로 그려낼 수도 있으리라. 다만 나는 그녀의 시선이 무례하다는 느낌이 들어서 그것을 깔보는 눈길이라고 단정했던 것이다. 왜냐하면 내가 속으로 바랐던 것은 소녀들이 전혀 알 턱이 없는 것이고, 내가 고독한 욕망의 시간에, 상상 속에서 그녀들에게 했던 행동에 지나지 않았기 때문이다. 더구나 대담하게도 한 소녀가 내 할아버지가 보는 앞에서 태연히, 그리고 재빠르게 욕망을 드러내 보이리라곤 도저히 믿어지지 않았던 것이다.

내가 꽃병을 내다 판 그 저녁나절에 그녀는 누구와 함께 샹젤리제 거리를 산책하고 있었을까? 나는 그걸 그녀에게 묻지는 않았다. 그때의 겉모습 속에 어떤 사실이 감춰져 있는지 따윈 더 이상 궁금하지도 않았다. 그럼에도 그게 누구였는지 곰곰 생각하느라 나는 며칠 밤낮을 괴로워해야 했는데, 옛날 콩브레에서 어머니에게 안녕히 주무시라는 인사를 하고 방으로 자러 가야 했던 순간 이상으로 가슴의 고동을 억눌러야만 했다. 우리 신경계는 노화한다. 그래서 어떤 종류의 신경질환도 우리가 천천히 약해지도록 만드는 것이다. 그것은 평생토록 계속되는 우리의 변치 않는 자아에 대한 진실일 뿐만 아니라, 결국은 그 자아를 이루는, 속속 닥치는 대로 계속하여 일어나는 모든 자아에도 해당되는 진실이다.

이로써 오랜 세월이 흐른 뒤 나는 또렷이 기억하고 있던 인상에 수정을 가해야만 했다. 이 작업은 금발의 소녀들과 나 사이에 존재한다고 믿었던, 뛰어넘을 수 없는 심연이 파스칼의 심연과 마찬가지로 상상 속의 인상임을 드러내어 나를 몹시 기쁘게 했는데, 또한 이 작업은 오래 계속되는 세월 속에서 이루어져야 하는 만큼 시적으로 느껴졌다.

나는 루생빌의 나무 아래 길을 생각하면 욕망과 안타까움에 몸서리가 쳐졌다. 그 무렵 내가 온 힘을 기울여 이루려던 행복, 지금은 내게 어떤 것도 가져다주지 않는 그 행복은 머릿속에서뿐만 아니라 현실에서 바로 코앞에 존재하고 있었던 것이다. 내가 헤아릴 수 없을 만큼 말했던 아이리스 향기 가득한 작은 방에서 바라보던, 그 루생빌 성탑 안에 있었던 것이다. 그렇게 생각하니 마음이 훨씬 편해졌다. 더구나 나는 아무것도 몰랐었다! 전에 나는 산책할 때 욕망이 솟구쳐서 집으로 돌아갈 생각도 하지 않은 채, 숲의 나무들이 일어나서 움직이기 시작하는 것을 본 듯싶었는데, 결국 질베르트는 그런 나의 모든 욕망을 요약하고 있었던 것이다. 그 무렵 내가 뜨겁게 바라던 것, 만약 내가 그 신호를 이해하고 그걸 다시 발견해낼 만큼의 재주만 있었더라면 그녀가 소년인 내게 그걸 맛보게 해주었을지도 모른다. 그때의 질베르트는 내가 생각했던 것보다 훨씬 완전하게 메제글리즈의 여자였던 것이다. 다시 문 앞에서 만났던 그날만 해도 그녀는 로베르가 매춘부의 집에서 알게 되었다는 오르주빌 양은 아니었지만(그렇더라도 그녀의 남편이 될 사람에게 신원 조사를 부탁했었다니 얼마나 기묘한 일인가!), 그녀의 눈길이 의미하는 것에 대해서도, 그녀가 어떤 여자인가 하는 점이나 지금은 그녀 스스로 그렇게 고백하고 있는 점에 대해서도 나는 완전하게 오해했던 건 아니다. "그건 모두 지나간 이야기예요." 그녀는 말했다. "로베르와 약혼하던 날부터 저는 이미 그 사람만 사랑했어요. 그리고 가장 신경이 쓰였던, 어릴 때의 그런 변덕 같은 것과는 다르다고요."

제7편

# 다시 찾은 시간

## Le Temps retrouvé

내가 지내는 그 촌스러운 집은 산책하는 길에 잠시 눈을 붙이거나 소나기가 그치기를 기다리는 곳으로밖에는 보이지 않지만, 손님방은 모두 우거진 녹음에 묻힌 정자 같으며, 어떤 방 벽지에는 들에 핀 장미가 찾아오고, 또 어떤 방 벽지에는 나무들 사이를 날아다니던 새들이 들어와서 우리의 벗이 되어준다. 그러나 그것은 무리에서 떨어진 장미와 새였다. 아주 낡은 벽지는 서로 멀찍멀찍 떨어져 있어서, 정말 살아 있는 것이라면, 장미꽃은 한 송이만 꺾을 수 있고, 새는 새장에 넣어 길들일 수 있을 성싶기 때문이다. 거기에는 은빛 배경 속에 일본화 기법으로 그린 노르망디의 사과나무들이 모두 달려와 침대에서 지내는 시간을 환상으로 채워주는 그런 현대풍 실내 장식 같은 것은 전혀 없었다. 나는 그런 집의 내 방에서 온종일 시간을 보냈는데, 그 방은 정원의 아름다운 수풀과 문간의 라일락꽃, 물가에서 햇살에 반짝이는 큰 나무들의 초록빛 잎들, 메제글리즈의 숲을 향하고 있었다. 처음에는 그저 '내 방 창문에 이처럼 많은 초록빛이 들어오다니 아름답구나' 하는 생각만으로 즐겁게 바라보다가, 문득 광대한 초록빛 화면 속에서, 그저 그것이 멀리 있다는 이유만으로 홀로 짙은 파란색으로 그려져 있는 콩브레 성당 종탑을 알아보았다. 그것은 그림 속 종탑이 아니라 진짜 종탑이었다. 그것은 내 눈앞에 갖가지 장소와 많은 세월과의 틈을 두면서, 빛나는 초록빛 가운데 사뭇 그것만 특별한 꽃과 새로 그려진 것처럼 우중충한 빛깔을 두르고 내 창문 안으로 들어왔다. 그리고 어쩌다가 방을 나서면, 복도 끝(거기서부터 복도가 다른 방향으로 꺾이기 때문에)에 있는 작은 손님방의 벽지가 새빨간 비단 띠처럼 보였다. 그것은 값싼 모슬린에 지나지 않았지만 빛깔이 빨개서 햇빛이 비치면 금세 타오를 듯이 보였다.

산책을 하다가 질베르트는 나에게, 로베르가 자신을 거들떠보지도 않고 다른 여인들 곁으로만 가려 한다고 말했다. 과연 그의 생활에는 수많은 여인이 얽혀 있었다. 그러나 그것은 여인을 좋아하는 사내의 어떤 남성끼리의 우의와 비슷한 것으로, 대부분의 집에서 아무짝에도 소용없는 물건들이 아무리 치워도 괜히 자리만 차지하고 쓸데없이 방해하는, 그런 성질의 문제였다.

로베르는 내가 탕송빌에 있는 동안 여러 번 왔다. 그는 몰라보게 변해 있었다. 그의 생활은 그를 샤를뤼스 씨처럼 살쪄워서 둔하게 만들지 않고, 반대로 기병장교와 같은—결혼하면서 퇴역했지만—경쾌한 풍모를 주었다. 샤를뤼스 씨의 몸이 점점 더 무거워지는 동안 로베르(물론 로베르 쪽이 훨씬 젊었지만, 나이 들어감에 따라 더욱더 그 이상형에 가까워지려고 애쓰는 게 분명했다)는 마치 어떤 여인들이 더 이상 여러 부분의 젊음을 다 함께 유지할 수 없게 되자 젊음을 가장 잘 대표하는 것은 몸매라고 판단해서, 얼굴 화장을 그만두고 몸매에만 정성을 들이며 어느 순간부터 마리엔바드 온천장*을 떠나지 않는 것처럼 점점 더 늘씬해지고 날렵해졌는데, 이는 곧 같은 악습에서 비롯된 반대 효과였다. 하기야 이 재빠름에는 갖가지 심리적인 까닭이 있었다. 남에게 들키지 않을까 하는 두려움, 이런 두려움을 품고 있는 것처럼 보이지 않으려는 욕망, 자기 불만과 권태에서 생기는 초조함이다. 그에게는 어떤 못된 곳에 가는 습관이 있었지만 거기에 드나드는 걸 남에게 보이고 싶지 않아서, 습격할 때처럼, 있을지도 모르는 통행인들의 악의에 찬 눈길을 되도록 피하기 위해 마치 날아가듯이 없어져버렸다. 그리고 이 돌풍과 같은 행동거지가 몸에 배고 말았다. 그것은 또한, 자기는 두려워하지 않는다는 걸 나타내려는 사람, 이것저것 고민하지 않겠다고 다짐한 사람의 외면적인 대담성을 나타내고 있는지도 모른다. 보다 완전한 이유로는, 나이가 들면 들수록 더 젊게 보이고 싶은 욕망과, 총명한 사람이 제 능력을 충분히 발휘하지 못하는 현재의 비교적 한가한 생활에 늘 싫증을 느끼는 초조함을 셈속에 넣어야 한다. 물론 이런 한가한 생활이 인간을 무기력하게 만드는 수도 있다. 하지만 육체 단련을 즐기게 되고 나서는, 운동 시간 말고도 틈만 나면 운동을 하게 되므로 한가로움은 더 이상 무기력으로 나타나지 않으며, 권태가 널리 퍼질 시간도 여지도 남기지 않으려는 왕성한 활동욕으로 나타난다.

내 기억은, 무의식적인 기억마저 이미 알베르틴을 향한 사랑을 잊고 말았

---

\* 옛 체코슬로바키아의 온천장. 독일 국경에 가까운 보헤미아에 있음.

다. 그러나 몸뚱이의 기억이라는 게 있다. 그것은 다른 기억의 어렴풋한 모방이지만, 마치 하등동물이나 식물이 인간보다 더 오래 살듯이 그쪽이 더 오래 살아남는다. 팔과 다리가 이런 저릿한 추억으로 가득 차 있다.

한번은 질베르트와 일찌감치 헤어진 뒤, 탕송빌의 방에서 한밤중에 깨어나 비몽사몽간에 "알베르틴" 하고 부른 일이 있다. 알베르틴을 생각한 것도 아니요, 그녀의 꿈을 꾼 것도 아니요, 질베르트와 혼동한 것도 아니었다. 내 팔 안에서 깨어난 무의식적 추억이, 파리의 내 방에서처럼, 나로 하여금 등 뒤의 초인종을 찾게 했던 것이다. 그리고 그것을 못 찾아서 "알베르틴" 하고 불렀던 것이다. 저승에 간 여자친구가 밤이면 곧잘 그랬듯이 내 곁에 함께 잠들었다고 생각했고, 깨어나서, 프랑수아즈가 오기까지 조금 시간이 걸리므로 내 손이 찾지 못하는 초인종 끈을 알베르틴이 끌어당겨도 큰일은 없으리라고 여겼던 것이다.

몹시 통명스러워진—적어도 이 유감스러운 형세가 계속되는 동안—로베르는 벗들에게, 이를테면 내 앞에서도 거의 아무런 감정도 나타내지 않았다. 이에 반해 질베르트는 우스꽝스럽도록 과장된 감상적인 겉멋을 부려서 꼴사나워 보였다. 실제로 질베르트가 그의 관심 밖에 있었던 것은 아니다. 오히려 로베르는 그녀를 진심으로 사랑하고 있었다. 하지만 줄곧 그녀에게 거짓말했다. 그리고 그 거짓말의 내용까지는 아니더라도, 거짓말을 하고 있다는 사실만은 끊임없이 들키고 말았다. 그래서 그는 그 고비를 넘기려면, 질베르트의 마음을 괴롭힘으로써 자기가 실제로 느끼는 슬픔을 꼴사나울 만큼 과장하는 수밖에 없다고 생각했다. 그는 탕송빌에 와서, 내일 아침 이 근처 출신인 아무개가 파리에서 자기를 기다리고 있으니 돌아가봐야겠다고 말했다. 그런데 그날 저녁 콩브레 근처의 야회에서 바로 그 아무개를 만나, 로베르가 미리 입을 맞춰놓지 않은 탓에, 한 달 정도 휴양하러 왔으니까 얼마 동안 파리에 돌아가지 않겠다고 그 사람이 말함으로써 그만 들통이 나고 말았다. 로베르는 질베르트의 우울하고도 의연한 미소를 보고 얼굴을 붉히고, 바보 같은 놈이라고 상대를 욕하면서 자리를 빠져나와 아내보다 먼저 집에 돌아가서는, 말할 수 없는 이유로 자기가 파리로 돌아가는 걸 보고서 그녀가 사랑받지 못한다고 생각하지 않도록, 그녀를 괴롭히지 않으려고 거짓말했다는 절절한 내용의 쪽지를 그녀의 방으로 보냈다(이런 내용은 전부 거짓말로 썼지만, 결국 그것이야말로 진실이었다). 그리고 그녀의 방에 들어가도 괜찮은지 물어보고 오게 하고, 그 방에서 반쯤은 진정한 슬픔 때문에 반쯤은 그런 생활에 대한 짜증 때문에, 또 날로 대담해지는 연기를 곁들여서 흐느껴 울며 식은땀을 흘리고, 죽을 날이 머지않았다는 소리를 하는가 하면, 때로는 병이라도 난 듯이 마룻바닥에 쓰러졌다. 질베르트는 그럴 때마다 그가 거짓말을 하고 있으며 또 그 말을 어느 정도까지 믿어야 할진 모르지만, 전반적으로 자기는 사랑받고 있는 것 같고, 남편이 죽음을 예감하는 것으로 보아 무슨 병이 있을지 모른다는 생각에 겁이 덜컥 나서, 남편에게 감히 맞서지 못할 뿐더러 여행을 가지말라는 말도 하지 못했다.

나는 모렐이, 파리건 탕송빌이건, 생루네 사람들이 있는 곳이라면 어디서나 베르고트와 더불어 아들 같은 대접을 받는 까닭을 더더욱 알 수 없었다. 모렐은 베르고트의 흉내를 훌륭하게 냈다. 얼마 지나자 그의 흉내를 내달라고 부탁할 필요도 없었다. 어떤 히스테리 환자는 최면을 걸지 않아도 온갖 인물로 탈바꿈할 수 있는데, 그와 마찬가지로 모렐도 자진해서 단숨에 그 인격이 되어버리는 것이었다.

프랑수아즈는, 샤를뤼스 씨가 쥐피앙에게 해주었던 일, 로베르 드 생루가 모렐에게 해준 일을 낱낱이 보아왔는데, 그것을 게르망트 가문의 몇 대에 걸쳐 나타난 하나의 특징이라고 결론짓지는 않았다. 도덕심이 철석같은 그녀는 오히려—르그랑댕이 테오도르를 많이 도와주고 있듯이—그것이 하나의 관습으로 널리 행해지는 훌륭한 일이라고 믿었다. 그녀는 모렐이건 테오도르이건 가리지 않고 젊은이에 대해서 늘 말했다. "그 젊은이도 고마운 어른을 얻었답니다. 그 어른이 돌봐주고 많은 도움을 준답니다." 또 이와 같은 경우 보호해주는 쪽이 사랑하고 괴로워하며 용서하는 사람이니까, 프랑수아즈는 이런 어른들과 이들에게 유혹받는 미성년자들을 비교할 때, 주저없이 어른들 쪽을 낮게 보고, '마음씨 착한' 사람들로 생각했다. 프랑수아즈는 르그랑댕을 심하게 굶려주었던 테오도르를 가차없이 욕했지만, 그래도 그들 관계에 대해서는 거의 의심을 품지 않았던 모양이다. 그 증거로 다음과 같이 덧붙였다. "그 어린 녀석이 좀 양보해야 한다는 걸 겨우 깨닫고서 말하기를, '나도 데리고 가요, 무척 귀여워해드릴 테니, 많이많이 사랑할 테니' 말하지 뭐예요. 그러면 그 어른은 착하니까 테오도르 녀석이 그 옆에 붙어서 분에 넘치는 복을 누리겠지요. 그 녀석은 금방 발끈하지만 그 어른은 워낙 친절하니까요. 나는 자주 자네트(테오도르의 약혼녀)에게 일렀답니다, '아가야, 만일 무슨 일이 있으면 그 어른한테 가보렴. 그 어른은 자기가 방바닥에서 잘 망정 네게 침대를 내주실 거야. 테오도르를 무척 아끼니까 너를 내쫓을 리 없단다. 절대 버리지 않을 거야' 하고요."

예의 삼아 나는 지금 미디(남부)에 살고 있는 테오도르의 성을 그 누이에게 물었다. "그럼 〈피가로〉지에 실린 내 논문에 대해서 내게 편지를 써 보냈던 이가 바로 그였구나!" 나는 테오도르의 성이 사닐롱이라는 걸 알고는 무심코 외쳤다.

마찬가지로 프랑수아즈는 모렐보다 생루 쪽을 존중하고 있어서, 모렐이 이제껏 수많은 타격을 입혔는데도 후작은 결코 모렐 녀석을 내치지 않는다, 그 어른은 너무나 착한 분이니까, 그 어른 몸에 큰 재앙이 닥쳐오지 않는 한 그런 가혹한 짓은 하지 않을 거라고 판단했다.

언젠가 생루는 내게 탕송빌에 머무르기를 간청하면서, 나를 기쁘게 하려는 낌새라곤 분명히 없었지만, 아내가 말하기를 자네가 온 게 어찌나 기쁘던지 밤새도록 들떠서 어쩔 줄 몰랐다고 전해주었다. 마침 그날 저녁 아내가 몹시 침울했던 차에 내가 왔으므로 기적적으로 아내가 절망에서 구원되었다는 것이다. "어쩌면 더 나빠질 수도 있었다"고 그는 덧붙였다. 생루는 나에게, 좋아하는 여인이 있지만 아내에 비한다면 아무것도 아니며, 머지않아 연을 끊을 테니 자기가 그토록 아내를 사랑하고 있는 사실을 그녀에게 이해시켜달라고 부탁했다. "그런데 말이야." 그는, 이따금 샤를리라는 모렐의 애칭이 복권 번호를 뽑듯이 로베르의 입에서 불쑥 튀어나오지 않을까 하는 생각이 들 만큼, 거드름 부리며 속내 이야기를 하고 싶어 죽겠다는 말투로 덧붙였다. "자랑할 만하다네. 내게 그렇게 많은 애정을 보여주는 질베르트를 위해 깨끗이 포기할 생각이니 말이야. 그녀는 기특하게도 딴 사내는 거들떠보지도 않았어. 남의 사랑을 받을 만한 재색이 없다고 믿고 있네그려. 내가 첫 남자야. 그녀가 지금까지 뭇 사내를 피해왔다는 건 알고 있었어. 그래서 나와 함께 있고서야 처음으로 행복을 느낄 수 있었다는 사랑스러운 편지를 받았을 때는 나도 놀라서 어리둥절했다네. 물론 나를 얼근히 도취시킬 뻔했네만, 질베르트가 불쌍하게 눈물짓는 모습을 떠올리니 가엾다고 생각할 수밖에 없더군. 그런데 질베르트에게 어딘가 라셀과 닮은 점이 있다고 생각하지 않나?" 사실 나는 전부터 두 여인이 살짝 닮았다고 생각해왔는데, 지금도 잘 보면 여전히 닮아 있었다. 아마도 얼굴 어딘가에(이를테면 질베르트에게서는 거의 표나지 않는 정도지만, 히브리 혈통으로 말미암은 얼굴 생김의 특징 같은) 정말로 닮은 데가 있는 탓인지도 모른다. 그래서 로베르도 가족들이 결혼하기를 권했을 때, 자산 조건이 비슷한 경우에는 질베르트 쪽에 더욱 마음이 끌렸던 것이다. 또한 이름조차 모르던 라셀의 사진을 몇 장 발견한 질베르트가, 로베르의 마음에 들고자 이 여배우의 몸에 익은 버릇, 늘 머리칼에 다는 붉은 매듭과 팔에 두른 검은 벨벳 리본을 흉내내려 애쓰고, 또 짙은 갈색으로 보이도록 머리칼을 물들이고 있는 탓이기도 했다. 그리고 슬픔이 낯빛을 어둡게 한다는 걸 깨닫고서 그것을 고치려고 애썼다. 때로는 얼굴 치장을 지나치게 했다. 로베르가 하룻밤 머무르고자 탕송빌에 오기로 한 어느날, 그녀가 옛 모습뿐만 아니라 평소 모습과도 딴판인 어찌나 괴상한 자태로 식탁 앞에 나왔는지, 나는 그 모양을 보고 어리둥절해 내 앞에 여배우나 테오도라(Theodora)* 황비가 앉아 있는 듯하여 벌어진 입을 다물지 못했다. 정신이 들자, 어디가 어떻게 변했는지 알고 싶은 마음에서 그녀를 뚫어지게 바라보았다. 내 호기심은 그녀가 코를 풀었을 때 풀렸다. 그녀의 세심한 주의에도 현란한 갤판을 만들면서 손수건에 흠뻑 묻은 색채를 보고, 그녀가 치덕치덕 발랐다는 사실을 알았던 것이다. 쥐잡아 먹은 듯한 시뻘건 입술은 그 때문이었다. 그녀는 그것이 자기에게 잘 어울리는 줄 알고 애써 그 입가를 방실거리고 있었다. 한편 기차 시간이 가까워짐에 따라, 질베르트는 남편이 정말 올지, 아니면 게르망트 씨가 재치 있게 글본을 만들어낸, '가지 못함, 거짓말은 나중'이라는 따위의 전문을 보낼지 몰라, 보랏빛 땀방울을 흘리며 볼이 새파래지고, 눈 밑에는 시커먼 기미가 생기는 것이었다.

"그렇고말고." 로베르는—지난날의 자연스러운 애정과는 심한 대조를 이루는 짐짓 꾸민 다정스러운 투, 알코올중독자나 배우가 대사를 주워섬기는 듯한 목소리로—나에게 말했다. "질베르트의 행복을 위해서라면 나는 마다할 게 하나도 없네. 나를 위해 그녀가 이만저만 애쓴 게 아니거든. 자네는

---

* 동로마의 유스티니아누스 1세의 비(妃), (500? ~48).

모를 테지만." 여기서 가장 불쾌한 점은 뭐니뭐니해도 자만심이었다. 왜냐하면 생루는 질베르트의 사랑을 받고 있다고 자부하는 한편, 자기가 사랑하는 사람이 샤를리라고는 감히 입 밖에 내지도 못하는 주제에, 오로지 이 바이올리니스트가 그에게 품고 있다고 여기는 애정을 상세하게 나발 불어댔기 때문이다. 그것이 전혀 밑도 끝도 없이 지어낸 말은 아니더라도 매우 과장된 것임은 생루 자신도 잘 아는 바였다. 샤를리는 그에게 날마다 더 많은 돈을 졸라대고 있었으니까. 그리고 생루는 파리에 나갈 때마다 질베르트를 나에게 맡겼다.

한번은(내가 아직 탕송빌에 있으므로 이야기가 좀 앞서지만) 파리 사교계에서 멀찍이 떨어져 그를 본 적이 있었는데, 그의 말소리가 무척 생기 있고 매력적이어서 나로 하여금 지난날을 되돌아보게 했다. 나는 그가 얼마나 변해버렸는가에 깜짝 놀랐다. 그는 점점 더 어머니를 닮아갔다. 그러나 어머니에게서 이어받은 날렵하고도 기품 높은 행동거지는 그녀의 완벽한 훈육 덕분에 더욱 과장되고 딱딱해져 있었다. 게르망트네 사람들만이 지니는 찌르는 듯한 눈초리는 그가 들어서는 온갖 장소를 두루 시찰하는 듯한 인상을 주었는데, 어떤 버릇이 된 동물적인 특성으로 말미암아 거의 무의식적으로 그렇게 하는 듯했다. 게르망트네 사람들 누구보다도 유다른, 가만히 있을 때조차 금빛으로 빛나는 햇살이 거기에 머물러 있는 듯한 그의 머리칼은 아주 독특한 깃털을 떠올리게 하여, 매우 희귀한 그 새를 조류학 수집품의 하나로 간직하고픈 욕심이 일어날 정도였다. 더더구나 새로 변한 그 빛이 움직이기 시작할 때, 이를테면 로베르 드 생루가 야회에 들어오는 모습이 보이면, 조금 빠지기 시작한 금빛 머리털을 비단 같은 광택이 도는 왕관처럼 자랑스럽게 드리운 채 고개를 꼿꼿이 들고, 그 목을 인간의 동작으로는 믿기 어려울 만큼 당당하고 요염하게 움직이는 모습에 사람들은 반은 사교적이고 반은 동물학적인 호기심과 감탄을 일으키며, 도대체 자기들이 생제르맹에 있는지, 동물원에 있는지, 또는 눈앞에 보이는 것이 살롱을 가로지르는 대귀족인지, 새장 속을 거니는 진귀한 새인지 도통 알 수 없었다. 하기야 게르망트 사람 특유의 뾰족한 부리와 찌르는 듯한 눈을 가진 우아한 새의 모습은 이제 새로운 악덕을 위해 쓰이고 있으며, 악덕은 그것을 이용하여 완전히 천연덕스러워졌다. 그것을 이용할수록, 악덕은 점점 더 발자크가 '남색'이라고 부른 것과 닮아간다. 좀더 상상력을 떨치면, 새의 지저귐도 깃털 못지않게 이런 견해를 거들었다. 그는 루이 14세 시대의 말투라고 믿고 수많은 미사여구를 써가며 말함으로써 게르망트네 사람들의 버릇을 흉내내고 있었다. 그러나 설명하기 어려운 그 무언가 때문에 그것 또한 샤를뤼스 씨의 버릇이 되어 있었다. "잠깐 실례하네." 그는, 그 야회에서 나한테 말했다. 좀 떨어진 곳에 마르상트 부인이 있었던 것이다. "잠깐 어머니의 환심을 사고 오겠네."

그가 끊임없이 화제로 올리는 이 사랑으로 말하자면 샤를리에 대한 사랑이 중요하긴 했지만 그것만 있던 건 아니었다. 어떤 사랑이건 간에, 사람들은 한 사내가 관계하는 상대의 수에 대해서는 늘 틀린다. 그도 그럴 것이 우정을 나누는 사이를 육체적인 관계를 하는 사이처럼 잘못 해석하기 때문인데, 이는 틀린 덧셈이고, 더불어 하나의 관계가 밝혀지면 그것을 뺀 관계는 없다고 믿는 데서 생기는데, 이 또한 하나의 오산이다. 그러므로 두 사람이 함께 "X의 애인이라면 나도 알고 있네" 말하면서 서로 다른 이름을 대는 적이 있는데, 둘 다 옳은 경우가 생긴다. 사랑하는 여인이 사내의 요구를 모두 채워주기란 매우 드문 일이어서 사내는 좋아하지도 않는 여인과 관계하여 사랑하는 여인을 배신한다. 생루가 샤를뤼스 씨에게서 이어받은 사랑으로 말하면, 그런 경향이 있는 남편이 보통 아내의 행복을 도모한다. 그것이 일반 원칙이지만, 게르망트네 남자들은 모두 거기에 예외를 두는 방법을 찾아냈다. 곧 그들은 동성애를 좋아하면서도, 반대로 여색을 즐기는 듯이 보이고 싶어했다. 그들은 이 여자 저 여자하고 염문을 퍼뜨려 아내를 절망시키곤 했다. 쿠르부아지에네 사람들은 더욱 슬기롭게 행동했다. 젊은 쿠르부아지에 자작은 천지창조 이래 동성에게 끌리는 사람은 이 땅에 자기 혼자만이라고 믿어 마지않았다. 이 경향이 악마로부터 왔다고 여긴 그는 이와 싸워 아름다운 여인과 결혼해 자식을 여럿 두었다. 나중에 사촌형 하나가 그런 경향이 꽤 흔한 것임을 가르치는 한편, 친절하게도 그를 깨닫게 할 수 있는 곳으로 데리고 가기까지 했다. 하지만 그래서 쿠르부아지에 씨는 아내를 더욱더 사랑하게 되었으며, 자손을 늘리는 데 더욱 힘써 그들은 파리에서 가장 사이좋은 부부로 꼽히게 되었다. 생루 부부 사이는 결코 그렇지 못했다. 로베르는 성도착에 만족하지 않고, 쾌락도 없이 여러 정부를 돌보면서 아내를 질투로 못 살게 했기 때문이다.

모렐은 피부가 매우 검었으므로, 빛에는 그림자가 필요하듯 생루에게 반드시 필요한 존재인지도 모른다. 그처럼 오래된 집안에서, 눈부신 금발 머리에 총명하며 온갖 위광을 갖추고 태어난 지체 높은 귀족이, 마음속에 흑인들에 대한 비밀스런 기호를 남모르게 숨기고 있음은 상상하기 쉽다.

로베르는 대화 중 그와 같은 걱정에 대해 말한 적이 전혀 없었다. 내가 몇 마디 비치기라도 하면, 초연한 투로 "나는 통 모르겠는데" 대꾸했고, 그 바람에 외알안경이 툭하고 떨어졌다. "그 따위는 생각해보지도 않아서 말이야. 그에 대해 자세한 것을 알고 싶다면, 여보게, 다른 사람에게 물어보게. 난 군인이야, 하나의 목표가 있을 따름이지. 그런 건 내 관심 밖이고, 그 대신 발칸 전쟁에 열중하고 있네. 자네도 전에 흥미 있어 하지 않았나, 온갖 전투의 어원을 말이야. 그때 자네에게 말하지 않았나, 아무리 정세가 변하더라도 전형적인 전투, 이를테면 울름(Ulm) 전투에서의 학익진 같은 대담한 시도가 다시 나타날 거라고 말이야. 그런데 보게나! 발칸 전쟁이 아무리 특수하더라도 룰레 부르가스(Loullé-Bourgas)*의 전투는 분명 울름 전투의 재현일세, 학익진이야. 나에겐 이런 문제를 말하게나. 자네가 암시하는 따위에 대한 지식이라면, 산스크리트어에 대한 지식과 마찬가지로 난 아무것도 몰라."

이와 같이 로베르가 개의치 않는 화제지만 질베르트는 반대로, 남편이 파리에 가고 없을 때 나와 담화를 나누면서 이 화제를 즐겨 논의했다. 물론 그녀는 아무것도 몰랐거나, 어쩌면 전혀 모르는 척 시치미를 뚝 떼고 있었으므로, 결코 남편에 대해서는 아니었다. 남에 대해서만 즐겨 말했는데, 거기에서 로베르에 대한 어떤 간접적 변명을 찾아내고 있었거나, 또는 로베르가 작은아버지인 샤를뤼스 씨처럼 그 문제에 대해 철저한 침묵을 지키면서도 속내를 드러내고 남을 비방하고 싶은 욕구에 못이겨 다른 사람들에 대한 것을 그녀에게 가르쳐주었기 때문인지도 모른다. 그중에서 샤를뤼스 씨도 가차없이 비난받았다. 로베르는 질베르트에게 샤를리의 이름은 대지 않았으나, 그 바이올리니스트한테서 들었던 바를 여러모로 그녀에게 되풀이하지 않고는 못 배겼던 것이다. 그리고 샤를리는 자기 옛 은인인 샤를뤼스 씨를 증오의 대상으로 몰아세웠던 것이다. 질베르트가 이런 대화를 즐기다 보니, 그에 따라

---

* 불가리아의 도시. 1912년 제1차 발칸 전쟁에서 터키군이 대패한 곳.

나도 자연히 알베르틴 이야기를 꺼냈고, 알베르틴의 이름을 옛날에 질베르트를 통해서 처음 들었었기 때문에, 그녀가 전에 질베르트와 같은 학교에 다닐 때도 그런 경향이 있었는지를 물어보았다. 질베르트는 그에 대해 나에게 참고가 될 만한 말을 해줄 수 없었다. 하기야 어떤 사실을 알게 되든 관심 밖인 지 오래였다. 하지만 기억력을 잃은 한 노인이 이따금 죽어버린 자식의 안부를 남에게 물어보듯, 나도 기계적으로 알아보는 습관이 들었던 것이다.

자세히 말할 수는 없으나 신기한 사실은, 알베르틴이 아끼던 모든 사람, 그녀에게 자기들이 바라는 바를 전부 시킬 수 있던 모든 사람이 이제와서는, 내 우정이야 감히 바라지 못하면서도 나와의 교류를 끊임없이 청하고, 간원하며, 이를테면 울며 매달린다는 점이다. 지금이라면 돈을 보내지 않아도 봉탕 부인은 알베르틴을 나에게 돌려줄 것이다. 아무짝에도 소용없게 된 뒤에야 지난날의 인생이 이와 같이 되돌아옴으로써 나를 몹시 슬프게 했다. 딱히 알베르틴 때문은 아니다. 이제는 그녀를 투렌 지방에서가 아니라 저승에서 도로 데려다준들 나는 아무 기쁨 없이 맞이했을 것이다. 이 슬픔은 내가 사랑했던 젊은 여인, 두 번 다시 만날 수 없는 그 여인의 탓이었다. 나는 혼잣말했다. 만약 그 여인이 죽거나 또는 내가 더 이상 그녀를 사랑하지 않게 되면, 나를 그녀에게 다가가게 했을 모든 이가 그 가치를 잃겠지. 하지만 그때까지는, 사랑이란 옛이야기에 흔히 있듯이 마법이 풀리기 전에는 어찌할 수 없는 저주받은 운명이라는 점을 가르쳐줄—만약 뭔가를 가르친다면—경험을 통해 미혹에서 깨어나지 못한 채, 내 쪽에서 이들에게 헛되이 작용을 시도할 뿐이었다.

"지금 내가 가지고 있는 책에서 그런 문제를 말하고 있어요." 질베르트가 나에게 말했다(나는 로베르에게, 그가 말한 "우리 두 사람이라면 잘되었을 텐데"라는 이상한 표현에 대해 이야기했다. 로베르는 전혀 기억나지 않는다고 말하면서, 아무튼 별다른 의미는 없다고 딱 잘라 말했다).

"《금빛 눈의 아가씨》라는 발자크의 소설인데, 삼촌들에게 지지 않으려고 열심히 파고 있답니다. 하지만 내용이 이치에 안 맞고 있음직하지 않아서 아름다운 악몽 같아요. 하기야 여인이 그런 식으로 다른 여인에게 감시받을 수는 있겠지만, 사내에게 감시받다니 있을 수 없어요."—"그건 당신이 잘못 생각한 거야. 내가 알던 어떤 여인은 그녀를 사랑하는 사내 손에 말 그대로 감금되어 있었는걸. 어느 누구와도 절대로 못 만나고, 충실한 하인과 함께가 아니면 외출도 못 하던데."—"어머, 마음씨 고운 당신이 오죽이나 소름이 끼치셨을까. 로베르와 나는 마침 이런 얘기를 했답니다. 당신도 이제 결혼하셔야 한다고요. 그럼 아내가 당신의 병환을 낫게 할 테고 당신은 당신대로 부인을 행복하게 해주실 테니까요."—"웬걸, 내 성격이 고약해서."—"별말을 다 하세요!"—"아니 정말이야! 게다가 전에 약혼한 적이 있긴 하지만 잘 안 됐어(그녀도 받아들였어. 내가 애매하고 성가신 성격이었으니까)." 알베르틴과의 연애를 곁에서밖에 볼 수 없게 된 지금, 나는 그것을 이처럼 단순하기 그지없는 형태로 판단하고 있었다.

내 방으로 올라가면서, 보랏빛 도는 창문 안, 녹음에 파묻혀 나를 기다리고 있는 듯한 콩브레 성당을 단 한 번도 보러 가지 못했구나 생각하니, 나는 섭섭함을 금치 못했다. '하는 수 없지, 다른 해에 가보자꾸나, 이 몸이 그때까지 죽지 않는 한.' 나는 죽음 말고 다른 걸림돌은 생각해보지도 않았다. 성당의 죽음은 상상도 못했다. 내가 태어나기 전부터 계속 그래왔듯이 성당은 내가 죽은 뒤에도 오래오래 언제나 그 자리에 있을 것 같았다.

또 하루는* 질베르트한테 알베르틴에 대한 얘기를 꺼내, 알베르틴이 여성을 사랑했는지 아닌지를 물어보았다. "어머나, 전혀요."—"하지만 저번에 그녀에게 좋지 못한 경향이 있다고 했잖아."—"그런 말을 했다구요, 내가? 잘못 들으셨나 봐요, 설사 내가 그런 말을 했다손 치더라도 분명 당신의 오해예요. 나는 젊은 남자들과의 사랑놀음에 대해 말한 거예요. 게다가 그 나이 무렵이니 틀림없이 그렇게 심각하진 않을 거예요." 질베르트가 이와 같이 말하는 것은, 지난날 내가 알베르틴의 입을 통해 들었던 대로, 질베르트 자신이 여성을 좋아하고, 또 알베르틴에게 구애한 적도 있어서 그 사실을 나에게 숨기려는 속셈에서였을까? 아니면(남들은 우리 삶에 대해 뜻밖에 잘 아는 수가 많으니까) 질베르트도 내가 알베르틴을 사랑했으며 질투했던 일을 알고 있어서(남들이 뜻밖에 우리에 대한 진실을 잘 알고 있을 경우도 있지만, 되도록이면 상상력 부족으로 눈치채지 못하기를 바랄 때, 지나치게 넘겨짚어 극단적으로 추측을 전개했다가 도리어 엉뚱한 착각에 빠지는 일도 있

---

* 원고지 위에 붙인 쪽지에 적은 이 자세한 설명은, 분명히 앞의 글과는 연결이 되지 않고 있음—플레이아드판 주.

으므로), 내가 아직도 질투하고 있다고 상상하고, 착한 마음씨에서 내 눈에 가리개를—질투심 강한 이들에 대하여 사람들이 언제나 준비해두는 그 눈가리개를—둘러준 것인가? 아무튼 전에는 '좋지 못한 경향'이라고 말했으면서 지금은 행실이 발랐다고 보증하는 질베르트의 말은, 그녀와의 야릇한 관계를 거의 실토하고 말았던 알베르틴이 딱 잘라 말한 것과는 정반대였다. 질베르트와의 관계에 대한 알베르틴의 단언은 앙드레가 말했던 바와 마찬가지로 나를 깜짝 놀라게 했었다. 그도 그럴 것이 그녀들과 사귀기 전에는 그 아가씨들의 작은 동아리를 퇴폐한 동아리로 생각했다 할지라도, 문란한 사람들이라고 오해하고 있던 이들 가운데 실제 연애 경험이 거의 없는 얌전한 아가씨를 발견하고 흔히 깨닫듯이 그것이 나의 틀린 추측이었음을 알아차린 참이었으니까. 그러나 나는 그 길을 거꾸로 되짚어가서 다시 처음의 생각이 옳았다고 여기게 되었다. 하지만 어쩌면 알베르틴은 더 경험 있는 척하려고 일부러 나에게 그런 말을 해서, 처음 발베크에서 그 미덕으로 나를 현혹했듯이, 파리에서는 그 퇴폐성으로 나를 현혹하려고 했는지도 모른다. 그리고 내가 여성을 사랑하는 여인들에 대해 말했을 때는 아주 단순히, 그게 뭔지 알지 못하는 얼굴을 보이지 않으려고 그랬는지 모른다. 마치 이야기 중에 푸리에(Fourier)*1나 토볼스크(Tobol'sk)*2에 대한 말이 나왔을 때 모르면서도 알아듣는 체하듯이. 아마도 알베르틴은 뱅퇴유 아가씨의 여자친구와 앙드레 곁에서 살면서도 벽으로 완전히 가로막혀 있고, 그녀들한테서 '같은 패가 아니'라고 여겨져 왔을 것이다. 그러다가 나중에 그 좋지 못한 경향에 대해 여러 지식을 갖게 된 것은—문학자와 결혼한 아내가 스스로 교양 쌓기에 노력하듯—오로지 내 질문에 척척 대답할 수 있게 되어 내 마음에 들려고 했기 때문이며, 마침내 내 질문이 질투에서 나온 줄 알아채고는 오히려 간책을 부리게 되었던 것이다. 질베르트가 나에게 거짓말을 하지 않았다면 말이다. 퍼뜩 다음과 같은 생각까지 떠올랐다. 곧 로베르가 질베르트와 결혼한 것은, 그녀가 흥미를 보이는 방향으로 실없는 이야기를 끌고 가다가 그녀의 말투에서 여성을 싫어하지 않는 기미를 알았기 때문이며, 그런 아내라면 그가 집안에서 구할 수 없는 쾌락을 지금껏 해왔듯이 바깥에서 누릴 수 있을 거라고

---

*1 프랑스의 사회학자(1772~1837).
*2 시베리아의 도시.

생각했기 때문이다. 이 가정은 당연히 이치에 맞는다. 오데트의 딸이나 그 작은 동아리의 아가씨 같은 여인에게는, 설사 동시는 아닐지라도 교대로 나타나는 몹시 다양한 내적 경향이 있게 마련이라, 한 여인과의 관계에서 쉽사리 한 남성에 대한 뜨거운 사랑으로 옮아갈 수 있는 법이다. 따라서 그녀들을 지배하는 진정한 내적 경향을 어느 하나로 단정하기는 어렵다.

질베르트가《금빛 눈의 아가씨》를 읽고 있는 중이라서 나는 그것을 빌리지 않았다. 대신 그 집에서 지낸 마지막 저녁에, 그녀가 잠들기 전에 읽어보라고 빌려준 책은 꽤 강하고 복잡한 인상(하기야 오래 계속되진 않았지만)을 주었다. 그것은 공쿠르 형제의 간행되지 않은 일기 한 권이었다.

촛불을 끄기에 앞서, 내가 아래 베껴놓은 문장을 읽었을 때, 지난날 게르망트의 산책길에서 예감했고, 이번 체류 중에 다시 한 번 확인한 문학에 대한 소질의 모자람이 오늘 밤, 이 체류의 마지막 밤에—습관이 끝머리에 이르러 그 타성이 끝나려는 때, 누구나 자기반성을 하면서 밤새우는 출발 전날 밤에—마치 문학이 깊은 진실을 가르치지 않기라도 하듯 그다지 유감스럽지 않게 느껴졌다. 또한 문학이 내가 믿어 마지않던 그대로가 아니어서 슬펐다. 한편 책에서 이야기하는 아름다운 것들이 내 눈으로 본 바와 별반 다르지 않다면 오래지 않아 나를 요양소에 가둘 병약한 몸도 덜 한심스러웠다. 그러나 지금, 이 책이 그런 아름다운 것에 대해 이야기하는 걸 읽으니까, 기이한 모순이지만 그것들이 무척 보고 싶어졌다. 피곤해서 눈이 저절로 감길 때까지 내가 읽었던 문장은 다음과 같다.

〔그저께, 자택의 만찬에 나를 데려가려고 뜻밖에 베르뒤랭이 찾아왔다. 그는〈평론〉지의 고참 평론가로 휘슬러에 대한 저술의 저자이다. 그 독창적인 미국 화가의 작품과 예술적인 색채는 참되게 그려진 것이 지난 모든 정묘함과 예쁨을 아끼는 이 베르뒤랭 특유의 명문을 통해 그 묘한 이치가 세세히 밝혀졌다. 한편, 내가 함께 가고자 옷을 갈아입는 순간에도 그의 이야기는 그칠 줄 몰랐고, 때때로 떨리는 목소리로 더듬거리며 그가 프로망탱(Fromentin)*¹의 '마들렌' 여사*²와 결혼한 뒤 붓을 꺾은 속내를 털어놓았다. 그러한 단념은

---

*1 프랑스의 화가·소설가·미술평론가(1820~76).
*2 소설《도미니크(Dominique)》의 여주인공. 여기서는 베르뒤랭 부인을 가리킴.

모르핀의 사용 때문이거니와, 베르뒤랭 자신의 말에 따르면, 그래서 그녀의 남편이 일찍이 글쓰는 일에 종사했다는 사실을 모르는 마누라의 살롱 단골들 대부분은 샤를 블랑(Charles Blanc), [1] 생빅토르(Saint-Victor), [2] 생트뵈브, 뷔르티(Burty) [3] 등에 대해서 그에게 얘기할 때, 속으로 그를 몹시 얕잡으며 이런 작자하고는 도무지 상대가 안 된다는 듯이 이야기했다고 한다. "여보시오, 공쿠르, 당신도 알거니와 고티에도 알고 있지, 내 미술평론이 집사람의 동아리에서 걸작이라 믿고 있는 그 가련한 《옛 거장들》 [4]과는 영 달랐다는 점을 말이오."

다음에 땅거미가 지기 시작한 바깥에 나와 보니, 트로카데로의 탑 근처에 볕이 어렴풋이 감돌아, 탑이 마치 옛 과자점의 까치밥나무 열매 젤리를 바른 것처럼 보였다. 이 동안에도 한담은 계속되었고, 우리 둘을 태운 마차는 콩티 강둑에 있는 베르뒤랭 부부의 저택으로 향했다. 주인의 말에 의하면, 그 저택은 베네치아 대사들의 첫 관저였다고 한다. 또 거기에 있다고 하는 흡연실로 말하면, 어느 유명한 팔라초(palazzo), [5] 내가 그 이름을 잊었지만, 성처녀(Vierge)의 옥관을 나타내는 우물 둘레돌로 유명한 팔라초에서 《아라비안나이트》에 나오는 것처럼 그대로 옮긴 방이라고 한다. 베르뒤랭은 그 우물 둘레돌이 산소비노(Sansovino) [6] 최대 걸작임에 틀림없다고 주장하는데, 지금은 손님들이 여송연의 재를 떠는 데 쓰인다. 게다가 이 얼마나 놀라운가. 청록색으로 흩어진 달빛이 마치 고전 그림에서 베네치아를 감싸안은 색깔과 같고, 그 위에 뚜렷이 윤곽을 드러낸 학사원의 둥근 지붕이 과르디(Guardi) [7] 그림에 그려진 살루테 대성당을 떠오르게 하는 중에 마차를 내리니, 참으로 이 몸이 베네치아의 대운하 가장자리에 있다는 환상이 드는구나. 그 환상은 2층에서 강둑이 보이지 않는 저택의 구조와 또 이 댁 주인의 능란한 이야기 투로 유지되었다. 주인이 딱 잘라 말하기를, 바크(Bac) 거리라는 이름은—나로서는

---

*1 프랑스의 예술평론가(1813~82).
*2 프랑스의 수필가(1827~91).
*3 프랑스의 예술평론가(1830~90).
*4 프로망탱의 미술평론집.
*5 '궁전'이라는 이탈리아어.
*6 이탈리아의 조각가·건축가(1486~1570).
*7 이탈리아의 화가(1712~93). 18세기 베네치아 풍경화의 대가.

상상도 못했었다—옛날 미라미온(Miramiones)이라 불리던 교단의 수녀들이 노트르담 성당의 미사에 참례하러 갈 적에 타고 건너던 바크(bac)*¹에서 생겼다고 한다. 쿠르몽 아주머님이 살고 계시던 이 일대는 내 어린 시절 거닐던 곳인데, 베르뒤랭의 저택에 거의 잇달린 그리운 '프티 됭케르크' 상점의 간판을 보자 '새삼 정이' 솟는구나. 이 상점은 가브리엘 드 생토뱅(Gabriel de Saint-Aubin)*²의 연필화와 담채화 안에 표현된 것 말고는 달리 남아 있지 않는 희귀한 상점 가운데 하나로, 18세기 호사가들이 한가로이 와 앉아, 프랑스와 외국의 아주 뛰어난 예쁘장한 물건, 이 프티 됭케르크의 계산서에 적힌 이른바 '최신 미술작품의 모든 것'을 흥정한 곳이다. 이 계산서를 소장하고 있는 이는, 생각건대 베르뒤랭과 나뿐이지만, 이것은 루이 15세 치하에 사용하던 장식용지의 걸작으로, 선박들로 가득한 파도치는 바다가 그려져 있다. 이 바다는 《굴과 소송인》의 페르미에 제네로(Fermiers Généraux)*³판의 삽화 같은 느낌이다. 본댁 마님께서 나를 그녀의 옆자리로 데리고 가서 상냥하게 말하기를, 식탁에는 진귀한 걸작품인 꽃병에 일본의 국화만을 꽂아 장식했으며, 그 꽃병 중 하나는 청동으로 된 것으로 새겨져 있는 불그스름한 구리 꽃잎이 마치 살아 있는 꽃이 떨어지는 것 같다고 했다.

이곳에 참석한 분들은 의사인 코타르와 그 아내, 폴란드 조각가인 비라도베트스키, 미술 수집가 스완, 러시아의 한 귀부인, 이름이 기억나지 않는 명문의 대공부인. 이 부인은 코타르가 내 귀에 대고 속삭인 바로는, 오스트리아의 로돌프 대공에게 총을 쏘았다는 분이다. 대공부인의 말에 의하면, 나는 에스파냐의 갈리시아와 폴란드의 북부 땅 전체에서 매우 이례적인 지위를 얻었으며, 젊은 아가씨는 구혼자가 《라 포스탱(La Faustin)》*⁴ 예찬자가 아니면 결코 약혼을 승낙하지 않는다고 한다. "당신네 서구인들은 이해 못하실 거예요." 이렇게 결론짓듯 내뱉은 대공부인은 참으로 두뇌가 뛰어난 인상을 주었다. "한 작가가 여성의 속마음에 그토록 깊이 스며들어 있는 것을." 턱과 입술 언저리의 수염을 깎고 지배인처럼 구레나룻을 기른 남자가 고등학교

---

*1 나룻배.
*2 프랑스의 판화가(1721~76).
*3 라 퐁텐의 《콩트집》을 낸 출판사 이름.
*4 공쿠르 형제의 소설.

선생이 성(聖) 샤를마뉴 축일을 위해 뽑은 우등생들에게나 할 법한 농담을 거만한 말투로 뇌까리고 있다. 그가 대학교수 브리쇼라는 자이다. 베르뒤랭이 내 이름을 입에 올려도, 내 저술에 대해서 말 한마디 하지 않는다. 내가 환대받는 이 쾌적한 집 안까지 고의적인 침묵의 반항과 반감을 가져오는, 이와 같은 우리에 대한 소르본 대학의 음모에 슬픔과 분함을 금치 못하겠다.

모든 이가 식탁 앞으로 가니 때맞추어 훌륭한 접시들이 줄지어 나타난다. 모두 참으로 이름난 옹기장이의 훌륭한 작품들로 진수성찬을 먹는 동안에도 애호가다운 까다로운 주의를 기울여 작품에 대한 이야기를 무척 즐겁게 들었다.—먼저 옹정(雍正)*¹ 시대 접시의 쪽빛 바탕에 가장자리를 한련꽃 색으로 두르고, 붓꽃을 듬성듬성 뿌린 돋을새김 무늬, 몽모랑시 거리에서 매일 아침잠을 깰 때마다 보는 그 동틀 녘의 빛처럼 보이는 새벽하늘을 가르며 물총새와 학이 더할 나위 없이 상징적으로 떼지어 날아가고 있다—작센 자기의 그 우아한 만듦새는 한층 아리땁고, 깊숙이 고개 숙인 보랏빛에 가까운 장미꽃, 꽃잎 끝이 깊이 갈라지고 포도주 지게미 빛을 띤 튤립, 로코코 무늬의 카네이션에 물망초—세브르 접시의, 촘촘한 그물코 무늬를 음각한 가장자리 장식, 그리고 금테두리, 또는 도톰한 버터빛 바탕에 양각된 금빛 리본의 매듭—마지막으로 뒤바리 부인과 인연이 깊은 뤼시엔(Luciennes)*²의 도금양 꽃을 두른 호화로운 은그릇 세트. 그러나 그뿐이랴, 그에 못지않게 진귀한 것은 이러한 그릇들에 담겨 나오는 음식들로, 뭉근한 불에 얹어 흐무러질 만큼 솜씨 좋게 익힌 요리, 파리 사람들이 어떠한 대향연에서도 일찍이 본 적이 없다고 소리 높여 딱 잘라 말할 수 있을 이 스튜 요리는, 나로 하여금 장 되르(Jean d'Heurs)*³의 노련한 요리사를 생각하게 했다. 푸아그라도 보통 그 이름으로 내오는 거품이 다 빠진 무스하고는 전혀 다르다. 단순한 감자 샐러드가 일본의 상아 단추처럼 결이 곱고, 낚아올린 고기에 물을 붓는 중국 부인의 그 조그만 상아 국자의 광택을 띤 감자로 만들어진 예를 나는 그리 많이 보지 못했노라. 앞에 놓인 베네치아 유리잔에는 진홍색 보석을 채

---

*1 중국 청(淸)나라의 세종 황제 때의 연호(1723~35).

*2 루이 15세의 애첩 뒤 바리 부인의 저택이 있었던 파리 교외의 마을. 지금의 루브시엔(Louveciennes).

*3 공쿠르 형제 사촌의 소유지 이름.

웠는가 싶을 정도로, 몽탈리베 씨의 경매장에서 사온 희귀한 '레오빌산(産)' 포도주가 철철 넘게 부어져 있다. 거기에다가, 간혹 다시없이 호화로운 잔칫 상에 오르는 광어는 옮기는 도중에 등뼈가 드러난 광어하고는 아주 다르며 일류 요릿집의 주방장이 화이트소스라는 이름 아래 만드는 그 끈적끈적한 풀 반죽 같은 게 아니라 한 파운드에 5프랑짜리 버터로 만든 진짜 화이트소스를 쳐서 낸 것이다. 성화(成化)*1 때의 근사한 접시에는 살아 있는 갑각으로 모양을 냈는가 싶을 만큼 군데군데 오톨도톨한 돌기를 정교하게 만든 기묘한 점묘법으로 그려진 대하 떼가 익살스럽게 헤엄쳐 가는 바다의 다홍빛 낙조의 모습이 전체에 깔려 있다. 중국 동자가 낚시질을 하는 그림으로 꾸민 가장자리 장식은 낚아올린 쪽빛 고깃배의 은빛 비늘에 어린 자개빛이 보는 눈을 호리고, 그 현란한 접시에 담아 내오는 것을 볼 때, 마음눈을 뜨게 하는 기쁨이랄까, 옛 사람이 수연(垂涎)이라는 말로 표현한 목젖이 떨어지는 즐거움이라 할까. 오늘날에는 어떠한 왕후의 진열장에도 소장되어 있지 않을 법한 이러한 이름난 보물에 이와 같은 산해진미를 담으니, 참으로 뿌듯하겠다고 베르뒤랭에게 말하자 옆에서 안주인이 우울하게 내뱉듯이 말한다. "우리 바깥양반을 잘 모르시는 모양이에요." 또 안주인은 그 남편을 마치 그처럼 훌륭한 예술품에 무관심한 별스런 괴짜라는 듯이 말한다. "괴짜랍니다." 그리고 거듭한다. "네, 그렇다니까요. 노르망디 농토에서 일하는 천한 사람들과 어울리며 서늘한 그늘에서 쭉 들이키는 사과 술이 더 좋다는 괴짜라니까요."

애교 있는 부인은 다른 지방색을 좋아하는 말투로, 남편과 함께 지낸 노르망디에 대해서 흘러넘치는 감동과 더불어 우리에게 말했다. 영국풍의 광대한 정원으로 불리는 노르망디는, 로렌스(Lawrence)*2풍의 높다란 나무숲 향기가 그윽하고, 숲 기슭을 도자기 같은 광택을 띤 담홍빛 수국으로 둘러친 가운데 저절로 자란 잔디는 삼나무 숲의 벨벳 같으며, 서로 얽힌 배나무 두 그루가 장식한 간판처럼 서 있는 농가 어귀에 유황빛 장미가 휘늘어진 모양은 뛰어난 장인 구티에르(Gouthière)*3가 만든 청동제 벽걸이 촛대에 달린

---

*1 중국 명(明)나라의 헌종 황제 때의 연호(1465~87).

*2 영국의 화가(1769~1830).

*3 프랑스의 금속공예가(1745?~1813).

청동꽃을 떠올리게 한다. 이런 노르망디는 휴가 차 온 파리 사람들은 생각지도 못한 모습으로 정원 하나하나가 쇠살문에 의해서 은밀히 숨겨져 있는데, 그 쇠살문을 모두 철거해버렸다고 베르뒤랭 부부는 귀띔해주었다. 해가 떨어져 만물의 빛은 잠들듯이 사라지고, 반짝이는 것은 바다뿐인데, 그 바다도 굳어버려 푸른빛을 띤 유제품처럼 보인다고 한다.

"아니에요, 당신이 아시는 그런 바다가 아니에요." 옆자리의 안주인은 플로베르가 아우하고 나를 투르빌로 데리고 갔었다는 내 말에 기를 쓰고 항변했다. "아니에요, 전혀 달라요, 나와 같이 가시지 않으면 도저히 모르세요." 그들 부부는 숲을 지나 집으로 돌아오곤 했다는데, 담홍빛 명주 망사를 펼친 듯 뚝갈나무 꽃이 한창 핀 울창한 숲을 지나, 정어리 통조림 공장들의 냄새에 아주 취해 버렸고, 남편은 그로 말미암아 밉살스러운 천식 발작을 일으켰다고 한다. "정말이에요." 부인은 강조하며 말했다. "거짓말이 아니에요, 진짜 천식 발작을 일으켰답니다." 다음 해 여름, 다시 노르망디를 찾은 부부는 예술가 한 무리를 훌륭한 중세풍 집에 머물게 했는데, 그곳은 물론 빌린 옛 수도원이었다고 한다. 사실 이 부인의 얘기를 듣고 있으려니, 그토록 많은 뛰어난 사람들의 사회에 드나들면서도, 말끝에는 서민 여성의 노골적인 말씨가 조금 남아 있어, 사물을 묘사하면 그 색채까지 눈앞에 환히 보이는 듯하다. 그 고장에서 저마다 독방에 들어앉아 공부하며 보낸 생활을 그녀의 입으로 듣노라면 어쩐지 입가에 침이 흐르는 느낌이다. 점심 전에는 모든 이가 난로를 둘씩이나 피운 널찍한 살롱에 모여서 가끔 오락적인 유희도 섞어가며 매우 고상한 한담을 즐기는 광경은 나로 하여금 디드로의 걸작 《볼랑 아가씨에게 보내는 편지》에 나오는 생활을 떠올리게 하는구나.

이윽고 점심을 마치면 사람들은 소나기가 쏟아지는 날이라도, 여우볕이 들기를 기다렸다가 소나기 뒤의 반짝이는 햇빛 속으로 외출한다. 18세기에 사랑받던 나무의 '아름다움'을 울타리 바로 앞에서부터 뽐내는 100살인 너도밤나무들의 울퉁불퉁 우람한 마디부터 작은 딸기나무 덤불에 걸쳐 빛의 줄무늬를 긋고, 작은 딸기나무는 그 늘어진 가지들 속에 꽃피는 움같이 빗방울을 방울방울 짓더란다. 님펜부르크 자기*의 초소형 욕조 같은 백장미 꽃부

---

*독일 뮌헨의 교외 님펜부르크 궁 앞쪽에 있는 님펜부르크 공장에서 만들어진 자기.

리에서 미역감는 피리새의 물장난치는 미묘한 소리를 들으려고 모두 걸음을 멈추기도 했다. 내가 베르뒤랭 부인에게, 그 고장의 풍경과 꽃들이 엘스티르의 손끝에 의해 경묘하게 파스텔로 그려졌음을 말하니, 그녀는 부아가 나서 머리를 쳐들고 쏘아붙였다. "하지만 그분이 거기에 정통하게 만든 사람은 바로 나예요. 아시겠어요? 전부랍니다. 신기한 구석구석, 온갖 모티프, 나는 그분이 돌아갈 때 이 점을 눈앞에서 말해주었답니다. 안 그래요, 오귀스트? 그분이 그린 모티프는 전부 그래요. 물론 오브제(objet)로 말하면 그분도 늘 정통했어요. 이 점은 정당하게 인정해야죠. 그렇지만 꽃의 경우, 그분은 한 번도 제대로 본 적이 없었어요. 당아욱과 접시꽃도 분간을 못 했으니까요. 곧이들리지 않겠지만, 그분에게 말리꽃이 어떻게 생겼는지 가르쳐준 게 바로 나랍니다." 미술 애호가들이 오늘날 팡탱 라투르보다도 뛰어난 꽃의 화가로 첫손 꼽히는 그가, 만일 여기 있는 여성이 없었다면 영영 말리꽃을 그릴 줄 몰랐을 거라고 생각하니 어찌 흥미진진하지 않겠는가.

"아무렴, 그렇고말고요, 말리꽃을 알아보지 못했다니까요. 장미꽃도, 그분이 그린 건 모두가 우리집에서 그린 꽃이거나 아니면 내가 보내준 꽃들이랍니다. 우리집에선 그분을 티슈(Tiche)*라고밖에 부르지 않았어요. 우리집에서 그분을 대가로 대우했었는지, 코타르에게, 브리쇼에게, 아니, 아무나 붙들고 물어보세요. 그분 자신조차 배를 잡고 웃으실 거예요. 꽃꽂이도 내가 가르쳐주었답니다. 처음엔 도통 엉망이었거든요. 꽃다발 하나 제대로 만들지 못했답니다. 꽃을 고르는 자연스러운 취미가 없었나 봐요. 그래서 늘 내가 그분에게 '틀려요, 그런 모양으로 그리면 못써요, 헛수고예요. 이렇게 그리세요' 일러줘야 했답니다. 참말이지, 꽃의 배합처럼 생활의 배합도 우리 말을 들어서, 그런 형편없는 결혼을 하지 않았더라면!" 부인은 이렇게 말하다가, 갑자기 지난날의 몽상에 몰두하느라 열기 띤 눈, 손가락을 뻗어 하늘하늘한 블라우스 소매를 신경질적으로 만지작거리며 몸을 뒤트는 그 상심한 자세야말로 아직 한 번도 그려진 적 없는 한 폭의 명화로, 수치심과 섬세한 배려가 짓밟힌 여성의 친구로서 억눌린 분노, 치미는 노기를 또렷이 읽을 수 있었다. 그리고 부인은 엘스티르에게 부탁하여 그리게 한 코타르 가족의 초

---

* 엘스티르의 별명, 실은 비슈(biche, 암사슴)가 옳음.

상화에 대해 말했다. 그것은 화가와의 사이가 틀어진 무렵 뤽상부르 미술관에 기증해버렸는데, 그녀의 말에 의하면 남편에게 일부러 야회복을 입혀서 화가가 흰 리넨의 그 거품과 같은 아름다움을 끌어내게 하고, 부인에겐 벨벳 드레스를 택하여, 융단이며 꽃이며 과일이며, 발레리나의 짧은 치마 같은 소녀들의 엷은 드레스 등 흘러넘치는 밝은 색조 속에서, 그 벨벳 드레스에 묵직한 전체의 중심을 두게 한 사람은 바로 자기였다고 한다. 또한 그 머리 빗는 여인의 화상(畵想)을 준 것도 그녀인 모양이다. 그 뒤 착상의 명예는 화가에게만 돌아갔지만, 요컨대 점잔 빼며 자세를 잡고 있는 여인이 아니라 일상에서의 긴장 풀린 모습을 잡아 그린다는 발상이다. "그분에게 자주 말했지만, 머리를 빗거나, 얼굴을 닦거나, 다리를 덥히는 여인이 아무도 안 본다고 여기고 있을 때 흥미진진한 동작, 레오나르도풍의 아담한 정취가 있는 동작을 무척 많이 한답니다!"

그러나 본디 몹시 신경질적인 아내에게 이러한 묵은 분개를 일으키게 하면 건강에 해롭다는 뜻을 담은 신호를 베르뒤랭이 보냈으므로 스완이 안주인이 걸고 있는 검은 진주목걸이가 참으로 훌륭하다며 내 주의를 재촉했다. 그것은 영국의 헨리에타*가 라파예트 부인에게 주었던 것으로, 라파예트 부인의 후손이 이를 경매에 부치자 베르뒤랭 부인이 샀다고 한다. 그때는 새하얬으나 불에 타서 검게 됐다는데, 내용인즉 이름은 잊었지만 어느 거리에 베르뒤랭네가 살던 무렵 가옥의 일부가 화재로 무너졌고, 불탄 자리에서 이 진주가 들어 있는 작은 상자를 찾아내 열어보니 진주가 새까맣게 되어 있더라고 한다. "아직도 나는, 다름 아닌 라파예트 부인의 목에 이 진주가 걸려 있는 초상화가 생생히 생각나요." 스완은 좀 어리둥절해 있는 다른 손님들 앞에서 감탄하며 말했다. "이 진주가 달린 진짜 초상화입니다. 게르망트 공작의 소장품 중에 있어요." 세계에 둘도 없는 거라고 스완이 딱 잘라 말하면서, 나도 꼭 봐야 한다고 말한다. 그 소장품은 이 이름난 공작이 큰어머니뻘 되는 보세르장 부인이 아끼던 조카여서 그녀로부터 물려받은 것이다. 보세르장 부인, 뒷날의 아즈펠드 부인은 빌파리지 후작부인과 아노브르 대공부인의 언니 되는 사람으로, 일찍이 그녀의 저택에서 나와 내 동생은 바쟁이라

---

* 오를레앙 공의 부인(1644~70).

(이는 공작의 세례명임) 불리던 사랑스러운 소년을 무척 귀여워했다. 그런데 코타르 의사는 참으로 탁월한 인품을 나타내는 교묘한 솜씨로 화제를 다시 진주 이야기로 되돌려, 그와 같은 큰 재난은 무생물에서 볼 수 있는 변화와 똑같은 현상을 인간의 뇌세포에도 일으키는 법이라고 설명하고 나서, 숱한 의사들이 흉내낼 수 없는 진정 철학적인 방법으로 이를 증명했다. 베르뒤랭 부인의 하인이 하마터면 그 화재에서 죽을 뻔했는데, 너무 놀란 나머지 전혀 딴사람이 되어 필적까지 아주 달라지는 바람에, 그 무렵 노르망디에 머물던 주인들은, 사건을 알리는 그의 첫 편지를 받았을 때 틀림없이 어떤 사기꾼이 속이는 줄로만 알았다고 한다. 더구나 필적만 달라진 게 아니라, 코타르의 말에 의하면, 본디 술을 못 하던 그 하인이 형편없는 술고래가 되었기 때문에 베르뒤랭 부인도 하는 수 없이 그를 해고했다고 한다.

이처럼 암시 풍부한 담론은 안주인의 우아한 눈짓에 따라 식당에서 베네치아풍 흡연실로 옮아간다. 방에 들어서자 코타르는 진짜 이중인격자를 만났던 일을 나에게 이야기하고, 그의 환자의 증상을 들면서 친절하게도 그 환자를 내 집에 데려오겠다고 제의한다. 코타르가 환자의 관자놀이에 손을 대기만 하면 금세 두 번째 생활이 깨어난다는데, 그때에는 첫 번째 생활에서 일어난 일을 전혀 기억하지 못한다고 한다. 그래서 한쪽 생활에서는 매우 착실하건만 다른 한쪽 생활에서는 금세 고약한 무뢰한이 되어버려 절도죄를 저질러 여러 번 잡혀갔다고 한다. 이 얘기를 들은 베르뒤랭 부인이, 부질없이 기발한 각색 효과를 노려 그릇된 병리학에 만족하고 있는 연극에, 의학은 더욱더 진실된 소재를 제공할 거라고 지적한다. 이 말이 실마리가 되어 코타르 부인의 입심이 술술 터지기 시작하더니, 그와 비슷한 착상이 자기 아이들이 매일 밤 즐겨 읽는 인기 작가, 스코틀랜드 사람인 스티븐슨에 의해 소설화되었다고 말했다. 그 이름을 들은 스완은 단호한 어조로 말했다. "참으로 위대한 작가지요, 스티븐슨은. 정말입니다. 공쿠르 씨, 아주 뛰어난, 최상급 작가와 어깨를 나란히 할 예술가입니다." 그리고 내가, 사람들이 담배를 피우고 있는 손님방 천장에 붙은, 옛 팔라초 바르베리니(Pallazzo Barberini)*에서 가져왔다는 방패형 문장에 감탄하면서, 우리가 피우는 '아바나 엽궐련'

---

* 바르베리니 궁전. 바르베리니는 로마의 명문으로서, 부호·교황·추기경·대주교 등을 배출함.

담뱃재에 그을려 수반(水盤)이 거무스름해지는 걸 안타까워하자, 스완은 그와 비슷한 얼룩이 나폴레옹 1세의 것이었던 책으로서, 지금은 반보나파르트주의자임에도 게르망트 공작이 소유한 책에 남아 있는데, 이는 황제가 씹는 담배를 애용한 증거라고 얘기하니까, 코타르가 온갖 일에 참으로 조예 깊은 호사가답게 그 얼룩은 결코 씹는 담배 때문에 생긴 게 아니라고 잘라 말한다. ―"절대로 그렇지 않습니다." 이렇게 권위 있게 역설하고―"나폴레옹은 간장의 통증을 가라앉히기 위해 늘 정제한 감초를 가까이 두어 싸움터까지도 몸에 지니고 다니는 습관이 있었습니다. 왜냐하면 그분은 간장병을 앓았고 그 때문에 세상을 떠났으니까요." 의사는 이렇게 결론을 내렸다.]

나는 이 구절에서 읽기를 멈추었다. 내일 떠나야 했고, 더욱이 우리가 날마다 24시간의 절반을 봉사해야 하는 또 다른 주인이 나를 부르는 시간이기도 했다. 그가 강요하는 힘든 일을 우리는 눈을 감고 해낸다. 그리고 아침마다 또 하나의 주인에게 우리를 돌려보낸다. 그러지 않으면 우리가 그의 강제 노무를 제대로 수행하지 못하기 때문이다. 부랴사랴 힘든 일에 몰아넣기에 앞서 먼저 자기 노예를 잠자리에 누이는 주인집에서 우리는 뭘 했을까? 꾀바른 작자들은 그게 알고 싶어서 정신이 다시 눈을 뜨자마자, 아직 그 노무가 끝날락 말락 할 때 넌지시 형편을 살펴보려 한다. 그러나 잠은 그들과 다투며, 보고 싶어하는 것의 흔적을 지워버린다. 그래서 여러 세기가 지나도 우리는 잠에 대해 중요한 걸 모른다.

나는 공쿠르의 일기를 덮었다. 문학의 불가사의한 마력! 나는 코타르 부부를 다시 만나서 엘스티르에 대해 자세하게 물어보고 싶었다. 아직 그대로 있다면 프티 됭케르크 상점을 가보고 싶었고, 지난날 만찬을 들었던 베르뒤랭네 저택에 다시 초대받고 싶었다. 하지만 막연한 불안감도 들었다. 나는 지금껏, 다른 사람과 함께 있으면 듣지도 보지도 못하게 된다고 깨닫지 않은 적이 없었다. 한 노부인이 진주목걸이를 하고 있어도 내 눈에는 보이지 않았으며, 그것에 대해 떠들어대는 수다도 내 귀에 들어오지 않았던 것이다. 아무튼 일기에 나오는 이들은 내가 일상에서 잘 알던 이들로, 자주 함께 식사를 하곤 했던 베르뒤랭 부부, 게르망트 공작, 코타르 부부였다. 게르망트 공작인 바쟁이 보세르장 부인의 애지중지하는 조카이자 훌륭한 젊은 영웅임을 꿈에도 생각지 못한 내 할머니의 경우와 마찬가지로, 내 눈에 그들은 모두 평범하게 보였다. 김빠진 거품으로 보였다. 그들이 갖고 있던 수많은 너절함이 생각났다……

Et que tout cela fît un astre dans la nuit!
그 모든 게 다 밤하늘의 별이 될지니! *

탕송빌을 떠나는 전날 밤 읽은 공쿠르의 문장 때문에 마음에 생긴 다른 의견을 나는 얼마간 그냥 내버려두기로 했다. 이 회상록 작가의 현저한 특징인 지나친 소박함 또한 그대로 내버려두더라도, 여러 관점에서 보아 나는 안심할 수 있었던 것이다. 먼저 나 개인에 대해서 말하면, 인용한 일기는, 나에게 보고 듣는 능력이 없음을 뼈저리게 드러냈지만, 그렇다고 그런 능력이 전혀 없는 것은 아니다. 내 몸속에는 조금이나마 잘 보는 눈을 가진 인물이 있기는 하지만 간헐적으로 나타나는지라, 그는 자기 양식이나 기쁨이 되는 어떤 보편적인 본질, 여러 사물에 공통한 본질이 나타나는 때밖에 되살아나지 않는다. 되살아나면 그 인물은 눈을 부릅뜨고 귀를 기울이지만 그것도 어느 깊이에 이르고 나서였다. 그래서 관찰만으론 아무짝에도 소용없었다. 기하학자가 사물에서 감각적 성질을 없애며, 그것의 근원인 선밖에 보지 않듯이, 남들이 이야기하는 내용은 한쪽 귀로 들어와서는 그대로 다른 한쪽 귀로 흘러나간다. 내 흥미를 끄는 것은 남들이 말하는 내용이 아니라, 그들의 성격이나 우스꽝스러움이 드러나는 말투였다. 다시 말해 그것은, 특수한 기쁨을 나에게 주므로 지금까지 늘 특별히 내 탐구의 목적이 되어온 대상, 곧 이 존재와 저 존재 사이의 공통점이었다. 그것을 알아차렸을 때 처음으로 내 정신은 갑자기 기쁨에 넘쳐 먹이를 쫓기 시작한다. 그때까지는 활발하게 떠들고 있는 것처럼 보여도 속으로는 꾸벅꾸벅 졸고 있으며, 겉으로는 활기를 꾸며 완전한 무기력 상태를 남들이 알아채지 못하게 감춘다. 그러나 그때 정신이 추구하는 것은—이를테면 온갖 시간과 장소에 공통되는 베르뒤랭네 살롱의 동일성은—상당히 깊은 곳, 즉 겉면 뒤쪽에서 조금 물러선 부분에 있다. 그

---

* 위고의 《정관시집(靜觀詩集)》 중의 한 구절.

러므로 표면적이고 복사할 수 있는 아름다움은 내 눈에 띄지 않고 사라진다. 그도 그럴 것이, 여자의 매끈매끈한 배 속에 그 몸을 파먹는 질환이 있다는 것을 꿰뚫어보는 외과 의사처럼, 나에게는 그런 아름다움에 머무를 능력이 없었기 때문이다. 아무리 남의 집 만찬에 가보았자 소용없다. 나는 자리를 같이한 손님을 보고 있지 않았다. 왜냐하면 그들을 보고 있다고 생각해도 사실은 그때 X선을 비추고 있었으니까.

그 결과, 어느 만찬에서 함께 자리한 손님에 대하여 기울였던 관찰을 죄다 합쳐서 내가 그린 소묘는, 어떤 심리학 법칙의 전체를 나타내고 있으며, 거기에는 자리를 같이한 손님이 자기 화제 속에 드러낸 개인적인 흥미 따위는 거의 들어 있지 않았다. 하지만 그와 같이 개별적으로 그리지 않았다고 해서 내가 그린 초상화는 전혀 가치가 없는 걸까? 회화 영역에서 하나의 초상화가 양감·빛·운동에 대한 어떤 진리를 밝혀준다면, 그것은 똑같은 인물을 그렸지만 필법이 전혀 다르므로 앞의 그림에서 생략된 헤아릴 수 없는 세부를 꼼꼼하게 묘사한 다른 초상화에 비해, 반드시 그만 못하다고 할 수 있을까? 첫 번째 그림을 보고 모델이 밉상이라 생각하던 이가 두 번째 그림을 보고는 모델을 예쁜 얼굴이라 결론지으리라. 고증적이고도 역사적인 중요성을 가질 수도 있으리라. 하지만 그렇다고 반드시 그게 예술의 진리는 아니다.

더욱이 나는 경솔한 성격이라, 누군가와 함께 있으면 금세 그들의 마음에 들고 싶어서, 뭔가 예술에 대한 것이나 또는 이전부터 마음속에서 떠나지 않는 시샘을 불러일으키는 어떤 의심 같은 것을 조사하고자 사교계에 나온 경우가 아니고는, 남들의 이야기에 귀를 기울여 뭔가를 배우려고 하기보다는 스스로 떠들어대며 남들을 흥겹게 만들려고 한다. 그런데 나는 책을 읽음으로써 꼭 보고 싶다는 욕망이 앞서 깨어 있지 않고서는, 또한 보는 대상의 스케치를 미리 그려 그것을 현실과 대조해보고픈 소망이 들지 않고서는, 본다는 게 불가능했다. 공쿠르의 구절이 가르쳐주지 않더라도 몸소 알고 있는 바지만, 몇 번이나 온갖 사물과 인간에게 주의를 기울이려 해도 불가능했다. 그런데 그 형상들이, 먼저 어느 예술가의 손에 의해 표현되어 나중에 내가 홀로 있을 적에 나타나면, 그걸 되찾기 위해 천 리를 달려 죽음도 무릅쓴다! 그제야 내 상상력이 일어나 목표하는 것의 모습을 그리기 시작한다. 지난해 그 앞에서 하품이나 하던 것을 새삼 뚫어지게 바라보고 욕망하면서 불안에 싸여 혼잣말하는 것이었다. 정말 못 보는 걸까? 볼 수만 있다면 뭘 마다하랴!

한낱 사교계 인사에 지나지 않은 누군가에 대해 '이제 살아남은 이가 별로 없는 사회의 마지막 대표자'라고 치켜세우는 기사를 읽을 때, 사람들은 틀림없이 이렇게 소리칠 거다. '뭐가 어쩌고 저째! 그런 하찮은 인간을 이처럼 과장해서 칭찬하다니! 이러니 신문이나 잡지에서만 읽고 실제 인물을 보지 못했다면, 나도 아는 사이가 아님을 유감으로 생각했을 거야!' 그런데 나는 이런 기사를 읽으면, 도리어 다음과 같은 생각을 하기가 일쑤였다. '아차, ─질베르트나 알베르틴을 다시 만나는 데만 정신 팔려─그에게 주의하지 않았다니! 사교계에 널리고 널린 한낱 단역으로밖에 보지 않았는데, 그분이 큰 인물이었구나!'

내가 읽은 공쿠르 문장은 나로 하여금 이런 식으로 생각하는 내 성미를 후회케 했다. 왜냐하면 그것을 읽고, 삶은 독서의 가치를 낮추도록 가르치고 작가가 찬양하는 게 대수로운 값어치가 없음을 보여준다고 결론지을 수도 있지만, 또한 독서는 반대로 삶의 가치를 높이도록 가르치고, 이제껏 제대로 평가하지 못했던 삶의 가치가 얼마나 대단한지를, 우리는 오직 책을 통해 이해했다고 결론지을 수도 있기 때문이다. 우리는 뱅퇴유나 베르고트와 같은 인물과 교제하면서도 큰 재미는 보지 못했으나, 엄밀히 말하면 그런 것도 신경쓸 필요가 없다. 뱅퇴유의 수줍어하는 부르주아 근성도, 베르고트의 견딜 수 없는 결점도, 엘스티르의 처음 무렵의 건방진 야비함도(공쿠르의 일기를 통해 베르뒤랭네 집에서 스완에게 그처럼 약 올리는 말을 건넸던 '티슈님'이 바로 엘스티르임이 분명해졌다) 그들의 가치에 흠을 내지 않는다. 그들의 천재성은 그들 작품을 통해 나타나 있기 때문이다. 우리 마음에 들지 않았던 사람들을 매력 있게 그린 회상록이 있을 때, 회상록이 틀렸는가 아니면 우리가 틀렸는가는 그들 천재들에게 조금도 중요하지 않은 문제다. 왜냐하면 설사 회상록 작가가 틀렸다 해도 그건 그와 같은 천재를 낳은 삶의 가치를 비난할 아무런 증거도 되지 않을 테니까(그건 그렇고, 쉽게 닿을 수 없는 빼어난 취미에 다다른 엘스티르도 그전에는 동아리 예술가들과 같은 건방진 말투를 썼는데, 그렇지 않은 천재가 과연 있었을까? 이를테면 발자크의 편지에는, 스완이 차마 입에 담지 못할 천한 표현이 수두룩하다. 그렇지만 그처럼 고상하고, 온갖 짜증나는 우스꽝스러움을 피해온 스완은 아마도 《사촌누이 베트》나 《투르의 사제》를 쓰지 못했을 것이다).

공쿠르 일기에 쓰인 수많은 신기한 일화—하루가 멀다 하고 그것을 펼쳐 드는 외로운 독자에게는 질리지 않는 심심풀이가 되는—는 만찬 참석자들이 공쿠르에게 이야기한 내용이며, 그 참석자들은 그의 문장을 읽어보면 누구나 사귀고 싶어할 인물들이겠지만, 나에겐 흥미 있는 추억을 단 한 토막조차 남기지 않았다. 경험의 처지를 아주 달리해본다면, 이 또한 그리 해명할 수 없는 게 아니었다. 공쿠르의 고지식함이 그런 일화의 재미에서 그 이야기를 한 사람들까지 훌륭한 인물이라고 결론짓고 있지만, 평범한 인간이라도 그 생활에서 신기한 일들을 보거나 남의 입에서 듣고, 다시 그의 표현법으로 이야기할 수도 있다고 충분히 생각할 법하다. 중요한 점은 공쿠르는 볼 줄 아는 눈과 더불어 들을 줄 아는 귀를 가졌는데, 나는 그럴 줄을 몰랐다는 것이다.

게다가 그런 사실은 전부 낱낱이 잘 판단해볼 필요가 있었으리라. 게르망트 씨만 해도 보세르장 부인의 비망록에 의하면, 내 할머니가 무척이나 사귀고 싶어할 법한 귀여운 미소년의 전형으로, 할머니는 흉내낼 수 없는 좋은 본보기로서 그를 자주 예로 드셨지만, 나에게는 좀처럼 그런 인상을 준 적이 없었다. 하지만 바쟁이 그때 7살이며, 회상록 작가가 그의 큰어머니였다는 것, 또 몇 달 뒤에는 이혼할 생각인 남편도 남들 앞에서는 그 아내를 크게 칭찬한다는 예를 생각해봐야 한다. 생트뵈브가 쓴 가장 아름다운 시 가운데 하나는, 비할 바 없는 온갖 재능과 미모를 갖춘 한 소녀, 그 무렵 10살도 안 된 어린 샹플라트뢰(Champlatreux)＊ 아가씨가 샘가에 나타난 모습을 그리고 있다. 하지만 천재 시인 노아유 백작부인이 그 시어머니 되는 샹플라트뢰 가문 태생인 노아유 공작부인에게 바치는 존경의 정이 아무리 두텁다 해도, 만일 그 시어머니의 초상을 글로 써야 했다면 생트뵈브가 50년 전에 묘사한 바와는 꽤 생생한 대조를 이루었을 거다.

아마도 가장 머리를 어지럽게 했던 것은 그들 중간에 있는 사람들이었으리라. 그 사람들은 신기한 일화를 기억하고 있는 기억력보다도 더 많은 것을 가지고 있지만, 그렇다고 뱅퇴유나 베르고트의 경우처럼 그 작품으로 판단할 수 있는 사람도 아니다. 그들은 작품을 창작하지 않고, 그저 남의 작품에—

---

＊ 생트뵈브의 서간시(書簡詩) 〈부알로의 샘〉에 나옴.

그러한 사람들을 더할 나위 없이 평범한 인간이라고 생각한 우리로서는 매우 놀랍지만—영감을 주었을 뿐이다. 오래지 않아 미술관에 걸린, 르네상스의 위대한 화가들 이래 가장 우아한 인상을 주는 살롱의 정경이, 실은 우스꽝스러운 프티부르주아 여인의 살롱이라 해도 괜찮다. 나라도 그녀가 누군지 몰랐다면 그림 앞에 섰을 때, 벨벳과 레이스의 화려한 치맛자락이 티치아노의 가장 아름다운 작품에 견줄 만한 그 여성의 비밀, 화가의 기술도 캔버스로도 알 수 없는 보다 귀중한 비밀을 그녀한테서 알아내고 싶은 오직 한 가지 생각으로 현실에서 그 여인에게 다가갈 수 있기를 꿈꾸었을 것이다. 재주가 가장 뛰어나고, 학식이 높으며, 훌륭한 교제를 하고 있는 사람이 아니라, 오직 자신을 거울삼고, 비록 평범한 생활일지라도 그 생활을 투영할 줄 아는 이가 베르고트 같은 사람이 된다는 것을(같은 시대 사람들은 그를 가리켜 재주는 스완만 못하고, 학식은 브레오테만 못하다고 생각했을지라도) 이미 나까지도 알고 있다. 하물며 화가의 모델이 될 정도의 사람이라면, 충분히 같은 말을 할 수 있지 않겠는가. 어떠한 것이라도 그릴 수 있는 뛰어난 화가가 아름다움에 대한 사랑에 눈떴을 때, 그가 더할 수 없이 아름다운 모티프를 찾아낼 수 있는 고상하고 세련된 분위기에 걸맞은 모델은, 그 화가보다 조금 부유한 사람들에 의해서 제공되는 법이다. 자기 그림 한 폭을 50프랑에 파는 불우한 천재 화가는 평소 자기의 아틀리에에서는 볼 수 없는 것—비단을 씌운 옛 살림살이들이며 숱한 램프며 아름다운 꽃이며 좋은 과일이며 고운 드레스 등으로 장식된 살롱—을 그들 집에서 보게 되는데, 그들은 비교적 겸손한 사람들이다. 아니, 정말로 빛나는 계급의 사람들(그 존재조차도 모르는 사람들), 눈에 검소하게 보이는 사람들이다. 도리어 그 때문에, 교황이나 국가 원수들처럼 아카데미 회원인 화가에게 자신의 초상을 그리게 하는 귀족들과는 달리, 숨은 화가를 훨씬 잘 알고, 인정하며, 초청하여 그 그림을 살 수 있는 것이다. 현대의 고상한 가정과 아름다운 옷치장 따위를 읊은 시는, 다음 세대에 가서는 코트(Cotte)[1]나 샤플랭(Chaplin)[2]이 그린 사강 대공부인이나 라 로슈푸코 백작부인의 초상화에서보다도, 르누아르가 그린 샤르팡티에 서점 주인의 살롱에서 찾아볼 수 있지 않을까? 고상함의 가장 대표적인

---

[1] 프랑스의 화가(1863~1924).

[2] 프랑스의 화가(1825~91).

시각상을 우리에게 준 화가들은 그 시대의 멋스러운 사람으로 꼽히지 않았던 사람들한테서 그 미적 요소를 얻었다. 당대의 가장 고상한 사람들이 새로운 미를 낳는 무명 화가에게 자기를 그리게 하는 일은 거의 없다. 그들은 그림 속에서 그런 새로운 아름다움을 분간조차 하지 못한다. 하기야 새로운 미는, 병자가 자신의 주관적인 환상을 실제로 눈앞에 일어난 일이라고 믿는 것처럼, 대중의 눈에 어려 있는 낡아빠진 전사지의 우아한 아름다움에 가려서 좀처럼 나타나지 않는 법이다. 그러나 내가 잘 알던 그 평범한 모델들이, 나를 매료한 작품의 구도에 영감도 주고 충고도 주었다는 사실, 그 그림 속 인물의 존재가 단순한 모델이 아니라, 모델 이상의 존재, 곧 화가가 화폭에 그리고자 한 친구 같은 존재로 보이는 사실은, 나로 하여금 다음과 같은 의문을 품게 했다. 발자크가 소설에 그리거나, 또는 예찬하는 뜻으로 그 소설을 바친 사람이라는 이유로, 또 생트뵈브와 보들레르가 가장 아름다운 시로 그린 사람이라는 이유로, 우리는 그들과 친분이 없음을 유감스러워한다. 더구나 레카미에(Récamier)나 퐁파두르(Pompadour) 같은 부인은 말할 것도 없지만, 그들이 모두 나에게 무의미한 사람으로 보이지 않았던 것은 혹시 나의 타고난 허약 탓이 아니었을까. 병약한 몸 때문에 내가 잘못 봤던 모든 사람을 다시 만나러 갈 수 없다는 점에 못 견디게 화가 났다. 아니면 그런 인물들은 문학의 환상적인 마력에 의해서만 빛이 나기 때문일까. 그렇다면 읽을 때 사전을 바꿀 필요가 있으며, 또 병의 악화 때문에 머지않아 사교계에 고별하고, 여행도 미술관도 단념한 채 요양원으로 떠나야 하는 일도 위로가 되었다. 그러나 회상록에서 보는 이 거짓된 면, 독자를 착각하게 하는 조명은 바로 얼마 전의 것에만 존재하며, 지적 명성이든 사교적 명성이든 그것이 금방이라도 사라져갈 때밖에 존재하지 않을지도 모른다(왜냐하면 비록 박식한 학자가 이러한 매몰에 저항한들 차곡차곡 높이 쌓여가는 망각을 부술 수 있다고는 꿈에도 생각할 수 없기 때문이다).

여러 가지 생각 가운데 내게 문학의 재능이 없다는 유감스러운 마음은 경멸하기도 하고 더해주기도 하는데, 이러한 생각은 내가 쓰기를 모두 단념하고 파리를 떠나 어느 요양원에서 오랜 세월을 지내는 동안 한 번도 머릿속에 떠오르지 않았었다. 그러다가 1916년 초엽이 되자 요양원에 의사가 한 명도 남지 않게 되었다.

그래서 나는 파리에 돌아왔다. 곧 독자도 보게 되려니와, 파리는 1914년 8월에 진찰을 받으러 돌아왔다가 다시 요양원으로 되돌아갔을 때의 파리와는 매우 달랐다. 1916년 다시 파리에 돌아온 지 얼마 안 되는 어느 날 저녁, 그 무렵의 유일한 관심사였던 전쟁 양상을 듣고 싶어서 저녁 식사 뒤 베르뒤랭 부인을 만나려고 집을 나섰다. 베르뒤랭 부인으로 말하면, 봉탕 부인과 아울러, 총재정부 시절을 생각하게 하는 이 전시 아래 파리의 여왕이었기 때문이다. 적은 양의 효모균에서 자연 발생한 것처럼, 젊은 여성들이 높다란 원통형 터번을 두르고 온종일 거리를 쏘다니고 있었는데, 탈리앙(Tallien) 부인 시대의 여성 모자도 그런 게 아니었을까 싶었다. 애국심의 발로라고 할까, 그녀들은 짧은 치마 위에 매우 '전시'다운 우중충한 이집트풍의 길게 뻗은 튜닉을 걸치고, 탈마(Talma) *¹식의 고대 그리스의 코튀른(cothurne) *²을 떠올리게 하는 가죽끈 샌들이나, 우리의 친애하는 용사들의 행전을 생각나게 하는 긴 게트르(guêtre) *³를 신고 있었다.

옷차림이 '가뜬'한 데다가 장신구도, 비록 그 재료가 군대에서 나온 것도 군대에서 만들어진 것도 아니지만, 그 디자인의 주제가 어딘지 군대 냄새를 풍겼다. 용사들의 눈을 즐겁게 해주어야 한다는 의무를 그녀들이 잊지 않고 있었기 때문이다. 이집트풍 장식이 이집트 정복을 떠올리게 한다는 게 아니라, 이를테면 포탄 파편이나 75밀리 야포탄의 탄띠로 만든 반지며 팔찌, 참호에서 흘러나온 영국 동전 두 닢을 가지고 만든 담배 라이터 같은 전시적인 것도 있었는데, 그 동전은 어떤 군인이 참호에서 지내는 동안 매우 고운 동록이 슬었으므로, 그 빅토리아 여왕의 옆얼굴이 피사넬로*⁴에 의해서 그려진 것처럼 보였다. 그녀들의 말에 의하면 용사들의 눈을 즐겁게 해줘야 한다는 의무가 늘 머리에서 떠나지 않았기 때문에, 친척 중 누군가가 전사해도, 그것은 오히려 '커다란 명예'이므로 좀처럼 상복을 입지 않았다. 그녀들은 영국 크레이프로 지은 보닛(아주 우아하게 돋보였을 뿐만 아니라, 모든 희망을 거

---

*1 프랑스의 배우(1763~1826).

*2 고대 그리스, 로마의 비극 배우가 신던 반장화.

*3 발등 또는 장딴지까지 가리는 서양식 행전.

*4 이탈리아의 화가·메달 조각가(1395~1455).

기에 담을 수 있었다)을 쓰고, 이전의 캐시미어 대신 공단이나 명주 모슬린을 두르고, 진주까지도 늘 몸에 지닐 수 있었으니, 프랑스 여성에 대해 굳이 주의를 환기할 필요도 없지만, 재치와 단정한 자세를 잃지 않은 셈이었다.

루브르와 그 밖의 미술관도 다 폐쇄되었다. 신문기사에 '굉장한 평판을 일으킬 전람회'라는 대서특필이 실려도, 보통 그림 전람회가 아니라 의상 전시회, 게다가 '파리 여성이 너무나 오랫동안 빼앗겨온 섬세한 예술적 기쁨'을 주려고 마련한 의상 전시회였다. 이와 같이 맵시와 즐거움이 다시 시작되고 있었다. 1793년의 미술처럼 지금은 다른 미술이 없으므로, 맵시의 예술이 변명에 나선 것이다. 1793년 혁명미술전에 출품한 예술가들은 '유럽연합군이 자유의 국토를 포위하고 있는 마당에, 예술에 몰두하는 우리네 모습이 근엄한 공화단원에게 괴이쩍게 보인다면' 이는 틀린 생각이라고 선언했다. 1916년에 그와 같은 일을 하고 있는 게 디자이너들이다. 게다가 그들은 예술가로서의 보람을 담아 다음같이 털어놓았다. "새로움을 찾아 평범함을 떨쳐버리고, 개성을 나타내어 승리를 마련하며, 전후 세대를 위하여 아름다움의 새로운 양식을 만들어내는 것이야말로, 거리에 아담하게 차린 그들의 전시회장을 찾아오는 이들이 쉽사리 알아차릴 수 있듯이, 그들이 고심하는 야심이자 그들이 추구하는 공상이었다. 그 전시장에서는 밝고 화려한 색조로 현재의 침울한 슬픔을 날려버리는 일이 시국이 요청하는 자숙을 고려한 그들의 표어인 것 같다."

"확실하게 많은 숭고한 예에서 보듯이, 우리가 용기와 인내를 가지고 열심히 궁리하지 않으면 현재의 음울한 분위기가 여성의 기력을 꺾고 말리라. 그러므로 우리는 참호 속에서 가정에 두고 온 그리운 이를 꿈꾸며, 오직 생활의 기쁨과 매혹적인 자태를 밤낮으로 바라는 우리 용사들을 생각하면서, 시국의 간절한 바람에 맞는 부인복 창조에 언제나 끊임없는 연구에 매진하리라. 유행은 특히 영국인의—따라서 우리 동맹국의—의상실에 있다. 올해의 인기 초점은 긴 드레스인데, 그 대범한 산뜻함이 온 여성에게 더없는 기품과 함께 재미난 개성미를 주었다. 이 슬픈 전쟁이 가져온 '가장 행복한 결과의 하나라고 할 수 있는 것'이라고 능숙한 기자가 덧붙이고 있다(잃은 국토의 탈환과 국민 감정의 각성을 기대했더니), '몸치장에 대하여, 경박한 악취미에 빠진 사치를 없애고, 더할 나위 없이 사소한 것으로 큰 성과를 거두었다는 사실, 변변찮은 재료를 가지고 매혹적인 맵시를 만들어냈다는 사실이다. 지금은 몇 점씩 발표하여 주문받는 고급 여성 의상실의 드레스보다 자택에서 만드는 드레스를 더 좋아한다. 그로 말미암아 저마다의 재치, 취미, 성향이 두드러지게 나타나기 때문이다."

자선사업에 대해서 말하자면, 적의 침입으로 생긴 여러 비참함, 수많은 상이군인을 생각해보건대, '보다 솜씨 있게' 해야 하는 것이 필요하다. 그러기 위해서 높다란 터번을 쓴 여인들도 브리지(bridge) 탁자에 둘러앉아 차를 마시면서, '전선'의 소식을 검토하며 오후의 끝머리를 보내야만 하는데, 그동안 문밖에는 그녀들의 자동차가 대기하고, 그 좌석에는 잘생긴 군인 하나가 주인 대신 앉아 심부름꾼과 수다 떨고 있는 게 흔히 있는 일이었다. 하기야 새로운 건 머리 위로 불쑥 솟은 신기한 원통 모자만이 아니었다. 그 얼굴들 또한 새로웠다. 신기한 모자의 여자들은 어디서 왔는지도 모르는 젊은 여인들로, 어떤 이는 6개월 전부터, 다른 이는 이태째, 또 어느 여자는 4년째 멋스러움의 꽃이었다. 게다가 이러한 햇수의 차이가 그녀들에게는 매우 중요했다. 마치 내가 사교계에 첫발을 디뎠을 무렵, 3~4세기 전까지 거슬러 올라가는 연조의 차이가 게르망트네와 로슈푸코네 같은 두 오랜 가문 사이에서 중대한 뜻을 가진 것이나 다름없었다. 1914년부터 게르망트네 사람들을 아는 부인은, 1916년에 게르망트네에서 소개받은 부인을 어정뱅이로 보고, 유산으로 생활하는 미망인을 대하듯 인사를 보냈으며, 손잡이 안경으로 상대 얼굴을 빤히 들여다보면서 소태 먹은 표정으로, 그 부인이 정식 결혼을 했는지 어떤지 아무도 모른다고 내뱉듯이 말한다. "저런 것들을 보면 하나같이 속이 뒤집힌다니까요." 1914년의 부인은 딱 잘라 말한다. 그녀는 게르망트네에 자꾸만 맞아들여지는 사람들의 고리가 자기 다음부터는 끊어지기를 바랐으리라. 이런 새로운 여인들도 더 젊은 사람들 눈에는 한참 고참자로 보였고, 상류 사회 안에만 있던 게 아니었던 몇몇 노인들에게도 그다지 새로운 얼굴이 아닌 것 같다고 느껴졌다. 이러한 새로운 여인들은 사교계에 적당히 끼어들면서 정치담과 음악 같은 심심풀이를 제공할 뿐만 아니라, 그것을 제공하는 게 반드시 그녀들이어야 했다. 그도 그럴 것이, 예술이나 의학이나 사회생활에서 사물이 새로운 것으로 보이려면, 그것이 낡은 것이건 새것이건, 새 이름이 필요했기 때문이다(그녀들의 화제는 어떤 부분에서는 이미

새로웠다. 베르뒤랭 부인이 전시 중에 베네치아에 갔을 때는 감상이나 애수
띤 이야기를 피하려는 사람들처럼 그녀가 정말 멋지더라고 하면서 감탄한
것은, 베네치아도, 산마르코 성당도, 여러 궁전도 아니었다. 그토록 나를 기
쁘게 해주던 것에는 눈길도 주지 않고, 그녀는 하늘을 가르는 탐조등의 효과
를 매우 칭찬하면서, 그 탐조등에 대해 수학을 바탕으로 한 지식을 늘어놓았
다. 이와 같이 차례차례 어느 시대에나 그때까지 찬양받던 예술에 대한 반동
으로서 어떤 사실주의가 되살아난다).

　생퇴베르트 부인의 살롱 따위는 퇴색한 딱지에 불과해서, 거기에 아무리
위대한 예술가와 큰 권세를 떨치는 장관이 참석한대도 아무도 끌어들이지
못했을 거다. 반대로 사람들은 그런 대가의 비서라든가 장관실 차석의 입에
서 튀어나오는 한마디를 듣고자 지금 파리에 떠들썩하게 날아 들어와 득실
득실한 터번 쓴 새 부인들한테 달려갔다. 제1차 집정정부시대의 부인들은
탈리앙 부인이라는 젊고도 예쁜 여왕을 모셨었다. 제2차 집정정부시대라고
부를 수 있는 이 시기의 부인들은 늙고 추한 두 여왕을 모셨는데, 그 이름은
베르뒤랭 부인, 봉탕 부인이었다. 지난날 봉탕 부인의 남편이 드레퓌스 사건
에서 맡은 소임 때문에 〈에코 드 파리〉를 통해 모질게 비난받았다고 해서
누가 감히 그녀에게 엄한 태도를 취할 수 있겠는가? 상하 양원이 어느 때부
터 모두 드레퓌스 재심파가 되었으므로, 사회질서를 지키고, 종교에 관대하
며, 군비를 모으는 당파도, 필연적으로 전의 재심파나 전의 사회파 속에서
찬동하는 이들을 모집해야 했다. 지난날 사람들은 봉탕 씨를 싫어했지만, 그
건 그 무렵 드레퓌스파라면 비애국자의 대명사였기 때문이다. 그런데 오래
지 않아 드레퓌스파라는 이름도 잊히고, 대신 3년제 병역법 반대자라는 이
름이 그 자리를 차지했다. 봉탕 씨가 그 법안의 창안자들 가운데 하나였으므
로, 따라서 그는 애국자였다.

　사교계에서(애초에 이 사회 현상은 가장 보편적인 심리학 법칙의 한 적용
에 지나지 않지만) 새로운 일이란 책망받아 마땅하건 아니건 어쨌든 그것이
우리를 안심시키는 요소에 동화되고 감싸이기 전에는 배척을 받게 마련이
다. 드레퓌스주의나, 생루와 오데트의 딸의 결혼도 마찬가지로 이 결혼에 대
해서 처음에는 비난하는 소리가 높았었다. 그러나 지금은 생루 부부의 집에
서 '유명한' 온갖 사람들을 만날 수 있으므로, 설사 질베르트가 오데트와 같

은 생활 도덕을 가지고 있다 해도 분명 사람들은 그 집을 '찾아갔을' 테고, 질베르트가 명문가 노부인 같은 얼굴로 익숙지 않은 새로운 풍습을 비난하는 데에 찬성했을 거다. 드레퓌스주의도 이제는 당당하게 여느 사물 가운데 통합되어 있다. 그 주의 자체의 가치에 대해서는 일찍이 그것을 규탄했을 때는 물론, 수용하는 지금도 아무도 생각해보려 하지 않았다. 그건 더 이상 '충격적'이지 않다. 그저 그걸로 충분하다. 예전에 '충격적'이던 것도 거의 생각나지 않았다. 마치 어느 소녀의 아버지가 도둑이었는지 아니었는지도 세월이 좀 지나면 알쏭달쏭하듯. 경우에 따라서는 다음같이 말할 수도 있다. "아니죠, 말씀하시는 사람은 처남입니다. 아니면 동명이인이겠죠. 이 사람은 나무랄 데 없는 사람입니다." 마찬가지로 지금까지 비슷한 드레퓌스주의가 있었을 테고, 또 몽모랑시 공작부인 댁에 드나들며 3년제 병역법을 통과시킨 사람이 악당일 리 없다. 하여간 모든 죄는 용서된다. 드레퓌스주의도 말끔히 잊혔으니, 하물며 드레퓌스파 사람들은 말할 것도 없다. 게다가 정계에는 드레퓌스파밖에 없었다. 그도 그럴 것이 정부 편에 들고자 하는 이는 누구나 다 한때 그러했기 때문이고, 드레퓌스주의가 사람들 사이에 이목을 놀라게 하면서(생루가 나쁜 경향에 빠지기 시작한 무렵인데) 비애국심, 무종교·무정부 따위의 화신으로 여겨지던 시기에 그와 반대되는 것을 대표하는 사람들조차 한때는 드레퓌스주의자가 되었었기 때문이다. 그러므로 봉탕 씨의 드레퓌스주의도 모든 정치가와 마찬가지로 겉으로 드러나지 않는 기회주의적인 것이어서, 가죽 밑의 뼈처럼 밖에서는 보이지 않았다. 그가 드레퓌스파였다는 사실은 아무도 기억하고 있지 않으리라. 사교계 사람들은 멍청하고 건망증이 심한 데다가 그로부터 오랜 세월이 흘렀기 때문이다. 게다가 그들은 특히 긴 세월이 흘렀다고 여기는 척하는데, 전쟁 전과 전시의 사이가 지질학상의 한 세기만큼이나 오랜 기간을 갖는 뭔가 심원한 것으로 단절되어 있다고 여기는 게 유행이었기 때문이다. 민족주의자인 브리쇼가 드레퓌스 사건을 말할 때, "그 선사시대에는" 하고 말을 꺼냈다(사실 전쟁이 미친 이 심각한 변화는 그 영향을 받은 정신의 가치와는 반비례했다. 적어도 어떤 수준 이상에 다다른 정신에 대해서 말이다. 수준 이하의 순 바보들, 순 방탕자들은 전쟁이 있거나 말거나 아랑곳없었다. 그런데 최상층에서도 내적 생활을 구축하고 있던 이들은, 바깥쪽에서 일어나는 사건의 중대성을 거의 고려하지 않았다. 이런 이들의 사념의 순서에 커다란 변화를 가져다주는 것은 오히려 그 자체로선 하등 대수롭지 않은 듯한 그 무엇, 그러면서도 시간의 순서를 뒤집어서 그들을 과거 생활의 어느 때와 같은 시대 인간으로 만드는 그 무엇이다. 구체적으로는 거기에서 갈려 나온 아름다운 문장을 통해 이해할 수 있다. 몽부아시에 정원에서 들리는 새들의 노랫소리, 또는 물푸레나무 향기를 실은 산들바람 같은 아름다움을 불러일으키는 것들은 물론 대혁명이나 제정시대의 가장 중대한 사건보다 대단치 않다. 그렇지만 그것은 샤토브리앙에게 《무덤 저쪽의 회상록》*¹에서 훨씬 큰 가치를 지니는 글을 쓸 수 있는 영감을 주었다). 드레퓌스파나 드레퓌스 반대파라는 말은 이제 아무 뜻도 없게 되어, 전에는 크게 놀라 얼굴빛이 하얘지도록 격분해 마지않던 이들조차 아닌 게 아니라 몇 세기 전에 들었던 일인 듯이 말했다.

봉탕 씨는 독일이 중세기 때처럼 토막토막 나뉘고, 호엔촐레른 가문의 몰락이 선언되고, 빌헬름 2세가 열두 발의 총알 세례를 받기 전에는 평화니 어쩌니 하는 말에 귀를 기울이려고 하지 않았다. 한마디로 그는 브리쇼가 말한 '끝장까지 해보자구 (jusqu' auboutiste)'*² 주의자였고, 이 이름표는 그에게 줄 수 있는 애국심 발양의 최고 증명서였다. 봉탕 부인은, 베르뒤랭 부인에게 그녀와 안면을 틀 수 있도록 부탁해오던 인사들에게 둘러싸이자, 처음 3일은 좀 어리둥절했던 게 틀림없었다. 그래서 봉탕 부인이 오송빌 백작을 소개받고, 무지로 인하여 오송빌이라는 이름과 이어진 작위에 대한 지식이 전혀 없든지, 아니면 거꾸로 지식이 너무 많아서 이전에 오송빌 씨가 아카데미의 '공작당(公爵黨)' 회원이라고 들은 적이 있어선지, "지금 저한테 소개해주신 분이 오송빌 공작이지요" 말하자, 베르뒤랭 부인은 "아니요, 백작이세요" 하고 조금 가시 돋친 말투로 대꾸했다.

나흘째부터 봉탕 부인은 포부르 생제르맹에 단단히 자리잡기 시작했다. 때로는 그녀의 둘레에 아직도 알지 못하는 사교계 사람들이 붙어 있는 게 보였으나, 그것은 병아리 둘레에 붙어 있는 껍질 조각과 마찬가지여서 봉탕 부인이 깨고 나온 달걀을 알고 있는 이들은 전혀 놀랍지 않았다. 그러나 열나흘째부터, 그녀는 그 껍질 조각들을 흔들어 떨어뜨렸고, 한 달도 되기 전에

---

*1 샤토브리앙의 자서전.

*2 프루스트의 조어(造語), 곧 jusqe(까지) au(장) bout(끝) iste(주의자).

그녀가 "레비네 댁에 가요" 말하면, 더 자세히 설명하지 않아도 모두가 그게 레비 미르푸아 가문을 두고 하는 말인 줄 알았다. 또한 공작부인쯤 되면 누구나 잠들기 전에 반드시, 봉탕 부인 또는 베르뒤랭 부인으로부터 그날 저녁의 공보에 뭐가 발표되었는지, 그 발표에 어떤 게 지워졌는지, 그리스와의 관계가 어떻게 되었는지, 어떤 공세가 준비되고 있는지, 한마디로 말해 일반인이 다음 날 또는 더 늦게야 알게 되는 것을, 적어도 전화를 통해 들었다. 그것은 이를테면 패션쇼의 예행연습이나 다름없었다. 이야기 도중 베르뒤랭 부인은 소식을 전할 때, 프랑스를 '우리'라고 말했다. "이렇습니다! 우리는 그리스 왕에게 펠로폰네소스에서 철퇴하기를 요구했습니다, 우리가 그쪽에 보낸 것은 등등." 그리고 그녀의 얘기 중에 자주 G.Q.G.라는 말이 튀어나왔는데("나, G.Q.G.에 전화 걸었어요"), 이 총사령부의 약호를 발음할 때의 그녀는, 한때 아그리장트 대공과 안면 없는 여인네들이 대공의 얘기가 나왔을 때 그를 잘 알고 있는 것처럼 보이려고 미소하면서, "그리그리(Grigri) 말이죠?" 되물어볼 때와 같은 기쁨을 느꼈다. 평상시라면 상류 사교인들밖에 느끼지 못하지만, 이런 비상시에는 서민들도 느끼는 기쁨이다. 이를테면 우리집 집사만 하더라도 누가 그리스 왕에 대한 얘기를 꺼내면 신문을 읽은 덕분에 빌헬름 2세의 말버릇을 따라 "티노(Tino) 말입니까!" 말한다. 이제 껏 그는 여러 왕들에 대한 허물없는 애칭을 제멋대로 꾸며대어, 에스파냐 왕을 '퐁퐁스(Fonfonse)'라 불러댈 정도로 극성스러웠던 것이다. 그리고 베르뒤랭 부인의 환심을 사려는 으리으리한 인사들의 수가 늘어감에 따라, 그녀가 '진저리나는 이들'이라고 부르던 사람들의 수가 줄어든 점도 지적할 수 있다. 전에 그녀를 찾아와서 초대해주기를 애원하던 진저리나는 이들이 어떤 마법에라도 걸린 듯이 하룻저녁에 유쾌하고 영리한 인간으로 탈바꿈했다. 한마디로 말하면, 1년 뒤에는 진저리나는 이들의 수가 두드러지게 줄어들어서, 그때까지 베르뒤랭 부인의 이야기에서 그토록 큰 몫을 차지했고, 그녀의 생활에서 큰 역할을 했던 '참을 수 없이 두려운 지겨움'이 거의 그림자를 감추었다. 이 지루함에 대한 지겨움도 만년에는(하기야 아주 젊은 시절에는 그런 지겨움을 느낀 적도 없었노라며 언젠가 허리를 꼿꼿이 세우고 말하긴 했지만) 나이 들어서 그 힘을 잃은 어떤 편두통이나 신경성 천식처럼 그녀를 그다지 괴롭히지 않았다. 또 만일 그녀가 이제 진저리나지 않게 된 이들을 옛 신도들 중에서 모은 진저리나는 다른 몇몇 이들로 얼마간 대치하지 않았더라면, 틀림없이 진저리나는 이들이 아예 없어서, 진저리남의 두려움이 베르뒤랭 부인 곁에서 아주 떠나고 말았으리라.

끝으로 요즘 베르뒤랭 부인 댁을 자주 드나드는 공작부인들로 말하면, 그녀들이 거기에 구하러 오는 것은, 본인들은 눈치채지 못했지만, 전에 드레퓌스파 사람들이 구하러 온 것과 같은 것이다. 곧 정치적인 호기심을 채우고, 신문에서 읽은 사건들을 쑥덕거리며 맛보는 사교상의 기쁨이었다. 베르뒤랭 부인은 다음같이 말하곤 했다. "전쟁 얘기하러 5시에 오세요." 그것은 전에 "드레퓌스 사건 얘기하러 오세요" 하던 것이나, 그 중간 시기에 "모렐의 연주 들으러 오세요" 하던 것과 같은 투였다.

그런데 모렐은 결코 제대한 것이 아니므로, 베르뒤랭 부인 살롱에 절대 나올 수 없었다. 다만 그는 부대로 돌아가지 않아 탈영병이 되었는데, 아무도 그 일을 모르고 있었다.

모든 일은 늘 같게 마련이라, '전통파', '진보파'라는 옛 낱말이 더할 수 없이 자연스럽게 되살아나고 있었다. 보기엔 다르지만, 옛 코뮌파가 드레퓌스의 반재심파가 되었듯이, 드레퓌스파의 중심인물들이 지금은 적들을 남김없이 총살하려 들며 장군들의 지지를 받고 있었다. 마치 이 장군들이 드레퓌스 사건 때 갈리페 국방장관에 대항했던 것과 같다. 이러한 모임에 베르뒤랭 부인은 자선사업으로 알려진 좀 새로운 얼굴의 부인을 몇 명 초대하곤 했는데, 이들은 처음에 눈부신 몸차림에다 굵은 진주 목걸이까지 하고 왔다. 오데트도 그와 똑같은 훌륭한 목걸이를 갖고 있어 전에는 곧잘 그것을 과시했지만, 지금은 포부르 생제르맹의 귀부인들을 본떠서 '전시복' 차림을 하고 있기 때문에, 다른 이의 그런 화려한 차림새를 엄한 눈초리로 바라보았다. 그러나 여성은 순응할 줄 안다. 서너 번 오는 동안 눈부신 몸차림을 한 여인들도, 자기들이 세련됐다고 여긴 옷차림이 정말로 세련된 이들의 배척 대상임을 알아채고는 눈부신 드레스를 버리고 검소한 몸차림을 하게 되었다.

살롱의 또 하나의 별은 '엉망'*인데, 그는 운동에 취미가 있는데도 병역을 면제받은 몸이었다. 나에게 그는 줄곧 내 관심을 끄는 어떤 굉장한 작품의 작

---

* 앙드레의 남편 옥타브의 별명. 제4권 《꽃피는 아가씨들 그늘에》 참조.

가라는 선입관이 있었으므로, 알베르틴을 내 집에서 떠나게 한 앞잡이가 그 녀석인 걸 알아챈 것은 두 줄기의 회상 사이에 우연히 가로지르는 길을 냈을 때뿐이었다. 더구나 이 가로놓인 길은 이젠 유물일 뿐인 알베르틴에 대한 회상과 관련된, 여러 해 동안 내버려둔 황무지 한가운데서 끝나는 길로 이어져 있다. 왜냐하면 이제는 그녀를 통 생각하지 않았기 때문이다. 그것은 내가 다시는 접어들지 않을 회상으로의 길이었다. 반면 '엉망' 씨의 작품은 최근 것이었고, 내 정신은 이 회상의 노선을 끊임없이 찾아가서 이용하곤 했다.

앙드레의 남편과 벗이 되는 일은 그다지 쉽지도, 그다지 유쾌하지도 않았고, 싹싹하게 사귀려 해도 온갖 환멸을 안고 마는 게 고작이었음을 말해두어야겠다. 실은 요즘 그는 이미 병이 중하여 그에게 기쁨을 안겨줄 성싶은 피로 말고는 모든 피로를 멀리하고 있었다. 그런데 그 기쁨을 안겨주는 피로라는 명목에 드는 게 아직 안면 없는 이들과의 모임뿐으로, 그의 극성스러운 공상력은 그들이 남들과는 다를지도 모른다고 상상해온 모양이다. 반면 이미 아는 사이의 사람들로 말하면, 그들의 사람됨이 어떠하며 어떻게 될 건지 아주 잘 알기 때문에 그로서는 그들에게 위험한, 어쩌면 치명적일 수 있는 피로를 무릅쓸 가치가 있다고 생각하지 않았다. 요컨대 그는 매우 고약한 친구였다. 또 새로운 사람들에 대한 그의 기호 속에서, 어쩌면 지난날 발베크에서 운동이나 도박이나 온갖 주색잡기에 미쳤던 불 같은 성미의 일면을 엿볼 수 있을지 모른다.

베르뒤랭 부인은 어떤가 하면, 내가 앙드레와 아는 사이라고 말해도 곧이 듣지 않고 만날 적마다 나를 앙드레에게 소개하려고 했다. 하기야 앙드레가 그 남편과 함께 오는 일은 드물었다. 그녀는 내게 성실하고도 바람직한 여자 친구였다. 그녀는 러시아 발레에 반발하는 남편의 미학에 충실해서 폴리냐크 후작에 대해 이렇게 말했다. "그분, 저택의 장식을 박스트한테 시켰다는군요. 어떻게 그 안에서 잠잘 수 있을까요! 나 같으면 뒤뷔페(Dubufe)*에게 부탁했을 텐데." 베르뒤랭 부부도 자기 꼬리를 먹는 일로 끝나는 지나친 탐미주의 때문에, 현대 양식(더더구나 뮌헨에서 온 것)도, 새하얀 방도 견딜

―――――――――――――

* 프랑스의 화가(1901~85). 앵포르멜(비정형) 미술의 선구자.

수 없다고 말하고, 거뭇한 프랑스의 낡은 가구밖에 좋아하지 않게 되었다.

나는 이 시절에 앙드레와 자주 만났다. 우리는 서로 뭘 얘기해야 할지 모르다가, 한번은 질베르트라는 이름이 생각났다. 이 이름은 알베르틴에 대한 회상의 밑바닥에서 신비로운 꽃처럼 떠올랐다. 그 무렵엔 신비로웠으나 오늘에 와선 아무 자극도 주지 않았다. 나는 아무래도 좋은 일을 이것저것 말했으나, 이 이름만 입 밖에 내지 않았는데, 유달리 무관심해서가 아니라 지나치게 생각한 나머지 어떤 과포화 상태가 되고 말았기 때문이다. 그 속에서 수많은 신비를 보던 시절도 어쩌면 정말로 있었을 것이다. 하지만 그런 시절은 언제까지나 계속되지는 않는다. 그러므로 우리는 신비를 밝혀내기 위해 건강과 재산을 희생시켜서는 못쓰니, 그런 신비는 어느 날 관심 밖으로 사라질 것이기 때문이다.

이즈음, 바라는 인사들은 누구나 자택으로 끌어들일 수 있었던 베르뒤랭 부인이, 오랫동안 기별도 없던 오데트에게 사람을 통해 간접으로 교제를 청하고 있음을 알고 모두가 적잖이 놀랐다. 처음의 작은 동아리가 으리으리한 단체가 된 이상, 이제 와서 오데트를 덧붙일 필요는 없다고 생각했던 것이다. 그러나 오랫동안 소식이 없다 보면, 원한이 가라앉으면서 때로는 우정이 눈을 뜬다. 그리고 죽어가는 사람이 옛날에 친했던 이의 이름밖에 불러대지 않거나, 노인이 어린 시절을 회상하며 즐거워하는 모습과 엇비슷한 현상은 사회에서도 일어난다. 오데트를 돌아오게 하는 계획을 성사시키고자 베르뒤랭 부인은 '과격파'를 이용하지 않고, 다른 살롱에도 다리를 걸치고 있는 덜 충실한 단골손님을 이용했다. 그녀는 단골손님에게 말했다. "그분이 이곳에 얼굴을 보이지 않는 까닭을 모르겠어요. 어쩌면 그분이 나에게 벽을 쌓고 있는지 모르지만, 난 그렇지 않아요. 도대체 내가 그분에게 뭘 했죠? 그분이 그 두 남편을 알게 된 것도 다 내 집에서인데. 다시 오고 싶다면 문은 언제라도 열려 있다고 그분에게 알려주세요." 그녀는 '마님'의 공상이 부추기지 않았더라면 분명 자존심 상했을 이러한 말을 여러 번 되풀이했지만 통 효과가 없었다. 하지만 베르뒤랭 부인은 오데트가 모습을 안 보이는데도 끝까지 기다렸다. 그러다가 나중에 독자가 알게 되는 사건이 일어나, 믿음성 없는 자들이 아무리 열심히 사자 구실을 해도 이루지 못했던 것을, 전혀 다른 이유에서 수행하게 되었다. 이처럼 쉬운 성공이나 결정적인 실패도 그리 흔하지 않은 법이다.

베르뒤랭 부인은 말했다. "통탄할 노릇이에요, 봉탕에게 전화를 걸어서 내일까지 필요한 절차를 마치도록 해야겠어요. 노르푸아가 쓴 기사의 끝머리가 또 전부 '깎였'다는군요, 그것도 고작 페르생(Percin)*이 '목이 잘린' 사실을 암시했기 때문이라니." 이런 말씨를 쓰는 것이 우스꽝스러운 유행으로, 저마다 유행하는 말을 쓰는 걸 빼기며 시대에 뒤지지 않음을 나타내려 했다. 마치 부르주아 계급의 여인이 브레오테 씨, 아그리장트 씨, 또는 샤를뤼스 씨의 이름이 화제에 오를 때 "누구라고요? 바발 드 브레오테, 그리그리, 메메 드 샤를뤼스 말인가요?" 말하는 것과 같은 심사였다. 공작부인들 또한 그들과 다를 바 없이, '목 잘리다'라는 말을 쓰는 데 기쁨을 느꼈다. 공작부인이라 한들―좀 시인인 체하는 평민의 경우와―다른 것은 이름뿐, 그녀들이 속하는 정신의 범주에 따라 사물을 표현하고, 거기에는 부르주아 근성도 적잖이 포함되어 있기 때문이다. 정신의 계급은 신분에 관계없다.

하기야 베르뒤랭 부인의 그러한 전화에 언제나 지장이 없었던 것은 아니었다. 깜박 잊고 말하지 않았지만, 베르뒤랭네 '살롱'은 정신적으로나 현실적으로나 쭉 존재하고 있었지만, 장소만은 잠깐 파리의 가장 큰 호텔 중 하나로 옮겨 있었다. 연료와 전력의 부족으로, 습기 많은 베네치아 대사관이던 옛 저택에 손님을 초대하기가 갈수록 난처했기 때문이다. 게다가 새로운 살롱은 쾌적한 설비도 부족하지 않았다. 베네치아에서 물을 피해 만들어진 광장이 궁전의 겉모양을 지배하듯이, 또 파리의 손바닥만 한 정원도 시골의 넓은 정원 이상으로 황홀케 하듯이, 베르뒤랭 부인이 호텔 안에 갖고 있는 비좁은 식당은, 눈부시도록 흰 벽면으로 둘러싸인 어떤 마름모꼴 방을 마치 영사막처럼 보이게 하며, 수요일마다, 아니 거의 날마다 베르뒤랭네 사치를 즐기느라 넋을 잃은, 파리에서 가장 재미있는 가지각색의 사내들, 파리에서 가장 멋있는 여인들의 모습을 비춘다. 가장 부유한 이들도 수익이 없어서 비용을 절약하는 시기인데도, 베르뒤랭네 사치는 그 재산 덕분에 더해가기만 했다. 손님을 응접하는 형식이 변했어도 브리쇼는 여전히 기뻐서 어쩔 줄 몰라하며, 베르뒤랭네의 교제 범위가 넓어짐에 따라, 크리스마스 양말 속에 든 뜻

---

* 프랑스의 장군.

밖의 선물처럼 작은 공간에 꽉 찬 새로운 즐거움을 발견했다. 날에 따라 참석자들이 아주 많아서 세들고 있는 식당이 너무 좁을 때는 아래층 넓은 식당에서 만찬을 들었다. 그러면 신도들은, 옛날에 캉브르메르 부부를 초대해야 했을 때 베르뒤랭 부인이 "여긴 너무 좁아요" 말했던 것처럼, 겉으로는 위층에서 식사할 때의 친밀감을 그리워하는 척하면서도—지난날 경편철도의 차 안에서 그랬듯이 그들끼리 뭉쳐서—주위 식탁의 주시와 선망의 대상이 되고 있음을 마음속으로 기뻐하고 있었다. 틀림없이 평화스러운 평상시라면, 〈피가로〉나 〈골루아〉지의 사교란에 슬그머니 투고된 기사가 실려, 마제스티크 호텔의 식당이 수용할 수 없을 정도로 많았던 그날의 이들에게, 브리쇼가 뒤라스 공작부인과 만찬을 같이한 일을 알렸으리라. 그러나 전쟁이 시작되면서 사교란의 기자는 그런 종류의 소식을 묵살했기 때문에(장례식, 군의 표창식, 프랑스와 미국의 친목 향연 따위에는 매달렸다) 널리 알리려면 구텐베르크의 발명이 있기 전인 태고 시대처럼 유치하고도 국한된 방법을 통해서밖에 할 수 없었다. 즉 베르뒤랭 부인의 식탁에 있는 모습을 직접 남들 눈에 보이는 것이다. 만찬이 끝나면 모두 마님의 살롱으로 올라간다. 그러면 전화질이 시작되는 것이다. 그런데 이 무렵 큰 호텔은 대부분 간첩의 소굴인지라, 봉탕이 경솔하게 전화로 알리는 소식을 간첩이 일일이 기록했다. 그렇지만 봉탕의 정보는 확실하지 않아서 나중에 일어나는 사건과 번번이 모순되어 다행히 그런 경솔함도 별탈 없었다.

오후 다과회가 끝나기 전 땅거미 질 무렵, 아직 밝은 하늘에 멀찌감치 작은 갈색 반점 같은 게 보이는데, 마치 푸른 저녁 하늘에 나는 작은 벌레 같기도 하고 참새 같기도 했다. 아주 멀리 산을 바라볼 때 그것이 한 점의 구름같이 여겨지듯이. 하지만 그 구름이 꼼짝 않는 커다란 것인 줄 알고는 감동한다. 그와 마찬가지로, 여름 하늘의 갈색 반점이 벌레도 새도 아니라, 파리를 지키는 이들이 탄 비행기임을 알고 나는 감동했다(알베르틴과 함께했던 마지막 산책 중 베르사유 근처에서 목격한 비행기의 추억은 이 감동과 아무런 관련이 없다. 그 산책의 추억은 내 관심 밖에 있었으니까).
저녁 식사 시각이 되자 식당은 어디나 만원이었다. 그런데 끊임없는 죽음의 위험에서 엿새 동안 벗어났다가 다시 참호로 떠날 채비를 하고 있는 불쌍한 휴가병 하나가 불 밝힌 유리창 앞에 잠깐 눈을 멈추고 있는 걸 지나는 결에 볼 때면, 나는 발베크의 호텔에서 어부들이 우리의 저녁 식사를 멀거니 구경하던 때처럼 가슴 아팠다. 병사의 비참함이 가난한 이의 비참함보다 더 크며, 이를테면 양쪽의 비참함을 한 몸에 지니고 있으며, 묵묵히 참고 따르는 마음이 더 크고 훨씬 고귀하기 때문에 더욱 눈물겨운 것을, 또 그가 전선으로 되돌아가는 참에, 식당에서 후방 근무병들이 식탁을 차지하려고 서로 떠밀며 법석거리는 모양을 보고도 증오 한 자락 없이 "여긴 전쟁 중이 아닌 것 같군" 중얼거리면서 철학가처럼 머리를 끄덕거리므로 더욱 안쓰러운 것을 알고 있는지라, 나는 지금이 더욱더 가슴 아팠다. 그러다가 9시 30분이 되면 식사가 미처 끝나기도 전에, 경찰의 명령에 따라 급작스럽게 모든 등불이 꺼진다. 내가 하룻밤 휴가를 받은 생루와 함께 저녁을 먹은 어느 식당에서는, 심부름꾼들에게서 외투를 낚아채듯이 받는 후방 근무병들의 법석거림이 9시 35분부터 다시 시작되었다. 실내가 어두컴컴하여 마치 환등이 비치는 방 또는 영화 필름을 상영하는 관람석 같기도 했다. 식사를 끝낸 남녀는 그런 영화관 쪽으로 바삐 걸음을 옮긴다. 그런데 이 시각이 지나면, 이런 저녁에 나같이 자기 집에서 식사하고 친구를 만나러 외출하는 인간에게, 파리의 어느 구역만큼은 적어도 어린 시절의 콩브레보다 더 캄캄했다. 그럴 때 방문하면 시골에서 이웃을 찾아가는 정취가 있었다.

아아! 알베르틴이 살아 있어서 이런 저녁에 밖에 나가 저녁 식사를 하고, 바깥의 어느 아치문 아래에서 만나기로 약속하면 얼마나 좋았으랴! 처음에는 아무것도 보이지 않아, 나는 그녀가 약속을 잘못 안 줄 알고 가슴이 철렁했다가 느닷없이 검은 벽에 그녀의 그리운 회색 드레스가 뚜렷이 드러나고, 나를 알아보고 미소 짓는 그녀의 눈을 보겠지. 그리고 우리 둘은 누구의 눈에 띄지도 않으며, 누구의 방해도 없이 얼싸안고서 산책하다가 집에 돌아올 것이다. 하지만 나는 혼자였고, 또 시골의 이웃을 찾아가는 느낌이었다. 콩브레에서 스완이 저녁 식사 뒤, 그 좁은 예선 길을 지나 생테스프리 거리에 오기까지, 탕송빌의 어둠 속에 지나가는 사람 하나 만나지 않고서 우리집에 오곤 했듯이, 나는 지금 클로틸드 거리부터 보나파르트 거리에 이르는 구불구불한 시골길로 변한 거리에서 아무도 만나지 못했다. 게다가 날씨에 따라 다르게 보이는 이러한 풍경의 조각이 지금은 주위가 새까매서 아무것도 보이지 않으므로 조금도 마음에 거슬리지 않듯이, 싸라기눈을 불어대는 찬바람 이는 저녁이면, 발베크에서 몸소 느꼈던 것 이상으로, 오히려 지난날 그토록 꿈꾸던 파도치는 바닷가에 있다는 느낌이 더 강했다. 그뿐 아니라 이제껏 파리에 존재하지 않던 자연의 다른 요소—이를테면 달 밝은 밤에 땅바닥을 비추는 빛과 그림자의 대조—는, 긴 휴가를 보내기 위해 이제 막 기차에서 내려 시골 한가운데 도착한 직후를 떠오르게 했다. 달빛은 도시에선 한겨울에도 좀처럼 못 보는 효과를 자아내었다. 그 빛은 오스망 큰 거리의 아무도 치우지 않는 눈 위에 깔려 마치 알프스 빙하를 떠오르게 한다. 푸르스름한 금빛의 눈 위에 나무 그림자들이 어느 일본화 또는 라파엘의 그림 배경처럼 섬세하고 야릇한 정취를 만들고 있었다. 그 그림자들은 나무뿌리에서 곧장 땅바닥으로 뻗어 나와 있다. 마치 석양 무렵의 자연 속에서 흔히 보듯, 고른 간격을 두고 나무들이 솟아 있는 초원에 저녁놀이 가득 넘치면서 나무들의 그림자를 선명하게 드리우는 때와도 같았다. 그러나 마치 영혼처럼 가볍게 나무들 그림자가 길게 누워 있는 이 파리의 초원은 미묘하고도 섬세하며 황홀한 정취가 가득 차서 눈부시게 하얀 천국의 초원처럼 느껴졌다. 달빛은 경옥(硬玉) 같은 눈 위에 빛나고, 이 초원 전체가, 마치 활짝 핀 배꽃의 꽃잎만으로 짜여 있는 것만 같았다. 또한 광장마다, 분수를 지키는 신들이 그 손에 고드름을 잡고 있어서, 예술가가 청동과 수정이라는 두 가지 재료를 한데 섞어 만든 조각품처럼 보였다. 이와 같은 특별한 날에는 어느 집이나 어두웠다. 하지만 봄이 오면 이따금 경찰의 명령을 어기고, 어딘가의 저택 전체, 저택의 한 층이, 아니 한 층의 어떤 방이 덧창을 열어놓아서, 아무것도 분간할 수 없는 어둠 속에 홀로 떠 있는 듯이 보여, 마치 순전히 빛의 반사 같기도 하고, 흔들거리는 유령 같기도 했다. 눈을 쳐들면 그 희미한 금빛 속에 여인의 그림자가 보이는데, 우리가 길을 잃고 잘못 들어선 이 어둠 속, 그 여인 자신도 깊숙이 갇혀 있는 듯싶은 이 밤의 어둠 속에서, 그녀의 그림자는 동방의 환상처럼 은밀한 신비로운 매력을 띠었다. 우리가 그 앞을 지나가고 나면, 시골의 어둠 속에 울리는 건강하고 단조로운 발걸음을 멈추게 하는 것은 아무것도 없었다.

생각해보니 나는 이 작품 중에서 거론한 인물들의 누구와도 오랫동안 만나지 못했다. 다만 1914년에 파리에서 두 달 동안 지내며 샤를뤼스 씨의 모습을 언뜻 보고, 블로크와 생루를 만났지만, 생루와 만난 건 두 번뿐이었다. 그 두 번째는 확실히 생루가 자기 사람됨을 가장 잘 보여준 때였다. 앞에서 말한 탕송빌 체류 중 그가 내 마음에 찍었던 불성실하고 좋지 못한 인상은 씻은 듯 싹 없어지고, 지난날의 그의 온갖 장점을 모두 인정했다. 처음 그를 다시 만난 건 선전포고 직후, 그러니까 그다음 주 초였는데, 블로크가 광신적인 국수주의 감정을 떠벌리고 우리 곁을 떠나자마자, 생루는 다시 군대에 복무할 생각이 없는 자기 자신에 대하여 어찌나 비꼬는 말을 퍼부었는지 그 말투의 격함에 내가 다 불쾌할 정도였다.

이때 생루는 발베크에서 돌아오는 길이었다. 내가 나중에 따로 들어서 알게 된 바로는, 식당 지배인에 대한 그의 시도가 모두 헛수고로 끝났다고 한다. 그 지배인은 니생 베르나르 씨의 덕분으로 그 자리를 얻었다. 블로크의 외삼촌이 '밀어주던' 옛날의 바로 그 젊은 직원이었다. 그런데 재산이 모이자 그는 덕스러워졌다. 그래서 생루의 유혹이 물거품이 된 것이다. 이렇듯 훌륭한 젊은이가 나이 들면서 마침내 뒤늦게 눈뜬 정욕에 빠져드는가 하면, 이리저리 휘둘리던 젊은이는 옛이야기를 믿는 샤를뤼스 씨 같은 사람들과 맞서는 줏대 있는 어른으로 성장하여 서로 불쾌하게 부딪친다. 모두 시간 문제일 뿐이다.

"아무렴." 생루는 힘을 주어 명쾌하게 외쳤다. "싸움터에 나가지 않는 놈은 모두, 어떤 이유를 붙이든 간에, 죽고 싶지 않기 때문이야, 곧 겁쟁이야." 그리고 남들의 공포를 강조할 때보다 더 힘차게 단정하는 몸짓을 연거푸 하면서 덧붙였다. "그런데 이렇게 말하는 내가 군무에 복귀하지 않는다면 이 또한 참말로 겁 때문이지, 암!" 칭찬할 만한 감정을 가장하는 것이 못된 감정을 감추는 유일한 수단은 아니다. 더 새로운 수단은 오히려 그런 못된 감정을 과시하여 적어도 그것을 숨기는 모습을 보이지 않는 것임을, 나는 이미 여러 인간에게서 주위 깊게 살펴왔다. 게다가 생루의 이런 경향은 경망한 행동을 범하거나 실수를 저질러 남의 책망에서 벗어나지 못할 때 일부러 그랬노라고 외려 큰소리치는 버릇 때문에 튼튼하기가 너럭바위 같았다. 그런 습관은 짐작건대, 그가 에콜 드 게르(École de Guerre)*에서 아주 친하게

---

* 참모부 근무 장교를 지망하는 임관 군인이 들어가는 육군대학.

지냈으며, 언제나 입에 침이 마르도록 칭찬하던 모 교관한테서 비롯한 게 틀림없다. 따라서 나는 생루의 그런 재담을 아무런 망설임 없이 그가 어떤 감정을 말로 표현한 것으로 생각하고, 그것을 이제 막 시작된 전쟁에 대한 대처 방안과 종군 회피를 명령한 감정으로, 이제는 그것을 거리낌 없이 공언하고 있다고 해석했다.

"자네 못 들었나?" 그는 헤어지면서 내게 물었다. "오리안 외숙모가 이혼할지도 모른다는 소문 말일세. 나는 아무것도 모르네만, 가끔 소문으로 들리고 여기저기서 떠들어대니 있음직하게 들리네그려. 하기야 매우 이해할 만하지. 외삼촌은 사교계에서뿐만 아니라 친구나 친척들 사이에서도 아주 매력적인 분이야. 어느 점에선 외숙모보다 더 인간다운 마음씨를 갖고 있지. 외숙모는 성녀 같지만, 그 티를 외삼촌에게 몹시 드러내거든. 다만 외삼촌은 남편으로선 지독한 분이셔. 쉴 새 없이 아내를 속이질 않나, 욕하질 않나, 학대하질 않나, 돈도 안 준다네. 외숙모가 이혼한다는 것도 무리는 아니지, 그러니 이혼 얘기는 정말일지도 몰라. 하지만 그런 일이 있으면 누구나 금방 이혼을 생각하고 그것을 입에 올리게 마련이니 그렇지 않을지도 몰라. 그리고 외숙모는 그토록 오랫동안 참아왔으니까! 이제는 나도 잘 안다네, 남들이 잘못 떠들어대다가 뒤늦게 그렇지 않다고 부인하는 일 가운데, 나중에 가서 사실로 밝혀지는 예가 많다는걸." 이 말에 문득 생각나서, 나는 그가 질베르트와 결혼하기 전에 게르망트 아가씨와의 혼담이 있었는지를 물어보았다. 그는 아니라고 펄쩍 뛰며, 그건 때때로 까닭 모르게 생겨났다가 모르는 사이에 없어지는 뜬소문에 지나지 않지만, 그런 소문을 곧이듣은 이들은 거짓인 줄 알면서도 신중을 기하기는커녕, 혼약이니 이혼 또는 정치상의 소문이 돌 때마다 오히려 그것에 믿음을 덧붙이고 퍼뜨리는 법이라고 잘라 말했다.

생루와 헤어진 지 48시간도 못 돼서 알게 된 어떤 사실로 말미암아, "전선에 나가지 않는 녀석은 모두 공포 때문에 그러는 거야" 하던 생루의 말에 대한 내 해석이 완전히 잘못이었음이 증명되었다. 생루가 그런 말을 한 것은 대화에서 주목을 끌고 기발한 심리적 효과를 거두고 싶어서였고, 자신의 지원이 수리될지 어떨지 확신할 수 없었기 때문이었다. 그러나 그동안에도 수리되도록 여러 방면으로 손을 썼으니 그런 점에서 그의 행동은 '기발'이라는 말의 의미로 볼 때 그다지 기발하지 않았으며, 오히려 보다 깊게 생탕드레데 샹의 프랑스인 정신에 투철했던 것이다. 즉 영주·부르주아·농노로 이루어진 생탕드레 데 샹의 프랑스인에게서 발견된 가장 무수한 부분과 한층 긴밀하게 일치했다. 농노 중에는, 같은 프랑스적인 계통에 속하는 두 부류인 영주를 공경하는 자와 영주를 거역하는 자, 곧 프랑수아즈 아문(亞門)과 모렐 아문이 있었는데, 거기에서 나온 두 개의 화살이 새로이 싸움터라는 한 방향으로 향하고 있었다. 블로크는 어느 민족주의자의 비겁한 고백을 듣기라도 하면 기뻐 어쩔 줄 몰라 했다(생루에게는 민족주의자의 티가 거의 없었지만). 그리고 생루가 그에게 전선에 나가느냐 물어보자 대주교 같은 표정을 짓고 웃으면서 대답했다. "근시라서."

그런데 며칠 뒤 블로크가 당황해하는 꼴로 나를 찾아왔을 때, 그는 전쟁에 대한 의견을 달리하고 있었다. '근시'임에도 병역에 적격이라는 인정을 받은 것이다. 블로크를 그의 집까지 배웅하는 길에, 우리는 생루와 딱 마주쳤다. 생루는 육군본부에서 어느 소령에게 소개받으려고, 옛날 장교였던 사람과 만날 약속을 하고 있었다. "그 사람은 캉브르메르 씨"라고 그가 말했다. "아아, 그렇지, 오래전부터 알던 사이지만, 자네도 나 못지않게 캉캉을 잘 알고 있었구먼." 나는 생루에게 대답하고, 분명 캉브르메르 씨도 그 아내도 잘 알지만 높이 평가하지는 않는다고 했다. 그러나 처음 그들을 만난 뒤로, 나는 그 아내를 어쨌든 놀라운 여인, 쇼펜하우어에 정통하고, 그 변변치 않은 남편에게는 닫혀 있는 지적인 환경에도 드나드는 여인이라고 여기는 버릇이 있었으므로, 생루가 "그의 아내는 어리석은 여자야, 생각해볼 가치도 없어. 하지만 그 남편은 뛰어난 인간이야. 재능도 있고, 언제 만나도 호감이 가거든" 하는 말을 듣고, 처음에 깜짝 놀랐다. 생루가 캉브르메르 부인을 '어리석은 여자'라 말한 것은, 그녀가 상류 사교계에 드나들고 싶어서 눈에 불을 켜고 있다는 뜻이리라. 상류 사교계는 이런 점을 가장 신랄하게 비판한다. 캉브르메르 씨의 장점이란 과연 뭔가, 아마도 그를 집안사람 중에서 가장 우수한 사람이라고 여기는 그의 늙은 어머니가 인정하는 그런 장점일 것이다. 그는 적어도 공작부인들을 개의치 않았기 때문이다. 하지만 사실을 말하면, 그러한 '지혜'는 '한 재산 장만할 줄 아는' 재산가에게서 대중이 알아보는 '지혜'와 마찬가지로, 사상가를 특징짓는 지혜와는 전혀 다르다. 그러나 생루의 말은 잘난 체하는 태도가 어리석음과 이웃하여 있다는 것, 솔직함은 눈에 잘 안 띄지만 상쾌한 맛을 갖고 있다는 것을 떠올리게 했으므로, 내게는 불쾌하지 않았다. 나는 사실 캉브르메르 씨의 솔직함을 맛볼 기회가 없었다. 하지만 그렇기 때문에 한 인간에 대하여 갖가지 관점이 있을 수 있고, 그를 판단하는 사람에 따라서 그만큼 다양한 존재가 된다. 캉브르메르 씨에 대해 나는 그 겉밖에 알지 못했다. 또 그의 사람됨의 풍미도 남의 말만 들어 왔지, 내가 직접 맛본 적은 없었다.

블로크는 그의 집 문 앞에서 우리와 작별하면서 느닷없이 생루한테 울분을 터뜨리며 말했다. "자네들처럼 금테 두른 '귀공자들'은 참모부 안에서 뻐기고 돌아다닐 뿐 아무런 위험도 안 겪지 않나. 그렇지만 나같이 작대기 두 개 단 졸병도 '빌헬름 때문에 가죽에 구멍 뚫리기'는 싫다네." 그러자 생루가 대꾸했다. "듣자하니 빌헬름 황제도 위독한 모양이야." 블로크는 증권 거래소 현장에 둥지를 틀고 있는 이들이 다 그렇듯이, 충격적인 보도를 더할 나위 없이 태연하게 받아들이는 버릇이 있는지라 이렇게 덧붙였다. "이미 죽었다는 말도 있어." 증권 거래소에서는 에드워드 7세건 빌헬름 2세건 무릇 병든 국왕은 모두 죽은 것이 되고, 포위 직전의 도시는 모두 함락한 것이 된다. 블로크가 덧붙였다. "그걸 숨기는 건, 오로지 독일놈의 사기를 떨어뜨리지 않기 위해서지. 하지만 놈은 어젯밤에 죽었어. 아버지께서 확실한 소식통에게서 들으셨네." '확실한 소식통'이란, 아버지 블로크 씨가 관심을 갖고 있는 유일한 대상으로, 그는 '고위층과의 교제' 덕분에 용케 그런 소식통과 줄을 대어, 외국 공채가 오르고 드 베르 주(株)가 하락할 것이라느니 하는, 아직 아무도 모르는 비밀 정보를 손에 넣었던 것이다. 바로 그때 드 베르 주가 껑충 오르거나, 외국 공채에 '원매인(願賣人)'이 나타나거나, 전자의 시세가 '튼튼'하고 '활발'하며, 후자의 시세는 '시원치 않'고 '약해'도, 또 모두가 '신중한 태도를' 취하고 있더라도, 가장 확실한 소식통은 여전히 가장 확실한 소식통임에 변함이 없었다. 따라서 블로크는 우리에게 카이저(Kaiser)*의 죽음을 비밀스럽게 자못 중대한 일처럼 알렸는데, 마음속으로는 화가 이글이글 타고 있었다. 로베르가 '빌헬름 황제'라고 말했기 때문이다. 그러나 목이 단두대의 넓적한 칼 밑에 있을망정, 생루나 게르망트 씨는 그밖에 달리 말하지

---

* 빌헬름 2세.

못했을 거라고 나는 생각한다. 바른 예절의 표시를 보일 상대가 아무도 없는 무인도에서 그들만이 살아남았다고 해도, 베르길리우스 시구를 정확히 인용하는 두 라틴 문학자처럼, 그들은 바른 교양의 흔적으로 서로 알아보리라. 생루는 독일인의 손에 고문당하더라도, '빌헬름 황제'라고밖에 달리 말하지 못했으리라. 이런 예의범절은 하여간 정신에 대한 크나큰 구속의 표시다. 그것을 내버리지 못하는 인간은 그대로 사교인으로 남을 수밖에 없다. 하기야 이 품위 있는 범용함은—특히 숨은 관용과 입 밖에 내지 않는 영웅주의가 거기에 섞여 있을 때—블로크의 속됨에 비하면 훨씬 그윽하다. 블로크가 허세를 부리며 생루에게 외쳤다. "자넨 경칭 없이 빌헬름이라 부르지도 못하지? 그렇군, 벌써부터 벌벌 떨면서 그놈 앞에 납죽 엎드리는군그래! 흥! 이러니 싸움터에서도 오죽이나 훌륭한 병사가 되어 독일놈의 장화나 핥겠지. 자네들 같은 장교는 말에 올라타서 축하 행진밖에 할 줄 모르는 인간이야."

"저런, 블로크는 무슨 일이 있어도 내게 행진을 못하게 할 셈이구먼." 생루는 그 친구와 헤어지자 미소 지으면서 나에게 말했다. 행진, 로베르가 바라는 바가 전혀 이것이 아님을 나는 잘 알았지만, 그래도 그때는 그의 의도가 뭔지 정확하게 알아채지 못했다. 나는 나중에, 기병대가 움직이지 못하자, 그가 먼저 보병장교와 보병정예부대 장교로 근무하는 허가를 얻었을 때, 그리고 마지막으로 뒤에 가서 읽게 될 사건이 일어났을 때에야 그것을 이해했다. 그런데 로베르의 애국심을 블로크가 알아채지 못한 것은 로베르가 그것을 조금도 입 밖에 내지 않았기 때문이다. 블로크는 한 번 '합격' 판정을 받자마자 비뚤어진 비군국주의자의 신념을 털어놓았지만, 이전에 근시로 병역 면제되는 줄 알았을 때는 가장 맹목적 애국주의자다운 뛰어난 의견을 떠들어댔었다. 그러한 말을 생루는 떠들어낼 수 없었다. 첫째로 그에게는, 너무 심각하거나 더할 수 없이 당연한 것으로 여겨지는 감정을 입 밖에 내지 못하게 하는 어떤 심적인 섬세함이 있기 때문이다. 이전에 내 어머니도 할머니를 위해서라면 죽기를 1초도 망설이지 않았을 뿐만 아니라, 못하게 말리면 몹시 슬퍼했을 것이다. 그럼에도 나는 아무리 돌이켜보아도 어머니의 입에서, "어머니를 위해선 목숨도 버리겠어요" 따위의 말이 튀어나오는 걸 상상할 수 없다. 마찬가지로 로베르도—그 순간 나는 그가 게르망트 가문의 인간이라기보다(그의 아버지를 머릿속에 그려낼 수 있는 만큼) 훨씬 더 생루 가문의 인간이라고 생각했다―프랑스에 대한 사랑에서 과묵했다. 또한 그의 도덕적인 훌륭한 지성이 그런 감정을 입 밖에 내지 못하게 했으리라. 지적이고도 정말 진지한 일에 종사하는 이들의 마음속에는, 그들이 하는 일을 문학화하거나 떠들어대고 다니는 사람들에 대한 어떤 혐오가 있다.

생루와 나는 중고등학교나 소르본 대학에서도 함께한 적은 없었지만, 각각 같은 교수들의 강의를 들었다(나는 그 때문에 생루가 쓴웃음을 지은 것을 기억한다). 그 교수들은 몇몇 다른 교수와 마찬가지로 훌륭한 강의를 했지만, 천재로 여겨지고 싶어서 자기 학설에 매우 야심찬 이름을 붙였다. 이야기가 조금이라도 그쪽으로 빠지면 생루는 자못 재미있다는 듯이 웃었다. 물론 우리는 코타르나 브리쇼 같은 교수들을 본능적으로 싫어했다. 하지만 그리스 어학 또는 의학에 조예가 깊고, 그걸로 허풍 떠는 걸 용서치 못할 짓이라고 스스로 믿는 선생들에 대하여 우리는 어떠한 존경을 품어왔다. 나는 아까, 일찍이 어머니의 모든 행동이, 자신의 어머니를 위해선 목숨도 아깝지 않다는 정 위에 서 있다고 말했는데, 어머니는 그 정을 결코 스스로에게 분명히 드러낸 적이 없었으며, 어쨌든 그것을 남에게 말하는 걸 쓸데없고도 우스꽝스러운 짓일 뿐만 아니라 불쾌하고 수치스러운 일로 생각했을 것이다. 그와 마찬가지로 생루가 나에게 그의 부대 장비와 앞으로 할 원정, 우리 승리의 기회, 러시아군의 약함, 영국이 취할 방침에 대해 말할 때, 그의 입에서, 일어서서 열광하는 의원들 앞에서 그들에게 가장 큰 지지를 받는 장관이 장황하게 쏟아내는 억수 같은 웅변이 그의 입에서 흘러나오리라곤 나는 상상할 수 없다. 그렇지만 이제껏 스완에게서 가끔 보아왔듯, 마음속에 느끼는 아름다운 감정을 드러내지 못하게 하는 생루의 이 소극적인 면에, '게르망트 가문의 정신'이 작용하지 않았다고는 나는 말하지 못한다. 왜 그런고 하니, 나는 그를 뭐니뭐니해도 생루 가문의 인간이라고 보았지만, 그는 동시에 게르망트 가문의 인간이기 때문이고, 따라서 그의 용기를 부추기는 수많은 동기 가운데에는, 동시에르의 그의 친구들(내가 전에 매일 밤 함께 식사하던, 직무에 충실한 이 젊은 사관들 대부분은 마른 전투와 그 밖의 전투에 부하들을 이끌고 나가 전사했다)을 부추긴 동기와는 다른 것이 있었다.

내가 동시에르에 머물렀을 때 젊은 사회주의자들도 거기에 있었을 테지만, 그들이 생루와 교제하지 않아 나도 그들과 사귀지는 못했지만, 그들도 생루와 친하게 지내던 사관들이 결코 '전하'가 아님을 알았을 것이다. 병졸 출신인 사관과 프리메이슨 단원 같은 이른바 '평민'이 자부심은 높으면서 저속한 쾌락을 즐긴다는 의미로 귀족 출신의 젊은 사관들을 그렇게 불렀다. 하기야 귀족 출신인 사관들 또한, 지난날 내가 동시에르에 있는 동안 드레퓌스 사건이 한창일 때는 사회주의자들을 '무국적자'라고 불렀는데, 지금은 그들의 마음속에도 자기들과 똑같은 애국심이 넘치고 있음을 난리 통에 목격했다. 뭐니뭐니해도 군인들의 애국심은 진지하고 뿌리가 깊어서, 단단히 틀이 잡힌 일정한 형태로 굳어져 있는 만큼 그들은 거기에 함부로 손을 댈 수 없다는 신념을 가지고 있을 뿐만 아니라, 그것이 '더럽혀'지면 펄펄 뛰었다. 한편 급진사회주의자들은, 일정한 애국적 신앙이 없는 독립적인, 말하자면 무의식적인 애국주의자들은 자기들이 공허하고 가증스러운 공식이라고 생각하는 것 속에 얼마나 깊은 현실이 숨쉬고 있는지를 이해할 수 없었다.

아마도 생루 또한 그들 젊은 사관들처럼, 전술과 전략상의 대성공을 목적으로 하는 가장 적절한 방법의 고찰을 저 자신의 가장 참된 부분으로서 늘 마음속에 키워왔으리라. 따라서 그들과 마찬가지로 그에게도, 육체의 삶은 인생의 참된 핵심이라 여기는 그 내적 부분에 쉽사리 희생시킬 수 있는 대수롭지 않은 것이며, 개인의 생존은 그 핵심 주위를 둘러싸고 그것을 보호하는 거죽의 값어치밖에 없는 것이다. 생루의 용기에는 보다 독특한 요소가 몇 가지 있는데, 거기에서 첫 무렵 우리 우정의 매력이던 너그러움과 또한 뒤늦게 그의 몸속에 눈떴으며 그가 끝내 뛰어넘을 수 없었던 어떤 지적 수준과 연관하여 그로 하여금 용기에 탄복케 했을 뿐만 아니라, 또한 여자 같은 나약함을 혐오하는 사나이다움과의 접촉에서 어떤 도취를 느끼는 유전성 악습을 간파하기는 쉬웠을 것이다. 그는, 어느 때라도 목숨을 바칠 준비가 되어 있는 세네갈 병사들과 노숙하는 데서 순수한 지적인 쾌락을 느꼈다. 이 쾌락은 '향수 냄새 풍기는 신사들'에 대한 강한 멸시를 담고 있고, 겉보기에 정반대인 듯싶지만, 그가 탕송빌에서 코카인 남용으로 얻은 쾌락과 그다지 다르지 않았다. 그 영웅주의가—이열치열 격으로—그를 코카인에서 구제했다. 그의 용기 속에는, 먼저 그 예절의 이중 습관, 한편으로 남들을 칭찬하지만 저자신은 묵묵히 선행을 하는 데 만족하는 습관(조금 전 만났던 블로크가 입으로만 떠벌리고 아무 선행도 하지 않는 것과는 정반대로)이 있다. 또 한편으로 그의 재산, 소유지, 지위, 목숨마저 지푸라기처럼 개같이 여겨 남에게 내주는 이중 습관이 있었다. 한마디로 그의 성질의 참다운 고귀성이다. 그러나 영웅주의에는 참으로 다양한 원인이 뒤섞여 있으며, 그의 내부에서 분명해진 새로운 성적 취향과 끝내 넘지 못한 지적 범용함도 그 일부를 이루고 있다. 로베르는 샤를뤼스 씨와 같은 습관을 익히면서, 형태는 전혀 다르지만 샤를뤼스 씨와 같은 사내다움의 이상을 지니게 되었다.

"이번 전쟁이 오래 갈까?" 나는 생루에게 물었다. "아냐, 단기전일걸." 그는 대답했다. 그러나 늘 그렇듯이, 여기서도 그의 논거는 책 냄새를 풍겼다. "몰트케(Moltke)* 예언을 참작하건대" 하고, 마치 내가 그것을 이미 읽은 것처럼 그는 말했다. "대부대의 지휘에 대한 1913년 10월 28일자 포고문을 다시 읽어보게. 평화시 예비군의 교체는 이루어지지 않았고 그럴 예정조차 없어. 전쟁을 오래 끌 것 같으면 꼭 그렇게 해야 하거든." 내가 볼 때 그 포고문은 전쟁이 단기전이 되리라는 증거라기보다는 문안을 작성한 사람들이 앞으로 전쟁의 양상이 어떻게 되리라는 걸 예견하지 못한 증거로 해석할 수 있었다. 그들은 교착된 전투에서 온갖 군수품의 엄청난 소비가 있으리라는 것도, 여러 작전 구역의 긴밀한 협력이 필요하다는 것도 짐작조차 하지 못했기 때문이다.

동성애 말고도, 태어날 때부터 동성애와 정반대인 사람들의 마음속에도 어떤 사나이다움에 대한 인습적인 이상이 있는데, 동성애자들은 보통 뛰어난 자가 아니면 이것을 제멋대로 생각하고 자꾸 곡해하게 마련이다. 이 이상—어느 군인이나 외교관의—은 유별나게 까다롭다. 가장 상스러운 형태로, 오직 감동을 드러내지 않으려고 황금 심장 같은 무뚝뚝함을 가장한다. 어쩌면 죽으러 가는지도 모르는 친구와 작별하는 마당에 마음속으론 울고 싶지만, 남에게 들키기 싫어서, "허어, 날벼락이군! 이 바보 같은 자식, 어서 내게 입을 맞추게. 그리고 이 거추장스러운 돈지갑을 받아, 이 천치 같은 놈아"라는 감정의 격발로 끝나고 마는 커지는 노기 밑에 감추는 것이다. 오로지 국가에 이익이 되는 큰일만 중시하면서도, 공사관 또는 대대에서 열병에

---

* 프로이센의 군인(1800~91). 근대적 참모 제도의 창시자.

걸리거나 총알에 죽는 '꼬마'를 위해 정을 품는 외교관이나 장교는 보다 교묘하게 사내다움을 뽐내지만, 그것도 결국 한결같이 밉살스럽다는 점은 다르지 않다. 그는 '꼬마'의 죽음에 눈물을 흘리려 하지 않는다. 그는 마음씨 착한 외과 의사도 이윽고 환자의 죽음을 잊듯이 그의 죽음도 머지않아 잊힐 것임을 알고 있다. 물론 그 외과 의사도 말은 안 하지만 감염병으로 한 소녀가 죽은 밤에는 가슴 아파한다. 외교관이 작가여서 꼬마의 죽음을 묘사하더라도 그는 슬펐다는 말을 입 밖에 내지 않으리라. 처음엔 '사나이다운 수치심에서', 다음에는 감정을 감춤으로써 오히려 감정을 살릴 수 있다는 예술적 기교 때문에. 그 동료 하나와 그는 밤을 새며 죽어가는 꼬마를 지켜본다. 그들은 한순간도 마음속의 비애를 입 밖에 내지 않는다. 그들은 공사관 또는 대대의 일에 대해 얘기한다. 어느 때보다 더 정확하게.

"B가 말하더군. '내일 있을 장군의 점검을 잊지 말고, 부하들을 잘 다잡아두게.' 여느 때는 그토록 부드러운 그가 평소보다 무뚝뚝한 말투였어. 나는 그가 나를 보기를 피하고 있고, 나 자신도 신경이 곤두서 있음을 알았지."

이 글을 읽는 독자는 이 무뚝뚝한 말투를 이해한다. 이것은 슬픔을 드러내고 싶지 않은 이들의 마음속 슬픔인데, 다만 우스꽝스러울 뿐이지만, 이 또한 어지간히 불쾌하고 보기 흉하다. 그도 그럴 것이 이 무뚝뚝함은 슬픔 따위야 안중에도 없고, 삶이 이별보다 더 진지한 거라고 믿는 사람들의 슬픔의 표현이니까. 그래서 그들은 여러 죽음 앞에서 거짓되고 허무한 인상을 준다. 정월 초하룻날 설탕에 절인 밤을 가져다주면서 히죽히죽 웃으며 "새해 복 많이 받게" 말하는 인상을 준다. 장교 또는 외교관의 이야기에 끝을 보자. 그들이 머리에 모자를 쓰고 죽어가는 사람 곁에 서 있는 것은 그 부상자가 밖으로 들려나왔기 때문이다. 그러다가 갑자기 모든 일이 끝나는 순간이 온다.

"돌아가서 장비를 손질해야겠다고 생각했네. 그런데 참말이지 왜 그런지 모르네만, 의사가 맥을 짚고 있던 손을 놓아버린 순간 B와 나는, 아마도 태양이 정수리 위에서 내리쬐고 있어 너무 더웠던 게지. 약속이나 한 듯이 쓰고 있던 군모를 벗었다네."

독자도 짐작하시다시피, 그것은 태양의 열 때문이 아니라, 입에 슬픔이나 기쁨의 정을 결코 담지 않은 사나이다운 두 남자가 엄숙한 죽음 앞에서 감동한 탓이다.

생루와 같은 동성애자들의 사나이다움은 이와는 다르지만, 똑같이 인습적이자 거짓이다. 그 거짓은 감정의 바탕에 육욕이 있음을 인정하지 않고, 그 감정에 다른 원인을 부여한다. 샤를뤼스 씨는 여자 같은 나약함을 매우 싫어했다. 생루는 젊은이의 용기, 기병 임무에 대한 도취, 남을 위해 서로 제 목숨을 희생하는 오롯하게 순결한 사나이들의 윤리적이고도 지적인 우정의 고상함을 찬미한다. 전쟁은 도시들을 여자들만 있는 곳으로 만들어 동성애자들을 실망시키지만, 동성애자들이 여러 망상을 그려낼 만큼 영리하다면, 그 망상의 근원을 꿰뚫어보고 그것으로 자신들을 심판할 만큼 영리하진 못하더라도, 전쟁은 반대로 동성애자들의 정열적인 로맨스가 있는 도시를 지어낸다. 그래서 어떤 젊은이들은 어느 해 '디아블로' 놀이가 크게 유행했듯이 단순히 운동을 모방하는 정신으로 군에 지원했지만, 생루에게 전쟁은, 이데올로기라는 구름에 덮여 있으나, 훨씬 구체적인 욕망 속에서 추구한다고 여기는 이상이 되었다. 이 이상은 여성들에게서 멀리 떨어져 순수하게 남성만으로 이루어진 기병대 안에서 그가 좋아하는 사람들과 공유하는 것으로, 거기서 생루는 부관을 구하고자 목숨을 내걸 수도, 제 부하들에 대한 환상적인 사랑을 품으면서 죽을 수도 있다. 이렇듯 그 용기 속에 다른 것들이 많기는 하지만 그가 대귀족이었다는 사실이 그 하나였고, 또 하나는, 알아보기 힘들 만큼 미화된 형태 밑에 남자에겐 여자 같은 나약함이 하나도 없어야 한다는 샤를뤼스 씨의 개념이 있었다. 물론 철학과 예술에서까지 비슷한 이 개념은 그 전개 방식으로밖에 가치가 매겨지지 않고, 크세노폰에 의해 또는 플라톤에 의해 서술되었느냐에 따라 크게 달라진다. 이와 같이 생루와 샤를뤼스 씨의 행동의 유사성을 인정하면, 나는 화려한 넥타이 달기를 피하는 샤를뤼스 씨보다 가장 위험한 전선을 향해 떠나기로 지망한 생루가 훨씬 더 훌륭하다고 생각한다.

나는 생루에게 나와 친한 발베크의 그랑 호텔 지배인에 대해 몇 마디 했다. 이 지배인은 전쟁 초기에 그가 '결점'이라고 일컫는 '배신'이 프랑스의 몇몇 연대에서 일어났노라고 주장했다. 그런 배신을 선동했다며, 그는 이른바 '프로이센 군국주의자'들을 비난했다. 한때는 일본군과 독일군, 코자크군이 동시에 리브벨에 상륙하여 발베크를 호시탐탐 노린다고 믿고, 이제는 '떨어질' 수밖에 없다며 속수무책이라고 여겼다. 그는 정부가 보르도로 떠난 것을 좀 조급한 처사라고 보고 그토록 서둘러 '떨어지는' 것은 잘못이었다고 떠벌렸다. 독일을 싫어하는 이 지배인은, 제 동생 얘기라면 미소 지으면서 "동생으로 말하면 독일놈들로부터 25미터밖에 떨어지지 않은 참호에 있어요!" 지껄였는데, 머지않아 그 자신이 독일놈임이 드러나 수용소에 처넣어졌다.

"발베크 얘기가 나왔으니 말인데, 그 호텔의 엘리베이터 보이였던 녀석을 기억하나?" 생루는 헤어지는 찰나, 엘리베이터 보이의 모습이 가물가물하여 내가 그이가 누군지 똑똑하게 밝혀주기를 기대하는 말투로 나에게 말했다. "녀석이 군대에 복무하고 싶다고, 공군에 들어갈 수 있도록 주선해달라고 나한테 편지를 보내왔네그려." 아마도 그는 승강기의 우리 속에 갇혀 오르내리기에 지친 나머지, 그랑 호텔의 계단 높이로는 마음에 차지 않았나보다. 문지기로서 '금줄을 붙이는' 것과는 다른 계급표의 금줄을 달고 싶어했다. 우리의 운명이란 반드시 우리가 생각한 대로 되는 게 아니니까. "난 그의 부탁을 받은 이상 힘써볼 생각이네." 생루가 말했다. "오늘 아침에도 질베르트에게 말했지만, 우리에겐 비행기가 많으면 많을수록 좋거든. 적의 전비태세를 정찰해오는 것도 비행기지, 공격과 기습에서 효과를 최대로 내는 것도 비행기야. 가장 우수한 군대란 아마도 가장 우수한 눈을 갖는 군대겠지."

나는 이 비행사를 지망하는 엘리베이터 보이와 겨우 며칠 전에 만났었다. 그가 발베크 이야기를 꺼냈으므로, 생루에 대해 어떻게 말할지 알고 싶어진 나는, 먼저 샤를뤼스 씨를 화제로 올려 소문에 떠도는 젊은 남자들에 대한 그의 이야기가 사실이냐고 물었다. 엘리베이터 보이는 깜짝 놀라며 전혀 모른다고 대답했다. 대신 그는 부자 청년을 비난했다. 그 애인과 세 명의 친구와 함께 머물렀던 남자이다. 엘리베이터 보이는 모든 것이 뒤죽박죽인 듯했고, 독자도 기억하듯이 나는 브리쇼 앞에서 샤를뤼스 씨로부터 그 이야기를 이미 들었으므로 그런 낌새가 전혀 없음을 알고 있었다. 그래서 나는 엘리베이터 보이에게 잘못 알고 있다고 일러주었다. 그런데 그는 내 의심을 부정하고 확신에 차서 단정하는 것이었다. 그 부자 청년의 애인이 젊은이들을 유혹하는 역할을 하고, 다 같이 쾌락을 즐겼다고 한다. 그렇다면 이 문제에 대해 누구보다도 잘 알고 있을 터인 샤를뤼스 씨가 완전히 잘못 알고 있었다는 얘기다. 이처럼 진실은 불완전하고, 숨어 있으며, 예상할 수 없다. 속물스러운 변명을 늘어놓으며 있지도 않은 곳에서 동성애를 찾아내기를 두려워한 나머지, 샤를뤼스 씨는 여성에 의한 유혹이라는 이 사실을 미처 포착하지 못한 것이다. "그 부인은 이따금 나를 만나러 왔습니다. 그러나 상대가 어떤 사람인지 금방 알아챈 모양입니다. 내가 단호하게 거절했으니까요. 그런 일에는 끼지 않습니다. 정말 싫어하는 일이라고 말해주었어요. 하지만 뻔뻔한 사람은 꼭 끈질기게 달라붙지요. 끝내는 더 이상 달아날 곳이 없다니까요." 마지막에 말한 핑계는 처음의 기특한 말을 소용없게 만들었다. 왜냐하면 뒷부분은, 비밀만 지켜진다면 엘리베이터 보이는 상대의 말에 따랐을 거라는 뜻을 품고 있는 듯했기 때문이다. 분명 생루의 경우에도 그랬을 것이다. 부자 청년이나, 그의 애인이나 친구들에게도 제법 예쁨을 받았으리라. 왜냐하면 엘리베이터 보이는 여러 시기에 그들이 이야기해준 말을 이것저것 예로 들었는데, 단호하게 거절했다면 쉽게 그러지 못했을 테니까. 이를테면 부자 청년의 애인은 엘리베이터 보이를 찾아와서, 그와 절친한 안내인을 소개해달라 부탁했다고 한다. "그 녀석에 대해서는 모르시지요. 그 무렵 당신은 안 계셨으니까요. 빅토르라는 사내입니다. 그렇고말고요." 그리고 엘리베이터 보이는 침범해서는 안 되는 규정, 공공연히 내놓을 수 없는 규정을 참조하는 듯한 얼굴로 덧붙였다. "돈이 없는 친구들은 거절할 수 없으니까요." 나는 발베크를 떠나기 며칠 전에 부자 청년의 친구인 귀족에게서 초대받은 일을 떠올렸다. 그러나 그것은 아마도 전혀 관계가 없는, 단순한 친절에서 나온 행동이었을 것이다.

"그건 그렇고 불쌍한 프랑수아즈 말인데, 그 조카의 병역을 면제시키는 일에 성공했나?" 조카의 병역이 면제되도록 오랫동안 온갖 노력을 기울여온 프랑수아즈도 게르망트 부부에게서, 생조제프 장군에게 부탁해보라고 권고받았을 때 절망 섞인 말투로 대답했다. "맙소사! 아무짝에도 소용없어요. 그런 송장 같은 늙은이가 무슨 도움이 되겠어요. 더구나 고약하게도 그이는 애국자거든요." 하지만 프랑수아즈는 화제가 전쟁 문제일 때는 아무리 고통을 겪더라도 '불쌍한 러시아인'을 버려서는 안 된다, '동맹 맺고' 있는 사이니까 하고 말하곤 했다. 집사는 전쟁이 열흘도 못 가서 프랑스의 굉장한 승리로 끝나리라 확신하고 있었으므로, 앞으로 터져나올 여러 사건으로 말미암아 자신이 한 말이 틀릴까 봐 감히 엎치락뒤치락하는 장기전을 예언하고 싶은 마음도 또 상상력도 없었다. 그러나 그 즉각적이고 완전한 승리를 믿으면서도,

적어도 거기에서 프랑수아즈를 괴롭힐 수 있는 전부를 미리 뽑아내려고 애썼다. "그래도 위험할는지 모르지. 걷기조차 싫어하는 놈이 많다니까. 16살밖에 안 된 녀석 중에는 엉엉 우는 아이도 있다는군요." 그는 이처럼 불쾌한 일들을 말해서 프랑수아즈를 '약올리려'고 했다. 그의 말에 따르면 '먹다 골라뱉는 과일 씨를 얼굴에 탁 뱉고, 쏘아붙이며, 허튼소리 하려고' 했던 것이다. "16살이라니. 동정녀 마리아시여!" 프랑수아즈는 이렇게 말하다가 퍼뜩 의심스러워, "하지만 20살이 지나야만 병사로 뽑는다고 하던데, 16살이라니 아직 애잖아요."—"물론 신문은 그런 보도를 하지 말라는 엄명을 받았죠. 게다가 어차피 젊은이는 다 전선에 나가게 될 테고, 좀처럼 살아 돌아오기 힘들 거요. 하지만 한편으로 생각하면 썩 좋은 일이에요, 시기적절한 출혈이죠, 때로는 이런 방법도 유익하죠. 장사도 잘될 테고요. 암! 그렇고말고요, 잠시라도 주춤하는 젖내 나는 애송이는 당장에 총살감이죠. 살가죽 속에 열두 발의 총알이, 쾅! 한편으론 그런 것도 필요해요. 또, 사관들은 어떤 줄 아십니까? 그들은 돈을 손에 넣는 것밖에 생각하지 않는다니까요." 이런 대화를 나누는 동안 프랑수아즈 얼굴이 어찌나 창백하게 되어가는지, 집사가 프랑수아즈를 심장마비로 죽이고 마는 게 아닐까 걱정될 정도였다.

그래도 그녀의 결점은 낫지 않았다. 어느 젊은 아가씨가 나를 찾아왔을 때, 이 늙은 하녀는 아무리 다리가 아파도, 내가 도중에 잠깐 방에서 나와보면 옷장의 사다리 위에 올라가 있었다. 외투에 좀이 슬지 않았나 살피는 중이라고 말하지만, 실은 우리 애기를 엿듣기 위해서였다. 그녀는 내 온갖 꾸지람에도 여전히 완곡한 투로 질문하는 버릇을 고치지 못하고, 그 때문에 얼마 전부터는 '왜냐하면 틀림없이'라는 첫마디를 사용하기 시작했다. "그 부인 저택이 있습니까?" 이렇게 똑바로 물어볼 용기가 없는 프랑수아즈는 온순한 개처럼 조심스럽게 두 눈을 쳐들고, 예의 바르게 보이기 위해서보다는 오히려 캐기 좋아하는 이로 보이지 않으려고 노골적인 질문을 피하면서 "왜냐하면 틀림없이 그 부인께선 자기 저택을 갖고 계실 테니까요……" 말하는 것이었다.

요컨대 우리가 가장 아끼는 하인들도—특히 그들의 직무인 시중과 존경을 거의 우리에게 보이지 않을 때조차—유감스럽지만 여전히 하인 신분이며, 주인의 생활 환경 속에 깊이 뚫고 들어왔다는 의식이 강하면 강할수록 자기들 계급의 한계(우리 쪽에서 없애버리려고 하는)를 더욱더 분명히 표시하게 마련이라, 프랑수아즈도 자주 나에 대하여(집사의 말마따나 내 신경을 거스르려고) 품위 있는 사람이라면 쓰지 않을 괴상한 말씨를 사용했다. 예를 들어 내가 더위를 타서—스스로는 깨닫지 못하고—이마에 구슬 같은 땀을 흘리기라도 하면 프랑수아즈는 그것이 중병이기라도 한 듯 내색하지 않으나 속으로 매우 기뻐하면서, "땀이 비오듯 하네요" 말하면서 신기한 현상이라도 본 듯 깜짝 놀라며, 남의 어떤 단정치 못한 것을 보고 업신여기며 비웃는 것이었다("외출하십니까, 그런데 타이를 매지 않으셨군요" 하고 말할 때의 표정이다). 그래도 목소리는 남에게 그 건강 상태를 근심케 하는 걱정스러운 가락을 띠었다. 마치 이 세상에서 나 혼자만 구슬땀을 흘리고 있는 듯했다. 그러다가 프랑수아즈는 옛날처럼 좋은 말씨를 쓰지 않게 되었다. 왜냐하면 프랑수아즈는 자기보다 훨씬 낮은 인간에 대하여 겸손과 존경을 표시하는 마음에서, 그 인간의 상스러운 말씨를 쓰는 게 예사였기 때문이다. 프랑수아즈의 딸이 나에게 자기 어머니에 대해 불평을(누구한테 언어들었는지 모르나) 늘어놓은 적이 있다. "어머니는 늘 잔소릴 하시죠, 내가 문을 잘못 닫는다는 둥, 이러쿵저러쿵, 어쩌고저쩌고 한답니다." 틀림없이 프랑수아즈는 자기가 받은 교육이 완전치 못한 탓으로 그런 고운 말씨를 이제껏 못 써 왔다고 생각했나 보다. 전에는 가장 순수한 프랑스어가 꽃피던 그녀의 입술에서 나는 하루에 여러 번 '이러쿵저러쿵 어쩌고저쩌고'가 오르내리는 걸 들어야 했다. 그런데 똑같은 인물에게서 그 말투뿐만 아니라 그 사고 또한 좀처럼 변하지 않는 게 신기하다.

집사에겐 "푸앵카레 씨도 심보가 고약해, 돈 때문은 아니지만 무슨 일이 있어도 전쟁을 하고 말겠다는 생각을 품으셨거든" 말하는 버릇이 들고 말았다. 그는 그 말을 변함없이 재미나게 들어주는 이들 앞에서 하루에 일고여덟 번이나 되풀이했다. 단어 하나, 몸짓 하나, 억양 하나 바꾸지 않고서. 2분도 걸리지 않지만 연극의 상연처럼 언제나 똑같았다. 그가 틀리게 쓰는 프랑스어도 프랑수아즈의 딸이 잘못 사용하는 낱말과 마찬가지로 프랑수아즈의 말씨를 망쳤다. 집사는 어느 날 게르망트 공작이 '랑뷔토(Rambuteau)* 화장실'이라고

---

* 프랑스의 행정관(1781~1869). 센 강변의 토목 공사와 위생 사업에 공이 큼.

말하는 걸 듣고 랑뷔토 씨가 짜증내는 것을, 피스티에르(pistières)라고 말하는 줄 여기고 있었다. 틀림없이 그는 어린 시절에 O발음을 들은 적이 없었나 보다. 그래서 그는 이 낱말을 부정확하게 그러나 번번이 그렇게 발음했다. 처음에 프랑수아즈는 당황했다가, 남성용처럼 여성을 위한 그 같은 설비가 없음을 불평하면서 그 낱말을 발음하게 되었다. 하지만 집사에 대한 겸손과 존경 때문에 프랑수아즈는 한 번도 피소티에르(pissotières)라 말하지 않고—그래도 세상의 풍습에는 조금 양보하며—피세티에르(pissetières)라고 했다.

프랑수아즈는 이제 잠도 오지 않고 먹지도 않고, 뭐가 뭔지 이해가지 않는 성명서를 집사에게 읽게 했는데, 집사 또한 그녀 이상으로 이해하는 것은 아니었다. 또 프랑수아즈를 골려주려는 소망은 가끔 애국적 열광에 압도되었다. 그는 독일군에 대해 환한 너털웃음을 보이며 다음같이 말했다. "치열하겠는데, 우리 조프르 장군께서 놈들을 건곤일척의 묘책으로 무찌르는 중이니까요." 프랑수아즈는 건곤일척이 무슨 뜻인지 통 몰랐으나, 그런 만큼 그 문구가 교양 있는 사람이라면 반드시 좋은 기분으로 정중히 대꾸해야만 하는 싹싹하고도 독창적인 엉뚱한 말로 생각되었으므로, "여전하군요, 그분은"이라고 말하는 것처럼 명랑하게 두 어깨를 으쓱 올리면서 미소로 눈가에 어린 눈물을 진정시켰다. 그녀로서 퍽 다행스러운 일은, 푸줏간의 새 심부름꾼 아이가—그 생업에도 어지간히 소심한(그렇기는 해도 도살장에서 일했었다)—아직 싸움터에 나갈 나이가 아니라는 점이었다. 그렇지 않았다면 프랑수아즈는 그를 싸움터에 보내지 않기 위해 국방장관을 만나러 갔을는지도 몰랐다.

집사로서는 성명서가 믿을 만한 게 못되며, 아군이 베를린에 접근하지 못했다고는 상상할 수 없었을 것이다. 그도 그럴 것이 "아군이 막대한 손해를 입혀 적을 격퇴시켰다" 운운하는 글을 읽으면 그런 전투를 새 승리로 예찬하고 있었기 때문이다. 그렇지만 나는 그런 승리의 무대가 시시각각 파리로 다가오고 있음에 위협을 느꼈고, 집사가 성명서 중에서 전투가 랭스 부근에서 일어나고 있음을 읽고 나서, 다음 날 신문에서 그 계속된 전투가 주이 르 비콩트에서 아군에 유리하게 전개되어 아군이 일대를 확보하고 있다는 기사를 보고서도 불안감을 느끼지 않았음에, 나는 오히려 어이없기까지 했다. 물론 집사도 콩브레에서 그다지 멀지 않는 주이 르 비콩트라는 지명을 잘 알고 있었다. 그러나 인간은 사랑할 때와 마찬가지로 이성에 눈가리개를 하고서 신문을 읽게 마련이므로 사실을 이해하고자 애쓰지 않는다. 애인의 말에 귀 기울이듯 독자는 편집장의 달콤한 말에 귀 기울인다. 그러면서 아군이 패배 하고 있어도 만족스러워한다. 패배로 여기지 않고 자기들을 승자로 믿기 때 문이다.

나는 파리에 오래 머물지 않고 재빨리 요양소로 돌아갔다. 원칙적으로 의 사는 환자를 세상과 떨어뜨리는 요법을 취했지만, 그래도 나는 각각 다른 시 기에 두 번, 질베르트와 로베르의 편지를 받았다. 질베르트의 편지 내용은 다음과 같았다(1914년 9월쯤의 일이었다). 그녀는 로베르의 소식을 좀더 쉽 게 얻으려고 파리에 남고 싶은 마음이 간절했지만, 파리 상공을 끊임없이 위 협하는 토브(taubes)*의 공습이 무섭고, 특히 어린 딸애가 걱정이 되어, 아 직 콩브레로 가는 마지막 기차를 타고 파리에서 피란했지만, 그 기차는 콩브 레까지 가지도 못했고, 한 농부의 짐수레에 태워달라고 부탁하며 열 시간의 험난한 여정 끝에 겨우 탕송빌에 이르렀다는 거다! "그런데 거기서 당신의 옛 친구를 기다리고 있던 게 뭔지 상상해보세요." 질베르트는 편지 끝부분에 쓰고 있었다. "독일 비행기를 피하고자 파리를 떠난 나는 탕송빌이라면 모 든 일이 안전하려니 생각했습니다. 그런데 도착한 지 이틀도 못 되어 무슨 일이 일어났는지 상상도 못하실 거예요. 라 페르 근처에서 아군을 무찌른 독 일군이 그 기세로 이곳까지 침입한 겁니다. 일개 연대를 인솔한 독일 연대본 부가 탕송빌 어귀에 나타났고, 나는 그들에게 잠자리를 제공해야 했죠. 도망 칠 방법이 없어요. 이젠 기차도, 아무것도 없습니다." 독일 연대본부가 과연 행실 바르게 굴었는지, 아니면 질베르트의 편지에서, 독일 최고의 귀족과 줄 이 닿는 바바리아 출신인 게르망트 가문의 정신적 전염성을 알았어야 했던 것인지, 아무튼 질베르트는 연대본부의, 아니 병사들마저 "연못가의 물망초 한 포기를 뜯는데도 허락을" 구하는 그 완벽한 교양에 칭찬을 아끼지 않았 다. 반면에 프랑스의 퇴각병은 독일 장교들이 도착하기 전에 모든 걸 약탈하 면서 소유지를 짓밟는 등, 난잡한 폭행을 저질렀다고 폭로했다. 아무튼 질베 르트의 편지에 게르망트 가문의 정신이 배어 있다면—이를 유대인의 세계주 의라고 말하는 이도 있겠지만, 나중에 알 수 있듯이 아마도 옳지 못한 말이

---

* 독일의 단엽 비행기.

리라—그로부터 몇 달 뒤에 로베르에게서 받은 편지는 게르망트답다고 하기보다 훨씬 생루답고, 게다가 그가 깨친 자유주의의 교양을 모두 반영하고 있어서 하나부터 열까지 친화감으로 가득 찬 것이었다. 다만 공교롭게도 그는 동시에르에서 얘기할 때와는 달리 전략에 대해서 말하지 않고, 또 그때 그가 설명한 원칙이 이번 전쟁에서 어느 정도까지 확인되거나 또는 부인되었는지 평가하지 않았다.

그는 고작 말하기를 1914년 이래 실제로 수많은 전투가 연달아 일어났는데, 그 하나하나의 교훈이 다음 전투 지휘에 영향을 미쳤다고 했을 뿐이었다. 이를테면 '적진 돌파' 이론은, 전에는 돌파하기에 앞서 적의 점거 진지를 포병으로 철저히 뒤엎어버려야 한다는 전제를 완전한 것으로 삼아왔다. 그러나 그 뒤, 이러한 무지막지한 방법은 도리어 포탄에 뚫린 헤아릴 수 없는 구멍이 그만큼 수많은 장애를 만들어내, 오히려 보병과 포병의 전진을 불가능케 한다는 것이다. "전쟁도 우리가 배운 헤겔의 법칙에서 벗어나지 않네. 전쟁 또한 끊임없는 발전 상태에 있지." 그는 이렇게 쓰고 있었다.

이런 따위는 내가 알고자 하는 바에 비하여 사소한 것이었다. 하지만 더욱 더 나를 유감스럽게 한 것은 그가 나에게 장군 이름을 늘어놓지 못하는 점이었다. 그리고 내가 신문을 통해 아는 보잘것없는 지식으로 미루어보아도 이번 전쟁을 지휘하는 이들은, 전쟁이 나면 누가 가장 진가를 발휘하겠는가 하고, 내가 동시에르에서 이러쿵저러쿵하던 장군들이 아니었다. 제스랭 드 부르고뉴, 갈리페, 네그리에는 이미 이 세상 사람이 아니었다. 포 장군은 개전과 거의 동시에 퇴역했다. 조프르, 포슈, 카스텔노, 페탱에 대해 우리는 한 번도 얘기한 적이 없었다. 로베르는 다음같이 쓰고 있었다. "친애하는 벗이여 '놈들의 침입을 허락할까 보냐'라든가 '때려눕히겠다' 같은 말이 꼴사나운 점은 나도 인정하네. 내게는 이것이 '푸알뤼(poilu)'* 등과 마찬가지로 오랫동안 역겨운 것으로 보였지. 문법 오류나 악취미보다도 더 끔찍한 표현 위에 서사시를 입히다니 우울한 얘기야. 그러한 표현은 모순되고 추악하며, 우리가 혐오하는 부자연스럽고 교만하며 저속한 말일세. 이를테면 '코카인' 대신에 '코코'라고 말하는 것이 더 멋스럽다고 생각하는 사람들이나 마찬가지라

---

* 프랑스 병사를 가리키는 낮춤말.

네. 그러나 모든 사람, 평상시라면 마음속에 어떠한 영웅심이 숨어 있는지 꿈에도 생각하는 일이 없으며, 그것을 의심해본 적도 없이 침대 위에서 죽어 갔을 노동자, 소상인 같은 서민들이 비오듯 쏟아지는 탄알 속을 달려 전우를 구하고, 상처 입은 지휘관을 나르며, 결국 그 자신이 총알을 맞아 막 숨이 끊어지는 순간에 독일군에게서 참호를 탈환했다는 군의장의 말에 미소 짓는 모습을 본다면, 친애하는 벗이여, 반드시 자네도 프랑스인을 자랑스럽게 생각하고, 학교에서 배울 때는 좀 동떨어진 것으로 생각했던 역사적인 시대라는 것을 이해하겠지.

참으로 아름다운 이 서사시를 보면, 언어 따위는 아무것도 아니란 사실을 자네도 나처럼 깨닫겠네. 로댕이나 마욜*이라면 형편없는 재료로도 걸작을 조각해내고, 그 재료가 무엇인지 더 이상 구별할 수도 없을 거야. 이와 같은 위대함을 대하고 보니, 푸알뤼라는 속어도 내게는 예컨대 우리가 '올빼미 당'이라는 낱말을 읽었을 때 그것이 처음에는 풍자나 농담을 포함하고 있었을지도 모르지만 더 이상 그런 것조차 느낄 수 없는, 그와 비슷한 어떤 것이 되고 말았다네. 아니, 나는 '푸알뤼'라는 낱말이, 이미 위대한 시인들에 의해 사용될 단계에 있음을 느끼는 바야. 마치 대홍수, 그리스도 또는 야만인 등과 같은 낱말이, 위고나 비니 또는 그 밖의 시인들에게 쓰이기 전부터 이미 위대하기 그지없었듯이 말이야.

나는 지금 민중이야말로, 노동자야말로 가장 선량하다고 말했지만 사실 인간은 다 선량하다네. 대사의 아들, 그 불쌍한 보구베르는 전사하기 전에 일곱 번이나 부상을 당했는데, 중상을 입지 않고 전선에서 돌아올 적마다 얼굴을 들지 못하면서 자기 탓이 아니라고 말하는 듯한 모양을 하더군. 유쾌한 대장부였어. 나와는 친교가 두터웠다네. 불쌍한 부모는 매장에 입회하는 허가를 받았네만, 상복을 입지 않고, 폭격이 있을지 모르니 5분만 참석한다는 조건부였지. 어머니는, 자네도 알다시피 몸집이 크고 못생긴 부인이라, 분명 매우 슬퍼했겠지만 겉으로 보기엔 잘 모르겠더군. 하지만 아버지 쪽은 불쌍하게도 어찌나 기진해 있는지, 나한테 말 건네던 전우 얼굴이 폭탄에 짓이겨지거나 몸통에서 떨어져나가거나 하는 꼴을 흔히 본 탓에 아주 무감각하게

---

* 프랑스의 조각가(1861~1944).

되고 만 나도, 불쌍한 보구베르가 슬픔에 몸을 가누지 못하고 마치 넝마조각처럼 주저앉는 것을 보자 스스로를 억누를 수 없었네. 장군이, 이 죽음은 프랑스를 위해서다, 아드님은 영웅답게 행동했다고 위로했으나 헛일이었어. 불쌍한 그분의 오열을 더욱더 심하게 할 뿐, 아들의 몸에서 떼어놓을 수 없었다네. 그래서 우리는 서로 '놈들의 침입을 허락할까 보냐'는 각오를 가져야 하네. 내 불쌍한 시중꾼과 보구베르 같은 이들이 다 독일군의 침입을 막은 걸세. 어쩌면 자네는 아군이 별로 전진하지 못한다고 생각하겠지만 이치만 따져서는 못쓰네. 죽어가는 인간이 이제 글렀다고 직감하듯 군대도 어떤 육감으로 승리를 직감한다네. 그런데 우리는 우리가 승리할 줄 알고 있어. 또한 우리가 승리를 원하는 것은 올바른 평화를 세우기 위함이야. 내가 올바른 평화라고 한 뜻은 우리에게만 올바른 게 아니라, 프랑스인에게도 올바르고 독일인에게도 올바른 참된 올바름을 두고 하는 말이야.”

물론 '재앙의 도리깨'는 생루의 지성을 본디보다 높이 올리지는 못했다. 평범하고도 신통치 못한 재능의 용사들은 부상에서 회복하는 동안 전쟁을 묘사하는 시를 쓴답시고, 그 자체로는 살풍경한 사건 수준이 아니라, 지금껏 그들이 그 법칙에 따르던 평범한 미학의 수준에 서서 10년 전에도 사용했던 '피로 물든 새벽' '떨리는 듯한 승리의 비상' 따위의 표현을 한다. 같은 경우에 훨씬 총명하고도 예술적인 생루는 끝까지 총명하고도 예술적인 처지를 지켜, 늪지의 숲 기슭에 발이 묶여 있던 때의 풍경을 나를 위해 멋들어지게 적어 보내, 마치 그가 오리 사냥이라도 하고 온 듯싶었다. 그의 '아침나절의 환희'였던 그늘과 빛의 어떤 대조를 나에게 이해시키고자, 우리 둘 다 좋아하는 그림 몇 점을 인용했고, 로맹 롤랑이나 니체의 한 구절을 서슴지 않고 말했는데, 거기에는 후방 사람들과 달리 독일인의 이름을 입 밖에 내기를 겁내지 않는 전선 용사의 호방함이 있었으며, 또한 뒤 파티 드 클랑 대령이 졸라 사건의 증인실에서 가장 격렬한 드레퓌스파 시인이자 한 번도 만난 적 없는 피에르 키야르(Pierre Quillard) 앞을 지나며 그의 상징극 〈두 손 잘린 아가씨〉*의 시구를 흥얼거릴 적에 보인, 적을 인용하는 신랄한 멋이 있었다. 생루는 편지에 슈만의 한 곡조에 대해 썼는데, 그 곡목을 독일어로밖에 말하

---

* 키야르의 신비시극(1866년 작).

지 않았고, 아까 그 새벽녘, 숲 기슭에서 첫 지저귐을 들었을 때, 〈숭고한 지크프리트〉를 새가 노래하고 있는 듯이 도취했노라고 말하며, 전쟁이 끝나면 꼭 그 '지그프리트'를 다시 듣고 싶다고 말하는 데 조금도 완곡한 표현을 쓰지 않았다.

내가 두 번째로 파리에 돌아왔을 때, 도착한 다음 날 질베르트에게서 새로 받은 편지를 읽어보건대, 내가 앞에서 서술한 바 있는 편지를, 아니면 적어도 그 편지의 내용을 그녀가 잊어버리고 만 것 같았다. 왜냐하면 새로운 편지에서는 1914년 끝 무렵에 파리를 떠난 일을 돌이켜보며, 그녀가 꽤 다른 모양으로 설명하고 있기 때문이다. 그녀는 이렇게 쓰고 있다. "아마 모르실 테지만, 친애하는 벗이여, 탕송빌에 온 지 이윽고 두 해가 되는군요. 나는 독일군과 같은 때에 이곳에 도착했죠. 다들 내가 못 떠나도록 말렸었죠. 미친 짓이라고요. '뭐라고요, 파리에 있으면 안전한데, 어쩌자고 침략당한 그런 지방에 간다는 거죠, 다들 거기서 피난하려는 이 판국에'라고들 말렸습니다. 이런 생각이 얼마나 옳은지를 인정하지 않는 건 아닙니다. 하지만 어찌합니까, 내 장점이라곤 하나뿐인걸요. 바로 비겁하지 않다는 거예요. 아니면 본분에 충실해서라고 할까. 내 소중한 탕송빌이 위험한 걸 알자 늙은 관리인 혼자 지키게 내버려둘 생각이 나지 않더군요. 그 곁에 있어주는 게 내 본분 같았어요. 그렇지만 나는 이 결심 덕에 탕송빌 저택을 구할 수 있었어요. 근처 저택은 주인이 겁에 질려 도망쳤기 때문에, 대부분 그야말로 송두리째 파괴되었지요. 우리집은 무사할 뿐만 아니라, 그리운 아버지가 그토록 아끼시던 귀중한 수집품도 아무 탈 없이 지킬 수 있었습니다." 한마디로 말해 질베르트는 지금, 1914년에 내게 보낸 편지 내용과는 달리, 독일군을 피해 피란하고자 탕송빌에 갔던 게 아니라, 도리어 독일군과 우연히 만나는 바람에 그들로부터 저택을 지키기 위해서라고 굳게 믿고 있는 것이다. 하기야 그들은 탕송빌에 오래 머무르지 않았지만, 그 뒤로 질베르트의 저택에는 지난날 콩브레 거리에서 프랑수아즈의 눈물을 자아내던 군인의 수를 훨씬 넘어서는 병사들이 빈번하게 드나들게 되어, 그녀의 말마따나, 문자 그대로 일선 생활을 보내게 되었다. 그래서 신문에는 그녀의 탄복할 행동이 최대 찬사와 함께 보도되고 훈장을 수여하는 문제로까지 불거졌다. 그녀의 편지 끝머리 말은 아주 옳았다. "친애하는 벗이여, 이 전쟁이 어떠한 것인지, 길 하나, 다리 하나, 고지 하나가 어떠한 중요성을 갖는지 그대는 생각조차 못 하실 겁니다. 몇 번이나 그대를, 그대와 함께 한 덕분에 참으로 즐거웠던 산책을 생각했는지 모릅니다. 오늘날 이 고장은 파괴되어, 이런 감회에 잠기고 있는 동안에도, 우리 둘이서 그토록 자주 가던 그대가 좋아한 그 길, 그 언덕을 점령하기 위한 전투가 벌어지고 있습니다! 틀림없이 그대도 나처럼 상상 못하셨을 거예요. 그 어둑한 루생빌과 지루한 메제글리즈처럼, 거기서부터 우리의 편지가 배달되고, 또 그대가 아플 때 의사를 모시러 가던 곳이 언젠가 유명해질 줄이야. 정다운 벗이여, 이곳은 아우스터리츠(Austerlitz) 또는 발미(Valmy)*와 마찬가지로 영원히 영광 속에 끼어들었어요. 메제글리즈의 전투는 8개월이나 계속되어, 독일군은 거기서 6만 이상의 병력을 잃었습니다. 그들은 메제글리즈를 파괴하긴 했지만 점령하지는 못했어요. 그대가 그토록 좋아했고, 또 우리 둘이 산사의 가풀막이라 부르던 작은 길, ―그대가 어렸을 때 거기에서 저에 대한 연정에 빠지셨다고 하지만, 사실은 맹세컨대 내가 그대에 대한 연정에 사로잡혀 있었어요―그 작은 길이 이번에 차지한 중요성은 이루 말할 수 없습니다. 그 작은 길을 다 올라가면 보이는 드넓은 밀밭이 이름난 307고지인데, 그 명칭은 성명서에서 수없이 보셨겠지요. 프랑스군이 비본 시내의 그 작은 다리를 폭파했답니다. 당신이 도무지 어린 시절을 떠올리게 하지 않는다고 말했던 그 다리입니다. 그 대신에 독일군이 다른 다리를 놓았는데, 그렇게 1년 반 동안 독일군이 콩브레의 절반을 차지하고, 프랑스군이 남은 절반을 차지해왔습니다."

이 편지를 받은 이튿날, 곧 내가 어둠 속을 걸으며 이런 추억을 되씹으면서 내 발소리가 울리는 걸 들은 날의 전전날, 생루가 전선에서 돌아왔다가 복귀하는 길에 오직 몇 분에 지나지 않은 짧은 시간이지만 나를 찾아왔는데, 그가 왔다는 말만 듣고도 나는 크게 감동했다. 프랑수아즈는 무심코 그에게 달려들려고 했다. 그 푸줏간의 소심한 심부름꾼 아이가 1년 뒤에 징병되게 된지라 생루에게 부탁하면 병역 면제를 시켜주리라고 기대했던 것이다. 그러나 그러한 노력이 불필요함을 깨닫고 그만두었다. 왜냐하면 도살장 출신

---

* 아우스터리츠와 함께 싸움터가 됨. 전자는 체코의 도시, 후자는 프랑스의 마을.

인 소심한 심부름꾼 아이는 오래전에 다른 푸줏간으로 갔기 때문이다. 우리 집에 드나드는 푸줏간 주인은 단골을 잃을까 봐선지, 아니면 진심인지는 모르나 프랑수아즈에게, 그 녀석이 어디로 갔는지 모른다, 아무튼 신통치 못한 푸줏간에 고용되었을 거라고 잘라 말했다. 프랑수아즈는 두루 찾아보았다. 하지만 파리는 넓고, 푸줏간은 많다. 그녀는 수많은 푸줏간에 들어가보았지만, 결국 소심하지만 피비린내 풍기는 젊은이를 찾아낼 수 없었던 것이다.

생루가 내 방에 들어왔을 때, 나는 좀 겁나는 느낌과 괴이한 인상을 갖고서 그에게 가까이 갔으나, 그것은 휴가로 전선에서 돌아온 군인이 자아내는 느낌, 또 죽을병에 걸렸으면서도 평소처럼 일어나 옷을 갈아입고 산책까지 하는 이 앞에 나섰을 때 받는 인상이었다. 싸움터에 나가 있는 용사에게 주어지는 이런 휴가에는 어떤 섬뜩한 점이 있다는 생각조차 들었다(특히 처음에 그렇게 생각했다. 왜냐하면 나같이 파리를 떠난 적이 없는 이로서는, 우리가 자주 보아온 사물에 현실감을 주는 깊은 인상과 사념의 뿌리를 그 사물에서 떼어버리는 습관의 힘이 크게 작용했기 때문이다). 전선에서 돌아온 휴가병을 보면 사람들은 이렇게 생각했다. '저 사람들은 싸움터에 두 번 다시 돌아가고 싶지 않겠지, 아마 달아날 거야.' 전황에 대하여 후방 사람은 신문에서 보도하는 것밖에 듣지 못하기 때문에, 그런 엄청난 전투에 참가한 전사들이 한낱 어깨 타박상 정도로 돌아오리라곤 생각할 수 없었으므로 전장은 비현실적인 장소로 여겨졌지만, 그들은 그저 그러한 비현실에서 돌아온 게 아니었다. 그들은 죽음의 강가에서 잠깐 우리 곁으로 왔다가 다시 그쪽으로 돌아가려고 했으며, 뭐가 뭔지 몰라 어리둥절하는 후방 사람을 애정과 공포와 신비감으로 가득 채웠다. 마치 우리가 불러낸 죽은 자의 영혼 하나가 잠시 우리 눈앞에 나타나듯, 그리고 우리는 감히 물어볼 엄두도 나지 않지만, 물어본댔자 상대도 고작 "자네는 상상도 못 하지"라고 대꾸할 것이다. 그도 그럴 것이, 포화를 뚫고 살아남은 휴가병이건, 영매에 의해 불려나온 죽은 자이건, 그들은 신비와 접촉했고, 그 결과 대화—그들과 우리 사이의 대화가 가능하다 치고—의 공허를 얼마나 더해주는지 참으로 놀라울 정도이다. 이러한 생각을 가지고 나는 로베르에게 다가갔는데, 아직 그의 이마에 남아 있는 상처는 내가 보기에 거인이 땅 위에서 남긴 발자국보다 더 장엄하고 신비로웠다. 나는 감히 그에게 질문하지 못했으며, 그도 단순한 말밖에 하지 않았다. 이 간단한 말 또한 그가 전쟁 전에 하던 것과 별 차이가 없었다. 마치 전쟁이 일어나도 인간은 이전 그대로라는 듯. 말투도 같았고, 다만 내용은 달랐지만 큰 차이는 없었다!

로베르는 그 외삼촌과 마찬가지로 모렐의 악랄한 손에 농락되어왔는데, 전장에서 그런 모렐의 일을 차츰차츰 잊어버리는 수단을 발견한 것 같았다. 그렇건만 로베르는 아직도 모렐에게 진한 애정을 간직하고 있어서, 때때로 만나고 싶은 욕망에 급작스럽게 시달리는 적이 있기에, 끊임없이 그런 마음을 뒤로 미루었다. 그러므로 나는, 모렐을 만나려면 베르뒤랭 부인 댁에 가면 된다는 사실을 로베르에게 가르쳐주지 않는 것이 질베르트에 대하여 내가 지킬 사려 깊은 마음씨라 믿었다.

나는 로베르에게 조심스럽게, 파리에서는 전쟁을 거의 실감할 수 없다고 대답했다. 그러자 그는 파리에서도 때로는 '꽤 굉장'했다고 말했다. 그 전날에 있던 체펠린 비행선의 공습을 가리키는 말이었다. 그 구경거리를 잘 보았느냐 물었는데, 지난날 퍽 뛰어나게 아름다운 어떤 구경거리라도 말하던 투였다. 전선에서 어느 순간에 죽을지 모르는 때 "으리으리하네그려, 고운 장밋빛이네그려! 그리고 저 엷은 초록색을 보게나!" 말하면, 거기에 어떤 운치가 있다고 하겠지만, 파리에서 싱거운 공습에 대한 생루의 말에는 그런 맛이 없었다. 나는 밤하늘에 떠올라가는 비행기 무리의 아름다움을 그에게 말했다. "하강하는 비행기는 더 아름답지." 그는 말했다. "상승할 때 그 기막힌 아름다움은 나도 인정해, 자꾸만 올라가서 나중에는 별자리를 만드는 그 아름다움 말이야. 그런 점에서 우주의 별자리를 지배하는 것과 똑같은 정확한 법칙을 지키고 있는 거야. 자네 눈에 마치 웅장한 쇼처럼 보이는 것은, 대형을 짜고, 명령이 떨어지기가 무섭게 전투나 그 밖의 임무를 띠고 출동할 때일 테니까. 하지만 다음과 같은 때를 자네는 더 좋아하지 않을까? 완전히 별과 하나가 된 비행기가 다시 빠져나와 전투에 나가고, 또는 경보가 해제되고 나서 돌아올 때, 곧 별자리의 위치마저 바꿀 정도로 '공중회전'을 할 때 말일세. 그건 그렇고 어젯밤 사이렌은 어지간히 바그너풍이더군. 하긴 독일 공군의 내습에 경의를 표하려면 당연하지. 마치 황실석에 독일 황태자와 황녀들을 맞아 독일 국가인 '라인의 파수'를 연주하는 격이었어. 날고 있는 게 비행사가 아니라, 발키리가 아닌가 의심했네그려." 그는 이와 같이 비행사와 발키리를 동일시하는 게 즐거운 듯, 더구나 순 음악적인 이유에서 그 동일시를 설명했다. "참말로 사이렌 음악은 발키리의 행진곡이었거든! 파리에서 바그너를 들으려면 단연코 독일군의 공습이 필요해."

어떤 점에서 이 비교는 틀리지 않았다. 우리집 발코니에서 보면, 시커먼 덩어리 같은 도시가 돌연 밤의 심연으로부터 하늘의 빛 속으로 옮아가고, 거기에 하나씩 하나씩 비행사가 사이렌의 찢어지는 듯한 부름에 따라 날아오르는 것이다. 한편 탐조등은 더욱 천천히 움직이며 아직 똑똑히 보이지는 않지만 찾는 대상이 이미 가까운 듯 음험하고 불안하게 그 눈을 쉴 새 없이 움직이면서 적을 탐지해내, 그 광선 안에 적을 둘러싸서 냅다 달려드는 전투기로 하여금 추락케 한다. 이렇듯 한 편대 한 편대씩, 각 비행사가 이제는 하늘로 옮겨간 도시에서 발키리처럼 습격해온다. 그렇지만 집들이 늘어선 땅위의 한구석에도 불빛이 환한 곳이 곳곳에 있다. 나는 생루에게 말했다. 만약 자네가 어젯밤 집에 있었다면, 하늘에서 공중회전을 구경하면서 지상에서도(서로 다른 장면을 함께 그린 엘 그레코의 〈오르가츠 백작의 매장〉에서처럼) 높은 분들이 잠옷 바람으로 벌이는 진짜 통속 희극을 볼 수 있었을 거라고. 그들은 아주 유명한 인물들이므로, 그 페라리(Ferrari)[1]에게 후계자가 있다면 알릴 만한 가치가 있을 성싶었다. 이 기자의 사교계 기사는 생루와 나에게 큰 즐거움을 주었으므로 우리는 재미 삼아 그런 기사를 멋대로 날조하기도 했다. 그리고 이날도 전쟁 따위는 없기라도 한듯, 그러나 몹시 '전시적'인 주제로 다음과 같은 기사문을 만들어보았다. "체펠린의 공포—이 눈으로 목격했도다. 잠옷 차림인 위풍당당한 게르망트 공작부인, 장밋빛 파자마에 가운을 걸친 괴상망측한 게르망트 공작 등등."

"틀림없어." 생루는 나에게 말했다. "어느 큰 호텔엘 가도 잠옷만 걸친 미국 태생 유대인 여자들이 그 앙상한 가슴에, 몰락한 귀족과 결혼할 수 있었던 유일한 희망인 진주 목걸이를 꼭 움켜쥐고 있는 모습을 볼 수 있을 걸세. 리츠 호텔도 그런 밤에는 〈자유무역 회관〉[2]과 다름없을 걸세."

전쟁이 생루의 지성을 성장시키지는 못했을망정, 대부분 유전에 기인한 어떤 진화 현상에 이끌린 그의 지성은 내가 이제껏 본 적이 없을 만큼 광채

---

[1] 〈피가로〉지의 사교란 기자.
[2] 프랑스의 극작가 조르주 페이도(1862~1921)의 통속극.

를 띠고 있었다. 지난날 세련된 여인들과 그렇게 되기를 갈망하는 여인들의 환심을 샀던 금발 젊은이와, 그칠 새 없이 말로 농간 부리는 수다스러운 이론가 사이에는 얼마나 큰 차이가 있는가! 다른 세대에 속하고, 같은 가계의 다른 줄기에서 태어난 생루는, 이전에 브레상이나 들로네가 맡은 배역의 모범을 다시 상연하는 배우처럼, 이를테면 샤를뤼스 씨—한쪽은 뺨이 장밋빛에다 피부와 머리털은 황금빛이며, 다른 한쪽은 흑백이 반반씩으로, 수염은 아직 검고, 머리는 이미 새하얗다—의 후계자였다. 그는 외삼촌과 전쟁에 대해 의견이 맞지 않았는데, 그도 그럴 것이 생루는 프랑스를 첫째로 삼는 귀족주의 부분에 속해 있는 반면 샤를뤼스 씨는 패전주의자였다. 하지만 생루는 '배역의 모범을 만든 자'를 무대에서 구경하지 못했던 이들에게, 그가 후계자로서 얼마나 이론가 역할에 뛰어난가를 보여주었다. "힌덴부르크란 바로 하나의 계시라더군." 내가 말했다. —"낡아빠진 계시지." 그는 즉각 대꾸했다. "아니면 앞날이 창창한 계시지. 적에게 사정을 두지 않고, 망쟁(Mangin) 장군에게 지휘를 맡겨서 오스트리아와 독일을 무찔러, 프랑스를 몬테네그로(Montenegro)화 하는 대신에 차라리 터키를 유럽화해야 옳았던 거야."—"하지만 우리에겐 합중국의 후원이 있을 거야." 나는 말했다. —"그때까지, 이 형세로 보건대, 내 눈에는 비합중국밖에 안 보이네. 그보다 왜 프랑스는 이번 기회에 그리스도교의 정의감에서 벗어나서 이탈리아에 더 많이 양보를 안 하는 거지?"—"샤를뤼스 아저씨가 자네 말을 들었다면!" 나는 이렇게 말했다. "결국 자네 속마음은 좀더 교황의 비위를 거슬러도 괜찮다는 거겠지. 그런데 자네 아저씨 쪽은 프란츠 요제프(Franz Joseph)*¹ 옥좌에 누가 미칠 걸 생각하면 질겁하시지. 하기야 그 점에 자네 외삼촌은, 탈레랑과 빈 회의의 전통에 따른다고 생각할 테지만."—"빈 회의의 시대는 지난 지 오래야." 그가 대꾸했다. "비밀 외교에 대항하여 구체적 외교로 나서야 하네. 내 외삼촌은 완고한 왕정주의자인 만큼, 등신(carpe)*²이건 살인귀(escarpe)*³이건 샹보르(Chambord)*⁴파이기만 하면 그만인지라, 등신이라도

---

*1 오스트리아 헝가리의 황제(1830~1916).
*2 원뜻은 '잉어'임.
*3 '살인 강도범'이라는 뜻도 있음.
*4 정통 왕정파.

몰레 부인처럼 이를 곧이듣고(avaler), *1 살인귀라도 아르튀르 메예르(Arthur Meyer) *2처럼 이를 곧이들을 정도라네. *3 삼색기를 증오한 나머지 도리어 붉은 모자(Bonnet rouge) *4 넝마조각을 들고서도, 그것을 진심으로 백기 *5로 여길 거라고 나는 생각하네." 물론 이런 수다는 말농간에 지나지 않고, 생루는 그의 외삼촌이 이따금 보이는 깊은 독창성과도 거리가 멀었다. 그러나 외삼촌이 의심 깊고 샘 많은 것과 같은 정도로, 생루는 상냥하고 애교가 있었다. 그리고 발베크 시절과 마찬가지로, 금발 밑에 애교 있는 장밋빛 얼굴색을 그대로 지니고 있었다. 그의 외삼촌이 아무래도 그를 넘어설 수 없을 성싶은 유일한 점은 포부르 생제르맹의 기질이었다. 곧 스스로는 거기서 가장 벗어났다고 여기나 도리어 그것에 속속들이 물들어 있는 기질, 그로 말미암아 지적으로 뛰어난 평민 출신 인간에 대한 존경의 정(이는 귀족 안에서밖에 참말로 꽃피지 않아, 이 점에서 그들로 하여금 혁명을 부당하다고 생각하게 하는 것이지만)과 동시에, 미련하기 짝이 없는 자기만족의 정이 생겨나는 기질이었다. 겸허와 거만, 후천적인 지적 호기심과 타고난 권력감의 혼합에 의하여 샤를뤼스 씨와 생루는 경로가 다르고 의견은 정반대이며 한 세대의 나이 차가 있으면서도, 다같이 새로운 사상에 흥미를 갖는 지식인이 되고, 누구도 그들을 침묵시킬 수 없는 요설가(饒舌家)가 되었다. 그러므로 평범한 사람이 볼 때면, 그의 기분이 어떠한가에 따라서 이들 두 사람이 멋들어져 보이기도, 또는 성가셔 보이기도 하는 것이다.

"자네 생각나나?" 나는 그에게 말했다. "동시에르에서 나눈 우리 이야기 말일세."—"그래! 좋은 시절이었지. 우리를 그 시절로부터 갈라놓는 이 심연은 대체 무엇이냔 말일세. 그 좋은 날들이 언제고 다시 오긴 할까?

d'un gouffre interdit à nos sondes,

Comme montent au ciel les soleils rajeunis

---

*1 원뜻은 '꿀꺽 삼키다' '통째로 삼키다'임.

*2 보수파 신문 〈골루아〉지의 사장.

*3 이와 같은 낱말들에 주를 단 역자의 의도는, '잉어를 꿀꺽 삼킨다' 또는 carpe 앞에 es를 붙이면 escarpe, 곧 '살인귀'가 되는, 어떤 말의 재미를 살리자는 데에 있음.

*4 대혁명 시대에 열성적인 혁명당원이 쓰던 모자.

*5 프랑스 왕조의 기.

Après s'être lavés au fond des mers profondes.

깊이를 헤아릴 수 없는 심연에서,
깊은 바다 밑에서 몸 닦고
새로워진 태양이 하늘에 솟아오르듯."*

"그 시절의 대화에서 오직 즐거웠던 것만을 떠올리자구." 나는 생루에게 말했다. "나는 그 대화에서 어떤 진실에 다다르려고 애쓰고 있었지. 현재의 전쟁은 모든 것을 뒤엎었다고, 특히 전쟁의 관념을 뒤집었다고 자네는 말하는데, 그렇다면 그때 여러 전투에 대해서, 이를테면 미래의 전투에서 나폴레옹의 전투를 모방할 것인가에 대해 자네가 말하던 것은 무효가 됐나?"—"천만에." 그는 말했다. "나폴레옹식 전투는 늘 되풀이되지. 더욱이 이번 전쟁에선 나폴레옹풍 정신에 젖은 힌덴부르크가 있으므로 더욱 그렇다네. 그의 신속한 부대 이동, 적을 속이는 견제 운동, 적군들 앞에 일부 탄막부대만 남기고 나머지를 총동원하여 다른 부대를 공격할 때도 있고(나폴레옹이 1814년에 쓴 전술), 적군을 중요 지점이 아닌 전선으로 끌어들이기도 하지(마주리 호수지대를 공격하려고 바르샤바를 치는 척해서 러시아군을 속여 저항선을 그쪽으로 돌리게 한 힌덴부르크의 양동작전). 아우스터리츠, 아르콜, 에크뮐에서 시도한 것과 비슷한 작전상 퇴각들, 이러한 힌덴부르크의 모든 것이 전부 나폴레옹식인데, 그걸로 끝이 아니라네. 덧붙여 말하네만, 내가 없는 곳에서 자네가 이번 전쟁이 계속됨에 따라 일어난 여러 사건을 해석하려 한다면 힌덴부르크의 이런 특수한 방식에 너무 의존하지 말아야만, 그가 행한 일의 뜻, 앞으로 하려는 일의 핵심을 발견할 수 있을 거야. 한 장군이란 한 작품을, 하나의 책을 짓고자 하는 작가 같아. 그 책 자체가 여기서는 뜻밖의 지략을 드러내 보이더라도, 저기서는 진퇴양난에 빠져 애초의 계획에서 작가를 밀어내 버린다네. 예를 들어 견제공격은, 공격 자체가 상당히 중요한 지점에서만 이루어지므로, 견제공격이 생각지 못한 성공을 거두거나, 주력 작전이 실패로 끝나는 경우도 가정해봐야 하네. 견제공격이 주력 작전이 될 수도 있으니까.

---

* 보들레르《악의 꽃》 37, 〈발코니〉 중에서.

나는 이렇게 예상하네, 힌덴부르크가 나폴레옹식 전투의 전형 가운데 하나, 곧 두 적, 영국군과 우리 프랑스군을 갈라놓는 작전을 벌일 거라고 말이야."

이와 같이 생루의 방문을 돌이켜보면서 걸어가던 나는 상당히 먼 길을 돌아서 앵발리드 다리에 거의 와 있었다. 고타(gotha)* 때문에 몇몇 가로등만이 켜져 있었지만, 불을 켜기엔 아직 조금 이른 시간이었다. 그도 그럴 것이 어둠이 깔리기에는 아직 이르나 여름철의 '서머 타임'이 좀 일찍 실시되어, 아름다운 계절 동안 쭉 그대로 시행되었기 때문이다(마치 난로가 어느 일정한 날부터 지펴지거나 꺼지듯). 그리고 밤의 등불이 켜진 도시의 위쪽, 하늘은—여름철 시간과 겨울철 시간의 구별도 모르고, 8시 30분이 9시 30분으로 된 것도 알려고 하지 않는 하늘—상당 부분이 여전히 푸르스름하게 빛을 남기고 있었다. 트로카데로 탑이 솟아 있는 시가지 일대의 높은 하늘은 터키옥 빛을 띤 넓은 바다와 같고, 그 바닷물이 빠지자 벌써 한 줄로 잇닿은 검은 바위들이 떠오르며, 줄지어 쳐놓은 어부들의 그물이 보이기 시작하는 듯했는데, 그것은 조그만 구름들이었다. 지금 터키옥 빛을 띠고 있는 바다는 지구의 광대한 회전(révolution) 속에 말려든 인간을 그들이 모르는 사이에 휩쓸어가고, 그 지구 위에서 인간이 그들 나름의 혁명(révolution)과 현재 프랑스를 피로 물들이는 헛된 전쟁을 되풀이한다. 게다가 자기 시간표를 바로바로 바꾸지 않는 게으르고도 아름다운 하늘, 등불이 켜진 도시 위로 언제까지나 푸르스름한 빛을 뿌리고 있는 하늘을 물끄러미 보자니 현기증이 났다. 그것은 이제 넓은 바다가 아니라, 푸른 빙하에 반듯하게 드리워진 그라데이션이었다. 조금씩 변하는 터키옥 빛 계단에 매우 가까워 보이는 트로카데로의 두 탑도 사실은 끝없이 떨어져 있음이 틀림없다. 마치 스위스 어느 시가의 두 탑이 멀리서 보면 산봉우리 바로 옆에 닿아 있는 것처럼 보이듯이.

나는 왔던 방향으로 다시 발길을 돌렸는데, 앵발리드 다리를 떠나자마자 이미 하늘에 노을이 가시고, 거리에 등불다운 게 거의 없어, 여기저기서 쓰레기통에 발부리를 부딪치고 길을 잘못 들면서 컴컴한 거리의 미로를 기계적으로 따라가다가, 어느 새 뜻하지 않게 큰 거리의 어귀에 나온 나 자신을 발견했다. 언뜻 거기서 아까 품은 동방의 인상이 머릿속에 다시 떠오르는 한

---

* 독일의 폭격기.

편, 집정정부시대에 이어 1815년의 파리가 떠올랐다. 1815년 그때처럼, 연합군 병사들이 저마다 다른 군복을 입고 행진하고 있었다. 그중에 붉은 치마풍의 짧은 바지 차림인 아프리카병, 흰 터번을 두른 인도병만으로도, 내가 산책하고 있는 이 파리를 동양풍의 공상적인 이국 도시로 지어내기에 충분했다. 그 동양은, 옷차림과 얼굴빛만은 세밀한 점까지 현지의 것과 똑같았지만, 그 배경은 멋대로 만들어낸 가공의 것이었다. 이처럼 카르파초도 그가 살던 베네치아에서 예루살렘이나 콘스탄티노플을 이루어냈던 것이니, 그가 그로모는 군중의 기묘한 얼룩 무늬도, 지금 내가 눈앞에 보는 것보다 더 색채가 화려하진 않았다. 이때 두 알제리 보병의 뒤를 걸어가는 한 남자를 보았다. 두 병사는 신경도 쓰지 않는 모양새였지만, 부드러운 중절모자에 긴 우플랑드(houppelande)* 차림인 몸집 큰 남자로, 나는 그 접시꽃 빛깔의 얼굴에, 수많은 남색 추문으로 유명한 배우와 화가 중 어느 쪽의 이름을 붙여야 좋을지 망설였다. 아무튼 이 산책자는 내가 모르는 사람이 틀림없다. 그렇게 확신하고 있던 만큼, 그의 눈길이 내 눈길과 부딪쳤을 때 그가 난처해하는 모양을 짓더니, 비밀로 해두고 싶은 일에 골똘하는 도중에 들킨 게 아님을 나타내고 싶은 사람처럼 일부러 멈췄다가 이쪽으로 오는 걸 보고 나는 깜짝 놀랐다. 한순간 나는 당황했다. 나한테 인사하는 이 사람은 누구지? 샤를뤼스 씨였다. 샤를뤼스 씨로 말하면, 그의 몹쓸 병의 진행 또는 그 나쁜 버릇의 변천이 더할 수 없는 정도에 이르렀다고 할 수 있으므로, 그가 본디 지니고 있던 보잘것없는 인격이나, 조상에게서 물려받은 온갖 특질 등은, 몹쓸 병이나 나쁜 버릇에 반드시 따르게 마련인 폐해나 과실에 의하여 앞길이 꽉 막혀 완전히 차단당한 것이나 진배없었다. 샤를뤼스 씨는 본디 자신으로부터 멀리 떨어진 곳에 이르러버렸다기보다는, 자기 혼자만이 아니라 다른 숱한 성도착자들에 속하는 것에 의해 그 자신이 완전히 뒤덮여 있기 때문에, 나는 처음에 한길 한가운데서 알제리 병사들 뒤를 따라가는 그가 샤를뤼스 씨가 아닌, 대귀족이 아닌, 공상과 재치를 타고난 사람이 아닌, 그저 어떤 도착자일 뿐이라는 생각이 들었던 것이다. 남작하고 닮은 점이라고는 그들 도착자 모두에게 공통되는 그 풍채밖에 없었으며, 그 풍채는 적어도 그를 자

---

* 소매 없는 넓은 외투.

세히 관찰하지 않는 한 모든 것을 가리고 있었다.

이렇게 해서, 베르뒤랭 부인 댁에 가려던 나는 샤를뤼스 씨를 만나게 되었다. 물론 베르뒤랭 부인 댁에선 옛날처럼 그를 보지 못했을 거다. 두 사람 사이의 불화는 날로 더해갔다. 베르뒤랭 부인은 그의 악평을 더 나쁘게 하려고 현재의 사태마저 이용할 정도였다. 오래전부터 그를 방약무인하게 잘난 체하고, 가장 못난 얼간이보다도 시대에 뒤지며, 낡아빠진 닳고 닳은 놈이라고 그녀는 말해왔는데, 지금은 이러한 비난을 한마디로 줄여 '아방게르(avant -guerre)'*라고 말하면서, 사람들의 상상력을 부추겨 그에 대한 혐오를 불어넣었다. 작은 동아리의 의견에 따르면, 전쟁이 그와 현재 사이를 단절하여 그는 이미 죽은 과거 속에 물러나 있었다.

게다가―이것은 오히려 사교계 속사정을 모르는 정치계 사람들에게도 하는 말이지만―그의 지적 가치는 물론 사회적 지위도 '가짜'이자 '괴상'하다고 부인은 떠들어댔다. "그는 아무도 만나지 않고, 아무도 그를 초대하지 않는다"고, 그녀는 봉탕 씨에게 말하며 쉽사리 이해시켰다. 사실 이 말엔 사실도 있었다. 샤를뤼스 씨의 처지는 바뀌어 있었다. 그는 점점 더 사교계를 개의치 않으며, 변덕스러운 성격 탓으로 사교계 꽃인 이들 대부분과 사이가 벌어진 뒤, 사교계에서의 자기 가치를 너무 의식한 나머지 이들과의 화해를 대수롭지 않게 여겨 비교적 고독한 생활을 하고 있었다. 그런 고독은 만년의 빌파리지 부인이 그랬던 것처럼 귀족들로부터의 도편추방(陶片追放)에서 비롯한 외로움이 아니라, 일반인의 눈에는 두 가지 이유에서 더 고약하게 보였다. 먼저, 지금 잘 알려진 샤를뤼스 씨의 악평은 사정을 그다지 모르는 이들로 하여금 그런 악평 때문에 남들이 그와 사귀지 않는다고 믿게 했다. 그러나 실은 샤를뤼스 씨 본인이 그들과의 교제를 거절하고 있었다. 그러므로 그의 괴팍한 성미의 결과가, 그 괴팍한 성미에 질린 이들의 경멸의 결과인 듯이 보였다. 한편 빌파리지 부인에게는 가문이라는 든든한 보루가 있었다. 그런데 샤를뤼스 씨는 친척들과도 불화를 거듭해왔다. 게다가 그는 가문에―특히 옛 포부르 생제르맹과 쿠르부아지에 가문 쪽―아무런 흥미가 없었다. 그리고 쿠르부아지에네 사람들과는 달리 예술 방면에 그토록 대담하게 독설을 퍼부어온 그로서는 꿈에도 생각

---

* '전전(戰前)'이라는 뜻. 제1차 세계대전 전의 사상과 생활 태도를 지닌 사람. 이에 반대되는 말은 아프레게르(après-guerre)임.

지 못했을 일이지만, 예컨대 베르고트 같은 이가 그에게서 가장 흥미롭게 여긴 점은, 그가 옛 포부르 생제르맹의 귀족들과 거의 인척관계라는 것, 라 셰즈 거리에 사는 그의 사촌누이들이 팔레 부르봉 광장이나 가랑시에르(Garancière) 거리에서 영위한 반쯤 시골풍의 생활을 여실히 묘사할 수 있는 그 능력이었다.

또한 그다지 초월적이 아닌 훨씬 실제적인 관점에 몸 둔 베르뒤랭 부인은 그를 프랑스 사람이 아니라고 여기는 척했다. "그의 정확한 국적이 어디지, 오스트리아 사람이 아닐까?" 베르뒤랭 씨가 천연덕스럽게 묻는다. ─"천만에요, 안 그래요." 몰레 백작부인이 대답한다. 그녀의 첫 반응은 원한보다는 오히려 양식에 따른 것이었다. ─"천만에, 그는 프로이센 사람이죠." 베르뒤랭 부인이 말했다. "틀림없어요, 난 잘 알아요, 그가 입버릇처럼 말했거든요, 자기가 프로이센 귀족원의 세습의원이자 두르히라우흐트(Durchlaucht)* 라고."─"그렇지만 나폴리 왕비께서 하신 말씀으로는……."─"잘 아시면서 그러시네, 그분은 무서운 여자 간첩이에요." 베르뒤랭 부인은 그녀의 집에서, 지난 어느 날 밤 권력을 잃은 이 왕비가 보였던 태도를 잊지 못해 빽 소리친다. "내가 잘 안다니까요, 그것도 정확하게요, 그분은 그 일로 살아가고 있었어요. 정부가 좀더 단호했다면 그런 사람은 모두 포로수용소에 들어가 있을 거예요. 그렇고말고요. 하여간 그런 사람들을 초대하지 않는 게 상책이죠. 내무 장관이 그들에게 눈독 들이고 있으니 댁까지 감시받게 될 거예요. 샤를뤼스 씨가 두 해 동안이나 우리집을 줄곧 염탐했다는 생각이 머리에서 떠나지 않는군요." 그녀의 작은 동아리 조직에 대한 상세한 보고가 독일 정부에게 얼마나 이익이 되는지 의심하는 이도 있을 거라고 생각한 베르뒤랭 부인은, 큰 소리로 지르면 도리어 자기 입으로 말하는 것의 가치가 떨어지는 줄 아는 사람답게 조용조용하고 날카로운 말투로, "실은 첫날부터 나는 남편에게 말했답니다, 아무래도 꺼림칙하다고요. 우리집에 척 들어선 그의 품이 뭔가 수상하다고요. 우리는 물굽이 안쪽, 지대 높은 곳에 별장을 가지고 있었죠. 아무래도 독일군이 그에게 거기에다 잠수함 기지를 설치하는 일을 맡겼나 봐요. 수상한 일이 한두 가지가 아니었는데 이제야 알겠어요. 이를테면 처음에, 그는 다른 손님들과 함께 기차로 오기를 싫어했어요. 나는 별장

─────────────

* 전하(殿下)라는 뜻의 독일어.

안의 방을 그에게 매우 친절히 내드렸답니다. 그런데 글쎄, 그는 그걸 마다하고 군대가 득실거리는 동시에르에 숙박했죠. 모든 게 스파이 냄새가 물씬 나네요."

샤를뤼스 남작에게 쏠린 첫째 비난, 곧 시대 유행에 뒤진다는 비난에 대해 사교계 사람들은 매우 쉽게 베르뒤랭 부인의 말에 찬성했다. 정말로 그들은 배은망덕한 무리이다. 샤를뤼스 씨는 이를테면 그들의 시인으로, 속된 사교계 분위기 안에 역사를 비롯해 아름다움과 그림과 해학과 가벼운 우아함이 담뿍 섞인 시정(詩情)을 퍼뜨릴 줄 아는 인물이었기 때문이다. 하지만 이 시정을 이해 못하는 사교인들은 그들의 생활 속에서 시정이라는 티끌조차 보지 못하고, 그것을 다른 데서 찾았다. 샤를뤼스 씨보다 훨씬 낮은 사내들로서, 사교계를 깔보는 말을 하고 그 대신 사회학이나 정치·경제학 이론을 강의하는 작자들을 샤를뤼스 씨보다 월등하게 높이 치는 것이었다. 샤를뤼스 씨는 몽모랑시 공작부인이 무심코 흘리는 전형적인 말을 소개하거나 그 교묘하게 차린 맵시난 옷차림을 자세히 묘사하면서 부인을 아주 고상한 여인으로서 대접하기를 좋아했다. 그러나 이 몽모랑시 공작부인을 흥미 없는 얼간이로 생각하고, 옷이란 입기 위해 만들어진 것인 만큼 그것에 어떤 주의도 기울이지 않는 척하는 사교계의 가장 지적인 여자들, 데샤넬(Deschanel)이 강연한다는 소리를 들으면 의회이건 소르본이건 가리지 않고 달려가는 그들에게 그런 샤를뤼스 씨는 헐렁이나 머저리로 보였던 것이다.

요컨대 사교계 사람들이 샤를뤼스 씨를 싫어했던 까닭은, 그의 흔하지 않은 지적 가치를 너무 통찰했기 때문이 아니라 결코 깊이 파고들지 않아서였다. 그를 '아방게르'라느니, 시대에 뒤졌다느니 하는 것도, 가치를 판단하는 능력이 없는 사람일수록 유행을 척도 삼아 가치를 정하기 때문이다. 그들은 한 세대에 존재하는 뛰어난 사람들의 가치를 퍼내기는커녕, 그것을 만지려고도 하지 않는다. 그리고 이제는 그 뛰어난 이들을 모두 한 덩어리로 비난해 땅속에 묻으려 한다. 그것이 새 세대의 예의범절이기 때문인데, 이 새 예의범절 또한 뒷날에는 이해되지 않으리라.

친독파(親獨派)라는 두 번째 비난에 대해서 말하면, 사교계 인사들은 중도주의 정신으로 그런 비난을 물리쳤는데, 그 비난의 유별나게 맹렬하고 지칠 줄 모르는 대변자가 되었던 이는 모렐이었다. 그는 신문사와 사교계에도 한자리를 차지하고 있었는데, 그것은 샤를뤼스 씨가 그를 위해 수고를 아끼지 않고 얻어주는 데 성공하고 나서, 나중에 똑같은 노력을 쏟고도 거기서 끌어내리는 데는 성공하지 못했던 자리이다. 그것을 확보한 모렐은 집요한 증오를 불태우며 남작을 괴롭혔다. 이는 잔혹한 짓일 뿐만 아니라 죄악이기도 했으니, 남작과의 관계가 정확히 어떠한 것이든 간에, 남작이 다른 사람들에게는 보이지 않았던 깊은 선량함을 모렐은 몸소 경험했었으니 말이다. 샤를뤼스 씨가 이 바이올리니스트에게 어찌나 관대하고, 어찌나 다정다감하며, 약속을 꼭 지키고자 어찌나 알뜰한 조심성을 보였던지, 남작과 헤어질 때 남작에 대해 샤를리가 가졌던 감상은 악한이라는 느낌은 하나도 없었고 (남작의 나쁜 버릇도 고작해야 하나의 병으로밖에 생각하지 않았다), 도리어 지금껏 본 적 없을 만큼 고상한 생각을 지닌 이, 감수성이 매우 풍부한 이, 어떤 성자라는 감상이었다. 샤를리는 그 점을 부정하지 않았으므로 남작과의 사이가 틀어진 뒤에도 친척들에게 진심으로 이렇게 말했다. "그분에게라면 댁의 아드님을 맡겨도 괜찮습니다. 그분이라면 아드님에게 더없이 좋은 감화를 줄 테니까요." 그래서 그가 기사를 써서 남작을 괴롭히려고 했을 때, 머릿속으로 비난한 것은 남작의 악덕이 아니라 미덕이었다.

전쟁이 터지기 조금 전부터 이른바 정보통이라 불리는 이들의 눈에 속이 빤히 들여다보이는 짧은 기사가 샤를뤼스 씨에게 악랄한 중상을 퍼붓기 시작했다. 그런 글 가운데 한 가지인 '어느 현학(衒學) 미망인의 불운, 남작부인의 만년'이라는 표제가 붙은 기사가 실린 신문을, 베르뒤랭 부인은 50부쯤 사서 벗들에게 돌렸는데, 베르뒤랭 씨는 볼테르도 이보다 더 잘 쓰진 못한다고 말하면서, 소리 높여 기사를 낭독했다. 전쟁이 터지자 기사의 어조가 변했다. 이제는 남작의 성도착뿐만 아니라, 또한 그의 입으로 말했다는 독일 국적까지 폭로해, '프라우 보슈(Frau Bosch)'[*1]니 '프라우 폰 덴 보슈(Frau von den Bosch)'[*2]니 하는 별명이 샤를뤼스 씨에게 붙게 되었다. 운문으로 쓴 짧은 글 하나는 베토벤의 춤곡에서 '독일 여인(Une Allemande)'이라는 표제를 빌려왔다. 마지막으로 두 기사, '아메리카의 아저씨와 프랑크푸르트의 아주머니', '후방의 색골'은 교정쇄 채로 작은 동아리에서 읽혀, 몹시 기

---

[*1] 독일 아주머니.
[*2] 독일네 부인.

뻐한 브리쇼가 이렇게 소리쳤다. "검열관의 고압적인 강권발동에 의해 가위질을 당하지 않으면 좋으련만!"

기사 내용 그 자체는 우스꽝스러운 제목에 비해 꽤 묘미가 있었다. 문체는 베르고트에게서 유래했는데, 그 내막은 아마 나 말고는 아무도 느끼지 못했을 것이다. 그 까닭인즉 다음과 같다. 베르고트의 글은 모렐에게 아무런 영향을 미치지 않았다. 전파는 아주 특수하고도 참으로 드문 방법으로 이루어졌으므로 그것을 여기에 보고하는 것도 오로지 그 때문이다. 나는 전에 베르고트가 말할 때 낱말을 택하는 투와 그 발음법이 더할 수 없을 정도로 유별났음을 설명한 바 있다. 그런 베르고트를 생루네 집에서 오랫동안 만나왔던 모렐은, 그 무렵 베르고트의 '흉내'를 내어 그 목소리를 빈틈없이 모방하고 베르고트가 택했을 낱말을 그대로 사용했다. 그런데 지금 모렐은 글을 쓰게 되고 나서 그 베르고트풍 대화 투를 종이 위에 곧잘 옮겨 쓰긴 하지만 베르고트와 같은 어슨 전환은 보이지 않았다. 이제 베르고트와 담소했던 이가 드물어, 사람들은 문체와는 다른 그의 어조를 몰랐던 것이다. 이렇듯 입에서 입으로의 전파는 참 드물어서 여기에 인용해두고 싶었다. 하기야 이런 전파는 열매 맺지 않는 꽃밖에 피우지 못하지만.

신문사 편집국에 있는 모렐의 혈관 속에는 프랑스인의 피가 콩브레의 포도즙처럼 끓고 있는데, 전시 중 이런 편집실에 있다니 한심하다고 생각하여, 베르뒤랭 부인이 그를 설득해 파리에 남아 있도록 온갖 수를 다 썼는데도 군에 지원해버렸다. 물론 그녀는 캉브르메르 씨가 그 젊은 나이에 참모부에 들어가 있는 데에 화를 냈고, 그녀의 집에 오지 않는 남자들은 모두 비겁자를 욕하듯 "그는 또 어디에 파고들어가 숨어 있다지?" 말하곤 했다. 그 남자라면 개전 첫날부터 최전선에 나가 있다고 옆에서 말해도, 자기가 터무니없는 말, 엉뚱한 말을 하고 있다는 생각은 도무지 하지 않고 아무런 가책 없이 이렇게 대답했다. "어머, 그럴 리가 없어요, 파리에 꼼짝 않고 있어요, 어차피 위험이래 봤자 장관을 이리저리 끌고 다니는 것 정도겠죠. 내 말은 틀림없어요, 그를 직접 본 사람에게서 들은 말이니까요." 그러나 자기 집 신도들 문제라면 사정은 달라져서, 그들을 출정시키고 싶지 않은 만큼, 그들이 자기를 버려두고 가는 전쟁을 무슨 큰 '골칫거리'처럼 생각했다. 그래서 그들이 파리에 남을 수 있도록 갖은 수단을 다 썼다. 그들이 있어만 준다면 그들을 만찬에 초대할 수도 있고, 도착하기 전이나 돌아간 뒤에 그들의 비겁함*을 헐뜯으며 이중의 즐거움을 맛볼 수 있을 테니까. 하지만 그러기 위해서는 신도들이 이런 출정 도피에 응해주어야 한다. 그래서 모렐이 고집을 부려 거기에 응할 눈치를 안 보이자, 그녀는 어찌할 바를 몰라서 그에게 다음과 같은 수다를 길게 보람 없이 늘어놓았다. "아무렴요, 당신이 편집국에 근무하는 게 나라를 위한 길이죠, 일선에 있는 이상으로요. 필요한 건 나라에 도움이 되는 거예요. 진정한 의미로 전쟁에 참가하여, 일부가 되는 거죠. 그야 그런 사람도 있는 반면, 그저 후방에 숨어 하는 일 없이 지내는 사람도 있어요. 그런데 당신 경우는 전쟁에 함께하고 있어요, 안심하세요. 다들 그 점을 알고 있으니, 당신에게 돌 던질 이는 한 사람도 없어요." 다른 사정에서도 이와 같아, 이를테면 아직 사내의 수가 그토록 적지 않았던 무렵, 지금처럼 주로 여인만을 초대하지 않아도 괜찮았던 무렵에도, 신도인 한 사내가 그 어머니를 여의거나 하면, 그녀는 망설임 없이 부디 사양 말고 계속해서 자기 집 연회에 오라고 설득했다. "슬픔은 가슴속에 묻어두세요. 그야 무도회에 가시려고 한다면야(그녀는 무도회를 열지 않았다) 내가 첫 번째로 말리겠어요. 하지만 여기에, 나의 소소한 수요일 모임에 오시거나 극장의 내 특별석에 오신들 누가 놀라겠어요. 다른 분들도 당신이 슬퍼하고 계시는 줄 잘 아니까요……." 이제는 남자의 수도 더 줄어들고 초상도 더 빈번해진 만큼, 그런 핑계를 내세울 필요도 없이 전쟁이라는 말만으로 충분했다. 베르뒤랭 부인은 파리에 남은 자들에게 매달렸다. 그녀는 그들에게 파리에 남아 있는 편이 더욱더 프랑스에 유익하다는 점을 이해시키고 싶었다. 전부터 그들한테, 죽은 자들도 당신이 심심풀이를 하는 걸 보면 더 기뻐할 거라고 딱 잘라 말했듯이. 하여간 찾아오는 남자의 수가 적었다. 그러니 이제는 샤를뤼스 씨와 돌이킬 수 없는 불화를 이루고 만 것에 대해 그녀가 이따금 후회하고 있는지도 몰랐다.

그러나 샤를뤼스 씨와 베르뒤랭 부인이 서로 교제를 끊고 있지만, 그들은 아무런 변화도 일어나지 않았다는 듯이 전과 같은 생활을 계속하여, 베르뒤랭 부인은 손님을 초대하고, 샤를뤼스 씨는 쾌락을 찾아다니고 있었다. 물론 그 속에 크게 중요치 않은 자잘한 변화가 없는 건 아니다. 이를테면 베르뒤

---

* 전쟁에 나가지 않는 사실을 가리키는 말.

랭 부인의 집에, 코타르가 지금은 아이티 섬 제독의 군복과 흡사한 '꿈의 섬' 대령 군복 차림으로 초대에 참석했는데, 그 위에 걸친 푸른 하늘빛 폭넓은 리본은 '마리아의 어린이들' 리본을 떠올리게 했다. 한편 샤를뤼스 씨는, 이제껏 그의 흥미 대상이던 성숙한 사내들이 자취를 감추고 만 거리를 어슬렁거리면서, 본국(프랑스)에서는 여성을 좋아하던 사내들이 식민지에 살게 되면 하는 어떤 행동을 취하게 되었다. 곧 처음에는 어쩔 수 없이 소년을 상대하다가 그것이 어느새 습관이 되고 만 것이었다.

하지만 베르뒤랭 부인 살롱의 특징은 재빨리 자취를 감추었다. 오래지 않아 신문에 따르면 코타르가 '적과 직면하여' 죽었기 때문인데, 그는 파리를 떠나지 않았지만, 나이에 비해 지나치게 몸을 혹사시켰다. 이윽고 베르뒤랭 씨가 그 뒤를 따랐는데, 그의 죽음을 슬퍼한 사람은 놀랍게도 엘스티르였다. 나는 오래전부터 그의 작품을 단호한 관점에서 연구해왔다. 그런데 엘스티르는 늙어감에 따라서 일찍이 자기에게 모델을 제공했던 사회—인상(印象)의 연금술에 의하여 그의 내부에서 예술작품이 되어 그에게 관객을 제공해주었던 사회—에 대하여 그 작품을 미신적으로 연관시키게 되었다. 그는 처음에 중후한 미의 전형을 엘스티르 부인에게서 발견하고 그것을 자기 그림이나 장식 융단에 추구하고 어루만졌는데, 그와 같이 미의 주요한 부분은 물건 속에 있다는 유물론적 생각 쪽으로 기울기 시작한 그는 의복의 유행 따위와 같이 사회의 일부를 이루면서도 허망하게 바뀌고 소멸되기 쉬운 외곽—하나의 예술을 육성하고, 그 예술의 정통성을 증명한 사회의 외곽—의 마지막 흔적이 베르뒤랭 씨의 죽음과 함께 사라지는 광경을 보았던 것이다. 마치 대혁명이 18세기의 우아함을 파괴하여 〈풍류 있는 향연〉의 화가를 비탄케 하고, 몽마르트르와 물랭 드 라 갈레트의 소멸이 르누아르를 슬프게 했을지도 모르듯. 하지만 엘스티르가 특히 베르뒤랭 씨의 죽음으로 말미암아 사라졌다고 생각한 것은 그림에 대하여 가장 옳은 시각을 지녔던 그의 눈과 두뇌였다. 그의 그림은 베르뒤랭 씨의 시각 속에 그리운 추억의 상태로 안치되고 있다고나 할까. 확실히 그림을 애호하는 젊은이들이 나타나고 있었지만, 그것은 지금까지와 다른 그림이었다. 그들은 스완이나 베르뒤랭 씨처럼, 엘스티르를 옳게 판단토록 하는 휘슬러에게서 취미를 덕으로 기르고 선으로 나아가게 하는 가르침을 받지 못했고, 모네에게서 진리를 배우지도 못했다. 그러므로 엘스티르는 베르뒤랭 씨와 몇 년 전부터 사이가 틀어져 있었음에도 그의 죽음에 한결 외로움을 느꼈다. 그로서는 마치 자기 작품의 아름다움 일부가 이 우주에 존재하는 그 아름다움에 대한 얼마간의 의식과 함께 소멸한 듯싶었다.

샤를뤼스 씨의 쾌락에 일어난 변화는 간헐적이었다. '전선'과 수많은 서신을 주고받고 있었으므로 그에게는 휴가에서 돌아온 성숙한 나이의 병사들이 충분히 있었다.

내가 남의 말을 곧이들을 때였다면, 먼저 독일이, 다음에 불가리아가, 다음에 그리스가 주장하는 그 평화 의사를 듣고, 그걸 믿고 싶었을 거다. 그러나 알베르틴이나 프랑수아즈와 함께 생활하면서, 그녀들이 입 밖에 내지 않는 사념이나 계획을 마음속에 품고 있지 않나 하고 의심하는 데 익숙해진 뒤로, 나는 표면상으로만 옳은 빌헬름 2세나 불가리아의 페르디난드 왕, 그리스의 콘스탄틴 왕의 말에 속지 않고, 본능에 따라 그들이 저마다 뭘 꾸미고 있는지 알아챘다. 물론 프랑수아즈나 알베르틴과의 내 말다툼은 개인적인 다툼에 지나지 않으며, 한낱 인간이라는 이 작은 정신적 세포의 생활에만 관계되는 것이었다. 하지만 동물의 몸, 인간의 몸이 있듯이, 하나하나의 세포 처지에서 볼 때 몽블랑처럼 커다란 세포의 집합체가 있듯이, 국가라 불리는 개인으로 조직된 커다란 무더기도 있다. 무더기로서의 국민 생활도 그것을 구성하는 세포의 생활을 확대하여 되풀이한 것에 지나지 않는다. 그리고 세포의 신비·반응·법칙을 이해하지 못하는 인간은 민족간의 투쟁을 말하더라도 한낱 공허한 말밖에 못 하리라. 그러나 개인의 심리에 능통하다면 그의 눈에는, 서로 정면으로 대립하는 국가라는 이 두 덩어리는 오로지 두 성격의 갈등에서 생긴 싸움보다 더 강렬한 아름다움을 띠리라. 그때, 이 두 커다란 집합체는 1밀리미터 정육면체를 채우는 데에 1만 마리 이상이 필요한 섬모충이 키 큰 인간의 몸을 볼 때만한 크기로 확대되어 보이리라. 이와 같이 얼마 전부터 다양한 형태의 수많은 작은 다각형으로 주변까지 꽉 찬 프랑스라는 커다란 존재와 더 많은 다각형으로 꽉 찬 독일이라는 존재가 서로 싸움을 하고 있는 것이었다. 하지만 이 두 거구의 충돌에서 생기는 헤아릴 수 없는 권투 시합도, 그 법칙은 분명 생루가 나한테 설명한 원리에 따르고 있었다. 그리고 개인이라는 관점에서 이 두 거구를 보더라도, 그것은 또한 커다란 집합체이기 때문에 그 싸움은 웅장한 양상을 띤다. 마치 험한 해안선의 아주 오래된 절벽을 무너뜨리려고 수백만 파도를 휘몰아치는 늠실거리는 대양처럼, 또는 느릿하고 파괴적인 진동으로 둘러싸고 있는 산의 외곽을 무너뜨리려 하는 거대한 빙하처럼.

그럼에도 이 이야기에 나온 수많은 인물은 거의 변함없는 생활을 계속하고 있었다. 특히 샤를뤼스 씨와 베르뒤랭 부부는 마치 독일군이 그토록 자기들 가까이에 와 있지 않은 듯했다. 당장은 괜찮다고 하더라도 위험은 끊임없이 닥쳐오고 있다. 그런데도 우리는 그 위험을 생생하게 생각해보지 않는 한, 전혀 아랑곳하지 않기 마련이다. 알맞게 조절하며 위축시키는 힘을 가하지 않으면 섬모충의 번식은 더할 수 없는 정도에 다다를 것이니, 다시 말해 섬모충이 며칠 사이에 수백만 마리를 껑충 뛰어 1밀리미터 정육면체에서 태양의 백만 배만한 덩어리가 되고, 동시에 우리가 살아가는 데에 필요한 산소와 기타 물질을 모두 파괴할 터이니, 그렇게 되면 인류도 동물도 지구도 멸망할 것이다. 그러나 사람들은 보통 그런 것은 전혀 생각지 않고 쾌락만을 좇는다. 또는 태양의 영원히 변하지 않는 겉모습 속에 숨은 광폭하고 부단한 활동에 의하여 대기 속에 어떤 돌이킬 수 없는 참사가 일어날 수도 있지만 이런 사실 따위는 도무지 유념하지 않는다. 그것이 우리 주위에 떠도는 우주적 위협을 알아차리게 하기에는, 하나는 너무나 작고 또 하나는 너무나 커서, 사람들은 저마다의 일에 몰두하느라 그것을 알아채지 못한다.

그와 같이 베르뒤랭 부부는(오래지 않아 베르뒤랭 씨가 죽자 베르뒤랭 부인 혼자서) 만찬회를 계속해 베풀고 샤를뤼스 씨는 그 쾌락을 찾아다녔다. 독일군이—끊임없이 새로 치는 피로 물든 방어선 때문에 교착상태에 빠져 있지만—파리에서 자동차로 한 시간 걸리는 곳에 있음은 거의 마음속에 두지 않았다. 베르뒤랭 부부가 그 점을 생각하고 있었다고 반론하는 이도 있으리라. 그들이 정치적인 살롱을 갖고, 거기서 매일 밤 육군의 상황뿐만 아니라 함대의 상황마저 논의하고 있었으니까. 사실 그들은 전멸한 연대와 바다에 삼켜진 엄청난 희생자들을 생각했다. 하지만 어떤 역작용이라는 게 있어서, 우리는 우리의 안락한 생활에 관계되는 것을 몹시 확대하고, 그것에 관계되지 않는 것을 어마어마하게 축소하게 마련이라, 모르는 사람이 몇백만 명이 죽더라도 거의 우리 귀를 간질이지 못하며, 창 구멍 사이로 부는 바람만큼의 감촉도 느끼지 못한다.

베르뒤랭 부인은 편두통 때문에 밀크커피에 담가 먹는 크루아상을 손에 넣지 못해 괴로워하던 차, 마침내 전에 말한 적 있는 어느 식당에서 그것을 특별주문하여 만들게 하는 처방을 코타르에게서 얻게 되었다. 그와 같이 당국의 허가를 얻기란 장군으로 임명되는 일만큼이나 어려웠다. 신문이 루시타니아(Lusitania) 호의 조난*을 보도한 날 아침, 베르뒤랭 부인은 그 크루아상을 다시 손에 넣었다. 빵을 밀크커피에 찍으면서, 손에서 빵을 놓지 않아도 되도록 다른 손으로 신문을 넓게 펼칠 수 있게 살짝 퉁기면서 그녀는 말했다. "어머 무서워라! 이 무서움에 비하면 아무리 지독한 비극도 비극이 아니야." 그러나 이 모든 조난자의 죽음도 그녀에겐 그 10억 분의 1로 줄어들어 보였을 게 틀림없다. 왜냐하면 빵을 입안 가득 베어물고 비통한 사념을 하고 있는 그녀의 얼굴에 나타난 표정은, 편두통에 썩 잘 듣는 크루아상 맛 때문인지, 오히려 감미로운 만족의 표정이었으니까.

샤를뤼스 씨의 경우는 좀 사정이 다른데, 그쪽은 더욱 고약했다. 그는 프랑스의 승리를 열렬히 바라지 않을 뿐 아니라, 털어놓고 말하지는 않으나 독일이 승리를 못할망정 적어도 모두가 바라듯이 잘게 부서지지는 않기를 바라고 있었다. 까닭인즉, 이런 싸움에서는 국가라 불리는 개인의 대집단이 어느 정도 개개인과 마찬가지로 행동하기 때문이다. 국가를 인도하는 논리는 아주 내적인 것이고, 또 아들과 아버지, 식모와 마님, 아내와 남편의 싸움처럼, 사랑싸움 또는 집안싸움으로 대립하는 사람들의 논리와 마찬가지로 언제나 열정에 좌우된다. 틀린 논리도 옳다고 여기고—독일의 경우가 그렇듯이—옳은 논리도, 때때로 제 열정에 서로 일치하므로 반론의 여지가 없다고 생각하는 의견을 정당한 논리로 쳐드는 것에 지나지 않는다. 이와 같은 개인간의 싸움에서 어느 한쪽을 옳다고 생각하려면, 그쪽에 가담하는 것이 가장 확실한 방법이니, 그저 구경만 하다가는 그처럼 단호하게 한쪽의 정당성을 인정할 수는 없는 법이다. 그런데 개인이 정말 국가의 일부라면, 개인은 국가라는 개체의 한 세포에 지나지 않는다. 국민을 기만한다, 이는 전혀 무의미한 말이다. 프랑스인에게 너희는 패배할 거라고 말해도, 너희는 독일의 베르타(bertha) 대포에 죽고 말 거라는 말을 들을 때와 마찬가지로 아무도 절망하지 않으리

---

* 영국의 기선. 1915년 5월 7일에 대서양 항해 중, 독일 잠수함에 의하여 격침됨으로써 1,195명이 익사함.

라. 참된 기만은, 자기가 진정으로 국가의 살아 있는 팔다리일 경우, 그 국가의 생존 본능의 한 형태인 희망이라는 것으로, 자기 자신에게 하는 것이다. 독일이라는 개체의 주장 중 옳지 않은 점에 대해 눈을 감으려면, 또 프랑스라는 개체의 주장 중 옳은 점을 늘 인정하기 위해서는 어떻게 해야 하는가. 독일인은 옳고 그름의 판단을 갖지 않고, 프랑스인은 그것을 갖는 일만이 가장 확실한 방법은 아니다. 양쪽 모두에게 확실한 방법은 서로가 애국심을 갖는 일이다.

샤를뤼스 씨는 드문 덕성을 소유하고, 연민의 정에 좌우되기 쉬우며, 관대하고, 애정과 헌신의 능력을 갖추고 있는 반면에, 여러 가지 이유로—어머니가 바바리아의 공작부인이라는 이유도 한몫하고 있는지 모르지만—애국심이 없었다. 따라서 그는 프랑스라는 개체에도 독일이라는 개체에도 속해 있었다. 나도 애국심이 없었다면 자신을 프랑스라는 개체의 세포 중 하나라고 느끼지 못하고, 두 나라 사이의 싸움을 판단하는 방법도 이전과 달랐을 거라고 생각한다. 어렸을 적에 나는 남의 말을 그대로 곧이 믿었는데, 그때였다면 독일 정부가 성실하게 주장하는 내용을 듣고 아마도 일말의 의심도 품지 않았을 거다. 그러나 오래전부터 나는 우리의 여러 생각이 우리의 말과 늘 일치하지 않음을 알고 있다. 나는 어느 날 계단의 창가에서 꿈에도 생각지 않던 샤를뤼스 씨의 일면을 발견했을 뿐만 아니라, 특히 프랑수아즈에게서, 또한 슬프게도 알베르틴에게서 말과는 정반대인 판단과 꿍꿍이속을 보아왔다. 그러므로 한낱 방관자로서도, 표면상으로는 옳은 독일 황제와 불가리아 왕의 말에 속지 않고, 알베르틴의 경우와 마찬가지로 그들이 뭘 꾸미고 있는지 내 본능이 알아챘을 것이다. 그렇지만 결국 내가 당사자가 아니었다면, 내가 프랑스라는 당사자의 일부분이 아니었다면 어떻게 했을지는 다만 가정할 수밖에 없다. 이를테면 알베르틴과 싸웠을 때, 내 침울한 눈길과 막힌 목구멍은 기를 쓰고 자신의 상황을 지키고자 하는 나라는 개체의 일부가 되었으며, 그런 때 나는 그냥 보고만 있을 수는 없었다. 샤를뤼스 씨의 방관은 아무런 결점이 없었다. 그런데 그가 순수 프랑스 사람이 아닌 몸으로 프랑스에 살고 있으니까, 방관자에 지나지 않는 이상 친독자가 될 수밖에 없다. 그는 매우 영리한 인간이었지만, 어느 나라든지 바보들이 가장 많은 법이다. 만약 그가 독일에 살았다면, 옳지 못한 처지를 바보스런 열정으로 옹호하는 독일의 바보들에게 화냈을 게 틀림없다. 그러나 프랑스에 살고 있는 그는, 옳은 처지를 바보스런 열정으로 옹호하는 프랑스의 바보들에게 화가 났다. 열정의 논리는 가장 정당한 것에 적용되는 경우라도 냉정한 인간의 비난을 면치 못한다. 샤를뤼스 씨는 애국자들의 틀린 이론을 하나하나 교묘하게 지적해 나갔다. 옳은 처지에 만족하거나 성공을 확신하고 있는 얼간이는 특히 참을 수 없다. 샤를뤼스 씨는, 독일과 독일의 힘을 알지도 못하는 그들의 의기양양한 낙관주의가 역겨웠다. 그 사람들은 달마다 다음달에야말로 독일이 잘게 나누어지리라 믿고, 1년이 지나도 새로운 예상에 대한 확신을 여전히 버리지 않았으며, 지금까지 몇 번이나 빗나간 예상에 그처럼 확신을 품고 있었다는 사실 따위는 까맣게 잊은 듯이 천연덕스럽게 새로운 예상을 내놓는다. 그리고 남이 그 점을 지적하면, 그것과 이것은 다르다고 말한다. 그런데 샤를뤼스 씨는 생각이 깊은 사람이었으므로, 이를테면 예술 분야에서 마네를 헐뜯는 사람들이 "그와 똑같은 말을 들라크루아도 들었지요" 하고 지적당하면 "그것과 이것은 다릅니다" 반발하는 것을 이해할 수 없었으리라.

또한 샤를뤼스 씨는 연민의 정이 깊어, 상대를 패배자라고 생각만 해도 가슴이 아팠다. 늘 약자 편이고, 신문에서 재판 기사를 읽지 않는 까닭도 유죄 선고를 받은 자의 고뇌를 절실히 느끼지 않기 위함이며, 재판관이나 형집행인이나 '심판 종결'을 보고 좋아라 하는 군중을 모두 때려죽이지 못하는 게 한스러웠기 때문이다. 아무튼 이제는 프랑스가 패배하지 않을 게 확실했고, 그 대신에 굶주림에 허덕이는 독일이 언젠가는 무조건 항복하고 말리라는 사실도, 그는 알고 있었다. 이 생각 또한 그가 프랑스에 살고 있다는 사실에 의하여 더 한층 그의 마음을 언짢게 만들었다. 독일에 대한 그의 추억은 뭐니뭐니해도 아득한 지난날의 일인데, 한편 이제 역겨운 기쁨을 가지고 독일의 멸망을 지껄이는 프랑스인으로 말하면 그가 그 결점을 잘 알고 있는, 꼴도 보기 싫은 낯짝을 한 녀석들이었다. 그런 경우 우리는 바로 옆에서 비속한 일상생활을 보내는 이들보다, 모르는 인간, 공상 속의 인간 쪽을 더욱 동경하게 마련이다. 다만 우리가 우리 주위의 인간과 동화되어 완전히 하나가 되는 경우는 그렇지 않다. 애국심이 이런 기적을 행하여, 우리는 사랑싸움에서 자기 자신을 옹호하듯이 자기나라를 옹호한다.

그러므로 샤를뤼스 씨로서는 전쟁은 증오를 엄청나게 증식하는 배양지였다. 그 증오는 한순간에 그의 마음속에 생겨나 매우 짧게 지속될 뿐이었지만, 그동안 그는 온 광포를 다 부렸다. 신문을 펼치면 매일같이, '궁지에 몰린 야수, 이미 무력화'라고 거꾸러진 독일의 모습을 우쭐대며 표현하고 있지만, 실제 상태는 그와 정반대였으므로, 이런 기사의 그 기세등등한 잔인스러운 어리석음이 샤를뤼스 씨를 분노케 했다. 그 무렵 신문은 지면 일부에 저명인사들의 집필 원고를 싣고 있었는데, 저명인사들이란 브리쇼·노르푸아·모렐·르그랑댕 같은 이들로, 그들은 거기에서 '언론 보국' 하는 방편을 얻고 있었다. 샤를뤼스 씨는 그들과 만나서 신랄하기 짝이 없는 비꼬기를 퍼붓는 걸 꿈꾸고 있었다. 평소 이상성욕에 대해 남달리 능통한 그인지라, '약탈 제국들'의 여러 제왕이나 바그너 등이 그런 결함을 갖고 있음을 좋아라 폭로하는 놈들이야말로, 자기 딴에는 남들이 모르거니 생각하지만 실제로는 스스로가 그런 결함의 소지자라는 걸 거울 보듯 알고 있었다. 그는 그런 놈들과 맞서 여러 사람 앞에서 놈들의 악습을 까발려, 패배자를 모욕하는 그들을 숨통이 끊어질 정도로 욕보이고 싶어 몸이 달 지경이었다.

또한 샤를뤼스 씨에겐 이런 친독자가 되기에 더 특수한 이유가 있었다. 그 중 하나는 오랫동안 상류 사회의 인간으로서, 수많은 상류 사교인, 고귀한 이들, 명예심이 강한 이들, 무뢰한과는 손잡지 않을 이들의 틈에 끼어 살아와서, 그들의 까다로운 성미와 냉혹함을 너무도 잘 알기 때문이다. 그들이 클럽에서 마음에 들지 않는 남자를 내쫓거나 도전해오는 결투를 거절하거나 해도 그 남자가 흘리는 눈물에 무감각했고, 그러한 '도덕적인 결벽'에서 나온 행위가 사회에서 고립된 상대방의 어머니를 죽게 해도 그 사실에 무감각하다는 사실을 잘 알고 있었다. 샤를뤼스 씨는 영국에 대하여, 또한 그 영국이 참전했을 때의 훌륭한 태도에 대하여 감탄의 정을 품고 있음에도, 결점 없고 거짓말 못하며, 독일에 밀과 우유가 못 들어가게 봉쇄한 영국이라는 나라가 좀 명예심이 강한 국민, 결투의 입회인, 면허장이 있는 중개인 같은 국민이라는 생각이 들었다. 반대로 도스토예프스키의 작중인물같이 결점투성이 무뢰한 쪽이 더 훌륭한 경우가 있음을 그는 알고 있었다. 그러나 나는, 도스토예프스키의 작중인물은 거짓말을 하거나 남을 속여도 그 착한 마음씨가 예측되나, 독일인이 그런 마음씨를 나타냈다고는 생각되지 않았으므로, 그가 이 둘을 동일시하는 까닭을 이해할 수 없었다.

더욱이 샤를뤼스 씨의 이와 같은 친독 감정은 참으로 기괴한 반작용 때문이었으니, 그 '샤를리의 영향'에 기인한 것이었다. 그는 독일인을 몹시 추하다고 생각했는데, 아마도 그의 혈통에 너무 가까웠기 때문이리라. 그는 모로코인을 꽤 좋아했고, 특히 앵글로색슨인이라면 그리스의 거장인 피디아스가 조각한 살아 있는 석상을 보는 것처럼 사족을 못 썼다. 그런데 그에게서 쾌락은 반드시 어떤 잔혹한 관념을 뒤따르게 했으니, 그즈음 나는 그 관념이 어떠한 힘을 갖고 있는지 알지 못했다. 그는 자기가 사랑하는 사나이가 이루 말할 수 없이 정다운 사형집행인처럼 보였던 것이다. 그는 독일인의 반대편에 가담하면, 자신이 육욕에 탐닉할 때만 보이는 행동을 하는 것 같았다. 곧 자기의 타고난 동정심과는 반대 방향으로 내달리듯이, 악덕에 홀려 유혹에 육욕을 불태우고 추악한 미덕을 짓밟는 듯이 생각했으리라. 라스푸틴(Rasputin)*이 암살당했을 때도 마찬가지였다. 물론 이 암살이 사람들을 놀라게 한 까닭은 러시아적인 색채가 매우 강한 특징을 도스토예프스키식 만찬에서 발견했기 때문이다(이 경우에, 샤를뤼스 씨가 완전히 이해하는 사실을 만약 일반 사람들도 똑같이 이해했다면 그 인상은 한층 강했을 것이다). 아무튼 우리는 인생에 환멸을 느끼는 수가 많으므로, 문학이 인생과 아무런 관계도 없는 허구라는 생각을 하고 있는 만큼, 소설에 제시된 귀중한 사상이 조금도 왜곡될 염려 없이 버젓이 자연스럽게 일상 한복판에 드러나는 걸 보면, 이를테면 러시아에서 일어난 사건 같은 만찬·암살 등에 나타난 자못 러시아적인 걸 보면 사람들은 소스라치게 놀라는 것이다.

전쟁은 끝없이 이어지고 있었다. 이미 몇 년 전에 확실한 소식통에게 들었다면서 평화 담판이 시작되었노라고 알리며 조약의 조항까지 늘어놓은 적이 있던 사람들은 그 틀린 정보의 변명을 하는 수고조차 하지 않았다. 그들은 그 일을 까맣게 잊고 진지하게 다른 정보를 퍼뜨리고 있었는데, 이 또한 금세 잊어버리리라. 고타의 공습이 줄기차게 있던 때였다. 경계하는 프랑스 비행기의 요란한 소리가 끊임없이 공기를 진동시켜 갈가리 찢고 있었다. 그러나 이따금 사이렌이 발키리의 비통한 외침처럼—전쟁이 일어난 뒤에 듣는 유일한 독일 음악—울렸다가, 이윽고 소방수가 경보가 끝났음을 알린다. 그

---

* 러시아의 성직자(1872~1916). 니콜라이 2세와 황후 알렉산드리아의 총애를 믿고 방종하게 굴다가 암살됨.

와 동시에 경보 해제 신호가 마치 보이지 않는 신문팔이 소년처럼 일정한 간격을 두고 좋은 소식을 전하면서 기쁨의 고함을 공중에 던진다.

전쟁 전에 군국주의자였으며, 특히 프랑스에 군국주의 기풍이 충분치 못함을 비난했던 브리쇼 같은 이들이 지금은 독일의 지나친 군국주의를 비난하는 것만으로 부족해서 그 군대에 대한 찬미까지 비난하는 걸 보고, 샤를뤼스 씨는 깜짝 놀랐다. 그들은 독일에 대한 전쟁을 늦추는 사태에 이른다면 순식간에 의견을 바꿔 마땅히 평화주의자를 헐뜯을 게 틀림없다. 그러나 지금 브리쇼는, 나빠진 시력을 무릅쓰고 여러 중립국에서 발간한 저술에 대한 논평을 강연에서 맡았을 때, 용기병을 보고서 그것에 상징적인 찬미의 정을 품는 두 어린이를 군국주의의 씨앗으로 야유한 스위스 소설을 격찬했다. 용기병을 매우 아름답다고 생각하는 샤를뤼스 씨는 이 야유 말고도 다른 이유 때문에 못마땅했다. 애당초 남작이 읽지도 않은 책에 대해 브리쇼가 감탄하는 까닭을 남작이 알 리 없지만, 어쨌든 전쟁 전에 브리쇼가 내세우던 정신과는 아주 다른 그 책의 정신을 무엇 때문에 찬양하는지 샤를뤼스 씨는 알 수가 없었다. 전쟁 전의 브리쇼는 군인이 하는 일이라면 모두 옳다고 생각했으므로, 부아데프르 장군의 불법이나, 파티 드 클랑 대령의 왜곡과 교활한 술책이나 앙리 대령의 문서 조작도 문제가 아니었다. 그러던 것이 도대체 어떤 엄청난 방향 전환이 있었는지(라고 하나 사실인즉, 반군국주의 경향이던 드레퓌스파에 맞서 군국주의자가 싸운 때의 더할 나위 없이 고상한 애국적인 열정의 다른 면에 지나지 않고, 지금은 그로 말미암아 초군국주의인 게르만 제국과 싸우고 있는 이상 반군국주의가 될 수밖에 없었다) 브리쇼는 이렇게 외쳤다. "오오, 폭력의 본보기인 용기병 숭배밖에 아무것도 모르는, 난폭함이 가득한 세기의 젊은이들 관심을 끌기에 알맞은, 이 아니 현묘한 광경이냐! 이와 같은 야만스런 폭력 숭배 속에 자라난 세대의 젊은이들이 앞으로 얼마나 비열한 오합지졸이 될지 뻔하고도 환하다! 그래서 슈피텔러(Spitteler)*는 이 추악한 군국주의 개념에 대항하고자, 그가 작품 속에서 '미친 학생'이라고 부른 놀림받고 욕먹는 고독한 몽상가—작가가 슬프게도 시대에 뒤지고, 고대 신들의 잔인한 통치가 파괴되지 않는다면 이윽고 잊힐지 모르는 평화 시대의

---

* 스위스의 시인이자 소설가(1845~1924). 《올림피아의 봄》으로 1919년 노벨 문학상을 받음. 특히 로맹 롤랑과는 친교가 돈독했음.

숭배할 만한 부드러움을 매혹적으로 구상화한 몽상가—를 깊은 숲 속으로 쫓아냈다."

"여보게." 샤를뤼스 씨가 나에게 말했다. "자네도 잘 아는 코타르와 캉브르메르는 만날 때마다 독일에는 심리 통찰이 너무나 모자라다고 나에게 이러쿵저러쿵 한단 말씀이야. 우리끼리 얘기지만, 그 두 사람이 지금껏 심리라는 것에 관심이나 두었냐 말이야. 아니, 지금도 그런 증거를 보일 수 있다고 생각하나? 절대 과장한 말이 아닐세. 니체나 괴테 같은 위대한 독일인에 대해서도 코타르가 '튜턴(Teuton)*1족 특유의 심리 통찰의 결여에 의해'라고 말하는 걸 들을 수 있지. 그야 전쟁 중이니까 그것보다 고통스러운 게 많지만, 터놓고 말해 그런 말이 내 신경을 긁는다 이 말씀이야. 노르푸아 쪽은 더 현명하지. 그 점을 나도 인정하네. 다만 처음부터 죽 뚱딴지 같은 소리나 해대지만 말이야. 그런데 세상을 떠들썩하게 한 그 논설은 도대체 뭐지? 자네도 나처럼 브리쇼의 값어치를 잘 알 테지. 그가 속한 작은 성당에서 내가 떨어져나와 분파를 이룬 뒤로 그리 자주 만나지는 않으나, 나는 그를 썩 아끼네. 아무튼 나는 능변가이자 학식 높은 담임 교사를 어느 정도 존경해. 솔직히 말해 그 나이에, 그토록 쇠약한 몸으로—몇 년 전부터 쇠약한 게 눈에 띄었으니까—나라를 위해 그의 말마따나 '봉사'를 다시 시작했다니 눈물겨운 일일세. 하지만 선의와 재능은 별개의 것으로, 브리쇼에게는 재능이라는 게 없어. 그야 나도 이번 전쟁의 어떤 위대성에 대해서는 그와 마찬가지로 찬탄하는 바일세. 그런데 역사적인 궁전보다도 노동자의 부엌이나 광산에서 더 많은 시를 찾아낸 졸라와, 또 디드로를 호메로스 위에 놓고 바토를 라파엘로보다 높이 치는 공쿠르에 대하여 갖은 야유를 다 퍼부은 브리쇼 같은 맹목적 고대파가, 테르모필레(Thermopylae)*2나 아우스터리츠의 싸움마저도, 보쿠아(Vauquois)*3 전투에 비하면 아무것도 아니라고 자꾸만 우기는데, 그런 점이 사실 기묘하다면 기묘하단 말씀이야. 게다가 지금까지는 문학이나 예술의 현대파 작자들에게 저항하던 대중이, 이번에는 전쟁의 현대파에 대해서

---

*1 게르만 민족의 한 갈래로서 엘베 강 북쪽에 살았고, 기원전 110년쯤 로마를 공격한 민족.
*2 그리스 중동부에 있는 고개로서, 기원전 480년 페르시아군과 그리스 연합군 사이의 전쟁에서 스파르타의 레오니다스 왕과 병사들이 전멸한 곳.
*3 프랑스 북동부 뫼즈 지방에 있는, 제2차 세계대전 당시의 접전 지역.

는 고분고분하지. 그것이 지금 유행하는 사고방식이기 때문이고, 또 옹졸한 정신은 아름다움이 아니라 거창한 규모에 압도당하고 말기 때문일세. 요즘은 아주 크다는 말을 콜로살(kolossal)*이라고 k자를 쓰는 모양인데, 결국 우리가 그 앞에 무릎을 꿇는 존재는 바로 커다란(colossal) 거지. 브리쇼 얘기가 나왔으니 말이지만, 모렐을 만나봤나? 들리는 말로는 나를 만나고 싶어한다던데. 그렇다면 그 녀석이 첫걸음을 디뎌야지, 녀석보다 나이 많은 내가 시작해야 쓰나."

공교롭게 다음 날—미리 말해두자면—샤를뤼스 씨는 거리에서 모렐과 마주쳤다. 모렐은 샤를뤼스 씨의 시샘을 자극하기 위해 그의 팔을 잡고서 있는 일 없는 일을 멋대로 지껄였는데, 얼빠진 샤를뤼스 씨가 오늘 밤은 옆에 있어달라고, 다른 데 가지 말라고 말하자, 상대는 친구를 하나 발견하고는 샤를뤼스 씨에게 얼른 작별을 고했다. 약이 오른 샤를뤼스 씨가 물론 실행에 옮길 리 없으나, 공갈로라도 모렐을 붙잡고 싶은 마음에서, "두고 봐, 복수할 테니" 말하니까, 모렐은 웃어대면서 깜짝 놀란 친구의 목을 토닥토닥 두드리며 허리를 안듯이 하고 떠났다.

물론 샤를뤼스 씨가 모렐에 대해서 내게 한 말은 애정이—남작의 애정은 아주 끈질긴 게 틀림없지만—얼마나(상상력을 부추기며 감정을 날카롭게 하는 동시에) 남을 쉽게 믿고 자부심을 잃게 하는가를 증명했다. 그러나 샤를뤼스 씨가 "그 녀석은 여자에게 미쳐서 그것밖에 마음속에 없다 이 말씀이야" 하고 덧붙였을 때, 그는 자기가 생각하고 있는 것 이상으로 진실을 말했다. 그가 그런 말을 한 까닭은 자존심과 애정 때문이자, 모렐이 자신과 만난 뒤로 다른 남자와 관계를 갖지 않았다는 점을 남들에게 믿게 하려는 의도에서였다. 물론 나는 그것을 조금도 믿지 않았다. 모렐이 게르망트 대공에게 단돈 50프랑에 하룻밤을 내주는 장면(샤를뤼스 씨는 전혀 모르는 일이지만)을 본 적이 있기 때문이다. 그러므로 샤를뤼스 씨가 지나가는 걸 보고, 모렐이 (죄를 고백하고 싶어서 샤를뤼스 씨에게 일부러 부딪치고는 "어쩌나! 미안합니다, 당신에게 비열한 짓을 했다고 뼈아프게 느낍니다" 하고 구슬프게 말하는 날을 빼놓고) 친구들과 함께 카페 테라스에 앉아 작은 외침을 냅다 지르

---

* 독일어로 '커다란'이라는 형용사. 프랑스어로는 colossal임.

며, 남작을 손가락질하면서 늙은 성도착자를 조롱하고 낄낄거리는 모습을 보면, 나는 그것이 제 농간을 감추려고 그러는 것이라고 확신했다. 또 여봐란듯이 고발인의 낯짝을 하고 있는 자리를 같이한 녀석들도 남작과 단둘이 있을 때는 다들 남작이 요구하는 것을 뭐든지 할 거라고 나는 잘못 생각하고 있다. 이를테면 어느 특수한 충동이 성도착에서 가장 거리가 먼 생루 같은 이들을 성도착으로—그것은 모든 계급에 나타난다—이끌었다고 하면, 어떤 역충동이 성도착 상습자들을 그 행위에서 떼어놓는 경우도 있었다. 그런 변화가 생겨난 것은 때늦은 종교적인 가책이라든가, 어떤 추문이 불거졌을 때 느낀 충격이라든가, 또는 있지도 않은 질병에 대한 두려움에서였다. 그러한 질병에 대해서, 문지기나 시중꾼이나 부모들은 성심성의껏 그들에게 그것을 곧이 믿게 했다. 질투심이 강한 남자 애인들은, 젊은 남자를 독차지할 수 있다는 생각에 그런 질병을 과장했지만, 그 결과 거꾸로, 남들에게서는 물론 자기한 테서도 그 젊은이를 떼어놓는 처지에 이르고 말았다. 그로 말미암아 발베크의 엘리베이터 보이는 아무리 큰돈을 찔러넣어도 제의를 받아들이지 않았을 테고, 엘리베이터 보이가 보기에 지금 그런 제안은 적의 그것처럼 중대한 일로 보였다. 모렐의 경우, 그가 예외 없이 모든 남성을 거부한다는 점에 대해서 샤를뤼스 씨는 자기도 모르는 사이에 그의 환심을 정당화하는 동시에 그의 희망을 와르르 무너뜨리는 진실을 말했다. 그 거부는 샤를뤼스 씨와 헤어진 2년 뒤, 모렐이 한 여인에게 빠져들어 함께 살기 시작하면서부터였다. 그 여인은 모렐보다 의지가 강하여 그로 하여금 자기에 대한 절대적인 성실을 요구했다. 그래서 모렐은 샤를뤼스 씨로부터 많은 돈을 받을 때 게르망트 대공에게 단돈 50프랑으로 하룻밤을 제공했었는데, 이제는 모렐에게 5만 프랑을 내놓더라도 게르망트 대공은 물론이고 어느 누구도 받아들이지 않았을 것이다. 명예심도 없고 돈만 밝히는 모렐에게 그의 '여인'은 체면을 존중하는 사리를 명심하도록 차근차근 설명해주었으므로, 잠자리 조건으로 제공되는 세상의 모든 돈 따위에 관심없다는 허세를 부리는 일도 그는 마다하지 않았다. 이와 같이 심리학의 갖가지 작용은 인류의 개화(開化) 과정에서 초과 또는 감소라는 어느 방향에서 인류의 멸망을 가져오는 모든 것을 잘 조정하게 마련이다. 꽃의 세계도 그와 같아, 거기에서도 다윈에 의해 뚜렷이 드러난 똑같은 슬기가 연달아 서로 온갖 수정법을 맞세워서 이것을 조절하고 있다.

"그런데 이상하단 말씀이야." 샤를뤼스 씨는 이따금 내는 날카로운 작은 목소리로 덧붙였다. "고급 칵테일을 마시며 온종일 아주 행복한 듯 보이는 이들이, 자기는 전쟁이 끝날 때까지 목숨을 부지하지 못할 거라느니, 심장이 견디지 못할 거라느니, 다른 생각을 통 할 수 없다느니, 급사할 거라느니 따위의 말을 공공연하게 지껄이는 걸 듣거든. 그리고 더 기괴하게도, 실제로 그런 일이 일어난단 말이야. 참으로 신기하지! 영양 탓일까? 사실 입에 넣는 거라곤 조잡한 음식뿐이니까. 아니면 열성을 증명해 보이려고, 겨우겨우 유지해온 몸을 망치는 헛된 일에 매달리기 때문일까? 아무튼 이런 원인 모를 요절은 놀라운 숫자에 이르고 있네. 적어도 죽은 자의 처지에서 보면 요절이지. 가만 있자, 무슨 얘기를 하고 있었더라, 노르푸아가 이번 전쟁을 찬미하고 있다는 거였지. 하지만 왜 그렇게 괴상망측한 방식으로 전쟁을 말하는지 모르겠어! 노르푸아가 툭하면 쓰는 그 새 어구를 먼저 주목했겠지? 날마다 사용해 닳아서 해지면―참으로 노르푸아의 정력은 지칠 줄 모른단 말씀이야, 아무래도 내 큰어머니인 빌파리지가 돌아가셔서 두 번째 청춘을 맞이한 것 같단 말이야―곧장 다른 상투어로 갈아 치웠지. 지난날 자네가 재미삼아 적어두곤 했지, 나타나서 잠깐 계속하다가 사라지곤 하는 그의 어구 양식을. '바람을 뿌리는 자 폭풍을 거둔다', '개가 짖어도 대상(隊商)은 지나간다', '루이 남작 왈, 내게 좋은 정책을 달라, 그러면 좋은 재정으로 보답하겠노라', '비극적인 뜻으로 해석하면 과장스럽지만, 진지하게 해석하면 알맞은 전조가 있다', 또 '프로이센 왕을 위해 일한다' 따위 말일세(하기야 이 마지막 어구는 이번에 부활했는데 이는 피할 수 없는 일이라네). 그 뒤 참으로 많은 수의 어구가 죽었지! 우리가 얻은 것은 '휴지조약',* '약탈 제국들', '저항력 없는 부녀자를 살육하는 문화(kultur)', '일본인의 말처럼, 승리는 상대방보다 15분 더 견디는 쪽에 돌아간다', '게르만 투렌계 인종', '과학적 야만', '로이드 조지 씨의 힘찬 표현처럼, 우리가 전쟁에 이기고자 한다면'이라든가, 이루 셀 수도 없네. 그리고 '부대의 사기는 하늘을 찌르다', '부대의 용맹성' 등 그 노련한 노르푸아의 어법도 전쟁 때문에, 빵 제조나 수송의 속도처럼 심각한 변화를 받았지. 알아챘나, 그 노련한 사나이가 자신이 희망하

---

* '국제조약'이라는 뜻. 1914년 8월 4일 영독 회담 때, 독일 수상이 벨기에의 중립조약을 가리켜 영국 대사에게 한 말에서 유래함.

는 바를, 바야흐로 실현된 하나의 진리처럼 말하려 할 때, 사건 발생 뒤에 반박당할 염려가 있는 단순미래형은 감히 못 쓰고, 그 미래 시제의 표시로 동사 사부아르(savoir)*1를 쓰게 된 사실을?" 나는 무슨 뜻인지 잘 모르겠노라고, 샤를뤼스 씨에게 솔직하게 말했다.

여기서 적어둬야 할 것은, 게르망트 공작에겐 동생 샤를뤼스 씨의 염세주의가 조금도 없었다는 점이다. 그리고 공작은 샤를뤼스 씨가 영국을 싫어하는 만큼 영국을 좋아했다. 요컨대 공작은 카요(Cailaux) 씨를 천 번 총살해도 마땅한 매국노로 보았다. 샤를뤼스 남작이 그 배신의 증거를 요구하자 게르망트 씨는 대답하기를, '나는 배신했다'라고 종이에 쓰고 거기에 서명하는 놈밖에 형벌하지 못한다면, 배신죄로 처벌받을 놈은 하나도 없을 거라고 했다. 나중에 이 이야기를 할 기회가 없을 경우를 생각해서, 몇 자 더 적어두는데, 그런 지 이태 뒤, 철저한 카요 반대주의에 몰두한 게르망트 공작은 영국의 주재 무관과 그 아내를 만났다. 그들은 매우 교양 있는 부부로, 공작은 지난날 드레퓌스 사건 무렵 매력 있는 세 여성과 교제했듯이 이 부부와 친교를 맺었다. 그 첫날, 공작이 뚜렷한 죄상에다 형의 선고가 확실하다고 여기고 있는 카요에 대해 말하자, 매력 있고 학식 있는 부부가 입을 모아 "아뇨, 그는 분명 무죄예요. 비난받을 점이 전혀 없거든요" 말하는 걸 듣고, 공작은 벌린 입을 다물지 못했다. 게르망트 씨는 노르푸아 씨가 진술자리에서 전전긍긍하는 카요를 노려보면서 "당신은 프랑스의 졸리티(Giolitti)*2요. 그렇소, 카요 씨, 당신은 프랑스의 졸리티요" 한 말을 들먹였다. 그러나 학식 있고 매력적인 부부는 미소 지으며 노르푸아 씨를 비웃고, 그가 노망이 들었다는 증거를 몇 가지 늘어놓고 나서, '전전긍긍하는 카요 앞에서' 노르푸아 씨가 그렇게 말했다고 〈피가로〉지에 보도되었으나, 실제로는 아마도 카요 씨가 찬웃음을 지었을 거라고 결론지었다. 게르망트 공작의 의견은 지체 없이 변했다. 이 변화가 한 영국 여성의 영향이라는 것이 지금은 그다지 괴상하지 않으나, 그때에, 아니 1919년에도 그런 예언을 했다면, 아직 영국인이 독일인을 훈(Hun)족으로밖에 부르지 않았으며, 비국민적 범죄자들에게 극형의

---

*1 동사로 쓰면 '알다' '기억하다'이지만, 조동사로 쓰면 '⋯⋯일 수도 있다' '⋯⋯할 수 있다'가 됨.

*2 이탈리아의 정치가(1842~1928). 1908년에서 14년까지 총리를 지냈음.

선고를 요구했던 무렵이니까 매우 이상하게 보였을 거다. 그런데 영국인의 의견 또한 변하고 말아, 프랑스를 슬프게 하고 독일에 원조의 손길을 뻗는 여러 결정이 승인되고 말았다.

샤를뤼스 씨 이야기로 돌아가자. 내가 모르겠다고 고백하니까 샤를뤼스 씨는 "아니 알고 있네" 하고 말했다. "'알다(savoir)'라는 동사는 노르푸아의 논설 중에서는 미래형의 표시이지. 다시 말하면 노르푸아의 희망의 표시이 자 또 우리 전부의 희망의 표시이기도 하네." 그리고 이렇게 덧붙였지만, 아 마도 본마음은 그렇지 않았을 것이다.

"알겠나, 이 'savoir'가 단순미래의 표시가 아니라고 해도, 엄밀히 말해서 이 동사의 주어가 나라인 경우에는 가능하단 걸 알 테지. 이를테면 노르푸아 가 다음같이 말할 적마다 그렇지. 곧 '이와 같이 되풀이해서 정의가 침해되 는 마당에 아메리카인들이 무관심할 수 있으랴.' 또 '쌍두의 군주국*은 틀림 없이 뉘우치고 말리라(ne saurait).' 따위의 어구가, 노르푸아의 희망을(또한 나와 당신의 희망을) 나타내고 있음은 분명하네. 그러면서도 결국 이 동사는 그 본디 뜻 '알다'를 그대로 간직하고 있지. 왜냐하면 나라도 '알' 수 있고, 아메리카도 '알' 수 있으며, '쌍두의 군주군' 또한(예의 '심리 통찰의 결여'에 도) '알' 수 있으니까. 그러나 노르푸아가 다음같이 논했을 때는 이제 미래의 뜻임이 의심할 여지가 없네. '그와 같은 조직적 파괴는 중립국들을 이해시키 지 못하리라(ne sauraient).' '늪지대는 얼마 안 가서 연합군의 손에 영락없이 함락되고 말리라(ne saurait).' '중립파의 그와 같은 선출 결과는 그 나라 대 부분의 의견을 반영하지 못하리라(ne sauraient).' 그런데 그러한 파괴, 그러 한 지방, 그와 같은 투표의 결과는 무생물이므로 '알' 수가 없네. 오직 노르 푸아는 이러한 상투어로 여러 중립국에게 그 중립에서 벗어나라는 명령을 하 고(안타깝게도 중립국들은 그의 명령에 따르지 않겠지만), 또는 늪지대에게 '보슈스'에 다시는 종속되지 말라는 명령을 하는 데 지나지 않아(샤를뤼스 씨 는 '보슈'라는 낱말을 발음하는 데 지난날 발베크의 열차 안에서 여성에게 흥 미 없는 사내들에 대해 얘기했을 때와 같은 대담함을 나타냈다).

뿐만 아니라, 눈치챘는가, 1914년 개전 이래 늘 어떤 교활한 수를 부려 노

---

\* 오스트리아 제국을 가리킴.

르푸아가 중립국들을 향해 논설을 쓰기 시작했는지를? '물론 프랑스는 이탈리아(또는 루마니아, 불가리아 등등) 정책에 간섭할 권리가 없다'는 언명으로 그는 시작하지. 여러 국가가 중립을 벗어날지 아닐지는 저마다 자주적 관점에서 제 나라 국민의 이익을 고려하여 스스로 결정하는 게 옳다고 말이야. 그러나 논설의 이런 첫 언명(옛날 같으면 머리말이라고 불렸을 것)은 참으로 공정하지만, 그 다음 문장은 보통 그것과 어긋나네. '그러나' 하고 노르푸아는 계속해 대체로 다음같이 말하지. '권리와 정의의 대열에 가담하는 국민만이 싸움에서 물질적 혜택을 이끌어내리라는 건 더할 나위 없이 분명하다. 가장 적은 노력이 드는 정책에 따를 뿐 연합국을 위해 총칼을 들고 일어날 생각조차 없는 국민에게, 몇 세기 이래 압박받는 겨레의 신음 소리가 끓어오르는 그들의 영토를 되돌려줌으로써 연합국이 보상한다는 건 기대하지 못한다.' 전쟁 참가에의 권고 쪽으로 이와 같이 첫발을 내디딘 노르푸아를 멈추게 하는 건 이제 아무것도 없네. 전쟁 참가에의 근본적인 뜻뿐만 아니라, 그 시기에 대해서도 그는 점점 가면을 벗고 노골적인 충고를 하지. '물론' 하고, 그 자신이 '선량한 척'하려고 말투를 지어내면서 말하더군. '이탈리아와 루마니아가 참가할 적당한 때와 형식은 오로지 이탈리아, 루마니아 자체가 결정할 일이다. 그렇지만 괜히 머뭇거리면 시기를 놓칠 위험이 있음을 두 나라는 명심해야 한다. 이미 러시아 기병의 말굽 소리는 궁지에 몰린 게르마니아를 형용키 어려운 공포로 떨게 하고 있다. 승리의 찬란한 서광이 이미 환한 것을 보고 나서야 겨우 거들러 달려오는 국민은 서두르면 아직 얻을 수 있는 보수에의 모든 권리를 차지하지 못할 것은 분명하다, 등등.' 이것은 마치 극장에서 '늦게 오신 분들, 몇 개 안 남은 자리도 곧 팔립니다!' 떠들어대는 것과 같네. 또한 노르푸아는 그런 논설을 반년마다 되풀이하고, 또 루마니아에 주기적으로 다음과 같이 말하니 더욱 어처구니없지. '곧 때는 왔도다. 루마니아가 국민의 열망을 실현하기를 바라는가 아닌가를 알 때가. 더 이상 기다리면 때를 놓치고 후회할 우려가 있다.' 그런데 그가 그런 말을 한 지 3년이 지나도 '때를 놓쳐서 안타까워하기'는커녕, 루마니아에게 제공하는 것이 늘어날 뿐이야. 마찬가지로 그는, 그리스가 세르비아와의 동맹조약을 지키지 않았다고 해서 보호한다는 핑계로 그리스에 간섭하도록 프랑스 등등에 권유하고 있네. 솔직히 말해, 만일 프랑스가 전쟁 중에 있지 않고 또 그리스의 협력이나 호의적인 중립을 원하지 않는다면, 프랑스를 보호한다는 핑계로 그리스에 간섭하겠다는 생각을 품었을까? 그리스가 세르비아와의 약속을 지키지 않았다며 프랑스가 격분하고 있지만, 똑같이 분명한 루마니아와 이탈리아의 조약 위반에 대해서는 단 한 마디도 없지 않는가 이 말이야. 내 생각으론, 루마니아와 이탈리아가 독일의 동맹국으로서 그다지 강압적이지도 광범위하지도 않은 그 의무를 조약대로 이행하지 않은 건, 그리스의 경우도 그렇지만 나름의 이유가 있었을 걸세. 사실 사람들은 자기가 읽는 신문을 통해 모든 일을 판단하게 마련이지! 그들이 문제의 인물이나 사건을 직접 알지 못하니 달리 수가 있겠나? 지난 일이네만 한때 그토록 기묘한 감정의 소용돌이를 일으켰던 드레퓌스 사건―이미 몇 세기가 흘러갔다고 말하는 편이 적절할지도 모르네. 전쟁 철학자들은 과거와의 연결은 모두 끊어져버렸다고 떠들어대고 있으니까―때의 일인데, 나는 친척들이 애독하는 신문에 드레퓌스 반대파로 소개된 옛 코뮌파인 교권 반대론자에게 온갖 존경을 바치고, 반면 가문 좋은 가톨릭 신자이면서 재심파가 된 어떤 장군을 욕되게 하는 걸 보니 화가 벌컥 나더군. 마찬가지로, 모든 프랑스인이 존경해 마지않던 프란츠 요제프 황제를 이제 와서 미워하는 걸 보면 또한 화가 나네. 프랑스 국민이 황제를 존경해 마지않았음은, 그분의 사람됨을 잘 알거니와 또 그분이 사촌형제로 대우해주는 내 눈으로 보면 당연한 일이지. 허어! 전쟁이 시작된 뒤로 편지조차 못 했군."

그는 책망받지 않을 걸 잘 알면서 잘못을 대담하게 고백하는 투로 덧붙였다. "그렇지, 전쟁이 일어난 해에 딱 한 번 보냈군. 하는 수 없지. 그렇다고 그분에 대한 내 존경심이 조금이라도 변한 건 아니야. 하지만 내게도 전선에서 싸우는 젊은 친척들이 많아서, 우리나라와 교전 중인 적국 우두머리와 서신을 계속하는 걸 그들이 매우 고약하게 생각할 테니, 나도 그 점을 알고 있네그려. 하는 수 없지. 비난하려거든 하게." 내 비난에 대담히 맞대듯이 덧붙이고 나서, "나는 이런 판국에 샤를뤼스라고 서명한 편지가 빈에 닿기를 바라지 않았던 걸세. 늙으신 황제께 올릴 큰 간언이 있다면, 유럽에서 가장 오래되고 가장 이름 높은 가문의 우두머리이신 고귀한 군주께서 빌헬름 폰 호엔촐레른* 같은 쩨쩨한 시골 귀족, 매우 약삭빠르나 한낱 어정뱅이에 지

_____

*독일 황제(1859~1941).

나지 않는 사내가 이끄는 대로 끌려왔다는 점이지. 이것이 이번 전쟁에서 가장 불쾌한 사태 가운데 하나라고 하겠네."

샤를뤼스 씨는 그의 온 생각을 지배하는 귀족적인 관점으로 되돌아가자, 금세 이상하리만큼 유치하게 반응하며 마른이나 베르됭 전투에 대한 얘기라도 하듯 나에게 말하기를, 앞으로 이번 전쟁의 역사를 저술할 사람이 결코 빠뜨려서는 안 되는 아주 기묘하고 중요한 일이 몇 가지 있다고 했다. "그러니까 세상 사람들이란 아무것도 몰라. 뻔한 일을 아직 아무도 주목하지 않는다 이 말씀이야. 예를 들어 몰타 기사단의 단장은 틀림없는 '독일놈'인데도 버젓이 계속 로마에서 살고, 우리 기사단 단장이라는 명목으로 치외법권의 특권을 누리고 있다네. 재미있지 않은가." 그는 마치 '어떤가, 나를 만나 오늘 저녁은 헛되게 안 보내지 않았나' 하는 투로 덧붙였다. 내가 고맙다고 하니, 그는 보수를 요구하지 않는 이답게 겸손한 태도를 보였다.

"허어, 자네에게 무슨 얘기를 했더라? 아아, 그렇지, 요즘 사람들이 애독하는 신문에 의해 프란츠 요제프 황제를 증오하고 있다는 얘기였지. 대중은 그리스의 콘스탄틴 왕과 불가리아 왕에 대해서 혐오와 친애 사이를 여러 번 오락가락했는데, 그도 그럴 것이, 이 두 왕께서 어떤 때는 협상국 측에 가담할 거라고 했다가, 또 어떤 때는 브리쇼가 이른바 중앙제국이라고 일컫는 측에 가담하리라는 식으로 번갈아 가며 보도되었으니까. 그것은 마치 브리쇼가 '머지않아 베니제로스(Venizeros)*의 종이 울릴 것이다'라고 끊임없이 우리에게 되풀이하는 것과 같네. 베니제로스가 유능한 정치가라는 걸 나도 의심치 않아. 하지만 그리스인이 그토록 베니제로스를 열망하고 있다고 할 수 있을까? 그는 그리스가 세르비아에 대한 약속을 지키기를 바랐다고 하네. 하지만 그 약속이 도대체 뭔지, 또 이탈리아와 루마니아가 위반해도 괜찮다고 생각한 그 약속보다 더 광범한 것인지 아닌지를 알 필요가 있지. 우리는 그리스가 어떻게 그 조약을 실행하고 그 규정을 존중하는지 걱정하는데, 만일 그것이 우리와 아무런 이해관계가 없다면 결코 그런 걱정 따위는 하지 않을 걸세. 전쟁이 일어나지 않았다면 '자타가 공인하는' 강국들이 이런 작은 나라의 의회가 해산하건 말건 관심이나 두었겠나? 그런데 내 눈에 보이는

─────────────
* 그리스의 정치가(1864~1936). 콘스탄틴 왕의 친독정책을 반대하다가 1917년 6월 국왕의 양위와 동시에 수상이 되어 협상국 측과 동맹을 맺음.

건 다름이 아니라, 그리스 왕으로부터 왕권을 뒷받침하는 세력을 하나하나 모두 뽑아버림으로써, 호위 군대를 잃게 되는 날 왕을 국외로 추방하거나 유폐시키려는 의도뿐이네. 일반 대중은 그리스 왕과 불가리아 왕을 신문을 통해서밖에 판단하지 못한다고 말했지. 직접 왕을 알지 못하니, 신문이 아니면 어떻게 알 수 있겠나? 하지만 나는 두 왕을 자주 만나뵙고, 그리스의 콘스탄틴 황제와는 그분이 황태자였을 적에 매우 친했는데 정말 감탄할 만한 젊은이였지. 니콜라스 황제께서 그분에게 대단한 애정을 품었던 걸로 나는 늘 생각했네그려. 물론 정정당당히 말일세. 크리스티앙 대공부인이 이 일을 공공연하게 떠들어댔지만, 그녀는 워낙 험담 잘하는 여인인지라. 불가리아 황제는 어떤가 하면, 순 불량배, 진짜 떠버리지만, 두뇌가 잘 도는 놀라운 인물이라네. 그분은 나를 썩 좋아하지."

참으로 유쾌한 인물로 남을 수 있는 샤를뤼스 씨는 이런 화제를 꺼내기 시작하면 금세 추악하게 변했다. 병자가 언제나 건강을 자랑하고자 하는 들뜬 자기만족이 한몫 끼는 것이다. 그런 때 나는 여러 번 생각했다. 발베크의 시골 열차 안에서, 언제나 교묘히 몸을 사리는 그에게 비밀을 고백시키려고 하던 베르뒤랭네 단골들도, 아마도 이 같은 괴벽의 자랑을 견디지 못해 기분이 나빠지고, 병자의 방에 있거나 남들 앞에서 주사기를 꺼내는 모르핀 중독자 앞에 있거나 하듯 숨이 탁탁 막혀, 듣고 싶어하던 고백도 그들 쪽에서 멈추게 하고 말았을 거라고. 게다가 틀림없이 이렇다 할 증거도 하나 없이 남을 닥치는 대로 비난하고, 그들을 자기 멋대로 특수한 범주 속에 집어넣으면서, 그 자신도 그 부류에 속한다는 사실을 듣는 이가 다 알고 있는데도 자신만은 거기서 제외하는 걸 보고 있자면 누구나 화가 나기 마련이다. 요컨대 그토록 총명하면서, 이 점에 대하여 비좁은 하나의 작은 철학을 스스로 만들어낸 샤를뤼스 씨는(그 철학의 밑바닥에는 스완이 '인생'에서 발견한 어떤 시시한 호기심이 있었는지도 모른다) 그런 특수한 처지에서 모든 일을 설명하려 들었는데, 자기 약점에 사로잡혀 있는 사람이 다 그렇듯, 그는 본디의 자기보다 보잘것없는 인물로 보일 뿐만 아니라, 그런 자신에게 엄청나게 만족스러워했다. 그러므로 매우 점잖고 고상한 인품을 갖춘 샤를뤼스 씨도 다음 같은 말로 이야기를 마칠 때는 미련하기 짝이 없는 미소를 지었다.

"빌헬름 황제에 대하여, 페르디난드 드 코부르크(Ferdinand de Cobourg)*1에 대한 것과 똑같은 추측이 나도니까, 어쩌면 그 때문에 페르디난드 황제가 '침략 제국' 측에 붙었는지도 모르지. 누구나 쇠르(soeur)*2에겐 너그러우니까 무엇 하나 거절하지 못하거든. 불가리아가 독일과 동맹을 맺은 사실에 대한 설명으로 썩 재미난 견해라고 생각하는데." 샤를뤼스 씨는 이런 어리석은 설명이 참으로 교묘하다고 생각하는 듯 한참 웃어댔다. 설사 이 설명이 사실에 입각했더라도, 샤를뤼스 씨가 봉건영주 또는 예루살렘의 성 요한 기사단*3의 일원으로서 전쟁에 대해 고찰했을 때와 마찬가지로 유치한 것이었다. 하지만 그는 끝으로 매우 옳은 지적을 했다. "놀랍게도, 그처럼 신문을 통해서만 전쟁에 대한 사실과 인물을 판단하는 일반 대중이 스스로 그것을 판단하는 줄로 믿는다 이 말씀이야."

이 점은 샤를뤼스 씨의 말이 옳았다. 그런데 사람은 개인적인 의견을 말할 때뿐만 아니라 그것을 머릿속에 정리할 때도 말없이 생각하는 순간이 필요한데, 내가 들은 바로는 포르슈빌 부인*4이 진심 어린 어조로 다음같이 말하기 앞서 잠깐 침묵하고 주저하는 모양은 볼 만하다고 했다. "아니에요, 나는 그들이 바르샤바를 점령하리라고는 믿지 않아요", "두 번째 겨울을 못 넘길 것 같은 느낌이 들어요", "난 절름발이 평화를 원치 않아요", "내가 두려워하는 건 말씀드려도 될지 모르겠지만 의회(議會)랍니다", "아니요, 돌파할 수 있으리라 생각해요." 이런 말을 할 때 오데트는 부자연스러워 보였는데, 다음 이야기에서 그것이 극에 달했다. "독일 군대가 잘 싸우지 못한다는 말은 아니지만, 그래도 그들에겐 이른바 크랑(cran)*5이 부족해요." 이 '크랑'이라는 낱말을 발음할 때(단순히 모르당(mordant)*6이라는 낱말을 발음할 때도 그렇지만), 그녀는 손으로 무언가를 반죽하는 시늉을 하면서, 화실 용어를 쓰는 화가의 제자들 같은 눈빛을 했다. 그러나 그녀의 말씨에는 옛날보다도 뚜렷하게 영국을 찬양하는 흔적이 남아 있었으니, 그녀는 이제 전처럼

---

*1 불가리아 황제(1861~1948).

*2 '자매'나 '누이'이지만, 여기서는 남색(sodomie)의 상대자를 말함.

*3 몰타 기사단.

*4 오데트를 가리키는 말.

*5 대담성, 배짱.

*6 사기왕성.

영국인을 가리켜 '해협 건너의 이웃나라 사람'이나, 아니면 고작 '우리의 친구인 영국 사람'이라는 호칭으로 만족해야 할 필요가 없어졌고, 떳떳이 '우리의 성실한 동맹군!'이라고 불렀다. 말할 것도 없이, 영국인이 독일인을 운동 정신에 있어 교활한 인간임을 설명하기 위해 걸핏하면 '페어플레이(fair play)'라는 말을 들먹이지 않고는 못 배겼다. 또한 "우리 동맹국 사람들 말마따나, 천하없어도 전쟁에 이겨야 합니다"라고 말했다. 게다가 영국 병사에 대한 것이라면 무슨 일에나 자기 사위인 생루의 이름을 억지로 관련시켰을 뿐만 아니라 그 사위가 오스트레일리아 병사, 스코틀랜드 병사, 뉴질랜드 병사, 캐나다 병사와도 가까이 지내는 일에 기쁨을 느낀다느니 하는 이야기로 끌고 갔다. "우리 사위 생루는 그 용감한 토미들(tommies) *¹이 쓰는 속어도 알고 있고, 먼 도미니언(dominion) *²에서 온 군인들과도 의사소통이 되고, 기지 사령관뿐 아니라 시시한 프라이빗(private) *³하고도 벗으로 지내지요."

샤를뤼스 씨와 큰 거리를 나란히 걸어 내려가면서 포르슈빌 부인에 대해 이런 여담을 한 끝이니, 베르뒤랭 부인과 브리쇼와의 관계에 대해, 더욱 긴 여담, 그러나 이 시대를 묘사하는 데 도움이 되는 여담을 풀어놓는 걸 용서하시라. 사실 불쌍하게도 브리쇼는 노르푸아 못지않게 샤를뤼스 씨에 의해 가차 없이 비평되었는데(샤를뤼스 씨는 매우 신랄한 동시에 아무래도 무의식적으로 친독파이므로), 베르뒤랭네 사람들에게서는 그보다 더 지독한 대우를 받고 있었다. 물론 베르뒤랭네 사람들은 맹목적 애국주의자이니, 브리쇼의 논설은 베르뒤랭 부인을 매우 즐겁게 하는 다른 수많은 글에 비해도 손색이 없을 터였다. 하지만 독자들도 기억하겠지만, 지난날 브리쇼는 베르뒤랭네 사람들에게 위대한 인물로 여겨졌으나, 이미 라 라스플리에르 무렵부터, 사니에트처럼 놀림감은 아니더라도, 거의 숨기지 않는 야유의 대상이 되어왔다. 그러나 적어도 그때의 그는 신도의 일원인 덕분에, 이 작은 단체의 설립 회원과 협력 회원들에게 규약에 의하여 인정된 특권의 일부를 아직 암암리에 확보하고 있었다. 그렇지만 아마도 전쟁 때문인지 아니면 그토록 오

---

*1 영국 병사를 가리키는 말.

*2 영국령(英國領).

*3 이등병(二等兵).

래 지연된 우아한 사교계에 급격한 결정화(結晶化)가 이루어졌기 때문인지 —그런 결정화에 필요한 모든 요소는 모습을 숨긴 채 오래전부터 베르뒤랭 부인의 살롱에 가득 차 있었는데—이 살롱이 새로운 사교계에 개방되고, 또 처음에 이 새로운 사교계를 끌어당기는 미끼였던 충실한 단골들이 점점 초대되지 않음에 따라 그것과 평행한 현상이 브리쇼에게도 일어났던 것이다.

소르본 대학교수, 학사원 회원이라는 배경에도, 브리쇼의 명성은 전쟁이 일어나기까지 베르뒤랭네 살롱의 경계를 넘지 못했다. 그러나 거의 날마다 신문에 논설을 쓰기 시작했을 때, 그 논설이 한때 신도들을 위하여 아낌없이 남발한 가짜 다이아몬드로 꾸며져 있고, 한편 어떤 익살스러운 형식을 취해도 숨기지 못하는 소르본 교수다운 진짜 박식으로 가득하여 '상류 사교계'는 글자 그대로 현혹되고 말았다. 두 번 다시 그런 일은 없었지만, 상류 사교계 인사들은 무능과는 거리가 멀고 지식이 풍부하며 줄이어 고사(故事)를 늘어놓아 남의 주목을 끌 수 있는 이런 인간에게 호의를 보였다. 그래서 세 명의 공작부인이 베르뒤랭 부인네 야회에 가 있는 동안, 다른 세 명의 공작부인은 이 위대한 인물을 자기네 만찬에 초대하려고 경쟁했다. 그는 그중 한 공작부인의 초대를 승낙했다. 그의 논설이 포부르 생제르맹에서까지 성공을 거두자 몹시 골난 베르뒤랭 부인은, 브리쇼가 아직 만난 적 없는 이로, 그를 금세 빼내갈 성싶은 귀부인이 참석하기로 되어 있는 야회에는 그를 초대하지 않도록 주의를 기울였으므로, 그런 만큼 브리쇼도 자기가 구속받지 않는다고 느꼈던 것이다. 요컨대 언론 세계에 브리쇼는 이제껏 베르뒤랭네 살롱에서 공짜로 낭비해온 재능을 뒤늦게나마 상당액의 보수와 맞바꾸는 훌륭한 형식으로 제공했을 뿐으로, 이것은 그가 좌담을 하듯 조금도 힘들이지 않고 논설을 쓸 만큼 능숙하게 말을 잘하고 박식했기 때문이다. 이와 같이 언론은 한때 브리쇼를 의논할 여지없는 영광으로 안내하는 듯 보였으며, 또 사실 그랬을 것이다……. 베르뒤랭 부인만 없었다면.

사실 브리쇼의 논설은 사교계 사람들이 생각하고 있는 만큼 전혀 대단한 게 아니었다. 거기에는 인간의 야비함이 학자의 현학 취미 밑에 끊임없이 어른거리고 있었다. 그리고 아무런 뜻도 없는 인상('독일인은 이제 베토벤의 조각상도 바로 볼 수 없으리라', '실러도 관 속에서 치를 떨었음에 틀림없다', '벨기에의 중립에 서명한 잉크가 아직 마르지도 않았는데', '레닌의 목소리는

초원의 바람과 함께 사라졌다') 옆에 다음과 같은 낡은 글귀가 이어졌다. '2
만의 포로, 이는 적잖은 수다', '우리 군사령부는 눈을 부릅뜨고 최선을 다하
리', '우리는 승리를 바란다, 오직 그뿐이다.' 그러나 이런 글귀에 섞여 참으
로 해박한 지식과 분별과 옳은 수많은 이론이 있었다! 그런데 베르뒤랭 부인
은 브리쇼의 논설을 읽기에 앞서, 거기에서 비웃음거리를 발견하리라는 생각
에 지레 만족을 품고, 그것을 놓칠세라 정신 바짝 차리고 읽었다. 그리고 공
교롭게도 반드시 그런 비웃음거리가 듬뿍 있었다. 아니, 진득하게 찾을 필요
도 없었다. 아무리 적절하더라도, 그리 알려지지 않은 작가, 적어도 브리쇼
가 참조한 작품의 저자로서 알려져 있지 않은 작가를 인용하면, 그게 견딜
수 없는 현학 취미의 증거로 베르뒤랭 부인의 규탄거리가 되었다.

　부인은 만찬 참석자의 폭소를 터뜨리고자 모임 시간을 초조하게 기다렸
다. "그런데 오늘 밤 브리쇼의 글을 읽어보셨습니까? 그 퀴비에(Cuvier)*의
인용을 읽으면서 댁이 뭐라고 하셨을까 생각해봤어요. 참말로 그분 머리가
돌았나 봐요."—"실은 아직 안 읽었습니다." 상대가 말했다. —"뭐라구요,
아직 안 읽으셨다구요? 그런 재미를 놓치셨다니 안타까워라, 허리가 아플
정도로 웃음거리인데." 아직 브리쇼를 안 읽은 이가 있어서 그 웃음거리를
널리 알릴 수 있는 기회를 얻어 속으로 기쁘기 그지없는 베르뒤랭 부인은,
집사에게 〈르 탕〉지를 가져오게 하여 매우 간단한 글귀까지 쩌렁쩌렁 울리
는 목소리로 직접 낭독했다. 만찬이 끝난 뒤에도 밤새껏 반브리쇼전(戰)은
계속되었다. 겉으로는 자제하는 체하면서, 그녀는 몰레 백작부인을 가리키
며 말했다. "너무 큰 소리로는 말할 수 없어요, 저기 저분은 그런 우스꽝스
러운 것에 꽤나 감탄하고 계시거든요. 사교계 분들은 뜻밖에 순진한 데가 있
으세요." 몰레 부인은, 그녀에 대해 흉보는 말을 알아들으라는 듯이 어지간
히 큰 소리로 떠들어대면서도 한편으론 그녀가 알아들을까 봐 목소리를 낮
추는 시늉을 하는 사람들에게 망신당하는 처지가 되자, 실제로는 브리쇼를
미술레와 동등하게 평가하면서도 그 자리에선 비겁하게도 인정하지 않았다.
그녀는 베르뒤랭 부인의 주장에 동조하고, 반론할 여지가 없다고 생각하게
끔 매듭을 짓고자 이렇게 말했다. "하지만 부정할 수 없는 건 그분이 쓰긴

---

*프랑스의 동물학자(1769~1832).

잘 쓴다는 거죠."—"그걸 잘 쓴다고 생각하세요, 정말로?" 베르뒤랭 부인이 말했다. "나는 돼지가 쓴 글 같다고 생각하는데." 이 대담한 말에 다들 웃음을 터뜨렸는데, 베르뒤랭 부인이 돼지라는 낱말에 본인도 깜짝 놀란 듯이, 손으로 입을 가리며 속삭이듯 발음하여 더욱 그랬다.

브리쇼는 대학교수 티를 내지 않고자 신어(新語)를 쓰는 버릇이 있어서, 검열에 걸려 논설의 일부가 '가위질' 당할 때마다 잠깐 불끈 하다가도 보통은 자기 성공에 만족하며 그 우쭐한 마음을 유치하게 자랑했기 때문에 베르뒤랭 부인의 분노는 점점 더 하늘을 찔렀다. 베르뒤랭 부인도 그의 앞에선 그가 쓴 것에 대한 경멸을 보란 듯이 드러내지 않고 무뚝뚝한 얼굴을 할 뿐이지만, 눈치 빠른 사내라면 그것만으로 충분히 알아챘으리라. 딱 한번, '나(je)'라는 인칭을 너무 자주 쓰는 것을 그녀가 대놓고 비난한 적이 있다. 사실 그에겐 '나'라는 인칭대명사를 줄곧 쓰는 버릇이 있었는데, 그것은 첫째로 대학교수로서의 습관상, '나는 동의한다(J'accorde que)'라는 표현을 끊임없이 사용하거나 '내가 인정하는 바는(Je veux bien que)' 대신에 'Je veux que'라고 쓰기 때문이다. 예를 들면 '전선의 터무니없는 확장을 위해 그것이 필요하다고 생각한다(Je veux que l'énorme développement des fronts nécessite)' 따위의 표현을 끊임없이 쓰기 때문이고, 특히 이번 전쟁이 터지기 오래전부터 독일의 군사 준비를 눈치챈 반드레퓌스파의 옛 투사인 그는, '나는 1897년부터 이미 공언해왔다', '나는 1901년에 이를 지적해 말했는데', '나는 오늘날에는 쉽게 구하지 못하는 내 소책자의 글에서 책은 자기 운명을 가진다(habent sua fata libelli)고 경고했는데' 하는 따위의 글귀를 너무나 자주 쓰다 보니 그 습관이 몸에 배고 만 것이다. 그는 베르뒤랭 부인이 날카로운 말투로 쏘아붙인 충고에 몹시 얼굴을 붉혔다. "옳은 말씀입니다, 부인. 콩브(Combe)*¹ 씨 못지않게 예수회파를 싫어한 어떤 인물이—그가 쓴 글에는 감미로운 회의주의의 대가이자 대홍수*² 전에는 분명 나의 적수였던 아나톨 프랑스의 서문 따위는 안 붙어 있지만—이런 말을 했어요. '자아는 언제나 가증스러운 것이다.'*³" 이때부터 브리쇼는 일인칭 나(je)를 부정칭 대명사

---

*1 프랑스의 수상(1902~05), 급진당수, 종교단체 단속법을 통과시킴.
*2 그 전란을 말함.
*3 파스칼이 한 말.

on*1으로 바꿨다. 그러나 인칭을 바꿔도 독자는 작가가 자기 이야기를 쓰고 있다고 생각했으며, 또 작가는 언제나 '사람' 또는 '우리'라는 인칭 뒤에 숨어서 여전히 자기 이야기를 하고, 자신의 사소한 문구에 대해서까지 주석을 달며, 단 하나의 부정(否定)을 위해서 한 편의 논설을 쓸 수도 있었다. 이를테면 다른 논설에서 독일군이 그 용기를 조금 잃었다는 이야기를 한다면, 브리쇼는 다음과 같은 서두로 시작하는 것이었다. ─"우리는 여기서 진실을 위장하려는 게 아니다. 우리는 앞서 독일군이 그 용기를 조금 잃었다고 했지, 그들의 용기가 대수롭지 않다고는 말하지 않았다. 하물며 그들에게 아무런 용기도 없다고 쓰겠는가. 이와 마찬가지로 다음과 같은 말도 하지 않겠다. 점령 지역이니, 비점령 지역이니 등등." 결국 그가 하지 않았다는 말을 모두 한다면, 또 그가 몇 년 전에 한 말이나, 클라우제비츠(Clausewitz), *2 조미니(Jomini), *3 오비디우스, 티아나의 아폴로니우스*4 등이 저마다 옛날에 한 말 등을 떠올리는 것만으로도 브리쇼는 능히 책 한 권을 쓸 수 있었을 것이다. 그가 그런 책을 발간하지 않았음은 참으로 유감이다. 그토록 지식이 풍부한 그의 논설은 이제 읽으려 해도 얻어 읽기 어려우니까.

베르뒤랭 부인에게 선동된 포부르 생제르맹 사람들은, 부인 집에서는 브리쇼를 비웃기 시작했으나, 동아리 밖으로 나오면 여전히 브리쇼를 칭찬했다. 그러다가 이전에는 그를 칭찬하는 것이 유행이었듯이 지금은 그를 비웃는 게 유행이 되었다. 또 그의 논설을 읽던 때는 남몰래 그에게 관심을 품어오던 여인들마저 더 이상 글을 읽지 않고, 남들보다 우직하게 보이지 않기 위해 태도를 바꿔 그를 쌀쌀한 태도로 비웃곤 했다. 작은 동아리에서 이때만큼 브리쇼가 입에 오르내린 적이 없었다. 그것도 조롱거리로. 브리쇼의 논설을 어떻게 생각하느냐가, 신참자의 두뇌 정도를 측정하는 기준이 되었다. 처음에 얼빠진 대답을 하면, 반드시 사람들은 무엇을 근거로 머리의 좋고 나쁨을 판단하는지부터 가르쳐주었다.

"요컨대, 자네, 그런 것도 심하지만, 그런 진저리나는 논설만이 한심한 게

---

*1 '사람' 또는 '우리'.
*2 프로이센의 군인·군사 이론가(1780~1831).
*3 스위스 태생으로 처음에는 프랑스, 나중에는 러시아에서 활동한 군사 연구가(1779~1869).
*4 그리스의 철학자(1세기 무렵).

아닐세. 툭하면 문화 파괴주의가 어쩌니, 파괴된 조각상이 저쩌니 하지만, 비할 데 없이 다채로운 조각상인 그 숱한 청년들을 파괴하는 것은 문화 파괴주의가 아닌가? 이목구비 수려한 사내가 사라진 도시는 모든 조각이 부서지고 만 뒤의 도시와 같은 게 아닌가? 뒤발이 경영하는 수프 전문집에 들어온 듯한 착각을 일으키게 하는 코르네트(cornette)[1]를 쓴 여자가 아니면, 디동 신부[2]를 닮은 곰팡내 나는 늙은 어릿광대의 시중을 받는 식당에 식사하러 간들 무엇이 기쁘겠나? 바로 그렇네, 암, 당당히 말하지. 뭐니뭐니해도 '아름다움'은 과연 생기 넘치는 육체 속에 있어야 '아름다움'이니까. 병역이 면제된 이유가 얼굴에 역력히 써 있는 코걸이안경을 낀 곱사등이의 식사 시중을 받으면 퍽이나 즐겁겠군! 식당에 들어가서 잘생긴 사내를 바라보고자 하면, 종전과는 달리 시중하는 종업원들이 아니라, 식사하는 손님들 중에서 찾아내야 하지. 그러나 종업원이라면 자주 식당을 옮겨 다녀도 다시 만날 수 있지만, 처음으로 그 식당에 온 영국 중위, 내일 전사할지도 모르는 상대이고 보면, 그 사람이 누구이고 언제 또 올지 어떻게 알겠나! 그 훌륭한 〈클라리스(Clarisse)〉[3]의 작자인 멋있는 모랑이 이야기하듯, 폴란드의 아우구스투스 왕은 자기 연대 가운데 하나를 중국 도자기 꽃병과 바꾸었지만, 내 생각으론 밑지는 거래를 했던 걸세. 생각해보게나, 우리 친구인 고귀한 미녀들의 저택에 있는 유서 깊은 계단을 줄지어 장식하던, 키가 2미터나 됨직한 대장부인 사내종들이, 그들의 귀에 두 달쯤이면 전쟁이 끝날 거라고 떠들어대는 바람에 대부분이 출정해 모두 전사하고 말았으니! 허어 참! 그들은 나처럼 독일의 뚝심, 프로이센 민족의 힘을 미처 몰랐단 말씀이야." 샤를뤼스 씨는 정신없이 말했다.

이어서 그는 자기 관점을 지나치게 드러냈음을 깨닫고 다시 말했다. "내가 프랑스를 위해 두려워하는 것은 독일보다 오히려 전쟁 자체네. 후방 사람들은 신문 덕분에, 전쟁을 멀찌감치 서서 구경하는 한낱 권투 시합에 지나지 않는다고 상상하지. 하지만 권투 시합과는 전혀 딴판일세. 전쟁이란 한곳에

---

*1 여성용 실내 모자.

*2 프랑스의 설교가. 가톨릭 작가(1840~1900).

*3 폴 모랑(1888~1976)의 소설집 《탕드르 스토크》 가운데 한 편. 이 단편집에 프루스트가 서문을 써주었음.

서 낫는 듯하다가 다른 곳에 도지는 병이지. 오늘 누아용(Noyon)을 도로 빼앗아도 내일은 빵도 초콜릿도 떨어질 거야. 모레는, 여차하면 총알도 마다하지 않겠노라며 태연하던 자신만만한 자가 그 총알받이가 될 줄은 상상도 하지 않고 있다가, 신문에서 자기 연대의 소집 기사를 읽고는 미친 듯이 허둥거릴지도 모르네. 유서 깊은 건조물로 말하면, 랭스의 대성당같이 질적으로 오직 하나뿐인 걸작이 파괴되는 것이 두려운 게 아니라, 프랑스의 수수한 마을을 교훈적이고 매혹 있게 만드는 그 조화로운 전체 모양새가 무너지는 걸 보는 게 특히 두렵구려."

곧바로 콩브레가 내 머리에 떠올랐다. 지난날의 나는, 내 집안이 콩브레에서 차지하고 있는 변변치 못한 지위를 털어놓는다면 게르망트 부인의 눈에 너절하게 보일 거라고 생각했다. 이 보잘것없는 지위가, 르그랑댕을 통해, 스완, 생루, 또는 모렐의 입을 통해 이미 게르망트 부부나 샤를뤼스 씨에게 폭로되지 않았을까 하는 의문이 일었다. 그러나 이 점에 대해서는 과거를 따지기보다 이대로 묻지 않는 쪽이 나로선 마음 편했다. 그러므로 나는 오로지 샤를뤼스 씨가 콩브레에 대해 말하지 않기만을 바랐다. 그는 계속 말했다.

"여보게, 아메리카인을 나쁘게 말하고 싶진 않네만, 아무래도, 술에 술 탄 듯 물에 물 탄 듯한 그들의 아량은 끝이 없는 것 같네. 하긴 이번 전쟁에는 오케스트라 지휘자가 없어놔서, 다른 나라들보다 훨씬 뒤에야 춤에 끼어든 나라도 있고, 아메리카인은 우리가 거의 끝났을 무렵에 시작했지. 그러니 4년에 걸친 전쟁으로 우리 마음속에서는 식어버렸는지도 모르는 열기가 그들의 마음속에는 활활 타고 있는지도 모르네. 전쟁 전부터 그들은 우리나라를, 우리 예술을 좋아했고, 우리나라 걸작에 막대한 값을 치르고 사 갔지. 지금 수많은 걸작이 그들의 손안에 있소이다. 그러나 그처럼, 바레스 씨가 말하듯 뿌리째 뽑힌 예술은 프랑스 국토에 뿌리내려 아름답게 꽃피는 것과는 아주 반대되는 예술이지. 프랑스에서 성관은 성당의 내력을 말해주고 있거니와, 성당 또한 순례 오는 곳이었으므로 무훈시의 유래를 설명한다네. 나는 내 빛나는 가문과 혈통을 자랑할 마음도 없거니와, 또 그것은 지금 하는 얘기하고는 관계가 없어. 그러나 얼마 전 재산 문제를 처리해야만 해서 그 부부와 서먹서먹해진 사이임에도 콩브레에 사는 조카며느리인 생루 부인을 방문해야 했지. 콩브레라는 곳은 어딜 가나 수두룩한 아주 조그만 시가에 지나지 않네. 하지만 우리 선조들이 성당에 베푸는 사람으로서, 그 성당의 몇몇 그림 유리창에 그려져 있고, 다른 그림 유리창에는 우리 가문의 문장이 새겨져 있지. 우리 가문은 거기에 우리 예배당과 묘소를 갖고 있다네. 그런데 이 성당이 독일군의 감시소로 사용되었다고 해서 프랑스군과 영국군에 의해 파괴되고 말았지. 프랑스의 국토를 이루고 있던 살아남은 역사와 예술의 혼합물이 파괴되었네. 또 아직 끝나지도 않았지. 물론 내가 가족이라서 콩브레 성당의 파괴를 유명한 대성당의 파괴, 이를테면 고대 조각의 순수성을 재발견한 고딕식 대성당의 기적이라고 할 수 있는 랭스 대성당이나 아미앵 대성당의 파괴와 비교하려는 어리석은 생각은 없네. 피르맹(Firmin) 성자*¹의 쳐든 팔이 오늘날 파괴됐는지 아닌지도 몰라. 파괴됐다면 그 팔이 나타내는 신앙과 정력의 지고한 긍정이 이승에서 사라진 셈이지."

"그 상징이 사라졌다는 말씀이로군요." 내가 대답했다. "나도 당신 못지않게 어떤 상징을 경탄합니다. 그러나 상징 때문에 상징되는 현실을 희생시키는 것은 당치 않은 일입니다. 대성당이 경탄의 대상이 되어야 합니다. 하지만 그 대성당의 보존을 위해, 대성당이 가르치는 진실을 부정해야 할 날이 온다면 끝장입니다. 마치 군대라도 지휘하듯이 쳐든 피르맹 성자의 팔은 이런 말을 하고 있는 거죠. '우리는 파괴돼도 상관없다. 명예를 위해서 어쩔 수 없다면.' 돌 때문에 인간을 희생할 수야 없지요. 돌의 아름다움은 바로 인간의 진실을 한때 고정했다는 점에 있으니까요."—"말하려는 뜻은 잘 알겠네." 샤를뤼스 씨가 대답했다. "바레스 씨는 스트라스부르에 있는 조각상*²이나 데룰레드(Déroulede) 씨*³ 묘지 순례를 지나치게 권한 흠은 있지만, 그래도 그가 랭스 대성당이 우리 보병들의 생명보다 귀하지 않다고 썼을 때는 분명 가슴을 치는 숙연한 뭔가가 있더군. 이렇게 잘라 말한 그와 비교하면, 거기서 지휘하던 독일 장군이 랭스 대성당이라도 그에게는 독일 병사 한 명의 목숨보다도 귀중하지 않다고 한 말에 우리 보도진이 노기등등한 건 우스운 이야기지. 또 나라마다 똑같은 말을 하고 있으니 오장육부가 뒤집히도록 화가

---

*1 아미앵 대성당의 초대 주교.
*2 스트라스부르 출신의 프랑스 군인인 클레베르(1753~1800)의 조각상.
*3 프랑스의 시인·정치가(1846~1914). '애국자 동맹' 창시자이며 시집 《병사의 노래》를 발표함.

나기도 하고 한탄스럽기도 하네. 벨포르(Belfort)*¹를 소유함은 프랑스의 복수심으로부터 독일 국민을 지키는 데 반드시 필요한 거라고 독일 상공업조합이 선언했는데, 그 이유는 바레스가 보슈의 침략 의도로부터 프랑스를 방어하기 위하여 마인츠(Mainz)*²를 요구하는 이유와 같지. 알자스 로렌 반환은 프랑스에게 전쟁을 하는 충분한 동기가 되지 못했는데, 그것이 어째서 전쟁을 계속하고, 해마다 새로이 전쟁을 선언하는 데에 충분한 동기로 보였는가? 자네는 승리가 이미 프랑스에 약속되어 있다고 믿는 모양인데, 나 또한 마음속 깊이 그러기를 바라 마지않네. 이 점은 조금도 의심치 말게나. 하지만 말이야, 도리에 맞는지는 별문제로 치고, 연합국 측의 승리를 확신하게 되면서부터(나로서는 물론, 그렇게 해결된다면 기쁘기 그지없지만, 자칫 허황한 이론으로 끝나는 승리, 우리에게는 알려지지 않는 값비싼 대가가 따르는, 말하자면 피로스(Pyrrhus) 왕의 승리*³가 얼마나 많은가를 나는 보아왔으니까), 그리고 보슈가 이미 승리의 확신을 잃으면서부터 독일은 평화 촉진에 애쓰고, 프랑스는 전쟁 연장을 위해 힘쓰는 듯이 보인단 말씀이야. 정당한 프랑스, 정의의 말을 드높이 울려야 할 프랑스가 말일세. 뿐더러 그 프랑스는 예로부터 온화한 프랑스여서, 비록 자기 나라 어린이들을 위해서라 할지라도, 또한 봄마다 피는 꽃들이 무덤보다 그 밖의 것에게 밝은 미소를 띠게 하기 위해서도, 마땅히 연민 어린 말을 건네야 하는 프랑스가 말씀이야. 자네, 정말 솔직하게 생각해보게. 언젠가 나에게 사물이란 영원히 되풀이하는 창조에 의해서만 존재한다는 이론을 말했었지. 세계의 창조란 단번에 일어난 게 아니다, 그것은 당연히 날마다 일어난다고 말했었네. 음, 자네의 그 말이 옳다면, 전쟁도 그 이론에서 제외할 수는 없을 테지. 우리의 뛰어난 노르푸아가('승리의 새벽'이니 '동장군'이니 하는 말처럼, 그가 아끼는 이름난 글귀를 써가면서) '독일이 전쟁을 바란 이상 주사위는 이미 던져졌다'고 아무리 쓴댔자 소용없는 게, 아침마다 새로운 선전이 포고되는 실정이니까. 그러므로 전쟁

---

*1 프랑스 동부의 지명.

*2 독일 남서부의 지명.

*3 고대 그리스 에피로스의 왕 피로스는 전쟁을 자주 일으켜 많은 승리를 거두었으나 결국 장수들을 거의 잃고 패망함. 얻는 것보다 잃는 게 큰, 의미 없는 승리를 가리키는 말로 쓰임.

을 계속하고 싶어하는 쪽에도, 전쟁을 시작한 쪽과 똑같이 죄가 있네. 어쩌면 그 이상일지도 모르지, 왜냐하면 먼저 시작한 쪽은 틀림없이 전쟁의 참화를 죄다 예상했던 건 아닐 테니까.

그런데 이와 같이 전쟁이 길어지면, 비록 승리로 끝난다 해도 반드시 위험이 따르게 마련일세. 전례 없는 일이나, 처음으로 시도하는 수술이 인체에 어떠한 영향을 끼칠 것인가에 대해서 이야기하기는 어려운 법이지. 보통은 그처럼 염려되는 새로운 사태도 별 탈 없이 넘어가기는 한다네. 가장 현명한 공화당원도 정교 분리는 미친 짓이라고 생각했지. 하지만 그것이 우체통에 편지를 넣듯이 통과했어. 드레퓌스는 명예를 회복했고, 피카르는 국방 장관이 됐는데 아무도 뭐라 하지 않았네. 그렇지만 몇 년 동안 끊임없이 계속된 전쟁이 가져다주는 황폐가 어찌 안 두렵겠나! 돌아온 사람들은 무엇을 한다지? 피로에 기진맥진하거나, 머리가 미쳐버리지는 않을까? 그런 모든 것이, 프랑스는 제쳐두고서라도, 적어도 정부나 정치 자체를 뒤틀리게 할지도 모르지. 자네는 전에 내게, 모라스의 에메 드 쿠아니(Aimée de Coigny)*를 읽게 했지. 그 에메 드 쿠아니가 1812년에 나폴레옹 제국이 벌이고 있던 전쟁에서 기대했던 바를, 오늘날 어딘가의 에메 드 쿠아니가 프랑스 공화국이 하고 있는 전쟁에서 기대하지 않는다면, 그건 내게 놀라 자빠질 일이네. 또 현재의 에메가 어딘가에 있은들 과연 그녀의 희망이 이루어질까? 나는 그렇지 않기를 바라.

전쟁 자체로 얘기를 돌려, 이걸 시작한 자가 정말 빌헬름 황제일까? 이 점이 나는 무척 의심스럽네. 하지만 시작한 게 그분인들, 예컨대 나폴레옹이 한 것과 다를 바 있나? 물론 못할 짓이지. 그러나 나폴레옹 숭배자들이나, 선전포고일의 포 장군처럼 '나는 40년 이래 이날을 기다려왔다, 내 생애의 가장 좋은 날이다'고 외친 이들에게 그토록 혐오감을 불어넣었음을 보면 놀랍기 그지없네. 예술 애호자 모두가 조국에 해로운 일에 종사하고 있다고 비난받으며, 호전적이 아닌 문명은 모두 유해한 것으로 여겨지는 한편, 국가주의자나 군인이 어울리지도 않는 자리를 차지했을 때 나보다 더 강력히 항의한 이가 또 있었는지에 대해선 하늘이 알고 있어! 버젓한 상류 사교계 인사도

---

* 나폴레옹 시대에 남모르게 맹렬히 활약한 여성으로 샤를 모라스의 《몽크 양(Mademoiselle Monk)》에 등장함.

일개 장군에 비하면 거의 문제가 안 되었네. 머리가 돈 어떤 부인은 하마터면 나를 시브통(Syveton)* 따위에게 소개할 뻔했지. 내가 지키려고 애쓴 것이 단순한 사교계의 법도에 지나지 않는다고 말하겠지. 하지만 경박해 보이는 사교계의 법도는 아마도 숱한 일탈을 막았을 것이네. 나는 문법이나 논리학을 옹호하는 사람들을 늘 공경해왔어. 그러한 사람들이 커다란 위험을 수없이 물리쳤다는 사실은 50년 뒤에나 알려지지. 그런데 우리나라의 국가주의자들은 누구보다도 독일을 싫어하고 누구보다도 철저한 항전론자요. 그러나 최근 15년 동안에 그들의 철학은 완전히 달라지고 말았네. 사실 그들은 계속 전쟁만을 고집하지. 그러면서도 그것이 싸움하길 좋아하는 민족을 없애고, 평화를 사랑하기 위해서 그런다는 거야. 그게 다 15년 전에는 대단히 훌륭하다고 생각했던 전쟁 문명이 이제는 그들을 두렵게 하기 때문일세. 그들은 프로이센이 국내에 군사적 요소를 우세하게 했다는 점을 비난할 뿐만 아니라 모든 시대에서 군사 문명이 예술뿐 아니라 정사(情事)까지 아울러, 그들이 몹시 아끼는 모든 것을 깡그리 파괴하고 말았다는 생각에 사로잡혀 있는 거야. 그러한 비평가는 국가주의자로 개종만 하면 순식간에 평화의 빛이 된다네. 그들은 모든 전쟁 문명 아래에서 여성이 굴욕적인 낮은 소임을 맡고 있다는 확신을 갖고 있어. 그런 상대에게는, 중세 기사들이 우러러 모시는 '귀부인'이나 단테의 베아트리체도, 앙리 베크 씨의 극 중 여주인공들만큼이나 높은 왕좌에 모셔졌다고 딱 잘라 말할 만한 사람도 없네그려. 머지않아 나는 만찬 자리에서 러시아 혁명가나 또는 단순히 우리나라의 아무개 장군보다 아랫자리에 앉게 되겠지. 그 장군들은 전쟁에 대한 공포와, 그들이 15년 전에 국민의 활력을 기를 수 있는 유일한 거라고 스스로 믿었던 이상을 위해 이제 국민이 힘쓰자, 도리어 그것을 처벌하기 위해 전쟁을 하고 있어. 불행한 러시아 황제는 헤이그 회의를 소집했다고 해서 몇 달 전만 해도 존경을 받았네. 하지만 자유 러시아를 환영하는 지금은 러시아의 영광이었던 차르(Tsar)라는 칭호를 사람들이 잊고 있어. 이와 같이 세계의 수레바퀴가 도는 거지.

그건 그렇고 독일은 어찌나 프랑스와 똑같은 표현을 사용하는지 프랑스가 말한다는 생각이 들 정도로, 지칠 줄 모르게 '생존을 위해 싸운다'고 되풀이

---

* 국가주의자, 1904년에 사망함.

하네그려. '우리는 끝까지 같은 하늘 아래 살 수 없는 잔혹한 적과 싸운다. 모든 침략에서 우리의 장래 안전을 보증하는 평화를 얻어내기까지, 우리의 용감한 병사들이 흘린 피가 헛되지 않게', 또는 '우리 편이 아닌 자는 우리의 적이다' 하는 글을 보면 나는 그것이 빌헬름 황제의 말인지, 푸앵카레 씨의 말인지 구별을 못 하겠네. 양쪽이 다 이런 말을, 얼마쯤 차이는 있지만 서로 스무 번이나 해댔으니까. 물론 이 경우 솔직히 황제 쪽이 공화국 대통령*을 본떴다고 실토해야겠지만. 프랑스가 여전히 약했다면 아마도 전쟁을 이토록 질질 끌지 않았을 테고, 특히 독일은 그 강함을 잃지 않았더라면 전쟁을 끝내는 데 이토록 서두르지 않았을 걸세. 그렇다고 강하지 않다는 말은 아니야. 강하고말고. 아직 강하다는 걸 앞으로 보게 될 테니 두고 보게."

샤를뤼스 씨에게는, 신경질 때문에, 또 솟아넘치는 인상의 돌파구를 찾기 위해서, 말하면서 날카롭게 소리를 높이는 버릇이 있었다. 이제껏 어떤 예술도 연마한 적이 없는 그는 그 인상을 마치 비행사가 폭탄을 투하하듯 퍼뜨려야 했다. 그의 수다가 아무의 귀에도 닿지 않는 들판 한가운데이건 또는 사교계이건 가리지 않았으며, 특히 사교계에서는 무턱대고 떨어뜨렸는데, 사교계 인사들은 그것을 속물근성과 신뢰감에서—그는 이를테면 우격다짐으로 듣는 이에게 겁을 먹게 하여 괴롭히곤 했다—열심히 귀담아들었다. 뿐더러 큰 거리에서 토해내는 그런 불꽃처럼 대단한 기세는 통행인에 대한 경멸의 표시여서, 그는 통행인에게 길을 비켜주기는커녕 목소리를 낮추려고도 하지 않았다. 오히려 그 목소리는 폭발하여 사람들을 놀라게 했고, 특히 돌아보는 사람들은 그 내용을 똑똑히 알아들었으므로 우리를 패배주의자로 여겼을지도 몰랐다. 나는 이 점을 샤를뤼스 씨에게 지적했지만 그는 웃음을 터뜨렸을 뿐이었다. "거참 우습군." 그는 덧붙였다. "결국 모르고 있을 뿐이지, 우리는 저마다 매일 저녁 내일의 3면 기삿거리가 되는 위험을 무릅쓰고 있는지도 모르네. 내가 뱅센의 참호 속에서 총살될 리 없다고 어떻게 장담하겠나? 내 종조할아버지 앙기앵 공작에게 그런 일이 일어났지. 귀족의 피에 갈증을 느끼면 어떤 서민은 사자들보다 더 예민하게 날뛰지. 이런 맹수들은 베르뒤랭 부인의 코 위에 가벼운 생채기만 나도 당장 그녀한테 덤벼들 거야. 내가

---

* 프랑스의 정치가 푸앵카레(1860~1934)를 가리킴.

젊었을 때, 남들이 들창코라고 하던 코 위에!" 이렇게 말한 그는 우리가 어느 살롱에 단둘이 있기라도 한 듯이 목구멍을 크게 벌리고 웃어댔다.

이따금 샤를뤼스 씨가 지나갈 때마다 어둠 속에서 수상스러운 놈이 몇몇 불쑥 나와 몇 걸음 떨어진 곳에 뭉치는 걸 보고, 나는 그를 혼자 내버려두고 가는 편이 좋은지 아니면 옆에 붙어 있는 게 좋은지 생각해보았다. 마치 간질병 같은 발작을 일으키는 늙은이를 길에서 만나 그 흔들거리는 걸음걸이로 틀림없이 발작이 닥쳐오리란 기미를 알아본 이가, 함께 따라가서 간호하는 게 상대가 바라는 바인지, 아니면 그런 병의 발작을 남에게 숨기고 싶은데 공교롭게 남이 보게 되는 걸 꺼려서, 혼자 내버려두면 미리 피할 수 있는 걸 도리어 발작을 빠르게 하는 게 아닐까 겁내는 경우와 같았다. 그러나 자리를 떠야 할지 말아야 할지를 모르는 때도, 병자의 경우라면 이제부터 일이 터질 가능성은 술취한 사람처럼 비틀거리는 걸음걸이로 드러난다. 반면에 샤를뤼스 씨의 경우는, 내가 그 자리에 있음으로 해서 사건이 일어나지 않는 것이 그를 곤란하게 만드는지, 아니면 도리어 그 편이 나은지 나는 잘 모르는 데다가, 사건이 일어날지도 모른다는 표시는 똑바로 걸어가는 남작이 아니라, 교묘한 연출에 의하여 멀리서 둘러싸고 있는 단역들이 차지한 저마다의 위치에 의해 나타나 있었다. 아무튼 샤를뤼스 씨는 남들과 만나게 될까 봐 꺼리는 성싶었다. 한길보다도 으슥한 옆골목으로 나를 끌고 갔기 때문이다. 그러나 그 골목에는 각기 다른 국적을 가진 다양한 병사들, 곧 샤를뤼스 씨를 위로해줄 젊은 사나이들의 밀물이, 동원 초기에 모든 사나이를 국경으로 쓸어감으로써 파리에 미칠 듯한 공허를 만들었던 그 썰물의 반동으로, 한길에서 끊임없이 흘러들어오고—어쩌면 여기에서 한길로 흘러나가고—있었다. 샤를뤼스 씨는 우리 앞을 지나치는 화려한 군복을 지칠 줄 모르고 바라보았는데, 그런 군복은 파리를 마치 항구 같은 국제 거리로 만들고, 또 더욱 변화무쌍한 온갖 아롱거리는 의상을 한데 모은답시고 여러 건물을 세웠을 뿐인 어느 그림의 배경처럼 파리를 비현실적인 거리로 만들었다.

그는 이전에 드레퓌스파라고 비난받던 귀부인들에게 그랬듯이, 지금은 패배주의자라고 비난받는 귀부인들에게 존경과 애정을 품고 있었다. 다만 유감스러운 건, 그녀들이 정치에 치맛바람을 넣는 따위의 너절한 짓을 함으로써 '언론인들의 논쟁'에 시빗거리를 준 점이었다. 하지만 귀부인에 대한 그의 마음은 변함이 없었다. 그도 그럴 것이 세상을 보는 그의 경박한 관점은 틀에 박힌 것이라, 미모와 그 밖에 남을 현혹하는 위력과 맺어진 고귀한 가문이 영원하리라 생각하는 그에게는 전쟁 또한 드레퓌스 사건과 마찬가지로 너절한 한때의 유행이었다. 이를테면 오스트리아와 단독 강화를 시도했다는 죄로 게르망트 공작부인이 총살되더라도, 그는 여전히 그녀가 고귀하며 귀족의 체면을 잃지 않았다고 생각할 것이다. 그것은 마치 오늘날 우리 눈에 마리 앙투아네트가 단두대에서 처형당했을망정 여전히 고귀하고 품위 있어 보이는 것과 같다. 이런 이야기를 할 때 샤를뤼스 씨는 마치 생발리에*¹나 생메그랭*²처럼 기품있고 근엄하게, 등을 곧게 펴고 장중하게 이야기했으며, 이 순간만은 그와 같은 병적인 나쁜 버릇이 있는 인간이 노골적으로 보이는 추잡한 태도를 조금도 보이지 않았다. 그런데 그와 같은 부류들 중에는 어떠한 때에도 그 목소리가 절대로 정확성을 잃지 않는 사람이 한 사람도 없는 까닭은 무엇일까? 가장 엄숙한 것에 가까이 가는 이 순간에도, 그의 목소리는 아직 정확하지 못하여 조율이 필요한 듯싶었다.

무엇보다 샤를뤼스 씨는 글자 그대로 머리를 어디로 돌려야 할지 몰라 쌍안경을 안 가지고 나왔음을 한탄하면서 여러 번 하늘을 쳐다보았는데, 하기야 쌍안경도 대수로운 도움이 되지 않았을 것이, 어젯밤 체펠린 비행선의 공습이 있어서 군의 경계가 더 빈틈없어졌고, 여느 때보다 수많은 군대가 하늘에도 나아가 있었기 때문이다. 몇 시간 전 푸른 저녁 하늘에 마치 곤충 같은 갈색 반점을 만들고 있던 비행기도 이제는 여기저기 가로등이 꺼져 한층 더 깊어진 어둠 속을, 적의 배에 횃불을 던지러 가는 고대의 불배처럼 지나가고 있었다. 이들 인간의 유성이 우리에게 준 가장 큰 아름다움의 인상은 뭐니뭐니해도 평소에는 거의 쳐다보지도 않는 저 밤하늘을 주의 깊게 바라보도록 한 것이다. 지난 1914년 파리에서 내가 바라본 하늘은 다가오는 적의 위협을 기다리고 있는 거의 무방비한 아름다움이었다. 지금도 그때처럼 아직 파괴되지 않은 유서 깊은 건축물에 덧없는 아름다움을 쏟아붓고 있는 달은, 잔인하리만큼 신비하고 맑고 밝으며 영원히 변하지 않을 태고의 장엄을 담고 있었다. 그러나 1914년과 마찬가지, 아니 그 이상으로, 거기에는 뭔가 다른

─────────────

*1 위고의 작품에 나오는 인물.
*2 뒤마의 작품 《앙리 3세와 그 궁정》에 나오는 인물로서, 앙리 3세의 총신(寵臣).

게 끼여 있었다. 곧 여러 광선과 깜박이는 불빛이 비행기로부터, 또는 에펠탑의 탐조등으로부터 나오고 있고, 그러한 빛살이 총명한 의지와 우호적인 경계심에 이끌려 발하고 있음을 모두가 알고 있으며, 그것이 주는 감동, 어떤 감사와 안정감은, 지난날 생루의 방을 찾아갔을 때, 한창 젊은 나이에 망설임 없이 자기 한 몸을 내던질 날을 가까이 두고, 그토록 수많은 마음이 오로지 맹렬한 훈련 아래 단련되는 그 군대 수도원 독방에서 내가 느꼈던 바와 같은 것이었다.

어젯밤의 공습으로 땅 위보다 더 어지러웠던 하늘도 이제는 태풍이 지나간 바다처럼 잔잔했다. 하지만 태풍 뒤 바다처럼 아직 빈틈없는 고요를 되찾지는 못했다. 비행기 몇 대가 아직도 불화살인 양 치솟아 별들에 끼여 있고, 탐조등의 몇 줄기 빛살이 희미한 별의 먼지처럼, 떠돌아다니는 은하처럼 하늘을 가르며 천천히 오락가락하고 있었다. 그러다가 비행기는 별자리 한가운데에 박혔는데 '그런 새 별'을 보고 있으려니 어쩐지 자기가 다른 반구(半球)에 있는 듯한 느낌이 들었다.

샤를뤼스 씨는 나에게 그런 비행사들에 대한 감탄의 말을 했다. 그리고 자신의 그 다른 경향에 대해 말할 때처럼, 입으로는 그것을 부인하면서도 알지 못하는 사이에 그 친독사상을 흘릴 수밖에 없었다. "덧붙여 말하자면, 나는 고타에 탑승한 독일인들도 마찬가지로 존경하고 있네. 또 체펠린의 탑승원들도 말이야. 생각해보게, 얼마나 용기가 필요한 일인가를! 아무렴 영웅들이지. 그들이 민가에 폭탄을 떨어뜨렸다 한들 뭐가 대수인가, 저 대포들이 그들을 노리고 일제히 쏘아대는데? 자네는 고타나 대포가 무섭나?" 나는 아니라고 말했지만, 어쩌면 잘못된 생각인지도 몰랐다. 그렇게 말한 건, 내가 게을러서 해야 하는 일을 내일, 모레로 미루는 버릇이 들어버려, 죽음도 그런 것이려니 상상하고 있는 탓인지도 몰랐다. 오늘 당장 맞을 리가 없다고 확신하는 대포알을 왜 두려워하겠는가? 더구나 폭탄이 떨어진다는 생각과 죽을지도 모른다는 생각이 그때까지 아무런 연결도 없이 따로따로 머릿속에 있었으므로, 독일 비행기가 지나감에 따라 그려지는 심상에는, 어느 날 밤 소란스러운 하늘의 안개 물결에 뒤흔들려 단속적으로 보이는 독일 비행기, 살인 병기인 줄 알면서도 하늘 위 별로만 상상했던 그 비행기 가운데 한 대가 우리 쪽으로 폭탄을 떨어뜨리는 몸짓을 목격하기에 이르기까지 어떠한 비극적인 느낌도 더해지지 않았다. 왜냐하면 어떤 위험에 대한 생생한 현실감은 이미 아는 경험으로 돌아갈 수 없는 새로운 것, 곧 인상에 의해서만 느낄 수 있기 때문이다. 그 인상은 흔히 이 폭탄이 투하될 경우처럼 한 선으로 요약된다. 그것은, 마침내 그 선을 깨뜨리고 나타나는 행위 수행의 잠재력을 품으면서 하나의 의도를 드러내 보이는 선이다. 한편 콩코르드의 다리 위에서 처다보면, 우리를 위협하러 왔다가 궁지에 빠진 그 비행기 주위로, 마치 샹젤리제 공원이나 콩코르드 광장이나 튈르리 공원의 분수가 구름 속에 비친 듯이, 탐조등 빛줄기의 분수가 하늘 가득히 엇갈리고 있었다. 어지럽게 엇갈리는 그 선 또한 숱한 의도로 가득 차 있으며, 억세고 현명한 사람들이 앞날을 내다보며 우리를 지키려는 의도로 가득한 선이다. 그리고 나는 동시에르의 병영에서 지낸 하룻밤처럼 참으로 놀라운 정확성으로 우리를 위해 경비에 애써주는 그들에게 깊이 감사했다.

밤의 아름다움이나, 파리가 위협받고 있는 상황이나 1914년 무렵과 같았다. 달빛은 방돔 광장이나 콩코르드 광장의 아름다운 전체 야경을 마지막으로 촬영할 수 있도록 마그네슘이 조용히 계속해서 타오르고 있는 듯했다. 이 아름다운 광장도 언젠가 파괴해버릴 폭탄에 대한 내 공포심은, 아직 다치지 않은 광장의 아름다움 속에서 오히려 어떤 풍만한 육체를 느끼고, 광장이 앞쪽으로 불쑥 가슴을 내밀어 적의 폭격에 그 무방비한 건축물을 내맡기고 있는 것 같았다. "무섭지 않나?" 샤를뤼스 씨가 다시 물었다. "파리 시민은 사정을 통 모르지. 들리는 말로는 베르뒤랭 부인이 날마다 모임을 연다는군. 소문으로만 들을 뿐이지, 나는 그들에 관해선 통 몰라. 깨끗이 절교했거든." 이렇게 덧붙인 샤를뤼스 씨는 전보 배달부가 지나가기라도 한 듯 눈을 내리깔 뿐만 아니라, 머리도 어깨도 아래로 떨어뜨리면서 한쪽 팔을 올려 '나는 손을 뗐다'는 정도는 아니더라도, 적어도 '모르니 할 말이 하나도 없네(그에게 아무것도 물어보지 않았건만)'라는 시늉을 했다. "모렐이 여전히 거기에 드나드는 걸 알지." 그가 말했다(그가 이 점에 대해 말한 것은 이번이 처음이었다). "들리는 말로는 녀석이 옛일을 무척 후회하여 나와 화해하고 싶어 한다는군." 이렇게 덧붙인 그는, "풍문으로는 프랑스가 얼마 전에 독일과 여러 번 모임을 갖고 정식으로 협상을 시작했다지" 말하는 포부르 생제르맹 주민만이 지닌 독특한 그의 장점과 함께 아무리 심한 퇴짜를 맞아도 단념 못하는 연정에 애가 탄 남자의 모습을 폭로하고 있었다. "아무튼 화해를 바란다면 솔직히 그렇다고 말하면 될 것을. 녀석보다 나이가 많은 내가 먼저 제의할 일은 아니니까." 그토록 분명하다면 구태여 어쩌고저쩌고 할 필요가 없지 않은가. 게다가 그의 본심은 말과는 달랐다. 그래서 사람들은 샤를뤼스 씨를 똑바로 보기가 민망했던 것이다. 자기가 먼저 첫걸음을 디딜 수는 없다고 말하면서 반대로 그가 먼저 그렇게 하고 있으며, 내가 화해 조정의 소임을 맡겠노라고 말 꺼내기를 기다리고 있음이 뻔히 보였기 때문이다.

그야 물론 나도, 누군가를 사랑하는 사람, 또는 그저 상대의 집에 초대받지 못한 사람이 어리석게도 남을 쉽게 믿거나 믿는 척하는 것을 잘 알고 있었다. 그런 인간은 갖가지 수단으로 호소해도 상대가 통 보여주지 않는 호의를 그들이 갖고 있다고 믿게 마련이다. 그러나 그런 말을 시 낭송하듯 읊조리던 샤를뤼스 씨의 억양이 느닷없이 떨리는 것과 그의 눈 속에 번뜩이는 야릇한 눈빛을 보고, 언뜻 나는 그 낡은 주장 밑에 뭔가 다른 것이 있구나 하는 인상을 받았다. 내 생각은 틀리지 않았다. 나중에 두 가지 사실로 그것이 증명되었는데, 지금 이 자리에서 말해두겠다(이중 두 번째 사실은 샤를뤼스 씨가 죽은 뒤의 일이니까, 내 설명은 몇 년을 앞서는 셈이다. 또한 그의 죽음 또한 훨씬 나중의 일이므로 앞으로도 그를 만나는 기회가 있을 테지만, 그 무렵의 그는 지금껏 우리가 알던 그와 매우 달라져서, 특히 마지막으로 만났을 때는 모렐에 대해서까지 까마득하게 잊고 있었다).

첫 번째 사실은, 내가 지금 샤를뤼스 씨와 함께 이렇듯 큰 거리를 내려간 저녁으로부터 겨우 2, 3년 지나 일어났다. 이 저녁을 보낸 지 2년쯤 지나 우연히 모렐을 만난 것이다. 나는 금세 샤를뤼스 씨가 머리에 떠올라, 그분이 이 바이올리니스트와 재회하면 얼마나 기뻐할까 하는 생각에, 한 번만이라도 좋으니 그분을 만나러 가보라고 권했다. "그분은 당신에게 참 친절하셨잖소." 나는 모렐에게 말했다. "이미 늙어서 언제 죽을지도 모르고. 케케묵은 시비를 깨끗이 씻어내고, 불화의 흔적을 없애버려야죠." 화해하는 게 바람직하다는 점에서는 모렐도 나와 전적으로 같은 의견인 듯했지만, 샤를뤼스 씨를 방문하는 건 단 한 번이라도 질색이라고 거절했다. "그건 잘못이오." 내가 말했다. "고집 때문에 그러오, 귀찮아 그러오, 심술궂은 마음에서 그러오, 못된 자존심에서 그러오, 도덕심에서 그러오(그렇다면 안심하시게,

결코 공격하지 않을 테니), 거드름 피우느라 그러오?" 그러자 바이올리니스트는 털어놓고 말하기가 매우 고통스러운 듯 얼굴을 찡그리고 몸을 부르르 떨면서 대꾸했다. "천만에, 그렇기 때문이 아니죠. 도덕심 따위야 내 알 바 아니죠. 심술궂은 마음? 반대죠, 오히려 그를 불쌍히 생각하고 있으니까. 거드름도 아니에요. 필요치 않으니까. 귀찮아서도 아니죠, 온종일 할 일이 없어 멍하니 있는 적이 많으니까. 그래서가 아닙니다. 실은, 아무에게도 말하지 말아요, 당신한테 말하는 것도 미친 짓이니. 사실…… 저어…… 무서워요!" 그는 온몸을 부르르 떨기 시작했다. 나는 무슨 말인지 이해가 가지 않는다고 솔직히 말했다. "아니, 묻지 마십쇼, 이 얘긴 그만합시다. 당신은 그를 나만큼 잘 몰라요. 아니 전혀 모른다고도 할 수 있죠."—"하지만 그가 당신한테 어떤 해코지를 할 수 있소? 이제 당신들 둘 사이에는 원한도 남아 있지 않으니 더더욱 그가 해를 입힐 리 없지 않습니까. 그리고 또 그분은 본성이 착하세요."—"물론 잘 알고말고요, 그이가 착한 줄! 섬세한 마음씨와 곧은 성미도. 하지만 나를 내버려두십쇼, 더 이상 그 얘기는 하고 싶지 않습니다. 부탁이에요, 말하기 부끄럽지만 나는 무서워요!"

두 번째 사실은 샤를뤼스 씨가 죽은 뒤의 일이다. 그가 내게 남겨준 몇 가지 유품과 함께 세 겹 봉투로 봉한 편지 한 통을 나에게 보내왔다. 그 편지는 적어도 그가 죽기 10년 전에 쓴 것이었다. 그때 그는 중태여서 여러 가지 조치를 취했었는데, 그 뒤에 회복했다가 다시 상태가 악화되어, 얼마 뒤에 우리가 게르망트 대공부인의 오후 연회에 가는 도중에 보게 되는 사태에 이르고 만다. 그 편지는, 몇몇 친구에게 물려주는 물건과 함께 금고 속에 넣어져 7년 동안 그대로 보관되었고, 그 7년 사이에 그는 완전히 모렐을 잊은 것이다. 편지에는 깨끗하고 확고한 글씨체로 다음과 같은 내용이 적혀 있었다.

"친애하는 벗이여, 신의 섭리는 헤아리기 어려운 바가 있네. 가끔 신께서는 평범한 사람의 결점으로 의로운 인간이 우월성을 잃지 않도록 막아주시지. 자네는 모렐이라는 인간을 알고 있네. 어디에서 태어났는지, 또 내가 어느 꼭대기까지 녀석을 끌어올리려고 했는지, 거의 내 수준까지 올려주려고 했음을 자네는 알고 있지. 그런데 알다시피 그는 인간다운 인간, 다시 말해 진정한 불사조로서 되살아날 뼛가루가 되기를 마다하고, 독사가 우글거리는 진흙탕으로 돌아가는 길을 택했네. 그는 스스로 명예를 떨어뜨렸고, 그 것이 내 명예가 떨어지는 일을 막았지. 알다시피 우리 가문의 문장에는 우리 주님의 금언이 그대로 담겨 있네. 곧 'Inculcabis super leonem et aspidem(너 는 사자와 살무사를 짓밟으리라)', 또 문장의 받침으로 사자와 뱀을 발밑에 밟고 있는 한 인간이 그려져 있지. 그런데 내가 나 자신인 그 사자를 그런 모양으로 짓밟을 수 있다는 건 뱀 덕분이고, 또 아까 너무나 경솔하게 결점 이라고 말했던 그 뱀의 조심성 덕분일세. 그도 그럴 것이, 복음서의 심오한 예지는 남에 대해서는 결점까지도 미덕으로 보기 때문이지. 일찍이 아름다 운 소리를 내면서 꼬리를 울리는 우리 뱀은 한 사람의 뱀놀림꾼이 붙어 있었 을 적에—하기야 그 뱀놀림꾼도 완전히 홀려 있었지만—단순히 음악적인 파충류(reptile)＊였을 뿐더러, 내가 신의 은총으로 생각하는 그 조심성의 미 덕을 비열하리만큼 몸에 지니고 있었네. 그 성스러운 조심성이야말로, 녀석 에게 나를 만나러 오라고 전달한 부름에 저항케 했던 걸세. 이 일을 그대에 게 고백하지 않고서는 내가 이승에서 평화를 누리지 못하거니와 저승에 가 서도 신의 용서를 받을 희망이 없네그려. 이 점에서 녀석은 신의 예지의 매 개자였지. 실은 나는 오래전부터 결심했었지, 내 집에 오기만 하면 살려서 돌려보내지 않으리라고. 우리 둘 가운데 하나가 사라지지 않고서는 해결이 안 났던 걸세. 나는 녀석을 죽일 결심이었어. 신께서는 녀석한테 조심하라고 충고해, 나를 죄로부터 구하셨네. 내 수호천사인 우두머리 천사 미카엘의 중 재가 거기에 크게 작용했음은 조금도 의심할 여지가 없어. 나는 몇 년 동안 이 수호천사에게 그토록 소홀했음을, 또 죄악에 맞서 싸우는 데 있어서 특별 히 내게 보여주신 수많은 호의에 보답하지 않았음을 이제 수호천사께 용서 를 빌 뿐일세. 하늘에 계신 우리 아버지께서 불어넣으신 영감으로 말미암아 모렐이 나를 만나러 오지 않았음은 천주의 종인 이 우두머리 천사 덕이라고, 나는 믿음과 이성에 가득 차 딱 잘라 말하네. 그래서 지금 죽어가는 이는 나 일세. 그대에게 충실한 헌신의 정을 담아, Semper idem(언제나 변함없는)

P.G. 샤를뤼스."

---

＊ 비열한(卑劣漢).

편지를 읽고 나는 모렐의 공포를 이해했다. 물론 여기에는 거만과 수두룩한 문구들이 있었다. 그러나 고백은 진실이었다. 모렐은 나보다 더 잘 알고 있었던 것이다. 게르망트 부인이 그 시아주버니에게서 발견한 '광적인 일면'이, 내가 생각해왔던 것처럼 잠깐 미친 듯이 겉으로 나타났다가 그것으로 끝나버리고 마는 것만이 아님을.

이야기를 원점으로 돌려야겠다. 나는 샤를뤼스 씨와 나란히 큰길을 내려가는 참이고, 샤를뤼스 씨는 나를 자기와 모렐 사이에 화해의 돌파구를 열어주는 막연한 중개자로 생각한 참이었다. 내가 대꾸하지 않는 걸 보자 그는 이렇게 말했다. "그리고 녀석이 어째서 연주하지 않는지 모르겠네. 전쟁을 핑계로 이제는 아무도 음악을 하지 않아. 하지만 여전히 춤을 추고, 만찬회에도 가고, 여자들 피부에 좋다는 화장품까지 발명했지. 독일군이 좀더 가까이 들이닥친다면 연회를 즐기는 남녀로 가득한 이런 광경이 아마도 우리의 폼페이 최후의 날이 될 걸세. 그러나 그들 덕분에 겨우 그 경박한 생활에서 구원받을 테지. 독일의 베수비오 화산 같은 용암(그들의 함포는 화산 못지않게 무시무시하니까)이, 몸단장하는 여자들을 덮쳐 그 동작을 영원히 붙들어둔다면, 후세의 어린이들은 그림이 든 교과서에서 몰레 부인이 시누이 집의 만찬에 가기 전 얼굴에 분을 바르고 있는 모습이나 소스텐 드 게르망트가 눈썹을 거의 다 그려가고 있는 모습을 구경하면서 공부할 것이네. 이는 미래의 브리쇼들에게 좋은 강의 재료가 되겠지. 한 시대의 경박함도 천년 뒤에는 더할 나위 없이 진지한 박학(博學)의 소재가 되네. 특히 화산 분출이나 폭격으로 떨어진 용암과 비슷한 물질로 인하여 그때 있던 모습 그대로 보존된 경우에. 미래의 역사학을 위해 이 얼마나 귀중한 재료인가. 소장하는 그림과 조각을 아직도 바욘(Bayonne)*에 나눠두지 않고 그대로 가지고 있는 조심성 없는 여인네들을 모두, 베수비오 화산이 뿜어내는 가스와 비슷한 독가스나 폼페이를 뒤덮은 용암 사태 같은 것이 그 모양 그대로 다음에 남기면! 하기야 이미 1년 전부터 단편적으로 폼페이가 되어가고 있다고 할 수 있지 않을까? 사람들이 매일 밤처럼 무통 로스차일드나 생테밀리옹의 옛 술병을 가지러 가는 게 아니라, 가장 소중한 것을 가지고 지하실로 숨어드니 말씀이야. 마치 제

---

* 프랑스 남서부의 도시.

기(祭器)를 나르는 순간에 죽음을 당한 헤르쿨라네움(Herculaneum)*의 사제들처럼. 물건에 대한 집착이야말로 늘 그 주인을 죽음에 이르게 하지. 파리는 헤르쿨라네움과 달리 헤라클레스가 세운 도시는 아니지만 닮은 점이 참으로 많네! 또한 우리에게 주어진 이 선견지명은 현대에만 있는 게 아니라, 어느 시대에나 있었지. 우리는 내일이라도 베수비오 화산에 파묻힌 도시들과 같은 운명을 당할지 모르네. 나는 그리 생각하네만, 옛날 그곳의 주민들도 자기들이 성서에 나오는 저주받은 도시들의 운명에 위협을 당하고 있음을 알아챘던 걸세. 폼페이의 어떤 집 벽에 '소도마, 고모라(Sodoma, Gomora)'라는 의미심장한 글귀가 새겨져 있는 걸 발견했다네."

샤를뤼스 씨가 잠깐 눈을 하늘로 쳐든 것이 이 소돔이라는 이름과 그 이름이 떠올리게 한 사념 때문이었는지, 아니면 폭격을 생각해서였는지 나는 모른다. 그는 금세 눈을 땅으로 돌렸다. "나는 이번 전쟁의 모든 용사에게 감탄하네." 그가 말했다. "예를 들어 영국 병사 말일세, 전쟁 시초에는 그들을 좀 깔보며, 한낱 비전문가 축구 선수가 직업 선수와—더더구나 유명한 직업 선수와—겨루려 하다니 어지간히 주제넘다고 생각했네만, 어떤가, 미학적인 관점으로만 봐도 그들은 아주 훌륭한 그리스의 경기자란 말이야. 알아듣겠나? 그리스의 그렇지, 플라톤 시대의 젊은이들, 아니 오히려 스파르타의 용사들이야. 내 친구 하나가 그들이 주둔하는 루앙에 갔다 왔는데, 그 친구 참으로 으리으리한 광경, 아무도 생각지 못할 진짜 으리으리한 광경을 보았다고 하더군. 그건 이미 루앙이 아니라 다른 도시였네. 그야 대성당의 말라빠진 성자들의 조각상이 있는 옛 루앙도 거기에 있기야 있지. 물론 그 또한 아름답지만 그건 별개 문제야. 또 우리의 푸알뤼! 내가 그런 푸알뤼와 젊은 파리지엔에게서 어떤 풍미를 발견하는지는 이루 말할 수 없네. 이를테면 저기 지나가는 남자는 자못 약삭빠른 모습에 쾌활하고도 야릇한 겉모양을 하고 있지. 나는 곧잘 그들을 멈추게 하여 조금 잡담하곤 하지만, 얼마나 섬세하고 분별 있는지 모른다네! 또 시골의 젊은이들은 r음을 굴리며 알아들을 수 없는 사투리를 쓰는 게 얼마나 재미나고 애교 있는지! 나는 시골에 오래 살았고 농원에서 잔 적도 있어서 그들의 말을 알아듣네. 그러나 프랑스 사람

---

* 나폴리와 폼페이 사이에 있던 시가. 서기 전 70년에 베수비오 화산의 폭발로 매몰.

에 대해 감탄한다고 해서 적을 얕잡아보면 못쓰는 법이지. 그러면 우리 자신의 값어치를 스스로 떨어뜨리는 셈이거든. 그런데 독일군이 어떠한 병사인지 모를 테지, 나같이 베를린의 '운터 덴 린덴(unter den Linden)'을 뻗정다리로 분열행진하는 독일 병사를 구경한 적이 없으니까."

그는 발베크에서 나한테 이야기한 적이 있는 그 사내다움의 이상을 다시 꺼냈는데, 그것은 그의 마음속에서 하나의 철학적 형태를 갖추게 되었고, 게다가 그의 이론은 너무 얼토당토않아서 그의 탁월함을 발휘하는 경우에도 이따금, 머리는 좋지만 어디까지나 한낱 사교인에 지나지 않는 자가 토론할 때 보이는 내용의 빈약함을 드러내고 만다. "그렇고말고. 독일 병사, 곧 보슈는 억세고 튼튼하고도 굉장한 용사, 조국의 위대함밖에 마음속에 없는 용사라네. '도이칠란트 위버 알레스(Deutschland über alles)'*¹라는 독일 국가의 가사만 해도 그리 어리석은 표현이 아닌 것이, 보게, 우리는—그들이 씩씩하게 전쟁 준비를 하고 있는 동안에—도락(道樂)에 빠져 있었단 말일세." 이 낱말은 샤를뤼스 씨에게 문학과 비슷한 뭔가를 뜻하고 있는 성싶었다. 왜냐하면 내가 문학을 좋아하여 한때 그것에 헌신하려는 뜻을 품었던 적이 있음을 떠올려선지, 샤를뤼스 씨가 내 어깨를 탁 치고(탁 치는 몸짓을 이용하여, 지난날 내가 군대에 복무했을 적에 '76식' 총의 반동이 어깨뼈에 울렸던 것과 같은 아픔을 줄 만큼 내 어깨에 기대며), 나무라는 말을 누그러뜨리려는 듯 말했다. "그렇지, 우리는 모두 도락에 빠져 있었네, 그대도 나와 마찬가지로 '메아 쿨파(mea culpa)'*²하게. 우리는 너무나 문예 애호가였단 말씀이야." 나는 뜻하지 않은 비난에 놀라 적절한 대꾸도 못하고, 또 상대에 대한 예의와 그의 싹싹한 우정에 감동하여, 그가 권유하는 대로 내 가슴을 스스로 퍽퍽 치기라도 하듯 머리를 끄덕끄덕하고 말았는데, 이는 눈 뜨고 못 볼 쑥스런 짓이었다. 왜냐하면 내게는 스스로 책할 문예 애호의 그림자조차 없었기 때문이다. 그가 말했다. "그럼 이만 실례하겠네(멀찌막이 그를 따라온 무리도 드디어 떠나버렸다). 집으로 돌아가 꼬부랑 영감처럼 푹 자야지. 노르푸아가 즐겨 쓰는 싱거운 격언을 빌린다면, 전쟁은 우리 습관을 모두 바꿔버렸다네."

---

*1 '세계에 가장 뛰어난 독일'이라는 뜻. 옛 독일 국가의 한 부분.
*2 '나의 죄', '내 탓이로소이다'는 뜻.

하지만 샤를뤼스 씨가 집에 돌아가도 계속해서 병사들에게 둘러싸여 있을 것임을 나는 알고 있었다. 왜냐하면 그는 자기 저택을 군 병원으로 바꾸고 말았기 때문이다. 그러나 그것은, 내 생각으론 그가 자기 공상의 요구에 따랐다기보다는 착한 마음씨에 따른 듯하다.

맑게 갠 하늘에 바람기 하나 없는 밤이었다. 다리와 물에 비친 그 그림자가 만드는 둥근 고리 사이로 흐르는 센 강을 바라보면서, 나는 보스포러스(Bosporus)*¹ 해협도 분명히 저러려니 상상했다. 그리고 샤를뤼스 씨의 패배주의가 예언한 적군 침입의 상징이냐, 아니면 프랑스군에 대한 우리 이슬람교국 동지들의 협력의 상징이냐, 스캥(sequin)*²마냥 가늘고 흰 달이 떠 파리 상공에 근동의 초승달 깃발*³을 올린 것 같았다.

나에게 작별인사를 하면서 그는 잠깐 내 손을 으스러지도록 쥐었는데, 그 악수는 남작과 같은 감성을 가진 사람들 특유의 독일식 특징이었다. 그는 내 손을 그렇게 쥐면서, 잃지도 않은 부드러움을 내 손가락 관절에 되찾아주려고나 하듯, 계속해서 내 손을, 코타르풍으로 말해서, 주물럭거렸다. 맹인들은 어느 정도 촉각으로 시각을 보충한다. 하지만 이 악수의 경우 촉각이 어느 감각을 대신했는지 모르겠다. 아마도 그는 그저 내 손을 쥐었을 뿐이라고 여겼으리라. 마치 어둠 속에 지나가는 세네갈 병사를 그로서는 다만 흘끗거렸을 뿐 넋을 잃고 바라보았다고는 꿈에도 생각지 못한 것처럼. 그러나 이 두 경우에서 남작은 잘못 생각했으니, 촉각의 경우나 응시의 경우나 그 도가 지나침으로 그는 죄를 짓고 있었다. "드캉의, 프로망탱의, 앵그르의, 들라크루아의 근동이 모두 저 안에 있지 않은가?" 그는 여전히 세네갈 병사의 뒷모습을 뚫어지게 바라보며 말했다. "나는 말이야, 사물과 인간에 대해 화가나 철학가의 입장으로서밖에 흥미를 가져본 적이 없네. 게다가 이제 퍽 늙었지. 하지만 지금 이 그림을 완벽하게 하기 위해, 우리 둘 중 하나가 오달리스크(odalisque)*⁴가 아닌 것이 참으로 섭섭하기 짝이 없군!"

---

*1 터키 북서부에 있는 해협. 마르마라 해(海)와 흑해를 이음.
*2 지중해 연안, 근동 여러 나라에서 쓰이던 베네치아의 옛 금화(金貨).
*3 터키 국기를 말함.
*4 이슬람교국, 특히 터키 황실의 후궁.

남작이 내 곁을 떠나자마자 내 공상에 들러붙기 시작한 것은 드캉이나 들라크루아의 근동이 아니라, 지난날 그토록 즐겨 읽었던 《아라비안나이트》의 옛 근동이었다. 그래서 이 어두운 거리의 그물 속에 조금씩 헤매 들어가면서 나는, 바그다드의 후미지고 으슥한 거리로 모험을 찾아 나서는 이슬람교국왕 하룬 알 라시드를 생각했다. 한편 후덥지근한 밤거리를 걸어 목이 말랐지만, 근처의 바는 전부 문 닫은 지 오래고, 휘발유가 부족해서 드물게 보이는 택시는 근동인 아니면 흑인이 운전하고 있으며, 내 신호에 응할 생각조차 하지 않았다. 마실 것을 사서 집에 돌아갈 만한 기운을 되찾을 수 있는 장소는 호텔밖에 없을 듯했다.

그러나 나는 파리 중심가에서 꽤 멀리 떨어진 거리까지 왔고, 고타가 파리에 폭탄을 떨어뜨리기 시작한 뒤로, 호텔이란 호텔은 다 문을 닫고 말았다. 거의 온 상점이 마찬가지로, 고용인이 부족하거나 또는 주인 자신이 겁을 내 시골로 도망치고 말아 문짝마다 손글씨로, 머잖아(말은 그렇지만 막연한) 다시 문을 열겠노라는 말만 남기고 있었다. 아직은 겨우 버티고 영업할 수 있는 서너 가게도 문짝에 알림판을 붙여, 일주일에 두 번밖에 영업하지 않는다고 알리고 있었다. 비참·포기·공포가 이 거리 일대에 살고 있는 게 피부로 느껴졌다. 그래서 이처럼 버림받은 집들 사이에 한 곳만이 아직 활기 띠고 번창하며, 거꾸로 공포와 파산을 이겨낸 듯한 호텔을 본 내 놀라움은 컸다. 창마다 덧창을 달아 경찰의 명령대로 불빛을 가렸지만, 그럼에도 덧창 사이로 채로 친 듯 새어나오는 불빛은 근심 없는 모습을 드러내고 있었다. 그리고 줄곧 문이 열리며 새로운 손님이 드나들었다. 그것은 근처 온 상인의 부러움을(이 집의 경영자가 벌어들이는 돈 때문에) 살 만한 호텔이었다. 그리고 이때 내게서 15미터 남짓 떨어진 곳, 어둠이 깊어 누군지 분간도 안 되는 저쪽으로 한 사관이 재빨리 나가는 걸 보았을 때, 내 호기심은 더욱 자극되었다.

그렇지만 나에게 강한 인상을 준 것은 잘 보이지 않던 그 얼굴도, 넉넉한 외투 속에 감춘 그 군복도 아니라, 사실은 그 몸이 매우 많은 지점을 지나가는데도, 마치 포위당한 자가 탈출을 시도하듯이 그것이 불과 몇 초 사이에 이루어졌다는 그 묘한 불균형이었다. 그래서 그 군인을 명확히 알아보지는 못했지만, 그 순간에 퍼뜩 나는—생루의 풍채, 날씬한 모습, 걸음걸이, 민첩성까지는 생각 못했을지언정—적어도 그만이 지닌 어떤 신출귀몰을 생각했다. 그 군인은 그 짧은 시간에 그토록 많은 여러 지점을 차지하면서, 나를 알아보지도 못하고 골목길로 사라졌다. 나는 그 자리에 선 채, 이 호텔의 수수한 겉모습으로 보아, 지금 나왔던 이가 생루는 아닐 거라고 의심스러워하면서 그 안에 들어갈까 말까 망설였다.

독일의 한 장교에게서 빼앗은 편지 속에 생루의 이름이 발견되어, 생루가 부당하게도 간첩 사건에 관련됐던 일이 퍼뜩 생각났다. 그것이 사실무근임은 군 당국에 의하여 명백히 증명됐다. 그러나 무심코 나는 이 기억을 지금 목격하고 있는 것에 연관시켰다. 이 호텔은 간첩의 접선소로 쓰이고 있는 게 아닐까? 사관이 사라지고 나서 이번에는 여러 병과의 병졸들이 들어가는 걸 보았는데, 그것이 내 추측에 한층 더 힘을 보탰다. 한편 나는 몹시 목이 말랐다. 어쩌면 이곳에서 마실 것을 얻을 수 있겠거니 생각하여, 불안했지만, 목을 축이는 김에 내 호기심도 채워보려고 했다.

따라서 몇 단의 작은 층계를 올라가도록 결심하게 만든 것이 아까의 만남에서 생긴 호기심만이라고는 생각지 않는다. 층계를 다 올라가자 어떤 현관 같은 게 있고, 더위 탓인지 덧문이 열려 있었다. 처음에 나는 그런 호기심을 만족시킬 수 없을 거라고 생각했다. 왜냐하면 계단의 어둠 속에 서서, 방을 빌리러 온 몇몇 사람이 빈 방이 없다는 대답을 듣는 걸 보았기 때문이다. 그런데 그들은 간첩 소굴의 한편이 아니라서 거절당한 게 분명했다. 그 증거로, 잠시 뒤 해병 하나가 나타났는데, 그에게는 곧바로 28호실을 빌려주었기 때문이다. 어둠 속에서 남의 눈에 띄지 않은 채 나는, 몇몇 군인과 두 노동자가, 잡지나 사진 화보에서 오려낸 인쇄된 초상 사진으로 울긋불긋 장식한 숨막힐 듯한 작은 방 안에서 조용히 잡담하고 있는 걸 보았다.

그들은 차분한 말투로 애국적인 사상을 털어놓고 있었다. "별수 있나, 전우들처럼 행동할 따름이지." 한 사내가 말했다. 그러자 "암! 자신있고말고, 난 안 죽어"라고, 내 귀에는 들리지 않았던 무슨 격려의 말을 듣고 다른 한 사내가 대꾸했는데, 짐작하기론 내일 위험한 임지로 떠나는 것 같았다. "하지만 22살에, 더구나 6개월밖에 근무하지 않았는데 이건 너무 심해." 그 사내는 오래 살고 싶다는 소망보다 옳은 이치를 따지는 의식이 더 드러나는 말투로 외쳤다. 마치 22살밖에 안 된다는 사실이 그에게 살아 돌아올 기회를 그만큼 많이 두는 게 당연하며, 죽을 리 없다는 투였다. "파리는 정말 대단해." 또 다른 사내가 말했다. "전쟁 중이라는 게 거짓말 같아. 여보게 쥘로, 자네 여전히 입대할 생각인가?"—"물론이지, 싸움터에 나가서 그 더러운 보슈놈들을 닥치는 대로 두들겨줄 거야."—"그런데 조프르란 녀석, 장관의 아내들과 동침한다는군. 제 버릇 못 고치는 놈이야."—"그런 얘기를 들으니 한심하군." 좀 나이 든 비행사가 그 얘기를 꺼낸 노동자 쪽을 돌아다보며 말했다. "충고해두네만, 그런 얘기를 일선에서 꺼냈다간 당장 푸알뤼들 손에 골로 가네." 이런 싱거운 대화를 더 듣고 싶지 않아 들어갈까 내려갈까 고민하는 순간, 나는 다음과 같은 소름끼치는 말을 듣고서 무관심에서 벗어났다. "놀랐는걸, 지배인이 아직 돌아오지 않다니, 제기랄, 이 늦은 시각에 어디로 사슬을 찾으러 간 걸까."—"하지만 상대는 벌써 매여 있는걸."—"물론 매여 있지. 하지만 매여 있는 것 같아도 매여 있는 게 아냐, 내가 그 모양으로 매여 있다면 푸는 것쯤은 누워서 떡 먹기지."—"그렇지만 맹꽁이자물쇠를 채웠는걸."—"그야 채웠지. 하지만 어떻게든 풀 수 있어. 문제는 사슬이 그다지 길지 않다는 거야. 자네, 설마 나한테 하는 방법을 설명할 생각은 아니겠지? 나는 어제 사슬에 맨 채 밤새도록 두들겨 피가 내 두 손에 흐를 정도였거든."—"오늘 밤도 자네가 두드리는가?"—"아냐, 내가 아니고, 모리스야. 하지만 일요일에는 나야, 지배인이 그렇게 약속했거든."—나는 비로소 왜 해병의 튼튼한 팔이 필요했는지 이해했다. 평화스러운 부르주아를 멀리했던 거로 보아, 이 호텔은 단순한 간첩 소굴만이 아니었다. 때맞게 누가 와서 그것을 발견해 범인을 체포하지 않으면 잔인한 범죄가 벌어지려는 거다. 그렇지만 그런 모든 게, 이 평온하면서도 공습의 불안에 떠는 이 밤중에 마치 꿈이나 옛날이야기 같은 느낌을 자아내고 있었다. 그래서 나는 법관의 자존심과 시인의 즐거움을 품고서 단호히 호텔 안으로 들어섰다.

내가 가볍게 모자에 손을 대니까, 거기에 있는 이들은 그다지 난처해하는 기색도 없이 먼저 공손하게 내 인사에 응했다. "필요한 게 있는데, 누구에게 물어봐야 좋은지요? 방 하나를 빌리고 마실 것을 가져다달라고 부탁하고 싶은데."—"잠깐 기다려보시구려, 지배인이 밖에 나갔으니."—"그러나 우두머리는 위에 있다네." 잡담하던 한 사내가 넌지시 말했다. "그래도 그이를 방해할 수야 없지 않나."—"방을 빌릴 수 있을 것 같습니까?"—"있을걸요."

—"43호실이 비었을 테니." 22살이라서 죽을 리 없다고 확신하는 젊은이가 말했다. 그리고 소파 한구석으로 몸을 살짝 옮겨 나에게 앉을 자리를 만들어 주었다. "창문을 좀 열게나, 연기가 가득하니!" 비행사가 말했다. 그리고 보니 다들 파이프 담배 또는 궐련을 피우고 있었다. "좋지, 그러나 열려면 먼저 덧창을 닫게나, 체펠린이 날아올 테니 불빛이 새어나가면 못쓰니까."— "체펠린은 이제 안 와. 신문에도 체펠린이 다 격추됐다는 기사가 났거든."— "이제 안 온다, 안 온다 하네만, 자네가 그걸 어떻게 알지? 나같이 15개월 을 전선에서 지내면서 보슈의 비행기를 다섯 대나 쏘아 떨어뜨렸다면 그렇 게 지껄일 수 있지만 말이야. 신문을 곧이곧대로 믿어서는 못써. 어제도 체 펠린이 콩피에뉴를 공습해서 두 아이와 그 어미를 죽였다네."—"두 아이와 그 어미를!" 죽지 않기를 소망하는 젊은이가 이글이글한 눈에 깊은 연민을 띠며 말했는데, 정력 있고도 서글서글한 호감을 주는 얼굴을 하고 있었다. "덩치 큰 쥘로에게서 통 소식이 없다네. 그 대모도 일주일이나 편지 한 장 못 받았다는데 이토록 오랫동안 소식 없는 게 처음이라나 봐."—"그 대모가 누군데?"—"올랭피아 극장에서 좀 아래쪽에 유료 화장실을 경영하는 부인 이야."—"둘이서 동침하나?"—"당치 않은 소리를. 유부녀인 데다가 아주 정숙한 여인이라네. 매주 그에게 빠짐없이 돈을 보내지. 마음씨가 착해서 그 러는 거야. 암! 세련된 여자라네."—"그럼, 자네 아는 사이인가, 덩치 큰 쥘로하고 말이야?"—"알다 뿐인가!" 22살 난 젊은이가 열을 올리며 말을 이었다. "나와 절친한 벗 가운데 하나지. 내가 그 친구같이 아끼는 인간은 그리 많지 않네. 좋은 친구야, 늘 내 도움이 되려고 하는 벗이지. 참말 그 친구에게 무슨 일이 일어났기라도 하면 그야말로 큰 타격이지."

누군가 주사위 놀이를 하자고 제안했다. 22살 난 젊은이가 눈알이 튀어나 올 정도로 눈을 부라리면서 주사위를 굴렸다가 나온 결과에 기이한 소리를 냅다 지르는 열에 들뜬 꼴을 보아, 도박 기질이 있는 게 훤히 보였다. 그 뒤 에 다른 사내가 이 젊은이에게 속삭인 말을 나는 듣지 못했지만, 젊은이는 깊은 동정 어린 말투로 소리쳤다. "쥘로가 기둥서방이라고? 그러니까 그 친 구가 스스로 기둥서방이라 으스댔다는 거로군. 틀려먹은 소리, 나는 그 친구 가 자기 여자에게 돈을 주는 걸 똑똑히 보았단 말일세. 알아듣겠나, 여자에 게 돈을 주었단 말이야. 그렇다고 알제리 여자인 잔이 그 친구에게 아무것도 안 주었다는 뜻은 아니네만, 그러나 5프랑 이상은 주지 않았네. 어엿한 유곽 주인으로 날마다 50프랑 넘게 버는 여자가 말일세. 5프랑밖에 못 받다니 바보가 아니고서야. 지금은 그 여자도 일선에 나가 있으니 고생이 많겠지. 하지만 마음대로 돈을 벌고 있을 걸세. 그런데도 그 친구한테 동전 한 푼 안 보내지. 그런데 쥘로가 기둥서방이라구? 만약 그렇다면 스스로 기둥서방이라고 으스대는 놈이 수두룩할 걸세. 그 친구는 기둥서방은커녕, 내가 보기엔 얼간망둥이야." 이 무리 중에서 가장 나이 많은 남자는, 아마도 그 나이 덕분에 이 호텔 지배인에게서 어느 정도의 감독 임무를 맡았을 것이다. 그는 잠깐 화장실에 갔다 와서 이 대화의 끝머리밖에 듣지 못했다. 그러나 흘끗 내 얼굴을 바라보더니 방금 한 이야기가 내 마음에 일으켰을 영향을 짐작하고, 역력히 당황하는 빛을 나타냈다. 돈에 좌우되는 정사의 논리를 한바탕 늘어놓은 이는 22살 난 젊은이인데도 나이 든 사내는 딱히 그쪽한테가 아니라 모두에게 하는 투로 말했다. "자네들 너무 심하게 수다 떠는군. 목소리도 큰 데다 창문은 열려 있고, 이 시각엔 잠자는 이도 많아. 지배인이 돌아와 이처럼 떠드는 걸 보면 기분 나빠할 거야."

바로 그 순간에 문 열리는 소리가 들리자 다들 지배인이 들어오는 줄 알고 조용했다가, 운전사 일을 하는 이방인에 지나지 않자 다들 그를 환영했다. 그러나 운전사의 저고리에 늘어뜨린 으리으리한 시계 사슬을 보자, 22살 난 젊은이는 의심쩍은 시선을 운전사에게 던지고는, 다음에 눈살을 찌푸리고서 내 쪽으로 험악한 눈길을 던졌다. 나는 그 첫 눈길이 '그게 뭐지, 훔친 건가? 축하하네'라는 뜻임을 이해했다. 그리고 두 번째 눈길은 '이 녀석은 우리가 모르는 놈이니 조심해, 아무 말 말게'라는 것이었다. 돌연 지배인이 충분히 도형수(徒刑囚)를 몇이나 비끄러맬 수 있을 성싶은 몇 미터나 되는 굵은 쇠사슬을 짊어지고 들어와 땀을 닦으며 말했다. "내가 무거운 짐을 지다니, 자네들이 게으르지 않다면 내가 몸소 가지 않아도 되는데." 나는 그이에게 방 하나를 빌려달라고 말했다. "몇 시간만이라도 빌리고 싶은데, 차도 안 잡히고, 몸도 안 좋아서요. 특히 마실 것을 갖다주면 고맙겠소."—"피에로, 지하실에서 카시스(cassis)*를 가지고 오게, 그리고 43호실을 정돈하라 이르

---

* 까막까치밥나무의 열매로 만든 리큐어.

고. 7호실에서 또 벨을 누르는군. 그 손님들은 병자라고 입버릇처럼 말하지. 병자라니 가당치도 않아, 코카인을 맞는 놈들이야. 거의 중독된 모양이야. 놈들을 밖으로 내쫓아야 해. 22호실에 깨끗한 덮개를 깔았나? 좋아! 또 7호실에서 부르는군, 달려가보게. 이봐 모리스, 거기서 뭘 하나? 손님이 기다리는 걸 알잖아. 14호 두 번째 방에 올라가게. 어서 빨리." 지배인은 말하면서, 내 눈에 쇠사슬이 띈 데 좀 난처해하며 그것을 지고서 사라졌고, 그 뒤를 쫓아 모리스가 달려나갔다. "어째서 이렇게 늦게 왔나?" 22살 난 젊은이가 운전사에게 물었다. "뭐라고, 늦게 왔다고? 난 한 시간이나 빨리 왔는걸. 걸어오니 몹시 덥군. 나는 자정에 만나기로 했거든."—"누굴 만나러 왔나?"—"파멜라 라 샤르뫼즈(Pamela la charmeuse)."* 근동의 운전사가 말하고, 아름다운 새하얀 이를 드러내며 웃었다. "허어!" 22살 난 젊은이가 말했다.

이윽고 나는 43호실에 안내되어 올라갔는데, 어찌나 분위기가 불쾌하고 어찌나 호기심이 컸는지, 카시스를 다 마시고 나자 계단을 내려왔다. 그러다 퍼뜩 생각을 바꿔 계단을 다시 올라가, 43호실을 지나쳐 맨 꼭대기 층까지 갔다. 갑자기 복도 끝에 외따로 떨어져 있는 방으로부터 낮은 신음이 들려오는 듯했다. 나는 그쪽으로 재빨리 걸어가서 문에 귀를 댔다. "부탁이니, 용서를, 용서를, 동정을 비오, 날 좀 풀어주시오, 이토록 세게 때리지 마오." 한 목소리가 들렸다. "당신의 발에 입맞추오, 엎드려 빌겠소, 다시는 안 그럴 테니, 부디 용서해주시오."—"안 돼, 고약한 놈." 다른 목소리가 대꾸했다. "아우성치며 무릎으로 기어다니니 너를 침대에 잡아매야겠다. 절대 용서 못해." 그리고 채찍을 갈기는 소리가 들렸는데, 아마도 못을 뾰족하게 박은 채찍인지, 곧이어 비명이 울렸다. 이때 나는 이 방의 옆면에 작은 둥근창이 나 있고, 커튼이 열려 있는 걸 언뜻 보았다. 어둠 속을 살금살금 걸어나가 그 둥근 창까지 다가갔다. 그 너머로 나는, 바위에 묶인 프로메테우스처럼 침대에 사슬로 묶여, 정말로 못 박은 채찍으로 모리스에게 마구 맞아 이미 피투성이가 된, 게다가 이런 고문이 처음 겪는 일이 아님을 증명하듯 멍투성이가 된 샤를뤼스 씨를 보았다.

느닷없이 문이 열리고 누가 들어왔는데 다행히 나를 알아채지 못했다. 보

---

* '매혹적인 여자 파멜라'라는 뜻인데, 여기서는 팔라메드 드 샤를뤼스를 가리키는 말인 듯함.

니 쥐피앙이었다. 그는 공손한 태도로 공모자의 엷은 미소를 띠고 남작에게 가까이 갔다. "그런데 무슨 분부는 없으신지요?" 남작은 쥐피앙에게 모리스를 잠깐 내보내라고 부탁했다. 쥐피앙은 모리스를 거리낌 없이 내쫓아버렸다. "아무도 엿듣지 못하겠지?" 남작이 말하자 쥐피앙은 걱정 마시라고 장담했다. 남작은 쥐피앙이 문학가처럼 영리하나, 실제적인 분별력이 조금도 없어 금세 누구라도 눈치채는 암시와 다들 알고 있는 별명을 꺼내 툭하면 당사자들 앞에서 지껄이는 걸 알고 있었다.

"잠깐 기다려주십시오." 쥐피앙이 3호실에서 벨이 울리는 소리를 듣고 가로막았다. 거기서 나온 이는 악숑 리베랄 당(Action Libérale)의 의원이었다. 쥐피앙은 표시판을 보지 않고서도 벨 소리로 어느 방인지 알았다. 사실 그 의원은 날마다 점심 뒤에 오곤 했다. 그런데 이날은 시간을 바꿔야만 했으니, 생피에르 드 사요 성당에서 정오에 딸을 결혼시켰기 때문이다. 따라서 그는 저녁 무렵에 왔다가, 특히 요즘처럼 공습이 잦을 때 늦게 돌아가면 금세 마누라가 걱정하므로 일찍 돌아가려는 중이었다. 쥐피앙은 계속 그를 대문까지 배웅하고 싶었는데, 사사로운 이해관계가 있어서가 아니라 국회의원 나리께 존경을 나타내기 위해서였다. 왜냐하면 이 의원은 악숑 프랑세즈 당(Action Française)의 지나친 태도를 거부하는 한편(하지만 그는 악숑 프랑세즈 당원인 샤를 모라스나 레옹 도데의 글이라고는 한 줄도 이해할 수 없었다), 여러 장관과 친해 그들을 사냥에 초대하여 비위를 맞추는 인물이었는데, 쥐피앙은 경찰과의 갈등이 생겨도 그에게 조그만 도움도 청하지 않을 것이기 때문이다. 그런 부탁을 재산 많고 겁도 많은 국회의원에게 해보았자, 당장에 돈 잘 쓰는 손님을 잃었을 테고, 이름뿐인 '단속'에도 걸렸을 거라는 사실을 쥐피앙은 알고 있었다. 국회의원 뒤를 대문까지 따라 나와, 그가 모자를 깊게 눌러 쓰고 깃을 세워 얼굴을 가렸답시고, 마치 선거 운동을 하는 중인 듯이 재빨리 빠져나가는 것을 배웅하고 나서 쥐피앙은 다시 샤를뤼스 씨 곁으로 돌아와 그에게 말했다. "외젠 씨였죠."

쥐피앙네 호텔에서는 요양원에서처럼 손님을 부를 때 세례명으로밖에 부르지 않았지만, 나중에 그 확실한 성명을 귀에 대고 일러줌으로써, 단골손님의 호기심을 만족시키고 호텔의 이름을 드높이고자 했다. 그러나 쥐피앙은 가끔 손님의 진짜 신분을 모르면 어림짐작으로 주식 상인 아무개 씨, 귀족 아무개

씨, 미술가 아무개 씨라고 불렸는데, 잘못 불린 사람들이 다행스럽게 받아들였으므로, 그러다 보니 빅토르 씨가 대체 무슨 일을 하는 사람인지 영원히 몰라도 상관없다고 생각했다. 쥐피앙은 샤를뤼스 남작을 기쁘게 하고자, 사교적인 모임 같은 데서 두루 쓰이는 것과 거꾸로 하는 버릇이 있었다. "르브랭 씨를 소개합니다(그러고는 귀에 대고 "르브랭 씨라고 불리지만 실은 러시아의 대공작이죠" 말했다)." 이와 반대로, 쥐피앙은 샤를뤼스 씨에게 한낱 우유 장수를 소개하는 것만으론 부족하다고 생각했다. 그래서 그는 눈을 깜박거리면서 이렇게 속삭인다. "우유 장수지만 사실 벨빌에서 가장 위험한 아파치(apache) 가운데 한 녀석이죠(쥐피앙이 '아파치'라고 할 때의 외설한 억양은 참으로 가관이었다)." 그리고 이런 설명만으론 부족한 듯 그는 몇 가지 '인용'을 덧붙이려고 했다. "녀석은 도둑질에다 별장도 여러 번 털어서 유죄 판결을 받았지요. 길 가던 사람과 격투를 벌여(이 말도 외설한 투였다) 상대를 거의 반(半)병신을 만드는 바람에 프렌 교도소에 들어갔구요, 아프리카의 수인 부대에도 있었어요. 거기서도 자기 부대의 중사를 죽였죠."

남작은 쥐피앙에게 가벼운 원한마저 품고 있었는데, 그 까닭은 이 집에서 남작의 신분이나 이름이 거의 드러나고 말았다는 사실을 남작이 알게 되었기 때문이다. 본디 남작은 그 집사[1]에게 전부 맡겨, 쥐피앙을 위해 이 집을 사게 하고, 부하[2] 한 사람에게 관리를 시켰는데, 올로롱 아가씨의 작은아버지[3]가 서투르게 군 탓으로, 남작의 신분이며 이름이 알려지고 말았던 것이다(다만 대부분의 사람은 그의 이름을 별명인 줄로 알았으며, 또 그것을 잘못 발음하여 이상하게 바꿔버렸던 까닭으로, 결국 남작의 안전은 쥐피앙의 신중한 배려에 의해서가 아니라 사람들의 우스꽝스러운 착각에 의해서 지켜졌던 것이다). 그러나 남작은 쥐피앙의 호언장담을 통해 안심하는 편이 보다 간단하다고 생각하고, 또 아무도 엿듣지 못한다는 말에 마음을 놓고서 쥐피앙에게 말했다. "그 녀석 앞에서 말하기 싫었단 말이야. 녀석은 무척 상냥하고 있는 힘을 다하기는 해. 하지만 좀 잔인한 점이 부족하단 말이야. 얼굴 생김은 마음에 들어. 그런데 녀석, 배운 걸 연습하듯이 나한테 고약한 놈이

---

[1] 쥐피앙을 가리킴.
[2] 지배인을 가리킴.
[3] 쥐피앙을 가리킴.

라고 부른단 말이야."—"별말씀을 다 하십니다. 아무도 녀석한테 뭘 가르친 적이 없는걸요." 쥐피앙은 그 변명이 곧이들리지 않는다는 걸 모르는 채 대답했다. "게다가 녀석은 라 빌레트에서 일어난 여자 문지기 살인 사건의 공범자였답니다."—"허어, 그거 참 재미있군." 남작은 미소 짓고 말했다. —"그런데 마침 소백장이 와 있는데요, 도살장 녀석이죠. 아까 녀석하고 생김새가 비슷해요. 우연히 굴러들어왔는데, 시험해보시겠습니까?"—"허어, 그러지, 기꺼이."

나는 도살장 녀석이 들어오는 걸 봤는데, 정말로 '모리스'와 조금 닮았다. 그러나 보다 기묘한 것은 이 두 사람이 다 어떤 공통된 모양을 가지고 있다는 점이다. 나는 그것을 도저히 끌어낼 수 없었지만 모렐 얼굴에 있던 무엇임을 알 수 있었다. 두 사람은 내가 보는 모렐과는 닮지 않았지만, 적어도 나와는 다르게 모렐을 본 눈이라면, 모렐의 이목구비로 조립할 수 있는 얼굴과 어떤 유사한 모양이 있었다. 모렐에 대한 내 추억에서 그 얼굴을 바탕으로, 남의 눈에 비치는 그 얼굴을 마음속으로 만들어내자마자, 실제로 하나는 보석상 점원이고 또 하나는 호텔 종업원인 이 두 젊은이가 모렐의 어설픈 대용품임을 나는 알아차렸다. 그럼 다음같이 결론지어야 했는가. 곧 샤를뤼스 씨는 적어도 그 애욕의 어떤 형태에서 한결같은 모양에 늘 충실해서 이 두 젊은이를 차례차례 선택한 욕망은, 그가 동시에르 역의 승강장에서 모렐의 걸음을 멈추게 했었던 것과 같은 욕망이었다고? 또 이 세 사람 다, 샤를뤼스 씨의 눈이라는 사파이어에 새겨진 고대 그리스의 장정과 좀 비슷하며, 그러한 그리스 장정의 상이 그의 눈길을 그토록 유별나게 만들어, 내가 발베크에 도착한 첫날 그토록 나를 소름끼치게 했었다고? 또는 모렐에 대한 그의 애욕이 그가 구하는 모양을 바꿔 모렐의 부재를 스스로 위로하고자, 그가 모렐과 비슷한 사내들을 구하고 있다고 결론지어야 하는가? 나는 또 이런 추측도 해보았다. 겉으로야 어떻게 보이든 모렐과 남작 사이에는 오직 우정밖에 없었으며, 샤를뤼스 씨가 쥐피앙네 호텔에 모렐과 많이 닮은 젊은이들을 불러들이는 건, 모렐을 상대로 쾌락을 누리고 있다는 착각을 느낄 수 있기 때문인지 모른다. 샤를뤼스 씨가 모렐에게 해준 온갖 것을 생각하면 이런 추측이 당치 않은 것으로 여겨질지 모르나, 애욕이라는 것이 사랑하는 이를 위해 엄청난 희생을 치르게 할 뿐더러, 또한 때로는 우리의 욕망마저(게다가 그 욕망은 이쪽의 불같이 타오르는 욕정을 사랑하는 상대가 느끼면 느낄수록 더욱 이뤄지기 어려운 법이다) 희생시킬 수 있음을 잊어서는 안 된다.

첫 보기에 있음직하지 않은(사실과 일치하지 않겠지만) 이러한 추측에 조금이나마 근거를 부여하는 것은, 샤를뤼스 씨의 신경질적인 기질과 매우 열정적인 성격이다. 이 점에서 샤를뤼스 씨의 성격은 생루와 비슷하며, 그런 성격이 그와 모렐과의 관계 맨 처음에서, 그의 조카와 라셀과의 관계의 시작에서와 똑같은 역할을 더 예의 바르고 소극적으로 맡게 했었는지도 모른다. 사랑하는 여인과의 관계가(또한 이것은 청년에 대한 사랑도 확대시켜서 할 수 있는 말이다) 여자의 순결, 또는 그녀가 불러일으키는 사랑에 육감성이 부족하다든가 하는 따위와는 또 다른 이유에서 정신적인 것으로 그치는 경우가 있다. 그런 이유로, 자기 사랑이 하도 열렬해서 몸이 단 사내가 겉으로는 무관심한 척하며 목적을 이룰 때를 지그시 기다리지 못하는 경우가 있을 것이다. 사내는 줄곧 여인의 마음에 들려고 있는 정성을 다해 사랑하는 여인에게 쉴 새 없이 편지를 쓰고 끊임없이 만나려 한다. 여인이 그것을 거절하면 사내는 절망한다. 그러면 여인은, 만일 자기가 사내에게 친구로서는 만날 수 있다고 말하면, 그런 행복이 있을 리 없다고 여기던 사내에게는 그만해도 크나큰 은혜로 보일 테니 더 이상의 것을 주지 않아도 괜찮으며, 또 남자가 여자를 만나지 않고서는 더는 못 참게 되어 무슨 수를 쓰든 싸움을 끝내고 싶어하는 때를 잘 잡아서, 남자에게 정신적인 관계를 첫째 조건으로 삼는 강화를 수락시키는 요령을 터득하고 마는 것이다. 뿐만 아니라 그런 조약이 체결되기 전까지 편지와 눈길을 끊임없이 기다리면서 내내 불안 속에서 지내온 사내도 마침내 여인의 육체를 차지하는 일은 생각지 않게 된다. 처음에는 그 육체를 차지하고픈 욕망에 그토록 번민했건만, 그 욕망이 초조하게 기대하는 중에 감퇴되어서 또 다른 욕구(게다가 채워지지 않으면 더욱 고통스러운)에 자리를 내주게 된다. 그렇게 되면 처음에 애무에서 기대했던 쾌락을 나중에는 부드러운 말이나 자리를 같이하자는 약속 같은 전혀 엉뚱한 쾌락으로써 받게 되지만, 그래도 워낙 속을 태우던 끝이라 그것만으로도 감미덕지하다. 때로는 냉담한 안개에 싸인 여자의 눈길, 다시는 못 만나리란 생각이 들 만큼 여자를 멀리 떼어 보내는 안개 속의 눈길 뒤에는, 여자가 보여주는 대수롭지 않은 착한 마음이 감미로운 안식을 준다. 여자는 이 모든 것을 죄다 꿰뚫어보고 있다. 그리고 남자가 너무도 성마르고 신경질적이어서 도저히 자기 욕망을 여자에게 숨기지도 억누르지도 못하는 것을 눈치채면, 여자는 그 사나이에게 자기 몸을 절대로 내맡기지 않는다는 사치스러운 기쁨을 누릴 수 있다는 사실을 알게 된다. 그러한 때에 여자는 아무것도 주지 않으면서도, 몸을 맡길 때 얻는 것보다도 훨씬 많은 것을 얻고 몹시 기뻐한다. 성마르고 신경질적인 사내들은 이와 같이 그들의 우상이 순결하다고 믿는다. 그런 사내들이 여인의 몸 둘레에 치는 후광은 두말 할 것 없이 매우 간접적인 산물이며, 그들의 지나친 연정이 만들어낸 것이다. 그런 때 여자의 마음속에는 수면제나 모르핀처럼, 그 성분 속에 자기가 수행할 음모를 자기도 모른 채, 말하자면 무의식적인 상태로 품고 있다. 그런 약을 꼭 필요로 하는 이는 그 약으로 잠의 쾌감이나 진정한 안정을 얻는 인간이 아니다. 천금을 내고서라도, 가진 것을 다 주고라도 그 약을 사려고 하는 병자는 그런 인간이 아니라, 다른 병자(물론 처음에는 같을지 모르나 몇 년 지나면 다른 병자가 된다)이다. 아무리 약을 먹어도 잠이 오지 않고 아무런 쾌감도 얻지 못하지만 약을 먹지 않으면 불안에 사로잡혀, 어떤 대가를 치르고라도 설사 죽더라도 그 불안을 없애려고 하는 그런 병자다.

샤를뤼스 씨로 말하면 동성을 상대한다는 점에서 조금 차이는 있지만, 그의 경우도 애욕의 일반법칙에 들어맞는다. 분명 그가 카페 왕가보다 더 오랜 가문에 속하고, 막대한 재산이 있으며, 상류 사교계에서 총아로 떠받들어주건만 거들떠보지도 않는 인물인 반면, 모렐은 보잘것없는 신분이지만, 그런 것도 다 소용없었다. 샤를뤼스 씨가 전에 나에게 그랬듯이 모렐에게 "나는 왕가의 후손이고, 그대의 행복을 바라고 있소" 말했던들, 모렐 쪽에서 굴복하려 하지 않는 한, 승자는 여전히 모렐이었다. 그리고 굴복하지 않으려면, 모렐은 자기가 사랑받는다는 사실을 느끼는 것만으로 충분했다. 명성 있는 이가 기어코 교제를 맺으려고 덤벼드는 속물근성에 대한 혐오감을, 사내다운 사내는 성도착자에게 품고, 여인은 자기를 너무나 사랑해 안달복달하는 사내에게 품는다. 샤를뤼스 씨는 온갖 유리한 조건을 갖추었을 뿐만 아니라, 경우에 따라서는 모렐에게 막대한 이익을 주었을 것이다. 그러나 그런 것도 상대방의 의지에 부딪쳐 산산조각 났을지도 모른다. 샤를뤼스 씨는 독일군의 처지와 비슷했는지도 모른다. 그의 조상은 독일계였다─독일군은 그 무렵의 전투에서, 남작이 좀 지나치게 우쭐대며 지껄인 것처럼 온 전선을 제압하고 있었다. 하지만 제압했다고 해서 그들의 승리가 무슨 소용이 있으랴. 그 승리 뒤마다 연합군은 결심을 더욱더 굳혀, 그들 독일군이 얻고자 한 유일한 것, 곧 강화와 화해를 거절하는 바에야. 그와 같이 나폴레옹도 러시아에 침입하여 너그러운 태도로 러시아 당국의 고관들에게 자기 쪽에 오라고 간청했다. 그러나 누구 하나 나타나지 않았다.

나는 계단을 내려가 작은 응접실에 들어갔다. 거기에 모리스가 있었는데, 쥐피앙에게서 만일의 경우를 대비해 기다리고 있으라는 분부를 받고 친구 하나와 트럼프 놀이를 하고 있는 중이었다. 바닥에 떨어졌던 전공십자훈장 때문에 한바탕 떠들썩했다. 잃어버린 사람이 누구인지 모르니, 그 주인이 벌을 안 받도록 보내주려고 해도 누구에게 보내야 할지 알 수 없다는 것이었다. 이어서 얘기는, 병졸을 구하려다가 제 목숨을 잃은 한 장교의 착한 마음씨로 옮아갔다. "부자들 중에도 좋은 인간이 있나 봐. 난 그런 녀석을 위해서라면 기꺼이 전사하겠네." 모리스가 말했다. 그는 분명히 기계적인 습관, 제대로 된 교육도 받지 못했고, 돈은 필요한데 정직하게 일하기보다 덜 고생스럽다고 여기는(어쩌면 더 고생스러운) 방법으로 돈 벌려고 하는 경향에서 남작의 몸 위에 그 무시무시한 채찍질을 한 것에 지나지 않았다. 아까 샤를 뤼스 씨가 걱정했듯이 어쩌면 이 젊은이는 마음씨가 선량한지도 모르고, 또 보아하니 용기가 훌륭한 젊은이인 듯했다. 그 장교의 죽음을 얘기하면서 눈물까지 글썽거렸다. 22살 난 젊은이도 그에 못지않게 감동하고 있었다. "아무렴, 멋있는 녀석들이지! 우리 같은 가난뱅이는 잃을 게 아무것도 없으나 하인이 수두룩하고 매일 6시에 아페로(apéro)*¹를 드시러 갈 수 있는 신분은 얘기가 다르지! 마음대로 씨부렁대도 좋지만, 한번 녀석들이 죽는 꼴을 목격해보게, 참말 예삿일이 아니라네. 착하신 하느님께서 그런 모양으로 부자들을 죽게 하시다니 못쓰지. 첫째 녀석들은 노동자들에게 매우 유익한 인간이거든. 그런 인간을 죽이는 이유만으로도 보슈놈들을 하나도 남김없이 죽여야 해. 또 보슈놈들이 루뱅(Louvain)*²에서 한 짓을 보게나, 어린애들의 손목을 자르다니! 나는 남보다 잘난 건 없지만, 그런 야만인들에게 복종하

*1 아페리티프(apéritif)의 속어로서, 식욕을 돋우기 위해 식사 전에 마시는 술.
*2 벨기에 중부의 도시.

느니 차라리 이 낯바닥이 총알로 벌집이 되는 편이 낫겠네. 놈들은 인간이 아니라 진짜 야만인이거든. 자네도 그리 생각지 않나." 요컨대 이 자리에 있는 젊은이들은 다 애국자였다. 팔에 가벼운 상처를 입은 한 젊은이만이 남들과 똑같은 흥분에 이르지 않았다. 오래지 않아 전선으로 다시 떠나야 했으므로, 지난날 스완 부인이 "꼼짝없이 진저리나는 인플루엔자에 걸리는 방법을 찾았어요" 말했듯이, 그 젊은이가 "제기랄, 이건 운 좋은 부상(병역 면제가 되는 부상)이 아니야" 말했기 때문이다.

대문이 열리고 잠깐 바람을 쐬러 나갔던 운전사가 들어왔다. "어렵쇼, 벌써 끝났나? 오래 걸리지 않았네그려." 운전사는 모리스를 보며 말했다. 그 무렵 발간된 신문*에 빗대어, '사슬에 묶인 인간'이라는 별명을 붙인 사람을 그가 한창 두드리고 있는 중이거니 생각했기 때문이다. "오래 걸리지 않았지, 바람 쐬고 온 자네로선." 모리스는 위층에서 딱지맞은 걸 눈치채인 데 부루퉁해져 대꾸했다. "하지만 이 더위에 있는 힘껏 두들겨대야 하는 내 신세가 돼보라구! 그 값으로 50프랑을 주지 않는다면 누가 이 지랄을……."—"그리고 그분은 얘기를 잘해, 교양 있는 분이라는 걸 느끼지. 전쟁이 오래지 않아 끝날 거라고 말하던가?"—"적의 숨통을 끊긴 어려우니 무승부로 끝날 거라고 하더군."—"빌어먹을 놈, 보아하니 보슈놈이군그래……."—"여보게들 목소리가 크다고 말하지 않았나." 가장 나이 든 사내가 내가 있는 것을 알아차리고서 말했다. "방은 다 쓰셨습니까?"—"이봐, 큰소리치지 말게, 주인도 아닌 주제에."—"네, 다 썼습니다. 돈을 내러 왔는데요."—"지배인에게 직접 내시는 게 좋겠습니다. 모리스, 어서 지배인을 불러오게."—"하지만 폐를 끼쳐서야 미안해서."—"상관없습니다." 모리스는 올라갔다가 내려와서 나에게 말했다. "지배인이 내려옵니다." 나는 그 수고 값으로 모리스에게 2프랑을 주었다. 그는 좋아서 얼굴을 붉혔다. "아니 이거, 고맙습니다. 포로가 된 형에게 보내야지. 아니 뭐 크게 고생하지는 않나 봅니다. 수용소에 따라 매우 다르거든요."

이러는 동안 외투 밑에 야회복과 흰 넥타이를 맨 차림으로 한껏 멋낸 두 손님이—가벼운 사투리로 보아 러시아인 같았다—문 앞에서 머뭇거리며 들

---

* 클레망소가 주필로 있었던 〈자유인〉이라는 신문을 가리킴.

어올까 말까 망설이고 있었다. 분명히 이곳에 처음 왔고, 누군가 이 장소를 일러주었을 것이다. 그들은 욕망과 유혹과 극단적인 공포 사이를 오락가락 하고 있는 성싶었다. 그중 한 사람—미남 청년—은 반은 묻는 듯한, 반은 타이르는 듯한 미소를 띠면서 끊임없이 동행에게 이렇게 되풀이하고 있었다 —"아따! 괜찮아." 결과가 어찌되건 괜찮다는 뜻으로 하는 말인 듯싶었지 만, 사실은 썩 그렇지도 않은지, 그다지 괜찮아 보이지 않았다. 그 말을 하 고 나서도 들어오려는 눈치는 전혀 없이, 계속 같이 온 사람의 눈치를 살피 며 똑같은 미소를 띠고, 똑같이 "아따, 괜찮아"를 되풀이하고 있었다. 그 '아따, 괜찮아'는, 우리가 흔히 쓰는 말하고는 전혀 다른, 가식적인 말의 숱 한 보기 중 하나로, 그러한 말은 감정의 동요로 우리가 말하고자 하는 의미 를 왜곡하고, 또 그 동요는 우리가 생각하는 바와는 관계없는 표현이 사는 미지의 호수에서 떠오른 뚱딴지 같은 말을 꽃피운다. 우리 본마음과는 관계 없는 그런 표현은, 관계없다는 사실 때문에 도리어 우리 본심을 드러내게 된 다. 언젠가 알베르틴이 벌거벗은 채 나에게 붙어 있을 때, 아무런 기척 없이 프랑수아즈가 들어오는 바람에 내 여자친구는 그 사실을 나에게 알리려고 무심결에 "어머나 아름다운 프랑수아즈!" 말했던 일이 생각난다. 프랑수아 즈는 시력이 별로 좋지 않은 데다 우리와는 상당히 떨어져서 방 안을 지나가 고 있었으므로 아마도 우리를 알아채지 못했을 것이다. 그러나 일찍이 알베 르틴이 입 밖에 낸 적 없었던 이 엉뚱한 말 '아름다운 프랑수아즈'는 스스로 그 위치를 드러냈다. 프랑수아즈는 그 말을, 감정의 동요를 못 이긴 알베르 틴이 되는 대로 움켜잡은 지푸라기 같은 것으로 알고, 전혀 현장을 보지 않 고서도 죄다 알아채고는 그녀의 고향 사투리로 "논다니 같으니라고" 중얼거 리면서 나가버렸다. 또 한번은 오랜 뒤의 일이지만, 한 가정의 아버지가 된 블로크가 딸 하나를 가톨릭 신도에게 시집보냈을 때 교양 없는 한 신사가 그 녀에게, 들리는 말로 유대인의 딸이라던데 친정의 성이 뭐냐고 물었다. 태어 나서부터 블로크 아가씨로 불리던 젊은 새댁은, 게르망트 공작이 그렇게 했 을 법하게 'Bloch'라는 성을 독일풍으로 발음하며 대답했다(ch를 '크'로 발음 하지 않고 독일어의 '흐'처럼 발음한 것이다).

이야기를 호텔 문간으로 되돌리면(두 러시아인은 이미 들어올 결심을 했 다, "아따, 괜찮아"), 지배인은 아직 오지 않았고, 쥐피앙이 들어오더니 너무 큰 목소리로 지껄여서 이웃이 불평해올 거라고 투덜거렸다. 그러다가 나를 보고 깜짝 놀라 그쳤다. "모두 층계참으로 나가 있게." 이미 모두가 부스스 일어서자 내가 그에게 말했다. "젊은이들은 그대로 여기 있게 하고, 내가 당신과 함께 잠깐 바깥에 나가는 편이 간단하겠는데요." 그는 어쩔 줄 몰라 내 뒤를 따랐다. 나는 여기 오게 된 이유를 그에게 설명했다. 손님들이 지배인에게, 시중꾼을 들여보내라, 합창대의 소년을 불러오너라, 흑인 운전사를 보내라고 청하는 소리가 들려왔다. 이런 늙은 미치광이들은 젊은이라면 온갖 직업의 젊은이에게, 병사라면 온갖 군대의 병사에게, 온 연합국의 병사에게 흥미를 갖고 있었다. 몇몇 손님은, 옛 프랑스 사투리인지 영국 사투리인지 분간 못할 사투리의 매력에 무심결에 끌려선지, 특히 캐나다 병사를 요구하고 있었다. 스코틀랜드 병사는 그 치마풍의 짧은 바지 때문에, 또 호수 지방에 대한 어떤 몽상이 흔히 이와 같은 욕망에 연관되기 때문에 으뜸으로 꼽혔다. 또 모든 광기는 그때의 상황에 지배되어, 비록 악화진 않더라도 특수화하게 마련이라, 온갖 호기심을 마음껏 채운 한 노인은 손발을 잃은 병사를 불러줄 수 없겠느냐고 간곡히 부탁하는 실정이었다. 계단을 어슬렁어슬렁 내려오는 발소리가 들려왔다. 타고나길 입이 가벼운 쥐피앙은 지금 내려오는 게 남작임을 나에게 말하지 않고는 못 배겼지만 어떠한 일이 있어도 남작에게 들켜서는 안 된다, 아까 젊은이들이 있던 현관에 잇달린 방에 들어가고 싶으면 거기 엿보는 창을 열어주마, 그건 자기가 생각해낸 비결로, 남작이 상대에 들키지 않고서 그들을 보고 들을 수 있게 만들어진 것인데, 남작 몰래 나를 위해 그 창을 열어주마, 하고 말하는 것이었다. "다만 절대로 꼼짝 마십쇼." 그리고 나를 컴컴한 방 안에 밀어넣고는 가버렸다. 하기야 내게 줄 다른 방은 없었다. 전시임에도 그의 호텔은 만원이라, 아까 내가 나온 방은 이미 쿠르부아지에 자작이 차지했다. 자작은 X에 있는 적십자 병원을 이틀간 빠져나올 수 있었는지라, 쿠르부아지에 별장에 돌아가기에 앞서 파리에 몇 시간 동안 피로를 풀고자 들렸던 것이다. 자작부인에게는, 둘러대기 안성맞춤인 기차를 놓쳤노라 말하리라. 자작은 자기로부터 몇 미터밖에 안 떨어진 데에 샤를뤼스 씨가 있는 줄 꿈에도 모르려니와 샤를뤼스 씨 또한 자작이 와 있다고는 상상도 하지 못했다. 샤를뤼스 씨는 이 사촌형제를 쥐피앙네에서 맞닥친 적이 한 번도 없었으며, 쥐피앙은 신중하게 숨긴 자작의 신분을 아직 몰랐다.

아니나 다를까, 이윽고 남작이 들어왔다. 상처 때문에 어지간히 힘들어 보였으나, 상처에 익숙해진 게 틀림없었다. 그의 쾌락은 끝났고, 또 이곳에 들어온 건 오로지 모리스에게 치러야 할 돈을 주기 위해서였지만 모여 있는 젊은이들 쪽으로 다정하고도 호기심에 찬 눈길을 한 바퀴 빙그르르 돌려, 그 하나하나와 전적으로 정신적이지만 애정을 기울여 인사를 느릿느릿 나누는 기쁨을 즐기고 있는 것 같았다. 그와 같은 젊은 사내들의 하렘 앞에서, 속으로는 조금 켕기면서도 즐겁게 들뜬 듯이 꾸며 보인 그의 표정에서, 그가 라 라스플리에르에 처음 왔던 날 밤에 나를 놀라게 한, 몸과 머리를 앞으로 조금 숙이고 흔드는 그 동작이나 뚫어져라 들여다보던 다정한 눈길을 나는 똑똑히 떠올렸다. 그 우아한 품위는 내가 만나본 적 없는 그의 할머니에게서 이어받은 것으로 평소에는 보다 사내다운 표정 밑에 숨어 있지만, 어떤 상황 속에서 자기보다 신분이 낮은 서민들의 마음에 들고 싶을 때는, 자기를 신분 높은 귀부인으로 보이고 싶은 소망이 얼굴 겉쪽에 교태 부리며 꽃을 피우는 것이었다.

쥐피앙은 이 젊은이들을 남작에게 추천할 때, 그들이 전부 벨빌의 '기둥서방'들이며, 금화 한 닢이면 제 누이도 파는 놈들이라고 잘라 말했었다. 하기야 쥐피앙의 말은 거짓인 동시에 참이기도 했다. 그들은 쥐피앙이 남작에게 말한 것보다는 훨씬 선량하고 인간미가 있으며, 결코 야만스런 악당이 아니었다. 그러나 그들을 그런 끔찍한 인간인 줄로만 여기는 사람은, 정말로 그런 사람을 대하듯이 그들에게 성심을 다해 말을 건네는 것이었다. 변태성욕자는 상대가 살인자라도 일단 그렇게 믿고 나면 변태성욕자 특유의 순진한 마음은 좀처럼 변하지 않는다. 그래서 상대가 살인범은커녕 쉽게 용돈을 벌려는 녀석, 손님의 비위를 맞추려고 주워대는 애기 속에서나 아버지나 어머니나 누이를 차례차례 죽이기도 하고 되살리기도 하는 녀석임을 알면, 그 거짓말 앞에 벌린 입을 다물지 못한다. 순진한 손님은 너무 놀라 하얗게 질리고 만다. 제멋대로 지골로(gigolo)라는 관념을 지어내서 상대가 헤아릴 수 없는 살인을 범했거니 여기고 기뻐하던 그는 상대의 말 중에 모순과 거짓말을 알아채고는 어리둥절해진다.

모두 샤를뤼스 씨를 알고 있는 듯했으며, 샤를뤼스 씨도 그들 하나하나 앞에 걸음을 멈추고, 그들의 말씨를 흉내내서 오래오래 말을 건네곤 했다. 그것은 토속적인 색을 내려는 겉멋이며 또한 건달 생활에 어울려보려는 변태성욕의 기쁨이기도 했다. "자네는 구역질나는 놈이야, 자네가 올랭피아 극장 앞에서 카르통(carton)* 둘과 같이 있는 걸 봤단 말이야. '쇠푼'이나 우려내려고 그랬겠지. 자네, 나를 기막히게 속이네그려."—이 꾸중을 들은 젊은 이로서는 다행히 여자에게서 '쇠푼'을 받은 적이 없었노라고 단언할 틈이 없었다. 그랬다면 샤를뤼스 씨의 흥분을 줄였을 것이다. 그래서 젊은이는 마지막 말에만 항의하며 말했다. "별말씀을, 저는 나리를 속이지 않습니다." 이 대꾸는 샤를뤼스 씨에게 강렬한 쾌락을 안겨주었다. 게다가 본디부터 남작이 지닌 독특한 지성은 그가 아무리 숨겨도 가면을 꿰뚫고 나타내므로, 그는 쥐피앙 쪽을 돌아다보고 말하는 것이다. "귀여운 말을 하는데. 참 말 잘했어! 진짜처럼 들리는군. 하지만 정말이건 아니건 아무래도 좋아, 내 귀에 정말로 들리니까. 이 얼마나 작고 귀여운 눈이냐! 자, 상으로 크게 입맞춤을 둘 주련다, 귀여운 것아. 자네 참호 속에서도 나를 생각해야 하네. 고생스럽지 않나?"—"고생이고말고요, 참말로요! 유탄(榴彈)이 몸 바로 옆으로 휙휙 날아가거든요……." 젊은이는 유탄이며 비행기 따위의 소리를 흉내내기 시작했다. "하지만 남들같이 잘해야지요. 틀림없이 끝까지 밀고 나갈 테니까요."—"끝까지라! 그 끝이 어디까지인지 안다면야!" '비관주의자'인 남작은 침울하게 말했다. —"사라 베르나르가 신문에서 한 말을 안 읽으셨습니까. '프랑스는 끝까지 밀고 나가리. 프랑스인은 마지막 한 사람까지 죽음도 마다하지 않으리.'"—"그야 나도 한순간도 의심치 않네, 프랑스인이 마지막 한 사람까지 용감히 죽으리라는 걸." 샤를뤼스 씨는 더할 나위 없이 간단한 일인 듯 말했지만, 그렇다고 그 자신이 뭘 해보겠다는 의사도 없었고, 다만 알지 못하는 동안 남에게 평화론자라는 인상을 주곤 하므로 그것을 그런 말로 씻어볼까 하는 생각뿐이었다. "그것은 의심치 않네만, 사라 베르나르 부인이 어디까지 프랑스의 이름으로 말할 자격이 있는지가 나는 의심스럽다이 말씀이야……." 그리고 그는 누군지 기억이 안 나는, 아마도 아직 본 적이 없는 또 다른 젊은이를 주의 깊게 보면서 덧붙였다. "그런데 저 미끈한

---

* 매춘부를 가리키는 은어.

호감 가는 젊은이는 처음 보는 것 같군." 그는 마치 베르사유 궁전에서 왕자에게 인사하기라도 하듯 그 젊은이에게 인사하고—마치 내 어린 시절, 어머니가 부아시에나 구아슈 상점에 과자를 주문하러 들렀을 때 유리그릇 사이에 군림하고 있던 여점원 가운데 하나가 그릇에서 덤으로 꺼내준 봉봉 한 알에 내가 달려들었을 때처럼—덤의 기쁨을 거저 맛보는 기회를 놓칠세라 그 젊은이의 미끈한 손을 프로이센식으로 오래오래 쥐고, 옛날에 채광이 좋지 않을 때 우리에게 자세를 취하게 하면서 사진사가 했듯이 끝없이 오래오래 미소 지으면서 그 젊은이를 뚫어지게 쳐다보았다. "나리, 기쁩니다, 나리를 뵙게 되어 여간 기쁘지 않습니다."—"고운 머리카락이군그래." 그는 쥐피앙 쪽을 돌아보고 말했다.

다음에 남작은 50프랑을 주려고 모리스에게 다가가서는 먼저 그 허리를 껴안으며, "자네, 벨빌의 문지기 여인을 찔러 죽인 얘기를 나한테 한 번도 한 적이 없었지" 말하고 황홀감에 헐떡거리며 그 얼굴을 모리스 얼굴 가까이 가져갔다. "오오! 남작나리." 쥐피앙에게서 미리 이야기를 듣지 못한 지골로는 과연 사실무근이었는지, 아니면 사실이긴 하지만 본인이 못된 짓으로 느껴 부정하는 편이 낫다고 생각해선지 이렇게 말했다. "내가 동포에게 손을 댔다니! 보슈에게 그랬다면 또 모르지만, 지금은 전쟁 중이니까요. 하지만 여자에게, 더구나 노파에게 손을 대다니!" 이 도덕 강령의 선언은 남작에게 찬물을 끼얹는 효과를 내어 그는 통명스럽게 모리스를 뿌리쳤지만, 그래도 약속한 돈을 건네는 것은 잊지 않았다. 다만 사기당한 사람이 말썽을 일으키기가 싫어 돈은 지불하지만 속으로는 기가 차서 골이 난 모양으로 내주었다. 엎친 데 덮친 격으로 남작이 받은 불쾌한 인상은 돈을 받은 자의 사례하는 투에 의하여 더욱 커졌다. 사례한답시고 모리스는 이렇게 말했다. "이 돈은 우리집 노인에게 보내렵니다. 전선에 나가 있는 형을 위해 조금 남겨두고요." 이틀에 박힌 촌티 나는 말씨도 샤를뤼스 씨를 화나게 했지만, 그것 못지않게 이 건전한 감정이 그를 실망시켰다. 쥐피앙은 이따금 그들에게 좀더 간악하게 굴라고 미리 일러두곤 했다. 그래서 한 젊은이가 뭔가 악마 같은 짓을 고백하는 모양으로 모험을 해보았다. "저어 남작, 곧이곧대로 믿지 않겠지만, 이래도 나는 꼬마였을 때 자물쇠 구멍을 통해 부모님이 감탕질치는 걸 구경했거든요. 나쁜 짓인가요? 보아하니 얼토당토않은 말이라고 생각하시는 모양인데, 천만에, 절대로 거짓말이 아닙니다." 일부러 사악하게 보이려는 이런 노력, 오히려 엄청난 어리석음과 순진함을 드러낼 뿐인 이런 노력에 샤를뤼스 씨는 실망하는 동시에 격노했다. 그러나 아무리 지독한 강도나 살인범일지라도 그를 만족시키지는 못했을 것이다. 강도나 살인범은 그 범죄를 입밖에 내지 않기 때문이다. 게다가 변태성욕자의 마음속에는—그 마음이 아무리 착해도, 아니 착하면 착할수록—악에 대한 갈망이 있다. 그런데 다른 목적에서 행동하는 악인은 변태성욕자의 갈망을 채워주지 못한다.

젊은이는 뒤늦게 자기 실수를 깨닫고, '플리크(flic)'*1 같은 건 발가락 사이의 때만치도 두렵지 않다고 말하면서 뻔뻔스럽게 "fous-moi un rancart(밀회를 결정하시오)"*2라는 말까지 했지만 헛일이라서 마법은 흔적도 없이 사라지고 말았다. 일부러 은어를 쓰려고 애쓰는 작가의 책을 읽는 때처럼 가짜 냄새가 났다. 젊은이는 아내와의 '추잡한 짓'을 낱낱이 이야기했으나 그래도 소용없었다. 샤를뤼스 씨는 그런 추잡한 짓이 얼마나 좁은 범위에 한정되어 있는가를 알고 놀랐을 뿐이었다. 그런데 그 얘기는 엉터리만이 아니었다. 쾌락과 악덕만큼 범위가 한정된 것은 따로 없다. 이런 의미에서 '악순환'이라는 말의 뜻을 조금 바꿔, 인간은 늘 같은 악덕의 범위 안에서 돌고 돈다고 하겠다.

사람들이 샤를뤼스 씨를 진짜 왕족이라고 생각했다면, 반대로 이 호텔에서는 아무개의 죽음을 매우 섭섭해하며 지골로들이 이렇게 말했다. "이름은 모르네만, 남작인가 봐." 하지만 바로 푸아 대공(생루의 친구인 푸아 대공의 아버지)을 두고 하는 말이었다. 아내에게는 클럽에 가서 시간을 보낸다고 평계를 댔지만, 실은 쥐피앙네에 와서 몇 시간씩 수다를 떨거나, 사교계 속 사정을 들려주곤 했다. 그는 아들 못지않게 잘생긴 사내였다. 이상하게도 샤를뤼스 씨는 사교계에서 이 대공과 자주 만났을 게 틀림없는데도 같은 성적 취미를 갖고 있는 줄은 몰랐다. 대공이 이전에 아직 중학생이던 제 아들(생루의 친구)에게까지 손을 댔다고 말하는 사람도 있었지만 틀림없이 근거 없는 얘기일 거다. 사실은 그렇지 않고, 많은 사람이 모르는 동성애 풍습에 매우 능통한 대공은 아들의 교제를 주의 깊게 감시했던 것이다. 어느 날 한 사

---

*1 속어로 경관, 탐정.
*2 fait-moi un rendezvous의 은어.

내가, 게다가 신분이 낮은 사내가 아들 푸아 대공의 뒤를 따라 그 아버지 댁까지 와서 창문 너머로 쪽지를 던져넣었는데, 그걸 아버지가 주운 일이 있었다. 그러나 뒤따른 사내는, 아버지 푸아 대공과 같은 귀족 사회의 인간이 아니지만, 다른 관점에서 보면 같은 사회의 인간이었다. 그래서 공통된 악습을 가진 자들 중에서 어렵지 않게 찾은 한 중개자의 힘으로, 연상인 사내의 그런 대담함을 도발한 사람은 바로 젊은 아들 쪽이었다는 점을 푸아 씨에게 증명해서 그를 침묵시켰다. 있을 법한 일이었다. 왜냐하면 푸아 대공은 아들이 바깥에서 고약한 무리와 교제하는 걸 막는 데 성공했을지는 모르나, 아들을 유전에서 벗어나게 할 수는 없었으니까. 게다가 아들 푸아 대공으로 말하면 아버지와 마찬가지로 다른 사회의 인간과 누구보다도 관계가 깊었지만, 상류 사교계 사람들은 이 점에 대하여 아는 바가 없었다.

"기막히게 세상 눈이 밝은 분이야! 도저히 남작이라고는 믿기지 않아." 샤를뤼스 씨가 나간 뒤 몇몇 단골이 말했다. 쥐피앙은 아래까지 배웅했는데, 그에게 남작은 그 젊은이가 너무 훌륭하다며 불평을 그치지 않았다. 젊은이를 미리 훈련시켜놓을 걸 그랬다 하고 화가 난 쥐피앙의 표정으로 보아, 그 가짜 살인범은 나중에 쥐피앙의 혹독한 꾸지람을 받을 게 뻔했다. "자네 말과는 정반대가 아닌가." 쥐피앙이 다음부터는 주의하도록 남작은 덧붙였다. "그 녀석은 쓸데없이 고지식해 보였어, 제 가족에 대한 존중의 정까지 표하는 걸 보니."—"그렇지만 아버지와는 사이가 나쁜걸요." 쥐피앙이 대꾸했다. "부자가 함께 살지만, 서로 다른 술집에서 일하니까요." 그 정도라면 살인에 비하면 분명히 가벼운 범죄였건만, 쥐피앙은 얼떨결에 그렇게 말했다. 남작은 더 이상 말하지 않았다. 자기 쾌락을 남이 꾸며주길 바라지만, 그 쾌락이 꾸며진 것이 아니라는 환상에 잠기고 싶었기 때문이다. "그 녀석 진짜 악당이에요, 나리께 그런 말을 한 건 나리를 속이려고 해서죠, 나리가 사람이 좋으시니까." 쥐피앙은 변명하려 했으나 샤를뤼스 씨의 자존심을 더욱 상하게 했을 뿐이었다.

"그분은 하루에 백만금을 쓴다네." 22살 난 젊은이가 잘라 말했다. 자기 말이 얼토당토않다고는 여겨지지 않았던 것이다. 오래지 않아 샤를뤼스 씨를 데리러온 차가 움직이는 소리가 들려왔다. 그 순간 분명 옆방에서 나온 군인과 나란히 느릿한 걸음걸이로 들어오는 검은 치마 차림에 나이 지긋한 부인의 모습이 내 눈에 띄었다. 그러나 금세 나는 잘못 본 것을 깨달았다. 그것은 신부였다. 고약한 신부란 아주 드물어서 프랑스에서는 확실히 예외에 속한다. 분명히 군인은 동반자의 행실이 옷차림과 조금도 들어맞지 않는 점에 대하여 조롱하고 있었다. 왜냐하면 동반자가 엄숙한 태도로 신학박사의 손가락 하나를 흉악망측한 얼굴 쪽으로 올리면서, 격언 투로, "별 수 있소, 나는 ('성인'이라는 말이 나올 줄 알았는데) 천사가 아닌걸" 말했기 때문이다. 이 신부는 볼일이 다 끝나서 떠나버리면 그만이었으므로, 남작을 배웅하고 돌아온 쥐피앙에게 작별인사를 했다. 그런데 신부는 얼떨결에 방세를 치르는 걸 잊었다. 정신이 늘 또렷한 쥐피앙은 손님이 내는 돈을 넣어두는 상자를 흔들어 쩔렁쩔렁거리며 말했다. "새전*을, 신부님!" 방탕한 신부는 사과하고 돈을 내고는 사라졌다.

쥐피앙이 내가 옴짝달싹 못하는 칠흑 같은 굴 속으로 나를 데리러 왔다. "우리집 녀석들이 앉아 있는 응접실에 잠깐 들어가 계십쇼. 그동안 내가 위에 올라가 방문을 잠그고 오겠습니다. 거기 들어가 계셔도, 방을 빌린 손님이시니까 아주 당연한 일이죠." 그 응접실에 지배인이 있어서 나는 그에게 돈을 치렀다. 이때, 턱시도 차림의 젊은이가 들어와 거만한 태도로 지배인에게 물었다. "내일 아침 11시가 아니라 11시 15분 전에 레옹을 차지할 수 있겠소? 점심 식사 초대를 받았거든."—"글쎄요, 신부가 레옹을 돌려보내는 시간이 어떠한가에 달려 있죠." 지배인이 대답했다. 이 대답에 턱시도 차림의 젊은이는 불만스러운 듯 신부에게 욕설을 한바탕 퍼부으려는 기색이었으나, 나를 언뜻 보고는 그 노기의 방향을 돌려 곧장 지배인에게로 걸어가, 낮은 목소리로 으르렁댔다. "저이는 누구요? 도대체 어떻게 된 일이야?" 지배인은 난처해하며, 저이는 신경쓰지 않아도 된다, 방을 빌린 손님이다라는 식으로 설명했다. 턱시도 차림의 젊은이는 그 정도 설명으론 조금도 안심이 안되는지 그치지 않고 되풀이했다. "불쾌하기 짝이 없군. 이런 일이 일어나서는 못쓰지, 아주 질색이란 말이야. 앞으로 또 그러면 이곳에 다시는 발을 들여놓지 않겠소." 하지만 이 협박을 바로 행동에 옮길 생각은 없어 보였다. 그는 분개하면서도 레옹이 11시 15분 전에, 가능하면 10시 30분에 틈을 내

---

* 신령 앞에 바치는 돈.

도록 하라고 부탁하고서 떠났기 때문이다. 쥐피앙은 나를 데리러 와서 같이 거리까지 내려왔다.

"오해하실까 싶어서 하는 말이지만," 그가 말했다. "이 호텔은 생각보다 벌이가 신통치 않습니다. 일반 손님도 받아야 하니까요. 그런 손님만 받은 날은 적자만 볼 뿐이죠. 이 집은 카르멜 수도원과는 반대로, 악덕 덕분에 미덕이 살아갑니다. 아니 뭐, 내가 이 호텔의 경영을 맡게 된 것도, 다시 말해 아까 보신 그 지배인에게 경영을 일임한 것도, 오로지 남작의 시중을 들어 그 노년을 위로해드리고 싶어서죠." 쥐피앙은 아까 내가 본 바와 같은 변태 성욕의 장면과, 남작의 악습에 대해서만은 말하고 싶지 않은 듯했다. 남작은 담소를 나누고, 함께 놀며 트럼프 놀이를 하는 데도, 서민을 상대로 돈을 뜯기지 않고서는 더 이상 재미를 느끼지 못했던 것이다. 서민의 속물주의도 귀족의 속물주의와 같다고 생각하면 틀림없으리라. 상류 사회의 교제에서 더할 수 없이 멋있는 인간을 하나도 발견하지 못했거니와 서민과의 교제에서 더할 수 없이 사악한 인간도 찾아내지 못한 샤를뤼스 씨의 마음속에는 두 속물주의가 오랫동안 연관되어왔으며 번갈아가며 나타났다. "나는 어중간한 종류를 싫어한단 말씀이야." 남작은 말한다. "부르주아 희극은 부자연스럽게 태를 부려 싱거워. 고전 비극의 공주들 아니면 걸쭉한 소극이라야 하지. 얼치기가 아니라, 〈페드르〉 아니면 〈어릿광대〉여야 한다 이 말씀이야."

그러나 마침내 그 두 속물주의 사이의 균형이 깨지고 말았다. 아마도 노쇠 탓인지 또는 가장 야비한 관계에까지 육욕을 넓혀선지, 남작은 이제 '아랫것들'하고밖에는 살지 않았는데, 이로써 뜻하지 않게 그 위대한 선조인 라 로슈푸코 공작, 아르쿠르 대공, 베리 공작 같은 이들의 뒤를 잇게 되었다. 생시몽이 적은 바에 의하면, 그들은 사내종과 함께 살며, 그들에게 막대한 금액을 빼앗기면서도 그들의 도박판에 끼어들었는데, 그들 대귀족을 만나뵈러 간 사람들은 대감이 하인들과 허물없이 트럼프 놀이를 하거나 술을 마시거나 하는 꼴을 보며 겸연쩍은 기분이 되었다. "무엇보다도" 쥐피앙은 말을 이었다. "난처한 일을 피하도록 해드리기 위해서죠. 남작은 보시다시피 큰 어린애거든요. 요즘은 이곳에서 바라는 대로 다 하는데도, 아직도 위험을 무릅쓰고 엄한 짓을 하러 다닌답니다. 게다가 아시다시피 돈씀씀이가 후한 분이시니, 요즘 세상에 언제 불상사가 일어날지 누가 안답니까. 요전날만 해도 남작의 자택에 오면 주겠다는 막대한 돈 액수 때문에 겁이나 죽을 뻔한 호텔 심부름꾼이 있었답니다(자택이라니, 얼마나 경솔합니까! ). 그 녀석, 여자밖에 좋아하지 않는 놈인데, 상대가 자기에게 뭘 바라는지 알아채자 안도의 긴 한숨을 내쉬었습니다. 그런 큰돈을 주겠다는 말에 그 녀석은 남작을 간첩이 아닌가 의심했거든요. 그런데 조국을 팔라는 것이 아니라 제 몸 팔기를 청하는 걸 알고는 안심한 거죠. 똑같이 부도덕한 짓이지만 덜 위험하고, 뭐니뭐니해도 쉽거든요."

쥐피앙의 이런 말에 귀를 기울이면서 나는 혼잣말을 했다. "샤를뤼스 씨가 소설가나 시인이 아니라니 이 얼마나 아까운 노릇이냐! 그의 눈에 비치는 것을 쓰길 바라서가 아니라, 그 욕망 때문에 샤를뤼스 씨 같은 사람이 빠지는 처지는, 자기 주변에 추문의 씨를 뿌리고, 인생을 심각하게 생각하는 나머지, 쾌락에 열정을 쏟지 않고는 못 배기게 된다. 사물을 냉소적이고 객관적으로 보는 관점에 버티고 앉아 있을 수가 없고, 마음속에는 언제나 고통의 격류가 터져 흐르고 있다. 어떤 의사 표시를 할 적마다 거의 매번 감옥에 들어갈 뻔하지 않으면 망신을 당하게 되니 말이다." 호되게 따귀를 맞아가면서 교육받는 것은 아이들만이 아니라, 시인도 마찬가지이다. 확실히 쥐피앙이 남작을 위해서 마련한 이 집 덕분에 위험이 크게 줄었다. 적어도(왜냐하면 이곳은 늘 경찰의 현장 검증을 당할 염려가 있었으니까) 거리에서 꿍꿍이를 알 수 없는 남자에게 걸려들 위험은 없었다. 하지만 샤를뤼스 씨가 소설가였다면 이는 도리어 그에게 불행을 가져왔을 것이다. 샤를뤼스 씨는 다만 예술 애호가일 뿐, 무엇을 쓰려고 생각한 적도 없거니와, 또 그럴 만한 재주도 타고나지 못했다.

"그리고 솔직히 말하면." 쥐피앙은 말을 이었다. "이런 벌이를 해도 조금도 양심에 거리끼지 않습니다. 이제 와서 숨길 수도 없지만, 여기서 하는 일 자체가 내 취미에 맞습니다. 그런데 자기 판단으로 죄악이라고 생각지 않는 일을 하고 보수를 받는다, 이게 나쁠까요? 당신은 저 같은 것보다 배운 게 많으시니, 틀림없이 소크라테스는 그 수업으로 돈을 받으려는 생각이 없었노라고 말씀하시겠지요. 그러나 요즘의 철학 교수들은 그렇게 생각하지 않습니다. 의사도, 화가도, 극작가도, 연출가도 그렇게 생각하지 않습니다. 이 생업을 고작 천민밖에 상대 못하는 것으로 생각지 마시기를. 사실 이런 집을 경영하면 고등 창부처럼, 남자 손님밖에 받지 않습니다만, 찾아오는 사내로 말하면 각 방면의 명사들로 보통 그 직업에서 가장 예민하고 감정이 풍부하며, 붙임성 좋은 남자들이죠. 그 점에서 이 집은 당장에라도 일급 살롱이나 통신사로 둔갑할 수 있습니다." 그러나 내게는, 샤를뤼스 씨가 채찍질당하는 광경을 보았던 그 인상이 아직 강렬하게 남아 있었다.

사실 샤를뤼스 씨의 됨됨이, 그 거만함, 사교적 쾌락에 대한 싫증, 한때의 변덕으로 가장 저급하고 하찮은 사내들에게 열정을 쏟는 것과 같은 기이한 성벽을 잘 알면 쉽게 이해할 수 있다. 만약 그가 가지고 있는 막대한 재산이 어정뱅이의 손에 들어간다면, 딸을 공작에게 시집보내기도 하고, 전하(殿下)들을 사냥에 초대할 수도 있으므로 세상을 다 가진 느낌이겠지만, 샤를뤼스 씨가 그 재산에 만족을 느끼는 까닭은, 자기를 즐겁게 해줄 젊은이들이 늘 대기 중인 건물을 한 채 또는 서너 채 가질 수 있기 때문이라는 것을. 아마도 그것은 그의 악습 탓만은 아니었으리라. 그는 생시몽이 이야기한 바 대로, '이름 있는 사람'과는 그 누구와도 사귀지 않으며, 막대한 돈을 뜯겨가면서 사내종들과 트럼프 놀이로 세월을 보내는 그런 왕족과 공작들의 후계자였다.

내가 쥐피앙에게 말했다. "잠깐만, 이 집은 당신 얘기와는 아주 다르군요. 정신병원보다 더 지독하네요. 정신병원에 사는 미치광이의 광기가 여기서 똑같이 벌어지고 있으니, 참말 악마의 소굴이오. 난 말이오, 채찍질 당하고 있는 사내를 때마침 구하러 온 《아라비안나이트》의 술탄이 된 느낌이었소. 그런데 내 눈앞에 펼쳐진 건 《아라비안나이트》의 다른 이야기처럼, 개로 변신한 여인이 본래 모습으로 돌아가려고 일부러 채찍을 맞는 광경이었다오." 쥐피앙은 내 말에 몹시 당황하는 것 같았다. 남작이 채찍 맞는 장면을 들킨 걸 알아챘기 때문이다. 내가 지나가는 합승마차를 세우는 동안 그는 잠시 묵묵히 있다가 돌연 능숙한 기지를 뿜냈다. 그것은 우리집 안마당에서 프랑수아즈나 나를 만나 정중한 인사말로 응대했을 때, 아무것도 배운 것 없는 자가 어떻게 이런 말을 할까 하고 여러 번 나를 놀라게 한 그 기지였다. 그가 입을 열었다. "《아라비안나이트》의 이야기를 자꾸 말씀하시는데, 나도 말입니다, 남작님 댁에서 본 듯한 책의 제목(내가 샤를뤼스 씨에게 보냈던 러스킨의 《참깨와 백합》 번역본을 암시하는 말이다)과 아주 관계가 없지는 않은 어떤 이야기를 알죠. 마흔 명의 도적이야 안 되지만 여남은 도적이라도 구경하고 싶은 호기심이 일어나면, 언제든 이곳으로 오십쇼. 내가 저 집에 있는지 없는지를 알려면 위층 창문을 쳐다보십쇼. 작은 창문을 열어놓고 불을 켜둘 테니까요. 그게 내가 와 있으니 들어와도 좋다는 표시입니다. 그것이 나의 '참깨'죠. 나는 오직 참깨에 대해서만 말씀드립니다. 백합에 대해선, 원하시는 게 그것이라면 다른 데로 가보십쇼." 그러고는 꽤 퉁명스럽게 내게 작별인사를 했다. 해적 두목처럼 생긴 젊은 무뢰한을 데리고 온 한 귀족이 쥐피앙에게 어떤 허물없는 태도를 보였기 때문이다. 그 순간 사이렌이 울리기도 전에 폭탄이 작렬하는 소리가 들려왔다. 쥐피앙은 나에게 조금 더 자기와 함께 있으라고 권했다. 이윽고 맹렬한 탄막 사격이 시작되었는데, 그 소리가 매우 생생하여 아주 가깝게, 바로 머리 위에 독일 비행기가 와 있는 것만 같았다.

순식간에 온 거리는 칠흑같이 깜깜해졌다. 이따금 적기 한 대가 어지간히 낮게 날며 폭탄 떨어뜨릴 지점을 밝혔다. 나는 갈피를 잡지 못했다. 지난날 라 라스플리에르에 가는 도중, 어쩐지 유령이라도 만난 것처럼 비행기 한 대를 맞닥뜨리고, 내가 타고 있던 말이 놀라 뒷발로 일어선 일을 생각했다. 그러나 지금 만나는 건 그것과는 다르리라. 이번은 악령이 나를 죽일지도 모른다는 생각이 들었다. 나는 해일에 쫓기는 나그네처럼 도망치려고 걸음을 빨리했으나, 깜깜한 광장을 빙빙 돌 뿐 도저히 거기서 빠져나올 수 없었다. 그러던 중 화재의 불길이 나를 비춰주어 겨우 길을 찾아냈는데, 그동안에도 비행기를 공격하는 화기 소리가 그치지 않고 울렸다. 하지만 내 사념은 어느새 다른 대상을 향하고 있었다. 나는 쥐피앙의 집을 생각했다. 아까 내가 나오자마자 바로 가까이에 폭탄이 떨어졌으니까, 지금은 잿더미가 되었을 것이다. 샤를뤼스 씨가 예언자처럼 '소도마'라는 글자를—운명을 예감하고 그랬는지, 아니면 화산이 분화하여 이미 대재난이 시작되었을 무렵에 그랬는지, 폼페이의 이름 없는 시민이 그렇게 적어놓았듯이—적어놓았을지도 모를 그 집을 나는 생각했다. 그러나 자신의 쾌락을 추구하러 와 있는 자들에게 사이렌이나 고타가 대수겠는가? 우리는 자신의 애욕을 둘러싼 사회나 자연의 범위를 거의 마음속에 두지 않는다. 폭풍이 바다 위에서 미쳐 날뛰고, 배가 나뭇잎처럼 흔들리며, 하늘에서 바람에 휘말린 눈사태가 쏟아질지라도, 그 피해에서 벗어나기 위하여 우리는 고작해야 우리가 맞닿으려는 물체와 우리에게는 너무나 커다란 그 광경을 흘끗 곁눈질해 볼 뿐이다. 공습경보 사이렌은 먼 바다에 떠가는 빙산처럼 쥐피앙의 단골들의 마음을 조금도 위협하지 못했다. 오히려 절박한 육체의 위험은 오랫동안 병적으로 시달려온 공포심에서 그들을 해방시켰다. 공포의 크기가 공포를 일으키는 위험의 크기와 정비례한다는 생각은 잘못이다. 잠이 안 와서 공포를 느낄 수는 있어도 목숨을 건 결투에서는 결코 공포를 느끼지 않으며, 쥐는 무섭지만 사자는 무섭지 않을 수 있다. 이 몇 시간 동안 경찰은 시민의 생명을 지키는 데 정신이 팔려(대단치도 않은 일인데), 쥐피앙네 단골들의 명예를 훼손하는 짓은 절대 하지 않으리라. 그러므로 몇몇 단골은 병적인 공포심에서 해방된 안도감만으로는 만족하지 못하고, 오히려 거리가 갑자기 캄캄해진 데서 대담한 행동이 하고 싶어졌다. 이미 하늘의 불같은 노여움을 뒤집어쓰고 있는 이들 폼페이 주민 몇몇은 지하묘지처럼 깜깜한 지하철도의 통로로 내려갔다. 물론 그들은 거기에 같은 무리가 있다는 사실을 알고 있었다. 그런데 어떤 새로운 요소처럼 세상의 온갖 것을 삼켜버리는 어둠은, 어떤 부류의 인간에게는 참을 수 없는 유혹을 북돋우어 쾌락의 제1단계를 생략하고, 보통의 경우라면 얼마의 시간적 조작을 거쳐야만 들어갈 수 있는 애무의 영역으로 단숨에 들어가게 하는 힘이 있다.

그러나 욕망의 대상이 여자이든 남자이든, 상대에 대한 접근이 아무리 간단할지라도, 또 살롱에서의(적어도 낮이라면) 그 장황한 술수 따위가 전혀 불필요한 경우일지라도, 또 해가 진 거리의 등불이 아무리 침침할지라도 적어도 일을 치르려면 순서라는 게 있다. 먼저 눈독을 들인 먹이를 눈으로 즐기면서 계교를 짜는 시간이 필요하다. 평소라면 길 가는 사람의 눈길을 꺼리게 되고, 점찍은 상대의 의도도 알 수 없는지라 그저 바라보거나 이야기를 건넬 뿐, 그 이상은 도무지 하지 못한다. 그렇지만 어둠 속이라면 그런 낡아빠진 연기는 죄다 집어치우고, 손이며 입술이며 몸이 먼저 행동을 시작할 수 있다. 상대가 뿌리치면 어두워서 못 보았다든가 캄캄해서 착각했다든가 하는 핑계를 댈 수도 있다. 상대에게 그럴 뜻이 있을 때에는, 피하지 않고 바싹 달라붙는 상대 몸의 즉각적인 반응으로 보아, 이쪽에서 말없이 부딪쳐간 여자나 남자는 몸이 헤픈 악덕의 화신이라는 인상을 받는다. 그런 인상은 감질나게 바라보거나 조를 필요 없이 직접 나무 열매를 따 먹을 수 있다는 기쁨을 몇 배로 늘려준다. 그동안에도 어둠은 계속 된다. 이 새로운 요소 속에 잠긴 쥐피앙의 단골들은 여행 중에 해일이나 월식 같은 자연현상을 만난 듯한 기분이 들어서, 모든 것이 다 갖추어져 있는 집 안에서만의 쾌락 대신 미지의 세계에서 우연히 만난 쾌락을 맛보며, 폼페이의 불길한 땅속 지하묘지에서, 폭탄 화산이 터지는 굉음을 들으며 은밀한 제사를 올리는 것이었다.

쥐피앙네 손님방에는 유혹을 피할 의사가 없는 사내 여러 명이 모여 있었다. 서로 아는 사이는 아니었으나, 그래도 보아하니 거의 비슷한 부류의 부유한 귀족계급이었다. 하나같이 그 풍모에 뭔가 타락한 쾌락에 저항하지 못하는 자의 표시임이 틀림없는 어떤 메스꺼움이 깃들어 있었다. 하나는 몸집이 커다란 사내로, 술망나니인 듯 얼굴이 붉은 반점으로 덮여 있었다. 듣건대 이 사내는 처음엔 술망나니가 아니었고, 그저 젊은이들에게 술마시게 하는 걸 기쁨으로 삼아왔을 뿐이었다. 그러다가 전쟁에 동원된다는 생각에 겁나(보기에 쉰을 넘은 듯싶은데), 본디 매우 뚱뚱했는데, 100킬로그램 이상은 병역 면제가 된다는 말에 그 체중을 넘기려고 줄곧 마시기 시작했다고 한다. 지금은 그 의도가 열정으로 변하여, 감시의 눈을 잠시라도 떼면 벌써 술집에 뛰어들어가 있을 정도였다. 그러나 그가 입을 열기만 하면, 지성은 평범하나 아는 게 많고 교육도 받았으며 교양도 풍부한 사내임을 알 수 있었다.

이 손님방에 들어와 있는 상류 사교계의 또 다른 사내는 아직 젊고 용모가 매우 단정했다. 사실을 말하자면, 그에게는 아직 겉으로 드러난 악습의 흔적은 하나도 없었으나, 대신 그보다 더 불온한 흔적이 엿보였다. 큰 키에 매력 있는 얼굴이었으며, 과장하지 않으면서도 참으로 뛰어난 말솜씨는 그가 옆에 있는 알코올중독자와는 전혀 다른 지성의 소유자임을 드러내고 있었다. 그러나 말끝마다 그 말과 어울리지 않았던 그의 표정이 떠오른다. 마치 그는 수없이 많은 인간의 표정을 완전히 지녔으면서, 마치 딴 세계에서 살아온 듯이, 그 표정을 전혀 엉뚱한 순서로 늘어놓고, 귀로 듣는 이야기와 관계없이 무턱대고 미소와 눈길을 보내는 성싶었다. 이 사내가 아직 살아 있는 게 확실하다면, 나는 그를 위해 그 악습이 만성이 되지 않고 한때의 중독으로 끝나기를 바란다. 이러한 이들에게 명함을 청하면, 모두가 사회적으로 높은 계급에 속하는 인간임을 알고는 깜짝 놀랄 것이다. 하지만 어떤 악습, 또 무엇보다도 가장 고약한 악습에 저항하려는 의지의 결핍이 그들을 이 장소에 모이게 하는 것이었다. 물론 방이야 따로따로지만, 매일 저녁 모인다. 따라서 사교계 부인들에게 이름이 알려져도, 그 부인들은 차차 그들의 얼굴을 보지 못하게 되고, 그들의 방문을 받는 기회도 없다시피 되고 만다. 그들은 아직 초대장을 받지만, 습관에 젖어 저절로 발길을 이 악의 합류소(合流所)로 돌려버린다. 그들은 이런 사실을 숨기지 않았지만, 자기들의 쾌락에 충실한 보잘것없는 호텔의 시중꾼이나 직공 등은 그렇지 않았다. 그 이유는 여러 가지겠지만, 다음같은 이유로도 이해가 간다. 곧 직공이나 하인으로서는, 이런데 가는 것은 정숙하다고 여겼던 여인이 매음굴에 가는 격이다. 그래서 한 번 가보았다고 고백하는 자는 있어도, 두 번 갔다고 말하는 자는 결코 없다. 쥐피앙 자신도 그들의 평판을 지키고 경쟁을 피하기 위하여 거짓말로 이렇게 딱 잘라 말한다. "천만에요! 그 사람은 우리집에 안 오는데요, 이런 곳엔 오고 싶지 않은 게죠." 그러나 사교계 사내들에게는 대수롭지 않은 일이다. 이런 데 발을 들여놓지 않는 사교계 사람들은 이런 곳을 모르려니와 또 남의 생활에는 참견하지 않기 때문이다. 반면에 공군의 숙소에서는 정비공 한둘이 이런 곳에 갔다면, 그들을 은밀히 지켜본 동료들은 알려질까 봐 겁나 자기들은 절대 가지 않겠다고 다짐하는 것이었다.

집으로 향하면서 나는 양심이라는 게 얼마나 빨리 우리 습관에 영향력을 발휘하기를 거부하는지를 생각했다. 양심은 습관을 돌보지 않고 그 발전을 내버려둔다. 인간 행동을—단순히 바깥에서, 그리고 습관은 인간의 온 인격을 좌우하는 것이라는 가정에 입각하여—살펴보면, 도덕적인 또는 지적인 가치가 행동과는 전혀 다른 방향으로 독자적으로 발전하는 경우가 있다는 사실에 우리는 매우 놀랄 것이다. 멀쩡한 '젊은 녀석들'이 자신은 아무런 쾌락도 못 느낄 뿐만 아니라 처음에는 틀림없이 심한 혐오를 느꼈을 그런 짓을 부끄러운 줄도 모르고 오직 몇 푼의 보수를 위해서 하게 된 것도, 따지고 보면 분명히 교육의 결함 또는 결여 때문인 데다가, 힘들이지 않고 손쉽게 돈을 벌려는 생각(보다 쉬운 일이 얼마든지 있을 테지만, 그러나 이를테면 병자는, 흔히 자기가 생각하는 것보다도 가벼운 병과 싸운답시고, 무언가를 고집하고 제안하면서, 또 약품의 사용에 의하여 훨씬 괴로운 생활을 자신이 일부러 만들어내고 있는 것은 아닐까)이 있었기 때문이다. 이런 점으로 보아 어쩌면 그들을 처음부터 못된 인간으로 생각할 수도 있겠지만, 그들은 싸움터에서는 훌륭한 병사이자 비길 데 없는 '용사'였을 뿐만 아니라, 시민 생활에서도 아주 성실하지는 못할망정, 대부분 마음씨 착한 인간이었다. 그들은 그들이 영위하는 생활이 어디가 도덕적이고 어디가 부도덕한지 깨닫지 못한 지 오래였다. 바로 그것이 그들을 둘러싸고 있는 생활이기 때문이다.

우리는 고대사의 어느 시대를 연구하면서 개인으로는 선량한 자들이 아무런 양심의 가책도 없이 대량 살육과 인간의 희생에 가담하는 모습을 보고 놀라는데, 그런 무지막지한 짓도 그들에겐 틀림없이 당연한 일로 여겨졌을 것이다. 쥐피앙네 집에 있는 폼페이풍 그림들도, 그것이 프랑스 대혁명 말기를 떠올리게 한다는 점에서, 바야흐로 시작되려는 집정정부와 유사한 이 시대에 딱 들어맞았다. 그들은 이미 평화를 예상하고, 경찰의 명령을 너무 노골적으로 어기지 않도록 어둠 속에 숨어서, 곳곳에서 새로운 무도회를 열며 난장판을 벌이고 있었다. 이에 보조를 맞추어, 전쟁 초기만큼 반독일적이 아닌 몇 가지 예술 이론이 나타나 질식할 듯한 정신에 다시 숨길을 터주고 있었다. 그러나 그런 이론을 발표하려면 일종의 애국심 증명서를 제시해야만 했다. 어떤 교수가 쓴 실러에 관한 뛰어난 저술이 신문의 신간란에 소개되었다. 하지만 책의 저자를 말하기에 앞서 교수가 마른이나 베르됭 전투에 참가했다는 사실, 다섯 번이나 표창을 받았으며 두 아들은 전사했다는 사실을 마치 인쇄 허가증처럼 적어놓고 있었다. 다음으로 실러에 대한 교수의 저작이 명쾌하며 투철하다고 칭찬했는데, 실러에 대해서도 '이 위대한 독일인'이 아니라 '이 위대한 보슈'라고 한다면 위대하다는 형용사를 써도 괜찮다는 식이었다. 그것은 어느 신문의 기사에서나 볼 수 있는 경향이었다. 그렇게 하면 즉시 검열에 통과되는 것이었다.

2천 년 뒤에 이 시대의 역사를 읽는 사람들에게는, 틀림없이 우리 시대도 순하고 깨끗한 양심의 소유자들을 무지막지한 환경에 내버려둔 시대로 보이겠지만, 그들은 이 환경에 순응하고 있었다. 한편 나는 지성과 감수성이라는 점에서 쥐피앙만큼 그것을 타고난 사람을 좀처럼 보지 못했다. 아니, 한 사람도 알지 못했다고 해도 지나친 말이 아니다. 왜냐하면 그의 담화의 재치 있는 뼈대를 이루고 있는 미묘한 그 '소양'은 고등학교 교육이나 대학에서 익힌 교양 같은 것에서 온 게 전혀 아니었기 때문이다. 그런 교육까지 받았더라면, 사교계의 수많은 젊은이가 그것에서 아무런 이득을 꺼내지 못하는 바와 달리, 그는 실로 주목받는 명사가 되었으리라. 한가한 때에 누구의 지도도 없이 아무렇게나 읽은 책들이 그로 하여금 언어의 온갖 조화미가 스스로 나타나 있는 그 아름다운 말씨를 구성케 했던 것은, 오로지 그의 타고난 지각과 넓은 하늘 아래의 취미 덕분이었다. 그런데 그의 직업은 확실히 가장 돈벌이가 잘 되는 일 가운데 하나임에 틀림없지만 가장 천한 일이라고 생각해도 당연했다. 샤를뤼스 씨는 어떤가 하면, 귀족적인 오만에서 '남이 뭐라고 하는 것을' 아무리 경멸했더라도, 어찌하여 그는 개인의 존엄성과 자존심에서, 그 고약스런 육욕의 만족, 아무리 변명해도 미친 짓으로밖에 보이지 않는 육욕의 만족을 마다하지 않았던가? 샤를뤼스 씨도 쥐피앙과 마찬가지로 하나로 이어지는 행동 영역으로부터 도덕성을 떼어내려는 습관이 있다 (하기야 이런 일은 수많은 직분에서 일어난다. 때로는 재판관이나 정치가, 그 밖에 여러 직분에서). 따라서 습관은(다시는 도덕적인 감정에 의견을 묻는 일도 없이) 나날이 심해져서, 마침내 스스로 프로메테우스가 된 이 남자가 강제적인 '힘'에 의하여 순전히 물질뿐인 '바위'에 그 몸을 묶게 하는 사태에까지 이르렀던 것이다.

물론 나는 그것이 샤를뤼스 씨의 병, 내가 오래전부터 그런 줄 눈치챘었고, 지금껏 보아온 갖가지 과정으로 판단하건대 급속도로 진전한 병의 새로운 단계임을 분명히 느꼈다. 설사 베르뒤랭 부인의 예언과 소원대로 그 나이에는 죽음을 촉진할 뿐인 투옥 같은 것이 일어나지 않더라도 불쌍한 남작의 죽음은 이제 그다지 머지않음이 틀림없었다. 그렇지만 '순전히 물질적인 바위'라고 한 내 말은 어쩌면 정확하지 않은지도 모른다. 순수하게 물질뿐인 바위 속에 아직 조금의 정신이 남아 있을 수도 있으니까. 이 미치광이는 그러한 순간에 자기가 광기에 사로잡혀 미친 짓을 하는 것을 어쨌든 잘 알고 있었다. 그러므로 자기를 후려치는 젊은이가, 전쟁 놀이에서 가위바위보로 '프로이센인'이 된 소년―다른 아이들이 진짜 애국심과 가짜 증오심을 품고 덤벼드는―처럼 나쁜 사람이 아님을 잘 알고 있었다. 광기에 사로잡혀도 분명 거기에는 샤를뤼스 씨의 인격이 조금 들어가 있었다. 그러한 착란에 빠졌을 때조차도 인간의 본성은(연애나 여행을 할 때와 마찬가지로) 진실에 대한 추구욕 때문에 여전히 자기 믿음에 매달리고 싶어하는 경향을 나타내는 법이다. 프랑수아즈는, 내가 밀라노—틀림없이 그녀가 영원히 가지 못할 도시—의 어느 성당, 또는 랭스의 대성당에 대한 얘기를(아니 아라스의 대성당 얘기마저!)—이번 전쟁으로 얼마간 파괴되었으므로 그녀가 구경하지 못할 것 같은 대성당에 대한 얘기를—하면 그와 같은 보물을 구경할 수 있는 부자들을 부러워하며, 향수와 비슷한 그리움에 잠겨 외치는 것이었다. "어머나! 얼마나 훌륭했을까!"

하지만 그녀는 몇 년 동안 파리에 살고 있으면서도 단 한 번도 노트르담 대성당을 구경하러 가려는 호기심을 가져본 적이 없었다. 그 까닭은 노트르담이, 프랑수아즈의 일상생활이 벌어지는 마을, 곧 파리의 한 부분을 이루고 있기 때문으로, 우리집의 늙은 하녀는 자기 몽상의 대상을 파리에 두기는 곤란했던 것이다(마치 내가 건축에 대한 연구로 콩브레에서 얻은 본능적 관념을 어떤 점에서 수정하지 않았다면, 나 또한 콩브레를 몽상의 대상으로 보기는 곤란했을 것처럼). 우리가 사랑하는 사람들 마음속에는 확인할 순 없지만 우리가 추구하는 어떤 꿈이 들어 있다. 나로 하여금 질베르트를 사랑하게 한 것은 베르고트나 스완에 대한 내 믿음이었고, 질베르 르 모베에 대한 나의 믿음이 게르망트 부인을 사랑하게 했다. 알베르틴에 대한 내 사랑은 더없이 괴롭고, 더없이 질투가 강하며, 더없이 개성적인 것으로 보였다 할지라도 얼마나 넓은 바다를 품고 있었던가! 그뿐 아니라 우리가 열중하는 상대 또한 개성적이므로, 바로 그것 때문에 타인에 대한 사랑도 이미 어느 정도는 착란인 것이다(육체의 병, 특히 신경계통과 적잖은 관계가 있는 병은 우리의 기관이나 관절이 어떤 기후에 대해서 느낀 두려움—그것은 어떤 사나이가 안경을 쓴 여자라든가 여자 곡예사에 대해서 품는 집착처럼 설명하기 어렵고 뿌리 깊은 것이다—이 원인이 되어 몸에 밴 특수한 버릇이나 공포가 아닐까? 여자 곡예사를 볼 적마다 고개를 드는 그런 욕망이, 이를테면 천식 때문에 평생을 고생해온 어떤 사람에게는 다른 도시와 다를 바 없어 보이는데도 거기에 가면 비로소 편하게 숨을 쉴 수 있었던 어떤 도시의 영향이 신기하듯이, 이상야릇하고 느낄 수 없는 어떤 영속적이고 무의식적인 꿈과 관련이 있는 것처럼).

그런데 착란은 병적인 결점으로 뒤덮인 애정이라 하겠다. 아무리 광기의 끝에 달해도 애정은 여전히 정신을 차리고 있다. 샤를뤼스 씨는 배에서 죄를 지은 뱃사람에게 사용하던 튼튼한 쇠고랑을 자기 손발에 채워달라고 졸라대며, 또한 그런 뱃사람을 곤장치는 치도곤이나, 그 밖에 쥐피앙이 나에게 이야기한 바에 의하면, 선원에게 부탁해도 도저히 구할 수 없는 끔찍한 형구—요즘은 아무리 징벌이 가혹한 배에서도 그런 형구에 의한 고문은 없어졌기 때문이다—를 가져오라고 집요하게 요구했다. 그런 샤를뤼스 씨의 마음속에는 필요하다면 난폭한 행동을 통해서라도 보여주고 싶은 자신의 사내다움에 대한 꿈이 있었던 것이며, 또 그의 중세적인 공상으로 장식된 형벌용 십자가나 봉건 시대의 고문 도구에 숨겨진 색채화, 우리 눈에는 보이지 않으나 그의 행위 속에 흘끗흘끗 반사되는 빛에 의하여 짐작할 수 있는 내적인 색채화가 있었다. 쥐피앙네 집을 찾을 때마다 그에게 다음과 같은 말을 하는 것도 똑같은 심정에서였다. "오늘 밤에는 설마 경보가 없을 테지, 소돔의 백성같이 저 하늘의 불에 타 죽는 내 모습이 눈에 어른거려서 언짢은걸." 그러면서 고타를 겁내는 체하지만, 그것은 고타에 대해 공포감을 품고 있어서가 아니라, 다만 사이렌이 울리기가 무섭게 지하철 대피소로 뛰어들 핑계를 만들기 위해서였다. 그는 그 어둠 속에서 중세의 지하실이나 '지하감옥'을 몽롱하게 꿈꾸며 남과 몸이 맞닿는 쾌락을 기대하고 있었다. 요컨대 사슬에 묶여 채찍으로 맞고픈 그의 욕망에는 그 추악함 속에 베네치아에 가고 싶다든가 또는 무희를 들여앉히고 싶다든가 하는 남들의 욕망과 똑같은 시적인 꿈이 깃들어 있었던 것이다. 그리고 그런 꿈이 현실로 이루어졌다는 착각을 얻고자 집착하는 샤를뤼스 씨를 위하여, 쥐피앙은 43호실의 나무 침대를 팔아버리고 쇠사슬과 더 잘 어울리는 철제 침대로 바꿔야 했다.

내가 집에 이르자 마침내 해제경보가 울렸다. 소방대가 움직이는 잡음에 섞여 신문팔이 소년의 외침이 들렸다. 나는 집사와 함께 지하실에서 올라오는 프랑수아즈와 딱 마주쳤다. 프랑수아즈는 내가 죽은 줄 여기고 있었다. 프랑수아즈가 나에게 말하기를, 생루가 아침에 나를 찾아왔을 때 혹시 그의 전공십자훈장을 떨어뜨리진 않았는지 확인하러 아까 들렀었다고 했다. 훈장을 잃어버린 걸 깨닫고는, 내일 아침 군대에 돌아가야 하므로 그것이 내 집에 없을까 요행을 바라고 찾으러 온 것이다. 그는 프랑수아즈와 함께 두루 찾아보았지만 발견하지 못했다. 프랑수아즈는 생루가 나를 만나러 오기 전에 잃어버린 게 틀림없다고 생각했다. 그도 그럴 것이, 처음 보았을 때부터 그건 달고 계시지 않은 것 같다, 아니 확실히 안 달고 계셨던 게 틀림없다고 그녀가 말했기 때문이다. 그것은 그녀의 잘못된 생각이었다. 증언이나 기억의 가치란 그런 것이다. 물론 그것은 대수로운 일이 아니었다. 생루는 부하들에게서 사랑받고 있듯이 상관한테서도 높이 평가받고 있었으므로 일은 쉽사리 해결될 테니까.

그리고 생루 이야기를 할 때의 프랑수아즈와 집사의 열없는 말투로 내가 당장에 느낀 것은, 생루가 이 두 사람에게 희미한 인상밖에 주지 못했다는 점이었다. 그러고 보니, 이 집사의 아들과 프랑수아즈의 조카는 후방에 배정받고자 온갖 노력을 다했는데, 반대로 생루는 제일선의 가장 위험한 한가운데로 나가려고 갖은 애를 써서 이를 성공시켰던 것이다. 그러나 프랑수아즈와 집사는 그들의 경험에 따라 판단하여 그 사실을 믿을 수 없었다. 부자들이란 언제나 안전한 곳에 숨어 있다고 확신하고 있었다. 게다가 그들은 설사 로베르의 영웅적인 용기에 대한 진실을 알았더라도 별로 감동하지 않았을 것이다. 로베르는 '보슈'라는 낱말을 입 밖에 내지 않았고, 그들에게 독일군의 무용을 칭찬했으며, 프랑스가 첫날부터 승리를 거두지 못한 원인을 비겁한 배신 탓으로 돌리지 않았기 때문이다. 그러나 이들 둘은 '보슈'라는 낱말을 듣고 싶었고, 그런 욕을 용기의 표시로 생각했다. 따라서 전공십자훈장을 계속 찾아다니긴 했지만, 나는 그들이 로베르에 대하여 냉담한 것을 알아챘다. 나는 그 십자훈장을 잃어버린 장소를 짐작하고 있었으므로(그렇지만 생루가 이날 저녁 거기서 그런 모양으로 놀았다손 치더라도, 그건 한때 심심풀이에 지나지 않았으니, 그도 그럴 것이, 모렐을 다시 만나고 싶은 욕망에 사로잡힌 그는, 모렐이 어느 부대에 있는지 알아내 만나러 가고자 자신의 친분 관계를 다 이용해서 찾아보았지만, 이때까지 온 백 통이 넘는 답장은 전부 모순된 것뿐이었기 때문이다) 프랑수아즈와 집사에게 그만 쉬러 가라고 권했다. 그러나 집사는 전쟁 덕분에 수녀들의 추방 문제와 드레퓌스 사건 이상으로 프랑수아즈를 괴롭히는 수를 발견한 뒤로, 언제나 좀처럼 프랑수아즈 곁을 떠나려고 하지 않았다. 이날 밤도, 또 내가 다른 요양원으로 떠나기에 앞서 파리에서 며칠 머물렀을 동안도, 그들 곁으로 갈 적마다 집사가 프랑수아즈를 움츠러들게 하려고 하는 말이 내 귀에 들리곤 했다. "놈들은 서두르지 않아요, 물론 그렇고말고. 때가 무르익기를 기다리니까요. 하지만 그날이 오기만 하면 파리를 점령할 테고, 그러면 자비심이고 뭐고 없어요!"—"아아, 주님, 동정녀 마리아님!" 프랑수아즈는 외쳤다. "놈들은 불쌍한 벨기에를 전복*1하고도 아직 모자라나 보죠. 어지간히 괴롭혔건만, 그것을 '친략'*2했을 때 말이에요."—"벨기에 말이요? 프랑수아즈, 놈들이 벨기에에서 한 짓은 아무것도 아니죠, 이곳에서 할 짓에 비하면!" 전쟁은 대중의 대화 시장에 많은 용어를 팔아넘기기는 했지만, 대중은 그런 낱말을 신문에서 읽고 눈으로 익힌 데 지나지 않은 탓에 그 올바른 발음을 몰랐으므로, 집사는 다음같이 덧붙였다. "세상이 왜 이처럼 미쳐 돌아가는지 난 통 이해가 안 가요……. 두고 보시우, 프랑수아즈, 놈들은 지금까지보다 더 큰 '기모'*3로 새로운 공격을 준비하고 있어요." 프랑수아즈에 대한 동정과 전술상의 상식에서가 아니더라도, 적어도 문법적으로 문제가 있다고 생각한 나는 '규모'라고 발음해야 된다고 그에게 가르쳐주었으나, 결국 부질없는 참견이 되고 말았다. 내가 부엌에 들어갈 때마다, 그로 하여금 프랑수아즈에게 그 무시무시한 문구를 되풀이 말하게 하는 결과밖에 얻지 못했다. 집사는 동료인 프랑수아즈를 겁주는 데에 기쁨을 느끼는 것과 마찬가지로, 주인에게도 다음과 같은 태도를 보이는 데에 의기양양해 있었기 때문이다. 곧 자기는 전에 콩브레의 정원사였고, 지금은 한낱 집사에 지나지 않지만, 그래도 생탕드레 데 샹 성당의 법에 따른 어엿한 프랑스 사람이므로, 인권선언에 의해 아무에게도 굴할 필요 없이 '기모'라 발음할 권리가 있으며, 하인의 신분과는 아무런 관련이 없는 점, 곧 대혁명 이래 그나 나나 평등하니까 아무도 이러쿵저러쿵할 수 없는 이 점에 대하여 남의 지시에 따르지 않을 권리를 갖고 있다는 것이다.

따라서 나는 그가 고집 세게 큰 '기모'의 작전이라고 프랑수아즈에게 말하는 걸 듣고 안타까웠으나, 그 고집은, 이 발음이 무지의 결과가 아니라 곰곰이 숙고한 의지의 결과임을 일부러 나에게 증명하려는 마음에서 나온 것이었다. 그는 정부와 신문을 'on'*4이라는 한 낱말 안에 뒤섞어 의혹을 품고 말하기를, "그들은(on) 보슈의 손해에 대해서만 말하고, 우리 쪽의 손해에 대

─────────────

*1 정복이라는 뜻으로 한 말.
*2 침략이라는 뜻으로 한 말.
*3 규모라는 뜻으로 한 말.
*4 '사람들' '그들' '우리'라는 부정대명사.

해선 입을 닫죠. 그런데 우리 쪽의 손해가 열 배나 더 심한 듯하거든요. 그들은, 보슈놈들이 허덕이고 있다, 이제는 먹을 게 하나도 없다 말하지만, 내 생각으론 놈들이 우리 쪽보다 백 배나 되는 식량을 갖고 있습니다. 어떻든 우리를 속이면 안 되죠. 보슈놈들에게 먹을 게 아무것도 없었다면, 요전날처럼 20살도 안 된 우리 젊은이들을 10만이나 죽인 그런 싸움을 했을라구요.” 이렇듯 그는 이전에 급진당의 승리를 떠들어댔던 식으로 툭하면 독일군의 승리를 과장해서 말했다. 동시에 그는 그러한 승리가 프랑수아즈에게 더욱 더 고통스럽도록 독일군의 잔인한 행위를 이야기했으므로, 듣는 쪽은 “아아! 천사님들의 성모님이시여! 아아! 하느님의 어머님이신 마리아시여!” 쉬지 않고 외었다. 때로는 다른 수로 놀려주려고 말했다. “하기야 우리도 놈들보다 낫다고는 못 하죠, 우리가 그리스에서 하고 있는 짓이나 놈들이 벨기에에서 한 짓이나 거기서 거기니까. 두고 보오, 얼마 안 가서 우리는 모든 사람을 적으로 돌리고 온 세계 나라들과 싸워야 할 거요.” 그런데 이 무렵, 전쟁의 형편은 그 말과 정반대였다. 좋은 보도가 있는 날이면 그는 프랑수아즈에게 전쟁이 서른다섯 해 동안 계속될 거라고 단언하면서 앙갚음했고, 또 평화의 가능성이 보이면, 그런 평화는 몇 달도 못 가고, 머잖아 지금의 싸움은 어린애들 놀이에 지나지 않을 정도의 큰 싸움이 벌어져서 프랑스가 흔적조차 남지 않을 거라고 딱 잘라 말했다.

연합군의 승리는 손에 잡힐 정도는 아니더라도, 적어도 거의 확실하여, 공교롭게도 집사에겐 이를 시인하기가 섭섭하기 짝이 없었다. 왜냐하면 ‘세계’ 전쟁도 그 밖의 모든 일과 마찬가지로 그가 슬그머니 프랑수아즈에 맞서온 싸움으로 축소되고 말아(물론 그는 그래도 프랑수아즈를 좋아했다. 마치 날마다 도미노 놀이에서 상대방을 쳐올리는 데에 재미를 보면서도 그 상대를 좋아하지 않고는 못 배기는 사람같이), 승리를 떠올리면 제일 먼저 프랑수아즈로부터 ‘마침내 끝났군, 놈들은 1870년 전쟁에서 우리가 놈들에게 내주었던 것보다 더 많은 것을 내줘야만 할걸’이라는 말을, 싫어도 들어야 한다고 생각하니 울화통이 터졌기 때문이다. 또한 피할 수 없는 기일이 오리라고 그는 여전히 믿고 있었다. 의식하지 못하는 애국심 탓에 온 프랑스 사람들과 같은—병이 들고 난 뒤의 나처럼—망상에 사로잡힌 그는 승리가(내 경우는 치유가) 바로 앞까지 와 있다고 믿었기 때문이다. 그는 프랑수아즈한테, 승리야 아마도 올 테지만, 그로 말미암아 피나는 아픔을 느낀다, 왜냐하면 곧이어 혁명이 일어나고, 다음에 적의 침입이 있을 테니까, 하고 선수를 치며 말했다.

"흥, 빌어먹을 전쟁, 여기서 재빨리 다시 흥하는 건 보슈놈들뿐이죠. 프랑수아즈, 놈들은 벌써 이번 전쟁에서 몇천 억의 이득을 보았거든요. 그런데 우리 쪽에 뗄는 거라곤 달랑 한 푼이니, 이렇게 어처구니없을 데가! 분명 '그들'은 이런 사실도 신문에 낼 거요." 만일을 대비하여 그는 덧붙였다. "민심을 가라앉히려고 말입니다. 3년 내내 전쟁은 내일 끝장날 거라고 말해왔으니까." 프랑수아즈는 사실 이제까지 집사보다도 낙관론자들의 의견을 믿으며, '불쌍한 벨기에에 대한 침략'에도 전쟁이 반 달도 못 가서 끝날 줄 알았으나, 끝없이 오래 걸리는 것을 보고, 전선의 교착 상태라는, 그녀로서는 뜻을 알 수 없는 현상 때문에 아군이 도무지 전진하지 못하고, 또 그녀의 수많은 대자(代子) 가운데 한 사람인, 그녀가 우리집에서 버는 돈을 고스란히 털어주는 젊은이한테서 알려지지 않은 이런저런 일이 있었다는 것을 들었던 만큼, 집사가 하는 그런 말에 더더욱 마음이 산란해지는 것이었다. "결국 모든 손해가 노동자에게 되돌아오겠죠." 집사는 결론지었다. "댁의 농토도 빼앗길 거요, 프랑수아즈."—"어쩌나, 하느님 맙소사!" 그러나 집사는 그런 먼 불행보다 아주 가까운 불행 쪽을 더 좋아해, 프랑수아즈에게 하나라도 패배의 소식을 더 알리고 싶은 마음에서 여러 신문을 열심히 읽었다. 그는 마치 부활절 달걀을 기다리듯 나쁜 보도를 기다리며, 그것이 프랑수아즈를 무섭게 할 만큼 나쁘면서도 자기에게 물질적인 고통을 주지 않는 수준이기를 바랐다. 그러므로 체펠린 공습 정도라면, 지하실로 피신하는 프랑수아즈의 꼴을 볼 수 있고, 파리같이 큰 도시에서 폭탄이 바로 자기 집 위에 떨어질 리 없다고 안심하고 있었으므로 그는 크게 기뻐했으리라.

프랑수아즈는 이따금 콩브레에서의 평화주의를 도로 찾기 시작했다. '독일인의 잔인성'에 대해 거의 의심을 품기까지 했다. "전쟁 첫 무렵 독일인이라면 모두 살인자, 강도, 진짜 산적, 보보보슈라고들 했지……(보슈에 보를 여러 개 붙여 발음한 까닭인즉, 독일인이 살인자라는 비난이야 지당하지만, 그들이 보슈라는 비난은 너무나 거창해서 사실 같지 않았기 때문이다. 다만 이는 전쟁 초기 이야기이며, 또한 이 낱말을 발음하는 프랑수아즈의 의심 깊은 모양으로 보아, '보슈'라는 말에 그녀가 어떤 무서운 뜻을 붙이고 있는지 이해하기가 어려웠다. 왜냐하면 독일인이 범죄자라는 의심은 사실상의 근거는 부족하더라도, 논리적인 관점으로 보아 모순을 품고 있지 않았기 때문이다. 한편 보슈라는 낱말이 속어로 명확히 독일인을 지칭하는 이상, 그들이 보슈임을 어찌 의심하겠는가? 아마도 그녀는 전쟁 첫 무렵 남들이 보슈라는 낱말에 유달리 힘을 주어 거센 투로 발음하는 걸 듣고, 그것을 완곡한 형태로 되풀이하고 있는 것에 지나지 않았으리라). 나도 그걸 모두 곧이들었지요." 프랑수아즈는 말했다. "하지만 요즘 우리도 놈들과 똑같이 사기꾼이 아닌가 하고 생각해요." 이 모독적인 생각은 집사의 말을 통해 프랑수아즈의 마음속에 생겨났다. 그는 동료인 프랑수아즈가 그리스 콘스탄틴 왕의 편을 드는 기색을 보고, 프랑스가 그 왕을 퇴위시키기 위해 식량조차 대주지 않는다는 식의 얘기를 끊임없이 들려주었던 것이다. 그래서 왕이 물러났을 때 프랑수아즈는 심한 충격을 받아 이런 말까지 했다. "우리도 놈들과 다를 바 없어. 우리가 독일에 있다면 분명 놈들과 같은 짓을 했을 거야."

요 며칠 동안 나는 프랑수아즈를 거의 보지 못했다. 어느 날 어머니가 나에게 "그들은 너보다 더 부자란다" 말한 적이 있는 그 사촌네 집에 줄곧 가 있었기 때문이다. 그런데 이 무렵 전국에 걸쳐 수많은 미담이 보였으니, 그 것을 오래오래 기록에 남기려는 역사가가 한 명이라도 있었다면 프랑스의 위대성, 프랑스 정신의 위대성, 생탕드레 데 샹의 정신에 입각한 그 위대함을 증명하고도 남을 만한 것으로, 후방에 살아남은 민간인들은 마른 싸움터에 쓰러진 병사들에 못지않게 이러한 위대함을 보였던 것이다. 프랑수아즈의 조카 한 사람이 베리 오 바크에서 전사했는데, 그는 위에서 말한 프랑수아즈의 돈 많은 사촌 부부—전에 커피 가게를 하다가 재산을 모아 오래전에 은퇴한 사람들이었다—의 조카이기도 했다. 그 전사한 조카도 조그마한 커피 가게를 내고 있었는데, 아직 풋내기여서 재산도 없었다. 25살에 영장이 나오자 어쩔 수 없이 그 작은 바를 아내에게 맡기고, 몇 달 뒤면 돌아오려니 생각하면서 출정했다. 그러나 그는 전사하고 말았다. 그때 이런 일이 있었다. 프랑수아즈의 부자 사촌 부부는 과부가 된 그 조카의 젊은 아내와는 아무런 관계도 없었건만, 10년 이상 은퇴해 있던 시골을 떠나 다시 커피 가게에서 일을 시작했고, 보수는 한 푼도 받지 않았다. 아침 6시부터 그 부자 아내(실은 어엿한 마님이지만)는 같이 데리고 온 '따님'과 함께 가벼운 몸차림으로 그 조카며느리인 과부의 가게 일을 도왔다. 그렇게 3년 남짓을 모녀는 하루도 쉬지 않고 아침부터 밤 9시 30분까지 컵을 헹구고 음료를 차려 냈다. 이 책 속에는 허구가 아닌 사실은 하나도 없고, '가명'을 쓴 실재 인물이 한 사람도 없으며, 전부 증명의 필요에 따라 내가 지어낸 것뿐이지만, 오로지 한 가지, 의지할 곳 없는 조카며느리를 도와주려고 은퇴한 시골에서 나온 프랑수아즈의 돈 많은 친척, 오직 그들만은 현재 살아 있는 실재인물이라는 점을, 나는 우리나라의 명예를 위해 말해둬야만 한다. 그들이 이 책을 읽을 리 없으니까 겸허한 그들을 불쾌하게 만들지는 않으리라 확신하므로, 이와 같은 행동으로 프랑스를 구한 다른 수많은 이의 이름을 일일이 늘어놓을 수 없는 대신에, 어린애 같은 기쁨과 깊은 감동을 담아, 나는 여기에 이 집안의 실명을 적어두겠다. 매우 프랑스다운 이름으로, 라리비에르(Larivière)라고 한다. 쥐피앙네 집에서 보았던 야회복 차림의 젊은이, '점심 초대를 받아서' 레옹을 10시 30분에 차지할 수 있는지 없는지를 아는 것만이 유일한 걱정이던 그 오만한 젊은이처럼 비열한 징병 기피자도 있지만, 그들은 생탕드레 데 샹 정신을 구현하는 수많은 프랑스인, 이들 모든 숭고한 병사에 의해 속죄받았다. 그리고 나는 라리비에르 집안사람들은 그 숭고한 병사들과 엇비슷하다고 생각한다.

집사는 프랑수아즈의 불안을 돋우려고, 케케묵은 대중잡지를 찾아내어, 그 겉장에(전부 전쟁 이전에 발간한 것이었지만) 실린 '독일 황실 일가'의 사진을 프랑수아즈에게 보여주었다. "이게 앞으로 우리의 주인이죠." 집사는 기욤(Guillaume)*1을 가리키며 프랑수아즈에게 말했다. 프랑수아즈는 눈을 크게 뜨고, 황제와 나란히 있는 여성 쪽으로 눈을 돌리며 말했다. "그럼 이게 기요메스(Guillaumesse)*2네!" 프랑수아즈의 독일인에 대한 증오는 극단적이어서, 그것은 오직 프랑스 장관들이 불태우는 증오로만 누그러질 수 있었다. 그리고 나로서는 그녀가 힌덴부르크의 죽음과 클레망소의 죽음 가운데 어느 쪽을 더 강하게 원하는지 알 수 없을 정도였다.

파리에서 떠나려는 내 의도는 어떤 소식이 불러일으킨 슬픔 때문에 잠깐

*1 빌헬름(Wilhelm)의 프랑스식 표기.
*2 기욤이라는 인명을 존칭이나 작위처럼 여성형화시킨 프랑수아즈 특유의 언어상 오류.

늦추어졌다. 로베르 드 생루가 전선으로 돌아간 다음 날 부하를 보호하다가 전사했다는 소식을 들은 것이다. 다른 국민에 대한 미움을 생루만큼 품지 않았던 인간도 드물다(독일 황제에 대해서도, 뭔가 특별한 이유로, 아마도 잘못된 이유겠지만, 그는 빌헬름 2세가 전쟁을 일으키긴커녕 도리어 그것을 저지하려 애썼다고 생각했다). 독일식 표현도 미워하지 않았다. 엿새 전 그의 입에서 나오는 걸 들은 마지막 낱말은 슈만의 한 가곡 첫 구절이었다. 그것을 그가 우리집 계단에서 독일어로 흥얼거리며 불러주었는데, 나는 이웃을 꺼려 그를 침묵시켰었다. 몸에 밴 고상한 교양에서, 온갖 변명과 욕설, 모든 거짓말을 제 행실에서 소용없는 가지를 쳐내듯 잘라내는 습관이 붙은 그는, 적 앞에서도 동원되었을 때와 마찬가지로 스스로를 버리고 자기 한 몸의 안전을 돌아보지 않았다. 이와 같은 자기희생은 그의 모든 행동에 상징적으로 나타났다. 이를테면 내가 그의 집에서 나올 적마다 모자도 잊은 채 늘 배웅을 나와서, 내가 탄 삯마차의 문을 닫아주는 그 태도에까지 나타나 있었다.

　며칠 동안 나는 방 안에 틀어박혀서 그를 생각했다. 나는 그가 처음 발베크에 도착했을 때, 희끄무레한 모직 옷에, 바다 같은 초록빛이 감도는 잘 움직이는 눈을 하고, 유리창이 바다 쪽으로 나 있는 큰 식당 옆 홀을 지나가던 모습을 떠올렸다. 정말 특별한 인간으로 보였다. 그의 벗이 되기를 얼마나 간절히 바랐는지 모른다. 이 소망은 생각지도 못한 형태로 이루어졌으나, 그때엔 내게 거의 아무런 기쁨을 주지 않았고, 뒤에 가서야 그 우아한 겉모양 밑에 숨어 있는 뛰어난 재질과 그 밖의 것을 알아차리게 되었다. 좋은 것이나 나쁜 것이나 그는 날마다 아낌없이 주었다. 그리고 마지막에는 너그럽게도, 자기가 가진 모든 것을 남을 위해 바치며 적의 참호로 돌격해 들어갔던 것이다. 마치 그가 어느 날 저녁 나를 방해하지 않으려고 식당에서 긴 의자 위를 뛰어넘어 달려갔듯이. 발베크의 휴게실에서, 리브벨의 카페, 동시에르의 기병대 병영과 군인들의 만찬 자리, 그가 신문기자의 따귀를 갈긴 극장, 게르망트 대공부인 댁 같은 여러 장소에서 드문드문 간격을 둔 갖가지 상황에서 어쩌다가 그를 만났을 뿐이었다. 이처럼 몇 번 안 되는 만남이 그의 생활에 대해 도리어 선명하고 명확한 화면을 내 앞에 그려주고, 그의 죽음에 대해 뚜렷한 슬픔을 안겨주었다. 우리는 더 사랑하더라도 더욱더 자주 만나는 이들에 대해서는 이런 느낌을 품지 않는 경우가 많은 법이다. 우리 마음에 깃든 그러한 사람들의 심상은 차이를 거의 느낄 수 없는 무수한 심상들의 어떤 어렴풋한 평균치에 불과하다. 또한 우리는 애정이 늘 충족되어 있으면, 특수한 상황의 방해를 받고서야 비로소 커질지도 모를 애정의 가능성 따위를 상상하는 경우는 없는 법인데, 그런 점은, 한정된 짧은 시간밖에 만날 수 없거나, 쌍방이 본의 아니게 엇갈리는 바람에 충분히 해후를 이루지 못하는 특수한 경우와는 상황이 다르다.

발베크의 휴게실에서 늘어뜨린 외알안경의 뒤를 쫓듯이 빠른 걸음으로 걷는 그의 모습을 언뜻 보고, 건방진 사람이라고 상상한 며칠 뒤, 또한 내가 발베크의 바닷가에서 처음으로 보았던 또 하나의 생생한 모습이 있었으니, 이젠 그것도 추억의 상태로밖에 존재하지 않는다. 바로 알베르틴이었다. 그 첫날 저녁, 그녀는 남들은 아랑곳없이 바다에 사는 한 마리 갈매기처럼 모래를 밟으며 걷고 있었다. 알베르틴, 나는 그녀를 어찌나 금세 사랑하고 말았던지 날마다 그녀와 함께 외출할 수 있도록 한사코 발베크에서 생루를 만나러 떠나지도 않았었다. 그렇지만 생루와의 관계는 한때 내가 알베르틴을 사랑하지 않게 되었다는 증거도 가지고 있다. 얼마간 로베르의 곁에서 지내려고 동시에르에 갔던 일은 게르망트 부인을 향한 내 애정이 보답받지 못함을 본 슬픔에서였으니까. 생루와 알베르틴은 둘 다, 발베크에서 내가 훨씬 나중에야 알게 된 사람들이었을 뿐 아니라, 순식간에 끝나버린 그들의 삶이 교차되는 일은 거의 없었다. 하지만 나는, 처음에는 서로 완전히 별개의 것인 줄로 생각했던 회상의 날실 사이에, 세월의 베틀 북이 씨실을 짜넣는 걸 보면서, 그건 그였지, 하고 자신에게 되뇌었다. 그건 생루였어, 알베르틴이 내게서 떠난 뒤, 내가 봉탕 부인 댁에 가서 찾아보라고 부탁한 사람은. 그리고 그 두 생활에는 내가 꿈에도 의심치 않았던 비밀이 각각 나란히 존재한다는 사실을 발견했다. 알베르틴의 비밀은 이젠 생루의 비밀만큼 내 마음에 슬픔을 일으키지 않았는데, 이는 그녀의 삶이 나와 인연 없는 것이 되고만 탓이리라. 그러나 그녀의 삶이 생루의 그것처럼 그토록 짧았던 사실은 지금도 한스러운 일이다. 알베르틴도 생루도 내 건강을 걱정하면서 여러 번 말하기를 "당신은 병자니까" 했다. 그런데 죽고 만 것은 그들이다. 이들 두 사람의 마지막 심상—하나는 참호 앞에, 하나는 강 속에 빠진 심상—을 내가 제일 처음 받은 두 심상에 비교해볼 수 있음은, 요컨대 그 사이가 몹시 짧았기 때문이다. 그 첫 무렵의 심상만 해도 알베르틴의 그것은, 이미 바다에 지는 해의 심상과 연관되어 있다는 점에서만 내게 값어치 있을 뿐이다.

프랑수아즈는 알베르틴의 죽음보다 더한 연민의 정으로 생루의 죽음을 맞이했다. 프랑수아즈는 당장 곡하는 여인의 소임을 맡아, 비탄 소리와 절망의 노래로 죽은 자에게 추도의 뜻을 표했다. 그녀는 제 슬픔을 과시하며, 나도 모르게 내가 슬픔을 흘릴 때만 얼굴을 휙 돌리면서 쌀쌀한 표정을 짓고, 내 얼굴을 보지 못한 척했다. 이유인즉 많은 신경질적인 사람들이 그렇듯이, 남의 신경질이 어쩐지 자기 것과 너무나 비슷하면, 그녀는 참지 못하고 울화가 치밀었기 때문이다. 그래서 그녀는 자기의 조금 삐딱한 목, 어지럼증, 물건 모서리에 부딪쳤던 이야기를 꺼내서 그쪽으로 주의를 돌리려고 했다. 그러나 내가 내 병고를 한 가지라도 입 밖에 내면, 프랑수아즈는 다시 태연하고 엄숙한 태도로 돌아가 아무 말도 못 들은 체했다.

"후작님이 불쌍도 하셔라." 그녀는 이렇게 말했으나, 속으론 생루가 싸움 터에 끌려가지 않고자 갖은 수를 다 쓰고, 일단 동원되고 나서는 위험을 피하고자 있는 꾀를 다 썼을 거라고 생각할 수밖에 없었다. "마님도 참 딱하시지." 프랑수아즈가 생루의 어머니 마르상트 부인을 생각하면서 하는 말이었다. "아드님의 사망 소식을 듣고 오죽 우셨을까! 하다못해 마지막으로 한 번이라도 더 만날 수 있다면 좋으련만. 하지만 못 보신 게 다행인지도 모르지, 얼굴이 두 동강 나 아주 엉망이었다니까." 이렇게 말한 프랑수아즈의 두 눈은 눈물로 글썽했는데, 그 눈물 너머에는 시골 여인의 잔혹한 호기심이 나타나 있었다. 프랑수아즈가 마르상트 부인의 비통을 진정으로 동정하는 거야 틀림없지만, 부인의 비통이 어떤 모습인지 듣고 보지 못함과 그 울부짖는 광경을 구경할 수 없음이 그녀로서는 섭섭하기 짝이 없었다. 그녀는 정말 울고 싶은 동시에 우는 걸 내게 보이고 싶었으므로, 울음이 터지는 심경에 잠기려고 이렇게 말했다. "어쩐지 가슴이 꽉 메어서!" 내 표정에서도 슬픔의 흔적을 찾아내려고 안달하는 눈치였기에 로베르 이야기를 할 적에 나는 일부러 냉담한 태도를 지었다. 또한 문학회는 문학회대로, 하인 방에는 하인 방대로 상투적 문구라는 게 있으므로 다음 같은 말은 오히려 얻어들은 짧은 지식을 모방하는 정신에서겠지만, 프랑수아즈가 "그 모든 재산도 남들처럼 그가 죽는 걸 막지 못했네, 그러니 이제 와서 재산이 그분에게 무슨 소용이 있담" 하고 되풀이하는 말 속에는 가난한 자의 만족감이 드러나 있었다.

집사는 옳다구나 이 기회를 놓칠세라 프랑수아즈에게, 물론 그건 슬픈 일이지만, 정부가 어떻게 해서든지 감추려고 온 노력을 다하는데도 날마다 전사하는 수백만 인간에 비하면 아무것도 아니라고 말했다. 그러나 이번만큼은 집사도 프랑수아즈의 비탄을 더하게 하지 못했다. 프랑수아즈가 이렇게 대꾸했기 때문이다. "그야 그들 또한 프랑스를 위해 죽은 건 사실이나 다 얼굴도 모르는 사람인걸. 하지만 아는 사람들*일 경우에는 아무래도 무관심할 수 없거든." 우는 일에 기쁨을 느낀 프랑수아즈는, "신문에 후작님의 전사 기사가 나거든 잊지 말고 알려줘요" 하고 덧붙였다.

로베르는 전쟁이 나기 훨씬 전에 나에게 슬픈 얼굴로 말했었다. "오오! 내 목숨에 대해선 이러니저러니 말하지 말게. 난 날 때부터 이미 죄를 지고 나온 인간이야." 그는 지금까지 남의 눈을 감쪽같이 속여왔지만 그 자신은 잘 아는 악습을 암시했던 걸까? 처음으로 사랑의 짓거리를 하는 어린애처럼, 아니면 그보다 어린 나이에, 제 몸이 마치 꽃가루를 뿌리고 나면 그 즉시 시들어버리는 식물과 닮았다고 상상하면서 혼자 쾌락을 찾는 어린애처럼, 그는 어쩌면 그 중대성을 너무 심각하게 생각했는지도 모른다. 아마도 이같이 지나친 생각은, 위에서 말한 어린애의 경우처럼 생루의 경우도 아직 익숙지 못한 죄의식에서 비롯한 동시에, 처음엔 거의 가공할 힘을 갖지만 차차 약해지는 아주 참신한 감각에서 비롯한 것이리라. 굳이 말하자면 꽤 젊어서 세상을 떠난 아버지의 죽음을 이유로 자기는 요절하리라고 예감했던 걸까? 물론 그런 예감이야 있을 성싶지 않다. 그렇지만 죽음도 어떤 법칙에 따르는 듯하다. 이를테면 아버지가 꽤 많은 나이에 또는 아주 젊어 죽은 경우, 그 자녀도 아버지와 똑같은 나이에 거의 어쩔 수 없이 죽고 만다는 생각이 드는 경우가 흔히 있다. 전자는 불치의 병과 슬픔을 100살까지 끌고 가고, 후자는 건강한 몸에 행복한 생활을 누렸음에도, 오직 죽음의 실현을 위해 필요한 방식인가 싶은 만큼 안성맞춤이고도 우연한(아무리 깊은 뿌리를 그 체질 속에 지니고 있더라도) 액에 의하여 피치 못할 이른 때에 생명을 뽑히고 만다. 또 우연한 죽음도—생루의 죽음같이, 어쩌면 내가 설명해야만

---

\* genss, gens(사람들) 자체가 복수를 가리키므로 복수의 철자 s(들)는 잘못임.

한다고 생각한 이상으로 그의 성격에 연관되어 있을지 모르는 죽음도—미리 정해져 있으며, 인간의 눈에 보이지 않고 오직 신령들만 알지만, 반무의식적, 반의식적인 어떤 독특한 비애를 통해 당사자의 얼굴에 드러나는 게 아닐까? 그러한 비애는(반의식 상태일 때 속으론 모면하리라 여기지만 결국 피치 못할 불행을 입 밖에 낼 때의 그 자못 진지한 얼굴로 그런 비애를 남에게 알린다) 자기 안에 어떤 명문(明文)처럼 숙명의 날짜를 새겨넣고 끊임없이 바라보고 있는 사람만이 지닌 독특한 것이다.

마지막 몇 시간 동안 생루의 모습은 참으로 아름다웠으리라. 그는 늘 앉거나 살롱 안을 걷거나 할 때마저 삼각형의 머릿속에 있는 제어 못할 의지를 미소로 감추면서, 돌격하고픈 충동을 억누르고 있는 듯 보였다. 그가 마침내 돌격을 감행했다. 봉건시대의 탑은 빼곡히 쌓여 있던 책을 싹 쓸어버리고 다시 군사용 포탑으로 돌아왔다. 그리고 이 게르망트 귀공자는 단번에 그 자신의 모습으로 돌아가 오로지 게르망트 가문의 한 사람으로서 죽은 것이었다. 이 사실은 콩브레의 생틸레르 성당에서 치러진 그의 장례식에서 상징적으로 나타났다. 성당에 둘러쳐진 검은 장막의 바탕에는, 개인의 세례명책 머리글자도 호칭도 없이 오직 그가 죽어서 그 일원으로 다시 돌아간 게르망트 가문의 머리글자 G만이 왕관 밑에 붉은 색깔로 뚜렷이 드러나 있었다.

곧장 치러지지 않았던 이 장례식에 가기에 앞서, 나는 질베르트에게 편지를 썼다. 게르망트 공작부인에게도 편지를 보내야 옳았을 테지만, 부인은 아주 가까운 친척인 다른 많은 이의 죽음에 아무 관심도 보이지 않았던 것처럼, 로베르의 죽음도 그와 똑같은 냉랭한 태도로 대할 것 같았으며, 어쩌면 그 게르망트의 재치를 발휘하여, 핏줄 같은 것에 대해 미신을 가지고 있지 않음을 나타내려고 할지도 모른다는 생각이 들었다. 여러 사람에게 편지를 쓰기엔 내 몸과 마음이 너무나 편찮았다. 예전의 나는 공작부인과 로베르의 사이가 사교계에서 말하는 뜻으로 서로 아끼는 사이라고 여겨왔다. 둘이 한자리에 있으면 그 순간만큼은 애정을 느껴 서로 다정한 말을 나누는 정도의 사이라고. 그러나 그녀가 곁에 있지 않으면 그는 서슴지 않고 그녀를 바보라고 했으며, 그녀도 그를 만나 이따금 이기적인 기쁨을 느낀 적이 있긴 하나, 내가 볼 때 그의 도움이 되려고, 아니 그의 불행을 모면해주려고 조그만 수고조차 하지 않았거니와 그 힘을 털끝만치도 쓰지 않았다. 로베르가 다시 모로코로 출발하려는 때, 그녀는 생조제프 장군에게 그를 부탁하는 걸 거절하여 그를 도울 의사가 없음을 밝혔는데, 그런 심술궂은 말과 행동을 미루어보아도, 그녀가 생루의 결혼 때에 보였던 헌신이, 아무 의미 없는 어떤 보상에 지나지 않았음을 증명했다. 따라서 로베르가 전사했을 때에 마침 그녀가 병중이라, 그 죽음의 기사가 실린 신문을 읽고 그녀가 충격을 받지 않도록, 주위 사람들이 며칠 동안 그럴싸한 핑계를 붙여 신문을 감추어야겠다고 생각했다는 얘기를 듣고 나는 몹시 놀랐다. 그런데 결국 진실을 알릴 수밖에 없었고, 공작부인은 온종일 울다가 병이 나서, 마음을 추스르기까지 오랜 시간—일주일 이상이었다니까 부인으로서는 오래라고 할 수 있다—이 걸렸다는 말을 들었을 때는, 나는 더욱더 놀랐다. 부인의 이러한 슬픔을 듣고서 나는 감동해 마지않았다. 이것을 보면 부인과 로베르 사이에 크나큰 우정이 있었다고 누구나 말할 수 있으며, 나도 그렇게 잘라 말할 수 있다. 그러나 그 우정 밑에, 서로 도와주기를 싫어하는 얼마나 숱한 자질구레한 중상과 악의가 숨어 있는지 떠올리면, 사교계에서 말하는 크나큰 우정이라는 게 얼마나 하찮은 것인지 새삼 생각하게 된다.

좀 뒤의 일이고, 내 마음을 감동시킨 점으론 덜하나 역사적으로 보다 중요한 상황에서, 게르망트 부인은 내게 훨씬 더 호의적인 모습으로 나타났다. 돌이켜보건대 젊은 아가씨 시절에 러시아 황족에 대하여 그토록 여러 번 불손한 대담성을 보였으며, 결혼하고 나서도 때론 요령 없다고 핀잔을 받을 정도로 무람없이 러시아 황후에게 말하기 일쑤였지만, 러시아 혁명 뒤, 러시아의 대공부인들이나 대공들에 대하여 끝없는 헌신을 표시한 유일한 인간이었던 것이다. 대전이 터지기 1년 전만 해도, 공작부인은 폴 대공과 신분이 어울리지 않는 아내, 호엔펠젠 백작부인을 언제나 '폴 대공부인'이라 불러 블라디미르 대공부인을 머리끝까지 약올렸었다. 그런데 러시아 혁명이 터지자마자, 페테르부르크에 머무는 프랑스 대사 팔레올로그 씨는(외교계의 '팔레오(Paléo)'*로서, 사교계와 마찬가지로 여기서도 이른바 재치 있는 약칭으로 통했다), 마리 파블로브나 대공부인의 안부를 알고 싶어하는 게르망트 공작부인의 연이은 전보에 시달렸다. 그리고 오랫동안 이 대공부인은 끊임없는

---

* '옛'이라는 뜻의 접두어.

동정과 존경의 표시를 오로지 게르망트 부인에게서만 받아왔다고 한다.

생루는, 전사가 아니더라도 적어도 전사하기 전 몇 주일 동안의 행동으로, 게르망트 공작부인의 슬픔보다 더 큰 슬픔을 느꼈다. 사실 내가 그를 만난 저녁의 바로 다음 날, 그리고 샤를뤼스 남작이 모렐에게 '복수할 테다' 말한 지 이틀 뒤, 전부터 모렐의 소재를 찾아내고자 애쓰던 생루의 수고가 유종의 미를 거두었다. 모렐이 배속되어 있어야 할 부대의 지휘관인 장군은 모렐이 탈주했음을 알아채고 수사하여 체포한 것이다. 그리고 장군은 생루가 관심을 갖고 있는 이에게 벌을 주어야 한다는 점을 설명해두고자 그에게 편지를 보내왔다. 모렐은 그 체포가 샤를뤼스 씨의 앙심으로 야기된 것임을 의심치 않았다. '복수할 테다'라는 공갈을 떠올리고, 바로 이게 그 복수라고 생각해 의외의 사실을 폭로하겠다고 자청했다. "틀림없이 나는 탈주했습니다. 그러나 내가 남의 유혹으로 고약한 길에 끌려 들어갔다면, 그게 나 혼자만의 죄입니까?" 그러면서 그는 샤를뤼스 씨에 대해서, 마찬가지로 사이가 틀어진 아르장쿠르 씨에 대해서 여러 얘기를 했다. 그런 이야기는 사실 그와는 직접적인 관계가 없는 것으로, 다만 샤를뤼스 씨와 아르장쿠르 씨가 연인과 성도착자의 이중 감정을 쏟아내면서 모렐에게 들려주었던 것인데, 그 때문에 샤를뤼스 씨도 아르장쿠르 씨도 같이 구류되었다. 이렇게 구금된 상황보다도, 아마도 두 사람으로서는 상대가 자기 연적이라는 새로운 사실을 안 고통이 더 컸을 것이다. 게다가 조사 결과, 그 밖에도 아리송한 그때그때의 적수가 거리에 수두룩함이 드러났다. 오래지 않아 두 사람은 석방됐다. 모렐도 풀려 났는데, 생루에게 보낸 장군의 편지가 '사망, 명예로운 전사'라는 글과 함께 장군에게 반송되었기 때문이다. 장군은 고인을 존경하여, 모렐을 일선에 보내는 걸로 일을 일단락지었다. 모렐은 일선에서 용맹을 떨치며 온갖 위험을 용케 피하고 전쟁이 끝나자 십자훈장을 달고 돌아왔다. 이전에 샤를뤼스 씨가 모렐이 그 훈장을 받도록 애써도 헛일이었으나, 생루의 죽음은 간접적으로 그에게 그것을 안겨주었다.

나는 그 뒤 쥐피앙네 호텔에서 잃어버린 생루의 십자훈장을 떠올릴 적마다 만일 그가 살아 있다면, 전쟁이 뒤에 남긴 어리석음의 거품과 영예의 광휘 덕분으로, 종전 뒤의 선거에서 쉽게 의원으로 뽑혔을 거라고 생각했다. 이 어리석음과 영예의 소용돌이에서는 싸움터에서 손가락 하나만 잘려도 몇 세기 동안의 전례가 없어져 빛나는 결혼을 통해 귀족 사회에 들어갈 수 있고, 설사 사무직으로 받은 십자훈장이라 할지라도 당선되어 국회에, 아니 아카데 미 프랑세즈에도 충분히 들어갈 수 있었다. 생루의 당선은 그의 신성한 가문 때문에, 아르튀르 메예르(Arthur Meyer)[1]로 하여금 폭포 같은 눈물과 잉크를 흘리게 했을 것이다. 그러나 생루는 지나치게 민중을 사랑하고 있었으므로 오히려 민중의 표를 못 얻었을는지도 모른다. 그래도 민중은 그의 고귀한 가문 때문에 어쩌면 그의 민주주의 사상을 받아들였을 것이다. 비행사들로 이루어진 국회에서라면 생루의 사상도 틀림없이 성공리에 진술되었으리라. 그런 용사들이라면 더할 나위 없이 드문 훌륭한 정신의 소유자들과 마찬가지로 그를 이해했을 것이다. 그러나 블록 내셔널(Bloc National)[2]에 의해 풍랑이 잔잔해진 덕분에, 번번이 재선되는 옛 정상배가 또다시 그물에 건져졌다. 비행사의 국회에 들어갈 수 없었던 그들은, 아카데미 프랑세즈에 들어가고자 원수(元帥)들이나 대통령이나 국회의장 등의 찬성표를 끈질기게 구걸했다. 그들은 생루에겐 호의를 보이지 않았을 테지만 쥐피앙의 또 다른 단골인 악송 리베랄(Action Libéral)당의 대의사에게는 매우 호의적이었다. 이 사내는 경쟁 없이 재선되었다. 전쟁이 끝난 지 오래였건만, 그는 국민군 장교의 제복을 벗지 않았다. 그의 당선은 그의 입후보를 지지하며 '단결'한 모든 신문과, 예의를 지키는 동시에 세금을 두려워하는 마음에서 이제는 헌옷밖에 입지 않는 귀족이나 부유한 부인들의 환호를 받았다. 한편 주식 거래소의 인간들은 무조건 다이아몬드를 사들였는데, 그들의 아내를 위해서가 아니라, 어느 나라의 금융기관도 전혀 믿을 수 없게 되어 손으로 만질 수 있는 재산 쪽으로 도피했기 때문이다. 그로 말미암아 그들은 드 베르(De Beers)의 주권(株券)을 1천 프랑이나 뛰게 했다. 이처럼 수많은 어리석은 현실에 넌더리를 내면서도, 사람들이 블록 내셔널을 크게 원망하지 않은 이유는, 바로 이 무렵, 볼셰비즘의 희생자들, 누더기를 걸친 러시아의 대공부인들의 모습을 목격했기 때문이다. 그 남편들은 손수레 안에서 무참히 살해되고, 그 아들들은 굶주린 채 돌팔매와 욕설에 시달리다가 흑사병에 걸린 끝에, 병을 옮길지도 모른다는 이유로 우물에 던져져서 죽었다. 겨우 도망쳐 나온 이들이 느닷없

---

[1] 1875년 보수파 신문 〈골루아〉지의 주필. 1924년 사망.
[2] 국민연맹. 1919년 2월 16일, 전후 첫 의원 개선에서 의석의 대부분을 차지한 온건파 연맹.

이 파리에 나타나, 차마 눈 뜨고 못 볼 새로운 국면을 펼쳤다.

　내가 두 번째로 틀어박힌 새 요양소도 결국 첫 번째 요양소와 마찬가지로 내 병을 고치지 못했다. 오랜 세월이 흐른 뒤 나는 그곳을 떠났다. 드디어 파리로 돌아가는 기차 안에서, 나는 또다시 내게 문학적 재능이 없다는 생각에 휩싸였다. 그것은 지난날 게르망트 쪽에서 발견했으며, 탕송빌에서 만찬에 가기에 앞서 날마다 질베르트와 함께 밤늦도록 산책하면서 더욱 구슬프게 깨달았던 생각이다. 또 탕송빌을 떠나는 전날 밤 공쿠르의 일기 몇 장을 읽으면서는 내게 재능이 없다는 생각이 어쩌면 문학 자체가 텅 빈 허구에 가까운 것이 아닐까라는 생각으로 이어졌다. 만약 나 자신에게 결함이 있는 게 아니라 믿어온 이상이 존재하지 않는다고 본다면 덜 고통스러울는지 모르나, 마음은 더욱더 어두워지리라 생각했다. 오래전부터 머릿속에 들어오지 않던 이런 생각이 비할 바 없이 애처롭도록 새삼 강하게 내 가슴을 때렸다. 그것은 지금도 생각나지만 들판 한가운데 열차가 정거한 때였다. 태양이 선로를 따라 한 줄로 서 있는 나무들의 줄기를 반쯤 비추고 있었다. 나는 생각했다. '나무여, 너는 이제 나에게 무슨 말을 해도 소용없다. 내 마음은 식어 버려서 더 이상 네 목소리가 귀에 들리지 않는구나. 아닌 게 아니라 나는 지금 자연 한가운데 있다. 그런데도 내 눈은 너의 빛나는 꼭대기와 그늘진 줄기를 가르는 선을, 차갑고 권태롭게 멀거니 바라볼 뿐이로구나. 지난날에는 나 자신을 시인이라고 믿기도 했으나, 지금은 내가 시인이 아님을 안다. 앞으로 펼쳐질 무미건조한 내 삶에서는, 어쩌면 자연 대신 인간이 내게 영감을 불어넣어 줄는지도 모르지. 하지만 내가 자연을 노래할 수 있었을지도 모를 세월은 영영 돌아오지 않으리.'

　그러나 자연의 영감이 불가능한 대신에 인간 관찰이 가능해졌다고 자신을 위로하는 건, 오로지 자기에게 일시적인 위안을 주려고 애쓰는 것에 지나지 않으니, 나 자신의 무가치함을 깨닫는 데는 변함이 없었다. 만일 내가 참말로 예술가의 영혼을 가졌다면, 저무는 햇살 속에 밝게 늘어선 나무 앞에서, 객차의 발판에까지 뻗은 비탈의 가련한 꽃 앞에서 어찌 기쁨을 느끼지 않았으랴? 하지만 나는 그 꽃잎을 셀 수는 있어도, 수많은 문학가들이 하듯이 그 색채를 묘사할 마음은 나지 않았다. 자기가 느끼지 못하는 기쁨을 어찌 독자에게 전하기를 바랄 수 있단 말인가?

좀 뒤에, 저무는 햇살이 어느 집 유리창에 금빛과 오렌지빛 주근깨를 체 구멍처럼 내고 있는 광경도 같은 무심한 마음으로 보았다. 또다시 시간이 지나 다른 한 채의 매우 색다른 장밋빛 물질로 지은 듯한 집을 보았다. 하지만 나는 그런 갖가지 것들을 깨달으면서도 한결같이 흥미를 느끼지 못했다. 마치 어느 부인과 정원을 산책하다가, 유리조각이나 좀 멀찌막이 있는 무언가 하얀 알맹이 석고 비슷한 별난 빛깔을 보고도 음울한 권태에서 벗어나지 못하고, 다만 부인에 대한 예의에서 한마디 하면서 그 별난 색깔에 주목했음을 나타내려고 지나가는 길에 그 염색된 유리나 석고 조각을 가리키는 것과 같이. 그와 같은 투로 위안을 찾기 위하여, 유리창에 비치는 석양과 가옥의 투명한 장밋빛을, 마치 나보다 훨씬 기쁘게 구경할 수 있는 아무개에게 보여주듯 나 자신에게 가리키는 것이었다. 그러나 내가 이런 신기한 광경을 확인시켜준 동행자는, 이런 구경에 금방 황홀해하는 수많은 사람에 비하여 틀림없이 감격이 덜했으니, 이런 갖가지 저녁놀의 색깔을 보아도 아무런 기쁨을 품지 않았다.

오랫동안 파리를 떠나있었음에도 내 이름이 옛 벗들의 명부에 그대로 남아 있어서, 나에게 꼬박꼬박 초대장을 보내왔다. 집에 돌아와서 그런 초대장을 발견했을 때—특히 라 베르마가 그 딸과 사위를 위해 베푸는 다과회와 내일 게르망트 대공부인 댁에서 여는 마티네의 초대장—차 안에서의 구슬픈 사색도 내게 불참을 권하는 동기가 되지 못했다. 굳이 사교 생활을 그만둘 필요야 없지 하고 나는 생각했다. 오래전부터 날마다 내일은 시작해야겠다고 벼르던 굉장한 '창작'을 할 몸이 아닌 이상, 아니 그럴 자격이 없는 바에야, 어쩌면 창작은 현실과 아무 관계가 없을 테니까. 사실 이런 이유는 아주 소극적인 것으로, 그저 이 사교계의 음악회로 향하는 발걸음을 붙잡으려는 이유를 부정했을 뿐이었다.

한편 나를 거기에 가게 한 적극적인 이유는 그 게르망트라는 이름이었다. 이 이름이 내 머리에서 떠난 지 오래라 초대장에서 이를 읽었을 때, 지난날 콩브레에서 집으로 돌아가기에 앞서 루아조 거리를 지나는 길에 게르망트의 영주 질베르 르 모베의 어둡게 칠한 그림 유리창을 바깥에서 보았을 때 느꼈던 그 이름에 대한 매혹과 뜻이 다시 일깨워졌다. 한순간 게르망트네 사람들이 다른 사교인들과는 전혀 다른, 설사 왕후라도 비교가 안 되는 그런 사람들처럼 새삼 느껴졌다. 게르망트네 사람들은 내가 어린 시절을 보냈던 그 우중충한 콩브레 시가의 까다롭고도 덕성스러운 공기의 풍요, 좁은 길에서 우러러본 그림 유리에 그려진 지난날의 모습으로부터 태어난 존재였다. 나는 내 어린 시절과 그 무렵의 일이 보이는 내 기억의 밑바닥에 가까이 갈 수 있기나 한듯 게르망트네 댁에 가고 싶었다. 그래서 콩브레라는 이름처럼 친숙하고도 신비로운 이 게르망트라는 이름의 철자가 반향을 일으키고, 다시 독립해, 피곤한 내 눈앞에 처음 보는 이름을 그려낸 듯한 착각이 들 때까지 나는 초대장을 계속해서 읽었다. 마침 어머니가 매우 진저리날지 뻔히 아는 사즈라 부인 댁의 작은 다과회에 가 있어서, 나는 아무 거리낌 없이 게르망트 대공부인 댁에 가기로 했다.

게르망트 대공 댁에 가려고 마차를 탔다. 대공은 예전 저택이 아니라 불로뉴 숲 큰 거리에 지은 으리으리한 저택에 살고 있었다. 사교계 사람들의 결점 중 한 가지는, 상대방이 그들을 믿어주기를 바란다면 먼저 그들 자신부터 자기를 믿어야 하고, 적어도 우리 믿음의 근본적인 요소를 존중해야 한다는 사실을 깨닫지 못하는 점이라 하겠다. 게르망트네 사람들이 어떤 상속권에 의하여 이러이러한 궁전에 산다고 내가 믿던 시절, 거짓말인 줄 알면서도 그렇게 믿어 마지않던 시절에는, 마법사 또는 선녀의 궁정에 들어가 주문을 외지 않고는 열 수 없는 문을 내 앞에 열리게 하기란, 마법사나 선녀 자신과 만나 이야기를 나누는 거나 매한가지로 어려운 일로 생각했다. 그 전날 고용되었거나 포텔 에 샤보 요릿집에서 파견한 늙은 급사를, 대혁명 이전부터 가족의 시중을 들어온 하인들의 후손이며, 그 아들이나 손자라고 나 자신에게 믿게 하기란 무엇보다 쉬운 일이었고, 또 지난날 베르넴−죈 화랑에서 사들인 초상화를 진심으로 선조의 초상화라고 일컫기도 했다. 그러나 매력은 옮겨 부을 수 없으며, 회상은 나눌 수 없다. 게르망트 대공이 불로뉴 숲 큰 거리로 이사함으로써 내 믿음이 환상일 뿐이라고 밝혀진 이제는, 대공에게 대수로운 것이 남지 않게 되었다. 내 이름을 알리는 목소리의 울림으로 와르르 무너질까 봐 겁나던 천장, 나로서는 아직도 이전의 매력과 두려움이 어려 있는 듯한 그 천장은 내게 전혀 흥미 없는 한 아메리카 여성의 야회를 덮고 있었다. 물론 사물 그 자체로서는 능력이 없고, 우리가 그것에 힘을 주므로, 현재 어떤 부르주아의 어린 중학생은 불로뉴 숲 큰 거리 저택 앞에서 지난날 내가 게르망트 대공의 저택 앞에서 가졌던 바와 똑같은 감정을 품을지도 모른다. 그것은 그 중학생이 아직 믿음의 시절에 있기 때문이다. 그런데 나는 이미 그 시절을 지났으며, 그 특권을 잃은 지 오래였다. 마치 유년기가 지나면 우유를 소화하는 유아의 능력을 잃듯이, 어린아이는 숨도 돌리지 않고 끝없이 젖을 빨아대는 반면에 어른은 우유를 조금씩 마셔야 한다. 적어도 게르망트 대공의 거처가 바뀐 결과는, 나를 데리러 온 마차가 그 안에서 이러한 생각에 잠긴 나를 태우고 샹젤리제 쪽으로 가는 길을 지나가는 요행을 가져왔다. 그즈음 이 일대의 도로 포장은 엉망이었는데, 마차를 타고 들어서자마자 이제까지의 사색에서 벗어나서 형용키 어려운 아늑한 느낌이 솟아났다. 마치 어떤 공원의 울타리가 좌우로 열리고 고운 모래나 낙엽으로 덮인 그 차도를 미끄러져 갈 때처럼 갑자기 마차가 수월하고 부드럽게, 소리 없이 굴러가는 듯했다. 실제로 그런 일이 일어난 것은 아니지만, 우리가 새로운 물건을 대했을 때, 자신도 모르는 가운데 적응하고 주의를 기울이는데, 그런 노력이 내게는 이미 사라져버렸기 때문에 갑자기 바깥쪽의 장해가 없어지는 걸 느꼈다. 지금 내가 가고 있는 길은 지난날 프랑수아즈와 같이 샹젤리제에 갈 적에 지났던, 오랫동안 잊고 있던 길이었다. 땅도 가는 곳을 알고 저절로 움직여, 그 저항이 없어지고 말았다. 마치 이제껏 가까스로 땅 위를 활주하던 비행사가 갑자기 '이륙'한 것처럼, 나는 잔잔한 추억의 높다란 하늘로 천천히 올라갔다. 파리에서 이 거리들은 앞으로 늘 나를 위해 여느 거리와는 다른 물질이 되어 떠오를 것이다. 전에 프랑수아즈가 좋아하는 사진이 길 가게에 걸려 있던 루아얄 거리의 모퉁이에 이르렀을 때 마차는 몇백 번도 더 돌았던 옛날 버릇에 이끌려 저절로 돌 수밖에 없을 성싶었다.

　나는 그날 외출한 이들이 걸어가는 곳과는 다른 길을, 서글프게 살그머니 미끄러져 가는 과거의 길을 가로지르고 있었다. 더욱이 그것은 수많은 과거로 이루어져 있으므로, 내 슬픈 시름의 원인을 알고 있어 곤란했다. 안 오는 건 아닐까 걱정하면서 질베르트를 마중 나갔기 때문일까. 알베르틴이 앙드레와 같이 가 있다는 소리를 듣고 내가 찾아갔던 집이 가까이 있기 때문일까. 점심 뒤, 아직 풀냄새를 풍기는 갓 붙인 〈페드르〉나 〈검은 도미노〉의 광고지를 보려고, 내가 그토록 서둘러 정신없이 달음박질던 때처럼, 열정에 휩싸여 수없이 다닌 길도 결실을 못 맺고 사그라진 탓에 철학적인 공허함을 띠고 있다고 생각하기 때문일까. 샹젤리제에 닿자, 게르망트네 집에서 연주하는 합주를 처음부터 끝까지 듣고 싶은 마음이 없으므로, 마차를 세우고, 몇 걸음 걸어보고자 내려가려는 순간, 똑같이 멈춰 서있는 마차 한 대를 보고 섬뜩했다. 한 사내가 멍청한 눈, 구부러진 허리를 하고, 앉아 있다기보다 오히려 마차 한구석에 놓여 있는 듯 타고 있었는데, 얌전히 굴라는 타이름을 받은 어린애처럼 있는 힘을 다해 허리를 똑바로 세우려 애쓰고 있었다. 그러나 그 밀짚모자 밑으로 더부룩한 흰머리가 보이고, 턱에는 공원에 있는 강신(江神) 석상에 내린 눈처럼 흰수염이 드리워져 있었다. 그것은 여러모로 쥐피앙의 보살핌을 받고 있는 중풍 걸린 샤를뤼스 씨의 회복기 모습이었다. 나는 그가 중풍에 걸린 줄도 몰랐는데(오직 그가 시력을 잃었다는 말만 들었는데, 실은 한때 시력이 흐렸을 뿐이어서 지금은 다시 똑똑히 볼 수 있게 회복되었다), 무엇보다도 달라진 것은 그의 머리털이었다. 이제까지는 머리를 염색하고 있었지만 더 이상 그런 수고는 않기로 한 것이 아니라면, 그의 병은 그 머리에 참으로 급격한 변화를 일으켜, 몰락한 늙은 공자에게 셰익스피어의 리어 왕 같은 위엄을 주었다. 이제는 완전히 은빛이 된 숱 많은 머리와 수염에는, 간헐천처럼 순은을 한꺼번에 솟구치게 해, 그 금속이 어떤 화학적 침전물처럼 반짝반짝 선명한 빛을 내고 있었다. 눈도 머리의 그런 전체적 격변, 야금학적 변질에서 빠지지 않았는데, 다만 반대되는 현상으로, 눈은 그 빛을 모두 잃고 있었다. 하지만 가장 측은하게도, 이 광채와 더불어 정신적인 거만이 없어졌다는 것, 따라서 샤를뤼스 씨의 육신 생활과 정신 생활에서마저, 한때는 이 두 가지 생활과 완전히 하나로 일치하던 오만불손한 귀족적인 긍지가 가뭇없이 되고 말았다는 느낌이 들었다.

　이때 마찬가지로 게르망트 대공 댁에 가는 길인지, (세련된 부인이 아니라서 남작이 자기와 어울리지 않는다고 여겼던) 생퇴베르트 부인이 지붕 없는 사륜마차를 타고 지나갔다. 어린애를 돌보듯 남작을 돌보고 있던 쥐피앙이 남작에게 속삭였다. '벗 되시는 생퇴베르트 부인입니다.' 그러자 샤를뤼스 씨는 온갖 고생을 다하면서, 아직 무리인 줄 알면서도 모든 동작을 할 수 있는 걸 보이고 싶은 병자의 열성에서, 모자를 벗고 허리를 굽혀 마치 상대가 프랑스 여왕이나 되는 듯 생퇴베르트 부인에게 공손히 절했다. 샤를뤼스 씨가 억지로 그와 같은 절을 한 데에는 어쩌면 그럴 만한 이유가 있었는지도 모른다. 병자로서는 고통스럽지만, 그와 같은 칭찬받을 만한 행위가 상대의 마음을 기쁘게 하여 더욱더 감동시키리라 알고 있었던 것이다. 병자란 왕처럼 인사를 과장하는 법이니까. 어쩌면 남작의 동작 속에 신경과 뇌수의 혼란에서 비롯한 무질서가 있어서, 그 몸짓이 그가 뜻한 바를 앞지르고 있었는지도 모른다. 그러나 나는 오히려 거기에서, 이미 저승 문턱까지 끌려 들어간 죽은 자의 뚜렷한 특징인 거의 육체적인 어떤 유약함, 현실생활에서의 이탈을 보았다. 머리털의 은광맥 노출도, 이 같은 무의식적인 사교적 겸양에 비하면 그다지 심각한 변화를 나타내는 게 아니다. 그의 겸손은 온갖 사회적 관계를 뒤집어, 생퇴베르트 부인 앞에서 가장 오만하고 체통을 아끼던 자신의 콧대를 꺾어버렸던 것이다. 아마도 최하층 미국 여자 앞에서도 약점을 드러내어 맥없이 굴복하고 말았으리라(이리하여 그 여자도 이제까지 자기를 거들떠보지도 않던 남작에게서 정중한 대접을 받게 될 것이다). 왜냐하면 남작은 아직 살아 있으며, 사고력을 잃지 않았기 때문이다. 그의 지능은 병들지 않았던 것이다. 그리고 오이디푸스 왕의 상처 입은 자존심을 노래하는 소포클레스의 합창보다도, 죽음 자체보다도, 어떠한 추도사보다도, 남작이 채신없이 생퇴베르트 부인에게 한 겸손한 절은 지상의 화려한 권세욕과 온갖 인간적 교만의 처량한 말로를 보여준다. 전 같으면 절대 만찬을 같이하지 않았을 생퇴베르트 부인에게, 이제 샤를뤼스 씨가 이마가 땅에 닿도록 고개를 숙였다. 그는 상대의 지체를 모르고 절을 했을 수도 있고(병 때문에 기억의 한 부분이 몽땅 사라지듯이, 사교법전의 조항이 없어질 가능성도 있으니까), 어쩌면 지나가는 부인의 신분을 잘 알 수 없었으므로—잘 알았다면 도도하게 굴었을 테지만—그것을 얼버무리기 위해서 겉으로 겸손하게 꾸미며 어색한 임시변통으로 절을 했을지도 모른다. 그는 어머니의 부름을 받은 아이들이 높은 사람들 앞으로 머뭇거리면서 인사를 하러 오는 그런 정중한 태도로 부인에게 절을 했다. 이제는 그와 같은 아이들이 지니는 자존심마저도 없는, 그런 한 아이가 되어버린 것이다.

예전에는 부인에게 경의를 보이지 않는 일이 샤를뤼스 씨의 거만한 거드름이었지만, 이제는 남작에게서 경의를 받는 일이 부인의 거만한 거드름이 되었다. 뿐만 아니라, 지난날 생퇴베르트 부인으로 하여금 그의 본질이라고 믿게 만드는 데에 성공했던 그 다가가기 어려운 고귀한 기질을, 이제 샤를뤼스 씨는 남을 어려워하는 수줍음, 흥분해서 주뼛거리며 모자를 벗는 손짓을 통해 단번에 없애버렸다. 그리고 그 순간 모자에서 흘러나온 은빛 머리털의 급류는, 상대에게 경의를 표하느라 모자를 벗는 동안, 보쉬에(Bossuet)의 웅변 같은 기세로 흘러내렸다. 쥐피앙이 남작을 부축해 내리고, 내가 남작에게 인사를 하자, 그는 매우 빠르게 뭐라 지껄였으나 알아듣기가 너무 힘들었으므로 나는 그가 무슨 말을 하는지 도무지 이해할 수 없었다. 내가 세 번이나 되묻자, 그는 결국 안타까움의 몸짓을 지었으나, 아마도 후유증이 있었는지, 놀랍게도 얼굴 쪽은 처음부터 감각이 없어서 아무런 표정도 보이지 않았다. 그러나 겨우 중얼거리는 말의 너무나 가냘픈 소리에 익숙해지자, 나는 이 병자가 지능을 오롯하게 간직하고 있음을 알았다.

거기에는—다른 여러 샤를뤼스 씨는 제쳐놓고—두 부류의 샤를뤼스 씨가 있었다. 둘 중, 지적인 쪽은 자기가 실어증에 걸리기 시작하여 어떤 낱말이나 어떤 철자의 발음이 번번이 다른 소리로 나오는 데에 언제나 속을 태웠다. 하지만 그렇게 실수를 하자마자, 잠재의식 쪽의 샤를뤼스 씨가 고개를 든다. 지적인 샤를뤼스 씨가 남의 동정을 사려 하는 반면 잠재의식 쪽은 남의 부러움을 사려고, 본디 샤를뤼스 씨라면 경멸했을 겉멋을 부려, 마치 연주자들을 당황케 하는 오케스트라 지휘자처럼 첫마디만 꺼낸 뒤 말을 멈추고, 사실 틀리게 말한 낱말을 짐짓 골라서 한 것처럼 보이려고 그것에 딱 들어맞는 다음 말을 솜씨 있게 이어갔다. 기억력도 그대로였다. 게다가 지난날의 명석한 두뇌를 그대로 간직하고 있음을 또는 전부 되찾았음을 내게 보이려고, 조금도 대단치 않은 오래된, 나에 대한 어떤 추억을 끌어냈지만, 그것은 매우 고된 노력 없이는 되지 않았다. 머리도 눈도 움직이지 않고, 그 어조에 단 하나의 억양도 붙이지 않으며, 이를테면 다음같이 말했다. "여기에 있는 광고판, 그렇지, 이것과 비슷한 광고지 앞에서 당신을 처음 봤지. 아브랑슈였던가, 아냐 틀려, 발베크였어." 그것은 사실 같은 상품의 광고였다.

처음엔 그가 무슨 말을 하는지, 마치 커튼을 모조리 둘러 친 방 안에 들어선 순간에는 아무것도 보이지 않듯 거의 분간할 수 없었다. 그러다가 희미한 빛 속의 눈처럼, 내 귀는 오래지 않아 그 가냘픈 소리에 익숙해졌다. 그리고 또 남작이 지껄이는 동안에 그 소리가 점점 더 커지는 듯했다. 그것은 그의 약한 음성이 부분적으로 신경질적인 불안에 기인한 것이므로, 다른 일에 정신이 팔려서 다른 생각을 하는 동안에는 그 걱정이 사라져버림으로써, 목소리가 저절로 높아졌는지도 모른다. 반대로 그의 음성이 약한 것은 전적으로 실제 증상과 관련이 있었지만, 이야기를 하다가 고의적이고 일시적인, 굳이 말하면 불쾌한 흥분에 의하여, 아무것도 모르는 사람이라면 "이 사람은 다 나았어, 걱정할 필요 없어" 말할지도 모르지만, 실은 당장에라도 재발될 병을 도리어 더 도지게 하는 어떤 흥분에 의하여, 알지 못하는 사이에 목소리에 힘이 가해졌을지도 모른다. 어쨌든 이때 남작은(내 귀가 익숙해진 것을 고려하더라도) 그 말을 한층 강하게 발음했다. 마치 거친 날씨에 만조가 용솟음치는 파도의 폭을 좁히며 한층 세게 물가를 때리듯이. 그리고 얼마 전에 그가 발작했던 흔적은 그 말의 밑바닥에서 물결에 밀리는 조약돌 같은 소리를 울리게 했다. 하지만 아마 자기가 기억력을 잃지 않았음을 보이려고 해선지, 지나간 일을 계속 말하면서 음울한 투로 들추어냈으나 슬픔은 없었다. 이미 고인이 된 그의 가족과 사교계 인사들의 이름을 모두 주워섬겼는데, 그들이 이제 이승에 없다는 슬픔보다도, 자기가 살아남았다는 만족감을 품고 있는 투였다. 그들의 죽음을 떠올림으로서 제 건강의 회복을 더욱 잘 의식하고 있는 성싶었다. 거의 상대를 이겨낸 냉혹성과 더불어 한결같은 조금 더듬거리는 말투, 무덤에서 울리는 듯한 우울한 말투로 되뇌었다. "안니발 드 브레오테, 죽었지! 앙투안 드 무시, 죽었지! 샤를 스완, 죽었지! 아달베르 드 몽모랑시, 죽었지! 보종 드 탈레랑, 죽었지! 소스텐 드 두도빌, 죽었지!" 말할 적마다, 이 '죽었지'라는 낱말은, 무덤 파는 사람이 그들을 무덤 속에 더욱더 깊게 처넣으려고 던진 무거운 한 삽의 흙처럼 죽은 자 위에 떨어지는 듯했다.

이 순간 레투르빌 공작부인이 걸어서 우리 곁을 지나갔다. 오랜 병고를 치른 뒤라서, 게르망트 대공부인 댁의 마티네에 가는 길은 아니었다. 그녀는 지나가다 남작의 모습을 보고, 그의 최근 발작을 모르고서, 다만 인사하려고 걸음을 멈추었다. 갓 병고를 치렀음에도 그녀는 남의 병고에 무심하여, 보아하니 상대를 몹시 측은히 여기는 모양이나, 전보다도 더욱 지긋지긋하다는 듯 신경질적이고 불쾌한 얼굴을 참고 있었다. 남작이 어떤 낱말을 잘 발음하지 못해서 틀리는 걸 듣고, 팔이 마음대로 움직이지 않는 걸 보면서, 그녀는 그와 같은 어이없는 현상의 설명을 구하려는 듯 쥐피앙과 나를 번갈아 바라보았다. 우리 둘 다 아무 말도 하지 않으니까, 이번엔 샤를뤼스 씨 자신에게 슬픔에 가득 찬, 또한 책망하는 눈길을 물끄러미 던졌다. 마치 그가 넥타이도 신발도 없이 외출한 것이나 다름없는 별난 꼴로 바깥에서 그녀와 대면했음을 나무라는 태도였다. 남작이 또다시 발음을 틀리자 공작부인은 답답함과 분개에 못 이겨 남작한테 "팔라메드!" 큰소리로 냅다 쏘아댔다. 그것은 1분도 참고 기다리지 못하는 이를 화내며 비난하는 투였다. 그런 사람은 우리가 곧 들어오라고 청하고, 몸 단장을 마치는 동안만 기다려주십사고 말하면, 미안해하기는커녕 도리어 이쪽을 비난하며, 마치 폐를 당하는 쪽에 죄가 있기나 하듯 쓰디쓰게 말한다. "허어 참, 폐가 많군요!" 결국 그녀는 남작에게, "집에 돌아가시는 편이 좋겠네요" 말하면서 더욱더 마음이 상한 모양으로 우리 곁을 떠났다.

쥐피앙과 내가 잠깐 근처를 거니는 동안 샤를뤼스 씨는 의자에 앉아 있겠다고 말하고, 호주머니에서 기도서인 듯한 책 하나를 가까스로 꺼냈다. 나는 어렵지 않게 쥐피앙에게 남작의 건강 상태에 대해 자세히 들을 수 있었다. "오래간만에 같이 얘기하니 퍽 기쁘군요." 쥐피앙은 말했다. "하지만 롱 푸앙보다 멀리는 가지 맙시다. 다행히 남작께서 지금은 별 탈 없지만, 그래도 오랫동안 혼자 내버려두지는 못합니다. 여전하시거든요, 무척이나 인심이 좋으셔서 가진 걸 몽땅 남에게 주기 일쑤예요. 그뿐입니까, 아직도 젊은이처럼 난봉기가 남아 있어 내가 늘 눈을 크게 뜨고 감시해야만 한답니다."—"시력이 돌아왔으니 더욱 그렇겠군요." 내가 대답했다. "시력을 잃었다는 소문을 듣고 몹시 상심했었소."—"사실 중풍이 눈에 나타나서 한때는 전혀 안 보였답니다. 치료가 용케 효험을 냈지만, 그 몇 달 동안 장님처럼 통 보지 못했죠."—"그럼 적어도 그동안만은 그쪽의 감시를 하지 않아도 괜찮았겠군요?"—"천만의 말씀, 어느 호텔에 닿자마자 곧장 나에게 심부름꾼 풍모가 어떠냐고 물어보곤 한걸요. 소름끼치는 녀석들뿐이라고 내가 확실히 말하곤 했습니다만. 그래도 어디나 한결같을 수는 없으니, 때로는 내가 거짓말을 하고 있다고 썩 잘 알아차렸죠. 저 엉큼한 주책바가지가! 게다가 뭔가 특별난 후각을 가졌거든요, 잘 모르지만 때로는 목소리를 듣고 구분하나 봐요. 그러면 나를 서둘러 심부름 보내려고 온갖 핑계를 꾸며내죠. 어느 날—이런 일을 말씀드리는 걸 용서하시기를, 하지만 언젠가 우연히 그 '악마의 집'에 들어오신 당신에게 뭘 숨기겠습니까(그는 자기가 쥐고 있는 비밀을 남 앞에 늘어놓는 데 어지간히 몰인정한 만족을 느꼈다)—나는 이른바 매우 급하다는 심부름을 마치고 돌아왔습니다. 일부러 보낸 심부름인 줄 잘 아는지라 부랴부랴 돌아와서 남작의 방에 가까이 가니, 그 순간 어떤 목소리가 '뭘 하죠?' 말하는 게 들렸어요. 그러자 남작이 '뭐, 그럼 처음인가?' 대꾸했죠. 나는 노크도 없이 들어갔어요. 그때 내가 얼마나 놀랐는지! 남작은 목소리에 속았는지, 보통 그 나이 또래의 것 치고는 굵은 목소리였어요(또 그즈음 남작은 눈이 전혀 보이지 않았으니까요), 전에는 주로 성인 남자만 선호하던 사람이 10살쯤 되어 보이는 아이와 같이 있지 뭡니까."

그 무렵 남작은 거의 날마다 조울증 같은 발작에 빠졌다고 한다. 그 병의 징후로 말할 것 같으면, 터무니없는 헛소리를 하는 게 아니라, 그가 평소 숨겨왔던 의견, 이를테면 친독주의를 제삼자 앞에서 매서운 눈이 노려보고 있다는 사실도 잊고 큰 목소리로 털어놓는 것이었다. 그래서 전쟁이 끝나고 한참 뒤에도, 그는 자기 자신을 독일인으로 치고, 독일의 패배를 한탄하며 오만하게 외쳤다. "두고 보라지, 우리는 복수를 하지 않고서는 못 배긴다 이 말씀이야. 왜냐하면 우리가 훨씬 완강히 저항하는 힘과 훨씬 뛰어난 조직을 가지고 있다는 걸 증명했으니까." 또는 말투를 완전히 바꾸고, 골이 나서 외쳤다. "아무개 각하나 아무개 공작도 어제 지껄이던 걸 두 번 다시 되풀이하지 않는 게 좋아, 나는 '자네들도 나와 한통속이 아닌가' 대꾸해주고 싶은 걸 이를 악물고 참고 있으니까." 샤를뤼스 씨가 그처럼 이른바 '제정신'이 아닌 순간에 친독파다운 말을 입 밖에 냈을 때, 쥐피앙이나 게르망트 부인 같은 그 자리에 있던 가까운 사람이 그런 경솔한 말을 가로막으며, 그다지 친숙하지 않고 입이 싼 제삼자에게 억지로 지어냈지만 그런 대로 체면이 서는 변명을 하는 게 흔한 일이었음은 두말할 나위도 없다.

"저런!" 쥐피앙이 소리쳤다. "너무 멀리 떨어지지 않아서 다행입니다. 저 꼴 좀 보십쇼, 벌써 젊은 정원사와 얘기하고 있군요. 그럼 안녕히 계십쇼, 이만 실례해야겠습니다. 잠시도 저 병자를 혼자 내버려둘 수 없다니까요, 다 큰 어린애가 되어놔서."

게르망트 대공부인 댁에 닿기 좀 앞서 나는 또다시 마차에서 내려, 언젠가 프랑스에서 가장 아름답다는 한 들판에서 늘어선 나무 위에 저무는 햇살과 어둠이 가르는 선을 묘사해 적어두고 보려 했던 때의 그 피로와 권태를 돌이켜보았다. 과연 그때 꺼낸 이성적인 결론은 오늘만큼 잔인하게 내 감수성을 슬프게 하지 않았다. 결론은 여전히 달라지지 않았다. 그러나 습관에서 벗어나, 평소와 다른 시간에 새 장소에 갈 때마다 나는 어떤 생생한 기쁨을 느꼈다. 오늘의 기쁨은 게르망트 부인 댁의 마티네에 간다는 순전히 경박한 기쁨인 성싶었다. 하지만 지금은 경박한 기쁨 이상의 그 무엇에는 다다르지 못하리라는 걸 알고 있으니, 그 기쁨을 나 스스로 금한들 무슨 소용이 있겠는가? 그 풍경의 묘사를 시도하면서, 재능의 유일한 표준은 아니더라도 재능의 첫 표준인 예술적 감격 같은 것을 하나도 느끼지 못했음을 나는 떠올려보았다. 이어서 나는 기억 속에서 다른 '순간 사진', 특히 기억이 베네치아에서 찍었던 몇 가지 순간 사진을 꺼내보려고 했지만, 베네치아라는 낱말을 떠올리기만 해도 내 기억은 사진 전람회처럼 권태로운 게 되고 만다. 전에 구경했던 것을 지금 묘사하려고 해도, 면밀하고 서글픈 눈으로 사물을 관찰한 어제의 그 순간과 마찬가지로, 내게는 아무런 흥미도 재능도 없음을 느꼈다. 조금 있으면, 매우 오랫동안 만나지 않던 여러 친구가 내 손을 잡고, 다시는 그렇게 고독하게 지내지 말고 그들을 위해 시간을 내어달라고 청하겠지. 그들의 부탁을 거절할 만한 이유는 하나도 없었다. 나는 이제, 내가 아무짝에도 소용없는 인간이며, 문학도(천부적인 재능이 너무나 없는 내 탓일지도 모르고, 만일 문학이 내가 믿어 마지않던 만큼의 참다움을 지니지 않았다면 문학의 탓이기도 하지만) 내게 아무런 기쁨도 일으키지 못한다는 점을 파악했기 때문이다.

예전에 베르고트가 나에게 말했다. "병약하시다고요, 그러나 안됐다고만 할 수 없는 게, 당신에겐 이지의 기쁨이 있으니까요." 생각해보면, 베르고트는 나를 얼마나 잘못 보았었는지! 열매를 못 맺는 이 명석함에 무슨 기쁨이 있으랴! 이따금 이런저런 기쁨(이지의 기쁨이 아니고)을 느낀 적이 있었더라도, 나는 그것을 매번 다른 여인 때문에 낭비해왔다고 덧붙여 말해두겠다. 그래서 운명이 설령 내게 100살의 건강한 수명을 더 준다 하더라도, 그것은 이미 날짱날짱하게 오래 이어온 한 삶에 길이만 연거푸 덧붙일 뿐, 수명이 더 길어진들 아무 소용이 없을 것이다. 그리고 '이지의 기쁨'이라니, 내 명석한 눈에 이론상으로는 옳을지언정 아무 기쁨도 없이 이끌어낸 확인, 아무것도 낳지 못하는 그 차디찬 확인을 내가 정말로 그렇게 부를 수 있을까?

하지만 우리를 구할 수 있는 계시가, 모든 것을 잃은 듯싶은 순간에 이따금 온다. 온갖 문을 두드려보아도 열리지 않다가—들어갈 수 있는 단 하나의 문은 100년을 찾아본댔자 허탕칠 것 같았는데—그것인지 모르고 우연히 부딪쳐서 스르르 열린다.

금방 말한 바와 같은 구슬픈 사념을 머릿속에 굴리면서, 나는 게르망트네 저택 안마당으로 들어갔다. 그런데 방심하여 차 한 대가 다가오는 걸 보지 못하다가, 운전사의 고함에 겨우 몸을 재빨리 비켜 뒤로 물러나는 겨를에, 차고 앞에 깔린 반듯하지 못한 포석에 발부리를 부딪쳤다. 몸의 균형을 잡으려고, 부딪친 것보다 좀 낮게 깔린 다른 포석에 다른 쪽 발을 딛는 순간, 지금까지의 실망은 커다란 행복감에 사라졌다. 내 인생의 각 시기에, 예컨대 발베크 부근을 마차로 산책하면서 이전에 보았다고 느낀 나무의 조망이라든가, 마르탱빌 종탑의 조망, 허브차에 적신 마들렌의 맛, 그 밖에 내가 얘기한 수많은 감각, 뱅퇴유의 마지막 작품에 종합되어 있는 듯싶던 감각이 나에게 주었던 바와 똑같은 행복감이었다. 마들렌을 맛보던 순간에 그랬듯이, 앞날에 대한 온갖 불안, 모든 지적인 의혹이 깡그리 지워졌다. 조금 전까지 내 문학적 재능의 실재와 문학 자체의 현실에 대해 나를 괴롭히던 의심은 마법에 걸린 듯 없어지고 말았다.

아까 좀처럼 안 풀리던 어려운 문제가 아무런 새로운 이론도 없이, 아무런 결정적인 논증도 없이 중요성을 모두 잃고 말았다. 허브차에 적신 마들렌을 맛보던 날 그랬듯, 그 까닭도 모르고 단념하는 짓을, 이번에는 절대로 하지 않겠다고 결심했다. 내가 이제 막 맛본 행복감은 과연 그 마들렌을 먹으면서 맛보았던 그것, 그때는 그 깊은 이유를 밝히기를 뒷날로 미루던 행복감과 같은 것이었다. 다만 순전히 물질상의 다름이 환기된 심상 속에 있었다. 깊은 하늘빛이 내 눈을 취하게 하고, 서늘함의 인상과 눈부신 햇빛의 인상이 내 주위를 맴돌고 있었다. 나는 그것을 파악하고 싶어, 마치 그 마들렌의 맛을 음미할 때 그것이 불러일으키는 바를 자아에까지 다다르게 하려고 노력하면서 꼼짝도 하지 않은 채 수많은 운전사의 무리를 웃겨도 좋다는 각오로 아까 자세, 한쪽 발은 높은 포석 위에, 다른 한쪽 발은 낮은 포석 위에 놓고 비틀대는 자세 그대로 있었다. 나는 제자리걸음으로 몇 번 다시 디뎌보았으나 소용없었다. 그러나 게르망트네의 마티네도 잊고, 발을 이런 모양으로 디딘 채 아까 느낀 감각을 용케 되찾자, 다시금 눈부시고도 몽롱한 환상이 나를 스치며, 마치 나한테 '자네에게 그만한 힘이 있다면 지나가는 결에 나를 붙잡게나. 그리고 내가 자네에게 내미는 행복의 수수께끼를 푸는 데 애써보게' 속삭이는 듯했다. 그와 거의 동시에 나는 그 광경을 인식했다. 그것은 베네치아였다. 묘사해보려던 내 노력도, 나의 기억이 찍은 이른바 순간 사진도, 이때까지 베네치아에 대해 한 마디도 들려주지 않았는데, 지난날 산마르코 성당 세례실의 반듯하지 못한 두 포석 위에서 느꼈던 감각이, 그와 연관된 다른 갖가지 감각과 더불어 지금 베네치아를 나에게 다시 살아나게 했다. 잊힌 세월 속에 들어가 기다리고 있던 그런 감각을 한 급작스런 우연이 억지로 끌어낸 것이다. 일찍이 프티트 마들렌의 맛이 콩브레를 떠올리게 했던 것도 이와 같았다. 그런데 어째서 콩브레와 베네치아의 심상은, 저마다의 순간에 별다른 표적이 없는데도 죽음마저 아랑곳하지 않게 만드는 어떤 확신과 같은 기쁨을 나에게 가져다주었는가?

이를 이상하게 생각하고, 오늘에야말로 그 대답을 찾겠다고 결심하면서 나는 게르망트네 저택 안으로 들어섰다. 우리는 내적인 일보다도 지금 많은 외적인 소임을 먼저 마쳐야 하므로, 이날 내게는 초대받은 손님으로서 해야 할 일이 있었기 때문이다. 그러나 2층에 이르자 집사가 나에게 부탁하기를, 대공부인께서 연주 중에 문을 열지 말라고 하셨으니까, 지금 연주하는 곡이 끝날 때까지 잠깐 살롱을 겸한 작은 서재에 들어가 있으라고 했다. 그런데 바로 이 순간 두 번째 계시가 와서 반듯하지 못한 두 포석이 준 첫 번째 계시를 더 강하게 하고, 더 끈기 있게 노력해보라고 격려했다. 그것은 하인 하나가 소리를 내지 않으려고 애쓴 보람도 없이 숟가락을 접시에 쟁그랑 부딪친 바로 그 다음이었다. 그러자 반듯하지 못한 포석이 주었던 바와 같은 행복감이 갑자기 나를 덮쳤다. 이번에도 또한 심한 더위의 감각이었으나 빙 둘러싼 숲의 서늘한 냄새로 눅눅해진 담배 연기 냄새를 누그러뜨리고 있는 점에서 전혀 다른 감각이었다. 그리고 지금 이렇게 매우 쾌적하게 생각되는 것은, 관찰도 묘사도 지긋지긋했던 그 늘어선 나무와 똑같은 것임을 나는 알아챘다. 나는 어지럼증을 느끼며, 순간 내가 열차 안에서 맥주병 마개를 뽑으며 그 나무를 상대하고 있다고 생각했다. 접시에 부딪친 숟가락의 쟁그랑

소리와 그토록 비슷한 소리는 내가 제정신으로 돌아오기도 전에, 작은 숲 앞에 기차가 멈춰 서는 동안 차바퀴의 뭔가를 수리하고 있던 철도원의 쇠망치 소리인 듯한 착각을 주었던 것이다. 그리고 나서 이날 나를 실망으로부터 끌어내, 문학에의 신뢰를 회복시켜줄 표징이 자꾸만 불어났다고나 할까.

오래전부터 게르망트 대공을 섬겨온 집사가 나를 알아보고, 서재에 들어가 있는 나에게 일부러 뷔페에 갈 필요 없도록 비스킷을 담은 그릇과 오렌지 주스를 가져다줘, 나는 받아 든 냅킨으로 입을 닦았다. 그러자 마치 《아라비안나이트》에 나오는 인물이 자기 눈에만 보이고 자기를 멀리 옮겨다줄 온순한 정령을 나타나게 하는 주문을 그런지 모르고 다 외었을 때처럼, 내 눈앞에 새로운 하늘 풍경이 지나갔다. 그것은 맑고 소금기 있는 하늘로서 푸르스름한 유방 형태로 부풀었다. 그 인상이 어찌나 강한지, 내가 살아온 과거의 순간이 현재의 순간인 듯했다. 지금의 나는 정말 내가 게르망트 대공부인의 환대를 받을까 아니면 모든 게 거품처럼 꺼지진 않을까 의심스러웠던 지난날보다 더 얼떨떨해 있었다. 하인이 이제 막 바닷가로 향한 창문을 열자, 만조가 된 방파제를 따라 산책하러 내려오라고 모두가 나에게 권하고 있는 것만 같았다. 입을 닦으려고 집은 냅킨은, 발베크에 도착한 첫날, 창가에서 얼굴에 묻은 물기를 닦기가 그토록 힘들던, 풀을 빳빳이 먹인 수건같이 딱딱했다. 그리고 지금 게르망트 저택의 책장 앞에서, 주름과 줄이 빳빳이 선 냅킨은, 공작의 꽁지 같은 청록색 바다의 날개를 펼치고 있었다. 하지만 나는 단순히 그런 색채만을 즐기고 있던 게 아니라, 그 색채를 떠오르게 하는 내 지나간 생활의 온전한 한순간을 즐기고 있었다. 그 한순간이야말로, 일찍이 색채에 대하여 목마르게 바라고 구하던 바이자 발베크에서는 어쩐지 지치고 서글픈 감정 때문에 마음껏 즐길 수 없었던 것인데, 그것이 지금 외적 지각 속에 있는 불완전한 것에서 해방되어, 순수하고도 비구상적으로 내 가슴을 환희로 부풀게 했다.

연주되고 있는 곡은 머지않아 끝날 테고, 나는 살롱으로 들어가야 하리라. 그래서 나는 지금 이 짧은 시간에 세 번이나 느낀 똑같은 기쁨의 본질을 되도록 빨리 파악한 다음, 다시 거기에서 끌어내야 할 교훈을 밝혀내고자 애썼다. 나는 이제 어떤 사물에서 얻은 참된 인상과 의지를 가지고 그것을 떠올리고자 애쓸 때 피어나는 인위적인 인상과의 사이에 있는 극심한 차이에 머뭇거리지 않았다. 왜냐하면 자신이 사랑받았던 지난날들을 스완이 비교적 무관심하게 얘기할 수 있던 까닭은, 그가 그 말 밑에 지난날과는 다른 것을 보고 있었기 때문이고, 또 뱅퇴유의 작은악절이 스완에게 급격한 고통을 일으켰던 까닭은, 그것이 그 나날을 그가 느꼈던 그대로 다시 살아나게 했기 때문임을 똑똑히 떠올리면서 나는, 반듯하지 못한 포석의 감각, 냅킨의 빳빳함, 마들렌의 맛 따위가 내게 불러일으킨 것도, 내가 여러 번 틀에 박힌 한결같은 기억의 도움으로 베네치아·발베크·콩브레를 떠올리고자 애쓰던 바와 아무런 관계가 없다는 사실을 매우 분명하게 깨달았기 때문이다. 또 삶이 때로 아름답게 보이더라도 결국 하찮게 보이는 까닭은, 우리 삶과는 전혀 다른 것에 의하여, 곧 삶의 그림자조차 간직하지 않은 심상에 의하여 삶을 판단하고 과소평가하기 때문임을 깨달았다. 이 깨달음과 더불어 내가 겨우 유의한 것은, 하나하나의 실제 인상들 사이에도 동떨어짐이 있고—삶의 천편일률적인 묘사가 도저히 실제와 비슷할 수 없는 이유는 이 때문이다—그것은 아마도 다음과 같은 사실에 기인한다는 점이다. 곧 우리가 생애의 한때에 입 밖에 낸 더할 나위 없이 사소한 말이나 보잘것없이 작은 몸짓도, 실은 그것과 아무런 관계없는 온갖 것으로 둘러싸여 그것과 관계없는 것들을 반영하고 있다.

지난날의 말이나 몸짓을 그렇게 떼어놓고 마는 건 지성인데, 뒤에 가서 추리하려고 애써봐야 바깥에서는 아무것도 얻지 못한다. 그러나 말과 몸짓을 둘러싼 이러한 것—그것은 여기서는 시골 식당의 꽃이 활짝 핀 벽면을 물들이는 장밋빛 저녁놀, 배고픔, 여자에 대한 욕망, 사치를 누리는 기쁨, 또는 옹딘(ondine)*의 어깨처럼 물 위에 어른어른 떠오르는 음악의 악절을 감싼 아침 바다의 푸른 소용돌이이다—의 안쪽에는 아주 간단한 몸짓이나 말이, 입구를 단단히 봉한 헤아릴 수 없이 많은 항아리 속에 들어간 듯이 갇혀 있고, 그 항아리마다 다른 것과는 전혀 다른 빛이나 냄새나 온도의 것이 가득차 있다. 뿐만 아니라 끊임없이 변해온 우리 세월 전체에 배치되어 있는 그 항아리들은, 비록 단순한 꿈이나 신념만의 변화일지라도 그것을 정확히 나타내면서 저마다 다른 높이에서 우리에게 매우 다양한 느낌을 준다. 물론 우리는 이 변화를 모르는 사이에 조금씩 완성해왔다. 하지만 갑자기 되돌아온

---

* 북유럽 신화에 나오는 물의 요정.

추억과 우리의 현재 상태와는, 시간과 장소를 달리하는 두 추억과 마찬가지로 크게 동떨어져 있으므로, 저마다 특수한 개성을 제외해도 분명 비교되지 않을 정도이다. 그렇다. 추억은 망각 때문에 현재 순간과의 사이에 어떤 유대를 맺지도, 연쇄를 잇지도 못한 채 그 자리, 그 날짜에 머물러 있으며, 골짜기 구덩이 속이나 산꼭대기에서 다른 것과 멀리 떨어진 채 고립을 지켜왔다. 그럼에도 그러한 추억이 갑자기 우리에게 새로운 공기를 들이마실 수 있게 하는 건, 바로 그 공기가 지난날 우리가 숨 쉬던 공기이기 때문이다. 시인들은 더욱 순수한 공기로 낙원을 채우고자 헛되이 노력했으나, 지난날에 이미 들이마신 공기가 아니면 모든 것을 새롭게 하는 그 깊은 되살아남의 감각을 불러일으킬 수 없다. 참된 낙원이란 바로 잃어버린 낙원이기 때문이다.

이러한 생각을 더듬다가, 나는 자신이 확고한 결심도 않고 그저 손대는 일만 남았다고 생각하던 예술작품이 커다란 곤란에 부닥치리라는 것을 깨달았다. 왜냐하면 잇따라 나타나는 작품의 부분을, 말하자면 질이 다른 재료로 이어가야만 할 테니까. 예를 들어 리브벨의 저녁을 묘사하려면 바닷가 아침 또는 베네치아 오후의 추억에 알맞은 재료와는 완전히 다른 걸 써야 할 것이다. 정원 쪽으로 열린 식당 안의 더위가 차차 녹고, 흐무러지며, 가라앉은 모양과, 하늘에는 아직도 한낮의 색채가 여운을 남기고 있는데, 식당 담장 위에 저물어가는 마지막 빛줄기가 장미꽃을 비추고 있는 풍경은, 명확하고 새로운 재료, 특히 투명하고 울림이 좋으며 밀도가 높은, 서늘한 장밋빛 재료로 그려야 하리라.

나는 빠른 속도로 위에 말한 것들을 대략 훑어보았다. 그 행복감과 거기에 반드시 따르는 확실성의 원인 탐구는 옛날부터 미루고 또 미루어왔지만, 오늘은 그 필요를 더한층 절실히 느꼈기 때문이다. 그런데 그 원인을, 나는 저 갖가지 즐거운 인상을 서로 비교함으로써 판별했는데, 거기에는 다음과 같은 공통점이 있다. 접시에 부딪치는 숟가락 소리, 들쭉날쭉한 포석, 마들렌의 맛을, 현재 순간에 느끼는 동시에 아득한 과거의 순간에도 느낌으로써, 과거를 현재로 파고들게 하여 내가 현재와 과거 중 어느 쪽에 있는지 아리송하게 한다는 점이다. 사실 그때 내 속에서 즐거운 인상을 음미하고 있는 인간은, 그 인상 속에 있는 지난날과 오늘날과의 공통점, 다시 말해 그 인상 속에 있는 초시간적인 영역에서 그 인상을 맛보고 있는 것이며, 이런 인간이

나타나는 것은 현재와 과거 사이의 온갖 동일성 가운데 하나에 의하여, 사물의 정수를 먹고 살면서 그 정수를 즐길 수 있는 유일한 환경, 곧 시간 밖으로 나갈 수 있는 경우뿐이다. 프티트 마들렌의 맛을 무의식적으로 새로 느낀 순간, 죽음에 대한 내 불안이 그친 까닭은 이로써 설명할 수 있다. 그때의 나는 초시간적인 존재였으므로, 따라서 미래의 덧없음도 걱정되지 않았던 것이다. 이런 인간이 나에게 오거나 나타나는 것은 반드시 행동을 떠나 있을 때, 직접 쾌락을 누리지 않을 경우뿐인데, 그때마다 유추의 기적이 나를 현재로부터 탈출시켰다. 오직 이 기적만이 나로 하여금 지나간 나날을, 잃어버린 시간을 찾게 하는 힘을 가지고 있었다. 내 기억과 이지의 노력은 그러한 잃어버린 시간의 탐구에 언제나 실패했던 것이다.

아까 나는 정신적 생활의 기쁨에 대한 베르고트의 이야기를 잘못이라고 생각했는데, 아마도 그때는, 진정한 정신생활, 지금 내 속에 존재하는 바와는 아무런 관계도 없는 논리적인 추리를 정신적 생활이라고 불렀기 때문이리라—그것은 마치 내가 진실성 없는 추억에 따라 사회나 인생을 따분하다고 판단했던 것과 같으며, 세 번이나 과거의 참된 순간이 내 속에 되살아난 지금은 살고 싶은 욕망이 강하게 샘솟았다.

한낱 지나가버린 한순간에 불과한 걸까? 아마도 그것을 훨씬 뛰어넘은 그 무엇일 것이다. 과거와 현재에 함께 공통되고, 또 그 두 가지보다 훨씬 본질적인 것. 이제까지의 생활에서 그처럼 몇 번씩이나 현실이 나를 실망시킨 까닭은, 그 현실을 알아채는 순간에, 아름다움을 즐기는 내 유일한 기관인 상상력이 그 자리에 없는 것밖에는 상상할 수 없다는 불가피한 법칙에 따라 현실에 대해서는 작용할 수 없었기 때문이다. 그런데 지금 갑자기 그 엄격한 법칙의 힘이 자연의 영묘한 계책에 의하여 효험을 잃고 정지당해서, 그 대신 어떤 감각—포크와 망치 소리, 또한 책의 제목 같은—이 과거와 현재 속에 동시에 불을 밝혔다. 그로 말미암아 내 상상력은 과거 속으로 파고들어 자유롭게 그 감각을 맛볼 수 있었으며, 또 현재에서 음향이나 냅킨의 스침 따위로 작동한 내 감각기관의 유효한 활동은 상상력이 만든 꿈에 평소에는 흔히 없어지는 요소인 실재의 관념을 보탰다. 그러한 교묘한 술책 덕분으로 내 속에 나타난 인간에게 보통 상태에서는 절대 포착할 수 없는 것을—번쩍하는 한순간에 지나지 않지만—순수한 상태로 있는 짧은 시간을 붙잡아 떼어내고 고정시킬 수 있게 해주었다.

팔다리가 부르르 떨리는 행복감과 함께, 접시에 닿는 숟가락과 수레바퀴를 두드리는 망치에 공통된 소리를 듣고, 또 게르망트네 안마당과 산마르코 성당의 세례실에 있는 들쑥날쑥한 포석의 공통점을 찾아냈을 때 내 몸 안에 되살아난 인간, 그 인간은 사물의 정수만을 양식삼고, 그 정수 안에서만 삶의 실재, 삶의 환희를 발견한다. 현재를 관찰하려는 데 있어 감각이 그러한 정수를 가져다주지 못하는 때, 어느 과거를 고찰하려는 데 있어 이지가 그 과거를 메마르게 하는 때, 어떤 미래를 기대하려는 데 있어 거기에 의지가 끼어들어 그 의지가 골라둔 타산적이고 인위적인 좁은 목적에 꼭 알맞은 것만을 남김으로써 현실성을 잃게 된 그런 현재와 과거의 토막으로 미래를 구성하려 들 때, 그 인간은 시들고 만다. 그러나 언젠가 들은 소리나 맡은 냄새가, 현재가 아니면서도 현실적인, 추상적이 아니면서도 관념적인 현재와 과거 속에서 동시에 다시 들리고 맡아지면, 그 즉시 평소에 숨겨져 있던 사물의 변치 않는 정수가 저절로 풍겨나오고, 때로는 오래전에 죽은 줄 알았지만 완전히 죽지는 않았던 우리의 참다운 자아가 눈을 떠 하늘 위 먹이를 받아먹고 생기를 띤다. 시간의 질서를 뛰어넘은 한순간이 그 한순간을 느끼게 하려고 우리들 속에 시간의 질서를 초월한 인간을 다시 창조한 것이다. 그래서 그 인간은, 설사 논리상으로는 마들렌의 단순한 맛 속에 기쁨의 이유가 담겨 있다고 생각지 않더라도, 그 기쁨에 확신을 갖는 것을 이해하고, 죽음이라는 낱말이 그에게 아무 뜻도 없다는 것도 이해할 수 있다. 시간 밖에서 사는 몸인데 미래에 대해서 뭘 두려워하겠는가?

하지만 현재와 함께 성립할 수 없는 과거의 한순간을 이처럼 내 몸 가까이에 놓아준 이 눈속임도 오래 가지는 못했다. 물론 의지적인 기억에 의한 광경이라면 지속시킬 수 있다. 그것은 그림책을 넘기는 정도의 노력밖에 들지 않는다. 그래서 예전에 처음으로 게르망트 대공부인 댁에 가게 되었던 날, 파리에 있는 우리집 양지바른 안마당에서 내 뜻대로 한가로이 콩브레 성당의 광장과 발베크의 바닷가를 멍하니 바라보았었다. 마치 내가 수집가의 이기적인 즐거움에 잠겨서 기억의 삽화를 이것저것 분류하다가, "그래도 나는 이제까지 아름다운 것들을 꽤 많이 보았군" 혼잣말을 하면서, 지난날 유람했던 여러 곳에서 그린 수채화첩을 뒤적여 그날그날의 날씨를 똑똑히 밝혀냈을 때처럼. 그때 내 기억은 물론 여러 감각의 차이를 인정하긴 했으나, 오직 그 감각들 사이에 동질적인 요소를 섞어 한데 합하는 일밖에 하지 않았다. 그런데 조금 전 경험한 세 가지 회상에서는 더 이상 그것과 같지 않았고, 거기에서 나는 자아를 실물보다 낫게 생각하는 의식을 품기는커녕, 오히려 이 자아가 현재 거기에 있는지 없는지조차 의심스러웠다. 뜨거운 차에 마들렌을 적시던 날과 마찬가지로, 내가 지금 있는 장소의 한복판에서—그 장소가 그날처럼 파리의 내 방이건, 오늘의 지금같이 게르망트 대공의 서재이건, 또 조금 전의 저택 안마당이건—자아 속에 어떤 감각(차에 적신 마들렌의 맛, 금속음, 내딛은 발의 감촉)이 생겨나, 그것이 자아 주위에 작은 지역을 펼치고, 또한 그것은 다른 장소(레오니 고모의 방, 철도의 객차, 산마르코 성당의 세례실)에도 똑같이 있었다. 이런 이치를 따지고 있는 순간 갑자기 수도관에서 새된 소리가 났으며, 여름날 저녁 발베크의 저 너른 바다에서 이따금 들리던 유람선의 기다란 기적과 똑같은 그 소리는(언젠가 파리의 큰 식당에서도, 무더운 여름날의 자리가 반쯤 빈 호화로운 식당 풍경이 이런 느낌을 일으켰듯이), 발베크의 늦은 오후 식당에서의 감각과 이루 말할 수 없이 비슷한 감각을 느끼게 했다. 발베크에서 그 시각이 되면 모든 식탁에 식탁보와 은그릇이 갖추어지고, 유리를 끼운 커다란 창문은 모두 방파제 쪽으로 활짝 열렸으므로, 유리나 돌의 차폐물이나 '면(面)'이라곤 하나도 없었다.

때마침 태양이 천천히 가라앉는 바다 위에는 원양 선박들이 울부짖기 시작했다. 방파제 위를 산책하고 있는 알베르틴과 그 친구들을 쫓아가려면 내 발목보다 조금 높은 판자문틀을 넘어서면 그만이었다. 유리문은 호텔에 바람이 잘 통하도록 모두 한구석에 놓여 있었다. 그러나 알베르틴을 사랑했다는 괴로운 추억은 이 감각에 섞여 있지 않았다. 괴로운 추억은 죽은 이들에 대한 것뿐이다. 그런데 죽은 이들에 대한 추억도 금세 와르르 무너진다. 그들의 무덤 주위에조차 이제는 자연의 아름다움, 고요, 맑은 공기밖에 남아 있지 않다. 그런데 수도관에서 나는 소리가 나에게 느끼게 한 것은, 단순히 지난날 감각의 메아리나 겹침이 아니라, 과거의 감각 그 자체였다. 이번에도 앞의 세 경우와 마찬가지로, 먼저 공통적 감각이 그 주위에 옛 장소를 재현하려고 애쓰는 동안에, 그것을 대신하는 현재의 장소는 모든 저항력을 총동원하여, 노르망디의 바닷가나 철롯둑을 파리의 이 저택으로 옮겨오는 데에 반대했다. 석양을 맞이하기 위해 제단의 깔개처럼 무늬를 넣어 짠 리넨으로 꾸민 발베크의 바닷가 식당은, 이 게르망트 저택의 튼튼한 건물을 흔들어대고 억지로 문을 밀어 열기 위해, 한순간 내 주위의 소파를, 어느 날 파리의 식당 테이블을 그렇게 했듯이 잠깐 덜거덕거리게 했다. 이와 같은 부활에서는, 공통된 감각 주위에 다시 살아난 옛날의 아득한 장소가, 번번이 씨름꾼처럼 한순간 현재의 장소에 덤벼들었다. 언제나 현재의 장소가 이기고, 내가 가장 아름답다고 생각하는 것은 매번 지고 말았다. 그것은 정말 아름다웠으므로 나는 차 한 잔 앞에서나, 반듯하지 못한 포석 위에서나 황홀한 상태로 가만히 있으면서, 저 콩브레·베네치아·발베크가 나타난 순간을 지속시키고, 달아나버리면 금세 다시 나타나게 하려 애썼다. 그것들은 침입해왔다가는 물러나고, 일단 일어섰다가도 과거를 꿰뚫고 지나가는 그런 새로운 장소 한복판에 나를 버려둔 채 가버린다. 만약 현재의 장소가 즉시 승리하지 않았더라면 내 쪽에서 의식을 잃었을 거라고 생각한다. 왜냐하면 그러한 과거의 재생은 그것이 계속되는 짧은 동안 너무나 완전하여, 가로수를 따라서 뻗은 선로라든가 밀물을 바라보기 위해서, 우리 눈에게 우리가 있는 가까운 방을 보지 못하게 할뿐더러, 콧구멍에게는 아득히 먼 옛날 장소의 공기를 마시게 하고, 의지에게는 그러한 장소가 내놓는 계획을 뽑게 하며, 우리 온몸에게는 그런 장소로 둘러싸여 있다는 생각을 갖게 한다. 또는 적어도 그러한 과거 장소와 현재 장소 사이에서 비틀거리게 하여, 마치 막 잠이 드는 순간에 형용하기 어려운 환영 앞에서 흔히 느끼는 불안정한 감각과 비슷한 어떤 불안정 속에 까무러치게 하기 때문이다.

그러므로 서너 번 내 속에 되살아난 인간이 조금 전에 맛보려 한 것은 아마도 시간이라는 것으로부터 벗어난 실재의 단편이었을 테지만, 그것을 바라보기란 영원한 염원임에도 오래 계속되지 않았고, 달아나기 쉬웠다. 그렇지만 이제까지의 생활에서 간격을 두고 어쩌다가 주어진 이러한 기쁨이야말로 진실하고도 자신을 살찌우는 유일한 것임을 느꼈다. 다른 기쁨이 비실재적이라는 표징은 다음과 같은 경우에 비추어보아도 뚜렷하지 않을까? 먼저 우리를 만족시킬 수 없는 다른 기쁨 가운데, 이를테면 사교적인 기쁨만 해도 고작해야 변변치 못한 음식을 삼켜 신물이 올라오게 하고, 우정의 기쁨만 해도 한낱 거짓 꾸밈에 지나지 않는다. 그 증거로, 친구와 한 시간 동안 수다

떨려고 일을 한 시간 내버려둔 예술가는, 아무리 도덕적인 이유에서 그런다고 해도, 결국 실재하지 않는 그 무엇 때문에 하나의 실재를 희생했다는 어리석음을 잘 알고 있다(친구란 우리가 평생 빠져 있는 그 감미로운 광기에 사로잡혔을 때의 벗에 지나지 않으며, 우리는 그런 광기에 빠져 있으면서도 깊은 이지로는, 그것이 가구를 살아 있는 사람처럼 여기고 말을 주고받는 미치광이의 착오임을 안다). 또는 그 소망이 채워진 뒤에 따르는 슬픔, 이를테면 알베르틴에게 소개되던 날에 느꼈던 것처럼 어떤 일—사귀고 싶던 아가씨와 벗이 된 일—이 이루어지고 보니 과연 대수롭지 않다는 느낌이 드는 슬픔이 있기 때문이다. 알베르틴을 사랑했을 때 겪었을지도 모르는 더욱 깊은 기쁨마저도, 실제로는 반대로 그녀가 없을 때 괴로움으로만 지각했을 뿐이었다. 그녀가 트로카데로에서 돌아왔던 날처럼, 곧 돌아오리라는 게 확실해지면, 그때는 더 이상 어렴풋한 싫증밖에 느끼지 못하는 듯싶었기 때문이다. 이와는 달리 나이프 소리라든가 차 맛은 곰곰이 생각할수록 더욱더 즐거운 흥분에 사로잡히고, 나는 점차 더해가는 환희를 느끼며 그것을 내 방에, 레오니 고모의 방에, 다음에는 온 콩브레와 그 두 쪽*에 들어오게 했던 것이다. 그러므로 나는 이제, 그런 사물의 정수를 열심히 관찰하여, 그것을 움직이지 않는 것에 단단히 매어둘 결심을 했다.

그러나 그 일을 어떻게, 어떤 방법으로 할 것인가? 냅킨의 빳빳한 느낌은 내게 발베크를 되돌려주었으며, 그 아침 바다의 광경뿐 아니라 방의 냄새, 바람의 속도, 점심의 식욕, 산책길을 결정하지 못하던 일 등 그 모든 것이 천사들의 헤아릴 수 없는 날개 같은 리넨의 감촉과 연관되어 잠깐 내 상상력을 어루만졌다. 그리고 반듯하지 않은 두 포석은, 베네치아와 산마르코에 대한 나의 메마르고도 얄팍한 심상을 온갖 방향과 온갖 차원으로 길게 늘려, 거기서 경험한 모든 감각을 가지고, 나는 광장을 성당과, 부두를 광장과, 운하를 부두와, 그리고 실제로는 정신으로 볼 수밖에 없는 욕망의 세계를 눈에 비치는 모든 것과 연결했다. 내가 특히 좋아하는 봄의 베네치아 뱃놀이에는 계절 탓에 갈 수 없을지라도, 적어도 발베크에는 다시 가보고 싶었다.

하지만 그런 생각에는 한순간도 오래 머무르지 않았다. 고장이란 그 이름

---

* 스완네 집 쪽과 게르망트 쪽을 가리킴.

이 내게 그려내는 바와 같은 게 아니며, 또 이름도 그 고장을 머릿속으로 그려냈을 때의 그대로가 아니라는 걸 내가 알고 있을 뿐더러, 일반 사람들이 보거나 만지거나 하는 공통적인 것과는 확연히 구별되는 순수물질로 만들어진 어떤 고장이 내 앞에 펼쳐지기란, 이제는 잠든 뒤 꿈속에서나 가능했기 때문이다. 그와는 다른 심상, 추억의 심상에 대해서도 나는 알고 있었다. 잔뜩 기대했던 발베크의 아름다움만 해도 몸소 가보니 눈에 띄지 않았고, 또 발베크가 내 추억 속에 남겨준 아름다움조차 두 번째 체류 때에는 다시 찾을 수 없었음을. 나는 현실에서 나 자신의 깊숙한 곳에 있는 것에 다다르기가 불가능함을 이제까지 너무도 많이 겪어왔다. 내가 잃어버린 '시간'을 되찾게 될 곳은, 두 번째로 찾은 발베크에서도, 질베르트를 만나기 위해 돌아간 탕송빌도 산마르코 성당의 광장도 아니었다. 그처럼 낡은 옛날 인상이나 자신의 바깥이자 어떤 광장 한모퉁이에 존재한다는 착각을 다시 한 번 줄 뿐인 여행은 내가 찾는 방편이 아니다. 이제와서 또다시 보기 좋게 속고 싶지는 않았다. 이제껏 고장이나 인간을 앞에 놓고 번번이 실망하면서 이룰 수 없다고 여겨오던 것(단 한 번 뱅퇴유의 연주회용 작품은 이와 반대되는 것을 나에게 일러주는 듯싶었지만)에 진정 다다를 수 있을지 없을지를 기어이 알아내는 일이 지금의 내 문제였기 때문이다. 그러므로 아무런 이득도 없다는 걸 오래전부터 알고 있는 방편에 의지해 이 이상 부질없는 경험을 하고 싶지 않았다. 내가 정착시키고자 애쓰는 그런 인상은 직접 닿고자 하면 다만 사라질 뿐, 제대로 이끌어낼 수 없다. 그런 인상을 더욱 잘 맛보기 위한 유일한 방법은 그것이 발견된 자리, 곧 나 자신 속에서 더욱 완전하게 그것과 친숙해져서 그것을 속속들이 밝혀내도록 노력하는 일이다. 나는 발베크에서 즐거움을 느낄 수도 없었거니와 알베르틴과 같이 사는 기쁨도 알 수 없었으며, 그런 기쁨은 나중에 가서야 인식할 수 있었다. 지금껏 실제로 경험한 범위 안에서 인생에 대한 환멸, 나로 하여금 인생의 실재가 행동 안에 있는 게 아니라 다른 데 있는 게 틀림없다고 믿게 한 환멸을 요약해보아도, 내가 한 일은 순전히 우연하게 내 실생활에 나타난 상황을 추적했을 뿐, 서로 다른 갖가지 실망을 연관시키지는 못했다. 여행의 환멸과 사랑의 환멸은 각각 다른 것이 아니라, 육체적인 쾌락이나 실제적인 행동 속에서 자기 힘을 충분히 발휘할 수 없는 우리의 무능력이 사태에 따라서 취하는 변화무쌍한 양상에 불과하다는 것을 나는 똑똑히 느꼈다. 그리고 숟가락 소리나 마들렌 맛에서 생긴 그 초시간적인 기쁨을 다시 떠올리면서 나는 혼잣말했다.

"소나타의 작은악절이 스완에게 준 그 행복감, 그것은 바로 기쁨이 아니었나? 그러나 스완은 그것을 사랑의 쾌락과 똑같이 여겨 예술 창조 속에서 그 행복을 찾아내지 못했다. 그리고 또 7중주곡의 신비로운 주홍빛 부름은, 내게 소나타의 작은악절보다도 초현세적인 행복을 예감하게끔 했다. 스완은 그 7중주곡을 인식하지 못하고, 다른 여러 사람과 마찬가지로, 자기를 위해 마련된 진실이 계시되기도 전에 죽고 말았다. 물론 이 진실이 밝혀졌더라도 그에게는 도움이 되지 않았을 것이다. 왜냐하면 그 악절은, 분명히 어떤 부름을 상징하고 있었을 테지만, 이상한 힘을 만들어내거나, 스완을 팔자에 없는 작가로 만들 수는 없었을 테니까."

하지만 이윽고 그런 기억의 재현에 대한 숙고 끝에 나는 깨달았다. ―지금까지도 가끔 형태가 다른 몇 가지 희미한 인상이, 콩브레에서 게르망트 쪽으로 산책했을 적에 이런 무의식적인 기억의 방식으로 내 사념을 부추겼었다. 그러나 그 인상은 과거의 감각이 아니라, 내가 찾아내려고 애쓰는 하나의 새로운 진실, 소중한 심상을 숨기고 있었다. 나는 죽을힘을 다해 무엇인가를 떠올려보려고 할 때와 같은 노력으로 그것을 찾아내고자 했다. 마치 우리의 가장 뛰어난 사상이 전에 들은 적이 없어도 저절로 되살아나는, 그리고 귀기울여 자세히 들어보려고, 악보에 옮겨보려고 애쓰는 그런 악절과 비슷한 것이기라도 한 양. 나는 이미 콩브레에서도, 나의 정신 앞에 어떤 심상을 열심히 붙들어두려 했던 일이 있었다. 그러한 회상은, 내가 이미 그때와 같은 인물로 돌아가 있고, 내 성질의 근본적인 특징을 집어내어 보여준다는 점에서는 기뻤지만, 또한 내가 그때 이후 조금도 진보하지 못했다는 생각에 슬프기도 했다. 어쨌든 구름, 삼각형, 종탑, 꽃, 조약돌 같은 심상을 한참 뚫어지게 바라보면서, 그 형상 뒤에는 내가 애써 발견해야 할 전혀 다른 그 무엇이 있을 게 틀림없다, 언뜻 보기에 구체적인 대상만을 나타내는 듯한 저 상형문자처럼, 아마도 그 형상 뒤에는 거기에서 번역될 어떤 사념이 있는 게 틀림없다고 느꼈다. 물론 그걸 읽어내는 것은 어렵지만 그것만이 어떤 진리를 읽게 할 수 있었다. 왜냐하면 이지를 통해 세상 사람이 다 알도록 직접 명료하게 포착된 진리란, 인생이 어떤 물질적 인상에 의해서 모르는 결에 우리에게 전해준 진리에 비해 훨씬 깊지도, 필연적이지도 않기 때문이다. 물리적 인상이라고 한 까닭은 우리 감각을 통해서 육체적으로 들어왔기 때문이지만, 우리는 그것에서 정신을 이끌어낼 수도 있다. 요컨대 그것이 마르탱빌 종탑의 전망이 준 바와 같은 인상이건, 두 고르지 않은 포석이나 마들렌의 맛 같은 무의식적 기억이건, 어느 경우에도 사색하려고 애쓰며, 감각을 그것과 같은 법칙이나 사상을 가진 형상으로 번역하도록, 곧 자기 속에서 솟는 감각을 어둑한 곳으로부터 나오게 하여, 그것을 어떤 정신적 등가물로 전환하도록 노력해야만 했다.

그런데 나에게 유일한 것으로 여겨지는 그 방법은 예술작품을 창작하는 일이 아니고 무엇이겠는가? 당장 그 모든 결과가 벌써 내 정신 속으로 밀어닥치고 있었다. 포크 소리나 마들렌의 맛 같은 무의식적 기억이건, 또는 온갖 형상의 도움을 빌려 쓰인 그 진실이건—내 머릿속에는 종탑이나 잡초 같은 형상이 꽃피는 복잡한 마법서를 만들고 있으며, 나는 그 의미를 탐구했다—그러한 것의 첫째 특징은, 내가 그것을 마음대로 선택하여 부를 수 없으므로, 나는 어디까지나 수동적으로 그것들 쪽에서 오면 그대로 맞아들이는 수밖에 없다는 점이었다. 또한 그것이 진짜임을 증명하는 낙인일 거라고 생각했다. 나는 구태여 내가 발부리를 채인 안마당의 고르지 못한 그 두 포석을 찾아갔던 것이 아니다. 하지만 그런 감각에 부딪치고만 피치 못할 우연이야말로, 바로 그 감각이 다시 살려낸 과거의, 그 감각이 벗긴 여러 심상의 진실성에 검인을 찍는다. 그때 우리는 빛 쪽으로 다시 떠오르려는 감각의 노력과 함께, 되찾은 현실이라는 기쁨을 느끼기 때문이다. 이 감각이야말로 그때의 갖가지 인상에 의하여 만들어진 화면 전체에 대한 진실성의 검인이며, 이윽고 그 감각에 이어 그때의 온갖 인상들이 의식적인 기억이나 관찰은 영원히 모를 빛과 그림자의, 요철과 생략의, 추억과 망각의 저 적확한 균형과 더불어 생생하게 재생된다.

그러한 미지의 표징(내 주의력이 무의식을 탐험하면서 물의 깊이를 재는 잠수부처럼 찾고 부딪치며 더듬어가는 돋을새김같이 생긴 표징)으로 이루어진 내적인 책으로 말하면, 이것을 읽고 해독하는 데 있어서 누구도, 어떤 본보기를 가지고서도 나를 도울 수 없었다. 그것을 읽어서 내 것으로 만드는 일은 어디까지나 어떤 창조적 행위인 만큼 다른 누구도 대신할 수 없고, 협력조차도 허용되지 않는다. 그러므로 얼마나 숱한 사람들이 그러한 집필을 단념했던가! 또 그것을 회피하기 위해 얼마나 많은 수고를 마다하지 않았던가! 드레퓌스 사건이건, 이번 세계대전이건, 아무튼 사변이 일어날 적마다 작가들은 여러 핑계를 붙여 그 책의 수수께끼를 풀려고 하지 않았다. 정의의 승리를 확보하고 국민의 도덕적 일치를 촉구하느라고 문학 자체를 생각할 여유가 없었다. 하지만 그것은 핑계에 지나지 않는다. 사실은 특수한 재능, 곧 뛰어난 본능이 없던가 이미 잃어버렸기 때문이다. 왜냐하면 본능은 의무 실행을 강요하지만, 이지는 그런 의무를 회피할 핑계를 마련해주니까. 다만 핑계는 절대로 예술 속에 나타나지 않으며, 고의로 꾸민 의도도 예술로 꼽히지 않는다. 예술가는 끊임없이 자기 본능에 귀를 기울여야 하고, 그로 말미암아 예술은 가장 현실적인 것, 인생의 가장 엄숙한 학교, 진정한 '최후의 심판'이 된다.

그 책은 가장 판독하기 곤란한 책이며, 실재가 우리에게 받아쓰게 하고 우리 마음속에 '인상'을 낳게 한 유일한 책이다. 삶에서 얻는 마음 속 사념은 그것이 어떤 것이든 간에, 물질적인 형상이 마음에 남긴 그 인상의 자국에 따라 그 사념의 필연적 진실성을 보장받는다. 순수한 이지에 의해 형성된 사념에는 논리적인 진리, 가능한 진리밖에 없고 그와 같은 사념의 선택은 임의대로 할 수 있다. 이지에 의한 글자가 아니라 사물의 형체로 된 글자로 쓰인 책, 그것이야말로 우리의 유일한 책이다. 그렇다고 해서 우리의 이지가 형성하는 사념이 논리적으로 옳지 않다는 말은 아니며, 다만 우리는 그것이 진실한지 아닌지조차 모른다는 말이다. 오로지 인상만이, 비록 그 내용이 아무리 빈약하고 그 자국이 아무리 희미할지라도 유일한 진리의 기준이며, 따라서 정신에 의해서 파악할 가치가 있는 단 하나의 것이다. 왜냐하면 인상이야말로, 만약 정신이 그 속에 있는 진리를 이끌어내기만 하면 그 진리를 한층 더 큰 완성으로 이끌어 그것에 순수한 기쁨을 줄 수 있는 힘이 있는 유일한 것이기 때문이다. 인상과 작가의 관계는 실험과 과학자의 관계와 같다. 다만 과학자의 경우는 지성의 활동이 먼저 오고 작가의 경우는 나중에 온다는 차이가 있을 뿐이다. 우리가 개개인의 노력으로 판독하고 해명할 필요가 없는 것, 우리가 오기 전부터 뚜렷했던 건 우리 것이 아니다. 우리 자신에게서 나오는 거라고는 우리 속에 있는 남이 모르는 암흑에서 끌어내는 것뿐이다.

기울어가는 저녁 햇살이 일찍이 생각해본 적도 없었던 한때를 퍼뜩 떠올리게 했다. 그것은 어릴 적, 열이 있는 나를 진찰한 페르스피에 의사가 티푸스인지도 모르겠다고 하는 바람에, 레오니 고모가 나를 일주일 남짓 성당 앞 광장 쪽에 있는 윌라리의 조그만 방에서 지내게 하던 무렵의 일이다. 그 방은 바닥에 에스파르토(esparto)* 섬유로 짠 깔개밖에 없었고, 창에서는 옥양목 커튼이 늘 햇살에게 불평하고 있었는데, 나도 그 햇살에는 익숙지 않아서 애를 먹었었다. 이 좁은 옛 하녀의 방에 대한 회상이 느닷없이 내 과거의 생활을 넓혀, 여느 부분과는 다른 아늑한 긴 연장선을 갖게 하는 걸 보면서 나는 오히려, 더할 나위 없이 고귀한 사람의 저택에서 벌어지는 온갖 호사스런 연회가, 내 생활에 아무 인상도 끼치지 않았음을 생각했다. 윌라리의 방에서 조금 무섭고 꺼림칙했던 단 한 가지는 고가철도가 가까운 탓에 밤이면 올빼미 울음 같은 기적 소리가 들려오는 일이었다. 하지만 그 황소 같은 울부짖음도 규칙적인 증기기관에서 나온다는 걸 알고 있었으므로, 선사시대에 근처를 배회하며 울부짖었을 매머드 소리처럼 무섭지는 않았다.

　　이렇듯 나는 이미 결론에 다다라 있었다. 곧 우리는 예술작품 앞에서 전혀 자유롭지 못하며, 의도한 대로 그것을 만드는 게 아니라, 마치 자연의 법칙을 찾아내듯이 필연적이고 숨겨져 있는 그것을 발견해야만 한다는 결론에. 그러나 예술이 우리에게 시키는 이 발견은 요컨대 가장 귀중한 발견일 텐데도, 일반적으로는 언제까지나 알려지지 않는 채로 끝나는 게 아닐까? 그야말로 우리의 참된 삶, 감각한 대로의 실재이건만, 우리가 믿고 있는 바와는 매우 달라서 우연이 참다운 추억을 가져다주는 때, 그때만이 비로소 커다란 행복감으로 우리를 채우는 게 아닐까? 나는 그런 사실을 이른바 사실주의라는 예술의 허위를 통해 확인했다. 만약 우리가 자신이 느낀 점에 대하여 현실하고 동떨어진 표현, 시간이 좀 지나면 현실 그 자체와 헷갈릴 표현을 주지 않도록 일상생활에서 노력했다면 사실주의 예술도 그처럼 거짓으로 가득 찬 것이 되지는 않았으리라. 한때 나를 혼란스럽게 했던 갖가지 문학 이론은 더는 개의치 않아도 괜찮다고 느꼈다—특히 드레퓌스 사건을 계기로 비평계에서 논의되다가 세계대전을 치르면서 재연된 문학 이론들은 경박하거나 감

---

* 아프리카산(産) 포아풀과에 속하는 식물로, 노끈, 바구니, 종이를 만드는 데 쓰임.

상적인 주제가 아닌 '예술가를 상아탑에서 나오게 하는' 주제를 다루었으며, 위대한 노동을 그리거나 대중을 그리는 작품, 그렇지 않더라도 최소한 한가한 부류들("그런 무용지물들에 대한 묘사 따위엔 난 흥미 없네." 블로크는 이렇게 말했다)이 아닌 고귀한 지성인이나 영웅을 그리는 작품을 그 논의의 대상으로 삼았다.

더욱이 그런 이론은 굳이 그 논리적 내용을 검토해보지 않아도, 이미 그런 이론을 떠받드는 사람들의 변변치 못한 자질을 뚜렷이 표시하는 성싶었다. 마치 아주 예의 바른 어린이가 다른 집 오찬에 갔다가, 그 집 사람들이 "죄다 까놓고 말하지요, 우리는 솔직하니까요" 하는 말을 듣고, 그것이 도리어 말없이 거짓 없는 행위를 하는 것보다 열등한 덕성을 나타낸다고 깨닫듯이 말이다. 참된 예술은 그처럼 많은 선언과는 상관없이 침묵 속에 완성된다. 게다가 그런 이론을 따지는 사람들이 도리어 자기가 심하게 비방하거나 숙맥 취급하는 사람의 표현과 이상하리만큼 흡사한 기성품 같은 표현을 구사하는 경우가 많았다. 사실 지적·정신적 노작의 수준을 판단할 수 있는 건 미학적 양식이 아니라 언어의 질일 것이다.

하지만 거꾸로 이 언어의 질을 (성격의 법칙을 연구하는 데 있어서도, 진지한 사람이든, 경박한 사람이든 똑같이 소재로 택할 수 있다. 마치 해부학 실습 조교가 똑똑한 인간의 신체에 대해서나 멍텅구리의 육체에 대해서나 똑같이 해부학 법칙을 연구할 수 있듯이, 다시 말해 정신을 지배하는 커다란 법칙도 혈액 순환이라든가 신장 배설이라든가 하는 법칙과 마찬가지로 개인의 지적 가치에 따라 달라지는 일은 거의 없다) 이론가들은 소홀하게 보아 넘길 수 있다고 여긴다. 그런 이론가들을 칭송하는 사람들도 언어의 질이 커다란 지적 가치를 나타낸다고는 좀처럼 믿지 않는다. 그러한 가치를 인식하기 위해서는 그것이 직접 표현된 것을 보지 않고서는 이해할 수 없으므로, 심상의 아름다움에서 그러한 가치를 추리하기는 불가능하다. 이런 사실에서 지적인 작품을 쓰려는 망측한 유혹이 작가에게 생긴다. 크나큰 상스러움. 이론이나 학설을 나열한 작품은 정가표를 떼지 않은 상품과도 같다. 지적인 작품은 이치를 따진다. 다시 말해 어떤 인상을 고정시켜 그것을 실제대로 표현하려면, 그 고정에 이르기까지의 모든 과정 하나하나에 골고루 인상을 통과시켜야 하는데, 그러한 귀찮음을 견딜 수 없으면 이리저리 헤매게 된다는 뜻이다.

나는 이제야 깨달았는데, 표현할 실재는 주제의 겉모양에 있지 않고 그 인상의 깊이에 있었다. 그 깊이에서는, 내 정신적 갱생에 있어 인도주의와 애국주의, 국제주의, 형이상학적인 담화보다도 귀중했던 그 접시에 닿는 숟가락 소리나 풀먹인 냅킨의 빳빳함이 상징하듯이, 어떠한 겉모양도 거의 대수롭지 않았다. 그 무렵에 '문체나 문학보다도 이젠 생활이 중요하다'는 소리를 들었었다. '피리쟁이'를 반대하는 노르푸아 씨의 간단한 이론조차 전후에 얼마나 화려하게 다시 꽃 피었는지는 짐작하고도 남음이 있다. 그도 그럴 것이 예술적 감각이 없는 이들, 곧 내적 실재에 복종하지 않고 종잡을 수 없는 예술론을 따지는 능력밖에 타고나지 못한 사람들 가운데, 조금이라도 현대의 '현실' 문제에 관여하고 있는 외교관이나 재정가들은, 문학이 정신적 유희이며 앞으로는 더욱 쇠퇴할 운명에 있다고 생각하기를 좋아한다. 어떤 사람들은 소설이란 사실의 어떤 영화적 나열일 뿐이라고 단정했다. 그러한 관념은 한번쯤 생각해볼 가치도 없다. 영화의 화면만큼, 우리가 실재에서 느낀 바와 거리가 먼 것도 없으리라.

　이 서재에 들어왔을 때 나는 공쿠르가 말한, 이 서재에 있는 훌륭한 초판본 생각이 나서, 여기에 틀어박혀 있는 동안에 잘 보아두어야겠다고 결심했다. 그래서 한편으로는 생각을 계속하면서도, 별다른 주의를 기울이지 않고 그 귀중한 책들을 한 권 한 권 뽑아보다가 무심코 그중 한 권, 조르주 상드의 《프랑수아 르 샹피》를 펼친 순간, 지금의 명상과는 너무나 멀리 떨어진 어떤 인상을 받은 듯하여 불쾌했다. 그러다가 눈물이 주르르 쏟아질 만큼 고조된 감동과 함께, 그 인상이 지금의 명상과 얼마나 일치하는지 깨달았다. 이를테면 초상을 치르는 방에서 상여꾼들이 관을 밖으로 내갈 준비를 하고 있고, 조국에 이바지한 고인의 아들이 연이어 찾아오는 마지막 조문객들과 악수를 하고 있을 때, 갑자기 창 밑에서 악대 소리가 울리면, 아들은 그것이 자기 슬픔에 대한 무슨 모욕처럼 느껴져 화가 불끈 치민다. 그러나 그의 상을 애도하며 아버지 유해에 경의를 표하러 온 군악대인 줄 알자, 그때까지 꾹 참아온 눈물이 주르르 흐르는 경우와도 같았다. 그와 같이 나는 지금 게르망트 대공의 서재에 있는 한 권의 책 표제를 읽으면서 느낀 비통한 인상과 내 지금의 명상이 얼마나 들어맞는지 깨달았다. 그 표제는, 내가 문학에서 찾지 못하던 신비의 세계가 과연 문학 속에 존재하며 틀림없이 나에게 열린다는 관념을 갖게 해주었다. 그렇다고 해서 그것이 무슨 대단한 책도 아니고, 《프랑수아 르 샹피》였다. 하지만 그 이름은 게르망트의 이름과 마찬가지로, 내가 그 뒤에 친숙해진 많은 이름과 같지는 않았다. 어머니가 조르주 상드의 책을 읽어주었을 때 《프랑수아 르 샹피》의 주제 속에는 알쏭달쏭했던 것이 있었는데, 그 기억이 이 표제를 만나자 되살아났다(게르망트네 사람들과 오래 못 만났을 적에는 이 게르망트라는 이름이―《프랑수아 르 샹피》라는 이름이 소설의 정수를 담고 있듯이―참으로 풍부한 봉건시대의 꿈을 담고 있었다). 그리고 그 기억이 베리 지방을 배경으로 삼은 조르주 상드의 전원소설 속에 있는 바와 매우 공통되는 관념과 잠깐 번갈아들었다. 연회 자리에 있을 때처럼, 사념이 늘 겉쪽에 머물러 있을 때라면 아마도 《프랑수아 르 샹피》에 대해서건 게르망트네에 대해서건, 나는 콩브레와 상관없이 지껄일 수 있었을 것이다. 하지만 지금처럼 혼자 있을 때면 나는 훨씬 더 깊은 곳으로 가라앉았다. 그런 순간, 지난날 사교계에서 만난 아무개가 게르망트 부인, 곧 그 환등처럼 떠오르는 인물과 사촌자매였다는 관념 따위야 알다가도 모르는 일인 듯싶었다. 마찬가지로 전에 읽은 가장 훌륭한 책조차도 그 비범한 《프랑수아 르 샹피》와 엇비슷―나는 훨씬 낫다고는 말하지 않겠다, 사실은 그럴지라도―하다고는 생각지 않았다. 그것은 무척이나 오래된 어릴 적 인상이었다. 유년 시절과 가족과의 온갖 회상이 사이좋게 뒤섞여 있어서 얼른 분간할 수 없었던 것이다. 처음 순간에 나는 화가 나서, 누구야, 이렇게 불쑥 내 기분을 잡치러 온 낯선 사람은, 하고 의아해했었다. 그 이방인은 나 자신이었다. 그 무렵의 나였던 어린아이였다. 그런 나를 이제 막 이 책이 내 속에 자아낸 것이다. 이 책은 나에 대해서는 그런 소년 시절의 모습밖에 모르므로 책이 지금 불러낸 것도 어린 시절 모습이었고, 그 어린이의 눈에만 보이고 싶으며, 그 어린이의 마음속에서만 사랑받고 싶고, 그 어린이에게만 말을 건네고 싶었던 것이다. 그러므로 어머니가 콩브레에서 거의 새벽녘까지 목청을 돋우며 읽어준 이 책은 나를 위해 그날 밤의 매력을 고스란히 간직하고 있었다. '경쾌한 필치로' 단숨에 쓴 책이라는 말을 즐겨 쓰는 브리쇼의 말을 빌리자면, 조르주 상드의 '필치'는, 어머니가 그 문학적 취미를 천천히 바꾸어 내 문학적 취미를 따르기 전에는 오랫동안 그것을 마술 같은 필치라고 여겼으나, 나는 조금도 그렇게 생각하지 않았다. 오히려 그것은, 중

학생들이 흔히 재미로 그러듯이, 생각지도 알지도 못하는 사이에 내 쪽에서 정전기를 일으킨\* 필치였다. 그러자 문득, 이제까지 오랫동안 의식한 적도 없었던 콩브레에서의 꾸밈없고 사소한 일들이 저절로 팔랑팔랑 뛰어오르며 줄줄이 잇따라서, 자력이 생긴 붓끝에 걸리며 차례로 파르르 떠는 회상의 긴 사슬 모양이 되었다.

　사물은 그것을 바라본 사람의 눈에 뭔가를 간직하며, 역사적 건물이나 그림은 여러 세기에 걸쳐서 숱한 찬미자의 애정과 관조(觀照)가 짜낸 다감한 베일을 쓰고서 우리 앞에 나타난다고, 신비를 좋아하는 사람들은 믿고 싶어 한다. 그런 망상도 각자에게 유일한 실재인 영역, 그 사람의 고유한 감수성의 영역으로 옮긴다면 진실이 될 것이다. 그렇다. 이 뜻에서, 오로지 이 뜻에서(하지만 이 뜻도 예상외로 넓지만) 우리가 전에 바라본 사물을 다시 바라볼 수 있다면, 지난날 거기에 쏠린 눈길과, 그때 그 눈길을 채웠던 모든 심상을 되찾을 수 있을 것이다. 곧 사물은—이를테면 그것이 어디에나 흔히 있는 빨간 표지를 씌운 책 한 권일지라도—먼저 우리 눈에 띄면, 곧장 우리 속에서 그때의 모든 염려나 감동과 성질이 똑같은 어떤 비물질적인 것이 되어, 그러한 감정과 완전히 하나가 된다. 전에 어떤 책에서 읽은 어떤 이름은, 음절 사이에, 그 책을 읽던 무렵 불던 강한 바람이라든가 화창한 햇살 따위를 품고 있다. 그러므로 '사물을 묘사'하는 걸로 만족하고 사물의 선과 면의 빈약한 목록을 만드는 걸로 만족하는 문학은, 사실주의라고 불리지만 현실과는 가장 거리가 먼 것이고, 우리를 메마르게 하며 비관론에 빠지게 하는 문학이다. 왜냐하면 그런 문학은 사물의 정수를 간직하고 있는 과거와, 또 사물의 정수를 새삼 음미케 하는 미래와 현재의 자아와의 모든 통로를 난폭하게 끊어버리기 때문이다. 예술이라는 이름으로 불릴 만한 예술이 표현해야 할 것은 다름 아닌 이러한 정수이다. 그리고 비록 그 일에 실패할지라도 또한 그 무력감에서 하나의 교훈을 끌어낼 수 있다(반대로 사실주의에서는 어떤 교훈도 끌어낼 수 없다). 곧 그 정수라는 것이 조금 주관적이라서 남에게는 통하지 않는다는 가르침을.

　게다가 어떤 시기에 본 사물이나 읽은 책은 그때 우리 주위에 있었던 것하

---

\* 원문은 électriser이니, '충전시키다' '감격시키다'라는 동사. 따라서 '내' 쪽에서 '감격한'이라
　고 번역할 수도 있음.

고만 영원히 연관되어 남는 것이 아니라, 그즈음 우리의 상태와도 충실하게 맺어져 있다. 그것은 그때의 우리 감수성이나 사고, 인격을 통해서만 돌이켜 볼 수 있다. 내가 서재에서 《프랑수아 르 샹피》를 손에 들면, 금세 내 속에서 한 어린이가 일어나 내 자리를 차지한다. 그 소년만이 《프랑수아 르 샹피》라는 표제를 읽을 권리를 가지고 있다. 그는 그때 뜰 안의 날씨와 똑같은 인상, 온갖 고장과 생활에 대해 그 무렵 품었던 꿈, 내일에 대한 불안을 느끼면서 이 책을 읽는다. 만약 내가 다른 시대에 속하는 사물을 다시 본다면 이번에는 한 젊은이가 일어설 것이다. 오늘의 나 자신은 버려진 채석장에 불과하며, 모두가 거기에는 비슷비슷한 단조로운 석재밖에 없는 줄 안다. 그러나 하나하나의 추억은 그곳에서 그리스의 조각가처럼 헤아릴 수 없는 상을 새겨넣는다. 우리가 다시 보는 사물 하나하나가 모두 그렇다고 나는 말하련다. 왜냐하면 책은 물건으로서 그런 작용을 하며, 그 책을 펼칠 때의 느낌, 종이의 결까지도 그 속에 하나의 추억을 간직하는 힘이 있어서, 지난날 베네치아에 대한 내 상상, 거기에 가고픈 욕망 같은 것에 대한 추억을 눈으로 보는 것 못지않게 생생히 간직하고 있기 때문이다. 아니, 오히려 그 이상으로 생생하게 간직하고 있을 수도 있다. 아무개를 돌이켜볼 때, 그 사람을 마음속으로 생각할 때보다 오히려 사진을 앞에 두었을 때가 더 거북하듯 책 자체의 글이 방해가 될 수도 있기 때문이다. 사실, 내가 어린 시절에 읽었던 숱한 책들—슬프게도 베르고트의 경우에도 어떤 것은 그러한데—피곤한 밤에 그것을 다시 손에 드는 일이 있기는 하지만, 그것은 갖가지 사물의 환상을 안고 옛날 분위기를 마시면서 쉬고 싶은 소망에서 열차에 오르는 것과 비슷한 욕구에 지나지 않는다. 하지만 이렇게 추구하는 환기(喚起)작용은 책을 오래 읽으면 오히려 방해받는 법이다. 베르고트의 작품 중에도 그런 책이 하나 있었다(게르망트 대공의 서재에도 간직되어 있는 그 책에는 지극히 아첨하는 저속한 헌사가 씌어 있었다). 지난날 질베르트를 만날 수 없는 겨울날이면 구석구석까지 읽어버리곤 했건만, 그때 그처럼 좋아하던 대목을 이제는 다시 찾으려 해도 도저히 찾을 수 없다. 어떤 낱말이 그런 대목을 생각나게 할 법도 하건만 그것도 불가능하다. 한때 내가 발견했던 아름다움은 어디로 갔는가? 하지만 책 자체에는 그것을 읽던 날 샹젤리제를 뒤덮었던 눈(雪)이 사라지지 않아, 나는 언제까지나 그 눈을 볼 수 있었다.

그래서 만약 내가 게르망트 대공처럼 애서가가 되고 싶었다면, 어떤 유별난 방법, 곧 책 본디의 가치와는 별개의 아름다움을 가볍게 보지 않는 방법, 이를테면 애서가가 그 책에 대하여 어떤 서고들을 거쳐왔는가를 알거나, 어느 사건의 계기로 어느 군주가 어느 유명 인사에게 선사했다는 유래를 알거나, 경매에서 경매로 건너간 그 책의 내력을 더듬어 찾아내는 그런 아름다움을 찾는 방법을 택했을 것이다. 내게 있어 책은 그런 역사적인 아름다움을 지니고 있다. 그러나 나는 그런 아름다움을 내 생활 역사에서 찾아낸다. 나는 시시한 호사가가 아니다. 게다가 그런 아름다움을 연관시키는 것은 흔히 물질적인 인쇄본에 대해서가 아니라 작품 그 자체에 대해서이며, 콩브레의 내 작은 방에서 밤중에 첫 명상에 잠겼던 그 《프랑수아 르 샹피》에 대해서이다. —그것은 아마도 내 평생에 가장 감미롭고도 슬픈 밤이었으리라. 또 그 방이야말로, 아아! (신비에 둘러싸인 게르망트네 사람들이 도저히 다가갈 수 없는 존재로 여겨지던 시절이었다) 부모님에게서 처음으로 양보를 얻어낸 것이며, 그날부터 내 건강과 의지가 약해지고, 하기 힘든 일에 대한 단념이 날로 심해졌다고 할 수 있다—그 《프랑수아 르 샹피》가 바로 게르망트네 서재에서 다시 발견되었다. 오늘이라는 이 가장 근사한 날, 내 사고의 오랜 모색뿐 아니라, 생애의 목적과 어쩌면 예술의 목적까지도 갑자기 내 앞에 환히 비쳐진 이 찬란한 날에.

사실 낱낱의 책 형태에도 생생한 의미가 있다면 나도 흥미를 느꼈을 것이다. 내게 있어 어떤 저작물의 초판이 다른 판보다도 귀중하게 되려면, 그 초판이 내가 처음으로 그 저작을 읽은 판이라는 뜻이 있어야만 한다. 내가 초판본을 찾는다면, 그것은 그 초판본에서 고유한 인상을 받았다는 뜻이다. 왜냐하면 그 이후의 인상은 이미 고유하지 못하기 때문이다. 소설을 수집한다면 나는 오래된 장정본을 모을 것이다. 내가 처음으로 소설을 읽던 시대의 장정, 아버지가 나에게 그처럼 귀 아프게 '몸을 꼿꼿이 펴라'고 했을 때의 장정을 수집하리라. 처음 만났을 때 여자가 입었던 옷처럼, 그런 장정은 그 무렵 내가 품었던 사랑이나, 내가 본디대로 되찾으려고 그 위에 수많은 심상을 겹쳐놓아서 나날이 정이 식어간 아름다움을 되찾는 데 도움이 되리라. 지금의 나는 이미 그때의 아름다움을 보던 내가 아니다. 그때의 나는 알고, 지금의 나는 조금도 모르는 그런 것을 불러내려면 지금의 나도 그때의 나에게 자리를 내주어야만 한다. 그러나 내가 유일하게 이해할 수 있는 이런 의미에서 보아도, 나는 역시 애서가가 되고 싶지는 않다. 그러기에는, 사물에는 정신이 파고 들어갈 수많은 구멍이 뚫려 있어서 정신을 흡수해버린다는 사실을 나는 너무나 잘 알고 있다.

그러므로 만약 내가 서재를 마련한다면 그것은 더욱 큰 가치를 지니리라. 왜냐하면 지난날 콩브레나 베네치아에서 읽은 책은 이제 내 기억을 통해 생틸레르 성당, 눈부신 사파이어를 박은 대운하 옆에 있는 산조르조 마조레 대성당 밑에 정박시킨 곤돌라를 나타내는 폭넓은 색채화로 장식되어, 저 '그림든 호화본'답게 될 테니까. 그것은 말하자면 삽화로 아름답게 꾸며진 성서와도 같아서, 애호가가 본문을 읽기 위해 펼치는 책이 아니라 푸케(Fouquet)*와 맞먹을 어떤 거장이 손질한, 이 책이 지닌 가치의 전부인 채색에 다시 한 번 심취하기 위해 펴보는 책이다. 그렇기는 하나 전에 읽은 그런 책을, 그즈음에는 그 책에 장식되어 있지 않던 심상을 바라보기 위해서만 지금 펼치는 일도 나에게는 아직 위험스러워 보여서, 내가 이해할 수 있는 이런 유일한 의미에서도, 더더욱 애서가가 되고픈 마음은 안 들었을 것이다. 정신이 남긴 그런 심상이 다시 정신에 의해서 얼마나 쉽사리 지워지는가를 나는 잘 알고 있다. 오래된 심상을, 정신은 새로운 것으로 바꿔놓지만 새로운 심상은 이미 똑같은 재생력이 없다. 그러므로 할머니가 내 생일선물로 준 책 꾸러미에서 어느 날 밤 어머니가 꺼낸 그 《프랑수아 르 샹피》를 아직 내가 가지고 있다 해도, 나는 결코 그것을 보지 않을 것이다. 거기에 오늘날의 내 인상이 조금씩 천천히 넣어지는 걸 보기가 너무나 겁나고, 또 콩브레의 작은 방에서 그 표제를 헤아려 읽는 어린이를 다시 한 번 불러내달라고 그 책에 청해도, 그 어린이는 이미 그 책의 목소리를 못 알아듣고, 불러도 대답 없이 영원히 망각 속에 묻혀버리고 말 정도로, 그처럼 그 책이 현재의 것이 되고 마는 꼴을 보기가 너무나 겁날 테니까.

대중예술이라는 관념은 해롭지 않더라도 애국적 예술이라는 관념만큼이나 내 눈에는 우스꽝스러워 보였다. 예술을 대중과 친근한 것이 되게 하는 일이

---

* 프랑스 르네상스의 대표적인 화가(1420~79).

문제일 경우, '한가한 사람에게 알맞은' 그 형식적 세련이 늘 희생당하게 마련이다. 그런데 나는 사교계 사람과는 상당히 사귀어와서, 참말로 교양 없는 자는 사교계 사람들이지, 전기공들이 아니라는 점을 잘 알고 있었다. 이런 점에서 보아 형식 면에서 통속적인 예술은 노동 총동맹 회원들이 아니라 오히려 자키 클럽 회원들에게 어울리는 것이라 하겠다. 또 주제를 놓고 말하면, 아동 도서가 어린아이들을 싫증나게 하는 것처럼 대중소설은 대중을 야비하게 만든다. 우리는 책을 읽음으로써 기분을 바꿔보고자 하며, 귀공자가 노동자에 호기심을 갖듯이, 노동자도 귀공자에게 관심을 보인다. 세계대전 초기에 모리스 바레스 씨는, 예술가(여기서는 티치아노를 가리키지만)라면 무엇보다도 먼저 조국의 영광에 이바지해야 한다고 말했다. 그러나 예술가는 오로지 예술가로서밖에, 곧 '예술'의 여러 법칙을 규명하거나, 실험을 시도하거나, 또 '과학'상의 발견 못지않게 미묘한 발견을 하거나 하는 순간, 그 눈앞에 있는 진리 말고 다른 어떠한 것도—설사 조국일망정—결코 생각하지 말아야 한다는 조건에서밖에 조국의 영광에 이바지할 수 없다. 대혁명 시대의 모든 화가 이상으로 프랑스의 이름을 높인 바토와 라 투르(La Tour)의 작품을 파괴하지는 않았지만, '애국심'에서 그것을 업신여기던 혁명가들의 찡그린 얼굴을 흉내내진 말자. 만약 사람들의 자유 선택에 맡긴다면, 다정다감한 심정을 지닌 이는 아마도 해부학을 선택하지는 않을 것이다. 코넬로스 드 라클로로 하여금 《위험한 관계》를 쓰게 한 것은, 그의 후덕한 착한 마음씨(이것은 매우 컸지만)가 아니고, 또 플로베르로 하여금 《보바리 부인》이나 《감정 교육》 같은 주제를 택하게 만든 것도 대부르주아나 소부르주아에 대한 그의 흥미가 아니다. 어떤 사람들은 대전 직전에 이 전쟁이 곧 끝날 거라고 예언한 사람들처럼 바쁜 시대의 예술이란 간결할 거라고 말했다. 그렇다면 철도가 유유히 두루 구경하는 재미를 빼앗아버렸다고 할 수 있지만, 그렇다고 합승마차가 다니던 시대를 그리워한들 소용없는 노릇이다. 그런데 지금은 자동차가 합승마차 구실을 다하고 있어서, 한동안 거들떠보지도 않던 성당으로 유람객들의 발길을 멈추게 한다.

삶에서 마주치는 이미지들은 알고 보면 그 순간에 가지각색의 감각을 우리에게 가져다준다. 이를테면 전에 읽은 책의 표지를 보자. 그 제목의 글자 속에 지금은 멀리 가버린 여름밤의 달빛이 스며있다. 이른 아침에 마시는,

마치 엉긴 우유처럼 주름 잡힌 새하얀 크림빛 사기 찻잔에 담긴 밀크커피의 맛은, 희미하게 밝기 시작하는 어스름 속에서 우리에게 자주 미소를 보내던 그 화창한 날씨에 대한 어렴풋한 희망을 준다. 그때의 한 시간은 그냥 한 시간이 아니다. 그것은 향기, 소리, 계획, 기후 등으로 가득 차 있는 항아리이다. 우리가 실재라고 부르는 것은, 우리를 동시에 둘러싸는 이러한 감각과 추억 사이에 있는 어떤 관계, ─영화의 영사에서는 금세 없어지는 관계, 왜냐하면 영화는 진실에 다가가려고 하면 할수록 도리어 진실로부터 멀어지니까─작가가 자기 문장 속에서 서로 다른 이 두 요소를 영원히 사슬로 이어 매고자 찾아내야 하는 유일한 관계이다. 그려지는 장소에 나타나는 사물을 하나의 묘사 속에서 연달아 끝없이 나오게 할 수 있다. 그러나 진실이 나타나기 시작하는 것은, 작가가 각기 다른 두 대상을 골라잡아 그 관계─과학계에서 유일한 관계인 인과율과 닮은 예술 세계에서의─를 설정하여, 그 두 대상을 아름다운 문체라는 없어서는 안 될 고리 속에 가두는 경우라든가, 또는 인생과 마찬가지로 두 감각에 공통된 특질을 비교하면서 작가가, 이들 감각을 시간의 우발성에서 벗어나게 하기 위해, 두 감각을 서로 은유법 속에 결합시켜 공통된 정수를 끌어내는 경우뿐이다. 이 관점에서 보면, 자연 자체도 나를 예술의 길로 들어서게 한 게 아닐까? 자연이야말로 예술의 시초가 아닐까? 왜냐하면 자연은 나중에 가서야 비로소 다른 어떤 사물을 통해서만 한 사물의 아름다움을, 이를테면 나로 하여금 종소리를 통해 콩브레의 정오를, 온수난방장치의 딸꾹질 소리를 통해 동시에르의 아침을 알아차리게 했기 때문이다. 이런 관계는 그다지 흥미를 끌 리도 없으며, 대상은 평범하고 문체는 서툴지도 모르지만, 이 관계를 빼면 아무것도 일어나지 않는다. *1

어디 그뿐인가. 만약 실재가 각자에게 거의 똑같은 이 같은 경험의 찌꺼기라고 한다면(왜냐하면 우리가 날씨가 나쁘다든가, 전쟁이라든가, 주차장이라든가, 밝은 조명의 식당이라든가, 꽃이 활짝 핀 정원이라는 말을 할 때에, 그 뜻은 누구나 다 알고 있기 때문이다), 또 만약에 실재가 그 정도의 것이라고 한다면 아마 이러한 사물을 촬영한 영화 필름만으로도 충분할 테고, 이미 알고 있는 단순한 사물과는 먼 '문체'나 '문학'은 인공적인 오르되브르*2

─────────

*1 중복되므로, 이하 약 8행 정도 생략함─플레이아드판 주.

*2 식사 전에 나오는 간단한 요리. 에피타이저.

가 될 것이다. 그런데 과연 실재란 그런 것인가? 무언가가 우리에게 어떤 강한 인상을 주는 순간이 있다. 이를테면 비본 내의 다리를 건널 때 수면에 비치는 구름 그림자를 보고 기쁜 나머지 깡충 뛰면서 "제기랄, 제기랄!" 외쳤던 그날같이, 또는 베르고트의 문장을 들으면서 나 자신이 받은 인상이 모두, 물론 이 인상이 그다지 어울리는 것은 아니었지만, "야아, 기막힌걸" 하던 때같이, 또는 심술궂은 짓에 화를 낸 블로크가 그 야비한 사건과는 도무지 어울리지 않는 "그런 짓을 하다니, 아, 아, 아주 엄청난걸" 하고 말했을 때같이, 또는 게르망트네에서 융숭한 대접을 받고 마음이 느긋해진 내가 대접받은 술에 거나하게 취해서 그들과 작별한 뒤에 작은 소리로 "과연 훌륭한 사람들이야. 같이 지내면 얼마나 즐거울까" 혼잣말했을 때에도, 실제로 마음속에 일어난 것을 확인하고자 했다면 나는 분명 깨달았으리라. 이러한 인상을 표현하려면, 이 본질적인 책, 유일한 참된 책은 이미 우리 속에 있으므로, 위대한 작가는 예사로운 의미로 그것을 지어낼 필요가 없으며, 다만 그것을 옮겨놓기만 하면 된다고. 생각하건대, 작가의 의무나 노력은 바로 번역자의 그것이다.

그런데 자존심 때문에 부정확해진 말의 경우, 마음속으로 하는 간접화법(처음의 중심이 되는 인상에서 더욱더 멀어지는 발언(發言))을 첫인상에서의 그 바른 말과 일치되는 점까지 교정하는 일은 우리의 게으른 마음이 낯을 찡그릴 만큼 곤란한 일이며, 다른 한편 사랑으로 인한 부정확한 발언의 경우에도 이와 똑같은 교정은 고통이 된다. 우리는 겉으로 나타나는 냉담을 가장하고, 우리 스스로도 하고 있는 거짓말과 똑같은 지극히 자연스러운 상대방의 거짓말에 분개한다. 한마디로, 우리가 불행해지거나 배신당할 적마다, 오직 사랑하는 상대에게 말할 뿐만 아니라 그 상대를 만나기 전까지 우리 자신을 향해서도, 때로는 소리 높여 "암, 이 따위 짓은 용서할 수 없어"라느니 "나도 마지막으로 딱 한 번만 당신을 만나고 싶었어. 그야, 나도 괴롭지 않은 건 아냐" 같은 말들을 방 안의 정적을 깨면서 끝도 없이 지껄인다. 이러한 모든 것은 진실에서 멀리 떨어져 있지만, 그것을 실제로 느낀 그 진실로 다시 끌어오는 일은 우리가 가장 집착했던 모든 것을 버리는 일이다. 곧 어떤 편지를 쓸까, 어떤 방법으로 쓸까 고심하면서, 자기 자신과 마주 앉아 나

눈 그 정열 넘치는 모든 대화를 버리는 일이다.

예술의 기쁨, 내면의 인상에서 비롯된 이 예술적인 기쁨 속에서조차도 우리는, 바로 그 인상 자체는 표현할 수 없는 것으로 보고 되도록 빨리 옆으로 내던지려고 들거나, 또는 표면적인 즐거움을 주는 것에만 매달린다. 그 즐거움은, 쉽게 이야기 상대가 될 성싶은 다른 예술 애호가들에게 전달되는 것처럼 보인다. 왜냐하면 이 경우에 우리는 고유한 인상이라는 개인적인 기반을 없애버리고, 그들에게나 우리 자신에게나 똑같은 것만을 말하기 때문이다. 우리가 자연이나 사회나 연애나 예술 등에 대해서 가장 무관심한 방관자일 경우에도, 모든 인상은 두 겹이라서, 절반은 대상의 꼬투리 속에 싸여 있고, 나머지 절반은 우리만이 알아볼 수 있는 우리 자신의 마음속에까지 이어져 있다. 그러므로 우리는 자연히 이 후자를 대수롭지 않게 여기지만, 그것이야말로 우리가 집착해야 할 유일한 것이다. 그런데도 우리는 바깥에 있으므로 깊이 파고들 필요가 없으며, 따라서 우리가 조금도 수고할 필요가 없는 다른 절반만을 고려한다. 산사나 어떤 성당을 바라봄으로써 우리 마음속에 팬 조그만 도랑을 알아차리려고 애써도 쉽게 발견되지 않는다. 어쩔 수 없이 우리는—똑바로 볼 용기 없는 우리 자신의 생활로부터의 이와 같은 도피 속에, 곧 이른바 박식 속에 숨어서—음악이나 고고학에 조예가 깊은 비전문가 못지않게 이해할 수 있을 때까지 그 교향곡을 다시 연주하거나, 성당을 다시 보러 가거나 한다.

그러므로 얼마나 수많은 이들이 자기가 받은 인상에서 아무것도 끌어내지 못하는 상태에 머물러, 예술의 독신자로서 만족을 모르는 채 덧없이 늙어 가는가! 그들은 처녀나 게으름뱅이에게서 볼 수 있는 슬픔을 품고 있으며, 이 슬픔을 치유하는 것은 창작력이 풍부한 정진이다. 그들은 진짜 예술가보다 예술작품에 열중한다. 그러나 그들이 열광하는 목표는 규명을 위한 피나는 정진이 아니므로, 그 열광은 밖으로 흘러나와서 그들의 대화에 열기를 더하고, 그들의 뺨을 끓게 한다. 그들은 자기들이 좋아하는 작품의 연주가 끝나면, "브라보, 브라보" 목청껏 외침으로써, 무슨 큰일이나 한 줄 착각한다. 하지만 이러한 감정 표현도, 그들로 하여금 자기 기호의 본질을 알기 쉽게 하지는 못한다. 그들은 자기 기호의 본질을 모른다. 그렇지만 소비되지 않은 이런 기호가 그들의 가장 조용한 대화에까지도 거슬러 올라가서, 예술 이야기만 나오면 그들은 야단스러운 손짓 몸짓이며 심각한 얼굴을 꾸미고, 쉼없이 부산스레 도리질을 한다. "한 연주회에 갔더니 ……를 연주하더군. 터놓고 말해 정말 엉망이더군. 그리고 사중주가 시작되었지. 그런데, 아 글쎄! 괴상망측하기 짝이 없더라니까(이 순간 그 비전문가의 얼굴에는 마치 '아니, 불티 아냐, 타는 냄새군, 불이야' 생각이라도 하는지 초조한 불안이 나타나 있다). 나 원 참, 들으면 울화통이 치미는데, 작곡도 어쩌나 서투른지 말이 안 나와. 하지만 재미있어. 누구나 좋아할 음악은 아니지." 그러나 이러한 눈초리를 보내기 전에는 목소리에 불안이 묻어나며, 머리를 긁거나 새로운 손짓 몸짓을 하기도 한다. 게다가 날개도 다 자라지 않은 새끼 거위가 하늘을 날고픈 마음만 가득하여 볼품없는 날개를 퍼덕거리는 우스꽝스러운 동작도 나타난다. 이러한 비전문가는 이런저런 연주회를 다니며 평생을 보내고 머리가 희끗희끗해질 때가 되어도 깐깐하고 만족할 줄 모르며, 풍족한 노년과는 거리가 먼 예술의 독신자에 지나지 않는다. 하지만 역겨운 자신의 가치를 떠들어대며 좀처럼 만족하지 못하는 이러한 보기 흉한 패거리도 심금을 울리는 무언가를 기다리고 있다. 왜냐하면 이것이야말로 다양하게 변화하는 지적 쾌락의 대상에서 결코 변하지 않는 기관으로 옮아가고자 하는 욕구의, 형태 없는 첫 번째 시도이기 때문이다.

이 비전문가들은 몹시 웃기기는 하지만, 그렇다고 해서 덮어놓고 깔보아서는 안 된다. 그들은 예술가를 창조하려는 대자연의 첫 시도와 같은 존재로서, 말하자면 현재 살고 있는 종보다 먼저 서식했으나, 오늘날까지 계속 존재할 수 있도록 만들어지지는 않았던 저 원시동물처럼 두루뭉수리하고 생활력이 약하다. 이처럼 의지박약하며 결단성 없는 비전문가는, 앞으로 찾아내야 할 숨은 수단이 남아 있다 하더라도 이미 날고픈 분명한 욕망이 가득하므로, 대지에서 이륙할 수 없었던 초기의 비행기처럼 안쓰러움을 자아낸다. "여보게, 나는 말일세, 그걸 여덟 번째 들었네. 그리고 절대 이번이 마지막도 아냐." 이렇게 비전문가는 당신의 손을 잡으면서 덧붙인다. 사실 그들은 예술 속에 있는 진정한 자양분을 빨아들이지 못하기 때문에 늘 배고픔을 느끼는 허기증에 걸려 예술의 기쁨을 추구하지만 결코 만족하지 못한다. 따라서 계속해서 오랫동안 그들은 똑같은 작품에 갈채를 보내러 가는데, 이렇게 함으로써, 이사회에 출석하거나 장례식에 참석하는 사람처럼 자기 의무를 다하고, 무슨 큰일이나 하는 줄로 생각한다.

이어서 문학에서나 회화에서나 또는 음악에서도, 이와는 정반대의 작품들이 생겨난다. 사상이나 이론을 발표하고, 이를 작품화하려는 경향은 예술을 창조하는 이들에게조차도 참된 취미보다 훨씬 발달해 있으며, 이러한 경향은 문예 잡지나 신문이 늘면서부터(이와 함께 사이비 작가, 사이비 예술가도 늘었다) 더욱 널리 퍼지고 있기 때문이다. 그 결과 가장 총명하고 사리사욕에 무관심한 젊은이들도, 윤리적·사회적·종교적 영향력이 강한 작품만을 좋아하게 되었다. 그들은 다비드(David)*¹나 슈나바르(Chenavard),*² 브룅티에르 같은 사람들의 오류를 되풀이하면서, 이러한 영향력이야말로 작품 평가의 기준이라고 생각한다. 베르고트의 글 가운데 가장 아름다운 문장은 실제로 베르고트 자신에 대한 깊은 성찰의 결과물이건만, 사람들은 오직 문장이 능숙하지 않다는 이유만으로 그것을 거들떠보지도 않고 무언가 그럴듯한 의미가 있어 보이는 작가들만을 좋아했다. 베르고트의 복잡하고 미묘한 글은 오로지 사교계 인사들을 위해서 씌어진 거라고, 민족주의자들은 사교계 사람들이 듣기에는 과분한 말들을 했다. 그러나 이론에만 치우친 지식을 가지고 예술작품을 평가하려 들면 그 순간부터 모든 게 흔들리고, 제 입맛대로가 된다. 재능의 실체는 모두의 재산이요 보편적인 취득물이라, 무엇보다도 관념과 문체의 겉모양 이면에 있는 그 존재를 확인해야 하는데, 평론은 겉모양에만 현혹되어 그것으로만 작가의 등급을 매긴다. 평론은, 아무런 새로운 사명도 내세우지 않은 작가라도, 그저 그가 자기보다 앞선 유파를 단호한 어조로 공공연히 경멸하면 예언자로 떠받든다. 이처럼 평론은 끊임없이 착오를 되풀이하므로, 작가는 대중에게서 평가받아야 한다고 생각하게 된다(다만 대중이 모르는 분야에서 예술가가 어떠한 탐구를 시도했는지를 대중이 이해할 수 있는 경우라야 한다). 왜냐하면 직업적 평론가의 천박한 객설이나 변덕스러운 기준보다는 오히려 대중의 진솔한 본능이 다른 모든 것이 지워진 침묵 속에서 본능적으로 또렷이 들려오는 저 위대한 작가의 재능과 더 유사성을 보이기 때문이다.

*1 프랑스의 화가(1748~1825). 나폴레옹 궁정(宮廷) 화가.
*2 프랑스의 화가(1807~95).

그들의 부질없는 입씨름은 10년 주기로 바뀐다(왜냐하면 만화경을 이루는 요소는 단순히 사교계뿐만 아니라 사회적·정치적·종교적 사상까지를 포함하며, 이러한 사상은 한동안 수많은 대중에 의해 굴절되어 확산되지만, 그럼에도 기껏해야 그 사상의 새로움을 입증하는 데 그다지 관심이 없는 사람들이나 솔직해할 만큼 피상적인 수준을 벗어나지 못하기 때문이다). 그리하여 당파나 유파가, 그 주위에 언제나 비슷비슷한 사람, 곧 가치를 판별하는 데 있어 세심하고 까다로운 정신이라면 경계하기 마련인 열광에 휘둘려 어찌할 바를 모르는 고만고만한 지성을 가진 사람들을 그러모으면서 잇따라 생겨났던 것이다. 불행하게도 이들 반거들충이들은 자신의 부족을 채워야 할 필요를 느낀 끝에, 부산스럽게 활동하면서 탁월한 정신이라도 되는 양 자신을 포장함으로써 대중을 끌어당기고, 자기 주위에 헛된 명성이나 부당한 모멸뿐만 아니라 내란이나 전쟁까지도 일으킨다. 그들에게 포르루아얄적인 자기비판이 조금만이라도 있었더라면 이러한 일은 벌어지지 않았을 것이다.

그런데 한 거장의 아름다운 사상이 완전히 올바른 정신이나 진정으로 살아 있는 마음에 주는 기쁨을 고찰하건대, 그것은 의심할 여지없이 아주 건전한 것이다. 그러나 그것을 진실로 맛보는 사람이 아무리 귀중할지라도(20년 동안에 이런 사람이 과연 몇이나 있을까) 이와 같은 기쁨은 결국 그들로 하여금 남을 완전히 의식하게 할 따름이다. 이를테면 어떤 사나이가 오로지 자기를 불행하게 만드는 능력밖에 없는 여자의 사랑을 얻기 위하여 수년간 온갖 노력을 기울였으나, 아무 보람도 없이 그 여자에게서 단 한 번의 밀회 약속조차 받아내지 못했다고 하자. 그가 자기 고뇌와 가까스로 헤쳐온 위험을 표현할 생각은 하지 않고, 라 브뤼에르의 "남성은 흔히 사랑하고 싶어하지만 그 소원을 이루지 못하리니, 그들은 자기 패배를 찾아다니지만 좀처럼 그것과 만나지 못한다. 굳이 말하면 남성은 자유에 구속되어 있다"라는 감상을 '헤아릴 수 없는 낱말'이라든지 자기 생애에서 가장 비통한 추억 등으로 주석을 달면서 거듭 읽는다고 치자. 이 감상을 쓴 사람에게, 그것이 바로 이런 의미이든 아니든(이런 의미이기 위해서는 '사랑하고' 대신 '사랑받고'로 해야 할 테고, 그쪽이 훨씬 아름다울 것이다), 이 다감한 문학 애호가는 자기 마음속에서 이 감상에 생동감을 주고, 이 감상이 눈부실 만큼 빛을 내도록 거기에 의미를 채워, 다시 읽을 때마다 진실되고 아름다운 감상이라고 생각하며 기쁨에 넘치지만 그렇다고 해서 이 감상에 무엇을 덧붙이는 것은 아니고, 그것은 여전히 라 브뤼에르의 감상으로 남아 있을 따름이다.

정말로 기록문학에는 어떤 가치가 있을까? 내가 이런 말을 하는 까닭은, 기록문학에 적히는 사소한 사물의 밑바닥에야말로(이를테면 아득히 들려오는 비행기 폭음의 웅장함, 생틸레르 성당의 종탑이 그리는 장대하고 화려한 선의 느낌, 마들렌의 맛 속에 깃든 지난날 등) 실재가 포함되어 있으며, 이러한 사물은 거기에서 실재를 해방하지 않는 한 그 자체로서는 아무런 뜻도 갖지 못하기 때문이다.

우리 사고와 생활, 곧 실재를 이루는 것은 천천히 기억에 의하여 보존된 하나로 이어지는 부정확한 인상의 사슬이지만, 거기엔 우리가 실제로 겪은 일이 하나도 남아 있지 않다. 이른바 '체험'의 예술이란 이와 같은 허위를 재생산할 뿐이다. 이런 예술은 생활처럼 단순하고 아름답지 않으며, 우리가 눈으로 보고 이지로 확인한 것의 역겹고 허망하기 이를 데 없는 복사에 불과하므로, 그것에 골몰하는 예술가가 자기 작업을 추진하는 원동력이 될 기쁨의 불꽃을 과연 어디서 발견하는 것인지 누구나 의아해할 정도이다. 이와는 반대로 참된 예술, 노르푸아 씨 같으면 '호사가의 장난'이라고 불렀을 예술의 위대성은, 우리가 평소 멀리 떨어져 사는 그 실재, 그 대신 끄집어낸 판에 박은 지식이 농도와 불침투성을 더해감에 따라서 더욱더 멀어지는 그 실재를 재발견하고 재파악하여 우리에게 인식시키는 데 있다. 그리고 그것을 한 번도 알아차리지 못한 채 죽을 가능성이 많은, 그런 실재야말로 우리 삶 자체이다.

참된 삶, 끝내는 발견되고 밝혀지는 삶, 따라서 실제로 살아온 유일한 삶, 이것이 문학이다. 어떤 의미로는 예술가와 마찬가지로 온갖 사람들 의식 속에 순간마다 깃들어 있다. 그러나 그들은 이 삶을 보지 못하는데, 예술가가 아닌 그들에게는 그것을 밝혀내려는 의지가 없기 때문이다. 그래서 그들의 과거는 지성이 그 건판(乾板)들을 '현상'하지 않았기 때문에 쓸모없는 무수한 건판으로 뒤죽박죽이 되어버렸다. 그것은 우리 삶이며 남의 삶이기도 하다. 왜냐하면 화가에게 색채가 그렇듯이 작가에게 문체란 기술의 문제가 아니라 통찰력의 문제이기 때문이다. 문체는, 이 세계가 우리 앞에 나타나는 형태에서 볼 수 있는 질적인 차이, 만약 예술이 없었다면 저마다의 영원한 비밀로 남게 될 그 차이를 드러내며, 직접적인 의식적 방법으로 드러내기는 불가능하다. 우리는 오직 예술에 의해서만 우리 자신으로부터 벗어날 수 있고, 우리 눈에 비치는 바와는 다른 우주, 달세계 풍경처럼 우리가 끝내 모르고 말았을 남이 본 우주를 알 수 있다. 예술 덕분에 우리는, 오직 하나인 우리 자신의 세계만을 보는 게 아니라, 수많은 세계를 보고, 또 독창적인 예술가가 많으면 그만큼 우리 뜻대로 되는 더 많은 세계, 무한 속에 빙빙 도는 숱한 세계 이상으로 서로 다른 세계를 갖게 된다. 이런 세계에서는, 그 발광체의 중심(설사 그것이 렘브란트라고 불리건, 페르메르라고 불리건)이 꺼지고 난 몇 세기 뒤까지도 우리에게 특수한 광선을 보내온다.

물질·경험·언어 밑에 뭔가 다른 것을 보여주기 위한 예술가의 이와 같은 작업은, 우리가 우리 자신에게 등을 돌리고 살아가는 때에, 자존심이나 정열이나 이지나 습관 등이 우리 마음속에서 정반대의 일을 수행하도록 해준다. 우리에게서 참된 인상을 덮어 감추기 위해 그 인상들 위에 판에 박은 말이나 실제적인 목적 등을 쌓아올리는데, 우리는 그것을 잘못 알고 삶이라 부르는 것이다. 요컨대 매우 복잡한 이 예술이야말로 살아 있는 유일한 예술이다. 이 예술만이 우리 고유의 삶을, 이 '관찰'할 수 없는 삶을 남을 위해서 표현하고, 우리 자신에게도 보여준다. 관찰되는 겉모습은 번역해야 하고, 간혹 거꾸로 읽어야 하며, 애씀 끝에 헤아려봐야 한다. 참된 예술이 우리의 자존심, 정열, 모방심, 추상적인 예지나 습관이 완성한 작업을 깨뜨려버릴 것이다. 참된 예술은 우리를 반대 방향으로 걷게 하고, 실제로 존재했던 것이 우리 모르게 누워 있는 깊은 속으로 돌려보내리라.

물론 참된 삶을 재창조하고 인상을 새롭게 한다는 것은 커다란 유혹이다. 그러나 이와 같은 작업엔 온갖 용기가, 때로는 감정에 좌우되지 않는 용기마저 필요하다. 왜냐하면 무엇보다도 소중히 여기던 환상을 지워버리고, 스스로 공들여 만들어낸 것의 객관성에 대한 믿음을 버려야 하기 때문이다. 또한 '그녀는 매우 사랑스러웠다'는 말을 백 번이나 되풀이하며 자신을 달래는 대신, 반대로 '나는 그녀를 안고 쾌락을 느꼈다'고 꿰뚫어 읽어내야 하기 때문이다. 아닌 게 아니라, 내가 연애 시절에 느꼈던 점은 남자라면 다 똑같이 느끼고 있다. 사실 누구나 다 느끼기는 하지만, 그들이 느낀 바는, 램프 앞으로 가져가지 않으면 그저 검기만 한 건판, 그 자체도 뒤집어서 보아야 하는 건판과 닮았다. 이지에 가까이 가져가지 않으면 그것이 무엇인지 모른다. 그러므로 이지로 비추고 지적으로 다루었을 때, 비로소 사람은 지난날에 느꼈던 것의 모습을 가까스로 분간한다.

그렇지만 나 또한 내가 처음으로 질베르트에 대해서 경험했던 그 고통, 사랑을 일으키게 한 상대와는 관계없다는 그 고통은, 수단으로서 부차적으로 유익하다고 이해했다(왜냐하면 아무리 우리 삶이 짧다 할지라도, 쉴 새 없이 반복되며 변하기 쉬운 충동에 희롱당하는 우리 사념이 여러 법칙에 지배받는 무한한 공간―조용한 행복이 이 세계를 단조롭게 만들어 너무 낮은 수준에 버려두므로, 위치 나쁜 창가에 있는 우리는 바라볼 수도 없는 그 무한한 공간―을 우리로 하여금 그나마 물결이라도 바라볼 수 있도록 폭풍이 불 때처럼 높여줄 때까지, 우리는 오로지 참고 견뎌야 하기 때문이다. 어쩌면 이 충동은 오직 몇몇 천재에게만은 별다른 고뇌의 격동을 주지 않고도 존재하는지도 모른다. 우리가 즐거운 작품의 활달하고도 균형 잡힌 전개를 보면서 얻는 기쁨으로 미루어 지나치게 삶의 기쁨을 상상하는 경향이 없다고 확실히 말하지는 못하지만, 반대로 삶은 끊임없는 고뇌로 가득 차 있었을 수도 있다). 그러나 우리 사랑이 오직 질베르트 한 사람에게만 향해 있지 않은 까닭은(그것이 우리를 그토록 괴롭혔지만), 우리 사랑이 또한 알베르틴에 대한 것이기 때문이 아니라, 우리 속에서 잇따라 죽어가는 숱한 자아―이기적으로 우리 사랑을 잃지 않으려 애쓰는 숱한 자아들―보다도 한층 지속적인 우리 영혼의 일부분이기 때문이다. 이와 같은 우리 영혼의 일부분은, 그것이 아무리 우리에게 아픔을 줄지라도(도움이 되기는 하지만), 연인 한 사람 한 사람에게서 몸을 빼내어 사랑의 보편성을 회복하고, 잇따라 생기는 우리 자아 가운데 하나에 스며들려고 하는 어떤 여성이 아니라 모든 사람에게, 보편적인 정신에게 이 사랑과 사랑의 이해를 주게 된다.

나는 나를 둘러싸고 있는 보잘것없이 작은 표징(게르망트네 사람들, 알베르틴, 질베르트, 생루 등등)에도, 습관 때문에 잃어버리고 만 뜻을 되찾아주어야 했다. 우리가 실재에 한번 다다르면, 그 실재를 표현하고 유지하기 위해 그것과는 다른 것, 습관이 부랴부랴 마구잡이로 가져다주는 것을 멀리해야 한다. 그러므로 나는 무엇보다도 다음과 같은 말을 멀리한다. 정신보다도 오히려 입술이 고른 말씨, 대화할 때 쓰는 유머 넘치는 말씨, 또 남과 오랫동안 이야기하고 나서 이번에는 자기 자신에 대하여 짐짓 점잔을 빼며 이야기할 때의 말씨, 정신을 거짓말로 꽉 채우는 말씨이다. 이런 말씨를 베낄 정도로 전락한 작가의 얼굴에는 미소나 찌푸린 표정이 어리고, 그것이 이를테면 생트뵈브 같은 작가가 지껄인 문구를 끊임없이 변질시킨다. 이와는 달리, 진정한 책은 대낮의 빛이나 쓸데없이 많은 말의 산물이 아니라 어둠과 침묵의 산물이어야 한다. 그리고 예술은 인생을 정확하게 재구성하니까, 인간이 자기 자신 가운데서 다다른 진실 주위에는 언제나 시적 분위기가 감돌고, 우리가 거쳐야만 했던 어스름이 남긴 신비로운 향기가 그윽하여, 심도계(深度計)로 잰 듯이 정확하게 표시된 작품의 깊이가 뚜렷이 나타날 것이다(왜냐하면 이러한 깊이는 공리주의적 유심론을 따르는 소설가들이 믿고 있듯이 어떤 주제에는 고유한 것이 아니기 때문이다. 그들이 그렇게 생각하는 이유는 가상세계의 피안에 내려설 수 없기 때문이니, 그들의 고상한 의도와는 달리 마치 최소한의 친절마저도 보이려 하지 않는 사람이 흔히 늘어놓는 그 나무랄 데 없는 장광설과 똑같으며, 그들에게는 모방에 의하여 갖게 된 저속한 모든 형식을 물리칠 만한 정신력조차 없다는 사실을 우리에게 드러낼 수밖에 없는 것이다).

이지가—가장 뛰어난 정신의 지성—눈앞의 빛 한가운데에서 따오는 진실로 말하면, 그 가치는 매우 크다. 그러나 그러한 진실에는 메마른 윤곽이 달라붙어 있으므로 단조롭고 깊이가 없다. 왜냐하면 거기에는 진실에 다다르기 위해서 넘어야 할 깊이가 없을 뿐만 아니라, 그러한 진실은 재창조된 것도 아니기 때문이다. 흔한 일이지만, 이처럼 신비로운 진실이 이미 작가의 내부 깊숙이 나타나지 않게 되어버리면, 어느 나이가 지난 뒤로 그는 더욱 힘을 얻기 시작한 자기 지성에만 의지하여 글을 쓰게 된다. 그런 까닭에, 그들이 장년기에 쓴 책에는 청춘기를 넘어서는 힘은 있으나, 이미 그때의 벨벳 같은 감촉은 없다.

하지만 나는 지성이 현실에서 직접 끌어내는 진실도 덮어놓고 무시하면 안 된다는 느낌이 들었다. 왜냐하면 그러한 진실은, 과거와 현재의 감각 모두에 공통되는 정수가 시간 밖에서 가져다주는 인상을 순수하게 보존할 수는 없을지라도, 정신적으로 포착할 수는 있을 테니까 말이다. 감각의 정수를 가져다주는 인상은 지성이 현실에서 곧바로 끌어내는 진실보다 훨씬 귀중한 것이지만, 아무래도 그런 인상이 나타나는 일이 워낙 드물기 때문에 그것만 가지고는 예술작품을 구성할 수 없다. 나는 내 몸 안에 그러한 작품을 구성하기 위해 이용할 수 있는 정열이나 성격, 품성에 대한 수많은 진실이 들이닥치는 걸 느꼈다. 이와 같은 지각은 나를 기쁘게 한다. 그런데 나는 그러한 지각 가운데 한두 가지를 괴로움 속에서 발견했으며, 다른 것은 더할 나위 없이 너절한 쾌락에서 찾아냈다는 사실을 떠올렸다.

우리를 괴롭히는 인간은 저마다 어떤 신성과 결합시킬 수 있다. 그 인간은 그와 같은 신성의 단편적인 반영이자 그 신성의 가장 낮은 품계에 지나지 않으나, 그 신성을 관념으로서 바라본다면 우리는 이제까지의 괴로움 대신 당장 기쁨을 얻는다. 살아 나가는 온갖 기술은 우리를 괴롭힌 사람들을 그 성스러운 형태에 이르게 하는 하나의 발판으로 이용하고, 그들 신성에 의하여 우리 생활을 하루하루 풍요롭게 만드는 데에 있다.

그때, 예술작품이야말로 '잃어버린 시간'을 되찾는 유일한 방법이라고 나에게 가르쳐준 그 조명만큼 찬연한 것은 물론 아니었지만, 한 줄기 새로운 빛이 내 마음속에 비쳤다. 그리고 나는 이와 같은 문학작품의 재료 모두가 나의 지나간 삶이라는 걸 깨달았다. 그 재료는 하찮은 쾌락·게으름·애정·괴로움을 통해 내게로 왔으며, 나는 그것을 쌓아두면서도, 언젠가 식물을 키우는 데 필요한 온갖 양분을 보존해두는 씨앗처럼, 그런 재료의 장래나 생존마저도 짐작하지 못했다는 걸 깨달았다. 나는 씨앗처럼 식물이 자란 뒤에는 죽어버릴지도 모른다. 그런데도 나는 문학작품을 완성해야겠다는 생각을 하면서도 막상 책상을 대하면 주제조차도 찾을 수 없었다. 그러므로 그날까지의 내 모든 생활은, '천직'이라는 제목으로 요약될지도 모르고, 생각하기에 따라서는 그렇게 안 될지도 모른다. 문학은 내 생활에서 아무런 구실도 못했다는 뜻으로서는 후자가 옳을 테고, 전자가 옳은 경우는 다음과 같은 뜻에서이다―내 생활이나 그 기쁨과 슬픔이 엇갈린 추억은, 식물의 씨눈에 저장된 배젖과도 같은 비축을 하고 있었던 것이니, 이 씨눈은 배젖 속에서 씨앗으로 변하기 위하여 양분을 빨아들이고 있다. 아직 배아가 자라는지 아닌지도 모르지만, 배젖은 이미 은밀하게나마 매우 활발한 화학적 호흡 현상을 보이는 장소인 것이다. 이렇듯 내 생활은 그것을 성숙으로 이끌어가는 것과 연결되어 있었다. 그리고 어차피 그 성숙을 양분으로 삼는 사람들은, 씨앗을 먹는 사람들과 마찬가지로 아무것도 눈치채지 못하겠지만, 이제는 그들의 양분이 된 이 씨앗이 머금고 있는 풍부한 물질은, 그 전에 먼저 씨앗에 영양을 주어 그 성숙을 가능하게 했던 것이다.

그러므로 이처럼 똑같은 비유라도 그것을 출발점으로 삼으면 거짓이 되고, 도착점으로 삼으면 진실이 되기도 한다. 문학가는 화가를 부러워하여 스케치하거나 기록하고 싶어하는데, 만일 그랬다간 문학가로서는 끝장이다. 그러나 그가 일단 글을 쓰기 시작하면, 작중인물의 어떠한 거동도, 버릇도, 말씨도, 모두 기억에 의하여 그의 창작욕에 제공되지 않은 게 하나도 없다. 작중인물의 이름 하나만 해도, 그 이름의 모델로서 실제로 본 인물 육십 명의 이름을 대지 못할 리 없다. 실제로 만난 그러한 인물들 가운데 어떤 사람은 그 찌푸린 얼굴 때문에, 어떤 사람은 외알안경 때문에, 어떤 사람은 성내는 태도 때문에, 어떤 사람은 멋스럽게 들었다 내렸다 하는 팔놀림 때문에 모델이 된 것이다. 그러므로 작가는 화가가 되려는 그 꿈이 의식적·의지적으로는 이루어지지 않았을지라도, 결국 이뤄졌다는 사실과 자기 자신도 모르게 스케치북을 만들고 있었다는 사실을 알아차린다.

왜냐하면 몸 안의 본능에 따라 움직이는 작가는 앞으로 작가가 되겠다는 깨달음을 갖기 훨씬 전부터, 다른 사람들은 주의 깊게 살피는 숱한 사물을 전혀 보지 못하기 때문에 남들에게서 멍청하다는 욕을 먹고, 스스로도 잘 듣고 잘 볼 줄 모른다고 자책한다. 그러나 그러는 동안에도 작가는 자기 눈과 귀에게, 남에게는 대수롭지 않은 사소한 일을 언제까지나 기억해두라고 명령하고 있었다. 이를테면 어떤 말을 할 때의 억양이나 누군가가 지은 표정이나 어깨를 움츠리는 모습 등을. 무척이나 오래된 일이지만 그 사람에 대해서 그것만은 기억하는 까닭은, 이미 그러한 억양은 그가 전에도 듣거나 앞으로 다시 들을 수 있으며, 계속 되풀이되고 지속될 거라고 생각했기 때문이다. 앞으로 작가가 될 사람에게는 보편적인 것에 대한 감각이 있어서, 그 감각 자체가 뒷날 예술작품 속에 넣을 수 있는 보편적인 것을 스스로 골라넣는 법이다. 왜냐하면 작가가 남의 말에 귀를 기울이는 까닭은 남이 아무리 어리석고 광적인 사람일지라도 성격이 비슷비슷한 사람들이 하는 말을 그저 앵무새처럼 반복함으로써 예언하는 새가 되고, 심리학 법칙의 대변자가 되기도 하기 때문이다. 작가는 오직 보편적인 것밖에 기억하지 않는다. 아득히 먼 어린 시절에 본 것일지라도 이러저러한 억양이라든가, 어떠어떠한 표정의 움직임이라든가, 이러이러한 어깻짓에 의해서 남의 생활이 작가 속에 표출되는 것이니, 뒷날 그가 마침내 붓을 잡을 때 그것은 그의 현실 재현에 도움을 준다. 마치 해부학자의 노트에 적혀 있는 내용처럼 정확하지만, 이 경우는 심리학적 진실을 표현하기 위해서 이용되며, 그 어깻짓 위에는 다른 사람의 목의 움직임을 갖다 붙인다. 그 여러 움직임은 순간순간 그 사람의 자세를 나타낸다, 현실을 재창조하기 위해서.

문학작품을 창조함에서, 상상력과 감수성은 바꿀 수 없는 능력이 아니다. 위가 약하면 장에게 소화를 맡기듯이, 감수성이 상상력을 대신해도 별 지장은 없다. 감수성은 풍부하게 타고났으면서도 상상력이 모자란 사람도 분명 훌륭한 소설을 쓸 수 있다. 남에게서 받는 그 사람의 고뇌와 그에 대비하는 노력, 그러한 고뇌와 잔인한 상대 사이에 생기는 갈등, 이러한 모든 것이 지성에 의하여 해석되어 상당한 책의 재료가 된다. 그 책은 상상력에서 생겨난 책처럼 아름다울 뿐더러, 작자가 자신에게만 파고들어서 행복을 느껴온 듯한 작자의 몽상과는 동떨어진, 작가 자신에게도 뜻밖인 책, 상상력의 우연한 충동에도 뒤지지 않을 정도로 의표를 찌르는 책이다.

몸짓과 말투, 무의식적으로 나타내는 감정 등으로 보아, 바보로밖에는 보이지 않는 사람이라도, 바보 자신은 전혀 모르지만 예술가라면 그에게서 당장 어떤 법칙을 포착한다. 작가의 이와 같은 관찰을 보고 속물들은 작가를 고약한 자로 여기지만, 그건 잘못된 생각이다. 예술가는 어리석은 인물 속에서도 훌륭한 보편성을 보기 때문이다. 그가 그 관찰의 대상이 된 인물을 비난하지 않는 것은, 환자가 걸핏하면 혈액 순환에 장애를 일으킨다고 해서 외과 의사가 그를 업신여기지 않는 바와 마찬가지이다. 그래서 누구보다도 예술가는 어리석은 사람을 비웃지 않는 법이다. 딱하게도 예술가는 자기 정열에 대해서 만큼은 엄격하다기보다는 차라리 참혹하다 할 정도이니, 정열의 보편성은 잘 알아도 그 정열이 불러일으키는 개인적인 고뇌에서 탈출하기란 그리 쉽지 않기 때문이다. 물론 무례한 이에게 모욕을 당하기보다는 칭찬받는 쪽이 낫고, 특히 우리가 열렬히 사랑하는 여성에게 배신당할 때에는 사태를 바로잡기 위해 무엇이고 다 버려도 아깝지 않으리라! 그런데 이와 같은 모욕에 대한 분노와 버림받은 고통은 그런 봉변을 당하지 않았더라면 결코 알지 못했을 영역이니, 이런 새로운 땅의 발견은 인간적으로 아무리 괴로울지언정 예술가에게는 귀중한 재산이다. 그래서 고약한 자들도 배은망덕한 자들도 예술가나 모델이 된 그들 본마음이야 어떻든 작품 속에 모습을 보인다. 풍자 작가는 나쁜 놈을 때려누이면서도 본의 아니게 그를 자기 명성에 연관시킨다. 어떤 예술작품에서든, 예술가가 가장 미워한 남성뿐 아니라, 그가 가장 사랑한 여성까지도 알아볼 수 있다. 뿐만 아니라 그 여성들은, 작자의 뜻과는 반대로 오로지 작자를 가장 심하게 괴롭히던 때의 모습을 그 모델로 한다. 알베르틴을 사랑하던 시절 나는 그녀가 나를 사랑하지 않는다는 사실을 잘 알고 있었다. 그리고 고뇌를 겪으며 사랑에 시달리는 게 어떠한 것인가를, 그리고 이것은 초기의 일이지만, 행복을 느낀다는 게 어떠한 것인가를 오로지 그녀에게서 경험하는 걸로 만족해야만 했었다.

우리는 번뇌에서 보편성을 추려내어 그것에 대하여 쓰려고 할 때, 어쩌면 여기에 늘어놓은 모든 이유와는 다른 어떤 이유로 얼마쯤 위로받는다. 다른 이유인즉, 보편적으로 생각하고 쓰는 일은 작가에게는 건전하고도 반드시 필요한 작업이어서, 이 일을 해내면 마치 건강한 사람이 운동이나 땀내기나 목욕을 하고 난 뒤 그런 것처럼 작가는 행복해진다. 사실, 나는 이에 대해서는 조금 불만스럽다. 나는 인생 최고의 진리는 예술에 있다고 믿는 한편으로, 여전히 알베르틴을 계속 사랑하거나, 다시 할머니의 죽음을 애도하기 위해 필요한 추억을 기를 힘이 없다는 생각을 하고는 있지만, 그렇다 해도 그녀들이 알 리 없는 예술작품이 그녀들에게, 이처럼 비통한 고인의 운명에 유종의 미를 가져다주는 게 아닐까 하는 생각도 했던 것이다. 내 바로 곁에서 할머니가 단말마의 고통에 몸을 뒤틀며 죽어가는 모습을 나는 그토록 먼산바라기 하지 않았던가! 오, 나 따위는 작품이 완성되는 날, 그 속죄로 어떤 약도 듣지 않는 상처를 입고 오랫동안 신음하다가 아무도 돌보지 않는 가운데 죽어도 싸다! 그리고 나는 별로 친하지 않은 사람들이나 흥미가 없었던 사람들에 대해서, 또 숱한 인간의 운명—내 마음이 이해하려고 노력했음에도 결국 그러한 운명에 따르는 고뇌와 익살스러운 점만을 이용했던 숱한 운명—에 대해서도 끝없는 연민을 느꼈다. 내게 진리를 밝혀주었건만 지금은 고인이 된 그러한 사람들은 모두가 오직 나 한 사람을 위해 평생을 살다가 나를 위해서 죽은 것이 아닌가 하는 생각도 들었다.

책 속에서는 한 인간이 너무나도 사실과 꼭 같게 보여서 독자들이 내 사랑에 자기 여자에게 품었던 사랑을 그대로 갖다 맞추는 게 아닌가 하는 생각에 나는 슬펐다. 하지만 이처럼 죽은 뒤의 불성실에 대하여, 그리고 내가 품은 감정의 대상에 사람들이 모르는 여자를 대신 넣는다는 사실에 대해서 분개할 필요가 있을까? 이런 불성실이나 사랑을 숱한 여자에게 나누어주는 일은 이미 내가 살아 있는 동안에, 내가 펜을 들기 이전부터 시작된 일이 아닌가. 나는 질베르트 때문에, 다음에는 게르망트 부인 때문에, 나중에는 알베르틴 때문에 무척이나 괴로워해왔다. 그리고 차례차례로 그녀들을 잊었지만 오직 나의 연정, 저마다 다른 여성들에게 바쳐진 내 연정만이 계속해 남아왔다. 미지의 독자에 의하여 내 추억 하나가 더럽혀진대도, 그것은 이미 내가 독자보다 먼저 했던 일이다. 그렇게 생각하니 자신에게 몸서리치지 않을 수 없었다. 마치 어떤 민족주의 정당의 이름 아래 헤아릴 수 없이 많은 전투가 벌어지고, 고귀한 희생자가 전과도 모른 채 수없이 다치고 쓰러져 죽어가는데도 (결과를 모르고 죽는다 함은 적어도 나의 할머니에게는 어지간히 좋은 인과응보였을 것이다) 전쟁이 그저 그 정당에게만 이익이 될 뿐이라면 그 정당은 자신에게 몸서리나지 않을 수 없듯이. 내가 마침내 창작에 손을 댔건만 할머니가 이 사실을 알 길이 없다는(이것이 바로 죽은 이의 운명이지만) 서운함에 대한 내 유일한 위안은, 할머니가 내 발전을 보고 기뻐할 수는 없을지라도, 할머니에게 그처럼 걱정거리였던 나의 무위나 실패한 삶을 의식하지 않은 지 이미 오래였다는 점이다. 그리고 할머니나 알베르틴뿐 아니라 참으로 숱한 사람들에게서 그 말투나 눈매 등을 추려내어 내 것으로 삼았지만, 그러한 사람들도 이제 개인적으로는 기억나지 않는다. 한 권의 책이란 이를테면 묘비 위의 이름이 지워져서 읽어낼 수 없는 무덤이 대부분을 차지하고 있는 커다란 묘지이다. 때로는 반대로 똑똑히 기억하는 수도 있지만, 그 경우에는 그 당사자의 무엇이 책 속에 살아남아 있는지 모르겠다. 목소리를 길게 끄는 버릇이 있던 그 옴팡눈 아가씨는 여기에 있을까? 정말 여기에 잠들어 있다면 대체 어디쯤일까? 이젠 알 길이 없다. 이 활짝 핀 꽃그늘에서 어떻게 찾는단 말인가?

하지만 우리는 하나하나의 인간과는 멀리 떨어져서 살고 있으며, 할머니나 알베르틴에 대한 내 사랑처럼 더할 나위 없이 강렬한 감정도 몇 년 뒤에는 까맣게 잊혀, 알쏭달쏭한 낱말에 지나지 않게 된다. 사랑하는 사람들이 모두 죽은 때에도, 우리는 여전히 사교계 사람들과 함께 고인들의 이야기를 한다. 그러니 만약 까맣게 잊어버린 그런 낱말을 해명해주는 수단이 있다면 그 방법을 써야 하지 않을까? 그러려면 먼저 그러한 낱말을 보편적인, 그러나 고인들의 가장 참된 정수로부터 모든 사람을 위해 사라지지 않는 획득물을 만들어내는 영속성 있는 낱말로 옮겨 쓰는 일이 필요할 테지만. 이러한 낱말을 우리로 하여금 이해하기 어렵게 만든 그 변화의 법칙조차도, 만약 그것을 해명할 수 있다면 우리의 보잘것없는 힘도 하나의 새로운 힘이 되지 않겠는가?

  게다가 슬픔이 협력해서 이룬 작품도 앞으로 닥쳐올 고뇌의 상서롭지 못한 표징인 동시에, 앞으로 닥쳐올 위안의 다행스러운 표징으로도 해석될 수 있다. 일반적으로 연애나 슬픔은 오히려 시인에게 도움이 되어 그 창작을 도와주었고, 미지의 여자들은 그런 줄은 꿈에도 모르고 자기들 눈에는 영원히 보이지 않을 금자탑을 세우기 위해서, 그중 누구는 악의를 가지고, 누구는 조롱하기 위해서 저마다 한 개의 돌을 기부했다는 말들을 하지만, 그것은 다음과 같은 사정을 잘 생각하지 않고 하는 말이다. 곧, 작가의 생명은 그 작품과 함께 끝나는 게 아니라는 사실이다. 그 작품에 파고든 어떤 고뇌를 그 작가에게 경험하게 만든 것과 똑같은 자질은 작품이 완성된 뒤에도 살아남아서, 여러 가지 조건만 같다면—작가를 둘러싼 환경이나, 작가의 주체 그 자체나 애욕이나 고뇌에 대한 저항 등에 대하여 시간의 흐름이 조금의 굴절조차 주지 않는다면—작가로 하여금 다른 여성을 사랑하게 만든다. 그런데 이 첫 번째 견해, 곧 슬픔과의 합작에 의한 작품은 앞으로 닥쳐올 번민의 상서롭지 못한 표징이라는 관점에 의하면, 작품은 불행한 연애로 여겨야 하며, 그것은 숙명적으로 다음 연애도 불행한 것임을 예고하는 동시에, 시인의 앞날을 이제까지의 작품과 비슷하게 만든다. 따라서 시인은 앞으로 어떤 것도 더 쓸 필요가 없어질 만큼, 그가 이미 쓴 작품에서 앞으로 닥쳐올 일의 조짐을 찾아낼 수 있다. 이처럼 알베르틴에 대한 나의 연정은 조금 차이는 있더라도 이미 질베르트에 대한 내 연정 속에 적혀 있었다. 질베르트와의 행복한 나날 가운데 나는 처음으로 알베르틴의 작은어머니가 그녀의 이름을 입 밖에 내어 그 모습을 그리는 말을 들었는데, 그때는 이 하잘것없는 싹이 자라서 나중에 내 온 삶에 퍼질 줄은 꿈에도 생각지 못했다.

그런데 또 하나의 관점에서 본다면 작품은 요행의 표징이다. 그도 그럴 것이 작품은 온갖 연애 속에 보편성과 특수성이 나란히 있다는 사실을 가르쳐주고, 고뇌의 본질을 추구하기 위해 그 원인을 무시하게 만들어, 고뇌를 견뎌내는 힘을 기르는 어떤 줄타기로 특수에서 보편으로 가는 길을 가르쳐주기 때문이다. 사실 그 뒤 내가 경험했듯이, 사랑해서 고민하는 순간에도 창작 삼매경에 이르면 사랑하는 여자가 훨씬 광대한 실재 속으로 녹아들어가는 걸 분명하게 느껴 간혹 그녀를 잊게 되며, 창작에만 파고들다 보면 사랑의 괴로움도 사랑하는 여자와는 이미 아무런 관계도 없는 순전히 육체의 병, 어떤 심장병 정도로밖에는 느끼지 않게 된다. 확실히 이는 시간의 문제여서, 만약 창작을 조금 늦게 시작하면 결과는 반대로 될 듯싶다. 왜냐하면 그 악의나 무능으로 인해 본의 아니게 우리 환상을 깨뜨려버린 사람들이 그들 자신도 무(無)로 돌아가서 우리 스스로 만들어낸 사랑의 망상에서 떨어져나간 뒤 비로소 우리가 일하기 시작한다면, 우리 마음은 다시 그들의 가치를 끌어올리고, 자기분석의 필요에서 우리를 사랑해준 사람과 그들을 동일시하기 때문이다. 이 경우 문학은 한 번 해체된 연정의 환상에 대한 일을 다시 시작하여, 이제는 존재하지 않는 감정을 다시 살아나게 하는 셈이 된다.

분명히 우리는 자기 몸에 헤아릴 수 없이 위험한 접종을 하는 의사와 같은 용기를 가지고 자신의 고뇌를 다시 치러야 한다. 그러나 동시에 그 괴로움을 보편적인 형태로 사색해야 한다. 그러면 목을 졸라매는 듯한 그 압박에서 어느 정도 벗어나고, 고통을 이 사람 저 사람에게 나누어줄 수 있을 뿐만 아니라 얼마쯤 기쁨도 느낀다. 인생이 벽으로 둘러싸일 경우 지성이 그 벽에 탈출구를 뚫는다. 왜냐하면 짝사랑에는 구해낼 수단이 없지만, 괴로움은 검증을 통해 벗어날 수 있기 때문이다—설사 그것이 괴로움이 허락한 결과를 끌어낼 뿐이라 하더라도, 지성은 인생의 밀폐 상태를 인정하지 않는다.

그러므로 어떠한 것이든 보편적이 되지 않고서는 오래도록 계속될 수 없으며, 정신은 스스로 쇠약해지니까, 나는 작가가 가장 아끼던 사람조차도 결국은 화가의 모델처럼 작가 앞에서 그저 자세를 잡고 있었을 뿐이라는 생각을 달갑게 받아들일 수밖에 없었다.

사랑에서 우리의 행복한 경쟁자, 곧 연적은 우리의 은인이다. 육욕밖에 북돋우지 않던 시시한 여자에게 연적은 순식간에 한없는 가치를 덧붙인다. 그것은 그 여자와는 상관없는 가치이건만, 우리는 그것을 여자와 혼동한다. 연적이 없다면, 또는 있다고 생각하지 않는다면, 육체적 쾌락이 사랑으로 변하지는 않을 것이다. 언제나 꼭 연적이 있어야 한다는 법은 없기 때문이다. 우리의 행복을 위해서는, 의혹이나 질투가 있지도 않은 연적 주위에 꾸며내는 가공적 생활만으로 충분하다.

이따금 고뇌로 가득 찬 토막글이 초고 상태로 있을 때, 새로운 애정이나 새로운 번민이 닥쳐와서 그것을 끝마치게 하고 내용을 풍부하게 하는 일이 있다. 그처럼 유용한 위대한 슬픔에 대해 우리는 이러쿵저러쿵 불평하지 못한다. 그런 슬픔은 반드시 오는 데다, 오래 기다리게 하지도 않기 때문이다. 하지만 그것이 찾아오면 우리는 서둘러 이용해야 하니, 그 슬픔은 그리 오래가지 않기 때문이다. 아픈 마음은 곧 위안을 찾는다. 그렇지 않으면 슬픔이 너무도 심해서, 마음이 그것을 견뎌낼 수 있을 만큼 튼튼하지 않으면 생명을 위협하기 때문이다. 행복만이 몸에 좋은 것이며, 정신력을 크게 기르는 것은 마음의 상처이다. 그리고 슬픔은 찾아올 적마다 우리에게 법칙을 드러내지 않는다 해도, 습관이나 회의나 경박이나 냉담 등과 같은 잡초를 뽑아, 우리를 진실 속으로 불러들이고, 사물을 진지하게 생각하도록 만들기 때문에 꼭 있어야 하는 것이다. 사실 행복이나 건강과 함께는 성립될 수 없는 이 진실은 때로는 인생과도 모순된다. 격심한 슬픔은 마침내 목숨을 앗아간다. 너무나도 심한 상처를 새로 입을 때마다, 혈관이 관자놀이께나 눈 밑에서 당장 터지는가 싶으리만큼 불끈 솟아 꿈틀꿈틀 뻗어나가는 걸 느낄 수 있다. 이리하여, 세상의 비웃음을 산 렘브란트 영감이나 베토벤 영감 같은 이들의 그 처참하고 무서운 얼굴이 천천히 만들어졌다. 마음에 괴로움만 없다면 눈 밑이 불룩해지고 이마에 주름살이 생긴들 뭐가 대수로운가. 하지만 힘은 스스로 다른 힘으로 변할 수 있으니, 지속되는 작열은 빛이 되고, 번개는 사진 촬영을 가능케 하며, 새로운 슬픔이 찾아올 때마다 마음의 묵직한 통증은 마치 깃발처럼 끊임없이 떠오르는 심상의 표상을 머리 위에 높이 휘날리고 있다. 그러니 슬픔이 주는 육체의 아픔을 참고, 슬픔의 선물인 영혼의 지혜를 얻자꾸나. 육신이 갈기갈기 찢기는 대로 내버려두자꾸나. 육체를 떠난 새로운 토막들이 이번엔 반짝반짝 빛나고 읽을 수 있는 것이 되어 우리 작품에 참여하니, 훨씬 재능이 풍부한 사람이라면 쓸모없는 그 고민의 대가로 작품을 완벽하게 만들고, 감동이 생명을 저미면 저밀수록 더욱더 작품을 흔들림 없는 것으로 만들기 때문이다. 관념은 슬픔의 대용약이다. 슬픔이 관념으로 변하는 순간, 마음을 좀먹는 해로운 작용의 일부를 잃을 뿐 아니라, 그 변화 자체에서 예기치 않았던 기쁨이 생겨난다. 그렇기는 해도, 관념은 오직 시간의 범주 안에서만 슬픔의 대용제 구실을 할 뿐이다. 왜냐하면 첫째 요소는 관념으로, 슬픔은 오로지 어떤 관념이 먼저 우리 속으로 들어올 때 거치는 형식에 지나지 않는다고 생각되기 때문이다. 그러나 관념에도 여러 종류가 있어서 어떤 관념은 순식간에 기쁨이 된다.

　이렇게 깊이 잘 생각하니 나는, 내가 이제까지 자주 예감했고, 특히 알베르틴 같은 여자 때문에 엘스티르 같은 훌륭한 인물을 대수롭지 않게 여길 수 있느냐며 캉브르메르 부인이 이상해했을 때 예감한 진실 속에, 더욱 힘차고 정확한 의미가 담겨 있다는 사실을 깨달았다. 지적 관점에서 보아도 부인의 사고방식이 틀렸다고 느꼈으나 무엇이 틀렸는지는 몰랐다. 그것은 문학자로서 배워야 할 교훈이었다. 그 점에서 예술의 객관적 가치 따위는 시시한 것이다. 우리가 끄집어내야 할 것, 밝은 곳으로 끌어내야 할 것은 우리의 정이요, 정열이다. 다시 말해 모든 사람의 고난이며 감정이다. 우리가 바라 마지 않는 여자는 우리를 괴롭혀, 흥미를 끄는 뛰어난 남자보다도 훨씬 깊고 중요한 감정을 우리에게서 줄이어 끌어낸다. 나머지는 살아가면서, 우리를 괴롭힌 여자의 배신 덕분에 발견한 진실, 우리를 괴롭히면서 의기양양한 그 여자로서는 전혀 이해하지 못하는 이 진실에 비하면, 배신 따위야 대수롭지 않은 것으로 보느냐 않느냐, 그것을 아는 문제만이 남아 있다. 어찌 되었든 이러한 배신은 흔히 있는 일이다. 그러므로 작가는 아무런 걱정 없이 오랜 작업을 시작할 수 있다. 먼저 지성이 작업에 손을 대면 그 사이 갑자기 슬픔이 우르르 몰려와서 작품을 완성해준다. 다음은 행복인데, 이 행복에는 거의 단 하나의 효용밖에 없다. 그것은 불행을 불러온다는 효용이다. 따라서 행복할 때 신뢰와 애착으로 꼰 매우 포근하고 질긴 유대를 만들어야 한다. 그러면 뒷날 그 유대가 끊어질 때쯤 불행이라고 불리는 더할 나위 없이 귀중한, 가슴을 갈기갈기 찢는 비통을 맞이할 수 있다. 만약 우리가 행복하지 못했거나 행복에 대한 기대조차 없었다면 찾아오는 불행에는 잔인성이 없을 것이며,

따라서 열매도 맺지 못할 것이다.

화가가 단 한 동의 성당을 그리기 위해서 많은 성당을 보아야 하듯이, 양감, 밀도, 보편성, 문학적 실체를 파악하기 위해서 작가는 단 하나의 감정을 위해 많은 사람에 대한 연구가 필요하다. 왜냐하면 '예술은 길고 인생은 짧다'고 하지만, 반대로 '영감은 짧고, 그것이 묘사하는 감정 또한 그리 길지 않다'고도 할 수 있으니까. 책을 쓰기 위해 마음속으로 계획을 세우는 것은 우리 정열이지만, 실제로 책을 쓰는 것은 짬짬이 갖는 휴식 때이다. 영감이 다시 나타나 작업을 시작하면, 어떤 감정의 모델로서 우리 앞에 서 있는 여자는 이미 그 감정을 우리에게 느끼게 하지 못한다. 다른 여자를 모델로 삼아 그전 여자를 그려나가야 하는데, 이는 그전 여자에 대한 배신이 된다 할지라도 감정은 서로 닮아 있으므로, 하나의 작품이 지나간 사랑의 기념이 되게 하는 동시에 새로운 사랑의 예언도 되므로, 문학상 이러한 대치는 별로 큰 지장이 없다. 작자가 대체 누구에 대한 이야기를 하고 있는지 알아맞히려는 노력이 헛되고 부질없는 까닭이 이것이다. 왜냐하면 하나의 작품은, 그것이 직접적인 고백일 경우에도, 적어도 작자의 생애에 있었던 몇몇 일화와 연관이 있기 때문이다. 오래된 일화가 영감의 씨앗일지라도, 나중의 일화 또한 작품과 비슷하다. 나중에 오는 사랑의 특징은 지나간 사랑의 특징을 그대로 베끼기 때문이다. 왜냐하면 우리는 가장 사랑한 여자에 대해서도, 자기 자신에 대해서만큼 충실하지는 못해서 조만간 그 여자를 잊고(이것은 인간의 한 특징이거니와) 또다시 새로운 사랑을 시작하기 때문이다. 우리가 애지중지하던 여자는 이러한 연정에 기껏해야 독특한 꼴을 더할 뿐인데, 이 독특한 꼴 때문에 우리는 불성실해진 경우에도 그 여자에 충실할 수 있는 것이다. 그러므로 우리는 나중 여자와도 아침마다 산책을 한다든가, 밤마다 데려다준다든가, 몇 번이고 너무 많은 돈을 주거나 할 필요가 생긴다(기묘한 것은 우리가 여자에게 주는 이 돈의 유통이다. 여자는 그 때문에 우리를 불행하게 만든다. 곧 책을 쓸 수 있게 만드는 것이다. ―괴로움이 마음을 깊이 파면 팔수록 작품은 펌프 물처럼 더 치솟는다고나 할까). 다른 여자로의 이와 같은 대치에 의하여 작품에는 사심 없고 보다 보편적인 어떤 것이 더해지는데, 그것은 또한 준엄한 교훈을 준다. 우리가 집착해야 할 것은 인간이 아니며, 현실에 존재하고, 따라서 표현이 가능한 것은 인간이 아니라 관념이라는 가르침이다. 그러한 모델을 마음대로 쓸 수 있는 동안, 작가는 시간을 헛되이 보내지 말고 서둘러야 한다. 행복의 모델이 되는 이들은 보통 그렇게 자주 자세를 잡아주지 않거니와, 괴로움도 너무 빨리 지나가므로 괴로움의 모델 또한 마찬가지다.

게다가 괴로움은 작품 소재를 분명히 제공하지 않는 경우에도, 우리에게 그것을 마음에 두고 생각게 한다는 점에서 도움이 된다. 상상이나 사고는 그 자체가 훌륭한 기계일지 모르지만 움직이지 않을 가능성도 있다. 그런 때에 괴로움이 이를 움직여 일하게 한다. 우리를 위해 괴로움의 모델이 되는 사람은 곧잘 자세를 취해주지만, 우리가 그때에만 들어갈 수 있는 아틀리에는 실은 마음속에 있다. 그러한 시기는, 말하자면 갖가지 고뇌가 따르는 우리 생활의 상징이다. 왜냐하면 그러한 때에도 가지각색의 고뇌가 포함되어 있어서, 하나가 가라앉았다 싶은 순간에 또 하나의 새로운 고뇌가 찾아오기 때문이다. 그것은 모든 의미에서 새로운 고뇌이다. 아마도 이것은 그런 뜻밖의 상황이 우리로 하여금 우리 자신과 더욱 깊은 접촉을 하도록 강요하기 때문이겠지만, 연정이 끊임없이 우리를 몰아넣는 이와 같이 괴로운 궁지는 우리를 이루고 있는 실질(實質)을 우리에게 낱낱이 가르쳐주고 드러내 보인다. 그러므로 알베르틴이 강아지처럼 열려 있기만 하면 아무 문이고 가리지 않고 내 집으로 들어와 여기저기 마구 어질러놓고, 되는 대로 내 돈을 쓰며, 바늘 끝으로 막 쑤시는 아픔을 주는 걸 보고 프랑수아즈가 나에게(그 무렵 나는 이미 얼마쯤 글을 쓰고, 두어 가지 번역도 하고 있었으므로), "아이고! 도련님의 시간을 죄다 헛되이 쓰게 하는 그런 색시 대신 얌전한 비서라도 두시면 도련님의 '휘지'*를 말끔히 정리해주련만!' 말했을 때, 똑똑한 소리를 한다고 생각한 것은 아마도 내 잘못이었다. 내 시간을 빼앗고 내 속을 썩인 알베르틴은 내 '휘지'를 정리해주었을 비서보다도, 문학적으로 보아 아마 훨씬 도움이 되었던 것이다. 하지만 이렇게 아픔 없이는 사랑을 할 수 없고 괴로움을 겪지 않고서는 진리를 배울 수도 없을 만큼 덜 떨어진 생물(아마도 자연계에서 오직 인간뿐일 것이다)이라면, 그 일생은 결국 삭막하게 끝나리라. 그러나 행복한 세월이란 잃어버린 시간이며, 어려움을 당하고 나

---

* '휘지' 곧 paperasse를 paperoles라고 틀리게 한 말. 여기서 휘지라고 하는 대상은 쓸데없는 글을 쓰는 원고지를 말함.

서야 비로소 우리는 일을 시작한다. 먼저 고난을 치러야 한다는 관념은 언제나 일에 대한 생각과 연관되어, 새로운 작품을 구상할 때마다 먼저 고통을 참아야 한다는 생각에 우리는 두려움을 느낀다. 그리고 괴로움이야말로 인생에서 만나는 최선의 것임을 깨달으면, 우리는 해탈을 기대하며 두려움 없이 죽음을 생각한다.

어쨌든 이런 생각은 내 마음에 조금 거슬렸지만, 그래도 나는 우리가 실제로는 이와 반대로 인생 대부분을 쾌락에 빠져 살지도, 책 때문에 여러 인간을 이용하지도 않는다는 사실에 유의해야만 했다. 그처럼 훌륭한 베르테르의 경우는 유감이지만 내 경우와는 달랐다. 알베르틴의 사랑을 잠시도 믿지 않으면서 나는 여러 번 그녀 때문에 자살하려 했었고, 재산을 다 써버렸으며, 건강을 해쳤다. 이것을 직접 글로 쓰게 되면, 우리는 누구나 세심해져서 사물을 가까이서 바라보고 진실 아닌 것은 모두 내던진다. 그러나 실생활만의 문제라면 우리는 신세를 망치거나, 병들거나, 거짓말 때문에 자살하거나 한다. 그리고 사실, 우리는(시인이 되기에는 나이가 너무 들었을 경우) 그런 거짓말의 광석에서 얼마쯤 진실을 캐낼 수도 있다. 슬픔이란 속을 알 수 없는 괘씸한 하인배이다. 아무리 맞서 싸워봐야 더욱더 기어오르는 이 사나우며 갈아치울 수도 없는 하인배는, 지하 통로를 통해 우리를 진실과 죽음으로 안내한다. 죽음에 앞서 진실과 우연히 만난 자는 행복하나니, 진실이나 죽음이나 틀림없이 눈앞에 있지만, 진리 발견의 시각이 죽음의 시각보다 먼저 울려퍼졌으니까!

그리고 나는 지나간 생활의 세세한 일화들이 협력하여 지금 내가 활용하려는 관념론을 가르쳐주었다는 사실을 깨달았다. 이를테면 샤를뤼스 씨와의 해후는(나중에 그의 독일 옹호에서도 같은 것을 배웠는데) 게르망트 부인이나 알베르틴에 대한 나의 사랑, 라셀에 대한 생루의 사랑보다도 더, 작품의 소재 따위는 아무래도 상관없으며, 생각하기에 따라서 모든 것을 작품에 담을 수 있다는 점을 나에게 확신시켰다. 성도착과 같은 충분한 이해 없이 부당하게 비난받고 있는 현상은 이미 무척 교훈이 풍부한 일반적인 사랑의 현상보다도 이 진실을 크게 보여준다. 여느 사랑도, 우리가 이미 오래전에 사랑하지 않게 된 여자 얼굴에서 달아나버린 아름다움이 누구의 눈에나 몹시 추하게 보이는 다른 여자 얼굴, 전에는 우리 자신의 눈에도 밉상으로 보였으며 언젠가는 싫어질 여자 얼굴에 깃들 수 있음을 보여준다. 하지만 그보다 더 놀라운 현상은, 아름다움이 승합마차 마부의 모자 밑 얼굴로 옮아가는 것을 보게 되는 경우로, 어떤 대귀족은 아름다운 대공부인을 훌쩍 버리고, 이 마부의 아름다움에 온갖 찬사를 보낸다. 샹젤리제나 길거리나 바닷가에서 질베르트나 게르망트 부인이나 알베르틴의 얼굴을 다시 볼 때마다 내가 느낀 놀라움은, 처음에는 인상과 일치하던 추억이 점점 인상과 일치되지 않는 쪽으로만 확장되어, 인상으로부터 더욱더 멀어져가고 있음을 증명하는 게 아닐까?

작가는 성도착자가 자기 여주인공에게 남자 얼굴을 붙였다고 해서 화를 내면 안 된다. 도착자는 그저 조금 비정상적인 그 특징에 의해서 그가 읽는 것에 대한 모든 보편성을 준다. 라신은 그 작품에 보편적 가치를 주기 위해 고대의 〈페드르〉를 한순간 장세니스트*로 만들어야 했다. 만약 샤를뤼스 씨가 〈10월의 밤〉이나 〈추억〉에서 뮈세가 탄식하는 그 '부정한 여자'에게 모렐 얼굴을 붙이지 않았다면 그는 울 수도 이해할 수도 없었을 것이다. 그는 그 꼬불꼬불한 한 줄기 오솔길을 통해서만 사랑의 진실에 다가갔으니까. 작가는 서문이니 헌사니 하는 돼먹지 않은 글에 익숙해진 탓에 '독자여' 하는 말을 쓴다. 그런데 사실, 어떠한 독자도 책을 읽을 때는 자기 자신의 독자인 것이다. 작품이란, 그 책이 없다면 아마도 독자가 자기 속에서 가려내지 못할 것을, 독자에게 분간시키기 위해서 작가가 제공하는 어떤 광학기계에 지나지 않는다. 책이 말하는 바를 독자가 자기 자신 속에서 인식하는 것이야말로 그 책이 진실하다는 증거이지만, 적어도 어느 정도까지는 이것이 거꾸로일 때도 있다. 작가의 본문과 독자의 본문 사이에 생기는 차이의 책임은 흔히 작가 쪽이 아니라 독자 쪽에 있기 때문이다. 게다가 단순한 독자에겐 너무 현학적이자 어려운 경우도 있는데, 이 경우 책은 독자에게 뿌연 안경알을 내놓을 뿐이니 그래 가지고는 책을 읽을 수 없다. 그러나 다른(이를테면 성도착 같은) 특성이 있을 경우에는 독자가 올바로 이해하려면 어떤 특수한 방법으로 읽어야만 한다. 하지만 저자는 그 일을 불쾌하게 생각지 말아야 할 뿐더러 오히려, '이 안경알이든 저 안경알이든, 아니면 그 안경알이든, 당신

---

* '엄격한 도덕가'라는 뜻도 됨.

에게 잘 보이는 것으로 보시구려' 하고 최대의 자유를 독자에게 남겨두어야 한다.

내가 늘 그토록 잠잘 때 꾸는 꿈에 흥미를 가졌던 건, 짧은 시간에 강한 느낌을 남기면서, 연정의 주관적 측면을 우리에게 더욱 잘 이해시켜주는 데 도움이 되어서가 아닐까? 꿈속에서는 참으로 놀라운 속도로, 속된 말로 '홀딱 반하는' 일도 있고, 잠깐 눈을 붙인 사이에 못생긴 여자를 열렬히 사랑할 수조차 있는데, 실생활에서 이렇게 되려면 몇 년 동안 서로 사귄 정이나 동거생활, 뛰어난 의사가 만들어낸 사랑의 정맥주사나, 어쩌면 고뇌의 주사 등이 필요할 것이다.

그런데 꿈이 우리에게 넣어준 연정의 암시는 똑같은 속도로 사라진다. 그리고 때로는, 꿈에 본 밤의 애인이 잘 아는 못생긴 여인으로 돌아가고 말아, 이제까지처럼 애인으로 안 보일뿐더러, 보다 더 귀중한 것, 이를테면 애정이나 쾌락이나, 흐리터분하게 얼버무린 아쉬움의 정이 뒤섞인 황홀한 그림, 정열적인 〈키테라 섬의 순례〉*의 전경(全景)마저도 그와 똑같이 가뭇없어진다. 이루 말할 수 없는 그 진실의 명암을 지난 밤에 본 대로 적어두고 싶어 하지만, 그것은 이미 되찾을 수 없는 화폭처럼 사라지고 만다. 뿐만 아니라 '꿈'이 나를 현혹하는 까닭은 아마도 꿈이 '시간'과 더불어 벌이는 놀라운 작용 때문일 것이다. 지난날에 겪은 느낌을 무엇 하나 분간하지 못할 만큼 아득한 저편으로 쫓겨간 나의 멀고 먼 시대가, 하룻밤 사이에, 그것도 한순간에 그 눈부신 빛으로 우리 눈을 현혹하면서 희미한 별인 줄 알았던 것이 커다란 비행기였듯이 전속력으로 우리에게 달려들어, 일찍이 우리를 위해서 거두어두었던 바를 다시 눈앞에 펼쳐 보이고, 그 먼 시대가 바로 옆에 있다는 감동과 충격과 빛을 주는 걸 보지 않았던가? 하지만 한 번 눈을 뜨면, 그러한 아득한 때는, 꿈이야말로 '잃어버린 시간'을 되찾는 수단의 하나라고 착각할 만큼 기적적으로 뛰어넘어온 그 거리를 단숨에 되돌아가고 만다.

모든 것은 정신에 달려 있건만, 오직 조잡하고 그릇된 지각만이 모든 것을 대상 속에 놓는다는 사실을 나는 깨달았다. 내가 정말로 할머니를 여읜 것은 실제로 돌아가시고 나서 몇 달이 지난 뒤였다. 나는 사람들의 모습이, 그 사

---

* 와토의 명화로서, 키테라는 아프로디테 숭배로 유명한 에게 해의 섬.

람들에 대하여 나나 다른 사람들이 갖는 생각에 따라서 다양하게 변하는 걸 보아왔다. 한 인간이 보는 사람의 수에 따라서 여러 사람이 되기도 하고(이 를테면 이 작품의 발단에서 본 참으로 다양한 스완, 공소원장의 눈에 비친 룩상부르 대공부인), 그리고 똑같은 인물이라도 오랜 세월이 흐르면 달라진 다(내가 본 게르망트라는 집안의 변화, 갖가지 스완). 나는 사랑을 하는 당 사자가 자기 속에만 있는 것이 그 상대 여자에게도 있다고 착각하는 걸 보았 다. 객관적 현실과 연정 사이의 거리를 여러 가지로 변화시켜 그것을 최대한 으로 확대해서 본 만큼 더 잘 확인했었다(생루가 본 라셸과 내가 본 라셸, 나의 알베르틴과 생루의 알베르틴, 샤를뤼스 씨나 다른 사람에게 있어서의 모렐이나 승합마차 마부, 그럼에도 변함없는 샤를뤼스 씨의 상냥함, 뮈세의 시구 등등).

마지막으로, 하기야 이것은 정도 문제이긴 하지만, 독일에 심취한 샤를뤼 스 씨의 모습은 알베르틴의 사진을 보는 생루의 눈길과 마찬가지로, 나로 하 여금 비록 완전하다고까지는 할 수 없어도 내가 가진 반독(反獨) 감정이 순 수하게 객관적인 것이라는 믿음에서 조금이나마 벗어나도록 도와줌으로써, 사랑의 객관성과 마찬가지로 증오의 객관성도 아마 존재하리라는 생각을 갖 게 했다. 또한 이 무렵 프랑스는 독일에 대하여 비인도적이라는 판단을 내렸 는데, 거기에는 특히 어떤 감정—마치 생루에게 라셸을, 나에게 알베르틴을 저마다 끔찍이 소중한 존재로 여기게 한 것과 같은 감정—을 객관적이라고 보는 태도가 나타나 있다고 생각하게 했다. 이와 같은 도리에 어긋남이 오로 지 독일의 고유 특성이 아니라는 생각을 품게 한 까닭은, 내가 개인으로서 잇따라 사랑을 해왔지만 마지막에 가서는 사랑의 대상이 무가치하게 보였듯 이, 조국 프랑스에 잇따라 일어난 그 증오는, 이를테면 레나크 같은 드레퓌 스파 사람을 독일인보다 천 배나 나쁜, 독일에 프랑스를 팔아먹은 매국노라 고 국민 앞에 탄핵하더니, 오늘날에 와서는 애국자들이 그 레나크와 손을 잡 고 한 나라를 적대시하며 그 국민은 당연히 거짓말쟁이에다 맹수이고 등신 이라 단정하는 것을(루마니아 왕이나 벨기에 왕이나 러시아 황후처럼 프랑 스를 지지하는 독일인은 제외하고) 이미 보아서였다. 그야 반드레퓌스파 사 람이라면 '그것과 이것은 사정이 다르다'고 대답할 것이다. 과연 이것은 경 우도, 사람도 다르다. 만약 그렇지 않다면 같은 현상과 직면할 때, 한번 그 현상에 속은 사람은 오직 자신의 주관적 상태를 비난할 수 있을 뿐 장점이나 단점이 대상 그 자체 속에 있다는 생각은 할 수 없을 것이다. 이런 경우 지성은 이 차이 위에 수월하게 한 가지 이론을 세운다(이를테면 수도원식 교육은 자연에 위반된다는 급진론자의 주장, 유대민족은 다른 나라 풍속에 동화할 수 없다는 의견, 황색인종은 한때 명예를 회복했으나 독일민족은 라틴민족에게 끊임없이 증오를 불태우고 있다는 신념 등). 게다가 이 주관적 측면은 중립 국민의 대화에 두드러지게 나타나며, 친독적인 사람들은 벨기에에서의 독일군 잔학 행위에 대한 이야기가 나오면, 잠깐 이해할 수도 들을 수도 없게 되는 능력을 가지고 있었다(하지만 독일군의 잔학 행위는 사실이었다. 나는 보는 일 그 자체 속에도 증오 속에도 주관적인 것이 있음을 주목했는데, 그렇다고 해서 객체가 현실의 장점이나 단점을 갖지 못하도록 방해하지도 못하거니와, 현실을 순수한 '상대주의' 속에 없애버리지도 못한다).

숱한 세월이 흘러 때를 잃어버린 뒤에 이 중요한 작용을 국제 관계 안에서까지 느꼈는데, 생각해보면* 어렸을 적에 콩브레의 뜰에서 베르고트의 소설을 읽었을 때도 나는 그것을 짐작하고 있었던 게 아닐까? 지금에 와서도 잊고 있던 베르고트의 소설을 펼치고 몇 페이지를 대강 읽다가 거기에서 악인의 속임수를 보면, 100여 페이지 뒤의 이야기 끝 무렵에 그 악인이 호되게 욕을 당하고, 자기 음모가 실패했다는 사실을 뼈저리게 느낄 때까지 살아 있다는 것을 확인하기 전에는, 나는 책을 놓지 않으리라. 이런 객설을 늘어놓는 까닭인즉, 이미 나는 이와 같은 작중인물에게 일어난 일을 잘 기억하지 못하기 때문인데, 그 덕에 그 인물들은 이날 오후 게르망트 부인 댁에 모인 사람들과 크게 차이가 없었다. 적어도 손님 가운데 몇몇 사람의 지난날은 마치 한 번 읽었지만 지금은 거의 잊은 소설 속의 인물처럼 그저 아련했다. 아그리장트 대공은 마침내 X양과 결혼했을까? 아니면 X양의 오빠가 아그리장트 대공의 여동생과 결혼한 것은 아닌지? 그렇잖으면 내가 옛날에 읽은 책과 최근에 꾼 꿈을 혼동하고 있는 걸까?

그렇기는 해도 꿈은 내 생애의 여러 사실 중에서, 언제나 가장 크게 내 심금을 울린 것이며, 현실은 순전히 정신적 성질을 가진 거라는 사실을 나에게

---

* 셀레스트 알바레가 받아쓰기는, "마음속의 호수가 지니는 중요한 작용"임─플레이아드판 주.

확인시키는 데에 크게 이바지한 것 가운데 하나였다. 그러므로 나는 작품을 구성함에 있어서 꿈의 도움을 소홀히 하지 않을 작정이다. 내가 사랑 때문에 얼마간 타산적으로 살아갔을 적에, 꿈은 잃어버린 때의 그 긴 거리를 끝까지 달리게 하여 이상하게도 할머니나 알베르틴을 나에게 가까이 오게 했고, 나는 또 할머니나 알베르틴을 다시 사랑하기 시작했다. 알베르틴은 내가 자는 동안에, 상당히 누그러진 형태였지만, 나에게 세탁소 아가씨와의 연애 사건을 각색해서 보여줬던 것이다—이와 같이 꿈은, 내 노력만으로는, 그리고 자연적인 해후로도 나에게 보여줄 수 없었던 갖가지 진리와 인상을 가끔 가까이 보여줄 테고, 또 존재하지 않는 어떤 것에 대한 욕구와 아쉬움을 내 마음속에 불러일으킬 거라고 나는 생각했다. 이 욕구와 아쉬움은 창작을 하거나, 습관에서 벗어나며, 구체성에서 떨어지기 위한 필요조건이다. 나는 이 두 번째 뮤즈, 가끔 첫 번째 뮤즈 구실을 하는 이 밤의 뮤즈를 결코 깔보지 않을 것이다.

나는, 귀족일지라도 게르망트 공작처럼 마음씨가 천하면 상놈이 되는 걸 보아왔다(코타르라면 "당신은 뻔뻔스러워" 말했으리라). 나는 드레퓌스 사건 때나 세계대전 중에, 또한 의학에 대해서 사람들이 어떤 특정한 사실이야말로 진실이라고 여기는 것도 보았다. 장관이나 의사는 여러 말할 필요도 없는 옳음 아니면 그름인 분명한 사실을 쥐고 있어서, 엑스레이 사진은 따로 설명하지 않아도 환자의 상태를 그대로 보여준다고 믿었다. 고위층 사람들은 드레퓌스가 유죄인지 무죄인지 알고 있었고(조사를 위해서 굳이 로크(Roques)[1]를 보낼 필요도 없이), 사라유(Sarrail)[2]장군에게 러시아군과 동시에 행동을 개시할 방책이 있는지 없는지도 알고 있었다. 내 일생은 한 시간의 예외도 없이 내게 가르쳐주었다. 오직 조잡하고 그릇된 지각만이 모든 것을 대상으로 보며, 실은 반대로 모든 것은 정신 속에 있다는 사실을.

곰곰이 생각해보면, 내 책의 소재가 될 나의 경험 내용은 스완에게서 비롯했다. 그것은 스완 자신과 질베르트에 대한 것만은 아니다. 콩브레 시절부터 발베크에 가고 싶은 소망을 나에게 품게 한 이도 그였다. 그렇지 않았다면 부모님은 나를 발베크에 보낼 생각조차 못했을 거고, 나는 알베르틴을 알지

---

[1] 프랑스의 장군. 1916년에 육군 장관을 지냄.
[2] 프랑스의 군인(1856~1929). 1914년에 마른 전선 사령관을 지냄,

못했을 뿐만 아니라, 게르망트네 사람들도 몰랐을 것이다. 왜냐하면 내 할머니가 빌파리지 부인과 재회하지 않았을 테고, 나는 생루나 샤를뤼스 씨와 아는 사이가 되지 않았을 테니까. 이들을 알게 됨으로써 나는 게르망트 공작부인과 아는 사이가 되고, 공작부인을 통해서 그 사촌동서인 대공부인을 알았다. 그러니 지금 내가 이렇게 게르망트 대공 댁에 와 있다는 사실마저도 따지고 보면 스완에게서 비롯했고, 여기서 돌연 작품(내가 소재뿐만 아니라 쓰고자 하는 결심까지도 스완의 덕을 입고 있다는 것이다)의 착상이 머리에 떠오른 것 또한 스완으로부터다. 이렇듯 내 전 생애의 넓이를 감당하기에 이 꽃자루는 너무 가느다란지도 모른다(이런 의미에서, '게르망트네 쪽'도 '스완네 집'에서 생겨난 것이다). 그러나 대체로 우리 삶의 여러 양상을 작품화하는 사람은, 스완보다도 훨씬 못한 매우 평범한 인간이다. 내가 발베크에 가기엔, 어떤 친구가 내 차지가 될 사랑스러운 아가씨에 대해서 나에게 귀띔만 해주면 그만이 아니었을까?

(그런 아가씨는 만나지 못했을 테지만) 우리는 흔히 먼 훗날에 가서 못마땅한 친구를 만나면 그 사나이와 마지못해 악수하게 되지만, 잘 생각해보면 우리 생애와 작품은 그런 인간이 우리에게 지나가는 말로 한 "꼭 발베크에 오게"에서 생겨나는 것이다. 우리는 그 사람에게 조금도 고마워하지 않지만 그렇다고 해서 이것이 배은망덕하다는 증거가 되는 건 아니다. 왜냐하면 이런 말을 한 사람은 그 말이 우리에게 끼치게 될 엄청난 영향은 전혀 생각지도 않았으니까. 상황을 활용한 것은 우리의 감수성과 지성이며, 상황은 첫 자극만 주어지면, 알베르틴과의 동거생활이나 게르망트네 집의 가장무도회를 내다볼 수 없었더라도, 그 다음은 차례차례 잇따라 서로 작용하면서 스스로 생겨난다. 물론 스완에 의한 계기는 필요했고, 따라서 우리 삶의 겉모양이나 작품의 소재 자체도 그에게 의존한다. 스완이 없었다면 부모님은 나를 발베크에 보낼 생각을 결코 품지 않았을 것이다. 그렇기는 해도, 스완이 간접적으로 일으킨 나의 고뇌에 대한 책임은 그에게 없었다. 그러한 고뇌는 내가 약했으므로 생긴 것이었다. 스완도 성격이 약한 탓에 오데트의 속을 지긋지긋하게 썩였다. 그러나 우리가 보낸 삶을 이와 같이 한정함으로써 그는, 우리가 이러한 삶 대신에 지냈을지도 모르는 모든 삶을 모조리 배제했다. 스완이 나에게 발베크 이야기를 하지 않았다면 나는 알베르틴도, 호텔의 식당도, 게르망트

네 사람들도 몰랐으리라. 대신 나는 다른 곳으로 가서 전혀 다른 사람들과 사귀었을 테고, 내 기억과 책도 전혀 다른 그림으로 채워졌을 것이다. 상상조차 할 수 없으므로 내가 알지 못하는 새로움에 매혹되어, 차라리 그쪽으로 가는 게 좋았다며 서운해하고, 알베르틴이나, 발베크와 리브벨의 바닷가, 게르망트네 사람들이 영원한 미지로 남지 않을 것을 유감스러워하며.

사실 나는, 바다 앞에서 처음으로 보았던 알베르틴 얼굴에 앞으로 쓰게 될 몇 가지 일을 연관시키고 있었다. 어떤 의미에서 그것을 연관시킨 건 옳았다. 만약 그날 내가 방파제에 가지 않았더라면, 또 만약 그녀와 아는 사이가 되지 않았더라면 그런 착상은 조금도 펼쳐지지 않았을 테니까 말이다(다른 여성에 의해서 펼쳐지지 않는다면). 또 어떤 의미에서는 잘못이었다. 우리가 과거를 돌아보며 여자의 아름다운 얼굴을 떠올릴 때의 기쁨, 영감의 모체인 그 기쁨은 우리 감각에서 생겨나는 것이기에. 사실상 내가 앞으로 쓰려는 것을 알베르틴은, 특히 그때의 알베르틴은 이해하지 못했을 게 분명했다. 그러나 바로 그래서(이것은 너무나 지적인 분위기 속에서 살지 말라는 시사이다), 나와는 너무나도 달랐기 때문에, 그녀는 비탄을 통해 나의 영감을 풍부하게 했고, 처음 무렵에는 자기와 다른 것을 상상하려는 조심스런 노력을 통해서도 내 영감을 기름지게 했다. 만약 그녀가 내 글을 이해할 수 있었다면, 오직 그 사실만으로 그녀는 나의 창작욕을 북돋을 수는 없었을 것이다.

질투는 능란한 모집자여서 우리 그림에 빈 곳이 나면 거기에 필요한 예쁜 아가씨를 거리에서 찾아온다. 더 이상 예쁘지 않은 아가씨도, 우리가 질투를 느끼면 다시 예뻐져서 빈 곳을 메워준다.

우리가 죽은 뒤에는, 그 그림이 그처럼 완성되어도 더는 기쁨을 느끼지 못할 것이다. 하지만 그런 생각을 해도 전혀 서운하지 않다. 왜냐하면 인생이란 세상 사람들의 말보다는 조금 복잡하며, 온갖 상황 또한 그렇다는 것을 느끼기 때문이다. 뿐더러 그 복잡성을 꼭 보여주어야만 한다. 질투는 더할 수 없이 유효한 것이지만, 반드시 눈길이라든가 남의 이야기라든가, 어깨너머로 넌지시 보내는 은근한 추파에서만 생기는 것은 아니다. 파리에서는 《파리총람(總攬)》, 시골에서는 《성관연감(城館年鑑)》으로 알려져 있는 어떤 연감의 책장 사이에 숨어서, 우리를 바늘로 찌르려고 기다리고 있는 질투를 찾아낼 수도 있다. 이미 우리의 관심을 못 끌게 된 어떤 아름다운 아가씨가 대엿새쯤 파 드 칼레의 됭케르크 근처에 있는 여동생을 만나러 가게 되었다는 말을 귓결에 들었다고 치자. 또, 아무래도 그 아름다운 아가씨는 E씨의 구애를 받았던 모양인데, 그녀가 전에 그와 자주 만나던 술집에 도무지 가지 않는 것으로 보아 이미 완전히 관계가 끊어진 모양이군 하고 멍하니 생각했다고 치자. 그런데 그 여동생은 뭘 하는 아가씨일까? 몸종일까? 우리는 조심스러워서 묻지 않았다. 그런데 우연히 《성관연감》을 뒤적이다가, E씨의 별장이 파 드 칼레의 됭케르크 가까이에 있다는 사실을 알게 된다. 더는 의심할 여지가 없다. 그 아름다운 아가씨의 환심을 사기 위해 그는 그녀의 여동생을 하녀로 고용했고, 아름다운 아가씨가 더 이상 술집에서 그와 만나지 않는다면, 그것은 그가 한 해의 대부분을 지내는 파리의 자택으로 그녀를 끌어들였기 때문이며, 파 드 칼레에서 지내는 짧은 동안도 그녀 없이는 배길 수 없기 때문이다. 분노와 연정에 취한 붓은 그리고 또 그린다. 그렇지만 만약 그렇지 않다면? E씨가 정말로 이미 그 아름다운 아가씨와 만나지 않고, 1년 내내 파 드 칼레에서 지내는 자기 형에게 그녀의 여동생을 소개했다면? 그렇다면 그녀는 E씨가 별장에 없을 때 우연히 여동생을 만나러 가는지도 모른다. 왜냐하면 두 사람은 이미 서로에 대해서 신경을 쓰지 않으니까. 또, 여동생이 어느 별장에서도 몸종 노릇 따위를 하고 있는 게 아니라, 다만 파 드 칼레에 친척이 있을 뿐인지도 모른다. 우리가 처음에 느꼈던 고뇌는 이 마지막 가정에 굴복하고, 질투는 완전히 가라앉는다. 하지만 아무려면 어떤가? 《성관연감》의 책갈피에 숨어 있던 질투는 절호의 기회에 나타났으니까. 곧, 내 화폭의 빈 곳이 이제는 메워졌으니까. 질투에 의해 끄집어내어진 아름다운 아가씨 덕분에 그림 전체는 훌륭하게 구성되었고 또한 우리는 이미 더 이상 그녀에 대해서 질투도 느끼지 않고 그녀를 사랑하지도 않는 것이다.

*

그때 집사가 와서 나에게 말했다. "첫 곡이 끝났으니 서재에서 나와 손님방에 들어가셔도 좋습니다." 그 말에 나는, 내가 어디에 와 있는지 새삼 깨달았다. 그러나 고독 중에는 찾아낼 수 없었던 새로운 삶을 향한 이 출발점이 사교 모임이나 사교계로의 복귀에 의하여 생겨났다고 해서, 이제 막 시작한 내 사고의 흐름은 조금도 흔들리지 않았다. 그 사실에는 조금도 이상할 게 없었고, 내 속에 영원한 인간을 다시 살려낼 수 있는 인상이(지난날에는 그렇게 생각했듯이, 어쩌면 이전의 나에게는 그러했고 이제 겨우 끝났는가 싶은 이 오랜 정지가 아니라, 아마도 내가 순조롭게 성장을 했더라면 지금도 분명 그렇게 생각했을지도 모르듯이) 필연적으로 사교계보다도 고독 쪽에 연관되어 있어야 할 이유도 없으니까. 그도 그럴 것이, 내가 이와 같은 미적인 인상을 느끼는 건 다음과 같은 경우 곧 아무리 하찮은 것이라도 현재 느끼는 어떤 감각과 비슷한 감각이 저절로 내 속에 되살아나서 그것이 현실의 감각을 동시에 여러 시기에 고루 미치게 하여, 평소에는 하나하나의 감각이 헤아릴 수 없는 공백을 남기고 있는 내 영혼을 보편적인 본질로 가득 채우고, 그와 같은 감각을 자연 속에 있을 때와 같이 사교계에 있을 때도 받지 않을 리가 없기 때문이다. 왜냐하면 그러한 감각은 우연에서 생기는 것으로서, 일상생활의 궤도에서 벗어난 날이면, 오랜 습관이 우리 신경조직으로 하여금 감지하지 못하도록 막고 있는 지각을 몹시 단순한 사물에 닿아도 느끼게 만드는 개인적인 흥분도 틀림없이 그러한 우연을 도와주고 있을 테니까. 나는 예술작품에 이르는 길을 가르쳐주는 것은 오직 이러한 감각뿐이라는 그 객관적인 이유를 찾아내려고 서재에서 더듬던 사고의 흐름을 계속 좇아갔다. 서재에 혼자 있을 때와 마찬가지로 여러 손님으로 둘러싸여 손님방에 있을 때에도 사념을 계속할 수 있으리만큼 이제는 정신생활의 시작이 내 몸 구석구석까지 강하게 퍼져 있다는 느낌이 들었기 때문이다. 그러자 이처럼 숱한 손님들 속에 있어도 나는 자신의 고독을 지켜낼 수 있다는 생각이 들었다. 왜냐하면 중대한 사건도 바깥쪽에서부터 우리 정신력에 영향을 미치지 못하며, 아무리 격동의 시대에 살아도 변변치 못한 작가는 어디까지나 그 변변치 못함을 벗어나지 못하기 때문이다. 그와 같은 이유로 사교계에서 위험한 것은 우리가 끌어들이는 천박하고 경솔한 기분이다. 하지만 웅장한 전쟁도 무능한 시인을 숭고한 시인으로 만들 수 없듯이, 사교계 자체가 사람을 시시하게 만드는 것은 아니다.

이와 같은 방법으로 예술작품이 구성되는 일이 이론적으로 바람직한지 아닌지는 앞으로 검토하기로 하고, 아무튼 나에게 있어서 만큼은 진실로 미적인 인상은 언제나 이와 같은 감각 직후에 찾아왔음을 부인할 수 없다. 그러한 미적 인상은 매우 드물게 나타났지만, 내 생애를 굽어보며 우뚝 서 있었다.

나는 실수로 잊어버렸던(앞으로 다시는 그러지 않을 작정이지만) 몇몇 절정을 과거에서 되찾았다. 뿐만 아니라 지금은 이렇게도 말할 수 있다. 그것은 특히 중요하므로 나에게 고유한 특징이 되었지만, 그렇다 해도 다른 몇몇 작가에게서 볼 수 있는 그것과 상당히 비슷한 특징, 그다지 뚜렷하지는 않지만 분명히 알아볼 수 있는 특징과 서로 통한다는 사실을 발견하고 나도 안심했다고. 마들렌의 맛과 같은 감각은 《무덤 저편의 회상》 가운데 가장 아름다운 부분과 이어져 있지 않을까? "어제저녁, 나는 홀로 산책하고 있었다……. 한 그루의 자작나무 꼭대기에 앉은 한 마리의 개똥지빠귀가 지저귀는 소리에 나는 퍼뜩 명상에서 깨났다. 그 순간 그 마법의 소리가 내 눈앞에 아버지의 영지를 떠오르게 했다. 나는 최근에 보아온 처참한 사변도 잊고, 갑자기 과거로 옮겨가서 개똥지빠귀 우는 소리를 자주 듣던 그 전원 풍경을 다시 보았다." 이 《회상》의 가장 아름다운 두세 문장 중의 하나로, 다음과 같은 게 꼽히지 않을까? "헬리오트로프(heliotrope)*¹의 섬세하고 그윽한 향기가 꽃이 활짝 핀 조그마한 누에콩 화단에서 피어오르고 있었다. 그것은 조국의 미풍에 실려온 게 아니라, 이 유배된 식물과는 아무런 상관도 없으며, 어렴풋한 회상이나 쾌락과도 교감하는 바 없는 뉴펀들랜드의 거센 바람에 실려온 것이다. 미인 주위에 감도는 일도 없고, 그 가슴속에서 정화되는 일도 없으며, 그녀가 밟는 길을 따라서 퍼지는 일도 없는 이 향기, 여명과 문화와 인간 사회로 변한 그 향기 속에는 아쉬움과 결핍과 청춘의 온갖 우수가 서려 있었다."

프랑스 문학의 걸작 가운데 하나인 제라르 드 네르발(Gérard de Nerval)*² 의 《실비》는, 《무덤 저편의 회상》의 콩부르(Combourg) 편과 마찬가지로, 마들렌의 맛이나 '개똥지빠귀의 지저귐'과 같은 감각을 품고 있다. 또한 보들레르의 경우, 이런 어렴풋한 추억은 더욱 수두룩하며 분명히 우연도 아니므로, 내 생각으로는 견고하여 흔들리지 않는 것이다. 시인이 충분한 시간을 두고 고르고 골라서, 이를테면 한 여자의 냄새, 그녀의 머리털 냄새나 유방 냄새에서 '끝없이 둥근 푸른 하늘(l'azur du ciel immense et rond)'*³이나 '돛

---

*1 지치과에 딸린 다년생 풀.
*2 프랑스의 시인(1808~55). 독일 문학의 번역가. '마음의 간헐(間歇)'이라는 수법으로 프루스트에게 많은 영향을 끼침.
*3 〈머리털〉 중의 한 구절.

과 돛대로 가득한 항구(un port rempli de voiles et de mâts)'*1 등을 그에게
불러일으키는 영묘한 유사함을 의식적으로 추구한다. 나는 이와 같이 감각
의 옮김을 기반으로 하는 보들레르의 시편을 떠올리려고 애썼다. 이토록 고
귀한 문학적 계열 속에 자신을 위치시킴으로써 조금의 망설임도 없이 시작
하려는 작품에 노력을 기울일 만한 가치가 있다는 확신을 품으려고 할 즈음,
서재에서 아래층으로 통하는 계단을 다 내려온 순간, 나는 내가 넓은 손님방
안의 향연 한가운데에 서 있다는 사실을 문득 깨달았다. 그것은 지난날에 참
석했던 어느 향연과도 전혀 다른 것으로 보였고, 나에게 있어 특별한 광경을
나타내는 동시에 새로운 의미를 띠기 시작했다. 사실 계단을 내려올 때는 방
금 세운 계획을 그대로 가슴에 단단히 품고 있었지만, 순식간에 극적인 변화
가 일어나 내 계획에 중대한 항의를 내세우려 했다. 물론 그것은 틀림없이
내가 물리칠 수 있는 항의일 테지만, 예술작품의 조건에 대해서 마음속으로
곰곰이 생각하고 있는데, 나를 망설이게 만들기에 충분한 이유를 몇백 번이
나 되뇌면서 끊임없이 내 추리를 가로막으려 들었다.

처음에 나는, 어째서 이 댁의 주인이나 초대 손님들을 곧바로 알아보지 못
하는지, 어째서 저마다 얼굴을 완전히 딴판으로 보일 만큼 하나같이 머리에
분가루를 뿌리고, '변장'하고 있는지 영문을 몰랐다. 손님을 접대하는 대공
에게는 처음 만났던 무렵에 보았던 동화 속 임금님 같은 호인의 모습이 아직
남아 있었지만, 지난날 그가 손님에게 강요했던 예의범절을 이번엔 몸소 지
키는지, 흰 턱수염을 이상하게 기르고, 발에는 척 봐도 무거울 듯한 납으로
댄 신바닥 같은 것을 질질 끌면서 마치 〈인생의 일곱 고개〉의 노인 역으로
분장하고 있는가 싶었다. 그의 콧수염도 마치 그 주위에 《엄지동자(Petit
Poucet)》*2의 숲에 내린 서리가 남아 있듯이 희었다. 콧수염이 거추장스러운
듯 입은 딱딱하게 굳어 있었는데, 한 번 효과를 보았다면 당장에라도 그 콧
수염을 없애버려야 할 것이다. 사실 나는 이리저리 궁리한 끝에 몇몇 특징이
닮아 있는 점으로 보아 그가 대공과 똑같은 인물이라 판단하고 알아보았을
뿐이다. 르장사크의 아들은 그 얼굴에 무엇을 발랐는지는 모르지만, 다른 사
람들이 턱수염 반쪽, 또는 콧수염만 희게 물들인 반면, 그는 그러한 염색에

---

*1 〈이국의 향기〉 중의 한 구절.
*2 프랑스의 작가·비평가 페로(1628~1703)의 동화.

아랑곳없이, 잔뜩 공을 들여서 얼굴을 온통 주름투성이로 만들고, 눈썹을 죄다 곤두서게 하는 방법을 찾아냈다. 그 모양은 그에게는 맞지 않는 분장이어서, 얼굴이 굳고 청동색이 되는 한편 몹시 늙어 보이는 효과를 내어, 도저히 젊은이라고는 생각할 수 없을 정도였다. 바로 그때, 코밑에 은백색 대사형(大使型) 수염을 기른 왜소한 노인을 샤벨로 공작이라고 부르는 소리를 듣고 깜짝 놀랐는데, 이전과 다름없는 눈빛을 언뜻 보고 언젠가 빌파리지 부인을 방문했을 때 만난 젊은이인 줄 알아보았다. 이런 가장을 벗기고 본바탕대로 남은 얼굴을 기억의 수고로 완전히 되살리고자 애쓴 끝에 가까스로 누구인지 알아보았을 때, 처음으로 내가 생각한 것은 누구라고 알아보기에 앞서 누구일까 하고 머뭇거릴 만큼 교묘하게 변모시킨 그 솜씨에 대한 칭찬이 틀림없었으리라. 그러한 망설임은 그 자신과는 아주 다른 인물로 분장한 명배우가 무대에 나타날 때 관객이 느끼는 것으로, 관객은 예고에 의하여 미리 알고 있으면서도 잠깐 박수도 잊고 어리벙벙해한다.

이런 점에서 가장 비범한 이는 내 개인적인 적수인 아르장쿠르 씨로서, 그는 말 그대로 마티네의 인기를 독차지하는 존재였다. 이제 겨우 희끗희끗해진 자기 턱수염 대신 믿어지지 않을 만큼 희고 얄궂은 수염을 이상야릇하게 기르고 있을 뿐 아니라, 또한(여러 가지의 보잘것없는 육체적 변화도 많이 모이면 사람을 작아 보이게도 커 보이게도 할 뿐 아니라, 바깥쪽에 나타난 그의 성격이나 인품마저도 모조리 변화시키는 만큼) 그의 위엄, 딱딱한 점잔 따위는 아직도 내 기억에 남아 있건만 이제 존경심 따위는 털끝만큼도 자아낼 수 없는 늙은 거지가 되어버렸을 뿐더러, 자기가 분장한 망령 든 영감역을 박진감 넘치게 연기하다 보니, 손발은 후들후들 떨리고 언제나 거만하던 표정은 축 처진 채 얼빠진 사람처럼 헤죽헤죽 웃고 있었다. 이쯤 되면 변장의 단계를 넘어서 변신이다. 사실 이 형용키 어려운 그림 같은 연기를 보여주는 사람이 다름 아닌 아르장쿠르 씨라는 사실이 몇몇 사소한 점으로 증명되었지만, 만약 내가 일찍이 알던 아르장쿠르 씨의 얼굴을 다시 찾아내고 싶으면 얼마나 많은 얼굴 모습을 차례차례 건너가야 했을까. 그만큼 그는 오직 자기 자신의 육체만을 써서 자기와 전혀 다른 존재로 변신해 있었다! 분명 그것이야말로, 그가 감쪽같이 해낼 수 있는 변장의 극치였다. 한때의 그 오만불손한 얼굴은, 활 모양으로 잔뜩 뒤로 젖힌 상반신도 이제는 이미 흐느적거리는 넝마에 지나지 않았다. 전에는 가끔 그 거만을 잠깐 누그러뜨리기도 하던 그를 겨우 떠올려본들, 흐슬부슬한 헌옷 장수 같은 그 미소가 지난날의 단정한 신사 몸속에 있었다고 어찌 이해할 수 있겠는가.

하지만 아르장쿠르가 여전히 같은 의도로 미소 짓고 있다고 가정하더라도 그 모습의 변화가 너무도 심해서, 미소 짓는 눈 자체가 모두 달라지고 표정도 확 바뀌어서 딴사람 같았다. 날벼락을 맞긴 했으나 예의 바른 샤를뤼스 씨가 비극적인 형태로 그러했듯이, 완전히 얼이 빠져 자기 자신을 익살맞은 그림 속으로 아낌없이 내던진 이 노망 든 사람 앞에서 나는 웃음을 그치지 못했다. 라비슈(Labiche)에 의해서 과장된 르냐르(Regnard)풍으로, 다 죽어가는 광대가 몸에 밴 아르장쿠르 씨는, 시시한 사람의 인사에도 성의껏 모자를 벗는 리어 왕 역을 맡은 샤를뤼스 씨처럼 부드럽고 붙임성도 있어 보였다. 그러나 나는 그가 보여주는 괴이한 모습에 대하여 찬사를 보낼 마음은 나지 않았다. 그에 대한 나의 옛 반감 때문은 아니었다. 왜냐하면 그는 분명히 옛날과는 아주 달라져서, 나는 평소의 아르장쿠르 씨가 거만한 데다 툭하면 대들고 위험스럽기 그지없었던 만큼이나 지금은 싹싹하고 온화하며 독기 없는 다른 사람 앞에 있는 듯한 착각에 빠졌기 때문이다. 너무도 딴사람이 되어 있었으므로, 이루 말할 수 없으리만큼 낯을 찌푸린 이 익살맞은 백발의 인물, 어린애로 돌아간 두라킨 장군을 닮은 이 눈사람 같은 영감을 보노라면, 인간도 어떤 곤충처럼 완전한 변태가 가능할 듯싶었다. 나는 과학 박물관의 박물학 교육 전시실에서, 가장 빠르고 확실한 변태를 살피고 있는 듯한 느낌이 들었다. 꿈틀거린다기보다 오히려 바르작거리는 이 말랑말랑한 번데기 앞에서는 이제까지 아르장쿠르 씨가 내게 일으켰던 느낌을 받을 수 없었다. 하지만 나는 여전히 침묵을 지키며, 인체의 변형이 일으킬 수 있는 한계를 넓힌 것처럼 기이한 모습을 보여준 데 대하여, 아르장쿠르 씨에게 별다른 칭찬을 하지는 않았다.

아닌 게 아니라, 극장의 무대 뒤라든가 가장무도회의 회장 같은 데서는 예의상, 가장한 사람이 누구인지 좀처럼 알아보기 힘들다고 떠벌리거나, 거의 알아볼 수 없다고 딱 잘라 말하기 일쑤이다. 그러나 여기서는 반대로, 변장한 사람들을 되도록 모른 체하라고 본능이 일러주었다. 하고 싶어서 한 변장이 아니니까 칭찬할 것이 못되는 걸 알아챘기 때문이다. 그리고 나는, 이 손님방에 들어설 때는 생각지도 못했지만, 한동안 드나들지 않다가 오랜만에 사교 자리에 나오면, 낯익은 사람이라고는 두셋밖에 없는 간단한 모임일지라도 가장 성공한 가장무도회 같은 인상을 준다는 사실을 깨달았다. 남들을 알아볼 수 없어서 사뭇 '당황'하는 연회이다. 그러한 얼굴은 오래전부터 본의 아니게 만들어진 것인 만큼, 모임이 끝났다고 해서 깨끗이 씻어낼 수 있는 게 아니다. 남들을 보고 당황한다. 유감이지만 우리 자신도 남들을 당황케 한다. 왜냐하면 남들 얼굴에 마땅한 이름을 붙일 때 내가 느낀 바와 같은 어려움을, 내 얼굴을 언뜻 본 남들도 모두 느끼기 때문이며, 그들은 내 얼굴을 보고도 난생처음 본다는 듯이 거들떠보지도 않거나, 지금의 내 모습에서 다른 추억을 찾아내려고 애쓰기 때문이다.

내 마음에 남을 아르장쿠르 씨의 익살극 가운데에서 가장 근사한 구경거리임에 틀림없는 이 괴상한 '연극'을 하고 있는 그는, 마치 한창 폭소가 터지는 가운데 막이 완전히 내려지기 직전 마지막으로 다시 한 번 무대에 나타난 배우 같았다. 내가 이미 그를 원망하지 않는 까닭은, 다시 동심으로 돌아간 그에게는 내게 품고 있었을 모멸적 관념에 대한 기억도, 샤를뤼스 씨가 얼른 내 손을 놓은 장면을 보았다는 기억도 전혀 없었기 때문으로, 곧 그에게는 이미 그러한 감정이 한 조각도 남아 있지 않거나, 우리에게 다다르는 동안 극심한 변형을 주는 육체라는 굴절기(屈折器)를 거쳐야 하는 탓으로, 그러한 감정이 중간에 완전히 의미가 바뀌어 자신이 심술궂다는 걸 여전히 얼굴에 나타내거나, 남의 이목을 끄는 끊임없는 폭소를 억누르거나 할 만한 육체적 수단이 없어서, 아르장쿠르 씨가 좋은 사람으로 보였기 때문이다. 다만 그를 배우에 비교한 것은 마땅하지 않았다. 사물을 의식하는 마음을 모두 잃은 그가 손님방에서 우글쭈글 구겨져서 이리저리 끌려다니는 모습은 마치 흰 양털로 만든 수염을 단 인형이 간닥거리는 것 같았고, 추도 연설이나 소르본 대학의 강의 같은 데서 볼 수 있듯이 모든 것이 헛되다는 인식과 함께 박물학의 표본 역할을 맡은 과학적이고도 철학적인 꼭두각시놀음을 보는 듯했다.

이런 인형들이 한때는 벗이었음을 확인하려면, 무대 앞뒤에서 동시에 그 인형들 얼굴을 읽어내야 한다. 또 이런 늙은 꼭두각시를 눈앞에 두면 정신을 작용시킬 수밖에 없었으니, 맨눈으로 바라보면서 더불어 기억의 눈으로 보아야 했기 때문이다. 지나간 세월의 형태 없는 빛깔에 잠겨 있는 인형들, '시간'을 겉으로 드러내고 있는 인형들, '시간'이란 보통 눈에 띄지 않는데, 눈에 띄려면 육체를 찾고, 어디서든지 육체를 만나기만 하면 그것을 붙잡아 거기에 '시간'의 환등을 비춘다. 지난날 콩브레의 내 방문 손잡이에 비치던 골로(Golo)처럼 비물질화되어 알아보지 못할 만큼 새로운 아르장쿠르 씨는, 마치 '시간'의 계시처럼 '시간'의 조각을 드러내 보이면서 떠돌고 있었다. 아르장쿠르 씨 얼굴이나 사람됨을 이루고 있는 새로운 요소 속에서 세월을 나타내는 어떤 숫자를 읽을 수 있었고, 눈에 비치는, 곧 영원히 변하지 않는 인생이 아니라 실제의 인생을 상징하는 모습, 도도한 귀공자도 저녁에는 헌옷 장수로의 저 자신의 풍자화를 그릴 정도로 덧없는 분위기가 느껴졌다.

그뿐더러 다른 사람들에게는 이와 같은 변화나 분명한 자기 상실이, 박물관의 영역을 넘어선 듯했으며, 누군가의 이름을 부르는 소리를 듣고, 같은 인물인데도 아르장쿠르 씨처럼 새로운 다른 특징을 보일 뿐 아니라, 딴 사람의 외적 특색을 나타내고 있다는 사실에 놀랐다. 그것은 확실히 아르장쿠르 씨의 경우처럼, 이를테면 시간이 젊은 아가씨에게서 짐작도 못 할 가능성을 끌어냈다고도 할 수 있을 것이다. 그러나 이러한 가능성은 주로 용모나 육체에 대한 것인데도, 정신과도 어느 정도 연관이 있는 듯했다. 얼굴 생김새는 만약 그것이 변하고 배합이 달라져서 자연스레 천천히 균형이 잡힌다면 딴 용모가 되는 동시에 다른 뜻을 갖는다. 그래서 소견 좁고 야멸치다고 알려진 여자가, 몰라보리만큼 볼아 통통해지고 코가 뜻밖에 매부리 형태가 되고 나면, 그 여자에게 한 번도 기대한 적이 없었던 인간미와 은근한 맛이 있는 말을 듣고, 예기치 못한 용감하고 훌륭한 행동을 접한 것 마냥 놀라며, 그것도 흔히 즐거운 놀라움을 자아낸다. 그 코, 그 새로운 코의 주위에, 전혀 기대도 하지 않았던 전망이 트이는 게 보인다. 지난날 있을 수 없었던 친절이나 애정이 그 두 볼과 함께 가능해진다. 그 전의 그 턱을 보고서는 말하고 싶은 생각도 들지 않았을 말까지도 이 턱 앞에서는 들려줄 수 있다. 이 새로운 이목구비에는 모두 성격상의 새로운 특색이 깃들게 된다. 그리하여 매정하고 깡마른 젊은 아가씨는 너그럽고 뚱뚱한 미망인이 되었다. 아르장쿠르 씨의 경우처럼 동물학적인 의미로서가 아니라 사회적이고 정신적인 의미로 전혀 딴사람이 되었다고 할 수 있다.

이렇듯 여러 가지 점에서, 지금 내가 참석한 마티네는 지난날의 한 심상보다는 훨씬 귀중한 것이었다. 그것은 내가 일찍이 본 적 없는 심상, 과거를 현재와 분리하는 심상을 차례차례 제공했다. 다시 말하면 과거와 현재 사이에 있는 관계를 보여준다. 이러한 마티네는 옛적에 요지경이라 불리던 것이었으나, 오랜 세월의 모습을 보여주는 요지경이다. 곧, 한순간의 조망이 아니라 시간이라는 변화무쌍한 원근 관점 속에 자리잡은 인간의 조망이었다.

아르장쿠르 씨를 정부로 삼고 있던 부인으로 말하면, '지나간 시간을 헤아린다면' 별로 달라진 데가 없었다. 그녀의 얼굴은 던져진 심연을 떠다니는 동안에 변해버리는 사람의 얼굴처럼 완전히 못쓰게 되지는 않았다. 그런데 그 심연의 방향 또한 공허한 비유를 빌리지 않고서는 나타낼 길이 없다. 그러한 비유를 하려면 우리는 공간 세계에 힘입을 수밖에 없기 때문이다. 높이, 길이, 깊이의 어느 방향으로 뻗어가더라도, 비유에는 그저 떠올릴 수 없는 이 감각적 차원의 존재를 겨우 우리에게 깨닫게 하는 정도의 쓸모가 있을 뿐이다. 이러한 얼굴에 어울리는 이름을 붙이기 위해서는 세월의 흐름을 거슬러 올라가야 하므로, 오히려 그 반동으로 나는 하는 수 없이 일찍이 생각지도 않았던 세월을 각각 제자리에 놓고 그 뒤에 다시 한 번 확립할 수밖에 없었다. 이러한 관점에 서서, 공간의 표면적인 동일성에 속지만 않는다면 아르장쿠르 씨의 경우처럼 어떤 인간의 아주 새로운 모습은 어떤 왜소한 나무나 거대한 바오바브(baobab)* 나무가 나타나서 우리에게 위도의 변화를 알려주듯이, 이를테면 화폐의 주조 연호처럼 평소에는 추상에서 한 걸음도 벗어나지 못하는 세월의 실체를 깜짝 놀랄 만큼 강렬하게 폭로한다.

그럴 때 인생은 무대가 바뀜에 따라서 갓난아이에서 청년이 되고 장년이 되며, 나중에는 허리가 굽어 무덤 쪽으로 다가서는 몽환극을 방불케 한다. 상당히 오랜 간격을 두고 끌어올려진 인간이 몹시 다르게 보이는 까닭은 끊임없이 변화했기 때문이므로, 생물은 똑같은 생물이기를 그만두지 않고, 아니 똑같은 생물이기를 그만두지 않기 때문에 일찍이 우리가 본 모습을 찾아볼 수 없으리만큼 탈바꿈하는데, 우리 인간 또한 그러한 생물이 좇는 똑같은 법칙을 좇아왔다는 사실을 알게 된다.

---

* 열대 아프리카에 나는 판자(panja)과의 거목.

옛날에 알던 한 젊은 부인이 지금은 머리도 희고 보기 흉한 노파로 쪼그라들고 말았지만, 연극의 끝판에서는 누가 누군지 알아볼 수 없을 정도로 변장해야 한다는 걸 가르쳐주는가 싶었다. 그러나 그 오빠 쪽은 허리도 꼿꼿한 것이 옛날 그대로여서, 그 젊어 뵈는 얼굴에 위로 뻗친 콧수염만이 희게 물들어 있어서 놀랐다. 이제까지 새까맣던 턱수염에 지금은 반백으로 섞인 흰 털이, 마치 아직 긴 여름만 믿고 변변한 일도 않으며 어정버정 지내다 보니 벌써 가을이 다가와 군데군데 노랗게 물들기 시작한 나뭇잎처럼 이 마티네의 인간 풍경을 처량하게 하고 있었다. 나는 어린 시절부터 자신이나 남에게서 결정적인 인상을 받아왔으면서도 무위한 나날을 보냈는데, 이러한 사람들에게 일어난 변신에 의하여, 그들 위로 지나간 시간을 이제야 비로소 깨닫고, 또한 그 시간이 내 위로 지나갔다는 사실에 소스라치게 놀랐다. 그들의 늙어 빠진 모습은, 그뿐이라면 아무래도 상관없지만 나에게도 노쇠가 가까워졌음을 알려주어 내 마음을 어둡게 만들었다. 그뿐만 아니라 나의 노쇠는 마치 '최후의 심판'을 알리는 나팔 소리처럼 내 귓가를 때리는 남들의 말을 통해 몇 분의 사이를 두고 거듭하여 나에게 선고되었다.

첫 선고는 게르망트 공작부인의 입을 통해 내려졌다. 나는 마침 공작부인이 양쪽으로 늘어선 호기심 많은 사람들 사이로 지나가는 모습을 보았다. 호기심 많은 이들은 그들에게 작용하는 화장이며 심미안의 기막힌 기교는 깨닫지 못하고, 그녀의 다갈색 머리털, 검은 레이스 소매 사이로 살짝 엿보이는 보석으로 꽉 쥔 연어빛 피부에 정신이 팔려서, 마치 게르망트 가문 '수호신'이 변신한 보석투성이의 신성한 늙은 물고기인 양, 집안의 내림인 나긋나긋한 선을 그리는 부인의 몸뚱이를 황홀하게 바라보고 있었다. "어머나, 정말 기뻐요, 나의 가장 오랜 친구를 뵙게 되다니." 부인이 나에게 말했다. 게르망트네 집에서 지내는 신비한 생활에 정말로 참여하여, 부인의 친구들인 브레오테 씨, 포레스텔 씨, 스완, 그 밖에 고인이 된 모든 사람과 동등한 자격을 얻게 되리라고는 꿈에도 생각지 못한 콩브레 시절의 젊은이 같았으면 이 말에 마음이 흐뭇했을지 모르지만 지금의 나에게는 오히려 처량했다. '자기의 가장 오랜 친구라고!' 나는 속으로 말했다. '과장하고 있는 거야. 아마 가장 오랜 친구 중 한 사람이라는 뜻일 테지, 하지만 그렇다면 나는……' 이때 대공의 조카가 내게로 와서 말을 건넸다. "당신은 예부터의 파리지앵이시니까요."

잠시 뒤 하인이 내게 쪽지를 전했다. 이 집에 닿았을 때 나는 젊은 레투르빌을 만났었는데, 그가 공작부인과 어떤 혈연관계가 있는지 기억이 가물거렸으나, 상대는 나에 대해서 조금 기억하고 있었다. 그는 생시르(Saint-Cyr, 육군사관학교)를 갓 나왔었는데, 그도 생루처럼 좋은 친구가 되어줄 테고, 군대의 일이나 여러 가지 변화에 대해 가르쳐줄 거라고 생각한 나는, 나중에 다시 만나서 같이 식사할 날을 정하자고 그에게 말했더니 몹시 기뻐했었다. 그런데 내가 서재에서 너무 오랫동안 몽상에 잠기는 바람에 그는 더 이상 기다릴 수 없으니 자기 주소를 알려주겠다는 쪽지를 남긴 것이다. 내가 친구가 되어줄 것으로 기대한 그의 쪽지 끄트머리에는 '귀하의 나이 어린 친구, 레투르빌의 온 경의와 더불어'라는 말이 씌어 있었다. '나이 어린 친구!' 나도 옛날에는 서른이나 더 먹은 연장자들, 이를테면 르그랑댕에게 이런 투의 편지를 썼었지. 이럴 수가! 나는 이 육군 소위를 생루와 같은 나의 친구로 생각하고 있는데 그는 나이 어린 친구라고 자처하는구나. 그럼 그때 이후 변한 것은 전쟁 방식만이 아니구나. 레투르빌 쪽에서 보면 나는 친구가 아니라 늙다리 신사이구나. 혼자 떠올렸듯이, 나는 레투르빌과 좋은 친구가 될 줄 알았건만 꿈에도 생각지 않았던 보이지 않는 컴퍼스가 넓게 벌어져 나를 그에게서 떨어뜨렸단 말인가? 나를 젊은 육군 소위에게서 아득히 먼 곳으로 데려다 놓아, '나이 어린 친구'라 자칭하는 젊은이에게는 한 노신사에 불과하단 말인가?

거의 그 직후에 누군가가 블로크 이야기를 꺼내자 나는 아들 쪽이냐, 아니면 아버지 쪽이냐고 물었다(대전 중에 아버지 블로크는 프랑스가 침략당하는 꼴을 보고 분에 못 이겨 죽었다는데 나는 아직 그것을 몰랐다). "그에게 자녀가 있는 줄은 몰랐소. 결혼했는지조차 몰랐거든." 게르망트 대공이 나에게 말했다. "하지만 지금 이야기하고 있는 것은 분명히 아비 쪽이오. 아무리 봐도 젊은 티는 하나도 없었거든. 다 큰 아들이 있다 해도 이상할 게 없어." 대공은 웃으면서 덧붙였다. 그 말을 듣고, 그것이 내 친구 이야기임을 알았다. 그리고 잠시 뒤에 본인이 들어왔다. 과연 블로크 얼굴에는, 금세 멈춰버리는 그 힘없는 고갯짓과 연설투로 지껄이는 그 허약한 겉모양이 겹쳐 보였다. 만약 내가 옛 친구의 모습을 마지막까지 눈앞에 떠올리지 못하고, 내 기억이 지금의 그에게는 없어진 듯한 옛날의 그 젊고 줄기찬 활기를 그에게 불어넣지 않았다면 그의 얼굴에서 학문 연구에 지친 자상한 노인의 모습만을 보았을 것이다. 인생의 들목에서 그를 자주 만나 온 나에게는 그 또한 동료이고 여전히 한 젊은이였다. 이 뒤로 나이 들었다는 생각이 들지 않아서 무의식적으로 자신이 젊은 줄로 생각한 나는 그것으로 그의 젊음을 헤아렸다. 그런데 그가 그 나이만큼 들어 보인다는 말을 들은 나는 오히려 노인들에게 있는 몇몇 특징을 그의 얼굴에서 확인하곤 소스라쳤다. 그것은 그가 실제로 늙었기 때문이었으니, 인생은 꽤나 오래 계속되는 젊음을 가지고서 단번에 노인을 만들어낸다는 사실을 나는 이해했다.

내가 병고에 시달린다는 말을 들은 아무개가 요즈음 돌고 있는 유행성 감기에 걸릴까 봐 걱정되느냐고 나에게 묻자 다른 친절한 노인이 나를 안심시켰다. "아니죠, 그건 오히려 젊은 사람들에게 걸리기 쉽다구요. 당신 나이쯤 되는 분들은 잘 걸리지 않아요." 그뿐 아니라 어떤 사람이 나에게 이 댁 하인들은 금세 당신을 알아보더라고 잘라 말했다. 하인들이 내 이름을 쑥덕거리더라는 것이다. 더더구나 한 부인의 말로는, 그들이 "저것 봐······. 영감이 왔어" 하는 걸 들었다고 하는데(이 '영감'이라는 말 다음에 내 이름이 이어졌다), 나에게는 자식이 없으므로 이 표현은 오직 나이와만 관계가 있었다.

게르망트 공작부인이 말했다. "어머, 내가 원수(元帥)와 아는 사이였냐구요? 웬걸요, 하지만 더 대표적인 분들, 갈리에라 공작부인에다 폴린 드 페리고르, 그리고 뒤팡루 예하 같은 분들은 잘 알고 있어요." 그 말을 들으면서 나는 단순하게도, 부인이 구제도의 유물이라고 부르는 그 사람들과 사귀지 않았던 사실을 유감스러워했다. 하지만 이른바 구제도란 그 종말밖에 알 수 없는 것이라는 점을 생각해봐야 옳았으리라. 이처럼 우리가 지평선에서 언뜻 보는 것은 신비한 위대함을 띠고 있으며, 다시 보지 못할 세계에 잠기는 듯이 느껴진다. 그래도 우리는 앞으로 나아간다. 그리고 우리 뒤를 잇는 세대의 눈으로 보면 이윽고 지평선에 있는 것은 우리 자신이다. 그러는 동안 지평선은 뒤로 물러나서 끝났다 싶던 세계가 다시 시작된다. 공작부인은 덧붙였다. "내가 젊은 아가씨였을 때는, 디노 공작부인도 뵈었어요. 그야 이제 난 스물다섯이 아니니까요." 이 마지막 말이 나를 불쾌하게 만들었다. 부인이 그런 말을 하다니, 할머니나 하는 말인데. 그러나 곧장 나는 그녀가 정말로 할머니로구나 생각했다. "당신은 여전하시네요, 아무렴요, 여전히 젊으셔요." 부인은 나에게 말했다. 서글픈 표현이다. 겉모양이야 어떻든 우리가 실제로 늙었다는 뜻밖에 되지 않는다. 또한 부인은 다음과 같은 말을 덧붙임으로써 나에게 치명상을 입혔다. "당신이 결혼 안 하신 걸 난 늘 유감으로 생각해왔어요. 누가 아나요, 어쩌면 안 하신 게 다행인지. 전쟁에 빼앗길 아드님이 슬하에 있을 나이이시니, 불쌍한 로베르(난 지금도 자주 생각난답니다)처럼 만약 그 아드님이 전사라도 하는 날엔 당신처럼 감정이 섬세한 분은 도저히 살 수 없을 테니까요."

그리고 나는 나 자신을 젊거니 여기고 있었듯이, 자기들이 언제까지나 젊은 줄 알고 있는 노인들 눈에서, 처음으로 진실을 비추는 거울을 보듯 사실 그대로의 자신을 볼 수 있었다. 그리고 이러한 노인들은, 내가 그들이 부인해주기를 바라면서 나 자신을 노인의 보기로 들어도, 스스로를 젊다고 보는 것과는 반대의 눈으로, 곧 내가 그들을 보는 눈으로 나 자신을 보면서 전혀 항의할 기색을 드러내지 않았다. 까닭인즉, 우리는 자기 자신의 모습이나 나이는 볼 수 없지만, 남의 모습이나 나이는 그 앞에 걸려 있는 거울처럼 똑똑히 비치기 때문이다. 게다가 사람들 대부분은 자신의 늙음이 드러나도 아마 나처럼 슬퍼지는 않을 것이다. 그러나 첫째로 늙음에는 죽음과 똑같은 것이 있다. 늙음이나 죽음을 천연덕스럽게 대하는 사람이 있는데, 이는 남들보다 용기가 있기 때문이 아니라 공상력이 빈약하기 때문이다. 또한, 이를테면 어떤 사나이가 소년 시절부터 한 가지 생각을 줄곧 품고 있으면서도 게으름과 건강 상태 때문에 그 생각의 실행을 자꾸만 미루면서 밤마다 무익하게 흘러간 하루를 없는 셈치고, 그 결과 육체의 늙음을 재촉하는 병이 정신의 늙음을 늦추고 있을 경우, 그가 '시간' 속에서 계속 살아왔다는 사실을 깨닫고 느끼는 놀라움이나 혼란은, 반대로 내면 생활이 거의 없이 달력대로 살면서 날마다 하루 또 하루를 거듭하며 결코 세월 모두를 한꺼번에 발견하지 못하는 사람이 느끼는 그것보다 훨씬 크다. 하지만 더 중대한 이유가 내 괴로움을 설명해준다. 시간을 뛰어넘은 갖가지 실재를 뚜렷하게 밝혀 예술작품 속에서 지성의 빛으로 비추려는 기획에 손을 대려는 바로 이 순간에, 내가 '시간'이 지닌 이 파괴작용을 발견했다는 점이다.

어떤 사람은 내가 오랫동안 참석하지 않는 사이에 그들의 세포가 하나하나 다른 세포로 바뀌어 전혀 몰라볼 정도로 변화하고, 완전히 변신하여, 나는 그 사람들과 식당에서 여러 번 식탁을 함께하면서도, 마치 몰래 살피러 슬그머니 다니는 왕의 신분이나 낯선 사나이의 악덕을 알아차리지 못하듯이 그들이 구면인 줄 깨닫지 못했을 것이다. 그러나 그들의 이름을 듣고 나면 이 비교로는 충분하지 않다. 왜냐하면 마주앉은 낯선 사나이가 죄인인지 왕인지는 이름을 들으면 알지만, 이러한 사교계 사람들일 경우, 나는 그들과 아는 사이지만, 아니 똑같은 이름을 가진 사람들과 아는 사이지만, 너무나 딴판이어서 똑같은 인물이라고 생각할 수 없었기 때문이다. 그렇지만 군주권(君主權)이라든가 악덕 같은 관념은 낯선 사람에게 금세 새로운 얼굴을 부여하므로(물론 눈이 가려져 있는 동안은 무심코 무례를 범하거나 호의를 베푸는 실수를 저지를 수 있지만) 똑같은 그 얼굴에서 이제는 고귀한 사람의 기품이나 또는 수상한 낌새를 느끼게 된다. 그러한 관념과 마찬가지로, 나는 미지의 여자, 한 번도 만난 적이 없는 여자 얼굴에 그녀가 사즈라 부인이라는 관념을 끌어들이는 일에 몰두한 끝에, 마침내 그 얼굴이 지닌 구면의 의미를 되찾게 되었다. 나는 이름을 듣고 본인이라고 단정함으로써 문제가 곤란함에도 해결 쪽으로 향하게 되었지만, 만약 그렇지 않다면 이 얼굴은 나에게는 완전히 낯선 것이었을 테고, 인간이 원숭이가 된 것처럼 내가 알던 모든 인간의 속성을 잃어버린 다른 얼굴인 채로 있었으리라. 그러나 어쩌다, 옛 모습이 뚜렷하게 되살아나서 대조를 해볼 수 있는 경우도 있다. 그런 때 나는 용의자와의 대질 심문을 위해 소환된 증인처럼, 너무나 큰 차이에, "아뇨……. 이 사람은 처음 보는데요" 말할 수밖에 없었다.

질베르트 드 생루가 나에게 말했다. "우리 둘이서만 식당으로 식사하러 가시겠어요?" 내가 "젊은 남자와 단둘이서 식사하러 가도 염려 없다고 생각하신다면" 대답하자, 주위 사람들이 모두 웃는 바람에 얼른 이렇게 덧붙였다. "아니 늙은이와 함께." 모두를 웃긴 그 말은 언제까지나 나를 어린아이로 여기던 어머니가 함직한 말임을 깨달았다. 그래서 나는 내 나이를 판단하는 데 어머니와 똑같은 관점에 서 있음을 퍼뜩 알아차렸다. 나도 어머니처럼 아주 어릴 적부터 나에게 갖가지 변화가 있었다고 의식했지만, 이제 와서 보면 그것도 낡아 빠진 변화일 뿐이었다. 이전에는 실제보다도 사뭇 몇 년씩 앞질러서 한때는 "이미 어엿한 청년이네요" 하는 말을 듣곤 했는데, 나는 여전히 그 변화의 시기에 머물러 있었던 것이다. 나는 아직도 그렇게 생각했는데, 이번에는 끝없이 뒤늦어 있었다.* 나는 자신이 얼마나 달라졌는지 알아차리지 못했다. 하지만 방금 폭소를 터뜨린 사람들은 대관절 나의 어디에서 변화를 보았을까? 내 머리는 아직 새치 하나 없고 콧수염도 검은데. 나는 그들에게 그런 끔찍한 사실에 대한 증거가 어디에 나타나 있는지 물어보고 싶었다.

그리고 이제야말로 나는 늙음이 뭔지 이해했다. 온갖 현실 중에서 아마 평생 우리가 가장 오래도록 순수하게 그 추상적인 개념밖에 지니지 못한 늙음. 달력을 보고, 편지에 날짜를 적으며, 벗이나 그들의 자녀가 결혼하는 걸 보면서도, 우리는 공포나 게으름 때문에 그런 사실들이 지니는 의미를 이해하지 못한다. 이제 우리가 전혀 딴 세상에 살고 있다는 것을 가르쳐주는 아르장쿠르 씨처럼 낯선 그림자를 보는 날까지, 그리고 여자친구의 손자를 무심코 동료로 대하려고 하자 그 청년이 할아버지처럼 보이는 우리에게 마치 놀림이라도 받은 듯이 미소 짓는 날까지. 나는 죽음, 사랑, 정신의 환희, 고뇌의 효험, 천직 등의 바른 뜻을 이해했다. 왜냐하면 비록 이름이 나에게서 그 개성을 잃었다 할지라도, 낱말이 그 온갖 뜻을 나에게 보여주었으니까. 심상의 아름다움은 사물 뒤에 깃들고, 관념의 아름다움은 사물 앞에 깃들어 있다. 따라서 전자는 우리가 사물에 다다르자 매력을 잃지만, 후자는 우리가 사물을 넘고 나서야 비로소 이해된다.

방금 한 끔찍한 발견은 내 책의 소재로나 도움이 될 것이다. 나는 그 소재를 진실로 완벽한 인상, '시간'의 바깥에 있는 인상만으론 구성할 수 없다고 판단했기 때문이다. 나는 그러한 인상을 갖가지 진리 사이에 끼워넣을 작정인데, 특히 인간이나 사회나 국민이 그 속에 잠겨서 변화하는 '시간'과 관계가 있는 진리는 큰 위치를 차지하게 될 것이다. 나는 인간 겉모양의 변화만을 중시할 생각은 없었다. 그 변화의 새로운 예는 시시각각 눈에 들어오지만, 한때의 심심풀이로 멈추지 않을 만큼 단호하게 걷기 시작한 내 작품을 온 마음과 온 힘을 다해 구상하면서도, 벗들과 계속 인사를 하고 담소도 나누었기 때문이다. 물론 늙음은 누구에게나 비슷한 투로 나타나는 것은 아니었다.

---

* en prenant de l'avance(앞질러)와 대조되는 avec immense retard(끝없이 뒤늦어)를 의역하면 '젊은 시절은 이미 지나간 지 오래'라는 뜻을 말함.

누군가가 내 이름을 묻는 모습이 눈에 띠었다. 그가 캉브르메르 씨라고 옆 사람이 나에게 일러주었다. 그러자 그는 나를 알아보았다는 걸 보여주려고 물었다. "여전히 그 숨이 막히는 발작으로 고생하시나요?" 그렇다고 대답하자, 그는 내가 마치 100살 노인이나 되는 듯 말했다. "그것 봐요, 그건 오래 사는 데에는 별로 지장이 없다니까요." 나는 그와 이야기하면서, 그의 얼굴에서 두세 가지 특징을 잡아냈다. 다른 부분은 나의 옛 기억과는 전혀 달랐지만, 이 두세 가지 특징만은 내가 그라고 부르는 사람의 전체 속에 머릿속으로 엮어넣을 수 있었다. 그러나 그는 슬쩍 얼굴을 돌렸다. 그러자 그 볼에, 눈이며 입을 완전히 열기도 거북할 정도로 보이는 커다란 붉은 고름집이 달려 있어 전혀 딴사람으로 보였다. 그래서 나는 그 종기 같은 것을 차마 빤히 볼 수 없어서 그저 멍하니 서 있었다. 그가 먼저 그 종기에 대해 이야기해주면 좋을 텐데. 그렇지만 그는 대범한 병자처럼, 그것에 대해서는 한 마디도 비추지 않고 웃고만 있었다. 나는 그 종기에 대해서 묻지 않는다면 몰인정해 보이고, 묻는다면 눈치가 없어 보이지 않을까 싶어 안절부절못했다. "나이를 먹을수록 천식 발작은 좀 뜸하지 않습니까?" 그는 내게 계속 천식에 대해 물었다. 그렇지 않다고 나는 대답했다. "허어! 하지만 내 누이동생은 옛날에 비해 눈에 띄게 적어졌는데요." 그는 시비조로 말했다. 마치 내경우와 자기 누이동생의 경우가 다를 리가 없다는 듯이, 또 나이는 어떤 좋은 약인지라, 고쿠르 부인에 잘 듣던 것이 나한테 안 들을 리가 없다는 투였다. 캉브르메르 르그랑댕 부인이 다가왔으므로, 나는 그녀의 남편 얼굴에서 주목한 것에 대해 한마디 동정하는 말을 하지 않으면 매정해 보일 것만 같아 더욱더 조마조마했지만, 막상 그 말을 먼저 꺼낼 용기가 없었다.

"저이를 만나니 기쁘세요?" 부인이 나에게 말했다. "부군께서는 건강하시군요?" 나는 모호한 투로 대꾸했다. "그럼요, 썩 나쁘지 않죠, 보시는 바와 같아요." 내 눈을 돌리게 했던 그 종기가 그녀의 눈에는 띄지 않았던 것이다. 그것은 바로 '시간'이 후작의 얼굴에 씌운 가면 중의 하나로, 천천히 조금씩 부어올랐으므로 후작부인의 눈에는 아무것도 보이지 않았던 것이다. 캉브르메르 씨가 내 천식에 대해 질문한 뒤였으므로, 이번에는 내가 후작의 어머니께서 아직 살아 있는지를 누군가에게 넌지시 물었다. 아직 살아 있었다. 흘러간 시간을 재는 데 힘겨운 첫걸음일 뿐이다. 처음에는 숱한 세월이

지나갔다는 점을 쉽게 그릴 수 없지만, 나중에는 생각만큼 시간이 지나지 않았다는 사실을 쉽게 떠올리지 못한다. 13세기가 그처럼 아득한 옛날일 줄은 생각해본 적도 없건만, 나중에 가서는 아직 13세기의 성당이 꽤 많이 남아 있으리라는 생각을 좀처럼 하기 어렵다. 그렇지만 프랑스에 13세기의 성당은 헤아릴 수 없이 많다. 젊은 시절부터 알던 어떤 사람이 60살이 되었다는 말을 들어도 좀처럼 이해되지 않지만 그로부터 15년 뒤에, 그 사람이 아직 살아 있을 뿐 아니라 75살밖에 안 됐다는 말을 들으면 더욱더 이해하지 못한다. 그러한 사람들의 마음에 생기는 그 완만한 작용이 잠깐 내 마음속에도 생겼다. 나는 캉브르메르 씨에게 그 어머니의 안부를 물었다. "여전히 기가 막히지요" 하는 대답에서 그가 쓴 형용사는 늙은 가족을 혹독하게 다루는 종족과는 달리, 이를테면 노인의 귀가 밝다든가, 노인이 걸어서 미사에 간다든가, 남의 죽음을 침착하게 견딘다든가 하는 순전한 육체적 능력의 행사가 자녀들 눈에는 놀라운 정신적 아름다움으로 비치는 그런 가정에서 노인에 대해 쓰이는 말이었다.

그 밖에는, 얼굴은 그대로였지만 걸을 때 비로소 거북스러운 듯이 보이는 이가 있었다. 처음에는 다리가 아파서 그런 줄 알지만, 조금 뒤에야 가까스로, 늙음이 그들의 구두 바닥에 납덩이를 붙였구나 하고 이해가 갔다. 또 아그리장트 대공처럼 늙고 나서 풍채가 좋아진 사람도 있다. 큰 키에 날씬하고 흐릿한 눈에, 머리칼은 평생 불그스름한 대로 있을 성싶던 이 사람은 곤충의 변태와 비슷한 변신에 의하여, 너무나 오랫동안 남의 눈에 띄어온 그 붉은 머리칼이 밝은 식탁보처럼 백발이 된 노인으로 탈바꿈해 있었다. 그의 가슴팍은 몰라보게 튼튼하고 거의 군인처럼 허우대가 좋아져서, 내가 익히 아는 연약한 번데기를 몽땅 터뜨릴 수밖에 없었을 것이다. 짐짓 점잔 빼는 티가 눈가에도 어려서, 그것이 주위의 모두를 향한 새로운 호의의 기색과 뒤섞여 있었다. 어쨌든 튼튼하기가 바위 같은 지금의 대공과 내 기억 속에 있는 대공의 초상 사이에는 어떤 비슷함이 남아 있어서, 나는 '시간'의 독창적인 정신력에 다시 한 번 놀랐다. '시간'은 인간의 단일성(unité)과 생명의 법칙을 존중하면서도 이와 같이 겉면을 바꾸어, 똑같은 인물의 연속적인 두 모습 속에 대담한 대조를 들이미는 기술을 갖고 있다. 왜냐하면 여기 있는 사람들 대부분은 그가 누구인지 대번에 알지만, 그것은 마치 꼼꼼하지 않은 데다 심술궂은 화가가 어떤 사람의 얼굴 모습을 일부러 생략하거나, 또 그의 눈을 일부러 어둡게 하여 그린 초상화가 전람회에 모여 있는 것이나 다름없으니까. 이런 화상(image)을 내 기억의 눈 안에 있는 모습(image)과 비교한다면 맨 나중에 보이는 것을 좋아할 마음은 들지 않았다. 친구가 골라달라고 부탁하는 여러 장의 사진 가운데 유독 한 장이 마음에 안 들어서 빼는 경우가 흔히 있다. 나는 사람들이 보여주는 각자의 영상(image)을 보면서, "아냐, 이게 아냐. 실물이 훨씬 나아. 이건 당신이 아냐" 하는 말을 해주고 싶었다. 하지만 아무리 나라도 "쭉 곧은 당신의 아름다운 코 대신, 본 적도 없는 당신 아버지의 매부리코를 달고 있군요" 하는 말을 덧붙이지는 못한다. 사실 이것은 집안 내림의 새로운 코였다. 요컨대 '시간'이라는 화가는, 모든 모델을 누구인지 알아볼 수 있도록 '그려'내지만 그것이 꼭 닮지 않은 까닭은 '시간'이 모델들에게 아첨하여 실물보다 낫게 그리기 때문이 아니라 모델들을 늙게 하기 때문이다. 게다가 이 예술가는 아주 느리게 일을 한다. 이리하여 베르고트를 처음 만난 날, 나는 오데트 얼굴의 밑그림이 어렴풋이 질베르트의 얼굴에 나타나 있는 것을 보았는데, 마치 오랫동안 하나의 작품을 끼고 앉아 매년 조금씩 완성해가는 화가처럼, '시간'은 이 오데트 얼굴을 마침내 쏙 빼닮을 정도로까지 복제해냈다.

여자들 가운데에는 화장 탓에 오히려 늙음을 드러내는 이가 있는데, 남자들 중에는 도리어 이제까지 늙음을 감춰오던 얼굴에 화장을 하지 않음으로써 늙음이 나타나는 경우가 있다. 남에게 잘 보이고 싶은 기력도 잃어 화장을 하지 않으면서부터 완전히 딴사람으로 보인다. 르그랑댕이 그중 한 사람이었다. 화장을 했으리라고는 꿈에도 생각지 않았던 입술이나 뺨의 장밋빛이 없어진 탓으로 그의 얼굴에는 잿빛이 돌았고, 석조상처럼 또렷한 굴곡이 드러나 있었다. 그에게서는 화장을 하고 싶은 의욕뿐 아니라 미소를 짓거나 눈을 반짝이거나 재치 있는 이야기를 하고 싶은 의욕마저도 사라져 있었다. 몰라보게 창백하고 파리하여, 마치 저승에서 불려온 망령처럼 무의미한 말을 띄엄띄엄 중얼거리는 그를 보고 놀라지 않는 사람이 없었다. 그가 어쩌다가 활기와 유창한 말솜씨와 매력을 잃었는지 누구나 의아해했다. 마치 살아 있는 동안에는 재기 발랄하던 사람의 보잘것없는 '넋' 앞에서 그렇게 생각하듯이(물론 강령술사의 질문에 따라서는 재미있게 전개되는 수도 있지만).

그러다가 사람들은 연지를 바른 날렵한 르그랑댕을 창백하고 처량한 유령이 되게 한 원인은 바로 늙음이라고 생각했다.

나는 여러 손님들에 대해 그가 누구인지 알아보았을 뿐 아니라, 마지막에는 옛날과 다름없는 모습을 알아볼 수도 있었다. 이를테면 스키는 말라빠진 꽃이나 과일처럼 변해 있었다. 그는 내 예술 이론을 확증하는 볼품없는 시작이었다(그는 내 팔을 잡고 말했다. "난 그 곡을 여덟 번이나 들었다네……"). 다른 몇몇 사람들은 비전문가가 아닌 사교계 인사들이었다. 그러나 그들 또한 늙음에 의해서 성숙하는 일 없이, 처음으로 생긴 주름살과 둥근 선을 그리는 백발에 둘러싸여 있어도 그 혈색 좋은 얼굴에는 18살의 활기가 남아 있었다. 그들은 노인이 아니라 말라비틀어진 18살 젊은이였다. 그와 같은 삶의 시듦을 지우기는 그다지 수고스럽지 않다. 그리고 죽음이 그 얼굴에 젊음을 되살리는 데에는 조그만 얼룩 때문에 옛날의 빛을 잃은 초상화를 씻는 정도의 품도 들지 않는다. 그러므로 나는 어떤 유명한 노인의 소식을 듣기가 무섭게, 그가 친절하고 공평하며 온정 넘치는 사람이라고 기대를 걸 경우 우리는 환상에 속는 거라고 생각했다. 그도 그럴 것이, 40년 전에 형편없던 망나니 청년이 지금도 그 허영심이나 두 마음, 오만, 속임수 따위를 그대로 지니고 있지 않다고 가정할 근거는 전혀 없다고 깨달았기 때문이다.

하지만 그런 사람들과 전혀 딴판인 몇몇의 남녀와 이야기해보고 그들이 거의 모든 결점에서 벗어난 것을 보고 놀랐다. 그것은 인생에 환멸을 느끼고 자만심을 잃어선지, 아니면 소망이 이루어짐으로써 냉혹성이 누그러져서인지 모른다. 이제는 싸움도 허세도 필요치 않은 행복한 결혼이라든가, 아내의 영향이라든가, 경망스러운 청춘이 외곬으로 믿던 가치와는 다른 가치에 대해 천천히 터득한 식견으로 말미암아 성격이 누그러지고 그들의 장점이 발휘된 것이다. 그들은 늙어갈수록 인품이 달라지는 듯 보인다. 마치 깊어가는 가을과 더불어 색깔이 달라져도 그 본질은 변하지 않는 나무들처럼. 그들에게는 늙음의 본질이 참으로 뚜렷이 나타나 있었는데, 그러나 정신적인 그 무엇으로서였다. 또 다른 사람들에게는 오히려 그것이 전혀 새로운 육체적인 것으로(이를테면 아르파종 부인) 나타나, 나에게는 낯선 사람인 동시에 낯익은 사람처럼 보였다. 낯선 사람같이 보이는 건 내가 그분이 누구라는 걸 추측할 수 없었기 때문이다. 나는 그의 인사에 응하면서 내가 누구와 인사하고 있는지 짐작되는 서너 사람(하기야 그중에 아르파종 부인은 끼여 있지 않았지만)의 얼굴을 떠올리며 확신하지 못하고 망설이다가 그런 내 정신의 작용을 본의 아니게도 상대에게 보이는 결과가 되고 말았다. 게다가 나의 그 열띤 인사에는 틀림없이 상대도 놀랐을 것이다. 누군지 몰라서 그처럼 주저하고 있는 참이어서, 만약 상대가 특히 절친한 사람이라면 너무 서먹서먹하다고 생각할까 꺼리는 마음에서 나는 나의 자신 없는 눈길을 채우기 위하여 악수와 미소에 열의를 기울였기 때문이다.

그러나 그녀의 새로운 모습은 전혀 낯선 게 아니었다. 이제까지 살아오면서 꼬장꼬장한 노파들에게서 자주 보아온 것으로, 그때는 그런 노파들도 몇 십 년 전에는 아르파종 부인의 얼굴과 똑같았으리라고는 미처 생각지 못했다. 지난날 내가 익히 알던 부인의 용모와 어쩌나 달랐는지, 그녀는 몽환극 속의 인물처럼 처음에는 젊은 아가씨로, 다음에는 풍채 좋은 마님으로 나타났다가, 오래지 않아 허리가 꼬부라진 지척거리는 노파로 다시 등장할 운명을 타고난 여자인 듯했다. 마치 그녀는 헤엄에 지친 사람이 이제는 아득히 멀어진 해안을 바라보기만 하면서, 집어삼킬 듯이 밀어닥치는 세월의 파도를 가까스로 밀어내는 사람처럼 보였다. 그래도 나는 예전의 형태를 더 이상 간직하지 못하는 부실한 기억처럼 어렴풋한 그녀의 얼굴을 주의 깊게 바라보면서, 늙은 나이가 그 뺨에 그려넣은 몇 개의 네모꼴이나 여섯모꼴을 지우는 작업에 골몰하다가, 드디어 거기서 뭔가 옛 모습을 찾아내는 데에 성공했다. 물론 나이가 여자의 뺨에 그려넣는 것이 언제나 기하학적 도형으로 정해져 있는 것은 아니다. 게르망트 공작부인의 뺨은 거의 옛날과 다름없었지만, 지금은 누가(nougat)*처럼 여러 혼합물이 달라붙어서, 나는 거기에서 동록 자국, 잘게 부순 조가비의 장밋빛 조각, 겨우살이 열매보다도 작고 유리구슬보다도 불투명한 뭐라 형용키 어려운 뾰루지 같은 것을 똑똑히 보았다.

다리를 저는 남자들도 있었는데, 그것은 교통사고 탓이 아니라 풍을 맞은 탓으로, 속된 말로 이미 한 다리는 무덤에 들여놓고 있기 때문임을 알았다. 입을 벌리고 있는 무덤 속에서 반신불수가 된 어떤 여자들은 묘석에 걸린 드레스 자락을 완전히 벗기지 못하는 듯했다. 죽음의 심연에 떨어지기 직전,

---

* 사탕의 일종.

삶과 죽음 사이에서 바로 지금 그녀들 자신이 머리 숙여 그리고 있는 곡선 그대로 그 굽은 몸을 다시 똑바로 펴지도 못했다. 그녀들의 생명을 앗아가는 이 포물선의 움직임에 맞설 수 있는 것은 하나도 없다. 그녀들은 몸을 일으키려고 하자마자 휘청거리며 부들부들 떨고, 손가락은 허공을 더듬을 뿐이었다.

그런데 누구는 아직 머리도 세지 않았다. 나는 상전에게로 가서 귀엣말을 하는 걸 보고 그가 게르망트 대공의 늙은 하인임을 알아보았다. 머리고 뺨이고 가릴 것 없이 어디에나 곤두서 있는 그의 뻣뻣한 털은 여전히 장밋빛 도는 다갈색이어서 게르망트 대공처럼 물을 들인 게 아닌가 하는 의심을 품을 여지도 없었다. 그렇다고 해서 덜 늙어 보이는 건 아니었다. 다만 겨울이 다가와도 변하지 않는 이끼나 바위옷이나 그 밖의 여러 가지가 식물계에 있듯이, 인간의 세계에도 그런 부류가 있다고 느끼게 할 뿐이었다.

실제로 이러한 변화는 보통은 유전적인 것이었다. 그리고 집안이, 때로는 —특히 유대인의 경우—인종이, 흘러가는 시간에 의해 남겨진 변화를 방해한다. 게다가 이런 특성이 죽고 마는가 하고 내가 생각해야 옳았는가? 나는 늘 우리 개인이란 어떤 특정한 순간에는 폴립(polyp)*과도 같다고 생각했다. 그 눈은 다른 기관과 관련이 있기는 하지만 독립된 조직으로서 티끌이 지나가면 이성의 명령 없이도 감길뿐더러, 그 장(腸)은 마치 숨어 있는 기생충처럼 이성이 알리지 않아도 악취를 풍긴다. 또한 삶의 지속도, 차례차례 죽어가는, 또는 마치 콩브레에서 해가 지면 누군가가 나 대신 내 자리를 차지하듯 서로 번갈아드는 경우마저 있는 자아의 연속, 나란히 놓여 있기는 하지만 분명히 별개인 자아의 연속 같은 것이라고 여겨왔다. 하지만 한 인간을 이루고 있는 그러한 정신적 세포가 그 개인 자신보다도 더 오래 간다는 사실도 나는 알고 있었다. 나는 게르망트네 사람들의 악덕이나 용기가 생루의 몸속에 그의 기이하고도 퉁명스러운 성격의 결점과 함께 나타나는 것을 여러 번 보았다. 스완의 유대인 기질도 이와 마찬가지였는데, 나는 그 유대인 기질을 블로크에게서도 보았다. 몇 년 전 아버지를 여읜 뒤로는, 유대인 가정에서 흔히 보이는 강한 혈족 의식 말고 자기 아버지를 누구보다도 뛰어난 사

---

* 히드라 충류(蟲類)로서 입과 촉수가 있는 개체.

람으로 보는 관념이, 아버지에 대한 블로크의 애정에 종교적인 숭배의 형태를 주었다. 그는 아버지를 잃었다는 생각에 견딜 수 없어서 1년 가까이 요양소에 틀어박혀야 했다. 내가 애도의 뜻을 표하자 그는 크게 감격한 듯한 동시에 사뭇 거만해 보이는 투로 대답했는데, 그만큼 그는 내가 그처럼 뛰어난 사람과 살아 있는 동안에 만난 적이 있었다는 사실을 대단한 요행으로 보았던 것이다. 아버지의 쌍두마차를 어느 역사박물관에 기꺼이 기증할 성싶을 정도였다.

그리고 이번에는 자기 집 식탁에서 니생 베르나르 씨에게, 자기 아버지가 태우던 것과 똑같은 분노를 자기 장인에게 태우곤 했다. 그는 똑같이 장인을 마구 야단치곤 했다. 코타르와 브리쇼와 그 밖의 여러 사람이 하는 이야기를 듣는 가운데, 나는 문화와 유행을 통하여 오직 한 가닥의 파동이 같은 말투와 같은 생각을 모든 공간에 전파시킨다는 사실을 깨달았다. 그와 마찬가지로, 시간의 전 지속에 걸쳐서 밑바닥을 흐르는 커다란 물결이 세월의 깊은 바다 밑에서 층층이 쌓인 숱한 세대를 꿰뚫고 똑같은 갖가지 분노와 비애와 용맹과 괴벽을 들어올린다. 게다가 같은 계통 여러 층의 각 단면은, 블로크와 그 장인, 아버지 블로크 씨와 니생 베르나르 씨, 그 밖에 내가 모르는 사람들이 똑같이 말다툼을 벌이고 있는 가정 풍경처럼 똑같은 그림(보통은 이처럼 시시하지는 않은)의 반복을 연속적으로 영사막에 비치는 그림자처럼 비추고 있다.

백발을 두건처럼 쓴 어떤 사람의 얼굴에는 이미 죽어가는 사람의 경직이 나타나서 눈꺼풀은 굳게 닫히고, 쉴 새 없이 실룩거리는 입술은 단말마의 기도를 중얼거리는가 싶었다. 얼굴 선이 그대로라도, 검은 머리칼이나 금발 대신 백발이 덮이면 그것으로 충분히 딴사람처럼 보였다. 연극 의상 담당자는 분을 뿌린 가발 하나로 배우의 분장을 완전히 바꾸어 누군지 알아볼 수 없게 하는 재주가 있다. 게르망트 부인이 사촌동서의 1층 칸막이 좌석에 앉아 있던 그날, 나는 그때 육군 중위였던 젊은 보세르장* 후작이 캉브르메르 부인의 2층 특별석에 앉아 있는 것을 보았는데, 지금도 그는 여전히, 아니 예전보다 그 용모가 더욱 단정했다. 동맥경화로 말미암은 생리적 경직이 이 세련

---

* 여백으로 있음—역주(譯註). 앞뒤로 봐서 보세르장 후작인 듯함—플레이아드판 주.

된 멋쟁이의 차가우리만큼 단정한 용모를 더욱 강조하여, 만테냐나 미켈란 젤로의 습작에서 볼 수 있는, 움직임이 없는 탓에 사뭇 찌푸린 것처럼 보이는 그 얼굴에 뚜렷한 선을 새겨넣었기 때문이다. 옛날의 그 생기 넘치는 붉은 얼굴이 이제는 장중한 창백함으로 바뀌어 있었다. 은백색 털, 가벼운 비만, 베네치아 총독풍의 고상함, 졸음이 쏟아지는 피로 따위가 하나가 되어 숙명적인 중후감이라는 새로운 인상을 그에게 주었다. 네모꼴의 금빛 턱수염 대신 네모꼴이기는 하지만 새하얀 턱수염을 달면서 그의 얼굴이 바뀌었으므로, 구면인 그 중위가 이제는 소매에 금줄 다섯을 달고 있는 것을 보고, 제일 먼저 내 머리에 떠오른 생각은 대령 승진을 축하해주어야겠다는 게 아니라, 아주 그럴듯하게 대령으로 변장한 것을 칭찬해주어야겠다는 생각이었다. 그는 그 변장을 위해서 대령이었던 아버지로부터 군복과, 위엄 속에 수심을 품은 모습을 빌려온 듯싶었다. 이 후작 말고도 금빛 턱수염이 흰 수염으로 바뀐 사람이 있었는데, 그는 얼굴에 여전히 웃음이 어리고 젊음이 있었으므로, 흰 턱수염은 얼굴의 붉은 기를 한층 강조하여 더욱 공격적으로 보이게 할 뿐이었고, 그 눈에 빛을 더하여 여전히 젊어 보이는 이 사교인에게 신의 계시를 받은 예언자 같은 풍모를 부여하고 있었다.

백발이나 그 밖의 요소가 특히 부인들에게 미친 변화는, 만약 그것이 남의 눈을 즐겁게 해주는 수도 있는 색채의 변화로만 그치고, 정신을 혼란시키는 인격의 변화가 따르지 않았다면, 내 관심을 그다지 강하게 끌지 않았을 게 분명하다. 사실 아무개를 '알아본다'는 것은, 아니 처음에는 알아볼 수 없던 사람을 아무개라고 인정하는 일은 모순되는 두 가지 물건을 하나의 명칭 아래 생각하는 일이며, 한때 여기에 있던 사람, 즉 우리가 떠올리는 이는 이미 존재하지 않고, 현재 저기 있는 이는 우리가 알지 못하는 이라는 사실을 인정하는 일이다. 그것은 죽음의 신비 못지않게 우리를 불안하게 만드는 신비를 생각해봐야 마땅하다는 뜻이기도 하다. 하기야 그 신비란 말하자면 죽음의 전조, 죽음의 예고자이지만. 왜냐하면 그와 같은 변화가 무엇을 뜻하고, 뭘 예고하는지 나는 알고 있었기 때문이다. 따라서 부인들에게서 볼 수 있는 머리털의 흰빛은 다른 여러 가지 변화와 연관되어 매우 인상적이었다. 아무개가 나에게 어떤 이름을 일러주면, 나는 그 이름이 나의 옛 벗, 왈츠를 잘 추던 금발의 여자에게나, 지금 내 앞을 무거운 걸음으로 지나간 백발의 땅딸막한 부인에게나 똑같이 적용된다는 생각에 잠깐 망연해졌다. 연극에 나오는 숫처녀와 지체 높은 미망인보다도 더 차이가 나는 이 두 여자(내 기억 속의 여자와 오늘 게르망트네의 마티네에 참석한 여자)의 공통점은, 혈색이 조금 좋다는 점을 빼면 오로지 그 이름뿐이었다. 삶은 그 왈츠의 명수에게 그와 같은 큰 몸집을 주고, 그처럼 굼뜬 동작을 메트로놈처럼 더욱 느리게 했다. 또한 아마도 변치 않을 유일한 부분으로 뺨을, 물론 그것도 전보다는 불룩했지만 젊을 적부터 이미 부스럼 때문에 붉게 부어 있던 뺨만을 남겨두고, 날렵한 금발 아가씨를 이처럼 북통배가 된 늙은 원수(元帥)로 바꾸어버렸다. 그러기 위해서 삶은, 분명 첨탑을 둥근 지붕으로 개축하기보다도 더 어려운 파괴와 재건 공사를 완성해야 했으리라. 이러한 작업이 움직이지 않는 물체가 아니라 보이지 않을 정도로 천천히 변화하는 육체에 가해졌음을 생각하면, 지금 눈앞에 있는 유령과 내가 떠올리는 사람 사이의 혼비백산할 대조는 추억 속의 사람을 아득한 과거로, 거의 있을 수 없는 지난날로 보내는 것이었다. 이 두 모습을 하나로 합하거나, 두 사람을 똑같은 이름으로 생각하기란 쉬운 일이 아니다. 왜냐하면 죽은 사람이 한때는 살아 있다고 생각하거나, 현재 살아 있는 사람을 죽었다고 생각하기가 어렵듯이, 일찍이 젊었던 여자가 이제는 늙은이가 되었다고 생각하는 것 또한 거의 비슷하게 어려우며, 또 같은 종류의 어려움을 뒤따르게 하기 때문이다(젊음의 소멸, 기력과 경쾌감이 넘치는 인간의 파괴는 이미 허무를 향한 첫발이므로). 이때 젊은 여자의 모습과 나란히 놓인 노파의 모습은 어찌나 서로 동떨어지는지, 처음에 노파가, 다음에 젊은 여자가, 또 그 다음에 노파, 이런 식으로 두 사람이 번갈아서 꿈처럼 보이고, 만약 같은 이름이라는 표적이나 친구의 증명이 없다면—물론 이 증언을 사실처럼 보여주는 겉모양의 특징이라고는 지난날 금빛으로 굽이치는 머리털 사이로 보일락말락 했었는데, 지금은 새하얀 머리털 밑에 퍼져 있는 붉은 점뿐이지만—노파에게 일찍이 그 처녀 시절이 있었으리라고는 믿어지지 않고, 그 처녀의 실질이 다른 곳으로 달아나지도 않고 세월의 교묘한 농간으로 이 노파가 되었으며, 똑같은 육체에서 떨어져 나온 적 없는 똑같은 실질이라는 사실을 믿을 수 없을 것이다.

게다가 흰 눈이 그렇듯 머리칼이 얼마나 희냐 하는 정도가 보통 그 사람이 살아온 시간의 깊이를 겉으로 드러내주는 특징인 듯 보인다. 마치 산꼭대기가 다른 산들과 같은 높이로 보이면서도, 빼어난 그 고도를 눈밭의 흰 빛으로 나타내듯이. 그렇지만 이것이 모두에게 언제나 정확하지만은 않으니 특히 여성에 대한 경우가 그렇다. 게르망트 대공부인의 머리 타래는 윤나는 잿빛을 띠고 명주실처럼 반짝이던 즈음엔 동그란 이마를 둘러싸고 은빛으로 빛났었는데, 희어진 탓으로 양털이나 삼거웃처럼 윤기를 잃고, 그래서 옛날과는 반대로 빛을 잃은 더러운 눈처럼 부연 회색으로 보였다.

그리고 금발의 무희들은 그 금발이 백발의 가발로 바뀐 덕에 처음 보는 공작부인들의 우정을 얻게 되었을 뿐더러, 이제까지 춤밖에 몰랐던 여자들인지라 성총을 입은 만큼이나 예술에서 감동을 받았다. 그리고 17세기에 이름난 귀부인들이 수녀원에 들어갔듯이, 그녀들은 입체파의 그림으로 가득 찬 방에서 오직 그녀들만을 위해서 제작하는 입체파 화가들을 위해 살았던 것이다. 얼굴 생김새가 달라져버린 노인들로 말하면, 결점을 가리고 장점을 돋보이게 하기 위해 자세를 취할 적에 띠는 그 순간적인 표정 하나를 영원히 얼굴에 붙잡아두려고 애를 썼다. 마치 자기 자신의 완전하고 오래도록 변하지 않는 순간 사진이 되어버린 것만 같았다.

이런 사람들은 모두 변장에 엄청난 '시간'을 들였으므로 그 변장은 보통 같이 지내는 사람들 눈에는 띄지 않았다. 그 변장이 늦춰지는 경우도 흔히 있는데, 그런 경우 그들은 꽤 늦게까지 본디 모습대로 남아 있었다. 그러나 이런 경우, 오래 미루어졌던 변장은 그만큼 더 재빨리 이뤄진다. 어차피 변장은 피할 수 없었다. 나는 지금껏 X부인과 그 어머니 사이에서 비슷한 점을 하나도 발견하지 못했었다. 그 어머니는 내가 처음 봤을 때부터 노인이었고, 몸이 완전히 쪼그라든 땅딸막한 터키 사람 같은 모습이었다. 한편 딸인 X부인은 사실 언제 보아도 황홀하리만큼 아름답고 날씬했다. 그 모습은 상당히 오래갔다. 아닌 게 아니라 과연 그것은 너무나 길었다. 왜냐하면 해가 지기 전에 잊지 않고 터키 부인으로 변장해야 하는 여자처럼, 부인은 늑장을 부렸다는 사실을 깨닫자 허둥거리며 거의 단번에 땅딸막하게 쪼그라들어서, 옛날에 어머니가 지니고 있던 늙은 터키 부인의 모습을 충실하게 재현했기 때문이다.

몇 사람의 남자는 다른 사람의 친척인지는 알고 있지만, 그들의 얼굴에 공통된 점이 있다고도 생각해본 적도 없었다. 그런데 르그랑댕이 백발의 늙은 은둔자로 변한 모습을 어이없이 바라보다가, 나는 문득 그 넓적한 뺨이 그와는 전혀 딴판인 그의 젊은 조카 레오노르 드 캉브르메르의 뺨과 똑같이 생긴 것을 똑똑히 보았다. 아니, 동물학자 같은 만족을 맛보면서 발견했다. 이 첫 발견에 이어, 나는 오늘날까지 레오노르 드 캉브르메르의 얼굴에서 주목하지 못했던 또 다른 특징을 발견하고, 거기에 또 몇 가지 공통점을 보탰다. 평소 그의 젊음의 종합이 보여주는 모습과는 전혀 다른 것이었으므로, 이윽고 나는, 말 그대로 똑같은 초상화보다도 더욱 진실하고 깊이가 있는 그의 캐리커처를 만들어냈다. 그의 큰아버지는 지금 내 눈에, 장차 실제로 그렇게 될 노인의 모습을 재미삼아 꾸미고 있는 젊은 캉브르메르로밖에 보이지 않았다. 그래서 나는 일찍이 젊었던 사람들의 오늘날 모습에서뿐만 아니라 현재 젊은이들이 앞으로 되어갈 모습에서도 강렬하게 '시간'의 느낌을 받았다.

대부분의 여자에게서, 젊음이라고까지는 할 수 없으나마 적어도 아름다움이 새겨져 있었던 얼굴이 사라져버렸으므로, 그녀들은 남아 있는 얼굴을 가지고 다른 아름다움을 만들어낼 수 없을까 애쓰고 있었다. 얼굴의 중심(重心)이야 옮길 수 없을지라도, 시점의 중심(中心)을 이동시키고, 그 둘레에 다른 유형에 맞추어 얼굴 생김새를 구성하면서 그녀들은 50살이나 먹었건만 새로운 아름다움을 지어내기 시작했다. 마치 늘그막에 새로운 직업을 갖거나 이제 포도를 기를 수 없게 된 땅에 사탕무를 심듯이. 이와 같은 새로운 이목구비 주위에 그녀들은 새로운 젊음을 꽃피웠다. 매우 아름다운 여자와 너무 못생긴 여자만이 그와 같은 변형에 순응할 수 없었다. 몹시 아름다운 여자는 무엇 하나 고칠 수 없을 만큼 완벽하게 조각된 대리석 같아서 바꾸면 조각상처럼 잘게 바스러져버린다. 너무 밉상인 여자들은 그 얼굴에 어쩐지 꼴불견인 구석이 있지만, 그래도 잘생긴 여자들보다는 얼마간 유리한 점이 있다. 첫째, 대번에 알아볼 수 있는 것은 이런 여자들뿐이다. 파리에서 이렇게 생긴 입이 달리 없다는 사실은 누구나 아는 터이므로, 나는 그 입 덕분에 아무도 알아볼 수 없는 이 마티네에서 그녀들이 누구인지를 알아볼 수 있었다. 게다가 그녀들은 나이 든 티조차 없었다. 늙음이란 뭔가 인간다운 것이다. 그런데 이런 여자들은 괴물이라서 고래만큼이나 '변하지' 않을 성싶었다.

몇몇 남성과 여성들은 보기에 나이 들지 않은 듯했다. 몸매도 여전히 날씬하고 얼굴도 젊어 보였다. 그러나 이야기를 건네려고 매끈한 살갗에 윤곽이 섬세한 그 얼굴 가까이 바짝 가보니, 현미경 밑에 놓인 식물의 표면, 한 방울의 물, 한 방울의 피처럼 얼굴은 전혀 딴판으로 보였다. 그때까지 매끈하다고 여기던 살갗에 헤아릴 수 없는 기미가 눈에 띄어서 나는 비위가 상했다. 얼굴선도 이와 같은 확대에는 배겨내지 못했다. 가까이 가보니 콧날도 얼굴의 다른 부분과 마찬가지로 지방의 침해를 받아 형태가 일그러지고 뭉뚝해져 있었다. 그리고 눈은 늘어진 눈꺼풀 속에 파묻혀, 옛날 그대로인 줄로 알았건만 지금의 얼굴은 그때와 조금도 닮은 데가 없었다. 이리하여 여기에 초대된 손님들은 멀리서 보면 젊지만 그 얼굴을 확대하여 다른 면을 관찰함에 따라서 자꾸만 나이가 불어났다. 곧, 그들의 늙은 나이는 보는 사람에 따라 다르다. 보는 사람이 그러한 얼굴에서 변함없는 젊음을 보고 싶으면, 적당한 위치에서, 노안을 위해 안경사가 골라주는 유리알 따위를 쓸 게 아니라, 그저 상대 얼굴을 물건이 작게 비치는 먼 눈으로 바라보기만 하면 그만이다. 이와 같은 얼굴의 늙음은, 예컨대 한 방울의 물 속에 있는 섬모충류의 존재만큼이나 검출이 쉬우니, 그것은 세월의 걸음에 의해서 초래되는 게 아니라 관찰자의 시력 확대도에 따라서 결정된다.

　10년 동안 거의 매일같이 만나던 옛 친구 하나와 나는 여기서 다시 만났다. 어떤 사람이 우리 두 사람을 소개하겠다고 했다. 그래서 그 친구 쪽으로 가보니, 그는 귀에 익은 목소리로 나에게 말했다. "몇 년 만인가, 참 반가우이." 그러나 나는 얼마나 놀랐는지! 그 소리는 정교한 축음기에서 나오는 것 같았다. 분명 친구의 목소리임에 틀림이 없었으나, 그것이 내가 한 번도 본 적이 없는 반백의 뚱뚱한 영감에게서 나왔기 때문인데, 그러자 무슨 기계장치에 의하여 인공적으로 내 친구의 목소리를 이 변변치 못한 뚱뚱보 영감 속에 넣은 것으로밖에는 생각할 수 없었다. 그렇긴 하지만 그가 친구임을 나도 알고 있었고, 오랫동안 만나지 못했던 우리를 서로 소개해준 사람도 결코 남을 속일 인물이 아니었다. 친구는 나에게 "자네는 변하지 않았군" 하고 잘라 말했는데, 그 말로써 나는, 그 친구도 자신이 변하지 않은 줄로 여기고 있음을 알았다. 그래서 나는 그를 자세히 뜯어보았다. 결국 몹시 뚱뚱해진 사실 말고는 그는 옛 모습을 거의 모두 간직하고 있었다. 그런데도 도저히 나는 앞에 서 있는 이 사람을 그 친구라고 받아들일 수 없었다. 그래서 옛날 그 시절을 생각해내려고 애썼다. 젊은 시절에 그는 언제나 싱글벙글하며, 분명히 무엇인가를 찾아서 끊임없이 움직이는 푸른 눈을 했었지. 그것은 내가 생각해본 적도 없는 자기 욕심을 떠난 것으로서, 그 가정의 벗 전부를 전적으로 존경하지 못하는 심정과 어떤 장난기에서, 끊임없는 불안에 휩싸여 그 진리를 추구했다. 그런데 유력하고 재능 있는 독재적 정치가가 된 오늘날, 결국 찾던 것을 얻지 못한 그의 푸른 눈은 더 이상 움직일 줄 몰랐으며, 그 때문에 눈살을 찌푸린 것처럼 날카로운 시선을 반짝이고 있었다. 그래서 쾌활하고도 꾸밈없이 천진하던 표정은 자연히 교활하고 능청맞은 표정으로 변해버렸다. 아무리 봐도 딴사람이었다. 그렇게 생각한 순간 갑자기 내가 한 무슨 말에 그가 전처럼 웃음을 터뜨렸는데, 유쾌한 듯이 늘 움직이는 눈에 걸맞은 옛날의 그 너털웃음이었다. 음악에 미친 사람은 Z가 작곡한 악곡이 X에 의해서 관현악으로 편곡되면 완전히 딴 것이 되었다고 생각한다. 거기에는 보통 사람은 느낄 수 없는 미묘한 차이가 있기 때문이다. 그러나 조금 사팔뜨기이기는 하지만, 뾰쪽하게 깎은 파랑 연필처럼 날카로운 눈매가 어린시절의 너털웃음을 억누르고 있는 모습은 단순한 편곡의 차이 정도가 아니다. 웃음이 그치자 나는 옛 친구가 분명한지 다시 확인하고 싶었다. 하지만 《오디세이아》에서 세상 떠난 어머니의 환영에 매달리는 오디세우스처럼, 또 혼령에게서 신원을 확인하는 대답을 얻으려고 헛되이 애를 쓰는 강신술사처럼, 또는 축음기로 똑같이 복원된 그 음성을 사람의 자연스러운 목소리로 믿으려 들지 않는 전기 박람회의 입장객처럼, 나는 더 이상 그가 내 친구라고 생각할 수 없었다.

그런데 시간 그 자체의 걸음걸이 또한 사람에 따라서 빨라지기도 하고 더뎌지기도 한다는 사실을 마음속에 두어야만 한다. 4~5년 전에, 나는 거리에서 우연히 생피아크르 자작부인(게르망트네와 친한 한 여성의 며느리)을 만난 일이 있다. 그녀의 조각 같은 용모는 영원한 젊음을 더 탄탄하게 하는가 싶었다. 게다가 아직 젊은 나이였다. 그런데 이제는 그녀에게서 몇 번이나 생글거리는 인사를 받으면서도 얼굴선을 되찾을 수 없을 정도로 난도질당한 부인을, 나는 도무지 그녀들을 알아볼 수 없었다. 3년 전부터 그녀가 코카인이나 그 밖의 약물을 사용해온 탓이었다. 언저리가 시커메진 그 눈은 사나울 정도였다. 입은 보기 흉하게 비쭉거리며 이를 드러내고 있었다. 듣자하니 몇 달을 침대나 소파에 누워 지내다가 오직 이 마티네를 위해서 일어나왔다고 한다. 이와 같이 '시간'은 '조로(早老)'행 특급열차를 운행한다. 그러나 그와 평행하는 노선 위를 돌아오는 열차가 거의 같은 속도로 달린다. 나는 쿠르지보 씨를 그의 아들인 줄 알았다. 그만큼 나이보다 훨씬 젊어 보였기 때문이다(쉰이 넘었을 텐데도 서른 남짓으로 보였다). 그는 총명한 의사를 만나 알코올과 소금을 끊었던 것이다. 그리하여 서른 안팎으로 다시 젊어졌는데, 그날은 특히 서른도 안 되어 보였으니 바로 그날 아침에 이발을 한 덕분이다. 그렇지만 이름을 들어도 누군지 알 수 없는 사람이 한 명 있었다. 나는 동명이인이라고 생각했는데, 왜냐하면 그는 일찍이 내가 알고 지냈을 뿐 아니라 몇 년 전에도 재회했던 같은 이름의 사내와는 전혀 다른 사람이었기 때문이다. 하지만 분명 그 사람이었다. 단순히 머리가 하얘지고 살이 쪘으며, 다만 콧수염을 밀었을 뿐이었다. 그것만으로도 그의 인격을 잃어버리는 데에는 충분했던 것이다.

얄궂은 일이지만, 노쇠 현상은 그 방식에 몇 가지 사회적 습관을 헤아리는가 보다. 지체 높은 신분이면서도, 언제나 몹시 검소한 알파카 털로 짠 옷을 입고, 서민도 마다할 밝은 밀짚모자를 쓰고 지내는 이들이 있는데, 그런 사람들은 그들 주위에서 지내는 정원사나 농부들처럼 늙어갔다. 갈색 기미가 뺨을 덮고, 얼굴은 누레졌으며, 낡은 책처럼 우중충했다.

또 나는 올 수가 없어서 이곳에 자리를 같이하지 않은 이들도 생각했다. 비서들은 그 불참자들이 아직 살아 있다는 환상을 주기 위해 사과 전보를 보내왔고, 그 전보가 가끔 대공부인에게 전달되었다. 그러나 여러 해 전부터 죽어가고 있는 이 병자들은 이미 몸을 일으키지도 못 하며, 유람객의 호기심이나 순례자 같은 기대에 못 이겨 찾아오는 변덕스러운 사람들의 문병을 받아도, 눈을 감고 묵주를 쥔 채, 이미 수의나 다름없는 이불을 반쯤 걷어차고, 대리석같이 뻣뻣하고도 허연 살에 병마로 인해 앙상한 골격까지 새긴 몰골로, 마치 무덤에라도 든 듯이 누워 있었다.

부인들은 자기들의 매력 가운데에서 가장 개성적인 것을 그대로 유지하려고 애썼지만, 그 얼굴에 새로 보태진 것이 흔히 이를 돕지 않았다. 인간의 얼굴을 지질학적으로 보아 이와 같은 변천이 완성될 때까지 몇 기(紀)를 거쳐야만 했던가를 생각하면서, 또 코 옆을 따라서 얼마만한 침식이 있었는지, 뺨 언저리에는 얼마나 거대한 충적토가, 그 불투명·불용해성 덩어리가 얼굴

전체를 뒤덮고 있는지 보고 소름이 오싹 끼쳤다.

틀림없이 몇몇 부인은 첫눈에 누군지 알아볼 만했으니, 그 얼굴은 거의 옛날 그대로였고, 계절과 어울리게 하기 위해서인지 그녀들은 주로 가을 차림인 잿빛 머리칼을 얹고 있었다. 그러나 그 밖의 여자들, 또한 남자들일지라도 그 변모—예컨대 기억 속에 있는 머리가 검은 난봉꾼과 지금 눈앞에 있는 늙은 수도사처럼—가 몹시도 완벽해서 도저히 같은 인물이라고는 볼 수 없으므로, 사뭇 가공적인 것으로 보이기까지 하는 그 변신은 배우의 기예라기보다는 차라리, 프레골리(Fregoli)*의 전형적인 그 희한한 무언극을 떠올리게 했다. 노부인들은 옛날에 자기 매력이었던 이해할 수 없고도 우수 섞인 미소가 이제는 늘그막이 씌워준 석고가면 위로 떠오르지 않음을 깨닫고 울고 싶어졌다. 그래서 갑자기 남의 마음에 들려는 용기조차 꺾여 체념하는 길밖에 없다는 생각으로, 그 석고가면을 연극의 탈처럼 남의 웃음거리로 내놓고 있었다. 하지만 대부분의 부인들은 쉴 새 없이 나이에 맞서 온 힘을 기울여 씨름하며 서산에 넘어가는 태양처럼 멀어져가는 아름다움을 향해 자기들의 얼굴을 거울처럼 내밀고 그 마지막 빛살을 잡아두려 안간힘을 썼다. 어떻게든 성공하기 위해서 어떤 여자는, 없어질까 안타까운 보조개의 뇌쇄적인 매력도 단념하고, 굳어지기 시작하여 이미 힘을 잃은 미소도 체념하고, 오직 편편한 흰 얼굴의 바깥쪽만을 강조하기 위해서 온 마음과 힘을 다하고 있었다. 한편 또 다른 여자들은 아름다움이 영원히 사라졌다는 걸 스스로 깨닫고 이제는 표정에 의지할 수밖에 없다는 사실을 알고는, 삐죽이거나 눈꼬리에 주름살을 만들고, 몽롱한 눈매를 하거나 때로는 미소에 매달렸는데, 그 미소로 말하면, 근육이 이미 고분고분 따르지 않아서 도리어 울상으로 보였다.

게다가 콧수염만 센 정도의 경미한 변화밖에 받지 않은 남자들의 경우조차 그러한 변화가 오로지 육체적인 것만이 아닌 느낌이 들었다. 그것은 마치 색깔 띤 안개나 색칠한 유리 너머로 그들을 바라보는 것과 같고, 색유리 너머로 보면 아무래도 그들의 얼굴이 희미해지게 마련인지라 생김새가 달라지며, 실물 크기로 보이는 것이 알고 보면 우리에게서 매우 멀리 있음을 나타낸다. 그러한 간격은 물론 공간의 간격과는 다르지만, 마치 강을 끼고 바라

---

* 로마 태생의 배우로서 변장의 명수(1867~1936).

보기라도 하듯이 그 간격 끝에서 그들이 우리를 알아보기는, 우리가 그들을 알아보는 일만큼이나 어렵다는 걸 깨닫게 된다. 아마도 포르슈빌 부인 혼자만은 형태가 바뀌지 않도록 피부를 부풀리는 액체나 무슨 파라핀이라도 맞은 듯, 지난날의 고급 창부 모습으로 영원히 '박제되어' 있는 듯 보였다.

"당신은 나를 우리 어머닌 줄로 아셨죠." 질베르트가 나에게 말했다. 사실 그랬다. 하기야 그것은 그녀에게 정말 기쁜 일이었는지도 모른다. 다들 옛날 그대로구나, 하는 생각에서 시작하면 다들 늙어 보인다. 그러나 먼저 다들 늙었다는 생각에서 시작하면 전과 다름없는 모습을 찾아내고, 아주 추하지는 않다고 생각한다. 오데트의 경우는 그뿐만이 아니었다. 그녀의 나이로 보아 노파려니 예상하고 있는 사람에게, 그녀의 용모는 마치 자연법칙에 도전하는 라듐의 불멸성 이상으로 연대학의 법칙에 대하여 기적적인 도전인가 싶다. 처음에 내가 그녀를 몰라보았던 까닭은 그녀가 변한 탓이 아니라 변하지 않은 탓이었다. 시간이 인간에게 새로운 것을 얼마나 많이 덧붙이며, 일찍이 익숙했던 예전의 모습을 찾아내려면 그것을 없애버려야 한다고, 나는 약 한 시간 전부터 깨달았던 터이라, 이번에는 얼른 계산을 시작했으나 옛날의 오데트에게 지나간 햇수를 보태 얻은 결과로 말할 것 같으면, 지금 눈앞에 있는 사람일 수 없을 성싶은 생각이 들었다. 지금 눈앞에 있는 사람은 바로 지난날의 그녀와 똑같았기 때문이다. 분연지와 머리 염색은 대체 어떤 역할을 하고 있는 걸까? 그녀는 금색으로 염색한 머리털을 착 달라붙게 빗어 붙이고—뒤통수에는 커다란 기계 인형처럼 조금 헝클어진 쪽을 붙였는데, 그 머리털 밑의 놀란 듯한 얼굴 또한 인형처럼 움직이지 않았다—머리털 위에는 납작한 밀짚모자를 얹어서, 마치 1878년 파리 만국박람회(그 무렵이라면 그녀는 세상의 인기를 독점했을 테고, 그 때에 만약 지금의 나이였다면 더더욱 그랬을 것이다)가 앳된 부인으로 분장하고 '연말 뉴스극'에 인사말을 하러 나온 듯한 모습이었다.

불랑제(Boulanger) 장군* 시대 이전의 각료였고, 지금 다시 각료가 된 사나이가, 여자들에게 희미하게 부들부들 떠는 듯한 먼 미소를 보내면서 우리 옆으로 지나갔다. 그 꼴이 마치 과거의 헤아릴 수 없는 인연으로 묶여서 보

---

* 프랑스의 군인(1837~91).

이지 않는 손에 끌려다니는 작은 유령 같은 그는, 키도 작아지고, 본바탕도 달라져서, 속돌로 만든 자기 자신의 축소물 같았다. 이 전직 수상은 지금은 포부르 생제르맹에서 융숭한 대접을 받고 있지만, 전에는 형사 사건으로 도 망다니던 처지여서 사교계나 일반 사회에서도 기피 인물이었다. 그러나 그 두 층을 이루는 면면들이 아주 새로워진 덕에 지금은 아무도 그런 사실을 몰 라서 존경을 한 몸에 모으고 있었다. 그러므로 몇 년만 지나면 우리의 과오 는 잊혀 한낱 티끌에 지나지 않게 되고 그 티끌 위에는 언젠가 자연의 평화 가 활짝 미소 지으리라 안다면 아무리 큰 굴욕도 운명이라 체념하고 쉽사리 감수할 수 있다. 잠깐 오명을 쓴 개인도 '시간'이 균형을 잡으면 마침내 새로 운 두 사회계층에 맞아들여져서 존경과 감탄만을 받을 뿐 아니라 그들의 지 지에 힘입어 편안히 눌러앉게 될 것이다. 이러한 일은 오직 '시간'에게만 맡 겨져 있다. 그러므로 깊은 실의에 빠져 있는 사람의 마음은, 자기가 '야채 바 구니(죄수 호송차)'에 갇혀 있는 동안 주먹을 을러멘 군중이 퍼붓는 '뇌물 먹 은 놈'이라는 욕이, 맞은편에서 우유 파는 아가씨 귀에 들어갔다는 사실 때문 에 도무지 편치가 않은 법이다. 그 우유팔이 아가씨는 시간의 흐름을 가지고 모든 일을 보지 않으므로, 오늘 아침 신문에서 칭송받는 작자들이 과거에는 인망이 땅에 떨어졌던 작자들이라는 사실도 모르거니와, 지금 감옥에 갇힐 신세가 된 이 사나이, 아마도 그 우유팔이 아가씨 생각에만 골몰하여 세상의 동정을 살 겸손한 말은 입에 담으려고도 않는 그 사나이가 앞으로 신문을 통 해 유명해지고, 공작부인들의 총애를 받게 되리라는 것을 알 리도 없다.

시간은 또한 친척간의 말썽을 멀리 치워버린다. 게르망트 대공부인 댁에서 자주 보던 한 부부의 경우, 그 남편 쪽에도 아내 쪽에도 이제는 죽고 없지만, 각각 큰아버지가 있었다. 그 두 사나이는 주먹다짐만으로는 성이 차지 않아 서, 그 가운데 한 사람이 상대에게 망신을 주기 위해 사교계 인사를 결투 참 관인으로 세우기는 아깝다고 판단하여 심부름꾼과 집사를 보냈었다. 그러나 이러한 이야기도 30년 전 신문 속에 잠들어 있을 뿐, 이제는 아무도 모른다. 그래서 게르망트 대공부인의 살롱은 휘황찬란한 가운데 괴괴한 무덤처럼 모 든 것을 잊은 채 꽃피고 있었다. 거기서는 시간이 구면의 사람들을 흩어지게 했을 뿐 아니라, 새로운 결합을 가능케 하며 창조하고 있었던 것이다.

다시 정치가 이야기로 돌아가면, 그의 육체의 실질적 변화는 그가 지금 일반 대중 사이에 불러일으키고 있는 도덕관의 변화만큼이나 심각하며, 한마디로 그가 재상을 지낸 때부터 수많은 세월이 흘렀음에도 그는 다시 내각의 일원이 되어 새 수상으로부터 각료 자리를 받았다. 이를테면 마치 극장 지배인이 오래전에 은퇴한 옛 동료 여배우에게 배역을 맡기는 것과 조금 비슷한데, 이것은 지배인이 이 여배우라면 아직 젊은 여배우보다 훌륭하게 그 역을 해낼 수 있다고 판단했거니와, 게다가 그녀의 호주머니 사정이 여의치 못함을 알기 때문이다. 이리하여 그 늙은 여배우는 80살이 가까운 나이에도, 옛날과 다름없이 능숙한 연기와 발랄한 생명의 지속을 무대에서 다시 보여주고, 관객은 죽기 며칠 전에도 사그라질 줄 모르는 그녀의 강인한 생명력에 경탄한다.

포르슈빌 부인은 그와 반대로 너무도 이상야릇해서, 젊어졌다기보다 차라리 온갖 분홍색과 갈색 부분을 한껏 보이며 피어났다고 할 수 있다. 1878년 만국박람회의 화신이라는 말만으로는 모자랐으니, 현대식물전람회의 귀한 인기거리라고 할 만했다. 게다가 나로서는, 그녀가 "나는 1878년 박람회예요" 말한다고는 생각하지 않았고, 차라리 "나는 1892년 아카시아 가로수길이에요" 말하는 듯했다. 나는 아직도 그녀가 그 가로수길에 있을 성싶었다. 사실 달라지지 않은 그녀를 보노라면 숨도 쉬고 있는 것 같지가 않았다. 그녀의 모습은 단종된 장미 같았다. 나는 그녀에게 인사를 했다. 잠깐 그녀는 내 얼굴에서 나의 이름을, 마치 학생이 제 머릿속에서 더욱더 쉽게 찾아낼 답을 시험관 얼굴에서 찾듯이 찾아내려고 했다. 내가 이름을 대니까, 이 주문 같은 이름 덕분에, 틀림없이 나이가 입혔던 소귀나무의 분장이나 캥거루 분장이 벗겨지기라도 한 듯 그녀는 금세 나를 알아보더니, 예전에 소극장에서 그녀에게 박수를 보낸 사람들이 초대를 받아 그녀와 함께 '사적으로' 식사를 하면서 담소할 적에 그녀의 말 한 마디 한 마디를 마음껏 황홀하게 듣던 그 독특한 목소리로 말하기 시작했다. 그 음성은 옛날과 똑같이 뜻하지 않은 곳에서 열을 띠어 황홀하게 만드는 데가 있었는데, 어딘지 모르게 영어 악센트가 섞여 있었다. 그러나 아득한 강 건너 언덕에서 나를 바라보는 듯한 그녀의 눈과 마찬가지로 그 음성도 시름겨워서 《오디세이아》에 나오는 혼령들의 목소리처럼 애원하는 듯한 구슬픈 음조를 띠고 있었다. 오데트는 아직도 무대에 설 수 있을 것 같았다. 나는 그녀의 젊음을 칭찬했다. 그러자 그

녀는 대답했다. "친절하시네요, 마이 디어(my dear), 고마워요." 그리고 그
녀는 멋이라고 믿는 것을 늘 걱정하는 나머지 가장 진실된 감정을 나타낼 때
도 멋을 부려야만 했으므로 "정말 고마워요, 정말 고마워요"를 몇 번이고
되풀이했다. 하지만 지난날 불로뉴 숲 큰 거리에서 그녀의 모습을 보기 위해
먼길을 마다않고 걸어갔으며, 처음 그녀 집에 갔을 적에 그녀의 입에서 흘러
나오는 목소리를 쟁반에 구르는 보석 소리인 양 귀담아듣던 나는 그녀에게
무슨 말을 해야 좋을지 몰라서, 그녀의 둘레를 흘러간 시간이 끝없이 길게
여겨졌다. 나는 질베르트가 "당신은 나를 우리 어머닌 줄로 아셨죠" 하던
말을 생각해보면서 그녀 곁을 떠났는데, 그 말은 옳은 말이었을 뿐더러 딸로
서도 기쁘기 그지없는 말이었다.

물론 씨앗 속에 갇혀 있는 부분이 언젠가 밖으로 뛰쳐나오리라고는 생각
지 않듯이, 질베르트만이 지금껏 그 얼굴에서 한 번도 보지 못했던 가족의
특징이 나타난 것은 아니었다. 그 밖의 한두 여자도 쉰 줄로 접어들면 어머
니에게서 물려받은 커다란 매부리코가 나타나, 그때까지 쭉 곧던 코의 생김
새를 바꾸어버린다. 아무개 은행가 딸의 경우는 여자 정원사처럼 싱싱하던
혈색이 다갈색으로 되고 구릿빛으로 변하다가 나중에는 아버지가 수없이 주
무르는 황금의 광채 같은 것을 띠게 되었다. 또 어떤 작자들의 경우는, 그
얼굴이 마침내 그들이 사는 동네를 닮게 되어, 예컨대 아르카드 거리, 불로
뉴 숲 큰 거리, 엘리제 거리 같은 빛을 띠게 되었다. 그러나 뭐니뭐니해도
그들은 먼저 부모의 용모를 그대로 재현하고 있었다.

아아, 포르슈빌 부인은 언제까지나 이대로 있을 수 없었다. 그로부터 3년
도 못 된 어느 날 질베르트가 베푼 어느 야회에서 만난 그녀는, 노망이 들진
않았지만 조금 주책이 없어져서 자기가 생각하는 바—생각한다는 말이 지나
치다면—느끼는 바를 무표정한 가면 밑에 숨기지 못하게 되어, 어떤 인상을
받으면 주정뱅이나 철부지처럼, 또는 흥이 나면 사교 자리일지라도 거리낌
없이 시를 짓고, 질겁하는 부인의 손을 잡고서는 식탁으로 다가가면서 눈썹
을 찌푸리거나 입을 쫑긋거리는 시인처럼 머리를 끄떡거리고 입을 오므리며
어깨를 흠칫 떨었다. 그날 밤 포르슈빌 부인이 받은 인상은 조금도 유쾌하지
못했다—그러나 그녀를 야회에 참석하게 만든 한 가지만은 예외였는데, 그
것은 애지중지하는 딸에 대한 애정, 질베르트가 이토록이나 으리으리한 야

회를 열었다는 자랑, 이제 어머니인 자기는 셈에도 들지 않게 됐다는 슬픔에도 그 자랑스러운 마음에 벅찬 얼굴을 내밀었던 것이다—그 밖에 나머지 인상은 즐거운 것이 못되고 남들이 가해오는 모욕에 맞서 끊임없이 몸을 지키는 일, 어린애처럼 겁먹으면서 막는 일만을 명령했다. 귀에 들리는 말이라곤 이런 것밖에 없었다. "포르슈빌 부인이 나를 알아보았는지 아닌지 모르겠는걸. 아무래도 다시 인사해야 하지 않을까"—"무슨 소리, 그런 생각일랑 말게(상대는 질베르트의 어머니에게 죄다 들린다는 생각은 하지도 않고, 아니, 전혀 걱정이 안 되는지 아랑곳없이 목청을 돋우어 말했다), 그건 소용없는 짓이야. 얼토당토않은 꼴을 당할 걸세! 내버려두면 그만이야! 게다가 저인 노망이 들기 시작한 모양이니."

포르슈빌 부인은 여전히 옛날처럼 아름다운 눈으로 입버릇 사나운 작자들을 넌지시 보다가 실례가 될까 봐 갑자기 눈을 내리깔았다. 그래도 모욕에 치가 떨려, 힘없이 분노를 누르면서 머리를 흔들고 가슴을 꿈틀거리고 나서, 또 다른 좀 무례한 다른 손님에게 새삼 눈길을 던졌는데 그럴 때마다 별로 놀라는 기색도 없었다. 왜냐하면 4~5일 전부터 심기가 많이 불편해서 야회를 미루자고 딸에게 넌지시 비추었건만 들어주지 않았기 때문이다. 이러한 사연이 있었지만, 그래도 포르슈빌 부인은 여전히 딸을 사랑했다. 공작부인들이 꾸역꾸역 몰려들고, 누구나 다 입을 모아 이 새 집을 칭찬해주니, 그녀의 마음은 기쁨으로 벅차올랐다. 그리고 그즈음 사교계에서 가장 떵떵거리는 자들도 좀처럼 가까이 갈 수 없었던 귀부인인 사브랑 후작부인까지 모습을 나타내자, 포르슈빌 부인은 자기가 선견지명이 있는 어진 어머니였다는 것, 이것으로 이젠 어머니의 소임도 다했다는 느낌이 들었다. 그때 비웃기 잘하는 손님들이 오자 그녀는 또다시 그쪽을 보며 혼잣말했다, 만약에 그저 몸짓만으로 나타내는 무언의 말도 또한 말로 친다면. 그녀는 아직도 아름답건만—이제까지 전혀 없었던 일이지만—몹시 측은해 보였다. 그도 그럴 것이, 한때는 스완을 비롯하여 닥치는 대로 뭇남자를 속여온 그녀였건만 이제는 온 세상 사람들에게 속고 있었기 때문이다. 그뿐더러 패기마저 없어져서 지금은 역할이 뒤바뀌어 고약한 사내들에게서 몸을 지키려는 생각조차 하지 않게 되었다. 머잖아서 그녀는 죽음에 대해서도 저항하지 않게 될 것이다. 그러나 앞으로 있을 이야기는 내버려두고, 다시 3년 전 이야기, 곧 우리가 지금 있는 게르망트 대공부인 댁의 마티네로 돌아가기로 하자.

나는 나의 옛 친구 블로크를 얼른 알아보기 힘들었다. 게다가 그는 지금 자크 뒤 로지에라는 이름을 필명으로뿐 아니라 본명으로도 쓰고 있었다. 내 친구 블로크가 완전히 끊어버린 듯싶은 '이스라엘의 사슬'이나, '그리운 헤브론의 골짜기' 냄새를 그 이름에서 맡으려면, 내 할아버지 같은 후각이 필요했을 거다. 사실 영국풍의 멋이, 그의 얼굴을 완전히 바꾸고 지울 수 있는 건 죄다 대패로 밀어버렸다. 전에는 곱슬곱슬하던 머리털도 이제 머리 한복판에서 가르마를 내어 납작하게 붙이고 코스메티크*를 발라 윤을 냈다. 코는 여전히 크고 붉었으나, 오히려 만성 감기 때문에 부은 것처럼 보였다. 이것은 그가 굼뜨게 뇌까리는 말의 코 먹은 어조를 설명할 수 있었다. 왜냐하면 얼굴빛에 맞는 머리 손질과 마찬가지로, 발음하기에 알맞은 목소리를 찾아냈으므로, 옛날 콧소리는 염증을 일으킨 콧방울과 잘 들어맞는 멸시의 음조를 띠었기 때문이다. 그리고 머리 모양, 없어진 콧수염, 멋스러운 몸차림과 몸집, 굳센 의지 덕분에, 이 유대인의 코는 몸차림만 교묘하게 하면 곱사등이 여자도 거의 등이 곧아 보이듯이 눈에 두드러지지 않았다. 하지만 블로크가 나타난 순간 그의 용모가 확 달라졌다고 느끼게 해준 것은 끔찍한 외알안경이었다. 그 외알안경이 블로크의 얼굴에 끌어들인 기계적인 기능은, 인간의 얼굴이 순종해야 할 모든 의무, 곧 보기 좋아야 하는 의무, 기지나 호의나 노력을 나타내야 하는 힘든 의무를 얼굴에서 면제해주었다. 이 외알안경을 끼고 있다는 사실만으로 먼저 그의 얼굴의 아름다움과 추함을 생각할 필요가 없어졌다. 마치 영국제 물건을 보고 있을 때, "이것은 최신 유행품입니다" 하는 점원의 말을 들으면, 그것이 자기 취향에 맞는지 아닌지도 전혀 생각지 않게 되는 것과 같다. 한편으로 그는 그 외알안경의 렌즈 뒤에서, 마치 호사스러운 사륜마차의 유리창에라도 기대 있듯이 도도하고 의젓하며 편안하게 자리잡고 있었다. 그리고 착 빗어 붙인 머리나 외알안경에 어울리듯이 그의 얼굴엔 표정이 전혀 없었다.

블로크는 나에게 자신을 게르망트 대공에게 소개해달라고 부탁했다. 나는

---

* 피부나 머리털을 윤내는 데 쓰는 화장품.

흔쾌히 승낙했다. 처음으로 게르망트 대공부인의 야회에 참석했던 날에는 쉽게 소개받지 못하는 것이 당연한 것처럼 여겨졌지만, 지금은 손님 한 사람을 주인에게 소개하는 따위야 몹시 간단한 일이어서, 초대받지 않은 누군가를 데리고 가서 다짜고짜로 인사시키는 일조차도 쉬울 듯했다. 그것은 아득한 그때 이후, 한때는 신출내기였던 내가 어느 결엔가 이 사교계의 '단골'이 되었기 때문일까? ─하기야 얼마 전부터 '잊힌 자'가 되어 있기는 하지만 또는 그와 반대로 진짜 사교계 인사가 아니므로, 사교계 사람에게는 어려운 일이 더 이상 주눅 들지 않는 나에게는 이미 없는 걸까? 아니면 사람들이 내 눈앞에서 조금씩 조금씩 첫 가면을(간혹 두 번째와 세 번째 가면을) 벗어버리므로, 대공의 거칠 게 없는 오만 뒤에도 사람을 사귀고 싶어하는 인간다운 갈망, 그 자신이 업신여기는 체하는 이들마저 사귀고 싶은 인간다운 갈망이 숨어 있다는 것을 내가 느끼고 있었기 때문일까? 아니면 젊었을 때 거만했던 사람들도 모두 나이를 먹음에 따라서 부드러워지듯이, 대공의 인품이 달라졌기 때문일까(사실 이러한 사람들은 신출내기나 낯선 사상에 대해서는 반발하지만 그 신출내기도 지금은 오랫동안 눈에 익어왔고, 또 그러한 것들이 자기들 주위에 받아들여졌다는 사실을 알수록 부드러워진다)? 그리고 늙은 나이가 교제 범위를 넓히는 어떤 미덕이나 악덕의 버팀목이 되고, 또한 대공을 드레퓌스파로 전향시킨 바와 같은 정치적 개종에 의한 사상의 급변이 뒤따르는 경우에는 특히 그러하다.

지난날 사교계에 갓 들어선 내가 그러했고, 또 아직도 가끔 그럴 때가 있듯이, 블로크는 그 무렵 내가 사교계에서 사귄 사람들에 대해 물었다. 그러나 그 사람들은, 내가 여러 번 그 정확한 '위치'에 놓아보고 싶어했던 콩브레 사람들처럼 모든 것으로부터 동떨어지고 벌어져 있었다. 그러나 나에게 콩브레는 다른 것과는 혼동할 수 없는 별도의 형태를 갖추고 있어서 내가 도저히 프랑스 지도 안에 맞춰넣지 못하는 퍼즐이었다. "그럼 게르망트 대공은 스완이나 샤를뤼스 씨에 대해 내게 아무 설명도 할 수 없다는 말인가?" 블로크가 나에게 물었다. 나는 오랫동안 블로크의 말투를 빌려 쓰고 있었으나, 이제는 블로크가 내 말투를 흉내내고 있었다. "전혀 없지."─"그럼, 어디가 다른가?"─"자네에게 그들과 직접 얘기할 수 있는 기회를 만들어줬어야 했는데, 이제는 그럴 수도 없지. 스완은 죽었고 샤를뤼스 씨도 죽은 거나 다름없으니까. 하지만 그 둘은 엄청나." 그런 훌륭한 인물들의 대화는 어떠한 것이었을까 생각하면서 블로크의 눈이 번쩍번쩍하는 동안, 나는 그들과 자리를 같이했을 때 맛보았던 기쁨을 블로크에게 떠벌리고 있다는 걸 생각했다. 나는 혼자 있을 때 말고는 그들과 자리를 같이한 기쁨을 맛본 적이 없었으며, 확실한 구별의 인상은 오직 우리 상상 속에서만 생길 뿐이니까. 블로크는 나의 과장을 알아챘던 걸까? "아마도 자네는 그것을 너무 아름답게 그리는 듯싶군." 그는 말했다. "긴말 할 것 없이, 이 댁 안주인인 게르망트 대공부인만 해도 말일세, 그야 이미 젊지 않다는 거야 나도 알고 있다네. 하지만 자네가 그 비할 데 없는 매력이니, 기막힌 아름다움이니 하며 내게 떠들어대던 것이 그리 옛날 일이 아니거든. 물론 나도 저분의 당당한 풍채, 자네가 늘 이야기하던 저분의 비상한 눈은 인정하네만, 그렇다고 해서 자네가 늘 하던 말처럼 절세가인이라고는 생각하지 않아. 그야 분명히 혈통은 어엿하지, 그러나……."

나는 블로크에게 그가 똑같은 인물을 말하고 있지 않았다는 걸 일러주어야 했다. 사실 게르망트 대공부인은 죽고, 독일의 패전으로 파산한 대공은 전의 베르뒤랭 부인과 결혼했던 것이다. 그러자 블로크가 솔직히 털어놓았다. "그렇지 않아, 여보게, 난 금년판《고타 연감》을 찾아보았단 말일세. 그래서 알게 되었는데, 지금 우리가 있는 이 저택의 주인인 게르망트 대공은 당당한 명문가 여자와 결혼했네. 그 상대는, 잠깐 기다려주게, 생각해낼 테니……. 옳지, 보(Baux) 가문 태생인 뒤라 공작부인 시도니와 결혼했어." 분명 베르뒤랭 부인은 남편이 죽은 지 얼마 안 돼서 몰락한 늙은 공작 뒤라와 결혼하여 게르망트 대공과 사촌지간이 되었는데, 늙은 공작은 결혼 뒤 2년 만에 죽고 말았다. 곧 공작은 베르뒤랭 부인을 위해서 매우 유리한 다리를 놓아준 셈이었고, 이제 베르뒤랭 부인은 세 번째 결혼을 통해 게르망트 대공부인이 되어 포부르 생제르맹에서 대단한 위치를 차지하고 있었다. 이 이야기를 들으면 콩브레 사람들도 깜짝 놀랐을 것이다. 콩브레의 루아조 거리의 귀부인들, 곧 구필 부인의 딸이나 사즈라 부인의 며느리 같은 여자들은 베르뒤랭 부인이 게르망트 대공부인이 되기 두 해 전부터 비웃듯이 '뒤라 공작부인'이라고, 마치 그것이 베르뒤랭 부인이 연극에서 분장한 배역이라도 되는 것처럼 말하곤 했으니까. 세습 계급의 원칙에 따르면 그녀는 베르뒤랭 부인으로서 죽어야 하므로, 이 칭호는 그녀에게 사교상의 새로운 힘을 줄 것 같지도 않았을 뿐더러 오히려 나쁜 결과를 낳았다. '페르 파를레 델(Faire parler d'elle)'*1이라는 표현은 어느 사회에서나 애인을 둔 여자에게 적용되는 말이지만, 포부르 생제르맹에서는 책을 내는 여자에게 쓰였으며, 콩브레의 중류계급에서는 위로든 아래로든 '걸맞지 않은' 결혼을 하는 여자에게도 적용되었다. 그녀가 게르망트 대공과 결혼했을 때도, 가짜 게르망트다, 협잡꾼이다 하고 세상 사람들은 입방아를 찧었을 것이다. 나로 말하면, 지난날 그토록 나를 매혹했건만 지금은 이승에 없는 부인, 죽은 사람이라 칭호와 이름을 도둑맞아도 막아낼 길이 없는 그 부인과는 아무런 관계도 없는 여자를 또다시 게르망트 대공부인이랍시고 이승에 있게 하는 같은 칭호와 이름을 생각해보니, 이를테면 헤드위제(Hedwuge) 공*2 소유의 성관이나 그녀에게 딸린 모든 것이 다른 여자의 차지가 된 것을 볼 때처럼 왠지 비통한 바가 있었다. 이름의 계승은 모든 것의 계승, 모든 재산 횡령만큼이나 슬프다. 그리고 끊임없이 새로운 대공부인이 파도처럼 잇따라 나타나리라. 아니, 차라리 천년이라는 오랜 세월 동안 이 시대에서 다음 시대로 갖가지 여자에게 그 이름을 물려주어도, 거기에는 단 한 사람의 게르망트 대공부인이 있을 뿐으로, 그녀는 죽지도 않고, 우리 마음을 아프게 하거나 세월에 따라 변하는 모든 것에 아랑곳없이 살아가리라. 이처럼 이름은 차례차례 물결 밑으로 가라앉는 여자들 위를 늘 한결같은 아주 먼 옛날의 고요로 덮으리라.

아닌 게 아니라, 내 옛 친구 얼굴에서 볼 수 있는 그 겉모양의 변화조차도 날마다 있어온 내부 변화의 상징에 지나지 않았다. 아마도 이러한 사람들은 같은 일을 이어왔을 테지만, 그들이 끊임없이 접촉하는 사물이나 인간에 대해서 날마다 품는 관념은 조금씩 어긋나므로, 몇 년쯤 지나면 그들은 같은 이름 밑에 다른 사물, 다른 인간을 사랑하게 된다. 그뿐만 아니라 당사자인 그들도 딴사람이 되므로, 만약 그들의 얼굴이 달라지지 않는다면 그야말로 이상한 노릇이리라.

참석자들 가운데 얼마 전 어떤 유명한 소송에서 증인으로 섰던 저명인사가 있었다. 그 증언의 유일한 가치는 그 사나이의 고귀한 품성에 있었으므

---

*1 '남의 입에 오르내린다'는 뜻.
*2 결혼 전의 게르망트 대공부인의 이름.

로, 재판관도 변호사도 한결같이 그 증언에 존경을 품고 복종해 마지않아, 그로 인해 두 사람에게 유죄 판결이 선고되었다. 따라서 그가 들어서자 참석자들 사이에 호기심과 존경심으로 술렁거렸다. 모렐이었다. 지난날 그가 생루에게, 그리고 동시에 생루의 친구에게도 보살핌을 받았었다는 사실을 아는 사람은 아마도 나밖에 없었을 것이다. 이러한 이미 지나간 일에도 그는 조금 조심스러워했으나 반갑게 내게 인사했다. 그는 우리가 발베크에서 만났던 때를 돌이켜보고 있었다. 그러한 추억은 그에게는 청춘의 시이자 애수이기도 했던 것이다.

그러나 나와 아는 사이가 아니라서 내가 못 알아본 사람들도 있었다. 왜냐하면 이 살롱에서, 시간은 인간에게처럼 사교 사회에도 그 화학 작용을 미쳤기 때문이다. 이 살롱의 특수한 성격은, 유럽의 쟁쟁한 왕후의 이름을 끌어당긴 친화력과 비귀족적인 요소를 깡그리 물리친 반발력에 의해서 확정되었으며, 한때 나는 이 환경에서 그 마지막 실체가 부여된 게르망트라는 이름에 대한 물질적인 근거를 찾아냈거니와 이 환경 자체도 내가 견고한 줄로 알았던 그 내부 구조에 심각한 변질을 일으키고 있었다. 이전에 전혀 다른 사교계에서 만났던 사람들로, 설마 이곳에는 안 끼겠지 생각했던 사람들이 섞여 있을 뿐만 아니라, 그들이 사뭇 허물없고 친밀한 대접을 받으면서 성이 아니라 이름으로 불리고 있는 데에 나는 더욱 놀랐다. 일찍이 게르망트라는 이름과 조화되지 않는 모든 것을 자동적으로 배척해온 귀족적 편견과 속물근성은 이미 활동을 그치고 있었던 것이다.

내가 사교계에 갓 나아갔을 무렵, 몇몇 사람들은 자주 성대한 만찬회를 베풀어 게르망트 대공부인, 게르망트 공작부인, 파름 대공부인밖에 초대하지 않았다. 그들은 이 귀부인들 저택에서 윗자리에 앉음으로써 그즈음 사교계에서 가장 확고한 위치에 있는 이들로 인정받았으며, 또 실제로 그러했을 것이다. 그런 사람들이 이제는 가뭇없이 사라지고 말았다. 그들은 외교상의 사명을 띠고 왔다가 이미 본국으로 돌아갔단 말인가? 혹시 추문이나 자살이나 유괴 때문에 다시는 사교계에 못 나오게 되었단 말인가? 그도 아니면 독일인이었단 말인가? 아무튼 그들의 찬란한 이름은 오직 그때 그들이 차지하고 있던 지위에서 얻어진 것으로, 이제는 그 이름을 이을 사람도 없고, 내가 누구 이야기를 하고 있는지 아는 사람조차 없었다. 내가 그러한 이름의 철자를 자세히 일러주면서 그들 이야기를 한댔자 그들 눈에는 호사한 생활을 하는 수상쩍은 외국인으로 보일 게 고작이다. 옛 사회 규칙에 비추어볼 때 여기에 와선 안 될 이들이 명문 태생의 부인과 절친하게 지내고, 그 부인들이 오직 그 새로운 친구들을 위해 지긋지긋해하면서도 어쨌든 게르망트 대공부인 댁에 오는 것을 보고, 나는 적잖이 놀랐다. 왜냐하면 이 사교계의 두드러진 특징은 그 뛰어난 계급 이동 능력이기 때문이다.

풀려선지 아니면 끊어져선지, 압착기의 용수철은 이제 움직이지 않았으며, 한 번도 만난 적 없는 무수한 이분자들이 침입하여 동질적인 모든 것, 온갖 품격, 온갖 색깔을 없애고 말았다. 마치 노망 든 부자 미망인처럼, 포부르 생제르맹의 사교계는 상속받은 재산을 누리는 망령 든 과부처럼 건방진 하인들에게 살롱을 점령당하여, 오렌지 술을 퍼마시고 자기들의 정부를 의기양양하게 소개하는 그들에게 그저 겁먹은 미소로 대답하는 재주밖에 없는 형편이었다. 그래도 시간이 흘러 내 지난날의 일부가 사라지는 느낌은, 살롱에 나오는 일, 뻔질난 방문, 단골끼리의 관계 같은 것으로 긴밀히 연결된(지난날의 게르망트네 살롱 같은) 그 단체의 무너짐으로써도 주어졌지만, 그보다도 그것을 한층 생생히 의식하게 만든 것은, 현재 이 살롱에 있는 아무개가 더할 나위 없이 당연하게 지정된 자기 자리에 앉아 있는데, 그 옆자리에 있는 아무개에게는 어쩐지 수상쩍은 새 얼굴이 있다는 생각이 들게 하는 그 헤아릴 수 없는 이유나 차이에 대한 이해가 완전히 사라졌다는 사실이었다. 이와 같은 무지는 사교계뿐만 아니라, 정치나 그 밖의 모든 것에 걸쳐서 볼 수 있었다. 왜냐하면 개개인의 기억은 평생 이어지는 게 아니기 때문이다. 뿐만 아니라 일찍이 남의 마음속에서 잊힌 기억을 가져본 적도 없는 젊은이들이 지금 사교계의 한 부분을 이루고 있으며, 또 그들을 귀족이라는 의미로 보아도 당연한 자격을 갖추고 있다. 사교계에 갓 진출했을 때의 일은 잊히거나 알려지지 않으므로, 젊은이들은 누구나 다 현재의 위치—오르막길에 섰건 내리막길에 섰건—에서 그들을 받아들이고, 처음부터 그 위치에 있던 것처럼 믿는다. 따라서 스완 부인과 게르망트 대공부인과 블로크는 늘 최고 위치에 있고, 클레망소와 비비아니(Viviani)*는 늘 보수파로 여겨지게 마

* 프랑스의 정치가(1863~1925).

런이다. 그리고 어떤 사실은 기억에 오래 남는지라, 드레퓌스 사건에 대한 언짢은 기억 같은 것은 아버지가 들려준 덕분에 머릿속에 어렴풋이 남아 있어서 클레망소가 드레퓌스파였다고 말하는 이가 있다면 그들은 "설마, 그건 착각이야, 전혀 반대편이야" 대답하는 것이었다.

오점을 남긴 각료나 퇴물 창부가 미덕의 전형으로 여겨졌다. 누군가가 지체 높은 가문의 젊은이에게 질베르트의 어머니에 대해서 무슨 고약한 소문은 못 들었느냐고 물었더니, 그 젊은 귀공자가 말하기를, 사실 그녀는 처음에 스완인가 하는 건달과 결혼했다가, 그 뒤 사교계에서 가장 명망 있는 남자 가운데 한 사람인 포르슈빌 백작과 결혼했다고 말하는 것이었다. 물론 이 살롱에 와 있는 몇몇 사람, 이를테면 게르망트 공작부인 같은 사람이라면 그런 단언에 쓴웃음을 지었으리라(스완의 고아한 멋을 부정하는 이러한 단언은 내게도 터무니없는 것으로 보이지만, 나 또한 콩브레에서는 대고모와 더불어, 스완이 그런 '대공부인들'과 아는 사이일 리가 없다고 믿었던 것이다). 그리고 이 살롱에 나올 수는 있지만 이제는 거의 바깥출입을 하지 않게 된 부인들, 스완과는 특히 친한 사이였으나 포르슈빌의 얼굴은 본 적도 없는 몽모랑시, 무시, 사강 같은 공작부인들도 쓴웃음을 금치 못했을 것이다(그녀들이 드나들던 그 무렵의 사교계에 포르슈빌 따위는 아직 초대도 받지 못했으니까). 그것은 바로, 마치 오늘날에는 사람들의 용모도 달라지고 금발도 백발로 바뀌었듯이, 그때의 사교계가 날로 수가 줄어드는 인간의 기억 속에만 존재하기 때문이다.

전쟁 중 블로크는 외출은 삼가고, 전에는 자주 드나들면서 초라한 몰골로 맨 끝 자리를 지키던 단골 사교장에도 '나가지' 않게 되었다. 그는 그 대신 차례차례 책을 출판했다. 이제 나는 그의 저서 속에 있는 허황된 궤변에 사로잡힐세라 그것을 깨뜨려버리기 위해 애쓰고 있지만, 그 독창성 없는 작품은 청년이나 사교계의 숱한 여성들에게 비범한 지적 탁월, 어떤 천재라는 인상을 주고 있었다. 그러므로 그는 옛날 사교 생활과 새로운 사교 생활을 완전히 나눈 뒤, 위대한 인간으로서 명예와 영광에 싸인 새로운 생애를 향하여, 새로 쌓아 올려진 사교계에 나타났다. 물론 젊은이들은 블로크가 그 나이가 되어 비로소 사교계에 등장했다는 사실을 알 리가 없었고, 그뿐 아니라 그가 생루와의 교제에서 얻어들은 몇몇 이름이 지금의 그의 밝게 빛나는 명성을 먼 옛날부터 이어져온 줄로 여기게 한 만큼 더욱 그러했다. 아무튼 그는 어느 시대에나 반드시 상류 사회에 나타나서 활짝 피는 유능한 인사로 보였으며, 그가 다른 사회에 산 적이 있다고는 아무도 생각지 않았다.

옛날부터 있던 사람들은 사교계가 완전히 바뀌어버려서, 옛날이라면 절대 초대받지 못했을 사람까지도 받아들이게 되었다고 잘라 말했다. 이것은 흔히 말하듯이, 사실이면서 사실이 아니었다. 사실이 아닌 이유는, 그들이 시간의 곡선을 셈에 넣지 않았기 때문이다. 그 곡선 때문에 요즘 사람들은 이 신참내기들을 도착점으로 보는 데 반해, 옛날 사람들은 그들의 출발점을 기억하고 있다. 그러나 그들, 즉 구세대 사람들이 처음으로 사교계에 들어왔을 때에도 이미 그곳에 도착해 있던 사람들이 있으며, 그들이 출발할 때의 일을 기억하고 있었다. 콜베르와 같은 부르주아의 이름은 몇 세기를 거치며 귀족 이름이 되었지만, 그러한 변화는 한 세기만으로도 충분하다. 반면, 옛날 사람들이 말한 것은 사실일 수도 있다. 왜냐하면 사람들의 지위가 바뀌면 더없이 강고하게 뿌리를 내린 관념과 풍습도(재산이나, 나라와 나라의 동맹이나 증오와 마찬가지로) 바뀌기 때문이며, 그러한 것 속에 세련된 사람들만 초대받는다는 풍습도 포함되어 있기 때문이다. 단순히 속물근성이 형태를 바꿀 뿐 아니라, 전쟁과 마찬가지로 속물근성이 사라질 수도 있다. 또는 급진파나 유대인이 자키 클럽에 받아들여지는 일도 있을 것이다. 새 세대의 사람들이 게르망트 공작부인을 여배우 나부랭이와 어울리는 것으로 보아 대수로운 여자는 아니라고 판단하는 데 반해, 집안의(이제는 늙은이가 된) 부인들은 여전히 그녀를 굉장한 사람으로 생각하고 있었다. 첫째로, 그녀들이 부인의 태생이나 높은 지체, 포르슈빌 부인이 말하는 이른바 '로열티즈(royalties)'*와의 친교 등을 잘 알고 있기 때문이기도 하지만, 또 부인이 집안 모임을 꺼려하여 오더라도 늘 따분해하며, 대체로 그녀의 참석을 기대할 수 없다는 것을 알고 있었기 때문이다. 연극이나 정계 방면과의 관계는 별로 알려져 있지 않았지만, 이것 또한 부인의 희귀성을 더해 그녀의 주가를 높일 뿐이었다. 그러므로 정계나 예술계에서는, 부인을 정체를 알 수 없는 사람, 포부르 생제르맹에서 벗어나 정무 차관이나 인기 연예인들과 자주 만나는 사람이라고 생

---

* '왕족들'이라는 말.

각했지만, 정작 포부르 생제르맹 자체에선 누가 호화로운 야회라도 열게 되면 다음같이 말하곤 했다. "역시 오리안을 초대해야 하나? 안 올 게 뻔하지만 그래도 체면상 초대하고 기대는 말기로 해요." 그래서 만약 오리안이 10시 30분쯤에 눈부시게 차려입고 사촌들을 쏘아보면서 자못 깔보는 태도로 나타나 기고만장하게 살롱의 문 어귀에서 발을 멈춘다면, 그리고 만약 한 시간이나 머무른다면, 그 야회의 주최자인 노부인에게 있어 그날은 훨씬 성대한 모임이 되었다. 그것은 마치 옛 극장의 지배인이 사라 베르나르에게서 막연한 찬조 출연 약속을 받기는 했지만 그다지 기대는 않았는데, 실제로 그녀가 나타났을 뿐 아니라, 극진한 호의를 보이면서 매우 소탈하게 약속했던 작품은 물론이요 다른 시도 스무 편이나 낭독해주었을 때와 비교될 만한 일이다. 오리안은 각 부처 비서관의 아니꼬운 말을 들으면서도 끈덕지게 그들과 교제를 넓혀갔는데(이것이 인지상정이다), 이 여자가 그 야회에 참석한 것만으로(재기(才氣)는 사교계를 이끌기 마련이다) 그 야회(다른 여성들도 특히 멋쟁이들뿐이었음에도)의 격이 높아져서, 같은(포르슈빌 부인의 말마따나) 계절에 열린 다른 미망인들의 야회, 이 오리안을 모실 수 없었던 어느 야회보다도 윗길로 꼽히고, 그런 야회에 비해 특별해졌다.

내가 게르망트 대공과 이야기를 끝내자마자 블로크는 나를 붙들고 젊은 여성에게 소개했는데, 그녀는 게르망트 공작부인에게서 나에 대한 이야기를 많이 들어왔다는, 그 무렵 가장 멋쟁이 여성 가운데 한 명이었다. 그런데 그 이름을 나는 난생처음 들었으려니와, 또 그녀에게도 게르망트 가문의 여러 이름이 귀에 낯선 게 틀림없었다. 그녀가 한 아메리카 여인에게 생루 부인이 어떤 자격으로 여기 있는 쟁쟁한 사교계 인사들과 그토록 친근하게 구느냐고 묻고 있었기 때문이다. 그런데 그 아메리카 여자는 포르슈빌네와 아주 촌수가 먼 친척인 파르시 백작과 결혼한 부인인데, 그 파르시라는 사나이 눈에는 포르슈빌네가 사교계에서 가장 빛나는 존재로 비쳤던 것이다. 그러므로 그 아메리카 여자는 더할 나위 없이 천연스럽게 대답했다. "그야, 오직 저이가 포르슈빌네 태생이라는 점만으로도 충분하죠. 포르슈빌네는 가장 훌륭한 집안이니까요." 파르시 부인은 순진하게도 포르슈빌이라는 이름이 생루라는 이름보다도 나은 줄로 확신하고는 있었으나, 적어도 생루가 누군인지쯤은 알고 있었다. 그러나 블로크와 게르망트 공작부인의 친구인 이 귀여운 여자는 그런 사실조차 미처 모르거니와 어지간히 덜렁이여서, 어떤 젊은 아가씨가 생루 부인이 어떻게 이 댁 주인인 게르망트 대공과 친척이 되느냐고 묻자 정색을 하고 대답했다. "포르슈빌네를 통해서." 그리고 그 젊은 아가씨는 그 정보를 마치 전부터 알고 있었던 듯이 한 여자친구에게 떠들어댔다. 그 말을 들은 그 아가씨는 성질이 뒤틀린 데다가 신경질적인지라, 어떤 신사에게서, 질베르트가 게르망트네와 연고가 있는 까닭은 포르슈빌네를 통해서가 아니라는 말을 처음으로 듣자 다짜고짜 마치 수탉처럼 시뻘게졌는데, 그러자 그 신사는 자기가 잘못 알고 있었다고 생각하여 그 엉뚱한 정보를 받아들여 당장 떠벌려댔다. 이 아메리카 여자에게 있어 만찬회나 사교 연회는 마치 베를리츠 학원(Barlitz-schule)*이나 다름없었다. 즉 남의 이름을 들으면, 미리 그 이름의 가치나 정확한 영향력을 알아보지도 않고 되풀이하기만 했다. 탕송빌이 아버지인 포르슈빌 씨에게서 질베르트의 손으로 넘어갔느냐고 누가 묻자, 누군가가, 절대로 그런 게 아니고 탕송빌은 질베르트의 시댁 소유지로 게르망트와 붙은 땅인데, 마르상트 부인의 것이었으나 몽땅 저당 잡혀 있는 것을 질베르트가 지참금으로 다시 산 거라고 설명했다.

마지막으로 하나 더 말하자면 사교계 고참인 한 노인이, 스완이 사강네나 무시네 사람들과 친교가 있었던 생각이 나서 화제로 삼자, 블로크의 친구인 그 아메리카 여자가 어떻게 내가 스완네와 아는 사이가 되었느냐고 물었다. 그러자 그 노인은, 스완이 나의 시골집 이웃이며 내 할아버지의 손아래 친구인 줄은 짐작도 못 하고, 스완에게서 게르망트 부인에 대한 여러 가지 이야기를 들은 나인데도 그런 내가 게르망트 부인 집에서 스완을 알게 되었다고 말했다. 이런 오해는 가장 저명한 인사들도 하는 법이어서, 그것은 보수적인 사회라면 어디서나 특히 중대한 일로 여겨진다. 생시몽은 루이 14세의, '때로는 남들 앞에서 엄청나게 어리석은 행동을 저지르기도 했던' 그 무지를 보여주기 위하여 두 가지 보기를 들었다. 곧, 르넬이 클레르몽 갈랑드 가문의 태생이라는 사실도, 생태랑이 몽모랑시 가문의 태생이라는 사실도 모르고서 왕이 이 두 사람을 상놈으로 대접했다는 점이다. 적어도 생태랑에 대해서는, 왕이 모르는 채로 죽지 않았다고 하니 우리로서는 다행이다. 왕이 '늦게나

---

*주입식 교육으로 유명한 독일의 외국어 학교.

마' 라 로슈푸코 씨에 의해서 착오를 깨닫게 되었다니까. 생시몽은 조금 딱하다는 듯이 덧붙인다. "그래도, 왕이 성명을 듣고도 알지 못한다면 마땅히 어떠한 가문인가를 왕께 설명해드렸어야 했소이다."

아주 가까운 과거까지도 순식간에 덮어버리는 이 재빠른 망각, 곧장 사람의 마음을 침범해버리는 이 무지는, 그 반동으로 시시껄렁한 지식을 만들어내는데, 그것은 널리 알려져 있지 않은 만큼 귀중한 가치를 지닌다. 사람들의 가계, 그들의 진짜 신분, 아무개가 어느 가문과 혼인을 했고, 지체가 다른 혼인을 하게 된 원인이 사랑 때문이라느니 금전 관계 때문이라느니, 또는 그 밖에 무엇무엇 때문이라느니 하고 설명하는 것으로서, 이것은 보수적 정신이 지배하는 모든 사회에서 존중되는 지식이자 내 할아버지가 콩브레와 파리의 중산계급에 대하여 최고도로 지니고 있던 지식이었다. 생시몽도 이것을 높이 평가했으므로, 콩티 대공의 놀라운 지성을 기릴 때, 그의 학식을 말하기에 앞서서, 아니, 오히려 이런 지식을 학식 가운데 첫째로 보기라도 하듯이, 대공이 '명석하고 올바르며, 적확하고도 넓으며 참으로 훌륭한 정신'의 소유자라고 칭송하여 다음같이 썼다. "공은 박학다식하여 여러 족보와 거기에 얽힌 전설과 그 실상에 능통하고, 계급의 위아래와 인물의 가치에 알맞은 예절을 차릴 줄 알아서, 왕족이 지켜야 함에도 힘쓰지 않는 의무를 빠짐없이 다했다. 공은 왕위 찬탈에 대해서도 의표를 찌르는 견해를 가지고 있었으며, 서적과 이야기에서 가문과 직책 등에 대해 가장 적합한 자기 학설로 삼기에 충분한 것을 얻었다." 이처럼 화려한 세계는 아니지만, 내 할아버지도 콩브레와 파리의 중산계급에 대해서라면 그에 못지않을 만큼 정확하게 알고 있었으며, 그에 지지 않을 정도로 흥미를 가지고 맛보았다. 이와 같은 소식통, 이러한 호사가는 눈에 띄게 줄었으나, 그들은 질베르트가 포르슈빌 가문 출신이 아니고, 캉브르메르 부인은 메제글리즈 태생이 아니며, 그 집의 며느리가 발랑티누아 집안 출신이 아니라는 사실을 알고 있었다. 그들은 수가 적을 뿐만 아니라, 아마 최상급 귀족 사회에서는 찾아볼 수조차 없을 것이다(이를테면 《성인전》이나 13세기의 그림 유리에 대해서 가장 조예가 깊은 사람이라 해서 반드시 신앙가나 가톨릭 신자가 아니듯이). 오히려 2류 귀족 사회에, 자기들이 가까이 갈 수 없는 것에 매력을 느끼고 그다지 자주 방문할 수 없는 만큼 연구할 틈도 있고 뛰어난 날카로운 소식통도 흔히 있는 법이어서, 그들은 기꺼이 모여 서로 사귀고, '애서가 모임'이나 '랭스 대성당 동우회'같이 취미가 풍부한 만찬회를 열고, 거기서 여러 족보를 음미한다. 부인들의 입회는 허용되지 않지만, 남편은 집에 돌아가면 자기 아내에게 이런 말을 해준다. "재미있는 만찬이었어. 라 라스플리에르 씨라는 이가 참석했는데 말이야, 당신도 알지, 그 아름다운 딸을 둔 생루 부인 말이야. 그이는 절대로 포르슈빌 가문 출신이 아니라는 설명을 해서 모두의 넋을 빼놓았어. 소설이라니까."

블로크와 게르망트 공작부인의 여자친구는 맵시 나고 귀여웠을 뿐더러 제법 총명하여 재미있는 말벗이었는데, 내게는 그 말벗의 이름이 낯설었을 뿐 아니라, 그녀의 이야기에 나오는 사람들 중 대부분, 곧 현재 사교계의 중심을 이루는 사람들의 이름도 귀에 설어서 알아듣기 힘들었다. 한편 그녀는 내 이야기를 이것저것 듣고 싶어했지만, 내 이야기에 나오는 사람들의 이름 또한 그녀에겐 쇠귀에 경 읽기와 다름없었을 것이다. 그 이름들은 모두 망각의 밑바닥에 가라앉아 있었다. 적어도 그 사람의 개인적 명성만으로 빛을 내던 이름, 명문 귀족의 포괄적인 변하지 않을 이름이 아닌 이상 그러했다(그 젊은 여자는 그런 명문대가의 정확한 작위조차 잘 모르고, 전날의 만찬 자리에서 주워들은 이름에 제멋대로 추측을 더해 엉뚱한 집안을 끌어다붙이는 지경이었다). 게다가 내 이야기에 나온 이름들 대부분이 그녀의 귀에 낯선 까닭은, 내가 사교계를 떠난 지 수년 뒤에야 그녀는 겨우 사교계에 나오기 시작했기 때문이다(그도 그럴 것이, 그녀는 아직 젊을 뿐만 아니라, 프랑스에 머문 지 얼마 안 되었고, 또 곧바로 사교계에 받아들여지지도 않았으므로). 무슨 까닭인지 모르지만 내 입에서 문득 르루아 부인의 이름이 나왔고, 마침내 이야기 상대는 자기에게 알랑거리는 게르망트 부인의 오랜 친구에게서 그 이름을 들은 적이 있었다. 하지만 보아하니 그것은 이 시큰둥한 젊은 여자가 나에게, "네, 르루아 부인 말씀이죠, 알아요, 베르고트의 오랜 친구죠" 대답할 때의, 마치 '세상없어도 우리집에는 드나들지 못하게 하고 싶은 사람'이라고 말하는 듯한 잔뜩 얕보는 말씨로 미루어 제대로 한 이야기가 아니었을 것이다. 그 게르망트 부인의 옛 친구는 귀족과의 교제를 우습게 여기는 체 꾸미는 것을 하나의 특징으로 삼는 게르망트 기질이 밴 나무랄 데 없는 사교인이라서 '모든 전하, 모든 공작부인과 가까이 지내는 르루아 부인'이라고 하면 너무도 시시하고 반게르망트적이라는 생각에 차라리 '그인 좀 괴짜여서 말입니다, 어느 날 베르고트에게 이렇게 대답했지요' 말하는 편을 택했다는 사실을, 나는 당장 알아챘다. 다만 사실을 모르는 사람들에게는 대화에서 얻는 그런 정보는 신문이나 잡지가 일반 대중에게 전하는 보도와 같다. 대중은 신문이 보도한 대로, 루베(Loubet) 씨나 레나크 씨를 번갈아가면서 도둑으로 생각했다가 위대한 시민으로도 곧이 믿는다. 내 이야기 상대에게 있어 르루아 부인은, 말하자면 그만큼 빛나지도 않고, 그 작은 동아리에 베르고트밖에 없었던 초기의 베르뒤랭 부인과 비슷한 여자로 보였다. 하지만 그 젊은 여자는 순전히 우연하게 르루아 부인의 이름을 듣게 된 마지막 한 사람이었다. 오늘에 와서는 아무도 부인이 누구인지 알지 못한다. 이 또한 더할 나위 없이 당연한 일이다. 르루아 부인은 그토록 빌파리지 후작부인의 마음을 사로잡고 있었건만, 빌파리지 부인이 죽은 뒤에 간행된 회상록의 색인에서조차 부인의 이름은 안 보인다. 하기야 빌파리지 후작부인이 르루아 부인에 대해서 말하지 않은 것은, 후작부인이 살아 있는 동안에 부인이 상냥하게 굴지 않았던 탓이기보다는, 르루아 부인이 죽은 뒤에 그녀에 대해서 관심을 둘 사람은 아무도 없을 성싶었기 때문이니, 이 묵살은 여자끼리의 사교적 원망이 아니라 작가의 문학적 요령에 의한 것이라 하겠다.

블로크의 맵시 있는 여자친구와의 대화는 재미있었다. 그 젊은 여자는 총명했고, 우리 두 사람의 어휘가 서로 엇갈려서 대화하기 거북스러웠던 대신 그만큼 배운 바가 많았기 때문이다. 세월은 흘러 마지않으며 젊음은 쉬이 밀려나니, 가장 견고한 재산이나 왕위도 와르르 무너지고 명성도 덧없음을 아무리 깨달은들 무슨 소용이랴. '시간'에 이끌려 세상 모든 것이 움직이지만, 그것을 인식하는 우리의 방식, 이른바 그 모든 것을 필름에 담는 방식 자체가 거꾸로 세상에 있는 모든 것을 정지시킨다. 따라서 우리는 젊어서 사귄 이들은 언제까지나 젊게 보고, 늙어서 사귄 이들은 그 과거로 거슬러 올라가서 노인의 미덕으로 장식하며, 대부호의 융자나 제왕의 비호를 무턱대고 믿으면서, 내일이면 그들이 권세를 잃고 쫓기는 신세가 될 수 있다는 것을 이치상으로는 알면서도 실제로는 믿지 않는다. 가장 한정되고 순수하게 세속성을 띤 분야에서도 마치 간단한 문제가 더욱 복잡하지만 같은 종류의 어려운 문제를 푸는 열쇠 구실을 하는 것처럼, 어떤 사교계에 들어왔건만 젊은 여인과의 대화에서 25년이라는 시차가 있다는 사실로 생겨난 이해하기 힘든 어려움이야말로 나에게 인상 깊었고, 내가 지닌 역사에 대한 감각을 강화한 듯싶었다.

또한 사람들의 참된 지위가 알려지지 않은 것에 대해서 말해두어야 한다. 이 무지는 마치 과거라는 것이 존재하지 않는 듯이 10년마다 사람들을 그때그때 현재가 보여주는 대로 떠오르게 만드는데, 신출내기 아메리카 여성은 이 무지로 말미암아 블로크 따위는 쳐주지도 않던 세대에 샤를뤼스 씨가 파리에서 최고 위치를 차지했던 사실이나 봉탕 씨의 들러리 구실을 하느라고 고생하던 스완이 한때는 영국의 웨일스 왕자에게서 우정 어린 최고의 대접을 받았던 사실 등을 알 리가 없다. 이러한 무지는, 오직 사교계의 신출내기들에게서만 볼 수 있는 게 아니라, 이웃한 사교계의 고참들에게서도 볼 수 있거니와, 그것은 모두 '시간'의 작용에 의한 것이다(그러나 이 경우 그것은 개개인에게 작용하지 사회 계층에는 작용하지 않는다). 물론 우리의 환경이나 생활 양식을 바꾼대도, 기억은 우리의 변하지 않는 개성의 실오라기를 손에 꼭 움켜쥐고서, 비록 40년 전 일일지라도 일찍이 우리가 보낸 각 사회에 대한 온갖 추억을 이 개성에 차례차례 연결한다. 지금 게르망트 대공 댁에 와 있는 블로크는 자기가 18살까지 보낸 초라한 유대인 환경을 속속들이 알고 있었으며, 또 스완만 해도 아내에 대한 열기가 식어서 콜롱뱅의 차 시중드는 여자에게 넋을 잃었던 무렵에도(스완 부인은 한때 루아얄에 가는 것처럼 이 콜롱뱅에 가는 것이 멋스럽다고 생각했다) 트위크넘(Twickenham)을 잊지 않았고 자기의 사회적 값어치를 잘 알고 있었다. 또한 자기가 어째서 브로이 공작부인 댁이 아니라 콜롱뱅에 가는지 그 이유에 대해서도 아무 의심이 없었으며, 비록 자기가 천 배나 덜 멋스럽다 해도 돈만 내면 누구나 갈 수 있으므로 분명 콜롱뱅이나 호텔 리츠에 갔으리라는 점도 잘 알았던 것이다. 물론 블로크의 친구라면 그 쓸쓸한 유대인 사회를, 또 스완의 친구라면 뻔질나게 오는 트위크넘으로부터의 초대를 틀림없이 기억하고 있었다. 이러한 친구들은, 스완이나 블로크의 여러 '자아'가 분명히 구별되지 않는 것처럼, 한창 이름을 날리는 지금의 블로크와 꾀죄죄한 옛날의 블로크를, 콜롱뱅에 드나드는 만년의 스완과 버킹엄 궁전의 옛날 스완을, 기억 속에서 따로 구별하지 않았다. 그러나 이런 친구들은 말하자면 인생에서 스완의 이웃인 만큼, 그들 자신의 생애도, 그들의 기억이 스완의 일로 꽉 차리만큼 친근한 관계 밑에 펼쳐져왔다. 그렇지만 스완에게서 멀리 떨어져 있던 다른 사람들, 꼭 사교라는 점에서가 아니라 친분 관계로 보아 그와는 동떨어져 막연히 아는 사이던 이들의 경우라면, 매우 드물게 만나 추억거리도 거의 없으므로 스완에 대한 관념도 확실치 않게 된다. 그런데 이처럼 별다른 관계가 없는 사람들은, 서른 해가 지나고 보면, 현재 눈앞에 있는 사람을 다시 과거로 끌고 가서 그의 가치를 바꿀 수 있을 만큼 정확한 사실이라고는 하나도 기억하지 못한다. 나는 스완의 만년에 사교계 사람들조차 이야기를 하는 사람들을 향해 그것이 마치 명성의 경력이나 되는 듯이, "콜롱뱅에 드나들던 그 스완 말이지요?" 말하는 소리를 들었다. 그리고 요즘 나는, 잘 알 만한 사람들까지도 블로크 이야기가 나오면, "그 블로크 게르망트 말인가? 게르망트네와 가깝던?" 말하는 것을 듣는다. 이와 같은 착각은 인생을 구분하고 거기에서 현재만을 끌어냄으로써, 지금 화제가 되고 있는 인물을 딴사람, 다른 인물, 전날 처음으로 만들어진 현재 습관의 응축에 지나지 않는 인간이 되게 한다(이 인간 속에 그를 과거와 잇는 삶의 연속이 있는데도). 이러한 착오도 분명히 '시간'에 기인하지만, 이는 사회적 현상이 아니라 기억의 현상이다. 그 직후에 나는 인간의 모습을 바꿔버리는 이런 망각의 한 보기, 사실은 꽤 색다르지만 그만큼 더 감명 깊은 본보기를 마주했다.

　게르망트 부인의 조카뻘 되는 빌망두아 후작은, 지난날 나에게 끈덕지게 거만한 태도를 보여 나도 거기에 대한 보복으로 매우 모욕적인 태도를 보일 수밖에 없었으므로, 둘 사이는 어느 결엔가 원수처럼 되고 말았었다. 그런데 내가 이 게르망트 대공부인 댁의 마티네에서 '시간'에 대해 곰곰이 생각하고 있는 동안, 그는 나에게 사람을 보내서, 내가 자기 친척과 벗이었던 것으로 안다느니, 나의 논문을 읽었다느니, 나와 친교, 아니 오래된 교제를 새로이 하고 싶다느니 하는 말을 전해왔다. 누구에게나 흔히 있는 일이지만 그도 나이를 먹어감에 따라 무례한 태도를 버리고 착실해져서, 이제는 옛날처럼 거만하게 굴지 않는 것도 사실이고, 한편 그가 드나드는 사교계에서 변변치 못한 내 논문 때문에 내가 화제에 오르고 있다는 것도 사실이었다. 그러나 그가 이와 같은 정중한 태도로 나에게 접근한 이유로 말하면, 그것은 모두가 부수적인 이유에 불과했다. 중요한 이유, 적어도 다른 이유의 힘을 빌려야 했던 이유는, 그가 나보다 기억력이 나쁜 탓이거나, 아니면 나와는 달리 내 쪽을 하잘것없는 시시껄렁한 사나이로 본 탓에, 내가 그의 공격을 신경 쓸 정도로는 나의 반격을 담아두지 않았던 때문이거나, 어쨌든 그가 우리 둘이 서로 미워한다는 점을 까맣게 잊었다는 사실이다. 내 이름은, 그에게 기껏해야 그의 큰어머니들 집 중 어딘가에서 나나 나의 친척 가운데 누군가를 만났을 거라는 정도의 일을 돌이켜보았을 뿐이었다. 그래서 그는 새로 소개를 받아야 할지, 예전의 교제를 새로이 해야 할 것인지도 잘 모르는 채, 다짜고짜로 나에게 큰어머니에 대해 말하기 시작했다. 서로의 미움 따위는 죄다 잊고 큰어머니 집에서 내 이야기가 자주 나오던 것을 떠올리며, 분명히 거기서 나를 만났을 거라고 의심치 않았다. 이름이야말로 흔히 한 인간에 대해서 우리에게 남아 있는 전부이다. 그나마 죽은 뒤가 아니라 살아 있는 동안만이다. 그래서 한 인간에 대해 우리가 갖고 있는 관념은 몹시 막연하고 매우 야릇하여, 전에 우리가 그 사람에 대해서 품었던 관념과는 거의 일치하지 않으므로, 자기가 하마터면 그와 결투할 뻔했던 일 따위는 깨끗이 잊어버린다. 대신 우리는 그가 어릴 적에 샹젤리제 공원에 기괴한 노란 행전을 감고 왔던 생각이 나지만 아무리 입이 아프게 말해도 상대는 그런 데서 같이 논 기억을 깡그리 잊고 있기 일쑤다.

블로크가 하이에나처럼 뛰어들어왔다. 나는 생각했다. '저 친구, 20년 전에는 한 발자국도 들여놓을 수 없던 살롱에 오게 되었군.' 하지만 그 또한 20살을 더 먹었다. 그만큼 죽음도 더 가까워진 셈이다. 그렇다면 이런 게 대체 그에게 무슨 도움이 된다는 말인가? 우중충한 빛을 통해 멀리서 바라보면, 그의 얼굴에는(실제로 젊음이 남아 있어선지, 아니면 내 기억이 불러와선지) 오직 명랑한 젊음이 있을 뿐이건만, 가까이서 밝은 빛에 비추어보니, 분장을 마치고 무대 뒤에서 차례를 기다리며 첫머리 대사를 나지막이 외고 있는 늙은 샤일록* 같은 불안에 떠는 끔찍한 얼굴이 나타났다. 앞으로 10년만 지나면, '대가'가 된 그가 생기를 잃은 이런 살롱이 시키는 대로 따르며 지팡이를 짚고 들어올 테지. 라 트레모유네를 방문해야 하는 일은 고역이라고 중얼거리면서. 대체 이런 일이 그에게 무슨 도움이 된다는 말인가?

사교계에 생긴 갖가지 변화, 이것을 나는 처음에 우리 시대 특유의 것으로

---

* 셰익스피어의 《베니스의 상인》에 나오는 유대인 고리대금업자.

여겨보려고도 했지만 전혀 그렇지 않아서, 그만큼 더욱 그런 변화에서 내 작품의 일부를 견고하게 만들 만한 소중한 진리를 추려낼 수 있었다. 가까스로 사교계에 드나들 수 있게 된 내가 지금의 저 블로크보다도 더 신출내기로 게르망트네 사교장에 들어섰던 무렵, 겨우 얼마 전에야 가입이 허락된 완전한 이질 분자, 고참자들에게는 별나게 애송이로 보이는 사람들까지도, 나는 분명 이 사회에 어울리는 하나로 보고 구별하지 않았을 게 틀림없다. 하기야 나에게는 신참자들과의 구분이 잘 안 되던 그런 고참자들만 해도, 사실 그때의 공작들에게는 포부르의 토박이들로 보였지만, 그들 또한 그들 자신이나 아버지 대, 또는 할아버지 대에 그 위치에 이르렀던 것이다. 따라서 이 사교계를 찬란하게 빛내는 것은 상류 사교인이 갖춘 뛰어난 경력이 아니라 그들이 거의 완전히 이 사회에 동화되어 있다는 사실이며, 50년만 지나면 누구나가 똑같아 보이고 상류 사교인으로 만들어지는 것이다. 내가 게르망트라는 이름의 위대함을 남김없이 발휘시키기 위하여 거슬러 올라간 과거에도 (이 방법은 옳았다. 왜냐하면 루이 14세 시대에는 거의 왕가와 어깨를 겨루면서 지금보다도 더 세도를 떨치고 있었으니까) 현재 내가 보는 바와 똑같은 이런 현상이 일어났었다. 그때 게르망트네 사람들이 혼인을 통해서, 이를테면 콜베르네와 인척 관계를 맺는 걸 보지 않았던가? 과연 오늘날에는 콜베르네도 자못 고귀한 가문으로 보인다. 그도 그럴 것이 콜베르네의 처녀와 혼인을 맺는 일이 라 로슈푸코 같은 집안으로서도 큰 혼사 자리로 보이니까 말이다. 그러나 게르망트네가 콜베르네와 혼인 관계를 맺은 것은 콜베르네가 명문이기 때문은 아니었으니, 그 무렵 한낱 서민에 지나지 않았던 콜베르네는 게르망트네와의 인연에 의해서 비로소 귀족 반열에 끼게 된 것이다. 또한, 설사 오송빌이라는 이름이 이 집의 현재 가장과 함께 사라진다 할지라도, 틀림없이 스탈 부인의 후손이라는 점에서 그 영광이 빛나리라.

그런데 대혁명 이전의 왕국에서 일류로 꼽히는 귀족의 한 사람이었던 오송빌 씨로 말하면, 브로이 씨에게 스탈부인의 아버지 따위는 알지도 못하며, 브로이 씨처럼 그를 남에게 소개할 수 없다는 사실을 자랑으로 삼았다. 얼마 지나지 않아 그들의 아들이, 한 사람은 《코린》* 작가의 딸과, 다른 한 사람

---

* 스탈 부인의 작품 이름.

은 그 손녀와 결혼하게 될 줄은 꿈에도 모르고. 게르망트 공작부인이 나에게 자주 하던 말로 미루어, 그럴듯한 이름이 없는 나도 이 사교계에서, 일찍이 스완이 그랬고, 스완 이전에는 르브랭 씨나 앙페르 씨가 그랬듯, 또 신출내기였을 적에는 예의상으로도 일류라고는 할 수 없었던 브로이 공작부인의 친구들이 전부 그랬듯, 처음부터 귀족 사회의 일원이라는 생각이 저절로 들 정도로 풍류 인사의 처지에 설 수도 있었을 거라고 깨달았다. 게르망트 부인의 만찬회에 나가게 되었던 처음 무렵에, 나는 보세르푀유 씨 같은 이들을 얼마나 불쾌하게 만들었는지 모른다. 내가 자리를 같이했기 때문이 아니라, 그의 과거를 구성하고, 그의 사교상 습관에 형태를 부여하는 회상에 대해서 내가 도무지 깜깜하다는 것을 보여주는 말이 내 입에서 곧잘 튀어나왔기 때문이다! 앞으로 블로크도 나이를 먹으면, 지금 여기서 그 눈에 비치는 게르망트네 살롱의 모습을 오랜 옛 기억으로 간직할 텐데, 이와 같은 새치기꾼이나 그들의 무지를 보고 틀림없이 똑같은 불쾌감을 느끼게 될 것이다. 한편으로는 내가 노르푸아 씨 같은 사람들이 타고난 것인 줄로만 믿었던 그 요령이나 조심성 같은 특성, 누구보다도 그것을 배척하는 듯 보이는 이들의 몸속에 다시 생겨나 인간의 탈을 쓰는 요령과 조심성의 특성을 그는 터득하여 그것을 주위에 흩뿌리게 되리라.

어쨌거나, 내가 게르망트네 사교계에 받아들여진 사정은 나에게는 어쩐지 이상한 일이 일어난 것처럼 느껴졌다. 하지만 내가 자신을 떠나서, 직접 나를 둘러싼 환경 밖에 서보니, 이 사회 현상은 내가 처음에 생각했던 것만큼 고립된 게 아니며, 결국 내가 태어난 콩브레에 있는 샘에서 물이 꽤 많은 줄기의 분수로 공급되어 나와 함께 솟아오르고 있음을 알았다. 물론 환경은 늘 어떤 특수한 것을 지니고, 성격은 언제나 개성을 지니게 마련이라, 이번에는 르그랑댕(조카의 야릇한 결혼에 의하여)이 스스로 이 사교계에 들어온 것이나, 오데트의 딸이 배필을 얻은 것이나, 스완이, 그리고 마지막으로 내가 거기에 들어간 것도 모두 방식은 달랐다. 자기 생활에 틀어박혀 생활을 안쪽에서 바라보며 살아온 나에게는 르그랑댕의 삶과 내 삶이 아무런 상관도 없는 정반대의 길을 걸어온 듯이 보인다. 마치 깊은 골짜기 안에서는 각각의 흐름이 보이지 않고, 아무리 동떨어져 있어도 끝내 같은 강으로 흘러 들어가고 마는 냇줄기와 같다. 그러나 전체적으로 보아, 통계학자가 감정적인 이유나 사람을 죽음에 이르게 한 피할 수 있었던 무모함 등을 무시한 채 오직 1년 동안의 사망 건수만을 세는 방식을 답습한다면, 이 이야기의 첫머리에 그려져 있는 똑같은 환경에서 출발한 숱한 인물은 아주 다른 환경에 다다른 셈이 된다. 또 해마다 파리에서 거의 평균적인 수의 결혼식이 치러지듯이, 교양도 재산도 있는 중산계급의 각기 다른 환경에서 스완이나 르그랑댕이나 나나 블로크 같은, 끝에는 '상류 사회'라는 넓은 바다에 몸을 던질 인간이 거의 같은 비율로 나올 것이다. 게다가 상류 사회에서 그들은 서로 금세 알아본다. 예컨대 젊은 캉브르메르 백작은 그 의젓하고 차분한 태도나 은은한 취미 등으로 사람들을 감탄하게 했지만, 나는 그러한 장점들 속에서—또한 그 아름다운 눈매와 출세하고픈 맹렬한 욕망 속에서도—그 외삼촌인 르그랑댕의 특징을 알아보았다. 곧 풍채만은 귀족다우나 몹시 서민 냄새가 나는 사나이, 내 어버이의 옛 친구의 모습을 보았던 것이다.

선량함이란 본디 블로크의 성질보다 더 시큼한 성질일지라도 그저 익기만 하면 달게 만들어버리는 것인데, 이것은 자기 처지만 떳떳하다면 편파적인 재판관이라도 친절한 재판관과 마찬가지로 두려워할 필요가 없다고 생각하는 정의감 못지않게 수두룩하게 널리 퍼져 있다. 따라서 블로크의 손자들이라면 거의 모두가 태어나면서부터 착하고 얌전할 것이다. 한데 블로크 자신은 아마도 아직 거기까지는 이르지 못했나 보다. 그러나 지난날, 오라는 말도 없건만 두 시간씩이나 기차에 시달리면서도 찾아가야만 성이 풀리던 그가, 오찬이나 만찬의 초대뿐만 아니라, 여기서 2주일 저기서 2주일 묵어가라는 초대까지 숱하게 받는 지금은 그 대부분을 물리치고, 그렇다고 떠들어대지도 않거니와 초대를 사양한 사실을 자랑하지도 않는 데 나는 주목했다. 행동에 나타나고 말씨에 엿보이는 분별심이 사회적 지위나 나이와 함께, 말하자면 어떤 사회적 연령과 함께 그에게 생겨난 것이다. 아닌 게 아니라 옛날의 블로크는 남에게 친절을 베풀거나 충고를 할 수 있는 성품이 아니었던 만큼 경망스러웠다. 그런데 어떤 단점이나 장점은 개인보다도 오히려 사회적 관점에서 바라본 일생의 어느 시기에 연관되고 있다. 그와 같은 단점이나 장점은 말하자면 개인의 바깥쪽에 있는 것으로, 동지점이나 하지점 같은 전부터 있어온 보편적이고도 불가피한 갖가지 지점을 통과하듯이 각 개인은 그와 같은 장점이나 단점의 빛 속을 뚫고 지나간다. 어떤 약이 위의 산성을 줄이는지 늘리는지, 그 분비작용을 활발하게 하는지 완만하게 하는지를 확인하고자 애쓰는 의사가 여러 다른 결과를 얻는 것은 그 분비물에서 소량의 위액을 추출한 위의 차이에 달려 있는 게 아니라 약을 먹은 어느 순간에 위액을 채취하느냐에 달려 있다.

게르망트라는 이름은 그것이 그 속에 받아들이고 그 주위에 모이게 하는 온갖 이름의 총체로 여겨져 그 이름이 지속되는 각 시기에 끊임없이 수많은 쇠퇴를 겪거나 새로운 요소를 더해왔다. 그것은 마치 이미 시들어버린 꽃 대신 언제라도 들어서려고 하는, 겨우 꽃망울이 부풀기 시작한 꽃이 비슷비슷한 꽃무리들 틈에 끼여 알아보기 어려운 화원과 같아서, 새로 피는 꽃을 거들떠보지도 않고 이미 져버린 꽃의 모습을 똑똑히 기억에 간직한 사람이 아니고서는 화원은 언제나 같아 보인다.

이 오후의 모임(마티네)에 모였거나 이 연회 덕분에 내가 떠올린 사람들 가운데 몇몇은 지난날 상반된 갖가지 상황에서 내 앞에 차례차례 나타나 번갈아 다양한 모습을 보이는 동시에, 내 삶의 여러 양상이나 서로 다른 시점을 끌어내주었다. 마치 땅의 기복, 언덕이나 성이 어떤 때는 오른쪽에, 어떤 때는 왼쪽에 나타나, 처음에는 숲이 내려다보이는가 싶다가도 다음에는 골짜기에서 우뚝 솟은 듯해서, 나그네에게 그가 걸어가는 길의 방향 변화나 고도의 차이를 알려주듯. 더욱더 멀고 아득한 과거로 거슬러 올라갈수록, 나는 똑같은 인물이라도 오랜 시간의 차이 때문에 서로 떨어지고 나누어진 나의 여러 '자아' 속에 보존되어 있어서 그 자체로 매우 다른 의미를 지닌 갖가지 심상을 발견했다. 그러한 심상은 하도 달라서, 과거에 그 사람과 가졌던 관계의 모든 과정을 모두 포함했다고 여겼을 때도 나는 대체로 그와 같은 심상을 빠뜨리고 있었고, 그것이 옛 벗에 대한 심상과 똑같은 것이라는 생각도 하지 않게 되었으며, 그러한 심상을 마치 어원과 연결시키듯이, 그것들이 지난날에 나에 대해서 가졌던 본디 의미와 연결되기 위해서는 섬광같이 퍼뜩 떠오르는 우연한 주의가 필요했다. 스완 아가씨가 장밋빛 산사나무 산울타리 너머로 나에게 눈길을 던졌는데, 나는 과거로 거슬러 올라가서 그 눈길의 뜻을 욕정이라고 정정해야만 했다. 콩브레에서 스완 부인의 정부라고 소문이 파다했던 사나이가 그 울타리 너머로 근엄한 태도를 취하며 나를 바라보았는데, 이제 생각해보니 그 태도에는 당시 내가 생각했던 뜻이 전혀 없었거니와 그 뒤 그 사나이의 모습도 어찌나 변해버렸는지, 발베크의 카지노 근처에서 광고를 들여다보던 신사가 그 사나이인 줄 처음에는 전혀 알아보지 못할 정도였고, 또 10년에 한 번쯤 어쩌다 그의 모습이 생각나면 나는 늘 마음속으로 중얼거렸다. '아니, 그것이 샤를뤼스 씨였단 말인가, 이것 참 신기한 노릇이군.' 페르스피에 의사의 결혼식에 참석했던 게르망트 부인, 나의 종조 할아버지 집에 와 있던 스완 부인, 우리가 소개해달라고 부탁할까 봐 르그랑댕이 전전긍긍하던 만큼 멋쟁이였던 그 누이동생 캉브르메르 부인, 이러한 사람들의 모습(image), 스완이나 생루 등등에 관계되는 그 밖의 갖가지 모습과 마찬가지로 가끔 마음속에 떠오르면, 나는 그런 사람들과 나와의 교섭 문호에 정면 현관 삼아 갖다놓고서는 즐겼었는데, 그러나 그러한 것들은 사실상 나에게는 형상(image)으로밖에는 보이지 않았으며, 그 사람이 몸소 내 마음속에 내려온 것도 아니므로, 그 사람과의 사이에 아무런 유대도 없는 그림자(image)로밖에는 생각되지 않았다. 다만 어떤 사람은 기억력이 좋고, 어떤 사람은(늘 까먹기만 하는 터키 대사처럼 심한 건망증은 아니라 해도) 기억력이 나쁜 경우만이 아니라(먼저 퍼진 소문은 일주일만 지나면 사라지지만, 아니면 나중 소문에 먼저 소문을 쫓아버리는 힘이 있으므로 언제나 정반대의 소문이 받아들여질 여지가 있다) 기억력에 우열이 없을 경우에도 두 사람이 똑같은 것들을 기억하는 법은 없다. 한쪽이 전혀 개의치 않는 일에 다른 한쪽은 큰 한을 품기도 하고, 그런가 하면 상대가 무심히 한 말을 그 사람이 아니고서는 못할 말이라고 얼른 이해하며 공감하기도 한다. 틀린 예언을 한 사람은 그것을 실언으로 인정하고 싶지 않은 이기심에서, 사람은 그 예언의 회상 기간을 줄여서 그런 말은 안 했노라고 우기게 된다. 그리고 더욱 심원하고 사심 없는 관심은 기억을 다양하게 변화시키는 법이어서, 시인은 남이 말한 사실은 거의 다 잊어버리면서도 덧없는 인상만을 가슴에 간직하고 있다. 이와 같은 모든 사정에서 스무 해 만에 다시 만난 사람에게서 이쪽이 지레짐작한 앙심 대신 상대의 본의 아닌 무의식적인 용서를 받거나, 그와 반대로 까닭 모를(그도 그럴 것이, 이쪽에서는 자기가 준 나쁜 인상 따위는 잊고 있기 때문이다) 격렬한 증오를 받거나 한다. 가장 잘 아는 사람에게 일어난 일이라도 그 날짜 같은 것은 잊기가 쉽다. 게르망트 부인이 처음 블로크를 만난 것은 적어도 스무 해 전이므로, 부인은 블로크가 자기와 같은 귀족 사회 출신이고, 그가 두 살 때는 샤르트르 공작부인의 무릎 위에 안겨 색색 잠들었다고 장담하는지도 모를 일이다.

　이러한 사람들은 그 일생 동안 내 앞에 헤아릴 수 없이 나타났지만 그때마다 다른 환경에 둘러싸여 있어서, 같은 사람인 듯싶어도 나타나는 형태나 목적은 매우 다양했다. 그 사람들이 저마다 보내오는 삶의 실자락은 내 삶의 갖가지 시점(point)＊을 지나가고, 그러한 시점은 한없이 멀게만 보이던 그 실들을 마침내 하나로 합쳐서 꼬았다. 마치 인생이 가진 실의 수는 한정되어 있어서 그것으로 온갖 다양한 무늬를 짜는 것처럼. 이를테면 나의 갖가지 과거 중에는, 아돌프 종조할아버지를 찾아갔던 일이 있고, 원수(元帥)의 사촌 누이 뻘인 빌파리지 부인의 조카, 르그랑댕 씨와 그의 누이동생, 프랑수아즈의 이웃 친구인 전직 조끼 장색의 모습이 떠오르는데, 이들만큼 서로 동떨어진 존재가 따로 있겠는가? 그런데 오늘날에는 이들 갖가지 실들이 모두 한데 꼬여서, 여기서는 생루 부부, 저기서는 젊은 캉브르메르 부부라는 씨실을 만들고 있다. 모렐이나 그 밖의 수많은 이는 말하지 않겠지만, 이와 같은 많은 사람의 결합이 하나의 환경을 이루는 데 공헌했으므로, 내가 보기에 이런 환경이야말로 완전한 단일성(unité)이며, 인간 개인은 한낱 구성 분자에 지나지 않는다. 또 나의 생애만 해도 이미 꽤 길기 때문에, 그 인생에서 만난 사람들 중에는 그 모습을 완성하기 위해, 내 추억의 반대쪽 영역에서 다른 사람을 찾아내야 하는 사람도 몇몇 있다. 이를테면 지금 여기에 있는 엘스티르의 작품은 영예의 상징이라고도 할 수 있는 자리를 차지하고 있지만, 나는 거기에도 베르뒤랭네 사람들이나 코타르 부부 등에 얽힌 가장 오랜 추억이나, 리브벨의 식당에서 나눈 대화, 알베르틴과 처음 만난 오후의 다과회, 그 밖의 갖가지 추억을 덧붙일 수 있다. 이와 같은 방식으로 미술 애호가는 제단 뒤 장식 벽의 문짝 하나를 보면, 그 나머지가 어느 성당, 어느 박물관, 어느 개인의 수집품 속에 흩어져 있는지를 떠올린다(마치 경매 목록을 뒤적이거나 골동품 상점을 자주 드나들면서 끝내 자기 소장품의 짝을 찾아내어 한 쌍을 짓고 말듯). 그는 머릿속으로 제단 장식화나 제단 전체를 재구성할 수 있다. 윈치(winch)로 들어올리는 물통이 자꾸만 밧줄 여기저기에 닿듯이

------

＊점, 바늘 자리.

내 생애에서 자리를 차지했던 모든 인간은 물론이요, 거의 모든 사물에 이르기까지 번갈아 다른 역할을 하지 않았던 거라고는 하나도 없다. 단순한 사교상의 교제에 머문 사람이나 단순한 물질조차도 몇 년 뒤에 다시 내 추억에 떠오르면, 나는 삶이 그 둘레에 부단히 갖가지 실을 짜나가다가 마침내는 그러한 실이, 마치 오래되어 예스러운 풍취 그윽한 공원의 보잘것없는 수도관이 에메랄드 같은 이끼 덮개로 싸이듯이 세월이라는 그 비할 바 없는 고운 벨벳으로 그것을 감싸는 걸 알았다.

이러한 사람들이 꿈속의 사람처럼 느껴지는 것은 다만 그 사람들의 겉모습 탓만은 아니었다. 그들 자신에게도 삶은 이미 젊음과 애정의 추억 속에 졸면서 자꾸만 깊은 꿈속으로 빠져들고 있었다. 그들은 이미 원한이나 증오조차 잊은 지 오래였다. 그리고 현재 자리를 같이하는 사람에게 이미 10년 전부터 말 한 마디 건네지 않았다는 사실을 확인하려면 장부를 꺼내 뒤져봐야 했지만, 그 장부부터가 대체 누구에게 창피당했는지 어리숭한 그 꿈처럼 아련한 것이었다. 이런 어리숭한 꿈이란 자고로, 살인자니 배신자니 하면서 서로 비난을 퍼붓는 사람들이 같은 내각에서 얼굴을 맞대고 있는 정치판처럼 모순된 모양을 하고 있다. 그리고 노인이 되면, 이러한 꿈은 그들이 애욕에 빠진 순간부터 여러 날 동안 죽음의 그림자처럼 짙어진다. 그러한 나날은 만약 그가 대통령이라도 아무것도 물어보지 못한다, 모든 일을 깨끗이 잊어버렸으니까. 그러다가 며칠을 쉬게 하면 정무(政務)에 대한 기억이 어떤 꿈의 기억처럼 퍼뜩 되살아난다.

때로는 전에 알던 사람이 완전히 달라져서 단 하나의 모습으로는 떠오르지 않는 수도 있다. 여러 해 동안 나에게 베르고트는 자상하고 점잖은 노인으로 비쳤으며, 스완의 회색 모자나 스완 부인의 보랏빛 망토를 보거나, 살롱에서 게르망트라는 가문의 이름이 공작부인을 감싸고 있던 그 신비에 맞닿거나 하면 나는 마치 귀신이라도 만난 듯이 몸이 마비되는 걸 느꼈다. 거의 전설에 가까운 그 근원을 지니고 황홀한 신화를 만들어내던 이러한 인간관계도 나중에는 평범하기 이를 데 없이 되고 말았지만, 그래도 그것은 하늘 가운데를 가로지르는 반짝이는 살별 꼬리 같은 빛살을 내쏘면서 아득한 과거 쪽으로 뻗어 있었다. 그리고 수브레 부인과의 관계처럼 딱히 신비에서 시작하지 않은 만큼 이제는 아무 멋도 없는 싱거운 교제도, 처음에는 좀더 고요하고도 달콤한 첫 미소, 시끄럽게 오가는 수레와 말이 먼지를 일으키고, 석양이 물같이 움직이는 파리의 봄날 땅거미나 바닷가 오후의 충만한 분위기 속에서 감동 어리게 짓던 미소가 담겨 있었다. 이와 같은 액자에서 떼어낸다면 수브레 부인도 대단치 않은 존재였으리라. 마치 그 자체만으론 별로 아름답지도 않건만, 그것이 서 있는 자리가 자리인 만큼 아주 훌륭해 보이는 역사적 건축물, 예를 들면 산타 마리아 델라 살루테 성당처럼. 그녀는 내가 '도거리'로 값을 매겨두는 기억의 일부이긴 하지만, 그중에서 수브레 부인이라는 인물에게 정확히 얼마만한 가치가 있는지 나는 생각해본 적이 없다.

　내게 이 사람들이 입은 육체적·사회적 변화보다 더 강한 인상을 준 것은 그들이 서로를 보는 시선의 변화였다. 르그랑댕은 전에 블로크를 깔봐 말도 붙인 적이 없었다. 그러던 위인이 지금은 블로크에게 더할 나위 없이 상냥했다. 이는 결코 블로크가 차지한 대단한 지위 덕분은 아니었다. 그런 일이라면 여기에 일부러 적을 필요도 없다. 왜냐하면 사회적인 지위의 변화는 반드시 그러한 변화를 받은 사람들 사이의 위치에 변화를 일으키니까. 그런 게 아니라, 까닭인즉 사람들이—즉 우리 눈에 비치는 사람들이—우리의 기억 속에서는 한 장의 그림처럼 한결같지 않기 때문이다. 우리가 잊어버리는 대로 그들은 변화한다. 때로 우리는 그들을 다른 사람과 혼동하기도 한다. "블로크? 콩브레에 자주 오던 그 사람 말이군." 이렇게 말하는 사람은 블로크라는 이름으로 나를 가리키고 있다. 거꾸로, 사즈라 부인은 필립 2세에 대한 역사론을 내가 쓴 줄로 확신하고 있었다(사실인즉 블로크가 쓴 것이다). 이러한 뒤바뀜까지는 아니더라도, 우리는 자기가 받은 무례한 대접이나 상대의 잘못, 최근에 악수도 하지 않고 헤어진 일을 곧잘 까먹고, 반대로 다정했던 아득한 옛날 일 등을 생각해낸다. 르그랑댕이 어떤 과거의 기억을 잃어버린 탓인지 아니면 이미 시효가 지났다고 생각하는 탓인지, 그가 블로크에게 보이는 상냥한 태도, 곧 '시간'의 작용인 관용과 망각과 무관심이 섞인 그 태도는, 이러한 아득한 옛 추억에 응답한 것이다. 본디 우리가 서로 가진 추억은 사랑의 추억마저도 같지 않다. 알베르틴은 우리 둘이 만난 지 얼마 안 되는 무렵 내가 한 말을 똑똑히 기억하고 있었지만, 나는 그것을 까맣게 잊고 있었다. 그런데 그녀는 내 머릿속에 마치 조약돌처럼 틀어박혀 떨어질 줄 모르는 다른 일들에 대하여 하나도 기억하지 못했다. 평행선을 긋는 우리의 생활은, 양쪽에 일정한 간격을 두고 화분이 어긋맞게 놓인 오솔길과도 같다. 하물며 잘 모르는 사람이라면 그들이 누군지 거의 생각이 안 나거나, 전에 생각했던 바와는 다른 더 오래된 일이 생각나거나 해도 전혀 이상하지 않다. 게다가 그 사람이 전에는 못 갖던 칭호나 지위로 성장하고(물론 잘 잊는 우리인지라 그것도 전부터 가지고 온 걸로 단번에 이해하지만), 요즈음 갓 알게 된 작자들에게 둘러싸여 있는 꼴을 다시 보고는, 그러한 작자들이 넌지시 들려주던 사실을 떠올리거나 하는 것은 차라리 당연한 일이다.

인생은 이러한 사람들을 몇 번씩이나 내가 가는 길에 놓고 각각 특수한 환경 속에서 나에게 보여주었는데, 그러한 환경은 그들을 사방팔방에서 둘러싸, 그들을 보는 나의 시야를 좁혀서 그들의 본질을 알아내지 못하도록 방해했다. 나에게는 커다란 꿈의 대상이었던 게르망트네 사람들조차도, 내가 맨처음 다가갔을 때, 한 부인은 내 할머니의 옛 친구*1라는 모습으로, 다른 한 남자는 한낮에 카지노의 뜰에서 매우 못마땅한 눈으로 나를 흘끔흘끔 바라보던 신사*2의 모습으로 내 앞에 나타났다(왜냐하면 콩브레에서 책을 탐독하다가, 실재와 정신 사이에는 지각이 끼여 있어 양자의 완전한 접촉을 방해하는 걸 깨달았는데, 그와 마찬가지로 우리와 남 사이에는 우연이라는 가두리가 둘러져 있으니까). 따라서 나중에 그들을 하나의 이름으로 묶고 나서야 비로소 그 사람들과 사귀는 것이 게르망트네 사람들과 사귀는 것임을 알게 되었다. 그러나 어쩌면 그런 사실 때문에, 날카로운 눈에 새의 부리를 가진 신비스러운 종족, 장밋빛과 금빛을 띤 다가가기 어려운 한 종족이 눈먼 갖가지 환경의 작용에 의하여 내 앞에 나타나 매우 자연스럽게 교제가 이루어졌고, 마침내 내가 스테르마리아 아가씨와 사귀고 싶다든가, 알베르틴에게 옷을 맞추어주고 싶었을 때 가장 남의 일을 돌봐주기 좋아하는 벗을 찾아 게르망트네 사람들과 의논할 정도로 친한 사이가 되었다는 생각을 하면, 그것만으로 인생은 더욱 시적으로 여겨졌다. 물론 게르망트네 사람들을 찾아가는 일은 그 뒤에 알게 된 사교계의 다른 사람들을 찾아가는 일만큼이나 내게는 지루했다. 게르망트 공작부인의 경우도 베르고트의 어떤 작품처럼, 그 매력은 멀리 떨어져야 비로소 보이는 것인 만큼 가까이 가면 사라져버렸으니, 그 매력

*1 빌파리지 부인을 가리키는 말.
*2 샤를뤼스를 가리키는 말.

이 내 기억과 공상 속에 살고 있기 때문이었다. 그렇기는 해도 결국 게르망트네 사람들은 질베르트와 마찬가지로, 남을 끔찍이 믿고 꿈 많던 나의 아득한 과거 생활에 뿌리박고 있다는 점에서, 분명 사교계의 다른 사람들과는 달랐다. 지금 내가 게르망트 공작부인이나 질베르트와 말을 나누면서 권태와 더불어 마음에 품고 있는 것은, 적어도 가장 아름답고 가장 가까이 가기 어려웠던 내 어린 시절 공상 속의 그녀들이었다. 그래서 나는 어느 장부에 적었는지 몰라 뒤죽박죽 찾는 상인처럼, 현재 그녀들이 친구로서 갖는 가치와 옛날 나의 욕망이 그녀들에게 매긴 값을 혼동하면서 마음을 달래곤 했다.

그러나 다른 사람들의 경우도, 그들과 내 과거의 친분은 희망도 없이 이루어진 뜨거운 꿈으로 부풀어 있었다. 그 무렵 온통 그들에게 바쳐진 내 생활은 그 꿈속에서 우거져 꽃피었건만, 어째서 그 꿈의 실현이, 이토록이나 가늘며 얇고 빛바랜 리본 같은 친교, 그들의 신비성과 열과 다정스러움을 이루고 있던 것이라고는 찾아볼 수도 없는 시시하고 시들한 친교가 되고 말았는지, 나는 도무지 영문을 알 수 없었다. 모두가* 사람들을 '초대한' 것이 아니고, 모두가 훈장을 받은 것도 아니다. 그들 가운데 몇 명을 형용하는 일은 중요도는 비슷비슷하지만, 다른 말이다. 즉 그들은 얼마 전에 죽었다.


"아르파종 후작부인은 어찌되셨어요?" 캉브르메르 부인이 물었다. "그분은 돌아가셨어요." 블로크가 대답했다. "어머, 작년에 돌아가신 아르파종 백작부인과 헷갈리고 계시군요." 캉브르메르 부인이 대꾸했다. 이 입씨름에 아그리장트 대공부인이 끼어들었다. 부인은 부자이며 이름 높은 늙은 남편을 잃은 젊은 미망인으로서 수두룩하게 청혼이 들어오는 판이라 결혼에는 자신만만했다. "아르파종 후작부인도 돌아가신 지 1년은 넘었는걸요."—"어머나! 1년 전이라고요. 아니에요." 캉브르메르 부인이 말을 받았다. "그분 댁에서 베푼 저녁 음악회에 간 지 아직 1년도 안 되는걸요." 블로크는 사교계의 '제비'처럼 이 논쟁에는 잘 어울릴 수 없었다. 왜냐하면 제비는 이런 노인들과는 나이 차이가 많이 나는 데다가 최근 다른 사교계에(이를테면 블로크처럼) 갓 들어간 탓에, 이들의 죽음은 그와는 너무나 거리가 멀었기 때문

---

* '모두가~얼마 전에 죽었다' 부분은 앞 문장과 이어지지 않는다. 판본에 따라 이 부분을 다양하게 다루고 있으나, 여기서는 신플레이아드판에 따름.

이다. 블로크는 이 사교계가 황혼 속, 그에게 낯선 과거의 추억이 그가 걸어가는 길을 밝혀주지 못하는 땅거미 속에 기울어가는 즈음에, 먼 길을 돌아서 겨우 이곳에 다다랐던 것이다. 그리고 비슷한 나이, 비슷한 환경의 사람들에게도 죽음이란 별다른 뜻이 없었다. 게다가 죽어가는 수많은 벗들의 근황을 날마다 접하며, 아무개는 추스르고 아무개는 '골로' 갔다는 말을 듣다 보면, 나중엔 오랫동안 못 만난 아무개가 폐렴에서 벗어났는지, 아니면 저승길을 떠났는지조차도 명확히 기억나지 않기가 일쑤다. 이 노인층에서는 죽음이 늘어갈수록 더욱더 정확치 않게 된다. 여러 이유에서 죽음을 확실히 분간하기 어려운, 이를테면 죽음을 삶과 혼동하는 두 세대와 두 사회층 사이에 있는 그 교차점에서는, 죽음도 한갓 허례허식이 되고 크든 작든 한 인간의 특징을 나타내는 사건으로 되고 말아, 그것을 이야기하는 말투에도 이 사건으로써 한 인간의 모든 일이 끝났다는 기색이 없다. "허어, 잊으셨군. 아무개는 죽었어요" 말한다. 마치 '그이는 훈장을 탔어요' 또는 '그이는 아카데미 회원이에요' 또는—연회에 못 나간다는 점에서는 마찬가지지만—'그분은 겨울을 지내러 남프랑스에 갔소이다' 또는 '그이는 후미진 산골로 전지 명령을 받았소' 말하듯. 그래도 저명인사라면 죽은 뒤에 남겨둔 것이 그의 일생이 끝났음을 떠올리게 하는 거리가 된다. 하지만 아주 나이 많은 평범한 사교인은 살아 있는지 죽었는지도 잘 모른다. 그들의 과거가 알려져 있지 않다든가 잊혔다든가 하는 탓만이 아니라, 그들이 미래와 아무런 상관도 없기 때문이다. 이러한 사교계의 늙은이가 병을 앓는지, 파리에 없는지, 은퇴해서 시골에 있는지, 죽었는지, 그중 어느 하나로 결정하기는 어려운 노릇이라서, 흐리마리한 작자들은 관심을 잃고, 죽은 자는 하찮은 존재로 전락한다.

"하지만 말이에요, 만약 그분이 돌아가시지 않았다면, 어째서 그분뿐 아니라 바깥양반까지도 도무지 뵈지 않죠?" 늘 똑똑한 체하는 노처녀가 물었다. 50살이나 먹고도 잔치라면 빠진 적이 없는 그의 어머니께서 받아 말씀하시기를, "그건 말이다, 늙은 탓이지. 그 나이가 되고 보면 좀처럼 집 밖으로 나서지 않거든." 마치 묘지 앞쪽에는 노인들만이 거처하는 안개 속에 언제나 등불이 켜져 있는 외딴 도시라도 있다는 듯한 말투였다. 그때 생퇴베르트 부인이, 아르파종 백작부인은 오래 앓다가 1년 전에 세상을 떠났으며, 아르파종 후작부인도 그 뒤 눈 깜짝할 새에 '어이없이' 죽었다면서 이 입씨름을 결말지었다. 후작부인의 죽음은 특별히 내세울 게 없다는 점에서 이 사람들의 삶과 매우 비슷했고, 또한 그녀가 모르는 사이에 저승으로 가버린 소식을 설명하는 동시에, 남의 죽음과 혼동했던 사람들을 위해 변명거리도 제공해준 셈이었다. 아르파종 후작부인이 정말 죽었다는 말을 듣자 노처녀는 어머니에게 근심 어린 눈을 던졌다. 어머니가 '같은 또래'의 죽음을 알고 '충격을 받을까 봐' 걱정되었던 것이다. "그분께서는 아르파종 부인의 죽음으로 몹시 낙심하셔서 그만……." 이런 설명과 함께 친어머니의 죽음을 운운하는 수다가 지레 그녀의 귀에 들리는 듯싶었다. 그러나 당사자인 어머니는 낙심은커녕, 동갑내기 한 사람이 '사라지는' 족족 뛰어난 경쟁자와 선두를 겨루어 이긴 기분에 젖었다. 경쟁 상대의 죽음은 이를테면 그녀에게 자기가 살아 있다는 사실을 흡족하게 의식시키는 유일한 방법이었다. 노처녀는 어머니가, 지쳐 빠진 노인들이 한번 틀어박히면 좀처럼 집 밖으로 나오지 않는다는 말에 가엾다는 표정도 짓지 않았을 뿐더러, 후작부인은 두 번 다시 나오지 못하는 저승의 '도시'에 들어가버렸다고 들어도 주름살 하나 찌푸리지 않는 것을 알아챘다. 어머니의 무관심을 확인하자 노처녀의 신랄한 정신은 재미있어했다. 그녀는 그 뒤 친구들을 웃기려고 허리가 아플 정도로 우스운 이야기를 꾸며내어, 어머니가 두 손을 비비면서 자못 신이 나는 듯 "어쩌나, 아르파종 부인도 돌아가셨군요, 딱해라" 말했다고 우겼다. 살아 있음을 기뻐하기 위해서 남의 죽음이 필요치 않은 이들 또한 누가 죽었다는 소식을 들으면 기쁘기 그지없다. 왜냐하면 뭇 죽음은 남의 생활을 간소화하고, 감사의 뜻을 표해야 할 걱정도 방문을 해야 한다는 의무감도 홀가분하게 벗으니까. 그러나 엘스티르에게 베르뒤랭 씨의 죽음은 그렇게 받아들여지지 않았다.

한 부인이 자리를 떴다. 다른 오후의 모임도 있었고, 두 왕비와의 다과회에도 나가야 했기 때문이다. 그녀는 사교계에서 소문난 화냥년, 지난날 나와도 아는 사이던 나소 대공부인이었다. 키가 작아져서(머리 위치가 전보다도 훨씬 낮아져서, 이른바 '무덤에 한쪽 발을 들여놓은' 사람처럼 보였지만) 그 줄어든 키만 아니면 거의 늙어 보이지 않았다. 변함없는 오스트리아 사람 같은 코와 고혹적인 눈매를 지닌 부인은 그 얼굴에 라일락 빛이 감돌게 하는 능숙하게 배합된 갖가지 화장품 덕으로, 옛 자색을 그대로 간직하고 있는 마리 앙투아네트 같은 모습이었다. 그녀의 얼굴에는 부득이 먼저 일어나지만 다시 방문할 것을 다정하게 약속하고 살그머니 자리를 뜨는, 미안스러워하면서도 세심하게 마음을 쓰는 빛이 어려 있었지만, 그것은 손꼽히는 훌륭한 사람들의 여러 모임이 그녀를 기다리고 있다는 데서 오는 것이었다. 왕위도 물려받을 만한 지체 높은 몸으로 태어나서 세 번 결혼했고, 자기가 좋아서 한 숱한 변덕스러운 사랑은 제쳐두고서라도, 몇몇 대은행가들에게 차례차례 둘러싸여 오랫동안 갖은 호강을 다한 그녀는 그 아리따운 동그란 눈과 분 바른 얼굴같이, 연보랏빛 드레스 자락 밑으로 조금 헝클어진 헤아릴 수 없는 지난날의 추억을 담아 사뿐사뿐 옮기고 있었다. '영국식'으로 살짝 빠져나가려고 내 앞을 지나칠 때, 나는 부인에게 인사했다. 나를 알아본 그녀는 내 손을 잡고 그 동그란 연보랏빛 눈동자로 나를 바라보았는데, 그 눈은 '정말 오래 못 뵈었어요, 다시 만나서 쌓인 이야기를 나눠요' 말하는 것만 같았다. 그녀는 내 손을 힘껏 쥐었지만, 어느 날 밤 게르망트 공작부인 댁에서 나오면서 그녀가 나를 데려다주었을 때 마차 안에서 잠시 색심(色心)이 일었었는지 아니었는지조차 분명히 기억할 수 없었다. 아무려면 대수냐는 생각에서 그녀는 있지도 않았던 일이 있었던 듯이 넌지시 비추었는데, 이쯤이야 그녀에겐 어려운 일도 아니었다. 딸기 파이가 나와도 상냥한 표정을 짓고, 음악이 끝나기 전에 자리를 뜨거나 해야 하면 다시는 못 만나게 되는 것도 아니건만 생이별하듯 절망하는 모양을 짓기 일쑤였으니까. 잠시 일었던 나와의 색심에 대해서는 확실치 않았으므로, 은밀한 악수는 그 정도로 끝낸 채 그녀는 아무 말도 하지 않고, 앞에서도 말했듯이 그저 '정말 오랜만이에요!' 하는 뜻으로 나를 바라보았을 뿐이다. 그 눈에는 세 남편, 그녀의 생활비를 대준 남자들, 두 차례의 전쟁이 떠올랐다가는 사라졌다. 오괄에 새긴 천문학용 시계와도 비슷한 그녀의 눈에는, 아득히 먼 나날 속의 그 엄숙한 모든 시간이 차례차례 표시되어 있어서, 그녀가 누군가에게 핑계일 게 뻔한 인사말을 하려고 할 적마다 그 과거의 시간이 다시 떠오르곤 했다. 그리고 그녀는 나에게서 떠나자 누구에게도 방해가 되지 않도록 문 쪽을 향하여 종종걸음을 치기 시작했다. 나와 이야기를 나누지 않았던 것은, 자기와 단둘이서 차를 마시기로 되어 있는 에스파냐 왕비 댁에 정각에 닿도록, 나와의 악수 때문에 늦어진 분초를 되찾기 위해서 서두르기 때문이라는 걸 나에게 보이기 위함이었다. 문가에 이르자 내가 보기에 그녀는 줄달음하는 것 같았다. 과연 그녀는 자기 무덤 쪽으로 달려가고 있었다.

한 뚱뚱한 부인이 나에게 인사해오자 그 짧은 인사 동안에 오만 가지 생각이 내 머릿속을 스쳐갔다. 나보다도 더욱 옛 벗을 알아보지 못하는 이 부인이 나를 다른 누구로 잘못 보지 않았을까 해서, 나는 순간 인사에 답하기를 망설였다. 그러다가 그녀의 확신 있는 태도에 이번에는 거꾸로, 일찍이 나와 절친한 사이가 아니었을까 걱정되어 과장하여 상냥한 미소를 지었지만, 그러는 동안에도 내 눈은 도무지 생각나지 않는 이름을 그 얼굴에서 계속 찾고 있었다. 대학입학 자격시험의 지원자가 대답이 막히자, 자기 기억에서 찾는 편이 나으련만, 시험관 얼굴을 빤히 바라보면서 부질없이 해답을 읽어내려 들듯이, 나는 뚱뚱한 부인에게 미소를 보내면서 그 이목구비를 뚫어지게 바라보았다. 아무래도 스완 부인의 얼굴 같아, 내 미소에는 존경의 빛이 어리고 동시에 나의 망설임도 그치기 시작했다. 그러나 잠시 뒤에 그 뚱뚱한 부인이 나에게 다음같이 말했다. "당신은 나를 우리 어머니인 줄 아는가 보군요. 사실 난 어머니를 똑같이 닮아가니까요." 그래서 나는 질베르트를 알아보았다.

우리 둘은 로베르에 대해서 많은 이야기를 했다. 질베르트는 로베르에 대해 마치 그가 매우 뛰어난 인물이고, 자기가 그를 존경하며 이해하고 있었다는 것을 나에게 무척 보이고 싶기라도 한 듯 공손한 말투로 얘기했다. 우리 둘은, 전술에 대해서 전에 그가 말한 견해가 이번 전쟁에서 얼마나 자주, 많은 점에서 증명되는가를 서로 떠올렸다(그는 동시에르에서, 또 그 뒤에도 나에게 이야기해준 바와 같은 생각을 탕송빌에서 그녀에게 곧잘 이야기했었기 때문이다).

"로베르가 동시에르에서, 그리고 또 전쟁 중에 이야기해준 더할 나위 없이 사소한 것까지가 지금 얼마나 나에게 감동을 주는지 도저히 말로 다 표현할 수 없을 지경이에요. 우리가 다시는 못 만날 이별을 했을 때 그에게서 들은 마지막 말은, 힌덴부르크는 나폴레옹 같은 장군이므로 분명 나폴레옹식 전술 가운데 하나를 펼치리라는 것이었습니다. 곧 두 적군의 분리를 목적으로 삼는 전술로, 두 적군이란 아마도 영국군과 우리 프랑스군이겠지 하고 그는 덧붙였어요. 그런데 보세요, 로베르가 죽은 지 1년도 되기 전에, 그가 몹시 숭배했고 그의 군사상 사념에 분명 지대한 영향을 주었던 비평가 앙리 비두 씨가 말하기를, 1918년 3월에 있었던 힌덴부르크의 공격은 '전열한 두 적군을 밀집 군단으로 분리하는 전투인데, 나폴레옹 황제가 1796년에 아펜니노 산맥에서 성공했고, 1815년에 벨기에서 실패했던 전략'이라고 했어요. 작별하기 얼마 전에 로베르는 나에게, 작자 자신이 중간에 계획을 바꿨기 때문에 작자의 의도를 알기 힘든 연극에다 전쟁을 비교했어요. 그런데 1918년의 독일군 공격을 이렇게 해석했다면, 아마 로베르는 비두 씨와는 의견이 들어맞지 않았을 거예요. 그러나 다른 비평가에 따르면, 힌덴부르크는 아미앵 방면에서 공격에 성공한 뒤 진격을 저지당했고, 플랑드르 전선에서도 공격에 성공했다가 마지못해 멈출 수밖에 없었으므로, 결국 예정에도 없던 아미앵과 이어서 불로뉴를 우연히 목표로 삼았다는 거예요. 게다가 누구나 저마다 자기 마음대로 각본을 고칠 수 있으니까, 그 공격을 파리에 대한 전격적 진공의 예고라고 보는 비평가도 있고, 영국군을 격파하기 위한 임기응변적 돌진이라고 생각하는 비평가도 있어요. 또 사령관이 내린 명령이 이러저러한 이론과 어긋나는 점이 있더라도, 비평가들에겐 언제나 이러쿵저러쿵할 여지는 있지요. 코클랭이 〈인간 혐오〉는 비극적인 연극이 아니라고 잘라 말하자(그도 그럴 것이, 같은 시대 사람들의 증언에 의하면 몰리에르는 이 연극을 희극적으로 연기하여 관객을 웃겼으니까요), 무네 쉴리는 코클랭에게 "그건 몰리에르가 착각했던 거요' 말했다는 거예요. 그리고 비행기에 대해서 그이가 한 말(그이는 늘 재치 있는 말을 썼답니다), '각 부대는 눈이 백 개 달린 아르고스가 되어야 한다'는 말을 기억하세요? 가엾기도 하지! 그는 자기 말이 증명되는 걸 보지 못했어요."—"천만에요." 나는 대답했다. "라 솜 전투에서 우리가 적의 눈을 도려낸 일, 곧 적의 비행기와 계류기구를 파괴하여 적의 눈을 멀게 한 사실을 그는 잘 알았답니다."—"어머, 참, 그랬었지요." 그런데 지식만을 목적으로 삼고 생활하면서부터 그녀에게는 좀 유식한 체하는 구석이 생겼다. "또 그이는 전쟁이 옛 방식으로 되돌아간다고 주장했어요. 이번 전쟁에서 메소포타미아 원정을 보면 영락없는 크세노폰의 퇴각이 아니겠어요(그 무렵 그녀는 브리쇼의 논문에서 이 이야기를 읽은 게 틀림없다)? 티그리스 강에서 유프라테스 강으로 나아가기 위하여 영국군 사령부는 벨론(bellone)이라는 그 고장의 곤돌라를 사용했는데, 그것은 벌써 옛날에 칼데아인(Chaldéen)이 사용했던 배예요." 이러한 말에서 나는, 말하자면 특유한 무게 같은 것 때문에 언제까지나 꼼짝하지 않고 있는, 따라서 옛날대로 남아 있는 과거의 웅덩이 같은 걸 생생하게 느꼈다.

"확실히 전쟁에는 로베르가 깨닫기 시작했던 한 측면이 있어요." 나는 질베르트에게 말했다. "즉 전쟁이란 인간다운 것이라, 사랑같이도 미움같이도 보이고, 소설처럼 이야기되기도 해요. 따라서 아무리 전술은 과학이라고 되뇌어 보았자 전쟁을 이해하는 데에 도움이 안 돼요. 전쟁은 전략과는 다르니까요. 적군이 아군의 계획을 모르는 건, 사랑하는 여자가 어떤 과녁을 쫓아가고 있는지 모르는 거나 마찬가지여서 어쩌면 아군 자신도 그 계획을 모르고 있는지도 몰라요. 1918년 3월의 공격에서 독일군은 아미앵을 빼앗을 목적이었을까요? 우리로서는 전혀 알 수 없어요. 아마 독일군 자신도 몰랐을 겁니다. 우연히 서쪽을 향해 아미앵으로 진격했기에 그런 계획이 결정된 거예요. 설령 전쟁이 과학이라 한대도, 엘스티르가 바다를 그렸듯이 전쟁을 다른 감각으로 그려볼 필요가 있어요. 착각이나 신념에서 출발하여, 도스토예프스키가 어떤 생애를 이야기하듯이, 그것을 조금씩 고쳐나가야 하죠. 게다가 전쟁은 전략상의 문제라기보다는 차라리 의학적인 것임이 확실한 게, 전쟁에는 러시아 혁명 같은, 의사라면 피하고 싶어할 우발 사건이 일어나는 수가 있으니까요."

하지만 사실을 말하면, 로베르가 있던 곳과*¹ 그리 멀지 않은 발베크에서 읽었던 책 때문에 나는 세비녜 부인이 말한 도랑을 프랑스의 시골에서 다시 보았을 때처럼 감동한 적이 있다. 근동의 쿠트 엘 아마라(Kout-el-Amara)의 포위전과 관련하여(만약 콩브레의 주임 사제가 어원에 대한 끝없는 정열을 근동어에까지 넓혔더라면, 우리가 보 르 비콩트(Vaux-le-Vicomte)*²라든가 바요 레베크(Bailleau-1'Évêque)*³라고 부르듯이, 쿠트 레미르(Kout-l'émir)*⁴라고 불러야 한다고 말했으리라), 바그다드 근방의 바스라(Basra)라는 이름이 자주 나오는데, 그 지명은 《아라비안나이트》에 자주 등장하는 이름으로, 타운센드(Townsend) 장군이나 고링거(Gorringer) 장군*⁵보다도 훨

---

*1 로베르가 군복무를 하던 동시에르를 가리키는 말.
*2 '자작의 골짜기'라는 뜻.
*3 '하품쟁이 주교'라는 뜻.
*4 '쿠트 태수(太守)'라는 뜻.
*5 두 사람 모두 제1차 세계대전 때 메소포타미아에 파견되었던 영국 군단의 사령관임.

썬 옛날인 칼리프 시대에 뱃사람 신드바드가 바그다드를 떠나서는 배를 타거나, 또는 바그다드로 돌아오는 배에서 내릴 때 반드시 지나가는 곳이었다.

이 대화를 하는 내내 질베르트는 로베르에 대해서, 죽은 남편에 대해서라기보다는 차라리 나의 옛 친구에게 보내는 듯한 존경을 담아서 이야기했다. 그녀는 나에게 '나는 당신이 얼마나 그이를 존경했는지 알아요. 나도 그이가 뛰어난 사람이라는 점은 이해할 수 있거든요' 말하는 것만 같았다. 그녀는 확실히 그에 관한 추억에 대해 더 이상 애정을 품지 않는 듯싶었지만, 그래도 그 애정은 분명 그녀의 특수한 현재 생활을 만드는 간접 원인이었을 것이다. 질베르트와 앙드레는, 이제는 끊으려야 끊을 수 없는 친구 사이가 된 것이다. 앙드레는, 특히 남편의 재능과 자신의 타고난 총기 덕분에 게르망트네 사교계는 아니지만 이제까지 드나들던 곳과는 비교도 안 되는 화려한 사교계에 들어가기 시작했다고는 하나, 생루 후작부인이 자진해서 그녀의 친한 벗이 되었다는 사실에는 누구나 깜짝 놀랐다. 이 사실은 질베르트가 예술적 생활로 여기는 것을 즐기고, 실제로 사회적인 실추를 바라는 표징인 듯싶었다. 어쩌면 정곡을 찌른 설명일지 모른다. 그렇지만 내 머릿속에는 또 하나의 풀이가 떠올랐다. 그것인즉, 우리 눈에 비치는 심상의 무리는 딴 심상의 무리와 잘 어울리면서도 상당히 달라서, 보통은 두 번째 무리와 동떨어진 첫 무리의 반영이거나 어떻게 보면 그 결과이기도 하다는 것이다. 나는 거의 매일 밤마다 앙드레와 그녀의 남편이 질베르트와 함께 있는 것을 보았는데, 어쩌면 그것은 몇 년 전엔가, 뒷날 앙드레의 남편이 될 남자가 처음에는 라셀과 동거하다가 나중에는 앙드레와 결혼하려고 그녀를 버린 것을 볼 수 있었기 때문이려니 생각했다. 그즈음 질베르트는 훨씬 동떨어진, 훨씬 높은 사교계에서 살았으므로 이러한 사정에 대해서는 아무것도 몰랐을 것이다. 그러나 그녀는 뒷날, 앙드레의 지위가 높아지고 질베르트가 높은 데에서 내려와 둘이 서로를 알아보게 되었을 때, 이 속내를 알아챘으리라. 그때 앙드레는 질베르트의 마음을 크게 끌어당겼을 게 틀림없다. 아무튼 앙드레 때문에 라셀은 남자에게 버림받고, 더욱이 그 남자는 라셀이 로베르보다도 더 좋아했던 상대인 만큼, 분명 매력적인 인물로 비쳤을 것이다(게르망트 대공부인이 의치를 덜걱거리며 열띤 모양으로 되풀이하는 소리가 들려왔다. "그래요, 그렇다마다요, 동아리를 만듭시다! 동아리를 만듭시다! 난 무슨 일에나 협력하는 저런 총명한 젊은이가 정말 좋아요, 정말 멋진 '음악가'이셔!" 그녀는 반은 재미있어하는 듯한, 반은 언제까지나 신나게 떠들 수 없다는 점을 변명이라도 하는 듯한 동그랗게 뜬 눈 위에 큼직한 외알안경을 건 채 지껄이고 있었는데, 끝까지 '협력하기'로, '동아리를 만들기'로 결심을 굳히고 있었다).

그래서 앙드레를 보면, 아마도 질베르트는 로베르를 사랑하던 무렵의 청춘 소설이 생각나고, 자기보다도 라셀이 생루의 사랑을 훨씬 더 받고 있었다고 느끼는 만큼, 그 라셀의 사랑을 받던 사나이가 지금도 여전히 반해 있는 앙드레에 대해서 적지 않은 존경심이 솟았을 것이다. 아니면 그와 같은 추억은 이 예술가 부부에 대한 질베르트의 편애에 아무 관여도 하지 않았을지도 모른다. 여기서는 그저 수많은 사교계 여성이 그렇듯 평소 알 수 없는 두 가지, 곧 견문을 넓히고 지체 낮은 사람과 사귀고 싶어하는 취미만을 보아야 하는지도 모른다. 어쩌면 질베르트는 내가 알베르틴을 잊었듯이 로베르에 대해서 잊어버렸는지도 모르며, 게다가 이 예술가가 앙드레 때문에 라셀을 버렸다는 걸 알고 있다손 쳐도, 그들 부부와 같이 있을 때의 질베르트는 그 일을 생각지도 않으며, 그 사실은 그들에 대한 그녀의 편애에 아무런 영향도 미치지 않았을지도 모른다. 내 첫 번째 해석의 가능성뿐 아니라 그 참과 거짓을 가리자면 당사자들의 증언이 있어야 하고, 당사자들이 사물을 똑똑히 살피고 성실하게 실토한다면, 그들의 증언은 이러한 경우에 남는 유일한 증거이다. 그런데 사물을 똑똑히 살피는 일은 드물고 성실은 전혀 볼 수 없다. 어쨌든 오늘날에는 유명 배우가 된 라셀을 보는 것이 질베르트에게 유쾌한 일일 수야 없었다. 그래서 나는 이 마티네에서 뮈세의 〈추억〉과 라 퐁텐의 〈우화〉를 낭송하는 이가 라셀이라는 걸 알고는 매우 당황했다.

"그런데 어쩌자고 이렇게 붐비는 오후의 모임에 오셨죠?" 질베르트는 나에게 물었다. "이런 북새판에서 뵙게 될 줄은 생각해본 적도 없어요. 물론 다른 곳이라면 몰라도 이 난장판 같은 아주머니 댁에서만은 못 뵐 줄 알았죠. 어쨌거나 저분은 제 아주머니뻘 되시니까요." 그녀는 교활하게 덧붙였다. 그도 그럴 것이, 베르뒤랭 부인이 게르망트 가문에 들어오기 얼마 전에 생루 부인이 된 그녀는 자기가 처음부터 게르망트네의 겨레붙이였던 양 생각했으며, 시삼촌이 베르뒤랭 부인 같은 지체 낮은 여자와 결혼한 탓으로 체면이 깎였다고 생각하고 있었기 때문이다. 전에 생루가 그녀와 지체가 다른 결혼을 했을 적에는 물론 그녀가 없는 데서만 수군거렸었지만, 이번에는 베르뒤랭 부인이 있건 없건, 집안 식구들이 모이기만 하면 으레 부인을 헐뜯는 소리를 질베르트도 자기 귀로 들어왔다. 게다가 그녀가 이 얼굴빛 고약한 아주머니에 대해서 더욱더 업신여기는 태도를 취하는 데는 이유가 있었다. 게르망트 대공부인은 영리한 사람들을 부추겨 습관적인 멋에서 벗어나게 하는 심술궂은 성격과 더불어, 늙은이 특유의 옛이야기를 꺼내는 버릇이 있고, 또 자기의 새로운 고상함에 한 과거를 붙이기 위해, 질베르트 이야기가 나오면 얼씨구나 하고 다음과 같은 말을 꺼냈기 때문이다. "맞아요, 나는 그녀가 전혀 낯설지 않아요. 그 애 어머니와 무척 오래전부터 아는 사이니까요. 제 사촌 시누이인 마르상트와 절친한 사이였지요. 그분은 우리집에서 질베르트의 아버지를 알게 됐답니다. 저 불쌍한 생루로 말하자면, 난 진작부터 그 애의 가족이라면 죄다 알아왔어요. 그 애 아저씨는 일찍이 라 라스플리에르에서 사귄 나의 절친한 벗이었답니다." 게르망트 대공부인에게서 이런 이야기를 들은 사람들은 나에게 다음같이 말했다. "그럼 베르뒤랭네 사람들은 결코 떠돌이(보헤미안)가 아니었군요. 본디부터 생루 부인네 가족과는 친구였군요." 나는 할아버지에게서 들은 얘기지만, 베르뒤랭네 사람들이 보헤미안이 아니라는 사실을 아는 사람은 아마 나밖에 없었을 것이다. 그것은 결코 그들이 오데트를 알고 있었기 때문은 아니다. 그러나 사람들은 이제 아무도 모르는 지나간 일 따위는, 아무도 가본 적 없는 고장의 여행담을 사실인 양 손쉽게 꾸며낸다. "결국 말이에요." 질베르트가 말을 맺었다. "당신도 가끔씩 상아탑에서 나오신다면, 뜻 맞는 분들만 초대하는 내 집의 조촐한 모임 쪽이 당신에게는 좋지 않을까요? 이 집처럼 거창한 연회는 당신에게 맞지 않아요. 아까 오리안 아주머니와 이야기하시더군요. 그 아주머니야 상당히 많은 장점을 두루 갖추고 계시지만, 어쩐지 지각 있는 뛰어난 분이라곤 할 수 없다고 잘라 말해도 그분에게는 별로 실례가 되지 않을 거예요, 안 그래요?"

내가 한 시간 전부터 생각한 바를 질베르트에게 알려줄 수는 없지만, 단순한 심심풀이라는 점에서는 그녀도 나에게 어떤 즐거움이 되리라고 생각했다. 사실 내 진짜 즐거움이 게르망트 공작부인이나 생루 부인과 문학 이야기를 나누는 데에 있을 성싶지는 않았다. 물론 나는 내일부터, 이번에는 목적이 있어서 하는 일이지만, 고독한 생활을 다시 시작할 작정이었다. 일을 하는 동안에는 내 집에서도 방문을 받지 않을 셈이었다. 작품을 쓰는 의무가 사람들에게 예의를 지키며 친절하게 대하는 의무보다도 먼저니까. 아마도 오랫동안 나를 못 만난 이들, 또 가까스로 만나서 내 병도 나은 줄로 아는 이들은, 하루 일이나 평생 일이 끝나든가 중단되면 찾아와서, 지난날 내가 생루를 필요로 했던 때와 마찬가지로 나를 필요로 해서, 기어이 만나겠다고 버틸 테지. 지난 콩브레 시절에, 내가 부모님 모르게 무척이나 기특한 결심을 한 바로 그 직후에 도리어 부모님에게서 꾸중을 들었을 때에 이미 깨달았듯이, 인간 각자에게 주어진 마음의 시계는 모두 같은 시간에 똑같이 맞추어져 있는 게 아니기 때문이다. 어떤 시계에서는 휴식 시간인 바로 그때가 다른 시계에서는 일하는 시간일 수도 있고, 어떤 시계가 재판관에 의한 처형 시간을 가리키고 있는데도, 죄인 쪽에서는 그보다 오래전부터 회개의 시간이 울리고 있었을 수도 있으니까 말이다. 그럼에도 나는 나를 만나러 몸소 오거나 나를 데리러 사람을 보내거나 하는 사람들에게 용기를 내어, 지금 나에게는 당장 알아야 할 중대한 문제가 있으므로, 다름 아닌 나 자신과 목숨에 관계되는 긴급 회견을 하고 있노라고 대답하련다. 그렇지만 우리의 진정한 자아와 또 하나의 자아는 거의 관계가 없는데도 둘 다 같은 자아라는 이름으로 불리며 육체를 공유하기 때문에, 하기 쉬운 의무뿐 아니라 쾌락마저도 희생시키는 이 극기가 남에게는 이기심으로만 보이는 것이다.

뿐더러, 나를 못 만난다며 불평하는 사람들에게서 떨어져 지내려는 것은 그들과 같이 있을 때보다도 더 철저하게 그들에 대해 몰두하고, 그들의 본디 모습을 본인들에게 보여주며, 그들의 본질을 밝히기 위해서가 아닌가? 앞으로 몇 년 동안, 모든 통찰력을 배척하는 사교의 하찮은 즐거움 때문에, 상대 말에 똑같이 싱거운 소리로 맞장구치느라 밤들을 허망하게 보낸들 무슨 소용이 있겠는가? 그보다는 그들이 하는 몸짓, 그들이 지껄이는 말, 그들의 생활이나 성질을 연구하여 그 곡선을 그리고, 거기에서 법칙을 찾아보려고 하는 편이 훨씬 더 값어치 있는 일이 아니겠는가? 불행하게도 나는 남의 처지에 서서 보는, 문학작품의 착상에는 유리할지 몰라도 그 완성을 더디게 만드는 습관에 맞서 싸워야 할 것이다. 왜냐하면 이 습관은 예절을 우선시하므로 자신의 즐거움뿐만 아니라 자기 의무마저 남을 위해 희생시키기가 일쑤이고, 이런 경우에 남의 처지에 서 있는 고로, 그게 어떠한 의무이건—정면에 나서면 하나도 도움이 안 되는 아무개가 자기를 필요로 하는 후면에 머무르는 의무라도—사실 기쁨이 아닌데도 기쁨으로 보이기 때문이다.

친구 없이, 한가하게 서로 주고받는 이야기도 없이 지내는 삶은 위인들까지도 불행이라 여겼지만 나는 이를 불행으로 생각하기는커녕 다음같이 이해했다. 우정에서 흥분하여 힘을 소비하는 것은 아무짝에도 못 쓰는 사사로운 우의를 겨눈 어떤 빗나간 겨냥이니, 본디 마음의 고양은 우리를 진리로 이끌 수 있는 것이건만, 도리어 진리에서 벗어나게 한다고 말이다. 결국, 일하는 사이에는 휴식이나 사교 같은 숨 돌릴 사이가 필요하지만, 그때에도 나는 사교계 사람들이 작가에게 유익하다고 생각하는 그 지적인 대화보다도 오히려 꽃피는 아가씨들과의 짧은 사랑 쪽이 내 상상력에는 더없는 양식이고, 장미꽃만 먹고 산다는 그 유명한 말처럼 적어도 이 정도는 내 상상력에 허용해도 좋다고 느꼈다. 갑자기 내가 다시 바라게 된 것은, 서로 알게 되기 전의 알베르틴이나 앙드레나 그 친구들이 발베크의 바닷가를 걸어가는 모습을 보고 꿈꾸던 그것이다. 하지만 어쩌랴! 지금 이 순간에 내가 강하게 바라는 그 아가씨들을 다시 찾으려 한들 이제는 불가능한 노릇이다. 오늘 내가 본 모든 사람뿐 아니라 질베르트까지도 바꿔버린 세월은, 살아남은 모든 아가씨를, 만약 죽지 않았다면 알베르틴마저도 내가 회상하는 모습과는 딴판인 여인으로 만들어버렸을 게 확실하다. 나는 나 자신의 힘만 갖고 그녀들에게 이르러야 하므로 괴로웠다. 왜냐하면 인간의 모양을 바꾸는 시간도 우리 기억에 남아 있는 모습은 고치지 못하니까. 변화무쌍한 인간과 요지부동한 추억과의 대립만큼 고통스러운 것은 없다. 그때 우리 기억 속에 싱싱하게 남아 있는 것이 실생활에서는 이미 그 싱싱함을 잃었음을 깨닫고, 우리 마음속에서 매우 곱게 보이는 것, 더할 나위 없이 사사로운 욕망이기는 하지만 다시 한 번 보고픈 욕망을 북돋우는 것, 우리의 마음 바깥에서 이것으로 접근하려면 옛날에 사귄 아가씨와 같은 또래의 딴 아가씨에게서 그 아름다움을 찾아내는 길밖에 없음을 이해한다. 유독 우리가 탐내는 이에게만 있는 것처럼 보이는 점도, 알고 보면 그 사람에게만 있는 게 아닐 거라는 의심을 품은 적이 여러 번 있다. 그런데 흘러간 시간이 내게 그 확고한 증거를 보여주었으니, 스무 해가 지난 지금 나는 매우 자연스럽게, 전에 사귀던 아가씨들 대신 지난날 그 아가씨들이 가졌던 젊음을 지금 가지고 있는 딴 아가씨들을 찾으려고 했으니까 말이다(하기야 잃어버린 시간을 셈속에 넣지 않아서 현실과 이가 안 맞는 것은 비단 육욕의 깨어남만이 아니다. 죽은 줄 알았던 나의 할머니나 알베르틴이 아직 살아 있어서 기적처럼 내 곁에 와주기를 바란 적이 몇 번인가. 그 두 사람이 눈에 선해서 내 마음은 그들 쪽으로 달려간다. 다만 나는 한 가지, 정말로 알베르틴이 살아 있다면 지금쯤 지난날 발베크에서 코타르 부인이 나에게 보이던 모습과 거의 같을 거라는 사실, 또 할머니는 95살이 넘었을 테니 내가 상상하는 곱고도 잔잔한 웃는 얼굴을 보여주지는 않으리란 사실을 알고 있었다. 내가 그런 할머니를 상상하는 것은, 아버지 하느님께 수염을 달거나, 또는 17세기 사람들이 호메로스의 영웅들에게 그들이 살던 옛 시대를 무시하고 그 무렵 귀족들의 옷을 입혀 상상하던 바와 같은 것이었다).

나는 질베르트를 물끄러미 보고 있었지만, '다시 만나고 싶다'는 생각은 하지 않았으며 오히려 그녀에게 이렇게 말했다. 혹시 젊은 아가씨들과 함께 초대해준다면 언제든지 응하리다. 가능하면 사소한 선물로도 기쁘게 해줄 수 있는 가난한 아가씨들이 좋소. 그녀들에게 뭔가를 원하는 게 아니라, 다만 젊은날의 꿈과 슬픔을 내 마음속에 되살려주기를 바라고, 또 그런 날은 오지 않겠지만 혹시 순결한 입맞춤이라도 얻을 수 있다면 좋지요…… 하고. 질베르트는 미소를 짓고 나서, 머릿속에서 무엇인가를 열심히 찾는 듯해 보였다.

엘스티르는 그가 자주 작품에 그리는 베네치아풍의 아름다움이 눈앞에 있는 자기 아내에게 있는 걸 보기 좋아했는데, 그와 마찬가지로 나는 어떤 심미적인 이기심 때문에, 나에게 고통을 줄지도 모르는 아름다운 여자들 쪽으로 끌리는 것도 당연한 일이라고 스스로 변명했다. 언젠가 다시 만날지도 모를 몇몇 미래의 질베르트, 미래의 게르망트 공작부인, 미래의 알베르틴에 대하여 우상숭배와도 같은 정을 품는 동시에, 마치 아름다운 고대 대리석상 사이를 헤매는 조각가처럼 그런 여자들에게서 영감을 받을지도 모른다고 생각했다. 그렇지만 나는 다음과 같은 생각도 해보았어야 했다. 그녀들을 담그는 나의 신비감이 그들에 앞서 가고 있다는 사실, 그러므로 젊은 아가씨들에 대한 소개를 질베르트에게 부탁하기보다 차라리 그녀들과 이어주는 것이라고는 아무것도 없는 장소, 그녀들과 나 사이에 넘을 수 없는 어떤 것이 느껴지는 장소, 같이 해수욕을 가면서 바닷가에서 두 걸음밖에 안 떨어져 있건만, 불가능이라는 보이지 않는 손에 의하여 그녀들과 한없이 격리되어 있는 것처럼 느껴지는 장소로 가는 편이 훨씬 낫다는 사실이다. 이와 같이 나의 신비감은 질베르트에게, 게르망트 공작부인에게, 알베르틴에게, 그 밖의 숱한 여자에게 차례차례 적용되었던 것이다. 아닌 게 아니라, 모르는 이나 거의 알 리 없는 이도 언젠가 잘 아는 이가 되고, 절친한 이, 아무래도 무관한 이 또는 고통을 주는 이가 되었지만, 그래도 지난날의 존재에게는 어떤 매력이 남아 있었다.

  사실을 말하면, 우체부가 새해 선물을 받고 싶어서 가져오는 달력과 같아서, 그 겉장이나 속의 낱장에, 내 가슴을 태운 여자의 그림(image)이 그려져 있지 않은 해라고는 단 한 해도 없었다. 그렇기는 하지만, 그 심상(image)은 엉터리이기 일쑤여서 내가 본 적도 없는 여자의 심상일 경우도 가끔 있었다. 이를테면 퓌트뷔스 부인의 몸종, 오르주빌 부인이라든가 아니면 어느 신문의 사교란에서 이름만 본 '왈츠를 추는 사랑스러운 여인들' 속에 있는 젊은 아가씨라든가 하는 따위이다. 나는 그 아가씨를 미인이거니 점치고 홀딱 반하여, 《성관연감》에서 알게 된 그 아가씨 가족의 소유지가 있다는 고장의 풍경을 높은 곳에서 굽어보는 이상적 육체를 그 아가씨에게 구성해준다. 나와 아는 사이의 여자일 경우에는 이러한 풍경이 적어도 이중으로 되어 있다. 어느 여자나 저마다 내 생애의 다른 위치에서 마치 땅의 수호신처럼 우뚝 서 있는데, 맨 먼저, 빽빽이 늘어서 나의 생활을 바둑판 무늬처럼 줄 긋고 있는 그 갖가지 몽상의 풍경 중 하나, 내가 그 여인을 거기에 놓고서 열심히 상상한 풍경 한복판에 서 있다가 다음에는 추억 쪽에 모습을 나타내어 내가 그녀를 사귀던 곳의 풍경에 둘러싸여, 거기에 언제까지나 연관된 채 나에게 그 풍경을 떠올리게 했다. 왜냐하면 우리 삶이 아무리 방랑의 연속이라한들 기억은 한곳을 떠나지 않는지라, 우리가 쉴 새 없이 떠돌아다녀봤자 추억은 우리가 떠난 자리에 못 박힌 채 거기서 여전히 바깥출입을 꺼리는 생활을 꾸려나가기 때문이다. 이는 마치 나그네가 어떤 도시에 들러 몇몇 친구를 사귀다가, 그 도시를 떠날 때는 그러한 짧은 동안의 친구와는 작별해야 하고, 남아 있는 그 친구들은 교회 근처나 문 앞이나 산책길의 나무 그늘에서 아직도 나그네가 머물러 있기라도 한 듯이 나날을 살다가 생애를 마치는 것과도 흡사하다. 그래서 질베르트의 그림자는, 내가 한때 그녀를 공상했던 일 드 프랑스의 성당 앞뿐 아니라 메제글리즈 쪽의 동산 오솔길에도 뻗어 있었으며, 게르망트 부인의 그림자는 보랏빛이나 불그스름한 꽃송이가 방추형으로 기어오르고 있는 축축한 길과 파리의 보도 위 금빛 아침에도 뻗어 있었다. 그리고 이 두 번째 인간, 욕정이 아니라 추억에서 생겨난 여성은, 그 어느 한 사람도 각각 혼자만은 아니었다. 왜냐하면 나는 그 한 사람 한 사람과 몇 차례나 각각 다른 시기에 사귀었으므로, 그때그때마다 그 여인이 나에게는 딴 여인이었고, 나 또한 다른 사람이 되어 이처럼 다른 색깔을 띤 꿈속에 잠겨 있었기 때문이다. 그런데 해마다 꿈을 주관하던 법칙은 그때 내가 알게 된 여자의 추억을 그 꿈 주위에 모으고 있었다. 이를테면 내 어린 시절의 게르망트 공작부인에 대한 모든 것은 어떤 인력에 의하여 콩브레 주위에 모여 있으며, 이윽고 나를 오찬에 초대하게 된 게르망트 공작부인에 대한 전부는 전혀 다른 감성의 것 주위에 모여 있었다. 장밋빛 드레스 차림의 부인 뒤로 여러 스완 부인이 있듯이, 세월이라는 무색 에테르로 격리된 여러 게르망트 부인이 있었던 것이다. 그중 한 사람에게서 다른 한 사람에게로 껑충 건너뛰기란 하나의 행성을 떠나 에테르로 격리된 다른 행성으로 가는 것처럼 불가능했다. 그저 떨어져 있을 뿐 아니라, 갖가지 시기에 품었던 내 꿈으로 장식되어 있는 서로 다른 존재인 것이다. 마치 다른 행성에서는 볼 수 없는 특수한 식물로 장식된 것처럼. 따라서 나는 포르슈빌 부인의 오찬에도, 게르망트 부인의 오찬에도 가지 않으리라 생각했는데, ―가면 엄청난 별천지에 끌려간 느낌이었으므로―그 뒤에 하나는 주느비에브 드 브라방의 후예인 게르망트 공작부인과 딴사람이 아니며, 또 하나는 장밋빛 드레스 차림의 부인과 다른 사람이 아니라고 생각할 수 있었던 것은, 내 몸속에 있는 유식한 사나이가 나에게, 성운으로 이루어져 있는 은하수도 오직 하나의 별이 나뉨으로써 생겨난 것이라고 단언하는 학자와 같이 권위를 가지고 두 사람 다 각각 딴사람이 아니라고 딱 잘라 말해주었기 때문이다. 나는 별다른 생각 없이 질베르트에게 옛날의 그녀와 같은 여자친구를 소개해달라고 부탁했지만, 질베르트 본인은 이런 까닭으로 이제 내게는 단순한 생루 부인일 뿐이었다. 이전에는 그녀에 대한 사랑에서 베르고트에 대한 나의 숭배가 큰 역할을 했지만, 지금은 이렇게 그녀의 얼굴을 보고 있어도 더 이상 그런 생각조차 하지 않았고, 그녀 또한 그 역할을 완전히 잊고 있었다. 베르고트는 한낱 그 책의 저자에 지나지 않아서, 흰 모피가 깔려 있고 여기저기에 제비꽃을 꽂아놓고 일찌감치 술한 램프를 가져다가 각기 다른 작은 테이블에 놓은 살롱에서 그에게 소개되었을 때의 감동이나, 그와 나눈 대화의 환멸이나 놀라움은(아주 가끔 떠오르는 띄엄띄엄한 회상을 제외하면) 기억도 나지 않았다. 초기의 스완 아가씨를 이루는 모든 추억은 현재의 질베르트에게서는 없어져버려, 다른 우주의 인력에 의해서 아득히 멀리 있는 베르고트의 한 구절 주위로 끌려가 그것과 하나가 되어 산사꽃 향기에 잠겨 있었다.

질베르트의 단편에 불과한 오늘의 그녀는 내 부탁을 듣고 미소 지었다. 그러더니 곰곰이 생각하며 머릿속에서 무엇인가를 찾듯이 정색을 했다. 그런데 나에게는 그것이 기뻤으니, 그녀가 보면 틀림없이 못마땅할 작자들을 눈치채지 못했기 때문이다. 그 작자들 가운데 게르망트 공작부인이 어느 도깨비 같은 노파와 신나게 이야기를 하고 있었다. 나는 그 여자를 자세히 바라보았지만 누구인지 전혀 짐작이 가지 않았다. 사실 질베르트의 아주머니인 게르망트 공작부인과 이야기를 나누던 사람은 유명한 여배우가 되어 이 오찬에서도 빅토르 위고와 라 퐁텐의 시를 낭독하기로 되어 있는 라셸이었다. 공작부인은 오래전부터 자기가 파리에서 가장 높은 지위를 차지하고 있다는 점을 의식하고 있었으므로(이와 같은 지위는 그것을 믿는 사람의 마음속에만 있으며, 대부분의 신출내기들은 어디엘 가도 부인을 볼 수 없고 화려한 사교연회를 다룬 어느 기사에서도 부인의 이름을 찾아볼 수 없으면, 부인에게는 아무런 지위도 없는 줄로 여긴다는 사실은 깨닫지 못하고서), 부인의 말마따나 '진저리나는' 포부르 생제르맹에는 되도록 간격을 두고 드물게 나갔으며, 그 대신 마음에 쏙 드는 여배우라면 누구하고나 오찬을 같이하는 변덕을 부렸다. 뻔질나게 새로운 사교계에 드나들어도, 자신의 생각에 비해 별로 달라진 데가 없고 쉬이 진저리가 나는 것은 자기 머리가 뛰어난 탓이라고 여겼지만, 그 기분을 나타내는 말투에는 어떤 거친 활기가 깃들어 있어서 쉰 목소리가 나곤 했다. 내가 브리쇼*¹ 이야기를 그녀에게 해주자, "그이는 20년 동안 어지간히 내 속을 썩였지요"라 했고, 캉브르메르 부인이 "쇼펜하우어의 음악론을 다시 읽어보세요" 하자, "다시 읽어보라니, 거참 걸작이네요! 말도 안 돼, 난 싫어요" 하고 날카롭게 내뱉어 우리의 주의를 끄는 것이었다. 알봉*² 노인은 그것이 게르망트네 기질의 하나라고 보고 빙그레 웃었다. 그런데 훨씬 현대적인 질베르트는 가만히 태연했다. 스완의 딸이지만 암탉이 깐 오리처럼 호반시인*³다운 그녀는 이렇게 말했다. "난 그 음악론을 감동적이라고 생각해요, 매력적인 감수성이 있거든요."

나는 게르망트 부인에게, 아까 샤를뤼스 씨를 만났다고 말했다. 부인은 샤를뤼스 씨를 실제보다도 더 '돌았다'고 생각하고 있었다. 왜냐하면 이지에 대해서, 사교계 사람들은 별다를 바 없는 머리를 가진 여러 사교계 인사에 차별을 둘 뿐 아니라, 같은 사람일지라도 그 생애의 여러 시기로 구별하기 때문이다. 그리고 그녀는 이렇게 덧붙였다. "그는 언제 보나 우리 시어머니를 똑 닮았었지요. 그런데 요즘음은 그것이 더욱 분명해졌어요" 그들이 닮았대도 전혀 이상할 게 없다. 누구나 다 아는 사실이지만, 어떤 여성은 더없이 정확하게 자신을 다른 남자에게 투사하는 법이다. 그런데 이 경우 다만 성별에 착오를 일으킨다. 이 착오는 '다행한 실수(felix culpa)'라고는 할 수 없다. 왜냐하면 성은 그 사람의 개성에 영향을 주므로, 남성의 여성화는 꼴사납고, 겸손은 신경과민이 되기 때문이다. 비록 얼굴에 수염이 나 있건 볼수염 밑이 충혈되어 있건, 어딘지 어머니 모습을 닮은 윤곽이 있다. 늙은 샤를뤼스 씨의 파리한 얼굴에는, 짙은 화장 밑에 영원한 젊음을 잃지 않는 아름다운 여자의 단편이(보는 자를 놀라게 하는) 언제나 반드시 나타나 있었다. 이때 모렐이 들어왔다. 공작부인은 그에게 매우 친절하게 대하여 나를 조금 어리둥절하게 만들었다. "그럼요, 난 집안싸움에 역성을 들지 않아요." 그녀는 말했다. "지겨운 노릇이라고 생각지 않으세요, 집안싸움이라니."

20년이라는 시간이 흐르는 동안에 도당이라는 집단도 멀어졌다가 다시 나타나는 새로운 별의 인력에 따라 무너졌다가 다시 형성되곤 해서, 그 구성원인 인간의 영혼 속에도, 결정 다음에 붕괴, 붕괴 다음에 새 결정이 반복되곤 했다. 내게 있어 게르망트 공작부인은 여럿이었지만, 게르망트 공작부인이나 스완 부인이나 그 밖의 사람들도, 어떤 인물은 드레퓌스 사건이 있기 전

---

*1, 2 브리쇼의 이름과 알봉 이름 다음에는 삽입구 사이에 의문부호(?)가 쳐 있음—플레이아드판 주.
*3 19세기 초엽 영국 북부의 호수 지방에 살면서 자연을 벗 삼아 서정적인 시를 썼던 낭만파 시인을 이르는 말.

에는 총아였지만 사건 뒤에는 광신자나 멍텅구리로 보였다. 이와 같이 드레
퓌스 사건은 사람들의 가치를 바꾸어놓고 여러 당파를 재조직했지만, 그러
한 당파들도 그 뒤 다시 해체와 재편성을 거듭했다. 이러한 변화에 강력한
작용을 하고, 순수한 지적 친화력에 영향을 미친 것은 흘러간 시간이다. 시
간은 우리로 하여금 반감이나 멸시를 잊게 하며, 반감이나 멸시를 설명하는
이유마저도 잊게 한다. 만일 전에 레오노르 드 캉브르메르 부인의 멋의 원인
을 규명한 사람이 있었다면, 그녀는 우리가 사는 건물 안에 바느질 가게를
내고 있던 쥐피앙의 딸이었으며, 또한 그녀를 화려하게 만든 것은, 아버지
쥐피앙이 샤를뤼스 씨에게 사내들을 주선해준 사실 때문임을 발견했으리라.
그러나 이러한 일들은 모두가 하나로 맺어져서 반짝거리는 결과를 낳았건
만, 그 원인은 이미 아득한 옛일이 되어 신출내기 대부분은 그 사실을 모를
뿐만 아니라 과거에 그것을 알고 있던 사람들까지도 지나간 옛날의 허물보
다는 화려한 현재에 더 고개를 돌리므로 이미 죄다 잊고 있었다. 그도 그럴
것이 사람들은 언제나 이름을, 현재 두루 쓰이고 있는 뜻으로 받아들이기 때
문이다. 그리고 이러한 살롱의 변모가 불러일으키는 흥미도, 잃어버린 시간
의 결과이며 기억의 현상이라는 점에 있었다.

공작부인은 발티(Balthy)*1나 미스탱게트(Mistinguett)*2를 높이 평가하면
서도 게르망트 씨가 뭐라고 할 것이 두려워서 교제를 삼가고 있었지만 라셸
과는 버젓이 친구로 지내고 있었다. 그런 모습을 본 사교계의 신인들은, 게
르망트 공작부인은 그 이름은 당당하지만, 제1류 계층에는 전혀 있어본 적
도 없는 수상쩍은 여자일 거라는 결론을 내렸다. 과연 게르망트 부인은 몇몇
군수들과 벗이 되기 위해 두 귀부인과 경쟁을 벌이며 여전히 그들을 오찬에
초대하려고 애썼다. 한편 그 주권자들은 좀처럼 참석하지 않았을 뿐만 아니
라 시시한 사람들과 교제했으며, 공작부인은 게르망트 특유의 낡은 공식 의
례에 대한 맹목적 집착 때문에(교양 있는 사람들에게는 진저리를 내면서도,
부인은 훌륭한 교양을 존중했기 때문에)—'황송하게도 폐하께서 게르망트
부인에게 분부하시기를' 운운하는 따위의 격식을 고수하고 있었다. 따라서
이와 같은 의례 용어를 모르는 새로운 사회층 사람들은 도리어 공작부인의

---

*1 프랑스의 뮤직홀 여가수(1869~1925).
*2 프랑스의 뮤직홀 가수·무용가(1873~1956).

지위를 낮춰 보게 되었다. 우리는 게르망트 부인이 고상한 사교계를 비난하는 것은 위선이자 거짓말이라 생각하고, 그녀가 생퇴베르트 후작부인 댁에 가기를 마다했을 때는, 상대를 무시하고 이처럼 행동한 것이 그저 후작부인이 사교적 야심을 이루지 못한 속물 티를 드러내고 있기 때문이라서 게르망트 부인의 행동은 지성이 아니라 속물근성에서 나온 거라고 생각했었는데, 게르망트 부인 쪽에서 본다면 라셀과 친하게 지내는 것은 그런 우리의 생각이 틀렸음을 나타내는 걸지도 모른다. 하지만 라셀과의 이러한 친교는 또한 다음과 같은 것을 의미할지도 모른다. 곧, 공작부인의 지성 따위야 알고 보면 평범하지만 한 번도 채워진 적이 없고 진정한 이지의 세계를 전혀 모르므로, 사교계에 싫증을 느끼게 된 만년에 와서 인생의 진실을 알고 싶어하는 것이다. 사교계 귀부인들은 이런 변덕에서, '정말 재미있을 거야' 생각하며, 이를테면 잠들어 있는 누군가를 깨우러 가는 희극을 연기하지만, 야회 망토를 걸친 채 잠깐 머리맡에 서 있다가 결국 아무것도 할 말이 없자 문득 밤도 이슥하다는 사실을 깨닫고는 그만 집으로 돌아가서 자고 만다는 시시한 방식으로 하룻밤을 마감한다.

덧붙여야 할 것은, 변덕스러운 공작부인은 얼마 전부터 질베르트에 대해서 맹렬한 반감을 품고 있었으므로, 라셀을 초대하는 데에 기쁨을 맛보고 있었으며, 이로 말미암아 그녀는 게르망트네의 여러 가훈 중 한 가지, 무릇 게르망트네 일가붙이는 머릿수가 지나치게 많으므로 일일이 싸움의 역성을 들지 않는다(일일이 상복을 입는 것은 거의 불가능하다)는 원칙을 선언할 수 있었다. '나는 관계없다'는 무관심은 지난번 샤를뤼스 씨에 대해서 쓸 수밖에 없었던 방침으로 더욱 견고해졌다(그렇지 않고 샤를뤼스 씨를 따르다 보면 온 세상과 싸우게 될 게 뻔했으므로).

라셀은 어떤가 하면, 게르망트 공작부인과 교제하느라고 실제로 꽤 애를 썼지만(게르망트 공작부인은 라셀의 거짓 멸시나 고의적인 경망한 행동에 속아 그 노력을 알아채지 못해서, 이 교제에 더욱 열중하여 라셀을 속되지 않은 여배우로 실제보다 좋게 보았다), 확실히 이것은 일반적으로 보헤미안이 사교계 사람들에게 미치는 매혹과 아울러, 어떤 시기에 사교계 사람들이 가장 완고한 보헤미안에게까지 미치는 그 매혹에서 오는 것이니, 이 작용과 반작용은, 이것을 정치적 관계로 보면 교전국 쌍방의 국민 사이에 호기심이 솟아서 동맹을 맺고 싶어하는 마음이 생기는 바와 같다. 그런데 라셀의 소망엔 더 유별난 이유가 있었는지도 모른다. 지난날에 그녀가 가장 심한 모욕을 당한 것은 다름 아닌 게르망트 부인 댁, 바로 게르망트 부인에게서다. 라셀은 그것을 잊지는 못해도 조금씩 용서하게 되었다. 그녀의 눈에 비친 공작부인의 특별한 위엄은 절대로 사라지지 않았던 것이다. 나는 아까 질베르트의 주의를 두 사람의 대화에서 다른 데로 돌리고 싶었으나, 그들이 하던 대화는 중단되었다. 라셀이 낭독할 시간이 되어 이 댁 안주인이 그녀를 데리러 왔기 때문이다. 라셀은 공작부인의 곁을 떠나더니 얼마 안 가서 연단 위에 나타났다.

그런데 바로 이 무렵 파리의 다른 변두리에서는 아주 다른 광경이 벌어지고 있었다. 이미 말한 바와 같이, 라 베르마가 딸과 사위*¹를 위한 다과회에 손님 몇몇을 초대했던 것이다. 그런데 초대받은 손님은 좀처럼 오지 않았다. 라셀이 게르망트 대공 댁에서 시를 낭독한다는 말을 듣고(이 말은 라 베르마를 몹시 분개시켰다. 라 베르마에게 라셀은 여전히 명여배우인 라 베르마가 주연하는 연극에서—그나마 무대에 서는 비용을 생루가 대준 덕분에—겨우 단역을 맡아 우두커니 서 있는 한낱 창부에 불과했기 때문이다. 게다가 초대는 게르망트 대공부인 이름으로 되어 있으나, 실제로 대공부인 댁에서 손님을 접대하는 사람은 라셀이라는 소문이 온 파리에 떠들썩하던 만큼 라 베르마의 분개는 더욱 격심했다), 라 베르마는 몇몇 단골들에게 거듭 편지를 띄워 반드시 참석해주기 바란다고 간청해놓았다. 자기 단골들이 게르망트 대공부인의 친구일 뿐 아니라, 그녀가 베르뒤랭 부인 시절부터 교제가 있다는 사실을 알고 있었기 때문이다. 그런데 시간은 자꾸 흐르건만 라 베르마네 손님방엔 아무도 오지 않았다. 가지 않느냐고 누가 물으니까, 블로크는 "아냐, 차라리 게르망트 대공부인 쪽에 가고 싶은걸" 하고 솔직하게 대답했다. 아아! 이것이 바로 누구나 이미 마음속으로 결정했던 일이다. 죽을병이 들어서 사교계에는 거의 못 나가던 라 베르마는, 병이 잦고 게으른 사위*²힘으로는 자기 딸*³의 사치스러운 욕구를 감당하기 어려우므로, 그 비용을

---

*1 원문에는 '아들과 며느리'로 되어 있음.
*2 원문대로임.
*3 원문대로임.

대기 위해서 병이 악화된 걸 알면서도 다시 무대에 섰다. 남은 목숨을 스스로 줄이고 있는 줄 알지만, 막대한 출연료를 가지고 들어가서 딸과 사위를 기쁘게 해주고 싶었던 것이다. 그 사위는 눈엣가시처럼 미웠지만 애지중지 위해주는 까닭은 딸이 진심으로 사랑한다는 걸 아는 데다, 만약 사위의 비위를 건드리면 심통을 부려 딸을 못 만나게 할까 봐 두려웠던 것이다.

라 베르마의 딸은 남편의 병을 돌보는 의사에게서 남몰래 사랑받고 있었는데, 어머니가 〈페드르〉에 출연해도 별 위험이 없다고 자기에게 말한 의사의 말을 곧이들었다. 아무래도 그녀는 의사가 말리는 말은 무시하고 의사의 대답 중에서 자기에게 유리한 말만 들어, 의사 입에서 걱정 없을 거라는 말이 나오도록 강제했던 듯싶다. 실제로 의사는 라 베르마가 무대에 서도 별 지장은 없을 거라고 말했다. 그 까닭은, 이렇게 말하면 자기가 반한 젊은 여자가 좋아할 줄로 생각했기 때문일 뿐만 아니라, 틀림없이 무식한 탓이기도 했으리라. 또는 어차피 불치병인 줄 알아서, 병자의 수명을 줄일 게 뻔할지라도 저 자신에게 득이 된다면 그렇게 함으로써 차라리 병자의 고통을 덜어주어야겠다는 생각도 들었을 것이다. 그리고 어쩌면 그것이 라 베르마를 기쁘게 하므로 그녀에게 도움이 될지도 모른다는 바보 같은 생각에서인지도 모른다. 이 어리석은 생각도, 그가 환자를 모두 내팽개치고 라 베르마의 딸부부의 관람석에 초대되어, 무대 밖에선 다 죽어가는 사람으로 보이던 라 베르마가 무대에서는 이상하리만큼 생명력이 넘쳐흐르고 있음을 보았을 때 명분이 서는 듯싶었다. 사실 습관은 처음엔 도저히 불가능한 것처럼 보인 생활에도 상당한 정도까지 우리를 순응시키며, 신체기관도 그것에 익숙해진다. 심장병에 걸린 승마술의 노교사가 그 심장을 가지고는 단 1분도 견뎌낼 수 없을 성싶은 아슬아슬한 곡마를 차례차례 해내는 것을 누구나 보지 않았던가? 라 베르마도 그에 못지않게 뛰어난 여배우이므로, 그녀의 신체기관은 무대의 까다로운 요구에 완전히 적응해서, 관중 모르게 신중히 몸을 움직이며 순전히 신경 때문에 생긴 화병일 뿐 사실은 멀쩡하다는 착각을 주는 데에 성공했다. 이폴리트에게 사랑을 고백하는 장면을 마치자, 라 베르마는 그때부터 닥쳐올 끔찍한 밤을 몸서리치게 느꼈으나 그녀의 놀라운 재주에 넋을 잃은 관객은 잇따라 박수를 보내면서 전보다 더 훌륭한 연기였다고 힘주어 말했다.

그녀는 끔찍한 고통 속에서 집에 돌아왔지만, 그래도 딸에게 거액의 현찰을 가져다주는 게 기뻤다. 어려서부터 무대에서 수련한 배우에게 흔히 있는 장난기에서 그녀는 언제나 양말에 지폐를 끼우는 버릇이 있었는데, 미소와 키스를 기대하면서 양말에서 호기롭게 지폐 뭉치를 꺼냈다. 불행하게도 그 지폐 뭉치는 어머니의 거처와 붙어 있는 딸네 집을 새로 단장하는 데에 쓰였을 뿐이었다. 딸네 집에서는 쉴 새 없이 망치 소리가 들려와서, 이 명여배우의 아주 소중한 잠을 방해하는 꼴이 되었다. 딸 부부는 세월의 흐름에 따라 변하는 유행에 맞추기 위해, 그리고 방문해주기를 바라는 X씨나 Y씨의 취미에 맞추기 위해서 모든 방을 새롭게 꾸몄다. 그래서 수면만이 자기 고통을 덜어주건만 그 수면마저도 달아나버렸다고 생각한 라 베르마는 잠들기를 아예 단념했는데, 그 체념 밑바닥에는 자기 죽음을 앞당기고 늘그막을 못살게 닦달하는 그 고상한 취미에 대한 경멸감이 있었다. 그 경멸은, 얼마간은 우리에게 해를 미치는 것, 우리 힘으로는 막을 길이 없는 것에 대한 자연스런 복수일 것이다. 그러나 그것은 또한 자기의 타고난 직분을 의식하고, 어려서부터 그러한 유행이 명령하는 것의 하찮음을 배워왔으므로, 그녀만큼은 늘 존중해온 전통, 그녀로 하여금 온갖 사물이나 인간을 30년 전의 옛날과 다름없이 판단케 하는, 예를 들면 지금 한창 날리는 라셀 따위는 인기 여배우이긴커녕 옛날과 다름없이 쩨쩨한 매춘부로 판단케 하는 전통에 그대로 충실했기 때문이기도 하다.

그런데 라 베르마도 딸보다 나은 편은 아니었다. 딸은 유전으로 말미암아, 또 어머니의 본보기가 자연스레 전염되어(어머니에 대한 존경이 그 전염을 더욱 재촉했다), 이기심과 무자비한 조롱과 의식 못하는 잔인성을 어머니에게서 물려받았던 것이다. 다만 라 베르마는 이런 모든 것을 딸에게 내줘버려서 자신은 홀가분해졌을 따름이다. 하기야, 라 베르마의 딸은 쉴 새 없이 일꾼들을 집에 들이지 않았다 치더라도 분명 어머니를 지치게 했을 것이다. 마치 젊은이들의 잔인하고도 경솔한 인력이 무리해서 그것과 보조를 맞추려고 억지를 쓰는 노인이나 병자를 피로하게 만들듯이 날마다 새로운 오찬회가 베풀어졌다. 그리고 라 베르마가 딸에게 그 일을 말리거나, 새로 사귄 사람들을 억지로 꾀어내기 위하여 유명한 어머니의 참석이라는 매력에 매달릴 수밖에 없을 때 어머니가 참석하지 않기라도 한다면, 딸과 사위의 눈에 라

베르마는 이기주의자로 보였으리라. 딸과 사위는 이 새로 사귄 사람들에게 예절을 차리고자 다른 집 잔치에도 어머니를 데리고 가마 '약속하곤' 했다. 그래서 몸속에 자리잡은 죽음과 대화하기에도 벅찬 가엾은 어머니는 아침 일찍부터 일어나 집을 나서야 했다. 더구나 때마침 레장이 놀라운 재능을 발휘하여 외국 공연에서 엄청난 성공을 거두었으므로, 사위는 라 베르마도 이대로 사라질 수는 없다며, 자기들 집에도 그에 못지않은 폭발적인 인기를 모아야겠다는 생각에서 라 베르마를 억지로 지방 순회공연에 끌어냈는데, 그 도중에 그녀는 모르핀 주사를 맞아야 했고, 그 결과 신장이 망가져서 언제 죽을지 모를 지경에 이르렀다. 유행의 멋과 사교의 매력과 화려한 생활에 있는 인력은, 게르망트 대공부인 댁에서 잔치가 벌어지는 날에는, 마치 양수펌프 같은 작용을 하여 가장 충실한 라 베르마의 단골들까지도 게르망트 대공부인네로 빨아들이고 말아, 라 베르마네는 텅텅 비어 죽음 같은 고요만이 남게 되었다. 라 베르마네 다과회가 게르망트 대공부인네 모임처럼 화려하지 않다는 것을 잘 모르는 젊은이 하나가 혼자서 찾아와 있었다. 라 베르마는 시각이 지나서 모두가 다 자기를 팽개친 걸 깨닫자, 음식을 차리게 하고 식구들끼리 식탁에 둘러앉았는데, 초상집의 식탁 앞에 앉아 있는 것 같았다. 라 베르마의 얼굴에는 일찍이 사순절 제3주째의 목요일 저녁에 그토록 나를 흥분시켰던 사진의 얼굴을 떠올리게 하는 것이라곤 하나도 없었다. 라 베르마의 얼굴은 속된 말로 죽을상이었다. 이번에야말로 그녀의 얼굴은 에레크테우스 신전의 대리석상과 비슷했다. 굳어진 동맥은 이미 반쯤 화석이 되어, 조각된 긴 띠가 뺨을 광물같이 뻣뻣하게 돌아다니는 게 보였다. 죽어가는 눈은 뼈만 남은 그 끔찍한 가면에 비하면 비교적 생기가 있어서, 돌 틈에서 자는 뱀처럼 희미하게 반짝이고 있었다. 그러는 동안에도, 마지못해 테이블에 앉은 젊은이는 게르망트네의 성대한 연회에만 마음이 달려가 있는지라 계속 시계만 바라보았다.

라 베르마는 자기를 바람맞히고서도 오직 게르망트네에 간 사실만이 드러나지 않기를 바라는 앙큼한 친구들에 대해서는 한 마디도 비난하지 않았다. 다만 "라셀 같은 여자가 게르망트 대공부인 댁에서 잔치를 벌이다니, 이건 파리에 오지 않고서는 구경 못할 꼴이야!" 중얼댔다. 그리고 나서 그녀는 말없이 엄숙하게, 마치 장례식이라도 치르듯이 금지된 과자를 천천히 입으로 가져갔다. '다과회'는 사위가, 자기네 부부와 잘 아는 사이인데도 라셀이 초대하지 않았다며 격분하고 있는 만큼 더더욱 을씨년스러웠다. 불난 집에 부채질하는 격으로 그 젊은 손님이, 자기는 라셀과 잘 아는 사이니 지금 당장 게르망트 댁에 간다면, 이처럼 늦은 시간이지만 두 분(경박한 젊은 부부)을 초대하도록 부탁할 수 있다고 하여, 사위의 울화통이 더 터졌다. 그러나 라 베르마의 딸은 어머니가 라셀을 얼마나 미천하게 보고 있는지, 그리고 그 갈보 퇴물 따위에게 초대해주기를 부탁했다가는 어머니를 절망시켜 죽게 만들 것임을 잘 알고 있었다. 그래서 그녀는 젊은이와 남편에게 그것은 말도 안 되는 소리라고 말했다. 그렇게 말하면서도 그녀는 이 다과회 내내, 쾌락을 추구하는 마음과 어머니라는 훼방꾼 때문에 그것을 빼앗긴 시름을 가끔 얼굴에 드러냄으로써 화풀이를 했다. 라 베르마는 그와 같은 딸의 불퉁한 얼굴을 못 본 체하고, 찾아와준 단 한 사람의 손님인 젊은이에게 꺼져가는 목소리로 정다운 말을 건네고 있었다. 하지만 이윽고, 모든 사람을 게르망트네 쪽으로 쓸어가버린 바람이—나마저도 그리로 실어간—돌풍으로 바뀌자 젊은 손님마저 벌떡 일어나 떠나버렸다. 뒤에 남아 딸과 사위와 함께 그 장례식 과자를 먹어 치우는 게 페드르인지, 아니면 죽음인지, 그것은 아무도 알 수 없었다.

우리의 대화는 때마침 높아진 라셀의 목소리에 중단되었다. 그녀의 낭송 솜씨는 영리했다. 왜냐하면 낭독에 앞서 현재 읊고 있는 시의 전체를 완전히 예상시키는 바가 있었기 때문이니, 그것은 마치 길을 가는 여배우의 목소리가 우연히 한동안 귀에 들리는 것처럼, 우리가 그 시의 짧은 일부를 듣고 있을 뿐이라는 인상의 낭독이었다.

거의 누구나 다 아는 시의 낭독회라서 인기가 있었다. 막상 시작하려고 할 때 라셀이 얼빠진 모양으로 사방을 두리번거리는가 하면, 한 마디 한 마디 신음 소리 같은 것을 내거나 애원이라도 하듯이 두 손을 쳐드는 꼴을 보자 모두들 거북해졌고, 그와 같은 노골적인 감정 노출에 거의 불쾌감마저 들었다. 시 낭송이 이런 것이라는 생각은 아무도 해본 적이 없었기 때문이다. 그러나 사람은 차차 익숙해지게 마련인지라, 곧 처음의 불쾌감을 잊어버리고 좋은 점을 찾아내서 여러 가지 낭송법을 마음속으로 비교해보며 여기는 좋다, 저기는 신통치 않다고 생각한다. 그렇지만 처음에는, 간단한 소송 사건에서 변호사가 앞으로 나와 법의가 흘러내리는 데도 아랑곳없이 팔을 허공에 처들며 위협조로 첫머리를 꺼내는 모습을 보는 것처럼 누구나 차마 옆사람 얼굴을 보지 못한다. 이는 이상한 것을, 하지만 이것이 굉장한 연기겠지 하는 생각에서 평가가 내려지기를 기다리기 때문이다.

그나저나 청중은 그녀가 목소리 한 번 내는 데에도 먼저 무릎을 굽히거나, 마치 눈에 보이지 않는 어떤 이를 안고 어르듯이 팔을 내밀거나, 다리를 안짱다리처럼 구부리거나, 널리 알려진 시구를 읊으면서도 갑자기 애원조를 담거나 하는 것을 보고 어안이 벙벙해졌다. 모두들 어떤 표정을 지어야 할지 몰라서 서로 얼굴을 바라보았다. 버르장머리없는 서너 젊은이는 터지는 웃음을 지그시 참았다. 저마다 몰래 힐끔거리며 옆사람 눈치를 살폈다. 마치 신기한 요리가 나오는 자리에서 자기 앞에 대하 요리용 포크나 설탕 뿌리개 등 어디에 쓰는 것인지 어떻게 쓰는 것인지도 모를 새로운 도구가 놓여 있을 때, 정통한 식도락가가 먼저 사용하여 본보기를 보여줬으면 하는 생각에서 그 사람을 넌지시 훔쳐보듯이. 또, 어떤 사람이 인용한 시구를 우리가 모르면서도 아는 체할 때, 마치 문에서 남에게 앞을 양보하듯이 그 방면에 밝은 사람에게 사뭇 은혜라도 입히듯이 그 시의 작자를 대는 기쁨을 주는 경우에도 이와 같은 태도를 보인다. 이리하여 모두 그 여배우에게 귀를 기울이면서 다른 누군가가 먼저 웃거나, 비난하거나, 울거나, 박수갈채를 하기를 눈을 내리깐 채 살피면서 기다리고 있었다.

게르망트 공작부인은 게르망트네에서 쫓겨난 것이나 다름없었는데, 이 낭독회를 위해 일부러 되돌아온 포르슈빌 부인은, 자기가 문학에 정통해 있고 시대 흐름을 좇는 속인이 아니라는 사실을 보여주기 위해서인지, 또는 자기만큼 문학을 몰라서 쓸데없는 이야기를 꺼낼지도 모를 작자들에 대한 반감 때문인지, 아니면 자기 '마음'에 들었는지 안 들었는지를 분명히 하기 위해 집중하고 있는 탓인지, 그도 아니면 그것을 '재미있다'고 생각하면서도 어쨌든 몇몇 시구를 읊는 투가 '마음에 안 들기' 때문인지, 주의 깊고 긴장한 얼굴에 노골적이리만큼 불쾌한 표정을 짓고 있었다. 그런데 이러한 태도는 오히려 게르망트 대공부인이 취해야 옳았다. 그러나 여기는 자기 집이고, 부자가 되면서부터 인색해진 그녀는, 라셀에게는 장미꽃 다섯 송이만 주기로 작정하고 있었으므로 대신 먼저 박수를 치기 시작했다. 그 박수 때문에 열광의 물결이 일어나고 환호가 그칠 줄을 몰랐으며, 청중은 들끓었다. 이때만은 옛날 베르뒤랭 부인으로 되돌아간 것이다. 왜냐하면 오직 자기만의 기쁨을 위해서 시를 듣고 있는 것 같았고, 오로지 자기만을 위해서 라셀을 불러 시를 읽게 할 생각이었으며, 우연히 자리를 같이한 오백여 명 사람들에게는 자기만의 기쁨에 몰래 끼어들도록 허락했을 뿐인 태도였기 때문이다.

어쩌다 보니 나는, 낭송자가 나에게 조심스럽게(그녀가 늙고 밉상이어서 내 자존심을 조금도 만족시키진 않았지만) 추파를 던지고 있다는 것을 알았다. 낭송을 하는 동안 그녀는 줄곧 나에게 동의를 바라 마지않으며, 은근하면서도 마음에 스며드는 한 미소를 눈에 파닥거렸다. 그 와중에도 시 낭송에 그다지 익숙하지 못한 노부인 두세 사람이, "보셨어요?" 하고 옆사람에게 속삭였는데, 뭐라고 표현해야 할지 감도 안 잡히는 여배우의 야단스러운 비극적 표정이나 몸짓을 가리키는 말이었다. 게르망트 공작부인은 잠깐 망설였지만, 아마도 시가 끝난 것으로 알았던지 아직도 시의 중간이건만 "기가 막혀요!" 부르짖어 승리를 결정지었다. 그러자 몇몇 손님은, 낭송자에 대한 이해라기보다는 공작부인과의 친분을 보이기 위해서, 고개를 끄떡이면서 눈에 찬성의 뜻을 담아 그 부르짖음을 한껏 뒷받침하려 들었다. 시가 끝났을 때 우리는 마침 라셀 곁에 있었으므로 게르망트 부인에게 감사의 뜻을 표하는 그녀의 목소리를 들었고, 동시에 그녀는 내가 공작부인 옆에 있는 것을 좋은 기회로 여기며 내 쪽을 향하여 애교 있게 인사했다. 그때 나는, 보구베르 씨 아들의 뜨거운 눈길(그것을 나는 나를 잘못 알아보고 하는 인사로 해석했었다)과는 반대로, 내가 라셀의 추파인 줄로 생각했던 것이 사실은 내가 자기를 알아보고 인사해주기를 바라는 조심스러운 유도에 지나지 않음을 깨달았다. 나는 미소와 함께 인사를 보냈다. "아마 이분은 나를 못 알아보셨을 거예요." 낭송자는 공작부인에게 말했다. "원, 천만에요." 나는 단호하게 말했다. "나는 당신을 분명히 알아보았습니다."—"그래요, 그럼 내가 누구죠?" 나는 거기에 대해서 전혀 아는 바가 없었으므로 상황이 미묘하게 되었다. 다행히, 라 퐁텐의 아름다운 시를 자신 있게 낭송하는 동안 그녀는, 호의에서 그랬는지 미련해서 그랬는지 아니면 주눅이 들어서 그랬는지, 그저 나에게 인사할 계기를 만들기가 어렵다는 생각만을 하고 있었는데, 블로크는, 잘못 생각한 의무감 때문이었는지 아니면 허세를 부리고 싶어서였는지, 시가 끝나자마자 포위망을 뚫으려는 사람처럼 튀어 나가서, 주위 사람들의 몸까지는 아닐지라도 발을 지근지근 밟으면서 낭송자에게 축하 인사를 하러 갈 수 있도록 그 준비에만 골몰하고 있었다.

"이상한걸, 여기서 라셀을 보게 되다니." 블로크는 내게 귀엣말을 했다. 그러자 그 마술 같은 이름은 당장에 생루의 정부를 낯설고 추악한 노파의 모습으로 만들었던 요술을 깨뜨렸다.* 나는 그녀가 누구인지 안 순간 완전히 그녀의 옛모습을 알아보았다. "아주 훌륭했습니다." 블로크는 라셀에게 말했다. 그리고 이 간단한 말을 하자 그는 소망이 채워졌으므로 제자리로 돌아갔는데, 그것이 어찌나 힘들고 수선스러운지 라셀이 두 번째 시를 낭송하기까지 5분도 더 기다려야 했다. 라셀이 〈두 마리 비둘기〉 낭송을 마치자 모리앙발 부인이 생루 부인에게로 다가왔다. 그녀는 생루 부인이 문학통인 줄 알았지만, 아버지의 내림인 야릇하고 비꼬기 잘하는 정신의 소유자라는 걸 깜빡 잊고, 확실한 듯싶기는 했지만 자신이 없어서 이렇게 물어보았다. "저건 라 퐁텐 우화로군요, 안 그래요?" 왜냐하면 라 퐁텐 우화는 잘 모르는 데다가, 그것은 아이들 읽을거리이지 사교계에서 낭독할 것은 못 된다고 생각했기 때문이다. 저토록 갈채를 받다니 아마도 저 여배우는 라 퐁텐의 우화를 모작했을 거라고, 그 어수룩한 부인은 생각했던 것이다. 그런데 질베르트는 그럴 의도는 없었건만 모리앙발 부인을 더욱더 그런 생각으로 밀어넣고 말았다. 그도 그럴 것이 그녀는 라셀을 좋아하지 않는 데다가, 그런 식으로 읊으면 우화다운 맛이 완전히 없어진다는 말을 할 생각으로, 단순한 사람은 알아듣기 힘든 아버지 내림인 너무나도 야릇한 함축성 있는 투로 말했기 때문이다. "4분의 1은 연기자의 창작, 4분의 1은 미친 지랄, 4분의 1은 무의미, 그 나머지가 라 퐁텐의 것이에요." 그래서 모리앙발 부인은 방금 들은 것이 라 퐁텐의 〈두 마리 비둘기〉가 아니라 편곡한 것으로 라 퐁텐은 기껏해야 그 4분의 1이라고 주장했지만, 이 때문에 놀란 사람은 아무도 없었으니 청중 모두가 형편없이 무식했기 때문이다.

블로크는 친구 한 사람이 늦게 오자, 그에게 라셀의 낭송을 들어본 적이

---

* 라셀이라는 이름은 이미 여러 번 나왔으므로 이 구절은 앞에 나와야겠지만, 프루스트가 교정을 못 보고 죽은 탓으로 이런 오류가 생겼음—플레이아드판 주.

있느냐고 묻고는 그녀의 낭송 솜씨를 흥감스럽게 떠벌리다 보니, 실제로 들을 때는 조금도 즐겁지 않았건만 갑자기 그 근대적인 낭송법을 남에게 떠들어대며 가르쳐주는 데에 이상한 기쁨을 맛보았다. 그러고는 감동을 누를 수 없다는 듯이 새된 목소리로 라셀에게 치하하고 친구를 소개했는데, 그 친구 또한 당신만큼 훌륭한 여배우는 없다고 딱 잘라 말했다. 그러자 지금은 상류 사교계의 부인들을 사귀며 모르는 사이에 그들 흉내가 몸에 밴 라셀이 말했다. "어머나, 정말 기뻐요, 영광이에요, 알아주시니." 블로크의 친구는 라 베르마를 어떻게 생각하느냐고 그녀에게 물었다. "불쌍한 분이죠, 지금은 비참한 밑바닥 신세가 된 모양이에요. 그분에게 재능이 없었다는 말은 아니지만, 솔직히 그 재능은 진짜 재능이 아니었거든요. 소름끼치는 것만 좋아했죠. 하지만 그런 분도 분명 필요했어요. 남들보다 생기 있는 연기를 보여주었고, 또 친절하고 너그러운 탓에 신세를 망쳤잖아요. 그분은 한 푼도 벌지 못한 지 오래죠. 그분이 하는 연기 따위는 손님 마음에 전혀 들지 않거든요." 그녀는 웃으면서 덧붙였다. "게다가 실은 내 나이가 나이다 보니 물론 그분의 만년 공연밖에는 보지 못했고, 그때도 너무 젊어서 잘 이해가 되지 않았어요."—"그분의 시 낭송은 그다지 신통치 않았습니까?" 이렇게 블로크의 친구가 라셀을 치켜세우기 위해 과감하게 말하자, 라셀은 "그럼요! 단 한 줄도 제대로 못 읊었어요. 산문, 중국어, 볼라퓌크(Volapük)*1 같은 것은 다 낭송할 줄 알았지만, 시만은 형편없었어요."

그러나 나는 흘러가는 시간이 반드시 예술계에 진보를 가지고 오는 것은 아님을 알고 있었다. 프랑스 대혁명도 과학상의 여러 발견도 세계대전도 모르는 17세기 작가가 현대 작가보다 나을 수도 있듯이, 그리고 어쩌면(재능의 탁월성이 여기서는 지식의 낮음을 대신 채워) 파공(Fagon)*2이 불르봉과 엇비슷한 명의였을지도 모르듯이, 라 베르마는 라셀 따위가 속된 말로 발밑에도 못 갈 만큼 훌륭한 여배우였지만, 시대 흐름이 엘스티르와 동시에 라셀을 인기의 정상으로 밀어올려 그 재능을 인정했던 것이다.

생루의 옛 정부가 라 베르마를 흉봤다고 해서 별로 놀랄 일은 못 된다. 라셀은 젊었을 때도 그랬을 터이며, 혹여 옛날에 흉보지 않았대도 지금은 그럴

---

*1 1879년 독일인 J.M. 슐라이어(Schleyer, 1831~1912)가 고안한 국제 보조어.
*2 프랑스의 의사(1638~1718). 식물학자이며 루이 14세의 주치의.

것이다. 다시없이 총명하고 진심으로 친절한 사교계의 한 부인이 여배우가
되어 그 새로운 직업에서 놀라운 재능을 발휘하고 성공의 큰길만을 걸었을
경우, 오랜 뒤에 그 부인을 만났을 때, 그녀가 늘 쓰던 말이 아니라 여배우
특유의, '무대생활 30년' 동안에 몸에 덧붙은 말, 동료들끼리 하는 외설스런
말을 듣는다면 누구나 놀랄 것이다. 라셀은 사교계 출신은 아니지만, 그러한
세월이 주는 바를 지니고 있었다.

"굉장하다, 개성적이다, 기품 있다, 이지적이다 등 어떻게 말하든 다 맞는
말이에요, 시를 그렇게 낭송한 사람은 이제껏 아무도 없었어요." 게르망트
공작부인은 질베르트에게 타박이나 맞지 않을까 겁을 먹으면서 말했다. 질
베르트는 아주머니와의 입씨름을 피해서 멀찌감치 다른 무리 쪽으로 가버렸
다. 게르망트 부인은 만년에 이르러 자기 속에서 눈뜨는 새로운 호기심을 느
꼈다. 사교계에서는 이제 아무것도 배울 게 없었다. 자기가 사교계에서 가장
높은 자리를 차지하고 있다는 생각은 그녀로서는 땅 위에 펼쳐진 푸른 하늘
의 높이만큼이나 뚜렷했다. 그러므로 확고한 그 지위를 새삼 높여야겠다는
생각도 하지 않았다. 그 대신 독서와 연극 관람을 더 넓히고 싶어했다. 옛날
에는 다같이 오렌지에이드를 마시던 자그마한 정원에 상류 사교계의 쟁쟁한
인사들이 앞다투어 찾아와, 향기로운 저녁 산들바람과 꽃가루의 구름 속에
둘러싸여 그녀의 상류 사교계에 대한 취미를 계속 길러왔듯이, 지금 또 다른
욕망에 사로잡힌 그녀는 이러저러한 문학 논쟁의 원인을 알고 싶다고 생각
하자 작가나 여배우와도 친해지고 싶었던 것이다. 그녀의 지친 정신은 새로
운 영양을 원하고 있었다. 작가나 여배우와 사귀기 위해 그녀는 전날 같으면
명함 교환도 꺼렸을 여자들에게 다가갔고, 또 그러한 여자들은 공작부인과
사귀려고 자기는 이런저런 잡지의 편집장과 절친하다고 과시했다. 맨 처음
초대받은 여배우는 자기 혼자만이 범상치 않은 세상에 초대받은 줄 알았는
데, 두 번째 여배우는 먼저 초대받은 여배우를 보고, 여기도 그리 대단치 않
은 환경으로 보았다. 공작부인은 가끔 군주들을 야회에 맞아들이므로, 자기
지위에 아무런 변화도 없는 줄 알고 있었다. 진실로 순수한 혈통을 타고난
유일한 여성인 그녀, 게르망트 가문 태생인지라 만일 '게르망트 공작부인'이
라고 서명하지 않을 때는 '게르망트네의 게르망트'라고 서명할 수도 있는 그
녀, 시누이나 사촌동서들까지도 '나일 강에서 구원받은 모세'나 '이집트로 피

신한 그리스도', '탕플(Temple)*¹을 탈출한 루이 17세' 같은 존귀한 존재로 보는 그녀가 지금은 빌파리지 부인을 사교계에서 전락시킨 원인이었던 그 정신적 양식을 추구하는 유전적 욕구에 사로잡혀서, 그녀 스스로 영락없는 빌파리지 부인의 자취를 좇고 있었다. 그녀의 집에 오는 속물 여자들은 아무개 남자나 아무개 여자를 만날까 봐 걱정했고, 젊은 사람들은 지나간 일들은 모르고서 이미 정해진 일만을 인정하여, 부인을 흉년에 담가 잘 발효되지 않은 게르망트, 뒤떨어진 게르망트네의 한 사람으로 여기고 있었다.

그런데 아무리 뛰어난 작가라도, 노년기로 접어들거나 또는 지나치게 작품을 내거나 하면 재능이 마르는 수가 흔하니만큼, 사교계 여자들이 어느 때부터 재치를 잃는 것도 어쩔 수 없는 노릇이다. 스완은 게르망트 공작부인의 완고한 정신 속에서 젊은 롬 대공부인 시절의 '융화된 정신'을 다시 찾아내지 못한 지가 이미 오래다. 만년에 이르러 피로 탓인지 긴장이 풀려선지, 게르망트 부인은 주책없는 소리를 함부로 지껄였다. 물론 지금 이 낭독회가 진행되는 사이에도 줄곧 그녀는 뻔질나게 내가 알던 무렵의 부인으로 돌아가서 사교계 일들을 이것저것 재치 있게 이야기했다. 한편으로는, 지난날 오랫동안 파리의 가장 뛰어난 남자들을 정신적으로 내두르던 그 재기발랄한 말, 고운 눈매 밑에 날카롭게 번득이던 그 말이 지금도 자주 튀어나와 번득이기는 했지만, 그것은 대부분 텅 빈 것이었다. 어떤 한 마디를 끼워넣어야 할 순간이 오면, 그녀는 옛날처럼 몇 초 동안 이야기를 멈추고 망설이며 말을 만들어내는 듯한 태도를 보였지만 그러다가 입 밖에 낸 말에는 도무지 아무런 가치도 없었다. 하기야 그런 사실을 알아채는 사람은 별로 없었다. 말투가 옛날과 같았으므로, 사람들은 기지도 여전할 줄로 여겼다. 과자점의 상표를 덮어놓고 신용하는 사람이, 맛이 형편없어진 사실도 모르고 여전히 같은 가게에서 프티 푸르(petit four)를 배달시키는 것과 다를 바 없다. 이미 세계대전 때부터 공작부인은 이와 같은 쇠약의 징후를 보였다. 어떤 사람이 '퀼튀르(culture)'*²라는 낱말을 입 밖에 내면, 부인은 그 말꼬리를 잡아 고운 눈을 반짝이면서 거침없이 '라 크크크쿨투르(la KKKKultur)'*³라고 내뱉어

---

*1 성당 기사단 본부.

*2 '교양' '지식' 또는 '문화'라는 말.

*3 쿨투르(Kultur). 곧 '문화'라는 뜻의 독일어를 장난스럽게 한 말.

친구들을 웃겼는데, 그들은 이것이 바로 게르망트네 재치라고 생각했다. 물론 이것은 지난날 베르고트를 황홀하게 만들던 바와 같은 틀, 같은 억양, 같은 미소를 지니고 있었다. 그리고 만약 베르고트가 살아 있었다면, 분명 그에게 특유한 구절 짓기나, 감탄사나, 생략점이나, 부가 형용사 등을 썼을 테지만 거기에는 이미 아무런 뜻도 없었을 것이다. 그런데 신참자들은 어이없어했고, 그들이 참석한 날 그녀가 '그 방식을 자유자재로 구사하여' 익살을 떨지 않으면 가끔 다음같이 말하곤 했다. "원 저런 어리석은 여자가 어딨담!"

그래도 공작부인은 지체 낮은 이들과의 교제가 귀족이라는 자기 영예의 근원인 게르망트 가문의 일가붙이에게까지 넓혀지지 않도록 조심하고 있었다. 예술의 후원자라는 소임을 다하기 위하여 장관이나 화가들을 극장에 초대했을 때, 그들이 그녀에게 시누이들이나 남편은 같이 안 오셨느냐고 물으면, 공작부인은 소심하면서도 겉모양만은 자못 당당하고 거드름스럽게 대꾸하기를, "전혀 모르겠네요. 집 밖으로 한 발자국만 나오면 집안사람들이 무슨 일을 하고 있는지 전혀 몰라요. 정치가들에게나 예술 종사자들에게나 난 과부 신세예요." 이리하여 그녀는 성급한 어정뱅이가 마르상트 부인이나 바쟁에게서 냉대를 받지 않도록, 또 그녀 자신도 시누이와 남편에게서 꾸중을 듣지 않도록 빈틈없이 선수를 쓰는 것이었다.

"뵙게 되어 얼마나 기쁜지 이루 말씀드릴 수 없을 지경이에요." 공작부인은 말을 이었다. "마지막으로 뵌 게 언제였더라……."—"아그리장트 부인을 방문하신 무렵이죠, 거기서 자주 뵈었어요."—"그랬을 테죠, 그 댁에 자주 갔으니까요. 그 무렵 바쟁이 그분을 좋아했으니까. 여러분과 가장 자주 만나던 곳은 언제나 바로 그때 바쟁의 애인 집이었어요. 왜냐하면 바쟁은 늘, 그분 댁은 잊지 말고 꼭 방문하라고 말했으니까요. 사실, 바쟁이 식사가 끝나기 무섭게 나를 내쫓듯이 몰아낸 그런 '소화를 겸한 방문'은 나에겐 조금 무례하게 여겨졌어요. 그러다가 그 일에도 금세 익숙해지고 말았지만, 그래도 가장 참을 수 없던 일은, 바쟁이 그녀와의 관계를 끊은 뒤에도 나는 그 관계를 계속 이어가야 한다는 것이었어요. 그럴 적마다 나는 늘 빅토르 위고의 시구를 떠올렸지요.

Emporte le bonheur et laisse-moi l'ennui.
행복을 가져가고, 내게 시름을 남기라.


이 시에 있듯이, 그래도 나는 미소를 지으면서 드나들었는데 정말이지 공평하지 못하더군요. 그이의 애인들에 대해 내가 마음대로 구는 권리쯤은 남겨뒀어야 옳았어요. 그도 그럴 것이 그이가 외면하게 된 여자들을 차례차례 방문하다 보니, 나중에는 나 자신의 오후라는 게 없어지고 말았거든요. 하기야, 그 시절도 지금에 비하면 훨씬 즐거웠다는 생각이 들지만요, 아무렴요. 그이가 나를 또 속이기 시작한다면 그보다 기쁜 일이 없으련만, 그만큼 내가 다시 젊어지는 셈이니. 정말 그이의 옛 버릇 쪽이 나에게는 훨씬 나아요. 그이가 나를 속이지 않은 지가 벌써 무척 오래되었어요. 이젠 그 버릇이 생각조차 나지 않나 봐요! 참말이지, 하지만 그렇다고 우리는 금슬이 나쁜 건 아니에요, 같이 이야기도 하고 서로 사랑도 하거든요." 공작부인은 자기 부부가 완전히 갈라선 줄로 내가 생각할까 봐 이렇게 말했다. 그러고는 중환자 이야기라도 하듯이 "그렇지만 그는 아직 똑똑히 이야기도 할 수 있고, 오늘 아침만 해도 나는 한 시간이나 책을 읽어주었지요" 말하고 나서 다음처럼 덧붙였다. "당신이 여기 와 있다는 말을 그이에게 하고 와야겠어요, 분명 당신을 보고 싶어할 거예요." 그리고 부인은 공작에게로 갔는데, 공작은 소파에 앉아서 옆에 있는 부인과 담소하고 있었다. 나는 공작이 예전 그대로의 모습, 그저 머리칼만 더 희어졌을 뿐 여전히 위엄 있고 잘생긴 모습을 하고 있는 데 감탄했다. 그런데 마누라가 지껄이러 오는 것을 보더니, 금세 아주 험상궂어지는 바람에 공작부인도 물러설 수밖에 없었다. "바쁜가 봐요, 무슨 일인지 모르지만, 나중에 물어보세요." 나 스스로 그 자리를 헤쳐나가도록 게르망트 부인은 말했다.

블로크가 다가와서 친구인 아메리카 부인을 대신해, 저기 와 있는 젊은 공작부인은 누구냐고 묻기에 나는 브레오테 씨의 조카딸이라고 대답했다. 블로크는 이름만 가지고는 아무것도 알 수 없어서 설명해달라고 말했다. "어머나, 브레오테!" 나를 향하여 게르망트 부인이 외쳤다. "생각 안 나세요, 정말 옛일이군요, 까마득히 먼! 맞아요, 저 사람은 속물이었죠. 우리 시어머님 댁 근처에 사시던 분이에요. 이런 이야기야 블로크 씨에게는 시시할 테지만 이분에겐 재미나는 일이라구요, 지난날에는 나와 같은 때에 이런 일을 다 알았으니까요." 게르망트 부인은 나를 가리키면서 덧붙였는데, 이러한 말 끝에서 긴 세월이 흘렀음을 내게 보였다. 게르망트 부인의 우정이나 의견은 그 뒤 상당히 달라져서, 한때는 그녀에게 매혹적이었던 바발이 지금은 돌이켜보니 속물로 보인 것이다.

한편 브레오테는 오직 시간 속에서만 멀어진 게 아니었다. 내가 사교계에 갓 나와, 마치 콜베르가 루이 14세의 화평한 세상에 발을 디뎌 두고두고 역사에 남았듯 브레오테를 파리 사교계 역사와 떼어놓을 수 없는 중요한 명사 가운데 한 사람으로 여겼던 무렵에는 미처 몰랐던 일인데, 그에게는 시골티가 뚜렷이 배어 있었고, 노공작부인의 시골 이웃이었으며, 롬 대공부인과도 이웃으로 맺어져 있었다. 그렇지만 그 재치를 빼앗기고, 케케묵은 아득한 세월과 게르망트 부근에 추방당한 이 브레오테야말로(이는 브레오테가 그 뒤 공작부인의 기억에서 완전히 잊혔다는 증거이지만), 오페라 코미크 극장의 개막일 저녁 그가 바닷가 동굴에 사는 해신인 듯싶었을 때는 내가 도저히 믿을 수 없던 일이지만, 실은 공작부인과 나 사이의 유대였다. 왜냐하면 내가 브레오테와 아는 사이였다는 것, 따라서 내가 부인 친구의 친구라는 것, 부인과 같은 사회 출신은 아니지만 여기에 자리를 같이한 숱한 사람들보다도 훨씬 전부터 부인과 같은 사회에서 살아왔다는 것을 부인이 떠올리도록 했기 때문이다. 그런데 부인이 떠올린 내용은 매우 불완전하여, 그때의 나에게는 더할 나위 없이 중요하게 여겨졌던 대수롭지 않은 일, 이를테면 내가 한번도 게르망트 영지에 가지 않은 일, 부인이 페르스피에 아가씨의 결혼 미사에 왔던 무렵 나는 콩브레의 프티부르주아에 지나지 않았던 일, 생루가 아무리 부탁해도 오페라 코미크 극장에 모습을 나타낸 그해에는 나를 초대해주지 않았던 일 등을 그녀는 잊고 있었다. 하지만 나에게는 이런 일들이 더없이 중요했다. 그 무렵 게르망트 공작부인의 생활은 내가 들어가지 못한 낙원같이 보였기 때문이다. 그러나 그녀에게는 그러한 생활이 언제나 다름없는 평범한 생활인 듯싶었다. 그리고 내가 어느 때부터인가 그녀의 집 만찬에 드나들게 되었고, 또 그렇게 되기 전부터 나는 그녀의 큰어머니*¹나 조카*²의

---

*1 빌파리지 부인을 가리키는 말.
*2 생루를 가리키는 말.

벗이어서, 정확히 언제부터 우리 둘의 친교가 시작되었는지 그녀는 확실히 몰라, 이 우정이 실제보다 몇 년 빨리 시작한 줄로 여겨서 심한 연대 착오를 하고 있다는 것조차 깨닫지 못했다.

부인의 기억대로라면 그 무렵의 나는, 도저히 다가갈 수 없는 게르망트라는 이름을 가진 게르망트 부인과 아는 사이가 되고, 금빛으로 빛나는 음절로 이루어진 이름, 그 포부르 생제르맹에 드나들었다는 말이 된다. 하지만 사실 그때 이미 나에게는 다른 여자와 조금도 다를 바 없었던 한 부인, 네레이데스가 사는 바닷속 왕국으로 내 손을 잡고 내려가는 게 아니라, 오직 그 사촌의 관람석으로 가끔 초대를 받아 저녁을 보내도록 해준 한 부인의 집에 저녁을 먹으러 갔을 뿐이다. 부인은 블로크를 향해 덧붙였다. "자세히 알 만한 가치라곤 도무지 없는 사람이지만, 만약 브레오테에 대해서 알고 싶으시면, 이분에게 여쭤보세요(이분이 백배는 더 훌륭하세요). 이분은 우리집에서 그분하고 쉰 번이나 식사를 드셨거든요, 안 그래요, 우리집에서 그분과 알게 되셨죠? 아무튼 스완과 아는 사이가 되신 건 우리집에서였죠." 내가 자기 집에서 스완과 알게 된 줄로 확신하는 데에도 놀랐지만, 브레오테 씨와는 아마 다른 데서 만났을지 모른다고 여기는 데도 놀랐다. 만약 그랬다면 나는 부인과 사귀기 전에 이미 이 사교계에 드나든 셈이 된다. 지난날 탕송빌에서 브레오테는 질베르트네 가족과 교제하지 않았건만, 그를 두고 질베르트가 다음처럼 말했다. "시골의 옛 이웃이에요. 저분과 탕송빌 이야기를 하는 게 여간 즐겁지 않아요." 그런 거짓말과는 달리 나는 스완에 대해서, "그는 저녁 때 곧잘 우리집에 놀러 오던 시골 이웃이지요" 말할 수 있으려니와, 사실 스완은 나에게 게르망트와는 전혀 다른 일을 떠올리게 했다.

부인은 말을 이었다. "당신에게 어떻게 설명하면 좋을지 모르겠어요! 아무튼 전하에 대한 이야기라면 죄다 쏟아놓는 분이었어요. 게르망트네 사람들에 대한 것, 우리 시어머님에 대한 것, 파름 대공부인을 모시기 전의 바랑봉 부인에 대한 것에 대해 무척 우스운 이야기를 많이 알고 계셨어요. 하지만 오늘날 바랑봉 부인이 누군지 어느 누가 안다죠? 아무렴, 이분은 다 아셨어요. 그렇지만 그게 다 무슨 소용이겠어요, 이제는 그 이름조차 잊히고. 물론 이름이 남을 만한 분들도 아니었으니까요." 그래서 나는 사교계가 실제로는 사회관계가 아주 응축되어 모두가 상관관계를 갖는 단일체로 보이건만, 실은 거기에는 많은 시골이 남아 있으며, 적어도 '시간'이 그런 것을 만들고 있다고 깨달았다. 그런 시골은 이름이 달라져 있으므로, 형태가 바뀐 뒤에야 겨우 도착한 사람은 이해할 수 없었다. "마음씨 착하고 엄청나게 바보스러운 일을 곧잘 얘기하던 부인이었어요." 공작부인은 시간의 효과인 이해할 수 없는 것이 지니는 시적인 감흥을 느낄 수 없었으므로, 온갖 것에서 메이야크풍 문학이나 게르망트의 재치와 비슷한 익살스러운 요소만을 끌어내면서 이야기를 계속했다. "한때 그분은 줄곧 알약을 먹는 버릇이 있었어요. 그 무렵, 기침약으로 많이 쓰이던 약인데, 그 이름인즉(그녀는 옛날에는 잘 알려져 있었지만 지금 이야기를 나누고 있는 이들에겐 낯선 유별난 이름에 자기가 먼저 웃음을 터뜨리면서 덧붙였다) '제로델 정'이라고 해요. 우리 시어머님께서 그녀에게 '바랑봉 부인, 그렇게 자꾸 제로델만 복용하다간 위장에 해로울 텐데요' 말하니까, '어째서 위에 해롭다고 말씀하시죠? 이건 기관지로 가는데요?' 대답했답니다. 또 '공작부인께서 먹이시는 암소는 하도 탐스러워서, 보는 이마다 늘 씨암소인 줄 안답니다' 말한 이도 그녀였고요."

　게르망트 부인은 우리가 수백 가지도 더 아는 바랑봉 부인의 일화를 기꺼이 계속하고 싶었을 터였다. 하지만 바랑봉 부인이나 브레오테 씨나 아그리장트 대공 같은 이들의 이야기만 나오면 금세 우리 머리에 떠오르는 심상이, 이름을 들어도 아무것도 모르는 블로크의 기억에는 아무것도 환기되지 않는다는 사실을 똑똑히 깨달았다. 아무것도 불러일으키지 않으므로 도리어 그 이름에 그는 경의를 품게 되었는지도 모른다. 나는 그 존경심이 지나치다는 사실을 알았지만 그래도 이해할 만도 했던 것은, 나 자신이 그런 경험을 겪었기 때문이 아니다. 우리는 자신의 잘못과 어리석은 짓을 환히 내다보고 있을 경우에도, 남의 과실이나 어리석음에는 관대한 일이 드물기 때문이다.

　이 머나먼 시절의 일은 사실 대단한 의미도 없지만, 다음 같은 본보기처럼 그 현실성을 잃고 말았다. 내게서 멀지 않은 곳에서 누군가 탕송빌의 땅이 아버지 포르슈빌 씨에게서 질베르트의 손으로 들어온 게 아니냐고 묻자, 다른 누군가가 말했다. "천만에! 그 땅은 시집 쪽에서 물려받은 겁니다. 그 주변은 게르망트 땅이니까요. 탕송빌은 게르망트 바로 이웃입니다. 생루 후작의 어머니인 마르상트 부인의 소유였지요. 다만 모두 저당 잡혔던 것을 포르슈빌 아가씨가 자기 지참금 대신 찾아왔지요." 한번은 옛날에 스완이 얼마나 재치 있는 사람이었는가를 이해시키기 위해서 내가 누군가에게 스완에 대한 이야기를 해주자 그는 대답했다. "그렇고말고, 게르망트 공작부인한테서 들었소, 당신이 게르망트 공작부인 댁에서 알게 되었다는 그 노신사 말이죠?"

과거는 게르망트 공작부인의 정신 속에서 그 모습이 완전히 변해버렸다 (아니, 오히려 내 마음속에 있는 경계선이 부인의 정신 속에는 있었던 적이 없어서, 나에게 중대했던 사건도 그녀에게는 눈에 띄지 않은 채 지나가버렸다). 그래서 그녀는 자기 집에서 내가 스완과 사귀었고, 다른 데서 브레오테를 사귀었다고 상상할 수 있는 것이며, 이처럼 나에게 사교계 사람으로서의 과거를 안겨주었을 뿐만 아니라, 그 과거를 훨씬 먼 옛날로까지 길게 늘려버렸다. 왜냐하면 내가 방금 터득한 그 흘러가는 시간에 대한 관념을 공작부인도 품고 있으나, 과거의 시간을 실제보다 짧게 생각한 내 착각과는 반대로, 그녀는 지난날의 시간을 늘여 실제보다 너무 멀리 거슬러 올려보냈기 때문이다. 특히, 그녀가 나에게 처음에는 이름뿐이었다가 이윽고 사랑의 대상이 된 시기와, 평범한 사교계 부인에 지나지 않았던 시기 사이에 있는 그 무한한 경계선을 그녀는 헤아려보지 않았다. 그런데 내가 그녀 집에 간 것은 이미 그녀가 나에게는 딴사람이 된 바로 두 번째 시기였다. 그러나 그녀 자신의 눈에는 그 차이가 보이지 않았으므로, 내가 실제보다도 2년이나 일찍 그녀 집에 드나들었다고 한들 그녀는 조금도 이상하게 생각지 않았으리라. 그도 그럴 것이 내 눈에 비친 그녀 인간성의 단절이 그녀 자신에겐 나타나지 않아서, 그녀가 그때 다른 여인이었으며, 구두닦이도 다른 구두닦이라는 사실을 그녀는 모르니까.

나는 게르망트 공작부인에게, "내가 처음으로 게르망트 대공부인 댁을 방문했던 야회가 생각납니다. 나는 초대를 못 받은 줄로 알아서 쫓겨나지 않을까 겁났었죠. 그날 밤 부인께선 새빨간 드레스에 빨간 구두를 신고 계셨지요."—"어머나, 정말 옛날 얘기네요." 공작부인은 흘러간 시간에 대한 내 감개에 박차를 가했다. 그녀는 서글픈 듯이 먼 데를 바라보고 있었는데, 특히 새빨간 드레스에 애착을 보였다. 내가 그 드레스 이야기를 자세히 해달라고 부탁하자 그녀는 기꺼이 응해주었다. "요즘은 아무도 그런 드레스는 안 입어요. 그 시절에 유행하던 드레스였거든요."—"하지만 예쁘지 않았습니까?"

나는 말했다. 그녀는 무심코 자기에게 득이 되지 않는 말을 하거나 자기 가치를 떨어뜨리는 말을 할까 봐 늘 두려워했다. "그럼요, 난 무척 예쁘다고 생각했어요. 요즘엔 그런 걸 안 만들기 때문에 아무도 안 입는 거예요. 하지만 언젠가 다시 입게 될 거예요. 옷이나 음악이나 그림이나 유행은 되풀이되는 법이니까요." 그녀는 단호하게 덧붙였다. 이 철학에 얼마간 독창성이 있다고 생각했던 것이다. 그러다가 늙는다는 슬픔이 그녀를 심란하게 했지만 웃음으로 그 기색을 쫓아냈다. "틀림없이 빨간 신이었다고 확신하세요? 난 금빛 신이었다고 생각했는데." 틀림없다, 지금도 눈에 선하다고 나는 말했지만, 그렇게 단언할 수 있는 까닭은 말하지 않았다. "그처럼 똑똑히 기억하고 계시다니 친절도 하셔라." 그녀는 다정스럽게 말했다. 예술가가 자기 작품을 칭찬해주는 사람에게 친절하다고 말하듯이, 여자는 자기 아름다움을 기억해주는 사람을 친절하다고 한다. 게다가 아무리 아득한 옛일이라도, 공작부인만큼 총기 있는 여자라면 잊을 리가 없다. 자기의 빨간 드레스와 빨간 신을 잊지 않은 나에 대한 답례로, 그녀는 "생각나세요, 바쟁과 내가 당신을 댁까지 바래다드린 일을? 그날 밤 자정이 지나 어떤 젊은 아가씨가 당신 집에 오기로 되어 있었어요. 바쟁은 그 시간에 손님이 오냐며 크게 웃었답니다." 사실 그날 밤은 게르망트 대공부인의 야회가 끝난 뒤에 알베르틴이 찾아왔었다. 그날 밤 게르망트 부부 댁에 들르지 못할 원인이 된 그 아가씨가 알베르틴이었다는 사실을 만약 게르망트 부인이 알아도 그녀로서는 아무 관심 없듯이, 지금은 내게 있어서도 알베르틴은 아무 상관없는 존재였지만, 그래도 나는 공작부인 못지않게 그날 밤 일을 똑똑히 기억하고 있었다. 그 까닭은, 가엾은 고인이 우리 마음을 떠난 지 오랜 뒤에도, 싸늘한 그들의 유해가 여전히 지난날의 갖가지 상황에 섞여 언제까지나 연결고리 구실을 하기 때문이다. 그리고 이제 그 고인을 사랑하지도 않건만, 한때 그들이 지내던 방이나 공원의 산책길이나 오솔길이 문득 떠오를 적이 있는데, 그러면 우리는 그들을 아쉬워하는 일도 없는 데다 이름도 모르고 따로 구분할 수조차 없으면서, 그들이 차지하던 자리를 메우기 위해 그들에 대해 넌지시 말할 수밖에 없다(게르망트 부인은 그날 밤 오기로 되어 있었던 젊은 아가씨가 누구인지도 몰랐으며 알 기회도 없었지만, 다만 시간과 상황이 기묘했으므로 그 이야기를 꺼낸 것뿐이다). 이러한 것이 바로 죽은 뒤에 남는, 별로 고맙지도 않은 생존의 마지막 모습이다.

　공작부인이 라셸에 대해 가진 의견은 그것 자체로는 평범한 것이었지만, 시계 글자판에 새로운 시간을 표시했다는 점에서 나에게는 재미있었다. 왜냐하면 공작부인은 라셸이 자기 집에서 보낸 야회의 기억을 라셸에게 지지 않을 정도로 기억하고 있었지만, 그 기억에 적지 않은 변화를 입은 흔적이 있었기 때문이다. 그녀는 내게 말했다. "말이 나왔으니 하는 말이지만, 아무도 저 여자를 몰랐고 누구나 저 여자를 우습게 알던 시절에 내가 찾아내서 재능을 인정해주고 칭찬해주고 뒤를 밀어주었으니까, 저 여자의 낭송을 듣거나 박수갈채를 받는 소리를 들으면 나로선 그만큼 즐겁답니다. 그럼요, 당신도 놀라실 테지만, 저 여자가 맨 처음 손님들 앞에서 낭송한 곳이 바로 우리집이에요! 그렇다니까요! 그 무렵 아방가르드(avant-garde)[1]를 자칭하는 사람들, 이를테면 새로 들어온 내 사촌동서 같은 사람도." 그녀는 잔뜩 비꼬아서 게르망트 대공부인을(오리안으로서는 여전히 베르뒤랭 부인인) 가리키며 말했다. "아무도 저 여자의 낭송을 들으려 하지 않고, 굶어 죽어도 모른 체 내버려두던 시절에, 나는 저 여자를 흥미 있다고 여겨, 사례금을 줘가며 집에 불러서 쟁쟁한 명사들 앞에서 낭송을 시켰답니다. 좀 주제넘은 말 같지만(왜냐하면 정말 재능이 있다면 남의 도움은 필요 없으니까요), 내가 저 여자를 출세시켜준 셈이에요. 물론 저 여자는 나 같은 사람은 필요치 않았겠지만." 나는 이 말에 가벼운 몸짓으로 반대를 표시했는데, 그와 동시에 게르망트 부인이 언제든지 반대 의견을 받아들이기 위해 기다리고 있음을 알았다. "안 그래요? 재능 있는 사람에게도 뒷받침이 필요하다고 생각하세요? 눈에 띄게 해주는 사람이 필요하다고 생각하세요? 사실, 당신 말이 옳은지도 몰라요. 신기하네요, 일찍이 뒤마가 나에게 말한 것을 당신도 똑같이 말씀하시다니. 그게 사실이라면, 난 여간 기쁘지 않아요. 물론 재능을 길러내는 건 아니지만, 적어도 저런 여배우가 명성을 얻는 데에 조금이나마 내가 도움이 되었다면 말이에요." 게르망트 부인은 재능이란 종기처럼 저절로 터진다(percer)[2]는 생각을 기꺼이 내던져버렸다. 그 편이 그녀 마음에 들었거니와, 게다가 신참자들을 많이 맞느라 고단하기도 했고, 얼마 전부터 조금

─────────

[1] 제1차 세계대전 뒤 프랑스에서 일어난 전위(前衛) 예술 운동.
[2] '알려지다', '두각을 나타내다'라는 뜻도 되는 동사.

겸손해져서 남에게 물어보거나 의견을 들은 뒤에 자기 의견을 정리하게 되었기 때문이다. 그녀는 말을 이었다. "말할 필요도 없지만, 사교계의 그 총명한 분들이 재능을 전혀 이해 못한다니요. 타박을 주거나 비웃거나 했답니다. 내가 아무리 '신기하다, 재미나다, 지금껏 없던 것이다' 말해도 소용없었어요. 무슨 일이고 이제까지 믿어준 적은 한 번도 없었지만, 이번에도 안 믿는 거예요. 저 여자가 연기한 작품과 같은 꼴을 당했어요. 마테를링크의 작품이었는데, 지금은 잘 알려져 있지만 그 무렵에는 모두 우습게 알았지요. 하지만 난 굉장한 작가라고 생각했었어요. 내가 생각해도 놀라워요, 시골 아가씨의 교육밖에 안 받은 나 같은 촌 여자가 단번에 그런 멋을 좋아하게 되었다는 생각을 하면 말이에요. 물론 좋아하는 이유는 잘 몰랐지만 뭔가 마음에 썩 들었고, 몹시 감동했답니다. 감수성이라곤 티끌만큼도 없는 바쟁까지도, 내가 그런 작품에서 얻은 효과에 놀라서, '다시는 저런 실없는 것을 듣지 말았으면 좋겠어, 당신이 병나겠소' 말했으니까요. 정말이에요, 남들은 나를 무미건조한 여자로 알지만, 알고 보면 신경 꾸러미랍니다."

이 순간 뜻밖의 사건이 일어났다. 한 하인이 라셀에게 와서, 라 베르마의 딸과 사위가 뵙고 싶다는데요 하고 전했다. 독자도 아시다시피 라 베르마의 딸은 남에게 부탁을 해서라도 라셀의 초대를 받고 싶어하는 남편에게 반대했었다. 그런데 손님으로 왔던 그 젊은이가 떠나자, 어머니 곁에 남은 젊은 부부는 갑갑증만 더해갈 뿐, 남들이 재미있게 지낸다는 생각에 안절부절못했다. 결국 라 베르마가 피를 좀 토하고 자기 방으로 물러간 틈을 타서, 부부는 부리나케 맵시 있는 옷으로 갈아입고는 차를 불러 타고, 초대도 받지 않은 게르망트 대공부인 댁으로 온 것이다. 라셀은 어렴풋이 사정을 짐작하자 속으로 회심의 미소를 띠고는 갑자기 거만해지더니, 나는 지금 짬을 낼 수 없으니 그들의 예사롭지 않은 행동의 목적을 한 마디 적어달래서 가져오라고 하인에게 일렀다. 하인은 명함을 받아 가지고 돌아왔는데 거기에는 라 베르마 딸의 글씨로, 자기들 두 사람은 당신의 낭송이 듣고 싶어 안달이 나서 왔으니 들여보내달라는 청이 휘갈겨져 있었다. 라셀은 두 사람의 어리석은 핑계와 자신의 승리에 미소 지었다. 그러고는, 참으로 안됐지만 이미 내 낭송은 끝났노라고 대답하게 했다. 응접실에서는, 목을 빼고 앉아 지루하게 기다린 끝에 결국 퇴짜 맞은 젊은 부부를 보고 이미 하인들이 그들을 비웃기 시작하고 있었다. 모욕당한 수치, 어머니에 비하면 아무것도 아니던 라셀에 대한 추억 따위가 라 베르마의 딸로 하여금 처음엔 단순한 재미를 바라고 감행한 이 행동을 끝까지 밀고 나가게 했다. 그래서 그녀는 비록 낭송은 못 듣더라도 성의를 보여서 악수나마 허락해달라고 라셀에게 청하게 했다. 라셀은 이탈리아의 왕자와 이야기를 나누던 중이었다. 소문으로 이 왕자는 라셀의 막대한 재산, 그녀의 다양한 사교 관계의 그늘에 숨어 그 출처가 좀 아리송한 재산의 매력에 끌려 있다는 것이다. 라셀은 유명한 라 베르마의 자녀들을 발밑에 엎드리게 한 지위의 역전을 맛보았다. 그녀는 자리를 같이한 모든 사람에게 이 사건을 신나게 이야기하고 나서, 젊은 부부에게 들어오라고 이르게 했다. 젊은 부부는 지체 없이 곧장 들어왔는데, 둘이서 어머니의 건강을 망쳐놓았듯이, 이번에는 라 베르마의 사회적 지위를 단번에 결딴내고 말았다. 라셀은 그 점을 잘 알고 있었다. 또 자기가 거절하기보다 겸손하고 상냥하게 굴면 오히려 자기 평판이 올라가고, 젊은 부부는 더욱더 치사스러워진다는 사실도 알고 있었다. 그래서 그녀는 짐짓 젊은 부부를 반가이 맞으면서, 자신의 위대함을 잊은 보호자다운 태도로 말했다. "과연 두 분이로군요! 아아 반가워라. 대공부인께서도 기뻐하실 거예요." 연극 관계자들은 라셀이 초대자라고 생각했으나, 그걸 모르는 그녀는, 만약에 자신이 라 베르마의 딸 부부를 거절하고 안에 들이지 않아서 자기 선의가 의심받은들 조금도 개의치 않았지만, 자기 세력을 그들이 의심쩍어하지 않을까 하는 점은 걱정되었으리라. 게르망트 공작부인은 본능적으로 그 자리를 피했다. 누군가가 사교계에 다가오고 싶어하는 태도를 보이면 보일수록 그 인간을 얕잡아보았으므로, 공작부인은 이 순간에 라셀의 착함에 경의를 품었을 뿐 라 베르마의 아이들에게 소개되었더라도 등을 빙그르르 돌렸을 것이다. 이러는 동안에도 라셀은, 내일 분장실에서 라 베르마를 놀려줄 우아한 대사를 이미 머릿속에서 지어내고 있었다. '따님을 응접실에서 오래 기다리게 하다니 어쩌나 미안한지 드릴 말씀이 없네요. 처음부터 알았다면 그랬겠어요! 따님께서 계속 나에게 명함을 들여보냈다니까요' 등. 이렇게 라 베르마에게 타격을 줄 생각을 하면 가슴이 다 후련했다. 그러나 그것이 라 베르마의 생명을 위협하는 일인 줄 알았더라면 아마 그녀도 뒷걸음질을 쳤으리라. 인간은 남을 괴롭히기는 좋아하지만, 남들 앞에서 비난받을 짓을 하거나 상대 목숨을 앗는 것을 싫어하는 법이다. 하기야 그녀가 잘못한 일이 뭐란 말인가? 며칠 뒤 그녀는 웃으면서 이런 비난에 다음처럼 반론할 것이다. "좀 심했나 봐요. 라 베르마가 나에게 해준 이상으로 그 아이들에게 친절하게 대하려고 했을 뿐인데, 하마터면 내가 라 베르마를 죽였다고 책망들을 뻔했군요. 난 공작부인께 증인이 돼달라고 부탁하겠어요." 뛰어난 여배우일 경우, 무대생활로 만들어지는 야비한 감정이나 기교는 모두 그 자녀에게 유전되는 성싶지만, 어머니와 달리 그들에게는 예술에 대한 정진이라는 배출구가 없었다. 그래서 일류 여배우는 흔히, 그녀들이 출연한 연극의 대단원에서 여러 번 겪었듯이, 자기 주위를 둘러싼 가족의 음모에 의해 희생되어 죽는다.

뭐니뭐니해도 공작부인의 생활은 여전히 매우 불행했는데, 그 이유 중 하나는, 게르망트 씨가 드나드는 사교계 등급이 부인의 불행과 함께 격하된 결과였다. 게르망트 씨는 이미 오래전부터 나이가 들어감에 따라 얌전해져서, 아직 정정한데도 더는 부인을 속이지 않게 되었는데, 그런데도 포르슈빌 부인에게 흠뻑 반해서 언제부턴가 관계를 시작하고 있었다(포르슈빌 부인의 나이가 지금 얼마인지 생각해보면, 이는 엄청난 일인 듯싶다. 하지만 아마도 오데트는 아주 어려서부터 고급 창부 생활을 시작했을 것이다. 게다가 10년마다 새롭게 다시 태어나는 듯한 여자들도 있어 때로는 잇따라 새로운 애인을 갖고, 때로는 이미 죽은 줄로 알고 있었는데 새로운 사랑을 하거나, 그녀들 때문에 남편에게 버림받은 젊은 아내의 절망의 원인이 되거나 하는 것이다).

그러나 이 관계가 크게 진전하여 늙은 공작은 앞선 여러 관계에서의 수법을 이 마지막 사랑에서도 답습하여, 정부인 오데트를 세상과 떼어놓았다. 그 결과, 알베르틴에 대한 내 사랑이, 큰 차이는 있지만 오데트에 대한 스완의 사랑을 되풀이한 것이라면, 게르망트 씨의 사랑은 알베르틴에 대해서 내가 품었던 사랑을 떠올리게 했다. 오데트는 점심도 저녁도 게르망트 씨와 같이 먹어야 했으며, 늙은이는 오데트네 집에서 살다시피 했다. 그녀는 이것을 친구들에게 내보였고, 친구들도 그녀가 아니면 게르망트 공작과 사귈 수조차 없는 처지라, 친구들이 공작과 사귀려고 오데트네에 오는 것은 어떤 고급 창부 집에 그 기둥서방인 귀족을 만나러 오는 거나 다름없었다. 물론 포르슈빌 부인은 벌써 오래전부터 흔들림 없는 상류 사교계 부인이었다. 그러나 만년에 이르러, 더구나 그녀의 교제 범위에서는 중요 인물인 이런 오만하기 짝이 없는 노인의 소실 노릇을 하게 되자, 그녀는 한갓 시시한 여자가 되어 공작의 마음에 드는 실내복을 입거나, 공작이 즐기는 요리를 내거나, 옛날에 엽궐련을 보내준 대공에게 당신 일을 잘 말해두었노라고 내 종조할아버지에게 말했듯이 노공작에게 잘 말해두었다는 말로 친구들을 기쁘게 해주는 일에만 신경을 썼다. 한마디로, 사교계 지위를 통해 온갖 것을 얻었건만, 새로운 환경의 힘에 밀려서 그녀는 어린 나의 눈에 비치던 그 장밋빛 옷차림의 부인으로 되돌아가는 경향이 있었다. 사실, 아돌프 종조할아버지가 돌아가신 지 수십 년이 되었다. 하지만 우리 주위에 옛 사람 대신 다른 사람이 있다고 해서 똑같은 생활을 다시 시작하지 못할 이유가 될까? 오데트가 이 새로운 환경에 순응한 것은 아마도 탐욕 때문이었을 테지만, 그뿐 아니라 혼기가 찬 딸을 데리고 있었을 적에는 사교계에서 극진한 대접을 받다가 질베르트가 생루에게 시집을 가버리자마자 박대를 당한 그녀는, 자기 일이라면 가려운 데를 긁어주는 듯한 공작이 재미 삼아 오리안을 놀려주고 싶어하는 숱한 공작부인을 자기 집에 데려오려니 하는 짐작이 들었기 때문이다. 요컨대 여자의 경쟁심에서 공작부인을 누르는 게 고소해 죽을 지경인 그녀는, 아마도 상대의 화를 돋우기 위해 더욱 열을 내는 것이리라.

　포르슈빌 부인과의 관계는 공작의 해묵은 오입의 답습에 지나지 않았으나, 그는 이 관계 때문에 또다시 자기 클럽 회장 자리와 예술 아카데미의 자유 회원 자격을 잃게 되었다. 마치 샤를뤼스 씨의 생활이 쥐피앙의 생활과 공공연히 연관되었다고 해서, 그가 위니옹 클럽과 '옛 파리 동호회' 회장 자리를 잃었듯이 말이다. 이리하여 두 형제는 비록 기호는 달랐지만 똑같은 게으름, 똑같은 의지의 결여 때문에 마침내 사회의 손가락질을 받고 말았다. 그들의 할아버지인 프랑스 아카데미 회원이었던 게르망트 공작에게도(이것은 유쾌한 면에서이기는 했지만) 두드러지던 이 의지의 결여가, 두 손자의 경우에는 한쪽은 자연스러운 기호 탓, 또 한쪽은 자연스럽다고 볼 수 없는 기호 탓으로 사회적 지위를 잃게 했던 것이다.

생루는 죽을 때까지 지극한 정성으로 아내를 장모 집에 데리고 갔었다. 그들은 둘 다 게르망트 씨와 오데트의 상속인이었으며, 오데트는 틀림없이 공작의 중요한 상속인이 될 터였다. 그리고 게르망트 공작의 조카뻘 되는, 하나같이 꽤 까다로운 쿠르부아지에네 사람들, 마르상트 부인, 트라니아 대공부인조차, 게르망트 부인의 고통은 아랑곳없이 유산을 탐내 뻔질나게 오데트의 집에 드나들었다. 게르망트 부인의 멸시에 화가 나서 입에서 나오는 대로 마구 부인의 욕을 해대는 오데트의 집에.

늙은 게르망트 공작은 밤낮으로 오데트와 붙어 지내느라고 이제는 사교계에도 드나들지 않았다. 그런데 오늘은 아내와 얼굴을 부딪치는 게 싫었지만 그래도 오데트와 떨어지고 싶지 않아서 잠깐 왔다. 나는 그를 알아차리지 못했다. 만일 누가 나에게 그이라고 똑똑히 일러주지 않았다면 나는 틀림없이 그를 알아보지 못했을 거다. 그는 이미 폐인일 뿐이었다. 그러나 위풍당당한 폐인, 아니 폐인이라기보다는 오히려 폭풍우 속의 바위 같은 낭만적인 아름다움이 깃든 무엇이었다. 고통의 물결, 괴로움에 대한 노기의 물결, 밀어닥치는 죽음의 물결 따위가 사방팔방에서 매질하는 그의 얼굴은 바윗덩이처럼 풍화되면서도, 내가 늘 감탄하던 품격과 당당한 풍채를 지금도 지니고 있었다. 심히 손상되고 부서져 있기는 해도 기꺼이 서재에 꾸며지는 아름다운 고대의 머리 조각상 같았다. 그 얼굴이 오랜 시대의 것처럼 보이는 까닭은, 그저 과거에 반들반들하게 빛나던 소재가 부서져서 거칠어진 탓만이 아니라, 예민하고 쾌활한 표정 대신 무의식중에 병으로 인한 죽음에 맞서 싸우는 표정, 살기 위한 저항이나 고생이 본의 아니게 나타난 탓이기도 했다. 모든 혈관은 유연성을 잃고 말아서, 전에는 꽃이 피듯 환하던 얼굴도 조각처럼 굳어져 있었다. 또 공작 자신은 몰랐지만, 목덜미나 볼이나 이마 언저리는 눈에 띄게 벗겨져서 마치 그 언저리에 마냥 악착스럽게 매달려 있어야만 하는 인간이 비참한 돌풍 속에 떠밀리는 듯했고, 한편 숱이 줄어도 여전히 훌륭한 머리털에서 흘러내린 흰 오라기는 얼굴의 파도치는 곳을 철썩 때려 거품이 이는 것만 같았다. 모든 것을 집어삼키며 다가오는 폭풍우만이 그때까지 다른 빛깔을 띠고 있던 바위들에 기이하고도 기발한 광택을 입히듯이, 뻣뻣하고 메마른 뺨의 푸르스름한 회색, 말려 올라간 머리털 오라기의 물결치는 부연 회색, 겨우 보일까 말까 하게 조금 남아 있는 희미한 눈빛은, 많은 나이와 곧 다가올 죽음을 예언하는 무서운 먹빛 속에서도 환히 빛나는 더없이 밝은 불빛, 갤판에서 빌려온 환상적인 빛깔, 비현실적인 빛깔이 아니라 반대로 몹시도 생생한 빛깔이라는 것을 나는 깨달았다.

공작이 거기에 머문 것은 잠깐 동안이었지만, 그동안에도 나는, 오데트가 구애하는 젊은 사나이들에게 정신이 팔려서 공작을 아랑곳하지 않음을 충분히 알았다. 그런데 신기하게도, 지난날에는 연극에 나오는 왕 같은 거의 우스꽝스런 태도를 취하던 공작이, 늙은 나이가 그에게서 그런 군더더기를 죄다 없애버린 탓인지 이제는 참으로 당당한 모습, 어딘지 모르게 동생과 닮은 모습을 하고 있었다. 아우와는 다른 식으로 거만했던 그가 이제는, 투는 다를망정 거의 똑같이 공손한 모습을 보였다. 그도 그럴 것이, 공작은 샤를뤼스 씨와 마찬가지로 건망증에 걸린 환자처럼 옛날 같으면 업신여겼을 사람에게 정중하게 인사를 할 정도로 노쇠하지는 않았기 때문이다. 그러나 그도 워낙 늙은 탓에 밖으로 나가기 위해 문을 거쳐 계단에 이르자, 인간의 가장 비참한 상태일 게 틀림없는 노쇠가, 그리스 비극에 나오는 왕처럼 영광의 절정에서 그들을 단숨에 밀어 떨어뜨리는 노쇠가, 더 이상 몸이 말을 안 듣는 사람이 죽음의 위협을 받으면서 으레 다다르기 마련인 십자가 길에서 어김없이 그의 발을 멈추게 했다. 그는 땀투성이 이마를 닦고 눈을 부릅뜨며 죽을힘을 다해 멀어져가는 층계를 한 단 한 단 더듬거려야 했다. 후들거리는 걸음걸이와 구름 낀 눈 때문에 지팡이가 되어줄 사람이 필요했으므로, 알지 못하는 사이에 소심하게 남의 도움을 구하는 모양이 그를 위엄스럽게 보이기보다는 한갓 측은한 노인으로 만든 것이다.

오데트 없이 못 사는 공작은 언제나 그녀 집의 안락의자에 묻힌 채, 노쇠와 신경통 때문에 쉽사리 일어나지도 못하는 형편이라, 손님을 초대하는 일도 그녀가 하는 대로 내버려두었다. 그녀의 벗들은 크게 기뻐하며 공작에게 소개되고, 그의 말에 귀를 기울이며 옛날 사교계나 빌파리지 후작부인, 샤르트르 공작 같은 이들의 이야기를 듣고 마냥 좋아했다.

이렇듯 포부르 생제르맹에서는, 게르망트 공작 부부나 샤를뤼스 남작 등의 좀처럼 무너지지 않을 것 같았던 그 지위도 아무도 생각지 않았던 내적 원인에 의하여, 이 세상 모든 것이 변하듯이 허물어지고 말았다. 샤를뤼스 씨의 경우는 그로 하여금 베르뒤랭네 사람들의 노예가 되게 한 그 샤를리*에 대한 사랑과 그 뒤에 온 노망 때문이고, 또 게르망트 부인은 신기함과 예술을 좋아했기 때문이다. 게르망트 씨의 경우는, 이제까지 여러 번 되풀이된 일이지만 노쇠와 더불어 더욱 광포해진 독점적인 사랑 탓에(이미 공작의 모습도 볼 수 없으며, 게다가 거의 활동도 없다시피 된 공작부인 살롱의 엄격함으로도 이 사랑의 약점을 부정할 수도, 사회적으로 그 보상을 할 수도 없게 되었으므로) 각각 허물어졌다. 이처럼 이 세상 사물의 모습은 변하고, 여러 나라의 중심도, 재산의 가치도, 지위의 헌장 등 하나같이 결정적인 것으로 여겼던 모든 것이 끊임없이 수정된다. 그리고 경험을 쌓은 사람의 눈은, 이제까지 완전히 불변한 것인 줄로 알았던 바로 거기에서 정반대의 변화를 보게 된다.

　자못 '왕정복고기' 사람다운 공작과, 공작의 입맛에 맞는 실내복을 걸친, 또한 자못 '제2제정기' 여자다운 고급 창부가 있는 광경은, 과연 '수집가'다운 스완이 신중하게 모은 옛날 그림이 굽어보는 가운데 완전히 예스럽고 유행과 동떨어진 품을 자아내고 있었다. 그 속에서 가끔 장밋빛 옷차림의 부인은 수다로 공작의 이야기를 가로막곤 했다. 그러면 공작은 뚝 그치고 무서운 눈초리로 그녀를 노려보았다. 아마 그는 그녀도 공작부인처럼 가끔 주책없는 말을 꺼내는 걸 알아챘는지 모르고, 어쩌면 노인의 착각으로, 쇠사슬에 묶인 야수가 아직 아프리카 사막에 자유스런 몸으로 있는 줄 잠깐 공상하듯, 게르망트네 집에 있는 줄 알아 이야기의 허리를 자르는 게 게르망트 부인의 시도 때도 없는 기지인 줄 여겼는지도 모른다. 공작은 거칠게 얼굴을 쳐들어 야수의 눈처럼 번뜩이는 동그랗고 노란 작은 눈으로 그녀를 노려보았는데, 그것은 가끔 게르망트 부인 집에서 부인의 수다가 지나칠 때 나를 떨게 하던 그 눈길이었다. 이와 같이 공작은 대담무쌍한 장밋빛 옷차림의 부인을 잠깐씩 노려보곤 했다. 그런데 그녀 쪽에서도 머리를 떡 버티고 상대를 마주 쏘아보니, 옆에서 보는 사람에게는 아주 길게 느껴지는 몇 초가 지난 뒤에 늙은 야수는 길들여져서, 층계참에 깔린 신발닦개로 보아 현관임을 알 수 있는 공작부인의 저택, 곧 그 사하라 사막에서 뛰노는 것이 아니라 포르슈빌 부인의 집이라는 동물원 우리 속에 있다는 사실을 떠올리고는, 금발인지 백발인지 가릴 수 없는 더부룩한 갈기가 늘어진 머리를 어깨 속으로 움츠리고 다시 이

＊모렐을 가리키는 말.

야기를 계속하는 것이었다. 포르슈빌 부인이 무슨 말을 하려고 했는지 그는 모르는 눈치였으나, 사실 그리 대수로운 건 아니었다. 그는 자기와 식사할 친구를 그녀가 초대하도록 허락하고 있었다. 그가 이제까지 해온 오입에서 만든 그 괴벽은 스완 때 같은 일을 겪어서 익숙해진 오데트로서는 별로 놀랄 일도 아니었지만, 알베르틴과의 생활이 생각난 나로서는 애처로운 일로, 그는 자기가 맨 마지막으로 오데트에게 밤인사를 할 수 있도록 친구들이 빨리 물러가게 강요했다. 말할 나위도 없는 일이지만, 그가 돌아가기 무섭게 오데트는 누군가 다른 이를 만나러 가곤 했다. 하지만 공작은 알아채지 못했다, 어쩌면 알아챈 내색을 않고 싶었는지도 모른다. 노인은 귀가 멀어지듯 시력도 약해진다. 통찰력은 흐려지고, 피로가 감시의 손을 늦추게 한다. 그리고 어느 나이에 이르면, 유피테르도 몰리에르의 극중 인물이—알크메네 (Alcmene)[1]를 사랑한 올림포스의 신은커녕, 우스꽝스러운 제롱트 (Géronte)[2]가—될 수밖에 없다. 게다가 오데트는 게르망트 씨를 속이면서도 그의 시중을 들어주었다. 그러나 거기에는 매력도 없거니와 위대함도 없었다. 그녀는 다른 모든 소임에서처럼 이 일에서도 보잘것없었다. 그것은 삶이 그녀에게 좋은 소임을 맡기지 않아서가 아니라, 그녀가 주어진 일을 제대로 할 줄 몰랐기 때문이다.

사실 그 뒤 내가 그녀를 만나려 했을 때마다 못 보곤 한 이유는, 게르망트 씨가 요양을 위한 필요와 질투의 까다로운 요구를 함께 충족하고자 그녀에게 낮에만 모임을 허락할 뿐더러 무도회도 못 연다는 조건을 붙였기 때문이다. 그녀가 이 은둔 생활을 나에게 선뜻 고백한 데에는 여러 이유가 있었다. 주요한 까닭은, 아직 두세 편의 논문밖에 못 썼고 습작밖에 발표하지 못한 나를 유명한 작가로 여겼던 점이다. 그래서 그녀는 내가 그녀를 보려고 아카시아 가로수길에 갔던 무렵과 그 뒤 그녀의 집에 갔던 무렵을 돌이켜보면서 순진하게 말했다. "아, 그때의 도령이 장차 훌륭한 작가가 되리라는 것을 내가 내다볼 수만 있었던들!" 그런데 작가란 참고 자료를 수집하고, 사랑 이야기를 듣기 위해 기꺼이 여성에게 다가간다는 말을 듣고 나서 그녀는, 나와 있을 때는 흥미를 끌려고 다시 한갓 고급 창부로 되돌아갔던 것이다. 그녀는

---

[1] 암피트리온(Amphitryon)의 아내. 유피테르와 관계하여 헤라클레스를 낳음.
[2] 시키는 대로 하는 마음 약한 노인으로, 프랑스 고전극의 한 전형적 인물.

나에게 이야기했다. "아 참, 한번은 나에게 아주 홀딱 반한 남자가 있었지요. 나도 정신없이 사랑했고요. 우리는 기막힌 생활을 누렸어요. 그러다가 그 사람이 미국으로 여행을 떠나게 되었고, 나도 함께 가기로 했었어요. 하지만 떠나기 전날 밤에 나는 생각했죠. 사랑은 언제까지나 이대로 이어지지 않으니 식지 않게 두는 편이 더 아름답다고 말이에요. 마침내 마지막 밤이 되었어요. 그 사람은 내가 같이 갈 줄로만 아는 만큼, 미칠 것만 같은 밤이었어요. 그 사람 곁에서 나는 끝없는 희열과 두 번 다시 만날 수 없다는 절망을 뼈저리게 느꼈지요. 이튿날 아침 나는 외출해서 생판 모르는 여행자에게 내 차표를 주고 말았어요. 그 여행자는 값을 치르겠다고 우기더군요. 나는 '아니에요, 받아주시는 것만으로도 크게 도움이 되니 돈은 안 받겠어요' 하고 대답했지요."

그러고 나서 다른 이야기도 했다. "어느 날 내가 샹젤리제를 걷노라니, 딱 한 번밖에 만난 적이 없는 브레오테 씨가 나를 흘끔거리기 시작하기에, 나는 걸음을 멈추고 '왜 그렇게 흘끔흘끔 보시죠' 물어봤어요. 그는 '당신 모자가 익살맞아서 보는 거요' 대답하는 거예요. 그 말이 맞았어요. 삼색제비꽃이 달린 조그만 모자였거든요. 그 무렵의 유행은 정말 끔찍했으니까. 하지만 나는 약이 올라 쏘아붙였죠, '나한테 그런 말을 하다니 용서 못해요.' 마침 그때 비가 오기 시작하더군요. 내가 '마차가 있으시다면 용서해드리겠어요' 말하니까 이렇게 대답하더군요. '좋습니다, 마침 가지고 있으니 태워다 드리리다.' ─'아니에요, 마차만 있으면 돼요, 당신은 필요 없어요.' 나는 마차를 타고, 그는 비를 맞으며 걸어갔어요. 하지만 그는 그날 저녁 우리집에 왔고, 우리는 이태 동안 서로 미친 듯이 사랑했답니다. 한번 오세요, 같이 차를 드시게. 어떻게 포르슈빌 씨를 사귀게 되었는지 얘기해드릴게요." 그녀는 쓸쓸한 모양으로 이어 말했다. "생각해보면 내가 아주 많이 사랑했던 분들은 하나같이 무시무시하게 질투가 심해서 나는 수도원에 갇힌 듯이 생활할 수밖에 없었답니다. 그렇지만 이건 포르슈빌 씨를 두고 하는 말은 아니에요. 그는 결국 평범했고, 나는 총명한 분들밖에 진심으로 사랑할 수 없었거든요. 스완 씨도 말이에요, 저 가엾은 공작과 마찬가지로 질투가 심했어요. 공작을 위해 내가 모든 걸 체념하는 까닭은, 그분이 자기 집에서는 불행하다는 걸 알기 때문이에요. 스완 씨의 경우는 내가 미친 듯이 그를 사랑했기 때문이었고요. 사랑하는 사람이 좋아할 일이라면, 또 그 사람에게 걱정을 끼치지 않을 수만 있대도, 춤이고 사교계고, 그 밖의 무엇이고 다 희생할 수 있다고 생각해요. 가엾은 샤를, 정말 총명하고 매력 있고, 내 취미에 꼭 맞는 사람이었거늘." 이 말은 사실이었으리라. 스완이 그녀의 눈에 들었던 시절, 곧 그녀가 '그의 취향에' 맞지 않던 시절이 있었다. 사실대로 말하면, 오랜 뒷날에 가서도 그녀는 '그의 취향에' 맞지 않았다. 그렇지만 그 시절에도 그는 그녀를 괴로우리만큼 몹시 사랑했다. 나중에 스완은 이 모순에 놀랐다. 하지만 남자의 생애에서 '자기 취향에 안 맞는' 여자 때문에 괴로워하는 비율이 얼마나 큰가를 생각하면, 이는 모순이랄 수도 없을 것이다. 아마도 그러한 괴로움은 수많은 원인에서 생기나 보다. 첫째로, 상대 여인이 '이쪽 취향에' 안 맞아서 처음에는 그 여인을 좋아하지 않으면서도 이쪽을 짝사랑하게 내버려두다가, 그로 말미암아 '이쪽 취향에' 맞았을 여자하고라면 생기지 않았을 습관이 어느새 그의 생활에 생기게 되기 때문이다. 이쪽 취향에 맞는 여인은 자기가 욕망의 대상이 되었다고 느끼므로 말끝마다 덤벼들며, 밀회도 어쩌다가밖에 허락해주지 않을 테고, 이쪽 생활의 모든 시간 속에 자리잡지 않을 테니까. 그러나 그처럼 습관으로 자리잡은 여인을 마침내 사랑하게 되었을 때 사소한 말다툼이나 여행 때문에 못 만나고 편지도 없이 방치당하면, 이쪽은 한 가닥의 유대는커녕 천 가닥의 유대가 끊긴 듯한 생각이 드는 법이다. 둘째로, 이와 같은 습관은 감정상의 것이니 그 바닥에는 강한 육욕이 없으므로, 만약 연정이 생겨나도 머리 쪽이 더 잘 돌아간다. 곧 이 경우, 욕망 대신 소설이 있는 셈이다. 이쪽은 '이쪽 취향에' 안 맞는 여자들을 경계하지 않고 그네들이 사랑하는 대로 내버려두지만, 이윽고 이쪽에서 그녀들을 사랑하게 되면 그때는 다른 여자의 경우보다도 백배나 더 사랑할 뿐 아니라, 그녀들 곁에서는 욕망이 채워지는 일조차 없다. 이와 같은 이유나 그 밖의 많은 이유에서 우리가 취향에 안 맞는 여인들 때문에 극심한 고통을 겪는다는 사실은, 가장 재미없는 형태로만 행복을 실현하는 운명의 농간 탓만은 아니다. 취향에 맞는 여자는 거의 위험하지 않다. 그 까닭은, 여자가 우리에게 아무것도 요구하지 않든가, 우리를 만족시키고 나면 선뜻 떠나가거나 하여 우리 생활 속에 눌러앉는 법이 없기 때문이다. 그리고 연애에서 위험하며 고뇌의 모태가 되는 것은 여자 자체가 아니라 여자가 날마다 우리 생활에 존재한다는 사실, 여자의 동작이나 움직임 하나하나에 대한 호기심이다. 그것은 여인이 아니라 습관이다.

나는 비겁하게도, 오데트가 친절하게 귀중한 정보를 나누어준다고 말이 헛나왔는데, 사실은 그것이 순 거짓이며 그 솔직함에도 거짓말이 섞여 있음을 알고 있었다. 그녀의 사랑 이야기가 계속됨에 따라서, 나는 이런 온갖 것에 대해 스완은 몰랐으며, 만약 알았더라면 얼마나 고통을 받았을까 생각하고 몸서리가 났다. 스완은 그 날카로운 감각을 이 여자에게 집중하고 있었고, 마음에 드는 낯선 남녀를 바라보는 그녀의 눈빛만 보고도 자기 의혹이 틀림없다는 것을 알아차렸기 때문이다. 그녀는 결국 그 이야기를 그저 소설의 재료가 된다는 생각에서 나에게 했던 것이다. 하지만 그녀는 잘못 생각하고 있었다. 물론 그녀는 옛날부터 내 상상에 풍부한 재료를 주었지만, 그것은 고의로 그런 게 아니라, 그녀의 생활 법칙을 모르는 사이에 이끌어내고자 한 내 행동이 이룬 업적이었다.

게르망트 씨는 그 벼락 같은 격노를 공작부인에게 냅다 내리꽂기 위해 아껴두었는데, 포르슈빌 부인은 공작부인의 방종한 교제에 게르망트 씨의 쌍심지 켠 주의를 꼬박꼬박 돌리게 하곤 했다. 그래서 공작부인은 더욱 불행했다. 한번은 내가 그 얘기를 샤를뤼스 씨에게 했는데, 그의 말로는 최초의 잘못은 형 쪽에 있었던 게 아니며, 형수가 정숙하다는 이야기도 알고 보면 숱한 서방질을 감쪽같이 숨기기 위해서 꾸며진 것이라고 한다. 나는 그런 서방질에 대한 이야기는 들어본 적도 없었다. 게르망트 부인은 거의 누구에게나 별난 여인으로 보였다. 부인에게는 흠잡을 데가 없다는 견해가 모두의 정신을 지배하고 있었다. 이 두 가지 견해 가운데 어느 편이 사실에 들어맞는지 나는 결정을 내릴 수가 없다. 게다가 이와 같은 사실은 거의 언제나 4분의 3쯤의 사람들은 모르는 법이다. 나는 콩브레의 성당 신자석에서 본 게르망트 공작부인의 그 푸른, 어딘지 방황하는 듯한 눈매를 잘 기억하고 있다. 사실상 이 두 가지 견해는 그 눈매로 판단할 수 있는 일이 전혀 아니며, 두 가지다 이 눈매에 각각 다른 뜻을 주되, 그 어느 쪽도 다 이해할 수 있는 것이었다. 아직 어렸을 뿐 아니라 제정신이 아니었던 나는 문득 그 눈길을 나에게로 돌려진 사랑의 눈길로 알았었다. 그러나 나중에 나는 그 눈길이, 성당의 그림 유리창에 그려진 부인과 똑같은 성(城)의 여주인이 아랫사람들을 보는 인자한 눈길에 지나지 않음을 깨달았다. 하지만 지금 보니, 나의 맨 처음 생각이 옳은 게 아닐까? 그 뒤 공작부인이 나에게 단 한 번도 사랑을 속삭이지 않은 이유는, 콩브레의 생틸레르 성당에서 우연히 만난 낯선 어린아이라서가 아니라 오히려 자기 큰어머니와 조카의 친구인 나와 나쁜 소문이 돌까 봐 두려웠기 때문은 아니었을까?

공작부인은 자기 과거가 나의 과거이기도 하므로 그것이 더욱 견고해진 듯싶어서 한순간 기뻤던 모양이지만, 그 무렵 사강 씨와 게르망트를 거의 구별하지 못했던 브레오테 씨의 시골 기질에 대해서 내가 두세 가지 질문을 하자, 사교계 여자로서의 자기 처지, 곧 사교 생활을 업신여기는 상황으로 되돌아갔다. 나와 이야기를 계속하면서 공작부인은 저택 안을 두루 안내해주었다. 몇몇 작은 손님방에는 음악을 듣기 위해 스스로 무리에서 떨어져나온 친밀한 사람들이 있었다. 연미복을 입은 두세 명이 긴 의자에 앉아서 음악에 귀를 기울이고 있는 제정기풍의 작은 살롱에는, 미네르바가 떠받치고 있는 몸거울 옆에 요람처럼 우묵한 긴 의자가 바르게 놓여 있었는데, 그 의자에 다리를 길게 뻗고 누워 있는 젊은 여자가 눈에 띄었다. 공작부인이 들어서도 일어나려는 기색이 없는 그 여자의 허황하고 착실하지 못한 자세는, 새빨간 푸크시아 꽃도 무색케 할 연분홍 비단으로 된 제정기풍 드레스의 현란한 빛과 대조를 이루고, 진주모빛으로 번쩍이는 그 옷감에는 무늬와 꽃이 아주 오래전부터 박혀 있던 것처럼 그 흔적이 움푹 남아 있었다. 공작부인에게 인사하려고 그녀는 아름다운 갈색 머리를 조금 갸웃했다. 한낮이었으나, 그녀는 음악에 심취하고자 두꺼운 커튼을 치게 했으므로, 발을 헛딛지 않도록 단지처럼 생긴 조그만 램프가 삼각대 위에 놓여 무지갯빛 불빛을 희미하게 아물거리고 있었다. 내 물음에 대해서 게르망트 공작부인은 생퇴베르트 부인이라고 말했다. 그래서 나는 저 여자가 나의 옛 벗인 생퇴베르트 부인과 어떤 사이인지 궁금해졌다. 게르망트 부인은 나에게, 내가 말하는 이의 손자며느리라고 했는데, 보아하니 라 로슈푸코 집안 태생으로 아는 모양이었지만, 생퇴베르트네 사람들과 자기는 모르는 사이라고 말했다. 나는 그녀에게 그녀가 아직 롬 대공부인이던 시절 스완과 다시 만났던 야회(사실 나는 풍문으로만 들었지만) 얘기를 꺼냈다. 공작부인은 그 야회에 간 일이 없다고 딱 잘라 말했다. 공작부인에게는 언제나 조금씩 거짓말을 하는 버릇이 있었는데, 요즘은 그 버릇이 심해졌다. 생퇴베르트 부인의 살롱을 잊고 싶었던 것이다. —하기야 세월과 함께 시들고 말았으나—나도 굳이 우기지는 않았다. "아뇨, 재치 있는 분이라, 우리집에서 가끔 당신 눈에 띄었을지도 모르는 분은 지금 얘기하시는 분의 바깥분이에요. 하지만 난 그의 아내와는 교제가 없었어요." —"하지만 그 부인에겐 바깥분이 안 계셨는데요." —"헤어졌기 때문에 그렇게 생각하셨던 거예요. 어쨌든 바깥분이 부인보다 훨씬 유쾌한 분이었어요."

나는 마침내, 여기저기서 자주 만났으나 끝내 이름을 몰랐던, 키가 엄청나게 크고 머리털이 새하얀 몸집 좋은 사내가 생퇴베르트 부인의 남편이었다는 사실을 알았다. 그러나 그는 지난해에 죽고, 지금 여기 있는 여자는 그 손자며느리[*1]로, 그녀는 누가 오든 꼼짝도 하지 않고 누운 채 음악을 듣고 있는데 위장병 탓인지, 신경통 탓인지, 정맥염 탓인지, 만삭인 탓인지, 최근에 해산, 아니 유산한 탓인지 도무지 종잡을 수 없었다. 아무래도 아름다운 빨간 비단옷을 자랑하고 싶어서 자기 딴에는 긴 의자 위에서 〈레카미에(Récamier) 부인〉[*2] 효과를 노리는 것 같았다. 하지만 그녀는 오랜 시간적 간격을 두고 '시간'의 거리와 지속을 표시하고 있는 생퇴베르트라는 이름을 다시 내 눈앞에 선명하게 꽃피웠음을 알아차리지 못했다. 생퇴베르트라는 이름과 빨간 푸크시아 꽃빛 비단의 제정기 양식이 활짝 핀 그 요람 속에서 그녀가 자장자장 재우고 있는 아기는 '시간'이었다. 게르망트 부인은 그 제정기 양식을 지금까지 멸시해왔다고 확언했다. 이 말은 지금도 깔보고 있다는 뜻이니, 그녀가 좀 뒤늦게 유행을 좇는 사실로 보아 그것은 사실이었다. 그녀가 거의 모르는 다비드는 이야기를 시작하면 복잡해지니까 그만두기로 하거니와, 그녀는 젊은 아가씨 적에 앵그르 씨를 따분하기 그지없는 평범한 화가로 생각하다가, 나중에야 갑자기 새로운 예술의 거장 중에서도 가장 풍미 있는 화가로 생각하게 되어, 들라크루아를 경멸하게까지 되었다. 어떠한 단계를 거쳐서 그녀의 그같은 숭배가 이토록 극단적인 비난으로 바뀌었느냐는 그리 대단한 문제는 아니다. 그러한 취미의 미묘한 변화는, 상류 여인들의 입길에 오르내리기 10년도 더 이전에 미술 비평가의 견해로 나타나 있기 때문이다. 제정기 양식을 비

---

[*1] 원문에는 nièce, 곧 조카딸로 되어 있음.
[*2] 프랑스의 화가 다비드(1748~1825)의 작품명으로, 긴 의자에 비스듬히 누워 있는 부인의 그림.

난하고 난 그녀는, 생퇴베르트네 같은 하찮은 사람들이나, 브레오테 씨의 시골 근성 같은 시시한 이야기를 나에게 한 데 대해 사과했다. 그런 보잘것없는 일에 왜 내가 흥미를 갖는지 부인은 전혀 생각해보지도 않았기 때문이었다. 그와 마찬가지로, 생퇴베르트 드 라 로슈푸코 부인은, 위에 좋다고 생각해서인지, 앵그르풍 효과를 노리는지는 모르지만, 보다 명예로운 라 로슈푸코라는 부모님의 이름이 아니라, 생퇴베르트라는 그녀 남편의 이름이 나를 사로잡아, 온갖 상징으로 가득한 이 방에서 그 이름이 '시간'이라는 아기를 도닥도닥 어르는 작용을 한다고 보고 있는 줄 또한 꿈에도 추측하지 못했다.

"내가 왜 이런 실없는 이야기를 하고 있는지 모르겠어요? 그리고 왜 이런 이야기가 당신에게 흥미가 있죠?" 공작부인이 목소리를 높였다. 그녀는 이 말을 자기 딴엔 작은 소리로 해서 아무도 못 들었을지도 모른다. 그런데 한 젊은이(그는 일찍이 생퇴베르트라는 이름보다 나에게는 훨씬 친근한 이름이었으므로 그 뒤 내 흥미를 끌었다)가 골이 난 듯이 벌떡 일어나더니, 더 마음을 가다듬어 음악을 들으려고 저만큼 가버렸다. 마침 베토벤의 〈크로이처 소나타〉를 연주하고 있었지만, 그 젊은이는 프로그램을 잘못 읽어, 팔레스트리나(Palestrina)의 곡처럼 아름답지만 여간해서는 이해하기 힘들다는 모리스 라벨의 곡인 줄 알고 있었기 때문이다. 자리를 사나운 기세로 바꾸려 한 바람에 그는 어둠침침한 속에서 책상에 부딪혔고, 이 소리에 다들 머리를 돌릴 수밖에 없었다. 이 뒤돌아본다는 매우 간단한 동작 덕분에 '경건히' 〈크로이처 소나타〉에 귀를 기울여야 하는 고역이 잠깐 중단되었다. 그 소란의 장본인인 게르망트 부인과 나는 얼른 다른 방으로 갔다. "정말이지, 그런 시시한 일이 어떻게 당신같이 훌륭한 분의 흥미를 끌까요? 조금 전 질베르트 드 생루와 이야기하시는 걸 보았을 때에도 그런 생각을 했어요. 그 여자는 당신에게 어울리지 않아요. 내가 보기에는 전혀 보잘것없는 사람이에요. 저 여자 따위는 여자도 아니죠. 내가 알기로는, 이 세상에서 가장 촌스럽고 가장 부르주아 냄새가 나는 사람이에요(공작부인은 지성을 지키는 데에도 귀족적인 편견을 갖고 있었다). 그리고 당신 같은 분이 어쩌자고 이런 집에 오셨나요? 그야 오늘 오신 건 이해할 만해요, 라셀의 낭송이 있었으니까. 당신의 흥미를 끌었겠지요. 썩 잘했지만, 저런 청중 앞에서 실력을 다 나타내지는 않는답니다. 며칠 안에 저 여자와 당신만 점심에 초대하겠어요. 그때엔 저이가 어떤 사람인지 아시게 될 거예요. 여기 있는 누구보다도 백배는 훌륭해요. 점심 식사 뒤에 베를렌의 시를 읊어달라고 합시다. 꼭 마음에 들 거예요. 하지만 이처럼 시끌벅적한 자리에 당신이 오시다니 난 도무지 이해를 못 하겠어요. 무슨 연구를 위해서 오신 게 아니라면……." 그녀는 의심쩍은 듯한, 수상쩍은 듯한 표정을 짓고 이렇게 덧붙였지만 그 이상 파고들지는 않았다. 그녀가 어림짐작으로 말한 그 엉뚱한 볼일이 무엇인지 그녀는 정확히 몰랐기 때문이다.

특히 그녀는 날마다 X씨도 오고 Y씨도 온다는 점심 뒤의 모임을 자랑했다. 그도 그럴 것이, 지금은 잡아떼지만 일찍이 그녀는 '살롱'을 여는 여자를 아주 깔보았었는데, 어느새 그런 여자들의 개념에 물들어서, '사내라는 사내는 모두' 자기 집에 모으는 것이 잘난 여자, 뛰어난 여자의 표시인 줄로 알기 때문이다. '살롱'을 열던 아무개 귀부인은 살아 있는 동안에 오브랑 부인을 좋게 말하지 않았었다고 내가 이야기하니까, 공작부인은 나의 고지식함에 웃음을 터뜨리며 말했다. "그야 당연하죠, 그 귀부인 댁엔 사내란 사내가 모두 모였었는데, 오브랑 부인이 빼앗아가려고 들었기 때문이에요."

"생루 부인이 지난날 남편의 정부였던 여인의 낭송을 듣는다는 것은 분명 괴로운 노릇이라고 생각지 않으십니까?" 나는 공작부인에게 말했다. 그러자 게르망트 부인의 얼굴에, 지금 들은 말을 곰곰이 따져보고 불쾌한 생각이 들었는지 시옷(ㅅ)자 주름살이 생겼다. 그녀는 따짐 자체는 표현하지 않았으며, 우리가 입 밖에 낸 온갖 큰 사건에 일일이 구두나 문서로 답이 돌아오는 일은 결코 없다. 어리석은 자만이 열 번이나 되풀이해서, 오지도 않는 답장을 간청하는 법이다. 애당초 그런 편지를 쓴 것이 잘못이고 실수다. 그런 편지에 대해서는 행위에 의한 답장이 올 뿐이어서, 상대를 답장도 제대로 못하는 위인이라고 여기고 있는 중, 다음에 우연히 만났을 때 그녀는 친밀하게 이쪽 이름을 부르기는커녕, '여보시오'라고 부른다. 내가 생루와 라셀의 관계에 대해 넌지시 비춘 말은 그다지 중대하지 않지만, 다만 내가 바로 로베르의 친구였다는 점과 공작부인 댁의 야회에서 라셀이 당했던 망신에 대해서 로베르가 다 털어놓았는지도 모른다는 점 등을 생각해낸 공작부인은 잠깐 노했을 뿐이었다. 그러나 부인은 그런 생각을 고집하지 않았으며 당장 벼락이 떨어질 것 같던 주름살도 가시자, 생루 부인에 대한 내 질문에 이렇게 대답했다. "질베르트는 남편을 사랑한 적이 한 번도 없으니까, 그런 것쯤 아무래도 상관없지 않을까 생각해요. 정말 못된 여자예요. 작위와 이름이 탐나서 내 조카며느리가 되어 천한 신분에서 벗어나고 싶었던 거죠. 그리고 그 소망이 이루어지자 다시 본디의 진창으로 돌아갈 궁리밖에 안 하는 여자예요. 나는 그런 생각을 하면 로베르가 가엾어서 가슴 아파 못 살겠어요. 독수리만큼 눈이 밝지는 못했지만, 로베르는 잘 보고 있었어요. 여러 가지를 다 꿰뚫어 보고 있었죠. 어쨌든 저 앤 내 조카며느리이고, 저 애가 로베르를 속였다는 확실한 증거를 잡고 있는 것도 아니니까 이런 말을 하면 안 되겠지만 여러 소문이 나돌았어요. 정말이에요. 글쎄 지금이니까 말하지만, 로베르가 메제글리즈 출신의 장교와 결투하려고 했던 일을 난 알거든요. 로베르가 군에 지원한 것도 모두 그런 일들 때문이에요. 그 애에겐 전쟁이 가정의 시름에서 벗어날 수 있는 구원으로 보였던 거죠. 내 생각을 말한다면, 그 앤 전사한 게 아니라 스스로 죽은 거예요. 한데 저 앤 슬픈 티라곤 눈곱만치도 안 보였다니까요. 짐짓 냉정한 체 꾸민, 세상에 다시없는 저 애의 뻔뻔스러움에 나도 어지간히 입을 다물 수 없었죠. 무척 슬픈 일이에요. 가엾은 로베르를 난 정말 좋아했거든요. 나에 대해서 잘 모르실 테니까, 이런 말을 하면 깜짝 놀라시겠지만, 난 지금도 로베르가 머리에 떠오른답니다. 난 아무도 잊는 법이 없어요. 로베르는 아무 말도 안 했지만, 내가 모두 꿰뚫어보고 있다는 걸 알고 있었어요. 하지만 보세요, 저 애가 손톱만큼이라도 남편을 사랑했다면, 몇 년 동안—아니, 마지막까지라고도 할 수 있어요. 한 번도 끊어진 적이 없었고, 확실히 전쟁 동안에도 이어진 걸로 짐작되니까요—남편이 홀딱 반했던 여자와 저처럼 한방에서 태연히 견디어낼 수 있을까요? 멱살을 잡고 덤벼들어야 옳아요!" 공작부인은 부르짖었다. 그녀 자신이 라셀을 초대하고, 만약 질베르트가 로베르를 사랑했었다면 피할 길 없다고 여겼을 소동의 불씨를 몸소 뿌린 것을, 그녀 자신이야말로 못할 짓을 하고 있다는 것을 까맣게 잊고서. "그래요." 부인은 결론지었다. "저 애는 잡년이에요." 이런 말을 할 수 있게 된 것은, 게르망트 공작부인이 게르망트네의 우아한 교제 환경에서 여배우 사회 쪽으로 비탈길을 굴러내려간 탓이기도 했고, 그녀의 눈에 자유분방하게 보이는 18세기 말투에 그것을 접붙였기 때문이기도 했으며, 마지막으로 자기는 무슨 짓이건 할 수 있다는 믿음 때문이기도 했다. 그러나 이 표현은 질베르트에게 품고 있는 미움과, 매질을 하고 싶지만 차마 손으로 못해 말로나마 두들겨 패주고 싶은 욕구에서 나온 것이기도 했다. 그와 더불어 공작부인은, 로베르의 이익 또는 손해나 유산을 놓고 보아도, 자기가 사교계나 문중에서 질베르트를 대해온 태도, 아니 오히려 질베르트를 눈엣가시 취급해온 행위의 정당성이 이런 표현으로 증명된다고 생각했다.

우리가 갖는 의견이, 가끔 모르는 사실이나 짐작도 하지 못했던 일에 의하여 뚜렷하게 정당화되는 수가 있듯이, 틀림없이 어머니 쪽 조상의 피를 이어받았을 질베르트(그녀에게 아주 젊은 아가씨들을 소개해달라고 부탁하면서 나도 모르는 사이에 기대 걸었던 부분이 바로 이 너그러움이지만)는 잠깐 생각한 끝에, 틀림없이 자기 집 말고 다른 사람에게 이익을 넘겨주지 않으려고 그랬던지, 내 예상을 훨씬 뛰어넘는 대담한 결정을 내렸다. 그녀가 말했다. "괜찮으시다면, 곧바로 내 딸을 데려와 소개해드리고 싶어요. 딸은 저기서 모르트마르 씨의 아드님이나 재미도 없는 조무래기들과 이야기하고 있어요. 틀림없이 당신에게 좋은 친구가 될 거예요."

내가 로베르는 딸아이를 예뻐하더냐고 묻자, 질베르트는 순진하게 "그럼요, 여간 자랑이 아니었어요! 하지만 물론 아들이었더라면 그는 더 좋아했을 거예요" 말했다. 이 딸은, 그 이름과 재산으로 보아 앞으로 왕자에게 시집가서 상승세를 탄 스완 부부의 사업을 완성하리라는 희망을 어머니에게 품게 했을지도 모르건만, 그 뒤 무명작가*를 남편으로 택하고 말았으니, 그도 그럴 것이, 이 딸에게는 티끌만큼도 속물근성이 없었던 것이다. 그리하여 그 집안을 그녀가 태어난 사회적 지위보다 더 낮은 수준으로 떨어뜨리고 말았다. 그래서 그 무렵, 내세울 만한 게 없는 이 부부의 부모가 떵떵거리는 지위에 있었다는 사실을 새로운 세대들에게 믿게 하기란 매우 어려웠다. 스완과 오데트 드 크레시라는 이름은 기적적으로 되살아났는데, 그것은 사람들이 틀린 생각을 하고 있으며, 그 집안처럼 놀라운 가문도 따로 없음을 일러주는 결과가 되었다. 그리고 사람들은, 생루 부인이야말로 마침내 그녀가 할 수 있는 최고의 결혼을 했으며, 그에 비해 아버지 스완과 오데트 드 크레시의 결혼은 (하찮은 것으로) 부질없는 비약의 시도였다고 생각했다. 그러나 적어

---

* 앙드레 모루아를 가리키는 말.

도 연애 관점에서 보자면 스완의 결혼은 어떠한 이론에 의한 것으로, 루소의 제자인 18세기 대귀족이나 혁명 전날 밤의 사람들을 촉구하여 자연생활을 누리게 하거나 자신들의 특권을 포기하게 한 이론과 비슷한 것이었다.

질베르트의 말을 듣고 나는 놀랍고도 기뻤지만, 그것도 잠깐뿐, 생루 부인이 다른 손님방으로 물러가기가 무섭게, 대신 그 지나간 '시간'에 대한 관념이 내 마음을 차지했다. 게다가 그 관념이 다시 돌아오는 데에 내가 아직 보지도 못한 생루 아가씨가 그녀 나름으로 기여하고 있었다. 다른 대부분의 사람들과 마찬가지로 생루 아가씨 또한 헤아릴 수 없이 다양한 지점에서 뻗어 나온 여러 갈래의 길이 (우리 삶에서도 마찬가지이지만) 숲 속에서 한 점으로 모이는 '별 모양'의 갈림길과도 같은 게 아닐까? 생루 아가씨에 돌아가 닿고, 그녀를 중심 삼아 방사형으로 뻗어나가는 길은 나에게는 수없이 많았다. 첫째로, 내가 자주 산책하고 몽상에 빠졌던 그 중요한 두 '쪽'—게르망트 쪽은 생루 아가씨의 아버지인 로베르 드 생루를 거쳐, '스완네 집 쪽' 곧 메제글리즈 쪽은 그 어머니 질베르트를 거쳐—모두가 생루 아가씨에게로 이르러 있다. 하나는, 이 젊은 아가씨의 어머니와 샹젤리제 거리를 지나 나를 스완에게, 콩브레의 초저녁들에 메제글리즈 쪽으로 데려가고, 또 하나는 그녀의 아버지를 거쳐, 양지바른 바닷가에서 이 아버지와 만난 발베크의 오후로 다시 데려간다. 이미 두 길 사이에는 여러 개의 가로지르는 선이 그어져 있었다. 내가 생루를 알게 된 그 실제상의 발베크도, 내가 그토록 거기에 가고 싶었던 원인의 대부분은 스완이 나에게 성당에 대해서, 특히 페르시아 양식의 성당에 대해서 이야기해주었기 때문이고, 한편 게르망트 공작부인의 조카 로베르 드 생루를 통해, 나는 또 콩브레의 게르망트 쪽에 이어져 있었기 때문이다. 게다가 생루 아가씨, 내 생애의 다른 여러 지점으로도, 이를테면 내가 종조할아버지 댁에서 보았던 그녀의 할머니인 장밋빛 드레스 차림의 부인에게로 나를 데려다준다. 여기에도 새 횡단선이 있었다. 그도 그럴 것이, 그날 나를 안내해주던 종조할아버지의 시중꾼, 나중에 한 장의 사진으로 나에게 이 '장밋빛 드레스 차림의 부인'이 누구인지를 확인시켜준 이 시중꾼의 아들은, 샤를뤼스 씨뿐 아니라 생루 아가씨의 아버지에게서도 사랑받았던 젊은이였으므로, 이 젊은이 때문에 생루 아가씨의 아버지는 그 어머니를 불행하게 만들었던 것이다. 또한 맨 처음에 뱅퇴유의 음악에 대해서—마치 질베르트가 맨 처음 알베르틴에 대해서 이야기해주었듯이—나에게 이야기해준 이는 생루 아가씨의 할아버지인 스완이 아니었던가?

그런데 누가 알베르틴과 가까운 여자친구인지 알아채고, 그녀와의 동거를 시작하여 그녀를 죽음에 이르게 하고 나를 그 많은 비탄으로 내몬 것은, 내가 알베르틴에게 뱅퇴유의 음악에 대해서 이야기하던 바로 그 무렵이다. 그리고 알베르틴을 데려오기 위해서 떠났던 이도 생루 아가씨의 아버지였다. 파리의 스완네 살롱이나 게르망트네 살롱에서, 또 그와 정반대 쪽인 베르뒤 랭네에서 펼쳐진 나의 모든 사교 생활을 눈앞에 보면서, 나는 콩브레의 양옆에 샹젤리제 공원이며 아름다운 라 라스플리에르의 테라스를 겹쳐본다. 그뿐 아니라, 우리가 누구와 사귀든 그들과 친교를 이야기하려고 하면, 우리는 생애에서 본 가장 독특한 갖가지 배경 앞에 그들을 연이어 세워보아야 할 것이다. 내가 만약 생루의 생활을 묘사한다면, 그것은 온갖 무대장치 속에서 펼쳐질 테고, 우리의 모든 생활과 연관될 뿐 아니라, 내 할머니나 알베르틴처럼 그는 전혀 모르는 내 생활의 부분까지도 연관을 갖게 되리라. 아무리 대립해 있어도 베르뒤랭네 사람들은 오데트의 과거를 통해 그녀와 이어지며, 샤를리를 통해 로베르 드 생루와 연결되어 있다. 게다가 베르뒤랭네 집에서 뱅퇴유의 음악은 얼마나 큰 소임을 맡았던가!

마지막으로, 스완은 르그랑댕의 여동생*1을 사랑했고, 르그랑댕은 샤를 뤼스 씨와 아는 사이였으며, 샤를뤼스 씨의 피후견인*2과 결혼한 이는 캉브 르메르의 아들이었다. 아닌 게 아니라, 오직 우리 마음만을 문제 삼는다면, 삶이 끊어버리는 '신비로운 실'에 대해서 시인이 한 말은 옳다. 그러나 그보다도 훨씬 더 사실인 것은, 삶이 수많은 인간과 사건들 사이에서 끊임없이 실을 잣고, 그 실을 꼬며, 여러 가닥을 겹쳐서 굵은 씨실을 만들므로, 우리 과거의 더할 나위 없이 미세한 한 점도 그 밖의 점들과의 사이에 코가 촘촘한 기억의 그물을 갖고 있으며, 다만 그 가운데 무엇을 골라서 소통할 것인가라는 문제만이 남아 있을 뿐이다.

만일 내가 그 사물의 옛 모습을 떠올리고자 애쓰고, 그것을 무분별하게 쓰기를 삼갈 경우, 그때그때 나에게 유용한 사물치고 옛날에 살아 있지 않았던

*1 캉브르메르 후작부인을 가리킴.
*2 쥐피앙의 조카딸인 올로롱 아가씨를 가리킴.

것, 우리에 대해 고유한 생명으로서 살지 않았던 것이라고는 하나도 없으며, 그것은 뒷날에 가서야 생명 없는 공업품으로 쓰이게 된다. 그런데 내가 지금 생루 아가씨에게 소개되려는 곳은 옛날 베르뒤랭 부인이었던 부인 댁이다. 생루 아가씨에게 알베르틴의 대신이 되어주기를 부탁하자고 생각하면서 나는 알베르틴과 둘이서 베르뒤랭 부인 집에 가려고 도빌행 작은 열차를 몇 번이나 탔던지를 그립게 돌이켜보았다. 하물며 그 베르뒤랭 부인이야말로 내가 알베르틴을 사랑하기 전에, 생루 아가씨의 할아버지와 할머니의 사랑을 맺어주었다가 나중에 그 사이를 갈라놓은 장본인이다! 우리 주위에는, 나를 알베르틴에게 소개해준 그 엘스티르의 그림이 여러 장 걸려 있었다. 그리고 내 모든 과거를 적절하게 섞기 위하여 베르뒤랭 부인도 질베르트처럼 게르망트네 사람과 결혼했으니 말이다.

그다지 잘 모르는 사람과의 관계를 이야기할 때도 우리는 자기 생애 가운데 본 온갖 배경을 차례차례 끌어내야 할 것이다. 이리하여 각 개인은—나도 그중 한 사람이지만—자신의 주위뿐 아니라 남의 주위에 일어난 변혁을 통해, 특히 그 개인이 나에 대해서 차례로 차지한 위치를 통해 얼마만큼의 시간이 흘렀는지를 나한테 재어 보였다. 이 마티네에서 방금 내가 파악하고부터는 '시간'이, 온갖 장면에 따라 내 생애를 배열하면서 한 권의 책으로 하나의 삶을 이야기하고자 할 때는, 흔히 쓰이는 평면 심리학과 반대로 입체 심리학이라는 것을 쓸 수밖에 없다는 생각을 갖게 했는데, 내 삶의 그러한 온갖 장면은, 내가 서재에서 혼자 사색에 골몰하는 동안 기억의 작용으로 되살아나게 된 지난날에 하나의 새로운 아름다움을 더했다. 왜냐하면 기억은 과거에 조그만 수식도 가하지 않은 채, 과거가 현재였던 순간의 모습을 고스란히 현재로 데리고 와서, 인생이 그것에 따라 펼쳐내는 저 '시간'이라는 망망한 차원을 바로 없애기 때문이다.

나는 질베르트가 다가오는 것을 보았다. 생루의 결혼이 바로 어제 일 같고, 오늘 아침에도 그때의 여러 생각을 그대로 가지고 있던 나는 그녀 옆에 열여섯 살쯤의 소녀, 그 훤칠하게 자란 키가 보고프지 않던 그 '시간'의 거리를 재어 보여주는 아가씨가 있는 걸 보고 소스라치게 놀랐다. 빛깔이 없고 잡을 길 없는 '시간'을 이 눈으로 보고 이 손으로 만지게끔, 그 아가씨의 모습으로 구현시켜 하나의 걸작으로 만들어냈다. 한편 그것과 나란히 내 몸엔 슬프게도 '시간'이 그 작업을 다 마쳤을 뿐이었다. 이럭저럭하는 사이에 생루 아가씨는 벌써 내 앞에 와 있었다. 그 오목한 눈은 맑고도 날카로워 찌르는 듯했고, 새의 부리처럼 조금 굽은 콧날의 곡선은 스완의 코가 아니라 생루와 똑 닮아 예쁘장했다. 게르망트의 일원이었던 생루의 정신은 찾아볼 길 없었으나, 그 예쁘장한 얼굴과 날아가는 새와도 같은 날카로운 눈은 생루 아가씨의 어깨에 내려앉아, 그 아버지와 가까웠던 사람들의 마음을 끝없이 감동케 했다. 어머니와 할머니의 코를 모형 삼아서 만들었는가 싶은 그 코는, 코밑에서 앞쪽으로 완전히 수평을 이룬 선, 조금 긴 듯하지만 수려한 그 선에서 정확하게 멈추어 있어서 나는 경탄했다. 만일 조각상에 이처럼 개성적인 특징이 있다면, 오직 그 선만 보고서도 몇천 조각상 가운데에서 그 하나를 정확하게 골라낼 수 있을 것이다. 나는 자연이 그 어머니나 할머니 때처럼 이 소녀의 경우에도 때맞추어 나타나서 독창적인 대조각가처럼 힘차고 생동감 넘치게 정을 내리친 사실에 감탄했다. 나는 그녀가 매우 아름답다고 생각했다. 아직 희망에 부풀어 있고, 눈부신 미소를 지으며, 내가 잃어버리고 만 세월 자체로 빚어진 이 아가씨는 내 젊음과도 비슷했다.

요컨대 이 '시간'의 관념은 나에게 가장 귀중한 것이자, 자극물이었다. 이제까지의 생애에서 이를테면 게르망트 쪽을 산책하거나 빌파리지 부인과 함께 마차를 타고 산책하던 도중에 언뜻 느낀 것, 인생을 살 만한 값어치가 있다고 여기도록 한 것에 다다르고 싶다면, 지금이야말로 시작할 때라고 나에게 일러준 것 또한 '시간'이었다. 더더구나 우리가 어둠 속에서 지내는 삶도 빛으로 밝히고, 끊임없이 왜곡되는 삶도 그 참된 본디 모습으로 되돌릴 수 있다. 요컨대 책 속에서 그것을 이룰 수 있다. 이제 삶은 얼마나 살 만한 것으로 여겨지는가! 그러한 책을 쓸 수 있는 사람은 얼마나 행복할까 하고 나는 생각했다. 그 사람 앞에는 어떤 고난이 기다리고 있을까! 그것이 어떤 작업인지 짐작해보기 위해서는 가장 고상한 여러 예술에서 보기를 빌려와야 할 것이다. 왜냐하면 이러한 책의 작가는, 각 인물의 입체감을 나타내기 위해 그 인물의 서로 반대된 면을 끌어낼 수밖에 없는데, 마치 공격에 대처하듯이 끊임없이 힘을 재집결하고, 세심하게 그 책을 준비해야 한다. 그는 고생을 견디듯이 이 책을 견뎌내고, 법칙처럼 받아들이며, 성당처럼 건축하고, 섭생을 지키듯이 책에 따르며, 장애물을 극복하듯이 이를 이겨내고, 우정을 정복하듯이 이를 정복하며, 어린애에게 영양을 주듯이 이것에 영양을 주어, 한 우주를 창조하듯이 이를 창작하는 동시에, 아마도 다른 세계에서나 설명을 찾을 수 있을 수많은 신비도 무시해서는 안 된다. 그 신비의 예감이야말로 예술과 인생에서 우리가 가장 감동하는 것이기 때문이다. 그리고 이처럼 위대한 책에는, 그 건축가의 계획이 웅대하기에, 밑그림을 그릴 여유밖에 없는 부분도 있으며, 어쩌면 영원히 완성되지 않는 부분도 있으리라. 사실, 미완성인 채로 있는 장대한 성당이 얼마나 많은가! 작가는 그런 책에 양분을 주고, 약한 부분을 보강하여 그것을 지키지만, 그것은 마침내 스스로 성장하여 우리 무덤을 정하고, 세간의 풍문으로부터 그 무덤을 지키면서 얼마쯤 망각을 막아준다.

그런데 나 자신의 이야기로 돌아오면, 나는 자신의 책에 대해서 가장 겸허하게 생각했다. 그 책을 읽은 사람들을 내 독자로 생각한다고 말하는 건 잘못이다. 왜냐하면 앞에서도 말했듯이, 그들은 나의 독자가 아니라 그들 자신의 독자이기 때문이다. 내 책은 콩브레의 안경점 주인이 손님 앞에 내놓는 어떤 확대경에 지나지 않는다. 내 책을 통해 나는 그들에게 자기 자신을 읽는 방편을 제공해주는 구실을 한다. 그러므로 나는 그들에게 나에 대한 칭찬도 비방도 요구하지 않을 테고, 다만 내가 쓴 그대로인지 아닌지, 그들이 자신 속에서 읽는 낱말이 내가 쓴 낱말대로인지 아닌지를 나에게 말해보라고 청하리라(이 점에서 의견이 갈라질 수도 있을 테지만, 그것은 반드시 내가 쓴 것이 틀린 게 아니라, 간혹 독자의 눈이 내 책에 부적당하며, 자기 자신을 제대로 읽지 못하기 때문인 경우도 있으리라). 그리고 앞으로 내가 몰두하게 될 일을 보다 정확하게 머릿속에 그려감에 따라 끊임없이 비유를 바꾸면서, 나는 프랑수아즈가 지켜보는 가운데 칠하지 않은 커다란 책상 앞에 앉은 모습을 생각해보았다. 우리와 가까운 곳에 사는 얌전한 사람들이 다 그렇듯, 우리가 할 일을 어느 정도 직감하고 있는(알베르틴은 이미 까맣게 잊고 있었으므로 프랑수아즈가 그녀에게 했던 부당한 소행도 용서했으므로) 프랑수아즈 곁에서, 나는 사뭇 그녀처럼(적어도 프랑수아즈가 일찍이 그랬듯, 왜냐하면 지금은 늙어서 눈이 거의 안 보이니까) 일하고 있을 것이다. 곧, 나중에 쓴 보충 원고를 여기저기에 핀으로 찔러놓으면서 나는 내 책을 지어가리라. 감히 대망을 품고 대성당을 짓듯이, 라고는 말하지 못하지만 그저 한 벌의

옷을 짓듯이 지어간다. 프랑수아즈의 말마따나 〈종이조각〉에 불과한 내 원
고가 여지없이 모여 있지 않거나, 마침 필요한 부분이 없거나 하면, 나의 짜
증스러운 심정을 프랑수아즈는 잘 알아주겠지. 필요한 굵기의 실과 단추가
없으면 바느질은 할 수 없다고 입버릇처럼 말하던 프랑수아즈니까. 또 나와
생활을 같이해왔기 때문에 문학에 대해서는 총명한 대부분의 사람들보다도
정확하며, 더구나 바보스런 사람과는 비교도 안 되는 어떤 본능적인 이해심
을 가지고 있으니까. 그래서 내가 지난날 〈피가로〉지에 논문을 썼을 때, 늙
은 집사는, 해본 적도 없거니와 생각해본 적도 없는 남의 고생과 자기에게
없는 버릇에 대해 어떤 동정을 느끼며 그 괴로움을 조금 과장스럽게 봐서,
'그처럼 재채기가 나오니, 얼마나 괴로우시겠어요' 하는 사람처럼 작가를 진
심으로 딱하게 여겨 '얼마나 골치 아픈 일이랍니까' 말했지만, 그와는 반대로
프랑수아즈는 내 행복감을 꿰뚫어보고 내가 하는 일을 존경하고 있었다. 그
리고 프랑수아즈는 내가 늘 글을 쓰기 전에 블로크에게 내용을 말해버리는
데에 화가 나서, 내가 앞지르기를 당할까 걱정이 되어 말하곤 했다. "그런
놈들은 좀더 경계하셔야죠, 하나같이 베껴먹기들이니까요." 블로크는 실제
로, 나에게서 들은 내용이 재미있을 성싶으면, "거 참 이상한걸, 나도 거의
그와 똑같은 걸 썼거든, 다음에 자네한테 읽어줘야겠어" 하면서 과거로 거슬
러 올라가서 알리바이를 세웠다(그 순간에는 아직 나에게 읽어줄 수 없었을
테지만, 그날 밤에라도 서둘러 쓸 작정이어서).

　프랑수아즈의 이른바 〈종이조각〉이라는 그 원고는 풀칠하여 한 장에 또 한
장을 이어붙여 오는 바람에 군데군데 너덜해지고 말았다. 하지만 필요하면
프랑수아즈는 나를 도와 그것을 더 탄탄하게 해줄지도 모르지 않는가? 마치
그녀가 옷의 해진 부분에 헝겊을 대거나, 내가 인쇄공을 기다리듯이 유리장
이를 기다리면서, 그동안 부엌의 깨진 유리 대신에 신문지 조각을 바르듯이.
벌레먹은 나무처럼 구멍투성이가 된 내 노트를 가리키면서 프랑수아즈는 말
하곤 했다. "죄다 좀이 쏠았군요. 보세요, 이건 끔찍하네요, 이 종이 귀퉁이
는 영락없는 레이스 같네요." 그러고는 재봉사처럼 이리저리 살펴보며 이어
말했다. "이건 수선 못한다고 봐요. 이미 글렀어요. 원통해라, 도련님의 제일
고운 생각이 적혀 있는 녀석인지도 모르는데. 콩브레에서 말하듯이 좀같이
눈이 밝은 모피 상인은 없어요. 고놈은 언제나 가장 좋은 피륙을 쏠거든요."

게다가 이 책 속 하나하나의 존재는(인간이건 사물이건) 헤아릴 수 없는 인상에 의해서 만들어지는데, 숱한 젊은 아가씨, 숱한 성당, 숱한 소나타에서 얻은 인상이 단 하나의 소나타, 단 하나의 성당, 단 한 사람의 아가씨를 지어내는 데에 이바지하므로 나는 내 책을, 프랑수아즈가 고르고 고른 고기 토막을 듬뿍 넣고 고아서 젤리에 깊은 풍미를 더한 그 쇠고기 젤리, 노르푸아 씨가 칭찬해 마지않던 쇠고기 젤리의 조리법과 같은 식으로 지어내는 게 아닐까? 그리고 나는 게르망트 쪽을 산책하면서 그처럼 간절히 바라던 일을 드디어 실현하련다. 그때 나는 그것을 도저히 가망이 없는 일로 생각했었다. 어릴 적에 산책에서 집으로 돌아가면서, 어머니에게 입맞추지 않고서 잠드는 데 익숙해지기란 영원히 불가능하다고 여겼듯이, 또한 그 뒤 알베르틴이 동성을 사랑한다는 생각에 익숙해지기는 영영 불가능하다고 여겼듯이. 하지만 이윽고 그런 생각을 가지고 지내게 되면서, 그 존재에 신경도 안 쓰게 되었다. 왜냐하면 우리 최대의 불안은 최대의 희망과 마찬가지로 우리의 힘 이상의 것은 아니며, 우리는 마침내 불안을 이겨내고 희망을 이룰 수 있기 때문이다.

그렇다. 아까 내가 만들어낸 '시간'의 관념은 지금이야말로 그 작품을 착수할 때라고 나에게 일러주었다. 때가 무르익은 것이다. 손님방으로 들어서서, 노인으로 분장한 얼굴로부터 잃어버린 시간의 관념을 얻자마자 내가 불안에 사로잡힌 것은 당연한 노릇, 그런데 아직 시간적 여유가 내게 남아 있을까? 정신엔 그 고유한 풍경이 있지만, 정신은 아주 잠깐밖에 그것을 고요히 바라보지 못한다. 나는 바위나 나무들로 시야가 가려진 호수가 내려다보이는 오솔길을 오르는 화가처럼 살아왔다. 바위 사이나 나무 사이를 통해서 호수를 흘끗거리다가, 이제는 호수 전경을 보고 화필을 잡는다. 그러나 이미 아주 가까운 거리도 분간할 수 없는 밤이 내리기 시작한다. 그 위로 두 번 다시 해가 떠오르지 않는 밤이! 다만 내가 아까 서재에서 생각했던 작품이 제대로 이루어지려면 인상을 깊이 파내려가야 하므로, 먼저 기억을 통해 그 인상을 재창조하는 작업이 필요했다. 그런데 그 기억작용이 이미 닳아 없어졌다.

내 나이로 보아 앞으로 몇 년 더 살겠지만, 아무것도 시작하지 않은 지금으로서는 어쩐지 불안했다. 몇 분 안으로 나의 마지막 때가 울려퍼질지도 모르니까. 실제로 나는 한 육신을 가진 인간이라는 점, 곧 안팎으로 이중의 위험에 끊임없이 위협받고 있다는 점에서부터 출발해야 했던 것이다. 하기야 이런 표현도 다만 편의를 위해 그렇게 말할 뿐이다. 왜냐하면 뇌출혈 같은 내부의 위험도, 육체와 관계되는 이상 외부적인 위험이기 때문이다. 그리고 육신을 지닌다 함은 정신에게는 크나큰 위협이다. 생각하는 인간의 생활이란, 아마도 물질적인 동물 생활의 놀라운 완성이라기보다, 차라리 산호처럼 한데 모여 사는 원생동물이나 고래의 몸처럼 아직 초보단계에 불과한 정신생활의 유치한 미완성이라고 해야 옳을 것이다. 육체는 정신을 요새 속에 가둔 거나 다름없다. 마침내 요새는 사방팔방으로 에워싸여, 정신도 결국 항복해야만 한다.

아무튼 정신을 위협하는 두 가지 위험을 구별만 해두고, 먼저 외부의 위험부터 보기 시작하면, 나는 이미 내 생애에서 다음과 같은 일이 자주 있었음을 기억한다. 즉 어떤 사정으로 나의 육체적 활동력이 모두 멎은 듯한 순간에 오로지 지적인 흥분이 나를 사로잡았을 때, —이를테면 리브벨의 식당에서 근처 카지노에 가려고 거나하게 취해 마차를 타고 떠났을 때, —나는 그때 생각한 대상을 매우 명확하게 의식하는 한편, 아주 조그만 우연으로 그 대상이 생각 속으로 들어오지 못한 가능성이 있을 뿐 아니라, 그것이 내 육신과 함께 사라지는 수도 있음을 알게 되었다. 그때 나는 그런 일을 별로 개의치 않았다. 얼근한 기쁨에 마음은 들뜨고 속은 편했다. 그 기쁨이 순식간에 사라져서 허무해지건 말건 내 알 바 아니었던 것이다. 그러나 지금은 그렇지가 않았다. 내가 느끼는 행복은 우리를 과거로부터 잘라내는 순 주관적인 신경의 긴장에서 비롯하지 않으며, 그와는 반대로 정신의 영역이 넓어져서 거기에 과거가 다시 형성되고 현실화되어, 슬프게도 순간이기는 하나 그 과거가 내게 영원한 가치를 주는 데에서 비롯하기 때문이다. 나는 내 보배로 부유하게 만들어줄 수 있을 만한 이들에게 이 영원한 가치를 물려주고 싶었다. 물론, 내가 서재에서 느낀 것, 소중하게 간직하려 했던 것 또한 기쁨임에는 틀림없었으나, 그것은 이미 이기적인 기쁨이 아니라, 적어도 남에게 유익한 이기주의에 속하는 기쁨이었다(왜냐하면 결실이 풍부한 자연계의 이타주의는 모두 이기적인 형태로 발전하며, 이기적이 아닌 인간의 이타주의는, 이를테면 가장 중요한 창작을 멈추고서 불행한 친구를 맞거나 공직을 맡거나 선전문을 쓰거나 하는 작가의 이타주의처럼 도무지 열매를 맺지 못하기 때문이다). 나는 더 이상 리브벨에서 돌아오는 길에 곧잘 빠지곤 하던 그 자포자기

한 심정이 들지는 않았다. 내가 자신 속에(마치 한동안 맡아 가지고는 있지만, 수취인인 남의 손에 고이 내주고 싶은 깨지기 쉬운 귀중품처럼) 지니고 다니는 그 작품으로 뿌듯한 느낌이 들었던 것이다. 지금은 한 작품을 지니고 다닌다는 의식이, 나로 하여금 치명적일 수도 있는 사고(事故)를 더욱 두려워하게 만들고(그 작품이 필요하고도 오래 이어질 것으로 여겨지는 만큼), 그러한 사고가 나의 바람이나 사고(思考)의 비약과는 모순되고 부조리한 일이라는 생각마저 갖게 했지만, 그렇다고 그것이 일어나지 말라는 법도 없다. 사고는 물질적인 원인 때문에 일어나는 것이므로, 그것과는 정반대의 의지(그것과는 관계없는 사고 때문에 결딴이 나는 의지)가 피하고 싶어하는 바로 그때에도 일어날 수 있기 때문이다. 내 두뇌야말로 매우 종류가 많고 귀중한 광맥이 넓은 지역에 묻혀 있는 풍부한 채석장임을 나는 잘 알고 있었다. 그러나 그것을 캐낼 시간이 과연 나에게 있을까? 캐낼 수 있는 인간은 오직 나 혼자다. 거기에는 두 가지 이유가 있는데, 내가 죽으면 광석을 파낼 수 있는 단 한 사람의 광부가 없어질 뿐만 아니라, 광맥 자체도 사라지기 때문이다. 그런데 이따가 집으로 돌아가는 도중 내가 탄 자동차가 다른 자동차와 충돌하면, 내 육신은 그만 부서질 테고, 생명이 물러간 나의 정신은, 바르르 떠는 부서지기 쉬운 뇌수로 감싸 불안스럽게 가둬두고 있는 새로운 관념을 지금껏 책 속에 안전하게 옮겨놓을 틈이 없어서, 영원히 포기하지 않을 수 없으리라. 그런데 위험에 대한 이 당연한 공포는 이상하게도 방금 내가 죽음의 관념에 흔들리지 않게 된 그 순간에 내 마음속에 생겨났다. 내가 더 이상 내가 아니라는 두려움은 일찍이 질베르트나 알베르틴에게 새로운 연정을 느낄 적마다 나를 겁나게 했던 것이다. 두 여인을 사랑하는 이 인간이 언젠가는 존재하지 않게 된다는 관념, 이것 또한 어떤 죽음 같은 것인데, 그러한 관념을 나는 견딜 수 없었기 때문이다. 그러나 그러한 두려움도 몇 번 되풀이되는 사이에 저절로 자신이 넘치는 조용한 마음으로 변하곤 했다.

뇌에 고장이 생길 필요도 없었다. 그러한 고장의 징후는 마치 허섭스레기를 치우다가 이미 까맣게 잊어버린 채 찾을 생각도 하지 않던 물건을 찾아내듯, 머릿속이 텅 비거나 심한 건망증 때문에 모든 것을 우연에 기대어 발견할 수밖에 없는 형편이었다. 그런 여러 가지 징후로 말미암아, 나는 밑빠진 금고에서 자꾸만 재물을 흘리는 수전노처럼 되어 있었다. 얼마 동안은 재물의 상실을 슬퍼하는 자아가 있어서 망각에 저항해보지만, 얼마 안 가서 기억이 스스로 물러가며 그 자아마저 데리고 가는 걸 느꼈다.

이미 독자가 본 것처럼 그 무렵 죽음의 관념은 나에게 있어 이렇듯 연애를 우울하게 했는데, 이미 꽤 오래전부터 사랑의 회상에 힘입어 나는 죽음을 두려워하지 않게 되었다. 왜냐하면 죽음이란 새로운 것도 아닐뿐더러, 이미 어린 시절부터 여러 번 죽었었다는 사실을 잘 알고 있었기 때문이다. 가장 가까운 과거를 예로 들어보아도, 나는 자신의 목숨보다도 알베르틴을 더 아끼지 않았던가? 그 무렵의 나는 그녀에 대한 사랑을 지속하지 않는 '나'라는 인간을 생각할 수 있었을까? 그런데 이제 나는 그녀를 사랑하지 않는다. 나는 더 이상 그녀를 사랑했던 인간이 아니라, 그녀를 사랑하지 않는 다른 사람이었다. 이렇게 딴사람이 되고 말았을 때 나는 그녀를 사랑하지 않게 되었다. 그런데 이처럼 딴사람이 되어 알베르틴을 사랑하지 않아도 나는 고통스럽지 않았다. 그리고 앞으로 내 육신이 가뭇없어진다는 것도, 옛날의 나에게 언젠가는 알베르틴을 사랑하지 않게 되리라는 생각이 지독히 슬프게 여겨지던 데에 비하면, 도무지 똑같은 슬픔으로 보이지 않았다. 아무튼 지금의 나에게는 이미 그녀를 사랑하지 않는다는 사실 따위는 전혀 문제가 되지 않았다! 이런 잇따르는 죽음에 의하여 사라지고 말 내가 그처럼 두려워했던 죽음, 그러나 먼저 그것이 끝나고, 죽음을 두려워하던 이가 더 이상 존재하지 않고 죽음을 느끼지 않게 되자마자 더할 나위 없이 냉정하고 온화해지는 죽음, 그 죽음은 얼마 전부터 나에게 죽음을 두려워하는 게 얼마나 어리석은가를 깨닫게 해주었다. 그런데 조금 전부터 죽음이 나에게 아무래도 좋게 된 바로 그때에, 다른 형태로 나는 다시금 죽음을 두려워하기 시작했다. 나 자신 때문이 아니라 사실 내 책 때문이니, 그 책을 꽃피우게 하려면 이토록 숱한 위험에 위협당하고 있는 그 생명이 적어도 앞으로 얼마 동안은 꼭 필요했으니까. 빅토르 위고는 말했다.

Il faut que l'herbe pousse et que les enfants meurent.
풀은 돋아나야 하고 아이들은 죽어야 한다.

나는 이렇게 말하고 싶다. 인간이 죽어야, 그것도 우리가 온갖 고뇌를 다

겪고 나서 죽어야 풀이 돋는다, 그것은 망각의 풀이 아닌 영원의 풀, 풍요한 작품의 우거진 풀이. 그 풀밭 위로 후세 사람들이 찾아와, 밑에 잠든 사람들은 아랑곳없이 즐겁게 자기들의 〈풀밭 위의 점심(déjeuner sur l'herbe)〉*을 즐기리니, 이야말로 예술의 잔인한 법칙이라고.

외부의 위험에 대해서 나는 이미 말했다. 또한 내부의 위험도 이야기했다. 외부로부터의 사고를 용케 모면했다 할지라도, 이 책을 쓰는 데에 필요한 세월이 흘러가기 전에 내 안에서 돌발한 사고, 내부에 생긴 어떤 이변 때문에 이 모처럼의 은혜를 이용 못하고 말지 누가 알겠는가.

조금 뒤에 샹젤리제를 거쳐 집으로 돌아가다가―지난 어느 날 오후 할머니는 그것이 마지막 산책이 될 줄은 꿈에도 모르고, 또 마지막 시각을 울리고자 시계태엽이 돌기 시작하는 점에 바늘이 와 있는 줄 지금의 우리처럼 상상도 하지 못한 채, 나와 함께 샹젤리제에 산책을 나왔다가 죽을병이 들었었는데―할머니와 똑같은 병으로 내가 쓰러지지 않을 거라고 누가 감히 장담하겠는가? 마지막 시각을 알리는 첫 번째 종을 치기 전의 1분은 거의 다 지나가고, 당장에라도 그 첫 번째 종이 울릴 듯한 공포, 내 뇌수 속에서 요동하는 이 졸도에 대한 공포는, 어쩌면 바야흐로 일어나려 하는 일에 대한 막연한 의식이라고도, 뇌동맥이 파멸하기 직전의 불안정한 상태가 의식 속에 반영된 것이라고도 할 수 있다. 그것은 부상자가 갑자기 죽음을 받아들이는 경우와 마찬가지로, 있을 수 없는 일이 아니다. 비록 아직 정신이 또렷해서, 의사나 본인의 삶에 대한 의욕이 아무리 진실을 숨기려 들어도, 그는 죽음이 다가오는 걸 알아채고는, "나는 죽어요, 준비됐어요" 말하고, 아내에게 영원한 이별의 편지를 쓴다.

그리고 과연, 앞으로 틀림없이 일어날 일에 대한 이 야릇한 지각은, 내가 책을 쓰기 전에 엉뚱하고 기이한 형으로 나타났다. 어느 날 저녁 내가 외출한 곳에서 만난 친구들은, 내 얼굴빛이 전보다 좋아지고 머리칼이 여전히 검다면서 놀랐다. 그런데 그날 나는 계단을 내려오면서 세 번이나 굴러떨어질 뻔했다. 겨우 두 시간 정도의 외출이었으나, 집에 돌아오자 기억도 사고력도 없어지고 몸에 힘도 빠져서 아무것도 하기가 싫어졌다. 누가 와서, 만나련

---

* 프랑스 화가 마네(1832~83)의 작품명.

다, 나를 왕에 임명시키련다, 포박하련다, 구류하련다 해도 나는 말 한 마디 없이 눈도 뜨지 않은 채 멋대로 하게 내버려두었으리라. 마치 뱃멀미에 녹초가 된 사람이 카스피 해를 건널 때, 바다에 던져버리겠다고 엄포한다 해도 변변히 저항하는 시늉조차 못 내듯이. 사실 나에게는 이렇다 할 병은 없었지만, 마치 이제까지 꼬장꼬장하던 노인이 넓적다리가 부러지거나 소화불량에 걸리거나 해서 얼마간 자리에 눕게 되면, 그날부터 이미 피할 길 없는 죽음을 향한, 길건 짧건 한낱 준비기간에 지나지 않는 남은 생애를 보낼 수밖에 없게 되듯, 이제 아무것도 할 기운이 없음을 느꼈다. 여러 명의 '나' 가운데, 만찬회라고 불리는 그 야만인의 잔치—거기서는 새하얀 셔츠를 입은 남자들이나 깃털 장식을 단 반쯤 알몸을 드러낸 여자들도 가치관이 워낙 거꾸로 바뀌었으므로, 승낙해놓고도 만찬에 오지 않거나 로티(rôti)*가 나올 때나 겨우 얼굴을 내미는 것은, 얼마 전에 죽은 사람들만큼이나 만찬에서 함부로 입에 담는 불륜한 행실보다도 더 고약한 죄를 지은 셈이 되므로, 불참한 변명으로는 오직 죽든가 중병을 앓는 수밖에 없는데, 그나마 자기 대신 열네 번째 손님을 초대할 수 있도록 여유를 두고 자기가 죽어가고 있다는 사실을 일찌감치 알려야 한다는 규칙이 있었다—에 자주 참석하던 나는, 그러한 자질구레한 문제에만 신경을 쓰느라고 기억 쪽은 비어 있는 상태였다. 그 대신에 또 하나의 나, 작품 생각을 하고 있던 내 기억은 정확했다. 몰레 부인의 초대를 받았다는 사실도, 사즈라 부인의 아들이 죽었다는 사실도 알고 있었다. 그래서 나는 내 마지막 시간, 이런 일에 시간을 쓰고 난 뒤에는 단말마의 고통을 겪던 내 할머니처럼 혀가 굳어 말도 못 하고 우유도 마실 수 없게 되지만, 그래도 그 시간의 일부를 쪼개어 몰레 부인에게는 못 간다는 답장을 띄우고, 사즈라 부인에게는 조위 편지를 부치기로 작심했었다.

　그러나 잠시 뒤에는 벌써 할 일을 잊어버리고 말았다. 고마운 망각이었다. 작품을 둘러싼 기억이 눈을 뜨고 있다가, 나에게 주어진 나머지 시간을 작품의 기초 공사에 쓰려고 했기 때문이다. 공교롭게도 글을 쓰려고 공책을 꺼내는 결에 몰레 부인의 초대장이 내 앞으로 빠져나왔다. 그러자 대번에, 잊어버리기 잘하는 '나'가 우위를 차지하며, 만찬회에 참석한 경험이 있는 꼼꼼한

---

* 구운 고기 요리.

야만인이면 누구나 그렇듯이, 공책을 밀어놓고 몰레 부인에게 보낼 편지를 쓰기 시작했다(몰레 부인은, 내가 건축가로서의 일보다도 먼저 초대장에 대한 답장을 썼다는 사실을 알면 아마 나를 높이 평가할 것이다). 답장 속 한마디에서 문득 사즈라 부인이 아들을 잃었다는 사실이 떠올라서, 나는 부인에게도 편지를 썼다. 이와 같이 예절 바르고 다정다감하게 보이려는 위선적인 의리 때문에 참된 의무를 희생시키고 나자, 기운 없이 나가떨어져 눈 감고 일주일을 헛되이 보냈다. 나는 이런 쓸데없는 의무를 위해 언제든지 참된 의무를 희생할 준비가 되어 있었지만, 그 부질없는 의무가 잠시 뒤 내 머릿속에서 모조리 빠져나간 뒤에도 작품 구축이라는 생각은 한순간도 내 머릿속을 떠나지 않았다. 나로서는 이 작품이 하나의 성당이 되어, 거기서 신자가 천천히 진리를 배우고 조화, 곧 전체의 장대한 계획을 발견하게 될지, 아니면 외딴섬의 꼭대기에 있는 드루이드교(Druidism)* 유적처럼 영원히 찾는 사람도 없게 될지, 그것은 알 길이 없었다. 그럼에도 나는 이 일에 온 힘을 기울이기로 결심했으며, 그 힘은 건물의 바깥쪽이 완성되자, 나에게 '관 뚜껑'을 닫을 여유 정도는 남겨주려는 듯이 아쉬움을 남긴 채 쇠잔해갔다. 얼마 안 가서 나는 초고를 조금 보여줄 수 있었다. 하지만 아무도 전혀 이해해주지 않았다. 머지않아 내가 성당 안쪽에 새기기로 작정하고 있는 여러 진리를 내 나름의 방식으로 깨달은 데에 호의를 보여준 사람들도 내가 잘도 그런 참을 '현미경'을 통해서 발견했다며 축하했는데, 사실 나는 그와 반대로 '망원경'을 써서, 아득히 멀리 있으므로 아주 작게 보이는 것, 그러나 그 자체가 하나의 세계를 이루고 있는 것을 알아차렸었다. 내가 위대한 법칙을 탐구하고 있을 때도, 남들은 나를 미주알고주알 캐는 놈이라고들 했다. 무릇 내가 미주알고주알 캐보았자 무슨 소용이 있겠는가? 나는 젊어서부터 문장에 능란해서, 베르고트는 내 학생 시절의 문장을 '나무랄 데 없다'고 말했었다. 하지만 나는 공부도 하지 않고 게으름과 방탕과 병과 남 걱정, 괴벽 속에 살다가, 죽기 전날 밤에야 작가 생활이 어떤 것인지도 모른 채 작품에 손대고 있었다.

나는 이제 사람에 대한 신의와도, 자신의 생각이나 작품에 대한 의무와도 마주 대할 기력이 있다고는 생각지 않았다. 하물며 그 양쪽에 대해서는 더더

---

* 로마 시대에 켈트 민족의 성직자 계급인 드루이드들이 창시한 것으로, 영혼의 불멸과 윤회 전생을 믿었음.

구나. 전자에 대해서는, 써야 할 편지를 잊는 일이 내 부담을 얼마쯤 덜어주었다. 그러나 한 달쯤 지나면 갑자기 연상이 회한의 추억을 되살려서 나는 자신의 무력을 느끼고 낙심했다. 나는 나에게 가해진 비평에 무관심함에 스스로 놀랐는데, 그것은 계단을 내려오다가 다리가 후들후들 떨리던 그날 뒤로 모든 일에 무관심해져서, 앞으로 마지막 큰 휴식이 찾아오기까지 내가 오직 휴식밖에 바라지 않았기 때문이다. 내가 현역 엘리트의 찬의에 무관심한 까닭은, 분명 죽은 뒤에 사람들이 내 작품을 칭찬해주리라고 생각했기 때문은 아니다. 내가 죽은 뒤에 나타날 엘리트는 그들 좋을 대로 생각하면 그만이며, 그런 일은 내 알 바 아니다. 사실 내가 작품에 대해서만 생각하고, 답장을 써야 할 편지에 대해서는 조금도 개의치 않은 것은, 내 게을렀던 시절처럼, 또 계단의 난간을 붙잡아야만 했던 그날까지의 작업 기간처럼, 이 두 가지 일 사이에 가볍고 무거움의 차를 두었기 때문은 아니다. 내 기억과 관심의 구조는 작품과 밀접하게 연관되어 있어서 받은 편지를 곧잘 잊어버리는 것과는 반대로 작품에 대한 사념은 부단히 발전하면서, 변함없이 머릿속에 있었기 때문이다. 그러나 그것마저도 나는 귀찮아지고 말았다. 그것은 나에게는 마치 죽어가는 어머니가 주사를 맞고 부항을 붙이는 틈틈이, 기진해가면서도 끊임없이 돌봐주어야 하는 아들과 똑같았다. 그 어머니는 아마 여전히 아들을 사랑할 테지만, 이제는 아들을 돌본다는 자신의 힘에 부치는 의무를 통해서만 그 점을 알 따름이다.

작가로서의 내 역량은, 작품의 이기적인 까다로운 요구를 더는 감당하지 못했다. 계단에서 그런 일이 있고부터는 세상의 어떠한 일도, 어떠한 행복도, 비록 그것이 남들의 친절이나 내 작품의 진전이나 명예에 대한 기대에서 온 것이라 할지라도, 나에게 닿을 때는 이미 나를 따뜻하게 해줄 수도, 기운을 북돋우어줄 수도, 어떤 희망을 품게 할 힘도 없는 희미한 햇빛만큼밖에 오지 않았다. 그렇게 희미한데도 내게는 몹시 눈부셔서 눈을 감다 못해 결국 늘 벽쪽으로 몸을 돌리곤 했다. 그럼에도 내 입술이 조금 움직인 듯한 느낌이 드는 것으로 보아, 어떤 부인이 "저의 편지에 대한 답장을 받지 못해 좀 놀라웠어요" 하는 편지를 보내왔을 때 아마도 내 입가에는 가느다란 미소가 떠올랐던 모양이다. 하지만 나는 그 말에 편지 생각이 나서 답장을 써 보냈다. 남들이 나를 배은망덕하다고 여기지 않도록, 전에 남들이 내게 보여준 친절에 못지 않은 친절을 다하려고 안간힘을 썼다. 이리하여 나는 죽어가는 내 생명에 초인적인 인생의 피로를 강요하여 그 무게에 허덕였다. 기억 상실은 내 의무를 끊어버리는 데에 조금 도움이 되었고, 그 대신 내 작품에 대한 의무가 들어섰던 것이다.

이 죽음의 관념은, 사랑이 그러했듯이, 내 몸 속에 자리잡았다. 물론 죽음을 사랑해서가 아니다. 나는 죽음을 죽일 듯이 싫어했으니까. 하지만 아직 사랑하지 않는 여인의 이모저모를 생각해보듯이, 아마도 수없이 죽음의 이모저모를 생각해본 결과, 지금은 죽음에 대한 사념이 뇌리의 가장 깊은 층에 찰싹 들러붙어서 무엇에 관심을 기울여도 반드시 이 죽음의 관념을 거치지 않을 수 없게 되며, 내가 아무것에도 몰두하지 않은 채 그저 휴식을 취하고 있을 때에도 죽음의 관념은 자아의 관념과 마찬가지로 줄곧 내게 달라붙어 있었다. 내가 거의 죽은 상태가 되었던 그날, 다시 말해 계단을 내려가지 못하거나, 이름이 생각나지 않거나, 침대에서 일어날 수 없거나 하는 죽음의 징후가 있던 날, 벌써 내가 거의 죽었다는 죽음의 관념이, 무의식적인 추리를 통해 일으켜졌다고는 생각지 않는다. 오히려 그런 징후가 한꺼번에 닥쳐와서 어쩔 수 없이 정신이라는 큰 거울이 새로운 현실을 비추어냈다고 생각한다. 그렇지만 나는 나를 괴롭히는 병에서 어떻게 아무런 예고도 없이 완전한 죽음으로 건너갈 수 있는지 몰랐다. 그러나 그때, 나는 남들을, 그 병과 죽음을 가르는 틈새가 터무니없어 보이지 않는, 날마다 죽어가는 모든 이를 떠올려보았다. 이런 생각까지도 해보았다. 죽을 때가 가까이 닥쳐왔다고 굳게 믿는 이들도, 말이 안 나오는 것은 발작이나 실어증과는 아무런 관계없이, 혀의 피로, 말더듬이와 비슷한 신경 상태, 소화불량에 따르는 쇠약에서 온 거라고 쉬이 믿어버리듯이, 내가 자신의 죽음은 믿으면서도, 어떤 병을 하나하나 떼어놓고 볼 때, 그것을 죽을병으로 생각하지 않는 까닭은 다만(희망에 속고 있다기보다는) 그런 병을 안쪽에서 보고 있기 때문이 아닐까?

내가* 써야 할 것은, 죽어가는 병사가 아내에게 쓰는 영원한 이별의 글과는 달리, 많은 사람에게 보내는 더욱 긴 것이었다. 그것을 쓰는 것은 오랜 시간이 걸리는 일이다. 그래도 낮에는 잠을 자도록 한껏 노력해야지. 일은 밤에

---

*초판에 따름. 플레이아드판의 주(註)에도 나와 있음. 플레이아드판대로 번역하면 "내가 써야 할 것은 다른 것, 더 길고, 훨씬 많은 사람을 위한 것이었다."

만 하게 될 테지. 그래도 숱한 밤이, 아마도 백날 밤, 천날 밤이 필요할 것이다. 내 운명을 주관하는 '주인'은 샤리야르 왕*만큼 너그럽지 않아서, 날이 밝아 내가 이야기를 멈추면 나의 사형 집행을 미뤄 그날 밤에 다시 그 이야기를 이어가도록 허락할지 안 할지 전혀 알 길이 없으니 나는 불안 속에서 살겠구나. 《아라비안나이트》나, 마찬가지로 밤에 쓰인 생시몽의 《회상록》, 천진난만한 동심에서, 사랑에 집착하듯이 지나치게 소중히 여겨 그것 아닌 다른 책은 무서워서 상상도 할 수 없으리만큼 좋아하던 책, 어쨌거나 그러한 책을 새로 쓰려는 건 아니다. 하지만 엘스티르나 샤르댕처럼, 우리는 좋아하는 것을 먼저 버리지 않고서는 좋아하는 것을 다시 만들어낼 수 없다. 물론 내 책 또한 나의 육신과 마찬가지로 언젠가는 소멸될 게 틀림없다. 하지만 죽는 것은 어쩔 수 없으니 깨끗이 단념해야 한다. 사람은, 10년 뒤에 자기가 이 세상에 없고, 100년 뒤에는 자기 책도 사라진다는 생각을 받아들인다. 영원한 지속은 인간에게도 책에게도 약속되어 있지 않다.

내 책은 아마도 《아라비안나이트》만큼 길어질 테지만 내용은 전혀 다르다. 하나의 작품을 좋아하면 우리는 그것과 똑같은 것을 만들고 싶겠지만, 일시적인 애착은 희생시켜야 하고, 자기 취향 따위는 생각지 말아야 하며, 오직 우리에게 편애 같은 것을 따지지 않는 진리, 그런 생각마저 금지하는 진리를 생각해야 한다. 그러한 진리를 추구해야만 버렸던 것과 가끔 만날 수 있고, 《아라비안나이트》나 생시몽의 《회상록》을 잊어야 다른 시대의 그러한 책을 쓸 수 있다. 그런데 아직 나에게 시간이 있을까? 너무 늦지 않았을까?

나는 스스로 '아직 시간이 있는가' 물었을 뿐 아니라, 또한 '그럴 만한 건강 상태에 있는가' 물었다. 병은 양심의 엄격한 지배자처럼 나에게 세상을 영원히 포기하게 하여 크게 도움이 되었다. 그도 그럴 것이 '한 알의 밀이 땅에 떨어져 죽지 아니하면 한 알 그대로 있고 죽으면 많은 열매를 맺으리라' 했으니까. 또한 게으름은 쉽게 붓이 흘러가는 것을 막아주었으나, 그 뒤를 이은 병은 그 게으름에서 나를 지켜줄 것이다. 그러나 병은 내 기력을 소모시켜버렸고 오래전부터, 특히 내가 알베르틴을 사랑하지 않게 되었을 때부터 깨달았듯이 기억력마저 메마르게 했다. 그런데 기억에 의한 인상의 재창조는—그

---

* 《아라비안나이트》에 나오는 왕.

뒤에 인상을 깊이 파고들어가고, 밝혀내며, 지적 등가물로 그 모양을 바꿔야 하지만—아까 서재 안에서 구상한 바와 같은 예술작품의 조건 가운데 하나, 그 작품의 정수가 아닐까? 아! 아까 《프랑수아 르 샹피》를 발견했을 때 떠오른 옛날 그 밤의 기운이 지금도 그대로 있다면! 손님이 오셨는데도 어머니가 키스해주러 내 방에 들어온 그 밤부터, 내 의지와 건강의 쇠퇴가 할머니의 고질병과 함께 시작되었던 것이다. 어머니 얼굴에 입술을 대기 위해 이튿날 아침까지 기다리는 일을 견딜 수 없어서, 과감한 결심을 하고 침대에서 뛰어내려 잠옷 바람으로 달빛 새어드는 창가까지 가서 스완 씨가 돌아가는 기척이 날 때까지 꼼짝하지 않고 있었을 때 모든 것이 결정되었던 것이다. 식구들이 스완 씨를 배웅하느라 문이 열리고, 방울이 울리고, 또 닫히는 소리가 내 귀에 들려왔었지……

그때 나는 문득 생각했다. 내게 아직도 작품을 완성할 힘이 있다면, 오늘 내 작품의 관념과 그 현실화의 가능성에 대한 걱정을 동시에 안겨준 이 오후의 모임이야말로—지난날 콩브레에서 나에게 영향을 주었던 나날처럼—반드시 맨 먼저 작품 속에, 지난날 콩브레의 성당에서 내가 예감했던 모습(forme), 평소에 우리 눈에 안 보이는 '시간'의 모습을 똑똑히 남길 것이다.

물론, 이 세계의 실제 모습을 우리에게 왜곡되게 보여주는 감각이 저지르는 오류는 이 밖에도 많다(이 점에 대해서는 이 이야기의 여러 일화가 이미 증명했음을 독자는 보아왔다). 하지만 결국, 어쩔 수 없는 경우에는 한결 정확을 가하려 노력하고, 갖가지 소리가 나는 곳을 바꾸지 않도록 그 소리를 원인에서 갈라놓지 않을 수도(나중에 가서는 지성이 그 소리를 원인 옆에 놓아둔다) 있으리라. 비록 방 한가운데 빗소리를 주룩주룩 내거나, 펄펄 끓는 허브차의 홍수를 안마당에 쏟아지게 하는 것도, 결국 화가들이 흔히 구사하는 수법, 이를테면 원근법이나 색채의 강약이나, 첫눈에 일으킨 착각 등이 우리에게 어떤 효과를 주는가에 따라서, 범선이나 뾰족한 봉우리를 매우 가까이, 또는 매우 멀리 보이게 하는(그것을 이윽고 이성과 지혜가 때로는 엄청나게 먼 곳으로 이동시키지만) 수법에 비해 별로 기발하지는 않다. 나는 남들이 흔히 그렇게 하듯—오류는 더 심하겠지만—실제의 코나 뺨이나 턱은 무시하고, 고작 우리 욕망의 그림자가 희롱할 뿐인 지나가는 여자의 텅 빈 얼굴에다 갖가지 이목구비를 쉬지 않고 붙여줄지도 모른다. 그보다 더 큰 문제는, 똑같은 얼굴이라도 그것을 보는 눈에 따라서, 그 표정에서 읽어내는 의미에 따라서, 또 같은 눈이라도 희망이나 공포에 따라서, 또는 거꾸로, 서른 해에 걸쳐서 나이로 말미암은 변화를 숨기는 애정이나 습관에 따라서도, 그 얼굴에 맞출 가면은 헤아릴 수 없이 많지만, 그것을 마련할 틈이 나에게는 없을지도 모른다는 점이다. 그리고 나와 알베르틴의 관계에서도 충분히 볼 수 있었지만, 어떤 사람들을 밖에서 보이는 대로가 아니라, 그들의 몹시 사소한 행위가 치명적인 고뇌를 불러일으킬 수도 있는 우리 내부에서 그리지 않으면 모든 것이 부자연한 거짓이 되고 말지만, 나는 그것을 시도하지 않을지도 모른다. 또한 정신의 하늘을 비추는 빛은 우리 감수성이 지닌 압력의 변동에 따라서 바뀌는데, 환하게 개어 있다는 확신 아래서는 아주 작게 보이던 사물이, 한 조각의 위험한 구름이 걸린 순간 눈 깜짝할 사이에 몇 배나 거대해지건만, 그때도 나는 정신의 하늘 빛을 바꿀 궁리를 하지 않을지도 모른다. 그러나 만일 내가, 모든 것을 죄다 새로 그려야 하는 인생 화집 속에 그러한 변화나 그 밖의 숱한 변화(현실을 그리기로 하면 그러한 것이 필요하다는 사실은 이 이야기 속에서 밝혀졌다)를 가져올 수 없다 할지라도, 적어도 나는 그 화집 속에서 인간을, 몸의 길이가 아니라 세월의 길이를 가진 것으로서, 자꾸만 커지다가 마침내 자기 자신을 짓누르고 마는 세월의 짐을 어디를 가나 같이 끌고 가야 하는 존재로 묘사하리라.

　게다가, 우리가 '시간' 속에 끊임없이 넓어져가는 한 자리를 차지하고 있음은 누구나 느끼고 있으며, 그 보편성은, 내가 애써 해명해야 할 것이 누구나 어렴풋이 짐작하고 있는 진리라는 점에서 나를 기쁘게 했다. 다만 우리가 '시간' 속에 한 자리를 차지함을 모두가 느끼고 있을 뿐만 아니라, 그 자리는, 우리가 공간 속에 차지하는 장소를 재듯이, 더할 수 없이 단순한 사람도 어림잡아 젤 수 있다. 특수한 통찰력이 없어도, 모르는 두 사나이를 만났을 때, 둘 다 검은 수염을 기르고 있거나 면도를 깨끗이 하고 있어도, 한 사나이는 20살쯤이고 또 한 사나이는 40살쯤이라고 말할 수 있다. 물론 이렇게 나이를 헤아릴 때에는 가끔 틀리기도 하지만, 우리가 그렇게 어림잡아 계산할 수 있다고 믿는 그 자체가 나이를 가능한 것으로 생각하고 있음을 뜻한다. 검은 콧수염을 기른 두 사나이 가운데 두 번째 사나이는 실제보다 20살을 더 더한 셈이 된다.

이 육체로 변한 '시간'의 개념, 우리에게서 분리되지 않은 지나간 세월의 개념을 내가 지금 이토록 두드러지게 강조하는 것은, 지금 이 순간 대공부인 댁에 있으면서, 스완 씨를 배웅하는 식구들의 발소리, 드디어 스완 씨가 떠나가자 어머니가 2층으로 올라오는 기척을 알리는 작은 방울의 짤랑짤랑 하는 금속성의, 끊임없이 요란하게 울리는 그 산뜻한 소리를 다시 들었기 때문이다. 아득히 먼 과거에 있었던 소리건만 나는 옛 소리 그대로 들었다. 실제로 방울 소리를 들은 과거의 순간과 게르망트네의 오후 모임 사이에 마땅히 끼여 있어야 할 모든 사건을 생각하면서, 지금도 내 마음에 울리는 것은 틀림없는 그 방울이며 나에게는 그 방울의 요란스러운 소리를 바꿀 재주도 없다고 깨닫자 등골이 오싹했다. 왜냐하면 어째서 그것이 사라졌는지 잘 생각나지 않아서, 그 방울 소리를 다시 확인하고 똑똑히 듣기 위해서는, 내 주위에서 가면이라도 쓴 듯 모습이 변해버린 사람들이 나누는 이야기를 듣지 않으려고 기를 써야 했기 때문이다. 그 방울 소리를 좀더 가까이 들으려면, 나는 나 자신의 내면으로 다시 들어가야만 했다. 그 방울 소리는 언제나 내 가운데 있었고, 또한 그 방울 소리와 현재의 순간 사이에는 내가 짊어지고 다니는 줄도 몰랐던 끝없이 펼쳐진 온 과거가 있었던 것이다. 그 방울이 울렸을 때 나는 이미 존재했다. 그리고 그 방울 소리가 지금 또다시 들리는 것으로 보아 그때부터 멈춘 적이 없으며, 나는 그동안 살아 있고, 생각하며, 자아를 의식하기를 잠시도 멈추지 않았던 게 틀림없다. 그 아득한 순간은 여전히 나와 단단히 이어져 내 내면으로 깊이 들어가면 다시 그리로 되돌아갈 수 있었기 때문이다. 인간의 육신이 그 육신을 사랑하는 사람들에게 그토록 상처를 입힐 수 있는 까닭은 인간의 육체가 이와 같이 과거의 시간을 지니고 있기 때문이며, 또한 숱한 기쁨과 욕망의 추억을 지니고 있기 때문이다. 그들에게는 이미 흔적도 없지만 사랑하는 육신을 시간의 영역에 매어놓고 지긋이 바라보는 이에게는 참으로 잔인한 추억으로, 그는 이 육신을 질투한 나머지 육체의 파괴마저도 바라게 된다. 왜냐하면 죽으면 '시간'은 육신을 떠나며, 추억도 빛바래고 시시하게 변해서, 이제 이승에 없는 여인에게서 사라지며 이윽고 여전히 그 추억에 시달리는 사나이들에게서도 사라지고, 살아 있는 육체의 욕망이 더 이상 추억을 기르지 않게 될 때 그러한 추억도 마침내 사라지고 말 테니까. 내가 잠들어 있는 모습을 바라보던 그 오묘한 알베르틴, 그녀는 이미 죽고 말았다.

이토록 길고 긴 시간의 흐름이 나를 통해 단 한 번의 멈춤도 없이 이어지고 생각되며 분비되었음을, 그 시간의 흐름은 내 삶이자 나 자신이었음을, 뿐만 아니라 그 온 시간을 줄곧 내게 메어두어야 했으며, 그것이 나를 받쳐주었고, 머리가 뱅뱅 도는 이 시간의 꼭대기에 올라앉은 나는, 시간을 옮겨놓지 않고선 몸을 움직일 수 없음을 깨닫자, 놀라움과 피로를 느꼈다. 멀리 떨어져 있으면서도 내 안에 있는 콩브레의 정원에서 내가 조그만 방울 소리를 듣던 날, 그것은 내가 가지고 있는 줄 모르던 그 망망한 차원의 시작점이었다. 내 발밑—사실은 내 안이지만—에서 몇천 길의 골짜기와 무수한 세월을 바라보자 어지러웠다.

의자에 앉은 게르망트 공작을 바라보고, 나보다 훨씬 많은 세월을 발아래 두고 있으면서도 별로 늙지 않은 사실에 나는 탄복했었는데 그 공작이 몸을 일으켜 허리를 똑바로 펴려고 하자, 그는 다리가 후들거리는 바람에 휘청했다. 마치 튼튼한 것이라곤 가슴에 달린 금속 십자가뿐인 늙은 대주교가 젊은 신학생들에게 둘러싸여 앞으로 떠밀릴 때처럼. 그가 왜 후들거렸는지 나는 이해했다. 또한 그가 어떻게 83살이라는, 다니는 사람도 드문 상상봉 꼭대기에 나뭇잎처럼 그저 떨면서 올라가야 했는지 그 이유도 알았다. 예부터 인간이란 쉴 새 없이 자라는 살아 있는 장대 다리, 때로는 종탑보다 더 높아져서 위태로워 걷지도 못하게 되는 찰나 쿠당탕 떨어지고 마는 장대 다리 위에 올라앉아 있는 셈이다(그 때문일까, 어느 나이대의 얼굴은, 아무리 무지한 이의 눈에도 결코 젊은이의 얼굴과 헷갈리지 않으며, 어떤 구름처럼 거기에 걸린 심각한 것을 통해서만 나타난다). 나는 나의 장대 다리 또한 발아래 드높이 자라 있다는 생각을 하자 몸서리가 쳐졌다. 이미 까맣게 멀리까지 내려가 있는 그 과거를 자신에게 오래 붙들어 매어둘 힘이 아직 있을 성싶지가 않았다. 얼마간이라도 나에게 작품을 완성시킬 만한 긴 시간(longtemps)이 남아 있다면, 먼저 거기에(인간을 괴물 같은 존재로 만들지도 모르지만), 공간 속에 인간에게 한정된 자리는 극히 좁은 것이지만, 아주 넓은 자리, 끝없이 길게 늘어난 자리—세월 속에 묻힌 거인들처럼, 동시에 여러 시기를 거치고 그들이 살아온 그 시기는 서로 격리되어 있지만, 아무리 멀고 넓은들 그 사이에 수많은 나날이 자리잡고 있으면서 여러 시기에 동시에 들어박혀있기 때문에 인간이 차지하는 장소는 끝없이 뻗쳐있는 것이다—시간 속에.

# 프루스트의 생애와 사상

# 1. 마르셀 프루스트의 문학과 생애

나는 기묘한 인간이다
죽음이 해방시켜 줄 때까지 덧문을 닫고 생활하며 세상의 일은 아무것도 모른 채
올빼미처럼 꼼짝 않고 어둠 속에서만 사물을 똑똑히 볼 수 있다

　눈매가 상냥한, 얼핏 보아 아무것도 하는 일이 없는 사람, 상류사회 살롱의 단골손님, 귀부인들의 온순한 심부름꾼, 그 남자가 쓰는 글이라곤, 그때까지 친구와 평자들을 실망시키고, 지금은 사교계의 흥밋거리 기사나 시시콜콜 주가 달린 번역, 화려한 패러디밖에 기대할 수 없게 되어버린 한 남자가, 그 케케묵은 허물을 벗어던지고, 천식을 달래는 탕약으로 김이 자욱하게 서린 작업실에 외톨이처럼 틀어박힌다. 많은 약과 독특한 버릇에 젖어, 때때로 성적 환상에 사로잡히는 신경증 환자이면서, 자신의 약점을 잘 알고, 그것을 끝까지 지키기 위해 겸손한 척한다. 정중하게 예의를 다하고 남을 칭찬하면서 그들과의 사이를 유지하려 온갖 애를 썼던 사람이었으나, 주어진 우정과 요구받은 애정을 끊고, 어느새 희미한 무관심으로 옮겨가고 있었다. 그 감정은 때로는 원한과 비슷했다. 이 사람은 어린시절의 낙원이 그리워, '시간'에 싸움을 걸어 그 흐름을 거슬러서 참을성 있게 넘실거리는 강물을 더듬어가다가, 아끼는 풍경 앞에서 걸음을 늦추거나, 다시 내려갔다가 올라가고, 또 되돌아와서는 마침내 현재와 과거의 강물이 혼연하게 어울리는 하구에 이르렀다. 목숨을 걸고 시계와의 경쟁을 시작한 뒤, 그 경쟁에 이기고 나서는 승리자가 되어 쓰러져버렸다. 누구나 이 남자에게 접근하여 비밀을 캐내려고 하지만, 비밀이 폭로된 것처럼 보여도 아직은 어둠의 지대가 남아 있다. 밤의 늪이라고 할 수 있는 그곳에는, 천재의 불꽃에 비춰진 하늘 아래 용암이 꿈틀거리고 있었다. 그곳에서 독자들은 빨려들고, 긴장하며, 매료되어 새롭게 탐구의 길을 떠난다.

### 그를 말한다

**모리스 바레스**(1862~1923, 국가주의 작가) 그는 사교성이 매우 좋은 젊은이였다. 빈말과 야유의 샘이었다. 그런 말들은 넘쳐흐르듯이 풍부하고, 눈부실 정도는 아니지만 놀랄 만큼 색조가 섬세하다.

**페르낭 그레그**(동급생) 그는 아름다움을 의식하고 있었다. 자신의 생기 있는 우아함을 즐기고 있었다. 때로는 그 우아함이 과장되어 가식적인 웃음으로 보이기도 했으나, 그래도 정신적인 것에는 변함이 없었다. 이를테면 애교가 지나쳐 교태에 이르러도 여전히 지적으로 보였다. 그래서 우리끼리는 지나치게 친절을 의식하는 태도를 '프루스트식'이라고 불렀을 정도였다. 그것은 바보같이 보일 만큼 공손하지만 한없이 감미로운 것이었다.

**자크 에밀 블랑슈**(1861~1942, 화가·비평가) 프루스트의 기억력은 기적 같았다. 그 희귀한 고성능 기록장치 덕분에, 우리 범인들의 마음속에서는 나타났다가도 이내 사라져버리는 덧없는 감동과 지각을 그는 정착시킬 수 있었다.

**알퐁스 도데**(1840~97, 작가) 마르셀 프루스트? 그는 악마요.

**폴 모랑**(1888~1976, 작가) 그와 함께 있을 때는 뭘 숨기고 싶어도 도무지 그게 안 돼. 어떤 생각이 의식의 표면에 떠오르면 그 순간 프루스트는 마음으로 알아채버리거든. 그리고 더할 나위 없이 작은 움직임으로 알았다는 것을 표시한다니까.

**레옹 폴 파르그**(1876~1947, 시인) 그는 이제 공기도 햇빛도 없이 살고 있는 인간의 모습을 하고 있었다. 마치 오랫동안 떡갈나무의 구멍 속에서 한 번도 나온 적이 없는 은둔자 같았다. 얼굴에서는 어떤 연민 같은 것이 느껴졌다. 그것은 고통의 표정이기는 했지만 조금씩 누그러지기 시작한 것 같았다. 그러한 인상은 고뇌에 찬 선량함에서 나온 것이었다.


### '벨 에포크'의 명암

1897년 2월, 어느 비 오는 날 추운 오후, 뫼동 숲의 빌본탑이 있는 곳에서 두 남자가 권총을 들고 마주섰다. 한 사람은 장 로랭, 또 한 사람은 마르셀 프루스트였다. 로랭이 프루스트의 작품 《즐거움과 그 나날》에 대한 발칙한 글을 발표했기 때문이다. 이 날을 위해 선택된 입회인이 이름을 밝히고,

형식적인 인사를 주고받은 뒤, 총알 두 발이 오갔으나 다친 사람은 없었으며, 다시 인사를 나누고 두 사람은 헤어졌다. 그리하여 명예는 지켜졌다. 이것은 사람들의 웃음을 사는 시대착오적인 장면이었을까? 어쩌면 17세기쯤의 옛날로 느껴질지도 모른다. 별다른 위험 없이 결투를 하고, 불명예에서 벗어날 수 있다. 거리에는 말이 제 세상인 양 활보하고 있으며, 돈깨나 있는 사람들조차 촛불에 의지하고 있었다. 17세기 한 귀족이 되살아난다면, 정치 형태와 산업 발전, 철도 출현 등에는 한순간 깜짝 놀랄지 몰라도, 말을 타고 불로뉴 숲을 산책하고, 마차를 타고 나들이를 다니며, 밤에는 머리맡에 촛불을 켜고, 치욕을 씻기 위해서 칼을 뽑는 등, 이내 옛날 그대로의 생활로 돌아갈 수 있다.

19세기 끝무렵은 강렬한 대비에 의해 우리 눈에 '좋은 시대'로 비친다. 이 시기는 두 가지 파국, 1870년 프로이센·프랑스 전쟁의 패전과 1914년 8월 2일에 시작된 세계대전 사이에 해당한다. 물론 현실적으로 모든 사람에게 좋은 시대라 하기에는 거리가 있었고, 노동자의 조건도 개선되었다고는 해도 여전히 열악했다. 파업과 폭동이 있었다. 1891년 근로자의 날에는 푸르미에서 새로운 발명품인 레벨연발총에 의해 4명의 여성을 포함한 9명의 사망자, 100명이 넘는 부상자가 길 위에 쓰러졌다. 무정부주의자들의 운동방침이 원리적 이상주의에서 '권리회복'과 '실력행사에 의한 선전'으로 바뀐 것이다. 다이너마이트가 사용되기 시작했다. 그러나 결국 상황은 호전되었고 산업은 번창했다. 사람을 쓰는 데는 부족함이 없는 시대였다. 마르셀 프루스트의 작품에도 가정부, 하녀, 요리사, 집사에 마부까지 득시글거리고 있다. 오직 귀족사회와 부자들만 사람을 쓰는 게 아니라, 프루스트 집안 같은 중산계급에서도 사람을 들여 집안일을 맡겼다. 중산층은 옛날과 다름없이 근면하고 보수적이었다. 전통을 존중하고, 예의 바르며, 신앙심이 깊고, 가족을 소중히 여기며, 사회신분의 위아래를 분간할 줄 알았다. 이 계층은 대체로 정직하고 검소한 습관을 지니고 있었다. 상징어는 미덕. 그러나 미덕이라 해도 조금도 흠이 없는 것은 아니었다. 미덕이 땅에 떨어질 때도 있다. 사람들은 험담을 속삭이며 속으로 비웃고, 보수적인 사상에 강요되어 위선을 향하게 된다.

마르셀 프루스트 또한 좋든 나쁘든 시대의 아들이었다. 특권이 있는 이상 시대가 베풀어주는 특전을 이용한다. 실제로 그는 이 시대를 있는 그대로 받아들였을까? 신앙이 없음을 선언하거나(그가 드나들었던 몇몇 살롱에서 이 것은 비상한 악취미였겠지만), 드레퓌스 사건 때 취한 행동 때문에, 바로 얼마 전까지 자기를 환영해주었던 문이 닫혀버리는 위험을 감히 무릅쓰는 등, 또 죽은 뒤에 발견된 소설 《장 상퇴유》 속에서 증언한 것처럼, 청년시절에 품었던 혁명가 장 조레스(1859~1914, 사회주의자로 암살당한다)에 대한 찬양은, 때로는 그도 시대 흐름에 저항하고 맞설 수 있는 인간이었음을 얘기해주고 있다. 우리를 위해 숨 가쁘게 그려준 《상류사회》의 요지경은 어쨌든 이 의문에 답해주고 있다.

## 유년시절

### 마르셀 프루스트의 탄생

마르셀 프루스트는 1871년 7월 10일, 파리에서 태어났다. 아버지 아드리앙 프루스트와 어머니 잔 베이유가 결혼한 지 1년 뒤의 일이다.

아버지 아드리앙은 파리 남서쪽으로 100킬로미터쯤 떨어진 시골 마을, 일리에 출신이다. 가난했지만 소년시절부터 뛰어난 학식을 드러냈고, 성직자가 되기 위해 인근 마을 샤르트르의 중학교에서 장학금을 받으며 공부했다. 그러나 뜻한 바가 있어 이곳을 떠나 파리 대학에서 의학 공부를 한다. 의사 자격을 딴 뒤에 공중위생 전문가로서 멀리 터키, 페르시아까지 발을 넓혀 방역에 대한 연구를 했으며, 유럽 대륙으로 페스트가 침입했을 때에는 베네치아에서 이것을 격퇴하는 전술을 세워 멋지게 성공하는 등 화려한 성과를 올린 입지전적 인물이다. 공중위생에 대한 저서가 여러 권 있으며, 의학 아카데미 회원과 소르본 대학의 교수가 된다. 일리에 출신으로서는 가장 성공한 사람이 되어 그의 이름을 붙인 공적이 지금도 전해지고 있다.

한편, 그의 어머니 프루스트 부인(결혼 전 이름은 잔 베이유)은 유복한 유대계 주식중개인 가정에서 태어났다. 베이유 집안은 18세기까지 독일의 슈투트가르트 근처 마을에서 살았지만(베이유는 그들이 살았던 마을의 이름), 그 뒤 알자스로 옮겼다가 파리로 가게 된다. 세력 있는 유대계 일족으로, 프랑스 제3공화정의 대정치가 아돌프 크레뮤 등을 배출했다. 잔 베이유는 사랑과

관심 속에서 높은 교양과 풍부한 정서를 가진 여성으로 성장했다. 따라서 그들의 결혼은, 출세는 했지만 재력이 없는 한쪽과, 프랑스 사회로 동화하고 싶은 다른 한쪽의 희망이 일치했기 때문에 이루어진 만남이었는지도 모른다. 결국 이것은 대단히 이질적인 결합이었다고 할 수 있다. 마르셀 프루스트의 불행 가운데 한 가지 원인이 거기에 있었는지도 모른다.

제2제정의 붕괴 전날인 1870년 9월 3일, 두 사람은 결혼했다. 이때, 남편은 36세, 아내는 21세였다. 남편은 그 무렵 성공한 의사나 작가가 흔히 그러하듯이 사교계에 드나들었으므로 늘 아내에게 충실했다고는 생각지 않는다. 아들은 뒷날 '어머니는 아버지가 밖에서 무엇을 하는지 아무것도 모른다'라는 편지를 쓴 일이 있다. 그러나 아내는 '아무것도 모르는' 상태에서 남편에게 헌신했고, 남편 또한 가정 안에서 그러한 아내의 헌신적 태도에 충분히 보답해주었다는 의미에서 부부 사이는 꽤 좋았다.

### 파리 생활과 외갓집

프루스트 부부는 두 아들 마르셀과 로베르(두 살 터울인 동생)를 데리고 몇 번인가 이사를 하면서도 파리 중심부에서 서쪽으로 조금 치우친 8구에 계속 살았다. 마르셀은 부모가 세상을 떠난 뒤에도 그 추억을 소중하게 여겼으므로, 만년의 몇 해 말고는 줄곧 파리 8구에서 살았다. 8구는 19세기에 생긴 (결국 그 무렵에는 아직 새로운) 으리으리한 제정식 아파트가 즐비한 지구로, 고급 관료들이 많이 살았다. 역사의 향기가 모자라서 사실, 마르셀은 별로 좋아하지 않았던 곳이다. 여기가 사회에서 순조롭게 단계를 밟아 올라간 아버지에게 어울리는 장소라고 한다면, 마르셀은 이곳과 이질적인 어머니 쪽의 파리도 갖고 있었다. 바로 파리 중심에서 북동 방향으로 조금 가면, 어머니의 부모가 사는 포부르 푸아소니에르(Faubourg-Poissonnière)가(家)이다. 프루스트 부인은 두 아들이 아직 어릴 적에는 자주 친정에 갔던 것 같다. 특히 마르셀은 뛰어난 지성과 교양을 가진 외할머니가 가장 아끼는 아이였다. 포부르 푸아소니에르는 유대계 사람이 많이 사는 낡은 지구로, 본디 생선 중개인의 가게가 빽빽이 늘어선 곳이었다. 이 지구는 현재 쇠퇴했으나 그때에는 시끌벅적하면서 멋진 곳이었던 듯하다.

어머니 쪽과 얽힌 장소가 파리에 하나 더 있다. 어머니의 큰아버지인 루이 베이유가 파리의 서쪽, 오퇴유(Auteuil)의 라 퐁텐(La Fontaine) 거리 96번지에 가지고 있던 별장이다. 그 무렵 이곳은 파리에 사는 사람들의 별장이 몇 채 있는 전원지대였다. 마르셀과 로베르는 여기에서 태어났으며, 프루스트 부인은 이곳을 자신의 별장처럼 마음 편한 장소로 여겼기 때문에 프루스트 가족은 해마다 봄과 초여름이면 내내 여기에 머물렀다.

이렇듯 마르셀의 유년시절은 외가 식구들의 영향력에 지나치게 둘러싸여 있었다. 《잃어버린 시간을 찾아서》의 화자이자 주인공이기도 한 '나'는 순수한 프랑스인으로 설정되어 있고, 프루스트 가족의 유대계 피는 작품에서 주의 깊게 배제되어 있기 때문에 이 점은 주의해야 한다. 마르셀은 유능한 의사이자 후생 관료였던 인물의 아들로서 프랑스 사회의 중심부에서 생활해오긴 했지만, 이처럼 절반은 유대인 출신이라는, 이교적이고 동양적인 면도 아울러 가지고 있었다. 게다가 그는 동성애자이므로 그러한 것을 종합하여 생각해보면, 한편으로는 더할 나위 없이 주변적 존재이기도 했던 것이다. 그것이 그의 불안정한 정체성에 크게 영향을 끼쳤으리라.

### 아버지의 고향 일리에

프루스트의 유년시절은 외가 친척들 중심이었지만, 그렇다고 아버지 쪽의 영향력이 전혀 없었던 것은 아니다. 그것은, 온 가족이 함께 간 아버지의 고향 '일리에'에서의 일로 짐작할 수 있다.

《잃어버린 시간을 찾아서》에 등장하는 시골 마을 콩브레(Combray)의 모델

**아버지의 고향 일리에**
〈스완네 집 쪽으로〉 제1부 '콩브레'의 전경은, 옛 도시 샤르트르 근처의 보스 평야에 있는 마을 일리에를 모델삼아 묘사되었다.

이 된 일리에는 샤르트르에서 서쪽으로 20킬로미터쯤 떨어진 곳에 있는 아주 평범한 마을로, 중심부에는 프랑스의 여느 마을이 그러하듯이, 성당과 광장이 있고, 근처에 루아르 강이 흐르고 있다. 소설 속에서 비본이라고 불리는 이 시내는 3, 4미터 정도로 폭이 좁지만 루아르 강으로 흘러드는 유량이 풍부한 아름다운 물줄기이다.

루아르 강을 따라 상류로 이어지는 보스 평야 북쪽 방향으로 산책을 가면, 상테망의 소박한 성당이 나온다. 이 성당 옆에는, 물줄기가 솟아나는 제법 큰 샘이 있어서 자갈을 깔아 세탁장으로 사용하고 있는데, 이곳이 바로 루아르 강이 시작되는 곳 중 하나이다. 이곳은 《잃어버린 시간을 찾아서》의 어린 주인공이 '마치 지옥문과 같이, 지상에는 없는' 아득히 먼 땅이라고 상상하는 곳이었지만, 성인이 된 뒤에 방문했을 때는, '수면에 거품이 떠 있는 세탁장'에 지나지 않는다는 것을 알고 깊은 실망감을 맛보게 된다. 북쪽으로 더 올라가면, 일리에에서 8킬로미터쯤 떨어진 곳에 이탈리아식 탑을 세운 빌본의 으리으리한 성을 볼 수 있다. 이것이 바로 《잃어버린 시간을 찾아서》

속에서는 게르망트 성이 되는 것이다.

프루스트 집안사람들에게는 산책길이 하나 더 있다. 일리에로부터 루아르 강을 건너 고모부 쥘 아미요가 지은 정자 '프레 카틀랑(Pre Catelan)'의 옆길로 빠져나간다. 그리고 서쪽 어귀로 나오면 2, 3킬로미터 떨어진 곳에, 작품 속 등장인물 스완이 사는 별장의 모델이었던 탕송빌 관(館)이 있다. 지금도 이곳에서는 하얗게 칠한 큰 문의 아득한 저 너머로 아름답고 커다란 시골풍 저택을 볼 수 있다. 《잃어버린 시간을 찾아서》에서 스완이 소유하게 된 '프레 카틀랑'에는 5월이 되면 하얀 서양 산사나무꽃이 아름답게 피어난다. 주인공이 처음으로 질베르트와 만난 곳이다. 그 밖에도 소설 속에서 사디즘의 참극이 연기되는 몽주뱅의 저택 등, 일리에의 모습은 《잃어버린 시간을 찾아서》의 콩브레로 묘사되어 있다.

파리의 가장 세련된 세계를 몸으로 구현하는, 아주 괴짜인(excentrique) 이 작가도, 실은 이렇듯 몹시 소박하고 아름다운 프랑스, 가장 깊숙한 부분의 프랑스에도 통하고 있었다.

그러나 1880년에 마르셀이 천식에 걸린 뒤로는, 꽃가루와 바깥공기가 천식에 나쁘다는 아버지의 판단에 따라, 그에게 일리에는 금지된 땅이 되었다.

### 천식의 발작

프루스트는 9세 무렵 불로뉴 숲을 산책하던 중에 천식 발작을 일으킨 뒤로 평생 낫지 않았다. 그래서 어쩔 수 없이 집에 틀어박혀 끊임없이 병치레를 하게 된다. 일생 그는 많은 의사의 도움으로 수많은 치료법을 시도했지만, 병세는 조금도 호전되지 않았다. 그러나 거기에서 그는 많은 것을 얻게 된다. 이를테면 의사라는 직업에 대한 불신이다(그 덕분에 작품 속에 코타르 의사라는 코믹한 인물이 탄생하게 된다). 또 그는 꽃을 사랑하여 여성에게 선물로 꽃을 많이 보냈는데, 천식에 좋지 않았으므로 정작 그 자신은 생화를 가까이 할 수 없었다. 게다가 그는 병 때문에 많은 즐거움, 특히 사교와 여행의 즐거움을 단념할 수밖에 없었다. 그의 편지를 읽으면, 친구들이 모두 함께 놀러 나가는데, 자신만이 침대에 붙들려 있는 외로움을 끊임없이 호소하고 있다. 하지만 뒤집어 생각해보면, 그는 병 때문에 문학에 전념하고, 걸작을 완성할 수 있었다.

이 천식은 대체 왜 일어난 것일까? 병의 원인에는 다양한 설이 있어 단정할 수는 없지만, 아마도 이 병은 신경성으로, 어머니와의 애정을 둘러싼 갈등이 원인이었던 것 같다. 허약하게 자란 그는 2년 뒤에 태어난 동생과의 사이에서, 어머니의 사랑을 뺏고 빼앗기는 전쟁을 견디지 못해, 질병 속으로 도망침으로써 어머니의 애정을 독차지한 듯하다. 이후, 어머니는 마르셀에 대하여 동생과는 다른 각별한 배려를 아끼지 않게 된다. 따라서 천식은 마르셀의 존

15세 때의 프루스트

재 중심부에 뿌리내려 그 존재의 한 부분을 이루고 있었다고 할 수 있다.

프루스트의 유년시절은 일리에의 자연과 외할머니로부터 받은 선물들이 상징하다시피 분명 '황금의 유년기'로 지나간 한편, 너무 일찍 그의 평생에 어두운 그림자를 던지는 천식이라는 요소도 등장한다.

## 학창시절

### 콩도르세 중고등학교

병약한 소년도 취학 연령이 되자, 학교 교육을 받아야 했다. 먼저 파프 카르팡티에 초등학교를 2년 다닌 뒤, 그는 11세인 1882년 10월 콩도르세 중고등학교(그때는 퐁탄 중고등학교로 불렸다)에 입학했다. 이곳은 센 강 하류를 향하여 오른쪽 강변에 위치한 부르주아적인, 그리고 자유주의적인 교풍의 명문학교이다. 졸업생 명부를 보면 세 명의 공화국 대통령뿐만 아니라, 작가 공쿠르 형제,*¹ 문예평론가로 이름을 떨친 생트뵈브,*² 철학자 텐,*³ 베

---

* 1 Goncourt Frères, 19세기 프랑스 소설가. 형 에드몽과 동생 쥘의 합작으로 작품을 발표했고, 죽은 뒤에 공쿠르상이 제정됨. 주요저서 《샤를 두마이》, 《피로멘 자매》, 《르네 모프랭》.

* 2 Charles Augustin Sainte-Beuve (1804~69), 19세기 프랑스의 문예비평가·시인·소설가. 낭만주의를 대표하는 작가로 근대비평의 아버지로 불림. 주요저서 《포르루아얄》, 《문학적 초상화》, 《월요한담(月曜閑談)》 등.

르그송*4 등을 배출했다. 프루스트의 학우 중에는 로스차일드 집안의 아들과 나중에 사교계의 인기 화가가 되는 자크 에밀 블랑슈*5 또는 불바르 (Boulevard) 연극의 작가 뤼도비크 알레비의 아들이 있었다. 콩도르세 중고등학교는 생라자르 역의 맞은편, 르 아브르 도로에 있어서, 그 무렵 프루스트 가족이 살고 있던 말제르브 거리에서는 10분도 걸리지 않았고, 교풍도 프루스트 집안의 취향에 맞았던 듯하다. 성적은 대체로 나쁘지 않았지만, 꽤 들쭉날쭉했다. 병약해서 결석이 잦았으며, 한 번이었지만 낙제한 적도 있다. 또 자신이 좋아하는 과목만 공부했다고 한다.

## 콩도르세의 교사들

콩도르세 중고등학교는 교사도 우수했다. 라틴어의 빅토르 큐슈발, 국어의 막심 고셰와 같이 세상에 어느 정도 알려진 교사도 있었고, 이미 퇴폐적인 경향을 띠기 시작한 프루스트의 문장을 따뜻한 시선으로 봐주는 도량을 가진 교사도 있었다. 그러나 어린 프루스트에게 가장 큰 영향을 끼친 사람은 철학학급(6년차이자 최종학년)에서 가르친 철학교사 알퐁스 다를뤼일 것이다. 그는 〈도덕철학평론〉지의 창간에도 참여했던 뛰어난 철학자이고, 교사로서도 훌륭했다. 그리고 학생들의 답안을 그들의 눈앞에 대고 '병든 두뇌에서 태어난 관념'이라던가, '스가나레르의 철학'이라며 박살내버리곤 했다(스가나레르란 몰리에르의 연극 〈스가나레르 또는 마누라를 빼앗겼다고 생각하는 남자〉의 주인공).

프루스트는 다를뤼에게 끌리는 데가 있었는지 첫 수업 뒤, 조금 도를 넘는 칭찬의 편지를 썼을 뿐만 아니라, 나중에는 그의 개인교습까지 받게 된다(그는 지병 때문에 몇 명의 가정교사가 있었다). 프루스트는 개인교습 시간이 끝나도 선생의 집까지 이야기를 나누면서 따라가고, 현관에서도 그를 붙잡고 늘어졌다고 한다. 그는 다를뤼를 《장 상퇴유》에서 보리에 선생이라는 이름으로 비중 있게 다루고 있다. 다를뤼는 철학적인 문제를 시적으로 다룰

---

*3 Hippolyte-Adolphe Taine(1828~93), 프랑스의 철학자·역사가·비평가. 주요저서 《영국 문학사》, 《예술철학》, 《현대 프랑스의 기원》 등.

*4 Henri-Louis Bergson(1859~1941), 프랑스의 철학자. 1927년 노벨문학상 수상. 주요저서 《물질과 기억》, 《창조적 진화》, 《도덕과 종교의 두 원천》 등.

*5 Jacques Émile Blanche(1861~1942), 프랑스의 화가. 대표작 〈모차르트 '피가로의 결혼'의 케루비노〉 등.

**콩도르세 학교 하교시간**
프루스트가 다닌 이 학교는 센 강 오른쪽 기슭에 있으며, 분위기가 매우 자유로웠다고 한다.

수 있는 교사로, 이것이 프루스트에게 커다란 영향을 끼쳤다. 또 모든 것은 대상 속이 아니라 정신 속에 있다는 프루스트의 주관주의적인 관념론도 다를뤼에게서 받은 것이다.

### 샹젤리제의 친구들

이와 같이 그는 콩도르세 중고등학교 재학 중에 자신의 지적 세계를 크게 넓히는 한편, 가족으로부터 조금 떨어져서 또래의 친구들과 새로운 교류의 세계를 만들기 시작했다. 여기에는 평생 우정을 나누게 되는 이들도 있다. 국립중고등학교는 3시에 끝나므로, 소년들은 가까운 샹젤리제로 가서 나무들 사이를 뛰어다니며 놀았다. 이 소년들은 보통 유복한 유대인 가정 출신이어서 마르셀의 외가와 친분이 있는 아이들도 많았다. 그중에는 마르셀의 동생 로베르의 가정교사였다가, 나중에 파스칼의 《팡세》 교정판을 내게 되는 레옹 브룅슈비크,* 마침내 작가가 되는 루이 드 라 사르의 모습도 보였다.

물론 거기에는 소녀들도 있었다. 마르셀은 뒷날 대통령이 되는 페릭스 폴의 두 딸 앙투아네트와 뤼시와 친했다. 또 작품 속 주인공의 첫사랑인 질베르트의 공인 모델이었던 마리 드 베나르다키와 여동생 네리도 이때 만났다. 그녀들은 차(茶) 장사로 재산을 모았다는 폴란드 귀족의 딸이었는데, 어머니는 샴페인과 사랑 말고는 관심이 없기로 유명한 여성으로, 무척 아름답고 육감적이었다. 딸도 어머니를 닮은 듯하다. 그즈음 프루스트는 앙투아네트 폴에게 보낸 편지에서 다음같이 쓰고 있다.

"마리 베나르다키는 대단히 미인이고, 점점 풍만해집니다."

이와 같이 사춘기를 벗어나 한창 피어나던 아가씨는, 젊은 마르셀의 마음을 매혹했는지도 모른다. 또 이 아가씨의 가정은 도덕심 견고한 프루스트 집안과는 달리 돈도 충분히 있고, 인생의 향락을 제일로 여기는 듯했으므로, 그러한 가정의 존재 방식에 프루스트가 강한 호기심을 가지고 있었던 것으로 생각할 수도 있다.

### 동성애에 대한 깨달음

이 시절의 프루스트에게는 어떤 독특한 성적 성향이 나타나, 그것이 점차 그의 존재를 깊이 구성해 나가게 된다. 그는 중고등학교 친구 중에서도 특히 문예에 취미가 있는 학생에게 집착했다. 그리고 그들과 강한 우정의 연결고리를 만들려고 귀찮게 붙어 있거나, 자신을 어떻게 생각하고 있는지 집요하게 캐물었기 때문에, 친구들로부터 기분 나쁘다거나, 조롱당하는 처지에 놓이게 된다. 자크 에밀 블랑슈는 다음과 같이 쓰고 있다. "그의 유아적인 애정은 많은 오해를 부른다. 어린시절 그와 놀았던 한 사람이 우리에게 이야기해준 바에 의하면, 마르셀이 다가와서 그의 손을 잡고, 애정을 몽땅, 누구에게도 나눠주지 않고 자신한테만 주기를 바란다고 했을 때 두려움을 느꼈다고 했다." 이러한 지나친 '우정'으로의 몰입과 그것이 현실 속에서 환멸로 끝나는 상황을, 《장 상퇴유》에 작가 자신이 강한 분노를 담아서 써 나가고 있

---

* Léon Brunschvicg(1869~1944), 유대계 프랑스의 합리주의적 수리철학자. 주요저서 《팡세》, 《스피노자》, 《인간적 경험과 물리적 인과성》.

지만, 프루스트가 그 무렵 친구(극작가 뤼도비크 알레비의 아들인 다니엘)에게 보낸 편지에도 그러한 마음이 나타나 있다.

"너는 정말 훌륭해. 그 밝고 아름다운 눈은 네 정신의 섬세한 우아함과 아름다움을 비추어내고 있구나. 그렇다고 너의 정신이 모두 좋다는 것은 아니지만. 네 눈에 키스한 적은 없지만, 너의 몸과 눈은 마치 너의 생각처럼 우아하게 아름답고 가냘프구나. (……) 무릎 위에 앉게 해준다면, 네 생각을 좀더 잘 이해할 수 있을 것 같은데. 너의 생생한 정신과 가냘픈 몸은 나눌 수 없기에, 그 둘이 어우러져 있는 너라는 하나의 자아가 지닌 매력은 '사랑의 부드러운 기쁨'을 좀더 섬세하게, 좀더 풍요롭게 해줄 거야."

## 문학에 대한 깨달음

어릴 적부터 어머니와 할머니에게서 교육을 받은 그는 조르주 상드,[*1] 디킨스,[*2] 테오필 고티에,[*3] 조지 엘리엇,[*4] 거기에 《아라비안나이트》에 이르기까지 이미 많은 책을 읽었고, 또 책을 읽는 것이 병약한 그의 최대 즐거움이었다. 게다가 그는 뛰어난 기억력을 가지고 있었으므로, 샹젤리제의 나무 그늘에서 친구들을 앞에 두고 라신,[*5] 위고,[*6] 뮈세,[*7] 라마르틴,[*8] 보들레르[*9]의

---

[*1] George Sand(1804~76), 프랑스의 낭만주의 소설가. 주요저서 《앵디아나》, 《콩쉬엘로》, 《마의 늪》, 《사랑의 요정》 등.

[*2] Charles John Huffam Dickens(1812~70), 영국의 소설가. 주요저서 《올리버 트위스트》, 《위대한 유산》, 《크리스마스 캐럴》 등.

[*3] Théophile Gautier(1811~72), 프랑스의 소설가·시인·비평가. 주요저서 《알베르튀스》, 《모팽 양》, 《낭만주의의 역사》 등.

[*4] George Eliot(1819~80), 영국의 여류 작가. 주요저서 《플로스 강의 물레방아》, 《미들마치》, 《아모스 바튼》 등.

[*5] Jean-Baptiste Racine(1639~99), 프랑스의 극작가. 주요저서 《베레니스》, 《페드르》, 《에스테르》 등.

[*6] Victor-Marie Hugo(1802~85), 프랑스의 낭만주의 시인·극작가·소설가. 주요저서 《노트르담 드 파리》, 《레 미제라블》 등.

[*7] Louis-Charles-Alfred de Musset(1810~57), 프랑스의 낭만주의 시인·극작가·소설가. 주요저서 《세기아의 고백》, 《에스파냐와 이탈리아 이야기》, 《비애》 등.

[*8] Alphonse de Lamartine(1790~1869), 프랑스의 낭만주의 시인·정치가. 주요저서 《그라지엘라》, 《왕정복고사》, 《라파엘로》 등.

시구를 암송해 보임으로써 그들을 놀라게 했다. 그의 문학적 교양은, 어릴 때 어머니와 외할머니로부터, 그리고 중고등학교에서 교사로부터 주입된 프랑스 고전주의가 기본이지만, 10세 이후 《안나 카레니나》를 읽고, 1886년 15세 때에는 역사가인 오귀스탱 티에리*[10]를 집중적으로 읽는 등, 프랑스 소설에 한정되지 않은 폭넓은 교양을 가지고 있었다. 또 같은 시대의 고답파, 상징파 등의 문학 유파에도 관심이 있었다.

그러한 분위기 속에서 동인잡지가 속속 등장한 것은 당연한 일이다. 프루스트와 관계 있는 잡지만 보더라도, 〈월요평론〉, 〈제2학년 평론〉, 〈리라평론〉, 〈녹색평론〉이 있고, 이러한 풋내 나는 문학적 영위가 대학 시절의 잡지 〈향연〉으로 발전하게 된다.

〈향연〉은 페르낭 그레그, 마르셀 프루스트, 자크 비제, 다니엘 알레비, 로베르 드레퓌스 등이 회원으로, 거기에 레옹 블룸, 가스통 아르망 드 카이야베, 앙리 바르뷔스 등도 기고하여 만들어졌다. 잡지의 중심이 되어 실제 운영을 담당한 것은 페르낭 그레그이다. 잡지는 8호에 그쳤지만, 프루스트는 마테를링크와 몽테스키외*[11]를 생각나게 하는 세기말풍의 기괴한 문체로, 사교계 귀부인들과 드미 몽드(demi-monde, 고급 창녀) 등의 인물을 묘사해서 친구들을 크게 놀라게 했다.

동인은 거의 프루스트의 친구들이었으며, 성인이 되고 나서 경연극(輕演劇) 작가나 언론인이 된 사람도 많았다.


## 자아의 형성

프루스트는 1889년 10월 26일(18세)에 바칼로레아(프랑스의 대학입학 자격시험) 합격증을 받음으로써 중고등학교 생활에 마침표를 찍게 된다. 중고등학교 시절을 통해서 지성을 비약적으로 발전시켰지만, 그것은 학자가 되기 위한 교양이 아니라, 인생을 깊이 알고, 인생의 기쁨을 맛보기 위한 교양이었

---

*9 Charles-Pierre Baudelaire(1821~67), 프랑스의 시인. 주요저서 《악의 꽃》, 《파리의 우울》 등.

*10 Jacques Nicolas Augustin Thierry(1795~1856), 프랑스의 역사가. 주요저서 《프랑스 역사에 대한 공개장》, 《메로빙거 왕조시대의 이야기》 등.

*11 Robert de Montesquieu(1855~1921), 프랑스의 시인·비평가. 달타냥의 후예, 오랜 가문의 긍지를 가진 백작은 독자적인 심미안으로 많은 예술가를 후원했으며, 그의 독특한 존재는 문학자들에게 영향을 끼쳤음.

다. 또한 그것은 반드시 좁은 의미에서의 문학적인 소양에 한하는 게 아니라, 여러 방면에 걸친 것이었다. 그와 더불어 그는 자신의 독특한 성적 성향을 깨달을 수밖에 없었다. 이러한 자기 '발견'은 당연히 그에게 커다란 혼란을 일으키는 원인이었으리라. 그러나 그는 그러한 혼란을 헤치고 나아가 자아를 형성하게 된다.

**20세 때의 프루스트**
자크 에밀 블랑슈가 그린 프루스트의 초상화.

## 청년시절

### 오를레앙에서의 병역생활

콩도르세 중고등학교를 졸업한 프루스트는, 그 뒤에도 정치학 관련 학교에 등록하고, 소르본에도 다녔지만, 그의 생활은 더 이상 학생다운 것이 아니었다. 그는 이제 그 나름의 세상 중심으로 들어섰기 때문이다. 거기에 있었던 삶은 직업생활이 아니라 딜레탕트(호사가)의 사교생활이었다.

고등학교를 마친 그는 징병에 응해 1년 동안 병역생활을 하게 된다. 프루스트의 건강상태와 아버지의 영향력을 생각하면 병역면제도 가능했지만, 그러한 방법 대신 그즈음 자원하면 병역 기간이 3년에서 1년으로 단축되는 제도를 이용하여 본인이 적극적으로 나선 것이다. 그리하여 그는 1889년 11월 11일에 소집을 받아(18세), 같은 달 15일에 오를레앙 제76연대로 입대했다. 입대 기록에 의하면 머리는 밤색, 키는 168센티미터라고 되어 있다. 병사들은 병영 안에 머물러야 한다는 규칙이 있었지만, 그는 다른 몇몇 동료와 바니에 거리 92번지의 랑부아제 부인 집에 방을 얻었다. 또 천식 때문인지 아니면 아버지가 손을 쓴 덕분인지, 상관의 조치로 엄격한 훈련은 면제받은 듯하다.

프랑스의 군인, 특히 장교는 적어도 제1차 세계대전까지는 꽤 우아한 존재로, 지방 연대에서 일하면 그 지방의 사교계에 초대받는 것이 보통이었다. 젊은 프루스트처럼 한낱 병사에 지나지 않는 사람도, 부모의 소개 덕분인지, 지원병 동료인 메이라르그 등과 함께 루아르 지사 부그네르 씨에게 초대받곤 했다. 이러한 세계대전 전의 우아한 분위기 속에서 그는 군생활을 했다.

병약한 청년은 이렇게 주위의 따뜻한 배려와 우리로서는 상상하기 힘든 그 때의 군대 습관 덕분에, 수많은 프랑스 작가 가운데 군대에 대하여 가장 호의 적인 문학자가 된 것이다. 그는 《즐거움과 그 나날》에서 이렇게 쓰고 있다.

농민 출신의 또래들 중 몇몇은 너무나 순박하다. 내가 전부터 사귀어오 던 젊은이들과 비교하면, 신체는 더 아름답고 경쾌한 데다 정신은 더 독창 적이며, 마음은 더 자유롭게 드러나고, 성격은 자연 그 자체였다. (……) 지금 와서 생각하면, 모든 것이 한데 어우러져서, 이 시절의 내 생활을 일 련의 행복하고 매력이 넘치는 그림이 되게 해준다.

### 직업 선택

병역을 마친 뒤 프루스트는 1890년 11월부터 파리 대학 법학부에 다니게 된다. 아울러 정치학 자유학원에도 등록하여 1893년까지 다녔다. 또 소르본 문학부에서도 공부해 1895년에 철학 학사학위를 취득한다.

이때는 장래의 직업에 대하여 몇 가지 시행착오를 겪는다. 사실 그가 제대 로 된 직업을 찾는 이유는 부모의 강한 바람 때문이었다. 그래서 법학부에도 다니고 한때 공증인이 되려고 노력도 했지만, 금방 포기해버린다. 그 다음에 는 아버지의 연줄로 파리 마자린 도서관의 무급 사서로 채용되었다. 그러나 그는 무급이라는 것을 멋대로 해석해, 휴가를 얻어 어머니와 크로이츠나흐 (Kreuznach)로 휴양을 가거나 계속 출근하지 않고 휴가원을 마구 쓰다가, 결국은 단 하루도 근무하지 않고 퇴직해버린다.

이와 같이 그는 무서우리만큼 게으름뱅이였지만, 문학에 대해서는 결코 그렇지 않았다. 1896년에 《즐거움과 그 나날》을 출판했고, 이미 1895년부터 《장 상퇴유》 집필을 시작하여 하루에 네 시간 꼴로 일하고 있었다.

그러나 그 밖의 일은 전혀 하지 않았다. 부모의 탄식에 아랑곳없이 어떤 직업도 선택하지 않았다.

### 사랑에 굶주린 젊은이

그렇다고 해서 그가 윤리적인 의미에서의 의무 관념이 없는 인간이었는가

하면, 꼭 그렇지는 않았다. 그는 자기를 좀더 높일 수 있는 일과 훌륭하고 가치 있는 인간이 되는 일에 결코 무관심하지 않았다. 그리고 흔히 말하는 도덕심도 있었다. 프루스트가 현실세계에 들어갈 수 없었던 것은, 그의 병약한 체질과 현실적이지 못한 성격으로 말미암은 바가 크다.

**프루스트의 창작 수첩**
프루스트는 세로로 긴 멋진 수첩에다 자신의 착상과 메모를 적었다. 이 수첩들은 문학 살롱을 주최하던 스트로스 부인이 그에게 선물한 것이다.

이 무렵 그가 어떤 설문에 답한 것을 보면, 그가 어떠한 인물이고 무엇을 원했는지 잘 알 수 있다.

(당신 성격의 주된 특징은?) 사랑받고 싶은 욕구, 좀더 자세히 말하자면 다른 사람에게서 칭찬받기보다 사랑받고, 응석 부리고 싶은 욕구.
(남성에게 바라는 성질은?) 여성적인 매력.
(여성에게 바라는 성질은?) 남성과 같은 아름다운 점을 가지고, 친구와의 교제에서 솔직하기.
(친구들이 지니고 있는 것 중에 가장 높이 사는 점은?) 나에 대하여 상냥한 점. 그 상냥함의 가치를 인정하는 데 충분할 만큼 그의 인격이 훌륭하다는 전제하의 이야기이지만.
(주된 결점은?) 의욕을 가질 만한 능력이 없는 점, 의욕이 없다는 점.
(좋아하는 일은?) 사랑하는 것.

그가 가장 좋아하는 일은, '사랑하는 것'이었다. 그리고 그가 가장 좋아하는 것은 응석 부리고, 애무받고, 사랑받는 것이다. 여기에서 나타난 겉모습은 남자이지만, 마음은 더할 수 없이 여성스러운 한 인물이다. 일반적인 의미에서 일에 대한 전념이 절대로 불가능하고, 오히려 애정을 갈구하면서 살아가고 있는 한 젊은이의 모습이다. 이러한 성격은 평생 변하지 않는다.

### 친구의 어머니들

그는 중고등학교 시절 우정에 대한 지나친 집착 말고도 또 다른 이유로 친구들의 빈축을 샀다. 그것은 프루스트가 학우뿐만이 아니라, 그들의 어머니들에게도 집착했기 때문이다. 물론 이렇게 어머니들에게 아직 소년인 남자가 아무 때나 드나드는 것은 꽤 이상한 일이다. 프루스트는 보호받고 싶은 욕구가 강했기 때문에, 그러한 명사의 부인들 중에서 이상적인 어머니를 찾고 있었는지도 모른다. 그의 스노비즘(속물주의) 밑바탕에 오랜 전통과 힘을 가진 귀족에게 보호받고 싶은 욕구가 있었던 것 같다.

프루스트의 친구 자크 비제는 오페라 〈카르멘〉의 작곡가 비제의 아들이다. 그는 곧 이 친구의 어머니 살롱에도 드나들게 된다. 비제 부인은 남편과 사별한 지 얼마 되지 않아, 부자 변호사 스트로스 씨와 재혼하여 스트로스 부인이 되었다. 프루스트는 어머니뻘인 이 여성과 오래도록 교제를 하게 된다. 더욱이 그는 가스통 드 카이야베의 어머니 카이야베 부인의 집에도 드나들었는데, 그녀는 대작가 아나톨 프랑스의 정부였다.

프루스트 같은 평민 젊은이가 불완전하게나마 사교계에 자리를 잡으려면 다른 사람보다 몇 배로 노력해야 했다. 그가 자기 특기로 내세웠던 점은 물론 뛰어난 지성과 감수성이지만, 흉내내는 재능도 이용했었다. 그는 사교계 최고 미인으로 유명했던 그레퓔르 부인의 아름다운 목소리를 흉내내거나, 프루스트를 비호하게 된 마들렌 르메르 부인의 말투를 과장해서 흉내내곤 했다.

### 마들렌 르메르

프루스트가 사교계에 깊숙이 들어갈수록 그의 생활에 더 큰 영향력을 가졌던 여인이 있다. 바로 르메르 부인이다. 그녀는 매주 화요일에 예술적인 작은 살롱을 열었다. 또한 수채화를 잘 그렸고, 특히 장미 그림에 뛰어났다.

신(神) 다음으로 많은 장미를 그렸다고 말하는 사람이었다. 프루스트는 이 살롱에서 알게 된 레이날도 앙(가곡 작곡가로 이름을 높이고, 만년에는 오페라 극장의 지배인이 된다)과 함께 파리에서 동쪽으로 수십 킬로미터 떨어진 레베이옹에 있는 르메르 부인의 별장으로 초대되거나 또는 부인의 그룹과 함께 노르망디 지방의 디에프로 놀러가곤 했다. 여기서 그는 나폴레옹의 조카딸인 마틸드 대공비와 가까워져서 게르망트 공작부인의 주요한 모델이 되는 그레퓔르 백작부인과 슈비네 부인을 처음으로 만나게 된다.

르메르 부인은 프루스트의 처녀작품집 《즐거움과 그 나날》의 삽화를 그려준다. 부인은 그가 세상 밖으로 이름을 내놓을 즈음에 지지해주었던 사람으로, 프루스트는 이 점을 대단히 고마워했다. 실제로 처음에 그의 처녀작품집 제목을 부인의 별장과 연관지어 《레베이옹의 성》이라 붙였을 정도였다. 또한 《장 상퇴유》에서 마들렌 르메르는 권세에 굴하지 않는 대귀족 레베이옹 공작부인으로 등장하여 주인공에게서 따뜻한 비호를 받으며, 레이날도 앙은 공작부인의 아들 앙리 드 레베이옹이 되어, 두 사람은 매우 이상적인 모습으로 작품 속에 나온다.

한편 부인은 꽤 독점욕이 강한 성격으로, 프루스트는 무언가에 대해 명령받거나 레이날도 앙과의 관계까지도 여러 가지 말참견을 당한 듯하다. 그는 나중에 〈스완의 사랑〉에서 마들렌 르메르를 독재적이며 질투심 강한 베르뒤랭 부인으로 만들었다. 그리고 사랑하고 있을 때에는 그를 실컷 괴롭혔던 (그보다는 사람을 사랑할 때 프루스트는 언제나 지독하게 괴로워했다) 레이날도를 경박한 오데트라는 고급 창부로 만든 것이다.

## 레이날도 앙

레이날도는 베네수엘라 출신의 유대인으로, 1894년 마들렌 르메르의 집에서 프루스트와 알게 되었을 때는 19세였다. 이때 프루스트는 23세였다. 이 만남을 시작으로, 프루스트가 나이 어린 청년에게 집착하는 경향이 나타난다.

레이날도는 파리의 고등음악원(콩세르바투아르)에서 학구적인 음악 교육을 받았고, 생상 등의 제자였지만, 사교계를 좋아했으므로 르메르 부인의 살롱에서 베를렌의 시에 곡을 붙인 〈샹송 그리즈〉를 직접 피아노 치면서 불렀다. 프루스트는 뤼시앙 도데에게 관심을 옮기기까지 2년 동안 그를 열렬히 사랑했고, 그 뒤에도 생을 마칠 때까지 친구로서 계속 교류하게 된다.

1895년에는 둘이서 브르타뉴를 여행했고, 이 여행의 경험은 《장 상퇴유》 속에 강하게 각인된다. 레이날도는 자크 드 레베이옹으로 등장할 뿐만 아니라 몇몇 인물, 그리고 아마 장에게 사랑받는 여성 프랑수아즈에게도 자신을 빌려주고 있다.

프루스트는 만년이 되어, 밤중에 찾아온 레이날도에게 생상의 소나타를 몇 번이나 연주해달라고 청했다. 그것은 《잃어버린 시간을 찾아서》에서 연주되는 스완과 오데트의 〈사랑의 국가〉의 심상을 불러일으키기 위해서였다고 추측되지만, 예전 두 사람의 일을 추억하기 위해서이기도 했다.

### 로베르 드 몽테스키외 백작

프루스트가 마들렌 르메르 저택에서 알게 된 제일 대단한 인물은 몽테스키외 백작이다. 로베르 드 몽테스키외는 프랑스에서도 가장 오랜 가문의 대귀족으로, 사교계에서 굉장한 권세를 자랑하고 있었다. 한편 몽테스키외는 시인으로서 《박쥐》, 《파란 수국》 등의 시집을 내고, 에밀 갈레*[1]를 편들어 감싸주는 등 아주 우아한 취미를 가진 인물로 명성을 높이기도 했다. 위스망스*[2]가 쓴 소설 《거꾸로》에서 도착(倒錯)적이고 인공적인 삶을 사는 주인공인 데 제생트는 몽테스키외를 모델로 했다고 한다. 그는 베르사유의 저택에서 곧잘 향연을 열었다. 또 동성애자로도 유명하고, 미남 비서 가브리엘 이틀리를 거느리는 등, 젊은 남자에게 애정을 쏟아 감싸 보호하는 것을 좋아했다. 이를테면 프루스트가 소개했다고 알려진 피아니스트 레옹 드라포스는 오랫동안 몽테스키외와 관계가 있었으며 그의 비호를 받았다. 그 뒤, 그가 떠났기 때문에 두 사람은 무서운 적이 되었다. 드라포스는 소설 속의 연주가 모렐의 모델이 되었다.

프루스트에게 이 인물은 사교계의 대립자로서 아버지처럼 그를 감싸주고 보호해주었을지도 모르는 중요한 인물이었다. 한편 흉내내는 데 재능이 있었던 프루스트는 몽테스키외가 없는 곳에서 귀에 거슬리게 높은 톤의 목소리와 웃음소리, 말하는 스타일까지 똑같이 흉내냈다. 상반신을 뒤로 젖히고

---

*1 Emile Galle(1846~1904), 프랑스의 유리공예가.

*2 Joris-Karl Huysmans(1848~1907), 프랑스의 소설가. 주요저서 《피안》, 《수도자》, 《거꾸로》, 《대성당》 등.

또각또각 발끝으로 바닥을 두드리며, 눈에 미소를 띤 채 손가락 끝을 신경질적으로 움직이는 것까지 그대로였다. 이것이 여러 살롱에서 호평을 얻어 그의 특기가 되었다. 물론 그러한 행위는 몽테스키외에게도 알려져 대귀족의 격렬한 노여움을 사기도 했다.

한편으로 프루스트에게는 같은 취향을 가지고 있으면서 문예계와 사교계라는, 프루스트가 가장 동경하고 있던 두 세계에서 화려한 성공을 거둔 몽테스키외는 심리적으로 하나가 될 수 있는 이상적인 인물이었다. 그러한 점에서 그는, 강한 관심을 가지고 몽테스키외를 관찰했던 것이리라.

**몽테스키외 백작**
탐미주의 시인, 평론가. 사교계의 신사로서 시단에 군림했고, 프루스트와 친하게 지냈다. 프루스트의 작품에 샤를뤼스 남작의 모델로 등장한다.

몽테스키외는 화를 잘 내서 그와 사귀는 것은 굉장히 힘든 일이었지만, 두 사람의 교제는 몽테스키외가 죽을 때까지 이어졌다. 《잃어버린 시간을 찾아서》의 대귀족 샤를뤼스 남작은 로베르 드 몽테스키외를 주요 모델로 삼고 있다. 하지만 샤를뤼스는 실제의 몽테스키외를 꽤 희화화하고 있어서, 이 등장인물을 중심으로 실제 인물을 상상하기는 조금 어렵다. 마들렌 르메르를 희화화해서 작품 속의 베르뒤랭 부인을 만들어낸 것처럼, 그는 한때 도움을 주었지만 굴욕적인 체험도 함께 맛보게 해준 사람들을 작품에서 많이 왜곡해서 그려내고 있다.

그러나 프루스트는 몽테스키외에게 심리적으로 일체화하고 있었으므로 그가 창조한 샤를뤼스 남작에게는 상당 부분 프루스트 자신이 들어 있다는 점을 잊어서는 안 된다.

## 프루스트와 드미 몽드

이처럼 프루스트는 사교계(르 몽드)에 드나들게 되었지만, 그것에 따라서 드미 몽드와의 사교도 조금씩 늘어났다. '드미 몽드', 일명 '코코트(cocotte)'라는 것은 직역하면 '반쪽 사교계'라는 기묘한 의미가 되지만, 사교계 주위에 있으면서 귀족과 대부르주아의 주변인인 듯한 여성을 말한다. 《잃어버린 시간을 찾아서》에서는 드미 몽드로서 확실히 나오는 한 여성이 있다. 어느 날 아직 어린 주인공은 종조할아버지 집에 놀러갔다가 장밋빛 드레스를 입은 아름다운 부인에게 강한 인상을 받게 된다(이 부인은 사실 오데트이다). 주인공의 가족은 이 이야기를 듣고, 그 뒤 종조할아버지와 교제를 끊어버린다.

이 일화를 통해 작가는 주인공 가족의 도덕적 결벽을 보여주고 싶었을 것이다. 사실 프루스트 집안은 도덕적으로 흐트러지지 않은 가정임에 틀림없지만, 반드시 그 무렵 풍속과 전혀 무관했던 것은 아니었다. 먼저 이 장밋빛 부인의 모델이 된 사람은, 프루스트의 진짜 작은아버지인 조르주 베이유가 감춰두었던 로르 에망이라는 여성이지만, 이 여성은 조르주 베이유가 죽은 뒤에도 프루스트와 계속 교제를 해서, 아드리앙 프루스트 박사가 세상을 떠났을 때에는 아름다운 화환을 보냈다고 했다. 프루스트 집안과 그녀의 관계는 서로 어려워하기는 했어도 나쁘지는 않았던 것이다. 프루스트는 아름다운 것을 아주 좋아했으므로, 당연히 미인도 굉장히 좋아했다. 그는 때때로 친구들을 집으로 초대하여 저녁 식사를 함께하곤 했는데, 여기에는 코코트들도 불러서 프루스트 부인은 이 모임을 '코코트들의 만찬회'라고 이름 붙였다. 그리고 1897년 여름에는 레이날도 앙의 소개로 유명한 '드미 몽드'인 메리 로랑(Mery Laurent)도 만나게 된다. 그녀는 지난날 화가 마네[1]와 시인 말라르메[2]의 정부였던 적이 있었고, 이 무렵에는 레이날도와도 친했다. 그러나 그가 가장 친하게 사귄 드미 몽드는 프루스트가 30대에 자주 오가게 되는 루이자 드 모르낭일 것이다. 불바르 연극의 단역배우인 그녀는 젊고 사랑스러운 미인으로, 프루스트의 친구 루이 달뷔프라의 연인이었다. 프루스트는 친구의

---

[1] Edouard Manet(1832~83), 프랑스의 인상주의 화가. 대표작 〈풀밭 위의 점심〉, 〈올랭피아〉, 〈아르장퇴유〉 등.

[2] Stéphane Mallarmé(1842~98), 프랑스의 상징주의 시인. 주요저서 《목신의 오후》, 《말라르메 시집》, 《던져진 주사위》 등.

정부나 약혼자에게 강한 애착을 느끼는
버릇이 있어서, 가스통 드 카이야베와 약
혼한 잔 푸케에게 집착해서 미움을 받기
도 했다. 루이자의 경우도 그 일례이지
만, 프루스트는 두 연인 사이에 섞여 함
께 노는 것뿐만 아니라, 루이 달뷔프라가
그녀를 버리고, 어느 귀족 딸과 결혼하기
로 마음먹었을 때에 일으킨 큰 싸움의 중
재까지 맡았다. 루이자가 극작가협회
회장이던 로베르 가냐의 정부가 된 뒤에
도 프루스트와의 교제는 계속되었다.

그레뷀 백작부인
벨 에포크 시절 파리 사교계의 꽃이었고,
《잃어버린 시간을 찾아서》에 나오는 게르망
트 공작부인의 모델이다.

　프루스트와 루이자의 관계는 꽤 미묘
했는데, 그녀는 프루스트가 죽고 나서
어느 질문에 답하기를, 프루스트와의 사
이는 '애정 같은 우정'이었다고 했다. 프루스트가 진정으로 사랑했던 대상은
몇몇 동성 친구와 어머니뿐이었지만, 그 밖의 여성과의 관계가 순수하게 정
신적인 것으로 멈추었는지 아닌지는 알 수 없다.

### 프루스트와 사진

　프루스트는 지인의 초상 사진을 모으는 취미가 있었다. 주로 로르 에망과
루이자 드 모르낭과 같은 드미 몽드의 사진과 사교계 귀부인 사진을 모았다.
친구 기슈 공작이 그레뷀 백작부인의 딸 엘렌 그레뷀과 결혼했을 때, 프루스
트는 백작부인에게 이런 말을 해서 크게 웃게 만들었다. "기슈가 결혼한 이
유 중 하나는, 당신의 사진을 손에 넣기 위해서지요." 또 그는 질베르트의
모델 가운데 한 사람인 잔 푸케의 사진을 얻기 위해 여러 방면으로 손을 썼
고, 그 딸 시몬 드 카이야베에게도 편지를 써서 사진을 부탁했다.

　그는 손에 넣은 사진을 주의 깊게 바라보고, 그 초상에 숨겨져 있는 것을
알아내려 했다. 사진은 실제로 마주하는 사람과는 다르게 편할 때 볼 수 있
다는 점 때문인지, 아니면 그를 시끄럽게 만드는 게 없어서였는지, 표현되는
인물의 존재를 마음 가는 대로 맛볼 수 있었다. 병약하고 신경질적인 프루스

트에게 현실은 너무나도 가혹하게 느껴졌다. 그래서 그는 실재 사람들과의 교류를 강하게 원하면서도, 그것을 굉장히 고통스럽게 여기기도 했다. 다른 한편으로 그는 부재의 것을 떠오르게 하는 대단한 능력을 가지고 있어, 눈앞에 있으면서 부재인 사진을 좋아했다. 이러한 경향은 그에게 본질적인 것이었고, 생각해보면 그의 주된 저서에도 한결같이 '동경'과 '회상'이라는 2대 원리가 나온다. 이러한 것들은 모두 부재이면서 눈앞에 있다는 성격을 지닌다. 프티트 마들렌 등은 그것을 위한 장치인 것이다.

### 드레퓌스 사건

이와 같이 그가 사교에 미쳐 있는 사이, 프랑스를 둘로 나누는 커다란 정치적 사건이 일어나서, 젊고 혈기 왕성한 프루스트도 그 투쟁의 소용돌이 속으로 뛰어들게 된다. 이것이 드레퓌스 사건이다.

알프레드 드레퓌스는 유대인으로, 프랑스군의 대위로 복무하고 있었지만, 원죄(冤罪) 사건에 휘말려서 억울하게 감옥에 갇힌다. 그러나 재판의 부당성이 분명해지고, 재심을 요구하는 목소리가 높아지자, 오히려 강한 반(反)유대 감정을 불러일으켜서, 사건은 나라를 둘로 갈라놓는 대소동으로 번진다.

사건 전말은 다음과 같다. 1894년에 프랑스 군사기밀이 독일 측으로 새나가고 있는 것이 발각되고, 필적 때문에 알프레드 드레퓌스가 체포되어, 종신형에 처해졌다. 1895년 이 범죄의 동기에 대한 조사 명령을 받은 조르주 피카르 소령은, 재조사 과정에서 진범 에스테라지를 적발한다. 그러나 드레퓌스를 유죄로 믿고 있던 앙리 소령은 드레퓌스와 피카르를 동시에 몰아넣기 위해 적극적으로 거짓 증거를 꾸미기 시작했다. 1897년 11월에 드레퓌스의 동생이 진짜 범인의 필적을 발표함으로써 사건은 널리 일반에게 알려지게 된다. 사건 확대를 두려워한 권력 측은, 오히려 1898년 1월에 피카르를 체포했다. 에밀 졸라의 유명한 '나는 고발한다!'가 〈로로르(L'Aurore, 여명)〉지에 실린 것이 이때이다.

어머니가 유대인이었던 프루스트는, 일찍부터 이 사건에 관계하고 있었다. 그는 친구와 함께 아나톨 프랑스에게 재심 청구를 위한 서명을 받으러 가거나, 또는 에스테라지가 자기 '무죄'를 증명하기 위해 재판을 요구하고 실제로 무죄판결을 받은 1월에는, 콩도르세 중고등학교 동창생으로 유대인인 페르낭 그레그, 로베르 드레퓌스, 다니엘 알레비 등과 매일 밤 데 바리에테 카페에 모여서 계몽 운동 작전을 연습하곤 했다. 그들이 시작했던 서명 운동에는 소르본 교수들이 반 정도 뜻을 함께했다. 에밀 갈레, 화가 모네도 가담했다. 그리고 프루스트는 졸라의 재판이 계속되는 사이에, 매일같이 파리 고등법원을 드나들게 된다.

이 드레퓌스 사건의 추억은 《장 상퇴유》 속에서 크게 문제삼고 있지만, 《잃어버린 시간을 찾아서》에 이르면 사교계의 화제로 다뤄져, 직접 얼굴을 드러내는 일은 없게 된다. 몇십 년에 다다르는 세월이 프루스트의 생각하는 법을 바꾸었다. 하나는, 문학처럼 내면적인 활동을 꾸려나가는 데 정치적인 활동을 직접 문제삼을 필요는 없다고 생각하게 된 것이고, 또 하나는, 그가 정치적으로 보수화하고, 우익단체 악시옹 프랑세즈의 기관지를 정기구독할 정도가 되었으므로 드레퓌스 사건에 대한 생각도 자연히 변하게 된 점도 있다.

## 러스킨 순례

1898년 전반, 아직 드레퓌스 사건에 열중하고 있을 무렵, 그의 지적 관심의 영역에 새로운 요소가 더해진다. 바로 영국의 미술비평가이자 사회사상가 존 러스킨이다. 그는 위대한 저술 《근대 화가론》에서 당시의 신진 화가 윌리엄 터너에 대한 평가를 확립했을 뿐만 아니라, 《라파엘 전파론》에서 이 파의 화가들을 일반에게 인정받게 하는 데 공헌했다. 또한 《참깨와 백합》 같은 독서론, 《베네치아의 돌》, 《아미앵의 성서》와 같은 도시론, 건축론을 썼다. 더욱이 《건축의 칠등(七燈)》에서는 미의 양식과 사회 사이의 상관관계를 설명하는 등 사회에 대한 관심도 강해서, 버나드 쇼가 그를 마르크스와 비교할 정도였다.

그때까지의 영국 미술비평이 추상적으로 설정된 미의 기준을 바탕으로 작품을 평가했던 것에 비하여, 러스킨은 작품이 얼마만큼 자연을 충실하게 재현하고 있는가, 얼마나 생명의 힘을 표현하고 있는가를 비평 기준으로 삼았다. 그의 비평 근본에는 종교적인 정열이 있어, 그것을 바탕으로 사회에 대한 관심도 가지는 것이다.

프루스트는 이 무렵부터 급속도로 러스킨에게 관심을 가지게 되어, 몇 개의 저작물과 소개서를 읽게 되었다. 그리고 마침내 번역에 손을 대기에 이른다. 그러나 러스킨에 대한 프루스트의 관심은 이 영국의 비평가가 뽑아내는 자연, 건축물, 도시의 매력이라는 심미적 측면으로 향하고 있었다. 그는 러스킨에 의하여 베네치아, 아미앵이라는 도시에 한층 더 흥미를 가지게 되고, 러스킨의 책을 가이드북 삼아, 이 도시들을 방문했다.

이러한 도시의 발견은 프루스트에게 있어서 커다란 의미를 가지고 있다. 베네치아는 1천 년의 화려한 역사를 가진 도시이기 때문에 특별히 러스킨의 힘을 빌리지 않고도 충분히 사람을 끌어들일 수 있지만, 아미앵은 커다란 카테드랄(대주교가 있는 성당)이 있을 뿐이므로 일반 사람들에게는 그냥 프랑스의 시골 마을에 지나지 않았다. 이 마을에 러스킨이 보내온 편지 한 통의 의미는 컸다. 프루스트는 이렇게 말하고 있다.

"사람이 베네치아에 간다 또는 암스테르담에 렘브란트를 보러 간다고 하면, 이것을 들은 사람은 그대로 이해한다. 그러나 아미앵에 대성당을 보러 간다든가, 브르타뉴의 펜마르크(Pennemarck)에 태풍을 보러 가는 것도, 그것과 마찬가지로 가치가 있다."

결국 프루스트는 영국인 러스킨에 의하여, 프랑스 중세 고딕의 가치를 발견했다. 그는 같은 해인 1898년 5월쯤에 로베르 드 비이에게서 빌린 에밀 말의 명저《프랑스 13세기의 종교예술》을 읽기 시작한다. 이러한 중세 고딕에 대한 연구는《잃어버린 시간을 찾아서》가 가진 시간성에 깊이를 더해준다.

러스킨과 프랑스 고딕에의 관심으로부터, 이른바 러스킨 순례라고 할 수 있는 여행이 시작된다. 먼저 1900년 1월에는 레옹 이트망 부부와 함께 루앙 마을을 방문해, 러스킨이《건축의 칠등》에서 말한 대성당의 기괴한 작은 형상을 발견하거나, 러스킨을 안내한 적이 있는 상투앙 사원의 당지기와 이야기를 나누며 기뻐하기도 했다. 또 같은 해 5월과 10월에는 베네치아로 간다. 그리고 1901년 1월에는, 레옹 이트망과 함께 아미앵에 가기도 했다.

### 마리 노드링거

이 무렵 영국인 마리 노드링거가 프루스트의 생활에 어느 정도 중요성을 갖게 된다. 그녀는 레이날도 앙의 사촌이고, 작은 몸집의 총명한 여성이었다. 맨체스터의 미술학교를 나온 뒤, 파리로 와서 1902년부터 미술품 소개로 유명한 지크프리트 빙의 가게에서 금속조각 일을 하게 된다. 프루스트와는 아마도 1898년 12월, 레이날도 어머니의 살롱에서 알게 되었을 것이다.

러스킨과 같은 나라 사람이고, 이미 러스킨을 연구해서 어느 정도의 지식을 갖추고 있던 마리 노드링거는, 이런 미의 탐구자에 대한 다양한 지식을 프루스트에게 줄 수 있었다.

더욱이 프루스트가 가려던 아미앵, 생 르 드 노 성당 등을 이미 방문한 뒤이기도 해서, 성당에 대한 지식으로도 프루스트를 기쁘게 할 수 있었다. 그뿐 아니라, 그녀는 프루스트의 러스킨 번역을 도왔다. 특히 1903년에는 자주 프루스트의 집을 방문하여 번역을 돕는 데 열중했다. 《잃어버린 시간을 찾아서》의 첫머리에서 중요한 촉매제 구실을 하는 일본 수중화(물을 묻히면 퍼지는 종이꽃)를 프루스트에게 선물한 사람도 마리 노드링거이다.

### 비베스코 형제와 페늘롱

프루스트는 1898년쯤에 비베스코 형제와 알게 되어, 그들의 소개로 베르트랑 드 페늘롱을 만나게 되었다. 비베스코 형제는 루마니아 귀족의 자제로, 외교관이 되기 위해 파리에 유학 와 있었다. 그들의 어머니 엘렌은 루마니아 출신의 여류시인 안나 드 노아유*의 사촌자매이다. 프루스트는 노아유 부인에게 소개받아서 그들과 알게 되었다. 또 베르트랑 드 페늘롱은 17세기 명저 《텔레마크의 모험》의 저자로 유명한 캉브레의 대주교 페늘롱의 자손이었다. 비베스코 형제와 페늘롱은 자신들만의 배타적인 그룹을 만들었지만, 거기에 프루스트가 섞여드는 건 허락했다. 비베스코 형제 중에 동생인 에마뉘엘은 중세 교회에 대한 지식이 있어서, 그러한 점에서 프루스트에게 자극이 되기도 했다. 한편 프루스트와 가깝게 지낸 쪽은 형인 앙투안이다. 앙투안은 온화한 성격으로, 프루스트가 비밀을 털어놓는 상대, 이를테면 상담사 역을 떠맡게 된다. 그러나 프루스트가 정말 사랑한 이는 금발과 푸른 눈의 전형적인 귀족적 용모의 소유자인 베르트랑 드 페늘롱이다.

### 네덜란드 여행

페늘롱은 외교관으로 유럽 전역을 여행하는 일이 많았다. 거기에 따라갈

---

* Anna de Noailles(1876~1933), 프랑스의 소설가. 주요저서 《헤아릴 수 없는 마음》, 《광채》, 《고통이라는 명예》 등.

수 없는 프루스트는 전해듣는 말만으로 시적 상상력을 자극받고 있었지만, 단 한 번 바라던 대로 그와 함께 2주일이 넘도록 여행을 떠난 적이 있다.

그들은 프루스트가 31세였던 1902년 10월에 벨기에와 네덜란드로 여행을 가서, 브뤼헤(브뤼주, 벨기에)를 돌아, 로테르담, 헤이그(덴 하그, 네덜란드)를 거쳐 암스테르담을 걸었다. 헤이그에서는 얀 베르메르 전시회에서 〈델프트 풍경〉을 보고 감탄한다. 뒤에 다시 보게 되는 이 그림은 〈베르고트의 죽음〉의 소재가 되었으며, 프루스트의 마지막 실제 상황이 되기도 한다.

네덜란드 여행 중에는 무척 건강했고, 천식 발작도 없었다. 그러나 아마도 페늘롱이 도중에 그를 두 번이나 혼자 있게 하고 누군가를 만나러 갔기 때문일까, 프루스트는 정신적 혼란에 휩싸였다. 그리고 두 사람의 관계는, 귀국한 뒤 차갑게 식어버린다.

베르트랑 드 페늘롱은 1912년판 《잃어버린 시간을 찾아서》의 여주인공 마리아의 주요 모델이 된다.

## 부모의 죽음

1903년 11월 3일 아버지가 근무처인 병원에서 쓰러져 26일에 사망했다. 이 죽음은 한결같이 남편을 존경하던 프루스트 부인에게 엄청난 충격이었다. 부인은 1898년에 암 수술을 받았고, 그것이 뒤에 결국 부인의 생명을 앗아갔다. 1905년 9월에 부인은 요양을 하기 위해 마르셀과 함께 에비앙으로 떠났지만, 도착하자마자 병이 나, 의사인 아들 로베르가 마중 나와야만 했을 정도였다. 그리고 9월 26일 자택에서 숨을 거두었다.

어머니의 죽음은 프루스트에게 엄청난 충격을 주었다. 그는 거의 한 달 동안 모든 것에 손을 놓고 지냈지만, 곧 조금씩 다시 살아갈 의지를 보이기 시작했다. 건강을 회복해야만 어머니와 약속했던 요양원에 들어갈 수 있었다. 그는 12월 6일, 불로뉴 쉬르 센에 있는 솔리에 박사의 요양원에 6주 예정으로 입원한다. 이 입원은 어머니의 희망을 실현하는 일이었지만, 동시에 어머니의 죽음 때문에 실현될 수 있었던 것이다. 프루스트가 여행을 떠나 긴 시간 집을 비울 수 없었던 까닭은, 물론 병약하기 때문이기도 하지만, 어머니와 오랜 시간 떨어져 지내는 것이 힘들어서이기도 했다.

## 어머니의 죽음과 자기해방

어머니의 죽음으로 프루스트의 청춘도 끝났다. 청춘 시절, 그는 병약하면서도 사교계에 드나들며, 연극과 오페라를 관람하고, 여행하며, 몇 번인가 사랑도 했다. 그러나 그러한 화려한 인생은 끝났다. 그를 떠받치고 있던 근본이 무너졌기 때문이다. 그 뒤 그는 17년을 더 살아가지만, 그 17년은, 그때까지의 인생을 돌아보고, 오직 소설을 쓰기 위해 소진되는 시간일 뿐이었다.

한편으로 어머니의 죽음은 그의 생활에 있어서 해방이기도 했다. 그녀가 세상을 떠남으로써 프루스트에게는 더 이상 두려울 게 없었다. 그 뒤, 그는 실제로 소돔의 지옥에 빠져 들어간다. 그리고 어머니의 죽음은 그의 창작활동에 있어서도 해방이었다. 그는 이제 아무것도 거절하지 않고, 무엇이든 자유롭게 쓸 수 있었다.


# 창작시절

## 코르크판을 댄 방으로 이사

어머니가 죽은 충격에서 벗어나서, 부모의 죽음과 연관되는 주변을 정리하는 것만으로도 1년 이상의 세월이 필요했다. 그는 1907년부터, 소일거리처럼 여러 작가를 묘사하기 시작하는데, 이것이 바탕이 되어 《생트뵈브(Sainte-Beuve) 비판》이라는 작품이 만들어지고, 이 작품이 차츰 대작 소설로 발전하게 된다. 일단 소설을 집필하기 시작하면, 그는 코르크판을 댄 방에 틀어박혀서 오직 걸작의 창조에만 온 힘을 쏟았다. 그것 말고 다른 일은 전부 부수적인 것이었다. 물론 이때에도 다양한 위안이 있었고, 또 누군가를 사랑한 적도 있었다. 그러나 그러한 것들조차 모두 작품을 쓰는 데 이용되었다.

부모의 잇따른 죽음은, 그의 물질적인 생활에도 영향을 주었다. 프루스트 가족이 살고 있었던 쿠르셀 거리 45번지의 아파트는, 혼자 살기에는 너무 컸다. 그래서 프루스트는 오스망 거리 102번지 2층에 있는 아파트로 거처를 옮겼다. 이 아파트는 예전에 어머니의 큰아버지 루이 베이유가 소유하던 것으로, 외가인 베이유 집안의 추억이 잔향처럼 떠다니고 있었기 때문이었다. 그는 이곳에서 12년 6개월 동안 살며, 《잃어버린 시간을 찾아서》의 반 이상을 쓰게 된다. 잡음에 과민했던 그는 방에 코르크를 붙이고, 밤낮이 바뀐 생활을 하면서 창작에 힘썼다. 이곳에서 프루스트는 가정부 셀레스트 알바레의 시중을 받으면서, 그 나름대로 충실한 생활을 보내게 된다.

그러나 미리 그 뒤의 일을 말하자면, 1919년에 이 아파트의 최대 권리자인 어머니의 큰어머니 조르주 베이유 부인이 프루스트에게 한마디 의논도 없이 아파트를 팔아버린다. 그래서 더 이상 이곳에 살 수 없게 된 프루스트는 6월에 로랑 피샤(Laurent-Pichat) 거리 8-2번지에 있는 여배우 레잔의 저택 5층을 빌려서 이사했다. 하지만 이곳도 잡음이 심해, 10월에는 아믈랭 (Hamelin) 거리 44번지로 이사했다. 그곳에서 그는 죽음을 맞이하게 된다.

## 카부르에 머물다

프루스트는 1907년 여름부터 다시 바캉스를 다닐 수 있을 정도로 몸과 마음이 회복되었다. 그는 그해부터 1914년까지 매년 노르망디의 피서지 카부르로 바캉스를 떠났다. 《잃어버린 시간을 찾아서》에서 피서지 발베크의 주요한 모델이 되는 카부르는 브르타뉴와 비슷하게 높이 20~30미터의 작은 언덕이 바다에 가로질러 있었다. 곳곳에 있는 작은 줄기의 강어귀에는 거친 모래 해변이 펼쳐져 있고, 사람들은 어업으로 소박하게 생활을 꾸렸다. 이 근처의 자연은 너무나 훌륭해서, 날씨 좋은 여름날 저녁 무렵이면 바다 건너로 붉게 물든 석양에 잠겨, 가벼운 대기가 마치 금가루를 바른 듯이 반짝거리곤 했다.

프루스트는 카부르에서도 최신식 설비를 갖춘 그랑 호텔에 머무는 동안, 호텔에 찾아오는 근교의 시골 신사와 2류 귀족과 정체 모를 남녀를 관찰하여 작품 속에 담아냈다. 그뿐만 아니라 카부르 주변의 오래된 마을도 차례차례 방문했다. 프루스트는 번영했던 바이킹의 독립왕국 흔적이 남아 있는 캉 (Caen), 바이외, 리주, 파레즈, 퐁 드 메르, 에뷔르, 디브 쉬르 메르(Dives -sur-Mer) 마을을, 차와 운전사를 구해서 다녔다.

## 디브 쉬르 메르

이러한 도시순례는 기분전환의 의미도 있었겠지만, 러스킨 이래의 성당탐방이라는 의미도 있었다. 프루스트는 《프랑스 13세기의 종교예술》의 저자 에밀 말에게 '지방색 짙은 발자크풍의, 옛날 그대로의 모습을 간직하고 있는 마을'이 있다면 알려주길 바란다고 문의하면서, '노르망디의 쉘부르는 어떨까'라고 쓰고 있다. 그는 여기에서 자기 작품의 무대가 될 만한 마을을 찾고 있는 것이다. 실제로 이미 말한 마을 가운데 캉 마을이 작품 속에 사용되고 있다. 프루스트가 차로 캉 마을 가까이 갔을 때, 구불구불한 길을 따라가다 보니 마을의 몇몇 교회 첨탑이 마치 숨바꼭질을 하듯 몇 개가 보였다가, 다시 그 수가 줄어드는 것처럼 보이기도 해서, 그때의 체험을 수필《자동차 여행의 인상》에 쓰고 있다.

한편《잃어버린 시간을 찾아서》콩브레의 머리말에도, 어린 주인공이 페르스피에 의사의 마차에 태워져서 시골 마을을 달리고 있는 동안 멀리 몇몇 교회 첨탑이 숨바꼭질을 하는 장면이 나오는데, 이것은 전에 썼던 캉에서의 체험을 그대로 옮긴 것이다. 그러나 프루스트의 야심은 몇몇 일화를 작품 속에 집어넣는 게 아니라 하나의 도시를 작품에 고스란히 담는 것이었다. 그러한 그의 야심에 꽤 응했던 곳이 카부르 근처의 디브 쉬르 메르였다고 생각된다.

디브 쉬르 메르는 역사 깊은 항구마을로, 1066년에 기욤 르 콩케랑이 잉글랜드를 공격하기 위해 출범했던 항구로 유명하다. 또 이곳은 파리 방면에서 브르타뉴 바닷가로 향한 도로교통의 중심지이며, 1689년에는 유명한 서간 작가 세비녜 부인이 브르타뉴의 영지 로셰로 향할 때 머물렀던 곳이기도 하다. 14세기로 거슬러 올라가는 커다란 교회, 어부가 바다에서 건져 올려 이 성당에 안치했던 기적의 그리스도 상, 낡은 목조건물로 된 시장 등이 있고, 그중에서도 여인숙으로 쓰이던 한 무리의 낡은 목조건물들(세비녜 부인이 묵었을 곳)이 굉장히 아름답게 서 있었다. 디브 쉬르 메르는 쇠락한 마을이면서도 빛나는 역사의 매력으로 넘쳤다. 프루스트는 카부르에서 몇 킬로미터밖에 떨어지지 않은 이 오래된 마을에 가끔 놀러 와서, 여인숙의 전통적 노르망디 건축의 일부를 사용한 식당 '기욤 르 콩케랑'에 들러, 거기에서 '쉘부르 아가씨의 지옥 불길구이(바닷가재를 구운 것)'라는 괴상한 이름의 비싼 요리를 즐기곤 했다. 이 식당은《잃어버린 시간을 찾아서》에 직접 이름이 인용되어 있다.

### 작품의 모델을 찾아서

카부르에서 알게 된 소녀들이《꽃피는 아가씨들 그늘에》의 암시를 준 것은

정말 우연이지만, 다른 한편 프루스트는, 1908년 소설을 쓰기 시작하고부터
는 자기 생활 전부를 창작활동을 하는 데 보냈으므로, 때로는 창작에 필요한
영감(inspiration)을 얻으려고 일부러 사람들에게 접근하기도 했다. 그는 카
부르 귀족의 딸을 미행한 적도 있지만, 이것은 나중에 보는 것처럼, 작품 속
여주인공과 '동침하지 않고 동거하는' 계획을 위한 행위였다고 생각된다.

또 프루스트는 파리에서도 젊은 전기기사 루이 마유를 가까이 불러들이려
했는데, 어느 편지에서 "그는 베르트랑 드 페늘롱을 닮아서, 소설 주인공이
될 수 있을지도 모른다"고 쓴 것으로 보아 분명 자기 작품 속에 그 기사의
인상을 이용하려 했을 것이다. 베르트랑 드 페늘롱은, 작품 속에서 더할 나
위 없이 중요한 인물의 주요 모델이기 때문이다. 더욱이 그는 파리에서 브르
타뉴의 귀족 아가씨 고와이용 양에게 큰 관심을 가져, 그녀의 사촌 달뷔프라
에게 소개를 부탁하거나, 그녀의 집안에 대해 가르쳐달라고 하기도 했는데,
이것은 작품 가운데 스테르마리아 아가씨의 영감을 얻기 위한 것이다. 이 무
렵부터 프루스트는 인생을 걸고 작품 제작을 향해 앞으로 나아가고 있었다.

### 출판 협상

프루스트가 1908년에 쓰기 시작한 소설은 1912년에는 거의 완성되었다.
특히 처음 712페이지는 타이프 원고까지 끝냈으므로, 그는 이것을 바탕으로
책을 내주겠다는 출판사를 찾기 시작했다. 지명도가 낮고, 작품 속에 동성애
와 관련된 비도덕적 요소가 있는 점 때문에, 처음부터 출판에 어려움이 따르
리라는 것을 각오하고 스스로 자비출판을 청했다. 그런데도 협상은 좀처럼
잘 되지 않았다. 파스켈사(社)와 올렌도르프사에서 거절당한 뒤에 협상한
누벨 르뷔 프랑세즈(NRF)는, 당시 지드*와 슐룅베르제(Jean Schlumberger)
등의 신예 작가들을 포용하면서 화려하게 등장한 출판사로, 프루스트는 이
곳에서 자신의 작품을 내고 싶어했지만, 마찬가지로 거절당하고 말았다.

NRF에게 프루스트는, 사교계의 비전문가 수준밖에 안 되어 보였으며, 자
비출판을 자청한 것도 오히려 나쁜 인상을 주었다. 돌려받은 원고의 매듭이
보낼 때와 똑같이 특수한 방법으로 묶여 있는 걸 보고, 프루스트는 원고의

---

\* André-Paul-Guillaume Gide(1869~1951), 프랑스의 소설가. 주요저서 《좁은 문》, 《배덕자》,
　《전원교향악》 등.

심사를 담당했던 지드가 내용을 읽지도 않고 돌려보냈다고 판단했다. 지드는 프루스트를 사교계나 드나드는 속물 호사가, 한마디로 NRF와는 정반대의 성격을 띤 최악의 작가라고 생각했던 것이다. 네 번째로, 친구 르네 블룸을 끼어들게 하여 협상을 한 그라세사는, 오히려 느긋하여 자비출판을 자청한 것에 흥미를 가진 듯했고, 이번에는 내용도 보지 않고 출판을 맡아주었다. 세기의 대걸작도 출판은 힘들었던 것이다.

### 《스완네 집 쪽으로》 출판

《잃어버린 시간을 찾아서》 제1권 《스완네 집 쪽으로》는 1913년 11월 14일 그라세사에서 나왔다. 뤼시앙 도데가 〈피가로〉에, 코코트가 〈엑셀시오르〉, 자크 에밀 블랑슈가 〈에코 드 파리〉, 폴 스데가 〈르 탕〉에 각각 호의적인 서평을 실었다. 책의 판매도 순조로워서, 12월에는 이미 재판 인쇄가 검토되었다.

그러나 이 책이 가장 극적인 반응을 불러일으킨 것은 NRF 내부였다. 지드와 그 친구들은 앞서 출판을 거절한 것에 대해 깊이 반성하여 《잃어버린 시간을 찾아서》를 진지하게 읽고, 그 매력에 빠져들게 되었다. 지드는 프루스트에게 편지를 써서, 이 책을 거절했던 것은 NRF가 저지른 최대의 잘못이고, 그의 생애 최대의 회한이 될 거라 했다. 그리고 NRF의 원고심사위원회는 만장일치로 《잃어버린 시간을 찾아서》의 남은 두 권을 NRF에서 출판하는 것과 제1권의 출판권을 그라세사로부터 사들일 것을 결정했다. 프루스트는 이 결정에 자존심과 복수심의 커다란 만족을 느꼈으리라. 그라세와의 의리도 있고 해서, 그는 일단 이 제의를 거부한다. 하지만 2년 뒤에 다시 제의받고, 생각을 바꾼다. 그 뒤, 그라세사와 오랜 인내를 요하는 협상이 시작되었다. 물론 그라세사는 성공한 책에서 손 떼기를 꺼려했다. 그러나 마침내 꺾이고, 《잃어버린 시간을 찾아서》는 NRF에서 출판하게 된다.

### 알프레드 아고스티넬리와의 재회

프루스트가 카부르 근교를 드라이브할 때 고용된 택시의 운전기사였던 아고스티넬리는 1913년 봄에 프루스트의 집으로 갑자기 찾아와서는, 운전기사로 다시 써달라고 부탁했다. 프루스트는 이미 오딜롱 알바레를 운전기사로 두고 있었으므로, 결국 비서로 받아들인다. 비서로 고용된 아고스티넬리는 동거녀 안나와 함께 프루스트의 집에 들어와 살게 된다. 그 뒤부터 프루스트 의 편지 속에는 고통을 호소하는 말들이 흘러넘치게 되었다. 그리고 더욱 극 적인 사건이 일어난다.

그해 여느 때처럼 카부르에 피서를 떠났던 프루스트는 8월 4일 아고스티 넬리가 운전하는 차를 타고 근처 해변 우르가트로 외출하던 중, 무언가 정신 적인 위기가 닥친 것처럼, 짐도 하인도 호텔에 그대로 남겨둔 채 갑자기 파 리로 도망치듯 가버린 것이다. 《잃어버린 시간을 찾아서》에서 주인공은 두 번째로 발베크에 머물 때, 갑자기 알베르틴과 손을 잡고 파리로 출발하여 여 행을 중단하는데, 이 일화는 이러한 실제 체험에서 가져온 것이리라.

프루스트는 아고스티넬리를 길들이기 위해서 많은 돈을 쓴 듯하지만, 오 히려 그는 프루스트에게서 잔뜩 돈을 받아들고, 12월에 안나와 고향 니스로 도망친다. 그가 니스에 돌아간 이유는, 안나가 권한 비행 조종 훈련을 받기 위해서이다. 그 무렵에는 자동차조차 드물어서 자동차 운전기사도 꽤 인기 있는 직업이었지만, 비행기 조종은 이보다 더 화려한 성공을 약속받은 직업 이었다. 그러나 아고스티넬리는 1914년 5월 30일, 니스 근처의 앙티브 상공 에서 비행 훈련을 하던 중, 지시에 따르지 않고 바다 위로 나갔다가 결국 추 락하여 사망하고 만다. 이 사건은 프루스트에게 큰 충격을 주었으며, 그가 이 충격으로부터 헤어나는 데에는 오랜 시간이 걸렸다.

### 제1차 세계대전

1914년 7월에 제1차 세계대전이 발발했다. 이 커다란 전쟁의 그늘은, 누 워 있는 환자나 다름없는 프루스트의 주변에도 닥쳐왔다. 출판업자들이 소 집되어, 인쇄소도 조업을 중지했기 때문에 사실상 출판업무가 멈추었다. 거 기에 프루스트 자신도 전쟁 중에는 책을 낼 마음이 들지 않았다. 더욱이 그 의 주위 사람들이 차례차례로 전쟁 속으로 몸을 던졌다. 동생 로베르는 외과 의로서 부상자 수술에 헌신적인 활동을 했다. NRF의 편집장 자크 리비에르 (Jacques Rivière)는 포로가 되어 수용소에 들어가게 되었다. 리비에르의 의 형제인 《몬 대장(Le Grand Meaulnes)》의 작가 알랭 푸르니에(Alain-Fou rnier)는 두 번이나 전장에서 모습을 감추고 나타나지 않았다. 친구 레이날도

앙은 뫼즈(Meuse)의 위험한 전선에 지원했다.

프루스트는 신문을 일곱 개나 받아보며 날마다 전쟁 상황을 살폈다. 전쟁 상황을 잘 파악하기 위해서라기보다는, 친구들을 걱정했기 때문이었다. 특히 한때 열애했던 페늘롱이 지원해 나간 전선에서 그대로 행방불명이 된 사실에 마음을 졸였다. 친구들의 기대도 헛되게, 나중에 그의 사망이 공식적으로 확인되었다. 프루스트는 이렇게 말했다. "나는 언제까지나 그의 죽음을 생각하면, 눈물을 감출 수 없을 것이다." 아고스티넬리를 잃고, 페늘롱까지 잃은 그는, 이제야 비로소 자신의 청춘이 사라졌음을 확인했다. 그리고 이 두 사람의 죽음은, 소설 속에서 알베르틴과 생루의 죽음으로 진한 그림자를 드리우게 된다.

셀레스트 알바레
어머니 다음으로 사랑한 사람이라 할 정도로 프루스트 가까이서 헌신하였다.

## 셀레스트 알바레

이렇게 점차 외로워진 그의 인생에도 하나의 위안이 있었다. 1913년부터 그의 아파트에 셀레스트 알바레가 가정부로 들어오게 된 것이다. 셀레스트는 프루스트의 운전사로 일했던 오딜롱 알바레와 막 결혼했지만, 전에 있던 가정부 셀렌 코탕이 병으로 은퇴했기 때문에 그녀를 대신하여 아파트에 들어오게 되었다.

그녀는 소박하고, 지성이 뛰어나며, 덩치가 큰 데다 건강했으므로, 프루스트의 까다로운 요구에도 견딜 수 있었다. 오후에 프루스트가 일어날 때쯤 뜨겁고 진한 카페오레와 크루아상(프루스트는 이것 말고 다른 것은 거의 입에 대지 않았다)을 준비하고, 또 한밤중에 일어난 주인이 언제든지 초인종을 누르도록 한결같이 대기하고 있었던 것이다. 그리고 프루스트가 기분 좋을 때에는 이야기 상대가 되어 구술필기까지 하고, 의견을 원하면 작품에 대한 감상도 말해주었다. 또한 프루스트의 건강을 먼저 생각하여, 방문객을 제한하기까지 했다. 이러한 헌신적인 봉사는 1913년부터 프루스트가 세상을 떠날 때까지도 계속된다.

그가 죽은 뒤 앙투안 비베스코는, 프루스트가 진정으로 사랑한 사람은 어머니와 셀레스트라고 단언하고 있다. 프루스트는 그녀를 실명으로 소설에 등장시키는데, 그 장면에서 그녀에게 귀여움받는 주인공 '나'는, 마치 다섯 살 아이처럼 응석 부리고 있다.

### 공쿠르상

1918년에 제1차 세계대전이 끝나고, 유럽에도 평화가 찾아왔다. 사람들은 평화가 찾아온 것을 기뻐했지만, 프루스트는 죽은 친구들 생각으로 마음이 편치 않았다.

1919년, 《잃어버린 시간을 찾아서》의 제2권 《꽃피는 아가씨들 그늘에》가 드디어 NRF에서 출판된다. 이번에는 서평의 숫자로 판단하건대, 세간의 관심은 수수하고, 판매도 NRF가 예상한 정도에는 미치지 못했다. 그러나 《스완네 집 쪽으로》가 확실한 성공을 거두었으므로, 제2권은 그 평가를 조금이라도 더 좋게 쌓아올린 걸로 충분했으리라.

선고위원인 뤼시앙 도데의 형 레옹 도데의 강력한 지지로, 프루스트는 공쿠르상 후보에 오를 수 있었다. 그 결과, 6대 4로 롤랑 도르줄레스*의 《나무 십자가》를 누르고, 《꽃피는 아가씨들 그늘에》가 수상작으로 결정되었다. 《나무 십자가》는 아직 젊은 작가가 쓴 전쟁소설이기 때문에, '전쟁 직후에 신인 발굴을 목적으로 하는 이 상을 받기에는 도르줄레스가 더 적당하다'는 비판도 마땅히 있었다. 그러나 지금 판단하자면, 프루스트에게 상을 준 것으로 말미암아 오히려 공쿠르상은 명성과 덕망을 한층 굳혔다.

### 책에 대한 반응

프루스트의 책이 세상에 널리 알려지게 되자, 일반 평론가의 비평 대상이 되었으며, 당연히 그의 마음에 들지 않는 비평도 많이 나오게 된다. 이를테면 비평가 폴 스데이는 프루스트를 '여성적'이라고 평했고, 또 앙드레 제르망은 프루스트를 '사내종의 정부로 전락한 노처녀'라고 평해 결투 직전까지 가기도 했다.

---

\* Roland Dorgelès(1886~1973), 프랑스의 소설가. 주요저서 《나무 십자가》, 《전선으로의 복귀》 등.

**〈델프트 풍경〉얀 베르메르 작(부분)**
프루스트는 1902년 네덜란드 여행에서 본 이 작품을, 죽기 전에 다시 한 번 보게 되어 감격해한다.

　그러나 그것보다도 더 중대한 일은, 소설의 모델이 되었던 또는 모델이 되었다고 믿는 사람들의 반응이었다. 예를 들면 고급 창부 로르 에망은 작품에서 자신이 오데트로 이용되고 있다는 걸 뒤늦게 깨닫고, 프루스트에게 항의 편지를 쓴 뒤에 절교하여 프루스트를 슬프게 만들었다. 게다가 귀족 친구 알뷔프라는 생루의 모델에 자신이 이용되었다 생각하고, 또 슈비네 공작부인도 게르망트 부인을 위해서 자신이 사용되었다고 생각하여 프루스트와의 관계를 끊었다. 콕토\*는 "파브르는 곤충에 대하여 썼지만, 곤충들이 읽어줄 거라고 생각지 않았다"고 하며 프루스트를 위로했다고 한다.

　하지만 프루스트가 가장 신경 쓴 점은 로베르 드 몽테스키외의 반응이었다. 그는 미리 몽테스키외를 회유할 작정으로 그에게 원고 집필을 의뢰하도록 출판사에 손을 쓰기도 하고, 또 1921년 9월에 《게르망트 쪽》 Ⅱ가 간행되는 2주 전에는, 그에게 이 책을 선물하며 작품의 등장인물 모델을 몇 명 가르쳐줄 것을 약속하고 몽테스키외의 관심을 비켜가려 했다. 몽테스키외는

---

\* Jean Cocteau(1889~1963), 프랑스의 소설가·시인·극작가. 주요저서 《희망봉》, 《포에지》 등.

몽테스키외대로, 샤를뤼스의 주요 모델은 발자크의 《인간희극》에 등장하는 보트랭이라고 믿는다고 했다.

## 즐거움

이처럼 전쟁 시절의 어두운 세상에서도, 프루스트에게는 나름의 위안이나 즐거움이 있었으며, 언제나 방에 틀어박혀 있기만 했던 것은 아니다. 또 그는 블루멘탈상의 선고위원으로 선발되어, 이 상을 자크 리비에르에게 주는 것으로, 가난한 NRF 편집장의 헌신적인 노력에 보답할 수 있었다. 그러나 무엇보다도 기뻤던 사실은 《스완네 집 쪽으로》의 간행과 공쿠르상 수상 이후, 그의 주변에 젊고 우수한 작가들이 조금씩 모이기 시작한 일이었다. 그들 중에는 장 콕토, 폴 모랑,[*1] 월터 베리, 프랑수아 모리아크[*2] 등이 있었다.

물론 그들과는 자택에서 주로 만났지만, 그에 못지않게 자주 만난 곳이 식당이다. 이것은 아마도 그즈음 사교계와 문화예술계의 습관의 변화를 반영하고 있는 것이리라. 처음에는 일류 카페인 라뤼와 베베르에 자주 다녔지만, 그 뒤 프루스트의 편애는 호텔 리츠로 옮겨졌다. 그 밖에 호텔 크리용과 호텔 카르통도 갔지만, 그를 '리츠의 프루스트'라고까지 부를 정도로 리츠의 우위는 흔들림이 없었다. 리츠에서는 젊은 작가 말고도 폴 모랑의 약혼녀 스조 공녀와도 자주 만났으며(그녀는 이 호텔에서 살고 있었다), 거기에 드나드는 남녀를 관찰해 소설에 쓰거나, 지배인 올리비에 다베스카를 비밀경찰처럼 고용하여 다양한 정보를 얻으려고 했다. 이처럼 그의 생활에는 결코 즐거움이 빠지지 않았지만, 그것도 모두 창작을 위한 것들이었다.

## 죽음

프루스트는 이미 1918년쯤부터 때때로 찾아오는 언어장애와 일시적 안면 마비를 눈치채고 있었다. 1919년 의뢰를 받아 폴 모랑의 《좋은 제품 (Tendres Stocks)》에 서문을 썼을 때는 자신에게 찾아올 죽음에 대하여 말하

---

*1 Paul Morand(1888~76), 프랑스의 소설가·시인, 코스모폴리탄 문학의 창시자 중 한사람. 주요저서 《아크등(火燈)》, 《체온표》 등.

*2 François Mauriac(1885~1970), 프랑스의 소설가·시인. 주요저서 《파리새 여자》, 《어린 양》 등.

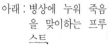

위 : 아믈랭 거리의 '내부
　　설비가 형편없는' 비
　　참한 방의 침대.
아래 : 병상에 누워 죽음
　　을 맞이하는 프루
　　스트.

고 있다. 그 무렵부터 그는 죽음을 준비했다고 할 수 있으며, 1921년에는
죽음에 대한 생각과 각오를 명확하게 세운 이야기 〈베르고트의 죽음〉을 썼
다. 이 이야기는 죄 드 폼(Jeu de Paume) 미술관에서 열린 얀 베르메르* 전
시회에 갔다가, 지난 1902년 네덜란드를 여행하던 도중에 헤이그에서 본
〈델프트 풍경〉과 다시 만난 체험을 바탕으로 하여 집필한 것이다.

　이날 그는 약해진 몸을 이끌고, 젊은 비평가 장 루이 보드와이에의 부축을
받아 회장으로 발을 옮기면서, 너무나 좋아하는 이 그리운 그림을 감상했다.
그 뒤 기분 좋게 집으로 돌아와서는 셀레스트에게 〈델프트 풍경〉을 다시 만
난 기쁨을 말했던 것이다. 병을 무릅쓰고 베르메르의 그림을 보기 위해 전람
회장으로 발을 옮겨 결국 그곳에서 쓰러져 죽는 베르고트의 이야기는, 예술
을 위해서는 모든 것을 희생해야 하고, 죽은 뒤에도 예술은 남는다는 프루스
트의 생각을 매우 명쾌하면서도 감동적인 필치로 그려내고 있다.

　프루스트는 이러한 신념대로 밤낮을 가리지 않고 작품 완성에 몰두했지만,
1922년 9월에 천식 발작을 일으켰고, 그 뒤 에티엔 드 보몽 집안 연회에 나
갔다가 걸린 감기로 폐렴이 발병했다. 셀레스트와 동생 로베르의 극진한 간

─────────────
* Jan Vermeer(1632~75), 네덜란드의 화가. 대표작 〈델프트 풍경〉, 〈레이스를 뜨는 여인〉,
　〈진주 귀걸이를 한 소녀〉 등.

병에도 헛되게 1922년 11월 18일에 세상을 떠났다. 죽음 직전에 그는 '뚱뚱한 검은 옷의 무서운 여자'를 보았다고 셀레스트에게 말하고 있다. 또 의사의 진료에 대해 강한 불신감을 안고 있어서, 마지막까지 입원을 거부해 자택에서 죽기를 원했다. 향년 51세. 장례는 11월 22일에 치러지고, 파리의 페르 라쉐즈 묘지에 안장되었다. 지금도 부모와 함께 이 묘지에 잠들어 있다.

## 사랑으로 살았던 일생

인간의 생활이 생산과 소비로 나누어져 있다면, 프루스트의 삶은 처음부터 끝까지 철저하게 소비생활에 의하여 이루어졌다고 할 수 있다. 결국 그의 생활은 사교계, 바캉스, 그리고 연애를 향해 있었다. 개인생활은 공적인(직업) 생활과 사적인 생활로 나눌 수 있는데, 그의 생활은 오로지 사적인 사항에만 쏠리고 있다. 그런데 이러한 세기말의 부르주아에게 어울리는, 하는 일 없고 게으른 데다가 사적인 부분밖에 없는 삶의 핵심에는, 애정을 향한 강렬한 갈망이 있었다. 프루스트에게는 가족애와 연애, 그리고 우정(그에게 있어서 연애와 우정은 엄격하게 구분하기 어려웠지만)이라는 다양한 애정이 커다란 위치를 차지하고 있었다.

그러면서도 그의 애정에 대한 의식은 매우 굴절되어 있어서, 여느 방법으로는 이해하기 어려운 점들이 있다. 먼저 그는 어머니와 맺은 애정의 끈이 너무 강해서, 그것 말고는 다른 사람과의 정상적인 관계를 돈독히 쌓을 수가 없었다. 또 그는 중고등학교 시절부터 호의를 품은 친구에게 파고드는 버릇이 있었고, 두 사람 사이의 우정을 지나치게 중요시한 데다 질투심까지 심해서 친구들을 질리게 만들었다. 이러한 점은 만년이 되어서도 변하지 않았다.

그는 애정에 너무 집착한 나머지, 애정에 대해 크게 회의적이었다. 그래서 그는 애정생활을 단념하고, 예술창조의 길로 향했다. 이처럼 언제나 채울 수 없는 고뇌에 끝없이 무너져간 이 인물의 애정 경험은, 보통 사람에 비하면 대단히 독특하고, 폭넓으며, 깊은 것이었다. 그는 어머니가 아이에게 주는 헌신적이고 천사 같은 애정도 알고 있는 반면, 애욕의 지옥 같은 면도 잘 알고 있었다. 그는 애정의 최고 상태부터 최악으로 치달을 때까지를 꿰뚫고 있는, 애정의 전문가였던 것이다. 그리고 이 점이 그의 인간성뿐만 아니라, 그의 작품에서도 깊이와 무게를 전하고 있다.

# 2. 프루스트의 작품과 사상

프루스트는 꽤 근면하게 일을 계속하며 몇몇 작품을 쓰기 시작했지만 완성에 이르지 못했다. 그러한 저작은 거의 초고 그대로 남아 있다. 그러나 거기에는 그 자체로 충분히 음미하고도 남을 매력이 있을 뿐만 아니라, 《잃어버린 시간을 찾아서》라는 걸작을 이해하는 데 도움이 되는 열쇠가 숨겨져 있다. 따라서 여기서는 그가 죽은 뒤에 그처럼 미완인 채로 출판된 작품도 나란히 다룰 것이다.

생각해보면 《잃어버린 시간을 찾아서》의 초고도 그러한 의미에서 중요하게 다뤄져야 한다. 왜냐하면 《잃어버린 시간을 찾아서》는, 그 구상부터 불완전하나마 완성을 볼 때까지 오랜 시간이 걸렸으므로, 도중에 몇 번인가 큰 내용틀이 바뀌었기 때문이다. 그래서 버려진 단편이 많았는데, 그중에는 대단히 흥미로운 것, '완성원고'의 이해에 도움이 되는 것이 있다. 실제로 《잃어버린 시간을 찾아서》의 초기에 썼던 원고가 《생트뵈브에 반론한다!》라는 작품명으로 출간되기도 했다. 따라서 《잃어버린 시간을 찾아서》의 초고도, 일반 독자가 흥미롭게 느낄 수 있도록 지나치게 전문적이 되지 않는 범위 안에서 소개하고 싶다.


## 초기 작품

### 작품의 자리매김
프루스트의 초기 창작집인 《즐거움과 그 나날》은 1896년에 카르망 레비사에서 출판되었다. 헤시오도스*의 《노동과 그 나날》을 본뜬 표제를 가진 이

---

\* Hēsiodos(?~?), 고대 그리스의 서사시인. 주요저서 《신통기(神統記)》, 《노동과 그 나날》. 현존하는 작품은 2편뿐임.

작품은 단편소설과 산문시, 소묘 등으로 이루어진 문집으로, 여기에 아나톨 프랑스의 서문과 마들렌 르메르의 삽화가 덧붙여졌다. 출판비용은 저자가 부담했으므로 자비출판이라고 할 수 있다. 그러나 책값이 13프랑*1 50상팀*2 이라는, 그 무렵으로서는 너무 비싼 가격이었던 데다 또 사교계의 젊은 호사가의 작품으로 간주되어 전혀 팔리지 않았다. 게다가 비평가들로부터도 무시당했다.

### 작품의 구성

《즐거움과 그 나날》에 모인 작품은 상당 부분 동인지 〈향연〉 또는 전위적 문학잡지 〈르뷔 블랑슈(Revue blanche)〉에 발표된 것이지만, 〈어린 소녀의 고백〉처럼 처음 발표된 글도 있고, 단편 〈밤이 오기 전에〉처럼 중요한 의미를 지녔지만 실리지 않은 것도 있다. 결국 프루스트는 이 작품집을 엮는 데 마땅히 어떤 구성을 생각했으며, 그 구성에 맞지 않거나 다른 작품과 겹치는 주제를 가진 것은 배제했음을 알 수 있다.

《즐거움과 그 나날》의 구성을 연구했던 베르나르 지켈에 의하면, 이 작품은 젊은 나이에 죽은 친구 윌리 히스에게 헌정된 뒤, 글머리에 단편 〈발다사르 실방드의 죽음〉을 두고, 마지막에는 주인공의 죽음으로 끝나는 〈질투의 끝〉으로 마무리하는 것처럼, 죽음에 둘러싸인 구성을 가지고 있다고 할 수 있다. 내부 구성을 보자면, 단편소설과 그 밖의 작품이 샌드위치처럼 서로 다르게 짜맞추어져 있음을 알 수 있다. 이것을 두 그룹으로 나누어보면, 중심에 놓인 〈화가와 음악가의 초상〉을 경계로 전반이 '단편 2개—에튀드 모음집—단편 2개'인 구성이고, 후반도 '단편 2개—에튀드 모음집—단편'으로 훌륭한 대칭관계를 이루고 있다.

### 상징파의 영향, 음악과 회화

《즐거움과 그 나날》은 저자가 자기 작풍을 만들어내기 이전에 쓴 작품이므로 작가가 어느 것에서 영향을 받아 글쓰기에 임했는지 쉽게 알 수 있다. 먼저 고전파의 영향으로, 특히 〈이탈리아 희극 짧은 문장〉은 등장인물의 행동

---

*1 Franc. 프랑스와 스위스, 벨기에의 화폐단위.

*2 centime. 화폐단위 1프랑=100상팀.

을 단문으로 간략하게 적는 것에 의해 인간 성격의 한 면을 드러내려고 하는데, 이러한 시도는 17세기 고전주의의 잠언작가 라 브뤼에르[*1]와 라 로슈푸코[*2]를 생각나게 한다. 그러나 《즐거움과 그 나날》 전체를 특징짓는 점은 무엇보다도 작품을 짙게 뒤덮는 상징파의 그늘이리라. 이 작품 속에 자주 나오는 말은 우울, 회한, 몽상, 망각, 죽음, 사랑, 관능, 호수, 전원이라는 상징파 취향의 어휘이다. 그리고 이미 서술한 바와 같이 이 젊은이의 처녀작은 죽음의 그림자로 뒤덮여 있다.

《즐거움과 그 나날》의 삽화는 마들렌 르메르 부인이 그렸다.

또한 《즐거움과 그 나날》은 다른 예술 분야에 대해서도 강한 관심을 나타내고 있다. 문자 그대로 〈화가와 음악가의 초상〉이라고 제목 붙인 초상집에서는 알베르트 코이프[*3] 등의 화가와 쇼팽 등의 음악가가 나온다. 더욱이 산문시 〈추억의 풍속화〉는 자기 군대생활의 추억을 17세기 네덜란드 풍속화와 겹쳐 보고 묘사하려는 시도이다. 이처럼 《즐거움과 그 나날》은 단순히 소설이나 시라는 언어예술 작품을 모은 게 아니라, 온갖 예술 분야를 언어표현 속에 아우르려는 시도이다. 그러한 프루스트의 의도는 훨씬 뒤인 《잃어버린 시간을 찾아서》에까지 지속되는 것이리라.

### 죽은 뒤에 출판된 소설

《장 상퇴유》는 작가가 죽은 뒤 1952년 베르나르 드 파로와의 편집으로 출간된 단편소설집이다. 이 소설은 프루스트가 1895년에 쓰기 시작했지만,

---

*1 Jean de La Bruyère(1645~96), 프랑스의 모럴리스트. 주요저서 《사람은 가지가지》, 《정숙주의에 관한 대화》 등.

*2 François de La Rochefoucauld(1613~80), 프랑스의 고전작가. 주요저서 《잠언집》, 《회고록》.

*3 Albert Jacobsz Cuyp(1620~91), 네덜란드의 풍경화가. 대표작 〈강변의 풍경〉, 〈강변의 다섯 마리의 소〉, 〈소떼와 목동들이 있는 언덕 풍경〉 등.

1899년쯤에 중단한 작품이다. 그 뒤에도 몇몇 단편을 쓰지만, 결국 포기하고 러스킨의 번역작업에 중점을 두었다.

이 작품이 미완으로 끝난 것은 안타깝지만 《장 상퇴유》에 쓰인 일화는 《잃어버린 시간을 찾아서》와 겹치는 부분이 많아서, 만일 이것이 완성되었다면 《잃어버린 시간을 찾아서》는 쓰지 않았을지도 모른다. 만약 썼다고 해도 현재의 작품과는 매우 다른 것이 되었을 터이다.

《장 상퇴유》는 젊은 시절에 쓴 글에 걸맞게 프루스트의 실생활을 비교적 솔직하게 반영하고 있을 뿐만 아니라, 그 무렵 작가의 꿈과 소망도 잘 표현하고 있다. 그러한 의미에서 작가가 자기 경험이나 소망을 어떻게 《잃어버린 시간을 찾아서》에 승화해 나갔는지를 이해하는 데 중요한 재료가 된다고 할 수 있다.

### 작품의 개요

《장 상퇴유》는 무엇보다 먼저 자전적인 소설이고, 주인공의 성장을 시간의 흐름에 따라 기술하고 있다. 먼저 글머리 제1장에서는 전통적인 소설에 흔히 있는 것처럼, 화자가 소설의 초고를 손에 넣는 과정을 서술한다. 그것에 의하면 어린 화자는, 친구와 함께 브르타뉴 지방에서 바캉스를 보내고 있는 도중에 콩카르노 근처 바닷가에서 작가 C를 만난다(C의 모델이 된 사람은 프루스트가 브르타뉴에서 만났던 미국인 화가 알렉산더 해리슨이다). C는 산책하면서 옛일을 떠올리고는 등대지기의 집으로 들어간다. 그리고 거기에서 창작에 골몰한다. C는 작품의 원고를 두 젊은이에게 맡기고 4년 뒤에 세상을 떠난다. 이 원고가 장 상퇴유의 인생을 말하는 이야기인 것이다.

### 장의 유소년 시절

'유소년 시절' 장에서는 '취침의 드라마'가 등장한다. 다만 무대는 일리에가 아니라, 아마도 이 사건이 실제로 일어났던 오퇴유이다. 또 장은 샹젤리제에서 질베르트가 아니라 마리 코시쉐프라는 이름의 소녀와 놀게 된다. 중고등학교 시절에 그는 친구가 된 앙리 드 레베이옹과 알게 되지만, 세 친구에게 괴롭힘을 당한다. 이것은 콩도르세 중고등학교 재학 중에 다니엘 알레비와 로베르 드레퓌스 등이 프루스트의 거동에 기분 나빠하며 조롱했던 일을 반영했을 것이다.

이어서 '일리에' 장에서는, 이 지역의 바캉스 생활 단편이 스물여섯 개나 더 늘었다. 거기에는 이미 산사나무, 사과나무, 라일락꽃의 묘사가 있으며, 인물 중에는 프랑수아즈의 전신인 에르네스틴도 있다(모델이 된 에르네스틴 가르에서 딴 이름). 고티에의 《대장 프라카스》의 독서, 파란색 머리카락, 주느비에브 드 브라방이 등장하는 주마등, 가족끼리의 산책, 마을을 흐르는 루아르도 이미 존재하고 있다.

그 다음 '베그메이유' 장은 《잃어버린 시간을 찾아서》의 바닷가 피서지 발베크 일화의 첫 번째 원고라고도 할 만한 내용으로 이루어져 있다. 그러나 여기에서는 프루스트의 1895년 브르타뉴 생활이 유일한 원천으로 사용되고 있으므로 상당히 다른 점이 있는 것도 사실이다. 바닷가의 풍경, 독서, 펜마르크에까지 가서 본 폭풍의 풍경이 훌륭하게 그려진다.

### 사교 생활

이어서 장의 사교 생활이 시작되지만, 여기에서도 레베이옹 집안이 사교의 중심이 된다. 그의 다양한 장소에서의 사교 생활은 레베이옹 집안의 비호 아래에서 이루어지고 있다. 레베이옹 집안은 오랜 가문의 대귀족으로 장에게 파격적인 애정을 보이며 후한 대접을 해준다. 젊은 프루스트가 이 부분을 쓰면서 나르시시즘의 만족을 맛보았으리라는 점은 쉽게 상상할 수 있다. 이를테면 마르메 부부라는 그다지 신분이 높지 않은 자들에게 장이 모욕당했던 때, 레베이옹 부부의 공공연한 지지에 의해 복수할 수 있었던 것이다. 즉 그는 자기를 무조건적으로 사랑하고 지지해주는 것뿐 아니라 큰 권력과 영향력을 가지고, 자기 소망의 실현에 힘을 빌려줄 최고의 존재를 사교계 대립자로 찾았던 것이다.

### 연애

그 뒤, 장의 연애생활을 둘러싼 단편이 늘어서 있지만, 프루스트는 여주인공의 이름을 통일하지 않고, 똑같은 인물이라고 여겨지는 여성의 이름을 여러 명 등장시키고 있어, 내용을 제대로 이해하기 힘들다. 등장하는 주요 이름은 S부인, 프랑수아즈, 샤를로트이지만, 만약 몇몇 연구자가 생각하듯이 S

부인과 프랑수아즈가 같은 인물이라고 한다면, 이야기는 비교적 명쾌한 구조를 갖게 된다. 장은 프랑수아즈를 열렬히 사랑하지만, 그녀에 대하여 동성애의 의심을 품은 데다 그 밖의 여러 이유로 그녀에게서 멀어져 샤를로트에게 마음을 주게 된다. 이러한 변심은 레이날도 앙에서 뤼시앙 도데에게로 변심한 실제 사실에 대응하는 거라고 생각된다. 프랑수아즈를 둘러싼 이야기는 비교적 완성도가 높고, 그녀에 대한 질투를 둘러싼 일화도 충분히 담겨져 있다. 이 일화들은 주로 〈스완의 사랑〉에 그대로 사용된다. 이에 비해 샤를로트를 둘러싼 단편은 숫자도 적고, 내용도 심각하지 않은 게 많다.

### 작품을 중단한 이유

이렇게 프루스트는 상당한 양의 초고를 써서 모아두었지만, 결국 이 작품을 내버리기에 이른다. 프루스트는 자신의 글에 만족할 수 없었다고 하지만, 그 밖에도 문제삼은 것이 있으리라. 이를테면 단편을 몇 개나 써서 모아둔 뒤 한데 이어붙이는 몽타주적인 방법은 《잃어버린 시간을 찾아서》에서도 쓰이는 수법이지만, 《장 상퇴유》 시절에는 그것을 어떠한 원리에 기초하여 쓰면 좋을지 몰랐다. 프루스트는 19세기 소설가처럼 극적인 발전으로 이야기를 전개시키는 것이 불가능한 유형의 작가였으며, 또 그러한 것에 쉽게 기댈수 없는 시대가 되었다. 《장 상퇴유》 속에도 무의지적 기억의 몇몇 예를 볼수 있지만, 프루스트는 작품을 정리하는 구성원리로 이것을 이용하는 것은 아직 생각하고 있지 않았다.

### 두 권의 번역

프루스트는 러스킨의 작품을 두 권 번역했다. 한 권은 1904년 출판되었던 《아미앵의 성서》이고, 다른 한 권은 1906년 발행된 《참깨와 백합》이다. 단순한 번역이라고 할 수 없을 정도로 번역자가 쓴 긴 서문과 방대한 주석이 붙어 있어서 프루스트 자체가 들어 있다고 할 수 있다.

러스킨이 프랑스에 본격적으로 알려지게 된 것은 1897년 로베르 드 라 시즈란이 《러스킨과 미의 종교》를 출판하고부터이다. 프루스트는 이 책이 발행되자마자 읽었다. 그 뒤 그는 러스킨 연구에 힘을 더해, 1900년에 러스킨이 세상을 떠났을 때에는 〈예술·골동시보〉, 〈피가로〉에 추도기사를 쓰기에 이른다. 또 같은 해 4월 〈가제트 데 보자르〉지에는 '존 러스킨'이라고 제목을 붙인 긴 평론도 발표했다.

### 러스킨의 영향

알려진 바와 같이 러스킨은 단순한 미술평론가로서뿐만 아니라 사회사상가로서도 큰 영향을 끼친 인물이다. 그는 어떤 의미에서 프루스트와 정신적인 계보를 같이하고 있다. 유한계급으로 태어나 생활에 대한 걱정이 없고, 시간에도 얽매이지 않아서 날카로운 감수성으로 사물을 충분히 생각할 수 있었으며, 드물게 나타나는 섬세한 감정의 움직임도 잡아

존 러스킨(1819~1900)
프루스트에게는 정신적인 계보를 같이하고 있다할 만큼 영향력이 큰 인물이다.

낼 수 있는 특별한 능력이 몸에 배어 있었다.

프루스트는 이러한 인물을 만나, 자기 안의 자질을 깊이 개발시킨 것이다. 곧 색채나 형태를 주의 깊게 관찰하고 그것을 문장에 자리잡게 하는 능력, 사물이나 감정의 미묘한 차이를 식별하는 능력, 그리고 마음의 감동을 오래도록 지연시켜 서술하는 능력을 러스킨에게서 배웠다. 《참깨와 백합》서문에서 프루스트는 더할 나위 없이 일상적인 마을이나 정원, 거기에서의 조촐한 생활 모습을 그리는 것만으로도 뛰어난 작품을 써낼 수 있다고 말한다. 왜냐하면 시인은 평범한 자연과 인물 속에서 좀처럼 유례가 없는 매력을 발견할 수 있기 때문이다. 그리고 그러한 보기 힘든 매력의 원천에 의하여 자연과 인물은 독자의 눈에 특별히 아름다운 존재가 된다. 같은 서문에서 프루스트는, 실제로 소년 시절을 보냈던 시골 마을의 정경을 눈앞에 보이는 것처럼 묘사한다. 이 부분이 《잃어버린 시간을 찾아서》의 '콩브레' 장의 이른바 첫 번째 초고가 된다.

### 모사의 천재 프루스트

프루스트가 가진 모작의 재능은 그가 다른 어떤 형태로든 타인의 자아에

맞출 수 있는, 이른바 카멜레온 같은 자아를 가진 인물임을 상상하게 한다. 그리고 실제로도 그는 말 그대로 예술작품에 탐닉한 나머지, 다른 사람이 만든 작품의 정신에 일체화되는 일이 자주 있었다. 프루스트는 마침 스완이 오데트의 얼굴에서 보티첼리를 발견하고 뛸 듯이 기뻐했던 것처럼 현실 속에서 예술적인 아름다움을 발견하면 지나치게 감동하는 버릇이 있었는데, 이러한 버릇은 그의 탐닉적인 성격 때문이다. 그의 진정한 내면은 끝없이 욕심부리는 것처럼 향락적인 예술작품으로 말미암아 혼란스러워하고 있었다. 따라서 그는 이러한 혼란스러운 자신을 무언가의 수단으로 정돈할 필요성을 느꼈다.

한편 모작이라는 것은 매우 영리한 객관적 관찰의 성과이기도 하고, 날카로운 비평정신으로 만들어진 것이기도 하다. 프루스트는 어느 수필에서 이렇게 쓰고 있다.

"필요한 것은 먼저 의식적으로 모작하고, 그 뒤에 다시 한 번 독창적으로 숙달되는 것이며, 무의식의 뒷면에서 평생 모작을 계속하려는 욕구를 삼가는 것이다."

그는 자신에게 많은 것을 주었던 다양한 작가들의 영향력에, 명확한 역할 분배를 하여 진정한 자기를 분석해낼 필요를 느꼈다고 할 수 있다. 그러나 그것보다는 그에게 있어서 다른 사람의 작품을 모방하는 것이 진정한 자기 발견 과정으로서 필요한 작업이었다. 그는 다른 곳에서 이렇게 쓰고 있다.

"거장이 느낀 바를 자기 자신 안에서 재창조하려고 시도하는 것은 저마다 스스로에게 느끼고 있던 사실을 의식화하기에는 최선의 방법이다. 그러한 깊은 노력에 의하여 우리는 거장의 사상뿐만 아니라 우리 자신의 사상을 세상 밖으로 이끌어낼 수 있다."

그가 자신에게서 고유한 내적 전망을 쉽사리 발견했던 것도 아니고, 또 그 표현기술을 간단히 만들어냈을 리도 없다. 그는 엄청난 양의 독서와 그 밖의 예술경험을 거치고, 혼란이나 망설임도 겪으면서 자기를 발견해 나갔다. 게

다가 그렇게 해서 찾아낸 자신이라는 존재는, 어떤 의미로는 다양한 예술작품을 모으는 것과 성격이 비슷하다. 이러한 모작의 영위는 프루스트의 창작 생활에서 커다란 의미를 가지게 된다. 모작을 쓰는 일에 자극받아 그는 생트뵈브 비평을 시작으로 비평 작업에 본격적으로 손을 댄다.


## 《잃어버린 시간을 찾아서》

### 모작과 《잃어버린 시간을 찾아서》

모작으로부터 비평을 거쳐온 작가론은 《잃어버린 시간을 찾아서》에 곧바로 그림자를 늘어뜨린다. 〈스완의 사랑〉의 첫머리에 다음과 같은 대목을 볼 수 있다.

베르뒤랭 집안의 '소당파', '소그룹', '작은 핵심'에 들어가기 위해서는 하나의 조건이 필요하고, 그 한 가지만으로 충분했다. 그것은 다름 아닌, 어떤 신앙고백을 승인하는 것이었지만, 그 조항에는 같은 해 베르뒤랭 부인의 비호를 받고 '바그너를 이만큼 잘 연주하다니 믿을 수 없어'라는 말을 들은 피아니스트가 플랑테와 루빈슈타인을 '뛰어넘었다'고 하는 것, 그리고 '코타르 의사가 포탱보다도 진단을 잘 내린다'고 하는 것이다.

여기에 허구의 인물(피아니스트, 코타르)과 실제 이름(플랑테,[*1] 루빈슈타인,[*2] 포탱)이 아무런 구별도 없이 공존하고 있는 것을 볼 수 있다. 이것을 쓰고 있을 때 프루스트는, 발자크의 저속한 현실감각과 베르뒤랭 부인의 발돋움을 이중으로 비추고 비웃는 것이리라. 결국 베르뒤랭 부인의 살롱은 무엇보다도 먼저, 발자크풍의 저속한 기쁨을 지배하는 장소로 설정되어 있는 것이다. 이런 식으로 보자면 《잃어버린 시간을 찾아서》라는 작품은 아직 우리가 충분히 안다고 할 수 없을 정도로 작가의 다양한 모작으로 가득할지도

---

*1 François Planté(1839~1934), 프랑스의 피아니스트. 레코드 사상 최초로 녹음을 남긴 것으로 유명함.

*2 Rubinstein, Anton Grigorievich(1829~1894), 러시아의 작곡가·피아니스트.

모른다.

## 《잃어버린 시간을 찾아서》가 완성되기까지

프루스트가 그의 일생을 바친 소설에는 엄청난 시간과 방대한 정력이 들어 있다. 시간으로 따지면, 1908년에 작품을 쓰기 시작하여 1918년쯤 초고를 정식으로 베껴 쓴 원고에 '끝'이라 써넣기까지 10년 남짓 걸렸다. 게다가 그 뒤에도 타이프 원고와 교정쇄를 대대적으로 손보던 사이, 프루스트는 완성을 보지 못한 채 1922년에 세상을 떠난다. 또 초고를 다시 한 번 깨끗하게 베껴낼 때까지 작품 계획에 큰 변화가 있었고, 더욱이 죽기 직전에도 《사라진 알베르틴》 이후를 고치려 했다는 설도 있다.

이처럼 《잃어버린 시간을 찾아서》의 원고는 그 자체로서 매우 흥미로운 발전의 역사를 지닌다. 도중에 사라져간 등장인물, 일화도 많다.

## '표층자아'와 '심층자아'

프루스트는 어머니의 죽음으로 받은 충격에서 벗어나, 차츰 창작의 기력을 쌓아 나가는 한편 1908년 초에 쓴 〈패스티시〉가 직접적인 계기가 되어 평론활동에 의욕을 갖게 된다. 이미 1905년쯤부터 생트뵈브에 대한 비판을 쓰려고 마음먹은 듯하나, 이는 단순히 비판문이 아니라 생트뵈브의 동시대 작가들에 대한 비판이 왜 잘못되었는지를 둘러싸고 이 저명한 비평가의 근본적인 결함을 들추기 위한 공격적인 글이다.

프루스트는, 생트뵈브가 같은 시대의 스탕달, 발자크, 플로베르 등을 겉으로 드러나는 사람 됨됨이로 판단했기 때문에, 그들 작품에 대한 평가가 모두 잘못됐다고 말한다. 이에 대해 프루스트는 사람들이 일상생활에서 사용하는 '표층자아'와, 작가가 예술작품 속에 표현하는 '심층자아'는 전혀 다른 것이라 주장한다. 그리고 한 작가를 평가하려면 외적인 생활이 아니라, 그의 깊은 자아를 표출한 작품에서만 생각해야 한다고 했다.

이러한 사고방식은 20세기 문학에 매우 커다란 영향을 끼치게 된다. 그러나 그의 생트뵈브 비판은 아슬아슬한 자기변명서이자, 가장 깊은 마음속 욕구를 뒷받침한 저술이기도 하다.

## 보들레르, 발자크의 평가

처음 프루스트는 생트뵈브를 비판할 의도로 그의 저서들을 읽고 또 읽었지만, 생트뵈브에게만 얽매였다는 뜻은 아니다. 그는 자신이 쓴 발자크, 플로베르의 모작에 자극받아, 그들에 대한 평론을 쓰기 시작했다. 이 두 작업은 서로 관계없는 일이 아니었다. 프루스트가 채택한 작가들은 바로 생트뵈브가 낮춰 본 사람들이기 때문이다. 그 결과, 그의 생트뵈브 비판은 단순히 생트뵈브론(論)일뿐만 아니라, 그 때문에 가볍게 여겨져 온 작가들의 권리를 회복시키려는 시도도 함께 이루어졌다. 실제로 프루스트 감식안의 예리함은 무서울 정도이다. 그가 채택한 발자크, 보들레르, 네르발은 현재 프랑스 문학사에 확고부동한 이름들이지만, 그 무렵에는 현재만큼의 높은 평가를 받지 못했음을 분명히 밝혀둘 필요가 있다. 이로써 그의 《생트뵈브에 대한 반론》은 평론집의 형태를 갖추게 되었다.

## 창작의 시작

그뿐 아니라, 그는 창작에도 손을 대고 있었다. 그리고 1908년 1월에는 벌써 짧은 단편도 쓰고 있었다. 그 단편은 현재 〈로베르와 새끼 산양〉이라는 제목의 글로 《생트뵈브에 대한 반론》에 실려 있는데, 이는 다가올 대작 소설의 첫걸음이 된다. 이처럼 그는 이때부터 창작력이 꽃피어 풍부한 경험을 하게 되지만, 그 자신의 넘쳐흐르는 창조력에 대해 어떤 형태를 부여해야 좋을지는 알지 못했다.

5월에 친구 루이 앞으로 보낸 편지에 그즈음 진행 중인 작업으로서 다음 것들을 들고 있다.

"귀족 연구, 파리 소설, 생트뵈브와 플로베르에 대한 수필, 여성들에 대한 수필, 동성애에 대한 수필(출판은 곤란하다), 유리창 연구, 묘비 연구, 소설 연구……."

이러한 일들은, 그 자체는 아닐지라도 모두 《잃어버린 시간을 찾아서》 속으로 흘러들게 된다. 다시 말해 《잃어버린 시간을 찾아서》는 단순한 소설이 아닌, 여러 연구와 수필을 집대성한 복합적인 작품이라고 할 수 있다.

### 75장의 대형판 가제 노트

1908년 7월이 되자, 프루스트는 소설 초고의 단편을 몇 개 완성한다. 그리고 보통 '카르네 1'로 불리는 창작수첩에 '완성된 페이지'의 목록을 썼는데, 이는 《생트뵈브에 대한 반론》을 편집하여 출판한 연구가 베르나르 드 파로와에 따르면, 실제로 75장의 대형판 가제 노트에 소설을 썼다고 한다. 이것이 《잃어버린 시간을 찾아서》의 초고이다. 거기에는 〈로베르와 새끼 산양〉, 〈이름을 에워싼 몽상〉이라는, 현재의 《잃어버린 시간을 찾아서》와는 상당히 다른 단편들 말고도 콩브레에서 보낸 휴가나 화자의 집을 방문한 스완이 다른 이름으로 등장하거나(그 얘기는 취침 사건이 이미 포함되어 있다는 말인데), 바닷가 소녀들도 이미 모습을 드러내어 《잃어버린 시간을 찾아서》의 원형을 확실하게 정해놓은 듯하다. 그러나 75장의 노트는 현재 행방을 알 수 없다.

### 《생트뵈브에 대한 반론―어느 아침의 추억》

이처럼 프루스트는 한편으로 생트뵈브 비판을 중심으로 하는 평론을 계속 쓰면서, 다른 한편으로 소설도 집필하며 그것을 어떻게 정리해야 할지를 망설이고 있었다. 여기서 프루스트는 매우 독특한 문제 설정을 실행한다. 곧 이 둘을 별개로 마무리할지, 아니면 유기적인 관련을 가진 하나의 작품으로 정리할지에 대해서이다. 그는 1908년 12월에 쓴 편지에서 이렇게 말하고 있다.

"나는 생트뵈브에 대해서 뭔가를 쓸 작정입니다. 그래서 이른바 두 가지 기사를 머릿속에서 구상했답니다(잡지 기사입니다). 하나는 고전적인 형태의 기사로, 완성도가 떨어지는 텐풍 수필 같은 분위기입니다. 다른 하나는 어느 아침부터 이야기가 시작됩니다. 어머니가 제 침대 곁으로 다가오면 계획 중인 생트뵈브론에 대한 이야기를 들려드리는 것이지요."

최종적으로 프루스트가 선택한 것은 두 번째 계획이었다. 그뿐 아니라 화자는 어머니가 침대 곁으로 다가오기 전에 아침 햇살을 쬐며 잠에서 덜 깬 몽롱한 상태에서 유년 시절부터 인생의 여러 장면을 떠올리는 형태로, 1인칭 소설을 끌어들인다. 곧 제1부가 소설이고, 제2부가 이론적인 대화라는 형식을 취해 지금까지 써온 모든 원고를 하나로 정리하기로 했다. 《생트뵈브에 대한 반론—어느 아침의 추억〉이라는 가제의 작품은, 소설 부분이 250~300쪽, 그 뒤에 연결된 생트뵈브와 미학을 둘러싼 긴 대화가 125~175쪽으로 이루어져 있었다. 그리고 '소설 부분 전체는 최종 부분(이론 부분)에서 전개되는 원리의 실연(實演), 즉 어떤 '서문'의 성격을 띤다고 작자는 확실히 말하고 있다. 이처럼 그는 뚜렷한 작품 계획을 가지고, 1909년 9월에 앞부분의 타이프 원고가 끝날 정도로 작품을 진행하나, 이 계획은 발레트의 거부로 좌절된다.

〈오르페우스의 목을 안아 든 처녀〉 모로 작
《생트뵈브에 대한 반론》에서, 프루스트는 모로에 대하여 '자기 꿈을 그린 사람'이라고 말했다.

## 소설의 새로운 전개

발레트의 거절로 당장 출판이 불가능해지자, 프루스트는 다른 출판사를 찾으면서 원고를 더욱 다듬어 나갔다.

고친 부분의 중심 줄기만 살펴보면, 먼저 작품 마지막에 있던 어머니와의 긴 대화는 삭제된다. 이 이론적인 부분은 사실 그 '실연'이 제1부에 나타나는데, 대략적으로 말해 보들레르를 둘러싼 논고는 동성애 묘사 속에, 발자크에 대한 비판은 사교계 기록에, 네르발에 대해서는 무의지적 기억 속에 나낸 것처럼 소설 부분에 이미 사용되고 있었다. 따라서 제2부의 '어머니와의 대화'는 같은 것을 이론적으로 이야기하는 데에 지나지 않는다.

또한 무의지적 기억의 작용을 작품의 첫머리와 끝머리에 둠으로써 작품 구조를 규정하는 기본적인 요소가 되었다. 무의지적 기억은 이전부터 작품 속에 들어 있던 요소지만, 초고 단계에서는 고작 홍차에 적신 마들렌이 콩브레의 추억을 불러일으키는 기능밖에 없었다. 하지만 수정된 작품에선 마지막에도 드러나, 어머니와의 대화 대신에 작품을 매듭짓는 요소가 된다. 그밖에 1909년 이후 마리아라는 여주인공이 확연히 모습을 드러내는 것도 들수 있다.

### 《스완네 집 쪽으로》 출판

《잃어버린 시간을 찾아서》의 제1권 《스완네 집 쪽으로》는 이렇듯 많은 고난을 겪으면서도, 1913년 11월에 그라세사에서 간행되었다. 이듬해인 1914년에는 제2권 《게르망트 쪽》, 그리고 마지막으로 《다시 찾은 시간》이 예정되어 있었는데, 내용예고는 이러했다.

제2권 《게르망트 쪽》—스완 부인의 집, 고장의 이름—고장, 샤를뤼스남작과 로베르 드 생루의 최초 스케치, 인명 : 게르망트 공작부인, 빌파리지 부인의 살롱
제3권 《다시 찾은 시간》—꽃피는 아가씨들 그늘에, 게르망트 공작부인, 샤를뤼스 씨와 베르뒤랭네 사람들, 할머니의 죽음, 마음의 흔들림, 파도바와 콩브레의 '악덕과 미덕', 캉브르메르 부인, 로베르 드 생루의 결혼, 영원한 애모.

1912년에는 그럭저럭 완성한 3권짜리 《잃어버린 시간을 찾아서》 가운데 제1권이 간행되었고, 제2권은 활자 조판 작업이 진행 중이었으며, 제3권은 수첩에 초고가 대략적으로 완성된 상태였는데, 지금의 《잃어버린 시간을 찾아서》와는 상당한 차이가 있다. 이 책에서는 여주인공이 알베르틴이 아닌 마리아라는 네덜란드 여성이며, 알베르틴과의 동거생활, 그녀의 도망과 죽음의 이야기가 빠져 있다.

또한 작품 구성면에서도 큰 차이점이 있다. 현행판에서는 화자의 첫 발베크 방문이 둘로 나뉘어 있고, 전반은 차례로 등장하는 게르망트네 사람들 소개에 맞추고, 후반은 '꽃피는 아가씨들'이 나온다. 하지만 1912년판에서는 이 두 부분이 작품의 서로 다른 장소에 있었다. 전반은 〈고장의 이름—고

장〉라는 제목으로 제2권에 실려 있었다(현행판과 같은 위치이다).

## 마리아와의 사랑

마리아와의 교류와 바닷가에서의 교제에 대해서는 현행판의 알베르틴과의 교제와 별반 다르지 않지만, 그 뒤의 전개는 매우 다르다.

마리아가 그와의 만남에 그리 적극적이지 않음을 눈치챈 화자가 스스로 단념하고, 차츰 그녀와 만나지 않으려 하며 끝을 맺는다(이러한 사랑의 결말은 마리아의 이야기를 포기해 필요 없어졌으므로 질베르트와의 이야기로 바뀌는 것이리라. 알베르틴을 위해서는 이와 전혀 다른 마지막이 준비된다). 그러나 마리아의 추억은 작품 마지막에 또다시 나온다. 게르망트 대공부인 저택으로 간 화자는 그곳에서 두 점의 렘브란트 그림을 보게 되는데, 이것은 사실 이전 암스테르담의 마리아 양부모 집에 걸려 있던 그림으로, 사정이 있어 파리 게르망트 집에서 보관하게 되었다. 운하 도시 암스테르담의 작고 아기자기한 집에 걸려 있었던 두 점의 그림은, 화자가 마리아와 함께 암스테르담으로 여행갔을 때, '서로의 어깨를 스치며' 바라보았던 가슴 설레는 추억을 떠올리게 한다. 그러나 더 이상 그녀를 사랑하지 않는 지금, 아무런 감흥도 일지 않는다. 이 일화는 현행판에서 포르투니의 주제에 쓰여 베네치아에서 화자가 카르파초의 그림을 보고 죽은 알베르틴을 떠올리지만, 더는 아무런 감흥도 생기지 않았다는 이야기가 되었다.

## 퓌트뷔스 부인의 몸종

1912년판 《잃어버린 시간을 찾아서》에서 중요한 소임을 맡은 또 한 사람은 퓌트뷔스 부인의 몸종이다. 오랫동안 화자의 성적 상상력을 자극해온 이 여성은 결국 베네치아 근교 마을인 파토바에서 화자와의 만남을 승낙한다. 그러나 이 만남은 형편없이 끝을 맺는다. 그녀를 만나기 직전에 호텔 방에서 돌아가신 할머니의 추억이 너무도 생생히 되살아나(프루스트는 이제까지 작품의 전체 제목으로 여겼던 〈마음의 흔들림〉을 이 일화로 쓰게 된다) 깊은 상실감에 압도되어 만남을 즐길 마음이 사그라졌고, 또 이 여성을 만나보니 몹시 비속한 인물로, 화자는 지나치게 환멸을 느낀다.

〈마음의 흔들림〉에서 할머니의 추억이 되살아난 이야기는, 현재 두 번째 발베크 방문 첫머리에서 쓰였고, 화자는 비통한 나머지 호텔로 찾아온 알베르틴과 함께할 기분을 한때 잃게 되는데, 이는 지금 말한 몸종의 일화를 그대로 옮겨 적은 것이다. 《장 상퇴유》에 등장한 앤트워프 수녀의 근원이 되는 퓌트뷔스 부인의 몸종은, 현재 《잃어버린 시간을 찾아서》에서 화자가 추구하는 사이에 사라져 중요한 역할을 연기하지는 않지만 1912년판에서는 마리아와 서로 비슷한 중요성을 지니고 있었다.

## 소설의 대대적인 개정

1913년부터 1914년에 걸쳐 일어난 아고스티넬리와의 사건은 프루스트에게 엄청난 정신적 영향을 미친다. 그는 그 체험을 원천으로 소설의 대대적인 개정을 시작한다. 그리고 1912년판 3권 구성부터 최종적으로는 7권 구성까지 작품이 늘어난다. 여기서 새롭게 덧붙인 것은 알베르틴과의 동거생활, 그녀의 도망과 죽음, 그리고 망각인데, 이런 요소는 모두 아고스티넬리의 체험과 매우 흡사한 병행관계를 가진다. 심한 경우 프루스트는 아고스티넬리와 주고받은 편지 일부를 그대로 인용할 정도였다.

그러나 여기서 아주 흥미로운 점이 발견된다. 프루스트가 여주인공의 이름을 바꾸고, 새로운 여주인공에게 새로운 이야기를 부여하는 일을 시작한 때에 대해서는 정확히 모르지만, 1913년 후반이나 1914년 전반이라고 추측된다. 바꾸어 말하면 1914년 5월에 아고스티넬리가 비행사고로 추락해 죽기 이전의 일이다. 즉 알베르틴의 이야기는 아고스티넬리의 사건이 마무리되기 전에 이미 움트고 있었던 것이다.

## 동침 없는 동거

사실 프루스트는 《생트뵈브에 대한 반론》 집필 중 이미 한 젊은 여성과 '동침 없는 동거' 계획을 가지고 있었다. 프루스트에 대한 회상록을 쓴 마르셀 플랑테비뉴에 따르면 1908년부터 1909년 무렵 카부르에 머물 때, 프루스트는 바닷가 피서지에서 프랑스의 가난하지만 뼈대 있는 귀족 도르 집안의 아가씨에게 주목하고, 가까운 농원 '마리 앙투아네트'로 차를 마시러 가는 그녀를 플랑테비뉴와 함께 미행한다. 그리고 오로지 그녀에게 재산을 주려는 자선적인 의도에서 도르 집안의 딸과 '새하얀 결혼'을 할 꿈에 부풀어, 감

격한 나머지 눈물지었다
고 플랑테비뉴는 적고 있
다. '새하얀 결혼'이란 육
체관계를 맺지 않는 혼인
이기에 '동침 없는 동거'
와 같은 말이다. 실제로
그는 1909년 11월 조르주
드 로리스 앞으로 보낸
편지에서 어느 젊은 여성
과 '생활을 공유'할 계획
이 있음을 내비쳤다. 다
만 이 여성이 어떤 인물
이었는지는 알려지지 않
았다. 또한 1914년 이후
알베르틴과의 동거생활
첫 원고에서도, 화자와
알베르틴과의 사이에는
육체적인 관계 없이, 화
자의 어머니가 두 사람과

〈풍차방앗간〉 렘브란트 작

같은 아파트에 사는 것으로 설정되었음을 알 수 있다. 따라서 알베르틴이라
는 여성은 무엇보다도 여러 해 동안의 '동침 없는 동거' 계획 실현으로 등장
한 인물임을 짐작할 수 있다.


### 원고의 완성

이러한 우여곡절을 겪으며, 프루스트는 1918년 무렵 《잃어버린 시간을 찾
아서》 원고를 20권의 노트에 깨끗이 정리하여 완성했다. 하지만 그 뒤에도
개정작업이 이어져, 늘 그러하듯 타이핑한 원고를 대폭 고치고, 공간이 부족
하면 커다란 종이를 덧대어 고치곤 했다(프루스트는 초고 단계에서나 수정
단계에서 이런 작업을 빈번히 거쳤다). 게다가 교정쇄 단계에서도 몇 번이
고 대대적인 수정을 하곤 했는데, 수정된 교정쇄가 나오면 또다시 원고를 고

치는 데 온 힘을 기울였다. 그는 시간과 경쟁하듯 일을 바삐 서둘렀다. 그러나 《갇힌 여인》 교정쇄 중인 1922년에 사망한다. 따라서 《갇힌 여인》의 남겨진 일부와 《사라진 알베르틴》, 《다시 찾은 시간》은 명목상으론 완성되었지만 본질적 의미로는 완성되지 않은 상태였다.

## 또다시 작품 개정인가?

1987년에 프루스트의 남동생 로베르의 증손녀인 나탈리 모리아크(그녀는 소설가 프랑수아 모리아크의 손녀이기도 하다)가 《잃어버린 시간을 찾아서》의 신판을 공개하고 난 뒤 큰 문제가 일어났다. 이 신판은 새롭게 발표된 《사라진 알베르틴》의 타이프 원고에 기초한 것인데, 이는 프루스트가 사망하기 직전인 1922년 여름부터 가을에 걸쳐 자기 손으로 중대한 개정을 시행하고 있던 것이다. 주요 개정 내용은 세 가지이다. 첫 번째는 프루스트가 이 책에 붙인 이름이다. 처음 그는 《도망간 여인》을 마음속에 두었으나, 그 무렵 타고르의 《도망간 여인》이라는 프랑스어 번역 표제의 소설이 발표되어 《사라진 알베르틴》으로 제목을 붙여야 할지 망설이게 된다. 그런 까닭에 아마 프루스트는 최종적으로 《사라진 알베르틴》이라 제목을 정했을 것이다. 두 번째는 알베르틴이 말에서 떨어져 죽는 곳이, 투렌이 아닌 콩브레 근교의 비본 시내 부근 몽주뱅의 가옥이 있는 곳으로 바뀐 것이다. 이 변화를 통해 작품 속 고모라의 주제가 같은 장소에서 시작해 같은 장소로 돌아온다는, 프루스트다운 둥근 원 구조를 이루게 된다. 가장 중요한 세 번째는 알베르틴의 추억에 대한 부분이 많이 삭제된 것이다. 그녀에 대한 추억이 점차 흐려져가는 세 단계 중 포르슈빌의 딸을 둘러싼 부분과 앙드레와 대화한 부분이 잘려나갔으며, 베네치아 장에서 알베르틴을 떠올리는 일화가 거의 삭제되었다. 포르투니의 주제도 사라졌다. 그래서 이는 원본 타이프 원고가 아닌, 내용 일부를 어느 잡지에 발표하기 위해 필요 이상의 부분을 잘라낸 작품이라는 설도 있다. 그렇지 않다면 《잃어버린 시간을 찾아서》는 영원히 수정되어야만 할 운명을 타고난 것이란 말인가.

## 계속 생성되는 작품

《잃어버린 시간을 찾아서》는 이미 살펴본 바와 같이 영원히 생성되는 작품, 늘 바뀌고, 작가가 쓰면 쓸수록 미완성이 되어가는 소설이라 해도 맞을 것이다. 그러나 이 둥근 물체는 핵이 되는 부분이 있고, 그것이 전체 구조를 확실하게 잡아주고 있다. 다시 말해 이 작품은 핵심 구조를 단단히 완성지어, 이를테면 프루스트가 오래 살아 작품을 고치더라도 핵심 부분이 벗어나거나 바뀌지 않았을 것이다. 그 핵심은 작품 첫머리와 끝머리에 무의지적 기억을 배치하는 구조이다.

첫머리에 나오는 프티트 마들렌이 화자의 과거를 떠올리게 하고, 작품을 전개하는 원동력이 된다. 그리고 마지막에 불쑥 튀어나온 장식용 돌덩이들은 외적인 요소로, 화자에게 자기 인생을 소설의 소재로 사용하도록 하는 발견을 안겨준다. 제1의 무의지적 기억이 인생을 활짝 펼쳤다면, 제2의 무의지적 기억이 작품의 계기가 된다. 이러한 무의지적 기억이 작품구조의 열쇠라는 발상은, 프루스트가 비교적 이른 1909년 무렵 착안하여 대략적으로 완성한다. 이를테면 논문 집필에서 머리말과 맺음말을 미리 써두는 것과 같다.

### 장소에 의한 구분

프루스트는 자기 작품을 대성당이나 교향곡에 비유하여, 이를테면 어떤 기하학적인 짜임새를 작품에 부여했다. 기하학적인 구조라 하면 좌우대칭이나 여러 조응(照應)관계를 떠올린다. 실제로 프루스트의 작품은 이러한 구조로 가득 차 있다 해도 지나친 말이 아니다. 그중 몇 가지를 들어보자.

프루스트는 프티트 마들렌에 커다란 역할을 부여하기 전에, 조금 다른 형태로 작품 구조를 만들려는 계획을 가지고 있었다. 그리고 이 계획은 현재 작품에서도 사라지지 않았다. 화자가 첫머리에서 자신이 과거에 지냈던 방을 차츰 돌이켜보는 부분이 있는데, 여기서 떠올린 것은 콩브레의 레오니 고모 집의 방, 파리 집 방(화자는 《게르망트 쪽》 첫머리에서 한 번 이사한 적이 있어, 방이 두 개다), 발베크의 그랑 호텔 방, 동시에르의 방, 베네치아, 탕송빌 등 화자가 한평생 밤을 지새우던 방에서 일어난 눈에 띄는 일들이 모두 나와 있다. 즉 첫머리에 이미 작품 속에 등장하는 장소가 모두 예고되었다.

### 장소의 일치

작품에서는 늘 등장하는 특정 장소를 배경으로 이야기가 전개되는데, 장소 자체가 이야기 전개에 커다란 의미를 지닌다. 그렇듯 장소의 중심에는 언제나 하나의 방이 나오고 화자는 방에서 그곳 장소로 들락날락하는 일을 되풀이한다.

이처럼 《잃어버린 시간을 찾아서》에서는 언제나 장소를 기본 축으로 이야기가 전개되고, 그 중심에는 늘 방이 존재한다. 거기다 이야기를 펼쳐 나가는 직접적인 원인은 '산책'이나 '호기심'이라는, 지나치게 이야기적이지 않은 요소이다. 17세기 프랑스 고전주의 시대 연극에서는 '3일치 법칙'이라는 것이 있어, 작가는 장소의 일치, 시간의 일치, 행동의 일치를 엄격히 지키는데, 프루스트의 소설에서는 장소의 일치가 소설 구조의 기본을 이루고 있다.

### 반복되는 이야기

또 하나의 장소, 이를테면 콩브레를 살펴보면, 스완네 쪽이나 게르망트네 쪽이나 산책을 가는 곳에 따라 더욱 세밀히 구별된다. 여기에서는 여러 번 길을 나선 스완네 집 쪽으로 가는 산책이 한데 묶여 기술되어 있고, 게르망트로의 산책 또한 똑같이 일괄적으로 서술되어 있다. 즉 이야기는 시간의 흐름에 따라 전개되는 게 아니라 장소의 이동에 따른다. 화자가 게르망트 귀족사회에 빠져들 무렵, 화자는 한 번씩 게르망트 공작부인 살롱과 빌파리지 후작부인의 살롱, 그리고 게르망트 대공부인의 연회에 참석하는데 저마다 무대에서는 새로이 등장하는 인물들의 소개와 더불어 내력, 이 살롱에서 과거에 있었던 일 등이 차례로 기술되어 있어, 독자는 같은 살롱에 몇 번, 아니 몇십 번이나 출석한 듯한 기분이 든다. 즉 여기서도 되풀이되는 이야기를 통해 장소의 일치가 이루어지는 것이다.

### 두 개의 '머리말'

프루스트는 왜 시간을 무시하고 〈스완의 사랑〉을 〈콩브레〉 바로 다음에 넣은 걸까. 그가 이 장을 포함한 소설 제1부를 완성했을 무렵, 제1부는 질베르트에 대한 아이 같은 애정의 일화가 포함되어 있을 뿐, 그 뒤의 마리아를 상대로 한 본격적인 연애나 샤를뤼스의 사도마조히즘을 짐작케 하는 것들은 전혀 드러나 있지 않다. 따라서 제1부만 읽은 독자는 이 소설을 콩브레에서의 산책과 샹젤리제에서의 즐거운 한때를 다룬 소박하고 서정적인 작품으로 잘못 이해할 가능성이 있었다. 그래서 작가의 연애관을 털어놓고 말하거나, 뒤에 나올 연애의 모습을 예고하는 이야기를 집어넣어야만 했다.

실제로 스완의 연애와 화자의 사랑은 무척이나 닮아 있다. 사랑의 원동력은 질투이며, 사랑은 불행하다. 오데트와 알베르틴 모두 동성애 혐의를 받는 것도 공통점이다. 또한 샤를뤼스와 모렐의 소돔 관계조차, 사랑의 기본성격은 스완이 체험한 사랑과 비슷한데, 작가는 이때 이런 사랑을 조금 부풀리고, 한결 익살스러우면서도 기괴하게 그려낸 것에 지나지 않는다. 그렇다면 〈스완의 사랑〉은 뒤에 전개될 몇 가지 연애 방법에 대한 예고편, 머리말에 해당하게 된다.

### 부채꼴 모양의 전개

프루스트의 문체라 하면, 구불구불 이어지는 긴 문장이리라. 실제로 이런 특징을 가진 문장은 《잃어버린 시간을 찾아서》 전체의 3분의 1 정도이고, 또한 문장의 평균적인 낱말 수도 표준적인 프랑스 어문의 두 배 정도로 그리 극단적이진 않다.

이런 긴 호흡의 문체는 어떤 관념이나 인상이 떠오르는 대로 모든 것을 기술하고자 하는 욕구에 의한 것이다. 따라서 맨 처음에 어떤 말이 제기되고, 그로 인해 떠오른 것들이 어느 정도 전개되면 일단 본디 말을 다시 인용하고, 그것에 새롭게 떠오른 것을 다시 기술하는 방식을 취하는 경우가 가끔 있다. 이를테면 《꽃피는 아가씨들 그늘에》에서 먼저 '질베르트의 부모'라는 표현을 첫머리에 놓고, 그 뒤 10행에 걸친 수식을 덧붙인 다음 가까스로 이 '부모'에 대응하는 술어동사가 나와서 끝맺는 식이다.

부채꼴 모양의 전개 구조는 문장뿐 아니라, 단락에서도 볼 수 있다. 핵심적인 관념이 끊임없이 되돌아오며 이야기가 전개되고 옆으로 비껴간다. 이 것은 어떤 방을 나와 산책하고 돌아오고, 또 산책에 나섰다 되돌아오는 콩브레나 발베크의 서술과 유사한 방식을 취한 것이다.

이처럼 프루스트의 문장기법은 반복되고 조금씩 빗겨가며 확대된다는 것이 하나의 원리이다. 이러한 방법은 저자가 초고 단계뿐 아니라 교정쇄 단계에서도 그때그때 손댄 결과라 하겠다. 즉 자기 원고를 되풀이해서 읽음으로써, 새롭게 환기된 내용을 조금도 빠뜨리지 않고 적기 위해 이러한 부채꼴 모양의 구조가 완성된 것이다. 작가는 문장의 효과를 높이기 위해서 핵심이 되는 말이나 표현을 문장 끝에 끌어오기도 한다.

## 은유

프루스트적인 문장의 특질이라 하면 은유이다. 일반적으로 은유라 하면 '비교되는 것(comparé)'과 '비교하는 것(comparant)'으로 이루어지는데, 이를테면 '알베르틴은 바닷가에 핀 한 송이 장미다'라는 문장이 있다. 간단히 말해 알베르틴은 '비교되는 것'이고 바닷가 장미가 '비교하는 것'이라 생각해 보자.

그런데 작가가 소설의 마지막에 전개하고 있는 이론에 따르면, 은유는 이 두 가지 요소를 나란히 두는 게 아니라 융합시킨다. 곧 어떤 물체나 어떤 관념은 사실주의 작품처럼 그냥 말로 거기에 놓이는 게 아니라, 은유를 보태서 '비교되는 것'과 '비교하는 것'(알베르틴과 바닷가의 장미라고 하는 것이 알기 쉽다)에 공통적인 감각을 덧붙이게 된다. 프루스트는 이를 '두 개의 대상을 꼼짝달싹 못하도록 아름다운 문체의 고리로 잇는다' 또는 '두 개의 감각의 공통 성질을 생각해, 이 두 감각을 서로 연결시킴으로써, 두 감각의 본바탕을 끌어내고, 시간이 가진 우연성에서 감각이 해방되도록 하나의 은유 속에 두 개의 대상을 포함시킨다'라는 표현을 하고 있다. 알베르틴은 '바닷가의 장미'라는 예시를 통해 바닷가 피서지의 싱그럽고 눈부신 땅의 정령이라는 인상을 지니게 된다.

이처럼 물체는 독립된 단순한 것으로 제시되는 게 아니라 은유의 참가로 인해 하나의 내적인 인상, 마음 상태의 풍경으로 바뀌는 것이다. 다시 말해서 현실은 은유로 말미암아 변형(Metamorphose)된다. 발베크 호텔 짐꾼은 추위로부터 보호받는 온실의 화초 같고, 파랜시 씨는 생선 가마니, 게르망트 가문 사람들은 새, 종업원은 사냥개가 된다. 이와 반대로 꽃은 여성이 된다. 산사나무는 신앙심 깊은 쾌활한 아가씨들이며, 노르망디의 사과나무는 장밋빛 공단 무도회용 드레스를 몸에 걸친다. 그리고 게르망트 대공부인 저택에 간 화자가 처음 삭막한 기분이 들었을 때 그는 새조차 왠지 늙고 나쁜 정령처럼 느낀다. 프루스트의 문장이 어딘가 현실의 객관적인 묘사보다 비탄과 기쁨이라는 감동, 삶의 여러 색채로 늘 물드는 한 가지 이유가 여기에 있다.

## 은유와 무의지적 기억

이처럼 자주 사용된 은유는 재미있는 현상을 낳는다. '바닷가의 장미와 같은 알베르틴' 예를 다시 살펴보면, 이 경우 '비교되는 것(알베르틴)'이 '비교하는 것(바닷가의 장미)'을 환기하는 관계가 된다. 생각해보면 사실 이것은 무의지적 기억과 같은 구조를 가진다. 이 말은 화자가 파리에서 홍차에 적셔 먹은 프티트 마들렌을 통해 콩브레에서 있었던 비슷한 체험을 불러일으키기 때문이다. 그렇다면 은유는 무의지적 기억이 가져온 기쁨을 문체에서 실행하는 것이다.

한편 무의지적 기억의 체험에는 마들렌을 통해 떠올려진 것과 그에 얽힌 모든 것(콩브레)에 대한 이야기가 옮겨가는데, 은유의 경우에도 이와 아주 유사한 현상이 일어난다. 《게르망트 쪽》에서 화자는 오페라 극장에 가게 되는데, 그곳에 모인 귀부인들이 입은 파티복 모습이 마치 인어 같으며, 오페라 극장 내부 자체가 해저와 같다고 느낀다. 이 대목에서는 해저에 얽힌 비유가 너무 장황하게 되풀이되어 마지막에는 오페라 극장을 말하는 것인지 해저에 관한 것인지 헷갈릴 정도이다. 이처럼 프루스트의 글쓰기는 늘 현재의 모습 그대로를 묘사하는 것에서 탈선, 일탈하고자 하는 욕구로 넘쳐난다고 할 수 있다.

은유의 예시뿐만 아니라, 문장 안에서 이야기하고 있는 것에서 벗어나 예전 일을 말한다거나, 떠오른 어떤 사실 이야기가 빈번히 사라지곤 한다. 다시 말해 프루스트의 문체는 지금 여기에 존재하는 세계를 그리면서도, 그에 따라다니는 엄청난 부재의 것들이 에워싸고 있다. 현실은 프루스트의 글쓰기 속 한 요소에 지나지 않으며, 오히려 문장 전체를 진실로 묶고 있는 것은 작가의 내적인 풍경인 것이다.

## 해학과 기괴함

이런 풍자는 죽음이나 병마라는 엄숙한 내용을 둘러싼 사람들의 태도에도 꼭 들어맞는다. 사람들은 엄숙한 사건을 마주해도 일상의 즐거움을 버리지 못하는 법이다. 게르망트 부부는 어느 무도회 참석을 즐거움으로 삼고 있었는데, 어쩌다 친척 가운데 한 사람이 위독하다는 소식을 접한다. 그가 죽으면 부부는 상복을 입어야 하고 무도회에는 갈 수 없다. 부부는 사람을 시켜 형편을 살핀 뒤에 오늘 밤엔 별일 없을 거라는 보고를 듣는다. 그래서 안심하고 나서려는 찰나 마침 친척이 다급히 달려와 사망 소식을 전한다. 그러나 공작은 언짢은 기색을 보이며, 못 들은 걸로 하고 나가버린다.

또한 하녀 프랑수아즈는 병에 걸린 할머니를 헌신적으로 간호하던 어느 날, 할머니가 좀더 건강하게 보이도록 머리 손질을 해드린다. 그러나 손질 방법이 거칠어 머리 모양은 헐거워지고, 머리카락이 많이 빠져버린다. 화자는, 만족한 얼굴로 할머니에게 거울을 보이려던 프랑수아즈한테서 거울을 빼앗아 할머니가 머리를 못 보게 하려 했지만 사실 그럴 필요도 없었다. 왜냐하면 할머니는 요독증으로 이미 시력을 잃었기 때문이다. 여기서는 병을 걱정하는 가족애, 무신경, 해학이 아무렇지 않게 공존하고 있다. 이렇듯 작품 속에 매우 진지한 면과 장난스러운 면이 함께 존재하여 웃음을 자아낸다.

### 말씨에 배어나는 유머

프루스트는 무척이나 귀가 밝아 사람들 말투의 차이점을 잘 분별해냈다. 그래서 작품 속 등장인물 또한 단 한 명도 같은 말투로 표현하지 않았다. 작가는 이러한 등장인물 한 사람 한 사람 말투의 차이점이 눈에 확 띄게끔 과장을 덧붙인다. 이로써 말투는 당연히 유머러스해진다. 게르망트 부인의 자음을 생략해버리는 말투처럼 번역 불가능한 것도 있지만, 번역해서 전달되는 것도 있다. 이를테면 노르푸아 씨는 노련한 외교관답게 상대에게 결단코 책잡힐 만한 말을 하지 않는다. 따라서 그가 장황하게 이야기를 늘어놓으면 무슨 말을 하는지 전혀 알 길이 없다. 또한 그랑 호텔의 지배인 에메와 하녀 프랑수아즈의 동생은 어깨를 곧게 펴고 거드름 피우며 이야기할 때도, 낱말을 모두 틀리게 말한다.

때로는 등장인물의 지적·사회적 진보가 무엇보다도 먼저 말투의 변화를 통해 표현된다. 알베르틴의 학교 숙제는 온통 유치한 작문뿐이었는데, 얼마 뒤 다시 만났을 때, 그녀가 '내 의견으로는'이나 '차이를 알겠어요'라고 표현할 때마다 화자는 그녀의 지적인 진보를 인정하며 더욱 좋아하게 된다. 한편 《잃어버린 시간을 찾아서》의 등장인물들은 빈번히 말장난이나 어설픈 신소리를 하는데, 프루스트는 이런 장난스런 말투를 대체로 낮게 평가하고 있다.

여기서 프루스트는 몇 가지 유머를 늘어놓는 데 그치지만, 그 유머의 특질 가운데 하나(어디까지나 특질 중 하나)는 증대와 왜소, 심각함과 경박함이라는 대립된 공존, 본디 함께 존재할 수 없는 것들의 공존이다.

## 현대문학에 끼친 영향

《잃어버린 시간을 찾아서》에서는 이야기에 끊임없이 화자가 간섭하여 감상을 말하거나 사건에 얽힌 여러 회상을 이야기한다. 반면 이에 대한 화자의 인생에는 어떠한 비범함이 없다. 다시 말해 이 소설 안에서 중요한 것은 이야기의 내용이 아닌, 이야기의 말투라고 할 수 있다.

프루스트는 은유, 수사법이라는 기법을 구사해 인생 속에 감춰진 기쁨, 우스꽝스러움, 괴상함 등 밝은 부분을 끌어내려고 노력한다. 뿐만 아니라 소설 작품의 구조까지도 기하학적으로 고안한 구조를 통해서만 표현할 수 있는 매력과 감동을 이끌어내고자 했다. 이런 부분이 이 작품을 진정한 원작으로 만들어서, 현대문학에 커다란 영향을 끼친 것이다.

프랑스에서는 1950년대부터 1970년대에 걸쳐 누보로망이라 불리는 일련의 작품이 유행하게 되는데, 이 작가들이 프루스트에게서 강한 영향을 받아 문학적 영위를 이뤘다는 사실은 잘 알려진 바이다. 이를테면 나탈리 사로트는 의식과 무의식의 중간 영역에서 인간이 늘 마음속으로는 생각하지만 입 밖에 내지 않는 말을 표면화했는데, 작가 자신의 말에 의하면 이 근원이 프루스트에게서 비롯되었다 한다. 또한 미셸 뷔토르도 프루스트의 영향을 받아 책이 가지는 고정된 형식을 깨려고 시도했다. 그리고 1985년 노벨문학상을 수상한 클로드 시몽이 소설 속에서 회상·기억이라는 현상을 극한적으로 추구한 것 또한 《잃어버린 시간을 찾아서》에서 영향을 받은 것이다. 더욱이 누보로망과 비슷한 때에 비판세계에서 추앙받던 누벨크리틱(신비평) 창시자 조르주 풀레는, 자신의 비평 방식 '일체화의 비평' 근원에 프루스트가 있다고 분명히 말한다.

이처럼 현대문학이 강한 자기반성의 경향을 띠기 시작했을 무렵, 즉 소설이라는 갈래가 '소설에 관한 소설'이라는 취지를 지니게 되었을 때, 프루스트가 강력한 영향력을 끼친 것이다.

## 인상파시대

《잃어버린 시간을 찾아서》에서 화자는 파리에 있을 때를 제외하고는 늘 콩브레, 발베크, 베네치아 등으로 휴가를 떠난다. 작품의 3분의 1이 이런 휴가지에서의 생활로 꾸며져 있다. 그래서 이 작품 속에서는 자연의 매력이 풍성하게 녹아내린다.

어린시절부터 오퇴유나 일리에서 휴가를 보낸 프루스트가 이러한 자연의 매력에 끌린 것은 당연한 일이다. 게다가 19세기 후반은 인상파 화가들이 주축이 되어, 파리 근교의 의도되지 않은 자연의 매력을 발견한 시대였고, 프루스트 또한 이러한 신경향 예술운동에 관심을 가졌다. 그는 1907년에 안나 드 노아유의 시집 《감탄에서 보는 얼굴》의 서평을 쓰고, 그 가운데 하나에 〈6개의 정원〉이라는 제목을 붙여 마테를링크, 모네, 레니에, 잠, 러스킨 등이 그려낸 정원을 꼭 방문하고 싶다고 했다. 이러한 예술가들이 그려낸 정원의 매력은 아카데미 화가들이 그려놓았을 법한 신화 등의 설화 이야기를 한데 섞어놓은 게 아니라, 자연 그대로의 매력이다. 다시 말해 프루스트가 정원에 주목한 것은, 그 또한 무척이나 인상파에 가까운 미학을 추구했기 때문이다.

그러나 프루스트에 의한 자연 묘사는 대부분 은유에 덧붙여진 내적인 풍경으로 바뀐다. 그 점이 단순한 자연 묘사와는 다르다.

……스완 씨의 정원에 핀 라일락 향기가 낯선 손님인 우리를 반겨주었다. 라일락꽃은, 작은 하트 모양의 생생한 초록빛 잎사귀 사이에서, 울타리 위로 이색적인 모양을 한 연보라와 흰 깃털 장식을 쑥 내밀고 있으며, 거기까지 햇빛을 머금고 있어 그늘이 드리워져도 빛났다. 꽃의 어느 부분은 사수의 집이라 불리며, 정원지기가 사는 슬레이트를 얹은 작은 집에 절반가량 몸을 감추면서도, 자신들의 장밋빛 회교식 첨탑을 이 집 고딕풍 합각머리 위로 쑥 내밀었다. 이 프랑스 정원 안에서 페르시아 세밀화로 오인한 생생하고도 선명한 색조를 유지하고 있는 이들 젊은 이슬람 미녀들에 비교하면 봄의 정령인들 속되고 못된 것으로 보였으리라.

여기서는 라일락꽃이 '회교식 첨탑', '페르시아의 세밀화', '이슬람 미녀'라는 말을 통해 이슬람풍 인상과 미묘하고도 깊은 차이가 덧붙여졌다.

### 고장과 고장의 유사관계

고장에 대한 그의 인상 속에서 또 하나의 특징적인 점은 어떤 고장과 다른 고장의 유사관계에 무척이나 예민하다는 사실이다. 이러한 것은 이미 《장 상퇴유》에 씌어 있다. 장은 레만 호수 부근에서 이 호수가 브르타뉴의 베그메이유와 닮았다고 생각한다. 또한 베그메이유의 바닷가 등대를 포

〈몽소 공원〉 모네 작(1878)
프루스트는 인상파 화가들 중 특히 모네의 그림을 좋아하여 소설 속에도 등장시킨다.

함한 풍경이 이전에 간 적 있는 네덜란드 북해를 전망하던 바닷가와 너무도 흡사하다고도 생각한다. 주의해야 할 점은 이러한 경험이 다양할수록 무의지적 기억의 회상이 가져다주는 환희를 따른다는 것이다. 《잃어버린 시간을 찾아서》에서도 유사한 현상이 자주 기술되었으며, 이런 현상을 서술할 때에 무의지적 기억의 기쁨을 따른다고는 씌어 있지 않지만, 그러한 기쁨이 말로 표현되지 않은 채 숨겨져 있다고 생각해야 할 것이다.

### 고장과 여성

프루스트의 자연과의 교섭에서 또 다른 특징은, 어떤 지역의 매력과 여성의 매력을 밀접하게 연결시킨다는 점이다. 이것을 프랑스어로 데페이즈망

(dépaysement)이라 하는데, 사람은 여행지에 있으면 평상시와는 다르게 감수성이 한층 예민해진다. 그럴 때에 모르는 여성과 마주치면 뜻밖에도 그 여성이 매력적이라고 느끼게 되며, 이는 당연한 일이다.

그러나 프루스트의 작품에서 고장과 여성의 관계는 더욱 복잡하고, 어떤 면에선 어긋남을 포함하는 경우가 많다. 알베르틴이 파리에 있는 화자를 방문했을 때, 그녀의 등 뒤로 멀리 발베크의 추억이 펼쳐진다. 또한 화자가 스테르마리아 아가씨에게 집착한 것은, 그녀의 고향인 브르타뉴의 초록빛 자연, 오래된 성, 세찬 폭풍우에 대한 생각이 넘쳐나기 때문이다.

……그러나 '불로뉴 숲의 작은 호수에 있는' 작은 섬 주변에는 여름인데도 자주 안개가 끼기 때문에 거친 날이 계속되는 계절, 가을 끝자락으로 다가선 지금, 스테르마리아 아가씨와 이곳에 함께라면 얼마나 행복할까. 내 상상력을 방황하게 하는 이 고장이—다른 계절이라면 아름답고, 빛나는 이탈리아식 고장이 될 법하지만—일요일 이후의 날씨만큼은 브르타뉴의 잿빛을 띤 바닷가 풍경이 되기에 충분하지 않았을지도 모른다. 하지만 며칠 지나면 스테르마리아 아가씨를 차지할 수 있으리란 희망 덕분에 나의 한결같은 우수 가득한 상상력 안에는 한 시간에 스무 번도 안개 커튼을 드리울 수 있었다. 어찌되었건 나는 어제부터 파리까지 드리워진 안개 덕분에 초대한 이 젊은 아가씨가 태어난 고향에 대해 끊임없이 생각할 뿐 아니라 이 안개는 파리에서보다 훨씬 짙게, 불로뉴 숲을 그중에서도 호수 주변을 덮을 것이다. 그리고 이 백조 섬은 브르타뉴 섬처럼 안개의 바다 풍경 분위기가 스테르마리아 아가씨의 푸르스름한 실루엣을 감쌀 거라고 나는 생각했다.

화자는 질베르트가 베르고트에게 이끌려 간 대성당을 둘러싼 이야기를 듣고, 마치 반 에이크의 소묘처럼 대성당을 등지고 선 그녀를 상상한다. 이처럼 프루스트에게서 고장의 정령인 여성은 그 고장을 떠나 다른 곳으로 가서 본디 고장을 가리키는 시적 기호가 된다. 반대로 고장 또한 이 여성의 존재를 통해 가슴 떨리는 매력을 높이고 있다.

## 포르투니의 주제

고장과 여성을 연결짓는 중요 사항으로 포르투니의 라이트모티프(Leitmo
-tiv)라는 더할 나위 없이 아름다운 주제가 있다. 포르투니는 그 무렵 뛰어
난 의상 디자이너로, 르네상스 시기 베네치아의 화가가 그림 속에 그려넣은
화려한 의상을 본떠 현대에 부활시켜, 평판을 얻었다. 이에 대해서는 프루스
트가 포르투니의 의남매이자 레이날도 앙의 누이인 마리아 드 마드라조 앞
으로 보낸 편지에 요약되어 있으니 이를 번역해본다.

　내 작품 안에서 뱅퇴유가 프랭크와 닮은 대음악가로 표현되었듯이, 대
화가를 나타낸 허구의 화가가 있는데(엘스티르를 가리킴), 그 화가가 제2
권 첫머리에서 알베르틴(그녀가 언젠가 나와 열애하는 약혼자가 될 거라
고는 아직 상상도 못했습니다)에게 말합니다—어떤 예술가가 베네치아의
옛 직물의 비밀을 발견했다고 하더군요. 이분이 포르투니랍니다. 나중에
제3권에서 알베르틴과 내가 약혼할 즈음, 그녀는 내게 포르투니(이때부터
나는 매번 포르투니의 이름을 말합니다)의 의상을 화제로 삼지요. 그리고
난 그녀에게 이 의상을 몇 벌 사주어 그녀를 놀라게 합니다. 이렇듯 의상
에 대한 짧은 묘사를 통해 우리가 사랑하는 장면이 나타날 겁니다(그러므
로 나에게는 실내복이 바람직합니다. 실내복을 방에 벗어둡니다. 호사스
런 모습을 하고 있지만, 결국 벗어 던져버리지요). 그녀가 살아 있는 동안
나 자신이 얼마만큼 그녀를 사랑했는지 알지 못했습니다. 이 포르투니의
의상은 가장 먼저 베네치아를 떠올리고, 베네치아로 가고픈 욕망을 불러
일으켜, 그녀가 방해물이 된다는 생각을 불러오는 대상인 것이지요. 소설
은 계속되며, 그녀는 나와 이별하고 세상을 떠납니다. 오랫동안 크나큰 고
뇌가 있은 뒤 망각이 찾아와, 나는 베네치아로 출발합니다. 그러나 카르파
초의 그림을 보고, 나는 거기서 알베르틴에게 선물한 의상을 다시 찾아냅
니다. 예전 같았으면 이 의상은 베네치아와 함께 알베르틴과 헤어지고 싶
은 바람을 떠올렸는데, 지금은 그 의상이 투영되는 카르파초의 그림에서
알베르틴을 떠올리고 베네치아가 슬픔의 대상이 되지요.

방 안에 실내복을 벗어 던진 장면은 기술하지 않았지만, 그 밖의 것들은 여

기서 프루스트가 설명한 대로이다. 이처럼 포르투니 의상은 화자의 베네치아에 대한 생각을 자극하는 동시에, 베네치아에서 죽은 알베르틴을 떠올리는 더할 수 없이 심미적인 기호로 나타난다. 이곳에서 그 땅을 기억하게 하고, 그 땅에서는 이곳을 기억나게 하는 구조이다. 이것은 마리아와 암스테르담이 렘브란트의 그림을 사이에 두고 연결된 구조가, 그대로 베네치아와 카르파초로 바뀌었다 함은 두말할 나위 없다. 이처럼 포르투니의 주제는 작품에서 아주 자연스레 쓰인 것처럼 보이지만, 사실 몇천 쪽이라는 간격을 두고 차츰 이루어지는 엄청난 규모를 가지고 계획되었음을 알 수 있다. 또한 작가가 훨씬 전부터 계속 간직해온 주제이고, 그런 의미에서 이것은 단순히 시적인 이야기라기보다는 프루스트에게 있는 근원적인 심미학, 고장과 여성의 거리를 통해 만들어진 안타까움을 비롯한 부재와 동경의 심미학을 잘 드러낸 것이다.

### 영리한 눈

프루스트는 이제부터 어떤 세계에 빠져들려고 할 때, 즉 그 세계에 강한 관심과 동경을 품고 있을 때, 그리고 그 세계를 벗어나거나 그 세계를 잃어버린 뒤에는 회상을 통해 그 세계의 매력을 음미할 수 있는 미학을 지녔다.

고장의 매력을 음미할 때도 그랬지만, 귀족들의 사교계에서도 똑같다. 특히 처음 게르망트 공작부인에게 호감을 가졌을 때 그녀는 옛날이야기의 주인공인 주느비에브 드 브라방의 후손으로서, 마치 동화(Märchen)처럼 시적인 정취를 지니고 나타났던 것이다. 그러나 화자가 실제로 사교계에 조금씩 빠져들면서 그의 말투는 마치 곤충학자가 곤충을 관찰하듯 무척이나 영리해졌다. 《장 상퇴유》처럼 귀족에 대한 강한 동경과 환상을 가지고 있을 때의 묘사와는 사뭇 다르다. 그것은 17세기의 모럴리스트인 라 브뤼에르가 그 무렵 사교계의 중심이 된 인물들을 관찰하며 《성격론》을 쓸 때에 성행한 정신 또는 루이 14세가 군림하는 베르사유 궁전 골방에 들어앉은 생시몽이 궁정 사람들의 권모가 소용돌이치는 세계를 관찰했을 때의 태도에 다가간 것이다. 그리고 사실 프루스트는 이 두 작가로부터 큰 영향을 받았다.

### 스노비즘의 지옥

《잃어버린 시간을 찾아서》에서의 사교계란 한마디로 스노비즘 지옥이다.

스노비즘은 이 소설 안에서 큰 주제이며 이를테면 캉브르메르의 젊은 부인의 예술적 모습에서도 스노비즘이 드러나지만, 이 스노비즘의 실태가 가장 장대하게 그려진 곳은 파리 사교계이다. 파리 사교계 최고의 위치에서 군림하고 있는 이들은 게르망트 공작부인의 살롱을 정점으로 하는 게르망트 가문 사람들로, 사교계 인사들은 게르망트 살롱과 일족에게 다가가기 위해 온갖 노력을 기울인다. 베르뒤랭 부인처럼 게르망트 공작부인에게 소개받는 것을 처음부터 포기하고, 게르망트 살롱을 따분한 사람들이라고 단정짓는 사람도 있다. 베르뒤랭 부인과 같은 사람들이 게르망트 집안에서 멀리 떨어지면 떨어질수록, 다른 사람들은 게르망트 집안과 베르뒤랭 집안과의 중간에서 온갖 태도를 취하게 된다.

그렇다면 사교계 중심에 위치해 태양처럼 빛나는 게르망트 공작부인의 가치 원천은 어디서 생성된 걸까. 게르망트 집안은 프랑스에서 가장 오래된 귀족이자 왕족과도 혈연관계로, 귀족들이 사는 생제르맹 거리의 우두머리처럼 행동한다. 그러나 지위가 높은 게르망트 대공부인보다도 게르망트 공작부인의 살롱이 인기 있었던 까닭은 오로지 공작부인의 재능 덕분이었다. 공작부인의 역빠른 말투, 생각지도 못한 대담한 발상과 행동은 사람들을 매혹하고, 남편인 공작도 그녀의 재주를 널리 알리고자 부인이 한 말을 되풀이해 사람들 앞에서 선보였다. 하지만 부인의 재주가 될 만한 것은, 한마디로 사람들과 반대로 행동함에 따라 의표를 찌르는 천박함밖에 없었다. 프루스트가 사교계에서의 가치란 더할 나위 없이 피상적이라고 생각을 굳혔음이 여실히 드러나는 부분이다.

### 가족애

《잃어버린 시간을 찾아서》에서 화자의 가족은 이상적인 애정으로 묶여 있다. 얼마쯤 허울 좋은 말이라 해도 괜찮을 만큼, 그늘진 구석이 드러나지 않는다. 그럼 이들 가족을 에워싼 속 깊은 감정은 눈곱만치도 없느냐고 묻는다면, 물론 아니다. 화자가 할머니를 여의면서 혈육의 병마와 죽음이라는 주제가 드러나는데, 오로지 손자의 건강을 걱정하는 할머니가 손자의 눈앞에서 마룻바닥에 쓰러져 죽음을 맞이할 때, 인생에서의 모든 불순물을 없앤 광경에 직면한 손자의 눈은 무서우리만치 맑다. 그 눈은 죽음을 냉철하게 바라보면서도 깊은 비탄이 담긴 애달픔을 결코 사그라뜨리지 않는다. 또한 어머니(화자에게는 할머니)를 잃은 뒤에, 영원히 상복을 입었던 화자 어머니의 모습 역시 감동적이다(세비녜 부인의 서간집은 딸에 대한 애정이 담뿍 담긴 편지를 몇천 통씩 써서 보낸 것으로 유명한데, 화자의 어머니가 이 서간집을 애독한 것은 두말할 나위 없이 어머니가 그녀에게 쏟은 깊은 애정을 떠올리기 위함이다).

또한 프루스트는 부정적인 가정애도 담아내고 있다. 몽주뱅의 암흑에 휩싸인 가운데 뱅퇴유 씨의 딸과 친구가 아버지 사진에 침을 뱉는 모습이야말로 가족애의 어두운 그림자를 표현한 게 아니면 무엇이겠는가. 프랑스의 별난 사상가 조르주 바타이유는 그의 유명한 사디즘 대목을 인용해 '뱅퇴유 아가씨' 부분을 '마르셀'로 고쳐 쓰고, '아버지'라는 부분을 '어머니'로 바꿔 이것을 프루스트와 그의 어머니의 드라마로 만들어버렸다. 화자의 가정생활이 밝고 청결하면 할수록, 어둡게 드리워진 세계가 그와 균형을 맞추는 것이다.

## 동성애와 사디즘

이 작품에는 많은 동성애자가 나온다. 처음에 등장하는 여성 동성애자인 뱅퇴유 아가씨와 그의 여자친구들뿐 아니라 알베르틴, 오데트, 앙드레, 더욱이 질베르트 또한 동성애자일 가능성이 있을 정도로, 너무 많아 일일이 헤아릴 수 없다. 그러나 레즈비언은 화자의 질투를 부채질하는 역할을 맡으며, 그 이상으로 깊이 캐지는 않는다.

남성 동성애자로는 게르망트 대공, 생루, 보구베르 후작 등 귀족에게서 자주 보이며 또한 니생 베르나르처럼 부르주아에서도 찾아볼 수 있다. 그러나 단연 돋보이는 이는 샤를뤼스 남작이다. 샤를뤼스의 못 말리는 접근 방식, 강한 질투, 또 젊은 모렐의 타산, 그리고 바람기, 그를 감시하는 샤를뤼스의 익살스런 행동, 베르뒤랭 부인으로 인한 방해와 파탄, 결별 뒤에도 계속되는 집착, 그리고 모렐에게 버림받는 쥐피앙의 조카딸에 대한 비호 등, 여러 익살스럽고 괴상한 사건, 샤를뤼스의 기상천외한 성격을 통해 떠오르는 것은 그의 깊은 애정이다.

프루스트는 이러한 사디즘, 기괴함, 익살스러움 속에서 비견할 수 없는 유쾌함과 기쁨, 감동과 진지함을 끄집어내었으며 그로 말미암아 문학사에 있어서 아주 뛰어난 인물상을 만들어내는 데 성공했다.

## 연애

《잃어버린 시간을 찾아서》에서 연애는 중요한 위치를 차지하고 있다. 게다가 연애는 늘 불행한 것으로 다뤄진다. 그도 그럴 것이 프루스트에게 있어 사랑이란 질투와 거의 같은 뜻이기 때문이다. 프루스트적인 연애에서는 질투로 말미암아 참된 사랑이 시작된다. 다르게 말하면 질투하지 않을 때에는 사랑하고 있지 않는다는 의미이다.

사랑은 아주 사소한 계기에서 시작된다. 스완에게 있어 오데트는 이상형이 아니었다. 그러던 중에 늘 만나던 베르뒈랭 집에서 어느 날 잘 살피지 못한 탓에 그녀를 만나지 못하자, 급작스레 집착하게 된다. 여기서 스완의 이성을 잃게 하는 것은 상대의 부재였다. 또한 화자에게 있어 알베르틴은 '꽃피는 아가씨들' 그룹 안에서 눈길을 사로잡는 한 사람에 지나지 않았으며, 그 이상은 아니었다. 그러다 그녀에게 싫증나 이젠 헤어지려고 마음먹었을 때 뱅퇴유 아가씨의 여자친구들과의 관계가 발각된다. 강한 질투에 휩싸인 화자는 여자친구들과 만나지 못하게 하려고 알베르틴을 파리로 데려온다. 동거생활에 지쳐 헤어지려던 참에, 그녀가 집을 나선 뒤 자취를 감추자, 화자는 흥분하여 이성을 잃고 그녀를 되돌리기 위해 온 힘을 기울인다.

프루스트적인 연애의 원동력은 상대를 잃을지 모른다는 두려움, 자신이 알지 못하는 세계에서 상대가 쾌락을 맛볼 수도 있다는 걱정이다. 곧 상대가 존재하고 있는 미지의 영역에 대한 깊은 두려움과 관심이었다.

프루스트다운 연애는 병마와 같은 것으로, 병이 낫고 나면 왜 그토록 괴로워했는지 알지 못한다. 스완은 오데트에 대한 마음이 식은 뒤에, 자신의 이상형도 아닌 여성에게 어찌 이렇듯 목매달았는지 자기 생각을 의심한다. 화자 또한 예전에 매우 좋아하던 알베르틴에게서 얼마 지나지 않아 초대장을 받는데도 전혀 기뻐하지 않는다. 게다가 이전에는 선망해 마지않아 그녀의 세계에 파고들고자 했던 게르망트 공작부인의 초대도 알베르틴에게 푹 빠진 뒤로는 아무렇지 않게 거절해버린다. 그런 알베르틴조차 베네치아에서 그녀에 대해 떠올릴 기회가 몇 번이나 있었는데, 화자는 무관심으로 일관한다. 이처럼 프루스트다운 연애에 있어 망각이라는 작용은 더할 나위 없이 중요한 것이다. 왜냐하면 망각은 사랑이 완전히 주관적인 영위임을 나타내는 큰 근거가 되기 때문이다.

이미 살펴보았듯이 프루스트에게 사랑의 대상이 뛰어난 존재인가 아닌가는 조금도 문제되지 않는데, 사랑이라는 것이 주체의 마음속에 일어나는 내면적인 드라마로, 사랑의 대상은 그것을 밖으로 나타나게 하는 계기에 지나지 않기 때문이다. 다시 말해 다른 사람은 어떠한 내면을 가졌는지 영원히 알 수 없는 존재이다. 이것이 프루스트다운 연애를 곤란하고 비극적으로 만들고 있다.

### 여성의 젊음을 회구하며

《잃어버린 시간을 찾아서》에는 발베크의 기차여행 도중에 만난 우유 파는 아가씨나 퓌트뷔스 부인의 몸종처럼, 화자의 상상력을 격하게 자극한 뒤 사라져버린 여성들이 헤아릴 수 없이 많다. 이는 본디 보들레르가 지나쳐간 여성에게 끌려 흥미로운 감정으로 시를 쓴 것에 근원을 가진 사고방식으로, 프루스트의 미지에 대한 강한 호기심을 표현하는 예시였다. 그중에서도 프루스트다운 상상력을 가장 강하게 자극하는 사람으로는 창가에 드나들며 경망한 행동을 하는 여성(퓌트뷔스 부인의 몸종, 포르슈빌 아가씨) 또는 어느 고장의 깊은 매력을 칭송받는 여성(스테르마리아 아가씨, 발베크 근교의 마을 아가씨들) 등이 있다.

화자는 이처럼 태생과 자라온 환경이 다른 많은 여성이 저마다 지닌 고유의 매력에 강하게 끌리는 한편, 중요한 것은 사랑하는 쪽의 내면이므로, 어떤 여성과 교제를 해도 결국에는 같다는 생각을 가지고 있었다. 처음에는 여러 여성에게 끌리지만, 점차 주인공이 사랑하는 것은 여성 한 사람 한 사람의 개성이 아닌, 요컨대 여성의 젊음을 사랑하고 있는 것에 지나지 않는다는 고통스런 인식에 이르게 된다.

### 집필의 목적

《잃어버린 시간을 찾아서》가 생트뵈브 비판에 기원을 두고 있음은 이미 살펴본 그대로이지만, 생트뵈브 비판의 밑바탕에는 이 고명한 비평가가 발자크나 스탕달이라는 뛰어난 예술가를 왜 잘못 평가했는지에 대한 생각이 자리하고 있다. 바꿔 말하면 프루스트의 소설은 무엇보다도 예술가란 이런 것이라는 예술가 옹호와 예술 옹호로서 쓰였다고 이해해야 마땅하다. 실제로 《잃어버린 시간을 찾아서》는 화자가 지적 방황을 되풀이하면서 예술가로서의 깨달음에 이른다는 교양소설 (Bildungsroman)로도 볼 수 있다. 그래서 프루스트는 작품 곳곳에 몇몇 예술가를 배치시켜, 마지막 계시에 이르기까지를 주도면밀하게 준비했다. 프루스트는 이들을 예술가란 이

〈물랭 드 라 갈레트〉 르누아르 작(부분)

렇다, 예술가란 이런 존재다, 라는 더할 나위 없이 전투적인 주장을 펼치기 위해 자기 뜻대로 이용하고 있다.

### 엘스티르

엘스티르는 발베크 가까운 곳에 사는 화가로, 그의 대표작은 〈카르크튀이 항구〉다. 이 그림은 그야말로 항구답게, 육지와 바다가 뒤엉킨 모습을 그린 것으로, 바다라고 여겨질 만한 곳에 교회가 있고, 육지라고 생각할 만한 곳에 돛대가 보인다. 즉 여기서 중시되고 있는 점은 사실을 있는 그대로 표현하는 게 아니라, 정반대의 것을 사용해도, 화가의 인상을 정확히 그려내는 일이다. 그의 다른 작품 〈사크리팡 양의 초상〉도 똑같은 원리로 그려졌다. 이것은 남장미인을 그린 작품인데, 모델은 오데트였다고 전해진다. 여기서도 반대되는 성으로 묘사를 시도한 어떤 도착(倒錯) 취미가 보이는데, 그의 참된 목적은 그런 기술을 사용해도, 어떤 것에서 주는 참된 인상, 예술가의 마음속에서 그

와 유사한 다른 것과 비교되어 그 성질이 정해지는 인상을 표현하려는 의지이다. 화자는 이처럼 엘스티르의 작품이나 르누아르의 그림에서처럼 예술작품의 사명에 눈을 뜬다. 곧 하나의 작품은 사람들에게 이제껏 없었던 현실의 견해, 새로운 아름다움을 열어서 보여줄 수 있다고 생각한다.

엘스티르는 이전 비슈라는 이름으로 베르뒤랭네 살롱에 드나든 적이 있었는데, 그때는 비위를 맞추는 아첨꾼처럼 시시한 말과 행동을 일삼아 사람들의 웃음을 자아내거나(이런 일은 실생활에서 프루스트 자신이 하고 있었다) 남녀 사이를 주선하기도 했다. 그러나 이는 예술가란 어떤 외적 생활에서 천박함과 경솔함이 어지럽게 날뛰어도, 내적인 삶은 그것과 별개이며, 내적인 생활을 표출하는 예술작품과는 관계없다는 프루스트의 주장이 반영된 것이다. 여기에《생트뵈브에 대한 반론》의 주장이 그대로 묻어나 있다.

### 뱅퇴유

뱅퇴유는 시골 마을 콩브레의 피아노 교사로 검소한 생활을 하는 인물이다. 여기에서도 그의 겉모습이 아무리 평범하고 검소하다 한들, 예술가로서의 본디 삶과는 아무런 관계가 없다는 주제가 드러난다. 뱅퇴유는 소나타 말고도 7중주곡을 하나 남겼는데, 이 일화는 예전에 아버지를 모독한 딸이 속죄하게 만들고자 초고 단계에 머물렀던 이야기를 완성한 것이다. 이런 이야기를 생각해낸 것은, 프루스트에게 있어 걸작을 창조하는 일이란 걱정을 끼쳐가며 죽게 한 어머니에 대한 속죄이기 때문이리라. 이 곡은 소나타와 같은 모티프를 가지고 있어서, 그 주제가 7중주곡 속으로 되풀이되는 특징이 있다. 이는 별일 아닌 것처럼 보일지 몰라도 사실 예술작품이란 작가의 '심층 자아'를 분명히 드러낸다는 프루스트의 어떤 미학에 근거한 것이다.

### 베르고트

베르고트에 얽힌 이야기 가운데 가장 중요한 것은 베르메르의 〈델프트 풍경〉을 보러 파리 죄 드 폼 미술관으로 향하는 일화일 것이다. 이날 그는 몸 상태가 좋지 않았는데도, 이 그림을 보기 위해 미술관을 방문하여 인상적인 정경(tableau) 속의 황색 벽면을 보고 "나도 이렇게 그려야 했다. 최근 내가 그린 그림은 무미건조하다"고 중얼거린 뒤, 그 자리에서 쓰러져 죽는다.

사실 이 이야기는 이전 프루스트가 어느 단편에 적은 일화를 약간 손본 것이다. 그 단편에서는 '나'가 네덜란드에서 열린 렘브란트 전람회에 갔을 때, 그곳에서 '죽은 사람 같은' 러스킨과 마주친다. 이는 허구이며, 실제로 러스킨은 이 전람회에는 가지 않았지만, 이 일화에서 말하고자 하는 바는 명확하다. 예술을 위해서는 죽음도 마다하지 않겠다는 것이다. 왜냐하면 뛰어난 예술은 개인의 죽음을 뛰어넘어 오랫동안 살아남기 때문이다.

그는 베르고트의 죽음에 대한 이야기를 다음처럼 매듭짓고 있다.

그는 영원히 사라져버린 걸까. 정말로 그리 말할 수 있을까. ……그는 땅에 묻혔다. 그리고 장례식날 밤, 촛대의 불빛에 비쳐진 진열장 안에는 세 권씩 가지런히 놓여 있는 그의 책들이 날개를 펼친 천사처럼 밤을 지새우고 있다. 진열된 책들은 죽은 자의 부활의 상징처럼 느껴졌다.

이 일화는 화자가 마지막 계시를 얻기까지의 중대한 발걸음이 될 것이다.

### 베르메르

프루스트는 그 무렵, 다시 발견된 지 얼마 안 된 화가 베르메르를 무척이나 좋아했는데, 이 17세기 네덜란드 화가에 대한 정보가 없다는 사실에 크게 탄식했다. 따라서 그의 주된 저서에 그리 큰 영향을 끼치지는 못했을 거라는 견해가 일반적이다. 유난히 눈에 띄는 점이라면, 〈델프트 풍경〉에서 표현된 색채가 콩브레의 성당 묘사에 사용되었다는 것인데, 직접적인 영향은 그 정도랄까.

그러나 이 〈델프트 풍경〉이란 작품을 흘낏 보면, 이 한 점의 그림이 프루스트에게 가져다준 영향력을 가늠할 수 있다. 이 그림은 델프트의 마을 어귀에 있는 세관과 그 앞에 위치한 운하를 묘사한 그림에 지나지 않는다. 이 그림에는 푸른 하늘에 폭풍우의 여운이 감도는 먹구름을 그려넣어 왠지 낭만적인 인상을 주지만, 그것 말고는 그저 별다를 게 없는 시골 마을을 담아내고 있을 뿐이다. 하지만 뭔가 말하기 힘든 이상야릇한 매력이 감돈다. 베르고트가 주목한 강한 햇빛을 머금은 황색 벽면뿐만 아니라, 즐비하게 늘어선 벽돌 건물, 운하를 따라 우두커니 선 사람들, 이 모든 것이 매력으로 빛나고 있다. 즉 이 작품 안에서는 프루스트가 러스킨의 가르침을 통해 눈뜬 일상생활의 매력, 그가 〈콩브레〉나, 그 밖의 《잃어버린 시간을 찾아서》 전체에서 이루고자 한 미학이 정확하게 이뤄지고 있다.

## 프루스트가 이 작품에서 원한 것

《잃어버린 시간을 찾아서》라는 작품은 일반적으로 생각하듯 인생을 돌아보며 과거로 거슬러 올라가는 이야기라기보다는, 화자의 인생이 시간에 따라 미래를 향해 나아가는 이야기이다. 그리고 화자는 인생 속 발자취를 남기면서, 여러 인생의 가치를 체험하며 깊이 있게 자기인식을 한다. 화자는 자연, 사교계, 연애라는 세계에 강한 동경을 품고, 그러한 세계를 몽상한 결과, 그 속으로 조금씩 파고들어간다. 그리고 그런 세계에 환멸하며, 결국에는 예술 세계에 대한 계시를 얻는다. 곧 이 소설은 무엇보다도 예술 옹호를 마지막 목표로 삼고 있다 해도 좋을 것이다. 그것은 여러 가치의 가장 높은 봉우리에 자리한 것으로서의 예술이다.

다만 이 예술이라는 것은 다른 가치와는 다른 성격을 띠고 있다. 예술이란 인생을 표상하는 것이기 때문이다. 그래서 《잃어버린 시간을 찾아서》라는 소설은 '인식의 발전을 이루어가는 주인공의 인생 이야기'인 동시에 '계시를 얻어 소설가가 된 화자가 이야기하는 작품'이라는 이중성을 가지게 된다. 즉 예술의 눈을 통해 이야기되는 인생이다. 그렇기에 화자가 인생에서 하찮게 보고 있는 가치도 작품 속에서는 굉장히 아름답게 그려진다는 어떤 역설적인 면이 드러난다. 그러나 이것은 역설도 그 무엇도 아니다.

화자가 실제 인생 속에서 발버둥칠 때의 삶은 아름답지 않은 걸까? 그 또한 아름답다. 왜냐하면 화자의 인생은 예술작품 속에서 전개되는 것, 예술의 눈을 통해 보이는 인생이기 때문이다. 프루스트에 따르면 인생에서 여러 가치는 동경하고 있을 때와, 회상하고 있을 때, 즉 어떤 거리를 두었을 때가 가장 아름답지만, 예술이란 이른바 그런 거리를 둔 인생을 볼 수 있도록 하는 장치와 같은 것이다. 다시 말해서 현실을 내적인 전망에 의해 본다는 뜻이다.

그리고 그가 궁극적인 곳에서 얻은 이상이란 다음과 같다.

내가 나 자신만의 직감을 따랐을 때는 발베크의 해파리에게서 혐오감을 느낄 뿐이었다. 그렇지만 미슐레처럼 해파리를 박물학적인 관점이나 심미적인 관점에서 바라보고 난 뒤로는, 해파리 속에 아름답게 빛나는 꽃 장식이 눈에 들어왔다.

이처럼 프루스트는 예술의 최고 가치를 인정하면서도 예술을 인생에서 억지로 떼어놓으려 하지 않았다. 프루스트에게 있어 예술의 주요한 임무는 인생 속에 감춰진 미지의 매력을 찾아내는 것이었다. 인생 안에서 가장 좋은 것을 겉으로 끄집어내는 도구로 예술을 생각하고 있다. 이것이 인생의 여러 가치에 집착한 결과, 인생에 뿌리 깊은 불신감을 품은 작가의 최종적인 결론, 인생과 예술에 대한 최종적인 태도였던 것처럼 느껴진다.

### 맺음말

프루스트의 인생은 격심한 고뇌가 늘 따라다녔다. 그는 천식이라는 지병 때문에 언제나 발작으로 힘들어하며 활동적인 인생을 보낼 수 없었다. 또한 우정이나 애정에 대해 극단적이고 까다로웠다. 이런 곤란한 일들이 일어난 건 주로 그와 어머니 사이에 풀기 힘든 문제가 있었기 때문이다. 이는 관계의 병이다. 그의 천식이나 동성애 또한 그것이 원인일 거라 생각된다. 그가 이 세상에서 가장 사랑한 여성은 그와 강한 유대관계로 옭아매어져, 그의 자립을 방해하고 그를 망가뜨린 사람이었다.

이처럼 그가 인생을 번민하며 살아온 결과, 문득 정신을 차리고 보니 그는 너무도 기괴한 존재로 세상에 알려졌다. 말하자면 속물적인 유대인이자 변태성욕자이다. 그는 자신이 그리 보여지고 있음을 깨닫고 있었지만 자신의 참모습은 결코 그렇지 않다는 것도 잘 알고 있었다. 그의 안에서는 감미로운 꿈이 흘러내려, 그가 현실을 바라볼 때의 감동적인 눈은 사람들이 그를 볼 때의 메마르고 편견으로 가득 찬 눈과는 달랐다.

프루스트는 자신이 품고 있는 꿈을 사람들에게 알리려면 예술작품이라는 형식을 빌릴 수밖에 없음을 잘 알고 있었다. 그가 《잃어버린 시간을 찾아서》를 쓴 까닭은 무엇보다 자기변명을 위해서였다. 천박하고 경솔하게 보이는 자기 겉모습에 감춰진 내면에는 이런 것이 자리하고 있음을 사람들에게 알리고 싶었던 것이다. 스스로가 참된 눈으로 현실을 볼 때 현실은 이렇게 보인다는 사실을 적은 것이다. 작품을 위해 그는 자신의 모든 것을 던져넣었다. 그 작품은 이야기이면서 자기주장의 평론이며 또 시이다. 즉 소설이면서 소설이 아닌 작품, 소설의 가능성을 극한까지 넓힌 작품이다. 그는 세기말이라는 유럽 문화의 세련미가 절정에 달한 시대를 살며, 그런 문화 달성에 최대한 몰두한 결과, 지금까지와는 다른 것을 자연스레 만들어내었다.

프루스트는 보들레르나 베르메르 미슐레의 영향을 받아 그 시대의 새로운 움직임과 자취를 하나로 묶은 작품을 썼다. 그가 그린 세계는 아주 일상적인 시골 마을 산책 또는 바닷가 피서지 생활이라는, 극적인 사건이라곤 하나도 생기지 않을 듯한 지루한 장면들이 대부분이다. 그러나 그의 손을 거치면 심심하고 권태로운 일상이 얼마나 미묘한 재미와 슬픔, 감동 또는 사디즘으로 가득한지를 알려준다. 즉 미묘한 차이로 가득하지만 마치 베르메르의 〈델프트 풍경〉 속 그 찬란한 황색 벽면과도 같은 빛으로 빛나는 매력이다. 그것은 섬세하지만 때로는 무척이나 격렬한 힘을 지닌 채 따라온다.

20세기에 들어서 예술 세계에서는 빛나는 색채들이 계속 해방되어왔으며, 실생활 전반에서도 소비를 마음껏 즐기며 인생의 즐거움과 기쁨을 중시하는 사회가 되었다. 프랑스의 세기말에서 벨 에포크에 이르는 시대는 물질적으로 풍요로운 시절로, 향락적인 소비생활을 만끽했다는 뜻에서 현대 소비사회보다 앞선 시대라고 간주할 수 있다. 그러나 사람들이 쉽게 생각하듯 소비적인 사회란 오로지 낙천주의자들의 사회라 할 수는 없다. 소비적, 사적인 생활에만 얽매이기 때문에 발견될 수 있는 아름다움 말고도 노출되기 꺼리는 두려운 세계도 존재한다. 천국 같은 일상과 지옥 같은 현실 사이의 균열을 포함해 '한 꺼풀 벗긴 현실'을 가리키는 사람이 바로 프루스트이다.

# 프루스트 연보

| | |
|---|---|
| 1871년 | 7월 10일, 오퇴유의 라 퐁텐 거리 96번지에서 의사인 아드리앙 프루스트(Proust, Valentin-Louis Georges Eugèbe Marcel, 당시 37세)와 15세 연하의 유대인 금융업자의 딸 잔 베이유 사이에서 태어남. |
| 1873년(2세) | 남동생 로베르 탄생. 가족은 루아 거리 8번지 아파트에서 말제르브 거리 9번지로 이사. |
| 1878년(7세) | 일리에로 바캉스 떠남. |
| 1880년(9세) | 불로뉴 숲 산책 뒤 첫 천식 발작. |
| 1881년(10세) | 파프 카르팡티에 초등학교 친구인 자크 비제와 어울림. |
| 1882년(11세) | 콩도르세 중고등학교 입학. 병으로 결석이 잦음. |
| 1886년(15세) | 엘리자베트 고모의 죽음. 오귀스탱 티에리의 저서 탐독. |
| 1887년(16세) | 샹젤리제에 자주 놀러나감. |
| 1888년(17세) | 자크 비제와 다니엘 알레비 앞으로 보낸 편지에서 처음으로 동성애 조짐이 나타남. 〈녹색평론〉, 〈리라평론〉에 참가. 친구들의 어머니 소개로 사교계에 드나들기 시작함. |
| 1889년(18세) | 바칼로레아 합격. 병역 지원해 오를레앙에 배치. |
| 1890년(19세) | 할머니의 죽음. 병역을 마치고 파리 대학 법학부에 등록. |
| 1892년(21세) | 잡지 〈향연〉에 참가. |
| 1893년(22세) | 마들렌 르메르, 로베르 드 몽테스키외를 알게 됨. 잡지 〈르뷔 블랑슈〉에 기고. 법학사 시험 합격. |
| 1894년(23세) | 레이날도 앙을 알게 됨. 그와 함께 레베이옹 성에 머무름. |
| 1895년(24세) | 문학사 시험 합격. 레이날도와 함께 브르타뉴에 체류. 《장 상퇴유》 집필을 시작함. 아버지의 소개로 마자린 도서관에서 무급 사서가 되나 사서일은 제대로 하지 않고 그만둠. |

1896년(25세)  《즐거움과 그 나날》출판. 레옹 도데와의 우정을 돈독히 함.
　　　　　　　마리 노드링거를 알게 됨.

1897년(26세)  〈에코 드 파리〉지에《즐거움과 그 나날》출간에 대해 모욕
　　　　　　　하는 글을 쓴 장 로랭과 결투.

1898년(27세)  아나톨 프랑스에게 드레퓌스와 피가르 옹호 서명을 받음. 졸
　　　　　　　라 재판을 방청. 프루스트 부인 암 수술. 프루스트, 암스테
　　　　　　　르담으로 렘브란트 회화전을 보러 여행.

1899년(28세)  로베르 드 비이에게 에밀 말의《프랑스 13세기의 종교예술》
　　　　　　　을 빌림. 앙투안 비베스코, 베르트랑 드 페늘롱을 알게 됨.
　　　　　　　《아미앵의 성서》번역 시작.

1900년(29세)  루앙 방문. 러스킨 추도 기사, 러스킨의 연구 발표. 어머니
　　　　　　　와 베네치아 방문. 여행지에서 레이날도 앙, 마리 노드링거
　　　　　　　와의 만남. 그해 또다시 베네치아 방문. 쿠르셀 거리 45번지
　　　　　　　로 이사.

1901년(30세)  사교 모임이 잦아짐. 레옹 이트망과 함께 아미앵 방문하여
　　　　　　　러스킨의 발자취를 더듬음. 비베스코, 페늘롱과 빈번히 만
　　　　　　　남.

1902년(31세)  페늘롱, 비베스코와 함께 〈트리스탄과 이졸데〉관람. 라뤼,
　　　　　　　베베르 식당에서의 밤참 모임을 자주 가짐. 페늘롱과 함께
　　　　　　　브뤼헤(브뤼주)로 향함, 플랑드르파 전시회 관람. 앙베르(앤
　　　　　　　트워프), 로테르담, 암스테르담으로 발길을 돌림. 도중에 하
　　　　　　　를렘에서 프란스 할스를, 헤이그에서는 베르메르의 〈델프트
　　　　　　　의 풍경〉을 관람함. 프로망탱의 〈옛 거장들〉을 가이드북 대
　　　　　　　신함. 에밀 갈레와 만남, 페르낭 그레그의 결혼 축하선물을
　　　　　　　주문.

1903년(32세)  남동생 로베르가 아미요와 결혼. 비베스코 형제들과 자동차
　　　　　　　여행. 랑, 상리스, 쿠시 르 샤토 등 방문. 이 무렵 친구 루이
　　　　　　　와 그의 정부인 루이자 드 모르낭과 자주 마주침. 부르고뉴
　　　　　　　지방의 교회와 본 무료 진료소를 방문. 프루스트 박사 사망.
　　　　　　　유해는 페르 라쉐즈 묘지에 안장됨.

1904년(33세)  마리 노들링거에게 주문해 프루스트 박사 묘지에 장식할 흉상 메달을 받음. 폴 미라보 소유의 요트를 타고 노르망디, 브르타뉴의 바닷가 지역을 항해.

1905년(34세)  휘슬러 전람회를 관람. 프루스트 부인 사망. 프루스트, 불로뉴 근교 솔리에 박사 병원에 입원하여 요양.

1906년(35세)  《참깨와 백합》 번역 출판. 베르사유의 레저부아 호텔에서 머무름. 오스망 거리 102번지로 이사.

1907년(36세)  〈피가로〉지에 〈부모를 죽인 자의 효심〉을 발표. 8월에는 카부르의 그랑 호텔에 머물며 차로 주위 교회를 둘러봄(카부르에는 1914년까지 머무름).

1908년(37세)  〈피가로〉지에 발자크의 모작을 발표하기 시작함. 창작활동에 본격적으로 손을 댐. 생트뵈브에 대한 평론을 쓰기 시작.

1909년(38세)  러시아 발레단 공연 관람. 소설 《생트뵈브에 대한 반론—어느 아침의 추억》을 완성하지만 출판사를 찾지 못함.

1910년(39세)  장 콕토를 알게 됨.

1911년(40세)  창작에 몰두하고, 한 작품도 발표하지 않음.

1912년(41세)  오딜롱 알바레가 운전하는 차를 타고 뤼에유에 활짝 핀 사과나무꽃을 보러 감. 메르퀴르 드 프랑스, 누벨 르뷔 프랑세즈(NRF), 올렌도르프(Ollendorff) 등에서 출판을 거절당함.

1913년(42세)  아고스티넬리와 그의 애인인 안나가 프루스트 집에 거주. 실레스트 알바레 또한 프루스트 집에 살기 시작함. 《스완네 집 쪽으로》가 그라세 출판사에서 출판됨. 아고스티넬리가 니스로 도망, 그를 찾기 위해 알베르 나미아스를 보냄.

1914년(43세)  지드, 프루스트에게 사죄의 편지. 아고스티넬리 연습기 추락으로 사망.

1915년(44세)  베르트랑 드 페늘롱의 전사 확인.

1916년(45세)  알베르 르 퀴자가 경영하는 음식점을 가장한 매춘업소에 드나듦.

1917년(46세)  호텔 리츠에 자주 오가며, 폴 모랑과 약혼녀 스조 공녀와 만남.

1918년(47세)  출판사를 NRF로 옮기기 위해 그라세와 성가신 교섭.

1919년(48세)  로랑 피샤 거리 8-2에서 4개월간 머무른 뒤 아믈랭 거리 44
번지로 이사. 《꽃피는 아가씨들 그늘에》와 《모작과 집필》이
NRF에서 출판됨. 공쿠르상 수상.

1920년(49세)  《게르망트 쪽》 I 출판. 블루멘탈상의 선고위원에 뽑힌 프루
스트는 이 상을 자크 리비에르에게 수여하는 데 성공.

1921년(50세)  《게르망트 쪽》 II, 《소돔과 고모라》 I 출판. 네덜란드 회화
전에 장 루이 보드와이에와 함께 가서 〈델프트 풍경〉을 다시
봄.

1922년(51세)  《소돔과 고모라》 II 출판. 의사의 진료를 거부하며 죽음. 시
신은 부모가 잠든 페르 라쉐즈 묘지에 안장됨. 《갇힌 여인》
출판.

1925년  《사라진 알베르틴》 출판.

1927년  《다시 찾은 시간》 출판. 이렇게 하여 《잃어버린 시간들》 완간.

# 프루스트 연구를 위한 주요 참고서적

① *Les Cahiers Marcel Proust*, 8 vol., 1927~35.

② Hommage à Marcel Proust, 6 vol., 1923~59.

③ *Bulletin de la Société des Amis de Marcel Proust et des Amis de Combray*, 18 vol., 1950~67.

④ Ernest Robert Curtius, *Marcel Proust*, traduit de l'allemand, La Revue Nouvelle, 1928.

⑤ Albert Feuillerat, *Comment Marcel Proust a composé son roman*, Yale University Press, 1934.

⑥ Robert Vigneron, *Genèse de* 《*Swann*》, Revue d'Histoire de la Philosophie et d'Histoire Générale de la Civilisation, 1937.

⑦ Robert Vigneron, *Structure de* 《*Swann*》, Modern Philology, nov, 1946, feb. 1948.

⑧ Jean Pommier, *La Mystique de Marcel Proust*, Dr., 1939.

⑨ Ramon Fernandez, *Proust*, N.R.C., 1943.

⑩ André Maurois, *À la recherche de Marcel Proust*, H., 1949.

⑪ Philip Kolb, *La Correspondance da Marcel Proust, chronologie et commentaire critique*, University of Illinois Press, 1949.

⑫ Germaine Brée, *Du temps perdu au temps retrouvé*, B.L., 1950.

⑬ Bernard de Fallois, *Préface de* 《Contre Sainte-Beuve》, 1954.

⑭ Henri Bonnet, *Marcel Proust de 1907 à 1914*, Nizet, 1959.

⑮ George Painter, *Marcel Proust, a biography, Chatto & Windus, T Ⅰ. 1959, T Ⅱ. 1961.*

옮긴이 민희식 (閔憙植)

경기고 졸업 서울대 졸업 프랑스 스트라스부르대 문학박사 성균관대 교수 이화여대 교수 계명대·외국어대 프랑스과 교수 한양대 불문과 교수 한양대도서관장 저서 《프랑스문학사》 《법화경과 신약성서》 《불교와 서구사상》 《토마스복음서와 불교》 《어린왕자의 심층분석》 역서 《현대불문학사》 플로베르 《보바리부인》 지드 《좁은문》 뒤마피스 《춘희》 바실라르 《촛불의 철학》 뒤 가르 《티보네 사람들》 《한국시집 (불역)》 박경리 《토지 (불역)》 한말숙 《아름다운 연가 (불역)》 《김춘수시집 (불역)》 허근욱 《내가 설 땅은 어디냐 (불역)》 《불문학사예술론》 《행복에 이르는 길》 프랑스문화공로훈장, 펜번역문학상 수상

World Book
142

Marcel Proust
À LA RECHERCHE DU TEMPS PERDU
잃어버린 시간을 찾아서 Ⅲ
마르셀 프루스트/민희식 옮김

1판 1쇄 발행/2010. 10. 30
1판 5쇄 발행/2016. 2. 1
발행인 고정일
발행처 동서문화사
창업 1956. 12. 12. 등록 16-3799
서울 중구 다산로 12길 6(신당동, 4층)
☎ 546-0331~6 (FAX) 545-0331
www.dongsuhbook.com

\*

\*

사업자등록번호 211-87-75330
ISBN 978-89-497-0681-8 04080
ISBN 978-89-497-0382-4 (세트)